# Südostasien

**Wir danken** allen Freunden in Südostasien, die uns mit Informationen versorgt und unterwegs geholfen haben, vor allem Paiboon und Peep Fargrajang aus Bangkok, Guy Gorias, John Spies, Preecha, Pissamorn Senthong, Anette Kunigagon, Thedda, David Unkovich, Karlheinz Bodag, Uwe Löwel aus Mae Sai, Roland Dusik, Soontorn Su-Bha, Lisa Lippuner, Lisa in Ban Ahong, Sai Phayom, Mike Rossel, Gudrun Beste sowie allen Mitarbeitern von TAT in Hat Yai, Krabi, Phuket, Surat Thani, Laem Ngop, Chiang Mai, Chiang Rai, Nakhon Ratchasima, Nakhon Phanom und Khon Kaen. Hilfreich waren auch die Mitarbeiter von TAT in Bangkok und Frankfurt, besonders Kurt Peter und Mrs. Pataraporn Bamroong. Zudem danken wir Kunya Tuntivisoottikul für das Setzen der Thai-Schriftzeichen, Jon Zürcher vom Swiss Restaurant in Legian, Oka Wati aus Ubud, Jodi S. Soesilo aus Jakarta, Drs. Alwi Baria aus Sanur, sowie Drs. Handoyo und Susi Sustati aus Surabaya für viele Tips über Ost-Java, außerdem alle Mitarbeiter des Indonesischen Fremdenverkehrsbüros, vor allem Herrn Polii und Frau Yasa, Wolfgang Freihen für seine Beiträge über Tauchen und Autofahren, und Mr. Ramchand aus Kuala Lumpur für seine hilfreichen Materialien. Ein ganz besonderes Dankeschön geht an Mischa für seine Mitarbeit bei der Recherche unzähliger Hotels in Sarawak und Sabah. Anthony Wong, Robert Basiuk, Philip Yong, Lemon Praddy Ales, Karen Tan Bee Khuan, Wilson Tan Kim Leng, Sascha Matuschinski, Heide-Ilka Weber, Veronica Lee, Stephen Liew, Ejee Bondang, Gracie Manap, Mickey Mohr, Gordon Chrispinus Yapp, Victoria Yee, Hildegarda Angkangon, Agnes Lim, William Fletcher, Peng Olsen, Richard, Hii, Tania Price, Gladys Mabel Lawrence, Roselan Hanafiah und Ramli Hamzah, Mr. Velu, Uncle Tan, Nadis Waran, den Mitarbeitern des MTPB in Frankfurt, Kuala Lumpur, Kota Kinabalu, Kuching, Kota Bharu, Kuantan und Kuala Trengganu, sowie Brigitte Fleischauer vom STPB in Frankfurt und Rita Waswani vom STPB in Singapore.
Besonders fleißige SchreiberInnen von Briefen zur 9. Auflage des Südostasien-Handbuchs waren: Christian Affolter, Markus und Christiane Aigner, Knut Alicke, Bernd Angele, Thomas Bade, Günter Bader, Jens Baier, Michael Balker, Dr. D. Bannert, Conny Bär, Thomas Bartels, Ralph Bäßler, Gabriele Bastian, Thomas Bauer, Erwin Bebi, Ingrid Bechler, Monika Beck, Susanne Beck, Bernd Becker, Karin und Werner Beckmann, Katja Beilenbücher, Roland Berglas, Harald Berninger, Andrea Berthold, Claudia Bertling, Regina Biehler, Heike Boln, Cornelia Bollinger, C. Brand, Thomas Brendt, Jacqueline Breysach, Christian Brückl, Patrick Brunner, Bernd Bühler, Alexa Bünder, Peter Burggraf, Harry Clusen, M. Digel, Michaela Ditzenbach, Gian Carlo Dozio, Birgit Eichler, Uschi und Wolfgang Emmerich, Thomas Ems, U. Ettner, Karl Fassbinder, Reinart Feldmann, Kirsten Feller, Genia Findeisen, Peter Fink, Thilo Finsterbuch, Anette Firme, Werner Fischbach, Sven Fischer, Hildegard Fischer, Susanne Flemming, Brigitte Friedli, Peter Friedrichsen, Michaela Fritz, Thimm Furian, Wolfgang Gärtner, Holger Gaßner, Jens Gebauer, Monika und Wolfgang Gehrke, Monika Gelbmann, Franz Gilles, Ira Gniwotta, Wolf Gotthilf, Gitti Götz, Maria Grimm, A. Grützmacher, Dirk Gutmann, Ernst Haas, Michael Haasl, P. Haimoff, Bettina Haist, Maike Harnack, Thomas Hartwig, Rüdiger Hastedt, Rainer Hau, Lutz Helmbrecht, Gabriela Herbert, Jens Hertling, Wolfgang Hexel, Gaby Hoch, Thomas Hoffmann, Gunter Hoffmann, Thomas v. Holt, Dorothea Holz, Jochen Hönow, Matthias Horn, Georg Humsberger, E. Jäger, Susanne Jagfeld, Dietmar Jakob, Bernd Janssen, Roland Jermann, René Joller, Stefan Junghans, Peter Karaski, Detlef Karioth, Bernd Karl, Cornelia Karl, Petra Kern, Kay Kieninger, Doris Kienzer-Voigt, Franz Kirstein, Ebba Kißling, Stefan Klein, Oliver Klemm, Angelika Knörzer, Matthias Köhl, Roman Köhl, Christiane Köhler, Andrea Körmendy, Roland Koßner, Heiko Kramer, Dietmar Krause, Sabine Kremer, Michael Kretschmer, Mechthild Kretzschmar, Markus Kriester, B. Krieter, Dr. Dieter Kubin, Thomas Kurze-Zerbe, Reto Kuster, Karen und Jürgen Larösch, Martina Leder, Silke Leupold, Martina Lindtner, Ulli Link, Lars Littwitz, Dr. Dietrich Löbell, Richard Lorenz, Sandra Lotterer, Anne Löwe, Christian Ludwig, Christiane Lux, Jürgen Luxi, Alexander Matthes, Kirsten Meckes, Doris Meier, Wolfgang Meinshausen, Martina Mertz, Ursula Metter, Kirsten Meyer, Corrado Minikus, Brigitte Mucha, Kathrin Mühlhausen, Wilmar Müller, Swen Müller, Andrea Nahrath, Frank Nemetz, Mathias Neugebauer, Gaby und Matthias Niemann, Jork Nitschke, Christina Notter, Andreas Oehrlein, Andrea Ostermann, Heidi Ott, Karl-Heinz Ottenströer, Wolfgang Peine, Sabine Pera, Günter Peschke, Klaus Peters, Matthias Petzold, Peter Pfaffenbauer, Helga und Jürgen Pfeffer, Green Planet, Rainer Pollmeier, Elke Popp, Werner Prem, Thoralf Pritzbuer, Wolfgang Puhl, Jörn Quedenau, Thomas Quiehl, Marc Räderer, Dieter Rauch, Katja Reichel, Lars Reimann, Anja Rein, Susanne Reuter, Bernd Rieck, Alfred Rieder, Ulrich Riegel, Peter Roitzheim, Margit Romer, Edith Rudlof, Silvia Ruhland, Helga Saielli, Thorsten Sander, Jürgen Sauer, Ronald Sauerbrei, Uwe Schacht, Sabine Schäfer, Lothar Scheffczyk, Andy Schenk, Stefan Scherrer, Dittmar Schlaten, Ulrike Schmid, Wolfgang Schmid, Vera Schmidt, Ralf Schmitt, Götz Schneider, Iris Schönsee, Jutta und Matthias Schreiter, Werner Schultheiß, Ina Schulze, Verena Schumacher, Chr. Schuster, Wolfram Schwabel, Johannes Schweickert, Mona Schwertner, Heike Schwesig, Kai Segelken, Michael Seiser, Werner Simon, Wiebke Somann, Uwe Speck, Alexander Sperr, Peter Sporrer, Stefan Spörri, Wolfgang Stahl, Jochen Steuernagel, Jens Störkel, Susanne Stötz, Stefan Straub, Claudia Stühmeier, Michael Stumpf, Rainer Thomas, Daniel Tiedemann, Ralf und Silke Schmitt, Ralf Urban, Christa Utiger, Regi Valär, Ingrid van Meurs, Matjaz Velikonja, Rainer und Susanne Waeger, Heike und Mario Wagner, Christian Waldenburg, M. Walschburger, Gabriele Walz, Karin Wandschura, Heinz Weigel, Nina Weissenfeldt, Jochen Wille, Uli Willeke, Gabi und Bernd Witusch, Thomas Wolfs, Margarete Wösthoff, Franziska Wüst, Andrea van Wyngaarden, Claudia Zacher, Marion Zeindl, Frank Zippel.

STEFAN LOOSE TRAVEL HANDBÜCHER

**Schreibt uns!**
Wir sind auf Anregungen, Ergänzungen und Korrekturen angewiesen, wenn auch dieses Buch aktuell bleiben soll. Es ist unmöglich, für die nächste Auflage alle Orte erneut zu besuchen.
Dieses Buch wurde im Frühjahr 1995 fertiggestellt. Informationen, die von den Lesern kommen, sind sicherlich aktueller. Kein Brief bleibt ungelesen, die brauchbarsten Zuschriften belohnen wir mit einem Freiexemplar aus unserem Angebot.

10. Auflage

STEFAN LOOSE TRAVEL HANDBÜCHER

# Südostasien Handbuch

**Brunei**
**Indonesien**
**Malaysia**
**Singapore**
**Thailand**

Richard Doring • Stefan Loose •
Werner Mlyneck • Renate Ramb •
Klaus Schindler • Ursula Spraul-Doring

# Südostasien Handbuch

ISBN 3-922025-57-9
Vollständig überarbeitete zehnte Auflage
Juni 1995

Erschienen im
**Stefan Loose Verlag**
Hasenheide 54
D 10967 Berlin (Kreuzberg)

**KARTEN**
Klaus Schindler, Berndtson&Berndtson, © Stefan Loose

**FARBSEITENGESTALTUNG**
Matthias Grimm

**LAYOUT**
Britta Dieterle

**UMSCHLAGGESTALTUNG**
Klaus Schindler; Matthias Grimm

**FOTOS**
Bildnachweis S. 852

**DRUCK**
Printed in Singapore



Das SÜDOSTASIEN HANDBUCH bekommt man im Buchhandel oder per Post gegen Voreinsendung von 39.80 DM auf Postgirokonto 423104-104 (Stefan Loose) Postgiroamt Berlin (BLZ 10010010) oder gegen Scheck im Brief. Titel und eigene Anschrift auf dem Überweisungsformular nicht vergessen!

**AUSLIEFERUNG**
Österreich: Freytag-Berndt u. Artaria AG, Schottenfeldgasse 62; A-1071 Wien
Schweiz: b + i Buch und Information AG, Obfelder Str. 35, CH-8910 Affoltern a.A.
Thailand: Asia Books Co. Ltd., 5 Sukhumvit Rd. Soi 61, Bangkok 10110

# INHALT

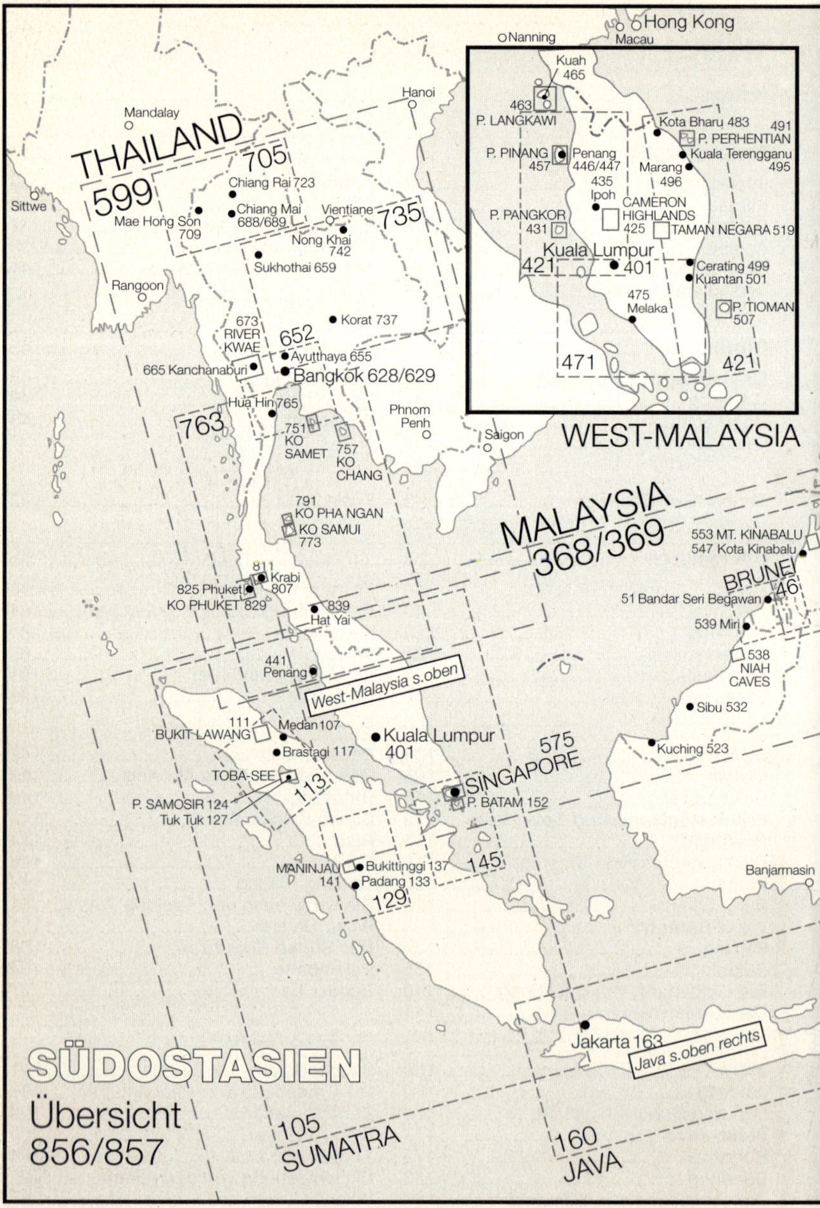
SÜDOSTASIEN
Übersicht 856/857
THAILAND 599
705
Chiang Rai 723
Chiang Mai 688/689
Mae Hong Son 709
Vientiane
735
Nong Khai 742
Sukhothai 659
Korat 737
673 RIVER KWAE
652
Ayutthaya 655
665 Kanchanaburi
Bangkok 628/629
Hua Hin 765
763
751 KO SAMET
757 KO CHANG
791 KO PHA NGAN
KO SAMUI 773
811 Krabi 807
825 Phuket
KO PHUKET 829
839 Hat Yai
Phnom Penh
Saigon
Hanoi
Mandalay
Sittwe
Rangoon
Nanning
Hong Kong
Macau
WEST-MALAYSIA
Kuah 465
463 P. LANGKAWI
P. PINANG 457
Penang 446/447
435 Ipoh
P. PANGKOR 431
CAMERON HIGHLANDS 425
Kota Bharu 483
491 P. PERHENTIAN
Kuala Terengganu 495
Marang 496
TAMAN NEGARA 519
Kuala Lumpur 401
421
Cerating 499
Kuantan 501
475 Melaka
P. TIOMAN 507
471
421
MALAYSIA 368/369
553 MT. KINABALU
547 Kota Kinabalu
BRUNEI 46
51 Bandar Seri Begawan
539 Miri
538 NIAH CAVES
Sibu 532
Kuching 523
441 Penang
West-Malaysia s.oben
111 BUKIT LAWANG
Medan 107
Brastagi 117
Kuala Lumpur 401
TOBA-SEE
113
P. SAMOSIR 124
Tuk Tuk 127
575 SINGAPORE
P. BATAM 152
145
MANINJAU 141
Bukittinggi 137
Padang 133
129
Banjarmasin
Jakarta 163
Java s.oben rechts
105 SUMATRA
160 JAVA

Karten
und Pläne
in diesem Buch
• Orte mit Stadtplan und Seitenangabe
○ kein Stadtplan
Jakarta 163
Bogor 181
Bandung 185
193
Pangandaran
DIENG-PLATEAU 203
Solo 229
Yogyakarta 207
Surabaya 237
OST-JAVA 234
178
WEST-JAVA
199
ZENTRAL-JAVA
223
160
INDONESIEN 56/57
JAVA
Manila
557 Sandakan
544 SABAH
SULAWESI
Manado 361
345 TANA TORAJA
Rantepao 341
327
329 Ujung Pandang
Fakfak
Ambon
Senggigi 294
LOMBOK 289
KOMODO 305
FLORES
Larantuka 319
308/309
WEST-TIMOR
321
Kupang 323
286
249 BALI
Bali s.unten rechts
NUSA TENGGARA
N
0 200 400 600 800 1000 km
Lovina Beach 285
276/277 Candi Dasa
267 Ubud
Denpasar 255
261 Legian
259 Kuta
BALI 249

# VORWORT

Wer möchte nicht verreisen - möglichst weit weg, an weißen Sandstränden unter tropischen Palmen in den Tag hinein leben, im kristallklaren Meer die farbenfrohe Welt der Korallenriffe erleben, auf abenteuerlichen Touren die geheimnisvolle Welt der Urwälder entdecken und das unverfälschte, von der Zivilisation unberührte Leben fremder Menschen kennenlernen? Man braucht nur in ein Flugzeug zu steigen, und bereits am nächsten Tag ist man dort: im Land der Träume. Das versprechen bunte Reiseprospekte. Mit dem fernen Südostasien verbindet insgeheim jeder von uns die Sehnsüchte und Wünsche nach einem anderen Leben. Anders, das heißt vor allem: nicht wie zu Hause, wo sich die Sonne selten sehen läßt, wo Flüsse und Gewässer verschmutzt sind, wo der Alltag jedes Abenteuer vermissen läßt und wo die Zivilisationskrankheiten überhand nehmen.

Wer mit diesen Träumen in seinem Kopf in Bangkok oder Jakarta landet wird im lauten, stinkenden Verkehrschaos der Millionenstädte schon bald seine Illusionen verlieren. Die westliche Zivilisation mit ihren technischen Errungenschaften macht im industriellen Zeitalter vor Südostasien ebenso wenig halt wie die Umweltzerstörung. In ihrem Schlepptau gelingt es westlichen Kulturexporten à la *McDonalds, Mickey Mouse* und *Madonna* mehr und mehr die einheimischen Traditionen zu überlagern. Wer die darunterliegende, tief verwurzelte, alte Kultur erleben will, braucht Geduld und Zeit. Doch keine Angst, Bangkok ist nicht Thailand und Denpasar nicht Bali. Nur wenige Stunden von den großen Städten entfernt findet man dichten Dschungel, weiße Sandstrände, wildromantische Wasserfälle und bunte Korallenriffe. Da man die Sehnsucht nach derartigen Oasen mit vielen anderen Menschen teilt, ist man nicht der einzige, der am Strand liegt und durch den Wald trekt.

Die einsame Robinson-Insel ist im Zeitalter des Massentourismus nur schwer zu finden. Doch es gibt sie noch, die menschenleeren Strände und ursprünglichen Dörfer. Allerdings existieren dort weder ein Flugplatz noch komfortable Hotels und Restaurants. Sie sind in diesem Buch auch nicht beschrieben, sonst wären sie schon bald nicht mehr so einsam wie bisher. Und hat man endlich das einsame Paradies gefunden, stellt man bald fest, daß man ohne die Errungenschaften der westlichen Zivilisation auch nicht glücklich ist. Bereits nach einiger Zeit vermißt man die kühlen Drinks, erfrischenden Duschen und jemanden, mit dem man über seine Erlebnisse reden kann.

Die einsamen Strandläufer stellen eine Minderheit dar, die meisten Touristen genießen die Sicherheit der Touristenzentren - die Pauschaltouristen in den Hotels und die Individualtouristen in den Bungalows, Gästehäusern, Losmen und anderswo. Hier findet man immer jemanden, der Englisch spricht, oder sogar Deutsch, und der weiß, wie man ein Spiegelei brät. Die Trekking-Organisationen haben sich darauf eingestellt. Wenn man loszieht, um den tropischen Dschungel zu erleben oder in den schwer zugänglichen Bergregionen Nord-Thailands die „primitiven“ Dörfer der Bergstämme zu besuchen, wo die Plastikgesellschaft bereits ihre Spuren hinterlassen hat, schleppt der Guide die Verpflegung für unterwegs mit. Denn die Romantik des Primitiven läßt sich nur genießen, wenn man selbst nicht so leben muß. Und verschließt man nicht die Augen vor dem entbehrungsreichen, harten Leben, ist es schon wieder vorbei mit einer schönen Illusion von den glücklichen Wilden.

In abgelegenen Dörfern sind Weiße eine auffallende Erscheinung, denen spontan besondere Aufmerksamkeit zuteil wird und die man manchmal einlädt. Bei den zumeist reicheren Gästen ist in derartigen Situationen ein besonderes Feingefühl notwendig, um die einfachen Lebensbedingungen ohne Überheblichkeit zu akzeptieren und die Traditionen der Bevölkerung zu respektieren.

Früher nannte man die Länder Südostasiens Entwicklungsländer, weil man vom selbstherrlichen europäischen Standpunkt ausging, daß alle anderen Länder erst dahin „entwickelt" werden müßten, wo wir uns heute befinden. Ein belehrendes, arrogantes Gebaren war für Jahrhunderte das typische Verhaltensmerkmal der weißen Rasse. Mit dem Ende des Kolonialismus sollte diese Einstellung endgültig zu den Akten gelegt sein. Zudem gehört Singapore zu den industrialisierten Nationen Ostasiens mit einem hohen Lebensstandard, Thailand und Malaysia machen sich gegenseitig den Rang streitig, wer als nächstes *NIC (Newly Industrialized Country)* zu gelten habe.

Wie die Träume von der exotischen Ferne schleppt man zudem die heimischen Wertmaßstäbe mit. Unwillkürlich vergleicht man beide Welten, und es schleicht sich der Gedanke vom „zu Hause ist das aber besser" ein. Wer alles wie zu Hause haben will, sollte erst gar nicht losfahren. Wer versucht, ohne Vorurteile und Wertungen Südostasien zu bereisen und Zeit hat, zuzuhören und zu beobachten, wird ein realistischeres Bild von den Ländern erhalten. Vielleicht ist man dann eher in der Lage, die eigenen westlichen Wertvorstellungen zu hinterfragen und andere Kulturen zu verstehen.

Unsere Erfahrungen sind ebenfalls durch Träume, Wertmaßstäbe und subjektive Erlebnisse geprägt. Auch wenn wir versucht haben, die verschiedenen Regionen möglichst objektiv zu beschreiben, so ist nicht zu verleugnen, daß auch wir unsere Vorlieben haben. Jeder von uns hat Südostasien auf eine andere Art wahrgenommen. Deshalb wollen wir mit diesem Buch keine allgemein gültigen Maßstäbe setzen, sondern die ersten Schritte in einem fremden Land erleichtern.

Entschließt man sich zu einer Reise, stellen sich verschiedene Fragen, wobei die zu erwartenden Kosten ein zentrales Problem sind. Preise steigen, Fahrpläne verändern sich, Hotels werden umgebaut, eröffnet oder abgerissen, Restaurants wechseln den Besitzer - ein dynamischer Prozeß. Da wir nicht gleichzeitig reisen und Handbücher überarbeiten können, sind Preisangaben relativ schnell überholt. Wir werden trotzdem nicht darauf verzichten, sondern haben für alle Länder auf der letzten Seite die Inflationsrate, d.h. den prozentualen Anstieg der Verbraucherpreise, angegeben. Dadurch kann man selbst abschätzen, wieweit sich die Preise erhöht haben.

Diese vollständig überarbeitete und erweiterte 10. Auflage des Südostasien Handbuchs mit völlig neuem Kartenmaterial konnte nur als Gemeinschaftsprodukt mehrerer Autoren zustande kommen: Neben den Autoren der ersten Auflagen, Stefan Loose und Renate Ramb, recherchierten und formulierten Ursula Spraul-Doring und Richard Doring (Thailand), Klaus Schindler (Malaysia) und Werner Mlyneck (Indonesien). Wir haben versucht, so viel wie möglich selbst nachzuchecken. Unser besonderer Dank geht an die zahlreichen Leser, deren ausführliche Briefe uns beim Zusammentragen weiterer Informationen geholfen haben. Wir freuen uns auf Leserbriefe zu dieser Auflage mit neuen Informationen, Veränderungen und Kritik!

Wir wünschen unseren Lesern auf alle Fälle offene Augen und Ohren, viel Einfühlungsvermögen und nicht zu vergessen - viel Spaß unterwegs.

### *Einige Tips zur Routenplanung*

Auf vielfachen Wunsch unserer Leser möchte ich kurz die wichtigsten Stationen einer Südostasien-Reise zusammenfassen. Sicherlich - die Region ist zu groß und der Urlaub zu kurz, um alles sehen zu können, so daß man nach persönlichen Interessen und der zur Verfügung stehenden Zeit eine Auswahl treffen sollte. Meine Vorschläge sind natürlich subjektiv und können nur eine Anregung sein:

In **Bangkok** (s.S. 626) sollten selbst Freunde des Landlebens zwei bis drei Tage für die Besichtigung einiger Tempel und zum Einkaufen Zeit haben. Die Standard-Route nach Norden führt über die alten Königsstädte **Ayutthaya** (s.S. 653) und **Sukhothai** (s.S. 658) nach **Chiang Mai** (s.S. 685), dem vielseitigen Touristenzentrum im Norden. Es bietet neben Tempeln, guten Einkaufsmöglichkeiten und interessanten Ausflügen v.a. Trekking-Touren zu den Bergstämmen (s.S. 681). Weitere reizvolle Ziele im Norden mit Trekking-Möglichkeiten sind **Mae Hong Son** (s.S. 707), **Pai** (s.S. 714) und **Chiang Rai** (s.S. 721). Süd-Thailand besitzt viele Möglichkeiten für einen preiswerten *(p)* oder komfortablen *(k)* Badeurlaub, z.T. mit Tauchmöglichkeiten *(t)*. Bei der Auswahl sollte die Regenzeit (überwiegend im Winter *w* bzw. Sommer *s)* eine wichtige Rolle spielen. Beliebt sind die Inseln **Ko Chang** (s.S. 755; *p, k, s),* **Ko Samui** (s.S. 771; *p, k, t, w),* **Ko Pha Ngan** (s.S. 789; *p, t, w),* **Ko Tao** (s.S. 799; *p, t, w),* **Ko Lanta** (s.S. 815; *p, t, s),* **Ko Phi Phi** (s.S. 818; *k, t, s)* und **Phuket** (s.S. 823; *k, t, s)* sowie die Strände bei **Krabi** (s.S. 805; *k, p, t, s),* und **Hua Hin** (s.S. 765; *p, k,w).*

Ein Besuch der Ostküste Malaysias lohnt nicht während der Regenzeit im Winter und während des Ramadan. Zum malaiischen Kulturzentrum hat sich **Kota Bharu** (s.S. 482) entwickelt. Traveller sonnen sich an den Stränden von **Marang** (s.S. 513), **Cerating** (s.S. 498) sowie auf den Inseln Pulau **Perhentian** (s.S. 490) und **Tioman** (s.S. 505). Weitere Badestrände findet man an der Westküste auf den Inseln **Langkawi** (s.S. 462) und **Pangkor** (s.S. 430). Auf der Insel **Penang** (s.S. 439) locken weniger die Strände als die historische Atmosphäre der geschäftigen, chinesischen Stadt. **Melaka** (s.S. 469), weiter im Süden, ist ebenso vollgepackt mit Geschichte. Wer auf den Spuren des britischen Empire wandeln möchte, sollte einen Besuch von **Fraser's Hill** (s.S. 420) oder den **Cameron Highlands** (s.S. 423) einplanen, und wer nicht nach Ost-Malaysia fährt, kann Reste intakten Dschungels im **Taman Negara** (s.S. 516) erwandern.

**Singapore** (s.S. 574) ist einfach so modern, sauber, geordnet und steril, daß man es einfach gesehen haben muß. Im nicht mehr preiswerten Einkaufsparadies ist Shopping die Hauptbeschäftigung von Besuchern und Einheimischen.

Die preiswerteste Route nach Indonesien ist der Seeweg von Penang nach **Medan** (s.S. 106) und von Singapore nach Pulau **Batam** (s.S. 152). Die meisten Touristen fliegen jedoch direkt nach **Jakarta** (s.S. 160) und reisen nach einem möglichst kurzen Aufenthalt gleich weiter nach **Yogyakarta** (s.S. 204), manchmal mit einem Zwischenstopp in **Bogor** (s.S. 179), **Bandung** (s.S. 183) oder dem Badeort **Pangandaran** (s.S. 191). Die Sultansstadt Yogya gilt zurecht als das Touristenzentrum in Java, in dem sich Besucher selten langweilen. Nach einem schnellen Aufstieg auf den Vulkan **Bromo** (s.S. 244) fahren die meisten Touristen gleich weiter zur Traum-Insel **Bali** (s.S. 248). Und wer Bali gesehen hat, findet auf **Lombok** (s.S. 287) bessere Badestrände, in **Tana Toraja** (s.S. 333) gute Wandermöglichkeiten und in **Bukittinggi** (s.S. 135) und am **Toba-See** (s.S. 112) weitere interessante Kulturen. Die günstigste Möglichkeit nach Australien führt über **Timor** (s.S. 320), und von **Manado** (s.S. 358) ist es nicht weit auf die Philippinen.

# Reisevorbereitung



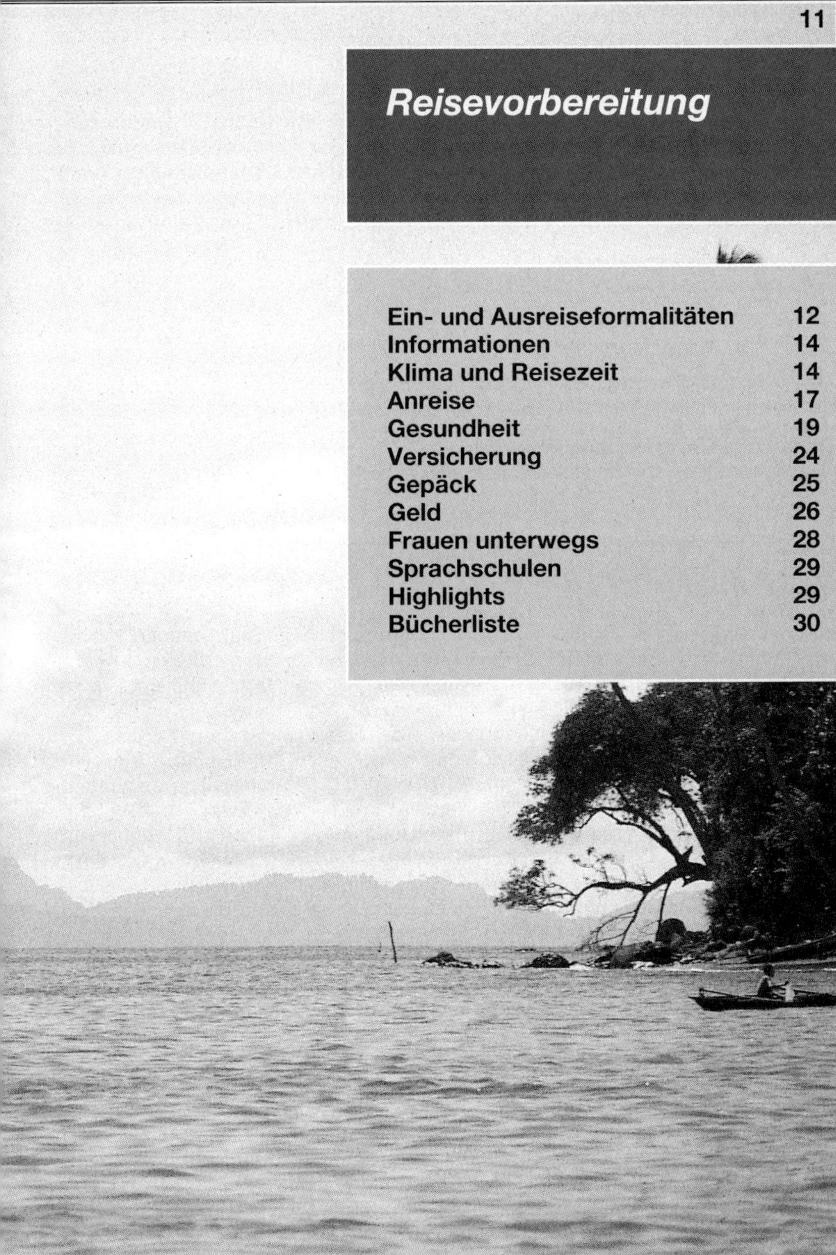

## INFORMATIONEN

Viele Informationen auch in diesem Buch sind unvorhersehbaren Veränderungen unterworfen, z.B. Preise, Wechselkurse, Termine etc. Auch die Einreisebestimmungen können sich ändern. Um wirklich auf dem letzten aktuellen Stand zu sein, kann man sich zusätzlich vor der Reise bei den Fremdenverkehrsämtern informieren:

**Indonesisches Fremdenverkehrsamt**
Wiesenhüttenstr. 17, D 60329 Frankfurt, tel 069/233677, fax 230840.

**Malaysisches Fremdenverkehrsamt (MTPB)**
Roßmarkt 11, 60311 Frankfurt, tel 069 / 28 37 82, fax 069 / 28 52 15.

**Singapore Tourist Promotion Board (STPB)**
Hochstr. 35-37, 60313 Frankfurt/M., tel 069 / 297 88 25, fax 069 / 297 89 22.

**Thailändisches Fremdenverkehrsbüro**
Bethmannstraße 58, D 60311 Frankfurt; tel 069/295704 oder 295804, fax 281468.

## KLIMA

In Südostasien ist das Klima ausgesprochen tropisch. Frühling, Sommer, Herbst und Winter sind unbekannt. An jedem Tag des Jahres steht die Sonne etwa 12 Stunden lang am Himmel. Der Übergang vom Tag zur Nacht vollzieht sich so rasch, daß die Zeit der Dämmerung nur kurz ist. Sonnenaufgänge und -untergänge verlieren häufig durch starke Dunst- oder Nebelschleier ihren Reiz.

Die ständige starke Sonneneinstrahlung bewirkt, daß die **Temperaturen**, vor allem an den Küsten, immer gleichmäßig hoch sind. Sie schwanken im Verlauf des Jahres nur unerheblich, im Tagesverlauf normalerweise zwischen 22°C und 34°C. Während der Trockenzeit liegen sie häufig etwas darüber, und nach einem abkühlenden Regenschauer ist es etwas weniger heiß. Je näher der Äquator ist, um so geringer werden die Temperaturschwankungen.

Nach Sonnenuntergang kühlt es sich, besonders im Landesinneren, merklich ab. Angenehm ist der Aufenthalt im Hochland, wo in 1000 m Höhe (2000 m) die Durchschnittstemperaturen bereits 6°C (12°C) niedriger sind als im Flachland. Selbst mittags betragen die Temperaturen kaum mehr als 30°C, so daß man hier ausgedehnte Tagestouren unternehmen kann, ohne daß man um die Mittagszeit allzuviel Schweiß vergießt. Nachts kann es zu starken Abkühlungen kommen, und Temperaturstürze unter 5°C sind in den Gebirgsregionen keine Seltenheit. Schnee ist allerdings nur vereinzelt auf den höchsten Gipfeln von Irian Jaya zu finden.

Die **Luftfeuchtigkeit** liegt im Tiefland morgens fast immer um 90% und geht nachmittags auf etwa 70% zurück. Nur im Landesinneren und in Regionen mit einer ausgesprochenen Trockenzeit sinkt die Luftfeuchtigkeit nachmittags unter 50%. Die stärksten Niederschläge und höchste Luftfeuchtigkeit sind besonders auf den äquatornahen Inseln zu verzeichnen.

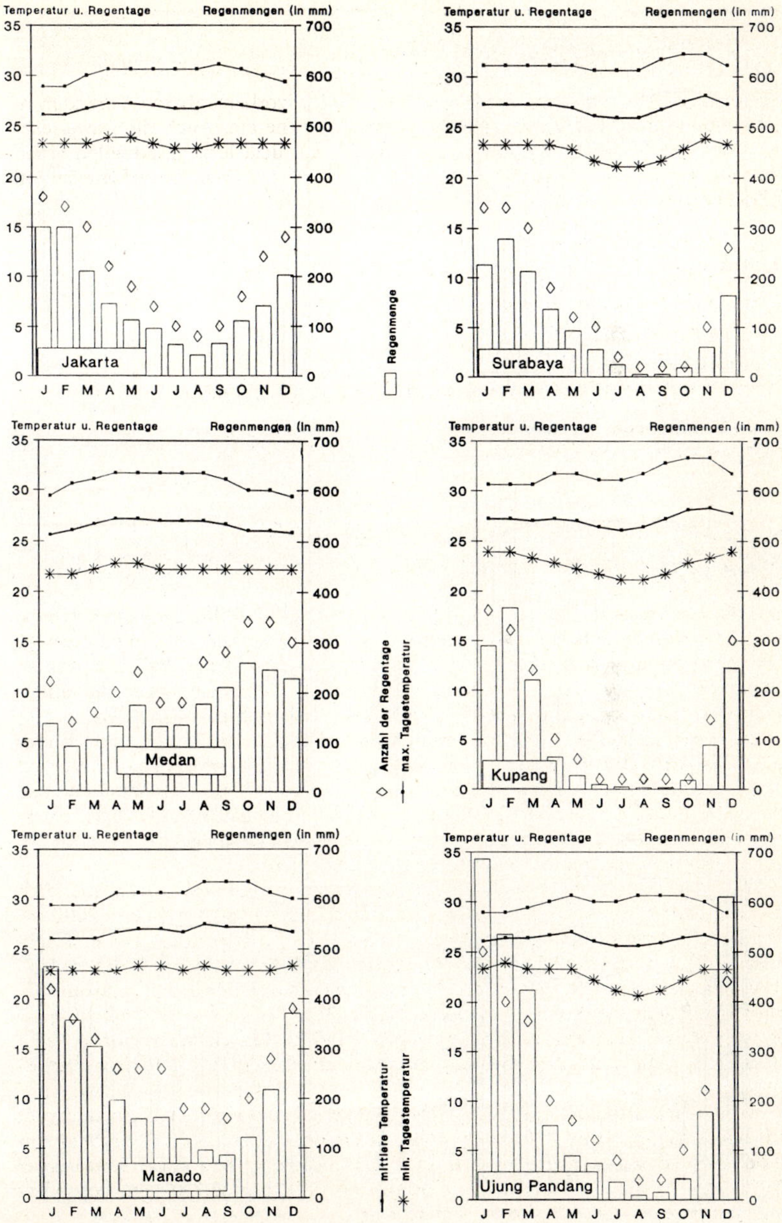
Temperatur u. Regentage
Regenmengen (in mm)
Jakarta
Surabaya
Medan
Kupang
Manado
Ujung Pandang
J F M A M J J A S O N D
Regenmenge
Anzahl der Regentage
max. Tagestemperatur
mittlere Temperatur
min. Tagestemperatur

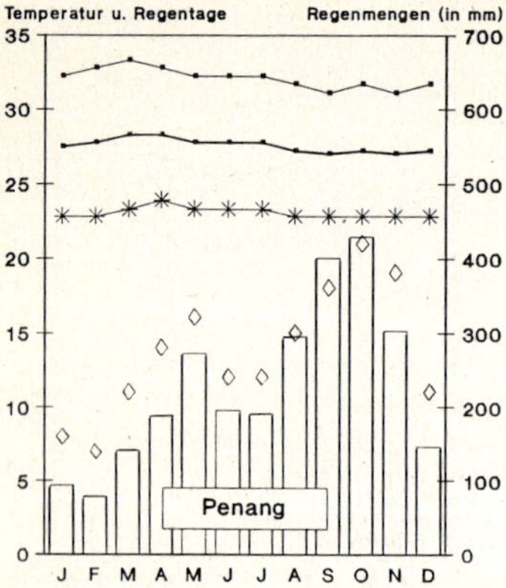
Temperatur u. Regentage
Regenmengen (in mm)
Penang
J F M A M J J A S O N D

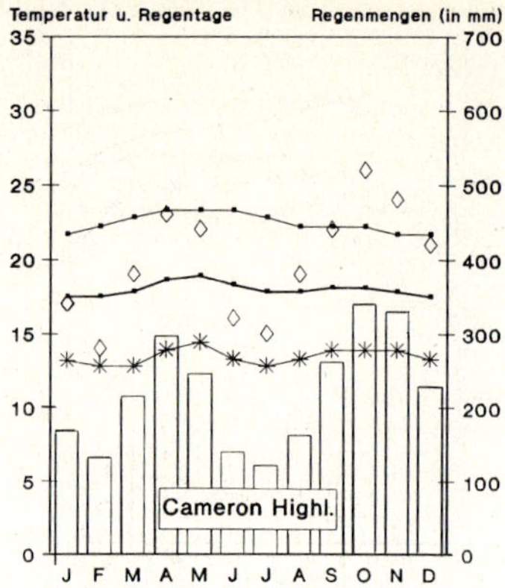
Temperatur u. Regentage
Regenmengen (in mm)
Cameron Highl.
J F M A M J J A S O N D

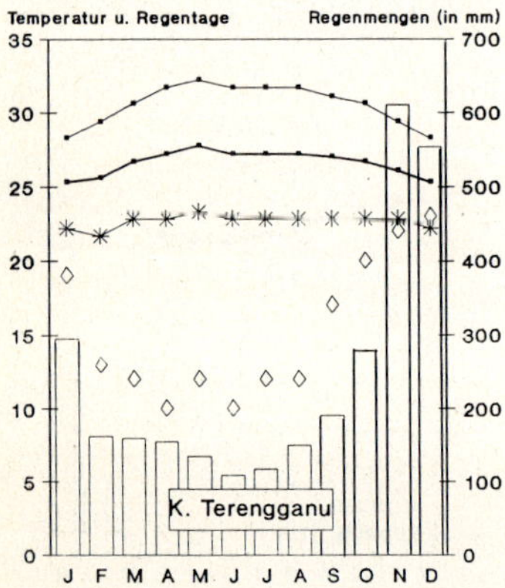
Temperatur u. Regentage
Regenmengen (in mm)
K. Terengganu
J F M A M J J A S O N D

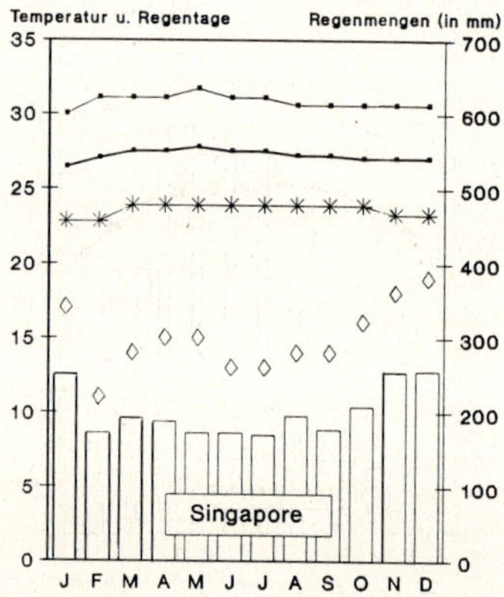
Temperatur u. Regentage
Regenmengen (in mm)
Singapore
J F M A M J J A S O N D

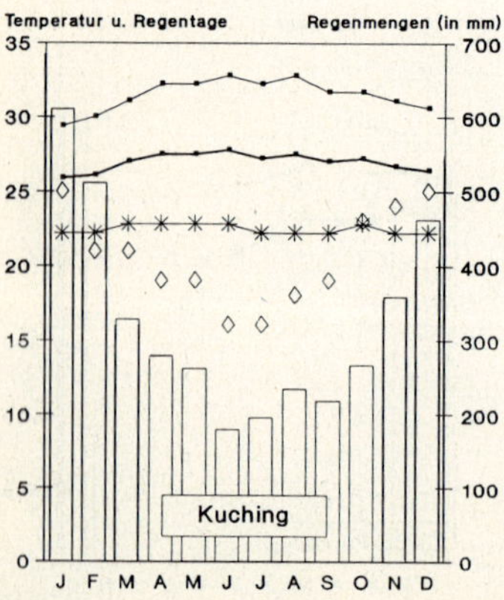
Temperatur u. Regentage
Regenmengen (in mm)
Kuching
J F M A M J J A S O N D

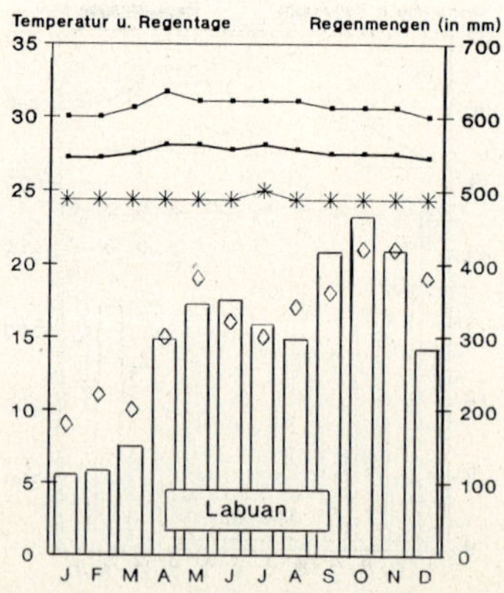
Temperatur u. Regentage
Regenmengen (in mm)
Labuan
J F M A M J J A S O N D

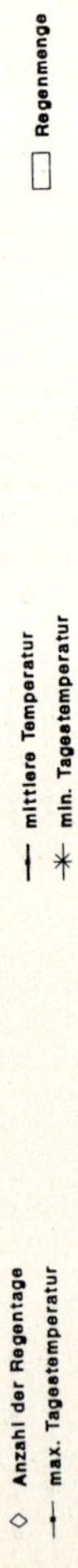
Regenmenge
mittlere Temperatur
min. Tagestemperatur
Anzahl der Regentage
max. Tagestemperatur

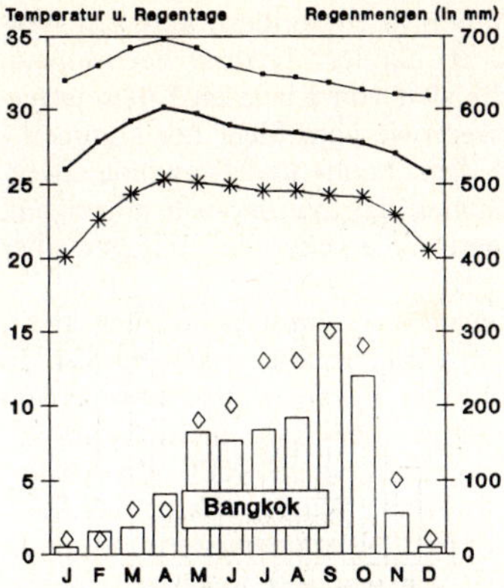
Temperatur u. Regentage
Regenmengen (in mm)
Bangkok
J F M A M J J A S O N D

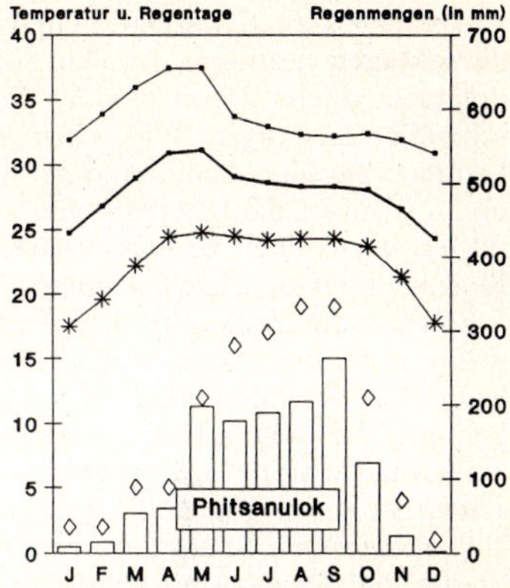
Temperatur u. Regentage
Regenmengen (in mm)
Phitsanulok
J F M A M J J A S O N D

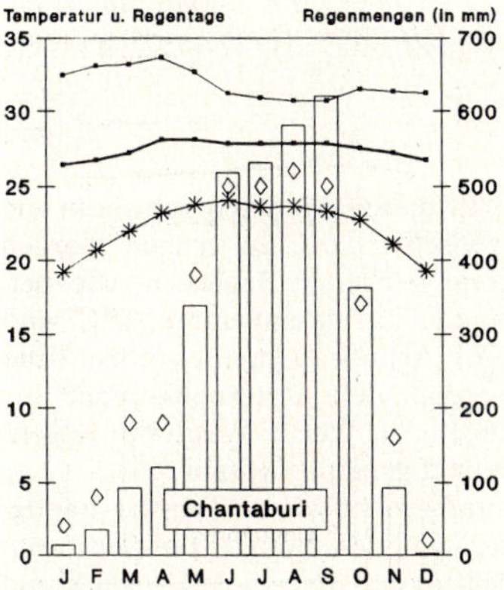
Temperatur u. Regentage
Regenmengen (in mm)
Chantaburi
J F M A M J J A S O N D

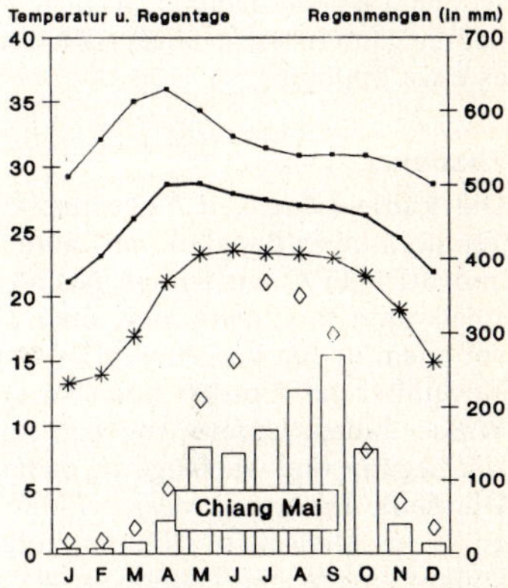
Temperatur u. Regentage
Regenmengen (in mm)
Chiang Mai
J F M A M J J A S O N D

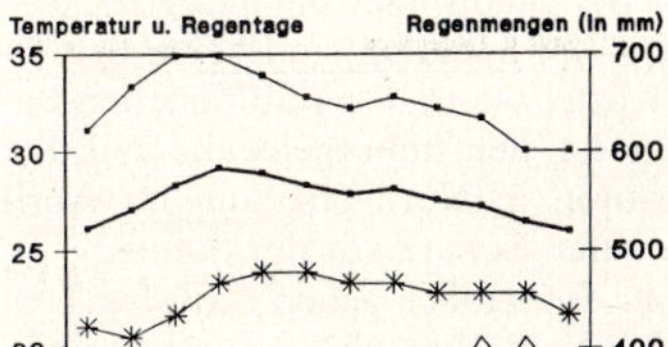
Temperatur u. Regentage
Regenmengen (in mm)
Ko Samui
J F M A M J J A S O N D

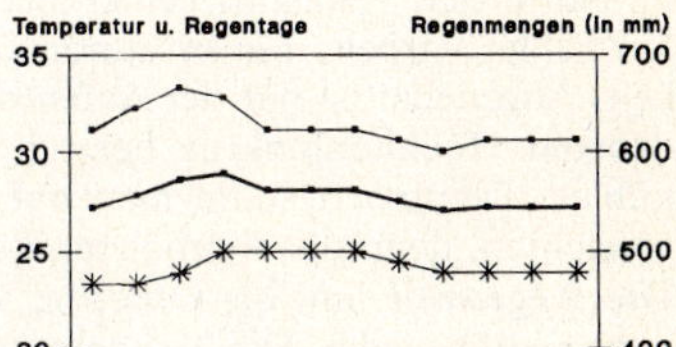
Temperatur u. Regentage
Regenmengen (in mm)
Phuket
J F M A M J J A S O N D

Die Jahreszeiten werden nicht von den Temperaturen sondern von den **Niederschlägen** bestimmt. In allen südostasiatischen Ländern bewirkt der Monsun unterschiedliche Regen- und Trockenzeiten, die sich von Küste zu Küste unterschiedlich ausprägen. Winde bringen Regen, wenn sie vom Meer her kommen - kommen sie über Land, sind sie hingegen trocken. Land- und Seewinde, Berg- und Talwinde, die innerhalb von kleineren Räumen das Windsystem mitprägen, führen letztendlich zu komplizierten Verhältnissen, die generelle Aussagen über Regen- und Trockenzeiten unmöglich machen.

Es kann durchaus sein, daß es an der Nordküste einer Insel in Strömen gießt, während an der Südküste die Sonne scheint. Ein Wetterexperte könnte also zu jeder Zeit des Jahres dem Regen davonfahren. Wer in die tropische Regenzeit kommt, kann wahre Fluten erleben: Innerhalb eines Tages kann mehr Regen fallen als in mehreren trüben europäischen Monaten zusammen - 600 mm Niederschlag an einem Tag sind keine Sensation! Stürmische Winde wühlen das Meer auf, unbefestigte Straßen werden zu unpassierbaren Schlammwüsten und ganze Städte und Dörfer sind überflutet. Doch selbst während der Regenzeit gibt es schöne Tage, an denen es nicht regnet (die Chancen stehen 2:1!). Man nimmt an, daß im Durchschnitt 2000 - 3000 mm Regen pro Jahr fällt - (in Deutschland sind es etwa 700 mm).

## Thailand

**Die kühle Jahreszeit** November bis Februar: In diesen Monaten schwankt die Temperatur in Bangkok im Laufe des Tages zwischen 20°C am frühen Morgen und 30 - 33°C am frühen Nachmittag. In höhergelegenen Regionen, wie beispielsweise in Chiang Mai, sinkt das Thermometer nachts auf unter 10°C, und vor allem in den Bergen wird es empfindlich kühl. Allerdings kann es selbst Mitte November im Norden noch so stark regnen, daß viele Unternehmungen ins Wasser fallen. Unsere Angaben sind durchschnittliche Werte. Wann die Regenzeit beginnt und wie lange sie dauert, weiß niemand genau im voraus.

**Die heiße Jahreszeit** März bis Mai: Die Temperaturen steigen ab Februar ständig an - die Menschen stöhnen unter der Hitze. Zu den hohen Temperaturen kommt eine Wasserknappheit, die sich vor allem in der Metropole Bangkok und im Nordosten Thailands bemerkbar macht, wo der Staub über die ausgetrockneten Felder wirbelt. Temperaturen von über 40°C im Schatten sind keine Seltenheit. Angenehm ist nur der Aufenthalt an der Küste, wo in den traditionellen Badeorten Hochkonjunktur herrscht. Insgesamt ist der höhergelegene Norden kühler. Dennoch sollte man auf Trekkingtouren in Nord-Thailand im April verzichten, denn die abgeholzten Berge bieten kaum Schutz vor der Sonne.

**Die Regenzeit** Juni bis Oktober: Vor allem im September gehen schwere Tropengewitter nieder. Die Temperaturen sinken kontinuierlich ab.

## Indonesien

**Sumatra**: Der Süden der Insel erhält die stärksten Niederschläge, die im November und Dezember viele Straßen unpassierbar machen. Je weiter man nach Norden kommt, um so früher setzt die Regenzeit ein. Zwischen Medan und Padang kommt es zu einer weiteren, schwächeren Regenzeit in den Monaten April und Mai. Die Temperaturen schwanken im Tiefland zwischen 22°C und 31°C, am Toba-See jedoch nur zwischen 16°C und 26°C.

**Java**: Von November bis März bringt nordwestlicher und westlicher Wind der gesamten Insel hohe Niederschläge. In den europäischen Sommermonaten fallen, mit Ausnahme des Südwestens, kaum Niederschläge, nach Osten hin ist sogar eine ausgesprochene Trockenzeit zu erwarten. Die Temperatur verändert sich während des ganzen Jahres kaum. Auf über 1500 m hohen Vulkanen kann es während der Nacht zu Strahlungsfrösten kommen.

**Bali**: Trockenzeit von April bis September. Dezember und Januar sind die Monate mit den höchsten Niederschlägen, doch auch noch im Februar und März muß man mit einigen verregneten Tagen rechnen. Die Sonne läßt sich trotzdem häufig blicken - also kein englisches Wetter!

**Nusa Tenggara**: Die Trockenzeit von Juli bis Oktober ist auf diesen Inseln wesentlich stärker ausgeprägt als im restlichen Indonesien. Besonders am Ende der Trockenzeit ist es sehr heiß. Tropische Wirbelstürme erreichen durchschnittlich 3 bis 5 mal im Jahr die am weitesten südöstlich gelegene Insel Timor.

**Molukken**: Starke Regenfälle auf den Zentral- und Süd-Molukken zwischen Mai und August, auf den Nord-Molukken hingegen während der europäischen Wintermonate. Die Temperaturen schwanken das ganze Jahr über gleichmäßig zwischen 24°C und 31°C.

**Sulawesi**: Im Norden und Süden fallen die meisten Niederschläge im europäischen Winter: Ujung Pandang hat im Sommer eine deutliche Trockenzeit aber extrem hohe Regenfälle von Dezember bis März. Das zentrale Gebiet hat zum Teil mehrere Regenzeiten im Jahr. Hier liegen die Temperaturen höher als an der Küste, wo sie zwischen 23°C und 30°C schwanken. Die Ostküsten Zentral- und Südost-Sulawesis folgen dem Wettermuster der Zentral- und Süd-Molukken.

**Kalimantan**: Es gibt keine ausgesprochenen Regenzeiten. Das ganze Jahr über ist es heiß und feucht mit viel Regen. Über 3000 mm Niederschlag im Jahr sind keine Seltenheit. Im Süden der Insel fallen mehr Niederschläge zwischen Oktober und März als im restlichen Jahr.

### Malaysia - Singapore - Brunei

**Sarawak, Sabah und Brunei:** Innertropisch, feucht und heiß, ähnlich wie Kalimantan.

**Halbinsel Nordwesten** (Alor Setar): Zwei Perioden mit stärkeren Niederschlägen (April / Mai; September / Oktober) und mindestens zwei Monate im Jahr mit sehr geringen Niederschlägen (Januar / Februar).

**Halbinsel Westen** (Kuala Lumpur): Zwei kurze Perioden mit hohen Niederschlägen (April und Oktober), aber keine ausgesprochene Trockenzeit.

**Halbinsel Ostküste** (Kota Bharu): Eine ausgeprägte Regenzeit (Oktober bis Januar), geringe Niederschläge von Juni bis August.

**Halbinsel Süden** (Singapore, Johor Bharu): Niederschläge beinahe gleichmäßig über das ganze Jahr verteilt. Etwas mehr Regen fällt in den Monaten Oktober bis Januar. Das mittlere tägliche Maximum beträgt in jedem Monat etwa 30°C. Kühler als 19°C ist es beispielsweise in Singapore noch nie geworden.

## REISEZEITEN

Die Reiseroute sollte man möglichst nach den **Regenzeiten** richten. Selbst wenn während der Trockenzeit der Tropenhimmel nicht immer in strahlendem Blau erscheint, so sind Überflutungen und tagelanger Dauerregen während dieser Zeit recht unwahrscheinlich. Am sichersten ist es, seine Reise einen Monat nach dem Ende der Regenzeit zu beginnen. Allerdings hat sich während der letzten Jahre die Regenzeit oft verschoben oder ist ganz ausgeblieben.

Während der europäischen Sommer- und Weihnachts**ferien** und den lokalen Schulferien ist Hochsaison. Dann sollte man die Ferienorte möglichst meiden. Besonders in den Holiday-Resorts und an den Badestränden ist dann kaum ein Zimmer frei, Fähren und Busse sind ausgebucht. Asiaten bevorzugen es, in Gruppen zu reisen. Es hat zwar wenig Sinn, zusammen mit 80 Chinesen durch den Dschungel zu trecken, andererseits können gemeinsame, unterhaltsame Abende ein bleibendes Erlebnis sein.

Ebenso ungeeignet für längere Bus- und Bahnfahrten sind **Sonn- und Feiertage**, vor allem während Hari Raya Puasa, dem Ende des Ramadan und während dem Chinesischen Neujahrsfest. Dann scheint das ganze Land auf den Beinen zu sein, und ein Sitzplatz ist kaum zu bekommen. Zudem sind an Wochenenden Sehenswürdigkeiten in der Nähe von Großstädten ein beliebtes Ausflugsziel. Manchmal ist es sogar recht reizvoll, diese gerade an einem Sonntag zu besuchen, wenn die Menschen in ihrer besten Sonntagskleidung flanieren oder picknicken. Wer ein Auto mietet und sich etwas unsicher fühlt, macht am besten seine ersten Fahrversuche am Sonntag.

Während des **Ramadan** sind in überwiegend moslemischen Gebieten die meisten Restaurants bis zum Sonnenuntergang geschlossen, Behörden und Ämter arbeiten mit halber Kraft, Museen und andere Institutionen schließen früher, damit die Mitarbeiter zum Gebet in die Moschee gehen können, und Kulturveranstaltungen finden während dieser Zeit nicht statt. Das gesamte Leben scheint träge dahinzufließen. Das ist zwar kein Hinderungsgrund für eine Reise, aber manchmal etwas unangenehm. Da zum **Idul Fitri**, dem Ende des Ramadan, viele Moslems verreisen, sind die Plätze in Bussen und Zügen häufig ausgebucht.

**Freitags** schließen die meisten Verwaltungsbüros, Museen und anderen öffentlichen Einrichtungen in islamischen Regionen schon vormittags um 11.00 Uhr.

## ANREISE

Kaum jemand fährt auf dem Landweg oder mit dem Schiff nach Südostasien. Der normale Weg von Europa aus ist der Flug mit einer europäischen oder asiatischen Fluggesellschaft nach Bangkok, Kuala Lumpur, Singapore, Jakarta oder Denpasar.

Die Airlines differieren beachtlich in ihrer Sicherheit, der Reisedauer (Anzahl und Dauer der Zwischenstopps) und dem Preis. Der seit Jahren tobende Preiskrieg hat auf diesen Routen zu einem Preisverfall geführt, so daß Flüge mit den meisten Liniengesellschaften preiswerter als ein Charterflug sind.

Verschiedene Airlines Südasiens (Biman, PIA) und des ehemaligen Ostblocks (LOT, Tarom, Aeroflot) konkurrieren mit absoluten Dumpingpreisen. Einigen von ihnen fehlt es allerdings an gut ausgebildeten Spezialisten für die Bedienung und Wartung des Fluggeräts, was auf Kosten der Sicherheit geht. Besonders Biman und Aeroflot bzw. die aus ihr hervorgegangenen Firmen genießen keinen guten Ruf bei Vielfliegern. Uns wurde zudem mehrfach von verlorengegangenem Gepäck berichtet. Einen guten Ruf hat hingegen CSA.

Wer Wert auf Sicherheit und Service legt, bekommt ein Graumarkt-Ticket von einer zuverlässigen europäischen oder südostasiatischen Gesellschaft außerhalb der Saison nach Bangkok bereits für 1400 - 1600 DM und nach Denpasar für 1700 - 1900 DM. Der offizielle Holidaytarif der Lufthansa liegt bei 1699 bzw. 1849 DM, wobei Jugendliche 25% Rabatt erhalten. Auch über London (BA) oder Amsterdam gibt es preiswerte Flüge. Zudem verkaufen einige Chartergesellschaften auch nur Flüge.

Während der Hochsaison wird ein beachtlicher Aufschlag erhoben. Zudem gibt es für die Abflugtermine zum Ferienbeginn und -ende schon Monate im voraus keinen freien Platz, und viele Maschinen sind überbucht. Günstigste Monate zum Fliegen sind die Februar, März, Juni, Oktober und November.

Inlandflüge können unter Umständen mit Thai Airways oder Garuda als günstige Anschlußflüge *(add-on Tickets)* gebucht werden. Dann ist der Anschlußflug von Bangkok nach Phuket oder von Denpasar nach Ujung Pandang wesentlich günstiger als der Normaltarif.

**Thai Airways**, Kennedyallee 93, 60596 Frankfurt 70, tel 069/63000410, fax 6312061.
**Singapore Airlines**, Kettenhofweg 51, 60325 Frankfurt, tel 069/7195103, fax 7195125.
**Malaysian Airlines System**, An der Hauptwache 7, 60313 Frankfurt, tel 069/289734, fax 289858.
**Garuda**, Düsseldorfer Str. 14, 60329 Frankfurt, tel 069/2380688, fax 237220.
**Royal Brunei Airlines**, Airport Center, 60549 Frankfurt, tel 069/69078040, fax 69078043.

Geht die Reise nicht nur in ein Land, lohnen sich vielleicht **Rundflug-Tickets**. Sie werden von vielen Reisebüros zu einem günstigen Preis angeboten. Die meisten Routen gehen über Indien / Sri Lanka / Malediven / Malaysia / Singapore / Indonesien oder die Philippinen. Allerdings bekommt man bei niedrigem Dollarkurs in Asien viele Anschlußflüge günstiger als in Europa.

Nach Billigflügen für **Studenten** mit Internationalem Studentenausweis (ISIC) kann man sich vor Ort in Studenten-Reisebüros und bei den Fluggesellschaften erkundigen. Gefälschte Studentenausweise, die in Südostasien an Nichtstudenten verkauft werden, werden von den Mitarbeitern der jeweiligen Büros meist sofort erkannt. Obwohl die reine Flugdauer etwa gleich ist, unterscheidet sich die Reisezeit verschiedener Gesellschaften, denn sie fliegen meist nicht direkt, sondern legen unterwegs einen oder mehrere Zwischenstopps ein. Im günstigsten Fall dauert der Aufenthalt zum Auftanken nur 1 bis 2 Stunden. Im ungünstigsten Fall muß man umsteigen oder wartet sogar einen Tag auf den Anschlußflug.

Normalerweise ist die Geltungsdauer von Billig-Tickets auf 6 Monate begrenzt. Zudem kann man mit ihnen nicht die Fluggesellschaft wechseln und erhält kein Geld zurückerstattet, wenn der Flug nicht angetreten wird. Bei weniger strikter Handhabung ist zumindest eine Stornierungsgebühr fällig. Für die Umbuchung des Rückflugs müssen etwa 100 DM bezahlt werden. Trotzdem sollte man keine *open date tickets* kaufen, da Flüge von und nach Südostasien häufig schon Monate im voraus ausgebucht sind.

## BILLIGFLUG-REISEBÜROS

### IN DEUTSCHLAND

Bad Homburg **Asean Wings Reisebüro GmbH,**
Louisenstr. 97
61348 Bad Homburg
tel 06172 / 29901.

Berlin **Alternativ Tours**
Wilmersdorfer Str. 94
10629 Berlin
tel 030 / 8812080.

**Neue Reisewelle**
Goltzstr. 14
10781 Berlin
tel 030 / 2166096.

Bonn **Uniphil Travel GmbH**
Reuterstr. 149
53113 Bonn
tel 028 / 210377.

Düsseldorf **Explorer Flugdienst**
Hüttenstr. 30
40215 Düsseldorf
tel 0211 / 994901.

Freiburg **Globetrotter Tours**
Bertoldstr. 8
79098 Freiburg
tel 0761 / 37686.

Göttingen **Reiseladen Johannisstr.**
Johannisstr.28
37073 Göttingen
tel 0551 / 43644.

Hamburg **Team Reisen**
Hahntrapp 2
20457 Hamburg
tel 040 / 4916066.

Hamburg **Weltweit Reiseladen**
Schlüterstr. 22
20146 Hamburg
tel 040 / 441681.

Karlsruhe **Reisebüro Lesser**
Ludwig-Wilhelm-Str. 16
76131 Karlsruhe
tel 0721 / 96433-0.

Kiel **Gebeco**
Holzkoppelweg 19a
24118 Kiel
tel 0431 / 54657-0.

Köln **Asien Reisen**
Gertrudenstr. 29
50676 Köln
tel 0221 / 248761.

München **Travel Overland**
Barerstr. 73
80799 München
tel 089 / 272760.

Nürnberg **Südwind Reisen**
Friedrichstr. 14-18
90408 Nürnberg
tel 363027.

Schwabach **Logo! Reisen**
Rittersbacher Str. 84
91126 Schwabach
tel 09122/5058

Stuttgart **Asien Reisen**
Europaplatz 20
70565 Stuttgart
tel 0711 / 7156091.

**Fernost-Flug-Service**
Tübinger Str. 13 - 15
70178 Stuttgart
tel 0711 / 6402510.

### IN DER SCHWEIZ

**Globetrotter Club & Travel Service**

Baden 5401, Bahnhofstr. 14
tel 215216.

Basel 4001, Falknerstr. 4
tel 2617766.

Bern 3001, Neuengasse 23
tel 3121121.

Luzern 6004, Unter der Egg 10
tel 528844.

St. Gallen 9001, Merkurstr. 4
tel 228222.

Winterthur 8401, Stadthausstr. 65
tel 2121426.

Zürich 8001, Rennweg 35
tel 2117780.

### IN ÖSTERREICH

Wien Reiseladen
1010, Dominikanerbastei 4
tel 5137577.

**Tips für einen gesunden Flug**

**Handgepäck**: eine Flasche Trinkwasser (sicherheitshalber), Hustenbonbons (gegen trockenen Hals und zum Druckausgleich beim Start und der Landung lutschen), Nasenspray (falls Druckausgleich wegen verstopfter Nase nicht klappt), Chinesisches Öl (gegen eingeschlafene Beine), aufblasbares Nackenkissen und Augenmaske (für besseren Schlaf), dicker Pullover, warme Socken, Baumwolltaschentuch oder kleines Frotteetuch, Creme für die Haut, die Augen und die Nasenschleimhäute, Zahnbürste, Unterwäsche, Medikamente (falls Gepäck nicht ankommt), Knabbereien (nicht zu süß oder zu salzig) und natürlich Reiselektüre, Schreibzeug, Paß, Tickets, Geld ...

**Reisekleidung**: möglichst bequeme Baumwollkleidung in Schichten tragen, v.a. bei Klimawechsel (T-Shirt unter Pullover, Leggings unter Hose ..., sich evtl. am Flughafen umziehen), keine Gürtel oder andere beengende Kleidung, Schuhe, die eine halbe Nummer zu groß sind (Einlagen) und keine Ringe tragen, da der Körper aufgrund des niedrigen Luftdrucks während des Fluges anschwillt.

**Am Flughafen**: möglichst früh einchecken, um die gewünschten Sitze zu bekommen und Streß zu vermeiden. Bei der Kontrolle darum bitten, Filme, Nahrungsmittel, Medikamente und Disketten von Hand zu checken.

**Während des Fluges**: Vorführungen der Notfallmaßnahmen beachten. Bewußt atmen, um trotz der schlechten Luft im Flugzeug das Gehirn ausreichend mit Sauerstoff zu versorgen. Die Füße und Waden massieren und möglichst häufig im Gang auf und ab spazieren, denn dadurch entspannt sich der Körper und wird besser durchblutet.

Mindestens 2 l kohlensäurearmes Wasser außerhalb der Mahlzeiten trinken, um Dehydration zu vermeiden. Auf kohlensäurehaltige Softdrinks verzichten, denn das führt zu vermehrten Blähungen und erhöht die Blutzuckerwerte. Auch Kaffee, Tee und Alkohol sollte möglichst reduziert werden. Auf Hygiene achten und die Toiletten nur in Schuhen betreten, regelmäßig die Hände mit heißem Wasser und Seife waschen und gegen Austrocknen gut eincremen. Auch die Nasenschleimhäute einölen, damit sie nicht austrocknen. Bei Zwischenstops die neue Umgebung erkunden und sich Bewegung und frische Luft verschaffen. Während des Schlafs Sicherheitsgurte über der Decke anlegen.

**Vor der Landung**: Rechtzeitig die Toilette aufsuchen. Sich auf die neue Umgebung einstellen ... (Klima s.S. 13 ff, Sprache s.S. 91 Bahasa Indonesia, 395 Bahasa Malaysia, 617 Thai).

# GESUNDHEIT

In Malaysia, Singapore und Brunei sind die gesundheitlichen Risiken relativ gering. Die Länder sind keine Entwicklungsländer mehr, sondern in vielen Bereichen hoch entwickelt, was zwar manche Touristen bedauern, jedoch im Bereich Gesundheit und Hygiene schätzen sollten. Wenn man auf die Gerichte fahrender Händler, die oft in den Slums zubereitet werden, verzichtet, ungeschältes Obst oder Blattsalate meidet, braucht man keine Angst vor schweren Krankheiten zu haben - Malaria ausgenommen. Nicht so gut sieht die Situation in Thailand und Indonesien aus.

### Aids

Gibt es wirklich immer noch Menschen, die nicht wissen, wie sich AIDS verbreitet? Auch in Asien, vor allem in Thailand, wo die Immunschwäche lange Jahre totgeschwiegen wurde, ist AIDS inzwischen ein öffentlich diskutiertes Faktum. Nicht zu glauben, daß es immer noch Männer gibt, die während ihres Urlaubs vom Freiheitsdrang beseelt beim Verkehr mit Prostituierten auf das Kondom verzichten, ja sogar darauf bestehen, es „ohne" machen zu wollen!

Unvorsichtigkeit ist schon schlimm genug, aber wer auch noch an „Sauberkeitsbescheinigungen" oder -beteuerungen glaubt, ist einfach naiv. Und das kann bekanntlich tödlich sein. Also, Männer wie Frauen: kein Verkehr ohne Gummi, jedenfalls nicht bei fremden Männern oder Frauen. Und da bekanntlich auch das Präservativ keinen hundertprozentigen Schutz bietet, ist Abstinenz noch immer der sicherste Weg.

### Bilharziose

Man kann sich beim Baden in Seen und Flüssen mit dem tropischen Saugwurm infizieren, der Durchfälle, Krämpfe, Fieber und Husten hervorruft. Bleibt die Krankheit, die durch eine mikroskopische Darmuntersuchung festgestellt werden kann, unbehandelt, kommt es zu Leberschrumpfungen. Deshalb sollte man in Süßwasserseen und Flüssen möglichst nicht baden. Heilbar ist die Krankheit durch eine 14tägige Tablettenkur mit dem *Praziquantel*-Wirkstoff. Malaysia und Thailand sind nach Auskunft des Tropeninstitutes (noch) frei von Bilharziose.

### Cholera

Die Cholera ist noch lange nicht besiegt und tritt vor allem in übervölkerten Gebieten immer wieder auf. Der Impfschutz durch handelsüblichen Impfstoff ist allerdings umstritten, Reaktionen sind häufig. Geimpft wird deshalb nur dann, wenn eine entsprechende Einreisebestimmung besteht, was für alle südostasiatischen Länder nicht zutrifft. In diesem Fall genügt entgegen der Herstelleremphfehlungen eine einmalige Injektion. Neue Impfstoffe sind in der Erprobung. Solange man auf eine saubere, hygienische Umgebung achtet und nicht geschwächt ist, wird man kaum gefährdet sein.

### Dengue Fieber

Diese Viruskrankheit tritt überall in Asien, vor allem an der Küste auf und wird durch die *Aedes aegypti*-Mücke übertragen, die an ihren schwarz-weiß gebänderten Beinen zu erkennen ist. Sie sticht während des Tages.

Nach der Inkubationszeit von bis zu einer Woche kommt es zu plötzlichen Fieberanfällen, Kopf- und Muskelschmerzen. Nach 3 - 5 Tagen kann sich ein Hautausschlag über den ganzen Körper verbreiten. Nach 1 - 2 Wochen klingen die Krankheitssymptome ab.

Ein zweiter Anfall kann zu Komplikationen führen. Wie bei der Malaria ist ein Moskitonetz und der Schutz vor Mückenstichen der beste Weg der Vorsorge. Es gibt keine Impfung oder spezielle Behandlung. Schmerztabletten, fiebersenkende Mittel und kalte Wadenwickel lindern die Symptome.

### Durchfallerkrankungen

Jeder, der nach Asien reist, wird sich vor allem in der ersten Zeit mehrmals mit Durchfällen (Diarrhoea) herumplagen. Einfache Durchfälle werden durch Infektionen hervorgerufen; verdorbene Lebensmittel, ungeschältes Obst, Salate oder Eiscreme sind häufig die Verursacher. Auch Mikroorganismen im Wasser können durchschlagende Wirkung zeigen. Deshalb sollte man sich an Trinkwasser aus der Plastik- oder Pfandflasche halten (auf den versiegelten Verschluß achten), das fast überall verkauft wird. Wer ganz sicher gehen will, verzichtet auf die kühlenden Eiswürfel, trinkt kein Leitungswasser und greift möglichst auf Tee zurück.

Eine Elektrolyt-Lösung (*Elotrans Neu* bzw. für Kinder *Oralpädon*), die verlorene Flüssigkeit und Salze ergänzt, reicht bei den meist harmlosen Durchfällen völlig aus.

Man kann sich selbst eine Lösung herstellen aus 4 gehäuften Teelöffeln Zucker oder Honig, 1/2 Teelöffel Salz und 1 l Orangensaft oder abgekochtem Wasser. Zur Not, z.B. vor langen Fahrten, kann auf *Imodium*, das die Darmtätigkeit ruhiglegt, zurückgegriffen werden (aber nur in geringen Dosen, da die Ausscheidung von Krankheitserregern verzögert wird!).

Daneben kann man eine Bananen- oder Reis-und-Tee-Diät machen, aber nie die ausreichende Zufuhr von Flüssigkeit und Kochsalz vergessen! Auch Cola in Maßen ist bei Durchfällen hervorragend geeignet, es enthält Zucker, Spurenelemente, Elektrolyte und ersetzt das verlorengegangene Wasser. Stärkere Präparate sollte man nicht einnehmen, sondern bei länger anhaltenden Erkrankungen einen Arzt aufsuchen - es könnte auch eine bakterielle oder eine Amöben-**Ruhr** (Dysenterie) sein.

**Verstopfungen** können durch eine große Portion geschälter Früchte (z.B. Ananas) oder einer halben Papaya zum Frühstück (mit Kernen essen) verhindert werden.

### Erkältungen

Erkältungen kommen in den Tropen häufiger vor als man denkt. Schuld sind vor allem Ventilatoren und Klimaanlagen, die krasse Temperaturwechsel und zu viel Zugluft bescheren. Naßgeschwitzt in klimatisierte Räume zu flüchten, ist nicht ratsam, wenn man nicht etwas zum Wechseln oder Überziehen dabei hat. Auch in klimatisierten Bussen und in den Bergen ist wärmere Kleidung wichtig.

### Gelbsucht

Die schwere Lebererkrankung **Hepatitis B** wird vor allem durch sexuellen Körperkontakt und durch Blut (ungenügend sterilisierte Injektionsnadeln, Bluttransfusionen, Tätowierung, Akupunktur) übertragen. Dagegen gibt es verschiedene Impfstoffe, z.B. *Gen H-B-Vax,* die für besonders gefährdete Personen oder bei Langzeitaufenthalten, womit die Unfallgefahr ansteigt, empfohlen werden.

Die **Hepatitis A** wird durch infiziertes Wasser und Lebensmittel oral übertragen. Vor einer Ansteckung schützt der Impfstoff *(Havrix)* oder vor kurzfristigen Reisen ein Immunglobulin-Präparat. Im Gegensatz zu Südostasien, wo die meisten Menschen nach einer relativ harmlosen Hepatitis A-Infektion im Kindesalter gegen diese Krankheit immun sind, trifft dieses auf ein Drittel aller Europäer zu.

### Geschlechtskrankheiten (Veneral Diseases)

**Gonorrhoe** und die gefährlichere **Syphilis** sind in Asien weit verbreitete Infektionskrankheiten, vor allem bei Prostituierten. Daß der Verkehr mit Prostituierten ohne Kondom ein großes Risiko darstellt, muß mittlerweile hoffentlich nicht mehr betont werden. Bei den ersten Anzeichen einer Erkrankung (Ausfluß / Geschwüre) unbedingt ein Krankenhaus zum Anlegen einer Kultur und zur Blutentnahme aufsuchen.

### Hauterkrankungen

Bereits vom Schwitzen kann man sich unangenehm juckende Hautpilze holen. Gegen zu starkes Schwitzen hilft Körperpuder, das angenehm kühlt und in Apotheken oder Supermärkten erhältlich ist.

Für andere Erkrankungen sind häufig Kopf-, Kleider-, Filzläuse, Flöhe, Milben oder Wanzen verantwortlich. Die beste Vorbeugung ist eine ausreichende Hygiene - möglichst 2 x täglich den Körper waschen und so häufig es geht die Wäsche wechseln. Zudem hilft gegen Hautpilze Baumwollwäsche. Gegen Kopfläuse hilft *Organoderm*, oder, falls man wieder in Deutschland ist, *Goldgeist*.

### Japanische Encephalitis (Hirnhautentzündung)

Sie wird durch Moskitos in Agrarregionen einiger südostasiatischer Länder übertragen. Die Krankheit trat in den letzten Jahren in Südostasien gehäuft auf.

Es gibt zur Vorbeugung einen japanischen Impfstoff der Firma Biken, der bei uns allerdings nur über wenige große Impfzentren (z.B. über die Landesimpfanstalten) direkt aus Japan mit Kühlkette importiert werden kann, etwa 80 DM kostet, wenige Nebenwirkungen haben soll, aber für Langzeitaufenthalt unter entsprechenden Bedingungen angeraten wird. In Thailand ist dieser Impfstoff verfügbar.

### Kinderlähmung

Selbst in Europa treten immer noch Epidemien auf. Wer während der letzten 10 Jahre die Schluckimpfungen versäumt hat, erkundigt sich rechtzeitig beim Gesundheitsamt nach dem Termin der nächsten Polio-Impfung, am besten schon einige Wochen vor der Reise. Ansonsten kann auch der Hausarzt den Schluckimpfstoff verschreiben.

### Malaria

Eine Gefahr, vor der in Südostasien gewarnt werden muß. Nach Berichten der WHO ist die Malaria weltweit auf dem Vormarsch. In vielen Regionen tritt auch die *Malaria tropica* auf, die unbehandelt zum Tode führen kann. Besonders gefährlich sind die Grenzgebiete, Wald- und Sumpfgebiete und Regionen in Flußnähe sowie viele Inseln (z.B. Ko Samet oder Nias). Die meisten Städte hingegen werden als malariafrei bezeichnet.

Die malariaübertragende Mücke *Anopheles* sticht die ganze Nacht, also vom Beginn der Dämmerung bis Sonnenaufgang. Am Abend schützt helle Kleidung (lange Hosen, langärmlige Hemden, engmaschige Socken) und ein mückenabweisendes Mittel, das auf die Haut aufgetragen wird. Ist der Schlafraum nicht mückensicher (lückenlose Mückengitter an Fenster und Türen), sollte man unter einem Moskitonetz schlafen. Am sichersten ist ein eigenes Netz, da die vorhandenen oft beschädigt sind. Löcher verschließt man am besten mit Klebeband. Bei niedrigen Temperaturen in klimatisierten Räumen sind die Mücken weniger aktiv. Notfalls hilft auch eine Räucherspirale das Risiko zu verringern.

Solange der neue Impfstoff SPF 66 des Kolumbiers Manuel Elkin Potarroyo gegen Malaria noch in der Erprobungsphase ist, beugt man einer Infektion mit einem regelmäßig hohen Chloroquinspiegel im Blut vor, was jedoch keine Garantie dafür ist, nicht doch infiziert zu werden. Empfohlen wird gängigerweise die Einnahme von 2 - 3 Tabletten *Resochin* pro Woche eine Woche vor Beginn der Reise bis 4 Wochen nach der Rückkehr.

Viele Malariaüberträger sind resistent gegen Resochin. Deswegen wird die Einnahme zusätzlicher Präparate empfohlen. Proguamil (z.B. *Paludrine,* 2x tgl.), scheint kaum Nebenwirkungen zu haben. Allerdings sind immer mehr Erreger auch gegen dieses Präparat resistent.

Für den Fall einer Infektion in Gebieten ohne ärztliche Versorgung empfiehlt sich daher zur Überbrückung eine *stand-by*-Therapie mit Mefloquin *(Lariam).* Halofantrin, z.B. das Präparat *Halfan,* wird ebenfalls von einigen Spezialisten empfohlen, von anderen jedoch wird wegen ungeklärter Todesfälle vor der Selbstbehandlung mit diesem Mittel abgeraten.

Wer aus Südostasien zurückkehrt und an einer nicht geklärten fieberhaften Erkrankung leidet, auch wenn es sich nur um leichtes Fieber und Kopfschmerzen handelt und es erst Monate nach der Rückkehr auftritt, sollte dem Arzt unbedingt über den Tropenaufenthalt berichten und auf einem Bluttest bestehen. Die ersten Symptome einer Malaria können denen eines banalen grippalen Infektes ähneln und werden daher häufig verkannt.

### Pilzinfektionen

Frauen leiden im tropischen Klima häufiger unter Pilzinfektionen. Vor der Reise sollten sie mit einem Frauenarzt sprechen und sich entsprechende Medikamente verschreiben lassen. Creme ist besser als Zäpfchen, die bei der Hitze schmelzen.

### Schlangen- oder Skorpionbisse

Die weit verbreitete Angst steht in keinem Verhältnis zur realen Gefahr, denn Giftschlangen greifen nur dann an, wenn sie attackiert werden. Gefährlich ist die Zeit nach Sonnenuntergang zwischen 18.00 und 20.00 Uhr, vor allem bei Regen. Einige Schlangen töten durch ein Blutgift, in diesem Fall benötigt man sofort ein Serum, andere töten durch ein Nervengift, dann ist außerdem eine künstliche Beatmung wichtig. Skorpionstiche sind in dieser Region generell nicht tödlich.

### Tollwut

Wo streunende oder auch verendete Hunde zu sehen sind, ist Vorsicht geboten. Wer von einem Hund, einer Katze oder einem Affen gekratzt oder gebissen wird, muß sich schnellstmöglich impfen lassen. In den südostasiatischen Großstädten gibt es den neuen *HDC*-Impfstoff. Eine prophylaktische Impfung wird bei längerem Aufenthalt angeraten. Thailand hat die höchste Todesrate der Welt an Tollwut.

### Typhus / Paratyphus

Typische Symptome: über 7 Tage hohes Fieber einhergehend mit einem eher langsamen Puls und Benommenheit. Empfehlenswert ist die gut verträgliche Schluckimpfung mit *Typhoral L* für alle Reisende.

### Wurmerkrankungen

Winzige oder größere Exemplare, die man überall auflesen kann, setzen sich an den verschiedensten Körperstellen bzw. -organen fest und sind oft erst Wochen nach der Rückkehr festzustellen. Die meisten sind harmlos und durch eine einmalige Wurmkur zu vernichten, andere sind gefährlich, wie z.B. die berüchtigten Hakenwürmer. Sie bahnen sich den Weg durch die Fußsohlen, deshalb sollte man auf feuchten Böden unbedingt Sandalen tragen. Nach einer Reise in abgelegene Gebiete ist es empfehlenswert, den Stuhl auf Würmer untersuchen zu lassen. Absolut notwendig ist das, wenn man über längere Zeiträume auch nur leichte Durchfälle hat.

### Wundinfektionen

Unter unhygienischen Bedingungen können sich schon aufgekratzte Moskitostiche zu beträchtlichen Infektionen auswachsen, wenn sie unbehandelt bleiben. Wichtig ist es, daß jede noch so kleine Wunde saubergehalten, desinfiziert und evtl. mit Pflaster geschützt wird. In jeder Apotheke gibt es Antibiotika-Salben, die den Heilprozeß unterstützen.

### Wundstarrkrampf

Wundstarrkrampf-Erreger findet man überall auf der Erde. Verletzungen kann man nie ausschließen, und wer evtl. noch keine Tetanusimpfung hatte, sollte sich unbedingt zwei Impfungen im 4-Wochen-Abstand geben lassen, die nach einem Jahr aufgefrischt werden müssen. Danach genügt eine Impfung alle 10 Jahre. Am besten ist die Impfung mit dem Tetanus-Diphterie-(Td-)Impfstoff für Personen über 5 Jahre, um gleichzeitig einen Schutz vor Diphterie zu erhalten.

### Medikamente

Von allen regelmäßig benötigten Medikamenten sollte man einen ausreichenden Vorrat mitnehmen. Nicht zu empfehlen sind Zäpfchen oder andere hitzeempfindliche Medikamente. In den Apotheken Südostasiens gibt es viele Präparate billiger und ohne Rezept. Bei Untersuchungen stellte sich heraus, daß einige Präparate gefälscht waren, also Vorsicht! Wer in einem Krankenhaus oder einer Privatklinik behandelt wird, erhält die Medikamente dort passend abgezählt. Preisgünstiger als in Europa sind Impfungen (auf Einwegspritze bestehen).

(Informationen über die medizinische Versorgung s.S. 29)

## VORSCHLAG FÜR EINE REISEAPOTHEKE

**Schmerzen und Fieber**

Fieberthermometer
ASS ( z.B. Aspirin oder Paracetamol)
Buscopan (gegen Krämpfe)
Fungizid ratio (bei Pilzinfektionen)
Antibiotika* (im Notfall gegen bakt. Infektionen)
Maaloxan oder Solugastril (bei bekannter Neigung zu Magenübersäuerung)
Yxin (gegen Bindehautreizung)

**Erste Hilfe**

Verbandszeug (Heftpflaster, Hansaplast, Mullbinden, Elastische Binde, Pinzette)
Desinfektionsmittel (Merfen-Orange N*)
Antihistaminicum (Systralsalbe u.ä.)
Wund- & Heilsalbe (Bepanthen)

**Malaria-Prophylaxe**

Chloroquin (z.B. Resochin*, Lariam* zur standby-Therapie)
Paludrine*

**Reisekrankheiten**

Superpep Kaugummis (Rodawan, Reisedragees Stada)

**Durchfall**

Imodium akut (v.a. vor längeren Fahrten);

zur Rückführung von Mineralien: Elotrans Neu (Kinder: Oralpädon)

**Sonstiges**
Lärmstop (gegen Lärmbelästigung)
Sonnenschutzcreme
Mückenabweisende Mittel (aus der Apotheke)
Einwegspritzen (mit ärztlicher Bestätigung, daß sie medizinisch notwendig sind, damit man nicht für einen Fixer gehalten wird)
Kondome
Beipackzettel

(* rezeptpflichtig in Deutschland)

## Krankenversorgung

**Indonesien:** Abgesehen von einigen privaten Krankenhäusern, die westlichen Standard erreichen, sind die Provinzkrankenhäuser merklich schlechter ausgestattet. Nicht überall findet man öffentliche Krankenhäuser (RSU = Rumah Sakit Umum), sondern sogenannte *Puskesmas,* Erste-Hilfe-Stationen oder Gesundheitszentren. In vielen Krankenhäusern wird erwartet, daß die Familie für Medizin oder anderes Material sorgt und sich um das Essen des Patienten kümmert.

Liegen schwierige Probleme vor oder steht eine Operation an, sollte man sich möglichst in die christlichen Krankenhäuser von Surabaya oder Jakarta begeben oder nach Singapore auszufliegen. Die Krankenhausbehandlung ist bis auf eine geringe Aufnahmegebühr frei. Man muß jedoch die für indonesische Verhältnisse teuren Medikamente selbst bezahlen. Häufig lohnt es sich, auf freipraktizierende Ärzte zurückzugreifen.

**Singapore / Malaysia**: Die Qualifikation der Ärzte und die Ausstattung der Krankenhäuser ist in Singapore und Malaysia gut und entspricht europäischem Standard. Die Behandlung ist in Malaysia, sofern sie in einem staatlichen Krankenhaus vorgenommen wird, kostenlos. In Singapore muß der Patient selbst die Behandlung bezahlen, doch der Luxus supermoderner Privatkliniken ist immer noch billiger als eine normale Behandlung in der Klinik zu Hause.

**Thailand**: Das Gesundheitswesen in Thailand ist gut entwickelt. Selbst in Provinzstädten sind die Krankenhäuser sauber und gut ausgestattet, und das Personal ist hilfsbereit. Will man kein Risiko eingehen, begibt man sich in schweren Fällen nach Bangkok oder Chiang Mai. Hier gibt es gut eingerichtete Krankenhäuser und englisch- oder deutschsprechende privatpraktizierende Ärzte. Die Kosten muß man selbst tragen, sind jedoch recht niedrig.

# VERSICHERUNG

Wichtig ist eine ausreichende **Reisekrankenversicherung**. Nur einige private Krankenkassen schließen den weltweiten Schutz im Krankheitsfall ein. Wer diesen nicht hat oder bei der gesetzlichen Krankenkasse versichert ist, sollte sich bei Auslandsreisen in jedem Fall privat versichern. Die meisten Reisebüros und einige Kreditkartenorganisationen bieten derartige Versicherungen an.

Die normale Reisekrankenversicherung garantiert den Krankenrücktransport, wenn es medizinisch notwendig ist. Das trifft jedoch in den seltensten Fällen zu, da die Behandlung auch im Land erfolgen kann. Zudem übernimmt sie alle Arzt-

und Krankenhauskosten, erstattet das Geld aber erst im Nachhinein. Die einzureichenden Rechnungen müssen folgende Angaben enthalten: Name, Vorname, Geburtsdatum, Behandlungsort und Datum, Diagnose, erbrachte Leistungen in detaillierter Aufstellung (Beratung, Untersuchungen, Behandlungen, Medikamente, Injektionen, Laborkosten, Krankenhausaufenthalt), Unterschrift des behandelnden Arztes, Stempel. Der Text sollte in Englisch abgefaßt sein, sonst muß er später übersetzt werden. Da die Kosten in der Landeswährung angegeben sind, ist es hilfreich, zusätzlich den Betrag in US$ auszuweisen oder einen Bankbeleg über den aktuellen Wechselkurs beizulegen.

Zudem werden von der Europäischen Reiseversicherung, von Elvia und Hanse-Merkur **Versicherungspakete** angeboten, die neben der Reisekrankenversicherung eine Gepäck-, Haftpflicht-, Unfall- und Rat & Tat-Versicherung einschließen. Mit der Rat & Tat-Versicherung erhält man über eine Notrufnummer Soforthilfe während der Reise. Krankenhauskosten werden sofort von der Versicherung beglichen, und bei ernsthaften Erkrankungen übernimmt sie den Rücktransport. Ist der Versicherte nicht transportfähig und muß länger als 10 Tage im Krankenhaus bleiben, kann eine nahestehende Person auf Kosten der Versicherung einfliegen. Auch beim Verlust der Reisekasse erhält man über den Notruf einen Vorschuß.

Die Pakete sind jedoch, ebenso wie die günstigen Krankenversicherungs-Angebote, auf maximal 8 Wochen begrenzt. Da bei längeren Reisen bis zu einem Jahr nur Einzelversicherungen möglich sind, und der Versicherungsschutz teurer wird, sollte man in diesem Fall die Leistungen verschiedener Unternehmen vergleichen. Wer sich optimal absichern möchte, schließt eine separate Kranken-, Rat & Tat-, Unfall- und Gepäckversicherung ab. Bei häufigen Auslandsreisen kann das Paket oder die Einzelversicherungen auch für ein ganzes Jahr abgeschlossen werden. Dann ist man auf allen Reisen versichert, sofern diese nicht länger als 6 Wochen dauern.

Der Versicherungsschutz von **Reisegepäckversicherungen** ist häufig eingeschränkt. Deshalb sollte man darauf achten, daß Wertvolles (Fotoausrüstung u.ä.) zu einem möglichst hohen Prozentsatz mitversichert ist. Eventuell lohnt eine Zusatzversicherung, um den Gesamtwert abzudecken. Besser ist alles, was nicht ausreichend versichert ist ins Handgepäck, zu packen. Die Versicherung muß Weltgeltung haben, die gesamte Dauer der Reise umfassen und in ausreichender Höhe abgeschlossen sein. Kommt das gesamte Gepäck weg, ist eine Checkliste hilfreich, auf der alle Gegenstände und ihr Wert eingetragen sind.

## GEPÄCK

### Kleidung

- ❑ **Feste Schuhe** (für Wanderungen reichen Turnschuhe meist aus)
- ❑ **Sandalen** (bei Tempel- und Moscheebesuchen leicht auszuziehen)
- ❑ **Gummisandalen*** (nicht barfuß unter Duschen gehen, Pilzgefahr!)
- ❑ **Hosen** bzw. **Röcke** aus Baumwolle, die nicht zu eng sitzen sollten.
- ❑ **Kurze Hosen** (nur für Strände, zum Baden und in Touristenexklaven)
- ❑ **Hemden*** oder **Blusen***
- ❑ **T-Shirts* / Polo-Shirt*** mit Kragen (fürs Schnorcheln)

❑ **Jacke** (für die An- und Abreise, kühle Nächte in den Bergen und ac-Busse)
❑ **Pullover** (notwendig bei Fahrten mit ac-Bussen und bei Bergtouren)
❑ **Regenschirm** (keine Gummijacke wegen Wärmestau!)
❑ **Sonnenschutz**: Hut / Brille* (in unzerbrechlicher Box) / Sonnencreme
❑ **Socken** (für den Abend dichte, nicht allzu kurze Socken als Moskitoschutz)
❑ **Unterwäsche** (aus Baumwolle); für Frauen BH
❑ **Badekleidung**, für Frauen außerhalb der Touristenzentren einteiliger Badeanzug

## Hygiene und Pflege

❑ **Zahnbürste***
❑ **Zahnpasta*** in stabiler Tube
❑ **Shampoo** / Haarpflegemittel (die auf europäische Haare abgestimmt sind)
❑ **Nagelschere*** und Nagelfeile
❑ **Rasierer** (in abgelegenen Gebieten ist ein Naßrasierer zu bevorzugen)
❑ **Kosmetika** und Hautpflegemittel
❑ **Feuchties** (unparfümiert; zur Hygiene unterwegs und wo es kein Wasser gibt)
❑ **Tampons** (in internationalen Hotels oder Supermärkten zu bekommen).
❑ **Plastiktüten** (für schmutzige Wäsche und als Nässeschutz)
❑ **Nähzeug** (Zwirn / Nähseide / Nadeln / Sicherheitsnadeln)
❑ **Toilettenpapier*** (auf den meisten öffentlichen Toiletten nicht vorhanden, dafür steht es auf den Tischen in Restaurants, wo es Servietten ersetzt)

## Sonstiges

❑ **Adapter** (da manche Steckdosen Flachstecker nicht aufnehmen)
❑ **Reisewecker** (oder Armbanduhr mit eingebautem Wecker)
❑ **Reiseapotheke** (s.S. 28)
❑ **Notizbuch*** und Stifte*
❑ **Reisepaß** (evtl. Internationaler Studentenausweis und Personalausweis)
❑ **Impfpaß** (oder zumindest eine Kopie davon für den Notfall)
❑ **Geld** (Bargeld / Reiseschecks / Abrechnung über Schecks / Kreditkarte)
❑ **Flugtickets**
❑ **Kopien der Dokumente** (nach der Einreise wegen Einreisestempel anfertigen)
❑ **Reiseführer**
❑ **Landkarten**
❑ **Reiselektüre**
❑ **Kleine Geschenke** (Postkarten, Briefmarken, Fotos von Daheim, Buntstifte statt Bonbons für Kinder ... für weitere Anregungen sind wir dankbar)

## Wer in einfachen Unterkünften wohnen wird, braucht zudem

❑ **Seife*** in bruchsicherer Dose
❑ **Handtücher***: (in den meisten Hotels vorhanden)
❑ **Waschmittel** in der Tube (für alle, die selbst Wäsche waschen)
❑ **Plastikbürste*** (zum Reinigen von Wäsche und Schuhen)
❑ **Kordel** (als Wäscheleine oder zum Aufspannen des Moskitonetzes)
❑ **Klebeband** (zum Packen und Löcher im Moskitonetz verschließen)
❑ **kleine Nägel** oder Reißzwecken(zum Befestigen des Moskitonetzes)
❑ **Taschenlampe***
❑ **60-Watt-Birne*** (für alle, die noch spät lesen wollen)

- ❑ **Taschenmesser** (z.B. Schweizer Messer)
- ❑ **Vorhängeschloß*** (und kleine Schlösser* fürs Gepäck)
- ❑ **Moskitonetz*** (Baumwollnetze sind schwerer aber stabiler als Plastiknetze)
- ❑ **Schlafsack** (Leinenschlafsack oder 2 dünne Tücher) In billigen Hotels gibt es keine Bettdecken, und Bettlaken werden nicht häufig gewechselt.

* Diese Gegenstände sind in Südostasien preiswerter zu erwerben.

## Der Wickelrock und das „gute Stück"

Das meistgetragene Kleidungsstück auf dem Land ist, neben Gummisandalen, der Wickelrock (Thai: *phasin,* Malaiisch: *sarong)* Auch Touristen können ihn außer zum Baden an nicht abgeschirmten Waschplätzen als Rock im Haus oder am Strand tragen und sich damit zudecken. Als Bekleidung außerhalb der Strände ist er ungeeignet. Mit dem Tragen eines bäuerlichen Kleidungsstücks begibt man sich auf eine niedrige soziale Stufe, verliert Gesicht und macht sich bei den auf westlichen Schick bedachten Städtern lächerlich.

Während einer Reise wird man evtl. von Einheimischen eingeladen. Handelt es sich um eine Hochzeit oder ein anderes Familienfest, erwartet man, daß Gäste sich dem Anlaß entsprechend kleiden. Deshalb sollte auch ein gutes Stück im Gepäck sein, das längere Reisen unbeschadet übersteht. Bei chinesischen Festen (außer bei Begräbnissen) trägt man keine weiße, blaue oder schwarze Kleidung.

Bei der Auswahl der Kleidung empfiehlt sich eine Kombination aus lässig-bequemer und gutaussehender, „ordentlicher" Kleidung. In Südostasien beurteilt man die Menschen weit mehr als in Europa nach ihrem Äußeren. Ein schmuddeliges Outfit stößt unmerklich auf Ablehnung, da selbst Menschen, die kein Geld haben, bemüht sind, immer sauber und gut gekleidet zu sein. Auch allzu weit ausgeschnittene und eng anliegende Kleidung wird vor allem bei Frauen als obzön angesehen. Wäsche wird fast überall innerhalb von 24 Stunden für wenig Geld gewaschen und gebügelt.

## Ausrüstung für Dschungel- und Trekking-Touren

Für Trekking-Touren in der Regenzeit oder Dschungelwanderungen durch feuchte Wälder haben sich Dschungel-Boots aus Armeebeständen bewährt, die man in einigen Geschäften und auf Märkten bekommt. Bei mehrtägigen Touren empfiehlt sich ein warmer Schlafsack. Daunen sind ungeeignet, da sie bei hoher Luftfeuchtigkeit nicht trocknen.

Das Gepäck zusätzlich mit einem Zelt oder einem wetterfesten Schlafsack zu belasten, lohnt sich nur, wenn auch entsprechende Vorhaben geplant sind. Für laue Tropennächte reicht ein Bettbezug oder Jugendherbergsschlafsack völlig aus.

## Rucksäcke, Koffer und Taschen

Wer überwiegend mit öffentlichen Verkehrsmitteln unterwegs ist und längere Strecken zu Fuß zurücklegen will, reist am besten mit Rucksack. Er soll groß genug, aber weder schwer noch unförmig sein und aus reißfestem, wasserabstoßenden Material bestehen. Durch verstellbare, gut gepolsterte Gurte und Träger kann er individuell angepaßt werden, so daß sich das Gewicht von den Schultern auf die Hüften verlagern, wo es wesentlich leichter zu tragen ist. Am besten probiert man ihn vor dem Kauf mit etwa 15 Kilo Inhalt an und packt ihn vor der Abreise probeweise.

Für Leute mit wenig Gepäck reicht eine Reisetasche mit starken, breiten Schulterriemen. Wer sein Gepäck nicht weit tragen muß, kann auch gut mit Koffer reisen. Vorteil: Man wird nicht mit dem negativen Image belegt, das Rucksacktouristen manchmal haben. Zudem sind sie in öffentlichen Verkehrsmitteln leichter zu verstauen als sperrige Rucksäcke. Im Gepäck sollte zu Beginn der Reise noch Platz für spätere Einkäufe sein. Ein zusätzlicher Tagesrucksack *(Daypack)* oder eine Falttasche kann unterwegs bei Tagesausflügen oder Kurztrips das Gepäck aufnehmen und auf dem Heimflug für weiteren Stauraum sorgen. Im Notfall gibt es in den südostasiatischen Metropolen und Tourismuszentren billige Koffer und Reisetaschen zu kaufen.

Für Kameras benötigt man Fototaschen oder Alu-Koffer, die möglichst nicht schon von außen auf den wertvollen Inhalt schließen lassen. Sie sollten aus festem Material bestehen (nicht aufschlitzbar!), gut verschließbar sein und Platz für weiteres Handgepäck haben. Wertsachen, wie Geld, Pässe, Schecks und Tikkets, lassen sich am besten nah am Körper in einem breiten Hüftgurt aus Baumwollstoff aufbewahren. Unter Hosen und locker fallenden Kleidern kann man ihn um die Hüfte gebunden unauffällig tragen. Alle Papiere - auch das Geld - werden zusätzlich durch eine Plastikhülle geschützt, denn Schweiß ist zerstörerisch, und unleserliche Bankbescheinigungen oder Flugtickets machen Ärger.

# GELD

## Bargeld

Bargeld birgt das größte Risiko, denn bei Diebstahl ist alles weg. Dennoch sollte man etwas Bargeld mitnehmen, denn mit ein paar Cash-Dollar kann man im Notfall ein Taxi oder die Airport Tax bezahlen. Dollarscheine *(greenbacks)* sind überall bekannt, DM-Scheine dagegen weniger.

## Reiseschecks

Die größtmögliche Sicherheit bieten Reiseschecks (Travellers Cheques), die gegen 1% Provision bei jeder Bank erhältlich sind. US$-, DM- oder Sfr-Reiseschecks werden in allen Touristenzentren eingelöst. Österreicher sollten sich für eine dieser Währungen entscheiden. Da die Gebühr beim Einlösen pro Scheck berechnet wird, sollte man lieber weniger Schecks mit einem höheren Wert mitnehmen. Am besten sind AMEXCO (American Express), Visa oder Thomas Cook-Reiseschecks. Bei Verlust oder Diebstahl werden sie im nächsten Vertragsbüro ersetzt. Wichtig ist, daß die Kaufabrechnung an einer anderen Stelle aufbewahrt wird als die Schecks, damit nachgewiesen werden kann, welche Schecks eingekauft wurden. Außerdem hilft eine Aufstellung aller bisher eingelösten Schecks, denn diese werden natürlich nicht ersetzt.

## Euroschecks

Nur selten werden in Südostasien Euroschecks akzeptiert. Als Reserve sind ein paar Euroschecks jedochj gut geeignet, sofern man nicht in Indonesien unterwegs ist. Bis zu fünf Euroschecks aller deutschen Banken wechselt in Thailand pro Person und Kalendermonat ohne Rechtsanspruch die Thai Farmers Bank.

Man bekommt aber nur den Gegenwert von bis zu 400 DM in Landeswährung ausgezahlt. In den Tourismuszentren werden in seltenen Fällen auch Euroschecks von Restaurants, Hotels und Geschäften in Zahlung genommen. Die Filialen der Deutschen Bank in Bangkok, Kuala Lumpur, Singapore, Jakarta und Surabaya wechseln maximal fünf Schecks der Deutschen Bank zum Wert von maximal 2000 DM. In Singapore akzeptiert zudem die Dresdner- und Commerzbank Euroschecks ihrer jeweiligen Mutterbank. Normalerweise wird nur ein Scheck eingelöst. Da die Gebühren beachtlich sind, ist es günstiger, Travellers Cheques mitzunehmen.

### Kreditkarten

Eine gute Alternative für Leute mit festem Einkommen sind Kreditkarten wie *American Express, Visa, MasterCard (Eurocard)* oder *Diner's Card.* Gegen einen Jahresbeitrag wird man Mitglied der jeweiligen *company*. Mit der Karte kann man nicht nur bargeldlos bezahlen (z.B. Flugtickets, Mietwagen, Einkäufe, Hotel- und Restaurant-Rechnungen im oberen Preisniveau) sondern auch Bargeld bekommen.

In Thailand und West-Malaysia sind Auszahlungs- und Akzeptanzstellen weit verbreitet. Allerdings verlangen Geschäfte oft, entgegen der Vertragsvereinbarungen, die Verkäufergebühr (3 - 5%) vom Kunden.

| | AMERICAN EXPRESS | VISA CARD | EURO-/MASTERCARD |
|---|---|---|---|
| **Jahresbeitrag** | 100 DM | ab 60 DM | ab 40 DM |
| **Barauszahlung** | 1) In einem AE-Office alle 3 Wochen mit persönlichem Scheck und Karte bis 2000 DM in Landeswährung, davon 400 DM bar und der Rest in Reiseschecks. Keine zusätzliche Gebühr. 2) An AE-Geldautomaten alle 7 Tage bis zu 1500 DM, dann Gebühr: 2%, min. 10 DM. Die Hausbank legt den Wechselkurs wie beim Auslandsscheck zugrunde. | 1) Die Vertragsbanken* zahlen innerhalb des Kreditrahmens tgl. bis zu US$300 in bar aus, mindestens 1500 Baht. Gebühren: je nach Abrechnungsmodus 2,5 - 4%, mindestens 3 - 10 DM zum Briefkurs vom Vortag. 2) Gleiches gilt für die Barauszahlung vom Geldautomaten. | 1) Die Vertragsbanken* zahlen alle 7 Tage bis zu US$1000 in Landeswährung aus, mindestens 2500 Baht. 2) An ATM-Geldautomaten alle 7 Tage bis zu US$ 1000, Gebühren bei Banken und am Automaten: 4%, Umrechnung zum Briefkurs vom Vortag |
| **Verlust melden** | In jedem AE-Office | bei der Vertragsbank | tel USA 314/2756690 |
| **Infos in Deutschland** (auch für Ersatzkarten zuständig) | tel 069-97971000 | bei allen ausstellenden Banken | tel 069-79330 |

Es ist ratsam, eine bestimmte Summe als Guthaben auf dem Kreditkarten-Konto zu deponieren, damit man nicht auf den vorgegebenen Kreditrahmen angewiesen ist und, falls möglich (z.B. bei Visa) den täglichen Abrechnungsmodus zu wählen, die man so hohen Zinssätze für Bargeld-Kredite umgeht. Auf vielen Kreditkarten-Konten werden sogar Zinsen gezahlt, die gar nicht unattraktiv sind. Hier lohnt es auf jeden Fall, sich vorher zu informieren.

* **Vertragsbanken von Visa** *in Indonesien:* Bank International Indonesia, Bank of America, Bank Duta, Bank Niaga, Bank Central Asia; *in Malaysia und Singapore:* Overseas Union, Chase Manhattan, Standard Chartered, Hongkong, Malayan Banking, Overseas Chinese Banking; *in Thailand:* Bank of Ayutthaya, Siam Commercial Bank, Thai Farmers Bank, Thai Military Bank. **Vertragsbanken von Euro-/Mastercard** *in Indonesien:* Bank of America, Bank Duta, Bank International Indonesia, Bank Central Asia, Bank Dagang Bali; *in Malaysia und Singapore:* Hongkong Bank, Bank of America, Overseas Chinese Banking, Chase Manhattan Bank, Bank Bumiputra; *in Thailand:* Bank of America, Bank of Ayutthaya, Siam Commercial Bank, Thai Military Bank, Thai Farmers Bank.

Verlust oder Diebstahl sind sofort zu melden, damit man gegen den Mißbrauch der Karte abgesichert ist (maximale Haftung 100 DM). Bei Mietwagen oder Flügen, die mit der Karte bezahlt werden, ist in der Regel automatisch eine Unfallversicherung inklusive.

**Warnung**: Die Kreditkarte darf beim Bezahlen nicht aus den Augen gelassen werden, damit kein zweiter Kaufbeleg erstellt werden kann, auf dem später die Unterschrift gefälscht wird! Sie darf auch niemals in einem Safe, der auch anderen zugänglich ist, verwahrt werden. Schon viele Reisende mußten zu Hause den Kontoauszügen entnehmen, daß während ihrer Abwesenheit hemmungslos „eingekauft" worden war.

## Überweisungen

Wenn man sich **Geld aus Europa überweisen** lassen möchte, schickt die asiatische Bank ein Telex oder Fax (die Telex- bzw. Fax-Nummer der Heimatbank notieren) und fordert den entsprechenden Betrag an. Eine telegraphische Anweisung kostet 50 - 80 DM. Man kann seinen Sachbearbeiter bei der Bank oder Bekannten zu Hause, die eine Konto-Vollmacht besitzen, natürlich auch per Fax bitten, die Anweisung abzuwickeln. Die Kosten für den Transfer unterscheiden sich von Bank zu Bank und liegen bei etwa 20 - 30 DM. Wer sich den Abwicklungsbeleg nach Südostasien faxen läßt, kann bei der Bank etwas Druck machen, doch normalerweise ist das Geld in Thailand, Malaysia und Singapore nach 3 Tagen verfügbar.

Für Überweisungen eignen sich am besten die Zentralen der großen Banken in den jeweiligen Hauptstädten, die Deutsche Bank oder die jeweilige Korrespondenzbank der Hausbank. Der überwiesene Betrag wird zum Devisenkurs umgerechnet und bar in Landeswährung oder Travellers Cheques gegen eine Gebühr von etwa US$10 ausgezahlt.

Wer sich länger in Thailand oder Malaysia aufhält, kann auch bei einer einheimischen Großbank ein **Sparkonto** eröffnen. Wer zudem eine ATM-Karte beantragt, kann auch die Geldautomaten nutzen. Schweizer mit einem **Postscheckkonto** in der Schweiz können bei Postämtern in Thailand, evtl. auch in anderen Ländern, problemlos und schnell mit einem Postscheck bis zu US$200 abheben.

## WECHSELKURSE (STAND: FRÜHJAHR 1995)

| | | | | | | |
|---|---|---|---|---|---|---|
| **Brunei:** | 1 US$ | = | 1,45 B$ | 1 DM | = | 1,04 B$ |
| **Indonesien:** | 1 US$ | = | 2212 Rp | 1 DM | = | 1580 Rp |
| **Malaysia:** | 1 US$ | = | 2,55 RM | 1 DM | = | 1,82 RM |
| **Singapore:** | 1 US$ | = | 1,45 S$ | 1 DM | = | 1,04 S$ |
| **Thailand:** | 1 US$ | = | 24,95 Baht | 1 DM | = | 17,82 Baht |

**Inflationsrate**: (Jährlicher Anstieg der Verbraucherpreise:) in Brunei 3,9%, Indonesien 8,3%, Malaysia 3,1%, Singapore 3,9%, Thailand: 5%.

### Reisekosten

**Indonesien**: Wer billig reisen will, kann auf Java und Bali mit Mindestkosten von 8000 Rp für die Übernachtung (Doppelzimmer) rechnen. Mahlzeiten in *Warung* oder in billigen Restaurants *(Rumah Makan)* kosten 1000 - 1500 Rp. Wer europäisch essen will, zahlt selbst in billigen Restaurants ein Mehrfaches. Getränke, außer ungesüßtem Tee, den es zu vielen indonesischen Mahlzeiten kostenlos gibt, sind verhältnismäßig teuer. Das gilt vor allem für Bier, aber auch Softdrinks kosten fast soviel wie ein einheimisches Essen. Transportkosten sind mit Bussen oder Zügen (außer Express) relativ niedrig. Die Flugpreise dagegen sind in den vergangenen Jahren drastisch gestiegen. So kostete 1979 ein Flug Jakarta - Ujung Pandang 42 000 Rp, 1985 bereits 116 000 Rp und 1994 schließlich 322 000 Rp. 1989 wurde eine 10%-ige Mehrwertsteuer eingeführt. Besonders Importwaren, Luxusartikel, Dienstleistungen und Inlandsflüge sind davon betroffen.

**Malaysia**: In Malaysia benötigt man mindestens 20 RM für eine Übernachtung in einem Doppelzimmer. Teurer sind Ost-Malaysia, Kuala Lumpur, Singapore und vor allem Brunei. Hier kann es passieren, daß man in bestimmten Gebieten kein Zimmer unter 40 RM bekommt. Komplette Mahlzeiten an Essenständen und in billigen Restaurants kosten um 4 RM. Wer sparen will, sollte Tee trinken und Alkohol vergessen, da dieser überall verhältnismäßig teuer ist. Mit Mindestkosten für Essen und Trinken von 15 bis 20 RM pro Tag sollte man aber auch bei sparsamer Lebensweise rechnen. Im Vergleich zu anderen südostasiatischen Ländern sind auch die Transportkosten, also Bus- und Zugfahrten, in Malaysia höher. Allerdings sind in der Regel keine großen Entfernungen zu überwinden. Billigstes Transportmittel sind die lokalen Busse. Trampen ist in West-Malaysia zwar möglich, jedoch bei den niedrigen Buspreisen kaum zu empfehlen und abends nicht ratsam. Überlandtaxen (knapp doppelt so teuer wie Busse) sind eine schnellere Alternative für alle, denen etwas mehr Geld zur Verfügung steht. Insgesamt liegen alle Preise auf der Halbinsel Malaysia unter denen in Sarawak, Sabah, Singapore und Brunei. Vor allem in Ost-Malaysia muß man mit höheren Transportkosten rechnen, weil hier Flüge manchmal unvermeidlich sind oder Boote gechartert werden müssen.

**Thailand**: Bei der Reisekosten-Planung für Thailand ist zu bedenken, daß es in Bangkok und einigen Touristenzentren wesentlich teurer ist als in der Provinz. Außerdem gibt es neben dem Stadt-Land-Preisgefälle beachtliche regionale Unterschiede. So lebt es sich im Nordosten und Norden billiger als in vielen Regionen des Südens. In Chiang Mai, Chiang Rai, Pai, auf Ko Lanta, Ko Tao oder Ko

Pha Ngan kann man bei anspruchsloser Lebensführung mit 120 - 150 Baht am Tag auskommen. Darin sind allerdings Souvenirs, Trekking-Touren, Mieten von Motorrädern oder Autos und Foodtrips sowie Bier und Thai Whisky nicht enthalten. Wenn der Urlaub etwas komfortabler sein soll, braucht man mindestens 250 - 500 Baht pro Tag. In diesem Budget sind dann auch komfortable Bungalows und bessere Restaurants enthalten. Wer regelmäßig Bier trinkt, gut Essen geht oder Hotels mit Swimming Pool und anderen luxuriösen Einrichtungen genießen will, braucht noch viele Baht mehr ohne Begrenzung nach oben. Da ein Zimmer für eine Person genausoviel kostet wie für zwei Personen, reist man zu zweit immer billiger.

## SÜDOSTASIEN BESSER VERSTEHEN

Man kann sich während einer Reise durch Südostasien damit begnügen, am Strand zu liegen, Landschaften und Bauwerke zu bestaunen, und die Menschen, die hier leben, nur am Rande als Kellner, Dienstmädchen, Schalterbeamte, Gastwirte oder Hotelpersonal wahrzunehmen. Wer immer noch glaubt, dies sei das typische Verhalten des Pauschaltouristen, der irrt gewaltig. Gerade die Traveller-Szene neigt dazu, sich in abgeschlossenen Refugien aufzuhalten, in denen die Annehmlichkeiten Asiens und die gewohnten Zutaten westlicher Kultur zu künstlichen Urlaubs-Welten zusammengeschmolzen sind. Nichts gegen den legitimen Wunsch, endlich mal unter Palmen in der Sonne zu liegen und das Leben genießen zu wollen. Aber die bleibenden Eindrücke, die unser Leben bereichern und unseren Horizont erweitert haben, sind in der Rückschau oft ganz anderee. Das Erlebnis der Natur spielt häufig eine wichtige Rolle. Meistens aber sind es Begegnungen mit anderen Menschen, an die wir uns am besten erinnern und von denen wir am liebsten erzählen.

Die Bereitschaft, fremde Länder und ihre Kulturen kennenzulernen, haben wir deutschsprachigen Menschen nicht gerade mit der Muttermilch eingesogen. Zu beobachten und zuzuhören, statt gute Ratschläge zu erteilen, andere Spielregeln zu akzeptieren, sichere Wertvorstellungen hintenanzustellen, sich Zeit zu nehmen, um neue Eindrücke zu verarbeiten - all das kann eine Reise zu einem besonderen Erlebnis machen. Und obendrein macht es Spaß, das zu lernen! Der Reiz am Reisen liegt gerade darin, daß anderswo alles ganz anders ist als bei uns. Und wenn dieses Andere nicht so ist, wie wir es erwartet oder erwünscht haben, sondern eben „anders“ - welch eine wunderbare Chance für unseren auf bekannte Daten und alte Gewohnheiten fixierten Denkapparat!

Anders als in den Industriegesellschaften des Westens, bietet die **Großfamilie** bzw. die Sippe den Menschen in Asien Geborgenheit und Sicherheit. Sie bildet die Grundlage der Gesellschaft. Wer gegen ihre traditionellen Regeln verstößt, schließt sich selbst aus der Gemeinschaft aus und verliert damit jede soziale Absicherung.

Das zumeist auch räumlich enge Familienzusammenleben läßt - völlig im Gegensatz zur westlichen Gesellschaft - keinen Platz für **individuelle Bedürfnisse**, Absonderung und Ruhe.

**Körperkontakt** ist normal und selbstverständlich, und selbst fremden Besuchern gegenüber scheut man davor nicht zurück. Es ist ein Zeichen enger

Freundschaft, wenn Männer oder Frauen Hand in Hand durch die Straßen bummeln. Körperkontakte zwischen Männern und Frauen allerdings sind für die Öffentlichkeit tabu. Strenge Verhaltensmuster regeln das Verhältnis der Geschlechter untereinander und es gilt als äußerst unschicklich, Gefühle zwischen Mann und Frau in der Öffentlichkeit zu zeigen.

**Kinder** werden einerseits besonders liebevoll umsorgt, andererseits zu Pflicht und Gehorsam den Eltern gegenüber angehalten. Sie sind bei unzureichender Renten- und Krankenversorgung die einzige Absicherung und Stütze im Alter. Ebenso wie die Eltern genießen auch Lehrer, religiöse und politische Oberhäupter, oft auch Vorgesetzte in Betrieben, unumstößliche Autorität. Kinder aus ärmlichen und zumeist kinderreichen Familien sind oft schon in jungen Jahren gezwungen, die Schule zu verlassen und für ihre Familie zu sorgen. Man sollte nicht vergessen, daß gerade auch wegen dieser billigen Arbeitskräfte Waren und Dienstleistungen in Südostasien und in den Ländern der Dritten Welt so preisgünstig sind.

Wo viele Menschen auf engem Raum aufeinander angewiesen sind, ist das Streben nach **Harmonie** eine mehr oder weniger zentrale Grundlage des Gesellschaftssystems. Konflikte werden, soweit es geht, vermieden. Wer Auseinandersetzungen in der Öffentlichkeit austrägt, gilt - außer bei Chinesen - als rüde und verliert Gesicht. Das gilt auch für Touristen, die allzu leicht ihren Ärger zeigen oder ihre Gastgeber kritisieren, auch wenn man es ihnen nicht zeigt oder es sie nicht merken läßt.

Direkte Ablehnung zu vermeiden ist eine Höflichkeitsgeste, die Europäer oft falsch deuten. Wer Malaien um etwas bittet, wird zum Beispiel selten eine Absage bekommen, selbst wenn es nicht möglich ist, der Bitte zu entsprechen. Statt „nein" sagt man aus **Höflichkeit** lieber „vielleicht" und zeigt durch zögerndes Verhalten seine Ablehnung. Ein Lächeln hilft, manche problematische oder unsichere Situation zu überstehen, ebenso wie die häufig verwandte Formel *tidak apa* oder *mai pen rai* - was immer soviel heißt wie „das macht nichts!".

Ein anderes Phänomen, das Reisenden vor allem in ländlichen Regionen deutlich wird, ist, daß die Menschen mit einem völlig anderen **Zeitbegriff** arbeiten. Planung und Vorausdenken sind nicht so wichtig, wie in der Gegenwart zu leben. Es spielt keine Rolle, ob ein Bus in fünf Minuten oder später abfährt. Geduld ist eine der wichtigsten Tugenden. Was sich hier und jetzt abspielt, ist von größerer Bedeutung - selbst wenn es nur das Warten am Busbahnhof ist - als ein imaginäres Ziel in der Zukunft. Die Zukunft ist genauso wenig real wie die Vergangenheit, also schenkt man beiden wenig Aufmerksamkeit.

Weiße Touristen werden - und das ist nach den bitteren Erfahrungen der Kolonialzeit durchaus nicht selbstverständlich - weitgehend als **Gäste** des Landes betrachtet. Gästen tritt man offen und mit besonderer Höflichkeit entgegen und sieht ihnen viele Fehler nach, vor allem, wenn sie den Versuch unternehmen, ihre Verhaltensweise den lokalen Sitten anzupassen. Wer überheblich und intolerant auftritt, wird bestenfalls auf entsprechende Distanz, normalerweise aber auf Ablehnung stoßen.

Wie verhält sich ein Gast, der beispielsweise in eine Familie eingeladen wird? Natürlich kann ein Tourist nicht alle sozialen Verhaltensweisen und religiösen Sitten der Einheimischen praktizieren, und das wird auch nicht erwartet. Aber schon das Bemühen und das Interesse, das traditionelle Leben der Menschen zu verstehen, wird freundlich aufgenommen und honoriert. Geschenke überreicht man nur mit der rechten Hand. Die linke Hand gilt als unrein; man benutzt ausschließlich die rechte Hand, um zu essen bzw. um etwas zu geben oder in Empfang zu nehmen. Es entspricht der Sitte, wenn Geschenke erst geöffnet werden, wenn der Gebende bereits gegangen ist.

Wird etwas zu **essen** und zu trinken angeboten, sollte man warten, bis man aufgefordert wird, mit dem Essen zu beginnen. Es ist ratsam, sich den Teller nicht zu voll zu füllen, denn man wird auf jeden Fall zu einer weiteren Portion genötigt. Zurückweisen sollte man angebotenes Essen aber nie, sondern zumindest eine Kleinigkeit probieren.

Man beurteilt Fremde weitgehend nach der **Kleidung** - sehr lässige Kleidung oder gar Badekleidung wird außerhalb der Strände nicht geschätzt. Das gilt vor allem für den Besuch von religiösen Stätten. Vor dem Betreten eines Hauses zieht man die Schuhe aus, ebenso in Moscheen, buddhistischen und hinduistischen Tempeln.

In Südostasien leben Völker mit total verschiedenen Traditionen. Toleranz ist erforderlich, wenn Moslems, Hindus, Buddhisten und Christen Tür an Tür miteinander leben. Entsprechend der **Vielzahl der Völkerschaften**, Kultureinflüsse, Religionen und geographischen Gegebenheiten hat sich auch auf dem Gebiet der Sitten und Gebräuche eine unübersehbare Fülle entwickelt. In den meisten Gesellschaften spielt die **Religion** im täglichen Leben eine bedeutende Rolle. Daneben sind noch vereinzelt Naturreligionen verbreitet, und selbst bei den Anhängern der „Hochreligionen" ist der Glaube an Geister, Hexen und Magie lebendig.

Es ist äußerst unhöflich, vor betenden Gläubigen in einem Tempel oder einer Moschee herumzulaufen oder sich über ihre Köpfe zu erheben. Der Kopf gilt als heilig und sollte nie, auch nicht in europäisch-freundschaftlicher Geste, berührt werden. Der Fuß ist der unedelste Körperteil und darf deshalb nie einem anderen Menschen entgegengestreckt werden, was beim Sitzen auf dem Boden manchem Europäer Schwierigkeiten bereitet.

In den **Städten**, den Schmelztiegeln der Völker und Kulturen, haben sich die Traditionen vermischt und sind von westlichen Einflüssen überlagert worden, während sie auf dem Lande noch weitgehend ihre Eigenheiten bewahren konnten. In den Großstädten prallen die Kontraste zwischen westlicher und östlicher Kultur, aber auch zwischen Armut und Reichtum, am krassesten aufeinander.

**Betteln** ist vielfach verpönt und sollte vor allem bei Kindern nicht gefördert werden. Andererseits ist es die einzige Einkommensquelle vieler kranker oder älterer Menschen - besonders in den Großstädten.

## FRAUEN UNTERWEGS

Die Hälfte der Erdbevölkerung sind Frauen, doch bei den Travellern stellen sie nur einen geringen Anteil. Noch immer sind es überwiegend Männer, die durch die Berge Nord-Thailands trekken und die Regenwälder Borneos durchstreifen. Frauen, die reisen, halten sich eher in Tourismusschwerpunkten - an Stränden und in Städten - auf, und das hat seinen Grund.

Die einheimische wie die reisende Männerwelt macht es Frauen keinesfalls einfach, umherzureisen. In Südostasien ist sicherlich die Anmache nicht so groß wie in einigen Ländern Nordafrikas oder des vorderen Orients, doch gibt es eine Reihe von Einschränkungen. Einige Bereiche sind für Frauen prinzipiell tabu - vom rituellen Männerhaus der Papuas bis zu den traditionellen Segelschiffen der Bugis im Sulu-Archipel. Nicht selten spielen religiöse Überlieferungen und Gesetze eine Rolle: So ist Frauen der Zutritt zu vielen Moscheen und zu dem heiligen Bereich (Bot) einiger buddhistischer Tempelanlagen verboten oder nur eingeschränkt gestattet. Während der Menstruation gelten sie in Bali als unrein und dürfen weder einen Tempel betreten noch an religiösen Zeremonien teilnehmen. Buddhistischen Mönchen ist es verboten, Frauen zu berühren.

Andere Situationen sind generell gefährlich oder mit vielen Unannehmlichkeiten verbunden - vom kostenlosen Übernachten in Wohnungen selbsternannter Guides bis zu nächtlichen Spaziergängen an einsamen Stränden oder durch unbelebte Stadtviertel. Es empfielt sich ebenfalls, einen großen Bogen um Männergruppen zu machen, die betrunken oder in ausgelassener Stimmung sind.

Und dann gibt es noch gewisse Dinge, die für uns durchaus normal sind, die in Südostasien jedoch völlig anders ankommen. Es ist sinnlos, traditionell aufgewachsene Asiaten und Asiatinnen von der Emanzipation der Frau zu überzeugen und von ihnen Verständnis für ein uneheliches Kind oder gar für hüllenloses Sonnenbaden zu erwarten.

Hinter den modernen Fassaden regiert noch immer die traditionelle Männergesellschaft. In Bangkok ist es akzeptiert, daß ein Mann neben seiner Ehefrau, die für die Familie zuständig ist, eine Geliebte finanziert. In Jakarta werden Mädchen kurz nach der Pubertät verheiratet, und selbst in Singapore kann es passieren, daß die Eltern den Ehemann der Tochter aussuchen.

Asiaten sind in ihren Ansichten oft viel konventioneller als in ihrem Aussehen. Wer nicht dem gängigen Bild von einer Frau als Ehefrau und Mutter entspricht, wird leicht in die Rolle der frei verfügbaren Prostituierten gedrängt. Lockere Umgangsformen und allzu luftige Kleidung können einiges dazu beitragen. Meidet deshalb direkten Blickkontakt mit Männern, tragt einen BH und haltet möglichst Schultern, Oberarme und Beine bis zum Knie bedeckt. Mit einem vorweisbaren Ehemann - manchmal reicht schon ein Foto oder Ehering - sind Frauen akzeptiert. Schwanger oder gar mit Kindern werden sie in den heiligen Status der Mutter erhoben und nahezu unantastbar Während zur Zeit des Kolonialismus die weiße *Memsahib* unnahbar war, rückt die sexuell freizügig denkende westliche Touristin in greifbare Nähe. Es spricht sich herum, wo weiße Frauen halbnackt am Strand liegen, und es ist in der Männerwelt allgemein bekannt, daß manche Touristinnen nicht abgeneigt sind, mit Einheimischen ins Bett zu steigen.

Kontakte zu asiatischen Frauen sind rar, denn viele leben ausschließlich in ihren Familienverbänden. Andere haben nicht den Mut, Europäerinnen anzusprechen, denn ihre Allgemeinbildung und damit auch die Fremdsprachenkenntnisse lassen zu wünschen übrig. Viele Europäerinnen sind auch frustriert von Gesprächen über Küche, Kindererziehung und Kosmetik.

Kontakte zu männlichen Travellern sind nicht immer angenehm. Besonders alleinreisende Frauen werden oft als eine preiswertere Alternative zu einheimischen Prostituierten gesehen. Wer auf diese Anmache nicht aus ist, tut sich am besten mit einer Freundin zusammen, mit der frau auch das Zimmer teilen kann.

Einheimische Frauen reisen in Gruppen. Auch Europäerinnen sind in einer Gruppe sicherer vor Nachstellungen eines Guides im Dschungel oder eines Fischers an einem einsamen Strand. Im dichten Gedränge großer Feste oder überfüllter Verkehrsmittel enzieht man sich so dem Zugriff lüsterner Männer.

Während Thailand, Singapore und andere chinesische Städte relativ unproblematisch zu bereisen sind, gibt es in moslemischen Gebieten einige Schwierigkeiten. Am Strand fühlt man sich leicht wie bei einer Peep Show, und das Privatleben in einem Bungalow oder billigen Zimmer wird durch Löcher in den Wänden öffentlich.

Problematische Situationen lassen sich durch ein selbstsicheres Auftreten und einige schlagfertige Worte in der Landessprache oft schnell entkrampfen. Lebt nicht in ständiger Angst vor einer Vergewaltigung (es passiert glücklicherweise höchst selten) und laßt euch nicht abhalten, auch ohne männlichen Begleitschutz Asien zu entdecken. Viele Frauen, die allein unterwegs waren, können bestätigen, daß es zwar einige problematische Hürden zu nehmen gilt, doch insgesamt eine derartige Reise sehr viel Spaß macht.

## MIT KINDERN UNTERWEGS

Urlaub in Italien, natürlich mit Kind und Kegel - jedoch in Südostasien? Verständnislos reagiert die Umwelt auf ein solches Vorhaben, vor allem wenn die Kinder noch klein sind. Was da alles passieren kann, die Krankheiten, die lange Reise, das Essen, die Windeln. Tausende von Fragen und keine Antworten, denn weder findet man konkrete Tips in den herkömmlichen Reiseführern, noch gibt es viele Eltern, die derartige Erfahrungen gemacht haben. Selbst wer früher einmal ohne Anhang gereist ist, hat kaum darauf geachtet, wieweit das Land „kindgerecht“ ist. Dennoch erleichtern frühere Reiseerfahrungen die Entscheidung, es nun auch einmal mit Kind zu versuchen.

Wir reisen regelmäßig mit unserem Sohn durch Südostasien, seit er 1 1/2 Jahre alt ist. Er fuhr mit uns zum Fischen aufs Meer, wo er ebenso seekrank wurde wie wir, stapfte bei strömendem Regen durch den Dschungel und durchquerte die Höhlen des Gunung Mulu Nationalparks. Ich möchte allerdings unsere Erfahrungen nicht verallgemeinern, weil wir durch unserer Tätigkeit keine typischen Urlaubsreisen machen, dennoch hier einige Tips:

Berücksichtigt bei der Routenplanung die Bedürfnisse der Kinder. Unvermeidlich ist der lange Flug nach Südostasien. Die Bewegungsfreiheit, vor allem für Kinder unter 2 Jahren ohne eigenen Sitzplatz, ist stark eingeschränkt. Babybetten z.B. in der Boeing 747 sind unglücklicherweise nur direkt unter dem „Kino“ zu haben und eignen sich nur für ganz kleine Kinder. In der Hochsaison sind die Maschinen meist bis auf den letzten Platz besetzt. Falls nicht, dann versucht gleich, durch einen zusätzlichen Sitzplatz mehr Bewegungsreiraum zu erhalten - die Stewardessen sind meist auf der Seite der Eltern.

Während die meisten Kinder, sofern sie nicht sehr hitzeempfindlich sind, den Klimawechsel ohne Probleme verkraften, dauert die Umstellung auf die neue Zeit einige Tage - und vor allem Nächte. Deshalb eignet sich für die ersten drei bis vier Tage kein hellhöriges Hotel, sondern ein Quartier, wo man sich nachts ohne größere Störungen für die anderen Gäste mit den Kindern beschäftigen kann. Für den absoluten Notfall empfiehlt sich ein leichtes pflanzliches Beruhigungsmittel, das zumindest die Eltern allein durch seine Existenz beruhigt.

Lange, anstrengende Touren sind ebenso ungeeignet wie unbequeme Transportmittel und Schiffe. Das bedeutet, daß man auf längeren Strecken häufiger fliegt und entsprechend mehr Geld braucht. Solange Kinder keinen eigenen Sitzplatz beanspruchen, reisen sie bei Bus- und Bahnfahrten (unter 4 Jahren) umsonst. Es ist jedoch ratsam, den Kindern einen eigenen Sitzplatz (50%) zu besorgen. Kinder zwischen 5 und 12 Jahren zahlen den halben Preis. Bei Flügen zahlen sie unter 2 Jahren 10%, zwischen 2 und 12 die Hälfte. Günstiger als die lokalen Busse ist die Eisenbahn. Plant nach einem Reisetag immer eine Ruhepause ein, während der die neue Umgebung gemeinsam erkundet werden kann.

Es gibt in Südostasien Reiseziele, die Kindern lieben. Vor allem Stadtkinder genießen die Natur und sind fasziniert von den Stränden und Märkten. Es macht Spaß, zusammen mit den Kindern in den offenen Werkstätten die Handwerker und Künstler bei der Arbeit zu beobachten. Vergnügungszentren und Tierparks gibt es in vielen Großstädten. Auf dem Land finden sich für kleine Tierliebhaber Ziegen, Wasserbüffel, Hühner, Enten und Katzen - auch wenn der direkte Kontakt mit ihnen nicht immer bedenkenlos ist. Das größte Plus in Asien: es gibt immer viele einheimische Kinder, und was ihnen Spaß macht, genießen zumeist auch die kleinen Traveller. Man muß ja nicht gleich im Schlamm baden oder auf einem Wasserbüffel reiten. Vor allem kleinere Kinder sollte man möglichst nur an sauberen Stränden oder in den Pools der großen Hotels baden lassen.

Da die medizinische Versorgung unproblematisch ist, benötigen die Kinder keine besonderen Medikamente, außer Tabletten zur Malaria-Prophylaxe (gute Erfahrungen haben wir mit *Resochin Junior* gemacht), einigen Fieberzäpfchen, Elektrolyt-Tabletten gegen Durchfall, ein Mittel gegen Juckreiz, Wunddesinfektionsmittel und viel Pflaster. Jede kleine Schramme sollte sofort gereinigt und desinfiziert werden, da sich sehr leicht Infektionen bilden.

Kinder sollten so gut es geht vor Mückenstichen geschützt werden, indem man sie vor Sonnenuntergang mit einem mückenabweisenden Mittel einreibt. Besser als Autan sind biologische Mittel (in der Apotheke fragen). Auf alle Fälle benötigen sie ein eigenes Moskitonetz.

Durch mangelnde Sauberkeit können sich leicht Ausschläge entwickeln, deshalb sollten sie möglichst mehrmals täglich duschen. Achtet am Strand auf einwandfreies Wasser. Auch sollte die empfindliche Haut immer durch eine Kinder-Sonnenmilch vor der prallen Sonne geschützt werden.

Wer mit dem Rucksack unterwegs ist, muß sich mit dem Gepäck sehr einschränken. Je kleiner die Kinder sind, umso mehr Gepäck scheinen sie zu benötigen - Flaschen und Milchpulver, Windeln, Wäsche und - nicht zu vergessen - das heißgeliebte Kuscheltier nehmen bereits beachtlichen Platz ein. Zudem wollen Babys und Kleinkinder noch getragen werden. Mit einem Kinderwagen kommt man nicht weit, besser sind solide Kindertragen mit Hüftgurt, die man sich auf den Rücken schnallt. Babyflaschen und Milchpulver gibt es überall in touristisch erschlossenen Regionen zu kaufen. Ins Gepäck gehört zudem eine Flaschenbürste und Spülmittel. Wegwerfwindeln gibt es in allen großen Städten zu kaufen. Der Verbrauch wird sich ganz natürlich reduzieren, da die Kinder häufig ohne Windeln herumlaufen können.

Sind die Sprößlinge dem Windelalter entwachsen, erfordert die Entscheidung zwischen Notwendigem und Überflüssigem sicherlich lange Diskussionen. Ein eigener kleiner Spielzeug-Rucksack, den die Kinder selbst packen und tragen können, erleichtert manche Entscheidung. Die Eltern können ja noch einige Überraschungsbücher mit in ihr Gepäck nehmen. Spielsachen kann man in Südostasien in begrenztem Rahmen billig kaufen, ebenso Kinderkleidung. Wer alleine mit

Kind unterwegs ist, beschränkt sich möglichst auf *ein* großes Gepäckstück, denn man muß unterwegs häufig auf Kind und Gepäck gleichzeitig aufpassen, wobei das eine meist nicht so still hält wie das andere.

Lange Reisetage überstehen Kinder wie Eltern leichter mit einem Walkman und einige Kinderkassetten, die den Nachwuchs für einige Zeit beschäftigt halten. Bei der Hotelwahl ist man keineswegs nur auf teurere Unterkünfte beschränkt, denn auch Traveller-Hotels haben Zimmer mit zwei großen Betten, wo eine Familie mit 2 Kindern gut unterkommt. Zudem sind sie überschaubar, und man kann fast immer auf der Terrasse direkt vor dem Zimmer oder zumindest in Hörweite des Zimmers gemütlich den Abend verbringen. Keine Probleme gibt es normalerweise mit dem Essen, sofern man auf Hygiene achtet, in chinesischen Restaurants, während indische und malaiische und thailändische Gerichte für Kinder häufig zu scharf sind. Dennoch wird man überall bemüht sein, geeignetes Essen für sie zu besorgen, selbst wenn eine kleine Extra-Portion zubereitet werden muß. Wer viel unterwegs ist, plant häufiger ein Picknick ein, das noch mehr Spaß macht, wenn man vorher gemeinsam eingekauft hat.

Viele Probleme lösen sich wie von selbst durch das Entgegenkommen der kinderfreundlichen Menschen. Die Kleinen stehen außerhalb der Tourismuszentren immer im Mittelpunkt, und man versucht es ihnen so bequem wie möglich zu machen. Sie werden beschenkt und gestreichelt, fotografiert und geküßt - manchmal bis zum Rande des Erträglichen, was bereits kleine Kinder eindeutig zu verstehen geben. Manchmal hilft bereits ein Sommerhut auf dem blonden Lockenkopf, aufdringliche Hände fernzuhalten. Zur Not kann man sich in „Touristenexklaven" retten, und den Kindern etwas „normales" Leben gönnen.

In einer wechselnden, fremden Umwelt sind die mitreisenden Erwachsenen die einzigen festen Bezugspunkte der Kinder. Wenn sie noch klein sind, werden sie sich entsprechend an ihre Eltern klammern, und größeren Kindern, die kein Englisch sprechen, fehlen Ansprechpartner. Die Familie ist rund um die Uhr zusammen und das kann die beste Beziehung belasten (das trifft übrigens nicht nur für Eltern und ihre Kinder zu). Bei allen Entscheidungen muß man die Kinder berücksichtigen, und gemeinsame nächtliche Kneipen- oder Disco-Touren bleiben Eltern verwehrt. Ideal ist deshalb eine gemeinsame Reise mit Freunden zu planen, die ebenfalls Kinder haben.

Für uns und für viele andere Eltern, die mit ihren Kindern in Südostasien waren, überwiegen die positiven Erlebnisse, und wir freuen uns auf weitere gemeinsame Reisen. Viele neue Erfahrungen sind erst gemeinsam mit Kindern möglich, man bekommt ganz andere Kontakte zu einheimischen Familien und lernt, genauer hinzusehen. Und wer hat schon zu Hause soviel Zeit für seine Kinder?

**Nicht vergessen:**

**Reisepaß** (Kinder jeglichen Alters brauchen für alle Länder Südostasiens einen eigenen), **Visa** (falls nötig), **Impfbuch**, **SOS-Anhänger** mit allen wichtigen Daten, leichte **Kleidung**, möglichst strapazierfähig. Sachen, aus denen das Kind bald herauswächst, kann man unterwegs verschenken - die Vorteile liegen auf der Hand, **Wegwerfwindeln**, **Babynahrung**, **Flaschen** für Säuglinge, **Flaschenbürste**, **Spülmittel**. Außerdem kleine **Spiele** und **Bücher**, vielleicht auch ein großes zum Vorlesen gegen Langeweile, **Walkman** und Kassetten, **Fotos** von Daheimgebliebenen gegen Heimweh, **Kuscheltier**, **Sonnencreme** mit hohem Lichtschutzfaktor, **Sonnenhut**.

# Brunei

*Das kleine, stark vom Islam geprägte Sultanat ist ein Relikt kolonialer Vergangenheit. Ähnlich wie Sarawak und Sabah geriet auch Brunei im vergangenen Jahrhundert unter britischen Einfluß. Obwohl die alte Kolonialmacht bei der Gründung der Föderation von Malaysia auf einen Anschluß drängte, weigerte sich der Sultan vor allem aus ökonomischen Gründen: die sprudelnden Öleinnahmen sollten nicht mit den damals armen Brüdern geteilt werden.*

*Der nur 5769 km² große Staat an der Nordküste Kalimantans ist relativ unbekannt.*

*Bis 1971 war er britisches Protektorat, danach kontrollierte das Vereinigte Königreich nur noch die Außen- und Verteidigungspolitik.*

*Seit dem 1. Januar 1984 ist Brunei ein unabhängiger Staat. Das Land lebt vom Öl, hat den höchsten Lebensstandard und mit US$19 000 das höchste Pro-Kopf-Einkommen der Region. Einrichtungen des Gesundheits- und Bildungswesens sind für alle Bürger kostenlos. Kredite zur Anschaffung eines PKW oder eines Wohnhauses werden zinslos vergeben. Ebenso großzügig sind die Altersruhegelder. Eine Einkommens- bzw. Lohnsteuer ist unbekannt. Vom allgemeinen Preisniveau her gehört Brunei zu den teuersten Ländern Südostasiens.*

*85% der beiden räumlich getrennten Landesteile sind mit tropischen Regenwäldern bedeckt. Aufgrund des Ölreichtums hat es das kleine Land nicht nötig, seine Wälder abzuholzen. Zudem sind sie ökonomisch wenig ertragreich.*

*Parallel zur Küste führt eine Asphaltstraße von der Baram-Mündung an der Grenze zu Sarawak bis nach Bandar Seri Begawan. Von hier gibt es eine Straßenverbindung nach Limbang (Sarawak) und in den östlichen Landesteil des Sultanats.*

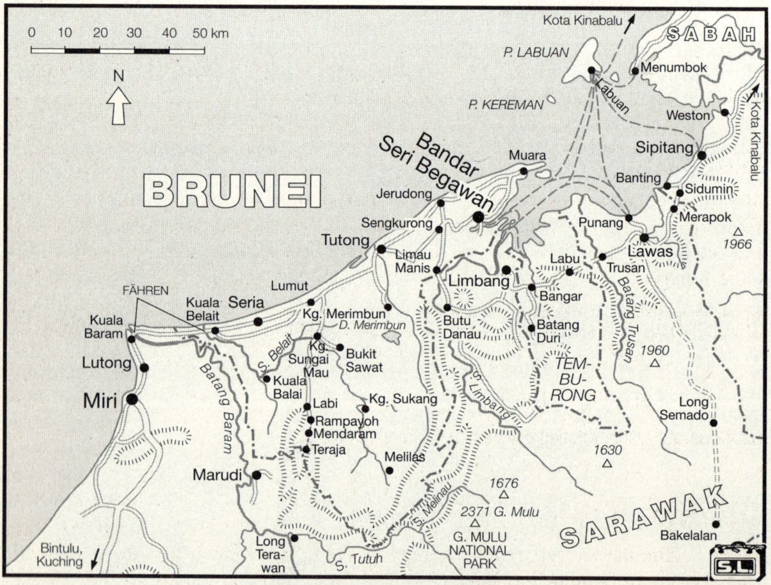

## Ein- und Ausreiseformalitäten

Deutsche, Schweizer und Niederländer benötigen für die Einreise nach Brunei kein Visum, wenn sie nicht länger als 14 Tage bleiben, für die gesamte Aufenthaltsdauer genügend Eigenkapital nachweisen und ein fest gebuchtes Rückflugticket sowie einen gültigen Paß besitzen. Österreicher müssen in jedem Fall ein Visum bei der Botschaft in Deutschland beantragen, dessen Ausstellung bis zu 2 Monate dauern kann. Schneller geht es in Kuala Lumpur und Singapore.

### BOTSCHAFTEN UND KONSULATE VON BRUNEI

**IN EUROPA**

**Botschaft in Deutschland:**
Kaiser-Karl-Ring 18, 53111 Bonn, tel 0228/672044-47, fax 687329, geöffnet Mo - Do 9.00 - 12.30 und 13.30 - 17.00 Uhr, Fr 9.00 - 12.00 und 14.00 - 17.00 Uhr.

**Botschaft in der Schweiz:**
(Permanent Mission to the UN), 46 Avenue Blanc, 1st Floor, CH 1202 Geneva, tel 022/7381083.

**IN DEN NACHBARLÄNDERN**

**Botschaft in Malaysia:**
113 Jl. U Thant, Kuala Lumpur, tel 4562635, geöffnet Mo - Fr 8.30 - 12.30 Uhr, 13.30 - 16.30 Uhr.

**Botschaft in Singapore:**
325 Tanglin Road, tel 7339055, geöffnet Mo - Fr 8.30 - 16.30 Uhr.

**Botschaft in Thailand:**
14th Fl., Orakarn Bldg., Soi Chitlom, Ploenchit Rd., Bangkok, tel 2515766-8.

**Botschaft in Indonesien:**
Wisma BCA, Jl. Jen. Sudirman Kav 22-23, Jakarta, tel 5782180, geöffnet Mo - Do 8.00 - 12.30 und 14.00 - 16.00 Uhr, Fr 8.00 - 11.30 und 14.00 - 16.00 Uhr.

## Währung

Währungseinheit ist der Brunei-Dollar (B$) mit 100 Cents. In Umlauf sind Banknoten zu 1, 5, 10, 50, 100, 500, 1000 und 10 000 B$, sowie Münzen zu 5, 10, 20 und 50 Cents. Der Wert des Brunei Dollar entspricht dem des S$. Es bestehen keine Restriktionen für die Ein- und Ausfuhr von B$ und anderen Währungen.

### WECHSELKURSE (STAND: FRÜHJAHR 1995)

| | | | | | |
|---|---|---|---|---|---|
| **1 US$** | = | **1,47 B$** | **1 DM** | = | **0,94 B$** |
| **1 SFR** | = | **1,10 B$** | **1 ÖS** | = | **0,13 B$** |

**Inflationsrate** (Jährl. Anstieg der Verbraucherpreise): **3,9%**

## Übernachtung

Bei den Zimmerpreisen macht Brunei seinem Ruf als teueres Reiseland alle Ehre. Hotels in Bandar Seri Begawan (BSB), aber auch in Seria und Kuala Belait sind unter 70 B$ kaum zu bekommen. Billige Chinesenhotels gibt es nicht. Die einzige preiswerte Übernachtungsmöglichkeit bietet das *Youth Centre (Pusat Belia)* in BSB. Ist man mit viel Glück und Überredungskunst dort untergekommen, sind auch einige Tage BSB zu ertragen.

**PREISKATEGORIEN**

Wir haben folgende **Preiseinteilung** vorgenommen, wobei die **Preise** je für ein **Doppelzimmer** gelten:

| | | |
|---|---|---|
| * | bis | 50 B$ |
| ** | bis | 100 B$ |
| *** | bis | 200 B$ |
| **** | bis | 400 B$ |

## Feste und Feiertage

**Staatliche Feiertage** sind der 1. Januar, der 23. Februar (Nationalfeiertag), der 31. Mai als Gründungstag des Royal Brunei Malay Regiments, der 15. Juli (Geburtstag des Sultans), sowie die Weihnachtstage. Außerdem werden die islamischen Feiertage begangen. Vergleiche dazu den Malaysia- bzw. Indonesienteil.

## Bevölkerung

Von den 260 000 Einwohnern Bruneis sind 68% **Malaien** und 18% **Chinesen**, wobei die letzteren auch hier den Handel und das Kleingewerbe kontrollieren. 5,3% **protomalaiische Völker** gliedern sich in die Hauptstämme der Iban, Kadazan, Murut und Kedayan. Etwa 8% sind indischer oder europäischer Herkunft.

## Geschichte

Im 6. Jahrhundert wird in chinesischen Schriften ein Ort namens Puni oder Poli erwähnt. Da er zwischen China und Java lag, nimmt man an, daß damit Brunei gemeint war.

Im 15. Jahrhundert wurde Brunei durch Heirat ein islamisches Sultanat. Unter dem ersten Sultan Mohammed begann sich der Islam an der Nordküste Borneos auszubreiten. Brunei entwickelte sich im folgenden Jahrhundert, besonders unter Sultan Bolkiah, zu einem machtvollen Zentrum, das über große Teile Kalimantans, das Sulu-Archipel und Mindanao herrschte. Die Kanonenrohre aus einheimischer Produktion waren im gesamten Raum begehrt. Handelskontakte, vor allem mit Portugal, wurden ausgebaut.

Während der Herrschaft Sultan Bolkiahs besuchte der italienische Historiker Pigafetta Brunei und beschrieb den Sultanspalast als „von einer einzigartigen Größe“. Die Stadt selbst war auf Pfählen ins Wasser gebaut, und nur die Paläste und Residenzen der Fürsten lagen auf dem Festland. Obwohl die spanische Flotte zweimal versuchte, die Hauptstadt des Sultanats zu erobern, gelang es Spanien 1580 nur für einen kurzen Zeitraum, die Stadt zu besetzen.

In den folgenden 200 Jahren verloren die Sultane zunehmend an Einfluß. Einerseits machte ihnen die wachsende Piraterie zu schaffen, andererseits dehnten die europäischen Großmächte Holland und England ihren Einflußbereich aus.

Die „Weißen Rajah“ von Sarawak okkupierten immer mehr Ländereien, und so schrumpfte Brunei bis 1904 zu dem Ministaat, wie er heute existiert.

England bestimmte als Protektoratsmacht seit 1888 die Politik. Nachdem 1963 unter britischer Regie die Föderation von Malaysia gegründet wurde, schloß sich Brunei unter dem damaligen Sultan Sir Omar Ali Saifuddien nicht dem neuen Staatenbund an. 1967 dankte Sir Omar zugunsten seines Sohnes *Haji Hassanal Bolkiah Muizuddin Waddaulah ibni Al Marhum Sultan Haji Omar Ali Saifuddien Sa'adul Khairi Waddien* (der offizielle, vollständige Name), dem 29. Herrscher der Dynastie, ab. Am 1. Januar 1984 wurde Brunei der 169. unabhängige Staat der Erde und gleichzeitig Mitglied von ASEAN.

## Wirtschaft

Der begehrte Rohstoff **Öl** bestimmt völlig das wirtschaftliche Geschehen des Sultanats Brunei. 99% aller Exporteinnahmen liefern Erdöl und Erdgas. Täglich werden von der Brunei Shell Petroleum Company 150 000 Barrel gefördert. Die heutige Fördermenge kann das kleine Sultanat bis zum Jahr 2022 beibehalten.

Seit 1991 läuft der 6. Fünfjahresplan für die Entwicklung des Landes, dessen Hauptaufgabe die Schaffung von 2000 Industrieprojekten für 40 000 Arbeitnehmer ist. Aber auch die Infrastruktur soll verbessert werden. Ein Expreßway parallel zur Küste ist bereits fertiggestellt. Im Landesinneren existieren kaum Straßen, und es gibt keine durchgehende Verbindung zwischen den beiden Landesteilen. Andererseits sind selbst die entlegensten Langhäuser im Landesinneren durch Kurzwellen-Verbindungen an das Telefonnetz Bruneis angeschlossen.

80% aller **Lebensmittel** müssen importiert werden - die Landwirtschaft beschränkt sich weitgehend auf die Selbstversorgung der Agrarbevölkerung, und nur wenige große Farmen sind von wirtschaftlicher Bedeutung.

## Bandar Seri Begawan

*Die Hauptstadt des Sultanats hat sich in den vergangenen Jahren bemerkenswert verändert. Moderne, mehrgeschossige Büro-, Verwaltungs- und Wohnhäuser prägen das Stadtbild. Satellitenstädte sind in Gadong und an der Jl. Tutong im Westen der Stadt entstanden. Der Wohlstand der 60 000 Einwohner ist offensichtlich. Jeder scheint mit seinen eigenen vier Rädern unterwegs zu sein, Fahrradrikschas und selbst Fahrräder, typisch für die Nachbarländer, sind nirgends zu sehen. Die Stadt hinterläßt zwiespältige Gefühle und bietet wenig Sehenswertes.*

Die Moschee, **Mesjid Sultan Omar Ali Saifuddin,** eine der imposantesten Moscheen Südostasiens, wurde 1958 erbaut. Als Baumaterial verwendete man schneeweißen Carrara-Marmor aus Italien und Granit aus Shanghai. Kronleuchter und Glas wurden aus England, Teppiche aus Belgien und Iran importiert. In der Lagune neben der Moschee wurde ein steinerner Nachbau einer königlichen Barke aus dem 16. Jahrhundert errichtet. Heute werden hier Koranlesewettbewerbe durchgeführt. Die Moschee kann außerhalb der Gebetszeiten und Do besucht werden. Besuchszeiten: Sa - Mi 8.00 - 12.00, 13.00 - 15.30, 16.30 - 17.30 und Fr 16.30 - 17.30 Uhr.

Frühe europäische Besucher Bruneis beschrieben die Stadt als das „Venedig des Ostens“, da die Bevölkerung zum allergrößten Teil auf und am Wasser lebte. Die heutigen **Kampong Air** (malaiisch: *Kampong* = Dorf, *Air* = Wasser) an beiden Ufern des Brunei River faszinieren Besucher noch immer. Zwischen den Pfahlbauten kann man auf betonierten, zum Teil auch noch hölzernen Stegen über den Brunei River bummeln. Empfehlenswert ist ein Spaziergang von der Omar Ali Saifuddin Moschee durch den dahinter liegenden Kampong Air.

Im Gegensatz zu den ärmlichen Wasserdörfern im sonstigen südostasiatischen Raum, werden hier die Häuser mit Strom und Wasser versorgt. An den großen Straßen am Flußufer parkt ein Auto neben dem anderen. Die Dächer der Häuser sind mit Fernsehantennen gespickt. Man schätzt, daß in den Wasserdörfern am Brunei River fast 30 000 Menschen leben, die an ihren traditionellen Wohn- und Lebensweisen festhalten. Für sie werden nun Richtung Palast moderne Reihenhaussiedlungen auf Stelzen ins Wasser gebaut - in ihrem monotonen Einheitsstil aus grauem Beton wirkt alles etwas steril. Boote für eine Rundfahrt kann man an allen Anlegestellen, z.B. an der Jl. Residency, für ca. 10 B$ pro Stunde mieten.

Das **Museum der Kroninsignien** (Royal Regalia Museum; *Bangunan Alat Kebesaran Di Raja)* wurde im ehemaligen Churchill Memorial - früher ein kleines Museum für den herausragenden britischen Politiker - untergebracht. Geöffnet tgl. außer Fr 8.30 - 17.00, So 9.00 - 11.30 und 14.30 - 17.00 Uhr. Eintritt frei.

Neben dem Museum der Kroninsignien wird im 1982 gegründeten **Brunei History Centre** die Geschichte Bruneis und die Genealogie der königlichen Familie erforscht. Geöffnet Mo - Do und Sa 9.00 - 12.00 und 13.30 - 16.30 Uhr. Eintritt frei.

Im **Arts and Handicraft Training Centre** in der Jl. Residency wird Kunsthandwerk hergestellt und verkauft, z.B. Silber, Messing- und Bronzewaren, aber auch mit Gold- oder Silberfäden durchwirkte Sarong (Songket), geflochtene Matten und Körbe. Das Zentrum wurde in den 70er Jahren erbaut, um die traditionellen Handwerksformen Bruneis zu fördern bzw. wiederzuentdecken. 1984 zog man in das 10stöckige Gebäude ein, das westliche und islamische Architektur miteinander verbindet. Geöffnet Mo - Do und Sa 8.00 - 12.15 und 13.30 - 16.30, Fr und So 8.30 - 12.00 und 14.00 - 16.30 Uhr.

Etwa 4 km außerhalb der Stadt am Ufer des Brunei River (Bus nach Kota Batu 1B$ ab Bus Station) kommt man zum lohnenswerten **Brunei Museum**. Im Erdgeschoß befindet sich eine interessante naturkundliche Ausstellung mit einer Sammlung von Schmetterlingen und anderen Insekten. In der phantastischen **Islamic Art Gallery** kann man eine sehenswerte Sammlung islamischer Kunstgegenstände aus Persien, der Türkei, Indien und anderen Ländern bestaunen. Geöffnet ist das Museum tgl. außer Mo 9.30 - 17.00, Fr 9.00 - 11.30 und 14.30 - 17.00 Uhr.

Hinter dem Brunei Museum führt ein Pfad hinunter zum **Malay Technology Museum**. Das 1990 eröffnete, am Fluß gelegene Museum zeigt im 1. Stock den Nachbau eines Wasserdorfes (Kampong Air). Im 2. Stock werden verschiedene Haustypen der indigenen Bevölkerung nachgebaut. Geöffnet tgl. außer Mo 9.30 - 17.00, Fr 9.00 - 11.30, 14.30 - 17.00 Uhr. In beiden Museen ist der Eintritt frei.

Eine weitere Sehenswürdigkeit ist die neue, gigantische **Istana Nurul Iman**, die größte derzeitig existierende Palastanlage. Sie ist 525 m lang und 230 m breit,

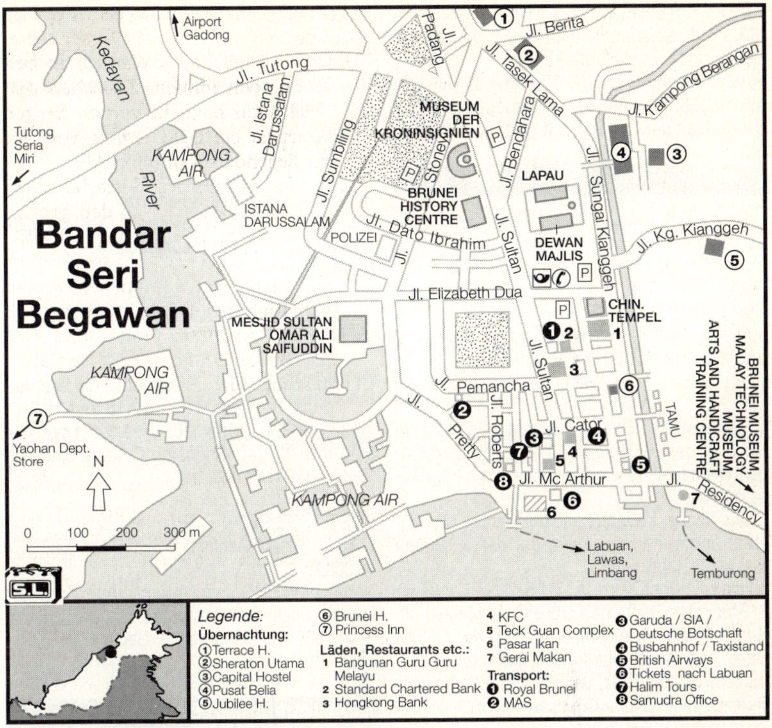


hat ca. 1800 Räume, einen Bankettsaal für 4000 Gäste, einen Speisesaal für 500 Personen sowie eine Gebetshalle für die Familie des Sultans und Palastbedienstete, die 1500 Gläubige fassen kann. Die geschätzten Baukosten betrugen US$ 500 - 600 Millionen.

## ÜBERNACHTUNG

Es gibt keine **UNTERE PREISKLASSE** in Bandar Seri Begawan. Allerdings wird von vielen Mittelklasse- bzw. Luxushotels ein Discount eingeräumt, der bis zu 40% betragen kann.

*PUSAT BELIA* ist die einzige preiswerte Unterkunft. Die Regierung hat dieses Jugendzentrum errichtet, um ausländische Jugendgruppen unterbringen zu können. Eine ISIC-Karte oder ein Internationaler Jugendherbergsausweis ist nützlich, wird aber meist nicht verlangt. Während der ersten drei Nächte kostet die Übernachtung 10 B$, danach pro Nacht 5 B$.

**MITTELKLASSEHOTELS** - *CAPITAL HOSTEL**-****, Jl. Kampong Berangan, gleich hinter dem Pusat Belia, tel 223561, fax 228789. Die Zimmer sind recht klein, haben jedoch ac, TV und Kühlschrank.

*TERRACE HOTEL****, Jl. Tasek Lama, tel 243554, fax 227302, das alte Ang's Hotel hat nicht nur einen neuen Namen bekommen, sondern die meisten Zimmer wurden renoviert.

*BRUNEI HOTEL***-*****, 95 Jl. Pemancha, tel 242372, fax 226196. Gepflegtes, zentral gelegenes Haus.

*JUBILEE HOTEL****, Jubilee Plaza, Jl. Kg. Kianggeh, tel 228070, fax 228080.

**OBERE PREISKLASSE** - *SHERATON UTAMA*****, Jl. Bendahara, tel 244272, fax 221579. Restaurants, Pool, Coffee Shop.
*RIVER VIEW HOTEL****-****, KM 1 Jl. Gadong, tel 238238, fax 236688, ein neues Luxushotel mit Pool an der Straße nach Gadong / Muara.

## ESSEN

Überraschenderweise ist das Essen an den diversen Foodstalls in Bandar Seri Begawan nicht überteuert. Die zumeist großen Portionen kosten 1 - 5 B$.
Die Essenstände *GERAI MAKAN* auf der östlichen Seite des Kanals an der Jl. Residency sind noch nach 21.00 Uhr geöffnet.
Weitere Essenstände werden am Abend auf dem Parkplatz neben dem chinesischen Tempel gegenüber der Post aufgebaut. Der einzige Nachteil besteht darin, daß es keine Sitzgelegenheiten gibt, da alle das Essen mit nach Hause nehmen.
**Chinesische**, **indische** und **malaiische** Restaurants findet man vor allem auf der Jl. Sultan und der Jl. McArthur.
**Nyonya**-Küche wird im *RASA SAYANG* im 6. Stock des Bangunan Guru Guru Melayu, Jl. Sungai Kianggeh zubereitet.
Da Brunei den Verkauf von alkoholischen Getränken verboten hat, bekommt man in keinem Restaurant Alkohol ausgeschenkt.

## SONSTIGES

**ALKOHOL** - Brunei ist ein trockenes Land. Alkoholische Getränke dürfen weder verkauft noch ausgeschenkt werden. Nicht-Moslems über 17 Jahre können bei der Einreise 12 Dosen Bier oder zwei Flaschen Spirituosen einführen, die aber beim Zoll deklariert werden müssen.

**AMERICAN EXPRESS** - repräsentiert *KEN TRAVEL & TRADING*, Guan Complex, 38-39 Jl. Sultan, tel 223127. Sofortiger Ersatz von verlorenen oder gestohlenen Amex-TC's.

**BOTSCHAFTEN** - *DEUTSCHLAND*, 49-50 Jl. Sultan, UNF-Bldg., tel 225547;
*ÖSTERREICH* (Generalkonsulat), 5/75 Kg. Subok, tel 223083;
*INDONESIEN*, Lot 4498, Kg. Sg. Hanching, tel 330180.

**GELD** - Malayan Banking wechselt nicht - am besten geht man zur
*HONGKONG BANK*, Jl. Sultan / Jl. Pemancha, tel 242305, repräsentiert Visa- und Master Cards, oder zur
*STANDARD CHARTERED BANK*, 55 Jl. Sultan, tel 242386, Visa-Repräsentant. Geöffnet Mo - Fr 9.00 - 15.00, Sa 9.00 - 11.00 Uhr. Es empfiehlt sich, US$-Reiseschecks mitzunehmen, da es mit DM-Reiseschecks Probleme gibt. Generell erhält man schlechtere Kurse für Cash.

**INFORMATIONEN** - *INFORMATION CENTRE* am Flugplatz.

**ÖFFNUNGSZEITEN** - Behörden: Täglich außer Fr, So und feiertags 7.30 - 12.15 und 13.30 - 16.30 Uhr. Geschäfte: Mo - Fr 9.00 - 17.00, Sa 9.00 - 12.00 Uhr. Shopping Centres sind von 10.00 - 22.00 Uhr geöffnet.

**POST / TELEFON** - GPO, Jl. Elizabeth Dua, Ecke Jl. Sultan. Geöffnet Mo - Do und Sa 7.45 - 16.30 Uhr.
Neben dem GPO das *Telecommunications Office* mit einem Service für Internationale Ferngespräche und Telegramme. Geöffnet tgl. 8.00 - 24.00 Uhr.

## NAHVERKEHRSMITTEL

**BUSSE** - Der zentrale Busbahnhof befindet sich in der Jl. Cator. Ab hier fahren unregelmäßig Busse nach SERIA 6 B$, TUTONG 1,80 B$ und MUARA 2 B$.

**TAXIS** - können telefonisch (tel 222214) bestellt werden. Sie stehen in der Jl. Cator neben dem Busbahnhof und vor großen Hotels. Der erste Kilometer kostet 3 B$, jede weiteren 200 m bis zu 20 km 20 ¢; über 20 km werden nur noch 10 ¢ je Kilometer berechnet. Eine Fahrt von oder zum Airport kostet zusätzlich 5 B$, Fahrten ins Umland zusätzlich 25 B$. Zwischen 21.00 und 6.00 Uhr wird 50% mehr berechnet. Eine Fahrt von der Jl. McArthur zum Brunei Museum kostet etwa 8 B$.

## TRANSPORT

**FLÜGE** - Folgende Airlines fliegen BSB an:

*MAS,* 144 Jl. Pemancha, tel 224141-3.
*BRITISH AIRWAYS,* Harrisons, Jl. Sungai Kianggeh, tel 243911.
*PHILIPPINE AIRLINES,* 4th Floor, Britannia House, Jl. Cator, tel 244075.
*GARUDA,* 49-50 Jl. Sultan, tel 235870.
*SINGAPORE AIRLINES,* 49-50 Jl. Sultan, tel 227253.
*THAI AIRWAYS,* Kompleks Jalan Sultan, 4th Floor, 51-55 Jl. Sultan, tel 242991-3.
*ROYAL BRUNEI AIRLINES,* RBA-Plaza, Jl. Sultan, tel 242222.
Ein Taxi zum Airport (5 km) kostet je nach Entfernung 15 - 20 B$. Airporttax 12 B$.
**Preisbeispiele**:
HONG KONG 666 B$, KOTA KINABALU 78 B$, KUALA LUMPUR 399 B$, MANILA 444 B$, JAKARTA 574 B$, KUCHING 236 B$, SINGAPORE 377 B$.

**BOOTE** - Ab 6.30 Uhr legen die kleinen, zwölfsitzigen Expressboote nach BANGAR ab. Sie kosten 7 B$ p.P. und fahren bis gegen 16.30 Uhr, wenn genügend Passagiere vorhanden sind. Ab *GERAI MAKAN* auf der östlichen Seite des Kanals an der Jl. Residency.
Boote nach Sabah s.u.

**ÜBERLAND NACH SARAWAK** - Busbahnhof in der Jl. Cator hinter dem Brunei Hotel.
Busse nach SERIA fahren den ganzen Tag über in 35 Min. für 6 B$. Weiter nach KUALA BELAIT in 20 Min. für 1 B$. 5 Busse täglich verkehren bis 15.00 Uhr von hier nach MIRI für 9,50 B$.
Minibus Service nach MIRI tgl. für 25 B$. Reservierung unter tel 222945, 240645. Alle Passagiere werden ab 4.30 Uhr von ihrem Hotel bzw. der Wohnung abgeholt.
Auf dem Landweg ist LIMBANG und der östliche Landesteil Bruneis, TEMBURONG, zu erreichen. Allerdings verkehren bisher auf dieser Strecke keine öffentlichen Verkehrsmittel.
Die Strecke führt über SENGKURONG und KG. PARIT nach LIMAU MANIS. 4 km südöstlich befindet sich der Kontrollpunkt Bruneis. Den Einreisestempel für Sarawak bekommt man nur in Limbang. In BATU DANAU muß man den Limbang River mit einer Fähre überqueren.

**ÜBERLAND NACH SABAH** - Für diese Route gibt es mehrere Möglichkeiten, die es mit etwas Glück ermöglichen, an einem Tag Kota Kinabalu zu erreichen.

**Erste Möglichkeit:** Expressboote fahren tgl. um 8.00, 8.30, 13.00 und 15.00 Uhr für 20 B$ bzw. 25 B$ 1. Klasse in 2 1/2 Std. nach LABUAN.
Es empfiehlt sich, mindestens einen Tag vorher das Ticket am Stand in der Jl. McArthur, bei *HALIM TOURS* (in der schmalen Gasse gegenüber der Jetty) oder im
*RATU SAMUDRA TICKETING OFFICE,* 201-203 Giok Tee Bldg., Jl. McArthur, zu besorgen und bereits 30 Minuten früher am Pier an der Jl. McArthur zu sein (Immigration).

**Zweite Möglichkeit:** Tgl. um 11.30 Uhr fährt ein Expreßboot für 25 B$ nach LAWAS. Ab hier direkter Busanschluß nach Kota Kinabalu.

**Dritte Möglichkeit:** Bis zu 14 Expressboote fahren bis gegen 17.50 Uhr in etwa 30 Min. nach LIMBANG für 10 B$.

## Kuala Belait und Seria

Die beiden 17 km auseinanderliegenden Orte sind die Zentren der Ölindustrie, in denen seit 1932 Öl gefördert wird. Etwas bizarr erscheint das gigantische Denkmal der Förderung des milliardsten Barrel (**One Billion Barrel Monument**) in Seria.

Am **Sungai Liang** wurde ein Forest Recreation Park angelegt.

### ÜBERNACHTUNG

In **Kuala Belait** gibt es zwei Hotels:
*SENTOSA***,* 92-93 Jl. McKerron, tel 334341, fax 331129, in der Nähe des Marktes.
*SEAVIEW***-****,* Jl. Maulana, tel 332651, fax 332654, mit Swimming Pool, 2,6 km in Richtung Seria. Das beste Hotel außerhalb von Bandar Seri Begawan direkt am Strand wurde renoviert.

# Indonesien

*17 508 Inseln beiderseits des Äquators warten darauf, entdeckt zu werden. Mehr als die Hälfte davon sind unbewohnt. Dagegen leben auf den von undurchdringlichem Dschungel bedeckten Inseln Sumatra, Kalimantan und Irian Jaya viele verschiedene Völker. Auf der nach Grönland zweitgrößten Insel der Welt, die früher Neu Guinea hieß und deren westliche Hälfte heute zu Indonesien gehört, siedeln noch Menschen mit einer steinzeitlichen Kultur. Die Hochkulturen in Java und Bali zeugen von hinduistischen und buddhistischen Einflüssen, die bereits im ersten Jahrtausend unserer Zeitrechnung durch den Handel mit Indien die Inselwelt erreichten.*

*Ein Land voller Kontraste - hier Java, die am dichtesten besiedelte Insel der Welt, wo sich ein Dorf an das nächste reiht, kein Flecken der fruchtbaren Vulkanböden brach liegt, dort menschenleere Wälder und Sümpfe, die nur ab und an von Jägern und Sammlern durchstreift werden. Entfernungen sind riesig. Von Sabang in Nord-Sumatra bis Merauke in Irian Jaya sind es 5120 km Luftlinie - mehr als 1/8 des Erdumfangs und weiter als vom Nordkap nach Marokko.*

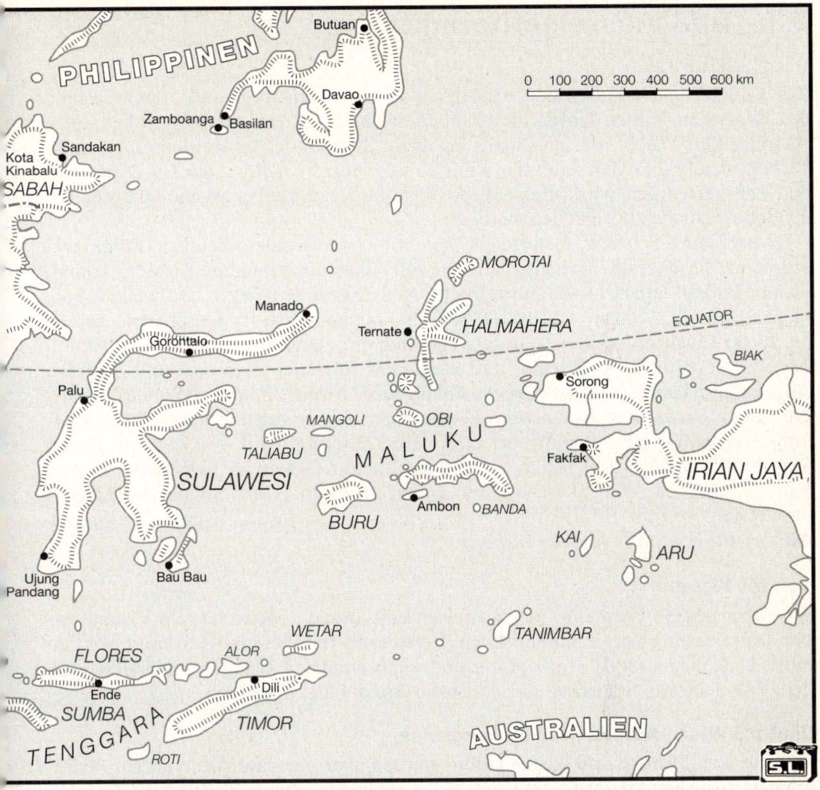


*Die Tourismusindustrie ist auf vielen Inseln noch nicht so entwickelt wie in Thailand oder Malaysia. Es fehlen gute Straßen, internationalem Standard entsprechende Hotels und andere Annehmlichkeiten, auf die der bequem reisende Tourist nicht verzichten möchte. Ausnahmen sind Java, Bali und, mit Einschränkungen, die Tourismuszentren Nord-Sumatra, West-Sumatra, Süd- und Nord-Sulawesi. Wer außerhalb dieser Gebiete das Land bereist, braucht viel Zeit und Kenntnisse der Nationalsprache Bahasa Indonesia. Die aus dem Hochmalaiischen entwickelte Sprache wird in allen Schulen unterrichtet, denn in dem riesigen Land sprechen die 186 Millionen Einwohner über 250 Regionalsprachen und mehrere hundert Dialekte. Durch die überregionale, eigene Sprache wird von staatlicher Seite versucht, dieses räumlich wie kulturell zersplitterte Land zu einer Nation zu vereinen. Die Vielfalt Indonesiens lernt man schon bei einer Reise durch ein kleinräumiges Gebiet kennen. Auf jeder der großen Inseln könnte man einen Monat bleiben - Indonesien in drei Wochen zu bereisen ist wie Europa in sieben Tagen!*

## Ein- und Ausreiseformalitäten

### Short Visit Pass

Zur Einreise nach Indonesien benötigt man nur einen **Reisepaß**, der innerhalb des folgenden halben Jahres nicht ablaufen darf, und ein **Ausreiseticket** - eine Ausreise kann auch mit dem Schiff erfolgen. Bei Flugtickets werden *Open-date-Tickets* akzeptiert. Man kann dann mit einem *Short Visit Pass,* der bei Einreise in den Paß gestempelt wird, maximal **60 Tage** im Land bleiben, wenn eine der folgenden Staatsangehörigkeiten vorliegt:

Deutschland, Schweiz, Österreich, Argentinien, Australien, Belgien, Dänemark, Finnland, Frankreich, Griechenland, Großbritannien, Holland, Kanada, Irland, Island, Italien, Japan, Luxemburg, Malta, Neuseeland, Norwegen, Schweden, Spanien, Südkorea, Taiwan, USA oder ASEAN-Staaten. Auch für Geschäftsleute, die bis zu 60 Tagen in Indonesien unterwegs sind, gilt die visafreie Einreise.

Voraussetzung ist weiterhin, daß man über folgende Orte ein- und ausreist: Airport und Hafen *Medan,* Airport *Pekanbaru,* Airport *Padang* (Sumatra), Airport *Batu Besar* oder Hafen *Batu Ampar* bzw. *Sekupang* (Batam), Hafen *Tanjung Pinang, Cengkareng* Airport und Hafen *Tanjung Priok* von *Jakarta,* Hafen *Semarang,* Airport und Hafen *Surabaya,* Airport *Denpasar* und Hafen *Benoa* bzw. *Padang Bai* (Bali), Airport und Hafen *Manado* (Nord-Sulawesi), Airport und Hafen *Ambon* (Molukken), Airport *Biak* (Irian Jaya), Airport *Pontianak,* Airport *Balikpapan,* Airport *Kupang.*

### Tourist Visum

Wer über andere Orte ein- oder ausreisen will, braucht weiterhin ein Visum, das vor Einreise in einer diplomatischen Vertretung Indonesiens beantragt werden muß. Das Visum ist 30 Tage gültig und kann einmal 2 Wochen verlängert werden. Für deutsche Staatsangehörige ist die Ausstellung kostenlos.

### Visitor's Visa, Arbeitsvisa, Bildungsvisa

Sie sind drei Monate und länger gültig, werden aber nur unter bestimmten Bedingungen vergeben. Man braucht entweder einen Sponsor in Indonesien oder einen besonderen Grund (wissenschaftliche Arbeit, familiäre Gründe u.ä.).

### Verlängerung von Visa

Es gibt keine Verlängerungsmöglichkeit für den 60-Tage-Short Visit Pass. Für 30-Tage-Visa oder Visitor's Visa bekommt man die Verlängerung in allen Immigration-Offices *(Kantor Imigrasi),* dauert 2 Tage bis zu einer Woche, also rechtzeitig beantragen.

Autoritäten sollte man so behandeln, wie sie es sich wünschen (nettes Auftreten und ordentliche Kleidung), damit sie erst gar nicht ihre Autorität unter Beweis stellen müssen.

### Kosten

Die Verlängerung eines Visitor's-, Arbeits- oder Bildungsvisa über 3 Monate hinaus kostet in jedem Fall und für alle Nationalitäten 30 000 Rp pro Verlängerung. Noch teurer wird ein Aufenthalt über 6 Monate. Dann wird bei allen Ausländern die ebenfalls für Indonesier obligatorische Ausreisesteuer fällig. Und die beträgt 250 000 Rp pro Person (gilt auch für Kinder, Stand Sommer 1994).

Läuft der Short Visit Pass oder das Visum ab, sollte man keinesfalls länger als ein oder zwei Tage überziehen, denn sonst gibt es Probleme bei der Ausreise und eine Geldstrafe, die im Ermessen des jeweiligen Beamten liegt.

Bis zu zwei Tagen drücken die Behörden normalerweise noch ein Auge zu, vor allem, wenn man mit dem Schiff ausreist. Ist das Flugzeug nachweislich überbucht, bekommt man noch einige Tage zusätzliche Visaverlängerung.

## INDONESISCHE BOTSCHAFTEN UND KONSULATE

### IN EUROPA

**Botschaft in Deutschland**:
Bernkasteler Str. 2, 53175 BONN,
tel 0228/382990.
**Konsulate:**
14195 BERLIN, Rudeloffweg 7,
tel 030/8315076.
22299 HAMBURG, Bebelallee 15,
tel 040/512071.
24114 KIEL, Sophienblatt 33,
tel 0431/603201.
28195 BREMEN, Domhof 26,
tel 0421/332224.
30159 HANNOVER, Arnswaldstr. 4,
tel 0511/3612150.
65189 WIESBADEN, Bierstädterstr. 9,
tel 0611/304339.
80538 MÜNCHEN, Widenmayerstr. 24,
tel 089/294609.

**Botschaft in Österreich**:
Gustav-Tschermakgasse 5-7, A 1180 WIEN,
tel 342533-5.

**Botschaft in der Schweiz:**
Elfenauweg 51, CH 3006 BERN,
tel 440983/84.

**Botschaft in den Niederlanden:**
Tobias Asserlaan 8, NL 2517 K.C.
DEN HAAG, tel 070/3108100.

### IN DEN NACHBARLÄNDERN

**Botschaft in Singapore:**
7 Chatsworth Road, tel 7377422.

**Botschaft in Malaysia:**
KUALA LUMPUR, 233 Jl. Tun Razak,
tel 2421011;
PENANG, 467 Jl. Burmah, tel 25162.
**Weitere Konsulate in:**
KUCHING, KOTA KINABALU und TAWAU.

**Botschaft in Thailand:**
600 Phetchburi Rd. BANGKOK,
tel 2523135/40.

**Botschaft auf den Philippinen:**
Salcedo Street, MANILA, tel 855061/68.

**Botschaft in Australien:**
8 Darwin Avenue, Yarralumla, CANBERRA,
tel 733222.
**Weitere Konsulate in:**
DARWIN, MELBOURNE und SYDNEY.

**Botschaft in Papua New Guinea:**
Sir John Guisa Drive 6, Sec 410 Lot182,
Baroko, PORT MORESBY, tel 253116/18.

Adressen der Botschaften und Konsulate in Indonesien s.S. 59.

### Wenn das Visum abgelaufen ist

sollte man auf dem billigsten Weg in eines der Nachbarländer fahren und, falls nötig, dort ein neues Visum beantragen bzw. visafrei einreisen. Hier die wichtigsten Verbindungen ins Ausland:

## BEI EIN- UND AUSREISE KEIN VISUM ERFORDERLICH

**Medan - Penang** (Flugzeug / Schiff)
**Pekanbaru - Malacca** (Flugzeug)
**Pekanbaru - Singapore** (Flugzeug)
**Pekanbaru - Tanjung Pinang - Batam - Singapore** (Schiff / Flugzeug)
**Denpasar / Jakarta - Singapore** (Flugzeug)

**Pontianak - Singapore** (Flugzeug)
**Manado - Guam** (Flugzeug)
**Manado - Davao** (Flugzeug)
**Biak - Honolulu** (Flugzeug)
**Denpasar - Darwin** (Flugzeug)
**Kupang - Darwin** (Flugzeug)

**BEI EIN- UND AUSREISE VISUM ERFORDERLICH**

**Dumai - Malacca** (Schiff)
Bei Ein- und Ausreise Visum (Singapore / KL) erforderlich.

**Pontianak - Kuching** (Flugzeug / Überland)
Bei Ein- und Ausreise mit Flugzeug kein Visum erforderlich; auch auf dem Landweg sollen nach neuesten Meldungen Ein- und Ausreise ohne Visum möglich sein, ansonsten Visum erhältlich im Konsulat in Kuching: 5A Jl. Pisang, tel 241734.

**Tarakan - Tawau** (Flugzeug) - **Kota Kinabalu** (Überland)
Bei Ein- und Ausreise Visum erforderlich. Konsulat in Kota Kinabalu: Coastal Road, Karamunsing, tel 54245, 54459, und in Tawau, Wisma Indonesia.

**Jayapura - Wewak - Port Moresby** (Flugzeug)
Solange man nicht direkt von Biak fliegen kann, wird bei der Ein- und Ausreise ein Visum benötigt. (Adresse s.S. 59)

## Zoll

Üblicherweise sind 200 Zigaretten, 1 l alkoholische Getränke und eine kleine Menge Parfüm zollfrei. Verboten ist die Einfuhr von Waffen, Pornographie und Drogen, chinesischer Medizin und jeder Literatur, die in chinesischen Schriftzeichen geschrieben ist. Außerdem müssen Fernseher, Radios und Kassettenrecorder deklariert und wieder ausgeführt werden. Tiere bleiben besser zu Hause, denn sie müssen in Quarantäne.

## Währung

Währungseinheit in Indonesien ist die indonesische **Rupiah** (Rp). In Umlauf sind Banknoten zu 50 000, 20 000, 10 000, 5 000, 1 000, 500 und 100 Rp, wobei letztere häufig nicht mehr als Banknoten zu erkennen sind (= rote, schmutzige Papierfetzen). Münzen gibt es im Wert von 25, 50, 100 und 500 Rp, wobei die kleinen Münzen kaum noch in Umlauf sind.

Bis zu 50 000 Rp dürfen **ein- bzw. ausgeführt** werden. Meist wird für den **US$** etwas mehr geboten - einzige Ausnahme: Jakarta. Vor allem in den kleineren Städten und auf den Außeninseln - nicht jedoch in den Touristenzentren - sinkt der Kurs der DM oder anderer Währungen, der des US$ etwas weniger. In Bali tauscht man günstig in Denpasar, Sanur und Kuta, z.T. auch in Ubud.

Man sollte nie mehr Rupiahs als nötig wechseln, da während der vergangenen Jahre die indonesische Währung mehrmals stark abgewertet wurde (1 US$ war 1977 noch 400 Rp wert, 1982 schon 650 Rp, 1985 - 1000 Rp und 1992 über 2000 Rp). Wer von Denpasar zurückfliegt, kann in einigen Reisebüros sein Ticket in US$ bar bezahlen, womit Umtauschverluste vermieden werden.

Das durchschnittliche **Monatseinkommen** eines Industriearbeiters beträgt etwa 150 DM (=195 000 Rp), aber in der Landwirtschaft, wo der überwiegende Teil

*Fotos - Bandar Seri Begawan: oben: Blick von der Moschee auf den Kampung Ayer; unten: Die Sultan Omar Ali Saifuddin Moschee*

宣揚國粹
萬國來朝

der Bevölkerung tätig ist, liegt das Einkommen merklich darunter. Frauen, die in den Fabriken der Textil- und Lebensmittelindustrie tätig sind, erhalten etwa 1500 - 1750 Rp je Tag. Im Großraum Jakarta wurde 1994 der gesetzliche Mindestlohn auf 3100 Rp festgelegt. Unter der von der Regierung definierten Armutsgrenze leben an die 17% der Bevölkerung (1976: 40%).

**WECHSELKURSE (STAND: FRÜHJAHR 1995)**

| | | | | | |
|---|---|---|---|---|---|
| **1 US$** | **=** | **2150 RP** | **1 DM** | **=** | **1300 RP** |
| **1 SFR** | **=** | **1600 RP** | **1 ÖS** | **=** | **192 RP** |

**Inflationsrate** (Jährl. Anstieg der Verbraucherpreise): **9,2%**

## Verkehrsmittel

Auf den einzelnen Inseln findet man sehr unterschiedliche Verhältnisse vor. Auch wenn auf einigen Karten Indonesien mit einem ausgezeichneten Straßennetz ausgestattet scheint, so sieht die Situation vor Ort etwas anders aus. Man sollte sich auf keine **Straßenkarte** verlassen, selbst nicht auf die staatlichen! Es gibt Leute, die deshalb schon drei Tage durch den Dschungel laufen mußten. Gängige Transportmittel sind auch Lastwagen, Boote, Pferde und Ochsenkarren.

An **Wochenenden** und wichtigen **Feiertagen** sind alle Transportmittel überfüllt. Die Fernbusse werden gestürmt und nehmen unterwegs keine weiteren Passagiere mit. Vor allem in den billigen Zügen wird man, sofern man keinen reservierten Platz hat, mit anderen Passagieren einen Sitzplatz teilen müssen oder stehen. Die Flüge sind vor allem zu Ferienbeginn bereits Wochen im voraus ausgebucht.

### Sumatra

Süd-, West- und Nord-Sumatra verfügen über ein **Eisenbahnnetz**, das zum Teil nur noch für Gütertransporte genutzt wird. In Nord-Sumatra verkehren Passagierzüge auf den Strecken von Medan nach Pematang Siantar, bzw. nach Tanjungbalai und Rantauprapat, in West-Sumatra von Padang nach Pariaman, auf den anderen Linien verkehren nur Kohlezüge, in Süd-Sumatra von der Fährstation Panjang nach Palembang, bzw. Prabumulih nach Lubuklinggau.

Gängige Verkehrsmittel im Fernverkehr sind **Überlandbusse**, inzwischen alle mit Video, die von verschiedenen privaten Gesellschaften betrieben werden. Während der Regenzeit sollte man Rundreisen durch den Süden der Insel vermeiden, denn dann sind häufig Brücken von den Wassermassen weggerissen und viele Straßen von der umliegenden Landschaft nicht zu unterscheiden. Zwischen Medan und dem Tobasee existieren ausgezeichnete Straßen, auf denen die großen Touristenbusse entlangrauschen. Das Teilstück von Solok nach Lubuklinggau ist die beste Straße Sumatras. Andere Streckenabschnitte des Trans-Sumatra-Highway, der die Insel von Banda Aceh bis zu den Fährhäfen nach Java durchquert und von großer wirtschaftlicher Bedeutung für die rohstoffreiche Insel ist, sind von schlechterer Qualität - allerdings ist die gesamte Strecke mittlerweile auch während der Regenzeit zu befahren. Man rechne für eine Nord-Süd-Durchquerung in einem Expressbus unter günstigsten Bedingungen mit mindestens 60 - 80 Stunden reiner Fahrzeit.

*Fotos - Highlights in Bandar Seri Begawan: oben: Nachtmarkt; unten: Chinesische Oper*

## Java

Die am dichtesten besiedelte Insel verfügt über die besten aber auch am stärksten ausgelasteten Verkehrsmittel. Zwischen Jakarta und Bogor, dem 60 km entfernt liegenden Erholungsort für reiche Stadtbewohner (einschließlich des Präsidenten), kann man sogar auf einer **Autobahn** entlangrauschen. Weitere Autobahnen *(Jalan Tol,* gebührenpflichtig) führen von Jakarta nach Merak, dem Fährhafen nach Sumatra, nach Osten bis Cikampek (ca. 80 km) und von Surabaya Richtung Malang (erst 40 km). Insgesamt wurde in den vergangenen Jahren viel Geld in den Ausbau des javanischen Fernstraßennetzes gesteckt.

Relativ schnell sind Überlandbusse auf der West-Ost-Achse Merak - Jakarta - Cirebon - Semarang - Solo - Surabaya (Malang) - Banyuwangi (Teilabschnitte während der Regenzeit häufig überschwemmt!).

Abseits vom Trampelpfad tuckert man mit überfüllten Bemo und Colt langsam durch die Landschaft. Diese Transportmittel verkehren häufig nur bis zum frühen Nachmittag.

Eine Alternative zu den langsamen, billigen Bussen sind die teureren, aber komfortableren **Nachtexpressbusse**. Bei den normalen, langsamen Tagbussen kann man mit etwa 40 km pro Stunde rechnen.

Bei den **Zügen** findet jeder das Passende, vom luxuriösen Bima-Express bis zu den völlig vollgestopften 3. Klasse-Abteilen mit Holzbänken in lokalen Zügen, wobei der Zusatz *Express* oder *Cepat* (= schnell) keineswegs etwas über die wirkliche Geschwindigkeit aussagt. Der Fahrpreis richtet sich nicht nur nach Entfernung und Klasse, sondern auch nach der jeweiligen Art des Zuges.

## Bali

Auf der kleineren Insel gibt es keinen Ort, den man nicht innerhalb eines Tages erreichen kann.

Verkehren auf kürzeren Strecken keine öffentlichen Transportmittel, ist das häufig ein guter Grund für ausgedehnte Spaziergänge. Gängige Verkehrsmittel sind Bemo, Colt und Bus. Die schnelleren Colt verkehren auf nahezu jeder asphaltierten Straße der Insel. Auf den etwas belebteren Straßen läßt sich auch gut trampen.

Wer auf ein eigenes Transportmittel Wert legt, hat die Wahl zwischen amerikanischen Schlitten mit Chauffeur oder Mietwagen in Form von Jeeps, Motorrädern und Fahrrädern.

## Sulawesi

Zwischen Manado im Norden und Ujung Pandang im Süden gibt es inzwischen eine durchgehende **Straßenverbindung**, die aber zwischen Palu und Gorontalo die Bezeichnung „Straße“ nicht verdient. Noch fehlen hier Brücken, und während der Regenzeit ist der Schlamm auf der Piste oft knietief, so daß Minibusse häufig steckenbleiben und man besser auf Jeeps oder Trucks umsteigt. Die Verbindungen auf dem Wasserweg sind manchmal Glückssache oder eine Frage des Geldes (Charter!).

Ein ausgebautes **Straßennetz**, auf dem Busse und Bemo verkehren, gibt es nur rings um Manado bis Gorontalo und um Ujung Pandang bis hinauf nach Tana Toraja.

Abseits der Hauptrouten sind die zerfallenen, unbefestigten Straßen oft nur noch mit Jeeps oder Lastwagen zu befahren.

## Eisenbahn

Für längere Strecken auf Java ist sie durchaus zu empfehlen, sofern man vom Abfahrtsort des jeweiligen Zuges losfährt. Hat man keinen reservierten Platz oder steigt gar unterwegs in einen schon besetzten Zug ein, kann es passieren, daß man den ganzen Tag eingequetscht zwischen Leidensgenossen im Gang stehen muß, durch den sich zudem in regelmäßigen Abständen Verkäuferscharen drängen. Jeder Zug hat eine eigene Preisklasse und entsprechenden Standard. **Studentenermäßigung** gibt es nur in der 3. Klasse bei billigen Zügen und nicht bei den teuren Expresszügen. Es ist ratsam, sich Fahrkarten mindestens einen Tag vorher zu besorgen. Expresszüge sind manchmal schon Tage im voraus ausgebucht. Wer nicht zum Bahnhof laufen und am Schalter anstehen will, bekommt sie gegen Vermittlungsgebühr bei einem Reisebüro.

## Busse

Sie sind fast überall die billigsten Verkehrsmittel. **Expresslinien** durchqueren in acht Tagen den Westen Indonesiens von Aceh bis Bima / Sumbawa, meist aber nur in Teilabschnitten. Die Mercedes-Busse sind kleiner als die europäische Ausführung, transportieren aber wesentlich mehr Passagiere. Die erheblich teureren ac-Busse bieten wohl häufig den erwarteten Komfort (z.B. Service, Luxussitze), aber auch die Möglichkeit, sich eine lästige Erkältung einzufangen. Wird Gepäck auf das Dach verladen, achte man auf eine ausreichende Sicherung. Am besten werden die Gepäckstücke mit einer Kette am Dachgestänge angeschlossen. Wertsachen gehören immer ins Handgepäck. Die Tasche kann als nächtliches Ruhekissen benutzt werden. Der Rucksack ist sicher und man hat mehr Bewegungsfreiheit, wenn man zwei Sitzplätze zahlt und auf dem zweiten Platz das Gepäck unterbringt. Auf Java wird das auch von Indonesiern mit viel Gepäck praktiziert.

Ein Handicap sind lange Beine. Kaum ein Europäer paßt bequem zwischen die engen Sitze. Wer schon einige Tage vorher sein Ticket für den Expressbus kauft, kann sich einen Sitzplatz auswählen, der den Beinen Bewegungsfreiheit läßt. Meist ist das der Platz hinter dem Fahrer.

Beim Zusteigen erfährt man den richtigen Fahrpreis im Zweifel von anderen Passagieren. Aufgrund ständig steigender Benzinpreise (im OPEC-Land Indonesien) gehen die Transportpreise kräftig nach oben. Einige Companies geben Studentendiscount.

Auf längeren Strecken sollte man den Busfahrer etwas im Auge behalten. Manche fahren 12 Stunden und länger ohne Ruhepause oder sind alkoholisiert. Dann empfiehlt es sich, auszusteigen und mit dem nächsten Bus weiterzufahren.

## Schiffe

Bis 1983 erfolgte jeglicher Schiffsverkehr im indonesischen Archipel ausschließlich mit Küstenkuttern, Segelschiffen und Frachtern, die zwar auch Passagiere mitnehmen, aber meist unregelmäßig operieren und jeglichen Komfort vermissen lassen. Glücklicherweise verfügt inzwischen **Pelni**, die staatliche Schiffsgesellschaft, über fünfzehn moderne Passagierschiffe aus deutschen Werften, die über 65 Häfen von Sumatra bis Irian Jaya anfahren.

## PELNI-SCHIFFE

**KM. Kerinci / KM. Kambuna**
je 1596 Passagiere
(1. Klasse: 100 Passagiere; 2. Kl.: 200; 3. Kl.: 300; 4. Kl.: 496; Economy Class: 500).
**KM. Rinjani / KM. Umsini**
je 1729 Passagiere
(1. Kl.: 40; 2. Kl.: 88; 3. Kl.:168; 4. Kl.: 656; EC: 777).
**KM. Tidar / KM. Ciremai / KM. Dobonsolo**
je 1904 Passagiere
(1. Kl.: 40; 2. Kl. 88; 3. Kl.: 288; EC: 1488).
**KM. Kelimutu / KM. Lawit**
je 920 Passagiere
(1. Kl.: 14; 2. Kl.: 40; EC: 866).
**KM. Tatamailau / KM. Sirimau / KM. Awu / KM. Leuser / KM. Binaiya / KM. Bukit Raya**
je 969 Passagiere
(1. Kl.: 14; 2. Kl.: 40; EC: 915).

Die geräumigen, gepflegten Schiffe haben feste Routen und folgen mit beachtlicher Präzision einem auf Stunden genau ausgearbeiteten Fahrplan. Vierzehn Schiffe verkehren im Zwei-Wochen-Takt, nur die KM. Tatamailau braucht vier Wochen für einen Hin- und Rückweg. Abgesehen von einem Dockaufenthalt, jedes Jahr für 2 bzw. 4 Wochen, sind die Schiffe ununterbrochen im Einsatz. (KM. = Kapal Motor).

## PELNI FAHRPLAN

**KM. KERINCI** Route:
Tanjung Priok (Mi) - Surabaya (Do) - Ujung Pandang (Fr) - Bau Bau (Sa) - Ambon (So) - Bitung (Mo) - **Ternate** (Mo) - Ambon (Di) - Bau Bau (Mi)- Ujung Pandang (Do) - Surabaya (Fr) - Tanjung Priok (Sa) - **Belawan** (Mo) - Tanjung Priok (Mi) - etc.

**KM. KAMBUNA** Route:
Tanjung Priok (Mi) - Surabaya (Do) - Ujung Pandang (Fr) - Balikpapan (Sa) - Palu (So) - Toli Toli (So) - **Bitung** (Mo) - Toli Toli (Di) - Palu (Di) - Balikpapan (Mi) - Ujung Pandang (Do) - Surabaya (Fr) - Tanjung Priok (Sa) - **Belawan** (Mo) - Tanjung Priok (Mi) - etc.

**KM. RINJANI** Route:
Tanjung Priok (Mo) - Surabaya (Di) - Ujung Pandang (Mi) - Bau Bau (Do) - Ambon (Fr) - Banda (Fr) - Tual (Sa) - **Fak Fak** (Sa) - Banda (So) - Ambon (So) - Bau Bau (Mo) - Ujung Pandang (Di) - Surabaya (Mi) - Tg. Priok (Do) - Muntok (Fr) - Kijang (Fr) - **Dumai** (Sa) - Kijang (So) - Muntok (So) - Tg. Priok (Mo) - etc.

**KM. UMSINI** Route:
Tanjung Priok (Mo) - Surabaya (Di) - Ujung Pandang (Mi) - Balikpapan (Do) - Palu (Fr) - Kwandang (Fr) - **Bitung** (Sa) - Kwandang (So) - Palu (So) - Balikpapan (Mo) - Ujung Pandang (Di) - Surabaya (Mi) - Tanjung Priok (Do) - Muntok (Fr) - Kijang (Fr) - **Dumai** (Sa) - Kijang (So) - Muntok (So) - Tg. Priok (Mo) - etc.

**KM. TIDAR** Route:
**Surabaya** (So) - Ujung Pandang (Mo) - Balikpapan (Di) - **Tarakan** (Mi) - Palu (Do) - Ujung Pandang (Fr) - Surabaya (Sa) - Balikpapan (So)- Surabaya (Mo) - Ujung Pandang (Di) - **Palu** (Mi) - Tarakan (Do) - Balikpapan (Fr) - Ujung Pandang (Sa) - Surabaya (So) - etc.

**KM. CIREMAI** Route:
**Tanjung Priok** (Di) - Ujung Pandang (Do) - Bau Bau (Do) - Banggai (Fr) - Bitung (Sa) - Ternate (Sa) - Sorong (So) - Manokwari (Mo) - Biak (Mo) - **Jayapura** (Di) - Biak (Mi) - Manokwari (Mi) - Sorong (Do) - Ternate (Fr) - Bitung (Fr) - Banggai (Sa) - Bau Bau (Sa) - Ujung Pandang (So) - Tanjung Priok (Di) - etc.

**KM. DOBONSOLO** Route:
**Tanjung Priok** (Di) - Surabaya (Mi) - Kupang (Fr) - Dili (Fr) - Ambon (Sa) - Sorong (So) - Manokwari (Mo) - Biak (Mo) - **Jayapura** (Di) - Biak (Mi) - Manokwari (Mi) - Sorong (Do) - Ambon (Fr) - Dili (Sa) - Kupang (Sa) - Surabaya (Mo) - Tanjung Priok (Di) - etc.

**KM. KELIMUTU** Route:
Surabaya (Mo) - Benoa (Di) - Bima (Mi) - Waingapu (Mi) - Ende (Do) - Kupang (Do) - **Dili** (Fr) - Kalabahi (Fr) - Maumere (Sa) - **Ujung Pandang** (So) - Maumere (Mo) - Kalabahi (Di) - Dili (Di) - Kupang (Mi) - Ende (Mi) - Waingapu (Do) - Bima (Do) - Lembar (Fr) - Surabaya (Sa) - **Banjarmasin** (So) - Surabaya (Mo) - etc.

**KM. TATAMAILAU** Route:
Surabaya (Mo) - Banjarmasin (Di) - Cirebon (Mi) - **Pontianak** (Fr) - Cirebon (Sa) - Banjarmasin (Mo) - Surabaya (Di) - Badas (Mi) - Ujung Pandang (Do) - Labuhan Bajo (Fr) - Larantuka (Sa) - Dili (Sa) - Saumlaki (So) - Tual (Mo) - Dobo (Mo) - **Merauke** (Mi) - Tual (Fr) - Kaimana (Sa) - Fak Fak (Sa) - **Sorong** (So) - Fak Fak (So) - Kaimana (Mo) - Dobo (Mo) - Tual (Di) - Saumlaki (Mi) - Dili (Do) - Larantuka (Do) - Labuhan Bajo (Fr) - Ujung Pandang (Sa) - Badas (So) - Surabaya (Mo) - etc.

**KM. LAWIT** Route:
Tanjung Priok (Mo) - **Pontianak** (Di) - Semarang (Do) - **Banjarmasin** (Fr) - Semarang (Sa) - Pontianak (Mo) - Tanjung Priok (Di) - Padang (Do) - **Gunungsitoli** (Fr) - Sibolga (Fr) - Padang (Sa) - Tanjung Priok (Mo) - etc.

**KM. SIRIMAU** Route:
Surabaya (So) - Banjarmasin (Mo) - Cirebon (Di) - **Pontianak** (Mi) - Tg. Priok (Fr) - Pontianak (Sa) - Cirebon (Mo) - Banjarmasin (Di) - Surabaya (Mi) - Lembar (Do) - **Ujung Pandang** (Fr) - Lembar (Sa) - Surabaya (So) - etc.

**KM. AWU** Route:
**Surabaya** (So) - Benoa (Mo) - Bima (Di) - Ujung Pandang (Di) - Kendari (Do) - Kolonodale (Do) - Luwuk (Fr) - Gorontalo (Fr) - Bitung (Sa) - Lirung (So) - **Tahuna** (So) - Bitung (Mo) - Gorontalo (Mo) - Luwuk (Di) - Kolonodale (Di) - Kendari (Mi) - Ujung Pandang (Do) - Bima (Fr) - Benoa (Sa) - Surabaya (So) - etc.

**KM. LEUSER** Route:
Surabaya (So) - Kumai/o. Sampit (Mo) - **Semarang** (Di) - Sampit/o. Kumai (Mi) - Surabaya (Do) - Batulicin (Fr) - Pare Pare (Sa) - Samarinda (So) - Toli Toli (Mo) - Tarakan (Di) - **Nunukan** (Di) - Toli Toli (Mi) - Samarinda (Do) - Pare Pare (Fr) - Batulicin (Sa) - Surabaya (So) - etc.

**KM. BINAIYA** Route:
**Tanjung Priok** (So) - Pontianak (Mo) - Tg. Priok (Mi) - Kuala Enok (Do) - Kijang (Fr) - Tarempa (Fr) - **Natuna** (Sa) - Sintete (Sa) - Biliton (So) - Tg. Priok (Mo) - Biliton (Di) - Sintete (Mi) - Natuna (Mi) - Tarempa (Do) - Letung (Do) - Kijang (Fr) - Kuala Enok (Fr) - Tg. Priok (So) - etc.

**KM. BUKIT RAYA** Route:
Tanjung Priok (Fr) - **Pontianak** (Sa) - Cirebon (Mo) - Banjarmasin (Di) - Surabaya (Mi) - Batulicin (Do) - **Ujung Pandang** (Fr) - Batulicin (Sa) - Surabaya (So) - Banjarmasin (Mo) - Cirebon (Di) - Pontianak (Mi) - Tg. Priok (Fr) - etc.

Da in den nächsten Jahren voraussichtlich noch einige Schiffe hinzukommen werden und weil sich einige Routen noch im Experimentier-Stadium befinden, wird sich der Fahrplan noch häufig ändern.

Tickets in Jakarta bei **Pelni**, Jl. Angkasa 18, und in den Pelni-Büros sämtlicher Hafenstädte, die von Pelni angelaufen werden; außerdem bei einigen Travel Agents.

Um stundenlanges Schlangestehen und tumultartige Szenen vor den Ticket-Schaltern zu vermeiden, geht man einfach durch die Hintertür und fragt nach einem englischsprechenden Angestellten - Touristen werden in der Regel bevorzugt behandelt. Auch Pelni bedient sich inzwischen der modernen Datenverarbeitung, so daß Voraus-Reservierungen kein Problem mehr darstellen dürften.

Auf vielen anderen indonesischen Schiffen sieht es aber nicht so angenehm aus wie auf den Pelni-Dampfern: Meist sind sie total überladen, und ein trockener Schlafplatz ist nur mit größten Anstrengungen zu finden. Die sanitäre Ver-

## PREISBEISPIELE AB TANJUNG PRIOK

| | 1.Kl. | 2.Kl. | 3.Kl. | 4.Kl. | EC |
|---|---|---|---|---|---|
| Belawan | 219.000 | 161.000 | 123.000 | 96.000 | 56.000 Rp |
| Kijang | 142.000 | 99.000 | 85.000 | 67.000 | 37.000 Rp |
| Sibolga | 174.000 | 134.000 | | | 51.000 Rp |
| Padang | 126.000 | 97.000 | | | 37.000 Rp |
| Surabaya | 89.000 | 68.000 | 47.000 | 41.000 | 26.000 Rp |
| Ujung Pandang | 215.000 | 157.000 | 122.000 | 94.000 | 55.000 Rp |
| Palu | 269.000 | 195.000 | 149.000 | 115.000 | 71.000 Rp |
| Bitung | 403.000 | 297.000 | 226.000 | 174.000 | 116.000 Rp |
| Bau Bau | 242.000 | 177.000 | 136.000 | 105.000 | 66.000 Rp |
| Pontianak | 135.000 | 96.000 | - | - | 36.000 Rp |
| Balikpapan | 236.000 | 173.000 | 135.000 | 107.000 | 68.000 Rp |
| Kupang | 291.000 | 205.000 | 144.000 | - | 86.000 Rp |
| Ambon | 336.000 | 245.000 | 188.000 | 146.000 | 90.000 Rp |
| Ternate | 416.000 | 307.000 | 236.000 | 185.000 | 118.000 Rp |
| Sorong | 428.000 | 313.000 | 242.000 | 188.000 | 120.000 Rp |
| Jayapura | 557.000 | 409.000 | 314.000 | 244.000 | 151.000 Rp |

Preise in Rp (Stand Frühjahr 1995). Kinder zwischen 1 und 11 Jahren zahlen 70%, unter 1 Jahr 10% des Fahrpreises.

sorgung ist mangelhaft. Essen bringt man sich besser selbst mit. Man kann versuchen, für einige tausend Rupiahs extra von den Seeleuten eine Kabine oder zumindest eine Koje zu mieten, oft mit verschließbarem Spind.

Nur die größeren Gesellschaften haben einen Fahrplan. Doch auch ihre Schiffe verkehren zwischen den äußeren Inseln nur sporadisch. Die beste Infoquelle ist der Hafenmeister *(Syahbandar)*. Abenteuerlich ist eine Reise auf den traditionellen **Segelschiffen** - empfehlenswert nur für männliche Traveller.

## REGELMÄßIG VERKEHREN PASSAGIERFÄHREN ZWISCHEN:

Krueng Raya / Aceh - Balohan / Pulau Weh
Medan / Sumatra - Penang / Malaysia
Dumai / Sumatra - Malacca / Malaysia
Pekanbaru / Sumatra - Tanjung Pinang / Riau
Pulau Batam - Singapore
Bakauheni / Sumatra - Merak / Java
Panjang / Sumatra - Merak / Java
Surabaya / Java - Kamal / Madura
Jangkar / Java - Kalianget / Madura
Banyuwangi / Java - Gilimanuk / Bali
Padang Bai / Bali - Lembar / Lombok
Labuhan Lombok / Lombok - Poto Tano / Sumbawa
Sape / Sumbawa - Komodo - Labuanbajo / Flores
Bone / Süd-Sulawesi - Kolaka / Südost-Sulawesi
Larantuka / Flores - Kupang / Timor

Seetüchtiges, großes Schiff: **Kapal Laut**; großes Segelschiff, Bugis - Schoner: **Kapal Layar;** kleines, hölzernes Auslegerboot: **Prahu**; Flußboot in Kalimantan mit Außenbordmotor, oft überdacht: **Klotok**; Flußboot mit vielen PS (= Speedboat): **Spetbot**; schnelles Flußboot, manchmal mit mehreren Außenbordern: **Longbot**; kleines Kanu, Einbaum: **Sampan**.

## Flugzeuge

Sie sind die schnellsten und teuersten Verkehrsmittel zwischen den Inseln. **Garuda (GA)**, die größte, staatliche Gesellschaft, führt fast nur noch Auslandsflüge durch. Die anderen innerindonesischen Gesellschaften haben zwar offiziell die gleichen Preise wie Garuda bzw. Merpati, sie geben aber unter Umständen und auf bestimmten Flügen einen Discount.

**Merpati (MZ)**, Tochtergesellschaft Garudas, fliegt im ganzen Land. **Bouraq (BO)** ist für Kalimantan, Sulawesi, Nord-Molukken und Nusa Tenggara zuständig, **Mandala (MDL)** für Flüge von Java nach Sumatra, Sulawesi und Ambon, **Sempati (SG)** verkehrt über Sumatra, Kalimantan, Java, Bali, Sulawesi und nach Singapore. **SMAC** (Sabang Merauke Air Charter) fliegt in Sumatra, **DAS** (Dirgantara Air Services) nur in Kalimantan und **Asahi** Airways nur in Ost-Kalimantan. Ist man mit den kleinen Maschinen der *Pioneer Flights* (unregelmäßig) von Merpati, SMAC oder DAS unterwegs, sind nur 10 kg Freigepäck erlaubt. Von den Ölfeldern in Sumatra und Kalimantan fliegt **Pelita,** die Fluggesellschaft der staatlichen Erdölgesellschaft. Sie soll schon mal Traveller mitgenommen haben.

Das innerindonesische Flugsystem wurde umstrukturiert. So bedient Garuda nur noch die größten Städte Indonesiens und das Ausland. Die meisten Inlandsflüge werden von Merpati abgewickelt. Dafür hat Garuda den größten Teil der Fokker F27 und F28 Maschinen an ihre Tochtergesellschaft übertragen.

Garuda offeriert auf ihren innerindonesischen Linien für alle, die mit der indonesischen Fluggesellschaft aus Europa kommen, Anschlußflüge zu Sonderkonditionen und bis zu 50% **Preisnachlaß**. Die erste Voraussetzung ist, daß man in Jakarta, Medan, Denpasar oder Ujung Pandang seine Reise beginnt. Zweite Voraussetzung ist, daß die Route vorher festliegt und das Ticket bereits vor Reiseantritt gekauft wird. Man bekommt die Garuda Tickets *open date* ausgestellt. Da die meisten Garuda-Flugziele nicht unbedingt touristische Highlights sind, entstehen häufig Anschlußflugkosten mit Merpati oder den anderen Fluggesellschaften. So wird wohl jeder Besucher Ujung Pandangs auch Tana Toraja besuchen, und Jayapura lohnt ohne den Flugabstecher nach Wamena auch nicht unbedingt einen mehrtätigen Besuch. Interessant für Leute, die den gesamten Archipel auf ihrer Reiseroute haben, ist der **Garuda Airpass**, 1994 gab es ihn in drei Variationen:

### GARUDA AIRPASS

VIP 1: 350 US$ für vier Strecken; maximaler Aufenthalt 20 Tage.
VIP 2: 500 US$ für sechs Strecken; maximaler Aufenthalt 30 Tage.
VIP 3: 600 US$ für zehn Strecken; maximaler Aufenthalt 60 Tage.

Bei allen Variationen gilt ein Mindestaufenthalt von fünf Tagen. Die Einreise muß mit Garuda bzw. einer Partnergesellschaft erfolgen. Der Airpass sollte bereits im Ausland gekauft werden, kann aber auch innerhalb von 14 Tagen in Indonesien erstanden werden, wenn ein internationales Rückflug- oder Weiterflugticket vorliegt. Da sich die Airpass-Bestimmungen in den vergangenen Jahren immer wieder geändert haben, empfiehlt es sich, während der Reiseplanung in einem Garuda Büro die neuesten Informationen anzufordern.

**Airport Tax**: In Jakarta und Denpasar für internationale Flüge 21 000 / 20 000 Rp, nationale Flüge 8000 / 7700 Rp, ansonsten 3000 - 4500 Rp je nach Flugplatz. Meist wird die Airport Tax schon beim Kauf eines Tickets in Indonesien mit eingerechnet. Ebenfalls im Preis enthalten sind 10% Mehrwertsteuer.

## Nahverkehr

### Colt, Minibus, Bemo, Ojek

Sie sind die öffentlichen **Nahverkehrsmittel**. Diese Fahrzeuge haben zwar bestimmte Endhaltepunkte *(Stasion / Terminal)* doch man kann sie überall anhalten. Manchmal fahren sie sogar Umwege, um Fahrgäste am gewünschten Zielpunkt abzusetzen. In vielfältigsten Variationen trifft man auf den Inseln kleine Busse an, die den lokalen Passagierverkehr bewältigen. Manchmal sind es komfortable Minibusse, die auch mit den Herstellernamen (Datsun, Colt) bezeichnet werden. Mit weniger Glück sitzt man auf der niedrigen Holzbank eines Bemo, die auf die umgebaute Ladefläche eines Kleintransporters montiert ist.

Es gibt keine festen **Abfahrtszeiten**, sondern es wird oft erst dann losgefahren, wenn nach Meinung des Fahrers keine weitere Person Platz hat. Besonders an Markttagen eine hautnahe Erfahrung!

Die **Fahrpreise** sind regional sehr unterschiedlich und im allgemeinen auf Nebenstrecken höher. Dabei zählt nicht nur die Entfernung, sondern auch der Straßenzustand. Auf unbefestigten Gebirgsstrecken wird eben mehr Benzin verbraucht als auf einem asphaltierten Highway. Die Preisangaben in diesem Buch können nur Richtwerte sein, da sie nicht auf immer und ewig festgeschrieben sind. Will man Auseinandersetzungen um den richtigen Preis aus dem Wege gehen, dann erkundige man sich vor der Abfahrt möglichst bei mehreren Leuten nach dem Fahrpreis (gilt ebenso für alle Busse).

Es wird gerne versucht, von Ortsunkundigen ein paar hundert Rupiahs mehr zu bekommen, und zwar nicht nur von Europäern, sondern z.B. ebenso von einem Sundanesen in Ost-Java.

Häufig erhält man gute und korrekte Infos (nicht nur zu Fahrpreisen) von den Polizeibeamten, die auf fast jedem Terminal ihr *Kantor* haben. In den modernen Bus Terminals sind sie sogar angeschlagen. Allerdings handelt es sich hierbei um Mindestpreise, die von den Busgesellschaften oft nach Belieben aufgerundet werden. Wer lässig lächelnd den korrekten Fahrpreis entrichtet, „gewinnt Gesicht“. Wer allerdings kleinlich und aufgeregt um 100 Rp feilscht, „verliert Gesicht“.

Macht der Minibus einen Umweg, so muß man vorher mit dem Fahrer die Frage nach eventuellen Extrakosten klären: ist z.B. die reguläre Fahrt nach 25 km an einem Marktplatz zu Ende und man wird noch 2 km weiter zum Strand gebracht, so kann es geschehen, daß sich der Fahrpreis verzehnfacht. Der Fahrer nimmt stillschweigend an, man hätte seinen Bus gechartert. Ausnahmen sind Ost-Nusa Tenggara und Teile Sulawesis: Hier ist es selbstverständlich, jeden einzelnen Passagier ohne Aufpreis vor seiner Haustüre abzusetzen.

Einige **Nebenstrecken** werden wegen schlechtem Straßenzustand und Mangel an Fahrgästen nicht von Minibussen bedient. Hier übernehmen entweder Lastwagen den Personen- und Gütertransport, oder man findet an den Abzweigungen Gruppen junger Männer mit ihren Motorrädern: Motorrad-Taxis (Ojek), um deren Preis man handeln muß! Sie sind fünf- bis zehnmal so teuer wie Minibusse.

## Stadtverkehr

### Becak, Bajaj, Angkutan Kota

**Fahrradrikschas** (Becak) sind in vielen Städten Javas das gängige Transportmittel. Preise werden immer individuell ausgehandelt. Manche Fahrzeuge sind kunstvoll bemalt. Sie sind meist von den Fahrern gemietet, so daß nicht selten ein Drittel der Einkünfte bei den Besitzern der Becak landet. Deshalb sollte man gerade mit alten Fahrern nicht unbedingt um die letzte Rupiah feilschen, sondern wie die Indonesier „mit dem Herzen" zahlen.

In Großstädten verkehren für den Passagiertransport umgebaute, mit einer Kabine versehene Motorroller oder andere motorisierte Dreiräder, z.B. die orangeroten Bajaj in Jakarta, die Motorradrikschas *(Becak Mesin)* in Medan oder die Bemo (Becak Motor) in Denpasar. Neben diesen individuellen Transportmitteln operieren Stadtbusse auf festen Strecken mit gekennzeichneten Haltestellen, z.B. in Jakarta, Yogya, Surabaya. Außerdem gibt es auf festen Strecken noch Minibusse / Bemo *(Angkutan Kota* oder *Microlet)*, die überall anhalten.

## Dokar, Bendi, Delman, Cidomo

Die von kleinen Pferden gezogenen Karren oder **Kutschen** funktionieren ähnlich wie Becak. Sie transportieren bis zu 6 Personen, sind aber billiger. Man findet sie meist in Bergorten, wo Becak wegen der Steigungen unbrauchbar sind.

## Taxi

In großen Städten und Tourismuszentren gibt es fast überall Taxen, die mit einem **Taxameter** ausgestattet sind. Der erste Kilometer kostet je nach Region zwischen 700 und 1000 Rp, jeder weitere etwa die Hälfte, so daß Taxifahren im Verhältnis zu Europa recht günstig ist. Haben die Taxen kein Taxameter, muß der Preis vorher ausgehandelt werden. Gewinnversprechende Strecken, wie die zwischen Flughafen und City, werden häufig nicht von öffentlichen Nahverkehrsmitteln befahren - Taxifahrer versuchen sich hier eine lukrative Einnahmequelle zu sichern. In diesem Fall kann ein Taxi mit anderen Fahrgästen geteilt werden.

Andererseits gibt es jetzt an fast allen großen Flughäfen **Taxi-Info-Stände**, an denen man die regulären Fahrpreise erfährt. Meist werden von hier die Taxis auch eingeteilt, und man muß bereits im voraus am Info-Stand einen festgelegten Preis bezahlen (Coupon-System).

## Mietwagen, Motorrad

**Mietwagen** sind auf einigen Inseln nur mit Chauffeur zu bekommen und in diesem Fall teurer als Taxen. **Motorräder** und **Jeeps** (ohne Fahrer) gibt es vor allem auf Bali, in Yogyakarta kann man nur Motorräder und (eingeschränkt) Minibusse mieten. Bali ist ideal für Selbstfahrer, sofern man sich an das Verkehrschaos von Denpasar und Süd-Bali, die Hunde in den balinesischen Dörfern und den Linksverkehr gewöhnen kann.

Ob allein mit dem Fahrrad oder in einer größeren Gruppe mit einem gecharterten Pick-up - viele abendliche Tempelfeste und abgelegene Dörfer sind ohne eigenes Transportmittel nicht zu erreichen.

Mietet man ein Fahrzeug, sollte man die Kosten (auch für die notwendige Versicherung) vergleichen und um den Preis handeln. Günstigere Tarife werden meist dann eingeräumt, wenn das Fahrzeug für einen längeren Zeitraum gemietet wird. Meist wird nach einem **Internationalen Führerschein** gefragt, vor allem für Motorräder auf Bali. Ansonsten muß für den balinesischen Motorradführerschein in Denpasar eine spezielle Prüfung absolviert werden. Man sollte keinesfalls in leichter Badekleidung auf einem Motorrad fahren, sondern feste Hosen, eine Brille und Handschuhe tragen. In Indonesien besteht Helmpflicht.

Benzin (Premium) kostet an Pertamina-Tankstellen 700 Rp pro Liter, Diesel (Solar) 380 Rp. Für 870 Rp wird an einigen wenigen Tankstellen Super (Premix) verkauft. Private Händler bieten Treibstoff in alten Ölfässern und Literflaschen zwischen 800 und 1000 Rp an; je abgelegener, desto teurer, denn die Händler holen den Sprit kanisterweise auch von der Pertamina-Tankstelle. Bevor man ein Fahrzeug mietet, sollte man es sich genau ansehen.

## Übernachtung

In den großen Städten und Tourismuszentren gibt es Unterkünfte in allen Preisklassen und Kategorien. Soweit die Hotels nicht internationalem Standard entsprechen, sollte man vor dem Einchecken die Räume besichtigen und feststellen, ob sich unter den Matratzen Bettwanzen aufhalten, Toiletten und Duschen benutzbar sind und das Zimmer sicher abzuschließen ist. In einigen Hotels kann man die Wertsachen in einem Safe oder gegen Quittung deponieren. Steht die Unterkunft in der Nähe einer Moschee, muß man damit rechnen, noch vor Sonnenaufgang vom Muezzin geweckt zu werden.

### Hotels

Diese Bezeichnung tragen meist Unterkünfte der teuersten Kategorie mit einer großen Variationsbreite - vom exklusiven Luxushotel bis zur heruntergekommenen Absteige, für die dennoch horrende Preise verlangt werden. Sind Mängel zu beklagen, kann man zumindest versuchen, den Preis zu drücken. Einige Hotels an den Stränden sind im Bungalow-Stil angelegt, mit Swimming Pools, inmitten tropischer Gärten. Normalerweise sind die Zimmer klimatisiert und entsprechen weitgehend westlichem Standard. Auf die Zimmerpreise und Restaurantrechnungen werden zumeist 21% Steuern und Bedienung aufgeschlagen.

### Wisma

Die kleineren Familienunternehmen lassen sich etwa mit europäischen Pensionen vergleichen. Der Preis kann, je nach Standard, stark variieren - etwa von 10 000 Rp aufwärts. In der höheren Preisklasse gehört zu jedem Zimmer ein eigenes Badezimmer. Die Häuser sind komfortabel ausgestattet, manchmal unterscheiden sie sich in Preis und Ausstattung kaum von einem Hotel. In der billigen Kategorie entsprechen sie einem Losmen.

### Losmen

Preislich günstigere Familienunternehmen, die bei einem längeren Aufenthalt zu einem zweiten Zuhause werden können. Sie gibt es in fast allen Orten. Die Badezimmer haben meist keine Duschen, sondern ein Mandi.

In vielen Losmen wird tagsüber kostenlos Tee angeboten. Auch ein kleines Frühstück ist häufig im Preis inbegriffen. In der preiswertesten Kategorie muß man meist auf den **Zimmerservice** verzichten. Die Bettwäsche wird, falls vorhanden, selten (und auch nicht immer nach jedem Gast) gewechselt. Sind die Wände nicht gemauert, sollte man sie nach sogenannten *peepholes* untersuchen, durch die Nachbarn Einblick in fremdes Privatleben gewinnen können. Falls im Mauerwerk Gittersteine ohne Fliegendraht angebracht sind, werden nachts garantiert Moskitos im Zimmer sein. Zudem sind derartige Wände nicht gerade geräuschdämpfend, so daß man mit dem ersten Hahnenschrei völlig in das Dorfleben einbezogen wird. Vor Moskitos schützt ein Moskitonetz oder einige Coils *(Obat Nyamuk),* die es für wenige Rupiahs überall zu kaufen gibt. Wer etwas größer geraten ist, hat Schwierigkeiten mit den oft kleinen, schmalen Betten. In weniger erschlossenen Ortschaften gibt es keine Elektrizität, so daß man sich an den Umgang mit Petroleumlampen gewöhnen muß. Eine andere Bezeichnung für Losmen, die vor allem auf Bali verwendet wird, ist *Homestay*.

**Indonesische Badezimmer**

Kommt man völlig durchschwitzt von einer Tour im Losmen an, gibt es nichts Erfrischenderes als ein kühlendes **Mandi**. Aus einem Becken schöpft man mit großen Kellen oder Plastikschüsseln kaltes Wasser und gießt es literweise über seinen Körper. Im Gegensatz zu den dünnen Strahlen einer Dusche bringt dieses eine wirkliche Abkühlung. Zudem bleibt das Wasser in den gekachelten oder gemauerten großen Behältern angenehm kühl, ein Vorteil zu den gerade während der Mittagszeit aufgeheizten Duschen.

Einige billige Losmen haben keine Wasserleitungen, und das Mandi wird regelmäßig mit Brunnenwasser aufgefüllt. Da eine Beckenfüllung für mehr als ein Bad gedacht ist, muß das Wasser für die Nachfolger sauber bleiben. Das scheint einigen Touristen nicht klar zu sein, so daß Losmenbesitzer in Touristenunterkünften Schilder in englischer Sprache aufhängen, um darauf hinzuweisen, daß ein Mandi weder als Badewanne noch zum Wäschewaschen gedacht ist. Um Pilzinfektionen zu vermeiden, sollte man in Badezimmern immer Gummisandalen tragen.

Häufig ist in den **Toiletten** kein Papier vorhanden, denn Indonesier benutzen stattdessen Wasser aus einem kleinen Mandi, das auch zur Spülung benutzt wird, und die linke Hand. Wer sich mit dieser Sitte nicht anfreunden kann, sollte immer etwas Toilettenpapier dabeihaben. In abgelegenen Gebieten ist dieses, wenn vorhanden, teuer.

### Penginapan

In vielen indonesischen Regionen findet man diese Unterkünfte, die vom Standard her die niedrigste Kategorie darstellen. Meist (aber nicht unbedingt) sind sie billiger als Losmen. In den unteren Preislagen sind die Bezeichnungen Hotel, Losmen, Wisma und Penginapan nahezu austauschbar, z.B. gibt es Losmen, die besser oder teurer sind als Hotels.

### Pasanggrahan

Ein Rasthaus für reisende Regierungsangehörige und andere *Officials,* meist in kleinen, abgelegenen Dörfern, fast immer in phantastischer Lage auf Hügeln oder an Berghängen mit toller Aussicht. Ist das Rasthaus gerade nicht belegt, läßt man auch Touristen übernachten. Zimmerpreise sind recht unterschiedlich, je nach gebotenem Komfort. Oft sind die Mahlzeiten inklusive.

### Privatübernachtungen

Wenn es in einem Ort keine Unterkunftsmöglichkeit gibt, man aber dort übernachten muß, wendet man sich zuerst an den *Kepala Desa* (Dorfvorsteher). Er wird Gäste zumeist in seinem Haus unterbringen, denn auf dem Land zählt Gastfreundschaft noch etwas. Ist das nicht möglich, sollte man andere staatliche oder soziale Autoritäten (Polizei, Ladeninhaber, Lehrer usw.) aufsuchen. Es ist angebracht, etwas Geld anzubieten; manchmal wird auch eine Gebühr für die polizeiliche Anmeldung verlangt, was dem Meldezettel in Hotels entspricht.

Jedem Gast sollte klar sein, daß die meisten Indonesier sehr beengt leben und keine großen Ansprüche an Komfort stellen. Es sollte selbstverständlich sein, daß man das akzeptiert, was angeboten wird. Schon die Frage nach einem Bier oder Fleischgericht könnte den Gastgeber in Verlegenheit bringen, seine Gastfreundschaft unter Beweis stellen zu müssen.

Vor allem in abgelegenen Gebieten ist die Ankunft von Touristen eine willkommene Abwechslung und Grund zum Feiern. In nichtmoslemischen Gebieten wird bei festlichen Anlässen häufig lokaler Alkohol aufgetischt, dessen Wirkung nicht zu unterschätzen ist. Es gehört zum guten Ton, die Gäste ständig aufzufordern mitzutrinken. Wer dem nachkommen will, ohne die Kontrolle zu verlieren, braucht etwas Fingerspitzengefühl und Selbstkontrolle.

Leben viele Menschen eng beieinander, ist Rücksichtnahme eine Selbstverständlichkeit. Sobald sich Leute zum Schlafen zurückziehen, dämpft man die Lautstärke und bricht ebenfalls bald auf. In einer animistischen Gesellschaft müssen die fremden Götter und Riten geachtet werden. Am besten läßt man sich bereits vor dem Eintreffen im Dorf von einem gegenüber westlichen Dingen aufgeschlossenen Einheimischen über die Bräuche informieren. Auch die hygienischen Verhältnisse entsprechen nicht dem üblichen Standard. Toiletten sind kaum vorhanden, gebadet wird im Fluß - deshalb den Sarong nicht vergessen!

Geschenke sollte man nicht nach europäischem Glasperlen-Kolonial-Verhalten übergeben. Lebensmittel sind oft bessere Geschenke als manche Errungenschaften der Zivilisation. Aber auch Zigaretten, Fotos oder kleinere Geldbeträge sind in einigen Situationen angebracht. Wer in seinem Gepäck noch Platz für eine Sofortbildkamera hat, wird seinem Gastgeber mit Familienfotos große Freude bereiten können. In keinem indonesischen Haushalt fehlen die Fotoalben mit den beliebten Gruppenbildern, die man gerne zusammen mit Gästen durchblättert. Wird man um Medikamente gebeten (von Aspirin bis Antibiotika, von Malaria- bis Magentabletten), sollte man eine ausreichende Menge dalassen, aber nur, wenn ganz sicher ist, daß den Menschen damit geholfen und kein Mißbrauch getrieben wird.

### PREISKATEGORIEN

Wir haben folgende **Preiseinteilung** vorgenommen, wobei die **Preise** je für ein **Doppelzimmer** gelten:

| | | |
|---|---|---|
| * | **bis** | **10 000 RP** |
| ** | **bis** | **20 000 RP** |
| *** | **bis** | **40 000 RP** |
| **** | **bis** | **60 000 RP** |

## Essen und Trinken

Wie überall in Südostasien ist Reis das Grundnahrungsmittel Nummer eins. Berühmt ist die indonesische Küche für den Gebrauch zahlreicher, verschiedenartiger **Gewürze**. Außerdem runden folgende Bestandteile ein Essen geschmacklich ab: *Air Kelapa:* Kokosnußmilch, *Krupuk:* in Öl gebackene Krabbenmehlkräcker, *Kecap:* Sojasauce, und *Sambal:* Chillisauce.

**DIE WICHTIGSTEN GEWÜRZE SIND:**

| | | | |
|---|---|---|---|
| *Lombok* | Chili | *Merica* | Pfeffer |
| *Cengkeh* | Nelken | *Jahe* | Ingwer |
| *Sereh* | Zitronengras | *Ketumbar* | Koriander |
| *Garam* | Salz | *Kayu manis* | Zimt |
| *Pala* | Muskatnuß | *Kepulaga* | Kardamon |
| *Asam* | Tamarinde | *Bawang putih* | Knoblauch |

## Regionale Küchen

### *Padang*

Mehrere scharf gewürzte Gerichte (Fisch- und Hühnchencurry, Gemüse, *Deng Deng* - getrocknetes Fleisch, *Rendang* - scharf gewürztes Rindfleisch, manchmal Aale u.a.) werden kalt in verschiedenen Schälchen serviert, die zum Teil schon lange in den Auslagen gestanden haben. Dazu gibt es Reis. Bezahlt wird, was gegessen wurde (auch nur teilweise - außer der Saucen!). Die Preise sind sehr unterschiedlich, so daß man sich vorher darüber informieren sollte. Tee hilft, die Schärfe zu mildern.

### *Batak / Toraja*

Weitgehend vegetarisch. Festessen bestehen ausschließlich aus fettem Schweinefleisch mit Reis, um zu zeigen, daß man es sich leisten kann, auch ohne Gemüse satt zu werden - zum Entsetzen der Moslems (bei den Toraja auch Rindfleisch). Dazu gibt es vergorenen Reiswein.

### *Sunda*

Milde, leicht süße Speisen. Viele Fischgerichte, als Spezialität gilt Goldfisch.

### *Bali*

Gerichte mit Enten- *(Bebek)* und Schweinefleisch (Spanferkel, *Babi guling)*, Süßspeisen aus Reis. In Touristenzentren findet man eine internationale Küche.

### *Minahasa*

Scharf gewürzt wird auch hier. Neben Geflügel, Schildkröten- und Schweinefleisch auch exotische Gerichte mit Goldfisch, Fledermaus- und Hundefleisch. Manchmal wird der Reis in Palmblätter gewickelt serviert.

### *Bugis*

Viele Fischgerichte und Schalentiere, häufig gegrillt. Dazu gibt es verschiedene scharfe und sauere Saucen und eine Suppe, *Soto Makassar.*

### *Östliche Inseln*

Reis ersetzt allmählich die ursprünglichen Grundnahrungsmittel *Maniok (Singkong)*, die Wurzeln des Kassavastrauches (viel Eiweiß, aber wenig Stärke), und *Sago (Sagu)*, gekörntes Mark der Sagopalme.

### *Madura*

Spezialität: dicke Suppe *(Soto Madura)* und Hühnerfleisch-Spießchen *(Sate Ayam Madura).*

## Typische indonesische Gerichte

### *Nasi Campur*

Dieses „Nationalgericht" bekommt man an fast allen Essenständen. Zum Reis gibt es unterschiedliche kalte Beilagen, meist verschiedene Gemüse, geröstete Erdnüsse, Kokosraspeln, Rindfleisch oder Huhn, Fisch und Ei. Um die 1000 bis 1500 Rp, je nach Zutaten und Region, kostet diese sättigende Mahlzeit. Wie *Nasi Campur* werden auch *Nasi Rames* und *Nasi Rawon* (mit Erdnußsauce) zubereitet.

### *Nasi Goreng*

Das bekannteste Gericht: Gebratener Reis, bei dem weißer Reis *Nasi putih* mit Gemüse *Sayur-sayuran* und Fleisch *Daging* oder Krabben *Udang* gemischt wird - manchmal mit Ei *Telur* = Nasi Goreng Istimewa. *Mie Goreng* ist das gleiche mit Nudeln (*Mie* = Nudeln).

### *Soto*

Eine dicke Suppe im Eintopf-Stil, verdickte Kokosmilch wird zusammen mit Gemüse, Fleisch und Reis gekocht. Klare Suppen werden unter dem Begriff *Sop* zusammengefaßt.

### *Cap Cai*

Abgeleitet vom chinesischen Chop Suey, ist ein Gericht aus gekochten, kleingeschnittenen Fleisch- und Gemüsestückchen, unter Umständen auch mit gebratenem Ei. Gebratenes Gemüse ist *Sayur Goreng.*

### *Sate*

Im ganzen Land findet man Stände, die diese kleinen Fleischspieße verkaufen. Sie werden in Zucker und Gewürze eingelegt und dann über Holzkohle gegrillt. Dazu gibt es eine würzig-süße Erdnußsauce. Man verwendet vor allem Fleisch *Daging* vom Rind *Lembu* oder Schaf bzw. der Ziege *Kambing,* oft auch Huhn *Ayam.* Schweinefleisch, *Babi:* Den Moslems ein Greul, von den Chinesen geliebt.

### *Gado-Gado*

Ein kalter Salat aus gekochtem Mischgemüse, der mit Erdnußsauce angemacht und zu dem Krupuk serviert wird.

### *Roti*

Der allgemeine Ausdruck für Brot, zumeist Weißbrot. Vor allem in den Städten gibt es Bäckereien, die leckere Kuchen im Angebot haben - ein Relikt aus holländischer Kolonialzeit.

### *Lontong*

In Bananenblätter eingewickelter Klebreis. Häufig als Beilage zu Sate oder Gado-Gado.

### *Pisang Goreng*

Gebratene Bananen, ein erstes Frühstück oder eine kleine Zwischenmahlzeit, die es auf jedem Markt gibt.

## Getränke

In jedem kleinen Dorf bekommt man etwas zu trinken, und sei es nur abgekochtes Wasser *Air Masak* oder Tee. Alkohol gibt es in verschiedensten Formen vor allem in nichtmoslemischen Gebieten. Tee wird in javanischen Restaurants meist kostenlos zum Essen serviert.

### Alkoholische Getränke

| | |
|---|---|
| *Tuak* | Palmwein und |
| *Brem* | Reiswein - beides geht schnell in den Kopf - lokal unterschiedlich. |
| *Arak* | aus Brem destillierter Reisschnaps. |
| *Anggur Hitam* | eine Art süßlicher Rotwein, der als kräftigendes, gesundheitsförderndes Tonikum verkauft wird. |
| *Bir Bintang* | unter Lizenz von Heineken/Holland gebrautes Bier, ab 2500 Rp je Flasche. Außerdem San Miguel, Becks, Asahi und Anker. |

### Nichtalkoholische Getränke

| | | | |
|---|---|---|---|
| *Teh* | Tee | *Pahit* | ohne alles |
| *Kopi* | Kaffee | *Manis* | süß mit Zucker |
| *Coklat* | Schokolade | *Susu* | mit Dosenmilch |
| *Panas* | heiße Getränke | *Teh Manis Panas* | heißer, süßer Tee |
| *Es* | (mit) Eis | *Kopi Susu Es* | Eiskaffee mit Milch |

Frischmilch gibt es kaum. Oft kostet der Tee mit Zucker das Doppelte und der mit Milch das Dreifache des normalen Tees, denn Zucker und Dosenmilch sind in Indonesien relativ teuer.

**Softdrinks** haben es in Indonesien zu einer unwahrscheinlichen Vielfalt an Farben gebracht, werden jedoch immer in Flaschen internationaler Getränkehersteller verkauft. Man bekommt sie in allen Städten und Touristenzentren, sie sind jedoch verhältnismäßig teuer.

Außer diesen Softdrinks gibt es die verschiedensten **Fruchtsäfte** *(Air ...)*. Sie sind überall eine Spezialität, die man unbedingt versuchen sollte! Häufig gibt es *Es Buah* - Geraspeltes Eis mit Fruchtgelee, *Air Jeruk* - Orangen / Limonen-Saft, *Air Kelapa Muda* - junge Kokosmilch, *Setrup / Stroop* - Limonade, Saft oder Sirup.

Bei Travellern sehr beliebt ist **Mineralwasser** (Quellwasser) ohne Kohlensäure, mit $O_3$ (Ozon) sterilisiert, nach französischem Vorbild in Plastikflaschen: 500 ml (500 Rp), 600 ml und 1500 ml (1000 - 1200 Rp) - in Restaurants häufig teurer.

## Früchte

**Apokat** - Avocado.

**Blimbing** - Baumstachelbeere; kleine, gelbe oder grüne, saftige Frucht, sehr sauer - während der Trockenzeit angenehm, dann etwas süßer.

**Delima** - Granatapfel; runde Frucht, deren erfrischendes Fruchtfleisch aus mehreren Segmenten besteht, gelblich, braungesprenkelte Schale.

**Duku** - samtige, taubeneigroße Frucht, süß, mit weißem, durchscheinendem Fruchtfleisch.

**Durian** - Stachelfrucht; große, grüne Frucht bis zur Größe einer Wassermelone mit gelblichem, klebrigen Fruchtfleisch um einen dicken Kern. Wegen dem eigenartigen, strengen Geruch, der von der „Königin der Früchte" ausgeht, meiden sie viele Europäer. Hingegen schwelgen Indonesier während der Erntezeit im Durian-Rausch. Es ist gesundheitlich riskant, sie zusammen mit Alkohol zu genießen.

**Jambu Monyet** - Cashew-Apfel; Kern ist die Cashewnuß.

**Jambu Bol** - Malacca-Apfel; große rötliche Frucht.

**Jambu Air** - Rosenapfel; kleine, rosarote, glattglänzende Frucht mit festem Fruchtfleisch.

**Jambu Biji** - Guave; grünlich gelbe Frucht, rosa oder gelbes Fruchtfleisch mit winzigen Samen; hoher Vitamin-C-Gehalt.

**Jeruk** - Zitrusfrüchte allgemein; *Jeruk Bali* = Pomelo; *Jeruk Besar* = Grapefruit; *Jeruk Manis* = Orange; *Jeruk Kepruk* = Mandarine; *Jeruk Asam* = Limone / Limette.

**Kecapi** - Santolfrucht; orangengroß, mit flaumiger, gelber Schale; weißes Fruchtfleisch.

**Kedongdong** - Goldapfel oder Apfelmango; kleine, grüngelbliche Frucht mit großem Kern.

**Kelapa** - Kokosnuß; erfrischend ist gekühlte Milch junger Früchte.

**Longan** (Lengkeng) - Longanfrucht; klein, braun, rauhschalig, wird in Bündeln verkauft; süßsaurer Geschmack ähnlich Lychee.

**Mangga** - Mango; grün bis rötliche Frucht mit nußartigem Geschmack, süß oder sauer, je nach Reifegrad.

**Manggis** - Mangosteen; apfelgroße, lilaschwarze Frucht, süßsaure Fruchtsegmente. Saft der Schale stark färbend. Nie mit Zucker süßen.

**Markisa** - Passionsfrucht; grün bis rötlich-violette Frucht.

**Nanas** (Nenas) - Ananas; ganze Früchte können auf den Märkten billig eingekauft werden, besonders süß in Pekanbaru.

**Nangka** - Jackfrucht; die ovalen, grünen Früchte können bis zu 20 kg schwer werden; süßes, segmentiertes, gelbes Fruchtfleisch.

**Papaya** - melonenähnliche, grünlich-gelbe Frucht, deren orange-rotes Fruchtfleisch häufig als Nachspeise angeboten wird.

**Pisang** - allgemeiner Begriff für Bananen, von denen es verschiedene Sorten zum Braten, Kochen, aber auch in der uns bekannten Form als Obst gibt. Besonders schmackhaft die bei uns nicht geläufigen kleinen Bananen.

**Rambutan** - (Haar = *Rambut*); entsprechend ist das Aussehen dieser pflaumengroßen, rötlich-gelben Frucht; unter der weichen Schale ein süßes, weißes Fruchtfleisch.

**Salak** - kleine, braune Frucht, deren feste Schale an eine Schlangenhaut erinnert, apfelartiger Geschmack.

**Sawo** (Manila) - Sapotillapfel oder Manilafrucht; braun, in Form einer Kartoffel, Geschmack ähnlich einer reifen Birne.

**Semangka** - Wassermelone.

**Sirsak** - Sauersack, Stachelanone; lange, herzförmige, bis 1 kg schwere, grüne Früchte. Das weiße, saftige Fruchtfleisch eignet sich gut für Fruchtsäfte, die es in Indonesien abgefüllt zu kaufen gibt - ein billiger, guter Durstlöscher.

## Wo essen?

### Warung

Viele kleine Essenstände, Warung, bieten dem billigreisenden Traveller eine warme Mahlzeit zu erstaunlich günstigen Preisen. Es ist kein Problem, zu jeder Tageszeit irgendwo etwas Eßbares zu bekommen, es sei denn, man befindet sich während des Fastenmonats Ramadan in einem überwiegend muslimischen Gebiet.

Die Essenstände sind in den Städten meist abends auf Straßen, großen Plätzen oder Märkten und in der Nähe der Kinos aufgebaut. Man kann an verschiedenen Ständen etwas bestellen, das dann frisch zubereitet wird. Gleichzeitig verkaufen andere Stände Getränke, so daß man sich ein komplettes Menü zusammenstellen kann. Fliegende Händler bieten Sate, Krupuk, Klebreis, gebackene Bananen, aber auch ganze Gerichte an. Fleisch, besonders Geflügel, ist teuer und wird deshalb nur in kleinen Mengen zu einer großen Portion Reis serviert.

### Rumah Makan

Wörtlich: „Essenshaus" - sind billige Restaurants, in denen es nicht unbedingt schlechter schmecken muß. In der Mittagshitze sitzt man hier angenehmer und vor allem kühler als in den Warung. In Rumah Makan sind die Gerichte in Schüsseln und auf Platten am Eingang unter Glas aufgestellt. Man sucht sich die Gerichte heraus, die man haben will. Das Essen ist meist kalt, doch durch die Mengen an Chilis verdirbt es trotz tropischer Hitze nicht so schnell.

In den Tourismuszentren gibt es billige Läden, die sich auf - europäischem Geschmack angepaßtes - *Traveller-Food* umgestellt haben. Hier gibt es *Pancakes*, *Porridge,* Toast oder Müsli zum Frühstück; *Nasi Goreng,* Omeletts und abgemilderte nationale Gerichte als Hauptspeisen und *Fruit Salad* oder *Banana Fritter* für Zwischendurch. Und das läßt überall in den Travellertreffpunkten, ob in Pangandaran, Yogya oder Kuta, jedes Travellerherz höher schlagen.

### Restoran

Restaurants zeichnen sich meist durch eine Speisekarte, ac-Räume und höhere Preise aus. Kann man in einem Rumah Makan noch für 1000 bis 2000 Rp essen, muß man in einem Restoran schon tiefer in die Tasche greifen. In den Touristenzentren und großen Hotels gibt es außerdem chinesische und europäische Restaurants, die auf Touristen mit gut gefüllter Reisekasse ausgerichtet sind.

## Wie essen?

Während man in den indonesischen Restaurants immer mit Löffel und Gabel ißt, benutzt man in ländlichen Regionen die Hand, und zwar immer die rechte. Die linke Hand gilt als unrein und sollte nie das Essen berühren.

Es braucht etwas Übung, bis man den Reis so galant wie die Indonesier mit der Hand vom Bananenblatt essen kann. Zur Reinigung der Hände vor und nach dem Essen bekommt man Schalen mit Wasser.

Auch die Verwendung von Stäbchen in chinesischen Restaurants will gelernt sein.

Man wird das Bemühen, sich an die Gegebenheiten anzupassen, immer anerkennen, so daß es den Versuch lohnt.

## Feste und Feiertage

In diesem vielfältigen Inselstaat mit seinen unterschiedlichen Völkern werden derartig viele Feste gefeiert, daß eine vollständige Aufzählung all der regionalen, religiösen und familiären Feierlichkeiten unmöglich erscheint. Bekannt sind die Tempelfeste auf Bali und die Wayang-Aufführungen in Java, bei denen die uralte Geschichte des Ramayana-Epos immer wieder aufs Neue von Puppen, Schattenspielfiguren oder maskierten Menschen dargestellt wird.

Bei den Stierrennen auf Madura, Hahnenkämpfen auf Bali, Ziegenbockkämpfen in West-Java - überall geht es nicht nur um sportliche Wettbewerbe und Spaß, sondern auch um eine Menge Geld, das beim Wetten gewonnen oder verloren wird. Oft sind diese Wettkämpfe mit religiösen Festen verbunden.

Die Indonesier verehren verschiedene Götter - an den Küsten wird der Meeresgöttin und am Kraterrand aktiver Vulkane den Feuergöttern geopfert, man feiert die Geburtstage von Mohammed, Buddha und Christus. Hunderte überirdischer Wesen bestimmen das Leben in den Dschungeln, Dörfern und Städten.

Fast jeder Monat hat auch einen Feiertag zu Ehren eines der zahlreichen **Nationalhelden**, von denen es in Indonesien eine erstaunliche Menge gibt, wie ja auch die allerorts aufgestellten Denkmäler beweisen.

Eine ausgezeichnete Informationsquelle ist der jährlich erscheinende **Calendar of Events**, den das Generaldirektorat für Tourismus im Ministerium für Transport, Kommunikation und Tourismus herausgibt. Man bekommt diese Broschüre schon vor der Reise beim Fremdenverkehrsbüro in Frankfurt oder in Indonesien (mit viel Glück) bei den regionalen Touristenbüros. Die vollständige Liste über balinesische Feste und Feiertage gibt es beim dortigen Tourist Office. Über Stierrennen auf Madura informiert das Office in Surabaya und über die Ramayana-Aufführungen das in Yogyakarta. Da Veranstaltungstermine immer wechseln, erkundige man sich in allen Touristenbüros nach anstehenden Festen.

Unser westlicher **Kalender** mit 365 Tagen im Jahr bestimmt zwar den staatlichen und wirtschaftlichen Jahresablauf, doch die meisten Feste richten sich nach dem etwas weniger Tage zählenden moslemischen Mondkalender. Daneben haben beispielsweise die Batak auf Sumatra oder die Balinesen ihre eigenen Kalender. Der balinesische Kalender hat sogar nur 210 Tage, so daß viele Tempelfeste zweimal im Jahr gefeiert werden. Auf regionale Feste weisen wir im jeweiligen Routenteil hin. Hier nur die Feiertage von überregionaler Bedeutung:

### Staatliche Feiertage

Am 1. Januar begeht man das westliche **Neujahrsfest** mit Feuerwerk (in Jakarta), Prozessionen, Tänzen und vor allem in christlichen Regionen mit gutem Essen und Trinken.

Am 17. August, dem **Unabhängigkeitstag**, wird im ganzen Land die Befreiung Indonesiens von den holländischen Kolonialherren gefeiert. Jedes Dorf organisiert sportliche Veranstaltungen, farbenprächtige Umzüge, Puppenspiele und andere traditionelle Veranstaltungen - von Irian Jaya bis Sumatra, von Timor bis Sulawesi. Schon Wochen vorher bevölkern in „Reih und Glied" marschierende Schulkinder und Büroangestellte unter lauten Komando-Rufen und dem Takt der Trillerpfeifen die Straßen der Städte. Man übt für den großen Tag!

Am 25. Dezember wird **Weihnachten** vor allem in den Tourismuszentren und christlichen Regionen gefeiert.

Der **Kartini-Tag** ist eine Art indonesischer Muttertag und wird hauptsächlich auf Java begangen. Große Feiern in Rembang (Zentral-Java), wo Raden Ajeng Kartini begraben ist. Durch ihre höhere Ausbildung, die ihr als Prinzessin zuteil wurde, konnte sie Not und Probleme der seit Jahrhunderten abgeschirmt lebenden Adelsfrauen zum Ausdruck bringen. Dennoch beugte sie sich dem Willen ihrer Eltern, wurde verheiratet und starb mit 24 Jahren am Kindbettfieber. In ihren veröffentlichten Briefen berichtet sie ihren Freunden in Holland über die Erziehung in einem traditionellen javanischen Elternhaus (s.S. 81).

## Moslemische Feiertage

Der islamische Hidschra-Kalender ist ein Mondkalender, deshalb sind seine Jahre kürzer als die des international gebräuchlichen Gregorianischen Kalenders. Die Feiertage des Hidschra-Kalenders liegen also jedes (gregorianische) Jahr zehn bis zwölf Tage früher als im vorangegangenen Jahr.

Während des Fastenmonats **Ramadan** wird einem stärker als in den anderen Monaten bewußt, daß man sich in einem moslemischen Land befindet. Solange die Sonne am Himmel steht, bleiben Restaurants geschlossen. Ausgenommen in Bali und Orten, wo Chinesen leben, wird man auch als Ungläubiger hungrig bleiben müssen. Schon vor Sonnenaufgang herrscht rege Geschäftigkeit, es wird gekocht und gegessen. Am Ende des träge dahinfließenden Tages, wenn das Zeichen von der Moschee erklungen ist, stürzt alles in die Warung. Strenggläubige Moslems verzichten während des Ramadan außer auf Essen und Trinken auch auf das Rauchen.

Am Ende des Ramadan feiert man **Idul Fitri** oder *Hari Raya Puasa*. Man dankt Allah dafür, daß man dem Fastengebot Folge leisten konnte. Mindestens zwei Tage lang wird alles nachgeholt, was während des Ramadan verboten war. Schon am frühen Morgen versammeln sich die Menschen auf Dorfplätzen und in Moscheen, um Koranverse zu singen. Nachbarn und Freunde werden besucht, Geschenke ausgetauscht und die Fehler des vergangenen Jahres verziehen. Während Idul Fitri und in der Woche danach scheinen fast alle Indonesier auf Reisen zu sein: sämtliche Transportmittel sind ausgebucht und überfüllt; in den beliebten Ausflugsorten am Strand oder im Gebirge ist kein Zimmer zu bekommen!

**Idul Adah**, der mohammedanische Opfertag, ist der Termin für die *Haj*. Wer genug Geld hat, um sich die trotz staatlich subventionierten Flügen noch immer sehr teure Pilgerschaft leisten zu können, erfüllt mit dem Besuch der heiligen Stätten in Mekka ein wichtiges Gebot. Wer es sich nicht leisten kann, kommt in die Moschee zum Gebet.

**Muharam** ist der Tag, an dem das Neujahrsfest begangen wird.

**Maulid Nabi Muhammad** (Sekaten), der Geburtstag des großen Propheten, wird besonders prunkvoll in Surabaya und Umgebung mit nächtlichen Maskenfesten, Umzügen und Volkstänzen über eine Woche lang gefeiert. Beginnt zwölf Tage nach Muharam.

**Mi'raj Nabi Muhammad** ist der Himmelfahrtstag des Propheten.

## Chinesische und buddhistische Feiertage

Die Chinesen begehen ihr **Neujahrsfest** (Jan / Feb) wie überall in Südostasien mit Familienfeiern und Tempelbesuchen. Besonders lebhaft im Chinesenviertel von Jakarta, Glodok, wo bereits Tage vorher Glückwunschkarten und Leckereien verkauft werden. Umzüge und Feuerwerk sind von den Straßen verbannt.

**Waicak** ist der höchste buddhistische Feiertag, an dem im Mai der Geburt und der Erleuchtung Buddhas wie auch seinem Eingang ins Nirwana gedacht wird. Besonders eindrucksvoll am Borobudur.

Wie an **Nyepi**, dem balinesischen Neujahr, ist auch an Waicak im ganzen Land Feiertag - als Ausdruck des Respekts vor nicht-islamischen Religionen.

Bei der Fülle von Feiertagen ist es ratsam, sich immer auf dem laufenden zu halten. Nicht nur, daß man mitunter farbenprächtige und faszinierende Ereignisse miterleben kann. Wer vorhat, zur Bank, Post, *Imigrasi* oder zu ähnlichen Einrichtungen zu gehen, wird feststellen, daß diese häufig an Feiertagen geschlossen sind, auch wenn die meisten Geschäfte geöffnet haben.

## Balinesische Feiertage

**Tempelfeste:** Ein Balinese scheint ein Drittel seines Lebens damit beschäftigt zu sein, Feste vorzubereiten und zu feiern. Jeder Tempel hat sein spezielles Fest, das drei Tage lang jedes Jahr gefeiert und noch länger vorbereitet wird. Doch jedes Jahr hat nach balinesischem Kalender nur 210 Tage, und jedes Dorf hat mehrere Tempel - über 20 000 gibt es auf Bali. Leicht auszurechnen, mit welcher Wahrscheinlichkeit man ein derartiges Fest **(Odalan)** erleben kann: Prozessionen von Frauen bringen Pyramiden aus Kuchen, Früchten und Blumen als Opfergaben zum Tempel. Nachdem die Opfergaben hier vom Priester gesegnet worden sind, werden sie wieder nach Hause getragen und gegessen. Tänze, Theater, Jahrmärkte und Hahnenkämpfe gehören zum Programm.

Das balinesische Neujahrsfest, **Nyepi**, wird als ein Tag völliger Stille gefeiert. Am letzten Tag des alten Jahres werden auf allen Straßen des Landes zur Reinigung Opfergaben dargebracht, und die Priester versuchen mit *Mantras* die Dämonen des alten Jahres zu vertreiben. Nach Sonnenuntergang ziehen zahlreiche Menschen mit Gongs und Fackeln lautstark durch die Dörfer, um sicher zu gehen, daß kein böser Geist zurückbleibt. Am nächsten Tag bleibt jeder in seinem Haus - selbst Touristen dürfen nicht auf die Straße - man verhält sich so ruhig wie möglich und darf weder arbeiten, Feuer machen (selbst die Elektrizität bleibt abgeschaltet) noch kochen. Man hofft, daß eventuell zurückkehrende Dämonen glauben, die Insel sei unbewohnt, und deshalb wieder abziehen.

Das größte Fest ist **Galungan,** ein Fest für den Schöpfergott *Sang Hyang Widhi,* das zehn Tage lang auf der ganzen Insel mit großen Festessen, Familienfeiern und Tempelzeremonien gefeiert wird. Die Straßen sind mit hohen Bambuspfählen *(Penjor)* geschmückt, an denen kunstvoll geflochtene *Lamak*, Flechtarbeiten aus jungen Blättern der Kokospalme, Früchte und andere Opfergaben hängen. Für die Geister der Ahnen, die während dieser Zeit zusammen mit dem Schöpfergott auf die Erde herabsteigen und die Häuser ihrer Nachkommen besuchen, werden Reis- und Blumenopfer auf dem Familienschrein plaziert.

Am Ende der *Galungan*-Tage feiert man **Kuningan.** Dann werden alle auf die Erde zurückgekehrten Ahnen mit neuen Opfergaben und Flechtarbeiten verabschiedet. Abends ziehen große *Barong*-Puppen tanzend durch die Straßen.

Besondere Verehrung genießt an ihrem Festtag die hübsche Göttin der Wissenschaft, Kunst und Literatur, **Saraswati.** Die alten *Lontar*-Bücher enthalten dieses Wissen und werden somit als Verkörperung der Göttin verehrt. Die Schüler und Schülerinnen der Insel erscheinen in festlicher Kleidung mit Opfergaben in den Schulen und bedanken sich für die Möglichkeit, ihr Wissen vervollständigen zu können. An diesem Tag darf jedoch weder gelesen noch geschrieben werden.

Bei der Fülle von Feiertagen ist es ratsam, sich immer auf dem laufenden zu halten. Nicht nur, daß man mitunter farbenprächtige und faszinierende Ereignisse miterleben kann. Wer vorhat, zur Bank, Post, *Imigrasi* oder zu ähnlichen Einrichtungen zu gehen, wird feststellen, daß diese häufig an Feiertagen geschlossen sind, auch wenn die meisten Geschäfte geöffnet haben.

### INDONESIENS INSELN

| PROVINZHAUPTSTÄDTE | BEVÖLKERUNG (1994) | FLÄCHE |
|---|---|---|
| **JAVA / MADURA** | 112,5 Mill. | 132 187 km² |
| Jakarta, Bandung, Semarang, Surabaya, Yogya | | |
| **SUMATRA** | 41,1 Mill. | 473 606 km² |
| Palembang, Bengkulu, Jambi, Bandar Lampung, Pekanbaru, Banda Aceh, Medan, Padang | | |
| **SULAWESI** | 13,9 Mill. | 189 216 km² |
| Manado, Palu, Kendari, Ujung Pandang | | |
| **KALIMANTAN** | 10,3 Mill. | 539 460 km² |
| Pontianak, Banjarmasin, Samarinda, Palangkaraya | | |
| **NUSA TENGGARA** | 7,9 Mill. | 83 488 km² |
| Mataram, Kupang, Dili | | |
| **BALI** | 2,9 Mill. | 5 561 km² |
| Denpasar | | |
| **MALUKU** | 2,1 Mill. | 74 505 km² |
| Ambon | | |
| **IRIAN JAYA** | 2,1 Mill. | 410 660 km² |
| Jayapura | | |

## Bevölkerung

193 Millionen Menschen lebten 1994 in Indonesien - und Jahr für Jahr werden es 3 Millionen mehr. Die **Wachstumsrate** des nach China und Indien bevölkerungsreichsten Landes Asiens liegt bei 1,8%. Nach Schätzungen der UNICEF leidet ein Drittel der indonesischen Kinder an Unterernährung, jedes siebte Kind stirbt im Säuglingsalter. Dennoch sind zur Zeit 37% aller Indonesier jünger als 15 Jahre, denn die mittlere Lebenserwartung liegt bei 61 Jahren (1960: 41 Jahre; Westeuropa 72 Jahre).

In den ländlichen Räumen lebt etwa 40% der Bevölkerung unter dem Existenzminimum. Vor allem in den übervölkerten Dörfern Javas und Balis werden von Familienplanungshelfern Ernährungsprogramme für Kinder durchgeführt, und überall propagiert man Maßnahmen zur freiwilligen Geburtenkontrolle.

Das Programm zur **Familienplanung** wird schon seit 1969 durchgeführt, und die sinkende Wachstumsrate (1970 - 80 noch 2,4%) ist Beweis für einen ersten Erfolg. Bis dahin war es aber ein langer Weg, denn was nutzen bunte Plakate, die die Kleinfamilie idealisieren, wenn die traditionellen Vorstellungen anders sind. Noch immer wünschen sich manche indonesische Eltern viele Kinder, denn sie steigern das soziale Ansehen und sind die einzige Alterssicherung. Erst als Vater oder Mutter wird man ein vollwertiges Mitglied der Dorfgemeinschaft. Kaum jemand kann in Krankheitsfällen oder im Alter auf finanzielle Rücklagen oder eine Versicherung zurückgreifen, und die Kinder tragen schon in jungen Jahren zur Sicherung des Familieneinkommens bei.

Das Kind bildet für die Indonesier einen zentralen Punkt ihres Lebens, und man kann selbst erfahren, wie kinderfreundlich sie sind, wenn man einmal mit einem Kind zusammen durch das Land reist. „Wieviele Kinder habt ihr?" - wird man häufig im Gespräch mit Indonesiern gefragt, und es wird befremdetes Erstaunen erregen, wenn man älter als zwanzig ist und überhaupt keine Kinder hat. Einige Gesprächspartner werden sich trotz aller Aufklärungskampagnen mindestens vier Kinder wünschen, und Familien mit 10 Kindern sind auch heute noch, besonders auf dem Land, keine Seltenheit. Andererseits hat sich bei der rapide vergrößernden städtischen Mittelschicht das Konzept der Kleinfamilie erstaunlich durchgesetzt.

Weit über die Hälfte der Menschen (ca. 60%) konzentriert sich auf der zentralen Insel Java, dem Zentrum wirtschaftlicher und politischer Macht des Landes. Hier sind die Böden fruchtbar, und schon früh hat sich der Aufbau eines Gesundheitssystems in einer sinkenden Sterberate niedergeschlagen. Die Metropole Jakarta mit mittlerweile 9 Millionen Einwohnern wirkt wie ein Magnet auf die junge, arbeitslose Landbevölkerung.

In Zentral-Java rings um Yogya und Solo leben bis zu 2000 Menschen pro $km^2$, was etwa der **Bevölkerungsdichte** des Stadtstaates Hamburg entspricht. Weitere dicht besiedelte Provinzen mit über 300 Einwohnern pro $km^2$ sind Süd-Sulawesi, Bali, Lombok, West- und Nordost-Sumatra. Die Bewohner dieser Gegenden sind keineswegs in der Industrie oder Verwaltung tätig, sondern leben überwiegend von der Landwirtschaft. Dem stehen andererseits kaum besiedelte Regionen gegenüber. In den undurchdringlichen Dschungelgebieten und Sümpfen von Irian Jaya und Kalimantan leben weniger als 3 Menschen auf einem $km^2$. Dünn besiedelt sind auch Teile von Zentral-Sulawesi, Sumatra, den Molukken und Nusa Tenggara, in denen die landwirtschaftliche Produktivität sehr gering ist.

Seit 1950 versucht man im Rahmen der **Transmigrasi-Programme**, Menschen aus übervölkerten Regionen in unbewohnte Wildnis umzusiedeln. Junge Familien, vor allem aus Java und Bali, bekommen zur landwirtschaftlichen Nutzung 2 ha große Parzellen zur Verfügung gestellt - meist gerodete Dschungelgebiete oder trockengelegte Sümpfe, die nur notdürftig erschlossen sind. Nach anfänglicher finanzieller Unterstützung von Seiten des Staates und der Welternährungsorganisation FAO sind die Siedler nach 3 Jahren auf sich selbst gestellt. Die fremde Landschaft, die soziale Umgebung, eine unzureichende Infrastruktur und fehlende landwirtschaftliche Kenntnisse führen häufig bereits in der Anfangsphase der Projekte zu Problemen. Hinzu kommt die schon bald nachlassende Fruchtbarkeit der Neulandflächen und die unter den Kindern der Siedler einsetzende erneute Parzellierung. Das gesamte Programm wird auch in absehbarer Zukunft der Überbevölkerung der zentralen Inseln nicht entgegenwirken können, denn man schätzt, daß im gleichen Zeitraum, in dem zwei Menschen aus Java ausgesiedelt werden, drei von anderen Inseln hier ankommen.

Schon bei der Ankunft in **Jakarta** fällt auf, daß die Stadt ein Schmelztiegel verschiedenster Rassen und Religionen ist - malaiische und melanesische Völker findet man hier ebenso wie die Nachkommen der eingewanderten Chinesen, Inder und Araber. Von Jakarta aus versucht man unter dem Wappenspruch „Einheit durch Vielfalt", ein unter holländischer Kolonialregierung geschaffenes Land zu vereinigen, dessen Staatsbürger 250 verschiedene Sprachen sprechen und dem über 300 verschiedene Völker auf unterschiedlichsten Kulturstufen angehören. Sie alle sind Indonesier - die westlich orientierten Studenten ebenso wie die auf steinzeitlicher Stufe lebenden Altvölker. Funde aus prähistorischer Zeit beweisen die frühe Besiedlung der Inselwelt. 710 000 Jahre alt ist der sogenannte Java-Mensch, und bei Mojokerto in Ost-Java wurden 1,9 Millionen Jahre alte, menschenähnliche Skelette entdeckt.

Noch heute leben einige **Altvölker** weitgehend isoliert von der übrigen Bevölkerung auf der Kulturstufe der Jäger und Sammler. Proto- und Deuteromalaien wanderten später in verschiedenen Wellen aus dem südchinesischen Raum auf die Inseln. Die ersten Malaien (**Protomalaien**) sind bis heute Ackerbauern geblieben, die das Landesinnere der Inseln kultiviert haben. Sie pflanzen Reis und andere Kulturpflanzen an, jagen, flechten, weben, töpfern und schnitzen. Sie haben weitgehend eine eigenständige Kultur bewahrt, die sich im täglichen Leben, z.B. beim Häuserbau oder bei der Produktion von Kunsthandwerk, niederschlägt. Unter vielen dieser Völker ist die Kunst der Ikat-Weberei verbreitet. Familienfeste und andere Feiern werden noch immer nach den alten Vorschriften der Stammesreligionen begangen. Während der Islam bei den Protomalaien kaum Wurzeln gefaßt hat, sind einige Stämme zum Christentum übergetreten.

Zwischen diesen altindonesischen Völkern, so den auf Sumatra lebenden **Batak** (ca. 1 Million), den **Dayak** (ca. 2 Millionen) auf Kalimantan, den **Toraja** (ca. 700 000) auf Sulawesi und weiteren kleineren Gruppen bestehen starke Unterschiede in der Kultur, der Sprache und dem äußeren Erscheinungsbild. Jede Gruppe läßt sich zudem in verschiedene Stämme unterteilen.

Die **Deutero-Malaien** entwickelten unter den Einflüssen des Buddhismus und des Hinduismus eine eindrucksvolle Hochkultur, wovon noch heute die Tempelarchitektur Javas zeugt. Seit dem 12. Jahrhundert wurden diese Kulturen vom Islam überlagert, der sich von Aceh über die Inseln ausbreitete. Nur auf Bali und Teilen der Insel Lombok hat sich bis heute der Hinduismus erhalten. Die Bevölkerung Javas, Sundanesen, Javaner und Maduresen, hingegen ist moslemisch, wie 87% der Gesamtbevölkerung. Strenggläubig jedoch ist nur eine Minderheit, die entlang der Küsten einiger Außeninseln lebt - Süd-Sulawesi, Sumbawa, Aceh und Süd-Kalimantan. Ansonsten sind mit dem Islam viele Elemente früherer Religionen (Buddhismus, Hinduismus, Animismus) wie auch eine deutliche mystische Komponente verbunden. Schon vor der Kolonialzeit hatten die Deutero-Malaien die Flußtäler und Küstenregionen besiedelt und betrieben intensiven Reisanbau (Java, Bali). Gleichzeitig gelten sie als die seefahrenden und handeltreibenden Völker, z.B. die **Bugis** (ca. 5 Mill.) und **Maduresen** (ca. 5 Mill.). Unter der zentralen Gewalt ihrer Herrscher, der Könige und Sultane, entwickelten sie eine hohe Ausdrucksform in Kunst und Literatur. Von den europäischen Kolonialmächten wurden sie als erste beeinflußt, und sie bestimmen noch heute weitgehend das wirtschaftliche und politische Leben des Staates.

**Chinesen** kamen schon früh als Händler auf die Inseln, doch die Mehrheit wanderte erst seit dem 19. Jahrhundert als Lohnarbeiter ein. Ihnen wurde schon früh untersagt, Land zu besitzen, so daß sich viele später in den Städten niederließen und Handel betrieben. Problembelastet ist heute das Verhältnis zu den etwa 4 Millionen Chinesen, von denen sich etwa 1,6 Millionen die indonesische Staatsbürgerschaft erkauft haben, die anderen sind staatenlos (1 Million) oder Bürger Chinas. Ähnlich wie in anderen südostasiatischen Ländern kontrolliert die chinesische Minderheit überproportional den Handel und die Wirtschaft. In vielen, zum Teil blutigen Auseinandersetzungen, zuletzt im Dezember 1980, zwischen *Pribumi* (einheimische Indonesier) und Chinesen finden die Widersprüche ihren Ausdruck. Ein großer Teil bekennt sich zum Buddhismus, doch nicht wenige sind auf dem Papier Christen, damit sie als ungläubige Chinesen nicht verdächtigt werden, Kommunisten zu sein. Offizielle Politik der Regierung ist es, die Minderheit zu assimilieren. Selbst bei den traditionellen Tempelfesten in Cirebon und Semarang spricht die Jugend heute Bahasa Indonesia - chinesische Schriftzeichen sind schon der mittleren Generation kaum noch bekannt.

Neben den Chinesen leben auch arabische, indische und eurasische **Minderheiten** im Vielvölkerstaat. Für einen Außenstehenden ist es immer wieder faszinierend zu sehen, wie Indonesien *dari Sabang ke Merauke* (5120 km Luftlinie) eine eigene Identität findet und sich heute die Menschen, vor allem die jüngeren Städter, immer mehr als Indonesier betrachten und erst an zweiter Stelle als Batak, Sundanesen, Bugis, Chinesen oder Molukker.

## Geschichte

Zu den wichtigsten Ausgrabungsstätten, in denen Relikte des Urmenschen gefunden wurden, gehören Sangiran, Mojokerto, Trinil und Ngandong auf Java. Etwa 40 000 Jahre alt sind die Funde aus den Niah-Höhlen in Sarawak (Borneo), sie können also bereits dem Homo sapiens zugerechnet werden.

Seither erreichten verschiedene Einwanderungswellen die Inseln - **Negritos** vor 30 000 Jahren, deren kraushaarige, dunkelhäutige Nachfahren heute nur noch auf den Andamanen, den Philippinen und der malaiischen Halbinsel leben. Verdrängt wurden sie vor etwa 10 000 Jahren von den nachfolgenden Einwanderern, wahrscheinlich weddoide Völker, deren Spuren man in Wajak, Ost-Java, entdeckte.

Mit den später eintreffenden **Proto-** und **Deuteromalaien** kam auch das Wissen um die Gewinnung und Bearbeitung der Metalle Bronze und Eisen auf die Inseln. Schon 2500 bis 3000 v.Chr. wurde Naßreis angebaut, und die Felder wurden mit Wasserbüffeln umgepflügt.

In den folgenden Jahrhunderten entstanden buddhistische und hinduistische Königreiche, hauptsächlich auf Java und Sumatra. Die Einflußsphären dieser Großreiche umfaßten den ganzen südostasiatischen Raum. Im Brennpunkt der wichtigen Handelsroute zwischen China und Indien gelegen, erlangte Sri Vijaya seit dem 7. Jahrhundert eine Vormachtstellung.

Seit dem 10. Jahrhundert war Ost-Java das politische und kulturelle Zentrum. Das **Kertanegara-Reich** (1268 - 92) gilt als Vorläufer von Majapahit. Der gleichnamige Herrscher wird zum Shiva-Buddha. Über die altjavanische Dichtung *Negarakertagama* (entstanden 1365) ist heute der Aufstieg Majapahits belegt. Wichtigster Staatsmann dieser Periode war **Gajah Mada** (1329 - 50), der während der Regentschaft einer Tochter Kertanegaras oberster Minister wurde. Er war ein Politiker von durchaus eigenständigem Gewicht und nicht nur Vollstrekker des königlichen Willens. Gajah Mada betrieb eine aktive Außenpolitik und dehnte Macht und Einfluß Majapahits systematisch aus.

Zentrum des Reiches war die Hauptstadt mit dem Kraton des Königs und den Palästen anderer Würdenträger. Die Provinzen wurden von Gouverneuren oder Fürsten verwaltet, die vom König ernannt wurden. Von diesen direkt beherrschten Gebieten muß man die tributpflichtigen, vasallenartigen Fürstentümer des Archipels unterscheiden. Mit den Staaten des südostasiatischen Festlands unterhielt Majapahit Handelsbeziehungen, ebenso mit China und Indien. Durch die

Verschmelzung indischer Einflüsse mit javanischer Tradition bildeten sich die ersten Elemente einer eigenständigen indonesischen Kultur.

Entlang der Handelswege zwischen China, Indien und Arabien breitete sich seit dem 13./14. Jahrhundert der Islam aus. Anhänger der neuen Religion waren zuerst Händler und Kaufleute, deren ausländische Partner häufig Moslems waren. Die Islamisierung ging dann über den Kreis der Händler hinaus und erfaßte alle Klassen und sozialen Schichten. Das eigentliche Machtzentrum des malaiischen Raums war **Malacca** auf der malaiischen Halbinsel, dessen Herrscher ihre Dynastie auf Sri Vijaya zurückführten. Aus handelspolitischen Gründen waren sie schon früh zum Islam übergetreten.

Ende des 16. Jahrhunderts wurde das **Mataram-Reich** zum wichtigsten Machtfaktor auf Java. Unter Panembahan Senapati, der in der Nähe des heutigen Yogyakarta seine Residenz hatte, wurden die islamischen Küstenstädte unterworfen. Seitdem war die Praktizierung des Islam von den königlichen Bedingungen des alten Java abhängig. Der Islam wurde als eine unter anderen Religionen toleriert. Am Hof von Mataram konnten mohammedanische Berater zu höchsten Ehren gelangen und wurden pflichtbewußte Diener des hindu-javanischen Herrschers. Auf den Dörfern blieb der Islam, besonders in Zeiten sozialer Unruhen, einflußreich, da er den bäuerlichen Massen ein Paradies versprach. Der Islam und die javanische Form des Shivaismus-Buddhismus verschmolzen zwar nicht miteinander, nahmen aber beide Einflüsse der jeweils anderen Religion auf.

**Portugiesen** beeinflußten ab 1515 für beinahe 100 Jahre die Geschichte der Inseln und nahmen aufgrund überlegener Waffentechnik und nautischer Fähigkeiten bald den gesamten Handel unter ihre Kontrolle. 1511 wurde Malacca erobert. Unter dem Zeichen des Kreuzes wurden Feldzüge gegen schwache Fürsten unternommen - Mord, Plünderungen und Sklavenhandel standen auf der Tagesordnung. Die Einheimischen wurden nicht als vollwertige Menschen angesehen, sondern waren eben nur - Heiden. Konkurrenten im lukrativen Gewürzhandel kamen schon bald aus Europa, zuerst die Spanier, dann auch die Engländer und Holländer. Deren Methoden unterschieden sich aber kaum von denen der Portugiesen.

Gegen Ende des 16. Jahrhunderts erschienen die Holländer als Konkurrenten im Archipel, und Portugals Handelsmonopol brach zusammen. 1595 landeten holländische Schiffe in Banten (West-Java) und kehrten bald darauf überreichlich mit Gewürzen beladen in die Niederlande zurück. Es sollten 350 Jahre holländischer Herrschaft folgen. Aufgabe der schon 1602 gegründeten **Vereenigde Oostindische Compagnie (VOC)** war es, europäische Konkurrenten vom Handel im Archipel auszuschließen sowie den von asiatischen Kaufleuten abgewickelten Handel zu kontrollieren. Die wichtigste Aufgabe in dieser ersten Entwicklungsphase der VOC war der Gewürzhandel und dessen Kontrolle. Ganze Ernten wurden vernichtet, Bevölkerungsgruppen umgesiedelt oder, wie auf Bandaneira, ausgerottet, wenn sie sich widersetzten.

Verschiedene Gründe führten 1799 zur Auflösung der VOC. Schon 1784 mußte England im Vertrag von Paris das Recht eingeräumt werden, in Indonesien Handel zu treiben. Das Monopol der VOC war damit gebrochen, ihre Verschuldung wuchs. Obwohl 1781 eine Anleihe in Höhe von 14 Mill. Gulden aufgenommen werden mußte, gelang es der VOC durch Manipulationen und eine bewußte Verschleierungstaktik, ihren Nimbus als Quelle sagenhaften Reichtums zu erhalten. So wurde im gleichen Jahr jede VOC-Aktie immer noch mit einem

Kurswert von 200% gehandelt. War also einerseits die veränderte Lage in Europa für den Niedergang der VOC verantwortlich, so gab es dafür andererseits auch Gründe in den asiatischen Kolonien selbst. Die Administration der riesigen Territorien verschlang Summen, die die finanziellen Möglichkeiten der VOC immer wieder überstiegen.

1811 landeten britische Soldaten der East India Company unter Lord Minto, Generalgouverneur von Indien, der nach der Kapitulation der Kolonialtruppen Hollands **Stamford Raffles** als Gouverneur einsetzte. Raffles war in erster Linie ein glühender Nationalist, der die strategische und handelspolitische Rolle Ost-Indiens schon sehr früh erkannt hatte. Für ihn galt es, das holländische Kolonialreich dem britischen einzugliedern. Die fünf Jahre britischer Herrschaft brachten besonders Java weitreichende Veränderungen administrativer, wirtschaftlicher und politischer Natur. Raffles gliederte Java in sechzehn Residentschaften und entmachtete die Fürsten und Regenten. 1816 erfolgte die Rückgabe des ehemaligen niederländischen Kolonialbesitzes an die alte Kolonialmacht. Die neuen Generalgouverneure waren als erstes gezwungen, ihre Autorität zu festigen und zahlreiche Unruhen auf den Molukken und Celebes, in West-Kalimantan und Palembang niederzuschlagen. Viele Gebiete wurden dadurch der Kolonialverwaltung direkt unterstellt.

Der **Java-Krieg** (1825-1830) war der erste eindeutig antikolonialistische Massenaufstand gegen die holländische Verwaltung. Die wirtschaftliche Situation der Bauern und Handwerker, der einheimischen Kleinhändler und -unternehmer hatte sich zusehends verschlechtert. Schätzungen gehen davon aus, daß fast 200 000 Javaner während des Kriegs umkamen. Batavia verlor 15 000 Mann, darunter mehr als die Hälfte Europäer. Viel Land war verödet, die Bevölkerung verarmt. Die Kosten für die niederländische Regierung waren enorm. Nicht zuletzt war das einer der Gründe, daß das schon von Daendels geplante Zwangsanbausystem (Cultuurstelsel) eingeführt wurde. Jedes Dorf wurde dazu verpflichtet, 1/5 seiner Anbaufläche mit landwirtschaftlichen Exportprodukten zu bepflanzen. Diese mußten dem Staat abgeliefert werden. War die Summe dieser Produkte höher als die veranlagte Grundsteuer, konnte das Dorf eine entsprechende Rückvergütung verlangen. Umgekehrt, wenn das Dorf weniger als die veranlagte Grundsteuer produzieren konnte, mußte es zusätzliche Leistungen erbringen.

**Exportprodukte** waren zuerst Indigo und Zuckerrohr, bald gefolgt von Kaffee, Tee, Tabak und Pfeffer. Der Wert der Exporte stieg von 13 Mill. Gulden im Jahr 1830 auf 74 Mill. Gulden 10 Jahre später. Zwischen 1840 und 1880 konnten so dem holländischen Staatshaushalt jährlich 18 Mill. Gulden aus der Kolonie zugeführt werden.

In den 60er Jahren des vergangenen Jahrhunderts wurde das Zwangsanbausystem in den Niederlanden mehr und mehr kritisiert. Dabei standen nicht so sehr humanitäre Aspekte im Vordergrund, sondern holländisches Kapital sollte in großen **Plantagen** investiert werden, was unter dem alten System nicht möglich war. Diese sogenannte **Liberale Politik** wurde 1870 eingeführt. Europäische Investoren konnten langfristige Pachtverträge mit indonesischen Landbesitzern abschließen oder, im Fall von unbebautem Land, mit der Kolonialregierung. Große Plantagen entstanden auf Java und vor allem in Nord-Sumatra.

Diese neue Politik leitete eine Phase der wirtschaftlichen Expansion ein. Exporte verzehnfachten sich zwischen 1870 und 1930 (von 107 Mill. Gulden auf 1,16

Milliarden). Parallel dazu verlief eine **territoriale Expansion.** Bis 1910 war Indonesien in den heutigen Grenzen im Besitz Batavias. Am erfolgreichsten war die **ethische Politik** in der Heranbildung einer kleinen, europäisch gebildeten Elite, die die Enttäuschung der breiten Massen auch politisch ausdrücken konnte. Selbst im Islam wuchsen modernistische Ideen, die versuchten, die Anforderungen des 20. Jahrhunderts mit der Religion in Einklang zu bringen.

Am Ende des 1. Weltkriegs war die Kolonialregierung gezwungen, breiteren Bevölkerungsteilen mehr Mitsprache einzuräumen. Dazu kreierte sie den **Volksraad**, der aus zum Teil gewählten, zum Teil ernannten Mitgliedern der drei Bevölkerungsgruppen (Holländer, Indonesier, andere Asiaten) bestand. Insgesamt hatte der *Volksraad* keinerlei legislative oder exekutive Rechte, sondern stellte nur ein Forum für Kritik und Debatte dar. Verschiedene nationalistische Führer akzeptierten Sitze, andere sprachen sich für einen Kampf ohne Kompromisse aus. 1921 waren die Spannungen im Sarekat Dagang Islam so groß, daß der gesamte linke Flügel, größtenteils Anhänger der PKI, ausgeschlossen wurde. 1926 / 27 unternahm die Partei einen Aufstandsversuch auf Java und West-Sumatra, der aber von der Kolonialregierung schnell niedergeschlagen wurde, wovon sich die PKI bis zum Ende des 2. Weltkriegs nicht wieder erholte.

Nach dem Niedergang der PKI und des Sarekat Dagang Islam, beides ideologisch geprägte Bewegungen, begann in nationalistischen Kreisen eine erneute Diskussion über den Weg zur Unabhängigkeit. Die allgemeine Losung war **„Indonesia Merdeka!“** Es galt nicht so sehr, sich den kommenden indonesischen Staat in einer bestimmten sozialen oder politischen Ordnung auszumalen, sondern zuerst das Ziel der **Unabhängigkeit** zu erreichen. Für dieses Ziel konnten auch Anhänger der PKI oder der islamischen Strömungen gewonnen werden. Im Juli 1927 fanden diese Vorstellungen Ausdruck in einer neuen Partei, der **Partai Nasional Indonesia**.

Der wichtigste Programmpunkt der PNI war die Verweigerung der Zusammenarbeit mit der Kolonialregierung. Ihr Vorsitzender war der Ingenieur **Sukarno,** der die Gedanken und Zielvorstellungen der gemäßigten islamischen Führer, der Kommunisten und der radikalen Nationalisten sehr gut kannte, sich aber keiner Richtung endgültig anschloß. Sein Traum war die Vereinigung dieser drei Hauptströmungen der Unabhängigkeitsbewegung, ein Ziel, dem er sich bis zu seinem Tod verschrieb. 1930 wurde Sukarno mit vier weiteren Führern der PNI angeklagt und zu vier Jahren Gefängnis verurteilt, 1931 entlassen, 1933 bis zum Beginn der japanischen Besatzung nach Flores, dann nach Bengkulu verbannt.

Der **2. Weltkrieg** in Europa und im Pazifik veränderte die Situation grundlegend. Als 1942 die japanischen Streitkräfte in Indonesien einmarschierten, wurden sie von vielen Indonesiern als asiatische Befreier von europäischer Kolonialherrschaft begrüßt. Die Nationalisten unter Sukarno und Hatta arbeiteten eng mit ihnen zusammen. Die Grundeinstellung zu Japan änderte sich allerdings rasch, als man feststellte, daß man nur die alten Unterdrücker gegen neue eingetauscht hatte. Sukarno versuchte während der Besatzung, die Interessen Indonesiens zu vertreten, und man sollte sich hüten, ihn einseitig als Kollaborateur darzustellen, wie es später von holländischer Seite geschah.

Im September 1944 gab der japanische Premier eine Absichtserklärung über die indonesische Unabhängigkeit ab, im März 1945 wurde eine **Verfassung** entworfen. Sukarno und Hatta wurden im August 1945 von Marschall Terauchi nach Saigon beordert, und ihnen wurde die Unabhängigkeit zugesichert. Am 17.

August 1945, zwei Tage nach der japanischen Kapitulation, erklärte Sukarno die **Unabhängigkeit** Indonesiens.

Nach der Kapitulation Japans waren britische Truppen damit beauftragt, die japanischen Streitkräfte zu entwaffnen. Die neue republikanische Regierung Indonesiens unter Hatta und Sukarno wollte mit den Allierten Streitkräften zusammenarbeiten, trotzdem gab es im Herrschaftsbereich der Republik (praktisch nur Java und Teile Sumatras) Zusammenstöße, da holländische Soldaten und Mitglieder der alten Kolonialverwaltung ihnen auf dem Fuße folgten. Schon 1946 war Holland gezwungen mit Sutan Sjahrir, dem Premierminister der Republik, zu verhandeln. Doch das **Abkommen von Linggarjati,** in dem Holland der jungen Republik die Unabhängigkeit zugestand, wurde nicht lange eingehalten. 1947 besetzten holländische Truppen unter dem Vorwand, durch eine Polizeiaktion Gesetzlichkeit und Ordnung wieder herstellen zu wollen, große Gebiete der Republik. Unter Vermittlung der Vereinten Nationen wurde das **Renville-Abkommen** (genannt nach dem amerikanischen Kriegsschiff, auf dem die Verhandlungen stattfanden) im Januar 1948 geschlossen.

Innerhalb des republikanischen Lagers fanden danach schwere Auseinandersetzungen statt. Bürgerliche Kräfte aus der PNI wollten die linke Regierung unter Premier **Amir Sjarifuddin** stürzen. Hatta übernahm die Regierungsgewalt, und bald brach der von der PKI initiierte Umsturzversuch von Madiun aus. In den Kämpfen zwischen überlegenen republikanischen Regierungstruppen und Rebellen wurden die Führer der PKI erschossen. Holland nutzte die Auseinandersetzungen innerhalb der Republik zu einer weiteren militärischen Aktion. Die Streitkräfte Indonesiens begannen einen aufopferungsvollen Guerillakrieg gegen die Invasoren. Im Frühjahr 1949 waren außer den Außeninseln und den großen Städten auf Java und Sumatra alle anderen Gebiete in republikanischer Hand. Im August 1949 war Holland gezwungen, ein Abkommen zu unterzeichnen, das Indonesien die endgültige Unabhängigkeit gewährte.

Die Verfassung von 1950 machte Indonesien zu einem Einheitsstaat, der dem Präsidenten (Sukarno) nur eine repräsentative Rolle zuwies. Innerhalb der folgenden 7 Jahre lösten sich 7 verschiedene Regierungen ab, die jeweils von den verschiedenen Parteien gebildet wurden oder Koalitionsregierungen waren. In der Nation wuchs die Desillusionierung mit den Ergebnissen der Revolution.

Staatspräsident Sukarno erklärte 1957 seine **Gelenkte Demokratie**, die den Parteienzwist der 50er Jahre beenden sollte. Er kritisierte das westliche Demokratiekonzept als ungeeignet für Indonesien. Dagegen stellte er das traditionelle System von *Musjawarah* und *Mufakat* (etwa Diskussion und Konsens). Zur gleichen Zeit brachen **Sezessionsbestrebungen** in Sumatra und auf anderen Außeninseln aus. In Padang wurde die Revolutionäre Regierung der Republik Indonesien ausgerufen, der sich mehrere andere Provinzen anschlossen.

Die Zentralregierung reagierte schnell, und Ende 1958 waren die Aufstände niedergeschlagen. Sukarno, die Armee und die nicht kompromittierte PKI waren jetzt die Machtfaktoren in der Republik. 1959 wurde die alte Präsidial-Verfassung von 1945 durch ein Dekret des Präsidenten wieder in Kraft gesetzt. Das Konzept **Nasakom** (Nationalismus, Religion, Kommunismus) wurde eingeführt. Sukarnos Macht bis 1965 lag in der Balance zwischen Armee und PKI.

Die Außenpolitik war neutralistisch-antiimperialistisch, was sich z.B. in der Bekämpfung (Konfrontasi) der unter britischem Vorzeichen geschaffenen Föderation von Malaysia zeigte. Sukarno lehnte die Staatsgründung als Produkt des

Neokolonialismus ab und unternahm militärische Aktionen vor allem gegen Sarawak und Sabah (Nord-Borneo).

Eine große Kampagne wurde in den Jahren 1960 - 62 um die Eingliederung des westlichen Teils der Insel Neu Guinea geführt. **Irian Jaya** wurde nach militärischen Auseinandersetzungen und unter politischem Druck der USA an die Republik Indonesien abgetreten.

Die sich verschlechternde wirtschaftliche Situation, politische Machtkämpfe zwischen Parteien und Militärs und der verstärkte Einfluß der PKI führten zu einer **innenpolitischen Krise**. So war der Lebenskostenindex in Jakarta von 100 (1958) auf 36 347 (1965) gestiegen.

In der Nacht des 30. September 1965 versuchten linksgerichtete Militärs einen **Putsch** und erschossen fünf Armeegeneräle. Am Abend des gleichen Tages begann der Aufstieg **General Suhartos**. Die Armee-Führung sprach von einem kommunistischen Aufstandsversuch; die noch bestehende PKI von einer internen Angelegenheit der Armee. In den folgenden Monaten wurde die PKI zerschlagen, mehrere hunderttausend Menschen wurden ermordet. Am 11. März 1966 fanden in Jakarta und anderen Städten Demonstrationen gegen Sukarno statt. Die militärische Führung zwang Sukarno damit, zahlreiche Machtbefugnisse an Suharto abzutreten. Die PKI wurde verboten, 15 Minister Sukarnos verhaftet. Im März 1968 trat General Suharto sein Amt als Präsident der Republik Indonesien an.

Immerhin gelang es bis heute, die ökonomische Krise in den Griff zu bekommen, durch kontrollierte ausländische Investitionen die Wirtschaft anzukurbeln und die Probleme der Infrastruktur anzugehen. Die außenpolitischen Positionen der Sukarno-Ära wurden revidiert. Mit Malaysia besteht ein freundschaftliches Verhältnis, beide Länder sind Mitglied des ASEAN-Bundes. Nach dem Anschluß West-Irians 1962 kam es 1975 zu einer ähnlichen Aktion in **Timor**. Kritiker Indonesiens nehmen diese Beispiele als Grund, dem Land eine imperialistische Außenpolitik zu unterstellen.

Mehrfach wurde seither General Suharto in seinem Amt bestätigt. Auch bei den letzten Wahlen 1992 siegte erwartungsgemäß Golkar mit 68% (1987: 73%), gefolgt von der islamischen Vereinigten Entwicklungspartei PPP mit 17% (16%) und der Demokratischen Partei PDI mit 15% (11%). Golkar ist keine Partei im westlichen Sinne, sondern umfaßt die sogenannten „funktionalen Gruppen". Im Sekretariat von Golkar sind z.B. Bauern, Fischer, Staatsangestellte, Genossenschaften, religiöse Gruppen, Studenten, Streitkräfte, Veteranen usw. durch ihre Verbände bzw. Interessenorganisationen vertreten.

## Wirtschaft

Die Sonnenseite der Wirtschaft stellt sich in der Statistik wie folgt dar: **Erdöl** und **Erdgas** als wichtigste Exportprodukte erzielen 43% der Ausfuhrerlöse. Indonesien fördert etwa 1,5 Millionen Barrel Erdöl täglich. Heute ist Indonesien der weltgrößte Produzent von **Flüssiggas**. Etwa die Hälfte der gesamten Fördermenge von Erdgas und Erdöl kommt aus Sumatra.

**Kohle** wird schon seit der Kolonialzeit auf Sumatra abgebaut. Bukit Assam und Ombilin sind die wichtigsten Fördergebiete von Braunkohle. Die Kohlevorräte Indonesiens belaufen sich nach vorsichtigen Schätzungen auf 5 Mrd. Tonnen.

Nach Brasilien, China und Malaysia ist Indonesien der viertgrößte Produzent von **Zinn**. Das Metall wird auf und vor den Inseln Bangka, Bilitung und Karimun abgebaut. Die Verhüttung des Metalls erfolgt durch die staatliche Gesellschaft *Tambang Timah* auf der Insel Bangka. Sie beschäftigt fast 30 000 Menschen im Tagebau und in den Zinnhütten.

**Nickel**-Vorkommen finden sich auf Sulawesi und den Molukken. Die zwei größten Abbaugebiete sind Soroako (Zentral-Sulawesi) und Kolaka (Südost-Sulawesi). Nickelhütten befinden sich an beiden Fundorten. Besonders Soroako ist eine sehenswerte Angelegenheit. INCO (International Nickel Company, 85% Indonesien, 15% Kanada) hat hier eine Stadt aus dem Nichts erbaut - hier wohnen die phantastisch verdienenden Expatriates, da die indonesischen Arbeiter. Weitere wichtige Bodenschätze sind **Bauxit** (auf der Insel Bintan, Riau), **Gold** und **Silber** (Sumatra) sowie **Kupfer** bei Tembagapura (Irian Jaya).

Ausländische Investoren können seit 1967 auch im Bergbau aktiv sein. Trotzdem ist der Staatsanteil, besonders in der Verhüttung und Verarbeitung, sehr hoch. Viele Lagerstätten sind überhaupt noch nicht erschlossen, andere natürliche Rohstoffe liegen in den riesigen Wäldern verborgen, die wiederum selbst eine Quelle wirtschaftlichen Reichtums sind. Doch Wald ist selbst auf den großen Inseln nicht mehr ausreichend vorhanden, in Irian Barat sind es 60%, in Sumatra 40% und Kalimantan 50% der jeweiligen Inselfläche.

Die vulkanischen Böden auf Java und Bali ermöglichen eine intensive Nutzung durch die **Landwirtschaft**. Für die rasch anwachsende Bevölkerung werden immer mehr Nahrungsmittel benötigt. Daher steigert man ständig die Reiserträge durch künstliche Bewässerung, intensive Düngung und neue Sorten, die mehrere Ernten im Jahr ermöglichen. Die Überbevölkerung zeigt Folgeerscheinungen auf den beiden Inseln, wo etwa 800, d.h. viermal soviel Menschen auf 1 $km^2$ wie in Deutschland leben. Die Reisfelder der Bauern verkleinern sich von Generation zu Generation, so daß sie am Ende kaum mehr eine Familie ernähren. Die Kinder ziehen in die Städte, die bereits jetzt aus allen Nähten platzen, sind arbeitslos, weil sie über keinerlei Qualifikationen verfügen, oder müssen sich als Hilfsarbeiter einen Lohn verdienen, der unter dem Existenzminimum liegt.

Doch immer noch sind 53% der Erwerbspersonen in der Landwirtschaft beschäftigt, 90% der Betriebe haben weniger als 2 ha Land, in Zentral-Java bewirtschaften manchmal mehrere Familien Reisfelder von unter einem Hektar, und viele Bauern sind verschuldet. An private Geldverleiher, die im Extremfall 20% Zinsen im Monat verlangen, ist das Getreide teilweise schon vor der Ernte verkauft, und von Banken ist als Kleinpächter und Analphabet nur schwer ein Kredit zu bekommen. Neben der Pacht, die ein Großteil der Bauern ohne eigenen Boden bezahlen müssen, erhöhen prunkvolle, traditionelle Familienfeiern den Schuldenberg erheblich. Geld spielt in der traditionellen **Agrargesellschaft** eine immer größere Rolle, ohne Geld kann man sich keine technischen Hilfsmittel anschaffen, an die Stelle des Tauschs von Arbeitskraft (Gotong Royong) ist die Lohnarbeit getreten.

Trotzdem ist es der bäuerlichen Bevölkerung, besonders Javas und Balis, gelungen, die Reiserträge in den vergangenen 15 Jahren jährlich um etwa 2,5% pro Hektar zu steigern, so daß sich das Land mittlerweile selbst versorgen kann. Java und Bali sind die großen Naßreisanbaugebiete Indonesiens, während auf den Außeninseln auch aufgrund unterschiedlicher klimatischer Bedingungen andere landwirtschaftliche Produkte angebaut werden.

In großen Teilen Sumatras herrscht traditionelle **Plantagenwirtschaft** vor, die ausschließlich auf den Anbau von Pflanzen für den Welthandel ausgerichtet ist. **Kautschuk, Ölpalme, Tee, Kaffee, Kakao, Tabak** und **Pfeffer** werden auf riesigen Plantagen angebaut, die heute wieder im Besitz ausländischer Gesellschaften sind. Jedoch erfolgt, abgesehen von Palmöl, der weitaus größere Teil dieser Pflanzenproduktion in kleineren bäuerlichen Betrieben.

Die Überbevölkerung bedingt **Umweltschäden** wie Auslaugung der Böden und extremer werdende Klimaschwankungen durch den Kahlschlag großer Waldflächen. Große Probleme schaffen auf den waldreichen Inseln die enormen Steigerungsraten im **Holzexport**. 1991 erlösten Holzprodukte (Sperrholz, Schnittholz, Holzmöbel) fast 4 Milliarden US$ im Export und traten somit nach Erdöl und -gas an die 2. Stelle in der Außenhandelsbilanz. Aufforstungsprogramme bringen andererseits keine Devisen, im Gegensatz zu den Erlösen ausländischer - vor allem US-amerikanischer und japanischer - Holzgesellschaften. Im Repelita-IV-Plan wurde 1984 zum ersten Mal versucht, eine grundsätzliche Politik in der Forstwirtschaft zu skizzieren. Der Export von unverarbeitetem Holz wurde verboten und eine eigene holzverarbeitende Industrie gefördert. Von den im Plan ausgewiesenen Waldflächen von angeblich 1,13 Mill. $km^2$ (60% der Gesamtfläche) sind 336 000 $km^2$ für die Holzproduktion ausgewiesen (entspricht etwa der Fläche Finnlands), die damit dem so wichtigen Ökosystem Tropischer Regenwald verlorengehen wird.

Nur etwa 13% der gesamten arbeitsfähigen Bevölkerung ist in der Industrie beschäftigt. Traditionelle **Zentren der Produktion** sind Jakarta und West-Java, Surabaya, Medan und Ujung Pandang. Wichtigste Sektoren sind Nahrungsmittel- und Getränkeindustrie, Textilindustrie und Tabakverarbeitung. Zunehmend gewinnen aber arbeitsintensive, **exportorientierte Industrien** wie die Textil-, Spielzeug und Schuhherstellung an Bedeutung. Typisch für diese Sektoren sind die rein privatwirtschaftlichen Unternehmen, während in der Zement- und Düngemittelindustrie, der Petrochemie und der Metallurgie größtenteils Staatsbetriebe oder *Joint Ventures* mit Staatsbeteiligung vorherrschen. Eine vorsichtige Öffnung weg von den vielfach unrentabel arbeitenden Staatsbetrieben und zu mehr Privatkapital zeichnet sich aber ab.

Bei allen Negativerscheinungen wie städtischer und ländlicher Armut, Arbeitslosigkeit, Infrastrukturschwächen und regionalen Unterschieden ist es gelungen, den Lebensstandard der Bevölkerung, die von etwa 105 Mill. auf 186 Mill. gewachsen ist, zu heben.

Die Nahrungsmittelproduktion konnte gesteigert werden, und eine auf den natürlichen Resourcen des Landes basierende industrielle Entwicklung wurde eingeleitet.

## Kleiner Sprachführer

*Eine Nation - ein Land - eine Sprache:* der Slogan der indonesischen Nationalisten in den Zwanziger Jahren verdeutlicht den politischen Stellenwert einer einigenden Sprache. Seit 1945 ist das aus dem klassischen Malaiisch entwickelte Indonesisch Staatssprache.

Viele Wörter wurden aus Fremdsprachen übernommen - aus indonesischen Regionalsprachen ebenso wie aus dem Arabischen, dem Sanskrit, dem Chinesischen, dem Holländischen und - vor allem in jüngerer Zeit - dem Englischen.

Generell werden die Wörter so ausgesprochen, wie sie geschrieben werden - mit wenigen Ausnahmen:

| | | | |
|---|---|---|---|
| *(e)* | selten wie „Meer", häufig verschluckt oder wie „gekommen" | | |
| *(c)* | *candi* | Tempel | wie im Deutschen „rutschen" |
| *(j)* | *jalan* | Straße | ein weiches *dsch* z.B. „Gin" |
| *(kh)* | *akhirnya* | endlich | wie im Deutschen „Loch" |
| *(ng)* | *bunga* | Blume | wie im Deutschen *ng* in „singen" |
| *(ny)* | *nyanyi* | singen | ein Laut ähnlich „Champagner" |
| *(r)* | *roti* | Brot | gerolltes *r* wie in Bayern |
| *(y)* | *wayang* | Theater | wie im Deutschen „ja" |

## FRAGEN UND ANTWORTEN:

| | |
|---|---|
| Wie geht's Dir? | *apa kabar?* |
| Mir geht's gut. | *kabar baik* |
| Wie heißt Du? | *siapa nama mu?* |
| Ich heiße ... | *nama saya ...* |
| Woher (kommst Du)? | *darimana?* |
| Aus Deutschland / der Schweiz, | *dari Jerman / dari Swiss,* |
| vom Mond. | *dari bulan* |
| Wohin gehst Du? | *(pergi / mau) kemana?* |
| Zum Strand (oder) | *ke pantai* |
| Spazieren. | *jalan-jalan* |
| Wo wohnst Du? | *penginap / tinggal dimana?* |
| Im Losmen. | *di losmen* |
| Wie lange (bist Du) in Indonesien? | *berapa lama di Indonesia?* |
| Schon lange (oder) | *sudah lama* |
| erst einen Tag / eine Woche. | *satu hari saja / satu minggu* |
| Sprichst Du Indonesisch? | *bisa bicara bahasa Indonesia?* |
| Ein wenig (oder) | *sedikit* |
| ich verstehe (kein) Indonesisch. | *saya (tidak) mengerti Bahasa Indonesia.* |
| Wie alt (bist Du)? | *umur berapa?* |
| 20 Jahre. | *dua puluh tahun* |
| Alleine? | *sendiri?* |
| (Sofern man allein unterwegs ist, oder:) | |
| (Bist Du) schon verheiratet? | *sudah kawin?*- Falls *„ya"*, folgt: |
| Wieviele Kinder? | *berapa anak-anak?* |
| 3, 10 - aber nie keine! | *tiga, sepuluh* |

... und nicht zu vergessen den englischen Satz: *I want to practice my English.* Damit die Konversation nicht einseitig bleibt.

## GRUSSFORMELN:

Vor das jeweilige Wort immer *selamat* setzen, z.B.:

| | |
|---|---|
| Guten Morgen! | *selamat pagi!* |
| Schlafe gut! | *selamat tidur!* |
| Herzlich Willkommen! | *selamat datang!* |

*Fotos - Gesichter Indonesiens; großes Bild: Tengger am Bromo; kleines Bild: Frau aus Cilacap*

## FRAGEN:

| | | | |
|---|---|---|---|
| was? | *apa?* | was ist das? | *apa ini?* |
| wer? | *siapa?* | wie heißt du? | *siapa nama mu?* |
| wieviel? | *berapa?* | wie lange? | *berapa lama?* |
| wie weit? | *berapa jauh?* | wie weit ist es bis ... | *berapa jauh ke ...?* |
| wann? | *kapan?* | wann kommt der Bus an? | *kapan bis datang?* |
| warum? | *mengapa?* | | |

## PERSONEN:

| | | | |
|---|---|---|---|
| ich | *saya / aku* | Mein Name ist ... | *nama saya ...* |
| du (höflich: ihr) | *kamu (anda)* | | |
| er / sie / es | *dia / ia* | | |
| wir | *kita / kami** | * ohne die angesprochene Person | |
| ihr | *engkau* | | |
| sie | *mereka* | Plural | |

## ANREDE:

| | |
|---|---|
| Bruder / Schwester (förmlich) | *saudara* |
| Herr / Frau / Frl. (traditionell) | *tuan / nyonya / nona* |
| Vater / Mutter | *bapak (pak)/ ibu (bu)* |
| ältererer Mann (freundschaftlich) | *bung* |
| Freund | *kawan / teman* |
| Kind | *anak* |
| Frau, weiblich | *perempuan / wanita* |
| Mann, männlich | *laki laki* |

## ZEIT:

| | |
|---|---|
| Wie spät ist es? | *jam berapa?* |
| Gummizeit (typische indonesische Zeitangabe) | *jam karet* |

| | | | |
|---|---|---|---|
| Morgen (-11 Uhr) | *pagi* | Mittag | *siang* |
| Nachmittag | *sore* | Abend | *malam* |
| heute (dieser Tag) | *hari ini* | morgen | *besok* |
| gestern | *kemarin* | Zeit | *waktu* |
| jetzt | *sekarang* | bald (-12 Std.) | *sebentar* |
| später | *nanti* | noch nicht | *belum* |
| schon / fertig | *sudah* | vor... | *yang lalu* |
| sofort danach | *antas* | lange dauernd | *lama* |
| vorher, früher | *dahulu* | gerade, vorhin | *tadi* |
| vor, bevor | *sebelum* | ewig | *abadi* |
| Minute | *menit* | Stunde | *jam* |
| Tag | *hari* | Woche | *minggu* |
| Monat | *bulan* | Jahr | *tahun* |
| Jahrhundert | *abad* | Ewigkeit | *keabadian* |
| jeden Tag | *tiaphari* | jeden Tag | *sehari-hari* |

*Fotos - Die indonesische Inselwelt, ein Paradies für Taucher, z.B. Bunaken, Nord-Sulawesi*

| | | | |
|---|---|---|---|
| den ganzen Tag | *sehari-harian* | Tag und Nacht | *sehari-semalam* |
| Sonntag | *hari minggu* | Montag | *hari senin* |
| Dienstag | *h. selasa* | Mittwoch | *h. rabu* |
| Donnerstag | *h. kamis* | Freitag | *h. jumat* |
| Samstag | *h. sabtu* | | |

## ZAHLEN:

| | | | | | | | |
|---|---|---|---|---|---|---|---|
| (0) | *nol* | (6) | *enam* | (12) | *dua belas* | (1000) | *seribu* |
| (1) | *satu* | (7) | *tujuh* | (20) | *dua puluh* | (2000) | *dua ribu* |
| (2) | *dua* | (8) | *delapan* | (30) | *tiga puluh* | | |
| (3) | *tiga* | (9) | *sembilan* | (45) | *empat puluh lima* | | |
| (4) | *empat* | (10) | *sepuluh* | (100) | *seratus* | | |
| (5) | *lima* | (11) | *sebelas* | (200) | *dua ratus* | | |

| | | | |
|---|---|---|---|
| 1/2 | *setengah* | 1/4 | *seperempat / seprapat* |
| viel | *banyak* | wenig | *sedikit* |
| weniger (-) | *kurang* | mehr (+) | *tambah / lagi / lebih* |

## EINKAUFEN:

| | |
|---|---|
| Wieviel kostet es? (wörtl.: wieviel Preis?) | *berapa harga?* |
| zerstört, verdorben, zerbrochen | *rusak* |

| | | | |
|---|---|---|---|
| kaufen | *(mem)beli* | verkaufen | *(men)jual* |
| bezahlen | *(mem)bayar* | Geld | *uang / duit* |
| teuer | *mahal* | billig | *murah* |
| zu (teuer) | *terlalu (mahal)* | heruntergehen | *turun* |
| am teuersten | *paling mahal* | ohne/ mit | *tanpa / dengan* |
| Festpreis | *harga pasti* | richtiger Preis | *harga biasa* |
| (Un)kosten | *ongkos* | handeln | *menawar* |
| Kleidung | *pakaian* | (gewebter) Stoff | *kain* |
| Baumwolle | *kapas* | Seide | *sutera* |
| Seife | *sabun* | Kerze | *lilin* |
| Handtuch | *handuk* | Moskitocoils | *obat nyamuk* |
| Streichhölzer | *korek api* | Shampoo | *obat langir* |
| Schreibpapier | *kertas tulis* | Packpapier | *kertas bungkus* |
| Toilettenpapier | *kertas WC* | Brief / Briefmarke | *surat / franko* |
| Briefumschlag | *sampul surat* | Tageszeitung | *surat kabar* |

## WOHNEN:

| | |
|---|---|
| Wo gibt es ein Losmen / Hotel? | *Dimana ada losmen / hotel?* |
| Haben Sie ein freies Zimmer? | *Ada kamar kosong?* |
| - für 2 Personen (Nächte) | *- untuk dua orang (malam)* |

| | | | |
|---|---|---|---|
| Zimmer | *kamar* | leer / voll | *kosong / penuh* |
| Bad | *kamar mandi* | Spiegel | *kaca cermin* |
| Schlüssel | *kunci* | Moskito | *nyamuk* |
| Tür | *pintu* | Fenster | *jendela* |
| Fensterglas | *kaca* | Stuhl | *kursi* |

| | | | |
|---|---|---|---|
| Tisch | *meja* | erwachen | *bangun* |
| eintreten | *masuk* | hinausgehen | *keluar* |
| sitzen | *duduk* | etwas waschen | *(men)cuci* |
| baden | *mandi* | schlafen | *tidur* |

## ESSEN UND TRINKEN:

| | | | |
|---|---|---|---|
| Ich will essen! | *saya mau makan* | | |
| essen | *makan* | trinken | *minum* |
| Frühstück | *makan pagi* | Mittagessen | *makan siang* |
| Teller | *piring* | Glas | *gelas* |
| Portion | *porsi* | P. zum Mitnehmen | *bungkus* |
| Tee | *teh* | Kaffee | *kopi* |
| Wasser | *air* | abgekochtes Wasser | *air masak* |
| Eis | *es* | Zitrussaft | *air jeruk* |
| heiß | *panas* | kalt | *dingin* |
| bitter (ohne alles) | *pahit* | Eis-Tee pur | *teh pahit es* |
| süß (mit Zucker) | *manis* | süßer Tee | *teh manis* |
| (mit) Milch | *susu* | (im allgemeinen süße Dosenmilch!) | |
| gekochter Reis | *nasi putih* | *mie* | Nudeln |
| Brot | *roti* | *kue* | Kuchen |
| Fleisch | *daging* | | |
| Rind | *sapi* | Büffel | *kerbau* |
| Schwein | *babi* | Huhn | *ayam* |
| Ziege | *kambing* | Ente | *bebek* |
| Hirsch | *rusa* | Maus | *tikus* |
| Hund | *anjing* | Schlange | *ular* |
| Leber (im übertragenen Sinn: Herz) | | *hati* | |
| Fisch | *ikan* | | |
| Krabben | *udang* | Hummer | *udang karang* |
| Tintenfisch | *cumi-cumi* | Muscheln/Schnecken | *siput* |
| Gemüse | *sayur* | | |
| Kartoffel | *kentang* | Gurke | *ketimun* |
| Spinat | *bayam* | Aubergine | *terong* |
| Zwiebel | *bawang merah* | Porree | *bawang prei* |
| Avocado | *apokat* | Tomate | *tomat* |
| Frucht | *buah* | | |
| Ananas | *nanas* | Kokosnuß | *kelapa* |
| Mango | *mangga* | Wassermelone | *semangka* |
| Jackfrucht | *nangkah* | Banane | *pisang* |

(Weiteres im Kapitel: Essen und Trinken, s.S. 72)

## REISEN UND TRANSPORT:

| | | | |
|---|---|---|---|
| wohin? | *kemana?* | Wohin gehst Du? | *pergi kemana?* |
| woher? | *dari mana?* | Woher kommt er? | *dari mana ia datang?* |

| | | | |
|---|---|---|---|
| wo? | *dimana?* | wo ist ...? | *dimana ada ...?* |
| nach / in | *ke / di* | von /aus | *dari* |
| geradeaus | *terus* | links / rechts | *kiri / kanan* |
| Norden / Süden | *utara / selatan* | Osten / Westen | *timur / barat* |

Ich gehe (fortgehen) nach ... — *Saya pergi ke ...*
Ich komme aus ... — *Saya datang dari ...*
Ich wohne in ... — *Saya tinggal (penginap) di ...*

| | |
|---|---|
| Flugzeug | *pesawat terbang / kapal terbang* |
| Flughafen | *pelabuhan udara / lapangan terbang* |
| Busbahnhof | *setasiun / terminal bis* |
| Bootsanlegestelle, Mole | *dermaga* |
| Auto - allgemein Fahrzeug, Wagen | *mobil* |

| | | | |
|---|---|---|---|
| Bus | *bis* | Nachtbus | *bis malam* |
| Schiff | *kapal laut* | Hafen | *pelabuhan* |
| Eisenbahn | *kereta api* | Bahnhof | *setasiun kereta api* |
| Taxi | *taksi* | Haltestelle | *tempat taksi* |
| Pferd | *kuda* | Pferdekutsche | *dokar / bendi* |
| Motorrad | *sepeda motor* | mieten | *meminjam* |
| Autofahren | *naik mobil* | Flugzeug fliegen | *naik pesawat* |
| Fahrkarte | *karcis* | Schalter | *loket* |
| 3. Klasse | *kelas tiga* | Ermäßigung | *korting* |
| Sitzplatz | *tempat duduk* | Gepäck / Güter | *barang / bagasi* |
| schnell | *cepat* | langsam | *pelan* |
| verschwinden | *hilang* | Vorsicht! | *hati-hati* |
| Achtung! | *awas* | umherreisen | *keliling* |
| Vagabund,Traveller | *pengembara* | | |
| Straße | *jalan* | Brücke | *jembatan* |
| Abzweigung | *simpang* | Kreuzung | *simpang empat* |
| flußaufwärts | *hulu* | flußabwärts | *hilir* |
| Grenze | *batas* | Graben | *selokan* |
| riskant | *berbahaya* | sicher,bestimmt | *tentu/pasti* |
| aufbrechen, starten | *berangkat* | zurückkehren | *pulang* |
| gehen nach | *pergi ke* | hin und zurück | *pergi pulang* |
| fliegen | *terbang* | fallen,untergehen | *jatuh* |
| schwimmen | *berenang* | | |

## UMWELT:

| | | | |
|---|---|---|---|
| Dorf | *kampung / desa / dusun* | | |
| Stadt | *kota* | Insel | *pulau* |
| Berg | *gunung* | Vulkan | *gunung api* |
| Gipfel | *puncak* | Hügel | *bukit* |
| Krater | *kawah* | Höhle | *gua* |
| Wald | *hutan* | Baum | *pohon* |
| Tier | *binatang* | Vogel | *burung* |
| Blume | *bunga* | Blatt | *daun* |

| | | | |
|---|---|---|---|
| Holz | *kayu* | Silber | *perak* |
| Eisen | *besi* | Gold | *mas* |
| Stadion/Platz | *lapangan* | spielen | *main* |
| Fußball | *sepak bola* | | |

Teich, kleiner See, Weiher — *telaga / situ / kolam*

| | | | |
|---|---|---|---|
| See | *danau* | Quelle | *mata air* |
| Wasserfall | *air terjun* | Frischwasser | *air tawar* |
| Flut | *air pasang* | Ebbe | *air surut* |
| Fluß | *sungai* | Meer | *laut* |
| Strand | *pantai* | Stein | *batu* |
| Koralle | *karang* | Sand | *pasir* |
| Bucht | *teluk* | Landzunge | *tanjung* |
| Meeresstraße | *selat* | Welle | *ombak* |
| Rand | *pinggir* | Meeresufer | *p. laut* |
| Überschwemmung | *banjir* | Halbinsel | *penanjung* |
| Inselgruppe | *kepulauan* | | |

| | | | |
|---|---|---|---|
| Welt | *dunia* | Land | *tanah* |
| Flußmündung | *kuala* | Schlamm | *lumpur* |
| Sumpf | *rawa* | Gras, Unkraut | *rumput* |
| Mauer | *tembok* | Zaun | *pagar* |
| Luft | *udara* | Stern | *bintang* |
| Mond | *bulan* | Sonne | *matahari* |
| Regen | *hujan* | Schnee | *salju* |
| Wind | *angin* | Sturm | *angin ribut* |
| Donner | *guntur* | Blitz | *kilat* |
| naß | *basah* | trocken | *kering* |

| | | | |
|---|---|---|---|
| schwarz | *hitam* | weiß | *putih* |
| gelb | *kuning* | rot | *merah* |
| (hell-) blau | *biru (muda)* | grün | *hijau / hijo* |
| braun | *cokelat* | violett | *ungu* |
| leise, still, einsam | *sepi* | sicher, friedlich | *damai / aman* |

laut, voller Leute, „Hier ist was los!" — *ramai*

## GESUNDHEIT / KRANKHEIT:

| | | | |
|---|---|---|---|
| krank | *sakit* | gesund | *sehat* |
| krank werden | *jatuh sakit* | Krankenhaus | *rumah sakit* |
| Medizin | *obat* | Arzt / Apotheke | *dokter / apotik* |
| Fieber | *demam* | Durchfall | *berak-berak* |
| Infekt | *infeksi* | (Bein)gebrochen | *(kaki) patah* |
| Kopfschmerzen | *sakit kepala* | Liebeskummer | *sakit hati* |
| Heimweh | *sakit rumah* | Brille | *kaca mata* |

## KÖRPERTEILE:

| | | | |
|---|---|---|---|
| Kopf | *kepala* | Auge | *mata* |
| Zahn | *gigi* | Nase | *hidung* |
| Bauch | *perut* | Arm | *lengan* |

| | | | |
|---|---|---|---|
| Finger | *jari* | Bein, Fuß | *kaki* |
| Haar | *rambut* | Hals | *leher* |
| Brust | *dada* | Ohr | *telinga* |
| Hand | *tangan* | Mund | *mulut* |
| Rücken | *punggung* | Gesäß | *bokong / pantat* |

## GESPRÄCH:

| | |
|---|---|
| Ich mag / will / kann / muß | *saya suka / mau / bisa / harus* |
| Vielen Dank! - (Antwort: desgl.) | *terima kasih! - sama-sama!* |
| Bitte! (fordernd / anbietend) | *tolonglah! / silahkan!* |
| Entschuldigung! (vorher, nachher) | *permisi! / maaf!* |
| Ja / Nein (bei Substantiven) | *ya / tidak (bukan)* |
| Herzlich Willkommen! | *selamat datang!* |
| Auf Wiedersehen! zu dem, der bleibt | *selamat tinggal!* |
| Auf Wiedersehen! zu dem, der geht | *selamat jalan!* |
| gut / Mir geht's gut! | *baik / kabar baik!* |
| gut (o.k.) / Dieser Losmen ist gut. | *bagus / losmen ini bagus.* |
| wohlschmeckend / Das Essen ist gut! | *enak / makanan enak!* |
| Lohn,Verdienst / Ernte, Einkommen | *gaji / hasil* |
| lieben / sehnen / wohlfühlen / mögen | *cinta / rindu / senang / suka* |
| leben / geboren werden | *hidup / lahir* |
| bitten / sich erinnern (Andenken) | *minta / kenang (-kenangan)* |
| kennen (Dinge) / (Personen) | *tahu / kenal* |
| Blut / tot / sterben | *darah / mati / meninggal* |
| Religion / glauben | *agama / percaya* |
| alt / jung / neu | *tua / muda / baru* |
| hübsch (Personen) / schön (Dinge) | *cantik / indah* |
| glücklich / fröhlich / freundlich | *bahagia / gembira / ramah(-tamah)* |
| wütend, zornig | *marah* |
| entspannt | *santai* |
| müde / hungrig / durstig | *lelah (cape) / lapar / haus* |
| schmutzig / rauh / rüpelhaft | *kotor / jelek / kasar* |
| lang / kurz / hoch / tief | *panjang / pendek / tinggi / dalam* |
| weit / nahe / groß / klein | *jauh / dekat / besar / kecil* |
| unten / oben / vorne / hinten | *dibawah / diatas / dimuka / dibelakang* |

## ZUM WEITERLERNEN:

| | |
|---|---|
| Ich lerne Indonesisch. | *Saya belajar Bahasa Indonesia.* |
| Sprichst Du Englisch? | *Apakah kamu bisa Bahasa Inggeris?* |
| Bitte sprich langsam! | *Tolonglah bicara pelan-pelan!* |
| Ich verstehe nicht. | *Saya tidak mengerti.* |
| Was ist dieses? / Was ist jenes? | *apa ini? / apa itu?* |
| Wie heißt das (in Indonesisch)? | *Apa namanya (di Bahasa Indonesia)?* |
| Darf ich fotografieren? | *Boleh memotret / foto?* |

# Bücherliste

Indonesien ist einfach zu groß und zu vielfältig, als daß ein derartiger Reiseführer alle Aspekte abhandeln könnte. Will man sich intensiver mit dem Land auseinandersetzen, findet man hier einige Tips.

Zum einen sind es Bücher, die schon vor der Reise (oder auch hinterher) gelesen werden können, um die angesprochenen Themen zu vertiefen - zum anderen sind es Bücher, die man auf die Reise mitnehmen kann. Manche Romane lesen sich viel besser an den Originalschauplätzen.

In Indonesien selbst gibt es nur in einigen Second Hand Buchhandlungen deutsche Taschenbücher. Wer keine englischen Bücher lesen will oder kann, sollte sich entsprechend vor der Reise eindecken. Selbst die Auswahl an englischsprachiger Literatur ist in Indonesien nicht so groß wie beispielsweise in Singapore. In Jakarta und anderen Städten werden Wörterbücher von fliegenden Händlern angeboten.

## GESCHICHTE

**Die Erfindung des Kolonialismus** (Daus, Ronald; Wuppertal 1983) Eine kritische Auseinandersetzung mit dem europäischen Kolonialismus in Asien am Beispiel der portugiesischen Kolonialmacht.

**Geschichte Indonesiens** (Kubitscheck / Wessel; Berlin 1981) Ein historisches Werk aus marxistischer Sicht von den Anfängen bis zur Gegenwart.

## GEOGRAPHIE - WIRTSCHAFT - ZEITGESCHEHEN

**Indonesien hat viele Gesichter** (Uhlig, Helmut; Berlin 1980) Leicht lesbarer, guter Einstieg. Von ihm gibt es auch ein Bali-Buch (1981).

**Indonesien** (Schlereth, Einar; Berlin 1976) Die Menschen, das Land, die Kultur und was die holländischen Räuber daraus gemacht haben - Analyse aus marxistischer Sicht.

**Weiße Experten nicht gefragt** (Krause, Karla; Hamburg 1981) Protokoll über die Selbsthilfe in indonesischen Dörfern, sehr informativ. Für alle, die Interesse an Entwicklungshilfe haben.

**5 mal Indonesien** (Siebert, Rüdiger; München 1987) Recht voluminöses Werk, mit Abbildungen, das in vielen Einzelkapiteln facettenhaft ein Bild des heutigen Indonesien vermittelt.

**Tropisches Asien - Fauna und Flora** (Einführung: Harrisson, Tom; Rowohlt 1975 - TB) Recht umfangreiches Buch mit vielen Fotos und Abbildungen, das allerdings keineswegs auf Vollständigkeit bedacht ist.

**Wild Indonesia** (Cubitt, G.; Whitten, Jane u. Tony; London 1992) Großformatiger und großartiger Bild- und Textband über die letzten erhaltenen Wildgebiete des Archipels; in Zusammenarbeit mit dem WWF.

## KULTUR

**The World of Indonesian Textiles** (Warming / Gaworski; London 1981) Informatives Werk im Großformat vor allem über Ikat und Batik.

**Seni Kriya - The Crafts of Indonesia** (Hrsg.: Ave, Joop; Singapore 1988) Ein faszinierender Bildband über alle (Kunst-) Handwerke des Archipels; sehr empfehlenswert.

**Indonesian Primitive Art** (Hersey, Irwin; Singapore 1991) Die Kunst der protomalaiischen Völker (Batak, Nias, Dayak, Toraja usw.) wird in diesem Oxford-Band ausführlich beschrieben und durch hervorragende Fotos umfassend illustriert.

**Indonesian Batik - Processes, Patterns and Places** (Fraser-Lu, Sylvia; Singapore 1986) Handliches Hardcover-Bändchen mit vielen Farbfotos.

**Das Indonesische Schattenspiel** - Bali, Java, Lombok (Spitzing, G.; Köln 1981, TB) Ausführliche Beschreibung von Ursprung, Entwicklung und Bedeutung des *Wayang Kulit*, mit zahlreichen Abbildungen.

**Die Religionen Indonesiens** (Stöhr / Zoetmulder; Stuttgart, Berlin, Köln, Mainz 1965) Einzige umfassende Religionsgeschichte Indonesiens in deutscher Sprache, die sowohl die Stammesreligionen der Altvölker als auch die Hochreligionen Islam, Buddhismus und Hinduismus einbezieht.

**Die Töchter Kartinis** (Berninghausen, Jutta; Kerstan, Birgit; Berlin 1983) Berichte und Reportagen aus dem Leben indonesischer Frauen.

**Indonesien** (Hellfritz, H.; Köln 1984) Kunstreiseführer mit Schwerpunkt Java und Bali.

**Kultur Knigge - Indonesien** (Draine, Cathie; Hall, Barbara; Nördlingen 1988) Beste Einführung in das Alltagsleben und die Probleme, mit denen man als Ausländer konfrontiert wird.

## BILDBÄNDE

**Indonesien** - (Muller, Kal; Zach, Paul). Bester Bildband über den Archipel Deutsche Auflage: Berlin 1987, englisches Original: Singapore 1986. In gleicher Aufmachung:

**Bali** - ebenfalls in hervorragender Druckqualität und mit herrlichen Bildern, englische Auflage: Singapore 1987, deutsche Auflage: Berlin 1988.

## BÜCHER MIT REGIONALEM SCHWERPUNKT

### *Sumatra*

**Sumatra - Its History and People** (Loeb, E. M.; Kuala Lumpur 1972; Nachdruck der Wiener Ausgabe von 1935) Sozialgeschichte der Völker und Regionen dieser Insel.

**Journey to the Land of the Earth Goddess** (Frey, Katherine St.; Jakarta 1986) Ein großformatiger Bild- und Textband über die Minangkabau, ihre Kultur und ihre (lebendigen) Mythen.

**Forgotten Kingdoms in Sumatra** (Schnitger, F. M.; Leiden 1938 / 1964) Der Autor war Konservator am Srivijaya Museum in Palembang und leitete in den 30er Jahren drei archäologische und anthropologische Expeditionen durch Sumatra.

**The Batak** (Sibeth, Achim; London 1991) Ein umfangreiches, ausführliches Werk über das bekannteste Volk Nord-Sumatras, mit vielen historischen und zeitgenössischen Photos, zum Teil in Farbe.

### *Java*

**History of Java** (Raffles, Sir Stamford; Kuala Lumpur 1978) Ein Nachdruck von Oxford University Press. Umfangreiche Arbeit in 2 Bänden des kurzzeitigen Gouverneurs der Insel. 1817 erschienen.

**Yogyakarta** - Cultural Heart of Indonesia (Smithies, M.; Singapore 1986) Alles über Kultur, Geschichte, Sehenswürdigkeiten der Stadt und der Umgebung.

**Mysticism & Everyday Life in Contemporary Java** (Mulder, Niels; Singapore 1978, 3. Aufl. 1983) Über javanische Mystik und ihre Auswirkungen auf den Alltag und die Umgangsformen der Javaner, ihre Lebenshaltung, Moral und Wertvorstellungen.

**The Religion of Java** (Geertz, Clifford; Chicago, London 1960, Neuauflage 1976) Umfangreiche und sehr detaillierte Studie über religiöse Anschauungen und Praktiken, durchgeführt in einer zentraljavanischen Kleinstadt.

### *Bali*

**DuMont Kunstreiseführer Bali** (Spitzing, Günter; Köln 1983) Gut und sehr engagiert geschrieben, mit zahlreichen Fotos.

**Island of Bali** (Covarrubias, Miguel; New York 1972) Das Standardwerk über Bali. In weiten Teilen immer noch faszinierend aktuell, auch wenn es 1937 zum erstenmal aufgelegt wurde.

**The Balinese** (Mabbett, Hugh; Singapore / Wellington 1985) Gute Einführung in das moderne Bali.

**The Art and Culture of Bali** (Ramseyer, Urs; Singapore 1986) Großformatiger, sehr detaillierter Text- und Bildband mit über 400 Abbildungen. Das deutsche Original erschien 1977 in der Schweiz.

**Masks of Bali** (Slattum, J.; Schraub, P.; San Francisco 1992) Sehr schöner Bild- und Textband (Paperback) über Balis Masken und die Tänze und Dramen, in denen sie erscheinen.

**Offerings - The Ritual Art of Bali** (Brinkgreve, F.; Stuart-Fox, D.; Singapore 1992) Faszinierender Bild- und Textband über die atemberaubende Vielfalt der Opfergaben, ihre Herstellung, ihre Verwendung und ihre Symbolik.

**Bali - Sekala & Niskala**, Bd. 1 + 2 (Eisemann, Fred B. jr.; USA und Bali, 1985 und 1986) 35 und 24 Einzelkapitel über die unterschiedlichsten Aspekte Balis (Natur, Religion, Alltag, Feste und Riten) mit wissenschaftlicher Akribie geschrieben. Sekala & Niskala = das Sichtbare und das Unsichtbare. Großformatige Paperbacks in Englisch. Überarbeitete Neuauflage mit Illustrationen: Berkeley, Singapore, Vol. 1 - 1989, Vol. 2 - 1990. Vom gleichen Autor erschienen 1988 beim gleichen Verlag folgende, mit schönen Farbfotos versehene Bücher: **Flowers of Bali**, **Fruits of Bali**, **Woodcarvings of Bali**.

**A House in Bali** (Mc Phee, Colin; Singapore 1985) Oxford Paperback-Nachdruck, Erstausgabe London 1947. Ein Musiker, der in den 30er Jahren nach Bali kommt, um „jedes Gamelan-Orchester der Insel zu hören“, baut sich ein Haus in Sayan, westlich von Ubud.

**Heilkunde und Volkstum auf Bali** (Weck, Wolfgang, Prof. Dr. med.; Bali 1986) Nachdruck einer detaillierten Arbeit aus den 30er Jahren, nicht nur für Mediziner, viel über *White* und *Black Magic*.

## ROMANE - ERZÄHLUNGEN - MÄRCHEN - DICHTUNG

**Waffenschmuggel** (Ambler, Eric; Diogenes 1979) Ein Roman über Rebellen und Waffengeschäfte während der Aufstände auf Sumatra und des Ausnahmezustands in Malaya.

**Lord Jim** (Conrad, Joseph; Diogenes Taschenbuch 1974) Conrad hat für viele seiner Romane und Erzählungen Südostasien und besonders Inselindien als Hintergrund gewählt. Lord Jim ist ein Klassiker, Conrads Stil aber nicht jedermanns Sache. Weitere Titel:

**Almayers Wahn** (Fischer TB 1980)

**Geschichten der Unrast** (Fischer TB 1982)

**Sieg** (Fischer TB 1983)

**Der Verdammte der Inseln** (Fischer TB 1979)

**Die Rettung** (Fischer TB 2058)

**Gesammelte Erzählungen** (Maugham, Somerset; Bd. IV, VIII, X; Diogenes TB) Südostasien in den 20er und 30er Jahren vor dem Zusammenbruch der europäischen Einflußsphären. Maugham präsentiert in seinen Kurzgeschichten koloniale Charaktere und deren Verhalten.

**Letters of a Javanese Princess** (Kartini, Raden; New York 1964) Ausgewählte Briefe der indonesischen Nationalheldin, Vorbild der Frauenbewegung, an ihre holländischen Freunde.

**Tropic Fever** (Szekely, Ladislao; Singapore 1985, Erstausgabe 1937) Die Erlebnisse eines europäischen Pflanzers zu Beginn dieses Jahrhunderts in Nord-Sumatra, humorvoll und spannend, teilweise autobiographisch. Ebenso interessant sind die zwei Bücher seiner Frau Madelon H. Lulofs.

**Perlen im Reisfeld** (Übers.: Hilgers-Hesse, I.; Tübingen 1971) Mochtar Lubis, der bekannte Schriftsteller aus West-Sumatra, hat 39 moderne, kritische Erzählungen verschiedener indonesischer Autoren für diesen Band ausgewählt.

**Twilight in Jakarta** (Lubis, Mochtar; London 1963) Die Helden entstammen der unteren sozialen Schicht, beschrieben wird die Korruption in der jungen Republik. Das Buch steht immer wieder auf dem Index, Lubis wurde mehrmals eingesperrt.

Die deutsche Übersetzung ist im Horlemann Verlag, Bad Honnef, 1994, mit dem Titel **Dämmerung in Jakarta** erschienen.

Ebenfalls von Lubis ist der Titel **Tiger! Tiger!** in deutscher Sprache erschienen, der die Archetypen allgemein-menschlicher, rationaler und irrationaler Ängste mit traditionellen indonesischen Glaubensvorstellungen beschreibt.

Im selben Verlag von Armijn Pane ist der Titel **In Fesseln** (Titel der Originalausgabe: Bengulu, 1940) erschienen und außerdem der Titel **Die Webervögel** von Y: B. Mangunwijaya. Dieses Buch beschreibt die Gedanken der kleine Leute, der Tradition und der internationalen Diplomatie.

**Garten der Menschheit - Bumi Manusia** (Toer, P. A.; Berlin 1984) Erster Band eines vierteiligen Werks, das Toer auf Buru seinen Mitgefangenen erzählt hat. Erste deutsche Übersetzung eines indonesischen Romans.

**Flucht aus Java** (Black, Gavin; Zürich 1988, TB) Spannender Action Thriller eines Fernost-Kenners. Vom selben Autor sind im selben Verlag weitere spannende Romane mit Schauplatz Südostasien erschienen.

**Kind aller Völker - Anak Semua Bangsa** (Toer, P. A.; Luzern 1991) Der zweite Band der Tetralogie in deutscher Übersetzung.

**Das ungewollte Leben** (Toer, P. A.; Berlin 1987) Acht Erzählungen des javanischen Autors in deutscher Übersetzung.

**Max Havelaar. De Koffieveilingen der Nederlandsche Handelsmaatschapij** (Multatulis, Amsterdam 1860) Unter Pseudonym schrieb Eduard F. E. Douwes Dekker diesen Roman, der sich erstmals kritisch mit dem holländischen Kolonialismus auseinandersetzte. Die deutsche Übersetzung: *Max Havelaar oder die Kaffeeversteigerung der niederländischen Handelsgesellschaft* erschien 1885, eine neue Auflage ist 1965 bei Manesse in Zürich erschienen.

**Liebe und Tod auf Bali** (Baum, V.; Köln 1965) Dieser Roman (Erstveröffentlichung 1937) erzählt die tragischen Ereignisse der Jahre 1904 - 1906, in Bali als *Puputan* - das Ende - bekannt. Die Holländer nehmen die angebliche Plünderung eines chinesischen Schiffes zum Vorwand, um mit Truppen auf der Insel zu erscheinen; die Invasion gipfelt in der Schlacht von Badung, wo Hunderte von Balinesen ihrem Fürsten freiwillig in den Tod folgen.

## WÖRTERBÜCHER UND SPRACHFÜHRER

Wer sich intensiver mit Bahasa Indonesia bzw. Malaysia befassen will, kann sich in Singapore, Jakarta oder Malaysia ein Lehr- und Wörterbuch kaufen.

**Lehrbuch der Indonesischen Sprache** von Krause, 1978.

**Indonesisch für Globetrotter** von Gunda Urban, Bielefeld 1983. Ein unkonventioneller und praktischer Sprachführer für unterwegs.

Alle weiteren Bücher in Englisch:

**Practical Indonesian** (Bagus!) von John Baker - für alle Traveller, die in kurzer Form unterwegs praktische Redewendungen brauchen.

**How to Master the Indonesian Language** von A. M. Almatsier, Jakarta 1967 - zum Selbstlernen.

**Bahasa Indonesia** von Johanni Johns, Canberra 1977 - gut!

**Teach Yourself Indonesian** von J. Kwee, London 1968

**Wörterbuch Indonesisch - Deutsch** von Erich-Dieter Krause, früher VEB Leipzig 1985, heute bei Langenscheidt und

**Deutsch - Indonesisches Wörterbuch von** Adolf Heuken, Jakarta 1987, als Langenscheidts Handwörterbuch erschienen 1988.

# SUMATRA

*Mit 473 606 km² ist die Insel Sumatra fast so groß wie Deutschland, Österreich und die Schweiz zusammen. Die Nord-Süd-Entfernung beträgt 1800 km, die breiteste Stelle nur 400 km. Beinahe ein Drittel, nämlich die gesamte Ostküste zwischen Medan und Palembang, besteht aus Sumpfgebiet, das weiter westlich in tropischen Regenwald übergeht. Um die Jahrhundertwende wurden hier von europäischen Pflanzern große Plantagen angelegt. Eine Gebirgskette zieht sich die gesamte Westküste entlang (Bukit Barisan). Insgesamt liegen 50 Vulkane in diesem Gebirge, neun sind heute noch aktiv. Viele Berge sind über 3000 m hoch, der höchste ist der Gunung Kerinci mit 3805 m.*

*Zwischen den Sumpfgebieten im Osten und dem Gebirge im Westen war der tropische Regenwald bisher nur wenig erschlossen, doch neueren Zahlen nach zu urteilen, scheint sich das schnell zu ändern. Der Trans-Sumatra-Highway, der von Banda Aceh bis nach Tanjung Karang / Bakauheni führt, erschließt große, bisher unzugängliche Gebiete. Er ist mittlerweile durchgehend asphaltiert, und auch im Süden sind alle Brücken fertig, so daß man selbst in der Regenzeit von Bukittinggi bis Jakarta kaum mehr als 2 Tage braucht. Einige unbefestigte Nebenstraßen werden jedoch in der Regenzeit zu Schlammpisten, Brücken werden weggespült, und Erdrutsche blockieren den Verkehr.*

*Bemerkenswert ist die ethnologische Vielfalt: In Aceh wohnen die strenggläubigsten Moslems Indonesiens, in Nord-Sumatra die teilweise christianisierten Batak, in West-Sumatra findet man die matrilinear organisierte Gesellschaft der Minangkabau, auf der Insel Nias eine Megalithkultur und auf den Mentawai-Inseln archaische Dschungelbewohner. Im Süden siedeln im Rahmen der staatlichen Transmigrasi-Programme viele Javaner.*

*Touristische Schwerpunkte gibt es eigentlich nur zwei - den Toba-See und seine Umgebung und das Gebiet um Bukittinggi. Kleinere Traveller-Zentren haben sich in Bukit Lawang, in Brastagi, auf Pulau Weh und auf Pulau Nias gebildet. Alles weitere ist touristisches Neuland, vor allem der Süden Sumatras. Die maximal zwei Monate, die das Einreisevisum gewährt, sind nicht viel Zeit, um die Insel kennenzulernen, aber aufgrund der geographischen Nähe zu Malaysia und Singapore bestehen preisgünstigere Ein- und Ausreisemöglichkeiten als in anderen Regionen Indonesiens.*

## EIN / AUSREISE NACH MALAYSIA UND SINGAPORE

MEDAN - PENANG fliegen *MAS* und *SEMPATI* tgl.; 4x wöchentl. Fähre •
MEDAN - SINGAPORE fliegen *SIA* und *GARUDA* tgl. •
MEDAN - KUALA LUMPUR fliegt *SEMPATI* 3x wöchentl. •
PEKANBARU - SINGAPORE fliegt *GARUDA* tgl. •
PEKANBARU - MELAKA fliegt 3x wöchentl. *PELANGI AIR* •
PEKANBARU - KUALA LUMPUR fliegt *SEMPATI* 4x wöchentl. •
PEKANBARU - BATAM fliegt tgl. *MERPATI;* tgl. Bootsverbindung •
BATAM - SINGAPORE tgl. Bootsverbindung • TANJUNG PINANG - SINGAPORE tgl. Bootsverbindung • DUMAI - MELAKA 2x wöchentl. Bootsverbindung •
PADANG - SINGAPORE tgl. Flug mit *GARUDA* •
PADANG - KUALA LUMPUR 2x wöchentl. Flug mit *SEMPATI* •
PALEMBANG - SINGAPORE fliegt tgl. *GARUDA*.

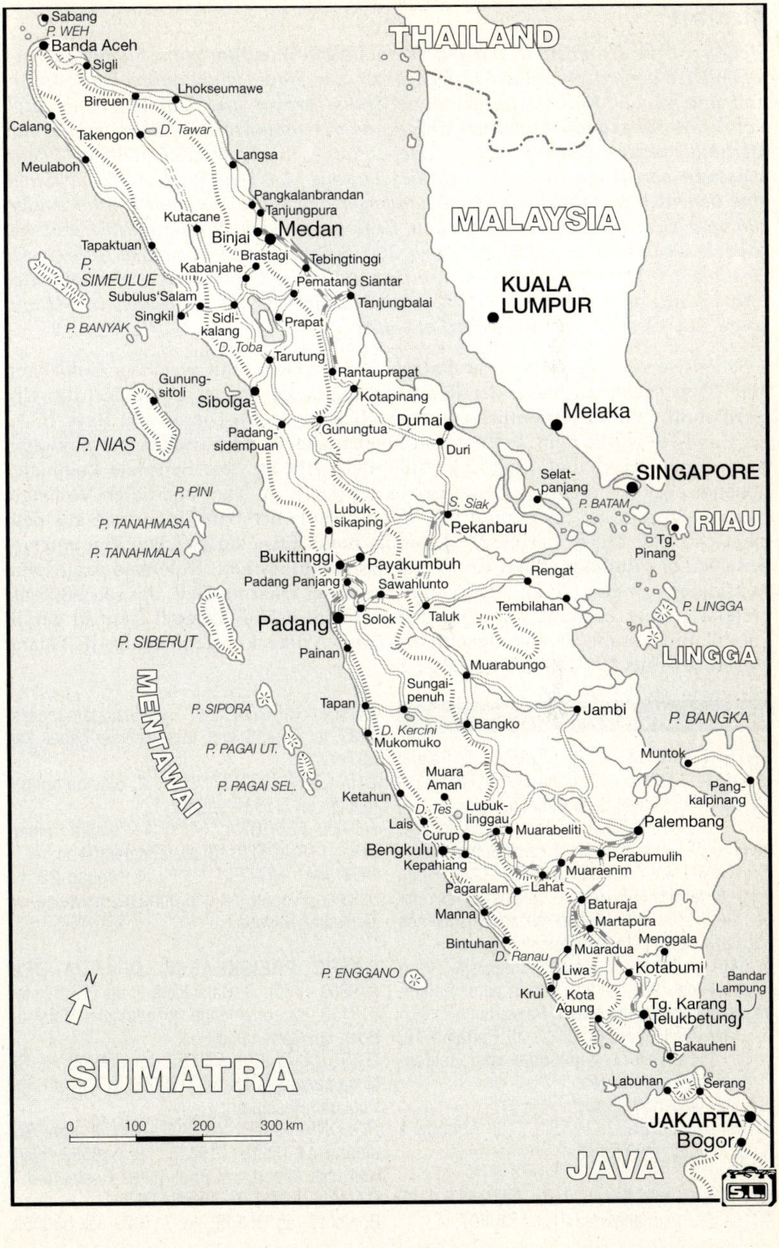
Sabang
P. WEH
Banda Aceh
Sigli
Lhokseumawe
Bireuen
Calang
Takengon
D. Tawar
Langsa
Meulaboh
Pangkalanbrandan
Tanjungpura
Kutacane
Binjai
Medan
Tapaktuan
Brastagi
Tebingtinggi
P. SIMEULUE
Kabanjahe
Pematang Siantar
Subulus Salam
Tanjungbalai
Singkil
Sidikalang
Prapat
P. BANYAK
D. Toba
Tarutung
Rantauprapat
Gunungsitoli
Sibolga
Kotapinang
Dumai
Padangsidempuan
Gunungtua
Duri
P. NIAS
P. PINI
P. TANAHMASA
P. TANAHMALA
Lubuksikaping
S. Siak
Pekanbaru
Bukittinggi
Payakumbuh
Padang Panjang
Sawahlunto
Rengat
Padang
Solok
Taluk
Tembilahan
P. SIBERUT
Painan
Muarabungo
MENTAWAI
P. SIPORA
Tapan
Sungaipenuh
Jambi
Bangko
D. Kercini
Mukomuko
P. PAGAI UT.
P. PAGAI SEL.
Muara Aman
Ketahun
D. Tes
Lubuklinggau
Lais
Curup
Muarabeliti
Bengkulu
Kepahiang
Perabumulih
Muaraenim
Pagaralam
Lahat
Baturaja
Manna
Martapura
Bintuhan
Menggala
Muaradua
D. Ranau
Liwa
Kotabumi
Krui
Kota Agung
Tg. Karang
Telukbetung
Bandar Lampung
Bakauheni
P. ENGGANO
Labuhan
Serang
JAKARTA
Bogor
JAVA
Palembang
Muntok
Pangkalpinang
P. BANGKA
LINGGA
P. LINGGA
RIAU
Tg. Pinang
P. BATAM
Selatpanjang
SINGAPORE
Melaka
KUALA LUMPUR
MALAYSIA
THAILAND
N
SUMATRA
0
100
200
300 km

# Medan

*Medan ist die Hauptstadt und das ökonomische Zentrum Nord-Sumatras. Auffallend ist der kosmopolitische Charakter der Stadt. Nachfahren chinesischer und javanischer Kulis, eingewanderte Sikhs, Araber und Tamilen, aber auch Batak, Minangkabau und Angehörige anderer malaiischer Völker prägen das Stadtbild. Medan bedeutet „Feld“ oder „Platz“, hier aber „Schlachtfeld“, denn zwischen den Kriegern Acehs und des Sultans von Deli fand an dieser Stelle eine bedeutende militärische Auseinandersetzung statt. 1823 reiste John Anderson, ein Beauftragter der britischen Regierung, nach Nord-Sumatra und beschrieb Medan als ein Dorf mit etwa 200 Einwohnern. In den 60er Jahren des vergangenen Jahrhunderts wuchs die Bedeutung des Ortes, eine explosionsartige Entwicklung war die Folge. 1918 lebten bereits 43 900 Menschen in Medan, heute sind es etwa 2,3 Millionen Einwohner.*

Sehenswert ist der **Maimoon Palast**, 1888 erbaut - mit welchem Geld kann man oben nachlesen. Nach der Restaurierung ist der Palast, zumindest das Untergeschoß, nun der Öffentlichkeit zugänglich (Spende). Die **Mesjid Raya** (Große Moschee) wurde zum Teil aus den Steinen alter buddhistischer und hinduistischer Tempel errichtet (Spende). Außerdem gibt es viele Beispiele kolonialer holländischer Architektur - besonders in der Jl. Jen. A. Yani und deren Verlängerung Jl. Balai Kota. So stammt z.B. das Gebäude der Bank Indonesia aus dem Jahr 1907 und war früher die **De Javasche Bank**. Etwa zur gleichen Zeit entstanden auch das **Rathaus** (**Balai Kota**) und das **Hauptpostamt**. Koloniale Atmosphäre findet man weiterhin im alten Flügel des **Hotel Dharma Deli**, das seit 1898 als Hotel De Boer bekannt war. Der älteste **Chinesische Tempel** steht in der Jl. Pandu. Interessant ist das **Geschichts- und Völkerkundemuseum**, Jl. Palang Merah, geöffnet Di - So 9.00 - 17.00 Uhr.

## ÜBERNACHTUNG

**UNTERE PREISKLASSE** - *IRAMA**, Jl. Palang Merah 112, tel 716416, nahe Hotel Danau Toba, auch Schlafsaal, sehr einfach.
*SIGURAGURA**, Jl. Let. Jen. Suprapto 2/K, heruntergekommen und laut, auch Schlafsaal.
*PENGINAPAN TAPIAN NABARU*-***, Jl. Hang Tuah 6, tel 512155, zentral, aber in einer ruhigen Gegend gelegen, die Balkonzimmer scheinen noch o.k., sonst sehr heruntergekommen.
*WISMA YULI*-***, Jl. Sisingamangaraja, Gang Pagaruyung 79 B, tel 713104, in einer Seitenstraße gegenüber der Mesjid Raya.
*SARAH GUESTHOUSE*-***, Jl. Pertama 10, hinter Astra Toyota, gegenüber vom Heldenfriedhof, sehr bescheiden.
In dieser Gegend liegt auch:
*SHAHIBA GUESTHOUSE*-***, Jl. Armada 1 A, tel 718528, mit Frühstück.

**MITTELKLASSE** - *HOTEL SUMATRA***-*****, Jl. Sisingamangaraja 21, tel 714807.
*HOTEL GARUDA***-*****, Jl. Sisingamangaraja 27, tel 714453, laut, viele Zimmer haben keine Fenster.
*DHAKSINA HOTEL***-*****, Jl. Sisingamangaraja 20, tel 718531, sauber.
*HOTEL ELBRUBA***-*****, Jl. Perintis Kemerdekaan 19, tel 520119, alle Zimmer mit ac.
*PETISAH HOTEL***-*****, Jl. Nibung 22, tel 522942, Zimmer mit und ohne ac, teilweise mit TV, guter Service.

**OBERE PREISKLASSE** - *DHARMA DELI* (US$60 - 450), Jl. Balai Kota 2, tel 717011, fax 717153, das ehemalige holländische Hotel de Boer, mit Garten und Pool.
*GARUDA PLAZA HOTEL* (ab US$58), Jl. Sisingamangaraja 18, tel 716255, fax 714411, mit Pool und Restaurant.
*POLONIA HOTEL* (US$35 - 90), Jl. Jen. Sudirman 14-18, tel 715300, fax 519553, nicht weit vom Airport, mit Pool; gutes Restaurant.
*DANAU TOBA INTERNATIONAL*, Jl. Imam Bonjol 17 (ab US$45), tel 717000, fax 530553,

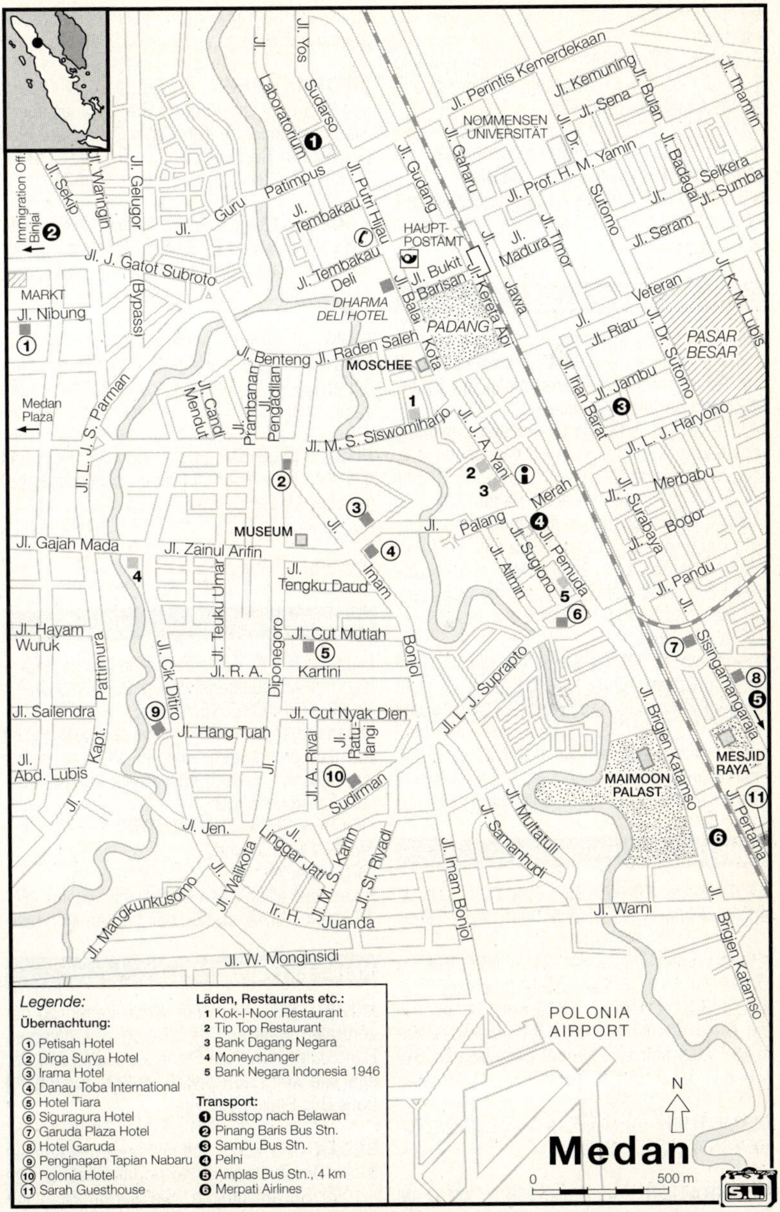
Medan
Legende:
Übernachtung:
① Petisah Hotel
② Dirga Surya Hotel
③ Irama Hotel
④ Danau Toba International
⑤ Hotel Tiara
⑥ Siguragura Hotel
⑦ Garuda Plaza Hotel
⑧ Hotel Garuda
⑨ Penginapan Tapian Nabaru
⑩ Polonia Hotel
⑪ Sarah Guesthouse
Läden, Restaurants etc.:
1 Kok-I-Noor Restaurant
2 Tip Top Restaurant
3 Bank Dagang Negara
4 Moneychanger
5 Bank Negara Indonesia 1946
Transport:
❶ Busstop nach Belawan
❷ Pinang Baris Bus Stn.
❸ Sambu Bus Stn.
❹ Pelni
❺ Amplas Bus Stn., 4 km
❻ Merpati Airlines
N
0
500 m
POLONIA AIRPORT
MAIMOON PALAST
MESJID RAYA
PASAR BESAR
PADANG
MOSCHEE
MUSEUM
HAUPT-POSTAMT
DHARMA DELI HOTEL
NOMMENSEN UNIVERSITÄT
MARKT
Medan Plaza
Immigration Off. Binjai
Jl. Perintis Kemerdekaan
Jl. Kemuning
Jl. Sena
Jl. Bulan
Jl. Thamrin
Jl. Prof. H. M. Yamin
Jl. Dr. Sutomo
Jl. Badagai
Jl. Seram
Jl. Sumba
Selkera
Jl. Yos Sudarso
Jl. Laboratorium
Jl. Gaharu
Jl. Gudang
Jl. Putri Hijau
Jl. Tembakau
Jl. Tembakau Deli
Jl. Guru Patimpus
Jl. Sekip
Jl. Waringin
Jl. Gelugor
Jl. J. Gatot Subroto
(Bypass)
Jl. Nibung
Jl. Bukit Barisan
Jl. Balai Kota
Jl. Kereta Api
Jl. Madura
Jl. Timor
Jl. Jawa
Jl. Veteran
Jl. K. M. Lubis
Jl. Riau
Jl. Dr. Sutomo
Jl. Jambu
Jl. Irian Barat
Jl. L. J. Haryono
Jl. Benteng
Jl. Raden Saleh
Jl. Candi Mendut
Jl. Prambanan
Jl. Pengadilan
Jl. S. Parman
Jl. L. J. S. Parman
Jl. M. S. Siswomiharjo
Jl. J. A. Yani
Jl. Merah
Jl. Merbabu
Jl. Surabaya
Jl. Bogor
Jl. Palang
Jl. Pemuda
Jl. Sugiono
Jl. Alimin
Jl. Pandu
Jl. Sisingamangaraja
Jl. Gajah Mada
Jl. Zainul Arifin
Jl. Tengku Daud
Jl. Imam Bonjol
Jl. Teuku Umar
Jl. Diponegoro
Jl. Cut Mutiah
Jl. R. A. Kartini
Jl. Hayam Wuruk
Jl. Kapt. Pattimura
Jl. Cik Ditiro
Jl. Sailendra
Jl. Hang Tuah
Jl. Cut Nyak Dien
Jl. Ratu-langi
Jl. A. Rivai
Jl. Abd. Lubis
Jl. Jen. Sudirman
Jl. L. J. Suprapto
Jl. Brigjen Katamso
Jl. Pertama
Jl. Multatuli
Jl. Samanhudi
Jl. Linggar Jati
Jl. M. S. Karim
Jl. Sl. Riyadi
Jl. Walikota
Jl. Mangkunkusomo
Ir. H. Juanda
Jl. Warni
Jl. W. Monginsidi
Jl. Brigjen Katamso

mit großem Pool, Bars, Disco und guten Restaurants.
*DIRGA SURYA* (US$40 - 80), Jl. Imam Bonjol 6, tel 321555, fax 513387, liegt sehr laut und ist die Mehrausgabe nicht wert.
*PAREDE INTERNATIONAL HOTEL* (ab US$40), Jl. Jr. H. Juanda 14, tel 543866, fax 553675. Mit Pool, Restaurant und Bar.
*HOTEL TIARA* (US$55 - 120), Jl. Cut Mutiah, tel 516000, fax 510176, zentral, doch ruhig gelegen, Luxushotel, mit Pool.

## ESSEN UND TRINKEN

Gutes Essen im stilvollen *TIPTOP*, Jl. Jen. A. Yani 92, geöffnet ab 10.00 Uhr morgens. Mi, Sa und So abends Live-Musik, meist mit Batak-Musikern, perfekter Service.
*KOK-I-NOOR*, Jl. Mesjid 21, indische, vegetarische Gerichte und hausgemachte Joghurts.
Mehrere Padang-Restaurants sind am Beginn der Jl. Sisingamangaraja ab Jl. Pandu.
Viele Restaurants auch in den modernen Shopping Centres, z.B. im *Deli Plaza* oder im *Prisai Plaza* untergebracht. Im 4. Stock des *Medan Plaza Shopping Centre,* Jl. Iskandar Muda, findet man das *HOUSTON* und das *PLAZA INTERNATIONAL.*
Abends ab 18.00 Uhr werden in der Jl. Selat Panjang **Essenstände** aufgebaut. Bis 1.00 Uhr morgens kann man hier gut und preiswert essen - ist nicht weit vom Siguragura, oder man fragt einen Becakfahrer nach *Selat Panjang.*
Essenstände jeden Abend auch am Amusement Park *(Taman Ria)* in der Jl. Jen. Gatot Subroto.

## SONSTIGES

**AMERICAN EXPRESS** - *PACTO LTD.,* Jl. Brigjen. Katamso 35 D, tel 510081, fax 513669.

**GELD** - gute Kurse in der *BANK NEGARA INDONESIA 1946,* Jl. Pemuda 12 (auch am Flugplatz), *BALI BANK,* Jl. Balai Kota 10, oder in der *BANK DAGANG NEGARA,* Jl. Jen. A. Yani 96. Viele Money Changer betreiben ihr Geschäft in der Jl. Jen. A. Yani.

**BIBLIOTHEK** - An der *F. NOMMENSEN-UNIVERSITÄT,* Jl. Dr. Sutomo 44.

**IMMIGRATION** - Jl. Binjai 268 A, KM 6, tel 512112. Außer in Medan kann man in Nord-Sumatra ein 30-Tage-Visum auch in Pematang Siantar und Sibolga verlängern lassen.

**INFORMATIONEN** - Jl. Jen. A. Yani 107, tel 511101, und am Airport. Hier gibt es einen Stadtplan und eine Karte vom Toba-See. Weitere Tips in Reisebüros, z. B. bei *NITOUR,* Jl. Prof. H. M. Yamin 21 E, tel / fax 513074.

**KONSULATE** - Es gibt in Medan 12 ausländische Konsulate, z.B.: Deutschland, Jl. S. Parman 217, tel 322043; Malaysia, Jl. Diponegoro 11, tel 518053.

**PHPA** - Jl. Sisingamangaraja KM 5,5: Neubaukomplex auf der westlichen Straßenseite, geöffnet Mo - Do 8.00 -14.45, Fr 8.00 - 11.30, Sa/So 8.00 -14.00 Uhr.

**POST / TELEFON** - Das *KANTOR POS* und das *KANTOR TELKOM* liegen sich schräg gegenüber an der Jl. Balai Kota, Ecke Jl. Prof. H. M. Yamin. Für Telefonate 24 Std. geöffnet.

**VORWAHL** - 061.

## EINKAUFEN

In der Jl. Jen. A. Yani gibt es eine Menge Souvenir- und Antiquitätenshops, z.B. *TOKO ASLI,* Nr. 62, oder *TOKO SENI,* Nr. 2.
In den vergangenen Jahren sind riesige Shopping Centres entstanden, die im Warenangebot durchaus mit Penang oder Kuala Lumpur konkurrieren können, z.B.
*GOLDEN SHOPPING CENTRE,*
*MEDAN PLAZA* und
*DELI PLAZA.*
Waren des alltäglichen Bedarfs gibt es im *CENTRAL OLYMPIA,* südlich des großen Marktes.

## NAHVERKEHRSMITTEL

**MINIBUSSE** - *Angkutan Kota,* fahren ab der zentralen Sambu Bus Station auf diversen Rundrouten durch die Stadt; sie kosten 250 Rp, egal wie weit *(jauh/dekat),* außer: zur Pinang Baris Bus Station 500 Rp.

**BECAK** - Für kurze und mittlere Entfernungen ist ein *Becak Dayung* (Fahrradrikscha) für 500 - 1000 Rp am besten. Sie dürfen nicht auf Hauptstraßen fahren. Für größere Entfernungen ein *Becak Mesin* (Motorradrikscha) für 1000 - 1500 Rp.

**TAXI** - mit Taxameter und ac bieten: *METAX*, Jl. Kapt. Pattimura 439, tel 524657; *KARSA*, Jl. Kirana 21, tel 520952; *KOSTAR*, Jl. Kapt. Pattimura 116, tel 528181; *VIP*, Jl. Turi 74, tel 714997. Die Einschaltgebühr beträgt 800 Rp, jeder weitere Kilometer 600 Rp.

## TRANSPORT

**BUSSE** - Es gibt drei Busbahnhöfe in Medan: Die zentrale **Sambu** Bus Station ist für Minibusse im Stadtverkehr und *Damri*-Busse nach Belawan.
Die **Pinang Baris** Bus Station, ca. 10 km außerhalb nordwestlich der Stadt, ist für alle Ziele nördlich von Medan (Brastagi, Binjai, Banda Aceh u.a.). Zu erreichen mit dem Taxi ab Zentrum für etwa 7000 Rp oder mit gelbem Minibus für 500 Rp.
Die **Amplas** Bus Station, ca. 7 km außerhalb südöstlich der Stadt, ist für alle Ziele südlich von Medan (Prapat, Padang, Jakarta u.a.). Zu erreichen mit dem Taxi für etwa 4000 Rp ab Zentrum.

**Öffentliche Minibusse** verkehren von Pinang Baris über Sambu nach Amplas (500 und 250 Rp). Kauft man in Pinang Baris ein Ticket für ein südliches Fahrtziel, dann bietet die Busgesellschaft einen kostenlosen Minibus-Transfer nach Amplas, und umgekehrt genauso.

**Preisbeispiele:** Ab Pinang Baris - BRASTAGI 1000 Rp (Minibus 1500 Rp), BINJAI 300 Rp, BUKIT LAWANG 1300 Rp, BANDA ACEH 13 000 / ac 18 000 Rp, 12 Std., TAKENGON 11 000 Rp, 12 Std., KUTACANE 4500 / ac 6000 Rp, TAPAKTUAN 10 000 ac / 12 000 Rp, 12 Std.; ab Amplas - PRAPAT 3500 Rp, SIBOLGA 6000 Rp, BUKITTINGGI 17 000 / ac 27 000 Rp, PEKANBARU 13 000 Rp, PADANG 20 000 Rp, BENGKULU 36 000 Rp, JAKARTA 50 000 Rp.
Tickets für Fernbusse gibt es außer an den Busbahnhöfen bei vielen Agenten in der Stadt, z.B. in der Jl. Sisingamangaraja, und bei den Büros der Busgesellschaften, u.a.
*ALS*, Jl. Amaliun 2 A, tel 22014;
*P. M. TOH*, Jl. K. H. Wahid Hasyim 194, tel 28195;
*MAKMUR*, Jl. M. Joni 9, tel 323299.

**TAXIS** - Überlandtaxis fahren direkt ab Airport oder den Büros verschiedener Taxigesellschaften nach PRAPAT (50 000 Rp), BUKIT LAWANG (60 000 Rp) oder nach SIBOLGA (80 000 Rp). Jeweils fünf Fahrgäste haben Platz.

**MINIBUSSE** - mit Fahrer können pro Tag ab 70 000 Rp inkl. Benzin gemietet werden.

**EISENBAHN** - Züge nach RANTAU PRAPAT (2600 Rp), TANJUNG BALAI (2200 Rp) und PEMATANG SIANTAR (1800 Rp) - umsteigen in TEBING TINGGI.

**FLÜGE** - Vom *Polonia Airport* sind es nur etwa 1 - 2 km in die Stadt. Taxi ist nicht notwendig - außerhalb des Flugplatzgeländes an der Jl. Ir. H. Juanda warten Becak, die ca. 1000 Rp kosten. Minibus 250 Rp. Gepäck nur gut verschlossen aufgeben, denn dort wird hin und wieder geklaut. Am Taxischalter kostet eine Fahrt in die Stadt 7000 Rp.
Airport Tax international 15 000 Rp, national 5500 Rp.
Tgl. Flüge mit MAS und Sempati nach PENANG; mit Silk Air nach SINGAPORE. Inlandsflüge mit Merpati, Garuda, Mandala, Sempati und SMAC.
Anschriften: *MAS*, Jl. Imam Bonjol 17 (Hotel Danau Toba International), tel 519333;
*GARUDA*, Jl. Balai Kota 2 (Dharma Deli Hotel), tel 516400, und Tiara Convention Centre, Jl. Cut Mutiah, tel 515277;
*MERPATI*, Jl. Brigjen. Katamso 41J, tel 514057;
*SIA* (Polonia Hotel), Jl. Jen. Sudirman 14, tel 325300;
*MANDALA*, Jl. Brigjen. Katamso 37E, tel 513309;
*SEMPATI*, im Tiara Hotel, Jl. Cut Mutiah, tel 537800.
*SMAC*, Jl. Imam Bonjol 59, tel 515934 (nahe Flugplatz).
**Preisbeispiele** (ohne MwSt): PENANG US$55 / 74 (MAS, SG), PALEMBANG 227 000 Rp (MZ), SINGAPORE 301 000 Rp (SIA / GA), BANDA ACEH 108 000 Rp (GA), PADANG 131 000 Rp (GA), PEKANBARU 119 000 Rp (GA), JAKARTA 300 000 Rp (GA, MDL, SG).
SMAC fliegt mehrmals die Woche nach GUNUNGSITOLI (Nord-Nias), SIBOLGA und MEULABOH (Aceh Barat).

**SCHIFFE** - Belawan, 26 km entfernt, ist der Hafen von Medan. *Damri*-Busse ab Sambu Station oder ab Jl. Putri Hijau, Ecke Jl. Guru Patimpus, kosten 500 Rp. Pelni-Office in der Jl. Kol. Sugiono 5-7, tel 518960, 518533, fax 517474.

Zwei Schiffe, die KM. Kambuna und die KM. Kerinci, verlassen abwechselnd jeden Mo um 13.00 Uhr Belawan.

Während die **KM. Kambuna** über Jakarta, Surabaya und Ujung Pandang nach Balikpapan, Palu, Toli Toli und Manado fährt, führt die Route der **KM. Kerinci** von Ujung Pandang weiter nach Bau Bau, Ambon, Manado und Ternate.
**Preisbeispiele** (Ekonomi Class; 1. Klasse):
JAKARTA 57 000 / 219 000 Rp (44 Std.),
SURABAYA 81 000 / 290 000 Rp (73 Std.),
UJUNG PANDANG 101 000 / 366 000 Rp (4 Tage),
BAU BAU 116 000 / 435 000 Rp (5 Tage),
AMBON 137 000 / 521 000 Rp (6 Tage),
BALIKPAPAN 113 000 / 411 000 Rp (5 Tage),
PALU 119 000 / 428 000 Rp (6 Tage),
MANADO 152 000 / 561 000 Rp (7 Tage), Hafen-Steuer extra 2500 Rp.
Di, Do und So um 11.00 Uhr und Fr um 13.00 geht das Fährschiff **Perdana Express** nach PENANG (Malaysia) ab, Fahrzeit 4 1/2 Std. Kostet: Ekonomi-Klasse 80 RM (Kind 40 RM), 1. Klasse 86 / 50 RM. Bei Buchung von Hin- und Rückfahrt gibt es einen kleinen Discount. Agent in Medan: *P.T. TROPHY TOURS,* Jl. Brigjen. Katamso 33 D, tel 514888, fax 510340.

## Bukit Lawang (Bohorok)

*Es gibt nur noch 4000 freilebende Orang Utan, 2000 davon leben in Sumatra ausschließlich im Gunung Leuser Nationalpark, die restlichen 2000 in Kalimantan im Tanjung Puting Nationalpark u.a. Angeschlossen an die Nationalparks sind Orang Utan-Rehabilitationszentren. In den Reha-Zentren werden aus der Gefangenschaft befreite Orang Utan auf ein Leben in der Wildnis vorbereitet, in die sie nach einigen Jahren Rehabilitation entlassen werden. Noch immer werden Orang Utan als Haustiere gehalten (allein in Taiwan 700 Tiere). Muttertiere werden im Dschungel gejagt und erschossen, um die Säuglinge lebend fangen zu können. Diese enden dann an der Kette oder in winzigen Käfigen und bekommen nie Gelegenheit, ihren natürlichen Lebensraum und ihre natürliche Lebensweise kennenzulernen, ein jahrelanger Prozeß, bei dem die Mutter unerläßlich ist.*

*Im Bohorok Orang Utan Rehabilitation Centre bei Bukit Lawang am Rande des Gunung Leuser Nationalparks besteht die Gelegenheit, halbwegs rehabilitierte Orang Utan in ihrer normalen Umwelt und auch aus nächster Nähe zu erleben. Dazu bietet der Ort die Möglichkeit, ohne allzu großen Aufwand durch intakten tropischen Urwald zu vielen Höhlen und Wasserfällen zu wandern.*

In Bukit Lawang fährt man bis zur Endhaltestelle der Busse, etwa 3 km vom eigentlichen Dorfzentrum. Hier ist das PHPA-Büro, wo das Permit ausgegeben wird (4000 Rp für 2 Tage inkl. Sampan-Gebühr). Daneben befindet sich ein Visitor Centre des WWF mit guten Infos, geöffnet Mo - Sa 9.00 - 15.00 Uhr, So und feiertags 10.00 - 17.00 Uhr; außerdem Mo, Mi und Fr von 19.30 - 22.00 Uhr; ab 20.00 Uhr wird ein Film gezeigt.

Über Hängebrücken geht es zu Fuß zu einigen Bungalowanlagen, die hübsch am Fluß gelegen sind (gute Bademöglichkeiten, *tube rafting* 1000 Rp pro Schlauch), andere Losmen liegen am Fußweg, der zur Sampan-Anlegestelle führt - ein Ort, wo man sich ein paar Tage in der Natur erholen kann. Allerdings wird Bukit Lawang auch von einheimischen Ausflüglern aus Medan immer häufiger besucht, so daß es an Sonn- und Feiertagen mit der Ruhe vorbei ist.

Um die Orang Utan zu sehen, läuft man vom PHPA-Büro ca. 30 Minuten auf einem Fußpfad am Fluß entlang bis zur Fähre (nur ein Sampan). Sampan verkehren nur bis gegen 16.00 Uhr. Auf der anderen Flußseite liegt im Dschungelgebiet in einer Flußschleife das Rehabilitationszentrum. Von den Gebäuden aus sind es noch einmal 500 m steil bergauf zum Reservat, wo die Tiere beobachtet werden können. Fütterung täglich um 8.00 und 15.00 Uhr.

Bukit Lawang liegt an der Ostgrenze des großen Gunung Leuser National Parks (8500 $km^2$, davon 3/4 in der Provinz Aceh). Von hier aus erreicht man kaum das Innere des Parks, gewinnt aber auf Tageswanderungen oder einem 2-Tage-Trek einen guten Einblick in die Wildnis. Aus Sicherheitsgründen muß man einen Guide nehmen, der 3000 Rp pro Std. und Person (min. 3 Pers.), 20 000 Rp pro Tag und Person, bzw. 25 000 Rp pro Tag und Person für mehrere Tage kostet, inkl. Mahlzeiten und Trekking Permit. Angeboten wird auch ein 3-Tage-Trek nach Brastagi, wobei man aber nur am zweiten Tag durch Dschungel wandert. Ein kleiner Ausflug, der ohne Guide möglich ist, führt zur Fledermaushöhle **Gua Kampret**. Der Weg (1/2 Std.) ist ausgeschildert und führt ab Wisma Bukit Lawang Cottage flußabwärts durch Gummiplantagen. An einem Warung zahlt man 500 Rp für das Öffnen einer Tür. Dann klettert man etwa 200 m durch mehrere tunnelartige Höhlen steil auf und ab über scharfkantige Kalkfelsen - feste Schuhe und Taschenlampe nicht vergessen. Schon dieser kleine Ausflug gibt einen Einblick in die Schwierigkeiten, die einen auf größeren Touren erwarten.

## ÜBERNACHTUNG

*WISMA BUKIT LAWANG COTTAGE*-***, einfache Zimmer und Bungalows mit Mandi und Moskitonetz, sehr ruhig und empfehlenswert, mit gutem Restaurant.
*WISMA LEUSER SIBAYAK**, hier geht es am Wochenende recht lebhaft zu, Zimmer und Bungalows, mit Restaurant.
Auch die anderen Losmen haben ein mehr oder weniger dürftiges Restaurant:
*WISMA BUKIT LAWANG INDAH** und *YUSMAN GUESTHOUSE**, nicht so schön gelegen.
*JUNGLE INN** und *QUEEN EMERALD RESORT** sind ruhig gelegen.
Außerdem gibt es *EDEN INN** und *ROBIN HOOD**.

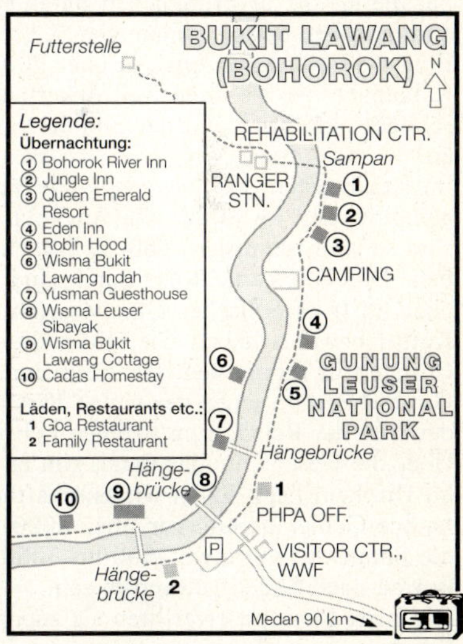


## TRANSPORT

Busse von MEDAN ab Pinang Baris Bus Station nach BINJAI (300 Rp, 1/2 Std.), von hier alle 30 Min. Bus nach BUKIT LAWANG (1000 Rp, 3 Std.); Direktbus 1300 Rp.
Oder man nimmt ein blaues Sammeltaxi *(C.V. Timur Taxi)* vom Sambu Terminal nach BINJAI (500 Rp), von dort direkter Anschluß nach BUKIT LAWANG mit blauem Taxi (2000 Rp); dauert insgesamt 2 - 2 1/2 Std.
Busse zurück nach MEDAN (85 km) fahren von 5.30 - 15.00 Uhr. Oder man chartert ein Taxi nach Medan, 60 000 Rp. Direkter Bus nach BRASTAGI, tgl. 9.00 Uhr, 4000 Rp. Tourist Bus, So, Mi, Fr 7.30 Uhr nach BRASTAGI 12 000 Rp, PRAPAT 20 000 Rp, BUKITTINGGI 45 000 Rp.

## Batak-Hochland und Toba-See

*Das Hochland des Bukit Barisan, in dessen Zentrum der Toba-See liegt, ist die Heimat verschiedener Batak-Stämme. Von den deutero-malaiischen Völkern in die Abgeschiedenheit der Berge zurückgedrängt, lebten die Batak dort bis zum Ende des 19. Jahrhunderts nahezu völlig isoliert und konnten so ihre eigene Kultur bewahren. Unter anderem hielten Berichte über die kriegerischen, menschenfressenden Batak-Stämme die Weißen davon ab, ins Hochland einzudringen. Nach den Missionaren und den holländischen Eroberern hat heute der Tourismus den Toba-See erobert und scheint in kurzer Zeit die alte Kultur endgültig zu zerstören. Traditionelle Häuser nutzt man als Touristenunterkünfte, und die Holzschnitzereien sind Massenprodukte für den Souvenirhandel. Traveller, die nur ihr eigenes Vergnügen suchen (Nacktbaden, Drogen) und keine Rücksicht auf die Menschen nehmen, deren Heimat der Toba-See ist, tragen einen großen Teil dazu bei.*

**Die Batak**

In Nord-Sumatra leben 1,3 Millionen Batak, die zu zwei Dritteln Christen sind; der Rest bekennt sich überwiegend zum Islam. Sie sind kleiner und oft stämmiger als andere malaiische Bevölkerungsgruppen und gehören unterschiedlichen ethnischen Gruppen mit verschiedenen Sprachen (Dialekte) an. Die Toba, die als die ursprünglichen Batak gelten, siedeln auf der Insel Samosir und an den Ufern des gleichnamigen Sees.

Etwa 180 000 Karo leben in über 200 Dörfern im Hochland von Brastagi und Kabanjahe, wo sie intensiven Ackerbau und Naßreisanbau betreiben. Im Osten schließt sich das Land der Simalungun mit der Hauptstadt Pematang Siantar an.

Im Nordwesten des Sees rings um Sidikalang siedeln die Pakpak, auch *Dairi* genannt, und im Süden die Angkola und Mandailing. Die Mandailing-Batak sind so weit islamisiert, daß sie ihre ehemalige kulturelle Tradition verloren haben. Die Toba- und Karo-Batak sind Christen überwiegend protestantischer, aber auch katholischer Glaubensrichtung, die noch viele Elemente der alten Kultur bewahrt haben. Sie bilden die größte zusammenhängende Gruppe von Christen in Indonesien. Die Teilnahme an einem Batak-Begräbnis oder einem Gottesdienst in einer der vielen Kirchen überzeugt jeden von der großen Bedeutung der Religion im sozialen Leben der Menschen.

Über die Geschichte der Batak gibt es keine Aufzeichnungen, so daß noch viel im Dunkeln liegt. Es ist wissenschaftlich nachgewiesen, daß Menschen im Toba-See-Gebiet bereits vor über 6000 Jahren Wald rodeten. Allerdings sollen die Batak erst vor etwa 2500 bis 3000 Jahren aus Südchina, Nordthailand und Burma nach Süden gewandert sein.

Die Insel Sumatra erreichten sie zuerst an der Westküste zwischen Barus und Sibolga. Doch als ehemalige Bergbewohner zogen sie schon bald hinauf in die gebirgigen Regionen, wo sie rings um das zuerst besiedelte Gebiet am Berg *Pusuk Bukit* weitgehend isoliert von den malaiischen Küstenbewohnern ihre Königreiche gründeten. Der Versuch einer Islamisierung der Batak durch Aceh schlug vollständig fehl. Als erste Europäer besuchten Burton und Ward 1824 die Toba-Region und fanden dort eine weit entwickelte Ackerbau-Kultur vor.

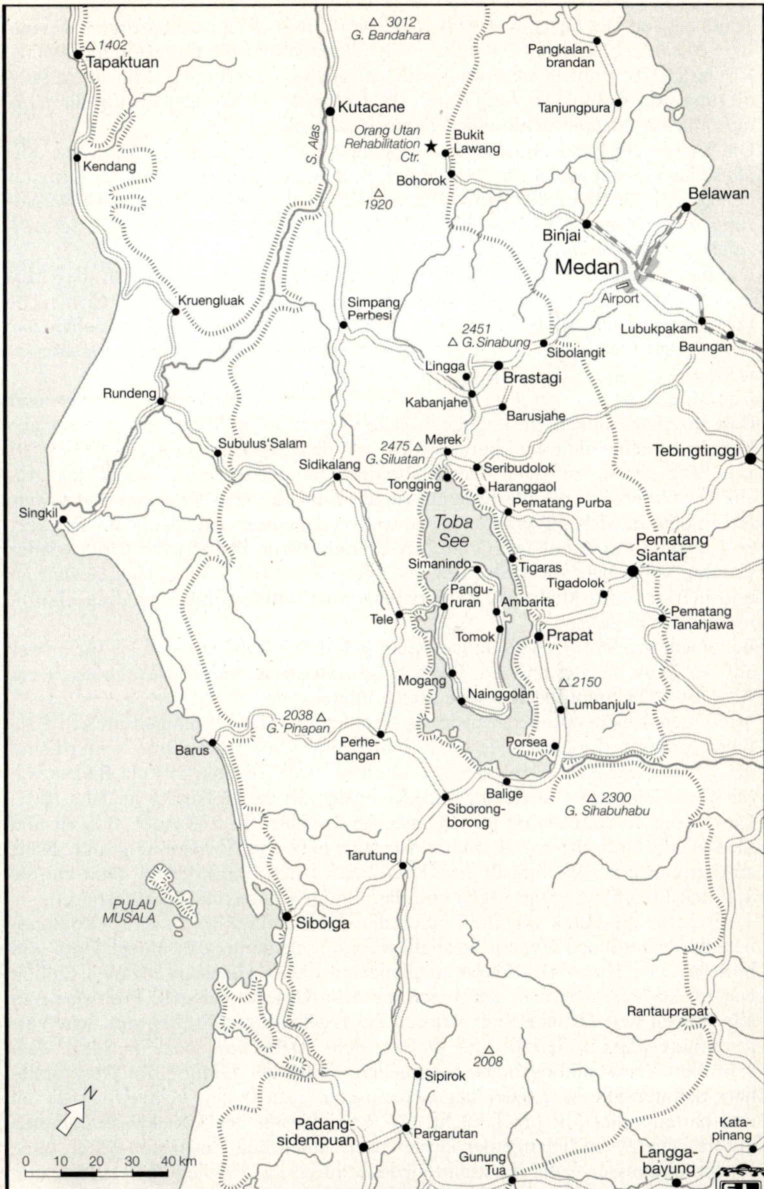
3012
G. Bandahara
1402
Tapaktuan
Pangkalan-brandan
Kutacane
Tanjungpura
Orang Utan Rehabilitation Ctr.
Bukit Lawang
S. Alas
Kendang
Bohorok
1920
Belawan
Binjai
Medan
Airport
Kruengluak
Simpang Perbesi
2451
G. Sinabung
Lubukpakam
Baungan
Sibolangit
Lingga
Brastagi
Rundeng
Kabanjahe
Barusjahe
Subulus'Salam
2475
G. Siluatan
Merek
Tebingtinggi
Sidikalang
Seribudolok
Tongging
Haranggaol
Singkil
Pematang Purba
Toba See
Pematang Siantar
Simanindo
Tigaras
Tigadolok
Pangu-ruran
Ambarita
Pematang Tanahjawa
Tele
Tomok
Prapat
2150
Mogang
Nainggolan
Lumbanjulu
2038
G. Pinapan
Barus
Perhe-bangan
Porsea
Balige
2300
G. Sihabuhabu
Siborong-borong
Tarutung
PULAU MUSALA
Sibolga
Rantauprapat
2008
Sipirok
N
Padang-sidempuan
Pargarutan
Kata-pinang
0
10
20
30
40 km
Gunung Tua
Langga-bayung

1860 begann die christliche Missionierung durch die protestantische Rheinische Missionsgesellschaft, aus der in den 30er Jahren die eigenständige Batak-Kirche (HKBP) mit heute etwa 1 Mill. Mitgliedern hervorging. Mit der Missionierung und Kolonialisierung durch die Holländer wurde gleichzeitig die jahrtausendealte Megalith-Kultur auf Samosir weitgehend zerstört.
Die Kultur der Batak weist in vielen Bereichen frühhinduistische Einflüsse auf. Diese lassen sich sowohl im Vokabular, in den Schriftzeichen und der Religion belegen als auch in den landwirtschaftlichen Produktionsformen (Bewässerung, Pflügen mit dem Wasserbüffel usw.) und den Kenntnissen des Schachspiels und der Baumwollweberei.
Die Batak haben ihre eigene Schöpfungsgeschichte. Sie beginnt damit, daß Mula Jadi, der Gott der Oberwelt, zuerst drei Söhne zeugte, von denen einer recht boshaft war. Anschließend schuf er einen Baum, in dem ein Huhn lebte, das drei riesige Eier legte. Drei Mädchen schlüpften aus den Eiern, die später jeweils einen Sohn Muda Jadis heirateten.
Das Mädchen, das den mißratenen Sohn bekommen sollte, weigerte sich und floh an einem langen, gesponnenen Faden hinab in die Mittelwelt, die nur aus Wasser besteht. Mula Jadi hatte Mitleid mit dem Mädchen und schickte ihr etwas Erde, die sie auf dem Meer ausbreitete. Im Wasser jedoch haust der Drache der Unterwelt. Als die Erde auf seinen Kopf fiel, versuchte er sie abzuwerfen, indem er sich im Wasser herumwälzte. Das Mädchen nahm ihr Schwert und nagelte ihn damit fest. Von Zeit zu Zeit, wenn der Drache heute wieder unruhig wird, bebt die Erde. Der mißratene Sohn nahm eine neue Gestalt an und heiratete das Mädchen. Zahlreiche Kinder wurden ihnen geboren, darunter ein Zwillingspaar.
Bei einem großen Fest verkündete Mula Jadi den Zwillingen, daß sie für immer auf der Erde bleiben müssen. Danach kehrten alle Götter in die Oberwelt zurück, und der Spinnfaden wurde zerschnitten.
Nach vielen Generationen wurde als Nachkomme des Zwillingspaares Si Raja Batak geboren. Er gilt als der erste Batak, und seine Brüder und Vettern sind die Urväter der Nachbarvölker. Die direkten Nachkommen Si Raja Bataks waren Gottkönige. Der letzte starb im Kampf gegen die Holländer im Jahr 1907. Der König herrschte über eine Klassengesellschaft, die aus Adel, Bauern und Sklaven bestand, der soziale Status war abhängig von Abstammung und „Nähe zu den Göttern“. Wichtig in der Gesellschaft waren die Priester, denn nur sie konnten Ereignisse voraussagen und die richtigen Tage für Feiern festlegen.
Typisch für die Batak war die Einheit der Großfamilie. Bis zu zehn Großfamilien der väterlichen Verwandtschaft wohnten zusammen in einem Dorf und bildeten eine *Huta*. Das Zusammenleben in dieser kleinsten sozialen Einheit war in der Vergangenheit durch strenge Adat-Gesetze geregelt. Probleme und alle Fragen der Gemeinschaft wurden bei regelmäßigen Treffen auf dem Versammlungsplatz außerhalb des Dorfes, dem *Partukoan,* oder im *Sopo,* dem zentralen Versammlungshaus, besprochen. Unter der Leitung des Dorfvorstehers nahmen alle Mitglieder der Gemeinschaft, außer den Sklaven, daran teil und hatten volles Mitspracherecht. Ein Raja, der aus der Adelsklasse stammen mußte, vertrat die Belange der Dörfer nach außen hin. Ansonsten waren seine Machtbefugnisse gering. Er konnte jedoch durch das Privileg des Handels und Sklavenbesitzes zu beachtlichem Wohlstand gelangen.

Über die *Huta* hinaus fühlt sich jeder Batak verwandtschaftlich einer *Marga* (Clan) zugehörig; jeder Clan geht auf einen mythischen Urahnen zurück. Zu Begräbnissen und wichtigen Festen wird noch heute die *Marga* eingeladen.
Die alten Dörfer, vor allem am Toba-See, sind von hohen Erdmauern umgeben und nur durch ein schmales Tor zugänglich. Die Häuser wohlhabender Großfamilien sind aus Holz auf Pfählen ein bis zwei Meter über dem Boden errichtet. Die überdimensionalen Dächer, die je nach Region völlig unterschiedlich aussehen, sind mit Fibern der Zuckerpalme oder Holzschindeln gedeckt. Über eine steile Treppe gelangt man in das geräumige, dunkle Innere der Häuser. Im hinteren Bereich befindet sich die Küche mit einer offenen Feuerstelle. Der gesamte Innenraum ist nicht durch Wände unterteilt, obwohl in einem solchen Haus mehrere Familien leben. Wohnhäuser, Versammlungshäuser und Reisspeicher umgeben einen zentralen Platz, den *Alaman*.
Der früher den Batak nachgesagte Kannibalismus läßt sich auf ihr Weltbild zurückführen. Die Harmonie in der Mittelwelt (Sumatra war die Mittelwelt und der Toba-See deren Zentrum) wurde durch Mörder, Ehebrecher, Verräter und Spione, zu denen übrigens auch sämtliche Nicht-Batak zählten, die unerlaubt in deren Gebiet eindrangen, gestört. Sie alle verfielen der Strafe des Kannibalismus, denn erst ein Opfermahl konnte die gestörte Ordnung wiederherstellen.
Aufgrund ihrer christlichen Vergangenheit sind viele Batak mit westlichen Ideen, Kulturen und Techniken vertrauter als ihre muslimischen Landsleute. Zudem sind sie wegen der recht unfruchtbaren Böden, hohen Kinderzahl und wenigen außerlandwirtschaftlichen Erwerbsmöglichkeiten oft gezwungen auszuwandern. In der Regierung und der Armee sind sie überdurchschnittlich vertreten, ebenso in der indonesischen Musik-Szene, was wohl auf die große Vorliebe der Batak zur Musik zurückzuführen ist. Die Gitarre oder ein Kassettenrecorder ist immer dabei - ob bei Spaziergängen, unterwegs im Bus oder bei abendlichen Treffen. Angeregt von dem lokalen Palmwein, dem *Toddy,* singen junge Männer melodische Batak-Lieder und westliche Pop-Songs. Die Frauen hingegen bestreiten überwiegend die musikalische Umrahmung der sonntäglichen Gottesdienste.

## Brastagi

*Die Fahrt von Medan 66 km Richtung Südwesten, führt hinauf in die Berge nach Brastagi, das 1320 m hoch liegt. Nach endlosen Kurven hat die steile Straße die Hochebene erreicht - ein hügeliges, weites Land, das von den beiden aktiven Vulkanen Sibayak (2300 m) und Sinabung (2451 m) eingerahmt wird. Schon in den 20er Jahren kamen die weißen Manager hierher, um die kühle Bergluft zu genießen und den in malariaverseuchten Sümpfen liegenden Plantagen zu entfliehen.*

Heute stehen an den Hängen westlich der Hauptstraße die Wochenendvillen der wohlhabenden Bewohner von Medan. Man durchquert dieses Viertel auf dem Weg zum **Gundaling Hill** (Erwachsene 500 Rp/ Kinder 200 Rp Eintritt). Vom Hügel herab bietet sich eine schöne Aussicht über die Hochebene.

Im Zentrum von Brastagi, an der Hauptstraße, liegt der **Markt**, auf dem die Batak Obst und Gemüse verkaufen. Zu ungünstigen Jahreszeiten wimmelt es hier von Fliegen. Am Denkmal an der Jl. Veteran werden in Souvenir- und Antiquitätenläden Gegenstände der Batak angeboten, außerdem befindet sich hier ein großer Obst- und Souvenirmarkt. Abgesehen von der Gegend um den Gundaling Hill ist Brastagi keine besonders schöne Stadt; auf der ungepflegten Hauptstraße herrscht reger LKW-Verkehr.

## ÜBERNACHTUNG

**UNTERE PREISKLASSE** - *WISMA DIENG**, Jl. Udara 27, am Ortsende, einfache, kleine Zimmer, laut und schmuddelig.
*WISMA SIBAYAK**, Jl. Udara 1, tel 20953, lebhafter Traveller-Treffpunkt, viele Infos, aber nicht allzu sauber.
*GINSATA HOTEL**, Jl. Veteran 27, tel 20901, am Denkmal, mit Restaurant.
*WISMA IKUT**, Jl. Merdeka 17, ein ruhig gelegenes Kolonialgebäude in einem großen Garten auf einem Hügel, 5 Min. vom Tourist Office.
*TORONG INN**, Jl. Veteran, tel 20828, relativ sauber, mit gutem Restaurant.
*LOSMEN MERPATI **, Jl. Trimurti 4, ruhig gelegen, mit Innenhof und kleinem Coffee Shop.
*MIRANDA BUNGALOWS*** und *KARO HILL HOTEL ANDA**, Jl. Trimurti 77, renoviert, sauber; sowie die
*BUNGALOWS***, Jl. Pendidikan, preiswert und ruhig.

**MITTLERE UND OBERE PREISKLASSE** - *BERE KARONA COTTAGES***-*****, Jl. Pendidikan, tel 20888, am Weg zum Gunung Sibayak, schöne Bungalow-Anlage.
*BRASTAGI COTTAGES*****, Jl. Gundaling, tel 20908, große Zimmer mit Heißwasser und schöner Aussicht.
*KOLAM RENANG HOTEL****, Jl. Kolam Renang, mit großem Garten, neben einem öffentlichen Swimming Pool.
*HOTEL BUKIT KUBU* (US$15 - 50), Jl. Sempurna 2, tel 20832, an der Straße nach Medan, eins der am besten erhaltenen Kolonialhotels, mit Golfplatz.
*HOTEL RUDANG*****, Jl. Sempurna 3, tel 20921, gegenüber vom Bukit Kubu Hotel, etwas sterile Atmosphäre, viele Reisegruppen.
*ROSE GARDEN* (US$25 - 55), Jl. Peceren, tel 20399; *SIBAYAK INTERNATIONAL HOTEL* (ab US$55), Jl. Merdeka, tel 20928, 3-Sterne-Hotel, 10 Minuten zu Fuß vom Denkmal.
*DANAU TOBA INTERNATIONAL COTTAGES* (US$30 - 45), Jl. Gundaling, tel 20946, mit Pool, Garten und schöner Aussicht.

## ESSEN UND TRINKEN

Die Restaurants und Rumah Makan konzentrieren sich auf der Jl. Veteran; von Nord nach Süd: *BRASTAGI SEAFOOD RESTAURANT*, zwar nur kleine Auswahl, aber sauber und gut.
*RUMAH MAKAN GADIS MINANG* mit gutem Nasi Padang. *ASIA RESTAURANT*, teuerster Laden im Ort. *TORONG INN GARUDA* ist besser und preiswerter.
*BUDI AMAN KEDAI NASI ISLAM* ist billig.
*RUMAH MAKAN MUSLIMIN* ist bei Travellern sehr beliebt, große Portionen, guter Service, nicht durch das vergammelte Äußere abschrekken lassen. Das *RUMAH MAKAN SEHAT* ist ein sehr guter, preiswerter Chinese.
*RUMAH MAKAN SEMPANA*, hier wird *Babi Panggang* angeboten; das traditionelle Karo Ba-

*Legende:*
**Übernachtung:**
① Karo Hill Bungalows
② Singantang Bungalows
③ Harapan Bungalows
④ Miranda Bungalows
⑤ B. I. B. Bungalows
⑥ Aritha Bungalows
⑦ Bere Karona Cottages
⑧ Sibayak International H.
⑨ Kolam Renang H.
⑩ Sinabung Resort H.
⑪ Wisma Ikut
⑫ H. Bukit Kubu
⑬ Rose Garden H.
⑭ H. Rudang
⑮ G. M. Panggabean International H.
⑯ Wisma Kaliaga
⑰ Ginsata H.
⑱ H. Timur
⑲ H. Anda
⑳ Losmen Lingga
㉑ Wisma Ingan Malem
㉒ Brastagi Cottages
㉓ Bella Vista
㉔ Danau Toba International Cottages
㉕ Villa Wisata Alam Indah
㉖ Kubu Culia
㉗ Wisma Bukit Barisan
㉘ Torong Inn
㉙ Losmen Merpati
㉚ Losmen Trimurti
㉛ Losmen Sejarah
㉜ H. Pusat
㉝ Sibayak Gh.
㉞ Losmen Gunung
㉟ Wisma Dieng
㊱ Wisma Sibayak

**Läden, Restaurants etc.:**
**1** Tankstelle
**2** Brastagi Seafood R.
**3** Rumah Makan Gadis Minang
**4** Torong Inn Garuda R.
**5** Asia R.
**6** Bank
**7** Siang Malam R.
**8** Eropah R.
**9** Terang R.
**10** Budi Aman Kedai Nasi Islam
**11** Rumah Makan Muslimin
**12** Rumah Makan Sehat
**13** Rumah Makan Sempana
**14** Rumah Makan Ora et Labora
**Transport:**
❶ Bus Stop
❷ Minibus Stn.

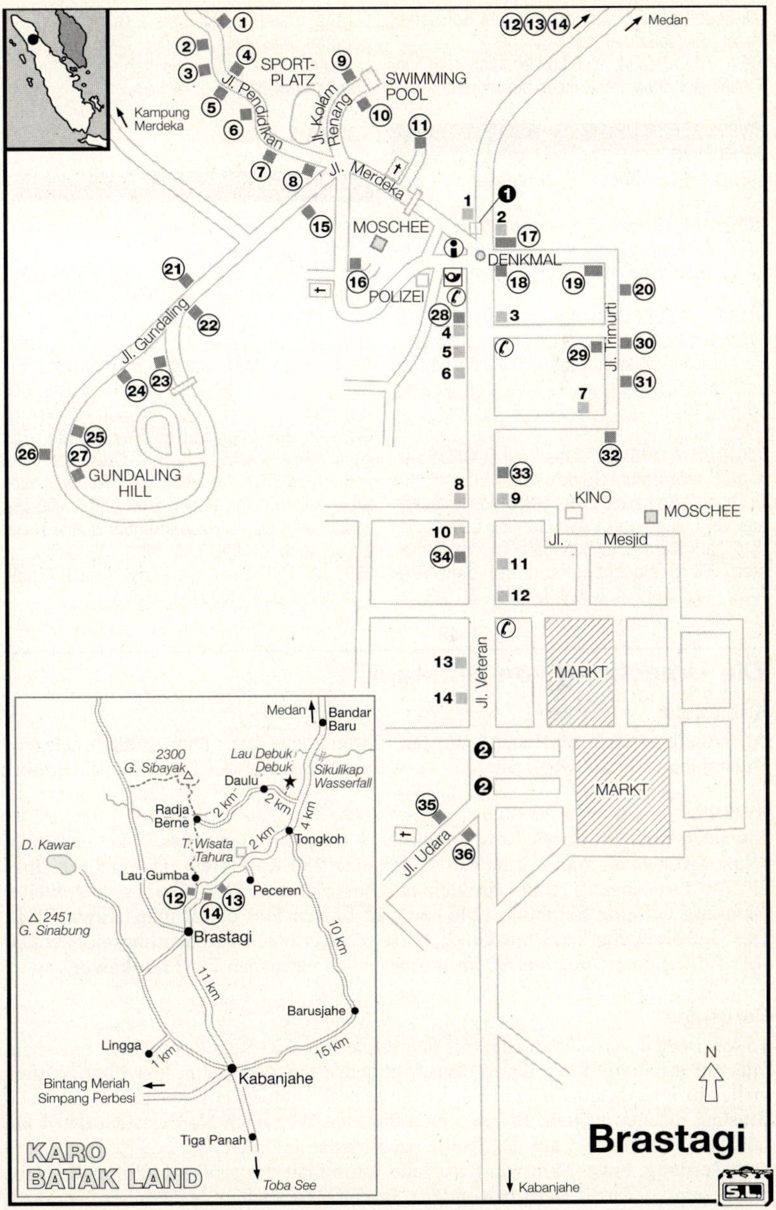
Brastagi
Medan
Kampung Merdeka
SPORT-PLATZ
SWIMMING POOL
Jl. Pendidikan
Jl. Kolam Renang
Jl. Merdeka
MOSCHEE
DENKMAL
POLIZEI
Jl. Gundaling
GUNDALING HILL
Jl. Trimurti
KINO
MOSCHEE
Jl. Mesjid
Jl. Veteran
MARKT
MARKT
Jl. Udara
Kabanjahe
N
KARO BATAK LAND
Medan
Bandar Baru
2300 G. Sibayak
Lau Debuk Debuk
Sikulikap Wasserfall
Daulu
Radja Berne
2 km
2 km
4 km
Tongkoh
T. Wisata Tahura
2 km
D. Kawar
Lau Gumba
Peceren
2451 G. Sinabung
Brastagi
10 km
11 km
Barusjahe
Lingga
1 km
15 km
Kabanjahe
Bintang Meriah Simpang Perbesi
Tiga Panah
Toba See

tak-Essen besteht aus gebratenem Schweinefleisch, Blutsoße und Reis.
*ORA ET LABORA*, ab 5.00 Uhr kann man zum Frühstück Kaffee und Kuchen bekommen.

## SONSTIGES

**GELD** - *BANK RAKYAT,* Jl. Veteran.

**INFORMATIONEN** - Ein kleines *TOURIST OFFICE,* Jl. Veteran, am Denkmal, tel 20990, einige der Mitarbeiter sind sehr kompetent.

**POST / TELEFON** - Am Denkmal in der Jl. Veteran liegen das Post- und das Telefonamt. Für Auslandsgespräche und Telefax gibt es auch *WARPOSTEL BERASTAGI,* Jl. Veteran 55, tel 91514, fax 91513, 24 Std. geöffnet.

**TOUREN / GUIDES** - Das Tourist Office vermittelt erfahrene Guides (mit Lizenz) für Dschungel-Treks, die in der Regel von Kutacane aus für 3 Tage durch den Gunung Leuser-Nationalpark führen. Auch längere Touren, kombiniert mit Schlauchbootfahrt auf dem Alas River, sind möglich. Kostet US$60 - 80 p.P. für 3 Tage, alles inkl., bei 4 bis 8 Teilnehmern. Angeboten wird weiterhin der Trek nach Bukit Lawang, wobei man zwischen verschiedenen Wegen wählen kann (3 - 5 Tage).

**VORWAHL** - 0628.

## TRANSPORT

Busse und Minibusse fahren regelmäßig ab MEDAN für 1000 / 1500 Rp.
Von PRAPAT: zuerst Bus nach PEMATANG SIANTAR (800 Rp), weiter nach KABANJAHE (1700 Rp) und nach Brastagi 200 Rp. Touristenbus von Prapat 12 000 Rp. Alternative Route: Boot (Mo / Do) von SIMANINDO auf Samosir (Tuk Tuk-Simanindo 3 - 4 Std. 500 Rp) nach HARANGGAOL für 3000 Rp. Von da geht ein Bus über SERIBUDOLOK (800 Rp) nach KABANJAHE (700 Rp). Oder man fährt von PANGURURAN über SIDIKALANG nach KABANJAHE. Tgl. gegen 9.00 und 15.00 Uhr kommt ein Bus von Medan durch Brastagi, der direkt nach KUTACANE fährt, 3200 Rp, ac 6000 Rp. Tgl. kommt auch ein Bus nach Tapaktuan durch, 8000/9000 Rp, 10 Std.

# Die Umgebung von Brastagi

## Kabanjahe

Alle Ausflüge nach Süden und Westen führen zuerst ins 11 km südlich gelegene Kabanjahe (Bus 200 Rp). Sitz der Verwaltung *(Bupati)* der Karo-Batak-Region.

## Lingga

Ein noch gut erhaltenes Karo Batak-Dorf (Eintritt) liegt etwa 5 km westlich. 4 km davon kann man mit einem Minibus für 250 Rp fahren, dann geht es links ab. Am Ortseingang rechts ein kleines Batak-Museum. Der Minibus fährt weiter Richtung Gunung Sinabung (2451 m), an dessen Fuß der **Danau Kawar** liegt. Der Gg. Sinabung kann mit Guide bestiegen werden. Übernachtungsmöglichkeit besteht in einem *Guesthouse** im weiter östlich gelegenen Dorf **Laukawar**.

## Barusjahe

15 km östlich von Kabanjahe, mit dem Oplet für 600 Rp zu erreichen, hat ebenfalls gut erhaltene Karo Batak-Häuser aufzuweisen. Man kann hier übernachten; vielleicht interessant für die, die den etwa drei Stunden Fußmarsch zurück nach Brastagi machen wollen: Es gibt einen direkten Weg nach Nordwesten, der 4 km nördlich von Brastagi auf die Straße nach Medan mündet.

In **Serdang**, etwa 5 km von Barusjahe, kann man das größte traditionelle Haus des gesamten Tanah Karo bewundern. In dem Haus leben 12 Familien, wo doch sonst höchstens acht Familien üblich sind.

## Sipisopiso

Am besten nimmt man einen Bus nach Pematang Siantar und läßt sich nach 23 km (600 Rp) in **Merek** an der Abzweigung mit der Hinweistafel *Air Terjun Sipisopiso* absetzen. Etwa 2 km muß man dann auf der schmalen, aber asphaltierten Straße durch baumloses Hochland wandern. Noch eine Abzweigung nach rechts, und nach 300 m erreicht man eine Aussichtsplattform mit atemberaubendem Fernblick:

Tief unten schmiegt sich das Dorf **Tongging** ans Ufer des Toba-Sees, dessen spiegelnde Fläche sich bis zur fernen und steilen Insel **Samosir** erstreckt. In eine Schlucht zur Rechten ergießt sich der über 80 m hohe Wasserfall (= *Air Terjun)* Sipisopiso.

## Gunung Sibayak

Der 2300 m hohe Vulkan Sibayak kann an einem Tag bestiegen werden. Man fährt mit einem frühen Bus (200 Rp) gegen 6.00 Uhr in Richtung Medan, nach 8 km ist man am Startpunkt der Wanderung. Die Abzweigung Richtung Kampung Daulu führt in ein üppiges Hochtal. Nach 500 m werden die ersten heißen Quellen, **Lau Debuk Debuk**, erreicht. Für 300 Rp kann in einem großen, dampfenden Becken gebadet werden. 2 km weiter kommt man an dem Dorf **Daulu** vorbei, wo es weitere heiße Quellen gibt. Auf dem Markt und beim Bäcker kann man sich mit Proviant eindecken. Wasser und Früchte bringt man aber besser aus Brastagi mit. Nach den nächsten 2 km ist **Radja Berne** = **Semangat Gunung** (Geist des Berges) erreicht. Es gibt auch direkte Minibusse für 500 Rp von Brastagi nach Radja Berne.

Beim letzten Rumah Makan des Ortes, in dessen Nähe nochmals heiße Quellen zu finden sind, beginnt der Fußpfad. Hier ist auch die letzte Gelegenheit zu einem billigen Frühstück, anschließend zeigt der Besitzer den richtigen Weg. Zuerst geht es über die Dämme der Sawah, dann durch Bambusdickicht und zuletzt steil über Treppen aufwärts durch den Bergurwald, wo die üblichen Geräusche von dem „Gesang" der Siamang übertönt werden - ein rhythmisches, sich steigerndes, dumpfes Rufen. Etwa 2 Stunden dauert der steile Aufstieg vom Rumah Makan aus. Regenkleidung und festes Schuhwerk sei empfohlen, denn der Pfad und die Treppen sind teilweise sehr schlammig und schlüpfrig. Am Krater erwarten den Besucher Steinwüsten, Schwefel- und Wasserdämpfe - eine unwirkliche Atmosphäre. Früher wurde hier Schwefelgestein abgebaut und durch eine Holzröhre zu Tal befördert. An anderen Stellen wurde heißer, flüssiger Schwefel in Bambusrohre geschöpft, später kühlte er ab und wurde nach dem Spalten des Bambus in runden, handlichen Stangen abtransportiert.

Es gibt noch einen zweiten Weg zum Gipfel, der weniger steil und anstrengend als die vielen Treppenstufen, aber schlammiger ist und am Westhang hinaufführt. Viele Traveller ziehen einen Aufstieg über diesen Weg vor und laufen die Stufen lieber abwärts.

An besonders glücklichen Tagen kann es auch mal wolkenfrei sein. Dann überblickt man das gesamte Tana Karo im Süden und Westen und die glitzernde Küstenlinie mit Medan im Norden. Für den Rückweg nach Brastagi ist es nicht schwierig, von Radja Berne aus den direkten Fußpfad über eine Bergkette zu nehmen. Nach einer Stunde kommt man auf eine Straße, dort nach links. Bald wird ein Aussichtspunkt mit schönem Blick auf den Vulkan erreicht. Nach einer weiteren Stunde ist man zurück in Brastagi. Ein Guide ist für die Tour nicht nötig.

Will man schon den Hinweg von Brastagi zum Gunung Sibayak laufen, muß man der Straße vom Denkmal zum Sportplatz folgen und sich immer Richtung Norden halten. An der Hütte der Schwefelsammler beginnt der Aufstieg, bald soll hier eine Straße gebaut werden. Am Nordhang des Sibayak oberhalb von Bandar Baru sind 250 ha Bergwald unter Naturschutz gestellt - die Wälder sind relativ unberührt und Heimat vieler Vogelarten und des Siamang.

## Prapat

*Wenn man über den Trans-Sumatra-Highway von Pematang Siantar hinauf in die Berge fährt, wird die eintönige Plantagenlandschaft verlassen. Kiefernwälder bedecken vereinzelt die steilen, kargen Hänge; auf den Wiesen der Vulkanlandschaft weiden Wasserbüffel. Kokosnüsse, Tapioka, Erdnüsse, Obst, Gemüse und in zunehmendem Maße Nelken sind hier die wichtigsten Anbauprodukte. Eine besondere Spezialität des Hochlandes sind die Markisa (Passionsfrüchte) und Avocados. Dennoch - ein wenig Ähnlichkeit mit der norditalienischen Seenlandschaft ist dem Hochland nicht abzusprechen. Das milde Klima erinnert vor allem morgens an heiße, mitteleuropäische Sommertage. Nachmittags ziehen sich oft dunkle Wolken über den Berggipfeln zusammen, und es kommt zu kräftigen Regenschauern.*

*Die Touristenzentren am Toba-See sind Prapat und Tuk Tuk auf der Insel Samosir. In Prapat, der größten und wichtigsten Stadt am Toba-See, gibt es viele, auch komfortablere Hotels. Busladungen von Pauschaltouristen übernachten hier und unternehmen von der Stadt aus Tagesausflüge.*

Sehenswert ist der große **Markt**, der jeden Sonnabend auf dem Tiga Raja- Platz an der Bootsanlegestelle stattfindet. Aus allen Dörfern kommen die Frauen in Booten und Minibussen hierher, um Obst und Gemüse, Fische und Reis zu verkaufen. Während sie ihre schweren Lasten durch das Getümmel des Marktes tragen, genießen die Männer den frischen *Toddy*.

In der Jl. Haranggaol, die zum Markt hinunterführt, und in der Jl. Sisingamangaraja gibt es mehrere Antiquitäten- und Souvenirläden sowie Money Changer.

### ÜBERNACHTUNG

Kommt man spät abends in Prapat an oder muß einen sehr frühen Bus nach Sibolga / Bukittinggi / Padang nehmen, dann sollte man in der Stadt übernachten.
Preiswerte Unterkünfte für einen längeren Aufenthalt sind auf der Insel Samosir besser und günstiger.
Wer dagegen luxuriösere Hotels bevorzugt, ist in Prapat besser aufgehoben.

**UNTERE PREISKLASSE** - *DAVID INN** und *PENGINAPAN SUDIMAMPIR**, beide in der Jl. Sisingamangaraja, beide sehr einfach und laut.
*PENGINAPAN SONDANG**, Jl. P. Samosir 7, einfach, aber mit Aussicht.
*PENGINAPAN FLORA**, Jl. Josep Sinaga, mit Garten.
*PAGO PAGO INN**, Jl. Haranggaol, nur 6 Zimmer, Gemeinschafts-Mandi, nett eingerichteter Eingangsraum.

**MITTLERE UND OBERE PREISKLASSE** - *HOTEL SOLOH JAYA*-****, Jl. Haranggaol, mit großer Dachterrasse.
*RIRIS INN***-****, Jl. Haranggaol, tel 41392, inkl. Frühstück.
*MARINA INN***-****, Jl. Nelson Purba 32 a, tel 41558.
*TARABUNGA SIBIGO HOTEL*****, Jl. Sibigo 2, tel 41665, 41700, mit Zimmern am Seeufer.
*HOTEL TOBA HILL****-*****, Jl. Ajibata, tel 41240, mit Disco, nicht so schön gelegen.

*HOTEL DANAU TOBA COTTAGE* (US$35 - 55), Jl. Nelson Purba 4, tel 41172, gepflegte Anlage am Ufer des Sees.
*DANAU TOBA INTERNATIONAL HOTEL* (US$40), Jl. P. Samosir 17, tel 41583, schön auf einem kleinen Hügel gelegen.
*NATOUR PRAPAT HOTEL* (US$45 - 65), Jl. Marihat 1, tel 41012, fax 41019, am Seeufer gelegenes Kolonialhotel.
*NIAGARA HOTEL* (ab US$45), Jl. Pembangunan 1, tel 41028, fax 41233, auf einem Hügel über dem See, mit Swimming Pool, Tennisplatz und Golfplatz.

## ESSEN UND TRINKEN

Wer experimentierfreudig genug ist, die exotische Batak-Küche zu probieren, sollte sich in den Warung rings um den Markt umsehen. Wie in den Nasi Padang-Restaurants kann man sich aus den großen Töpfen mit verschiedenen fertig gekochten Gerichten etwas aussuchen - wie wär's mit *Sang Sang* (Hundefleisch-Curry) oder für weniger Mutige *Naniarsik*, Fisch in einer scharfen Sauce gekocht.
Nach unseren Erfahrungen ist allerdings das Essen in den normalen chinesischen oder den Padang-Restaurants der Stadt nicht besonders beeindruckend. Die meisten Restaurants sind in der Jl. Sisingamangaraja *(MINANG, ASIA, ISTANA, BRASTAGI* u.a.).
*HONGKONG,* Jl. Haranggaol, chinesisches Essen.
*BALI*, in der gleichen Straße, indonesisches Restaurant.
*RUMAH MAKAN ISLAM MURNI,* Jl. Haranggaol 84 bietet gutes und preiswertes Nasi Padang.
*B. CARO COFFEE HOUSE,* nebenan, mit schmackhaftem und preiswertem Traveller-Food.
In Prapat gibt es ebenso wie in Brastagi ausgezeichnete *Markisa* (Passionsfrüchte) und Mangos während der jeweiligen Saison an Straßenständen und auf dem Markt.

## SONSTIGES

**FESTE** - Seit 1980 wird zur Förderung des Tourismus und zur Erhaltung der Kultur in einigen Orten rings um den Toba-See jährlich das Lake Toba Festival (Horas-Festival) veranstaltet - mit traditionellen Tänzen, Folklore, Bootsrennen in Prapat und Muara (Südufer) und Pferderennen in Siborongborong (südlich von Muara). Meist findet das Fest während der europäischen Sommermonate statt.

**GELD** - Eine *BANK RAKYAT* ist in der Jl. Sisingamangaraja 88. Zur Not kann man in den großen Hotels wechseln oder bei *ANDILO* an der Bus Station, der Cash sowie US$-Schecks zu einigermaßen günstigen Kursen akzeptiert. Weitere Money Changer mit allerdings nur mäßige Kursen in der Jl. Haranggaol.

**INFORMATIONEN** - Das *TOURIST OFFICE* am großen Horas-Torbogen in der oberen Jl. P. Samosir hat wenig Infos und ist wochentags von 8.00 - 18.00 Uhr geöffnet. Ein zweites Office befindet sich am Busbahnhof.

**MIETBOOTE** - An den Bootsstegen in der Jl. Marihat und der Jl. P. Samosir können stunden- oder tageweise Tret- oder Ausflugsboote gemietet werden - Preise siehe Anschlagtafel.

**POST / TELEFON** - Die Post liegt an der Jl. Sisingamangaraja, geöffnet Mo - Do und Sa 8.00 - 14.00, Fr bis 11.00 Uhr.
Das *KANTOR TELKOM* ist in der Jl. Josep Sinaga 28; ein Wartel befindet sich an der Jl. Sisingamangaraja, 24 Std. geöffnet.

**VORWAHL** - 0625.

## TRANSPORT

**BUSSE** - Die Bus Station liegt etwas außerhalb an der Straße nach Sibolga; Minibus zur Bootsanlegestelle 300 Rp. Alle Fernbusse wie auch die lokalen Busse stoppen außer am Busbahnhof meist auch vor den Reisebüros an der Jl. Sisingamangaraja, einige auch an der Bootsanlegestelle zur Insel Samosir. Man braucht keine Tickets im voraus zu kaufen.
Die lokalen Oplet und Minibusse fahren von 7.00 bis 13.00 Uhr, z.B. nach PEMATANG SIANTAR 800 Rp, BALIGE 1500 Rp, BRASTAGI (umsteigen in Pematang Siantar und Kabanjahe) 2700 Rp, Touristenbus 12 000 Rp; nach TARUTUNG 3000 Rp, 3 Std., Abfahrt 10.00 Uhr, weiter nach SIBOLGA 1500 Rp, 2 Std.
Buchungen für Fernbusse klappen leider meist nicht, denn in Prapat weiß natürlich niemand, wie voll die Busse schon sind, wenn sie hier

durchkommen. Am besten einfach bei den Reisebüros, bzw. an der Bus Station warten. Die besten Expressbusse mit breiten Liegesitzen und Klimaanlage hat ANS.
**Preisbeispiele:** MEDAN 3500 Rp, 4 1/2 Std.; SIBOLGA 6000 Rp, Abfahrt 11.00 Uhr, 12.00 Uhr, 13.30 Uhr; BUKITTINGGI 15 000 / ANS 25 000 Rp, 15 - 18 Std.; JAKARTA mit ANS in 50 Std. für 47 000 Rp, Abfahrt 14.00 Uhr.
Fernbusse Richtung Bukittinggi fahren meist über Tarutung / Sipirok / Padangsidempuan und nicht über Sibolga. Wer nach Nias will, muß aufpassen! Bis SIBOLGA (220 km) braucht man 5 Stunden. Hinter SIBORONGBORONG windet sich die Straße in Serpentinen in die Berge.
Nach BUKITTINGGI besser keinen Nachtbus nehmen, sondern einen der etwas langsameren Tagbusse; nachts kann man auf der kurvigen Strecke sowieso nicht schlafen. Der Nachteil der etwas längeren Fahrt wird aufgehoben durch die Ausblicke auf die Landschaft, durch häufigere Möglichkeiten zum Beinevertreten und durch höhere Sicherheit (nachts sind schon Busse im Abgrund gelandet).
Früh um 6.00 Uhr fährt ein überteuerter Tourist Bus (25 000 Rp) nach Bukittinggi, der von *Raja Tours* angeboten wird: der Service unterscheidet sich kaum von normalen Bussen, versprochene Zwischenstops werden oft vergessen, einziger Vorteil: man fährt tagsüber und hat einen festen Sitzplatz.
Wer in aller Ruhe nach Bukittinggi will, dem sei folgende 3-Tagestour empfohlen: Von PRAPAT nach BALIGE (traditionelle Häuser; 2000 Rp), weiter nach TARUTUNG (2000 Rp) - PADANGSIDEMPUAN (2000 Rp) - KOTANOPAN (1500 Rp) - PANTI (1500 Rp), Gelegenheit, das Rimbo Panti Naturschutzgebiet zu besuchen - BUKITTINGGI (2000 Rp). Wo und wie man auf der Strecke übernachtet, hängt von den Abfahrts- und Ankunftszeiten der Busse ab.
Tickets für die Fähre von Medan nach PENANG sowie Flugtickets können auch in Prapat gebucht werden.
Da die Kommunikation mit Medan jedoch nicht immer klappt, ist es besser, es in Medan zu organisieren.

**TAXEN** - Von MEDAN nach Prapat kann man sich für 50 000 / 60 000 Rp ein Taxi oder ein privat angebotenes Auto mieten, das bereits in 4 Stunden am Toba-See ist.

**BOOTE** - Zu verschiedenen Anlegestellen auf der Insel Samosir fahren von 9.30 Uhr morgens bis kurz vor Sonnenuntergang ab Anlegestelle am Markt Boote in unregelmäßigen Abständen. Normaler Fahrpreis 800 Rp. Samstags kostet die Fahrt mit den Marktbooten (hin bis 10.00 Uhr, zurück bis 16.00 Uhr) nur 500 Rp.
Die meisten Boote fahren nach TOMOK. Will man nach TUK TUK, muß man zuerst fragen, wo die Boote anlegen. Meist wird man zu der am nächsten gelegenen Anlegestelle der ausgesuchten Unterkunft gebracht. Die Überfahrt dauert mit den größeren Booten etwa 30 - 45 Minuten, nach AMBARITA 15 Minuten länger, gleicher Preis! Erstes Boot ab Samosir gegen 7.30 Uhr. Manchmal fallen sie nachmittags wegen heftiger Gewitter aus.
Eine Autofähre verkehrt zwischen TOMOK und AJIBATA, 2 km südlich von Prapat. Außerdem gibt es Fähren von TIGARAS. Die Überfahrt kostet 600 Rp pro Person. Abfahrtszeiten sind auf einer Tafel angegeben (mindestens 5x tgl. zwischen 9.00 und 21.00 Uhr).

## Pulau Samosir

Die Insel ist seit über 20 Jahren der Traveller-Treffpunkt in Sumatra, vor allem während der europäischen Sommermonate. Man kann einfache, billige Unterkünfte direkt am Seeufer mieten, wo sich mittlerweile auch größere Hotels angesiedelt haben. Das Essen ist noch immer preiswert, wenn auch nicht allzu phantasievoll. Zu Fuß oder mit einem gemieteten Motorrad kann man auf schmalen, wenig befahrenen Straßen durch eine abwechslungsreiche Landschaft die Dörfer der Insel erkunden. Allerdings ist aufgrund des Tourismus von der ursprünglichen Lebensweise der Batak und ihren Traditionen in Tuk Tuk, Tomok oder Ambarita nicht mehr viel übriggeblieben. Auch diese Art von Tourismus hinterläßt ihre Spuren!

**Der Toba-See**

Die geologisch einmalige Landschaft am Toba-See ist das Resultat eines gewaltigen Kesselbruchs. Bei einem der größten Vulkanausbrüche wurden vor 75 000 Jahren etwa 2000 $km^3$ Asche unter enormem Druck in die Atmosphäre geschleudert. Diese verteilte sich über weite Teile Südostasiens bis nach Sri Lanka. Durch den Verlust dieser großen Menge an Magma fiel der Vulkan in sich zusammen. In dem riesigen Kratersee erschienen nach Tausenden von Jahren durch weitere Vulkanausbrüche und zunehmenden Druck zwei alte Kraterränder wieder an der Oberfläche, die heutige Insel Samosir und die Bergkette zwischen Prapat und Porsea.

Der heutige See, dessen Wasseroberfläche etwa 900 m über dem Meeresspiegel liegt, ist mit 1146 $km^2$ Wasserfläche und einer Tiefe von mehr als 450 m der mit Abstand größte See Sumatras (Zum Vergleich: der Bodensee hat 539 $km^2$ ).

In der Mitte des 80 km langen und bis zu 26 km breiten Danau Toba liegt die 627 $km^2$ große Insel Samosir. Sie ragt im Osten steil aus dem Wasser (bis zu 500 m hoch) und fällt zum Westen hin sanft ab. Die gesamte Uferregion rings um den See ist ebenfalls recht abschüssig. Vier Vulkane, alle höher als 2000 m, umrahmen den See.

Die Qualität des Wassers läßt freilich zu wünschen übrig. Die Jakarta Post meldete schon am 23. 1. 1990: „Das Wasser des Toba-Sees ist durch Abwässer aus den Dörfern inzwischen soweit verschmutzt, daß selbst das Baden im See gesundheitsschädlich sein kann!"

## Tomok

Dieser Ort ist *das* Ausflugsziel der Insel. Zahlreiche Pauschaltouristen kommen von Prapat herüber, um die Königsgräber zu besichtigen. Entsprechend reihen sich von der Anlegestelle der Boote bis hinauf zum Grab des Königs *Sidabutar* Verkaufsstände, die so ziemlich alles anbieten, was an altem (echten) und neuem Kunstgewerbe der Batak zu haben ist. Man sollte nichts kaufen, wenn gerade eine große Touristengruppe gelandet ist. *Ulos,* die traditionellen Bataktücher, kosten je nach Qualität bis zu 20 000 Rp. Außerdem gibt es Holz- und Knochenschnitzereien, Batak-Kalender, Zauberstäbe, Musikinstrumente (Mandolinen, Xylophone), Zauberbücher, Textilien und anderes.

Links des Weges kommt man von der Hauptstraße über eine Steintreppe hinauf zu einem etwas abseits gelegenen und weniger besuchten, freien Platz. Hier steht ein steinerner Tisch mit Stühlen neben einem Königsgrab, das von zwei Elefanten bewacht wird. Das steinerne Grab, dessen Front eine hockende menschliche Figur ziert, die von einem maskenhaften, gehörnten Gesicht gekrönt wird, ähnelt dem weitaus berühmteren Grab weiter oben. Im Hintergrund sind steinerne Figuren aufgereiht, die wahrscheinlich ehemalige Herrscher darstellen.

Geht man an den Souvenirständen weiter nach oben, kommt man an vier schönen, alten Batakhäusern vorbei. Hier können ab und an Vorführungen der tanzenden hölzernen Puppen *(Si Gale Gale)* beobachtet werden. In einem als Museum gekennzeichneten, alten Batakhaus, das einmal das Haus des Königs gewesen sein soll, ist im Wohnraum neben verschiedenen Haushaltsgeräten, Bildern, Beteldosen und anderen Kleinigkeiten auch eine *Si Gale Gale*- Figur zu sehen. Die Familie erwartet eine Spende.

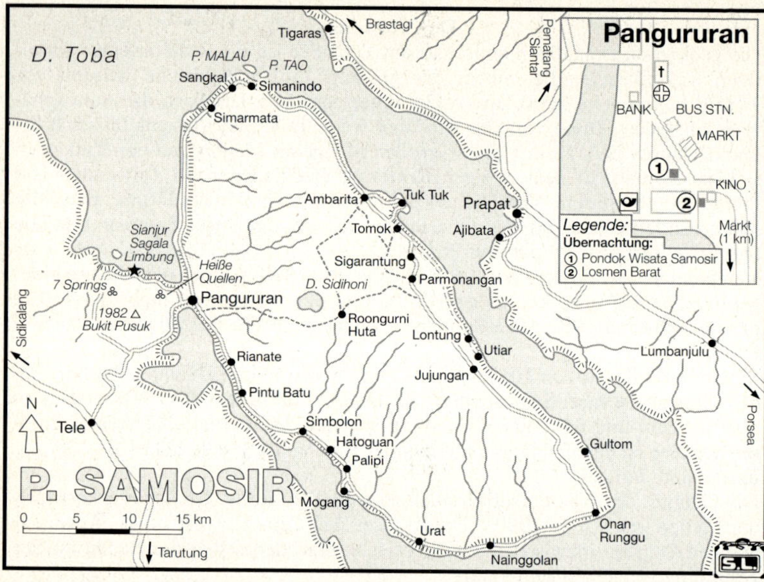


Die Souvenirstände enden am Aufgang zu den Grabmälern des Königs Sidabutar, seines Sohnes und seines Enkels. Neben den Gräbern wurden am Begräbnistag vor über 200 Jahren Hariars-Bäume gepflanzt.

Läuft man den Weg von den Gräbern aus weiter den Berg hinauf, gelangt man nach etwa 1 1/2 Stunden in ein Dorf, das auf dem Grat liegt. Von hier hat man bei gutem Wetter eine herrliche Sicht auf die Insel und den See. Von Tomok aus geht es zuerst an einzelnen Häusern vorbei, im letzten Haus kann man gegen ein kleines Entgeld einen Kaffee trinken. Am Wald wird der schmale Pfad etwas breiter und vor allem etwas schattiger.

### Tuk Tuk

war früher ein kleines Dorf auf der Halbinsel, die Prapat gegenüberliegt. Mittlerweile gibt es überall am Ufer einfache Unterkünfte in nachgebauten oder gar alten Batakhäusern, man badet im See (nicht zu empfehlen, s.o.), und in kleinen Restaurants gibt es preiswerte Gerichte, zubereitet von der Chefin des Hauses. Einige Touristen sind im Laufe der Jahre hier hängengeblieben, Ehen zwischen Einheimischen und Westlern sind keine Seltenheit, so daß auch verschiedene europäische Spezialitäten auf der Speisekarte stehen. Da die meisten Batak in Tuk Tuk vom Tourismus leben, sprechen viele Englisch (oder gar Deutsch) - wer indonesisches Flair sucht, sollte woanders hinziehen. Neben den einfachen Losmen gibt es mehrere komfortable Unterkünfte. Die Halbinsel kann man in einer angenehmen Halbtagestour umrunden. Von Little Tuk Tuk läuft man über den Feldweg vorbei an der katholischen Kirche, in der sonntags der Religionslehrer Antonius beeindruckend predigt - in Batakspache.

Erreicht man die nördliche Bucht, kann man entweder einen Abstecher nach Ambarita (s.S. 125) machen oder die steile Straße rechts hinauflaufen. Vom Restaurant im Losmen Kuridin hat man einen guten Ausblick auf die Bucht. Die gesamte nördliche Spitze wird vom größten Hotel der Insel, dem Toledo Inn mit seinen Bungalows und Wohnquartieren für die Angestellten, eingenommen. Die Straße verläuft nun etwas weiter landeinwärts. Vorbei an einem Reisebüro, einer Buchausleihe und vereinzelten Losmen kommt man in das eigentliche Dorf. Hier gibt es außer den Losmen die einzige Tankstelle der Insel, mehrere Souvenirshops und den Billardsalon, Treffpunkt der einheimischen Jugend. An der Polizeistation ist eine Abzweigung, die zu den Bungalows von Carolina führt; diese sind zum Teil mit schönen Batak-Schnitzereien verziert. Geht man die kurvenreiche Strecke zurück nach Little Tuk Tuk, vorbei an dem häßlichen Hotel Dumasari und den wenig bewohnten Losmen, hat man eine schöne Aussicht auf die südliche Bucht.

## Ambarita

Der Weg von Tuk Tuk nach Ambarita führt an verschiedenen ruhiger gelegenen Losmen vorbei. Auf halbem Wege liegt das traditionelle Dorf Siallagan, wo das große steinerne Königsgrab besichtigt werden kann, das von drei annähernd lebensgroßen Figuren der bestatteten Siallagan-Herrscher gekrönt wird. Daneben, etwas weiter Richtung See, stehen die aus Stein gehauenen Stühle, Bänke und Tische, wo sich früher der König und die Vertreter der Dörfer versammelten, um ihr Palaver abzuhalten. Es wurde aber nicht nur diskutiert, sondern auch Recht gesprochen und hart geurteilt. Hinrichtungen fanden gleich nebenan statt, wo die Verurteilten ihren Kopf auf einen großen Stein legen mußten, um geköpft zu werden. In Ambarita gibt es die einzige Krankenstation der Insel sowie eine Oberschule (SMP).

## Simanindo

Richtung Norden am Seeufer entlang durch eine hügelige, abwechslungsreiche Landschaft, über hölzerne, überdachte Brücken und durch kleine Dörfer erreicht man nach 16 km Simanindo. Kurz hinter dem Ortseingang führt ein Weg rechts ab zu der in seiner traditionellen Form erhaltenen **Huta Bolon**, der alten Siedlung des früheren Königs Sidauruk. Sie ist zum Museum umfunktioniert worden und kostet 500 Rp Eintritt. Direkt hinter der Kasse steht unter einem schützenden Dach ein traditioneller Einbaum *(Solu Bolon)*.

Jeden Morgen (10.30 - 11.00 und 11.30 -12.00, So nur 11.30 - 12.00 Uhr) werden auf dem freien Platz vor den Häusern traditionelle Tänze aufgeführt - Eintritt 3000 Rp.

Übernachten im Losmen* gegenüber dem Museum, nette Familie, oder im Losmen* 500 m vor dem Museum. Schöner Blick über den See.

Vor Simanindo liegt die kleine Insel **Tao** - ein Strand im Norden und die *Pulau Tao Cottages* (US$30) laden zum totalen Abschalten ein.

Fast stündlich von 6.00 - 17.00 Uhr geht ein Minibus nach Pangururan (1000 Rp), oder man wandert weiter nach **Sangkal**. An der Straße sitzen Frauen in einer langen, kühlen Höhle und flechten Matten.

## Pangururan

Durch weitere Dörfer mit zum Teil schönen, alten Batakhäusern kommt man nach Pangururan, das durch einen Straßendamm direkt mit dem Festland verbunden ist. Der täglich von Ort zu Ort ziehende Inselmarkt findet an jedem Mittwoch vom späten Vormittag an etwa 1 km außerhalb von Pangururan statt. Rechts hinter der Brücke führt eine Straße etwa 3 km hinauf zu den heißen **Schwefelquellen**, die aus dem Felsen sprudeln. Der 1982 m hohe **Bukit Pusuk** kann in etwa 1 1/2 Stunden bestiegen werden.

Die Straße von den Quellen weiter Richtung Norden führt etwa 6 km gefährlich steil hinauf. Nordöstlich des Berges soll die erste Siedlung der Batak gelegen haben. Ein riesiger Steintisch, **Sianjur Sagala Limbung**, ist dort noch zu sehen. Etwas weiter kommt man zu den sieben Frischwasserquellen, die alle anders schmecken sollen. In kleinen Losmen kann man direkt bei den Quellen oder im Ort selbst übernachten (s.u.).

## ÜBERNACHTUNG

Einheitspreis für ein Doppelzimmer in den einfachen Batakhäusern ist zur Zeit 4000 Rp - aber es gibt auch teurere und besser ausgestattete Unterkünfte. Man sollte immer darauf achten, daß die Zimmer einbruchsicher sind und ein eigenes Vorhängeschloß benutzen (mehrere Leser berichteten über Diebstähle). Während der letzten Jahre sind die meisten Häuser an das Stromnetz angeschlossen worden.

**LITTLE TUK TUK** - an der seichten Bucht, die bereits zu einem Teil versandet ist, stehen folgende Unterkünfte:
*DUMASARI HOTEL**-****, ein häßlicher Bau, der überhaupt nicht in die Landschaft paßt.
*LINDA*-***, ganz angenehm, aber nahe dem Dumasari Hotel.
*CAROLINA COTTAGE*-****, tel 41520, auf der südöstlichen Spitze der Halbinsel; die komfortablen Batakhäuser inmitten von Blumen und Bäumen, alle mit eigener Dusche und Toilette, sind sicher ihren Preis wert, deshalb auch oft ausgebucht. Wunderschön sind die Häuser Nr. 5 und 6 oben am Hang - man überblickt vom Restaurant und den meisten Häusern aus die Bucht.

**TUK TUK** - hier gibt es die größte Auswahl an Unterkünften:
*MADUMA***, mit sehenswertem Garten, in hübscher Lage an einem Hang, aber leider nicht am Seeufer.
*SILINTONG HOTEL* (US$20 - 50), tel 41345, mit herrlicher Gartenanlage am Ufer des Sees.
Dicht beieinander liegen:
*ROSITA**, gut und zu empfehlen;
*MATAHARI**, nicht so besonders;
*BERNARD**, akzeptables Restaurant;
*MARROAN**, freundlich und gut.
*ROMLAN*-***, auf der winzigen Halbinsel, nett eingerichtet und sauber, hier kocht die deutsche Chefin.
*POS*, ENDi'S** mit schönem Garten am Ufer, *JUDITA** liegen etwas abseits und relativ ruhig.
*HOTEL AMBAROBA*****, luxuriös, aber etwas steril und wenig einladend.
*TOLEDO INN*****, tel 41181, mittelmäßige Bungalows, am nordwestlichen Hang der Halbinsel gelegen, großartige Aussicht.
Dahinter findet man an der Straße einige Losmen dicht beieinander in nachgebauten Batakhäusern mit direktem Zugang zum See, der hier tiefer ist.
*ABADI** ist ebenso empfehlenswert wie *TONY'S**, freundliche Besitzerin; etwas luxuriöser ist *KURIDIN*-***.; *ANTONIUS**, der Besitzer ist Religionslehrer und hat gute Tips. Etwas weiter Richtung Ambarita liegen die folgenden Losmen in einer etwas ruhigeren Umgebung:
*CHRISTINA**, zwei Häuser mit Restaurant an der seichten Bucht;
*SONY**, gut und sauber;
*MR. MAS**, bei Travellern sehr beliebt, ruhig und direkt am Seeufer;
*TUK TUK TIMBUL**, auf einer Landzunge mit eigenem Bootssteg.
*ROHANDY** hat Zimmer in Batakhäusern am Hafen.

**AMBARITA** - 2 km nördlich von Ambarita, 200 m abseits der Straße findet man *BARBARA GUESTHOUSE**, tel 41230, und
*KINGS GUESTHOUSE** mit eigenem Strand inmitten von viel Grün; man ist hier allerdings recht isoliert und auf das Restaurant im Losmen angewiesen.

**TOMOK** - Zwischen Tuk Tuk und Tomok gibt es auch einige Losmen, z.B. *SMILEY**, etwas heruntergekommen.

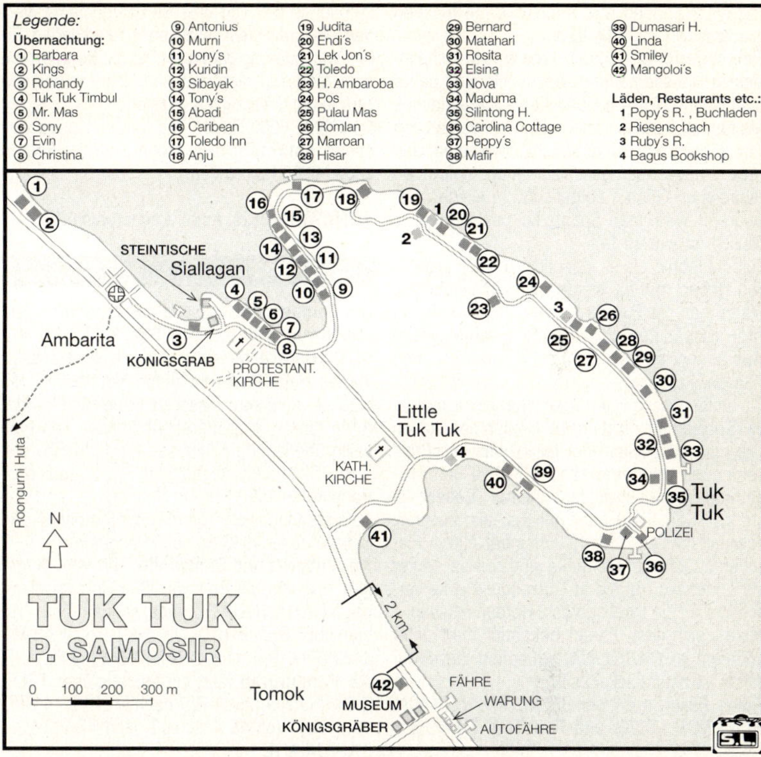


In Tomok selbst das alte Batakhaus von *MANGOLOI'S**, nette Leute, gute Tips.
*ROY'S**, scheint besser, guter Service, Restaurant mit Batakmusik und Motorradverleih.

**PANGURURAN** - *PONDOK WISATA SAMOSIR***, Jl. Kejaksaan 42, wird von dem hilfsbereiten Brasilianer John Randolph geleitet. *LOSMEN BARAT**, sehr einfache Unterkunft bei einer freundlichen Familie, Restaurant. Bei einer Inselüberquerung sollte man sich nicht auf die Karte von Richard verlassen.

**WEITERE UNTERKÜNFTE** - in Simanindo und Tao.

## ESSEN UND TRINKEN

Fast in jedem Losmen gibt es ein kleines Restaurant. Die Losmenbesitzer freuen sich, ihre Gäste oft zu sehen, denn die Einkünfte aus der Zimmervermietung sind gering. Andererseits ist es von Nachteil, wenn man längere Zeit in einem abgelegenen Losmen allein auf dessen Küche angewiesen ist, denn die Variationsbreite der Gerichte ist gering.
In der Hitliste der überwiegend **vegetarischen Gerichte** führt der Avocadosalat, Guacamole. Eine besonders schöne Variante mit Erdnüssen gibt es bei *KURIDIN*. Außerdem werden Avocados zu Salaten und Obstsalaten, Mixgetränken und Brotaufstrich verarbeitet. Toast in allen Variationen füllt einen großen Teil der Speisekarte. Da gibt es Toast mit Butter oder Banane, Avocados, Tomate, Marmelade, Knoblauch, Honig, sowie Ei in jeder nur möglichen Form und Kombination. Für den großen Hunger hat man die Wahl zwischen Omelettes, Tacos, Kartoffelchips, gebratenem Fisch und Nasi Goreng. Ein weiterer Favourit ist Obstsalat aus Bananen,

Papayas, Ananas und Avocados mit frischen Kokosraspeln und Erdnüssen.
**Fleischgerichte** sind rar, denn es gibt keine intensive Haustierhaltung. Man sollte sich daher nicht wundern, wenn Hühnchen ein Mehrfaches des Medan-Preises kosten, denn sie werden von dort angeliefert. Hängebauchschweine werden meist an Festtagen geschlachtet und sofort den zahlreichen Gästen aufgetischt. In einigen Restaurants kann man Spanferkel bestellen - das Fleisch ist extrem fett!
Selbst **Fische**, die es eigentlich am See in Mengen geben müßte, werden wenig angeboten. Wenn man die Fischer beobachtet, wie sie mit ihren Einbäumen zum Fischfang fahren, kann man ahnen, daß sie nicht sehr lukrative Fänge machen.
Die umfangreichen **Getränkelisten** stehen denen der Speisen um nichts nach. Heißen oder kalten Tee pur, mit Zucker oder Milch, was den Preis verdoppelt bzw. verdreifacht, Kaffee und Mixgetränke erhält man fast überall. Beliebt ist Markisa-Saft, heiß oder mit Eis, als Milchmix oder mit lokalem Brandy verfeinert. Alle in Flaschen abgefüllten Getränke sind spürbar teurer als anderswo, da sie in Dutzender-Packs verschnürt auf die Insel gebracht werden müssen.
Ausgezeichnetes Essen bekommt man unter anderem im *CAROLINA*, außerdem täglich frisches, selbstgebackenes Brot.
Gutes Essen auch bei *BERNARD, LEKJON, ROHANDY, TONY* und *TUK TUK TIMBUL*.

## SONSTIGES

**BÜCHER** - In Little Tuk Tuk gibt es im *BAGUS BOOKSHOP* gebrauchte Bücher - man sollte nichts Großartiges erwarten, sondern besser selbst etwas Literatur von zu Hause oder aus Singapore mitbringen! Es bleibt viel Zeit zum Lesen, denn abends ist nicht viel los.

**MOTORRÄDER U.A.** - In einigen Losmen und in Tuk Tuk selbst können Motorräder für etwa 20 000 Rp pro Tag plus Benzin gemietet werden, um damit die Insel Samosir zu erkunden. Eine Durchquerung der Insel über die Berge ist mit dem Motorrad nicht möglich. 1989 wurde die Straße um die Insel fertiggestellt.
Für 5000 - 6000 Rp pro Tag werden **Kanus** vermietet. **Fahrräder** bzw. Mountain-Bikes kosten 2500 / 8000 Rp pro Tag.

**VORWAHL** - 0625. Außer Pangururan 0626.

## TRANSPORT

**Auf Samosir:** Minibusse fahren hin und her, sie kosten von Tuk Tuk nach Tomok oder Ambarita 300 Rp. Wenn man weiter will, ist es besser, vor zur Hauptstraße zu laufen, wo häufiger Minibusse verkehren. Zwischen Tomok und Pangururan fahren in größeren Abständen teilweise völlig überladene Minibusse für 1500 Rp. Tuk Tuk - Simanindo kostet 500 Rp, Simanindo - Pangururan 1000 Rp. Am Sonntag verkehrt das Touristenboot von Tomok über Ambarita und Simanindo für 4000 Rp nach Pangururan.
**Ab Ambarita und Simanindo** fährt Mo / Do gegen 7.00 Uhr ein Boot für 3000 Rp zum Markt nach HARANGGAOL, eine schöne Tour. Ab hier über SERIBUDOLOK (800 Rp), KABANJAHE (700 Rp) nach BRASTAGI (300 Rp).
**Ab Pangururan** fährt ein Minibus über TELE, SIDIKALANG (2500 Rp) nach MEREK (4 Std., 3000 Rp). Von da Anschluß nach BRASTAGI / KABANJAHE.
**Ab Sidikalang** Busse nach KUTACANE, SINGKIL (Boote zu den Banyak-Inseln) und TAPAKTUAN. Während der Fahrt über das Hochplateau hat man einen herrlichen Blick auf den See.
**Von Tele** fahren Minibusse auf schmalen Straßen nach Süden bis TARUTUNG, von dort Anschluß nach SIBOLGA, was mehr als 8 Std. dauern kann.
Tickets für Fernbusse ab Prapat (s.S. 120) bekommt man gegen Aufpreis auch in Tuk Tuk.

# WEST-SUMATRA

*Über 4,2 Millionen Menschen leben im Tanah Minang, dem Land der Minangkabau. Von der 49 778 km² großen Provinz sind etwa 50% mit Wald bedeckt, und nur 15% werden landwirtschaftlich genutzt. Wichtige Exportartikel sind*

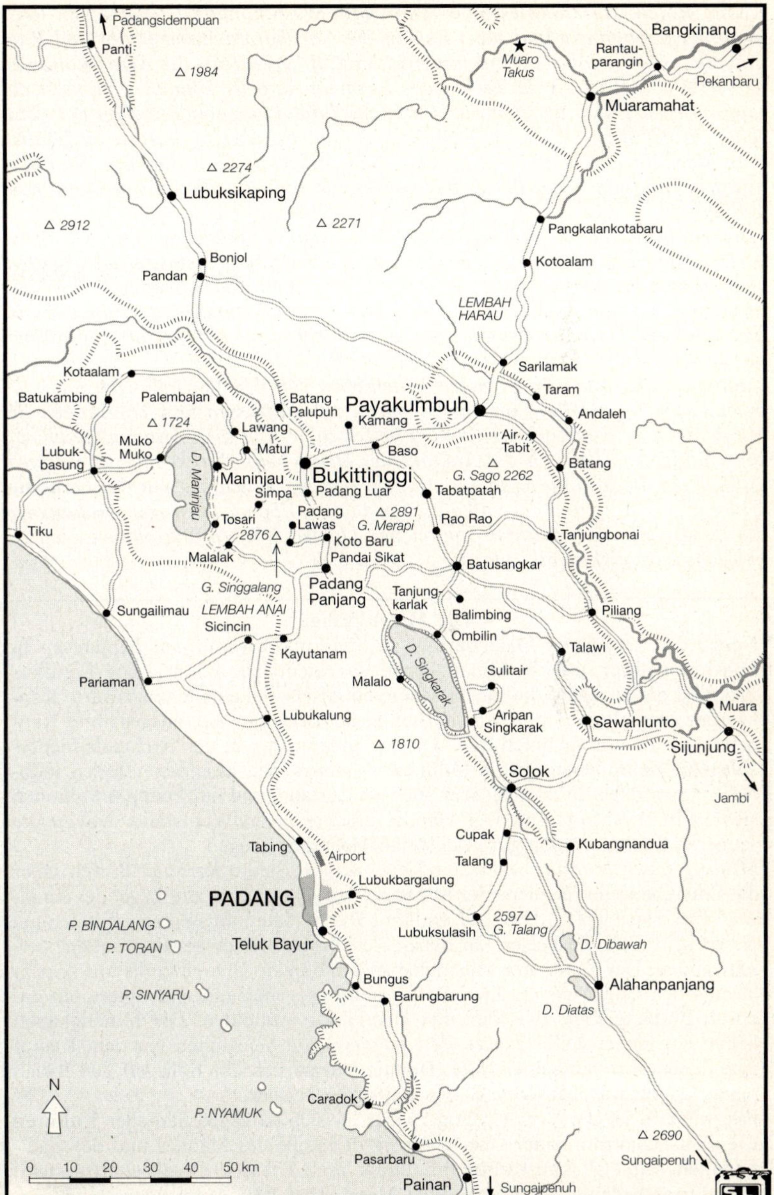
Padangsidempuan
Panti
△ 1984
Muaro Takus
Bangkinang
Rantau-parangin
Pekanbaru
Muaramahat
△ 2274
Lubuksikaping
△ 2912
△ 2271
Pangkalankotabaru
Bonjol
Pandan
Kotoalam
LEMBAH HARAU
Sarilamak
Kotaalam
Batukambing
Palembajan
Batang Palupuh
Payakumbuh
Taram
Andaleh
△ 1724
Lawang
Kamang
Air Tabit
Muko Muko
Matur
Baso
Batang
Lubuk-basung
D. Maninjau
Maninjau
Bukittinggi
G. Sago 2262
Simpa
Padang Luar
Tabatpatah
Tosari
Padang Lawas
△ 2891
G. Merapi
Rao Rao
Tiku
2876 △
Koto Baru
Tanjungbonai
Malalak
Pandai Sikat
Batusangkar
G. Singgalang
Padang Panjang
Tanjung-karlak
Sungailimau
LEMBAH ANAI
Balimbing
Piliang
Sicincin
Ombilin
Kayutanam
Talawi
D. Singkarak
Sulitair
Pariaman
Malalo
Muara
Aripan
Singkarak
Sawahlunto
Lubukalung
Sijunjung
△ 1810
Solok
Jambi
Cupak
Tabing
Kubangnandua
Airport
Talang
Lubukbargalung
PADANG
2597 △
G. Talang
P. BINDALANG
Lubuksulasih
Teluk Bayur
P. TORAN
D. Dibawah
Bungus
Alahanpanjang
P. SINYARU
Barungbarung
D. Diatas
N
Caradok
P. NYAMUK
△ 2690
Pasarbaru
0 10 20 30 40 50 km
Sungaipenuh
Painan
Sungaipenuh
S.L.

*Kopra, Rotan, Harz und Gambir (Farbstoff). West-Sumatra ist heute von Reisimporten unabhängig und führt Reis in die Nachbarprovinzen Jambi und Riau aus. Seit 1969 wird deutsche Entwicklungshilfe geleistet - die Agrarökonomen der GTZ (Gesellschaft für Technische Zusammenarbeit) können zumindest darauf verweisen, daß die landwirtschaftliche Produktion seit Bestehen der deutschen Projekte gestiegen ist. Kunstdünger und Insektizide wurden eingeführt, eine Mechanisierung in Angriff genommen. Gleichzeitig entstanden Konflikte mit den Traditionen der Minangkabau, die z.B. Individualbesitz von Land nicht kennen.*

*Ackerland ist für die Minangkabau gemeinsamer, unveräußerlicher Gruppenbesitz. Alle Eigentümer müssen über die Verwendung gemeinsam entscheiden, was wiederum recht lange dauern kann. Das steht den ehrgeizigen Entwicklungsprojekten der Deutschen im Weg. So zerschlägt man den Gruppenbesitz und führt ein Grundbuchsystem ein, das zudem meist Männer als Eigentümer ausweist.*

*Entwicklungshilfe geht in vielen Fällen eben von den Vorstellungen und vom Bewußtsein der „Helfer" und nicht von den Bedürfnissen und Traditionen der Menschen aus, denen man eigentlich helfen sollte. Ein altes Minang-Sprichwort sagte übrigens schon vor der Ankunft der Deutschen: „Steckt man in unserem Land einen Stock in die Erde, so wird er wachsen." Fruchtbar war das Land hier schon immer aufgrund der vulkanischen Böden. Überall überragen Vulkankegel die Landschaft, die mit ihren zahlreichen kleinen Dörfern und blauen Seen ein abwechslungsreiches Bild bietet.*

**Die Minangkabau**

Neben den Bugis und Makassaresen in Süd-Sulawesi und den Banjaresen in Süd-Kalimantan sind die Minangkabau das wichtigste indonesische Händlervolk und die einzigen, die für die Chinesen im Handel eine nennenswerte Konkurrenz darstellen. Schon vor Jahrhunderten begannen sie, ausgedehnte Handelsreisen zu unternehmen und sich auf anderen Inseln des Archipels niederzulassen. Heute leben etwa 5 Millionen Minangkabau in anderen Teilen Indonesiens, vor allem in Jakarta, aber auch im Ausland, und nur knapp 4 Millionen siedeln in West-Sumatra. Der Handel brachte ihnen Wohlstand, wovon die sauberen Städte mit den gut gekleideten Menschen zeugen.

*Minang* (auch *Menang*) bedeutet Sieg - *Kabau* (heute *Kerbau*) Büffel. Über die Entstehung des Namens der Minangkabau gibt es eine alte Legende: ein javanisches Heer wollte das Land erobern. Die Soldaten müssen so zahlreich gewesen sein, daß die Felsen, an denen sie ihre Schwerter gewetzt hatten, verschwanden. Der König der Minangkabau schloß eine Übereinkunft mit seinem javanischen Gegenspieler. Zwei Büffel sollten gegeneinander kämpfen, um dadurch Blutvergießen zwischen den Heeren zu vermeiden. Die Minangkabau ließen ein junges Kalb längere Zeit hungern und befestigten vor dem Kampf eine Speerspitze auf seiner Nase. Durstig stürzte sich das Kalb auf den Bauch seines Gegners. Dabei tötete es den Büffel der Javaner.

Faszinierend ist die Vermischung zweier an sich so gegensätzlicher Kulturen wie dem Islam mit seiner Überbetonung der Rolle des Mannes und der traditionellen Minangkabau-Kultur mit ihrem matrilinearen Gesellschaftssystem. Matrilinear bedeutet nicht unbedingt Matriarchat, also Mutterherrschaft, sondern charakterisiert die Erbfolge.

Die Frauen der Minangkabau besitzen die Reisfelder und vererben diese an ihre Töchter weiter. Die ungeschriebenen Gesetze und Verhaltensweisen, die man *Adat* nennt, bestimmen das gesamte Leben. Für Jungen ist danach der wichtigste männliche Verwandte nicht der leibliche Vater, sondern der älteste Bruder der Mutter. Bis zur Heirat bleibt er im Haus seiner Mutter, wo sich die mütterlichen Verwandten um die Erziehung kümmern. Heiratet er, lebt er mit seiner Frau in der Familie ihrer Mutter.

**Ein paar Minangkabau-Begriffe**

*Rumah Adat* - Das traditionelle „Große Haus" eines Clan. Charakteristisch sind die auffälligen, verschachtelten Dächer. Die Anzahl der wie Hörner spitz nach oben gebogenen Dachgiebel entspricht der Anzahl der einzelnen Räume im Haus. Die Rückseite des Hauses besteht aus Bambus, um eine gute Durchlüftung des ansonsten dunklen Hauses zu gewährleisten. Die hölzernen Wände, Pfähle und Decken sind mit feinen Holzschnitzereien verziert.
Eine offene Plattform, *Anjung,* an einem Ende des Hauses dient als Aufenthaltsort für alle Mitglieder des Clans. Ein „Großes Haus" hat mindestens 4 - 5 Wohnräume für jeweils eine Großfamilie, es kann aber bis zu 50 Personen in 20 Räumen beherbergen. Direkt an den *Anjung* schließen sich die Wohnräume der Familienältesten an, während die jüngsten Familienmitglieder nahe der Eingangstreppe wohnen. Nur hohe Gäste genießen das Privileg, nahe dem *Anjung* sitzen zu dürfen.
*Rangkiang* - Neben dem *Rumah Adat* stehen häufig kleinere Vorratshäuschen für die Reisernte, die eine ähnliche Dachform haben.
*Balairung Sari* - Das Versammlungshaus - ein zentrales Gebäude der demokratisch strukturierten Minangkabau-Gesellschaft. Ein etwa 300 Jahre altes Haus steht in Tabek Lima Kaum in der Nähe von Batusangkar.
*Pencak Silat* - Die traditionelle Kunst der Selbstverteidigung, graziöser als Judo, aber dennoch sehr gefährlich. Schaukämpfe mit und ohne Messer sind während einiger lokaler Feste zu sehen. Es gibt verschiedene Meister, jeweils mit einem eigenen Stil.
*Baju Kurung* - Überliefertes Kleidungsstück der Frauen. Ein Kleid, das die Arme bedeckt und bis über die Knie reichen kann. Darunter tragen die Frauen einen langen *Sarong.* Ein weiteres Tuch wird über die Schultern und den Kopf drapiert.
Das gesellschaftliche und soziale System der Minangkabau ist recht komplex. Vier Clans *(Suku)* werden heute als die ältesten Volksgruppen bezeichnet. Die *Bodi, Caniago, Koto* und *Piliang* leben über das gesamte Land verstreut. Die wichtigste gesellschaftliche Einheit ist das Dorf *(Nagari)* mit den dazugehörenden Feldern. Ein *Nagari* ist nur vollständig, wenn die vier *Suku* darin vertreten sind.
Im Erbfolgesystem geht, materiell wie geistig (z.B. in der Namengebung), der Besitz immer von der Mutter auf die Tochter über. Männer haben nach dem *Adat* die Funktion, dieses System zu beschützen. Im Haus der Frau gilt der Mann als Gast. Seine Arbeitszeit muß er zwischen seiner Mutter und seiner Frau aufteilen. Nur von den Erträgen seiner Mutter bekommt er einen bestimmten, nach dem *Adat* genau geregelten Anteil. Der Teil seiner Arbeitskraft, den er für seine Frau aufwendet, kommt allein der Frau und den Kindern zugute. Ist er der älteste Sohn, verwaltet er das Vermögen seiner Mutter.

Entscheidungen werden zuerst von den Frauen und den Männern einer Familie getrennt beraten. Im Familienrat, der beide Geschlechter umfaßt, hat dann jeder ein Mitspracherecht, unabhängig vom Geschlecht. Der oder die Familienälteste verkündet dann das Ergebnis der Beratungen.
Männer sind nach dem *Adat* der Minangkabau keineswegs unterdrückt. Entscheidungsgewalt und materieller Besitz sind für uns Attribute, die in unserer patriarchalisch organisierten Gesellschaft immer auf Männer bezogen werden. Dem *Adat* und der islamischen Tradition folgend, legen die Minangkabau auf ihre Kleidung großen Wert. Entsprechend wird ebenso von Touristen ein sauberes, gepflegtes Äußeres erwartet. Der Besucher, der so die hiesigen Sitten respektiert, wird auch seinerseits von den Menschen respektiert werden, und man wird ihm mit Höflichkeit und Freundlichkeit begegnen.

## Padang

*Die großflächig angelegte Provinzhauptstadt mit ihren etwa einer Million Einwohnern scheint ohne den für andere Städte typischen stickigen und unsympathischen Großstadtcharakter auszukommen. Schon zweimal wurde sie als „sauberste Stadt Indonesiens" ausgezeichnet.*

*Padang ist der wichtigste Hafen an der Westküste mit regelmäßigen Verbindungen nach Java, auf die Mentawai-Inseln und an die nördliche Westküste Sumatras.*

Einen Besuch lohnt das **Museum Adityawarman** in der Jl. Diponegoro mit seinen schönen Schnitzereien, das einem traditionellen Minangkabau-Haus (Rumah Gadang) nachgebaut wurde. Zwei Reisspeicher stehen davor. Besonders interessant sind die ausgestellten Textilien. Geöffnet tgl. außer Mo 8.00 - 18.00 Uhr.

Gleich gegenüber befindet sich das **Art Centre** (Taman Budaya) mit regelmäßigen Tanz- und Musikveranstaltungen, Lesungen, Ausstellungen usw. Geöffnet täglich 8.00 - 14.00 Uhr, Eintritt.

Padang besitzt eine intakte und sehenswerte **Chinatown**, hier *Kampung Cina* genannt. Begrenzt wird sie durch die Jl. Dobi, die Jl. Cokroaminoto und die Jl. Pondok.

Im Westen grenzt die Stadt direkt ans Meer, im Süden an den Batang Arau. Hier liegen kleine Küstenschiffe, die auch hinüber auf die Mentawai-Inseln fahren. Wenn man einen Sampan (200 Rp) über den Fluß nimmt, kann man zum **chinesischen Friedhof** hinaufsteigen. Hier oben in den Hügeln ist ein großes Touristen-Resort mit mehreren Luxushotels und Golfplatz geplant, das Gunuang Padang Aie Manih Resort.

### ÜBERNACHTUNG

**UNTERE PREISKLASSE** - *HOTEL TIGA TIGA*-***, Jl. Pemuda 31, tel 22633, gegenüber vom Busbahnhof, daher recht laut.
*HOTEL CENDRAWASIH***, Jl. Pemuda 27, tel 22894, neben dem Tiga Tiga und ähnlich.
*JAKARTA HOTEL*-****, Jl. Belakang Olo 57, tel 23331, zentral, etwas laut.
*HOTEL SRIWIJAYA*-****, Jl. Alang Lawas I/15, tel 23577, sauber, nett, aber gleich neben Moschee.
*GARUDA HOTEL*-****, Jl. Permindo 4, tel 22176, Zimmer mit Fan oder ac.

**MITTELKLASSE** - *NEW TIGA TIGA HOTEL**-****, Jl. Veteran 33, tel 22173, sauber, relativ weit vom Zentrum.

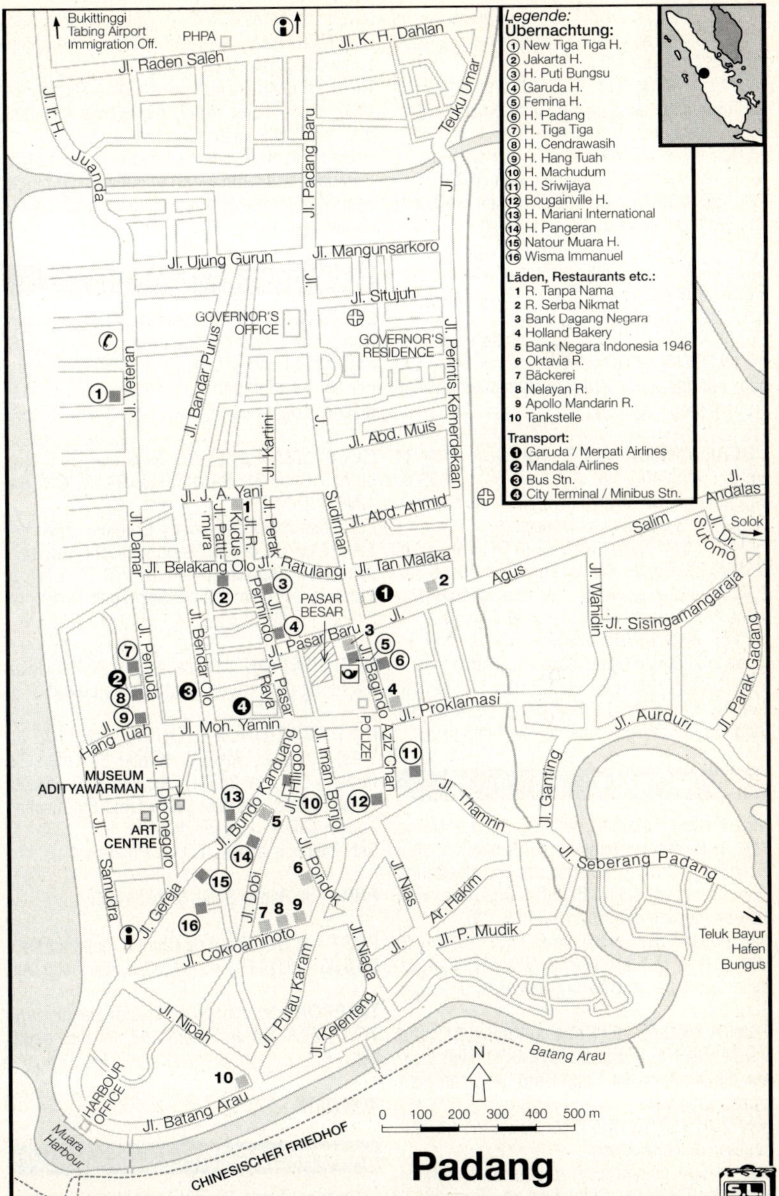
Legende:
Übernachtung:
1 New Tiga Tiga H.
2 Jakarta H.
3 H. Puti Bungsu
4 Garuda H.
5 Femina H.
6 H. Padang
7 H. Tiga Tiga
8 H. Cendrawasih
9 H. Hang Tuah
10 H. Machudum
11 H. Sriwijaya
12 Bougainville H.
13 H. Mariani International
14 H. Pangeran
15 Natour Muara H.
16 Wisma Immanuel
Läden, Restaurants etc.:
1 R. Tanpa Nama
2 R. Serba Nikmat
3 Bank Dagang Negara
4 Holland Bakery
5 Bank Negara Indonesia 1946
6 Oktavia R.
7 Bäckerei
8 Nelayan R.
9 Apollo Mandarin R.
10 Tankstelle
Transport:
1 Garuda / Merpati Airlines
2 Mandala Airlines
3 Bus Stn.
4 City Terminal / Minibus Stn.
Bukittinggi
Tabing Airport
Immigration Off.
PHPA
Jl. K. H. Dahlan
Jl. Raden Saleh
Jl. Ir. H. Juanda
Teuku Umar
Jl. Padang Baru
Jl. Ujung Gurun
Jl. Mangunsarkoro
Jl. Situjuh
GOVERNOR'S OFFICE
GOVERNOR'S RESIDENCE
Jl. Veteran
Jl. Bandar Purus
Jl. Perintis Kemerdekaan
Jl. Kartini
Jl. Abd. Muis
Jl. J. A. Yani
Jl. Abd. Ahmid
Jl. Damar
Jl. Kudus
Jl. Patti-mura
Jl. R.
Jl. Perak
Sudirman
Jl. Belakang Olo
Jl. Ratulangi
Jl. Tan Malaka
Jl. Andalas
Salim
Agus
Jl. Dr. Sutomo
Solok
Jl. Wahidin
Jl. Sisingamangaraja
Jl. Parak Gadang
PASAR BESAR
Jl. Permindo
Jl. Pasar Baru
Jl. Pemuda
Jl. Bendar Olo
Jl. Pasar Raya
Jl. Bagindo Aziz Chan
Jl. Proklamasi
Jl. Aurduri
Jl. Hang Tuah
Jl. Moh. Yamin
POLIZEI
MUSEUM ADITYAWARMAN
Jl. Diponegoro
Jl. Bundo Kanduang
Jl. Hiligoo
Jl. Imam Bonjol
Jl. Thamrin
Jl. Ganting
ART CENTRE
Jl. Samudra
Jl. Seberang Padang
Jl. Gereja
Jl. Dobi
Jl. Pondok
Jl. Nias
Ar. Hakim
Jl. P. Mudik
Teluk Bayur Hafen Bungus
Jl. Cokroaminoto
Jl. Niaga
Jl. Pulau Karam
Jl. Nipah
Jl. Kelenteng
Batang Arau
N
HARBOUR OFFICE
Jl. Batang Arau
0 100 200 300 400 500 m
Muara Harbour
CHINESISCHER FRIEDHOF
Padang

*HOTEL MACHUDUM**-****, Jl. Hiligoo 43, tel 22333, etwas ausgeblichene Kolonialvilla, Zimmer mit Fan oder ac.
*HOTEL HANG TUAH**-****, Jl. Pemuda 1, tel 26556, am besten sind die Zimmer nach hinten, zum Teil mit ac.
*HOTEL PUTI BUNGSU**-*****, Jl. Permindo 40, tel 23922, saubere Zimmer mit Fan oder ac.
*WISMA IMMANUEL**-****, Jl. Tanah Beroyo 1, tel 23917, gut und sauber, ruhig gelegen.
*HOTEL PADANG**-*****, Jl. Bagindo Aziz Chan 28, tel 22563, mit einem schönen Garten.
*BOUGAINVILLE HOTEL**-*****, Jl. Bagindo Aziz Chan 2, tel 22149.
*FEMINA HOTEL**-*****, Jl. Bagindo Aziz Chan 15, tel 22670, nett eingerichtete Zimmer mit Fan oder ac, das beste Preis-Leistungsverhältnis in der mittleren Preislage.

**OBERE PREISKLASSE** - *NATOUR MUARA HOTEL* (US$40 - 50), Jl. Gereja 34, tel 25600, empfehlenswert sind die Zimmer im neueren Flügel mit Blick auf das Museum.
*HOTEL MARIANI INTERNATIONAL* (um US$35), Jl. Bundo Kanduang 35, tel 25466, fax 25410, empfehlenswert, trotz des schönen Namens hat Madame Mariani nur 30 Zimmer.
*HOTEL PANGERAN* (US$25 - 50), Jl. Dobi 3 - 5, tel 26233, das beste Hotel im Zentrum.
*PANGERAN BEACH HOTEL* (ab US$55), Jl. Juanda 79, tel 31333, fax 31613, nördlich der Stadt am Strand gelegen, mit Swimming Pool.

## ESSEN UND TRINKEN

Nasi Padang stammt, wie schon der Name sagt, aus West-Sumatra. Man bekommt den Tisch mit kleinen Schälchen der verschiedenen Gerichte vollgestellt. Bezahlt wird nur, was man tatsächlich gegessen hat (s.S. 73).
Nasi Padang gibt es z.B. im *BOPET IRAMA,* Jl. Moh. Yamin 114, im *SERBA NIKMAT,* Jl. Agus Salim 20, oder im *SIMPANG PAUH,* Jl. Pasar Baru 34.
*TANPA NAMA,* Jl. Rohana Kudus 87, und *RODA BARU,* Jl. Pasar Raya 6, streiten sich, wer die Nr. 1 ist. Im Roda Baru bekommt man große Portionen.
*NATOUR HOTEL MUARA,* Jl. Gereja 34, europäisch und chinesisch.
Nur wenige chinesische Restaurants sind im Kampung Cina, der Chinatown von Padang, z. B. *OKTAVIA,* Jl. Pondok.
*APOLLO MANDARIN,* Jl. Cokroaminoto 36A, und *NELAYAN,* nebenan, servieren empfehlenswerte Seafood-Gerichte.
Nicht schlecht ist auch das kleine Restaurant beim Hang Tuah Hotel, nur wenig Auswahl, aber gute chinesische Gerichte.
Abends werden viele Essenstände auf der Jl. Samudra direkt am Meer aufgebaut, die hauptsächlich Shrimp-Omelette, Sate und *Es Jendur* verkaufen.

## SONSTIGES

**EINKAUFEN** - Einkaufsstraße ist die Jl. Imam Bonjol mit mehreren Department Stores, z.B. *RAMANDA* und *MATAHARI.* In der Nr. 47 und der Nr. 5 findet man auch Souvenir- bzw. Antiquitätenläden.

**GELD** - *BANK DAGANG NEGARA,* Jl. Bagindo Aziz Chan 21; *BANK NEGARA INDONESIA 1946,* Jl. Dobi 1.
Für Cash kann der Money Changer *EKA YASA UTAMA* in der Jl. Niaga versucht werden.
**American Express:** Agent ist *PACTO LTD,* Jl. Pemuda 1 (neben dem Hang Tuah Hotel), tel 27780, fax 33335.

**IMMIGRATION** - Office in der Jl. Pahlawan (Richtung Airport), tel 25113; nette Leute!

**INFORMATIONEN** - *TOURIST OFFICE* für West-Sumatra / Riau, Jl. Khatib Sulaiman 22, Padang Baru, tel 28711. Geöffnet 8.00 - 14.00, Fr bis 11.30, Sa bis 13.00 Uhr. Städtisches Tourist Office, Jl. Samudra 1.
Sehr hilfreich ist *PACTO,* Jl. Pemuda 1.

**PHPA** - Jl. Raden Saleh 8, tel 24136.

**POST** - Jl. Bagindo Aziz Chan 7, geöffnet Mo - Do 8.00 - 16.00, Fr 8.00 - 12.00, Sa bis 13.00 Uhr.

**TELEFON** - Internationale Telefonate im *KANTOR TELKOM,* Jl. Veteran 47, 24 Std. geöffnet.

**VORWAHL** - 0751.

## NAHVERKEHRSMITTEL

Städtische Busse *Bis Kota* und Minibusse *Angkutan Kota* kosten 250 Rp (egal wie weit) und

fahren ab dem Oplet / City Terminal, Ecke Jl. Moh. Yamin / Jl. Pasar Raya, auf verschiedenen Routen durch die Stadt; zum Airport Tabing kosten sie 500 Rp.
Pferdekutschen (Bendi) ca. 500 Rp für 2 km.
Taxi mit ac und Taxameter gibt es bei *P.T. PATAX,* Jl. Dr. Sutomo 90, tel 26385.

## TRANSPORT

**BUSSE** - Außer dem City Terminal für Stadt- und Nahverkehr gibt es noch den zentralen Busbahnhof für Fernbusse in der Jl. Pemuda.
Die Büros der Fernbusunternehmen liegen alle am Busbahnhof.
**Preisbeispiele:** MEDAN 17 000 Rp, ac 27 000 Rp; PRAPAT 13 500 Rp, ac 23 000 Rp; BUKITTINGGI 1500 Rp; SOLOK 1100 Rp, 1 1/2 Std.; DUMAI 8200 Rp, ac 13 000 Rp; SIBOLGA 10 000 Rp; JAKARTA 24 500 Rp, ac 49 100 Rp; PEKANBARU 5800 Rp, ac 8300 Rp; LUBUKLINGGAU 10 000 Rp, ac 13 500 Rp, ca. 24 Std.; TANJUNG KARANG 20 000 Rp, ac 49 100 Rp; SUNGAIPENUH 5000 Rp; BENGKULU 13 500 Rp, ac 18 500 Rp; PALEMBANG 15 000 Rp, ac 25 100 Rp.
Ein Taxi nach Bukittinggi kostet 40 000 Rp.

**FLÜGE** - Der Tabing Airport liegt 9 km nördlich der Stadt. Bemo 500 Rp, ein Taxi ab Airport-Counter nach Padang kostet 6000 Rp; direkt nach Bukittinggi 40 000 Rp.
*GARUDA / MERPATI,* Jl. J. Sudirman 2, tel 22823; *MANDALA* neben Hotel Tiga Tiga, Jl. Pemuda 29A, tel 22350; *SEMPATI* im Pangeran Beach Hotel, Jl. Ir. Juanda 79, tel 31624.
Es besteht eine direkte Flugverbindung nach SINGAPORE mit Garuda, tgl., US$111, und nach KUALA LUMPUR mit Sempati, 2x wöchentlich, US$123 (Pelangi Air US$107).
**Preisbeispiele** (ohne Mehrwertsteuer): MEDAN 131 000 Rp (MZ), PALEMBANG 136 000 Rp (MZ), JAKARTA 215 000 Rp (MZ, SG, MDL), BATAM 114 000 Rp (MZ, SG).

**SCHIFFE** - Padangs großer Hafen Teluk Bayur liegt 7 km südlich der Stadt, Minibus 400 Rp; hier legen sämtliche Pelni-Schiffe an. Vom kleinen Hafen Muara an der Mündung des Batang Arau fahren die Schiffe nach Siberut.
Jeden zweiten Do um 17.00 Uhr fährt die **KM. Lawit** (s.S. 65 ff) nach GUNUNGSITOLI (Nias) und SIBOLGA.
Zwei Tage später am folgenden Sa ist sie wieder in Padang und fährt um 14.00 Uhr nach JAKARTA, PONTIANAK, SEMARANG und BANJARMASIN.
**Preisbeispiele** (Ek. / 1. Kl.): Gunungsitoli 14 000 / 43 000 Rp, SIBOLGA 16 000 / 67 000 Rp, JAKARTA 38 000 / 126 000 Rp.
Das Schiff ist eine empfehlenswerte Alternative zu den strapaziösen Busfahrten. Tickets bei *PELNI* direkt am Hafen Teluk Bayur, Jl. Tanjung Priok 32, tel 33624, fax 33428.
In der Stadt bei den Agenturen sind Tickets um 2500 Rp teurer zu bekommen.
**KM. Baruna Artha** (Pelni) verkehrt 2x monatlich auf der Route: PADANG - P. TELO (Batu-Inseln) - TELUKDALAM (Nias) - GUNUNGSITOLI - SIBOLGA und zurück.
Außer den Pelni-Schiffe verkehren kleinere Kutter entlang der Westküste Sumatras. Informationen dazu im alten Hafen MUARA an der Mündung des Batang Arau oder in Teluk Bayur.
Weitere Hilfe bei: *PACTO,* Jl. Pemuda 1, tel 27780.

# Bukittinggi

*920 m ü.d.M. liegt der „hohe Hügel“, eine wörtliche Übersetzung des Ortsnamens. Bis zur Unabhängigkeit hieß Bukittinggi „Fort de Kock“, nach einem holländischen General, der in den Padri-Kriegen 1821-38 hier eine wichtige Befestigung errichten ließ. Damals verbündete sich die Kolonialmacht mit den vom „Adat“ geprägten Minangkabau-Fürsten gegen aggressive Reformer, die den Islam auch in West-Sumatra einführen wollten.*

*Bukittinggi (85 000 Einwohner) ist eine kühle und angenehme Stadt und Ausgangspunkt für zahlreiche Ausflüge. Touristen halten sich meist in der Altstadt auf, die sich um zwei Hügel herum bis zum Sianok Canyon erstreckt. Zwischen den beiden Hügeln verläuft die Jl. Jen. A. Yani. Alle Sehenswürdigkeiten sind von hier bequem zu Fuß zu erreichen. Südöstlich der Altstadt breiten sich*

*Bukittinggis neue, unattraktive Vororte aus, die sich noch über einige Kilometer hinziehen.*

Ein Abendspaziergang lohnt sich auf den westlichen Hügel hinauf zum **Fort de Kock**. Von der alten Befestigungsanlage ist allerdings nicht mehr viel zu sehen, stattdessen genießt man die schöne Aussicht und die Sonnenuntergänge.

Seit 1992 führt eine aufwendige Hängebrücke direkt vom Fort über die Jl. Jen. A. Yani hinweg auf den gegenüberliegenden Hügel. Hier findet man den **Taman Bundo Kanduang** mit einem kleinen, etwas heruntergekommenen Zoo. Eintritt: 1000 Rp, für Fort und Park. In einem originalgetreu nachgebauten Minangkabau-Haus ist das älteste **Museum** West-Sumatras untergebracht. Eintritt 300 Rp, geöffnet Sa - Do 8.00 - 17.00, Fr 8.00 - 11.00 und 14.00 - 17.00 Uhr. Es besitzt eine wertvolle Sammlung von Ausstellungsstücken von historischem und kulturellem Interesse, so z.B. traditionelle Kleidung, antiken Schmuck, Haushalts- und Küchengeräte und einige Modelle alter Minangkabau-Gebäude. Daneben gibt es auch Kuriositäten wie ausgestopfte, zweiköpfige Kälber. Teilweise sind die Erläuterungen in Englisch. Der **Zoo** ist wie viele andere Zoos in Südostasien sehr heruntergekommen, trotzdem bekommt man einen kleinen Überblick über die Fauna Sumatras. Das angeschlossene **Aquarium** kostet nochmals 300 Rp Eintritt. Vor dem Museum werden manchmal So ab 11.00 Uhr Tänze der Minangkabau aufgeführt. Dann kostet der Eintritt in den Park 1200 Rp.

Vom **Jam Gadang**, dem großen Uhrturm, sind die beiden Vulkane im Süden der Stadt zu sehen, links der 2891 m hohe Gunung Merapi, der heute noch aktiv ist, und rechts der Gunung Singgalang mit 2877 m.

Gleich am Uhrturm steht auch das Gebäude des **Pasar Atas**, des oberen Marktes, mit seinen vielen Läden. Jeden Mittwoch und Sonnabend findet an und auf den Treppen, die von hier hinunterführen, ein großer Markt statt. Dorfbewohner aus der Umgebung kommen dann in die Stadt. Auf dem **Pasar Bawah**, dem unteren Markt, werden täglich an offenen Ständen Obst, Gemüse, Gewürze und Fisch verkauft. In den beiden Marktgebäuden am unteren Markt findet man zahlreiche Geschäfte, im südlichen werden u.a. auch kunsthandwerkliche Dinge verkauft (Minangkabau-Schmuck, Korbwaren usw.).

An der Jl. Panorama liegt das **Armeemuseum**. Neben zahlreichen Waffen kann man eine Bilddokumentation über die Prozesse gegen die Führer der PKI von West-Sumatra sehen. Ein Diorama stellt den Überfall holländischer Truppen auf republikanische Soldaten dar. Geöffnet Sa - Do 8.00 - 17.00, Fr 8.00 - 11.00 und 13.00 - 17.00 Uhr, Eintritt 300 Rp. Von dem kleinen **Panorama-Park** (Eintritt 300 Rp) gegenüber vom Armee Museum kann man in den **Sianok Canyon** hinuntersehen und über einen schmalen Weg mit vielen Treppenstufen sogar hinabsteigen. Dieser Fußweg beginnt 50 m westlich vom Westende des Parks.

Die von japanischen Besatzungstruppen angelegten Munitionslager können auch besucht werden. Die Stollen und Höhlen (**Lobang Jepang**) liegen tief unter der Erde an der Straße zum Cañyon. Eintritt 500 Rp. Trekking-Touren im Cañyon (5 Std.) macht man am besten mit einem Guide, der auch interessante Plätze abseits der Wege zeigen kann, z.B. *flying foxes*. Infos im Tourist Office.

## ÜBERNACHTUNG

**UNTERE PREISKLASSE** - Viele billige Hotels liegen an der Jl. Jen. A. Yani.

Kommt man mit dem Bus von Norden (Sibolga, Medan), sollte man sich am besten bereits an der Kreuzung Jl. Pemuda / Jl. Jen. A. Yani absetzen lassen.

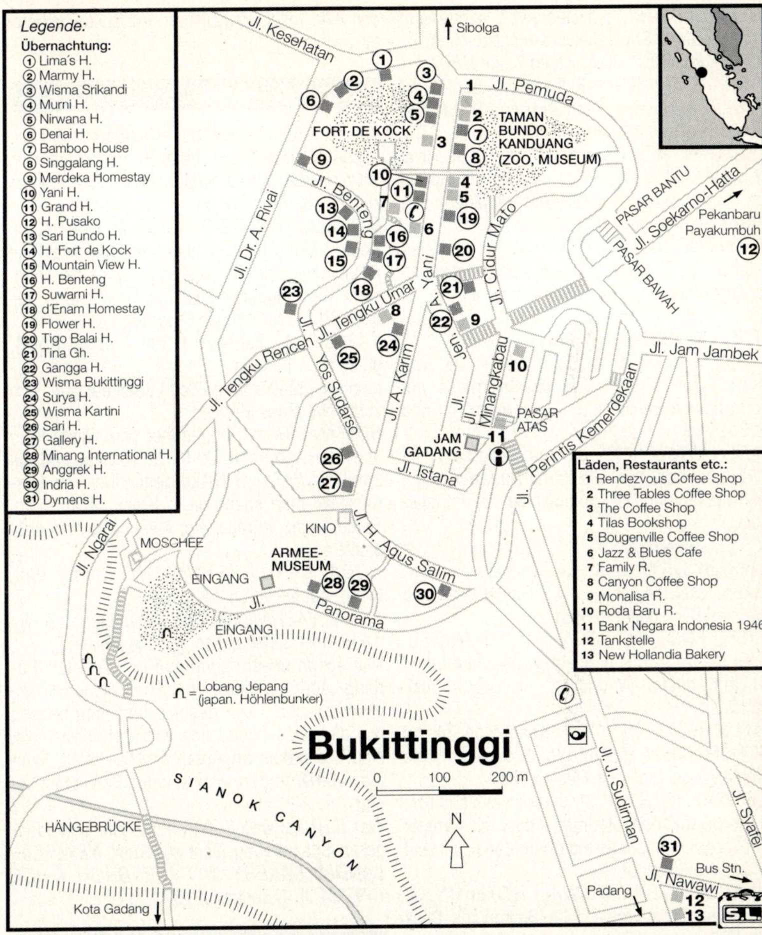


*WISMA SRIKANDI ***, Jl. Jen. A. Yani 117, tel 22984, nett und sauber, aber renovierungsbedürftig.

*MURNI HOTEL**, Jl. Jen. A. Yani 115, tel 21824, kleines Familienhotel.

*NIRWANA HOTEL**, Jl. Jen. A. Yani 113, tel 21292, akzeptabel.

*BAMBOO HOUSE**, Jl. Jen. A. Yani 132, tel 23388, einfacher Homestay mit Innenhof, Dormitory und Zimmer mit und ohne Mandi.

*SINGGALANG HOTEL**, Jl. Jen. A. Yani 130, tel 21576, laut.

*GRAND HOTEL*-***, Jl. Jen. A. Yani 99, tel 21133, eines der ältesten Hotels der Stadt.

*TIGO BALAI HOTEL**, Jl. Jen. A. Yani 100, tel 31996, düster und schmuddelig.

*GANGGA HOTEL**, Jl. Jen. A. Yani 70, tel 22967, reichlich heruntergekommen.

*TINA GUESTHOUSE**, tel 32948, an der Treppe von der Jl. Jen. A. Yani zur Jl. Cidur Mato, preiswert, aber sehr einfach.

*D'ENAM HOMESTAY*-***, Jl. Yos Sudarso 4 (Jl. Benteng), tel 21333, angenehm, in ruhiger Lage, Dormitory und Zi mit und ohne Mandi.

*SUWARNI HOTEL***, Jl. Benteng 2, sauber und ruhig, Madame Suwarni kocht ausgezeichnet.
*SURYA HOTEL***, Jl. A. Karim 7, tel 22587.
*WISMA KARTINI*-**** Jl. Tengku Umar 21, tel 22885, gut und sauber, mit und ohne Mandi, z.T. mit Heißwasser, inkl. Frühstück.
*MERDEKA HOMESTAY*-****, Jl. Dr. A. Rivai 20, tel 21253, schöne Kolonialvilla am Rande des Parks um das Fort, Zimmer mit Mandi, z.T. mit Heißwasser und TV.
*MOUNTAIN VIEW HOTEL***, Jl. Yos Sudarso 3, tel 21621; 4 Leute können sich 2 getrennte Schlafzimmer mit einem Badezimmer teilen.

**MITTELKLASSE** - *GALLERY HOTEL**-*****, Jl. H. Agus Salim 25, tel 23515, fax 31496, sehr sauber, nett eingerichtet, Dachterrasse mit großartiger Aussicht, teure Zimmer mit TV und Heißwasser.
*SARI HOTEL**-*****, Jl. Yos Sudarso 7, tel 22986, sehr sauber, alle Zi mit Bad, einige mit Heißwasser und TV, gemütlicher Aufenthaltsraum.
*HOTEL BENTENG**-*****, Jl. Benteng 1, tel 21115, fax 22596, ein Kolonialhotel aus den 30er Jahren, Zimmer mit TV, Tel, Heißwasser und schönem Blick über die Stadt.
*HOTEL FORT DE KOCK***-*****, Jl. Yos Sudarso 33, tel 33005, gepflegt, sauber und ruhig, mit Heißwasser, TV und z.T. mit Balkon, inkl. Frühstück.
*LIMA'S HOTEL**-*****, Jl. Kesehatan 34, tel 22641, fax 32570, gut, ruhig und sauber; schöne Dachterrasse, Bar und Restaurant.
*FLOWER HOTEL**-*****, Jl. Jen. A. Yani 104, tel 22186, saubere Zimmer, meist mit Fenster zum Treppenhaus, mit und ohne Mandi, z.T. mit TV und Heißwasser.
*MINANG INTERNATIONAL HOTEL*****, Jl. Panorama 20 A, tel 21120, Balkon mit Blick zum Canyon, alle Zimmer mit Heißwasser und Badewanne.

**OBERE PREISKLASSE** - *SARI BUNDO HOTEL* (US$20 - 50), Jl. Yos Sudarso 7 A, tel 22953, nur 36 Zi mit TV, Tel und Heißwasser.
*DENAI HOTEL* (ab US$41), Jl. Dr. A. Rivai 26, tel 21511, fax 23490, 64 sehr schöne, gepflegte Zimmer, z.T. mit Balkon, und 2 Bungalows.
*DYMENS HOTEL* (US$40 - 70), Jl. Nawawi 3, tel 21015, fax 21613.
*HOTEL PUSAKO* (ab US$98), Jl. Soekarno-Hatta 7, tel 22111, fax 21017, das Luxushotel von Bukittinggi, 191 Zimmer und Suites, geheizter Swimming Pool.

## ESSEN UND TRINKEN

Traveller-Food bekommt man in einem der zahlreichen Coffee Shops, die sich nicht wesentlich voneinander unterscheiden und sich vor allem zum Frühstücken lohnen.
*MONALISA,* tel 22644, Jl. Jen. A. Yani 58, ein kleines, sehr gutes chinesisches Restaurant mit geschmacklichen Zugeständnissen an die Touristen. Bemerkenswert ist der *Fruit Salad* aus bis zu 20 verschiedenen Früchten.
*FAMILY,* Jl. Benteng 1 (am Fort de Kock), gutes Nasi Padang.
Mehrere gute Padang Food-Läden befinden sich in der Nähe des Marktes.
*SIMPANG RAYA*, gegenüber vom Gloria Kino über der Apotheke (Jl. Minangkabau) und ein zweites *SIMPANG RAYA* gegenüber vom Uhrturm, wo man schön im 1. Stock sitzen kann. *Belud,* kleine, geräucherte Aale, sollte man ausprobieren.
*RODA BARU RESTAURANT,* hinter dem Markt, hat ähnlich gutes Essen.
*KEDAI NASI NIKMAT,* Jl. Minangkabau 9, wo die Einheimischen essen, gut und preiswert.
Wie schon erwähnt, werden in allen Nasi-Padang-Läden sämtliche Speisen in kleinen Schälchen auf den Tisch gestellt, und man bezahlt nur das, was tatsächlich verzehrt wird. Meist sind Preistafeln angebracht, wenn nicht, kann man vorher fragen, wieviel jedes Schälchen kostet.
Wer Lust auf was Süßes hat, sollte einen längeren Spaziergang nicht scheuen: *NEW HOLLANDIA BAKERY & CAKE SHOP & ICE CREAM,* Jl. J. Sudirman 18.

## SONSTIGES

**AUTOVERMIETUNG** - Bei Travel Agents (auch Hotels, Coffee Shops und bei Privatpersonen) können **Minibusse / Sedan / Jeeps** gechartert werden; kosten ca. 75 000 Rp pro Tag (Sedan 200 000 Rp), inkl. Fahrer und Benzin.

**FAHRRÄDER** - kosten 4000 Rp/Tag.

**GELD** - *BANK NEGARA INDONESIA 1946* im Pasar Atas, tel 21025, geöffnet Mo - Do 8.00 -12.00 und 13.30 - 15.00, Fr 8.00 - 11.00, Sa bis

11.15 Uhr; *TOKO EKA,* Jl. Minangkabau 51, tel 21247, ist ein Money Changer; *P. T. TIGO BALAI INDAH,* Jl. Jen. A. Yani 100, wechselt Cash und TC verschiedener Währungen.

**INFORMATIONEN** - ein *TOURIST OFFICE,* tel 22403, befindet sich gegenüber dem Uhrturm, geöffnet Mo - Do 8.00 - 14.00, Fr 8.00 - 11.00, Sa 8.00 - 12.30 Uhr.

**MOTORRÄDER** - (z.B. bei *P. T. TIGO BALAI INDAH,* Jl. Jen. A. Yani 100, tel 31996) kosten 15 000 - 20 000 Rp pro Tag, Reisepaß muß als Sicherheit hinterlegt werden.

**POST / TELEFON** - Das Postamt, geöffnet Mo - Sa 7.00 - 18.00, So 8.00 - 12.00 Uhr, und das *KANTOR TELKOM,* 24 Std. geöffnet, liegen nebeneinander in der Jl. J. Sudirman, südlich der Altstadt. Internationale Telefonate und Faxe sind auch möglich vom:
*WARPARPOSTEL* in der Jl. Jen. A. Yani 111, tgl. 7.30 - 24.00 Uhr geöffnet.

**TÄNZE** - Täglich um 20.30 Uhr treten in der Jl. Lenggogeni 1, unterhalb vom Tourist Office, Tanzgruppen aus Bukittinggi auf: vier verschiedene Gruppen wechseln sich dabei ab und präsentieren jeweils in ihrem zweistündigen Programm „Minangkabau Traditional Arts" alte und neue Tänze, Volkslieder, Volkstheater und *Pencak Silat* - Eintritt 5000 Rp. Außerdem gibt es noch die weniger regelmäßig stattfindenden Tanzaufführungen vor dem Museum.

**TOUREN / GUIDES** - Guides für Besichtigungsfahrten kosten 25 000 Rp pro Tag, für Trekking-Touren US$15, wobei Essen oder Unterkunft für den Guide oft extra bezahlt werden müssen. Guides müssen eine Lizenz haben, die man sich im Zweifelsfall zeigen lassen soll.
Von den angebotenen „Siberut Jungle Trekking Tours" (10 Tage für US$125 p.P. bei mindestens 7 Personen) wird abgeraten.
Die überall angebotenen Tagestouren mit Minibus für 22 500 Rp p.P. sind nur interessant, wenn man keine Zeit für Ausflüge auf eigene Faust hat; jeden Dienstag und Samstag stehen auch die Stierkämpfe auf dem Programm.
Die Qualität der Touren ist sehr unterschiedlich und hängt in erster Linie von der Kompetenz, aber auch von der Laune des Guides ab. Einen guten Eindruck macht der Guide Efi, anzutreffen im Bougenville Coffee Shop oder im Jazz & Blues Cafe, der aus Payakumbuh stammt und lohnende Trekking-Touren ins Harau-Tal und ins Mahat-Tal unternimmt, sogar bis Muaro Takus (10 - 12 Tage). Efi legt großen Wert darauf, daß man für den Besuch in den Dörfern gepflegte Kleidung mitnimmt.

**VORWAHL** - 0752.

## EINKAUFEN

**Antiquitäten und Souvenirs**: Eine Riesenauswahl auf drei Etagen bietet *MINANG ART,* Jl. Jen. A. Yani 51, tel 33008.
Kleinere Läden sind in der Jl. Jen. A. Yani 14, 38 und 44. Noch mehr Souvenir- und Antiquitätenläden findet man am Pasar Atas in der Jl. Minangkabau.
**Gebrauchte Taschenbücher** bekommt man im *TILAS BOOKSHOP,* Jl. Jen. A. Yani 124.
Auf dem **Markt** gibt es lotweise feingemahlenen Kaffee zu kaufen. Gewürzstände, die frische Nelken, Muskatnüsse, Zimt, Kardamon und Koriander verkaufen, findet man auf dem Pasar Bawah.

## NAHVERKEHRSMITTEL

**BENDI** - Im Bereich der Altstadt kann alles zu Fuß erreicht werden. Innerhalb des Ortes verkehren zweirädrige Pferdekutschen, *Bendi.* Halteplätze sind am Pasar Bawah und in der Jl. Jen. A. Yani an der Abzweigung Jl. Tengku Umar. Die Fahrer verlangen häufig Touristenpreise. Richtpreis innerhalb der Stadt: 500 - 1000 Rp.

**BEMO** - Die dreirädrigen Bemo sind selten geworden. Sie fahren von der Endhaltestelle am Pasar Bawah auf verschiedenen Rundkursen durch die Stadt und kosten 150 Rp, egal wie weit.

**MINIBUSSE** - Für 200 Rp pendeln Minibusse (dunkelrot) auf diversen Routen zwischen Busbahnhof und Pasar Bawah; mit großem Rucksack bezahlt man 100 Rp extra. Die gelben Minibusse fahren in die umliegenden Dörfer.

**TAXIS** - mit Taxameter bekommt man bei:
*PATAX,* Jl. Urip Sumoharjo, tel 21163;
*BUANA TAXI,* Jl. Sukarno-Hatta, tel 22803.

Die Einschaltgebühr inkl. erstem Kilometer beträgt 800 Rp, jeder weitere km 400 Rp.

## TRANSPORT

**BUSSE** - Die meisten Hotels und alle Reisebüros organisieren gegen einen Aufpreis die Weiterreise mit Fernbussen. Alle Bus-Companies haben ihre Büros am Busbahnhof **Aur Kuning**, 3 km südöstlich der Altstadt, wo man Tickets ohne Aufpreis bekommt.

Nach SIBOLGA fährt *P. O. TERANG* tgl. 16.00 Uhr, 8500 Rp non ac, 12 Std.

Weitere **Preisbeispiele:** MEDAN 15 000 / 19 000 / ac 27 500 Rp, PRAPAT 15 000 / ac 19 000 / 26 000 Rp, 16 Std., PADANG 1500 / ac 2000 Rp, PEKANBARU 4500 / ac 8000 Rp, 6 - 8 Std., DUMAI 9000 / ac 13 000 Rp, JAKARTA 27 000 / ac 45 000 / 60 000 Rp, LUBUKLINGGAU 17 000 / ac 25 000 Rp, TANJUNG KARANG 27 000 / ac 45 000 Rp, 30 - 40 Std., BENGKULU 18 000 Rp, PALEMBANG 16 000 / ac 19 000 Rp, JAMBI 8000 Rp. Tgl. fährt ein **Tourist Bus** nach PRAPAT, 20 000 Rp; Tikkets bekommt man bei Travel Agents und in den meisten Hotels.

**Lokale Minibus-Preise**: PADANG PANJANG 450 Rp, PAYAKUMBUH 700 Rp, SOLOK 1300 Rp (2 Std.), BATUSANGKAR 900 Rp, MANINJAU 800 Rp, PANTI 1900 Rp, BATANG PALUPUH 600 Rp, BONJOL 1200 Rp.

**SCHIFFE / FLÜGE AB PADANG** - Tickets für Pelnis **KM. Lawit** werden z.B. von *P.T. MAJU INDOSARI TRAVEL SERVICE,* tel 21671, am Uhrturm mit einem Aufschlag von 3000 Rp verkauft. Diese Extragebühr wird oft von Reisebüros berechnet.

*P. T. TIGO BALAI INDAH,* Jl. Jen. A. Yani 100, tel 31996, ist Agent für *Pelangi Air* und *MAS.* Pelangi Air fliegt Di, Do, Sa und So 12.00 Uhr von Padang über Pekanbaru nach KUALA LUMPUR, US$107.

# Die Umgebung von Bukittinggi

## Kota Gadang

Der direkte Weg von Bukittinggi nach Kota Gadang führt durch den **Sianok Cañyon**, der sich bis zu 100 m tief in die Landschaft einschneidet. Vom Panorama-Park, führt ein steiler Fußweg über viele Stufen hinunter in den Cañyon, wo man auf einer Hängebrücke einen Fluß überquert. Auf der anderen Seite der Brücke führen wieder steile Stufen hinauf nach Kota Gadang.

In Kota Gadang produziert man in den Häusern Stickereien und verarbeitet Silber aus Palembang zu kunstvollen Filigranarbeiten. Der Souvenirladen *Amai Setia*, der auch Silberarbeiten verkauft, liegt an der Hauptstraße nach Sianok, gegenüber steht ein schmuckes traditionelles Minang-Haus. Bis Sianok ist es nicht weit (1 1/2 km Richtung Westen), und von hier führt ein abenteuerlicher Pfad über eine steile Treppenanlage wieder hinunter in den Cañyon. Dort erreicht man wieder die Straße, die von Bukittinggi durch den westlichen Teil des Cañyon führt.

## Stierkämpfe

Jeden Dienstag und Samstag, außer im Ramadan, finden in **Pasar Rebo** (2 km von Koto Baru), **Koto Lawas**, **Pincuran Tujuh** oder anderen Orten Stierkämpfe statt, bekannt als *Adu Kerbau*. Wechselnder Austragungsort ist immer nur eines der Dörfer, mal nur für eine Woche, mal zwei bis drei Monate lang. Die Atmosphäre ist äußerst spannend, zwei Stiere kämpfen gegeneinander, bis einer die Flucht ergreift. Der Kampfplatz wird dabei von den umstehenden Männern gebildet. Andere sportliche Betätigungen der Minang-Männer sind Pferderennen in den größeren Orten (Padang, Payakumbuh, Batusangkar, Bukittinggi, Padang Panjang) und die sonntägliche Jagd mit Hunden auf Wildschweine, die häufig Felder und Äcker verwüsten.

### Gunung Merapi

Wer den Gunung Merapi besteigen will, fährt am besten mit dem ersten Bus um 5.00 Uhr nach Koto Baru, wenn man auf der Tour nicht übernachten will. Den Trip muß man hier bei der Polizei anmelden (etwa 200 m nach der Abzweigung nach Pandai Sikat). Da es keine Wegemarkierungen gibt, sollte man sich schon vor dem Aufstieg im Hotel informieren oder besser gleich einen Guide nehmen. Schon mehrere Leute sind am Merapi spurlos verschwunden oder bei einem Ausbruch getötet oder verletzt worden.

Nach einer Stunde erreicht man die Reste des alten Forsthauses, und etwa 10 Minuten vor diesem kann man in einer Hütte übernachten. Nach weiteren zwei Stunden Dschungelmarsch ist die Waldgrenze erreicht. Hinter dem Graben muß man den Zick-Zack-Weg nehmen, der links hinauf durch das Lavageröll führt. Nach einer weiteren Stunde ist man auf dem 2891 m hohen Gipfel, der leider häufig von Wolken verhüllt ist.

## Danau Maninjau

Einer der schönsten Seen Sumatras! Besonders beeindruckend ist der Blick auf den See und die ihn umgebenden Berge von **Puncak Lawang**. Man nimmt einen frühen Bus vom Aur Kuning Terminal in Bukittinggi für 700 Rp nach **Lawang**.

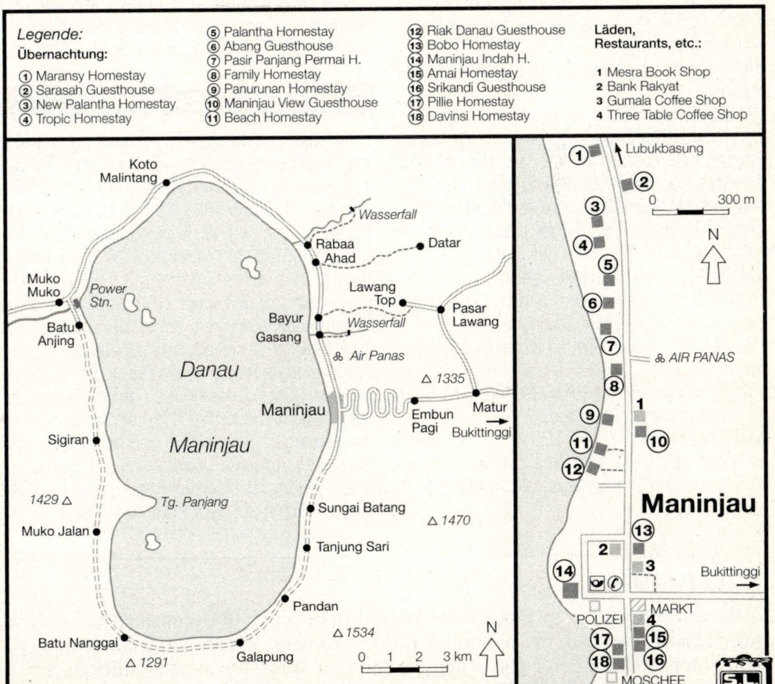

Von hier sind es etwa 40 Minuten Fußmarsch nach Puncak Lawang, 760 m über dem See; oder mit Minibus von Lawang zum Aussichtspunkt, 400 Rp. Ein Fußpfad führt vor dem Schlagbaum durch den Dschungel hinunter nach **Bayur**. Leider wird hier immer mehr abgeholzt, um Zimtbäume zu pflanzen. Im Wald links vom Fußpfad findet man zahlreiche Makaken, sieht man sie nicht, wird man sie bestimmt hören. Der Abstieg dauert zwei Stunden - von Bayur sind es 3 km bis zum Dorf **Maninjau**.

Etwa 300 m vor Maninjau gibt es links von der Straße ein Badehaus mit warmem Wasser. Es lohnt sich, im ruhigen Maninjau einige Tage zu verbringen. Man kann im See baden und die reizvolle Landschaft genießen. Der letzte Bus zurück nach Bukittinggi fährt gegen 16.00 / 17.00 Uhr (800 Rp, 36 km). Die asphaltierte Straße führt über 45 Haarnadelkurven steil nach oben - auch von hier hat man gute Aussicht, wenn der Bus nicht völlig überbesetzt ist.

Südlich und östlich des Sees sind über 22 000 ha Wald unter Naturschutz gestellt worden. Die Rufe der dort lebenden Siamang sind noch in Maninjau zu hören, selbst Tiger werden gelegentlich gesichtet.

### ÜBERNACHTUNG

*BEACH HOMESTAY**, freundliche Leute, preiswert und vor allem hübsch und sehr ruhig am See gelegen, etwas heruntergekommen.
*RIAK DANAU**, etwas besser als der Beach Homestay.
Weitere einfache Losmen stehen südlich vom Markt:
*SRIKANDI** und *PILLIE** sind o.k.
*DAVINSI HOMESTAY**, Zi mit und ohne Mandi.
Einfache Homestays findet man auch nördlich von Maninjau an der Straße nach Bayur:
*PALANTHA**, empfehlenswert, direkt am See, kostenlose Boote, mit Coffee Shop.
*NEW PALANTHA**, unsauber und finster.
*MARANSY**, am Ufer des Sees.
*PANURUNAN***, direkt an der Straße nach Norden und nicht so schön gelegen.
*FAMILY****, kleines, freundliches Guesthouse mit viel Komfort.
*PASIR PANJANG PERMAI***-*****, zu teuer für den gebotenen Standard.
*MANINJAU INDAH HOTEL**-*****, Zi unterschiedlicher Qualität, am See gelegen, mit teurem, enttäuschendem Restaurant und Bootsvermietung.
In **Batu Anjing** am gegenüberliegenden Seeufer, südlich von Muko Muko, 15 Min. zu Fuß von der Power Station, der sehr ruhig gelegene *LOSMEN CINTO MANIH**.
Oberhalb des Sees in **Embun Pagi** vor den Haarnadelkurven und mit toller Aussicht, die *EMBUN PAGI COTTAGES* (US$25 - 50).

### TRANSPORTMITTEL / TOUREN

Im Losmen / Hotel kann man nachfragen, wenn man Fahrzeuge chartern will. Etwa 4000 Rp pro Tag kostet ein Fahrrad; ein Motorrad 15 000 Rp pro Tag; ein Kanu 5000 Rp pro Tag bzw. 4000 Rp pro halben Tag; ein Minibus um den See kostet 25 000 Rp; ein Motorboot 25 000 / 35 000 Rp pro Std. Eine Motorradfahrt um den See (ca. 60 km) dauert etwa 3 Std., der See ist 16 km lang und 8 km breit, die Straße um das südliche Seeufer ist stellenweise miserabel.
Für Wanderungen durch die Berge am See kann man im Beach Guesthouse oder im *Three Table Coffee Shop* nach Zal fragen, einem Guide, der versteckte Wasserfälle und herrlich gelegene, selten besuchte Dörfer zeigt, z.B. Datar.
Am Sonntag ist Markt in Ahad, dann herrscht reges Treiben auf dem Pfad nach Datar.

## Payakumbuh

Entlang der Straße von Bukittinggi kommt man hinter Baso an mehreren „Krupuk-Fabriken" vorbei, die besichtigt werden können. Die in der Sonne trocknenden, roten und weißen Scheibchen weisen den Weg. Am nordwestlichen Stadtrand findet man die Höhle **Ngalau Indah**. Man muß eine 2 km lange, steile Straße hinauflaufen - oben gibt es Erfrischungsstände, in der Höhle ist elektrisches Licht. Der Blick von hier oben auf das weite Tal ist eigentlich faszinierender als die Tropfsteinhöhle selbst. In der nicht besonders stimulierenden Stadt Payakumbuh (ca. 92 000 Einwohner, 510 m ü.d.M.) findet an jedem Sonntag ein großer **Markt** statt.

### ÜBERNACHTUNG

Einige der Padang-Restaurants in den neuen Gebäuden am zentralen Platz vermieten auch Zimmer.
Besser und ruhiger wohnt man jedoch in
*RIZAL'S HOUSE**, Parit Rantang 71, oder in
*WET'S HOUSE**, Kota Baru Balai Janggo, Lingkungan IV / 16, 5 Min. zu Fuß vom Markt.
*ZURNI BOER**, Labuh Baru 6, ist ein Guesthouse in der Jl. Pacuan.
*WISMA FLAMBOYANT*-***, Jl. Ade Irma Suryani 73.
2 km südöstlich vom Markt gibt es ein Guesthouse in einem traditionellen Minang-Haus.
*HOTEL WISATA**-****, an der Hauptstraße.

### SONSTIGES

**INFORMATIONEN** - Ein kleines *TOURIST OFFICE* in der Jl. Olah Raga 31, tel 22885.

**VORWAHL** - 0752.

### TRANSPORT

Regelmäßige Busse von BUKITTINGGI, 33 km, 700 Rp.
Zudem stoppen alle Busse in Richtung PEKANBARU in Payakumbuh.

### Lembah Harau Naturschutzgebiet

15 km nordöstlich von Payakumbuh liegt ein wunderschönes Tal, das von steilen Felswänden begrenzt wird. Von den 300 ha des Reservats sind 10% zu einem Erholungspark ausgebaut worden mit Spazierwegen, Rastplätzen und Aussichtsplattformen. Dieses Gebiet soll um 23 500 ha geschützen Wald auf den Bergen im Osten (Richtung Riau) erweitert werden, wo Tiger, die Waldziegenantilope und andere bedrohte Tierarten leben.

Man erreicht das Tal mit einem Bus bis Payakumbuh sowie einem weiteren Minibus für etwa 10 km bis nach **Sarilamak** (400 Rp) am Anfang des Tales. Von dort geht es zu Fuß 90 Minuten die schnurgerade Straße entlang bis zum Information Office. Sonnabends am Markttag verkehren ab und an Busse für 300 Rp.

2 km weiter nach rechts kommt man zu einem schönen, 50 m hohen Wasserfall, in dessen Bassin man seine müden Füße kühlen kann. Ein weiterer Wasserfall liegt 1 km links vom Office.

# Das südliche Tana Minang

## Batusangkar

60 km südöstlich von Bukittinggi liegt das Zentrum der Minangkabau-Kultur Batusangkar. Sehenswert ist das neue **Balai Adat**.

Nur etwa 30 Minuten Fußmarsch (1 1/2 km) führen nach **Pagaruyung**. Im Ort steht direkt an der Straße ein 1,50 m hoher Stein mit Sanskrit- und Kawi-Inschriften aus der Zeit des Königs Adityawarman (14. Jahrhundert). Weitere *Batu Tulis* (= beschriebene Steine) entdeckt man in den nahegelegenen Dörfern **Bendang**, **Saruaso** und **Limakaum**.

In Saruaso gibt es außerdem Königsgräber mit Steinphallus. Nach weiteren 2,5 km erreicht man den originalgetreu nachgebauten **Istana**. Das Innere des riesigen Königspalastes ist mit bunten Stoffen dekoriert. Einige Königsgräber werden noch heute von deren Nachfahren gepflegt. Alte Versammlungshäuser stehen in **Limakaum** und **Pariangan**.

An der Straße von Batusangkar zum Singkarak-See kommt man zur Abzweigung nach **Balimbing** (ca. 2 km), einem Dorf mit mehreren alten Rumah Adat, z.T. über 150 Jahre alt.

Geht man die Straße am Balai Adat vorbei weiter nach hinten, erreicht man das älteste Haus des Ortes, das **Rumah Adat Kampainan Panjang**, das unter Denkmalschutz steht. Noch fünf Personen bewohnen das große Haus - eventuell kann man hier auch übernachten. Eine besonders schöne Bergstrecke führt am Ombilin-Fluß entlang hinunter zum See.

### ÜBERNACHTUNG UND INFORMATION

*HOTEL PAGARUYUNG*-***, Jl. Prof. Hamka 4, nebenan *HOTEL PARMA*-**; HOTEL YOHERMA*-****, Jl. Prof. Hamka 15, tel 71130.

Ein kleines *TOURIST OFFICE* befindet sich in der Jl. Pemuda 1.

### TRANSPORT

Zu erreichen ist der Ort Batusangkar ab BUKITTINGGI mit einem Minibus für 1100 Rp.

Das Bus Terminal befindet sich 2 km östlich der Stadt, für einen Minibus ins Zentrum bezahlt man 200 Rp.

## Danau Singkarak

Der große Hochlandsee südlich von Bukittinggi ist fast genau so schön gelegen wie der Danau Maninjau. Die Hauptstraße Bukittinggi - Solok führt am Ostufer des Sees entlang. In **Ombilin**, wo man den Abfluß des Sees überquert, kann man Boote mieten. Der Zufluß ist beim Dorf Singkarak. Man kann im See baden, das Wasser ist kühl und klar. *Idul Fitri,* das Ende des Ramadan, wird in den Orten am See mit folkloristischen Darbietungen und Bootsrennen gefeiert.

In **Sulitair** steht eines der am besten erhaltenen Minangkabau-Häuser, etwa 70 m lang. 20 Familien leben darin.

### ÜBERNACHTUNG

Nördlich von Ombilin kann man am Seeufer in **Batu Tebal** übernachten:
im *MINANG HOTEL**-****, und im
*HOTEL JAYAKARTA**-****, tel 21279.
Möchte man etwas mehr Komfort ist das *HOTEL SUMPUR***** das Richtige.

### TRANSPORT

Von Singkarak fährt gegen Mittag der letzte Bus nach Sulitair. Der letzte Bus zurück zur Hauptstraße verläßt Sulitair gegen 15.00 Uhr, sonst muß man die 14 km laufen. 500 Rp kostet der Bus von Singkarak nach PADANG PANJANG und von da 400 Rp nach BUKITTINGGI.

# RIAU

*Etwa 3,8 Millionen Menschen leben in der Provinz Riau (94 562 km$^2$), die sich über einen großen Teil der Ostküste Sumatras und die Inselarchipele Riau und Lingga erstreckt. Außerdem gehören die Anambas- und Bunguran- (= Natuna) Inseln zwischen Kalimantan und West-Malaysia dazu. Reich ist Riau aufgrund des Erdöls; nördlich der Hauptstadt Pekanbaru liegen die Ölfelder von Minas und Duri - beide durch eine Pipeline mit dem Raffineriezentrum Dumai verbunden. Südlich von Pekanbaru werden die Ölfelder von Lirik und Pudu ausgebeu-*

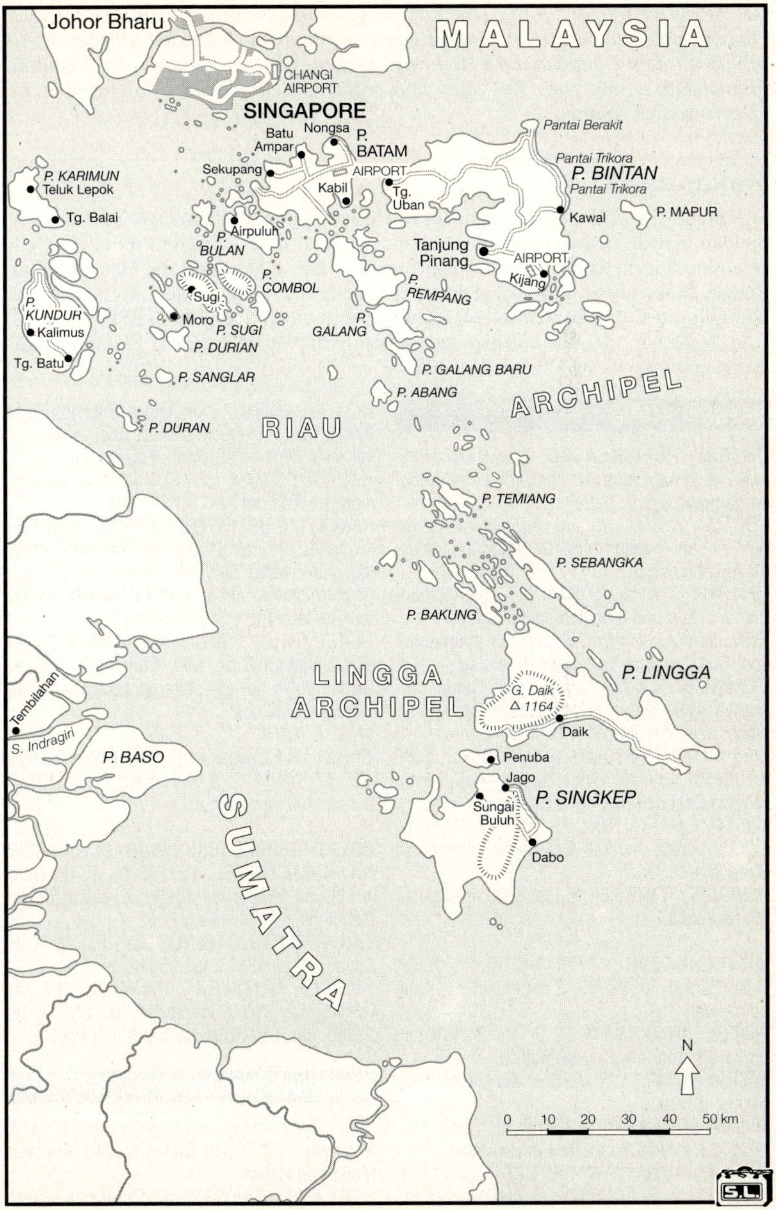
Johor Bharu
MALAYSIA
CHANGI AIRPORT
SINGAPORE
Batu Ampar
Nongsa
P. BATAM
Sekupang
AIRPORT
Kabil
Tg. Uban
Pantai Berakit
Pantai Trikora
P. BINTAN
Pantai Trikora
Kawal
P. MAPUR
Tanjung Pinang
AIRPORT
Kijang
P. KARIMUN
Teluk Lepok
Tg. Balai
Airpuluh
P. BULAN
P. COMBOL
Sugi
Moro
P. SUGI
P. DURIAN
P. REMPANG
P. GALANG
P. KUNDUR
Kalimus
Tg. Batu
P. SANGLAR
P. GALANG BARU
P. ABANG
ARCHIPEL
P. DURAN
RIAU
P. TEMIANG
P. SEBANGKA
P. BAKUNG
LINGGA ARCHIPEL
P. LINGGA
G. Daik
1164
Daik
Tembilahan
S. Indragiri
P. BASO
Penuba
Jago
P. SINGKEP
Sungai Buluh
Dabo
SUMATRA
N
0 10 20 30 40 50 km

*tet. Allwetterstraßen führen von Bukittinggi nach Pekanbaru und weiter nach Dumai; eine andere Straße verläuft von Pekanbaru nach Rengat mit einem Anschluß an den Trans-Sumatra-Highway. Andere wichtige Verkehrsadern sind die breiten Flüsse, die zum Teil auch von größeren Schiffen weit flußaufwärts befahren werden können.*

## Pekanbaru

Die Stadt (ca. 350 000 Einwohner) mit ihren vielen Verwaltungs- und Bankgebäuden läßt den Ölreichtum ahnen. Entsprechend hoch sind die Preise. Hier gibt es außerdem die besten Ananas von Sumatra. Der Hafen und die Hausboote am Sungai Siak lohnen einen Spaziergang abseits der Hauptstraße. Will man sich den Ölmulti Caltex mal ansehen, kann man mit einem Oplet hinausfahren.

In Sebanga, 140 km nördlich von Pekanbaru, findet man ein Elefanten-Trainingscenter (= Pusat Latihan Gajah).

### ÜBERNACHTUNG

**UNTERE PREISKLASSE** - *LOSMEN MUSLIM**, Jl. Agus Salim 21, zentral gelegen, aber vergammelt.

*LOSMEN NIRMALA** und *PENGINAPAN RINA**, nebeneinander in der Jl. Yatim am Hafen, für Anspruchslose.

*DHARMA UTAMA HOTEL*-***, Jl. Sisingamangaraja 6, laut und renovierungsbedürftig.

*PENGINAPAN LINDA**, Jl. Nangka, gegenüber vom Bus Terminal, laut und sehr einfach.

*TOMMY'S PLACE**, Jl. Nangka, Gang Nantongga 41D, 500 m vom Busbahnhof, spartanisch, aber der Traveller-Treffpunkt; Infos.

*GEMINI GUESTHOUSE*-***, Jl. Taskurun 44, tel 32916, nur 300 m vom Busbahnhof in einer ruhigen Seitenstraße, nette Besitzerin.

*WISMA MUARO TAKUS*-*** und *WISMA UNEDO*-***, beide in der Jl. Cempedak, eine ruhige Seitenstraße.

*POPPIES HOMESTAY**, Gang Cempedak II / 20, tel 33863.

**MITTELKLASSE** - *AFRI HOTEL****, Jl. Dr. Setia Budi 5, tel 22090, Zimmer mit ac, nahe dem Hafen.

*HOTEL ANGKASA**-****, Jl. Dr. Setia Budi, preiswert, aber etwas ungemütlich.

*WIDYA HOTEL**-****, Jl. Sam Ratulangi, nicht weit vom Hafen.

*WISMA BUNDA**-*****, Jl. Prof. M. Yamin 104, tel 21728, kleines, sauberes Familienhotel.

*WISMA RAUDA***-***** (bis US$40), Jl. Tangkuban Prahu 4, tel 33372, zentral, doch ruhig und gepflegt.

*HOTEL ANOM****, Jl. Gatot Subroto 3, tel 22636, inkl. Frühstück, sauber, aber etwas dunkel, viele Zimmer haben nur Fenster zum Hof.

*BADARUSSAMSI HOTEL***-*****, Jl. Sisingamangaraja 71, tel 22475, ruhig und sauber.

*KENDEDES SRI HOTEL***-*****, Jl. Hang Tuah 46, tel 22795, fax 31097, mit Disco und etwas laut, aber guter Service, saubere, nett eingerichtete Zimmer mit ac und TV, zudem ein teures Restaurant.

*HOTEL RIAU*****, Jl. Diponegoro 34, tel 35479, alle Zimmer mit ac, inkl. Frühstück, schöner Garten, ruhig gelegen, älteres, renovierungsbedürftiges Gebäude.

*WISMA YANI**-****, Jl. Pepaya 17, tel 23647, Zimmer mit Fan oder ac, inkl. Frühstück, ruhig.

*HOTEL SINDA**-****, Jl. Pepaya 73, tel 23719, Zimmer mit Fan oder ac.

**OBERE PREISKLASSE** - *INDRAPURA INTERNATIONAL HOTEL* (ab US$30), Jl. Dr. Sutomo 86, tel 36233, fax 38906, zu teuer für das Gebotene, mit Swimming Pool.

*TASIA RATU HOTEL* (US$30 - 60), Jl. K. H. Ashari 10, tel 25863, fax 25912, zentral.

*HOTEL MUTIARA PANGHEGAR* (ab US$45), Jl. Yos Sudarso 12, tel 23102, fax 23380, das Top-Hotel der Stadt, mit Pool.

### ESSEN UND TRINKEN

Die meisten Restaurants liegen zentral in der Jl. Sudirman und in den Seitenstraßen zwischen Markt und Hafen.

*HOLLAND BAKERY*, Jl. Sudirman, bietet Backwaren in bewährter Qualität an.

*RESTAURANT SARI BUNDA,* Jl. Gatot Subroto 8, eine Seitenstraße der Jl. Sudirman. Gutes Nasi Padang, im 1. Stock mit ac.
In der Jl. Ir. Juanda, nicht weit vom Hafen, befinden sich die sehr guten chinesischen Restaurants *JUMBO* (Seafood) und *MEDAN* (Riesenauswahl und mit ac).
Wer etwas tiefer in die Tasche greifen will, findet die besten Restaurants der Stadt im Mutiara Panghegar sowie im Indrapura Hotel.
Am Abend ißt man ebenfalls ausgezeichnet in den Warung am Markt in der Jl. Sudirman / Bonjol, die eine große Auswahl an Gerichten anbieten.

## SONSTIGES

**ENGLISCH-UNTERRICHT** - Wer an Unterricht oder an Kontakt zu einheimischen Familien interessiert ist: *AM-ENGLISH COURSE,* Jl. Riau 61.

**GELD** - Geldwechsel in der *BANK NEGARA INDONESIA 1946,* Jl. Sudirman 63, oder in der *BANK DAGANG NEGARA,* Jl. Sudirman 163.
Einen Money Changer findet man am Markt in der Jl. Cokroaminoto.

**INFORMATIONEN** - *TOURIST OFFICE,* Dinas Pariwisata, Jl. Gajah Mada 200, tel 25301, wenig ergiebig.

**PHPA** - Office, Jl. Pemasarakatan 8.

**POST / TELEFON** - Das Hauptpostamt und das *KANTOR TELKOM* liegen in der Jl. Sudirman, südlich vom Markt.
Wie das Telkom Office haben auch einige Wartel 24 Std. geöffnet, z.B. in der Jl. Riau und in der Jl. Sudirman, Ecke Jl. Gatot Subroto.

**VORWAHL** - 0761.

## NAHVERKEHRSMITTEL

In Pekanbaru kann man die meisten Wege bequem zu Fuß bewältigen, vom Busbahnhof zum Hafen sind es etwa 4 km.
Minibusse fahren auf verschiedenen Routen ab Busbahnhof für 250 Rp, egal wie weit.
Taxi erreicht man bei: *GARUDA TAXI,* Jl. Jen. A. Yani 49, tel 22151; und *KOPSI,* Jl. Sudirman 426, tel 25050.

## TRANSPORT

**BUSSE** - Der Fernbusbahnhof liegt an der Jl. Nangka. Hier sind auch die Büros der Busgesellschaften.
**Preisbeispiele:** BUKITTINGGI 4500 Rp (6 - 8 Std.), PADANG 6000 Rp, MEDAN 14 000 Rp, DUMAI 4000 Rp, TANJUNG KARANG 30 000 Rp, RENGAT 5000 Rp.

**FLÜGE** - Der Simpang Tiga Airport liegt 10 km südlich der Stadt. Reisebüros und Airlines haben einen Minibus-Service, ein Taxi kostet 7500 Rp. Vom Airport in die Stadt geht man zuerst 1 km zur Hauptstraße und nimmt von da einen Minibus zum Busbahnhof, 500 Rp.
Büros der Fluggesellschaften: *GARUDA / MERPATI,* Jl. Sudirman 343, tel 21026.
*SEMPATI,* im Hotel Mutiara Panghegar, Jl. Yos Sudarso 12, tel 32694.
Zentraler liegt ein Agent: *P.T. KOTA PIRING KENCANA TRAVEL,* Jl. Sisingamangaraja 1, tel 34970.
*PELANGI AIR / SMAC,* c/o *P.T. INDORAYA MULIA,* Jl. Sudirman 106, tel 32622.
Pelangi Air und Sempati fliegen nach MELAKA, US$55, und KUALA LUMPUR, US$70.
SMAC fliegt für 146 000 Rp nach DABO (P. Singkep) und nach TANJUNG BALAI (P. Karimun) für 85 000 Rp .
Weitere **Preisbeispiele** (ohne Mehrwertsteuer):
BATAM 79 000 Rp (MZ, SG),
JAKARTA 218 000 Rp (MZ, SG),
TANJUNG PINANG 98 000 Rp (MZ, SG),
MEDAN 119 000 Rp (MZ),
PADANG 51 000 Rp (MZ),
PALEMBANG 134 000 Rp (MZ),
SINGAPORE US$95 (GA).
Ein guter Travel Agent ist *P.T. CENDRAWASIH KENCANA TOURS & TRAVEL,* Jl. Imam Bonjol 32, tel 22286, sehr hilfsbereite Leute!

**SCHIFFE** - Tickets bekommt man am Hafen in den Büros verschiedener Gesellschaften und gegen Aufpreis auch bei Tommy.
Die Verbindungen nach BATAM: zuerst Schiff nach SELATPANJANG, Abfahrt tgl. 17.00 Uhr, 12 Std., kostet 12 500 Rp. Dort direkter Anschluß um 7.30 Uhr mit Speedboat nach Batam, 3 Std., 16 000 / 20 000 Rp.
Oder: Täglicher Bus um 8.00 Uhr von Pekanbaru nach BUTUN, 3 Std., weiter um 12.30 Uhr

mit dem Speedboat nach Batam, 3 1/2 Std. 2x die Woche gegen 18.00 Uhr geht ein direktes Boot nach BATAM, 40 Std., 27 500 / 30 000 Rp.
Fast täglich fährt auch ein direktes Schiff den Sungei Siak hinunter bis nach TANJUNG PINANG. Abfahrt zwischen 16.00 und 18.00 Uhr. Preise: 17 000 Rp Deck (nicht zu empfehlen) oder 21 000 Rp Kabine. Der Trip dauert an die 40 Std., schnellere Schiffe schaffen es in 26 Std. Die Boote sind häufig total überfüllt, und Deck-Passagiere finden kaum Platz. Essen sollte man selbst mitbringen, an Bord gibt es nur Reis und kleine, gebratene Fische. Getränke mitnehmen! Vor allem nachts gut auf das Gepäck aufpassen! Angelegt wird in SELATPANJANG (Pulau Tebingtinggi), TANJUNG BATU (Pulau Kundur) und MORO (Pulau Sugibawah). Von den landschaftlichen Eindrücken sehr empfehlenswert, sonst nur für Leute, die anstrengende Trips gewohnt sind. Am übernächsten Tag gegen 10.00 Uhr ist man in Tanjung Pinang.
Außerdem ein Schiff nach TANJUNG BALAI (P. Karimun), 2x wöchentlich um 16.00 Uhr, 28 Std., 18 000 Rp Kabine / 12 000 Rp Deck. Von Tanjung Balai mit Speedboat nach Batam, 2 Std., 18 000 Rp.

## Tanjung Pinang

*Pinang = Betelnußpalme (Arekapalme) - Die wichtigste Stadt im Riau-Archipel ist nur 80 km Luftlinie oder vier Stunden Bootsfahrt von Singapore entfernt und ein wichtiger Verkehrsknotenpunkt zwischen Sumatra, Riau und Lingga, Kalimantan und vor allem Singapore. Aufgrund der geographischen Nähe sind die Inseln im Süden von Singapore wichtige und vor allem lukrative Schmuggelorte. Tanjung Pinang ist zum überwiegenden Teil von Chinesen bewohnt, die jeden Abend vor ihrem Fernseher sitzen und die TV-Programme aus der Löwenstadt oder aus Malaysia empfangen. Die meisten Reisenden sind in Tanjung Pinang nur für ein paar Stunden, um auf eine Fähre zu warten. Die Stadt ist ein guter Ausgangspunkt für Trips auf die Nachbarinseln.*

Tanjung Pinang selbst, obwohl Hauptort von **Pulau Bintan**, bietet nicht allzuviel. Die Stadt ist z.T. auf Pfählen ins Meer gebaut - moderne Pfahlbauten stehen heute auf Betonsäulen. Erst vor wenigen Jahren ist bei einem Großbrand ein bedeutender Teil des Wasserdorfes abgebrannt. Abends kann man einen Spaziergang auf den **Bukit** machen und den Sonnenuntergang verfolgen.

2 km außerhalb der Stadt an der Straße nach Kijang gibt es ein kleines Museum, **Kandil Riau**. Raja Razak, der Initiator und Besitzer, ist aber meist nicht da, und das Museum bleibt dann geschlossen. Tg. Pinang ist ein visafreier Ein- und Ausreiseort, so daß man nicht unbedingt über Pulau Batam fahren muß.

### ÜBERNACHTUNG

Hotels sind teuer, besonders am Wochenende - werktags kann man versuchen zu handeln.

**UNTERE PREISKLASSE** - *BONG'S HOMESTAY**, Jl. Lorong Bintan II, 20, Seitengasse der Jl. Bintan, 300 m vom Hafen - eine nette chinesische Familie. 5 winzige, aber saubere Zimmer mit Fan, Gemeinschaftsmandi.
*JOHNNY'S GUESTHOUSE**, Jl. Lorong Bintan II, 22, ist ähnlich wie Bong's und gleich nebenan.
*NADIA GUESTHOUSE**, Jl. Bintan II, 26a, tel 23996, hat sieben kleine Zimmer mit Fan, nicht alle mit Fenster, Gemeinschaftsmandi.
*ROMMEL GUESTHOUSE**, Jl. M. Yusuf Kahar 12, in einer Seitengasse neben dem Hotel Wisma Riau.
*LOBO'S GUESTHOUSE**, Jl. Diponegoro 8, relativ saubere Zimmer mit Fan, mit Garten.
*HOTEL SURYA***, Jl. Bintan 49, tel 21811, fax 21293, Zimmer mit und ohne Mandi, etwas muffig, aber relativ sauber, kleiner Innenhof.

**MITTLERE UND OBERE PREISKLASSE** - *SAMPURNA INN HOTEL**-*****, Jl. Yusuf Ka-

har 6, tel 21555, 21883, etwas vergammelt, Zimmer mit und ohne Fenster, mit Fan oder ac, teilweise mit TV, Tel und Balkon.
*HOTEL TANJUNG PINANG***-*****, Jl. Pos 692, tel 21236, fax 21379, schon etwas vergammelt und muffig, aber o.k., zentral, einige Zimmer ohne Fenster, mit ac, TV, Heißwasser.
*WISMA RIAU HOTEL***-*****, Jl. Yusuf Kahar 8, tel 21023, 21133, fax 24082, z.T. große Zi mit TV, ac, Heißwasser, Kühlschrank und Tel, relativ sauber, etwas laut, Moschee in der Nähe, zentral.
*BINTAN ISLAND INDAH HOTEL* (US$25 - 40), Jl. Bakar Batu 22, tel 21946, fax 23616, meist kleine Zimmer, aber mit TV, ac, Tel, Heißwasser und Frühstück, sauber, mit Restaurant und Disco.
*DYNASTY HOTEL* (US$30 - 45), Jl. Tambak 117, tel 23707, fax 23554, saubere, meist kleine Zi mit den üblichen Annehmlichkeiten, 2 große Deluxe-Zimmer auf der Dachterrasse.
*SANNO HARBOUR VIEW HOTEL* (US$35 - 60), Jl. Pos 25, tel 21898, fax 22058, sauber, gepflegt und zentral, schöne Terrasse am Meer, aber trotz des verlockenden Namens hat man aus den kleinen Fenstern kaum Aussicht.
*RIAU HOLIDAYS INDAH HOTEL* (US$35 - 45), Jl. Palantar II, 53, tel 22644, 22573, Zimmer mit und ohne Fenster, relativ sauber und gepflegt und nett eingerichtet, mit ac, TV usw., große Terrasse am Meer.
*SAMPURNA JAYA HOTEL* (US$30 - 65), Jl. Yusuf Kahar 15, tel 21555, fax 21269, gut, zentral und sauber, z.T. große Zimmer, schöne Aussicht vom 4. Stock.
*PARADISE HOTEL* (US$50 - 90), Jl. Potong Lembu 58 B, Seitenstraße der Jl. Bakar Batu, tel 21831, 24213, fax 22335, sehr gutes, luxuriöses Hotel etwa 1 km vom Zentrum, mit gutem Restaurant und schöner Aussicht vom 5. Stock (Lift).
*PINANG ISLAND COTTAGE* (US$40 - 50), Jl. Gudang Minyak 133, Komplek Rimba Jaya, tel 21307, fax 22099, 1,2 km vom Zentrum, mit Garten, Restaurant und Fahrradvermietung.
*SHANGRILA HOTEL* (US$30 - 60), Jl. Gudang Minyak, tel 22202, 1,2 km vom Zentrum, gut und sauber, Zimmer mit und ohne Fenster, mit Restaurant, Bar und Karaoke.
Etwas **weiter außerhalb** liegen: *HOTEL HALIM*, Jl. D. I. Panjaitan km 6, tel 23719, (US$25 - 45), sehr gut, sauber, nett eingerichtet. Mit Restaurant.
*HOTEL KARTIKA* (US$35 - 60), Jl. M. T. Haryono km 3,5, tel 22446, fax 22518, klein, akzeptabel, kleiner Pool, Sauna, Fitness-Raum und kleiner Garten.
*RAINBOW HOTEL* (US$35 - 45), Jl. D. I. Panjaitan km 6, tel 21982, sehr gut und sauber. Kleiner Garten, Restaurant und gutem Service.
*GARDEN HOTEL* (US$35 - 40), Jl. Gatot Subroto 282, km 5, tel 22344, tel 22470, sehr gut und sauber. Großem Garten mit Restaurant.
*BINTAN BEACH RESORT* (US$45 - 85), Jl. Pantai Impian 1, etwa 3,5 km vom Zentrum, tel 23661, fax 23995, sehr gutes und sehr sauberes Luxushotel am Meer (kein Sandstrand), einige Zi mit Balkon, großer Pool, Restaurant, Bar, Disco, Tennis etc.
Wer länger bleiben will, sollte auch die Hotels am Pantai Trikora (s. u.) mit in Betracht ziehen.

## ESSEN UND TRINKEN

Gutes Essen bekommt man auf dem chinesischen Nachtmarkt in der Jl. Pos. Mehr Auswahl bietet das abends geöffnete Food Centre zwischen Jl. Ketapang und Jl. T. Umar.
*SEAFOOD CENTRE,* Teluk Keriting, Jl. Usman Harun 16, tel 23215, fax 21631. Eine reichliche Auswahl an Seafood hat dieses außerhalb gelegene Restaurant.
*SAMPURNA INN,* neben dem gleichnamigen Hotel, Jl. Yusuf Kahar 6. Das kleine Restaurant bietet gutes und preiswertes Padang Food.

## SONSTIGES

**FAHRRÄDER** - vermietet *IDRIS BICYCLE RENTAL,* Jl. Samudra, am Hafen, gegenüber vom Souvenir Shop, für 3500 Rp pro Tag.

**GELD** - *BANK DAGANG NEGARA,* Jl. Teuku Umar 23, tel 21648, wechselt US$, DM, Sfr u.a., cash und TC, geöffnet Mo - Fr 8.00 - 14.30, Sa 8.00 - 12.00 Uhr.
*BANK NEGARA INDONESIA,* Jl. Teuku Umar 630, tel 21643, wechselt nur US$, S$ und RM, TC und cash, geöffnet Mo - Fr 8.00 - 12.30 und 13.30 - 15.00, Sa 8.00 - 13.00 Uhr.
**Money Changer:** *P.T. DASA EXCHANGE CAKRA,* Jl. Pos 14, tel 23851, wechselt DM, US$ u.a., TC und cash, geöffnet Mo - Sa 8.00 - 18.00, So 8.00 - 13.00 Uhr.
*P.T. NETRA SERVICE JAYA*, Jl. Pos 2, tel 21384, nur für US$, RM und S$ bar, keine TC.

**IMMIGRATION** - *KANTOR IMIGRASI*, Jl. J. A. Yani km 4,5.

**POST** - *KANTOR POS*, Jl. Merdeka 17, geöffnet Mo - Sa von 8.00 - 20.00, So von 8.00 - 13.00 Uhr.

**TELEFON** - Für Internationale Telefonate, Fax, Telegramme und Telex ist das *KANTOR TELKOM* zuständig, Jl. Hang Tuah 11, tel 23183, fax 22115, tgl. 24 Std. geöffnet.
Ähnlichen Service bieten:
*WARTEL KEMUSUK*, Jl. Mawar 232, tel 21900, fax 22467, geöffnet tgl. 6.00 - 24.00 Uhr.
*WARTEL IRA*, Jl. Bakar Batu 46, tel 24355, fax 22304, tgl. geöffnet 7.00 - 24.00 Uhr.
*WARPOSTEL TRASCO MADYA*, Jl. Tugu Pahlawan 1A, 1,5 km vom Zentrum, tel 24155, fax 24084, tgl. geöffnet 7.30 - 24.00 Uhr.

**VORWAHL** - 0771.

## NAHVERKEHRSMITTEL

**MINIBUSSE** - *Angkutan Kota*, haben keinen festen Standplatz; man kann sie überall in der Stadt anhalten, nach der Richtung fragen und sein gewünschtes Fahrtziel nennen.
Sie kosten 300 Rp *jauh/dekat*, also egal wie weit, d.h. nur bis 5 km. Für 5 - 8 km werden 500 Rp verlangt.

**MOTORRAD-TAXEN** - *Ojek*, stehen an fast jeder Straßenecke und kosten etwa 500 Rp/km; zum Trikora Beach 20 000 Rp.

**SAMPAN** - kleine Boote, gerudert oder mit Motor, zu finden am Hafen oder an der Jl. Pelantar I.
Sie kosten 600 Rp p.P. zur Insel PENYENGAT, bzw. 500 Rp p.P. über die Bucht nach SENGGARANG, falls man sie mit anderen Fahrgästen teilt; Charter 15 000 Rp pro Std.

**TAXI** - z.T. uralte Limousinen, durchweg ohne Taxameter, stehen meist am Hafen und dort, wo sich die Jl. Merdeka zu einem breiten Platz erweitert.
Sie kosten 6500 Rp nur für die 500 m vom Hafen ins Zentrum (!), 6500 Rp für die 5 km vom Hafen/Zentrum zum Pelni-Office, zum Airport 10 000 Rp, zum Pantai Trikora 25 000 - 35 000 Rp. Charter kostet 10 000 Rp pro Stunde.

## TRANSPORT

**BUSSE** - Der Bus Terminal liegt etwa 7 km außerhalb vom Zentrum an der Jl. D. I. Panjaitan, zu erreichen mit einem Minibus für 500 Rp. Tgl. zwischen 7.00 und 12.00 Uhr fahren ca. 5 Busse nach KIJANG, 700 Rp; tagsüber stündlich nach TG. UBAN, 2500 Rp; ca. 5 Busse zwischen 7.00 und 11.00 Uhr zum TRIKORA BEACH, 2000 - 2500 Rp.

**FLÜGE** - Der Kijang Airport liegt 12 km außerhalb der Stadt; Taxi ab Jl. Merdeka kostet 10 000 Rp.
*MERPATI*, Jl. Bintan 44, tel 21267, 22002, fax 21269, geöffnet Mo - Do und Sa 7.30 - 16.00, Fr 7.30 - 11.00, 13.30 - 16.00, So 7.30 - 14.00 Uhr.
*SEMPATI*, Jl. Bintan 9, tel 21377, 21042, fax 22116, geöffnet Mo - Sa 7.00 - 16.00, So 7.00 - 11.00 Uhr.
*SMAC*, Jl. Jen. A. Yani km 5, tel 22798, tgl. geöffnet 7.30 - 16.30 Uhr. SMAC fliegt Mo, Di, Do, Fr und Sa nach DABO, P. Singkep, 101 000 Rp; Di und Fr nach JAMBI, 158 000 Rp; Mo, Do und Sa nach PANGKALPINANG, P. Bangka, 140 000 Rp.
Weitere Flüge: JAKARTA 195 000 Rp (SG, MZ, tgl.), PEKANBARU 98 000 Rp (SG, MZ, tgl.).

**SCHIFFE** - *Pelni-Office*, Jl. Jen. A. Yani km 5, tel 21513, fax 23427, geöffnet Mo - Do und Sa 8.00 - 12.00, Fr 8.00 - 11.30 Uhr.
Jeden zweiten Freitag fährt das Pelni-Schiff **KM. Rinjani** von Kijang, einem Hafen an der Ostküste von Pulau Bintan, nach DUMAI. Auf dem Rückweg ist sie am folgenden Sonntag wiederum in Kijang und fährt weiter über MUNTOK (P. Bangka) und JAKARTA nach SURABAYA, UJUNG PANDANG, BAU BAU, AMBON und SÜD-MOLUKKEN.
An jedem anderen Freitag (alle 2 Wochen) fährt die **KM. Umsini** nach DUMAI und am folgenden Sonntag über JAKARTA, SURABAYA und UJUNG PANDANG nach BALIKPAPAN, PALU, KWANDANG und MANADO.
Am selben Freitag wie die Umsini fährt die **KM. Binaiya** über die ANAMBAS- und NATUNA-Inseln nach BILITON und JAKARTA, am folgenden Fr fährt sie über KUALA ENOK nach Jakarta.
**Preisbeispiele** (Ekonomi / 1. Kl.):
DUMAI 22 000 / 71 000 Rp,
JAKARTA 39 000 / 142 000 Rp.

Tickets für alle anderen Boote und Fähren bekommt man bei vier Agenten am Hafentor; weitere Agenten in der Jl. Pelantar I.
Ein Sampan (200 / 300 Rp) ist erforderlich, falls die Schiffe nicht am Pier anlegen und draußen in der Bucht ankern.
SINGAPORE: 9.30, 10.00, 13.00 und 14.00 Uhr tgl., 48 000 - 54 000 Rp, 3 Std.
PEKANBARU: Abhängig von der Nachfrage und Funktionstüchtigkeit der Boote fast tgl. gegen 11.00 / 12.00 Uhr, 40 - 50 Std., mit Zwischenstops in MORO auf Pulau Sugibawah, in TANJUNG BATU auf Pulau Kundur und in SELATPANJANG auf Pulau Tebingtinggi. Kostet nach Pekanbaru: Deck 15 000 / Kabine 20 000 Rp. Von Selatpanjang auch Boote nach Dumai.
TEMBILAHAN, am Sungei Indragiri: Di, Do und Sa, gegen 10.00 Uhr, Schnellboot in 4 - 5 Stunden, 55 000 Rp. Von Tembilahan auf dem Sungei Indragiri nach RENGAT; Speedboat 14 000 Rp, 5 Std.; Slowboat 6000 Rp, 10 Std. Von Rengat (hat auch Flughafen, z.B.: mit SMAC über Jambi nach Dabo-Singkep und nach Pekanbaru), Bus nach Pekanbaru 4500 Rp. Oder von Tembilahan Schiff nach Jambi. Zum Unabhängigkeitstag (17. August) finden in vielen Orten am Sungai Indragiri spannende Bootsrennen statt.
PULAU LINGGA: unregelmäßig 1 - 2x die Woche mit kleinen Frachtern, 8 - 10 Std.; besser über Pulau Singkep fahren.
PULAU SINGKEP: Mo, Mi und Fr um 13.00 Uhr mit der **M.V. Sinar Bahari** in 4 1/2 Std. für 26 500 Rp inklusive Versicherung und Hafengebühr. Oder Do und So um 10.00 Uhr mit der **M.V. Hentry** in 9 - 10 Std. für 17 000 Rp.
KABIL, Pulau Batam: etwa 8x tgl. zwischen 8.30 und 17.00 Uhr, 8000 - 10 000 Rp.
Noch eine billige, wenn auch umständliche Möglichkeit, nach KABIL zu gelangen:
Von Tg. Pinang nach TG. UBAN, 89 km, Bus 2500 Rp, 2 1/2 Std., fährt alle 1 - 2 Stunden. Von Tg. Uban nach KABIL (Pulau Batam), Fähre, 1 Std., 2600 Rp, alle 1/2 Std. Von Kabil nach Batam Center, 18 km, Sammeltaxi 3500 Rp pro Person, oder normales Taxi 13 000 Rp. Von Batam Center nach Sekupang Bus 400 Rp.
SELATPANJANG, alle 2 Tage gegen 10.00 Uhr, 37 500 Rp.
JAMBI, unregelmäßig einmal die Woche, 25 000 Rp.
PANGKALPINANG, P. Bangka: Di und Fr 8.00 Uhr mit dem Luxus-Express-Boot **M.V. Bintan Permata** (ac) in 9 Std. für 51 500 Rp; das Schiff fährt weiter nach JAKARTA: insgesamt 22 Std. für 91 500 Rp.

## Die Umgebung von Tanjung Pinang

### Die Strände auf Pulau Bintan

Mehrere schöne, einsame Strände liegen im Osten, Norden und Süden der Insel Bintan. **Pantai Berakit** im Nordosten kann mit einem Bus erreicht werden. **Pantai Trikora** ist einer der schönsten Strände. Man fährt auf einer neuen Straße Richtung **Kijang** und biegt bei Batu (Kilometerstein) 10 links hinter der Moschee ab. Von hier sind es weitere 18 km bis **Kawal**. Im Dorf geht es rechts ab, und nach weiteren 9 km ist man am Strand. Pantai Trikora besteht aus mehreren, hintereinanderliegenden Stränden (Pantai Trikora 1 - 4), wo man einige Übernachtungsmöglichkeiten findet. An verschiedenen Strandabschnitten muß man mit Moskitos und Sandfliegen rechnen.

#### ÜBERNACHTUNG

*YASIN'S GUESTHOUSE**-****, Pantai Trikora, Teluk Bakau km 36, spartanische Holzhütten an einem schmalen Sandstrand, mit und ohne Mandi, Frühstück inbegriffen, weitere Mahlzeiten gegen Aufpreis; ca. 100 m vorm Strand liegt eine winzige Insel; Schnorchelausrüstung kann gemietet werden: Maske, Schnorchel und Flossen kosten 12 000 Rp pro Tag.
*TRIKORA COUNTRY CLUB* (US$40 - 45), Jl. Teluk Bakau km 37, luxuriöse Bungalowanlage mit Bar, Restaurant und kleinem Pool, Buchung über Hotel Kartika, Tg. Pinang; Schnorchelausrüstung, Boote und Motorräder können gemietet werden. Die Anlage soll erweitert werden.

*MATAHARI GUESTHOUSE**** (inkl. 3 Mahlzeiten), Malang Rapat km 43, an einem schmalen weißen Sandstrand, einfache aber saubere und nett eingerichtete Hütten mit Moskitonetzen, ein deutsch-kanadisch-indonesisches Unternehmen.

*DAVID'S BEACH HOUSE**** (Paradise Cottage), Malang Rapat km 46, Tg. Keling, spartanisch eingerichtete Hütten mit und ohne Mandi, mit Moskito-Netzen; der Strand hier ist nicht so schön, aber es gibt ein paar große vorgelagerte Felsen und weiter draußen einige kleine Inseln.

### Pulau Mapur

Die 17 km lange und 5 km breite Insel hat ca. 300 Einwohner und noch viel unberührte Natur: Dschungel, Höhlen, Sandstrände und Korallengärten. Wohnen kann man in *Stanley's Beach Bungalows*. Man erreicht die Insel mit einem täglichen Boot ab Kijang, 2500 Rp, 2 1/2 Std, Abfahrt gegen 12.00 Uhr.

## Pulau Batam

Batam ist die Abkürzung von Batu Ampar. Die Insel in der Nähe von Singapore ist visafreier Ein- und Ausreiseort und neben Tanjung Pinang der wichtigste Verkehrsknotenpunkt im Riau-Archipel. Die Ansiedlung von Industrie und die damit verbundene Infrastruktur haben die Insel ziemlich verändert. Breite, für Indonesien ungewöhnlich gute Straßen durchschneiden Batam, und seit 1990 spricht man vom *Growth Triangle* Singapore - Johore - Batam, einer Region mit außergewöhnlichem wirtschaftlichem Wachstum. Viele Betriebe aus Singapore haben ihre Produktion hierher verlegt, aber auch der Tourismus wird besonders im Nordosten um Nongsa entwickelt, wo eine Reihe guter, aber teurer Strandhotels entstanden ist; darüber hinaus ist Batam eine Duty Free-Einkaufszone.

Der Hauptort der Insel heißt einfach Batam Center (oder Nagoya), eine neue Stadt, die noch einen unfertigen Eindruck macht. Hier findet man Geschäfte, Kinos und einige teure Hotels. Batam Center erreicht man per Bus (Colt oder Bemo gibt es nicht), 400 Rp vom Hafen Sekupang. Boote sind häufig genug, so daß man nur wenige Stunden auf Batam zu bleiben braucht.

Nach Möglichkeit sollte man die Ein- oder Ausreise von / nach Singapore an Samstagen sowie Sonn- und Feiertagen vermeiden, wenn Singaporeaner und Malaysier in Scharen auftreten und stundenlanges Schlangestehen und Gedrängel bei der Paßkontrolle verursachen.

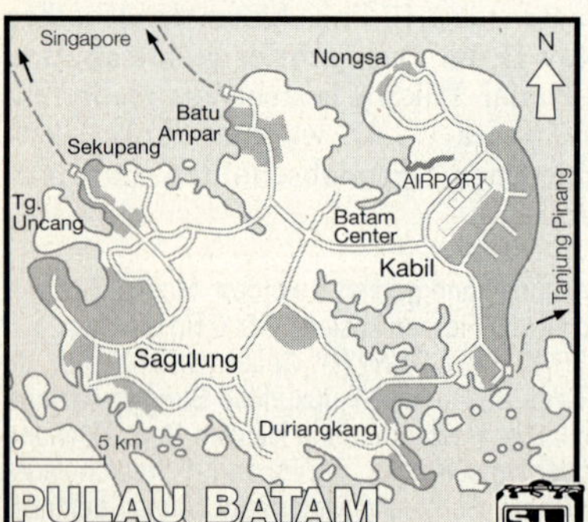


**ÜBERNACHTUNG**

Wer sich die durchweg teuren Hotels der Insel nicht leisten kann, sollte sich bei Taxifahrern erkundigen, die einige private Homestays** kennen.

**HOTELS** - Preise in S$ oder US$ angegeben:

*BUKIT MUTIARA HOTEL* (S$55 - 65), Jl. G. Bromo, Nagoya, tel 0778 - 458481, fax 456234, angenehme Zimmer mit ac, TV und tel, guter Service.

*BATAMJAYA HOTEL* (ab S$76), Jl. Raja Ali Haji, Nagoya, tel 458707, fax 458057, mit kleinem Swimming Pool.

*NAN TONGGA VIEW HOTEL* (ab S$98), Jl. Raja Ali Haji, Jodoh, tel 459796, fax 459670, 136 Zimmer mit ac, TV, Minibar usw.
*HILLTOP HOTEL* (ab S$100), Jl. Ir. Sutami 8, Sekupang, tel 322482, fax 322211, mit Pool.
*NAGOYA PLAZA HOTEL* (ab S$125), Jl. I. Bonjol, Nagoya, tel 459888, fax 457880.
Resorts am Strand:
*TURI BEACH RESORT* (ab US$85), Batu Ampar, tel 321543, fax 323740, Bungalows im balinesischen Stil, großer Swimming Pool, Bars, Restaurants, Sauna, Tennis, Wassersport und vieles mehr.
*NONGSA BEACH COTTAGES* (ab US$60), Nongsa, tel 422652.
*BATAM FANTASY RESORT* (ab US$55), Tanjung Pinggir, Sekupang, tel 322825, fax 322850.

## TRANSPORT

**FLÜGE** - Am Airport Hang Nadim findet man nur Taxis; von / nach SEKUPANG 15 000 Rp. Es gibt am Airport keine Möglichkeit zum Geldtauschen.
*GARUDA,* Pesero Bldg., 2nd Fl., tel 458510, Batu Ampar.
*MERPATI,* Jl. Sultan Abdurrahman, Komp. Lumbung Rejeki Blok H 14, Nagoya, tel 456585, fax 458510.
*SEMPATI,* Jl. S. Abdurrahman, Komp. Lumbung Rejeki Blok D 4, Nagoya, tel 458156, 457965.
**Preisbeispiele** (ohne Mehrwertsteuer): MEDAN 169 000 Rp (MZ, SG), PEKANBARU 79 000 Rp (MZ), JAKARTA 204 000 Rp (GA, MZ, SG), PONTIANAK 148 000 Rp (MZ, SG), PALEMBANG 113 000 Rp (MZ), PADANG 114 000 Rp (MZ, SG), PANGKALPINANG 159 000 Rp (SG).

**SCHIFFE - von Sekupang** nach SINGAPORE: tgl. bis zu 30x zwischen 6.15 und 21.50 Uhr, 1/2 Std., um die 25 000 Rp - man kann auch in Singapore Dollar bezahlen (S$19). Ticketverkauf, Imigrasi, Money Changer (nur bar), ein Restaurant und ein *duty free shop* am Hafen bzw. der Ferry-Jetty.
Alle Fähren sind absolute Luxusklasse (bequeme Sitze, ac etc.). Singapore-Zeit ist 1 Stunde weiter als West-Indonesien-Zeit. In Singapore Ankunft am Singapore Cruise Center (World Trade Center); hier ein Money Changer.
Nach TANJUNG PINANG: fahren zwei Luxusschnellboote tgl. um 10.00 und 15.00 Uhr, 2 Std., 28 000 Rp, und ein Slowboat tgl. um 10.00 Uhr, 5 Std., 14 000 Rp.
Nach TANJUNG BALAI (Pulau Karimun): tgl. 15.00 Uhr, 18 000 Rp, 2 Std.; von hier 2x pro Woche Anschluß nach PEKANBARU.
Nach PEKANBARU: tgl. Speedboat nach SELATPANJANG 20 000 Rp, 3 Std., weiter nach Pekanbaru 12 500 Rp, 12 Std.
2x pro Woche fährt auch ein direktes Boot nach Pekanbaru, 27 500 / 30 000 Rp, 40 Std.
Von **Batu Ampar** - nach SINGAPORE 2x tgl. um 10.00 und 16.00 Uhr; 1/2 Std., 18 000 / 22 000 Rp.
Nach TANJUNG PINANG: Ein Schnellboot Di, Do und Sa 10.00 Uhr; 2 1/2 - 3 Std.; 28 000 Rp; Einmal tgl. um 11.00 Uhr fährt ein Slowboat, 5 Std., 14 000 Rp. Zwischen den Häfen Sekupang und Batu Ampar verkehrt ein Bus für 500 Rp.
Von KABIL am Südost-Zipfel der Insel Batam verkehrt alle 30 Minuten eine Fähre nach TANJUNG UBAN, Pulau Bintan.

# DER SÜDEN SUMATRAS

*Der Süden der Insel umfaßt die Provinzen Jambi, Süd-Sumatra, Bengkulu und Lampung. Es ist eine weitgehend unzugängliche Region, in der Dschungelgebiete und Sümpfe das Bild prägen.*

*In der Nähe von Palembang befand sich bereits vor über 1200 Jahren die Hauptstadt des kulturell hochstehenden Sri Vijaya-Reiches, das den Handel zwischen China und Indien kontrollierte. Im 11. Jahrhundert dehnte es seinen Machtbereich von der Malaiischen Halbinsel bis nach Java hin aus, bis es durch südindische und später auch javanische Truppen zerschlagen wurde. In der höfischen Kunst und Kultur haben sich die Einflüsse indischer, chinesischer und arabischer Kaufleute niedergeschlagen.*

*In den südlichen Provinzen Bengkulu und Lampung leben viele Javaner, die bereits zu Beginn dieses Jahrhunderts im Rahmen der Transmigrasi-Programme von der dicht besiedelten Insel in nahezu menschenleere Regionen umgesiedelt wurden. Durch Pfeffer kamen die Provinzen in den vergangenen Jahrhunderten zu Reichtum, und noch vor dem Zweiten Weltkrieg war Lampung der größte Pfefferproduzent der Welt. Heute sind Ölfunde in Süd-Sumatra ein wesentlicher Grund für die Erschließung der Dschungelregionen.*

## Palembang

*Über eine Million Bewohner hat die expandierende Hauptstadt Süd-Sumatras heute. Alle wichtigen Straßen und zwei Eisenbahnlinien führen nach Palembang, dem Verkehrsknotenpunkt im Süden. Eine große Ölraffinerie liegt in der Nähe, deren Produkte über den Erdölhafen am Musi-Fluß verschifft werden.*

Sehenswert ist das **Balaputra Dewa Museum** (Provinz-Museum), Jl. Sudirman km 6. Hier sind die ethnologischen, die archäologischen sowie die zoologischen Sammlungen untergebracht. Wer sich für die Skulpturen des Pasemah-Hochlands interessiert, kann sich hier schon die am besten erhaltenen Exemplare anschauen. Geöffnet Di - Do 8.00 - 14.00, Fr 8.00 - 11.00, Sa und So 8.00 - 12.00 Uhr, Mo geschlossen.

Das Museum für Stadtgeschichte, **Museum Sultan Mahmud Badaruddin**, ist in einem Sultanspalast aus dem Jahre 1780 untergebracht. Es steht in der Jl. Benteng am nördlichen Ufer des Sungai Musi nicht weit von der großen Brücke Jembatan Ampera. Geöffnet Mo - Do 8.00 - 16.00, Fr 8.00 - 12.00 und 14.00 - 16.00, Sa 8.00 - 12.00 Uhr, So geschlossen. Außerdem findet man hier einen kleinen Informationsstand des Tourist Office.

Auch die verschiedenen Märkte Palembangs sind einen Besuch wert. **Pasar Ilir** ist die alte Chinatown am Nordufer des Musi. Heute reiht sich hier Laden an Laden. Das Batik- und Songket-Angebot ist recht groß. Vereinzelt findet man auch noch traditionelle Schmuckarbeiten aus Gold oder Silber. Viele interessante Läden sind in der Jl. Guru. Gut ist *Kud Mawar Melati,* 30 Ilir, Jl. Tl. Kerangga 276, mit alten Textilien und Gemälden.

### ÜBERNACHTUNG

**UNTERE PREISKLASSE** - *HOTEL SEGARAN**, Jl. Segaran 15, tel 355134, mit Fan und Gemeinschaftsmandi, laut, schmuddelig und finster.

*PENGINAPAN RIAU**, Jl. Dempo Luar 409, tel 352011, einfache Zimmer, nicht allzu sauber, jedoch mit Fenster, gemeinsames Mandi.

*HOTEL SUMATRA**, Jl. Mayor Ruslan 351, tel 352603, sehr spartanische Zimmer mit und ohne Fenster, mit kleinem Frühstück.

*HOTEL PURNAMA*-***, Jl. Mayor Ruslan 7, tel 351400, am besten in der unteren Preisklasse, einigermaßen saubere, helle Zimmer mit und ohne Mandi.

**MITTLERE PREISKLASSE** - *WISMA PERDANA****, Jl. Letkol. Iskandar 911, tel 356684, leicht vergammelte Zimmer mit ac, TV und kleinem Frühstück, an einer lauten Straße.

*HOTEL NUSANTARA**-****, Jl. Letkol. Iskandar 17, tel 353306, etwas laut, aber saubere Zimmer mit und ohne Fenster, mit Fan oder ac, TV und Tel.

*HOTEL SRIWIDJAJA**-*****, Jl. Letkol. Iskandar 31, tel 354193, bei Indonesiern beliebt, relativ sauber, aber etwas muffig; die Fenster der

Zimmer öffnen sich alle zum Flur; mit Fan oder ac, z.T. mit TV, Tel, Heißwasser und Kühlschrank.
*HOTEL PURI INDAH***-*****, Jl. Merdeka 38 - 40, tel 356912, sauber und nett eingerichtete Zimmer in einer alten holländischen Villa, mit schönem, kleinem Innenhof und kleinem Garten; einige Zimmer ohne Fenster, alle mit ac, z.T. auch mit TV, Heißwasser und Badewanne; mit Restaurant, Disco und Bar.
*KENANGA INN****, Jl. Bukit Kecil 76 (Jl. K. H. A. Dahlan), tel 358166, nur relativ saubere Zimmer mit ac, Badewanne, Frühstück und z.T. mit Fenster.
*ARJUNA HOTEL****, Jl. Kapten A. Rivai 219, tel 356719, mit Fan oder ac, TV und Heißwasser, einige Zimmer mit Balkon, renovierungsbedürftig.
*LE PARADIS HOTEL* (US$23 - 36), Jl. Kapten A. Rivai 58, tel 356707, etwas heruntergekommen, aber sauber und o.k., mit kleinem Garten.
*SARI HOTEL* (US$15 - 37), Jl. J. Sudirman 1301, Ecke Jl. Kapt. A. Rivai, tel 313320, z.T. große Zimmer, alle mit ac, TV, Heißwasser, Badewanne und Kühlschrank, etwas vergammelt, aber sonst o.k. und sauber; angeschlossen ist das Padang Restaurant *Sari Bundo.*

**OBERE PREISKLASSE** - *LEMBANG HOTEL* (ab US$50), Jl. Kol. Atmo 16, tel 363333, 313476, fax 352472, mit Bar, Disco, Coffee Shop (24 Std.) und Restaurant mit Live Musik; Zimmer mit Aussicht im 7. Stock.
*KING'S HOTEL* (ab US$54), Jl. Kol. Atmo 623, tel 310033, fax 310937, 7 Stockwerke; sehenswert ist die mit kunstvollen Holzschnitzereien ausgestattete Sriwijaya Suite, die aber auch satte US$480 pro Nacht kostet.
*HOTEL SWARNA DWIPA* (ab US$45), Jl. Tasik 2, tel 313322, fax 362992, ruhig gelegen, mit Garten, Swimming Pool und gutem Restaurant.
*HOTEL SANDJAJA* (ab US$78), Jl. Kapt. A. Rivai 6193, tel 310675, 350634, fax 313693, mit Swimming Pool und einer Sailendra Presidential Suite für US$600 pro Nacht.

## ESSEN

*RESTAURANT INDAH,* Jl. Veteran 433 A, bietet indonesisch-chinesische Küche.
*RESTAURANT PAGI SORE,* Jl. J. Sudirman 96, tel 352783, gutes Padang Food.
*RESTAURANT GEMBIRA,* Jl. J. Sudirman 195.
*RESTAURANT PALAPA RAYA,* Jl. J. A. Yani 68.
Köstliches Gebäck kann man in der *NEW HOLLAND BAKERY,* Jl. J. Sudirman, kaufen; weiterhin in der *HAWAII MODERN BAKERY,* Jl. Letkol. Iskandar 902 F, tel 350184.

## SONSTIGES

**EINKAUFEN** - Ein gutes Sortiment an **Landkarten und Stadtplänen** hat der *TOKO BUKU GRAMEDIA,* Jl. Kol. Atmo 45, tel 353493.

**GELD** - *BANK NEGARA INDONESIA,* Jl. J. Sudirman 689, tel 352316.
*BANK BUMI DAYA,* Jl. J. Sudirman 1779, tel 358571.
*BANK DAGANG NEGARA,* Jl. Kapten A. Rivai 57, tel 352644.
*BANK CENTRAL ASIA,* Jl. Kapten A. Rivai 22, tel 358244.

**INFORMATIONEN** - *DINAS PARIWISATA,* Jl. POM IX, tel 357348, geöffnet Mo - Do 8.00 - 14.00, Fr 8.00 - 11.00, Sa 8.00 - 12.00 Uhr, bietet relativ gute Informationen über die Provinz und einen Stadtplan.
*DINAS PARIWISATA,* Jl. Benteng, tel 358450, im Museum Sultan M. Badaruddin, geöffnet Mo - Do 8.00 - 16.00, Fr 8.00 - 12.00 und 14.00 - 16.00, Sa 8.00 - 12.00 Uhr; Informationen über Palembang.

**PHPA** - Jl. Kol. H. Berlian, Ponti Kayu km 6,5; tel 411476.

**POST** - Die Hauptpost steht in der Jl. Merdeka, geöffnet Mo - Do 8.00 - 20.00, Fr 8.00 - 12.00 und 14.00 - 20.00, Sa 8.00 - 15.00 und 16.00 - 20.00, So 7.00 - 13.00 und 14.00 - 20.00 Uhr. Ein kleines *Kantor Pos* befindet sich auch in der Jl. Kapt. A. Rivai.

**TELEFON** - *KANTOR TELKOM,* Jl. Merdeka 5, neben der Hauptpost, tgl. 24 Std. geöffnet.
Außerdem gibt es einige Wartel: Eines neben dem Hotel Lembang in der Jl. Kol. Atmo, ein anderes in der Jl. Kapt. A. Rivai 47, neben dem Arjuna Hotel, tgl. 24 Std. geöffnet.

**VORWAHL** - 0711.

## NAHVERKEHRSMITTEL

**BECAK** - kosten etwa 500 Rp pro km, fahren in der Regel aber nicht auf den Hauptstraßen, vor allem nicht auf der Jl. J. Sudirman.

**BUS** - DAMRI-Stadtbusse, Bis Kota, verkehren nur entlang einiger Hauptstraßen, haben feste Haltestellen und kosten 300 Rp, egal wie weit.

**OPLET** - Minibusse *(Angkutan Kota)* haben keinen bestimmten Terminal, kommen aber fast alle früher oder später am Markt gegenüber dem Stadtmuseum, Jl. Benteng, vorbei; sie kurven auf verschiedenen variablen Routen durch die Stadt, man kann sie überall anhalten und sollte vor Fahrtantritt mit dem Fahrer das Fahrtziel klären; kosten 300 Rp, egal wie weit.

**SAMPAN** - Wer den Sungai Musi mit einem kleinen Kahn, gerudert oder mit schwachem Motor, überqueren will, zahlt dafür 500 - 1000 Rp.

**TAXI** - Es gibt nur wenige Taxi mit Taxameter in der Stadt, am besten bestellt man sie über ein Hotel; die Einschaltgebühr beträgt 800 Rp, jeder weitere km kostet ca. 400 Rp.
Taxi ohne Taxameter kann man für ca. 6500 Rp pro Stunde chartern.

## TRANSPORT

**BUSSE** - Der Bus Terminal für den Fernverkehr, **Tujuh Ulu**, liegt am südlichen Ufer des Sungai Musi bei der modernen, von Japan erbauten Hebebrücke *Jembatan Ampera*. Vorsicht, hier wird viel geklaut!
Einige Fernbusse, z.B. nach Jakarta, fahren vom Office des jeweiligen Busunternehmens ab.
*BENTENG JAYA,* Jl. K. S. Tubun 19, tel 312211.
*P.O. PUTRA REMAJA,* Jl. Veteran 4887 F, tel 353029.
*A.L.S.,* Jl. Kol. Atmo, tel 356235, und Jl. Basuki Rahmat, tel 411114.
**Preisbeispiele:**
JAKARTA 21 000 / ac 40 000 Rp; TANJUNG KARANG 11 000 Rp; MEDAN 40 000 Rp; BUKITTINGGI / PADANG 16 000 / ac 25 000 Rp; LUBUKLINGGAU 9000 / ac 17 000 Rp; PAGARALAM 6000 Rp, 6 1/2 Std., 293 km.

**EISENBAHN** - Der Bahnhof *Kertapati* liegt am südlichen Ufer des Sungai Musi, zu erreichen für 300 Rp mit einem Oplet ab Zentrum; oder mit einem Taxi (ohne Taxameter) für 5000 Rp.
TANJUNG KARANG: Tgl. 9.00 und 21.00 Uhr; 4500 Rp Economy Class, 18 000 Rp Business Class, 28 000 Rp Executive Class; Fahrzeit ca. 8 Std.
LUBUKLINGGAU: Tgl. 8.00 und 20.00 Uhr; 4500 / 10 000 Rp; Fahrzeit ca. 7 1/2 Std. Wie in Java bekommt man auch hier ISIC-Ermäßigungen.

**FLÜGE** - Der Sultan Mahmud Badaruddin Airport liegt 15 km nördlich der Stadt. Oplet ab Stadtmuseum, Jl. Benteng, 500 Rp, dann muß man die letzten 2 km laufen; Taxi 12 000 Rp.
*MERPATI / GARUDA,* Jl. Kapt. A. Rivai 35, tel 312790, 311029, fax 312131; geöffnet Mo - Do 7.30 - 12.00 und 13.00 - 16.45, Fr 7.30 - 11.30 und 13.45 - 16.45, Sa und So 9.00 - 13.00 Uhr.
**Preisbeispiele** (ohne MwSt):
SINGAPORE US$125, JAMBI 52 000 Rp, JAKARTA 117 000 Rp, BENGKULU 77 000 Rp, PANGKALPINANG 50 000 Rp, PEKANBARU 134 000 Rp, MEDAN 227 000 Rp, PADANG 136 000 Rp, TANJUNG PANDAN 98 000 Rp, BATAM 113 000 Rp, RENGAT 110 000 Rp.
Zum selben Preis wie Merpati fliegt auch tgl. Deraya nach TANJUNG PANDAN:
*DERAYA AIR TAXI,* Jl. J. Sudirman 2954, tel 353700, 356462, geöffnet Mo - Fr 8.00 - 16.00, Sa und So 8.00 - 13.00 Uhr.

**SCHIFFE** - Vom Hafen BOOM BARU am Nordufer des Sungai Musi, östlich vom Zentrum, fahren tgl. zwei Expressboote nach MUNTOK (Pulau Bangka), 20 000 Rp, 3 Std.; Abfahrtzeiten ändern sich laufend.
Einmal tgl. fährt eine Autofähre zur Pulau Bangka ab dem westlich vom Zentrum gelegenen Hafen TANGGA BUNTUNG, 10 000 Rp, 12 - 14 Std.
Tickets für die KM. Rinjani und die KM. Umsini ab Muntok, Pulau Bangka, bekommt man bei Pelni, Jl. Yos Sudarso 7, am Hafen Boom Baru, tel 311334, fax 311335, geöffnet Mo - Do 8.00 - 12.00, Fr 8.00 - 11.00 Uhr.

*Fotos - Sumatra; oben: Batak-Häuser am Tobasee; Mitte: Holzschnitzerei der Batak; unten: traditionelles Minangkabau-Wohnhaus*

## Bandar Lampung

Die Hauptstadt der Provinz, am Ende der großartigen Lampung Bay, ist aus den zwei Städten **Tanjung Karang** und **Teluk Betung** zusammengewachsen und zählt heute 700 000 Einwohner. Jede der beiden Städte hat ihr eigenes Zentrum mit eigenen Einkaufsstraßen, Märkten, Banken usw. Die Zentren liegen 5 km auseinander, was Bandar Lampung zu einer ziemlich weitläufigen Angelegenheit macht.

Tanjung Karang zieht sich die Hügel hinauf und bietet einen wunderbaren Ausblick über die Bucht, an deren Ufer Teluk Betung liegt. Am Abend lohnt ein Besuch des Hafens, wenn auf dem nahen Nachtmarkt **Pasar Mambo** in vielen Warung gutes Seafood zubereitet wird. In der Jl. Teuku Umar, 7 km nördlich vom Zentrum Tanjung Karangs, nicht weit vom Busbahnhof Raja Basa, steht das **Lampung Museum**. Ausgestellt sind traditionelle Haushaltsgeräte der Provinz, Keramik aus China und Siam, uralte handgewebte *Tapis*-Stoffe usw. Geöffnet Di - Do 8.00 - 14.00, Fr 8.00 - 11.00, Sa und So 8.00 - 12.00 Uhr.

### ÜBERNACHTUNG

**UNTERE PREISKLASSE** - Das Angebot ist äußerst beschränkt; aber auch Hotels der mittleren Preisklasse bieten manchmal preiswerte Zimmer.
*LOSMEN BAHAGIA**, Jl. Bawal 72, Teluk Betung, tel 42220, ungemütlich, spartanisch.
*HOTEL MINI 1***, Jl. Kartini 72 (Jl. Dwi Warna 7), Tg. Karang, tel 55928; Zimmer mit Fan und Mandi; zentral, schmuddelig und laut.
*HOTEL WIJAYA KUSUMA***, Jl. Way Besai 26, Teluk Betung, tel 52163; nicht sehr saubere Zimmer mit Fan in schöner Hanglage.
*LUSY HOTEL***, Jl. Diponegoro 186, Teluk Betung, tel 45695; einfache Zimmer mit Mandi, Fan oder ac.

**MITTELKLASSE** - *RIA HOTEL**-****, Jl. Kartini 79, Tg. Karang, tel 53974; mit und ohne Mandi, mit Fan oder ac, Fenster zum Flur, zentral und laut.
*GARDEN HOTEL**-****, Jl. Kartini 72, Tg. Karang, tel 55512; kleine Zimmer mit und ohne Fenster, mit Mandi, Fan oder ac, zentral, laut und nicht allzu sauber.
*HOTEL KURNIA DUA**-****, Jl. Raden Intan 75, Tanjung Karang, tel 52905; Zi mit und ohne Mandi, mit Fan oder ac, meist ohne Fenster.
*HOTEL PURNAMA**-*****, Jl. R. Intan 77, Tg. Karang, tel 51447; mit Fan oder ac, TV und Heißwasser, sauber, an einer lauten Straße.
*KURNIA CITY HOTEL***-*****, Jl. R. Intan 114, Tg. Karang, tel 62030, fax 62924; saubere Zi mit Fenster, ac, TV, Tel und Heißwasser, etwas laut, mit Karaoke und kleinem Restaurant.
*HOTEL ANDALAS***-*****, Jl. R. Intan 89, Tg. Karang, tel 63432; sauber und gut, mit Fan oder ac, TV und Heißwasser, nahe der Moschee.
*NUSA INDAH HOTEL***-*****, Jl. R. Intan 132, Tg. Karang, tel 53029, fax 64820; sauber und gut, alle Zimmer mit ac, TV und Tel, etwas schmucklos eingerichtet.
*HOTEL MAHLIGAI PURI****, Jl. Cokroaminoto 29, Tg. Karang, tel 53694; etwas vergammelt, aber noch akzeptabel, Zimmer mit und ohne Mandi, mit Fan oder ac und TV; mit grünem Innenhof und vielen Antiquitäten im Vorraum.
*PONDOK WISATA LAMPUNG INN****, Jl. W. Monginsidi 73, Teluk Betung, tel 45652; klein, einfache Zi mit Fan und Mandi, nicht so sauber.
*SRIKANDI GUESTHOUSE* (US$36 - 48), Jl. Diponegoro 54, Teluk Betung, tel 52154; große Zi, sauber, gepflegt und komplett ausgestattet, inkl. Frühstück. Großer Parkplatz im Innenhof.
*HARTONO HOTEL****, Jl. Ir. Hi. Juanda, Teluk Betung, tel 62525, 62345; alle Zimmer mit ac, TV, Tel und Kühlschrank, inkl. Frühstück; ruhig, sauber, preiswert und sehr gut, in Hanglage mit großartiger Aussicht.
*RAREM HOTEL**-****, Jl. Way Rarem 23, Teluk Betung, tel 61380, 61241; mit Fan oder ac, TV und Heißwasser, sauber und o.k.; Balkon mit Aussicht, kleiner Garten.
*KENANGA HOTEL****, Jl. Cumi Cumi 8, tel 41888, Teluk Betung; muffig und vergammelt.
*KEMALA HOTEL**-*****, Jl. G. Subroto 73, Teluk Betung, tel 62548, 54676; Zimmer mit Fan

*Fotos - Minangkabau in Bukittinggi, West-Sumatra*

oder ac, meist ohne Fenster, etwas heruntergekommen.
*SRIWIJAYA HOTEL****, Jl. Ikan Kakap 25, Teluk Betung, tel 41046; einfache, akzeptable Zimmer mit Fan oder ac, mit Balkon.
*HOTEL PACIFIC****, Jl. Yos Sudarso 3, Teluk Betung, tel 46874; nichts Besonderes.
*LAMPUNG INN****, Jl. Yos Sudarso 1, Teluk Betung, tel 31917; vergammelte und finstere Cottages am Meer.

**Obere Preisklasse** - *INDRA PALACE HOTEL* (ab US$77), Jl. Wolter Monginsidi 70, tel 62766, fax 62399; z.T. mit Aussicht über die Lampung Bay; guter Service, Swimming Pool.
*MARCOPOLO HOTEL* (US$24 - 54), Jl. Dr. Susilo 4, tel 62511, fax 54419; preiswert und daher oft voll, mit herrlicher Aussicht und großem Pool (öffentlich).
*SHERATON INN* (ab US$97), Jl. Wolter Monginsidi 175, tel 46666, fax 46690, das beste Luxushotel von Lampung, mit Pool und schönem Garten; am Wochenende gibt es mitunter einen Discount.
*SAHID KRAKATAU HOTEL* (ab US$40), Jl. Yos Sudarso 294, tel 44022, fax 46589, schön am Meer gelegen, mit Pool, guter Service.

## ESSEN

*RESTAURANT SETIA*, Jl. R. Intan 3, Tg. Karang, tel 51945; gutes, preiswertes Padang Food.
*RESTAURANT BEGADANG*, Jl. Diponegoro 146, tel 53201. Padang-Food in stilvoller Umgebung, aber nicht mehr so preiswert.
*RESTAURANT SIMPANG RAYA*, Jl. Diponegoro 1, tel 54549.
*KENTUCKY FRIED CHICKEN*, Jl. J. Sudirman 11, tel 43723.

## EINKAUFEN

Die traditionellen handgewebten **Stoffe**, für die Lampung berühmt ist, werden u.a. im *TOKO / SANGGAR RUWAJURAI* verkauft. Es gibt zwei Läden mit diesem Namen, die nicht weit voneinander entfernt im Zentrum Tanjung Karangs liegen:
- Jl. Kartini 70 (Jl. Dwi Warna 1), tel 53353;
- Jl. Imam Bonjol 34, tel 52791; hier kann man im Hinterzimmer bei der Herstellung der Stoffe zuschauen.

Die größten **Einkaufszentren** findet man in Tanjung Karang: *TANJUNG KARANG PLAZA*, Jl. Kartini 21, tel 64413;
*BAMBU KUNING PLAZA*, Jl. Imam Bonjol 21, tel 61760;
*GELAEL SUPERMARKET*, Jl. J. Sudirman 11/15, tel 43723.

## SONSTIGES

**GELD** - *BANK NEGARA INDONESIA*, Jl. Laksamana Malahayati 18, Teluk Betung, tel 41946.
*BANK DAGANG NEGARA*, Jl. Laks. Malahayati 138, Teluk Betung, tel 42290.
*BANK BUMI DAYA*, Jl. Laks. Malahayati 30, Teluk Betung.
*BANK CENTRAL ASIA*, Jl. Raden Intan 98, Tg. Karang, tel 51986.

**IMMIGRATION** - *KANTOR IMIGRASI*, Jl. Diponegoro 24, tel 41697.

**INFORMATIONEN** - bei *DINAS PARIWISATA*, Jl. W.R. Supratman 39, Gunung Mas, Teluk Betung, tel 42565; geöffnet Mo - Do 8.00 - 14.00, Fr bis 11.00, Sa bis 13.00 Uhr.
*KANWIL PARPOSTEL*, Jl. Kotaraja 12, Tanjung Karang, tel 51900; Öffnungszeiten wie Dinas Pariwisata.
*WARUNG INFORMASI PARIWISATA*, Jl. Majapahit, Tg. Karang, tel 63272; ein nur sporadisch geöffneter Info-Stand.

**PHPA** - Infos und Permits zum Besuch der Nationalparks (außer in den Parkhauptquartieren vor Ort) bei *PHPA*, Jl. Raya Haji Mena 1 B, tel 73882, Tanjung Karang.

**POST** - Die Hauptpost, *KANTOR POS DAN GIRO BESAR*, ist in der Jl. K. H. A. Dahlan 21, tel 52125; geöffnet Mo - Do 8.00 - 20.00, Fr 8.00 - 11.00 und 14.00 - 20.00, Sa 8.00 - 15.00 Uhr.
Außerdem gibt es noch drei kleinere Postämter, die aber meist nur vormittags geöffnet sind: in Tg. Karang in der Jl. J. Sudirman und in der Jl. Kotaraja 11, nicht weit vom Bahnhof; in Teluk Betung in der Jl. Hasanuddin 41, tel 41134.

**TELEFON** - *KANTOR TELKOM*, Jl. Majapahit 1, Tg. Karang, tel 53105; tgl. 24 Std. geöffnet.
*WARTEL MAHKOTA*, Jl. Ikan Hiu 69, tel 46590, Teluk Betung.

*WARTEL RIANDIKA,* Jl. Hasanuddin 58 B, Teluk Betung, tel 46259.
*WARTEL KOPEGTEL,* Jl. Kartini 1 (Jl. Bukittinggi), tel 64901, fax 64904, Tg. Karang; geöffnet tgl. 8.00 - 22.30 Uhr.

**VORWAHL** - 0721.

## NAHVERKEHRSMITTEL

**BECAK** - verkehren fast ausschließlich in Teluk Betung und kosten ca. 500 Rp pro km.

**BUSSE** - Stadtbusse der Firma DAMRI pendeln zwischen dem außerhalb gelegenen Busbahnhof Raja Basa und Terminal Pasar Bawah am Bahnhof (200 Rp, 7 km) und zwischen Pasar Bawah und Terminal Teluk (200 Rp, 6 km). Der Fahrpreis für Kurzstrecken beträgt ebenfalls 200 Rp; die Busse fahren nur auf den Hauptstraßen und haben gekennzeichnete Haltestellen.

**MIKROLET** - Wie die Stadtbusse pendeln auch die Minibusse zwischen den drei Terminals und fahren noch zum Hafen Panjang.
Sie verkehren auf verschiedenen Strecken, machen auf Wunsch auch Umwege, und man kann sie überall anhalten; sie kosten auf den meisten Strecken 250 Rp, egal wie weit - nur bei größeren Entfernungen, z.B. von Panjang nach Tg. Karang, zahlt man 500 Rp.

**TAXI** - (mit ac und Taxameter) sieht man selten in der Stadt herumfahren; sie stehen meist am Airport oder vor den großen Hotels und können telefonisch bestellt werden: *TAXI 333,* Jl. Ikan Manyung 2, Teluk Betung, tel 45579;
*TRANS BANDAR TAXI,* Jl. Kartini 69, Tg. Karang, tel 63068.
Die Einschaltgebühr beträgt 800 Rp für den ersten km, jeder weitere km kostet 450 Rp.
Ein Taxi kann man auch für 7000 Rp pro Std. chartern (min. für 2 Std.).

## TRANSPORT

**BUSSE** - Der Terminal für Fernbusse, **Raja Basa**, liegt 7 km nördlich vom Zentrum Tanjung Karangs; zu erreichen mit einem Stadtbus für 200 Rp oder einem Minibus für 250 Rp ab Terminal Pasar Bawah.
Alle großen Bus Companies haben ihr Ticket Office am Busbahnhof; es lohnt sich, die Preise (non ac/ac) zu vergleichen.

**Preisbeispiele:**
PALEMBANG 19 000 / 30 000 Rp;
BENGKULU 21 000 / 36 000 Rp;
JAMBI 27 500 / 43 500 Rp;
PADANG / BUKITTINGGI 30 000 / 48 000 Rp;
PEKANBARU 35 000 / 58 000 Rp;
SIBOLGA 42 000 / 67 000 Rp;
MEDAN / PRAPAT 44 000 / 69 000 Rp;
BANDA ACEH 54 000 / 87 000 Rp;
JAKARTA 12 500 / 24 500 Rp;
PAGARALAM 15 000 Rp;
KRUI 6000 Rp (287 km, 8 - 9 Std.).

**EISENBAHN** - 2x tgl. ab Bahnhof Tanjung Karang ein Zug nach KERTAPATI (Palembang), 4500 Rp Economy Class, 18 000 Rp Business Class, 28 000 Rp Executive Class; Fahrzeit ca. 8 Std.

**FLÜGE** - Der Airport Branti liegt 22 km nördlich von Tanjung Karang am Trans-Sumatra-Highway.
Taxi vom Airport nach Tanjung Karang 10 000 Rp, nach Teluk Betung 12 000 Rp.
*MERPATI / GARUDA,* Jl. Kartini 90, Tg. Karang, tel 63226, fax 63041; geöffnet Mo - Do 7.00 - 16.00, Fr 7.00 - 11.00 und 13.00 - 16.00 Uhr, Sa, So und feiertags 9.00 - 13.00 Uhr.
Merpati fliegt mehrmals tgl. nach JAKARTA, 59 000 Rp. Und einmal tgl. nach PALEMBANG, 65 000 Rp.

**FÄHREN** - Zum Hafen der Autofähre BAKAUHENI am äußersten Südostzipfel Sumatras (Tanjung Tua) fahren Busse rund um die Uhr.
Ab Terminal Raja Basa, 1500 Rp, 65 km, in 2 Std.
Tag und Nacht, alle 45 Min. geht eine Fähre nach MERAK (Java), 2 Std.; 3. Kl. 1300 Rp; 2. Kl. 1800 Rp, 1. Kl. ac 2300 Rp, PKW 23 000 Rp, Motorrad 8000 Rp.

# JAVA

*Wer von Indonesien spricht, meint damit nicht selten Java. Hier lebt die Mehrheit der Bevölkerung, hier werden die wirtschaftlich und politisch bedeutsamen Entscheidungen getroffen, hier existierten schon vor Jahrhunderten mächtige Reiche, die eigene Hochkulturen entwickelten. Hier aber wächst auch die Bevölkerung so schnell wie nirgendwo sonst, liegen glanzvolle Macht und ohnmächtiges Elend beieinander, löst die industrielle Entwicklung zunehmend die traditionellen Strukturen auf. Eine Insel im Aufbruch, mit welchem Ziel?*

*Vulkane, Reisterrassen, Steilküsten, kilometerlange Sandstrände und die Tempel vergangener Epochen prägen noch immer das Bild, daneben aber auch Tausende von Dörfern und moderne Großstädte. 750 Einwohner leben heute auf einem Quadratkilometer Java - wie man auch seine Route plant, man wird den Menschen also kaum entkommen. Größte Bevölkerungsgruppen sind im Westen die Sundanesen, im Osten die Javaner und die Maduresen. Ein Schmelztiegel aller indonesischen Völker ist Jakarta. Die Hauptstadt wird für viele Ausgangspunkt einer Tour durch Java sein.*

*Die meisten Touristen rasen von Jakarta nach Yogyakarta und von dort aus weiter nach Bali. Wer die Insel und ihre Menschen etwas besser kennenlernen möchte, sollte die ausgetretenen Pfade verlassen und Ausflüge in die Dörfer machen. Vulkanbesteigungen sind auf Java relativ leicht durchzuführen - eine Vulkankette zieht sich über die gesamte Insel. Vielfach unbekannt sind auch die schönen Strände - es muß nicht immer Bali sein!*

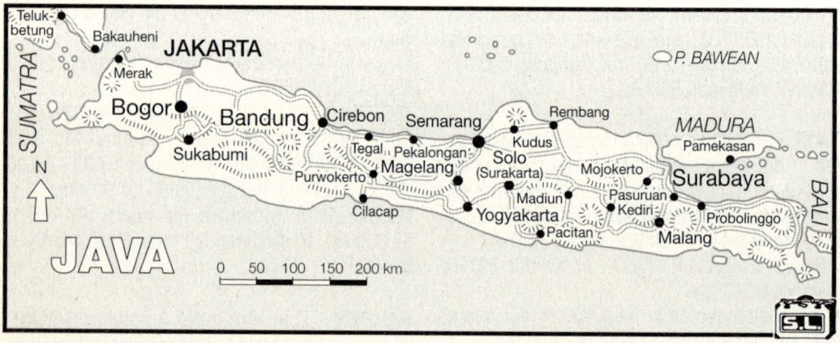


# Jakarta

*Die größte Metropole Indonesiens hat heute etwa 9 Mill. Einwohner. Und sie wächst weiter: Stadtplaner gehen davon aus, daß in 15 bis 20 Jahren eine neue Riesenstadt Jabotabek mit 25 Mill. Einwohnern entstanden sein wird. Jabotabek ist aus den Anfangsbuchstaben von Jakarta, Bogor, Tangerang und Bekasi zusammengesetzt, die in etwa die Grenzen der neuen Metropole bilden werden.*

*Kraß und augenfällig sind die Gegensätze zwischen Armut und Reichtum. Slums beginnen häufig bereits dicht hinter manch prunkvollem Verwaltungspalast. Trotzdem versucht die Stadtverwaltung das Unmögliche - die Lebensquali-*

*tät für die Millionen von Menschen zu erhöhen. Straßen, Brücken, Abwässersysteme, Frischwasserleitungen, Schulen, Gesundheitszentren, Bade- und Waschplätze verschlangen seit 1965 an die US$100 Millionen. Monotone Neubaugebiete mit x-stöckigen Wohnmaschinen, typisch z.B. für Singapore, sucht man hier allerdings vergebens. Stattdessen wurden an die 300 000 Billighäuser errichtet, die sich in die traditionellen „Kampung" Jakartas einfügen. „Kampung" nennt man die dorfähnlichen Stadtteile beiderseits der großen Straßen, die häufig nur auf schmalen Wegen, gerade so breit wie ein Motorrad, erreichbar sind. Ländliches Indonesien scheint sich hier, obwohl mitten in der Großstadt, erhalten zu haben.*

*Für den Besucher hat Jakarta, wie jede Großstadt, verschiedene Gesichter. Einerseits ist man mit allen Problemen einer Dritte-Welt-Metropole konfrontiert, andererseits aber hat man die Möglichkeit, sich mehr als in jeder anderen Stadt über Indonesien zu informieren. Zahlreiche Museen lohnen einige Tage Aufenthalt, ebenso der Besuch des Segelschiffhafens. Und zur Erholung kan man das Freizeitangebot der Stadt genießen - z.B. in Ancol oder im Taman Mini.*

Ein Rundgang durch Alt-Jakarta beginnt nördlich des Hauptbahnhofs, am Ende der Jl. Pintu Besar Utara. Da das frühe Batavia recht klein war, kann man alles gut an einem Tag zu Fuß bewältigen. Schon allein wegen der Atmosphäre, die von den Repräsentationsgebäuden ausgeht, lohnt ein Abstecher ins alte Batavia. Rings um den alten Rathausplatz wurden mit Hilfe der UNESCO mehrere koloniale Gebäude restauriert.

Im Zentrum steht das **Jakarta Museum** (Fatahillah Museum / City Hall Museum), das in einem der ältesten erhaltenen Gebäude untergebracht ist. 1710 erbaut, diente es als *Stadthuys* (Rathaus) der Verwaltung, später wurde es militärisches Hauptquartier und bis zum 2. Weltkrieg Sitz der Verwaltung West-Javas. Seit 1974 ist hier ein historisches Museum untergebracht. Wer Spaß an alten Landkarten, Waffen, Möbeln und anderen Relikten des holländischen Batavia hat, sollte es sich ansehen. Geöffnet: Di - Do 9.00 - 14.00, Fr 9.00 - 11.00, Sa 9.00 - 13.00, So 9.00 - 15.00 Uhr, Mo geschlossen.

Ein weiteres Museum befindet sich an der Westseite des Platzes, Jl. Pintu Besar Utara 27, das **Wayang Museum**. Das traditionelle Puppentheater ist in ganz Südostasien verbreitet. Im Museum sind meisterhaft gearbeitete Stabpuppen und Schattenspielfiguren sowie die dazugehörigen Instrumente und andere Gegenstände zu sehen, die für eine Aufführung gebraucht werden. Das Gebäude selbst wurde 1912 errichtet. Geöffnet: Di - Do und So 9.00 - 14.00, Fr 9.00 - 13.00, Sa 9.00 - 12.00 Uhr, Mo geschlossen; So mitunter Aufführungen des Wayang Kulit (Schattenspiel), Eintritt.

Wer sich für indonesische Malerei und Keramik interessiert, sollte einen Blick in das **Balai Seni Rupa & Museum Keramik** (Museum für Kunst und Malerei & Museum für Keramik) werfen. In dem 1870 errichteten Gebäude des ehemaligen Justizpalastes an der Ostseite des Platzes findet man Bilder bekannter indonesischer Maler. Interessant ist auch die Keramikabteilung. Geöffnet: Di - Do von 9.00 - 14.00, Fr 9.00 - 11.00, Sa 9.00 - 13.00, So 9.00 - 14.00 Uhr, Mo geschlossen. Auf der Nordseite des Platzes steht gegenüber dem Rathaus die alte portugiesische Kanone **Si Jagur**, ein Fruchtbarkeitssymbol, vor dem noch heute Frauen um möglichst viele Kinder bitten.

Vom Fatahillah-Platz gelangt man durch die Jl. Kali Besar Timur V zum **Kali Besar**, dem „Großen Kanal". Überall stehen Handelskontore, Geschäftshäuser und Warenlager aus holländischer Vergangenheit. Aus dem frühen 18. Jahrhundert stammen die beiden Häuser an der westlichen Kanalseite (Jl. Kali Besar Barat), das Eckhaus der Chartered Bank und das Haus Toko Merah, heute: PT Dharma Niaga in der Nr. 11. Spaziert man am Kanal entlang Richtung Norden, kommt man zur letzten, restaurierten, über 200 Jahre alten Zugbrücke, **Hoenderpasarbrug**, der „Hühnermarkt-Brücke". Weiter in Richtung Norden überquert man die verkehrsreiche Jl. Pakin. An der Mündung des Kanals steht der erst 1839 errichtete **Aussichtsturm**, von dem aus der Hafenmeister die eintreffenden Schiffe sichtete. Er ist auf den Mauern der Befestigungsanlage **Bastion Culemborg** aus dem Jahre 1645 errichtet. Vom Turm aus hat man einen guten Blick auf den Kanal und die roten Ziegeldächer der alten Häuser.

Etwas weiter Richtung Norden gelangt man durch die geschäftige Jl. Pasar Ikan zum **Bahari Museum**, einem kleinen Schiffsmuseum, das in einem Teil der ehemaligen Lagerhallen der Ostindischen Handelscompagnie untergebracht ist. Ebenso interessant wie die Ausstellungsstücke (Boote und Schiffsmodelle, Karten und Werkzeuge) sind die seit 1652 errichteten Gebäude mit ihren mächtigen Mauern, in denen früher die Waren der Compagnie - Gewürze, Kaffee und Tee - gelagert wurden. Die hohe Mauer zur Straße hin ist Teil der alten Stadtmauer. Geöffnet Di - Do 9.00 - 14.00, Fr 9.00 - 11.00, Sa 9.00 - 13.00, 9.00 - 15.00 Uhr, Mo geschlossen.

Über eine Fußgängerbrücke erreicht man den alten Fischmarkt, **Pasar Ikan**, auf einer Insel. Bereits vor Sonnenaufgang spielt sich hier ein reges Treiben ab. Der eigentliche, große Fischmarkt liegt etwa 3 km weiter westlich in Muara Angke. Hier entladen die Fischkutter. Später werden die Fische und Schalentiere in zwei riesigen Hallen zum Verkauf angeboten. Zurück zur Jl. Pakin; nach Überquerung der großen Brücke kommt man links hinauf zur Mole (Eintritt).

Im Kali Baru, besser bekannt unter dem Namen Sunda Kelapa, kann man das Treiben rings um die Bugis-Schoner mit ihren hohen Masten und eingerollten Segeln ansehen. Verwegene Gestalten entladen Holz aus Kalimantan, Kleinhändler verkaufen billiges Parfüm und Souvenirs an die Matrosen. Mit einem Sampan kann man sich durch den Hafen rudern lassen - am besten erst auf dem Rückweg von der Mole, dann gehen die Preise automatisch herunter.

**Taman Impian Jaya Ancol** nennt sich ein 137 ha großer Erholungs- und Vergnügungspark direkt am Meer. Da immer eine kühle Brise weht, ist es hier nicht so heiß wie in der Stadt. Da zudem der Weg hierher nicht weit ist, kann man sich nach einem anstrengenden Sightseeing-Tag einen erholsamen Nachmittag in Ancol gönnen. Zu erreichen mit einem Taxi (ca. 5000 Rp ab City) oder vom Bahnhof Kota mit dem Bus Nr. 64 oder 65, bzw. ab Lapangan Banteng mit dem Arion-Bus Nr. 60 in Richtung Tanjung Priok. Eintritt 800 Rp. Am Wochenende sollte man möglichst nicht hierher kommen, denn dann herrscht Hochbetrieb, und alles ist wesentlich teurer.

*Legende:*

**Übernachtung:**
① Hilton Hotel

**Läden, Restaurants, etc.:**
1 Duta Merlin Shopping Ctr.
2 Pasar Baru Shopping Ctr.
3 Botschaft der Philippinen
4 Pasar Burung
5 Goethe-Institut
6 Wisma Metropolitan
7 Indonesian Bazar
8 Ratu Plaza Shopping Ctr.
9 Botschaft der Niederlande

**Transport:**
❶ Kalideres Bus Stn.
❷ Grogol Bus Stn.
❸ Bouraq Airlines
❹ Merpati Airlines
❺ Pelni
❻ Kampung Rambutan Bus Stn.
❼ Sempati Airlines
❽ Mandala Airlines
❾ Pulo Gadung Bus Stn.
❿ Kebayoran Bus Stn.
⓫ Pasar Minggu Bus Stn.
⓬ Cililitan Bus Stn.

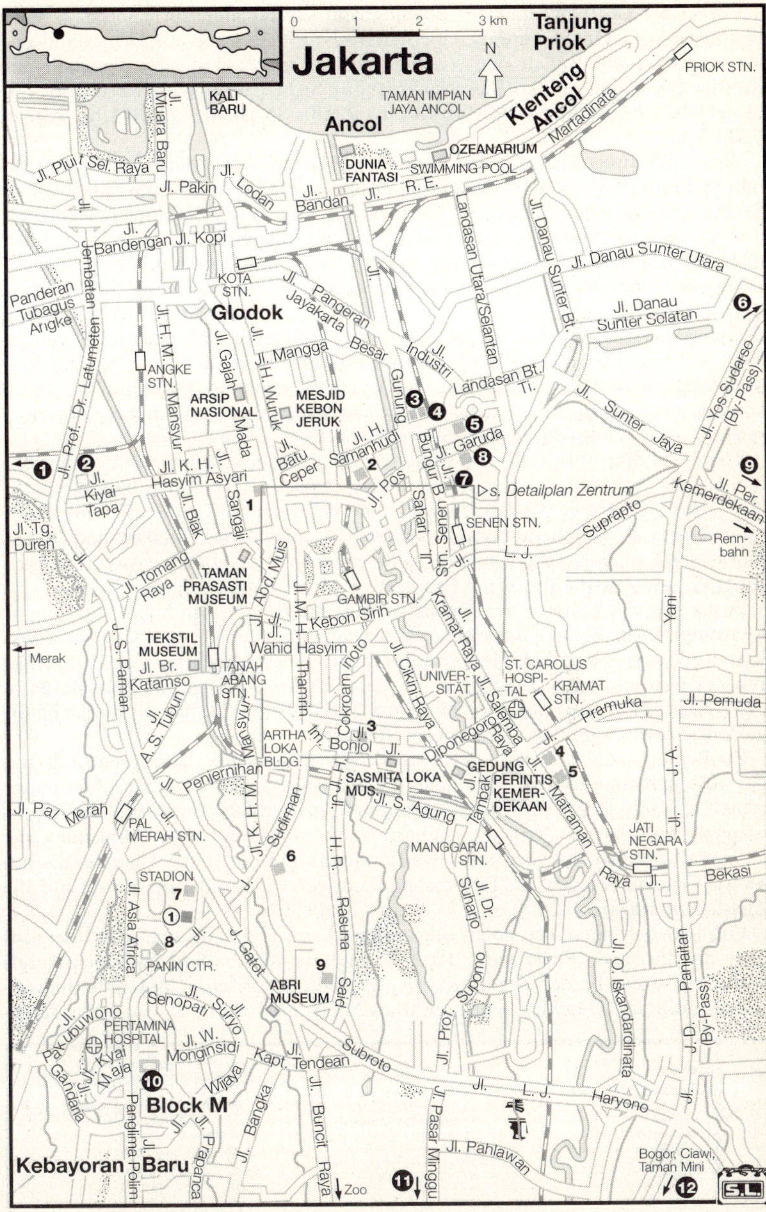
Jakarta
0 1 2 3 km
N
Tanjung Priok
PRIOK STN.
Klenteng Ancol
Martadinata
TAMAN IMPIAN JAYA ANCOL
Ancol
KALI BARU
Jl. Muara Baru
OZEANARIUM
DUNIA FANTASI
SWIMMING POOL
Jl. Pluit Sel. Raya
Jl. Pakin
Jl. Lodan
Jl. Bandan
Jl. R. E.
Jl. Bandengan
Jl. Kopi
Jl. Jembatan
Landasan Utara/Selantan
Jl. Danau Sunter Bt.
Jl. Danau Sunter Utara
Jl. Danau Sunter Solatan
KOTA STN.
Panderan Tubagus Angke
Glodok
Jl. Pangeran Jayakarta
Besar
Jl. Industri
Landasan Bt./Ti.
Jl. Sunter Jaya
Jl. Yos Sudarso (By-Pass)
Jl. Prof. Dr. Latumeten
ANGKE STN.
Jl. H. M. Mansyur
Jl. Gajah Mada
Jl. H. Wuruk
Jl. Mangga
ARSIP NASIONAL
MESJID KEBON JERUK
Gunung
Jl. H. Samanhudi
Bungur B
Jl. Garuda
Jl. Batu Ceper
Jl. K. H. Hasyim Asyari
Jl. Kiyai Tapa
Jl. Sangaji
Jl. Biak
Jl. Pos
Sahari
Senen
▷s. Detailplan Zentrum
SENEN STN.
Jl. Per. Kemerdekaan
Suprapto
Jl. Tg. Duren
Jl. Tomang Raya
TAMAN PRASASTI MUSEUM
Jl. Abd. Muis
GAMBIR STN.
Jl. Kebon Sirih
Kramat Raya
L. J.
Rennbahn
Merak
TEKSTIL MUSEUM
Jl. Br. Katamso
TANAH ABANG STN.
J. S. Parman
Jl. Wahid Hasyim
Jl. M. H. Thamrin
Cokroaminoto
Jl. Cikini Raya
UNIVERSITÄT
ST. CAROLUS HOSPITAL
KRAMAT STN.
Jl. Salemba Raya
Pramuka
Jl. Pemuda
Yani
Jl. A. S. Tubun
ARTHA LOKA BLDG.
Jl. Im. Bonjol
Diponegoro
GEDUNG PERINTIS KEMERDEKAAN
SASMITA LOKA MUS.
Jl. S. Agung
Jl. Penjernihan
Jl. Pal Merah
PAL MERAH STN.
Jl. K. H. M. Mansyur
Sudirman
Jl. Matraman Raya
Tambak
MANGGARAI STN.
JATI NEGARA STN.
Jl. Bekasi
J. A.
STADION
Jl. Asia Africa
PANIN CTR.
J. Gatot
Jl. H. R. Rasuna Said
Jl. Dr. Suharjo
Jl. Prof. Supomo
Jl. O. Iskandardinata
J. D. Panjaitan (By-Pass)
ABRI MUSEUM
Jl. Senopati
Jl. Suryo
Jl. Pakubuwono
PERTAMINA HOSPITAL
Jl. W. Monginsidi
Jl. Kapt. Tendean
Subroto
Jl. L. J. Haryono
Jl. Gandaria
Jl. Kyai Maja
Wijaya
Block M
Jl. Bangka
Jl. Buncit Raya
Jl. Pasar Minggu
Jl. Pahlawan
Bogor, Ciawi, Taman Mini
Kebayoran Baru
Jl. Panglima Polim
Jl. Prapanca
Zoo
S.L.

Vorbei am Golfplatz und der Bowlingbahn kommt man zur 1985 eröffneten Phantasie-Welt **Dunia Fantasi**, eine indonesische Mischung aus Disneyland und Rummelplatz mit Buden und Verkaufsständen im Baustil aller Epochen und Kontinente, einem großen Riesenrad (schöne Sicht!) und vielen Karussells. Geöffnet Mo - Fr 14.00 - 21.00, Sa 14.00 - 22.00, So 10.00 - 21.00 Uhr, Eintritt 9000 Rp.

Weiter Richtung Strand gelangt man zur **Marina**. Von diesem Yachthafen aus fahren Boote nach Kepulauan Seribu. Auf der Halbinsel gibt es verschiedene Seafood-Restaurants. Direkt am Meer ein luxuriöses Hotel, Bungalowanlagen, und an der Lagune der Bootsverleih. Südlich davon betritt man durch das überdimensionale Maul eines Wales den großen Swimming Pool mit Riesenrutschen, Wellenbad und einer runden Bahn mit Strömung - herrlich zum Schwimmen. Eintritt 6000 Rp, geöffnet tgl. 4.00 - 21.00 Uhr. Gegenüber das Ozeanarium, wo täglich Shows mit dressierten Seelöwen, Fluß-Delphinen und anderen Tieren gezeigt werden. Weiter im Süden ein Kunstmarkt - Pasar Seni, mit Kunstgalerie und Verkaufsständen. Außerdem stehen zur Verfügung: Autokino (ab 19.00 Uhr), Kasino, Reitpferde, Nachtclubs für alle Bedürfnisse und mit allen Begleiterscheinungen, Wasserski, Strand, Spielplätze.

Weiter im Süden liegt das alte Chinesenviertel **Glodok**. Die typisch chinesische Atmosphäre mit den zur Straße hin offenen Läden, Restaurants und Werkstätten geht durch sterile Neubauten wie moderne Shopping Center (Glodok Shopping Center an der Jl. Pancoran und der Jl. Gajah Mada), Banken und Wohnblocks im Einheitsbetonstil immer mehr verloren. Nur abends erwacht vergangenes chinesisches Leben, wenn Foodstalls in den Straßen aufgebaut werden.

Entlang beider Seiten eines Kanals verläuft die Jalan Gajah Mada von Glodok Richtung Süden. Vom Wasser geht ein Gestank aus, der sich seit Captain Cooks Zeiten nicht geändert hat. Heute vermischt sich dieser noch mit den Auspuffgasen der Autoschlangen. Deshalb sollte man sich für die 3 km bis zum Merdeka-Platz besser einen Bus (jedoch nicht den S.M.S. Bus Nr. 70, hier wird sehr häufig geklaut!) oder ein anderes Transportmittel nehmen.

Zu Beginn des 19. Jahrhunderts waren die meisten Verwaltungsgebäude aus der verseuchten Altstadt in das neue Batavia rings um den Koningsplain umgesiedelt worden. Heute überragt den nahezu 1 km² großen Merdeka-Platz (Unabhängigkeitsplatz) im Zentrum unübersehbar das 132 m hohe Prunkstück der Denkmalbaukunst Sukarnos, das **Nationaldenkmal** mit seiner Flamme, die mit 35 kg Gold überzogen ist. Ein kostenpflichtiger Fahrstuhl geht hinauf auf die Aussichtsplattform (115 m).

Von hier hat man einen guten Blick über Jakarta und kann sich eine Übersicht über das koloniale Batavia des 19. Jahrhunderts verschaffen. Im Eintrittspreis enthalten ist der Besuch des im Keller gelegenen historischen Museums. Indonesische (Militär-) Geschichte bis zur Irian-Annexion wird in Schaukästen darge-

*Legende:*

Übernachtung:
- ② Borobudur H.
- ③ Mutiara H.
- ④ Wisma I.S.E.
- ⑤ Gondia Gh.
- ⑥ Menteng H.
- ⑦ Yannie Gh.
- ⑧ President H.
- ⑨ Indonesia H.
- ⑩ Mandarin Oriental H.

Läden, Restaurants, etc.:
- 10 Gunung Agung Bookstore
- 11 Gunung Mulia Bookstore
- 12 Immigration
- 13 Botschaft von Australien
- 14 Botschaft von Myanmar (Burma)
- 15 Art & Curio Restaurant
- 16 Oasis Restaurant
- 17 Deutsche Bank
- 18 Botschaft von Thailand
- 19 Deutsche Botschaft
- 20 Botschaft der Philippinen
- 21 Botschaft von Malaysia
- 22 Botschaft von Österreich

Transport:
- 13 Mandala Airlines
- 14 Lapangan Banteng Bus Stn.
- 15 Taxi 4848
- 16 Garuda Airlines

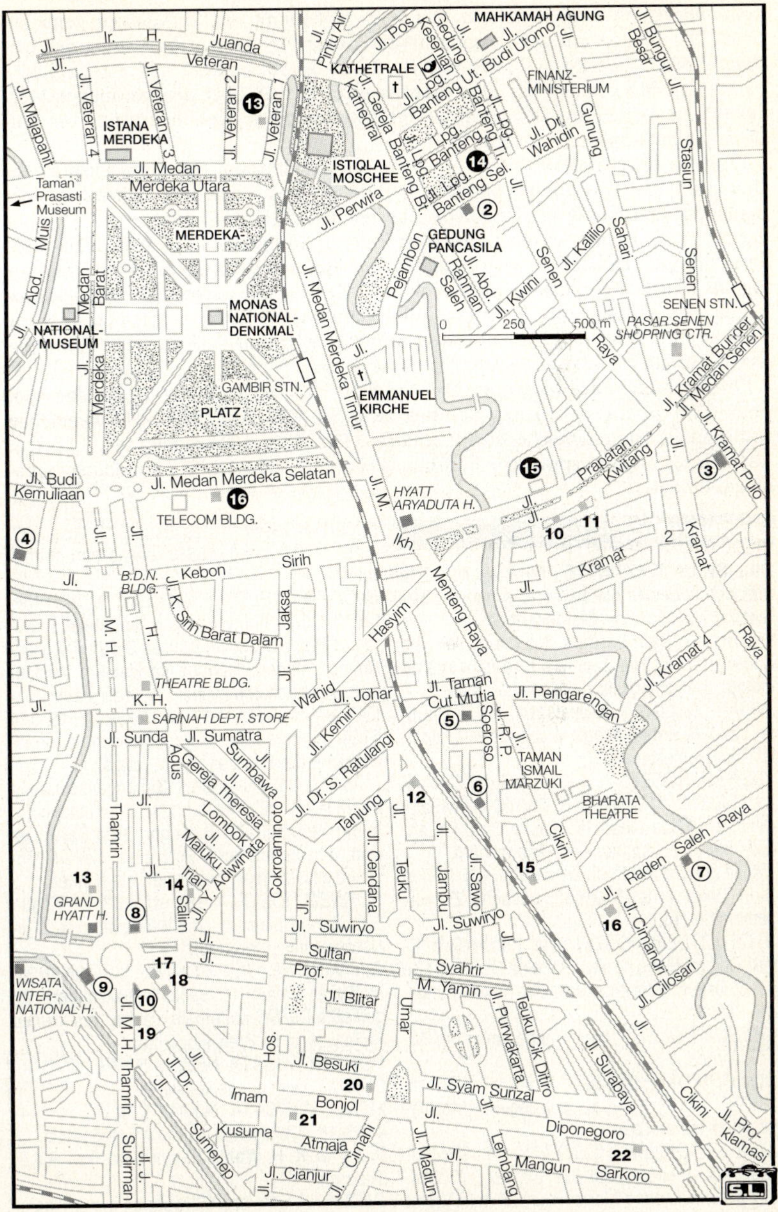

MAHKAMAH AGUNG
Jl. Ir. H. Juanda
Jl. Veteran
Jl. Pintu Air
Jl. Pos
Gedung Kesenian
KATHETRALE
Jl. Budi Utomo
Jl. Bungur Besar
FINANZ-MINISTERIUM
Jl. Majapahit
Jl. Veteran 4
Jl. Veteran 3
Jl. Veteran 2
Jl. Veteran 1
ISTANA MERDEKA
Jl. Gereja Kathedral
Jl. Lpg. Banteng Ut.
Jl. Lpg. Banteng Bt.
Jl. Lpg. Banteng Sel.
Jl. Lpg. Banteng Ti.
Jl. Dr. Wahidin
Gunung
Stasiun
ISTIQLAL MOSCHEE
Jl. Medan Merdeka Utara
Taman Prasasti Museum
Jl. Perwira
Abd. Muis
MERDEKA-
PLATZ
GEDUNG PANCASILA
Jl. Abd. Rahman Saleh
Pejambon
Senen
Jl. Kalilio
Sahari
Jl. Kwini
Jl. Medan Merdeka Barat
MONAS NATIONAL-DENKMAL
NATIONAL-MUSEUM
Jl. Medan Merdeka Timur
SENEN STN.
0 250 500 m
PASAR SENEN SHOPPING CTR.
Raya
Jl. Kramat Bunder
Jl. Medan Senen
GAMBIR STN.
EMMANUEL KIRCHE
Jl. Kramat Pulo
Jl. Prapatan Kwitang
Jl. Budi Kemuliaan
Jl. Medan Merdeka Selatan
TELECOM BLDG.
Jl. M. Ikh.
HYATT ARYADUTA H.
Jl. Kramat 2
Kramat
Kramat Raya
B.D.N. BLDG.
Jl. Kebon Sirih
Jl. K. Sirih Barat Dalam
Jaksa
Hasyim
Menteng Raya
Jl. M. H. Thamrin
Jl. Kramat 4
THEATRE BLDG.
Wahid
Jl. Johar
Jl. Taman Cut Mutia
Jl. Pengarengan
SARINAH DEPT. STORE
Jl. Sunda
Jl. Sumatra
Jl. Kemiri
Soeroso
Jl. R. P.
Agus Salim
Gereja Theresia
Jl. Sumbawa
Jl. Dr. S. Ratulangi
TAMAN ISMAIL MARZUKI
Jl. Lombok
BHARATA THEATRE
Jl. Maluku
Tanjung
Jl. Cendana
Jl. Teuku
Jl. Jambu
Jl. Sawo
Cikini
Jl. Irian
Jl. Y. Adiwinata
Cokroaminoto
Jl. Raden Saleh Raya
GRAND HYATT H.
Jl. Cimandri
Jl. Suwiryo
Jl. Sultan Syahrir
Jl. Prof. M. Yamin
Jl. Cilosari
WISATA INTER-NATIONAL H.
Jl. Blitar
Umar
Jl. Purwakarta
Teuku Cik Ditiro
Jl. Surabaya
Hos.
Jl. Besuki
Jl. Dr.
Imam Bonjol
Jl. Syam Surizal
Jl. Sudirman
Sumenep
Kusuma Atmaja
Cimahi
Jl. Madiun
Jl. Lembang
Jl. Diponegoro
Jl. Cikini
Jl. Proklamasi
Jl. Cianjur
Jl. Mangun Sarkoro
Jl. J.
S.L.

stellt. Die Unabhängigkeitshalle bietet als Höhepunkt die in Marmor gepackte Größe der Nation mit der Originalstimme Sukarnos von der Ausrufung der Unabhängigkeit. Geöffnet Di - Do und So 8.30 - 14.30, Fr 8.30 - 11.30, Sa 8.30 - 13.30 Uhr, Mo geschlossen. Den Eingang erreicht man über den nördlichen Merdeka-Platz, vorbei am Denkmal des Freiheitskämpfers Diponegoro und am Unabhängigkeits-Springbrunnen.

Westlich des Merdeka-Platzes liegt das Nationalmuseum (Museum Pusat) oder Gedung Gajah (Elefantengebäude), so genannt wegen des dort stehenden, vom thailändischen König als Geschenk überreichten Bronze-Elefanten. Es ist eines der größten und am besten bestückten Museen Südostasiens. Bereits 1868 wurde es von den Holländern gegründet. Man sollte mindestens einen Vormittag nur für das Museum einplanen, um ausreichend Zeit für alle ausgestellten Objekte zu haben. Am Anfang einer Indonesienreise kann man sich hier umfassend über die Vulkane und Inseln, Völker und ihre Bräuche, traditionelle Kunst und Kunstgewerbe auf allen Inseln des Archipels informieren.

Öffnungszeiten des Museums: Di - Do 8.30 - 14.30, So 8.30 - 14.00 Uhr, Mo, Fr und Sa geschlossen. Jeden Sonntag zwischen 9.30 und 10.30 Uhr kann man traditionelle sundanesische Musik anhören. Di, Mi und Do finden um 9.30 Uhr kostenlose, englischsprachige Führungen statt, Do um 10.00 Uhr deutschsprachige, Eintritt.

## ÜBERNACHTUNG

**BILLIGE UNTERKÜNFTE** - Die Travellerszene trifft sich in der **Jl. Jaksa**, einer schmalen Seitenstraße südlich vom Merdeka-Platz.

Die vielen billigen Losmen sind häufig voll. Am günstigsten für die Zimmersuche ist der Vormittag; abends wird es ziemlich aussichtslos.

*WISMA DELIMA*** (Schlafsaal*), Jl. Jaksa 5, tel 337026, Ermäßigung mit JH-Ausweis, ziemlich heruntergekommen.

*JUSRAN HOSTEL***, Jl. Jaksa Gang 6 Nr. 9, tel 3140373, 12 Zi mit Fan, Du/WC außerhalb, ruhig, am Ende einer Sackgasse ca. 30 m abseits der Jl. Jaksa, familiäre Atmosphäre.

*PALM'S HOSTEL***, Jl. Jaksa 273, Gg. Kebon Sirih Timur 1, tel 3101058, einfache Zi, vergammeltes Klo.

*BLOEMSTEEN HOSTEL***, Jl. Kebon Sirih Timur Dalam, Gang 1, Nr. 173, eine Seitenstraße der Jl. Jaksa; eine anspruchslose, aber freundliche Pension.

*KRESNA HOUSE***, gleich nebenan in der Nr. 175, ähnlich.

*NOORDWIJK HOSTEL*-****, Jl. Jaksa 14, tel 330392, teilweise mit ac, gut abgeschirmt hinter einem hohen Zaun.

*NICK'S CORNER HOSTEL***-*******, (Schlafsaal*), Jl. Jaksa 16, tel 336754, fax 3107814, Zi mit ac, z.T. ohne Mandi, teure Zi mit TV und Kühlschrank; inkl. Frühstück.

*DJODY HOSTEL*** (Schlafsaal*), Jl. Jaksa 27, tel 3141732, fax 3142368, etwas heruntergekommen.

*DJODY HOTEL****, Jl. Jaksa 35, tel 3151404, fax 3142368, Zi mit Fan oder ac, etwas teurere mit Du/WC. Zudem gibt es 3-Bett Familienzimmer. Netter Innenhof mit kleinem Restaurant, gemütlich und sauber.

*TATOR HOSTEL**-****, Jl. Jaksa 37, tel 314 5124, mit gutem Restaurant (indisch und indonesisch), der Besitzer ist ein Toraja.

*HOSTEL 36*-***, in einer Seitengasse neben Karya Hotel, inkl. Frühstück, schöner Innenhof.

**In der Seitenstraße Jl. Kebon Sirih Barat Dalam**, gibt es mehrere, trotz einer kleinen Moschee etwas ruhiger gelegene Unterkünfte:

*BORNEO HOSTEL***, (Schlafsaal*), Jl. Kebon Sirih Barat Dalam 35, tel 320095; bessere Zi im Neubau, mit „Biergarten".

*BINTANG KEJORA HOSTEL***, Jl. Kebon Sirih Barat Dalam, tel 323878, 14 saubere Zi, geflieβte Du/WC außerhalb, sauber, ein kleines Frühstück ist im Preis inbegriffen.

*PONDOK WISATA KEBON SIRIH 16*-***, tel 3146747, nicht empfehlenswert.

*PONDOK WISATA JAYA*-****, Nr. 10, tel 314-4135, 18 Zi, einige mit ac, Du/WC außerhalb.

**In der Jl. K. H. Wahid Hasyim**, westlich der Jl. Thamrin:

*WISMA I.S.E.****, Nr.168, westlich der Jl. Thamrin, tel 333463, im 2. und 3. Stock mit schöner,

*Legende:*

**Übernachtung:**

11 Sabang Metropolitan H.
12 Pondok Wisata Jaya
13 Pondok Wisata Kebon Sirih 16
14 Rita Hostel
15 Bintang Kejora Hostel
16 Borneo Hostel
17 Wisma Delima
18 Jusran Hostel
19 Palm's Hostel
20 Bloemsteen Hostel
21 Kresna House
22 Noordwijk Hostel
23 Nick's Corner Hostel
24 Djody Hostel
25 Djody H.
26 Tator Hostel
27 New Karya H.
28 Hostel 36
29 Wisma I.S.E.
30 H. Arcadia
31 Ibis Tamarind H.
32 Indra Internasional H.
33 Cipta H.

**Läden, Restaurants, etc.:**

23 Ikan Bakar Kebon Sirih
24 Ayam Goreng Jakarta
25 Apotheke
26 Hot Pot Garden R.
27 Soto Ayam Top Surabaya
28 Ramayana Department Store
29 Modern Bakery
30 Natrabu Minang R.
31 Kentucky Fried Chicken
32 California Fried Chicken
33 Budi Bundo R.
34 Sizzler R.
35 Sabang Jaya R.
36 Paradiso 2001 R.
37 A&W Family R.
38 Hoka Hoka Bento R.
39 Kaharu Restaurant
40 Dunkin Donuts
41 Fresh Fruits Center
42 Sabang Restaurant & Bakery
43 Lim Thiam Kie
44 Apotheke
45 Angie's Cafe
46 Memories Cafe
47 Asmat Pub
48 Yasa Budo R.
49 Hasara Indian R.
50 Bank BDI
51 New Parrots Pub
52 Le Bistro
53 Fabian's Garden R.

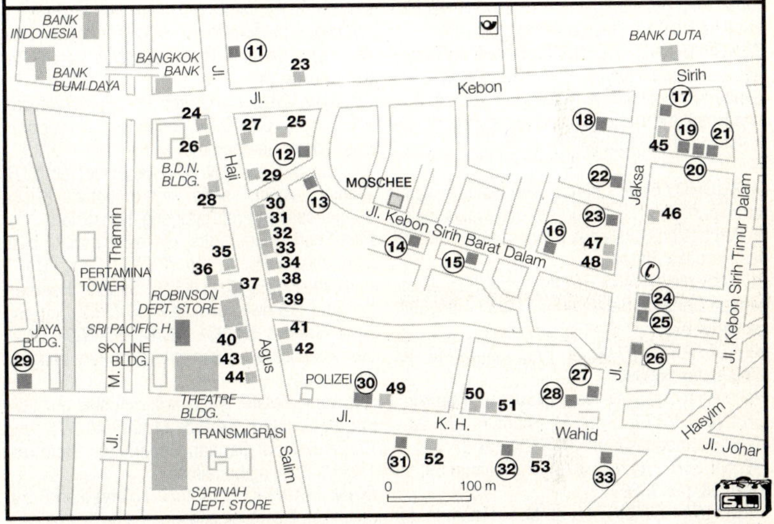


großer Terrasse, wo man auch frühstücken kann; nette Atmosphäre, relativ große Zi, einfach und sauber.

**MITTELKLASSE-HOTELS** - in diese Kategorie gehören folgende Hotels **in der Jl. Jaksa und Umgebung**:

*NEW KARYA HOTEL* (US$42 - 67), Jl. Jaksa 32-34, tel 3140484, fax 3142781, alle 75 Zi mit ac und Bad, die teureren Zi sind zudem mit TV, Tel, Heißwasser und Kühlschrank ausgestattet.

*CIPTA HOTEL* (US$71 - 80), Jl. K. H. Wahid Hasyim 53, tel 3904701, fax 326531, alle 48 Zi mit ac, Heißwasser, Tel und TV.

*INDRA INTERNASIONAL HOTEL* (US$35 - 55), Jl. K. H. Wahid Hasyim 63, tel 3152858, fax 323465, alle Zi mit ac, Heißwasser, TV, Tel und Kühlschrank, inkl. Frühstück; kleines, sauberes Hotel für gehobene Ansprüche.

**Nördlich vom Merdeka-Platz in Gambir**: von hier aus kann man die meisten Sehenswürdigkeiten gut zu Fuß erkunden.

*SRI VIJAYA HOTEL*****, Jl. Veteran 1, tel 370409, große, saubere Zi mit ac.

*SURYA HOTEL***-*****, Jl. Batu Ceper 44-46, tel 378108, fax 3808442. Neubau (Hotel Surya Bharu) in der Nr. 11A, tel 368108.

**Nahe dem Kulturzentrum Taman Ismail Marzuki**, dem Kramat Bahnhof und der Universität ist es etwas ruhiger:

*MUTIARA HOTEL*****, Jl. Kramat Pulo 17 - 21, ab Jl. Kramat Raya, tel 3141992.

*GONDIA GUEST HOUSE*, Jl. Gondangdia Kecil 22, tel 361961, fax 3107961, (US$35 - 40), alle Zi mit ac, DU/WC mit heißem Wasser, TV und Telefon, incl. Frühstück.

*MENTENG 1 HOTEL***-*****, Jl. R. P. Soeroso 28, tel 3145208, und die Filiale Menteng 2 in der

Jl. Cikini Raya 105, tel 3146311, haben auch einen Swimming Pool. Ein drittes Menteng Hotel in der Jl. Matraman Raya 21, tel 8509872.
*MATRUH HOTEL***-*****, Jl. Raden Saleh 12, tel 3141319.
*YANNIE GUEST HOUSE*****, Jl. Raden Saleh 35, tel 320012, fax 327005, empfehlenswert, komfortable Zi, die auf einen Innenhof gehen, Frühstück ist im Preis inbegriffen.
**Nahe Flughafen**, lohnend, wenn man einen ganz frühen Flug gebucht hat mal zwischen zwei Flügen eine Nacht in Jakarta verbringen muß:
*CENGKARENG TRANSIT HOTEL* (US$25 - 50), Jl. Jurumudi km 25, tel 771240, 712477; hoteleigener, kostenloser Transport vom Airport zum Hotel und zurück. Buchung am Airport, Hotel Reservation Counter.

**LUXUSHOTELS** - bieten klimatisierte, komfortable Zi, Pool, Restaurants und vieles mehr. Zu den besten Hotels des Landes zählen **östlich des Merdeka Platzes**:
*BOROBUDUR INTERCONTINENTAL*, Jl. Lapangan Banteng Selatan, tel 370333, 3805555, fax 3809595.
*HYATT ARYADUTA*, Jl. Prapatan 44-48, tel 376008, fax 3809900.
Weitere internationale Hotels **in der Jl. Thamrin**:
*GRAND HYATT*, Jl. M. H. Thamrin Kav. 28 - 30, Plaza Indonesia, tel 3107400, fax 334321.
*PRESIDENT HOTEL*, Jl. M. H. Thamrin 59, tel 3140508, fax 333631.
*MANDARIN ORIENTAL*, Jl. M. H. Thamrin, tel 3141307, fax 3241669.
*INDONESIA*, tel 3140008, fax 3221508, das für die Asiatischen Spiele 1962 erbaut wurde und damals als das modernste, größte Luxushotel des Landes galt. Mittlerweile ist der Glanz etwas verblaßt.
**Richtung Kebayoran Baru**: *SAHID JAYA & TOWER*, Jl. Jen. Sudirman 86, tel 5704444, fax 583168.
*HILTON*, Jl. Gatot Subroto, tel 5703600, fax 583091.

## ESSEN UND TRINKEN

**JL. JAKSA** - Für alle, die hier wohnen und nicht viel Geld ausgeben wollen, bietet es sich an, in den Traveller Food-Restaurants zu essen. Sie bieten zwar nichts Besonderes, sind aber billig. Beliebt sind *ANGIE'S CAFE*, *MEMORIES CAFE* und *ASMAT PUB*.
Gewarnt sei vor den Sate-Ständen, die tagsüber ihr Fleisch in der Sonne liegen lassen, denn auf dem qualmenden Holzkohlenfeuer scheint nicht alles abzusterben, was sich mittlerweile angesammelt hat - einige Leute haben sich schlimme Magengeschichten geholt.
Abends gibt es frische Sate in der Jl. Agus Salim nördlich Jl. K. H. Wahid Hasyim.

**RINGS UM DIE JL. AGUS SALIM** - findet man eine große Auswahl verschiedenster Küchen:
*NATRABU MINANG*, *SOTO AYAM TOP SURABAYA* und *BUDI BUNDO* bieten Padang-Küche an.
*LIM THIAM KIE*, chinesisch, vor allem Seafood).
*HOT POT GARDEN*, ebenfalls chinesisch, Steamboat, Seafood u.a.
*FABIAN'S GARDEN RESTAURANT*, Jl. K. H. Wahid Hasyim, serviert internationale Küche der gehobenen Preiskategorie, klimatisiert.
Fast-Food Restaurants, die nicht gerade billig sind, bieten Hühnchen *(KENTUCKY, CALIFORNIA FRIED CHICKEN)*, Steaks, Hamburger und Sandwiches *(A&W FAMILY)*, japanische Snacks *(HOKA HOKA BENTO)* - alles den islamischen Essensvorschriften entsprechend *halal*.
Nur wenige Meter weiter westlich sind auch die internationalen Ketten *McDONALDS* und *PIZZA HUT* im Sarinah Department Store und Theatre Building beheimatet.
*IKAN BAKAR KEBON SIRIH* bietet Ikan Bakar (gegrillten Fisch), eine indonesische Spezialität.
Weiterhin gibt es indonesisches Essen im *KAHARU* (Hühnchengerichte), im *AYAM GORENG JAKARTA* (vegetarisch) und bei *PARADISO 2001*, in einer Gasse 10 m westlich der Jl. Agus Salim. Zum Nachtisch Obst aus dem *FRESH FRUITS CENTER* oder Donuts von *DUNKIN DONUTS* gegenüber.
*MODERN BAKERY*, *SABANG RESTAURANT AND BAKERY* und *SARINAH DEPARTMENT STORE* verkaufen Kuchen und Torten in allen Farben und Größen, außerdem Snacks und Eiscreme.

**SEAFOOD** - *RED LOBSTER*, Wisma Metropolitan 2, 16. Stock, Jl. Jen. Sudirman 31, tel 5711659.
*SEAFOOD TERRACE*, Grand Hyatt, Jl. M. H. Thamrin, tel 3107400, erstklassiges Gartenrestaurant im balinesischen Stil, mit traditioneller Musik.

*TUNG LOK,* Metro Plaza, 3. Stock, Jl. H. Samanhudi, tel 374038.
*BNI TOWER RESTAURANT,* Wisma BNI, Jl. Jen. Sudirman Kav. 1, 32. Stock, tel 5702741.
*JUN- NJAN,* in der Nr. 69 am nördlichen Ende der Jl. Batu Ceper, tel 364063, serviert gutes Seafood.

**JAPANISCH** - *KOBE,* Dewan Press Bldg., 3. Stock, Jl. Kebon Sirih 32, tel 352030.
*YAKINIKU DAIDOMON,* BBD-Bldg., Bumi Daya Plaza, 30. Stock, Jl. Imam Bonjol 61, tel 320775, mit toller Aussicht.
*YOSHIKO JAPANESE GARDEN,* Jl. Museum 1, tel 353478.
*TORIGIN,* Wisma Aria, 3. Stock, Jl. H. O. S. Cokroaminoto 81, tel 3106555, mit Karaoke.
*SUMIBIAN,* Chase Plaza, 25. Stock, Jl. Jen. Sudirman Kav. 25, tel 5706405, mit Aussicht.
*SHIMA,* Hyatt Aryaduta, Jl. Prapatan 44-46, tel 377263, erstklassig und sehr beliebt.

**KOREANISCH** - *KOREAN TOWER,* BBD-Bldg., 30. Stock, Jl. Imam Bonjol 61, tel 330311, mit großartiger Aussicht.
*ARIRANG,* Jl. Mahakam 1/28, Kebayoran Baru, tel 7397032, und Jl. Gereja Theresia 1, tel 3100151.

**MEXIKANISCH** - *GREEN PUB,* Jakarta Theater Bldg., Jl. Thamrin 9, tel 359332, abends Live-Musik (Jazz, Country).
*DEL TACO,* Mexican Fast-Food, Plaza Indonesia, 3. Stock, Jl. Thamrin, tel 3107609,
und im *AMIGOS* (mit abendlicher Live-Musik), Kemang Club Villas, Jl. Kelurahan Bangka, Jakarta Selatan, tel 7994754, und Setiabudi Bldg. 2, Jl. H. R. Rasuna Said, Kuningan, tel 5207938.

**EUROPÄISCHE KÜCHEN** - Ein europäisches Restaurant im holländischen Kolonialstil mit viel 50er Jahre Atmosphäre und Musik, das zudem große Portionen serviert, ist das *ART & CURIO,* Jl. Kebon Binatang III 8a, tel 322879, neben der Bahnlinie.
*OASIS,* Jl. Raden Saleh 47, tel 327818, Reservierungen tel 326397, ist ein Nobelrestaurant mit kolonialer Atmosphäre (gepflegte Kleidung erwünscht - wer im T-Shirt kommt, bekommt ein Hemd ausgeliehen). Empfehlenswert ist die Rjistafel, die von einem Dutzend junger, traditionell gekleideter Kellnerinnen aufgetragen wird. Dazu gibt es ab 21.00 Uhr Batak-Musik.
**Französische** Küche im *LE BISTRO,* Jl. K. H. Wahid Hasyim 75, tel 364277,
*CAFE DE PARIS,* Jl. Kapt. Tendean 5, tel 5793429,
*LA ROSE,* Garden Plaza, The Landmark Center, Jl. Jen. Sudirman 1, tel 5710909.
**Italienische** Küche im *AMBIENTE,* Hyatt Aryaduta, tel 376008, in jeder Beziehung erstklassig.
*PINOCCHIO,* Wisma Metropolitan 1, Top Floor, Jl. Jen. Sudirman Kav. 29, tel 514736.
**Deutsche** Gerichte in der *GASTSTUBE,* Indocement Bldg., Jl. Jen. Sudirman, tel 5712734, auch schweizer und österreichische Küche, So und feiertags geschlossen.
Italienisches **Speiseeis** wird bereits seit Generationen von der *RAGUSA GELATERIA* hergestellt. Große Portionen gibt es in der Duta Merlin Shopping Arcade, im Hayam Wuruk Plaza und in der Jl. Veteran 1/10. Wer amerikanische Eiscreme bevorzugt, findet sie bei
*SWENSEN'S,* z.B. im Glodok Plaza, Jl. Pinangsia Raya, oder Plaza Indonesia, Jl. Thamrin.

**ANDERE** - Typische **West-Java-Küche** im *SARI KURING,* Jl. Batu Ceper 55A, tel 3841-542; Jl. Silang Monas Timur, tel 352972, und Jl. Raya Matraman, tel 8583968.
Neben weiteren billigen Restaurants in Glodok hier der beste **Chinese** zum Geldausgeben, *CAHAYA KOTA,* Jl. K. H. Wahid Hasyim 9, tel 332434.
**Vietnamesische** Gerichte im *PARE'GU,* Jl. Sunan Kali Jaga 64-65, Kebayoran Baru, tel 717097.
**Indische** Spezialitäten im nicht so besonderen, überteuerten
*SHALIMAR NORTH INDIAN RESTAURANT,* Jl. Kebon Sirih 40, tel 359962, und im
*AKBAR PALACE,* Grand Wijaya Centre, Block H 37-39, tel 7206818.
Weitere **Spezialitäten- und Nobel-Restaurants** findet man in den diversen 4- und 5-Sterne-Hotels der Stadt.

**WARUNG** - werden gegen Abend in verschiedenen Bezirken der Stadt aufgebaut. Chinesisch und Seafood in der Jl. Pecenongan (Querstraße zur Jl. Ir. H. Juanda nicht weit von der Moschee).
Weitere Essenstände in Glodok in der Jl. Mangga Besar (ab Jl. Hayam Wuruk, hier besonders chinesisch, indisch und Nasi Padang) oder im Blok M in Kebayoran Baru, dem neuen Stadt-

viertel im Südwesten. Nach Einbruch der Dunkelheit werden auch auf dem Parkplatz des Sarinah Kaufhauses, Jl. Thamrin, Foodstalls aufgebaut.
Im Untergeschoß vom Sarinah Jaya Kaufhaus am Blok M in Kebayoran Baru kann man sich an zahlreichen Essensständen Gerichte aus ganz Indonesien und Europa zusammenstellen - bezahlt wird mit Coupons. Hier, im Zentrum der neuen Stadt, gibt es entlang der Jl. Melawai viele indonesische, europäische und chinesische Restaurants.

**AKTUELLE INFORMATIONEN** - liefert der *Dining Out Guide* im *Jakarta Program - What's On*, ein monatlich erscheinendes Magazin, erhältlich an den Kiosken der großen Hotels, in größeren Buchhandlungen und einigen Supermärkten.

## KULTUR UND UNTERHALTUNG

Das Kulturzentrum **Taman Ismail Marzuki** liegt in der Jl. Cikini Raya 73, tel 3154087. Jeden Tag von 8.00 - 20.00 Uhr und oft auch noch spät abends wird etwas geboten: Musik, Theater (wie wär's mit Büchners Woyzeck in Bahasa Indonesia?), Lesungen einheimischer und ausländischer Autoren, aber auch Kino und Ausstellungen.
Das Programm des Monats liegt meist im VIC aus.
Weitere Kulturveranstaltungen im *TAMAN MINI INDONESIA INDAH*, tel 8400400, und *ANCOL DREAMLAND*, tel 681511. Die jeweiligen Veranstaltungen werden in der Presse bekanntgegeben und in monatlich erscheinenden Programmheften veröffenticht.

**GAMELAN-MUSIK** - Regelmäßige Aufführungen So 9.30 - 10.30 Uhr im Nationalmuseum und So mittags im Taman Mini.

**WAYANG KULIT** - Aufführungen So 10.00 - 12.00 Uhr im *WAYANG MUSEUM*, tel 679560, jeden 2. und 4. Samstag im Monat im Nationalmuseum und 1x monatlich in Ancol.
*WAYANG WORKSHOP*, Jl. Agus Salim 80, tel 368231, Do 20.00 - 22.00 Uhr.

**WAYANG GOLEK** - im *GEDUNG KESENIAN*, Jl. Gedung Kesenian 1, tel 3808283, So 20.00 - 22.00 Uhr, und 1x monatlich in Ancol.

**VOLKSTÄNZE** - aus verschiedenen indonesischen Provinzen So 9.00 - 14.00 Uhr im *TAMAN MINI INDONESIA*; Fr abends im Hotel Borobudur sowie Sa abends oder So morgens im *ANCOL DREAMLAND*.

**VOLKSTHEATER** - Sirmulat, mit komischen Einlagen und lustigen Liedern in lockerer Atmosphäre, Mo - Fr von 16.00 - 22.00 Uhr, Sa bis 24.00, So 8.00 - 22.00 Uhr im *RIA LOKA*, Taman Ria Remaja Senayan, Jl. Pintu 8 Senayan.
Ketoprak, javanisches Volkstheater, begleitet von Gamelan-Musik, das seine Themen aus Volkslegenden und Märchen bezieht, wird Mo und Do ab 20.00 Uhr im *BHARATA THEATRE*, Jl. Kalilio, geboten. Auf dieser Bühne finden am Di, Mi, Fr und So ab 20.15 Uhr Wayang Orang-Aufführungen-(= Wayang Wong) statt, die auf dem Ramayana oder dem Mahabharata basieren.
Wayang Wong und Ketoprak auch monatlich im Taman Mini, Ancol Dreamland und Gedung Kesenian.

**PLANETARIUM** - im Taman Ismail Marzuki, Jl. Cikini Raya 73, tel 3154087, geöffnet Di - So bis 20.00 Uhr. Regelmäßige Veranstaltungen So um 10.00, 11.30 und 15.00 Uhr.

**DISCOS UND LIVE-MUSIK** - das Nachtleben spielt sich in der Jl. Gajah Mada, Jl. Hayam Wuruk, Jl. Thamrin und um Blok M in Kebayoran Baru ab - Kinos, Discos, Pubs und andere, eher basis- und männerorientierte Vergnügungen. Nachtclubs und Discos in fast allen großen Hotels - aber teuer!
*NEW PARROTS MUSIC PUB*, Jl. K. H. Wahid Hasyim 88, im modernen Gebäude der BDI-Bank, nahe Jl. Jaksa, tel 324117. Jeden Abend Live-Musik, man kann auch essen. Geöffnet bis 2.00 Uhr.
*JAYA PUB*, Jaya Bldg., Jl. Thamrin 12, tel 325633, gegenüber vom Sari Pacific Hotel; angemessene Preise (man kann hier auch essen), Live-Musik, geöffnet bis 2.00 Uhr, empfehlenswert.
*THE JAZZ CLUB*, Sabang Hotel, Jl. H. Agus Salim, tel 354031. Meist spielt die sehr gute, hauseigene Band, angenehme Atmosphäre. Geöffnet tgl. 18.00 - 1.00 Uhr, außer So.
*NEWS CAFE*, Setiabudi Bldg., Jl. H. R. Rasuna Said, tel 517361. Jeden Abend Live-Musik, internationale Küche. Zur Ausstattung des Lokals

gehören zahlreiche TV-Monitore, auf denen sich die Gäste jederzeit die aktuellsten Weltnachrichten (Reuter) ansehen können. Geöffnet tgl. 11.00 - 1.00 Uhr.

*JAMZ* Jazzclub, Jl. Panglima Polim Raya 11, tel 7206046, Live-Musik.

Die englischsprachige Tageszeitung *Jakarta Post* informiert über die ständig wechselnden Programme und Live-Shows der wichtigsten Nachtlokale.

Weitere aktuelle Tips findet man im *Jakarta Program - What's On,* ein monatlich erscheinendes Magazin, erhältlich in den großen Hotels, einigen Buchläden und Supermärkten.

## EINKAUFEN

**KUNSTGEWERBE** - Überall in Indonesien kann man schöne Kunstgewerbeartikel einkaufen - in Jakarta gibt es eine Auswahl von allen Inseln: Batak-Kalender aus Sumatra, Batik und Wayang-Figuren aus Java, Ikat-Decken aus Sumba und Flores, Schnitzereien aus Irian Jaya, geflochtene Taschen und Körbe aus Kalimantan und vieles mehr.

Hier kann man bereits eine Souvenir-Rundreise durch den ganzen Archipel unternehmen, doch wer nicht nur einkaufen, sondern auch reisen will, der sollte besser vor Ort einkaufen, denn dort ist alles viel billiger.

Eine große Kunstgewerbe- und Batikabteilung findet man im Warenhaus *SARINAH*, einmal in Blok M, ein weiteres in der Jl. Thamrin, geöffnet tgl. 9.00 - 18.00 Uhr. Man kann nicht handeln und es ist teurer als in den kleinen Läden.

*PASAR SENI ANCOL,* auf dem großen Kunstgewerbemarkt im Vergnügungspark Ancol wird Kunsthandwerk wie Schnitzereien, Bilder, Flecht- und Webarbeiten produziert und verkauft. Eine Kunstausstellung im angrenzenden, zweistöckigen Gebäude.

*INDONESIAN BAZAR,* Jl. Gatot Subroto nahe der großen Kreuzung mit der Jl. Sudirman, nördlich vom Hilton Hotel, ist eine große Kunstgewerbeausstellung, in der man tgl. von 10.00 - 18.00 Uhr einkaufen kann.

**ANTIQUITÄTEN** - Antiquitäten chinesischer oder holländischer Herkunft findet man in den Läden entlang der Jl. Majapahit und der Jl. Kebon Sirih Timur Dalam. Eine gute Auswahl auch in Kebayoran Baru in vielen Läden entlang der Jl. Palatehan.

In der **Jl. Surabaya** (gelber Bus Nr. 59 ab Jl. Kebon Sirih oder Jl. Thamrin) kann man tgl. von 9.00 - 17.00 Uhr Souvenirs und Antiquitäten einkaufen. Zahlreiche Buden haben ähnliche Angebote - ist man gut im Handeln, kann man leicht einen vernünftigen Preis erzielen.

> Kultstätten werden nur geplündert, seltene Tiere nur gejagt und alte Erbstücke nur verkauft, wenn sich dafür ein Käufer findet.
> Durch unser Verhalten können wir mit dazu beitragen, daß Indonesien nicht schon bald seiner wichtigsten Kultur- und Naturschätze beraubt ist.

**MÄRKTE** - sind nicht nur interessant, wenn man etwas einkaufen will. Neben dem schon erwähnten Fischmarkt *KALI BARU* kann man sich mal auf dem *BIRD'S MARKET* (Pasar Burung) südlich der Jl. Pramuka, am Beginn der Stadtautobahn, umsehen (Gelber Bus Nr. 59 ab Jl. Kebon Sirih oder Jl. Thamrin).

**SHOPPING CENTRES** - Lebensmittel, Luxusartikel u.a. bieten die Einkaufszentren Pasar Baru, Glodok, Hayam Wuruk und Gajah Mada Plaza, Pasar Senen, Ratu Plaza in der Jl. Jend. Sudirman und Blok M in Kebayoran Baru.

Ein **Supermarkt**, in dem man unter an derem auch ein großes Angebot an westlichen Lebensmitteln findet, ist *GOLDEN TRULY*. Die zentral gelegene Filiale im Jakarta Theatre Building besitzt - zum Vergnügen der einheimischen Kunden - sprechende Kassen.

*GELAEL SUPERMARKET*, Jl. Hayam Wuruk 103, hat rund um die Uhr geöffnet.

**BUCHHANDLUNGEN** - Man sollte sich besser schon vor der Reise nach Indonesien mit Büchern eindecken. Es gibt nur wenige Buchhandlungen, die englischsprachige Bücher verkaufen.

*GUNUNG AGUNG BOOKSTORE*, Jl. Kwitang 6 und Nr. 38, ist ein staatlicher Laden. Im Angebot auch Landkarten. Filiale u.a. im Ratu Plaza, Jl. Sudirman, und

*GRAMEDIA,* Jl. Gajah Mada 109, Jl. Pintu Air 72 und Blok M. Die beste Buchhandlung mit dem breitesten Angebot.

Eine gute Buchabteilung auch im Kaufhaus *SARINAH*, Jl. Thamrin.

Weitere interessante englischsprachige Bücher kann man eventuell im Souvenirstand des Nationalmuseums entdecken.

Oder man versucht die Buch- und Zeitschriftenläden in den großen Hotels oder im *ARTHALOKA BLDG.*, Jl. Jen. Sudirman.

**FILME** - Beim Einkauf von Filmen sollte man darauf achten, daß sie richtig gelagert wurden, deshalb Geschäfte mit ac bevorzugen. Preise liegen über denen von Singapore. Papierabzüge kann man in Jakarta, Yogyakarta, Bali u.a. viel billiger als in Deutschland machen lassen.

## SONSTIGES

**AMERICAN EXPRESS** - Zentrale: tel 5216000, fax 5216888, Telex 60900 AMEXCO IA, Kreditkarten: Exchange House in der Jl. H. R. Rasuna Said Blok X, Kuningan, an der Schnellstraße Richtung Süden, Kreditkarten-Service (auch bei Verlust) tel 5216238/42.
Reiseschecks und der Postservice von Amexco über
*PACTO LTD.* im Hotel Borobudur, tel 3848 634, fax 3810837, bei Verlust von Schecks tel 5216666 anrufen. Pacto ist Repräsentant für ganz Indonesien und eines der größten Reisebüros mit Filialen in Sanur (Bali), Surabaya, Bandung, Ujung Pandang, Medan, Padang und Yogyakarta.

**AUTOVERMIETUNG** - *AVIS*, Jl. Diponegoro 25, tel 334495, 332900, fax 331845.
*BUDGET*, Jl. Gelong Baru 35, tel 5602954, fax 5603550.
*HERTZ*, Chase Plaza, 7th Floor, Jl. Jen. Sudirman Kav 21, tel 5703683, fax 5712215.
*INDORENT*, Jl. Hayam Wuruk 6, tel 355326, 366560, fax 3810062.
*NATIONAL*, Kartika Plaza Hotel, Jl. Thamrin 10, tel 333423.
*THRIFTY*, Jl. Pluit Raya Selatan 110, tel 6602177, fax 6602180.
*TOYOTO RENT A CAR*, Jl. K. H. Hasyim Ashari 31, tel 361861, 4300622.
Die großen Gesellschaften bieten auch die Möglichkeit, gegen eine Rückführungsgebühr, den Wagen in Jakarta zu mieten und in Bali abzugeben.

**GELD** - Schlechte Kurse am Airport. In der Stadt gibt es nahezu an jeder Ecke eine Bank. Zentral liegt die *BANK DAGANG NEGARA*, Jl. Thamrin 5, Ecke Jl. Kebon Sirih, tel 321707, werktags geöffnet bis 14.00 Uhr.
*P. T. SENOPATI JASATAMA VALUTA*, Jl. K. H. W. Hasyim 17, tel 3104334, ist ein Moneychanger, der auch bis abends geöffnet hat. Wechselt aber nur Bargeld verschiedener Währungen und US$-Traveller Cheques.
*DEUTSCHE BANK* hat eine Filiale im Deutsche Bank Building, Jl. Imam Bonjol 80, tel 331092, fax 335252, Telex 61524 db ia. Sie akzeptiert auch Euroschecks der Deutschen Bank.

**GOETHE-INSTITUT** - In der etwa 10 000 Bücher umfassenden Bibliothek mit ihrer umfangreichen Südostasien- und Indonesien-Abteilung kann man mal wieder deutsche Zeitungen und Bücher lesen. Deutsche Filme und andere kulturelle Veranstaltungen werden in Zeitungen und in eigenen Broschüren angekündigt. Gut zum Kennenlernen von Indonesiern, die Deutsch lernen. Adresse: Jl. Matraman Raya 23, tel 850 9132 und 8509719. Geöffnet Mo - Fr 9.00 - 16.30 Uhr, die Bibliothek Mo, Di, Fr und Sa 9.00 - 13.00 Uhr und Mo, Di und Do 15.00 - 18.00 Uhr. Juni / Juli ist das Institut geschlossen.

**IMMIGRATION** - Verlängerungen von Touristen-, Visitor-, Arbeits- und Bildungs-Visa werden in der Jl. Teuku Umar 1, Eintritt durch den Nebeneingang, tel 349811/349812, erledigt. Geöffnet Mo - Do 8.00 - 15.00, Fr bis 11.00, Sa bis 14.00 Uhr.
Obwohl seit der Einführung der visafreien Einreise nur noch wenige Ausländer hierher kommen, muß man sich in Geduld fassen, mehrere Formulare ausfüllen und mindestens zwei Tage warten.

**INFORMATIONEN** - *VISITORS INFORMATION CENTER* (VIC) im Theatre Building, Jl. Thamrin 9, geöffnet Mo - Do 8.30 - 15.00 Uhr, Fr bis 14.30 Uhr, Sa bis 12.30 Uhr. Zwischen 13.00 und 14.00 Uhr machen die Angestellten Mittagspause und schließen das recht informative Büro, tel 344117.
Das Office am Airport ist außerdem So von 8.00 - 20.00 Uhr offen.
*DINAS PARIWISATA JAKARTA* (Städtisches Tourist Office), Jl. Gatot Subroto, tel 586053, 586045.
*DIRECTORATE GENERAL OF TOURISM*, Jl. Kramat Raya 81, tel 3103117, fax 3101146.

**KRIMINALITÄT** - In der Stadt sind schon mehrere Touristen, zum Teil mit Messern, überfal-

len worden. Besonders gefährlich sind nachts der Gambir-Bahnhof und die Jl. Agus Salim. Aber auch im Gedränge eines Stadtbusses oder im *Bajaj*, das während des Stoßverkehrs an einer Ampel wartete, gab es schon Überfälle und Diebstähle.
Besonders berüchtigt für Taschendiebe ist Bus Nr. 70, in dem routinierte Profibanden arbeiten, die sich auf Ablenkungsmanöver und Rasierklingentricks spezialisiert haben.

**MEDIZINISCHE HILFE** - *CENTRAL JAKARTA EMERGENCY SERVICE*, 24 Std.-Dienst, oder 334030.
*ST.CAROLUS HOSPITAL*, Jl. Salemba Raya 41, Menteng, tel 3904437.
*PERTAMINA HOSPITAL*, Jl. Kyai Maja 43, Kebayoran Baru, tel 7200289, Notfall tel 707211.
**Deutschsprechender Arzt:** *DR. MANGASA TOBING*, Jl. Panglima Polim IX, tel 7702137 (südlich Blok M).
**Bei Zahnschmerzen:** *STEPHANIE DENTAL CLINIC*, Tira Bldg., Jl. H. R. Rasuna Said Kav. B3, Jakarta Pusat, tel 512579 / 512595.
**Apotheken** *(Apotik)* mit 24 Std.-Dienst:
*RADEN SALEH*, Jl. Raden Saleh 2, tel 353807.
*TITI MURNI*, Jl. Kramat Raya 128.
*JAYA*, Jl. Panglima Polim 4/12, Jakarta Selatan.

**POST** - GPO in der Jl. Lapangan Banteng Utara, tel 350004. Geöffnet Mo - Fr 8.00 - 16.00 und Sa bis 13.00 Uhr. Zu erreichen mit Bus Nr. 40. Weitere Postämter u.a. in der Jl. Gajah Mada (nahe Merlin Shopping Centre), am Fatahillah Platz, im Sarinah Kaufhaus, Jl. Thamrin, und versteckt in einer Seitenpassage zwischen Bürohochhäusern an der Jl. Kebon Sirih.

**TELEFON** - Innerhalb von Jakarta wechseln nicht nur die Telefonnummern recht schnell, es kann auch lange dauern, bis eine Verbindung zustande kommt.
*TELECOMMUNICATION OFFICES* (24 Std. geöffnet) im Jayakarta Tower Hotel, Jl. Hayam Wuruk 126, und im Skyline Bldg., Jl. Thamrin 9. Von hier kann man Ferngespräche in alle Welt führen - geht recht schnell über Satellit.
*WARPARPOSTEL RTG*, Jl. Jaksa 25, tel 390-4501, fax 3904503, bietet Post- und Telefon-Service, nebenbei auch ein Travel Agent, tgl. geöffnet 6.00 - 24.00 Uhr.
**R-Gespräche** sind nur mit der Schweiz, den NL, NZ, USA, GB, Kanada, Australien und Malaysia möglich. **Ortsgespräche** von öffentlichen Fernsprechern kosten 100 Rp für 5 Min.

**TRADITIONELLE MASSAGE UND KOSMETIK** - im *MARTHA TILAAR SALON*, Jl. Cikini Raya 83, tel 337616, nur für Frauen, Ganzkörpermassage mit indonesischen Kräutern (Jamu), Aromatherapie u.a. Eine Ganzkörpermassage mit Bad in angenehmer Umgebung kostet allerdings um 35 000 Rp.

**VORWAHL** - 021.

**ZEITUNGEN** - Ausländische Blätter, z.B. „Der Spiegel", findet man in den internationalen Hotels. Berichte über Indonesien und anstößige Bilder sind häufig hinter schwarzen Balken verschwunden oder herausgerissen. Englischsprachige indonesische Zeitungen sind *INDONESIA TIMES, JAKARTA POST* und *INDONESIAN OBSERVER*.

## NAHVERKEHRSMITTEL

**BAJAJ** - Günstigstes Transportmittel für kürzere und mittlere Entfernungen sind die kleinen, roten Motorroller mit Platz für zwei hinter dem Fahrer. Für 1000 bis 2000 Rp kann man in der Stadt herumfahren. Preis immer vorher aushandeln.

**BUSSE** - Für 300 Rp kann man in Jakarta von einem Ende zum anderen fahren. Auf verschiedenen großen Straßen fahren neue, recht bequeme Busse - auf anderen Uraltklapperkisten. Die Busse der Patas-Linie kosten 550 Rp, ac 1300 Rp, sollen dafür aber sicherer sein als die anderen Stadtbusse - und schneller, da sie nicht überall halten. In den vollen Stadtbussen wird viel gestohlen, vor allem im blauen S.M.S.-Bus Nr. 70, der zwischen Kota Bahnhof und Blok M verkehrt, außerdem in Bus 1, 11 und 700.

**TAXIS** - Sind die bequemsten Transportmittel innerhalb der Stadt, verhältnismäßig billig und überall zu finden. Einige Fahrer bestehen darauf, einen festen (überhöhten) Fahrpreis auszuhandeln. Dennoch sind alle Wagen mit Taxameter ausgestattet, was auch Nachteile haben kann, da Umwege die Uhr klicken lassen. Sofern man den richtigen Preis nicht kennt, sollte man

darauf bestehen, daß das Taxameter eingeschaltet wird. Im Zweifelsfall kann man sich mit aufgeschlagenem Stadtplan neben den Fahrer setzen und die Route verfolgen.
Die Einschaltgebühr plus einem zusätzlichen Kilometer beträgt 900 Rp, jeder weitere Kilometer kostet 500 Rp.
Etwa 25 000 Rp kostet die Fahrt vom Airport zur Jl. Jaksa und für 20 000 Rp kann man bereits die gesamte Hauptstadt durchqueren.
*BLUE BIRD,* Jl. H. O. S. Cokroaminoto 107, tel 325607, 333000, fax 7999102. Die blauen Bluebird-Taxis sind am zuverlässigsten, auch bei telefonischen Vorbestellungen. Man kann sie zudem stundenweise mieten. Auch Luxuslimousinen mit Chauffeur.
*METROPOLITAN TAKSI,* tel 4204444, für Beschwerden tel 418885.
*JAKARTA INTERNATIONAL TAXI,* tel 333-777, für Beschwerden tel 3103344.

## TRANSPORT

**BUSSE** - Es gibt mehrere Busbahnhöfe in Jakarta; **Fernbusse** fahren ab:
- Kalideres Bus Stn.,
- Kampung Rambutan Bus Stn.,
- Pulo Gadung Bus Stn.

Die anderen Busbahnhöfe werden nur von **Stadtbussen** angefahren:
- Kebayoran Bus Stn.,
- Pasar Minggu Bus Stn.,
- Cililitan Bus Stn.,
- Grogol Bus Stn.,
- Lapangan Banteng Bus Stn.

Die normalen Überlandbusse sind häufig überfüllt - zur Hauptreisezeit werden eintreffende Busse regelrecht gestürmt; je nach Company, Fahrtroute und Ausstattung variiert der Preis.
Busse **nach Westen** (vor allem **Sumatra**) fahren vom im Westen der Stadt liegenden **Kalideres** Busbahnhof ab (der Doppeldeckerbus 913 fährt raus):
MERAK 2000 Rp, BUKITTINGGI 27 000 / ac 60 000 Rp, PALEMBANG 15 000 / 25 000 Rp, BANDA ACEH 45 000 / 75 000 Rp. Von Kalideres fahren auch Busse nach BOGOR 800 Rp.
Busse mit Zielen im **Osten** (u. Süden) **von West-Java** fahren vom Busbahnhof **Kampung Rambutan** ab. Er liegt ca. 30 km östlich vom Zentrum; man erreicht ihn direkt mit Stadtbus P 16 ab Sarinah Bldg., Jl. Thamrin, oder mit einem der häufigen Stadtbusse ab Cililitan Bus Stn.
CIPANAS / PUNCAK 1700 / 2000 Rp, BANDUNG 3000 / 4200 Rp, BOGOR 800 / 1000 Rp, 1 Std, SUKABUMI 1500 / 2000 Rp, CIBADAG 1500 Rp, SEMARANG 7600 / 12 100 Rp.
Busse **nach Osten** (Zentral- u. Ost-Java, Bali) fahren von der im Osten gelegenen **Pulo Gadung** Bus Stn. ab: CIREBON 3900 / ac 7200 / ac Royal 12 000 Rp, SURABAYA 21 000 / ac 43 000 Rp, YOGYAKARTA (16 - 18 Std.) 17 000 / ac 35 000 Rp, BALI ac 62 000 Rp.
Für längere Strecken nimmt man besser **Expressbusse** mit Liegesitzen; Tickets sind bei einschlägigen Travel Agents erhältlich. Einige Reiseunternehmen setzen auf bestimmten Fernstrecken (z.B. Yogya, Cilacap, Purwokerto, Semarang) bequeme **Minibusse** ein, oft mit ac und Liegesitzen. Abfahrt zu festen Uhrzeiten vom Office, am Zielort wird man zur gewünschten Adresse gebracht. Nach Yogya meist nur einmal tgl., ac 25 000 Rp:
*MARINA TRAVEL,* Jl. Petogogan 2/35, Block A, Kebayoran Baru, tel 716344.
*SRI AYU TRAVEL,* Jl. Tarian Raya Timur, Block W/14, tel 4899729, und Jl. Gedung Kesenian, tel 350624, und Jl. Anggrek Garuda Raya 52, tel 5302138.
*PRIAVENTURE,* Jl. Ampera Raya 1, tel 780-2528 / 7804263 / 7804273.

**ÜBERLANDTAXEN** - Die folgenden Gesellschaften fahren mit großen, alten Limousinen zwischen 6.00 und 21.00 Uhr in 4 Std. nach Bandung, sobald sich 5 Passagiere eingefunden haben. Man wird an der gewünschten Adresse abgesetzt, kann aber auch unterwegs in Bogor oder am Puncak Paß aussteigen, muß aber immer den vollen Preis: 11 000 Rp p.P. bezahlen.
*4848 (Empat Delapan Empat Delapan),* Jl. Prapatan 34, tel 364488, nur 10 Min. zu Fuß von der Jl. Jaksa;
*MEDIA TAXI,* Jl. Johar 15, Menteng, tel 330868, 343643 und
*PARAHIYANGAN,* Jl. Johar 18, tel 323831.

**EISENBAHN** - Von Jakarta gibt es Zugverbindungen nach Zentral- und Ost-Java sowie nach Süd-Sumatra.
Die Abfahrtszeiten der Züge ändern sich wie überall, deshalb erkundigt man sich am besten vorher am Kota- oder Gambir-Bahnhof nach Abfahrtszeiten und Dauer der Fahrt.
Studentenermäßigung, die es meist nur für billige Tageszüge gibt, wurde in Jakarta häufig

erst nach Rücksprache mit dem Bahnhofsvorsteher gewährt.
Tickets gibt es auch in vielen Reisebüros, z.B. in der Jl. Menteng Raya 24 (nahe Jl. Jaksa).
Vorortzüge fahren mehrmals tgl. in etwa 1 Std. von Kota über Gambir nach BOGOR für 750 Rp, 3. Klasse; 2000 Rp, 2. Klasse.
Nach PALEMBANG (über MERAK): Züge ab Tanah Abang 3x tgl. nach Merak für 1400 Rp (3. Kl.). Fähre 1000 / 2000 Rp, tgl. zwei Züge nach Palembang für 3800 / 9000 Rp.
Nach BANDUNG: Züge ab Gambir 8x tgl., für 22 000 Rp (*executive class:* Liegesitze und ac), 12 000 Rp (*business class:* Fan), in 2 3/4 Std.
Nach CIREBON: Züge ab Kota 6x tgl. (u. a. Bima), ab Priok 2x tgl., ab Gambir 9x tgl., ab Senen 5x tgl. zwischen 3500 Rp und 18 000 Rp je nach Zug und Klasse; Bima, Abfahrt 16.00 Uhr, Fahrtdauer 3 1/4 Std. : 39 000 Rp (1. Kl.).
Nach SEMARANG: Züge ab Priok 1x tgl., ab Kota 1x tgl. und ab Senen 2x tgl., je nach Zug und Klasse 4500 Rp bis 17 800 Rp; Mutiara Utara 1. Kl. 49 000 Rp, Economy 23 000 Rp.
Nach SURABAYA: ab Gambir 2x tgl., ab Pasar Senen 2x tgl., 68 000 Rp im Bima, 51 000 Rp im Mutiara Utara, 13 500 / 17 000 in Zügen mit 3. Kl. / 2. Kl.
Nach YOGYAKARTA: Züge ab Priok 1x tgl., ab Gambir 7x tgl. und ab Kota 1x tgl. (Bima), je nach Zug zwischen 5000 Rp (3. Kl.), 15 000 Rp (2. Kl.) und 35 000 Rp (1. Kl.), Bima 58 000 Rp (1. Kl.).

**INTERNATIONALE FLÜGE** - Auf dem Flughafen Soekarno-Hatta in Cengkareng, 23 km westlich von Jakarta, werden alle nationalen und internationalen Flüge abgefertigt.
Er ist von der City aus über eine Schnellstraße zu erreichen. Die Busgesellschaft *DAMRI,* tel 414823, setzt Mercedes-**Busse** ein (weiß mit blauen Streifen), um die Passagiere für 3000 Rp von und zum Airport zu transportieren.
Abfahrt von folgenden Endstationen:
Blok M, Gambir Bahnhof, Kemayoran Airport, Rawamangun Bus Terminal, alle 30 Min. Damri operiert vom frühen Morgen (ca. 3.00 Uhr) bis späten Abend (ca. 22.30 Uhr - bei Nachtflügen nicht zu sehr darauf verlassen, denn häufig fahren bereits nach 21.30 Uhr keine Busse mehr!), Fahrzeit 45 Min. bis 2 Std. während der Rush-hour. **Taxi** vom Zentrum 25 000 Rp.
Einige Unterkünfte in der Jl. Jaksa haben einen **Minibus**-Service, mit dem nach Voranmeldung 1 - 8 Pers. für 25 000 Rp nach Cengkareng fahren können.
Außerdem fahren viele **Privat-Taxen**, deren Preis man aushandeln muß. Bluebird-Taxen benutzen den schnelleren Weg über die Autobahn, die sie für eine ermäßigte Gebühr befahren können.
Mit **öffentlichen Bussen** sollte man mindestens 2 1/2 Std. rechnen, zuerst mit Bus 913 bis Kalideres, dann umsteigen in Bus 214 bis Airport.
Der Airport Soekarno-Hatta verfügt über zwei sich gegenüberliegende Terminal-Gebäude, in denen jeweils drei Subterminals untergebracht sind:
**Terminal 1:** A) Charterflüge, B) Merpati-Inlandsflüge, C) Sempati-, Bouraq-, Mandala-Inlandsflüge.
**Terminal 2:** D) internationale Flüge, E) Garuda u. a. internationale Flüge, F) Garuda-Inlandsflüge.
**Airport-Tax**: nationale Flüge 8000 Rp; internationale Flüge 21 000 Rp.
Hier noch eine Aufstellung der wichtigsten **internationalen Fluggesellschaften**, die Jakarta anfliegen:
*AIR INDIA,* Hotel Sari Pacific, Jl. Thamrin 7A, tel 325470.
*BRITISH AIRWAYS,* Wisma Metropolitan 1, 10. Stock, Jl. Jen. Sudirman Kav. 29, tel 5703742, fax 516252.
*CATHAY PACIFIC,* Hotel Borobudur, Jl, Lapangan Banteng Selatan, tel 3806660, fax 3806533.
*CHINA AIRLINES,* Wisma Dharmala Sakti, Jl. Jen. Sudirman 32, tel 5704003, fax 5704147.
*JAPAN AIRLINES,* MID Plaza, Jl. Jen. Sudirman Kav. 10-11, tel 5703883.
*KLM,* Plaza Indonesia, Jl. Thamrin, tel 320053 / 3107667, fax 336636.
*LUFTHANSA,* Panin Centre Bldg., Jl. Jen. Sudirman 1, tel 7396767 / 7205713.
*MAS,* Hotel Indonesia, Jl. Thamrin, tel 320909.
*PHILIPPINES AIRLINES,* Hotel Borobudur, tel 370108 / 3810949.
*QUANTAS,* BDN Building, Jl. Thamrin 5, tel 327707 / 327218, fax 3105788.
*SINGAPORE AIRLINES,* Chase Plaza, Jl. Jen. Sudirman Kav. 21, tel 584041 / 5704213, fax 5704207.
*SWISSAIR,* Hotel Borobudur, Jl. Lapangan Banteng Selatan, tel 373608.
*THAI AIRWAYS INTERNATIONAL,* BDN Bldg., Jl. Thamrin 5, tel 320607.

*UTA FRENCH AIRLINES,* Summitmas Tower, 9. Stock, Jl. Jen. Sudirman Kav. 61-62, tel 5202262 / 5202270.

**NATIONALE FLÜGE** - ebenfalls ab Sukarno - Hatta Airport.
*GARUDA (GA),* Head Office: Danareksa Bldg., Jl. Merdeka Selatan 13, 11. Stock, tel 3801901, 3806276; hier kein Ticket-Verkauf etc, besser geht man in eine der Filialen:
- BDN Bldg., Jl. Thamrin 5, tel 334425, 334-429, 334434;
- Hotel Borobudur, tel 3100568 / 69 / 70;
- Hotel Indonesia, tel 325288, 3100568 / 69 / 70;
- Wisma Dharmala Sakti, Jl. Jen. Sudirman 32, tel 5701292 / 5780014 / 5781110.

*MERPATI (MZ),* Jl. Angkasa 2, tel 417404/ 413608, fax 418936.
*MANDALA (MDL),* Jl. Veteran 1/34, tel 368107; Head Office: Jl. Garuda 76, tel 416100 / 4206645.
*BOURAQ (BO),* Jl. Angkasa 1, tel 6295150 / 6595179.
*SEMPATI (SG),* Head Office: Jl. Merdeka Timur 7, tel 3848760 / 3843323, fax 367743. Ticketing Service 24 Std.: Jl. Bungur Besar 23, tel 4205555 / 418011.
Mandala und Sempati haben auf verschiedenen Flügen Sonderpreise.
**Preisbeispiele** (hinzu kommen noch 10% Mwst, Airport-Tax und eine geringe Versicherungsgebühr): AMBON 417 000 Rp (MZ, MDL),
BANDA ACEH 394 000 Rp (GA),
BALIKPAPAN 277 000 Rp (MZ, GA, BO, SG),
BANDUNG 51 000 Rp (MZ, BO),
BENGKULU 142 000 Rp (MZ),
BANJARMASIN 215 000 Rp (MZ, SG),
BATAM 204 000 Rp (GA, MZ, SG),
BIAK 599 000 Rp (GA),
CILACAP 110 000 Rp (MZ),
CIREBON 72 000 Rp (MZ),
DENPASAR 195 000 Rp (GA, SG),
JAMBI 152 000 Rp (MZ),
JAYAPURA 663 000 Rp (MZ),
KUPANG 393 000 Rp (MZ),
MEDAN 300 000 Rp (GA, MZ, MDL, SG),
MANADO 487 000 Rp (GA, BO, SG),
MAUMERE 374 000 Rp (MZ),
PALEMBANG 117 000 Rp (MZ),
PANGKALPINANG 119 000 Rp (MZ, SG),
PADANG 215 000 Rp (MZ, MDL, SG),
PONTIANAK 174 000 Rp (MZ, BO, SG),
SEMARANG 99 000 Rp (MZ, BO, SG),
SURABAYA 161 000 Rp (GA, BO, MDL, SG),
TANJUNGPANDAN 84 000 Rp (MZ),
TANJUNG PINANG 195 000 Rp (MZ, SG),
UJUNG PANDG. 293 000 Rp (GA, MDL, SG),
YOGYAKARTA 112 000 Rp (GA, BO, SG).

**SCHIFFE** - *PELNI,* die staatliche Gesellschaft, hat ihr Head Office in der Jl. Gajah Mada 14, tel 3843307, 3854177, 3844342, fax 3810341. Tickets in der Jl. Angkasa 18, tel 4217406.
Von den z.Zt. 15 regelmäßig in alle Richtungen des Archipels fahrenden Passagierschiffen halten zehn auch in **Tanjung Priok**, dem Hafen von Jakarta. Details und Preise s.S. 64 - 66.
Weitere Schiffe fahren nur unregelmäßig und halten keinem Vergleich mit dem Standard der neuen Schiffe stand.
Vom Pelni-Pier ist es 1 km bis zum Hafenausgang: dazwischen verkehren Traktoren mit zwei Hängern, auf deren Ladefläche man für 100 Rp mitfahren kann.
Am Tor fahren Stadtbusse zum Zentrum ab, 300 Rp - die Patas-Busse für 550 Rp sind schneller.
Ein fast luxuriöses Schnellboot, die **MV. Bintan Permata**, fährt Mi u. Sa 16.00 Uhr über PANGKALPINANG, P. Bangka (51 000 Rp), nach TG. PINANG 91 500 Rp; Tickets bei *ADMIRAL LINES,* Jl. Raya Pelabuhan 21, Tg. Priok.

## Die Umgebung von Jakarta

### Taman Mini

Etwa 20 km außerhalb Jakartas an der Straße nach Bogor liegt dieser Park. Zuerst mit einem Bus nach Cililitan, z.B. mit dem P.P.D.-Bus 401 ab Haltestelle Emmanuel Church, gegenüber Gambir Bahnhof, und dann mit dem Metro Minibus T 55. Geöffnet tgl. 9.00 - 17.00 Uhr.

Auf 160 ha ist Indonesien im Miniformat nachgebaut, um den Besuchern einen Eindruck von der Vielfalt des Landes zu vermitteln. Das Zentrum bildet ein künstlicher See mit den nachgebildeten indonesischen Inseln. Mit einer Seilbahn kann man über Kalimantan, Sulawesi und die anderen Inseln schweben oder mit kleinen Booten an ihnen vorbeifahren. Rings um den See finden sich typische Häuser aus den 27 Provinzen. In ihnen werden Produkte aus Industrie, Handwerk und Landwirtschaft ausgestellt.

Lohnenswert ist es, die folgenden Häuser auch von innen zu besichtigen: **Java-** und **Sumatra-Provinzen**, **Bali**, **Irian Jaya**, **Nusa Tenggara Timur**, **Kalimantan Timur** und **Timor Timur** - und natürlich die Provinzen, die man bereist. In einigen sind regionale Museen untergebracht, die Kostüme, Werkzeuge, Musikinstrumente und Fotos zeigen. Häufig kann ein landeskundiger Angestellter Fragen beantworten. In den Häusern einiger Provinzen erhält man zudem Informationsmaterial oder kann lokale Souvenirs erwerben. Außerdem ist jede Weltreligion mit einem eigenen Gebäude vertreten, in denen religiöse Veranstaltungen stattfinden.

In dem im balinesischen Stil errichteten **Museum Indonesia** findet man eine umfassende Ausstellung von Kunsthandwerk, Kleidung und Gebrauchsgegenständen aus allen Teilen Indonesiens. Der riesige Komodo-Waran beherbergt in seinem Inneren das **Museum Komodo** - eine zoologische Ausstellung mit präparierten und ausgestopften Tiere des Archipels auf zwei Stockwerken.

Philatelisten können sich im **Museum Prangko** eine umfangreiche Briefmarkensammlung ansehen. Auf einem Freigelände sind alte Dampflokomotiven ausgestellt. Zudem gibt es einen Orchideengarten, einen großen Kinderspielplatz und einen Vogelpark zu besichtigen.

In einem riesigen, schneckenförmigen Kino, **Teater Imax Keong Emas**, werden verschiedene Filme, u. a. auch über Indonesien gezeigt. Recht beeindruckend wirken die phantastischen Aufnahmen von Vulkanen und Menschen auf der überdimensionalen Leinwand, die vom Guiness-Buch der Rekorde als die größte der Welt bezeichnet wird. Geöffnet tgl. 11.00 - 17.00 Uhr (am Wochenende länger), außer Mo.

Am Sonntag kommen viele indonesische Besucher hierher. Dann treffen sich die Molukker oder Timoresen in *ihren* Häusern, spielen Bands aus Nord-Sumatra ihre Batak-Musik und führen Tanzgruppen aus Bali oder Borneo ihre Tänze auf. Man picknickt auf den großen Rasenflächen. An zahlreichen Warung und in Restaurants kann man essen und trinken. Besucht man den Taman Mini sonntags, kann ein volles Tagesprogramm absolviert werden.

### Ragunan Zoo

16 km südlich der Stadt gelegen, zuerst nach Blok M fahren, dann mit Bus Nr. 19 oder Metro Mini S 77 zum Zoo; Bus Nr. 87 fährt direkt ab Jl. Cikini Raya, Jl. Rasuna Said. Der 185 ha große Zoo eignet sich gut, um der Hektik Jakartas für einige Zeit zu entfliehen. Er beherbergt über 3600 Tiere, darunter Tiger, Komodo-Waran, Anoa und Banteng. Geöffnet tgl. von 8.00 - 18.00 Uhr, Eintritt. Am Wochenende voll.

## West-Java

*Die Provinz West-Java (49 000 km², 38 Millionen Einwohner ohne Jakarta) - das Gebiet zwischen Krakatau und Cirebon - ist ein vielfältiges Land mit Reisterrassen, Stränden und Vulkanen, aber mit nur 9,5% Wald. Das Hinterland der Hauptstadt Jakarta ist dicht besiedelt und gut mit Verkehrswegen erschlossen.*

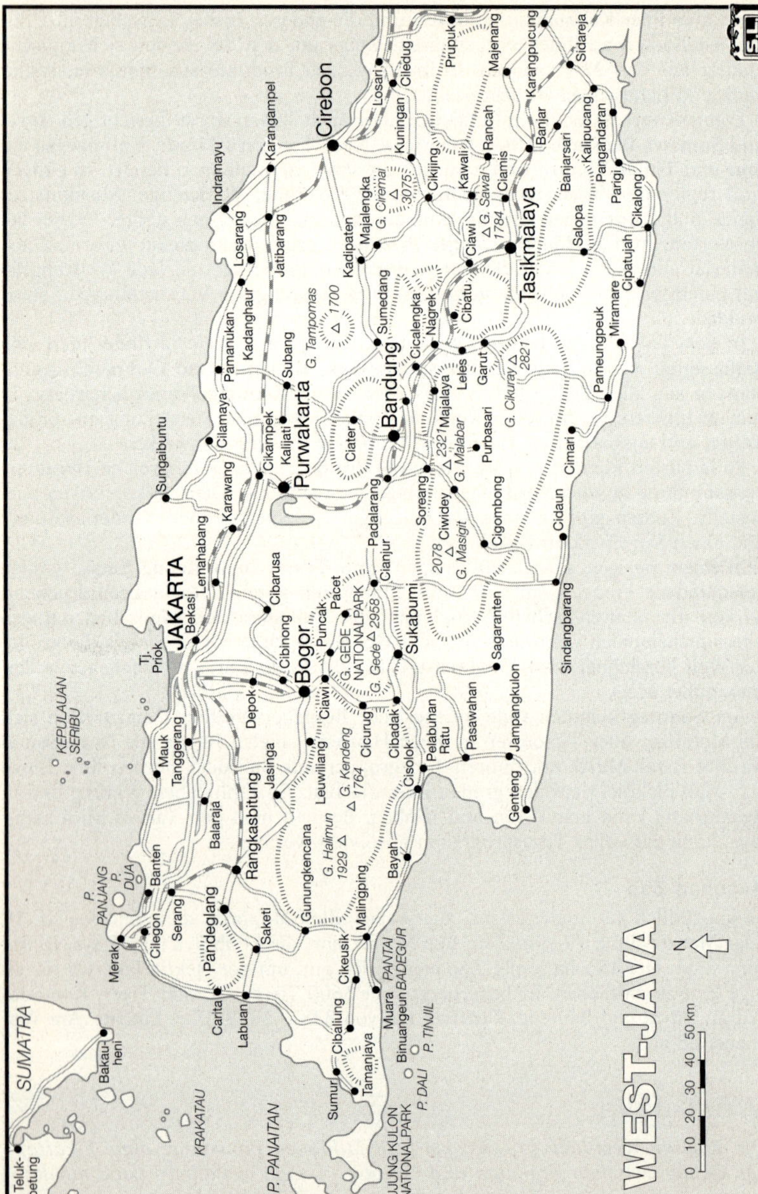
WEST-JAVA
N
0 10 20 30 40 50 km
SUMATRA
Teluk-betung
Bakau-heni
KRAKATAU
P. PANAITAN
UJUNG KULON NATIONALPARK
P. DALI
P. TINJIL
PANTAI BADEGUR
P. PANJANG
P. DUA
KEPULAUAN SERIBU
Tj. Priok
JAKARTA
Merak
Cilegon
Banten
Serang
Pandeglang
Carita
Labuan
Saketi
Rangkasbitung
Balaraja
Tanggerang
Mauk
Sumur
Tamanjaya
Cibaliung
Cikeusik
Muara Binuangeun
Malingping
Gunungkencana
G. Halimun 1929
Bayah
Jasinga
Leuwiliang
G. Kendeng 1764
Cisolok
Pelabuhan Ratu
Genteng
Pasawahan
Jampangkulon
Cicurug
Cibadak
Depok
Bogor
Ciawi
Cibinong
Cibarusa
Bekasi
Lemahabang
Karawang
Sungaibuntu
Puncak
Pacet
G. GEDE NATIONALPARK
G. Gede 2958
Sukabumi
Sagaranten
Sindangbarang
Cianjur
Padalarang
G. Masigit 2078
Ciwidey
Cigombong
Cidaun
Soreang
G. Malabar 2321
Purbasari
Cimari
Purwakarta
Cikampek
Kalijati
Cilamaya
Subang
Pamanukan
Ciater
Bandung
Majalaya
Leles
Garut
G. Cikuray 2821
Pameungpeuk
Miramare
Cipatujah
Cicalengka
Nagrek
Cibatu
Sumedang
G. Tampomas 1700
Kadanghaur
Losarang
Indramayu
Jatibarang
Karangampel
Kadipaten
Majalengka
G. Ciremai 3075
Cirebon
Losari
Ciledug
Kuningan
Cikijing
Kawali
Ciawi
G. Sawal 1784
Ciamis
Tasikmalaya
Salopa
Cikalong
Parigi
Pangandaran
Kalipucang
Banjarsari
Banjar
Rancah
Majenang
Prupuk
Karangpucung
Sidareja

*Die alten Hafenstädte im Norden, Banten, Batavia (das heutige Jakarta) und Cirebon, waren einerseits frühe Hochburgen des Islam, andererseits Stützpunkte der auf Seehandel basierenden Wirtschaft.*

*Die Südküste hingegen, ohne bedeutende Häfen, ist weitgehend unerschlossen geblieben und kann auch heute nur über vereinzelte Stichstraßen erreicht werden. Die im Südwesten liegende Halbinsel Ujung Kulon blieb eines der wenigen vom Menschen nahezu unberührten Dschungelgebiete, in dem die letzten Java-Nashörner und andere vom Aussterben bedrohte Tiere eine Heimat gefunden haben. In West-Java leben vor allem Sundanesen, die zweitgrößte ethnische Gruppe Indonesiens, mit einer eigenen, vom Islam beeinflußten Kultur und einer eigenen Sprache. Außerdem findet man in der Abgeschlossenheit der Berge südlich von Rangkasbitung die Badui, eine kleine Gruppe der javanischen Urbevölkerung, deren Kultur kaum hinduistisch beeinflußt ist.*

*Will man typische sundanesische Volkskunst erleben, sollte man sich eine Wayang Golek-Vorführung ansehen - ein Puppentheater, bei dem mit hölzernen Stabpuppen Episoden aus dem Ramayana und Mahabharata aufgeführt werden. Begleitet wird es von den Klängen der traditionellen Bambusinstrumente, Angklung. Hauptstadt West-Javas und kultureller Mittelpunkt ist Bandung - eine Großstadt in den kühleren Bergen, idealer Ausgangspunkt für die Erkundung der landschaftlich reizvollen Umgebung.*

## Bogor

*Nach Jakarta ist dieser Ort mit seinem kühlen Klima eine angenehme Erfrischung, obwohl er nur 290 m über dem Meeresspiegel liegt. Schon zur Zeit der holländischen Kolonialherren zogen sich die höheren Verwaltungsbeamten aus der tropischen Hitze der malariaverseuchten, feucht-stickigen Hauptstadt in die Berge zurück. Die Stadt ist durch den großen Park im Zentrum recht weitläufig angelegt. Die breiten Gehwege mit vielen Bäumen und das angenehme Klima machen lange Spaziergänge erträglich.*

1744 ließ der Generalgouverneur van Imhoff in Buitenzorg (ohne Sorge) eine Residenz errichten. Die **Istana Bogor**, Sitz holländischer Gouverneure, ist heute beliebter Aufenthaltsort von Präsident Suharto.

Im Zentrum der Stadt liegt der 87 ha große **Botanische Garten** - eine beeindruckende Sammlung riesiger Urwaldbäume, zarter Orchideen und Palmen aus aller Welt. Nicht nur Botaniker werden davon begeistert sein. Einen Vormittag wird man sicher allein für den Garten brauchen. Für die Nachmittage sollte man sich etwas anderes vornehmen, denn dann regnet es häufig.

Nicht weit vom südlichen Haupteingang steht eine Gedenkstätte, die Sir Stamford Raffles 1814 seiner verstorbenen Frau errichten ließ.

Im östlichen Teil des Gartens liegt das Orchideenhaus, in dem 3000 verschiedene Orchideensorten gezüchtet werden. Das Orchideenhaus ist allerdings meistens geschlossen. Indonesier werden sich als ortskundige Gesprächspartner und als Führer anbieten. Einige sind recht gut informiert. Man sollte jedoch gleich über den Preis sprechen, da es sonst am Ende des Rundgangs zu Auseinandersetzungen kommen könnte. Der Eintritt beträgt 1400 Rp, an Sonn- und Feiertagen 700 Rp. Geöffnet ist der Botanische Garten tgl. 8.00 - 17.00 Uhr.

Einen Besuch lohnt auch das **Zoologische Museum** im Garten, links neben dem Eingang. Hier findet man das 27 m lange Skelett eines Blauwals. Geöffnet ist das Museum tgl. 8.00 - 14.00 Uhr, Freitag nur bis 11.00 Uhr, Eintritt 400 Rp. Außerdem gibt es im Ort ein **Herbarium** und eine der besten botanischen **Bibliotheken**, die der Universität angeschlossen ist. Wer sich für **Wayang Golek** interessiert, findet auch einen Puppenmacher in Bogor; Dase Asi wohnt in Lebak Kantin RT 02/06.

## ÜBERNACHTUNG

**UNTERE PREISKLASSE** - von Süden nach Norden:

*WISMA DUTA**-****, Jl. Baranangsiang II Kav. 7, tel 328494; Zi mit und ohne Mandi, mit Fan und z.T. mit TV; relativ sauber und akzeptabel, sehr ruhig gelegen, abgesehen von der großen Moschee in der Nähe.

*WISMA RAMAYANA**-****, Jl. Ir. H. Juanda 54, tel 320364; mit und ohne Mandi, sauber, mit Frühstück, nette Leute; hier nach Andum fragen, einem Guide für Bergtouren.

*PURI BALI GUESTHOUSE***, Jl. Paledang 30, tel 317498; große, hohe Räume mit Mandi und Frühstück, relativ sauber; eine angenehme Unterkunft bei einer interessanten balinesischen Familie in einem 150 Jahre alten Haus, mit großem Vorgarten.

*FIRMAN GUEST HOUSE***, Jl. Paledang 48, tel 323246; freundliche Familien-Pension, nette Leute, viele Traveller; z.T. recht kleine Zi mit Fan und Frühstück, mit und ohne Mandi; relativ ruhig, obwohl an einer lauten Straße gelegen.

*SARTIKA GUESTHOUSE**-****, Jl. Dewi Sartika 4 D, tel 323743; ruhig, sauber und freundlich, Zi mit und ohne Mandi, mit Fan, inkl. Frühstück.

*HOTEL TRIO PERMAI***, Jl. Dewi Sartika 2, tel 329672; laut und nicht sehr sauber, mit Prostituierten.

*PENGINAPAN GANDASARI***, Jl. Veteran 57, tel 322540; einfache, dunkle Zi an einer lauten Straße.

*ABU PENSIONE**-**** (Schlafsaal*), Jl. Mayor Oking 15, tel 322893; saubere Zi mit und ohne Mandi, mit Fan und z.T. mit Heißwasser, die besten und größten Zi sind im hinteren Anbau am Rande einer Schlucht; Restaurant auf einer schönen Terrasse überm Fluß sowie Tour und Travel Service; viele Traveller.

*PENGINAPAN DAMAI*-***, Jl. Mayor Oking 29, Zi mit und ohne Bad, billig und finster.

*WISMA TELADAN (EFITA)**-****, Jl. Sawojajar 3 A, tel 325327, einfache, ungepflegte Zi mit und ohne Mandi.

*ELSANA TRANSIT HOTEL****, Jl. Sawojajar 36, tel 322552, relativ sauber, aber laut, mit begrüntem Innenhof, Zi mit Fan und Mandi.

*KARUNIA GUESTHOUSE*-****, Jl. Sempur 35/37, tel 323411; kleine, saubere und sehr freundliche Familien-Pension, ruhig gelegen, mit Frühstück.

*SEMPUR KENCANA GUESTHOUSE**-****, Jl. Sempur 6, tel 328347, ruhig gelegen, aber ungemütlich und renovierbedürftig.

*KOPO HOSTEL**-**** (Dorm*), Jl. Raya 502, 15 km außerhalb an der Straße zum Puncak Pass in Cisarua.

**MITTLERE UND OBERE PREISKLASSE** - von Süden nach Norden:

*HOTEL RIRIN* (US$17 - 37), Jl. Ciburial Indah, tel 314070, fax 329094; Zi mit Fan, TV, Tel, z.T. mit Heißwasser und ac; sauber und nett eingerichtet, mit Garten und Restaurant; nicht weit von der großen Moschee.

*PAKUAN PALACE HOTEL* (US$32 - 37), Jl. Pakuan 5, tel 311207, fax 323062; saubere Zi mit TV, Tel, ac und Heißwasser; kleiner Innenhof mit Garten, Restaurant, Moschee in der Nähe.

*HOTEL WISMA PERMATA***-*****, Jl. Raya Pajajaran 35, tel 323402, fax 311082; saubere

*Legende:*

**Übernachtung:**
① Srigunting Gh. 1
② Srigunting Gh. 2
③ Srigunting Gh. 3
④ Wisma Mirah 1
⑤ Wisma Teladan
⑥ Elsana Transit H.
⑦ Karunia Gh.
⑧ Srigunting Gh. 4
⑨ H. Pangrango
⑩ H. Mirah 2
⑪ H. New Mirah
⑫ Bogor Inn
⑬ Lotus Indah H.
⑭ Sempur Kencana Gh.
⑮ Penginapan Damai
⑯ Penginapan Gandasari
⑰ Abu Pensione
⑱ Salak
⑲ H. Mirah Sartika
⑳ H. Trio Permai
㉑ Sartika Gh.
㉒ H. Wisma Permata
㉓ Firman Gh.
㉔ Puri Bali Gh.
㉕ Wisma Ramayana
㉖ Wisma Duta
㉗ Pakuan Palace H.
㉘ H. Ririn

**Läden, Restaurants, etc.:**
1 Lautan R.
2 Singapore Bakery
3 Bank Dagang Negara
4 Bank Central Asia
5 Bank Negara Indonesia
6 Buchladen
7 Kentucky Fried Chicken
8 Fortuna R.
9 Tan Ek Tjoan Bakery & Icecream
10 Tankstelle

**Transport:**
❶ Minibus Stn.
❷ Bahnhof
❸ Taxi
❹ Bus Stn.

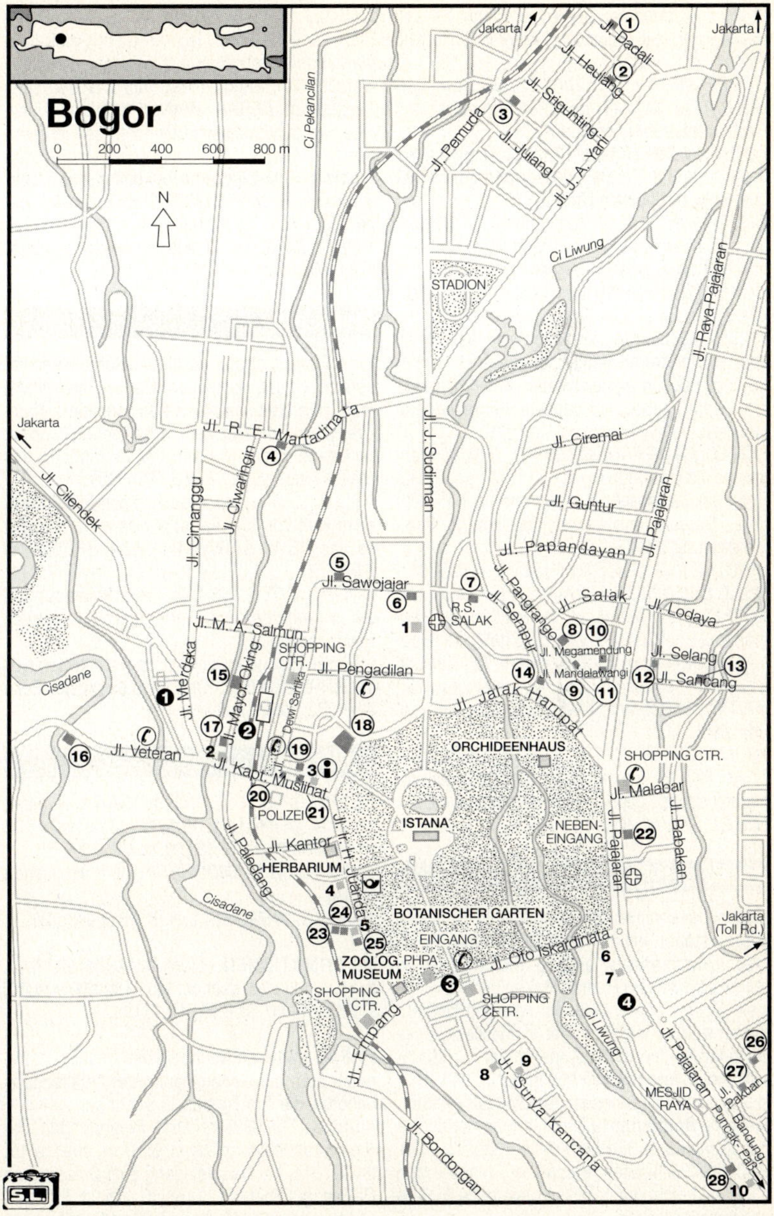
Bogor
0 200 400 600 800 m
N
Jakarta
Jl. Dadali
Jl. Heulang
Jl. Srigunting
Jl. Pemuda
Jl. Julang
Jl. J. A. Yani
Ci Pekancilan
Ci Liwung
STADION
Jl. Raya Pajajaran
Jl. R. E. Martadinata
Jl. J. Sudirman
Jl. Ciremai
Jl. Guntur
Jl. Papandayan
Jl. Pajajaran
Jl. Cilendek
Jl. Cimanggu
Jl. Ciwaringin
Jl. Sawojajar
R.S. SALAK
Jl. Pangrango
Jl. Sempur
Jl. Salak
Jl. Lodaya
Jl. M. A. Salmun
SHOPPING CTR.
Jl. Megamendung
Jl. Selang
Jl. Mandalawangi
Jl. Sancang
Jl. Pengadilan
Jl. Merdeka
Jl. Mayor Oking
Dewi Sartika
Cisadane
Jl. Jalak Harupat
ORCHIDEENHAUS
Jl. Veteran
Jl. Kapt. Muslihat
POLIZEI
ISTANA
Jl. Malabar
NEBEN-EINGANG
Jl. Babakan
Jl. Ir. H. Juanda
Jl. Kantor
HERBARIUM
Jl. Paledang
BOTANISCHER GARTEN
EINGANG
ZOOLOG. MUSEUM
PHPA
Jl. Oto Iskardinata
Jakarta (Toll Rd.)
SHOPPING CETR.
Jl. Empang
Ci Liwung
Jl. Surya Kencana
MESJID RAYA
Jl. Pakuan
Jl. Bandung
Puncak-Paß
Jl. Bondongan
S.L.

Zi mit Fan oder ac, Du/WC, z.T. mit TV und Heißwasser, inkl. Frühstück; kleiner Innenhof und Garten, mit Restaurant.
*HOTEL MIRAH SARTIKA*****, Jl. Dewi Sartika 6 A, tel 312343, fax 328434; sauber, mit Restaurant, zentral gelegen.
*LOTUS INDAH HOTEL*****, Jl. Sancang 19, tel 323824; Zi mit TV, Heißwasser und ac, sauber und ruhig, mit kleinem Garten.
*BOGOR INN***-****, Jl. Kumbang 12, tel 328134; sauber, aber etwas renovierbedürftig, nett eingerichtet, ruhig gelegen, kleiner Innenhof.
*HOTEL NEW MIRAH* und *MIRAH II* (US$16 - 48), Jl. Mandalawangi und Jl. Megamendung, tel 312385, 328044, fax 329423; zwei Hotels in einem, mit mehreren kleinen, begrünten Innenhöfen und hübsch eingerichteten Aufenthaltsräumen, sehr sauber und gepflegt, mit einem Restaurant.
*HOTEL PANGRANGO* (US$40 - 63), Jl. Pangrango 23, tel 328670, fax 314060; das beste Hotel der Stadt, sehr gepflegt und sauber, sehr guter Service, mit kleinem Swimming Pool, preiswert für das Gebotene.
*SRIGUNTING GUESTHOUSE 1 - 4* (US$35 - 52): Jl. Dadali III/2, tel 327544; Jl. Heulang 11 A, tel 311243; Jl. Merak 14, tel 323080; Jl. Pangrango 21, tel 324160; vier ruhig gelegene Häuser mit jeweils nur 3 - 8 Zimmern, familiär und freundlich, sehr sauber und hübsch eingerichtet, mit TV, Kühlschrank, Heißwasser und ac, inkl. Frühstück.
*WISMA MIRAH I****-****, Jl. R. E. Martadinata 17, tel 323520, kleines Hotel mit begrüntem Innenhof, sauber, gepflegt. Wohnlich eingerichtet.
*HOTEL SALAK*, Jl. Ir. H. Juanda.

## ESSEN

Gegenüber vom Haupteingang zum Botanischen Garten stehen einige **Warung**; von hier die Jl. Otto Iskandardinata entlang Richtung Osten reihen sich weitere Rumah Makan und vor allem viele Obststände aneinander. Warung konzentrieren sich außerdem in der Jl. Merdeka, Ecke Jl. Veteran - hier gibt es aber meist nur Murtabak und andere Snacks, und in der Jl. Dewi Sartika unweit vom gleichnamigen Einkaufszentrum.
Mehrere **Restaurants** findet man in der Jl. Surya Kencana, z.B. *FORTUNA* in der Nr. 130, tel 315873; ein guter, preiswerter Chinese. Man sollte sich nicht durch das vergammelte Äußere abschrecken lassen.
*RUMAH MAKAN SAHABAT*, Jl. Jen. Sudirman 12, neben dem Rumah Sakit Salak, serviert ebenfalls preiswerte chinesische Gerichte.
Nördlich von Bogor findet man das berühmte Restaurant *LEBAK WANGI* mitten in einem See, wo sundanesische Gerichte serviert werden.
**Gebäck und Eiscreme** bekommt man in der *TAN EK TJOAN BAKERY*, Jl. Surya Kencana 153 - 155. Oder man versucht die *SINGAPORE BAKERY*, Jl. Mayor Oking, Ecke Jl. Kapt. Muslihat.

## EINKAUFEN

Eine Einkaufsstraße ist die Jl. Surya Kencana südlich vom Botanischen Garten; hier findet man ein großes, neues Einkaufszentrum gegenüber vom Eingang zum Botanischen Garten, und ganz in der Nähe in der Jl. Empang das *RAMAYANA SHOPPING CENTER*.
Viele Geschäfte stehen auch in der Jl. Merdeka; nicht weit von hier in der Jl. Dewi Sartika gibt es das *DEWI SARTIKA PLAZA SHOPPING CENTER*.
*BOGOR INTERNUSA*, Jl. Raya Pajajaran, auf der Ostseite des Bot. Gartens, ist ein weiteres Einkaufszentrum.
Ein paar **Taschenbücher** in Englisch lassen sich im *TOKO BUKU*, Jl. Otto Iskandardinata, Ecke Jl. R. Pajajaran, auftreiben.

## SONSTIGES

**GELD** - *BANK DAGANG NEGARA*, Jl. Kapt. Muslihat, geöffnet Mo - Fr 8.00 - 12.00 und 13.00 - 14.30, Sa 8.00 - 12.00 Uhr, sowie
*BANK NEGARA INDONESIA*, Jl. Ir. H. Juanda 52 und
*BANK CENTRAL ASIA*, Jl. Ir. H. Juanda 28.

**INFORMATIONEN** - *DINAS PARIWISATA*, Jl. Ir. H. Juanda 10, geöffnet Mo - Do 8.00 - 14.00, Fr 8.00 - 11.00, Sa 8.00 - 12.15 Uhr.

**PHPA** - Will man Nationalparks besuchen, benötigt man die Genehmigung der Naturschutzbehörde, die ihre Zentrale in Bogor hat.
Adresse: *PHPA (Direktorat Perlindungan Hutan dan Pelestarian Alam)*, Jl. Ir. H. Juanda 15, tel 321014, am Haupteingang zum Botanischen Garten; geöffnet Mo - Do 8.00 - 15.00, Fr 7.00 - 11.00 und 13.00 - 15.00, Sa 8.00 - 13.30 Uhr.

**POST** - *KANTOR POS,* Jl. Ir. H. Juanda, geöffnet Mo - Fr 6.00 - 20.00, Sa und So 6.00 - 18.00 Uhr.

**TELEFON** - Internationale Telefonate u.a. klappen problemlos vom *KANTOR TELKOM,* Jl. Pengadilan 14, tel 321211, tgl. 24 Std. geöffnet. Ähnlichen Service bieten (jeweils tgl. 24 Std. geöffnet): *WARTEL* im Park Taman Topi an der Jl. Dewi Sartika;
*WARPOSTEL* in der Jl. Veteran 36;
*WARTEL* auf der Nordseite des Shopping Centers Bogor Internusa, Jl. Raya Pajajaran;
*WARPARPOSTEL KEBUN RAYA,* am Haupteingang zum Bot. Garten.

**VORWAHL** - 0251.

## NAHVERKEHRSMITTEL

**BECAK** - kosten etwa 1000 Rp pro km.

**MINIBUS** - Innerhalb der Stadt fahren Minibusse (Angkutan Kota) für 250 Rp, egal wie weit, auf festen Routen ab Bemostation an der Jl. Merdeka.

**TAXI** - Nicht näher gekennzeichnete PKW, ohne Taxameter und ac, die man für 7000 Rp pro Stunde, bei einem Minimum von 2 Std., chartern kann; sie stehen meist vor dem Haupteingang zum Bot. Garten.

## TRANSPORT

**BUSSE** - fahren ab JAKARTA (von Kampung Rambutan und auch von Kalideres Terminal) über den Jagorawi-Highway und kosten 800 / 1000 Rp. Preisbeispiele für Verbindungen in andere Richtungen: YOGYAKARTA 12 000 / 15 000 Rp (Express); BANDUNG 2500 Rp / ac 4000 Rp, 3 Std.; CIPANAS / PUNCAK: Bus 800 Rp, Colt 1500 Rp; RANGKASBITUNG 2200 Rp, 119 km, 3 Std.

**MINIBUSSE** - In einigen Unterkünften werden lohnende Minibus-Touren, Ausflüge mit Guide und direkter Minibus-Transfer nach PANGANDARAN angeboten.

**EISENBAHN** - Vom Kota- und Gambir-Bahnhof in JAKARTA fahren tgl. mehrere Züge in 1 Std. nach Bogor für 750/2000 Rp, 3./2. Klasse.

# Bandung

*Eine Stadt, die nördlich der Bahnlinie noch ahnen läßt, wie es zu Zeiten der Holländer einmal ausgesehen hat - die Zeit der Kolonialherren scheint noch nicht ganz vorbei. Daneben ist Bandung die Stadt, in der sich die jungen Nationalstaaten Asiens und Afrikas 1955 zur ersten Konferenz der Blockfreien zusammenfanden und in deren Universität wichtige Persönlichkeiten der neueren indonesischen Geschichte studierten. Hinter den sauberen Fassaden tobten Mitte der Sechziger Jahre Exzesse gegen die chinesische Minderheit.*

*Bandung ist geteilt durch die Eisenbahnlinie in eine nördliche, höher gelegene, europäisch-angehauchte Stadt und eine südliche, mehr indonesische Hälfte - eine hektische Großstadt voller Autoabgase und rätselhafter Einbahnstraßensystem. Aufgrund der großen Universität ist sie zudem von vielen Intellektuellen und jungen Leuten geprägt. Bandung hat mehr als 2 Millionen Einwohner und ist damit die drittgrößte Stadt Indonesiens.*

Die **Jalan Asia Afrika**, eine der größten Straßen der Stadt, erinnert an die Bandung-Konferenz von 1955. An der Jl. Braga findet man das **Gedung Merdeka**, ein 100 Jahre altes holländisches Kolonialgebäude, in dem die Konferenzteilnehmer tagten. Das kleine Museum, auch bekannt als Asia Afrika Museum, ist täglich außer Mo von 8.00 - 12.00 Uhr geöffnet.

Das **Bandung Institute of Technology** ist die wohl wichtigste Universität des Landes mit einem hohen wissenschaftlichen Standard und vielen politisch aktiven Studenten. Auch Sukarno, der in der Stadt noch immer liebevoll Bung Karno genannt wird, hat hier graduiert. Die Gebäude sind in einer Kombination aus traditionellem und modernem Stil errichtet - aufgebaut wurde das Institut bereits während der Kolonialzeit. Schon 1920 gründete die holländische Verwaltung die technische Hochschule. Auf dem Campus der Uni lernt man leicht Studenten kennen, die einen herumführen. Falls man sich für Skulpturen, Weben, Textilien, Zeichnen und andere Bereiche der Kunst oder des Kunsthandwerks interessiert, sollte man sich die Abteilung für Kunst zeigen lassen.

Man kann den Besuch im Institut mit einem Abstecher zum nahegelegenen **Zoo** verbinden, der allerdings einen vernachlässigten Eindruck macht. Geöffnet täglich von 9.00 - 17.00 Uhr.

Das **Geologische Museum**, Jl. Diponegoro 57, gegründet 1929, hat eine interessante Kollektion von Fossilien, thematischen Karten, Modellen von Vulkanen (mit Fotos von Eruptionen), Knochenstücken von Lebewesen aus längst vergangenen Zeiten sowie das Prunkstück, den Schädel des Java-Menschen. Einige Ausstellungsstücke aus Deutschland sind auch zu sehen, z.B. Schädel aus Steinheim und Oberkassel. Geöffnet Mo - Mi 8.00 - 14.00, Do - Sa von 8.00 - 13.00 Uhr, So geschlossen.

Ein schöner Ausflug führt nach Dago, einem Hügel mit einem Freilichttheater (viel Beton) und einem Restaurant. Bemo mit der Beschriftung „Dago“ für 300 Rp ab Hotel Grand Preanger, Jl. Asia Afrika. Nach ca. 3 km (ab Zentrum) aussteigen. Die letzte Strecke auf den Hügel geht man zu Fuß. Von oben hat man einen herrlichen Blick über die Stadt. Über die Jl. Bukit Dago Utara führt ein steiler Weg hinunter zum Wasserfall **Curug Dago** (s.u. Die Umgebung von Bandung: Heiße Quellen).

## ÜBERNACHTUNG

**UNTERE PREISKLASSE** - *SAKADARNA INTERNATIONAL TRAVELLERS HOMESTAY**, Jl. Kebon Jati 34, tel 4202811; mit Restaurant, viele Infos erhältlich, die Zi sind zwar nur spartanisch eingerichtet, aber oft voll.

*LOSMEN SAKADARNA***, Jl. Kebon Jati 50/7 B, tel 439897, sehr einfach.

*LOSMEN SAUDARA***, Jl. Kebon Jati 51/7 B, sehr einfach, aber freundlich.

*LE YOSSIE HOMESTAY*-***, Jl. Kebon Jati 53, tel 4205453, fax 441224.

*MORITZ HOMESTAY*-***, Jl. Kebon Jati, Luxor Permai 18, tel 437264, viele Traveller.

*HOTEL MELATI 1***, Jl. Kebon Jati 9, tel 4206409, vergammelt.

*MELATI 2****, tel 4206409, schräg gegenüber, ist nur wenig besser.

*HOTEL BUNGSU**-****, Jl. Veteran 24, tel 432097, mit und ohne Mandi, laut.

*GANIA PLAZA HOTEL**-****, Jl. Veteran 30, tel 4206557, laut. Zu teuer für das Gebotene.

*HOTEL INTERNASIONAL**-****, Jl. Veteran 32, tel 439327, mit und ohne Mandi, laut.

*HOTEL EMBONG***, Jl. Embong 9, tel 430526, einfache Zi mit Mandi, in einer Seitenstraße.

**HOTELS IN DER MITTLEREN PREISKLASSE** -*HOTEL ENDAH PARAHYANGAN*****, Jl. Raya Cibeureum, tel 634934; preiswert und sauber, fast Luxusklasse, etwa 2,5 km westlich vom Zentrum.

*HOTEL CIPAGANTI INDAH* (US$24 - 48), Jl. Rajawali Timur 132, tel/fax 618922; Zi mit Tel,

*Legende:*

**Übernachtung:**
1. Catellya Gh. 2
2. Setiabudi Gh.
3. Sheraton Inn
4. Edelweiss Gh.
5. Paniisan H.
6. Sangkuriang H. & Gh.
7. Bukit Dago Utara H.
8. Royal Dago Inn
9. Patra Jasa H.
10. Catellya Gh. 1
11. Sriwenda Gh.
12. Corner H.
13. Griya Indah
14. Patradissa
15. Nugraha
16. Mutiara
17. Sahara
18. Guntur
19. Endah Parahyangan
20. Cipaganti Indah
21. Losmen Saudara
22. Losmen Sakadarna
23. Sakadarna Intern. Travellers Homestay
24. Melati 1
25. Le Yossie
26. Melati 2
27. Moritz
28. Panghegar
29. Istana
30. Istana
31. Bungsu
32. Gania Plaza H.
33. Internasional
34. Embong
35. Grand H. Preanger
36. Savoy Homann
37. Kumala H.
38. Papandayan

**Läden, Restaurants, etc.:**
1 Cafe Venezia
2 Tankstelle
3 Babakan Siliwangi R.
4 Tizi R.
5 viele Jeans-Läden
6 Mandala Sari R.
7 Kentucky Fried Chicken
8 Tien Tien R.

**Transport:**
❶ Bouraq
❷ Interlink Travel
❸ Minibus Stn.
❹ Taxi 4848
❺ Garuda / Merpati Airlines
❻ Kebon Kelapa Bus Stn.
❼ Cicaheum Bus Stn. (3km)

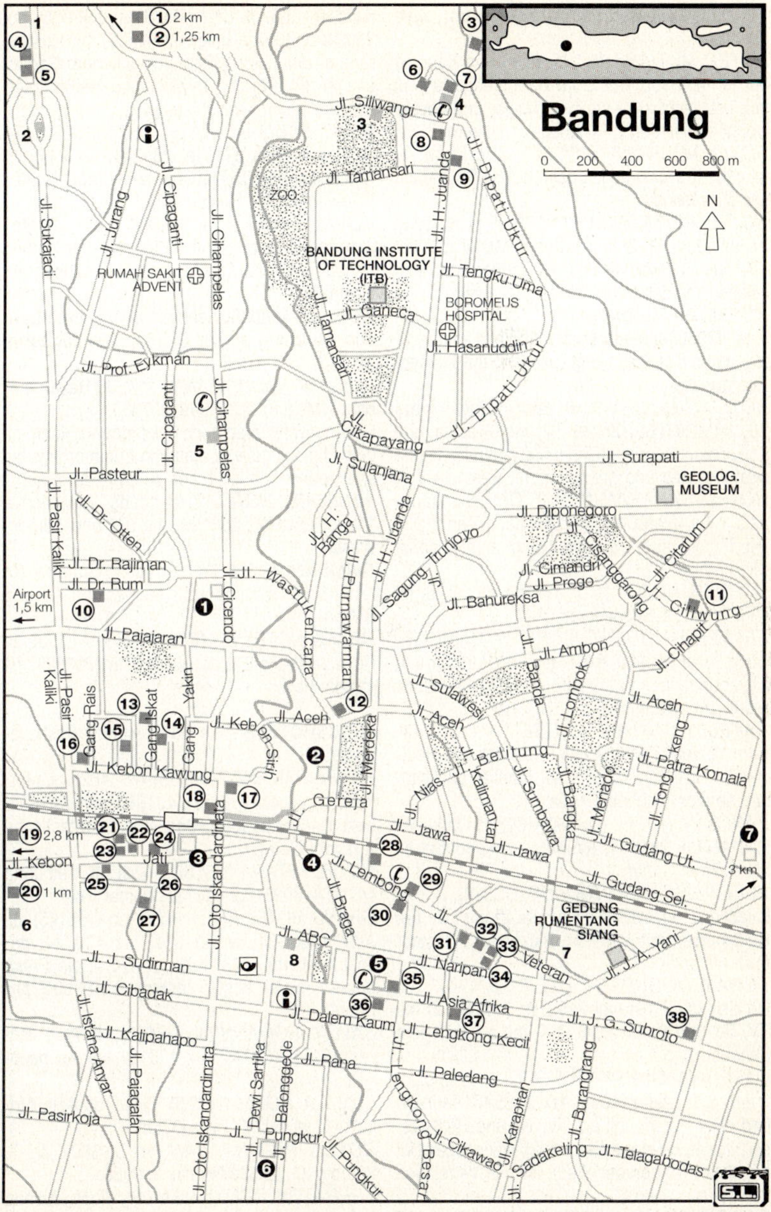
Bandung
0 200 400 600 800 m
N
BANDUNG INSTITUTE OF TECHNOLOGY (ITB)
ZOO
RUMAH SAKIT ADVENT
BOROMEUS HOSPITAL
GEOLOG. MUSEUM
GEDUNG RUMENTANG SIANG
Airport 1,5 km
2 km
1,25 km
2,8 km
1 km
3 km
Jl. Siliwangi
Jl. Tamansari
Jl. H. Juanda
Jl. Dipati Ukur
Jl. Sukajadi
Jl. Jurang
Jl. Cipaganti
Jl. Cihampelas
Jl. Tengku Uma
Jl. Ganeca
Jl. Hasanuddin
Jl. Prof. Eykman
Jl. Cikapayang
Jl. Sulanjana
Jl. Surapati
Jl. Pasteur
Jl. Dr. Otten
Jl. Pasir Kaliki
Jl. Diponegoro
Jl. Cisanggarong
Jl. Citarum
Jl. Cimandiri
Jl. Progo
Jl. Dr. Rajiman
Jl. Dr. Rum
Jl. Wastukencana
Jl. Cicendo
Jl. H. Banga
Jl. Purnawarman
Jl. Sagung Trunjoyo
Jl. Bahureksa
Jl. Ciliwung
Jl. Cihapit
Jl. Pajajaran
Jl. Ambon
Jl. Banda
Jl. Sulawesi
Jl. Aceh
Jl. Lombok
Gang Rais
Gang Iskat
Gang Yakin
Jl. Kebon Sirih
Jl. Merdeka
Jl. Belitung
Jl. Patra Komala
Jl. Tong keng
Jl. Kebon Kawung
Jl. Nias
Jl. Kalimantan
Jl. Sumbawa
Jl. Bangka
Jl. Menado
Jl. Gereja
Jl. Jawa
Jl. Gudang Ut.
Jl. Gudang Sel.
Jl. Kebon Jati
Jl. Oto Iskandardinata
Jl. Lembong
Jl. Braga
Jl. ABC
Jl. Veteran
Jl. J. A. Yani
Jl. J. Sudirman
Jl. Naripan
Jl. Cibadak
Jl. Asia Afrika
Jl. Dalem Kaum
Jl. Lengkong Kecil
Jl. J. G. Subroto
Jl. Istana Anyar
Jl. Kalipahapo
Jl. Pajagalan
Jl. Dewi Sartika
Jl. Balonggede
Jl. Rana
Jl. Paledang
Jl. Lengkong Besar
Jl. Karapitan
Jl. Burangrang
Jl. Pasirkoja
Jl. Pungkur
Jl. Cikawao
Jl. Sadakeling
Jl. Telagabodas
S.L.

TV und Heißwasser, Fan oder ac, sauber, ohne Fenster.

*HOTEL MUTIARA***-*****, Jl. Kebon Kawung 60, tel 4206356; die Zi im Hauptgebäude sind laut und nicht allzu sauber, ruhiger und besser wohnt man in den Zi im Anbau im Hinterhof.

*HOTEL NUGRAHA**-*****, Jl. Haji M. Mesri 11, tel 436146; dunkle und ungemütliche Räume mit und ohne Mandi.

*HOTEL GRIYA INDAH***-*****, Jl. H. M. Iskat 21, tel 4204263; Zi mit und ohne Mandi, z.T. mit TV, Tel, Heißwasser und ac, sauber und ruhig gelegen, mit Balkon und kleinem Innenhof.

*HOTEL PATRADISSA***-*****, Jl. H. M. Iskat 8, tel 4206680; relativ sauber und nett eingerichtet, guter Service, ruhig gelegen, mit kleinem Restaurant.

*HOTEL GUNTUR*****, Jl. Oto Iskandardinata 20, tel 4203763; Zi mit TV, Heißwasser und Balkon zum begrünten Innenhof, zentral gelegen, relativ sauber und preiswert, mit Restaurant.

*HOTEL SAHARA**-*****, Jl. Oto Iskandardinata 3, tel 4204684; Zi mit und ohne Mandi, z.T. mit TV, etwas vergammelt und muffig, sonst o.k.

*CORNER HOTEL****, Jl. Wastukencana 8, tel 436871, nichts Besonderes.

*SRIWENDA GUESTHOUSE***-*****, Jl. Ciliwung 7, tel 273368; ruhig gelegen, familiär und angenehm, mit Frühstück, viele holländische Gäste; Autovermietung.

*CATELLYA GUESTHOUSE***-*****, Jl. Dr. Rum 12, tel 431098; Zi mit Frühstück und Heißwasser, z.T. mit TV und ac, familiär und sauber, abends kocht die Chefin.

*PANIISAN HOTEL* (US$50 - 60), Jl. Sukajadi 202, tel/fax 281114; sauber und komfortabel, mit kleinem Garten.

*EDELWEISS GUESTHOUSE* (US$30), Jl. Sukajadi 206, tel 282369; saubere Zi mit TV, Tel, Heißwasser, mit schönem Balkon und Restaurant.

*SETIABUDI GUESTHOUSE* (US$24 - 37), Jl. Dr. Setiabudi 191, tel 212716, 215246; Zi mit TV, Tel und Heißwasser, z.T. mit ac, weit vom Zentrum.

*CATELLYA GUESTHOUSE II*****, Jl. Cipaku Indah 3/11, tel 214035, fax 210577; saubere und helle Räume mit ac, TV, Tel und Heißwasser; kleines Hotel in einer ruhigen Wohngegend im hügeligen Norden der Stadt, mit viel Vegetation rundherum.

*SANGKURIANG HOTEL & GUESTHOUSE* (US$30 - 52), Jl. Cisitu 45 B, tel 2504707, fax 2502420; hübsch eingerichtete Zi, mit Restaurant, einem kleinem Pool und schönem Garten, alle Zi mit TV, ac, Telefon und Heißwasser, inkl. Frühstück, empfehlenswert.

*BUKIT DAGO UTARA HOTEL* (US$25 - 45), Jl. Haji Juanda 311, tel 284244, fax 214322; relativ komfortabel ausgestattet, aber etwas ungemütlich, mit Restaurant.

*ROYAL DAGO INN* (US$38 - 85), Jl. Haji Juanda 169, tel 2502194, 2504222; einige Zi ohne Fenster, aber nett eingerichtet und sauber, mit Restaurant.

Viele gute Mittelklassehotels liegen **außerhalb von Bandung** an der Straße nach Lembang, z.B.:

*PONDOK KAHURIPAN***-*****, Jl. Raya Lembang KM 12,8, tel 287949, 287333.

Günstig wohnt man auch in **Lembang,** denn mit dem Minibus gelangt man von früh morgens bis spät abends schnell in das Zentrum der Stadt.

*YEHEZKIEL HOTEL****, Lembang, Jl. Maribaya 11, tel 296199, 286199, mit TV und heißem Wasser.

*DIAMOND HOTEL ******, Jl. Riung Sugema 10, tel 286808, gut und sehr sauber, mit TV und Balkon.

*GRAND HOTEL LEMBANG* (US$15 - 100), Jl. Raya Lembang 272, tel 286010, fax 286829, mit großem Pool.

**LUXUSHOTELS** - alle mit Swimming Pool ausgestattet:

*HOTEL PANGHEGAR* (US$78 - 162), Jl. Merdeka 2, tel 432286, fax 431583; mit rotierendem Dachrestaurant, das eine phantastische Aussicht bietet.

*HOTEL ISTANA* (US$60 - 133), Jl. Lembong 44, tel 433025, fax 432737, kleiner Pool.

*GRAND HOTEL PREANGER* (ab US$145), Jl. Asia Afrika 81, tel 431631, fax 430034; gebaut im Jahre 1928 im Art déco-Stil; die *Presidential Suite* kostet lässige US$3600 pro Nacht.

*SAVOY HOMANN* (ab US$90), Jl. Asia Afrika 112, tel 432244, fax 436187; im Art déco-Stil.

*KUMALA HOTEL* (US$70 - 100), Jl. Asia Afrika 140, tel 445141, fax 438852.

*HOTEL PAPANDAYAN* (ab US$60), Jl. G. Subroto 83, tel 310799, fax 310988.

*SHERATON INN* (ab US$100), Jl. H. Juanda 390, tel 2500303, fax 2500301.

## ESSEN UND TRINKEN

Es gibt zahlreiche **Bäckereien** mit guten Kuchen und Törtchen. Riesig scheint die Auswahl in der *RASA BAKERY*, Jl. Tamblong 15 - zum Frühstücken ideal.
*FRENCH BAKERY*, Jl. Braga 35, gut, modern und sauber.
*CANARY BAKERY*, schräg gegenüber an der Ecke.
Weitere Bäckereien liegen in der Jl. Sunda.

**SUNDANESISCH** - Freunde einheimischer Küche sollten es nicht versäumen, das sundanesische Restaurant *BABAKAN SILIWANGI* zu besuchen, das etwas weiter außerhalb liegt. Nette Atmosphäre! Bestellt man ein Goldfischgericht (die Spezialität!), wird der Fisch direkt aus dem Wasser geholt. Dazu kann man einen *Bajigur* (Kokosnußmilch, Kaffee, brauner Zukker und Kulang-Kaling) oder *Bandrek* (Ingwermilch mit Kokosnuß und braunem Zucker) trinken.
*MANDALA SARI RESTAURANT*, Jl. Kelenteng 37, tel 613026. Sundanesische Küche, preiswert und gut, sauber und stilecht eingerichtet.
*WARUNG NASI PULEN KHAS SUNDA*, Jl. Cihampelas 144, tel 84048. Hier kann man seinen Einkaufsbummel unterbrechen.
Überhaupt findet man hier in der Jl. Cihampelas viele Restaurants.

**CHINESISCH** - In der Jl. Dalem Kaum gibt es einige Restaurants, die am Ende der Kinovorstellungen brechend voll sind, wie z.B. das chinesische Restaurant *QUEEN*, Jl. Dalem Kaum 79. Überhaupt ist hier bis 22.00 Uhr viel los!
*TIEN TIEN RESTAURANT*, Jl. ABC 82, tel 435413, ist ein sehr guter Chinese.
*TOP RESTAURANT*, Jl. Kebon Jati 131, ist preiswert und gut.

**ANDERE** - Ein netter *COFFE SHOP* mit kleinen indonesischen und europäischen Gerichten steht in der Jl. Lembong 9, nur wenige Meter westlich der Jl. Braga.
Europäische Küche bietet auch das *TIZI RESTAURANT*, Jl. Haji Juanda, mit Garten und hübsch eingerichtet.
*KENTUCKY FRIED CHICKEN*, Jl. Sunda 52, und gegenüber die lokale Variante *AYAM GORENG CIANJUR*.

Abends stehen viele **Warung** am unteren Ende der Jl. Juanda, der Hauptstraße Richtung Dago, und in der Jl. Pasteur, im Süden der Stadt - an der Jl. Pasteur findet man auch das Schlangen-Restaurant *NAYA*.

## UNTERHALTUNG UND KULTUR

**DISCOS, PUBS** - *ORIENTAL*, Jl. J. Sudirman 134, tel 57138, geöffnet von 20.00 - 2.00 Uhr.
*TOP ONE*, Jl. Suniaraja 7, tel 433202, geöffnet von 19.00 - 2.00 Uhr.
*MARABU*, Jl. Suniaraja Timur 7, tel 437410, geöffnet von 21.00 - 2.00 Uhr.
*GERMAN PUB*, Jl. Raya Junjunan 218, geöffnet von 20.00 - 2.00 Uhr.

**KINOS** - gibt es viele, vor allem in der Jl. Dewi Sartika, der Jl. Jen. Sudirman und in der Jl. Merdeka. Meist amerikanische Produktionen, aber auch einheimische Filme, von denen man sich auf jeden Fall einen ansehen sollte.

**KETUK TILU TANZ** - ein traditioneller Tanz, populär bei Feierlichkeiten. Man unterscheidet Bühnenvorführungen und freie Tänze, bei denen das Publikum, aufgefordert durch ein Zeichen, teilnehmen kann.
Tgl. von 20.00 - 2.00 Uhr kann man diesen Tanz im *FAJAR PARAHYANGAN*, Jl. Dalem Kaum, hinter dem Yogya Shopping Center, sehen (2500 Rp).
Weitere sundanesische Tänze, z.B. *Jaipongan*, werden Mi und Sa von 19.30 - 22.30 Uhr im *HOTEL PANGHEGAR*, Jl. Merdeka 2, aufgeführt (gepflegte Kleidung erwünscht).
Außerdem jeden So 10.00 - 13.00 Uhr im *SEKAR PAKUAN*, Jl. Dulatip 60.
Wer sich intensiver mit traditionellen sundanesischen Tänzen beschäftigen will, wende sich an die Tanzschule *JUGALA*, Jl. Kopo 15; tgl. 14.00 - 20.00 Uhr wird geprobt, Zuschauen kostet nichts.

**PENCAK SILAT** - die indonesische Kunst der Selbstverteidigung wird auch in West-Java aufgeführt. Jeden Mo und Do 19.00 - 21.00 Uhr in der SMP (Schule) in einer Seitenstraße der Jl. Dulatip, nur 400 m vom Sakardana.

**WAYANG GOLEK** - Aufführungen fast jeden Sa von 21.00 - 5.00 Uhr im *GEDUNG RUMENTANG SIANG*, Jl. Baranang Siang 1. Eintritt:

1000 Rp. Gezeigt werden das Ramayana oder Märchen aus West-Java, vorher Tanz- und Musikdarbietungen. Außerdem jeden Sa 19.00 - 23.00 Uhr im *RESTAURANT SINDANG RERET 3,* Jl. Naripan 9, tel 4203440.

**ZIEGENBOCKKAMPF** - traditioneller Dorfsport in West-Java, bei größeren Kämpfen wird kräftig gewettet. Zwei Ziegenböcke gehen so lange aufeinander los, bis einer k.o. ist. So 8.00 - 12.00 Uhr, abwechselnd in Ledeng, Jl. Sersan Bajurie, und in Rancabuni. Aktuelle Infos im Tourist Office, nach Adu Domba *(ram fighting)* fragen.

## EINKAUFEN

Bandung hat das größte und beste Angebot an **Jeans** von ganz Indonesien, ist auch am preiswertesten. Vor allem in der Jl. Cihampelas reiht sich ein Jeans-Shop an den anderen. Sehenswert ist alleine schon die verrückte „Disneyland"-Architektur der Läden.

## SONSTIGES

**GELD** - *BANK DAGANG NEGARA,* Jl. Asia Afrika 51, geöffnet 8.00 - 12.30 und 13.30 - 14.00, Sa 8.00 - 11.00 Uhr.
*BANK EKSPOR IMPOR,* Jl. Asia Afrika 105, geöffnet Mo - Fr 8.00 - 12.00 und 13.00 - 13.30, Sa 8.00 - 11.00 Uhr.
*BANK NEGARA INDONESIA,* Jl. Asia Afrika 119, geöffnet Mo - Fr 8.00 - 12.30 und 13.30 - 14.00, Sa 8.00 - 11.30 Uhr.
*BANK BUMI DAYA,* Jl. Asia Afrika 120, geöffnet Mo - Fr 8.00 - 12.00 und 13.00 - 14.00, Sa 8.00 - 11.00 Uhr.
*BANK CENTRAL ASIA,* Jl. Asia Afrika 124, geöffnet Mo - Fr 8.00 - 13.00, Sa 8.00 - 11.00 Uhr.
**Moneychanger**: *P.T. DWIPA MULIA,* Jl. Asia Afrika 148, tel 446553, geöffnet Mo - Fr 8.00 - 18.00, Sa 8.00 - 16.00 Uhr; *METRO JASA,* Jl. G. Subroto 21; *PRO VALUTA,* Jl. O. Iskandardinata 127; *GOLDEN,* Jl. O. Iskandardinata 180.

**IMMIGRATION** - *KANTOR IMIGRASI,* Jl. Surapati 82, tel 72081 und *INTERLINK,* Jl. Wastukencana 5, tel 435529, 51251, fax 434392. Der Travel Agent kümmert sich gegen eine entsprechende Gebühr um Visaverlängerungen.

**GOETHE-INSTITUT** - Jl. Martadinata 48, tel 436440, geöffnet Mo - Fr 8.00 - 13.00 und 14.00 - 16.00, Sa 8.00 - 13.00 Uhr.

**INFORMATIONEN** - an der Nordostecke des Alun Alun-Platzes liegt das *TOURIST INFORMATION OFFICE,* tel 56644, geöffnet Mo - Do 8.00 - 17.00, Fr bis 15.00 Uhr. Hier gibts einen Stadtplan und viele Tips. Mit speziellen Fragen kann man sich an *DIPARDA JAWA BARAT,* Jl. Cipaganti 151-153, tel 81490, 56202, wenden.

**MEDIZINISCHE VERSORGUNG** - Krankenhäuser *(Rumah Sakit)* gibt es eine ganze Reihe:
*BOROMEUS HOSPITAL,* Jl. Juanda 80, tel 81011;
*SANTO YUSUF,* Jl. Cikutra 9, tel 71108.
*RUMAH SAKIT ADVENT,* Jl. Cihampelas 161, tel 82091, 84031, macht einen guten Eindruck. Mit englischsprechendem Personal.

**PHPA** - Jl. Jen. A. Yani 276.

**POST** - *KANTOR POS,* Jl. Asia Afrika, tgl. geöffnet 8.00 - 20.00 Uhr.

**TELEFON** - Gespräche ins Ausland klappen problemlos vom *KANTOR TELKOM,* Jl. Lembong, tgl. 24 Std. geöffnet.
Ähnlichen Service bieten:
*WARTEL PWI JABAR,* Jl. Asia Afrika 67 - 69, tgl. 24 Std. geöffnet;
*WARTEL SANDHYTA WITEL V,* Jl. Cihampelas 121, tgl. 24 Std. geöffnet;
*WARPOSTEL MEMORY,* Jl. Haji Juanda 185, tgl. 24 Std. geöffnet;
*WARTEL PJKA,* im Bahnhof, Jl. Kebon Kawung, tgl. 5.00 - 23.00 Uhr geöffnet.

**VORWAHL** - 022.

## NAHVERKEHRSMITTEL

**BECAK** - verkehren nicht auf Hauptstraßen und kosten etwa 1000 Rp pro km.

**MINIBUSSE** - (Angkutan Kota) im Stadtverkehr und auf die umliegenden Dörfer fahren ab Terminal Jl. Kebon Jati. Eine Strecke innerhalb der Stadt kostet 300 Rp, egal wie weit. Nach LEMBANG 700 Rp, CIATER 1750 Rp.

*Fotos - Javanische Landschaften voller Gegensätze; oben: Vulkanlandschaft bei Tretes in Zentral-Java; unten: Schraubenbäume an der Küste bei Pangandaran*

**STADTBUSSE** - der Firma Damri verkehren nur auf Hauptstraßen in Ost-West bzw. Nord-Süd-Richtung (200 Rp).

**TAXIS** - mit Taxameter und ac kosten 850 Rp Einschaltgebühr inkl. dem ersten km, jeder weitere kostet 500 Rp. *BANDUNG RAYA TAXI,* Jl. Sukarno-Hatta 1, tel 460765; *MEDIA TAXI,* Jl. Cihampelas 87, tel 84184.

## TRANSPORT

**BUSSE** - Der wichtigste Terminal für Fernbusse in alle Richtungen liegt außerhalb in **Cicaheum**, Jl. Jen. A. Yani, im Osten der Stadt (Bemo 300 Rp vom Zentrum oder Citybus 1).
Außerdem ein Busbahnhof in der **Jl. Kebon Kelapa** im Süden der Stadt für Ziele im Süden West-Javas und einige Fernbusse in Richtung Westen (z.B. Bogor). Zwischen beiden Busbahnhöfen pendelt Minibus Nr. 2. Der Kebon Kelapa Terminal soll demnächst geschlossen werden, dafür gibt es dann den Caringin Terminal weiter im Südwesten der Stadt.
Den ganzen Tag über fahren Busse ab **Cicaheum** nach JAKARTA, sie brauchen für die Fahrt 5 - 7 Std. Je nach Bus kostet eine Tour 3000 Rp bis 4200 Rp.
In Express-Bussen (Bis Cepat) nach Jakarta zahlt man immer den vollen Preis, auch wenn man nur Teilstrecken fährt, z. B. nur bis Puncak / Cipanas oder Bogor!
**Preisbeispiele:** BOGOR 2500 / 4000 Rp, CIREBON 2100 / ac 3200 / ac Royal 4900 Rp, 3 1/2 Std., 120 km, GARUT 1100 Rp, MERAK 4200 Rp, SEMARANG 5500 Rp, SOLO 6700 Rp, TEGAL 2600 Rp, TASIKMALAYA 1800 Rp, YOGYAKARTA 6500 / Express 12 000 Rp, SUMEDANG 800 Rp, CIPANAS 1500 Rp, SUKABUMI 1700 Rp, PURWAKARTA 1300 Rp, PURWOKERTO 4800 Rp; BANJAR 2900 Rp, 146 km, 4 1/2 Std. Es ist besser, in TASIKMALAYA umzusteigen, denn einige Busse haben hier 1 - 1 1/2 Std. Aufenthalt.
Ab **Terminal Cicaheum**: nach PANGANDARAN: tgl. 6.30, 13.00 und 18.55 Uhr direkt mit dem bequemen ac-Bus *SARI BAKTI UTAMA,* 7500 Rp, 5 - 6 Std. Oder, weniger bequem und ohne ac, tgl. 6.00, 12.30 und 18.25 Uhr direkt mit *BUDIMAN,* 6000 Rp, ab Cicaheum.
Vom Terminal Cicaheum fahren tagsüber etwa stündlich auch Minibusse nach Pangandaran, 7000 Rp.
Nur von **Kebon Kelapa**: MAJALAYA 700 Rp, 34 km (mit Colt weiter nach GARUT), und CIWIDEY Bus 600 Rp, Colt 1000 Rp, 30 km.

**SAMMELTAXI** - *FIRMA 4848,* Jl. Suniaraja 14, am großen Platz, tel 434448, 434070.
Nach JAKARTA sind die Sammeltaxen zweifellos bequemer als Busse.
Sie fahren nach Bedarf, sobald sich fünf Personen eingefunden haben für 11 000 Rp via BOGOR. Außerdem hat 4848 Minibusse nach CIREBON 5000 Rp, 6 x tgl., 3 Std.; CIAMIS 4500 Rp, GARUT 4000 Rp, TASIKMALAYA 4000 Rp, BANJAR 5000 Rp, PANGANDARAN, 7000 Rp, Abfahrt 7.00 und 13.00 Uhr.

**EISENBAHN** - Bandung hat, zusätzlich zum alten, ein neues, sehenswertes Bahnhofsgebäude; die Zufahrt ist von der Jl. Kebon Kawung.
Der neue Bau verbindet moderne Architektur mit dem luftigen traditionellen Kratonstil und gilt als schönster Bahnhof Indonesiens.
Zwischen Bandung und JAKARTA fahren 8x tgl. Züge in 2 Std. 45 Min. Sie kosten 30 000 Rp in der Executive Class A (Liegesitz, ac), 20 000 Rp in der Executive Class B (ac), und 12 000 Rp in der Business Class (Fan).
Züge fahren 3x tgl. über YOGYAKARTA, SOLO und MADIUN nach SURABAYA - Züge 2x tgl. nur bis Yogya (9 - 10 Std.). Surabaya kostet 39 000 Rp 1. Kl. bzw. 18 000 Rp Ekonomi im Mutiara Selatan.
Andere Züge ab 5500 Rp 3. Kl. Yogyakarta kostet 36 000 Rp bzw. 13 000 Rp im Mutiara Selatan, sowie zwischen 4500 Rp und 9000 Rp je nach Zugtyp und Klasse.

**FLÜGE** - Der Flughafen liegt 4 km westlich vom Zentrum.
In der Ankunftshalle findet man einen Taxi-Schalter, wo man einen Coupon kaufen kann: Ein Taxi ins Zentrum kostet 6000 Rp (der normale Preis ist 3000 Rp) und nach Lembang 15 000 Rp. Oder man geht vom Airport ca. 500 m in Richtung Zentrum und nimmt einen öffentlichen Minibus für 300 Rp bis Minibus Terminal Jl. Kebon Jati.

*Fotos - Händler beleben die Straßen der Städte und Dörfer; oben: Markt in Serengan; unten: „Fliegender Händler“ in Cilacap*

**Airlines:**
*BOURAQ*, Jl. Cihampelas 27, tel 437896, geöffnet Mo - Sa 8.00 - 16.00 sowie So 8.00 - 14.00 Uhr.
*MERPATI / GARUDA*, Jl. Asia Afrika 73, tel 439774, geöffnet Mo - Do 7.30 - 12.00, 13.00 - 16.30, Fr 7.30 - 11.00, 13.00 - 16.30, Sa 9.00 - 13.00, So und feiertags 9.00 - 12.00 Uhr.
*SEMPATI*, im Panghegar Hotel, Jl. Merdeka 2, tel 444499, 432362.

**Preisbeispiele** (+10% Mehrwertsteuer): JAKARTA 63 000 Rp (BO, MZ, SG), SEMARANG 82 000 Rp (MZ), SURABAYA 128 000 Rp (MZ, BO), YOGYAKARTA 71 000 Rp (BO), BATAM 228 000 Rp (SG, MZ).

## Die Umgebung von Bandung

### Lembang

16 km von Bandung - mit dem Colt (700 Rp) ab Kebon Jati - kommt man in den Bergort, der für seinen Obstmarkt und das kühle Gebirgsklima bekannt ist. Gemüsegärten ziehen sich die Berghänge hinauf.

Die Hauptstraße von Bandung nach Lembang ist mittlerweile soweit zugebaut, vor allem mit Hotels und Ausflugslokalen, daß der Bergort mit der Hauptstadt zusammengewachsen ist und fast als ein Vorort Bandungs gelten kann.

Im Ort steht das weitläufige *Grand Hotel* (s.S. 186), das bereits bei den Holländern beliebt war.

### Tangkuban Prahu-Krater

Einstmals war dieser 2076 m hohe Vulkan nördlich von Lembang kegelförmig, bis eine riesige Explosion die Kuppe des Bergs absprengte. Die Erdmassen gingen vor Bandung nieder, dort, wo noch heute die Hügel zu sehen sind. Der Fluß wurde gestaut, und es entstand ein riesiger See, der bis zu 75 m tief war. Das ursprüngliche Bandung, 40 km weiter südlich, erhielt einen Namen, mit dem sonst nur Küstenorte bezeichnet werden. Doch dann grub sich der Fluß ein unterirdisches Bett (daher die Höhlen in Bandungs Umgebung), und das Wasser konnte zum Meer hin abfließen. Seither sieht der Berg wie ein „umgekipptes Boot" (indonesisch: *Tangkuban Prahu)* aus. Doch der Vulkan ist noch lange nicht zur Ruhe gekommen. Bereits viermal in diesem Jahrhundert kam es zu Magma-Eruptionen, und einer der zehn Krater spuckt immer noch heiße Schwefeldämpfe.

Der Vulkan ist mit einem Colt von Bandung (9 km in Richtung Subang) für 800 Rp zu erreichen. Man läßt sich am Beginn der Bergstraße absetzen (Eintritt) und läuft die restlichen 4 km zum Gipfel. Will man nicht die Straße entlanglaufen, kann man 1 1/2 km hinter dem Tor auf einen Pfad nach rechts zum Domas abbiegen - von hier sind es weitere 20 Minuten durch einen schönen Wald bis zum Krater. Ein Führer zu den heißen Quellen ist absolut nicht nötig (horrende Preise!). Lohnenswert ist die Tour vor allem am frühen Vormittag - hat man einen schlechten Tag erwischt, ist bereits ab 9.00 Uhr morgens alles zugezogen und neblig. Der 370 ha große *Taman Wisata* ist Touristen zugänglich. Er wird von 1290 ha geschützter Wildvegetation (Cagar Alam) umgeben.

### Heiße Quellen

Ein Resultat der vulkanischen Tätigkeit sind auch die heißen Quellen in der Umgebung, die zumeist touristisch erschlossen sind. Am besten zu erreichen sind die **Maribaya Hot Springs**, 10 Minuten von Lembang entfernt (Eintritt). Colt befahren die Strecke für 300 Rp, oder man macht einen zweistündigen Spaziergang von Bandung über Dago durch Nadelwälder und einen Tunnel. In Maribaya gibt es Übernachtungsmöglichkeiten, Restaurants, Badestuben, die allerdings ziemlich heruntergekommen sind.

Noch mehr fürs Touristenherz bieten die **Ciater Hot Springs**, 35 km nördlich von Bandung. Viele Weiße und Japaner genießen das heiße Bad in einem landschaftlich reizvollen Gebiet. Im milden, kühlen Klima ist es angenehm, in der Umgebung zu wandern, z.B. zum Wasserfall **Curug Panganten** in der Nähe des Dorfes Cimahi.

### ÜBERNACHTUNG

In der Nähe der Curug Panganten-Pools stehen die Bungalows des *SARI ATER RESORT* (US$20 - 125), tel 0264-41297, fax 0264-21772; Buchung in Bandung, Jl. Taman Sari 72, tel 83188, fax 87862, oder in Jakarta, Jl. Abdul Muis 18, tel 377882, fax 352484. Das Resort hat Restaurants, eine Bar mit Disco (Sa) und Karaoke, einen Tennisplatz usw.

## Pangandaran

Der Fischerort an der Südküste ist ein beliebter Zwischenstop vieler Traveller auf dem Weg von Jakarta nach Yogya. Er liegt z.T. auf einer nach Süden gerichteten Landzunge, die an der schmalsten Stelle nur 300 m breit ist. Die langen, dunkelgrauen Strände locken überwiegend einheimische Besucher an. Zum Baden eignet sich der südliche Abschnitt des Weststrandes. Weiter im Norden treten manchmal tückische Strömungen auf. Der Oststrand wird fast ausschließlich von Fischern genutzt und lädt weniger zum Baden ein. Trotz Tourismus sind Fischfang und Landwirtschaft die wichtigsten Einkommensquellen vieler Bewohner dieser traditionsbewußten Dorfgesellschaft geblieben.

Von der Bushaltestelle in Pangandaran sind es etwa 2 km bis zu den Losmen in **Pananjung**, doch kein Problem: Becakfahrer kümmern sich um jeden Besucher. Sie transportieren immer nur eine Person, so daß mehrere in den Genuß der Provision kommen, die sie normalerweise von den Losmen- und Hotelbesitzern erhalten. Sie lassen also auf der Hinfahrt mit sich handeln, und man kann sich Zeit bei der Auswahl der Bleibe lassen. Zieht man nach einer Nacht wieder aus, hat der Besitzer ein schlechtes Geschäft gemacht. Der normale Preis vom Markt nach Pananjung beträgt 1000 Rp pro Becak. Kurz nach der Abzweigung zahlt man 1000 Rp Eintritt (nur einmal für den Gesamtaufenthalt). Schon auf halber Strecke beginnt eine lange Reihe von Bungalows, Losmen, Hotels und Restaurants.

Einige junge Männer des Ortes haben sich darauf spezialisiert, besonders freundschaftliche Beziehungen zu alleinreisenden Frauen anzuknüpfen. Beginnt frau eine Affäre, sollte sie bedenken, daß ihr indonesischer *Boyfriend* möglicherweise kein geregeltes Einkommen hat und somit alle Mehrkosten (Essen, Getränke, Motorradmiete usw.) zu ihren Lasten gehen.

### Festlichkeiten

Bei einem längeren Aufenthalt kann man im Rahmen **islamischer Beschneidungszeremonien** höchst unislamische Prozessionen maskierter und kostümierter Festgesellschaften (wegen der Hitze in Becak) erleben. Die Umzüge werden oft von einem mit einem Tuch verhüllten Mann begleitet, der die lautstark mit den Kiefern klappernde Holzmaske eines Untiers trägt, den **Singa Barong**, eine uralte prähinduistische Gestalt, der wir in abgewandelter Form auf Bali und im chinesischen Kulturkreis begegnen.

In der Nacht nach der Prozession amüsiert man sich bei Tänzen und Wayang-Aufführungen, zu denen jeder eingeladen ist. Beschneidungen und Hochzeiten werden besonders häufig im letzten Monat vor Ramadan gefeiert, dem 8. Monat des islamischen Hidschra-Kalenders: Schaban, indonesisch Rewah.

**Hajat Laut**, das Opferfest der Fischer zu Ehren der Meeresgöttin Nyai Loro Kidul, wird meistens von einer Pesta Laut begleitet: Bootsrennen, Tauchwettbewerbe und Entenfangen (10 oder mehr Leute verfolgen eine freigelassene Hausente). Andere Feste werden durch **Pferdetänze** belebt: Die Tänzer, zumeist junge Männer auf Steckenpferden oder mit Tiermasken, geraten in Trance und benehmen sich tierisch: sie trinken aus Eimern und nagen an ungeschälten Kokosnüssen.

**Adu Babi** (= Schweinekampf) wird meist an großen Feiertagen in den Dörfern zwischen Pangandaran, Garut und Tasikmalaya veranstaltet. Will eine Gemeinde oder ein einflußreicher Privatmann Geld für ein kommunales Projekt, z.B. den Ausbau eines Bewässerungskanals, aufbringen, wird eine Arena von etwa 20 m Durchmesser gebaut. Plakate künden in der Umgebung das Ereignis an. Dann stöbern die Männer durch den Dschungel und treiben Wildschweine in Fallgruben. Das Wildschwein ist der erklärte Feind der Bauern, denn es zerstört deren Tapioka-Felder. An einem Wochenende trifft man sich schließlich in der Arena, stellt seine besten Jagdhunde zur Schau, kauft oder verkauft Hunde und hat seinen Spaß. Adu Babi ist nichts für zarte Gemüter. Vier oder mehr Hunde fallen über ein Wildschwein her, manchmal erwischt es einen Hund, zuletzt immer das Wildschwein.

## ÜBERNACHTUNG

Die meisten Unterkünfte in Pangandaran stehen unter der Woche fast immer leer: hier wird das große Geschäft am Wochenende und während der Feiertage mit einheimischen Touristen gemacht.

Mehrmals im Jahr sind die Unterkünfte in Pangandaran total ausgebucht, z.B. an Mohammeds Geburtstag, Idul Fitri, Weihnachten und an Hajat Laut.

Auch Indonesier zahlen dann mitunter den fünffachen Zimmerpreis.

Hotels und Losmen, die hauptsächlich westliche Reisende zu ihren Gästen zählen, finden sich vor allem in zwei Ortsteilen - in Pananjung nahe dem Nationalpark und dem Fischerhafen, zum anderen etwa 1 - 2 km von hier in der Jl. Bulak Laut und am nördlichen Weststrand.

**UNTERE PREISKLASSE** - von Norden nach Süden, z.B.:

*BAMBOO HOUSE**-**, tel 379419, empfehlenswert, mit Frühstück und Open-Air-Badezimmer, sauber, familiäre Atmosphäre, kleiner Garten.

*DALIA INDAH HOTEL***-***, Jl. Pamugaran 25, tel 379173, gibt Discount für längeres Wohnen.

*Legende:*

**Übernachtung:**
1 Surya Beach H.
2 Bamboo House
3 Losmen Mini Tiga
4 Adams Homestay
5 Putri Duyung
6 Uni Beach H.
7 Sandaan
8 Arga Loka
9 Dalia Indah H.
10 Bintang Jelita
11 Bulak Laut
12 Bulak Laut
13 Bayu Indah H.
14 Pantai Sari
15 Paradise H.
16 Holiday Inn
17 Mutiara Selatan
18 Sunset H.
19 Kelapa
20 Bahtera Jaya
21 Anggia Motel
22 Duta Loka
23 Bumi Pananjung
24 Pantai Indah Timur
25 Pantai Indah Depan
26 Bumi Nusantara
27 Pantai Indah Barat
28 Sunrise Beach H.
29 Panorama
30 Susan's
31 Mini Dua
32 Pelangi
33 Rawamangun
34 Losmen Mini
35 Mangkubumi Beach H.
36 Laut Biru
37 Nyiur Indah H.
38 Pangandaran Beach H.
39 Morris

**Läden, Restaurants, etc.:**
1 Bank Rakyat Indonesia
2 Scandinavian R.
3 Relax Cafe
4 Luta Travel
5 Number One R.
6 Disco Star Meridian
7 Nanjung R.
8 Cilacap R.
9 Bank Rakyat Indonesia
10 Warung Emi & Pak Toha
11 Sympathy R.
12 Inti Laut Seafood R.
13 Mambo R.
14 Masruddin's Buchladen
15 Warung

**Transport:**
1 Sari Bakti Utama (Bus)
2 Budiman (Bus)
3 Bus Station

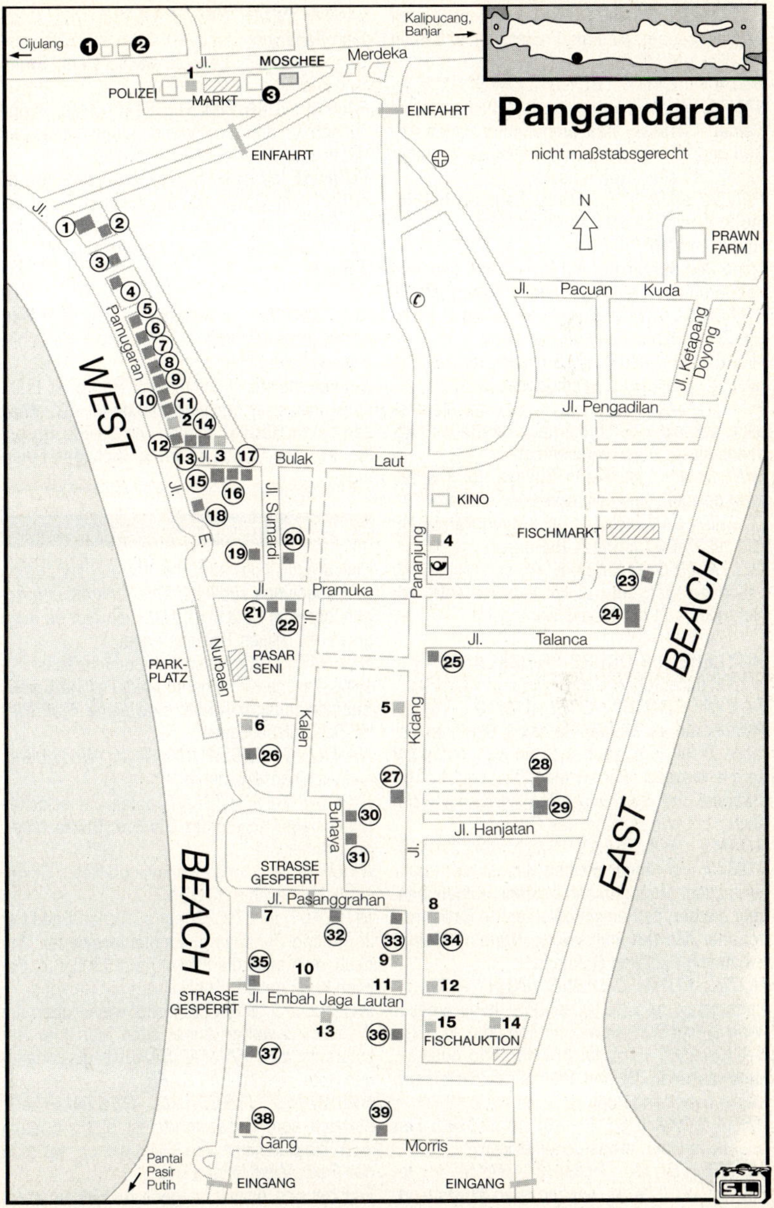
Pangandaran
nicht maßstabsgerecht
N
Cijulang
Kalipucang, Banjar
Jl. Merdeka
MOSCHEE
POLIZEI
MARKT
EINFAHRT
EINFAHRT
Jl. Pamugaran
WEST BEACH
Jl. Bulak Laut
Jl. Sumardi
Jl. E. Nurbaen
Jl. Pramuka
Jl. Kalen
PARK-PLATZ
PASAR SENI
KINO
Jl. Pananjung
FISCHMARKT
Jl. Pacuan Kuda
Jl. Ketapang Doyong
Jl. Pengadilan
PRAWN FARM
Jl. Talanca
Jl. Kidang
Buhaya
Jl. Hanjatan
STRASSE GESPERRT
Jl. Pasanggrahan
STRASSE GESPERRT
Jl. Embah Jaga Lautan
FISCHAUKTION
EAST BEACH
Gang Morris
Pantai Pasir Putih
EINGANG
EINGANG
BEACH

*BINTANG JELITA*** (nur 1 Nacht***), tel 379297, sauber, mit Fan, Frühstück und Balkon mit Blick aufs Meer.
*BULAK LAUT BUNGALOWS**-****, tel 379171, hübsche, kleine Bambus-Bungalows mit kleiner Terrasse, nett eingerichtet, Open-Air-Bad und Wohnzimmer, mit Frühstück, an einer relativ lebhaften Straßenecke.
*PANTAI SARI**-****, Jl. Bulak Laut, tel 379175, große Zi mit Fan oder ac; Restaurant.
*HOLIDAY INN**, Jl. Bulak Laut, tel 379285, einfache Bambuszimmer mit Mandi, Fan und kleinem Frühstück, nicht so schön gelegen. *MUTIARA SELATAN**, nebenan, tel 379416, einfache Zi mit Mandi, Fan und Frühstück.
*HOTEL KELAPA***, Jl. Sumardi, tel 379329, ruhig, großer Garten, schmucklose Zi.
*PANORAMA***, tel 379218, z.T. mit Meeresblick, der leider durch die neue Straße am Oststrand einige Reize verloren hat.
*MINI DUA*-***, Jl. Kalen Buhaya, tel 379298, ruhig gelegen, empfehlenswert und sauber.
*LOSMEN LAUT BIRU***, Jl. Kidang Pananjung 228, tel 379046, große Zi, Balkon.
*DELTA GECKO LODGE*-***, sehr ruhig und schön gelegen, aber 6 km westlich vom Ort, nicht weit von der Muara Karangtirta.

**MITTLERE BIS OBERE PREISKLASSE** - von Norden nach Süden, z.B.:
*SURYA BEACH HOTEL* (US$10 - 75), Jl. Pamugaran, tel 379428-32, fax 379289, elf einfache Zi mit Fan, aber auch 60 luxuriösere mit ac, Heißwasser, Badewanne, TV, Tel; mit Restaurant und Swimming Pool, größtes, wenn auch nicht bestes Hotel des Ortes.
*ADAMS HOMESTAY***-*****, tel 379164, 379343, wer länger bleiben will, ist hier (unter deutschem Management) bestens aufgehoben, sehr sauber, nett eingerichtet, große Bibliothek, schöner Garten mit vielen Vögeln, kleiner Swimming Pool und Cafeteria.
*HOTEL PUTRI DUYUNG* (US$17 - 75), Jl. Pamugaran, tel 379210, saubere, hübsch dekorierte Zi und Bungalows, mit Fan oder ac, TV.
*SANDAAN***-*****, tel 379165, Fan oder ac, Heißwasser u. TV, mit Frühstück; Restaurant, kleiner Swimming Pool.
*ARGA LOKA* (US$10 - 40), tel 379182, Fan oder ac, sauber, etwas ungemütlich.
*HOTEL BUMI NUSANTARA**-*****, tel 379032, fax 379031, am zentralen Weststrand, schöner Garten und Restaurant.
*PANTAI INDAH BARAT* (US$37 - 75), Jl. Kidang Pananjung, tel 379004, fax 379327, komfortabel ausgestattete Zi, etwas steril; Swimming Pool.
*PANTAI INDAH TIMUR* (US$45 - 100), Zi und Bungalows am Weststrand, unter demselben Management wie der Namensvetter.
*SUNRISE BEACH HOTEL* (US$20 - 90), tel 379220, am Oststrand, die meisten Zi mit ac, mit Restaurant, großem Swimming Pool und schönem Garten, viele Reisegruppen, oft ausgebucht.

**AUSSERDEM** - gibt es viele namenlose **Privatunterkünfte** *(Pondok Wisata)*, meist mit Schild *Kosong* (leer; Zi frei).
Bei den meisten Losmen und Hotels ist Frühstück inklusive! Für einen längeren Aufenthalt kann man **Häuser** mieten (ab 80 000 Rp pro Monat), aber nicht während wichtiger Feiertage.

## ESSEN UND TRINKEN

Einige gute, aber einfache Warung findet man an Pananjungs südlicher Straßenkreuzung gegenüber vom Laut Biru. Natürlich gibt es auch gutes und billiges Traveller Food.
*SYMPATHY*, der etwas deutschsprechende, sympathische Küchenchef Mumu serviert gutes Seafood, ausgezeichnet sind seine *Fruit Pies* mit Schokoladensauce.
*NANJUNG RESTAURANT* am Weststrand, hier sitzt man angenehm.
*CILACAP RESTAURANT*, gutes chinesisches Essen, aber schlechter Service. Etwas teuer, aber immer voll.
*NYIUR INDAH*, im gleichnamigen Hotel. Chinesisch, aber auch nicht billig.
*INTI LAUT*, tel 379326, am südlichen Ende der Jl. Kidang Pananjung. Empfehlenswerter Chinese, dem auch die Prawn Farm an der Jl. Pacuan Kuda gehört. Spezialisiert auf Seafood.
Wer in der Jl. Bulak Laut oder weiter oben am Weststrand wohnt, findet auch hier gute Restaurants, z.B. *PANTAI SARI*, im gleichnamigen Hotel, und *RELAX CAFE*.
*HILLMAN'S FISHFARM RESTAURANT*, nördlich vom Busbahnhof, ist einen Besuch wert. Liegt inmitten von Fischteichen, wo man den Fisch selbst fangen kann.
Es lohnt sich, einmal morgens zur **Fischauktion** in Pananjung zu gehen. Haie und Rochen, gele-

gentlich sogar ein 3 - 4 m langer Marlin werden hier meistbietend verkauft.
Auf dem weiter nördlich am Oststrand gelegenen **Fischmarkt** kann man sich an den Ständen seine Seafood-Spezialitäten selbst aussuchen und an Ort und Stelle zubereiten lassen.

## SONSTIGES

**BÜCHER** - Eine ständig wachsende Bibliothek (Verleih, Tausch und Verkauf) englischer und deutscher Titel gibt es in *ADAMS HOMESTAY*. Die Leute freuen sich, wenn man gebrauchte Bücher mitbringt.
Ein kleinerer *BUCHLADEN* liegt schräg gegenüber vom Inti Laut Seafood Restaurant in der Jl. Embah Jaga Lautan.

**EINKAUFEN** - An zahlreichen Ständen entlang der westlichen Strandstraße wird immer die gleiche Auswahl an Badekleidung, T-Shirts und Drinks angeboten.
Eine größere Auswahl an Lebensmitteln und anderen Dingen findet man auf dem modernen Markt gleich neben dem Bus Terminal und in den Geschäften an der Jl. Merdeka.

**FAHRRÄDER / MOTORRÄDER** - Zahlreiche Läden vermieten Fahrräder für 5000 Rp pro Tag (1000 Rp pro Stunde) und Motorräder für 10 000 Rp pro Tag.

**GELD** - Cash, allerdings nur saubere, fast druckfrische Scheine, und TC können in kleinen Bankfilialen an der Jl. Kidang Pananjung und in der Jl. Merdeka gewechselt werden.

**INFORMATIONEN / GUIDES / TOUREN** - Es gibt einige private sogenannte *Tourist Information Centres,* die zu kaum unterschiedlichen Preisen Tickets für Busse und Boote verkaufen und Touren per Minibus, Motorrad oder Fahrrad mit Guide anbieten, z.B. zum Green Canyon oder nach Cintaratu, zu Wasserfällen, Höhlen und stillen Dörfern.
Der Guide sollte möglichst eine Lizenz der offiziellen Indonesian Guide Association haben.
Das offizielle *TOURIST INFORMATION OFFICE*, geleitet von Ocid, mit angeschlossener *Indonesian Guide Association*, wechselt leider fast jährlich seinen Standort. Zuletzt befand es sich an der südlichen Jl. Kidang Pananjung, nicht weit vom Cilacap Restaurant.

*WARUNG EMI,* Jl. Embah Jaga Lautan, ist auf jeden Fall eine gute Adresse, um Informationen und einen Guide zu bekommen. Außerdem kann man den Senior Guide Pak Toha treffen und die beste Nudelsuppe von Pangandaran essen.
Pak Toha wurde 1994 vom Provinz-Gouverneur in Bandung eine Urkunde verliehen, und er ist nun ein amtlich bestätigter „Pionier des Tourismus".

**MASSAGE** - Eine gute Ganzkörpermassage kostet 5000 Rp (in den Dörfern 2000 Rp).

**MEDIZINISCHE HILFE** - Im Norden der Halbinsel werden in einem kleinen Krankenhaus einfache Fälle versorgt.
Wesentlich besser sind die Krankenhäuser in Bandung (s.S. 188).

**POST** - Das Postamt befindet sich an der Jl. Kidang Pananjung nahe der Einmündung der Jl. Pramuka, geöffnet Mo - Do u. Sa 8.00 - 14.00, Fr bis 11.00 Uhr.

**TELEFON** - Das *TELEKOMUNIKATION CENTRE* liegt unübersehbar an der nördlichen Jl. Kidang Pananjung. Von hier aus können problemlos Auslandsgespräche geführt werden; 24 Std. geöffnet, notfalls an die Tür klopfen.

**VORWAHL** - 0265.

**WASSERSPORT** - Schnorchelausrüstung gibt es für 2000 Rp pro Tag.
Man kann Fischkutter für eine Fahrt nach Cilacap oder Nusa Kambangan chartern, oder damit zum Fischen fahren. Pro Tag kostet ein Boot für max. 15 Personen ca. 175 000 Rp; kleinere Boote für weniger Leute oder kürzere Zeit sind entsprechend billiger.
Einheimische Touristengruppen bevorzugen kleine Auslegerboote, um zum Pantai Pasir Putih zu gelangen.

## TRANSPORT

**LOKALE BUSSE** - Richtung Westen geht es immer über BANJAR, lokale Minibusse 2000 Rp, 65 km, 1 Std.; TASIKMALAYA 3000 Rp, 107 km, 3 Std.

**MINIBUSSE UND EXPRESSBUSSE** - *LUTA TRAVEL* und die diversen Tourist Information

Centres bieten Minibusse an, die alle Passagiere im Hotel abholen und in Bandung oder in Yogyakarta (inkl. Bootstrip, s.u.) bis zur gewünschten Adresse fahren: BANDUNG kostet 10 500 Rp, 5 1/2 Std.
Nach BOGOR, ac 22 500 Rp, und JAKARTA, ac 25 000 Rp, geht es ab Banjarsari mit einem öffentlichen Bus weiter und am Zielort nur bis zur jeweiligen Bus Station.
Der schnellste und bequemste Weg nach JAKARTA: Mit einem Express-Bus nach Bandung zum Cicaheum Terminal, von dort mit dem Taxi zum Bahnhof und mit einem der häufigen Parahyangan-Züge nach Jakarta, Bhf. Gambir.
Zwei Gesellschaften haben Expressbusse nach BANDUNG:
*SARI BAKTI UTAMA,* Jl. Merdeka 36, tel 379446, fährt tgl. um 6.30, 13.00 und 19.00 Uhr mit bequemen ac-Bussen, 7500 Rp, 5 - 6 Std.
*BUDIMAN,* Jl. Merdeka, tgl. 6.00, 12.30 und 18.30 Uhr, weniger bequem und ohne ac, 6000 Rp. Budiman hat auch Direktbusse nach Jakarta, Terminal Kampung Rambutan, und Bogor.

**EISENBAHN** - Für die Anreise ab JAKARTA oder BANDUNG eignet sich auch die Eisenbahn, die in BANJAR hält; die Nebenstrecke von Banjar über Pangandaran nach Cijulang ist leider schon seit etlichen Jahren stillgelegt.
Nach YOGYAKARTA fährt ab Banjar gegen 9.00 Uhr ein langsamer 3. Klasse-Zug und gegen 11.00 Uhr ein 2. Klasse-Zug (10 000 Rp), der nur 5 - 6 Std. braucht.

**BOOTE** - Richtung Osten könnte man auch mit dem Bus über Banjar fahren. Doch fast genauso schnell, aber unterhaltsamer und abwechslungsreicher ist der Bootstrip nach CILACAP.
Auf eigene Faust fährt man mit einem frühen Minibus Richtung Banjar bis KALIPUCANG 700 Rp, 16 km, 1/2 Std. Von der Hauptstraße geht es 200 m zu Fuß zur Anlegestelle des kleinen Motorkutters, der um 7.00, 8.00, 12.00 und 13.00 Uhr abfährt.
Die letzten Boote sind zu spät, um von Cilacap weiterzukommen.
Für 1100 Rp schippert man 4 Std. gemütlich den Sungai Citanduy hinab durch die Mangroven zwischen Java und Nusa Kambangan, mit Stops in kleinen Kampung und an Pfahlbaudörfern. Man sieht kunstvolle Fischfallen auf den weiten offenen Lagunen, Fischer in ihren Einbäumen, viele Wasservögel und die lustigen Schlammspringer, kleine Fische mit Stielaugen, die an Land leben.
Nach YOGYA oder WONOSOBO geht es von Cilacap Hafen weiter mit dem Minibus von Agung oder Delima direkt zur gewünschten Adresse (7000 Rp), oder mit dem Minibus ab Toko Jadi (Cilacap, s.S. 200).
Die beschriebene Bootsfahrt ist auch Bestandteil der kombinierten Minibus-Tour, die von *LUTA TRAVEL* u.a. angeboten wird: nach YOGYAKARTA (13 500 Rp) oder WONOSOBO, Dieng (15 500 Rp), wird man ca. 6.00 Uhr morgens vom Hotel abgeholt, steigt in Kalipucang am Fährhafen mit seinem Gepäck aus, macht den Bootstrip und fährt von Cilacap Hafen mit einem anderen Bus weiter. Gegen 16.00 Uhr kommt man in Yogya an, wo man zu einem Hotel nach Wahl gebracht wird.

## Die Umgebung von Pangandaran

### Nationalpark

Nur ein paar hundert Meter südlich vom Dorf beginnt der über 500 ha große Nationalpark: Durch einen der beiden Eingänge (Eintritt 1000 Rp, das Ticket gilt für einen Tag) gelangt man in den **Touristenpark** *(Taman Wisata)*. Hier tummeln sich ungestört Makaken, die dunklen Languren sind dagegen schon distanzierter. Auf breiten Wegen gelangt man zu Grabstätten, Höhlen, japanischen Bunkern und kleinen Badestränden. Besonders schön ist **Pantai Pasir Putih** im Westen, der auch zum Schnorcheln geeignet ist. Hierher fahren außerdem kleine Ausleger-Boote vom Weststrand.

Doch über 90% der Halbinsel sind Wildnis, Primär- und Sekundärdschungel und offene Weideflächen mit Bantengherden. Eine kleine Art der „größten Blume der Welt" wächst hier, die *Rafflesia padma,* die einen Durchmesser von 35 -

40 cm erreicht. Dieser eigentliche Nationalpark darf nur mit einem Guide betreten werden. Für eine Tour durch die Wildnis fragt man bei der *Guide Association* oder im Losmen nach einem Guide, der eine Lizenz haben sollte. Zur Zeit werden 9000 Rp pro Person für einen ca. 6 Stunden dauernden Ausflug verlangt. Empfehlenswerte Jungle Guides sind Pak Toha, den man in dem kleinen Warung Emi, Jl. Embah Jaga Lautan, antrifft, und Ocid, der ein kleines Tourist Office (an der unteren Jl. Kidang Pananjung neben Cilacap Restaurant) leitet.

Wer in guter Kondition ist, kann die Halbinsel in einem schweißtreibenden Tagesmarsch (12 Std.) umrunden. Ein schmaler Fußpfad, schlüpfrig und überwuchert, läuft in einem ewigen Auf und Ab über die steilen Klippen und durch den Dschungel, fast immer an der Küste entlang, über kleine Flüsse, vorbei an lauschigen Wasserfällen, mit gelegentlichen Ausblicken aufs Meer. Versteckte Seitenpfade biegen in felsengesäumte Buchten ab, wo man die Strände garantiert für sich allein hat - abgesehen von den Affen, die hoch oben durch die Wipfel der Bäume turnen.

In der Osthälfte des Nationalparks sieht man die Schlafbäume der großen Flughunde (Fruchtfledermäuse), die tagsüber kopfunter in den Ästen hängen. Zum Sonnenuntergang verlassen sie die Halbinsel und fliegen Richtung Nordwesten auf Futtersuche, wovon sie vor Sonnenaufgang zurückkehren.

### Die Küste im Westen

Die Küste im Westen hat außer nicht enden wollenden Stränden noch andere Ausflugsziele aufzuweisen. Die Tour ist mit öffentlichen Minibussen möglich, aber zeitraubend, denn man muß von der Straße aus zu den Ausflugszielen immer 1 oder 2 km zu Fuß gehen. Besser ist die Tour mit einem gemieteten Motorrad zurückzulegen.

**Muara Karangtirta**: Bei Cikalong (9 km) oder Cibenda (12 km) biegt man zu dieser Lagune ab, wo drei Flüsse von Sanddünen aufgestaut werden, bevor sie ins Meer münden. Trotz starker Meeresbrise eine weite, glatte Wasserfläche. Hier gibt es einen sehr ruhig gelegenen Losmen.

**Batu Hiu** (= Haifischstein) ist ein felsiger Aussichtshügel zwischen dunklen Sandstränden, der 1 km weiter in die Brandung hinausragt (Eintritt). Er ist von seltsamen Pandanusbäumen mit hohen Stützwurzeln bewachsen. Viele Warung und drei Penginapan*.

**Muara Bojong Salawe**: Wo die Küste nach Südwesten abbiegt, liegt die zweite große Lagune, Abzweigung kurz hinter Parigi (19 km). Man kann mit gemieteten Booten herumpaddeln und gelegentlich auf der nahen Rennbahn Pferderennen beobachten. Südlich der Lagune wird zur Zeit an einem Flughafen gebaut.

**Cijulang** (23 km), hier ist Endstation für die Busse von Banjar, aber mit Ojek geht es weiter. Kurz hinterm Ort Abzweigung nach

**Pantai Batu Karas** (ca. 5 km) mit Brandung zum Surfen (Eintritt). Mittlerweile 8 Losmen*-***. Hierher kann man ausweichen, wenn an Feiertagen in Pangandaran alles voll ist. Batu Karas eignet sich zum Schnorcheln; hier gibt es richtig große Fische und auch viele Lobster. Lohnend ist eine Bootstour (2 Std.) den Fluß südlich von Cijulang hinauf zum **Green Canyon**. Die Straße nach Westen ist durchgehend asphaltiert und führt schließlich nach Tasikmalaya und Cipatujah.

**Pantai Poncol**, einsamer Strand mit dunklem Sand, dramatischer Brandung und zerklüfteten Felsenklippen, 30 km westlich von Cijulang bei Cimanuk. An einigen Stränden westlich von Pangandaran sieht man Seeschildkröten.

### Die Straße nach Osten

Auch in Richtung Banjar findet man sehenswerte Plätze. Die Dörfer Putrapinggan (5 km) und Emplak (10,5 km) sind Ausgangspunkt für Trekking-Touren bis zu maximal 3 Tagen.

**Curug Bojong / Curug Puringis**, zwei Wasserfälle (nicht so spektakulär in der Trockenzeit), erreicht man, wenn man von einem der beiden Dörfer durch Reisfelder und Wälder wandert. Am besten mit Guide aus Pangandaran.

**Pantai Lembah Putri**: Abzweigung nach 6 km zum „Strand im Tal der Prinzessin".

**Gua Munir**, eine Meditationshöhle, wo ein gewisser Munir angeblich in der Versenkung die richtigen Lotteriezahlen erfuhr und Millionär wurde, erreicht man nach einem Kilometer am Strand entlang.

Zurück an der Hauptstraße: Nach 1 km kommt man an eine 160 m lange, etwas baufällige Eisenbahnbrücke, die einen tollen Blick aufs Meer gewährt.

**Pantai Karang Nini**: Ein Weg zweigt 2 km weiter zu dem „Korallenstrand der Großmutter" ab (Eintritt), wo man einen Bungalow-Losmen** findet.

**Pantai Karapyak** und **Pantai Palatar Agung**, nochmals 3 km die gewundene Straße hinauf, zweigt rechts eine schmale, doch asphaltierte Straße zu diesen Stränden ab (7 km). Am Pantai Karapyak steht ein einfacher Losmen*; 1 km östlich davon kann man einen Hügel am Meer erklimmen und die großartige Aussicht genießen.

**Sungai Citanduy**: 1 - 2 km weiter bergauf überblickt man die weite Mündung dieses Flusses und einen Teil der Strecke, den das Boot nach Cilacap vorbei an der Insel Nusa Kambangan zurücklegt.

**Nusa Kambangan**: Auf diese Insel können von Pangandaran aus per Boot Tagesausflüge mit Picknick gemacht werden (s.S. 195/196).

**Gua Donan**, eine Höhle, ein paar km hinter Kalipucang, nichts Besonderes.

## Zentral-Java

*Im Zentrum Javas beeindrucken die Zeugnisse einer vergangenen hinduistischen und buddhistischen Hochkultur - die Tempelanlagen Prambanan und Borobudur oder die Ruinen auf dem Dieng-Plateau. Nachdem das machtvolle Majapahit-Reich durch die zunehmende Ausbreitung des Islam im 16. Jahrhundert zerfiel, erlangte in Zentral-Java ein moslemisches Sultanat, das Reich Neu-Mataram, das seinen Schwerpunkt im Gebiet von Demak und Kudus hatte, die Vorherrschaft. Durch Intrigen westlicher Händler im Kampf um das Monopol im Gewürzhandel zerfiel dieses Reich in vier Sultanate.*

*Von der höfischen Hochkultur ist besonders im Sultanat von Yogyakarta viel erhalten geblieben: Wayang-Aufführungen, Theater in überaus prunkvoller Form, wie es sonst kaum zu sehen ist, oder Schulen, die traditionelle Tänze und Gamelanmusik unterrichten und weiterentwickeln. Daneben ist Zentral-Java - vor allem Solo, Pekalongan und Yogyakarta - ein bedeutsames Zentrum der Batikindustrie.*

*Mit ungefähr 32,5 Millionen Menschen auf einer Fläche von 37 000 km² (davon nur 3,3% Wald) ist die Provinz Zentral-Java einschließlich der Spezialprovinz Yogyakarta das am dichtesten besiedelte Gebiet Indonesiens - Probleme der Überbevölkerung, z.B: die Besitzzersplitterung bis zu handtuchgroßen Reisfeldern, werden deutlicher als in anderen Regionen.*

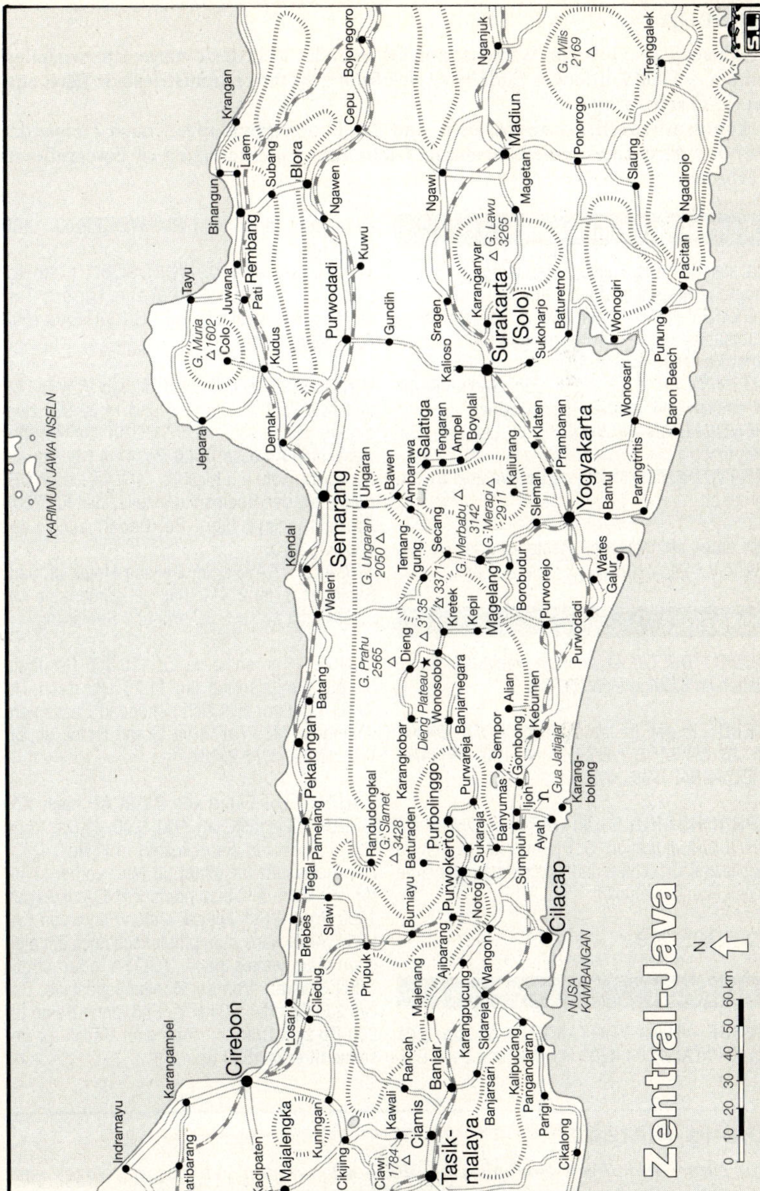
Zentral-Java
KARIMUN JAWA INSELN
NUSA KAMBANGAN
0 10 20 30 40 50 60 km
N
Indramayu
Jatibarang
Karangampel
Cirebon
Kadipaten
Majalengka
Kuningan
Cikijing
Ciawi
1784
Losari
Ciledug
Brebes
Tegal
Slawi
Prupuk
Pamelang
Pemalang
Pekalongan
Batang
Kendal
Weleri
Semarang
Demak
Jepara
Kudus
G. Muria 1602
Colo
Tayu
Juwana
Pati
Rembang
Binangun
Laem
Krangan
Subang
Blora
Cepu
Bojonegoro
Ngawen
Kuwu
Purwodadi
Gundih
Ungaran
G. Ungaran 2050
G. Prahu 2565
Dieng
3135
Dieng Plateau
Randudongkal
G. Slamet 3428
Baturaden
Karangkobar
Wonosobo
Banjarnegara
Kretek
3371
Temanggung
Secang
Bawen
Ambarawa
Salatiga
Tengaran
Ampel
Boyolali
G. Merbabu 3142
G. Merapi 2911
Kaliurang
Kepil
Magelang
Borobudur
Purworejo
Purwodadi
Wates
Galur
Sleman
Prambanan
Klaten
Yogyakarta
Bantul
Parangtritis
Wonosari
Baron Beach
Punung
Kalioso
Sragen
Surakarta (Solo)
Karanganyar
G. Lawu 3265
Sukoharjo
Baturetno
Wonogiri
Pacitan
Ngadirojo
Slaung
Ponorogo
Magetan
Madiun
Ngawi
Nganjuk
G. Wilis 2169
Trenggalek
Bumiayu
Purwokerto
Purbolinggo
Purwareja
Sukaraja
Banyumas
Sempor
Alian
Gombong
Kebumen
Gua Jatijajar
Karangbolong
Ijoh
Ayah
Sumpiuh
Notog
Cilacap
Wangon
Ajibarang
Majenang
Karangpucung
Sidareja
Kalipucang
Pangandaran
Parigi
Cikalong
Banjar
Banjarsari
Rancah
Kawali
Ciamis
Tasikmalaya

# Cilacap

In Cilacap (= Fluß der Winkerkrabben) befindet sich der einzige Überseehafen an Javas 1000 km langer Südküste, gleichzeitig wichtige Industriestadt (Zementwerk, Ölraffinerie).

Für den Traveller von Interesse sind die Bootsverbindungen nach Pangandaran und Abstecher in die Umgebung. Nicht vergessen: im Hafen ist Fotografieren verboten!

## ÜBERNACHTUNG UND ESSEN

Hat der Bus aus Yogya Verspätung, muß man möglicherweise hier übernachten.
*LOSMEN LIMA**, nur 600 m von der alten Bootsanlegestelle in einer ruhigen Seitenstraße eines kleinen Kampung.
*LOSMEN ARAFAH*-***, Jl. Jen. Sudirman 48, ist einfach aber sauber, mit Frühstück.
*PENGINAPAN WIJAYA*-***, Jl. Let. Jen. Suprapto 4.
*GRAND HOTEL***-*****, Jl. Dr. Wahidin 5 - 11, Zi mit ac.

Ein gutes chinesisches Restaurant ist *PERAPATAN / SIEN HIENG*, Jl. Jen. A. Yani.

## SONSTIGES

**BEMO** - Der Ort ist ziemlich weitläufig, Bemo kosten im Stadtbereich 250 Rp.

**GELD** - in der Jl. Jen. A. Yani, *BUMI DAYA*, Nr. 28; *DAGANG NEGARA*, Nr. 100; *NEGARA INDONESIA 1946*, Nr. 27.

**SPRACHSCHULE** - Im *HAPPY HOUSE OF ENGLISH*, Jl. Letjen. S. Parman 56, kann man Englisch unterrichten und Kontakte zu einheimischen Familien knüpfen.

**VORWAHL** - 0282.

## TRANSPORT

**BUSSE** - Nach YOGYAKARTA direkter Bus via KROYA 3200 / 4800 Rp, 196 km, 5 - 6 Std.
Oder man fährt nach PURWOKERTO 1400 Rp, 2 Std.
Von hier weiter nach WONOSOBO 1700 Rp, 2 1/2 Std., Dokar (1000 Rp) zum Minibus Terminal, dann hinauf zum DIENG PLATEAU 1000 Rp, 26 km, 1 Std.

**MINIBUSSE** - *TOKO JADI*, Jl. Jen. A. Yani 72, tel 21490, hat tgl. um 7.00 und 14.00 Uhr zwei direkte Minibusse nach YOGYA bis zur gewünschten Adresse, 7000 Rp, 4 - 4 1/2 Std.
Mit Glück steht ein Minibus, *AGUNG* oder *DELIMA*, an der Bootsanlagestelle, der für 7000 Rp nach Yogya fährt. Bei Bedarf auch über WONOSOBO.
*SRI AYU TRAVEL*, im Delyma Hotel, Jl. Jen. Sudirman 3, tel 21410, hat tgl. komfortable Minibusse mit ac nach Jakarta und Semarang.

**FLÜGE** - Tgl. sollte es für 110 000 Rp einen Merpati Perintis-Flug um 11.25 Uhr nach JAKARTA geben, falls sich genügend Passagiere einfinden. *MERPATI*, im Grand Hotel, Jl. Dr. Wahidin 5 - 11, tel 21381.

**FÄHRE** - Die Fähre von CILACAP nach KALIPUCANG legt tgl. um 7.00, 8.00, 12.00, 13.00 Uhr ab, die 4 Std. Fahrt kosten 1100 Rp.
Der Ticketschalter öffnet 30 Min. vorher. Weiter mit dem Minibus nach PANGANDARAN 1000 Rp, 1/2 Std. Mit der ersten Fähre von KALIPUCANG, kann man problemlos noch am gleichen Tag weiter nach YOGYA oder sogar DIENG fahren. Von der Bootsanlegestelle: Becak 300 Rp oder 1/2 km zu Fuß, dann Bemo für 250 Rp zum Bus Terminal, oder Becak für gesamte Strecke 1500 Rp.

# Dieng Plateau

*Auf einem sumpfigen Hochplateau (2093 m) inmitten der Bergwelt Javas zeugen acht schlichte, unauffällige Tempelbauten von der ehemaligen Größe einer Tempelstadt oder Klosteranlage. Schon zu Beginn des 9. Jahrhunderts befand sich hier ein Zentrum des Shiva-Kults und ein Pilgerort, wo neben Priestern und Mönchen auch bewundernswerte Baumeister gelebt haben müssen. Archäologen entdeckten die Grundmauern großer Gebäudekomplexe und 32 weiterer Tempel. In Stein gehauene Treppen führten auf steile Bergrücken, eine Riesenmauer stützte die rutschenden Hänge des Gunung Prahu (2565 m, und eine unterirdische Kanalisation sollte die sumpfigen Gebirgswiesen trockenlegen.*

*Das Plateau, Di Hyang - „Zuflucht der Götter"- genannt, ist der Krater eines schon lange erloschenen Vulkans, der passende Ort für die Verehrung Shivas, des kosmischen Zerstörers. Denn obwohl verstummt, regt sich noch „Leben" im Berg. Dampfschwaden wallen über heiße Seen, deren Wasserflächen in seltsamen, grünblauen Farben schillern, Schwefelgeruch liegt in der Luft, kochender Schlamm blubbert in kleinen Tümpeln, und spätestens nachmittags fallen die Nebel ein und vermischen sich mit dem Rauch der Holzfeuer, der aus den Dächern der Bauerndörfer aufsteigt.*

*Kräftige Menschen mit wettergegerbter Haut wohnen in diesen Dörfern. Nicht nur Zerstörung bringt der Berg. Seine fruchtbaren Vulkanböden lassen üppiges Leben sprießen. Wie üppig, das kann man selbst sehen, wenn man auf rutschigen Bergpfaden durch die pittoreske Landschaft wandert, zwischen terrassierten Gemüsefeldern mit gigantischen Kohlköpfen, durch stille, weltentrückte Wälder, vorbei an steilen, von Riesenfarnen umrankten Felsen zu versteckten Bergseen und Dörfern, wo nur selten Fremdlinge auftauchen.*

Von einem der Aussichtshügel reicht der Blick an klaren Tagen - besonders frühmorgens - über sechs, sieben Vulkane in nächster Nähe - herausragend das „Zwillingspaar" Gunung Sundoro (3151 m) und Gunung Sumbing (3371 m) im Südosten - bis zu den Küstenlinien im Norden und Süden und fernen Vulkankegeln, die sich im Osten (Gunung Merbabu / Merapi) und Westen (Gunung Slamet) aus dem Dunst der Ebene erheben. In den vergangenen Jahren gab es mehrere Gasausbrüche an der Westseite des Plateaus, die einigen hundert Menschen das Leben kosteten. Die Gegend ist markiert und die Straße umgeleitet worden.

Die Uferregionen der Seen *(= Telaga)* Dringo, Sumurup, Warna und Pengilon sind Naturschutzgebiet; die Fauna beschränkt sich auf Wasservögel. Ein verwirrendes Netz von Fußwegen überzieht die Umgebung des Plateaus, neuerdings bereichert um viele Straßen, unschöne, die weltentrückte Stimmung störende Schöpfungen der Pertamina, die einen Teil der geothermischen Kräfte in Elektrizität verwandelt.

## Ein Rundgang

Acht kleine Candi, erst in jüngster Vergangenheit nach Helden des Mahabharata-Epos benannt, sind auf einem bequemen Spaziergang zu besichtigen.

Westlich des Dorfes Dieng zweigt links ein Weg zu den meistbesuchten Tempelruinen, dem **Arjuna-Komplex**, in einem Sumpfgebiet ab. Der Fußweg führt vom Parkplatz an Grundmauern eines ehemaligen **Palastes** vorbei. Nur wenige Meter weiter, der erste und größte Tempel, **Candi Arjuna**, dem der kleine, flache Bau des **Candi Semar** gegenüberliegt. Er könnte einmal als Wohnraum gedient haben. Besonders schöne Wandreliefs, die Wishnu darstellen, auf dem nächsten Tempel, **Candi Srikandi**. Dahinter die kleineren Bauten von **Candi Punta Dewa** und **Candi Sembadra**. Weiter im Süden, **Candi Gatutkaca**. Gegenüber ein kleines **Museum** mit Ausgrabungsfunden.

Außergewöhnlich ist **Candi Bima** auf einem kleinen Hügel am Südwestende der Ebene: eine Reihe von Gesichtern starrt dem Besucher aus Fensternischen entgegen. Auf dem südlichen Weg von Dieng zum Candi Bima kommt man am **Telaga Warna** vorbei, einem wirklichen „Farbensee", dessen Oberfläche bei entsprechendem Licht in verschiedensten türkisen Farbtönen schimmert. Zwischen diesem See und dem „Spiegelsee" Telaga Pengilon (jav.) liegt die **Gua Semar**, eine ehemalige, zur Zeit geschlossene Meditationshöhle. Nach ritueller Reinigung an der Quelle Bima Lukar nahmen Hilfesuchende im Inneren der Grotte spirituellen Kontakt mit Semar auf, dem weisen Clown, Ratgeber des Helden Arjuna und Schutzgottheit Javas. Die Höhle soll exakt im Zentrum der Insel liegen.

Südlich vom Candi Bima weisen aufsteigende Schwefeldämpfe den Weg zu verschiedenen Tümpeln, wo kochend heißes, stinkendes Schwefelwasser aus porösen Felsen emporsteigt. Der Weg zum **Sikidang Krater** führt über Pertamina-Gelände und könnte gesperrt sein.

Südlich von Gua Semar schmiegt sich das angeblich höchstgelegene Dorf Javas, **Sembungan** (2100 m), an den **Telaga Cebong**. Noch weiter südlich, 12 km oberhalb von Wonosobo, liegt der fast kreisrunde **Telaga Menjer**. Idul Fitri, das Ende des islamischen Fastenmonats, wird an diesem See mit traditionellen Veranstaltungen zelebriert. Am Unabhängigkeitstag gibt es meist auch folkloristische Tänze auf der Freilichtbühne von Kalianget (hier heiße Quellen und ein Hotel mit Tennisplatz), etwas außerhalb von Wonosobo.

Ein besonders schmuckes Dorf entdeckt man im Inneren (!) des alten Kraters Kawah Sileri am Gunung Sipandu, an dessen Fuß der heiße See **Telaga Sileri** Dampfschwaden ausstößt. Auf der gegenüberliegenden Talseite, versteckt zwischen bewaldeten Schluchten, liegt ein Kratersee mit fast senkrechten Ufern, **Telaga Merdada**, der allerdings durch eine Ansiedlung großer Blechbaracken verschandelt ist. Mehr Seen und Teiche weiter im Westen links und rechts der Straße nach Batur, wo man allmählich auf 1000 m Höhe herunterklettert.

## ÜBERNACHTUNG

**IM DORF DIENG** - gibt es nur einfache Losmen. Man sollte warme Kleidung und, wenn möglich, einen Schlafsack mitnehmen; nachts nähern sich die Temperaturen dem Gefrierpunkt:

*DIENG PLATEAU HOMESTAY**, Jl. Raya Dieng 16, mit Restaurant.

*LOSMEN BU DJONO**, nebenan, mit Restaurant; hier Infos bei dem Guide Mr. Sulistio, der auch einen Colt für 50 000 Rp inkl. Benzin und Fahrer für eine 6stündige Dieng-Tour vermietet.

*HOTEL GUNUNG MAS*-****, Jl. Raya Dieng 42, 300 m vom Bu Djono Richtung Batur; muffige, überteuerte Zi, z.T. mit Mandi.

*LOSMEN ASRI*-***, 300 m vom Bu Djono Richtung Telaga Warna, mit Balkon.

**IN WONOSOBO** - findet man bessere Hotels, Losmen und Restaurants.

Eine Kleinstadt mit zentralem Markt, eine Stunde Fahrzeit von Dieng; alle Straßen und Gassen des Ortes verlaufen rechtwinklig, Straßen meist in Nord-Süd-Richtung, Gassen in Ost-West-Richtung:

*LOSMEN WIDURI**, Jl. Resimen 18/44, am Minibus Terminal und Markt; einfache, aber saubere Zi mit und ohne Mandi, Fenster zum Flur; mit Balkon, zentral und laut.

*LOSMEN PENDAWA LIMA*-***, Jl. Resimen 18/46, tel 21257, mit und ohne Mandi, laut, muffig, Fenster zum Flur, Balkon.

*LOSMEN RAHAYU**, nebenan und weniger gut.

*LOSMEN PETRA***, Jl. A. Yani 87, tel 21152, die meisten Zi ohne Fenster.

*WISMA DUTA**, Jl. R. S. U. 3, tel 21674, saubere Zi mit u. ohne Mandi, mit Fenster, inkl. Frühstück, freundliche Leute, nett eingerichteter Aufenthaltsraum, kleiner Garten, viele Traveller, Moschee in der Nähe.

*LOSMEN FAMILI*-***, Jl. Sumbing 6, tel 21396, mit u. ohne Mandi, an einer lauten Straße.

*LOSMEN SINDORO*-***, Jl. Sumbing 5, tel 21179, wie sein Nachbar.

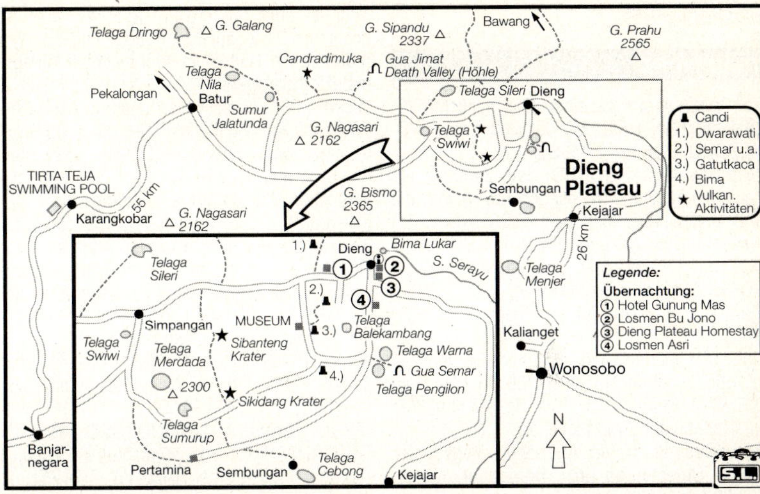


*CITRA HOMESTAY*-***, Jl. Angkatan 45, tel 21880, in einer Seitengasse 5 Min. nordöstlich vom zentralen Markt, sauber und ruhig (aber Moschee in der Nähe), mit und ohne Mandi, z.T. mit Heißwasser, kleines Frühstück; nette Leute, die auch Touren und Guide-Service anbieten, viele Traveller; wer anruft, wird von der Bus Station abgeholt.

*HOTEL NIRWANA****-****, Jl. Resimen 18/36, tel 21066, saubere Zi mit Heißwasser-Dusche oder Badewanne, gutes Frühstück, Balkon, zentral am Markt und der Minibus Station gelegen, etwas laut.

*HOTEL SRI KENCONO***-****, Jl. J. A. Yani 81, tel 21522, große, saubere Zi mit u. ohne Mandi, z.T. mit Heißwasser und TV; alle Fenster zum Innenhof, der zu einem Parkplatz ausgebaut ist.

## ESSEN UND TRINKEN

Im Dorf Dieng werden Champignons gezüchtet und in der angeschlossenen Konservenfabrik verarbeitet. Dennoch scheint es nicht möglich zu sein, in irgendeinem Restaurant frische Pilze zu bekommen, sondern leider nur Konserven.

Bei Travellern und Touristen beliebt ist das *DIENG RESTAURANT* in Wonosobo, Jl. Angkatan 45; Selbstbedienung mit einem großen Angebot an Getränken und indonesisch-europäischen Gerichten, die nur schwach gewürzt sind.

Nebenan, gut und etwas teurer, ist das *RESTAURANT ASIA,* tel 21165, chinesisch und Seafood.

*RESTAURANT WONOSOBO,* nebenan, indonesische und europäische Küche.

Lohnend ist ein Bummel durch den Markt von Wonosobo, wo es viele einfache Warung gibt. Abends stehen Warung auch auf der Jl. Resimen 18.

## SONSTIGES

**GELD** - *BANK NEGARA INDONESIA,* Jl. J. A. Yani 10, tel 21130, Wonosobo, werktags geöffnet von 8.00 - 12.00 Uhr, Fr bis 11.00 Uhr.

**INFORMATIONEN** - *DINAS PARIWISATA,* Jl. Pemuda 2, tel 21194, Wonosobo, am Alun Alun-Platz nördlich vom Markt, werktags geöffnet von 7.00 - 14.00, Fr bis 11.00 Uhr; wenige Infos. Ebenso unergiebig ist das Tourist Office im Dorf Dieng, wo einem nur Guides und Minibusse angeboten werden.

**POST** - *KANTOR POS,* Jl. Pemuda 9, Wonosobo, am Alun Alun-Platz nördlich vom Markt, geöffnet Mo - Do, Sa 8.00 - 14.00, Fr bis 11.00 Uhr.

**TELEFON** - *KANTOR TELKOM,* Jl. J. A. Yani 1, Ecke Jl. Kartini, Wonosobo, nördlich vom Markt, tgl. 24 Std. geöffnet.

**VORWAHL** - 0286.

## TRANSPORT

Von YOGYA gibt es einen Bus nach MAGELANG 800 Rp, 1 Std., Minibus weiter nach WONOSOBO 1500 Rp, 2 1/2 Std.
Zwischen TEMANGGUNG, dem Zentrum des Tabakanbaus, und Wonosobo überwindet die Straße den 1500 m hohen KLEDUNG PASS zwischen den Vulkanen GUNUNG SUMBING (3371 m) im Südosten und GUNUNG SUNDORO (3151 m) im Nordwesten.
Vom Wonosobo Bus Terminal: nach Dokar 1000 Rp, 1 1/2 km, zur Minibus Station am zentralen Markt und über schwindelerregende Serpentinen in 1 Std. aus einer Höhe von 780 m hinauf nach DIENG (2093 m), 26 km, 1000 Rp. Auf dem Weg wird manchmal Eintritt kassiert.
Verschiedene Travel Agents in Yogyakarta bieten Tagestouren (inkl. Borobudur) für ca. 20 000 / ac 30 000 Rp mit Minibussen an - diese Tour ist aber nur etwas für Eilige: man ist höchstens 2 Std. auf dem Plateau und kann gerade mal die Tempel im kühl-feuchten Mittagsnebel fotografieren.
WONOSOBO erreicht man auch ab AMBARAWA (1400 Rp) und PURWOKERTO (1700 Rp).
Kommt man von Westen (Cilacap, Purwokerto), kann man es mal auf einer Nebenstrecke versuchen: Banjarnegara - Karangkobar - Batur - Dieng, 3 Etappen mit dem Colt für je ca. 800 Rp, insgesamt 55 km. Eine Alternative zur Rückfahrt mit dem Colt ist eine 3-Std.-Wanderung nach BAWANG. Der Pfad beginnt bei der Polizeistation von Dieng und führt nach Norden, immer abwärts durch einen Hohlweg.
Ab BAWANG Colt nach PEKALONGAN oder BANYUPUTIH an der Nordküste, weiter mit dem Bus nach SEMARANG.
Direkter Minibus von WONOSOBO nach YOGYAKARTA bis zur gewünschten Adresse, 3 - 4x tgl., 5000 Rp, bei *RAHAYU TRAVEL*, Jl. Jen. A. Yani 11.

# Yogyakarta

*Alle Wege führen nach Yogya - auf jeden Fall die der Traveller und Touristen in Java. Hier treffen sich Langzeiturlauber, die selbst den vierten Abend der Ramayana-Aufführung nicht verpassen wollen, und rasende Rucksäcke, die auf dem Weg von Jakarta nach Bali einen Zwischenstop machen. Es gibt so viele alte Tempel, kulturelle Darbietungen, Batikfabriken und Souvenirläden wie sonst kaum in Indonesien. Von Yogya kann man ans Meer oder in die Berge fahren, um Vulkane zu besteigen. Und nicht zuletzt findet man die für jede Brieftasche passende touristische Infrastruktur. Wer all das liebt, sich nicht an den vielen Besuchern stört und die negativen Begleiterscheinungen des Massentourismus hinnehmen kann, für den ist Yogya ein idealer Aufenthaltsort.*

*Die Geschichte der etwa 600 000 Einwohner zählenden Stadt begann erst 1755, als unter holländischem Druck das Mataram-Reich geteilt und Yogya Sultansstadt wurde. Als Java dann unter britischer Verwaltung stand, ließ Stamford Raffles 1812 den Kraton von europäischen Truppen erstürmen und den regierenden Sultan absetzen. Die Bibliothek und viele Kunstschätze wurden geplündert, ein großer Teil davon steht heute im British Museum. 1946 wurde Yogya provisorische Hauptstadt der Republik Indonesien. Zwei Jahre später versuchten die zurückgekehrten Holländer die letzten republikanischen Bastionen, darunter auch Yogya, zu erobern und nahmen die gesamte Führungselite Indonesiens gefangen. Hamengku Buwono IX., der damalige Sultan, ließ sich aber nur auf eine kurze Unterredung mit den Holländern ein - über ihren sofortigen Truppenabzug.*

*Im März 1989 wurde Prinz Mangkubumi, Sohn des verstorbenen Sultans, zum neuen Sultan Hamengku Buwono X. gekrönt. Heute ist Yogyakarta das einzige relativ selbständige Sultanat der Republik. Noch immer sind im Kraton über 2000 Angestellte und 1500 Soldaten tätig, die zum Teil allerdings nur zweimal*

*Legende:*

Übernachtungen:
③ Natour Garuda H.
④ Mutiara H.

Läden, Restaurants, etc.:
6 Legian Garden R.
7 Matahari Plaza
8 Colombo R.
9 Matahari Dept. Store
10 Dynasty Dept. Store
11 Ramai Dept. Store
12 Bank Negara Indonesia 1946

**KRATON**

Ⓐ Srimanganti-Tor
Ⓑ Srimanganti-Pavillon
Ⓒ Danaprata-Tor
Ⓓ Purwaretna-Gebäude
Ⓔ Gedung Kuning
Ⓕ Bangsal Proboyakso
Ⓖ Bangsal Kencana
Ⓗ Kemandungan Kidul
Ⓘ Siti Hinggil Kidul
Ⓙ Pagelaran
Ⓚ Siti Hinggil
Ⓛ Kemandungan (Keben)
Ⓜ Trajumas-Pavillon
Ⓝ Kesatrian
Ⓞ Museum
Ⓟ Bangsal Manis
Ⓠ Plateran Kedaton
Ⓡ Kemandungan

*monatlich ihren Ehrendienst verrichten. Die Stadt und das sie unmittelbar umgebende Land bilden innerhalb der Provinz Zentral-Java eine eigene Spezialprovinz, Daerah Istimewa (3169 km²), die heute (1994) etwa 3 Mill. Einwohner hat.*

## Der Kraton

Wie eine kleine Stadt in der Stadt liegt südlich der Jl. Malioboro der Bereich des Sultanspalastes, ein Beispiel klassischer javanischer Hofarchitektur. Knapp vier Meter hohe und ebenso dicke, weiße Mauern im Quadrat von einem Kilometer Länge umgeben die Anlage, die ursprünglich zusätzlich durch einen Wassergraben gesichert und nur durch fünf Tore zugänglich war. 1755 ließ Sultan Hamengku Buwono I. diesen Palast errichten. Wer eine Vorstellung von der Symbolik dieser Architektur erhalten will, sollte sich im Kraton das Heft: *The Royal Palace (Kraton) of Yogyakarta. Its Architecture and its Meaning* besorgen.

Zwischen den Mauern und der eigentlichen Palastanlage liegt ein dicht bebauter Wohnbezirk, durch den schmale Gassen führen. Im Norden und Süden münden diese jeweils in einen großen, rechteckigen Platz, den

Alun Alun Lor (im Norden) und Alun Alun Kidul (im Süden). Kommt man von Norden, liegt am südlichen Ende des Platzes der **Pagelaran** (Eintritt 500 Rp). Früher wurden die Pavillons für offizielle Empfänge genutzt. Dabei nahm der Sultan im hinteren, am höchsten gelegenen Bereich, **Siti Hinggil**, Platz. Heute ist dieses Areal u.a. während der Garebeg-Feierlichkeiten zum Ende des Ramadan geöffnet.

Läuft man westlich daran vorbei, kommt man nur wenige Meter vom Haupteingang entfernt zum Rotowijayan-Gebäude mit einem kleinen **Kutschenmuseum**. Im Eintrittspreis ist ein englischsprechender Guide eingeschlossen. Hier können achtzehn zum Teil prunkvolle Kutschen aus den Jahren 1761 bis 1927 bewundert werden, die aus indonesischer, holländischer und deutscher Produktion stammen und alle im Besitz der Sultane waren. Fliegende Händler mit Souvenirs markieren den Weg zum ersten Vorhof des Kraton, **Kemandungan** (Keben). Durch das **Srimanganti-Tor** (Regol) erreicht man einen weiteren Vorhof mit dem **Srimanganti-Pavillon** (rechts) und dem **Trajumas-Pavillon** (links).

**Die traditionelle javanische Stadt**

Viele alte javanische Städte sind nach dem gleichen Schema aufgebaut: Auf hinduistische Einflüsse geht der an den Haupthimmelsrichtungen orientierte Straßenverlauf zurück. Die zentrale Kreuzung ist zu einem großen Versammlungsplatz, dem Alun-Alun oder Padang, ausgebaut, denn ihr kommt eine magische Bedeutung zu. Entsprechend ist sie mit heiligen Waringin-Bäumen bepflanzt.

Im Süden liegt der befestigte Palastbezirk, der Kraton, an den ein weiterer, kleinerer Platz anschließt. Innerhalb der Kraton-Mauern befinden sich im Norden die Repräsentations-, dahinter die Wohngebäude des Sultans und seiner Familie sowie rechts und links davon die Wohnungen und Werkstätten der Bediensteten und ihrer Angehörigen.

Direkt an den Kraton grenzt im Westen oder Osten der großzügig geplante Wohnbezirk der Oberschicht (Staatsbeamte u.a.) an. Im Süden sind häufig Werkstätten zu finden, die den Sultanshof beliefern, jedoch innerhalb der Mauern keinen Platz haben (z.B. die Batikwerkstätten). Die westliche, nach Mekka ausgerichtete Seite des Alun-Alun ist für die Moschee reserviert. Nahe dem zentralen Platz stehen ebenfalls die wichtigen Kantore der holländischen Kolonialregierung.

Für den eigentlichen **Kraton**, den Ngayogyakarta Hadiningrat Palast, zahlt man an der Kasse 1500 Rp Eintritt. Im Preis ist ein traditionell gekleideter Führer eingeschlossen, der in Deutsch, Englisch, Französisch oder einer anderen Fremdsprache durch den Palast führt. Geöffnet tgl. 8.30 - 13.00 Uhr, Fr bis 11.00 Uhr. Männer dürfen nicht mit schulterfreien T-Shirts hinein, für diesen Fall hält man am Eingang ein paar Hemden bereit. Wenn man sich nicht vom Führer drängen läßt, kann man sich in Ruhe umsehen und wird viele interessante Details in dem schlichten, hölzernen Palast entdecken (nichts Großartiges erwarten!). Faszinierend exotisch wirken die höfisch gekleideten Palastwachen und Führer mit ihrer Kopfbedekkung Blangkon, der traditionellen Jacke Surjan, unter der auf dem Rücken ein Kris herausragt, und einem Sarong Batik.

Wenn im Kraton klassische Tänze aufgeführt werden (s.S. 214), scheint längst Vergangenes wieder lebendig zu werden. Das älteste Gamelan-Orchester aus

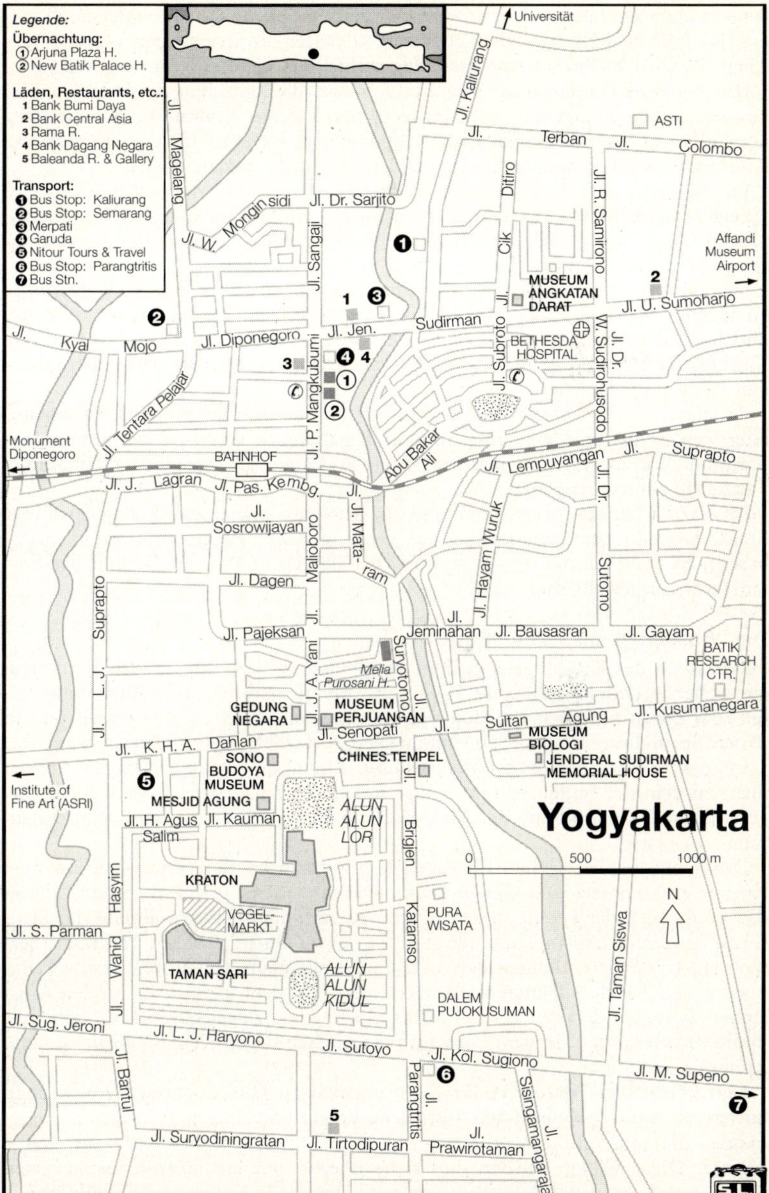
Legende:
Übernachtung:
① Arjuna Plaza H.
② New Batik Palace H.
Läden, Restaurants, etc.:
1 Bank Bumi Daya
2 Bank Central Asia
3 Rama R.
4 Bank Dagang Negara
5 Baleanda R. & Gallery
Transport:
❶ Bus Stop: Kaliurang
❷ Bus Stop: Semarang
❸ Merpati
❹ Garuda
❺ Nitour Tours & Travel
❻ Bus Stop: Parangtritis
❼ Bus Stn.
Universität
Jl. Kaliurang
ASTI
Jl. Terban
Jl. Colombo
Jl. Magelang
Jl. W. Monginsidi
Jl. Dr. Sarjito
Jl. Sangaji
Jl. Cik Ditiro
Jl. R. Samirono
Affandi Museum Airport
MUSEUM ANGKATAN DARAT
Jl. U. Sumoharjo
Jl. Kyai Mojo
Jl. Diponegoro
Jl. Jen. Sudirman
BETHESDA HOSPITAL
Jl. Subroto
Jl. Dr. W. Sudirohusodo
Jl. P. Mangkubumi
Jl. Tentara Pelajar
Monument Diponegoro
BAHNHOF
Abu Bakar Ali
Jl. Lempuyangan
Jl. Suprapto
Jl. J. Lagran
Jl. Pas. Kembg.
Jl. Mataram
Jl. Sosrowijayan
Jl. Malioboro
Jl. Hayam Wuruk
Jl. Dr. Sutomo
Jl. Dagen
Jl. L. J. Suprapto
Jl. Pajeksan
Jl. Jeminahan
Jl. Bausasran
Jl. Gayam
Jl. A. Yani
Melia Purosani H.
Jl. Suryotomo
BATIK RESEARCH CTR.
GEDUNG NEGARA
MUSEUM PERJUANGAN
Jl. Senopati
Jl. Sultan Agung
Jl. Kusumanegara
MUSEUM BIOLOGI
Jl. K. H. A. Dahlan
SONO BUDOYA MUSEUM
CHINES.TEMPEL
JENDERAL SUDIRMAN MEMORIAL HOUSE
Institute of Fine Art (ASRI)
MESJID AGUNG
ALUN ALUN LOR
Jl. H. Agus Salim
Jl. Kauman
Jl. Brigjen Katamso
Yogyakarta
0 500 1000 m
N
KRATON
VOGELMARKT
PURA WISATA
Jl. S. Parman
Jl. Wahid Hasyim
TAMAN SARI
ALUN ALUN KIDUL
Jl. Taman Siswa
DALEM PUJOKUSUMAN
Jl. Sug. Jeroni
Jl. L. J. Haryono
Jl. Sutoyo
Jl. Kol. Sugiono
Jl. M. Supeno
Jl. Bantul
Jl. Parangtritis
Jl. Sisingamangaraja
Jl. Suryodiningratan
Jl. Tirtodipuran
Jl. Prawirotaman
S.L.

dem 16. Jahrhundert gehörte dem Sultan von Demak und wird immer noch einmal im Jahr zu Mohammeds Geburtstag (Sekaten) in der großen Moschee gespielt. Es wird im **Purwaretna-Gebäude** rechts vom nächsten Tor aufbewahrt.

Durch dieses **Danapratapa-Tor**, das von zwei dämonischen Figuren (Gupala) bewacht wird, gelangt man schließlich in den inneren Kraton. Noch heute lebt der Sultan mit seiner großen Familie und seinem Hofstaat hinter dem **Gedung Kuning** im westlichen Bereich, der für Besucher nicht zugänglich ist.

Im Westen des Platzes **Plateran Kedaton** liegt das mit Marmor, Lüstern und Spiegeln ausgestattete **Sekretariat** des Sultans - ein Gebäude, in dem sich javanische Architektur des 18. Jahrhunderts mit europäischer Ausstattung aus viktorianischer Zeit auf ungewohnte Art verbindet.

Dahinter der zentrale **Bangsal Kencono**, der Goldene Pavillon. An ihn schließt im Westen der **Bangsal Proboyakso** an, in dem die Familie des Sultans residiert, und im Süden der **Bangsal Manis**, der Süße Pavillon. Hier fanden festliche Staatsbankette statt, zu denen Musiker in den drei kleineren, gegenüberliegenden Pavillons aufspielten.

An diesen vorbei kommt man in den östlichen Bereich des Kratons, **Kesatrian**. Hier werden verschiedene, zum Sultanshof gehörende Gegenstände aufbewahrt, darunter Wayang-Figuren und ein Gamelan-Orchester, das die regelmäßigen Tanzaufführungen begleitet.

Im letzten Bereich des Kraton sind ein **Museum** mit einer Ahnengalerie und Stammbäumen der Sultane und das Gedung Kopo **Palastmuseum** untergebracht, in dem Geschenke der zweiten bis siebten Sultansfamilie und der Sultansthron ausgestellt sind.

### Das Wasserschloß Taman Sari

Südwestlich des Kraton gelangt man zum Wasserschloß Taman Sari. Ein portugiesischer Architekt errichtete 1765 den „Blumengarten" mit kühlen Innenhöfen, die durch unterirdische Bogengänge miteinander verbunden waren und in denen Springbrunnen und Schwimmbecken zusätzlich Abkühlung verschafften.

Im Zentrum lag der Jungbrunnen **Umbul Binangun**, ein Badeplatz der Hofdamen, zu dem der Sultan von einer Galerie aus Einblick hatte. Neben dieser vergnüglichen Funktion hatte das Wasserschloß aber auch eine strategische Bedeutung.

Durch die unterirdischen **Passagen** konnte man im Belagerungsfall aus dem Kraton entkommen. Die Gänge konnten anschließend geflutet werden, um so das Eindringen der Feinde in den Kraton zu verhindern. Was während der britischen Besatzungszeit in Trümmer ging, ist nur zu einem geringen Teil restauriert worden. Die meisten Bauten der Anlage sind nur noch Ruinen und lassen kaum noch etwas von dem früheren Glanz erahnen. Auf dem über 10 ha großen Areal stehen zwischen den Ruinen zahlreiche einstöckige, ziegelgedeckte Wohnhäuser inmitten von Gärten. In dem Labyrinth der Gassen liegen viele Batikgalerien und Ateliers.

Den nördlichen Teil der Anlage, den ehemaligen Pool **Segaran**, erreicht man kostenlos vom Vogelmarkt aus. Mitten in diesem künstlichen See lagen drei Gebäude, die man mit einem Boot und durch unterirdische Gänge erreichen konnte. Diese Gänge wurden durch die überbauten, mittlerweile restaurierten Schächte mit Licht und Frischluft versorgt. Das große **Kenongo-Gebäude** wurde zu repräsentativen Zwecken genutzt. Der südliche, kleine **Gedung Cemeti** diente wahrscheinlich als Speisesaal, und der interessante Rundbau **Sumur Gemuling** war wahrscheinlich einmal eine Moschee.

Der Eingang zum restaurierten **Umbul Binangun**, dem Jungbrunnen, liegt im Südosten. Hier müssen 300 Rp Eintritt gezahlt werden. Die dekorativen Steinmetzarbeiten sind vor allem an dem **Gedung Gapura Agung-Gebäude** hinter den drei Badepools noch gut zu erkennen. Der daran anschließende südliche Bezirk mit den Sultansgemächern ist weitgehend zerstört.

## Der Vogelmarkt

Nördlich vom Wasserschloß findet man den Vogelmarkt (Pasar Ngasem). In schmalen Gängen hängen an Bäumen und Häusern Käfige mit tropischen Vögeln. Die berühmten Singvögel für Singwettbewerbe in ihren schönen, verzierten Käfigen sind zum Teil 3 Mill. Rupiahs wert. Außerdem findet man an den Verkaufsständen Kakadus und Papageien, Wildkatzen, Meerschweinchen und Hasen, Enten und Küken - sogar Mungos, Fledermäuse und tropische Eichhörnchen. Für Tierfreunde ist es ziemlich deprimierend, die Tiere in ihren engen Käfigen hocken zu sehen. Das entsprechende Futter (Ameiseneier, Larven und Insekten) wird gleichzeitig angeboten. Vorsicht, sehr bissige Ameisen!

## Rings um den Alun Alun Lor

Am südwestlichen Alun$^2$ Lor steht die große **Moschee**, Mesjid Agung. Sie ist im traditionellen javanischen Stil mit dem typischen großen Dach 1773 erbaut worden. Im **Sono Budoyo Museum**, Jl. Trikora 2, im Nordwesten des großen Platzes, kann man sich einen Überblick über die zentraljavanische Kultur verschaffen. Im Hof stehen hinduistische und buddhistische Steinstatuen neben alten indonesischen Kanonen und den Instrumenten eines Gamelan-Orchesters. Die ersten Räume sind der Frühzeit gewidmet - hier sind Steinfiguren aus Wonosari, Bronzetrommeln und Metallwaffen aus Nusa Tenggara (Inseln östlich von Bali) ausgestellt.

Islamische Kunst vom Majapahit-Reich bis zu kalligraphischen Werken aus jüngerer Zeit ist im nächsten Raum untergebracht. Schwerpunkt der Ausstellung ist eine Sammlung von Wayang Kulit (Schattenspiel)-Figuren, Wayang Golek (Stabpuppen) und Wayang Topeng (Masken). Außerdem gibt es eine Ausstellung über Batik sowie zentraljavanische und balinesische Kunst. Geöffnet Di - Do 8.00 - 13.00, Fr bis 11.30, Sa bis 12.30, So bis 12.00 Uhr. Eintritt 500 Rp.

## Weitere Museen

Geht man von hier aus weiter nach Norden und überquert die große Straße Richtung Jl. Malioboro, liegt rechts hinter dem Heldendenkmal das **Museum Perjuangan**, Jl. Kol. Sugiono 24, im ehemaligen Benteng (= Fort) Vredeburg. Dieses kleine Museum, in dem die Geschichte Yogyakartas in 30 Dioramen dargestellt wird, ist in einem holländischen Kolonialgebäude untergebracht, das früher einmal als militärisches Hauptquartier genutzt wurde. Von hier aus konnte der gegenüberliegende Sitz des holländischen Residenten bewacht werden. Von 1946 bis 1949, als Yogyakarta Hauptstadt der Republik Indonesien war, lebte Präsident Sukarno in diesem repräsentativen Gebäude (**Gedung Negara**), das von einem großen Garten umgeben ist. Zur Zeit dient es als staatliches Gästehaus für hochgestellte Persönlichkeiten. Geöffnet Di - Do 8.00 - 13.00, Fr bis 11.00 Uhr, Sa und So bis 12.00 Uhr, Eintritt 500 Rp.

Im **Museum Angkatan Darat**, dem Armeemuseum in der Jl. Jen. Sudirman, Ecke Jl. Cik Ditiro, wird die Geschichte der Revolution dargestellt. Ausstellungsstücke aus der Zeit des Widerstandes gegen die Holländer von 1945 bis 1949. Geöffnet Mo - Do und So von 8.00 - 13.30, Sa bis 12.00 Uhr, Fr geschlossen. Eintritt 500 Rp. Pflanzen und präparierte Tiere des gesamten Archipels sind im **Museum Biologi**, Jl. Sultan Agung 22, zu besichtigen. Etwas weiter stadtauswärts, in der nächsten Querstraße, ist das **Jenderal Sudirman Memorial House**. Zwei kleine Kanonen stehen vor dem Wohnhaus, in dem Sudirman 1945 lebte.

### In den Vororten

Im Nordwesten der Stadt, in Tegalrejo, kann man sich, sofern historisches Interesse besteht, das **Monument Diponegoro** ansehen. Neben der großen Gedenkhalle, die an der Stelle von Prinz Diponegoros früherer Residenz errichtet wurde, steht ein kleines Museum, das man sich aufschließen lassen kann. Hier werden vor allem Bilder, Waffen und andere Besitztümer von Prinz Diponegoro und seiner Truppe aufbewahrt. Geöffnet tgl. von 8.00 - 16.00 Uhr.

In Kota Gede, 5 km südöstlich von Yogyakarta, findet man auf dem **Königlichen Friedhof** das Grab von Panembahan Senopati, dem Gründer des Mataram-Reiches. Den Friedhof darf man nur an Freitagnachmittagen in traditioneller javanischer Kleidung betreten.

## ÜBERNACHTUNG

In keiner anderen Stadt gibt es so viele billige Losmen und kleine, komfortable Hotels.

**SÜDLICH DES BAHNHOFS** - findet man viele Losmen und Hotels in der Jl. Pasar Kembang und der Jl. Sosrowijayan und in den schmalen Gassen dazwischen:

*LOSMEN BETA**, Gang 1, winzige Kammern ohne Fenster, aber sehr billig.

*LOSMEN LUCY**, Gang 1, hat Zi für den gleichen Preis.

*BAGUS HOTEL*-***, Gang 2, *bagus* und sauber.

*LOSMEN GANDHI**, Gang 2, schöner Garten.

*UTAR PENSION*-***, ruhig und sauber, in einer Seitengasse westlich von Gang 2.

*LOTUS LOSMEN*-***, Seitengasse westlich von Gang 2, sauber, gemütlich und ruhig, Zi mit und ohne Mandi.

*HOTEL ASIATIC***, Jl. Sosrowijayan 6, große Zi mit riesigen Betten, ziemlich abgewohnt.

*MARINA PALACE HOTEL* (US$30 - 45), Jl. Sosrowijayan 3, tel 88490, Zi mit Fan oder ac, TV, Heißwasser, inkl. Frühstück.

*HOTEL INDONESIA***, Jl. Sosrowijayan 7, saubere Zi mit Dusche, gutes und preiswertes Essen.

*HOTEL RAMA*-***, Jl. Sosrowijayan 16, tel 2885, Zi mit und ohne Mandi, mit Fenster.

*DEWI HOMESTAY*-***, Jl. Sosrowijayan, in einem Seitengang, nett eingerichtete, saubere Zi mit und ohne Bad, mit Fan.

*HAPPY INN***, Jl. Sosrowijayan, tel 3043, in einem Seitengang, sauber, doch etwas steril, enge Zi.

*BAKTI KASIH HOTEL**-*****, Jl. Sosrowijayan 33, tel 4890, Zi mit Fan oder ac, Heißwasser und TV, sauber, guter Service, mit Frühstück, doch für das Gebotene zu teuer - aber die Leute lassen mit sich handeln.

*BLADOK LOSMEN**-****, Jl. Sosrowijayan 76, tel 60452, sehr saubere Zi mit Fan und Mandi oder Dusche, schöner Balkon, guter Service, 2 luftige Zi im 3. Stock mit Privat-Balkon und Aussicht; mit sehr gutem Restaurant.

*KARUNIA HOTEL**-****, Jl. 78, tel 65057, freundlich und sehr sauber, mit Dachterrasse, Zi mit und ohne Bad, mit Fan oder ac.

*ORYZA HOTEL**-****, Jl. Sosrowijayan 49, tel 2495, fax 2004, sauber, mit und ohne Mandi, z.T. mit ac, inkl. Frühstück.

*HOTEL SALA BARU****, Jl. Sosrowijayan 242, tel 60125, mit Frühstück.

*BATIK PALACE HOTEL*****, Jl. Pasar Kembang 29, tel 2149, 63824, fax 63824, alle Zi mit ac und Heißwasser, sauber, mit Bar und Restaurant.

*HOTEL ASIA AFRIKA**-****, Jl. Pasar Kembang 25, große Zi mit und ohne Mandi.

*HOTEL RATNA***-***, Jl. Pasar Kembang 17 a, etwas von der Straße zurückversetzt gebaut, ruhig, mit schönem Innenhof, Zi mit Mandi.
*TRIM GUESTHOUSE***, Jl. Pasar Kembang 9, tel 87654, sauber, teilweise mit ac.
*TRIM HOTEL****-****, Jl. Pasar Kembang 2, tel 4113, saubere Zi mit Fan oder ac und Heißwasser.

**IN DER JL. DAGEN** - der ersten Parallelstraße südlich der Jl. Sosrowijayan, gibt es weitere Hotels:
*WISMA PERSADA****-****, Jl. Dagen 6, tel 3685, 63780, fax 63147, sauber, große Zi mit Frühstück, Fan oder ac.
*LILIK GUESTHOUSE***-****, Jl. Dagen 16, tel 2680, Zi mit Dusche, Fan oder ac, Heißwasser, inkl. Frühstück.
*SRI WIBOWO HOTEL***-****, Jl. Dagen 23, tel / fax 63084, Zi mit Fan oder ac und TV, inkl. Frühstück.
*PETI MAS GUESTHOUSE* (US$12 - 45), Jl. Dagen 27, tel / fax 61938, saubere Zi mit Fan oder ac, schöner Innenhof mit Garten, Restaurant und Swimming Pool.
*BLUE SAFIR HOTEL****, Jl. Dagen 34 - 36, tel 62589, sehr kleine Zi mit ac und TV, inkl. Frühstück, nicht allzu sauber.
*KOMBOKARNO GUESTHOUSE****-****, Jl. Dagen 37, tel 5032, sauber und nett eingerichtet, Zi mit Fan, ohne Mandi, oder mit ac, TV und Heißwasser.
*WISMA NENDRA****, Jl. Dagen 40, tel 2136, 86196.
*PUNTODEWO GUESTHOUSE****, Jl. Dagen 46, tel 66479, kleines, sauberes Hotel, Zi mit Fan, Dusche und Frühstück, Kaffee oder Tee jederzeit gratis.
*BATIK PALACE COTTAGE* (US$27 - 44), Komplek Taman Yuwono, Sosromenduran, Seitenstraße der Jl. Dagen, tel 61828, 61829, fax 63824, alle 15 Zi und 20 Cottages mit ac und Heißwasser, mit Bar, Restaurant und Swimming Pool.
*NEW BATIK PALACE HOTEL* (US$31), Jl. P. Mangkubumi 46, tel 62229, 62510, fax 63824, kleines Hotel, 22 Zi, alle mit ac und Heißwasser, mit Bar, Restaurant und Pool.

**SÜDLICH VOM KRATON** - in der **Jl. Prawirotaman** und ihrer südlichen Parallelstraße gibt es viele Guest Houses von guter Qualität. Fast alle Zi haben ein eigenes Badezimmer mit Dusche, Bad oder Mandi und einen Fan oder ac. Zudem ist das Frühstück oft im Preis inkl.
*SARTIKA GUESTHOUSE***, Nr. 44 A, tel 72669, sauber und nett eingerichtet, mit Fan, kleiner Innenhof, schöner Balkon, leider ist die Dachterrasse noch nicht ausgebaut.
*KIRANA GUESTHOUSE*****, Nr. 38, tel 76600, einfache, z.T. aber helle Zi mit Fan oder ac, inkl. Frühstück, in der Eingangshalle des alten javanischen Hauses viele Antiquitäten, Restaurant.
*GALUNGGUNG GUESTHOUSE****, Nr. 36, tel 76915, mit Fan oder ac, inkl. Frühstück, kleiner Innenhof, Swimming Pool.
*PRAYOGO GUESTHOUSE***, Nr. 34, tel 77715, preiswert, mit kleinem Innenhof, Zi mit und ohne Mandi, alle mit Fan.
*WISMA PARI KESIT***, Nr. 32, tel 75002, inkl. Frühstück, kleine, dunkle Zi mit Fenster zum Flur, einige mit 2 großen Betten, die auch von 4 Personen gemietet werden können.
*PERWITA SARI GUESTHOUSE***, Nr. 31, tel 77592, Zi mit Fan, Pool, kleines Restaurant.
*VAGABOND YOUTH HOSTEL***, Jl. Prawirotaman MG 3/589, tel 71207, sehr ruhige Seitengasse, 200 m von der Straße entfernt, sauber und empfehlenswert, aber einige Zi sehr hellhörig. Auch preiswerte Schlafsaalbetten.
*EBONI HOMESTAY**, Nr. 30, tel 72624, kleine, einfache Zi mit Fan, familiäre Atmosphäre.
*ROSE GUESTHOUSE***-****, Nr. 28, tel 77991, Zi zum Teil mit heißem Wasser und ac, sonst Fan; die Zi liegen rings um einen ruhigen Garten mit Restaurant und Pool.
*DUTA GUESTHOUSE*****, Nr. 26, tel/fax 72064, ein altes, javanisches Haus mit Restaurant rings um zwei kühle Innenhöfe mit Goldfischteich bzw. Swimming Pool, die Zi der oberen Preisklasse (ac) sind hübsch eingerichtet, angenehme Atmosphäre, guter Service. Es werden zudem Zi in einem privaten Homestay** angeboten.
*SUMARYO GUESTHOUSE***-****, Nr. 22, tel 77552, fax 73507, nett eingerichtet, teilw. ac, Innenhof mit Garten, Swimming Pool.
*WISMA INDAH****-****, Nr. 16, tel / fax 76021, freundlicher Chef und nettes Personal, sauber, mit Fan oder ac, Dusche oder Bad, Heißwasser, inkl. Frühstück, schöner, kleiner Innnenhof und Garten mit kleinem Swimming Pool.
*SRIWIJAYA GUESTHOUSE****-****, Nr. 7, tel 71870, Zi mit Fan oder ac, inkl. Frühstück.
*PUTRA JAYA GUESTHOUSE***, Nr. 10, tel 75185, kleine, saubere Zi mit Mandi, Fan und

Frühstück, Balkon, kleiner Innenhof; Restaurant, Moneychanger, Tours & Travel Service.
*BOROBUDUR GUESTHOUSE***, Nr. 5, tel 63977, fax 63203, saubere Zi mit Fan und Frühstück, kleiner Innenhof.
*PURI PERTIWI GUESTHOUSE***, Jl. Prawirotaman Timuran MG 3/171, tel 74215, eine ruhige Seitengasse, kleine, saubere Zi mit Fan und Frühstück.
*AIRLANGGA HOTEL*****, Nr. 6 - 8, tel 72829, fax 71427, Zi mit Fan oder ac und Heißwasser, großes Hotel mit viel Sapto Hoedoyo-Kunst, Pool, Restaurant, Pub. Mit Frühstück.
*WISMA GAJAH*****, Nr. 4, tel 75659, fax 72037, saubere und schön eingerichtete Zi mit Fan oder ac, Swimming Pool und Restaurant, schöner Garten.
*INDRAPRASTHA HOMESTAY***, in dem Seitengang MG III/69, tel 74087, mit Fan, Dusche und Frühstück, schöner, kleiner Garten.

In der **südlichen Parallelstraße** weitere Hotels:
*PALUPI GUESTHOUSE**-****, Nr. MG VII/56, tel 73823, mit Restaurant und kleinem Garten, Zi mit und ohne Bad, alle mit Fan.
*AGUNG GUESTHOUSE**-****, Nr. 68 YK, tel 75512, hat Zi mit heißem Wasser, Fan oder ac, inkl. Frühstück, im Garten hinter dem Restaurant ein kleiner Pool.
*METRO GUESTHOUSE*-*****, Nr MG 7/71, tel 72364, 72689, 72774, fax 72004, Zi mit Fan oder ac, mit und ohne Bad, Heißwasser und Frühstück; Wäscherei, Taxiservice, Safe, Swimming Pool.
*MAKUTA GUESTHOUSE**-****, Nr. MG 7/72, tel 71004, kleiner, schattiger Innenhof, Zi mit WC, Dusche, Fan, Frühstück und Snacks.
*GAYATRI GUESTHOUSE**-****, Nr. MG 3/601, tel 72673, Zi mit Frühstück, Fan und Dusche.
*MURIA GUESTHOUSE**-****, Nr. MG 3/600, tel 77211, Zi mit Fan, Mandi und Frühstück.
*MERAPI GUESTHOUSE*-***, Nr. MG 3/599, tel 77533, kleine Zi mit und ohne Mandi, mit Fan und Frühstück, Balkon und kleinem Innenhof.
*DELTA GUESTHOUSE**-****, Nr. Mg 3/587a, kleine Zi mit und ohne Mandi, inkl. Frühstück, schöner Garten, kleiner Swimming Pool.
*MATAHARI HOTEL* (US$25 - 45), Jl. Parangtritis 123, tel / fax 72020, Zi mit Fan oder ac, mit Dusche oder Bad, TV und Telefon, mit Restaurant, Bar, Karaoke, Swimming Pool und Fitness-Raum.

**OBERE PREISKLASSE** - *NATOUR GARUDA HOTEL* (ab US$110) Jl. Malioboro 60, tel 663 53, fax 63074, ist das älteste Hotel der Stadt, Es wurde 1911 eröffnet und hieß seinerzeit *Grand Hotel de Djokja.* Stilvoll und total renoviert.
*MUTIARA HOTEL* (US$35 - 105), Jl. Malioboro 18, tel 63814, fax 61201, Swimming Pool.
*AMBARRUKMO PALACE HOTEL* (ab US$ 95), Jl. Laksda Adisucipto, tel 88488, fax 632 83, Luxus total an der Straße Richtung Solo.
*PURI ARTHA COTTAGE* (US$40 - 75), Jl. Cendrawasih 9, tel 63288, fax 62765.
*SAHID GARDEN HOTEL* (US$60 - 100), Jl. Babarsari, Tambakbayan, tel 87370, fax 63183.
*SANTIKA HOTEL* (ab US$70), Jl. Jend. Sudirman 19, tel 63036, fax 62047.
*YOGYA INTERNATIONAL HOTEL* (US$45 - 70), Jl. Laksda Adisucipto 38, tel 64727, fax 64171.
*SRI WEDARI HOTEL* (US$35 - 45), Jl. Laksda Adisucipto, am KM 5, tel 88288, fax 62162.

## ESSEN UND TRINKEN

**SÜDLICH DES BAHNHOFS** - In dieser Wohngegend gibt es eine Reihe Traveller-Restaurants:
*OLD SUPERMAN,* im Gang I, Banana Pancake und Omelett, aber auch gute andere Gerichte.
*NEW SUPERMAN,* ein Stück weiter, größer und hübscher eingerichtet, aber gleiche Preise (gleicher Besitzer).
*NN RESTAURANT,* nebenan, klein, aber gute preiswerte, große Portionen, umfangreiche Speisekarte.
*ANNA'S RESTAURANT* in Gang 2, ist gut und billig.
*MAMA'S RESTAURANT* in der Jl. Pasar Kembang 71 hat nicht ganz so viel Auswahl, ist dafür aber billig - zum Beispiel gute Avocado-Salate und Sandwiches während der Saison.
*LIMA FRENCH GRILL* hat außer den üblichen Gerichten auch Steaks.
*BLADOK RESTAURANT,* Jl. Sosrowijayan 76, angenehm zum Sitzen und vorzüglich zum Essen.
*COLOMBO RESTAURANT,* Jl. Malioboro, eine große Auswahl chinesischer und indonesischer Speisen.
*LEGIAN GARDEN RESTAURANT,* Jl. Perwakilan 9, tel 87985, man sitzt im halboffenen

*Legende:*

**Übernachtung:**

5 Wisma Perdana
6 Kota H.
7 Madya H.
8 Pariwisata H.
9 Mataram H.
10 Nusantara H.
11 Tugu H.
12 Mendut H.
13 Shinta Losmen
14 Batik Palace H.
15 Asia Afrika H.
16 Penginapan 21
17 H. Ratna
18 H. Kencana
19 Trim Gh.
20 Dewi Rahayu H.
21 Candi H.
22 H. Wahyu
23 Trim H.
24 Sita Inn
25 Setia Losmen
26 Losmen Gandhi 2
27 Losmen Atiep 2
28 Bagus H.
29 Setia Kawan Inn
30 Losmen Beta
31 Losmen Lucy
32 Sari H.stay
33 Losmen Lucy 2
34 Losmen Betty
35 Losmen Mawar
36 Losmen Eka
37 Losmen Isty
38 Losmen Selekta
39 Losmen Lotus
40 Utar Pension
41 Losmen Jaya
42 Losmen Atiep
43 Losmen Prastha Jaya
44 Happy Inn
45 Losmen Jogya
46 Losmen Lima
47 Losmen Dewi 2
48 Losmen Gandhi
49 Sala Baru H.
50 Karunia H.
51 Bladok
52 Wisma Wijaya
53 Losmen Morris
54 Dewi Hostay
55 Rama H.
56 Kartika H.
57 Asiatic H.
58 Oryza H.
59 Gembira H.
60 Bakti Kasih H.
61 Losmen Jaya 2
62 H. Indonesia
63 Marina Palace H.
64 Losmen Ella
65 Batik Palace Cottage
66 Puntodewo Gh.
67 Wisma Nendra
68 Blue Safir H.
69 Lilik Gh.
70 Losmen Persada
71 Kombokarno Gh.
72 Sweet Home
73 Peti Mas Gh.
74 Sri Wibowo H.

**Läden, Restaurants, etc.:**

13 Mama's R.
14 Borobudur Bar & R.
15 Old Superman R.
16 Darti R.
17 Anna's R.
18 NN R.
19 Eko R.
20 Toko Kota Mas
21 Lexy Bookshop
22 Mariko R.
23 New Superman R.
24 Lima French Grill
25 Heru Jaya R.
26 Lovina R.
27 Bladok R.
28 Bima Bookstall
29 Ris R. & Bakery
30 Kentucky Fried Chicken
31 Legian Garden R.

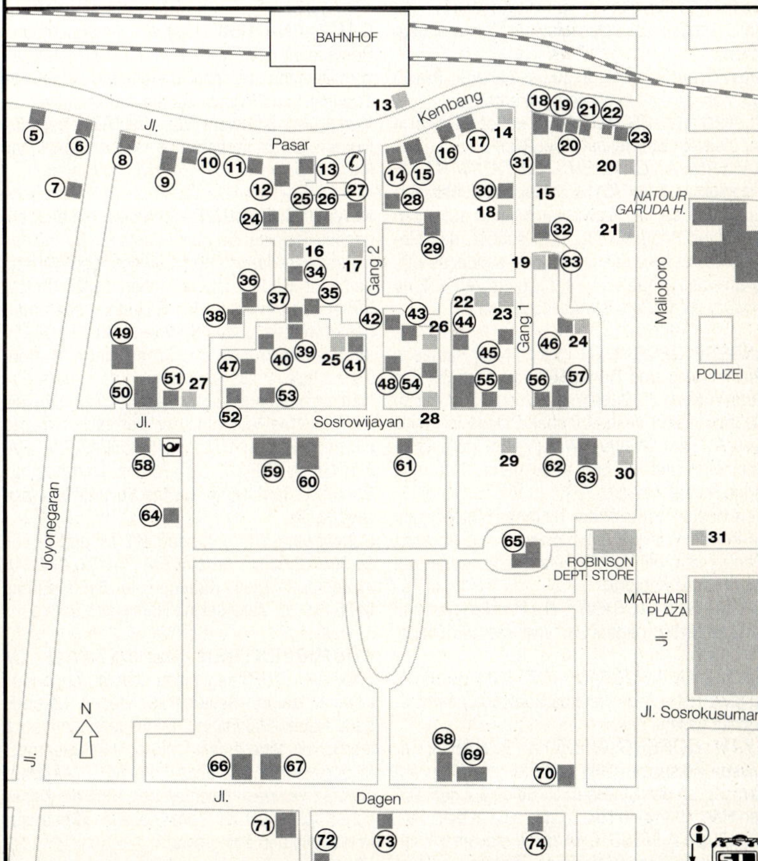

2. Stock des Eckhauses. Unter anderem Steaks und Fischgerichte, recht gut, aber teuer. Geöffnet tgl. 10.00 - 14.00 und 17.00 - 22.00 Uhr.

**JL. PRAWIROTAMAN** - In der Gegend südlich vom Kraton haben einige Hotels auch Restaurants mit einer allerdings beschränkten Auswahl an Gerichten. Außerdem gibt es *PALM HOUSE RESTAURANT, GRIYA BUJANA RESTAURANT* und *HANOMAN'S FOREST PUB*, wo man im Garten sitzen kann und ein allabendlich wechselndes Kulturprogramm geboten wird. Diese Restaurants haben sich dem europäischen Geschmack soweit angepaßt, daß sie Liebhaber der indonesischen Küche enttäuschen.
*TANTE LIES*, Jl. Parangtritis, Ecke Jl. Prawirotaman ist eine preiswerte Alternative.
*SLOMOTH RESTAURANT,* weiter südlich in der gleichen Straße, mit Video-Music.
*BALEANDA GARDEN RESTAURANT,* Jl. Tirtodipuran 3, tel 76114. In der westlichen Verlängerung der Jl. Prawirotaman und auf jeden Fall einen Besuch wert. Sehr sauber, nett eingerichtet, ausgezeichnete Küche: sundanesisch, javanisch, europäisch, Yoghurt, Eiscreme. Eine *Modern Art Gallery* ist angeschlossen.

**ANDERE GEGENDEN** - Billige Nasi Rames in den **Warung und Rumah Makan** rings um den Pura Wisata, Jl. Brigjen. Katamso - hier essen die Indonesier! Viele Murtabak-Stände in der Jl. Jen. A. Yani. Weitere Warung am nördlichen Alun Alun und um den Vogelmarkt; dort auch billige Rumah Makan.
Den besten Soto Ayam (Hühner-Eintopf) gibt es in den Warung entlang der Jl. Laksamana Martadinata, bei den Einheimischen besser bekannt unter Katipira.
*RAMA RESTAURANT,* Jl. P. Mangkubumi 101, tel 3480, gegenüber vom Garuda-Office, chinesisch.
*SINTAWANG RESTAURANT,* Jl. Magelang 9, tel 62901. Ausgezeichnetes Seafood und chinesisches Essen.
*AYAM GORENG NYONYA SUHARTI,* Jl. Laksda Adisucipto 208, tel 5522, ca. 3 km außerhalb, an der Straße nach Solo. Die gebratenen Hähnchen sind über Yogya hinaus bekannt.
*KENTUCKY FRIED CHICKEN,* die amerikanische Ayam Goreng-Variante, gibt es vor dem Ambarrukmo Palace Hotel in derselben Straße, im 1. Stock eines Supermarktes, und in der Jl. Malioboro. Phantastischen und zudem billigen Rindfleisch-Eintopf, der einen längeren Weg lohnt, im *WARUNG SOTO PAK SHOLEH* in Tegalrejo kurz hinter der Abzweigung der Straße zum Diponegoro-Monument.

## KULTUR UND UNTERHALTUNG

Ständig finden viele kulturelle Veranstaltungen in Yogya statt. Im Tourist Office erhält man die aktuellen Termine.
Außerdem wissen Becakfahrer und Losmenbesitzer Bescheid:

**GAMELAN-MUSIK** - ist ein unverzichtbarer Bestandteil der Tänze und Theateraufführungen. Der monoton scheinende Klang der Gongs, Trommeln und Xylophone, die manchmal von einem Saiteninstrument oder einer Flöte begleitet werden, ist für europäische Ohren ungewohnt. Mo und Mi von 10.30 - 12.00 Uhr im Kraton.

**KLASSISCHE TÄNZE** - erfordern ein anstrengendes Training, bei dem bereits Kinder mit den kunstvollen, langsamen Bewegungen vertraut gemacht werden. Die höfischen Tänze durften früher nur innerhalb der Palastmauern unterrichtet werden. Jeden So von 10.30 - 12.00 Uhr im Kraton Proben der klassischen Kraton-Tanzschule.
Heute gibt es auch außerhalb Schulen, die zum Teil moderne Varianten der klassischen Tänze lehren, z.B. *BAGONG KUSSUDIARDJA PADEPOKAN DANCE CENTRE* im Dorf Kasihan Bantul, Unterricht tgl. außer So und feiertags ab 8.00 Uhr.
Sehenswerte Vorführungen Mo, Mi und Fr von 20.00 - 22.00 Uhr im *DALEM PUJOKUSUMAN* in der Jl. Brigjen. Katamso, tel 3165, Eintritt 8500 Rp - im Wechsel mit Ramayana Ballett.

**KULTURZENTREN** - Das *INSTITUTE OF FINE ART (ASRI)* liegt hinter dem Winongo-Fluß in einer kleinen Seitenstraße der Jl. Martadinata. Neben Malerei und Bildhauerei steht auch die Batikkunst auf dem Unterrichtsprogramm.
In der staatlichen Tanzschule *ASTI (Akademi Senitari Indonesia)* werden seit 1964 die klassischen javanischen Tänze sowie Tänze aus West-Java und Bali gelehrt.

**RAMAYANA BALLETT** - Von Mai bis Oktober wird während der Vollmondnächte an den jeweiligen Wochenenden Fr - Mo 19.00 - 21.00 Uhr vor den Tempelruinen von Prambanan (Roro Jonggrang Freilichttheater) das Ramayana-Epos aufgeführt. Eintritt je nach Sitzplatz 4000 - 35 000 Rp pro Abend. Reservation und Information unter tel 63544, 88918, fax 86335.

Wohl eine der lohnenswertesten Vorführungen überhaupt! Das Tourist Office organisiert einen Minibus für den Transport, kostet hin und zurück 4000 Rp.

1. Abend: Entführung von Prinzessin Sita.
2. Abend: Die Schlachten mit Hanuman.
3. Abend: Der Tod von Kombokarno.
4. Abend: Die Läuterung der Königin Sita.

Weitere Ramayana-Aufführungen in einer Kurzfassung oder andere klassische Tänze im:

*DALEM PUJOKUSUMAN,* Jl. Brigjen. Katamso, tel 3165, Mo, Mi und Fr 20.00 - 22.00 Uhr, 8500 Rp.

*PURA WISATA OPEN THEATRE,* Jl. Brigjen. Katamso, tel/fax 63605, tgl. 20.00 - 22.00 Uhr, 10 000 Rp.

*TRIMURTI COVERED THEATRE,* Prambanan, tel 63544, 88577, fax 86335, jeden Di, Mi und Do 19.30 - 21.30 Uhr, Tickets je nach Sitzplatz 7500 / 12 500 / 15 000 Rp; nach der Vorstellung Minibus-Service für 2000 Rp zum gewünschten Hotel.

**WAYANG KULIT** - Das traditionelle Schattenspiel mit aus Leder gestanzten Figuren kann an verschiedenen Plätzen in Yogyakarta angeschaut werden - ebenso auch die Herstellung dieser Puppen. Vorführungen in Alt-Javanisch im:

*AGASTYA ART INSTITUTE,* Jl. Gedongkiwo MD 3/237, tgl. außer Sa 15.00 - 17.00 Uhr. Eintritt 3000 Rp. Hier werden auch die Dalang, die Puppenspieler, ausgebildet.

*AMBAR BUDAYA* (im Craft Centre nahe Ambarrukmo Palace Hotel), Jl. Laksda Adisucipto; tgl. 20.00 - 21.30 Uhr. Eintritt 4000 Rp.

*ARJUNA PLAZA HOTEL,* Jl. P. Mangkubumi 48, tel 86862; Di 19.00 - 21.00 Uhr. Eintritt 4000 Rp.

*SONO BUDOYO MUSEUM,* Jl. Trikora, tgl. 20.00 - 22.00 Uhr, Eintritt 3000 Rp.

*SASANA HINGGIL KIDUL* (südlicher Alun Alun) an jedem zweiten Sa im Monat von abends 21.00 Uhr bis zum frühen Morgen.

Die nicht-touristischen Wayang Kulit-Aufführungen dauern an die 9 Std. - eine ganze Nacht, in der ohne Unterbrechung die großen Epen vorgeführt werden. Eintritt 2000 - 3000 Rp.

**WAYANG GOLEK** - Typisch für West-Java - wer es dort nicht gesehen hat, kann es im *AGASTYA ART INSTITUTE,* Jl. Gedongkiwo MD 3/237, nachholen; jeden Sa 15.00 - 17.00 Uhr. Eintritt 3000 Rp.

*ARJUNA PLAZA HOTEL,* Jl. P. Mangkubumi 48, tel 86862; Sa 19.00 - 21.00 Uhr für 4000 Rp.

Außerdem bei *NITOUR,* Jl. K. H. A. Dahlan 71, tgl. außer So 11.00 - 13.00 Uhr (3000 Rp). Hier kann man Puppen kaufen, allerdings teuer.

*Legende:*

**Übernachtungen:**
75 Agung Star H.
76 Vagabond Youth Hostel
77 Sri Timur Gh.
78 Indraprastha Homestay
79 Puri Pertiwi Gh.
80 Borobudur Gh.
81 Sriwijaya Gh.
82 Perwita Sari Gh.
83 Galunggung Gh.
84 Wisma Gajah
85 Airlangga H.
86 Putra Jaya Gh.
87 Wisma Indah
88 Sumaryo Gh.
89 Duta Gh.
90 Rose Gh.
91 Eboni Homestay
92 Wisma Pari Kesit
93 Prayogo Gh.
94 Galunggung Gh.
95 Kirana Gh.
96 Sartika Gh.
97 Delta Gh.
98 Merapi Gh.
99 Muria Gh.
100 Gayatri Gh.
101 Metro Gh.
102 Agung Gh.
103 Palupi Gh.
104 Wisma Nugraha
105 Pulung H.
106 Metro Gh.
107 Makuta Gh.
108 Metro Postcard Hs.
109 Sunarko H.
110 Candra Kirana Gh.
111 Mangkuyudan H.
112 Matahari H.
113 Wisma Asih
114 Wisma Murni

**Läden, Restaurants, etc.:**
32 Cherry Garden R.
33 Baleanda R.
34 Hanoman's Forest Pub
35 Griya Bujana R.
36 Putri R.
37 Simco R.
38 Antiquitätenhändler
39 Tante Lies
40 Palm House R.
41 Prambanan R.
42 La Beng Beng R.
43 Buchladen
44 Lotus R.
45 Bamboo House R.
46 Bima Bookstall
47 Mini R.
48 Slomoth R.

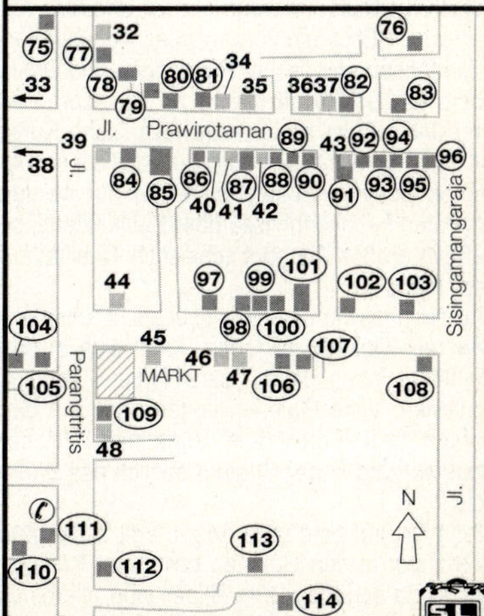

## EINKAUFEN

Wer einen Überblick über all das bekommen will, was es in Yogya einzukaufen gibt, braucht nur einmal die Jl. Malioboro abzulaufen. Fliegende Händler bieten unter den Arkaden und auf dem Bürgersteig alles an, was in der billigen Preisklasse zu haben ist - Ledersandalen und -taschen, Lampenschirme und Wayang-Figuren aus ausgestanztem Ziegenleder, billige Batik-Sarong, Hemden und andere (meist schlecht verarbeitete) Textilien, Stempel, Türschilder, Bambusflöten, Schnitzereien, Kassetten und vieles mehr.
Zum Handeln muß man sich Zeit nehmen! Qualitativ bessere und keineswegs teurere Waren bekommt man in verschiedenen Geschäften.

**ANTIQUITÄTEN** - Wer Antiquitäten, Kuriositäten und Kunsthandwerk aus anderen Teilen Indonesiens sucht, könnte in der Jl. Parangtritis und der Jl. Tirtodipuran, südlich vom Kraton, fündig werden, wo es eine ganze Reihe von entsprechenden Läden mit unterschiedlichen Preisen gibt.

**BAMBUSARBEITEN, MUSIKINSTRUMENTE UND DEKORATIONEN** - werden in **Moyudan**, nordwestlich von Yogya (Bemo Richtung Godean, 400 Rp), bei *P.T. GUNUNG PENUH* angefertigt.

**BATIKBILDER** - werden überall offeriert. Auf den ersten Blick ein verwirrendes Angebot verschiedenster stilistischer Richtungen und Qualitäten. Da Batikbilder leicht zu transportieren sind und zudem traditionelle javanische Kunst mit modernem Design verbinden, sind sie ein beliebtes Souvenir. Leider besitzen nur wenige Touristen Fachkenntnisse über Batikmalerei, so daß ein großes Angebot schlechter Qualität auf dem Markt ist.
Wer ein preiswertes Mitbringsel sucht, ohne viel Wert auf Qualität zu legen, kann sich in den kleinen Galerien, die es überall in der Stadt gibt, umsehen. Viele Galerien liegen rings um den Taman Sari hinter dem Vogelmarkt (Pasar Ngasem) und in der Gegend südlich des Bahnhofs.
Wer Wert auf eine gute Arbeit legt, sollte man sich zuvor in den Galerien bekannter Künstler das Auge schärfen. Ihre Bilder sind allerdings nur selten unter US$500 zu bekommen. Die folgende Liste kann nur unvollständig sein. Zu den etablierten Künstlern gehören:
*AMRI GALLERY,* Jl. Gampinga 67 (hinter ASRI - Kunstakademie) - Amri Jahya ist der zur Zeit bekannteste (und teuerste) Batikkünstler. Er bevorzugt abstrakte Motive in klaren Farben. Neben seinen Bildern entwirft er moderne Designs für Textilien, die ebenfalls in der Galerie verkauft werden.
*SAPTO HOEDOYO;* die Werke des vor wenigen Jahren verstorbenen Künstlers werden in der Abflug-Wartehalle des Flughafens verkauft, außerdem gibt es eine Galerie in einem auffälligen Gebäude nahe dem Flugplatz, das zudem unübersehbar durch Sapto Hoedoyos hohe, naive Skulpturen gekennzeichnet ist. Die Öl- und Batikbilder sind in dezenten Farben gehalten, favorisiert werden folkloristische Motive, die zentralamerikanische Vorbilder zu haben scheinen.
*SOEMIHARDJO,* Jl. Mangkuyudan 15 A (s.S. 217), bevorzugt javanische Motive aus dem alltäglichen Leben wie Händler und Bauern und entwirft fein gearbeitete, arbeitsintensive Designs für Textilien.
*ASTUTI,* Jl. Ngasem KP 2/197, nahe Vogelmarkt. Astuti selbst malt abstrakte und surrealistische Bilder von großer dynamischer Aussagekraft in Batik und Öl. Daneben stellen einige seiner Schüler ihre Werke (u.a. die typischen exotischen Landschaften) aus, die von weit schlechterer Qualität sind.
*TULUS WARSITO,* Jl. Tirtodipuran 19 A, tel 72749, malt hauptsächlich abstrakt, aber auch Landschaften und Personen. Er offeriert zudem Batikkurse (s.S. 217).
*SLAMET RIYANTO,* Jl. Tirtodipuran 7 und 61, malt abstrakte dynamische Kompositionen und halbabstrakte Landschaften in einem eigenwilligen Stil und in den meist dezenten Farben der traditionellen Batik.
*KUSWADJI,* Jl. Alun Alun Utara, Pojok Barat Daya. Der 1986 verstorbene Pionier der modernen Batikmalerei bevorzugte dekorative Motive aus klassischen javanischen Epen und Volkssagen. Typisch für seinen Stil sind Wayang-Darstellungen. Elf seiner Kinder und einige Studenten führen seine Arbeit fort. Sie haben dabei völlig unterschiedliche Stilrichtungen entwickelt, von abstrakten Motiven bis zu fein ausgearbeiteten Pflanzendarstellungen.

**BATIKFABRIKEN** - sollte man sich auf jeden Fall vor dem Einkauf von Batiken ansehen. Hier

kann man den Prozeß des Einwachsens und Färbens beobachten und ein besseres Gefühl für die Qualität einer Batik entwickeln. Den Fabriken ist immer ein Verkaufsraum angeschlossen, wo die Stoffe häufig teurer sind als in den Geschäften der Stadt.
*RORO JONGGRANG*, Jl. Tirtodipuran 6 a, Hand- und Stempelbatik.
*BATIK PLENTONG*, Nr. 28, und *BATIK WINOTOSASTRO*, Nr. 54, sind die größten Fabriken in dieser Straße - weitere etwas kleinere in der Umgebung.
*SURYAKENCANA*, Jl. Ngadinegaran MD 3/98, eine der großen Fabriken; reichhaltige Auswahl im Verkaufsraum.
*BATIK SOEMIHARDJO*, Jl. Mangkuyudan 15 A, ragt aus dem gängigen Angebot heraus. Soemihardjo und der 1984 verstorbene Soelardjo gelten als Wegbereiter des modernen Batikdesigns. Sie besaßen die technischen Möglichkeiten und erarbeiteten in den 60er Jahren in Zusammenarbeit mit den Künstlern Kuswadji, Kussudiardjo, Oetono, Kusnadi und anderen neue Batik-Kreationen.
In der Jl. K. H. A. Dahlan gibt es zwei Läden, die qualitativ gute Batik z.T. billiger als die Fabriken anbieten: *KEMBALI* und *RAMAYANA*. Weitere gute Batikgeschäfte in der Jl. Malioboro.

**BATIKKURSE** - vor allem südlich vom Kraton findet man zahlreiche Batikfabriken und Batikmaler. Man kann vorbeikommen und den Herstellungsprozeß beobachten.
*BATIK RESEARCH CENTRE*, Jl. Kusumanegara 7, tel 2557, 3753, bietet Batikkurse an, die zwar nicht gerade billig, aber sehr umfassend und gut sind. Ein Kurs dauert mindestens 3 Monate und kostet um die 200 000 Rp. Zudem ist im Centre eine ausgezeichnete Ausstellung untergebraucht, geöffnet Mo - Do 9.00 -11.30, Fr und Sa bis 10.30 Uhr.
*GAPURA BATIK ART*, Taman Kraton KP III/177, am Haupteingang vom Wasserschloß (Taman Sari). Intensive und informative Batikkurse bei Hadjir Digdodarmodjo, drei oder fünf Nachmittage inkl. Material kosten US$20 / 25.
*TULUS WARSITO*, ein Künstler der jüngeren Generation, bietet ebenfalls Batikkurse an, von eintägigen Kursen (15 000 Rp) bis zu 3-Wochen-Kursen. Adresse: Jl. Tirtodipuran 19, tel 72749.

**BÜCHER / MUSIKKASSETTEN** - Ein guter Kassettenladen: *KOTA MAS*, Jl. Malioboro 187.
*LEXY BOOKSHOP*, Nr. 183, ganz in der Nähe, tel 63611, verkauft gebrauchte Taschenbücher.
*BIMA BOOK STALL*, Jl. Sosrowijayan 22, bietet nicht ganz so viel Lesestoff; ein Ableger auch in der Jl. Prawirotaman.
Gebrauchte Taschenbücher in Deutsch, Englisch oder anderen europäischen Sprachen sind in Yogya oft um die Hälfte billiger als in Bali.

**EINKAUFSSTRASSE** ist vor allem die Jl. Malioboro. In zahlreichen Geschäften kann man um Antiquitäten und Batik, Schmuck und Raritäten handeln. Am südlichen Ende liegt der *PASAR BERINGHARJO*, ein großer Markt, auf dem nicht nur Lebensmittel, sondern auch billige Stoffe, Geschirr, Tabak und Kräuter sowie viele andere Dinge angeboten werden.
Günstig zum Einkaufen von **Kunstgewerbeartikeln** ist das *ART & CRAFT CENTRE* im Pura Wisata, Jl. Brigjen Katamso.

**LEDER** - man kann in Yogya Taschen aus dikkem, hellem Leder (sehr haltbar!), Schuhe, Sandalen und andere Lederartikel kaufen, für die in Jakarta mindestens der doppelte Preis bezahlt werden muß.
Lederfabrik *KUSUMA* in der Jl. Kauman. Billiger (jedoch von schlechterer Qualität) sind Lederprodukte in den Läden der Jl. Malioboro oder auf der Jl. Pasar Kembang.

**MESSINGARBEITEN** - werden bei *PRAPTO WIHARDJO* in der Jl. Laksamana Martadinata 29 hergestellt und verkauft.

**ÖLBILDER** - Einer der berühmtesten indonesischen Maler, Affandi (1907 - 1990), lebte und arbeitete in einem eigenwillig gestalteten Haus mit Studio an der Jl. Solo Richtung Airport. Affandi benutzte ausschließlich Spachtel und Tube, für seine abstrakt verfremdeten Portraits und Landschaftsbilder. Die Galerie ist tgl. außer feiertags von 8.00 - 16.00 Uhr geöffnet, tel 88526, Eintritt.

**SILBER** - bekannt für seine Silberarbeiten ist das Dorf **Kota Gede**, 3 km südöstlich der Stadt, zu erreichen mit Bus Nr. 4 und Nr. 14 ab Jl. Malioboro oder Bus Nr. 14 ab Jl. Prawirotaman, außerdem auch mit Pferdekutschen oder Becak. Lohnenswert ist der Ort, wenn man die Silberschmiede bei der Arbeit beobachten will - besonders arbeitsintensiv sind die Filigranarbeiten.

*TOM SILVERSMITH* wird oft von Touristenbussen angefahren. Er liegt mit seinen Preisen im Durchschnitt 20% höher als die anderen Läden.
*PADMA'S SILVER,* Kota Gede, Jl. Kemasan, ist ein preiswerter Silver-Shop.
Schmuck wird nicht nach Gewicht verkauft, ist also noch teurer. Insgesamt kostet Silber in Java mehr als in Thailand.

**Die leidigen Guides**

Der angebliche Kunststudent wird den ausländischen Besuchern geduldig die Sehenswürdigkeiten der Stadt zeigen und natürlich auch zu bestimmten Batikfabriken und Galerien führen. Dort hat man automatisch 20 - 50% auf den Preis aufgeschlagen, die später der Guide kassiert. Ähnlich arbeiten Becakfahrer, die einen für den unrealistischen Preis von 500 Rp den ganzen Tag herumfahren wollen. Geht man auf das scheinbar günstige Angebot ein, braucht man sich nicht zu wundern, wenn der Fahrer sein Geld auf andere Art zu verdienen versucht. Deshalb sollte man sich von Becakfahrern nicht zu Geschäften fahren lassen, wenn man einen realistischen Preis bezahlen will.
Mittlerweile ist die Guide-Unsitte so weit verbreitet, daß einem auch völlig Unbekannte folgen, um sich in den Geschäften als Guides auszugeben. Es erfordert einige Tricks, sie rechtzeitig wieder loszuwerden. Viele Geschäfte locken auch damit, daß sie angeblich den letzten Tag geöffnet haben und gerade einen sehr günstigen „Räumungsverkauf" veranstalten.

**WAYANG KULIT** - wer wissen möchte, wie die Figuren hergestellt werden, sollte sich einen Wayang Kulit-Workshop ansehen. Dort können die langwierigen Arbeiten vom Ausstanzen des Leders über das Bemalen mit feinsten Farben bis zum Zusammenfügen der Lederteile und Befestigen der Hornstöcke verfolgt werden. Neue Figuren sind relativ teuer, je nach Größe und Feinheit der Arbeit bis zu 50 000 Rp.
Manchmal kann man auch gebrauchte Wayang Kulit-Figuren billig kaufen - allerdings nicht in den Antiquitätenläden, sondern in den Wayang-Schulen selbst, z.B. bei
*SWASTHIGITA,* Studio und Workshop, südlich des Kraton in einer kleinen Gasse links am Anfang der Jl. Panjaitan, Jl. Ngadinegaran MJ 7/50, sehr teuer.
*AGASTYA,* Jl. Gedong Kiwo MD III/237.
*MULYO SUHARDJO* - macht große Wandschirme zu unerschwinglichen Preisen, westlich des Winongo-Flusses in der Jl. Tamansari 37 B.
Preiswerte Wayang Kulit-Figuren und andere Lederarbeiten (z.B. Lampenschirme) gibt es in den vielen Werkstätten des Dorfes Pucung / Wukirsari bei Imogiri, z.B. bei *SUHARNO.*

## SONSTIGES

**AMERICAN EXPRESS** - bei *PACTO LTD.,* c/o Ambarrukmo Palace Hotel, Jl. Laksda Adisucipto, tel 62906, 88488, fax 61050, geöffnet Mo - Fr 8.30 - 16.00, Sa bis 13.00 Uhr; und c/o Natour Garuda Hotel, Jl. Malioboro 60, tel 65345, 66353, fax 65345, geöffnet Mo - Fr 8.30 - 19.00, Sa bis 16.00 Uhr, So und Feiertag bis 13.00 Uhr.

**AUTOVERMIETUNGEN** - *TRAVEL KARTIKA BU YAM,* Jl. Sosrowijayan 10, tel 71308, vermietet Minibusse, inkl. Fahrer und Benzin für ca. 70 000 Rp pro Tag.
*BALI CAR RENTAL SERVICE* vermietet Jeeps und PKW für Selbstfahrer (VW Safari US$25 pro Tag), Büro im Flughafen, tel 62548. Die Wagen können auch in Bali zurückgegeben werden (s.S. 250).
*STAR CAR RENTAL,* Jl. Adi Sucipto 22, tel 63317, fax 62403, vermietet z.B. einen Suzuki Jeep für US$40 pro Tag inkl. Versicherung; kann man im Tourist Office, Jl. Malioboro, buchen, der Wagen wird ins Hotel gebracht.

**GELD** - Nahe dem Hauptpostamt die *BANK NEGARA INDONESIA 1946,* Jl. K. H. A. Dahlan 1, tel 4864. Sie wechselt Mo - Fr 8.00 - 12.00 und Sa 8.00 - 10.30 Uhr.
*BANK DAGANG NEGARA,* Jl. Jen. Sudirman Nr. 67, tel 4602, und die *BANK BUMI DAYA,* Nr. 42. Geöffnet außer So von 8.00 bis 12.00, Sa bis 10.30 Uhr.
*BANK NIAGA,* Jl. Jen. Sudirman 15. Gute Kurse, hier können Visa-Karten-Inhaber Mo - Fr 8.00 - 13.00 und Sa 8.00 - 11.30 Uhr auch Bargeld bekommen. Eine weitere Filiale vor dem Hotel Natour Garuda, geöffnet außer Sa und So 8.00 - 14.00, Sa bis 13.00 Uhr.
*BCA BANK,* Jl. U. Sumoharjo 49, zahlt Bargeld an Inhaber von Scheckkarten (verschiedene

Companies). Ebenso *LIPPO BANK,* Jl. Jend. Sudirman 65.
Einen **Geldwechsler**, der von 8.00 bis 22.00 Uhr geöffnet hat, findet man neben dem Hotel Asia Afrika, Jl. Pasar Kembang.

**IMMIGRATION OFFICE** - in der Jl. Laksda Adisucipto Raya, beim Kilometer 10, weit außerhalb Richtung Solo bzw. Flughafen, tel 4948, 86130.

**INFORMATIONEN** - *TOURIST INFORMATION CENTRE,* Jl. Malioboro 16, tel 66000. Kompetente Leute; man bekommt einen kostenlosen Stadt- und Umgebungsplan, Infos über kulturelle Veranstaltungen und aktuelle Tips zu Hotels und Transport, u.a. eine Aufstellung der aktuellen Stadtbus-Routen und Verkehrsverbindungen in Richtung Parangtritis und Bromo. Geöffnet tgl. außer So und feiertags von 8.00 - 19.30 Uhr.

**MEDIZINISCHE HILFE** - *BETHESDA HOSPITAL,* Jl. Jend. Sudirman 81, tel 81774, 24 Std. geöffnet.
*LUDIRA HUSADA TAMA HOSPITAL,* Jl. Wiratama 4, Tegalrejo, im Nordwesten der Stadt, Nähe Diponegoro Monument, tel 2033, 24 Std. geöffnet; die Ärzte kommen auch zur Visite ins Hotel.
*PUTRA,* Jl. Malioboro 125. Das Labor macht Urin-, Stuhl- und Bluttests. Preisliste hängt aus.

**POLIZEI** - Dem Tourist Information Centre angeschlossen ist ein kleines Büro der *TOURIST POLICE,* tel 66000, geöffnet Mo - Sa 8.00 - 17.00 Uhr.

**POST** - Ein altes, weißes Kolonialgebäude in der Jl. Senopati 2, nahe der verlängerten Jl. Malioboro (Jl. Jen. A. Yani), geöffnet Mo - Do und Sa 6.00 - 22.00, Fr 6.00 - 11.00 und 14.00 - 22.00 Uhr; für Briefmarkensammler gibt es einen brauchbaren Philatelie-Schalter.

**SPRACHKURSE** - Das *YOGYAKARTA INDONESIAN LANGUAGE CENTER* (YILC), Wisma Bahasa, Jl. Rajawali, Gg. Nuri 6, Demangan Baru, tel 88409, führt diverse Kurse zum Erlernen der Bahasa Indonesia durch, für Anfänger und Fortgeschrittene (90 Std. in 3 Wochen), für Spezialisten (60 Std. in 3 Wochen) und eilige Touristen (4 - 10 Std. in 1 - 5 Tagen). Die Preise liegen bei US$2 - 5 pro Person und Stunde, je nach Kurs und Teilnehmerzahl.

**TELEFON** - Das *PERUMTEL* Office für internationale Telefongespräche liegt hinter dem Postamt an der Straße Richtung Alun Alun, geöffnet 24 Std. Von hier kann man auch Telegramme, Telex und Telefax abschicken.
*KANTOR TELKOM,* Jl. Yos Sudarso 9, bietet den gleichen Service, ebenso einige private Wartel oder Warpostel:
*WARPOSTEL BAHANA,* Jl. P. Mangkubumi 69, 24 Std. geöffnet.
*WARTEL BATIK PALACE,* Jl. Pasar Kembang 27, tel 63450, 24 Std. geöffnet.
*WARPOSTEL PURA WISATA,* Jl. Brigjen. Katamso, tel 63605, 24 Std. geöffnet.
*WARTEL DEWI KARTIKA,* Jl. Parangtritis 54, 24 Std. geöffnet.
*WARPOSTEL MIROTA,* Jl. Suryatmajan, Ecke Jl. Malioboro, 24 Std. geöffnet.

**VORWAHL** - 0274.

**ZOO** - Gembira Loka, etwas außerhalb, Richtung Wonosari, sehr vernachlässigt, sonntags total überfüllt. Interessant, der Sumatra-Tiger und die Komodo Warane, Eintritt: 500 Rp.

## FESTE UND FEIERTAGE

Die exakten Termine der Feste verschieben sich jährlich, da sie sich nach dem javanischen und dem moslemischen Kalender richten. Deshalb sollte man sich im Tourist Office von Yogya den *Calendar of Events* des jeweiligen Jahres besorgen.

**SIRAMAN** - Reinigungszeremonie, die während des ersten javanischen Monats stattfindet. In diesem heiligen Monat werden vor allem die Erbstücke des Sultans gereinigt. In einer öffentlichen, feierlichen Handlung werden die alten Kutschen gewaschen. Nicht öffentlich sind jedoch die Zeremonien der Waffenreinigung innerhalb der Kratonmauern. Dem Wasser, das hierfür benützt wird, schreibt man magische Kräfte zu.

**GAREBEG SYAWAL** - das Ende des Ramadan wird besonders festlich in Yogyakarta gefeiert. Bereits am Abend zuvor, dem Lebaran-Tag, ertönt aus allen Moscheen, aus Bussen und auf den Straßen ein endloses *„Allah-u-akbar“*. Kin-

der ziehen mit großen, selbstgebastelten Papierlaternen durch die Straßen. Am nächsten Morgen versammeln sich Tausende von Menschen vor der großen Moschee auf dem nördlichen Alun Alun zum Gebet.
Anschließend ziehen die farbenprächtig gekleideten Truppen des Sultans vom Kraton über den Pakelaran zum Alun Alun zur Garebeg-Zeremonie. Ein hoher Turm aus Lebensmitteln, der Gunungan, wird am Ende der Parade zur Moschee getragen und dort an die wartenden Menschen verteilt.

**SEKATEN** - eine Festwoche zu Ehren des Geburtstags von Mohammed. Zu Beginn werden die Gamelan-Instrumente aus dem Kraton in einer Prozession zur großen Moschee gebracht, wo sie während dieser Woche morgens und abends gespielt werden. Danach gelangen sie in einer ebenso prunkvollen Zeremonie in den Palast zurück. Die Palastgarde in traditionellen Uniformen und Waffen begleitet den Zug. Gunungan - Reis und Gemüse in Bergen aufgetürmt - als Symbol des Wohlstands, werden unter der Bevölkerung verteilt. Die Feierlichkeiten begleitet ein Nachtbasar.

**WAICAK** - der wichtigste buddhistische Feiertag, an dem man Buddhas Geburt, seiner Erleuchtung und seines Eintritts ins Nirvana gedenkt. Während der Vollmondnacht (meist im Mai) pilgern gläubige Buddhisten zum Borobudur, um dort mit Gebeten und Prozessionen das Ereignis zu begehen.

**LABUHAN** - Der Krönungstag des Sultans Hamengku Buwono X. wird in verschiedenen Orten der Umgebung Yogyas gefeiert. In Parangtritis, wo der Meeresgöttin Nyai Loro Kidul Opfergaben dargebracht werden, besonders prunkvoll.

## NAHVERKEHRSMITTEL

**BECAK** - Fahrrad-Rickschas prägen das Bild der *„Kota Becak“* Yogyakarta. Die schätzungsweise 15 000 Becak sind das gängige Nahverkehrsmittel. Vor Fahrtantritt muß man den Preis aushandeln. An Touristen werden manchmal überhöhte Forderungen gestellt. Doch auch ein Becak-Fahrer muß seinen Lebensunterhalt und die Miete für sein Fahrzeug verdienen. Preis für 1 km: ca. 400 / 500 Rp, für eine Std.: ca. 500 Rp. Vorsicht bei billigen Angeboten (s.S. 218).

**BEMO** - Nur wenige Bemo fahren innerhalb der Stadt und dort meist nur in den Straßen außerhalb des Stadtkerns. Innerhalb des Stadtgebiets kosten sie 250 Rp, in die Außenbezirke etwas mehr.

**FAHRRÄDER** - Eine Alternative zu den öffentlichen Verkehrsmitteln, denn abgesehen vom Autoverkehr ist Yogya gut mit dem Rad zu erkunden. Für 3000 Rp pro Tag werden Räder in der Jl. Pasar Kembang, der Jl. Sosrowijayan und der Jl. Prawirotaman vermietet. Allerdings ist man nicht versichert, auch nicht gegen Diebstahl.

**MOTORRÄDER** - werden gegenüber vom Asia Afrika Hotel in der Jl. Pasar Kembang für 8000 - 9000 Rp pro Tag vermietet. Im Süden der Stadt evwentuell auch in Hotels in der Jl. Prawirotaman und der Parallelstraße.

**PFERDEKUTSCHEN** - Manchmal sieht man sie alle in einem langen Umzug durch die Stadt ziehen, dann hat wieder einmal ein Reiseveranstalter alle Kutschen für zwei Busladungen von Touristen gechartert. Normalerweise dürfen sie nur in den Außenbezirken fahren und in der Jl. Malioboro. Meist stehen sie an den Straßen Richtung Kota Gede herum (Busse und Bemo nach Prambanan fahren nördlich am Ort vorbei, direkt vor Tom Silversmith, doch viele Bemo weigern sich, einen Fahrgast bis dahin mitzunehmen). Pro Kilometer muß man pro Person 200 Rp für Pferd und Kutscher zahlen - drei Leute passen in einen Wagen.

**STADTBUSSE** - (250 Rp) fahren vom Busbahnhof Umbulharjo, 3 km außerhalb im Südosten der Stadt nahe Kota Gede, auf verschiedenen Rundkursen durch die Stadt. Sie operieren nur bis Sonnenuntergang.
Die Nr. 2 fährt vom Busbahnhof über Jl. Parangtritis zur Jl. Mataram in der Nähe der Jl. Malioboro und des Bahnhofs.
Die Nr. 1 und die Nr. 14 fahren ab Jl. Malioboro über Jl. Parangtritis zum Busbahnhof, der Endstation der Fern- und Nahverkehrsbusse wie auch der Stadtbusse.

**TAXIS** - In der Regel mit ac, aber nicht immer mit Taxameter. Sie stehen in der Jl. Senopati hinter dem Hauptpostamt und vor den großen Hotels. Die Einschaltgebühr beträgt 800 Rp, je-

der weitere Kilometer 400 Rp. Vom Airport in die Stadt kosten sie 5500 Rp. Pro Stunde zahlt man für einen Wagen mit Fahrer 12 500 Rp.
Einige Taxiunternehmen:
*RAJAWALI*, am Airport, tel 64467, 2976, 61459, 2144 (Coupon-System am Airport).
*JARI ALAM SAKTI* (JAS), Jl. Kpt. P. Tendean 39, tel 73737, 73388.
*INDRA KELANA*, Jl. P. Mangkubumi 56, tel 5819.
*CENTRIS*, Jl. Diponegoro 64, tel 2548, 4877.
*ARGA SURYA ALAM* (ASA), Jl. Kaliurang 71, tel 88018.

## TRANSPORT

**BUSSE** - Der Busbahnhof **Umbulharjo** für Nah- und Fernbusse wie auch für alle Stadtbusse liegt 3 km außerhalb der City nahe Kota Gede (Jl. Menteri Supeno / Jl. Veteran).
Busse in die nähere Umgebung auch von innerstädtischen Haltestellen:
Nach Norden, Borobudur, Magelang usw. auch ab Jl. Magelang / Jl. Kyai Mojo.
Colt nach Solo und Kaliurang auch ab der Station Terban in der Jl. Simanjuntak.
Bus nach Parangtritis ab Jl. Parangtritis, Ecke Jl. Kol. Sugiono.
Preisbeispiele: AMBARAWA 1200 Rp, MAGELANG 800 Rp, 1 Std.; SEMARANG 1800 / ac 2500 Rp, 3 Std.; SOLO 1200 Rp, 65 km; PURWOKERTO 3000 Rp; CILACAP 3200 / 4800 Rp, 5 - 6 Std., 196 km.
Für längere Strecken sollte man besser **Expressbusse** nehmen. Sie fahren an den jeweiligen Offices in Yogya zwischen 15.00 und 19.00 Uhr ab, so daß man die ganze Nacht unterwegs ist. In der Jl. Sosrowijayan und der Jl. Prawirotaman sind mehrere Büros, die Tickets für Expressbusse verkaufen. Es ist also nicht notwendig, die einzelnen Büros der Buscompanies abzulaufen. Die Buspreise variieren je nach Ausstattung der Busse.
**Preisbeispiele:** Nach DENPASAR (16 - 18 Std.) 24 000 Rp, ac 38 000 Rp, *(BALI EKSPRES, BALI INDAH, CAKRAWALA, PUSPASARI, BALI BUANA ARTHA)*.
LOVINA BEACH 28 000 Rp, ac 42 000 Rp; man kann auch in GILIMANUK (23 000 Rp, ac 37 000 Rp) umsteigen und dort für die restliche Strecke extra bezahlen (2000 Rp).
JAKARTA (16 - 18 Std.) 20 000 Rp, ac 25 000 Rp *(LIMEX, MUNCUL, GARUDA)*. BANDUNG 15 000 Rp *(BANDUNG EXPRESS)*. BOGOR 18 000 Rp *(BOGOR JAYA)*. MALANG ac 17 500 Rp *(AGUNG, PEMUDI)*.
Nach SURABAYA ac 17 500 Rp *(AGUNG, KEMBANG)*, ein normaler Tagesbus kostet 4000 Rp.

**MINIBUSSE** - Einige Travel Agents, z.B. *KARTIKA BU YAM*, Jl. Sosrowijayan 10, tel 71308, haben tgl. (7.00 und 14.00 Uhr) einen Minibus nach CILACAP zur Bootsanlegestelle (Boote nach Pangandaran), 8000 Rp, 4 Std.
Nach PANGANDARAN direkt 15 500 - 17 500 Rp, Abfahrt um 7.00 Uhr, inkl. Bootstrip von Cilacap nach Kalipucang, Ankunft in Pangandaran gegen 17.00 Uhr.
Direkter Minibus nach SOLO bis zum Hotel nach Wahl bei *S.A.A.*, Jl. Diponegoro 9 A, Ecke Jl. P. Mangkubumi, tel 63238, tagsüber jede halbe Stunde Abfahrt, 3000 Rp.
Direkter Minibus nach Solo auch von *NEW REJEKI SRI RAHAYA*, Jl. Perwakilan, Ecke Jl. Mataram, nicht weit von der Jl. Sosrowijayan.
Außerdem: CILACAP 8000 Rp, 14.30 Uhr;
SURABAYA ac 18 000 Rp, 9.00 und 20.00 Uhr;
MALANG ac 16 500/22 500 Rp, 9.00, 20.00 Uhr;
SEMARANG ac 4500 Rp, 8.00, 9.00, 11.00, 13.00, 15.00 und 17.00 Uhr;
JAKARTA ac 25 000 Rp, 16.00 Uhr;
PURWOKERTO 6000 Rp, 8.00 und 14.30 Uhr;
PEKALONGAN ac 7500 Rp, 9.00, 16.00 Uhr;
MAGELANG ac 2500 Rp, 8.00, 9.00, 11.00, 13.00, 15.00 und 17.00 Uhr.
Mehrere Bus- und Minibus-Unternehmen oder deren Agenten haben ihr Büro in der Jl. P. Mangkubumi. Die Minibusse sind meist komfortabel (Liegesitze) und mit ac, sie fahren vor dem Office ab, manchmal wird man auch vom Hotel abgeholt und am Zielort zur gewünschten Adresse gebracht:
*PRIAVENTURE*, Jl. P. Mangkubumi 15, tel 64981, nach BOGOR, BANDUNG, JAKARTA, ac 25 000 Rp, 17.00 Uhr; nach SURABAYA, MALANG, ac 13 000 Rp, 9.00 und 20.00 Uhr.
*ROSALIA INDAH*, Jl. P. Mangkubumi 51, tel 2740, nach KEDIRI, BLITAR, MALANG, ac 13 000 Rp, 7.00, 9.00, 11.00, 14.00 und 20.00 Uhr; nach SURABAYA, ac 13 000 Rp, 6.00, 8.00, 10.00, 11.00, 14.00 und 20.00 Uhr; nach JAKARTA, ac 25 000 Rp, 16,00 Uhr.
*TIMBUL JAYA*, Jl. P. Mangkubumi 37, tel 66101, nach SURABAYA, ac 13 000 Rp, 6.00, 8.00, 10.00, 11.00 und 20.00 Uhr.

**EISENBAHN** - Der Bahnhof liegt mitten im Zentrum an der Jl. Pasar Kembang. Tickets für teuere Züge muß man schon einen Tag vorher kaufen. Es empfiehlt sich, rechtzeitig vor Abfahrt am Bahnhof zu sein - die Warteschlangen, vor allem vor dem 3. Klasse-Schalter, sind beachtlich.

BANDUNG 5x tgl. zwischen 4500 Rp (3. Kl.) und 36 000 Rp (Executive A). JAKARTA 13x tgl. zwischen 5000 Rp (3. Kl.), 15 000 Rp (2. Kl.) und 58 000 Rp (Bima). Davon sind nur 3 Tageszüge - empfehlenswert ist der *Fajar Utama Yogya*, der Yogya um 7.00 Uhr verläßt (40 000 / 18 000 Rp, 1. / 2. Kl.), alle anderen Züge verlassen Yogya zwischen 17.00 und 22.30 Uhr.

SURABAYA 8x tgl. zwischen 3700 Rp (3. Kl.; Purbaya) und 51 000 Rp (1. Kl. Bima). Die komfortableren Züge fahren alle nachts ab.

JEMBER tgl. 7.30 Uhr nur 3. Kl. (Argopuro) für 7000 Rp.

PROBOLINGGO 7000 Rp (3. Kl.), 11 Std.

**FLÜGE** - *Garuda*, *Merpati*, *Sempati* und *Bouraq* fliegen den 10 km östlich gelegenen Flughafen Adisucipto an (Richtung Solo).

Büros: *GARUDA*, Jl. P. Mangkubumi 52, tel 61440, geöffnet Mo - Do 7.30 - 16.45, Fr 7.30 - 11.30 und 13.45 - 16.45 Uhr, Sa, So und Feiertag 9.00 - 13.00 Uhr.

*MERPATI*, Jl. Jen. Sudirman 9 - 11, tel 4272.

*BOURAQ*, Jl. Mataram 60, tel 82664.

*SEMPATI (SG)*, im Natour Garuda Hotel, Jl. Malioboro 60, tel 61475, 65790, 66316.

Zum Flugplatz mit einem Colt ab Jl. Simanjuntak in Richtung Solo, von der Hauptstraße sind es nur 200 - 300 m. Ein Taxi kostet 5500 Rp, einige Hotels bieten einen Gratis-Zubringerdienst.

Preisbeispiele (ohne Mehrwertsteuer):
JAKARTA 112 000 Rp (GA, BO, SG),
BANDUNG 71 000 Rp (BO),
DENPASAR 104 000 Rp (MZ, SG),
SURABAYA 53 000 Rp (MZ, SG),
BANJARMASIN 167 000 Rp (BO).

## Die Umgebung von Yogyakarta

Die Tempel und Ruinen rings um Yogya sowie die abwechslungsreiche Vulkan- und Küstenlandschaft bieten viele Ausflugsmöglichkeiten. Alle folgenden Touren kann man gut an einem Tag unternehmen. Wer länger bleiben will, findet in den jeweiligen Abschnitten die entsprechenden Hotels. Einige Travel Agents in Yogya bieten Tagestouren (Borobudur, Prambanan und Dieng Plateau) mit Minibussen für 20 000 - 35 000 Rp an. Für Leute, die wenig Zeit und Lust zum Organisieren haben, nicht schlecht. Ein Taxi für eine Tour (4 Std.) zum Borobudur kostet 45 000 Rp, zum Prambanan 35 000 Rp und nach Parangtritis 65 000 Rp (5 Std.).

### Borobudur

39 km nordwestlich der Stadt liegt der größte buddhistische Tempelkomplex Südostasiens. Der Borobudur wurde um 800 n.Chr. während der Zeit der Sailendra-Dynastie erbaut. Man vermutet, daß ca. 10 000 Arbeiter an die 100 Jahre zur Fertigstellung dieses quadratischen Baus mit einer Seitenlänge von 117 m gebraucht haben. Das Sailendra-Reich wurde 856 von hinduistischen Fürsten zerstört und der prächtige Tempel durch einen verheerenden Ausbruch des Merapi für fast 1000 Jahre verschüttet. Borobudur aber lebte weiter in den Erzählungen der Menschen. Erst 1814 wurde mit den Ausgrabungen begonnen.

1973 startete man, unterstützt durch die UNESCO, ein zehnjähriges Mammutprojekt, um den vom Zusammenbruch bedrohten Borobudur zu retten. Fresken mußten restauriert werden, und das Fundament wurde Stein für Stein erneuert - insgesamt wurden 1 300 232 Steine katalogisiert, gereinigt und chemisch behandelt, wofür US$ 25 Millionen ausgegeben wurden.

Borobudur ist im buddhistischen Sinn eine riesige Stupa, deren drei Ebenen der Dreiteilung des irdischen Daseins im Mahayana-Buddhismus entsprechen: *Khamadhatu*, die unterste Ebene des alltäglichen Daseins; die mittlere Ebene,

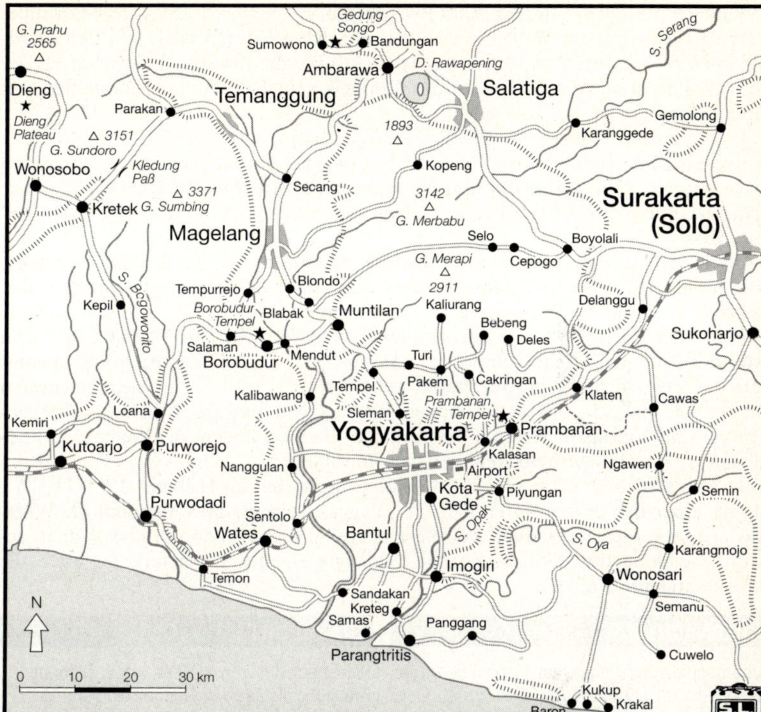


*Rupadhatu*, die vergeistigte Form, und die obere Ebene, *Arupadhatu*, die vollständige Abstraktion und Loslösung von der diesseitigen Welt.

Während des Aufstiegs vollzieht man dieses geistige Erlebnis nach. Auf allen Stufen stellen 1300 nahezu vollplastisch gearbeitete Reliefs vielfältige Szenen aus dem Leben Buddhas dar - die Geburt als seine letzte Inkarnation, der mühsame Weg zur Erleuchtung und sein Ableben, mit dem er das Nirvana erreicht. Umrundet man die drei Ebenen im Uhrzeigersinn, dann läuft wie in einem Bilderbuch, über insgesamt 5 km, das Leben des Erleuchteten vor einem ab. Auf der obersten Stufe ist das Nirvana erreicht - der Blick über die Reisfelder und Palmenhaine bis zum Menoreh-Gebirge scheint ebenso weltentrückt wie die zahlreichen Buddhafiguren, die, geschützt vor dem zersetzenden, tropischen Klima, in kleinen Stupen sitzen. Sie sind in Meditation versunken und symbolisieren mit ihren Handhaltungen *(Mudra)* eine bestimmte geistige Situation. Je nachdem, wie die Sonne sie im Laufe des Tages anstrahlt, verändert sich ihr Gesichtsausdruck.

Durch einen Bombenanschlag im Januar 1985 wurden neun Stupen zerstört, inzwischen ist der Schaden behoben. Der Protest entzündete sich am überdimensionierten *Borobudur Historical Park,* für den ganze Dörfer aus der fruchtbaren Ebene umgesiedelt wurden. Dafür sind Parkplätze und gepflegte Rasenflächen entstanden.

Eintritt: 4000 Rp, Student 2000 Rp, geöffnet tgl. 6.00 - 17.30 Uhr. Man sollte versuchen, bereits um 6.00 Uhr hier zu sein, dann ist man noch von den Touristenmassen verschont und kann die Aussicht über die dunstige Landschaft in der Morgensonne und die Schönheit des Tempels genießen. Andere empfehlen den Spätnachmittag ab 16.00 Uhr.

In modernen Gebäuden sind Souvenirgeschäfte und eine Informationsstelle untergebracht. Hier werden Bücher über den Borobudur verkauft - ansonsten wenig ergiebig. Ein **Museum** und ein Restaurant liegen nördlich vom Hauptaufgang Richtung Straße. Offizielle Guides (viele Infos!) für 5000 Rp, „Schüler" 500 Rp.

2 km von Borobudur entfernt, Richtung Muntilan (vor der Brücke rechts ca. 300 m) liegt der kleine **Pawon Tempel**, der erst 1903 freigelegt wurde. Wahrscheinlich war er ein Eingangstempel zum Borobudur.

Nur einen Kilometer vom Borobudur, kurz hinter dem Fluß, kommt man zum **Mendut Tempel** - dem Tempel im Bambushain. Das äußere Bauwerk stammt aus der Zeit, in der auch Borobudur gebaut wurde. In dem dunklen Innenraum stehen die nahezu drei Meter hohen Figuren von Buddha (Mitte), Lokesvara (links) und Vairapani (rechts) - eindrucksvolle Monumente des Mahayana-Buddhismus. Hier billigere Souvenirs als am Borobudur.

In Mungkid, nur 2 km vom Borobudur entfernt, hat im Frühjahr 1994 Haj Widayat, einer der bekanntesten Künstler Yogyas, sein privates **Museum H. Widayat** eröffnet. Gezeigt werden Beispiele zeitgenössischer indonesischer Kunst, sowohl Gemälde und Skulpturen aus Widayats eigener Werkstatt, als auch die Werke anderer Künstler.

### ÜBERNACHTUNG

Übernachten kann man am Parkeingang des Borobudur im *LOSMEN BOROBUDUR**. Oder besser nebenan im *LOSMEN BAROKAH**.
Nahebei *LOTUS GUESTHOUSE***, Jl. Medang Kamolan 2.

### TRANSPORT

Mit einem Bus von YOGYA ab Jl. Diponegoro, Kreuzung Jl. Magelang für 500 Rp nach MUNTILAN, danach Anschlußbus nach Borobudur für 300 Rp, Direktbusse ab Yogya 750 Rp, außerdem viele Touren.

## Prambanan

Etwa 16 km nordöstlich von Yogya liegt diese hinduistische Tempelanlage. Sie wurde wahrscheinlich zu Beginn des 10. Jahrhunderts unter den hinduistischen Herrschern Zentral-Javas erbaut. Mitte des 16. Jahrhunderts zerstörte ein Erdbeben große Teile der Tempel. Noch im vergangenen Jahrhundert benutzte man die Steinquader zum Straßenbau. 1937 wurde mit der Rekonstruktion des 47 m hohen Shiva-Tempels begonnen.

Das bedeutendste hinduistische Heiligtum Javas besteht insgesamt aus acht Tempeln und einer Reihe kleinerer Candi. **Lara Jonggrang**, der größte, zentrale Tempel mit 20 Ecken, ist Shiva gewidmet. Dieser Gott, Symbol der Zerstörung, die gleichzeitig Voraussetzung für ständige Erneuerung ist, genoß im hinduistischen Java besondere Verehrung. Die vier Innenräume, jeweils über eine Treppe zugänglich, enthalten steinerne Figuren von Shiva (im östlichen Hauptraum), seiner Frau Durga (Norden), Shiva als Lehrer (Süden) und seinem Sohn, dem elefantenköpfigen Gott Ganesha, dem Gott der Weisheit (Westen).

Auf der Innenwand der äußeren Mauer sind in 42 Bildern Szenen aus dem Ramayana dargestellt. Einen Rundgang sollte man am östlichen Eingang beginnen und dann im Uhrzeigersinn laufen. Die Fortsetzung des Epos entdeckt man an den beiden rechts und links des Shiva-Tempels stehenden, Brahma und Wishnu gewidmeten Tempeln. Ihnen gegenüber drei kleinere, gut erhaltene Bauten, **Candi Vahana** genannt, die den mythischen Reittieren der drei Götter geweiht sind. Nur noch Shivas Nandi (der Stier) ist erhalten.

Auch in Prambanan ist, ähnlich wie am Borobudur, ein historischer Park angelegt worden, der neben dem Haupttempel auch **Candi Bubrah**, **Candi Lumbung** und **Candi Sewu**, die weiter nördlich liegen, umfaßt. Eintritt: 4000 Rp, Studenten 2000. Westlich vom Opak-Fluß steht die große Freilichtbühne für die **Ramayana-Aufführungen**. Während der Monate Mai bis Oktober finden alljährlich an Vollmond-Wochenenden Mammutaufführungen des Ramayana statt. Unter Scheinwerferbatterien, unterstützt von Großlautsprechern, treten bis zu 450 Akteure auf.

Neben dem Haupttempel finden sich noch zahlreiche Ruinen anderer Tempel - insgesamt an die 180 Bauten - in der weiteren Umgebung von Prambanan, die man zu Fuß oder mit dem Fahrrad erkunden kann; oft kommen Kinder und zeigen den Weg. Man kann sich für eine zwei- bis dreistündige Tour zu den zentral gelegenen Ruinen auch ein Dokar für ca. 3000 Rp pro Fahrzeug chartern.

Nördlich des Prambanan liegen die Ruinen der kleinen buddhistischen Tempel **Lumbung** und **Bubrah**. Den Buddhafiguren fehlen die Köpfe, die weitgehend zerstörten Bauwerke sind restauriert worden.

### ÜBERNACHTUNG

Übernachten in Prambanan im *NYONYA MUHARTI HOMESTAY*, Jl. Tampurnas, nicht weit vom Eingang zum Tempelbezirk.

### TRANSPORT

Prambanan ist von YOGYA ab Jl. Simanjuntak leicht mit einem Bus oder Minibus Richtung Solo für 500 Rp zu erreichen.

## Kaliurang

Bei gutem Wetter, wenn man am frühen Morgen nördlich von Yogya den Vulkankegel des Merapi deutlich erkennen kann, sollte man zumindest einen Tagesausflug nach Kaliurang, 900 m hoch am Hang des Merapi, machen.

Von Kaliurang aus können schöne Wanderungen unternommen werden - am Wochenende strömen Indonesier in Scharen hierher, während der Woche kommen viele Schulklassen zu den Wasserfällen und Schwimmbädern. Vom Spielplatz oder der Colt-Endstation (Eintritt) führt ein Pfad in 1 bis 1 1/2 Std. steil bergauf zur Observationsstation **Puncak Plawangan**, 1275 m hoch gelegen. Bei klarem Wetter eröffnet sich ein herrlicher Rundblick bis zu den Vulkanen des Dieng Plateaus. Schöne Sonnenaufgänge!

### ÜBERNACHTUNG

Im kühlen Klima von Kaliurang kann man sich in mehreren Hotels erholen: z. B. *SEDERHANA*** hat nur 2 Zi, dafür aber riesige Betten.
*KALIURANG***, ein altes, recht abgewohntes Hotel, auf der Anhöhe gelegen, Blick ins Tal.
*MERAPI*** liegt etwas von der Straße zurückversetzt im Garten.
*GARUDA*** ist nett eingerichtet, aber die Leute sind nicht so freundlich.
*VOGELS**, hier gibt es eine gute Karte (Zeitangaben sind zu knapp bemessen) und viele Informationen für die Besteigung des Merapi.
*BERLIAN***, komplette 3-Zimmerwohnung mit Bad, Terrasse, schönem Garten und herrlicher Aussicht. Liegt direkt an der breiten Schlucht.

### TRANSPORT

Colt fahren für 800 Rp von der Jl. Simanjuntak in Yogyakarta nach Kaliurang, ca. 25 km.

## Gunung Merapi

Der „Feuerberg" (2911 m) macht seinem Namen alle Ehre. Beinahe regelmäßig im Abstand von 5 - 6 Jahren bricht er aus, zuletzt Februar 1993, und fast immer schwebt eine weiße Rauchfahne über dem Krater. In der Observationsstation hängen Bilder des letzten großen Ausbruchs von 1954. Damals wälzten sich breite Lavaströme ins Tal - bei einem der größten Ausbrüche verschütteten sie einst sogar den fast 50 km entfernt liegenden Borobudur. Vulkanausbrüche fordern in Indonesien zahlreiche Menschenleben. Kein Wunder, daß die Berge von der Bevölkerung in großem Maße respektiert werden.

Will man den Merapi besteigen, was recht anstrengend ist, gibt es mehrere Möglichkeiten. Gut ist folgende Strecke: Bus nach Kartosuro (Richtung Solo ca. 1 1/2 Std. für Rp). Von dort ca. 1 Std. für 600 Rp nach Boyolali, danach Minibus für 800 Rp nach Selo. Eine weitere landschaftlich sehr reizvolle Strecke nach **Selo** führt von Blabak (3 km hinter Muntilan) über eine 30 km lange Nebenstraße (eine Stunde, an der Abzweigung in Blabak nach Bus fragen, fährt selten, 1400 Rp) am Nordhang des Merapi entlang. Übernachten im *Agung Merapi**-*** (auch Schlafsaal) mit heißem Wasser und Restaurant. Hier bekommt man einen Guide für die Merapi-Besteigung vermittelt - Kosten: mindestens 5000 Rp, bei einer Gruppe 2500 Rp pro Person. Empfehlenswert ist eine gute Taschenlampe. Man muß bereits um 1.00 Uhr nachts aufbrechen, wenn man den Sonnenaufgang auf dem Gipfel erleben will - bei gutem Wetter ein gigantisches Erlebnis. Zur notwendigen Ausrüstung gehören ausreichend Proviant, Wasserflaschen und warme Kleidung. Von Selo folgt man dem Schild *Ke Merapi*. Nach 1 km auf einem befahrbaren Weg zweigt ein Pfad links ab, der steil bergauf führt. Nach 3 Stunden ist Pasar Purba erreicht, und nach 4 - 5 Stunden ist man auf dem Gipfel.

Für den Weg ab Kaliurang (nicht über die Observationsstation Plawangan) auf der Südseite des Merapi braucht man mindestens acht Stunden. Dieser Weg ist auf der Karte eingezeichnet, die man bei Vogels erhält (s.S. 225)! Da man bei Dunkelheit aufbrechen muß, ist es hilfreich, bereits am Vortag die erste Strecke bis zum Pfad nach oben abzulaufen, um den Weg schneller zu finden.

Einige Travel Agents in Yogya bieten die komplette Merapi-Tour an für ca. 20 000 Rp pro Person bei mindestens 2 Personen (alles inklusive): 22.00 Uhr Start mit Minibus, 24.00 Uhr Ankunft in Selo, 5.00 Uhr auf dem Gipfel, 6.30 Uhr bis 9.30 Uhr Abstieg, anschließend Frühstück, zurück in Yogya gegen 13.00 Uhr.

Die oberen Hänge des „Feuerbergs" tragen ebenso wie die des Nachbarn, des 3142 m hohen **Gunung Merbabu**, ausgedehnte Kasuarinenwälder, die unter Naturschutz stehen. *Taman Wisata* (Touristenparks) mit Wasserfällen gibt es bei Kaliurang und auf der Nordseite des Merbabu: **Tuk Songo**; außerdem am Osthang des Merapi bei **Deles**, zu erreichen über Klaten, halbwegs zwischen Yogya und Solo.

Zwei Tage vor Beginn des Fastenmonats Ramadan treffen sich die Bewohner Boyolalis, Solos und Umgebung bei der **heiligen Quelle von Dukuh**, 7 km von Boyolali, zu einem zeremoniellen Bad. Schon Solos Herrscher sollen hier gebadet haben, und man sagt, das wundertätige Wasser der Quelle mache Frauen schön und Männer stark.

## Parangtritis

Die Südküste Javas zeigt sich oft von ihrer rauhen Seite. Die Welt der Meeresgöttin Nyai Loro Kidul ist unberechenbar und hat schon vielen Menschen das

Leben gekostet. Durch den nahe der Südküste von Java gelegenen Tiefseegraben kommt es zu tückischen Unterströmungen. Deshalb sollte man an allen Stränden der Südküste möglichst nicht baden.

Alljährlich während der **Labuhan-Zeremonie** (s.S. 220) versucht man in Parangtritis durch Opfergaben die Meeresgöttin zu beschwichtigen.

28 km von Yogya entfernt erstreckt sich hier eine dunkle Dünenlandschaft, die im Osten von Felsklippen begrenzt wird. Man kann in einem Swimming Pool baden, dessen klares, kalziumhaltiges Wasser aus einer Felsenquelle stammt und über Bambusleitungen in das Becken geleitet wird. An Wochenenden und Feiertagen sollte man diesen Strand meiden, denn dann ist er mit einheimischen Besuchern total überfüllt.

### ÜBERNACHTUNG

Übernachtungsmöglichkeit in vielen einfachen Losmen*, z.B.
*AGUNG GARDEN**, 50 m vom Strand entfernt, Zi mit eigenem Mandi, Restaurant und kleinem Innenhof.
Östlich des Dorfes, in großartiger Lage auf Steilklippen überm Strand, stehen die 40 Luxus-Bungalows des Beach Resort *THE QUEEN OF THE SOUTH* (US$70 - 165), tel 67196, fax 67197, mit Pool, Bar, Restaurant, Tennis etc.

### TRANSPORT

Von YOGYAKARTA, Jl. Parangtritis, fahren häufig direkte Busse nach Parangtritis (700 Rp, 1/2 Std.), auf gut ausgebauter Straße über BANTUL und KRETEG, wo eine breite Brücke den Opak-Fluß überspannt. Manche Busse nehmen (zum selben Preis) die Alternativ-Route über IMOGIRI nach Parangtritis, eine landschaftlich reizvolle Strecke am Opak-Fluß entlang, vorbei an kleinen Dörfern und Kalkstein-Formationen.

## Solo (Surakarta)

*Wer den Touristenrummel von Yogyakarta nicht länger ertragen möchte, wen die javanische Kultur auch ohne Banana-Pancake fasziniert, sollte seine Bleibe 64 km weiter nach Osten verlagern. Solo oder Surakarta, wie die offizielle Bezeichnung lautet, hat viele Gemeinsamkeiten mit Yogya, außer den Touristen. In beiden Städten residieren Sultane. Unter Paku Buwono II. wurde Solo zum Verwaltungszentrum des Surakarta-Hadiningrat-Königreiches.*

*Während die Nachbarstadt Yogya die Unabhängigkeitsbewegung unter Sukarno und Hatta unterstützte, stand der Sultan von Solo hinter den holländischen Kolonialisten. Nach dem Ende des Krieges verlor er jede politische Macht, im Gegensatz zu seinem Kollegen in Yogya, der in vielen Nachkriegskabinetten Ministerposten innehatte.*

Den **Kraton Hadiningrat** (oder Sunan-Palast) im Südosten der City ließ der erste Herrscher 1745 erbauen. Vor dem Palast wurden früher auf dem großen Alun$^2$-Lor-Platz Soldaten der Palastwache ausgebildet. Der Palast wurde im Januar 1985 von einem Brand stark zerstört, ist aber inzwischen restauriert und wieder geöffnet. Von den eigentlichen Palastgebäuden kann nur ein Teil besichtigt werden, da der Sultan mit seinen sechs Ehefrauen, 38 Kindern und 200 Bediensteten immer noch im Palast residiert.

Um ihm die gebührende Ehre zu erweisen, darf man nur in Schuhen (wer Sandalen trägt, muß barfuß laufen) das Palastgebäude betreten. Ein Turm, in dem sich der Sultan mit der Königin des Meeres Nyai Loro Kidul zum tête-à-tête traf, hat das Feuer überlebt. Man kann den Turm jedoch nur aus einiger Entfernung sehen.

Im **Museum Sasono Sewoko** sind neben altjavanischen Bronzegegenständen und Wayang-Figuren auch einige alte Kutschen der Sultane ausgestellt. Nicht sehr lohnenswert, geöffnet tgl. außer Freitag 9.00 - 12.30 Uhr. Die Akademie für Theater, Musik und Tanz, **ASKI**, ist in ein neues Gebäude 5 km östlich der Stadt Richtung Candi Sukuh umgezogen.

Auf dem **Pasar Klewer**, am Westtor des Alun²-Platzes, kann man zwischen 9.00 und 16.00 Uhr günstig Batik einkaufen. An zahlreichen Ständen werden Textilien aller Art verkauft! Die Batikfrauen von Yogya fahren zum Einkaufen nach Solo, denn hier gibt es die größten Batikfabriken. **Batik Keris**, überall in Indonesien bekannt, hat eine Fabrik im Südwesten der Stadt, aber auch einen Laden in der Jl. Yos Sudarso 62. Am südwestlichen Ende des Alun² Lor steht die große **Moschee** mit ihrem überdimensionalen, für Zentral-Java typischen Dach.

Auf dem **Pasar Triwindu** an der Jl. Diponegoro kann man zwischen Ramsch und Ersatzteilen noch manches entdecken, was hier nach langem Handeln wesentlich günstiger als in Yogya oder gar Jakarta zu bekommen ist, z.B. Antiquitäten, Schattenspielfiguren, Masken ... Geöffnet 9.00 - 16.00 Uhr.

Mitten durch die Stadt auf der Jl. Brigjen. Slamet Riyadi verlaufen Bahngleise, auf denen schon zu Beginn dieses Jahrhunderts eine Dampfstraßenbahn entlangbimmelte. (Nachzulesen bei: Max Dauthenday, Erlebnisse auf Java, München 1924). An Sekaten (Mohammeds Geburtstag) und Idul Fitri (Ende des Ramadan) läßt man im Rahmen der Feierlichkeiten eine alte Dampflok mit ebenso alten Waggons auffahren.

## Der Mangkunegaran-Palast

Über die Jl. Diponegoro gelangt man zum Mangkunegaran-Palast, der 1757 vom zweiten Herrscherhaus erbaut wurde. Man betritt den im traditionellen javanischen Stil aus Teakholz (Jati) errichteten Palast durch den südlichen Eingang.
Im Zentrum des großen Hofes steht die 200 Jahre alte, über 60 m lange und über 50 m breite Empfangshalle, **Pendopo**, deren Dach noch immer in traditioneller Weise mit Holzschindeln gedeckt ist.

Im südwestlichen Teil des Gebäudes werden die Instrumente eines Gamelan-Orchesters aus dem 17. Jahrhundert aufbewahrt, das als Begleitung zu javanischen Tänzen jeden Mittwoch zwischen 9.00 und 12.00 Uhr gespielt wird.

Im Norden schließen sich an dieses Gebäude die vor allem für Hochzeits- und Begräbnis-Zeremonien genutzten Räume **Dalem Ageng** an.

Auf der Veranda zwischen beiden Gebäuden, **Pringgitan** genannt, werden offizielle Gäste empfangen. Hier finden auch die Wayang Kulit-Aufführungen statt, wobei die Frauen die Schatten vom Dalem aus beobachten, während die Männer hinter dem Orchester und dem Dalang im Pendopo Platz nehmen.

*Legende:*
**Übernachtung:**
① Losmen Sapta
② Sahid Sala H.
③ Mawar Melati
④ Solo Inn
⑤ Dana
⑥ Malkana H.
⑦ Solo Homestay
⑧ Central
⑨ Riyadi Palace H.
⑩ Putri Ayu H.
⑪ Sanashtri H.
⑫ Ramayana Gh.
⑬ Bamboo Homestay
⑭ Cakra
⑮ Wisata Indah
⑯ Relax Homestay
⑰ The Westerners
⑱ Matahari H.
⑲ Trisari
⑳ Joyokusuman Gh.

**Läden, Restaurants, etc.:**
1 Vogelmarkt
2 Schwimmbad
3 Bank Negara Indonesia
4 Toko Serimpi
5 Warung Baru
6 Bank Bumi Daya
7 Bank Niaga
8 Purwosari Plaza
9 Rama Sakti Travel
10 Toko Batik Keris
11 Bank Central Asia
12 Fabrik Batik Keris

**Transport:**
❶ Gilingan Minibus Stn.
❷ Tirtonadi Bus Stn.
❸ Balapan Bahnhof
❹ Purwosari Bahnhof

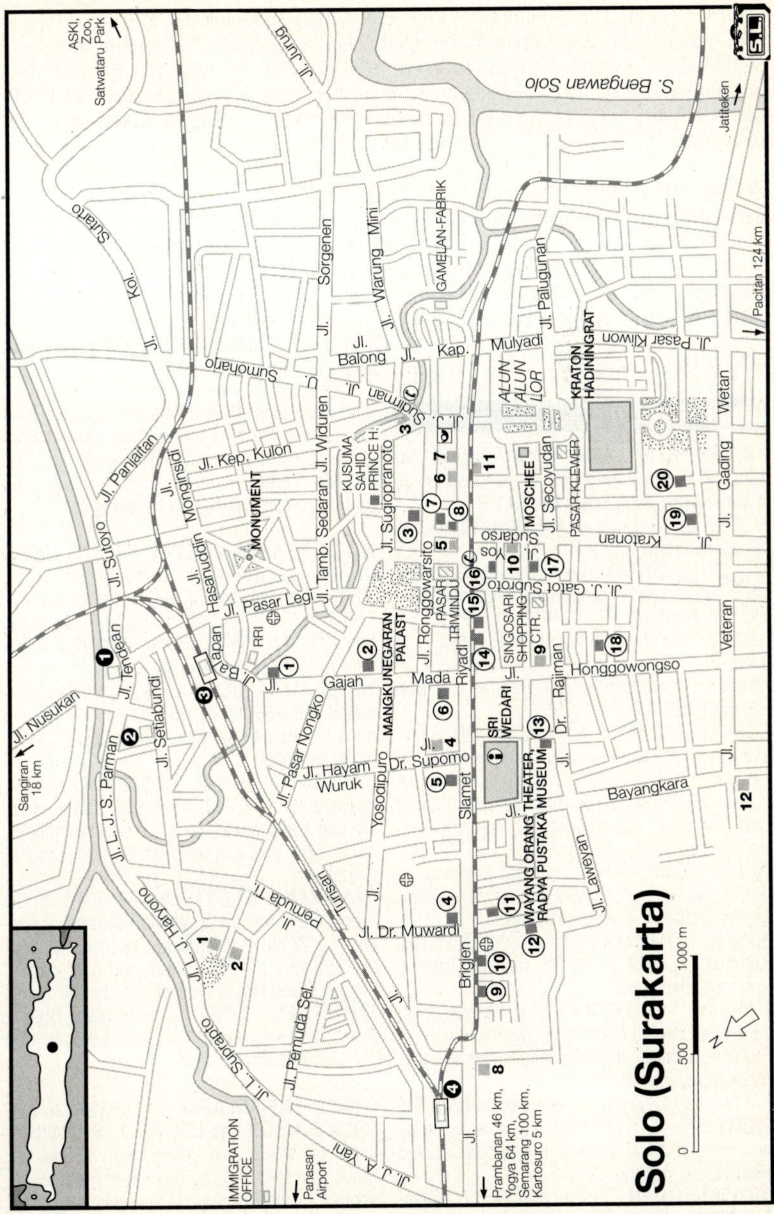
Solo (Surakarta)
0
500
1000 m
N
ASKI, Zoo, Satwataru Park
S. Bengawan Solo
Jatiteken
Pacitan 124 km
Sangiran 18 km
Panasan Airport
IMMIGRATION OFFICE
Prambanan 46 km, Yogya 64 km, Semarang 100 km, Kartosuro 5 km
Jl. Jurug
Sutarto
Jl. Kol. Sutarto
Jl. Sumoharjo
Jl. Sorgenen
Jl. Warung Mini
Jl. Balong
Jl. Kap. Mulyadi
Jl. Palugunan
Jl. Pasar Kliwon
GAMELAN-FABRIK
Jl. Sudirman
Jl. Kep. Kulon
Jl. Widuren
Jl. Panjaitan
Jl. Sutoyo
Jl. Monginsidi
MONUMENT
Jl. Hasanuddin
Jl. Pasar Legi
Jl. Tamb. Sedaran
KUSUMA SAHID PRINCE H.
Jl. Sugiopranoto
ALUN ALUN LOR
KRATON HADININGRAT
MOSCHEE
Jl. Secoyudan
PASAR KLEWER
Jl. Gading
Wetan
Jl. Kratonan
Jl. Yos Sudarso
Jl. J. Gatot Subroto
Jl. Veteran
SINGOSARI SHOPPING CTR.
Jl. Ronggowarsito
PASAR TRIWINDU
MANGKUNEGARAN PALAST
Jl. Gajah Mada
Jl. Tendean
Jl. Nusukan
Jl. Setiabundi
Jl. Balapan
RRI
Jl. Pasar Nongko
Jl. Riyadi
SRI WEDARI
Jl. Dr. Rajiman
Honggowongso
Jl. Hayam Wuruk
Dr. Supomo
Yosodipuro
Slamet
Jl. L. J. S. Parman
WAYANG ORANG THEATER, RADYA PUSTAKA MUSEUM
Jl. Bayangkara
Jl. Laweyan
Jl. Dr. Muwardi
Brigjen
Jl. Pemuda Tr.
Jl. Urip Sumoharjo
Jl. L. J. Haryono
Jl. Pemuda Sel.
Jl. L. Suprapto
Jl. J. A. Yani
Jl. Slamet Riyadi
1
2
3
4
5
6
7
8
9
10
11
12
13
14
15
16
17
18
19
20

Im Dalem sind in Schaukästen archäologische Funde aus der Zeit der Majapahit-Dynastie und des frühen Mataram-Reiches ausgestellt. Außerdem kann man eine Kollektion von Waffen, Masken, Wayang-Figuren, Wayang Beber-Rollen und anderen Gegenständen aus dem Besitz des Sultans sehen. In dem weitläufigen Areal lebt noch heute die Familie von Prinz Mangkunegoro. Geöffnet ist der Palast Mo - Sa 8.30 - 14.00, So bis 13.00 Uhr, Eintritt 1500 Rp.

### Weiter außerhalb

**Sriwedari**, der Vergnügungspark, liegt im Westen an der Jl. Slamet Riyadi. Keine größere Stadt auf Java kann auf diese Mischung aus Zoo, Rummel, Theater und Markt verzichten. Wayang-Aufführungen gehören ebenso zum Programm wie Musikgruppen und Tänze. Hier kann man abends billig essen.

Das **Radyapustaka Museum** neben dem Sriwedari ist tgl. außer Mo 8.00 - 12.00 und Fr bis 11.00 Uhr geöffnet. Es enthält Waffen, Wayang-Figuren und eine schöne Sammlung alter javanischer Schriften und Bücher.

## ÜBERNACHTUNG

**UNTERE PREISKLASSE** - Einige einfache Losmen und Hotels liegen in der Gegend um die **Jl. A. Dahlan** und die **Jl. Imam Bonjol**, z.B.:
*HOTEL CENTRAL**, Jl. A. Dahlan 32, tel 428 14, ziemlich laut.
*SOLO HOMESTAY**, Jl. A. Dahlan, Gg. Bandar 2, mit und ohne Mandi, ruhig, mit Innenhof.
*HOTEL MAWAR MELATI*-***, Jl. I. Bonjol 54, tel 36434, mit und ohne Mandi, z.T. mit Fan und TV.
Einige Losmen auch in der Gegend **um den Bahnhof**, z.B.
*LOSMEN SAPTA**, Jl. Gajah Mada 182.
In der unteren Preisklasse zu empfehlen sind:
*THE WESTERNER'S*-***, Kemlayan Kidul 11 (Gasse zwischen Jl. Yos Sudarso und Jl. Gatot Subroto), tel 33106, zentral, sehr sauber, hilfsbereite, freundliche Besitzer.
*RELAX HOMESTAY*-***, in einer Seitengasse der Jl. Gatot Subroto, inkl. Frühstück, sauber, großer Garten, z.T. winzige Zimmer.
*MAMA HOMESTAY*-***, Jl. Yos Sudarso, Kauman Gg. 3/49, tel 52248, nett und sauber; in einer Seitengasse.
*BAMBOO HOMESTAY*-***, Jl. Setyaki 1, tel 35856, luftige Räume mit und ohne Mandi, inkl. Frühstück, hinter dem Sriwedari-Park in einer ruhigen Seitenstraße.
*MATAHARI HOTEL***, Gandakan Kiwo RT 02/RW 1 Nr. 8, in einer Seitengasse, akzeptabel, mit und ohne Mandi, mit Fan oder ac und Heißwasser, schöner Balkon.
*JOYOKUSUMAN GUESTHOUSE*-***, Gajahan RT9/1, ein renovierungsbedürftiger ehemaliger Prinzenpalast in einem weitläufigen, ruhigen Garten, der dem javanischen Maler Hendra gehört, südlich vom Kraton Hadiningrat.
*HOTEL TRISARI*-***, Jl. A. M. Sangaji 4, tel 35959, südlich vom Kraton Hadiningrat.

**MITTELKLASSE** - *HOTEL WISATA INDAH* (US$14 - 35), Jl. Brigjen. Slamet Riyadi 173, tel 43753, Fan oder ac, TV etc, nett eingerichtet.
*MALKANA HOTEL**-*****, Jl. Gajah Mada 29, tel 42233, fax 45548, sauber und OK, mit Fan oder ac, TV und Heißwasser.
*HOTEL DANA* (US$11 - 85), Jl. Brigjen. Slamet Riyadi 286, tel 41976, fax 43880, mit und ohne Mandi, Fan oder ac, TV, Tel etc.; Garten, großer Innenhof.
*SANASHTRI HOTEL* (US$12 - 37), Jl. Sutowijoyo 45, tel 48308, fax 45807, Fan oder ac, TV und Heißwasser, ruhig und relativ sauber, müßte aber bald mal renoviert werden, schöner Garten.
*RAMAYANA GUESTHOUSE***-*****, Jl. Dr. Wahidin 22, tel 32814, etwas renovierungsbedürftige Zi mit Fan oder ac, Heißwasser und Kühlschrank, inkl. Frühstück, ein sehr nettes, ruhiges Guest House mit kleinem Garten.
*PUTRI AYU HOTEL****, Jl. Brigjen. Slamet Riyadi 293, tel/fax 46155, Fan oder ac und TV, kleiner Garten, Balkon, akzeptabel.

**OBERE PREISKLASSE** - *KUSUMA SAHID PRINCE HOTEL* (ab US$92), Jl. Sugiopranoto 20, tel 46356, fax 44788, bestes Hotel der Stadt, komfortabel und geschmackvoll eingerichtete Zi und Bungalows, mit Swimming Pool; in der Lobby wird am späten Nachmittag Ga-

melan-Musik gespielt, außerdem weitere kulturelle Darbietungen.
*HOTEL CAKRA* (ab US$39), Jl. Brigjen. Slamet Riyadi 201, tel 45847 - 51, fax 48334, mit Restaurant und Swimming Pool.
*SAHID SALA HOTEL* (US$55 - 63), Jl. Gajah Mada 82, tel 45889, fax 44133, wird 1994/95 zu einem 4-Sterne-Hotel ausgebaut, wodurch sich natürlich auch die Preise erhöhen werden.
*SOLO INN* (US$45 - 80), Jl. Brigjen. Slamet Riyadi 366, tel 46075, fax 46076, gutes, dreistöckiges Hotel mit nur 32 nett eingerichteten Zimmern und Suites.
*RIYADI PALACE HOTEL* (US$48 - 110), Jl. Brigjen. Slamet Riyadi 335, tel 47181 - 86, fax 51552, sehr gut, 48 komfortable Zi und Suites.

## ESSEN UND TRINKEN

Auf Traveller spezialisiert hat sich der
*WARUNG BARU,* Jl. A. Dahlan 23, gegenüber vom Hotel Central, gutes Frühstück mit selbstgebackenem Brot ab 6.00 Uhr; hier fahren auch Minibusse nach Yogya (3500 Rp) ab.
Viele **Warung** sind im Vergnügungspark aufgebaut.
*Warung Sate* und Restaurants auch in der Jl. Yos Sudarso südlich der Jl. Brigjen. Slamet Riyadi, sowie in der Jl. Teuku Umar nördlich der gleichen Straße.
*AMERICAN BAKERY,* Jl. Brigjen. Slamet Riyadi, nahe Jl. Diponegoro, verkauft Eis.
*HOLLAND RESTAURANT,* in der gleichen Straße nahe dem Markt. Hier gibt es gute Brote, Pasteten und andere Gerichte.
*RAMAYANA*, Jl. Ronggowarsito 2, serviert schmackhaftes *Sate*.
*CENTRAL*, Jl. Notosuman 3, gute chinesische Gerichte.

## KULTUR UND UNTERHALTUNG

**GAMELAN** - Im **Kampung Jatiteken**, 1/2 Std. per Fahrrad vom Zentrum, kann man Gamelan-Werkstätten besuchen. Der Weg führt auf der Jl. Veteran Richtung Osten, man überquert einen kleinen Fluß und biegt ein paar 100 m weiter rechts ab.
Zentraler liegt die Gamelan-Werkstatt *MULYADI*, Loji Wetan RT 24/3.

**TANZREQUISITEN** - im *TOKO SERIMPI,* Jl. Dr. Supomo, Ecke Jl. Ronggowarsito.

**WAYANG BEBER** - die Handlung ist hier auf langen Papier- oder Stoffrollen aufgemalt. Während der Vorstellung werden diese vom Dalang vor dem Publikum aufgerollt und vorgelesen bzw. erklärt. Heute ist diese älteste Art von Wayang beinahe ausgestorben.

**WAYANG KULIT** - das traditionelle Schattenspiel wird jeden 3. Samstag im Monat eine ganze Nacht im RRI (lokale Radiostation) aufgeführt.
Die Bewohner des kleinen Dorfes **Sumber** in der Nähe des Airports sind darauf spezialisiert, *Topeng* (Tanzmasken) und Schattenspielfiguren herzustellen.

**WAYANG ORANG** - jeden Abend außer So, von 20.00 - 23.00 Uhr Aufführungen im Sriwedari-Park.

## SONSTIGES

**GELD** - *BANK NEGARA INDONESIA 1946*, Jl. Jen. Sudirman 19, tel 44509, am Ende der Jl. Sugiopranoto.
*BANK BUMI DAYA*, Jl. Brigjen. Slamet Riyadi 18, tel 47297, zwischen Jl. Imam Bonjol und Jl. Jen. Sudirman.
*BANK NIAGA*, Jl. Brigjen. Slamet Riyadi 8, tel 47955 und *BANK CENTRAL ASIA,* Jl. Brigjen. Slamet Riyadi.

**IMMIGRATION** - *KANTOR IMIGRASI,* Jl. Adi Sucipto, tel 48479, Richtung Flugplatz, westlich der Stadt.

**INFORMATIONEN** - *TOURIST INFORMATION*, Jl. Brigjen. Slamet Riyadi 275, neben dem Sriwedari-Park, tel 46501, Infos über kulturelle Veranstaltungen, geöffnet Mo - Sa 8.00 - 16.00 Uhr. Eine Zweigstelle des Tourist Office ist im Hauptgebäude der Tirtonadi Bus Station untergebracht, geöffnet 7.00 - 22.00 Uhr.

**POST** - Hauptpostamt in der Jl. Jen. Sudirman 8, tgl. 7.00 - 21.00 Uhr geöffnet.

**TELEFON** - Einige Meter nördlich vom Postamt, auf der anderen Straßenseite, das *KANTOR TELKOM,* 24 Std. geöffnet.
Ähnlichen Service bietet:
*WARTEL PASAR PON,* Jl. Brigjen. Slamet Riyadi 127, tgl. 5.00 - 23.00 Uhr geöffnet.

**VORWAHL** - 0271.

## NAHVERKEHRSMITTEL

**ANGKUTAN KOTA** - die städtischen Minibusse fahren für 300 Rp im Stadtgebiet.

**BECAK** - sind auch in Solo noch weit verbreitet.
Für kürzere Entfernungen zahlt man etwa 500 Rp. Indonesier zahlen „mit dem Herzen", d.h. ein älterer oder freundlicher Fahrer erhält etwas mehr.

**FAHRRÄDER** - können im Tourist Office und im Losmen *THE WESTERNER'S* für 2500 Rp pro Tag geliehen werden.

**TAXI** - Taxen mit ac kosten 900 Rp Einschaltgebühr, der erste km ist inklusive, jeder weitere kostet 500 Rp:
*SOLO CENTRAL TAXI,* Jl. Adi Sucipto 78, tel 45678;
*HAYUMAS TAXI SERVICE,* Jl. Asrama 24, tel 43551.

## TRANSPORT

**BUSSE** - Busbahnhof **Tirtonadi** an der Jl. Setiabudi.
**Preisbeispiele:**
YOGYA 1200 Rp, 64 km,
PACITAN 2200 Rp, 3 1/2 Std., 124 km,
MAGELANG 1800 Rp,
MADIUN 1800 Rp, 2 1/2 Std., 113 km,
KEDIRI 3300 Rp, 4 1/2 Std.,
SURABAYA 4300 Rp, 276 km, 6 Std.,
JAKARTA 10 000 / ac 20 000 / Executive Class 25 000 Rp,
SEMARANG 1600 Rp, 100 km, 2 1/2 Std.,
PURWODADI 900 Rp,
TAWANGMANGU 700 Rp,
MOJOKERTO 3600 Rp, SALATIGA 900 Rp,
AMBARAWA 900 Rp.

**Nach Yogya:** Um die Kosten (ca. 1000 Rp) für ein Becak zum Busbahnhof zu sparen, nimmt man einen Stadtbus (Doppeldecker!) für 200 Rp von der Jl. Veteran bis KARTOSURO im Westen der Stadt. Hier ist die Endstation und gleichzeitig Zwischenstop für sämtliche Busse nach Yogya (700 Rp).
Expressbusse nach DENPASAR fahren zwischen 16.30 und 17.30 Uhr vom Busbahnhof, 24 000 / ac 38 000 Rp. Die Fahrtdauer beträgt 15 - 16 Std.

**MINIBUSSE** - Einige Reisebüros fahren tgl. mit bequemen Minibussen (meist mit Liegesitzen, ac) verschiedene Städte an und bringen ihre Passagiere bis zur gewünschten Adresse:
*RAMA SAKTI TRAVEL,* bei Elteha in der Jl. Honggowongso, 2. Block westlich von *The Westerner's,* hat alle halbe Stunde einen direkten Minibus (3000 /ac 3500 Rp) nach YOGYAKARTA.
*TIMBUL JAYA,* Jl. Terminal Travel Gilingan, tel 46573, nach SURABAYA, ac 12 000 Rp, um 8.00, 10.00, 12.00, 13.00 und 22.00 Uhr.
*ROSALIA INDAH,* Jl. Brigjen. Slamet Riyadi 121 - 123, tel 32409, 43172, nach KEDIRI, BLITAR, MALANG, ac 14 000 Rp, 9.00, 11.00, 14.00, 16.00 und 22.00 Uhr, nach SURABAYA, ac 14 000 Rp, 10.00, 12.00, 14.00 und 22.00 Uhr.
*TRAVEL 4848,* Jl. Diponegoro 85, tel 43794.

**EISENBAHN** - Balapan-Bahnhof im Norden der Stadt, verlängerte Jl. Gajah Mada. Alle Züge in Richtung Jakarta fahren über Yogya.
JAKARTA (Pasar Senen) kostet zwischen 5500 Rp (3. Kl., Cepat) und 58 000 Rp (Bima). 2 Züge tgl. nach SEMARANG (1300 Rp).
2 Züge tgl. nach BANDUNG (24 000 Rp, 2. Kl. Mutiara Selatan).
4 Züge nach SURABAYA zwischen 2900 Rp (Purbaya) und 42 000 Rp (Bima).

**FLÜGE** - Der Flughafen Panasan liegt 9 km westlich der Stadt.
*GARUDA* und *MERPATI* im *Kusuma Sahid Prince Hotel,* Jl. Sugiopranoto 22, tel 36846, 46356, geöffnet Mo - Fr 7.30 - 16.45, Sa, So und. feiertags 9.00 - 13.00 Uhr.
*SEMPATI,* c/o Solo Inn, Jl. Slamet Riyadi 366, tel 46240, 45702.
Es gibt nur Flüge nach JAKARTA 113 000 Rp (GA, SG), SURABAYA 49 000 Rp (MZ) und über SURABAYA einen Flug nach DENPASAR 127 000 Rp (MZ).

# Die Umgebung von Solo

## Sangiran

In der Umgebung dieses Dorfes, 18 km nördlich von Solo, wurden bei paläontologischen Ausgrabungen und auch zufällig von Bauern bei der Feldarbeit am Fluß Solo 1891, 1937 und später noch mehrmals auf einem 6 x 9 km großen Areal Knochenreste des 800 000 Jahre alten sogenannten Java-Menschen *(Pithecanthropus erectus)* entdeckt. Man nimmt an, daß es sich dabei um einen der frühesten Vorläufer des *Homo sapiens* handelt.

Sein Schädelknochen wird in einem kleinen Museum ausgestellt. Außerdem sind dort Zähne und meterlange Stoßzähne des Stegodon, eines eiszeitlichen Elefanten, versteinerte Geweihe von Hirschen und Gehörne von Antilopen, riesige Schädel mit über 2 m Hornspannweite eines frühen, vielleicht schon domestizierten Wasserbüffels und aus der gleichen Zeit (vor etwa 100 000 Jahren) stammende Schädel und Werkzeuge eines Homo sapiens zu sehen. (Noch mehr prähistorische Funde im Geologischen Museum von Bandung.) Vorher sollte man sich die informative Broschüre über das Sangiran Museum im Tourist Office von Solo besorgen.

Mit einem Bus für 400 Rp geht es in Richtung Purwodadi bis etwa 2 km hinter Kalioso. Hier folgt man der Ausschilderung, biegt rechts ab und läuft die restlichen 3,5 km nach Sangiran. Ojek kosten für diese Strecke 1500 Rp.

## Candi Sukuh

Der Tempel am Fuß des Vulkans Lawu (3265 m) liegt 910 m hoch, inmitten einer herrlichen Berglandschaft, 42 km von Solo entfernt. Seine ursprüngliche Bedeutung ist unklar: Ähnlichkeit mit polynesischen Kultstätten weist auf Ahnenverehrung, Phallus-Skulpturen und rätselhafte Reliefs deuten auf einen tantrisch-magischen Geheimkult (Bima-Kult), durchsetzt mit Fruchtbarkeitskulten. Höchst untypisch für die javanische Hindu-Architektur ist der zentrale Bau der Tempelanlage, der einer Maya-Pyramide ähnlich sieht.

Zuerst nimmt man einen Bus für 500 Rp nach Karangpandan, dann den Minibus für 300 Rp nach Kemuning. Die weiteren 1 1/2 km steil bergauf zum Tempel sind evtl. nur zu Fuß zu bewältigen. Wer in Solo bereits am Vormittag wegfährt, hat auf dem Rückweg keine Transportprobleme; der letzte Bus zurück verläßt Tawangmangu gegen 16.00 Uhr. Im Tourist Office von Solo erhält man eine Broschüre über den Tempel.

Eine schöne Wanderung (2 - 3 Std.) führt vom Candi Sukuh zum Wasserfall in Tawangmangu. Der meist breite und mit Steinen gepflasterte Weg geht durch Dörfer und Felder, hilfsbereite Leute zeigen Fremden gern den Weg. Anschließend kann man sich mit einem Bad am Fuße des Wasserfalls **Air Terjun Grojogan Sewu** erfrischen. Weiter oben am Berg liegt ein weiteres Hinduheiligtum, der **Candi Ceta**, ähnlich dem Candi Sukuh, aber weniger gut erhalten und nicht so einfach zu erreichen.

# Ost-Java

*Der Ostteil der Insel Java (34 Millionen Einwohner auf 48 000 km²) ist bisher am wenigsten touristisch entwickelt. Weder die Stadt Malang mit ihrem kolonialen Stadtbild und einer reizvollen Umgebung noch Surabaya mit einem der*

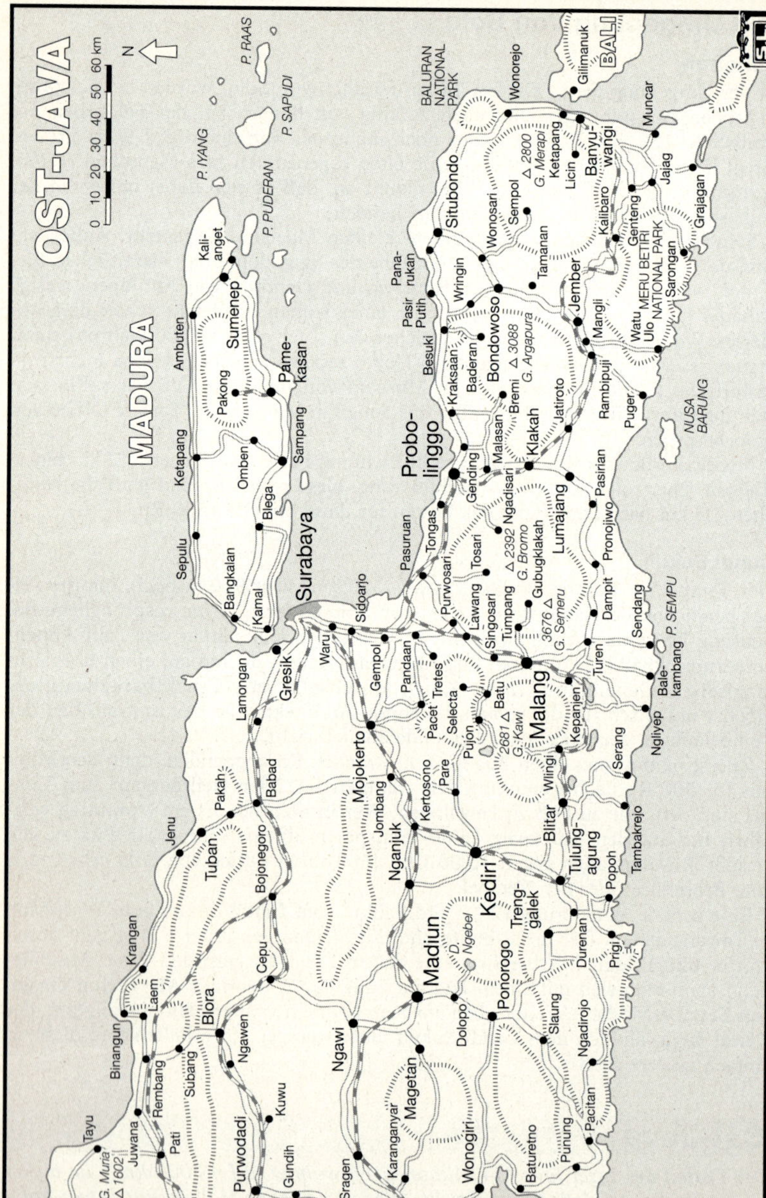
OST-JAVA
0 10 20 30 40 50 60 km
N
MADURA
P. RAAS
P. SAPUDI
P. IYANG
P. PUDERAN
Kali-anget
Sumenep
Ambuten
Pame-kasan
Pakong
Sampang
Ketapang
Omben
Blega
Sepulu
Bangkalan
Kamal
Surabaya
Gresik
Lamongan
Waru
Sidoarjo
Gempol
Pasuruan
Tongas
Probo-linggo
Pasir Putih
Pana-rukan
Situbondo
Besuki
Kraksaan
BALURAN NATIONAL PARK
Wonorejo
Gilimanuk
BALI
Banyu-wangi
Ketapang
Licin
Δ 2800 G. Merapi
Sempol
Wonosari
Wringin
Tamanan
Bondowoso
Baderan
Bremi
Δ 3088 G. Argapura
Kalibaro
Genteng
Jajag
Muncar
Grajagan
MERU BETIRI NATIONAL PARK
Sarongan
Watu Ulo
Mangli
Jember
Rambipuji
Puger
NUSA BARUNG
Jatiroto
Klakah
Malasan
Gending
Ngadisari
Δ 2392 G. Bromo
Tosari
Purwosari
Lawang
Singosari
Tumpang
Gubugklakah
3676 Δ G. Semeru
Lumajang
Pasirian
Pronojiwo
Dampit
Sendang
P. SEMPU
Turen
Bale-kambang
Malang
Kepanjen
Ngliyep
Serang
Batu
Selecta
Pujon
Tretes
Pandaan
Pacet
2681 Δ G. Kawi
Wlingi
Blitar
Tambakrejo
Mojokerto
Jombang
Kertosono
Pare
Kediri
Nganjuk
Tulung-agung
Popoh
Treng-galek
Durenan
Prigi
Madiun
D. Ngebel
Ponorogo
Dolopo
Slaung
Ngadirojo
Pacitan
Punung
Baturetno
Wonogiri
Magetan
Karanganyar
Ngawi
Sragen
Gundih
Purwodadi
Kuwu
Ngawen
Cepu
Blora
Bojonegoro
Babad
Tuban
Jenu
Pakah
Krangan
Laem
Binangun
Rembang
Subang
Pati
Juwana
Tayu
G. Muria Δ 1602

*schönsten Segelschiffhäfen und günstigen Einkaufsmöglichkeiten sind bis jetzt zu Pilgerstätten des Tourismus geworden.*

*In Ost-Java gibt es noch abgelegene Strände, die nur schwer zugänglich sind, vor allem im Süden. Zahlreiche Vulkane können bestiegen werden, so z.B. der Semeru, mit 3680 m der höchste Berg Javas, der Bromo und seine gespenstisch wirkende Mondlandschaft oder der Ijen mit seinem Kratersee. Lohnenswert sind Abstecher in den Baluran Nationalpark und in den an der Südküste gelegenen Meru Betiri National Park, wo die wahrscheinlich letzten Exemplare des Java-Tigers leben.*

*Ist nicht gerade eine Reisegruppe unterwegs, dann sind selbst in den Touriszentren nur wenige Weiße zu sehen. Auch Madura, berühmt für seine Stierrennen, wird nur während der Entscheidungskämpfe von einigen Neugierigen besucht. Bei den vorangehenden lokalen und regionalen Ausscheidungen ist kaum ein Tourist dabei, und außerhalb der Saison verirrt sich so gut wie kein Fremder hierher. Ein Leser schrieb: „In der Gegend von Pengantenan wollten wir uns ein Schlagballspiel ansehen. Als wir dort ankamen, wurde das Spiel schlagartig abgebrochen, und ca. 200 Leute staunten die beiden Fremden an. Als wir uns später verabschiedeten, klatschte, schrie und winkte die ganze Menge."*

*Historisch hat die Provinz einiges zu bieten. Als das zentraljavanische Mataram-Reich an Einfluß verlor, gelangten Kediri und Singosari zu Ruhm und Ansehen, und schon im 10. Jahrhundert florierte der Handel mit den Nachbarinseln. Wenig später erlebte Ost-Java eine künstlerische und architektonische Blütezeit, geprägt von einem eigenen, eher volkstümlichen Stil. Viele Hindu-Tempel entstanden - fast allesamt jünger als die zentraljavanischen Anlagen -, die sich in ihrer Ausschmückung (Reliefs / Skulpturen) weitgehend von indischen und zentraljavanischen Vorbildern lösten. Die Relikte und Ruinen können noch heute an vielen Orten besichtigt werden.*

## Surabaya

*Allein im Großraum Surabaya, dem wichtigsten Industriezentrum nach Jakarta, leben heute über drei der 34 Millionen Einwohner der Provinz. Geprägt ist die zweitgrößte Stadt Indonesiens von der Industrie und dem Hafen. Große Fabriken, die Stahl, aber auch Zucker und heute immer mehr Konsumgüter produzieren, sind am Stadtrand errichtet worden. Die große Ausfallstraße nach Süden ist auf vielen Kilometern von modernen Fabrikhallen gesäumt, in denen von Lebensmitteln über Textilien und Sportschuhen bis zu japanischen Videorecordern eine breite Palette an Industrieprodukten hergestellt wird.*

*Das Stadtbild spiegelt die krasse Gegensätzlichkeit der indonesischen Großstädte wieder - nur wenige Schritte trennen die Bettler und Papphütten entlang der Flußufer und Bahndämme von den vorbeifahrenden, klimatisierten Limousinen und streng bewachten Luxusvillen. Trotz der starken Kriegszerstörungen sind in einigen Vierteln alte Kolonialgebäude, Relikte der holländischen Vergangenheit, stehengeblieben. Nach dem 2. Weltkrieg tobte hier die Schlacht von Surabaya, bei der englische Truppen die junge indonesische Republik bekämpften und Teile der Stadt nach tagelangen Bomben- und Artillerieangriffen in Schutt und Asche legten. Daneben schießen moderne Shopping-Center à la Singapore, luxuriöse Hotels und repräsentative Verwaltungsgebäude aus dem*

*Boden. Selbst wenn die Großstadt Surabaya kein erholsamer Aufenthaltsort ist, wird sie doch als ein wichtiger Verkehrsknotenpunkt von vielen Touristen angesteuert. In diesem Fall lohnt sich sicherlich ein ein- bis zweitägiger Aufenthalt. Zudem ist sie ein guter Ausgangspunkt für Ausflüge in die Umgebung.*

### Tanjung Perak

Selbst bei einem kurzen Zwischenstop sollte man sich den Hafen nicht entgehen lassen. Von der Jl. Basuki Rahmat / Jl. Embongmalang fährt der Stadtbus A (Purabaya - Perak) für 200 Rp (Patas 300 Rp) hierher. Der große Hafen westlich vom Leuchtturm ist nicht zugänglich. Die Anlegestelle der Fähre nach Madura befindet sich an der Endstation des Busses. Jede halbe Stunde legt hier ein Schiff nach Kamal auf der Insel Madura ab (300 Rp). Auf der langen Straße entlang des **Kali Mas** (= Goldfluß) kommt man zum interessanten Teil des Hafens. Hinter Lagerhallen werden die großen Makassar-Schoner be- oder entladen. Die riesigen Segelschiffe und die Aktivitäten vor, auf und an den Schiffen sind faszinierend - im Gegensatz zum Segelschiffhafen von Jakarta lassen sich hier kaum Touristen blicken. Zum Fotografieren braucht man eine Erlaubnis, normalerweise wird aber kaum jemand danach fragen.

### Nördliches Zentrum

Gegenüber vom modernen Gebäude der Provinzregierung an der Jl. Pahlawan erinnert das **Heldendenkmal**, ein Obelisk, an die Schlacht von Surabaya (1945).

Vom Heldendenkmal Richtung Norden erreicht man das ehemalige **Europäerviertel**, das sich bis zur Jl. Indrapura erstreckt. In der Jl. Pahlawan und der Verlängerung bis zur Jembatan Merah ist eine Reihe repräsentativer Kolonialbauten erhalten geblieben und restauriert worden. Die kleinen Erker, runden Türmchen, Arkaden und Jugendstil-Fassaden heben sich wohltuend von dem ansonsten uniformen Stadtbild ab. Selbst wenn man keine Post abholen oder abschicken will, lohnt das Hauptpostamt einen Besuch; besonders die Innenräume.

Östlich der **Jembatan Merah** (Rote Brücke), wo die größte Schlacht des Unabhängigkeitskampfes stattfand, liegt die geschäftige Chinatown, **Kembang Jepun**. Entlang der schmalen Gassen stehen dicht gedrängt eine Reihe alter, kleinerer Häuser mit schweren Eisengittern sowie einige chinesische Tempel.

Von hier aus kann man mit einem Becak durch die schmalen Straßen des alten Araberviertels Sasak zur **Ampel-Moschee** fahren. Die letzten Meter durch die enge Ampel Suci-Gasse geht es nur noch zu Fuß. Zwischen den Auslagen der Geschäfte drängen sich die Menschen. Parfüm und Datteln, Gebetsteppiche und Holzschuhe, Schals, Schleier und andere religiöse Artikel werden wie auf einem orientalischen Basar angeboten. Die Gasse endet an der Ampel-Moschee, die von **Sunan Ampel**, einem der neun heiligen Wali, erbaut worden ist. Er starb 1481 und wurde auf dem Friedhof links hinter der Moschee beigesetzt. Zu seinem Grab pilgern viele Moslems, um zu beten. Vor dem Friedhof steht ein Wächter, der Besucher abweist, wenn sie „unzüchtig" gekleidet sind. Frauen dürfen Teile der Moschee nicht betreten. Zugang tgl. bis kurz vor Sonnenuntergang.

### Im Zentrum

In der Jl. Pemuda weht die indonesische Fahne vor dem ehemaligen **Gouverneurspalast** der Holländer. Im weißen, kolonialen Säulenbau sind die Amtsräume des Gouverneurs von Ost-Java untergebracht.

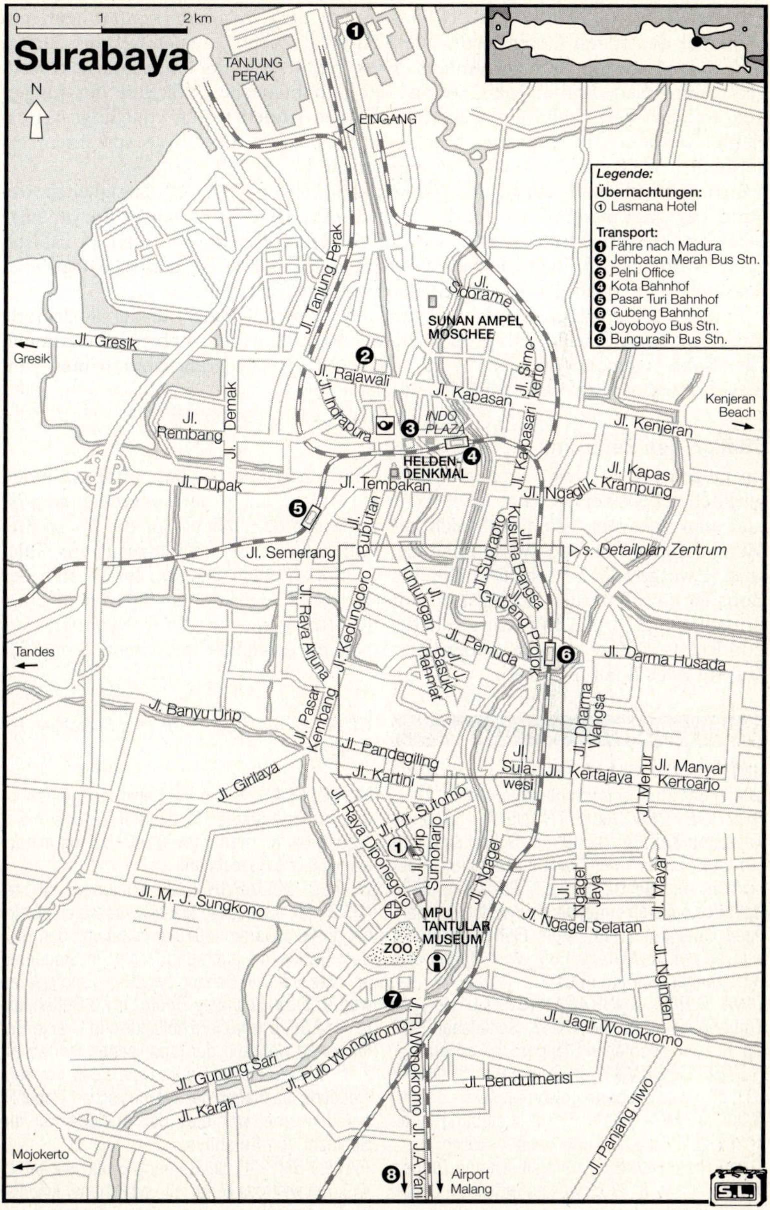

0 1 2 km
Surabaya
N
TANJUNG PERAK
EINGANG
Legende:
Übernachtungen:
① Lasmana Hotel
Transport:
❶ Fähre nach Madura
❷ Jembatan Merah Bus Stn.
❸ Pelni Office
❹ Kota Bahnhof
❺ Pasar Turi Bahnhof
❻ Gubeng Bahnhof
❼ Joyoboyo Bus Stn.
❽ Bungurasih Bus Stn.
Jl. Tanjung Perak
Jl. Sidorame
SUNAN AMPEL MOSCHEE
Jl. Gresik
Gresik
Jl. Rajawali
Jl. Simo-kerto
Jl. Kapasan
Kenjeran Beach
Jl. Indrapura
INDO PLAZA
Jl. Kenjeran
Jl. Rembang
Jl. Demak
HELDEN-DENKMAL
Jl. Kapasari
Jl. Kapas Krampung
Jl. Dupak
Jl. Tembakan
Jl. Ngaglik
Jl. Bubutan
Jl. Kusuma Bangsa
Jl. Semerang
Jl. Suprapto
s. Detailplan Zentrum
Jl. Tunjungan
Jl. Gubeng
Jl. Raya Arjuna
Jl. Kedungdoro
Jl. Pemuda
Jl. Gubeng Projok
Tandes
Jl. J. Basuki Rahmat
Jl. Darma Husada
Jl. Banyu Urip
Jl. Pasar Kembang
Jl. Dharma Wangsa
Jl. Pandegiling
Jl. Sulawesi
Jl. Manyar Kertoarjo
Jl. Kartini
Jl. Kertajaya
Jl. Girilaya
Jl. Raya Diponegoro
Jl. Dr. Sutomo
Jl. Menur
Jl. Urip Sumoharjo
Jl. Ngagel
Jl. Ngagel Jaya
Jl. Mayar
Jl. M. J. Sungkono
MPU TANTULAR MUSEUM
Jl. Ngagel Selatan
ZOO
Jl. Nginden
Jl. R. Wonokromo
Jl. Jagir Wonokromo
Jl. Pulo Wonokromo
Jl. Gunung Sari
Jl. Bendulmerisi
Jl. Karah
Jl. Panjang Jiwo
Jl. J.A. Yani
Mojokerto
Airport Malang

Gegenüber, im kleinen Apsari-Park neben dem Postamt, kommt man am Denkmal des ersten Gouverneurs von Ost-Java vorbei zu einer weitaus älteren Statue im hinteren Teil der Anlage. Hier meditiert völlig unbeeindruckt vom großstädtischen Trubel **Joko Dolog**, der buddhistische „Wächter des jungen Teakwaldes". Die Steinfigur war 1326 für den letzten König von Singosari errichtet worden. Die Holländer brachten sie vor über 300 Jahren von ihrem ursprünglichen Platz nahe Malang nach Surabaya.

General Sudirman, einem der bedeutenden Führer der Unabhängigkeitsbewegung, begegnet man auf der nördlichen Jl. Yos Sudarso nahe **Taman Surya**, einer belebten, kleinen Rasenfläche mitten im Großstadtverkehr, wo man an zahlreichen Warung essen kann. Dahinter erhebt sich das alte holländische **Rathaus**, das auch heute noch der Sitz der Stadtverwaltung ist.

Entlang der nördlichen **Jalan Kayun**, die vor der Brücke von der Jl. Pemuda abzweigt, findet täglich ein großer Blumenmarkt statt, wo neben Blumen auch Zierfische angeboten werden. Weiter im Süden dieser Straße kommt man zum **Kayun-Park**, wo viele Essenstände aufgebaut sind.

## Südlich des Zentrums

Im Gegensatz zu vielen anderen südostasiatischen Städten hat Surabaya einen wirklich sehenswerten **Zoo**, auch wenn die Anlage leicht heruntergekommen ist und man sich vom vielen Müll nicht stören lassen darf. Nicht nur die bis zu drei Meter langen Komodo-Warane, sondern auch Hirscheber (Babirusa) aus Sulawesi, Zwergrinder (Anoa) und Nasenaffen lohnen einen Besuch. Im Westen des Zoos ist eine Babirusa-Zuchstation untergebracht. Geöffnet ist der Zoo (Kebun Binatang) tgl. bis 18.00 Uhr, Eintritt 800 Rp. Aquarium und Nachttierhaus 200 Rp. Der Zoo liegt im Süden der Stadt, zu erreichen mit einem Bemo für 300 Rp oder Bus für 200 Rp.

## ÜBERNACHTUNG

**UNTERE PREISKLASSE** - Billige Unterkünfte sind in der Stadt spärlich gesät:

*BAMBOE DEN** (oder *TRANSITO INN),* Jl. Ketapang Kali 6A, tel 40333. Schon seit Jahren ist der „Den" der Travellertreffpunkt. Sehr einfach, winzige DZ und EZ. Schlafsaal 3500 Rp. Infos bekommt man bei Bruno, dem langjährigen Chef des „Den". Vom Gubeng-Bahnhof sind es nur 15 Min. zu Fuß. Vom Bungurasih Busbahnhof mit Damri-Bus 2.

*BINA DIRGA ANGKASA HOSTEL**-****, Jl. Embong Kenongo, tel 42687, Schlafsaal 7500 Rp. Für den gebotenen Standard viel zu teuer.

*HOTEL GUBENG***, Jl. Sumatera 18, tel 416 03, soll etwas sauberer geworden sein.

*SONOKEMBANG***, Jl. Sonokembang 2, tel 40388, drei Parallelstraßen weiter südlich.

*GANESHA HOMESTAY***, Jl. Taman Prapen Indah B 41, tel 818705, weit außerhalb im Süden der Stadt gelegen, angenehme Atmosphäre.

*OLYMPIC HOTEL**-****, Jl. Urip Sumoharjo 63, tel 43216.

**MITTELKLASSE** - im Vergleich zu anderen indonesischen Städten ist diese Kategorie in Surabaya teurer, man muß für ein DZ mit mindestens 50 000 Rp rechnen.

*HOTEL MAJAPAHIT,* Jl. Tunjungan 65, tel 43351, fax 43599. Ein klassisches Kolonialhotel mit großem Garten, 1910 errichtet von den Brüdern Sarkie, die auch das Raffles in Singapore und das E & O in Penang besaßen. Empfehlenswert sind die *Economy Rooms* mit 3 Betten, die für US$ 30. Das frühere holländische Oranje Hotel wurde während der japanischen Herrschaft zum Yamato Hotel. Als im Nov. 1945 vor dem Gebäude die Flagge der indonesischen Republik gehißt wurde, war dies der Auslöser für die Schlacht von Surabaya.

*PAVILYUN**-****, Jl. Genteng Besar 94, tel 43 449. Ein weiteres Hotel mit verblichener kolonialer Atmosphäre. Wurde Sommer '92 renoviert.

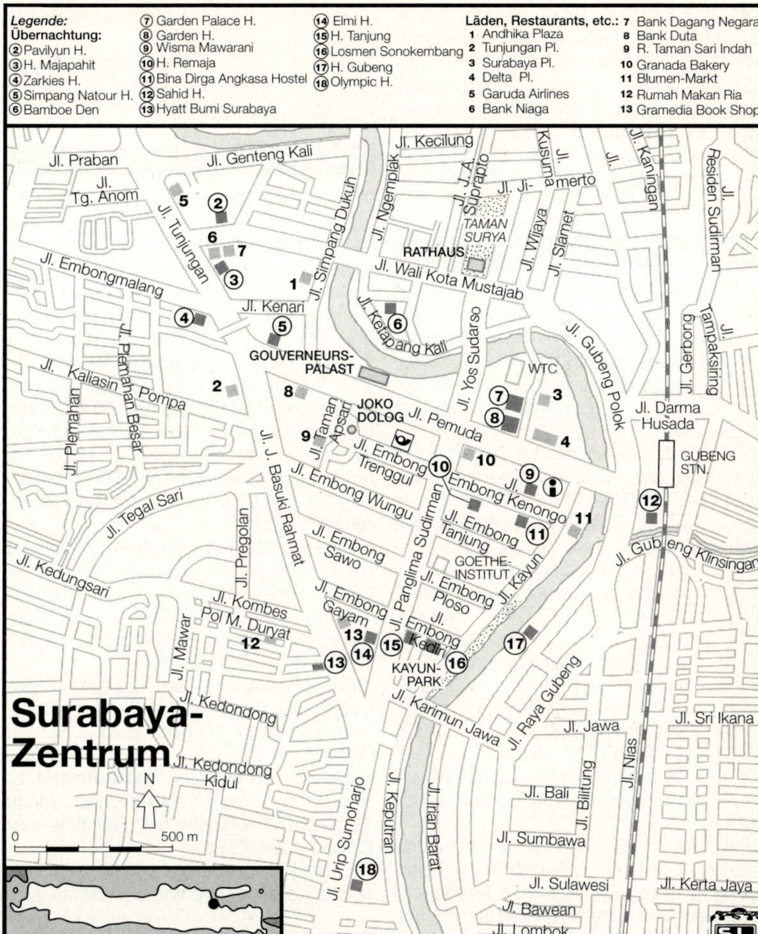


Einige Unterkünfte auch in der ersten südlichen Parallelstraße zur Jl. Pemuda, der Jl. Embong Kenongo, z.B.:

*WISMA MAWARANI*****, Nr. 73, tel 44839, sehr sauber.

*HOTEL REMAJA****, Nr. 12, tel 41359, bei Geschäftsleuten sehr beliebt, häufig ausgebucht.

*HOTEL TANJUNG*****, Jl. Panglima Sudirman 43-45, tel 42431, 513051; fax 512290. Die *Economy* und Standardzimmer sind etwas muffig und insgesamt den Preis nicht wert.

*LASMANA HOTEL*****, Jl. Bintoro 16, tel 577152. Liegt in der Nähe des Zoos, Pool.

**OBERE PREISKLASSE** - Alle Hotels mit Pool und allen Annehmlichkeiten dieser Preisklasse.

*GARDEN HOTEL* (ab US$85), Jl. Pemuda 21, tel 520951, fax 516111.

*GARDEN PALACE HOTEL* (ab US$105), Jl. Yos Sudarso 11, tel 520951, fax 516111.

*ELMI HOTEL* (ab US$75), Jl. Panglima Sudirman 42 - 44, tel 522571-9, fax 515615.

*HYATT BUMI SURABAYA,* Jl. Jen. Basuki Rahmat 128, tel 511234, ist das einzige internationalem Standard entsprechende 4-Sterne-Hotel der Stadt. Entsprechend ist die Ausstattung der Zimmer. In dem mehrstöckigen Neubau gibt es alles, was das Herz begehrt - vom Fitness Centre bis zur Disco. In der Lobby liegen auch aktuelle englische und deutsche Zeitungen aus.

## ESSEN UND TRINKEN

Die Murtabak-**Essenstände** am THR sollte man schon vor einem Parkbesuch abklappern.
Oder man versucht die Warung im Kampung Sasak, nahe der großen Moschee, im Kayun-Park und im Taman Surya (s.S. 238) oder des Abends in der Jl. Genteng Besar, nicht weit vom Bamboe Den.
Auch in den modernen **Shopping Centres** gibt es viele Restaurants in jeder Preislage. So beispielsweise im *TUNJUNGAN PLAZA 1* teure koreanische und chinesische Restaurants, aber auch indonesische Essenstände und Cafés - überwiegend im 4. und 5. Stockwerk.
Im neuen, riesigen und supermodernen Einkaufszentrum *SURABAYA PLAZA,* Jl. Pemuda, 300 m vom Gubeng Bahnhof, sind unter anderem ein koreanisches Restaurant und chinesische sowie indonesische Restaurants untergebracht. Außerdem sind folgende Fast Food-Ketten vertreten: *KENTUCKY FRIED CHICKEN, PIZZA HUT* und *MCDONALDS.*
Für Freunde der **chinesischen Küche** gibt es in der Jl. Pemuda 72 gutes, aber teures Essen im *PHOENIX.*
*NEW BIMA,* Jl. Pahlawan 102, ist ein riesiges Lokal mit Life Musik. Speisekarte mit Fotos. Andere preiswertere chinesische Restaurants in der Gegend Jl. Pasar Besar und in der Jl. Sudirman.
Die **Küche aus Ost-Java** wird in den folgenden Restaurants serviert:
*TAMAN SARI INDAH,* Jl. Taman Apsari 3 - 5.
*RUMAH MAKAN RIA,* Jl. Kombes Pol M. Duryat 5.
*METRO SIMPANG RESTAURANT,* vor dem gleichnamigen Hotel in der Jl. Tunjungan, Ecke Jl. Pemuda.
Frische **Kuchen**, Croissants und Pizza bekommt man in der *GRANADA BAKERY,* Jl. Pemuda, Ecke Jl. Sudirman; **Eiscreme** im italienischen Stil gibt es im *ZAGRANDI ICE CREAM PALACE* um die Ecke in der Jl. Yos Sudarso und im Tunjungan Plaza 1, 4. Stock.
*SWENSEN'S ICE CREAM,* Jl. Basuki Rahmat 16 - 18, und in der Surabaya Mall, ist ein weiteres Eiscafé im amerikanischen Stil.

## UNTERHALTUNG

**VERGNÜGUNGSPARKS** - Einen Abend (Fr, Sa, Di, Do) kann man im **Taman Hibunan Rakyat (THR),** dem Vergnügungspark von Surabaya an der Jl. Kusuma Bangsa, verbringen. Besonders am Sonnabend ist hier viel los.
Dominiert wird der THR von dem gigantischen Shopping Complex *SURABAYA MALL,* über dessen Architektur man geteilter Meinung sein kann. Der Eingang zum THR befindet sich hinter der Surabaya Mall (250 Rp, Sa 500 Rp Eintritt) und führt zum Ludruk Theater, einem Kino und zu verschiedenen Restaurants. Man sollte rechtzeitig hingehen, denn ab 22.00 Uhr macht langsam alles dicht. Viele Vorführungen beginnen um 20.00 Uhr.
Sehenswert ist das für Surabaya typische Ludruk-Theater, bei dem alle Rollen von Männern gespielt werden - ein Volksvergnügen, bei dem es so laut zugeht, daß die Dialoge in den letzten Reihen nicht mehr verstanden werden. Karten kosten zwischen 200 und 500 Rp.
Außer Theater gibt es auch Tanzaufführungen, Live-Musik von sentimentalen Schnulzen bis zu harter Rockmusik. Mit Bemo E ab Jl. Sumatra (300 Rp).
Südlich vom THR liegt der **Taman Remaja**, ein kleinerer Vergnügungspark für Kinder. Sa und So treten Rockgruppen auf, Eintritt je nach Gruppe bis zu 1500 Rp.
Am Abend bauen entlang der Jl. Kusuma Bangsa Straßenhändler ihre Martabak-Stände auf.

**DISCOS** - Zahlreiche Discos und Nachtclubs bieten für jeden etwas.
*TOP TEN,* im Tunjungan Plaza, ist vor allem am Wochenende gut besucht.
*BLUE SIXTEEN BAR & NIGHTCLUB*, Jl. Pemuda 10, ist nicht so voll.
*TIFA* ist eine Disco Im Hyatt Bumi Hotel.
*ATOM DISCOTHEQUE,* Pusat Perbelanjaan Pasar Atom, Jl. Waspada.
*STUDIO EAST DISCOTHEQUE*, Anhika Plaza, Jl. Simpang Dukuh 38 - 40.
*PARADISE DISCOTHEQUE,* Surabaya Indah, Jl. Embong Malang 33 - 37.

## EINKAUFEN

Surabaya ist ein Einkaufsparadies; Textilien, Schuhe, Brillen, Uhren, Unterhaltungselektronik, CDs und Kassetten bekommt man hier sehr günstig. Überall sind auch die internationalen Modemacher vertreten. Zudem ist die Atmosphäre merklich entspannter als z.B. in Singapore.

**SHOPPING CENTRES** - das größte Angebot findet man in den *TUNJUNGAN PLAZA 1* und *2, SURABAYA PLAZA, SURABAYA MALL, INDO PLAZA* u.a., wo man sich nach Singapore versetzt fühlt. In den Konsumpalästen aus Marmor und Glas gehen vor allem Chinesen ihren liebsten Freizeitbeschäftigungen nach - Einkaufen und Essen.
*SURABAYA PLAZA* an der Jl. Pemuda, ist ein Renomierstück. Ein riesiges, supermodernes Einkaufszentrum, angeblich das größte von ganz Südostasien, mit diversen Restaurants und großem Freizeit- und Unterhaltungsangebot.

**AUSRÜSTUNG** - für Bergtouren in Ost-Java sollte man schon in Surabaya einkaufen.
*SIOLA,* Jl. Tunjungan 1, ist ein Department-Store. Hier gibt es Erdnußbutter, getrocknete Früchte, viele exotische Konserven (wiegen zuviel) und manchmal sogar deutsches Schwarzbrot in Dosen, jahrelang haltbar, aber nicht billig.
In einem *Toko Plastik* am Markt, wenige hundert Meter östlich der Jl. Tunjungan, oder im *SUPERMARKT METRO,* Jl. Tunjungan 101, Plastikschnur und Plastikplanen (anstatt Zelt) besorgen. Planen werden am laufenden Meter verkauft, ab 400 Rp pro Meter. Für eine Person sollten 5 - 6 m reichen, um von unten und oben gegen Nässe zu schützen.

**JEANS** - aller Fabrikate gibt es in der „Straße der Jeans" gegenüber vom Sarinah Department Store in der Jl. Tunjungan.

**SUPERMARKTKETTEN** - im *SIOLA* (Jl. Tunjungan), *NAM* (neben Sarkies Hotel, Jl. Tunjungan) und *GELAEL* gibt es ein breites Angebot an frischen und konservierten Lebensmitteln, das auch westliche Produkte umfaßt.

**SOUVENIRS** - bekommt man in der Jl. Urip Sumoharjo und anderen Einkaufsstraßen. Eine große Auswahl von Bildern, Silber- und Messingarbeiten im *SARINAH,* Jl. Tunjungan 7, oder im *KUNDADAS ART SHOP* in der Nr. 97. Chinesisches Porzellan im *BALI ART SHOP* gegenüber vom Hyatt Bumi Hotel.

## SONSTIGES

**AMERICAN EXPRESS** - *P.T. PACTO,* Majapahit Hotel, Jl. Tunungan 65, tel 43351.

**AUTOVERMIETUNG** - *GLOBE RENT A CAR,* Jl. Basuki Rahmat 147, tel 511552, vermietet Autos mit und ohne Fahrer.

**GELD** - Die Zentrale der *BANK NEGARA INDONESIA* in der Jl. Pemuda 36. *BANK DAGANG NEGARA,* Jl. Tunjungan 39, tel 40710. *BANK NIAGA,* in der Nr. 47, tel 43537 - in dieser Straße weitere Banken.
*DEUTSCHE BANK* hat eine Filiale in der Jl. Basuki Rahmat 141, tel 41289, 40907.
*BCA (Bank Central Asia),* Jl. Tunungan 51 oder Jl. Veteran 26, zahlt Bargeld gegen Vorlage von Visa- und Mastercard.
*BANK DUTA,* Jl. Pemuda 12.
**Money Changer**, die zu schlechteren Kursen wechseln, am Airport, außerdem *PASOPATI,* Jl. Urip Sumoharjo 21, tel 44200.

**IMMIGRATION** - Jl. S. Parman 58A, tel 815515.

**INFORMATIONEN** - Das regionale *TOURIST INFORMATION OFFICE* liegt zentral in der Jl. Pemuda 118, 200 m vom Gubeng Bahnhof.
In der Jl. Darmokali 35 befindet sich das *EAST JAVA TOURIST DEVELOPMENT BOARD,* tel 575503/04, geöffnet Mo - Do von 7.00 - 14.00, Fr bis 11.00 und Sa bis 13.00 Uhr. Hier bekommt man die exakten Termine der Feste und Feiertage sowie der Stierrennen auf Madura.

**MEDIZINISCHE VERSORGUNG** - Das katholische Krankenhaus *RUMAH SAKIT V.A. PAULO,* Jl. Diponegoro 51, tel 67562, ist modern ausgestattet. Hier arbeiten einige deutsche und deutschsprechende Ärzte und Schwestern.

**POST / TELEFON** - Das Hauptpostamt in der Jl. Kebon Rojo nahe Jembatan Merah / Jl. Veteran ist selbst eine Sehenswürdigkeit. Ansonsten gibt es ein weiteres Postamt etwas versteckt neben dem Taman Apsari in der Jl. Pemuda.

Internationale Gespräche in den Wartel (Telephone Offices), Jl. Garuda 4, Jl. Kapuas 51 und Jl. Veteran 1.

**PHPA** - Jl. Kutisari Selatan 13 / 39.

**VORWAHL** - 031.

## NAHVERKEHRSMITTEL

Spaziergänge durch die verkehrsreichen Straßen von Surabaya sind kein Vergnügen, und sie zu überqueren endet nicht selten in einem abenteuerlichen Hindernislauf durch den endlosen Strom von Motorrädern und Autos, denn Fußgängerüberwege sind selten.

**BECAK** - die inzwischen aus dem Stadtzentrum verbannt worden sind, kosten etwa 500 Rp pro km.

**BEMO / MIKROLET** - *(Angkutan Kota)* kosten im Stadtgebiet 300 Rp. Sie fahren auf 42 festgelegten Routen, haben aber keine festen Haltestellen. Sie sind mit Buchstaben bzw. Buchstaben und Zahlenkombinationen gekennzeichnet. Man kann vor dem Einsteigen nach dem Fahrtziel fragen und sich mit Hilfe eines Stadtplanes orientieren.

**STADTBUSSE** - *(Bis Kota)* haben feste, gekennzeichnete Haltestellen. Die 11 Linien verkehren auf den Hauptstraßen in Nord-Süd-Richtung vom Bungurasih Busbahnhof über Zoo - Tunjungan Shopping Centre - westliches Ende der Jl. Pemuda - GPO zum Jembatan-Merah-Busbahnhof oder zum Tanjung Perak Hafen.
Es gibt zwei Ausführungen:
*Patas* kosten 300 Rp und sind etwas schneller, da sie seltener halten, als *Tata* und die Doppeldecker (200 Rp).

**TAXEN** - können überall angehalten werden. Einschaltgebühr 800 Rp und weitere 450 Rp für jeden weiteren Kilometer.

## TRANSPORT

**BUSSE** - Die meisten Busse fahren vom neuen **Bungurasih** Terminal ab. Er liegt 15 km südlich der Stadt, nahe der Jl. Jen. A. Yani, zu erreichen mit Damri-Bus Nr. 2 und Stadtbus C oder E (300 Rp).

Busse nach KUDUS, TUBAN und BOJONEGORO fahren ab **Jembatan Merah Terminal.**
Expressbus-Gesellschaften haben ihre Büros im Bungurasih Terminal, Tickets können im voraus in diversen Reisebüros in der Stadt gekauft werden.
**Preisbeispiele** für Express- und Nachtbusse (angegeben ist jeweils der non-ac sowie der VIP-Preis; ac-Buspreise liegen jeweils dazwischen): BANYUWANGI 5000 / 7500 Rp, 6 1/2 Std., SINGARAJA 8500 / 13 500 Rp, DENPASAR 9500 / 15 000 Rp, MATARAM 14 500 / 21 500 Rp, BIMA 27 000 / 40 000 Rp, SAPE 28 000 / 41 000 Rp, SEMARANG 9000 / 14 000 Rp, MAGELANG 9000 / 14 500 Rp, SOLO / YOGYA 6500 / 10 500 Rp, CIREBON 13 000 / 21 000 Rp, BANDUNG 16 000 / 25 000 Rp, JAKARTA 19 000 / 30 000 Rp.
**Preisbeispiele** für Busse im Nahverkehr: MALANG 1350 - 2000 Rp, 2 Std., PANDAAN 700 Rp, PROBOLINGGO 1500 - 2500 Rp, 2 Std., BANYUWANGI 4500 Rp, 6 1/2 Std., JEMBER 2900 - 5000 Rp, MADIUN 2500 Rp, 3 Std., PACITAN 4200 Rp, BLITAR 2600 Rp, SINGOSARI 1100 Rp, PURWOSARI 900 Rp, KEDIRI 2000 Rp, TULUNGAGUNG 2500 - 3000 Rp, KAMAL 750 Rp, PAMEKASAN 2500 Rp, SUMENEP 3300 Rp, KALIANGET 3500 Rp.
Die langsamen Tagbusse nach Banyuwangi legen in Probolinggo und Situbondo längere Pausen ein. Ist man in Eile, sollte man nur Teilstrecken fahren und jeweils umsteigen.

**MINIBUSSE** - Einige Reiseunternehmen fahren tgl. mit komfortablen Minibussen (Liegesitze, ac) in verschiedene Städte bis zur gewünschten Adresse:
*TIMBUL JAYA,* Jl. Wiratno 31, Kenjeran, tel 317868, und Jl. May. Jend. Sungkono 125, tel 573124, 573675, nach SOLO und YOGYA, ac 12 000 / 13 000 Rp, 8.00, 10.00, 11.00, 16.00, 20.00 und 22.00 Uhr.
*PRIAVENTURE* und *ROSALIA INDAH,* Jl. Basuki Rahmat 72, tel 513672, und Jl. Perak Timur 192, tel 293376, mehrmals tgl. nach SOLO, YOGYA, BANDUNG, BOGOR und JAKARTA.
*TOURIST INFORMATION OFFICE,* Jl. Pemuda 118, organisiert Minibusse für Fernstrecken, z.B. YOGYAKARTA für 13 000 Rp. Man wird im Hotel abgeholt.
*BAMBOE DEN* organisiert ebenfalls Minibusse z.B. YOGYA / SOLO für 16 000 Rp (Abfahrt

9.00 und 22.00 Uhr) oder DENPASAR 25 000 Rp (Abfahrt 19.00 Uhr).

**EISENBAHN** - Es gibt vier verschiedene Bahnhöfe in der Stadt, Wonokromo im Süden, Gubeng im Zentrum, Kota im Norden und Pasar Turi im Westen.

**Richtung Solo - Yogyakarta - Bandung - Jakarta** fahren Züge ab Kota oder Gubeng (tel 40080) über Wonokromo.

**Richtung Semarang - Cirebon - Jakarta** fahren Züge ab Pasar Turi (tel 45014).

**Richtung Malang, Purwokerto, Banyuwangi** fahren Züge ab Kota über Gubeng und Wonokromo.

BANDUNG (ca. 13 Std.) 20 000 - 48 000 Rp (Mutiara Selatan) bzw. 7000 - 17 000 Rp (Ekspres Siang).

BANYUWANGI (ca. 7 Std.) 3500 - 7000 Rp (Mutiara Timur Siang oder Malam).

BLITAR (ca. 5 1/2 Std.) häufig über Kertosono oder Malang 2000 - 2500 Rp nur 3. Kl.

JAKARTA, ab Gubeng Bhf., 12.00 Uhr, 13 500 Rp, 3. Klasse, 15 Std., über YOGYAKARTA, bis Bhf. Pasar Senen;
ab Gubeng Bhf., 15.45 Uhr, 68 000 Rp, Bima, 13 Std., über YOGYA, bis Bhf. Gambir;
ab Pasar Turi Bhf., 16.30 Uhr, 51 000 Rp, Mutiara Utara, 12,5 Std., über SEMARANG, bis Bhf. Gambir;
ab Pasar Turi Bhf., 17.30 Uhr, 17 000 Rp, 2. Kl., 13 Std., über Semarang, bis Bhf. Pasar Senen.

MALANG (ca. 2 1/2 Std.) häufig einfache Züge für 1400 Rp.

SEMARANG (ca. 7 Std.) 3x tgl. zwischen 3100 Rp (Cepat 3. Kl.) und 23 000 - 48 000 Rp (Mutiara Utara).

YOGYAKARTA (ca. 7 Std.) 8x tgl. zwischen 3700 Rp (3. Kl.; Purbaya) und 51 000 Rp (1. Kl. Bima).

**FLÜGE** - Der Flughafen Juanda liegt 16 km südlich vom Stadtzentrum.

Es gibt einen Taxi-Service zwischen Flughafen und Stadtzentrum für 7500 Rp. Ein Schalter in der Ankunftshalle verkauft die entsprechenden Coupons. Im Flughafengebäude sind zudem ein Postamt, eine Bank und ein Tourist Information Center untergebracht.

Von der Hauptstraße, etwas mehr als 1 km vom Flughafen entfernt, fahren Bemo in die Stadt.

**Adressen der Airlines:**

*BOURAQ*, Jl. Panglima Sudirman 70, tel 42383.
*BRITISH AIRWAYS,* Jl. Panglima Sudirman 70, tel 521621.
*CATHAY PACIFIC,* Hyatt Bumi Hotel, tel 45052.
*GARUDA*, Jl. Tunjungan 29, tel 40480.
*KLM,* World Trade Center, Jl. Pemuda, tel 515096.
*LUFTHANSA,* Hyatt Bumi Hotel, tel 516355.
*MERPATI*, Surabaya Plaza, tel 516040.
*MANDALA*, Jl. Raya Diponegoro 49, tel 66473.
*SEMPATI,* Hyatt Bumi Hotel, tel 516746.
*SINGAPORE AIRLINES,* Tunjungan Plaza, tel 512345.
*THAI*, Jl. Sudirman 72, tel 40861.
*UTA,* World Trade Center, Jl. Pemuda, tel 519200.

**Preisbeispiele** (ohne Mehrwertsteuer):
BALIKPAPAN 193 000 Rp (MZ, BO, SG),
BANJARMASIN 128 000 Rp (MZ, BO, SG),
UJUNG PANDANG 183 000 Rp (MZ, MDL, SG),
DENPASAR 79 000 Rp (MZ, BO, SG),
MATARAM 93 000 Rp (MZ, SG),
MAUMERE 231 000 Rp (MZ, BO),
KUPANG 267 000 Rp (MZ, BO),
WAINGAPU 191 000 Rp (MZ, BO),
AMBON 362 000 Rp (MZ, MDL),
BIAK 537 000 Rp (MZ),
JAKARTA 121 000 / 161 000 / 184 000 Rp (MDL, SG, BO, GA),
MANADO 369 000 Rp (MZ, BO, SG),
BANDUNG 128 000 Rp (MZ, BO),
SEMARANG 59 000 Rp (MZ, SG),
SOLO 49 000 Rp (MZ),
YOGYAKARTA 53 000 Rp (MZ).

Mandala (MDL) und Sempati (SG) bieten verschiedene Flüge zu Sonderpreisen an.

**SCHIFFE** - Surabaya ist der günstigste Ort, um Verbindungen nach Ost-Indonesien zu bekommen.

Eine Reise mit neuen Pelni-Schiffen ist ein angenehmes Erlebnis, da sie (noch) sauber und gut ausgestattet sind, s.S. 64 ff.

*PELNI*, Jl. Pahlawan 112, tel 293347, 293403, fax 21043. Tickets für Touristen gibt es auch hinter dem Schalter, so daß man sich das Anstehen ersparen kann. Auch am Busbahnhof werden Tickets für die Pelni-Schiffe verkauft.

Die **KM. Kambuna** fährt 2x im Monat nach Nord-Sulawesi und über Jakarta nach Medan (Belawan).

Die **KM. Rinjani** fährt alle 2 Wochen über Süd-Sulawesi und die Molukken nach Irian Jaya und über Jakarta zur Ostküste Sumatras.
Die **KM. Kerinci** fährt 2x im Monat über Süd-Sulawesi und die Molukken nach Nord-Sulawesi und über Jakarta nach Medan.
Die **KM. Awu** fährt 2x im Monat über Bali und Sumbawa nach Nord-Sulawesi.
Die **KM. Kelimutu** fährt alle 2 Wochen über Bali nach Nusa Tenggara und nach Banjarmasin.
Die **KM. Tidar** fährt jede Woche über Sulawesi nach Ost-Kalimantan.
Die **KM. Tatamailau** fährt alle 4 Wochen über Nusa Tenggara und die Süd-Molukken zur Südküste Irians und nach Kalimantan.
Die **KM. Sirimau** fährt 2x im Monat über Lombok nach Sulawesi und nach Kalimantan.
Die **KM. Umsini** fährt alle 2 Wochen nach Nord-Sulawesi und an die Ostküste Sumatras.
Die **KM. Dobonsolo** fährt alle 2 Wochen über Timor und Ambon nach Irian Jaya.
Die **KM. Leuser** fährt alle 2 Wochen nach Süd- und Ost-Kalimantan und nach Sulawesi.
Die **KM. Bukit Raya** fährt alle 2 Wochen nach Süd-Kalimantan und nach Süd-Sulawesi.
12x monatlich hat man eine regelmäßige Schiffsverbindung nach UJUNG PANDANG. Fahrzeit beträgt ca. 24 Stunden.
**Preisbeispiele** (Ekonomi / 1. Kl., Fahrtdauer - Durchschnittswerte können wetterabhängig abweichen - jeweils kürzeste Route inkl. Anlegen):
MEDAN 80 000 / 290 000 Rp (70 Std.),
JAKARTA 27 000 / 89 000 Rp (20 Std.),
UJUNG PANDG. 34 000 / 127 000 Rp (24 Std.),
MANADO 87 000 / 327 000 Rp (86 Std.),
TAHUNA 140 000 / 570 000 Rp (7 Tage),
BANJARMASIN 29 000 / 91 000 Rp (20 Std.),
BALIKPAPAN 44 000 / 155 000 Rp (26 Std.),
NUNUKAN 110 000 / 443 000 Rp (5 Tage),
AMBON 68 000 / 257 000 Rp (64 Std.),
JAYAPURA 134 000 / 508 000 Rp (8 Tage),
MERAUKE 141 000 / 682 000 Rp (9 Tage),
BENOA 20 000 / 79 000 Rp (20 Std.),
KUPANG 78 000 / 270 000 Rp (77 Std.).

**Segeltörns** auf Pinisi-Schonern werden von *P.T. WISATA*, Jl. Tanjung Priok 6, tel 291633, angeboten. Sie befahren die traditionellen Routen - vor allem nach Lombok und Flores, aber auch nach Kalimantan und auf die Molukken.

## Gunung Bromo

*Von allen Vulkanen Ost-Javas wird der Bromo (2392 m) am meisten besucht. Die einmalige Kulisse des Sandmeers, des Vulkankegels und der umliegenden Gebirgslandschaft mit ihren Gemüsegärten an steilen Hängen ist ohne stundenlange Klettertouren erreichbar. In der abgeschiedenen Bergwelt leben die Tengger. Als die hinduistischen Herrscher Ost-Javas vor dem sich ausbreitenden Islam nach Bali flohen, zog sich die einfache Bevölkerung in die Berge zurück, wo sie noch heute weitgehend eigenständig ihre hinduistischen Traditionen bewahrt hat. Das gesamte Bromo-Semeru-Massiv ist ein Nationalpark (58 000 ha).*

Die übliche Anreise zum Bromo erfolgt von Nordosten über **Probolinggo** und **Ngadisari** (Eintritt 1550 Rp). Hier oben kann es recht kalt werden, vor allem am frühen Morgen. Zwar gibt es in den Losmen dicke Decken, aber für den Aufstieg vor Sonnenaufgang sollte man schon einen dicken Pullover oder eine Jacke dabeihaben. Mit einer Taschenlampe findet man den Weg auch ohne Führer. Oder man folgt den kleinen Pferden der Tengger, die am frühen Morgen mit zahlungskräftigen Touristen auf dem Rücken zum Krater trotten.

Von Ngadisari fahren Jeeps für 1000 Rp hinauf nach **Cemoro Lawang** am Rand des Sandmeers. Zu Fuß braucht man etwa 45 - 60 Minuten (3 km). Von dort sind es weitere 30 - 45 Minuten bis zum Kegel. Der Weg ist mit weißen Markierungen auf den Steinen gekennzeichnet. Der übliche Preis für ein Pferd zum Bromo und zurück beträgt etwa 10 000 Rp. Faszinierend ist die Landschaft um den Bromo bei Sonnenaufgang - gutes Wetter vorausgesetzt, wenn die Vulkankegel und das graue Sandmeer in rötliches Licht getaucht sind. Die Sonne geht je nach Jahreszeit zwischen 4.30 und 5.30 Uhr auf, so daß man am besten schon kurz vor 3.00 Uhr von Ngadisari losgeht.

Wem die Landschaft gefällt, der kann einige Tage in dem angenehmen Ort bleiben und weitere Wanderungen kreuz und quer durch das Sandmeer unternehmen. Es ist gefährlich, den inneren Krater zu umrunden. Der hinter der Treppe noch einen halben Meter breite Fußpfad verengt sich nach 2/3 des Weges (im Uhrzeigersinn) auf Fußbreite. Teilstrecken kann man nur auf der brüchigen, verwitterten Lava rutschend bewältigen. Außerdem strömen giftige Gase aus, durch die man bewußtlos werden kann - abgesehen von den Schwefeldämpfen, die ständig die Lunge reizen. Sehr lohnend ist die Wanderung weiter Richtung Süden.

## ÜBERNACHTUNG

**PROBOLINGGO** - der Ort hat nichts Besonderes zu bieten:
*VICTORIA***, Jl. Suroyo 1, anspruchslos.
*HOTEL RATNA**-****, Jl. Sudirman 94, etwas besser.
*MAJU JAYA***, Jl. Siaman 70, ca. 50 m von der Hauptstraße, alle Zi mit Mandi, WC und Fan, nicht schlecht.
*HOTEL BROMO PERMAI II**-******, Jl. Panglima Sudirman 237.

**NGADISARI** - Besser ist es, die Planung so einzurichten, daß man bis zum Abend diesen Ort erreicht. 2 km unterhalb von Ngadisari liegt an der Straße:
*YOSCHI'S GUESTHOUSE*-**** (auch Bungalows), Jl. Wonokerto 1, tel 0335/23387, inkl. Frühstück, mit heißer Dusche, schönem Garten und Restaurant (gute Kartoffelgerichte; das Guesthouse wird von Uschi, einer Deutschen, geführt), bei Travellern beliebt, gemütlich eingerichtet und sauber. Yoschi's wechselt Geld (auch TC), akzeptiert Kreditkarten, organisiert Touren und Jeeps und gibt Infos zu Wanderungen in der Umgebung.
*BROMO HOMESTAY*-***, Jl. Wonokerto 5.

**CEMORO LAWANG** - Man kann von Ngadisari die steile Straße weiter hinaufgehen bzw. -fahren oder sogar -reiten (3 km). Dort steht das *HOTEL BROMO PERMAI*-***** direkt am Kraterrand. Normalerweise sind hier Reisegruppen untergebracht. Sind keine da, bekommt man einigermaßen preiswerte Zimmer, außerdem Schlafsaal, Studentenermäßigung möglich.
Weitere billige Unterkünfte wenige Meter unterhalb, direkt an der Straße:
*LAVA CAFE**, akzeptabel und gutes Essen.
*CEMARA INDAH*-*****, die teuren Zi mit Heißwasser, gutes Restaurant.

**SUKAPURA** - 25 km von Probolinggo, auf dem Weg nach Ngadisari:
*GRAND BROMO HOTEL*, eine Luxusherberge mit Restaurant und Bar, Pool, Tennisplätzen, Konferenzraum usw.

**TOSARI** - nordwestlich von Ngadisari, zu erreichen über Pasuruan:
*BROMO COTTAGES* (US$60), luxuriöse Bungalows in phantastischer Hanglage.

## FESTE

Im 12. Monat des Tengger-Kalenders findet am Bromo das große **Kasodo-Opferfest** statt. Dem Feuergott Brama, der im Krater des noch aktiven Vulkans lebt und der Unheil wie auch Segen über die Landschaft und die Menschen bringen kann (zuletzt war der Bromo 1980 aktiv, der letzte große Ausbruch ereignete sich 1842), opfert man in einer farbenprächtigen Zeremonie Reis, Früchte und Blumen, die in den Krater geworfen werden.
Im Februar wird in den Tengger-Dörfern die **Karo-Zeremonie** begangen, um die Erschaffung der Menschen durch Sang Hyang Widhi zu feiern. Priester besuchen die Familien in ihren Häusern, wo ein zeremonielles Festmahl stattfindet. Zum Beginn des Festes tanzen die Männer in traditioneller Kleidung überlieferte Tänze - *Tari Sodor*. Anschließend werden verehrte Erbstücke *(Pusaka)* gesegnet.

## TRANSPORT

Mit einem Bus oder Zug nach PROBOLINGGO. Busse ab MALANG 1700 / Patas 2600 Rp,

90 km, 2 1/2 Std., SURABAYA 98 km, 1700 / 1900 Rp (Express 6000 Rp), und BESUKI 58 km, 1100 Rp. Von BANYUWANGI / KETAPANG auf der Nordroute (via Situbondo) 190 km, 4 1/2 Std., 3500 Rp. Ab SITUBONDO 1800 Rp, 2 1/2 Std. Von JEMBER via LUMAJANG 106 km, 2 Std., 1600 / Patas 2600 Rp.

Zwischen Bahnhof, Busbahnhof (etwa 3 km) und Minibus Station verkehren Becak. Minibusse nach NGADISARI kosten 1500 Rp, 2 Std. Manchmal sind die kleinen Fahrzeuge total überladen - 20 Leute und mehr mit Gepäck sind keine Seltenheit, und es scheint wie ein Wunder, daß man trotzdem ankommt.

Wer spät abends in Probolinggo ankommt, sollte man keinen Minibus chartern, denn sie verlangen unterwegs plötzlich total überhöhte Preise! Vom Terminal in Ngadisari fahren Jeeps für 1000 Rp zum Hotel Bromo Permai.

Am Bahnhof von Probolinggo kann man die Fahrt nach DENPASAR (Bali) komplett buchen: Zug - Fähre - Bus, ca. 8000 Rp; Abfahrt der Züge 11.30 und 24.00 Uhr.

Expressbusse nach DENPASAR kosten ca. 17 000 Rp. Die am Tourist Office von Ngadisari verkauften Tickets lohnen sich nicht (zu teuer), da man sowieso mit den üblichen Colt und Bussen weiterfährt.

## Banyuwangi

Von **Ketapang**, nördlich der Stadt, Bemo 300 Rp, gehen die Fähren nach Bali ab. Für Touristen hat die Stadt wenig zu bieten. Muß man warten, kann man sich das kleine **Museum Daerah Blambangan**, Jl. Sritanjung, anschauen; am Alun Alun, schräg gegenüber der großen Moschee, Di - So 8.00 - 14.00 Uhr geöffnet. *Bu Nemi,* neben dem Museum, produziert und verkauft Batik Tulis; man kann bei der Herstellung zusehen.

### ÜBERNACHTUNG

*HOTEL BARU*-****, Jl. M. T. Haryono 82, tel 21369, relativ sauber und ruhig, z.T. mit ac, TV und Heißwasser; mit Restaurant gegenüber.

*HOTEL SLAMET*-****, Jl. K. H. Wahid Hasyim 96, tel 24675, sauber, Fan oder ac und TV.

*HOTEL BERLIN BARAT*-***, Jl. M. T. Haryono 92, tel 21323, mit Innenhof.

*HOTEL WISMA BLAMBANGAN*-****, Jl. Dr. Wahidin 4, tel 21598, zentral, z.T. ac und TV.

*HOTEL BANYUWANGI***, Jl. Dr. Wahidin 10, relativ saubere Zi mit Mandi, einige mit ac, renovierungsbedürftig; kleiner Garten und Restaurant.

*HOTEL BAKTI**, Jl. Jen. Sudirman 115, tel 21129, einfach, aber akzeptabel; kleine Zi mit Fan und Mandi, meist mit Fenster zum Flur bzw. zum Innenhof.

*HOTEL ANDA**, Jl. Basuki Rahmat 34, tel 24441, Zi nur z.T. mit eigenem Mandi und Fan.

*MANYAR GARDEN HOTEL* (US$9 - 54), Jl. Gatot Subroto 110, tel 24741, fax 24742, schöner, großer Garten; in Ketapang, 1 km südlich des Fährhafens, 7 km nördlich vom Zentrum Banyuwangis.

*KUMALA HOTEL**-*****, Jl. A. Yani 21 B, tel 23287, in einer ruhigen, schmalen Seitenstraße; saubere, helle Räume, nett eingerichtet, Mandi und Fan oder ac, TV, Tel, Heißwasser, Badewanne und Kühlschrank, inkl. Frühstück, mit Cafeteria.

*PINANG SARI HOTEL**-*****, Jl. Basuki Rahmat 116, tel 23266, ruhig, sauber und z.T. nett eingerichtet, mit Fan und Mandi oder ac, TV, Heißwasser, Badewanne und Kühlschrank; schöner Garten und Restaurant, 2 km nördlich vom Zentrum.

### ESSEN

*SUZY RESTAURANT,* Jl. Pattimura 21, sehr gutes chinesisches Essen und Seafood.

### SONSTIGES

**GELD** - Die *BANK NEGARA INDONESIA,* Jl. Banterang 46, wechselt cash und TC verschiedener Währungen.

**INFORMATIONEN** - ein kleines *TOURIST OFFICE* befindet sich in der Jl. Diponegoro 2, tel 24761, schräg gegenüber der Hauptpost, geöffnet Mo - Do 7.00 - 14.00, Fr bis 11.00, Sa bis 13.00 Uhr; hier bekommt man in der Regel gute Infos und einen Stadtplan.

**PHPA** - Das Büro des Amtes für Naturschutz befindet sich in der Jl. Jen. A. Yani 108, tel 44119.

**POST** - *KANTOR POS,* Jl. Diponegoro 1, geöffnet Mo - Do und Sa 8.00 - 14.00 Uhr, Fr bis 11.00 Uhr.

**TELEFON** - *KANTOR TELKOM,* Jl. Dr. Sutomo 69 - 71, tel 21000, fax 61299, tgl. 24 Std. geöffnet; vom Kantor Pos um die Ecke.
Einen ähnlichen Service bieten einige Wartel:
*WARTEL JATI RAYA,* Jl. Jen. Sudirman 83, geöffnet tgl. 7.00 - 23.00 Uhr.
*WARTEL NUSANTARA,* Jl. Basuki Rahmat, am Minibus Terminal Blambangan, tgl. 24 Std. geöffnet.
Ein Wartel liegt auch am Fährhafen in Ketapang.

**VORWAHL** - 0333.

## NAHVERKEHRSMITTEL

**BECAK** - Für einen Kilometer Fahrt bezahlt man etwa 500 Rp.
**DOKAR** - Pferdekutschen kosten etwa 500 Rp pro km; sie verkehren aber nicht im Zentrum.

**MINIBUS** - die gelben Minibusse im Stadtverkehr (Angkutan Kota), auch einfach als *Lin* bezeichnet, kosten 300 Rp *jauh/dekat* (egal wie weit).
Sie fahren ab Blambangan Terminal, 1 km nördlich vom Zentrum, auf diversen Routen, z.B.: **Lin 6** zum Fährhafen oder Bahnhof in Ketapang, 8 km nördlich vom Zentrum;
**Lin 1 und Lin 2** zum Bus Terminal Brawijaya, 3 km südlich vom Zentrum;
**Lin 3, Lin 4 und Lin 5** zum Bahnhof Argopuro, 5 km westlich vom Zentrum.

**OJEK** - Motorrad-Taxen, bei denen man auf dem Rücksitz mitfährt, treten meist nachts an die Stelle der Becak; sie kosten ungefähr 2000 Rp von der Blambangan Minibus Station zur Brawijaya Bus Station im Süden der Stadt.

## TRANSPORT

**BUSSE** - Fernbusse mit Zielen im Süden von Ost-Java fahren ab **Brawijaya** Bus Station, 3 km südlich vom Zentrum.
Fernbusse auf der Nordroute, z.B. nach SURABAYA oder YOGYAKARTA, fahren ab Fährhafen Ketapang, 8 km nördlich vom Zentrum. Büros von Ticket-Agenten findet man am Fährhafen auf der gegenüberliegenden Straßenseite. Nach YOGYA fahren sie gegen 18.00 Uhr, 25 000 / ac 29 000 Rp.
PROBOLINGGO via Situbondo (Nordroute) 3000/3500 Rp, 190 km, 4 1/2 Std.; JEMBER 1900 Rp, 3 1/2 Std., 120 km; SITUBONDO 1700 Rp, 2 Std.; PASIR PUTIH 2000 Rp; SURABAYA 5000 Rp, 290 km, 6 1/2 Std.
Die normalen Tagbusse nach Surabaya legen lange Pausen in Situbondo und Probolinggo ein, die nach Malang in Jember und Probolinggo. Besser ist es nur Teilstrecken zu fahren und jeweils umzusteigen; die Javaner machen es auch so.

**EISENBAHN** - Es gibt 2 Bahnhöfe in Banyuwangi: **Argopuro**, 5 km westlich vom Zentrum, und **Banyuwangi Baru**, 8 km nördlich vom Zentrum in Ketapang, 300 m vom Fährhafen.
Ab Banyuwangi Baru:
YOGYAKARTA, 5.05 Uhr, 14,5 Std., 3. Kl. 7000 Rp; SURABAYA, 8.00 Uhr, 7 Std., Klas Bisnis 7000 Rp, über PROBOLINGGO, 4 3/4 Std., 6000 Rp; JEMBER, 8.40 Uhr, 6 Std., 3. Klasse 900 Rp; PROBOLINGGO, 13.10 Uhr, 5 1/2 Std., 3. Kl. 2100 Rp;
SURABAYA, 21.00 Uhr, 7 Std., 3500/7000 Rp, über JEMBER, 2 1/2 Std., 2700/6000 Rp, und PROBOLINGGO, 4 1/2 Std., 2700/6000 Rp.

**FÄHREN NACH BALI** - Der Fährhafen ist in Ketapang, 8 km nördlich der Stadt. Fähren fahren rund um die Uhr bis zu 16x tgl. im Abstand von 1 bis 3 Std.
Einheitspreis 650 Rp, Kinder bezahlen 450 Rp, Motorrad 1800 Rp, Auto: 8900 Rp; inkl. Versicherung und eine Gebühr für das Betreten des Hafens.

# BALI

*„Heute hat nahezu jeder von Bali gehört. Für einige ist die Insel gerade in - eines der vielen Reiseziele der Welt - andere verbinden mit dem Namen dunkelhäutige, gut gebaute Mädchen, Kokospalmen, wogende Wellen und allerlei romantische Vorstellungen, die ein Südsee-Insel-Paradies kennzeichnen."*

*Dieses ist kein Zitat aus einem aktuellen Reiseprospekt, sondern wurde bereits vor über 50 Jahren von Covarrubias geschrieben (und von uns frei übersetzt). Als zu jener Zeit die Insel von sonnenhungrigen Weißen entdeckt wurde, begann die zweite Kolonisierung. Zuvor hatten bereits die Holländer das Land unterworfen und ausgebeutet.*

*Zuerst kamen wenige - es gab nur zwei Hotels in Denpasar. Einige Maler ließen sich in Ubud nieder und entwickelten unter dem Einfluß der einheimischen Künstler einen eigenen Stil. Plötzlich, im Zeitalter des Massentourismus, landeten ganze Flugzeugladungen mit Fremden, die in tropisch-exotischer Ferne ihren Urlaub verbringen wollten. Kunst nun für Touristen statt für Tempel, Begräbniszeremonien mit Touristenrummel - von den bekannten Folgen des Fremdenverkehrs blieb auch Bali nicht verschont. In den Restaurants von Sanur, Kuta und Nusa Dua zahlt man heute für ein Essen das Monatseinkommen eines Balinesen. Kuta und Legian Beach sind von Budget-Travellern erobert und von Pauschaltouristen in Besitz genommen worden - hier, in „Klein-Australien", herrscht Jahrmarktstimmung, und das Shopping scheint sich zur vordringlichsten Betätigung entwickelt zu haben. Immer neue Strände werden erschlossen: Nusa Dua für Pauschaltouristen, Candi Dasa für Traveller.*

*Doch inzwischen ist man sich der Gefahren bewußt, die der Tourismus mit sich bringt. Deshalb unterliegen fast alle touristischen Entwicklungen einer Kontrolle durch die staatliche Bali Tourist Development Corporation. Ballungen von Touristenhotels beschränken sich auf wenige Orte im Süden Balis, regelrechte Touristenenklaven. Um Kunst und Kultur zu erhalten und zu fördern, sind von der Regierung Kunst- und Tanzschulen und ein Religionsinstitut eingerichtet worden. Tanz-, Musik- und Kunstwettbewerbe halten den Standard hoch. Andererseits bringen Touristen das nötige Geld, das zur Finanzierung der kostspieligen Zeremonien und Feste und zur Restaurierung von Tempeln und Altertümern verwendet werden kann.*

*Obwohl täglich Dutzende klimatisierter Luxusbusse voll mit neugierigen und fotografierwütigen Urlaubern auf den wenigen asphaltierten Straßen durch die Dörfer rauschen, bleibt der größte Teil der Insel doch weitgehend von Touristen verschont. Und wenn die Ausflügler abends in die Urlaubszentren zurückkehren, findet man in den Dörfern unverfälschtes balinesisches Leben. Nach einigen Tagen kennt man die Männer auf der Straße, die liebevoll ihre Kampfhähne pflegen, wird zu Tanz und Tuak eingeladen, kann an Feiern und Tempelfesten teilnehmen. Es scheint selbstverständlich, daß Besucher aus dem fernen Europa beispielsweise zu einer Hochzeitsfeier eingeladen werden, schließlich wollen sie doch das Leben der Balinesen kennenlernen - wozu hätten sie sonst die lange Reise unternommen? Und nach einiger Zeit werden die Dorfgeräusche vertraut, das Hundegebell, der Rhythmus des Gamelan-Orchesters und das Lachen der Kinder. Wer so Bali entdeckt, wird die Insel und ihre Menschen lieben lernen.*

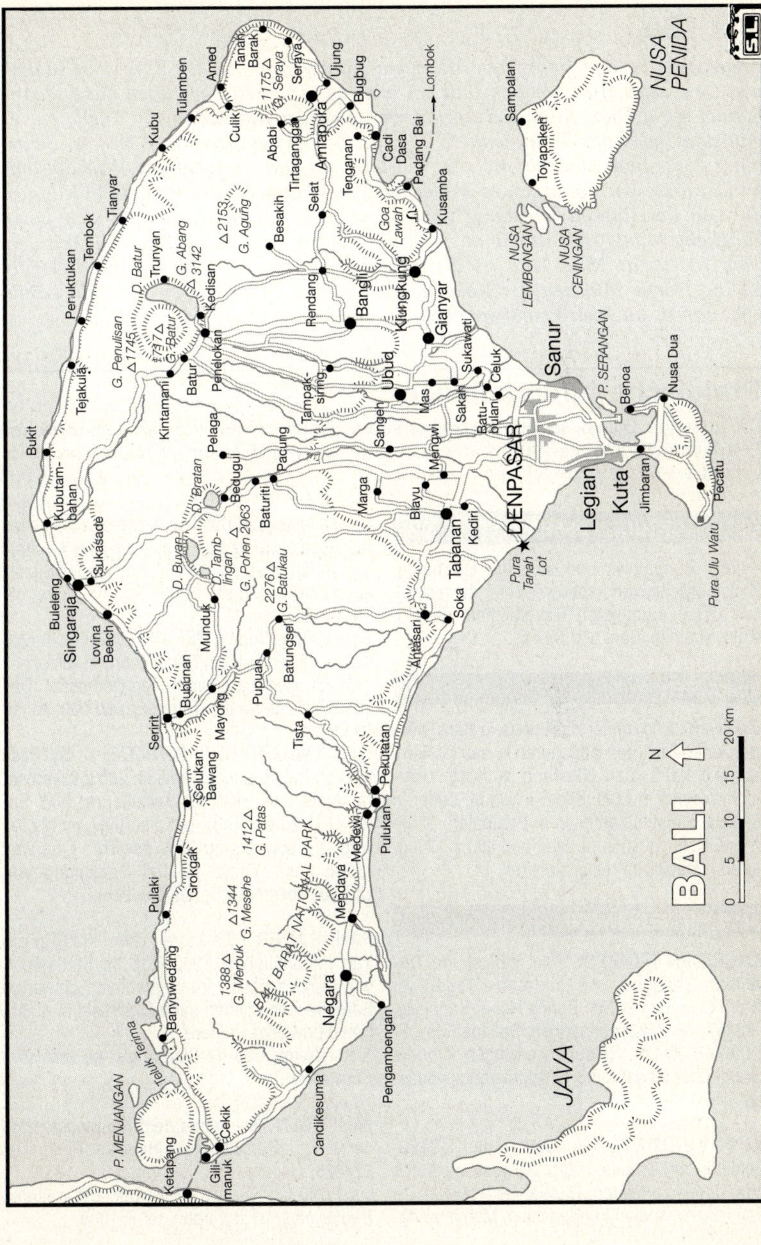
BALI
JAVA
NUSA PENIDA
NUSA LEMBONGAN
NUSA CENINGAN
P. MENJANGAN
P. SERANGAN
Teluk Terima
BALI BARAT NATIONAL PARK
Gilimanuk
Ketapang
Cekik
Candikesuma
Pengambengan
Negara
Mendaya
Medewi
Pulukan
Pekutatan
Banyuwedang
Pulaki
Grokgak
Celukan Bawang
Seririt
Bubunan
Mayong
Munduk
Lovina Beach
Singaraja
Buleleng
Sukasada
Kubutambahan
Bukit
Tejakula
Peruktukan
Tembok
Tianyar
Kubu
Tulamben
Amed
Culik
Tanah Barak
Seraya
Ujung
Bugbug
Amlapura
Ababi
Tirtaganga
Cadi Dasa
Padang Bai
Lombok
Tenganan
Kusamba
Goa Lawah
Selat
Besakih
Rendang
Bangli
Klungkung
Gianyar
Sukawati
Celuk
Ubud
Tampaksiring
Mas
Sakah
Batubulan
Sanur
DENPASAR
Legian
Kuta
Jimbaran
Benoa
Nusa Dua
Pecatu
Pura Ulu Watu
Pura Tanah Lot
Kediri
Tabanan
Blayu
Marga
Mengwi
Sangeh
Pacung
Baturiti
Bedugul
Pelaga
Kintamani
Batur
Penelokan
Kedisan
Trunyan
Sampalan
Toyapakeh
Soka
Antasari
Batungsel
Pupuan
Tista
D. Batur
D. Bratan
D. Buyan
D. Tamblingan
G. Batur 1717
G. Abang 3142
G. Agung 2153
G. Penulisan 1745
G. Seraya 1175
G. Pohen 2063
G. Batukau 2276
G. Patas 1412
G. Mesehe 1344
G. Merbuk 1388
N
0 5 10 15 20 km

# Süd-Bali

*Angelockt von den tropischen Stränden, wohnen die meisten Touristen südlich von Denpasar. Hier, wo sich Bali am meisten verändert hat, liegen die Badeorte Sanur, Nusa Dua, Kuta und Legian wie auch der Internationale Flughafen. Es gibt alles, was das Touristenherz begehrt: billige oder luxuriöse Hotels, Swimming Pools und Souvenirgeschäfte, Restaurants und Unterhaltung. Nur einsame Sandstrände wird man kaum entdecken. Im Westen überwiegen steile Klippen, die von der starken Brandung umspült werden. Im Osten dehnen sich unzugängliche Mangrovensümpfe aus. Bis auf die trockene Halbinsel Bukit mit dem Touristenresort Nusa Dua ist die fruchtbare Ebene im Süden dicht besiedelt. Kleine Dörfer inmitten der Kokoshaine und Reisfelder prägen das Bild - Bali, wie man es aus den Fremdenverkehrsprospekten kennt.*

## Praktische Informationen

Die meisten Bali-Besucher verbringen ihre Zeit in einem der südbalinesischen Touristenorte. Da die Entfernungen nicht groß sind, hier ein paar praktische Informationen, die ganz Süd-Bali betreffen.

### ÜBERNACHTUNG / ESSEN

Hotels, Bungalows und sonstige Übernachtungsmöglichkeiten haben wir unter den einzelnen Orten aufgelistet. Desgleichen Restaurants, Kneipen, Bars und Discos.

### EINKAUFEN

Man vergleiche immer die Preise in den Touristenzentren mit den Angeboten in den Dörfern. Günstig kauft man Kleidung in Kuta, Holzschnitzereien in Mas, Bilder in Ubud, Leder in Bedulu, Steinmetzarbeiten in Batubulan, Silber in Celuk, Antiquitäten, Lontar und Ikat in Klungkung ... Details im regionalen Teil.

### ALLGEMEINE HINWEISE

**AMERICAN EXPRESS** - bei Verlust von Travellers Cheques und anderen Fragen ist *PACTO* im Grand Bali Beach Hotel, Sanur, tel 288247, der Ansprechpartner. Geöffnet Mo - Fr 8.00 - 16.00 Uhr. Geldüberweisungen *(MoneyGram)* über dieses Büro funktionieren zuverlässig.

**AUTOVERMIETUNG** - Außer den US$60-Schlitten mit Chauffeur gibt es günstige Autos oder Jeeps zu mieten. Die Fahrer brauchen einen internationalen Führerschein. Man muß dabei mit folgenden Durchschnittspreisen rechnen (günstigere Preise, mietet man sie eine Woche): VW Safari Jeep ca. 35 000 Rp, großer Suzuki Jeep oder Kijang ca. 45 000 Rp, mit Fahrer ca. 10 000 Rp mehr.

Eine Gruppe von vier bis acht Unternehmungslustigen kann sich ein Bemo chartern. Empfiehlt sich vor allem bei abendlichen Dorffesten. Das kostet mit Fahrer pro Tag bis zu 60 000 Rp ohne Benzin.

*BALI CAR RENTAL SERVICE,* Jl. By Pass Ngurah Rai, Sanur, tel 288550, 288359, vermietet Jeeps und PKW für Selbstfahrer (VW Safari US$ 25 pro Tag), bei mehrtägigem Mieten wird Discount bis zu 25% gewährt. One way rental nach Yogya ist bei Bezahlung von US$100 ebenfalls möglich (s.S. 218).

**FAHRRÄDER** - Sie kosten etwa 3000 Rp pro Tag (Mountainbike 5000 Rp). Im Stadtgebiet von Denpasar nicht zu empfehlen. Schwierige Bergstrecken können samt Drahtesel in einem Bemo bewältigt werden.

Zum Thema *Bali by Bicycle* gibt es von *Hunt Kooiker* ein Buch.

**IMMIGRATION** - neben dem Hauptpostamt in der Jl. D. I. Panjaitan, Niti Mandala, Renon, tel 227828. Geöffnet Mo - Do von 8.00 - 13.00, Fr bis 11.00 Uhr, Sa bis 12.00 Uhr. Ein weiteres *Kantor Imigrasi* im Airport, tel 751038.

**KONSULATE** - einen **deutschen Honorarkonsul** findet man in Sanur in der Jl. Pantai Karang 17, tel 288535, fax 288826. Mit etwas Glück ist er Mo - Fr von 8.00 - 12.00 Uhr zu erreichen.
**Schweizer Konsularagentur**, die auch für Österreich zuständig ist, in Legian hinter dem *SWISS RESTAURANT*, Jl. Pura Bagus Taruna, tel 751735, fax 754457. Geöffnet Mo - Fr 9.00 - 13.00 Uhr.
Im **australischen Konsulat**, Denpasar, Jl. Raya Sanur 146, tel 235092, fax 231990, geöffnet Mo - Fr 8.00 - 13.00 Uhr, sollen Visa für Australien erhältlich sein.

**KRIMINALITÄT** - Von dem Geld, das in Bali umgesetzt wird, versuchen natürlich auch weniger ehrliche Mitmenschen etwas abzubekommen: Zimmer werden aufgebrochen, in den Bemo verschwindet schnell etwas aus einer Tasche, und im Schutz der Dämmerung ist man am Strand plötzlich um eine Kamera erleichtert.
**Verluste und Diebstähle** bei der Polizei in Kuta an der Straße Richtung Airport kurz hinter der Kreuzung, tel 751598, melden, die Englisch spricht und ein Protokoll verfaßt.
Wir warnen ausdrücklich vor **Drogen** - auch Marihuana und *Magic Mushrooms*, es sei denn, man möchte länger bleiben als geplant - im Gefängnis nämlich.

**MEDIZINISCHE VERSORGUNG** - Öffentliche **Krankenhäuser** *(Rumah Sakit Umum)* genießen nicht den besten Ruf. Nur die Notaufnahme in Sanglah wurde durch eine großzügige japanische Spende modernisiert und mit den neuesten medizinischen Apparaten ausgestattet.
*R.S.U. SANGLAH,* Jl. Kesehatan Selatan 1, Denpasar, tel 227911.
*R.S.U. WANGAYA,* Jl. Kartini 109, Denpasar, tel 222141.
Ausweichmöglichkeit sind die **Privatpraxen**. Sie kosten zwar mehr Geld, sind aber besser.
*R.S.U. MANUABA*, Jl. Cokroaminoto 28, Denpasar, tel 226393. Privatklinik, gut und teuer.
*DR. I.K. RINA,* Jl. Hayam Wuruk 71, Denpasar, tel 234185. Internist mit einer guten Privatklinik.
*R.S.U. DHARMA HUSADA*, Jl. Sudirman 50, Denpasar, tel 227560. Hier arbeiten Malaria-Spezialisten.
*DR. INDRA GUIZOT,* Jl. Pattimura 19, Denpasar, tel 222445, hilft bei Zahnschmerzen. Sprechstunde Mo - Fr 17.00 - 21.00 Uhr, telefonische Anmeldung ab 10.00 Uhr.
*DR. ALEX HOSTIADI,* Jl. Veteran 29, Denpasar, ein Frauenarzt, praktiziert Mo - Fr 16.30 - 18.30 Uhr.
Im Ernstfall sollte man versuchen, nach Singapore auszufliegen, wo es ausgezeichnete Krankenhäuser gibt. Krankentransporte mit Hubschrauber oder Flugzeug werden durchgeführt von: *P.T. BALI TOURIST INTERNATIONAL ASSIST*, Jl. Hayam Wuruk 40, Denpasar, tel 228996; *P.T. GATARI HUTAMA AIR SERVICE*, tel 751011.

**MOTORRÄDER** - An sich bieten sie eine ausgezeichnete Möglichkeit, das Land kennenzulernen, wenn sie nur nicht so laut und luftverpestend wären. Man kommt überall hin, sofern man sich von wildgewordenen Dorfkötern und Schlaglöchern oder schlammigen Straßen nicht abhalten läßt.
Die ersten Erfahrungen im Umgang mit Zweirädern sollte man möglichst nicht im Straßenverkehr in Denpasar und im übervölkerten Süd-Bali sammeln.
Wer keinen internationalen Motorradführerschein hat, muß (laut Polizei) den balinesischen Führerschein erwerben (s.u.). Eine Kaskoversicherung, die sich oft als notwendig erweist, kostet pro Woche 10 000 Rp.
Maschinen von 100 cc oder 125 cc gibt es vor allem Jl. Gajah Mada in Denpasar und in den Touristenzentren zu mieten. Sie kosten um 8000 / 10000 Rp pro Tag.
Benzin kostet 700 Rp pro Liter. Im Landesinneren gibt es nicht viele Zapfsäulen, zudem ist dort das Benzin wesentlich teurer (bis 1000 Rp).
Vor Vertragsabschluß sollte man die Maschine bei einer Probefahrt durchchecken. In Indonesien besteht Helmpflicht. Zur Sicherheit kann man Handschuhe und eine Brille tragen. Trotz abkühlendem Fahrtwind ist die Wirkung der starken Sonneneinstrahlung nicht zu unterschätzen!
Vorsicht ist am Batur geboten, wo an der Hauptstraße schon viele Motorradfahrer überfallen wurden.

**NACKTBADEN** - ist per Gesetz verboten. Wer dabei erwischt wird oder in Badekleidung außerhalb der Strände herumläuft, kann mit bis zu 2 Jahren und 8 Monaten Gefängnis bestraft werden.

**POLIZEI** - einen Motorradführerschein (s.o.) beantragt man bei der Verkehrspolizei *(Komdak*

*Lalu Lintas)* in Denpasar in der Jl. Supratman. Man benötigt einen Guide, meist ein Losmenbesitzer oder der Motorradverleiher. Die Prüfung selbst kostet 12 000 Rp. Insgesamt muß man mit etwa 35 000 Rp für Prüfung, Guide, Paßbilder, ein Tag Motorradmiete und Versicherung rechnen. Geöffnet Mo - Sa 8.00 - 12.00 Uhr. Für allgemeine Verkehrsprobleme ist das Office in Denpasar in der Jl. Gajah Mada zuständig. Wer ein Motorrad mieten will, kann sich die dort ausgehängten Bilder von verunglückten Touristen anschauen - nahezu tgl. geschieht ein Unfall.
Wegen anderer Probleme (Diebstahl u.ä.) zur nächsten Polizeistelle, die zumeist 24 Std. geöffnet sind.
In Denpasar: Jl. Diponegoro 10, tel 234928, oder Jl. Jend. A. Yani, tel 225456.

**SCHLIESSFÄCHER** - Wertsachen sollten weder unbewacht im Zimmer bleiben noch an den Strand mitgenommen werden. Falls in der Unterkunft kein Safe zur Verfügung steht, ist ein gemietetes Schließfach bei einer der zahlreichen Banken oder einem Money Changer eine sichere Alternative. Sie kosten pro Monat 10 000 Rp.

**TÄNZE** - Kecak- und Ramayana-Tänze werden auf verschiedenen Bühnen und in den großen Touristenhotels aufgeführt.
Tickets für Tanzveranstaltungen in anderen Dörfern sind in allen Touristenzentren erhältlich. Im Preis ist der Transport eingeschlossen, da abends keine Bemo fahren.
Mit einem eigenen Fahrzeug fährt man besser selbst zu den Bühnen, wo es die Tickets wesentlich billiger gibt:
**Kecak-Tanz**: Ayodya Pura in Denpasar, Jl. Raya Sanur 130, tgl. 18.00 - 19.00 Uhr; im Art Center tgl. 18.00 - 19.00 Uhr; in Padang Tegal, Ubud, So 19.00 Uhr, 5000 Rp.
**Legong-Tanz**: Sa 19.30 Uhr, Tebesaya, Pura Dalem Puri, bei Ubud (in großem Rahmen, trotzdem empfehlenswert!), 5000 Rp.
**Barong und Kris-Tanz**: Tgl. um 9.00 Uhr in Batubulan, 5000 Rp - viele Touristenbusse.
**Trance-Tanz, Feuertanz und Kecak**: So, Mo, Mi und Fr um 19.00 Uhr im Dorftempel von Bona, 5000 Rp, inkl. Transport.
In Ubud finden fast tgl. weitere Tanzveranstaltungen in kleinerem Rahmen statt.

**VORWAHLEN** - Südbali, mit Denpasar, Kuta, Sanur, Nusa Dua, Tabanan, Gianyar, Ubud und z.Zt. (1994) auch noch Candi Dasa - 0361.
Singaraja (Lovina) - 0362,
Amlapura - 0363, Lombok - 0364,
Negara - 0365, Klungkung, Bangli - 0366.

## TOUREN

*SOBEK EXPEDITIONS*, Jl. By Pass Ngurah Rai 56X, Sanur, tel 287059, 289448, fax 289 448; und *BALI ADVENTURE TOURS*, Jl. Tunjung Mekar, Legian, Kuta, tel 751292, fax 754 334, bieten tgl. abenteuerliche **Schlauchbootfahrten** von 2 1/2 Std. (11 km) durch die Schluchten und über die Stromschnellen des Yeh Ayung, nordwestlich von Ubud, zu buchen auch durch Travel Agents. Eine insgesamt gut organisierte Tour mit erfahrenen, sicherheitsbewußten Guides, inkl. Transport vom Hotel zum Fluß und zurück, Mahlzeiten und Getränke und Ausrüstung etc. US$57 (56) p.P.
Nachteil: Die Balinesen, die ihren Badeplatz an der Schlauchboot-Strecke haben, werden in ihrer Privatsphäre gestört.
Beide Veranstalter haben außerdem noch andere ebenso gut organisierte Touren in ihrem Programm: Kajak-Fahrten (US$58 / 56), Mountain Biking (US$45 / 49), Trekking (US$42 / 40).

## TAUCHEN

Für Tauchgänge und -kurse, die vor allem im Norden und Osten der Insel durchgeführt werden, wende man sich an:
*BALI MARINE SPORTS*, Jl. By Pass Ngurah Rai, Sanur, tel 289308, fax 287872.
*ENA DIVE CENTER*, Jl. Pangembak 7, Sanur, tel 287134, fax 287945.
*DIVE & DIVE'S*, Jl. By Pass Ngurah Rai 23, Sanur, tel 288052, fax 289309.
*BARUNA WATER SPORT*, Jl. By Pass Ngurah Rai 300 B, Tuban, tel 753820, fax 753809.
*OCEANA DIVE CENTER*, Jl. By Pass Ngurah Rai 78, Sanur, tel 288892, fax 288652.
Auf Bali gibt es folgende Tauchgelegenheiten:
**Sanur und Nusa Dua** - Nicht das beste Riff Balis, aber fischreich und in Strandnähe; in wenigen Min. mit dem Boot zu erreichen; die Sicht variiert zwischen 8 und 15 m.

*Fotos - Trotz mehrerer Millionen Touristen pro Jahr werden die Tempelfeste auf Bali noch auf traditionelle Art gefeiert*

HERE

**Nusa Penida** - Sehr fischreiche Riffe mit Steilabfällen; zu erreichen über Padang Bai (1 Std.) oder Sanur / Nusa Dua (1 1/2 Std.); Sicht um 15 m, aber starke und zum Teil unberechenbare Strömungen, die unangenehm kalt sein können.
**Padang Bai** - Relativ flache Riffe, 15 Min. mit dem Auslegerboot; Sicht variiert zwischen 6 und 15 m, keine starken Strömungen, aber relativ niedrige Wassertemperaturen.
**Candi Dasa** - Äußerst fischreiche, steil abfallende Riffe und ein Unterwasser-Canyon vor Pulau Tepekong (Pulau Kambing); 1/2 Std. mit dem Boot; Sicht 6 - 20 m, starke Strömungen.
**Amed / Tulamben** - Küstenriffe und ein Schiffswrack, 30 m vor der Küste, sehr fischreich, kaum Strömungen; Sicht 10 - 20 m; das beliebteste und meistbesuchte Tauchziel Balis.
**Pulau Menjangan** - Steil abfallende, zerklüftete Riffe, 30 Min. mit dem Boot von Labuan Lalang; gute Sicht von 25 - 50 m; die Insel Menjangan ist Teil des Bali Barat Nationalparks.

## TRANSPORT

**BUSSE** - Von Denpasar fahren tgl. die Busse mehrerer Companies nach **Java**, oft non-stop bis Jakarta. Weniger strapaziös ist es, den Bus nur bis Surabaya zu nehmen, und von da mit dem Zug weiterzufahren.
Tickets bekommt man in Reisebüros und bei den Busunternehmen, z.B. *BALI CEPAT* oder *BALI INDAH* - Büros in der Jl. Hasanuddin in Denpasar (Abfahrt zwischen 15.00 und 20.00 Uhr). Kostet bis SURABAYA 25 000 Rp (ac), 14 000 Rp (non ac).
Es werden auch günstige, kombinierte Bus-/Bahn-Tickets angeboten, bei denen der Bus nach Gilimanuk, die Fähre nach Ketapang und der Zug in verschiedene Städte Javas im Preis eingeschlossen ist. Infos in Kuta bei *PERAMA TOURIST SERVICE.*
**Preisbeispiele** ac-Busse:
BANDUNG 48 000 Rp, CIREBON 38 000 Rp, BOGOR 56 000 Rp, JAKARTA 62 000 Rp, MALANG 24 000 Rp, SEMARANG 35 000 Rp, YOGYAKARTA 38 000 Rp.
Die meisten Busse nach West-Java fahren zwischen 6.00 und 7.30 Uhr, nach Zentral-Java zwischen 14.30 und 20.00 Uhr und nach Ost-Java zwischen 18.30 und 20.00 Uhr ab. Non-ac Busse sind billiger. MALANG kostet z.B. 16 000 Rp; YOGYAKARTA 24 000 Rp. Weitere Buscompanies in der Jl. Diponegoro und der Jl. Hasanuddin. Abfahrt der Fernbusse von den Büros der Gesellschaften und von der Ubung Station. Näheres über Busse, Minibusse, Bemo und Colt auf Bali siehe unter Denpasar.

**FLÜGE** - Der Flughafen Ngurah Rai, tel 751011, 3 km westlich von Kuta, ist von Denpasar, Sanur und Kuta aus mit dem Bemo oder Minibus für 500 / 700 Rp zu erreichen. Sie fahren allerdings nur die Hauptstraße entlang und halten an der Abzweigung zum Flughafen.
Vor der Ankunftshalle bieten Coupontaxen ihren Service an. Sie fahren alle Touristenzentren der Insel an und haben eine aktuelle Preisliste ausliegen, z.B. nach Ubud 34 000 Rp.
Airport Tax: 20 000 Rp für Auslandsflüge, 7700 Rp für Inlandsflüge.
Büros der **Fluggesellschaften**:
*GARUDA*, Jl. Melati 61, Denpasar, tel 227825, geöffnet Mo - Fr 7.30 - 16.45, Sa, So und Feiertag 9.00 - 13.00 Uhr; Filialen im Grand Bali Beach Hotel, Sanur Beach Hotel, Nusa Dua Hotel und Kuta Beach Hotel. Rückbestätigung und Reservierung (24 Std. tgl.) unter tel 235169 und 234606, besser jedoch sich etwa 1 Woche vor Abflug die Buchungsbestätigung schriftlich geben zu lassen.
*MERPATI*, Jl. Melati 51, Denpasar, tel 235358, 235557, fax 231962, geöffnet tgl. 7.30 - 21.00 Uhr; Reservierung und Rückbestätigung telefonisch tgl. 24 Std.
*BOURAQ*, Jl. J. Sudirman 7A, Denpasar, tel 223564, 263978, geöffnet tgl. 8.00 - 18.00 Uhr.
*SEMPATI*, Grand Bali Beach Hotel, Sanur, tel/fax 288823.
Die folgenden Airlines haben Büros im Grand Bali Beach Hotel, Sanur, und sind tgl. außer So und Feiertag von 8.00 - 16.30 Uhr mit unterschiedlichen Mittagspausen geöffnet:
*CATHAY PACIFIC*, tel 288576, fax 253942,
*CONTINENTAL*, tel/fax 287775,
*KLM*, tel 287 576, fax 287460, *LUFTHANSA*, tel/fax 287 069, *MAS*, tel 288716,
*QANTAS*, tel 288333, fax 287331,
*SINGAPORE AIRLINES*, tel 287940, 288124, fax 287176,
*THAI*, tel 288063.

*Fotos - Auf Bali und Lombok locken die Strände zahlreiche Touristen an; oben: Blick von Gili Air (Lombok) auf Bali; unten links: schwarzer Strand in Ost-Bali; unten rechts: Pangandaran*

Während der Hochsaison (Juli, August und um Weihnachten) sind viele Flüge bereits frühzeitig ausgebucht.
**Preisbeispiele Inlandsflüge**:
UJUNG PANDANG 136 000 Rp (MZ),
JAKARTA 195 000 Rp (GA, MZ, BO, SG),
AMBON 291 000 Rp (GA, MZ),
MATARAM 43 000 Rp (MZ, SG),
SUMBAWA 81 000 Rp (MZ),
BIMA 125 000 Rp (MZ),
SURABAYA 79 000 Rp (GA, MZ, BO, SG),
RUTENG 184 000 Rp (MZ),
KUPANG 200 000 Rp (GA, BO, MZ),
ENDE 196 000 Rp (MZ),
LABUANBAJO 176 000 Rp (MZ),
MAUMERE 181 000 Rp (BO, MZ),
YOGYAKARTA 104 000 Rp (GA, MZ, SG),
WAINGAPU 160 000 Rp (BO, MZ),
(alle + 10% MwSt).

**SCHIFFE** - Fähren nach **Java** stündlich ab GILIMANUK 650 Rp.
Busse ab Denpasar 3000 Rp. Regelmäßige Fähren nach **Lombok** ab PADANG BAI, Minibus / -Bus ab Denpasar 2500 / 2000 Rp.
8 Schiffe tgl., zwischen 1.00 und 22.00 Uhr alle 3 Std. Fahrzeit 4 Std., Preise: VIP (ac) - Erwachsener 8725 Rp, Kind 4700 Rp; Ekonomi - Erwachsener 4800 Rp, Kind 2500 Rp; PKW 32 000 Rp, Motorrad 6000 Rp.
Der eigentliche Hafen von Bali ist Benoa, südlich von Denpasar. Aber auch von Buleleng (Singaraja) fahren in unregelmäßigen Abständen Schiffe z.B. nach Nusa Tenggara.
Ein privates Unternehmen fährt tgl. 8.30 und 14.30 Uhr (2 Std.) mit der schnellen, komfortablen Mabua Express (ac, 248 Liegesitze) von Benoa nach Lembar, Lombok (1. Kl.: US$25, 2. Kl.: US$17,50):
*P. T. MABUA INTAN EXPRESS,* Benoa Harbour, tel 772370, 772521, fax 772370.
*PELNI*, Jl. Pelabuhan, Benoa, tel/fax 728962.
Pelnis *KM. Kelimutu* und *KM. Awu* legen auf ihren Routen nach **Nusa Tenggara**, **Sulawesi** und **Kalimantan** in Benoa an. Weitere Informationen s.S. 64 ff.
**Preisbeispiele** (1. Kl. / Ekonomi):
UJUNG PANDANG 146 000 / 36 000 Rp,
BIMA 84 000 / 22 000 Rp,
BITUNG 448 000 / 111 000 Rp,
SURABAYA 79 000 / 20 000 Rp,
TAHUNA 491 000 / 121 000 Rp.

## Denpasar

*Größte Stadt (300 000 Einwohner) und seit der Unabhängigkeit Hauptstadt der Insel. Sie vereint eigentlich all das, was man sich unter Bali nicht vorstellt - der ständige Lärm laut knatternder Suzukis, Hondas und Bemo, die kreuz und quer durch das Einbahnstraßenlabyrinth der Stadt kurven - Hektik und der über allem liegende Abgasgestank. Um Denpasar kommt man nicht herum, denn hier befinden sich die Banken, Büros der Fluggesellschaften, Geschäfte, Busbahnhöfe und im Notfall auch Krankenhäuser und die Polizei. Billiger und angenehmer als in der Stadt wohnt es sich allerdings in den Losmen am Strand von Kuta, Legian, Sanur oder anderen Orten Süd-Balis.*

Trotz alledem lohnt das **Bali Museum** eine Fahrt nach Denpasar. Es wurde 1932 von Holländern im traditionellen balinesischen Stil der Tempel und Paläste erbaut. Die Ausstellungsstücke vermitteln einen guten Überblick über die Entwicklung der Kunst von prähistorischer Zeit bis heute. Besonders schön ist die Sammlung von Tanzmasken. Das Museum liegt am östlichen Puputan-Platz. Geöffnet: tgl. 8.00 - 17.00 Uhr, Fr bis 15.30 Uhr, Mo geschlossen.

Direkt neben dem Bali Museum steht der Tempel **Pura Jagatnata**. Er ist der obersten hinduistischen Gottheit Ida Batara Sang Hyang Widhi Wasa gewidmet, dessen goldene Statue im Tempel zu sehen ist.

Einen längeren Besuch ist auch das **Werdi Budaya Art Center** an der Jl. Bayusuta (Jl. Sanur, Ecke Jl. Nusa Indah) wert, ca. 1 1/2 km östlich vom Museum. Eine schöne Anlage mit viel Grün, kleinen Teichen, Ausstellungsräumen und ei-

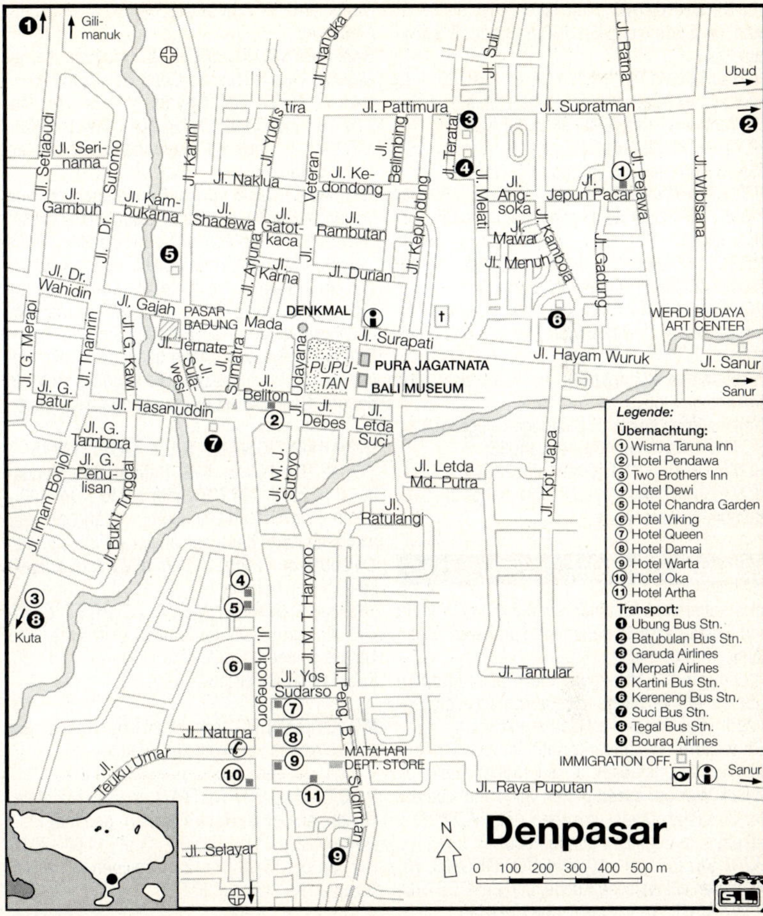


ner großen Bühne, auf der Tänze aufgeführt werden. Geöffnet tgl. außer Mo und feiertags 8.00 - 17.00 Uhr.

Auf der Freilichtbühne Ardha Candra werden in Vollmondnächten aufwendige, sehenswerte Aufführungen dargeboten.

## ÜBERNACHTUNG

**AN DER STRASSE RICHTUNG KUTA** - *TWO BROTHERS INN**-****, in einer ruhigen Seitengasse der Jl. Imam Bonjol.

*LOSMEN TAMAN SUCI***, Jl. Imam Bonjol 45, tel 226724, etwas preiswerter.

**DIREKT IN DER CITY** - mehrere Hotels in der Jl. Hasanuddin, allerdings recht laut: *HOTEL PENDAWA**-**** Nr. 4, oder *HOTEL MERTA SARI***, Nr. 24.

*WISMA TARUNA INN**, Jl. Gadung 31, wenige Minuten von Kereneng Station, ist preiswert, aber nicht besonders sauber.

**JL. DIPONEGORO** - Die meisten Hotels findet man im Süden der Stadt (im Stadtteil Sanglah):
*HOTEL DEWI**-****, Nr. 112, tel 226720, Fan oder ac, mit relativ ruhigem Innenhof, einige Restaurant und Rumah Makan in der Nähe.
*HOTEL CHANDRA GARDEN**-*****, (bis US$ 55), Nr. 114, tel 226425, gut, mit Garten.
*HOTEL VIKING**-*****, Nr. 120, tel 223992, 235153, Fan oder ac, liegt ein paar hundert Meter südlich.
*HOTEL QUEEN***, Jl. Yos Sudarso 4, tel 226922, Zimmer mit und ohne Fan.
*HOTEL DAMAI***, Jl. Patih Jelantik, eine Seitenstraße der Jl. Diponegoro, tel 222476, gutes Hotel.
In derselben Seitenstraße befinden sich noch drei andere Hotels.
Weiter südlich an der Jl. Diponegoro liegen u.a.:
*HOTEL OKA***, Nr. 156, tel 234685;
*HOTEL WARTA***, Nr. 129, tel 222518;
*HOTEL ARTHA**-*****, Nr. 131 A, tel 227370, 222804, fan oder ac.

## ESSEN UND TRINKEN

Im Stadtgebiet findet man überall kleine Warung und Restaurants, in denen man preiswert essen kann.
In dem großen Marktgebäude *(Pasar Badung)* gibt es einige billige Restaurants (auch Donuts!). Hier findet ein Nachtmarkt statt.
Ein weiterer Nachtmarkt befindet sich im Norden, am Sportstadion, Jl. Supratman, Ecke Jl. Melati. Wer gut essen gehen will, kann sich auf der Jl. Gajah Mada umsehen. Im *PADANG II* bekommt man gutes Padang Food.
*PURI SELERA*, Nr. 16, und *HONGKONG*, Nr. 99, bieten chinesische Küche, und das*RESTAURANT MADURA* indonesische Gerichte.

## SONSTIGES

**GELD** - Die Wechselkurse der Banken sind oft etwas besser als die der Money-Changer. Beim Vergleichen der Kurse sollte man die Provision und Gebühren nicht vergessen! Öffnungszeiten: Mo - Fr 8.00 - 14.00 Uhr, Sa bis 12.00 Uhr.
*BANK NEGARA INDONESIA 1946*, Jl. Gajah Mada 20, Ecke Jl. Veteran.
*BANK BUMI DAYA*, Jl. Veteran 2.
*BANK DAGANG NEGARA*, Jl. Gajah Mada 3.
*BANK INDONESIA*, Jl. Supratman / Jl. Trijata.
*BANK RAKYAT INDONESIA*, Jl. Dr. Kusuma Atmaja 1.
*BANK EKSPOR IMPOR*, Jl. Udayana 11, tel 223984, vertritt Thomas Cook Reiseschecks.
*BANK DUTA*, Jl. Hayam Wuruk 165, tel 226578, und *BANK INTERNATIONAL INDONESIA*, Jl. Dewi Sartika, sind die Visa-Vertragsbanken.
Will man sich **Geld von zu Hause** nachschicken lassen, dann ist die Bank Duta (fax 224865, telex 235140 DUTADP IA) oder die Bank Bumi Daya die richtige Adresse. Die Vertrauensperson zu Hause schickt ein *Personal Money Transfer* an diese Bank, mit der Reisepaß-Nr. und dem Namen des Empfängers, wie er im Paß steht! Gegen Vorlage desselben bekommt man sein Geld ausgezahlt. Es kann bis zu 4 Wo dauern. Schneller ist es in Jakarta / Singapore.

**INFORMATIONEN** - *BALI GOVERNMENT TOURIST OFFICE*, Jl. S. Parman, Niti Mandala, tel 222387, 226313 geöffnet Mo - Do 7.00 - 14.00, Fr bis 11.00 Uhr, Sa bis 12.30 Uhr. Hier sind eine Karte der Insel, aktuelle Infos und den *Calendar of Events*, in dem alle Feste aufgelistet sind, zu haben.
*BADUNG GOVERNMENT TOURIST OFFICE*, Jl. Surapati 7, tel 223602, hilfreicher und zentral gelegen. Geöffnet Mo - Do 7.00 - 14.00, Fr bis 11.00, Sa bis 13.00 Uhr.

**MOTORRÄDER** - Maschinen von 100 cc oder 125 cc gibt es vor allem Jl. Gajah Mada.

**POST** - HAUPTPOSTAMT in Niti Mandala, Renon, an der Jl. Raya Puputan, geöffnet Mo - Do 8.00 - 20.00 Uhr, Fr 8.00 - 11.00, 14.00 - 20.00 Uhr, Sa bis 15.00 Uhr. Zu erreichen mit einem Bemo ab Kereneng (500 Rp).

**TELEFON** - Telegramm- Telex- und Telefon-Office in der Jl. Teuku Umar 6, Ecke Jl. Diponegoro, im Süden der Stadt. Das Telefon-Office ist rund um die Uhr geöffnet, der Telegramm- und Fax-Schalter Mo - Sa 8.00 - 19.00 Uhr und So 8.00 - 12.00 Uhr.

**VORWAHL** - 0361.

## EINKAUFEN

Die Geschäfte in der **Jl. Gajah Mada** und der **Jl. Thamrin** verkaufen Textilien, Holzschnitzereien und andere (un)brauchbare Souvenirs. In der **Jl. Sulawesi** findet man balinesischen Schmuck, Lederarbeiten und Schneider.

In der **Jl. Kresna** und **Jl. Karna** hinter dem Bali Hotel gibt es Kunstgewerbe und Antiquitäten. Es lohnt sich auch, auf dem Markt **Pasar Badung** nach Mitbringseln zu stöbern.

## NAHVERKEHRSMITTEL

**STADTBEMO** - Innerhalb von Denpasar kostet jede Fahrt mit den dreirädrigen Bemo 300 / 500 Rp. Sie fahren bis ca. 21.00 Uhr im verwirrenden Einbahnstraßensystem auf festgelegten Routen mit Endhaltestellen am Krankenhaus, am Markt, an den Bemostationen und an der Jl. Kartini nahe Jl. Gajah Mada.

## TRANSPORT

**BUSSE** - verkehren nur auf den Hauptstrecken: Gilimanuk - Denpasar - Padang Bai und Denpasar - Singaraja - Gilimanuk, oft zum gleichen Preis wie Minibusse.

**MINIBUSSE, BEMO UND COLT** - (Preise immer vorher bei Unbeteiligten in Erfahrung bringen) fahren von 6.00 - 16.00 / 18.00 Uhr fast jeden Ort der Insel an. Zu späterer Stunde muß man auf den meisten Strecken (außer Denpasar - Kuta bzw. Legian) laufen oder ein Fahrzeug chartern. In Denpasar fahren die Bemo, Busse und Minibusse von verschiedenen Stationen ab.

Hier einige Richtpreise: **Batubulan** (nach Norden und Osten):
UBUD 600 - 1000 Rp, KLUNGKUNG 1000 Rp, BANGLI 1000 Rp, GIANYAR 500 Rp, AMLAPURA 1200 / 1900 Rp, PADANG BAI 1250 Rp, CANDI DASA 1500 Rp, KINTAMANI 1500 Rp, SINGARAJA 2500 / 3300 Rp, KERENENG 500 Rp, UBUNG 750 Rp.

**Kereneng** (nur Nahverkehr):
SANUR 500 Rp, BATUBULAN 500 Rp, UBUNG 350 Rp, TEGAL 300 Rp.

**Ubung** (nach Norden und Westen):
TABANAN 600 Rp, MENGWI 500 Rp, KEDIRI 500 Rp, NEGARA 2000 Rp, GILIMANUK 2500 Rp, SINGARAJA 2500 Rp.

**Suci** (nach Süden): BENOA 500 Rp.

**Kartini**: SANGEH 700 Rp.

**Tegal**: KUTA 600 Rp, LEGIAN 800 Rp, ULUWATU 1200 Rp, Flughafen 700 Rp.

**TAXI** - (mit Taxameter und ac) erreicht man rund um die Uhr bei *PRAJA TAXIS*, Jl. By Pass Ngurah Rai (Blanjong), Sanur, tel 289090 oder 289191.

# Kuta / Legian

*Vor allem für viele Australier ist Bali gleich Kuta. Hier bleibt man unter sich, kann baden und surfen, billig essen und wohnen, von früh bis spät einkaufen, mit dem Motorrad durch die Gegend fahren und sich zum Tagesabschluß bei Bier und heißer Discomusik austoben. Es sind nicht so sehr Globetrotter, sondern meist Urlauber, die sich hier mit gut gefüllter Reisekasse in zwei Wochen die begehrte Sonnenbräune holen.*

Mittlerweile hat sich Kuta am kilometerlangen Sandstrand so weit nach Norden ausgedehnt, daß sich das ehemals ruhige Legian nicht mehr vom turbulenten Kuta unterscheidet. Ähnlich sieht es auch schon im nördlich anschließenden Dorf **Seminyak** aus; sogar bis hinauf nach Canggu und Seseh Beach werden bald so gut wie alle Strände verbaut sein.

Die Legian Street ist über Kilometer mit Geschäften und Restaurants zugebaut. Durch die schmale Einbahnstraße dröhnt ein endloser Strom von Motorrädern, Minibussen, Bemo und Autos.

Da die meisten Losmen in den schmalen Gassen *(Gang)* liegen, zwängt man sich mit dem Motorrad oder Auto selbst hier hindurch und drängt jeden Fußgänger buchstäblich an die Wand. Bereits am frühen Morgen werden die Motorräder voll aufgedreht, um zum Strand zu brausen.

## ÜBERNACHTUNG

Die meisten Unterkünfte in Kuta und Legian sind im balinesischen Stil errichtet, mit ruhigen Innenhöfen und viel Grün.

Neben teuren Hotelanlagen, die sich vor allem in Strandnähe konzentrieren, gibt es auch billigere Losmen. Sie bieten für wenig Geld oft sogar eine Dusche und ein kleines Frühstück.

Um Dieben das Handwerk zu erschweren, sollten die Zimmer immer sicher verschlossen sein.

Bei einem längeren Aufenthalt lohnt es sich, verschiedene Losmen anzusehen.

In der Hochsaison (Juli, August, Dezember) sind viele gute Unterkünfte ausgebucht. Die Taxifahrer am Airport empfehlen gern überteuerte Hotels, bei denen sie eine Provision kassieren können. Wer einfliegt, kann sich bei der Zimmervermittlung im Passagierbereich hinter der Gepäckausgabe über die aktuellen Preise informieren und auch preiswertere Losmen reservieren lassen. Sie verlangen eine Anzahlung von US$10, die mit dem Zimmerpreis verrechnet wird.

Hier einige Losmen und Hotels des Kuta-Legian-Strandes (von Süden nach Norden).

Da es zur Zeit an die 300 Unterkünfte gibt, können wir hier nur eine kleine Auswahl vorstellen:

**KUTA - Jl. Kartika Plaza**: *SARI YASA II***, Gg. Puspa Ayu, tel 752825, in einer Seitengasse, inkl. Frühstück; ruhig, Innenhof mit Garten, Zimmer mit Fan und Open-Air-Bad.

*KARTHI INN* (US$46 - 80), tel 754810, fax 751708, mit Swimming Pool.

*BINTANG BALI HOTEL* (ab US$120), Luxushotel (5 Sterne), nur 5 Min. mit dem Auto vom Flughafen, tel 753 292, fax 753288.

In der Gegend liegen noch weitere preiswerte Losmen, z.B. *DAYU INN***.

**Jl. Bakung Sari** - *JESEN'S INN II****, Gg. Kresek 7, tel 752647, sauber, gepflegt und ruhig; schöner, kleiner Garten. Einen großen Garten und gleiche Preise hat der ebenfalls ruhige *JESEN'S INN III*, tel 755275.

*FLORA BEACH HOTEL* (US$40 - 92), Jl. Bakung Sari 13 A, tel 751870, fax 754227, Pool.

*AGUNG BEACH BUNGALOWS* (US$22 - 42), tel 751263, fax 751264, Zimmer mit und ohne ac, Swimming Pool, Garten.

*NAGASARI BEACH INN****, tel 751960, inkl. Frühstück, Zimmer mit Fan und Heißwasser; mit Garten.

*KUTA VILLAGE INN* (US$30 - 50), tel 753052, fax 753051, Zimmer mit Heißwasser, Fan oder ac; Swimming Pool und Garten.

*KUTA BEACH CLUB* (US$42), tel 751262, fax 751896, mit Pool.

*RAMAYANA SEASIDE COTTAGES* (US$53 - 70), tel 751864, fax 751866, mit zwei Pools.

*WILLY HOMESTAY II* (US$25), Jl. Tegal Wangi, tel 753181, sauber, ruhig gelegen, mit kleinem Pool, Zimmer mit ac und Heißwasser.

**Jl. Pantai Kuta:** Hier gibt es mehrere Losmen, in denen es allerdings recht laut ist: *ANOM DEWI YOUTH HOSTEL***, Jl. Kuta Theatre 6, tel 752292, in einer Seitengasse, einfach.

*YULIA BEACH INN**-*****, Jl. Pantai Kuta 43, tel 751893, fax 751055, Zimmer mit Fan oder ac, z.T. mit Heißwasser.

*Legende:*

**Übernachtung:**

1 Bintang Bali H.
2 Santika Beach H.
3 Bali Dynasty Resort
4 Kartika Plaza H.
5 Dayu Inn
6 Sari Yasa II
7 Adhi Jaya Cottages
8 Bali Garden H.
9 Jesen's Inn II
10 Bakung Sari Inn
11 Karthi Inn
12 Ramayana Seaside Cottages
13 Kuta Beach Club
14 Kuta Village Inn
15 Agung Beach Bungalows
16 Jesen's Inn III
17 Flora Beach H.
18 Nagasari Beach Inn
19 Willy Homestay II
20 Anom Dewi Youth Hostel
21 Yulia Beach Inn
22 Kuta Beach H.
23 Yasa Samudra Bungalows
24 Kodja Beach Inn
25 Poppies Cottages
26 La Walon Bungalows
27 Masa Inn
28 Kedin Inn
29 Lima Satu (51) Cottages
30 Sari Yasa Samudra
31 Jero Padma Homestay
32 Puri Agung Homestay
33 Paradiso Beach Inn
34 Aquarius Star H.
35 Rita's House
36 Berlian Inn
37 Sari Jaya Cottages
38 Mahendra Beach Inn
39 Maharani Beach H.
40 Kuta Seaview Cottage
41 Ronta Beach Inn
42 Puri Beach Inn
43 Mama's
44 Puri Rama Cottages
45 Sanjaya Beach Inn
46 Taman Mekar Beach Inn
47 Barong Cottages
48 Old Poppies Cottages
49 Taman Indah Beach Inn
50 Dewi Ratih Cottages
51 The Bounty H.
52 Bali Sahid Seaside Cottages
53 Rama Palace H.
54 Bali Dwipa II
55 Dewa Bharata Inn
56 Agung Cottages
57 Simpang Inn
58 Alex Beach Inn
59 Angin Laut Inn
60 Bali Dwipa I
61 H. Bendesa
62 Bali Bungalow

**Läden, Restaurants, etc.:**

1 Kuta Seafood R.
2 Bali Seafood R.
3 Buchladen
4 Bali Bagia R.
5 The Pub
6 Casablanca Bar
7 Dayu II R.
8 Buchladen
9 Lenny's R.
10 Suci's R.
11 Made's Warung
12 Poppies R.
13 Perama Tours
14 TJ's R.
15 Nusa Indah R.
16 Tree House
17 Buchladen
18 Peanuts Club
19 The Warehouse
20 Koala Blu
21 Mini R.
22 Hard Rock Cafe
23 The Spotlight
24 Crazy Horse
25 Twice R.
26 Lips Pub
27 Mama's German R.

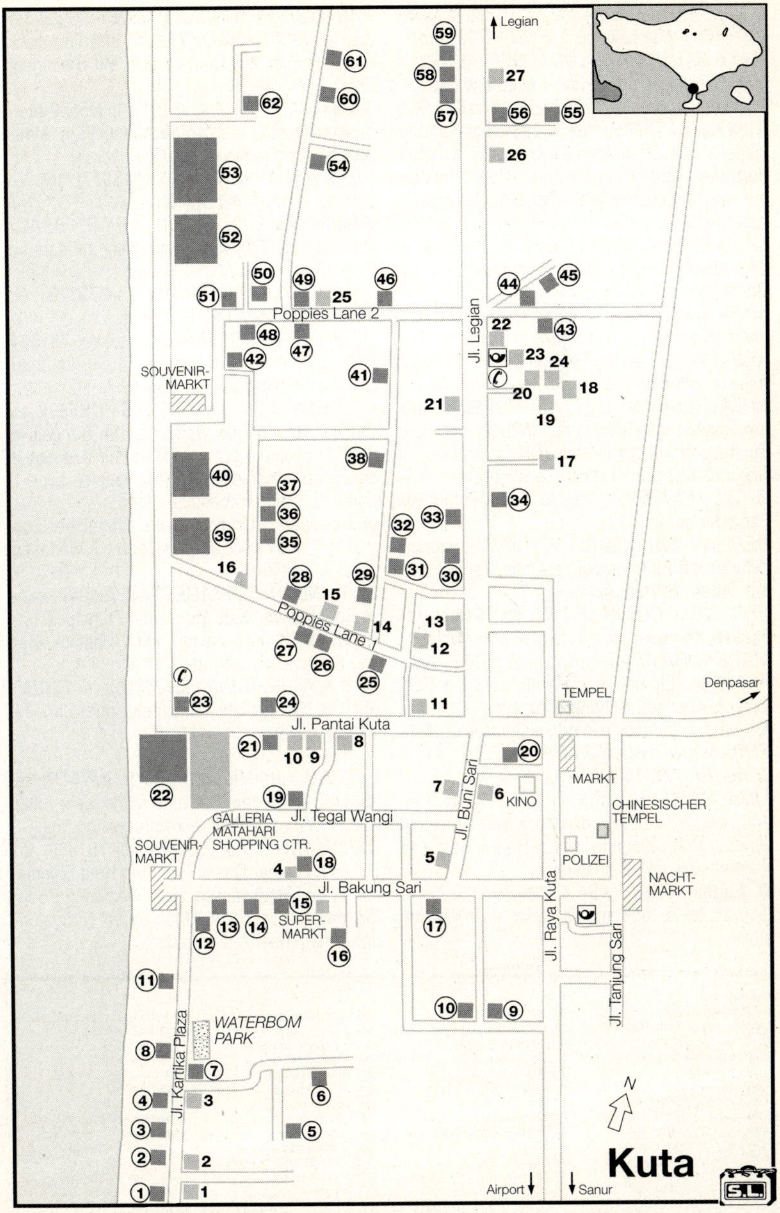
Legian
Poppies Lane 2
Jl. Legian
SOUVENIR-MARKT
Poppies Lane 1
Denpasar
TEMPEL
Jl. Pantai Kuta
MARKT
Jl. Buni Sari
KINO
CHINESISCHER TEMPEL
GALLERIA MATAHARI SHOPPING CTR.
Jl. Tegal Wangi
SOUVENIR-MARKT
POLIZEI
NACHT-MARKT
Jl. Bakung Sari
SUPER-MARKT
Jl. Raya Kuta
Jl. Tanjung Sari
WATERBOM PARK
Jl. Kartika Plaza
N
Kuta
Airport
Sanur
S.L.

*KODJA BEACH INN**-*****, Jl. Pantai Kuta 42, tel 751754, Fan bzw. ac, z.T. mit Heißwasser.

*YASA SAMUDRA BUNGALOWS* (US$21 - 29), tel 751305, am Strand, mit ac und Fan.

**Poppies Lane 1:** *POPPIES COTTAGES* (US$78), tel 751059, fax 752364, komfortable, klimatisierte Bungalows im balinesischen Stil, herrlicher Garten mit schönem Pool (Hotelgäste frei, ansonsten 5000 Rp Eintritt), sauber, guter Service.

*LA WALON BUNGALOWS*****, tel/fax 752-463, hübsch eingerichtete Zimmer mit Fan und Bungalows mit ac, Swimming Pool.

*MASA INN***, Zimmer mit Fan und Dusche, z.T. mit Heißwasser.

*KEDIN INN***, tel 752935, mit Fan und Mandi, ruhig und sauber.

*KUTA SEAVIEW COTTAGE* (US$58 - 86), am Strand, tel 751961, fax 751962, mit Pool, Tennis und viel Luxus, turbulent.

Angenehme Losmen in den Seitengassen:

*RITA'S HOUSE**-****, tel 751760, Zimmer mit Fan oder ac.

*BERLIAN INN* (US$10 - 27), inkl. Frühstück, Zimmer mit Fan oder ac, z.T. mit Heißwasser, mit nettem Garten, sauber.

*SARI JAYA COTTAGES*****, tel 751664, fax 752948, Fan oder ac, mit kleinem Pool, ruhig.

*MAHENDRA BEACH INN***, tel 752371, inkl. Frühstück, Zimmer mit Mandi, z.T. mit Fan, einfach, aber nett, schöner Innenhof.

Ähnlich preiswert sind in derselben Gasse *PURI AGUNG HOMESTAY*** und *JERO PADMA HOMESTAY***.

*LIMA SATU (51) COTTAGES*****, tel 754-944, nettes, kleines, dreistöckiges Hotel mit kleinem Pool, Zimmer mit ac, Heißwasser und Kühlschrank, inkl. Frühstück.

**Jl. Legian:** *SARI YASA SAMUDRA****, Jl. Legian 26, tel 751858, mit Fan oder ac, inkl. Frühstück.

*PARADISO BEACH INN* (US$25 - 35), Jl. Legian 28, tel 752270, fax 753167, inkl. Frühstück, mit Fan oder ac, Heißwasser, mit Swimming Pool.

*MAMA'S***, tel 751994, 751512, in einer Seitengasse etwas weiter nördlich, familiäre Atmosphäre, ruhig, schöner Garten.

*PURI RAMA COTTAGES* (US$37), tel 751 057, fax 751591, mit Swimming Pool.

**Poppies Lane 2:** *TAMAN MEKAR BEACH INN***, tel 752770, einfache Zimmer mit Fan und Frühstück.

*TAMAN INDAH BEACH INN***, tel 753795, ein kleiner Homestay, inkl. Frühstück.

*DEWI RATIH COTTAGES****, tel/fax 751694, kleines Hotel, nett eingerichtet, ruhig und sauber, mit kleinem Pool.

*OLD POPPIES COTTAGES* (US$33), tel 751059, fax 752364; ruhige, große Bungalows mit Fan in einem schönen Garten, Rezeption in den neuen Poppies Cottages, Poppies Lane 1, deren Pool man mitbenutzen kann.

**Jl. Benesari:** Ruhig liegen die zahlreichen Losmen zwischen Poppies Lane 2 und Jl. Benesari, z.B.:

*SARI INDAH COTTAGES**, tel 754047, nahe Jl. Benesari, mit Fan, Mandi und Frühstück.

*LUSA INN***, Jl. Benesari, mit Frühstück, Bad und Fan, sauber und ruhig.

*BALI ANGGREK INN* (ab US$58), tel 751265, fax 751766, großes Luxushotel direkt an der Strandstraße.

**LEGIAN - Jl. Melasti:** *ADY'S INN*-****, tel 753445, hinter dem Souvenir Markt, sehr ruhig, kleiner Garten, etwas renovierungsbedürftig.

*CAMPLUNG MAS* (US$58), tel 751580, fax 751869, in einer Gasse Richtung Kuta, Zimmer mit ac und Heißwasser, zwei Swimming Pools; Zimmerpreis inkl. zwei Mahlzeiten (Frühstück und Mittag- oder Abendessen).

*Legende:*

Übernachtung:

63 Sari Indah Cottages
64 Bali Anggrek Inn
65 Mastapa Garden Cottage
66 Lusa Inn
67 Kuta Jaya Cottages
68 Camplung Mas
69 Bruna Beach H.
70 The Legian Mas
71 Loji Garden H.
72 Senen Beach Inn
73 Kul Kul Beach Resort
74 Bali Intan Cottages
75 Panorama Cottages II
76 Panorama Cottages I
77 Ady's Inn
78 Sorga Beach Inn
79 Legian Beach H.
80 Janji Inn
81 Puri Mas H.
82 Ketty Beach Inn
83 Legian Beach Bungalows
84 Oka H.
85 Legian Village H. Joni
86 Bali Mandira Cottages
87 Puri Damai Cottages
88 Puspasari Beach Cottages
89 Legian Village H. Joni
90 Garden View Cottages
91 Bali Padma H.
92 Three Brothers Inn
93 Sri Ratu Inn
94 Ayodya Beach Inn
95 Wisata Beach Inn
96 Balisani H.
97 Sri Beach Inn
98 Surya Dewata Bungalows
99 Bhuana Beach Inn

Läden, Restaurants, etc.:

28 McDonalds
29 Gemini R.
30 Legian Bookshop
31 Southern Cross R.
32 Bäckerei
33 The Bounty
34 Made's R.
35 Swiss Pub
36 Peanuts Club II
37 Puri Bali Indah R.
38 Karang Mas Cafe
39 Buchladen
40 Joni R.

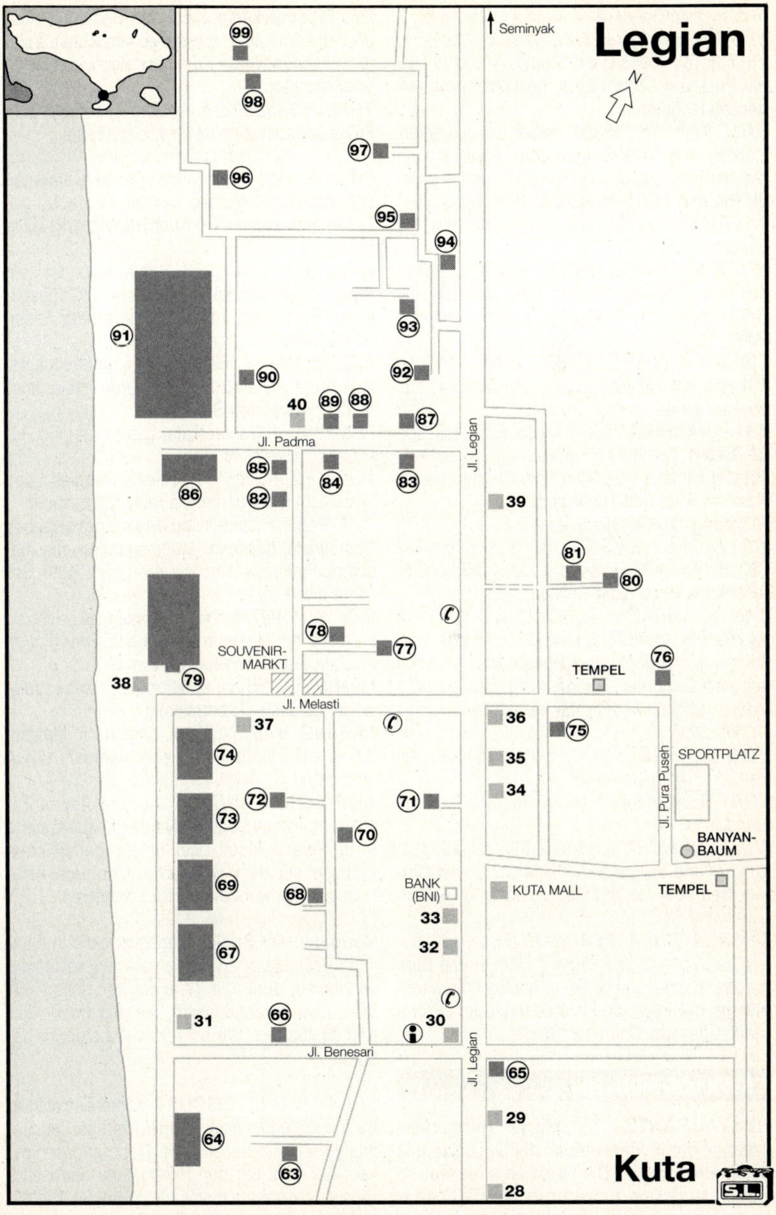

Legian
Seminyak
N
Jl. Padma
Jl. Legian
SOUVENIR-MARKT
Jl. Melasti
TEMPEL
SPORTPLATZ
Jl. Pura Puseh
BANYAN-BAUM
BANK (BNI)
KUTA MALL
TEMPEL
Jl. Benesari
Jl. Legian
Kuta
99
98
97
96
95
94
93
92
91
90
89
88
87
40
85
84
83
86
82
39
81
80
78
77
76
38
79
37
36
75
74
35
34
72
71
73
70
69
68
33
32
67
66
30
31
65
29
64
63
28

In derselben Gasse viele weitere Unterkünfte.
*LEGIAN BEACH HOTEL* (US$76 - 294), tel 751711, fax 752651, am Strand, riesige Anlage mit Pool und allem Luxus, geschmackvoll eingerichtete Zimmer.
*JANJI INN***, tel 753328, östlich der Jl. Legian, ziemlich weit vom Strand, dafür aber sehr ruhig, mit Fan, Mandi und Frühstück, nette Leute.
**Jl. Padma:** *LEGIAN BEACH BUNGALOWS***, tel 751087, mit Fan und Frühstück, schöner Garten.
*PUSPASARI BEACH COTTAGES* (US$20 - 40), tel 753073, mit Fan oder ac, z.T. mit Heißwasser, inkl. Frühstück; kleiner Swimming Pool.
*LEGIAN VILLAGE HOTEL JONI***-*****, tel 751182, fax 752455, sauber, mit Dusche, Fan oder ac, große Zimmer, Pool.
*BALI MANDIRA COTTAGES* (ab US$100), tel 751381, fax 752377, großes, luxuriöses, vollständig klimatisiertes Hotel am Strand, mit viel Komfort, Pool und Tennisplatz.
**Richtung Seminyak:** *BALI NIKSOMA BEACH COTTAGES* (ab US$29), tel 751946, fax 753 587, direkt am Meer, schöne parkähnliche Gartenanlage, Pool, guter Service, sauber.
*TANTRA BEACH BUNGALOWS* (US$35), tel 753195, fax 752777, eine kleine Anlage mit 6 komplett eingerichteten Bungalows in einem schönen Garten am Strand, ruhig und sauber.
Weiter nördlich findet man weitere sehr ruhige Unterkünfte:
*SU'S COTTAGES**-****, tel/fax 751324, mit Fan, z.T. mit Heißwasser.
*LORY BEACH INN***, tel 753663, mit Fan und Mandi.
*NUSA DI NUSA* (US$35 - 87), tel 751414, Zimmer und Bungalows in einem schönen Garten, Fan oder ac, mit Restaurant und kleinem Swimming Pool.
*DHYANA PURA BEACH HOTEL* (US$60 - 110), tel 751442, fax 751463, Zimmer und Bungalows in einer weitläufigen, herrlichen Gartenanlage, mit Pool; ein Unternehmen der *„Protestant Christian Church of Bali"*.

## ESSEN UND TRINKEN

**RESTAURANTS** - Die meisten Restaurants liegen in der Jl. Pantai Kuta, der Jl. Legian und der Jl. Bakung Sari. Die Favoriten scheinen von Saison zu Saison zu wechseln wie die Speisekarten, daher hier nur ein paar Adressen:

Zum **Frühstücken** braucht man weder auf Müsli noch auf Brot oder Kuchen zu verzichten. Zahlreiche Cafés bieten Frühstück nach westlichen Vorstellungen.
*TREE HOUSE,* Poppies Lane 1, serviert zum Frühstück auch eine leckere, kühle Lassi.

Schon für 1500 Rp bekommt man in den billigen Warung ein sättigendes Gericht. Gutes, billiges Essen gibt es auf dem Kuta-**Nachtmarkt** nahe der Post.
*MADE'S WARUNG,* Jl. Pantai Kuta, ist kein Essenstand, sondern schon ein alteingesessenes Restaurant. Immer voll, denn das Essen ist nach wie vor gut.
*BALI BAGIA,* Jl. Bakung Sari, unterscheidet sich kaum von den vielen anderen, bietet aber relativ preiswertes Seafood.
*LENNY'S,* Jl. Pantai Kuta, gutes Seafood-Restaurant, aber nicht billig.
*NUSA INDAH RESTAURANT,* Poppies Lane 1, ist nicht teuer und meist recht gut besucht.
*TJ'S,* Poppies Lane 1, schönes mexikanisches Restaurant, das zwar keine authentische mittelamerikanische Küche, aber ganz gute Gerichte anbietet.
*RESTAURANT MINI,* Jl. Legian, ist nicht so klein wie der Name vermuten läßt. Hier gibt es frischen Fisch und Seafood vom Grill.
*GEMINI,* Jl. Legian, ist ein guter, relativ preiswerter Chinese. Zu empfehlen.
*KARANG MAS CAFÉ,* Jl. Legian, Jl. Melasti, Bar und Restaurant. Hier sitzt man sehr schön am Strand.
*SWISS RESTAURANT,* Jl. Pura Bagus Taruna, im etwas ruhigeren Norden Legians, nahe Kuta Palace Hotel. Bei einem gemütlichen Plausch mit dem Schweizer Chef Jon kann man u.a. Bratwürste und Rösti probieren.

**Übrigens**: Auf Schildkrötensteaks, die in manchen Restaurants angeboten werden, sollte man verzichten, denn die Tiere werden schon von Irian Jaya herangeschafft, um den hohen Bedarf zu decken. Sie sind vom Aussterben bedroht.

**KNEIPEN UND DISCOS** - daran herrscht in Kuta und Legian kein Mangel. Den großen Hotels ist oft eine hauseigene Disco angeschlossen, die nicht nur den Hotelgästen offensteht. Discos verlangen meist um 5000 Rp Eintritt, wofür es ein Getränk gratis gibt.

*CASABLANCA*, Jl. Buni Sari, ist ein Musikclub mit Live-Band und einer großen Bar.
Eine laute, wilde Kneipenecke befindet sich in einer Seitengasse der Jl. Legian und wird in hohem Maße auch von den käuflichen Damen freqentiert.
Hier liegen dicht an dicht:
*KOALA BLU,* besonders bei Australiern beliebt. Das Bier fließt in Strömen und die vergilbten T-Shirts unter der verrauchten Decke sind fast schon eine Sehenswürdigkeit.
*CRAZY HORSE,* bietet neben Bier und Billard auch Live-Bands.
*THE WAREHOUSE,* laute Disco-Kneipe, die bis tief in die Nacht hinein geöffnet ist.
*PEANUTS CLUB,* große Disco, die vor allem ein jüngeres Publikum anspricht. Für Touristen ist der Eintritt häufig frei.
*PEANUTS CLUB 2,* die ac-gekühlte Version der Disco, befindet sich ein Stück weiter oben an der Jl. Legian.
*THE SPOTLIGHT,* Jl. Legian. Große Disco, die ein etwas gepflegteres Publikum anspricht.
*HARD ROCK CAFÉ,* Jl. Legian ist eine weltweite Institution, die wohl nicht weiter kommentiert werden muß. Billig ist es nicht, aber voll.
*THE BOUNTY,* Jl. Legian, großer „Vergnügungsdampfer“ in Legian, mit mehreren Bars, einem Restaurant und Live-Bühne.
*THE JAYA PUB,* Jl. Seminyak, im Norden Legians, ein Ableger des berühmten Jaya Pubs von Jakarta. Jazz- und *sing along*-orientierte Bands, kein Eintritt, aber die Getränkepreise sind dementsprechend. Gute Atmosphäre, hier muß man nicht unter 20 sein.
*CAFÈ LUNA,* Jl. Seminyak, gleich gegenüber. Modernes, cooles Schickeria-Lokal, das ebensogut auch in München oder Berlin stehen könnte.
*GOA 2001,* Jl. Seminyak, weiter nördlich. Großer Eß- und Trinkpalast mit gemischtem Publikum. Beliebter abendlicher Treffpunkt, in dem die Stimmungswogen oft sehr hoch schlagen.
*DOUBLE SIX,* nahe Sheraton-Hotel im Norden Legians, die Disco der Nachtschwärmer.
*GADO GADO,* Jl. Dhyana Pura, ganz im Norden. Luftige, große Disco direkt am Strand, scheint *die* letzte Station auf dem Trip durch die Nacht zu sein.

## EINKAUFEN

Das Angebot an Souvenirs, Kunsthandwerk und Textilien ist überwältigend, nicht immer jedoch die Qualität. Man sollte sich von fliegenden Händlern und penetranten Verkäufern nicht zu Spontankäufen verleiten lassen, sondern sich Zeit nehmen, die Preise vergleichen und handeln.

**BÜCHER** - Einige Buchläden in der Jl. Pantai Kuta und Jl. Legian verkaufen gebrauchte Bücher, überwiegend in Englisch, fast zum Neupreis. Sie nehmen ausgelesenen Bücher zum halben Preis zurück.
Zudem tauschen und verkaufen fliegende Händler Bücher.
Im *LEGIAN BOOKSHOP*, Jl. Legian, nördlich der Einmündung der Jl. Benesari, findet man neben neuen englischsprachigen Taschenbüchern auch einige deutsche Zeitungen und Zeitschriften.

**KASSETTEN** - Die Straßenstände, an denen billige Raubkopien von schlechter Qualität verkauft wurden, haben sich zu chromglänzenden Shops mit hervorragenden Anlagen gemausert. Und die Preise sind so günstig wie eh und je.

**LEBENSMITTEL** - *GELAEL SUPERMARKET* mit einem Kentucky Fried Chicken in der Jl. Raya Kuta, der Straße Richtung Denpasar neben der Tankstelle.
Daneben gibt es zahlreiche gut sortierte Läden in Kuta und Legian, die auf die Bedürfnisse der Touristen eingestellt sind.

## SONSTIGES

**AUTOVERMIETUNG** - Näheres s.S. 250.

**GELD** - Näheres s.S. 256.

**INFORMATIONEN** - Ein kleines Tourist Office findet man im Century Plaza, Jl. Benesari, tel 753540.

**POST** - Jl. Raya Kuta, in einer Seitengasse, geöffnet Mo - Do 8.00 - 14.00 Uhr, Fr 8.00 - 11.00, Sa 8.00 - 12.30 Uhr. Hier gibt es auch einen Poste Restante-Schalter. (Postadresse: GPO Kuta Bali, Indonesia).
Ein *postal agent* liegt an der Jl. Legian, geöffnet Mo - Sa 8.00 - 16.00 Uhr, feiertags 8.00 - 13.00 Uhr, So geschlossen (Postadresse: Kuta Postal Agent, Jl. Legian, Kuta).
Briefe und Pakete können auch an mehreren kleinen Postannahmestellen abgegeben werden.

**REISEBÜRO** - Gute Preise und Infos hat *PERAMA TOURIST SERVICE* in der Jl. Legian, tel 751551, ein Reisebüro und Restaurant. Hier außerdem Poste Restante und Geldwechsel möglich.
Zuverlässig ist auch das *KCB-REISEBÜRO*, Jl. Imam Bonjol 599, der Straße nach Denpasar, nahe Gelael Supermarket, tel 751094, das von dem holländischen Honorarkonsul geleitet wird.

**SURFEN** - In der Jl. Legian und in einigen Losmen gibt es Surfbretter zu mieten. Sie kosten pro Tag 4000 Rp, pro Woche 12 000 Rp.
Weitere Surfstrände auf Bali: Uluwatu (Suluban Beach), Nusa Dua (Jimbaran Beach), Nusa Lembongan.

**TELEFON** - In Kuta, Jl. Legian, und am Airport gibt es ein *TELECOMMUNICATION CENTRE.* Daneben gibt es Wartel *(Warung Telefon)*, von denen aus man Auslandsgespräche führen und empfangen kann, z.B. im Supermarkt in der Jl. Bakung Sari, in der Jl. Melasti und etwas weiter nördlich auf der Jl. Legian.
Zudem bieten die Wartel einen Telegramm-, Fax- und Telex-Service.

**VORWAHL** - 0361.

### NAHVERKEHRSMITTEL

**BEMO / MINIBUSSE** - warten v.a. auf der Jl. Legian auf Kunden und bieten Transport (Charter) zwischen Kuta und Legian zu überhöhten Preisen an. Nur nach langem Handeln lassen sie sich auf Taxipreise herunterhandeln. Der normale Preis beträgt 200 Rp p.P. Abends findet man oft kein Bemo, das für diesen Preis von Kuta nach Legian fährt. Von der Jl. Pantai Kuta, Ecke Jl. Legian, fahren sie Richtung DENPASAR 600 Rp oder zum AIRPORT 400 Rp.
Die Busse aus Denpasar halten meist am Markt, Jl. Raya Kuta. Hier bekommt man fast immer ein Bemo oder einen Minibus zum richtigen Preis.

**TAXI** - Die Einschaltgebühr beträgt inkl. des ersten Kilometers 900 Rp, jeder weitere Kilometer kostet 470 Rp. Coupontaxen vom Flughafen verlangen nach Kuta / Legian 4500 / 6500 Rp.

### TRANSPORT

Busse fahren von den verschiedenen Bus Stationen rund um Denpasar. Nähere Informationen über Busse und Flüge s.S. 253 ff, und über Nahverkehrsmittel s.S. 257.

## Gilimanuk

Der Fährhafen von Bali nach Java liegt 128 km von Denpasar oder 88 km von Singaraja entfernt auf einer kleinen Halbinsel. Gibt es keine Pannen oder von Erdbeben zerstörte Brücken, kann man ihn in ca. 2 - 3 Std. ab Denpasar oder Singaraja erreichen.

### ÜBERNACHTUNG / ESSEN

*PENGINAPAN PUTRA SESANA*-***, direkt am Bus Terminal, Zimmer mit eigenem Mandi, aber etwas laut und unsauber.
300 m weiter an der Hauptstraße Richtung Negara liegen *PENGI KARTIKA CANDRA*-*** und *PENG. NUSANTARA*-***.
Ein Stück weiter findet man *PENGINAPAN GILI SARI*-*** und *PENGINAPAN SURYA*-***.
*PENGINAPAN NUSANTARA II*-***, 500 m nordöstlich vom Bus Terminal, am Oststrand, ist vielleicht am besten, da ruhig gelegen.
Preiswert ißt man in den Warung am Markt, oder man versucht *RUMAH MAKAN SARI ARUM*, 500 m in Richtung Denpasar.

### TRANSPORT

**BEMO, BUSSE, MINIBUSSE** - ab Ubung Station in DENPASAR 2500 Rp, ab SINGARAJA 2000 Rp.
Bemo, Dokar oder Ojek für die 1,5 km vom Hafen zum Bus Terminal 300 Rp.

**FÄHREN NACH JAVA** - Einheitspreis: 650 Rp, Motorrad: 1900 Rp, Auto: 8000 Rp.
Fähren bis zu 16x tgl. in 1 bis 3stündigem Abstand.

**Zeitunterschied:**
In Java ist es eine Stunde früher als in Bali.

# Ubud

*Umgeben von Reisterrassen und vielen kleinen Dörfern, von denen jedes eine Tageswanderung wert sind, liegt der zentrale Ort Ubud. Daß er sich zu einem Touristenzentrum entwickelte, liegt nicht zuletzt daran, daß sich das ländliche Bali hier in seiner ganzen Schönheit präsentiert: Reisfelder bei Sonnenuntergang, ein Maler beim Mischen seiner Farben, Bauern, die ihre Enten am Abend durch die Dorfstraßen nach Hause treiben, Kinder beim Baden im Fluß - Bilder, die wir untrennbar mit Bali verbinden.*

*Neben den auflistbaren Sehenswürdigkeiten gibt es in Ubud vor allem viel selbst zu entdecken. Allerdings werden auch hier die staubigen Feldwege immer mehr zu Asphaltpisten für laute Motorräder, und Elektrizität hat bald im letzten Haus Einzug gehalten. Auf der mit Shops, Restaurants und Hotels zugebauten Monkeyforest Road trifft man mehr Touristen als Einheimische, und die Geschäfte haben ihr Angebot auf die zahlungskräftigeren ausländischen Kunden abgestellt. Trotzdem: wer balinesisches Dorfleben kennenlernen will, ist in und um Ubud richtig und sollte für ein paar Tage hierherziehen, denn bei einem Tagesausflug wird man kaum damit in Berührung kommen. Kurzbesucher werden nur die Hauptstraße mit ihren Souvenirläden und Ateliers sehen, in denen die naiven Bilder „Junger Künstler" zu überhöhten Preisen verkauft werden, allenfalls fällt noch ein Besuch im Museum ab.*

Wer Bilder einkaufen will, sollte zuerst im **Puri Lukisan**, dem Kunstmuseum von Ubud, seinen Blick für die verschiedenen Stilrichtungen schärfen. Die Gebäude im traditionellen balinesischen Stil, die mitten in einem großen Garten liegen, präsentieren eine Zusammenstellung von Bildern der modernen balinesischen Malerei, die ihre Motive aus dem alltäglichen Leben bezieht. Seit den dreißiger Jahren leben europäische Maler in Ubud - sie und die Balinesen haben sich wechselseitig beeinflußt. Vor allem Walter Spies und Rudolf Bonnet malten und forschten einen großen Teil ihres Lebens in Ubud.

Auch heute noch arbeiten einige Europäer in Ubud. Um die Studios von Antonio Blanco oder Han Snel zu besuchen, muß man Eintritt bezahlen. Das Museum ist tgl. von 8.00 bis 16.00 Uhr geöffnet. Eintritt 1000 Rp. Ein weitaus interessanteres Museum ist das von Suteja Neka aufgebaute **Museum Neka** an der Straße nach Kedewatan, etwa 2 km nördlich von Campuan (500 Rp Eintritt). Hier kann man neben Bildern balinesischer Maler (u.a. I Gusti Nyoman Lempad, Ida Bagus Made Nadera, Anak Agung Gde Sobrat) auch Ausstellungsstücke anderer indonesischer (Affandi, Widayat u.a.) sowie europäischer Maler (Spies, Bonnet, Arie Smit, Theo Meier, Covarrubias) sehen, die sich mit Bali beschäftigt oder in Bali gelebt haben, bzw. noch leben (Snel, Blanco, Donald Friend).

Da Ubud häufig von Stromausfällen heimgesucht wird, sollte man sich angewöhnen, zu abendlichen Unternehmen eine Taschenlampe mitzunehmen.

## ÜBERNACHTUNG

Tourismus begann sich in Ubud und den umliegenden Dörfern zwar erst ab Ende der 70er Jahre zu entwickeln, also 10 Jahre später als Kuta, doch gibt es inzwischen auch hier an die 300 Hotels, Bungalowanlagen und Homestays, welche die Haupt- und Nebenstraßen sowie die schmalen begrünten Seitengassen der Dörfer säumen und weit verstreut in den Reisfeldern rundherum liegen. Und die Entwicklung geht weiter ...

Etwa die Hälfte der Unterkünfte gehört in die **Homestay**-Kategorie, d.h. man wohnt in der Regel für wenig Geld bei einer balinesischen Familie, die innerhalb ihres Bauerngehöfts ein paar Fremdenzimmer eingerichtet oder ein paar zusätzliche Häuschen erbaut hat. Meist hat man sein eigenes Mandi, und es gibt neben dem kostenlosen Tee ein mehr oder weniger reichliches Frühstück.

Die Mehrzahl der Homestays liegt in den ruhigen, schmalen Seitenstraßen und Gassen nördlich und südlich der von West nach Ost verlaufenden Hauptstraße Ubuds und östlich der Jl. Monkeyforest, also mehr oder weniger zentral; weitere entdeckt man in den südöstlichen Dörfern Pengosekan und Peliatan; sie unterscheiden sich in Preis und Ausstattung nicht sonderlich voneinander.

Einige der alten, etablierten Homestays haben mittlerweile angebaut, modernisiert und den Standard von Mittelklasse-Hotels erreicht, ohne dabei die familiäre Atmosphäre eingebüßt zu haben.

Daneben sind während der letzten Jahre auch **Bungalowanlagen und kleinere Hotels** in den verschiedensten Preisklassen von einfach bis super-luxuriös wie Pilze aus dem Boden geschossen, zum Glück aber noch keine großen Massentourismus-Hotels. Schon ab mittlerer Preisklasse gehört oft ein Pool mit zur Ausstattung, dafür muß man aber auf die familiäre Atmosphäre der Homestays verzichten.

Einige teurere Hotels und Bungalowanlagen säumen die untere Jl. Monkeyforest, und sie konzentrieren sich westlich von Ubud in Campuan und Penestanan. Die teuersten findet man noch weiter westlich in Sayan und Kedewatan am Rande der Yeh Ayung-Schlucht.

**UNTERE PREISKLASSE** - Eine kleine Auswahl von preiswerten Unterkünften, von Nordwest nach Südost:

**In Campuan**: *JEPUN HOMESTAY**-****, tel 975372, nicht weit vom Neka Museum.

*ARJUNA´S INN***, tel 96098, südlich von Blancos Studio; wird von Blancos Tochter gemanagt. Nebenan liegt der *ARJUNA'S INN II**-****.

*SARI BAMBOO BUNGALOWS**-****, tel 975 547, mit großem Garten und Aussicht über Reisfelder; wer länger als einen Monat bleibt, erhält günstige Rabatte.

**An der Jl. Monkeyforest**: *PURI MUWA BUNGALOWS***, zentral gelegenes, traditionelles Haus, mit Restaurant.

*NICK'S PENSION**-****, am Ende einer Seitengasse und am Rande einer schmalen, von Tropenpflanzen überwucherten Schlucht.

*BENDI'S ACCOMMODATION**-****, tel 96410, gegenüber vom Sportplatz, freundlich und preiswert.

*MONKEYFOREST HIDEAWAY**-****, tel 975-364, fast am Affenwald, die älteste Unterkunft an der unteren Jl. Monkeyforest.

**Südlich und südöstlich vom zentralen Markt**: *SANIA'S HOUSE***, in einer ruhigen Seitengasse, sauber und empfehlenswert, gutes Frühstück.

*BUDI HOUSE*-***, Gg. Maruti, nicht weit vom Sportplatz.

*ESTY'S HOUSE**, einfach, aber empfehlenswert.

*DEWANGGA HOUSE*-***, ruhig gelegene Bungalows, einfach, aber nett; schöner, großen Garten.

*NIRWANA***, mit Frühstück, bei einem Maler mit nett eingerichteten Zimmern.

*AGUNG***, mit Mandi, liegt etwas abseits und ruhig.

*SUARTHA PENSION*-***, an einer belebten Straße im Banjar Padang Tegal.

*ARTINI 1 BUNGALOWS***, Jl. Hanoman 54, schöne saubere Bungalows in einem kleinen Garten.

*MATAHARI COTTAGES**-****, Jl. Jembawan, Padang Tegal, tel 975459, südlich der Post; ruhig und schön im Grünen gelegen. Weiter die Straße hinunter findet man viele andere preiswerte Unterkünfte.

**Im Banjar Tebesaya**, südlich der Hauptstraße in einer auffallend grünen Seitenstraße liegen sehr ruhig u.a. folgende Losmen:

*PUTU PUTERA*-**; PRAETY*** (eine Nacht***); *IBU RATNA HOUSE*; FAMILY HOUSE***, saubere Zimmer mit Bad, familiär; *GUSTI***.

*SANJIWANI BUNGALOWS***, große, saubere Zimmer, nett eingerichtet, mit Frühstück, freundliche Familie.

*PURI ASRI BUNGALOWS II***, tel 975353, mit schönem Garten.

**In Pengosekan**; wem Ubud zu turbulent ist, kann sich hierher zurückziehen:

*GUCI HOMESTAY****, toller Garten, bei einem sehr netten balinesisch-deutschen Ehepaar.

**In Peliatan**, im Süden des Ortes:

*SITI HOMESTAY***, Bungalows in einem herrlichen Garten, freundliche Leute.

*SARI BUNGALOWS*-***, ruhig und mit großem Frühstück.

*PUTU BUNGALOWS*-*** ist ähnlich.

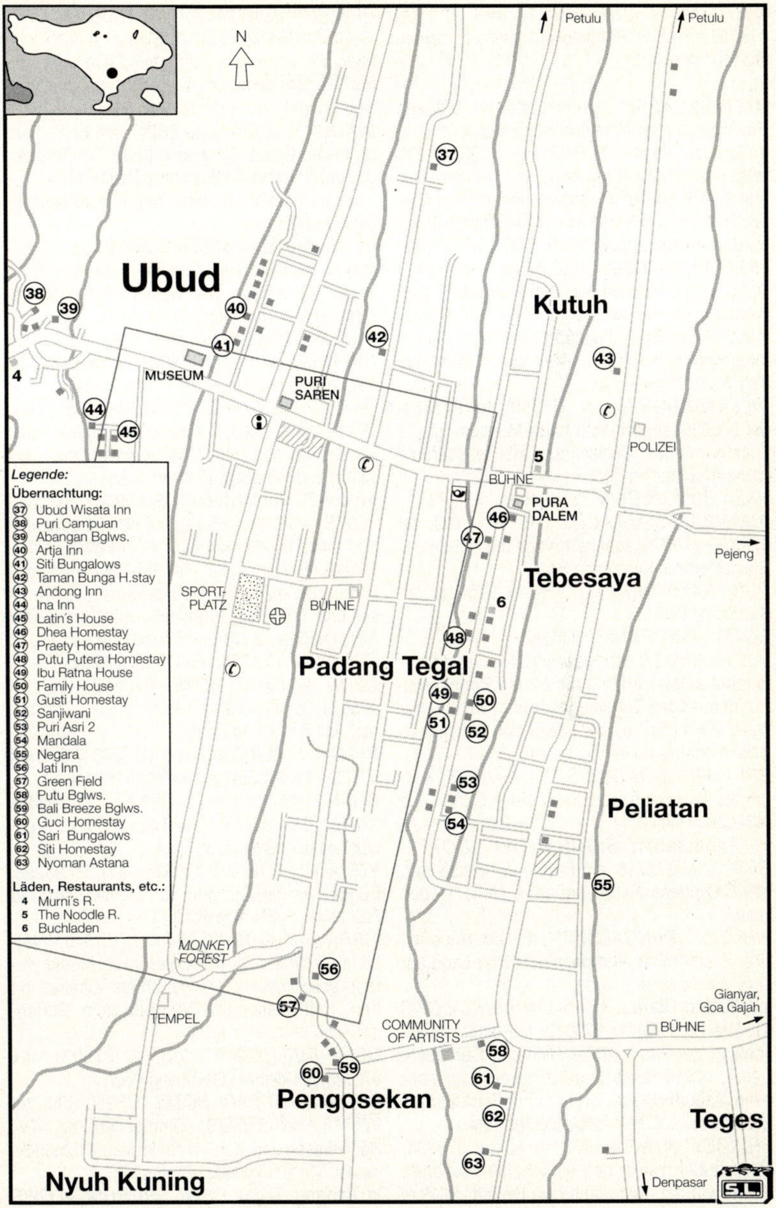

Ubud
Kutuh
Tebesaya
Padang Tegal
Peliatan
Pengosekan
Teges
Nyuh Kuning
N
Petulu
Petulu
MUSEUM
PURI SAREN
POLIZEI
BÜHNE
PURA DALEM
Pejeng
SPORT-PLATZ
BÜHNE
MONKEY FOREST
TEMPEL
COMMUNITY OF ARTISTS
BÜHNE
Gianyar, Goa Gajah
Denpasar
Legende:
Übernachtung:
37 Ubud Wisata Inn
38 Puri Campuan
39 Abangan Bglws.
40 Artja Inn
41 Siti Bungalows
42 Taman Bunga H.stay
43 Andong Inn
44 Ina Inn
45 Latin´s House
46 Dhea Homestay
47 Praety Homestay
48 Putu Putera Homestay
49 Ibu Ratna House
50 Family House
51 Gusti Homestay
52 Sanjiwani
53 Puri Asri 2
54 Mandala
55 Negara
56 Jati Inn
57 Green Field
58 Putu Bglws.
59 Bali Breeze Bglws.
60 Guci Homestay
61 Sari Bungalows
62 Siti Homestay
63 Nyoman Astana
Läden, Restaurants, etc.:
4 Murni´s R.
5 The Noodle R.
6 Buchladen

*NYOMAN ASTANA BUNGALOWS**-****, tel 975661, schöne Bungalows in einem kleinen Garten, familiär.

**MITTELKLASSE** - Unterkünfte der mittleren Preisklasse (von Nordwest nach Südost):
**In Sayan**: *SAYAN TERRACES* (US$24 - 71), tel/fax 975384, Bungalows mit Heißwasser und Badewanne und wunderschönem Blick über die Schlucht des Yeh Ayung, inkl. Frühstück.
**In Campuan**: *ULUN UBUD COTTAGES* (US-$55 - 90), tel 975024, fax 975524, im Banjar Sanggingan, nördlich vom Neka Museum; Zimmer mit Fan, Heißwasser und Tel; mit Antiquitäten eingerichtet, Restaurant, kleiner Swimming Pool, schöner Blick über die Schlucht des Yeh Wos.
*VILLA SANGGINGAN* (US$50), tel 975389, fax 975639, südlich vom Neka Museum; große Zimmer mit Fan, Kühlschrank, Heißwasser; mit kleinem Swimming Pool.
*YASA BUNGALOWS****, nebenan.
*ANANDA COTTAGES* (US$40 - 87), tel 975376, 975375, schöne Anlage am Rande der Reisfelder, mit Swimming Pool.
*PURI RAKA INN***-*****, tel/fax 975213, mit Swimming Pool.
*HOTEL TJAMPUHAN* (US$65 - 97), tel 975-368, fax 975137, sehr geschmackvoll und komfortabel eingerichtete Zimmer und Bungalows, in einem engen Tal gelegen; früher wohnte der Maler Walter Spies hier: er ließ sich den mittlerweile modernisierten Pool bauen.
*SRI RATIH COTTAGES****, tel 975638, südlich von Blancos Studio; mit großem Garten und Blick über Reisfelder.
**In Penestanan**: *SIDDHARTHA COTTAGES****, tel 975748, am Rande der Reisfelder, von Campuans Hauptstraße die steile Treppe hinauf.
*WHITNEY BUNGALOW****, nur ein Haus mit zwei Zimmern, aber in phantastischer Lage abseits von jeglichem Trubel.
**Im Westen Ubuds**: *ABANGAN BUNGALOWS* (US$21 - 52), tel/fax 975082, auf einem Hügel nördlich der Hauptstraße Richtung Campuan; kleine, etwas überteuerte Zimmer, aber sehr ruhig, sauber und im Grünen; mit Fan oder ac, Heißwasser und Frühstück; kleiner Pool.
*PRINGGA JUWITA INN*****, tel/fax 975734, sehr sauber, ruhig, nett eingerichtet, schöner, kleiner Garten; man kann den Swimming Pool des gleichnamigen Nachbarn mitbenutzen.
*PRINGGA JUWITA WATER GARDEN COTTAGES* (US$52 - 64), Jl. Bisma, südlich vom Museum, an einem schmalen Seitenweg; tel/fax 975734; gemütlich eingerichtete, zweistökkige Bungalows, mit Swimming Pool.
*INA INN****, Jl. Bisma, tel 96317, am Ende einer schmalen Gasse, Zimmer mit Fan, Heißwasser, Badewanne und Ausblick über Reisfelder.
Noch weiter südlich findet man andere sehr ruhige Unterkünfte.
**Im Zentrum Ubuds**: *SITI BUNGALOWS* (US$-40), nördlich der Hauptstraße, hinter dem Cafe Lotus; die Anlage des Malers Han Snel, geschmackvoll eingerichtete, saubere Cottages, trotz Nähe zum Zentrum sehr ruhig.
*PURI SARASWATI BUNGALOWS* (US$20 - 35), tel 975164, hinter dem Cafe Lotus.
*OKA WATI'S SUNSET BUNGALOWS* (US$-25 - 50), tel 975063, in einer kleinen Seitengasse westlich der oberen Jl. Monkeyforest; besonders schön und mit allem Komfort ausgestattet.
**An der Jl. Monkeyforest**: *IBU MASIH BUNGALOWS**-*****, tel 975062, auf der Ostseite des Sportplatzes, Zimmer mit Fan, Du/WC.
*WARSI'S HOUSE****, tel 975311, am Sportplatz, schöne Zimmer mit Badewanne, Heißwasser und Fan, inkl. Frühstück; mit Garten und Aussicht über Reisfelder, freundliche Familie.
*CENDANA COTTAGES****, tel 975342.
*UBUD VILLAGE HOTEL* (US$52 - 87), tel 975571, fax 975069, mit Fan oder ac, Restaurant und Swimming Pool.
*PERTIWI BUNGALOWS* (US$40 - 81), tel 975236, fax 975559, mit Swimming Pool.
*GRAND HOTEL UBUD* (US$25 - 35), tel/fax 975437, Fan oder ac, Heißwasser, inkl. Frühstück, kleiner Swimming Pool.
*YULIA VILLAGE INN* (US$35 - 41), tel 96258, Bungalows mit Fan oder ac, Heißwasser und Frühstück, Swimming Pool.
*FIBRA INN & BUNGALOWS* (US$40 - 46), tel/fax 975451, an der unteren Jl. Monkeyforest, geschmackvoll eingerichtete Zimmer mit Fan, Heißwasser und Veranda zum Garten, mit Pool.
*UBUD INN* (US$40 - 70), tel 975071, fax 975188, mit kleinem Swimming Pool.
*CHAMPLUNG SARI HOTEL* (US$50 - 90), tel 975418, fax 975473, Zimmer mit ac, TV, Heißwasser und Kühlschrank, inkl. Frühstück; kleiner Swimming Pool.
**In Padang Tegal**: *DEWI SRI BUNGALOWS* (US$25 - 125), am südlichen Ende der Jl. Ha-

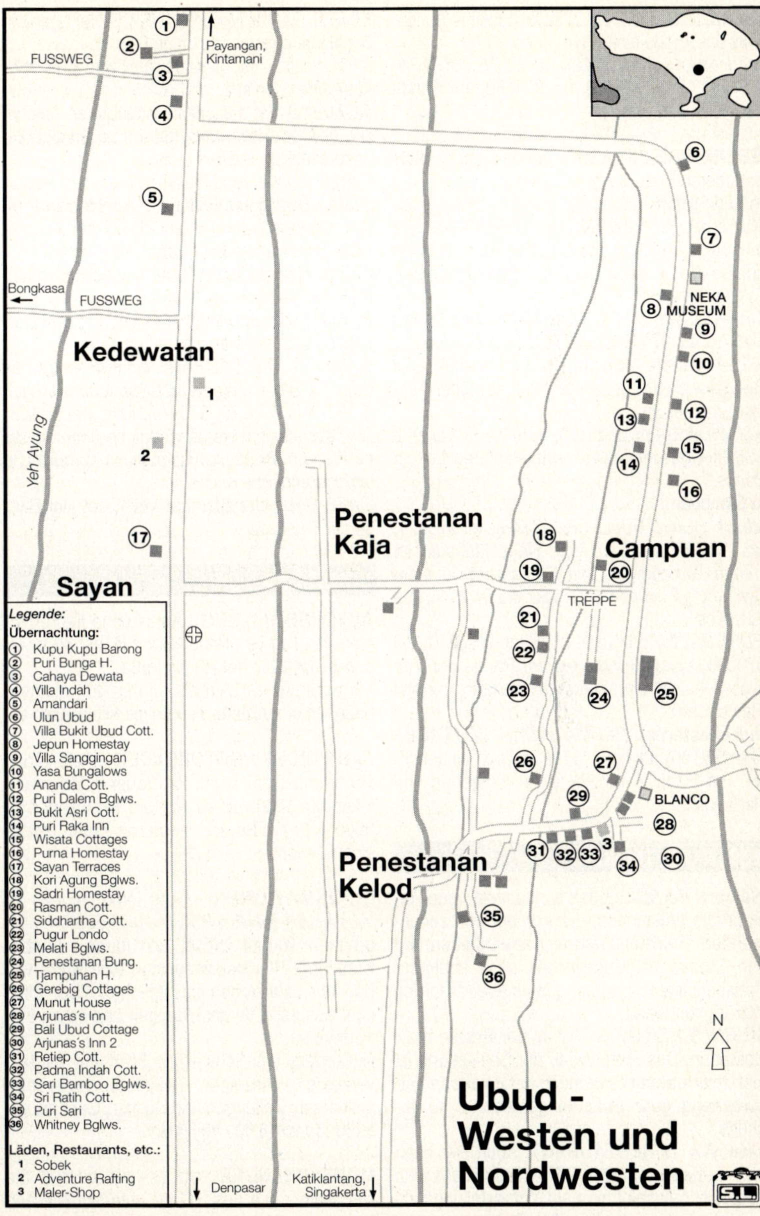

Payangan, Kintamani
FUSSWEG
Bongkasa
FUSSWEG
Kedewatan
Yeh Ayung
Sayan
Penestanan Kaja
Campuan
NEKA MUSEUM
TREPPE
BLANCO
Penestanan Kelod
Denpasar
Katiklantang, Singakerta
N
Legende:
Übernachtung:
1 Kupu Kupu Barong
2 Puri Bunga H.
3 Cahaya Dewata
4 Villa Indah
5 Amandari
6 Ulun Ubud
7 Villa Bukit Ubud Cott.
8 Jepun Homestay
9 Villa Sanggingan
10 Yasa Bungalows
11 Ananda Cott.
12 Puri Dalem Bglws.
13 Bukit Asri Cott.
14 Puri Raka Inn
15 Wisata Cottages
16 Purna Homestay
17 Sayan Terraces
18 Kori Agung Bglws.
19 Sadri Homestay
20 Rasman Cott.
21 Siddhartha Cott.
22 Pugur Londo
23 Melati Bglws.
24 Penestanan Bung.
25 Tjampuhan H.
26 Gerebig Cottages
27 Munut House
28 Arjunas's Inn
29 Bali Ubud Cottage
30 Arjunas's Inn 2
31 Retiep Cott.
32 Padma Indah Cott.
33 Sari Bamboo Bglws.
34 Sri Ratih Cott.
35 Puri Sari
36 Whitney Bglws.
Läden, Restaurants, etc.:
1 Sobek
2 Adventure Rafting
3 Maler-Shop
Ubud - Westen und Nordwesten
S.L.

noman, tel 975300, fax 975005, hübsche Bungalows am Rande eines Reisfeldes.
**In Pengosekan**: *BALI BREEZE BUNGALOWS*****, tel 975410, fax 975162, am Rande der Reisfelder.

**OBERE PREISKLASSE** - hier ein paar Hotels der oberen Preisklasse:
**In Kedewatan**:
*KUPU KUPU BARONG* (ab US$370), tel 975 478, fax 975079, neunzehn Luxus-Bungalows in spektakulärer Lage dicht am Rande der Yeh Ayung-Schlucht.
*CAHAYA DEWATA COUNTRY VILLAS* (ab US$73), tel 975496, fax 975495, 36 Zimmer.
*VILLA INDAH* (US$110), tel/fax 975490, acht Bungalows mit Küche und phantastischer Aussicht, kleiner Swimming Pool.
*AMANDARI* (ab US$388), tel 975333, fax 975 335, mit geschmackvoll eingerichteten Luxus-Suites.
**In Campuan**:
*VILLA BUKIT UBUD* (ab US$46), tel 975371, fax 975787, nördlich vom Neka Museum im Banjar Sanggingan, mit Restaurant, kleinem Swimming Pool und Blick über die Schlucht des Yeh Wos.
*PURI DALEM BUNGALOWS* (ab US$240), tel 974005, Luxus-Bungalows am Rande der Yeh Wos-Schlucht, ein Ableger des bekannten Hotel Tjampuhan.
**In Penestanan**: *PADMA INDAH COTTAGES* (ab US$106), tel/fax 975719, hübsch eingerichtet, mit Pool, in ruhiger Lage, umgeben von Reisfeldern.

## ESSEN UND TRINKEN

Während der letzten Jahre sind viele neue Restaurants entstanden, die sich auf den zunehmenden Touristenstrom eingestellt haben und von Steaks bis Sandwiches alles anbieten. Preisgünstigen Sate u.a. gibt es abends in den Warung am Markt.
*MURNI'S RESTAURANT* an der Brücke nach Campuan. Das Preisniveau der Speisekarte ist hier zwar etwas höher, doch dafür werden entsprechend gute Gerichte geboten. Gute Joghurts.
*OKA WATIS RESTAURANT*. Auch hier kann man gut essen. Neben Thunfischsteaks und Schnitzel bekommt man auf Vorbestellung balinesische Ente und andere Spezialitäten.
*LILIE'S GARDEN RESTAURANT* liegt ganz in der Nähe, ebenfalls zu empfehlen
*ARY*, an der Hauptstraße, hier wird guter Kokoskuchen serviert.
*NOMAD'S*, hat das größte Angebot an Alkoholika und Cocktails, außerdem gute Steaks und andere leckere Sachen.
*CASA LUNA RESTAURANT* an der Hauptstraße. Sehr gutes Essen zu akzeptablen Preisen, balinesische und italienische Küche, Kuchen, selbstgebackenes Brot, Käse, Yoghurt etc.
**An der Monkeyforest Road** gibt es inzwischen etwa 30 Restaurants.
*BENDI'S*, am Sportplatz. Preiswert, große Portionen, auch vegetarisch; nette Leute.
*BAMBOO RESTAURANT* am Nordende des Sportplatzes. Preiswert, aber nicht ganz so gut.
*CAFÉ WAYAN*, tel 975447, liegt weiter südlich. Ausgezeichnetes Angebot, berühmt für seine Kuchen, Brote und vorzügliche europäische und thailändische Küche.
*CAFÉ BALI*, hier sitzt man recht nett am Rande der Reisfelder.

## SONSTIGES

**AUTOVERMIETUNG** - Autos ohne Fahrer kosten pro Tag ca. 40 000 Rp, z.B. bei *NOMAD* und *KULKUL* in der Hauptstraße.
Mehrere Travel Agents bieten für kleinere Gruppen organisierte Touren mit Minibussen an.

**FAHRRÄDER / MOTORRÄDER** - Viele Läden vermieten (pro Tag): Fahrräder / Mountainbikes für 3000 / 5000 Rp und Motorräder für 8000 - 10 000 Rp. Bei mehreren Tagen gibt es einen Discount.

**INFORMATIONEN** - Gute Informationen im *YAYASAN BINA WISATA*, tel 96285, einem privaten Tourist Office, an Ubuds zentraler Kreuzung. Hier bekommt man eine Karte von Bali mit zahlreichen zusätzlichen Tips, Infos über kulturelle Veranstaltungen und deren Eintrittspreise.
Außerdem ein Schwarzes Brett mit kaufe / verkaufe ... Anzeigen, Tickets für Tanzveranstaltungen, Zeitungen und Bücher. Geöffnet tgl. außer So von 8.30 - 19.30 Uhr.

**MONEYCHANGER** - gibt es viele in Ubud. Sie wechseln *cash* und TC zu unterschiedlichen Kursen.

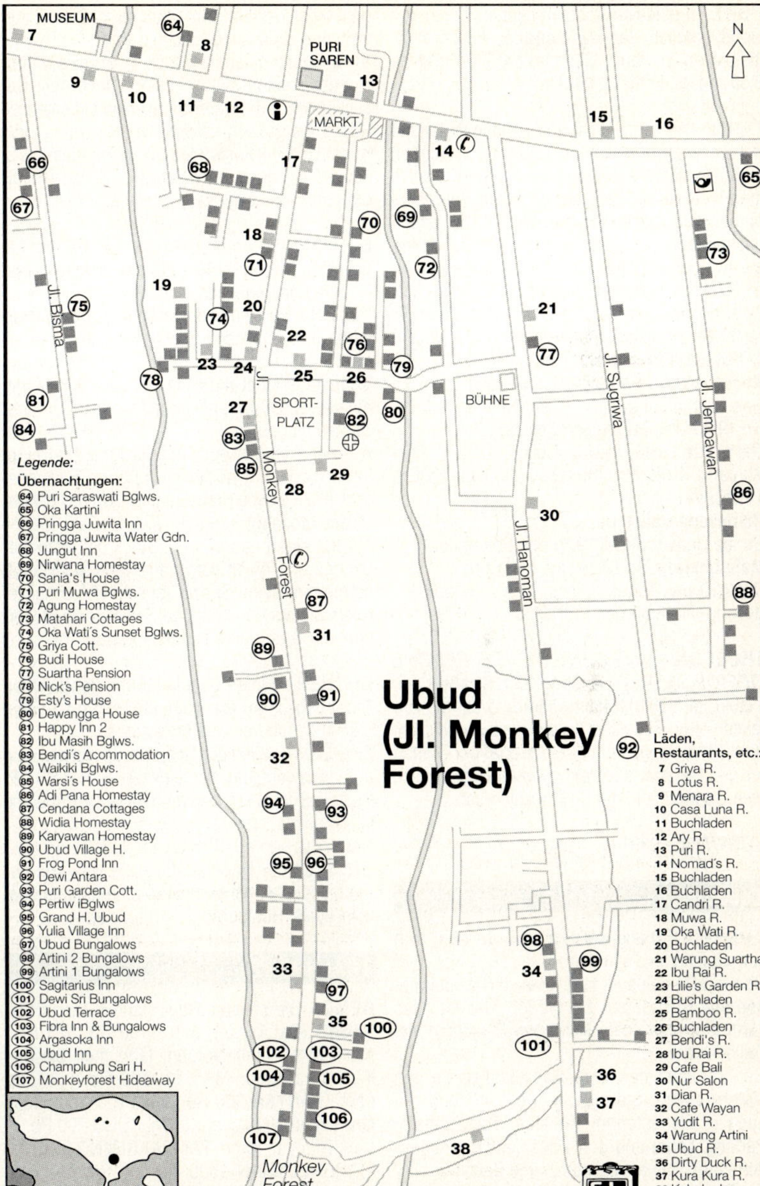

MUSEUM
PURI SAREN
MARKT
N
SPORT-PLATZ
BÜHNE
Jl. Bisma
Jl. Monkey Forest
Jl. Hanoman
Jl. Sugriwa
Jl. Jembawan
Monkey Forest
Ubud (Jl. Monkey Forest)
Legende:
Übernachtungen:
64 Puri Saraswati Bglws.
65 Oka Kartini
66 Pringga Juwita Inn
67 Pringga Juwita Water Gdn.
68 Jungut Inn
69 Nirwana Homestay
70 Sania's House
71 Puri Muwa Bglws.
72 Agung Homestay
73 Matahari Cottages
74 Oka Wati´s Sunset Bglws.
75 Griya Cott.
76 Budi House
77 Suartha Pension
78 Nick's Pension
79 Esty's House
80 Dewangga House
81 Happy Inn 2
82 Ibu Masih Bglws.
83 Bendi´s Acommodation
84 Waikiki Bglws.
85 Warsi´s House
86 Adi Pana Homestay
87 Cendana Cottages
88 Widia Homestay
89 Karyawan Homestay
90 Ubud Village H.
91 Frog Pond Inn
92 Dewi Antara
93 Puri Garden Cott.
94 Pertiw iBglws
95 Grand H. Ubud
96 Yulia Village Inn
97 Ubud Bungalows
98 Artini 2 Bungalows
99 Artini 1 Bungalows
100 Sagitarius Inn
101 Dewi Sri Bungalows
102 Ubud Terrace
103 Fibra Inn & Bungalows
104 Argasoka Inn
105 Ubud Inn
106 Champlung Sari H.
107 Monkeyforest Hideaway
Läden, Restaurants, etc.:
7 Griya R.
8 Lotus R.
9 Menara R.
10 Casa Luna R.
11 Buchladen
12 Ary R.
13 Puri R.
14 Nomad´s R.
15 Buchladen
16 Buchladen
17 Candri R.
18 Muwa R.
19 Oka Wati R.
20 Buchladen
21 Warung Suartha
22 Ibu Rai R.
23 Lilie's Garden R.
24 Buchladen
25 Bamboo R.
26 Buchladen
27 Bendi's R.
28 Ibu Rai R.
29 Cafe Bali
30 Nur Salon
31 Dian R.
32 Cafe Wayan
33 Yudit R.
34 Warung Artini
35 Ubud R.
36 Dirty Duck R.
37 Kura Kura R.
38 Kubuku Inn
S.L.

**POST** - das kleine Postamt liegt im Osten von Ubud, südlich der Hauptstraße, Adresse: Jl. Jimbawan 1, Ubud. Geöffnet Mo - Do und Sa 8.00 - 14.00, Fr bis 11.00 Uhr.

**TÄNZE** - An verschiedenen Abenden finden auf unterschiedlichen Bühnen Tanzveranstaltungen statt. Da sich die Termine häufig ändern, sollte man sich vorher über die aktuellen Veranstaltungen informieren. Zudem werden bei einem nachmittäglichen Spaziergang durch Ubud immer wieder Eintrittskarten angeboten; Eintrittspreis bei allen Veranstaltungen 5000 Rp:
**Legong**: Mo und Sa 19.30 Uhr, Puri Ubud; Fr 19.30 Uhr, Peliatan, Puri Kaleran; Sa 19.30 Uhr, Tebesaya, Pura Dalem Puri.
**Kecak**: Mi und So 19.00 Uhr, Padang Tegal, Jl. Hanoman, mit Feuer- und Trancetanz;
Do 19.30 Uhr, Puri Agung Peliatan.
**Gabor**: Do 19.30 Uhr, Puri Ubud.
**Wayang Kulit**: Mi + So 20.00 Uhr, Oka Kartini, Tebesaya.
**Ramayana Ballet**: Di 20.00 Uhr, Puri Ubud.
**Sunda Upasunda**: Mi 19.30 Uhr, Puri Ubud.
**Mahabharata**: So 19.30 Uhr, Puri Ubud;
Di 19.30 Uhr, Teges, 3 km südlich von Ubud.
**Barong**: Fr 18.30 Uhr, Puri Ubud.

**TELEFON** - Vom *CENTRAL TELEPHONE OFFICE*, Jl. Raya Andong, der Straße nach Petulu, tel 975104, kann man rund um die Uhr telefonieren, Faxe und Telegramme abschicken. Ähnlichen Service bietet ein Wartel bei Nomad an der Hauptstraße, ein zweites liegt südlich vom Sportplatz in der Jl. Monkeyforest.

**VORWAHL** - 0361.

## EINKAUFEN

**KUNST** - Entlang der Hauptstraße reiht sich eine Galerie an die andere.
Ob man Gemälde im traditionellen Stil oder modernere Richtungen bevorzugt, hier ist alles vertreten. Man sollte sich beim Einkaufen viel Zeit nehmen.
Generell kauft man wesentlich günstiger bei den Malern selbst. Sie leben sowohl in Ubud wie auch in Penestanan, Peliatan, Pengosekan, Padang Tegal und den weiter entfernt liegenden Orten Batuan, Kamasan und Bedulu.
Die Preise sind in den letzten Jahren enorm gestiegen, und die Qualität hat unter der Massenproduktion gelitten. Bezeichnend, daß die Bilder vielfach in US$ ausgezeichnet sind.
Viele Busse machen täglich in Ubud auf ihrer Rundtour einen Zwischenstop. Nach dem Besuch im Museum werden in wenigen Minuten die Souvenirs gekauft - selbst wenn man sich die Kunst US$500 kosten läßt. Zum Handeln bleibt keine Zeit, denn der Bus fährt gleich weiter. Läßt man sich begleiten, zahlt man Provision.

**SOUVENIRS** - Außer Gemälden wird in den Läden der Hauptstraße und der Monkeyforest Road all das an Batik, Ikat und anderen Textilien, Schnitzereien und sonstigen Souvenirs verkauft, was ebenso in Denpasar oder Kuta erhältlich ist.
Vormittags lohnt ein Bummel über den Markt, der an jedem dritten Tag stattfindet. Zu früher Stunde gibt es Tuak.
Aus der Fülle von Art Shops sei nur ein kleiner Laden erwähnt, dessen Inhaber fast ausschließlich eigene Produkte und nicht das übliche Massenangebot verkauft: *IDA BAGUS YADNYA* hat einen Laden im 1. Stock des Marktgebäudes und einen winzigen Stand zur Hauptstraße hin. Seine Spezialität sind Holzschnitzereien, die auch in Mas und Sanur verkauft werden, dort aber das Mehrfache kosten.

**BÜCHER** - Einige Buchläden mit gebrauchten Taschenbüchern (deutsch, englisch u.a.) findet man in der oberen Jl. Monkeyforest.
Zwei Läden liegen nördlich vom Sportplatz: eine gute Auswahl hat der *CINTA BOOKSHOP*. Weitere Buchläden sind an der Hauptstraße und in Tebesaya.
Neue Bücher erhält man im *UBUD BOOKSHOP* an der Hauptstraße nicht weit von der Post, und in einem Bookshop schräg gegenüber vom Lotus Restaurant.

## TRANSPORT

**BEMO** - Die meisten Bemo fahren nach DENPASAR (Batubulan), 600 / 700 Rp. Will man nach Osten oder Norden, fährt man bis SAKAH kurz hinter MAS für 400 Rp, von dort nach GIANYAR 300 Rp (direkt von Ubud nach Gianyar 500 Rp) oder KLUNGKUNG 700 Rp.
Von Gianyar nach TAMPAKSIRING, BANGLI, PENELOKAN 1500 Rp und SINGARAJA, ab Klungkung nach BESAKIH für 1500 Rp und CANDI DASA 1000 Rp.

**MIT DEM EIGENEN FAHRZEUG** - kann man Richtung Osten eine Abkürzung nehmen: Von der Abzweigung in Teges kommt man an der Goa Gajah vorbei nach Bedulu (nur wenige Bemo!). Von dort führt der Weg ständig bergauf über Pejeng, Tampaksiring nach Penelokan, 1480 m über dem Meeresspiegel.
Nach Westen kommt man auf gut ausgebauten Straßen (sehr selten Bemo!) über Campuan, Sayan, Kengetan nach Sangeh oder Mengwi.

**SHUTTLE BUS** - Viele Travel Agents bieten Transport mit einem Shuttle Bus an: sehr zu empfehlen mit viel Gepäck oder wenn man nach Sanur, zum Airport oder nach Kuta will (8500 / 5000 Rp), da man mit öffentlichen Bemo bis zu dreimal umsteigen muß, z.B. von Ubud nach Kuta oder zum Airport in Batubulan, Kereneng und Tegal.
Angeboten werden auch Fahrten in die Touristenzentren Lomboks, inkl. Fähre (aber nur 2. Kl.). Hier empfiehlt es sich, den Shuttle Bus nur bis Padang Bai zu nehmen und auf der Fähre 1. Klasse (ac) zu fahren. Ab Lembar, Lomboks Hafen, läßt sich meist mühelos ein weiterer Shuttle Bus zu jedem gewünschten Ziel finden.

## Die Umgebung von Ubud

### Affenwald

Von Ubud läuft man die Monkeyforest Road hinunter, die in den letzten Jahren mit Shops, Restaurants und Hotels zugebaut wurde. Eintritt in den „Affenwald" 1050 Rp.

Kommt man ohne Erdnüsse und anderes Eßbares hierher, verhalten sich die Affen normalerweise friedlich. 50 m hinter der Kasse führen rechts Stufen in eine kleine Schlucht hinab und mitten durch (!) einen Banyan-Baum. Eine märchenhafte Atmosphäre erfüllt diesen dämmrigen Ort. Hier unten verbirgt sich ein kleiner Tempel und weiter hinten ein Badeplatz. Auf der südlichen Seite des Affenwaldes *(Wanara Wana)* liegt auf einem Hügel der Unterwelttempel **Pura Dalem** des Banjar Padang Tegal. Einige bizarre Rangda-Statuen bewachen die heilige Stätte.

### Pengosekan

Eine aktive Künstlergruppe, schlicht *Community of Artists* genannt, die unter der Leitung von Dewa Nyoman Batuan arbeitet, stellt ihre Werke in einem Studio nahe der Hauptstraße aus: Gemälde mit Naturszenen in Pastelltönen, bemalte Holzschnitzereien, sogar mit Schnitzereien verzierte Möbelstücke.

Von Pengosekan führt eine schmale Straße weiter Richtung Süden durch eine abwechslungsreiche Landschaft bis Batuan. In **Silungan** und anderen kleinen Dörfern arbeiten Maler und Holzschnitzer, die vor allem Spiegelrahmen und Tiere aus Weichholz schnitzen.

### Goa Gajah

Auf der Straße von Peliatan nach Bedulu kommt man nach etwa 3 km (Bemo 200 Rp, aber auch ein schöner Spaziergang) zur Goa Gajah, der Elefantenhöhle. Der Eingang zur Höhle ist mit seltsamen Skulpturen verziert, die in den Felsen gehauen sind. Ein Dämon scheint alle, die eintreten, mit seinem riesigen Maul zu verschlucken. Die Skulpturen im Inneren lassen darauf schließen, daß die Höhle von einem Einsiedler bewohnt war. Vor der Höhle liegen Badeplätze mit Nymphen, die erst in den 50er Jahren entdeckt wurden. Steigt man in die Schlucht hinab, findet man weitere Ruinen. Ein schöner Ort, wenn gerade keine Busladung Touristen da ist! Kostet Eintritt; auch ein Tempelschal ist erforderlich.

Oben an der Straße werden Souvenirs verkauft, vor allem Ledertaschen. Im Vergleich zu Yogya etwas teurer, aber immer noch recht günstig.

### Bedulu

Einen Besuch wert ist auf jeden Fall das Felsenrelief **Yeh Pulu** im Süden von Bedulu. Ein Schild an der Hauptstraße weist den Weg, vorbei an einem schönen, ruhigen Losmen und einem Badeplatz. Inmitten von Reisfeldern erstreckt sich an einer niedrigen Felswand ein aufwendiges, 25 m langes und 2 m hohes Relief, in dem zumeist lebendige Szenen aus dem Arbeitsalltag gezeigt werden. Bedeutung und Alter der Anlage sind ein bisher ungelöstes Rätsel. Man vermutet, daß Yeh Pulu zu einer Eremitenklause gehörte und ca. im 14. Jh. entstanden ist.

### Gunung Kawi

Im Süden von Tampaksiring liegt östlich der Straße in einer herrlichen, steilen Schlucht des Pakrisan-Flusses mit kunstvollen Reisterrassen das Heiligtum Gunung Kawi. Aus zwei gegenüberliegenden Felswänden sind neun Monumente in Form ostjavanischer Candi herausgemeißelt. Fast verwitterte Inschriften belegen, daß es sich dabei um die aus dem 11. Jahrhundert stammenden Bestattungstempel des Königs Udayana und seiner Familie handelt.

Kommt man von der Straße die in den Fels gehauenen Stufen herunter (Eintritt, Tempelschal), sieht man vor sich fünf Monumente, die von links nach rechts folgenden Personen zugedacht sind: Das erste dem König Udayana, das zweite der Königin Gunapriya, das dritte der Lieblingskonkubine des Königs und die beiden letzten seinen Söhnen Marakata und Anak Wungsu. Die vier Candi auf der westlichen Seite des Flusses sind dem Andenken der vier Konkubinen Anak Wungsus gewidmet. Im Süden des Tals, nicht weit von den Grabmalen, entdeckt man an mehreren idyllisch gelegenen Plätzen Gruppen von ebenfalls aus Felswänden herausgemeißelten Höhlen, in welchen vermutlich Eremiten und Asketen ihr beschauliches Dasein geführt haben. So soll auch Anak Wungsu seinen Thron verlassen haben, um hier sein Leben als Einsiedler zu beschließen und durch Meditation und Entsagung zur Erlösung zu gelangen.

### Pura Tirta Empul

Das Quellheiligtum liegt nur zwei Kilometer nördlich von Gunung Kawi. Von Gianyar aus kosten Bemo 500 Rp, ab Denpasar 1000 Rp nach Tampaksiring. Nahe dem großen Banyan-Baum stehen 2 Losmen: *Tampaksiring Homestay** und *Gusti**-**. Im Norden des Ortes führt rechts eine Straße zu den heiligen Quellen (Eintritt, viel Verkaufsrummel).

Schon seit tausend Jahren baden die Balinesen in diesen Quellen, denen heilende Wirkung zugesprochen wird. Selbst der Gouverneur ließ sich hier einen Palast erbauen, den auch der alternde Präsident Sukarno häufig besuchte. Der Schrein ist Gott Indra geweiht, der selbst diese Quellen erschaffen haben soll. Da dieses ein heiliger Platz ist, müssen Besucher einen Tempelschal tragen.

## Besakih

Der 3140 m hohe Gunung Agung ist Zentrum der balinesischen Welt und Sitz der Götter. 20 km nördlich von Klungkung liegt, auf 900 m Höhe am Fuß des heiligen Berges der Tempel Besakih, der größte und heiligste der Insel, der von allen Balinesen als „Muttertempel" verehrt wird. Eigentlich ist es ein Komplex von vielen einzelnen Tempeln. Jedes ehemalige Königshaus, jeder Familienclan und jede Berufsgruppe ist hier mit einem eigenen Tempel vertreten. Der bedeutendste davon ist **Pura Penataran Agung**, der einst der Königsfamilie von Klungkung gehörte.

Schon im 8. Jahrhundert soll der legendäre Rsi Markandeya, ein Hindu-Heiliger aus Java, **Pura Besakih** gegründet haben. Wahrscheinlich fand er hier schon ein uraltes prähinduistisches, megalithisches Heiligtum vor, das der Verehrung eines Berggottes und vor allem der Ahnen diente. Im Laufe der Jahrhunderte ist die Anlage immer wieder angebaut und erweitert worden. Nur Hindus dürfen das Innere der Tempelanlage betreten. Obwohl der Komplex aus fast 200 Bauwerken besteht, gibt es hier nichts Außergewöhnliches, was nicht auch in anderen Tempeln zu sehen ist. Dafür ist die Lage um so spektakulärer: ein guter Überblick bietet sich von der Nordostecke. Da Pura Besakih aus vielen verschiedenen Tempeln besteht, wundert es nicht, daß hier häufig Feste gefeiert werden, meist nach dem Saka-Kalender an einem Vollmond.

### ÜBERNACHTUNG

Auf dem Weg zum Tempel liegt im Tal das *ARCA VALLEY***, mit Restaurant. Und ein *LOSMEN*** 100 m vor dem Tempeleingang.

### TRANSPORT

Die meisten Touristen fahren in Reisebussen oder mit dem eigenen Fahrzeug zum Besakih.

Von KLUNGKUNG kommt man an Festtagen mit einem Bemo (1500 Rp) direkt zum Tempel. Ansonsten geht es mit dem Bemo bis MENANGA (1000 Rp). Von hier führt der Weg 6 km steil hinauf. Manchmal fahren auf dieser Strekke Bemo für 500 Rp. Bei gutem Wetter kann man während der Fahrt über die Reisterrassen bis zum Meer schauen.

Etwa ab 11.00 Uhr liegt der Berg mit dem Tempel häufig in Wolken.

## Padang Bai

Der kleine Hafen liegt in einer schönen Bucht, 2 km abseits der Hauptstraße. Eng aneinander gereiht säumen Fischerboote den Strand, bunte Einbaumkanus mit Ausleger, der Bug verziert mit magischen Augen und einem Schnabel.

Von Padang Bai fahren die Fähren nach Lombok ab. Darüber hinaus lohnt es sich, einige Tage in Padang Bai zu verbringen und Wanderungen und Spaziergänge zu unternehmen. Klettertouren durch die Hügel hinter der Bucht werden mit wunderbarer Aussicht belohnt. Entlang der Küste warten kleine, versteckte weiße Sandstrände darauf, entdeckt zu werden. In den Losmen und Bungalow-Anlagen am Strand von Padang Bai wohnt man genauso gut wie in den bekannten Touristenzentren Balis, hier allerdings ohne den üblichen Rummel.

### ÜBERNACHTUNG

**IM ORT** - *JATIWANGI INN*-****, Jl. Melanting 5, nicht weit vom Markt, nett eingerichtete, saubere Zimmer mit Mandi, inkl. Frühstück.

*PANTAI AYU HOMESTAY*-***, Jl. Silayukti, auf einem Hügel am Dorfrand; Zimmer mit und ohne Mandi, mit Fan, ruhig, sauber und nett eingerichtet; gutes Restaurant und eine freundliche, hilfsbereite Ibu; vermietet Auto und Schnorchelausrüstung.

*DHARMA HOMESTAY*-***, sauber und nett eingerichtet, mit gutem Frühstück.

*PURBA HOMESTAY***, Gg. Segara I, etwas versteckt in einer schmalen Gasse, mit Frühstück.

*SERANGAN BEACH INN***, mit Dusche, inkl. Frühstück.

**AM STRAND** - *RAI BEACH INN****, Bungalows mit Fan und Frühstück, Restaurant; auch Auto- und Schnorchelausrüstungvermietung.
*KERTI BEACH INN***, vermietet auch Motorräder.
*PADANG BAI BEACH INN*-***, mit Frühstück.
*TOPI INN*** (Schlafsaal*), am Ende des Strandes etwas abseits gelegen, preiswert und sehr ruhig, mit Restaurant.

### ESSEN

Einfache *RUMAH MAKAN* nicht weit vom Hafen: Wenn man von der Fähre kommt, 50 m links hinter dem Schlagbaum - hier ist auch ein kleines Postamt. Mehrere kleine Restaurants gegenüber den Bungalow-Anlagen servieren frischen, preiswerten Fisch.

### TRANSPORT

Findet man keinen direkten Transport bis Padang Bai, steigt man an der Abzweigung von der Hauptstraße aus und läuft die 2 km. Bemo fahren für 2000 Rp nach DENPASAR (Busse 1250 Rp), CANDI DASA 500 Rp, AMLAPURA 1000 Rp.
Außerdem pendeln Shuttle-Busse zwischen Padang Bai und Balis Touristenzentren, z.B. KUTA 9500 Rp. Fähre nach Lombok: s.S. 288.

## Candi Dasa

*Wer Kuta / Legian fluchtartig verlassen hat, auch vom Lovina Beach enttäuscht ist und trotzdem das Strandleben nicht missen möchte, findet sich meist am Strand von Candi Dasa wieder. Candi Dasa ist eine kleine Ansiedlung mit Schule und einem Tempel an einer Felswand.*

Der schmale Sandstrand verdient diese Bezeichnung eigentlich nur bei Ebbe, denn bei Flut unterspülen die Wellen die palmenbestandene Küste. Taucher fin-

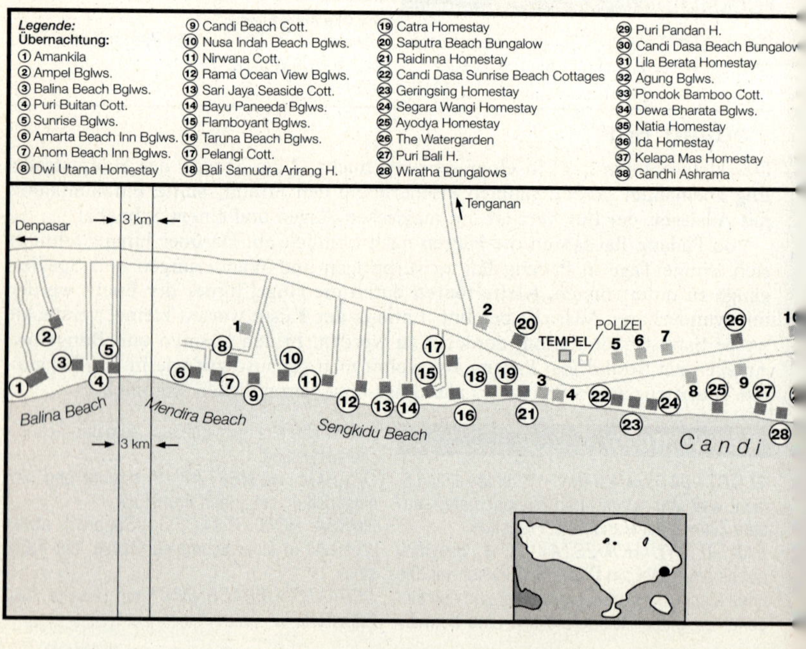

den ein Korallenriff und vorgelagerte Felseninseln, ansonsten gibt es nicht viel zu unternehmen - also ein idealer Platz zum Faulenzen!? Die erste Unterkunft von Candi Dasa war der Gandhi Ashrama an der Lagune - bei vegetarischer Kost vertieft man sich hier auch heute noch in Yoga und Meditation.

Inzwischen erstreckt sich ein über 2 km langes Losmen-, Bungalow- und Restaurant-Dorf auf dem schmalen Streifen zwischen Strand und Straße. Abgesehen von dieser Straße ist Candi Dasa ein relativ ruhiges Fleckchen mit wenig Verkaufsrummel. Und wem Candi Dasa immer noch zu betriebsam ist, findet weitere Unterkünfte an den Stränden wenige Kilometer weiter westlich, **Balina Beach**, **Mendira Beach** und **Sengkidu Beach**.

## ÜBERNACHTUNG

Ständig entstehen neue Unterkünfte, wo für jeden Geldbeutel etwas dabei sein müßte. Einige Beispiele (von West nach Ost):

**BALINA BEACH** - *AMANKILA* (ab US$386), tel 221993, fax 221995, Luxus-Bungalows in spektakulärer Lage an einem Berghang direkt am Meer.
*BALINA BEACH BUNGALOWS* (US$30 - 130), inkl. Frühstück, mit Restaurant, kleinem Pool und Tauchshop, alle teuren Zimmer mit ac; Buchung unter tel 0361/811368, fax 812579.
*PURI BUITAN* (US$40 - 87), Buchung unter tel/fax 0361/287182 (Sanur), inkl. Frühstück, mit Restaurant und Swimming Pool, alle Zimmer mit Fan oder ac.

**MENDIRA BEACH** - *AMARTA BEACH INN BUNGALOWS***, mit Frühstück, schöne Lage, sehr einfach ausgestattet, etwas ungepflegt.
*ANOM BEACH INN BUNGALOWS* (US$35 - 60), tel/fax 233998, inkl. Frühstück, mit Restaurant.
*CANDI BEACH COTTAGE* (US$88 - 100), tel 235807, fax 235808, Zi und Bungalows mit ac, TV, Kühlschrank etc.; Restaurant und Pool.

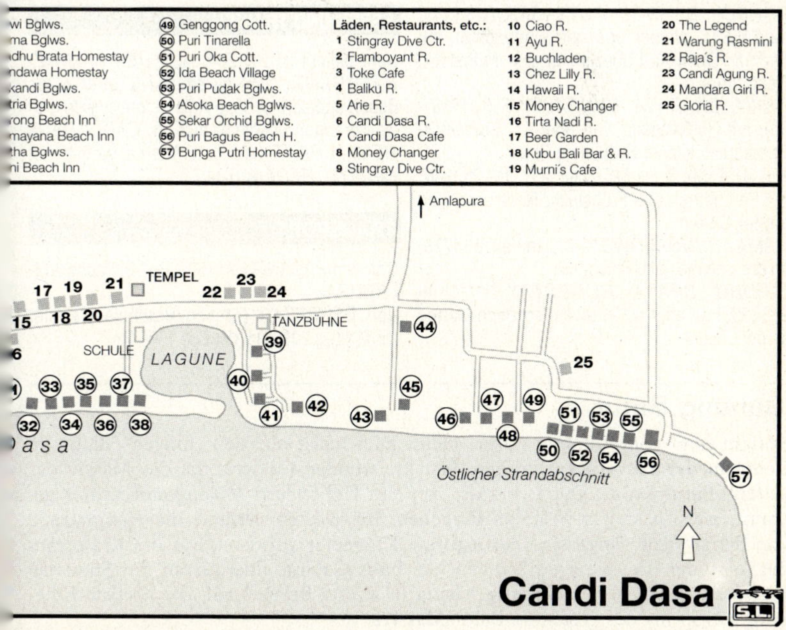

*NUSA INDAH BEACH BUNGALOWS***, inkl. Frühstück, kleine Anlage mit nett eingerichteten Bungalows, sehr ruhig gelegen.

**SENGKIDU BEACH** - *FLAMBOYANT BUNGALOWS***, mit Fan und Dusche, inkl. Frühstück, ruhig und sauber.
*SAPUTRA BEACH BUNGALOW*-***, z.T. mit Heißwasser, inkl. Frühstück, nicht am Strand.
*RAIDINNA HOMESTAY***, mit Frühstück.

**CANDI DASA** - *GERINGSING HOMESTAY*-***, mit Fan und Mandi, inkl. Frühstück.
*AYODYA HOMESTAY*-****, tel 234992, inkl. Frühstück, Zimmer mit Fan und Mandi; einige Gäste beklagen sich über Kakerlaken.
*THE WATERGARDEN* (US$75), tel/fax 235-540, sehr schöne Bungalows mit Fan und Heißwasser in einem phantastischen Garten voller Goldfischteiche, mit Restaurant und Pool, eine kleine, sehr stilvolle, sehenswerte Anlage.
*WIRATHA BUNGALOWS*-****, tel 233973, mit Restaurant.
*CANDI DASA BEACH BUNGALOWS II* (US$40 - 115), tel/fax 235537, mit Restaurant und Pool, alle Zimmer mit ac.
*PONDOK BAMBOO COTTAGES* (US$17), tel 235534, sauber und nett eingerichtet, mit Fan und Open-Air-Badezimmer, inkl. Frühstück; Restaurant.
*DEWA BHARATA BUNGALOWS* (US$15 - 30), mit Heißwasser, Fan oder ac, Frühstück; Restaurant, kleiner Swimming Pool.
*KELAPA MAS HOMESTAY*-****, tel 233947, mit Fan, Mandi und Frühstück; Restaurant und großer Garten.
*RAMA BUNGALOWS**-****, tel/fax 233778, an der Lagune, inkl. Frühstück.
*SINDHU BRATA HOMESTAY**-*****, tel 233825, Fan oder ac, in einem schönen Garten an der Lagune.

**ÖSTLICHER STRAND** - Sehr ruhig liegen folgende Hotels und Losmen am östlichen Strandabschnitt:
*SATRIA BUNGALOWS*-***, inkl. Frühstück,
*BARONG BEACH INN**-****, mit Frühstück,
*RAMAYANA***, *DUTHA COTTAGES***,
*NANI BEACH INN***,
*PURI TINARELLA* (US$20), tel 221373, fax 233971, mit Restaurant und Pool, sehr saubere Zimmer mit Fan, Heißwasser und Frühstück, aber ohne Aussicht, da sich die Zimmer in zwei Reihen gegenüberliegen, ohne Garten.
*IDA BEACH VILLAGE* (US$45 - 60), tel/fax 229041, eine sehr originelle Bungalowanlage im Stil eines traditionellen Dorfes, mit Heißwasser. Tel, Fan oder ac, hübsch eingerichtet; mit einem Restaurant und einem kleinen Pool.
*PURI PUDAK BUNGALOWS**-*****, tel 233-978, mit Fan, Heißwasser und Frühstück.
*PURI BAGUS BEACH HOTEL* (ab US$76), tel 235238, fax 235666, mit ac, Restaurant, Pool etc., sehr schöne, luxuriöse Anlage.
*BUNGA PUTRI HOMESTAY***, inkl. Frühstück, mit Restaurant, in herrlicher Lage am äußersten Ende des Strandes.

### ESSEN UND TRINKEN

Sehr beliebt ist zur Zeit das *KUBU BALI RESTAURANT*, nicht gerade billig, aber gutes Essen und sehr schöne Anlage; preiswerte große Portionen bekommt man im *CANDI DASA RESTAURANT*; eine gute Alternative dazu ist das *AYU RESTAURANT*.

### TRANSPORT

Colt von PADANG BAI (500 Rp) Richtung AMLAPURA.
Von DENPASAR (Station Batubulan) kostet ein Minibus 2000 Rp, der Bus 1500 Rp.

## Gunung Batur

Spricht man vom Gunung Batur, meint man meist nur den „jungen“ Batur im Zentrum der 10 - 14 km breiten, fast kreisrunden Caldera, die das Massiv des „alten“ Batur krönt. Der Urkrater, von den Holländern Molengraaff-Krater genannt, ist von steilen Wänden umgeben. Im Westen verläuft die Hauptstraße von Bangli nach Singaraja über mehrere Kilometer auf dem Grat des Kraterrandes, eine der drei einzigen Straßen, die Balis Gebirge überqueren. Im Südosten ragt der Randkegel des **Gunung Abang** (= älterer Bruder) auf, die höchste Erhebung (2153 m) des gesamten Batur-Massivs.

Einen Teil der alten Caldera füllt der halbmondförmige, 90 m tiefe Batur-See aus, in dem die *Subak* (Organisationen von Reisbauern) aus der Region Gianyar jedes Jahr einen Büffel opfern. An seinen Ufern wie auch rund um den kahlen Kegel des jungen Batur liegen ein paar Dörfchen, darunter ein Dorf der Bali Aga, Trunyan. Es erstaunt, daß die Nähe des aktiven Vulkans mit seinem Hauptkrater und vielen Nebenkratern die Leute nicht abschreckt.

### Die Besteigung des Gunung Batur

Man kann den Batur von Penelokan, Kintamani, Pura Jati oder Toya Bungkah (Tirta) aus in einer Tagestour besteigen - am besten mit Führer. Feste Schuhe und ein dicker Pullover sind angebracht. Ab Pura Jati folgt man immer den weißen Markierungen. Ab Toya Bungkah dauern Auf- und Abstieg an die drei Stunden, ab Kintamani braucht man an die sechs Stunden. Der Aufstieg über die unwirklichen Lavaformationen ist sehr interessant, lohnt sich nur bei gutem Wetter! Zahlreiche Losmen organisieren für 20 000 - 25 000 Rp (3 - 4 Pers.) die Tour. Nach der Tour kann man sich in **Toya Bungkah** am Ufer des Sees in dem Badebecken, das von den heißen Quellen gefüllt wird, erfrischen.

#### ÜBERNACHTUNG / ESSEN

In der Nähe der Quellen mehrere Losmen und Restaurants, z.B. *TIRTA YATRA** direkt am See.
Am Ortseingang rechts findet man *WARUNG NYOMAN PANGUS*, mit ausgezeichneten Fischgerichten.

#### TRANSPORT

Bemo von PENELOKAN nach Toya Bungkah für 500 Rp, Touristen 1000 Rp. Die Straße führt von Toya Bungkah weiter über SONGAN um den Batur herum bis nach KOLOMBO. In Songan kann man auch rechts bis zu einem kleinen Tempel am Ende der Straße fahren.

## Penelokan

Der Name bedeutet „Aussichtspunkt“, und der Blick, den man von hier oben, in 1450 m Höhe, über den Vulkan Batur und die umliegende Berglandschaft hat, ist faszinierend. Bei gutem Wetter ist sogar die Südküste zu sehen. Die tolle Sicht lockt natürlich viele Touristen an, die wiederum viele Fliegende Händler nach sich ziehen.

Die Menschen hier oben sind im Gegensatz zu der überwiegenden Mehrheit der Balinesen allerdings überraschend wenig freundlich, die Atmosphäre ist sogar eher aggressiv. Bei fast allen Kontakten mit Leuten aus Penelokan, bei denen Geld im Spiel ist (Guide, Transport, Einkaufen), muß man auf unschöne Szenen gefaßt sein.

#### ÜBERNACHTUNG

*LAKEVIEW HOMESTAY**-*****, tel 0362/ 23464, Zi mit und ohne Mandi, mit Frühstück. Z.T. mit Heißwasser und Aussicht; Restaurant.
*GUNAWAN BUNGALOWS**-****, etwas vergammelte Zimmer mit Mandi und Frühstück, gutes Restaurant und umwerfender Ausblick über den See und den Vulkan.

Andere Unterkünfte in Kintamani oder in der Caldera bei den heißen Quellen in Toya Bungkah.

#### TRANSPORT

Bemo fahren ab GIANYAR für 1500 Rp, KLUNGKUNG für 1200 Rp und SINGARAJA für 1500 Rp in 2 1/2 Std. nach Penelokan. Der Bus ab BANGLI kostet 600 Rp.

## Trunyan

Das Dorf ist wie Tenganan (siehe Ost-Bali) von Bali Aga bewohnt, also „Original-Balinesen", die kaum vom Hinduismus oder anderen Fremdeinflüssen berührt scheinen. Einmalig ist ihre Art der Totenbestattung. Die Leichen werden nicht wie bei Hindu-Balinesen verbrannt, auch nicht wie bei den Bali Aga von Tenganan beerdigt, sondern in weiße Tücher gehüllt und im Freien aufgebahrt, wo sie dann unbeachtet verwesen.

Eingezwängt auf einem schmalen Landstreifen zwischen See und steilem Kraterrand lebt man hier in fast völliger Isolation vom restlichen Bali. Besucher sind nicht so willkommen wie in Tenganan, werden aber geduldet. Viel zu sehen gibt es eigentlich auch nicht: Mauern aus finsteren Lavablöcken umgeben die eng aneinander gereihten Gehöfte, in denen man die sonst üblichen tropischen Gärten und Bäume vermißt.

Ein steiler Zick-Zack-Pfad hinter dem Dorf führt die Kraterwand hoch zu einem Ableger von Trunyan außerhalb der großen Caldera, wo die Ländereien der Bali Aga liegen.

### ÜBERNACHTUNG

An der Bootsanlegestelle in Kedisan findet man 3 Losmen, einen vierten weiter oben an der Gabelung. Gut ist *SURYA HOMESTAY*-****.

### TRANSPORT

Man nimmt zuerst ein Bemo etwa 3 km den steilen Berg hinunter bis nach KEDISAN. Dafür ist kein Charter notwendig, auch wenn noch so viele Leute das Gegenteil erzählen. Boote für die Rundfahrt auf dem See (Trunyan, Bali Aga Friedhof, Toya Bungkah) kosten um 30 000 Rp Charter. Trunyan ist ansonsten über einen recht schwierigen Fußweg, der immer am See entlang führt, zu erreichen.

Man sollte versuchen, sechs oder mehr Leute für den Bootstrip zusammenzubekommen: oft passiert es, daß mitten auf dem See der Motor abgestellt wird, um mehr Geld zu erpressen! In der Überzahl kann man besser verhandeln.

## Kintamani

Das kühle, oft von Wolken verhangene Kintamani ist der größte Marktort am Batur. Alle drei Tage ist die Hauptstraße hoffnungslos verstopft mit Gemüselastern, Minibussen und Gebirgsbewohnern, die um Kaffeebohnen, Obst und Gemüse feilschen. Schon die Holländer unterhielten hier ein Gästehaus, ein erster Zwischenstop für Besucher, die im Hafen von Buleleng (Singaraja) gelandet und auf dem Weg zu ihren Hotels in Denpasar waren.

In dem langgestreckten Dorf wohnt man trotz der Hunde (eine besondere Rasse, langhaarig und aggressiv) recht angenehm. Nördlich von Kintamani kann man durch im Bergwind rauschende Kasuarinenwälder wandern.

### ÜBERNACHTUNG

*SUPERMAN HOMESTAY***, südlich vom Batur Tempel, spartanische Zi mit und ohne Mandi.
*LOSMEN MIRANDA***, nördlich vom Batur Tempel am Markt.
*LOSMEN PURI ASTINA INN***, noch etwas weiter nördlich und 400 m östlich der Hauptstraße.
*LOSMEN SASAKA INN***, tel 61520, nördlich vom Markt, Zimmer mit Mandi.

### TRANSPORT

Bemo ab SINGARAJA kosten 1500 Rp, ab BANGLI 800 Rp. Es fahren auch Bemo ab AMLAPURA die Ostküstenstraße entlang über KUBUTAMBAHAN.

## Das Dorf Batur

Im Süden ist Kintamani mit dem neuen Dorf Batur zusammengewachsen. Das alte Batur befand sich einst am Fuße des aktiven Vulkans. Der schwere Ausbruch 1917 hatte es stark zerstört, aber der Tempel war von den Lavamassen verschont worden. Dies nahm man als gutes Omen und baute das Dorf an gleicher Stelle wieder auf. Der nächste schwere Ausbruch 1926 vernichtete das Dorf erneut, diesmal mitsamt dem Tempel. Erst daraufhin entschlossen sich die Leute, Batur an eine geschütztere Stelle auf den Rand der Caldera zu verlegen.

Mittelpunkt des Ortes ist der neue, große Tempel, **Pura Ulun Danu Batur**, ein umfangreicher Komplex, an dem schon seit Jahrzehnten gebaut wird. Eindrucksvolle, hohe Tempeltore und Reihen von vielstufigen, schlanken Meru erheben sich am Rande des Steilhangs über der Caldera, die einen phantastischen Hintergrund für das Heiligtum bildet. Die Gebäude bestehen aus dunklem Lavagestein, die Innenhöfe sind mit schwarzer Asche bestreut. Die hier verehrte Hauptgottheit ist Dewi Danu, Göttin der Gewässer.

## Bedugul

Wolkenverhangener Bergurwald, Kaffeeplantagen und Gemüsefelder, üppiges Grün, wohin das Auge blickt - welch ein Gegensatz zum rauhen Batur! Auch hier oben befand sich einst eine riesige Caldera. Reste des alten Kraterrandes stehen halbkreisförmig noch im Norden und Osten, mit dem **Gunung Catur** (2096 m) als höchster Erhebung. Nach Südwesten bis hin zum Gunung Batukau ragen unregelmäßig jüngere Vulkankegel auf. In den einstigen Krater war noch bis 1818 ein einziger großer See eingebettet. Der Ausbruch eines Nebenvulkans verschaffte einem Teil der Wassermassen einen Abfluß - mit katastrophalen Folgen für viele Dörfer am Berghang. Zurück blieben drei kleinere, idyllisch gelegene Seen und eine Menge fruchtbaren Ackerlandes, heutzutage eine stimmungsvolle, beschauliche Landschaft mit freundlichen Menschen.

Größtes Dorf ist der Marktort **Candi Kuning**, nördlich von Bedugul und 1200 m hoch gelegen. Übernachtungsmöglichkeiten bietet sowohl die kleine Ansiedlung Bedugul am Südufer des Danau Bratan, direkt an der Hauptstraße von Denpasar (48 km) nach Singaraja (30 km), als auch der Marktort Candi Kuning und die Dörfer weiter nördlich. Auf dem Bratan-See kann man mit gemieteten Kähnen, Motorbooten und sogar auf Wasserskiern herumfahren.

### ÜBERNACHTUNG

Von Süden nach Norden: *HOTEL BEDUGUL****, Zi mit Heißwasser und TV; am Seeufer, Bootsvermietung, Wasserski und Restaurant.
*HOTEL BUKIT PERMAI* (US$22 - 35), tel 0362/23662, mit TV, Heißwasser und Frühstück und großartiger Aussicht.
*MAWAR INDAH***, an der Straße zum Botanischen Garten, 250 m von der Hauptstraße.
*ROSELA**, 50 m weiter, mit schönem Garten.
*SARI ARTHA**, am Markt in Candi Kuning, sauber, mit Mandi.
*LILA GRAHA BUNGALOWS***-*****, tel 0362/23848, auf einem Hügel über dem See, saubere Zi mit Heißwasser, z.T. mit Kamin. Frühstück.
*ASHRAM BUNGALOWS**-*****, tel 0362/22 439, nordöstlich von Candi Kuning, liegt schön in einem Garten am Seeufer, inkl. Frühstück, Zi mit und ohne Mandi, z.T. mit Heißwasser, gut.
*BALI HANDARA KOSAIDO COUNTRY CLUB*, liegt einige Kilometer nördlich und bietet mehr Luxus. Noble Bungalows und einer der schönsten Golfplätze der Welt.
*BALI LAKE BUYAN COTTAGES* (ab US$ 92), tel 0362/21351, fax 21388, 2 km weiter. 9 sehr geschmackvoll eingerichtete Bungalows, mit 2 Schlafzi, 2 Badezi, Wohnzi, Küche etc.

## Die Umgebung von Bedugul

### Candi Kuning

Ein Spaziergang von einer halben Stunde über die Straße nach Norden führt von Bedugul zum sehenswerten Markt von Candi Kuning. Orchideen und andere Dschungelgewächse, kunstvoll aufgetürmtes Obst und Gemüse in erstaunlicher Artenvielfalt locken Käufer aus ganz Bali. Sogar Erdbeeren gibt es hier!

Eine weitere Attraktion des Ortes ist ein schön angelegter **Botanischer Garten** (*Kebun Raya),* der zu beschaulichen Spaziergängen einlädt. Der Eingang liegt nur 300 m südlich vom Markt an der Hauptstraße. Gegründet 1959 und erweitert 1975 bedeckt er heute ein Areal von fast 130 ha in einer Höhe von 1250 - 1450 m über dem Meer. Hier findet man breite, großzügig angelegte Wege, Wiesen, die zum Picknick einladen, Schutzhütten, um sich bei plötzlichen Regengüssen unterzustellen, eine Fülle von tropischen Gebirgspflanzen, meist mit Namensschildchen versehen, und eine bemerkenswerte Orchideensammlung.

### Pura Ulun Danau Bratan

Ein Stück weiter auf der Straße Richtung Singaraja steht am Seeufer einer der meistfotografierten Tempel Balis. Schon allein wegen seiner malerischen Lage sollte man mal beim Pura Ulun Danau Bratan vorbeischauen. Ein Teil der Anlage liegt auf zwei kleinen Inseln in Ufernähe. Auf der äußersten Insel steht ein dreistufiger Meru, in dem Gott Shiva in einer gnädigen Gestalt als Schöpfer und seine Gemahlin Parvati in ihrer Manifestation als Dewi Danu, Göttin der Gewässer, verehrt werden.

Der schlanke, elfstufige Meru auf der zweiten Insel ist Sitz von Wishnu als Gott des Fruchtbarkeit spendenden Wassers und Gottheit des Berges Puncak Mangu und seiner Gattin Dewi Sri, Göttin der Schönheit, des Reichtums und besonders des Ackerbaus (Reisgöttin).

Im größeren Tempelkomplex am Seeufer stehen u.a. ein siebenstufiger Meru für Brahma und ein dreistufiger Lotosthron (Padmasana) für die Hindu-Trinität Brahma-Wishnu-Shiva. Im Süden der Anlage sind die Schreine für die Vorfahren der Rajas von Mengwi untergebracht. Links vom Eingang entdeckt man sogar eine buddhistische Stupa und 5 Buddha-Statuen. Buddha wird ja von den Hindus als neunte Inkarnation Wishnus verehrt. Die Statuen stellen die 5 transzendentalen Buddhas dar (Jina oder Dhyani), welche die 5 Himmelsrichtungen symbolisieren; sie unterscheiden sich nur durch ihre Handhaltung (Mudra).

## Singaraja

*Eine ruhige Kleinstadt (20 000 Einwohner) an der Nordküste, heute Hauptstadt des Distrikts (Kabupaten) Buleleng, das flächenmäßig größte Kabupaten Balis. Der Name „Buleleng“ geht auf ein ehemaliges, hier ansässiges Raja-Reich zurück, das zwischen Ende des 17. und Ende des 18. Jahrhunderts seine machtvollste Zeit erlebte. Es hatte die Herrschaft über Mengwi, Karangasem (Amlapura) und Jembrana (Negara), sein Einfluß reichte bis nach Blambangan (Ostjava).*

*Vor dem Ausbau des Straßensystems auf Bali bildete die zentrale Bergkette eine nur unter großen Mühen zu überwindende Barriere. Diese relative Isolation von Süd-Bali und die engen Kontakte mit ausländischen Kulturen haben dazu geführt, daß sich in Nord-Bali eigene Bräuche und Kunstformen erhalten, bzw. entwickelt haben, die sich deutlich vom übrigen Bali unterscheiden.*

Die **Historische Bibliothek Gedung Kertya** in der Jl. Veteran hat eine gute Sammlung von Lontar-Schriften. An die 3500 Exemplare sind vorhanden, darunter die ältesten schriftlichen Überlieferungen Balis.

### ÜBERNACHTUNG

Man übernachtet besser am Lovina Beach. Wer in der Stadt bleiben will, findet mehrere günstige Hotels in der Jl. Jen. A. Yani: *CENDRAWASIH***, Nr. 21, *SENTRAL*-****, Nr. 48, *DUTA KARYA***, Nr. 59, *GEKAR SARI* **, Nr. 87, und *SAKA BINDU***, Nr. 104.
*HOTEL SINGARAJA**-**** in der Jl. Veteran 1 war einst Sitz des holländischen Gouverneurs.

### SONSTIGES

**GELD** - Die *BANK BUMI DAYA* nahe dem Hafen und die *BANK DAGANG NEGARA*, Jl. J. A. Yani, wechseln Geld und TC.

**VORWAHL** - 0362.

### TRANSPORT

Busse fahren direkt abSURABAYA für 15 000 Rp nach SINGARAJA, (Banyusari Busbahnhof im Westen). Hier auch Bemo / Busse nach DENPASAR 2500 Rp und GILIMANUK2000 Rp. Ab Kampung Tinggi (Bemo ab Banyusari für 250 Rp) nach SANGSIT 500 Rp, KINTAMANI 1500 Rp, AMLAPURA 1500 Rp, KLUNGKUNG 1800 Rp und PENELOKAN 1500 Rp, 2 1/2 Std.

## Lovina Beach

6 - 12 km westlich der Stadt (Bemo 500 Rp) finden sich die Leute ein, die dem Trubel von Kuta entfliehen wollen. Da der dunkle Strand längst nicht so schön wie im Süden ist und das ruhige, trübe Meer keinen Surfer anlockt, wird es weiterhin so bleiben, selbst wenn die Sonnenuntergänge auch hier prachtvoll sind. Die Besucherzahlen sind in den letzten Jahren sogar merklich heruntergegangen, Lovina ist anscheinend nicht mehr „in". Viele Losmen stehen leer, in den Restaurants sitzen nur noch vereinzelte Traveller. Höchstens in der Hauptsaison (Juli / August) herrscht hier der übliche Touristentrubel; nervige Strandverkäufer gibt es allerdings das ganze Jahr über.

Wer in den Korallenriffen schnorcheln will, muß sich mit einem Boot hinausfahren lassen. Der Preis dürfte bei einem voll besetzten Boot etwa um 5000 Rp pro Person liegen. Taucherbrillen, Schnorchel und Flossen sollten im Preis eingeschlossen sein - ansonsten muß man noch mal ca. 1000 Rp extra bezahlen. Draußen ist das Meer glasklar, so daß man die farbige Unterwasserwelt ungehindert genießen kann. Am frühen Morgen werden **„Delphin-Touren"** angeboten.

### ÜBERNACHTUNG

Zahlreiche Losmen und Bungalowanlagen ziehen sich über 6 km an der Straße, bzw. am Strand entlang. In der Hochsaison (Juli / August) steigen die Preise der billigen Unterkünfte bis um das Doppelte. Eine Auswahl von West nach Ost:

**IN TEMUKUS** - *KRISNA BEACH INN*-***, in schöner Lage am Strand, mit hübschem Garten und Restaurant.
*SAMUDRA COTTAGES***-*****, tel 23751, Zi mit Fan oder ac, heiße Dusche, inkl. Frühstück, schöner Garten, Restaurant.
*TOTO HOMESTAY**, tel 24107, sehr kleine Zi/ Bungalows mit Bad, Restaurant.
*ADY RAMA BEACH HOTEL* (US$25 - 45), tel 23755, mit Fan oder ac, TV und heißes Wasser, Restaurant, Swimming Pool.
*MIAMI HOMESTAY**, mit Mandi. Frühstück.
*BALI DEWATA***, tel 23778, inkl. Frühstück, mit Restaurant, leider nicht am Strand.

*ADITYA BEACH BUNGALOWS* (US$23 - 69), tel 22059, fax 23342, 80 Zi mit TV, ac oder Fan, Heißwasser; Pool, Pub und Restaurant.

**IN KALIBUKBUK** - *MANGGALA HOMESTAY*-***, tel 23371, Zi mit Mandi, Fan und Frühstück, Garten, Restaurant (Eiscreme).
*PURNAMA HOMESTAY*-***, Zi mit Fan und Bad, inkl. Frühstück.
*LOVINA BEACH HOTEL**-*****, tel 23473, saubere Zi mit Fan oder ac, Heißwasser und Badewanne, inkl. Frühstück, schöner Garten, Strandrestaurant.
*BALI LOVINA BEACH COTTAGE* (US$40 - 70), tel 22385, fax 23478, Zi mit Fan oder ac und Heißwasser; mit Pool und einer Filiale des Barrakuda Dive Centers.
*WISNU COTTAGES*-***, schöne Zi mit Mandi und Fan, Garten am Strand, mit Restaurant.
*ADI BEDAHULU BUNGALOWS**, 3 Zi, sauber, mit Mandi, Fan, Frühstück, Garten; Restaurant.
*PADANG LOVINA BEACH INN***-*****, tel 23302, sauber, aber etwas steril, mit Fan und Frühstück.
*ANGSOKA COTTAGES**-*****, tel 22841, fax 23023, Bungalows mit Fan oder ac, inkl. Frühstück; Swimming Pool, Restaurant.
*HARRIS HOMESTAY***, sauber und sehr ruhig gelegen, von einer deutschen Frau geführt; Fan, Mandi, Frühstück, Moskitonetz.
*PALESTIS BEACH COTTAGES***, tel 23035, sauber, nett und preiswert, mit Fan, Moskitonetz, Open Air-BadeZi und Frühstück.
*SUSILA BEACH INN**, tel 23565, Mandi, Fan, Frühstück.
*MAS LOVINA BEACH COTTAGES* (US$87 - 162), tel 23237, 23236, 10 Bungalows mit 2 Schlafzi, 2 Badezi, Wohnzi, Küche etc.; Pool, Tennisplatz.
*CHONO'S COTTAGE*-***, tel 23569, Fan, Mandi, Frühstück; schöner Garten, gut.
*RAMBUTAN COTTAGES***-*****, tel/fax 23388, schöne, große, luftige und saubere Zi mit Fan, Bad und Moskitonetz, guter, freundlicher Service, schöner Garten, Pool und Restaurant.
*RINI HOTEL**-****, tel 23386, sauber, guter Service, schöner Garten.

**IN ANTURAN** - *LILA CITA BEACH INN***, kleine, einfache Zi mit Mandi, z.T. mit Fan, inkl. Frühstück, schön am Meer gelegen, mit Garten.
*PALMA BEACH HOTEL* (US$75 - 194), tel 23775, fax 23659, das erste Luxushotel hier.
*CELUK AGUNG BEACH COTTAGES* (US$29 - 64), tel 23039, 23379, Fan oder ac, TV und Kühlschrank, mit Pool und Restaurant.

**IN TUKAD MUNGGA** - *MANDHARA BEACH COTTAGES*-***, tel 23476, mit und ohne Mandi, mit Fan oder Balkon, inkl. Frühstück, sauber.
*BALI TAMAN BEACH HOTEL* (US$27 - 55), tel 22126, fax 22840, 18 Zi: Fan oder ac, mit Restaurant und Pool.

**IN PEMARON** - *PERMAI BEACH COTTAGES**-****, tel 23471, Fan oder ac, TV, Heißwasser, Badewanne; preiswert und mit schöner Aussicht von den Balkonen im 1. Stock; mit Restaurant und Permai Dive Sport.
*JATI REEF BUNGALOWS***, tel 21952, preiswerte Zi mit Fan und Open Air-Bad; großer Garten, ruhig gelegen - fast am Strand.
*BARUNA BEACH COTTAGES* (US$20 - 60), tel 23745, fax 22252, Fan oder ac, mit kleinem Swimming Pool und Restaurant.

## ESSEN UND TRINKEN

Viele Losmen und Hotels haben ihr eigenes Restaurant und oft auch eine Bar. Zusätzlich säumen zahlreiche Restaurant und Rumah Makan die Straßen, einige mit Videoprogramm und / oder Live-Musik, Tanzvorführungen inkl. Büfett. Der Treffpunkt in Lovina ist zur Zeit das *SUPERMAN RESTAURANT,* viele Infos.

## SONSTIGES

**INFORMATIONEN** - ein kleines Büro im Gebäude der Polizei in Kalibukbuk, geöffnet von Mo - Do und Sa 7.00 - 17.30, Fr 7.00 - 13.00 Uhr.

**VORWAHL** - 0362.

**WASSERSPORT** - Schnorcheltouren werden für 5000 Rp inklusive Ausrüstung angeboten, sowie Delphin-Touren 10 000 Rp mit anschließendem Schnorcheln (Abfahrt gegen 6.00 Uhr früh). In der Hauptsaison jagen etwa 20 Boote allmorgendlich hinter ein paar Delphinen her ...

*Foto - Die traditionellen Ikat-Sarongs gehören auf dem Markt in Wolowaru auf Flores noch zum alltäglichen Bild*

NETTO

**Legende:**

**Übernachtung:**
1 Ayu Homestay
2 Agus Bglws.
3 Rommeo Beach Inn
4 Krisna Beach Inn
5 Samudra Cott.
6 Toto Homestay
7 Ady Rama Beach H.
8 Billibo Beach Cottage
9 Miami Homestay
10 Parma Beach Homestay
11 Bali Dewata
12 Billibo Homestay
13 Aditya Beach Bungalows
14 Puri Tasik Madu H.
15 Manggala Homestay
16 John's Homestay
17 Susila Beach Inn
18 Purnama Homestay
19 Lovina Beach H.
20 Bali Lovina Beach Cottage
21 Arjuna Homestay
22 Wisnu Cottages
23 Adi Bedahulu Bglws.
24 Arjas Badai Homestay
25 Nirwana Cottages
26 Ray Beach Inn
27 Susila Beach Inn
28 Palestis Beach Cottages
29 Angsoka Cottages
30 Harris Homestay
31 Padang Lovina Beach Inn
32 Chono's Cottages
33 Made Beach Inn
34 New Srikandi H.
35 Wisata Jaya Homestay
36 Astina Cottages
37 Rini H.
38 Puri Bali Bglws.
39 Rambutan Cottages
40 Khi Khi H.
41 Ayodya Accommodation
42 Mas Lovina Beach Cott.
43 Aneka Bglws.
44 Palma Beach H.
45 KJ Siwa Bglws.
46 Adi Homestay
47 Kalibukbuk Beach Inn
48 Banyualit Cottages
49 Suma Bglws.
50 Janur's Dive Inn
51 Pringga Gh.
52 Yudhistira Inn
53 Mas Bungalows
54 Awangga Beach Inn
55 Indra Pura Inn
56 Lila Cita Beach Inn
57 Mandiri Homestay
58 Celuk Agung Beach Cott.
59 Perama H.
60 Mandhara Beach Cott.
61 Simon's Seaside Cottages
62 Agung Homestay
63 Bali Taman Beach H.
64 Sri Homestay
65 Happy Beach Inn
66 Puri Bedahulu Bglws.
67 Jati Reef Bglws.
68 Permai Beach Cottages
69 Baruna Beach Cottages
70 Aldian Palace H.

**Läden, Restaurants, etc.:**
1 Karina R.
2 Jasmin R.
3 Adirama R.
4 Johni's R.
5 Superman R.
6 Barrakuda Dive Ctr.
7 Bali Ayu R.
8 Wina R.
9 Money Changer
10 Rilis R.
11 Bali Bintang Pub
12 Kakatua R.
13 Chez Deny R.
14 Grace R.
15 Money Changer
16 Buchladen
17 Baruna Dive Ctr.
18 Malibu R.
19 Surya R.
20 Money Changer
21 Semina R.
22 2 Buchläden
23 Money Changer
24 Sunset Ayu R.
25 Bali Perdana Inn
26 Harmony Inn

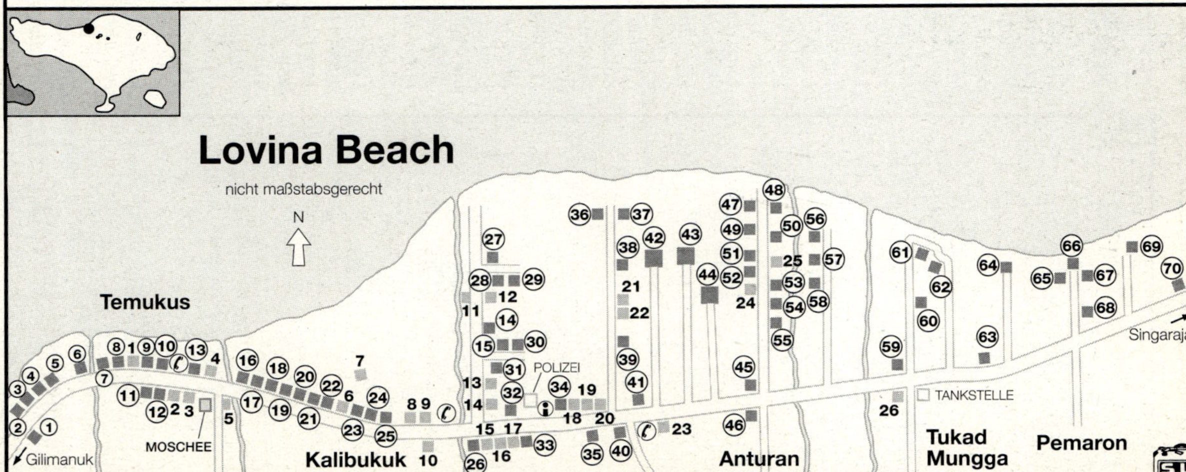


*Fotos - Abseits der Touristenströme; oben: Blick von Lomblem auf Adonara; unten: auf Flores*

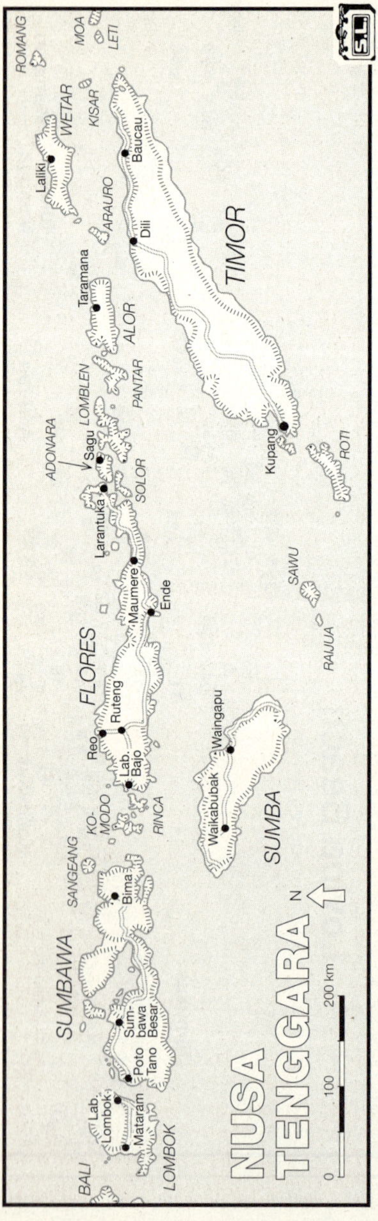


# NUSA TENGGARA

*Der indonesische Name Nusa Tenggara bedeutet „südöstliche Inseln" und bezeichnet die kleinen Sunda-Inseln östlich von Bali. Sie sind administrativ in drei Provinzen unterteilt: Nusa Tenggara Barat (West) mit den Hauptinseln Lombok und Sumbawa, wo 3,6 Millionen Menschen (1994) auf einer Fläche von 20 177 km² leben. Nusa Tenggara Timur (Ost) besteht aus den Inseln Komodo, Sumba, Flores und West-Timor. Hier leben auf 47 876 km² 3,5 Millionen Menschen. Eine eigene Provinz bildet Ost-Timor, das ehemalige portugiesische Überseegebiet, das erst seit 1976 zu Indonesien gehört und später zur 27. Provinz des Staates erklärt wurde (14 874 km², 800 000 Einwohner). Wie die Zahlen erkennen lassen, nimmt die Bevölkerung von West nach Ost deutlich ab. Die Provinzhauptstädte sind Mataram, Kupang und Dili.*

*Zwischen Bali und Lombok verläuft die Wallace-Linie. Östlich dieser Grenze treten verschiedene Arten asiatischer Flora und Fauna nur sporadisch auf. Große Säugetiere wie Elefant, Tiger, Leopard, Tapir usw. kommen nicht mehr vor. Dafür findet man typische Arten australisch-melanesischer Fauna und Flora. Anstatt tropischer Regenwälder überwiegt hier eine Savannenlandschaft.*

*Je weiter man nach Osten kommt, umso stärker wird auch der melanesische Einfluß. Während an den Küsten vielfach Malaien siedeln, findet man im Landesinneren, etwa auf Flores oder Timor, Melanesier. Sie sind weitgehend christianisiert. Hingegen leben auf Sumbawa und der östlichen Hälfte Lomboks ziemlich orthodox gesinnte Moslem und im Westen von Lombok hinduistische Balinesen.*

*Die Infrastruktur ist wie in allen „abgelegenen Ecken" Indonesiens bescheiden, doch sind in den letzten Jahren beachtliche Verbesserungen eingetreten. Expreßbusse verkehren täglich zwischen Java und Bima (Ost-Sumbawa). Sumba, Flores und Timor haben jeweils eine Straßenverbindung in West-Ost-Richtung, die abschnittsweise allmählich sogar asphaltiert wird. Dies trifft vor allem auf Timor zu, wofür wohl militärische Gründe ausschlaggebend sind. Dagegen erfordern Abstecher von diesen Hauptstraßen an die Nord- und Südküsten der Inseln schon einiges an Improvisationstalent, gegebenenfalls auch Fußmärsche, besonders während der Regenzeit (November - Mai).*

*Fähren verkehren zwischen den Inseln Bali, Lombok, Sumbawa, Komodo, Flores und Timor. Die Schiffe der Pelni-Gesellschaft verbinden viele Häfen Nusa Tenggaras mit Sulawesi, Java und den Molukken. Wer längere Wartezeiten vermeiden will, muß auch mal eine kürzere Strecke fliegen. Merpati bedient als einzige Gesellschaft sämtliche Flugplätze der Region mehrmals wöchentlich. Bouraq landet nur auf einigen wenigen Flugplätzen, ist aber verläßlicher als Merpati.*

*Eine mögliche Rundreise durch NT könnte also mit einem Flug von Bali oder Bima nach Waikabubak (West-Sumba) beginnen, weiter mit dem Bus nach Waingapu (Ost-Sumba), Schiff nach Kupang (Timor) und weiter nach Alor. Mit kleinen Schiffen durch den Solor- und Alor-Archipel nach Larantuka (Ost-Flores) und mit Bussen und Fähren in westlicher Richtung zurück nach Bali. 5 - 6 Wochen sollte man für einen solchen Rundtrip schon veranschlagen.*

## Lombok

*Balinesische Tempel und Paläste gehören zum Bild des westlichen Teils der Insel Lombok. Zu Beginn des 18. Jahrhunderts wurde Lombok von Bewohnern der westlichen Nachbarinsel erobert, die hier vier Fürstentümer gründeten. Unliebsame und aufrührerische Balinesen wurden häufig hierher verbannt.*

*Die ursprüngliche Bevölkerung, die Sasak, war bereits im 17. Jahrhundert mit dem Islam konfrontiert worden. Sunan Prapen, ein Sohn des berühmten Wali Sunan Giri aus Gresik (Ost-Java), versuchte die Lehre des Propheten zu verbreiten. Wie es scheint, mit nicht allzu großem Erfolg, denn der alte animistische Glaube der Sasak spielt weiterhin eine wichtige Rolle. Nach der Ankunft der Balinesen trat als drittes Element der balinesische Hinduismus hinzu. Heute bezeichnet man diese Religion als Wetu Telu, wobei beide Worte aus der Sasak-Sprache „Ergebnis" und „drei" bedeuten, gemeint sind damit aber nicht nur die drei Wurzeln dieser Religion, sondern insgesamt die Trinität allen Seins. Das drückt sich zum Beispiel in der Dreifaltigkeit von Allah, Mohammed und Adam aus. Eine ähnliche Trinität besteht bei Sonne, Mond und Sternen, die Himmel, Erde und Wasser symbolisieren. Obwohl sich die Anhänger dieser Religion, das sind etwa ein Drittel der Gesamtbevölkerung von Lombok, als Mohammedaner bezeichnen und fühlen, werden doch viele Glaubensgrundsätze des Islam nicht praktiziert. So wird der Fastenmonat Ramadan nicht eingehalten, Wetu-Telu-Anhänger fasten nur drei Tage. Ebenso ist das islamische Gebot des fünfmaligen täglichen Gebets unbekannt. Obwohl die Toten mit dem Kopf nach Mecca begraben werden, ist noch kein Wetu-Telu-Sasak je zur Hadsch in die heilige Stadt gereist. Bei den jüngeren Sasak hat der orthodoxe Islam in den vergangenen Jahrzehnten viele Anhänger gewonnen. Oft waren die Beziehungen zwischen den verschiedenen Glaubensrichtungen Lomboks sehr gespannt.*

*Die Eingliederung der Insel Lombok in das niederländische Kolonialreich begann im 19. Jahrhundert. 1843 schloß der balinesische Raja von Mataram einen Schutzvertrag mit der holländischen Kolonialregierung in Batavia. 1894 wurde die Insel auch verwaltungsmäßig Niederländisch-Ostindien eingegliedert. Hier wie auch in anderen Teilen des Archipels zeichnete sich die holländische Politik durch Ausspielen der verschiedenen Bevölkerungsgruppen gegeneinander aus. Sasak-Fürsten verbündeten sich gegen Batavia, Kolonialtruppen landeten auf Lombok und verlangten vom Raja von Mataram eine Million Gulden „Wiedergutmachung".*

*Jüngere Prinzen widersetzten sich und vertrieben die holländischen Soldaten von der Insel. Eine Strafexpedition landete, und das eigenständige Schicksal Lomboks war besiegelt. Den Raja schickte man ins Exil, und der widerspenstige Kronprinz wurde ermordet.*

## Lembar

In einer malerischen Bucht an Lomboks Westküste, 31 km südlich der Hauptstadt, liegt der wichtigste Hafen der Insel. Hier legen regelmäßig die großen Passagierschiffe von Pelni und die Fähren von und nach Bali an. Lembar ist nur ein kleines Dorf, eignet sich aber als Basis für Ausflüge in den wenig erschlossenen Südwesten Lomboks.

### ÜBERNACHTUNG

*SRI WAHYU HOMESTAY*-***, Jl. Pusri 1, einfach, mit Restaurant und Garten; 1 1/2 km vom Hafen im Dorf Serumbung, mit Cidomo (Pferdekutsche) 500 Rp.
*SERUMBUNG INDAH***, 200 m vom Sri Wahyu liegt an der Straße nach Mataram, empfehlenswert.

### TRANSPORT

**MINIBUSSE** - Nach Cakranegara, Stasiun Sweta, 2000 Rp.
Außerdem werden für Traveller Shuttle-Busse angeboten, die meist non-stop in die Hauptstadt bis zur gewünschten Adresse fahren (2000 / 2500 Rp) oder gleich bis SENGGIGI oder sogar nach BANGSAL zu den Booten auf die Inseln Gili Air, Gili Meno und Gili Terawangan.

**FÄHREN** - 8x tgl. nach PADANG BAI, Bali (4 Std.); um 4.00, 7.00, 10.00, 13.00, 16.00, 19.00, 22.00 und 1.00 Uhr; Fahrpreise: VIP (ac) 8725 Rp, Kind 4700 Rp; Ekonomi 4800 Rp, Kind 2500 Rp; Motorrad 6000 Rp; PKW 32 000 Rp.

**SCHIFFE** - Die **KM. Sirimau** fährt alle 2 Wochen nach Ujung Pandang, bzw. über Surabaya nach Banjarmasin, Cirebon und Pontianak.
Die **KM. Kelimutu** fährt alle 2 Wochen über Surabaya nach Banjarmasin. Tickets bei *PELNI* in Ampenan, Jl. Industri 1, tel 27212, fax 21604.
**Preisbeispiele** (1. Kl. / Ekonomi):
UJUNG PANDANG 76 000 / 22 000 Rp,
BANJARMASIN 159 000 / 43 000 Rp.

## Mataram / Ampenan / Cakranegara

*Die Verwaltungshauptstadt Mataram ist mit den beiden Nachbarorten, der alten Hafenstadt Ampenan und dem chinesisch geprägten Cakranegara, zusammengewachsen. Die für indonesische Provinzhauptstädte typischen Verwaltungsgebäude, Banken und Büros konzentrieren sich entlang der großen West-Ost-Straße. Sehenswertes ist kaum zu entdecken.*

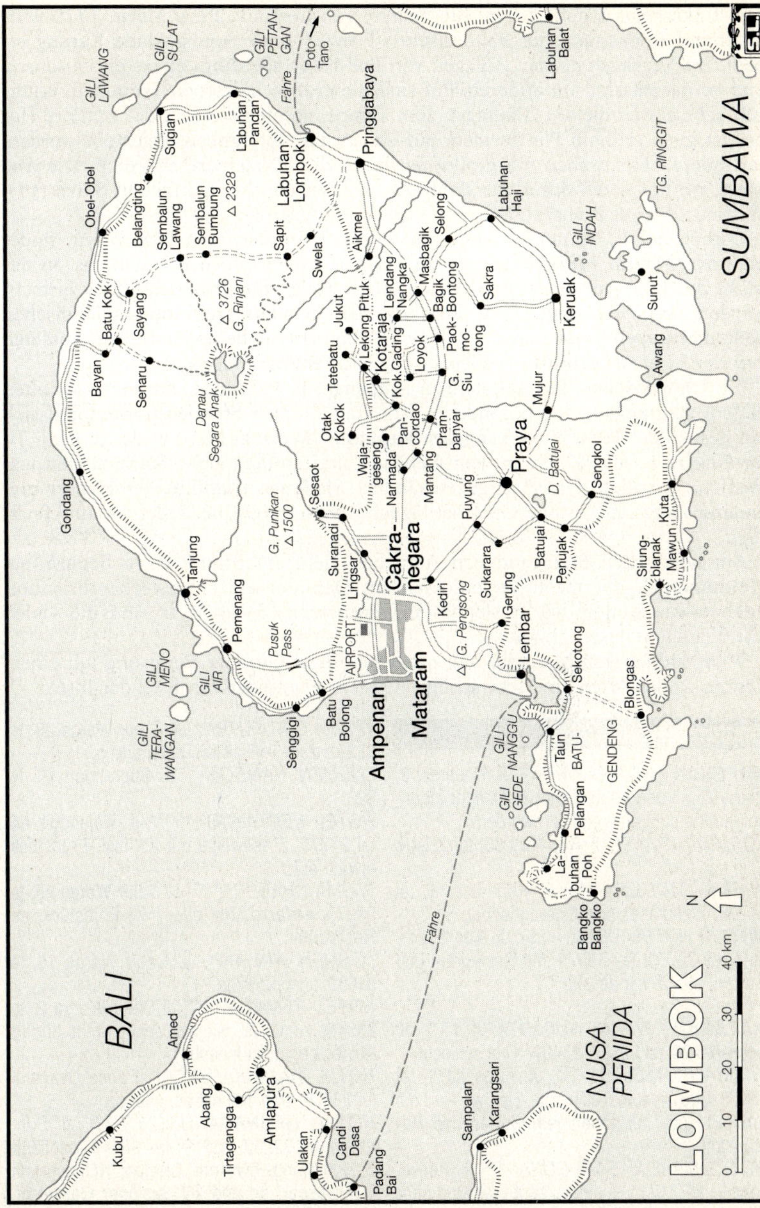
LOMBOK
BALI
SUMBAWA
NUSA PENIDA
0 10 20 30 40 km
N
Mataram
Ampenan
Cakra-negara
Praya
Senggigi
Batu Bolong
AIRPORT
Pusuk Pass
Pemenang
Tanjung
Gondang
Bayan
Senaru
Batu Kok
Sayang
Obel-Obel
Belangting
Sembalun Lawang
Sembalun Bumbung
Δ 2328
Δ 3726 G. Rinjani
Danau Segara Anak
Sugian
Labuhan Pandan
Labuhan Lombok
Pringgabaya
Sapit
Swela
Aikmel
Fähre
Poto Tano
Labuhan Balat
GILI LAWANG
GILI SULAT
GILI PETAN-GAN
GILI MENO
GILI AIR
GILI TERA-WANGAN
G. Punikan Δ 1500
Suranadi
Sesaot
Lingsar
Narmada
Waja-geseng
Otak Kokok
Tetebatu
Jukut
Lekong Pituk
Kotaraja
Kok. Gading
Lendang Nangka
Masbagik
Selong
Labuhan Haji
Loyok
Bagik Paok-Bontong
Sakra
Paok-mo-tong
G. Siu
Pan-cordao
Pram-banyar
Mantang
Kediri
Puyung
Sukarara
Gerung
G. Pengsong
Lembar
Batujai
D. Batujai
Penujak
Sengkol
Mujur
Keruak
GILI INDAH
TG. RINGGIT
Sunut
Awang
Kuta
Mawun
Silung-blanak
Sekotong
Blongas
GILI NANGGU
Taun
BATU-
GENDENG
GILI GEDE
Pelangan
La-buhan Poh
Bangko Bangko
Fähre
Amed
Kubu
Abang
Tirtagangga
Amlapura
Ulakan
Candi Dasa
Padang Bai
Sampalan
Karangsari

In Cakranegara steht der größte Tempel von Lombok, **Pura Meru**. 1720 wurde er auf Anordnung des balinesischen Prinzen Anak Agung Made Karang erbaut. Im Vergleich zu den Anlagen von Bali ist er allerdings etwas enttäuschend und vernachlässigt. Im äußeren Hof sind die großen hölzernen Trommeln untergebracht, durch die die Gläubigen zum Tempel gerufen werden, der mittlere Hof besitzt zwei erhöhte Plattformen, auf denen die Opfergaben abgestellt werden. Im inneren Hof stehen ein großer sowie an die 30 kleinere Schreine. Die drei Meru symbolisieren durch die Zahl ihrer Dächer die drei Gottheiten Shiva (11), Wishnu (9) und Brahma (7).

Östlich der Jl. Sultan Hasanuddin, schräg gegenüber vom Pura Meru, findet man den **Taman Mayura**, früher ein Teil des balinesischen Königshofes. In der Mitte des künstlichen Sees steht eine offene Halle, die über einen Steg erreicht werden kann. Hier fand die militärische Auseinandersetzung mit holländischen Kolonialtruppen 1894 statt. Es gelang den Balinesen, alle holländischen Soldaten von der Insel zu vertreiben - allerdings nur für ein paar Monate.

Ein **Chinesischer Tempel** steht in Ampenan, Jl. Pabean, nicht weit vom alten Hafen, allerdings nichts Besonderes. Hat man ein paar Stunden übrig, lohnt sich ein Besuch des **West Nusa Tenggara Museums** (Museum NTB) in der Jl. Panji Tilar Negara 6, tel 22159. In dem Gebäude sind umfangreiche Sammlungen von Waffen, Textilien, Haushaltsgegenständen, Modellen traditioneller Häuser und anderer Dinge ausgestellt. Geöffnet täglich 8.00 - 16.00 Uhr, außer Mo und feiertags.

Am nördlichen Stadtrand von Ampenan steht am Strand **Pura Segara**, ein Hindutempel, der meist verschlossen ist. Dahinter ein chinesischer Friedhof, noch etwas weiter das moslemische Gegenstück. Sehenswert sind die vielen buntbemalten Fischerboote.

9 km südlich von Mataram hat man vom Hügel **Gunung Pengsong** mit einem Tempel voller Affen eine sehr schöne Aussicht über einen Großteil der Insel.

## ÜBERNACHTUNG

**AMPENAN** - *HOTEL ZAHIR**, Jl. Koperasi 9, kleine Zi mit und ohne Mandi, schattiger Innenhof, müßte dringend renoviert werden.

*LOSMEN HORAS**, Jl. Koperasi 65, tel 22049, billig und finster.

*WISMA TRIGUNA*-***, Jl. Koperasi 76, tel 31705, akzeptabel, schattiger Innenhof.

*NITOUR HOTEL* (US$30 - 35), Jl. Yos Sudarso 4, tel 23780, fax 36579, mit Restaurant und Garten, alle Zi mit ac und TV.

**MATARAM** - *WISMA NUSANTARA 1*-***, Jl. Suprapto 28, tel 22522, 23492, nicht schlecht.

*WISMA PARADISO**-****, Jl. Angsoka 3, tel 32675, 32074, zum Teil mit ac, Heißwasser; ein ruhiges Hotel mit schattigem Garten und Restaurant.

*HOTEL MAREJE SARI GUNA*-****, Jl. Pariwisata 9, tel 31711, kleines, sauberes und sehr ruhiges Hotel, Zi mit Fan oder ac.

*WISMA GIRI PUTRI***, Jl. Catur Warga 29, tel 33222, zum Teil mit ac, ungemütlich.

*LOSMEN KAMBOJA**, Jl. Supratman 10, tel 32211.

*HOTEL KERTAYOGA**-****, Jl. Pejanggik 64, tel 21775, Zi teilweise mit ac, inkl. Frühstück, etwas laut.

*WISMA CHANDRA*-***, Jl. Catur Warga 55, tel 23979, einfach, aber o.k., inkl. Frühstück, mit Restaurant.

*LOSMEN RINJANI**, Jl. Catur Warga 18, tel 31633, anspruchslos.

*HOTEL TENANG**-****, Jl Catur Warga 2, tel 23345, zum Teil mit ac, sonst recht dürftig, kleiner, begrünter Innenhof.

*HOTEL HANDIKA**-****, Jl. Panca Usaha 3, tel 33578, zum Teil mit ac, sauber.

*HOTEL GRANADA* (US$20 - 30), Jl. Bung Karno, tel 32260, 36219, fax 36015, gepflegte Zi und Bungalows mit Telefon, Kühlschrank, Heißwasser, ac und TV; schöner Garten mit kleinem Zoo, Swimming Pool und Restaurant.

*SAYUNG COTTAGES* (US$25), Jl. Bung Karno 31, tel/fax 25378, fax 22107, schön eingerichtete Bungalows im Sasak-Stil mit Tel, ac und Heißwasser; großer Garten, Restaurant.
*HOTEL PURI INDAH****, Jl. Sriwijaya, tel 37633, Zi mit Fan oder ac; Restaurant und Swimming Pool.
*GRAHA AYU HOTEL* (US$32 - 45), Jl. Ismail Marzuki, tel 35697, fax 26291, sauber und gepflegt, großer Garten, Restaurant.
*HOTEL SELAPARANG***-*****, Jl. Pejanggik 42, tel 32670, 33235, zum Teil mit ac, lohnt nicht die Mehrausgabe.
*MATARAM HOTEL***-***** (US$15 - 45), Jl. Pejanggik 105, tel 33675, fax 23411, Zi inkl. Frühstück zum Teil mit ac, Telefon, Heißwasser, Kühlschrank und TV; Swimming Pool.

**CAKRANEGARA** - *SRIKANDI INN**-****, Jl. Kebudayaan 2, tel 35591, inkl. Frühstück.
*WISMA NUSANTARA 2*-****, Jl. Beo 10, tel 33826.
*HOTEL PUSAKA**-*****, Jl. Sultan Hasanuddin 23, tel 33119, inkl. Frühstück, Zi zum Teil mit ac und TV.
*HOTEL MERPATI**, Jl. Sultan Hasanuddin 17, tel 32212, sehr einfach, laut.
*HOTEL RATIH**-*****, Jl. Pejanggik 127, tel 31096, fax 24865, Zi zum Teil mit ac, Heißwasser, Tel und TV.
*HOTEL SHANTI PURI*-****, Jl. Maktal 15, tel 32649, saubere Zi mit und ohne Mandi, mit Fan und z.T. mit ac, schöner, kleiner Innenhof, viele Traveller, gutes Restaurant, freundliche Leute.
*LOSMEN AYU*-****, Jl. Nursiwan 20, tel 21761, Zi mit und ohne Bad, mit Fan oder ac, freundliche Leute.
*ADIGUNA HOMESTAY***, Jl. Nursiwan 9, tel 25946, alle Zi mit Mandi und Fan, mit Innenhof.
*LOSMEN ASTITI 2*-***, Jl. Subak III / 3, tel 37988, Zi mit und ohne Bad, alle mit Fan, inkl. Frühstück und jederzeit Kaffee oder Tee.
*LOSMEN ASTITI 1**, tel 23676, Jl. Panca Usaha, schickt alle westlichen Gäste ins Astiti 2.
*HOTEL CAKRAJAYA***, Jl. Tenun 1, tel 33480, inkl. Frühstück, preiswert.
*LOSMEN BUANA MAS*-***, Jl. Brawijaya 18, tel 35360, ziemlich weit außerhalb.

## ESSEN UND TRINKEN

*GARDEN HOUSE & ICE CREAM PALACE*, Jl. Pejanggik, tel 22233, gegenüber vom General Hospital in Mataram. Gutes indonesisches, chinesisches und europäisches Essen, Spezialität: Durian-Eis und Milchshakes.
*RUMAH MAKAN CIREBON*, Jl. Yos Sudarso, Ampenan, tel 32625, chinesisches und westliches Essen.
*RUMAH MAKAN SETIA*, Jl. Yos Sudarso, ist billiger, macht allerdings einen etwas schmuddeligen Eindruck.
*RESTAURANT SEKAWAN*, Jl. Pejanggik 59, tel 21883, Seafood und chinesisch.
*RESTAURANT MADYA*, Jl. Sultan Hasanuddin, Cakranegara, tel 35709, preiswert.
*RUMAH MAKAN DIRGAHAYU*, tel 37559, Jl. Cilinya, Mataram 10, gute indonesische Küche.
*RESTAURANT SAYUNG*, Jl. Bung Karno, tel 25378, Mataram, nicht weit vom Granada Hotel, chinesische und europäische Küche.

## EINKAUFEN

**ANTIQUITÄTEN, ETHNOGRAFIKA, UND SOUVENIRS** - *MUSDAH*, in einer Seitenstraße, 200 m vom Zahir Hotel, Ampenan.
*SUDIRMAN*, Jl. Yos Sudarso 88, tel 32553, Ampenan.
*INDRAKILA ART GALLERY*, Jl. Pramuka, tel 23791.
*SINDHU PUTRA*, Jl. Gora Sindhu, tel 36603, Cakranegara.
*PUTRA KATHINA ART SHOP*, Jl. Ismail Marzuki 5, tel 26311, 26995, Cakranegara.
*GALLERY LOMBOK ASLI*, Jl. Raya Montong, tel 24646, fax 22020, Mataram.
*SARI KUSUMA ART SHOP*, Jl. Selaparang 45, tel 23338, Cakranegara.

**HANDGEWEBTE IKAT-STOFFE** - *PERTENUNAN RINJANI*, Jl. Pejanggik 44 - 46, wo man auch bei der Produktion zusehen kann.
*SLAMET RIADY*, Jl. Tenun 10, tel 21196.
*SUKA HATI*, Jl. Majeluk, Gg. 2, Karang Jero, tel 23504, 22920, Cakranegara.
*SARI BUNGA*, Jl. Umar Maya, Gg. Perkutut 18, Cakranegara.

**MALEREI** - Einer der bekanntesten Maler Lomboks, *I WAYAN PENGSONG*, verkauft seine Werke in der Jl. Banjaransari 20, tel 25217, Cakranegara.

**SUPERMARKT** - *TOKO JEMBATAN BARU*, Jl. Pejanggik 41, tel 31820, in dem Supermarkt gibt es so ziemlich alle Lebensmittel, die ein Westler auf Lombok vermissen könnte: Schokolade, Kuchen ...

**TÖPFERWAREN** - der Sasak gibt es im *LOMBOK POTTERY CENTER,* Jl. Majapahit 7, tel / fax 23804, Mataram.

**ZUCHTPERLEN** - von Gili Air und vom Tanjung Ringgit, Ost-Lombok, bei *LOMBOK ISLAND PEARLS,* Jl. Sriwijaya 301, tel 35221, Mataram.

## SONSTIGES

**AUTOVERMIETUNG** - *YOGA RENT CAR,* Jl. Pejanggik A 1, Mataram, Komplek APHM Cilinaya, tel 37609.
*RAINBOW RENT CAR,* Jl. Pejanggik 12 - 14, Mataram, tel 22488, 21090.
*ORIENTAL CAR,* Jl. Selaparang, Gg. Kepundung II/4, Cakranegara, tel 21208.

**GELD** - *BANK NEGARA INDONESIA 1946 (BNI),* Jl. Langko 64, tel 21946.
*BANK INDONESIA,* Jl. Pejanggik 2, Ecke Jl. Udayana, tel 31237.
*BANK BUMI DAYA,* Jl. Sultan Hasanuddin, tel 22303.
*BANK EKSPOR IMPOR,* Jl. Pejanggik 20, tel 31240.
*BANK CENTRAL ASIA (BCA),* Jl. Pejanggik 67, tel 32587, 32588, fax 22347.
**Money Changer** findet man in Cakranegara, Jl. Pejanggik, und in Ampenan, Jl. Saleh Sungkar.

**IMMIGRATION** - (das einzige Office in Nusa Tenggara Barat), Jl. Udayana 2, tel 32520, Mataram.

**INFORMATIONEN** - *TOURIST OFFICE,* Jl. Langko 70, tel 21866, 31730, schräg gegenüber vom Ampenan-Postamt.
*DEPPARPOSTEL,* Jl. Indrakila 2 A, tel 22327, 32723, fax 27233, Mataram.

**MOTORRÄDER** - im Pasar Bras in Cakra können Motorräder für ca. 10 000 Rp pro Tag gemietet werden, wie auch bei *PERAMA TOURS & TRAVEL,* Jl. Pejanggik 66, tel 23368, Mataram.

**PHPA** - Büro der Naturschutzbehörde in Mataram, Jl. Pejanggik 42, tel 31504.

**POST** - Post Office in Ampenan an der Jl. Langko, in Cakra an der Jl. Pejanggik und in der Jl. Kebudayaan; das General Post Office befindet sich in Mataram an der Jl. Sriwijaya.

**TAUCHEN** - *RINJANI DIVERS,* Jl. Pemuda, tel 31402, fax 23253, Mataram, führt tgl. an verschiedenen Plätzen der Insel Tauchgänge durch.

**TELEFON** - *KANTOR TELKOM,* Jl. Langko 23, tel 22000, Mataram, für internationale Telefonate, Fax, Telegramm und Telex, 24 Std. geöffnet. Ähnlichen Service bieten:
*WARPARPOSTEL P.T. PANORAMA,* Jl. T. G. H. Faisal 45, tel 34778, fax 34779, Cakra;
*WARPARPOSTEL* in der Jl. A. A. Gede Ngurah, Cakra;
*WARTEL,* Jl. Yos Sudarso, Ampenan, 24 Std. geöffnet.

**TOUREN** - *PERAMA TOURS & TRAVEL,* Jl. Pejanggik 66, tel 23368, Mataram, unternimmt Bootstouren (bis zu 7 Tagen) mit einem kleinen, aber gut ausgestatteten Schiff von Lombok über Sumbawa und Komodo nach West-Flores (Labuan Bajo), mit Stops zum Schnorcheln, Waranfütterung usw.
Kostet bis zu US$250 pro Person alles inklusive - einige Teilnehmer waren begeistert, andere enttäuscht. Von den billigeren Touren der Firma *Reef Explorer* ist jedenfalls abzuraten.

**VORWAHL** - 0364.

## NAHVERKEHRSMITTEL

**CIDOMO** - In der Stadt, besonders in den Vororten, wie auch auf dem Lande begegnet man oft dem *Cidomo*, einer kleinen zweirädrigen Pferdekutsche - hier muß der Preis ausgehandelt werden, ca. 500 Rp pro km.

**MINIBUSSE** - sind das gängige Nahverkehrsmittel. Von der Sweta Station in Cakra fahren sie auf verschiedenen Rundkursen durch die Stadt zum Minibus Terminal Kebun Ruee in Ampenan, Jl. Adi Sucipto. Der Fahrpreis beträgt immer 250 Rp, egal wie weit.

## TRANSPORT

**BUSSE** - Zentrale Bus / Minibus Station ist **Stasiun Sweta**, 1 km östlich von Cakranegara.

Auf einer großen Tafel sind alle Fahrpreise aufgelistet. Minibus nach LABUHAN LOMBOK 2500 Rp (2 Std.) und zum Hafen LEMBAR 2000 Rp; PRAYA 800 Rp, KUTA 1500 Rp, SENGGIGI 500 Rp, PEMENANG 1000 Rp.
**Expressbusse**: ab Sweta Bus Station (hier auch Tickets) nach BIMA hat *DAMAI INDAH*, Jl. Sultan Hasanuddin 17, Cakra.
Nach SURABAYA fahren *BALI CEPAT*, Jl. Sultan Hasanuddin 22, Cakra, *BALI INDAH*, Jl. Selaparang 65, Cakra. Kosten je nach Ausstattung nach DENPASAR 15 000 / ac 17 500 Rp inkl. Fähre, SURABAYA in 2 Tagen, inkl. einigen kleinen Mahlzeiten und Fähren 27 000 / ac 30 000 Rp; YOGYAKARTA 40 000 / ac 42 000 Rp, JAKARTA 60 000 / ac 65 000 Rp; SUMBAWA BESAR 8500 / ac 10 000 Rp, BIMA 18 000 / ac 22 000 Rp, SAPE 23 000 / ac 26 000 Rp.
**Shuttle-Bus** nach BANGSAL zur Anlegestelle der Boote zu den Inseln GILI AIR, GILI MENO und GILI TERAWANGAN, 5000 Rp; von den meisten Hotels wird man abgeholt.
Etwas überteuert sind die Tickets für Shuttle-Busse inkl. Bootstrip zu den Inseln, GILI AIR 6500 Rp, GILI MENO 7000 Rp, GILI TERAWANGAN 7500 Rp.
Ebenso werden Shuttle-Busse in die Touristenzentren Balis angeboten, wobei die Fähre (Ekonomi) inklusive ist.
Für etwa den gleichen Preis kann man auch mit einem Shuttle-Bus nur bis Lembar fahren, auf der Fähre 1. Klasse (ac) nehmen und findet dann in Padang Bai bis zum späten Nachmittag problemlos einen anderen Shuttle-Bus nach Kuta oder Ubud.
Am häufigsten verkehren die Shuttle-Busse der Firma *PT. LOMBOK INDEPENDENT*, Jl. G. Kerinci 4, tel/fax 33241, Mataram.

**FLÜGE** - Merpati, Bouraq und Sempati fliegen den Selaparang Airport an, der 2 km nördlich der Stadt liegt, Bemo 250 Rp.
*MERPATI*, Jl. Yos Sudarso 6, Ampenan, tel / fax 23762, geöffnet Mo - Sa 8.00 - 17.00, So und feiertags 9.00 - 12.00 Uhr; Jl. Pejanggik, neben Hotel Ratih, geöffnet Mo - Do 7.30 - 12.00 und 13.00 - 16.30, Fr 7.30 - 12.00 und 14.00 - 16.30 Uhr, Sa, So und feiertags 9.00 - 14.00 Uhr.
*SEMPATI*, Jl. Pejanggik B 8, Komplek APHM Cilinaya, Mataram, tel 31612, fax 31226.
*BOURAQ*, Jl. A. A. Gede Ngurah 63, Cakra, tel 31640, 35651, geöffnet Mo - Sa 8.00 - 17.00, So 8.00 - 13.00 Uhr.
**Preisbeispiele** (ohne MwSt):
DENPASAR 43 000 / Shuttle 54 000 Rp (SG, MZ, BO), SURABAYA 84 000 / 93 000 Rp (SG, MZ, BO), BIMA 86 000 Rp (MZ), SUMBAWA BESAR 51 000 Rp (MZ).

**SCHIFFE** - Fähre nach Bali und Pelni-Schiffe ab Hafen LEMBAR (s.S. 288).
Fähre nach POTO TANO, dem Fährhafen von West-Sumbawa, ab LABUHAN LOMBOK an der Ostküste; tgl. zwischen 7.00 und 18.00 Uhr ca. stündlich; Fahrpreis 2000 Rp, Kind 1300 Rp, Motorrad 3200 Rp, PKW 32 000 Rp; Fahrzeit 1 1/4 Std.
*P. T. MABUA INTAN EXPRESS*, Pelabuhan Lembar, tel/fax 37224.
Die *Mabua Express*, ein komfortables Schnellboot (ac) für 248 Passagiere, fährt tgl. 11.30 und 17.00 Uhr in ca. 2 Std. von Lembar nach BENOA, Bali (Ekonomi US$17,50 / 1. Kl. US$25).

## Senggigi Beach

Das kleine, in einer schönen Bucht gelegene Fischerdorf Senggigi ist inzwischen fast völlig verschwunden, geblieben ist nur der Name: jetzt wird damit ein 13 km langer Küstenabschnitt bezeichnet, der schon wenige Kilometer nördlich von Ampenan beginnt und zunehmend vom Tourismus vereinnahmt wird. An den einzelnen Buchten mit zum Teil sehr schönen Stränden sind in erster Linie weiträumig angelegte Luxushotels gebaut worden, mehrere sind noch geplant. Dennoch findet man auch preiswertere Unterkünfte.

Läuft man von Ampenan immer am Strand entlang, erreicht man nach 6 km **Batu Layar**, ein bedeutendes Islam-Wetu-Telu-Heiligtum, bestehend aus einem kleinen Haus, in dem das Grab eines berühmten Heiligen untergebracht ist. Dahinter liegt ein Moslemfriedhof.

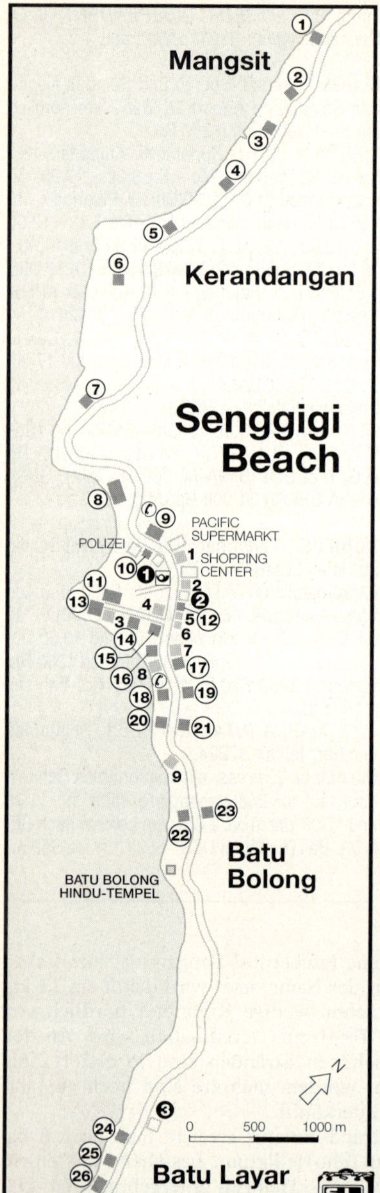


*Legende:*

**Übernachtung:**
1. Bunga Beach Cottages
2. Windy Beach Cottages
3. Holiday Inn (geplant)
4. Pondok Damai
5. Santai Beach Inn
6. Park Royal H. (geplant)
7. Pacific Beach Cottages
8. Sheraton Senggigi Beach H.
9. Puri Bunga Beach Cott.
10. Pondok Shinta
11. Lombok Intan Laguna H.
12. Pondok Wisata Rinjani
13. Senggigi Beach H.
14. Mascot Cottages
15. Lombok Beach H.
16. Lina Cottages
17. Pondok Sederhana
18. Graha Beach H.
19. Pondok Senggigi
20. Lombok Resort H.
21. Melati Dua Cottages
22. Batu Bolong Cottages
23. Batu Bolong Cottages
24. Atithi Sanggraha H.
25. Asri Beach Cottages
26. Senggigi Palace H.

**Läden, Restaurants, etc.:**
1. Princess of Lombok R.
2. Padang Murah R.
3. Bank Negara Indonesia
4. Dive Shop
5. Sudirman Art Shop
6. Perama Tourist Service
7. Buchladen
8. Sunshine R.
9. Dynasty R.

**Transport:**
1. Shuttle Bus Office
2. Kotasi - Rent Motorbike & Car
3. Surya Car Rental

3 km weiter in **Batu Bolong** steht ein Hindutempel auf einem Felsen. Hier kann man Sonnenuntergänge mit Aussicht auf das nur wenige Kilometer entfernte Bali mit dem Gunung Agung genießen.

Wer über ein eigenes Fahrzeug verfügt, kann von Senggigi noch einige Kilometer noch Norden weiterfahren.

Sobald man die letzte Hotelanlage hinter sich gelassen hat, führt die asphaltierte Straße hinauf in die Hügel, an einer Steilküste mit phantastischer Aussicht entlang und wieder hinab an den kleinen Nipah Beach. Auch der Weiterweg nach Pemenang ist durchgehend asphaltiert.

## ÜBERNACHTUNG

**UNTERE UND MITTELKLASSE** - Eine Auswahl von Süden nach Norden:
*ASRI BEACH COTTAGE*-***, Batu Layar, eine der wenigen billigen Unterkünfte direkt am Strand, der hier aber nicht so großartig ist.
*ATITHI SANGGRAHA***, tel 93070, Batu Layar, preiswert und am Strand.
*BATU BOLONG COTTAGES****, tel 93065, fax 93198, saubere Bungalows, mit Restaurant, mit schönem, eigenem Strand. Reservierung: Sa'e Restaurant, Parkstr. 14, 32545 Bad Oeynhausen, tel 05731 - 20482, 93608.
*MELATI DUA COTTAGES****-***** (bis US$35), Jl. Raya km 13, tel 93288, sauber, mit gutem Service, mit Bar und Restaurant.

*PONDOK SENGGIGI***-***, 50 m vom Strand, mit Restaurant und Garten, viele Traveller treffen sich hier, 3x wöchentlich Live-Musik.
*PONDOK SEDERHANA**, tel 93040, sehr einfach ausgestattet, möglicherweise ist Pondok Sederhana die billigste Unterkunft von Senggigi Beach.
*LINA COTTAGES****, tel 93237, 93157, Bungalows mit ac, Restaurant.
*MASCOT COTTAGES****-****, tel 23865, Bungalows mit ac, teilweise mit Heißwasser, Restaurant.
*PONDOK WISATA RINJANI****, gepflegte Anlage mit Restaurant, etwas weit vom Strand.
*PONDOK SHINTA**-**, winzige Hütten.
*SANTAI BEACH INN****, Mangsit, empfehlenswert, mit Restaurant und Bücherei.

**OBERE PREISKLASSE** - *PACIFIC BEACH COTTAGES* (US$35 - 60), tel 93006, fax 93027, Kerandangan, schöne, saubere Bungalows mit TV und ac, Swimming Pool und Restaurant.
*PURI BUNGA BEACH COTTAGES* (US$79 - 91), tel 91013, 93353, fax 93286, luxuriöse Bungalows mit ac, TV, Kühlschrank und Heißwasser. In reizvoller Hanglage, mit Kinderspielplatz, Swimming Pool, Restaurant und Bar.
*SENGGIGI BEACH HOTEL*, tel 93430, fax 94200, 24 Bungalows und 104 Zi in einem 2stöckigen Gebäude, mit Swimming Pool.
*SHERATON SENGGIGI BEACH HOTEL* (ab US$115), tel 93333, fax 93140; mit 156 Zin, Suites und kleine Villen.
*LOMBOK INTAN LAGUNA HOTEL*, tel 93659, fax 92785.
*SENGGIGI PALACE HOTEL* (ab US$103), tel 93045, fax 93043.

### ESSEN

*SUNSHINE RESTAURANT*, tel 94922, bieten gute chinesische Gerichte, insbesondere Seafood; *DYNASTY RESTAURANT*, tel 94613, Batu Bolong, auch Seafood.
*RUMAH MAKAN PADANG MURAH*, Padang Food; und *PRINCESS OF LOMBOK RESTAURANT*, auch Eiscreme.

### TRANSPORT

Nur selten sieht man öffentliche Minibusse die einzige Straße entlangfahren. Eine Alternative sind Shuttle-Busse, die von den Hotels organisiert werden können, oder man versucht es bei Perama Tours.

## Gili Air / Gili Meno / Gili Terawangan

Vor nicht allzu langer Zeit waren sie noch ein Geheimtip, inzwischen finden immer mehr Lombok-Besucher hierher: drei kleine Inseln mit weißen Sandstränden, die allerdings nur wenig Schatten bieten, dafür aber schöne Korallenriffe zum Tauchen und Schnorcheln. Schon sind auch hier die Nacktbadenden zu Hause.

Die meisten Unterkünfte gehören in die untere Preisklasse, luxuriöse Bungalowanlagen stehen nur auf Gili Air und Gili Meno. Auf Gili Air und Gili Meno gibt es nur wenige Restaurants, dafür bieten viele Losmen drei Mahlzeiten und Getränke, die schon im Preis enthalten sind.

### Bangsal / Pemenang

Auslegerboote mit Außenborder zu den Inseln fahren vom Strand Bangsal bei Pemenang ab, wo es mitunter ziemlich hektisch zugeht und den man nach einer knapp einstündigen Fahrt von Mataram aus erreicht: in nördliche Richtung über den **Pusuk-Paß** (übernachten im *Pusuk Permai****) durch Bambuswälder mit vielen Affen.

Etwa 35 km nordöstlich von Pemenang kann man in **Gondang** im *Suhardi Homestay* wohnen und Schnorcheltouren und Wanderungen zu Wasserfällen unternehmen.

## ÜBERNACHTUNG

Sollte der Anschluß nicht klappen, kann man auch am Strand von Bangsal übernachten: *KONTIKI BANGSAL BEACH INN*-**, mit Restaurant; hier auch eine Zweigstelle von *P. T. Lombok Independent,* die mit Shuttle-Bussen nach Mataram und Lembar fährt.

## TRANSPORT

**MINIBUSSE** - fahren ab Sweta für 1000 Rp in das 28 km entfernte Pemenang oder gleich bis Bangsal.
Sonst mit *Dokar* (auf Lombok heißen die kleinen Pferdewagen *Cidomo*) in etwa 5 Minuten für 500 Rp zur Bootsanlegestelle.

**SHUTTLE-BUS** - von MATARAM bis Bangsal 5000 Rp; jeweils inkl. Boot: Gili Air 6500 Rp, Gili Meno 7000 Rp, Gili Terawangan 7500 Rp.

**BOOTE** - GILI AIR 900 Rp, GILI MENO 1100 Rp, GILI TERAWANGAN 1200 Rp. Die Boote fahren erst dann ab, wenn sie voll sind, d.h. wenn 20 Leute darin Platz gefunden haben. Nach Gili Terawangan ist das meist kein Problem - viele Besucher fahren von Lembar, dem Hafen der Fähre von Bali, gleich durch bis Bangsal, so daß meist genug Leute für ein Boot zusammen sind. Außerdem läßt sich hier am Strand ganz gut warten.
Natürlich kann man auch ein Boot chartern - was natürlich das Zwanzigfache des normalen Fahrpreises kostet.

### Gili Air

Die der Küste von Lombok am nächsten liegende Insel hat über 26 Bungalowanlagen, ist aber noch immer bedeutend ruhiger als die inzwischen ziemlich überlaufene Gili Terawangan. Die Losmen hier liegen zudem auch nicht so dicht beieinander und beschränken sich nicht nur auf die Ostküste wie auf den zwei anderen Inseln.

Darüber hinaus gibt es auf Gili Air noch einen ansehnlichen Baumbestand, durchsetzt von Palmenplantagen, so daß man auf schattigen Wegen angenehm spazierengehen kann. Das einzige Verkehrsmittel auf der Insel sind die mit Glöckchen behangenen Cidomo, Motorräder gibt es nicht.

## ÜBERNACHTUNG

*HAN'S COTTAGES* (ab US$20), ruhige, saubere Anlage am Strand, nett eingerichtete Bungalows mit Open-Air-Badezimmer, Fan oder ac, inkl. Frühstück, empfehlenswert, obwohl etwas überteuert, mit gutem Restaurant.
*GREENICA COTTAGES*** (Hochsaison***), sehr ruhig gelegen, mit Moskitonetz, inkl. 3 Mahlzeiten.
*LUCKY BUNGALOWS***, am Weststrand, mit Moskitonetz und Hängematte, nette Leute, die auch Schnorchelausrüstung vermieten.
*GILI INDAH HOTEL* (US$10 - 25), tel 36341, fax 37328, z.T. komfortable Bungalows, nur inkl. Frühstück, hier ein Telefon für Auslandsgespräche.
*ANJANI COTTAGES***, außer den üblichen 3 Mahlzeiten jederzeit Tee, Kaffee und Fruchtsalat gratis.
*NUSA TIGA COTTAGES***, schöner Garten, sauber, die Chefin stammt aus England.
*BULAN MADU*****, geschmackvoll eingerichtete Bungalows mit mehreren Schlafzimmern, sehr sauber.
*GILI AIR COTTAGES***, gutes Essen.
Alle anderen Anlagen auf Gili Air liegen in derselben Preisklasse (**, inkl. 3 Mahlzeiten) und unterscheiden sich in der Ausstattung nicht sehr voneinander.

### Gili Meno

Die kleinste und ruhigste der drei Inseln hat bereits zwölf Bungalowanlagen und die wenigsten Besucher. Das Preisniveau ist hier höher als auf Gili Air, doch sind oft auch hier im Preis drei Mahlzeiten mit eingeschlossen. Da nur wenige Leute zu dieser Insel fahren, ergeben sich oft lange Wartezeiten bis zur Abfahrt der Boote von Bangsal.

Während der Regenzeit, vor allem von Januar bis März, sollte man die Insel meiden, da es zu dieser Zeit von Moskitos nur so wimmelt. Moskitonetze gehören hier zur Standardausstattung. Es gibt hier keine Motorräder.

## ÜBERNACHTUNG

*MENO BOUGAINVILLE RESORT* (US$35 - 75), mit Swimming Pool.
*KONTIKI VILLAGE BUNGALOWS***, inkl. Frühstück; mit Dusche, Restaurant, Tauch-Center.
*GAZEBO MENO RESORT COTTAGES* (US$55), tel 35795, sehr geschmackvoll eingerichtete Luxus-Bungalows mit ac; Restaurant und weitläufig angelegter Garten; von Anfang Januar bis Mitte März geschlossen, hier ein Telefon für Auslandsgespräche.
*CASA BLANCA COTTAGE* (US$12 - 40), tel 33847, mit Fan oder ac, inkl. Frühstück, winziger Swimming Pool.
*ZORAYA BEACH RESORT* (US$12 - 32), tel 33801, gut und sehr sauber, Fan oder ac, inkl. Frühstück; mit kleinem Restaurant, Wassersport-Center (Tauchen, Windsurfing etc.) und kleinem Tennisplatz.
*PONDOK MENO**-****, inkl. 3 Mahlzeiten, mit und ohne Mandi, mit Restaurant und Garten.

Die anderen Unterkünfte liegen in der unteren Preisklasse (**, inkl. 3 Mahlzeiten).

### Gili Terawangan

Die größte und meistbesuchte der drei Inseln läßt sich in einer zwei- bis dreistündigen Strandwanderung umrunden. Empfehlenswert bei Ebbe - dabei feste Schuhe anziehen, um über die Riffe zu laufen. Sogar ein kleiner Hügel, eine Ausnahme auf den flachen Gilis, kann erklettert werden. Auch auf Gili Terawangan gibt es noch keine Motorräder, sondern nur *Cidomo*.

Im Nordosten und Osten der Insel liegt nicht weit vom Strand ein Korallenriff. Läuft man ein Stück am Strand entlang Richtung Norden und begibt sich hier ins Wasser, kann man sich von der Strömung über die herrliche Unterwasserwelt zurücktreiben lassen und wieder vor seiner Unterkunft an den Strand gehen.

Wegen der Sandflöhe und Moskitos sollte man unbedingt Coils, Netz, eine Salbe gegen Juckreiz und Moskito-Repellent mitnehmen. Auch die hygienischen Verhältnisse auf Gili Terawangan sind eher mangelhaft.

Mitte 1994 gab es an der Ostküste der Insel 22 Losmen / Bungalowanlagen. Außerdem gibt es einige Pubs, Restaurants und laute Discos, viele T-Shirt-Läden, Schnorchel-Verleih, Buchläden und überhaupt viel Trubel!

## ÜBERNACHTUNG

Die meisten Anlagen gehören der billigen Preisklasse (*-**) an, ein Frühstück ist oft im Preis enthalten:
*HOLIDAY INN*-***, Zi mit eigener Dusche.
*TRAWANGAN COTTAGES*-***, mit Restaurant.
*GOOD HEART BUNGALOWS**, mit Restaurant.
*PONDOK SHANTI COTTAGES***, mit Frühstück, große Bungalows in einem großen Garten, mit eigenem Bad und Moskitonetz, sauber und freundlich, ruhig gelegen am südlichen Ende des Strandes.
*RAINBOW COTTAGES*-***, mit Restaurant.
*DANAU HIJAU BUNGALOWS****, besser ausgestattet, als die anderen.
*MAJESTIC BUNGALOWS*-***, mit Moskitonetz und eigenem Mandi.
*NUSA TIGA BUNGALOWS**, in sehr ruhiger Lage am nördlichen Ende des Strandes, der hier allerdings nicht mehr so schön ist.

## ESSEN UND TRINKEN

Außer den Restaurants, die einigen Bungalowanlagen angeschlossen sind, gibt es noch andere Lokale, in denen man Hunger und Durst stillen kann. Der derzeitige Treffpunkt ist das *BOROBUDUR RESTAURANT*, viele Infos, und das Essen ist auch nicht schlecht. Nachts verwandelt sich der Laden in eine Art Disco, deren Lärm bei Westwind noch auf Gili Air zu hören ist. Mit Telefon für Auslandsgespräche.

Wer am nördlichen Strandabschnitt wohnt, findet in seiner Nachbarschaft den *EXCELLENT PUB & RESTAURANT.*

## Lingsar

Von Cakranegara fahren für 500 Rp Minibusse zur 7 km nordwestlich von Narmada gelegenen großen **Tempelanlage**, die zur Hälfte den hinduistischen Gläubigen (nördlicher Teil) und zur anderen Hälfte den Angehörigen der islamischen Wetu-Telu-Religion dient. Der Tempelkomplex wurde zu Beginn des 18. Jahrhunderts errichtet und 1878 vollständig restauriert. Die Legende berichtet, daß bei der Ankunft der ersten von Bali kommenden Hindus an einer Quelle, *Aik Mual* genannt, etwa 200 m östlich des jetzigen Pura Lingsar, eine neue Quelle zu fließen begann. Die Balinesen nannten sie *Aik Engsar,* woraus sich der Name Lingsar ableitet.

Der höhergelegene, nördliche Hindutempel besitzt vier Schreine, wobei der linke, *Hyang Tunggal* genannt, auf den Gunung Agung in Bali ausgerichtet ist. Der Schrein auf der rechten Seite ist auf den Gg. Rinjani ausgerichtet, dem heiligen Berg Lomboks. Im Wetu-Telu-Teil der Tempelanlage gibt es ein Becken mit heiligen Aalen, das dem Gott Wishnu gewidmet ist. Ein lohnenswerter Ausflug!

## Narmada

11 km östlich von Cakra steht ein balinesischer **Palast** aus dem Jahr 1801, umgeben von terrassenförmigen Gärten, Swimming Pools und einem See. Ein Ausflugsort, vor allem am Wochenende viele Leute, Warung sind vorhanden. Badesachen mitnehmen. Frauen tragen besser zusätzlich ein T-Shirt. Eintritt 100 Rp zum Park, 200 Rp zum Pool; manchmal werden 1500 Rp Eintritt verlangt und Tanzvorführungen geboten. Minibus ab Sweta 500 Rp.

## Suranadi

Der älteste **Hindutempel** Lomboks an einer Quelle mit heiligen Aalen steht in Suranadi, am Fuße des Rinjani in herrlicher Berglandschaft und ist ein guter Ausgangspunkt für Spaziergänge. Minibus ab Sweta, 15 km, 750 Rp. Die Benutzung des Hotelpools neben dem Tempel kostet 500 Rp.

### ÜBERNACHTUNG

Übernachten im *SURANADI HOTEL***-****,* tel 23686, fax 23984, dessen alter Teil schon in den 30er Jahren holländischen Kolonialbeamten als Erholungsort diente, mit einem Restaurant, Tennisplatz und dem Golong Golfplatz in der Nähe.

## Pantai Kuta

Der Ort hat mit dem berühmt-berüchtigten Namensvetter auf Bali nichts außer einem Strand gemein. Einige Kilometer nach Osten sind weitere Buchten leicht erreichbar, von denen eine schöner als die andere ist. Die Strände sind blendend weiß, menschenleer und das Wasser kristallklar. Allerdings gibt es an einigen Stellen viel Seegras, und man vermißt schattenspendende Bäume.

Es existieren Pläne, den gesamten Küstenabschnitt von Kuta bis **Tanjung An** in ein sogenanntes „Mega-Resort“ zu verwandeln, im Stil von Nusa Dua auf Bali, wo dann überwiegend Luxushotels stehen sollen. Bislang gibt es nur einige einfachere Unterkünfte.

Die Straße von Sengkol nach Kuta führt an den zwei traditionellen Sasak-Dörfern **Rambitan** und **Sade** vorbei, wo die Häuser noch in typischer Sasak-Bauweise ohne Wellblech gedeckt sind. Einen sehr schönen Strand findet man westlich von Kuta in **Selong Blanak**, wo man angenehm in den *Selong Blanak Cottages*** (mit Restaurant) wohnen kann.

### ÜBERNACHTUNG

*MATAHARI INN*-****, tel/fax 54832, mit Mandi oder Dusche und Fan, sauber; Restaurant, Leihbibliothek, großer Garten, Autovermietung, Schweizer Chefin.

*KUTA BEACH BUNGALOWS**, sehr einfach, nahe beim Dorf gelegen.

*SEGARA ANAK BUNGALOWS*-***, inkl. Frühstück, Restaurant; hier ein kleines Post Office und ein Travel Agent.

*RAMBITAN COTTAGES**, sehr einfach, inkl. Frühstück.

*RINJANI AGUNG 2* (US$15 - 25), besser ausgestattet, als die anderen.

*WISMA SEKAR KUNING*-***, tel 54854, inkl. Frühstück, mit Restaurant.

*ANDA BUNGALOWS*-***, tel 54836, mit Fan, inkl. Frühstück, mit Restaurant.

*FLORIDA INN**, Frühstück, gutes Restaurant.

*COCKATOO HOTEL*-***, tel 54831, große, saubere Zi inkl. Frühstück, Restaurant.

*RINJANI AGUNG BEACH BUNGALOWS*-***, tel 54849, sehr sauber, mit Moskitonetz, Frühstück, Restaurant.

### TRANSPORT

Es gibt einen direkter Minibus ab SWETA für 1500 Rp.

Oder in Etappen: zuerst nehme man einen Colt bis nach PRAYA für 800 Rp, dann einen Minibus nach SENGKOL für 500 Rp und zuletzt einen Minibus nach Kuta für noch einmal 500 Rp.

Bis spät nachmittags verkehren die übervollen Minibusse zurück Richtung PRAYA, und ab hier fahren Colt nach Sweta bis abends.

## Tetebatu

Wer von dem heißen Küstenklima genug hat, kann sich in diesem kleinen Dorf und einigen Nachbarorten in 600 m Höhe am Südhang des Gunung Rinjani davon erholen. Bei erträglichen Temperaturen lassen sich hier oben viele schöne Wanderungen durch das ländliche Lombok unternehmen.

Wenige Kilometer oberhalb des Dorfes beginnt der Dschungel, den man auf schmalen Pfaden durchstreifen kann, z.B. zu zwei Wasserfällen. Die Rinjani-Besteigung ist von hier nicht möglich.

### ÜBERNACHTUNG

**TETEBATU** - *WISMA SOEDJONO**-****, inkl. Frühstück, oberhalb des Dorfes. Empfehlenswerte, hübsche, kleine Bungalows im Sasak-Stil, sauber und z.T. mit privatem Mandi; gelegen unter hohen Bäumen in einem parkähnlichen Garten zwischen Reisfeldern, rauschenden Bächen und Fischteichen; mit gutem Restaurant, Swimming Pool und zwei Fahrzeugen, die für Ausflüge gechartert werden können.

*WISMA DEWI ENJENI**, einfache Bungalows in sehr schöner Lage mit eigenem Bad. Kleines Restaurant, 1 km unterhalb des Wisma Soedjono.

*GREEN ORRY INN***, tel 83662, Bungalows mit Aussicht; viele Infos, Motorrad-Verleih.

**LOYOK** - *JATI AYU HOMESTAY**, einfach, inkl. Frühstück, südlich von Kotaraja.

**LENDANG NANGKA** - *RADIAH HOMESTAY* ***, inkl. 3 Mahlzeiten, etwa 8 km südöstlich von Tetebatu.

**TRANSPORT**

Von SWETA Colt / Bus bis PAOKMOTONG 1000 Rp, Bemo nach KOTARAJA 500 Rp, Cidomo nach TETEBATU 500 Rp oder Motorrad 2000 Rp. Oder Bus ab Sweta bis BAGIK BONTONG 1000 Rp, Dokar bis LENDANG NANGKA 1000 Rp.

## Gunung Rinjani

Schon unter den Holländern wurde ein 40 000 ha großes Gebiet um den Vulkankomplex unter Naturschutz gestellt. Inzwischen ist das Reservat sogar um mehr als die Hälfte erweitert und zu einem Nationalpark erklärt worden. Priorität genießen dabei die ausgedehnten Bergwälder, die praktisch den einzigen Wasserspeicher der Insel darstellen. Lombok ist wie ganz Nusa Tenggara nicht mit allzu reicher Säugetier-Fauna gesegnet, umso interessanter ist die Vogelwelt, die schon australischen Einschlag verrät (Honigesser, Kakadu).

Lomboks heiliger, 3726 m hoher Berg kann bestiegen werden. Die ausführlichste Beschreibung einer Rinjani-Besteigung kann in einem älteren Werk (1911) von Dr. Johannes Elbert: „Die Sundaexpedition, Bd. 1“, nachgelesen werden. Genaue Informationen zur Besteigung erhält man in den Losmen in **Batu Kok** und in **Senaru**. Zelte und Schlafsäcke können hier gemietet werden. Obwohl der Rinjani höher als der Bromo ist, wird es nicht so kalt wie dort. Ein Führer ist sicherer, aber nicht unbedingt notwendig, da der Weg kaum zu verfehlen ist.

Um 6.00 Uhr morgens beginnt man mit dem Aufstieg ab Senaru und erreicht nach 15 Minuten Pos 1. Einige Zeit darauf bezahlt man an einem kleinen Posten Eintritt. 2 - 3 Stunden weiter gelangt man zum Pos 2, einem Rastplatz mit viel Müll. In 2 weiteren Stunden ist Pos 3 erreicht, das sogenannte *Base Camp*.

Der weitere Aufstieg zum Kraterrand dauert ca. 2 Std. und der Abstieg zum Kratersee ebenfalls ca. 2 Std. - unbedingt Schuhe mit Profil anziehen, denn bei Regen ist der Pfad äußerst rutschig und gefährlich. Trinkwasser und Essen muß man mitnehmen, unterwegs gibt es erst wieder am See in der Nähe der heißen Quellen Trinkwasser. Insgesamt ist die Tour ein lohnendes Erlebnis. Auf alle Fälle schwieriger ist der 6 - 8 Std. dauernde Aufstieg vom See zum Rinjani-Gipfel.

**ÜBERNACHTUNG**

*HOMESTAY GURU BAKTI**, *PONDOK BATU KOK** oder im *RINJANI HOMESTAY** in **Batu Kok.** *PONDOK SENARU** oder im *HOMESTAY BALE BAYAN** am Pos 1 in **Senaru**.

**BESTEIGUNG** - Mietpreise für die gesamte Dauer der Besteigung: Schlafsack 5000 Rp, Zelt 15 000 Rp, Isomatte 2500 Rp.

Preise pro Tag: Guide 15 000 / 20 000 Rp, Träger 12 000 / 15 000 Rp.

**TRANSPORT**

Zuerst Bus ab Sweta nach BAYAN für 1500 Rp. Danach Motorrad (1500 /2000 Rp) nach BATU KOK, 3 km unterhalb von SENARU.

## Labuhan Lombok

Ein uninteressantes Dorf, von wo die regelmäßigen Fähren nach Poto Tano fahren, dem Fährhafen von West-Sumbawa (s.u.). Labuhan Lomboks Fährhafen liegt etwa 3 1/2 km außerhalb vom Ort. Südlich von Labuhan Lombok liegt das Fischerdorf **Labuhan Haji**, wo man im *Melewis Beach Hotel* übernachten kann. Hierher kommen nur Indonesier. Der Strand ist aber weder schön noch sauber.

Nördlich über Labuhan Lombok wohnt man angenehm in den *Siola Cottages*** in **Labuhan Pandan** inkl. 3 reichliche und schmackhafte Mahlzeiten; hier kann man ein Boot chartern, ca. 25000 Rp/Tag, mit Taucherbrille und Schnorchel, und die Korallenriffe vor der Insel Gili Petangan erkunden.

### ÜBERNACHTUNG

Klappt der Anschluß von Labuhan Lombok nicht, kann man im Dorf in zwei sehr dürftigen Losmen übernachten.

Beide Losmen befinden sich an der Hauptstraße:

*MUNAWAR**, der bessere von beiden, und

*DIAN DUTAKU**, 500 m vom Munawar gegenüber dem Kantor Pos.

# Sumbawa

*Etwa 850 000 Einwohner hat die 15 600 km² große Insel. Zur ältesten Bevölkerungsschicht zählen die in den Bergen lebenden Dodongo und Kolo. Vollständig islamisiert sind die im Westteil der Insel lebenden Sumbawa sowie die im Osten lebenden Bima.*

*Schon sehr früh in der Geschichte ist Sumbawa bekannt geworden, denn Sandelholz war ein wichtiger Exportartikel. Heute werden auf der Insel die besten Pferde Indonesiens gezüchtet.*

*Im Jahr 1815 ereignete sich auf der Insel eine große Katastrophe, als der Vulkan Tambora ausbrach. Etwa 50 000 Menschen kamen dabei ums Leben. Von 4300 m soll damals der Vulkan auf 2800 m zusammengestürzt sein.*

*Die einzige relativ gut ausgebaute Straße verläuft in West-Ost-Richtung von Taliwang über Alas, Sumbawa Besar, Plampang, Dompu, Bima nach Sape. Sehr schlecht ist die Südküste der Insel zu erreichen.*

## Poto Tano

Mit der regelmäßigen Fähre von Labuhan Lombok landet man nach einer kurzen Überfahrt von 1 1/4 Stunde in diesem kleinen Fischerdorf, 30 Busminuten südlich von Alas und 9 km abseits der Hauptstraße gelegen.

### TRANSPORT

Die Fähren nach Lombok fahren tgl. 5.30 - 17.30 Uhr jede Stunde. Fahrpreise: Erwachsene 2000 Rp, Kind 1300 Rp, Motorrad 3200 Rp, PKW 32 000 Rp.

Bei Ankunft der Fähre von Lombok warten Busse und Minibusse meist direkt am Pier. Gut ist der Anschluß nach SUMBAWA BESAR für 2500 Rp, dauert etwa 2 Std., 93 km. Ein direkter Bus fährt nach BIMA in 8 - 10 Stunden für 9000 Rp inklusive Essen.

## Sumbawa Besar

Die wichtigste Stadt West-Sumbawas hat nur wenig Interessantes zu bieten. Die meisten Touristen sind hier nur auf der Durchreise.

An Sehenswertem gibt es den zentral gelegenen **Sultanspalast** (**Dalam Loka**) aus dem Jahr 1932, ein imposanter, hölzerner Pfahlbau, der vor ein paar Jahren vollständig restauriert wurde - ein originalgetreuer Nachbau des Palastes befindet sich im Taman Mini in Jakarta.

## ÜBERNACHTUNG

*HOTEL SUCI*-***, Jl. Hasanuddin 57, tel 21589, mit privatem Mandi und Fan, aber ziemlich vergammelt und direkt neben einer kleinen Moschee.
*LOSMEN TUNAS**, Jl. Hasanuddin 37, auf der anderen Seite der Moschee.
*LOSMEN SAUDARA**, Jl. Hasanuddin 50, tel 21528, ziemlich laut.
*LOSMEN TAQDEER*-***, in einer Seitengasse der Jl. Kamboja, tel 21796, einfach.
*LOSMEN INDRA*-***, Jl. Diponegoro 48 A, tel 21278, laut und ungepflegt.
*HOTEL TAMBORA**-*****, Jl. Kebayan 2, tel 21555, fax 21624, empfehlenswert, Fan oder ac, TV, Heißwasser, in einer ruhigen Nebenstraße gelegen, mit gutem Restaurant, Garten und Supermarkt.
*HOTEL DEWI**-*****, Jl. Hasanuddin 60, tel 21170, mit Fan oder ac, TV, mit Heißwasser, das Hotel ist sauber, gut, etwas steril, mit Restaurant.
*TIRTASARI COTTAGES**-*****, Jl. Garuda km 5,5, Richtung Poto Tano, tel 21987, fax 22337. Kleine, nicht so schön eingerichtete Bungalows und Zi mit Fan oder ac, TV, Tel, Heißwasser und Kühlschrank, mit Restaurant und großem Garten, direkt am Strand, der aber nicht allzu sauber ist.

## ESSEN UND TRINKEN

*RUMAH MAKAN ANEKA RASA JAYA,* gute chinesische Gerichte und Seafood.
*RUMAH MAKAN SURABAYA,* am Busbahnhof in der Jl. Diponegoro.
*RUMAH MAKAN RUKUN JAYA,* Jl. Hasanuddin 10, ist empfehlenswert.
Auch nicht schlecht ist das Restaurant im *HOTEL TAMBORA.*

## SONSTIGES

**GELD** - Die *BANK NEGARA INDONESIA,* Jl. Kartini, wechselt Travellers Cheques.

**PHPA** - Büro in der Jl. Garuda 12, tel 21358, im Direktorat Kehutanan, 3 km vom Zentrum Richtung Poto Tano.

**POST / TELEFON** - *KANTOR POS DAN GIRO,* Jl. Yos Sudarso 6; ein kleines Postamt befindet sich an der Jl. Garuda.
*KANTOR TELKOM* liegt gegenüber vom Kantor Pos, Jl. Yos Sudarso; ein *WARPOSTEL* an der Jl. Hasanuddin, gegenüber vom Hotel Dewi.

**VORWAHL** - 0371.

## TRANSPORT

**BUSSE** - Es gibt drei Bus Terminals. Von der zentralen **Kodim** Bus Station fahren die Busse nach POTO TANO 2500 Rp und TALIWANG 3500 Rp.
Von der Minibus Station **Seketeng** gelangt man zu den umliegenden Dörfern.
An der **Brang Bara** Bus Station findet man die Busse nach BIMA 7000 / ac 12 000 Rp, 7 - 9 Std. Dokar in der Stadt kosten 500 Rp.

**FLÜGE** - *MERPATI*, Jl. Kebayan 2 A, tel 21416, fax 22624, geöffnet Mo - Fr 7.30 - 16.00, Sa und So 8.00 - 14.00 Uhr, fliegt nach DENPASAR 81 000 Rp und MATARAM 51 000 Rp.

**SCHIFFE** - Alle 4 Wochen legt Pelnis **KM. Tatamailau** in Badas, 10 km westlich, an (s.S. 64 ff). Außerdem unregelmäßige Verbindungen nach AMPENAN, 13 Std., und PADANG BAI, 14 Std. Informationen beim *Syahbandar* in Badas, Minibus kostet 500 Rp.

# Bima

*Von der einstigen Größe des Sultanats Bima ist nichts mehr zu spüren. Im 17. Jahrhundert lagen Sumba, große Teile von Flores und sogar Solor im Machtbereich des Sultanats. 1727 nahm der Sultan den Titel „Eroberer von Solor" an. Nach dem verheerenden Ausbruch des Tambora 1815 ging der Einfluß des Sultanats ständig zurück, während der der Holländer im gesamten ostindonesischen Raum wuchs. Grundsätzlich beließ man die gewachsene Sozialstruktur, errichtete aber Handelsmonopole und bestimmte die Außenbeziehungen. Sultan Ibrahim führte Mitte des vergangenen Jahrhunderts ein neues Rechtssystem ein, welches das Adat mit der islamischen Scharia verband. Noch heute ist Bima stärker als andere Landesteile vom Islam bestimmt.*

Die einzige Sehenswürdigkeit der Stadt ist der **Sultanspalast** aus dem Jahre 1927, der 1973 restauriert wurde und heute das bescheidene **Museum Asi Mbojo** beherbergt, geöffnet tgl. 7.30 - 16.30 Uhr.

## ÜBERNACHTUNG

*WISMA KOMODO*-**,* Jl. S. Ibrahim 5, tel 2070, akzeptable neue sowie vergammelte alte Zimmer mit und ohne Mandi, mit kleinem Garten und kleinem Frühstück.
*LOSMEN PUTERA SARI*,* Jl. Soekarno-Hatta 2, tel 2870, mit und ohne Mandi, zentral, finster und ziemlich ungepflegt.
*LOSMEN VIVI*,* Jl. Soekarno-Hatta 38, tel 2411, muffig und finster.
*PENGINAPAN BAHAGIA*,* Jl. Tongkol 3, spartanisch, aber sehr billig.
*LOSMEN DARA*,* Jl. S. Salahuddin 29, tel 2493, am Bus Terminal, einfach, etwas muffig.
*HOTEL LILA GRAHA**-*****,* Jl. Lombok 20, tel 2645, saubere, aber z.T. etwas dunkle Zi (Fenster zum Flur) mit Fan oder ac, TV, Heißwasser, inklusive Frühstück; mit Balkon und Restaurant, balinesische Besitzer.
*PAREWA HOTEL**-****,* Jl. Soekarno-Hatta 40, tel 2652, empfehlenswert, große, saubere, kühle Räume (Fenster zum Flur) mit Fan oder ac, TV und Heißwasser, in ruhiger Lage 15 Minuten vom Zentrum, inkl. kleines Frühstück; mit gutem Restaurant.
*SANGYANG HOTEL***-*****,* Jl. S. Hasanuddin 6, große, dunkle Räume, renovierungsbedürftig.
*SONCO TENGGE BEACH HOTEL**-****,* Jl. S. Salahuddin, tel 2987, mit Fan oder ac und TV, inkl. kleines Frühstück, nicht sehr sauber, direkt an einer Hauptstraße, mit Restaurant.
*LAWATA BEACH HOTEL* (US$24 - 50), Jl. S. Salahuddin, tel 3696, fax 3698, mit Fan, Heißwasser und TV, z.T. mit ac, Badewanne und Kühlschrank, inkl. Frühstück; Pool, Bar und Restaurant; schön am Meer auf einer kleinen Halbinsel gelegen, sauber und nett eingerichtet.

## ESSEN

Preiswerte Warung stehen auf dem Nachtmarkt um die Jl. Flores und die Jl. Sumba.
*RUMAH MAKAN HIKMAH JAYA,* Jl. Lombok 48, tel 3449, serviert ostjavanische Küche.
*RUMAH MAKAN ANDA,* Jl. S. Kaharuddin 1, tel 2703, sehr gutes chinesisches Essen und Seafood.
*RUMAH MAKAN PADE DOANG,* Jl. Martadinata, tel 2155, bietet Spezialitäten der Sasak (Lombok).

## SONSTIGES

**GELD** - *BANK NEGARA INDONESIA,* Jl. S. Hasanuddin, tel 2356.
*BANK RAKYAT,* Jl. Sumbawa, tel 3172; zum Geldwechseln geht man besser in die Filiale, ebenfalls Jl. Sumbawa.

**POST / TELEFON** - Die Hauptpost liegt an der Jl. Gajah Mada; zentraler ist ein kleines Postamt an der Jl. S. Hasanuddin.
Das *KANTOR TELKOM* befindet sich 3 km vom Zentrum an der Jl. Soekarno-Hatta; zentraler liegt ein *WARTEL* in der Jl. Lombok, tgl. 24 Std. geöffnet.

**VORWAHL** - 0374.

## TRANSPORT

**BUSSE** - Express-Busse (z.B. *Langsung Indah)* fahren ab Busbahnhof **Bima** in 24 Std. nach DENPASAR (ac 43 000 Rp inkl. Fähren), und MATARAM 23 000 Rp. Direkt nach POTO TANO 9000 Rp, SUMBAWA BESAR 7000 / ac 12 000 Rp. Die Büros der Fernbus-Gesellschaften liegen fast alle an der Jl. S. Kaharuddin.
Busse zum Fährhafen SAPE, 1 1/2 Std., 2000 Rp, fahren stündlich ab **Raba** Busbahnhof, zu erreichen mit Bemo für 300 Rp (mit viel Gepäck 500 Rp) ab Bima.

**FLÜGE** - Der Airport liegt 16 km außerhalb der Stadt Richtung Sumbawa Besar.
*MERPATI,* Jl. Soekarno-Hatta 30, tel 2197, 2382, tgl. geöffnet 8.00 - 13.00, 14.00 - 16.00 Uhr; außerdem Jl. Soekarno-Hatta 60, tel 2697, 2857, geöffnet Mo - Fr 8.00 - 17.00, Sa und So 8.00 - 15.00 Uhr.

Ein zentraler Merpati-Agent ist *P.T. PAREWA*, Jl. Sumbawa 19, tel 2525, fax 2304.
Tgl. fliegt Merpati über MATARAM (86 000 Rp) nach DENPASAR (126 000 Rp). Weitere Flüge: BAJAWA 85 000 Rp, ENDE 85 000 Rp, KUPANG 196 000 Rp, RUTENG 85 000 Rp, LABUANBAJO 52 000 Rp, TAMBULAKA 52 000 Rp und WAINGAPU (über Tambulaka) 78 000 Rp.

**SCHIFFE** - Schiffe nach REO, Flores, fahren 1 bis 2x wöchentlich, für 15 000 Rp. Im Hafen liegen häufig Schiffe nach SURABAYA, UJUNG PANDANG und AMBON.
*PELNI*, Jl. Martadinata 73, tel 2046, fax 2203, tgl. geöffnet 8.00 - 16.00 Uhr.
Bima liegt auf der Route der regelmäßigen Pelni-Schiffe **KM. Kelimutu** und **KM. Awu**. (Details s.S. 64 ff).

## Sape

Kommt man von Westen, ist der kleine Fischerort der Ausgangspunkt für einen Besuch der Insel Komodo. Busse ab Bima fahren bis zum Fährhafen. Wer einen längeren Komodo-Aufenthalt plant, kann in Sape noch Proviant einkaufen.

### ÜBERNACHTUNG

Es gibt mehrere Übernachtungsmöglichkeiten in Sape.
Man kann z.B. im heruntergekommenen *LOSMEN GIVE** absteigen oder im besseren *LOSMEN FRIENDSHIP*-***. Außerdem *LOSMEN BAHAGIA*-*** sowie *LOSMEN RATNASARI*-*** und am Hafen *LOSMEN MUTIARA**, mit Balkon mit Blick aufs Meer.

### TRANSPORT

Dokar fahren für 500 Rp vom Zentrum zum Hafen. Von dort fährt Sa - Do früh morgens eine Fähre nach LABUANBAJO auf Flores für 9000 Rp, mit Stop auf KOMODO, gleicher Preis. Sape - Komodo 6 1/2 Std., Komodo - Flores 3 - 4 Std. In Komodo muß man sich für 1000 Rp in einem kleinen Boot an Land bringen lassen.
Außerdem gibt es Bugis-Schiffe, die meist die direkte Route nach Flores nehmen.

## Komodo-Nationalpark

*Großes Aufsehen in der Welt der Naturforscher erregte 1912 die Entdeckung einer Riesen-Landechse, die zu den größten Reptilien überhaupt zählt: der Komodo-Waran. Schon 1938 richteten die Holländer dem seltenen „Drachen" ein Reservat ein, das 1980 zu einem Nationalpark (75 000 ha) erweitert wurde. Der Park umfaßt die Inselgruppe zwischen Sumbawa und Flores: Pulau Komodo (33 937 ha), Pulau Padar (2017 ha) und Pulau Rinca (19 625 ha), und eine große Meeresfläche zum Schutz ausgezeichneter Korallenriffe, die leider teilweise durch Fischen mit Dynamit bedroht sind.*

*Schon lassen sich jährlich einige tausend Touristen hierherlocken. Das zerklüftete Hügelland verrät den vulkanischen Ursprung der Inseln, die bedauerlicherweise durch unkontrollierte Brände fast sämtliche Wälder eingebüßt haben. Übrig bleibt eine eigenartige Savannenlandschaft, in der vereinzelt oder in Gruppen schlanke Lontar-Palmen aufragen. Etwa 3000 Komodo-Warane leben auf den Inseln Komodo, Rinca und Padar.*

*Gefährliche Gezeitenströmungen zwischen dem Indischen Ozean im Süden und der Flores-See im Norden isolieren diese Echsenpopulation von Sumbawa, aber nicht von Flores. Nur eine schmale Meerenge trennt Pulau Rinca von der Westküste dieser Insel, wo sich auch die schon erwähnte charakteristische Steppenlandschaft fortsetzt. Die Naturschutzbehörde PHPA bemüht sich, den Komodo-Nationalpark hier um ein über 20 000 ha großes Gebiet - Wae Wuu / Tanjung Kerita Mese - zu erweitern, wo schätzungsweise noch 1000 - 2000 Ex-*

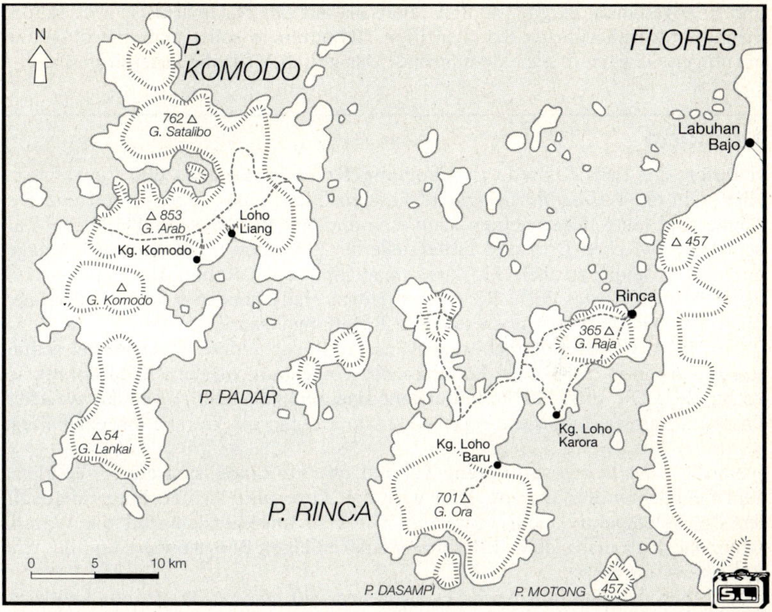


*emplare der großen Echse existieren sollen. Hier im relativ schwach besiedelten West-Flores würde auch die reiche Avifauna von einem Reservat profitieren.*

*Eine günstige Zeit für einen Besuch der Inseln ist zwischen April und Juni. Später wird es sehr heiß, und erst die im Dezember einsetzende Regenzeit bringt etwas Abkühlung. Außerdem ziehen sich die Warane zur Paarungszeit (Juli / August) in die Wälder zurück und kommen selten zur Fütterung. Gefährlich sind Bootstouren während der großen Stürme im Februar / März.*

## Rinca

Die Grassteppe im Norden der Insel ist das Weidegebiet wilder Pferde, Schweine und Büffel, die ab und an den hier lebenden Waranen zum Opfer fallen. Von dem nahe der Nachbarinsel Flores gelegenen Dorf **Kampung Rinca** führen Wege ins Innere der Insel. Das Gebiet im Süden rings um den **Gunung Ora** (= Drachenberg) ist stärker bewaldet und die Heimat interessanter Vogelarten wie auch gefährlicher Wespen und Skorpione. Wanderungen ins Landesinnere sind nur mit PHPA-Führer möglich. Mit einem gecharterten Boot kann man in der Bucht **Dasampi** vor Anker gehen.

## Padar

Sehr gefährlich sind die Strömungen rings um diese kleine Insel. Deshalb sollte man sich nur von erfahrenen Bootsleuten fahren lassen. Das Land ist trocken und unzugänglich, es gibt weniger Tiere als auf der Nachbarinsel, aber schöne Strände mit unberührten Korallenriffen. Schnorcheln sollte man allerdings nur in ruhigen Gewässern nahe dem Strand. Das gilt auch für die anderen Inseln.

## Komodo

Hauptort der Insel Komodo ist **Kampung Komodo** mit etwa 600 Einwohnern. Hier steht ein *Wisma Pariwisata* (Touristen-Gästehaus). Lebensmittel und Getränke sind teuer. Übernachten kann man auch im Rasthaus der PHPA, auf halbem Weg zwischen Dorf und Fütterstelle der „Drachen"; eine gepflegte Anlage, nur gibt es leider zu viele Moskitos, manchmal auch Ratten und Schlangen in den Häusern. Kostet 6000 Rp p.P., in jedem Haus können bis zu 10 Personen übernachten. Außerdem noch teuere 2-Bett-Bungalows.

Das Essen ist recht einfach, und Konserven oder andere Lebensmittel sollten schon vorher in Sape oder Labuhanbajo eingekauft werden. Kühlschrank ist vorhanden. Die etwa 20 Park Rangers sind recht freundlich, einige sprechen Englisch. Samstags morgens gegen 8.00 Uhr werden die Warane mit einer Ziege gefüttert, 750 Rp pro Zuschauer.

Nördlich des Dorfes, im **Poreng-Tal** und am Fluß **Liang**, sind die besten Plätze zum Beobachten der Warane. Hier wird die Ziege geschlachtet. Fotografen sollten ihr Teleobjektiv nicht vergessen. Ganz so ungefährlich sind die Warane scheinbar doch nicht, denn 1985 drang einer in einen Bungalow ein und biß eine Besucherin ins Bein.

Will man den **Gunung Arab** besteigen oder auf anderen Wegen ins Landesinnere vordringen, muß man sich von einem Führer des PHPA begleiten lassen. Das kostet pro Tag 10 000 Rp.

### Pulau Lasa

Schön ist ein Ausflug (ohne Guide) zur vorgelagerten Insel Lasa zum Schwimmen und Schnorcheln. Ein Auslegerboot kostet pro Tag um 5000 Rp, ein Motorboot 35 000 Rp. Typisch für die Inseln sind die Segelplattformen, *Bagan*. Zwischen zwei schmalen, langen Booten wird eine bis zu 5 m lange, hölzerne Plattform befestigt, auf der ein flaches Häuschen errichtet ist. Schnorchelausrüstungen werden von PHPA für 500 Rp die Stunde (teuer!) vermietet, direkt vor der Haustür liegt übrigens auch ein ganz passables Korallenriff.

### TRANSPORT

Regelmäßige Bootsverbindungen ab SAPE (s.o.) und LABUANBAJO (s.u.). Nach Ankunft wird man beim örtlichen PHPA-Büro registriert. Eintritt 2000 Rp.
Hat man nur wenig Zeit, lohnt sich der Flug nach LABUHANBAJO (tgl.) von DENPASAR über AMPENAN und BIMA für 176 000 Rp. Andererseits kann man aufgrund der verbesserten Straßensituation auf Sumbawa von AMPENAN (Lombok) in einem Tag (Nachtbus) bis nach SAPE fahren.

### TOUREN

Verschiedene Reisebüros in Bali bieten 3-Tages-Touren nach Komodo an. Flug, Fähren, Mahlzeiten und Übernachtungen sind dabei incl.. Preise variieren je nach Teilnehmerzahl zwischen US$300 - 500. Die Fütterung der „Drachen" erlebt man auf diesen Touren nicht, auch wenn Derartiges mit angeboten wird; man ist nämlich nur zur Mittagszeit für ein paar Stunden auf Komodo, und Fütterungen außerhalb der regulären Zeiten (s.o.) verstoßen gegen die Bestimmungen der Nationalpark-Verwaltung.

# Flores

*Mit 14 250 km² ist Flores - 360 km lang und nur zwischen 12 und 60 km schmal - die zweitgrößte Insel Nusa Tenggaras und zugleich die landschaftlich schönste und abwechslungsreichste. 1544 sichtete ein portugiesisches Handelsschiff das östliche Kap der Insel und taufte es „Cabo des Flores" (= Kap der Blumen). Seitdem hat die Insel ihren europäischen Namen, sogar in Malaiisch nennt man sie „Pulau Bunga" (= Blumeninsel), obwohl hier auch nicht mehr Blumen wachsen als in anderen Teilen Indonesiens. Eine stark zerklüftete Gebirgskette mit mehreren über 2000 m hohen Vulkanen erstreckt sich über die gesamte Länge der Insel. Die ursprünglichen Monsunwälder haben größtenteils als Folge von Brandrodungsfeldbau ausgedehnten und nur schwer zu rekultivierenden Alang-Alang-Grassteppen Platz gemacht. Tapioka und Bananen waren ehemals die einzigen Grundnahrungsmittel, bevor die Holländer vor etwa 100 Jahren den Reisanbau einführten.*

*Während in den Küstengebieten der malaiische Bevölkerungsanteil überwiegt, ist in den Dörfern im Landesinneren der melanesische Einschlag nicht zu übersehen. Wichtigste Volksgruppen sind die Manggarai in West-Flores, verwandt mit den Riungern an der Nordwestküste, die Ngada in der Gegend um Bajawa und die Lionesen in den Bergen nördlich von Ende. Die Hafenstadt Ende hat eine Mischbevölkerung aus Einheimischen und eingewanderten Bugis und Makassaris (Süd-Sulawesi). Der Bezirk um Maumere wird als ein Übergangsgebiet zwischen Zentral- und Ost-Flores (Larantuka) betrachtet. Letzteres wiederum bildet zusammen mit den östlichen Inseln Adonara, Solor und Lembata eine deutlich von West- und Zentral-Flores verschiedene, eigene Kulturzone. Hier spielt z.B. antikes, wahrscheinlich von Portugiesen eingeführtes Elfenbein eine wichtige Rolle als Brautpreis.*

*Der portugiesische Einfluß ist auch in anderen Kulturbereichen heute noch zu spüren. Vor allem in der Gegend um Larantuka tragen viele Menschen portugiesische Familiennamen, katholische Feiertage werden mit Prozessionen im alten portugiesischen Stil begangen, und ein südeuropäischer Rasseneinschlag ist unverkennbar.*

*Vor Erscheinen der Europäer gehörten Flores und der Solor-Alor-Archipel zum Herrschaftsbereich des mächtigen Majapahit-Reiches auf Java. Funde aus der Bronzezeit und Zeugnisse der Megalithkultur beweisen, daß auch die prähistorischen Kulturen die Insel erreichten und tiefgreifend geprägt haben. Schon im 16. Jahrhundert begann die Bekehrung zum Katholizismus durch den als Heiligen verehrten portugiesischen Dominikaner Franz Xaver. Später setzten die Holländer die Missionierung fort, und heute bekennen sich mehr als 3/4 der 1 Million Einwohner zur römisch-katholischen Kirche. Der Rest, vorwiegend im Westen der Insel und in den Hafenstädten, ist Anhänger des Islam. Doch konnten die Hochreligionen die alten Glaubensvorstellungen nur zu einem geringen Teil verdrängen. Noch heute existieren, hauptsächlich in den Dörfern und im Landesinneren, Megalithkulturen und animistische Rituale. So kann in ein und demselben Ort nicht weit von der Kirche, aber doch so weit, daß der Schatten des Kirchturms nicht darauf fällt, ein von Geisterhäuschen und heiligen Steinen umgebener Tanzplatz liegen, und die Dorfbewohner werden trotz Geld und guter Worte nicht einverstanden sein, daß ihr Zeremonialhaus und die darin befindlichen Holzstatuen fotografiert werden.*

*Seit 1914 ist Flores das Arbeitsfeld der zumeist deutschen Missionare der „Steyler Mission“ (S.V.D.), deren Stationen sich fast überall finden. Dank ihrer Energie und ihres Idealismus wurde Flores zu einem Zentrum des Katholizismus in Indonesien. Die Patres und Ordensschwestern haben sich aber auch hinsichtlich der Erforschung der alten Kultur und der Sprachen enorme Verdienste erworben - sie sind eine wahre Fundgrube für Informationen.*

## Labuan Bajo

Das kleine Fischerdorf am äußersten Westende der Insel erstreckt sich entlang einer geschützten Bucht, die mit vor Anker liegenden Segelbooten übersät ist. Von den umliegenden Bergen bietet sich eine phantastische Aussicht auf unzählige kleine vorgelagerte Inseln mit weißen Sandstränden sowie Tauch- und Schnorchelplätzen.

Orientierungsprobleme dürfte es in Labuan Bajo eigentlich nicht geben, da das Dorf praktisch nur aus einer langen Straße besteht, die das Ufer der Bucht säumt.

Labuan Bajo scheint sich immer mehr zu einem Traveller-Zentrum zu entwickeln, dem bisher einzigen auf Flores. Die Bewohner des Ortes, überwiegend Bugis aus Süd-Sulawesi, haben sich schon auf den zunehmenden Besucherstrom eingestellt und bauen fleißig Hotels, Restaurants usw.

### ÜBERNACHTUNG

**IM ORT** - *HOTEL WISATA*-***, Jl. Soekarno, knapp 1 km vom Hafen Richtung Ruteng, saubere Zi mit Dusche, Fan, Frühstück; viele Traveller, mit Restaurant.

*SONY HOMESTAY**, Jl. Prof. Dr. Johanes, 100 m von der Hauptstraße, einen Hügel hinauf,

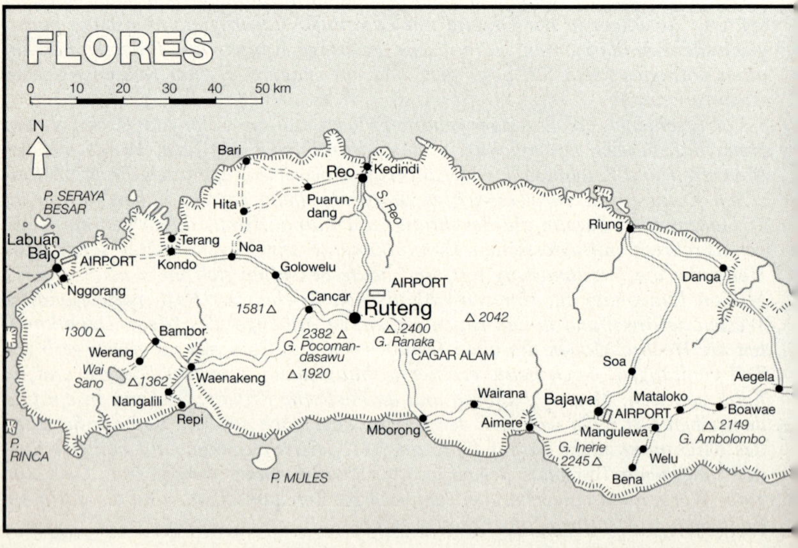

vorbei am Puskesmas *(Public Health Center)*, billig, aber vergammelt, schön im Grünen gelegen.
*CHEZ FELIX*-***, Jl. Prof. Dr. Johanes, 30 m weiter, gut, ruhig und sauber, mit Mandi, Fan und Frühstück; Garten, Restaurant.
*LOSMEN SINJAI**, Jl. Soekarno, einfache Zi mit Mandi.
*BAJO BEACH HOTEL*-***, Jl. Yos Sudarso, tel 21007, saubere Zi mit und ohne Mandi, z.T. mit Fan, inkl. Frühstück, viele Traveller, viele Infos; Restaurant, kleiner Garten, Dive Shop, Touren.
*MUTIARA BEACH HOTEL*-***, Jl. Pelabuan 31, tel 21033, direkt am Meer, einfache, kleine Zi, viele Infos, Restaurant.
*GARDENA BUNGALOWS**, einfache Bambushütten auf einem Hügel mit Aussicht über die Bucht, 200 m südlich vom Hafen; Restaurant, großer Garten.
100 m nördlich vom Hafen in einem Kampung gibt es 3 sehr einfache, billige Losmen: *BAHAGIA** am Meer, *PELANGI** und *SAHABAT**, nebeneinander am Sportplatz.

**AUSSERHALB** - *GOLO HILLTOP RESORT HOTEL**-*****, Binongko Beach, kleines Bungalowhotel auf einem Hügel mit großartigem Blick aufs Meer, 1 km nördlich vom Hafen; sauber, nett eingerichtet, Fan oder ac; mit Restaurant.
Noch weiter **nördlich** liegen:
*WAERANA BEACH COTTAGES***, 2 km vom Hafen, zu erreichen mit Boot oder Auto; Infos im *Varanus Dive Shop*, unweit vom Hafen.
*WAECICU BEACH RESORT***, 15 Bootsminuten vom Hafen an einem schönen Sandstrand.
*HOMESTAY BATU GOSOK*-***, 20 Minuten mit dem Boot, empfehlenswert, schöner Strand.
**Südlich** vom Ort liegen:
*NEW BAJO BEACH HOTEL****-*****, Zi und Bungalows mit Fan oder ac, 2 km südlich vom Hafen am Strand.
*CENDANA SEASIDE HOTEL*-***, herrlich am Strand gelegen, 3 km südlich vom Hafen, mit Auto zu erreichen.

**AUF PULAU KANAWA** - *KANAWA ISLAND COTTAGES***, einfache Hütten mit Frühstück auf einer kleinen Insel, 1 Std. mit dem Boot ab Hafen; Infos dazu gegenüber vom Hotel Wisata.

## SONSTIGES

**GELD** - *BANK RAKYAT INDONESIA* wechselt TC, aber nur zu schlechten Kursen.

**PHPA** - Das Büro befindet sich an der Straße zum Airport, nicht weit vom Hotel Wisata. Ge-

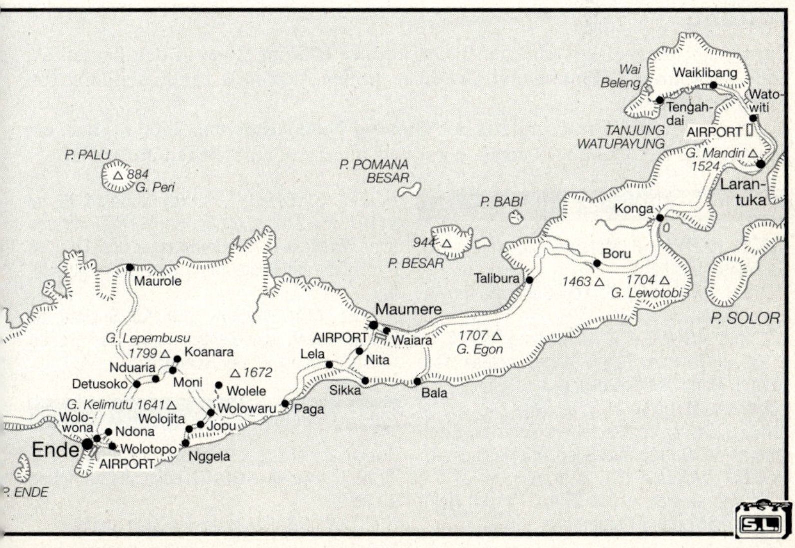

öffnet werktags bis 14.00 Uhr. Hilfsbereite und freundliche Mitarbeiter.

**POST / TELEFON** - Das Postamt liegt zentral an der Hauptstraße, nicht weit vom Hafen. Das *KANTOR TELKOM* befindet sich an der Straße zum Airport, 600 m vom Hotel Wisata.

**VORWAHL** - 0385.

## TOUREN

Die in Labuan Bajo von Hotels und Agenten angebotenen Ausflüge sind in der Regel Bootstouren zum Tauchen und Schnorcheln.
*VARANUS DIVE CENTER*, nicht weit vom Hafen, bietet eine Tour mit 2 Tauchgängen für US$65, alles inkl.
Preiswerter sind die Ausflüge mit kleinen Booten zu vorgelagerten Inselchen, wo man herrliche weiße Sandstrände findet und gut schnorcheln kann:
**Pulau Bidadari**, 20 - 30 Minuten per Boot vom Hafen, 15 000 Rp pro Tag, bis zu 8 Personen.
**Pulau Sabolo**, 40 - 60 Bootsminuten, 25 000 - 30 000 Rp pro Tag, bis 6 Personen.
Weiterhin kann man ein kleines *Kapal Motor* für den **Komodo**-Trip chartern, 75 000 Rp pro Tag, 2 Tage 125 000 Rp, 3 Tage 200 000 Rp, bis zu 6 Personen, alles inkl.
Oder nach **Sape**, mit Stop auf Komodo, 350 000 Rp, bzw. 500 000 Rp für ein etwas größeres Boot für 8 - 10 Personen.

## TRANSPORT

**BUSSE** - Die Straße hinauf nach RUTENG ist gut ausgebaut und asphaltiert. Falls keine Erdrutsche oder eingebrochene Brücken die Fahrt unterbrechen, brauchen Busse etwa 5 Std., 4000 Rp.

**FLÜGE** - Tgl. fliegt Merpati (Office nicht weit vom Airport) vom **Komodo Airport**, dem Airstrip von Labuanbajo, nach BIMA 52 000 Rp, DENPASAR 176 000 Rp, ENDE 97 000 Rp und KUPANG 182 000 Rp.
Der Airport befindet sich nur 2 km östlich vom Ort.

**SCHIFFE** - Eine Fähre (9000 Rp) pendelt tgl. außer Fr zwischen Labuanbajo und SAPE, Sumbawa, über PULAU KOMODO (3500 Rp), Abfahrt 8.00 Uhr, Fahrzeit 9 - 10 Std.
2x im Monat kommt Pelnis **KM. Tatamailau** nach Labuan Bajo (s.S. 64 ff).

# Ruteng

Ein kühler, oft wolkenverhangener Ort in über 1000 m Höhe in den Bergen am Fuße des **Gunung Ranaka** und Sitz einer großen Akademie zur Ausbildung von Laien-Katechesen.

Am 29. 12. 1987 brach zuletzt der **Gunung Namparnos** (ca. 2300 m) aus, ein Nebengipfel des Gunung Ranaka, allerdings ohne großen Schaden anzurichten.

## ÜBERNACHTUNG

*HOTEL KARYA**, Jl. Motang Rua, einfache Zi, Gemeinschaftsmandi.
*HOTEL RANAKA**, Jl. Yos Sudarso, für Anspruchslose.
*LOSMEN AGUNG 2*-***, Jl. Motang Rua 10, tel 21835, im Zentrum; relativ sauber, heißes Wasser fürs Mandi auf Bestellung.
*LOSMEN AGUNG 1*-***, Jl. Wae Ces 20, tel 21080, nicht schlecht, schön gelegen am Stadtrand an der Straße nach Reo, mit Restaurant.
*HOTEL DAHLIA**-****, Jl. Kartini, tel 21377, ruhig und sauber, einige Zi mit TV und Heißwasser, mit gutem Restaurant.
*HOTEL SINDHA*-***, Jl. Yos Sudarso 26, tel 21197, fax 21638, große, saubere Zi mit und ohne Mandi, z.T. mit Heißwasser und TV, inkl. Frühstück; mit Restaurant und Garten, gute Infos.
*HOTEL MANGGARAI***, Jl. Adi Sucipto, tel 21008, östlich vom Zentrum, trotz des großen Namens nur ein kleiner Homestay.

## ESSEN

Zwei gute chinesische Restaurants:
*RUMAH MAKAN AGUNG*, beim Wisma Agung 2, und
*R.M. DUNIA BARU*, in der gleichen Straße.

## SONSTIGES

**AUTOVERMIETUNG** - Das *HOTEL SINDHA* vermietet ein Motorrad für 20 000 Rp pro Tag, und einen Kijang für 60 000 Rp pro Tag, ohne Benzin und Fahrer.

**GELD** - TC und cash verschiedener Währungen wechselt
*BANK RAKYAT,* Jl. Yos Sudarso; US$-cash nimmt auch das *HOTEL SINDHA* schräg gegenüber.

**POST / TELEFON** - *KANTOR POS* im Süden des Ortes nicht weit vom *Rumah Adat.* Zwei Parallelstraßen weiter liegt das
*KANTOR TELKOM*; oder man telefoniert vom Hotel Sindha.

**VORWAHL** - 0385.

## TRANSPORT

**BUSSE** - Vom Bus Terminal am Markt fahren mehrmals tgl. Busse nach REO für 2000 Rp.
Bus nach ENDE 9000 Rp, 10 Std. / 260 km, nach BAJAWA 4500 Rp, 5 - 6 Std. / 135 km - Abfahrt ist zwischen 8.00 und 9.00 Uhr.
Ab 7.00 Uhr machen die Busse ihre Rundfahrt und sammeln die Leute ein. Man kann sich am Abend vorher anmelden (übers Hotel) und wird morgens vom Hotel abgeholt. Nach LABUAN BAJO 4000 Rp, 137 km, 4 - 5 Std.

**FLÜGE** - *MERPATI*, außerhalb vom Zentrum im Nordosten der Stadt, fliegt tgl. außer Mo nach DENPASAR (184 000 Rp) über BIMA (85 000 Rp).
Tgl. außer Di und Do auch nach KUPANG (121 000 Rp), Mo / Sa über ENDE (55 000 Rp). Mi / Fr nach LABUAN BAJO (43 000 Rp).

# Bajawa

Ein kühler Ort in den Bergen mit einer freundlichen Bevölkerung, buchstäblich von Vulkanen umzingelt, darunter der ebenmäßige, spitze Kegel des **Gunung Inerie** (2245 m). Den besten Überblick hat man von den Hügeln im Westen der Stadt. Im Zentrum des Ortes liegt der Marktplatz, wo man einige gute und preiswerte Rumah Makan findet.

## ÜBERNACHTUNG

*HOTEL KAMBERA*,* Jl. El Tari 9, tel 21166, mit und ohne Mandi, inkl. Frühstück, mit Restaurant.
*HOTEL NUSANTARA*,* Jl. El Tari 10, tel 21357, mit und ohne Mandi, inkl. Frühstück, mit Restaurant, freundliche Leute.
*HOTEL KORINA*,* Jl. A. Yani 81, tel 21162, mit und ohne Mandi, inkl. Frühstück, freundlich, viele Infos.
*HOTEL DAGALOS*,* Jl. A. Yani 70, einfache Zi mit und ohne Mandi, mit kleinem Frühstück, freundliche Leute.
*HOTEL SUNFLOWER*,* Jl. A. Yani, tel 21236, die Gasse neben Hotel Dagalos hinauf, mit und ohne Mandi, inkl. Frühstück, freundlich, schöne Veranda mit Aussicht.
*HOTEL KEMBANG*,* Jl. Martadinata 18, tel 21072, ruhig und sauber, alle Zi mit Mandi.
*HOTEL ANGGREK*,* Jl. Letjen. Haryono 9, tel 21172, alle Zi mit Mandi, inkl. Frühstück.
*HOTEL VIRGO*,* Jl. D. I. Panjaitan, tel 21061, mit kleinem Garten.
*HOTEL JOHNY*,* Jl. Gajah Mada, tel 21079, etwas heruntergekommen.

## ESSEN

*RESTAURANT CAMELLYA,* Jl. A. Yani 82, tel 21458, ist ein sehr gutes, kleines Restaurant. Chinesische, indonesische und europäische Küche.
*RUMAH MAKAN WISATA,* Jl. Gajah Mada, Chinesisch und europäisch, viele Infos.
*RUMAH MAKAN KASIH BAHAGIA* steht am Markt, empfehlenswert.

## SONSTIGES

**POST / TELEFON** - Das *KANTOR POS* befindet sich an der Jl. Soekarno-Hatta, geöffnet Mo - Do und Sa 8.00 - 14.00, Fr bis 11.00 Uhr.
*KANTOR TELKOM* liegt um die Ecke in der Jl. T. W. Mengeruda 1, tel 21091, tgl. 24 Std. geöffnet.

**VORWAHL** - 0384.

## TRANSPORT

**BUSSE** - Der Bus Terminal liegt 3 km vom Zentrum Richtung Ende; Mikrolet fahren von hier zum Markt 300 Rp, mit viel Gepäck 500 Rp.
Busse fahren tgl. für 4500 Rp nach RUTENG 5 - 6 Std. / 135 km; nach ENDE für 4000 Rp in 5 - 6 Std. / 125 km. AIMERE 39 km, 1000 Rp; WAIRANA (Waerana) 57 km, 2000 Rp; MBORONG (Borong) 82 km, 2500 Rp.
Busse nach RIUNG fahren tgl. über Aegela 4000 Rp; außerdem Mo, Mi, Fr über Soa 3500 Rp.

**FLÜGE** - Der **Pelabuhan Udara Turelelo**, wenige Kilometer außerhalb Richtung Soa, wird von *MERPATI*, Jl. Budi Utomo, am Markt, angesteuert: ENDE (Di, Fr, So) 42 000 Rp, KUPANG (Di, Fr, So) 118 000 Rp; Di, Fr und So wird BIMA für 85 000 Rp angeflogen.

# Ende

Wichtigste Stadt auf Flores mit etwa 60 000 Einwohnern. Interessanter Morgenmarkt! Hier kann man die Ikat-Sarong erstehen, die im östlichen und zentralen Flores hergestellt werden. Preise rangieren zwischen 15 000 und 25 000 Rp für einfache Stücke, bei denen chemische Farben und importierte Garne verwendet werden, 45 000 - 60 000 Rp für die beste Qualität (Naturfarben) und 60 000 - 200 000 Rp für antike Stoffe, die noch aus selbstgesponnener Baumwolle gewebt und mit natürlichen Farben gefärbt wurden. Die Weberei **Ramacraft**, Jl. Woloare, 2 1/2 km nördlich vom Zentrum, lohnt einen Besuch; auch im nordöstlichen Vorort **Onekore** werden Ikat-Sarong produziert.

Mitte der 30er Jahre verbrachte Sukarno, der später Indonesiens erster Präsident werden sollte, hier in Ende einige Jahre im Exil. Sein ehemaliges Haus **Rumah Bung Karno**, das als Museum erhalten wird, kann man sich ansehen.

Im Dezember 1992 wurde Ost-Flores von einem katastrophalen Erdbeben heimgesucht. Auch Ende blieb nicht verschont, und noch immer sieht man einige eingestürzte Häuser und Kirchen.

## ÜBERNACHTUNG

*LOSMEN IKHLAS*-***, Jl. J. A. Yani, tel 21695, viele Traveller, mit und ohne Mandi, sauber; Restaurant, Besitzer spricht gut Englisch, viele Infos.
*HOTEL MAKMUR**, Jl. J. A. Yani 17, mit und ohne Mandi, ziemlich ungepflegt.
*LOSMEN RINJANI**, Jl. J. A. Yani 18, laut und spartanisch.
*LOSMEN SAFARI***, Jl. J. A. Yani 65, tel 21997, sauber, mit Mandi und Fan, inkl. Frühstück, mit Garten.
*HOTEL MELATI***, Jl. Gatot Subroto, tel 21311, Zi mit Mandi, kleiner Garten, ziemlich heruntergekommen.
*WISMA AMICA***, Jl. Garuda 15, tel 21683, einfache Zi mit Fan und Mandi, ruhig gelegen.
*HOTEL WISATA**-*****, Jl. Kelimutu 68, tel 21368, große, helle Zi, nicht allzu sauber, mit Fan oder ac und TV, inkl. Frühstück, Restaurant.
*HOTEL DWI PUTRA****, Jl. Yos Sudarso 27, tel 21685, zentral gelegen, saubere Zi mit Fan oder ac, inkl. Frühstück, mit Restaurant.
*HOTEL NIRWANA**-****, Jl. Pahlawan 29, tel 21199, Zi mit großen Fenstern, Mandi und Fan, renovierungsbedürftig.
*HOTEL SANDLEWOOD*-***, Jl. Kemakmuran 19, tel 21015, einfach, laut, aber zentral.

## ESSEN

Billig essen kann man in den Warung am Markt.
*RUMAH MAKAN MINANG BARU,* Jl. Soekarno, hier bekommt man Nasi Padang.
*DEPOT ENDE,* Jl. J. Sudirman 6, tel 21208; sehr gutes Essen, u.a. Seafood. Die Spezialität des Hauses sind Wachteln.
*RUMAH MAKAN MERLYN*, Jl. J. A. Yani 6, tel 21577, bietet chinesische Küche.
*ISTANA BAMBU RESTAURANT,* Jl. Pasar 39, tel 21480, serviert preiswertes Seafood sowie indonesische und chinesische Gerichte.

## SONSTIGES

**GELD** - *BANK RAKYAT,* Jl. Yos Sudarso, wechselt TC und cash zu dürftigen Kursen.

**POST / TELEFON** - Die Hauptpost befindet sich etwas außerhalb, Jl. Basuki Rahmat 15, tel 21203. Zentraler liegt ein kleines Postamt in der Jl. Yos Sudarso.
*KANTOR TELKOM,* Jl. Kelimutu 5, tel 21321, tgl. 24 Std. geöffnet.

**VORWAHL** - 0381.

## TRANSPORT

**BUSSE** - Mehrere Busse ab 7.00 Uhr morgens bis gegen Mittag nach MAUMERE für 5000 Rp (5 1/2 Std. / 148 km); WOLOWARU für 2500 Rp (2 1/2 Std. / 65 km); MONI 2000 Rp (53 km). Morgens und mittags Busse nach BAJAWA für 4000 Rp ( 5 - 6 Std. / 125 km). Nach RUTENG 9000 Rp (10 Std. / 258 km) und nach LARANTUKA (9000 Rp) nur morgens Busse; besser einen Tag vorher buchen. Die verschiedenen Bus-Unternehmen haben ihre Büros in den Straßen zwischen Markt und Hafen von Ende.
Abfahrt vom jeweiligen Busbahnhof: Ende verfügt über zwei Bus Terminal, die beide weit außerhalb liegen, **Ndao** für Busse nach Westen (Bajawa, Ruteng) und **Wolowona** für den Osten (Moni, Maumere). Außerdem ein Mikrolet-Terminal am Markt. Zwischen diesen drei Terminals verkehren Mikrolet für jeweils 300 Rp.

**FLÜGE** - *MERPATI,* Jl. Nangka, tel 21355, 21276, 21097, geöffnet Mo, Di, Do, Fr, Sa 8.00 - 13.00 und 15.00 - 17.00 Uhr, So und feiertags 10.00 - 12.00 Uhr. Bemo zum Flugplatz Ipi kostet 300 Rp.
**Preisbeispiele** (ohne MwSt): BAJAWA (Di, Fr, So) 42 000 Rp, KUPANG (tgl.) 85 000 Rp, LABUHANBAJO (tgl. außer Mi und Fr) 97 000 Rp, RUTENG (Mo und Sa) 55 000 Rp, DENPASAR (tgl.) 196 000 Rp, BIMA (tgl.) 85 000 Rp.

**SCHIFFE** - *PELNI,* Jl. J. A. Yani 2, tel 21043, geöffnet werktags 8.00 - 14.00 Uhr.
Die **KM. Kelimutu** fährt jeden zweiten Do nach Kupang, Dili, Kalabahi, Maumere und Ujung Pandang, am folgenden Mi nach Waingapu, Bima, Lembar, Surabaya und Banjarmasin.
**Preisbeispiele** (1. Kl. / Ekonomi): WAINGAPU 34 000 / 13 000 Rp, BIMA 71 000 / 21 000 Rp, DILI 80 000 / 22 000 Rp, SURABAYA 246 000 / 71 000 Rp, BANJARMASIN 347 000 / 86 000 Rp, KUPANG 46 000 / 15 000 Rp, UJUNG PANDANG 130 000 / 37 000 Rp.
Kleine PLM schippern die Küste entlang nach MBORONG und LARANTUKA.
Am Mi legt die Fähre nach WAINGAPU (11 500 Rp) ab; 1x pro Woche auch eine Fähre nach KUPANG, 15 400 Rp, 16 Std.; Infos im Ferry-Office ASDP am Hafen Ipi, tel 22007.

# Die Umgebung von Ende

### Ndona / Wolotopo

Mit einem Mikrolet gelangt man ins 4 km entfernte **Wolowona** (300 Rp). Ab hier fährt man mit einem Colt auf einer anfangs asphaltierten Straße hinauf nach Ndona (8 km), wo Ikat-Sarong allerbester Qualität gewebt werden. Von Wolowona, gleich hinter der Brücke rechts, geht ein breiter Weg zum Strand (2 km) hinunter: Davor liegt die kleine, zerklüftete Insel **Pulau Koa**, und auf der Halbinsel sieht man den zerfurchten **Gunung Meja** (Gunung Iya). Ein herrlicher Fußpfad (5 km) windet sich in östlicher Richtung über steile Klippen und an schwarzen Sandstränden entlang nach Wolotopo. Hunderte von Schulkindern begrüßen jeden Besucher begeistert und lautstark.

Im Dorf stehen einige traditionelle Häuser - wieder ein eigener Stil; alles beherrschend ist die große Kirche, die Pater Leo aus Essen vor mehr als 20 Jahren erbauen ließ. Ikat-Sarong von blauer Grundfarbe werden im Ort hergestellt. Man sollte sich zum *Kepala Desa* oder gleich zum *Juru Kunci* bringen lassen, die Spende entrichten, und man wird zum **Sao Ria** (großes Haus) geführt. Dies ist das auf einem Hügel über dem Dorf gelegene Zeremonialhaus, umgeben von

Megalithen und Totenhäuschen mit Särgen. In die Balken sind Tiermotive geschnitzt: Schlangen, Fische und Krokodile, und im Inneren (fotografieren verboten) stehen geheimnisvolle Truhen und in rote Tücher gewickelte Ahnenfiguren. Eine tolle Aussicht von hier oben!

### Riung

Die Küste nördlich von Bajawa ist eine Entdeckung für Naturfreunde, aber leider Malaria-Gebiet. Kleine, vorgelagerte Inseln mit weißen Sandstränden und schönen Korallenriffen zum Schnorcheln sind mit gecharterten Booten (15 000 Rp, Rundfahrt mit Schnorcheln 25 000 Rp) zu erreichen. Man kann Fledermäuse und viel Natur sehen, aber nur selten die großen, scheuen Warane. PHPA-Führer kosten 2500 Rp für 3 Std. Übernachten im *Hotel Florida*, Losmen Liberty** und anderen.

Eine gute Straße führt von Ende bis **Danga**, ins wichtigste Reisanbaugebiet von Flores. Jeden Samstag ist großer Markt. Wohnen im *Losmen Mandiri**. Bus nach Danga 3500 Rp, 83 km, 3 Std.; Abfahrt vom Ndao-Terminal zwischen 7.00 und 8.00 Uhr. Die letzten 33 km nach Riung können mit Bus oder LKW für 1000 Rp zurückgelegt werden. Riung erreicht man auch ab Bajawa (s.S. 312).

## Moni und der Gunung Kelimutu

Das Dorf Moni ist der Ausgangspunkt für einen Trip auf den Gunung Kelimutu. **Heiße Quellen** *(Air Panas)* zum Baden liegen 1 km von Moni entfernt Richtung Ende. Ein mit Schnitzereien verzierter **Rumah Adat** steht gleich hinter den Losmen, nicht weit vom Markt.

Etwa 1,5 km vor Moni, von Ende kommend, zweigt rechts eine Straße ab, die auf den Berg hinaufführt. Etwa 14 km geht es bergauf, aber nicht sehr steil - ohne Führer und zu Fuß machbar in etwa 3 Stunden. Also sollte man sich früh und mit Taschenlampe auf den Weg machen, am besten um 2.00 Uhr, wenn man den Sonnenaufgang oben erleben will. Ist der Berg erst in Wolken, sieht man nichts mehr.

Die Attraktion des Gunung Kelimutu sind seine drei **Kraterseen**, die verschiedene Farben haben, die von unterschiedlichen Mineralien herrühren. Die Farben der Seen haben sich im Laufe der letzten Jahre sogar schon mehrmals drastisch geändert, zuletzt 1987. Die Mondlandschaft der Krater ist nach dem dortigen Glauben der Schlupfwinkel der Geister. Die Seelen der Knaben und Mädchen wohnen im *Tiwu Nuwa Muri Koo Fai*, einstmals türkisfarben, dann tiefblau, jetzt weiß-grünlich. Die Seelen der Alten ruhen im *Tiwu Ata Mbupu*; der jetzt fast schwarze See war früher einmal dunkelblau, dann hellblau bis weiß. Im *Tiwu Ata Polo* warten die Sünder bis zur Nacht, um mit dem Wind emporzufliegen und jeden lebenden Eindringling zu vernichten; dieser einst rote und dann dunkelgrüne See hat jetzt eine dunkelbraune Farbe.

Eine interessante Abkürzung auf den Vulkan beginnt etwa auf halbem Weg zwischen Moni und der Abzweigung etwa 1,5 km vor Moni, von Ende kommend, die auf den Berg hinaufführt. Von der Straße führt ein Pfad durch eine kleine Schlucht über einen Fluß durch die zwei Dörfer Nuadepi und Koposili zu einem weiteren Dorf, Manukako, wo man wieder auf die Straße zum Kelimutu stößt. Von da sind es 1 1/2 Std. zum Krater.

### ÜBERNACHTUNG / ESSEN

Es gibt eine ganze Reihe von einfachen Unterkünften in Moni und in der Umgebung.
Außerhalb an der Straße nach Maumere liegt z.B. der angenehme
*PALM HOMESTAY**.
Recht einfach sind die Homestay am Markt, z.B. *DANIEL** und (besser)
*AMINA MOE**, mit gutem Essen.
In herrlicher Hanglage, mit schöner Aussicht, etwas außerhalb an der Abzweigung zum Kelimutu, die im traditionellen Stil errichteten Bungalows des regierungseigenen
*SAO RIA WISATA***, sauber und freundlich, mit dürftigem Restaurant und Bar.
200 m unterhalb sieht man das
*RESTAURANT KELIMUTU*, eine erfreuliche Alternative zu den Rumah Makan im Dorf, das auch einfache Zi vermietet.

### TRANSPORT

Moni erreicht man mit einem Bus ab ENDE für 2000 Rp in 2 1/2 Std.
Tgl. gegen 4.00 Uhr bringt ein **LKW** Touristen für 3000 Rp bis auf den Kelimutu, dauert etwa 1 Std., zurück 7.00 Uhr, nochmals 3000 Rp; oft verzögert sich die Abfahrt, so daß man vielleicht den Sonnenaufgang verpaßt.
Machbar ist der Trip auch mit einem gecharterten Toyota-**Jeep** (bis zu 5 Pers.) ab Moni. Sollte für Hin- und Rückfahrt um die 35 000 Rp kosten. Die Straße ist durchgehend asphaltiert.
Man kann sich auch ab Moni auf einem **Motorrad** für etwa 15 000 Rp hinauffahren lassen; ein Motorrad zu mieten kostet 12 000 Rp. So hat man die Chance, schon frühmorgens auf dem Berg zu stehen, um den Fernblick ohne Wolken zu bewundern. Etwa auf halbem Weg werden 1000 Rp Eintritt von PHPA-Posten verlangt.

## Wolowaru

12 km von Moni, Bus 400 Rp, ebenfalls ein guter Ausgangspunkt für die Kelimutu-Tour und für Wanderungen zu traditionellen Dörfern. Der Ort liegt in einer reizvollen grünen Berglandschaft. Samstags ist großer Markt, zu dem die Frauen aus den umliegenden Dörfern in ihren besten handgewebten *Kain* gehüllt erscheinen.

### ÜBERNACHTUNG / ESSEN

Wohnen kann man im *LOSMEN SETIA** oder im *LOSMEN KELIMUTU**.
*RUMAH MAKAN SIANG MALAM* hat gutes Padang Food. Gutes Essen bekommt man auch im *RUMAH MAKAN JAWA TIMUR* neben Losmen Kelimutu.

### TRANSPORT

Busse nach ENDE (65 km, in 2 Std., für 2500 Rp) und MAUMERE (83 km, in 2 1/2 Std., für 3000 Rp) kommen gegen Mittag durch Wolowaru und halten eine halbe Stunde an einem der beiden Rumah Makan.
Wer per Motorrad auf den Gunung Kelimutu will, sollte im *RUMAH MAKAN SIANG MALAM* nachfragen. Mit dem Fahrer kann man sich auf etwa 20 000 Rp für Hin- und Rückweg einigen.
Ein Motorrad zu mieten ohne Fahrer kostet 15 000 Rp; für ein Auto mit Fahrer kommt man auf etwa 35 000 Rp.

## Die Umgebung von Wolowaru

Ausflüge sind möglich zu traditionellen Dörfern mit Megalith-Gräbern, *Rumah Adat* und *Ikat*-Webereien (in dieser Gegend bevorzugt man Goldgelb als Grundfarbe). So z.B. nach **Nduaria**, an der Straße nach Ende, 20 km von Wolowaru (Bus 500 Rp) oder nach **Koanara**, nördlich von Moni.

### Wolele

ist nur zu Fuß zu erreichen, ca. 2 1/2 Stunden geht es steil bergauf. Es gibt drei Dörfer dieses Namens, Wolele A, B und C; am schönsten liegt Wolele A: Von hier hat man einen herrlichen Ausblick auf dschungelüberwucherte Berge bis hin zum Meer.

### Jopu

Ein weiterer Fußmarsch führt in Richtung Süden bergab nach Jopu (4 km), wo man *Rumah Adat* in verschiedenen Stilen sehen kann; einige Häuser sind in der gleichen steilen Bauform wie auf Sumba errichtet, mit Büffelgehörnen als Schwelle vor dem Eingang und Särgen mit den Knochen der Vorfahren neben der Tür. Die dicken Balken und Bretter der Häuser sind aus hartem Edelholz, verziert mit eingeschnitzten Mustern. Auf den von Steinmauern umfaßten Dorfplätzen stehen auf hohen Pfählen die Totenhäuser und mit eingeschnitzten Tiersymbolen versehene Geisterpfähle mit Opferplattformen darauf (fotografieren verboten).

### Nggela

Geht man von Jopu weiter über Wolojita (nochmals 4 km) Richtung Süden, gelangt man nach Nggela (12 km von Wolowaru): Ein in einzigartiger Weise auf Felsterrassen angelegtes, auffallend sauberes Dorf an der Küste. Traveller tauchten bis noch vor wenigen Jahren so selten hier auf, daß Kinder erschreckt davonliefen und Frauen scheu ihr Gesicht verbargen; inzwischen gibt es sogar Homestays. Man sollte Zigaretten als Geschenk für die Männer mitnehmen, und vielleicht wird auch mal der Eintritt ins Innere der alten Häuser gewährt. Häufig wird man auf Wanderungen mit der Frage: *„Apa mau beli?"* - „Was wollt ihr kaufen?" oder *„Mau beli Kain?"* begrüßt. Die Menschen hier können sich anscheinend für das Unterwegssein von Dorf zu Dorf keinen anderen Grund vorstellen, als daß jemand etwas kaufen oder verkaufen will.

## Maumere

Der Hafenort an der Nordküste von Flores wirkt insgesamt recht verschlafen, auch wenn Maumere neben Ende der wichtigste Verkehrsknotenpunkt der Insel ist. Die Stadt hat unter dem großen Erdbeben, das Ost-Flores im Dezember 1992 heimsuchte, am meisten gelitten. Zwei Jahre später waren zwar schon die größten Schäden behoben, doch noch immer gibt es viele Lücken in den Häuserreihen. Auf einem Spaziergang die Jl. S. Pranoto entlang kommt man zur **Katholischen Kathedrale**. Der auf einem Wandbild hinterm Altar dargestellte Jesus ist hier ein Indonesier! Die Kathedrale ist infolge des Erdbebens sehr baufällig und wird nicht mehr zum Gottesdienst benutzt, aber das Wandbild ist erhalten geblieben.

Auf dem **großen Markt** werden in einigen Läden Ikat-Sarong verkauft. Es kommen auch häufig Frauen aus den umliegenden Dörfern und bieten ihre Ikat-Arbeiten an. Eine lange Tradition hat die **Elfenbeinschnitzerei** in Ost-Flores. Als Zeichen für Reichtum und als allgemeines Statussymbol wird das wahrscheinlich von Portugiesen eingeführte Elfenbein benutzt - hauptsächlich zum Bezahlen des Brautpreises.

#### ÜBERNACHTUNG

*HOTEL BOGOR 1**-****, Jl. Slamet Riyadi, tel 21191, kleine, einfache Zimmer mit und ohne Mandi, etwas finster und stickig und zu teuer, z.T. mit ac.

*BENG GOAN HOTEL**-****, Jl. Moa Toda, tel 21041, Zi mit Mandi, Fan oder ac, inkl. Frühstück, einfach, noch sauber, etwas laut.
*LOSMEN BOGOR 2*-***, Jl. Slamet Riyadi 4, tel 21137, mit und ohne Mandi, muffig, ohne Fenster.
*HOTEL GARDENA**-*****, Jl. Patirangga 28, tel 21489, einfache Zi mit Fan oder ac, inkl. Frühstück, familiäre Atmosphäre, sauber, aber renovierungsbedürftig.
*HOTEL MAIWALI**-*****, Jl. Don Thomas 8, tel 21220, fax 21617, empfehlenswert, kleine, aber saubere Zi mit Fan oder ac und TV, inkl. Frühstück; Bar, Restaurant, Autovermietung.
*WINI RAI HOTEL**-*****, Jl. Gajah Mada 50, tel 21388, mit und ohne Mandi, Fan oder ac und TV, inkl. Frühstück, sauber; kleiner, begrünter Innenhof.
*PERMATA SARI BEACH HOTEL***-*****, Jl. J. Sudirman, 12 km vom Zentrum an der Abzweigung zum Airport gelegen, tel 21171, 21249. Saubere Zi und Cottages mit Garten, am Strand, Fan oder ac, TV, Heißwasser und Badewanne, inkl. Frühstück; mit Restaurant und Autovermietung.
Eine gute, wenn auch teure Alternative sind die 10 bzw. 11 km östlich in Waiara gelegenen Bungalowanlagen (s.S. 318).
*THE FLORES FROGGIES*-***, in Waiterang, 28 km östlich von Maumere Richtung Larantuka gelegen. Zi und Bambushütten im Grünen am Strand, inkl. Frühstück, mit gutem Restaurant; Schnorcheln und Bootstouren sind möglich.

## ESSEN

Gute chinesische und vegetarische Gerichte sowie Seafood bekommt man im *SARINAH RESTAURANT*, Jl. Raja Centis, tel 21529, Speisekarte in Indonesisch und Englisch.
*RUMAH MAKAN SUMBER INDAH*, Jl. Raja Centis, tel 21375, Seafood und javanisch.
*STEVANI PUB*, Jl. Raja Centis 1, tel 21273, ein preiswertes, angenehmes Gartenrestaurant. Seafood, chinesisch, indonesisch, europäisch.

## SONSTIGES

**AUTOVERMIETUNG** - Im *HOTEL MAIWALI* kann man einen Minibus chartern, 7500 Rp pro Std. bei mindestens 2 Std., bzw. 65 000 Rp pro Tag inkl. Benzin und Fahrer. Diese Preise gelten nur für Touren in der näheren Umgebung von Maumere, Fernstrecken sind teurer.

**GELD** - Die *BANK RAKYAT*, Jl. Soekarno-Hatta 1, tel 21065, geöffnet Mo - Fr 8.00 - 12.00, Sa bis 11.00 Uhr, wechselt TC und Cash verschiedener Währungen zu mäßigen Kursen.

**PHPA** - In dem kleinen, originell eingerichteten Büro, Jl. Nong Meak 25, tel 21464, fax 21523, werktags 7.30 - 14.00 Uhr geöffnet, bekommt man viele brauchbare Informationen, nicht nur zu Naturschutzgebieten; mit Reisebüro.

**POST / TELEFON** - Die Post liegt an der Jl. Pos (wo sonst?), geöffnet Mo - Fr 8.00 - 12.00, Sa bis 11.00 Uhr. *KANTOR TELKOM*, Jl. Soekarno-Hatta, tgl. 24 Std. geöffnet.

**VORWAHL** - 0382.

## TRANSPORT

**BUSSE** - Maumere hat 2 Busbahnhöfe: einen 3 km östlich der Stadt für Busse nach LARANTUKA 4500 Rp, 4 - 5 Std., 137 km; vom zweiten Busbahnhof, 1 km südlich der Stadt, fahren die Busse nach ENDE 5000 Rp, 5 1/2 Std., 148 km, über WOLOWARU 3000 Rp, 3 Std. / 83 km. Abfahrt gegen 8.00 und 17.00 Uhr. Die Busbahnhöfe erreicht man mit einem Bemo für 300 Rp. Colt nach WAIARA 500 Rp.

**FLÜGE** - Der Flugplatz liegt etwa 3 km östlich von Maumere. Taxi in die Stadt 3000 Rp. Bemo verlangen 1000 Rp p.P.
*MERPATI*, Jl. Don Thomas 19, tel 21342, tgl. 8.00 - 14.00 und 18.00 - 20.00 Uhr geöffnet.
*BOURAQ*, Jl. Nong Meak, tel 21467, tgl. 7.00 - 18.00 Uhr geöffnet.
Tgl. Flüge mit Merpati nach UJUNG PANDANG 125 000 Rp, weiter nach BALIKPAPAN 275 000 Rp und TARAKAN 409 000 Rp.
Weitere Verbindungen: BIMA (Mi, Fr, So mit MZ) 104 000 Rp, KUPANG (tgl. mit MZ und BO) 65 000 Rp, SURABAYA 231 000 Rp (MZ, BO), DENPASAR (tgl. MZ, BO) 181 000 Rp.

**SCHIFFE** - *PELNI*, Jl. Slamet Riyadi, tel 21013, werktags geöffnet 7.30 - 12.00, 13.00 - 15.00 Uhr. Tickets bekommt man frühestens 4 Tage vor Ankunft des Schiffes: Alle 2 Wochen Sa fährt die **KM. Kelimutu** nach UJUNG PANDANG. Am folgenden Mo fährt sie nach Kalabahi, Dili, Kupang, Ende, Waingapu, Bima, Lembar, Surabaya und Banjarmasin (s.S. 64 ff).

## Waiara

Eine der größten Attraktionen von Flores sind die vor der Nordküste gelegenen Korallenriffe. Tauchexperten meinen, daß der portugiesische Name der Insel „Cabo des Flores" sich nicht auf die Blumen an Land beziehe, sondern auf die einmalige Farbenpracht der Korallenriffe. Die Riffe vor Flores sind aus verschiedenen Gründen einmalig. Zum einen liegt die Insel mitten im sogenannten „Sonnengürtel", der äquatorialen Region, die das Wachstum der Korallen besonders begünstigt. Zum zweiten liegen die Riffe am Bruch zwischen der eurasischen und der australischen Platte. Aus diesem Zusammentreffen zwischen zwei unterschiedlichen Flora- und Faunazonen resultiert der extreme Reichtum des Meereslebens sowie der Unterwasserlandschaft.

### ÜBERNACHTUNG

*SEA WORLD CLUB***-*****, Jl. Nairoa, tel 21570, ca. 10 km östlich von Maumere in Waiara, sehr schön am Strand in einem großen Garten gelegen, Zi und Bungalows mit Fan oder ac, inkl. Frühstück, gutes Restaurant; zwei Boote stehen für Tauch- und Schnorcheltouren zur Verfügung, ein Tagesausflug kostet: Schnorcheln 30 000 Rp pro Person, Tauchen US$70, Ausrüstung und Lunch inklusive.

*FLORES SAO RESORT* (US$35 - 80), 1 km weiter östlich: tel 21555, fax 21666, zu teuer für das Gebotene, mit Swimming Pool.

## Larantuka

*Die Stadt, im äußersten Osten der Insel gelegen, war einer der frühesten Außenposten der portugiesischen Kolonisierung. Das lukrative Geschäft mit dem Sandelholz von Timor brachte portugiesische Schiffe schon seit 1515 regelmäßig in die ostindonesische Inselwelt. Larantuka bot sich aufgrund seiner idealen geographischen Lage als Stützpunkt an.*

*In der Mitte des 17. Jahrhunderts befand sich die Stadt in einem wirtschaftlichen Boom. Die Abtretung Malaccas an die VOC 1641, 1666 gefolgt von Makassar, brachte eine neue Einwanderungswelle von Portugiesen nach Larantuka. Aus dem bunten Völkergemisch entstand ein neuer Menschenschlag, der sich selbst „Larantuqueiros" nannte. Bis 1859 dehnten die Larantuqueiros ihren Einfluß auf den gesamten Osten der Insel Flores, große Teile von Timor und auf Solor und Alor aus. Larantuka war faktisch ein unabhängiger Staat geworden, der nur noch lose Verbindungen zu Lissabon unterhielt. 1859 verkaufte der portugiesische Gouverneur von Dili die Stadt mit allen Besitzungen an die Niederlande, und zwar für den lächerlichen Betrag von 200 000 Gulden.*

Larantuka ist katholischer Bischofssitz. Die große **Kathedrale**, erbaut 1901, wurde später um zwei Seitenschiffe erweitert. Wie überall im christlichen Osten Nusa Tenggaras sind auch hier die Kirchen zum Gottesdienst total überlaufen. Wichtigstes Ereignis ist die **Karfreitagsprozession**. Aus allen Teilen Ost-Indonesiens kommen die Gläubigen nach Larantuka. Tausende von Menschen nehmen an den bereits am Nachmittag beginnenden Umzügen teil.

Will man selbst an den Prozessionen teilnehmen oder auch nur zusehen, sollte man sich im Pfarramt beim Küster eine Genehmigung holen. Er ist ein belesener Mann, der viel über die wechselvolle Geschichte der Stadt erzählen kann. Alle Hotels sind in der *Semana Santa* ausgebucht. Der Ort ist wichtig als Hafen für die noch weiter östlich gelegenen Inseln des Solor- und Alor-Archipels.

## ÜBERNACHTUNG

*HOTEL RULIES***, Jl. Yos Sudarso 40, tel 21198, saubere Zi ohne Mandi, mit Moskitonetz, angenehm, familiäre Atmosphäre.
*HOTEL TRESNA**-****, Jl. Yos Sudarso 8, tel 21072, saubere Zi mit und ohne Mandi, z.T. mit ac, begrünter Innenhof.
*HOTEL FORTUNA***, Jl. Diponegoro 171, tel 140, saubere Zi mit und ohne Mandi, etwas außerhalb, Minibus zum Zentrum 300 Rp.
*HOTEL KARTIKA***, tel 21083, Jl. Kathedral, laut und nicht so sauber.
*HOTEL SALOM***, ca. 400 m vom Hotel Rulies bergauf, mit und ohne Mandi.

## ESSEN

*RUMAH MAKAN NIRWANA,* das beste Restaurant der Stadt, gute Hühnchengerichte.
Oder man versucht die Rumah Makan: *PADANG, SEDERHANA* und *MINANG SURYA*.

## SONSTIGES

**GELD** - Die *BANK RAKYAT,* Jl. Yos Sudarso, tel 21030, geöffnet Mo - Do 7.30 - 12.00, Fr und Sa bis 11.30 Uhr, wechselt cash und TC verschiedener Währungen zu mageren Kursen.

**VORWAHL** - 0383.

## TRANSPORT

**BUSSE** - Etwa ein halbes Dutzend Busse nach MAUMERE drehen ab 8.00 Uhr ihre Runden im Ort, fahren aber erst zwischen 9.00 und 12.00 Uhr los; zuletzt stehen sie noch in der Jl. Yos Sudarso - 4500 Rp, 4 - 5 Std. / 137 km. Man kann probieren einen Tag vorher zu reservieren, klappt nur bedingt, ist aber einen Versuch wert.

**FLÜGE** - *MERPATI* fliegt nur noch sporadisch nach KUPANG; wahrscheinlich wird die Strecke bald ganz eingestellt.

**SCHIFFE** - 2x pro Woche eine Autofähre vom Pier in Waibalun, 4 km westlich vom Zentrum, nach KUPANG, 12 500 Rp, 15 Std. Außerdem tgl. um 7.00 und 13.00 Uhr ein Boot über WAIWERANG (1500 Rp) nach LEWOLEBA (3000 Rp).
Weitere Boote tgl. nach SAGU, Adonara (3 Std. / 2500 Rp) und LAMAKERA, Solor (2 Std. / 2000 Rp). 2 - 3x pro Woche ein Boot nach LAMALERA. Tickets bekommt man jeweils an Bord.
Eine Fahrt in den Solor-Alor-Archipel ist eine der lohnendsten Bootsreisen überhaupt. Die Boote werden von Delphinen und fliegenden Fischen begleitet, und tiefblaues Meer umgibt die grünen Vulkaninseln. Die Entfernungen zwischen den Inseln sind nur gering, so daß sie ständig in Sichtweite liegen.
*PELNI,* Jl. Yos Sudarso 46, tel 21201.
2x pro Monat kommt Pelnis **KM. Tatamailau** nach Larantuka (s.S. 64 ff).
Jeweils einmal monatlich gibt es Verbindungen mit der **KM. Elang** zu weiter östlich gelegenen Inseln, bzw. mit der **KM. Nyala Perintis** nach Süd- und Südost-Sulawesi.

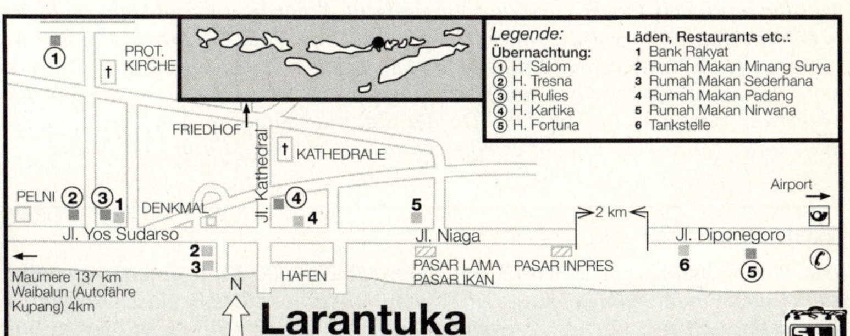

# TIMOR

*„Nusa Cendana" oder Sandelholzinsel nennt man Timor im indonesischen Archipel. Sandelholz wird zwar auch heute noch exportiert, aber das weitaus wichtigere Exportprodukt sind Rinder, die in den weiten Savannen ideale Weidegründe finden. Der größte Ausfuhrhafen für Rinder ist Atapupu an der Nordküste. 1,4 Millionen Menschen leben auf der größten der Kleinen Sunda-Inseln (31 532 km²), davon über 3/4 Million in Ost-Timor (14 874 km²).*

*Die beiden größten Volksgruppen sind die Atoni, die melanesische Urbevölkerung, und die später eingewanderten Belu. Eine Leidenschaft haben alle Stämme der Insel gemeinsam: Fast jeder Timorese, Mann oder Frau, jung oder alt, scheint ununterbrochen Betel zu kauen.*

*Timor ist eine der trockenen Inseln des malaiischen Archipels, was bei der geringen Entfernung von Australien nicht weiter verwundert. Zu heftigen Regenfällen kommt es zwischen November und Februar, in der Zwischenzeit gibt es regelrechte Dürreperioden. Wie Sumba zählt die Insel zum äußeren Sundabogen, auf dem kein aktiver Vulkanismus existiert. Ein zentrales Gebirge mit Gipfeln bis zu 2500 m Höhe erstreckt sich über die gesamte Länge Timors (500 km), unterbrochen von einigen Hochebenen (um 1000 m), die steppenartigen Charakter haben. Abgesehen von Mangrovensümpfen an einigen Küstenabschnitten und Resten von Dschungel im Gebirge prägen Lontar-Palmen, Eukalyptus und vor allem Schirm-Akazien das Bild der Landschaft.*

*Zwischen 1512 und 1520 landeten die Portugiesen wiederholt in Timor auf ihren Handelsreisen zu den Molukken (Gewürzinseln), und 1565 gründeten Dominikanermönche erste Niederlassungen an der Nordküste. 1651 besetzte die holländische Ostindien-Kompanie Kupang und zwang die Portugiesen, in die Oecussi-Region und später (1769) nach Dili im Osten auszuweichen. In einem Vertrag von 1859 und endgültig erst im Jahre 1914 vereinbarte man eine gemeinsame Grenze. Auch der 2. Weltkrieg ging an Timor nicht spurlos vorüber: Japanische Truppen besetzten die Insel von 1942 - 45 und richteten schwere Verwüstungen an. Katholische Mission wird in großem Umfang seit Beginn unseres Jahrhunderts betrieben - mit Erfolg, wie man sehen kann.*

*Timor machte Mitte der 70er Jahre Schlagzeilen in der Weltpresse. Der Ostteil der Insel, seit Jahrhunderten portugiesische Kolonie, erklärte sich unabhängig. Mitte Juli 1976 wurde Timor Timur (Ost-Timor) als 27. Provinz in den indonesischen Staatenverband aufgenommen. Infolge der Unruhen, die Hungersnöte und Flüchtlingsströme nach sich zogen, kam es zu einer drastischen Bevölkerungsabnahme in Tim Tim. Da der Staat die Situation noch immer nicht ganz unter Kontrolle hat, gibt es eine starke Präsenz von Militär und Polizei.*

## Kupang

*Die Provinzhauptstadt von NTT mit ihren ca. 200 000 Einwohnern entwickelt sich immer mehr zum wichtigsten Kommunikationszentrum Nusa Tenggaras. Hier ist der einzige für Jets geeignete Flugplatz, und seit 1987 fliegt Merpati mit einer F28 mittwochs und sonnabends von / nach Darwin in Australien. Damit wird Ost-Nusa Tenggara wieder von einer größeren Zahl von Touristen besucht,*

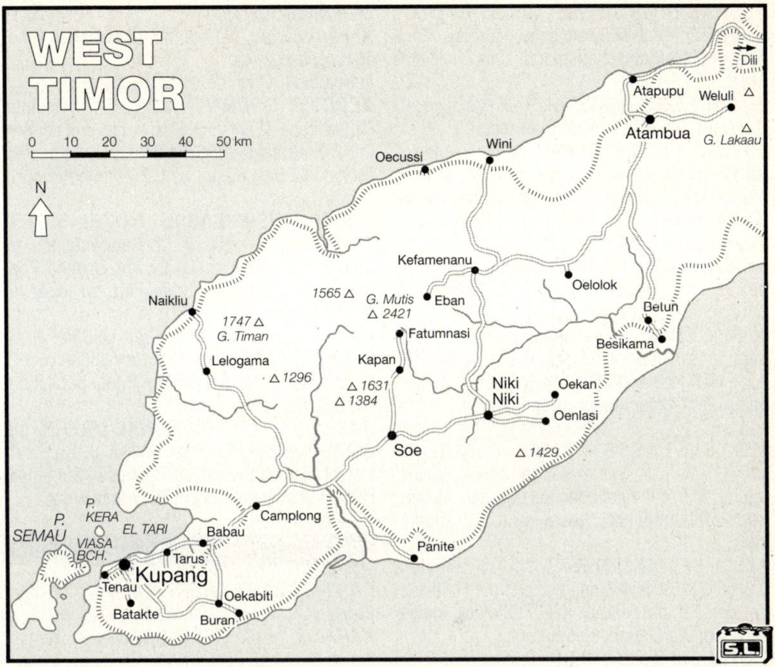


*ähnlich der Situation vor 1975. Schon stellen Australier das größte Kontingent aller ausländischen Besucher.*

*Der populäre Captain Blight der berühmt-berüchtigten Bounty legte hier nach der Meuterei an. Seit Tahiti, wo sich seine Mannschaft sehr wohl gefühlt hatte, war er etwa 6000 km gesegelt.*

Kupang ist eine dynamisch wachsende Stadt, die aus einem älteren Stadtviertel am Meer und einem sich nach Süden ausdehnenden neuen Bezirk besteht. Auf der Jl. J. Sudirman, die beide verbindet, verkehren regelmäßig Bemo.

Sehenswert ist der **Pasar Impres** östlich der Jl. J. Suharto im neuen Stadtteil. Bauern aus den Dörfern kommen nach Kupang, um landwirtschaftliche Produkte zu verkaufen. Während der Trockenzeit gibt es nur ein karges Angebot. Viele tragen die traditionellen, rotgestreiften *Ikat-Sarong*. Einen Spaziergang lohnt auch das alte Stadtzentrum um die Jl. Siliwangi / Jl. Soekarno. Das gut bestückte **Provinzmuseum** liegt an der Jl. Perintis Kemerdekaan, 5 km östlich vom Zentrum, geöffnet Mo - Do 8.00 - 14.00, Fr bis 11.00, Sa bis 12.30 Uhr.

## ÜBERNACHTUNG

**Untere Preisklasse** - *TAMAN RIA BEACH HOTEL***, Jl. Tim Tim 69, tel 31320, 3 km östlich vom Zentrum, mit und ohne Mandi, z.T. mit Fan, einfach und nicht allzu sauber, aber direkt am Strand.

*BACKPACKER'S INTERNATIONAL**, Jl. Kancil 37 B, tel 31291, winzige Zi, aber sehr ruhig im Grünen gelegen, die billigste Unterkunft.

*TEDDY'S GUESTHOUSE**, Jl. Ikan Tongkol 1, tel 21142, fax 31569, einfache, saubere Zi mit Fan und Gemeinschaftsmandi und Blick aufs Meer.
*SEA BREEZES HOMESTAY**, Jl. Ikan Tongkol 2, neben Teddy's, sehr spartanisch.
*FATULEU HOMESTAY*-***, Jl. G. Fatuleu 1, tel 31374, einfache Zi mit Fan und mit und ohne Mandi, inkl. Frühstück, gut und sauber, kleiner Garten, freundliche Leute.
*BATU LESA INDAH HOMESTAY*-***, Jl. Johar 5, tel 32863, in einer ruhigen Seitenstraße der Jl. J. Sudirman, mit und ohne Mandi, z.T. mit Fan, inkl. Frühstück, sauber, familiär.
*WISMA EDEN**, Jl. Kancil 6, sehr heruntergekommene Hütten mit Garten; aber einen Besuch wert ist der große, von Quellen gespeiste Natur-Pool, unter hohen, alten Bäumen.

**MITTELKLASSE** - *HOTEL PANTAI TIMOR**-*****, Jl. Sumatera, tel 31651, kleine, saubere Zi mit Fan oder ac und TV, kleiner, begrünter Innenhof, Restaurant mit Meeresblick.
*MAYA BEACH HOTEL***-*****, Jl. Sumatera 31, tel 32169, alle Zi mit ac, z.T. mit Heißwasser und TV, akzeptabel, inkl. Frühstück, kleiner Innenhof mit Garten, Restaurant.
*HOTEL MALIANA****, Jl. Sumatera 35, tel 21879, mit ac, etwas ungepflegt.
*HOTEL SUSI**-****, Jl. Sumatera 37, tel 22172, z.T. sehr renovierungsbedürftig Zi mit Fan oder ac, Balkon und Dachterrasse mit Meeresblick.
*HOTEL SALUNGA****, Jl. Kakatua 20, tel 21510, kleines Guesthouse, einfache Zi mit ac, renovierungsbedürftig.
*HOTEL KOMODO****, Jl. Kelimutu 40, tel 21913, mit Fan oder ac, inkl. Frühstück und Abendessen.
*HOTEL KELIMUTU****, Jl. Kelimutu 38, tel 31179, mit Fan oder ac, inkl. Frühstück und Abendessen, mit Balkon, recht gut, aber laut und oft voll.
*HOTEL LAGUNA**-****, Jl. Kelimutu 36, tel 33559, mit und ohne Mandi, z.T. mit ac; Balkon, Restaurant.
*HOTEL KUPANG INDAH**-****, Jl. Kelimutu 21, tel 22638, mit Fan oder ac, inkl. Frühstück und Abendessen, heruntergekommen.
*HOTEL MARINA**-****, Jl. J. A. Yani 79, tel 22566, mit und ohne Mandi, Fan oder ac, inkl. Frühstück, akzeptabel, etwas renovierungsbedürftig; Balkon, kleiner Innenhof.
*MORNING SUN HOTEL***-*****, Jl. Kelimutu 11 A, Fan oder ac, sauber und akzeptabel, renovierungsbedürftig.
in **Noelbaki**, 17 km östlich von Kupang:
*TEDDY'S COUNTRY LODGE*****, kleines Guesthouse, 2 km vom Strand, gut und sauber, mit TV, Kühlschrank, Heißwasser, Fan, inkl. Frühstück; Bar, Restaurant, Swimming Pool.

**OBERE PREISKLASSE** - *HOTEL FLOBAMOR* (US$19 - 70), Jl. J. Sudirman 21, tel 33476, fax 32560, meist dunkle Zi ohne Fenster, bzw. mit Fenster zum Flur, zu teuer für das Gebotene.
*ORCHID GARDEN HOTEL* (ab US$64), Jl. G. Fatuleu 2, tel 33707, 32004, fax 33669, ein 2-Sterne-Hotel mit Swimming Pool, hübschem Garten, Restaurant usw.
*SASANDO INTERNATIONAL HOTEL* (ab US$73), tel 33334 - 7, fax 33338, Jl. Kartini 1, Luxushotel mit Swimming Pool usw. auf einem Hügel mit phantastischem Blick aufs Meer.

## ESSEN

*PANTAI LAUT RESTAURANT,* Jl. Ikan Paus, nicht weit von der Minibus Station.
*KARANG MAS RESTAURANT* am Beginn der Jl. Siliwangi, Seafood und Blick aufs Meer.
*TEDDY'S BAR (coldest beer in town),* ein Gartenrestaurant am Meer, der Touristen-Treffpunkt in Kupang, australische „Spezialitäten" wie *Fish 'n Chips with Salad* werden serviert, aber auch gute indonesische und chinesische Gerichte.

## EINKAUFEN

Einkaufsstraßen sind die Jl. Siliwangi in der Altstadt und die Jl. J. Sudirman.
*SINAR BARU ART SHOP,* Jl. Siliwangi 94, tel 32290, hat eine große Auswahl von handgewebten Stoffen aus ganz NTT sowie Handarbeiten.
*LOKA BINKRA,* Jl. Tim Tim, liegt 8 km östlich vom Zentrum in Oesapa. Handicraft Center mit Ausstellung, Verkauf, z.T. auch Herstellung.
*C.V. HORAS,* 9 km östlich vom Zentrum in Oesapa, stellt Sandelholz-Produkte her, aber kein Öl.
*P.T. DHARMA BAKTI,* Jl. Pahlawan, 8 km vom Zentrum Richtung Tenau im Dorf Osmo, nahe der Zementfabrik (Bemo 300 Rp), ist eine traditionelle Weberei. Wer sich für Ikat-Stoffe

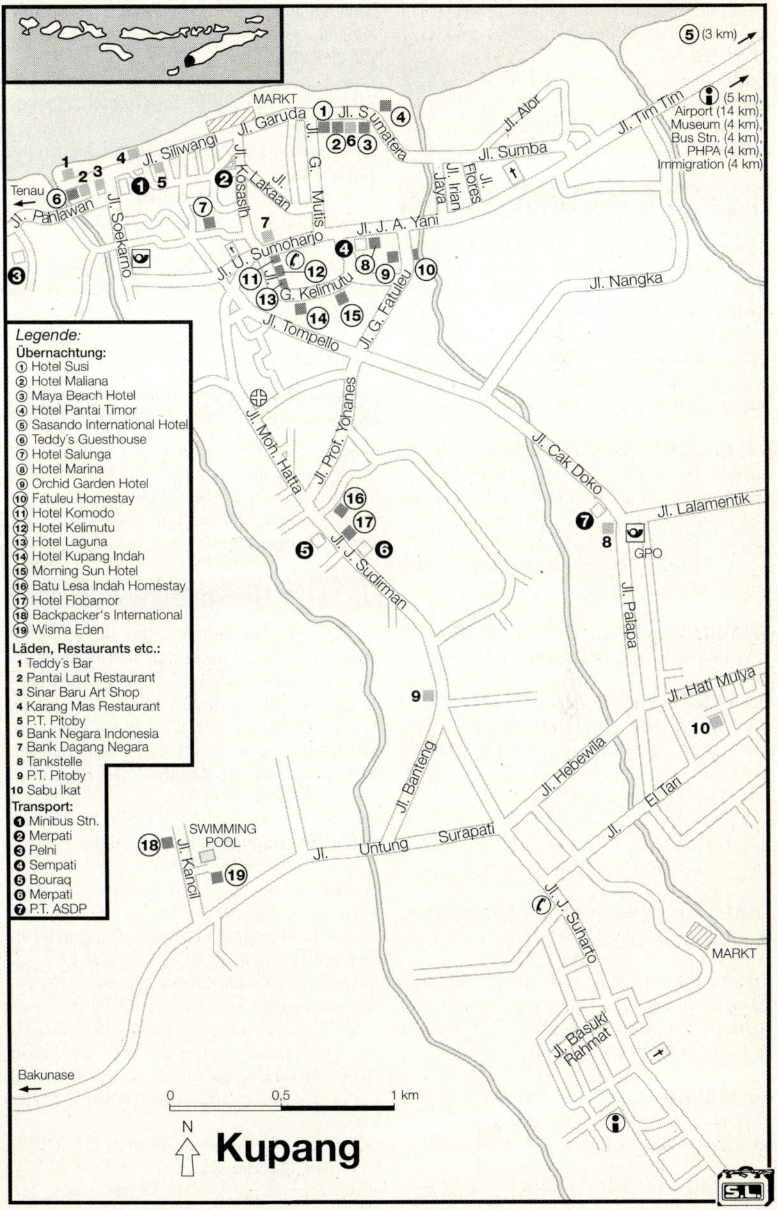
Kupang
Legende:
Übernachtung:
① Hotel Susi
② Hotel Maliana
③ Maya Beach Hotel
④ Hotel Pantai Timor
⑤ Sasando International Hotel
⑥ Teddy´s Guesthouse
⑦ Hotel Salunga
⑧ Hotel Marina
⑨ Orchid Garden Hotel
⑩ Fatuleu Homestay
⑪ Hotel Komodo
⑫ Hotel Kelimutu
⑬ Hotel Laguna
⑭ Hotel Kupang Indah
⑮ Morning Sun Hotel
⑯ Batu Lesa Indah Homestay
⑰ Hotel Flobamor
⑱ Backpacker's International
⑲ Wisma Eden
Läden, Restaurants etc.:
1 Teddy´s Bar
2 Pantai Laut Restaurant
3 Sinar Baru Art Shop
4 Karang Mas Restaurant
5 P.T. Pitoby
6 Bank Negara Indonesia
7 Bank Dagang Negara
8 Tankstelle
9 P.T. Pitoby
10 Sabu Ikat
Transport:
❶ Minibus Stn.
❷ Merpati
❸ Pelni
❹ Sempati
❺ Bouraq
❻ Merpati
❼ P.T. ASDP
⑤ (3 km)
(5 km), Airport (14 km), Museum (4 km), Bus Stn. (4 km), PHPA (4 km), Immigration (4 km)
MARKT
Tenau
Bakunase
Jl. Garuda
Jl. Sumatera
Jl. Siliwangi
Jl. Pahlawan
Jl. Soekarno
Jl. Kosasih
Jl. Lakaan
Jl. G. Mutis
Jl. Alor
Jl. Sumba
Jl. Tim Tim
Jl. Irian Jaya
Jl. Flores
Jl. J. A. Yani
Jl. U. Sumoharjo
Jl. G. Kelimutu
Jl. G. Fatuleu
Jl. Nangka
Jl. Tompello
Jl. Moh. Hatta
Jl. Prof. Yohanes
Jl. Cak Doko
Jl. Lalamentik
GPO
Jl. J. Sudirman
Jl. Palapa
Jl. Hati Mulya
Jl. Hebewila
Jl. El Tari
Jl. Banteng
SWIMMING POOL
Jl. Kancil
Jl. Untung Surapati
Jl. J. Suharto
MARKT
Jl. Basuki Rahmat
0 0,5 1 km
N

interessiert, sollte hier vorbeigehen. Die Weberei hat einen Shop in der Jl. Sumba namens *TIMOR AGUNG.*

*SABU IKAT WEAVERS COOPERATIVE,* Jl. Hati Mulya 41, tel 22692, 31763, fax 31001, im Ortsteil Oebobo. Hier fabrizieren Frauen Original-Ikat von der Insel Sawu (Sabu).

## SONSTIGES

**AUTOVERMIETUNG** - *TEDDY'S BAR* vermietet Motorräder (30 000 Rp pro Tag) und Minibus mit Fahrer (100 000 Rp pro Tag, 10 000 Rp pro Std.). Außerdem Taxi-Service (24 Std.), innerhalb der Stadt 7500 Rp, zum Airport oder Hafen 10 000 Rp. Normaler Charter-Preis für einen Minibus, z.B. über das *HOTEL MAYA,* beträgt 7500 Rp pro Stunde, 75 000 Rp pro Tag.

**GELD** - *BANK DAGANG NEGARA,* Jl. U. Sumoharjo 16, wechselt Cash und TC verschiedener Währungen, geöffnet Mo - Fr 7.30 - 12.00 und 13.00 - 14.30, Sa bis 11.00 Uhr.

*BANK NEGARA INDONESIA,* Jl. Sumatera 33, tel 32046. - Teddy's Bar wechselt notfalls auch Cash US$ und A$.

**IMMIGRATION** - *KANTOR IMIGRASI,* Jl. Perintis Kemerdekaan, nicht weit vom Museum.

**INFORMATIONEN** - *DINAS PARIWISATA KAB. KUPANG,* Jl. El Tari 338, tel 32530, 6 km östlich der Altstadt, geöffnet Mo - Do 7.00 - 14.00, Fr bis 11.00, Sa bis 12.30 Uhr. Zu erreichen mit Minibus Nr. 10, 300 Rp.

*DINAS PARIWISATA PROVINSI NTT,* Jl. Basuki Rahmat 1, tel 21540, 4 km südlich der Altstadt; gleiche Öffnungszeiten.

**PHPA** - Büro in der Jl. Perintis Kemerdekaan, tel 31814, gegenüber vom Museum.

**POST** - Die Hauptpost ist in der Jl. Palapa 1. Ein kleines Postamt liegt zentral in der Altstadt, Jl. Soekarno 29, geöffnet Mo - Do und Sa 8.00 - 14.00, Fr bis 11.00 Uhr.

**REISEBÜRO** - Ein guter Travel Agent ist *P.T. PITOBY,* Jl. Siliwangi 75, tel 21222, 21333, fax 31044; und Jl. J. Sudirman 118, tel 32700.

**TELEFON** - *KANTOR TELKOM,* Jl. U. Sumoharjo 11, tgl 24 Std. geöffnet; eine Zweigstelle befindet sich an der Jl. J. Suharto, südlich der Altstadt. Neben Teddy's Bar ist ein Warparpostel geplant.

**TOUREN** - *TEDDY'S BAR* bietet folgende Bootstouren:

Zum Fischen zur **Pulau Kera**, 60 000 Rp pro Tag und Boot.

Zum Schnorcheln zur **Pulau Semau** (s.u.), 75 000 Rp pro Tag und Boot; Schnorchelausrüstung 5000 Rp/Tag.

Der übliche Tagestrip zur Pulau Semau, inkl. Barbeque, kostet 35 000 Rp / 1 Person; 50 000 Rp / 2 Personen; 60 000 Rp / 3 Personen.

**VORWAHL** - 0391.

## NAHVERKEHRSMITTEL

Die hübschen bunten Minibusse innerhalb der Stadt kosten 300 Rp, egal wie weit; sie sind höchstens bis 21.00 Uhr unterwegs. Der zentrale Minibus Terminal liegt an der Ecke Jl. Siliwangi / Jl. Soekarno.

## TRANSPORT

**BUSSE** - Der Bus **Terminal Oebobo** liegt 5 km östlich der Altstadt, nicht weit vom Museum.

**Preisbeispiele:** SOE 4000 Rp, 3 Std., 110 km - zwischen 7.00 und 9.00 Uhr alle 1/2 Stunde, zwischen 9.00 und 16.00 Uhr alle 1 1/2 Stunden. KEFAMENANU 6000 Rp, 5 1/2 Std., 197 km; ATAMBUA 8500 Rp, abends 10 000 Rp, 8 Std., 279 km. NIKI NIKI 4500 Rp.

Etwa 5 Busse tgl. nach DILI, 13 500 Rp, abends 15 000 Rp, dauert mindestens 12 Std.

**FLÜGE** - Kupang ist ein visafreier Ein- und Ausreiseort. Flugplatz *El Tari* 15 km außerhalb der Stadt. Mit einem Minibus vom Terminal im Zentrum Richtung PENFUI / BAUMATA - kostet 500 Rp - und dann die letzten 200 m laufen. Taxi kostet einheitlich 7500 / ac 8000 Rp.

*MERPATI,* Jl. J. Sudirman 21, tel 21961, 33221, fax 32662; geöffnet Mo - Sa 7.30 - 20.00, So 10.00 - 14.00 Uhr; außerdem: Jl. Kosasih 2, tel 33205, 33654, fax 32662, gleiche Öffnungszeiten.

*BOURAQ,* Jl. J. Sudirman 20, tel 21421, 31543, fax 31044; tgl. 8.00 - 16.00 Uhr geöffnet.

*SEMPATI,* Jl. J. A. Yani 79, tel 31612, fax 33500; tgl. 8.00 - 18.00 Uhr geöffnet.

Der Flug Mi und Sa mit Merpati nach DARWIN kostet US$150, *return* US$250; internationale Airport-Tax 12 000 Rp.
Weitere **Preisbeispiele** (ohne Mehrwertsteuer): ENDE 85 000 Rp (MZ ), BIMA 196 000 Rp (MZ), DENPASAR 200 000 Rp (MZ, BO, SG), ALOR 86 000 Rp (MZ), WAINGAPU 117 000 Rp (BO, MZ), ROTI 36 000 Rp (MZ), MAUMERE 65 000 Rp (MZ, BO), SAWU 73 000 Rp (MZ), UJUNG PANDANG 165 000 Rp (MZ), JAKARTA 393 000 Rp (MZ via Bali), LARANTUKA 81 000 Rp (MZ), DILI 70 000 Rp (MZ, SG), LEWOLEBA 85 000 Rp (MZ).

**SCHIFFE** - Tenau, der Hafen von Kupang, liegt 8 km westlich der Altstadt; Minibus 300 Rp.
**Autofähren** gibt es nach: LARANTUKA, So und Do, 12 500 Rp, 15 Std.; SAWU, Di und Fr, 12 000 Rp, 13 Std.; KALABAHI, Sa, 15 000 Rp, 15 Std.; ROTI, tgl. außer Do, 4500 Rp, 4 Std.; ENDE, Mo, 15 400 Rp, 16 Std. - Tickets im Ferry-Office *P.T. ASDP (Persero)*, Jl. Cak Doko 20, tel 33440, tgl. 8.00 - 15.00 Uhr geöffnet. Außerdem Pelnis unregelmäßige Perintis-Dampfer **KM. Baruna Fajar** und **KM. Elang** nach ENDE, WAINGAPU usw.
*PELNI*, Jl. Pahlawan 7, tel 21944, fax 33646, geöffnet Mo - Fr 8.00 - 12.00 und 13.00 - 14.00, Sa bis 11.00 Uhr.
Die **KM. Kelimutu** fährt alle 2 Wochen (Do) nach Dili, Kalabahi, Maumere und Ujung Pandang, am folgenden Mi fährt sie nach Ende, Waingapu, Bima, Lembar, Surabaya und Banjarmasin.
Die **KM. Dobonsolo** fährt jeden zweiten Sa nach Surabaya und Jakarta, am folgenden Fr fährt sie über Dili, Ambon, Sorong, Manokwari und Biak nach Jayapura.
**Preisbeispiele** (1. Kl. / Ekonomi): DILI 53 000 / 18 000 Rp, UJUNG PANDANG 170 000 / 45 000 Rp, ENDE 45 000 / 16 000 Rp, WAINGAPU 72 000 / 22 000 Rp, BIMA 116 000 / 38 000 Rp, SURABAYA 270 000 / 78 000 Rp.

## Die Umgebung von Kupang

### Bakunase

In Bakunase, einem nur 3 km entfernt gelegenen Dorf (Minibus 300 Rp), kann man zwei **Sandelholzöl-Fabriken** besuchen: *P.T. Tropical Oil* und *P.T. Sumber Agung*. (Eine dritte Fabrik steht in Dili, Ost-Timor.) Auch wenn sie rund um die Uhr arbeiten, sollte man zwischen 7.00 und 16.00 Uhr da sein.

Lastwagenweise wird das seltene und wertvolle Holz angeliefert. 1 kg Sandelholz kostet auf Timor 2500 - 4000 Rp, in Bali schon 20 000 Rp und mehr. Eine Tonne Holz ergibt 20 - 25 kg Öl; je älter das Holz, desto ertragreicher. Da das gesamte Öl in große Tanks abgefüllt direkt nach Jakarta geliefert und von dort exportiert wird, ist es so gut wie unmöglich, in Kupang Sandelholzöl zu kaufen - höchstens auf dem „Schwarzmarkt". Vorsicht vor Fälschungen!

10 km von Bakunase liegt bei Oenesu ein **Wasserfall**.

### Pulau Semau

Wahrscheinlich das beste, was man von Kupang aus unternehmen kann; eine Insel ohne Motorräder und Autos, nur fünf winzige Dörfer, Strände und noch viel Wildnis; die Insel besitzt zwei interessante Naturschutzgebiete, den Mangrovensumpf **Pahatu** und die **Teluk Pelikan**.

**ÜBERNACHTUNG / TRANSPORT**

Tgl. gegen 10.00 Uhr startet ein Boot zum Tagestrip nach Pulau Semau ab *Teddy's Bar* (s.o.); Teddy besitzt auf der Insel die *VIASA BEACH COTTAGES*****, jeglicher Transport zwischen Kupang und Pulau Semau und 3 Mahlzeiten inklusive; ab eine Woche Aufenthalt gibt es 10% Discount.
Auch *FLOBAMOR* hat Cottages auf Pulau Semau, nicht weit von Teddy's am gleichen Strand, teurer, aber nicht so gut. Außerdem gibt es die empfehlenswerten *TASSIES BUNGALOWS****.

# SULAWESI

*189 216 km² ist Sulawesi groß, und etwa 13,9 Mill. Menschen leben in den vier Provinzen Utara, Tengah, Selatan und Tenggara. Im Süden siedeln die Bugis und Makassaris, die als die besten Seefahrer im Archipel bekannt sind. Im zentralen Teil findet man die Toraja, ein protomalaiisches Volk, das heute zum größten Teil christianisiert ist. An der Nordspitze leben Minahasa, die zu 90% Protestanten sind.*

*Sulawesi bildet zusammen mit den kleinen Sunda-Inseln in Flora und Fauna eine Art Übergangszone zwischen der indischen und der australischen Region. Die meisten Großsäugetiere Borneos oder Sumatras sind nicht mehr anzutreffen, die für die Inseln weiter östlich typischen Beuteltiere, Kasuare und Paradiesvögel aber ebenfalls nicht. Dafür existieren mehrere nur auf Sulawesi vorkommende Tierarten, so z.B. der Hirscheber (Babirusa) und das Zwergrind (Anoa), das kaum 2 m lang wird und eine Schulterhöhe von 1 m erreicht.*

*Eine Straßenverbindung von Ujung Pandang im Süden bis nach Manado im Norden existiert zwar, doch sind einige Straßenabschnitte in denkbar schlechtem Zustand und nur mit geländegängigen Fahrzeugen zu bewältigen. Keinesfalls sollte man sich bei einer Routenplanung auf die Angaben gängiger Straßenkarten verlassen. Um von Süd- nach Nord-Sulawesi zu gelangen, kann man auch über Land bis Palu fahren und von dort nach Manado fliegen oder ab Poso oder Pagimana ein Schiff über die Tomini Bay nach Gorontalo oder Bitung nehmen. Von Manado nach Gorontalo gibt es regelmäßige Busverbindungen.*

*Der Tourismus steckt, abgesehen von Tana Toraja und Ujung Pandang, allenfalls in den Kinderschuhen. Nord- und Zentral-Sulawesi werden kaum besucht, Südost-Sulawesi überhaupt nicht. Nur wenige Orte sind mehr als 40 km vom Meer entfernt - überall findet man herrliche Sandstrände, Korallenriffe und häufig gleich dahinter steil aufragende Berge. Im Landesinnern sind sie bis zu 3500 m hoch. In allen Teilen der Insel gibt es ausgedehnte und unberührte Dschungelgebiete.*

## Ujung Pandang

Jahrhundertelang war die wichtigste und größte Stadt auf Sulawesi unter dem Namen Makassar bekannt. Etwa 850 000 Einwohner zählt sie heute. Erst in den 50er Jahren diese Jahrhunderts wurde Makassar wieder zu Ujung Pandang, der Name, den die Befestigungsanlage des Königs von Gowa bis 1667 getragen hatte.

Direkt am Meer steht das gut erhaltene Fort Rotterdam, heute auch *Benteng Ujung Pandang* genannt. Vom 10. Sultan des Königreichs Gowa wurde 1545 hier eine Befestigungsanlage mit Erdwällen angelegt. Sie gehörte damit zu den elf Festungen des Königreichs. 1634 wurden neue steinerne Mauern errichtet. 1667 mußte Gowa das Fort an Holland abtreten, und Admiral Cornelius Speelman machte es zum militärischen und administrativen Mittelpunkt. Die meisten Gebäude innerhalb der Mauern wurden als Unterkünfte der holländischen Garnison und der Verwaltung gegen Ende des 17. und zu Beginn des 18. Jahrhunderts erbaut. Erst in neuester Zeit wurde die gesamte Anlage restauriert und gilt als eine der noch am besten erhaltenen, frühen holländischen Bauten. Auf dem Gelände ist in zwei gegenüberliegenden Gebäuden das **Museum Negeri**

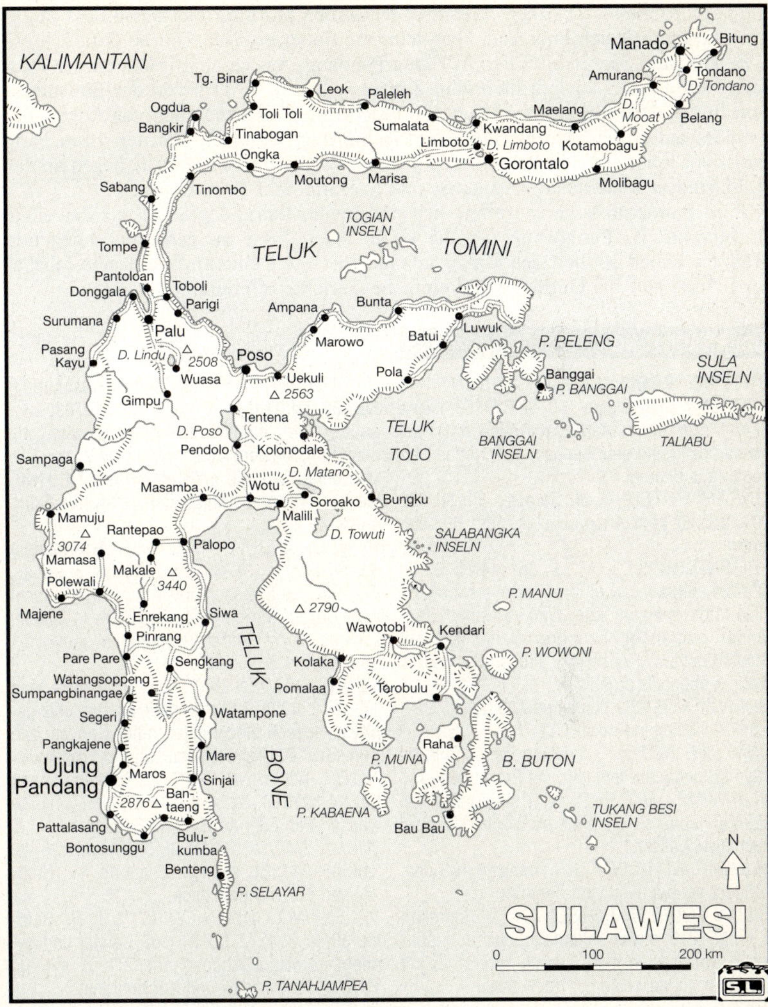


untergebracht. Im Erdgeschoß des nördlichen Gebäudes sind neben prähistorischen Funden die Insignien, Siegel, Portraits und Stammbäume der Sultansdynastien von Süd-Sulawesi zu bestaunen, im 1. Stock werden in schlecht erleuchteten Vitrinen Briefmarken, Münzen und Banknoten ausgestellt. Sehenswert ist die Galerie der indonesischen Helden, die einem Reisenden meist nur in den immer wieder auftretenden Straßennamen begegnen. Im südlichen Gebäude, einem ehemaligen Lagerhaus, sind die ethnologischen und ethnographischen Sammlungen untergebracht. Besonders interessant ist im 1. Stock die Ausstellung traditioneller Textilien. Geöffnet tgl. außer Mo und feiertags 8.00 - 16.00 Uhr, Eintritt. Gleich links vom Haupteingang findet man ein Tourist Office.

Es gibt drei Segelschiffhäfen in Ujung Pandang. Am geschäftigsten ist der **Paotere-Hafen**, ca. 3 km nördlich vom Zentrum, 300 m zu Fuß von der Endstation von Bus 3. Hier liegen alle Arten von Fracht- und Fischerbooten vor Anker. Besonders am frühen Morgen und am Nachmittag, wenn die Fischer ihren Fang entladen, lohnt sich ein Besuch. Die größten Bugis-Schoner *(Pinisi)* liegen an der Jl. Martadinata zwischen Jl. Sukarno und Jl. Hatta nahe Pelni-Office.

Zum Sonnenuntergang treffen sich die jungen Leute der Stadt auf der Uferpromenade **Jl. Penghibur**, um die kühle Abendbrise zu genießen. Fliegende Händler bauen südlich des Makassar Golden Hotels eine endlose Reihe fahrbarer Stände auf, die Getränke und einfache Gerichte offerieren.

## ÜBERNACHTUNG

**UNTERE PREISKLASSE** - *NUSANTARA HOTEL*-***, Jl. Sarappo 103, tel 323163, kleine Zi mit und ohne Mandi, teilweise mit Fan, schmuddelig und sehr einfach, aber nettes Personal (aus Flores).
*MURAH HOTEL*-***, Jl. Sarappo 60, tel 323 101, nur für sehr Anspruchslose, mit Prostituierten.
*LEGEND HOSTEL*-***, Jl. Jampea 5 G, tel 320424, einfach, aber bei Travellern beliebt, viele Infos, in Hafennähe. Wird von einem Engländer gemanagt, sauberer Schlafsaal mit Schließfächern, Preise inkl. Frühstück. Tickets werden ebenfalls organisiert.
*BOUNTY HOSTEL*, Jl. Jampea 29, tel 311922, ähnlich wie Legend Hostel.
*BENTENG HOTEL***, Jl. Ujung Pandang 8, tel 322172, unsauber und laut, mit Prostituierten.
*PURNAMA HOTEL***, Jl. Pattimura 3, tel 323830, teurer als die anderen Billighotels, aber auch nicht besser.
*MANDAR INDAH INN**, Jl. Anuang 17, nicht besonders sauber, weit vom Zentrum.
*HILDA TOURIST HOTEL**-****, Jl. Amirullah 4, tel 851219, etwas ungepflegt, doch ruhig gelegen, wenn auch nicht gerade zentral, Zi mit Fan oder ac, teilweise mit Heißwasser.

**MITTELKLASSE** - *SURYA INN*****, Jl. Dg. Tompo 3, tel 328568, fax 313682, in einer ruhigen Seitenstraße der Jl. Ali Malaka, saubere, kleine Zi mit TV, Tel, ac, Kühlschrank und Heißwasser, inkl. Frühstück, schöne Aussicht vom 5. Stock.
*PONDOK SUADA INDAH*****, Jl. Sultan Hasanuddin 12, tel 317179, fax 312856, sehr sauberes, kleines Hotel, nett eingerichtet, große Zi mit TV, ac, Tel und Heißwasser, mit Frühstück.
*WISATA INN*****-*****, Jl. Sultan Hasanuddin 36 - 38, tel 324344, 312845, fax 312783, sehr sauber, nett eingerichtet, guter Service, mit schönem, kleinem Innenhof, einige Zi mit Fan und ohne Bad, die meisten mit ac, TV, Heißwasser, Tel und Kühlschrank, inklusive Frühstück.
*PONDOK DELTA*****, Jl. Sultan Hasanuddin 43, tel 312711, 312655, fax 322553, Zi mit ac, Tel, TV, Heißwasser und Kühlschrank, nicht ganz so gut wie die anderen Hotels in diesem ruhigen, doch zentral gelegenen Wohnviertel, aber auch nicht schlecht.
*VENUS GOLDEN INN*****, Jl. Botolempangan 17, tel 324995, 319814, sehr sauber und gepflegt, hübsch eingerichtet, guter Service, alle Zi mit ac, TV, Tel, Heißwasser und Frühstück.
*HOTEL WIDHANA*****-*****, Jl. Botolempangan 53, tel 321393, 322499, alle Zi mit TV, Heißwasser, Fan oder ac, Tel und Frühstück.
*WISMA TIATIRA*****-*****, Jl. Dr. Sutomo 25, tel 318948, 311301, saubere Zi mit ac, TV, Heißwasser, Tel und Frühstück.
*VALENTINO GUESTHOUSE*****, Jl. Dr. Sutomo 35, tel 314272, fax 310683, sauber und gepflegt, familiäre Atmosphäre, alle Zi mit ac, TV, Tel, Heißwasser und Kühlschrank.
*HOTEL BONTOCINDE*****-*****, Jl. Sungai Saddang 66, tel 871229, 874784, gepflegt, sauber.
*RAMAYANA SATRYA HOTEL****-*****, Jl. Bawakaraeng 121, tel 324153, fax 322165; die Standardzimmer im EG sind etwas muffig, besser sind die Zi im 1. Stock mit ac und TV; das Restaurant ist weniger gut.
*MARDJAN HOTEL*****-*****, Jl. Mesjid Raya 84, tel 323522, dunkle, schmuddelige Zi mit ac und TV, laut, mit Prostituierten.

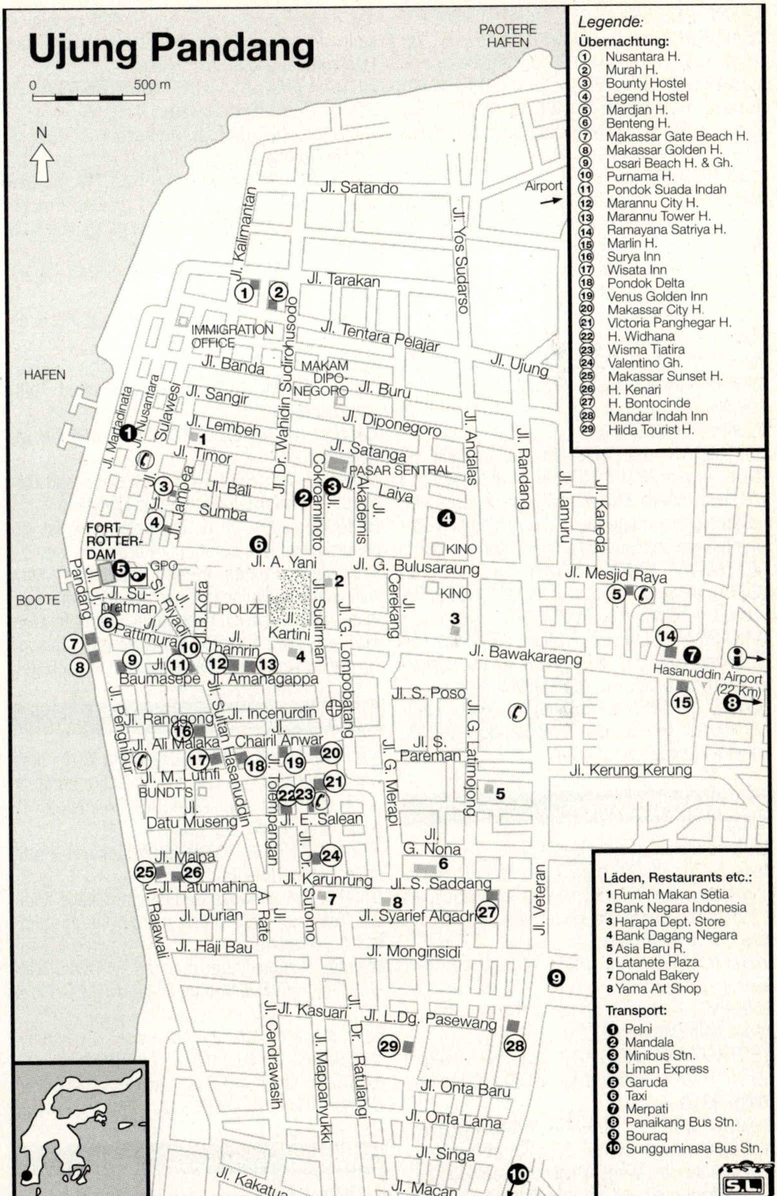
Ujung Pandang
0 500 m
N
Legende:
Übernachtung:
1 Nusantara H.
2 Murah H.
3 Bounty Hostel
4 Legend Hostel
5 Mardjan H.
6 Benteng H.
7 Makassar Gate Beach H.
8 Makassar Golden H.
9 Losari Beach H. & Gh.
10 Purnama H.
11 Pondok Suada Indah
12 Marannu City H.
13 Marannu Tower H.
14 Ramayana Satriya H.
15 Marlin H.
16 Surya Inn
17 Wisata Inn
18 Pondok Delta
19 Venus Golden Inn
20 Makassar City H.
21 Victoria Panghegar H.
22 H. Widhana
23 Wisma Tiatira
24 Valentino Gh.
25 Makassar Sunset H.
26 H. Kenari
27 H. Bontocinde
28 Mandar Indah Inn
29 Hilda Tourist H.
Läden, Restaurants etc.:
1 Rumah Makan Setia
2 Bank Negara Indonesia
3 Harapa Dept. Store
4 Bank Dagang Negara
5 Asia Baru R.
6 Latanete Plaza
7 Donald Bakery
8 Yama Art Shop
Transport:
1 Pelni
2 Mandala
3 Minibus Stn.
4 Liman Express
5 Garuda
6 Taxi
7 Merpati
8 Panaikang Bus Stn.
9 Bouraq
10 Sungguminasa Bus Stn.
PAOTERE HAFEN
HAFEN
BOOTE
Airport
Hasanuddin Airport (22 Km)
IMMIGRATION OFFICE
MAKAM DIPO-NEGORO
PASAR SENTRAL
FORT ROTTER-DAM
GPO
POLIZEI
KINO
BUNDT'S
Jl. Satando
Jl. Kalimantan
Jl. Tarakan
Jl. Tentara Pelajar
Jl. Yos Sudarso
Jl. Ujung
Jl. Banda
Jl. Sangir
Jl. Buru
Jl. Lembeh
Jl. Diponegoro
Jl. Timor
Jl. Satanga
Jl. Bali
Jl. Laiya
Jl. Sumba
Jl. Dr. Wahidin Sudirohusodo
Jl. Cokroaminoto
Jl. Akademis
Jl. Andalas
Jl. Randang
Jl. Lamuru
Jl. Kaneda
Jl. Maradinata
Jl. Nusantara
Jl. Sulawesi
Jl. Jampea
Jl. A. Yani
Jl. G. Bulusaraung
Jl. Mesjid Raya
Jl. Uj. Pandang
Jl. Su-pratman
Jl. Sl. Riyadi
Jl. B.Kota
Jl. Kartini
Jl. Sudirman
Jl. G. Lompobatang
Jl. Cerekang
Jl. Pattimura
Jl. Thamrin
Jl. Bawakaraeng
Jl. Baumasepe
Jl. Amanagappa
Jl. S. Poso
Jl. Penghibur
Jl. Ranggong
Jl. Incenurdin
Jl. Sultan Hasanuddin
Jl. Chairil Anwar
Jl. S. Pareman
Jl. G. Latimojong
Jl. Ali Malaka
Jl. Kerung Kerung
Jl. M. Luthfi
Jl. Tolempangan
Jl. G. Merapi
Jl. Datu Museng
Jl. E. Salean
Jl. G. Nona
Jl. Maipa
Jl. Dr. Sutomo
Jl. Latumahina
Jl. Karunrung
Jl. S. Saddang
Jl. Veteran
Jl. Rajawali
Jl. A. Rate
Jl. Durian
Jl. Syarief Alqadri
Jl. Haji Bau
Jl. Monginsidi
Jl. Kasuari
Jl. L.Dg. Pasewang
Jl. Cendrawasih
Jl. Mappanyukki
Jl. Dr. Ratulangi
Jl. Onta Baru
Jl. Onta Lama
Jl. Singa
Jl. Kakatua
Jl. Macan
S.L.

**OBERE PREISKLASSE** - *MAKASSAR GATE BEACH HOTEL* (ab US$79), Jl. Pasar Ikan 10, tel 325791, fax 316303, liegt am Meer.
*MAKASSAR GOLDEN HOTEL* (ab US$100), Jl. Pasar Ikan 52, tel 314408, fax 317999, Super Luxus Hotel mit Swimming Pool, Disco, Restaurants usw., direkt am Meer gelegen.
*LOSARI BEACH HOTEL & GUESTHOUSE* (ab US$46), Jl. Penghibur 3 und 10, tel 326062, fax 319611, mit allen Annehmlichkeiten ausgestattete Zi im Guesthouse, wegen der zwei Restaurants mit Karaoke etwas laut, besser sind die Zi in dem mit balinesischen Malereien geschmückten Hotel, großartige Aussicht von den oberen Stockwerken.
*MARANNU CITY HOTEL & TOWER HOTEL* (US$60 - 720), Jl. Sultan Hasanuddin 3 - 5, tel 315087, fax 319934, mit Swimming Pool, Restaurants und Bars.
*MAKASSAR CITY HOTEL* (ab US$53), Jl. Chairil Anwar 28, tel 317055, 311820, fax 311 818, auch wenn der vierstöckige Bau es von außen nicht vermuten läßt, die Zi sind sehr geschmackvoll und luxuriös eingerichtet.
*VICTORIA PANGHEGAR HOTEL* (ab US$42), Jl. Jend. Sudirman 24, tel 311553, fax 312468, mit Swimming Pool.
*MAKASSAR SUNSET HOTEL* (US$50 - 75), Jl. Somba Opu 297, tel 854218, an der lebhaften Uferpromenade der Jl. Penghibur.
*HOTEL KENARI* (ab US$85), Jl. Yosef Latumahina 30, tel 852353, 874250, fax 872126, kleineres Luxushotel (34 Zi).

## ESSEN UND TRINKEN

**Seafood** gibt es in allen Variationen:
*ASIA BARU*, Jl. Salahutu 2, an der Jl. Latimojong, Fische kann man sich selbst aussuchen, ein mittelgroßer *Baronang* kostet ab 6000 Rp, andere Fische ab 4000 Rp.
*RUMAH MAKAN SETIA*, Jl. Bacan 1 A, chinesisch und Seafood.
*EMPANG*, Jl. Siau 7, an der Jl. Nusantara, gut ist der *Ikan Baronang*.
*RESTAURANT SURYA*, Jl. Nusa Kambangan 16, tel 317066, geöffnet tgl. 10.00 - 15.00 und 18.00 - 23.00 Uhr.
*RUMAH MAKAN AROMA LABBAKKANG*, Jl. Chairil Anwar 25, tel 324520, geöffnet tgl. 9.00 - 23.00 Uhr, ausgezeichnetes Seafood.
Viele **Warung** gibt es am Abend in der Jl. Penghibur, wo man *Ikan Bakar* (großes Stück Fisch mit Reis, Gurke und Erdnußsoße) probieren kann. In dieser Straße findet man auch viele Restaurants und Rumah Makan.
*RUMAH MAKAN JAWA TIMUR PATENE*, Jl. Somba Opu 138, preiswert.
*KIOS SEMARANG*, Jl. Penghibur 73 A, gute *Udang Goreng*.
*JUICE HOUSE 88*, Jl. Pasar Ikan 11A (im Gebäude der Americaya Shoes), frische Fruchtsäfte, Shakes, Sundaes und Floats tgl. von 9.00 - 22.00 Uhr.
*CALIFORNIA FRIED CHICKEN*, schräg gegenüber.
*SAMALONA RESTAURANT*, im Losari Beach Guesthouse, Seafood und Eiscreme.
Nebenan im 1. Stock das japanische Restaurant *SHOGUN* mit Gerichten zwischen 7000 und 25 000 Rp.
*PANTAI INDAH BAKERY & ICE CREAM*, Jl. Penghibur 27.
*DONALD BAKERY* mit Coffee Shop und Restaurant, Jl. Karunrung 20, gute Eiscreme.
*BAMBOO DEN*, Jl. G. Latimojong 35, ist ein chinesisches Restaurant mit Karaoke.
Preiswerte *Rumah Makan* findet man nicht weit vom Mandar Indah Inn in der Jl. Bulukunyi.
In der Jl. Monginsidi, neben dem Geldwechsler, wird von etwa Februar bis April (zur Saison) ein großer Laden zum Durian-Essen eingerichtet.

## UNTERHALTUNG

Als Hafenstadt hat Ujung Pandang ein buntes Nachtleben. Einige Discos mit schummrigem Licht und mehr sind: *QUEEN*, Jl. Jampea 10, geöffnet tgl. 12.00 - 2.00 Uhr.
*ROMANTIKA*, Jl. Hasanuddin, Ecke Jl. Pattimura, neben Hotel Purnama.
*SANTAI RIA*, Jl. Nusa Kambangan, Nähe Minibus Terminal, im 2. Stock; nicht billig, aber immer gut besucht.
Weitere Discos findet man im *MAKASSAR GOLDEN HOTEL* und im *MARANNU CITY & TOWER HOTEL*.
Bars oder Pubs mit Karaoke oder Live-Musik im *LOSARI BEACH GUESTHOUSE*, im *MAKASSAR CITY HOTEL* und im *VICTORIA PANGHEGAR HOTEL*.

## EINKAUFEN

Ein großer **Souvenirladen** ist *KANEBO ART SHOP*, Jl. Pattimura 29.

Viele Antiquitäten- und Souvenirshops liegen in der Jl. Somba Opu, parallel zur Uferpromenade, und im Gebäude des nahen Pasar Inpres, Jl. Pattimura. Ein gutes Angebot hat auch der *YAMA ART SHOP*, Jl. Syarief Alqadri 5, tel 854959.
Ein **Supermarkt** mit westlichen Lebensmitteln ist *CITY* auf der Jl. Bawakaraeng an der Jl. Veteran.
Ein weiterer Supermarket ist *JAMESON'S*, Jl. Dr Wahidin Sudirohusodo 147.
Im *LATANETE PLAZA*, Jl. S. Saddang, findet man den Seidenhändler *GRAHA SUTERA*.
Ein neues großes Shopping Center ist der *PASAR SENTRAL* an der Jl. Laiya.
**Bugis-Sarong** werden bei *SUTERA ALAM*, Jl. Onta Lama 47, gewebt. Es wird nur bis 15.00 Uhr gearbeitet.
**Seide** aus Soppeng wird hierher gebracht, um gefärbt und gewebt zu werden.

## SONSTIGES

**GELD** - Einige Banken verlangen die Kaufbestätigung bei der Einlösung von Reiseschecks.
*BANK BUMI DAYA*, Jl. Nusantara 72, in Hafennähe.
*BANK DAGANG NEGARA*, Jl. Kartini 12 - 14, am Karebosi-Platz.
*BANK NEGARA INDONESIA 1946*, Jl. Jen. Sudirman 1, am Karebosi-Platz.
*LATUNRUNG*, Jl. Monginsidi 38, Moneychanger nahe Oriental Hotel. Die Wechselkurse der Moneychanger sind meist ungünstiger als bei den Banken.
*AMERICAN EXPRESS*, c/o *PACTO LTD.*, Jl. Sudirman 52, tel 873208, 872784, fax 853906.

**IMMIGRATION** - *KANTOR IMIGRASI*, Jl. Tentara Pelajar 2, freundliche Leute.

**INFORMATIONEN** - *DINAS PARIWISATA*, im *Kantor Gubernur*, Jl. Urip Sumoharjo 269, 3. und 4. Stock, Block J, tel 320616; nicht weit vom Bus Terminal Panaikang, zu erreichen mit einem Bemo ab Zentrum für 450 Rp; geöffnet Mo - Do 7.30 - 14.00, Fr 7.30 - 11.00, Sa 7.30 - 13.00 Uhr. Die Mitarbeiter von *Dinas Pariwisata* sind sehr hilfsbereit, aber nur einige sprechen gutes Englisch.
Ein kleiner Info-Stand ist im Fort Rotterdam, theoretisch geöffnet Mo - Do und So 7.00 - 12.00, Fr bis 11.00 Uhr, Sa geschlossen.

**MEDIZINISCHE VERSORGUNG** - empfehlenswert ist das Militärkrankenhaus *PELAMONIA* in der Jl. Sudirman 27.

**PHPA** - Büro der Naturschutzbehörde, zuständig für Süd-Sulawesi, Jl. Balang Baru 7.

**POST** - Hauptpostamt, Jl. Slamet Riyadi 10, Ecke Jl. Supratman, geöffnet tgl. 8.00 - 21.00 Uhr.

**TELEFON** - Internationale Telefongespräche, Telefax, Telegramme und Telex im *KANTOR TELKOM*, Jl. Veteran Utara 206, geöffnet 24 Std. tgl.
Ähnlichen Service bieten einige private Wartel, z.B.:
*WARPOSTEL METRO*, Jl. Penghibur 42, geöffnet tgl. 8.00 - 24.00 Uhr.
*WARTEL KURNIA*, Jl. Mesjid Raya 86, neben Hotel Mardjan, geöffnet tgl. 7.30 - 24.00 Uhr.
*WARTEL SUPRA*, Jl. Jend. Sudirman 34, neben Victoria Panghegar Hotel, geöffnet tgl. 7.30 - 24.00 Uhr.
*WARTEL*, Jl. Sulawesi 65, in Hafennähe, geöffnet tgl. 8.00 - 24.00 Uhr.

**VORWAHL** - 0411.

## NAHVERKEHRSMITTEL

**Bemo** *(Pete Pete)* oder **Mikrolet** kosten 300 Rp innerhalb der Stadt und 450 Rp in die Außenbezirke. Die Bemostation befindet sich am großen Pasar Sentral an der Jl. Cokroaminoto.
Ab hier fahren auch die Damri-**Doppeldeckerbusse** (200 Rp).
**Becak** verkehren in der gesamten Stadt und kosten etwa 500 Rp pro km, für eine Stunde muß man mit 2000 Rp rechnen.
**Taxi** mit ac und Taxameter, 900 Rp Einschaltgebühr inkl. des ersten Kilometer plus 600 Rp für jeden weiteren km, bei:
*AMAL TAXI*, tel 313131.
*BOSOWA TAXI*, tel 311311, 325353.
Ein Taxi zu chartern kostet 7000 Rp pro Std., bei min. 2 Std. Die Charterkosten für einen Minibus pro Tag betragen etwa 65 000 / ac 80 000 Rp.
Taxis stehen u.a. am Hotel Nusantara in der Jl. Sarappo. Von hier fahren sie auch nach Pare Pare für 8000 Rp pro Person bei voll besetztem Wagen.

## TRANSPORT

**BUSSE** - Von der zentralen Bemostation am **Pasar Sentral** an der Jl. Cokroaminoto fahren Stadtbusse für 200 Rp und Bemo für 450 Rp zum östlich vom Zentrum gelegenen Busbahnhof **Panaikang**, Jl. Urip Sumoharjo KM 5 (Richtung Airport, Maros).
Busse in die südliche Umgebung der Stadt und andere Orte im Süden fahren ab Terminal **Sungguminasa**.
Einige Busunternehmen (z.B. *Liman, Piposs* u.a.) haben einen kostenlosen Zubringerservice vom Bus Terminal zum Hotel nach Wahl und in Gegenrichtung.
Tickets für Fernbusse sollte man schon einen Tag vorher bei der entsprechenden Busgesellschaft kaufen; die Büros der Unternehmen findet man am Bus Terminal und unter folgenden Anschriften:
*PIPOSS*, Jl. Buru 10 A, tel 315081, und *LIMAN EXPRESS* nach POLEWALI 6500 Rp, MAMASA, MAMUJU 12 000 / 14 000 Rp, PALOPO 10 000 / ac 14 000 Rp und MALILI 17 000 / ac 21 000 Rp.
*BINA WISATA TRANS SULAWESI*, und *P.O. TOMOHON INDAH*, Terminal Panaikang, nach PALU tgl. 21.00 Uhr, 35 000 Rp, 24 Std.; MANADO ac 75 000 Rp.
**Weitere Preisbeispiele**:
PARE PARE 4000 / 5500 Rp (155 km, 3 1/2 Std.), BONE 4200 / 5500 Rp (174 km, 5 Std.),
POLEWALI 6500 Rp,
SENGKANG 4600 Rp,
BULUKUMBA 4000 Rp.
Direkt nach RANTEPAO (9 - 11 Std., 328 km) fahren mehrere Buscompanies für 8000 / 10 000 Rp (7.00 und 19.00 Uhr). Empfehlenswert ist aber immer der Tagbus, um die phantastische Landschaft anzusehen:
*LIMAN EXPRESS*, Jl. Laiya 25, tel 315851, 315022.
*LITHA*, Jl. G. Merapi 160, tel 324847.
*ALAM INDAH*, Jl. Agus Salim, Lrg 231, Nr. 28.
Minibusse nach Pare Pare und Sengkang fahren auch ab Jl. Sarappo. Busse nach Bulukumba und Bontaeng auch ab Jl. Akademis, Jl. Hasyim.

**MINIBUSSE / TAXI** - Ab Airport können Überlandtaxis gebucht werden:
TATOR 150 000 Rp, BANTIMURUNG 18 000 Rp, MAMASA 140 000 Rp, PARE PARE 65 000 Rp, MALINO 60 000 Rp, BULUKUMBA 85 000 Rp.
Einen Minibus mit Fahrer zu mieten kostet pro Tag 80 000 Rp - nach Handeln und für mehr als 5 Tage auch weniger. Infos dazu in verschiedenen Reisebüros oder im Tourist Office.

**FLÜGE** - Der Hasanuddin Airport liegt 22 km nördlich der Stadt. In der Abflughalle gibt es eine Bank, ein Postamt und ein Telefonbüro.
Bei der Ankunft kann man ein offizielles Airport-Taxi (ac) der Firma *BOSOWA* nehmen, bezahlt wird an einem Schalter, 14 500 Rp kostet die Fahrt ins Zentrum der Stadt. Vor dem Airport-Gebäude wird man von Privatleuten angesprochen, die für 10 000 Rp in die Stadt fahren.
Es gibt Bemo direkt am Airport (bis 17.00 Uhr) jenseits des Parkplatzes am Polizeiposten, für 800 Rp in die Stadt, bzw. 100 Rp (Becak 500 Rp) bis zur Hauptstraße (1 km) und, falls das Bemo nach rechts Richtung Maros abbiegt, umsteigen und Bemo nach links zur Stadt, 800 Rp, nehmen. Hat man viel Gepäck, kostet das Bemo 1000 Rp. Außerdem stehen Damri-Stadtbusse (Doppeldecker) am Airport, 200 Rp.
Fast alle indonesischen **Airlines** sind in Ujung Pandang vertreten:
*GARUDA*, Jl. Slamet Riyadi 6, tel 317350, geöffnet Mo bis Fr 7.30 - 16.30, Sa bis 13.00, So und feiertags 9.00 - 12.00 Uhr;
*MERPATI*, Jl. G. Bawakaraeng 109, tel 324114, neben Ramayana Hotel, geöffnet Mo - Fr 8.00 - 21.00, Sa und So bis 13.00 Uhr;
*BOURAQ*, Jl. Veteran Selatan 1, tel 851906, geöffnet Mo - Fr 8.00 - 17.00, Sa und So bis 13.00 Uhr;
*MANDALA*, Jl. Cokroaminoto 7 c, tel 322253, geöffnet Mo - Fr 8.00 - 16.00, Sa, So und feiertags bis 13.00 Uhr;
*SEMPATI*, im Makassar Golden Hotel, tel 311612, fax 310093, tgl. 24 Std. geöffnet.
**Preisbeispiele** (ohne Mehrwertsteuer):
AMBON 200 000 Rp (MZ, SG, MDL),
BALIKPAPAN 151 000 Rp (MZ, BO),
DENPASAR 136 000 Rp (MZ, BO),
JAKARTA 293 000 Rp (GA, MDL),
KENDARI 87 000 Rp (MZ, SG),
KUPANG 165 000 Rp (MZ),
LUWUK 224 000 Rp (MZ),
MANADO 214 000 Rp (GA, BO),
MAUMERE 125 000 Rp (MZ),
PALU 125 000 Rp (MZ, SG, BO),

SOROAKO 118 000 Rp (MZ),
SURABAYA 183 000 Rp (MZ, SG, BO, MDL),
TATOR 73 000 Rp (MZ tgl.).

**SCHIFFE** - *PELNI*,. Jl. Martadinata 38, tel 317965, fax 317964, meist nur vormittags ab 8.00 Uhr geöffnet, nicht sehr zuverlässiger Service.
Von den z.Zt. 15 Passagierschiffen der staatlichen Schiffsgesellschaft Pelni legen 11 Schiffe in Ujung Pandang an, so daß von hier auf dem Seeweg praktisch jeder Winkel des Archipels zu erreichen ist.
12x monatlich kann man z.B. von UP nach Surabaya fahren. (Fahrpläne und Informationen s.S. 64 ff).
**Preisbeispiele:** (1. Klasse / Ekonomi):
MEDAN 366 000 /101 000 Rp,
SIBOLGA 383 000 /104 000 Rp,
PADANG 320 000 / 85 000 Rp,
JAKARTA 216 000 / 57 000 Rp,
SURABAYA 127 000 / 34 000 Rp,
BALIKPAPAN 88 000 / 24 000 Rp,
TARAKAN 207 000 / 47 000 Rp,
BANJARMASIN 216 000 / 53 000 Rp,
BITUNG 186 000 / 56 000 Rp, P
ALU 117 00 / 32 000 Rp,
BAU BAU 69 000 / 19 000 Rp,
AMBON 162 000 / 42 000 Rp,
TERNATE 217 000 / 60 000 Rp,
JAYAPURA 362 000 / 112 000 Rp,
LOMBOK 77 000 / 22 000 Rp,
BIMA 63 000 / 19 000 Rp,
BENOA 146 000 / 37 000 Rp,
WAINGAPU 102 000 / 32 000 Rp,
KUPANG 170 000 / 45 000 Rp,
DILI 193 000 / 51 000 Rp.
Zu den Häfen an der Ostküste Kalimantans fahren häufig Motorschiffe ab Ujung Pandang (günstiger ab Pare Pare). Etwa 30 000 Rp kostet beispielsweise die 18stündige Fahrt nach BALIKPAPAN.

# Tana Toraja

*Etwa eine Dreiviertelmillion Toraja siedeln auf Sulawesi, mehr als die Hälfte sind Christen, die anderen Animisten, und nur 5% sind Moslems. Die Verwaltungseinheit Tana Toraja (Tator) schließt jedoch nicht alle Gebiete ein, in denen die Mehrheit der Bevölkerung Toraja sind. Weitere leben in den Bergen nördlich zwischen Tator und Palu, andere westlich im Gebiet um Mamasa (s.o.).*

*Für den Tourismus Süd-Sulawesis ist Tator die wichtigste Region. In der gebirgigen, von fruchtbaren Flußtälern durchzogenen Landschaft haben sich die Dörfer der Toraja harmonisch eingepaßt. Einfache, nicht beschwerliche Wanderungen, aber auch anspruchsvolle Trekking-Touren lohnen sich hier im relativ kühlen Bergklima der durchschnittlich 700 m hoch gelegenen Region.*

*Zahlreiche Hotels sind besonders im Gebiet um Rantepao entstanden. Auf der Piste Rentetaya, 12 km westlich von Makale, landen täglich Merpati CASA. Busse benötigen zwischen acht und zehn Stunden von Ujung Pandang. Das Gros der Besucher kommt von August bis Oktober, wenn nach der Ernte die großen Totenfeiern stattfinden. Außerhalb dieser Monate kann man in vielen Hotels Rabatt erhalten, wenn nicht gerade ein Kreuzfahrtschiff in Pare Pare festgemacht hat und große Reisebusse für ein oder zwei Tage Hunderte von Touristen ausladen. Regenzeit ist von Dezember bis März. Aber auch in den restlichen Monaten regnet es häufig am Nachmittag.*

## Die Toraja

### Geschichte

Die Urahnen der Toraja kamen etwa 2500 bis 1500 v.Chr. aus dem indochinesischen Raum nach Sulawesi. Wie die Batak oder die Dayak gehören sie zur protomalaiischen Bevölkerungsgruppe. Der Sage nach landeten sie auf einem Berg nahe Kotu, dem *Bambapuang*, der Gottespforte. Übrigens gleicht die überlieferte Hausform einem Schiffsrumpf, was mit der Einwanderung der Toraja zusammenhängen könnte, die per Schiff erfolgt ist.

Schwer zugängliche Wälder und Gebirgsketten isolierten die Toraja bis zur Mitte unseres Jahrtausends vom Rest Sulawesis. Einige frühe Führer der Toraja-Stämme wurden als *Tomanurun* angesehen, als vom Himmel gesandt, vergleichbar den westlichen Gottkönigen.

Kontakte mit den Bugisreichen Luwu und Gowa sind überliefert, ein Sohn eines Tomanurun wurde sogar mit einer Prinzessin von Gowa verheiratet. Etwa zum gleichen Zeitpunkt besuchten javanische Händler Tana Toraja und beeinflußten die Kultur mit hinduistischen Elementen. Im 16. Jahrhundert eroberte Arung Palakka, König von Bone, das Land der Toraja, wurde aber bald wieder vertrieben. Seit diesem Zeitpunkt sind die Beziehungen zwischen Bugis und Toraja angespannt, denn die vereinigten Toraja leisteten damals ein Gelöbnis, daß nie wieder ein Bugis-Heer ihr Land erobere.

Das 19. Jahrhundert war von inneren Auseinandersetzungen der Toraja geprägt. Verschiedene Historiker führen das auf verstärkte Feuerwaffenverkäufe von Bugis-Händlern an die Toraja zurück, einige Toraja-Fürsten beschäftigten sogar Bugis als Militärberater. Im März 1906 kamen holländische Truppen nach Tana Toraja und gliederten das Gebiet ihrem Kolonialreich ein.

## Sozialstruktur

Trotz der zahlreichen äußeren Einflüsse im Laufe der vergangenen Jahrhunderte haben sich die grundlegenden Traditionen, Sitten und Gebräuche kaum oder nur wenig verändert. Zu einem nicht geringen Teil liegt das an der starren Sozialstruktur, die auch heute im ländlichen Tana Toraja bestimmend ist. Die Bekehrung zu Christentum oder Islam hat daran kaum etwas geändert.

70% aller Toraja sind kleine Bauern, die vom Naßreisanbau und der Schweine- oder Büffelzucht leben. Sie gehören zur Klasse der *Tobuda*. Eine landbesitzende Mittelschicht, die etwa 25% der Bevölkerung umfaßt, wird *Tomakaka* genannt, was „älterer Bruder“ bedeutet. Die restlichen 5% sind *Tokapua,* Angehörige des landbesitzenden Adels. Je nach Region existieren dafür auch unterschiedliche Bezeichnungen.

In der traditionellen Gesellschaft haben Männer und Frauen die gleichen Rechte und die gleiche Verantwortung. Die Erbfolge wird nicht starr durch Geschlecht oder Alter bestimmt, sondern hängt davon ab, wieviel der zukünftige Erbe den verstorbenen Ahnen gedient hat und wie hoch sein Beitrag für die Begräbniszeremonien war. Es kann also durchaus sein, daß ein Neffe oder eine Nichte einen größeren Erbteil erhält als ein Sohn oder eine Tochter. Die Erbfolge wird *Siulu Todolo (Siulu* = Bruder) genannt.

## Hausform

Das traditionelle Toraja-Dorf besteht aus zwei parallel verlaufenden Häuserreihen in Ost-West-Richtung. Während die Wohnhäuser, *Tongkonan,* nach Norden sehen und damit den Göttern gegenüberstehen, errichtet man ihnen gegenüber die Reisspeicher *Alang,* von denen jeder zahlreiche Reisbündel aufnehmen kann, die zusammen bis zu 20 000 kg wiegen können. Die *Alang* sind auf runden Holzpfählen errichtet, die *Tongkonan* auf eckigen.

Jedes Wohnhaus hat ein Dach aus übereinandergelegten Bambusschichten, die Dachspitze *Longa* hat die Form eines Büffelhorns. An den vorderen Stützbalken der Dächer werden die Hörner der geopferten Büffel befestigt, wobei die Anzahl der Büffelhörner wiederum ein Hinweis auf den sozialen Stand des Hauseigentümers ist. Die Außenwände sind mit geschnitzten geometrischen Ornamenten in den Farben rot, schwarz, weiß und gelb verziert. Nägel werden bei der traditionellen Bauweise nicht benutzt.

## Religion

Das Wort *Toraja* stammt von *To ri aja,* was so viel wie „die, die von oben kamen“ bedeutet. Wahrscheinlich ist damit der Norden gemeint. Selbst wenn viele Toraja heute Christen sind, so werden noch immer alte Überlieferungen bewahrt und befolgt. Das Christentum der Toraja ist damit nur eine dünne Schicht auf der traditionellen animistischen Religion *Aluk Todolo,* ähnlich dem Islam auf Java, wo in den Köpfen der Menschen noch immer hinduistische Vorstellungen dominieren.

Nach dem *Aluk Todolo* ist das Universum dreigeteilt: Oberwelt, Erde und Unterwelt. Am Zenith der Oberwelt steht *Puang Matua,* der allgegenwärtige Schöpfer aller Dinge. Er sendet die *Dewata* auf die Erde, Gottheiten, die auf die Einhaltung der Religion und der religiös bestimmten Überlieferungen achten.

Rituelles Verhalten und religiöse Gegenstände sind auf diese drei Sphären ausgerichtet. Der Osten repräsentiert die Götter im allgemeinen, der Norden den Zenith und damit *Puang Matua,* der Westen die Ahnen und der Süden den *Nadir,* die Unterwelt. Insgesamt spielt die Unterwelt in der Kosmologie der Toraja keine wichtige Rolle. Die Götter der Unterwelt sind nahe der Erde, unterstützen sie. Hauptgott der Unterwelt ist *Pong Tulakpadang* mit seiner furchterregenden Frau *Ongon Ongon.*

## Totenrituale

Nach dem Glauben der Toraja ist das Leben im Diesseits nur ein Übergang, und allein das Sein danach ist von Bedeutung. Aus diesem Grund werden wochenlange Totenfeste gefeiert.

In der Vorstellung der Toraja bleiben die Toten auf der Erde und müssen sich auf die lange, gefährliche Reise nach *Puya* begeben, einem mythischen Ort weit im Süden hinter dem Horizont. Ihr Weg beginnt im Tunnel eines Felsengrabs *(Liang).* Erreichen sie tatsächlich *Puya* und sind die erforderlichen religiösen Rituale von den lebenden Verwandten durchgeführt worden, können sie den heiligen Berg *Bambapuang* besteigen und damit in die Oberwelt eingehen.

Die meisten Verstorbenen erreichen zwar *Puya,* kommen aber nicht in die Oberwelt, sondern leben mit den ins Grab genommenen Opfern in Frieden in Puya. Gefährlich für die Lebenden sind diejenigen Toten, die keinerlei Opfer erhalten haben, bzw. bei deren Tod keine entsprechenden Zeremonien durchgeführt worden sind. Daraus ergibt sich für die nächsten Angehörigen ein sehr starker sozialer und religiöser Zwang, die vorgeschriebenen und äußerst kostspieligen Rituale durchzuführen. Eine Bestattung wird grundsätzlich erst dann bekannt gegeben, wenn alle Blutsverwandten sich versammelt haben, bzw. wenn die nächsten Angehörigen des Verstorbenen die notwendigen materiellen Mittel aufgebracht haben. Damit können Millionen von Rupiahs gemeint sein. Die Verwandten und sonstigen Gäste bringen aus diesem Anlaß Geschenke mit: Büffel,

Schweine, *Tuak* (Palmwein), Zigaretten oder andere Dinge. Bis zum eigentlichen Begräbnis wird der Tote aufgebahrt. Der Leichnam ist gebadet und in die traditionellen Webtücher eingebettet worden, deren Menge und Qualität Aufschluß über den sozialen Status des Toten geben. Die vom Leichnam abgesonderte Flüssigkeit *Koropi* wird in einem Bambusrohr aufgefangen und auf die Erde geschüttet. An dieser Stelle wird später ein *Lambak*-Baum gepflanzt. Die Totenfeiern laufen nach genau festgelegten Riten ab. Der Leichnam wird einbalsamiert, in Tücher eingebunden, und bei der oberen sozialen Schicht wird eine Holzfigur *(Tao Tao)* stellvertretend für den Toten hergestellt. Dann beginnt der Empfang der Gäste, und die Büffel werden geopfert *(Sibemba)*. Nach traditioneller Art werden sie mit einer Lanze *(Merok)* getötet, wobei das Tier langsam verendet. Heute werden die Tiere aber meist mit dem *Patinggoro*, einer Art Schwert, geschlachtet. Das Fleisch wird an die Gäste nach bestimmten Richtlinien verteilt, wobei der soziale Status ausschlaggebend ist.

Hellhäutige Wasserbüffel, fast weiß mit schwarzen Flecken, stehen in hohem Ansehen, und ihr Fleisch wird von den Toraja nicht gegessen. Nach einer Legende rettete ein Mann einen weißen Büffel vor dem Tode, indem er ihm einen Bambusspeer, den Leute auf der Jagd gerade eben nach ihm geworfen hatten, aus der Schulter zog. Der Büffel revanchierte sich und half dem Mann bei der Suche nach seiner göttlichen Gemahlin, die in den Himmel zurückgekehrt war. Damals trafen sie ein Abkommen: Welcher Mensch das Fleisch eines weißen Wasserbüffels verzehrt, soll von der Krätze befallen werden.

Begräbniszeremonien, *Rambu Solo* genannt, werden in sechs unterschiedliche Kategorien unterteilt:

**Disili** - das Begräbnis eines Kindes der untersten Klasse. Dabei wird nur ein Schwein geopfert. Babies, die noch keine Milchzähne haben, werden in dem Stamm eines lebenden Baumes beigesetzt, wie z.B. in der Nähe von Sanggala (Kambira).

**Dipasang Bongi** - eine Begräbniszeremonie von nur einer Nacht, entweder für Angehörige der oberen Klassen, die sich das an sich vorgeschriebene Ritual nicht leisten können, oder aber für einfache oder junge Menschen. Dabei können vier Schweine und ein oder zwei Büffel geopfert werden.

**Dipatallung Bongi** - Zeremonie für Angehörige der *Tomakaka* (Mittelschicht), die drei Tage dauert und bei der ca. vier bis zwölf Büffel und viele Schweine geopfert werden müssen.

**Dipalimang Bongi** - dauert fünf Tage und ist für einen wohlhabenden *Tomakaka* vorgeschrieben. Zwei bis über zwölf Büffel und viele Schweine werden geopfert.

**Dipapitung Bongi** - eine einwöchige Todesfeier. Mehr als zwölf Büffel und zahlreiche Schweine werden geschlachtet. Viele Gäste treffen aus unterschiedlichen Dörfern ein. Stierkämpfe werden veranstaltet. Um die Gäste willkommen zu heißen, werden Tänze aufgeführt.

**Dirapai** - ist die größte und seltenste aller Begräbniszeremonien für *Tokapua*. Sie ist in zwei Hälften unterteilt, wobei jede sieben Tage dauert. Die Zeit zwischen den zwei Teilen kann sechs Monate, ein Jahr oder auch mehr umfassen. Das letzte *Dirapai* fand Anfang 1987 in Kete Kesu statt. Tausende von Gästen wurden empfangen, die Zahl der geopferten Büffel ging in die Hunderte.

Für die Toraja ist ein Begräbnis kein trauriges Ereignis, sondern man feiert mit Schlemmereien, Tänzen, Büffel- und Hahnenkämpfen. Nach dem eigentlichen Begräbnis beginnt die Trauerperiode. Am dritten Tag schwärzt man die Kleider, nach einer Woche werden Speiseopfer am Grab niedergelegt, und bereits nach 10 Tagen ist die Trauerperiode zu Ende. Während dieser Zeit darf von den engsten Freunden und Verwandten des Toten kein Reis gegessen werden. Danach folgt die Zeremonie der Freude und des Leidens, denn nun ist die Seele des Verstorbenen zu einem göttlichen Wesen geworden.

## Gräber

Die Toraja setzen ihre Toten in Gräbern *(Liang)* bei. Hier unterscheidet man fünf unterschiedliche Arten:

**Liang Gua Erong** - Der Körper des Verstorbenen wird in einem Holzsarg in eine natürliche Höhle gelegt (Londa).

**Liang Pa** - Diese Gräber sind seit dem 17. Jahrhundert gebräuchlich. Sie werden von den Toraja in einem langwierigen und arbeitsaufwendigen Prozeß in Felsen geschlagen. Die Toten werden ohne Särge in die Felsen geschoben, die Öffnung des Felsengrabs wird dicht verschlossen (Lemo).

**Liang Pia** - Gräber für Kinder, die noch keine Milchzähne haben. Sie werden in den Stamm eines lebenden Baumes gebohrt; nur wenige Baumarten sind nach Meinung der Toraja dafür geeignet. Nach wenigen Jahren ist das Loch im Baumstamm wieder zugewachsen (Kambira, Katebang).

**Liang Patane** - In Gebieten ohne Felswände werden die Toten in der Erde begraben und ein kleines Toraja-Haus wird darauf errichtet. Ein Grab ist für alle Familienmitglieder vorgesehen, die Körper werden ohne Särge begraben (Buntao, Kete Kesu).

**Liang Erong** - Bei den sogenannten „hängenden Gräbern" sind die Särge zumeist an Holzgestellen an hohen Felswänden aufgehangen (Kete Kesu, Palatokke). *Tao Tao,* hölzerne Statuen in den Kleidern der Verstorbenen, stehen vor den einzelnen Gräbern, meist in den hohen Felswänden. Oft wurden Wertgegenstände mitgegeben, die besonders seit der Ankunft der Holländer im 17. Jahrhundert häufig von Grabräubern gestohlen wurden. Deshalb entstanden neue Felsengräber wie in Lemo. Erst 1986/87 kamen wiederum Diebe nach Lemo. Dieses Mal waren die *Tao Tao* selbst die Beute. Mehrere verschwanden auf Nimmerwiedersehen wahrscheinlich in den Antiquitätenläden westlicher Länder. Weitere *Tao Tao* wurden daher von den Familienangehörigen mit in die *Tongkonan* genommen.

## Tabus

Um das gesellschaftliche Gleichgewicht herzustellen und Unheil abzuwehren, existieren bei den Toraja einige Tabus.

Das wichtigste ist die Verletzung der *Rambu Tuka-* und *Rambu Solo-*Zeremonien. Aber auch Diebstahl, Unruhestiften auf dem Markt und Betrug verstoßen gegen gesellschaftliche Normen.

Eine Person, die gegen diese Tabus verstößt, muß das einem Priester beichten und bestimmte Opfer darbringen. Es kann unter Umständen auch eine physische Strafe ausgesprochen werden.

**Verhaltensweisen bei Toraja-Festlichkeiten**

Wie bei vielen anderen indonesischen Festlichkeiten, muß auch bei den Toraja auf bestimmte Regeln und Formen geachtet werden. Ausländer sind gern gesehen, denn viele Gäste machen die Gastgeber stolz und bringen ihnen Glück.

❑ Bei allen Besuchen kann ein guter Guide nicht nur die Hintergründe aufhellen, sondern im richtigen Moment auch Hinweise auf die richtigen Verhaltensweisen geben.

❑ Niemals sollte man vor den Teilnehmern stehen, aber auch das Sitzen auf den Reisspeichern, wo die einflußreichsten und wichtigsten Leute sitzen, muß unterbleiben. Als Regel gilt: Immer warten, bis man plaziert wird.

❑ Bei der Kleidung gilt folgendes: Schultern müssen bedeckt sein, lange Hose oder besser ein Sarong ist angebracht. Bei Begräbnissen kein Rot tragen.

❑ Es besteht kein Zwang, Geschenke mitzubringen, die Höflichkeit gebietet es aber, einem der nächsten Verwandten etwas zu geben. Eine Stange Zigaretten ist besser als Bargeld. Ob ein Meter Tuak oder sogar ein Schwein als Geschenk angebracht sind, bleibt jedem selbst überlassen.

## Rantepao

*Neben Makale, der Bezirkshauptstadt, ist Rantepao, in einer Flußbiegung des Saddang River gelegen, der wichtigste Ort und das Touristenzentrum in Tator. Außerdem ist die kleine Stadt der beste Ausgangspunkt für Ausflüge in die Umgebung.*

Alle sechs Tage findet der **Große Markt** mit dem Büffel- und Schweinemarkt *(Pasar Hewan)* etwa 2,5 km außerhalb der Stadt an der Straße nach Palopo statt. Bereits vor Sonnenaufgang werden hier Büffel und Schweine für das nächste Begräbnis, aber auch andere Haustiere verkauft. Bis aus 15 km Entfernung kommen die Bauern, um ihre Produkte anzubieten. Oft sieht man die Toraja mit langen, frischgeschnittenen Bambusstangen die Wege und Straßen zum Markt laufen. In ihnen wird *Tuak* transportiert, ein Palmwein, der aus der Zuckerpalme gewonnen wird. Man erkundige sich, wann in den anderen fünf Marktorten Tators Markttag ist: Sangalla, Mengkendek, Rembon, Sadan und Buntao. Auf diesen Märkten findet man noch etwas ursprünglichere Atmosphäre als in Makale oder Rantepao, es werden aber keine Büffel verkauft.

Die **Souvenirgeschäfte** entlang der Hauptstraße bieten alle die gleichen Produkte, nämlich Holzschnitzereien, Web- und Flechtarbeiten. Schnitzereien sind immer in den überlieferten Farben schwarz, weiß, rostrot und ockergelb gehalten. Gute Textilarbeiten findet man kaum noch in Rantepao, echte Ikat-Decken und -Tücher aus Rongkong sind überteuert.

Will man sich einen ersten Überblick über Rantepao und die Umgebung verschaffen, sollte man auf der anderen Seite des Flusses, westlich der Stadt, den kleinen Berg **Singki** besteigen. Vorsicht: Verschiedene Leute sind zwar hinauf gekommen, haben aber oben den überwucherten Pfad nach unten nicht mehr gefunden!

Im südlichen Teil des Ortes an der Straße nach Makale stehen etwa 40 traditionelle Häuser, die in einem Halbkreis um zahlreiche Megalithen angeordnet sind. Sie alle wurden vor ein paar Jahren aus Anlaß eines großen Begräbnisses errichtet. Die Anlage ist als **Karasik** bekannt. Mehrere Häuser werden heute bewohnt, und da, wie es scheint, alle Touristengruppen hier durchgeschleust werden, ist auch das Verhalten ihrer Einwohner dementsprechend.

## ÜBERNACHTUNG

Rantepao besitzt eine große Zahl von Losmen und Hotels in allen Preislagen. Im Vergleich zu anderen Orten Sulawesis sind sie recht preisgünstig. Während der Hochsaison im Juli und August steigen die Preise.

**UNTERE PREISKLASSE** - Die billigsten Unterkünfte der Stadt befinden sich an der Jl. Mappanyukki in der Nähe der Moschee. Alle sind relativ laut, und in vielen gehen Prostituierte ihrer Arbeit nach. Mit der Sauberkeit steht's auch nicht zum besten.

*MARLIN INN**, Jl. Mappanyukki 76, etwas sauberer, aber laut.

*SIPORANNU**, *PALAWA***, *SARLA** und *BATUTUMONGA** sind nebenan.

*INDO GRACE***, gegenüber, laut.

*VICTORIA HOTEL**, tel 21308, ähnlich.

*LOSMEN FLORA**, tel 21010, gegenüber der Moschee.

*WISMA NANGGALA**, Jl. Jen. A. Yani, tel 21296, sehr geschäftig, viele Fernfahrer.

*WISMA MARTINI**, Jl. Sam Ratulangi, tel 21216, nicht mehr so gut wie früher.

**MITTELKLASSE** - Etwas besser und ein wenig teurer sind: *WISMA ROSA**-****, Jl. Saddang 28, tel 21075, DZ mit Du/WC, sauber und ruhig.

*WISMA NIRMALA***, Jl. Mappanyukki, tel 21319, kurz vor der Brücke nach Norden.

*WISMA IRAMA**-****, Jl. Abdul Gani 16, tel 21371, sehr sauber mit Veranda, Garten und eigenem Mandi, Essen auf Bestellung.

*WISMA SURYA***, Jl. Monginsidi 36, am Fluß, sauber und mit gutem Frühstück.

*WISMA WISATA***, gleich daneben, sauber.

*WISMA TANA BUAH**-****, Jl. Diponegoro, tel 21027, an der Straße nach Palopo, sauber.

*WISMA RANTEPAO***, Jl. Landorundun 35, tel 21397, DZ mit Du/WC, Balkon.

*HOTEL INDRA I****, Jl. Landorundun 63, tel 21163, schöne Zi um einen Innenhof.

*HOTEL INDRA CITY****, gleich daneben, nicht so gut.

*INDRA II***-*****, Jl. Monginsidi, tel 21583, das neuste und teuerste der Indra-Hotels.

*WISMA MONIKA***, etwas muffige, modrig riechende Räume, wurde im Sommer 92 renoviert.

*WISMA MARIA I**-****, Jl. Sam Ratulangi, tel 21165, mit großem Innenhof, in dem ein *Tongkonan* steht, Zi teilweise mit Bad/WC, gutes Frühstück. Etwas abgewohnt.

*PONDOK WISATA****, Jl. Pembangunan 23, am Sportplatz, tel 21595, neue, saubere Zi, zum Teil mit warmer Dusche.

*WISMA ANATA***, Jl. Merdeka, tel 21356, zentral gelegen.

*HOTEL PIA'S & POPPIES****, Jl. Pongtiku, tel 21121, DZ mit Du/WC, etwas außerhalb, Restaurant.

*HOTEL PISON****, Jl. Pongtiku 8, tel 21344, saubere, ruhige Zi mit Balkon, Du/WC oder Bad/WC, mit gutem Restaurant.

*WISMA MARIA II****, Jl. Jurusan Rantepao, tel 21288, 3 km außerhalb in Richtung Makale noch hinter der Abzweigung nach Kete Kesu, DZ mit heißer Dusche, schöne Aussicht, gutes Frühstück mit selbstgebackenem Brot und hausgemachter Baumtomaten-Marmelade, abends Toraja-Essen auf Bestellung.

**OBERE PREISKLASSE** - Diese Hotels liegen weit außerhalb der Stadt. Einzige Ausnahme:

*HEBRON INN*****, Jl. Pembangunan, tel 21519, sauberes, kleines Hotel mit Blick auf den Sportplatz.

*TORAJA COTTAGE* (ab US$52), Jl. Pakubalasalu, tel 21089, fax 21369, 4 km außerhalb an der Straße nach Palopo, DZ in im Stil von Toraja-Häusern, Swimming Pool, Bar mit viel Betrieb.

*TORAJA PRINCE* (ab US$67), tel 21430, neues, noch luxuriöseres Hotel gegenüber vom Cottage. In beiden Hotels steigen Gruppenreisende ab.

*RANTEPAO LODGE* (US$35), Jl. Jurusan Rantepao, tel 21248, fax 21485, 2,5 km außerhalb in Richtung Makale. Einige Zi mit schöner Sicht auf den Fluß, ruhig und sauber.

*TORAJA MISILIANA HOTEL* (ab US$40), Jl. Jurusan Rantepao, tel 21212, ca. 3 km außerhalb an der Straße nach Makale, alle Zi mit ac und TV, zwei Restaurants, Bar, Pool.

## ESSEN UND TRINKEN

Im *MARIA I*, *MARIA II* und im *INDRA* bereitet man auf Vorbestellung *Paprong* zu, Hühnchen

mit Reis und Kokosnuß in frischem Bambus gedünstet. Schmeckt super, unbedingt probieren!
*RIMA*, Jl. Mappanyukki, kurz vor dem Fluß, hier bekommt man neben Toraja-Essen auch Standard-Travellerfood.
*RUMAH MAKAN SARLOTA*, Jl. Mappanyuki, nebenan, sehr preisgünstiges und gutes Essen.
*WARUNG MURNI*, hinter der Moschee, moslemische Speisen.
*RUMAH MAKAN SATRIA DESA*., an der Straße nach Palopo, desgleichen. Empfehlenswert ist hier die *Soto Ayam*.
*RACHMAT*, zentral, chinesisch-indonesisch, sehr teuer, viele Reisegruppen.
*CHEZ DODENG* (Bamboo-Restaurant), Jl. Monginsidi. Einfaches Essen, dessen Zubereitung viel Zeit braucht.
*DODENG II* - der frühere Koch von *Chez Dodeng* versucht es seit ein paar Jahren selber.
*KIOS GEMBIRA*, gleich daneben, für Snacks.
Gut sind die gebackenen Bananen neben dem Kino und der Kuchen im kleinen Café direkt an der zentralen Kreuzung.
*SETIA KAWAN*, Jl. Mappanyukki 32, tel 21264, ist ein großes, bei Touristen beliebtes Restaurant, gutes Essen zu annehmbaren Preisen.
*MARURA*, Jl. Landorundun, gutes Essen, aber langsamer Service.
*RUMAH MAKAN MAMBO*, schräg gegenüber, Wisma Maria I, gut und preiswert.
*MART'S CAFÉ HOUSE*, Jl. Ratulangi 44a, tel 21692, nebenan. Marthinus serviert gutes Essen in netter Atmosphäre, gutes Frühstück, teurer.
*PIA'S & POPPIES*, Jl. Pongtiku, tel 21121. Hier zaubert in angenehmer Umgebung ein in Kuta und Ujung Pandang ausgebildeter Koch interessant kombinierte, schmackhafte Gerichte auf den Tisch. Die Qualität des Restaurants rechtfertigt den Preis und die etwas lange Wartezeit.
*FISH COTTAGE*, 3 km in Richtung Makale (hinter dem Misiliana), hofft vor allem auf Reisegruppen. Hier kann man Fisch in jeder Zubereitungsart in einem Haus im Toraja-Stil mit einem großen Fischteich zu sich nehmen.

## SONSTIGES

**GELD** - *BANK RAKYAT INDONESIA* wechselt Schecks und Cash, aber zu einem schlechteren Kurs als in UP. Geöffnet Mo - Fr 7.00 - 12.00, Sa bis 12.00 Uhr.
In der Jl. Jen. A. Yani außerdem noch die *BANK NEGARA INDONESIA* und *BANK DANAMO*.
Manchmal lohnt es sich, die Kurse der Bank mit denen des Money Changers zu vergleichen. Ein weiterer Money Changer im Indra II.

**BÜCHER** - gebrauchte Bücher auch in deutsch an der Rezeption im *HOTEL INDRA I*.

**EINTRITTSPREISE** - zu den Sehenswürdigkeiten in der Umgebung der Stadt betragen meist 1000 Rp, ganz selten kommt man umsonst hinein.

**INFORMATIONEN** - Das *TOURIST OFFICE* liegt an der Straße nach Makale, wenige Infos.

**MOTORRÄDER / FAHRRÄDER** - Suzuki 100cc vermietet das Marlin für 3500 Rp pro Stunde, 28 000 Rp pro Tag. Mountain Bikes werden außerdem für 1000 Rp pro Stunde bzw. 8000 Rp pro Tag vermietet.

**POST / TELEFON** - Postamt gegenüber der Bank, geöffnet Mo - Do 8.00 - 14.00, Fr bis 12.00, Sa bis 14.00 Uhr. Nebenan das *KANTOR TELKOM* für internationale Telefongespräche und Telegramme, 24 Std. geöffnet.

**VORWAHL** - 0423.

## TOUREN / GUIDES

Es gibt in Rantepao über 30 lizensierte Guides, die in der *Guide Association* zusammengeschlossen sind. Kenntnisse der Toraja-Kultur sind trotz Lizenzierung recht unterschiedlich. Die Guides folgen den Touristen in die Losmen und Restaurants und können z.T. lästig sein, viele sitzen abends im Maria I. Ein Tour-Guide für Ausflüge in die Umgebung kostet 25 000 Rp pro Tag, ein Guide für Trekking-Touren mit Übernachtungen 35 000 Rp.
Erfahrung, akzeptable Fremdsprachenkenntnisse sowie Kenntnisse der Toraja-Kultur haben: Exon Tulungallo (gute Zentral-Sulawesi Touren, zu erreichen über *Pia's & Poppies*), Benny Rantelili (s.S. 342 River Rafting), Martin Rangan (Lehrer an der SMP I in Makale, zu erreichen im *Pison)*, David Tanyong und Yussuf Garampa (s.u.).

**MIT DEM AUTO** - Martin Bida von *P.T. CENDANA PERMAI INDAH*, Jl. Taruna 6A, tel 21007, fax 21500, vermietet Minibusse oder Ki-

*Legende:*

**Übernachtung:**
1. Wisma Nirmala 2
2. Wisma Rosa
3. Wisma Nirmala
4. Wisma Irama
5. Wisma Surya
6. Wisma Wisata
7. Palawa
8. Marlin Inn
9. Indo Grace
10. Siporannu
11. Batutumonga
12. Losmen Flora
13. Victoria H.
14. Wisma Tana Buah
15. Indra 2
16. H. Indra 1
17. H. Indra City
18. Wisma Rantepao
19. Wisma Monika
20. Wisma Maria 1
21. Pondok Wisata
22. Wisma Martini
23. Hebron Inn
24. Wisma Nanggala
25. Wisma Anata
26. H. Pia's & Poppies
27. H. Pison

**Läden, Restaurants etc.:**
1 R. M. Rima
2 Rumah Makan Sarlota
3 Apotheke
4 Warung Murni
5 Chez Dodeng
6 Dodeng 2
7 Kios Gembira
8 Setia Kawan
9 Bank
10 Supermarkt
11 R. M. Satria Desa
12 Marura
13 Balok + Toraja Food
14 Moneychanger
15 Bank
16 Rachmat
17 Bank Negara Indonesia
18 Rumah Makan Mambo
19 Mart's Café House

**Transport:**
❶ Alam Indah Bus
❷ Litha Bus
❸ Bus nach Palu

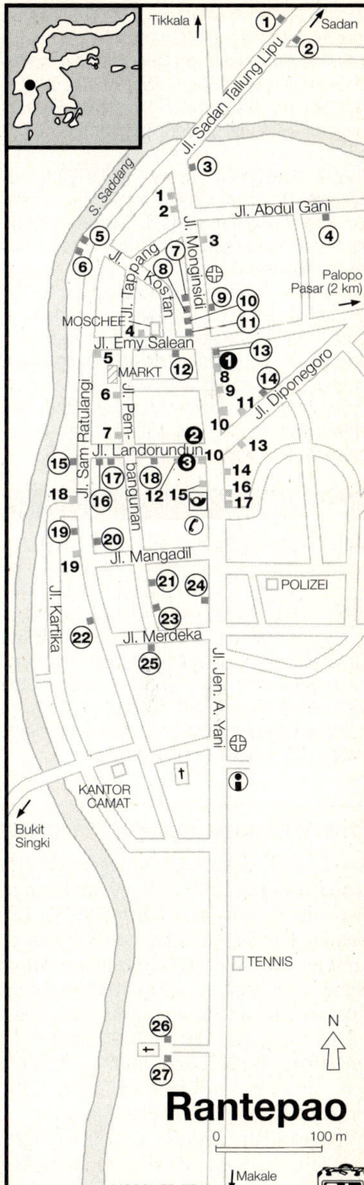


jang für Ausflüge in die Umgebung Rantepaos für bis zu 5 Pers. für 60 000 Rp pro Tag. Trips außerhalb von Tator kosten 80 000 Rp pro Tag, eine Fahrt nach Ujung Pandang 150 000 Rp. Yussuf Garampa von *RAMAYANA SATRIA TOURS & TRAVEL LTD.*, Rantepao Lodge, Jl. Pongtiku, tel 21615, fax 21485, organisiert bei ähnlichen Preisen ebenfalls Touren in Tator. Touren mit einem Toyota-Geländewagen in die Umgebung organisiert auch David für 80 000 Rp pro Tag. Er spricht Englisch und ist über das Hotel Indra I, den Rumah Makan Mambo oder unter tel 21419 zu erreichen.

**TREKKING-TOUREN** - Wanderungen in die Umgebung Rantepaos kann man leicht selbst unternehmen. Es werden aber auch bis zu 14-tägige Trekking-Touren angeboten. Bei mehrtägigen Trekking-Touren braucht man einen Guide. Normalerweise legt man pro Tag 15 - 20 km zurück (5 - 6 Std.). Übernachtet wird in den traditionellen Gästezimmern der Toraja-Häuser, das Essen kommt aus dem Dorf, die Gastfamilien kochen, manchmal hilft auch der Guide.

Das übliche Trekkinggebiet liegt im Westen und Norden von Tana Toraja. Mehrere Male im Jahr unternimmt *Exon*, s.S. 342, auch 14tägige Trekking-Touren in den Norden von Tator bis Palu. Dabei werden im Schnitt über 20 km tgl. in zumeist schwierigem Gelände zurückgelegt, wofür man etwa 8 Std. braucht. Übernachtet wird z.T. im Dschungel. An Ausrüstung benötigt man: Regenumhang, feste Schuhe mit gutem Profil

*(Jungle Boots)*, Schlafsack, Taschenlampe, Pullover, Medizin und Wasserflasche.
Wer einen solchen Trip plant, sollte rechtzeitig an Exon schreiben: *EXON TULUNGALLO*, POB 57, Rantepao 91831, Tator - Indonesia. *Exon* erteilt auch Infos über andere Touren.

**RIVER RAFTING** - *BENNY RANTELILI*, Jl. Mangadil 9/9F, tel 22143, fax 21500, ist der von *Sobek Expedition* (s.S. 340) engagierte Guide und Organisator von Schlauchboot-Trips auf dem Saddang River. Ein eintägiger Ausflug inkl. Essen, Transport ab Hotel kostet US$50 p.P. Interessanter ist ein dreitägiger Trekking-Rafting-Trip. Am ersten Tag geht es zu Fuß zu einem Dorf am Oberlauf des Saddang River, am zweiten Tag Rafting über mehr als 20 Stromschnellen, Übernachtung am Fluß, am dritten Tag Rafting bis Mittag, dann Rücktransport nach Rantepao. Kostet US$225.

## TRANSPORT

**BUSSE** - Die meisten Buscompanies haben ihre Büros auf der Hauptstraße, z.B. *LIMAN* im *Marlin Inn*. Die Fahrt nach UJUNG PANDANG kostet 10 000 Rp. Man wird mit dem Bus im Hotel abgeholt. Möglichst einen späten Abholtermin ausmachen, da man sonst bis zu 2 Std. durch Rantepao fährt. Der reservierte Sitzplatz verfällt nicht. *Liman* bringt die Passagiere in Ujung Pandang vom Busbahnhof mit einem kostenlosen Minibus zu ihren Hotels.

**Buspreise**: PARE PARE 6000 Rp, PALOPO 3000 Rp (2 Std., sehr schöne Strecke), BONE 7500 Rp, MALILI 7500 Rp, SOROAKO 10 000 Rp, 6 Std. Mehrere Companies bieten Tickets nach Zentral-Sulawesi an. PALU 29 000 Rp, POSO 22 000 Rp, PENDOLO 20 000 Rp, 10 Std. Minibusse und Bemo für kurze Strecken stehen an der Hauptkreuzung.
**Weitere Preise:** MAKALE 500 Rp, LONDA 300 Rp, SIGUNTU 300 Rp, TILANGA 300 Rp, LEMO 300 Rp, MARANTE 300 Rp, NANGGALA 500 Rp, PALAWA 500 Rp, SADAN 500 Rp, BATUTUMONGA 2000 Rp, LOKOMATA 3500 Rp, KETE KESU 300 Rp, BUNTAO 600 Rp. Auch die Straße von Makale nach SENGKANG ist ausgebaut.

**FLÜGE** - Merpati fliegt tgl. (So, Mo und Do 2x tgl.) mit einer CASA für 73 000 Rp nach UJUNG PANDANG. Das lohnt sich, wenn man am gleichen Tag einen Anschlußflug ab UP hat. Bei schlechtem Wetter fallen die Flüge allerdings meist aus. Inzwischen sollen größere Maschinen zum Einsatz kommen.
*MERPATI*, Rantepao Lodge, Jl. Pongtiku, tel 21615, fax 21485. Geöffnet tgl. 8.00 - 16.00 Uhr. Es werden keine Kreditkarten akzeptiert. Freigepäck nur 10 kg.
Vom Flugplatz nahe Makale fahren nach der Ankunft eines Flugzeugs Minibusse für 5000 Rp direkt nach Rantepao, ca. 30 km, 1 Std. - oder man geht bis zur Hauptstraße, 500 m, und wartet auf eines der seltenen Bemo.

# Die Umgebung von Rantepao

Am besten ist es, die umliegenden Dörfer zu erwandern. Motorräder zu mieten kostet pro Tag 28 000 Rp. Man kann auch einen Minibus für etwa 80 000 Rp pro Tag mieten, was sich bei mehreren Leuten lohnt. Vor allem die relativ weit entfernten Dörfer im Südosten können damit bequem erreicht werden. Auf vielen Straßen und Wegen fahren auch Minibusse, Bemo oder Trucks. Zwischen Rantepao und Makale verkehren ganztägig Minibusse, 500 Rp. Man kann immer eine Strecke mitfahren, unterwegs aussteigen und in die Dörfer laufen.

Die Temperaturen in 700 - 800 m Höhe sind nicht so schweißtreibend wie an der Küste. Daher kann man auch zur Mittagszeit laufen. Dennoch sollte man etwas zu trinken mitnehmen, denn nicht überall gibt es Warung. Die Toraja-Dörfer sind bisher noch relativ intakte Gemeinschaften, auch wenn bei jedem Begräbnis mittlerweile eine Touristengruppe anwesend ist. Nimmt man an einem Fest teil, empfiehlt es sich, ein kleines Gastgeschenk, z.B. Zigaretten, zu überreichen. Außerdem sollte man sich nur dann niederlassen, wenn man ausdrücklich dazu aufgefordert wird. Sonst bitte im Hintergrund bleiben!

Bei Wanderungen fallen die Kinder der Dörfer über einen her mit ihrem immer wiederkehrenden: „*Kasih Gula Gula*", was so viel wie „gib mir Süßigkeiten" heißt. Es scheint sich die Unsitte eingebürgert zu haben, daß Touristen Bonbons oder ähnliche Süßigkeiten mit sich herumschleppen, worüber viele Eltern nicht erfreut sind. Wer ihnen etwas geben will, sollte besser etwas anderes verteilen! Bei längeren Wanderungen, die über die Dämme der Reisfelder führen, kann man Bauern immer nach dem Weg ins nächste Dorf fragen, „*Dimana Jalan ke ... ?*" Oder in Bahasa Toraja: „*Umba tulalan ... ?*"

## Richtung Süden

Zu diesen häufig besuchten Dörfern nimmt man zuerst eines der zahlreichen Bemo Richtung Makale und läuft die letzten Kilometer in die Dörfer.

### *Siguntu*

7 km, direktes Bemo ab Jl. Pasar, Ecke Jl. Pembangunan, 300 Rp. 2 km westlich der Hauptstraße Rantepao - Makale liegt das alte Königsdorf auf einer Hügelkuppe mit drei gut erhaltenen *Tongkonan*, die einer imposanten Reihe von *Alang* gegenüberstehen (Eintritt 1000 Rp). Ein empfehlenswerter Rundwanderweg führt von Rantepao über Singki nach Siguntu und über die Flußbrücke zurück zur Hauptstraße.

### *Londa*

6 km, Bemo nur auf der Hauptstraße für 300 Rp, knapp 2 km muß man laufen. In einem Tal findet man die berühmtesten **Felsengräber** (Eintritt 1000 Rp) von Tana Toraja. Nur Verstorbene, für die ein *Dirapai* ausgerichtet worden ist, sind hier bestattet. Fotografieren der Felswand am besten nachmittags. Leider sind die alten *Tao Tao* auch hier heruntergenommen und durch neue ersetzt worden, um Diebstählen wie in Lemo vorzubeugen. Junge Männer bringen Besucher mit Gaslampen durch die **Höhlen** im Bestattungsfelsen. Sie wollen dafür 2000 Rp oder mindestens 1000 Rp pro Person, die man sich, mit einer Taschenlampe ausgerüstet, sparen kann. In beiden Höhlen links und rechts der *Tao Tao*-Balustrade stehen Särge, und auf den Felsen und in Nischen liegen viele Schädel. Am Eingang werden Opfergaben für die Verstorbenen abgelegt. In schwarzen Särgen mit Kreuzen werden Christen, in roten Mohammedaner, in anderen Animisten bestattet. In der linken Höhle steht ein Sarg in Form eines Schweines. Die beiden Höhlen sind durch einen engen, 25 m langen Gang miteinander verbunden, der nur für schlanke Zeitgenossen passierbar ist.

Geht man vom Haupteingang kommend vor der Treppe nach rechts bis zum **Tao Tao-Schnitzer** am Ende des Dorfes und blickt auf die Felswand, sieht man in etwa 60 m Höhe weitere in die Felswand eingelassene Särge. Die Tao Tao-Schnitzer verkaufen kleine, lebensecht geschnitzte Figuren.

Ein schmaler Fußpfad führt von hier 1 km durch Reisfelder ins Tal hinab zurück zur Hauptstraße, auf die man etwa 3 km südlich der eigentlichen Straße nach Londa gelangt. Nimmt man unterwegs an den Reisfeldern die linke Abzweigung hinauf auf die Anhöhe, kommt man nach Tilanga.

### *Tilanga*

9 km, mit dem Bemo 300 Rp, die letzten 5 km von der Hauptstraße muß man zu Fuß zurücklegen. Im Bambuswald liegt ein sehr schöner See, in dem man ba-

den kann. Sonntagsbesuche sollte man meiden, denn dann versammelt sich ganz Tator an diesem natürlichen **Badeplatz**. Von Tilanga führt ein Fußpfad weitere 3 km durch Reisfelder nach Lemo.

### *Lemo*

12 km, Bemo-Verbindungen (400 Rp) entlang der Hauptstraße. Von hier muß man 1 km laufen. Hinter dem Dorf sind in einer 40 m hohen Felswand zahlreiche Gräber eingelassen, so daß die Felswand durchlöchert scheint (Eintritt 1000 Rp). Auf den Galerien standen noch bis vor einigen Jahren über 50 **Tao Tao**. Leider sind die meisten von skrupellosen Räubern gestohlen worden. Wahrscheinlich sind sie mittlerweile in europäischen Museen oder Antiquitätenhandlungen aufgetaucht.

Die beste Zeit zum Fotografieren ist morgens. Nachmittags trifft man daher kaum Touristen, was durchaus ein Vorteil sein kann. Die Sonne steht dann schräg und beleuchtet die über 50 Tao Tao. Links führt eine steile Treppe hinauf zu weiteren Felsengräbern auf halber Höhe.

## Richtung Südosten

Bemo fahren auf der schmalen Straße nach Buntao (500 Rp) und Sangalla (ab Makale 400 Rp). Die Dörfer Kalando, Suaya und Makula sind 13, 14 und 16 km von Makale entfernt.

### *Kete Kesu*

4 km, das touristischste Dorf in Tator. Bemo bis zur Abzweigung 300 Rp. Von hier sind es weitere 2 km. Nach 1,5 km findet man das Haus des **Holzschnitzers** Rakka Sangpulo, der nach alten Traditionen arbeitet.

Kete Kesu liegt 100 m südlich der Straße, Eintritt 1000 Rp. Kurz vor dem Dorfeingang befindet sich rechts am Hang ein *Rante*.

Den fünf *Tongkonan* des alten Dorfes stehen ein Dutzend *Alang* gegenüber; alle Häuser sind sehr gut erhalten. Hinter dem zweiten *Tongkonan* führt ein betonierter Weg durch ein Tal zur Felswand mit den hängenden Gräbern. Am Fuß des Felsens ist in einem großen, aus Zement errichteten Grabmal ein früherer Minister bestattet, der bei einer der größten Begräbniszeremonien Tators im Januar 1987 begraben wurde. Darüber findet man in einer ebenerdigen, künstlichen Höhle eine Gruppe neuerer *Tao Tao*.

### *Palatokke*

9 km: Zu erreichen über Kete Kesu und Sullukan. Bemo fahren für 400 Rp nach **Labo**, dem Dorf der Schmiede. Hier gabelt sich die Straße: links geht es nach Buntao, Paniki und rechts nach Sangalla. Weiter fahren nur wenige Bemo.

Ein schmaler, zum Teil steiler Weg über Geröll, durch Wälder und Reisfelder (2 1/2 km, ca. 30 Minuten ab der Straße) führt nach Palatokke mit seinen beiden hängenden Gräbern *(Liang Erong)*, 700 - 800 Jahre alt, die auf dicken Holzstangen stehen, die in die Felswand eingelassen sind. Einige Schädel liegen dekorativ am Fuße des Felsens. Eintritt 1000 Rp.

Alte Überlieferungen besagen, daß der Begriff *Palatokke* einen Menschen bezeichnet, der wie ein Gecko die steilen Felswände hinauf- und hinunterklettern konnte. Bei der Anbringung der beiden hängenden Gräber wäre diese Eigenschaft durchaus von Vorteil gewesen.

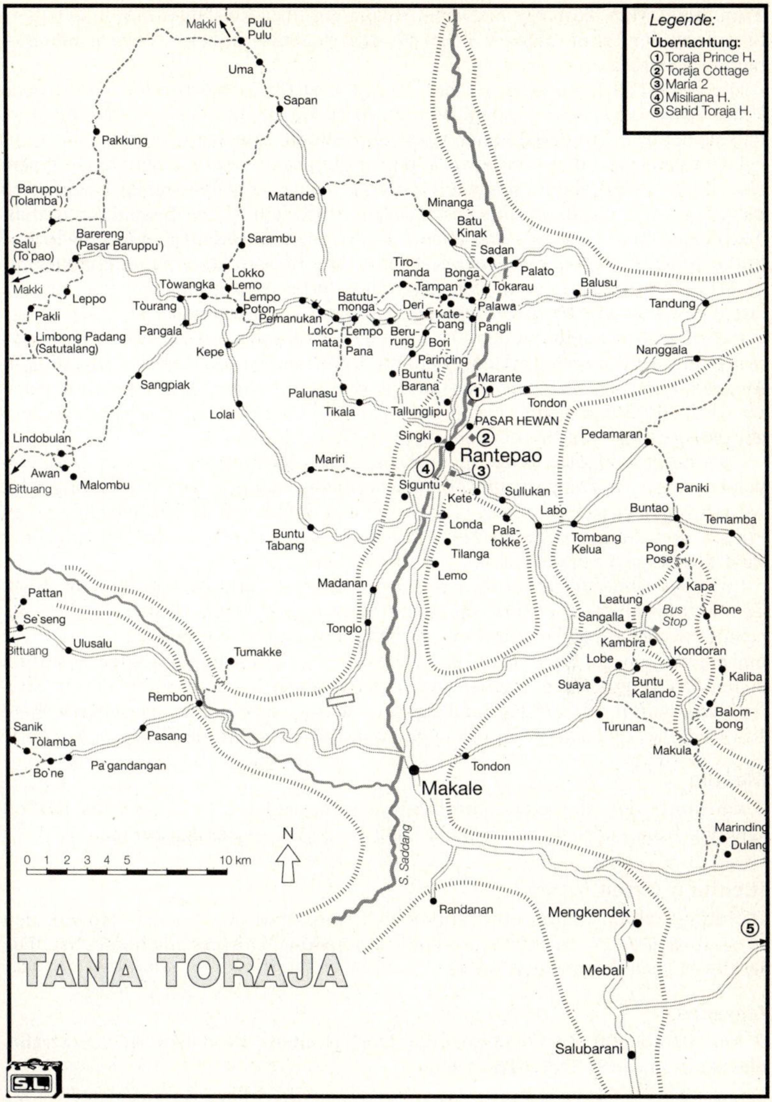


## *Sangalla*

Leichter ab Makale zu erreichen (600 Rp). Ursprünglich und geschäftig ist der kleine Ort am jeweiligen Markttag. Der Endhaltepunkt der Busse und Bemo heißt

**Tumanete**. Man läuft von hier eine Abkürzung über Reisfelder 900 m den Berg hinauf, an der Schule (SMA) vorbei bis zu den Kindergräbern in einem Bambushain in **Kambira**.

Die etwa 100 Jahre alten Gräber *(Liang Pia)* für kleine Kinder, denen noch keine Zähne gewachsen waren, wurden in einem Baum angelegt. Man glaubte, daß sie dadurch mit den Bäumen wachsen könnten. Eintritt: 1000 Rp.

Dann geht man den Weg etwa 800 m weiter nach **Buntu Kalando**. In einem ehemaligen Königshaus, das noch heute von den aristokratischen Nachfahren bewohnt wird, wurde ein kleines Museum eingerichtet. Die Sammlung umfaßt Textilien, Schmuck, Fotos und andere Besitztümer der Königsfamilie sowie eine große Ausstellung verschiedener Küchengeräte. Es werden einfache Zimmer für 10 000 Rp pro Person vermietet. Essen auf Vorbestellung möglich. Bei unserem letzten Besuch wurden zwei Zimmer ausgebaut und modernisiert.

In **Lobe**, dem angrenzenden Ort nahe dem Königshaus, sieht man einen alten *Rante* mit seltsam geformten Megalithen. Links der Straße (Schild) die *„Bambu Musik Group"*, ein Kinderorchester, das von dem Lehrer Marthen Mande geleitet wird. Ein Stück weiter zweigt links ein Weg zu zwei weiteren Kindergräbern ab, die allerdings jüngeren Datums sind (1000 Rp Eintritt).

Eine ausgeschilderte Abzweigung nach rechts führt nach 700 m zu den hängenden Gräbern **Tampangallo** (1000 Rp). Nicht weit entfernt in Richtung Südwesten befindet sich in einem kleinen Tal eine Höhle mit vielen Schädeln, alten Särgen und einigen neueren *Tao Tao*. Von hier führt ein schwer zu findender Pfad direkt nach Suaya.

In **Suaya** sind neben den Königsgräbern (Eintritt 1000 Rp) noch mehr als 40 *Tao Tao* erhalten. Die Särge aus dem Holz des Jackfruchtbaumes stehen geschützt in einem kleinen Haus mit großen Glasfenstern. Vormittags ist das Licht am besten, um die alten *Tao Tao*, die in drei Galerien in der steilen Felswand stehen, zu fotografieren. Nach einem langen Aufstieg auf einer asphaltierten Straße blickt man hinab auf das Saddang-Tal und Makale. Kurz zuvor stehen weitere Königsgräber und *Tao Tao* in einer Felswand gleich neben dem Weg in **Tondon**.

### *Makula*

3 km hinter der Abzweigung nach Suaya kann man rechts im Pool der **heißen Quellen** baden oder für etwas mehr Geld im Badehaus ein Bad nehmen.

## Richtung Osten

Richtung Palopo fahren etwa stündlich Bemo. Man muß damit rechnen, den Weg zurücklaufen zu müssen, wenn man spätnachmittags unterwegs ist. Die Dörfer liegen alle nahe der Straße.

### *Marante*

7 km, Bemo 300 Rp: Traditionelles Dorf (Eintritt 1000 Rp) an der Straße, ebenso das nächste Dorf, **Tondon**.

### *Nanggala*

16 km, Minibus ab Rantepao 500 Rp, ab Marante 300 Rp: Zahlreiche *Alang* (Reisspeicher) mit besonders schönen Verzierungen an den Unterseiten, die Dorf- und Kriegsszenen darstellen. Besonders gut erhaltener *Tongkonan* (Familienhaus). Unterhalb des Dorfes beginnt rechts der etwa 8 km lange Fußpfad

über die Berge nach **Paniki** (herrliche Aussicht!). Im Tal eine japanische Kaffeeplantage *(Tombang Kalua)*, dann Fußpfad auf Berggrat bis oberhalb Paniki, ab hier wieder Straße. Ab Paniki geht ein langer Fußweg nach **Buntao**. Die alten Gräber hier sind ausgeraubt. Ab hier Bemo (600 Rp) zurück nach Rantepao.

Die Umgebung von Nanggala eignet sich auch sehr gut für Rundwanderungen: Reisterrassen, Bambushaine, versteckte Dörfer.

## Richtung Norden

Minibusse fahren nach Sadan und Palawa. Diese beiden Dörfer kann man an einem Tag besuchen.

### *Palawa*

9 km, Minibus ab Rantepao 400 Rp: Läuft man den Hügel hinauf, erreicht man den Eingang zu diesem traditionellen Dorf. Auf halbem Weg findet man südlich der Straße zwei verwitterte Megalithenzirkel *(Rante)*. Im Dorf selbst reihen sich zahlreiche *Tongkonan* aneinander, denen die Reisspeicher in einer geraden Reihe gegenüberliegen. Ein vollständig erhaltenes Dorf im traditionellen Stil, das entsprechend häufig von Touristenbussen besucht wird. In jedem Haus werden Souvenirs verkauft!

### *Sadan*

12 km, Minibus ab Rantepao 400 Rp: Von hier nach **Malimbong** laufen. Der Weg biegt kurz vor der Brücke nach links ab. Nach weiteren 400 m ist das Dorf erreicht. An einfachen Webstühlen *(tenun* = weben) werden in zwei Häusern Stoffe mit den typischen bunten Mustern hergestellt, aber auch Stickereien, Ikat und Batik aus anderen indonesischen Regionen verkauft. Schönes *Tongkonan* mit 91 Hörnern. Wohnen im Losmen von Frau Sabara, die sehr hilfreich ist.

## Richtung Nordwesten

Einen ganzen Tag braucht man für die Tour zu den Dörfern Batutumonga und Lokomata, die nur über schlechte Straßen zu erreichen sind. Allerdings ist die Landschaft sehr faszinierend und entlohnt für die Strapaze. Da nur wenige LKWs oder Minibusse auf dieser Strecke fahren, informiert man sich besser über den letzten Wagen zurück, falls man nicht den Fußweg nehmen will, der allerdings sehr empfehlenswert ist. Eine etwas kürzere Alternative ist die Wanderung ab Deri.

### *Deri*

Minibus bis Deri 1000 Rp. Schöne traditionelle Häuser. Zwischen Deri und **Tampan**, 1 km von der Straße, findet man etwas versteckt Kindergräber in einem Baum, bekannt als *Tetewai Katebang*. In der reizvollen Landschaft lohnt eine Rundwanderung über Tampan und **Bonga** nach **Palawa**. Der Fußmarsch von Deri bis hinunter nach **Bori** dauert etwa eine halbe Stunde bis 45 Minuten. Direkt an der Hauptstraße ein Felsengrab und im Dorf selbst ein *Rante*.

Auf dem *Rante* von Bori haben schon etliche Bestattungszeremonien für *Tokapua* (Adelige) stattgefunden. Jeder hier aufgerichtete Megalith steht für eine Bestattung, bei der mindestens 25 Büffel geschlachtet wurden. Gut erhalten sind der *Lakkian*, das Haus, wo die Leiche während der Feier aufgebahrt wird, und der *Balakayan,* die Plattform in den Bäumen, von der aus das Büffelfleisch an die Gäste verteilt wird. Selten Bemo von Bori nach Rantepao für 600 Rp. 1 km weiter in **Parinding** stehen gut erhaltene *Tongkonan* und *Alang.* Am *Tongkonan* vier hölzerne Büffelköpfe, außerdem schön geschnitzte *Katik,* aus dem Frontgiebel herausragende Fabelwesen mit Schlangenkörper und Hahnenkopf, die Häuptlingswürde symbolisieren.

### *Barana*

Südlich von **Parinding** folgt **Kande Api**; rechts 1 1/2 km bergauf (mit Guide) entdeckt man ein schönes traditionelles Dorf. Weiter südlich im Dorf Barana sollte man nach *Buntu Barana (Buntu* = Hügel) fragen; über steile Pfade gelangt man zu Höhlengräbern mit *Tao Tao* und den Resten einer mindestens 500 Jahre alten Befestigungsanlage mit tiefen Höhlen auf dem Hügel. Gute Aussicht!

### *Batutumonga*

30 km, 2000 Rp mit einem umgebauten LKW. Oder mit einem Bemo nach **Lempo** (1500 Rp) und von dort eine Stunde zu Fuß. Man sollte bereits früh am Morgen zu dieser interessanten, langen Fahrt aufbrechen, wobei man auf der schlechten Straße richtig durchgeschüttelt wird. Das Dorf liegt in den Bergen, und man hat eine schöne Aussicht auf die weite Ebene von Rantepao und das nördlich anschließende Tal. 30 Minuten hinter dem Dorf Richtung Lokomata beginnt ein Fußweg, der zurück über **Pana** (30 Minuten, im Bambushain Gräber) und **Tikala** (1 1/2 Std.) nach Rantepao führt. Durch Bambuswälder und über Reisterrassen steigt man hinab - zu Fuß dauert die gesamte Tour etwa vier Stunden. Ab Palunasu fahren Bemo nach Rantepao (400 Rp).

In Batutumonga gibt es mehrere Unterkünfte mit Familienanschluß. Sehr gut wohnt man bei *Mama Siska**,* 500 m östlich des Dorfes Hinweisschild, mit drei reichhaltigen Mahlzeiten. An der Hauptstraße zudem *Batutumonga Guest House**-**** und *Mama Rina Guesthouse***,* drei Mahlzeiten sind im Preis inbegriffen. Die Spezialität von Mama Rina ist *Bamboo Chicken.*

### *Lokomata*

6 km weiter von Batutumonga (ab Rantepao 3500 Rp). Lokomata an den Hängen des Gunung Sesean hat ebenfalls viele Gräber in einem großen Felsen.

## Richtung Südwesten

### *Tumakke*

Bis **Rembon**, 9 km von Makale, fahren; etwa 3 km nördlich der Straße, 1/2 Stunde zu Fuß über eine lange Hängebrücke und immer einem breiten Weg folgend, gelangt man nach Tumakke, wo ein altes *Tongkonan* steht, dessen Dach mit mächtigen Steinplatten gedeckt ist.

Von Rembon weiter nach **Ulusalu**, 7 km, und **Seseng**, 10 km. Etwa 1 km nördlich von Seseng sieht man Felsengräber und *Tao Tao* in **Pattan**. Minibusse fahren noch bis **Bittuang**, von wo man in drei Tagen nach Mamasa wandern kann. Der Weg wird zur Straße ausgebaut, und vielleicht können zumindest Geländewagen bald die gesamte Strecke nach Mamasa fahren.

---

*Fotos - Totenfeier in Tana Toraja, das größte Fest wird besonders prunkvoll begangen*

## Makale

Die Bezirkshauptstadt von Tana Toraja wurde in den 20er Jahren von den Holländern angelegt. Hier gibt es nicht so viele Touristen wie in Rantepao, das aber zum Wohnen schöner ist. Ein interessanter Markt findet einmal pro Woche statt. Ansonsten ist Makale geschäftiger als Rantepao, insgesamt aber nur als Ausgangspunkt für Ausflüge in den Südosten oder -westen von Tator zu empfehlen.

### ÜBERNACHTUNG

*PENGINAPAN MAKALE**, der billigste Laden, aber schmutzig und heruntergekommen.
*LOSMEN MERRY*** liegt in der Nähe.
*LOSMEN MARTHA*** an der Straße nach Rantepao, *BATUPAPAN HOTEL**-****, tel 22259, noch etwas weiter, in schöner Hanglage, von der Regierung geführt.
*BARANA HOTEL*****, Jl. Pongtiku 509, tel 22251, und *WISMA HASANUDDIN***** sind merklich teurer.
*PURI ARTHA HOTEL*-****, Jl. Pongtiku 114, tel 80113, sauber und freundlich.

### TRANSPORT

**Minibusverbindungen:** SANGALLA 600 Rp, BITTUANG 2000 Rp, RANTEPAO 500 Rp, PARE PARE 5500 Rp, 155 km, 4 1/2 Std., PALOPO 3000 Rp.
**Busse** nach BONE, 5000 Rp; MALILI, 6000 Rp; SOROAKO 8000 Rp; nach UP, 10 000 Rp. Die Straße nach SENGKANG ist ausgebaut.

## Mangkutana

Mangkutana ist ein *Kecamatan,* das aus mehreren Dörfern besteht. Reist man Richtung Norden, ist es die letzte große Siedlung Süd-Sulawesis am Trans-Sulawesi-Highway, der einzigen Straßenverbindung von Süd- nach Zentral-Sulawesi. Ab hier überwindet die schmale Straße in unzähligen Kurven ein hohes Gebirge, das **Pegunungan Peruhumpenai** (1768 m), links und rechts der Straße ist der unberührte Dschungel zum Greifen nahe, ein *Cagar Alam* von 90 000 ha.

Ist man mit einem Fernbus von Palopo oder Ujung Pandang nach Poso oder Palu (oder in Gegenrichtung) unterwegs, wird man den Ort nur im Vorbeifahren sehen. Wer aber zum **Danau Poso** will oder von dort kommt, muß eventuell hier einen Zwischenstop einlegen. Seitdem der Trans-Sulawesi-Highway zwischen Süd- und Zentral-Sulawesi durchgehend asphaltiert ist, verkehren täglich genügend Busse oder Minibusse auf dieser Strecke, so daß man in der Regel nicht in Mangkutana übernachten muß.

### ÜBERNACHTUNG

Man kann in **Tomoni**, dem zentralen Marktdorf von Mangkutana, wohnen, und zwar im *PENGINAPAN MELATI MEKAR** oder schräg gegenüber im *PENGINAPAN SUMBER URIP**, außerdem im *PENGINAPAN SIKUMBANG**.

### TRANSPORT

Busse und Minibusse fahren meist ab WONOREJO, dem Nachbardorf 2 km nördlich von TOMONI, halten aber auf Wunsch überall entlang der Hauptstraße: Der Minibus (Kijang) nach PENDOLO, Danau Poso, 7500 Rp, 3 Std., fährt erst ab, wenn genug Leute zusammen sind, normalerweise ab 6 Personen; Chartern kostet mindestens 30 000 Rp.
Ansonsten muß man auf Busse aus Ujung Pandang oder Palopo warten, die täglich auf dem Weg nach Zentral-Sulawesi hier durchkommen.
Minibus nach WOTU 500 Rp, 12 km; PALOPO 3000 Rp, 3 Std.; Bus 2x tgl. nach UJUNG PANDANG 15 000 Rp.

*Fotos - Sulawesi; oben: Reisanbau in Tana Toraja; Mitte links: Felsengrab; unten links: Schwert der Könige von Gowa; unten rechts: Waruga bei Manado*

# Zentral-Sulawesi

*Die Provinz Sulawesi Tengah (69 726 km²) ist mit ca. 2 Millionen Einwohnern nur spärlich besiedelt und somit noch eines der wildesten, waldreichsten Gebiete der Insel. Es ist abzusehen, daß Sulawesi in den kommenden Jahrzehnten viel von seiner Ursprünglichkeit verlieren wird. Überall sind neue Straßen im Bau, bzw. alte, von den Holländern angelegte Pisten werden ausgebaut und asphaltiert.*

*Die letzten Wildgebiete, soweit nicht zum Nationalpark oder Cagar Alam erklärt, werden durch Transmigrasi-Projekte (Übersiedlung von Java und Bali) in bewohnbares, bewirtschaftetes Land verwandelt. Weiterhin hegt man auch in Sulawesi Tengah große Pläne, die Tourismus-Industrie anzukurbeln: Schwerpunkte sind die Provinzhauptstadt Palu, der Lore Lindu-Nationalpark, Tentena am Danau Poso, die Togian-Inseln und die Naturreservate Tanjung Api und Morowali.*

## Pendolo

Das Dorf liegt am Südende des wunderschönen, weiten Danau Poso und ist gut geeignet für einen erholsamen Zwischenstop. Man kann im See baden oder beim relativ kühlen Klima des Hochlandes lange Spaziergänge unternehmen - der Danau Poso liegt 510 m über dem Meeresspiegel.

### ÜBERNACHTUNG / ESSEN

Man wohnt am besten gleich an der Bootsanlegestelle:

*PENGINAPAN MASAMBA**, einfache, preiswerte Zi mit Blick über den See, die meisten ohne eigenes Mandi, sehr freundliche Leute.

*VICTORY HOMESTAY**, sauberer und etwas teurer als der Nachbar, alle Zi mit Mandi, Terrasse am Seeufer, mit Restaurant, nette Leute.

Im Ortszentrum, 400 m vom See und nicht so schön gelegen: *PENGINAPAN DANAU POSO** und gegenüber *SEDERHANA**, beide haben Zi mit und ohne Mandi.

*PENGINAPAN ANGGREK**, an der Hauptstraße Richtung Süden, fast 2 km vom See entfernt am Rande des Dorfes.

*HOTEL MULIA**-****, große, saubere Zi mit Mandi.

Probieren sollte man mal den Wildhonig *(Madu)*, der im Dschungel gesammelt und flaschenweise verkauft wird.

### TRANSPORT

Das Boot nach TENTENA am Nordende des Danau Poso (2000 Rp, 3 Std.) legt täglich gegen 8.00 Uhr morgens ab. Es gibt keine öffentlichen Minibusse zwischen Pendolo und Tentena; Chartern kostet 50 000 Rp. Außerdem kann man auf die Fernbusse aus Süd-Sulawesi warten.

Minibusse nach Mangkutana, Süd-Sulawesi, fahren ab, wenn sie voll sind, 7500 Rp, 3 Std.; Charter kostet mindestens 30 000 Rp. Oder man wartet auf Busse aus Palu oder Poso, die täglich auf dem Weg nach Süd-Sulawesi hier durchkommen. Für 25 000 Rp fahren Busse direkt nach RANTEPAO.

## Tentena

Rund um den Danau Poso warten kleine, weltabgeschiedene Dörfer darauf, entdeckt zu werden (täglich pendeln Motorboote). Der Stolz von Tentena, das sich über mehr als 2 km am Fluß entlang hinzieht, ist eine 210 m lange, überdachte Holzbrücke über den Sungai Poso. Nicht weit vom Ort am Nordufer des Sees liegt die **Gua Pamona**, eine Höhle, in der 1972 frühgeschichtliche Bronzeringe, Schmucksteine und Muschelschalen gefunden wurden. Im Dorf **Peura** am Ostufer grub man vier Jahre später Bronzeäxte aus, die im Stil auf die *Dongson*-Kultur zurückgehen.

**Air Terjun Sulewana** ist ein spektakulärer Wasserfall beim gleichnamigen Dorf an der Straße nach Poso, 12 km von Tentena.

Ein zweiter sehr schöner, mehrstufiger Wasserfall, gut zum Baden, verbirgt sich in den Bergen am nordwestlichen Seeufer, **Air Terjun Salopa**, auch bekannt als Air Terjun Wera. Mit einem Minibus fährt man zuerst nach **Tonusu**, 15 km, 500 Rp, von hier muß man noch etwa 1 Std. laufen (3 - 4 km); auf dem Weg kommt man an balinesischen Transmigrasi-Dörfern vorbei. Ein attraktiver Strand liegt ca. 5 - 6 km südlich von Tonusu, der **Siuri Beach**, wo eine Bungalowanlage steht.

## ÜBERNACHTUNG / ESSEN

*PAMONA INDAH HOTEL**-****, Jl. Yos Sudarso 25, liegt direkt am Seeufer, 200 m von der Bootsanlegestelle, saubere, holzgetäfelte Zi mit Mandi, z.T. mit TV und Heißwasser, mit einer schönen Veranda und mit Restaurant.

*WASANTARA HOTEL*-***, am Seeufer, gegenüber dem Pamona Indah, nur die teureren Zi im Obergeschoß sind zu empfehlen.

*MOROSENENG HOMESTAY**, Jl. Yos Sudarso 21, nur 5 saubere, einfache Zi, Gemeinschaftsmandi.

*RIO HOTEL**, mit Rumah Makan, an der Bootsanlegestelle, sehr vergammelt, Gemeinschaftsmandi.

*PENGINAPAN WISATA REMAJA**, Jl. Pelabuhan 18, neben Hotel Rio, saubere Zi, z.T. mit Mandi.

*WISMA TIBERIAS**, ein christliches Unternehmen, an der Straße nach Poso, 1 km vom See entfernt.

*PANORAMA HOTEL***, 3 km von der Bootsanlegestelle auf einem Hügel, ruhig und sauber, aber sehr abgelegen.

*SIURI BEACH COTTAGES,* etwa 20 km westlich von Tentena; Infos dazu gibt es in einem kleinen Office der lokalen Guide Association an der Bootsanlegestelle.

## GUIDES

In Tentena haben sich einige der einheimischen Führer zu einer *Guide Association* zusammengeschlossen, die ein kleines Info-Office an der Bootsanlegestelle eingerichtet hat. Die hier ververmittelten Guides haben eine offizielle Lizenz und sprechen Englisch. Außer Ausflügen um den Danau Poso bieten sie auch Touren durch den Lore Lindu-Nationalpark und zum Morowali-Reservat an. Ein Guide verlangt US$20 pro Tag bei Gruppen von 2 - 3 Personen, bzw. US$8 pro Tag und Person bei größeren Gruppen.

## TRANSPORT

Der Minibus von Poso bringt jeden seiner Passagiere bis vor dessen Haustür und fährt endlich bis zum Pelabuhan, der Bootsanlegestelle nicht weit von der langen Holzbrücke.

Bald soll ein neuer Bus Terminal in Betrieb genommen werden, der ca. 3 km vom Pelabuhan entfernt ist.

Schon jetzt gibt es *Taksi Kota,* Stadtbemo, die ständig in dem langgestreckten Dorf hin- und herfahren, eine Fahrt kostet 300 Rp, egal wie weit.

Minibusse nach POSO fahren ab 8.00 Uhr bis spätnachmittags, wenn sie voll sind, 2000 Rp, 1 1/2 - 2 Std., 56 km.

Das Boot nach PENDOLO (2000 Rp) fährt gegen 16.00 Uhr, in 3 Std., vielleicht mit Stops in kleineren Dörfern. Ein gechartertes Speedboat nach Pendolo kostet 75 000 Rp.

Busse nach Süd-Sulawesi kommen regelmäßig von Poso hier durch. In Tentena gibt es Ticket-Verkaufsstellen, die mit den Hauptbüros der Busgesellschaften in Poso in CB-Funk-Kontakt stehen, so daß es auch in Tentena möglich sein sollte, Plätze in diesen Bussen zu reservieren.

Nach GINTU am Rande des Lore Lindu-Nationalparks gelangt man, 2x die Woche, mit einem MAF-Flugzeug für 35 000 Rp; mit gelegentlichem Geländewagen für 24 000 Rp, in 8 Std., 72 km, sehr schlechte Straße; oder aber zu Fuß in 2 - 3 Tagen.

## Poso

Der Hafenort, an der Nordküste von *Sulteng* und am Ufer der weiten Tomini-Bucht gelegen, ist nach Palu wichtigster Verkehrsknotenpunkt der Provinz. Für den Reisenden sind besonders die Schiffsverbindungen mit den Togian-Inseln und nach Nord-Sulawesi interessant.

Die ruhige Kleinstadt wird von dem Sungai Poso in zwei Hälften unterteilt. Nördlich des Flusses liegt die Altstadt mit dem Hafen, südlich davon erstrecken sich die neueren Stadtteile. Lohnend ist ein abendlicher Bummel am **Pantai Penghibur**, der Uferpromenade in der Altstadt östlich vom Hafen, wo mehrere Warung Erfrischungen und lokale Spezialitäten anbieten.

Ca. 25 km östlich von Poso Richtung Ampana erstreckt sich der kilometerlange, weiße Sandstrand **Pantai Matako**. Einige Warung unter schattigen Bäumen bieten Snacks an. Man erreicht den Strand mit einem Minibus für 1000 Rp.

### ÜBERNACHTUNG

**ALTSTADT UND HAFENNÄHE** - *WISATA HOTEL*-****, Jl. Pattimura 19, tel 21379, große Zi mit Mandi, Fan oder ac, etwas heruntergekommen, mit kleinem Garten, 250 m östlich vom Hafen, schön am Pantai Penghibur gelegen.

*HOK HOTEL**, Jl. W. Monginsidi 37, tel 21066, Zi mit Mandi, ziemlich vergammelt, das älteste Hotel Posos.

*HOTEL NELS**, Jl. Yos Sudarso 20, tel 21013, Zi mit Privatmandi und Fan, hier arbeiten einige Prostituierte.

*PENGINAPAN IDEAL**, Jl. A. Yani 9, tel 21841, Zi mit Fan, gemeinsames Mandi, einfach, aber schöner Balkon im 1. Stock, nebenan ein Kino.

*PENGINAPAN SULAWESI**, Jl. Imam Bonjol 3, tel 21294, sehr einfach.

*KALIMANTAN HOTEL*-***, Jl. Haji Agus Salim 18, tel 21420, nicht schlecht, relativ sauber, alle Zi mit Fan, einige mit Mandi, gegenüber der Moschee.

*PENGINAPAN DELIE**, Jl. H. A. Salim 11, tel 21805, akzeptable Zi mit und ohne Mandi, 2x tgl. Kaffee.

*PENGINAPAN SEDERHANA***, Jl. H. A. Salim 25, tel 21228, saubere Zi mit Fan und Mandi.

*BAMBU JAYA HOTEL**-*****, Jl. H. A. Salim 101, tel 21570, Zi z.T. mit ac und TV, aber heruntergekommen und muffig, zu teuer für das Gebotene.

**SÜDLICH DES SUNGAI POSO** - *PURBAYA HOTEL*-****, Jl. Tarakan 46, tel 21455, einfach, ruhig gelegen, kleiner Garten, Zi mit Mandi, Fan oder ac.

*LOSMEN BERINGIN**, Jl. Sumatra 11, tel 21851, einfache Zi mit oder ohne Mandi.

*PENGINAPAN POSO**, Jl. Sumatra 67, tel 21788, vergammelte Zi mit Privatmandi, ziemlich laut, gegenüber vom Pasar Sentral.

*ALAMANDA HOTEL*-***, Jl. Bali 1, tel 21233, große, saubere Zi mit Privatmandi, kleiner Garten.

*ANUGRAH INN*-***, Jl. Samosir 1, tel 21820, einfache Zi mit Mandi, Fan oder ac, ruhig gelegen, nette Leute.

*PENGINAPAN TENANG**, Jl. P. Sabang 93, kleine Zi, Gemeinschaftsmandi, weit außerhalb an der Straße nach Palu.

### ESSEN UND TRINKEN

Einige Restaurant / Rumah Makan findet man in der Jl. Sumatra: *DEPOT JAWA TIMUR,* Nr. 14, tel 21475, chinesische Küche;

*AYAM GORENG PEMUDA,* Nr. 9, tel 21432;

*DEPOT ANUGRAH,* Nr. 28, tel 21586, im 1. Stock über dem Toko Beringin, chinesisch;

*DEPOT JAWA TENGAH,* Nr. 17, javanische Gerichte.

Rumah Makan und Warung gibt es auch am Pasar Sentral, Jl. Sumatra.

*RUMAH MAKAN PADANG RAYA,* Jl. Kalimantan 2, tel 21310, an der großen Brücke über den Sungai Poso, serviert Padang Food.

*RUMAH MAKAN MEKAR,* Jl. I. Bonjol, ein guter Chinese in der Altstadt.

*RESTAURANT LALANGA INDAH,* Jl. Yos Sudarso, ist auf Seafood spezialisiert; nicht weit vom Hafen am Meer gelegen.

Abends ab 18.00 Uhr werden am Pantai Penghibur nicht weit vom Hafen einige Warung aufgebaut; hier gibt es u.a. *Saguer,* lokalen Palm-

wein, 300 Rp die Flasche; *Cap Tikus,* lokalen Arak, 700 Rp die Flasche, und *Binte,* ebenfalls eine lokale Spezialität, eine scharfe Fischsuppe mit Gemüse, 300 - 500 Rp pro Schale.
10 km westlich von Poso, am Pantai Toini, stehen zwei beliebte Rumah Makan, die sich auf Seafood spezialisiert haben.

## SONSTIGES

**GELD** - *BANK DAGANG NEGARA,* Jl. Sultan Hasanuddin 13, geöffnet Mo - Fr 7.30 - 12.00 und 13.00 - 14.30, Sa 7.30 - 12.30 Uhr. *BANK NEGARA INDONESIA,* Jl. Yos Sudarso 17, geöffnet Mo - Fr 8.00 - 14.30, Sa 8.00 - 10.30 Uhr.

**INFORMATIONEN** - Im *TOURIST INFORMATION CENTRE,* Jl. Kalimantan 15, tel 21211, arbeitet Amir Kiat, ein netter, hilfsbereiter Typ, der viele Infos geben kann. Geöffnet Mo - Do 7.00 - 14.00, Fr bis 11.00, Sa bis 13.00 Uhr.

**KRANKENHAUS** - *RUMAH SAKIT UMUM,* Jl. J. Sudirman 33, tel 21071, 21080, 21613.

**POST** - *KANTOR POS,* Jl. Tadulako 19 *(Tadulako* ist der höchste Ehrentitel, der zur Zeit der Königreiche Poso und Palu einem erfolgreichen und heldenhaften Heerführer vom Raja persönlich verliehen werden konnte). Geöffnet Mo - Do und Sa 8.00 - 14.00, Fr 8.00 - 11.00, So und feiertags 9.00 - 11.00 Uhr.

**TELEFON** - Internationale Telefongespräche tgl. rund um die Uhr im *KANTOR TELKOM,* Jl. Urip Sumoharjo 3.

**VORWAHL** - 0452.

## NAHVERKEHRSMITTEL

**MINIBUSSE** - im Stadtverkehr heißen hier *Taksi Kota* und kosten 300 Rp, egal wie weit; sie fahren nicht auf festen Routen, sondern auf Wunsch überall hin.

## TRANSPORT

**BUSSE** - Zwei Bus Terminal gibt es in Poso: Den Terminal Bis Pasar Sentral an der Jl. Sumatra und den Terminal Bis Kasintuwu. Am **Pasar Sentral** wird man bei der Ankunft von Palu abgesetzt, und hier machen auch alle Busse nach Palu einen kurzen Stop. Besser wartet man bei den Büros der Busgesellschaften, oder man läßt sich nach Voranmeldung vom Hotel abholen.
Nach PALU (7000 Rp, 221 km, 6 1/2 - 7 Std.) fahren folgende Gesellschaften:
*P. O. ALUGORO,* Jl. Sumatra 20, tel 21336, Abfahrt 9.00, 13.00, 22.00 Uhr; *BINA WISATA,* Jl. Sumatra 69 A, tel 21274, Abfahrt 11.00 und 22.00 Uhr, 7000 / ac 8500 Rp; *P. O. JAWA INDAH,* Jl. Sumatra 71, tel 21560, Abfahrt 9.00, 11.00, 14.00 und 22.00 Uhr; *RAJAWALI,* Jl. Tabatoki 35, Abfahrt 10.00 Uhr; *HONDA JAYA,* Jl. Diponegoro 37, Abfahrt 10.00 Uhr.
Angeboten werden auch Tickets nach Manado (45 000 Rp) und Gorontalo (35 000 Rp), wobei man aber immer über Palu fährt; besser ist es, die Weiterreise dort zu organisieren. Außerdem besteht die Möglichkeit, nur bis Toboli zu fahren und hier auf einen Bus von Palu nach Norden zu warten.
Alle Busse in südliche und östliche Richtungen fahren vom **Kasintuwu-Terminal** ab.
TENTENA, Danau Poso, Minibus 2000 Rp, 1 1/2 - 2 Std., 56 km, Abfahrt alle 1 - 2 Std.
Für Fernstrecken wird man nach Voranmeldung im Hotel abgeholt. Buchungen macht man am besten im Büro der entsprechenden Busgesellschaft; bei den Agenten am Bus Terminal gibt es öfters Probleme mit falschen Platznummern.
Nach TATOR (Tana Toraja) fahren: *Bina Wisata* (s. o.), tgl. 23.00 Uhr, 25 000 Rp; und *SINAR SULAWESI,* Jl. Sumatra 32, tel 21819, alle 2 Tage, 22.00 Uhr, 20 000 Rp.
Nach PALOPO (20 000 Rp, 11 Std.), PARE PARE (25 000 Rp, 17 - 20 Std.) und UJUNG PANDANG (30 000 Rp, 22 - 25 Std.) fahren *P. O. Alugoro* (s. o.), 24.00 Uhr; *Bina Wisata,* 23.00 Uhr; *Rajawali,* 10.00 Uhr; *Honda Jaya,* alle 2 Tage, 10.00 Uhr; und *Fa. Litha,* Jl. Tabatoki 54, 20.00 Uhr.
Nach AMPANA (5500 Rp, 6 - 7 Std., 150 km), PAGIMANA (16 000 Rp, 17 Std.) und LUWUK (17 500 Rp, 18 - 22 Std., 380 km) fahren *Rajawali,* 24.00 Uhr; *Honda Jaya,* 24.00 Uhr; *Super Motor* u.a., 10.00 Uhr; eine zwar anstrengende, doch landschaftlich herrliche Fahrt die palmengesäumte Küste entlang. Man sollte rechtzeitig buchen, um sich den besten Sitzplatz vorne neben dem Fahrer zu sichern.
Nach BETELEME (6500 Rp, 5 Std.), KOLONODALE (8500 Rp, 7 - 12 Std.) und BUNGKU (15 000 Rp, 15 - 24 Std.) fahren *P. O. Jawa In-*

*dah,* 10.00 und 20.00 Uhr; *P. O. Alugoro,* 2x pro Woche, 20.00 Uhr; *P. O. Pa'antobu,* am Terminal, 10.00 und 21.00 Uhr; und *Sinar Sulawesi,* 10.00 Uhr.

**FLÜGE** - Der Airport Kasiguncu liegt 15 km vom Ort an der Straße nach Palu. Mit einem öffentlichen *Taksi Kota* vom Pasar Sentral für 500 Rp bis zur Abzweigung und 500 m laufen, oder mit gechartertem *Taksi Kota* 5000 Rp.

*BOURAQ,* Jl. P. Seram 50, tel 21578, fliegt zwar nur von Palu, aber Ticketkauf und Buchung sind auch hier möglich.

*SEMPATI,* Jl. P. Seram, für Buchungen ab Palu.

*MERPATI,* Jl. Sumatra 69 A, tel 21274, fliegt jeden So über PALU (52 000 Rp) nach UJUNG PANDANG 176 000 Rp; und Mo, Di, Do und Fr nach LUWUK (97 000 Rp).

**SCHIFFE** - Kleine, aber schnelle Passagierschiffe (75 Tonnen), u.a. die **KM. Agape**, überqueren 3x die Woche, Di, Do und Sa, die Tomini-Bucht nach GORONTALO, mit Zwischenstops auf den TOGIAN-INSELN; Abfahrt 22.00 Uhr, Fahrtdauer mit Stops ca. 50 Std.

Preise (Deck): AMPANA 6000 Rp; WAKAI, Pulau Batudaka, 9000 Rp; KATUPAT 10 000 Rp; TONGKABO 10 000 Rp; DOLONG, Pulau Waleakodi, 12 000 Rp; PAGIMANA 14 500 Rp; GORONTALO 20 000 Rp; Kabine mit zwei Kojen kostet bis zu 25 000 Rp extra.

Tickets bekommt man am Hafen bei *P. T. HOLPERSINDO SAMUDERA,* Jl. Yos Sudarso 40, tel 21343.

Alle 3 Wochen fährt die **KM. Perintis Gersamata** auf der Strecke UJUNG PANDANG, KENDARI, KOLONODALE, LUWUK, Poso, GORONTALO, BITUNG und zurück. Nach Gorontalo kostet die Deckspassage 10 200 Rp, nach Bitung 19 400 Rp; für 10 - 20 000 Rp kann man die Kabine eines Matrosen mieten.

Tickets bekommt man am Hafen im *KANTOR PELABUHAN POSO,* Jl. Pattimura 3, tel 21620.

*PELNI,* Jl. Pattimura 5, tel 21190, 21186, verkauft Tickets für die **KM. Awu**, die 2x im Monat in Kolonodale (s.S. 64 ff) anlegt.

# Palu

Die Provinzhauptstadt (160 000 Einwohner) liegt in einer schönen Bucht, von grünen Bergen umgeben, die den meisten Regen abhalten, so daß das Palu-Tal die geringste Niederschlagsmenge (700 mm im Jahr) von ganz Indonesien aufweist. Palu wird vom Sungai Palu in einen östlichen und einen westlichen Stadtteil unterteilt.

Abends trifft man sich am Pantai Talise gegenüber vom Palu Golden Hotel. Fischer schieben trichterförmige Netze durch die Brandungswellen und fangen millimetergroße, frisch geschlüpfte Udang (Garnelen), die über Ujung Pandang nach Japan exportiert werden. Der verdreckte Strand lockt zwar nicht zum Baden, doch sitzt man recht angenehm in einem der vielen Warung.

In der Jl. Sapiri, 2 km vom Zentrum, steht das gut bestückte **Museum** für Geschichte, Kultur und Archäologie Zentral-Sulawesis; geöffnet Di - Do, Sa und So 8.00 - 16.00, Fr 8.00 - 11.00, 14.00 - 16.00 Uhr, Mo geschlossen; Eintritt 200 Rp.

Ein recht bescheidener Pfahlbau ist das **Souraja**, der Palast des letzten Sultans von Palu, im Westen der Stadt nahe der Jl. Datu Karama. Nicht weit vom Souraja liegt das Grab von Datu Karama, einem berühmten Herrscher des Palu-Reiches, gebürtiger Minangkabau aus West-Sumatra, der den Islam in diese Gegend brachte.

## ÜBERNACHTUNG

**UNTERE PREISKLASSE** - *PASIFIK HOTEL**-**, Jl. Gajah Mada 99, tel 22675, Zi mit und ohne Mandi, z.T. mit Fan, ziemlich laut, nicht allzu sauber, am besten sind noch die Zi im 2. Stock; hier kann man öfter Traveller antreffen.

*PENGINAPAN LATIMOJONG**, Jl. G. Mada 47, gegenüber vom Hotel Pasifik, winzige Kammern, sehr mies und laut.

*PENGINAPAN BANGKALAN**, Jl. G. Mada 41, tel 23094, auch nicht viel besser.
*KARSAM HOTEL***, Jl. Dr. Suharso 15, tel 21776, nicht weit vom Strand, alle Zi mit Mandi, z.T. mit Fan, nicht schlecht.
*PENGINAPAN BUOL JAYA**, Jl. Pramuka 36, tel 22508, in einer ruhigen Seitenstraße, einfache Zi mit und ohne Mandi.
*KITA HOTEL**, Jl. Cut Nyak Dien 18, tel 21875, dürftige Zi mit Privatmandi, zentral gelegen.
*PURNAMA RAYA HOTEL***, Jl. Dr. Wahidin 4, tel 23646, saubere Zi mit Fan und Mandi, familiäre Atmosphäre.
*GARUDA HOTEL*-***, Jl. Hasanuddin 49, tel 52994, alle Zi mit Mandi, aber ohne Fan und deshalb heiß und stickig, außerdem sehr heruntergekommen.
*TAURUS HOTEL***, Jl. Hasanuddin 36, tel 21567, Zi mit und ohne Mandi, aber mit Fan, laut und nicht besonders sauber.
*VISCANA HOTEL***, Jl. Pattimura 57, tel 21375, mit ac und Mandi, aber ungepflegt, laut und mit Prostituierten.
*MUTIARA HOTEL***, Jl. Nokilalaki 27, tel 21476, Zi mit Mandi, Fan oder ac, etwas renovierungsbedürftig, aber sonst ganz annehmbar, mit schönem Innenhof.

**MITTLERE UND OBERE PREISKLASSE** - *ALAM RAYA HOTEL***-*****, Jl. S. I. S. Aldjufri 43, tel 21643, Zi mit Fan oder ac, z.T. mit TV, aber meist mit Fenster zum Flur, relativ sauber, schöner, kleiner Innenhof.
*MANGUNI HOTEL**-****, Jl. Pattimura 38, tel 21275, Zi mit Mandi, Fan oder ac, ruhig gelegen, nicht schlecht.
*PATTIMURA HOTEL***-*****, Jl. Pattimura 18, tel 21775, mit Fan oder ac, ungepflegt, zu teuer für das Gebotene.
*HOTEL CENTRAL* (US$20 - 80), Jl. R. A. Kartini 6, tel 22418, 22789, fax 23256, sehr sauber, alle Zi mit ac, TV, Tel, z.T. mit Heißwasser.
*BUANA HOTEL**-****, Jl. R. A. Kartini 8, tel 21475, Zi mit TV, Fan oder ac, nicht schlecht.
*NEW DELY HOTEL* (US$15 - 60), Jl. Tadulako 17, tel 21037, 23209, fax 25263, saubere Zi mit Fan oder ac, TV und Tel, die besten sind im 1. Stock, mit Balkon, kleines Frühstück und Nachmittags-Snack inkl., guter Service, ruhig gelegen.
*FAHMIL HOTEL**-****, Jl. A. Yani 60, tel 21876, mit Fan oder ac und TV, sauber, nette Leute.
*ASTORIA HOTEL***-*****, Jl. S. Parman 60, tel 21675, saubere Zi mit TV, Fan oder ac, inkl. eines kleinen Frühstücks, kleiner Garten, allerdings sind zwei Moscheen in der Nähe.
*BUMI NYIUR CITY HOTEL****, Jl. S. Parman 28, tel 21076, alle Zi mit ac und TV, gut, sauber.
*HOTEL WISATA* (US$20 - 45), Jl. S. Parman 39, tel 21175, kleine, dunkle Zi mit ac, Tel und TV, zu teuer für das Gebotene.
*PALU GOLDEN HOTEL* (ab US$60), tel 211 26, 21326, 21426, fax 23230, Jl. Raden Saleh 1, zwar das luxuriöseste Hotel Palus, aber ein häßliches Gebäude ohne Atmosphäre, kein Garten, Pool (zuletzt ohne Wasser), am besten ist die Aussicht von den oberen Stockwerken.

## ESSEN UND TRINKEN

Einige Restaurants findet man im Zentrum in der Jl. Hasanuddin II, eine schmale Seitenstraße zwischen Jl. Dr. Wahidin und Jl. J. Sudirman parallel zur Jl. Hasanuddin:
*MILANO ICECREAM* im Shopping Komplex, Jl. Hasanuddin II / 78, tel 23857, hat nur eine kleine Speisekarte, ist aber sauber und macht gutes Essen. Hier kann man sich bei dem deutschen Besitzer und seiner indonesischen Ehefrau (Peter und Maureen) über das *Milano Prince John Dive Resort* in Tanjung Karang informieren.
Auf der Ecke Jl. Hasanuddin / Jl. Dr. Wahidin steht eine gute Bäckerei; am Strand in den Warung (ab spätnachmittags) bekommt man meist nur Kaffee, *Pisang Goreng* und andere Snacks. Lokale Spezialität ist *Sarabba*, 500 Rp pro Glas: *Jahe* (Ingwer) und *Santan* (geraspelte Kokosnuß) in Kokosmilch, gesüßt mit *Gula merah* (roter, aus Kokosnuß gewonnener Zucker) - kann auf Wunsch mit Milch oder einem rohen Ei veredelt werden (1000 Rp).

## SONSTIGES

**GELD** - *BANK DAGANG NEGARA*, Jl. Sam Ratulangi 46; *BANK BUMI DAYA*, Jl. Imam Bonjol 88; *BANK EKSPOR IMPOR*, Jl. Hasanuddin 37; *BANK NEGARA INDONESIA 1946*, Jl. J. Sudirman 58, Ecke Jl. Cut Nyak Dien.

**IMMIGRATION** - *KANTOR IMIGRASI*, Jl. R. A. Kartini 53, tel 21433.

**INFORMATIONEN** - *TOURIST OFFICE*, Dinas Pariwisata, Jl. Raja Moili 103, tel 21795.

**KRANKENHAUS** - *RUMAH SAKIT UNDATA,* Jl. Dr. Suharso 14, tel 21270, 21370, 21470; *RUMAH SAKIT KESELAMATAN,* Jl. Woodward, tel 21769, das Krankenhaus der Heilsarmee; *RUMAH SAKIT BUDI AGUNG,* Jl. Maluku, 24 Std. Notdienst, viele Spezialärzte.

**PHPA** - Das Büro der Naturschutzbehörde ist in der Jl. Prof. Moh. Yamin.

**POST** - Ein kleines Postamt liegt zentral in der Jl. Jen. Sudirman 15 - 17.
Die Hauptpost ist etwas außerhalb in der Jl. Moh. Yamin, geöffnet Mo - Do 8.00 - 18.00, Fr 8.00 - 11.00 und 14.00 - 18.00, Sa 8.00 - 15.00 Uhr.

**TELEFON** - Internationale Telefonate kann man im *KANTOR TELKOM* führen, Jl. K. H. A. Dahlan 7, Ecke Jl. Hasanuddin, 24 Std. tgl. geöffnet. Außerdem gibt es einige private Wartel:
*WARPOSTEL SENTOSA,* Jl. R. A. Kartini 6, im Hotel Central, tgl. geöffnet 7.00 - 23.00 Uhr.
*WARTEL KATRIALL,* Jl. Hasanuddin 10, 24 Std. tgl. geöffnet.
*WARPARPOSTEL (Warung Pariwisata, Pos dan Telekomunikasi),* im Palu Plaza Shopping Centre, tgl. geöffnet 8.00 - 24.00 Uhr.

**VORWAHL** - 0451.

## NAHVERKEHRSMITTEL

Pferdekutschen, **Dokar**, stehen an der Ecke Jl. Hasanuddin / Jl. Dr. Wahidin; sie fahren nicht auf verkehrsreichen Hauptstraßen und kosten etwa 500 Rp pro km.
Motorrad-Taxen, **Ojek**, stehen an der Ecke Jl. Hasanuddin / Jl. Sudirman, sie kosten 500 Rp pro km.
**Stadtbemo** pendeln auf diversen Routen zwischen den beiden Busstationen der Stadt, machen auf Wunsch aber auch Umwege und Abstecher, sie kosten 300 Rp, egal wie weit.
**Taxi** stehen meist vor den teureren Hotels, sie sind nicht mit Taxameter ausgestattet, d.h. man muß vor der Fahrt mit dem Fahrer handeln und sich auf einen Preis einigen.

## TRANSPORT

**BUSSE** - Zwei Bus Terminal gibt es in Palu: Den Pasar Manonda Terminal für Minibusse zu Orten im Westen der Provinz und den Pasar Masomba Terminal für alle Fernbusse und Minibusse mit Zielen im Süden und Osten der Provinz.
Minibusse ab Terminal **Pasar Manonda** fahren nach SURUMANA, 2500 Rp, und PASANG KAYU, 5000 Rp, 4 Std., einmal tgl. gegen 10.00/12.00 Uhr; BANGGA 1500 Rp, 40 km; DONGGALA 1500 Rp, 34 km, 1 Std., 3 - 4x tgl., besser chartert man ein Sedan-Taxi (max. 4 Pers.) 7500 Rp, oder gleich bis TANJUNG KARANG 10 000 Rp.
Die Büros der Fernbusunternehmen findet man vor allem in der Jl. S. Parman und der Jl. R. Saleh und am Masomba Terminal.
Einige Unternehmen holen ihre Fahrgäste, besonders bei Nachtbussen, von zu Hause ab; Voranmeldung und Platzreservierung sind aber in jedem Fall zu empfehlen.
Adressen einiger Busunternehmen:
*P. O. BINA WISATA SULTENG,* Jl. S. I. S. Aldjufri 12 B, tel 21095; Busse nach Poso um 11.00 und 22.00 Uhr, nach Ujung Pandang und Tator um 14.00 Uhr.
*P. O. JAWA INDAH,* Jl. S. Parman 5, tel 22053; Busse nach Poso 9.00, 11.00, 14.00 und 22.00 Uhr, außerdem nach Kolonodale.
*P. O. SABAR JAYA,* Jl. S. Parman 6; Busse nach Poso 22.00 Uhr, außerdem nach Ampana und Luwuk.
*P. O. OMEGA,* Jl. Sam Ratulangi 57, Ecke Jl. S. Parman; Busse nach Poso 22.00 Uhr.
*P. O. ALUGORO,* Jl. R. Saleh 48, tel 52459; Busse nach Poso um 9.00, 13.00 und 22.00 Uhr, außerdem nach Ujung Pandang.
**Preisbeispiele** (ab Terminal **Pasar Masomba**):
Minibus nach KULAWI 2500 Rp, 71 km, 2 1/2 Std.; GIMPU 3000 Rp, 99 km, 3 1/2 Std.; und WUASA 7500 Rp, 105 km, am Rande des Lore Lindu-Nationalparks.
Minibus zum Hafen PANTOLOAN 600 Rp, 22 km, 1/2 Std.; der Minibus hält auch am Karampe Busstop, Jl. Sam Ratulangi, Ecke Jl. R. Saleh.
Busse nach POSO 7000 / ac 9000 Rp, 6 - 8 Std., 220 km; TENTENA 8500 - 12 000 Rp; PARIGI 4000 Rp, 84 km, 2 1/2 - 3 Std.; PALOPO 25 000 Rp; PARE PARE 27 500 Rp; TATOR 27 500 / 30 000 Rp und nach UJUNG PANDANG 35 000 Rp, 24 - 27 Std. AMPANA 11 000 - 15 000 Rp, 16 Std.; BUNTA 15 000 Rp; PAGIMANA 17 000 Rp, 22 - 25 Std.; LUWUK 17 500 / 18 500 Rp, 24 - 28 Std., schlechte

Straße. KOLONODALE 15 500 / 18 500 Rp, 24 Std., und BUNGKU 25 000 Rp, schlechte Straße SABANG 5000 Rp, 140 km, 4 Std.; TONGOLOBIBI 7500 Rp; SONI 12 500 Rp; TOLI TOLI 20 000 / 25 000 Rp, 24 Std., sehr schlechte Straße.
MOUTONG 11 000 Rp; GORONTALO 22 500/ 25 000 Rp; MANADO 32 500 / 35 000 Rp, ca. 600 km, 36 - 40 Std. (oder mehr), eine strapaziöse Abenteuerstrecke auf zum großen Teil unbefestigter Straße. Man sollte frühzeitig buchen, um vorne sitzen zu können. Zum Glück werden genug erholsame Pausen zum Essen und Kaffeetrinken eingelegt, dazu kommen die unfreiwilligen Unterbrechungen. Zwischenstops sind möglich in TINOMBO (Penginapan) nach 214 km, in MOUTONG (Penginapan Prima Jaya) nach 342 km und in MARISA (Penginapan Sejahtera) nach 440 km. Die Busse sind nicht immer voll, wenn sie hier durchkommen; falls doch, kann man mit LKWs trampen.

**FLÜGE** - Der Airport liegt nur wenige Kilometer südöstlich vom Ort, Taxi 5500 Rp, Bemo 1000 Rp. Läuft man bei Ankunft etwa 1 km bis zur Hauptstraße, gibt es für 300 Rp ein Bemo in die Stadt.
*BOURAQ,* Jl. Ir. H. Juanda 67, tel 21195; und ein Mutiara Agent in der Jl. W. Monginsidi.
*MERPATI / GARUDA,* Jl. W. Monginsidi 71, tel 21172, 23341; und ein kleines Office in der Jl. Hasanuddin 33.
*SEMPATI,* Jl. R. A. Kartini 6, tel 21612, fax 23833, im H. Central; geöffnet Mo - Fr 8.00 - 21.00, Sa und So 8.00 - 17.00 Uhr.
*P.T. RAJAWALI ASHAB,* Jl. S. I. S. Aldjufri 12 B, tel 21095, 22095, fax 22095, verkauft Tickets für alle 4 Airlines.
**Preisbeispiele** (ohne MwSt):
BALIKPAPAN 97 000 Rp (BO),
UJUNG PANDANG 125 000 Rp (MZ, SG, BO),
GORONTALO 93 000 Rp (BO), LUWUK 120 000 Rp (MZ), POSO 52 000 Rp (MZ),
TOLI TOLI 100 000 Rp (MZ), MANADO 159 000 Rp (MZ, BO), SURABAYA 271 000 Rp (MZ), JAKARTA 418 000 Rp (MZ).

**SCHIFFE** - Palus Hafen **Pantoloan** liegt 22 km nördlich der Stadt, Minibus 700 Rp.
*PELNI,* Jl. R. A. Kartini 96, tel 21696, 52718 verkauft Tickets für die Passagierschiffe **KM. Kambuna**, **KM. Tidar** und **KM. Umsini** (s.S. 64 ff).
Die **KM. Agape Indah** fährt ab Pelabuhan Wani, nicht weit nördlich von Pantoloan, jeden Do, 14.00 Uhr, nach PARE PARE, 25 250 Rp, und jeden Mo, 19.00 Uhr, über Soni, 13 250 Rp, nach TOLI TOLI, 16 250 Rp;
Tickets bekommt man bei *P. T. BERKAT AGAPE,* Jl. Pelabuhan 5, tel 169, Wani; und im *TOKO SEHATI,* Jl. Raden Saleh 5, tel 22630, Palu, nicht weit vom Palu Golden Hotel.
Unregelmäßig fahren auch kleine Kutter die Küste hinauf nach Toli Toli und hinunter nach Mamuju / Pare Pare. Für Küstenstrecken günstig ist der Hafen von Donggala. Allerdings braucht man für diese Mitfahrgelegenheiten das Permit des Syahbandars, des Harbour Masters, das dieser aber den *Orang Barat* meist verweigert.

## Tanjung Karang

Wer sich ein paar Tage an schönen, weißen Sandstränden erholen oder Wassersport betreiben will, ist in diesem kleinen Dorf, auf der Landspitze 37 km nordwestlich von Palu, bestens aufgehoben. Ein schönes Korallenriff und glasklares Wasser bieten ausgezeichnete Tauchmöglichkeiten. Gleich neben dem Dorf steht am Strand die Bungalowanlage des *Milano Prince John Dive Resort,* wo man Schnorchel- und Tauchausrüstung bekommt; außerdem kann man mit dem deutschen Chef Peter oder einem seiner Guides geführte Tauchgänge unternehmen. Auch Segelboote u.a. sind zu mieten, weiterhin unternimmt Peter mehrtägige Bootstouren (mit einem Pinisi-Schoner) zu einsamen Inseln in der Selat Makassar. Erste Infos zum Dive Resort gibt es im *Milano Icecream* in Palu.

Tanjung Karang liegt noch etwa drei Kilometer nördlich von dem kleinen Hafenort **Donggala** und ist über eine sehr gut ausgebaute Straße zu erreichen; die letzten 3 km bis zum Dorf winden sich kurvenreich durch die Hügel.

### ÜBERNACHTUNG / ESSEN

Am besten wohnt man im sehr ruhig gelegenen *MILANO PRINCE JOHN DIVE RESORT***-*****, saubere Zi und Bungalows mit und ohne Privatmandi und mit Moskitonetz, inkl. 4 Mahlzeiten, gut und reichlich; mit Taxi- und Travel-Service.

**IN DONGGALA** - gibt es nur einfache Übernachtungsmöglichkeiten: *WISMA MAKMUR**, Jl. Hi. Samauna 9, und etwas besser *WISMA RAME***, Jl. Pettalolo 51.
Gut und preiswert Chinesisch essen im Depot *DUNIA BARU*, Jl. Ratulangi, oder im *RUMAH MAKAN GEMBIRA*, Jl. Mutiara.

### TRANSPORT

Minibus von PALU, Terminal Pasar Manonda, nach Donggala 1500 Rp, 34 km, 1 Std., 3 - 4 tgl., besser chartert man ein Sedan-Taxi (maximal 4 Personen) 7500 Rp, oder gleich bis TANJUNG KARANG 10 000 Rp.

# Nord-Sulawesi

*Sulawesi Utara ist die kleinste der vier Provinzen der Insel (2,7 Millionen Einwohner, 27 515 km²). Durchschnittlich nur 50 km breit, aber runde 600 km lang ist die nördlichste Halbinsel Sulawesis. Nach Nordosten findet sie ihre Fortsetzung in den Sangihe- und Talaud-Inselgruppen. Ein sicherer, natürlicher Hafen (Bitung) war für den Gewürzhandel und damit für die Entwicklung der gesamten Region von großer Bedeutung. Die ersten Kontakte der Bewohner (Minahasa) mit Europäern fanden im 16. Jahrhundert statt, als zuerst Portugiesen, später dann Spanier hier landeten. Zu Beginn des 18. Jahrhunderts folgten die Holländer, und 100 Jahre später war der größte Teil der Bevölkerung zum Christentum übergetreten. Heute ist Nord-Sulawesi eine Provinz mit einem der höchsten Pro-Kopf-Einkommen Indonesiens und mit hohem Lebensstandard. Wahrscheinlich ist es auch die Region des Landes, die westlichen Ideen am aufgeschlossensten gegenübersteht. Während der holländischen Herrschaft zeichneten sich die Minahasa durch Kollaboration mit der Kolonialmacht aus, viele dienten in der Armee, und auch 1958, als Aufstände in Sumatra und Sulawesi gegen die Zentralregierung ausbrachen, schlossen sich die Minahasa an. Damals wurde Manado bombardiert.*

*Wichtige landwirtschaftliche Produkte sind Kopra, Nelken, Muskatnuß und andere Gewürze. Im Gegensatz zu Java sind hier viele Dörfer recht wohlhabend - mit Nelken kann man in Indonesien heute gutes Geld verdienen.*

## Manado

Der größte Teil der etwa 320 000 Einwohner der Hauptstadt Nord-Sulawesis sind Christen. Armut und Klassenunterschiede sind in dieser mittelständischen Gesellschaft längst nicht so ausgeprägt wie auf Java oder anderen Inseln. Becak hat es hier nie gegeben, und auch der Sarong ist verpönt. Abends promenieren die Mädchen in modischer Kleidung durch die Straßen, und der Besitz eines teuren Touren- oder Rennrades ist das erstrebenswerte Ziel vieler Jugendlicher.

Die Stadt besitzt kaum Sehenswürdigkeiten im herkömmlichen Sinne. Lohnend ist der Besuch der Märkte und einiger chinesischer Tempel. Die für indonesische Großstädte starke chinesische Minderheit scheint auf den ersten Blick in Manado besser integriert zu sein, und Mischehen zwischen Minahasa und Chinesen sind nichts Außergewöhnliches.

Der älteste Tempel Ost-Indonesiens steht in der Jl. Panjaitan im Zentrum der Stadt. Der **Ban Hin Kiong** wurde Anfang des 19. Jahrhunderts errichtet und 1974 rekonstruiert. Vom ersten Stock hat man eine gute Sicht über das geschäftige Stadtzentrum und den Hafen. Bekannt ist der Ban Hin Kiong durch das Fest des **Toa Peh Kong**, das 14 Tage nach dem Chinesischen Neujahr stattfindet. Neben großen Prozessionen werden auch Drachentänze aufgeführt.

Weitere chinesische Tempel stehen in der Nähe, z.B. der **Kwan Im Tong** an der Ecke Jl. Sisingamangaraja.

## ÜBERNACHTUNG

**UNTERE PREISKLASSE** - *PENGINAPAN KELUARGA**, Jl. Hasanuddin 20, nördlich der Brücke, die billigste Unterkunft in Manado, die ihr Geschäft überwiegend käuflichen Damen verdankt, heruntergekommen und nicht zu empfehlen.

*LOSMEN FLAMBOYAN**, gleich daneben mit ähnlichem Standard und meist voll belegt.

*CROWN HOTEL*-***, ebenfalls hier in der Jl. Hasanuddin, tel 66277, ist neu und macht (noch) einen sauberen Eindruck, Restaurant im EG, drei Kategorien von Zimmern.

**Etwas besser und teurer** sind folgende Unterkünfte: *REX HOTEL**-****, Jl. Sugiono 3, tel 51136, fax 67789, sehr sauber, Fan oder ac.

*HOTEL ANGKASA RAYA**-****, Jl. Soegiono 12, tel 62039, Zi in unterschiedlicher Qualität und verschiedenen Kategorien: von einfachen Standardzimmern bis zur Suite.

*HORIZON HOTEL***, Jl. Yos Sudarso, tel 60645, saubere, etwas hellhörige Zi mit ac und TV, karges Frühstück. Im Erdgeschoß ist es sehr laut.

*KAWANUA**-****, Jl. Sudirman II 40, tel 63842, fax 61974, bekannt als *Kawanua Kecil.* Nicht sauber, schmale Betten und Badezimmer. Außer dem Frühstück gibt es keine warmen Mahlzeiten. Mit Prostituierten.

*MINAHASA HOTEL****, Jl. Sam Ratulangi 199, tel 62059, 11 Zi in einem großen, villenähnlichen Wohnhaus, angenehme, große Aufenthaltsräume; alle Zi mit Bad/WC, z.T. auch mit Veranda.

*MANADO HOMESTAY**-****, Wanea Lingkungan III, Komplex Diklat Manado, tel 60298, in Wanea im Süden der Stadt, sehr sauber.

**MITTLERE UND OBERE PREISKLASSE** - hier gibt es einige Stadthotels:

*KAWANUA CITY* (ab US$85) Jl. Sam Ratulangi 1, tel 52222, fax 65220. Teuerstes Stadthotel mit allen Einrichtungen, großer Swimming Pool, zwei Restaurants, kleine Bar mit abendlicher Live-Musik. Reservierung über alle Hotels der Sahid-Gruppe.

*NEW QUEEN HOTEL* (ab US$36), Jl. Wakeke 12 - 14, tel 64440, fax 52748. Zentral und ruhig gelegen, alle Zi mit Bad und TV / Video. Freundlicher Service.

*SAHID MANADO HOTEL*****, Jl. Babe Palar 1, tel 52688. Nördlich vom Busbahnhof, etwas außerhalb, das zweite Hotel der Sahid-Gruppe.

*NEW MARANNU CITY HOTEL* (ab US$40), Jl. Bethesda 25, tel 62663, fax 60701, alle Zi mit ac, Bad mit heißem Wasser, TV und Video, Pool.

*KOLONGAN BEACH HOTEL***, Jl. Wolter Mongisidi Malalayang II, tel 51001, 7 km südlich von Manado, hinter dem Bus Terminal Malalayang, Zi mit Fan oder ac, Restaurant.

*MALALAYANG INDAH***-*****, Jl. Raya Malalayang, tel 65538, Holzbungalows am Strand, Restaurant, Möglichkeiten zu Tauchausflügen.

*MANADO BEACH HOTEL* (um US$100), Tasik Ria, tel 67001-5, fax 67007; 18 km südlich der Stadt am Tasik Ria Beach, 4-Sterne-Hotel mit zwei Swimming Pools und allem Luxus.

Hier entsteht das *TASIK RIA TOURIST RESORT*, außerdem 4 weitere Luxus-Hotels, ein Golfplatz etc. sind geplant.

Zi und Bungalows außerhalb der Stadt bieten die Tauchcenter in Malalayang und Molas.

Einfache Hütten gibt es auch auf Pulau Bunaken (s.S. 364).

## ESSEN UND TRINKEN

Viele Restaurants sind am Sonntag geschlossen. Gut ist die Auswahl im Süden der Stadt:

*TINOOR JAYA*, Jl. Sam Ratulangi, nördlich vom Minahasa Hotel, serviert Minahasa Food.

*KLABAT INDAH*, hinter der Bäckerei südlich des Hotels, indonesisches Essen.

*MENTARI,* in der gleichen Straße, Seafood und Goldfisch.
*MANADO HILLTOP RESTAURANT,* Jl. 17 Augustus, tel 66581, auf einem Hügel oberhalb der Stadt, ist am besten mit einem Taxi zu erreichen. Großartige Sicht über die ganze Stadt, nachts bunt erleuchtet, relativ teuer, aber große Portionen chinesischer Gerichte. Im 1. Stock Karaoke.
Die Restaurants im Norden, rings um den Markt, sind eher durchschnittlich.
Freunde von Fast Food werden in Manado nicht enttäuscht: Im Gelael Supermarkt, Jl. Sudirman, gibt es *KIOS 18*, Jl. Dr. Sutomo, westlich vom Gelael Supermarkt, hat gutes, preiswertes chinesisches Essen, z.B. *Mie Goreng.*

## SONSTIGES

**GELD** - beste Kurse für TC in der *BANK DAGANG NEGARA,* Jl. Dotulolong Lasut 15, tel 63278. Hier auch die *BANK BUMI DAYA*, Nr. 9, tel 64279, und die *BANK NEGARA INDONESIA,* Nr. 1, tel 512386.
*BANK EKSPOR IMPOR,* Jl. Sudirman 29, tel 64077, wechselt auch Reiseschecks.
Auch am Wochenende haben die Money Changer in der Jl. Sam Ratulangi 136 und im Kawanua City Hotel geöffnet.

**IMMIGRATION** - Jl. 17. Augustus, tel 63491. Freundliche Leute, es dauert aber mindestens einen halben Tag, eine Visa-Verlängerung zu bekommen.

**INFORMATIONEN** - Die beiden Informationsbüros in der Stadt sind nicht sehr ergiebig und haben nur wenige englischsprechende Mitarbeiter. Evtl. erhält man Auskunft über die aktuellen Feste, die besonders in den Sommermonaten zur Nelkenernte stattfinden.
*KANWIL DEPPARPOSTEL* in der Jl. Diponegoro 111, tel 51723.
*DIPARDA SULAWESI UTARA,* Jl. 17. Augustus, tel 64299, nicht weit vom Kantor Imigrasi. Geöffnet Mo - Do 8.00 - 15.00, Fr 8.00 - 12.00, Sa 8.00 - 14.00 Uhr.

**MEDIZINISCHE VERSORGUNG** - Zentral liegt das *GUNUNG WENANG HOSPITAL* in der Jl. Sudirman, tel 51217.

**PHPA** - Jl. Babe Palar 68, tel 62688.

**POST** - Jl. Sam Ratulangi 21, tel 52301, gegenüber dem großen Verwaltungsgebäude.

**TELEFON** - *KANTOR TELKOM,* Jl. Sam Ratulangi 4, tel 52626, 51717, neben dem großen Verwaltungsgebäude.

**VORWAHL** - 0431.

## NAHVERKEHRSMITTEL

Ein endloser Schwarm von **Oplet** kreist durch die Hauptstraßen von Manado, jedes ein Schild mit dem entsprechenden Zielort (meist eine Oplet Station oder ein Stadtviertel) an der Frontscheibe. Sie drängen sich an der zentralen Oplet Station Pasar 45, um Fahrgäste aufzunehmen, halten ansonsten überall und fahren kleinere Umwege, um Passagiere vor der Tür abzusetzen. Eine Fahrt im Stadtgebiet kostet 300 Rp.
In der Stadt ist es tagsüber kein Problem, ein **Taxi** zu finden. Bei Bedarf sind sie auch telefonisch zu erreichen: *DIAN TAXI,* Jl. M. H. Thamrin, Kampung Islam, tel 51010.
*INDRA KELANA*, Jl. Sam Ratulangi 26 Nr. 2, tel 65433, 64422. Die Fahrzeuge sind mit Taxameter ausgestattet.

## TRANSPORT

**BUSSE / OPLET** - In die nähere Umgebung fahren Oplet und Busse von **drei** Stationen ab:
Von **Paal Dua** im Osten der Stadt fahren sie nach Ost-Minahasa: AIRMADIDI 19 km, 500 Rp; BITUNG 47 km, 1100 Rp; LIKUPANG, 46 km, 1100 Rp.
Von **Karombasan** im Südosten der Stadt fahren sie in den Süden: TOMOHON 25 km, 650 Rp; TONDANO 36 km, 1000 Rp; LANGOWAN 54 km, 1250 Rp. Von **Sario** im Südwesten der Stadt fahren sie in den Westen: AMURANG 57 km, 1700 Rp; POIGAR 116 km, 3250 Rp.
Fernbusse fahren vom neuen Terminal **Malalayang** im Südwesten, ca. 5 km außerhalb der Stadt, nach KOTAMOBAGU 164 km, 5500 / ac, Express 6500 Rp; INOBONTO 190 km, 5000 Rp, 3 Std.; GORONTALO 400 km, 12 500 Rp, bis 36 Std. Es gibt auch Busse nach PALU (32 500 - 35 000 Rp) und POSO (45 000 Rp), die allerdings für die 800 km lange Strecke 2 Tage und länger brauchen. Einige fahren sogar bis UJUNG PANDANG.

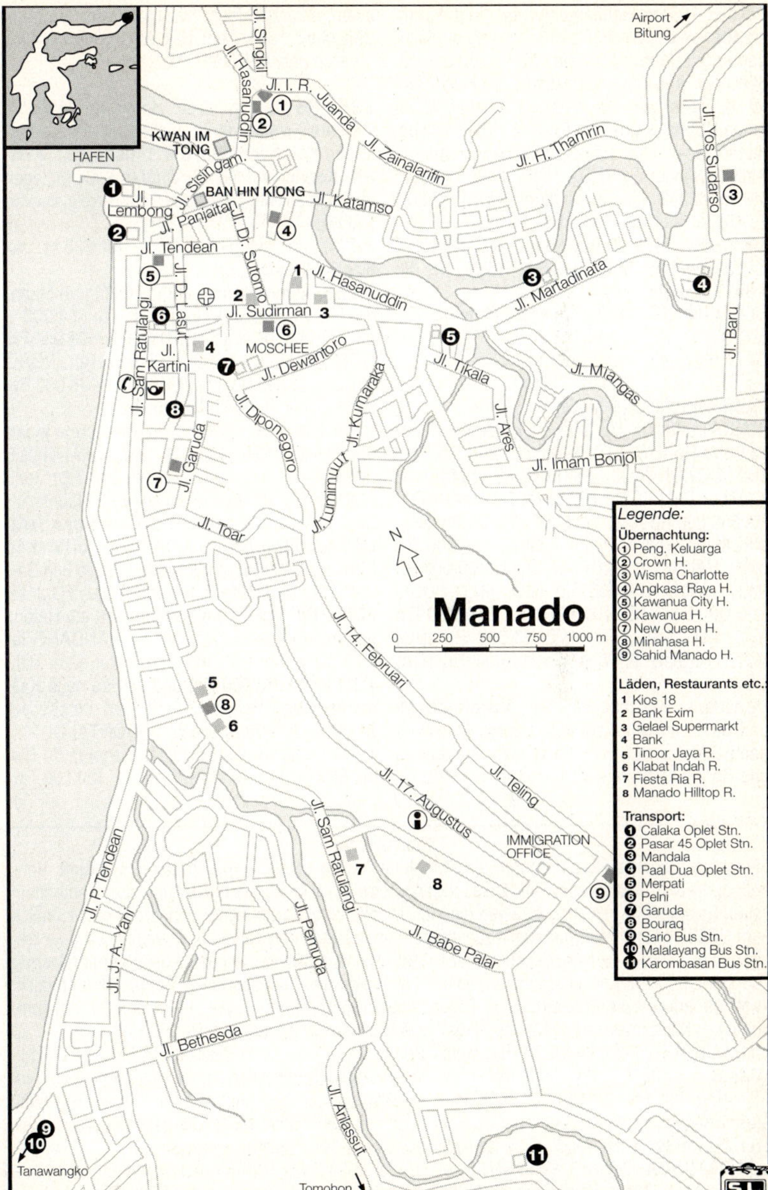
Manado
Legende:
Übernachtung:
① Peng. Keluarga
② Crown H.
③ Wisma Charlotte
④ Angkasa Raya H.
⑤ Kawanua City H.
⑥ Kawanua H.
⑦ New Queen H.
⑧ Minahasa H.
⑨ Sahid Manado H.
Läden, Restaurants etc.:
1 Kios 18
2 Bank Exim
3 Gelael Supermarkt
4 Bank
5 Tinoor Jaya R.
6 Klabat Indah R.
7 Fiesta Ria R.
8 Manado Hilltop R.
Transport:
❶ Calaka Oplet Stn.
❷ Pasar 45 Oplet Stn.
❸ Mandala
❹ Paal Dua Oplet Stn.
❺ Merpati
❻ Pelni
❼ Garuda
❽ Bouraq
❾ Sario Bus Stn.
❿ Malalayang Bus Stn.
⓫ Karombasan Bus Stn.
0 250 500 750 1000 m
N
Airport Bitung
Tanawangko
Tomohon
HAFEN
KWAN IM TONG
BAN HIN KIONG
MOSCHEE
IMMIGRATION OFFICE
Jl. Singkil
Jl. Hasanuddin
Jl. I. R. Juanda
Jl. Zainalarifin
Jl. H. Thamrin
Jl. Yos Sudarso
Jl. Lembong
Jl. Sisingam.
Jl. Panjaitan
Jl. Katamso
Jl. Dr. Sutomo
Jl. Tendean
Jl. D. Lasut
Jl. Hasanuddin
Jl. Martadinata
Jl. Sudirman
Jl. Sam Ratulangi
Jl. Kartini
Jl. Dewantoro
Jl. Kumaraka
Jl. Tikala
Jl. Miangas
Jl. Baru
Jl. Diponegoro
Jl. Ares
Jl. Imam Bonjol
Jl. Garuda
Jl. Lumimuut
Jl. Toar
Jl. 14. Februari
Jl. Teling
Jl. 17. Augustus
Jl. Sam Ratulangi
Jl. P. Tendean
Jl. J. A. Yani
Jl. Pemuda
Jl. Babe Palar
Jl. Bethesda
Jl. Arilassut
S.L.

**FLÜGE** - Sam Ratulangi Airport liegt 13 km nordöstlich der Stadt. Oplet fahren ab Jl. Sisingamangaraja für 500 Rp. Taxis kosten ca. 6000 Rp. Am Informationsstand im Flughafen, tel 62303, erhält man nach der Ankunft einen guten Überblick über die aktuelle Hotelsituation, da hier viele Unterkünfte um Gäste werben.
Airline Offices: *GARUDA (GA),* Jl. Diponegoro 15, tel 62242, 64535, geöffnet Mo - Fr 7.30 - 16.45, Sa, So 9.00 - 13.00 Uhr;
*MERPATI (MZ),* Jl. Sudirman 123, tel 64027, 64028, geöffnet Mo - Fr 7.30 - 16.30, Sa, So 8.30 - 15.00 Uhr;
*BOURAQ (BO),* Jl. Sarapung 27 B, tel 62757, 62675;
*SEMPATI (SG),* im Kawanua City Hotel, Jl. Sam Ratulangi 1, tel 60262, 66477.
**Preisbeispiele** (ohne MwSt):
AMBON 208 000 Rp (MZ, BO), BALIKPAPAN 231 000 Rp (BO, SG), BIAK 304 000 Rp (GA, MZ), GORONTALO 79 000 Rp (BO, MZ), JAKARTA 487 000 Rp (GA, BO, SG), JAYAPURA 365 000 Rp (MZ), LUWUK 108 000 Rp (MZ), MELANGGUANE, Pulau Talaud, 121 000 Rp (MZ), NAHA, Tahuna, Pulau Sangir, 90 000 Rp (MZ), PALU 159 000 Rp (BO, MZ), POSO 190 000 Rp (MZ), SURABAYA 369 000 Rp (GA, BO, SG), TERNATE 83 000 Rp (BO, MZ), UJUNG PANDANG 214 000 Rp (GA, BO).
Manado ist visafreier Ein- und Ausreiseort. Mi und Sa 15.00 Uhr fliegt eine Bouraq-Maschine nach DAVAO auf den Philippinen, zurück Do und So 7.00 Uhr; das Ticket kostet US$150 für einen einfachen Flug, hin und zurück US$265. Seit März 1994 fliegt Silk Air 3x wöchentlich nonstop nach SINGAPORE.

**SCHIFFE** - Bitung ist der Hafen von Manado. Größere Schiffe, darunter die Pelni-Passagierschiffe **KM. Kambuna, KM. Umsini, KM. Awu, KM. Kerinci** und **KM. Ciremai** (s.S. 64 ff), legen nur hier an. Mit Oplet oder Bus erreichbar für 1100 Rp.
*PELNI,* Jl. Sam Ratulangi 7, tel 62844, fax 60908, Manado.
Kleinere Schiffe fahren unregelmäßig ab Manado Harbour nach TERNATE für 14 000 - 21 000 Rp, DONGGALA 17 000 - 38 000 Rp, GORONTALO 19 000 - 25 000 Rp, POSO 18 000 - 30 000 Rp, LUWUK 18 000 - 40 000 Rp, JAYAPURA 30 000 - 40 000 Rp.
Die **KM. Delta Teratai** und die **KM. Agape Indah** über TERNATE (20 000 Rp), MANGOLE (35 000 Rp) und SANANA (46 000 Rp) nach AMBON (54 000 Rp) in 2 Tagen / 3 Nächten.
Die **KM. North Teratai** und die **KM. Nusa Teratai** nach TAHUNA jeden Mo, Mi und Fr in 10 Std. für 17 000 Rp. Zurück jeden Di, Do und Sa.
Die **KM. Solafide** Mo nach TOLI TOLI für 32 000 Rp. Tickets am gleichen Tag am Hafen.
Küstenschiffe schippern nach KWANDANG für 10 000 Rp. Ab hier kann man weiter nach TOLI TOLI für ca. 12 000 Rp, und von da nach Kalimantan. Von Bitung fährt 3x pro Woche ein Schiff für 20 000 Rp nach GORONTALO.
1 - 2x im Monat fährt die **KM. Surya** in 50 Std. mit Stop in Tahuna nach DAVAO, 120 000 Rp.

**Tauchbasen**

Folgende Basen bieten Tauchern ein Komplettpaket für US$80 - 100, in dem Unterkunft, Verpflegung und Touren zum Riff, 2 Tauchgänge sowie die entsprechende Ausrüstung enthalten sind. Es empfiehlt sich jedoch, einen eigenen Tauchanzug mitzubringen. Schnorcheln ist zumeist um US$25 billiger. Wer nur zum Tauchen geht und nicht in den Tauchbasen wohnt, zahlt für die Tagestour US$65, wer nur schnorchelt US$35. Nichtschwimmer können Ausflüge mit Glasbodenbooten für US$20 unternehmen, es lohnt sich! Von den Tauchbasen in **Molas**, 8 km nördlich von Manado, ist die Anreise zu den Tauchgebieten kürzer, aber es gibt hier keinen Strand, sondern nur Mangroven. Nach Molas mit dem Oplet (einmal umsteigen, jeweils 300 Rp).
*NUSANTARA DIVING CENTRE,* Molas Beach, P.O. Box 1015, Manado 95001, tel 0431 / 63988, fax 60368. Loky Herlambang hat diesen ersten Tauchclub aufgebaut. Übernachtung in Zimmern mit Fan für US$10, Bungalows mit Fan für US$20, solide Häuser mit ac, Bad/WC und Heißwasser für US$40, sehr gute Verpflegung, Tauchausrüstung, ausgebildete Tauchführer. Es werden auch Tauchkurse für Anfänger und Fortgeschrittene angeboten.
*BARRACUDA DIVING RESORT,* in Molas, tel 66249, fax 64848, liegt an einem Hang mit Aussicht aufs Meer. Bungalows für US$30, Cottages US$15, Zimmer mit Bad, heißem und kaltem Wasser, das manchmal knapp wird. Die Küche ist nicht sehr abwechslungsreich.

Auch die Strände südlich der Stadt sind ein beliebtes Ausflugsziel und Standort mehrerer Tauchbasen. Von der Busstation Malalayang fahren Oplet für weitere 250 Rp hierher.
Am **Malalayang Beach** steht das *TIRTA SATWA DIVING CENTRE* von Ricky Lasut. Adresse: Malalayang I, Lingkat IV, P.O. BOX 82, tel 3822. Mehrere Leser waren von Ricky begeistert. Er spricht gut Deutsch und ist sicherheitsbewußt. Er bietet ebenfalls Unterkünfte**** an. Ein Aufenthalt auf der Insel Siladen kann über die Tauchbasis organisiert werden.
*MUREX*, Jl. Jend. Sudirman 28, tel 52116, 66280, im Süden, am **Kalasey Beach**, hat Zimmer mit Fan (US$30) oder ac (US$35) und Cottages (US$28). Die Preise für Tauch- und Schnorchelausflüge sind ähnlich wie bei den anderen Basen. Komplettpreis: US$90.

## Pulau Bunaken

Ein 75 000 ha großes Gebiet rings um die Inseln **Montehage**, **Nain**, **Bunaken**, **Siladen** und **Manado Tua** wurde als Marine-Nationalpark ausgewiesen, denn hier erwarten den Besucher einige der besten Korallenriffe Indonesiens. Das Zentrum ist die Insel Bunaken, die mit Mangroven und Kokospalmen bewachsen ist und auf der etwa 3500 Menschen leben.

An der südlichen Spitze der halbmondförmigen Insel befindet sich das Dorf **Bunaken**. Am besten erschlossen ist der geschwungene Strand in der **Teluk Liang** an der Südküste. An dem weißen Sandstrand unter schattenspendenden Mangroven verbringen die Teilnehmer von Tauchfahrten und Ausflügler vom Festland ihre Mittagspause. Nach der Abfahrt ihrer Boote ist es wieder ruhig, und nur wenige Touristen bleiben zurück. Von den Fischern können Einbäume mit Ausleger gemietet werden, um auf das Riff hinauszufahren. Leider sind die meisten Korallen direkt am Strand durch die Boote zerstört worden, und das Wasser ist sehr flach. Interessanter sind die Riffe weiter draußen, so daß auch für Schnorchler die Teilnahme an einem Tauchausflug lohnt.

Die vielfarbigen Korallenriffe, die die Inseln umgeben, weisen eine außergewöhnliche Artenvielfalt auf und werden von zahlreichen bunten Korallenfischen belebt. Unter Tauchern gelten sie als eines der besten und abwechslungsreichsten Tauchgebiete der Welt. Einige Riffe liegen nur knapp unter der Wasseroberfläche, andere fallen mehrere hundert Meter steil ab. Die abfallenden Riffe von Lekuan und Alungbanua eignen sich vor allem zum Tauchen, während die Insel Siladen ein beliebtes Schnorchel-Ziel ist; allerdings muß man hier manchmal mit starken Strömungen rechnen - am sichersten ist man an dem Riff vor Pantai Liang, Pulau Bunaken.

Am Barakuda Point ist die Chance, Haie zu Gesicht zu bekommen, am größten (Angriffe von Haien sind uns nicht bekannt). Eine weitere Abwechslung verspricht ein Wrack vor Molas (gut zum Nachttauchen) und ein Unterwasservulkan. Bis zu einer Tiefe von 10 - 15 m (bei gutem Wetter bis zu 30 m) hat man gute Sicht. Die meisten Fische sind in 2 - 20 m Tiefe anzutreffen. Da die Strömung manchmal recht stark ist, braucht man Boote, die einen begleiten. Beste Zeit: April bis November.

### ÜBERNACHTUNG UND ESSEN

**PANTAI LIANG** - an dem langen Strand von Teluk Liang stehen einfache Restaurants und mehrere Reihenhäuser**, die Zimmer mit Verpflegung anbieten und bei Interesse die Teilnahme an einem Tauch- oder Schnorchelausflug organisieren, z.B. Tante Stien im
*LOSMEN SWADAYA***, links der Anlegestelle,
*HOMESTAY IBU KONDA***, oder *PRG'S***.

Die soliden Bungalows der Regierung direkt an der Anlagestelle stehen meist leer.
*BASTIANO'S BEACH FRONT COTTAGE****, wie auch einige andere, rechts davon parallel zum Strand. Einfache Holzbungalows mit großem Bett und eigenem Bad.
Das Problem am Pantai Liang ist der Mangel an Frischwasser, das zum Waschen und Duschen nur begrenzt zur Verfügung steht.

**KAMPUNG BUNAKEN** - 500 m westlich des Ortes steht
*LOSMEN DANI***, gutes Essen, schönes Riff vor der Tür, Schnorchelausrüstung kann kostenlos ausgeliehen werden.

**SILADEN** - Auch auf dieser Insel sind Unterkünfte vorhanden, die über das Tirta Satwa-Tauchzentrum gebucht werden können, außerdem der angenehme *MARTHA'S HOMESTAY*.

### TRANSPORT

Motorisierte Auslegerboote fahren meist gegen 14.00 Uhr von einer Anlegestelle an der Flußmündung hinter einem Geschäftshaus gegenüber dem Hafen von MANADO in 1 Std. für 2500 Rp nach Bunaken. Infos im Kopra-Geschäft Toko Samudra auf der anderen Flußseite gegenüber der Anlegestelle. Bei Übernachtung auf der Insel ist der Transfer im Preis inklusive.

## Airmadidi

Ab Paal Dua Oplet Station in Manado fahren Oplet für 500 Rp in diesen kleinen Ort am Fuße des Vulkankegels **Gunung Klabat** (2002 m). Die Wälder an seinen Hängen, ein Naturreservat (5670 ha), beheimaten eine vielfältige Fauna und seltene Orchideen.

Bekannt ist Airmadidi für die zahlreichen Waruga in der Umgebung: etwa 3 km abseits der Hauptstraße stehen auf einem kleinen Friedhof 135 Exemplare, die aber kleiner und nicht so kunstvoll gearbeitet sind wie die in Sawangan.

**Waruga**

Eine ungewöhnliche Bestattungsform findet man in Nord-Sulawesi. In hohen Steinsärgen wurden die Toten in sitzender Position bestattet.
Männer erhielten als Grabbeigabe ihre Waffen, während Frauen Schmuck (Armreifen, Ketten) und chinesisches Porzellan mitgegeben wurde.
Die oben offenen, bis zu 1000 Jahre alten Steinsärge wurden mit schweren, dachförmigen Deckeln verschlossen, die sie wie kleine Tempel aussehen lassen. Die Dächer und Wände einiger Waruga sind mit hübschen Steinmetzarbeiten verziert. Die Motive sind vielfältig und reichen von abstrakten Ornamenten bis zu Personendarstellungen mit eindeutigen Geschlechtsmerkmalen. Auf Frauengräbern sind oft Geburtsszenen dargestellt.

### Sawangan

Eine kurvenreiche Straße führt von Airmadidi Richtung Tondano durch das schmale Tal des Tondano-Flusses mit einer üppigen Vegetation aus Bambus, Kokospalmen, Obst- und Nelkenbäumen. Nach 4,5 km erreicht man Sawangan (Oplet ab Abzweigung 300 Rp). Ein ausgeschilderter Pfad führt von der Hauptstraße 100 m nach links zum Friedhof. Hinter dem neuen Bereich stehen 144 Waruga, die zum Teil auch für Ausländer errichtet wurden. Deutlich sind die abgebildeten Holländer, Portugiesen und Deutschen an ihrer europäischen Kleidung zu erkennen. Ein Teil der Grabbeigaben ist in einem kleinen Museum im Wohnhaus neben dem Friedhof zu besichtigen, falls ein Familienmitglied anwesend ist. Es wird eine Spende erwartet.

# Danau Tondano

Die kurvenreiche Straße von Airmadidi nach Tondano verläuft parallel zum Tondano River. Kurz vor dem Ziel sieht man links der Straße Tunnel, die japanischen Besatzungssoldaten als Vorratslager dienten. Besser ausgebaut ist die 36 km lange Strecke über die nette Kleinstadt **Tomohon**.

Nach der Fahrt auf einer steil ansteigenden Straße hinauf in die spürbar kühleren Berge laden mehrere Ausflugsrestaurants in **Tinoor** zu einem Zwischenstop ein. Sie locken mit einer herrlichen Aussicht auf die Bucht von Manado und die vorgelagerten Inseln. Hier wird traditionelle Minahasa-Küche zubereitet, d.h. neben Goldfischen stehen auch Gerichte aus dem Fleisch von Hunden, Mäusen und Fledermäusen auf der Speisekarte.

## Tondano

Zahlreiche Kirchen zeugen davon, daß Tondano ein bedeutendes Zentrum christlicher Mission ist. Der Ort, 600 m über dem Meeresspiegel, liegt inmitten einer hügeligen Landschaft, die von den beiden Vulkanen **Gunung Lokon** und **Gunung Mahawu** überragt wird. Zu seinen Füßen erstreckt sich im Süden der etwa 50 $km^2$ große Tondano-See inmitten einer leuchtend grünen Umgebung. Zum Wasser hin gehen die Reisfelder in ein Sumpfgebiet über, in dem Pferde weiden und Enten gezüchtet werden.

Das kühle Hochlandklima bietet die Möglichkeit zu schönen Wanderungen. Wer nicht gut zu Fuß ist, kann mit einer der Pferdekutschen fahren, die in den Straßen von Tondano auf Kunden warten. Für eine einstündige Fahrt zum 3 km entfernten See und zurück zahlt man etwa 3000 Rp. Für eine Tagestour rund um den Tondano-See benötigt man ein bis zwei Ersatzpferde oder ein motorisiertes Fahrzeug.

## Am See

Nur selten fahren öffentliche Verkehrsmittel auf der schmalen Straße am See entlang. Landschaftlich reizvoll ist die Strecke bis **Remboken** am Westufer. Dort gibt es ein Restaurant, einen kleinen Park mit einem Pool und Geschäfte, die Töpferwaren aus dem nahegelegenen Ort Kaima verkaufen. In der Mitte des Sees liegt die kleine Insel **Likri**.

Zum Unabhängigkeitstag und zum Nord-Sulawesi-Tag am 23. September werden in **Tontimomor**, einem kleinen Dorf am Westufer, Stierrennen veranstaltet. Traditionelle Musik mit Bambusflöten *(Bulu* = Bambus) wird besonders im Dorf **Tara Tara** gepflegt, wenige Kilometer westlich von Tomohon.

### ÜBERNACHTUNG

Übernachten in Tondano im empfehlenswerten *HOTEL ASRI***-*****, am zentralen Alun-Alun nahe der Kirche, oder zwei Straßen weiter im *WISMA NUSANTARA****, Jl. A. Yani, nicht so gut.

### TRANSPORT

Zwei Wege führen zum See:

Wer in AIRMADIDI ist, kann vom Terminal im Ort ein Oplet für 600 Rp nach Tondano nehmen. Da sie immer voll abfahren, ist es nicht möglich, unterwegs in Sawangan zuzusteigen.

Häufiger befahren ist die 36 km lange Strecke über TOMOHON.

Von dort geht es für 500 Rp mit einem Oplet nach Tondano.

Ab Karombasan Station in MANADO fahren Oplet für 1000 Rp direkt bis Tondano oder für 650 Rp bis Tomohon.

# Malaysia

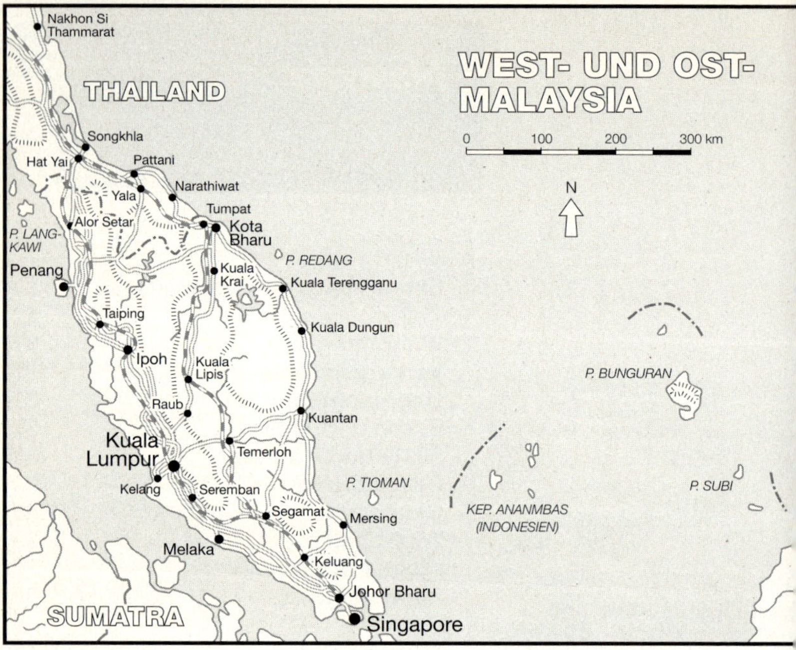


*Etwa die Hälfte Malaysias ist noch immer von tropischen Regenwald bedeckt - zusammen mit den Bundesstaaten Sarawak und Sabah, die beide etwa 1500 km entfernt auf der Insel Borneo liegen, kommt man sogar auf einen Prozentsatz von knapp 60%. Aber auch hier, ähnlich wie in den anderen Regionen Südostasiens, wird der Dschungel unbarmherzig abgeholzt, werden für Straßenbau breite Schneisen in den Wald geschlagen und drängen endlose Palmöl- oder Gummiplantagen den tropischen Regenwald mehr und mehr zurück .*

*Die meisten Menschen leben an der Westküste der malaiischen Halbinsel, die überwiegend von der chinesischen Bevölkerungsgruppe geprägt ist. Kuala Lumpur, Melaka, Ipoh, Taiping oder Penang sind beinahe rein chinesische Städte mit einigen malaiischen und indischen Einsprengseln. Daneben ist das britische, koloniale Erbe noch immer zu erkennen. Die alten Verwaltungsgebäude haben zwar malaiische Aufschriften bekommen, und in den prunkvollen Landhäusern wohnen begüterte Malaysier, dennoch ist die längst vergangene Atmosphäre präsent. Zinnminen, Ölpalm- und Kautschukplantagen erstrecken sich von Perlis an der Grenze zu Thailand bis nach Johor Bharu. Die Industrialisierung schreitet vor allem im Klang Valley westlich der Hauptstadt Kuala Lumpur und um Johor Bharu ganz im Süden des Landes gelegen, voran.*

*Ganz anders dagegen die Ostküste der Halbinsel, wo der malaiische, islamische Einfluß vorherrscht. Hier kann man in den Kampungs am Meer das Leben von Fischer und Bauern beobachten, und alles geht einen geruhsameren Gang*

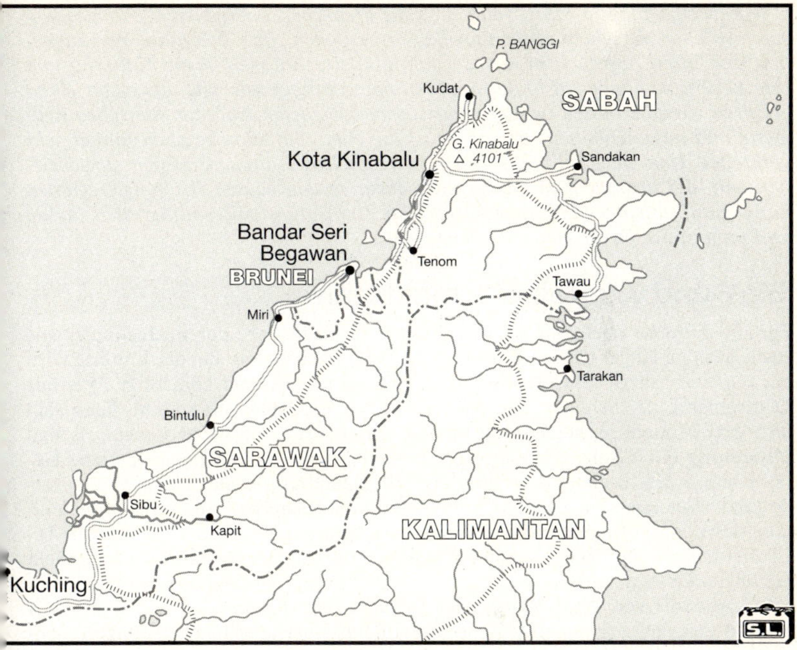


*als an der Westküste. Vor der Ostküste liegen zahlreiche Inseln und farbenprächtige Korallenriffe, die zum Schnorcheln und Tauchen einladen. In den Monaten Mai bis September schleppen sich Riesenschildkröten an Land, um in den sandigen Stränden ihre Eier zu vergraben. Zwischen diesen beiden recht unterschiedlichen Landeshälften Peninsular Malaysias liegen weite Gebiete immergrünen, tropischen Regenwaldes. Gut erreichbar ist einer der größten Nationalparks Südostasiens, der Taman Negara, der allein beinahe doppelt so groß wie das Saarland ist. Die Wälder sind die Heimat der Orang Asli, der Ureinwohner der malaiischen Halbinsel. Sarawak und Sabah an der Nordküste von Borneo gehören zwar politisch zur Föderation von Malaysia, unterscheiden sich aber geographisch und ethnisch sehr vom Festland. An den Flußläufen siedeln verschiedene Dayak-Stämme in den für Borneo typischen Langhäusern.*

*Malaysia ist ein besonderes Reiseland. Wer Strand- und Nachtleben wie in Kuta Beach oder Ko Samui erwartet, wird enttäuscht sein, denn an den malaysischen Küsten geht es, von wenigen Orten abgesehen, eher ruhig, beschaulich und konservativ zu. Versunkene Ruinenstädte und märchenhafte Paläste aus vergangenen Jahrtausenden gibt es in Malaysia nicht, auch die dramatisch-schönen Bilderbuchlandschaften mit den fotogenen, folkloristisch gekleideten Einheimischen sind schwer zu finden. Alles, was „normale" Touristen sich wünschen - hier ist es vorhanden, aber vielleicht eben doch nicht so perfekt, so spektakulär, so preiswert oder so fotogen wie anderswo in Südostasien.*

*Wer nach Malaysia fährt, sollte sich für Menschen interessieren. Für das Zusammenleben verschiedenster Bevölkerungsgruppen, ihre koloniale Vergangenheit und ihren Aufbruch in das 21. Jahrhundert, ihre vielfältigen Kulturen und ihre Lebensumstände. In Malaysia kann man darüber sehr viel aus erster Hand erfahren. Gerade in den weniger touristischen Gebieten sind die Menschen neugierig und aufgeschlossen, außerdem ist die englische Sprache noch immer sehr verbreitet. Und wer sich völlig von den westlichen Touristenströmen zurückziehen will, der hat reichlich Gelegenheit dazu. In den wilden Dschungelregionen kann man, entsprechend ausgerüstet, die Zivilisation völlig hinter sich lassen und unberührte Natur kennenlernen.*

## Ein- und Ausreiseformalitäten

Für die Einreise nach Malaysia benötigt man einen Paß, der noch mindestens sechs Monate länger gültig ist, als man im Land bleiben will. Bei der Einreise wird ein *visit pass* ausgestellt, der zum dreimonatigen Aufenthalt berechtigt. Wer aus Deutschland, der Schweiz, den Niederlanden oder Österreich kommt, kann sich also drei Monate in Malaysia aufhalten, ohne vorher bei einer konsularischen Vertretung ein Visum zu beantragen. Einen *Visit Pass* kann man für eine Gebühr von 5 M$ in einem Immigration Office auch um jeweils einen Monat verlängern. Wer noch länger bleiben will, reist vor Ablauf der Aufenthaltsgenehmigung kurz in ein Nachbarland aus. Schwierigkeiten treten an der Grenze nur bei Leuten auf, die heruntergekommen aussehen und gegebenenfalls zu wenig Geld vorzeigen können - in diesem Falle könnte man sogar zurückgewiesen werden.

Bei Ankunft von West-Malaysia in Sarawak oder Sabah wird ein neuer *Visit Pass* in den Paß gestempelt, der die Aufenthaltsdauer aber nicht verlängert, sondern sich an der ursprünglich in West-Malaysia festgelegten Frist orientiert. Wer direkt in Sabah oder Sarawak einreist, dem wird der *Visit Pass* bei einer eventuellen späteren Einreise in West-Malaysia anerkannt.

### BOTSCHAFTEN VON MALAYSIA

#### IN EUROPA

**Botschaft in Deutschland**:
Mittelstr. 43, D 53175 BONN-Bad Godesberg, tel 0228/376803-6, fax 376584, geöffnet Mo - Fr 9.00 - 12.30 Uhr.
**Botschaft in Österreich**:
Prinz-Eugen-Straße 18, A 1040 WIEN, tel 0222/5051042/1569, fax 5057942.
**Botschaft in den Niederlanden**:
Rustenburgweg 2, NL 2517 THE HAGUE, tel 07/3506506, fax 3506536.

#### IN DEN NACHBARLÄNDERN

**Botschaft in Thailand**:
25 South Sathorn Road, Bangkok, tel 2861190, geöffnet tgl. 8.00-12.30 und 14.00-15.30 Uhr; **Konsulat** in SONGKHLA, 4 Sukhum Road, tel 311062.
**Botschaft in Singapore**:
301 Jervois Road, tel 2350111, geöffnet Mo-Fr 8.15-12.15, 13.45-16.00 Uhr, Sa 8.15-13.00 Uhr.
**Botschaft in Indonesien:**
17 Imam Bonjol, JAKARTA, tel 336438, geöffnet Mo-Do 8.00-12.30 Uhr und 14.00-16.00 Uhr, Fr 13.30-16.00 Uhr;
**Konsulate:** in MEDAN, Jl. Diponegoro, tel 25315; in PEKANBARU, Jl. Diponegoro 59, tel 22305, in PONTIANAK, Jl. Jend. A. Yani 42, tel 2986.
**Botschaft in Brunei**:
Lot 12-15, 6th Floor, POB 2826, BANDAR SERI BEGAWAN, tel 28410, geöffnet Mo-Do und Sa 8.00-16.15 Uhr.
**Botschaft auf den Philippinen**:
107 Tordesillas Street, Salcedo Village, Makati, MANILA, tel 8174581, geöffnet tgl. 8.30-12.30, 13.00-16.30 Uhr.

### BOTSCHAFTEN DER NACHBARLÄNDER IN MALAYSIA

**Botschaft von Brunei:**
110 A Jl. U Thant, KUALA LUMPUR, tel 4562635, geöffnet Mo - Fr 8.30 - 12.30 Uhr und 13.30 - 16.30 Uhr.

**Botschaft von Burma (Myanmar):**
5 Taman U Thant 1, KUALA LUMPUR, tel 2423863, geöffnet Mo - Fr 14.00 - 17.00 Uhr.

**Botschaft von Indonesien:**
233 Jl. Tun Razak, KUALA LUMPUR, tel 9842011, geöffnet Mo - Fr 8.00 - 16.00 Uhr; **Konsulate** in PENANG, 467 Jl. Burma, tel 25162, geöffnet Mo - Fr von 8.30 - 16.30 Uhr; in KUCHING, 1A Jl. Pisang, tel 241734, geöffnet Mo - Fr 8.00 - 12.00 und 14.00 - 16.00 Uhr; in KOTA KINABALU, 1 Jl. Karamunsing, tel 54100, geöffnet Mo - Fr 8.00 - 16.00 Uhr, außerdem Konsulat in TAWAU.

**Botschaft von Thailand:**
206 Jl. Ampang, KUALA LUMPUR, tel 2488222, geöffnet Mo - Fr 9.00 - 13.00 Uhr und 14.00 - 17.00 Uhr; **Konsulate** in PENANG, 1 Jl. Tunku Abdul Rahman, tel 23352, geöffnet Mo - Fr 9.00 - 12.00 Uhr und 14.00 - 16.30 Uhr und in KOTA BHARU, 4426 Jl. Pengkalan Chepa, tel 782545, geöffnet So - Do 9.00 - 12.30 Uhr und 14.00 - 16.30 Uhr.

**Botschaft von Indien:**
Wisma Selangor Dredging, 20th fl., West Block, Jl. Ampang Ecke Jl. P. Ramlee, KUALA LUMPUR, tel 2617000, geöffnet Mo - Fr 9.00 - 12.30, 15.00 - 17.30 Uhr.

**Botschaft von den Philippinen:**
1 Changkat Kia Peng., KUALA LUMPUR, tel 2484233, geöffnet Mo - Fr 8.30 - 12.00 Uhr und 13.30 - 16.00 Uhr.

**Botschaft von Singapore:**
209 Jl. Tun Razak, tel 2616277, geöffnet Mo - Fr 8.30 - 13.00 Uhr und 14.00 - 17.00 Uhr.

**Botschaft von Sri Lanka:**
2A Jl. Ampang Hilir, KUALA LUMPUR, tel 4510000. Öffnungszeiten telefonisch erfragen.

**Botschaft von Vietnam:**
4 Persiaran Stonor, KUALA LUMPUR, tel 2484036, geöffnet Mo - Fr 8.00 - 16.30, Sa 8.00 - 12.00 Uhr.

## Zoll

Üblicherweise darf man 200 Zigaretten, 1l alkoholische Getränke und Kosmetika bis zu einem Wert von 200 M$ zollfrei einführen. Daneben braucht man für Lebensmittel bis zu einem Wert von 75 M$ und andere Geschenke bis zu einem Wert von 200 M$ keinen Zoll zu zahlen. Teurere Geschenke müssen verzollt werden. Normalerweise müssen 50% des Neuwertes (Kaufbeleg hilfreich) gegen Quittung als Pfand hinterlegt werden und bei der Ausreise mit dem Objekt bekommt man das Geld zurück. In Singapore gibt es keine Beschränkungen bei der Einfuhr von Kosmetika, HiFi, Kameras und Elektronik.

Die Ausfuhr von **Antiquitäten** ist nur mit Genehmigung der Museumsbehörde von Malaysia gestattet. Antiquitäten, die schon bei der Einreise mitgeführt werden, müssen unbedingt deklariert werden.

Die strengen **Drogen**gesetze in Malaysia und Singapore sollten auf keinen Fall auf die leichte Schulter genommen werden - und zwar schon vor der Grenze. Der Besitz von Marihuana und Haschisch in jeder Quantität ist strafbar. Bereits der vergessene Krümel eines Thai-Sticks kann den Nachlässigen ins Gefängnis bringen. Wer mehr als 15 g besitzt, gilt als Händler und kann zum Tode verurteilt werden. Daß Todesurteile auch an Ausländern gnadenlos vollstreckt werden, hat gerade Malaysia mehrfach vorexerziert.

**Wir warnen dringend davor, Drogen mit über die Grenzen zu nehmen!** Besonders beim Grenzübertritt von Thailand nach Malaysia sollte man sehr darauf achten, daß keine Drogen von Fremden ins Gepäck geschmuggelt wurden.

## Währung

Währungseinheit ist der malaysische Ringgit (RM) mit 100 Sen (¢). Die frühere Bezeichnung malaysischer Dollar (M$) wird fast nicht mehr gebraucht. Im Umlauf sind Banknoten zu 1, 5, 10, 20, 50, 100, 500 und 1000 RM sowie Münzen zu 1, 5, 10, 20, 50 Sen sowie (selten) 1 RM.

Der Wechselkurs zum Brunei- und Singapore-Dollar war bis vor ein paar Jahren noch 1:1:1. Heute ist der S$ und B$ viel höher bewertet. Es bestehen keinerlei Restriktionen für die Ein- und Ausfuhr von RM und anderen Währungen. Das monatliche Pro-Kopf-Durchschnittseinkommen beträgt etwa 600 RM. Wie bei jeder Statistik muß man berücksichtigen, daß wenige sehr viel und viele sehr wenig verdienen. Der Verdienst eines Großteils der ländlichen Bevölkerung liegt weit unter dem Existenzminimum von ca. 400 RM monatlichem Familieneinkommen. Man nimmt an, daß etwa dreiviertel aller Reisbauern, Kokospalmenpflanzer und Fischer unterhalb der Armutsgrenze leben. Die Monatslöhne der Plantagenarbeiter in Kautschukplantagen liegen bei etwa 350 RM, die der Vorarbeiter etwas darüber. Allerdings bringen weibliche Arbeiter oder Unkrautjäter noch weniger Geld mit nach Hause.

Eine preiswerte Nudelsuppe kostet 1,50 - 3 RM, 1 kg Reis 1 RM und 1 kg Fisch um 5 RM.

**WECHSELKURSE (STAND: FRÜHJAHR 1995)**

| | | | | | |
|---|---|---|---|---|---|
| 1 US$ | = | 2,56 RM | 1 DM | = | 1,63 RM |
| 1 SFR | = | 1,92 RM | 1 ÖS | = | 0,23 RM |

**Inflationsrate** (Jährl. Anstieg der Verbraucherpreise): **3,1%**

## Verkehrsmittel

Malaysia ist in Bezug auf seine **Infrastruktur** das am weitesten und besten entwickelte Land Südostasiens. Ein ausgezeichnetes Straßensystem wird durch eine Nord-Süd-Eisenbahnlinie ergänzt, die auch eine Abzweigung nach Nordosten besitzt. Parallel dazu ermöglicht die neue Autobahn entlang der Westküste von Singapore nach Thailand eine gute Verkehrsanbindung der großen Städte. Inlandsflüge sind relativ billig und besonders für die Verbindung nach Sarawak und Sabah von Bedeutung, während sie innerhalb von West-Malaysia, Sarawak und Sabah durch den Ausbau des Straßennetzes zunehmend an Bedeutung verlieren.

Der East-West-Highway stellt im Norden West-Malaysias die Verbindung zur Ostküste her, so daß die Möglichkeit besteht, die Halbinsel mit Bussen, Überlandtaxen oder einem Mietwagen zu umrunden. Eine weniger befahrene Straße führt von Kuala Lumpur über Kuala Lipis und Gua Musang nach Kota Bharu.

Auf dem durchgehend asphaltierten Trans-Sabah-Highway fahren Busse von Kota Kinabalu bis Tawau - allerdings ist die Teilstrecke zwischen Ranau und Sandakan mit Schlaglöchern übersät. Von der Straßenverbindung von Kota Kinabalu nach Süden fehlt nur noch ein Teilabschnitt zwischen Lawas und Bangar (Brunei). Von Bandar Seri Begawan nach Süden verzögern einige Fähren den Verkehrsfluß. Allerdings soll der geplante Trans-Sarawak-Highway um Brunei herumführen. Damit wäre eine durchgehende Straßenverbindung zwischen Kuching und Tawau geschaffen. Neben der gut ausgebauten Küstenstraße verfügt Sarawak über einige Stichstraßen ins Landesinnere. Dennoch sind große Landesteile noch immer nur mit dem Boot oder auch zunehmend auf den *Logging Roads* der Holzgesellschaften zu erreichen.

Der Straßenbau wird im ganzen Land enorm vorangetrieben, deshalb können sich unsere Informationen schnell ändern. Man kann durchschnittlich 300 km in Peninsular Malaysia pro Reisetag ohne größeren Streß bewältigen, soweit es sich um Fahrten mit Fernbussen auf durchgehend asphaltierten Straßen oder um Eisenbahnfahrten handelt. Während der Schulferien und an wichtigen Feiertagen (v.a. chinesisches Neujahr, Hari Raya, Weihnachten) sind alle Transportmittel überfüllt. Deshalb sollte man unbedingt für diese Zeit rechtzeitig einen Platz buchen.

## Busse

Mit **lokalen Bussen** läßt sich jedes Dorf erreichen, sofern es eine Straße gibt. Da sie überall halten, um Passagiere aufzunehmen oder abzusetzen, kann eine Fahrt von 30 km durchaus eine Stunde und länger dauern. Minibusse verkehren nur in der Umgebung einiger großer Städte. Sie fahren zumeist ohne festen Fahrplan immer dann ab, wenn sie voll sind.

**Fernbusse** sind wesentlich schneller und zuverlässiger. Zwischen den großen Städten West-Malaysias verkehren klimatisierte Expressbusse von *Ekspres Nasional Berhad*, für die Tickets in den Büros der Busgesellschaften erhältlich sind. Manchmal werden auch verteuerte Tickets von Schleppern vor den Büros verkauft, zum Teil mit falschen Angaben über bereits ausgebuchte Busse. Und noch eine Warnung: Unterwegs auf keinen Fall Essen oder Getränke von Fremden annehmen! Es ist schon passiert, daß Touristen am Ende der Busreise aus einem tiefen Schlaf erwachten und ohne Gepäck dastanden. Ansonsten ist das Busreisen ziemlich unproblematisch und obendrein noch preiswert. In den meisten Städten sind die Busbahnhöfe zentral gelegen und zudem Halteplätze für die

## Überlandtaxis - Kereta Sewa

Man findet die Adressen von Taxiunternehmen auch in den „Gelben Seiten". Die schnellen Taxis dürfen laut Gesetz vier Personen befördern. Entsprechend gilt es am Taxihalteplatz zu warten, bis vier Personen mit gleichem Fahrtziel eingetroffen sind. Mietet man zu Zweit oder Dritt ein Taxi, müssen die freigebliebenen Plätze mitbezahlt werden. Die Fahrpreise dieses überaus schnellen und bequemen Transportmittels liegen leicht über denen einer 2. Klasse Eisenbahnfahrt. Lokale Busse sind etwa halb so teuer.

## Eisenbahn

Auf der Hauptlinie Singapore - Penang (787 km) verkehren **Ekspres Rakyat / Ekspres Sinaran** Züge, die nur in einigen Orten halten, also schneller sind. Die Plätze sind reserviert, und je nach Art des Zuges hat man die Wahl zwischen einer klimatisierten und einer nicht klimatisierten Klasse.

Besonders auf längeren Nachtfahrten lohnt es sich, in Express Zügen ein **Bett** zu buchen. Es kostet in der zweiten Klasse non-ac 7,50 RM oben und 10 RM unten, in der zweiten Klasse ac 11,50 RM oben und 14 RM unten sowie in der ersten Klasse 25 RM (ac).

In den **Internationalen Expreßzügen** nach Bangkok kosten die Liegewagen in der ersten Klasse (ac) 22,60 RM, in der zweiten Klasse 13,60 RM unten bzw. 9,10 RM oben, sowie in der zweiten Klasse (ac) 22,60 RM unten und 18,10 RM oben.

Es ist möglich, bereits 30 Tage für die 1., 2. und 3. Klasse im voraus das Ticket zu **buchen**, wenn eine Platz- bzw. Bett-Reservierung vorgenommen wird. Fahrtunterbrechungen sind nur bei Reisen über 200 km möglich. Kinder zwischen 4 und 12 Jahren zahlen den halben Preis, kleinere Kinder fahren umsonst. Freigepäck: 1. Klasse 60 kg, 2. Klasse 35 kg und 3. Klasse 25 kg.

### RAILPASS

Für US$ 55 (bzw. US$ 120) gibt es einen **Railpass** zu kaufen, mit dem ausländische Touristen 10 Tage (30 Tage) sämtliche Züge in allen Klassen auf der Malayan Railway benutzen können. Mehrkosten entstehen nur, wenn man ein Bett bucht. Zu erhalten ausschließlich in den Bahnhöfen von Singapore, Kuala Lumpur, Butterworth, Pasir Mas, Wakaf Bharu, Alor Setar und Padang Besar. Außerdem gibt es für Studenten und Personen unter 30 Jahren einen sogenannten **Eurotrain Explorer Pass**, der ebenfalls auf dem gesamten Netz der KTM Gültigkeit besitzt. Er gilt 7, 14 oder 21 Tage und kostet US$36, US$48 bzw. US$60. Die Pässe lohnen sich nur, wenn man seine Reise „bahngerecht" plant, denn viele Touristenziele liegen nicht an einer Bahnstrecke.

## Mietwagen

**West-Malaysia** läßt sich gut mit dem eigenen Fahrzeug erkunden. Renommierte Firmen vermieten Autos in allen größeren Städten Malaysias und in Singapore. Avis, Hertz und Sintat haben nur schwer vergleichbare, unterschiedliche **Tarife**. So gibt es spezielle Tages- oder Wochenendtarife mit begrenzter Kilometerzahl oder Ausflugstarife ohne Kilometerbegrenzung. Einige Firmen bieten verbilligte Standby-Tarife an, oder gewähren eine Ermäßigung, wenn das Auto frühzeitig gebucht wird. Wer ein Auto für einen längeren Zeitraum mietet, kann immer handeln. Man bekommt schon für ca. 1500 RM einen Kleinwagen (3 Wochen *unlimited mileage,* inkl. Versicherung).

Bei internationalen Firmen sollte man annehmen, daß man einen guten Wagen bekommt. Sie besitzen vielfach gleich am Flughafen einen Schalter und gegebenenfalls einen Zubringerdienst, womit man zusätzliche Wege spart. Zudem besteht die Möglichkeit, das Auto am Ort A zu mieten und am Ort B abzugeben. Kleinere Firmen verlangen eine Rückgabe am selben Ort, sind allerdings dafür oft etwas billiger.

In **Sarawak** und **Sabah** fahren nur wenige Touristen selbständig umher, denn die Mietpreise sind wesentlich höher als auf der Halbinsel, die Straßen schlechter und viele interessante Orte mit dem Wagen überhaupt nicht zu erreichen.

In Malaysia genügt für Deutsche der nationale **Führerschein**. Es empfiehlt sich, für täglich 10 - 12 RM eine **Zusatzversicherung** *(collision damage waiver)* abzuschließen, um die Eigenbeteiligung in Höhe von 2000 RM bei Schäden am Mietwagen aufzuheben.

## Schiffe

Zwei Schiffe, die *Selesa Ekspres* und die *Ekspres Bahagia* verkehren mehrmals wöchentlich auf den Routen von Penang nach Langkawi und Medan und zurück (s.S. 455). Andere internationale Verbindungen bestehen zwischen Port Kelang, Lumut und Melaka nach verschiedenen Häfen in Sumatra (siehe unter den jeweiligen Orten).

Weitere **Fähren** gibt es in West-Malaysia von Kuala Perlis und Kuala Kedah nach Langkawi, von Lumut nach Pangkor, von Mersing nach Tioman, Rawa und den anderen vorgelagerten Inseln sowie von Kuala Besut auf die Perhentian-Inseln. Während der Regenzeit stellen die kleineren Boote, vor allem an der Ostküste, fast alle ihren Betrieb ein.

In Sarawak und Sabah sind **Flußboote** verschiedenster Art und Größe ein wichtiges Transportmittel. Die großen Flüsse sind allesamt schiffbar, und auf ihnen kann selbst das abgelegenste Langhaus an der Grenze zu Indonesisch-Kalimantan erreicht werden. Gibt es keine regelmäßig verkehrenden Linienboote, hat man nur zwei Möglichkeiten: Entweder ein Boot zu chartern, was sehr teuer ist, oder an den Bootsanlegestellen zu warten. Das erfordert viel Zeit, ist aber die beste Möglichkeit ins Landesinnere vorzustoßen. Voraussetzung sind Grundkenntnisse der malaiischen Sprache, die auch in Borneo allgemeine Verkehrssprache ist. Besonders in der Trockenzeit, wenn die Flüsse in den Oberläufen nicht soviel Wasser führen, gilt es oft, am Flußufer entlangzumarschieren oder das Boot durch das seichte Wasser zu schieben. An Wasserfällen muß es sogar durch den Dschungel getragen werden. In der Trocken- wie Regenzeit sind Stromschnellen gefährlich, außerdem treiben immer wieder entwurzelte Bäume den Fluß hinunter. Entlang der Küste zwischen Kuching und Tawau kann man mit Dampfern oder anderen Schiffen von Ort zu Ort schippern, zum Teil verkehren auch Speedboats. Linienverbindungen sind im Routenteil aufgeführt. Fluß- und Küstenboote fahren von Brunei nach Sarawak und Sabah.

## Flüge

**Malaysian Airline System** *(MAS)* fliegt sowohl mit kleinen Maschinen als auch mit dem Airbus, der Boeing 747 und der DC-10. In Sarawak und Sabah sind einige Pisten nur für kleine Maschinen geeignet. Hier unterscheidet man *domestic flights,* die meist mit exzellenten Fokker Friendship Maschinen (F27) geflogen werden, und die billigeren *Twin Otter-flights,* bei denen die kleineren Twin Otter Maschinen eingesetzt werden.

Die zweite malaysische Fluggesellschaft, **Pelangi Air**, eine Tochtergesellschaft von MAS, fliegt mit kleinen Maschinen von Singapore, Kuala Lumpur und Penang an die Ostküste nach Kerteh, Tioman, Kuantan oder Kuala Trengganu und von Kuala Lumpur nach Ipoh, Langkawi, Sungei Tiang (Taman Negara), Melaka und Pekanbaru (Indonesien). Infos bei Pelangi Air, tel 03 / 2624448 oder in allen MAS-Büros.

**Nachtflüge**, die preiswerter als normale Flüge sind, werden ab Kuala Lumpur nach Kuching, Kota Kinabalu, Alor Setar und Penang angeboten. Allerdings ergeben sich nach der Landung mitten in der Nacht Probleme bei der Zimmersuche. Am günstigsten sind die Flüge zwischen Singapore und Ost-Malaysia via Johor Bharu. Außerdem sollte man nach verbilligten Studententickets und Ausflugstarifen fragen *(Excursion Fare, Advance Purchase Excursion Fare).*

**Airport Tax**: Malaysia: nationale Flüge 5 RM, Flüge nach Singapore / Brunei 10 RM, internationale Flüge 20 RM. Die Adressen der wichtigsten Airlines, die nach Malaysia fliegen, findet man im regionalen Teil.

## Fahrräder / Motorräder

In ländlichen Regionen sind Fahrräder und kleine Motorräder ideale Transportmittel, um gemütlich das Land und seine Menschen kennenzulernen. Allerdings kann man bisher nur in Penang, Langkawi und vereinzelt in einigen kleinen Hotels Fahrräder oder Motorräder mieten. Wer kein geübter Motorradfahrer ist, sollte die vielbefahrene Nord-Süd-Straße an der Westküste meiden, da Bus- und LKW-Fahrer keine Rücksicht nehmen.

Zu beachten ist die Helmpflicht für Motorradfahrer - auch auf kleinen Maschinen! Ohne Helm bezahlt im Falle eines Verkehrsunfalls keine Versicherung.

## Übernachtung

In den Städten findet man Hotels in allen Preisklassen und Kategorien. Auf dem Land gibt es außer einigen Strandhotels einfache Chinesen-Hotels oder die aus kolonialer Zeit stammenden Government Resthouses. Gerade in Malaysia sind ein paar Hotels aus kolonialer Vergangenheit erhalten geblieben, in denen noch das Flair aus jener Zeit zu spüren ist, als Somerset Maugham, Joseph Conrad und Rudyard Kipling hier wohnten. In der Hochsaison, vor allem während der Schulferien in Malaysia, sollten Besucher immer telefonisch ein Zimmer reservieren, besonders wenn sie erst spät nachmittags oder gar abends ankommen.

### Mittelklasse-Hotels

Sie verfügen über klimatisierte Zimmer (*air-conditioning* = ac) mit Bad/Dusche und WC. Telefon, Fernseher und/oder Kühlschrank gehören meist zur Ausstattung. Hotels in dieser Kategorie sind zwei- bis viermal so teuer wie die preiswerten Unterkünfte. Allerdings bieten sie nicht immer einen entsprechend höheren Standard. Unsere Auswahl richtet sich daher nach einem angemessenem Preis-Leistungsverhältnis.

Zur gleichen Hotel-Kategorie zählen auch einige **Government Resthouses** *(Rumah Persinggahan, Rumah Rehat)*. Sie sind Relikte aus der britischen Kolonialzeit, und man findet sie auch an abgelegenen Orten. Sie können durchaus die Qualität eines Mittelklassehotels besitzen (Taiping, Lumut), aber auch sehr einfach ausgestattet sein (Batu Rakit). Viele liegen allerdings etwas außerhalb, manche sind ziemlich mitgenommen.

In den Hotels der Mittelklasse in Ost-Malaysia ist aufgrund des relativen Überangebots fast überall ein Rabatt auf den Grundpreis möglich. Auch die Luxushotels, sofern vorhanden, sind nur selten ausgebucht. Allerdings zielt ihre Ausstattung zumeist auf den Geschäftskunden und weniger auf Touristen. Ausnahmen sind das *Tanjung Aru* und *Damai Beach Resort* in Kota Kinabalu bzw. bei Kuching und das *Rihga Royal Hotel* in Miri.

### Preiswerte Unterkünfte

Problematisch gestaltet sich die Zimmersuche für alle, denen wenig Geld zur Verfügung steht. Billige Unterkünfte werden oft von Chinesen gemanagt. Da sie häufig in den Innenstädten zu finden sind, werden sie vielerorts von Banken, Einkaufs- und Verwaltungszentren verdrängt. Einige sind schon etwas heruntergekommen, dunkel oder schmuddelig, aber meist bemüht man sich um Sauberkeit. Man muß immer mit kleinen Mitbewohnern rechnen und deshalb vorher die Matratzen nach Bettwanzen untersuchen. In nichtklimatisierten Räumen ist ein Moskitonetz unbedingt erforderlich, manchmal haben Vormieter Nägel zum Aufhängen hinterlassen. In chinesischen Hotels reichen die großen Betten in den Einzelzimmern für zwei Personen, bzw. Doppelzimmer für drei bis vier Personen. Es ist ratsam, sich das Zimmer genau anzuschauen, bevor man es mietet.

An einigen Stränden und in Dörfern vermieten Malaien Billigunterkünfte. Manchmal wohnen die Gäste mit den Vermietern zusammen in einem Haus, inklusive Vollpension und Familienanschluß. Meist werden einzeln stehende Hütten angeboten, die in der billigsten Kategorie aus unbearbeiteten Brettern einfach zusammengezimmert und nur mit einer Matratze ausgestattet sind. *A-frame-huts* hat sich als Begriff für die einfachste Form einer Strandhütte eingebürgert. Die Giebelseite mit dem heruntergezogenen Dach erinnert nämlich an den Buchstaben *A*.

Bettwäsche und Handtücher gehören, bis auf ein Bettlaken, normalerweise nicht zur Einrichtung billiger Hotels. Wenn man jedoch darum bittet, lassen sich meist Handtücher und Decken organisieren, oft jedoch gegen eine geringe Gebühr. Auch das Mobiliar ist häufig auf das Notwendigste beschränkt. Wer abends lesen möchte, kauft sich am besten eine stärkere Glühbirne.

Besonders die billigen Hotels in Ost-Malaysia können nur selten empfohlen werden, da es sich überwiegend um dunkle, schmuddelige Absteigen handelt un die zudem von vielen Prostituierten bevölkert werden.

## Übernachtung in Langhäusern in Sarawak

Gastfreundschaft wird in vielen Langhäusern großgeschrieben, doch Langhäuser sind keine Hotels. So ist z.B. am Skrang River in Sarawak durch den einsetzenden Massentourismus viel kaputtgemacht worden, was eigentlich gegen diese Art von Tourismus spricht. Deshalb unser Appell, sich so zu verhalten, daß Weiße auch weiterhin gern gesehene Gäste sind:

Es sollte selbstverständlich sein, daß man als Besucher keine Ansprüche stellt, sondern das akzeptiert, was angeboten wird. Auch sollte man sich möglichst vor der Ankunft über Tabus und richtiges Verhalten informieren. Manche Häuser oder Plätze sind tabu, z.B. wenn jemand gestorben ist. Besonders wichtig ist es, die Götter zu achten und die traditionellen Riten zu befolgen, vor allem wenn man darauf aufmerksam gemacht worden ist.

Daß Menschen nur mit ihrer ausdrücklichen Zustimmung fotografiert werden, braucht doch wohl nicht besonders betont zu werden? Es gibt keinen Grund, sich aufzuregen, wenn sie etwas Geld dafür haben wollen. Vor dem Betreten des Langhauses zieht jeder Besucher die Schuhe aus. Um nicht dauernd die *jungle boots* schnüren zu müssen, empfiehlt es sich, ein paar Gummisandalen dabeizuhaben, in die man schnell hineinschlüpfen kann. Die Höflichkeit gebietet, daß der Dorfchef, *tuai rumah*, mit *aya tuai rumah* begrüßt wird.

Was man in den Langhäusern der Iban oder Kayan bezahlt, wenn man auf eigene Faust unterwegs ist, liegt im eigenen Ermessen. Geschenke sind eine gute Sache, aber bitte keine Glasperlenketten. Diese Zeiten gehören selbst in den abgelegensten Dschungelgebieten der Vergangenheit an. Lebensmittel sind wesentlich sinnvollere Geschenke als Errungenschaften der westlichen Zivilisation. Zigaretten für die Erwachsenen und Kekse für Kinder werden gern genommen. Ohne ausdrücklich darum gebeten worden zu sein, sollte man auch keine Geldgeschenke machen. Besser ist es, zu einem fairen Preis Körbe, Matten oder anderes Kunstgewerbe zu kaufen - aber keine alten Familienerbstücke!

### PREISKATEGORIEN

Wir haben folgende **Preiseinteilung** vorgenommen, wobei die **Preise** jeweils für ein **Doppelzimmer** gelten:

| | | |
|---|---|---|
| * | bis | 30 RM |
| ** | bis | 60 RM |
| *** | bis | 100 RM |
| **** | bis | 150 RM |

## Essen und Trinken

Malaysia ist ein vielfältiges Land, und die verschiedenen Kulturen haben verschiedene Küchen mitgebracht. Indische, malaiische, chinesische und europäische Köche bereiten die einheimischen Lebensmittel auf unterschiedlichste Art zu. Daneben hat sich durch das Zusammenleben der Völker die ursprüngliche Verarbeitung der Zutaten verändert; beispielsweise bei den Nyonya-Gerichten, die von den in Südostasien lebenden Nachkommen chinesischer Einwanderer und einheimischer Frauen gekocht werden: Chinesisch ist die Art der Zubereitung, malaiisch-scharf sind die Gewürze, gegessen wird nicht mehr mit Stäbchen, sondern mit Löffel und Gabel.

## Die verschiedenen Küchen

### Malaiische Gerichte

Frische **Gewürze** bilden die geschmackliche Grundlage der regional vielfältigen malaiischen Gerichte. Neben den auf allen Märkten frisch angebotenen Chilis verwendet man Ingwer, Knoblauch, Frühlingszwiebeln, Zitronengras, Zitronen-, Coriander- und Curry-Blätter. Die kräftig schmeckende Shrimp-Paste, der saure Tamarinden-Saft oder die milde Kokosmilch geben den meisten Gerichten den typischen Geschmack. Wem das Essen noch nicht scharf genug ist, kann sein Gericht durch dicke, feuerrote **Chili-Saucen** zusätzlich würzen *(Sambal* - besonders beliebt ist in Malaysia *Sambal Belacan*, Chili-Sauce mit Shrimp-Paste).
Einige **typische malaiische Gerichte:**

**Ikan Panggang** (oder **Bakar**): über Holzkohlenfeuer gegrillter Fisch, der nicht immer ausgenommen ist.

**Kari**: Currys mit dicker, scharfer Sauce (meist mit Kokosmilch zubereitet).

**Rendang**: ist eine Art malaiischer Gulasch. Rindfleisch-Würfel werden in einer dicken, sehr würzigen Sauce gekocht. Das Fleisch kann sehr zäh sein.

**Sate**: Im ganzen Land findet man Hawker Stalls, die kleine Fleischstückchen am Spieß verkaufen. Sie werden in Zucker und Gewürze eingelegt und anschließend über einem Holzkohlengrill gebraten. Dazu gibt es eine würzige Erdnußsauce, Gurkenwürfel und Zwiebeln. 1 Spieß kostet etwa 30 ¢, normalerweise kauft man 10er Bündel.

Man verwendet **Fleisch** *(Daging)* vom Rind *(Lembu)* oder Huhn *(Ayam)*, seltener von der Ziege *(Kambing)*. Von den Moslems verabscheut, von den Chinesen geliebt: Fleisch vom Schwein *(Babi)*.

**Rojak**: ist ein kalter Gemüsesalat. Ananas, Gurken und Sengkuang (eine braune, knollige Wurzel) werden mit einer sauer-scharfen Sauce aus Chilis, Shrimp-Paste, Tamarinde und Palmzucker angemacht. Sind die hygienischen Umstände suspekt, sollte auf den kalten Salat verzichtet werden.

**Nasi Goreng**: (= Reis, gebraten) ist das wohl bekannteste Gericht. Weißer, gekochter Reis *(Nasi Putih)* wird zusammen mit Chilis, verschiedenen Gemüsen *(Sayur-Sayuran)* und manchmal Fleisch oder Krabben *(Udang)* gebraten. Nasi goreng, das Standardgericht aller Traveller, bekommt man in verschiedensten Varianten an Essenständen und in Restaurants.

**Mie Goreng**: Eine Abwechslung zu gebratenem Reis stellen gebratene Nudeln dar, die bevorzugt mit grünem Blattgemüse gemischt und mit viel Oystersauce serviert werden.

**Sayur Goreng**: ist, wie die chinesische Cap Cai-Variante, gebratenes Gemüse. Soll es etwas anderes als das übliche grüne Blattgemüse sein, bestellt man speziell eine oder mehrere **Gemüsesorten**:

Bohnen *(Kacang)*, Erbsen *(Kacang Hijau)*, Sojabohnen *(Kacang Soya)*, Kohl *(Kobis)*, Blumenkohl *(Bunga Kobis)* oder Kartoffeln *(Kentang)*.

**Telur:** Eier von Hühnern, Enten, Wachteln oder auch Schildkröten (bedrohte Tiere, daher nicht essen) werden sowohl hartgekocht *(Telur Masak)* als auch gebraten *(Telur Goreng)* serviert.

**Nasi Lemak**: (= Reis, fettig) ist ein weiteres preiswertes Gericht, das überall offeriert wird und aus weißem, in Kokosmilch gekochtem Reis und verschiedenen Beilagen besteht, meist gekochte Eier, kleine Trockenfische *(Ikan Bilis)*, Gurken *(Mentimun)* und Erdnüsse *(Kacang Tanah)*. Manchmal wird es sogar mit Rendang und Gemüsebeilagen angeboten.

**Ais Kacang** (= Eis, Bohnen), die beliebte, bunte Nachspeise gibt es auch an den Essenständen. Gelee-Würfel aus Agar-Agar in verschiedenen Farben, süße, rote Bohnen und Mais werden auf geraspeltem Eis angerichtet und mit einer dicken Kokosmilch-Sauce übergossen.

## Chinesische Gerichte

Das gemeinsame Essen bedeutet für Chinesen ein gesellschaftliches Ereignis, das der Festigung der sozialen Beziehungen dient. Deshalb geht man niemals allein essen, optimal ist eine Gruppe von 10 Personen, die einen der gebräuchlichen, runden Tische füllt. Jede Mahlzeit besteht aus mehreren Gerichten, mindestens soviele wie Personen am Tisch sitzen. Je ein Fleisch-, Geflügel- und Fischgericht sollte dabeisein. Man nimmt sich mit Stäbchen jeweils eine kleine Portion auf den Teller und ißt sie zusammen mit Reis, der in einer extra Schale serviert wird.

Die überlieferte chinesische Eßkultur in ihren **regionalen Ausprägungen** hat sich auch in Südostasien erhalten.

Nur in wenigen Restaurants stehen Gerichte der **Nyonya-Küche** auf der Speisekarte. Hingegen werden sie in vielen häuslichen Küchen vor allem in Penang, Melaka und Singapore zubereitet. Die chinesische Bevölkerungsgruppe der alten Straits Settlements, *Peranakan* genannt, hat ihre eigene Kultur entwickelt, wobei die kulinarische Ehe zwischen Chinesen und Malaien eine faszinierende, sehr schmackhafte Küche hervorbrachte.

**Otak-Otak**, ein typisches Gericht aus feingemahlenem, scharfgewürztem Fisch und Krabbenfleisch, in Bananenblätter gewickelt über Holzkohlenfeuer gegrillt.

**Laksa** (= zehntausend) ist eine dicke Fischsuppe mit Nudel- und Gemüseeinlagen. Eine Spezialität Malaysias ist *Penang Laksa*, eine zusätzlich mit Fischpaste gewürzte, saure Suppe, die an den Ständen ca. 1 - 2 M$ kostet.

**Kueh Lapis** (= Kuchen, geschichtet). Der geleeartige Teig wird aus Reis- und Sagomehl sowie Zucker und Kokosmilch hergestellt, in verschiedensten Farbtönen eingefärbt und bunt geschichtet. Sie sind nicht so süß wie sie aussehen und schmecken ganz unterschiedlich.

## Indische Gerichte

**Curries**, so benannt wegen ihrer typischen Gewürzgrundlage, variieren in der Schärfe je nach Gericht und Küche beachtlich. Ein gutes Curry ist ein absoluter Hochgenuß und besteht aus bis zu 20 verschiedenen Gewürzen - also nicht mit dem bei uns bekannten braunen Pulver zu verwechseln, das achtlos auf die gleichnamigen Würste geschüttet wird. Die schärfsten Curries sind *Curry Madras* und *Curry Ceylon* - zu scharf für manchen mitteleuropäischen Gaumen. Jedem Curry läßt sich etwas von seiner Schärfe nehmen, indem Joghurt oder Zucker untergemischt wird. Anfänger der indischen Küche sollten ein *Kooma* (auch *Kormah* geschrieben) bestellen, ein mild gewürztes Currygericht. Traditionelle Currygerichte sind mit Gemüse gekocht, doch es gibt sie auch mit Lamm, Huhn, Krabben und Rindfleisch. Als Beilage gibt es entweder Reis oder Fladenbrote.

**Roti** ist der allgemeine Ausdruck für Brot, zumeist Fladenbrot.

**Chapathis** sind Brotfladen aus Weizenmehl und Wasser, trocken gebacken.

**Parathas** sind ähnlich, werden aber mit Butter gebacken.

**Nan** ist die einfachste Art von Brot. Auf alle Fälle mal probieren:

**Murtabak**, eine Art Pfannkuchen, der mit scharf gewürzter Füllung aus Zwiebeln, Gemüse, Ei und manchmal auch Fleisch versehen wird.

## Seafood

Da das Meer nirgendwo weit entfernt ist, serviert man überall phantastischen **Fisch** und anderes **Seafood**. Die Palette der Zubereitung reicht von scharfen Fisch-Curries oder Austern-Omelettes auf Nachtmärkten bis zu *Lobster Thermidor* oder delikat zubereiteten Krebsen in den Seafood-Restaurants an den Stränden. Hier gibt es meist keine Speisekarte, und wenn es eine gibt, sind nur selten Preise angegeben. Die einheimischen Gäste kennen die Preise. Wer sich noch nicht auskennt und am Ende keine böse Überraschung erleben möchte, fragt vor dem Bestellen nach dem Preis (pro 100 g) und schaut mit auf die Waage. Fischliebhaber kommen sicher auf ihre Kosten, denn bei allen Nationalitäten Malaysias wird Seafood immer wieder anders zubereitet.

## Ansonsten

In den Städten und Touristenzentren gibt es neben der einheimischen Küche japanische, koreanische, thailändische und europäische Restaurants, die meist auf Touristen mit gut gefüllter Reisekasse ausgerichtet sind. Für alle anderen bleibt

*Fotos - links: Moscheekuppel in Shah Alam; rechts: Umzug zu Mohammeds Geburtstag*

als Abwechslung zur lokalen Küche der Snack in den weltweit verbreiteten Fast Food-Ketten und ihrer lokalen Varianten.

Wer nicht zu den Leuten gehört, die in ihrem Hotel ein üppiges Frühstücksbuffet aufgetischt bekommen, hat verschiedene Möglichkeiten. Nur wenige werden die chinesische Reissuppe mit Fisch mögen, die gern von den älteren Chinesen zum **Frühstück** gegessen wird. Hingegen entsprechen die gefüllten Teigbällchen (*Dim Sum*, engl. Dumplings) eher westlichem Geschmack.

Guten Tee brauen die indischen Restaurants, dazu schmeckt Roti mit Currysauce (weniger Mutige können die Brote auch mit Zucker bestreuen) oder Murtabak. In zahlreichen Restaurants (z.B. in den *Kedai Kopi)* stehen kleine Kuchen, süß gefüllte Brote und Bananen auf dem Tisch, die nur wenige Cents kosten und übrigens auch eine billige Zwischenmahlzeit abgeben.

Und nicht zu vergessen: die Traveller-Hotels und Restaurants, die zum Frühstück Toast mit Eiern und Schinken, Porridge und Pancakes, Müsli und Milkshakes anbieten, ganz nach westlichem Geschmack.

## Getränke

In allen Hotels und Restaurants bekommt man: **Air**: abgekochtes Wasser, das man ohne Bedenken trinken kann. **Teh**: Es gibt guten, einheimischen Tee aus den Cameron Highlands. Selbst in Sabah wird Tee angebaut. Tee wird, wie **Kopi**: Kaffee, normalerweise süß und mit Milch serviert. **Teh (Kopi) Oh**: Kaffee ohne Milch und Zucker, **Teh (Kopi) Oh Manis** (manis = süß) Kaffee nur mit Zucker.

**Susu** ist Milch, meist süße Dosenmilch. Frische Milch ist verhältnismäßig teuer und nur in den Lebensmittelläden der Städte zu bekommen.

**Kakao**, vor allem *Milo* und *Ovaltine*, wird überall zubereitet. Für unterwegs eignen sich besonders gut die in 0,2 l Päckchen abgepackten (leider recht süßen) Tee-, Kakao- und Fruchtsaftgetränke, die sowohl in Lebensmittelgeschäften als auch in Restaurants zu bekommen sind. Herrlich schmecken die überall angebotenen **Fruchtsäfte** aus frischem Obst. Die meisten Säfte werden mit Eis, *Air Beku,* gemischt. Frisch gepreßten Zuckerrohrsaft und die gekühlte Milch junger Kokosnüsse *(Kelapa Muda)* sollte man unbedingt einmal probieren.

Daneben gibt es alle gängigen **Softdrinks**, die zum Mitnehmen mit viel Eis in Plastiktüten umgefüllt werden. Straßenstände verkaufen außerdem in den Plastiktüten Sojabohnenmilch und *Cendul,* eine Art Sirup, in dem teigähnliche Gelee-Streifen schwimmen. In vielen Restaurants, aber auch in Supermärkten bekommt man Mineralwasser, das leider in Wegwerf-Plastikflaschen abgefüllt ist.

**Alkoholische Getränke** gibt es nicht in muslimischen Restaurants. Auch in manchen Bungalowanlagen und kleinen Hotels an der Ostküste bekommt man keinen Alkohol. Zu den gängigen Sorten Bier *(Bir)* zählen das im Land gebraute Tiger, Anchor und Guinness Bier. Weine und ausländische Spirituosen sind sehr teuer und nicht überall erhältlich. Weitere lokale Getränke sind Tuak, Arak, chinesischer Reiswein und Reisschnaps.

Bitte soweit wie möglich auf **Plastiktüten** und fertig abgepackte Getränke verzichten, denn dieser Müll landet am Straßenrand oder an den Stränden. Beliebte Ausflugsziele sehen von der Ferne schon ganz rosa und hellblau aus.

*Fotos - links: Baumfarne; oben rechts: Heliconie; Mitte rechts: Seerosen; unten rechts: Im Grün des Dschungels fallen bunte Blüten sofort ins Auge*

## Früchte

Auf den Märkten locken je nach Jahreszeit verschiedene tropische Früchte, die man unbedingt kosten sollte. Fertig zubereitet und auf Eis gekühlt werden saftige Ananas (30 ¢), importierte Orangen (60 ¢ und mehr), Papayas, Starfruit, Melonen und andere Früchte an Straßenständen appetitlich angeboten. (Näheres über tropische Früchte im Indonesien-Teil, s.S. 75 ff).

## Wo essen?

Viele kleine **Essenstände** bieten in jeder Stadt echte Gaumenfreuden zu erstaunlichen Preisen. Es ist kein Problem, zu jeder Tageszeit irgendwo etwas Eßbares zu bekommen, es sei denn, man befindet sich während des Fastenmonats Ramadan in einem ländlichen, überwiegend muslimischen Gebiet. Während dieser Zeit sind zwar tagsüber die Restaurants geschlossen, doch auf Straßenmärkten wird in größeren Ortschaften eine phantastische Auswahl an Snacks und Kuchen verkauft, die man mit nach Hause nimmt, um damit rechtzeitig zum Sonnenuntergang das „Brechen des Fastens" zu begehen. Die Essenstände sind in den Städten meist abends auf Straßen, großen Plätzen oder Märkten aufgebaut. Man kann an verschiedenen Ständen etwas bestellen, das dann frisch zubereitet wird. Gleichzeitig verkaufen andere Stände Getränke, so daß man sich ein komplettes Menü zusammenstellen kann.

Einige Nachtmärkte *(hawker centres, gerai makan)* haben ihre festen, überdachten Plätze. In vielen Einkaufszentren befinden sie sich im unteren oder oberen Stockwerk. Man nimmt an irgendeinem der Tische Platz und ordert bei den Besitzern der Essenstände die gewünschten Gerichte, die separat anhand des individuell gekennzeichneten Geschirrs abgerechnet werden.

An den Essenständen ißt man am billigsten. Günstig ist auch der **Kedai Kopi** (Kaffee-Laden) im Gegensatz zum teuren **Restoran**, dem Restaurant. Viele Restaurant-Besitzer haben festgestellt, daß weiße Touristen gewisse Standardgerichte bevorzugen, und ihre englische Karte beschränkt sich auf das übliche Nasi Goreng und Mie Goreng-Einerlei, obwohl in der Küche auch andere leckere Gerichte bruzzeln.

## Wie essen?

**Malaien** benutzen in Restaurants Löffel (rechts) und Gabel (links), wobei man mit der Gabel, entsprechend unserem Messer, die Speisen auf den Löffel schiebt, mit dem man ißt. In ländlichen Regionen benutzt man beim Essen die Hand und zwar ausschließlich die rechte.

Auch bei den **Indern** gilt die linke Hand als unrein und sollte nie das Essen berühren. Ausländer brauchen etwas Übung, bis sie ein Curry so galant wie die Inder mit der Hand vom Bananenblatt essen können. Zur Reinigung der Hände vor und nach dem Essen gibt es Waschbecken in fast allen Restaurants.

Auch die Handhabung von Stäbchen, wie sie **Chinesen** benutzen, will gelernt sein. In den meisten Restaurants ist auch Besteck vorhanden, aber in den Foodstalls stehen manchmal nur die schwer zu handhabenden *chop sticks* zur Verfügung. Außerdem schmecken chinesische Gerichte ganz anders, wenn man sie mit Stäbchen essen kann. Chinesen werden das Bemühen, sich den einheimischen Gegebenheiten anzupassen, immer anerkennen.

## Feste und Feiertage

Das staatliche Fremdenverkehrsamt gibt jährlich einen *Calendar of Events* heraus, der auch über das Büro in Frankfurt angefordert werden kann. Er erscheint oft erst am Anfang des entsprechenden Jahres.

### Nationale Feiertage

- ❑ Neumond Ende Januar / Anfang Februar - das chinesische Neujahr
- ❑ Neumond Ende Januar / Anfang Februar* - Beginn des Ramadan (1995; 1996 bzw. 1997 jeweils 10 - 12 Tage früher)
- ❑ Neumond Ende Februar / Anfang März* - Hari Raya, das Ende des Ramadan (s.o.)
- ❑ 1. Mai - der internationale Tag der Arbeit
- ❑ Anfang / Mitte Mai (20 Tage vor dem islamischen Neujahr)* - Hari Raya Haji
- ❑ Vollmond Anfang Mai / Anfang Juni - Wesak, größter buddhistischer Feiertag
- ❑ Neumond Ende Mai* - Ma'al Hijrah (Awal Muharam), islamisches Neujahrsfest
- ❑ 19. Juli - Geburtstag des Königs (und Sultans von Negri Sembilan)
- ❑ Ende Juli / Anfang August - Mohammeds Geburtstag
- ❑ 31. August - Nationalfeiertag
- ❑ Ende Okt. / Anfang November - Deepavali, hinduistisches Lichterfest (nicht in Ost-Malaysia)
- ❑ 25. Dezember - Weihnachten

* Alle Angaben für islamische Feiertage beziehen sich auf 1995. 1996 bzw. 1997 werden sie jeweils 10 - 12 Tage früher gefeiert.

### Staatliche Feiertage

Diese werden nur in einem bzw. einigen Bundesstaaten gefeiert, z.B. die Geburtstage der Sultane und:

- ❑ 1. Januar - Neujahr (nicht in Johor, Kedah, Kelantan, Perlis, Terengganu)
- ❑ Vollmond Ende Jan. / Anfang Februar - Thaipusam (Penang, Perak, Negri Sembilan, Selangor)
- ❑ Anfang März - Nuzul Quran, die Verkündung des Koran (Terengganu,Kelantan, Melaka, Pahang, Perak, Perlis, Selangor)
- ❑ Anfang / Mitte April - Karfreitag (Sarawak, Sabah)
- ❑ Anfang Juni - Gawai Dayak, das Erntedankfest in Sarawak

**Moslemische Feiertage** sind im Indonesien-Teil näher beschrieben (s.S. 79).
**Chinesische Feiertage** sind im Singapore-Teil näher beschrieben (s.S. 571).

### Indische Feiertage

**Thaipusam** - Das größte Hindufest wird Ende Januar/Anfang Februar in allen Tempeln des Landes gefeiert. Das Zentrum der Festlichkeiten sind die Batu Caves bei Kuala Lumpur, wo der jüngste Sohn Shivas, der Gott Subramaniam, besondere Verehrung erfährt.
**Deepavali** - Das zweitwichtigste Hindufest wird im Oktober/November gefeiert. Wörtlich übersetzt bedeutet *deepa* Lampe und *vali* Reihe - im übertragenen Sinn ist damit gemeint, daß das Licht die Finsternis vertreibt. In allen Hinduvierteln werden an diesem Tag Lichtergirlanden aufgehängt.

### Regionale Feste

**Erntedankfest** - Im Mai feiern die Kadazan in Sabah nach der Reisernte das größte Fest des Jahres. Man trifft sich an einem Ort, der von Jahr zu Jahr wechselt, um zu tanzen und zu feiern. Tanzgruppen aus allen Landesteilen treten auf. Besonders beliebt ist der uralte Tanz der Kadazan - *Sumazau*. Die Wahl der Erntekönigin, eine Art Miss Sabah, die als Vertreterin der Reisgöttin fungiert, bildet den Höhepunkt der Zeremonien. Während der Festtage darf der lokale Alkohol, *Tapai*, nicht fehlen. In Tonkrügen wird gekochter Reis fermentiert, anschließend mit Wasser aufgefüllt und aus einem dünnen Bambusrohr getrunken.

**Gawai Dayak** - Anfang Juli (meist am 1. und 2. Juli) feiert Sarawak das Erntedankfest. Der Reis ist eingebracht und die Erntedankfeiern können beginnen. Die wichtigsten Feierlichkeiten werden abwechselnd in einer der Divisionshauptstädte begangen. Selbst aus dem Landesinneren kommen Besucher herbeigeströmt, um einzukaufen und zu feiern. Es finden verschiedene kulturelle Veranstaltungen statt. Das zentrale Ereignis ist eine Regatta. Besucher von Langhäusern nehmen an dem (be)rauschenden Fest teil, der Tuak fließt in Strömen. Zum Gawai Dayak wird ein Blasrohrpreisschießen veranstaltet, bei dem die alten Blasrohre Verwendung finden. Auf die Jagd geht man lieber mit dem Gewehr. Vielleicht wird sogar der alte Kriegstanz Ngajat vorgeführt.

**Tamu** - In Sabah werden regelmäßig Märkte abgehalten. Der größte Tamu findet an jedem Sonntag in Kota Belud statt. Zum Teil sehr malerisch gekleidete Menschen verkaufen Büffel und verschiedene Agrarprodukte. Kleinere Tamu werden in verschiedenen Orten Sabahs veranstaltet:

| | |
|---|---|
| Montag | *Tandek* |
| Dienstag | *Kiulu, Topokom* |
| Mittwoch | *Tamparuli* |
| Donnerstag | *Keningau, Mangis, Simpangan, Sipitang, Tambunan, Telipok, Tenghilan* |
| Freitag | *Sunsuran, Weston, Mesapol* |
| Sonnabend | *Beaufort, Babagon, Kinarut, Matunggong, Penampang, Sidumin* |
| Sonntag | *Kota Belud, Kionsom, Kota Merudu, Membakut, Papar, Putatan, Sequati, Tambunan, Tenom, Toboh, Tuaran und inder Gaya Street von Kota Kinabalu* |

am 1. jedes Monats in *Ranau,* am 15. und 30. jeden Monats in *Tinnopok,* am 20. jeden Monats in *Kundasang.*

**Vogelsingwettbewerbe** - Beginnen mit dem Ende der Regenzeit. Die konkurrierenden Vögel zwitschern und trällern in ihren Käfigen, die an ca. 8 m hohen Stangen hängen. Eine fachkundige Jury bewertet ihre Gesänge nach überlieferten Kriterien.

**Drachenwettkämpfe** - Wenn die farbenprächtigen *Wau* aus Bambus und Papier in den Himmel steigen, ist das kein Kinderspiel, sondern ein ernsthafter Wettbewerb unter Männern. Mit Pendeln wird der Steigungswinkel gemessen, man beurteilt die ruhige Lage des Drachens im Wind wie auch seinen Klang, indem man an der Schnur horcht. Außerdem wird die Schönheit der farbenprächtigen, bis zu 2 m großen Drachen von einer Jury beurteilt.

**Traditionelle malaiische Wettkämpfe** - finden mehrmals wöchentlich (nicht jedoch während der Regenzeit und während des Ramadan) im Kulturzentrum von Kota Bharu statt. Es werden Wettkämpfe wie *Silat* (die Kunst der Selbstverteidigung), *Rebana* (Trommelwettbewerbe) oder *Gasing* (Kreiselspiele) aufgeführt. Daneben gibt es *Wayang Kulit*-Aufführungen und Tanzvorführungen.

## Bevölkerung

Malaysia - das ist kein homogenes Bevölkerungsgebilde wie etwa Thailand, sondern eine Vielfalt an Sprachen, Religionen, Kulturen und ethnischen Wurzeln. Nach offiziellen Schätzungen (1994) leben etwa 18,6 Millionen Menschen im Lande, 14,1 Millionen davon auf Peninsular Malaysia.

Verwirrend sind bereits die für das Land gebräuchlichen Begriffe *Malaya* und *Malaysia, malaiisch* und *malaysisch.*

**Malaya** ist der alte, noch von den Engländern geprägte Begriff, der nur für die Malaiische Halbinsel galt (heute Peninsular Malaysia).

**Malaysia** bezeichnet den 1962 gegründeten Staat, dessen Staatsbürger zu 61,9% Bumiputeras, zu 29,5% Chinesen und zu 8,6% Inder sind. Diese Zahlen gelten für den gesamten Staat, also einschließlich Sarawak und Sabah.

In offiziellen Statistiken unterscheidet man zwischen *Bumiputera* und *Nicht-Bumiputera* Gruppen. *Bumiputera* (auch *pribumi)* bedeutet „Sohn der Erde" und bezeichnet die Malaien, die protomalaiischen Bewohner (Iban, Kadazan, Bidayuh usw.) sowie die hauptsächlich in Peninsular Malaysia lebenden frühen Bevölkerungsgruppen, die unter dem Begriff *Orang Asli* zusammengefaßt werden.

**Malaien** bestimmen weitgehend das politische Geschehen des Landes. Sie sprechen eine gemeinsame Sprache, das Malaiisch (Bahasa Malaysia). Ihre Kultur basiert auf der islamischen Religion, und die Zugehörigkeit zum Islam ist in der Tat eines der wichtigsten Unterscheidungsmerkmale zwischen Malaien und Nicht-Malaien. Aber auch innerhalb der malaiischen Bevölkerungsgruppe bestehen wahrnehmbare Unterschiede in Dialekt, Kultur und äußerem Erscheinungsbild. Regionale Abweichungen sind besonders deutlich zu erkennen zwischen der Ost- (Kelantan/Trengganu) und Westküste (Kedah/Perlis). Die Minangkabau-Kultur der Bewohner von Negri Sembilan macht z.B. deutlich, wie sich noch heute die verschiedenen Einwanderungswellen aus dem indonesischen Archipel auswirken. Zahlreiche Malaien haben unter ihren Vorfahren Bugis, Minangkabau, Javaner oder andere Bewohner des Archipels. Der Anteil der malaiischen Bevölkerungsgruppen in Sarawak und Sabah liegt unter 20%. Zum größten Teil handelt es sich dabei um zum Islam konvertierte Mitglieder der Altstämme, die die malaiische Kultur angenommen haben.

**Chinesen** und **Inder** wanderten in großen Schüben erst im vergangenen Jahrhundert ein, als die britischen Kolonialherren auf den Plantagen und in den Zinnminen dringend Arbeitskräfte benötigten.

Die Chinesen, die ihr Glück in Südostasien versuchten, kamen hauptsächlich aus den südlichen Heimatprovinzen. Der weitaus größte Teil der Einwanderer bestand aus ungelernten Arbeitern (Kulis), die von Menschenhändlern in die Häfen von Singapore oder Penang verfrachtet wurden. Einige Auswanderer, hauptsächlich Kaufleute und Handwerker, bezahlten ihre Passage selbst. Ihr Ziel war es, fern der Heimat zu Wohlstand zu kommen und dann irgendwann zurückzukehren. Vielen gelang es tatsächlich. Die Chinesen galten als geschäftstüchtig und fleißig und unterschieden sich dadurch merklich von den geruhsamen, weniger materiell denkenden Malaien.

Die chinesische Bevölkerungsgruppe stellt ethnisch zwar eine Einheit dar, ist aber gleichzeitig in Sprache und Religion weitaus heterogener als die malaiische. Die Völker Südchinas sprechen verschiedene Sprachen, so daß Gespräche untereinander häufig in Mandarin (der chinesischen Hochsprache), Englisch oder

Bahasa Malaysia geführt werden müssen. Die **Baba Chinesen**, eine kleine Gruppe, die schon seit vielen Generationen im Land lebt, spricht eine malaiische Mundart, obwohl sie andererseits in bestimmten Traditionen (Ahnenverehrung, Hochzeits- und Begräbniszeremonien) traditionell chinesisch geblieben ist. Sie führen ihre Herkunft auf den mehrere hundert Personen umfassenden Hofstaat der chinesischen Prinzessin Hang Liu zurück, die Ende des 15. Jahrhunderts den Sultan Mansur Shah von Malacca heiratete.

In Sarawak stellen Chinesen etwa ein Drittel der Bevölkerung. In Sabah liegt ihr Anteil bei 20%. Besonders im letzten Jahrhundert und während der ersten dreißig Jahre des 20. Jahrhunderts sind viele Chinesen in die nordwestlichen Küstenregionen Borneos eingewandert. In einem mehrere Generationen dauernden Prozeß haben sich die chinesischen Einwanderer wirtschaftliche Machtpositionen geschaffen, so daß heute ein großer Teil der Wirtschaft fest in ihren Händen ist. In den Augen vieler Malaien sind sie noch immer Halsabschneider, die Geldverleiher mit den Wucherzinsen, ein Problem, das in beinahe allen südostasiatischen Ländern mit chinesischen Minderheiten besteht.

Im 19. Jahrhundert wurden Hunderttausende von **Indern**, die meisten aus Südindien, als Kontraktarbeiter auf die Kautschukplantagen und zum Eisenbahn- und Straßenbau nach Malaya gebracht. Schätzungen sprechen von etwa 4,2 Millionen Indern, die zwischen 1786 und 1953 ins Land kamen. Wie die chinesischen Kulis kehrten die meisten nach Beendigung des Kontrakts wieder in ihr Heimatland zurück. Eine kleinere Gruppe von ihnen, Sri Lanka Tamilen und Inder aus Kerala, arbeitete als Verwaltungsbeamte, Büroangestellte, Rechtsanwälte, Lehrer und Ärzte in besser bezahlten Positionen. Nordinder (Sikhs, Bengalis und Pathanen) wurden in den Streitkräften, der Polizei und als Wachtposten beschäftigt. Noch heute sind Inder in diesen Berufsgruppen überproportional vertreten.

Etwa 50 000 Menschen werden im wörtlichen Sinn als „einheimische Menschen" bezeichnet, die Dschungel- und Küstenbewohner, die bereits vor der Einwanderung der heutigen Malaien hier siedelten.

Unter dem Begriff **Orang Asli** werden völlig verschiedene Völker zusammengefaßt, so etwa 1800 Negritos, die älteste Bevölkerungsgruppe, die vor allem in den nördlichen Dschungelgebieten lebt, und die Proto-Malaien, zu denen auch 1600 Orang Laut (Seemenschen) gehören. Die größte Gruppe stellen etwa 30 000 Senoi, die sich wiederum in die Stämme der Temiar, Semai, Mah Meri und Semok Beri aufgliedern.

Die Bevölkerungszusammensetzung der beiden Bundesstaaten Sarawak und Sabah ist noch komplexer. **Dayak** wird heute als Gesamtbegriff für die protomalaiische Bevölkerung Borneos verwendet. Von den 1,6 Millionen Einwohnern Sarawaks sind etwa die Hälfte Angehörige dieser protomalaiischen Bewohner - Schätzungen gehen von etwa 200 verschiedenen Stämmen auf der Insel Borneo aus. Die wichtigste Volksgruppe in Sarawak sind die Iban oder See-Dayak, die fast 30% der Gesamtbevölkerung ausmachen. Sie siedeln hauptsächlich in den *Divisions* (Bezirken) Sri Aman, Sarikei, Sibu, Bintulu und Kapit. Eine große Zahl lebt aber auch jenseits der von den Kolonialmächten willkürlich gezogenen Grenze in Indonesien.

Die 1,7 Millionen Einwohner Sabahs lassen sich in 26 unterschiedliche ethnische Gruppen unterteilen. Die größte Gruppe sind mit 30% Kadazan oder Dusun.

## Geschichte

Bereits vor über 35 000 Jahren lebten Menschen in den Wäldern Borneos. Nur mit Steinwerkzeugen bewaffnet, jagten sie das mittlerweile ausgestorbene Riesen-Pangolin, den wilden Büffel und den Tapir, fischten, sammelten die Früchte des Dschungels und ernteten das Mark der Sagopalme. Die großen Höhlen boten ihnen Schutz und Wohnraum. Wie Funde in den Niah Höhlen auf Borneo beweisen, entwickelten diese Menschen vor etwa 20 000 Jahren verfeinerte Steinwerkzeuge, mit denen sie Holz, Knochen und Bambus bearbeiten konnten. Damit besaßen sie die Möglichkeit, den Boden zu bestellen und Nutzpflanzen wie Taro (Wasserbrotwurzel, eine Knollenfrucht) und Reis anzubauen. Erste Felder entstanden vor allem an den Flußläufen, wo allerdings während der Regenzeit auch die Gefahr der Überflutung bestand. Daneben bot der tropische Regenwald mit seinen Früchten und Tieren den Menschen weiterhin Nahrung. Während Ackerbau und Fischfang den Tieflandbewohnern als zusätzliche Nahrungsquelle zur Verfügung standen, waren die weiter im Landesinneren lebenden Dschungelbewohner allein auf den Wald als Lebensgrundlage angewiesen und entwickelten daher eine weniger seßhafte Lebensform.

Es gibt wenige archäologische Funde, die über Ursprünge und Lebensformen dieser frühen Bewohner informieren könnten. Höhlenfunde in Kota Tampan (Perak) und Niah (Sarawak) lassen Parallelen zu anderen Kulturen rings um das südchinesische Meer erkennen, so daß man von einem großräumigen Siedlungsgebiet ethnisch ähnlicher **austronesischer Stämme** spricht. Diese segelten mit ihren Auslegerbooten über die Meere bis nach Madagaskar und besiedelten viele Inseln des Pazifischen und des Indischen Ozeans. Schon im 1. Jahrhundert n. Chr. erreichten protomalaiische Völker die Insel Samoa - 9500 km Luftlinie vom heutigen Malaysia entfernt. Typische Steinbeile dieser Kultur entdeckte man auch im Raum des heutigen Malaysia. Die 2500 - 4000 Jahre alten Funde zeugen von großem handwerklichen Können. Neben den fein polierten, formvollendet geschliffenen Steinwerkzeugen fand man Keramiken, Schmuck aus Knochen, Muscheln und Steinen, Pandan-Matten, Bambusbehälter sowie geschnitzte und bemalte Paddel. Höhlenmalereien und Holzsärge lassen darauf schließen, daß diese Menschen bereits einen Totenkult praktizierten.

Daneben wanderten schon in frühester Zeit verschiedene Bevölkerungsgruppen über die Landbrücke der Halbinsel Malaya von Kontinentalasien in Richtung Süden. Diese **protomalaiischen Einwanderer** standen auf einer spätsteinzeitlichen Kulturstufe, die sich durch eine einfache Art der Fruchtfolge im Ackerbau auszeichnete. Gerste und Reis, aber auch Bananen, Zuckerrohr, Kokospalmen, Gurken und Bambus wurden kultiviert, Schweine und Rinder gezähmt.

Etwa 400 bis 300 v.Chr. kamen aus dem Norden die ersten **Deuteromalaien** auf die Halbinsel. Sie konnten bereits Eisenwerkzeuge herstellen und führten in fruchtbaren Gegenden den terrassierten Naßreisanbau ein. Die zunehmende Verbreitung des Wissens über die Eisenproduktion veränderte das Leben der Menschen grundlegend: Mit Eisenwerkzeugen konnte der Dschungel leichter gerodet und der Boden besser bearbeitet werden. Damit war die Grundlage für ein seßhaftes, bäuerliches Leben gegeben.

Schon zu Beginn der westlichen Zeitrechnung bestanden Handelskontakte zwischen den Hochkulturen China und Indien, verschiedene Häfen an den Küsten der Malaiischen Halbinsel dienten ihnen als Zwischenstationen. Es gab sogar

Landrouten von Küste zu Küste, auf denen die Waren transportiert wurden. In den Hafenstädten bildeten sich Stadtstaaten, die kulturelle und religiöse Verbindungen mit Indien hatten.

**Langkasuka**, im heutigen nördlichen Malaysia (Kedah) gelegen, war der einflußreichste der hinduisierten Stadtstaaten. In alten malaiischen Überlieferungen wird von dem mythischen Land *Alang-kah-suka* gesprochen; auch in Legenden der Orang Asli, taucht ein sagenumwobenes Reich auf.

Im 7. und 8. Jahrhundert n.Chr. gerieten Inselindien und große Teile des Festlandes unter den wirtschaftlichen und politischen Einfluß von **Sri Vijaya**. Langkasuka, Kelantan, Pahang und Trengganu wurden zu Vasallen. Chinesische Reisende berichteten von diesem mächtigen, handeltreibenden und seefahrenden Land. Buddhismus war Staatsreligion und Malaiisch, in Sanskrit geschrieben, die vorherrschende Sprache. Die ältesten bisher entdeckten schriftlichen Überlieferungen stammen aus dieser Zeit. In der zweiten Hälfte des 13. Jahrhunderts war das zentral-javanische **Majapahit-Reich** die bestimmende Macht im südostasiatischen Raum. Für etwa 100 Jahre wurde die malaiische Halbinsel zum permanenten Streitgegenstand zwischen Majapahit und dem Thai-Reich Ayutthaya. 1349 eroberten die Thais Temasik (das heutige Singapore).

Die Anfänge des **Islam** auf der malaiischen Halbinsel sind schwer zu datieren. Persische und arabische Händler brachten schon im 7. Jahrhundert die buddhistisch-hinduistisch beeinflußten Stadtstaaten mit den Lehren Mohammeds in Berührung. Die ersten Gebiete, die den Islam offiziell annahmen, lagen im Norden Sumatras. Marco Polo sprach bereits 1292 vom fest verwurzelten Islam in Perlak und Pasai, zwei Königreichen an der Küste. Auf einem in der Nähe von Kuala Berang entdeckten Steinfragment (Trengganu-Stein) fand man die älteste malaiische Inschrift in arabischen Buchstaben. Sie beweist, daß 1380 ein islamisches Malaienreich im heutigen Trengganu existierte, dessen Herrscher Raja Mandulika hieß. Etwa zur gleichen Zeit entstanden mehrere islamische Sultanate an den Küsten Borneos, von denen Brunei das einflußreichste werden sollte.

Das Auftauchen der **Europäer** unterbrach den jahrhundertealten Austausch der Kulturen Südostasiens mit Indien und China, den beiden wichtigsten politischen und kulturellen Zentren der damaligen Welt. Damit war eine asiatisch geprägte gesellschaftliche Weiterentwicklung der Region für mehrere hundert Jahre nicht möglich.

Mehr als 100 Jahre lang war **Malacca** (Melaka) die wichtigste wirtschaftliche und politische Macht Südostasiens. Man nimmt an, daß die Stadt 1398 gegründet wurde und schon 1450 etwa 40 000 Einwohner zählte. Nur 40 Jahre später beherrschte Malacca die Malaiische Halbinsel bis hinauf nach Songkhla, das Riau- und Lingga Archipel, sowie große Teile Sumatras. Möglich war diese rasche Expansion nur mit Duldung des chinesischen Kaiserreiches, das an einem starken Vasallen in der Region interessiert war. Mehrere Male schickte Malacca Gesandtschaften an den Kaiserhof. Die Stadt war damals die wohl kosmopolitischste Metropole der Welt (näheres s.S. 469).

1498 umrundete Vasco da Gama Afrika und landete in Indien. Ziel der portugiesischen Politik war die Kontrolle des lukrativen Gewürzhandels, der bis dahin durch indische, arabische und persische Kaufleute abgewickelt worden war. 1511 gelang es Vizekönig **Alfonso d'Albuquerque** mit einer Streitmacht von nur 800 Portugiesen und 300 Malabar-Indern Malacca zu erobern. Innere Schwächen der Stadt waren unter dem letzten Sultan Mahmud Shah immer offener zutage getreten. Ab Ende des 15. Jh. kam es zu Konflikten zwischen Sultan und Bendahara, dem höchsten Minister und Befehlshaber der Streitkräfte.

Die nichtmalaiischen Handelsherren und Kaufleute und wurden zu stark besteuert - ein Teil von ihnen paktierte offen mit den Portugiesen. Korruption und Intrigen in der malaiischen Führungsschicht waren sehr verbreitet.

**Portugal** baute in den folgenden 130 Jahren Malacca zu einer wichtigen Festung seines fernöstlichen Kolonialreiches aus. Konflikte mit den rivalisierenden malaiischen Sultanaten von Johor und Aceh waren an der Tagesordnung. Im Prinzip beruhte der portugiesische Machtanspruch auf einer allen Konkurrenten überlegenen Flotte und der damit verbundenen waffentechnischen Vormachtstellung.

Eine der Schwächen des portugiesischen Kolonialsystems war die Unfähigkeit, kommerzielle Ambitionen und religiöse Überzeugung in Einklang zu bringen. Obwohl der gesamte Handel im malaiischen Archipel auf den mohammedanischen Kaufleuten beruhte, wurden diese rücksichtslos unterdrückt. Die allzu eifrige Propagierung der christlichen Religion schürte die schon bestehenden Spannungen beträchtlich.

Nach einer sechsmonatigen Belagerung der Stadt durch holländische Soldaten und die mit ihnen verbündeten Truppen des Sultans von Johor, der ein direkter Nachfolger des letzten Herrschers von Malacca war, ergab sich 1641 der portugiesische Gouverneur. Von nun an regierten Holländer die Stadt.

Ende des 17. Jahrhunderts gelangte ein erneuter Einwanderungsstrom auf die damals recht spärlich besiedelte Malaiische Halbinsel. Die **Minangkabau** aus Sumatra ließen sich im Süden nieder und gründeten kleinere Fürstentümer, die sich Ende des 18. Jahrhunderts zu einer Konföderation (Negri Sembilan = Neun Staaten) zusammenschlossen. Die **Bugis**, ein seefahrendes und handeltreibendes Volk aus Süd-Sulawesi, siedelten an den Küsten, gründeten eigene Staaten oder ergriffen gewaltsam die Macht in malaiischen Sultanaten. Johor und Selangor wurden von Bugis-Herrschern regiert. Gegen Ende des 17. Jahrhunderts hatte das Johor-Reich in etwa die frühere geographische Ausdehnung Malaccas erreicht. In der Hauptstadt Batu Sawar am Johor-Fluß wurden die Waren Inselindiens und der Malaiischen Halbinsel gehandelt, und selbst holländische Schiffe aus Melaka lagen vor Anker.

Nach der Eroberung Malaccas durch die **Holländer** erreichte die Stadt nie wieder ihren einstigen Glanz und Einfluß. Der internationale Handel wurde mehr und mehr mehr über das Sultanat Aceh an der Nordspitze Sumatras, über das holländische Batavia oder über Johor abgewickelt. 1824 tauschte Holland seine unprofitabel gewordene Kolonie Melaka gegen die britische Besitzung Bencoolen (Bengkulu) auf Sumatra, und bis zur Unabhängigkeit Malaysias 1957 wehte, abgesehen von drei Jahren spanischer Besatzung, der Union Jack über der Stadt.

Erst 1786 faßte die **britische Kolonialmacht** Fuß in Malaya. Francis Light schloß mit dem Sultan von Kedah einen Vertrag über die Abtretung der Insel Penang. Die East India Company benötigte für ihren lukrativen China-Handel (Opium nach China; Tee, Seide und Porzellan nach Indien bzw. in das Mutterland) einen Stützpunkt an der Straße von Malacca. Stamford Raffles, während der napoleonischen Kriege in Europa britischer Gouverneur Niederländisch-Ostindiens, nahm 1819 die Insel Singapore für Großbritannien in Besitz. 1826 wurden die Kolonien Penang, Melaka, Dindings (Pangkor) und Singapore zum *Straits Settlement* zusammengeschlossen.

In Malaya hatten sich verschiedene einflußreiche Sultanate gebildet, die zum Teil unter der Oberherrschaft des Thai-Reiches standen (Perlis, Kedah, Kelantan, Trengganu). Großbritannien, im Aufschwung der Industriellen Revolution, entwickelte ein neues, wirtschaftliches Interesse an der Region. Ging es früher vor allem um die Kolonialwaren, so nahm nun die Bedeutung der Kolonien als Absatzmärkte und Lieferanten von Rohstoffen für die industrielle Produktion zu. So stieg z.B. der Zinnbedarf Großbritanniens von 1800 bis 1871 von 11 000 t auf 136 000 t.

Zwischen 1874 und 1896 wurden die Sultanate von Perak, Selangor, Pahang und Negri Sembilan durch Verträge mit der britischen Krone zu Protektoraten. Jeder Sultan durfte politische Entscheidungen nur noch mit Einverständnis des ihm zur Seite gestellten britischen **Residenten** treffen. Einzig die Fragen der malaiischen Tradition (custom) und Religion lagen im Zuständigkeitsbereich der Sultane. 1896 wurden aus den oben genannten Sultanaten die **Föderierten Malaiischen Staaten** gebildet. 1909 trat Thailand sämtliche Rechte in den nördlichen Sultanaten (Kedah, Perlis, Kelantan und Trengganu) an Großbritannien ab. Johor schloß sich 1914 den Föderierten Staaten an. Durch ein kompliziertes System von Verträgen hatte England inzwischen die gesamte Malaiische Halbinsel unter seine politische Kontrolle gebracht. Zinn und Kautschuk waren zu den wichtigsten Exportartikeln des Landes geworden, riesige Plantagen überzogen das Land. Die meisten waren im Besitz britischer Monopole. Somerset Maughams Kurzgeschichten beschreiben treffend Malaya und die britischen Besitzungen an der Nordküste Borneos in den 20er und 30er Jahren.

Die Geschichte der beiden malaysischen Bundesstaaten **Sarawak** und **Sabah** ist eng mit der Bruneis verbunden. Die wie üblich so sprachgewandten Engländer machten aus dem malaiischen Wort *Berunai* (= Brunei) Borneo - ausgesprochen „bornieoh" - und gaben so der drittgrößten Insel der Welt ihren Namen. Heute nennt man die Insel, vor allem den indonesischen Teil, *Kalimantan,* was „Insel der Flüsse" bedeutet. Intensive Handelsbeziehungen zwischen der Nordküste Kalimantans und dem chinesischen Kaiserreich bestanden schon vor 1500 Jahren. Das Auftauchen der europäischen Großmächte, zuerst Portugal und Spanien, veränderte das traditionelle gesellschaftliche und wirtschaftliche Gefüge nachhaltig. 1521 schoß die Flotte des Weltumseglers Magellan Brunei in Trümmer, und das Sultanat, das auch große Teile der südlichen Philippinen beherrschte, wurde von den Spaniern mit ihrer überlegenen Waffentechnik besiegt. Jahrhundertealte Handelswege waren unterbrochen, was sich später auch unter der Herrschaft der Holländer nicht änderte. Brunei schrumpfte zu einem bedeutungslosen Kleinstaat, an dessen Küsten Seeräuber ihr Unwesen trieben. 1841 segelte **James Brooke,** einer der typischen Vertreter jener Generation, die das englische Empire begründen halfen, mit seinem Schiff „The Royalist" die Küste Sarawaks entlang. Iban und Malaien rebellierten damals gegen den Sultan von Brunei, denn dieser bzw. sein Statthalter in Kuching preßte die Bevölkerung zur Arbeit in den Antimon-Minen. James Brooke stellte sich sofort auf die Seite des Sultans und schaffte mit seinen Geschützen Ruhe und Ordnung, wie man - heute wie damals - solche Befriedungsaktionen nennt. Zum Dank dafür machte der Sultan von Brunei ihn zum Raja von Sarawak mit dem Recht auf sämtliche Staatseinnahmen, von denen ihm Brooke jährlich $2500 zu bezahlen hatte. Damit war die Grundlage für die Herrschaft der Weißen Raja von Sarawak gelegt. Von 1853 bis 1904 wurde das Gebiet auf seine heutige Größe erweitert.

Aufstände waren in Sarawak bis in die 30er Jahre unseres Jahrhunderts an der Tagesordnung. Die Befriedungsaktionen der Weißen Raja werden in der Literatur immer als großartige und heroische Taten für das Allgemeinwohl der Bevölkerung Sarawaks hingestellt, ob das den Tatsachen entspricht, bleibt zumindest fraglich. Sicher haben die Brookes dem Land eine Verwaltung gegeben und den einzelnen Nationalitäten gewisse Mitspracherechte eingeräumt. Andererseits führten sie aber blutige Feldzüge gegen Volksgruppen, die sich nicht ohne weiteres der Herrschaft der Weißen Raja unterwerfen wollten.

1846 ließ sich das britische Empire die Insel Labuan vom Sultan von Brunei abtreten. Dem geschwächten Sultan blieb unter den drohenden Geschützen der Flotte Seiner Majestät kaum etwas anderes übrig.

In **Sabah** herrschte und regierte bis 1888 die private britische *North Borneo Company*. Zwei englische Kaufleute hatten diesen Teil Borneos vom Sultan von Brunei gekauft, gleichzeitig aber auch dem Sultan von Sulu (Philippinen) Geld zukommen lassen, da die rechtlichen Besitzverhältnisse ungeklärt waren. Sogar Präsident Marcos hat später noch philippinische Ansprüche auf Sabah geltend gemacht. 1888 wurden Brunei und Sabah britisches Protektorat.

Im 2. Weltkrieg besetzten japanische Truppen die gesamte Insel Borneo, 1945 wurden durch australische und amerikanische Bombenangriffe die größeren Städte Sabahs völlig zerstört. Nach der japanischen Kapitulation übergab der 3. Weiße Raja von Sarawak, Charles Vyner Brooke, seinen Privatbesitz an die britische Krone und handelte sich dabei eine stolze Entschädigung ein.

Im Dezember 1942 waren **japanische Truppen** in Songkhla, Pattani und Kota Bharu gelandet, zwei Monate später fiel Singapore. Bis zum 12. September 1945 beherrschte japanisches Militär Malaya. Die japanische Geheimpolizei *(Kempetai)* schuf ein brutales Unterdrückungssystem, unter dem vor allem die chinesische Bevölkerung zu leiden hatte. Armee und Großkonzerne (Mitsui und Mitsubishi waren damals schon dabei!) plünderten das Land aus. In allen Schulen wurde Japanisch unterrichtet, die verschiedenen Nationalitäten gegeneinander ausgespielt. Der Widerstand der Bevölkerung wuchs; unter der Führung der MCP *(Malayan Communist Party)* begann der Guerillakrieg gegen die Besatzer. Parallelen zu Burma, Indochina und den Philippinen, wo sich während des 2. Weltkriegs ähnliche Bewegungen gebildet hatten, liegen auf der Hand.

Im Gegensatz zu anderen Ländern Südostasiens entstand eine nationalistische Bewegung auf der malaiischen Halbinsel relativ spät, und dafür waren verschiedene Gründe ausschlaggebend. Die Bevölkerung setzte sich aus drei großen Nationalitäten zusammen, deren Interessen nicht identisch waren: Chinesen waren und blieben China-orientiert, Malaien lebten zum größten Teil als Kleinbauern in der traditionellen Dorfgemeinschaft, und die indische Bevölkerungsgruppe arbeitete auf den Plantagen. Ein gemeinsames Nationalgefühl konnte schwerlich vorhanden sein.

Malaysische Historiker sehen heute in den islamischen Erneuerungsbewegungen der Jahrhundertwende erste Anzeichen für einen erwachenden malaiischen Nationalismus.

In den 20er Jahren wurde die nationalistische Bewegung stark von Indonesien beeinflußt, der radikale Flügel trat damals für den Anschluß Malayas an den zu bildenden indonesischen Staat ein. Erst nach dem 2. Weltkrieg gründeten die verschiedenen Bevölkerungsgruppen politische Parteien. Wichtigste Gruppierung der Malaien wurde **UMNO** (United Malays National Organisation).

Bald danach schlossen sich auch Chinesen zur **MCA** (Malayan Chinese Association) zusammen, Inder bildeten den **MIC** (Malayan Indian Congress).

Zwei Jahre nach dem Ende des 2. Weltkriegs nahm die **MCP** den bewaffneten Kampf wieder auf. 1948 mußte der Notstand *(emergency)* ausgerufen werden, der erst 1960 aufgehoben wurde. Schätzungen gehen von 20 - 25 000 Toten auf beiden Seiten aus. Eine der wichtigsten Konsequenzen dieser Periode war die Verhärtung der Beziehungen zwischen Malaien, die den größten Teil der Sicherheitskräfte stellten, und Teilen der chinesischen Bevölkerungsgruppe, die in der MCP überproportional repräsentiert waren. Die drei anderen politischen Gruppierungen bildeten 1955 die *Alliance* und gewannen 51 von 52 Sitzen in der Gesetzgebenden Versammlung, einem von den Engländern eingerichteten Gremium.

Nach Verhandlungen des UMNO-Vorsitzenden **Tunku Abdul Rahman** mit der britischen Regierung 1956, legte man das Datum der vollständigen Unabhängigkeit Malayas auf den 31. August 1957 fest. Tunku Abdul Rahman wurde der erste Premier des neuen Staates. 1963 wurde die Föderation von Malaysia gegründet. Schon zwei Jahre später schied Singapore wieder aus der Föderation aus, wirtschaftliche, politische und rassische Gründe waren dafür ausschlaggebend (näheres im Singapore-Kapitel, s.S. 573).

Die sogenannte **Merdeka-Verfassung** wurde 1956/57 vor der Unabhängigkeit Malayas von Verfassungsrechtlern aus verschiedenen Commonwealth-Ländern nach westlich-demokratischen Vorbildern in London ausgearbeitet. Ähnlich werden in ihr die bürgerlichen Grundrechte wie Freiheit der Person, Gleichheit vor dem Gesetz, Recht auf Freizügigkeit, Versammlungs- und Vereinigungsfreiheit, Religionsfreiheit usw. garantiert. Seit 1960 können diese Freiheiten allerdings eingeschränkt werden*(Internal Security Act)*. Das **Parlament** Malaysias besteht aus einem vom Volk gewählten Unterhaus *(Dewan Rakyat)* und einem Oberhaus *(Dewan Negara)*, von dessen 69 Mitgliedern 29 von den Landesparlamenten gewählt werden. Die anderen bestimmt das **Staatsoberhaupt**, der *Yang di-Pertuan Agong* (König). Die neun Sultane Malaysias wählen ihn aus ihren Reihen für eine Periode von fünf Jahren. So ist Malaysia neben den Vereinigten Arabischen Emiraten die einzige Wahlmonarchie der Welt. 1989 wurde *Sultan Azlan Shah* von Perak zum Staatsoberhaupt gewählt. Der König hat, ähnlich wie in anderen Monarchien, fast nur repräsentative Funktionen, allerdings tritt jedes Gesetz erst durch seine Zustimmung in Kraft.

Bei den im Herbst 1990 durchgeführten **Wahlen** stellte die regierende *Barisan Nasional* (Nationale Front) unter Premier Datuk Seri Mahathir Mohamad 127 von 180 Abgeordneten im Unterhaus. Die Nationale Front ist aus einem Zweckbündnis der größten politischen Parteien der drei Bevölkerungsgruppen hervorgegangen. Traditionell stellt die malaiische **UMNO** (United Malays National Organisation) den Ministerpräsidenten und die maßgeblichen Minister. Die chinesische MCA (Malaysian Chinese Association) und der indische MIC (Malaysian Indian Congress) sind die wichtigsten Partner der UMNO. Daneben sind auch verschiedene Parteien Sarawaks und Sabahs in der Nationalen Front, da das Parteienspektrum in diesen beiden Bundesstaaten völlig unterschiedlich ist.

Im Gegensatz zu seinen Vorgängern, die sich noch an Großbritannien orientierten, versucht **Mahathir** die nachkolonialistische Phase abzubrechen. Wirtschaftlich äußert sich das in engeren Handelsbeziehungen zu Japan und Korea, aber auch zu den Golf- und Pazifikstaaten. Im Grunde genommen ist er der erste malaysische Premier, der keinerlei Rücksicht mehr auf das koloniale Erbe nimmt. Mahathir versucht, Malaysia zu einem zentralistischen Staat umzuformen, um dadurch mehr Effizienz im administrativen, politischen und wirtschaftlichen Bereich durchzusetzen. **Außenpolitisch** verfolgt Malaysia eine Politik der Nichtpaktgebundenheit und regionalen Kooperation (ASEAN). Allerdings besteht weiterhin das Fünf-Mächte-Verteidigungsabkommen mit Neuseeland, Singapore, Großbritannien und Australien.

## Wirtschaft

Als Tourist hat man den Eindruck, daß Kautschuk- und Palmölplantagen die Landwirtschaft Peninsular Malaysias prägen. Kilometerweit erstrecken sich die Pflanzungen, die zum Teil eine Größe von mehr als 4000 ha erreichen. Früher waren sie ausschließlich im Besitz der großen Multis *(Dunlop, Sime Darby, Guthrie, Harrisons),* in den letzten Jahren wurden sie größtenteils von malaysischen Gesellschaften übernommen. Für die Kautschukproduktion des Landes fast gleichgewichtig sind die weniger auffälligen sogenannten *smallholdings,* d.h. Klein- und Familienbetriebe unter 40 ha Anbaufläche. Der größte Teil dieser Betriebe verfügt nur über 1 bis 6 ha. Der Staat fördert sie nach Kräften, er liefert Pflanzgut zu niedrigen Preisen und gewährt Zuschüsse, günstige Kredite und Absatzgarantien.

Malaysia produziert mit 1,2 Mill. Tonnen (1992) etwa 25% der Weltproduktion an **Naturkautschuk.** Zu Beginn der 80er Jahre sank die Nachfrage nach diesem Rohstoff, deshalb laufen seit einiger Zeit Regierungsprogramme zur Förderung anderer Produkte, vor allem des Ölpalmen-Anbaus. Seit 1987 steigt die Nachfrage wieder, nicht zuletzt, weil die Produktion von Kondomen und Gummihandschuhen mit der Ausbreitung von AIDS weltweit zugenommen hat.

Malaysia stellt 56% der Weltproduktion von **Palmöl** her. Überall werden neue Anbauflächen abgeholzt und erschlossen, um mit endlos scheinenden Reihen von Ölpalmen *(Elaeis guineensis)* bepflanzt zu werden. Jeder, der Malaysia besucht, wird durch diese Monokulturen fahren. Im Gegensatz zum Gummibaum eignet sich die Ölpalme kaum für Kleinbetriebe, denn die Früchte müssen nach der ganzjährigen Ernte sofort weiterverarbeitet werden, außerdem ist die Aufbereitung der Früchte sehr kapitalintensiv. In zahlreichen Neulandgebieten propagiert man daher das Genossenschaftssystem.

Das Hauptnahrungsmittel **Reis** muß in immer größeren Mengen importiert werden, hauptsächlich aus Thailand und China. Da die Bevölkerung weiterhin jährlich um 2,6% wächst (Durchschnitt 1980 - 91), kann die Situation bald problematisch werden. Die wichtigsten Reisanbaugebiete des Landes liegen in Kedah/Perlis und in Kelantan. In beiden Gebieten sind Regierungsagenturen aktiv, die die künstliche Bewässerung voranbringen und dadurch zwei Ernten ermöglichen wollen. Weitere wichtige landwirtschaftliche Produkte sind **Kakao, Kopra, Pfeffer, Ananas** und **Tabak.** Besonders der Anbau von Kakao wird staatlich gefördert, auch bei diesen Produkten ist FELDA aktiv. Die Produktion von Kopra, einem Grundprodukt für die Herstellung von Kokosnußöl, nimmt kontinuierlich ab. Zum einen gibt es ein Überangebot auf dem Weltmarkt, zum anderen werden in Malaysia zahlreiche Kokospalmen durch andere Produkte ersetzt. In der Produktion von Pfeffer steht Sarawak nach Brasilien und Indonesien an dritter Stelle. Schwarzer, weißer und grüner Pfeffer wird aus den Früchten der Kletterpflanze *Piper nigrum* gewonnen. Die Pfefferpflanzen ranken sich an 3 - 3 1/2 m hohe Stangen empor und wachsen am besten an gut drainierten Hängen.

Durch die einseitige Förderung des Exports von Agrarerzeugnissen bis in die Mitte der 80er Jahre, sogenannten **cash crops**, hat sich das Land in eine starke Abhängigkeit von Weltmarktpreisen begeben, ohne die Selbstversorgung mit Grundnahrungsmitteln sicherzustellen. Allein von 1986 - 1992 schwankte der Palmölpreis zwischen 450 RM und 1183 RM je Tonne.

Der drittwichtigste Exportartikel Malaysias ist **Erdöl** bzw. **Erdölprodukte** (17% aller Exporte 1993). In den großen Offshore-Feldern von Sarawak, Sabah und Trengganu werden riesige Vorräte vermutet. Die Fördermenge betrug 1992 30,4 Millionen t. Petronas, die staatliche Ölgesellschaft, hat mit verschiedenen ausländischen Multis Förderverträge abgeschlossen, die auf dem Prinzip des *production sharing* beruhen. Das heißt, daß ein bestimmter Teil der Förderung an Petronas geliefert wird.

Malaysia fördert 10% des gesamten Weltbedarfs an **Zinn** und ist 1993 auf die fünfte Stelle der Förderländer abgerutscht. Noch 1980 förderte das Land 62% der Weltproduktion. Zinn benötigt man hauptsächlich für die Produktion von Konservendosen und in der Elektroindustrie.

Offiziell beträgt die **Arbeitslosenquote** 3,3% (1993). In vielen Sektoren der Wirtschaft (z.B. auf Plantagen) besteht ein akuter Arbeitskräftemangel. Vor allem viele Indonesier sind in den vergangenen Jahren legal und illegal ins Land gekommen, Schätzungen gehen von ertwa 1 - 2 Millionen aus.

Der **industrielle Sektor** hat sich erst seit den 60er Jahren über die Aufbereitung der Ausfuhrprodukte hinaus entwickelt. Besonders seit Mitte der 80er Jahre wächst der industrielle Sektor überproportional. Damit wurde Malaysia zu einem der Länder mit den höchsten Wachstumsraten (1990 9,8%, 1991 8,6%, 1993 8,0%).

Mehrere Gründe waren dafür ausschlaggebend: Die attraktive Investitionsgesetzgebung für ausländische Investoren, die ausgezeichnete Infrastruktur, die qualifizierten Arbeitskräfte sowie politische Stabilität. Der Anteil der herstellenden Industrie am Bruttoinlandsprodukt betrug 1993 mehr als 35%, und dieser Teil der Wirtschaft ist damit zum eigentlichen Motor der ökonomischen Entwicklung geworden. Die Produktpalette umfaßt elektronische Bauteile, aber auch Fertigprodukte, wie Telefonanlagen, Video-Recorder, Stereoanlagen, Computer, daneben Erzeugnisse der Nahrungsmittelindustrie, Kautschukwaren (Kfz-Reifen und -schläuche) und bearbeitetes Holz.

Malaysias *Silicon Valley* entsteht entlang des Federal Highway zwischen Kuala Lumpur und Kelang im sogenannten Kelang Valley. Sämtliche Produzenten für elektronische Bauteile der Welt haben hier investiert, und das Land ist dadurch zum wichtigsten Hersteller von Halbleitern und integrierten Schaltkreisen der Welt geworden Der Aufbau der Schwerindustrie wird seit 1980 durch die Gründung der HICOM *(Heavy Industries Corporation of Malaysia)*, einer staatlichen Gesellschaft, verstärkt vorangetrieben. Premier Mahathir fuhr 1985 persönlich einen der ersten *Proton Saga*, den in Malaysia hergestellten PKW, über die gerade fertiggestellte Brücke zwischen Penang und dem Festland.

Noch immer werden Handel, Industrie, Banken und Versicherungen überproportional von der chinesischen Minderheit kontrolliert. Durch die staatliche Förderung der *bumiputra* (Söhne der Erde = Malaien) wurde aber der Anteil der Malaien in diesen Teilen der Wirtschaft stark gesteigert.

# Kleiner Sprachführer

Offizielle Sprache Malaysias ist **Bahasa Malaysia** (bahasa = Sprache). Daneben werden verschiedene chinesische und indische Sprachen gesprochen. Die am häufigsten gesprochene indische Sprache ist **Tamil.**

An allen Schulen des Landes wird heute Bahasa Malaysia als Unterrichtssprache verwendet. Schätzungen gehen allerdings davon aus, daß noch heute etwa die Hälfte der Gesamtbevölkerung die englische Sprache verwendet, um sich von Nationalität zu Nationalität zu verständigen. In großstädtischen Kreisen, vor allem in KL, kann man sogar die Tendenz feststellen, daß sich besonders in chinesischen Familien und am Arbeitsplatz Englisch immer mehr durchsetzt.

Gegen Ende des 19. Jahrhunderts wurde die alte arabische Schreibweise des Malaiischen durch die Lateinische ersetzt. Daher bestehen für Europäer kaum Schwierigkeiten, sich mit der Sprache zu befassen. Bahasa Malaysia und Bahasa Indonesia sind recht ähnliche Sprachen, die beide aus der malaiischen Basarsprache entwickelt worden sind. Dialekte und Subsprachen gibt es natürlich viele, und so wird ein Bauer aus Kelantan recht große Probleme haben, sich mit einem Bewohner Ost-Javas zu unterhalten.

Seit 1972 ist die **Schreibweise** beider Sprachen angeglichen worden, heute verwendet man in Malaysia und Indonesien die gleiche Rechtschreibung. Das bedeutet, daß Unterschiede heute nur noch im Wortschatz auftreten.

Wer sich intensiver mit **Bahasa Malaysia** beschäftigen will, sollte sich das Lehrbuch *Speak Malay* von Edward S. King (Kuala Lumpur 1992) besorgen. Man bekommt es in jedem größeren Buchladen in Singapore oder Malaysia. Ein kleiner Sprachführer befindet sich im Indonesien Teil (s.S. 91). Hier nur eine Übersicht über wichtige Unterschiede im Wortschatz der beiden Sprachen:

| **Bahasa Malaysia** | **Bahasa Indonesia** | **Deutsch** |
|---|---|---|
| *pejabat, opis* | *kantor* | Büro |
| *pukul* | *jam* | Zeitangabe (Uhr) |
| *bercakap* | *bicara* | sprechen |
| *air beku* | *es* | Eis |
| *rumah obat* | *apotik* | Apotheke |
| *kedai* | *toko* | Laden, Shop |
| *tandas* | *kamar kecil* | Toilette, WC |
| *wang gambar* | *bioskop* | Kino |
| *bas* | *bis* | Bus |
| *tiket* | *karcis* | Fahrkarte, Ticket |
| *motorsikal* | *sepeda motor* | Motorrad |
| *kereta* | *mobil* | Auto |

# Bücherliste

Deutschsprachige Literatur über Malaysia ist recht wenig vorhanden. Um sich auf eine Reise in dieses Land vorzubereiten, sollte man sich trotzdem in einer Bibliothek die entsprechenden Werke in Englisch besorgen.

Allerdings sind viele der angegebenen Bücher in Deutschland kaum erhältlich und selbst in den großen Bibliotheken nicht vorhanden. Man sollte sein Glück am besten in Südostasien selbst versuchen. Singapore, Kuala Lumpur, Penang oder Kuching haben gut ausgestattete Büchereien.

## GESCHICHTE

**A Portrait of Malaysia and Singapore** (Tan Ding Eing; Kuala Lumpur 1980 - Oxford Progressive History) Informatives und leicht verständliches Geschichtswerk vom Malacca Sultanat bis heute. Wirtschaftliche und soziale Fragen werden gut dargestellt.

**A History of Malaysia** (Watson Andaya, Barbara & Andaya, Leonhard; London 1982) Gute und kritische Darstellung von der Frühgeschichte bis heute.

**Malaysia, Singapore and Brunei 1400-1965** (Jessy, Joginder Singh; Kuala Lumpur 1974) Lehrbuch der Geschichte für die Oberstufe an malaysischen Schulen. Umfangreich und leicht verständlich.

**The White Rajas - A History of Sarawak from 1841 to 1946** (Runciman, Steven; Cambridge 1960) Umfangreiches Buch über die Menschen und ihre Geschichte.

**The Jungle is Neutral** (Chapman, F. Spencer; London 1949) Die Erlebnisse zurückgebliebener britischer Offiziere während der japanischen Besetzung. Chapman bildet in den Dschungelgebieten von Perak antijapanische Guerilla aus, die später unter kommunistischen Einfluß den Aufstand gegen die Briten und ihre malaiischen Verbündeten unternehmen.

**Jungle War in Malaya - The Campaign against Communism 1948-60** (Miller, Harry; London 1972) Umfangreiche Beschreibung der *emergency* eines britischen Journalisten.

**The War Of The Running Dogs** (Barber, Noel; Glasgow 1985) Darstellung der *emergency* aus der Sicht eines parteiischen britischen Teilnehmers.

**World Within, A Borneo Story** (Harrisson, Tom; Singapore 1984) Beschreibt die Organisation des Widerstand gegen die japanischen Besatzer während des 2. Weltkriegs und das Zusammentreffen mit den damals von Weißen kaum besuchten Kelabit in Borneo.

## GEOGRAPHIE - WIRTSCHAFT - ZEITGESCHEHEN

**Südostasien - Völker und Kulturen** (Kubitscheck, Hans-Dieter; Ostberlin 1984) Ausgezeichnete Einführung in die Ethnographie, die großen kulturellen Traditionen der Völker Südostasiens und Geschichte.

**Malaysia-Singapur - Werdegang und Portrait abhängiger Modernisierung** (Garbe, Eckart; Bremen 1984) Kritische Darstellung der Entwicklung der beiden Länder.

**Malaysia** (Kühne, Dietrich; Stuttgart 1985; Klett Länderprofile) Eine Länderkunde, die nicht nur über geographische Fakten berichtet, sondern auch ausführlich bevölkerungspolitische und ökonomische Probleme anschneidet. Leider schreibt Kühne im typisch-wissenschaftlichen Universitätsstil.

**Malaysia** (Südostasien-Länderreihe Bd.1, Hrsg.: Südostasien Informationsstelle Bochum 1993) 27 Einzelartikel deutscher und malaysischer Autoren zu aktuellen Themen wie Islam, Menschenrechte, Umweltschutz, Frauen etc.

**Malaysia: Kautschuk oder Elektronik** (Hrsg.: Südostasien-Gruppe in der Evang. Studentengemeinde Bochum, Alektor Verlag Stuttgart 1993) Kritisches Buch über den problematischen Weg von einer traditionellen Agrargesellschaft zu einer modernen Industrienation, mit besonderem Augenmerk auf den Rechten von Arbeitern und Frauen.

**Introduction to the Peoples and Cultures of Indonesia and Malaysia** (Koentjaraningrat, R.M.; Menlo Park, California 1975).

**The Chinese In Southeast Asia** (Purcell, V.; London, Kuala Lumpur, Hong Kong 1965) Umfassende Darstellung der chinesischen Minderheiten in ihrer Entstehung, Gegenwart und Perspektive.
**South East Asia - Race, Culture, and Nation** (Hunter, G.; Kuala Lumpur, London, New York 1966).
**A Dictionary of Malaysian Politics** (Barraclough, Simon; Singapore 1988) Auf 97 Seiten werden sämtliche Begriffe des politischen Systems Malaysias erklärt.
**Brunei - The Modern Southeast-Asian Islamic Sultanate** (Leake, David Jr.; Kuala Lumpur 1990) Eine kritische, interessante Darstellung der Geschichte und Gesellschaft dieses kleinen, reichen Staates. Empfehlenswert.

## ETHNOLOGIE

**Orang Asli - The Aboriginal Tribes of Peninsular Malaysia** (Carey, Iskandar; Kuala Lumpur 1976) Wichtigstes Werk über die Ureinwohner West-Malaysias eines früheren Commissioner for Orang Asli Affairs.
**The Pagan Tribes Of Borneo** (Hose & McDougall, Reprint 1966) Standardwerk über die Stämme Borneos, vor allem über die Iban und Kayan in Sarawak. Erstmals erschienen die zwei dicken Bände 1912.
**Life in a Longhouse** (Morrison, H., Kuching 1962) Viersprachiger Bildband mit Fotos aus den 50er Jahren. Verfaßt von einer engagierten Frau, deren Mann, ein Anthropologe, lange Jahre das Sarawak Museum verwaltete.
**Penans - the Vanishing Nomads of Borneo** (Lau, Dennis; Kota Kinabalu 1987) Ausgezeichneter s/w Bildband über die Punan in Borneo.
**Vanishing World - The Ibans of Borneo** (Morrison, H., New York, Tokyo 1978) Der beste Bildband über die Iban, in Singapore, Malaysia und Europa erhältlich.
**Borneo People** (MacDonald, Malcolm; Singapore 1985) Bericht eines Europäers aus den 50er Jahren über Sarawak.
**The Peoples of Borneo** (King; Victor T.; Oxford 1993) Geschichte, Wirtschaft und Sozialstruktur der Völker Borneos.
**Natives of Sarawak - Survival in Borneo's Vanishing Forests** (Hong, Evelyne; Penang 1987) Die Kulturen Sarawaks im Spannungsfeld, im Mittelpunkt stehen die Auswirkungen der Abholzung der Regenwälder.
**Borneo: The People of the Weeping Forest - Tradition and Change in Borneo** (Leiden 1986) Ausstellungskatalog des Völkerkundemuseums zu einer Ausstellung über die gesellschaftlichen Auswirkungen der Abholzung der Wälder.

## NATUR UND UMWELT

**Tropisches Asien - Fauna und Flora** (Einführung: Harrisson, Tom; Rowohlt 1975 - TB) Recht umfangreiches Buch mit vielen Fotos und Abbildungen, das keineswegs auf Vollständigkeit bedacht ist. Naturliebhaber sollten es mitnehmen.
**Kinder des Urwalds - Meine Arbeit mit Orang-Utans auf Borneo** (Harrisson, Barbara; Frankfurt 1979) Leicht zu lesendes Taschenbuch.
**Der Malaiische Archipel** (Wallace, Alfred Russel; 1. englische Aufl. 1869, deutsche Aufl. Frankfurt 1983) Klassiker des großen, englischen Naturforschers, der viele Jahre Malaysia bereiste - Schwerpunkt: Fauna und Flora.
**Magnificent Plants** (Yong Hoi-Sen; Kuala Lumpur 1981) Ein phantastischer Bildband über die Pflanzen Malaysias.
**Malaysian Fruits in Colour** (Chin Hoong Fong; Kuala Lumpur 1980) Bildband der tropischen, uns unbekannten Früchte Malaysias.

**Malayan Animal Life** (Tweedie, M.W.F. & Harrison, J.L.; Kuala Lumpur 1977) Umfassende Darstellung der Fauna West-Malaysias. Zuerst erschienen 1954.
**Proboscis Monkeys of Borneo** (Bennett, Elizabeth; Gombek, Francis; Kota Kinabalu 1993) Detaillierte Beschreibung der nur auf Borneo lebenden Affen.
**The Leatherback Turtle - A Malaysian Heritage** (Chan Eng Heng / Liew Hock Chark; Kuala Lumpur 1989) 50seitiger Band über die Schildkröten Malaysias.
**Tropische Regenwälder** (Whitmore, T. C.; Frankfurt 1992) Standardwerk über den tropischen Regenwald in Südostasien. Leider sehr teuer.
**The Battle for Sarawak's Forests** (Sahabat Alam Malaysia; Penang 1989) Ausführliche Dokumentation über den Kampf der Dschungelbewohner Sarawaks für die Erhaltung ihres Lebensraumes.
**Logging Against The Natives of Sarawak** (Institute of Social Analysis; Kuala Lumpur 1992) In diesem aktualisierten kritischen Bericht über die Abholzung des Dschungels werden Namen und Fakten benannt.

## REISEBESCHREIBUNGEN

**Der Staub Gottes** (Ian Buruma; Eichborn Verlag 1992) Ein europäischer Journalist schildert aus 8 asiatischen Staaten, auch Malaysia und Singapore, das alltägliche Leben der „kleinen" Leute vor dem Hintergrund der „großen" Politik. Gute Mischung aus politischem Hintergrundbericht und Alltagsbiographien.
**Eine Durchquerung der Insel Borneo** (Helbig, Karl; Berlin 1982) Bericht der 1937 erfolgten spektakulären Inseldurchquerung anhand von Helbigs Tagebüchern. Von ihm ebenfalls erschienen ist: **Urwaldwildnis Borneo - 3000 Kilometer Zick-Zack-Marsch durch Asiens größte Insel** (Braunschweig 1940).
**Wolken über Borneo** (Siebert, Rüdiger; Würzburg 1984) Der engagierte Journalist, ein genauer Beobachter, beschreibt in den Essays seine Reiseerfahrungen.
**Eine Islamische Reise** (Naipaul, V.S.; Frankfurt 1993 TB) Eine kritische Beschreibung des islamischen Fundamentalismus u.a. in Malaysia.
**The Golden Chersonese - Travels in Malaya in 1879** (Bird, Isabella L.; Reprint Kuala Lumpur 1980) Die abenteuerlichen Reisen der Mrs. Bird in Perak, Selangor, Negri Sembilan, Sungai Ujong und Malacca. Empfehlenswert!
**Life in the Forests of the Far East** (St. John, Spenser; Reprint Kuala Lumpur 1974, zuerst erschienen 1862) Großartige Beschreibung Sarawaks und Sabahs mit vielen Karten und Abbildungen. Zwei Bände.
**In Malay Forests** (Maxwell, George; London 1907) Klassiker des großen Malaya Liebhabers. Enthält fünfzehn Geschichten.
**In British Malaya Today** (Sidney, Richard J.H.; London 1924).

## KULTUR - LITERATUR

**Kultur Knigge - Malaysia Singapore** (Craig, JoAnn; Dormagen 1993) Taschenbuch, das ursprünglich für *expatriates* geschrieben wurde, aber auch in die Hände eines Touristen gehört. Aus der englischen Reihe „Culture Shock".
**Malaiische Chronik (Sejarah Melayu)** (Hrsg. Karow, Otto; übersetzt aus dem Malaiischen von Overbeck, Hans; Düsseldorf 1976) Die zur Zeit beste Übersetzung des Klassikers der malaiischen Literatur.
**Die Geschichte von Hang Tuah** (übersetzt aus dem Malaiischen von Overbeck, Hans; Leipzig 1986).
**Malay Myths and Legends** (Knappert, Jan; Kuala Lumpur 1980) Leicht zu lesende Einführung in die von Legenden umgebene malaiische Geschichte.

## ROMANE

Erzählungen von **Somerset Maugham** (Diogenes Taschenbücher, werden unter verschiedenen Titeln angeboten). Malaya in den Zwanziger und Dreißiger Jahren. Maugham präsentiert in seinen Kurzgeschichten koloniale Charaktere und deren Verhalten. Für Malaysia Traveller ein absolutes Muß.

**Waffenschmuggel** (Ambler, Eric; Diogenes TB 1977) Spannende Geschichte eines Waffengeschäfts während der Aufstände in Sumatra 1958/59.

**Rattenkönig** (Clavell, James; München 1979) Persönliche Erlebnisse des Erfolgsautors im japanischen Kriegsgefangenen-Lager Changi.

**Almayers Wahn** (Conrad, Joseph; Frankfurt 1981) Conrad - Roman vom Leben eines Europäers in der Kolonialzeit. Auch alle anderen Conrad Romane sind eine gute Reiselektüre (**Sieg - Eine Inselgeschichte, Die Rettung - Ein Roman von den Untiefen, Der Verdammte der Insel** und **Lord Jim**).

**Saint Jack** (Theroux, Paul; Frankfurt 1983) Story von einem Amerikaner, der in Singapore als Zuhälter arbeitet.

**Feuer über dem Fluß** (Samad Said, A.; Bad Honnef 1993) Deutsche Übersetzung des malaiischen Romans, der das Landleben während der japanischen Besatzung beschreibt.

**Malayan Trilogy** (Burgess, Anthony; Harmondsworth 1981) Die drei autobiographischen Romane spielen im Malaya der Nachkriegszeit.

**Tanamera** (Barber, Noel; London 1981) Geschichte von zwei großen Familien Singapores von 1930 bis zur Neuzeit.

**Son of Singapore / Man of Malaysia / Eye on the World** (Tan Kok Seng, Petaling Jaya 1972, 1974, 1975) Die Trilogie des chinesischen Singaporeaners erzählt seine Lebensgeschichte. Sehr empfehlenswert.

**The Soul of Malaya** (Fauconnier, Henri; Kuala Lumpur 1965) Der Roman basiert auf den Erlebnissen eines europäischen Pflanzers im Malaya der 20er Jahre.

## BILDBÄNDE

**Endau Rompin - A Malaysian Heritage** (Hrsg. Malayan Nature Society; Kuala Lumpur 1988) Bildband über die Fauna und Flora dieses letzten unberührten Dschungelgebiets West-Malaysias.

**Jalan Jalan - Images of Malaysia** (Hoefer, Hans; Singapore 1981) West- und Ost-Malaysia mit einer 8 x 10 Plattenkamera aufgenommen.

**Tropical Rainforest In South-East Asia - A Pictorial Journey** (Rubeli, Ken; Kuala Lumpur 1986) Bildband mit sehr guten Erläuterungen über den verbliebenen tropischen Regenwald in Malaysia und Sumatra.

## REISEFÜHRER

**Malaysia, Singapore & Brunei - a Travel Survival Kit** (Crowther, Geoff; Turner, Peter; Finlay, Hugh & Wheeler, Tony; Hawthorn 1993) Umfangreicher Führer mit wenig Hintergrundinformationen.

**Malaysia** sowie **Singapore** (Apa Guides, deutsch erschienen bei Langenscheidt.) Beide Führer mit vielen Essays und Farbfotos. Wenig konkrete Informationen.

**Reiseführer Natur Malaysia** (Homann, Eberhard und Klaudia; München 1992) Reiseführer für Naturfreunde mit konkreten Angaben, jedoch ohne Preise.

**West Malaysia & Singapore** und **Sabah & Sarawak** (Periplus Editions, Singapore 1993) Hervorragende vierfarbige Reiseführer auch zu abgelegenen Regionen.

# WEST-MALAYSIA

## Kuala Lumpur

*Warum ist diese Stadt so seltsam? Irgendwie will Kuala Lumpur nicht so recht in die Riege der großen Metropolen passen. Kuala Lumpur hat einfach nicht die Struktur einer „normalen“ Großstadt. Auf den ersten Blick eine Mischung aus Ost und West. Türme aus Glas und Beton, durchsetzt mit den bröckelnden Resten alter Straßenzüge, dann wieder sorgsam gepflegte koloniale Prunkbauten. Das historische Zentrum - nicht mehr auffindbar. Die ganze City scheint sich auf Verkehrsinseln abzuspielen, die vier- und sechsspurige Straßen gnädig zwischen verschlungenen Einfahrten, Ausfahrten und Überwegen freigelassen haben. Kein Fußweg scheint die modernen Shopping-Komplexe, Banken und Bürohochhäuser zu verbinden, zwischen denen der stets gleichbleibende, nimmermüde Autostrom dahintost. Dann wieder ein paar Blöcke verrottender Ladenzeilen, wellblechgedeckte Hallen, ein altes Kino, Reklamewände, ein Markt - irgendwann schnell gewachsen und schon wieder im Begriff, gefressen zu werden. Nur die kühlen Wolkenkratzer der islamischen Architekten scheinen für die Ewigkeit geschaffen. Und in Chinatown, der die Betonburgen schon bedrohlich auf den Leib gerückt sind, vermodern die verwinkelten Ladenhäuser, reif für die Planierraupe. Neuerdings läßt man sogar die Fassaden am Straßenrand stehen - die Kritiker der gnadenlosen Abrißpolitik scheinen sich zu mehren.*

*Und doch - irgendwie eine Großstadt. Eine hektische Stadt, eine spannende Stadt, eine Stadt mit großstadttypischen Problemen, keine langweilige Provinzmetropole, in der abends nach zehn die Bürgersteige hochgeklappt werden. Die verhaltene, strenge islamische Art ist hier nur eine von vielen, und oft ist auch sie nur Fassade. Kneipen, Kinos, Drogen, Puffs, Business, Kunst, Kultur, Kriminalität - in Kuala Lumpur gibt es mehr davon als irgendwo anders in Malaysia. Mehr als in Singapore oder Melaka reiben sich hier die ethnischen und sozialen Gegensätze, politischen Meinungen und religiösen Strömungen, wird in den Lokalen diskutiert, getrunken - gelebt. Mehr wohl auch als den islamisch-konservativen Sittenwächtern in den Regierungspalästen lieb ist, die ihr Land lieber überschaubar ordnen und unter dem alles überspannenden Dach ihres Glaubensgebäudes zusammenfügen möchten.*

### Geschichte

KL ist eine junge Stadt. Daß es ausgerechnet Chinesen waren, die die „schlammige Flußmündung“ (Kuala Lumpur) zu einem bewohnbaren Ort machten, mag den malaiischen Geschichtslehrern der heutigen Hauptstadt zwar nicht so recht gefallen, aber ein Name ist mit dem Kuala Lumpur der ersten Jahre untrennbar verbunden: Yap Ah Loy;. der legendäre „Captain China“ war es, der die kleine Siedlung, die wagemutige chinesische Zinnschürfer 1857 am Zusammenfluß von Gombak und Kelang errichtet hatten, zu einem Ort machte, den man schon 20 Jahre später auf der Landkarte Südostasiens verzeichnen mußte. Er war eine schillernde Figur: hart und despotisch auf der einen, weitsichtig und geschäftstüchtig auf der anderen Seite. Und er besaß nahezu uneingeschränkte Macht in der aufstrebenden Zinn-Metropole, denn die Minen waren ergiebig und die Ge-

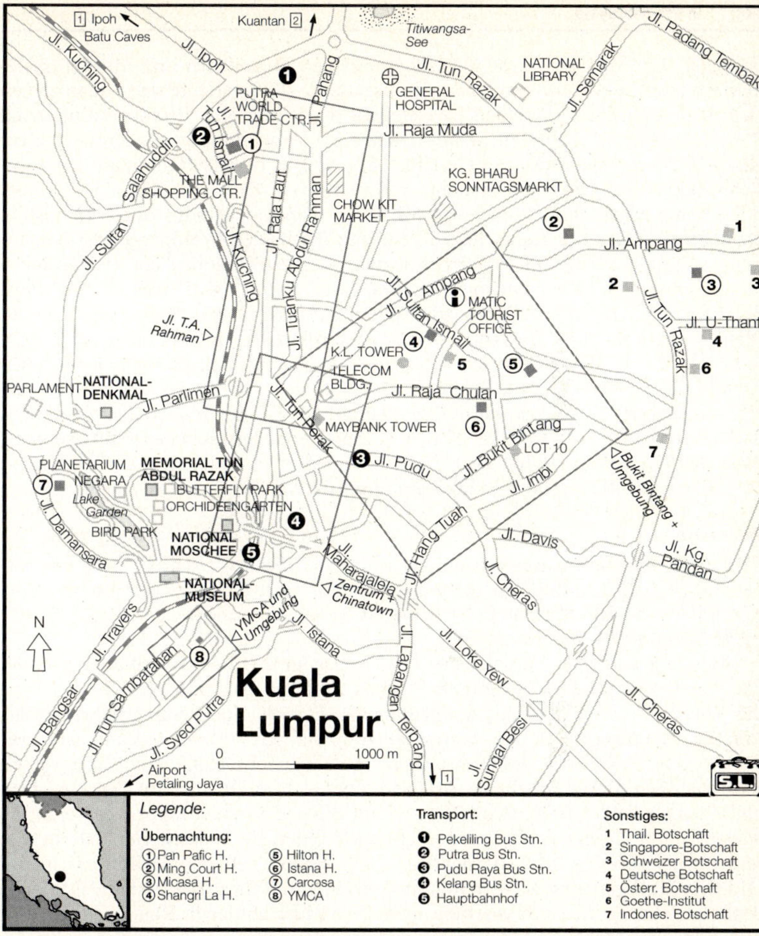


schäfte liefen trotz Malariaepidemien, Brand- und Überschwemmungskatastrophen vorzüglich.

1872 fielen rivalisierende malaiische Fürstenhäuser über Kuala Lumpur her und machten die Stadt dem Erdboden gleich, aber Yap Ah Loy ließ auf denTrümmern eine neue bauen - die ab 1878 steil ansteigenden Zinnpreise halfen ihm dabei. 1880 zog der erste britische Resident in Kuala Lumpur ein, 1881 wütete eine Brandkatastrophe, aber Yap Ah Loys Pläne zum Ausbau der Stadt wurden dennoch umgesetzt. Das alte Zentrum, die Chinatown, lag am Ostufer des Kelang. Die Briten errichteten die ersten Regierungsbauten am Westufer, 1884 wurde am neu angelegten Padang der Selangor Club für die britische Oberschicht eingeweiht. Schließlich mußte Yap Ah Loy dem Druck des Sultanats in Selangor nachgeben und auch malaiische Siedler im Stadtzentrum dulden. Mit seinem Tode 1885 war die chinesische Vorherrschaft dann endgültig besiegelt. Von nun an wurde Kuala Lumpur von Engländern und Malaien systematisch zur Hauptstadt von Selangor ausgebaut. 1886 verlegte der Sultan seinen Hof nach KL, noch im selben Jahr stellten die Briten eine Eisenbahnlinie nach Port Kelang fertig. 1890 wurde mit den großen Verwaltungsgebäuden begonnen. KL veränderte wiederum sein Gesicht. 1896 war es bereits Hauptstadt der Konföderation der malaiischen Staaten, administratives Zentrum, Sitz eines großen Behördenapparats und Heimat von Moslems, Christen, Hindus und Buddhisten. Dem Zinn- folgte der Kautschuk-Boom, und die beiden Weltkriege, die das koloniale Weltgefüge nachhaltig erschütterten, brachten Perioden der Stagnation.

1959 wurde auf dem Padang Merdeka die Unabhängigkeit proklamiert. Seitdem ist Kuala Lumpur unaufhörlich gewachsen. Hatte das KL der Briten und Malaien die alte Chinesenstadt schon einmal gründlich umgekrempelt, so brachte der Aufstieg Malaysias in den Club der sogenannten Schwellenländer neuerliche städtebauliche Schübe. Schon ist das koloniale KL so gut wie wieder verschwunden und eine neue Stadt wächst heran: das KL des Industriezeitalters, das KL des modernen Islam, das KL einer aufstrebenden sozialen Mittelschicht. Aber das KL von heute hat viele Gesichter, und daß es uns an manchen Stellen auf den ersten Blick sehr westlich vorkommt, ist nur eines davon.

## Zentrum

Direkt am Zusammenfluß von Sungai Klang und Sungai Gombak steht das rotgelbe Gebäude der 1909 im orientalischen Stil nach einem nordindischen Vorbild erbauten **Jame Moschee**, der früheren Nationalmoschee. Geöffnet tgl. 9.00 - 12.45 Uhr und 14.30 - 16.15 Uhr.

Ein wenig koloniale Vergangenheit Malaysias wird bei einem Rundgang durch das alte Verwaltungsviertel in den Straßen rund um die Moschee wieder lebendig. Direkt an der Jl. Tuanku Abdul Rahman, Ecke Jl. Tun Perak erhebt sich das **Jabatan Penerangan**, in dem ursprünglich einmal das Vermessungsamt untergebracht war. Das 1909 im maurischen Baustil errichtete Gebäude mit seinen 130 m langen, doppelstöckigen Arkaden zieht sich an der Jl. Tun Perak entlang und wird an beiden Seiten von Türmen mit offenen Wendeltreppen begrenzt. Es wurde von Architekt A. C. Norman entworfen, der die meisten Gebäude in diesem Bezirk gestaltet hat, so auch das 1896 erbaute, ehemalige Rathaus, heute **Old City Hall** genannt, an dem man in Richtung Jl. Raja vorbeikommt. Das neue Rathaus *(Dewan Bandaraya)* steht unweit von hier an der Jl. Raja Laut, Ecke Jl. Parlimen. Das **Mahkamah Tinggi** war ursprünglich ein Gerichtsgebäude.

Nur wenige Schritte südlich, auf der anderen Seite der Brücke, liegt der **Padang Merdeka**, die große zentrale Rasenfläche, der Platz, auf dem 1957 die Unabhängigkeit ausgerufen wurde. Der **Fahnenmast** soll mit 100 m der höchste der Welt sein. Das 1890 errichtete, frühere *Federal Secretariat,* das **Sultan Abdul Samad Building** mit seinem 41 m hohen Glockenturm, ist eines der ältesten und herausragendsten Gebäude der Stadt. Seit 1909 tagt hier der Oberste Gerichtshof *(Supreme Court)*. Gegenüber steht auf dem Hügel der 1890 im Tudor-Stil neu erbaute und 1910 erweiterte **Selangor Club** - ein Stück England in Malaysia. Er war das soziale Zentrum der britischen Gesellschaft und ist nach wie vor Treffpunkt der VIPs aus Wirtschaft, Verwaltung, Politik und Kultur. Eintritt nur für Clubmitglieder, die Zone um den langen Tresen im Erdgeschoß ist nach alter englischer Clubsitte für Damen tabu. Die nahegelegene **St. Mary's Church** aus dem Jahre 1894 ist eine anglikanische Kirche. Auch sie geht, wie der *Supreme*

*Court,* auf Norman zurück. Norman gestaltete auch das **alte Hauptpostamt** *(Old GPO),* etwas weiter südlich an der Jl. Raja, sowie das ehemalige *Jabatan Kerja dan Bank Pertanian* (Amt für öffentliche Arbeiten und Agrarbank), in dem später die zentrale Eisenbahnverwaltung von Malaya untergebracht war. Dort ist das *Handicraft Centre* **Infocraft** eingerichtet worden. Geöffnet tgl. 9.00 - 18.00 Uhr.

### Jalan Tuanku Abdul Rahman

Am unteren Ende der betriebsamen Einkaufsstraße haben sich noch einige alte Ladenhäuser aus den 20er Jahren halten können, die an ihren Art Decó-Fassaden unschwer zu erkennen sind. Besondere Aufmerksamkeit verdient das **Coliseum Café**, die Nr. 100, gleich neben dem gleichnamigen Kino, eine der wenigen alten KL-Kneipen aus der Zeit der Kautschukpflanzer und Zinnbarone (s. Essen und Trinken). Das **Wisma Loke** in der Jl. Medan Tuanku wurde in den letzten Jahren liebevoll restauriert. Das Gebäude aus dem Jahr 1904, das einem der ersten Multimillionäre Malayas, dem Towkay Loke Yew, gehörte, verbindet europäische und asiatische Stilelemente. Heute beherbergt es das *Artiquarium,* ein edles Kunst- und Antiquitätenzentrum.

### Chinatown

Östlich des Kelang-Flusses, zwischen Jl. Sultan, Jl. Petaling, Jl. Hang Lekir und Jl. Sultan Mohammed, liegt das alte chinesische Geschäftsviertel. Viel ist nicht mehr übriggeblieben, die alten, zweistöckigen chinesischen *shop houses* sind vor allem während der 70er und 80er Jahre modernen Shopping-Zentren und Bankpalästen gewichen. Inzwischen scheint man auch in KL den urbanen und touristischen Wert der alten Quartiere zu ahnen, denn neuerdings läßt man wenigstens die Fassaden an den Straßenrändern stehen und „entkernt" dahinter. Zu besichtigen z.B. an der Jl. Sultan gleich neben der Kelang Bus Station. Spätnachmittags und abends ist es hier am schönsten, denn dann pulsiert in diesem Viertel das Leben. Auf der Jl. Petaling werden Marktstände aufgebaut, und in den Restaurants herrscht Hochbetrieb. Die südliche Jl. Petaling war einst die Straße der chinesischen Bestattungsunternehmen, die alles verkaufen, was man zu einer standesgemäßen Feier braucht. Wenn die Papierhäuser, -flugzeuge oder andere Gegenstände verbrannt werden, gehen sie damit ins Jenseits über und stehen dem Verstorbenen dort zur Verfügung. Noch immer sind einige Betriebe hier ansässig.

Daß eines der auffälligsten Bauwerke in Chinatown ein indischer Tempel ist, verwundert nur Neuankömmlinge, die noch keine Erfahrung mit dem dichten Nebeneinander der Religionen in Malaysia gemacht haben. In der Jl. Tun H. S. Lee steht der 1873 gegründete **Sri Mahamariamman Tempel**. Die jetzigen Gebäude wurden von indischen Fachkräften aber erst Ende der 60er bis Mitte der 80er Jahre errichtet. Links vor dem hohen, mit zahlreichen hinduistischen Gottheiten geschmückten Eingangstor kann man für 10 ¢ seine Schuhe verwahren lassen. Im zentralen Bereich steht der Haupttempel, den - ebenso wie die äußeren Tempelmauern - kleinere Türmchen mit den bunten Figuren zieren.

Eines der ältesten chinesischen Heiligtümer, der **See Yeoh Tempel** *(Sze Ya),* liegt versteckt hinter chinesischen Geschäftshäusern in einer kleinen Seitengasse, der Leboh Pudu (ab Jl. Bandar nahe dem Central Market), die mit einfachen Essen- und Getränkeständen fast völlig zugebaut ist. Gestiftet wurde der mit zahlreichen Malereien und vergoldeten Holzschnitzereien verzierte, 1883 erbaute Tempel vom legendären „Capitan China" Yap Ah Loy, dessen Bild an einem der hinteren Altäre zu sehen ist. Im Hof hängen riesige Räucherspiralen. Völlig renoviert wurde der 1936 errichtete, ehemalige **Central Market**, der nun so etwas wie der „Covent Garden“ von Kuala Lumpur geworden ist. Man versuchte erstmalig, die Originalarchitektur weitgehend zu erhalten. Auf zwei Ebenen sind kleine Geschäfte, Restaurants, Konditoreien, Essen- und Verkaufsstände untergebracht. Es wird viel Kunstgewerbe produziert und verkauft, aber auch andere typisch malaysische Produkte werden angeboten. Geöffnet täglich 8.30 - 22.00 Uhr, die Restaurants schließen bereits um 21.00 Uhr.

### Westlich des Kelang-Flusses

Südlich vom Dayabumi Complex liegt das Hauptpostamt, noch weiter südlich kommt man zum **Hauptbahnhof**, der vor ein paar Jahren im traditionellen Stil erweitert wurde. Die Einheimischen bezeichnen ihn als einen der schönsten Bahnhöfe der Welt, einer der eigenwilligsten ist er auf jeden Fall. Das nordindisch-islamische Hauptgebäude mit seinen zahlreichen Arkaden und Türmen entstand zwischen 1885 und 1911 und ähnelt einer großen Moschee. Das gegenüberliegende Gebäude der Verwaltung der malaysischen Eisenbahn **Bangunan Ibu Pejabat Keretapi Tanah Melayu** aus dem Jahr 1917 wurde vom gleichen Architekten zum Bahnhof passend gestaltet. Das Projekt, hier ein Luxushotel mit kolonialer Atmosphäre für Nostalgiker zu schaffen, scheint nunmehr Gestalt anzunehmen - vielleicht ist es beim Erscheinen dieses Buches bereits realisiert.

Auf einem Hügel nordwestlich des Bahnhofs erhebt sich die **Nationalmoschee.** 75 m hoch ragt das Minarett aus einem Wasserbecken empor. Die Hauptkuppel mit dem 18zackigen Stern symbolisiert die 13 Staaten Malaysias und die fünf Grundpfeiler des Islam. 48 kleinere Kuppeln kopieren die Anlage der großen Moschee in Mekka. Für Besucher (ordentliche Kleidung erforderlich) ist die Moschee, übrigens eine der größten in Südostasien, tgl. 9.00 - 17.00, Fr 14.45 - 18.00 Uhr geöffnet. Frauen bekommen einen Umhang und ein Kopftuch. Während der Gebetszeiten dürfen Nicht-Muslime die Moschee nicht betreten.

Das **Nationalmuseum**, zehn Minuten Fußweg von hier entfernt, lohnt einen Besuch. An der Außenwand des 1963 im modernen malaysischen Baustil errichteten Hauses lassen sich auf zwei riesigen Wandgemälden die Höhe- und Tiefpunkte der malaiischen Geschichte wie auch Szenen aus dem kulturellen Leben des Landes verfolgen. Im Erdgeschoß eine ethnologische Ausstellung mit Informationen über die verschiedenen Völker und die Geschichte der malaysischen Staaten. Interessant sind die Ausstellungsstücke über Handwerk und Kunstgewerbe, z.B. Wayang Kulit-Figuren aus verschiedenen Regionen, die einen weltweiten Vergleich ermöglichen. Im ersten Stock erhält man Informationen zu Fauna und Flora, Industrie und Infrastruktur. Aus Sabah und Sarawak ist aller-

*Legende:*

**Übernachtung:**
9 Traveller's Moon Lodge
10 Twin Happiness H.
11 Kawana Tourist Inn
12 Katari H.
13 Capital Lodge
14 Pudu Raya H.
15 Meridian YH
16 Malaya H.
17 Nanyeang H.
18 Swiss Garden H.
19 Furama H.
20 Backp. Travellers Inn
21 Starlight H.
22 Wan Kow H.
23 Mandarin H.
24 Lee Mun
25 Jewel H.
26 Lok Ann H.
27 Colonial H.
28 YWCA
29 KL International YH
30 Riverside Lodge
51 Lodge 51

**Läden, Restaurants etc.:**
8 Yin Futt Kuok R.
9 Fok Woh Yuen R.
10 Foodstalls
11 Shakey's Pizza
12 Mc Donalds
13 Open Air-Restaurants
14 Kentucky Fried Chicken
15 Niveasun R.
16 Loke Yuen Bar
17 Foodstalls
18 Hoi Nam Chai R.
19 King's Confectionery
20 Nam Heong R.
21 Yoke Woo Thin R.
22 Kum Lun Tai R.
23 Wan Fo Yuan R.
24 Futt Yow Yuen R.

**Transport:**
3 Pudu Raya Bus Stn.
4 Kelang Bus Stn.
5 Hauptbahnhof
6 The Heritage Travel

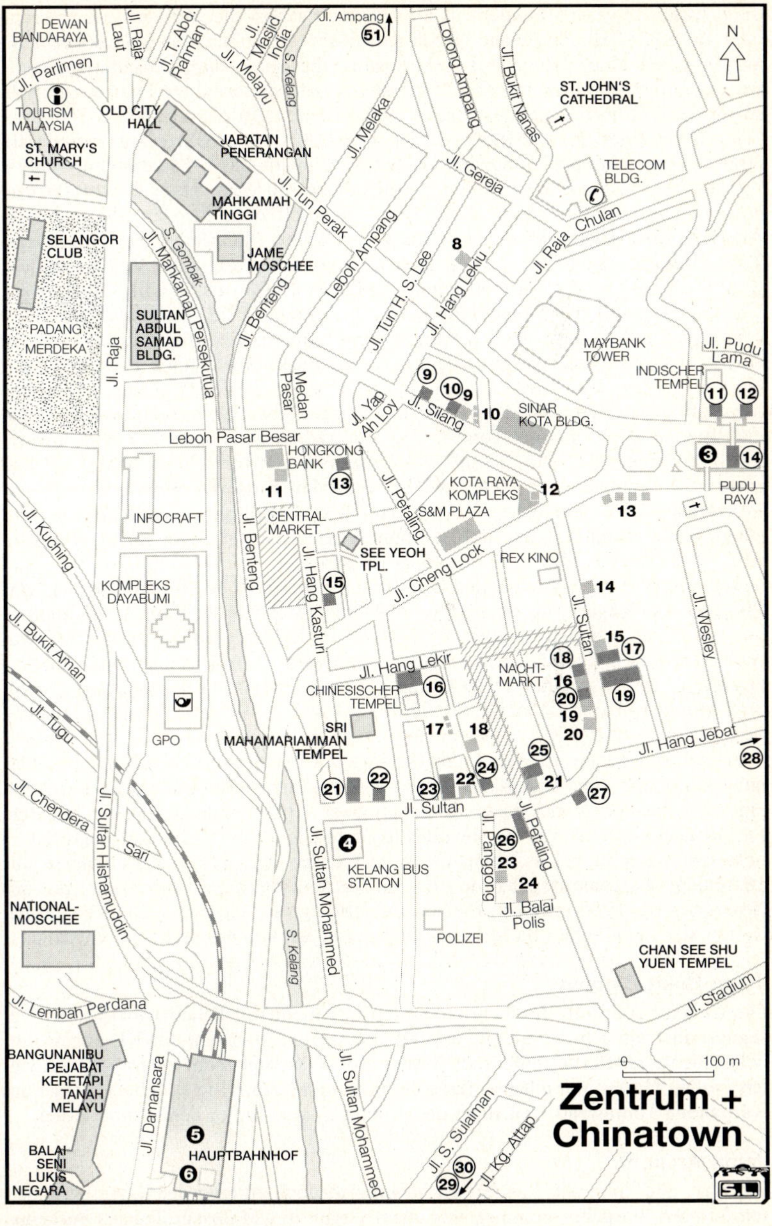


## Zentrum + Chinatown

dings kaum etwas vorhanden, dazu muß man schon die Museen von Kuching oder Kota Kinabalu besuchen. Neben dem Hauptbau gibt es ein kleines Freilichtmuseum mit einer Istana aus Terengganu, die ohne Nägel zusammengesetzt wurde, einigen Statuen aus Ost-Malaysia, verschiedenen alten Transportmitteln sowie dem *Proton Saga,* dem ersten malaysischen Auto und ganzen Stolz der Nation. Geöffnet tgl. von 9.00 - 18.00, Fr 12.00 - 15.00 Uhr geschlossen; während des Ramadan täglich nur bis 17.00 Uhr. Eintritt 1 RM, Fotoerlaubnis 1 RM.

In der Jl. Perdana, etwa 500 m nördlich vom Museum, hatte der zweite Premierminister Malaysias, Tun Abdul Razak, seine offizielle Residenz. Sie wurde in Anerkennung seiner Tätigkeit für die Entwicklung Malaysias in ein **Memorial Tun Abdul Razak** umgewandelt, in dem Dokumente aus jener Zeit ausgestellt sind. Geöffnet Di - So von 9.00 - 18.00, außer Fr 12.00 - 15.00 Uhr. Eintritt frei.

Schräg gegenüber im **Orchideengarten** *(Taman Orkid)* kann man über 200 verschiedene Orchideenarten bewundern und kaufen. Geöffnet tgl. 9.00 - 18.30 Uhr. Nur einige Meter entfernt liegt der **Bird Park**, eine schöne Parkanlage mit kleinen Bächen und Wasserfällen. Unter einem großen Netz fliegen zahlreiche tropische Vogelarten (fast) wie in ihrer natürlicher Umgebung umher. Eine wohltuende Abwechslung vom Trubel der Großstadt. Eintritt 3 RM, Kinder 1 RM; geöffnet tgl. 8.00 - 18.00 Uhr. Unterhalb vom Bird Park, 5 Min. zu Fuß entfernt, befindet sich die sehenswerte **Malaysian Butterfly World**, Jl. Cenderasari, tel 2937567, ein liebevoll angelegter Schmetterlingspark mit Teichen und einem Bach, in dem es von Fischen wimmelt. Geöffnet tgl. 9.00 - 17.00 Uhr, Eintritt 5 RM, Kinder 2 RM, Fotoerlaubnis 1 RM.

Auf einem Hang oberhalb des Orchideengartens und des Bird Parks liegt das **Planetarium Negara**, das im Februar 1994 eröffnet wurde. Vom Aussichtsturm hat man einen schönen Blick über die Stadt. Im Innern wird Wissenswertes über Astronomie und Raumfahrt anschaulich dargestellt. Vorführungen im Planetarium tgl. 12.00, 15.00 und 17.00 Uhr, Sa und So auch 19.00 Uhr. Eintritt 3 RM, *Sky Movie*-Vorführungen tgl. 11.00, 14.00 und 16.00 Uhr, Sa und So auch 18.00 Uhr, Eintritt 6 RM. Das Planetarium ist Mo geschlossen.

Im nahegelegenen, großen **Lake Garden** mit dem künstlichen See Tasik Perdana kann sich der Besucher vom Bildungsprogramm erholen, ein Boot mieten, eine Wildgehege *(Deer Park)* besuchen oder einfach nur durch die hügelige Parklandschaft wandern, die sowohl Elemente englischer Gärten als auch naturbelassenen Dschungel aufweist. Ganz im Norden des großen Parks stehen das 18stöckige **Parlamentsgebäude** und das **Nationaldenkmal**, das an die Zeit des Notstands bis 1960 erinnert. Sieben überlebensgroße Figuren verherrlichen den Kampf der malaiischen Sicherheitskräfte gegen die kommunistischen Guerilla.

### Jalan Bukit Bintang

Die Gegend rund um die Jl. Bukit Bintang ist nicht mit Sehenswürdigkeiten gesegnet, aber ein sehr lebendiges Viertel und verfügt über eine für KL ungewöhnliche Dichte an Restaurants und Coffeeshops. Das liegt nicht zuletzt an den vielen großen Hotels, vor allem entlang der Jl. Sultan Ismail. Ein beliebtes Ziel ist das **Karyaneka Handicraft Centre** an der Jl. Raja Chulan hinter dem Hilton Hotel.

### Jalan Ampang

Ein paar alte koloniale Residenzen haben sich noch entlang der Jl. Ampang halten können. Besucher kommen vor allem wegen des **Malaysia Tourist Informa-**

**tion Complex (MATIC)**, 109 Jl. Ampang, das in der restaurierten Villa eines reichen Zinnbarons untergebracht ist. Verschiedene Stände bieten Wissenswertes über alle Regionen Malaysias, im (teuren) Café nebenan kann man in aller Ruhe die Prospekte studieren. Geöffnet Mo - Fr 8.00 - 17.00, Sa 8.00 - 13.00 Uhr. Mehrmals täglich wird eine 10minütige Video Show gezeigt, außerdem findet Di, Do, Sa und So um 15.30 Uhr eine traditionelle Tanzdarbietung statt (Eintritt 2 RM).

### Nördliches Zentrum

Hier gibt es keine touristischen Sehenswürdigkeiten, wohl aber unzählige kleine Geschäfte und Märkte. Laut, hektisch und mit Straßenständen eng bepflastert ist die obere Jl. Tuanku Abdul Rahman. Der große **Chow Kit Market**, ein Erlebnis für Augen, Ohren und Nasen, ist sehr malaiisch geprägt. Zu finden östlich der Jl. Tuanku Abdul Rahman zwischen Jl. Raja Bot und Jl. Raja Klang. Auch das Viertel auf der westlichen Seite zur Jl. Raja Laut und Jl. Chow Kit hinüber ist interessant zum Spazierengehen - nichts Sensationelles, aber viel buntes Alltagsleben.

## ÜBERNACHTUNG

Wir haben den Hotelteil nach Preisniveau und Gegenden geordnet.

**BILLIGE UNTERKÜNFTE** - Es gibt zwar viele *low budget*-Übernachtungsmöglichkeiten, aber das Preis-Leistungsverhältnis ist sehr unterschiedlich. Billighotels sind in vielen Fällen auch Bordelle bzw. Stundenhotels.

Wer aus der **Pudu Raya Bus Station** kommt und zu Fuß unterwegs ist, hat folgende Möglichkeiten:

*KAWANA TOURIST INN***, 68 Jl. Pudu, tel 2386714, fax 2302120, liegt gegenüber der Bus Station. Die Zi (auch mit ac) sind klein und viele haben nur Etagenbetten. Nicht superbillig, aber sehr sauber. Schlafsaal 9 RM.

*SUNRISE TRAVELLER'S LODGE**-****, 89 B, Jl. Pudu Lama, 2. Etage, tel 2308878, nur ein paar Schritte weiter in der kleinen Straße, die am Hügel entlangführt, daher relativ ruhig. Billige Schlafsaal-Betten aber auch Zi.

*TWIN HAPPINESS HOTEL***, 44-A Jl. Silang, tel 2387667 und 2389528. Preiswertes kleines Hotel, spärlich möblierte, dünnwandige Zi mit und ohne ac, abenteuerlichen Duschvorrichtungen - aber warmem Wasser! Freundliche, familiäre Atmosphäre.

*TRAVELLER'S MOON LODGE**, 36-C Jl. Silang, tel 2306601, ist eine beliebte Traveller-Adresse. Billige Schlafsaal-Betten, aber auch Zi, Frühstück, nettes Management.

*LODGE 51*-***, 51 Jl. Ampang, tel 2324678, ist schon ein Stückchen entfernt von der Bus Station. Dafür gibt es akzeptable Zi mit Fan bzw. ac, Frühstück im Preis inbegriffen.

*YWCA***, 12 Jl. Hang Jebat, tel 2383225. Nicht nur eine gute, zentrale Adresse für Frauen - auch Paare und Familien aufgenommen.

Auch **Chinatown** läßt sich von der Bus Station aus noch abgrasen, wenn man einigermaßen gut zu Fuß ist.

*MERIDIAN YOUTH HOSTEL**, 36 Jl. Hang Kasturi, tel 2321428, liegt schräg gegenüber vom Central Market. Billige Schlafsaal-Betten für Rucksackreisende, keine Zi. Nicht sehr einladend und nicht sehr sauber. Sieht von außen erheblich besser aus als von innen.

*WAN KOW HOTEL**, 16 Jl. Sultan, ist ein weiteres, allerdings etwas kleineres und billiges Chinesenhotel, sehr einfach, aber nett.

*STARLIGHT HOTEL***, 90 Jl. Hang Kasturi, tel 2321744, nicht ganz billig für's Gebotene. Man sollte versuchen, ein Zi nach hinten zu bekommen.

*BACKPACKERS TRAVELLERS INN*-***, 60 Jl. Sultan, tel 2382473 (gegenüber vom Furama Hotel). Die beste Travelleradresse in dieser Gegend, Schlafsaal-Bett 8 RM, auch DZ mit und ohne ac (tagsüber ausgeschaltet), günstige Wochenpreise. Freundlich, sauber und hilfsbereit, auch Reservierung von Tickets und Touren, Interessante Gästebücher mit Insidertips.

Um **südlich von Chinatown** zu suchen, wird man ein Verkehrsmittel in Anspruch nehmen müssen, besonders für die **Gegend um das YMCA**. Das Viertel beherbergt zwar auch einige Stundenhotels, ist ansonsten aber nicht ungemütlich.

*KUALA LUMPUR INTERNATIONAL YOUTH HOSTEL**, 21 Jl. Kampung Attap, tel 2306870, fax 2741115, läßt sich vom Bahnhof aus auch zu Fuß erreichen. In dem sauberen, ac-gekühlten Gebäude kann man für 15 RM die erste, für 12 RM die weiteren Nächte in einem der nach Geschlechtern getrennten Schlafsäle verbringen.

*YMCA**-*****, 95 Jl. Padang Belia, tel 2741439. Verkehrstechnisch nicht gerade ideal (Minibus Nr. 12), dafür relativ komfortabel und ruhig gelegen. Großes Gebäude, Zi mit Fan oder ac, Waschsalon, Reisebüro und Autovermietung im Hause. Am besten vorher anrufen.

*SONG LIM HOTEL****, 167 Jl. Abdul Samad, tel 2747393. Nahe dem YMCA, macht einen guten Eindruck. Zi mit ac.

*QUEE PING HOTEL****, 13 Jl. Thambapillai, tel 2743505. Das moderne kleine Hotel wäre eine etwas teurere Alternative, wenn sonst in dieser Gegend nichts mehr zu haben ist. Zi mit ac um 60 RM.

Eine Gegend für billige Hotels ist auch das **untere Ende der Jl. Tuanku Abdul Rahman**. Minibus 25 (von Pudu Raya) und 33 (Bahnhof) fahren hier entlang. Attraktiv sind die meisten nicht:

*COLISEUM**, 98-100 Jl. Tuanku Abdul Rahman, tel 2926270, aus dem Jahre 1921 (s. Essen und Trinken) hat noch 10 einfach eingerichtete Zi. Nicht die 1, 4 oder 5 nehmen, da sie zur lauten Straße hin liegen.

*REX HOTEL**, 132-134 Jl. Tuanku Abdul Rahman, tel 2983895. Man nimmt besser ein Zimmer im 1. Stock, das Erdgeschoß ist zu laut. Ein wenig düster wirkt es trotzdem.

*TIVOLI HOTEL*-***, 136 Jl. Tuanku Abdul Rahman, tel 2924108, Zi mit Fan/ac, mit und ohne Du/WC. Nicht besser, aber etwas teurer.

*TI LODGE*-***, 104 Jl. Masjid India (abgehend von der Lorong Bunus Enam), tel 2930261. Angenehmes Traveller-Hotel, zentral gelegen, kleine Zi mit und ohne ac, ac-Zi mit und ohne Du/WC, mit Frühstück, Schlafsaalbett für 12 RM. Gegenüber befindet sich ein großer Markt mit guten Essenständen.

*PARADISE BED AND BREAKFAST***, 319 Jl. Tuanku Abdul Rahman, tel 2922872. Zum Teil fensterlose, aber saubere Zi, auch Schlafsaal für 10 RM, ac-gekühlte Lounge mit Video, Wäscherei. Kleines Frühstück ist im Preis inbegriffen. Wer mit dem Bus kommt, sollte beim *Sime Darby*-Gebäude aussteigen.

Die Gegend um die **nördliche Jl. Raja Laut** ist eigentlich eher für *short time*-Etablissements bekannt, dennoch gibt es auch hier akzeptable, billige Übernachtungsmöglichkeiten. Und interessant ist das Viertel obendrein.

*BEN SOO**, 61 B Jl. Tiong Nam, tel 2918096. Das kleine *homestay* ist nicht leicht zu finden, aber das richtige für Rucksackreisende, denen freundliche, familiäre Atmosphäre wichtiger ist als Komfort. Billige Schlafsaal-Betten für max. 4 Personen (10 RM/p.P.), es gibt auch Zi.

*NEW CYLINMEN***, 110 Jl. Raja Laut, tel 4422088. Bis zu 4 Personen können sich eines von den vorderen, großen DZ teilen (ca. 40 RM). Zi mit Du/WC nach hinten sind ruhiger.

*ROME HOTEL***, 380 A Jl. Raja Laut, tel 2924241. Etwas schummrig, aber ganz geräumig und ebenfalls erträglich.

**MITTELKLASSEHOTELS** - ist in KL wie in ganz Malaysia ein Problem, denn in dieser Kategorie gibt es wenig Angebot. Billigreisende sind ja manchmal hart im Nehmen, was Komfort und Sauberkeit angeht, aber wer gerade frisch aus Europa gelandet ist und ein ordentliches Mittelklassezimmer haben möchte, muß schon 80, besser noch 100 RM anlegen. Bad, ac und Telefon sind bei diesem Preis natürlich inklusive.

An der **Pudu Raya Bus Station**:

*PUDU RAYA HOTEL***-*****, direkt in der 4. Etage des Busbahnhofs, tel 2321000, ist z.B. ideal für Leute, die spät ankommen oder früh wegmüssen, außerdem zentral gelegen. Zi mit heißem Wasser, Doppelglasfenster, daher nicht so laut. Direkt gegenüber das

*KATARI HOTEL*****, 38 Jl. Pudu, tel 2017777, neues, gutes Mittelklassehotel, wenn auch an der extrem lauten Jl. Pudu.

**Chinatown** hat auch ein paar Mittelklasse-Hotels, viele allerdings zwischen 100 und 120 RM:

*LOK ANN****, 113 Jl. Petaling Ecke Jl. Sultan, tel 2389544, bietet große Zi, die allerdings nicht ruhig sind. Auch mit ac.

*NANYEANG HOTEL****, 83 Jl. Sultan, tel 2387477. Uninteressanter, 5stöckiger Bau mit Aufzug aus den 60ern, aber die Zi sind O.K und mit ac, TV, Tel und Bad (mit Wanne) ausgestattet. Ein bißchen eng und nicht gerade auf Hochglanz, dafür wacht die ganze Nacht jemand auf dem Korridor über die Sicherheit der Gäste. Sehr freundliche Angestellte.

*MANDARIN HOTEL*****, 2-8 Jl. Sultan, tel 2303000. Ebenfalls ein moderner Bau mitten in Chinatown.

Im lebendigen **nördlichen Stadtzentrum** gibt es folgende Möglichkeiten:

*KOWLOON HOTEL****, 142 Jl. Tuanku Abdul Rahman, tel 2934246. Sehr sauberes, modernes Hotel, zentral gelegen und für das Gebotene nicht zu teuer.

*CITY HOTEL*****, 366 Jl. Raja Laut, tel 4414466. Kühle Neubau-Atmosphäre, nicht gerade anheimelnd, aber akzeptabel.

*ASIA HOTEL*****, 69 Jl. Haji Hussein, tel 2926077. Hotelhochhaus direkt am Chow Kit Market, Zi mit ac, TV und Kühlschrank. Ist seinen Preis wert, Studentenermäßigung.

Rund um die geschäftige **Jl. Bukit Bintang** sind zahlreiche Hotels angesiedelt. Touristen halten sich gern hier auf:

*CORONA INN*****, 22 Jl. Tong Shin, tel 2443888, fax 2440715. Neu eröffnetes, empfehlenswertes Hotel in einer Seitenstraße am unteren Ende der Jl. Bukit Bintang, etwas teurer, aber gutes Preis-Leistungsverhältnis.

*THE LODGE****, 2 Jl. Tengah (Ecke Jl. Sultan Ismail), tel 2420122. Günstige Lage, aber an verkehrsreicher Kreuzung. Mit 2 Restaurants und Pool.

**GEHOBENE MITTELKLASSE** - in diesen Hotels muß man 150 - 250 RM, möglicherweise auch mehr anlegen. Geboten wird ein dementsprechender Zimmerstandard, Pool, Bars und Restaurants und was sonst noch so dazugehört. Es lohnt, nach Preisnachlässen zu fragen!

*FEDERAL HOTEL* (ab 230 RM), 35 Jl. Bukit Bintang, tel 2489166, fax 2438381. Freundliches Stadthotel in einer interessanten Gegend. Vom rotierenden Dinner-Restaurant (ab 19.00 Uhr) hat man einen schönen Panaroma-Blick. Guter 24 Stunden-Coffeshop.

*FORTUNA HOTEL* (ab 190 RM), 87 Jl. Berangan, tel 2419111, fax 2418237. Es liegt im glei-

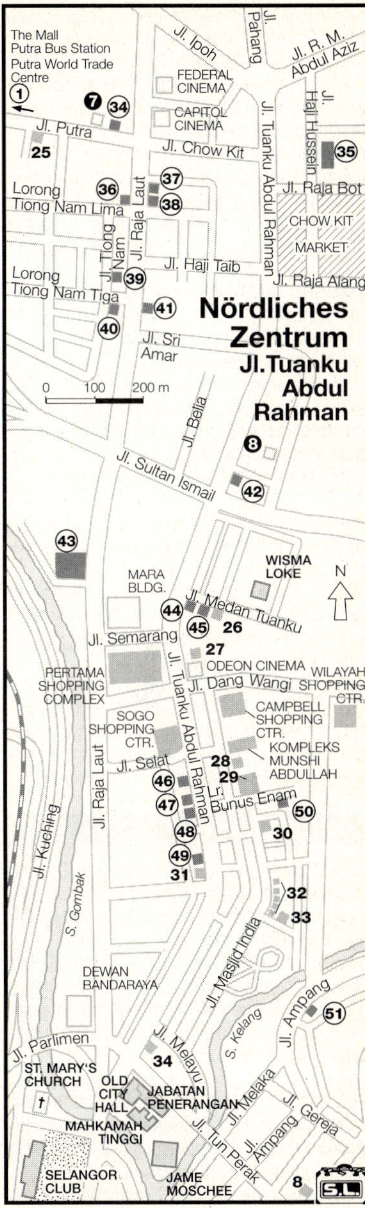


*Legende:*

**Übernachtung:**
- ① Pan Pafic H.
- ㉞ Grand Central H.
- ㉟ Asia H.
- ㊱ New Cylinmen
- ㊲ Rome H.
- ㊳ City H.
- ㊴ Ben Soo
- ㊵ Wilayah H.
- ㊶ Sentosa H.
- ㊷ Paradise B.&B.
- ㊸ Holiday Inn City Centre
- ㊹ Shiraz H. +R.
- ㊺ Omar Khayam H. + R.
- ㊻ Kowloon H.
- ㊼ Tivoli H.
- ㊽ Rex H.
- ㊾ Coliseum H. (+ Café)
- ㊿ Ti Lodge
- (51) Lodge 51

**Läden, Restaurants etc.:**
- 8 Yin Futt Kuok R.
- 25 Cameleon R.
- 26 Hanifa R.
- 27 Lee Wong Kee R.
- 28 The Eatery R.
- 29 Semua Hs.
- 30 Alisan R.
- 31 Bangles R.
- 32 Foodstalls
- 33 Mini Grill Hs. Bar
- 34 Devi R.

**Transport:**
- ❼ MSL Travel
- ❽ Asian Overland

chen Viertel, aber in einer ruhigen Seitenstraße. Nicht ganz so komfortabel und etwas billiger.
*HOLIDAY INN ON THE PARK* (ab 320 RM), Jl. Pinang, tel 2481066. Mit Gartenanlage, großem Pool und vorzüglicher Gastronomie, viele Geschäftsreisende und Urlauber.
*HOLIDAY INN CITY CENTRE* (ab 320 RM), Jl. Raja Laut, tel 2939233. Swimming Pool im 3. Stock und Health Centre, zentrale Lage, viele Geschäftsleute. Von den obersten Stockwerken schöner Blick.

**LUXUSHOTELS** - wenn schon Geld ausgeben, dann richtig!
*ISTANA HOTEL* (ab 460 RM), 73 Jl. Raja Chulan, tel 2419988, fax 2440111. Ein Hotel der Weltspitzenklasse und dennoch mit sehr individuellem Ambiente. *Istana* bedeutet „Palast" und entsprechend präsentiert sich das Hotel. schon in der Lounge.
Zu den besten Hotels der Stadt gehören:
*THE REGENT OF KUALA LUMPUR* (ab 470 RM), 160 Jl. Bukit Bintang, tel 2418000, fax 2430525. Vornehmes Spitzenhotel, elegant-distanziert, sehr schöner Pool.
*SHANGRI-LA* (ab 440 RM), 11 Jl. Sultan Ismail, tel 2322388, fax 2301414. Geschmackvoll eingerichtet und auch bei der örtlichen *high society* ausgesprochen beliebt.
*SWISS GARDEN HOTEL* (ab 270 RM), 117 Jl. Pudu, tel 2413333, fax 2415555, gegenüber vom Furama in Chinatown, von den ganz teueren eines der günstigen, aber mit dem Service, den man in dieser Kategorie erwartet.

## ESSEN UND TRINKEN

**CHINATOWN** - naturgemäß eine gute Gegend, um chinesisch essen zu gehen. Und das nicht nur abends. Kein chinesisches **Frühstück,** aber eine leckere Bäckerei:
*KING'S CONFECTIONERY,* 66 Jl. Sultan, schräg gegenüber vom Furama Hotel, neben dem Swiss Garden Hotel, mit allerlei Spezialitäten, die man auch im Laden bei einer Tasse Kaffee verzehren kann.
**Foodstalls** öffnen schon ab 7.00 morgens, wenn der Markt hinter dem Malaya Hotel mit frischer Ware beliefert wird. Gegen Abend, wenn der **Nachtmarkt** beginnt, bauen dann weitere Stände entlang der Jl. Hang Lekir auf.
Die **Restaurants** zu beiden Seiten der Jl. Hang Lekir sind sehr auf unwissende Touristen eingestellt und nicht besonders zu empfehlen. Aber es gibt ja noch andere:
*HOI NAM CHAI,* in einer Foodstall-Gasse, die beim Mandarin Hotel von der Jl. Sultan abgeht, hat sich auf leckere Enten-Gerichte spezialisiert.
*NIVEASUN,* 85 Jl. Sultan. Gut, hell und sauber (auch das kann man nicht von allen Restaurants in Chinatown sagen). Es gibt nur eine chinesische Speisekarte, also muß man sich erkundigen, notfalls auf die Nachbartische zeigen.
*NAM HEONG,* 70 Jl. Sultan, ebenfalls sauber, hell und natürlich chinesisch.
*WAN FO YUAN,* 8 Jl. Panggong, südliche Chinatown, bietet vegetarische China-Spezialitäten.
*FUTT YOW YUEN,* 9 Jl. Balai Polis, nur ein paar Meter weiter. Alteingesessenes, bekanntes Vegetarier-Restaurant.
*FOK WOH YUEN,* 44 Jl. Silang. Das vegetarische Restaurant für Traveller, die sich nicht so weit von ihrem Guesthouse entfernen mögen.
*YIN FUTT KUOK,* 52 Jl. Hang Lekiu (nicht Lek**ir**!), nicht mehr in Chinatown, aber nur ein kleines Stück nördlich der Jl. Tun Perak. Angenehmes chinesisch-vegetarisches Restaurant.

**JL. BUKIT BINTANG** - eine gute Gegend zum Essengehen, zumal hier auch spät noch etwas los ist.
**Foodstalls** und **Open Air-Restaurants**, vor allem mit chinesischen Spezialitäten, reihen sich entlang der Jl. Alor, einer Parallelstraße zur Jl. Bukit Bintang. Hier kann man den ganzen Abend im Freien sitzen, dem Treiben zuschauen und es sich schmecken lassen. Weitere Nacht-Foodstalls an der kleinen Gasse, die nahe der Kreuzung von der Jl. Sultan Ismail abgeht. Tagsüber ist an der Jl. Raja Chulan, Ecke Jl. Kia Peng ein weiterer *food market* in Betrieb, auf dem vor allem die Angestellten aus den umliegenden Büros essen.
**Restaurants** gibt es in dieser Gegend zu Hauf. Die folgenden bewegen sich allerdings eher am oberen Ende der Preis-Skala:
*EDEN VILLAGE,* Jl. Raja Chulan, nahe Jl. Kia Peng. Großes, überdachtes Freiluft-Restaurant mit Musik und reichhaltiger Speisekarte, beliebt bei den Gästen der umliegenden Hotels und entsprechend teuer. Das Seafood ist allerdings wirklich ausgezeichnet.
*YAZMIN,* 6 Jl. Kia Peng, hinter dem Hilton Hotel. Hier wird den ausländischen Besuchern ger-

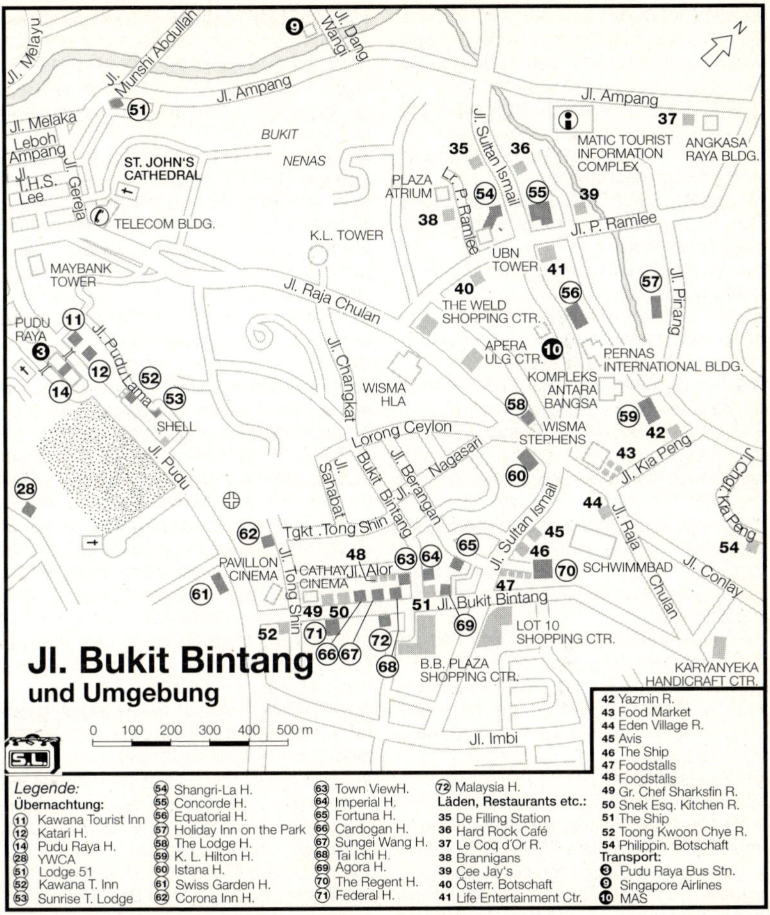


ne vorgeführt, wozu die malaiische Küche in der Lage ist. Stilvolle Kulisse, teuer, aber die *cultural show* gibt's gratis dazu.

*THE SHIP* gibt's gleich zweimal: 40 Jl. Sultan Ismail und 102 Jl. Bukit Bintang. Rühmt sich, das beste Steak der Stadt zu braten; die Karte hat auch noch andere Gerichte auf Lager.

*SNEK ESQUIRE KITCHEN,* 22 Jl. Bukit Bintang, chinesisches Mittelklasserestaurant, Speisekarte auch in Englisch.

*TOONG KWOON CHYE,* am unteren Ende der Jl. Bukit Bintang gegenüber dem Cathay-Kino. Unauffälliges, aber gutes und preiswertes chinesisches Nudelrestaurant.

**JL. TUANKU ABDUL RAHMAN** - in der Gegend zwischen dem südlichen Ende der Straße und dem Kelang-Fluß kann man gut und preiswert essen.

Zahlreiche **Foodstalls** entlang der Jl. Masjid India zwischen Jl. Bunus und Lorong Bunus 2. Ein großer und beliebter malaiischer *food market* lädt auch am Ende des Lorong Bunus Enam zum Essen ein.

*KOMPLEKS MUNSHI ABDULLAH*, hinter dem Campbell Shopping Centre nahe der Jl. Tuanku Abdul Rahman. Großer, überdachter *food market* mit muslimischen Spezialitäten.
*THE EATERY*, im kühlen Tiefgeschoß des Semua House, bietet einen guten Querschnitt durch alle in Malaysia vertretenen asiatischen Küchen (auch vegetarisch).
*PERTAMA SHOPPING COMPLEX*, Ecke Jl. Dang Wangi, hat ebenfalls eine bemerkenswerte Foodstall-Abteilung.
Bei den **Restaurants** überwiegt die indische und muslimische Küche:
*DEVI*, 11 Jl. Tuanku Abdul Rahman. Südindisches Restaurant, es wird mit der rechten Hand vom Bananenblatt gegessen.
*BANGLES*, 60A Jl. Tuanku Abdul Rahman, erstklassige indische Küche, aber nicht billig.
*COLISEUM CAFÈ*, 100 Jl. Tuanku Abdul Rahman, ist noch ein Relikt aus der Kolonialzeit, schmucklos und etwas angeschmuddelt, aber mit guter Atmosphäre. Die Küche ist entsprechend englisch. Ein Erlebnis ist das *Sizzling Steak* - warum wird nicht verraten.
*ALISAN*, Jl. Masjid India Ecke Lorong Bunus Enam. Beliebtes Restaurant, indisch, aber trotzdem *halal*.
*LEE WONG KEE*, Jl. Tuanku Abdul Rahman, hinter dem Odeon-Kino. Großes chinesisches Restaurant mit umfangreichem Seafood-Angebot.
**NÖRDLICHES ZENTRUM** - wer hier wohnt, wird wenig Schwierigkeiten haben, etwas zu essen zu finden.
Die **Foodstalls** auf dem Chow Kit Market bieten vor allem preiswerte malaiische Spezialitäten.
*THE MALL*, das Shopping Centre am westlichen Ende der Jl. Putra (nördliches Zentrum) gegenüber vom Pan Pacific Hotel, präsentiert in der 4. Etage einen kulinarischen *food market* durch die Küchen aller Völker und Regionen Malaysias.

## UNTERHALTUNG

KL ist längst nicht so betulich islamisch, wie das nach außen hin manchmal den Anschein hat. Außerdem gibt es auch hier eine gut verdienende, westlich orientierte Schickeria, die ihr Geld in edlen Clubs und teuren Discotheken verjubelt.
**Clubs und Discos** finden sich in den großen internationalen Hotels oder in deren Nähe, z.B. an der Jl. Pinang und der Jl. Kia Peng.
*LIFE ENTERTAINMENT CENTRE* nennt sich der große, glitzernde Komplex an der Jl. Sultan Ismail, Ecke Jl. P. Ramlee. Hier gibt es ein Café, das vor allem junge Gäste anzieht, eine große Karaoke-Disco mit riesigem Video-Screen und den Musik-Club *MACHINE ONE*, in dem allabendlich eine Menge los ist. Häufig Live-Auftritte von Rock-Bands, an Wochenenden muß eventuell Eintritt bezahlt werden.
*CEE JAY'S*, Lorong P. Ramlee, hinter dem Shangri-La Hotel, ist beliebt bei Expats und Einheimischen aller Hautfarben. Eine Band sorgt jeden Abend für gute Stimmung, und man muß nicht unter 25 sein, um sich beim Bier am Tresen (um 8 RM) wohlzufühlen. Eintritt frei.
*BETEL NUT*, in einer Nebenstraße der Jl. Ampang hinter dem Holiday Inn im Park, bringt Musik der 60er, 70er und 80er Jahre für ein tanzfreudiges junges Publikum. *No cover charge.*
*RIVERBANK*, im Central Market, Chinatown. Jazz- und Bluesbar mit Biergarten zur Flußseite, häufig Live-Auftritte. Der einzige Laden seiner Art in Chinatown, deshalb trotz der hohen Getränkepreise auch von Touristen gut besucht.
**Bars und Pubs**, in denen man einfach abends einen trinken geht, sind relativ dünn gesät. Viele schließen schon um 22.00 Uhr.
*LOKE YUEN*, 68 Jl. Sultan, in Chinatown, ist noch eine richtige trübe alte Chinesenbar, wie man sie sonst nur aus Filmen kennt.
*HARD ROCK CAFÉ*, Jl. Sultan Ismail, gleich neben dem Concorde Hotel. Die weltbekannte Institution gibt's natürlich auch in KL. Eintritt frei, jedoch Mindestverzehr, d.h. mindestens ein Getränk. Am Wochenende bildet das begeisterte Publikum oft lange Schlangen. Wer nicht warten will, geht am besten in
*DE FILLING STATION*, 1 Jl. Sultan Ismail, schräg gegenüber vom Hard Rock Café an der Arcadia Green Ladenpassage. Angesagte Bar, in der vor allem Bier getrunken wird (nicht überteuert). Abends Live-Musik.
*BRANNIGANS*, der Ableger des gleichnamigen Pubs in Singapore, 1 Lorong Perak, kleine Seitenstraße der Jl. P. Ramlee, schräg hinter dem Hard Rock Café.

## KUNST UND KULTUR

**CENTRAL MARKET** - hier finden am Wochenende ab 19.45 Uhr kulturelle Veranstaltungen statt. Das monatlich erscheinende Programm erhält man bei den Tourist Offices, der Eintritt ist frei. Der Rahmen reicht von chinesischer Oper über die malaiische Kunst der Selbstverteidigung *Silat* bis zu traditionellen indischen Tänzen.

**FESTE** - In der Hauptstadt Malaysias werden viele Feiertage besonders prunkvoll begangen. Termine im *Calendar of Events*, der jährlich vom Tourist Office MTPB herausgegeben.

**GOETHE INSTITUT** - Jl. Langgak Golf, Ecke Jl. Tun Razak, tel 2422011. Gute Bibliothek mit deutschen Zeitungen und Zeitschriften. Abendliches Kulturprogramm u.a. mit deutschen Filmen. Geöffnet Mo, Di, Do 10.00 - 19.30; Mi, Fr 10.00 - 13.00 Uhr.

**KARYANEKA HANDICRAFT CENTRE** - 186 - 188 Jl. Raja Chulan. Zum Einkaufen ist das Centre vor allem dann interessant, wenn man wenig Zeit hat und nicht wochenlang durch Malaysia fährt. Annehmbare Preise und eine große Auswahl des malaysischen Kunsthandwerks unter einem Dach. Auf der Bühne werden Sa 16.30 - 18.30 Uhr traditionelle Tanz- oder andere kulturelle Veranstaltungen durchgeführt. Gleichzeitig finden Demonstrationen traditioneller Handwerkskunst (z.B. Batik- und Songket-Produktion) statt. Geöffnet So - Fr 9.00 - 18.00 Uhr, Sa 9.00 - 18.30 Uhr.

## EINKAUFEN

**JL. TUANKU ABDUL RAHMAN** - an dieser Straße reihen sich mehrere große Einkaufszentren, vor allem nahe der Querstraße, der Jl. Dang Wangi, z.B. *CAMPBELL* und *WILAYAH SHOPPING COMPLEX*. Neu ist das *SOGO* mit vielen Designer Boutiquen, Jl. Tuanku Abdul Rahman, Ecke Jl. Selat. Weiter im Süden haben sich zwischen der Jl. Tuanku Abdul Rahman und der Lebuh Ampang außer *Tuanku King* und *Kentucky Fried Chicken* noch Reste des alten **indischen Viertels** gehalten.

**NÖRDLICHES ZENTRUM** - Auf der Jl. Tuanku Abdul Rahman zwischen Jl. Raja Bot und Jl. Raja Muda gibt es viele chinesische Läden mit billigen Textilien, aber auch Holzschnitzereien und Gegenständen aus Rotan. Lohnend ist auch ein Bummel über den **Chow Kit Market** (s.S. 412).
*THE MALL*, großes Einkaufszentrum am Ende der Jl. Putra gegenüber dem Pan Pacific Hotel (s.S. 411, Karte), ist auch architektonisch ganz ansprechend. Interessanter *food market* (s.S. 412). Ein gutes Sortiment führt auch der hier beheimatete *TIMES BOOKSHOP*.

**JL. BUKIT BINTANG** - Die meisten Einkaufszentren stehen hier im östlichen Zentrum von Kuala Lumpur, besonders entlang der Jl. Sultan Ismail, Jl. Bukit Bintang und Jl. Imbi.
*B.B. (= BUKIT BINTANG) PLAZA*, Jl. Bukit Bintang, dürfte das größte seiner Art in KL sein, hier gibt es eigentlich nichts, was es nicht gibt. Im Hause auch die großen **Buchhandlungen** *MPH* und *BERITA BOOK CENTRE*.
*LOT 10*, Jl. Sultan Ismail, gilt als das schickste Shopping Centre - wahrscheinlich auch als das teuerste. Bei teuren Labels sind die Preise möglicherweise immer noch günstiger als in Europa.
*THE WELD*, Jl. Raja Chulan, relativ neues Shopping Centre, gut für alle gängigen Artikel.

**CHINATOWN** - Hierhin zieht es jeden Abend viele Menschen, denn bei Einbruch der Dunkelheit beginnt der **Nachtmarkt** auf der Jl. Petaling. Neben billigen Haushaltswaren, Drogerieartikeln, Kassetten, Schuhen, Postern und Textilien gibt es hier auch allerhand nachgemachte Markenartikel: Lacoste T-Shirts, Levi's Jeans, Rolex- und Cartier- Uhren und dergleichen mehr. Außerdem Taschen, Modeschmuck, billige Elektronikartikel aus Hong Kong.

**WEITERE NACHTMÄRKTE** - Jeden Samstagabend bis spät in die Nacht hinein findet auf dem unteren Teilstück der **Jl. Tuanku Abdul Rahman** ein Nachtmarkt statt, auf dem sich Essen und Einkaufen günstig miteinander verbinden läßt.
Der Sonntagsmarkt von **Kampung Bharu** an der Jl. Raja Muda Musa (nordöstliches Zentrum) beginnt immer schon Samstagnacht und ist eine gute Gelegenheit, von den Köstlichkeiten der unzähligen Essenstände zu probieren.

## SONSTIGES

**AMERICAN EXPRESS** - MAS Building, Tingkat 5, Jl. Sultan Ismail, tel 2610000. Kreditkarten, TC's, Reisebüro, Reiseschecks sind auch in DM und sFr erhältlich.

**AUTOVERMIETUNG** - In Kuala Lumpur selbst ist aufgrund der komplizierten Straßenführung und des starken Verkehrs ein Mietwagen nicht zu empfehlen. Für Ausflüge oder eine Rundreise durch Malaysia lohnt es sich, verschiedene Autovermietungen (Adressen im Branchenbuch unter *Motorcar Renting & Leasing)* anzurufen und kräftig um den Preis zu handeln. Einige Firmen haben auch Büros am Flughafen.

**GELD** - Die meisten **Banken** befinden sich im alten Verwaltungsviertel rings um die Masjid Jame. Beim Einlösen von Travellers Cheques wird eine (einmalige) Gebühr von 2 - 3 RM erhoben, weswegen es sich lohnt, auch die Angebote der kleinen **Money Changer** zu checken. Öffnungszeiten der Banken in Kuala Lumpur: Mo - Fr 10.00 - 15.00, Sa 9.30 - 11.30 Uhr.
*DEUTSCHE BANK (ASIA),* Menara Apera ULG, 15 Jl. Raja Chulan, tel 2610822, wechselt in Einzelfällen auch Euroschecks der Deutschen Bank.

**IMMIGRATION** - Keine Probleme gibt es normalerweise bei der Visaverlängerung. Adresse: *IMMIGRATION HEADQUARTERS,* Block 1, Pusat Bandar Damansara (das ist westlich vom Stadtzentrum), tel 2555077.

**INFORMATIONEN** - Es gibt mehrere Touristen-Informationsbüros in der Stadt. Zimmer werden hier nicht vermittelt, wohl aber Adressen und Telefonnummern von Hotels. Kostenlos bekommt man hier wie auch in den großen Hotels das Faltblatt *Kuala Lumpur - Map and Guide* mit aktuellen Infos und praktischen Tips.
*MALAYSIA TOURIST INFORMATION COMPLEX (MATIC),* 109 Jl. Ampang, tel 2423929, geöffnet tgl. 9.00 - 21.00 Uhr (s.S. 406).
*MTPB (Malaysia Tourism Promotion Board)* Zentrale: Putra World Trade Centre, Jl. Tun Ismail, tel 2935188, geöffnet Mo - Fr 9.00 - 18.00 Uhr. Weitere Büros befinden sich im Bahnhof und an der Jl. Parlimen, geöffnet tgl. 9.00 - 21.00 Uhr, tel 2746063 oder 2936664.
Informationsbüro auch im Subang-Flughafen, tel 7465707, geöffnet tgl. 10.00 - 21.00 Uhr.

**MEDIZINISCHE HILFE** - Das *GENERAL HOSPITAL* liegt im Norden der Stadt, nahe der Jl. Tun Razak, tel 2921044, 2921354. Ein Krankenhaus mit moderner Ausstattung, englischsprechenden Ärzten, eigenen Labors und eigener Apotheke. Die Behandlung ist kostenlos. Telefonischer Notruf: 999.
*KLINIK INTER-MED,* 43 Jl. Silang, tel 2322087, gegenüber Metrojaya in der Nähe von Chinatown. Eine kleine Praxis mit mehreren Ärzten, bietet schnelle und kompetente Hilfe auch für kranke Reisende. Erstbesuch 25 RM, nachfolgende 16 RM, jeweils inklusive Medikamente. Geöffnet tgl. 8.30 - 20.00 Uhr.

**ORANG ASLI** - die dem Innenministerium unterstellte Abteilung für Orang Asli-Angelegenheiten *JABATAN HAL EHWAL ORANG ASLI,* 16 - 17 Floor, Bangunan Tabung Haji, Jl. Tun Razak, tel 2610577, erteilt die Genehmigung, wenn man abgelegene Dörfer der Orang Asli besuchen möchte.

**POLIZEI** - Die Tourist Police ist unter tel 2415522 zu erreichen. Die 200 Polizisten, am schwarz-weißen Band ihrer Mützen zu erkennen, stehen Travellern auch mit Rat und Tat bezüglich Busrouten oder Taxipreisen zur Seite.

**POST** - Hauptpostamt *(GPO - General Post Office)* an der Jl. Hishamuddin. Geöffnet tgl. außer So von 8.00 - 18.00 Uhr. Verhältnismäßig günstige Gebühren, allerdings sind Pakete ab Singapore billiger. Wer Post am *Poste Restante*-Schalter erwartet, sollte auch unter dem Vornamen nachsehen lassen.

**SWIMMING POOL** - *KOLAM RENANG BANDARAYA SWIMMING POOL* mitten in der Stadt an der Jl. Raja Chulan gegenüber Jl. Perak, geöffnet tgl. 9.30 - 12.00, 14.00 - 16.30, 18.00 - 20.30 Uhr, am Sa nachmittags geschlossen. Ein weiterer Swimming Pool ist im Stadium Chin Woo, Jl. Hang Jebat, tgl. geöffnet.

**TAMAN NEGARA** - Wer den Nationalpark besuchen will, kann sich schon in KL eine Unterkunft im *Resort* (s.S. 519) sichern, das privat betrieben wird:
*TAMAN NEGARA RESORT SALES OFFICE,* Lot 6, 2nd floor, Hotel Istana, 73 Jl. Raja Chulan, tel 2455585, fax 2455430.
Das billigere *NUSA CAMP* kann über das MATIC (s. Informationen) gebucht werden.

**TELEFON** - Mit Telefonkarten kann man inzwischen von vielen Telefonen in der Stadt internationale Gespräche führen. Stadtgespräche kosten 20 ¢ für 3 Min. Im Telefonbuch sind manchmal die Teilnehmer unter dem ersten Na-

men registriert, also z.B. Mr. Peter Murran unter P und nicht unter M.
*TELECOM,* Jl. Raja Chulan Ecke Jl. Gereja, hat rund um die Uhr geöffnet.
Am Flughafen kann man zwischen 7.30 und 23.30 Uhr internationale Gespräche führen.

**TOUREN** - *ASIAN OVERLAND SERVICES SDN. BHD.,* 33-M Jl. Dewan Sultan Sulaiman Satu, tel 2925622, führt interessante und teilweise auch abenteuerliche Touren durch.
*THE HERITAGE TRAVEL & TOURS* ist ein Reisebüro, das ein Büro im Hauptbahnhofsgebäude, Platform 4 (arrivals), unterhält, tel 2733973 (bis 22.00 Uhr). Der Deutsche Werner und sein Team sind sehr hilfreich, vermitteln Unterkünfte aller Preisklassen, organisieren Touren in ganz Malaysia, wechseln Geld und TC und vermieten günstig PKWs.
*MSL TRAVEL SDN. BHD.,* 66 Jl. Putra, tel 4424722, fax 4433707, bietet ebenfalls Touren an. Sehr zuverlässig, auch Flugtickets.

**VORWAHL** - 03.

## NAHVERKEHRSMITTEL

**STADTBUSSE** - Mehrere große private *Companies* fahren das Streckennetz in Kuala Lumpur ab. Kurze Strecken (bis 1 km) kosten 20 ¢, auf längeren Strecken erhöht sich der Fahrpreis um 5 ¢ je 2 km.

**MINIBUSSE** - Innerhalb der Stadt kosten alle Strecken 60 ¢. Die Routen der Busse unterliegen häufig Änderungen. Deshalb im Einzelfall selbst überprüfen!
Eine wichtige Route ist der **Bas Mini Nr. 11,** der ab Jl. Petaling über Lebuh Pudu, Jl. Hang Kasturi, Jl. Raja Laut und Jl. Ipoh bis zu den Batu Caves fährt. **Bas Mini Nr. 12** fährt ab Jl. Tuanku Abdul Rahman über Jl. Tun H. S. Lee, Jl. Sultan, Jl. Tun Sambanthan bis zur Jl. University und zur Jl. SS 2/6 in Petaling Jaya. **Bas Mini Nr. 13** verkehrt ab Jl. Tuanku Abdul Rahman über Jl. Ampang, Jl. Gereja zur Jl. Pudu. **Bas Mini Nr. 17** ab Lebuh Ampang über Jl. Ampang zum Zoo. **Bas Mini Nr. 22** fährt ab Jl. Tuanku Abdul Rahman direkt nach Petaling Jaya (Jl. Othman).

**TAXIS** - verglichen mit europäischen Preisen ist das Taxifahren in KL immer noch ein preiswertes Vergnügen. Wichtig ist, daß die Taxiuhr immer eingeschaltet wird. Die Einschaltgebühr bei ac-Taxen beträgt 1,50 RM inkl. der ersten 1,6 km, danach 30 ¢ für jede weiteren 800 m. Die Wartezeit wird mit 30 ¢ je acht Minuten berechnet. Dazu kommen noch 10 ¢ für jeden dritten oder vierten Fahrgast bzw. für große Gepäckstücke. Zwischen 24.00 Uhr und 6.00 Uhr ist ein Nachtzuschlag von 50% fällig, bei telefonischen Vorbestellungen 1 RM.
Um überhöhten Preisen entgegenzutreten, hat man am Subang Airport und am Bahnhof Couponausgaben für Taxis eingerichtet. Die Coupons werden nach Fahrtziel-Zonen am Schalter bezahlt und dem Taxifahrer übergeben. Eine Taxifahrt nach Chinatown kostet z.B. 20 RM.

## TRANSPORT

**BUSSE** - Mehrere Bus Stationen bedienen den Überlandverkehr, und es gibt kaum einen Ort, den man von KL aus nicht mit dem Bus erreichen könnte.
Die **Pudu Raya Bus Station**, zentral an der Jl. Pudu / Jl. Cheng Lock gelegen, ist die größte und hektischste von allen. Fernbusse fahren von hier aus in alle Richtungen, vor allem aber nach Norden und Süden. Busse nach Pahang (Temerloh, Kuantan, Raub, Kuala Lipis) fahren auch ab **Pekeliling (Pahang) Bus Station** an der Jl. Tun Razak zwischen Jl. Ipoh und Jl. Pahang (tel 4415976) ab. Bus 12 fährt ab Klang Bus Station (s.u.) hin.
Expreßbusse nach Temerloh, Kuantan und anderen Städten an der Ostküste fahren auch von der **Putra Bus Station** neben dem Putra World Trade Centre im Norden der Stadt ab.
Von der **Kelang Bus Station** in Chinatown (Jl. Sultan) fahren Busse in die nähere Umgebung und nach Selangor.
Die wichtigsten Gesellschaften haben ihre Büros im Terminal oder in der näheren Umgebung. Unsere Preisangaben sind aufgerundet und beziehen sich auf ac-Expreßbusse. Langsame Lokal- und Regionalbusse sind häufig preiswerter.
**Nach Norden:** In die CAMERON HIGHLANDS (TANAH RATA) gibt es tgl. einen Direktbus von *Ekspress Nasional* um 8.30 Uhr (10 RM) ab Pudu Raya, ansonsten auf der Nordstrecke bis TAPAH (8 RM) fahren und von dort aus einen lokalen Bus nehmen. Nach LUMUT (14 RM, 4 1/2 Std.) geht es 4x tgl. Die Hauptroute geht über IPOH (10 RM), KUALA KANGSAR (12

RM) und TAIPING (14 RM, 7 Std.) nach BUTTERWORTH / GEORGETOWN (17 RM).
Nicht alle Expreßbusse halten in allen Orten. Wer in Butterworth aussteigen möchte, kommt mit der Fähre nach PENANG bzw. weiter nach Norden oder Osten. Direkte Verbindung auch bis nach ALOR SETAR (19 RM) und KANGAR, von dort aus weiter nach PADANG BESAR an der thailändischen Grenze (25 RM). Nach Thailand gibt es keine durchgehende Busverbindung. Ein Ticket nach BANGKOK kostet ca. 75 RM, nach HAT YAI 28 RM. Man muß an der Grenze umsteigen. Nach LANGKAWI gelangt man mit Fähren von KUALA KEDAH über Alor Setar oder KUALA PERLIS über Kangar, 24 RM. Nach Pangkor über LUMUT 13 RM.
**Nach Nordosten:** Expreßbusse fahren über RAUB (6 RM) nach KUALA LIPIS (8 RM), bzw. JERANTUT (ca. 6 Std., 7 RM, von hier aus weiter zum TAMAN NEGARA). Zum Taman Negara kommt man aber viel schneller, nämlich in 3 1/2 Std., von der Pekeliling Bus Station über TEMERLOH (s.u.) nach Jerantut. Wer früh in KL startet, kann es in einem Tag bis zum Taman Negara schaffen.
**An die Ostküste:** nach TEMERLOH (7 RM) stündlich zwischen 7.00 und 18.00 Uhr und über Temerloh und KUANTAN (18x tgl. in 4 1/2 Std., 13 RM) nach KUALA TERENGGANU (22 RM) oder nach KOTA BHARU (4x tgl., 26 RM). Busse nach MERSING (3x tgl. in 7 Std., 18 RM) nehmen eine andere Strecke, meist über Melaka und Ayer Hitam. Von Mersing kommt man nach PULAU TIOMAN und zu weiteren Inseln. Tgl. fährt auch ein Bus nach KUALA DUNGUN (19 RM).
**Nach Süden:** geht es über SEREMBAN nach MELAKA (7 RM), die meisten Busse nehmen aber die Hauptstrecke Richtung JOHOR BHARU (18 RM) und SINGAPORE (20 RM) und zwar zwischen 8.00 und 18.00 Uhr stündlich, zwischen 10.00 und 14.00 Uhr halb- bzw. 3/4 stündlich, am besten schon im voraus buchen.

**ÜBERLANDTAXIS** - Die größte Zentrale befindet sich in der Pudu Raya Bus & Taxi Station, im 2. Stock des großen Terminals.
Informationen unter tel 2322779 (nach Norden) und tel 2320821 (nach Süden).
Hier ein paar wichtige Verbindungen (Preise p.P. bei 4 Passagieren).
**Nach Norden:** TAPAH 13 RM, von hier Bus zu den Cameron Highlands, CAMERON HIGHLANDS 18 RM, LUMUT 21 RM, IPOH 18 RM, KUALA KANGSAR 19 RM, TAIPING 30 RM, BUTTERWORTH 31 RM, GEORGETOWN 33 RM, ALOR SETAR 39 RM, PADANG BESAR, thailändische Grenze 47 RM.
**Nach Nordosten:** JERANTUT 15 RM, von hier zum Taman Negara, KUALA LIPIS 13 RM.
**An die Ostküste:** KUANTAN 25 RM, KUALA TERENGGANU 35 RM, KOTA BHARU 45 RM.
**Nach Süden:** MELAKA 15 RM, JOHOR BHARU 36 RM.

**EISENBAHN** - Im Bahnhof erhält man den Fahrplan (malaiisch: *jadual perjalanan)* der *Malayan Railway (Keretapi Tanah Melayu).* Telefonische Informationen unter tel 2749422, fax 2757331.
Bei längeren Fahrten sollte man sich rechtzeitig um **Tickets** kümmern. Die 1. und 2. Klasse lassen sich bis zu einen Monat im voraus buchen. Für Nachtfahrten empfiehlt sich, ein Bett zu reservieren. Es kostet in der 2. Klasse 12 RM für das obere und 14 RM für das untere Bett, in den internationalen Expreßzügen 14 RM bzw. 12 RM.
Die hier angegebenen Preise beziehen sich auf Expreßzug in der 2. Klasse, ac, die 1. Klasse ist erheblich teurer, aber der gebotene Komfort rechtfertigt nicht den großen Preisunterschied.
**Nach Süden:** Über SEREMBAN (1 1/2 Std., 13 RM), TAMPIN (2 1/4 Std., 17 RM, liegt ca. 30 km von Melaka entfernt), KELUANG (27 RM) und JOHOR BHARU (6 Std., 33 RM) nach SINGAPORE (7 Std., 34 RM) fahren täglich 2 Expreßzüge sowie ein Nachtzug, der etwas länger braucht als hier angegeben. Es fahren außerdem noch zwei sehr langsame Züge, die an allen Zwischenstationen halten und deswegen nicht zu empfehlen sind.
**Nach Norden:** über TAPAH ROAD (2 3/4 Std., 19 RM, Bus nach Tapah und in die Cameron Highlands), IPOH (3 3/4 Std., 22 RM), KUALA KANGSAR (4 1/4 Std., 26 RM), und TAIPING (5 Std., 28 RM), nach BUTTERWORTH (7 1/4 Std., 34 RM, Fähre nach Penang), fahren tgl. 3 Expreßzüge sowie 1 Nachtzug, der etwas länger braucht als hier angegeben. Außerdem gibt es 2 Bummelzüge, von denen jeweils einer tagsüber und der andere nachts fährt. Sie halten an jeder Station und sind daher nicht zu empfehlen. Der Früh-Expreßzug hat in Butterworth Anschluß über ALOR SETAR nach ARAU, von

wo aus es nur ein kurzer Weg nach KUALA PERLIS und damit nach LANGKAWI ist. Tgl. fährt von KL aus aber auch der Langkawi-Expreß über TAPAH ROAD (19 RM), IPOH (22 RM), TAIPING (28 RM), ALOR SETAR (8 1/2 Std., 35 RM) nach ARAU (9 Std., 35 RM).

**Nach Thailand:** Bis nach HAT YAI (13 Std., 39 RM) und von dort weiter nach BANGKOK (67 RM) kann man von KL über Butterworth tgl. mit dem Abendzug fahren. Reservierungen sind nur bis Grenze möglich. Auch der Langkawi-Expreß fährt bis nach Hat Yai; ein Sitzplatz kostet 40 RM, ein Schlafplatz 43,50 RM bzw. *(lower berth)* 46 RM.

**Nach Nordosten**: nach MENTAKAB, ca. 10 km westlich von Temerloh an der großen Ost-West-Straße, KUALA LIPIS und WAKAF BHARU (Kota Bharu) muß man erst über GEMAS (an der Südstrecke) fahren und dort umsteigen - ein zeitraubendes Unternehmen, zumal auch in Gemas nicht immer gleich Anschluß ist. Lieber den Bus bis Kuala Lipis nehmen und dort wieder die Bahn. Auch nach JERANTUT (Taman Negara) ist der Bus schneller.

**FLÜGE** - Subang International Airport wird von vielen Fluggesellschaften angeflogen.

Mit dem **Taxi** kostet die Fahrt nach Subang (24 km) ca. 25 RM. Es ist nicht leicht, ein Taxi zu finden, da viele Fahrer lange Wartezeiten am Flugplatz befürchten. Wer in Subang gelandet ist, sollte sich am Taxi-Ticket-Counter einen Taxi-Coupon in die Stadt kaufen.

Ab Jl. Sultan Mohammed (Kelang Bus Station), fährt ab 6.00 Uhr bis 22.30 Uhr der **Bus** 47 und 61 für 1,60 RM in 45 Min. nach Subang. Während der Rush Hour sollte man mit wesentlich längeren Fahrtzeiten rechnen. In der Gegenrichtung ab *Departure Hall* fährt etwa halbstündlich Bus Nr. 47 oder 61 für 1,60 RM in die Stadt.

**Gepäck** kann man im Flughafen beim SITO-Office, gegenüber der Ankunftshalle neben den Autovermietungen, für 4 RM pro Tag (24 Std.) aufbewahren lassen.

**Airport Tax** beträgt bei internationalen Flügen 20 RM, bei nationalen Flügen 5 RM und bei Flügen nach Brunei und Singapore 10 RM.

Hier die Adressen der wichtigsten **Airlines,** die Kuala Lumpur anfliegen:

*AEROFLOT,* Wisma Tong Ah, 1 Jl. Perak, tel 2613331.

*AIR INDIA,* Bangunan Angkasa Raya, 123 Jl. Ampang, tel 2420166.

*AIR LANKA,* Bangunan Perangsang Segemal, Jl. Kampung Attap, tel 2740893.

*ALIA ROYAL JORDANIAN,* MUI-Plaza, Jl. P. Ramlee (im gleichen Haus ist die österreichischen Botschaft), tel 2487500.

*BIMAN,* Bangunan Angkasa Raya, 123 Jl. Ampang, tel 2483765.

*BRITISH AIRWAYS,* Plaza See Hoy Chan, tel 2554333.

*CATHAY PACIFIC,* UBN Tower, Jl. P. Ramlee, tel 2335115.

*CHINA AIRLINES,* Bangunan Amoda, tel 2427344.

*EVA AIRLINES,* Bangunan Pemas International, tel 2622981.

*GARUDA,* City Square, Jl. Tun Razak, 3. Etage, tel 2622811.

*JAPAN AIRLINES,* Bangunan Pemas International, tel 2611728.

*KLM,* Park Royal Hotel, tel 2420300.

*KOREAN AIRLINES,* MUI Plaza, Jl. P. Ramlee, tel 2428311.

*LUFTHANSA,* Pernas International, Jl. Sultan Ismail, tel 2614666.

*MALAYSIAN AIRLINES,* Bangunan MAS, Jl. Sultan Ismail, tel 2610555, Reservierungen rund um die Uhr, tel 7463000, (s. Bukit Bintang-Plan).

*PAKISTAN AIRLINES,* Bangunan Angkasaraya, tel 2425444.

*PELANGI AIR,* Technology Resources Tower, tel 2624446-8.

*PHILIPPINE AIRLINES,* Wisma Stephen, Jl. Raja Chulan, tel 2426188.

*ROYAL BRUNEI,* UBN Tower, tel 2307166.

*SINGAPORE AIRLINES,* Wisma Singapore Airlines, 2-4 Jl. Dang Wangi, tel 2923122.

*THAI AIRWAYS,* Bangunan Kuwasa, Jl. Raja Laut, tel 2937100.

**Internationale Flüge:** Nach SINGAPORE fliegen u.a. tgl. an die 15 MAS-Maschinen für 158 RM.

Nach Sumatra kann man 4x wöchentlich mit den kleinen Maschinen der *Pelangi Air* (s.o.) fliegen, und zwar über PEKANBARU (246 RM) nach PADANG (324 RM).

Für den Weiterflug in ein anderes Land lohnt es sich, nach verbilligten Angeboten zu forschen. *MSL TRAVEL,* 66 Jl. Putra, tel 4424722, fax 4433707 ist ein z.B. ein preisgünstiges Reisebüro. Mit ISIC-Studentenausweis sind Vergünstigungen möglich, hier ein paar Preisbeispiele für verbilligte Flüge in die Nachbarländer. Preisänderungen vorbehalten!

BANDAR SERI BEGAWAN 441 RM, BANGKOK 385 RM, DARWIN 580 RM, DENPASAR 500 RM, NEW DELHI 660 RM, HAT YAI 215 RM, HONG KONG 660 RM, JAKARTA 440 RM, MADRAS 640 RM, MANILA 495 RM, TOKYO 1155 RM. Auch nach SINGAPORE gibt es verbilligte Tickets (119 RM).

**Nationale Flüge:** Von KL aus kann man jeden Flugplatz in West- und Ost-Malaysia anfliegen. *MAS (Malaysia Airlines)* ist die nationale Fluggesellschaft des Landes (Adresse s.o.). Nachtflüge sind zu vielen Zielen erheblich billiger als hier angegeben, könnte sich vor allem nach Kuching, Kota Kinabalu oder Kota Bharu lohnen (Preise für Einfachtickets/Economy Class; '94): ALOR SETAR 4 - 5x tgl., 113 RM; IPOH 4x tgl., 66 RM; JOHOR BHARU 8x tgl., 77 RM; KOTA BHARU 6x tgl., 104 RM; KOTA KINABALU 11x tgl., 437 RM; KUALA TERENGGANU 2 - 3x tgl., 104 RM; KUANTAN 5 - 6x tgl., 74 RM; KUCHING 10x tgl., 262 RM; LANGKAWI 7x tgl.,135 RM; MIRI 4x tgl. direkt, ansonsten über Kuching, 422 RM; PENANG 10 - 15x tgl., 104 RM.
*PELANGI AIR* fliegt mit kleinen 19-Sitzern nach TIOMAN, in der Hochsaison 4 - 5x tgl., 141 RM; KERTEH 2x tgl., 125 RM; 1x tgl. nach PANGKOR 120 RM; IPOH 66 RM; LANGKAWI 135 RM; TAMAN NEGARA 96 RM; PEKANBARU 172 RM und PADANG 324 RM. Zu buchen bei *MAS*.

## Die Umgebung von Kuala Lumpur

### Batu Caves

Steile Kalkfelsen ragen nördlich von Kuala Lumpur nahe der vielbefahrenen Autobahn aus der flachen Landschaft auf. Hier sind die berühmten Batu Caves zu finden, ein Höhlensystem beachtlichen Ausmaßes, das vor allem am Wochenende von vielen Ausflüglern gern besucht wird. Am Fuß der Felsen warten Verkäufer der Souvenirbuden, Restaurants und zahlreicher Essen- und Getränkestände auf die Touristenbusse.

245 Stufen führen zu den Höhlen hinauf. Manchmal kommen halbzahme, zum Teil sogar recht aggressive Makaken an die Treppe, um Erdnüsse oder Bananen zu ergattern. Die größte Höhle ist **Dark Cave**, etwa 400 m lang und bis zu 120 m hoch, deren Eingang links kurz vor dem Ende des Treppenaufgangs erreicht ist. Sie ist allerdings wegen herabfallender Stalaktiten schon seit Ewigkeiten geschlossen. Erst 1879 wurde die Höhle bekannt, obwohl in ihr schon lange vorher die Orang Asli Jagd auf Fledermäuse machten und Guano sammelten.

Über weitere 42 Stufen gelangt man hinauf zur **Light Cave**, manchmal auch *Main Cave* genannt, die aus zwei hohen Höhlen besteht. Auf einer breiten Treppe geht es hinab in die Haupthöhle. Sie ist knapp 180 m lang und erhält ihr Licht durch einige kleine Öffnungen in der Decke. Am Eingang steht ein phallusförmiger Stalagmit und im linken, hinteren Bereich ein kleines hinduistisches Heiligtum. Die Höhle ist eine zentrale Kultstätte der malaysischen Hindus. Seit 1892 befindet sich hier der Schrein des Hindugottes Murugan. Jedes Jahr im Januar / Februar steht sie im Zentrum des **Thaipusam-Festes**, wahrscheinlich das größte Hindufest außerhalb Indiens, bei dem sich etwa 100 000 Menschen vor den Batu Caves versammeln. Eine weitere Treppe führt hinauf zur zweiten, oben offenen Höhle. Vor dem Treppenaufgang führt ein Steg über einen Fisch- und Schildkrötenteich zur **Art Gallery** (1 RM Eintritt), die ebenfalls in einem Höhlensystem untergebracht ist. In der ersten Höhle ist mit bunt bemalten, detailliert ausgearbeiteten Figuren, die obendrein farbig ausgeleuchtet werden, ein hinduistisches Epos in 380 Versen dargestellt. In der zweiten Höhle wird das hinduistische Pantheon in seiner ganzen Vielfalt zur Schau gestellt. Die Beschriftungen sind überwiegend in Tamil.

Die Batu Caves liegen 12 km nördlich von Kuala Lumpur und sind in etwa 45 Minuten vom Zentrum aus zu erreichen. Len-Bus 69 und 70 ab Lebuh Pudu (Chinatown), alle 30 Minuten für 60 ¢, oder Minibus 11 für 60 ¢ ab Bangkok Bank (Central Market). Busse zurück nach KL halten an der Tankstelle nahe der Straßeneinmündung. Auf der Rückfahrt macht man mit Minibus 11 eine nette Rundfahrt durch die Vororte. Mit dem eigenen Fahrzeug über die Jl. Kuching oder die Jl. Ipoh bis Kampung Batu und dort auf dem Highway Richtung Ipoh bis zur beschilderten Abfahrt Richtung Osten. Geöffnet tgl. 7.00 - 21.00 Uhr.

### Kepong Forestry Park (FRIM)

In dem kleinen Waldgebiet nordwestlich der Stadt befindet sich seit 1925 das *Forestry Research Institute Malaysia (FRIM)*. Ursprünglich war das gesamte Areal von etwa 600 ha vollständig gerodet. Zahlreiche Sägewerke und der Abbau von Zinn waren für den Holzeinschlag verantwortlich. Auf dem Gelände des heutigen FRIM siedelten chinesische Gemüse- und Obstbauern, die die umliegenden Hänge terrassiert hatten. Auf einigen Arealen wuchs allerdings nur noch das berüchtigte Lallang-Gras. 1918 wurde das Gebiet zur *Bukit Lagong Forest Reserve* erklärt und die Bewohner umgesiedelt. Sämtliche Bäume, die heute den tropischen Dschungel um die FRIM-Gebäude bilden, sind erst nach 1920 gepflanzt worden. Einen guten Überblick über die verschiedenen tropischen Nutzhölzer bekommt man auf dem Rundweg 7, der, wie alle anderen Wanderwege, ohne Führer begangen werden kann. Besonders faszinierend ist ein Blick in die Kronen einer Pflanzung von **Kapur-Bäumen** *(Dryobalanops aromatica)*, deren Blätterdach sich nicht gegenseitig berührt und dadurch eine gespenstische, spinnennetzartige Struktur angenommen hat.

Lohnenswert ist auch ein Besuch des forstwirtschaftlichen **Museums,** in dem das gesamte Spektrum der Arbeit und Forschung des Instituts dargestellt wird. Angeschlossen ist eine Bibliothek, die die größte Sammlung forstwissenschaftlicher Literatur Südostasiens enthält. Bus 148 (rot) ab Bangkok Bank fährt 7x tgl. direkt zum FRIM. Erster Bus 8.30 Uhr, letzter Bus zurück 19.30 Uhr.

### Hutan Kanching (Templer Park)

Auf 1600 ha sind hier Reste des ursprünglichen Dschungels erhalten, die man auf Spazierwegen durchwandern kann - eine bequeme Möglichkeit, einen Eindruck vom tropischen Regenwald zu bekommen. 305 m hoch überragen die Kalksteinfelsen des Bukit Takun und des kleineren Anak Takun das Areal. Sehr schön ist der 1 km lange Weg zu den Wasserfällen hinauf durch die Badeanstalt (1 RM Eintritt). Templer Park liegt 22 km nördlich von Kuala Lumpur, 50 Minuten in Richtung Ipoh, Len-Busse Nr. 66, 72, 81 und 83 alle 15 Minuten ab Pudu Raya-Busbahnhof für 1,20 RM.

### Royal Selangor Pewter Factory

Die größte Fabrik zur Herstellung von Zinn-Erzeugnissen befindet sich an der Jl. Usahawan Enam in Setapak. Es überrascht kaum, daß Malaysia, der wichtigste Zinn-Produzent der Welt, auch in der Herstellung von Krügen, Bechern, Tellern und anderen Dingen aus diesem Metall führend ist. Zwar sinkt die Förderung von Zinn schon seit Jahren, doch in der *Pewter-Factory* herrscht Hochkonjunktur. Der gesamte Produktionsprozeß kann verfolgt werden. Öffnungszeiten: Mo - Sa von 8.30 - 16.45 Uhr sowie So und Fr von 9.00 - 16.00 Uhr. Len Seng-Bus 165 bzw. W 12 ab Lebuh Ampang bzw. Jl. Tuanku Abdul Rahman.

### Orang Asli Museum

Dieses im September 1987 eröffnete Museum vermittelt mit seinen zahlreichen Ausstellungsstücken und Fotos einen guten Überblick über das Alltagsleben und die Kultur der 69 000 Negritos, Senois und Protomalaien Malaysias. Anhand ausführlicher Beschreibungen in malaiischer und englischer Sprache erhält man Informationen über das Verbreitungsgebiet der Stämme, ihr Alltagsleben, ihre Rituale und Religionen, aber auch über das Orang Asli-Regiment *Senoi Praaq*. Im Souvenirladen nebenan verkaufen Orang Asli Flechtarbeiten, Blasrohre und anderes Kunsthandwerk. Das Museum liegt in einem waldreichen Areal nordöstlich von KL an der alten Gombak Road (Straße Nr. 68) beim Kilometerstein 24. Len Seng-Bus Nr. 174 für 1 RM, alle 15 Minuten ab Lebuh Ampang. Öffnungszeiten: Sa - Do 9.30 - 17.30 Uhr, Eintritt frei.

# Von Kuala Lumpur nach Penang

*Erzvorkommen und günstig gelegene Hafenstädte waren bereits vor 500 Jahren die Grundlage für eine dynamische Entwicklung der Region zwischen Melaka im Süden und Penang im Norden. Portugiesen, Holländer und Engländer betrieben als erste die systematische Ausbeutung der Bodenschätze. Als Arbeiter für Minen und Plantagen kamen dann am Ende des vergangenen Jahrhunderts Tausende von Chinesen über die Straits Settlements hierher, so daß sie z.B. in Selangor schon vor der Jahrhundertwende die größte Bevölkerungsgruppe stellten. Sie engagierten sich auch erfolgreich als Handwerker und Kaufleute und trugen erheblich zur städtischen Entwicklung bei. Noch heute bestimmen sie das Bild der großen Siedlungen.*

*Mit dem Kautschuk-Boom entstanden dann Anfang dieses Jahrhunderts im Zinngürtel riesige Plantagen. Auf ihnen wurde eine neue Bevölkerungsgruppe heimisch: die Inder. Vor allem Tamilen aus Südindien schienen den Engländern für das Anzapfen der Gummibäume besser geeignet als die schwer kontrollierbaren Chinesen.*

## Fraser's Hill / Bukit Fraser

*Hierhin zogen sich die Lordschaften, die Plantagenverwalter und Kolonialbeamten mit ihren Familien zurück, wenn es ihnen in den feuchten, malariaverseuchten Dschungelniederungen zu heiß wurde. Ein kleines englisches Paradies hatten sie sich hier oben geschaffen: Landhäuser, Gasthöfe, kleine Villen, ein makelloser Golfrasen - fast wie in der fernen Heimat. Dabei lebte noch Ende des vergangenen Jahrhunderts in dieser abgelegenen Gegend nur ein einziger Brite: Louis James Fraser, ein schottischer Abenteurer, der mit seiner Maultierkarawane Eisenerze von Kuala Kubu Bharu nach Kuala Lipis verschob und nebenbei einen schwunghaften Opiumhandel unterhielt. Als Fraser 1916 verhaftet werden sollte, verschwand er spurlos und wurde nie wieder gesehen. Auf der Suche nach ihm entdeckten Regierungsbeamte den Reiz dieser Berglandschaft.*

Auf sieben Hügeln liegen die modernen Hotels und alten Villen versteckt in den Wäldern. Nur über schmale Straßen erreicht man die massiven, grauen Steinhäuser. Ein Golfplatz, der das gesamte Tal einnimmt, bildet das „Zentrum" von Fraser's Hill. Die bessere Gesellschaft trifft sich im Golfclub, die weniger be-

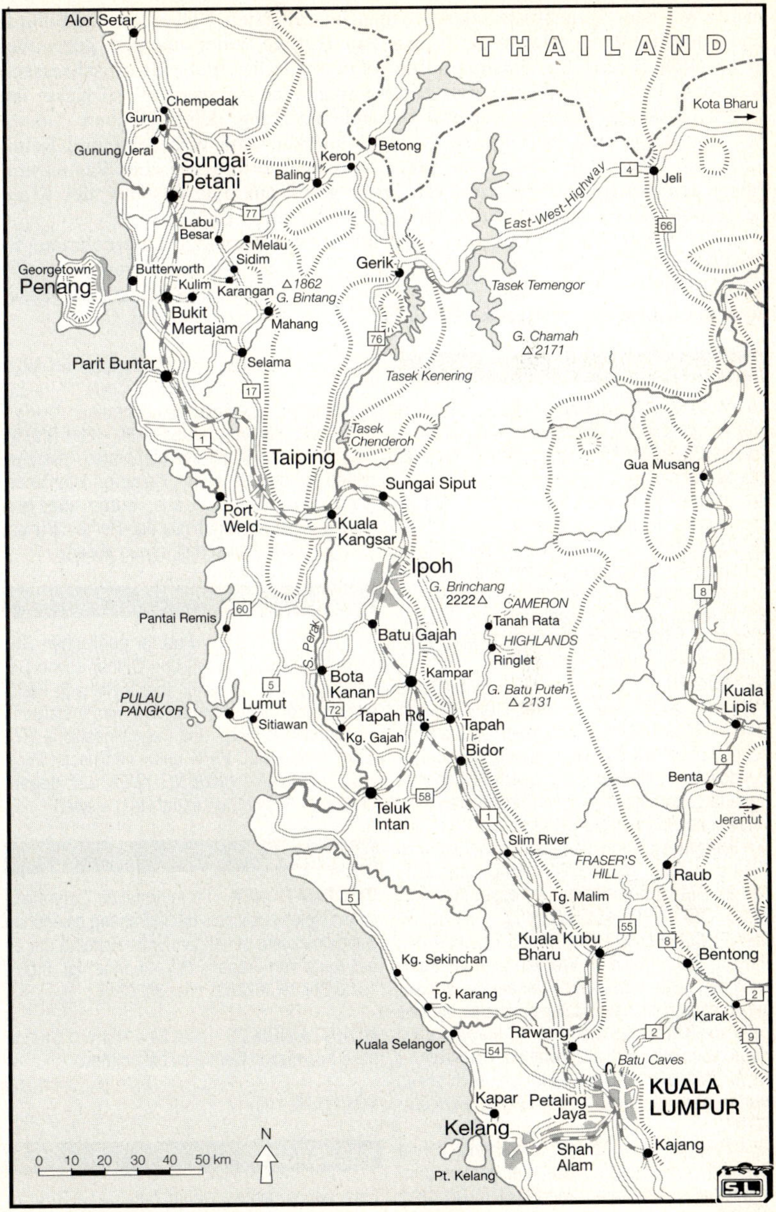
THAILAND
Alor Setar
Chempedak
Gurun
Gunung Jerai
Sungai Petani
Keroh
Betong
Baling
Kota Bharu
Jeli
East-West-Highway
Labu Besar
Melau
Sidim
Georgetown
Penang
Butterworth
Kulim
Karangan
1862
G. Bintang
Gerik
Tasek Temengor
Bukit Mertajam
Mahang
G. Chamah
2171
Selama
Parit Buntar
Tasek Kenering
Tasek Chenderoh
Taiping
Gua Musang
Sungai Siput
Port Weld
Kuala Kangsar
Ipoh
G. Brinchang
2222
CAMERON
Tanah Rata
HIGHLANDS
Pantai Remis
Batu Gajah
Ringlet
S. Perak
Bota Kanan
Kampar
G. Batu Puteh
2131
PULAU PANGKOR
Lumut
Sitiawan
Tapah Rd.
Tapah
Kg. Gajah
Kuala Lipis
Bidor
Benta
Teluk Intan
Jerantut
Slim River
FRASER'S HILL
Raub
Tg. Malim
Kuala Kubu Bharu
Bentong
Kg. Sekinchan
Tg. Karang
Karak
Rawang
Kuala Selangor
Batu Caves
KUALA LUMPUR
Kapar
Petaling Jaya
Kelang
Shah Alam
Kajang
Pt. Kelang
N
0 10 20 30 40 50 km
77
76
17
1
60
5
72
58
4
66
8
55
2
9
54

tuchte auf dem Tennisplatz oder nebenan im beheizten Hallenbad, im Billard- und Squashzentrum oder in der Sauna. Zur *teatime* findet man sich gegenüber in *Ye Olde Tavern* ein, einem traditionellen englischen Pub mit Plüschsesseln, Kaminen, Holz und viel dekorativem Messing. Wer weniger gut bei Kasse ist, wohnt im langgestreckten, neueren Gebäude am Hang, dem häßlichen *Puncak Inn*. Im Erdgeschoß befindet sich ein Minimarket, eine Wäscherei und Reinigung, ein Handicraft Centre, ein malaiisches und ein chinesisches Restaurant. Ansonsten besteht das Zentrum von Fraser's Hill aus dem Postamt, der Krankenstation, dem *Kedai Makanan* und dem Information Centre.

In der Kühle der Berge kann man herrliche Spaziergänge unternehmen. Es wird überall viel gebaut, so daß die Anfangspunkte der Dschungelpfade nur noch mit viel Mühe zu finden sind. So wurde durch die Anlage eines neuen Golfplatzes auch die Umgebung des **Jeriau Wasserfalls** leider sehr verschandelt.

## ÜBERNACHTUNG

Es empfiehlt sich, alle Unterkünfte im voraus zu buchen, um sich den vergeblichen Weg hinauf zu sparen. Preiswerte Übernachtungsmöglichkeiten gibt es hier nicht.

Am unteren Ende der Zufahrtsstraße, gegenüber vom GAP, liegt das stilvolle *GOVERNMENT RESTHOUSE****, tel 3622227. Schönes, etwas heruntergekommenes Hotel im Stil eines englischen Landhauses, das Essen ist etwas teuer, aber nicht schlecht. Von hier aus ist man in 1 1/2 Stunden durch den Wald hinauf nach Fraser's Hill gelaufen.

*SELANGOR GOVERNMENT RESTHOUSE ****, für Reservierungen tel 03/8041026. Obwohl oben in Fraser's Hill gelegen, gehört dieses Resthouse kurioserweise schon zum benachbarten Bundesstaat Selangor. Da Fraser's Hill aber zu Pahang gehört, ist es in vielen Broschüren nicht verzeichnet und weniger bekannt.

Die **Bungalows** kann man über das Information Centre buchen, tel 3622044. Eine Anzahlung von 20 RM ist erforderlich. Adresse: *MARKETING DEPT., FRASER'S HILL DEVELOPMENT CORPORATION,* 49000 Fraser's Hill, Pahang Darul Makmur. Wer ein eigenes Fahrzeug hat, sollte sich lieber in einem der abgelegenen englischen Landhäuser einquartieren. Uns gefielen: *RAUB BUNGALOW****, kleines, altes Haus, ebenfalls nicht allzu weit vom Zentrum.

*ROMPIN BUNGALOW****, ähnlich, doch etwas weiter abseits. Dort auch *JELAI BUNGALOW***.

*TEMERLOH CHALETS****, mehrere kleine Bungalows mit gut ausgestatteten großen Zimmern und neue Hütten. Mit Steakhouse nahe dem Minizoo.

An etwas teureren und komfortableren Möglichkeiten bieten sich: *PUNCAK INN*****, relativ moderne, reizlose Anlage im Zentrum.

*YE OLDE SMOKEHOUSE* (180 - 260 RM) tel 3622226, ein Ableger des berühmten, gleichnamigen Landhotels in den Cameron Highlands, sieht zwar altenglisch aus, wurde aber erst 1988 eröffnet. Es liegt hinter den Rompin Bungalows Richtung Wasserfall, etwas abseits.

## ESSEN

*YE OLDE TAVERN*, Pub im englischen Stil, bietet Frühstück, Lunch und Dinner sowie Devonshire Cream Teas für über 5 RM p.P. Preiswerter, aber ohne Atmosphäre, das malaiische Restaurant *ARZED* und das chinesische *RESTAURANT HILL VIEW* unten im Puncak Inn. *KEDAI MAKANAN KHENG YUEN LEE* gegenüber vom Postamt ist ebenfalls preiswert.

## SONSTIGES

**INFORMATIONEN** - Im *Information Centre* gibt es ein Hotelverzeichnis der in Pahang gelegenen Bungalows und ein allgemeines Faltblatt mit einer Karte von Fraser's Hill. Geöffnet tgl. 8.00 - 19.00 Uhr, tel 3622201 oder 3622248.

**MOUNTAINBIKES** - sind für 4 RM pro Stunde beim Information Centre zu bekommen.

**VORWAHL** - 09.

## TRANSPORT

Eine kurvenreiche, wenig befahrene Strecke führt durch eine waldreiche Region hinauf in die

Berge. Nach einer weiteren Stunde auf der Straße nach Raub erreicht man das GAP. Hier beginnt die schmale, 7,2 km lange Straße, die jeweils im 40-Minuten Rhythmus für Auf- und Abfahrten freigegeben wird.

**BUSSE** - fahren ab KUALA LUMPUR (Pudu Raya Bus Staion) regelmäßig für 4 RM bis KUALA KUBU BHARU, an der großen Nord-Süd-Straße gelegen.
Von hier gehen tgl. um 8.00 Uhr und 12.00 Uhr Busse für 3 RM direkt nach Fraser's Hill. In umgekehrter Richtung fahren sie jeweils um 10.00 Uhr und 14.00 Uhr.

**TAXI** - Für ca. 40 RM kann man auch ein Überlandtaxi ab Kuala Kubu Bharu nehmen. Von KL direkt kostet ein ganzes Taxi 80 RM. Von Kuantan aus wird es etwas umständlicher: In Temerloh einen Bus Richtung Raub oder Kuala Lipis über TERANUM nehmen Hier gibt es Anschluß an den Raub - KL Bus, der etwa um 12.00 und 15.00 Uhr vorbeikommt. Dieser Bus hält am GAP neben dem Resthouse an der Landstraße.

## Cameron Highlands

*„Entdeckt" wurde die schöne, von hohen Bergen eingeschlossene Hochfläche von dem englischen Landvermesser William Cameron, der 1885 im Auftrag der Kolonialbehörden unterwegs war. Bis zu 2000 m hoch liegen die Plateaus mit ihren sanft ansteigenden Hängen, die Teepflanzern und Gemüsebauern ideale klimatische Bedingungen bieten und schon damals ein willkommener Erholungsort für tropengeschädigte Engländer waren.*

*Wer nach der brütenden Hitze des Tieflandes ein Kontrastprogramm zu Palmen, Strand und Meer sucht, findet hier oben Erholung für Körper und Seele. Die Abende sind frisch, die Nächte manchmal sogar kühl.*

*Gepflegte Gärten und Teeplantagen, umrahmt vom licht- und luftdurchlässigem Bergwald, laden zu langen Spaziergängen ein, hier und da trifft man auf ein englisches Landhaus mit kurzgeschnittenem Rasen und Blumenrabatten. Und bei Erdbeeren mit Schlagsahne auf der Terrasse wird die Illusion eines schönen Sommernachmittags in Yorkshire nur durch den Tonband-Muezzin wieder gestört, der auch hier die Gläubigen mit unerbittlicher Pünktlichkeit zum Gebet ruft.*

### Von Tapah nach Tanah Rata

Von Tapah, einem Ort an der vielbefahrenen Hauptstraße Kuala Lumpur - Ipoh, fahren fast stündlich Busse die 60 km lange Straße in die Highlands hinauf. Zuerst führt die Straße durch Gummiplantagen und Reisfelder, dann wird sie schmaler und windet sich in unzähligen Kurven hinauf in die Berge. Nach und nach ändert sich die Vegetation - Riesenfarne und andere Bergpflanzen kennzeichnen den immergrünen, tropischen Bergdschungel, dazwischen vereinzelte Dörfer der Orang Asli (z.B. beim Kilometerstein 50 - Ausgangspunkt für die Kilometerzählung ist Tanah Rata). Nach 46 km ist die erste größere Siedlung in den Cameron Highlands erreicht. **Ringlet** ist freilich ein enttäuschend gesichtsloser Ort, weswegen die meisten Besucher gleich weiterfahren. Hinter Ringlet wird der Sungai Bertam durch den Sultan Abu Bakar Dam gestaut. Am Seeufer verkauft man Blumen, Früchte und andere Produkte der nahen Gärtnereien.

Westlich der Hauptstraße steht vor der Brücke das teure Lakehouse Hotel, ein neueres Gebäude im englischen Landhausstil, das sehr schön eingerichtet ist.

An der Abzweigung kurz vor der Habu Power Station geht es etwa 6 km nach Osten durch das Tal des Sungai Boh zur **Boh Tea Estate**. Während einer der kostenlosen Führungen, die tagsüber fast stündlich stattfinden, oder im Rahmen einer organisierten Tour kann man die Verarbeitung des Tees beobachten. Viermal täglich fährt ein Bus aus Ringlet hierher. Tel 996032, Mo geschlossen. 1,5 km weiter Richtung Tanah Rata zweigt eine kleine Straße Richtung Südwesten ab. Auf ihr erreicht man, vorbei an Gemüsefarmen und Gärtnereien, nach 3 km die **Gunong Emas Tea Estate**. Geöffnet tgl. außer Fr bis 16.00 Uhr. 5 km südlich von Tanah Rata (Bus 35 ¢) liegt nahe der Hauptstraße die **Bharat Tea Estate**.

## Tanah Rata und Umgebung

In und um Tanah Rata logieren die meisten ausländischen Besucher. Die Ansiedlung erinnert mit ihren gepflegten Anlagen an einen ruhigen Kurort. Das Zentrum besteht eigentlich nur aus einer Ladenzeile entlang der Hauptstraße, wo auch die preiswerten Hotels und Restaurants zu finden sind. Hier trifft man sich am Abend zum Essen, macht seine Besorgungen oder geht wenigstens einmal auf und ab, um alles gesehen zu haben - viel ist es ja ohnehin nicht. Ein neues Wohnviertel samt Shopping Centre ist linkerhand der Straße von Tapah her am Ortseingang im Entstehen, dorthin soll auch das Tourist Information Centre umziehen.

Von Tanah Rata aus lassen sich ein paar schöne Wanderungen unternehmen. Die Wege (s. Karte) sind numeriert und auf jeder Cameron Highlands-Karte verzeichnet. Auf Grund der regen Bautätigkeit ist aber häufig der Beginn des jeweiligen Weges schwer zu finden. Als Einstieg empfiehlt sich ein 15minütiger Spaziergang auf dem **Weg 4**, der hinter dem Garden Hotel beginnt und zum **Parit Wasserfall** führt. Ein kurzer Spaziergang ist es auch zum **Robinson Wasserfall**, der wohl aus diesem Grunde ebenso wie der Parit Wasserfall deutlich vom unübersehbaren output der Wegwerf-Gesellschaft gezeichnet ist.

Ab hier führt der markierte **Weg 8** zum **Gunung Beremban** (ca. 2 Stunden). Dies ist die schönste, zugleich aber eine anstrengende Dschungelwanderung und benötigt im Ganzen ca. 4 Stunden, wenn man über **Weg 3** zurückgeht. Kurz vor dem Gipfel kommt man durch schönen Mooswald. Weg 3 endet am Golfplatz, führt größtenteils durch tropischen Bergwald und ist zum Teil recht steil. Dafür entschädigt die großartige Vegetation. Vom Golfplatz nach Tanah Rata sind es noch einmal 45 Minuten. **Weg 5** ist hingegen schlecht beschildert, steil und mühsam. Der Abstieg über **Weg 7** ist schön, aber ebenfalls steil und anstrengend und dauert mindestens eine Stunde.

Etwa zwei Stunden erfordert die Wanderung von Tanah Rata über den Wasserfall zur Robinson Falls Power Station und zur Habu Power Station an der Hauptstraße (**Weg 9 bzw. 9a**). Nur 1 1/2 Stunden dauert der Aufstieg über den **Weg 10** ab Tanah Rata (Highlands Villa) zum 1855 m hohen **Gunung Jasar**. Der Weg ist allerdings recht steil und zum Teil überwuchert. Zurück nach Tanah Rata über **Weg 12** (1 Stunde). Schwierig ist der **Weg 2** zum Sam Poh Tempel nach Brinchang, denn er ist teilweise sehr steil und führt über umgefallene Bäume und durch Bäche. Besser nicht allein gehen!

## Von Tanah Rata nach Brinchang

Zwischen Tanah Rata und Brinchang liegt der gepflegte Golfplatz, der in einem echten englischen Highland-Szenario natürlich nicht fehlen darf. Neben der Hauptstraße an einer kleinen Seitenstraße sieht man **Ye Olde Smokehouse** liegen, ein luxuriöses, kleines Hotel im Tudor-Stil (s.u.), der Nachbau eines englischen Landgasthofs. Es stammt aus den 30er Jahren, wurde liebevoll mit ent-

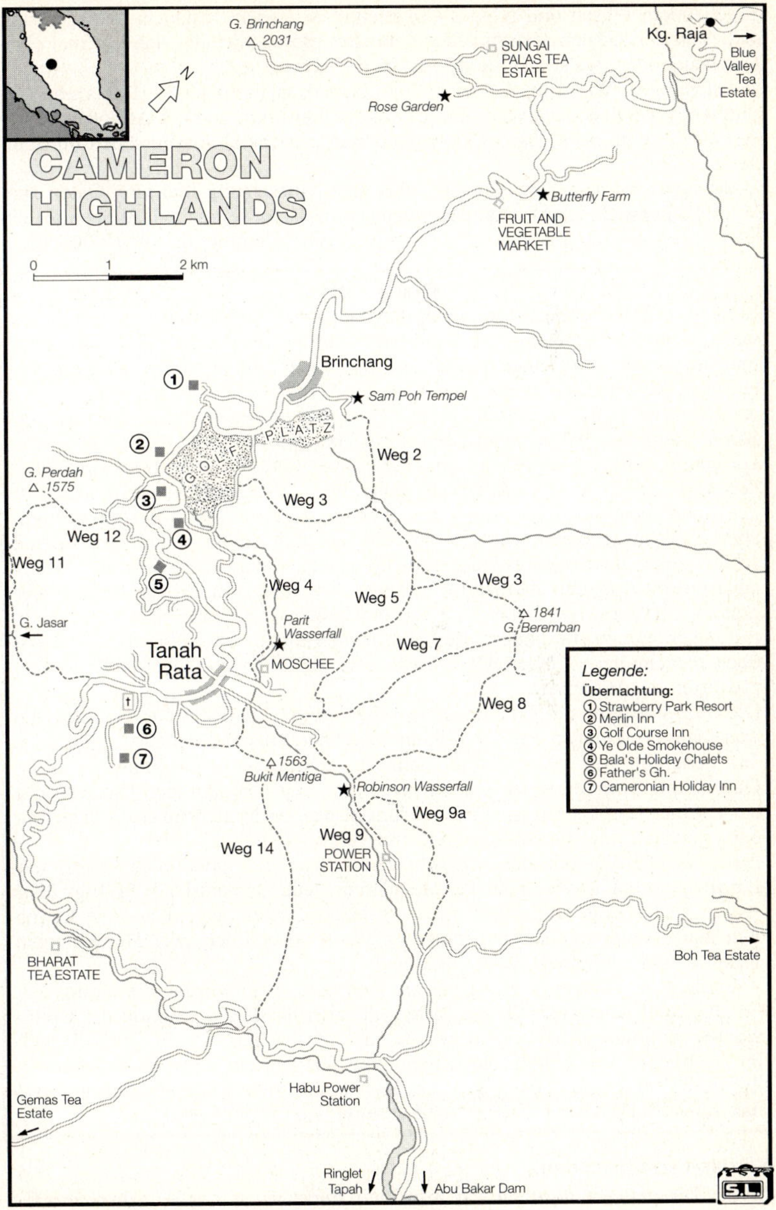
CAMERON HIGHLANDS
0 1 2 km
G. Brinchang
2031
SUNGAI PALAS TEA ESTATE
Kg. Raja
Blue Valley Tea Estate
Rose Garden
Butterfly Farm
FRUIT AND VEGETABLE MARKET
Brinchang
Sam Poh Tempel
GOLF PLATZ
Weg 2
G. Perdah
1575
Weg 3
Weg 12
Weg 11
Weg 4
Weg 5
Weg 3
1841
G. Beremban
G. Jasar
Parit Wasserfall
Tanah Rata
MOSCHEE
Weg 7
Weg 8
Legende:
Übernachtung:
① Strawberry Park Resort
② Merlin Inn
③ Golf Course Inn
④ Ye Olde Smokehouse
⑤ Bala's Holiday Chalets
⑥ Father's Gh.
⑦ Cameronian Holiday Inn
1563
Bukit Mentiga
Robinson Wasserfall
Weg 9a
Weg 9
Weg 14
POWER STATION
BHARAT TEA ESTATE
Boh Tea Estate
Habu Power Station
Gemas Tea Estate
Ringlet Tapah
Abu Bakar Dam

sprechendem Plüsch und Nippes eingerichtet und wirkt trotzdem gediegen und edel. Von den Gästen erwartet man ähnliches: Besuchern, die sich nur mal eben umsehen wollen, weist man dezent die Tür.

Brinchang selbst wirkt mit seinen zahlreichen, mehrstöckigen Hotels und Geschäften weniger einladend als Tanah Rata und erinnert von der Atmosphäre her eher an diese merkwürdigen Skiorte, die man manchmal aus Versehen im Sommer besucht.

300 m südlich vom Ortszentrum führt eine Abzweigung Richtung Osten zum **Sam Poh Tempel** (1 km). Die relativ neue chinesische Tempelanlage beeindruckt durch ihre Größe und ist ein beliebtes Ausflugsziel. Geöffnet tgl. bis 17.00 Uhr.

**Orang Asli**

Etwa 50 000 Menschen werden von den ethnischen Malaien als *Orang Asli* (im wörtlichen Sinn „einheimische Menschen") bezeichnet. Es handelt sich dabei um Dschungel- und Küstenbewohner, die bereits vor der Einwanderung der heutigen Malaien hier siedelten. Unter der Bezeichnung sind allerdings völlig verschiedene Völker zusammengefaßt. Die größte Gruppe stellen etwa 30 000 Senoi, die in den Wäldern der Cameron Highands siedeln.

Die **Senoi** sollen, wie die Negritos, bereits vor 6000 - 8000 Jahren eingewandert sein. Ihre Haut ist jedoch etwas heller, und sie betreiben - im Gegensatz zu den nomadisierenden Negritos - Brandrodungsfeldbau. Aus ihren ursprünglichen Siedlungsgebieten wurden sie von den Malaien nach und nach in die schwer zugänglichen Bergwälder zurückgedrängt. Einige leben dort noch völlig abgeschirmt von der Zivilisation, andere, vor allem im Einzugsbereich der großen Verkehrswege, haben viel von der Lebensweise ihrer ehemaligen Gegner angenommen. Besonders die Senoi stehen diesen Einflüssen offen gegenüber, manche ihrer Kinder gehen zur Schule, einige arbeiten auch auf den Teeplantagen der Highlands.

Die Sozialstruktur der Dschungelmenschen ist stark auf der Vermeidung von Auseinandersetzungen und Konflikten aufgebaut. Die traditionelle Siedlung ist das Langhaus mit bis zu 50 Bewohnern, zumeist eine Großfamilie, deren Oberhaupt, normalerweise ein älterer Mann, der Gründer des Hauses oder einer seiner Nachfahren ist. Entscheidungen werden in gemeinsamen Diskussionen getroffen, das Oberhaupt greift nur vermittelnd ein.

Außer einem Blasrohr oder Gewehr und einigen Durianbäumen besitzt der Einzelne normalerweise kein Privateigentum. Jede Gemeinschaft verfügt über eigene Fischgründe und nutzt ein festgelegtes Dschungelgebiet. Viele Orang Asli gehen noch mit der traditionellen Waffe, dem über zwei Meter langen Blasrohr und vergifteten Pfeilen, auf Jagd.

Während der *emergency* von 1948 bis 1960 (s.S. 392) wurden die Orang Asli für die MCP, aber auch für die Briten, die sich bis dato wenig um die Ureinwohner gekümmert hatten, interessant, denn sie waren die einzigen, die sich im Dschungel auskannten. Noch heute existiert ein Senoi Pra'ak-Regiment in der *Field Force Police,* die gegen die Guerilla der MCP eingesetzt wurde - und das, obwohl die Begriffe „Krieg" und „Kampf" den Senoi fremd sind.

### Nördlich von Brinchang

An der Hauptstraße nördlich von Brinchang findet jeden Tag ein **Obst- und Gemüsemarkt** statt, auf dem die weiter talaufwärts angebauten Produkte verkauft werden. Touristen scheinen hier jeden geforderten Preis zu zahlen, entsprechend teuer ist alles - deshalb kräftig handeln!

Fester Bestandteil jeder organisierten Tour ist die **Butterfly Farm**, ein kleines, mit Nylonnetzen überspanntes Areal, in dem man zwischen den umherfliegenden Schmetterlingen herumwandern und fotografieren kann. Vielleicht wird auf diese Weise das Schaubedürfnis besser befriedigt als in den Geschäften an der Straße, in denen *Rajah Brookes* und andere Schmetterlinge getrocknet in Glaskästen angeboten werden.

**Teeplantagen**

Seit 1926 wird in Cameron Highlands Tee angebaut. Die **Teeverarbeitung** ist ein langwieriger Prozeß. Einmal pro Woche werden die jungen, zarten Teeblätter gepflückt, inzwischen z.T. mit einer Maschine, die von zwei Arbeitern geführt wird. Durchschnittlich benötigt man 5 kg Blätter zur Herstellung von 1 kg Tee. Eine Arbeitskraft pflückt im Schnitt 40 kg Teeblätter am Tag. In der Fabrik wird den Blättern durch Heißluft etwa die Hälfte ihrer Feuchtigkeit entzogen. Anschließend werden die welken Blätter maschinell „gerollt", wodurch die verbliebenen Säfte zur Fermentierung freigesetzt werden. Die Oxidation der Gerbstoffe des ausgetretenen Saftes gibt dem Tee sein typisches Aroma. Bei der anschließenden maschinellen Trocknung erhält das Blatt seine schwarze Farbe.

Für grünen Tee werden die frischen Blätter kurz mit heißem Wasserdampf behandelt, danach gerollt und unfermentiert gedörrt. So behalten sie ihre grüne Farbe. Am Ende sortiert man die getrockneten Blätter nach Gütegraden. Mit dem feinen Teestaub, der bei der Verarbeitung anfällt, werden Teebeutel gefüllt.

20 km sind es von Tanah Rata bis zur Gabelung der Straße nach Kampung Raja/Gunung Brinchang. Auf der Fahrt zum Gunung Brinchang (s.u.) lohnt ein Zwischenstop an der **Sungai Palas Tea Estate**. Die Fabrik liegt etwa einen Kilometer rechts der Straße (dort wo die Schranke ist) hinter einem Dorf, in dem die indischen Teepflücker leben. Geöffnet Di - Sa von 8.00 - 15.30 Uhr, an Sonn- und Feiertagen geschlossen. Viermal täglich fährt der Bus Nr. 154 von Tanah Rata aus bis zum Eingang der Plantage.

### Gunung Brinchang

Wer mit dem Auto unterwegs ist, sollte auf jeden Fall eine Fahrt hinauf zum Gunung Brinchang (2032 m) unternehmen. Die Aussicht ist bei gutem Wetter phantastisch, im Westen blickt man hinunter bis zum Meer, im Osten reichen die dschungelbedeckten Berge bis zum Horizont. Eine kleine Gruppe, kann auch ein Taxi mieten, das bis oben um die 50 M$ kostet. Bis zur *Sungai Palas Tea Estate* am Fuß des Berges (s.o.) zahlt man nur etwa 30 M$, danach muß man allerdings 1 3/4 Stunden wandern, wobei die schöne Landschaft für die Mühen entschädigt. Zu der Teeplantage fährt auch ein Bus, der letzte Bus zurück nach Tanah Rata allerdings schon um 14.30 Uhr.

## ÜBERNACHTUNG

**TANAH RATA** - der beste Ort zum Übernachten. Während der Ferienzeit, besonders um Weihnachten, ist hier fast alles ausgebucht. In der Hauptsaison gehen die Preise in die Höhe.

**Untere Preisklasse:** *BALA'S HOLIDAY CHALETS*-****, tel 4911660, etwa 2 km nördlich an

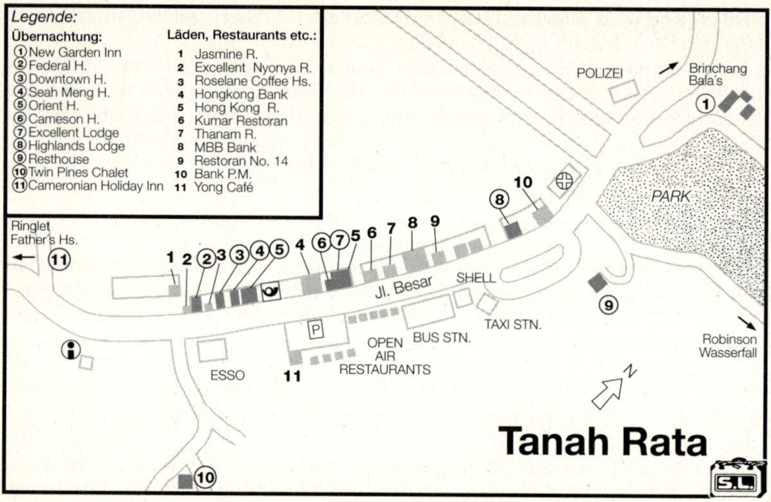


der Straße nach Brinchang bietet Schlafsaal-Betten für 7 RM, und Zimmer verschiedener Größe und Qualität mit und ohne Bad. Es gibt ein Restaurant mit TV und gutem Essen zu angemessenen Preisen, Wäscheservice und interessante Gästebücher. Nach vorherigem Anruf Abholung im Ort, tagsüber stündlich kostenloser Transport nach Tanah Rata. Organisiert auch Minibustouren für 15 RM p.P.

*CAMERONIAN HOLIDAY INN**, Jl. Mentigi, tel 4911327, von Tapah her am Ortseingang rechts in kleiner Seitenstraße. Schlafsaalbetten für 6 RM sowie DZ; freundliche, hilfsbereite Angestellte.

*TWIN PINES CHALET*-***, tel 4912169, an einer Seitenstraße im Grünen gelegen, ist eine beliebte Traveller-Adresse. Schlafsaal-Betten für 7 RM, aber auch Zimmer verschiedener Größe, heiße Duschen und saubere Toiletten.

*FATHER'S GUEST HOUSE**, Jl. Gereja, tel 4911450, am Ortseingang (Richtung Ringlet) neben der Kirche. Einfach und sauber, Schlafsaalbetten für 8 RM, auch Zimmer im Haupthaus und Gemeinschaftsküche.

An der Hauptstraße viele preiswerte Chinesenhotels, Zimmer meist mit Du/WC und warmem Wasser:

*FEDERAL HOTEL*-***, 44 Main Rd., tel 4912377, ist ein größeres Haus, hat Zimmer mit Doppelbett ohne Du/WC und größere für bis zu 4 Personen mit Du/WC.

*DOWNTOWN HOTEL***, 41 Main Rd., tel 4912868 (ehemals Town House). Sauber und freundlich, bietet Zimmer mit und ohne Du/WC.

*SEAH MENG*-***, 39 Main Rd., tel 4911618, sehr sauber und freundlich, ebenfalls Zimmer mit und ohne Du/WC.

*ORIENT HOTEL*-***, 38 Main Rd., tel 4911633, bietet saubere, preiswerte Zimmer mit und ohne Du/WC.

**Mittlere Preisklasse:** *RESTHOUSE (Rumah Rehat)****, Jl. Tepi Sungai, tel 4911254, liegt nur ein paar Schritte vom Ortszentrum entfernt auf einem Hügel in einem gepflegten Garten. Die Zimmer sind geräumig und sehr angenehm, aber häufig ausgebucht.

*NEW GARDEN INN****, tel 4911911, ebenfalls in einer Seitenstraße unterhalb der Moschee. Die Zimmer sind nicht luxuriös, zum Teil zwar mit Kamin, ansonsten aber nicht gerade preiswert.

**NÖRDLICH VON TANAH RATA** - sind die luxuriöseren Herbergen angesiedelt. In den teuren Hotels bekommt man an Wochentagen außerhalb der Feriensaison auf Nachfrage meist eine Ermäßigung.

*YE OLDE SMOKEHOUSE* (in der Hochsaison bis zu 250 RM), tel 4911214-5, fax 4911214. Jeans und T-Shirts sind nicht gern gesehen, dafür hat sich in dem Bilderbuch-Häuschen die englische Atmosphäre in ihrer reinsten Kultur erhalten (s.S. 424).

## ESSEN

Billiges **Frühstück** mit einheimischem Milchtee und süßen Kuchen bekommt man in den indischen Läden (s.u.) entlang der Hauptstraße. Auch einfache Curries und Fladenbrote.
*ROSELANE COFFEE HOUSE* für alle, die unbedingt ein westliches Frühstück brauchen. Bietet aber auch eine ausführliche Speisekarte quer durch die westliche und asiatische Küche und ein sehr preiswertes Tagesgericht.
*YONG CAFÉ*, eines der Freiluft-Restaurants auf der anderen Straßenseite, serviert ebenfalls westliches Frühstück und Milchshakes.
**Mittags und abends** herrscht an Restaurants und Foodstalls kein Mangel.
Malaiische Essenstände und Freiluft-Restaurants reihen sich in langer Kette an der Hauptstraße. Auf der bewohnten Straßenseite ist das Angebot nicht minder reichhaltig:
*RESTORAN NO. 14,* 14 Main Rd. Sieht unscheinbar aus, aber die einfachen südindischen Gerichte sind köstlich.
*KUMAR RESTORAN,* 26 Main Rd. Auch hier gibt es Dhosa, Roti und Murtabak, nicht nur zum Frühstück.
Gleich nebenan: das *THANAM.*
*HONG KONG RESTAURANT*, teurer, dafür ausgezeichnete chinesische und westliche Küche, die Preise kann man - falls sie nicht auf der Karte stehen - erfragen.
*MAYFLOWER RESTAURANT*, gute chinesische Küche, zu dritt oder viert lohnt sich ein *steamboat.*
*ORIENT RESTAURANT,* im gleichnamigen Hotel, ist nicht billig, bietet aber ebenfalls ein gutes *steamboat* mit scharfen Saucen.

## SONSTIGES

**GELD** - Money Changer gibt es keine, aber vier Banken entlang der Hauptstraße. Geldwechseln z.B. bei der *HONGKONG BANK,* geöffnet Mo - Fr 9.00 - 16.00 Uhr.

**INFORMATIONEN** - Am Ortseingang gibt es ein winziges *TOURIST INFORMATION CENTRE & MUSEUM,* in dem man außer einer schlichten Umgebungskarte (1,50 RM) vor allem Second Hand-Bücher - darunter Raritäten - aber wenig Informationen bekommt. Geöffnet So - Fr 8.00 - 16.15, Sa 8.00 - 12.45 Uhr. In absehbarer Zeit soll es eine richtige Tourist Information im Neubauviertel geben.

**POST** - Geöffnet Mo - Sa 8.00 - 16.30 Uhr.

**TOUREN** - Fast jedes Hotel bietet die 4stündige Cameron Highlands-Tour (inkl. Besuch einer Teeplantage) an. Beginn 8.45 Uhr, tgl., kostet 15 RM p.P.

**VORWAHL** - 05.

## TRANSPORT

**BUSSE** - Der normale Weg in die Highlands führt über das Örtchen TAPAH am Fuße der Berge.
Busse von und nach Tapah verkehren von 8.00 - 18.00 Uhr stündlich und kosten bis Tanah Rata 3,50 RM. Die kurvige Fahrt dauert 2 Std. Manchmal auch Minibus-Trips (8 RM).
**Von Tapah** nach KUALA LUMPUR 11x tgl. 8 RM; MELAKA 2x tgl. 19 RM; SINGAPORE tgl. um 10.00 Uhr 33 RM, um 21.00 Uhr 36 RM, mit VIP-Bus um 21.30 Uhr 46 RM; BUTTERWORTH 5x tgl. 10 RM; ALOR SETAR 3x tgl. 17 RM (Expreßbus, schon in Tanah Rata vorbuchen); KUALA TERENGGANU tgl. 21.30 Uhr 28 RM; KUANTAN 2x tgl. 22 RM.
**Von Tanah Rata** hat *Kurnia Bistari* tgl. um 9.30 Uhr einen Direktbus nach GEORGETOWN (PENANG) für 14 RM. Fahrzeit ca. 5 Std, Tikkets an der Bus Station.
Zwischen KUALA LUMPUR (Pudu Raya) und Tanah Rata verkehrt tgl. ein durchgehender *Ekspress Nasional*-Bus (10 RM). Abfahrt von Tanah Rata 14.30 Uhr, Ankunft gegen 19.00 Uhr.

**ÜBERLANDTAXEN** - Taxifahrer berechnen nach TAPAH um die 7 RM p.P., zum Bahnhof 8 RM. Taxis zwischen KUALA LUMPUR und Tanah Rata kosten 25 RM, ac 30 RM, p.P., nach IPOH 11 RM, BUTTERWORTH 33 RM, ac 38 RM.

**EISENBAHN** - Wer mit dem Zug kommt, muß in TAPAH ROAD (6 km von Tapah entfernt) aussteigen und von dort entweder direkt mit einem Taxi hinauf in die Berge oder zuerst mit einem Bus für 1 RM bis TAPAH fahren und dann wie bereits beschrieben weiter.

## Pulau Pangkor

*Im Gegensatz zur Ostküste Malaysias ist die Westküste nicht so überreichlich mit tropischen Sandstränden, Inseln und Korallenriffen gesegnet. Die etwa 12 km lange und 4 km breite Insel Pangkor stellt eine der wenigen Ausnahmen dar, die ansatzweise mit der Ostküste vergleichbar wäre. Kein Wunder, daß Pangkor sich zur Touristenattraktion entwickelte und besonders an Wochenenden und Ferientagen von - größtenteils einheimischen - Ausflüglern geradezu überrannt wird. Für einige der 23 000 malaiischen, chinesischen und indischen Fischer, die in Häusern auf Stelzen an der Ostküste von Pulau Pangkor siedeln, wurde der Tourismus zu einer zusätzlichen Einkommensquelle. Vor allem während der Hochsaison, von November bis März aalen sich die Feriengäste an der Westküste von Pangkor. Das bergige, schwer zugängliche Landesinnere ist von tropischem Dschungel bedeckt, in dem zahlreiche Nashornvögel leben.*

**Kampung Pangkor** ist der Hauptort. Hier legt die Fähre an, nachdem sie zuvor in Kampung Sungai Pinang Kecil festgemacht hat. Die meisten Unterkünfte liegen am **Pantai Pasir Bogak**, einem 2 km langen Strand an der Westküste. Er ist von Kampung Pangkor etwa 3 km entfernt. Während der letzten Jahre hat ein Bauboom den Strand völlig verändert. Fraglich ist nur, ob das Meer, das an der Westküste ohnehin stark verschmutzt ist, die zusätzlichen ungeklärt eingeleiteten Abwässer verträgt.

Ein **Rundgang** um die Insel dauert etwa 7 Stunden - am besten früh aufbrechen oder streckenweise ein Taxi nehmen. Die Straße zwischen Pasir Bogak und Teluk Nipah wird zur Zeit ausgebaut und ist nur für Motorräder befahrbar. Von Pasir Bogak aus kommt man auf der Straße Richtung Norden zur **Tortoise Bay**, einer kleinen Bucht mit grobem Sand. Unterwegs passiert man das **Jungle Information Centre**, von wo aus ein Jungle Trek zur Ostseite der Insel führt. Dahinter erstreckt sich **Teluk Nipah**, ein weiter Sandstrand, an dem einzelne weitausladende Bäume Schatten spenden. Das Wasser ist hier sauber und ruhig. An der Teluk Nipah sind einige Bungalowanlagen und auch schon ein recht luxuriöses Hotel entstanden.

Die Straße führt weiter über die Berge nach Kampong Teluk Dalam. Am Strand entlang gelangt man zu Fuß von Teluk Nipah zur **Coral Bay**, einer schönen, von Felsen umrahmten Buch mit klarem Wasser und blickt auf die vorgelagerten Inseln Pulau Giam und Pulau Mentangor, nur gut 200 m von der Küste entfernt. Weiter im Norden liegt Pantai Puteri Dewi, auch **Golden Sands Beach** genannt, an dem sich das luxuriöse *Pan Pacific Resort* ausgebreitet hat, das sich durch einen Zaun gegen unerwünschte Gäste abschottet. Besucher, die das Hotelgelände durch den Haupteingang betreten wollen, zahlen Eintritt.

Auf der östlichen Seite der Landenge legen die Pan Pacific-Fähren vom Festland an. Nach Süden kann man hinter Teluk Dalam Richtung Kampong Pangkor auch durch den Dschungel gehen und mit etwas Glück vielleicht Affen, Warane, Seeadler, Nashornvögel und andere Tiere beobachten.

Die Boote der Fischer von **Kampung Sungai Pinang Kecil** und **Kampung Sungai Pinang Besar** liegen direkt vor ihren Holzhäusern, die dicht an dicht auf Stelzen im Wasser stehen und durch hölzerne Plankenwege mit dem Festland verbunden sind. Sie fangen winzige Fische, die zu *Ikan Bilis* getrocknet werden und mit Erdnüssen geröstet ein beliebter malaiischer Snack sind.

Ein Ausflug lohnt zum südlich von Kampung Pangkor gelegenen **Kota Belanda**, den Resten eines alten holländischen Forts südlich vom Dorf Teluk Gedung.

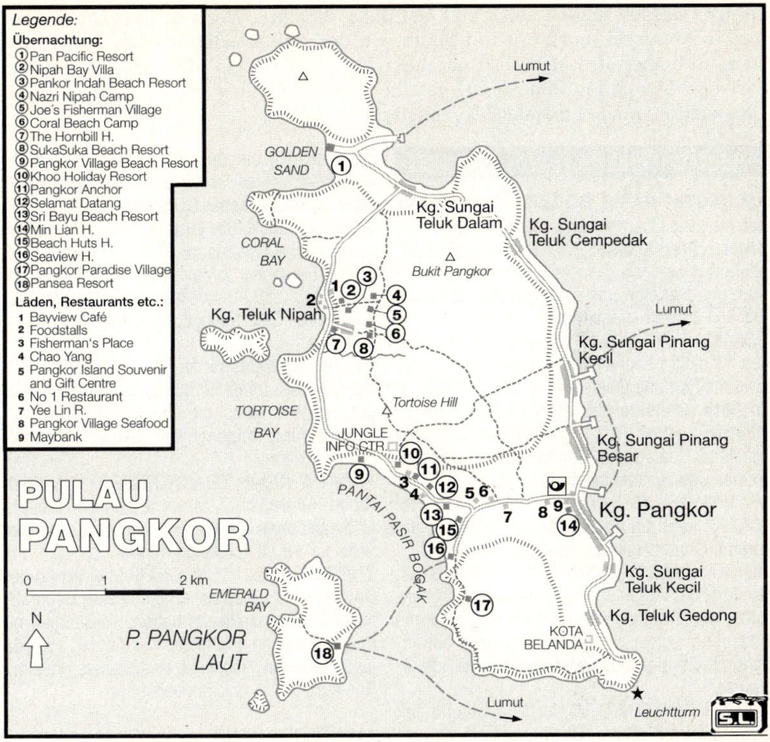


Es wurde 1680 von der *Vereenigde Oostindische Companie* errichtet, um die holländischen Zinnhändler vor den Überfällen malaiischer Piraten zu schützen. Es war schwer befestigt, und seine Kanonen konnten die gesamte Meerenge von Dinding erreichen. Aber schon 1690 mußten die Holländer nach einem Angriff der Malaien das Fort verlassen.

### Pulau Pangkor Laut

Auf der kleinen tropischen Insel südöstlich von Pangkor mit ihren dschungelbedeckten Bergen und palmenbestandenen, einsamen Sandstränden liegt das komfortable *Pansea.* Die Anlage an einer seichten Bucht mit schönem Sandstrand wird malerisch von Felsen umrahmt. Weitere Bungalows können in einer zweiten Bucht weiter südlich genutzt werden. Da auf der kleinen Insel das Trinkwasser fehlt, muß außerhalb der Regenzeit neben den Lebensmitteln leider auch das gesamte Wasser vom Festland hierher gebracht werden - sicher auch mit ein Grund für die hohen Preise.

An der Westküste gibt es eine schöne Badebucht, die **Emerald Bay**, die man von der Anlegestelle des *Pansea* viermal täglich mit dem Boot erreicht. Wer den steilen Weg nicht scheut, kann auch zu Fuß in etwa 20 Minuten über die Insel zur Emerald Bay spazieren. Duschen und Umkleideräume sind vorhanden, außerdem werden teure Snacks und Getränke verkauft. Wer von Pangkor aus auf die Nachbarinsel möchte, kann Boote von der Anlegestelle Seaview Hotel nehmen, muß aber 30 RM Eintritt bezahlen. Dafür gibt es ein Mittagessen, und man darf den Swimming Pool des Hotels benutzen. Mit dem frühen Boot um 8.30 Uhr kann man zur Emerald Bay weiterfahren.

## ÜBERNACHTUNG

**AM PANTAI PASIR BOGAK** - konzentrieren sich mehrere Übernachtungsmöglichkeiten.
**Untere Preisklasse:** *PANGKOR ANCHOR** erinnert mit seinen *A-frames* zwischen Stoppelgras und Bäumen und seinen Holztischen und -bänken an ein Ferienzeltlager.
*SELAMAT DATANG*-***, tel 6851878, besteht aus 15 dicht nebeneinander gelegenen Bungalows mit Fan und Gemeinschaftsdusche/WC.
**Mittlere Preisklasse**: *PANGKOR VILLAGE BEACH RESORT*-*****, tel 6852227, hat schlichte Chalets mit Meerblick, preiswerte *A-frames* und Schlafsaalbetten.
*PANGKOR PARADISE VILLAGE****, tel 951496, liegt am weitesten südlich, direkt am Strand. Chalets mit Fan oder ac und Du/WC.
*KHOO HOLIDAY RESORT***-*****, tel 951164, fax 951164. Abgesehen von den wirklich sehr hübschen Chalets am Hang sind die Zimmer mit und ohne ac im Hauptgebäude eher enttäuschend. Es gibt auch noch ein paar billige *A-frames*.
*BEACH HUTS HOTEL***-*****, tel und fax 6851159, verfügt über Chalets mit ac, TV und Kühlschrank, aber auch freundliche DZ mit Fan.
**Obere Preisklasse**: *SEAVIEW HOTEL*****, tel 951605, hat Zimmer, die den hohen Preis nicht wert sind, und nette Chalets mit Du/WC, ac und Blick aufs Meer. Der steinige Strand ist aber zum Baden schlecht geeignet. Zum Hotel gehört ein angenehmes Restaurant mit Bar.

**AN DER TELUK NIPAH** - gibt es Unterkünfte der unteren, mittleren und gehobenen Preisklasse, aber glücklicherweise noch keine Hotelriesen.
**Untere Preisklasse:** *JOE'S FISHERMAN VILLAGE**, Lot 4452, tel 6852389, sehr beliebter Travellertreff mit *A-frame*-Hütten und etwas teureren Bungalows, außerdem ein Schlafsaal.
*NAZRI NIPAH CAMP**, tel 6852014, *A-frames* und eine Hütte mit Blechdach, alles sehr einfach, kleines Restaurant, kein Bier. Bei längerem Aufenthalt Preisermäßigung.
*CORAL BEACH CAMP**, tel 6852711, ähnlich wie Joe's und Nazri, *A-frames*, aber auch ein paar spärlich eingerichtete Hütten mit 2 Doppelbetten, kleines Restaurant, Fahrradverleih.
**Mittlere Preisklasse:** *SUKASUKA BEACH RESORT****, Lot 4468, tel 6852494, fax 914319, hat hübsche Chalets mit Fan und Mandi für 2 oder 4 Personen. 3 Mahlzeiten im Preis enthalten; Mittag- und Abendessen sind hervorragend. Alkoholfrei. Sehr freundlicher Service, gepflegte Anlage.
**Obere Preisklasse**: *NIPAH BAY VILLA*****, Teluk Nipah, tel 6852198, fax 6852 386, bietet geräumige Chalets mit ac, Radio und Du/WC; im Preis für 2 Personen sind jeweils 3 Mahlzeiten inbegriffen.
*PANKOR INDAH BEACH RESORT*****, Telok Nipah, tel 6852107, ist ganz ähnlich. Chalets sind auch ohne Verpflegung zu mieten, aber der Preis für VP ist nur wenig höher.
*THE HORNBILL*****, tel 6852005, direkt an der Straße, müßte inzwischen die letzten Baumaßnahmen abgeschlossen haben. Ac-Zimmer mit Bad und Balkon, Frühstück inkl. Mit HP 150 RM für 2 Personen. Hübsches einstöckiges Haus mit Restaurant, Bar und Souvenirshop.

**AM GOLDEN SAND** - im Norden steht das *PAN PACIFIC RESORT*, tel 951091, eine weitläufige 160-Zimmer-Luxus-Anlage mit 5 Restaurants, Pool, Golf-, Tennisplatz und Wassersportmöglichkeiten.

## ESSEN UND TRINKEN

*FISHERMAN'S PLACE,* nahe dem Pangkor Anchor, serviert gutes Seafood. In dieser Gegend - vom Anchor nach Süden - gibt es noch weitere Seafoodrestaurants, z.B. das *CHAO YANG;* einfach, sauber und preiswert.
*NO 1 RESTAURANT*, am Strand neben dem großen *Pangkor Island Souvenir and Gift Centre*, hält was sein Name verspricht.
Am Teluk Nipah gibt es abgesehen von den Restaurants der Bungalowanlagen (s. oben) das *BAYVIEW CAFÉ* mit einem reichhaltigen Angebot aus malaysischen und westlichen Gerichten.
*THE GOLDEN PHOENIX,* das Restaurant vom Hornbill Hotel, ist auf Seafood spezialisiert;

nicht billig, aber ausgezeichnet. Gegen Mittag öffnen ein paar einfache Foodstalls entlang der Hauptstraße gegenüber vom Bayview Café.

## SONSTIGES

**GELD** - *MAYBANK* in Kampong Pangkor wechselt an Werktagen von 9.00 - 16.00 Uhr Geld und besitzt auch einen VISA-Kreditkartenautomaten. Einen Moneychanger mit längeren Öffnungszeiten findet man am Ortsende Richtung Pasir Bogak.

**VORWAHL** - 05.

## TRANSPORT

**AUF DER INSEL** - Von der Anlegestelle der Fähre in Kampong Pangkor fahren **Taxen** für 3 RM und Busse für 50c nach PASIR BOGAK. Ein Taxi nach Teluk Nipah kostet 10 RM. Zum Golden Sands Hotel kostet ein Taxi 15 RM.

**NACH PANGKOR** - gelangt man nur von LUMUT, dem Abfahrtsort der Boote nach Pangkor. Die Fähren nach KAMPONG PANGKOR (40 Min.) kosten 4 RM *return* und legen im Abstand von etwa einer halben Stunde ab. Das erste Boot ab Lumut um 6.45 Uhr, letztes Boot um 19.30 Uhr - ab Kampong Pangkor erstes Boot um 6.45 Uhr, letztes um 18.40 Uhr.

**LUMUT** - 3 Expreß- und mehrere lokale **Busse** fahren tgl. nach IPOH (5 RM). Zwischen 8.00 und 18.30 Uhr geht es 9x tgl. über TAPAH (8 RM, von hier in die Cameron Highlands) nach KUALA LUMPUR (14 RM). Durchgehende Busse 4x tgl. über TAIPING nach BUTTERWORTH (10 RM) und auch nach MELAKA (21 RM).
**Überlandtaxis** - IPOH 6 RM, TAIPING 8 RM, BUTTERWORTH 21 RM, KUALA LUMPUR 21 RM p.P.
**Nach Sumatra:** Do und So gibt es von Lumut eine Fähre nach BELAWAN (Medan) für 90 RM einfach. Medan ist visafreier Einreiseort.

# Ipoh

*Ipoh ist die Hauptstadt des Staates mit dem malaiischen Namen Perak - Silber. Doch ein anderes Metall ist die Grundlage für den Reichtum dieser Region - Zinn. Im Kinta Valley befinden sich die größten Zinnvorkommen der Erde, und als sie 1884 entdeckt wurden schwemmte der Zinn-Boom ungeheure Menschenmassen in das Flußtal, die als Schürfer ihr Glück versuchten, die meisten von ihnen Chinesen. Um die Jahrhundertwende hatte die aufblühende Siedlung mit ihren etwa 12 000 Einwohnern bereits den Beinamen „Stadt der Millionäre", denn mit dem Zinn wurde viel Geld verdient, und so mancher Familienclan konnte ansehnlichen Reichtum anhäufen. Kein Wunder, daß die neuen Banken, Geschäftshäuser und öffentliche Bauten hier eine Nummer größer und prächtiger ausfielen als anderswo.*

*Ipoh wuchs in atemberaubender Geschwindigkeit zur größten Stadt Peraks und zum Geschäfts- und Bergbauzentrum der gesamten Region heran. Und anders als die meisten anderen „Mining Towns", die nach dem großen Zinnrausch wieder in die Bedeutungslosigkeit zurückfielen, konnte sie ihre starke ökonomische Position bis heute behaupten. Mittlerweile hat Ipoh 420 000 Einwohner und zählt noch immer zu den prosperierenden Metropolen.*

Repräsentative Kolonialarchitektur beherrscht nach wie vor das Stadtzentrum. Zu ihnen gehört der obligatorische **Uhrturm** *(clock tower)*, der 1917 zur Erinnerung an den Tod des ersten britischen Residenten Birch errichtet wurde. Wohlstand und Reichtum sollten auch die öffentlichen Gebäude bezeugen, so der 1917 erbaute, großartige **Bahnhof**, das **Gerichtsgebäude** *(Court House)* und das Rathaus **Dewan Bandaraya**. Der Convent der **St. Michael's School**, die **St. John's Church** und der **Ipoh Club** mit seinem gepflegten Rasen könnten ebenso in England stehen. Kaum eine Stadt in West-Malaysia hat so viele Grünanlagen - mit Geld wird eben vieles machbar.

Das einzige **geologische Museum** des Landes liegt auf dem Gelände des Geologischen Institutes in der Jl. Harimau südlich der Stadt, geöffnet Mo - Fr 8.00 - 16.15, Sa bis 12.45 Uhr.

### Höhlentempel

Entlang der Jl. Gopeng, der Hauptstraße nach Kuala Lumpur, liegen etwa 6 km südlich von Ipoh in den Kalkfelsen mehrere Höhlentempel. Der schönste und größte ist der **Sam Po Tong** (nahe dem Felsen mit dem Mercedesstern). In der Haupthöhle werden an verschiedenen Altären Opfergaben dargebracht. Rechts führt eine Treppe weiter in eine offene Höhle hinauf. Auf dem von hohen, steilen Kalkfelsen umrahmten Tempelareal befindet sich ein Schildkrötenteich.

Etwas weiter stadteinwärts steht der **Nam Thian Tong** Tempel mit seinem vegetarischen Restaurant. Westlich der Straße wird noch immer Zinn abgebaut. Zu erreichen mit Bus 66 oder 73, geöffnet tgl. 7.30 - 17.00 Uhr.

6 km nördlich der Stadt bauten chinesische Einwanderer an der Jl. Kuala Kangsar in den Höhlen eines 120 m hohen Kalkfelsens den **Perak Tong**. Die Wände im Inneren des Tempels sind mit Motiven aus chinesischen Sagen und Legenden bemalt. Wenn man hinaufsteigt, kommt man zunächst in eine riesige Tropfsteinhöhle, in der verschiedene buddhistische und chinesische Gottheiten stehen, überragt von einem eindrucksvollen 12 m großen, sitzenden Buddha. Über einen Weg hinter dem Hauptaltar geht es weiter in den Felsen hinein. Eine Treppe führt bis auf 100 m hinauf, von oben bietet sich eine gute Aussicht.

Auch hier gibt es auf dem Tempelgelände ein gutes vegetarisches Restaurant. Zu erreichen mit Bus von Ipoh nach Kg. Tawas, geöffnet tgl. 7.00 - 17.00 Uhr.

## ÜBERNACHTUNG

Da Ipoh nun mal für sein Nachtleben bekannt ist, sind viele **preiswerte** Unterkünfte gleichzeitig auch Stundenhotels. Hier eine Auswahl von denen, die uns empfehlenswert erschienen. Die meisten befinden sich in der südlichen *New Town,* ein Taxi von der Bus Station oder vom Bahnhof kostet um die 5 RM.

*HOLLYWOOD HOTEL***, 72-76 Jl. Chamberlain, tel 515404. Kleine ac-Zimmer mit Du/WC.

*BEAUTY HOTEL**, Jl. Yang Kalsom. Wegen der lauten Straße möglichst ein Zimmer nach hinten nehmen.

*WAN WAH (WINNER) HOTEL*-***, 32-38 Jl. Ali Pitchay, tel 515177, sauber und für die Preiskategorie wahrscheinlich die beste Adresse in dieser Gegend.

*PARADISE HOTEL*-***, 29A Jl. Ali Pitchay, tel 2542203, schräg gegenüber, saubere Zimmer, freundliche Leute.

*EMBASSY HOTEL**, 35 Jl. Chamberlain, tel 549496, hat auch einige laute Zimmer, ist jedoch sauber und nett.

Wer ein paar Ringgit mehr ausgeben kann, wird sich in eines der **teureren**, modernen Hotels einmieten: *EASTERN HOTEL*****, 118 Jl. Sultan Idris Shah, tel 543936, fax 501468, ist relativ zentral gelegen, auch hier empfiehlt sich ein Zimmer nach hinten.

*THE MAJESTIC STATION HOTEL*****, im Bahnhof, tel 2555605, fax 2553393. Das aus der Kolonialzeit stammende Hotel ist komplett renoviert worden.

*ROYAL CASUARINA* (ab 260 RM), 18 Jl. Gopeng, tel 505555, fax 508577, mit Pool, Restaurants und allem Komfort, gilt als das Spitzenhotel der Stadt.

## ESSEN UND TRINKEN

In der Stadt gibt es verschiedene interessante Food Centres mit guten **Essenständen**, so das *OLD TOWN FOOD CENTRE* in der Jl. Leech, das *MAJESTIC FOOD CENTRE* in der südlichen Jl. Datuk Tahwil Azar (ehemalige Jl. Osborne) oder das *IPOH CITY FOOD CENTRE* an der Jl. Clarke, Ecke Jl. Seenivasagam.

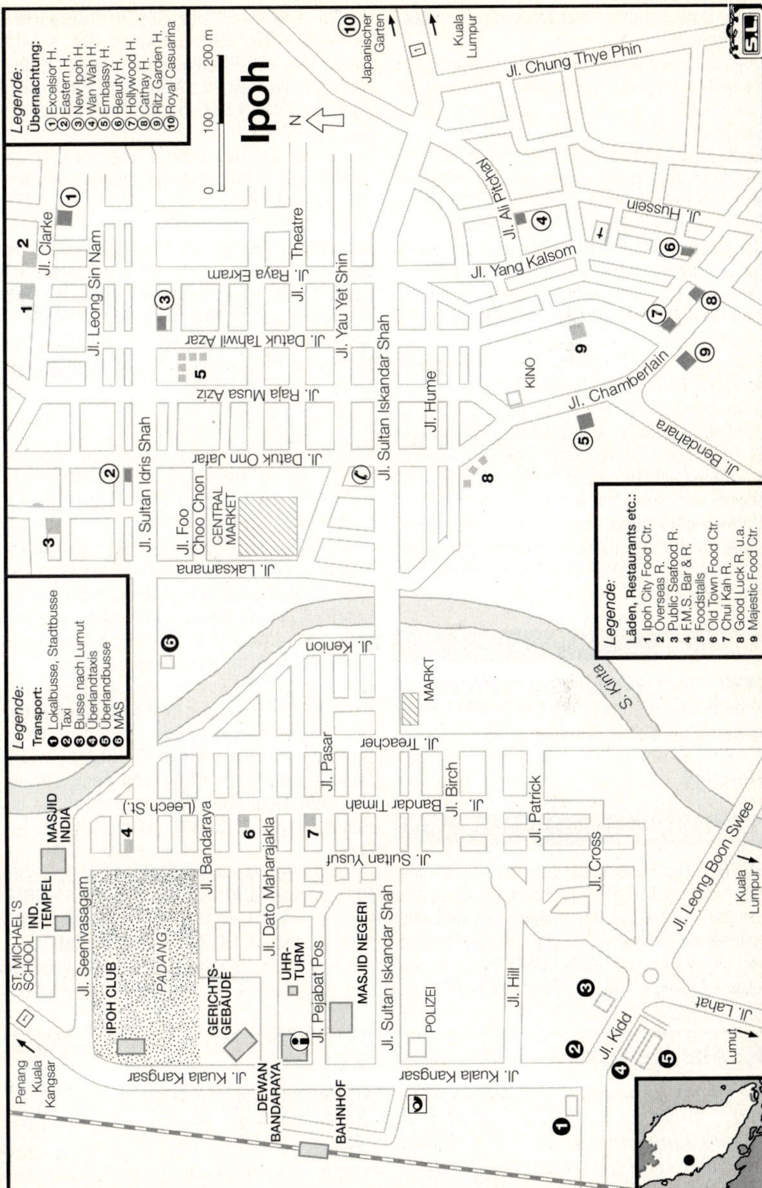
Ipoh
Legende:
Übernachtung:
① Excelsior H.
② Eastern H.
③ New Ipoh H.
④ Wan Wah H.
⑤ Embassy H.
⑥ Beauty H.
⑦ Hollywood H.
⑧ Cathay H.
⑨ Ritz Garden H.
⑩ Royal Casuarina
0 100 200 m
N
Legende:
Transport:
❶ Lokalbusse, Stadtbusse
❷ Taxi
❸ Busse nach Lumut
❹ Überlandtaxis
❺ Überlandbusse
❻ MAS
Legende:
Läden, Restaurants etc.:
1 Ipoh City Food Ctr.
2 Overseas R.
3 Public Seafood R.
4 F.M.S. Bar & R.
5 Foodstalls
6 Old Town Food Ctr.
7 Chui Kah R.
8 Good Luck R. u.a.
9 Majestic Food Ctr.
Japanischer Garten
Kuala Lumpur
Jl. Chung Thye Phin
Jl. Clarke
Jl. Leong Sin Nam
Jl. Ali Pitchay
Jl. Hussein
Jl. Yang Kalsom
Jl. Raya Ekram
Jl. Theatre
Jl. Yau Yet Shin
Jl. Datuk Tahwil Azar
Jl. Sultan Iskandar Shah
Jl. Raja Musa Aziz
Jl. Hume
KINO
Jl. Chamberlain
Jl. Bendahara
Jl. Sultan Idris Shah
Jl. Datuk Onn Jafar
Jl. Foo Choo Chon
CENTRAL MARKET
Jl. Laksamana
Jl. Kenion
MARKT
S. Kinta
Jl. Treacher
Jl. Pasar
(Leech St.)
Bandar Timah
Jl. Birch
Jl. Patrick
MASJID INDIA
Jl. Bandaraya
Jl. Dato Maharajakla
Jl. Sultan Yusuf
Jl. Cross
Jl. Leong Boon Swee
Kuala Lumpur
ST. MICHAEL'S SCHOOL
IND. TEMPEL
Jl. Seenivasagam
PADANG
IPOH CLUB
GERICHTS-GEBÄUDE
UHR-TURM
MASJID NEGERI
Jl. Pejabat Pos
Jl. Sultan Iskandar Shah
POLIZEI
Jl. Hill
Jl. Kidd
Jl. Lahat
Lumut
Penang Kuala Kangsar
Jl. Kuala Kangsar
DEWAN BANDARAYA
BAHNHOF
SL

Gutes Sate gibt es an den Essenständen neben dem Bahnhof.
Über die Grenzen der Stadt hinaus bekannt sind die berühmten Reisnudeln, *Kwai Teow* oder *Sar Hor Fun* genannt - als Nudelsuppe eine lekkere Zwischenmahlzeit.
An **Restaurants** herrscht in Ipoh kein Mangel, und natürlich sind alle chinesisch. Daher hier nur ein paar Extra-Tips:
*OVERSEAS RESTAURANT* gegenüber Excelsior Hotel in der Jl. Seenivasagam, tel 519338, gilt als das beste Restaurant der Stadt.
*CHUI KAH,* 32 Jalan Pasar, ebenfalls ein bekanntes, großes Restaurant. Spezialität ist *steamboat.*
*F.M.S. BAR & RESTAURANT,* 2 Jl. Sultan Idris Shah, Ecke Jl. Sultan Yusuf, gleich am Padang. Bereits 1908 wurde hier das erste Bier an durstige Engländer ausgeschenkt. Noch heute ist die Kneipe mit alten Holzmöbeln und Schwingtüren ausgestattet, wenngleich nicht mehr mit original kolonialem Interieur.
Mehrere gute Restaurants zum Draußensitzen, die auch spät nachts noch geöffnet sind, befinden sich nahe Jl. Datuk Onn, Ecke Jl. Hume, z.B. das *GOOD LUCK.*

## SONSTIGES

**GELD** - Nördlich vom Uhrturm findet man mehrere Banken, darunter die *HONGKONG BANK* in der 138 Jl. Sultan Yusuf.

**VORWAHL** - 05.

## TRANSPORT

**BUSSE** - Der Busbahnhof befindet sich am Medan Kidd, südlich der *Old Town,* leider zu weit von den meisten Hotels entfernt, als daß man von hier zu Fuß gehen könnte. Direktverbindungen gibt es nach KUALA LUMPUR für 10 RM (über TAPAH, 4 RM, für Cameron Highlands), JOHOR BHARU 30 RM, SINGAPORE 35 RM, KOTA BHARU (über Gerik) 18 RM, KUALA KANGSAR 3,50 RM (lieber den Direktbus über die Autobahn nehmen als den langsamen Lokalbus!), TAIPING 4 RM und PENANG 6x tgl. in 3 Std., 10 RM.
Busse von und nach LUMUT (Pangkor) von der lokalen Bus Station auf der anderen Straßenseite (5 RM).

**ÜBERLANDTAXIS** - die Taxistation ist bei der Busstation an der Jl. Kidd. Preisbeispiele (p.P.): KUALA LUMPUR 18 RM; PENANG 14 RM; ALOR SETAR 22 RM; TAIPING 6 RM; KUALA KANGSAR 5 RM; TAPAH (für Cameron Highlands) 5 RM, bis hoch in die Cameron Highlands nach TANAH RATA 15 RM, nach KOTA BHARU 30 RM.

**EISENBAHN** - Vom imposanten alten Bahnhof fahren tgl. 3 Expreßzüge nach BUTTERWORTH in 3 1/2 Std. für 21 RM. Alle halten in KUALA KANGSAR (1 1/2 Std.) und TAIPING, (2 1/2 Std.). In der Gegenrichtung tagsüber ebenfalls 2 Expreßzüge über TAPAH ROAD (1 Std., für die Cameron Highlands) nach KUALA LUMPUR (4 Std., 22 RM), ein weiterer nachts.. Mitten in der Nacht hält auch der Langkawi-Expreß nach ARAU (5 Std., 13 RM) in Ipoh.

**FLÜGE** - Der Flughafen liegt 5 km westlich des Stadtzentrums, Taxi 10 RM.
Die kurze Flugstrecke nach KUALA LUMPUR (etwa 4x tgl., für 66 RM) dürfte wenig interessant sein, wohl aber die Direktverbindung mit *Pelangi* nach LANGKAWI (4x pro Woche, 107 RM).
*Pelangi* fliegt auch nach MELAKA (tgl., 120 RM), nach MEDAN (2x pro Woche, 198 RM) und nach SINGAPORE (tgl., 204 RM). MAS fliegt tgl. nach JOHOR BHARU (159 RM).
*MAS-OFFICE*, Bangunan Seri Kinta, Jl. Sultan Idris Shah, tel 514155, auch für *Pelangi*-Flüge.

# Kuala Kangsar

*An Kuala Kangsar ist, abgesehen von seiner berühmten Moschee, nichts Besonderes, außer daß es ein gemütlicher und liebenswürdiger kleiner Ort ist. Kaum 20 000 Einwohner zählt die alte Sultanstadt von Perak, etwa auf halbem Weg zwischen Ipoh und Taiping. Um 1877 verlegte der damalige britische Statthalter Hugh Low seinen Sitz hierher. Er war es, der die ersten Kautschukbäumchen, die man in London mit eingeschmuggelten brasilianischen Samen großgezogen hatte, in seinem Residenzgarten anpflanzte. Der Kautschuk sollte das Gesicht Malaysias verändern, denn mit diesem Coup war das sorgsam gehütete brasilianische Monopol gebrochen. Die britische Kolonie wurde binnen weniger Jahrzehnte an die Spitze der Welt-Latexproduzenten gehievt.*

Einer der ersten Kautschukbäume, die von Sir Hugh Low ins Land gebracht worden sind, steht noch heute in der Jl. Raja Chulan neben dem Gebäude der Distriktverwaltung.

Im rechtwinklig angelegten Zentrum drängen sich malerisch die chinesischen *shop houses,* abends sitzt man am Fluß in Freiluft-Restaurants oder geht über den Markt. Damit hätten sich die touristischen Aktivitäten auch schon erledigt, gäbe es da nicht die berühmte **Ubudiah Moschee** von 1913. Mit ihren goldenen Kuppeln und schlanken Türmen gilt sie als die schönste Moschee Malaysias. Der Stil ist maurisch, und die gediegenen Materialien unterstreichen das edle Erscheinungsbild. Das Innere ist allerdings vergleichsweise schlicht, Frauen oder Nicht-Moslems, die möglicherweise nicht eingelassen werden, versäumen also nicht viel. Unterhalb der Moschee liegt das Mausoleum der königlichen Familie. Über die Straße durch das große Tor am Fluß entlang ist es etwa 1 km zur Moschee.

Nach weiteren 500 m kommt man zu dem auf einem Hügel liegenden majestätischen Sultanspalast **Istana Iskandariah**. 1930 wurde er im islamischen Stil erbaut und 1984 für die Ordination des 34. Sultans erheblich erweitert. Das mit hohen Zäunen und Wachposten abgeschirmte Anwesen kann nicht besichtigt werden.

Etwas abseits liegt südwestlich des großen Palastes die **Istana Kenangan**, auch *Istana Lembah* genannt, ein schwarz-gelber, hölzerner Palast mit geflochtenen Wänden im malaiischen Stil und schönen Schnitzereien, bei dessen Errichtung kein einziger Metallnagel verwendet wurde. 1931 erbaut, diente er bis zur Fertigstellung der neuen Istana zwei Jahre lang als Sultanspalast, danach bewohnte ihn die Schwester des Sultans. Nun ist hier das kleine **Royal Museum** untergebracht. Die Sammlung umfaßt Waffen, Kleidungsstücke, Fotografien und andere Gegenstände aus dem Besitz der Sultansfamilie. Geöffnet tgl. 9.00 - 18.00 Uhr, Eintritt frei, Fotografieren verboten.

An der Jalan Raja Muda, die auf der anderen Seite um den Hügel herumführt, sind noch ein paar schöne alte **Villen** erhalten, Die Straße trifft bei der vornehmen **Istana Idris**, der ehemaligen britischen Residenz, wieder auf die Jl. Istana.

## ÜBERNACHTUNG

*GOVERNMENT RESTHOUSE***, Jl. Istana, tel 05 / 863872, liegt gleich hinter dem großen Tor auf einem Hügel. Vom Restaurant hat man eine schöne Sicht auf den Perak-River. Der Bau ist zwar relativ neu, trotzdem muffig.

*DOUBLE LION HOTEL**, 74 Jl. Kasa, tel 861010, liegt nur wenige Meter von der Bus Station entfernt und ist sicher das beste, was man auch zu Fuß erreichen kann. Große Zimmer, sauber, kleines Restaurant im Erdgeschoß.

*SIN WAH BEE**, 31 Jl. Daeng Selili, und

*HAI THEAN***, schräg gegenüber sind zwei typische billige Chinesenhotels.

## ESSEN

Gute **Foodstalls** und Freiluft-Restaurants befinden sich an der Straße, die vom Kreisel zum Fluß hinunter führt und nördlich vom Markt am Sungai Perak, z.B.: *KASSIM,* ein kleines indisch-islamisches Restaurant an der Jl. Daeng Selili.

*SIN WAH BEE* (s.o.) hat im Erdgeschoß ein nettes chinesisches Restaurant, das ein bißchen altmodisch wirkt.

## TRANSPORT

**BUSSE** - Die Bus Station befindet sich in der Jl. Raja Bendahara. Von hier aus geht es über

TAIPING nach BUTTERWORTH (2 1/2 Std., 6 RM), über IPOH (3,50 RM) und TAPAH (7 RM, Anschluß in die Cameron Highlands) nach KL (12 RM) und über GERIK (5 RM) einmal tgl. nach KOTA BHARU (20 RM).

**ÜBERLANDTAXI** - IPOH 5 RM, nach TAIPING dasselbe, KL 19 RM. ALOR SETAR für 18 RM.

**EISENBAHN** - Der Bahnhof befindet sich ein gutes Stück vom Zentrum entfernt - zu weit, um zu Fuß zu gehen.
3 Expreßzüge tgl. über TAIPING (3/4 Std.) nach BUTTERWORTH (3 Std., 17 RM) oder in der Gegenrichtung über IPOH (1 Std.) und TAPAH ROAD (2 Std.) nach KUALA LUMPUR (5 1/4 Std., 26 RM).

## Taiping

*Taiping gehört zu den ältesten Städten Malaysias. Sie war ursprünglich die Hauptstadt der Region und hatte einen anderen Namen: Larut. Schon 1848 begann hier das Geschäft mit dem Zinn. Der Wettlauf um das schnelle Geld führte zu blutigen Auseinandersetzungen zwischen verschiedenen Gruppen, die sich um zwei große chinesische Geheimgesellschaften kristallisiert hatten. Fast 25 Jahre bekämpften sich die beiden Organisationen so heftig, daß die Engländer sich zur militärischen Intervention veranlaßt sahen. Die Periode ging als „Larut-Kriege" in die Geschichte Malayas ein.*

Das chinesisch-koloniale Zentrum mit seinen Ladenzeilen und Repräsentationsbauten ist noch gut erhalten, hat in Ruhe Patina angesetzt und lohnt einen Besuch, auch wenn man möglicherweise der einzige Tourist ist, den es hierher verschlagen hat.

Das repräsentative **Verwaltungsgebäude** *(Pejabat Kerajaan)* am Ende der Jl. Kota/Jl. Pasar wurde in seiner heutigen Form 1906 fertiggestellt. Der britische Resident war mittlerweile von Kuala Kangsar nach Taiping umgezogen.

An der Jl. Stesyen stehen noch die altehrwürdigen Schulen aus britischer Vergangenheit, die **King Edward School** und **St. George's School**. Der obligatorische Uhrturm steht an der Jl. Kota. In den Straßen südlich von ihm regiert der Markt und der Handel, vor allem, wenn es dunkel (und kühl) geworden ist.

Zu den erhaltenen Kolonialgebäuden zählt auch der **New Club** aus dem Jahr 1894 und die **All Saints' Church**, eine kleine Holzkirche mit einem alten Friedhof, beide nördlich vom Stadtzentrum gelegen. Wer weiter nach Norden fährt, passiert das bedrohliche **Gefängnis**, in dem traditionell die politischen Gefangenen einsitzen, bis vor einigen Jahren noch größtenteils Kommunisten.

Das lohnenswerte **Taiping State Museum** ist in einem hübschen Kolonialgebäude genau gegenüber untergebracht. Hier gibt es neben Waffen, archäologischen Funden und einer umfangreichen zoologischen Abteilung auch eine Fotodokumentation über die ereignisreiche Geschichte von Perak zu sehen. Geöffnet tgl. 9.00 - 17.00, Fr 12.15 - 14.45 Uhr geschlossen, Eintritt frei.

Noch etwas weiter stadtauswärts liegt ganz in der Nähe der älteste chinesische Tempel Peraks, der **Ling Nam Tempel**. Der **Lake Garden** *(Taman Tasik)*, ein freundlicher großer Park mit vielen alten Bäumen, wurde schon 1890 in einer stillgelegten Zinnmine östlich der Stadt angelegt. Sein **Zoo** ist, verglichen mit anderen seiner Art in Malaysia, sogar recht gelungen und der älteste im Lande. Geöffnet tgl. von 10.00 - 18.00 Uhr, Eintritt 1 RM.

### ÜBERNACHTUNG

**UNTERE PREISKLASSE** - *PEACE**, 32 Jl. Iskandar, tel 05 / 823379. Ein heruntergekommenes Jugendstil-Hotel; nur für anspruchslose Gäste geeignet. Zi ohne Du/WC.

*PARIS**, 26 Jl. Idris, tel 823158. Liegt gleich an der Bus Station, von außen wenig vertrauenerweckend, aber man kann es ertragen.
*PEKING HOTEL***, 2 Jl. Idris, tel 822975, ist eine schöne, zentral gelegene alte Villa, die man von der Bus Station aus auch zu Fuß erreichen kann. Zimmer mit und ohne ac.

**MITTLERE UND OBERE PREISKLASSE** - *NEW REST HOUSE***, Taman Tasik, tel 822044, liegt etwas außerhalb des Zentrums am Lake Garden. Die Lage ist schön, leider wird das Haus nicht so gewissenhaft gepflegt, wie es nötig wäre, damit es weiterhin ein guter Ort zum Übernachten bleibt.
*PANORAMA HOTEL****, 61 Jl. Kota, zentral gelegen, das beste Hotel am Platze, tel 834111.

### ESSEN UND TRINKEN

Die meisten und appetitlichsten **Foodstalls** gibt es in dem großen, überdachten Pasar Melayu in der Jl. Panggong Wayang, Ecke Jl. Iskandar, gleich bei der Bus Station (abends), und am unteren Ende der Jl. Birch (tagsüber). Wer hier nichts Gutes (und Billiges) zu essen findet, hat selber Schuld. Chinesische **Restaurants** finden sich vor allem entlang der Jl. Panggong Wayang.
Ein paar schöne und beliebte Gartenrestaurants zum Draußensitzen öffnen abends am Lake Garden, und zwar an der Jl. Birch, Ecke Jl. Lengkungan.

### TRANSPORT

**BUSSE** - Die Bus Station liegt im Zentrum an der Jl. Iskandar. Busse fahren von hier nach BUTTERWORTH 4 RM, IPOH 4 RM, KL 14 RM und KOTA BHARU (über Gerik) 19 RM. Direkte Busse nach GERIK 2x tgl., 3 1/2 Std., 6 RM. Auch nach LUMUT gibt es eine direkte Verbindung. Die Station für die Lokalbusse (z.B. nach KUALA KANGSAR) befindet sich am südlichen Ende der Jl. Panggong Wayang.

**ÜBERLANDTAXI** - Die Taxistation befindet sich gleich neben der Bus Station an der Jl. Iskandar. Nach IPOH 6 RM, PENANG 9 RM, ALOR SETAR 16 RM, KUALA KANGSAR 5 RM, LUMUT 8 RM, KUALA LUMPUR 30 RM.

**EISENBAHN** - Der Bahnhof ist ein Stück vom Zentrum entfernt. Tgl. 3 Expreßzüge nach BUTTERWORTH (2 Std., 15 RM) oder in der Gegenrichtung über KUALA KANGSAR (3/4 Std.), IPOH (1 1/2 Std.) und TAPAH ROAD (2 1/2 Std.) nach KUALA LUMPUR (5 3/4 Std., 28 RM). Auch der Langkawi-Expreß, der tgl. zwischen KUALA LUMPUR und ARAU verkehrt, hält mitten in der Nacht in Taiping.

## Penang

*Seit Jahren steht die Insel Penang ganz oben auf den Listen der Reiseveranstalter, und das, obwohl sie nicht einmal zu den atemberaubendsten Landstrichen Malaysias gehört. Gewiß - eine schöne Insel mit waldigen Bergrücken, grünen Plantagen, verschlafenen Dörfchen und reizvollen Buchten, aber für einen Badeurlaub gibt es schönere Ecken, zumal die Wasserqualität wegen der Häfen und Industrieanlagen auf der Festlandseite nicht die beste ist.*

*Dennoch: Penang ist ein „Muß“, aber nicht der Strände wegen. Wer nach Penang fährt, sollte sich für die Stadt begeistern können. Und wer das kann, sollte Georgetown / Penang unbedingt in eine Malaysia-Reise einbauen, denn sie ist mehr als einen kurzen Aufenthalt wert.*

Rund 400 000 Inselbewohner leben im Stadtgebiet am Nordostende, während sich die restlichen 100 000 auf mehrere kleine Orte verteilen. Im Südosten, dort wo die imposante Penang Bridge Georgetown mit dem Festland verbindet, haben sich Industrie und Gewerbe ausgebreitet. Die größten Hafenanlagen findet man heute allerdings in Butterworth, auf der anderen Seite der Brücke.

Die Strandgebiete im Norden avancieren mehr und mehr zur Wohngegend einer besserverdienenden Mittelschicht. In Batu Ferringhi wurde ein Touristenzentrum mit modernen Hotels geschaffen. Der Bergrücken, der sich von Norden nach Süden über das Inselinnere zieht, ist nach wie vor mit Dschungel bedeckt. In den Niederungen auf der Westseite liegen beschauliche, kleine Dörfchen zwischen Reisfeldern, Kokos- und Betelnußhainen.

## Georgetown

*„Perle des Orients“ steht auf dem Hochglanzprospekt aus dem Tourist Office. Da mag jeder seine eigene Vorstellung haben, vielleicht ist es wirklich wahr - warum eigentlich nicht? Denn eines ist Penang mit Sicherheit: einmalig. Einmalig sind nicht die Strände von Batu Ferringhi oder die Betelnußpalmen, die der Insel ihren Namen gaben. Einmalig ist Georgetown, das alte Penang.*

*Keine Großstadt Südostasiens hat sich diese Atmosphäre bewahrt. Hier leben Moslems, Christen, Hindus und Buddhisten Tür an Tür, brennen Chinesen abends Räucherstäbchen in den Ahnentempeln ihrer Clans ab, während ein paar Straßen weiter der Muezzin zum Gebet ruft. Hier stehen sie noch, die kolonialen, herrschaftlichen Paläste der englischen Machthaber, die Kirchen, Gerichts- und Verwaltungsgebäude und die protzigen Vorstadtvillen in ihren schattigen Gärten.*

*In den notorisch verstopften Straßen von Chinatown herrscht ein heilloses Gewühl von Verkehrsmitteln aller Art, drängen sich Fahrradrikschas durch farbenprächtige Märkte, wird an Essenständen gebrutzelt und gekocht, was das Herz begehrt. Kaum ein Produkt oder ein Bedürfnis, für das es nicht einen Laden oder eine schummrige Werkstatt gäbe. Kaum ein Artikel, der nicht irgendwo unter den Arkaden auf dem Fußweg gestapelt oder in einem der überquellenden Regale versteckt aufzutreiben wäre, kaum eine Dienstleistung, die nicht an irgendeiner Straßenecke in Anspruch genommen werden könnte. Und schon in der nächsten Seitenstraße wandern wir durch beschauliches Familienleben, das sich mit asiatischer Gelassenheit aus den engen Häusern ins Freie verlagert hat.*

*Schon zu Beginn des vorigen Jahrhunderts schrieb der englische Gouverneur Sir George Leith über Penang:*

> *„Es gibt wohl kaum in irgendeinem Gebiet der Welt einen so kleinen Ort, in dem viele verschiedene Menschen unterschiedlichster Nationalität leben, und in dem eine solche Vielzahl verschiedener Sprachen gesprochen wird.“*

*Zu dieser Zeit war es gerade ein Vierteljahrhundert her, daß die Engländer dem Sultan von Kedah die fast unbewohnte Insel als Gegenleistung für Protektion und militärischen Schutz abgenommen und den Union Jack aufgezogen hatten. Ihr Interesse war, wie immer, vorrangig geschäftlicher Natur, nämlich einen Stützpunkt für die Schiffe der East India Company zu schaffen. Diese segelten damals während des ungünstigen Südwestmonsuns selbst auf der Reise von Kalkutta nach Madras auf einen Umweg über Aceh, an der Nordspitze Sumatras. In Malacca saßen noch die Holländer, und von Singapore hatte bislang kein Engländer gehört.*

*Penang oder „Georgetown“, wie es Gründungsvater Francis Light 1786 zu Ehren George IV., des damaligen Prince of Wales, nannte, entwickelte sich, von Light durch großzügige Landvergabe und Zollfreiheit nach Kräften gefördert, schnell zu einem bedeutenden Hafen, nicht zuletzt wegen der nahegelegenen Zinnminen. Um 1800 zählte man bereits 10 000 Einwohner, 1803 umfaßte die*

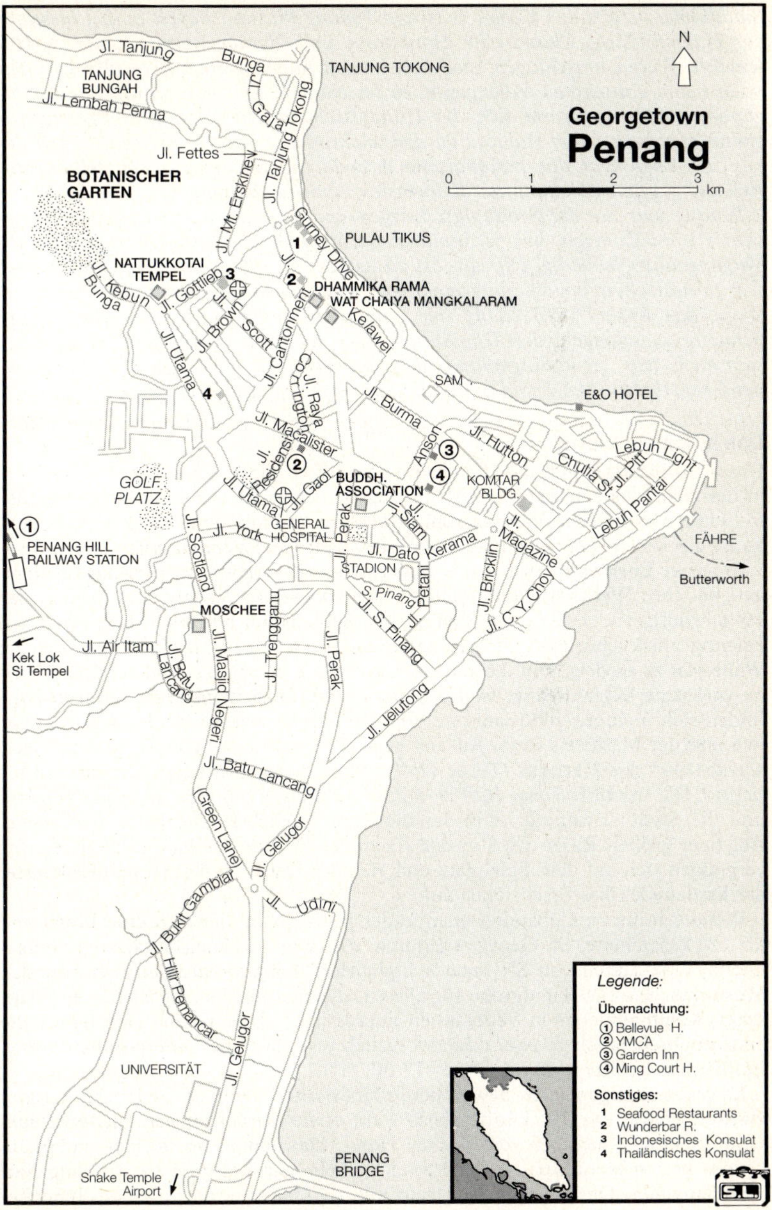
Georgetown
Penang
N
0 1 2 3 km
Jl. Tanjung Bunga
TANJUNG BUNGAH
Jl. Lembah Perma
TANJUNG TOKONG
Jl. Gaja
Jl. Tanjung Tokong
Jl. Fettes
BOTANISCHER GARTEN
Jl. Mt. Erskine
Gurney Drive
PULAU TIKUS
NATTUKKOTAI TEMPEL
Jl. Kebun Bunga
Jl. Gottlieb
DHAMMIKA RAMA
WAT CHAIYA MANGKALARAM
Jl. Brown
Jl. Scott
Jl. Cantonment
Kelawei
Jl. Utama
Co. rrington
Jl. Raya
SAM
E&O HOTEL
Jl. Burma
Jl. Macalister
Anson
Jl. Hutton
Lebuh Light
Chulia St.
Jl. Pitt
Jl. Residensi
Jl. Gaol
GOLF PLATZ
BUDDH. ASSOCIATION
KOMTAR BLDG.
Lebuh Pantai
Jl. Utama
Jl. Siam
PENANG HILL RAILWAY STATION
Jl. York
GENERAL HOSPITAL
Jl. Perak
Jl. Dato Kerama
Jl. Magazine
FÄHRE
Butterworth
Jl. Scotland
STADION
Jl. Bricklin
S. Pinang
Jl. Petani
Jl. C. Y. Choy
MOSCHEE
Jl. Trengganu
Jl. S. Pinang
Jl. Air Itam
Kek Lok Si Tempel
Jl. Batu Lancang
Jl. Masjid Negeri
Jl. Perak
Jl. Jelutong
Jl. Batu Lancang
(Green Lane)
Jl. Gelugor
Jl. Bukit Gambiar
Jl. Udini
Hilir Pemancar
UNIVERSITÄT
Jl. Gelugor
PENANG BRIDGE
Snake Temple Airport
Legende:
Übernachtung:
① Bellevue H.
② YMCA
③ Garden Inn
④ Ming Court H.
Sonstiges:
1 Seafood Restaurants
2 Wunderbar R.
3 Indonesisches Konsulat
4 Thailändisches Konsulat

*Stadtfläche bereits das Gebiet zwischen Penang Rd. und Beach St. bis hinunter zur Flußmündung. Chinesische Zinnbarone und Plantagenbesitzer, die im Hafen ihre Waren umschlugen, siedelten in den Außenbezirken, vor allem in den noch heute vornehmen Villengegenden im Norden. Erst mit der Gründung Singapores 1819 verlagerte sich der Handelsschwerpunkt. Beide Städte wurden später zusammen mit Malacca zu den wichtigen „Straits Settlements", mit denen die Engländer das holländische Batavia (heute Jakarta) kaltstellten und sich die Vormachtstellung im Südostasienhandel sicherten.*

*Penang war nie der Schauplatz kriegerischer Auseinandersetzungen oder rasanter Umwälzungen, hier ist inmitten quirliger Geschäftigkeit noch immer die Vergangenheit lebendig. Die ein- bis zweistöckigen Wohn- und Geschäftshäuser der chinesischen Bevölkerungsmehrheit beherrschen das Stadtbild. Zwar versucht das KOMTAR-Building der modernen Beton- und Glas-Kultur eine Schneise zu schlagen, den Durchbruch aber hat es nicht geschafft. Penang besitzt noch, was wir in Singapore und Hongkong längst vermissen: den Zauber einer fernöstlichen Metropole mit allen ihren Reizen - und Problemen.*

## Das koloniale Viertel

Unser Rundgang durch die City beginnt am 18 m hohen **Uhrturm** *(clock tower)* in der Nähe des Hafens (auf der City-Karte oben rechts), den ein einheimischer Millionär 1897 Queen Victoria zum 60jährigen Krönungsjubiläum errichten ließ. Es ist das Viertel der prächtigen kolonialen Bank- und Verwaltungsgebäude.

Am **Fort Cornwallis** war der Gründungsvater Georgetowns 1786 an Land gegangen. Ihre Wehrhaftigkeit brauchte die von Strafgefangenen zu Beginn des 19. Jahrhunderts anstelle von Sir Francis Lights altem, hölzernen Fort errichtete Festung glücklicherweise nie unter Beweis zu stellen, denn eigentlich sind die Wälle viel zu niedrig, und die ganze Anlage war schon immer viel zu klein für eine wirksame Verteidigung. In der Lebuh Light, Ecke Lebuh Pantai (Beach St.) finden sich mehrere viktorianische Verwaltungsgebäude, so das Immigration Office und der Mariner's Club. Auf der gegenüberliegenden Seite, nahe dem Meer, wurde 1903 das **Rathaus** *(Town Hall)* im typischen britischen Kolonialstil errichtet. Die Inschrift *Town Hall* ist mittlerweile ins Malaiische übersetzt worden, und die Stadtverwaltung ist in das moderne KOMTAR-Hochhaus umgezogen. Auf dem großen Rasen wird in der Abenddämmerung Fußball gespielt, Kinder vergnügen sich auf dem Spielplatz und Händler bauen an der Strandpromenade, der **Esplanade**, ihre Essenstände auf.

Weitere britische Gebäude stehen in der Jl. Farquhar: der **Supreme Court** und die 1817 errichtete, **St. George's Church**, die erste anglikanische Kirche Südostasiens. Eine Statue von Sir Francis Light ziert den Vorplatz des angrenzenden **Museums**, das eine Fundgrube für alle ist, die sich für die Geschichte des britischen Kolonialreiches in Südostasien interessieren. Hier befand sich früher die erste englischsprachige *public school* östlich von Suez, die 1816 eröffnet wurde. Eintritt frei, geöffnet Mo - So 9.00 - 17.00. Fr 12.15 - 14.45 Uhr geschlossen.

Eine der wenigen noch bewohnten, chinesischen Familienresidenzen aus der zweiten Hälfte des 19. Jahrhunderts steht etwas zurückversetzt in der Lebuh Leith, schräg gegenüber vom Cathay Hotel. Man nimmt an, daß es außerhalb Chinas nur in Manila und Jakarta zwei ähnliche Gebäude wie das **Cheong Fatt Tze**-Haus gibt. Das zweistöckige Haus mit 40 Zimmern, die zu einem Innenhof hin angeordnet sind, ist nach traditionell chinesischen Gesichtspunkten erbaut, greift aber auch europäische Stilelemente auf. Anfang 1994 wurde es restauriert, darf aber nur mit ausdrücklicher Erlaubnis der Bewohner betreten werden.

Auf der Penang Road geht es nun in Richtung Meer hinab. Hinter der Gabelung an der rechten Straßenseite taucht die Fassade des **Eastern & Oriental Hotel** (kurz E&O) auf. Man mag es ihm von hier aus auf den ersten Blick nicht ansehen, aber es gehörte einst zu den Hotel-Legenden des fernen Ostens.

### Im Zentrum

Chinesische Geschäftshäuser säumen die Straßen überall im Zentrum von Penang, dennoch leben hier auch Inder, also Hindus und Moslems. Auf der Lebuh Pitt befinden wir uns mitten im historischen Kernbereich. Hier entstand schon 1800 der **Goddess of Mercy Tempel** *(Kuan Yin),* erkennbar an dem geschnitzten Dach mit den feuerspeienden Drachen. Er ist der älteste und wohl auch der belebteste chinesische Tempel. Den ganzen Tag über, vor allem während der großen Festtage, kann man das rege Tempelleben beobachten. Nur wenige Schritte entfernt, in Sichtweite auf der anderen Straßenseite, befindet sich der farbenprächtige, hinduistische **Sri Mariamman Tempel** mit seinem charakteristischen Eingangsbauwerk. Besonders verehrt wird die mit Gold und Edelsteinen dekorierte Statue von Subramaniam, die alljährlich während des Thaipusam-Festes in einer Prozession durch die Straßen der Stadt zum Nattukkotai Chettiar Tempel (s.S. 444) gefahren wird. Geöffnet tgl. 8.30 - 11.30 und 17.30 - 20.00 Uhr.

In der gleichen Straße, wiederum ganz in der Nähe, steht das Gotteshaus der indischen Moslems, die **Kapitan Kling Moschee**. Schon zu Beginn des letzten Jahrhunderts begann man mit dem Bau. Gegen eine Spende wird man Besucher durch das restaurierte Gebäude führen und für sie beten. Frauen dürfen die Moschee betreten, sollten jedoch ihre Beine und Schultern bedeckt halten.

An der Lebuh Aceh steht etwas versteckt eine der ältesten Moscheen von Penang, die **Mesjid Melayu**. 1820 wurde sie von dem aus Aceh stammenden Syed Hussain, dessen Grab auf dem Gelände liegt, errichtet.

Eines der schönsten Bauwerke Penangs liegt etwas versteckt zwischen Lebuh Pitt und Lebuh Pantai. Auf dem Weg hierher kommt man an schönen, restaurierten Häuserzeilen vorbei. Mit dem Bau des **Khoo Kongsi**, dem Heiligtum des Khoo-Clans, wurde 1894 begonnen, acht Jahre benötigte man bis zur Fertigstellung. Die Drachenberg-Halle *(Leong San Tong)* fiel so opulent aus, daß man zeitweilig befürchtete, der Kaiser von China könne sich ob solcher Pracht kompromittiert fühlen. Allein die Figurenarrangements auf dem Dach zu studieren, könnte Stunden in Anspruch nehmen. Das gegenüberliegende Gebäude ist für Theateraufführungen gedacht. Geöffnet Mo - Fr 9.00 - 17.00, Sa 9.00 - 13.00 Uhr.

**Kongsi**

Mit diesem Begriff werden Clan-Häuser bezeichnet, die von chinesischen Familien gleicher Herkunft und gleichen Familiennamens errichtet werden, sofern sie über das entsprechende Vermögen verfügen. Die Verehrung der Ahnen nimmt in der religiösen Praxis einen breiten Raum ein. Die Khoo's gehören zu den wohlhabenden Familien, was schon an den Tafeln für die Vorfahren erkennbar ist. Diese haben an allen großen Universitäten der Welt studiert. Kongsis gibt es überall in der Stadt. Weitere Clan-Häuser in der Nähe sind z.B. **Lim Kongsi** (Lebuh Ah Quee) und **Yeoh Kongsi** (Gat Lebuh Chulia). Beachtlich ist auch der **Ong Kongsi** in der Jl. Penang, gegenüber dem KOMTAR.

Weitere schöne alte Chinesenhäuser stehen auch an der Lebuh Kimberley, nordwestlich von hier, z.B. die Nr. 39.

Damit wären die Sehenswürdigkeiten im Zentrum auch schon „abgehakt", und wer sich nur für diese interessiert, kann getrost weiterfahren. Das eigentliche Penang-Erlebnis, die Atmosphäre in den geschäftigen Straßen und Gassen, entfaltet sich jedoch vor allem gegen Abend.

Hauptgeschäftsstraße ist die laute und baulich wenig attraktive **Jl. Penang** (Penang Road - nicht zu verwechseln mit der wesentlich ruhigeren Penang St. - Lebuh Penang!). Sie endet am 65stöckigen **KOMTAR Building**, einem riesigen modernen Fremdkörper im alten Penang. Wer sich die Stadt von oben ansehen will, muß 5 RM anlegen, und diese in einem sogenannten *Tourist Information Centre* samt Souvenirladen im 58. Stock ausgeben. In den Straßen nördlich vom KOMTAR kann man bis spät in die Nacht bummeln, einkaufen, Essen gehen (Näheres in den betreffenden Kapiteln s.u.) oder einfach nur dem bunten Treiben zusehen.

## Penang-Vororte

Wer Gefallen an Tempeln gefunden hat, kann noch weitere Heiligtümer besichtigen. Bus 4 fährt ab Lebuh Victoria bis zur Jl. Anson. Die Haltestelle liegt gegenüber der **Penang Buddhist Association**, einem imposanten, sehr europäisch anmutenden Gebäude, das ein buddhistischer Mönch Ende der 20er Jahre errichten ließ. Das Innere der alten Villa ist mit italienischem Marmor und böhmischen Kronleuchtern ausgestattet.

Ein andere Route führt mit dem Blauen Bus oder dem MPPP Bus Nr. 2 in den Vorort **Pulau Tikus** am westlichen Ende der Jl. Burmah. Der blaue Bus 93 oder 94 hält bei der Polizeistation nahe der Kreuzung Cantonment Rd. Hier gibt es viele Straßenzüge mit Reihenhäusern im kolonialen Stil, z.B. die **Bangkok Lane**.

Auf der anderen Seite der Jl. Burmah, in der Lorong Burmah (Burma Lane), liegt der Thai-Tempel **Wat Chaiya Mangalaram**. Zwei riesige Tempelwächter bewachen den Eingang, der ganz im Thai-Stil erbaut ist. Im Inneren befindet sich einer der größten ruhenden Buddhas der Welt, 33 m lang, der allerdings nicht fotografiert werden darf.

Auf der gegenüberliegenden Straßenseite flankieren zwei weiße Elefanten den Eingang zum einzigen burmesischen Tempel der Insel, dem **Dhammika Rama**. Der Besuch der beiden Tempel läßt sich auch mit einem Trip nach Batu Ferringhi oder zum Botanischen Garten verbinden.

## Der Botanische Garten

Bus 7 fährt alle 30 Minuten von der Lebuh Victoria durch schöne koloniale Villenviertel Richtung Botanischer Garten. Etwa ein Kilometer (2 Busstops) vor dem Botanischen Garten, an der Jl. Kebun Bunga (Waterfall Rd.), Ecke Jl. Gottlieb, liegt der **Nattukkotai Chettiar Temple**, der größte und berühmteste Hindu-Tempel der Insel. Hier wird das **Thaipusam**-Fest im Februar besonders prächtig gefeiert. Geöffnet tgl. 8.30 - 11.30 und 17.30 - 20.00 Uhr.

Der Botanische Garten, Endstation von Bus 7, liegt in einem Tal und ist umgeben von dschungelbedeckten Hügeln. Ein beliebter Ausflugsort, vor allem bei der indischen und malaiischen Bevölkerung, am Wochenende also entsprechend

*Foto - Die Pagode der zehntausend Buddhas im Kek Lok Si Tempel auf der Insel Penang*

belebt. Für Tropenneulinge ist ein Gang durch das kleine Areal Primärdschungel im vorderen, östlichen Teil des Parks interessant. Geöffnet tgl. 7.00 - 19.00 Uhr. Der Eintritt ist frei.

Am Moon Gate, kurz vor dem Eingang zum Botanischen Garten, beginnt der Aufstieg zum Penang Hill (s.u.). Ein zweiter Weg, der von Jeeps befahren wird, führt direkt vom Botanischen Garten hinauf.

### Penang-Ayer Itam

MPPP-Bus 1 (ab Maxwell Rd. oder Pengkalan Weld) und *Lim Seng Seng*-Bus 91 oder 92 fahren in den lebendigen Vorort Ayer Itam.

Von der Endstation des Busses Nr. 1 führt ein Fußweg hinauf zum **Kek Lok Si-Tempel,** der weithin sichtbar die Ansiedlung überragt. Der Weg ist etwa 500 Meter lang, ziemlich steil und von zahlreichen Souvenirständen gesäumt. Wer sich den Weg durch die Souvenirstände sparen will, kann auf der schmalen, steilen Straße zum Tor gelangen.

Buntgeschmückte Bauten, Gärten und Teiche sind in Terrassen angelegt und durch zahllose Treppen miteinander verbunden. Im Mittelpunkt der 12 ha großen Anlage steht die 30 m hohe Ban Hood-Pagode, auch **Pagode der zehntausend Buddhas** genannt. Allerdings sind die meisten dieser Buddhas nur Abbildungen auf Wandfliesen, die alle Räume und Treppenwände bedecken. Sie ist in drei Stilrichtungen erbaut, die untere nach chinesischen Bauplänen, der Mittelteil thai-buddhistisch, und die spiralförmige Spitze nach burmesischen Vorlagen.

### Penang Hill

Schon allein die fünf bis sechs Grad Temperaturunterschied rechtfertigen den erfrischenden Ausflug auf den 830 Meter hohen Penang Hill. Die herrliche Aussicht auf Georgetown, die Insel Penang, und bei gutem Wetter auch auf die Berge von Kedah und Perak tun ein übriges. Schon 1923 wurde die **Penang Hill Railway** - übrigens von Schweizer Technikern konstruiert - in Betrieb genommen. Schon während der Fahrt kann man deutlich den Wechsel in der Vegetation wahrnehmen. Pfade und Treppen führen dann weiter den Penang Hill hinauf zum **Bellevue Hotel.**

Zwischen dem Postamt und der Polizeistation beginnt ein **Fußweg zum Botanischen Garten**. Der 5 km lange Abstieg durch den Dschungel ist recht steil und dauert etwa zwei Stunden.

Von Ayer Itam fährt Bus 8 bis zur unteren Bahnstation *(Lower Station)* der Bergbahn, die zwischen 6.30 Uhr und 21.15 Uhr halbstündlich verkehrt. Während der Feriensaison können sich lange Schlangen bilden. Ein Rückfahrtticket kostet 4 RM. Do, Sa und So fährt die letzte Bahn nach unten um 23.45 Uhr - es lohnt sich, zu bleiben und das nächtliche Panorama zu betrachten.

## ÜBERNACHTUNG

Wer spät abends ankommt, kann Schwierigkeiten haben, noch ein preiswertes Zimmer zu bekommen. Auch die Mittelklasse-Hotels füllen sich schnell, es empfiehlt sich also, vorher anzurufen.

**UNTERE PREISKLASSE** - Auch in Penang sind viele billige Absteigen gleichzeitig Stunden-

*Fotos - oben: Porzellan-Einlegearbeiten an einem chinesischen Tempel; Mitte links und rechts: Reliefs an einem Clanhaus; unten links: Tempelwächter; unten rechts: Mah Meri-Schnitzerei*

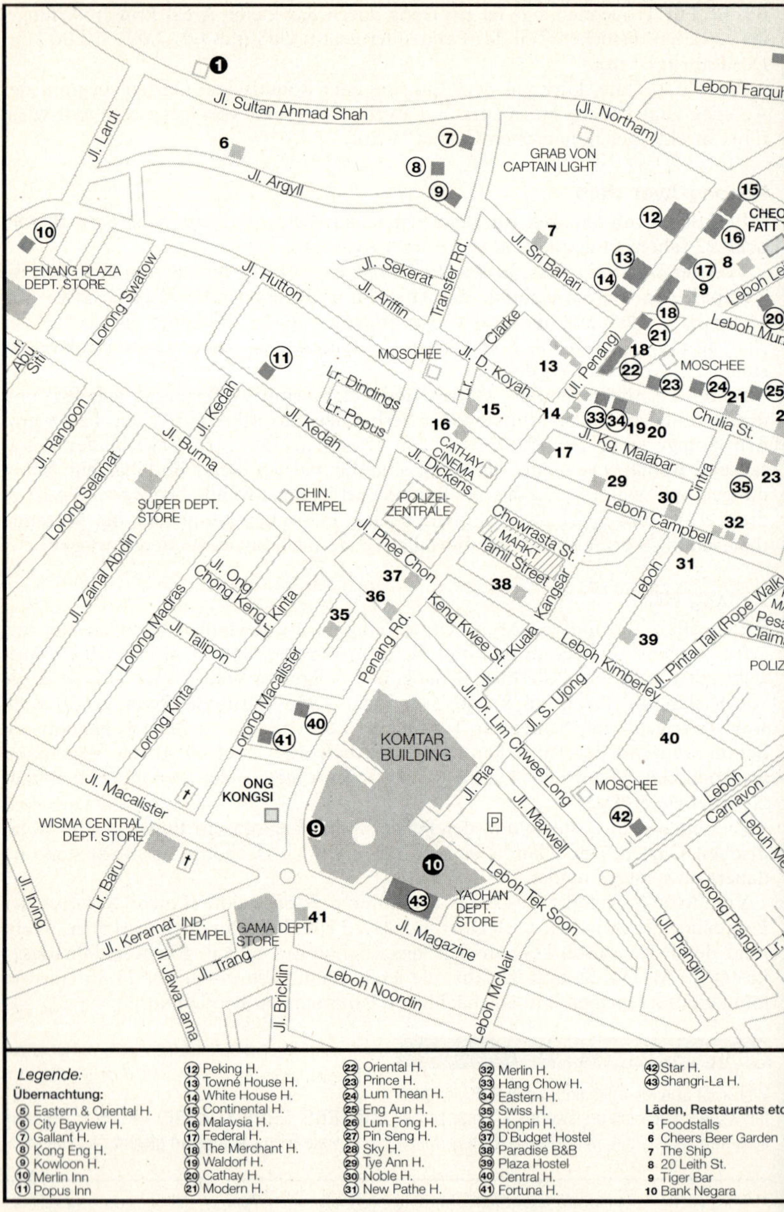


*Legende:*

**Übernachtung:**

5 Eastern & Oriental H.
6 City Bayview H.
7 Gallant H.
8 Kong Eng H.
9 Kowloon H.
10 Merlin Inn
11 Popus Inn
12 Peking H.
13 Towne House H.
14 White House H.
15 Continental H.
16 Malaysia H.
17 Federal H.
18 The Merchant H.
19 Waldorf H.
20 Cathay H.
21 Modern H.
22 Oriental H.
23 Prince H.
24 Lum Thean H.
25 Eng Aun H.
26 Lum Fong H.
27 Pin Seng H.
28 Sky H.
29 Tye Ann H.
30 Noble H.
31 New Pathe H.
32 Merlin H.
33 Hang Chow H.
34 Eastern H.
35 Swiss H.
36 Honpin H.
37 D'Budget Hostel
38 Paradise B&B
39 Plaza Hostel
40 Central H.
41 Fortuna H.
42 Star H.
43 Shangri-La H.

**Läden, Restaurants etc**

5 Foodstalls
6 Cheers Beer Garden
7 The Ship
8 20 Leith St.
9 Tiger Bar
10 Bank Negara

| | | | |
|---|---|---|---|
| Foodstalls | **20** Chellamah R. | **30** Everlight R. | **40** Goh Huat Seng R. |
| Foodstalls | **21** Seng Hin R. | **31** Khuan Kew R. | **41** Kassim R. |
| Foodstalls | **22** Saleemul Enterprise | **32** Foodstalls | |
| Taj Mahal R., Yasmeen R. Hoe Kongsi R. | **23** Eng Thai R. | **33** Dawood R. | |
| Tandoori House R. | **24** Hongkong Bar | **34** Immigration Office | |
| Eden R. | **25** Dragon King R. | **35** Nyonya Corner R. | |
| Syarikat Utd. Bücher | **26** MBB Bank | **36** Loke Thye Kee R. | |
| Shin Miyako R. | **27** Bank Bumiputra | **37** Wing Look R. | |
| Tai Wah Coffeeshop | **28** Hongkong Bank | **38** Phue Thai Yuen R. | |
| | **29** Hameediyah R. | **39** Green Planet R. | |

**Transport:**
- ❶ Singapore Airlines
- ❷ British Airways
- ❸ MSL Travel
- ❹ Cathay Pacific
- ❺ Tickets für Fähren nach Medan und Langkawi
- ❻ Ferry Terminal
- ❼ Railway Booking Office
- ❽ Busbahnhof
- ❾ MAS Office
- ❿ Central Bus Station

# Penang
## Georgetown City

hotels oder Puffs, sofern sie sich nicht völlig auf Rucksackreisende spezialisiert haben. Traveller-Unterkünfte konzentrieren sich in der **Chulia St.** (Lebuh Chulia) und ihren Seitenstraßen. Hier hat sich auch die Gastronomie merklich auf das Traveller-Publikum eingestellt. Bei den meisten liegen die Preise fürs DZ unter 30 RM. Beginnen wir am unteren Ende, so wie man die Chulia St., von der Fähre kommend, entlanggeht:

*PARADISE BED & BREAKFAST**, 99 Chulia St., tel 628439, fax 628441. Kleine, mit Holzwänden abgeteilte Zimmer inkl. einfaches Frühstück, mit und ohne ac, größtenteils fensterlos, aber einigermaßen sauber.

*HONPIN***, 273 Chulia St., tel 625243. Etwas modernerer Bau an einer belebten Straßenecke, aber sauber und nicht allzu laut, wenn man im 2. Stock wohnt. Die großen Zimmer mit Du/WC können sich auch 4 Leute teilen.

*TYE ANN**, 282 Chulia St., Ecke Lorong Chulia, tel 614875. Alte Traveller-Adresse, billig und häufig ausgebucht. Zimmer und Schlafsaal.

*PIN SENG**, 82 Love Lane, tel 619004. Relativ großes Haus, es gibt einen alten und einen neuen Flügel. Alle Zi mit Gemeinschaftsdusche/WC.

*WAN HAI**, 35 Love Lane, Ecke Lorong Steward, tel 616853. Altes Chinesenhotel mit billigen, einfachen, aber ruhigen Zimmern ohne Bad, Schlafsaal und Dachgarten.

*SWISS HOTEL**, 431 Chulia St., tel 620133. Beliebte, billige Traveller-Adresse, etwas abseits der Straße gelegen, große Veranda. Zimmer mit Fan und Gemeinschaftsdusche/WC.

*ENG AUN**, 380 Chulia St., tel 612333. Liegt genau gegenüber, ebenfalls auf einem ruhigen Hinterhof. Daß es trotz der verwohnten Zimmer immer noch jeden Tag ausgebucht ist, liegt wahrscheinlich am netten Service. Billig.

*LUM THEAN**, 422 Chulia St., tel 614117. Hinter der merkwürdigen Betonfassade verbirgt sich ein klassisches, weiträumiges altes Chinesenhotel. Etwas teurer als die anderen, aber große Zimmer mit Fan, manche mit Du/WC.

*EASTERN HOTEL**, 509 Chulia St., tel 614597, hat saubere Zimmer, die auf den Hof hinausgehen.

*HANG CHOW**, 511 Chulia St., tel 610810, liegt gleich nebenan.

*MODERN HOTEL**, 179 Lebuh Muntri, liegt nicht mehr an der Chulia St. Freundliches Chinesenhotel, Zimmer mit Dusche, aber ohne WC. Wegen der Spielhölle im Erdgeschoß sollte man darauf achten, ein ruhiges Zimmer zu bekommen. Nichts für alleinreisende Frauen.

*LUM FONG**, 108 Lebuh Muntri, tel 630026, hat billigere DZ mit einem Bett und etwas teurere mit 2 Betten, alle mit Fan und Gemeinschaftsdusche/WC. Recht lautes Chinesenhotel, aber ordentlich und sauber.

*KONG ENG**, 22 Transfer Rd., tel 374143, bietet nur EZ mit breiten Betten und fan, ohne Du/WC. Das etwas von der lauten Straße zurückversetzte chinesische Haus sieht von außen erheblich besser aus als von innen.

**Andere Gegenden:** *PLAZA HOSTEL*-***, 32 Leboh Ah Quee, tel 632388, Schlafsaal*, Zimmer mit Fan oder ac**, mit und ohne Fenster, alle mit Gemeinschaftsdusche/WC, ist der neuste und sehr beliebte Traveller-Treff von Georgetown. Sauber und freundlich und Schließfächer, Wäscheservice, Ticketreservierungen und jede Menge Infos.

*POPUS INN**, 34 Jl. Kedah, tel 280436, hübsches altes Haus, allerdings ein gutes Stück westlich vom Zentrum. Schlafsaal, DZ und Räumlichkeiten für Familien**.

*YMCA*-***, 211 Jl. Macalister, tel 362211, liegt ein gutes Stück außerhalb des Zentrums im Nordwesten. Zimmer mit Du/WC mit und ohne ac. Nichtmitglieder können für 2 RM eine Mitgliedschaft auf Zeit erwerben.

*D'BUDGET HOSTEL**, 9 Lebuh Gereja, tel 634794, nahe Fährhafen, bietet Schlafsaal und DZ. Sauber und sicher.

*YWCA***, 8 Jl. Masjid Negeri (Green Lane), tel 681855, liegt ebenfalls weiter draußen, westlich vom Zentrum, und ist ausschließlich Frauen vorbehalten.

**MITTELKLASSE** - Wer die Billigherbergen leid ist und 40 - 60 RM, vielleicht sogar 70 - 90 RM anlegen möchte, hat mehrere Hotels zur Auswahl. Die meisten befinden sich am nördlichen Ende der **Jl. Penang:**

*ORIENTAL HOTEL****, 105 Jl. Penang, Ecke Lebuh Leith, tel 24211. Modernes Hotel der oberen Mittelklasse, Zimmer mit entsprechendem Komfort.

*CATHAY***, 15 Lebuh Leith, tel 626271, die Straße zweigt am oberen Ende der Jl. Penang ab. Reizvolles altes Chinesenhotel, saubere, große Zimmer mit Du/WC, Fan oder ac, manche etwas düster.

*WALDORF***, 13 Lebuh Leith, tel 626140-3, liegt gleich nebenan. Das moderne Gebäude wirkt wegen der Nachbarschaft zu den alten Villenhäusern nicht ganz so attraktiv, aber die ac-gekühlten Zimmer sind o.k.

*FEDERAL HOTEL***, 39 Jl. Penang, tel 634179, hat ganz ordentliche Zimmer mit ac und Tel, manche mit Balkon.

*KOWLOON HOTEL***, 60 - 60-A Transfer Rd., tel 376611, im 1. Stock, hat sehr saubere DZ mit ac und Du/WC; am besten läßt man sich eines nach hinten hinaus geben, denn die Straße ist sehr laut.

*GALLANT HOTEL****, 6 Transfer Rd., tel 379584, ist ein neues, modernes großes Gebäude in nicht besonders reizvoller Umgebung. Angenehme DZ mit ac, TV, Tel und Du/WC.

**Andere Gegenden:** *NEW PATHE HOTEL***, 23 Lebuh Light (nicht Leith!), tel 620195, liegt nahe am alten Rathaus und am Fort Cornwallis. Sauber und gekachelt, helle Zimmer mit ac und Du/WC.

*MERLIN***, 1A Penang St. (nicht Rd!), tel 621336, ist ganz in der Nähe, Ecke Union St. Saubere Zimmer mit Du/WC und ac. Restaurant unten im Haus.

*HOTEL CENTRAL**-****, 404 Penang Rd., tel 366411, fax 371689, nahe KOMTAR-Bldg., ist gar nicht so teuer wie es aussieht. Alle Zimmer mit ac und Du/WC, ein TV kostet allerdings 11,50 RM Aufschlag. Im Haus gibt es ein „Gesundheitsbad".

*HOTEL FORTUNA***, 406 Penang Rd., tel 368282, fax 371689, ist im gleichen Gebäude untergebracht (Eingang entweder von der Penang Rd. oder von der Lorong Macalister), ebenfalls modern und bei ähnlicher Leistung ein bißchen billiger.

**LUXUS** - kann man nicht nur am Strand von Batu Ferringhi erleben, die Preise sind natürlich entsprechend.

*EASTERN & ORIENTAL HOTEL,* 10 Lebuh Farquhar, tel 375322, fax 374833. Von diesem einst so legendären alten Hotel war ja schon die Rede. Zimmer mit Blick auf's Meer sind für etwa 350 RM zu haben. Die sterilen, kleinen Räume im neuen Flügel zur Straße kosten erheblich weniger.

*CITY BAYVIEW* (ab 210 RM), 25 Lebuh Farquhar, tel 363161. Großes, komfortables Hotel, liegt ganz in der Nähe. Vom Turm-Café genießt man eine schöne Aussicht auf die Stadt. Im Haus ein guter Coffeeshop, der auch nachts geöffnet ist.

*THE MERCHANT HOTEL*****, 55 Jl. Penang, tel 632828, ist ein komfortables neues Hotel, dessen Restaurant, das *Spice Café,* mit der längsten Happy Hour der Stadt (10.00 - 20.00 Uhr) wirbt.

*SHANGRI-LA* (ab 180 RM), Magazine Rd., neben dem KOMTAR-Building, tel 622622. Internationales Top-Hotel mit entsprechenden Leistungen.

*GARDEN INN*****, 41 Jl. Anson, tel 363655, ist ganz in der Nähe. Modernes, komfortables Hotel, nicht ganz so groß und nicht ganz so teuer.

*BELLEVUE***-*****, Bukit Bendera (Penang Hill), tel 699500, fax 692052. Hoch über der Stadt in reizvoller Umgebung gelegen, bietet die traditionsreiche, koloniale Villa 12 vergleichsweise preiswerte Zimmer an. Nur über die Bergbahn zu erreichen, aber eine erfrischende, erholsame Alternative zu den City-Hotels.

## ESSEN UND TRINKEN

Ein Penang-Besuch läßt sich zu einem wunderbaren *food-trip* ausgestalten, denn hier findet man einige der besten Küchen Asiens auf engem Raum versammelt. Wer da noch auf seinem nivellierten internationalen Traveller-Essen besteht, ist selbst Schuld.

Eine Spezialität, die sogar auf der Insel kreiert worden sein soll, ist die *Laksa*, eine würzige, säuerliche Nudelsuppe auf Fischgrundlage - köstlich!

**ESSENSTÄNDE** - Foodstalls servieren oft erstaunlich gute Mahlzeiten, z.B. tagsüber an der **King St., Ecke Lebuh Light,** abends an der Esplanade oder am *Hon Pin Hotel* in der Seitenstraße der **Lebuh Chulia**. Auch entlang der **Jl. Burmah** gibt es gute *hawker centres,* v.a. wenn man noch ein paar Meter Fußweg auf sich nimmt und dann links in den Lorong Selamat einbiegt. Eine lebhafte Eß-Ecke ist die **Lebuh Cintra**, und zwar das Stück zwischen Lebuh Chulia und Lebuh Campbell.

Ein Foodstall-Restaurant mit verschiedenen Spezialitäten liegt auch an der Jl. Penang, Ecke Argyll St., dort, wo die Chulia St. einmündet.

Chinesische Foodstalls auch im *NAM HONG CAFÉ,* dem Food Market im 1. Stock des KOMTAR-Building.

*Laksa* und das malaiische *sate* gibt es an vielen Essenständen, vor allem auf den Nachtmärkten, die häufig ihren Standort wechseln. Einen von Touristen kaum besuchten Nachtmarkt mit vielen Essenständen findet man etwas außerhalb der Stadt am **Gurney Drive** nahe dem Kreisverkehr am Ende der Jl. Kelawei (Pulau Tikus). Die Essenstände an der Strandpromenade werden am Nachmittag bis kurz vor Sonnenuntergang vor allem am Wochenende besucht.

**CHINESISCHE RESTAURANTS** - Kein Wunder, daß ein so chinesisch geprägter Ort wie Penang über unzählige chinesische Restaurants verfügt. Hier nur ein paar Adressen rund um die **Jl. Penang:**
Zahlreiche kleine Restaurants (und Essenstände) in der bereits erwähnten Lebuh Cintra, zwischen Lebuh Chulia und Campbell, z.B.
*HONG KONG, TAI TUNG, FOO HEONG* und diverse andere.
*KHUAN KEW,* 101 Lebuh Campbell, Ecke Lebuh Cintra. Hier gibt's nicht nur Seafood, sondern auch Guinness.
*HOE KONGSI,* Jl. Penang Ecke Jl. Kg. Malabar, ist nur wenige Meter entfernt. Spezialisiert auf einfache Gerichte wie *fried rice* und *sate.*
*WING LOOK,* Jl. Penang, Ecke Jl. Phee Chon, macht auch *steamboat* und *claypot dishes.* Angeschlossen ist eine schöne alte Chinesenbar.
*LOKE THYE KEE,* 2B Jl. Burmah, Ecke Penang Rd., ist ein alteingesessenes Restaurant an dieser belebten Straßenkreuzung.
*MAYGARDEN,* 70 Penang Rd., serviert kostspielige chinesische Gerichte, auch Seafood. Tgl. 17.00 - 20.00 Uhr kann man dort aber für wenig Geld Leckeres am Take-away-Schalter holen, z.B. *mixed rice.*
**Andere Straßen:**
*HSIANG YANG CHAP,* 273 Chulia St., vor dem Honpin Hotel, ist ein guter Coffeeshop. Hier treffen sich abends Traveller, um *sate, fried rice* und andere Gerichte von verschiedenen Ständen zu essen oder nur einen Drink zu nehmen.
*GOH HUAT SENG,* 59 A Kimberley Rd., nahe Jl. Pintal Tali. Gutes China-Restaurant, nicht ganz billig.

**NYONYA** - Eine phantastische Mischung aus malaiischer und chinesischer Küche haben die in Südostasien lebenden Chinesinnen, die Nyonyas, entwickelt:
*DRAGON KING,* 99 Lebuh Bishop, nahe Lebuh Pitt. Spezialisiert auf die Nyonya-Küche der Malaya-Chinesen. Gut schmecken *pie tee,* die knusprigen, kleinen, mit Gemüse gefüllten Hütchen oder *assam prawns,* in Tamarinde eingelegte und gebratene Krabben.
*NYONYA CORNER,* 15 Jl. Pahang, tel 2281412, ist eleganter und teurer, geöffnet Di - So 11.30 - 15.00/18.30 - 20.00 Uhr.

**SEAFOOD** - hier gibt es vor allem die Strandpromenade **Guerney Drive** im Vorort Pulau Tikus, wo sich ein Seafood-Restaurant an das andere reiht. Abends ist hier vor allem an Wochenenden eine Menge los. Bekannt ist z.B. das große *ORIENTAL* oder das *PHENIX.* Bus Nr. 93 fährt vom KOMTAR oder von der Jl. Burmah hier hinaus.
*MAPLE GARDEN,* 99 Jl. Penang ist ein gutes, aber kein billiges Seafood-Restaurant in der Gegend der großen Hotels.
*SEA PALACE* im Peking Hotel, 50 Penang Rd., liegt in der gleichen Gegend. Ac-gekühltes Seafood-Restaurant, nicht billig.
*ORIENTAL SEAFOOD,* Jl. Macalister, nahe KOMTAR, ist ein gut besuchtes Freiluft-Restaurant mit leckerem Seafood zu akzeptablen Preisen. Vor allem die Krebse sind prima.

**MALAIISCHE RESTAURANTS** - sind in der Innenstadt wenig vertreten, dafür aber in den Vororten, z.B. in Ayer Itam. Hier ein Tip für's Zentrum:
*KASSIM,* 2-l Jl. Bricklin, nahe KOMTAR, ist für seinen vorzüglichen *nasi kandar* bekannt und hat zudem die ganze Nacht geöffnet. Dieses malaiische Gericht besteht aus weißem Reis und verschiedenen scharfen Curries.

**INDISCHE RESTAURANTS** - sind nicht nur rund um die als *Little India* bezeichnete Gegend um Lorong Pasar und Penang St. zu finden.
*DAWOOD,* 63 Lebuh Queen, tel 611633, etwas teureres indisch-muslimisches Restaurant, existiert seit 1947, ist aber nicht so exklusiv, wie die Fassade vermuten läßt.
*KASHMIR* im Untergeschoß des Oriental Hotel, 105 Jl. Penang, tel 637411 - die Hotelgegend. Freunde der nordindischen Curries kommen hier auf ihre Kosten. Kein billiges Restaurant, aber es lohnt sich. Geöffnet tgl. 12.00 - 15.00 und 19.00 - 23.00 Uhr.
*TAJ MAHAL,* 161 Jl. Penang, nahe Einmündung Chulia St., kocht gute, preiswerte, indisch-muslimische Gerichte.

*YASMEEN,* 177 Jl. Penang, liegt gleich nebenan, das Angebot ist dasselbe.
*TANDOORI HOUSE,* 34 - 36 Lorong Hutton, tel 619105, gehobenes nordindisches Restaurant mit gleichnamigen Spezialitäten. Geöffnet tgl. 11.30 - 15.00 und 18.30 - 22.30 Uhr.
*HAMEEDIYAH,* 164 A Lebuh Campbell, liegt in einer Seitenstraße der Jl. Penang, ebenso das benachbarte
*TAJ,* 166 Lebuh Campbell, beide mit preiswertem, typisch muslimisch-indischem Angebot und
*CHELLAMAH,* 501 Chulia St., ein billiger Inder, wo man auch frühstücken kann.

**WEITERE MÖGLICHKEITEN** - Die westlichen Fast Food-Schuppen und Traveller-Einheitsrestaurants brauchen wir ja nicht gesondert zu erwähnen.
*GREEN PLANET,* 63 Cintra St., ist mehr als nur ein gemütliches, ac-gekühltes Restaurant mit einer Speisekarte nach westlichem Geschmack: Müsli, Spaghetti, Burger, aber auch malaysische Gerichte.
Einen guten **Thai** gibt es am Parkplatz der Penang Hill Railway Station:
*FOONG KIM CHEONG.*
**Japanische** Küche bietet das *SHIN MIYAKO,* 105 Jl. Penang im 1. Stock. Sehr leckere Gerichte in gediegener Atmosphäre, wenn auch nicht so elegant wie im *CHIKUYO-TEI* im City Bayview Hotel, 25-A Lebuh Farquhar, tel 635175. Nicht billig.
Im sich drehenden Restaurant *(revolving restaurant)* auf dem Dach des *CITY BAYVIEW HOTEL* kann man auch **Kaffee trinken**, Eis essen und die gute Aussicht auf die Stadt genießen.
**Frühstücken** kann man in nahezu allen Traveller-Hotels und umliegenden Cafés, z.B. im
*ENG THAI,* 417 Chulia St., neben dem Swiss Hotel,
*SENG HIN,* 398 Chulia St., oder im
*EVERLIGHT,* 42 Lebuh Cintra.
Verschiedene **Bäckereien** offerieren Kuchen und süße oder würzige gefüllte Brötchen:
*DINERS BAKERY,* 149 Lebuh Campbell, hat das größte und beste Angebot.
*NOVA BAKERY,* im New Pathe Hotel, Lebuh Light, Ecke King St.

## UNTERHALTUNG

*20 LEITH ST,* ebendort, gegenüber dem Cathay Hotel, scheint nach wie vor der beliebteste abendliche *hangout* zu sein. Großer Biergarten vor einer alten chinesischen Villa. Zeitweilig spielt auch eine Band. Geöffnet tgl. 16.30 - 2.30 Uhr.
Die **Traveller-Szene** sitzt abends in den Kneipen rund um die Chulia St. (wo sonst?). Beliebt ist das bereits erwähnte *HSIANG YANG CHAP* vor dem Honpin Hotel, 273 Chulia St., sowie das *GREEN PLANET,* 63 Cintra St., oder
*TAI WAH,* 507 Chulia St., am oberen Ende.
Wer Lust hat, einmal in einer der traditionellen, schummrigen **Bars** abzustürzen:
*HONGKONG BAR,* 371 Lebuh Chulia.
*TIGER BAR,* 108 Lebuh Muntri, nahe Jl. Penang, sowie *BOSTON,* 477 Jl. Penang, am unteren Ende der Straße.
*CHEERS BEER GARDEN,* 22 Jl. Argyll, 10 Min. zu Fuß vom KOMTAR, hat vielleicht das billigste Anchor Draft von Penang, geöffnet 18.00 - 24.00 Uhr.
**Disco** für junge Leute im *STREET ONE* im Shangri-La Hotel, Jl. Magazine, tel 622622, mit Karaoke, tgl. geöffnet. Die meisten anderen Discos befinden sich in den Luxushotels von Batu Ferringhi. Ein beliebter Laden für **Rockmusik** live ist *THE SHIP,* Jl. Sri Bahari, im 1. Stock spielt ab 21.00 Uhr die Band, im Erdgeschoß ein Restaurant mit Steaks für Nachtschwärmer.

## EINKAUFEN

**Jalan Penang** ist die Haupt-Einkaufsstraße - von Antiquitäten bis zu Zinnprodukten aus Selangor wird hier alles, was Touristen interessieren könnte, verkauft. Geschäfte im westlichen Stil findet man hier ebenso wie eine Markthalle mit lokalen Lebensmitteln (**Chowrasta Food Market**). Dazwischen einige indische Schneider, die Kleidung nach Maß aus malaysischer Batik oder chinesischer Seide anfertigen.
**KOMTAR** (Kompleks Tun Abdul Razak), heißt das neue, 65stöckige „Wahrzeichen" am südlichen Ende der Jl. Penang. In den unteren Stockwerken gibt es alles, was ein modernes Shopping Centre zu bieten hat.
Die **Chinatown** ist eigentlich der größte Teil des Zentrums, am charakteristischsten entlang der Lebuh Kimberley, Lebuh Chulia, Lebuh Campbell und ihrer Seitenstraßen. In den übervollen, kleinen offenen Läden läßt es sich wunderbar stöbern, vor allem natürlich bei den Antiquitätenhändlern (Rope Walk), aber z.B. auch beim Tempelzubehör (Lebuh Kimberley, Jl. Pintal).

Im **indischen Viertel** rings um die Lorong Pasar und Penang St. ist das Angebot profaner, aber nicht weniger ausgefallen. Kassetten und Räucherstäbchen, Kupfer- und Weißblechwaren, bunte Sari-Stoffe und exotische Gewürze (Penang St.) stapeln sich in den engen Läden und auf den Bürgersteigen.
**Buchhandlungen**, die englische Literatur anbieten, findet man in der Lebuh Chulia nahe dem Swiss Hotel und in der Jl. Macalister. Hier handeln mehrere kleine Buchläden mit Second Hand-Büchern, z.B. *SALEEMUL ENTERPRISE,* 440-B Chulia St. Weitere gute Buchläden finden sich im KOMTAR und im E&O Hotel.
*SYARIKAT UNITED,* 187 Jl. Penang, ist eine Buchhandlung mit großem internationalen Angebot, auch Zeitschriften, Zeitungen und Kassetten.

## SONSTIGES

**AMERICAN EXPRESS** - *MAYFLOWER ACME TOURS SDN. BHD.,* Tan Chung Bldg., Pengkalan Weld, tel 623725. Schecks werden von Banken und Moneychangern gewechselt.

**AUTOVERMIETUNG** - Es lohnt sich, nach Sondertarifen zu fragen und die Preise zu vergleichen. Bei allen Firmen ist ein Discount drin. Bei kürzeren Mietzeiten kann man allerdings mit mindestens 110 RM pro Tag rechnen. Handeln nicht vergessen! Adressen in den Gelben Seiten.

**GELD** - die meisten Banken residieren im alten Verwaltungsviertel rings um das GPO. Vergleichen sollte man nicht nur die Wechselkurse, sondern auch die Gebühren, z.T. verlangen Banken bis zu 6 RM pro Scheck! Einige lösen nur bis zu einem gewissen Limit (z.B. 500 RM) Schecks ein. Öffnungszeiten: Mo - Fr 10.00 - 15.00, Sa 9.30 - 11.30 Uhr.
Günstigere Kurse als die Banken haben oft die **Geldwechsler**, meist Inder, die man z.B. im Bankenviertel südlich des Uhrturms findet. Im Gegensatz zu den Banken haben sie fast immer geöffnet und wechseln auch Bargeld.

**DROGEN** - Da Penang auch ein Umschlagplatz ist, noch einmal die Warnung, keinesfalls auf irgendein Angebot einzugehen. Seit die Drogengesetze in Malaysia strenger gehandhabt werden, hat man schon mehrfach die Todesstrafe verhängt - auch gegen leichtsinnige Traveller.

**FESTE** - Vor allem die chinesischen Feste werden in Penang prunkvoll gefeiert, z.B. im Januar/Februar das **Neujahrsfest** mit seinen hektischen Vorbereitungstagen. Außerdem begeht man in den großen Tempeln der Stadt spezielle **Tempelfeste** zu Ehren der jeweiligen Namensgeber. Auch das indische **Thaipusam** lohnt im Januar/Februar einen Besuch in Penang.
Die Broschüre *Penang for the Visitor* des Tourist Office enthält ausführliche Beschreibungen und die genauen Termine für das jeweilige Jahr.

**IMMIGRATION** - nicht so überlaufen wie Kuala Lumpur. Office in der 29 Lebuh Pantai, tel 615122, geöffnet Mo - Do 8.00 - 12.45 und 14.00 - 16.15, Fr 8.00 - 12.15 und 14.45 - 16.15, Sa 8.00 - 12.45 Uhr.

**INFORMATIONEN** - *PENANG TOURIST INFORMATION CENTRE,* tel 616663, 10 Jl. Tun Syed Sheh Barakbah, liegt gleich beim Fort Cornwallis neben dem Uhrturm. Geöffnet Mo - Do von 8.00 - 12.45, 14.00 - 16.15; Fr 8.30 - 12.15, 14.45 - 16.15, Sa 8.00 - 13.00 Uhr. Keine Zimmervermittlung.
*MTPB (Malaysia Tourism Promotion Board)* hat ihr Büro gleich nebenan und ein *Information Centre* am Airport, tel 831501, das Mo - Fr von 8.30 - 16.15, Sa 8.30 - 13.00 Uhr geöffnet ist.

**KONSULATE** - wenn man nach Thailand oder Indonesien weiterreisen will:
*ROYAL THAI CONSULATE,* 1 Ayer Rajah Rd., tel 379484, liegt im Nordwesten. Geöffnet Mo - Fr von 9.00 - 12.00 Uhr und 14.00 - 16.00 Uhr. Das Transitvisum für 1 Monat kostet 25 RM, das Touristenvisum für 2 Monate 33 RM. Es müssen 2 Paßfotos vorgelegt werden, die Bearbeitung dauert in der Regel einen Tag. Zu erreichen mit Bus 7 vom KOMTAR.
*INDONESIAN CONSULATE,* 467 Jl. Burmah, tel 25162/3, ebenfalls im Nordwesten der Stadt. Geöffnet Mo - Fr von 9.00 -12.00 und 14.00 - 15.00 Uhr. Bei den Indonesiern ist es etwas komplizierter. Für eine Einreise über Medan benötigt man kein Visum, da bekommt man den 2-Monate-Stempel drüben. Sonst: 2 Paßfotos, mindestens US$200 zum Vorweisen und ein *return*-Ticket. Die Ausstellung des Visums dauert ein bis zwei Tage, für Deutsche ist es kostenlos, andere Nationalitäten zahlen 10 RM. Zu erreichen mit Bus Nr. 93 vom KOMTAR.
*DEUTSCHES KONSULAT,* tel 832011.

**MEDIZINISCHE HILFE** - *GENERAL HOSPITAL*, Jl. Residensi (Western Rd., am Poloplatz westlich des Zentrums), tel 373333. Im Notfall wird man hierhin gebracht, weil die Behandlung kostenlos ist.
Außerdem gibt es in Penang eine Reihe privater Kliniken, z.B.:
*MEDICAL CENTRE,* 1 Jl. Pangkor, tel 20731.
*ADVENTIST HOSPITAL,* 465 Jl. Burmah, tel 373344, liegt nahe am indonesischen Konsulat (s.S. 452),
*THE SPECIALISTS CENTRE,* 19 Jl. Logan, tel 368501,
*MT. MIRAMAR HOSPITAL,* Fettes Park, tel 366201.

**MOTORRÄDER** - gibt es bei mehreren Läden in der Chulia St. zu mieten, z.B. beim Eng Aun. Kostet 13 - 18 RM pro Tag. Schön z.B. für eine Inselrundfahrt! Helmpflicht beachten.

**POST** - *GENERAL POST OFFICE* in der Lebuh Downing, tel 366461, liegt nahe am Fort Cornwallis. Geöffnet Mo - Sa 8.00 - 18.00 Uhr. Um die Ecke in der Lebuh Pantai kann man sich bei *M.S. ALLY* die Pakete packen lassen.

**TELEFON** - Ortsgespräche kosten 10 ¢. Mit Telefonkarten kann man Auslandsgespräche von allen entsprechend gekennzeichneten Telefonen führen.
*TELECOM,* Bangunan Tuanku Syed Putra, Lebuh Downing, tel 610791, neben dem Hauptpostamt, hat Mo - Fr 8.00 - 16.45 Uhr geöffnet. Auch hier gibt es Kartentelefone.

**VORWAHL** - 04.

## NAHVERKEHRSMITTEL

**STADTBUSSE** - Fünf verschiedene Busgesellschaften verkehren in der Stadt und auf der Insel. Die *MPPP*-Citybusse fahren alle ab KOMTAR Building, ausgenommen die Busse Nr. 8, 12 und 13. Bus Nr. 11 fährt von der Lebuh Victoria nach Süden zur Penang Bridge, Nr. 7 zum Botanischen Garten, Nr. 1 zum Kek Lok Si Tempel, von dort fährt Nr. 8 zum Penang Hill. Der Fahrpreis variiert je nach Distanz im Stadtgebiet zwischen 35 und 60c. Grüne, blaue und gelbe Busse fahren ab Ferry Terminal an der Jetty und halten am KOMTAR-Building. Die Blauen kann man für 1,40 RM nach Batu Ferringhi und Teluk Bahang nehmen (Umsteigen in Tg. Bungah - der Anschlußbus wartet), die Gelben nach Süden, also zur Brücke, zum Airport, Snake Tempel usw., die Grünen nach Air Itam.

**TRISHAWS** - Die Fahrradrikschas sind im Citybereich ein beliebtes Transportmittel. Preise aushandeln, denn der erste Preis ist meistens überhöht! Das Minimum ist 2 RM, eine Fahrt von einer Meile dürfte 3 - 4 RM, eine volle Stunde mindestens 15 RM kosten.

**TAXIS** - Obwohl viele Wagen ein Taxameter eingebaut haben, „funktioniert" dieses in der Regel nicht. Daher steht auch ganz richtig in den offiziellen städtischen Informationsbroschüren: *„Taxis do not use meters; agree on price before boarding."* Der Mindestpreis beträgt 3 RM pro Meile. Vom Flugplatz aus fahren Coupon-Taxis in die Stadt (16 RM). Nach Batu Ferringhi sollte die Fahrt 20 RM (26 RM ac) kosten. 10 RM wird eine Fahrt nach Ayer Itam oder zum Botanischen Garten kosten.

**FÄHREN** - verkehren rund um die Uhr zwischen Penang und Butterworth. Tagsüber legen sie alle 20 Minuten ab, nachts zwischen 24.00 und 7.00 Uhr stündlich. Die Fähre von Penang nach Butterworth ist kostenlos, die umgekehrte Fahrt kostet 40c, die man für die automatische Sperre als Kleingeld bereithalten sollte.

**INSELRUNDFAHRT** - Mit öffentlichen Verkehrsmitteln ist die gesamte 75 km lange Strecke für ca. 5 RM zu schaffen und dauert ohne längere Pausen etwa 5 Stunden. Mehrere Leute könnten sich einen Mietwagen nehmen und die Kosten teilen. Ein Taxi für eine Inselrundfahrt kostet an die 20 - 25 RM p.P., der Preis und die verschiedenen Stops müssen vorher ausgehandelt werden.
Beispiel einer Rundfahrt gegen den Uhrzeigersinn: Mit dem blauen Bus Nr. 93 nach BATU FERRINGHI (16 km), mit derselben Linie weiter nach TELUK BAHANG (19 km). Von hier fahren (allerdings in großen Abständen) gelbe Busse (Nr. 76) nach BALIK PULAU (40 km). Kommt keiner, kann man versuchen zu trampen. Ab hier fahren gelbe Busse Nr. 65 c und 66 über TELUK KUMBAR (53 km), vorbei am Bayan Lepas Airport (56 km), dem Schlangentempel (60 km) wie auch der Penang Bridge (62 km) zurück nach Georgetown (75 km).

## TRANSPORT

Dreh- und Angelpunkt für den Schienen- und Straßenverkehr ist die Hafenstadt **Butterworth** auf dem Festland. Dort liegen Fähranleger, Bahnhof, Bus Station und Taxistand direkt nebeneinander. Wer auf dem Landweg von Penang aus weiter will, muß aber nicht unbedingt hinüber auf die andere Seite, denn Busse nach Thailand, Singapore und zu Zielorten innerhalb Malaysias fahren auch am großen Busbahnhof beim KOMTAR-Gebäude ab.

**BUSSE** - Alle Busse fahren am Busbahnhof beim KOMTAR-Gebäude ab.
*EXPRESS NASIONAL*, 20 Jl. Sultan Ahmad Shah, tel 374520, verkauft Tickets nach Süden und nach Kota Bharu.
*NEW SIA TOURS*, 35 Pengkalan Weld, tel 615115, verkauft Tickets nach Kuala Lumpur, Singapore und Thailand.
*ES (Express Service),* 11 Jl. Ria (Bus Interchange), KOMTAR-Gebäude, tel 628723, verkauft Tickets nach Kuantan, Ipoh, Tapah, Kuala Lumpur, Melaka und Singapore sowie nach Hat Yai, Phuket und Ko Samui. Direkte Verbindungen gibt es von Georgetown in jede größere Stadt.
**Nach Süden:** über TAIPING (4 RM), KUALA KANGSAR (2 1/2 Std., 6 RM), IPOH (6x tgl. in 3 Std., 10 RM) geht es nach KUALA LUMPUR (10x tgl. in 7 1/2 Std., 17 RM), die Expreßbusse halten nur in Butterworth und Ipoh.
Nach Pulau Pangkor geht es über LUMUT (4x tgl. in 4 Std., 10 RM).
Wer zu den Cameron Highlands möchte, kann um 22.00 Uhr für 18 RM den Expreßbus nach TANAH RATA (14 RM) nehmen.
Es gibt auch Busse, die über KL weiterfahren bis MELAKA (2x tgl. in 10 Std., 24 RM), JOHOR BHARU (tgl. in 13 Std., 35 RM) und SINGAPORE (2x tgl. in 14 Std., 35 RM).
**Nach Norden:** über ALOR SETAR (alle 30 Min. in 2 1/2 Std., 5 RM) bzw. KANGAR (6 RM) gelangt man zur thailändischen Grenze nach PADANG BESAR. Auf der thailändischen Seite fahren Busse weiter nach HAT YAI, einen direkten Bus von Butterworth nach Hat Yai gibt es nicht.
Lokale Busse fahren in Butterworth häufig ab, so daß keine Vorbuchungen notwendig sind.
Nach LANGKAWI kommt man mit der Fähre auch von KUALA KEDAH (in Alor Setar umsteigen) oder KUALA PERLIS (4x tgl. in 3 Std., 7 RM, ansonsten in Kangar umsteigen).
**Nach Osten:** 2x tgl. fährt ein Bus um 9.00 und 21.00 Uhr über KEROH, GERIK und den East-West Highway nach KOTA BHARU (7 Std., 21 RM) bzw. KUALA TERENGGANU (10 Std., 24 RM). Busse nach KUANTAN (5x tgl. in 10 - 12 Std., 26 RM) fahren über KL.

**MINIBUSSE** - operieren auch von den Traveller-Hotels rund um die Chulia St. direkt nach HAT YAI, KRABI (20 RM), PHUKET (40 RM) und SURAT THANI (30 RM, von hier Boot nach Ko Samui). Tickets gibt es bei den diversen Hotels, aber auch beim Tourist Office (Adresse s.o.). Meist geht es sehr früh am Morgen los, viele fahren auch über Nacht.

**ÜBERLANDTAXI** - Die Station für Überlandtaxen ist ebenfalls gleich an der Anlegestelle in Butterworth, manche lassen sich auch direkt in Traveller-Hotels buchen. Preise p.P. bei 4 Passagieren.
**Nach Süden:** TAIPING 9 RM, IPOH 14 RM, CAMERON HIGHLANDS 38 RM, KUALA LUMPUR 31 RM, JOHOR BHARU 61 RM. Nach Pulau Pangkor über LUMUT 16 RM.
**Nach Norden:** ALOR SETAR 9 RM, KANGAR und PADANG BESAR 12 RM. Hinter der thailändischen Grenze dann weiter nach HAT YAI keine direkte Taxiverbindung von Butterworth.
Nach LANGKAWI: zu den Fährhäfen KUALA KEDAH 9 RM oder KUALA PERLIS 12 RM.
**Nach Osten:** KOTA BHARU 30 RM.

**EISENBAHN** - Züge fahren ab Butterworth Railway Station, am Ferry Terminal, tel 347962. Unsere Preisangaben beziehen sich wie immer auf die 2. Klasse mit ac, Tickets können auch in Georgetown gekauft werden:
*RAILWAY BOOKING OFFICE,* Pengkalan Weld, tel 610290, liegt etwa 50 m von der Straße in Richtung Fähre.
**Nach Süden:** Von Butterworth tgl. 3 Expreßzüge über TAIPING (1 1/2 Std., 15 RM), KUALA KANGSAR (2 Std., 17 RM), IPOH (3 Std., 21 RM) und TAPAH ROAD (4 Std., 24 RM, Busanschluß in die Cameron Highlands) nach KUALA LUMPUR (7 Std., 34 RM). Von KL aus geht es beim *Ekspress Rakyat* mit nur 1/4 Std. Unterbrechung gleich weiter nach JOHOR BHARU und SINGAPORE (nochmals rund 7 Std., insgesamt 68 RM).

**Nach Norden:** Einmal tgl. geht mittags ein Zug über ALOR SETAR (2 Std., 15 RM) nach ARAU (3 Std., 20 RM), von wo es nur ein kurzer Weg zur Langkawi-Fähre in Kuala Perlis ist. Weiter über PADANG BESAR (2 1/2 Std.), HAT YAI (4 Std.) und SURAT THANI (Fähre nach Ko Samui) nach BANGKOK, wo er am nächsten Morgen ankommt. Inkl. Schlafplatz 78 RM, 55 RM nur mit Sitzplatzreservierung.

**FLÜGE** - Der Bayan Lepas International Airport, tel 834411, liegt 20 km südlich von Georgetown.
Gelbe Busse 83 fahren ab Jetty für 1,10 RM, Coupon-Taxi kostet ab City 16 RM, ab Batu Ferringhi 26 RM. Airport Tax bei internationalen Flügen 15 RM, Singapore und Brunei 10 RM und innerhalb des Landes 5 RM.
**Nationale Flüge:** MAS fliegt nach KUALA LUMPUR (18x tgl., 104 RM) und weiter nach JOHOR BHARU (7x tgl., 178 RM), was trotz Inlandflugs nur unerheblich billiger ist als direkt nach Singapore. Auf bestimmten Maschinen gibt es allerdings einen ermäßigten Tarif (150 RM) nach Johor Bharu. Außerdem tgl. nach KOTA BHARU (87 RM) und nach LANGKAWI (4x tgl., 51 RM).
*MAS OFFICE,* KOMTAR Building, tel 620011, 621403, fax 618191, Airport tel 830811.
*PELANGI,* tel 832981, fliegt tgl. nach PANKOR (100 RM) und 3x wöchentlich nach KUALA TERENGGANU (151 RM).

**Internationale Flüge:** Nach SINGAPORE: mit MAS bzw. Singapore Airlines mehrmals tgl. direkt, ansonsten über KL. Kostet 182 RM.
Nach Thailand: Mit MAS tgl. nonstop nach BANGKOK (361 RM) und HAT YAI (117 RM) sowie nach PHUKET (160 RM). Nach Sumatra mit MAS tgl. nach MEDAN (149 RM).
Weitere günstige Flüge in alle Welt werden in verschiedenen **Billigflug-Reisebüros** rund um die Chulia St. angeboten. Ein internationaler Studentenausweis ist hilfreich, da häufig Discounts gewährt werden.
Preisbeispiele für Billigtickets: BANGKOK 330 RM, HAT YAI 121 RM, PHUKET 155 RM, SINGAPORE 182 RM.
Vorsicht, einige Reisebüros existieren nicht lange, eines Tages bleibt die Tür geschlossen und der Manager ist mit den Anzahlungen über alle Berge.
*MSL TRAVEL,* 340 Chulia St., tel 616154, gehört zu den verläßlichen, nicht nur für Studenten.
*HAPPY HOLIDAYS,* 442 Chulia St., tel 629222, fax 629088.

**SCHIFFE** - Eine gute Möglichkeit, relativ preisgünstig nach Langkawi oder nach Sumatra zu kommen. Preise für die einfache Fahrt, *return* ist billiger.
*SELESA EKSPRES,* Port Commission Shopping Complex, Pasara Raja Edward, tel 625630, Büro direkt am Uhrturm, wo auch das Tourist Office ist. Fährt tgl. um 8.00 Uhr nach LANGKAWI (35 RM, 60 RM *return).* Fahrzeit rund 3 Std. Es können auch Motorräder (20 RM) und Fahrräder (10 RM) mitgenommen werden.
Mindestens einen Tag vor Abfahrt unter Vorlage des Reisepasses Ticket kaufen und 30 Min. vor Abfahrt zur Stelle sein; 10 Min. vor Abfahrt werden auch gebuchte Sitzplätze an Wartende vergeben.
*EKSPRES BAHAGIA,* Port Commission Shopping Complex, Pasara Raja Edward, tel 631943, ebenfalls am Uhrturm, fährt nach MEDAN. (6 Std., 90 RM + 6 RM Hafengebühr, *return* 160 RM, kann auch als *open date* Ticket ausgestellt werden).
Bei der Einreise erhält man ein Visum für 60 Tage, sollte aber ein Ausreiseticket von einem indonesischen Flughafen oder, wenn das nicht der Fall ist, eine gut gefüllte Reisekasse vorweisen können.

## Die Nordküste von Penang

*Jahrelang war die Nordküste von Penang das Reiseziel für alle, die bei einem Badeurlaub unter tropischen Palmen auf ein komfortables Hotel nicht verzichten wollten. Doch die starke Verschmutzung der Straße von Malacca macht auch vor dieser Küste nicht halt. Die Strandhotels gibt es noch immer, nur konzentriert sich das Leben hier rings um die Swimming Pools, die in einigen Hotels der oberen Preisklasse traumhafte Dimensionen haben.*

### Batu Ferringhi

Der kilometerlange Küstenstreifen mit seinen Sandstränden und Badebuchten wird im Interesse des internationalen Publikums saubergehalten - zumindest versucht man es. Leider kann man dem Meerwasser seine tropisch-blaue Farbe nicht zurückgeben. Große internationale Hotels bestimmen das Bild, dazwischen gibt es allerdings nach wie vor bescheidene Privathäuser, selbst der kleine Ortskern mit der Moschee ist noch auffindbar. Restaurants und Boutiquen säumen die Straße, aber die Atmosphäre ist friedlich und unaufdringlich, und so mancher Tourist, der an den Tischen im Freien seinen Kaffee schlürft, macht einen ausgesprochen gelangweilten Eindruck.

### Teluk Bahang

Der nächste Ort, Teluk Bahang wird überwiegend von Malabar-Fischern bewohnt. Am Ortseingang, neben einem kleinen Hindu-Tempel, errichtete man das Top-Hotel *Penang Mutiara* - grauweiß, kühl, vornehm und ein Fremdkörper neben den windschiefen Kampung-Häusern. Das **Pinang Cultural Centre** besteht aus einem Museum und einem nachgebauten Kampung, in dem unter anderem traditionelle Handwerkstechniken gezeigt werden. Tänze gibt es um 10.15, 12.00 und 15.15 Uhr zu sehen. Geöffnet Sa - Do 9.30 - 17.00 Uhr.

Vom Kreisverkehr etwa 1 km in Richtung Balik Pulau liegt die **Butterfly Farm**, ein großes Freigehege, in dem man Tausende von Schmetterlingen frei umherfliegend bewundern kann - eine seltene Gelegenheit, die farbenprächtigsten Exemplare einmal ganz aus der Nähe zu fotografieren. Außerdem gibt es noch eine ansehnliche Sammlung lebender Skorpione, Spinnen und anderer Kleintiere und eine interessante kleine Ausstellung. Geöffnet tgl. 9.00 - 17.00 Uhr, Eintritt 4 RM. Vor hier aus kann man auch eine **Orchideenfarm** besuchen, 1 RM Eintritt. Beim **Muzium Perhutanan** nebenan hat man etwa 100 ha Wald zum Naturschutzgebiet erklärt, weil hier besonders viele Arten malaiischer Bäume wachsen. Im großen Pavillon kann man verschiedene Dschungelarten unterscheiden lernen und sehen, wo es in Malaysia welchen Wald (noch) gibt. Das Museum informiert zudem relativ unkritisch über die einheimische Holzwirtschaft und -verarbeitung. Im Park gibt es eine Bademöglichkeit in den Pools eines Baches, außerdem markierte Wanderwege. Geöffnet Di - Do, Sa und So 9.00 - 13.00 und 14.00 - 17.00, Fr 9.00 - 12.00 und 14.45 - 17.00 Uhr.

## ÜBERNACHTUNG

**PREISWERT** - Kaum zu glauben, aber man kann in **Batu Ferringhi** auch billig und einfach wohnen. Neben dem Park Royal Hotel zweigt an den Foodstalls vorbei ein Weg zum Strand ab. Geht man dort an der Strandstraße nach links, gelangt man zuerst zum
*BABA GUEST HOUSE*-***, tel 811686, einem freundlichen, indischen Gästehaus. DZ mit Fan und Du/WC für 2 Parteien*, DZ mit ac und Du/WC**, alle mit Moskitonetzen.
Gleich daneben befindet sich das *SHALINI'S GUEST HOUSE**-****, tel 811859, bietet für die Umgebung recht luxuriöse Zimmer an, alle mit Du/WC. Die DZ*** verfügen über ac, Bad und Kühlschrank.
*AH BENG GUEST HOUSE**-****, nebenan, tel 811036, ist ein sehr freundliches, sauberes Haus mit unterschiedlichen Zimmern.
*BENG KEAT GUEST HOUSE*-****, tel 811987, liegt an dem kleinen Sträßchen, das zur Hauptstraße zurückführt, wurde komplett renoviert und verfügt über einfache DZ mit fan*, DZ mit fan und ac**, DZ mit ac und Du/WC**, DZ (bis zu 3 Pers.) mit ac, TV, Kühlschrank***.

**LUXUS** - Die meisten Zimmer in den großen Hotels sind von Reiseunternehmen für Gruppen gebucht.

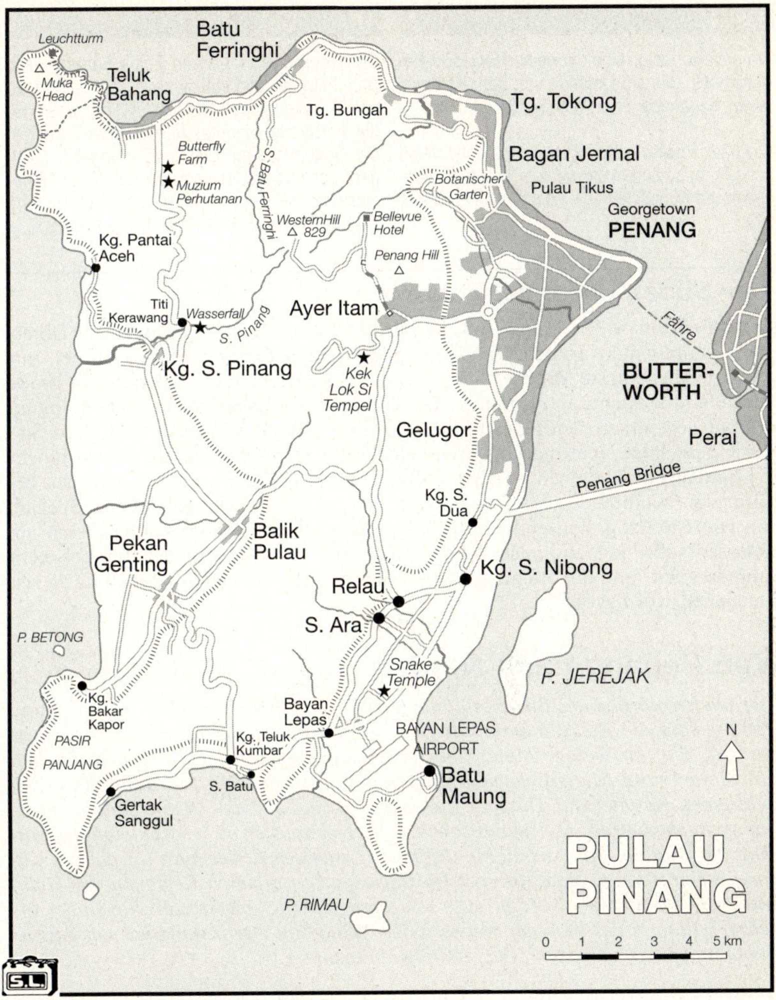


*RASA SAYANG* (ab 300 RM), tel 811811, fax 811984, am Ortseingang, gehört zu den besten Hotels. 320 Luxuszimmer.

*PALM BEACH HOTEL* (ab 160 RM), tel 811621, fax 811051, ist etwas preiswerter.

*GOLDEN SANDS* (ab 300 RM), tel 811911, fax 811880. 1. Klasse-Hotel mit 395 Zimmern, das zur Shangri-La Gruppe gehört. Große Gartenanlage mit mehreren Pools.

*PARK ROYAL* ist ein Luxushotel gleich nebenan, für gehobene Ansprüche.

*CASUARINA BEACH HOTEL* (ab 200 RM), tel 811711, fax 812155, steht am Ortsausgang, relativ kleiner Pool.

*PENANG MUTIARA* (ab 300 RM), Teluk Bahang, tel 812828, fax 812829. Sehr kühles, gestyltes Luxushotel, alle Zimmer mit Blick auf das Meer.

## ESSEN

Am preiswertesten sind die kleinen **Seafood-Restaurants** , die am Ostende von Batu Ferringhi liegen, gegenüber vom Palm Beach.

Ein paar **Foodstalls**, schräg gegenüber vom Lone Pine, bedienen die weniger bemittelte, einheimische Kundschaft, die es natürlich auch hier gibt.

## TRANSPORT

Der Hin-Bus 93 fährt von Teluk Bahang nach Batu Ferringhi und von hier aus über Tj. Bungah und Tj. Tokong nach GEORGETOWN, und zwar die Jl. Burmah hinunter zum KOMTAR, auch in der Gegenrichtung. Evtl. in Tj. Bungah umsteigen; der Bus wartet dann schon an der Haltestelle. Gelbe Busse fahren von Teluk Bahang nach Balik Pulau (Bus Nr. 76), alle 2 1/4 Std.

## Der Süden der Insel Penang

Die gelben Busse Nr. 66, 67, 68, 69 oder 80 fahren Richtung Flughafen. Unterwegs kommt man an der Einmündung der neuen **Penang Bridge** vorbei, mit 13,5 km die längste Brücke Südostasiens. Industriebetriebe säumen die große Ausfallstraße Richtung Flughafen. Die gelben Busse halten auch am **Schlangentempel** gegenüber dem Siemensgebäude. Er wurde 1850 erbaut und Chor Soo Kong gewidmet, dem man magische Heilkräfte zuspricht und als dessen Jünger die Schlangen angesehen werden. Giftige Vipern *(Wagler's Pit Viper)* liegen betäubt von Weihrauch und Räucherstäbchen schlaff im Tempel herum. Speziell für Touristen zog man einigen die Zähne und stellte sie zum Fotografieren ab, anfassen sollte man trotzdem keine von ihnen. Ansonsten ist der Tempel recht uninteressant, und der Rummel um ihn herum steht in keinem Verhältnis zu seiner Sehenswürdigkeit.

# Von Penang nach Norden

*Die beiden nördlichen Bundesstaaten Kedah und Perlis zwischen Hat Yai und Penang sind die Reiskammern des Landes. Die Ebene rings um Alor Setar und Kangar, die nur wenige Meter über dem Meeresspiegel liegt, war ursprünglich ein Sumpf- und Mangrovengebiet, das zu Beginn des 20. Jahrhunderts durch zahlreiche Kanäle und Dämme trockengelegt und für den Naßreisanbau nutzbar gemacht wurde. Die malaiischen Dörfer erstrecken sich kilometerlang entlang der Kanäle. Mit Ausnahme der Insel Langkawi findet man an diesem Küstenabschnitt kaum Badestrände. Im Gegensatz zu anderen Regionen der Halbinsel gibt es hier im Norden eine ausgeprägte Trockenzeit von November bis März, während zur Zeit der wechselnden Winde im April/Mai und von August bis Oktober die höchsten Niederschläge fallen.*

## Landeinwärts nach Osten

Der gut ausgebaute Highway 77 führt von Sungai Petani nach Osten, Richtung thailändische Grenze. Reisfelder und Kampung, so weit das Auge reicht - eine durch und durch ländliche, friedliche Region.

### Gerik

Gerik ist der größte und wichtigste Ort des Grenzgebietes im Landesinneren. Hier gibt es einen Markt, zahlreiche Geschäfte und die letzten Tankstellen vor dem Highway. In der Umgebung liegen mehrere Orang Asli-Dörfer, die aber nicht auf eigene Faust besucht werden können. Die Temperaturen hier oben in den Bergen sind spürbar kühler als an der Küste.

### East-West-Highway

8 km östlich von Gerik zweigt der East-West-Highway nach Kota Bharu ab. An der Verbindungsstraße wurde insgesamt 10 Jahre gebaut, und Angriffe der kommunistischen Guerilla auf die Bautrupps waren keine Seltenheit. Noch heute ist die Straße durch Militärcamps gesichert. Ohne Rücksicht auf die natürlichen Gegebenheiten hat man sie quer durch den Dschungel angelegt. 45 km östlich von Gerik erstreckt sich der riesige **Tasik Temengor**, ein Stausee, der weite Dschungelgebiete überflutet hat.

### ÜBERNACHTUNG UND ESSEN

Mehrere Chinesenhotels und viele chinesische Restaurants in Gerik.
*DINAMID HOTEL**, Jl. Sultan Iskandar, tel 892388, scheint von den preiswerteren der beste Tip zu sein.
*LENG YUEN HOTEL**, gleich nebenan, hat ein gutes Restaurant im Erdgeschoß.

### TRANSPORT

Busse fahren über KUALA KANGSAR nach IPOH (5 RM) bzw. TAIPING (2x tgl., 3 1/2 Std., 6 RM) und auch nach KL (20 RM). Ein Bus verkehrt 2x tgl. zwischen KOTA BHARU (12 RM) und BUTTERWORTH (3 1/2 Std.), ein weiterer zwischen Kota Bharu und ALOR SETAR. Taxi nach KOTA BHARU 20 RM p.P.

## Alor Setar und Kuala Kedah

*Die Hauptstadt von Kedah hat sich in den vergangenen Jahren zum Handels- und Geschäftszentrum Nordwest-Malaysias entwickelt. Wie überall an der Westküste stellen Chinesen auch hier die Mehrheit der Stadtbevölkerung. Während die Stadt im Zentrum geschäftig-dynamisch wirkt, hat sie in den Außenbezirken ihre ruhige Atmosphäre erhalten können.*

Rund um den Hauptplatz liegen die wichtigsten Bauwerke: Die **Zahir Moschee** ist neben der in Kuala Kangsar wohl eine der schönsten orientalischen Moscheen im Land. Jenseits der stark befahrenen Straße steht der **Balai Besar**, wörtlich übersetzt „die große Halle". Gegenüber dem Uhrturm erhebt sich der dreistökkige, achteckige **Balai Nobat**, in dem die Musikinstrumente des herrschaftlichen Orchesters untergebracht sind. Die Trommeln, Gongs und Flöten werden nur während großer Feierlichkeiten am Sultanshof gespielt. Der **alte Sultanspalast** befindet sich in der Jl. Istana Lama.

Sehenswert ist das kleine **Muzium Negeri** (Staatsmuseum) im Stil des Balai Besar, 2,5 km außerhalb an der Hauptstraße nach Norden gelegen. Hier gibt es eine große Sammlung archäologischer Funde aus Kedah zu sehen. Geöffnet tgl. außer am Freitagnachmittag, Eintritt frei.

### Kuala Kedah

Bekannt ist der 12 km entfernte Hafenort für seine Seafood-Restaurants. Sie liegen alle an der Flußmündung links vom Hafen hinter dem Fischmarkt, wo auch die Endstation von Bus 2 ist. Die meisten Gäste kommen nur nach Kuala Kedah, um die Fähre weiter nach Langkawi zu nehmen.

### ÜBERNACHTUNG

In den Seitenstraßen zwischen Taxistand und Busbahnhof gibt es zahlreiche billige chinesische Hotels, z.B.: *YUAN FANG**, Jl. Langgar, ist von den Billighotels noch am meisten zu empfehlen, allerdings nicht gerade ruhig.
*LIM KUNG**, 36 Jl. Langgar, tel 722459, liegt westlich der Brücke.
*FEDERAL HOTEL**, 429 Lebuh Raya Darulaman, tel 730055, an der Jl. Kanchut.
*GRAND CONTINENTAL*****, 134 Jl. Sultan Badli Shah, tel 735917, ein Hochhausblock mit 122 Zimmern, alle mit ac und TV. Das Beste, was in Alor Setar zu bekommen ist.

### ESSEN

Billig sind die indischen Läden auf der Jl. Langgar und die Foodstalls hinter dem Busbahnhof.
*LEONG HUAT*, Jl. Tungku Ibrahim, serviert malaiisches Essen.
*SIDEK GARDEN*, Jl. Pegawai, etwas außerhalb des Zentrums an der Kreuzung nach Kuala Kedah, ist ein sehr gutes, nicht ganz billiges chinesisches Restaurant.

### SONSTIGES

**GELD** - *MAYBANK* in der Jl. Sultan Badli Shah, die *UMBC, CHARTERED BANK* und *OVERSEAS UNION BANK* in der Jl. Raja.

**INFORMATIONEN** - ein kleines Informationsbüro des *MTPB*, tel 715930, befindet sich im Erdgeschoß des großen Regierungsgebäudes in der Jl. Sultan Badli Shah.

**VORWAHL** - 04.

### TRANSPORT

**BUSSE** - Es gibt 3 Bus-Stationen in Alor Setar. Überlandbusse fahren vom Terminal hinter dem Shopping Complex am Lebuh Raya Darulaman, nördlich vom Zentrum. Von hier kommt man nach BUTTERWORTH / GEORGETOWN 10x tgl. (5 RM), IPOH (13 RM) und KUALA LUMPUR (19 RM). Durchgehende Busse fahren auch über JOHOR BHARU nach SINGAPORE (38 RM). Tgl. fährt ein Bus über GERIK nach KOTA BHARU (20 RM).
**Nach Thailand**: Mit dem Bus über zur Grenze nach CHANGLUN zu fahren ist zwar möglich, von dort kommt man aber schlecht weiter nach SADAO (Thailand). Besser ist es, mit dem Bus den Eisenbahn-Grenzübergang PADANG BESAR (8 RM) anzusteuern (s.u.), wo man gut zu Fuß über die Grenze kommt und anschließend mit dem Bus weiterfahren kann. Von Alor Setar fahren Busse auch über die Hauptstrecke bis HAT YAI (12 RM).
Busse, die innerhalb Kedahs verkehren, fahren von der Bus Station am Kreisverkehr in der Jl. Badli Shah, z.B. nach KUALA KEDAH (1 RM) oder SUNGAI PETANI.
**Nach Langkawi** kommt man mit der Fähre vom benachbarten Kuala Kedah aus.

**ÜBERLANDTAXI** - von der Taxistation unweit des Bahnhofs kommt man nach BUTTERWORTH (9 RM), TAIPING (16 RM), KUALA KANGSAR (18 RM), IPOH (22 RM), KUALA LUMPUR (39 RM), KANGAR (5 RM), KUALA PERLIS (5 RM) und KUALA KEDAH (3 RM).

**EISENBAHN** - Am Bahnhof von Alor Setar hält jeden Nachmittag der Expreßzug, der von Butterworth über HAT YAI (1 1/4 Std.) und SURAT THANI bis nach BANGKOK (18 Std., 38 RM) fährt. Merkwürdigerweise hält derselbe Zug nicht in der Gegenrichtung nach Butterworth.
Abends fährt der Langkawi-Expreß über TAIPING, IPOH und TAPAH ROAD nach KUALA LUMPUR (8 1/2 Std., 35 RM Sitzplatz, Liegeplatz 39 bzw. 41 RM), wo er morgens eintrifft.

**FLÜGE** - Der Flugplatz liegt 11 km nördlich der Stadt bei Kepala Batas. Von hier MAS-Flüge tgl. nach KOTA BHARU (71 RM) und 5x tgl. KUALA LUMPUR (113 RM).
*MAS-Office,* Lebuh Raya Darulaman, tel 71106, liegt nördlich des Zentrums.

## Padang Besar

Grenzort nach Thailand, den man mit dem Bus, Taxi oder der Bahn erreicht. Wer billig nach Thailand einreisen will, geht die Straße hinauf bis zum malaysischen Kontrollpunkt, holt sich die entsprechenden Stempel und geht dann 10 Minuten durch ein Stück Niemandsland die Straße entlang bis zum thailändischen Zollhaus. Die Grenze ist ab 18.30 Uhr Malaysia-Zeit bzw. 17.30 Uhr Thai-Zeit geschlossen. Die Grenzbeamten kontrollieren Fußgänger zwar etwas gründlicher, doch bekommt man normalerweise bei Nachweis eines höheren Geldbetrages ohne Schwierigkeiten die entsprechenden Stempel.

Eine Alternative ist der Transfer mit einem Motorrad. Geldwechsel im Bahnhofsgebäude und im Coffeeshop an der Bus Station, allerdings keine guten Wechselkurse.

### TRANSPORT

**BUSSE** - fahren von hier nach ALOR SETAR (8 RM) und BUTTERWORTH, sind aber nicht immer zur Stelle. Auf der thailändischen Seite fahren Busse nach HAT YAI.

**ÜBERLANDTAXIS** - fahren am Bahnhof nach: KUALA PERLIS 5 RM, KANGAR 4 RM, SUNGAI PETANI 10 RM, BUTTERWORTH 12 RM, IPOH 25 RM, KUALA LUMPUR 39 RM und KOTA BHARU 38 RM.

Preise jeweils p.P. Auf der Thai-Seite nehmen Taxis nach HAT YAI 15 RM pro Wagen.

**EISENBAHN** - Der täglich verkehrende internationale Express (Zuschläge!) von BUTTERWORTH über HAT YAI nach BANGKOK hat eine knappe Stunde Aufenthalt in Padang Besar.
Während dieser Zeit werden am Bahnhof die Grenzformalitäten erledigt.
Eine Fahrt nach Butterworth kostet in der 2. Klasse inkl. Zuschlag 20 RM.

## Kuala Perlis

Durch endlose Reisfelder führt die Straße zu diesem Fischerort nahe der thailändischen Grenze. Fischfang ist die Haupterwerbsquelle - kein Wunder daß es am Hafen mehrere Seafood-Restaurants gibt. Hier auch ein kleiner **Markt**, auf dem man frisches Obst erstehen kann.

### ÜBERNACHTUNG

Wer die letzte Fähre nach Langkawi verpaßt hat, hat nur wenig Auswahl:
*SOON HIN**, bei der Taxistation, ein chinesisches Billighotel.
*PENS HOTEL****, Jl. Kuala Perlis, tel 754122, nahe der Anlegestelle, neu.

### TRANSPORT

**BUSSE** - nach KANGAR, ALOR SETAR, ARAU (1,50 RM) und BUTTERWORTH (4x tgl., 7 RM, 3 Std.) sowie zur Grenze nach PADANG BESAR.

**ÜBERLANDTAXI** - Ein Taxi zur Grenze nach PADANG BESAR kostet 5 RM p.P., nach ARAU oder ALOR SETAR ebenfalls. Nach BUTTERWORTH kommt man für 13 RM, für 20 RM nach KUALA LUMPUR.

**SCHIFFE** - Fähren nach KUAH (Langkawi) legen zwischen 8.00 und 18.00 Uhr stündlich von der Jetty ab, die Reise dauert etwa eine Stunde. Erste Fähre in Gegenrichtung ab Kuah um 8.00 Uhr, dann stündlich bis 18.00 Uhr. Die genauen Abfahrtszeiten können sich je nach Gezeiten und Wetter verändern. Ein Ticket kostet 11 RM einfach. Die klimatisierten Speedboote mit numerierten Sitzen sind komfortabel, benötigen nur etwa 45 Minuten und sind etwas teurer.
Longtail-Boote fahren nach SATUN in Thailand. Die Überfahrt dauert eine Stunde, kostet 3 RM bzw. 30 Baht. Ankunft am Tammalang-Pier, von dort aus geht es nach den Einreiseformalitäten mit dem Pickup weiter in die Stadt (3 km), wo Busse und Überlandtaxen nach HAT YAI (35 Baht) bzw. TRANG (50 Baht) weiterfahren. Wer aus Thailand kommt, bekommt an der Anlegestelle in Kuala Perlis den Einreisestempel in den Paß. Nicht vergessen, da es sonst Probleme bei der Ausreise gibt.

## Pulau Langkawi

*Schon zu Beginn der 80er Jahre hatte es den Anschein, als sollte die wunderschöne Inselgruppe im Nordwesten Malaysias das Schicksal des nahegelegenen Phuket teilen. Der Weg war, wie schon so häufig, vorgezeichnet: Verschlafenes tropisches Paradies wird von finanzkräftigen Tourismusmanagern entdeckt, Hotelkomplexe verdrängen einfache Bungalows, aus Feldwegen werden asphaltierte Straßen, Fischerdörfer avancieren zu Shopping-Centres usw. usw. Es schien, als müsse man Langkawi bald von der Liste der verträumten Ecken Malaysias streichen.*

*An die 3 Milliarden RM wurden investiert, eine vorzügliche Straße rings um die Insel gebaut und ein Flughafen angelegt, auf dem auch die großen 747-Jets landen können, aber die internationalen Touristenströme flossen an Langkawi vorbei.*

*1987 unternahm man einen neuen Belebungsversuch und erklärte Langkawi zur zollfreien Zone. Seitdem sprießen die Duty Free-Shops, kauft man den VSOP-Cognac in Kuah billiger als am Flughafen von Singapore und die Kretek-Zigaretten fast so günstig wie in Indonesien. Natürlich hat die Sache einen bedeutungsvollen Haken: duty-free Waren bis zu 500 RM darf nur mitbringen, wer einen Aufenthalt von mindestens 74 Stunden und drei Übernachtungen nachweist. Und so drängen sich nach einem langen Wochenende verschleierte Malaiinnen mit Kisten voller Küchenmaschinen, Decken und Geschirr zusammen mit cognacbeladenen Chinesen auf den Fähren. Den ersehnten internationalen Touristen-Boom brachte die Maßnahme nicht. Phuket boomte, aber über den Resorts von Tanjung Rhu auf Langkawi schwebte der Pleitegeier. Gras begann über die Bauruinen zu wachsen.*

*Das scheint mittlerweile vorüber zu sein. Die ehrgeizigen Investitionsprogramme greifen langsam: Rege Bautätigkeit hat an den Stränden eingesetzt, Erschließung allenthalben, für Großprojekte wurde in Kuah Neuland aufgeschüttet. Viele kleine Dinge haben sich verändert. Dem Neuankömmling, der die Insel zum ersten Mal erlebt, wird sie freilich noch immer ruhig und verschlafen, streckenweise auch noch richtig paradiesisch vorkommen. Fast ein Malaysia im Miniaturformat, mit tropischen Wäldern, sanften Bergrücken, schroffen Felsen, Gummiplantagen, Reisfeldern, Sandstränden und Kampungs - ganz so, wie man es aus den Bilderbuch-Prospekten kennt. Nur wer nach ein oder zwei Jahren wiederkommt, stellt fest, was inzwischen alles anders geworden ist. Und beginnt nachdenklich zu werden.*

### Kuah

Kuah ist der Hauptort auf Langkawi, hier kommt die Fähre an, hier kauft man ein, von hier starten Rundfahrten und Bootstouren. Über 4 km erstreckte sich der rund 3000 Einwohner zählende Ort mit seinen locker verteilten Wohnhäusern und Geschäften entlang der Hauptstraße.

Hier soll ein modernes Stadtzentrum entstehen, an allen Ecken und Enden wird fieberhaft gebaut. Zahlreiche Duty Free-Shops haben sich schon etabliert, die Küstenlinie wurde einen Kilometer ins Meer hinausverlagert, und auf dem neugewonnenen Land wird eine Strandpromenade mit Shopping-Arkaden errichtet.

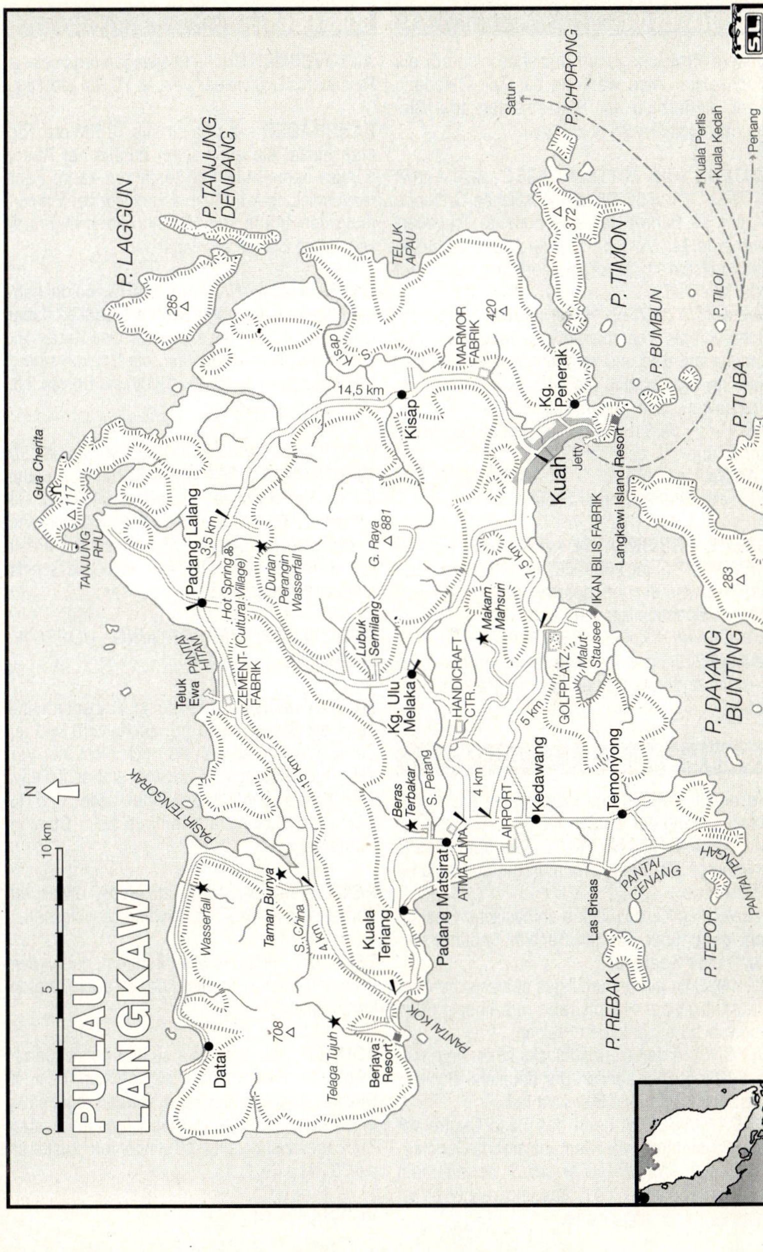
PULAU LANGKAWI
0
5
10 km
N
P. LAGGUN
285
P. TANJUNG DENDANG
Gua Cherita
117
TANJUNG RHU
Padang Lalang
3,5 km
Hot Spring &
(Cultural Village)
Durian Perangin Wasserfall
G. Raya
881
Lubuk Semilang
Teluk Ewa
PANTAI HITAM
ZEMENT-FABRIK
PASIR TENGORAK
Datai
708
Wasserfall
Taman Bunya
S. China
4 km
15 km
Telaga Tujuh
Berjaya Resort
PANTAI KOK
Kuala Teriang
Padang Matsirat
ATMA ALMA
Beras Terbakar
S. Petang
Kg. Ulu Melaka
HANDICRAFT CTR.
4 km
AIRPORT
Kedawang
Makam Mahsuri
5 km
7,5 km
GOLFPLATZ
Malut-Stausee
Temonyong
PANTAI CENANG
Las Brisas
PANTAI TENGAH
P. REBAK
P. TEPOR
P. DAYANG BUNTING
283
IKAN BILIS FABRIK
Langkawi Island Resort
Jetty
Kuah
Kisap
14,5 km
S. Kisap
MARMOR FABRIK
420
TELUK APAU
Kg. Penerak
P. TIMON
372
P. BUMBUN
P. TUBA
P. TILOI
P. CHORONG
Satun
Kuala Perlis
Kuala Kedah
Penang

## ÜBERNACHTUNG

Unsere Preiskategorien beziehen sich auf die Hochsaison, also während der Zeit Oktober - April. Außerhalb der Spitzenzeiten sind Discounts möglich, also nachfragen!

**UNTERE UND MITTELKLASSE** - *MALAYSIA MOTEL**, tel 9666298, am westlichen Ortsende (4 km ab Fähre), ist eine beliebte Traveller-Herberge. Mr. Velu, der in allen Angelegenheiten sehr hilfsbereit ist, organisiert auch ein Boot oder ein Taxi.
*MALAYSIA HOTEL****, tel 9668087, Raj, der Sohn von Mr. Velu managt das neue Hotel. Alle Zimmer mit Bad und warmem Wasser, ac oder Fan. Im Erdgeschoß ein indisches Restaurant. Spezialität ist der Biriani-Reis.
*ASIA*-****, tel 916216, ist ein Mittelklassehotel mit ac und TV, ebenso wie das
*LANGKAWI HOTEL*-****, tel 9666248, das auch preiswerte Zimmer bietet.

**OBERE PREISKLASSE** - *BERINGIN BEACH RESORT*****, tel 9666966, fax 9667970, liegt ca. 2 km von der Anlegestelle an einer kleinen, ruhigen Bucht östlich von Kuah.
*LANGKAWI ISLAND RESORT* (ab 150 RM), tel 9666209, liegt nur etwa 1 km von der Anlegestelle entfernt in einem kleinen Park im Südosten.

## ESSEN UND TRINKEN

Rollen wir den Ort von Nordwesten nach Südosten entlang der Straße auf:
*MALAYSIA RESTAURANT,* bei dem bereits erwähnten Mr. Velu kann man gut und billig indisch essen.
*WENG FUNG,* das kleine chinesische Restaurant gegenüber der Straßeneinmündung, serviert gutes Seafood.
*DAYANG* ist ein unauffälliges chinesisches Restaurant an der Hauptstraße mit einer großen Auswahl zu akzeptablen Preisen.
*DOMINO,* in den Neubaublocks hinter dem Mara-Building. Hier serviert der deutsche Besitzer westliche Küche und Bier vom Faß.
*MEDAN SELERA* heißt das Food Centre vor dem Fischmarkt - vor allem malaiische Gerichte.
*RESTAURANT PANTAI MAS* neben dem Asia Hotel, tel 917641, gut und relativ preisgünstig, reichhaltige Karte.

## SONSTIGES

**AUTOVERMIETUNG** - Mietwagen organisieren Reisebüros und viele Hotels ab 70 RM pro Tag.

**FAHRRÄDER** - kosten um die 12 RM pro Tag. Man mietet sie am besten bereits am Abend vorher, damit man früh losfahren kann, Fahrradvermietungen in Kuah gegenüber der Einmündung der Straße von Norden und in mehreren Hotels und Bungalowanlagen.

**GELD** - *MAYBANK* oder *UMBC*, beide nahe dem neuen Fischmarkt. Mehrere Banken haben **Geldautomaten**, die z.B. auch Visa-Karten akzeptieren. Nicht vergessen, die Banken sind in Kedah Sa - Mi von 10.00 - 15.00 und Do von 9.30 - 11.30 Uhr geöffnet.

**INFORMATION** - das *TOURISM MALAYSIA INFORMATION CENTER* befindet sich neben der großen Moschee in Kuah, tel 9667789. Geöffnet tgl. 9.00 - 13.00 und 14.00 - 18.00 Uhr. Am Infoschalter der Jetty ist eine Broschüre erhältlich, in der die aktuellen Taxi-, Bus- und Schiffstarife angegeben sind.

**MEDIZINISCHE VERSORGUNG** - *HOSPITAL*, tel 9666333.

**MOTORRÄDER** - Das ideale Transportmittel, denn die Straßen sind gut asphaltiert, und außerhalb von Kuah gibt es noch nicht viel Verkehr. Kleine Honda 75 oder 90 gibt es für etwa 30 RM am Tag in verschiedenen Läden und Hotels, z.B. im Geschäftszentrum beim Domino-Restaurant.

**POST** - an der Straße zur Jetty, etwas außerhalb von Kuah. Fr nachmittag geschlossen.

**TELEFON** - *TELECOM* im Zentrum, neben dem Domino Restaurant. Hier können auch Telefonkarten gekauft werden.

**TOUREN** - mit dem Boot zu den benachbarten Inseln, wo man fischen, schnorcheln, bzw. im Süßwassersee baden kann, werden regelmäßig in fast allen Hotels und Reisebüros angeboten. Ein Tagesausflug mit 10 Teilnehmern kostet um die 30 RM p.P.

**VORWAHL** - 04.

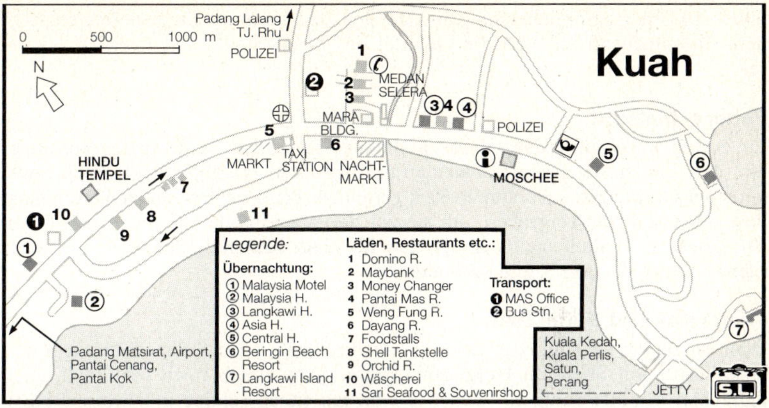


## NAHVERKEHRSMITTEL

**BUSSE** - fahren regelmäßig über die ganze Insel, man braucht sie nur an der Straße anzuhalten. Etwa stündlich fährt ein Bus zum PANTAI CENANG / PANTAI TENGAH. Zum Pantai Cenang gibt es von der Anlegestelle häufig Extra-Minibusse.

**TAXI** - Taxis warten vor allem an der Jetty und an der Einmündung beim Krankenhaus. Mietpreis 10 RM/Std., 120 RM am Tag. Preisbeispiele (pro Wagen): PANTAI CENANG 12 RM, TANJUNG RHU 15 RM, PANTAI KOK 15 RM.

## TRANSPORT

**FLÜGE** - Mit MAS vom Flughafen Padang Matsirat nonstop, bzw. über PENANG (4x tgl., 60 RM) nach KL (6x tgl., 140 RM). Direkte Verbindung auch nach JOHOR BHARU (tgl., 194 RM) und SINGAPORE (7x tgl., 218 RM).
*Pelangi* fliegt direkt bzw. über IPOH (4x pro Woche, 107 RM) nach KUALA LUMPUR (3x pro Woche, 135 RM).
Buchungen für alle Flüge bei *MAS,* Lot 3, 49/50, 3rd Floor, Putra Place (The Mall), tel 4437573, liegt an der Hauptstraße im Westen. Geöffnet tgl. 10.00 - 19.00 Uhr.

**SCHIFFE** - Der Weg vom Ortszentrum zur Anlegestelle ist ca. 20 Min. lang und mit Gepäck beschwerlich. Es empfiehlt sich, einen der stündlich abfahrenden Busse oder ein Taxi zu nehmen.
**Zum Festland:** Abfahrt der Fähren in KUALA PERLIS stündlich zwischen 8.00 und 18.00 Uhr. Erste Fähre in Gegenrichtung ab Kuah um 8.00 Uhr, dann stündlich bis 18.00 Uhr. Ein Ticket kostet 11 RM einfach. Die klimatisierten Speedboote mit numerierten Sitzen sind bequemer, benötigen nur etwa 45 Min. und sind etwas teurer. Eine weitere Verbindung gibt es zwischen Kuah und KUALA KEDAH, allerdings nicht ganz so häufig (5 - 6x tgl.). Kostet 13 RM einfach. Der Weg nach Butterworth ist von hier aus kürzer, dafür braucht die Fähre aber auch länger.
**Nach Penang** fährt die *Selesa Ekspres* tgl. 18.00 Uhr (2 1/2 Std., einfach 35 RM, *return* 60 RM). Das Schiff startet in der Gegenrichtung morgens um 8.00 Uhr in Penang.
**Nach Thailand** kommt man mit der *Ramai Ekspres,* die tgl. um 8.30 und 15.00 Uhr nach SATUN (1 Std., 15 RM) fährt. In der Gegenrichtung jeweils um 10.00 und 17.00 Uhr (Thai-Zeit) von Satun zurück. Ab Satun gibt es dann Busverbindungen direkt nach PHUKET / TRANG.

# Die Strände im Westen

## Pantai Tengah, Pantai Cenang

Am Südwestzipfel der Insel, ca. 21 km von Kuah entfernt, befinden sich die beiden herrlich weißen Sandstrände mit vorgelagerten Inseln. Während der letzten

Jahre sind hier zahlreiche Bungalowanlagen und mehrere Luxushotels entstanden. Entsprechend hat sich die Qualität des Meerwassers nicht gerade verbessert.

### Padang Matsirat

Ein Schild weist auf **Padang Beras Terbakar** - den „Platz vom verbrannten Reis" hin, der links in der Nähe des kleinen muslimischen Friedhofs liegt. Noch heute wird bei Grabungen verbrannter Reis gefunden, denn die Bewohner hatten einst ihre gesamte Ernte vergraben, um sie vor den angreifenden Thais zu bewahren. Zu sehen ist freilich nichts außer den üblichen Kampung-Häusern und jeder Menge Souvenir- und T-Shirt-Ständen.

### Pantai Kok und Burau Bay

Über Kuala Teriang führt eine kurvenreiche Straße an dichtem Dschungel entlang vorbei am Sheraton Hotel zum Pantai Kok, einem noch sehr idyllischen Plätzchen in einer ruhigen, flachen Bucht, wo (noch) einige preiswerte Bungalows stehen. Nach weiteren 2 1/2 km endet die Straße an der Burau Bay.

Hier beginnt die Straße zu den „sieben Brunnen" und dem Wasserfall **Telaga Tujuh**. Das letzte Stück durch den Wald muß man zu Fuß zurücklegen, denn da geht es steil bergauf (festes Schuhwerk sinnvoll!). Nach einigen Minuten Fußmarsch zweigt links ein Weg zum Wasserfall ab. Flußaufwärts im Dschungel kann man schöne Spaziergänge machen, ohne sich zu verlaufen.

## ÜBERNACHTUNG

Wer länger auf Langkawi bleiben will, übernachtet lieber an den Stränden als in Kuah. Billig ist es hier freilich nicht mehr.

**PANTAI CENANG** - Da neue, große Luxushotels geplant sind, werden einige preiswerten Unterkünfte in absehbarer Zukunft verschwinden.
**Untere Preisklasse**: *GRAND BEACH MOTEL***, tel 9551457, eine kleine, nette Anlage, alle Chalets mit Fan, Du/WC. Sehr preiswert.
*YATIE MOTEL**, tel 9551463, nett und preiswert, liegt gegenüber dem Grand Beach Motel auf der anderen Straßenseite.
*MELATI TANJONG TRAVEL LODGE***, tel 9551099, hat preiswerte Chalets mit Fan oder ac, alle mit Du/WC, für bis zu 4 Personen.
*AB MOTEL*-****, tel 9551300, fax 9551466, vermietet Chalets in einer schönen Anlage mit und ohne ac. Auch Motorradverleih.
*TWENTY TWENTY CHALET*-***, Lot 2014, tel 9552806, fax 9552810, ist eine hübsche neue Anlage mit Schlafsaal und Chalets mit Fan oder ac.
**Mittlere und obere Preisklasse:** *BEACH GARDEN RESORT*****, tel 9551363, fax 911221, neue Bungalows mit ac und Marmorböden, kleiner Pool. Im Restaurant gibt es deutsche Gerichte und Pizza, aber auch lokale *fried noodles*.
*SEMARAK LANGKAWI BEACH RESORT****, tel 9551377, fax 911159, eine der ersten Anlagen im malaiischen Stil. Geräumige Bungalows für bis zu 4 Personen mit Bad und Fan oder ac, Restaurant.
*TANJUNG MALIE BEACH MOTEL**-****, tel 9551891, direkt am Strand, hat preiswerte, hübsche Chalets mit Fan oder ac, Du/ WC. Ein großes Chalet mit Meerblick. Freundliche Atmosphäre.

**PANTAI TENGAH** - heißt der Strand, der sich von hier aus nach Süden erstreckt. Noch gibt es hier nur ein paar Anlagen:
*CHARLIE'S***, tel 9551200, fax 9551316, am nördlichen Ende des Pantai Tengah. Nette Bun galows direkt am Strand, alle mit Fan und Du/WC. Gepflegte Anlage und preiswertes Restaurant.

**PANTAI KOK** - noch gibt es hier die kleinen Chalets aus Holz. Doch auch hier hat man große Pläne, denn ab 1995 sollen auch hier die üblichen Hotelanlagen in die Höhe schießen. Deshalb alle Angaben zu den Unterkünften mit Vorbehalt! Derzeit sind alle ziemlich abgewohnt.

*KOK BAY MOTEL*-***, tel 911407, bietet Bungalows mit Fan und Du/WC, auch Restaurant sowie Moped- und Autoverleih.
*CORAL BEACH MOTEL*-***, tel 911000, hat ebenfalls Bungalows mit Fan, Du/WC.
*IDAMAN BAY RESORT***, tel 9551066, liegt als einzige Anlage nicht am Strand, sondern etwas zurückversetzt auf der anderen Straßenseite. Strohgedeckte Hütten mit und ohne ac, TV, Warmwasser, um einen kleinen Teich; ganz nett, gutes Essen, kaltes Bier.
*THE LAST RESORT***, tel 9551046, hat Chalets mit Fan und Du/WC, auch DZ im Langhaus.
*SOUTHERN CROSS**-****, tel 9551352, vermietet nur ac-Bungalows. Angenehm!

## ESSEN

**PANTAI CENANG UND PANTAI TENGAH** - *MELATI TANJUNG RESTAURANT*, im Restaurant der gleichnamigen Travel Lodge treffen sich oft junge Touristen und Angestellte vom Pelangi zum preiswerten Essen und Trinken.
*CHAMPOR CHAMPOR*, in individueller und angenehmer Atmosphäre bietet ein junges Team feine Gerichte nach dem Motto *east meets west*, z.B. Roti Canai Tortilla oder Mango Parfait. Nicht ganz billig, aber seinen Preis wert. Gleich daneben zwei weitere Lokale:
*BACKOFEN*, eine Bäckerei mit Vollkornbrot und Frühstück fast wie in einem Wiener Café und einem Restaurant mit österreichischen Spezialitäten wie Bratwurst mit Sauerkraut, Käsespätzle und Kartoffelsalat.
*HOT WOK*, ein chinesisches Restaurant, das auch bei Einheimischen recht beliebt ist.
*RESTORAN HAJI RAMLI* an der Kreuzung mit der Straße nach Kuah ist ein thailändisches Restaurant.
*THE LOBSTER* am Pantai Tengah, bietet, neben Lobster auch gutes Seafood und leckeres Satay. Man kann hier den Köchinnen im Freiluft-Lokal bei der Zubereitung zusehen.

**PANTAI KOK** - Beliebt ist die *JUNGLE BAR* im Idapan Bay Resort (weil's Bier gibt). Hervorragend, aber alkoholfrei, ist das Restaurant vom *COUNTRY BEACH MOTEL;* manche Leute bringen ihr Bier selber mit.
*SEVEN WELLS RESTAURANT*, an der Straßeneinmündung, sieht anspruchslos aus, aber gute Küche.
Im *INAPAM MAMA RESTAURANT*, dem Hausrestaurant vom Southern Cross, gibt es Barbecue und Bier.

## SONSTIGES

**MOTORRÄDER** - für Inselrundfahrten sind nahezu bei jedem Bungalow zu haben. Kosten etwa 30 RM am Tag.

**TOUREN** - sog. *Island Hopping* mit dem Boot zu benachbarten Inseln, wo man fischen, schnorcheln, bzw. im Süßwassersee baden kann, werden regelmäßig in fast allen Hotels und Reisebüros angeboten. Ein 4stündiger Trip zu drei Inseln (Pulau Dayang Bunting, Pulau Singa Besar und Pulau Beras Basah) z.B. mit *LANGKAWI ADVENTURE*, Pantai Tengah, tel 9668421, kostet 40 RM p.P. bei einer Mindestteilnehmerzahl von 6 Personen.

# Inselrundfahrt

Eine Inselrundfahrt (mindestens 70 km) kann man mit einer kleinen Honda zwar durchaus an einem Tag absolvieren, wer sich mehr Zeit nimmt, kann aber auch zwei oder drei schöne Rundfahrten unternehmen.

## Datai

Von der Straße zum Pantai Kok zweigt nach Norden eine gute, wenig befahrene Strecke ab. Nach 6 km erreicht man die Küste und die kleine, von Felsen umrahmte Badebucht **Pasir Pengorak** mit weißem Sandstand. Nach weiteren 3 km sieht man links im Wald einen imposanten **Wasserfall**. Ein schmaler Pfad führt nach oben, wo man in einem kleinen Pool auch baden kann. Hier im wettergepeitschten, bisher völlig unzugänglichen Nordwesten wurden große Regenwaldflächen für ein exklusives Deluxe-Strandresort (*The Datai*, ab 460 RM) und einen Golfplatz gerodet.

### Von Kuah Richtung Westen

**Makam Mahsuri** (Mahsuri's Grab) liegt 10 km von Kuah entfernt. Am Golfplatz nimmt man, von Kuah kommend, die kleinere Straße nach rechts. Über einen asphaltierten, ausgeschilderten Weg durch Kautschukplantagen und Reisfelder erreicht man die Pilgerstätte vieler malaysischer Besucher.

Außerdem wurde ein traditionelles Kampung-Haus aufgebaut, das man besichtigen kann. Eintritt: 1 RM. Vom Makam Mahsuri aus kann man weiter zum Wasserfall Telaga Tujuh (s.S. 466) fahren.

### Weiter nach Norden

Die 19 km lange Hauptstraße vom Pantai Kok nach Norden zum Kreisverkehr führt über Teluk Ewa. Bequemer ist freilich die große Straße über das Dörfchen Ulu Melaka nach Padang Lalang. Noch vor Ulu Melaka wurde ein **Handicraft Centre** eröffnet, das Batik, Keramik, Silberarbeiten und Schmuck zum Verkauf anbietet (Eintritt 1 RM).

Weiter nördlich hat man eine 14 km lange, neue Stichstraße Richtung Osten auf den **Gunung Raya** (890 m) gebaut. Von oben hat man eine tolle Aussicht über die gesamte Insel und das Archipel.

### Tanjung Rhu

Die Bucht war einmal die schönste der ganzen Insel, bis der Bauboom ausbrach. Nachdem eine kleine Felseninsel vor der Küste abgetragen worden war, wurde ein Teil des Strandes durch die stärkeren Wellen weggeschwemmt. Versuche, den Strand zu befestigen, verliefen erfolglos.

Bei Ebbe laden die weiten, freiliegenden Sandbänke vor Tanjung Rhu zum Spazierengehen und Muschelsammeln ein. Beim Baden ist wegen gefährlicher Strömungen Vorsicht geboten. Abends kommen bei Flut oft hohe Wellen auf.

### Von Padang Lalang nach Kuah

Vom Kreisverkehr geht die Hauptstraße wieder nach Kuah (18 km), vorbei an den heißen Quellen **Telaga Ayer Hangat**, die mittlerweile zum *Ayer Hangat Cultural Village* aufgedonnert wurden. In einem Restaurant werden abendliche Tanz- und Folklore-Shows vorgeführt.

Nach 3 1/2 km zweigt rechts ein Weg ab, auf dem man in 40 Minuten durch Reisfelder und Dschungel zum **Durian Perangin-Wasserfall** gelangt.

Am alten Marmorsteinbruch arbeitet immer noch die **Marmorfabrik**, aus der alle besseren Hotels der Insel ihre Fußbodenfliesen beziehen. Ein kleines Informationszentrum demonstriert Verarbeitung und Qualität des hiesigen Marmors, der sogar beim Bau der Nationalmoschee in Kuala Lumpur Verwendung fand.

## Die vorgelagerten Inseln

### Pulau Dayang Bunting

Die „Insel des schwangeren Mädchens“, zweitgrößtes Eiland der Langkawi-Gruppe, läßt sich mit einem gemieteten Boot in etwa 45 Minuten erreichen. An der Nordspitze wird der bereits erwähnte weiße Marmor abgebaut.

Von dem Pier im Westen führt ein Fußweg zum **Tasik Dayang Bunting**, ein friedlicher, smaragdgrüner Süßwassersee, der zu einem erfrischenden Bad einlädt. Aber Vorsicht: Der Name rührt daher, daß eine kinderlos gebliebene junge Frau nach einem Bad in diesem See prompt schwanger wurde; seitdem spricht man dem Gewässer wundersame Kräfte zu.

### Pulau Singa Besar und Pulau Beras Basah

Zwischen den beiden Inseln gibt es noch einige Korallenriffe, in denen es sich ein wenig herumschnorcheln läßt. Zu den Stränden kommen nur vereinzelt Ausflügler - gleich dahinter beginnt der Dschungel. Touren sind allerdings nur bei schönem Wetter empfehlenswert - am besten während der Trockenzeit zwischen Januar und April.

## Von Kuala Lumpur nach Süden

*Minangkabau-Einwanderer aus West-Sumatra siedelten sich bereits vor der Ankunft der Portugiesen als Reisbauern um Melaka und später in Negri Sembilan an, während die malaiische Bevölkerung zu jener Zeit noch überwiegend vom Kleinhandel und Fischfang lebte. Die Einwanderer aus Sumatra galten als besonders kämpferisch und bestimmten zusammen mit den Bugis aus Süd-Sulawesi vom 16. bis 19. Jahrhundert das politische Leben im südlichen Teil der Halbinsel Malaya. Die Minangkabau haben in Negri Sembilan bis heute Reste ihrer matrilinearen Sozialstruktur (Adat Perpateh) bewahrt.*

*Auf der Fahrt nach Süden, kommt man kilometerweit durch endlos scheinende Gummi- und Palmölplantagen, die früher im Besitz großer englischer Gesellschaften waren. Heute wird die Erzeugung von Gummi mehr und mehr zugunsten von Palmöl eingeschränkt. Ähnlich wie im Norden sind die Städte und Marktflecken überwiegend chinesisch, die Kampung aber malaiisch geprägt. Anders im Sultanat Johor, wo ein großer Teil der Dorfbevölkerung chinesischen Ursprungs ist, denn viele von ihnen sind während der wirtschaftlichen Depression in den 30er Jahren von Singapore in das Hinterland gezogen.*

## Melaka

*Es gab eine Zeit, da war Jakarta noch ein unbedeutendes Hafennest namens Sunda Kelapa, und Singapore hieß noch Temasik und lag gerade in Trümmern, weil Thais und Javaner sich um die Vorherrschaft auf der malaiischen Halbinsel stritten. In Portugal ging das 14. Jahrhundert zuende, und von Lissabon aus trieb man Handel mit Arabern, Indern und Chinesen.*

*Parameswara, ein sumatrischer Prinz und ehemaliger Herrscher in Temasik, hatte sich mit einem Haufen Gefolgstreuer in einem Dörfchen an der Westküste eingenistet und ging einem zu dieser Zeit sehr verbreiteten Broterwerb nach: der Piraterie. Schwer beladene Schiffe segelten regelmäßig auf dem Weg von Indien nach China oder zu den Gewürzinseln an der Westküste entlang. Einen günstigeren Ort hätte er kaum wählen können, denn hier, in der Übergangszone zwischen Nordwest- und Südostmonsun, gingen die Seeleute gern vor Anker, um das Umschlagen des Windes abzuwarten. Er soll der Gründer der Stadt gewesen sein, die man später Malacca nannte.*

*Der Aufstieg des kleinen Piratennests zum Handelshafen dauerte nur wenige Jahrzehnte, nicht zuletzt, weil die Chinesen das Protektorat über den günstigen Warenumschlagplatz beanspruchten. Das Malacca des 15. Jahrhunderts war bereits eines der bedeutendsten Handelszentren der damaligen Welt, eine bunte, quirlige Stadt, in der Händler und Seeleute aus aller Herren Länder die Straßen bevölkerten. Im Hafenviertel unten an der Flußmündung wechselten Seide, Brokat, Gewürze, Gold, Silber, Perlen, Opium und Sklaven den Besitzer, chinesische, tamilische, javanische und bengalische Kaufleute lebten in protzigen Häusern nördlich des Flusses, und die Istana, die Residenz der Sultane auf dem Hügel über der Stadt, galt als einer der prächtigsten von Menschenhand erbauten Paläste.*

*Auf der Suche nach neuen Märkten landeten 1509 auch die Portugiesen in Malacca. Drei Jahre später hatten sie das Sultanat gestürzt, den malaiischen Hof verjagt, die Macht übernommen und auf dem Hügel ein mächtiges Fort errichtet. Die ortsansässige Geschäftswelt kümmerte das wenig, sie paßte sich an. Kaufleute und Händler arrangierten sich mit den neuen Herren und blieben in Malacca - vorerst jedenfalls, denn eine glückliche Hand hatten die Portugiesen nicht. Ihr weltumspannendes Imperium bröckelte, nicht nur in Südostasien. Immer wieder versuchten die Malaien, die sich in Johor niedergelassen hatten, ihren Hafen zurückzuerobern, zudem trat Holland als rivalisierende Handelsmacht auf den Plan. 130 Jahre regierten die Portugiesen Malacca, und als die Holländer endlich nach monatelanger Belagerung die Stadt übernahmen, war sie von endlosen kriegerischen Auseinandersetzungen restlos ruiniert und durch Hunger und Pestilenz so gut wie entvölkert. Man schrieb das Jahr 1641.*

*Trotz aller Bemühungen, aus Malacca wieder einen Handelsplatz zu machen, hat sich die Stadt von diesem Niedergang nie mehr erholt. Außerdem favorisierte die „Vereenigde Oostindie Companie“ nunmehr Batavia (das heutige Jakarta) als Handelszentrum. Aus der einstigen Metropole wurde ein mittelgroßes, verträumtes, niederländisch anmutendes Städtchen, eines unter vielen auf der Weltkarte der Holländer.*

*Während der napoleonischen Kriege besetzten 1795 die Engländer von Penang aus Malacca. Von nun an schaltete und waltete die englische East India Company an der Meerenge, die noch heute „Straße von Malacca“ heißt. Inzwischen war der Hafen verschlammt und kaum noch benutzbar, die eisernen Dampfschiffe des 19. Jahrhunderts zogen an Malacca vorbei nach Singapore, der neuen Drehscheibe des (nunmehr britisch dominierten) Ostasienhandels. Die Stadt schien zu schlafen. Beschaulich wirkt Melaka, wie es sich heute nennt, noch immer. Nicht die Glastürme der internationalen Gesellschaften, sondern chinesische Ladenviertel beherrschen das Stadtbild. Die großen Bauten der europäischen Herren sind wieder zu dem geworden, was sie einmal waren: Fremdkörper. Aber das Völkergemisch der vergangenen Jahrhunderte hat doch ein paar Spuren zurückgelassen, und das macht Melaka so interessant.*

### Auf dem „Roten Platz“

Unser Rundgang beginnt dort, wo alles anfing, an der Flußmündung des Sungai Melaka, am „Roten Platz“, im Zentrum der Stadt. Alle Gebäude, die sich um diesen Platz gruppieren, sind in verschiedenen Rot-Tönen gestrichen. Ursprünglich waren alle holländischen Gebäude in einem hellen Weiß gehalten, bis 1930 der britische Gouverneur das dunkle Rot verordnete.

Das **Stadthuys** (Rathaus) ist natürlich ein Relikt der holländischen Machthaber. Es wurde um 1650 für den damaligen Gouverneur gebaut und ist damit das älteste noch erhaltene holländische Gebäude in Asien überhaupt. In einem der

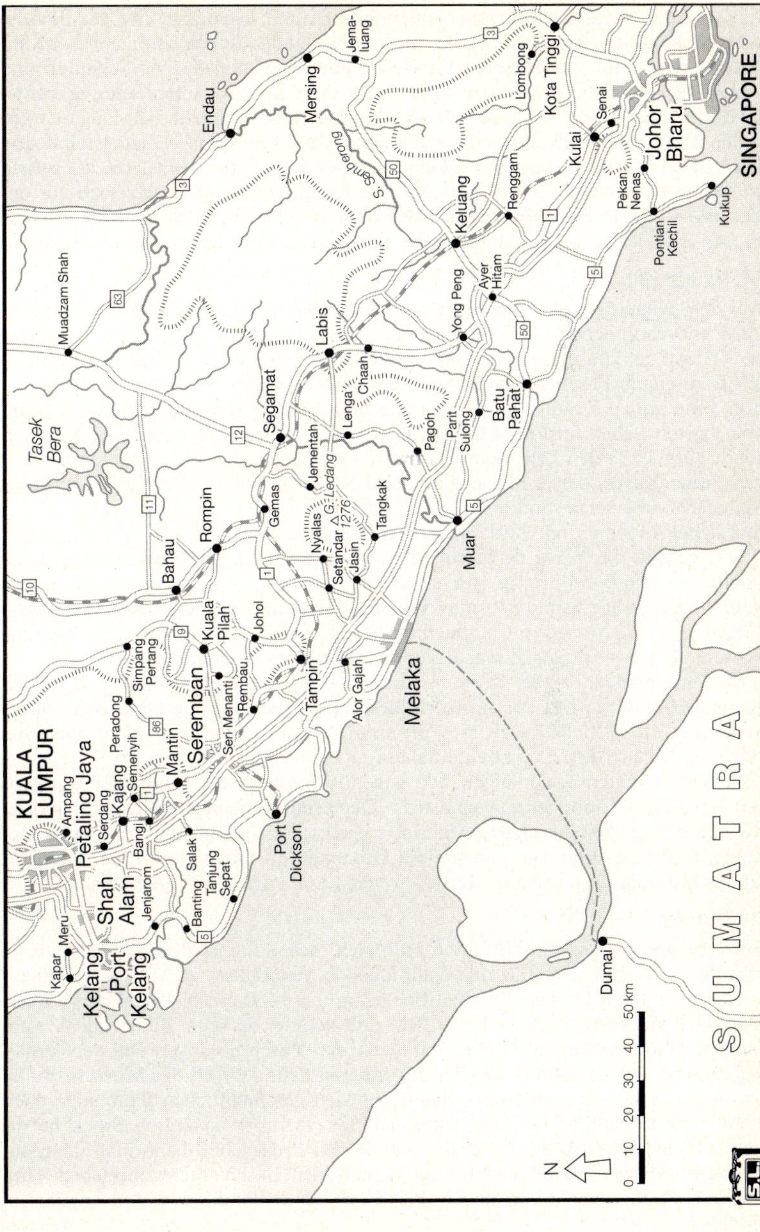
KUALA LUMPUR
Petaling Jaya
Ampang
Serdang
Kajang
Semenyih
Peradong
Shah Alam
Kelang
Port Kelang
Kapar
Meru
Jenjarom
Banting
Tanjung Sepat
Salak
Bangi
Mantin
Seremban
Seri Menanti
Simpang Pertang
Kuala Pilah
Rembau
Johol
Port Dickson
Tampin
Alor Gajah
Melaka
Bahau
Rompin
Gemas
Setandar
Jasin
Nyalas
G. Ledang
1276
Tangkak
Jementah
Segamat
Lenga
Chaah
Labis
Pagoh
Muar
Parit Sulong
Batu Pahat
Yong Peng
Ayer Hitam
Keluang
Renggam
Kulai
Senai
Johor Bharu
Pekan Nenas
Pontian Kechil
Kukup
SINGAPORE
Kota Tinggi
Lombong
Jemaluang
Mersing
Endau
S. Sembrong
Tasek Bera
Muadzam Shah
Dumai
SUMATRA
1
3
5
9
10
11
12
50
63
86
N
0
10
20
30
40
50 km

Räume blieb sogar der hölzerne Fußboden erhalten. Heute ist hier das **historische Museum** untergebracht. Unter den Ausstellungsstücken sind zahlreiche antike Möbel, chinesisches und japanisches Porzellan, malaiischer Schmuck und viele alte Fotos, die die neuere Geschichte der Stadt dokumentieren. Geöffnet tgl. 9.00 - 18.00 Uhr, Fr 12.15 - 14.45 Uhr geschlossen. Eintritt 2 RM.

Die **Christ Church** entstand erst rund 100 Jahre später. Ziegelsteine und Dachziegel wurden eigens aus Holland eingeschifft, jeder der 16 Deckenbalken ist aus einem einzigen Baum gehauen. Die Kirchenstühle stammen noch aus der Zeit um 1760. Der **Queen Victoria-Brunnen** und der **Uhrturm** datieren aus englischer Zeit, letzterer war übrigens das Geschenk einer reichen Chinesenfamilie.

## St. Paul's Hill

Auf dem Hügel liegt die Ruine der **St. Paul's Church**. Sie war eine von fünf Kirchen und zahlreichen Gebäuden der mächtigen Festung *A Famosa,* die von diesem Hügel aus die Stadt beherrschte. Die Holländer funktionierten das Kirchenschiff zu einem Festungsteil um und benutzten es später als Honoratioren-Friedhof. Eine ganze Reihe alter Grabsteine berichtet noch von großen Taten und vom harten Leben fern der Heimat. Die leere Grabkammer unter dem Kirchenschiff barg 1553 den Leichnam des französischen Jesuiten, Missionars und Heiligen **Franz Xaver**, der in Malacca u.a. eine Schule gründete, den Katechismus ins Malaiische übersetzte und mehrere Wunder vollbrachte. Allerdings ruhte er hier nur sieben Monate und wurde dann nach Goa überführt.

Wie gesagt, die **Porta de Santiago** war alles, was Sir Stamford Raffles 1810 noch vor dem Zerstörungseifer seines Landsmanns William Farquhar retten konnte. Die Jahreszahl 1670 markiert die Restaurierung der Anlage durch die *Vereenigde Oostindische Compagnie (VOC)* Hollands nach dem Sieg über die Portugiesen; das Tor selbst wurde von den Portugiesen schon 1512 errichtet.

Im Parkgelände vor der Porta wird allabendlich vor der Kulisse der historischen Gebäude im Stil des französischen *son et lumiére* eine historische Show abgerollt. Kostet 5 RM und ist recht eindrucksvoll, wenn man nicht allzu viel Wert auf Inhalte legt. Es gibt eine Bahasa- und eine englische Version.

In dem schönen Kolonialgebäude gegenüber hatten die Engländer übrigens seit 1912 ihren Club, heute wird hier im **Declaration of Independence Memorial** die Unabhängigkeitsbewegung Malaysias geehrt. Bei freiem Eintritt können Dokumente, Fotos, Verträge und andere Dokumente besichtigt werden. Geöffnet ist das Museum Di - So 9.00 - 18.00, Fr von 12.00 - 15.00 Uhr geschlossen.

## Die Istana

Erst vor wenigen Jahren entschloß man sich, den Sultanspalast zu rekonstruieren, der nun, ganz aus Holz und traditionellen Materialien, zu Füßen des Hügels wiederentstanden ist. Das Original fiel schon um 1460 einem Brand zum Opfer. Der Nachbau kostete 2,5 Millionen RM und konnte, da keine Bilder oder Zeichnungen mehr vorhanden waren, nur nach den Beschreibungen aus den Malaiischen Annalen ausgeführt werden. Im Inneren befindet sich das **Muzium Budaya** (Malacca Cultural Museum), das neben den geschichtlichen Exponaten auch viele ganz alltägliche Gebrauchsgegenstände vorführ. Im ersten Stock betritt man auf der linken Seite die **Audienzhalle**. Im Erdgeschoß kann man dann auf mehreren Diaramen Höhepunkte der malaiischen Geschichte nacherleben. Hinter dem Palastgelände ein kleiner **Friedhof** mit holländischen und englischen Gräbern.

### Chinatown

Es geht nun zurück und auf die andere Seite des Flusses, nach Chinatown, die, verglichen mit Kuala Lumpur oder Penang, einen ausgesprochen friedlichen Eindruck macht. Nahezu lückenlos haben sich rund um die Jl. Hang Jebat die alten chinesischen Häuserzeilen gehalten, viele von ihnen bunt bemalt und reich verziert. Die Straße hieß früher *Jonker Street* und war bekannt durch ihre vielen Trödelläden, die heute allerdings zu betuchten Antiquariaten avanciert sind.

Die schönsten **Peranakan-Häuser** findet man in der benachbarten Jl. Tun Tan Cheng Lock, viele von ihnen sind nach wie vor in Familienbesitz. So auch die Nr. 50, das **Baba Nyonya Heritage Museum**, ein vollständig erhaltenes Domizil, das einen schönen Einblick in den Lebensstil einer reichen *Peranakan*-Familie von damals gibt. Eintritt 7 RM, Kinder bis 17 Jahre 4 RM, Familien 16 RM. Geöffnet tgl. 10.00 - 12.30 und 14.00 - 16.30 Uhr.

Der **Cheng Hoon Teng Tempel** in der Jl. Tokong wurde schon 1645 gegründet und ist damit der älteste chinesische Tempel Malaysias. Die Haupthalle stammt aus dem Jahre 1704, die anderen Teile sind 100 Jahre jünger. Alle verwendeten Materialien wurden aus China hierhergebracht, ebenso die Künstler, die die besonders reichhaltige Dekoration geschaffen haben. Gegenüber ein Gebäude für Theatervorführungen, es stammt aus dem 19. Jahrhundert.

Ganz in der Nähe die **Kampung Keling Moschee** mit ihrem merkwürdig pagodenartigen Minarett. Der Bau wurde 1868 fertiggestellt, in der Gebetshalle hängt ein opulenter viktorianischer Leuchter.

Nur wenige Schritte sind es zum indischen Tempel **Sri Poyyatha Vinayagar Moorthi**, dem ältesten Hindutempel Malaysias (spätes 18. Jh.). Damit sind wieder einmal auf einem kurzen Stück Straße die drei Hauptreligionen Malaysias einträchtig versammelt.

Und da wir schon bei den ältesten Heiligtümern sind: Die **Kampung Hulu Moschee**, Jl. Kampung Hulu, ist die älteste Moschee Malaysias und wurde 1728 erbaut. Sie liegt ein paar hundert Meter nordöstlich von hier.

### Jl. Bunga Raya, Jl. Bendahara

**St. Francis Xavier‘s Church**, ein neogotisches Bauwerk aus dem 19. Jahrhundert, liegt noch an der Jl. Laksamana nahe dem „Roten Platz“. **St. Peter‘s Church**, an der oberen Jl. Bendahara, ist die älteste noch funktionierende katholische Kirche Malaysias. Sie wurde 1710 von einem Holländer gebaut, der zum katholischen Glauben konvertiert war und so den noch verbliebenen Portugiesen wieder ein religiöses Zentrum schenkte - freilich etwas außerhalb der damaligen Stadt. Die Osterprozessionen erinnern noch heute mehr an Portugal oder Spanien als an Asien.

Jl. Bunga Raya, Jl. Bendahara und Jl. Munshi Abdullah sind die Hauptschlagadern des heutigen Stadtzentrums: Laut, hektisch und unansehnlich. In den Seitenstraßen gibt es freilich viele geschäftige Läden und Restaurants, Foodstalls und Straßenmärkte.

### Bukit China

Der Name des Hügels geht auf das 15. Jahrhundert zurück, als Malacca noch dem chinesischen Kaiserhof tributpflichtig war und Peking dem Harem des Sultans eine Prinzessin samt 500 Mädchen Begleitung zum Geschenk machte, die am Fuße des Hügels ihren Palast bekamen. Von ihm ist leider genausowenig übriggeblieben wie von dem Franziskanerkloster, das die Portugiesen hier bauen ließen. Heute finden wir hier den größten chinesischen Friedhof außerhalb Chinas mit über 12 000 **Gräbern**, von denen die ältesten noch aus der Ming-Dynastie stammen. Aufstieg am besten von der Jl. Puteri Hang Lih Po aus, in den Seitenweg rechts und dann die Stufen hinauf.

Am Fuße des Hügels liegen der **Sam Po Kong Tempel** und **Sultan's Well**, ein Brunnen, der den Holländern seinerzeit so wichtig war, daß sie ihn mit einem Wachhaus und acht Kanonen versahen.

## Südlich des Zentrums

Über viele Kilometer hat man südlich der Flußmündung entlang der Küste Land aufgeschüttet und so die einstigen Strandpromenaden ins Landesinnere verlegt. **Taman Melaka Jaya** ist die erste neue Siedlung, die auf dem neuen Landstreifen entstand. Die Jl. Parameswara / Jl. Ujong Pasir ist die Ausfallstraße nach Südwesten, an der Küste entlang. Etwa 1 1/2 km sind es bis zum **St. John's Hill** mit den Resten einer holländischen Festung.

Es gibt sie noch - die Portugiesen! Nur etwa einen Kilometer von hier, an der Jl. Albuquerque, gründeten in den 30er Jahren die versprengten Reste portugiesischer Nachkommen eine **portugiesische Siedlung**. Den Portugiesinnen und Portugiesen war, im Gegensatz zu anderen Kolonialmächten, die Heirat mit fremden Rassen nie verboten. So kommt es, daß noch heute etwa 1500 streng katholische Eurasier in der Siedlung am Meer leben. Ein paar von ihnen treiben noch immer Fischfang und in vielen Häusern spricht man noch *Christao,* ein archaisches Portugiesisch.

Irgendwann erkannte auch das Tourismusministerium den Reiz der kleinen Kulturinsel und eröffnete 1985 den **Medan Portugis**, ein beliebtes Ziel für abendliche Ausflüge, mit „portugiesischen" Restaurants, Seafood und *Culture Shows*, die jeden Sonnabend zwischen 8.30 und 22.00 Uhr die Restaurantgäste erfreuen (Eintritt 2 RM). Zu sehen gibt es außer einem Häuserkaree und einer kleinen Kapelle eigentlich nichts. Bus Nr. 17 fährt bis zur Jl. Albuquerque hinaus.

## ÜBERNACHTUNG

**GUEST HOUSES** - In Melaka ist es wie in anderen großen Städten auch: die Gästehäuser öffnen und schließen schneller als die Neuauflagen dieses Buches auf den Markt kommen.

*SUNSET VILLA**, 212 B Taman Melaka Jaya, ist sauber und nett eingerichtet.

*SUNNY'S INN**, 253-B Taman Melaka Jaya, tel 237990, ermuntert seine Gäste nun schon so lange, uns lobende Postkarten zu schreiben, daß wir es einfach erwähnen müssen. Alle Zimmer mit Gemeinschaftsdusche und Mandi, aber preiswert und sehr travellerfreundlich.

*SD RESTHOUSE*-***, 252 B Taman Melaka Jaya, tel/fax 249656. Freundliches, familiäres indisches Gästehaus im 1. Stock. Saubere DZ mit ac oder (billiger) mit Fan. Manche Zimmer sind etwas düster, da ohne Außenfenster, kosten aber nur 9 - 15 RM.

*HOLIDAY HOTEL*-***, 305 Taman Melaka Jaya, tel 228435, hat einfache Zimmer mit Fan und etwas schmuddliger Gemeinschaftsdusche/WC, aber auch ein paar (geringfügig teurere) Zimmer mit Bad, Fan oder ac.

*ROBIN'S NEST**, 247-B und 248-B Taman Melaka Jaya, tel 229142, ist vielleicht nicht ganz blitzsauber, aber eine gute Travelleradresse. Insgesamt 16 Zimmer, europäische Gemeinschaftstoiletten, interessantes Gästebuch, reiseerfahrener Manager.

*HERITAGE HOTEL***, 116A Taman Melaka Jaya, tel 227515, fax 227516, modernes, sauberes Mittelklassehotel; alle Zi mit ac und Du/ WC.

*MELAKA YOUTH HOSTEL**, 341 Taman Melaka Jaya, tel 227915, fax 2741115, hat im Okt. 93 seine Pforten geöffnet. Wer kein JH-Mitglied ist, kann es hier werden. Erste Nacht im ac-Schlafsaal 12 RM, im Schlafsaal mit Fan 10 RM, jede weitere Nacht 9 RM bzw. 7 RM.

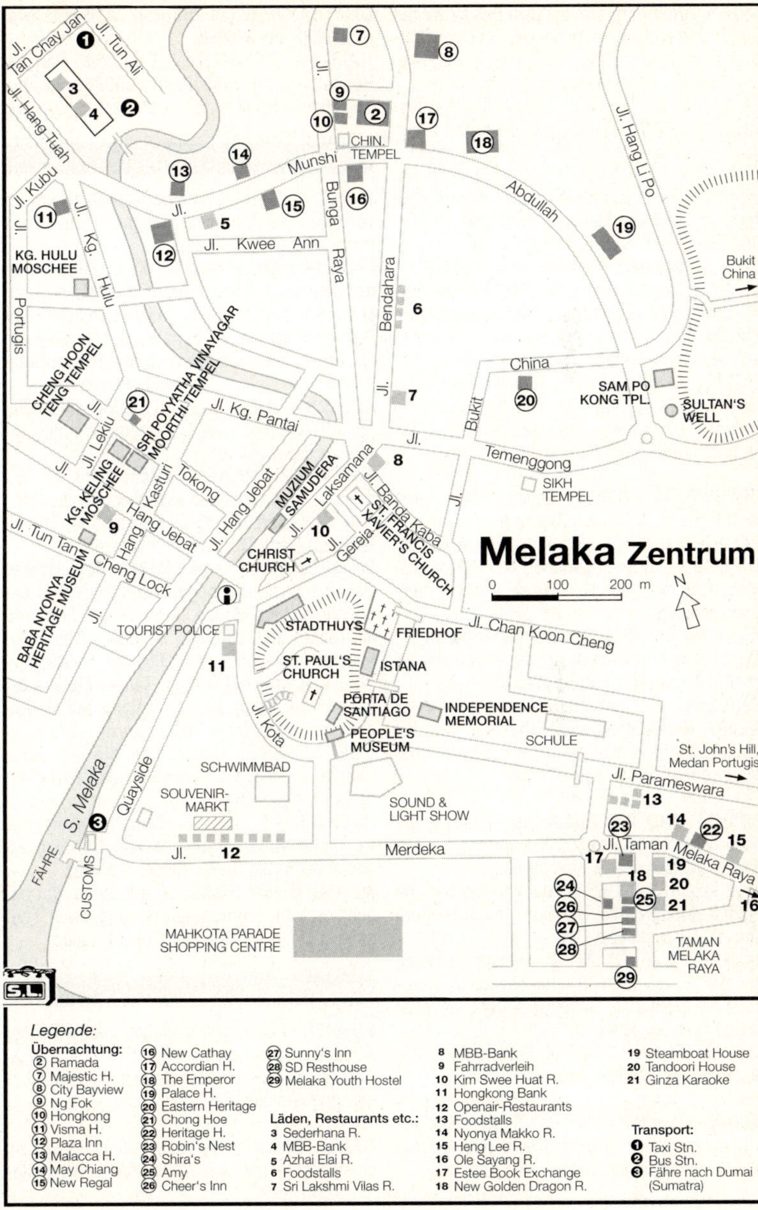


*Legende:*

**Übernachtung:**
② Ramada
⑦ Majestic H.
⑧ City Bayview
⑨ Ng Fok
⑩ Hongkong
⑪ Visma H.
⑫ Plaza Inn
⑬ Malacca H.
⑭ May Chiang
⑮ New Regal
⑯ New Cathay
⑰ Accordian H.
⑱ The Emperor
⑲ Palace H.
⑳ Eastern Heritage
㉑ Chong Hoe
㉒ Heritage H.
㉓ Robin's Nest
㉔ Shira's
㉕ Amy
㉖ Cheer's Inn
㉗ Sunny's Inn
㉘ SD Resthouse
㉙ Melaka Youth Hostel

**Läden, Restaurants etc.:**
**3** Sederhana R.
**4** MBB-Bank
**5** Azhai Elai R.
**6** Foodstalls
**7** Sri Lakshmi Vilas R.
**8** MBB-Bank
**9** Fahrradverleih
**10** Kim Swee Huat R.
**11** Hongkong Bank
**12** Openair-Restaurants
**13** Foodstalls
**14** Nyonya Makko R.
**15** Heng Lee R.
**16** Ole Sayang R.
**17** Estee Book Exchange
**18** New Golden Dragon R.
**19** Steamboat House
**20** Tandoori House
**21** Ginza Karaoke

**Transport:**
❶ Taxi Stn.
❷ Bus Stn.
❸ Fähre nach Dumai (Sumatra)

**Andere Gegenden:** Wer mit dem Bus Nr. 17 auf der Jl. Parameswara noch ein Stück weiterfährt und an der Ecke Jl. Thamby Abdullah aussteigt, erreicht das

*KANCIL GUEST HOUSE**, 177 Jl. Parameswara, tel 230821. Relativ geräumig und ruhig, gleich neben dem chinesischen Tempel gelegen.

*EASTERN HERITAGE*-***, 8 Jl. Bukit China, tel 233026, befindet sich in einem schönen alten Haus im Zentrum Melakas. Nett und sauber. Schlafsaalbett 6 RM, auch EZ, DZ und Suite.

*MTHL 2 (Malacca Town Holiday Lodge)*-***, 52 ABC Kampung Empat, tel 246905, unmittelbar nördlich von Chinatown, bietet unterschiedliche Zimmer der unteren und mittleren Preislage. Freundliche malaysisch-englische Besitzer.

*PARADISE HOSTEL*-***, 4 Jl. Tengkera, tel 230821, Ecke Jl. Ong Kim Wee, am westlichen Ende von Chinatown, Schlafsaalbett 6 RM, DZ mit Fan, manche mit Bad, auch ac-Zimmer.

**PREISWERTE HOTELS** - liegen nicht weit von der Bus Station im **neuen Zentrum**.

*MALACCA HOTEL**, 27A Jl. Munshi Abdullah, tel 222499, schräg gegenüber, ist nicht gerade ruhig, aber preiswert. Lieber ein Zimmer nach hinten nehmen.

*MAY CHIANG*-***, 52 Jl. Munshi Abdullah, tel 222101, das beste von den preiswerten in dieser Straße. Zimmer mit Fan bzw. ac und Bad.

*MAJESTIC HOTEL**, 188 Jl. Bunga Raya, tel 222367. Klassisches altes Chinesenhotel mit großen Zimmern, eigentlich sehr reizvoll, aber leider ziemlich heruntergekommen.

**MITTEL- UND OBERKLASSE** - Gute Hotels mit Zi zwischen 50 und 100 RM sind dünn gesät. Zimmer mit Bad und ac sind die Regel.

*NEW REGAL**-****, 66 Jl. Munshi Abdullah, tel 245500. Moderneres Gebäude, auch billigere Zimmer. Für den Preis O.K.

*PALACE HOTEL****, 201 Jl. Munshi Abdullah, tel 225115, fax 248833. Gesichtsloser, mehrstöckiger Neubau - lieber woanders ein paar Ringgit mehr ausgeben.

*THE EMPEROR*****, 123 Jl. Munshi Abdullah, tel 24077, fax 238989. Pool etc.

**LUXUS** - über 150 RM ist das Angebot besser. Wahrscheinlich ist auch der eine oder andere Discount möglich. Fangen wir oben an:

*CITY BAYVIEW* (ab 250 RM), Jl. Bendahara, tel 239888, fax 236699.

*RAMADA RENAISSANCE* (ab 300 RM), Jl. Bendahara, tel 248888, fax 249269, ist das vornehmste Hotel in der Stadt. Zentral gelegen.

## ESSEN

Eine ganze Reihe guter **Open-Air-Restaurants** verschiedener Preisklassen liegen unterhalb des Parks an der Jl. Taman.

**Foodstalls** gibt es rund um die Bus Station, an der unteren Jl. Bendahara und nachts auch an oberen Jl. Bunga Raya. Der am chinesischen Tempel gleich an der Ecke Jl. Munshi Abdullah ist berühmt für seine guten Krebse. **Restaurants im Zentrum** vor allem in den großen Hotels.

Ansonsten: *AZHAI ELAI,* 42 Jl. Munshi Abdullah, indisches *banana leaf*-Restaurant mit Curries u.a. Spezialitäten.

*SRI LAKSHMI VILAS,* 2 Jl. Bendahara, ein weiteres, recht preiswertes indisches Restaurant.

*KIM SWEE HUAT,* 38 Jl. Laksamana, Traveller-Restaurant. Gut zum Frühstücken.

Im Neubaugebiet **Taman Melaka Jaya** ist eine Bar und Restaurantgegend entstanden, in der abends oft eine Menge los ist: *HENG LEE,* 140 Jl. Taman Melaka Jaya, beliebtes China-Restaurant in dieser Gegend. Mittlere Preislage.

*NYONYA MAKKO,* 123 Jl. Taman Melaka Jaya, ist - der Name sagt es schon - auf die Küche der Peranakan-Chinesen spezialisiert.

*OLE SAYANG,* 198 Taman Melaka Jaya, ebenfalls ein gutes Nyonya-Restaurant, allerdings nicht ganz billig.

*STEAMBOAT HOUSE,* Taman Melaka Raya, bietet außer Steamboat am Sonntagvormittag auch Dim Sum (RM pro Gericht).

*NEW GOLDEN DRAGON,* einfaches, gut besuchtes Chinesenrestaurant, das auch spät noch geöffnet ist, nahe der Guest Houses.

## SONSTIGES

**BÜCHER** - Neue, aber auch gebrauchte Bücher in vielen Sprachen hat *ESTEE BOOK EXCHANGE,* 153 Taman Melaka Jaya auf Lager. Auch Ankauf. Ein Besuch lohnt sich.

**GELD** - Gleich an der Bus Station gibt es an der Jl. Hang Tuah eine *MBB-BANK.* Eine weite-

*Foto - Bei den Drachenwettkämpfen in Kota Bharu werden die schönsten Exemplare prämiert*

re befindet sich am Platz, dort wo die Jl. Temenggong auf die Jl. Laksamana trifft.
*HONGKONG BANK*, 1 Jl. Kota, nahe des Tourist Office. Manchmal lange Wartezeiten.

**FAHRRÄDER** - eine schöne Art, Melaka zu erkunden! Eine Fahrradwerkstatt, die Räder verleiht, ist in der Jl. Hang Jebat in Chinatown. Sie kosten 4 RM pro Tag, 20 RM Kaution.

**INFORMATIONEN** - am „Roten Platz" liegt die *TOURIST INFORMATION*, Jl. Kota, tel 236538. Geöffnet Mo - So 8.45 - 17.00, Fr 12.15 - 14.45 Uhr geschlossen, So 9.00 - 17.00 Uhr.
Nur wenige Meter entfernt befindet sich auch die *TOURIST POLICE*, tel 222222.

**POST** - GPO in Bukit Bharu im Nordosten, 8 km vom Busbahnhof, Bus Nr. 19 für 60 ¢. Ein kleines Postamt befindet sich auch im *District Office* gegenüber vom Busbahnhof.

**TELEFON** - *TELECOM OFFICE*, nördl. des Zentrums an einer Seitenstraße der Jl. Hang Tuah.

**TOUREN** - Mäßig interessant ist eine 45minütige Bootsfahrt auf dem Melaka River, die mehrmals tgl. für 6 RM ab Anlegestelle am Tourist Office durchgeführt wird. Jedenfalls bekommt man einen anschaulichen Eindruck von den Abwasserproblemen der Stadt.

**VORWAHL** - 06.

## NAHVERKEHRSMITTEL

**STADTBUSSE** - fahren ab Bus Station (Jl. Kilang) - je nach Entfernung 20 - 75 ¢. Bus 17 von der Bus Station zum Taman Melaka Jaya.

**TAXI** - vorher einen vernünftigen Preis aushandeln. Kurze Strecke kosten um 4 RM. Von der Bus Station zum Taman Melaka Jaya 5 - 6 RM.

**TRISHAW** - Wer eine Trishaw für eine Rundfahrt mietet, sollte von 15 RM pro Stunde ausgehen. Preis aber immer vorher festlegen!

## TRANSPORT

**BUSSE** - Ac-Busse fahren von der Expreßbus Station in der Jl. Tun Ali. Von hier aus u.a. zwischen 8.00 und 18.00 Uhr stündlich über JOHOR BHARU (11 RM) nach SINGAPORE (12 RM), nach KUALA LUMPUR (zwischen 7.00 und 19.00 Uhr stündlich, 7 RM), über TEMERLOH (9 RM) nach KUANTAN (3x tgl. in 4 1/2 Std., 14 RM), über KUALA TERENGGANU (21 RM, ac) nach KOTA BHARU (26 RM, ac), über IPOH (16 RM) und TAIPING (20 RM) nach BUTTERWORTH, (2x tgl., 24 RM), bzw. über Ipoh nach LUMUT (21 RM).
Eine direkte Verbindung gibt es auch über BATU PAHAT nach MERSING (5 Std., 12 RM).

**ÜBERLANDTAXI** - Halteplatz der Überlandtaxen ist am Busbahnhof.
Preisbeispiele: KUALA LUMPUR 15 RM, JOHOR BHARU 18 RM, SEREMBAN 8 RM.

**EISENBAHN** - Der nächste Bahnhof befindet sich in Tampin, 38 km nördlich von Melaka, zu erreichen mit dem Bus ab Bus Station für 2,50 RM oder im Sammeltaxi für 4 RM p.P.
3 Expreßzüge fahren tgl. über GEMAS und JOHOR BHARU, 4 Std., nach SINGAPORE (5 Std., 21 RM) und in der Gegenrichtung über SEREMBAN (40 Min.) nach KUALA LUMPUR (2 1/2 Std., 17 RM).
*RAILWAY OFFICE (KERETAPI),* Taman Pringgit Jaya, Jl. Pringgit, tel 223091, hat Tikkets und Informationen. Leider sehr weit draußen an der Straße nach Air Keroh und nur von 14.00 - 15.00 Uhr geöffnet.

**FLÜGE** - Der Flughafen liegt in Batu Berendam, nördlich von Melaka. *Pelangi* fliegt von hier aus tgl. nach IPOH (40 Min., 120 RM) und LANGKAWI (1 1/2 Std., 150 RM). Außerdem tgl. nach SINGAPORE (50 Min., 118 RM). *MAS, City Bayview Hotel,* Jl. Bendahara, tel 235722.

**SCHIFFE** - Eine preisgünstige Schiffsverbindung gibt es tgl. zwischen Melaka und DUMAI (Sumatra). Die Reise kostet bei allen Fährgesellschaften 80 RM., Rückfahrkarte 150 RM.
**Ohne Visum** ist die Einreise nach Indonesien über Dumai nicht möglich. Die nächste indonesische Botschaft befindet sich in KL und Singapore. Der Pier befindet sich an der Flußmündung unweit der Jl. Taman, in der Nähe ist auch das Office von

*Fotos - oben: Kleiner Strand bei Cherating; unten: Strände auf Tioman*

*TUNAS PUPAT UTAMA EXPRESS*, 17A Jl. Merdeka, tel 232506, das die schnelleren Boote betreibt. Abfahrt tgl. 10.00 und 14.00 Uhr, Dauer 4 Std.

*MAHARANI*, Jetty Quayside, tel 244344, fährt am Do um 14.00, am Fr um 12.00 Uhr, ab.

*MADAI SHIPPING*, 321A Jl. Tun Ali, tel 240671. Abfahrt tgl. 10.00 und 16.00 Uhr.

## Die Umgebung von Melaka

### Nach Westen

Eine schöne alte Moschee liegt an der Straße nach Port Dickson, die **Tranquerah Moschee** aus der Zeit um 1850, die stark an ähnliche Bauten in Sumatra erinnert.

Nach etwa 10 km, bei der **Tanjung Keling Moschee**, biegt eine Straße nach links ab. Vorbei an einem alten muslimischen Friedhof geht es wieder links Richtung Meer zum **Pantai Kundur**. Vor Jahren noch ein beliebter Ort mit Fischern, kleinen Bungalows und Restaurants, hat die Meeresverschmutzung durch die nahegelegene Raffinerie den Küstenstreifen mittlerweile unattraktiv gemacht. Die billigen Traveller-Treffs verrotten oder sind von den Behörden geschlossen worden, und ob man hier noch einen vor der Küste gefangenen Fisch essen sollte, mag jeder selbst entscheiden.

### Nach Osten

Boote fahren für 5 RM (wenn genügend Leute zusammenkommen, sonst u.U. für 60 RM hin und zurück chartern) nach **Pulau Besar**, einer schönen, vorgelagerten Insel mit weiten Stränden, auf der man ausgedehnte Spaziergänge unternehmen und Schildkröten beobachten kann.

### Nach Norden

Auf der Jl. Taming Sari hinaus erreicht man nach 11 km das *Malacca Village Resort*, in dessen Nähe auch der **Zoo** zu finden ist. Die ganze Gegend ist das „Naherholungsgebiet“ für Melaka, es gibt außerdem den **Recreational Forest**, ein übriggebliebenes Stück Regenwald, vorher noch die **Krokodilfarm** (3 RM Eintritt), die **Snake Farm** und weiter hinten dann **Mini Malaysia**, ein Park, in dem 13 traditionelle Häuser (repräsentativ für die 13 Bundesstaaten) aufgebaut wurden, außerdem ein **Mini Asean Village**. Eintritt 3 RM, zu erreichen mit dem Bus Nr. 14 und 17 (Endstation).

## Johor Bharu

*Erst seit 1866 ist die Stadt Sitz des Sultans von Johor, obwohl das Sultanat bereits seit 1564 besteht, als der Sohn des letzten Sultans von Malacca sich an den Johor-Fluß zurückzog. Schon gegen Ende des 17. Jahrhunderts war Johor zum eigentlichen Nachfolger Malaccas geworden und beherrschte den größten Teil des alten Reiches.*

*Ausländische Touristen stoppen kaum in Johor Bharu. Seit 1924 verbindet ein über 1 km langer Damm, der Causeway, sie mit der Insel Singapore. Ein zweiter Damm ist südwestlich der Stadt seit langem in Planung, da der alte Causeway hoffnungslos überlastet ist. Als kleinere Schwesterstadt von Singapore entwickelt sich Johor Bharu zu einem bedeutenden Industriezentrum und strahlt als solches auf den ganzen Süden der Halbinsel ab.*

Bis vor ein paar Jahren wurde die Innenstadt noch vom imposanten **Sultan Ibrahim Building** überragt. Heute wird die Skyline von bis zu 30stöckigen Hochhäusern bestimmt. Das Zentrum zwischen Jl. Trus und den Bahngleisen gleicht momentan einer einzigen, riesigen Baustelle. Alte Chinesenhäuser sind kaum noch zu sehen, moderne Shopping Centres wie das **Kotaraya** werden wohl bald das Innenstadtbild prägen.

Auf dem Bukit Serene, weit außerhalb der Stadt, steht die jetzige Privatresidenz des Sultans, **Istana Bukit Serene**, mit ihrem 33 m hohen Turm. Für Besucher ist sie nicht zugänglich, aber die frühere Residenz **Istana Besar** und der große Palastgarten an der Jl. Tun Dr. Ismail kann besichtigt werden. Sultan Abu Bakar ließ die große Istana 1866 errichten. Im Inneren werden die Kronjuwelen und königlichen Insignien aufbewahrt, außerdem viele andere Kunstgegenstände sowie die Sammlung der Jagdtrophäen der Sultane. Geöffnet tgl. außer Fr von 9.00 - 18.00 Uhr, Eintritt allerdings 10 RM(!).

## ÜBERNACHTUNG

**Preiswerte Hotels** finden sich um Jl. Wong Ah Fook und Jl. Meldrum, allerdings wird hier häufig mehr als „nur" Übernachtung angeboten.
*JB HOTEL***, 80A Jl. Wong Ah Fook, tel 2234788, scheint noch das akzeptabelste zu sein, nur ruhig ist es nicht. Es gibt Zimmer mit und ohne Dusche bzw. ac.
*FOOTLOOSE HOMESTAY**, 14-G Jl. Mariamah, 4-H Jl. Ismail, Kg. Gertak Merah, tel 2242881, ist eine saubere, kleine Herberge, die in einer ruhigen Wohngegend liegt und selbst für Taxifahrer schwer zu finden ist, am besten läßt man sich bei der Convent School absetzen. Zu empfehlen.

**MITTLERE PREISKLASSE** - Hier noch drei weitere Adressen in der Jl. Meldrum:
*FORTUNA HOTEL****, 29A Jl. Meldrum, tel 233210, fax 236243, Modernes Mittelklassehotel, Zimmer mit ac und Bad.
*CAUSEWAY INN****, 6A-6F Jl. Meldrum, tel 2248811, fax 2248820. Hotelhochhaus mit Blick über den Causeway, nichts Besonderes, aber Zimmer mit ac, Bad und TV um 100 RM.
*GATEWAY HOTEL****, 61 Jl. Meldrum, tel 2235029, hat ganz nett eingerichtete Zimmer in derselben Preisklasse.

**LUXUS** - *TROPICAL INN*****, 15 Jl. Gereja, tel 2247888, fax 2241544, ist etwas preiswerter.
*HOLIDAY INN,* Jl. Dato Suleiman, tel 3323800, fax 3318884, bietet allen Komfort, den man von dieser Kette erwartet. Etwas außerhalb des Zentrums im Norden gelegen.

## ESSEN

*JAWS 5,* 1D Jl. Skudai, bekanntes Seafood-Restaurant mit großem Biergarten, empfehlenswert, freilich nicht das billigste.
*OASIS,* am unteren Ende der Jl. Trus, beim Parkplatz gegenüber der Hongkong Bank, bietet abends gutes Seafood zu vernünftigen Preisen.
*KERALA,* 33 Jl. Ibrahim, gute, preiswerte südindische Küche. In der Nähe liegt auch das ähnliche *MUTHU.*
Der Nachtmarkt an der Jl. Wong Ah Fook ist die preiswerteste Verpflegungsmöglichkeit. Und leckere Speisen gibt es hier auch.

## SONSTIGES

**AUTOVERMIETUNG** - Mietwagen sind in Johor günstiger als in Singapore, warum also nicht eine Malaysia-Rundreise in Johor beginnen? Es lohnt, die Preise zu vergleichen, kleine Firmen sind oft billiger als die internationalen Companies. Adressen in den Gelben Seiten!

**INFORMATIONEN** - Das *TOURIST INFORMATION OFFICE,* Tun Abdul Razak Complex, Jl. Wong Ah Fook, tel 2223591, hat ein Info-Center im Erdgeschoß. MTPB Office im 4. Stock. Sa geöffnet bis 13.00 Uhr, So geschlossen.

**VORWAHL** - 07.

## TRANSPORT

**BUSSE** - Der Bus Terminal liegt an der Jl. Trus, nördlich der City. Busverbindungen gibt

es von hier aus praktisch zu jedem beliebigen Ort West-Malaysias, auch die Busse von Singapore nach Malaysia machen hier Station. Nach KL fahren ständig Busse für 18 RM.
Weitere Beispiele:
MELAKA (11 RM), IPOH (28 RM), LUMUT (28 RM), BUTTERWORTH (33 RM), MERSING (3x tgl. in 4 Std., 12 RM), TEMERLOH (12 RM), KUANTAN (6 - 7 Std., 18 RM), KUALA TRENGGANU (25 RM) und KOTA BHARU (4x tgl., 30 RM).
Preise jeweils für ac-Busse.
**Nach Singapore** fährt ein Expreßbus, der ständig zwischen Johor Bharu und dem Terminal Queen St., Ecke Arab St. pendelt: 1,80 RM. Der Linienbus Nr. 170 braucht länger, 1 RM.
**Nach Thailand:** Jede Nacht fährt ein durchgehender Bus nach HAT YAI in Südthailand (52 RM).

**ÜBERLANDTAXI** - Überlandtaxis fahren vom Taxi Terminal in der Jl. Wong Ah Fook.
Preisbeispiele:
BUTTERWORTH 61 RM, KOTA TINGGI 4 RM, KUALA LUMPUR 36 RM, KUANTAN 30 RM, MELAKA 18 RM, MERSING 12 RM, SEREMBAN 25 RM, SINGAPORE 7 RM.

**EISENBAHN** - Nach Norden fahren tgl. mehrere Expreßzüge: 3x tgl. über KELUANG, SEGAMAT, GEMAS, TAMPIN (3 1/2 Std., von hier 38 km bis Melaka) und SEREMBAN nach KL (6 1/4 Std., 33 RM) und von dort mit kurzer Unterbrechung weiter Richtung BUTTERWORTH (insgesamt 14 Std., 58 RM). Di, Do und Sa morgens geht es außerdem über GEMAS, JERANTUT (4 1/4 Std., 32 RM, von hier zum Taman Negara), KUALA LIPIS (7 1/4 Std., 36 RM) und GUA MUSANG nach WAKAF BHARU (12 Std., 57 RM) und TUMPAT. Von Wakaf Bharu sind es nur wenige Kilometer nach Kota Bharu.

**FLÜGE** - Von Johor Bharu aus zu Zielen in Malaysia (v.a. Ost-Malaysia!) zu fliegen ist preiswerter als von Singapore.
Vom Flughafen in die Stadt sind es 25 km. Taxi ab Johor kostet 20 RM pro Wagen. Außerdem fährt stündlich für 1,50 RM der Bus Nr. 207 ab Bus Station.
Ein MAS-Zubringerbus fährt auch von Singapore ab *Novotel Orchid*, 214 Dunearn Rd., wo es einen MAS-Schalter gibt, für 10 S$. Abfahrt allerdings 3 - 4 Std. vor Abflug, denn Staus und Grenzabfertigung können viel Zeit in Anspruch nehmen. Dieser Bus hält auch am *Tropical Inn* in Johor Bharu (4 RM).
*MAS*, Menara Pelangi, Jl. Kuning, tel 3341001. Zubringerbusse fahren vom Office für 4 RM. MAS fliegt 9x tgl. direkt nach KUALA LUMPUR (93 RM); tgl. über PENANG (178 RM), nach LANGKAWI (194 RM); tgl. auch über KL nach IPOH (159 RM).
Nach KUCHING (169 RM) geht es 1 - 2x tgl. nonstop, tgl. auch nach KOTA KINABALU (347 RM). Interessant sind die verbilligten Spezialtarife von JB aus. So kann man auf bestimmten Flügen schon für 144 RM nach Kuching, für 295 RM nach Kota Kinabalu und für 150 RM nach Penang fliegen.

**SCHIFFE** - Von Pasir Gudang, etwa 20 km westlich von Johor Bharu, gibt es 2x tgl. eine Bootsverbindung nach PULAU BATAM (1 Std., 30 RM) und tgl. nach TANJUNG PINANG auf Pulau Bintan (3 Std., 60 RM).
Jeden Sa fährt außerdem die *K.M. Athirah* nach Surabaya (60 Std., 240 RM in der 3., 260 RM in der 2. Kl.).
Tickets bei *S.S. HOLIDAYS*, Level 3, 12-13 Komplek Pusat Bandar, Pasir Gudang, tel 511564, fax 510312.
Verkehrsverbindung nach Pasir Gudang am besten gleich bei der Reservierung telefonisch erfragen.

## Ostküste

*Die Staaten Kelantan und Terengganu waren, vom Rest der Halbinsel aus betrachtet, von jeher eine eigene, abgelegene Region. Abgesehen vom Delta des Kelantan-Flusses brachte der Boden auf dem schmalen Küstenstreifen hinter den Bergen keine reichen Ernten hervor, und die heftigen Regenfälle während des Monsuns verursachten unkalkulierbare Überschwemmungen. Krasser als im Westen regieren Regen- und Trockenzeiten das Land, wühlen zwischen Dezember und Februar die ungehindert über das südchinesische Meer heranbrau-*

*senden Winde die Brandung auf, regnen sich die mitgeführten Wolkenmassen an den nahen Gebirgshängen ab.*

*Dies ist die Gegend der Malaien. Sie waren seit eh und je Küstenbewohner, lebten vom Fischfang, betrieben ein wenig Landwirtschaft, hielten etwas Vieh und bauten Boote und Häuser aus Kokospalmen-ein genügsames, anspruchsloses Dasein. Nirgendwo sonst in Malaysia hat sich malaiisches Leben und malaiische Tradition so gehalten wie hier. Während die Chinesen eher in zusammengedrängten, geschäftigen Stadtvierteln Tür an Tür wohnen, lieben die Malaien das geruhsame Dorfleben, ihre luftigen, scheinbar ungeordneten Kampung mit den fließenden Übergängen, die nur selten ein Zentrum haben. Und wie überall auf dem Lande spielt sich dieses Leben in althergebrachten Bahnen ab, werden die strengen mohammedanischen Vorschriften strikt eingehalten.*

*In den 70er Jahren wurden vor der Ostküste riesige Ölfelder entdeckt, seitdem entstanden an mehreren Orten Förderanlagen, Tanklager und Raffinerien. Der Boom erfaßte auch Kuala Terengganu, bis dato ein verschlafenes, kleines Sultansstädtchen. Zwei riesige Stauseen speisen heute Kraftwerke, die die gesamte Region mit Strom versorgen. Der industrielle Aufschwung hat die Ostküste erreicht. Nicht ganz so erfolgreich verlief die Tourismus-Förderung.*

*Dabei hat die Ostküste alles zu bieten, was sich touristisch vermarkten läßt: Sonne, Palmen, tiefblaues Meer, endlose Sandstrände, Folklore und gastfreundliche Menschen. Aber bisher konzentrieren sich die Fremden an wenigen Punkten - vielleicht ist es ihnen doch ein wenig zu friedlich und zu konservativ.*

**Drachen und Kreisel**
sind für die Malaien weniger Kinderspielzeuge als vielmehr kunstvolle Objekte uralter regionaler Tradition. Alljährlich im Frühjahr werden beispielsweise beim internationalen *kite festival* die schönsten und wendigsten Drachen gekürt. Dabei spielen Schönheit, Handhabung und Steiggeschwindigkeit ebenso eine Rolle wie das vibrierende Summen, das die Drachen im Wind verursachen. Mittlerweile treffen sich zum Festival Drachen-Clubs aus der ganzen Welt und lassen auf dem Padang die unglaublichsten Gebilde in die Lüfte steigen.
Malaiische Kreisel sind meist aus Metall und etwa tellergroß. Einen Kreisel mit einem Seil anzutreiben, ihn dabei noch mit einer Art „Schaufel" in der Luft aufzufangen und dann zum minutenlangen Weiterrotieren wieder abzusetzen, ist eine Übung, die großes Geschick erfordert und entsprechend feierlich vorgetragen wird.

# Kota Bharu

*Die Hauptstadt von Kelantan lag vor 200 Jahren direkt am Meer und ist mit der Versandung der Flußmündung nach und nach 12 km ins Landesinnere „gerückt". Eigentlich war Kota Bharu immer ein unbedeutendes Nest. Bis 1909 stand Kelantan unter der Herrschaft der Thais, wurde dann britisches Schutzgebiet und kam so als Bundesstaat zum heutigen Malaysia. Noch heute sprechen die 1,2 Millionen Bewohner dieses Staates einen Dialekt, der in anderen Regionen kaum verstanden wird. Kein nennenswerter Kautschuk-Boom, kein rasanter Warenumschlag, kein hektischer Zinn-Rausch suchte das grenznahe Städtchen heim, und trotz seiner mittlerweile 400 000 Einwohner ist es ein nicht allzu aufregender Ort geblieben. Für die erste und bisher einzige Schlagzeile in der Weltpresse sorgten die Japaner, die am 8. Dezember 1941 exakt um 4.55 Uhr am Pantai Dasar mit ihren Truppen an Land gingen und so den 2. Weltkrieg nach Südostasien trugen. Auf dem Landweg rückten sie von hier aus, zum Teil auf eilig konfiszierten Fahrrädern, in weniger als sieben Wochen bis nach Singapore vor. 95 Minuten später fielen am selben Tag die ersten Bomben auf Pearl Harbor.*

*Auf den ersten Blick bietet das Stadtbild wenig Reize, dennoch darf Kota Bharu als das Zentrum der malaiischen Kultur gelten. Veranstaltungen wie Wettkämpfe im Drachensteigen oder Vogelsing-Wettbewerbe finden regelmäßig statt, auch Werkstätten und Geschäfte für malaiisches Kunsthandwerk sind zahlreich. Ein Besuch im Tourist Office hilft beim Auf- und Herausfinden.*

### Das Zentrum

Am Padang Merdeka (Unabhängigkeitsplatz) stehen die wichtigen Bauten. So auch die unübersehbare **Istana Balai Besar**, der Sultanspalast von 1844. Heute ist die Residenz des Sultans Mohammed II. unzugänglich und wird nur noch für repräsentative Zwecke, z.B. königliche Hochzeiten, genutzt. Die kleinere **Istana Jahar** (Royal Custom Museum) hat man hingegen in ein Museum umgewandelt. Geöffnet tgl. 10.30 - 22.00 Uhr, Eintritt 2 RM. Das blaue Gebäude hinter der Istana Jahar ist das **Royal Museum**, in dem Gegenstände aus dem Besitz der Sultansfamilie ausgestellt sind. Geöffnet tgl. außer Fr 10.30 - 17.30 Uhr.

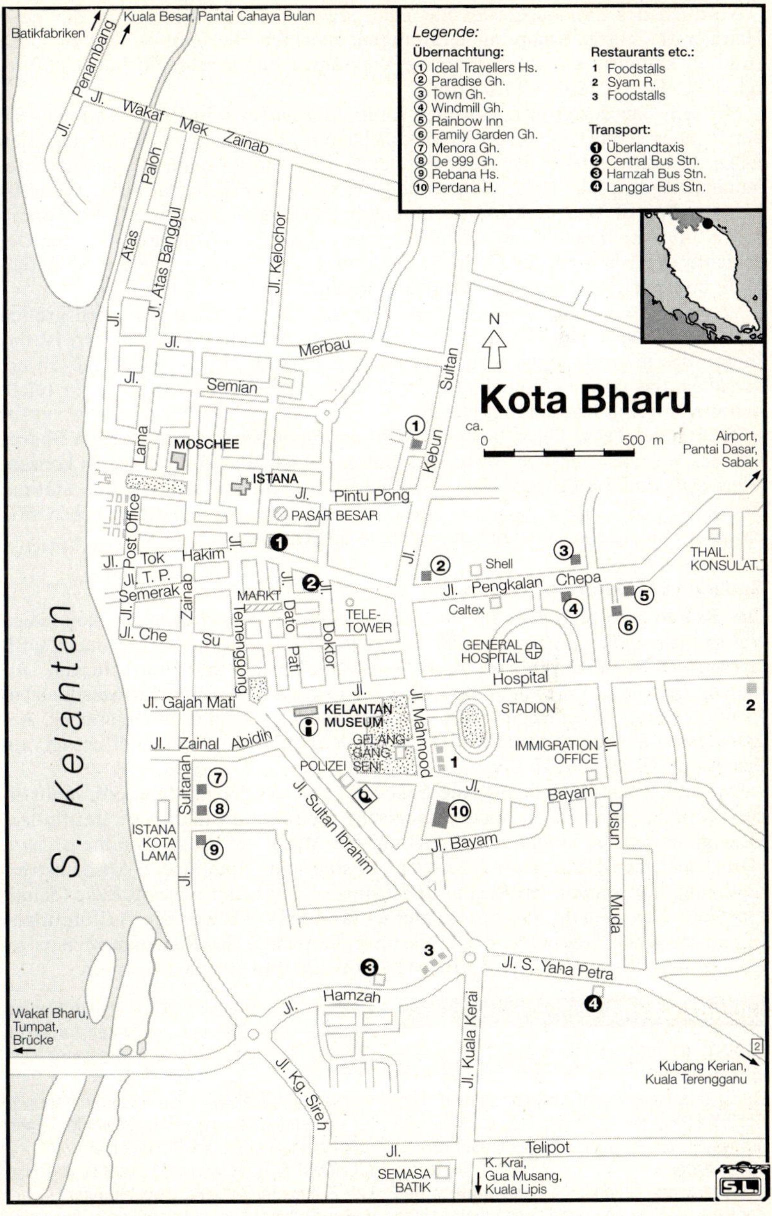

Kota Bharu
Legende:
Übernachtung:
① Ideal Travellers Hs.
② Paradise Gh.
③ Town Gh.
④ Windmill Gh.
⑤ Rainbow Inn
⑥ Family Garden Gh.
⑦ Menora Gh.
⑧ De 999 Gh.
⑨ Rebana Hs.
⑩ Perdana H.
Restaurants etc.:
1 Foodstalls
2 Syam R.
3 Foodstalls
Transport:
❶ Überlandtaxis
❷ Central Bus Stn.
❸ Hamzah Bus Stn.
❹ Langgar Bus Stn.
N
ca. 0 500 m
Batikfabriken
Kuala Besar, Pantai Cahaya Bulan
Jl. Penambang
Jl. Wakaf Mek Zainab
Jl. Paloh
Atas
Jl. Atas Banggul
Jl. Kelochor
Jl. Merbau
Jl. Semian
Jl. Sultan
Kebun
Jl. Lama
MOSCHEE
ISTANA
Jl. Pintu Pong
PASAR BESAR
Post Office
Jl. Tok Hakim
Jl. T. P. Semerak
Jl. Zainab
MARKT
Jl. Temenggong
Jl. Dato Pati
Jl. Doktor
TELE-TOWER
Jl. Che Su
Jl. Pengkalan Chepa
Shell
Caltex
GENERAL HOSPITAL
Jl. Hospital
THAIL. KONSULAT
Airport, Pantai Dasar, Sabak
S. Kelantan
Jl. Gajah Mati
KELANTAN MUSEUM
Jl. Mahmood
STADION
Jl. Zainal Abidin
GELANG GANG SENI
POLIZEI
IMMIGRATION OFFICE
Jl. Sultanah
ISTANA KOTA LAMA
Jl. Sultan Ibrahim
Jl. Bayam
Jl. Dusun Muda
Jl. S. Yaha Petra
Jl. Hamzah
Jl. Kuala Kerai
Jl. Kg. Sireh
Wakaf Bharu, Tumpat, Brücke
Kubang Kerian, Kuala Terengganu
Jl. Telipot
SEMASA BATIK
K. Krai, Gua Musang, Kuala Lipis

Nördlich des Sultanspalastes hat man, stilecht aus dunklem Holz, das neue Handicraft Centre, **Kampung Kraftangan**, errichtet. Hier gibt es alles zu sehen (und zu kaufen), was die malaiische Volkskunst hervorgebracht hat. Geöffnet tgl. außer Fr von 10.00 - 17.00 Uhr.

Mit dem Bau der großen **Moschee** (State Mosque) wurde 1916 begonnen. Sie ähnelt eher einem weltlichen Kolonialgebäude. Ein Besuch ist Nicht-Muslimen leider verwehrt. Gleich daneben befindet sich das älteste steinerne Gebäude Kelantans aus dem Jahr 1912, die ehemalige Hongkong & Shanghai Bank. Heute ist hier das **World War II Museum** untergebracht, das sich auch mit der japanischen Invasion beschäftigt. Gleich daneben das **Islam-Museum**, das zur Geschichte des Islam an der Ostküste informiert. Die Straße endet am Kelantan-Fluß, an dessen Ufer ein paar Hausboote liegen.

Von der Istana Balai Besar erreicht man über die Jl. Hulu Kota den großen Markt, den **Pasar Besar**. Von außen eher ein unansehnlicher Betonklotz, ist das Innere des mehrstöckigen Gebäudes ein Ereignis für Augen, Nase und Ohren, vor allem das untere Geschoß, wo die Gemüse- und Obsthändlerinnen ihr reichhaltiges Angebot ausgebreitet haben.

Südlich des Pasar Besar taucht man in das geschäftige Zentrum Kota Bharus ein, das vor allem tagsüber recht laut und belebt ist. Abends und nachts konzentriert sich das Treiben um den Nachtmarkt und um die zentrale Bus Station. Touristische Sehenswürdigkeiten gibt es hier nicht, nur an manchen Ecken sind ein paar chinesische Ladenhäuser erhalten geblieben.

### Südlich vom Zentrum

Das **Kelantan State Museum** hat seine Heimat in den ehemaligen kolonialen Verwaltungsgebäuden zwischen dem Tourist Office und den Government Offices am großen Kreisverkehr. Neben archäologischen Ausstellungsstücken enthält es Beispiele des malaiischen Kunsthandwerks wie Drachen, Musikinstrumente, Kreisel, Silberarbeiten und Gegenstände des alltäglichen Gebrauchs. Angeschlossen ist eine zeitgenössische Kunstgalerie. Eintritt 2 RM, geöffnet tgl. außer Fr von 10.30 - 17.45 Uhr.

Das Kulturzentrum **Gelanggang Seni** (Zufahrt von der Jl. Mahmud), lohnt einen Besuch, wenn traditionelle malaiische Kulturveranstaltungen stattfinden. Gezeigt werden u.a. *rebana ubi* (rhythmische Musik auf Riesentrommeln), *wau* (Drachensteigen), *gasing uri* (Kreiselspiel), *silat* (eine traditionelle Art Selbstverteidigung, die bestimmten Regeln und Ritualen folgt) und *wayang kulit* (Schattenspiel). Das aktuelle Programm gibt es im Tourist Office. Die Aufführungen finden zwischen Februar und Oktober mit Ausnahme des Ramadan-Monats jeden Sa und Mi von 15.30 - 17.30 sowie 21.00 - 24.00 Uhr statt.

## ÜBERNACHTUNG

**GUEST HOUSES** - Seit einigen Jahren gibt es in der Stadt zahlreiche Gästehäuser, die um die Gunst des Rucksack-Publikums buhlen. Das Schlafsaalbett kostet in der Regel 4 - 10 RM pro Nacht, einfache DZ sind schon für 12 - 15 RM zu haben.

Drei preiswerte Unterkünfte liegen **südlich des Zentrums** - nicht ungünstig, wenn man gerade zu Fuß von der Überlandbus Station kommt.

*REBANA HOUSE**, in einer Seitenstraße der Jl. Sultanah Zainab gegenüber der Istana Kota Lama gelegen, ist ein gutes Stück vom Zentrum entfernt. Leider ist die Pflege in den letzten Jahren etwas vernachlässigt worden. Fahrräder werden für 6 RM p.T. verliehen.

*MENORA GUEST HOUSE**, 3338-D, Jl. Sultanah Zainab, tel 7481669, liegt ein paar Häuser weiter stadteinwärts und sieht von außen weni-

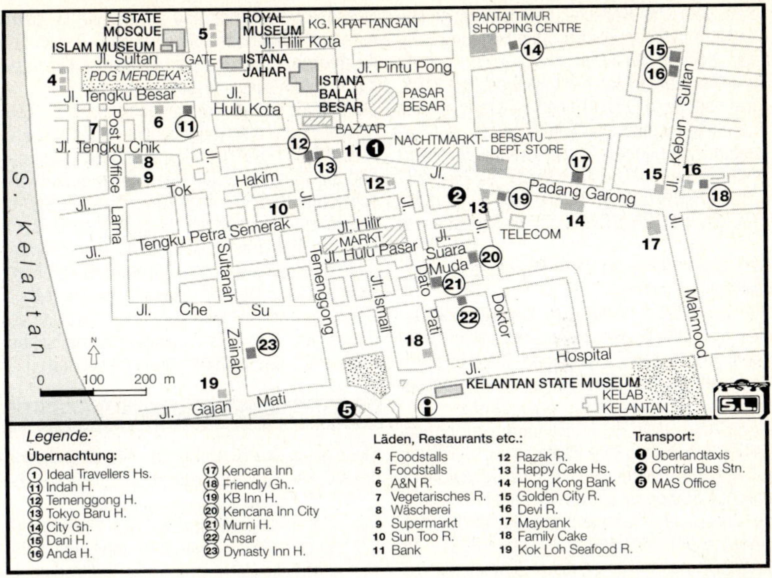


ger vertrauenerweckend aus als es von innen in Wirklichkeit ist. Zimmer relativ geräumig und sauber, es gibt auch billige Schlafsaal-Betten (5 RM), und vom riesigen Dachgarten blickt man weit über den Kelantan-Fluß. Fahrradvermietung. Zu empfehlen.

*DE 999 GUEST HOUSE**, 5438-E Lorong Kota Lama, eine kleine Seitenstraße der Jl. Sultanah Zainab gegenüber der Istana Kota Lama. Ein nettes, ruhiges kleines Guest House.

**Zentral gelegen** sind folgende Guest Houses:

*CITY GUEST HOUSE**, 395 Jl. Pintu Pong, im *Kentucky Fried Chicken*-Gebäude östlich des neuen Pasar Besar. Die üblichen abgeteilten Verschläge mit Fan und ohne Fenster, aber sauber und o.k.

*IDEAL TRAVELLERS HOUSE**, 3954-F Jl. Kebun Sultan, tel 7442246, liegt sehr ruhig in einer Seitenstraße, mit Garten. Es gibt auch Zimmer mit Du und Balkon sowie Schlafsaalbetten für 5 RM. Die Sauberkeit und die Matratzen lassen allerdings zu wünschen übrig.

*FRIENDLY GUEST HOUSE**, 4278-D Jl. Kebun Sultan, ist nicht leicht zu finden (s. Karte). Es liegt mitten in einer Wohngegend abseits der Jl. Pengkalan Chepa, man kommt aber nur über eine Seitenstraße der Jl. Kebun Sultan hin.

*KB INN**, 1872-D Jl. Padang Garong, tel 741786. Nur wenige Meter vom City-Busbahnhof und daher mitten im Geschehen, bietet die üblichen Sperrholzverschläge um die 10 RM mit Fan sowie billige Schlafsaal-Betten.

Weitere Guest Houses entlang der **Jl. Pengkalan Chepa**, vom City-Busbahnhof etwa 10 Min. zu Fuß:

*PARADISE GUEST HOUSE**, 1137 Jl. Pengkalan Chepa, tel 7486579, direkt an einer belebten Straßenkreuzung, etwas laut.

*TOWN GUEST HOUSE**, 4959-B Jl. Pengkalan Chepa im 1. und 2. Stock. Bietet diverse Traveller-Dienstleistungen wie Abholservice etc. mit nettem Dachgarten. Schlafsaal und Zimmer, z.T. mit Du/WC.

*WINDMILL GUEST HOUSE**, 289 Jl. Pengkalan Chepa, tel 010/910525, schräg gegenüber vom Town Gh., wurde als sauberstes Gästehaus der Stadt ausgezeichnet.

*FAMILY GARDEN GUEST HOUSE**, 4945-D Lorong Islah Lama, eine kleine, ruhige Seitenstraße der Jl. Pengkalan Chepa, tel 7475763. Yusof und seine Familie bieten saubere und geräumige Zimmer.

*RAINBOW INN**, 4423 Jl. Pengkalan Chepa, liegt noch etwas weiter stadtauswärts, gleich

neben dem Thai-Konsulat. Man kann auch den Bus Nr. 4 nehmen, etwa 1,5 km Richtung Flughafen. Kochmöglichkeiten.
Übrigens übernachten nicht nur westliche Rucksackreisende in Guest Houses. Gerade in Kota Bharu gibt es mehrere Billigherbergen, die vorwiegend von jungen Asiaten frequentiert werden, z.B. das *HITECTTOURIST & TRAVELLERS' HOSTEL**, Jl. Suara Muda, oder das *PRETECH TOURIST HOUSE** gleich nebenan.

**HOTELS** - Wer die **mittlere Preisklasse** sucht, zieht am besten ins
*TOKYO BARU HOTEL*-**, 3945 Jl. Tok Hakim, tel 749488, sehr zentral gelegen. Angenehm und sauber, die besten Zimmer im 3. Stock mit großer Terrasse, ansonsten besser hinten wohnen, wegen der lauten Straße.
*KENCANA INN****, Jl. Padang Garong, tel 7447944, hat noch eine Filiale an der Jl. Doktor, tel 7440944. Bietet den für diese Preisklasse üblichen Standard, also Zimmer mit Du/WC und ac. Die billigeren Zimmer sind etwas abgewohnt.
*ANDA HOTEL***, 2529-A Jl. Kebun Sultan, tel 7447910, hat relativ saubere Zimmer mit Du/WC und ac zu sehr akzeptablen Preisen. Es sind nur wenige Schritte ins Zentrum.
*DANI HOTEL***, 2529-F, Jl. Kebun Sultan, tel 7486790, liegt nebenan und ist etwas größer und etwas teurer, sauber. Alle Zimmer mit ac.
Für **gehobenere Ansprüche** empfehlen wir
*MURNI*****, Jl. Dato Pati, tel 7482399. Komfortableres City-Hotel mit Coffeeshop, am besten die Zimmer nach hinten (wegen Straße) und in den oberen Stockwerken (wegen Karaoke-Bar und Disco im 1. Stock) nehmen.
In einem **Strandhotel** übernachten und tagsüber nach Kota Bharu hineinfahren ist möglicherweise keine schlechte Idee (s.S. 489).

## ESSEN

Der **Nachtmarkt**, der bei Einbruch der Dunkelheit an der Jl. Padang Garong gegenüber vom Busbahnhof aufgebaut wird, hält viele kulinarische Köstlichkeiten bereit. Von Sonnenuntergang bis Mitternacht wird hier an zahllosen Ständen gebrutzelt und gekocht und es herrscht ein buntes Treiben.
Morgendlicher Traveller-Treff in der City ist die Bäckerei *HAPPY CAKE HOUSE*, wo man sich aus einem Sortiment von Sandwiches, Hamburgern, Keksen, Pies und Kuchen das Gewünschte aussuchen und an Tischen in Ruhe mit einer Tasse Kaffee oder Tee genießen kann.
**Restaurants** sind im Zentrum nicht so dicht gesät, wie man zunächst meinen möchte.
*SUN TOO*, 782 Jl. Temenggong, nahe Jl. Tok Hakim. Thailändisch angehauchte Spezialitäten.
*A & N RESTORAN*, Jl. Tungku Besar, liegt direkt am Padang. Guter Querschnitt durch verschiedene Küchen, man kann draußen sitzen und bei den verschiedenen Foodstalls probieren.
Mehrere kleine indische *banana leaf*-Restaurants befinden sich an der Jl. Sultanah Zainab, Ecke Jl. Gajah Mati im südwestlichen Zentrum.
*DEVI*, Jl. Kebun Sultan nahe der Kreuzung Jl. Pengkalan Chepa, ist ein weiteres, einfaches Restaurant, das indische Gerichte serviert.

## EINKAUFEN

Einen guten Überblick über das **Kunsthandwerk** der Malaien gibt das neue *KAMPUNG KRAFTANGAN* am Sultanspalast (s.S. 484).
Hier werden die traditionellen Techniken vorgeführt, die Preise sind natürlich sehr auf Touristen abgestellt. Zahlreiche kleine Batikfabriken, Drachenbauer und Songket-Weber haben ihre Werkstätten entlang der Straße, die über Kg. Penambang und Kg. Badang zum Pantai Cahaya Bulan hinausführt (s.S. 488).
Im Süden der Stadt, an der Straße nach Kuala Krai, hinter Jl. Kg. Putih und kurz vor Lee Motors, gibt es eine große Auswahl an Batiken bei *BATIK SEMASA*. Auch hier kann man den Produktionsprozeß verfolgen.

**Batik** ist ein Handwerk, das die Malaien besonders kunstvoll beherrschen. Durch mehrere Färbe- und Stempelvorgänge zaubert man auf Tücher mit Hilfe des aufgetragenen Wachses raffinierte Muster, wobei sie verschiedene heiße Bäder durchlaufen und am Schluß zum Trocknen auf langen Wäscheleinen aufgehängt werden.
Die mit Goldfäden durchwirkten **Songket**-Stoffe werden auf Handwebstühlen gefertigt und nur zu festlichen Anlässen getragen. Sie können ebenfalls in den meisten Batikläden erworben werden.

## SONSTIGES

**GELD** - Banken sind in Kota Bharu tgl. außer Fr 9.30 - 15.00 Uhr, Do 9.30 - 11.30 Uhr geöffnet. Für TC werden z.T. saftige Umtauschgebühren verlangt - besser vorher erkundigen! Ein **Money Changer** befindet sich an der Jl. Padang Garong beim Happy Cake House.

**IMMIGRATION** - Bei der Einreise aus Thailand gibt es ein 3-Monats-Visum an der Grenze. Wer verlängern will:
*IMMIGRATION OFFICE*, Wisma Persekutaan, 2. Stock, an der Jl. Bayam. Geöffnet Fr - Mi 8.30 - 12.45 (Fr nur bis 12.00) und 14.00 - 16.30, Do nur bis 13.15 Uhr.

**INFORMATIONEN** - Das *TOURIST INFORMATION CENTRE* am oberen Ende der Jl. Sultan Ibrahim, tel 7485534, fax 7486652, ist sehr hilfreich und hat ein ausgesprochen reichhaltiges Angebot an Informationsmaterial. Geöffnet Sa - Mi 8.30 - 12.45, 14.00 - 16.30, Do 8.30 - 13.15 Uhr.

**KONSULAT** - *THAI CONSULATE*, 4426 Jl. Pengkalan Chepa, tel 7482545, ist wichtig für alle, die noch kein Visum für die Einreise nach Thailand haben und dort länger als 2 Wochen bleiben wollen. Drei Paßfotos und 30 RM sind mitzubringen. Geöffnet So bis Do 9.00 - 16.00 Uhr. **Grenzübergänge** nach Thailand sind Rantau Panjang (Sungai Golok) und Kg. Pengkalan Kubor (Tak Bai).

**POST** - Jl. Sultan Ibrahim, ebenfalls freitags geschlossen.

**TELEFON** - Das Telecom Office befindet sich am zentralen Busbahnhof, wo auch der unübersehbare Sendeturm steht.

**TOUREN** - Das *TOURIST INFORMATION CENTRE* bietet diverse Tages- und Halbtagestouren in die nähere Umgebung an. Über das *TIC* kann man an interessanten **Homestay-Programmen** teilnehmen, in denen man für einige Tage das Alltagsleben von Fischern, Puppenmachern, Drachenbauern oder anderen Handwerkern und ihren Familien kennenlernen kann. Man wohnt und ißt mit der Gastfamilie und kann so die Lebenssituation und die malaysische Gastfreundschaft hautnah erleben! Preis 160 RM p.P. bei einer Mindestteilnehmerzahl von 2 Personen.

**VORWAHL** - in Kelantan 09.

## NAHVERKEHRSMITTEL

**STADTBUSSE** - Vom Stadtgebiet in die umliegenden Orte fahren Busse, z.B. Nr. 10 (zum PANTAI CAHAYA BULAN) vom Pasar Besar. Die Bahnstationen TUMPAT und WAKAF BHARU sind beide mit dem Bus Nr. 19 oder Nr. 27 zu erreichen, Nr. 9 fährt zum Flughafen.

**TAXIS** - Taxistand am Pasar Besar. Ein Wagen kostet 25 RM pro Stunde und 75 RM pro Tag, zum Pantai Cahaya Bulan kostet insgesamt 15 RM, ebenso zum Flughafen. Für kurze Strecken werden die Preise ausgehandelt.

## TRANSPORT

**BUSSE** - **Lokale Busse** ab zentraler Busbahnhof. Busse Nr. 5 und 44 fahren nach MACHANG und KUALA KRAI für 4 RM, 2A und 2B nach BACHOK, 8 und 9 nach SABAK. Mit Bus Nr. 29 oder 36 kommt man zur Grenze nach RANTAU PANJANG (3 RM). Um nach Pulau Perhentian zu kommen, nimmt man Bus Nr. 3 nach Pasir Putih und steigt dort um in den Bus Nr. 96 über SEMERAK nach KUALA BESUT. Von dort fahren Boote auf die Inseln.

Für **Überlandbusse** gibt es zwei Stationen: (Achtung: Bustickets für alle Überlandlinien gibt es bei der Central Bus Station in der City, die Busse fahren aber von verschiedenen Stationen ab!). Langgar Bus Station, Jl. Sultan Yaha Petra, für Busse Richtung KUALA LUMPUR (4x tgl., 26 RM); JOHOR BHARU (4x tgl., 30 RM) über KUANTAN (4x tgl., 16 RM). 2x tgl. geht es über den East-West-Highway nach GERIK (12 RM) und ALOR SETAR (20 RM) oder PENANG (21 RM). Direktverbindung tgl. auch nach TEMERLOH (24 RM).
Jalan Hamzah Bus Station, für Busse Richtung KUALA TERENGGANU (10x tgl., 8 RM), über KUANTAN nach MELAKA (26 RM), und über GERIK und KUALA KANGSAR nach IPOH (18 RM) oder TAIPING (19 RM). Über GUA MUSANG geht es außerdem 2x tgl. nach KUALA LIPIS (16 RM).

**ÜBERLANDTAXI** - Überlandtaxis fahren von der zentralen Station am Pasar Besar nach KUALA TERENGGANU 12 RM, KUANTAN 25 RM, KUALA LUMPUR 45 RM, GERIK 20 RM, KUALA LIPIS 24 RM, BUTTERWORTH

30 RM, IPOH 30 RM und ALOR SETAR 35 RM.

**EISENBAHN** - Die Bahnlinie verläuft westlich des Flusses, man kommt also mit der Bahn nicht direkt in Kota Bharu an, sondern in Wakaf Bharu, bzw. Tumpat.
Zu erreichen mit Bus Nr. 19 oder 27. Mi, Fr und So fährt morgens ein Expreßzug über KUALA KRAI, GUA MUSANG (3 Std.), KUALA LIPIS (4 1/2 Std., 19 RM), JERANTUT (5 1/2 Std., 23 RM, von hier aus Verbindung zum Taman Negara), GEMAS etc. nach JOHOR BHARU (11 1/2 Std.) und SINGAPORE (12 1/2 Std., 57 RM).
Wer nur bis KUALA LIPIS fahren möchte, kann auch den klapprigen Mittagszug nehmen, der 5 Std. braucht und billiger, aber auch weniger bequem ist. Nur zum Teil führt die Strecke noch durch Dschungelgebiete, dennoch ist die Bahnreise angenehmer als der Bus. Die aktuellen Abfahrtszeiten der Züge sind im Tourist Office oder am Bahnhof Wakaf Bharu, tel 7196986, zu erfahren.
Nach Thailand gibt es keine durchgehende Bahnlinie, Züge fahren erst wieder auf der anderen Seite der Grenze, direkt vom Übergang Sungai Golok. Von HAT YAI fährt der Expreßzug, der von Butterworth kommt, nach SURAT THANI und BANGKOK (ca. 20 Std.).

**Nach Thailand** führt **der schnellste Weg** mit dem Bus 29 B über PASIR MAS zur Grenze nach RANTAU PANJANG. Ein Taxi bis zur Grenze dürfte p.P. 4 RM kosten. Die Grenze kann man dann zu Fuß überqueren, das Visum sollte natürlich bereits in den Paß eingestempelt sein (s.o.). Auf der thailändischen Seite liegt der Grenzort Sungai Golok, in dem es keine Wechselstube gibt. Ein paar Thai-Baht kann man vorsorglich in Kota Bharu tauschen. Minibusse fahren direkt von der Grenze weiter nach HAT YAI (13 RM bzw. 130 Baht). Wer den Zug nach Bangkok (gegen 17.00 Uhr) noch erreichen will, sollte früh aufbrechen.
Eine weitere Möglichkeit ist die Einreise über PENGKALAN KUBOR nach TAK BAI und von dort aus mit lokalen Bussen weiter.

**FLÜGE** - Der Sultan Ismail Detra Airport liegt 8 km außerhalb der Stadt. Tgl. gibt es Direktflüge nach ALOR SETAR 59 RM, KUALA LUMPUR 87 RM und PENANG 72 RM, über KL nach JOHOR BAHRU zu fliegen kostet 161 RM. *MAS*-Office im Erdgeschoß des Komplek Yakin an der Jl. Gajah Mati, tel 747000.

## Pantai Cahaya Bulan und Pantai Dasar

### Pantai Cahaya Bulan

Der „Strand der leidenschaftlichen Liebe" (Pantai Cinta Berahi) ist trotz seines romantischen Namens nicht unbedingt einer der malerischsten der Ostküste. Da der Begriff konservativen Moslems wohl zu anstößig erschien, wurde er in „Pantai Cahaya Bulan" (Mondscheinstrand) umbenannt. Wer sich von der unbarmherzigen Sonne nicht abschrecken läßt, kann kilometerlang durch den feinen Sand am Meer entlang spazieren gehen.

An der 11 km langen Straße, die hinaus zum Strand führt, kann man dörfliches Leben beobachten, in zahlreichen Souvenir-, Drachen-, Songket- und Batik-Shops einkaufen gehen und den Batikfrauen bei der Arbeit zusehen.

### Sabak

Eines der interessanteren Fischerdörfer liegt am **Pantai Dasar**, einem schier endlosen Sandstrand, 13 km nördlich von Kota Bharu. Wer zur Mittagszeit mit dem Bus Nr. 8 hinaus nach Sabak fährt, kann zwischen 14.00 und 16.00 Uhr die Rückkehr der Fischer in ihren bunt bemalten und geschnitzten Booten beobachten.

Am Pantai Dasar vor Sabak gingen 1941 die japanischen Truppen an Land - Näheres im World War II-Museum in Kota Bharu.

### ÜBERNACHTUNG

*H.B. VILLAGE***, tel 7734993, liegt an derselben Straße 1,7 km von der Abzweigung. Bus Nr. 10 fährt bis hierher. Es gibt einfache *A-frame*-Hütten mit Mandi für 30 RM, Bungalows mit Fan oder ac sind teurer, mit einem Restaurant.

*RESORT PANTAI CINTA BERAHI***-*****, tel 7731307, zehrt immer noch von der Tatsache, daß vor vielen Jahren einmal die Queen zu Gast war. Die Bungalows sind gut ausgestattet, das Restaurant entspricht nicht ganz dem angepeilten Standard. Pool vorhanden.

*LONGHOUSE BEACH MOTEL*-***, zur Zeit die preiswerteste Übernachtung in Chalets am Strand, tel 7731090. Zimmer mit und ohne ac sind eher mittelmäßig; mit nettem Restaurant.

*PERDANA RESORT*****, tel 7733000, fax 7739989, an der kleinen Straße, die kurz vor dem Strand nach Osten abzweigt.

### TRANSPORT

Bus Nr. 10 fährt zwischen 7.00 und 19.00 Uhr vom Pasar Besar etwa alle halbe Stunde über Kg. Penambang und Kg. Badang zum Pantai Cahaya Bulan.

## Die Umgebung von Kota Bharu

### Richtung Grenze

Der Ort Pasir Mas auf der anderen Seite des Kelantan-Flusses hat einen schönen, lokalen Markt, er ist mit dem Bus Nr. 24 oder 29 zu erreichen, der zudem zum Grenzübergang nach Rantau Panjang fährt.

Noch vor der Bahnlinie liegt links an einer Seitenstraße das **Wat Uttamaram**, ein schöner, reich mit bunten, phantasievollen Figuren versehener Thai-Tempel in friedlicher Umgebung. Die Asphaltstraße führt weiter zum Wat Phothivihan (s.u.). Zur Grenze geht es weiter auf der Hauptstraße bis nach Rantau Panjang.

### Nach Westen

Wakaf Bharu ist die Bahnstation für Kota Bharu. Von der Hauptstraße, die von Wakaf Bharu nach Westen führt, fährt man in Cabang Empat nach Süden auf einer Nebenstraße Richtung Kg. Jambu.

Nach etwa 3 km erreicht man hier das **Wat Phothivihan**, eine Thai-Tempelanlage neueren Datums. Im Grenzgebiet Kelantans hat sich eine kleine Thai-Minorität erhalten. Attraktion ist ein 40 Meter langer, liegender Buddha, freilich kein herausragendes Kunstwerk und uninteressant für Leute, die ähnliche Figuren aus Thailand kennen. Bus 19 oder 27 fahren über Cabang Empat, die restliche Strecke muß zu Fuß zurückgelegt werden.

In Tumpat, 13 km von Kota Bharu entfernt, endet die Eisenbahnlinie. Kurz vor Tumpat, in Kg. Sedur, liegt an der Hauptstraße das weitläufige **Wat Phikulthong**, ein typisches Thai-Wat mit vielen Gebäuden und einem großen, stehenden Buddha. Im Ort werden noch traditionelle Fischerboote gebaut. Bus 19 fährt von Kota Bharu nach Tumpat.

**Pengkalan Kubor** ist ein kleiner Grenzort, den man ebenfalls mit dem Bus Nr. 27 oder 43 erreicht. Hier kann man mit einer Autofähre nach Thailand übersetzen. Auf der anderen Seite der Flußmündung liegt Tak Bai. Busse nach Kota Bharu für 2 RM.

## Kuala Besut

In dem Fischerort an der Mündung des Sungai Besut findet donnerstags und freitags ein großer Markt statt. Ansonsten ist es eher ein etwas düster und schwermütig wirkendes Kaff, das Touristen nur besuchen, um von hier aus zu den Perhentian-Inseln überzusetzen. Busse und Taxis halten nahe dem Hafen unten an der Flußmündung, wo bereits beredte Bootsleute und Schlepper auf die Gäste warten. Es ist wichtig, zu wissen, daß das letzte Boot zur Insel gegen 16.00 Uhr abfährt.

### ÜBERNACHTUNG

Wer erst spät am Nachmittag in Kuala Besut ankommt, schafft es möglicherweise nicht mehr, nach Pulau Perhentian zu kommen. In diesem Fall gibt es allerdings nur wenig Auswahl:
*COCO HUT HOTEL**, nah am Hafen, ist zwar eine billige, dafür aber auch eine ziemlich üble Absteige.
*YANUDIN HOLIDAYS TOURS**, gleich neben den Coco Hut Hotel, bietet einfache, saubere Zi mit Fan und Gemeinschaftsdusche/ WC.
*D'RIZAN RESORT***, auf der anderen Seite der Flußmündung, bietet einfache *A-frame*-Hütten an. Es gibt wenig Schatten, aber es ist das beste, wenn man nicht so viel Geld ausgeben möchte.

### TRANSPORT

**BUSSE** - Von Süden kommend, muß man in JERTEH, von Norden in PASIR PUTIH aus dem Bus steigen. Beide Orte haben über lokale Busse Verbindung nach Kuala Besut, von beiden Orten kommt man mit dem Bus wieder nach KOTA BHARU (Bus Nr. 3, 3 RM) oder KUALA TERENGGANU.

**ÜBERLANDTAXI** - nach JERTEH oder PASIR PUTIH 2 RM p.P. Für 5 RM p.P. kommt man nach KOTA BHARU oder KUALA TERENGGANU (10 RM p.P.).

**BOOTE** - zu den Perhentian-Inseln fahren unregelmäßig je nach Andrang zwischen 9.00 und 17.00 Uhr. Die Fahrt dauert 1 1/2 Std. und kostet einfach 15 RM. Es empfiehlt sich, nur ein einfaches Ticket zu kaufen, denn hat man ein Return-Ticket, muß man auch dieselbe Bootsfirma zum Festland zurück nehmen. Am besten ist es, sich schon vorher für ein erstes Übernachtungsziel auf Perhentian zu entscheiden, um dem Bootsman mitzuteilen zu können, wo er halten soll.
Hilfreich ist das PPPP *(Persatuan Pengusaha Pelangan Perhentian)*, tel 09/979189, das auch Tickets verkauft und eine Telefonverbindung zu den wenigen auf Perhentian vorhandenen Telefonen hat. Es liegt direkt an der Ablegestelle der Boote.

## Pulau Perhentian

*Zwei dschungelbewachsene Felsrücken heben sich etwa 25 km vor der Küste von Kuala Besut aus dem Meer, hier und da gesäumt von kleinen Stränden, manche völlig einsam, manche mit kleinen Hütten unter Kokospalmen - ganz so, wie man sich ein tropisches Traum-Szenario vorstellt. Ansonsten gibt es freilich nur Sonne und Wind, denn noch geht es auf den beiden Inseln Perhentian Kecil und Perhentian Besar beschaulich zu. Kein Nachtleben, keine Disco, keine Bierkneipen, tagsüber meist noch nicht mal Strom - vorerst jedenfalls.*

*Als die erste Auflage dieses Buches erschien, war Pulau Perhentian noch ein weißer Fleck auf der touristischen Landkarte. Das hat sich geändert, und es steht zu befürchten, daß es sich weiter ändern wird. Die knappen natürlichen Wasservorräte verhindern gegenwärtig noch die weitere Ansiedlung von touristischen Einrichtungen - zum Glück, möchte man sagen, denn wesentlich mehr Gäste möchte man den beiden reizvollen Inselchen eigentlich nicht wünschen.*

### Perhentian Besar

Wie der Name schon sagt, die größere und, wenn man so will, „erschlossenere" der beiden Inseln. Am **Teluk Pauh**, dort wo das Island Resort steht, gibt es den

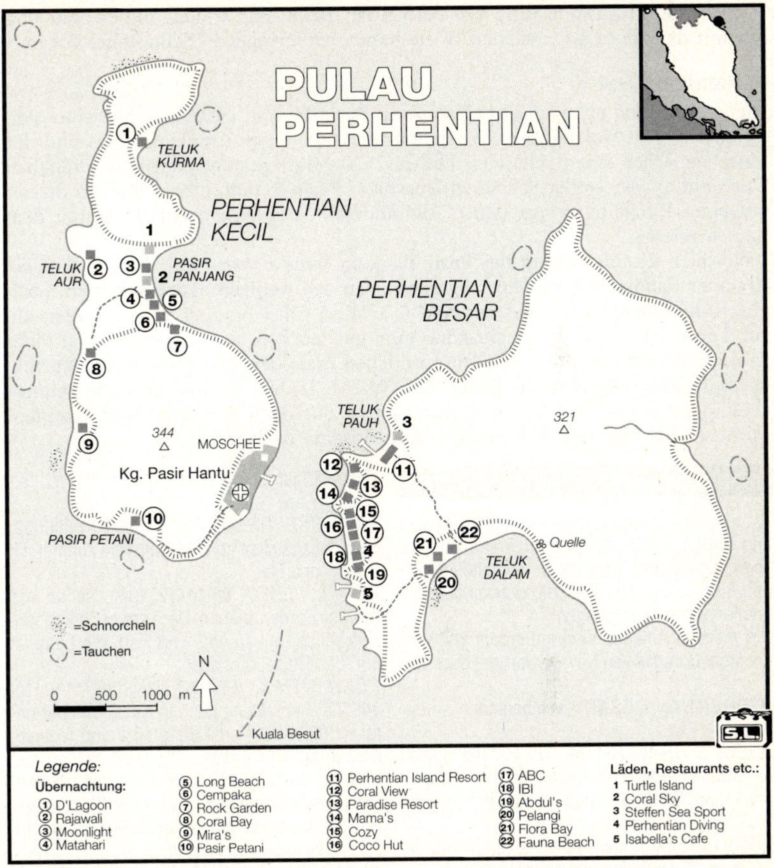


schönsten Strand, denn der Sand ist fein und das Wasser so klar wie in einem Swimming Pool. Südlich davon erstreckt sich ein langer Strandstreifen, der an einigen Stellen durch Felspartien unterbrochen ist. Auf diesem Stück befinden sich die meisten Bungalowsiedlungen, hier ist also am meisten „los".

Ein **Dschungelpfad** führt vom südlichsten Pier aus über den Bergrücken auf die andere Seite zur Teluk Dalam. Er ist nicht leicht zu finden und etwas zugewachsen: es geht gleich südlich der Pier landeinwärts, zunächst auf eines der (unbewohnten) Häuser zu und dann durch das Dickicht bergan. Der Abstieg auf der anderen Seite ist relativ steil, aber es ist ein schöner Weg durch die stille Natur, insgesamt etwa 25 Minuten.

**Teluk Dalam**, auf der anderen Seite, ist eine weite Bucht mit einem schönen, langgestreckten Strand, allerdings ist das Wasser hier zum Schwimmen bei Ebbe zu flach. Ein zweiter Pfad führt nach dem *Fauna Beach* landeinwärts. Auf ihm gelangt man nach etwa 35 Minuten durch den Dschungel zum Island Resort.

Die anderen Strände rund um Perhentian Besar sind (noch) unbewohnt und nur mit dem Boot zu erreichen. Viele haben hervorragende Schnorchel-Ecken.

### Perhentian Kecil

Hier gibt es den einzigen Ort, **Kampung Pasir Hantu**, bestehend aus einer Ansammlung von Holzhäusern, einer Polizeistation, einer Krankenstation und der Moschee. Über einen schmalen Fußweg (20 Min.) gelangt man vom südlichen Dorfrand an der steilen Küste entlang nach **Pasir Petani**, einem kleinen Strand mit einer Bungalowanlage (s.u.). Alle anderen Strände kann man nur mit dem Boot erreichen.

Nördlich des Ortes liegt der **Pasir Panjang** *(long beach)*, ein schöner, langgestreckter Sandstrand an dem, abgesehen von den wenigen Travellerhütten, noch viel Ruhe herrscht. Ein kleiner Pfad (15 Min.) führt hinüber auf die Westseite zur **Teluk Aur**. Vor der Bucht kann man gut tauchen, aber der Strand ist nicht ganz so attraktiv wie drüben. Am nördlichen Ende der Insel liegt **Teluk Kurma**, ebenfalls eine sehr einsame Bucht. Das Wasser ist hier flacher, aber die Schnorchelmöglichkeiten sind prima. Ansonsten ist nur noch eine der vielen Buchten, Mira's (s.u.), bewohnt. Alle anderen sind einsam - noch jedenfalls.

## ÜBERNACHTUNG

Während der **Hauptsaison** von Juli bis August und in den malaysischen Schulferien kann es schwierig werden, günstige Unterkünfte auf beiden Inseln zu finden. Deshalb unbedingt vorab anrufen und sich erkundigen!
Die meisten Anlagen sind außerdem während der **Monsunregen** von Nov. bis Jan. geschlossen.

**PERHENTIAN BESAR** - wir beginnen an der südlichen Pier.
*ABDUL'S CHALETS**, tel 010/937303, gleich hinter dem Felsen, Holzhäuser die keinen supergepflegten Eindruck machen, alle ohne eigene Du/WC.
*ABC**, einfache Hütten, aber alle mit Meerblick.
*IBI** vermietet ebenfalls ein paar Holzhäuser.
*COCO HUT**, tel. 09/6972085, vermietet billige *A-frame*-Hütten und windschiefe Holzhäuschen. Auch hier alles sehr anspruchslos für's Traveller-Publikum.
*COZY***, tel 011/326822, am Felsen, die stabilen, sauberen Hütten haben Du/WC. Kanuvermietung für 5 RM/Std., Schnorchelausrüstung vorhanden, mit Restaurant.
Auf dem Weg nach Norden kommt jetzt ein felsiger Strand, über den es keinen Weg gibt. Wenn das Wasser niedrig genug ist, kann man hindurchwaten, mit Gepäck ist das wegen der Steine aber nicht zu empfehlen!
*MAMA'S** ist die nächste Ferienhaussiedlung, sehr einfache Holzhütten, die gestrichenen sind etwas billiger als die rohen, alle mit Du/WC, einige mit Fan.
*PARADISE RESORT**-****, tel 010/906602, neue Anlage nicht gerade billig. Alle Zimmer mit Du/WC und Fan.
*CORAL VIEW***, tel 010/934943, schon von weitem an den blauen Dächern zu erkennen, Holzhäuser mit Du/WC und Fan, die Lage ist gut, das Restaurant auch.
*PERHENTIAN ISLAND RESORT*****, tel 345362, Anmeldung auch in Kuala Lumpur unter tel 03/2480811, ist die größte und teuerste Anlage auf Perhentian. Trotz der 102 Zimmer wirkt sie nicht überdimensioniert, mit gepflegtem, feinem Sandstrand und gutem Restaurant.
Am **Teluk Dalam** auf der anderen Seite der Insel gibt es folgende Anlagen:
*PELANGI**, tel 971762, (hat nichts mit dem gleichnamigen 5-Sterne-Resort auf Langkawi zu tun), Anlage mit blaugedeckten Chalets, alle mit Du/WC und Fan, Restaurant.
*FLORA BAY*-***, tel 977266, saubere Holzhütten mit und ohne Du/WC, etwas wenig Atmosphäre und vergleichsweise teuer, Restaurant.
*FAUNA BEACH** tel 971843, nette Anlage, alle Chalets mit Du/WC und Fan.

**PERHENTIAN KECIL** - hier kann man wirklich seine Ruhe haben, und das trifft auf alle Strände zu.
*PASIR PETANI***, ist eine sympathische, familiäre kleine Anlage, wo man in aller Ruhe unter sich sein kann. Schöne Holzhäuschen.

*MIRA'S**, sozusagen „um die Ecke" aber trotzdem mit Gepäck nur per Boot zu erreichen, bietet das Gegenstück: winzige palmwedelgedeckte Hüttchen, billig und alles im Robinson Crusoe-Stil. Einsam.
*CORAL BAY**, an der Teluk Aur, anspruchslos und nicht besonders gepflegt, aber billig und relaxte Atmosphäre.
*RAJAWALI** auf Felsen am nördlichen Rand der Teluk Aur gelegen, einfache Hütten, ruhig.
*D'LAGOON**, einfache Hütten und einsam an der Teluk Kurma gelegen, gut zum Schnorcheln.
*MATAHARI**, bei Travellern beliebt, akzeptables Essen, vermietet preiswerte Doppelhütten.
*LONG BEACH**, einfache *A-frame*-Hütten und Chalets mit Terrasse, Restaurant.
*CEMPAKA CHALET**, am gleichen Strand am Hang, stabile, saubere Häuschen, kein Restaurant, aber nettes, hilfreiches Management.
*ROCK GARDEN**, die Hütten sind teilweise auf Felsen oberhalb des Strandes gebaut, alles ziemlich einfach, d.h. ohne Strom und Mandi. Abends gibt es ein preiswertes Büfett.

### ESSEN

Die Küche der meisten Anlagen ist wenig abwechslungsreich und meist auf den Traveller-Einheitsgeschmack ausgerichtet, also *fried rice*, Omelette, etc.
Ein nennenswertes Restaurant bietet nur das *PERHENTIAN ISLAND RESORT*.
Ein beliebter Treffpunkt ist das *SEA HORSE CAFE* (im *ABC*). Nicht überall wird Bier ausgeschenkt, schließlich befinden wir uns an der muslimischen Ostküste. Meist ist es auch sehr teuer.

### TRANSPORT

Boote von KUALA BESUT fahren mehrmals tgl. zwischen 9.00 und 17.00 Uhr, zurück von Perhentian schon ab 8.00 Uhr (s. Kuala Besut).

## Kuala Terengganu

*Der Öl-Boom hat dieses beschauliche Sultansstädtchen an der Mündung des Terengganu-Flusses gründlich verändert. Protzige Verwaltungsgebäude, moderne Straßen, Büros, Banken und Shopping Centres zeugen von neuem Reichtum. Die Chinesen, deren kleine Geschäftshäuschen früher zumindest das Zentrum beherrschten, sind zur verschwindend kleinen Minderheit geworden. Malaiisch war der Charakter dieser Stadt schon immer, aber durch die Offshore-Förderung von Erdöl und -gas, die sich im ganzen Sultanat bemerkbar macht, fließen 5% Tantiemen an die konservativ malaiisch orientierte Regierung Terengganus. Der größte Teil dieser Einnahmen wird für Infrastrukturprojekte und wirtschaftliche Entwicklung verwendet.*

*Kein Ort zum Urlaubmachen also, aber für viele Reisende eine Etappe, die sich auf dem Weg entlang der Ostküste nicht umgehen läßt. Und zum Umschauen, Informationen sammeln, Einkaufen oder Essengehen wird es niemand bedauern, hier eine Übernachtung eingeplant zu haben.*

### Zentrum

Die Jl. Sultan Ismail bildet die neue, vierspurige „Hauptschlagader" des Zentrums, interessant ist allerdings eher die Nordostecke. Die **Jalan Bandar** (früher Jl. Kampung China) gibt noch einen Eindruck aus der Zeit, als Kuala Terengganu halb so groß und doppelt so verschlafen war. Einige der chinesischen Häuser sind über hundert Jahre alt und wurden restauriert. Am Ende der Straße befindet sich der **Pasar Payang**, der große Markt, der nun zwar in mehreren modernen Gebäuden untergebracht ist, aber trotzdem Atmosphäre hat. Gleich um die Ecke steht der auf den ersten Blick bescheiden wirkende Sultanspalast, **Istana Maziah**, der heute nur noch staatlichen und repräsentativen Funktionen dient. Die Gegend um die Jl. Kg. Dalam mutet noch immer dörflich an, sie heißt auch *Kampung Dalam Kota*, wörtlich übersetzt: das Dorf innerhalb der Stadt.

### Kompleks MUZIUM (Muzium dan Pusat Seni)

Das neue Museumsprojekt umfaßt ein großes Gelände in der Jl. Losong Ferri, die ein wenig außerhalb des Zentrums an der Flußmündung liegt. Zu erreichen auch mit dem *Bas Losong* ab Busbahnhof (50 ¢) bzw. mit dem Taxi (6 RM). Das Museum wird frühestens 1995 zur Besichtigung freigegeben; man sollte sich unbedingt vorher nach dem Stand der Dinge erkundigen, da es ziemlich weit außerhalb der Stadt liegt.

Am imposanten Museumsgebäude wurde ein schöner Park angelegt, in dem auch zwei alte Schiffe stehen. Traditionelle Gebäude aus verschiedenen Landesteilen wurden wiedererrichtet.

## ÜBERNACHTUNG

*PING ANCHORAGE GUESTHOUSE**, 77a Jl. Dato Isaac, tel 6220851, fax 6228093, ist der Traveller-Treff in Kuala Terengganu. Einfache Zimmer mit Fan, manche auch mit Du/WC, auch Schlafsaalbetten (5 RM). Es gibt einen netten Dachgarten und ein Restaurant, das Management ist hilfreich und organisiert auch Touren (z.B. Pulau Kapas, Kenyir Lake).
*SERI PANTAI**, 35A Jl. Sultan Zainal Abidin, tel 6232141. Einfache, aber saubere Billig-Bleibe im nördlichen Zentrum mit Zimmern ohne Du/WC und Schlafsaal.
*REX HOTEL**, 112 Jl. Masjid, tel 6221384. Von den Absteigen rings um den Busbahnhof die einzige, die ihren (niedrigen) Preis wert ist.
*MUTIARA HOTEL***, 67 Jl. Sultan Ismail, tel 6222655, gegenüber dem alles überragenden Bangunan PMINT. Sauberes Hotel mit Innenhof, Zimmer mit ac bzw. Fan.
*SERI HOOVER HOTEL***, 49 Jl. Sultan Ismail, tel 6233833, hat Zimmer mit ac oder (billiger) mit Fan, letztere allerdings ohne Fenster. Modern und relativ sauber.
*ALAMANDA****, 28 Jl. Tol Lam, tel 6228888, fax 6238899, neues Mittelklassehotel, zentrale Lage an belebter Straße, wirkt etwas steril, Zimmer mit Du/WC und warmem Wasser.
*PRIMULA BEACH RESORT* (140 - 210 RM), Jl. Persinggahan, tel 6222100, fax 6233360, dürfte das beste Hotel in Kuala Terengganu sein.

## ESSEN

Essenstände gibt es rund um den Busbahnhof. Mehrere empfehlenswerte chinesische Coffeeshops liegen in der Jl. Engku Sar am Plaza Perdana, z.B. *LEE KEE*, ein einfaches Restaurant mit Ständen, wo es Nudelsuppen, Hühnerreis, *Lumpia*, *Sate*, frische Fruchtsäfte und Bier gibt. Das *GOOD LUCK* nebenan hat ein ähnliches Angebot.
*GOLDEN DRAGON*, 198 Jl. Bandar, etwas teureres Restaurant im alten Chinesenviertel.
*SRI SHANMUGA*, Jl. Tok Lam, liegt gleich beim Ping Anchorage um die Ecke. Preiswerte indische Gerichte.

## SONSTIGES

**GELD** - Banken sind tgl. außer Fr 10.00 - 15.00 Uhr geöffnet, Do nur von 9.30 - 11.30 Uhr.

**INFORMATIONEN** - Hilfreich ist ein Besuch im *TOURISM MALAYSIA (MTPB) OFFICE*, tel 6221433, Jl. Sultan Zainal Abidin, Wisma MCIS. Geöffnet Sa - Mi 8.00 - 16.00, Do 8.00 - 12.45 Uhr, Fr geschlossen. Gute Informationen für die gesamte Ostküste.
*TOURIST INFORMATION CENTRE (TIC)*, tel 6221553, neben der Hauptpost, hat Informationen zum Bundesstaat Terengganu zu bieten.

**MEDIZINISCHE VERSORGUNG** - das moderne *GENERAL HOSPITAL* steht südlich der Stadt.

**POST** - Jl. Sultan Zainal Abidin (neben dem alten Sultanspalast Istana Maziah).

**VORWAHL** - in Terengganu 09.

## TRANSPORT

**BUSSE** - Die zentrale Bus Station befindet sich im Stadtzentrum an der Jl. Masjid Abidin. Direkte Busse nach KUANTAN (10x tgl. in 3 1/2 Std., 9 RM), MERSING (19 RM), JOHOR BAHRU (25 RM), KUALA LUMPUR (22 RM), IPOH (25 RM), BUTTERWORTH (24 RM) und KOTA BHARU (8 RM).

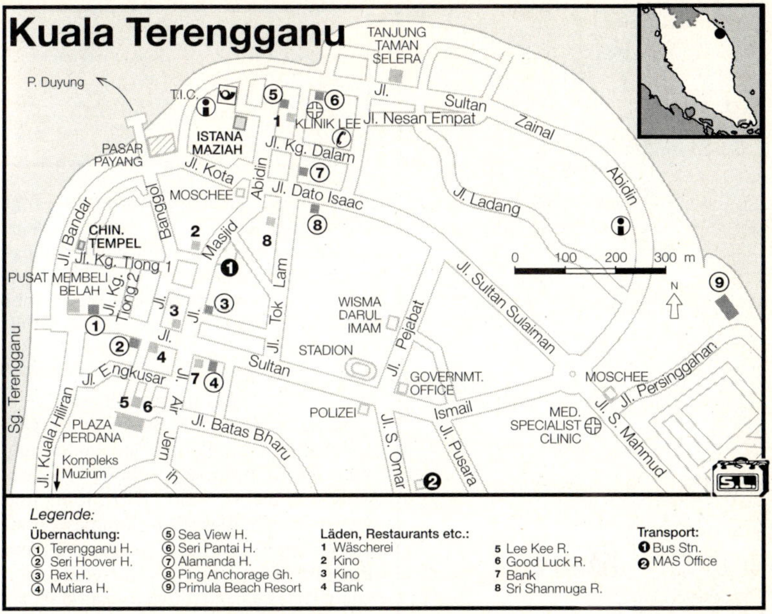


MARANG (1 RM) und RANTAU ABANG (3 RM) liegen an der Strecke nach Kuantan, auf der auch die lokalen Busse verkehren. Um nach P. Perhentian zu kommen, verläßt man den Bus nach Kota Bharu in JERTEH und fährt mit einem Lokalbus weiter nach KUALA BESUT.

**ÜBERLANDTAXI** - für Fahrten zum Flughafen oder in der Stadt gibt es Taxen an der Bus Station. Mit Überlandtaxen kommt man nach MARANG 3 RM, RANTAU ABANG 6 RM, KUANTAN 15 RM, KUALA LUMPUR 35 RM, JOHOR BHARU 40 RM, IPOH 45 RM und KOTA BHARU 12 RM. Ein Taxi nach JERTEH kostet 10 RM, KUALA BESUT etwas mehr.

**FLÜGE** - Sultan Mahmud Airport liegt 18 km nördlich von Kuala Terengganu. Ein Taxi nach Kuala Terengganu kostet 16 RM, nach Marang 25 RM. MAS fliegt 3x tgl. nach KL und 3x tgl. über KL nach JOHOR BHARU, bzw. 2x tgl. nach PENANG. *Pelangi Air* fliegt 3x pro Woche direkt nach PENANG. Alle Tickets bei *MAS,* 13 Jl. Sultan Omar, tel 6221415.

## Marang

*Sehenswürdigkeiten gibt es in diesem Ort an der Mündung des Sungai Marang nicht. Dennoch machen viele Traveller hier Station - wohl, weil der kleine Fischerhafen mit seinen Holzhäusern so typisch für das Bild ist, das wir von der Ostküste haben. Am Strand kann man baden und lange Spaziergänge machen, vor der Küste lockt die Insel Pulau Kapas, Palmen, weite Sandbänke und malerische Kampung runden das fotogene Szenario ab. Warum also nicht ein paar Tage bleiben?*

Am Sonntag ist **Nachtmarkt** im nördlichen Ortsteil Kg. Paya. Eine Abwechslung ist die **Bootsfahrt** den Sungai Marang hinauf. Die mehrstündige Tour sollte

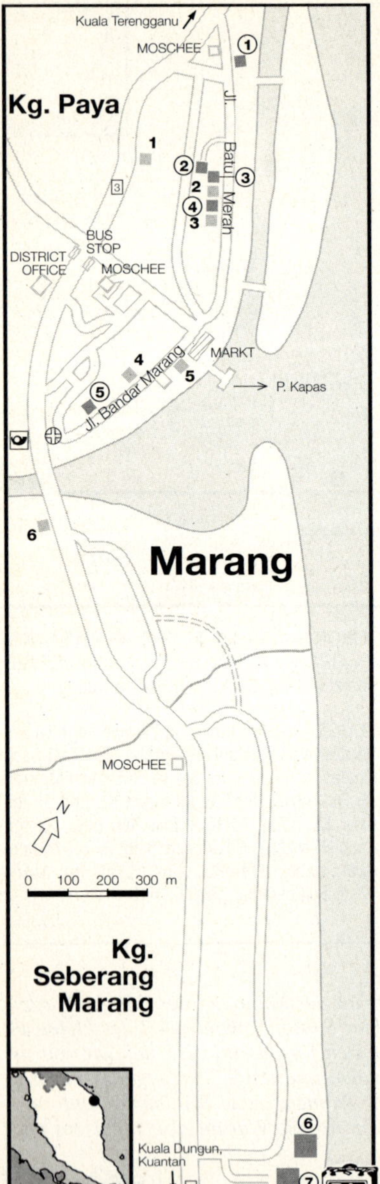


*Legende:*

**Übernachtung:**
① Sri Paja Hs.
② Marang Guest Hs.
③ Kamal's
④ Island View
⑤ Marang Inn
⑥ Bell Kiss Beach
⑦ Anguilla Beach

**Läden, Restaurants etc.:**
1 Caltex
2 Checkpoint
3 Seafarer R.
4 Sri Marang R.
5 1st Restoran
6 Petronas

man möglichst früh beginnen. Wer Glück hat, kann in den dichten Mangroven die bis zu 1,50 m langen Warane *(monitor lizards)* und vielleicht sogar ein Krokodil sehen. Bei einer Bootsfahrt besucht man vielleicht einen Köhler, eine kleine Tabakfabrik, oder kann beobachten, wie Palmzukker, *gula melaka,* hergestellt wird.

Manche westliche Besucher vergessen leider schnell, daß sie in Marang von ländlich-muslimischer Nachbarschaft umgeben sind. Die Sitten und Lebensregeln der Kampungbewohner sind streng am Islam orientiert, und das mindeste, was sie von fremden Besuchern erwarten dürfen, ist, daß sie respektiert und nicht durch nachlässige Kleidung oder unbedachtes Verhalten provoziert werden. Dies gilt besonders am Strand.

## ÜBERNACHTUNG

**KAMPUNG PAYA** - im nördlichen Ortsteil wohnt man zwar nicht direkt am Strand, dafür kann man aber zu Fuß zum Hafen gehen.

*SRI PAYA HOUSE*,* Jl. Batu Merah, tel 09/ 6181994, ist nur ein einfaches, hölzernes Wohnhaus mit Übernachtungsmöglichkeit. Billige Zimmer und Schlafsaal-Betten.

*KAMAL'S*,* Jl. Batu Merah, tel 6182181, ist eine beliebte, preiswerte Traveller-Herberge, die zudem, trotz der etwas düsteren Zimmer, auch noch ganz sympathisch aufgemacht ist.

*MARANG GUEST HOUSE*-**,* tel 6182277, über Kamal's oben auf dem Hügel gelegen, hat *A-frame*-Hütten mit nicht allzu sauberen Gemeinschaftsduschen und freundlichen Holzhaus-Hälften mit Fan, Du und Moskitonetz.

*ISLAND VIEW RESORT*-**,* Jl. Batu Merah, tel 6182006, hat Holzhäuser mit Du und Fan und einfache *A-frame*-Hütten in einem kleinen grü-

nen Garten, wo ein gutes Frühstück serviert wird. Es gibt auch ein paar ac-gekühlte Hütten mit TV, angenehm ruhige Anlage.
*MARANG INN**, 190 A Jl. Bandar Marang, tel 6182132. Nettes Haus mit Terrasse gleich am Hafen. Billige Zimmer und Schlafsaal-Betten, Café. Es werden auch Touren angeboten.

**KAMPUNG SEBERANG MARANG** - Im südlichen Ortsteil stehen am Strand zwischen Kokospalmen weitere Bungalows. Hier gibt es außerhalb der Anlagen allerdings keine Restaurants und Geschäfte.
*BELL KISS BEACH RESORT*-****, tel 6181579. Ansprechende Anlage direkt am Meer. Die Chalets am Strand haben eigene Du/WC und Fan, es gibt auch ein paar billigere *A-frame*-Hütten; Angenehme Atmosphäre, gute chinesische Küche; Bier, Bücher, Fahrräder.
*ANGUILLA BEACH HOUSE**-****, saubere Bungalows mit und ohne ac bzw. Du/WC, tel 6221553. Nicht gerade billig, aber direkt am Meer. Für Familien gibt es geräumige Zimmer mit 5 Betten (100 RM). Mit Restaurant, insgesamt die größte Anlage in Marang.

### ESSEN

Essenstände mit malaiischen Gerichten befinden sich am Markt. Die Guest Houses haben fast alle ein Restaurant, aber nicht alle schenken Bier aus.
*1ST RESTORAN*, Jl. Bandar Marang, ein kleines chinesisches Restaurant, das auch westliche Gerichte anbietet. Die Fischsuppe ist prima.
*SRI MARANG*, ein chinesisches Restaurant.
*SEAFARER*, neben dem Island View Resort, nicht superbillig aber gut, hat auch Fisch- und Fleisch-Barbeque und zudem entspannte Atmosphäre.

### TRANSPORT

**BUSSE** - Zwischen KUALA TERENGGANU und Marang (30 - 45 Min., 1 RM) verkehren lokale Busse alle 30 Min. ab 6.30 - 18.00 Uhr.
Zwischen Marang und RANTAU ABANG bzw. KUALA DUNGUN (3 RM) verkehren von 6.30 - 18.00 Uhr alle 45 Min. Busse.
Außerdem kann man jeden Expreßbus nehmen, der an der Küste entlangfährt und an der Hauptstraße in Marang (Caltex-Tankstelle) aussteigen.
Zu den südlich vom Fluß gelegenen Unterkünften steigt man am besten beim Bus Stop Kg. Seberang aus.
Um zu den Fernzielen zu gelangen, ist Kuala Terengganu der bessere Ausgangspunkt.

## Rantau Abang

Dieser Strandabschnitt, 60 km südlich von Kuala Terengganu und ein paar Kilometer nördlich von Dungun, ist wegen der **Riesenschildkröten**, die dort an Land kommen, wohl der bekannteste Platz an der Ostküste Malaysias. Am Pantai Jambu Bongkok, 55,5 km südlich von Terengganu, gibt es eine Schildkröten-Aufzuchtstation. Touristen dürfen während der Saison nachts nicht zu den Tieren, damit sie ungestört ihre Eier legen können. Beobachten kann man sie also nur noch aus angemessener Entfernung und natürlich gegen entsprechende Bezahlung.

Rund um den Turtle Beach sind Hotels und zahlreiche Restaurants angesiedelt, außerhalb der Saison macht freilich alles einen ziemlich ausgestorbenen Eindruck. Der Strand selbst ist schön und weitläufig, aber es gibt nicht gerade viel Schatten.

Das kleine **Turtle Information Centre** wirkt ein wenig wie ein Abgesang, irgendwie hat der Bau schon bessere Tage gesehen. Aber im Inneren finden wir ein Bekenntnis, wer der eigentliche Feind der Schildkröten ist: der Mensch. Geöffnet von Mai bis August von Sa - Do 9.00 - 13.00, 14.00 - 18.00 und 20.00 - 23.00 Uhr, Fr 9.00 - 12.00 und 15.00 - 23.00 Uhr. Während der Nebensaison (September bis April) ist das Centre Sa - Mi 8.00 - 12.45 und 14.00 - 16.00, Do 8.00 - 12.45 Uhr geöffnet, Fr geschlossen.

### ÜBERNACHTUNG UND ESSEN

Direkt am Strand nahe der Brutstation gibt es Übernachtungsmöglichkeiten. Außerhalb der Saison sind die Preise merklich niedriger.
*AWANG'S**, tel 843500, vermietet preiswerte, einfache und saubere Hütten, manche mit Du/WC und Fan, Restaurant.
*ISMAIL**, tel 841054, schönere und teurere Bungalows mit Fan, direkt am Strand, Restaurant.
*DAHIMAH'S GUEST HOUSE*-***, 1,5 km südlich von Rantau Abang direkt am Strand, tel 010/935057. Schöne und saubere Anlage, alle Zi mit Du/WC, einige mit ac, Schlafsaalbetten (5 RM), Restaurant, Fahrradvermietung.

### SONSTIGES

**SCHILDKRÖTEN BEOBACHTEN** - Die *turtle watching season* beginnt im Juli und endet im August. In den Monaten Mai/Juni aber auch im September kann es manchmal ein paar Tage dauern, bis man Glück hat. Wer sich nicht auf das Hotelpersonal verlassen will, sollte sich einen Wecker stellen und nachts selbst nachschauen, ob das Strandpersonal Schildkröten gesichtet hat.
Der Run auf die Schildkröten und die vielen Touristen, die trotz Verbot mit Blitzlicht fotografieren und die Tiere bedrängen, hat inzwischen allerdings sehr abstoßende Formen und Ausmaße angenommen. Echte Tierfreunde und Naturschützer wissen sich entsprechend zu verhalten.

### TRANSPORT

Auf der Hauptstraße fahren Busse über MARANG (3 RM) nach KUALA TERENGGANU (4 RM) und in der Gegenrichtung nach KUALA DUNGUN und KUANTAN (8 RM). Überlandtaxis nach MARANG (3 RM), K. TERENGGANU (6 RM) oder KUANTAN (12 RM) kann man sich auch von Unterkünften vermitteln lassen.

**Schildkröten**

Sie haben diese Gegend berühmt gemacht, vor allem die größte Spezies, die riesige Lederschildkröte *(Dermochelys coriacea)*. 2 m lang und 600 kg schwer kann so ein Tier werden, ist aber unter Wasser ungeheuer beweglich und in allen Weltmeeren beheimatet. Von den bekannten Schildkröten unterscheiden sie sich durch ihren Panzer, der nicht aus Schildplatten, sondern aus einer fast glatten, lederartigen Haut besteht. *Leatherbacks* haben auch keine Krallen an ihren Gliedmaßen, sondern richtige Flossen. Auf der ganzen Erde gibt es nur wenige tropische Strände, an denen die urzeitlich anmutenden Kolosse ihre Eier im warmen Sand vergraben, um sie von der Sonne „ausbrüten“ zu lassen. Jahr für Jahr von Mai bis September, besonders in den August-Nächten, landen sie hier. Ein gewinnbringender Rummel begleitete Jahr für Jahr die *turtle season,* wenn die Tiere unter den Augen staunender Touristen ihren natürlichen Instinkten folgen.
Mittlerweile werden die Eier geschützt, eingesammelt, in speziellen Arealen ausgebrütet und die jungen Tiere mit Booten auf das Meer hinausgefahren. Trotzdem kamen Jahr für Jahr weniger Schildkröten. Die Brutstellen dürfen inzwischen nur noch mit Aufsichtsbeamten betreten werden, Kamera und Blitzlicht sind verboten. Ob es gelingt, einmal verschreckte Tiere in Rantau Abang zu halten, ist fraglich. Nur eine von 1000 Schildkröten erreicht wirklich das Alter und den Umfang einer ausgewachsenen *leatherback*. Die Population ist schon auf ein kritisches Minimum geschrumpft.

## Cerating

In den vergangenen Jahren hat sich das reizvoll gelegene kleine Dörfchen zu recht zu einem Traveller-Treffpunkt an der Ostküste entwickelt. Zuerst nahmen nur einige malaiische Familien im Dorf Rucksacktouristen als zahlende Gäste in ihren Häusern auf. Mittlerweile sind in dem zum Teil abgeholzten Mangrovengebiet, das das Dorf von der Küste trennte, zahlreiche Bungalows für Touristen entstanden. Restaurants, Surfbrett-Vermietungen und Batikwerkstätten, in denen junge Künstler T-Shirts, Sarongs und Bilder mit farbenprächtigen modernen Designs bemalen, vervollständigen das vertraute Bild von der Touristen-Enklave. Junge Leute aus allen möglichen Ländern fühlen sich hier wohl, denn die Atmosphäre ist in Pahang spürbar lockerer als in den Badeorten der Staaten Terengganu und Kelantan weiter nördlich. Und an Wochenenden mischen sich auch Malaysier und Singaporeaner unter die Gäste.

Außer geruhsamem Strand- und Bungalowleben hat Cerating keine Sensationen zu bieten. In der seichten Bucht muß man bei Ebbe manchmal weit hinauswandern, um schwimmen zu können, aber der Strand ist schön und geschützter als in den Küstenorten weiter nördlich.

## ÜBERNACHTUNG

Beginnen wir an dem Weg, der von der Bushaltestelle hineinführt:
*MAK DE** und *MAK LONG TEH** sind noch die dörflichen Guest Houses der ersten Stunde. Einfach und familiär, Essen im Preis inbegriffen.
*AIR POWER TRAVELLER'S INN**, stabile Holzhäuser, relativ geräumig und mit Du/WC. Nicht mehr ganz so sauber.
*MAZNAH** bietet nur sehr einfache, billige Hütten an. Im Preis ist Verpflegung inbegriffen.
*MATAHARI**, Zimmer mit Fan und Kühlschrank, aber ohne Du/WC. Dafür kann man im Batikladen eigene Entwürfe realisieren.
*RIVERSIDE*-**** hat unterschiedliche Unterkünfte, aber alle mit Du/WC. Schöner Garten.
Weiter an der Einmündung nach rechts.
Hier findet man das *COCONUT INN**, tel 403299, kleine Hüttchen mit Du/WC, aber auch *A-frames* ohne alles, trotzdem ganz sympathisch. Es gibt Moskitonetze.
*TANJONG INN*-***, Holzchalets mit Fan oder ac, alle mit Du/WC. Anlage um kleinen Teich.
*GREEN LEAVES** liegt inmitten des Mangrovensaums am Fluß. Die einfachen *A-frame*-Hütten eignen sich für Traveller, die relaxte Atmosphäre suchen und moskitofest sind - keine Moskitonetze in den Hütten.
*SAYANG** -**** hat einige einfache Hütten mit Du/WC, z.T. auch mit ac, aber relativ teuer.
*KAMPUNG INN***, tel 439248, liegt recht schön und in Strandnähe, die kleinen Holzhäuschen sind preisgünstiger als die großen, alle mit Du/WC und Moskitonetz.
*CHERATING BAYVIEW****, tel 439248, bietet schöne, saubere Bungalows mit Du/WC und

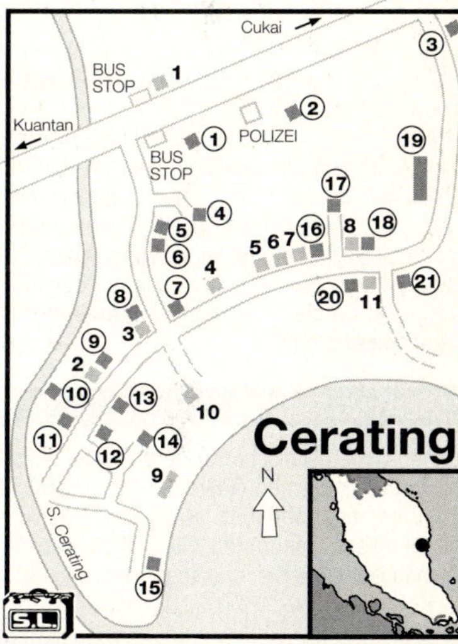


*Legende:*

**Übernachtung:**
1 Mak Long Teh
2 Mak De
3 The Moon
4 Air Power
5 Maznah
6 Matahari
7 Cherating Cottage
8 Riverside
9 Payung
10 Green Leaves
11 Sayang
12 Tanjong Inn
13 Coconut Inn
14 Kampung Inn
15 Bayview
16 Ranting Resort
17 Sunshine
18 Cherating Inn
19 Spagn Resort
20 Mini Motel
21 Duyong

**Läden, Restaurants etc.:**
1 Ani
2 Blue Lagoon
3 Moonlight Café
4 Lumbong Art
5 Lianee Cafe
6 Checkpoint
7 Mimi's
8 Five Star
9 Driftwood
10 Boathaven
11 Pop Inn

Blick aufs Meer für Mittelklasse-Reisende. Liegt ein bißchen für sich und ist von daher ganz nett. In der anderen Richtung, also hinter der Einmündung nach links, stoßen wir nach einigen Metern auf das

*RANTING RESORT***, tel 439068, eine saubere Anlage mit geräumigen Holzbungalows, alle mit Du/WC und Fan bzw. ac.

*CHERATING INN*** vermietet Bungalows mit Du/WC, teilweise auch mit ac. Nicht ganz so ruhig gelegen wie die meisten anderen.

*MINI MOTEL**-** vermietet einheitliche Bungalows mit Du/WC und ac, etwas teurer.

*DUYONG****-****, tel 439335. Die Anlage mit Holzhütten wirkt ein bißchen steril und leblos, dafür liegt aber das Restaurant direkt am Strand.

*SPAG RESORT***-***, tel 439378, ist eine etwas größere Anlage mit einheitlichen Holzhäusern mit und ohne ac.

*THE MOON***, tel 439186, oberhalb der östlichen Zufahrtsstraße am Hang gelegen, ist eine ruhige Anlage unter englischem Management. Einfache Hütten, alle mit Du/WC, Fan und Moskitonetz. Schlafsaal ist auch vorhanden. Die dazugehörige Bar ist mittlerweile ein beliebter Treffpunkt für die nicht wenigen *Expatriates* in Cerating geworden.

## ESSEN UND TRINKEN

Authentische asiatische Küche darf man bei so vielen ausländischen Gästen in Cerating nicht erwarten, das Angebot ist dem europäisch-amerikanisch genormten Gaumen angepaßt. Abends fließt das Bier und sogar Drinks.

*ANI* ist ein kleines, preiswertes Restaurant an der Straße, gleich bei der Bushaltestelle.

*LIANEE CAFE* bietet thailändische und malaiische Gerichte sowie Seafood an, nicht superbillig, aber beliebt.

*MIMI'S* billiges, kleines Restaurant ist stets gut besucht und macht gutes Essen.

*CHERATING INN* und *SPAG* haben eigene Restaurants, *SAYANG* serviert auch indische Gerichte.

*MOONLIGHT CAFÉ* (im Riverside) und *BLUE LAGOON*, gleich nebenan, sind die belebtesten Lokale nach Einbruch der Dunkelheit.

Auch das *POP INN* hat viele Gäste, vor allem, wenn Musiker auftreten. Alle drei bieten auch etwas zu essen, auch Bier.

*PAYUNG CAFE* ist ein nettes kleines Cafe, in dem es auch etwas zu essen gibt.

Direkt am Strand liegt das *BOATHAVEN*, Restaurant und Bar mit westlicher und indischer Küche. Es gibt auch einige Strandhütten. Verleih von Windsurfbrettern.

*DRIFTWOOD*, weiter südlich am Strand, bietet American Food.

## TRANSPORT

Lokale Busse fahren auf der Hauptstraße ca. stündlich über BESERAH, 2 RM, nach KUANTAN, 3 RM, und in der Gegenrichtung nach CUKAI/KEMAMAN, 1 RM. Seltener nach KUALA DUNGUN oder gar bis KUALA TERENGGANU. Die Busse halten an der Haltestelle bei Mak Long Teh. Taxis werden im Ort vermittelt. Zu allen anderen größeren Städten führt der Weg unweigerlich zunächst über Kuantan.

# Kuantan

*Die größte Stadt an der Ostküste, „Boomtown“, Überseehafen, Wirtschaftszentrum, Schnittpunkt der großen Verkehrswege und Hauptstadt des Staates Pahang. Klar, daß Kuantan kein ruhiges Hafennest ist. Eine hektische Großstadt aber auch nicht. Eigentlich ist Kuantan auch keine richtige Stadt für Touristen, dennoch wurde einiges versucht. Den Vorort Teluk Chempedak mit seinen Hotels könnte man durchaus ein „Touristenzentrum“ nennen. Viele Reisende steigen freilich in Kuantan nur ab, weil sie in Richtung Norden, Süden oder Osten umsteigen wollen und um Kuantan eben nicht herumkommen.*

Mit dem Bus landet man in der Regel mitten im Zentrum, das sich zu beiden Seiten der Jl. Besar und der Jl. Mahkota befindet. Hier sind alle wichtigen Geschäfte, Büros und Hotels versammelt, man kann sich also bequem zu Fuß bewegen. Am Flußufer nahe der Bus Station kann man draußen sitzen und aus

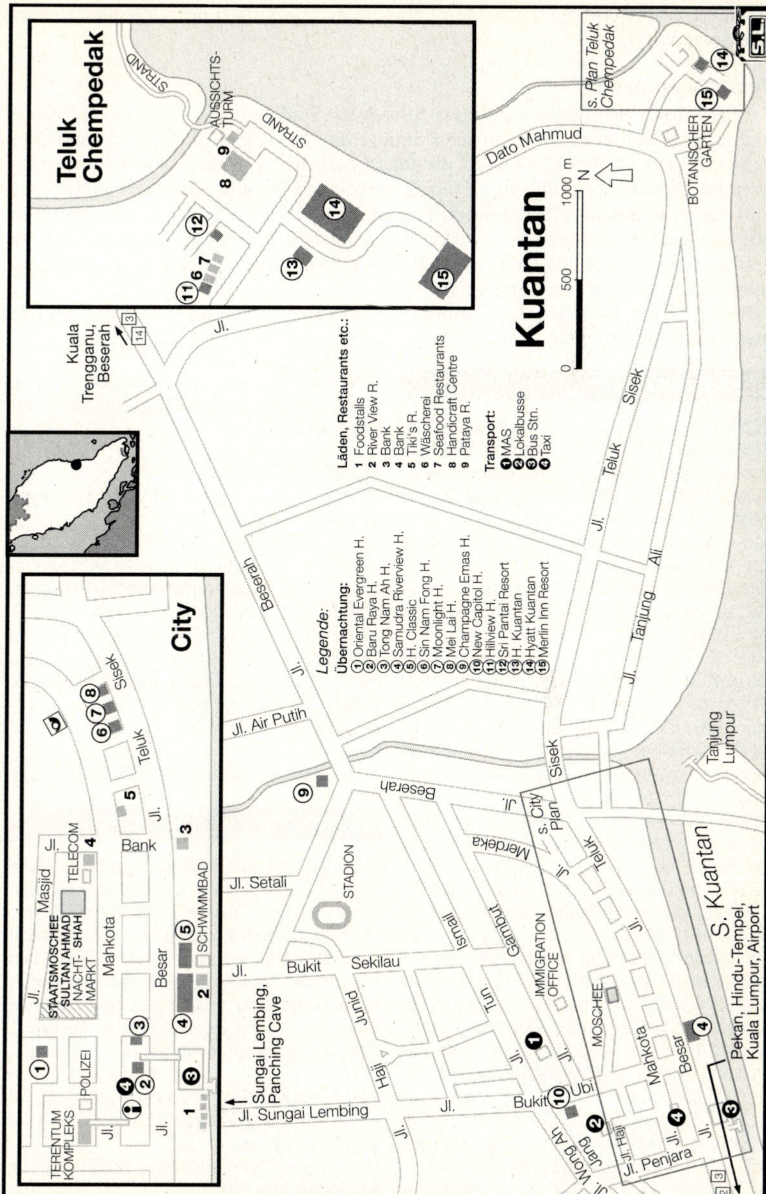
Kuantan
Teluk Chempedak
City
Legende:
Übernachtung:
1 Oriental Evergreen H.
2 Baru Raya H.
3 Tong Nam Ah H.
4 Samudra Riverview H.
5 H. Classic
6 Sin Nam Fong H.
7 Moonlight H.
8 Mei Lai H.
9 Champagne Emas H.
10 New Capitol H.
11 Hillview H.
12 Sri Pantai Resort
13 H. Kuantan
14 Hyatt Kuantan
15 Merlin Inn Resort
Läden, Restaurants etc.:
1 Foodstalls
2 River View R.
3 Bank
4 Bank
5 Tiki's R.
6 Wäscherei
7 Seafood Restaurants
8 Handicraft Centre
9 Pataya R.
Transport:
1 MAS
2 Lokalbusse
3 Bus Stn.
4 Taxi
0 500 1000 m
N
Kuala Trengganu, Beserah
Sungai Lembing, Panching Cave
Pekan, Hindu-Tempel, Kuala Lumpur, Airport
Jl. Beserah
Jl. Air Putih
Jl. Setali
Jl. Bukit Sekilau
Jl. Sungai Lembing
Jl. Haji Junid
Jl. Tun Ismail
Jl. Gambut
Jl. Merdeka
Jl. Teluk Sisek
Jl. Tanjung Ali
Dato Mahmud
Jl. Bukit Ubi
Jl. Wong Ah Jang
Jl. Haji
Jl. Penjara
Jl. Mahkota
Jl. Besar
STADION
IMMIGRATION OFFICE
MOSCHEE
BOTANISCHER GARTEN
Tanjung Lumpur
S. Kuantan
s. City Plan
s. Plan Teluk Chempedak
AUSSICHTS-TURM
STRAND
TERENTUM KOMPLEKS
POLIZEI
STAATSMOSCHEE SULTAN AHMAD
NACHT-MARKT
SHAH
Jl. Masjid
TELECOM
Bank
SCHWIMMBAD

spannen, vielleicht auch mit der Fähre zum gegenüberliegenden Fischerdorf übersetzen.

### Teluk Chempedak

Pantai Teluk Chempedak liegt etwa 5 km vom Stadtzentrum entfernt und bietet nichts Überwältigendes, wenn man einmal davon absieht, daß der Strand hier ganz attraktiv ist. Bevölkert wird die Bucht natürlich vor allem von erholungssuchenden Städtern, die hier ihre Freizeit verbringen. Es gibt ein paar Hotels (s.u.) und mehrere Seafood-Restaurants, Foodstalls und kleine Läden, und verglichen mit den weiten Stränden im Norden drängt sich alles auf engem Raum. Da die Küste hier steil abfällt, kann es gefährliche Strömungen geben, weit hinauszuschwimmen ist also nicht angeraten.

Bus 39 fährt zwischen 7.30 und 21.00 Uhr ab Jl. Mahkota alle halbe Stunde nach Teluk Chempedak hinaus.

## ÜBERNACHTUNG

**ZENTRUM** - hier gibt es mehrere Hotels aller Preisklassen, ein Zimmer zu finden dürfte nicht schwierig sein. Zunächst ein paar **billige** Hotels:
*TONG NAM AH**, 98 Jl. Besar, tel 521204, in einer Seitenstraße nahe der Bus Station gelegen. Billiges Chinesenhotel ohne jeglichen Komfort, aber sauber.
*SIN NAM FONG HOTEL*-***, 44 Jl. Teluk Sisek, ein weiterer Chinese, saubere Zimmer, alle mit Du/WC.
*MOONLIGHT HOTEL*-***, 50 Jl. Teluk Sisek, tel 524277. Preiswerte Zimmer, für ein paar Ringgit mehr auch mit Du/WC und ac.
*MEI LAI HOTEL**, 58 Jl. Teluk Sisek, tel 520312, hat billige und saubere Zimmer mit Fan, aber ohne eigene Du/WC. Zur Straße hin recht laut.
*BARU RAYA HOTEL***, 134 Jl. Besar, gleich an der Bus- und Taxistation, tel 5135334, bietet Zimmer mit Du/WC, Fan bzw. ac.
*NEW CAPITOL HOTEL**, 55 Jl. Bukit Ubi, tel 5135222, liegt im nördlichen Zentrum, saubere Zimmer mit Du/WC.
Wer etwas **teurer** und komfortabler wohnen möchte, muß in der City min. 70 RM anlegen:
*CHAMPAGNE EMAS HOTEL****, 3002 Jl. Haji Ahmad, tel 5138820, liegt 1,5 km vom Zentrum entfernt nahe an der Jl. Beserah. Noch das preiswerteste von den Mittelklasse-Hotels, Zimmer mit ac und Du/WC.
*HOTEL CLASSIC***-*****, Jl. Besar, nahe Bus Station, tel 554599, modernes City-Hotel, bietet für die Preisklasse einen guten Standard.
*SAMUDRA RIVERVIEW****, Jl. Besar, tel 555333, fax 5130618, ist das beste Hotel in der Innenstadt. Moderner Block mit allem Komfort, auch ein großer Pool steht zur Verfügung. Etwas abgewohnt.

**TELUK CHEMPEDAK** - um hier zu übernachten, muß man nicht gleich ein Vermögen ausgeben, aber man kann.
*HOTEL KUANTAN**-****, tel 5130026, ist ein helles, freundliches und sauberes Mittelklassehotel mit Zimmern verschiedener Preislage, manche mit ac und Balkon.
*SRI PANTAI RESORT*-****, 2 Jl. Sim Lim, tel 5137268. Ruhige, kleine Hotelanlage mit Zimmern verschiedener Größe, manche mit Balkon. Etwas in die Jahre gekommen.
*MERLIN INN RESORT* (ab 240 RM), tel 5141388.
*HYATT KUANTAN* (ab 300 RM), tel 5131234.

## ESSEN

Foodstalls und billige, kleine Restaurants finden sich zu Hauf rund um die Bus Station. Nett sitzt man in den kleinen open air-Restaurants am Fluß, wo es u.a. *claypot* und auch Seafood gibt. Zahlreiche Foodstalls mit chinesischen und malaiischen Gerichten reihen sich an der Jl. Mahkota, nahe der großen Moschee. Preiswert essen kann man auch im Terentum Kompleks, dem Einkaufszentrum am westlichen Ende der Jl. Mahkota.
*TIKI'S*, am östlichen Ende der Jl. Mahkota, ist ein netter Ort für Frühstück und Mittag. Nur tagsüber geöffnet.
Nach Teluk Chempedak fährt man vor allem wegen des guten **Seafood**, das hier in den Restaurants angeboten wird. Nicht gerade ein billi-

ges Vergnügen, aber durchaus erschwinglich. Mehrere Seafood-Restaurants am großen Parkplatz, unten am Strand wird es etwas teurer.

## SONSTIGES

**AUTOVERMIETUNGEN** - ein Mietwagen ist keine schlechte Idee, wenn man die Ostküste bereisen will: Ansonsten helfen die Gelben Seiten bzw. das Tourist Office bei der Adressensuche.

**IMMIGRATION** - Visa-Verlängerung im *IMMIGRATION OFFICE,* Wisma Persekutaan, Jl. Gambut, tel 521373.

**INFORMATIONEN** - Das *TOURIST OFFICE* für Pahang befindet sich im großen Pavillon gegenüber dem Terentum Kompleks an der Jl. Mahkota. Die Mitarbeiter sind bei Nachfragen aller Art hilfreich. Es werden auch Touren organisiert. Geöffnet Mo - Fr 9.00 - 17.00, Sa 9.00 - 13.00 Uhr.

**VORWAHL** - in Pahang 09.

## TRANSPORT

**BUSSE** - Busbahnhof an der Jl. Besar am Markt, in der Umgebung finden sich auch die Büros der Busgesellschaften. Direkte Verbindung in viele Städte (Fahrtzeiten und Preise für ac-Busse).

**Nach Norden:** Nach CERATING (1 Std., 3 RM) fährt Bus Nr. 37 Richtung KEMAMAN. Nicht alle Busse nach Norden fahren über KUALA DUNGUN, RANTAU ABANG und MARANG nach KUALA TERENGGANU (10x tgl., 3 1/2 Std., 9 RM) und weiter nach KOTA BHARU (7x tgl., 6 1/2 Std., 18 RM), viele nehmen auch die Parallelstrecke im Landesinneren. Wer unterwegs aussteigen will, sollte sich vorher erkundigen. Um nach Pulau Perhentian zu kommen, muß man den Bus nach Kota Bharu in Jerteh verlassen und von dort mit einem Lokalbus nach KUALA BESUT weiterfahren.

**Nach Westen:** Über TEMERLOH (2 Std., 6 RM) nach KUALA LUMPUR (18x tgl. in 4 1/2 Std., 13 RM) oder über JERANTUT (8x tgl. in 3 1/2 Std., 8,50 RM; von hier aus Verbindung zum Taman Negara) nach KUALA LIPIS (2x tgl. in 5 - 6 Std., 14 RM).

Direkte Verbindung auch über KL, TAPAH (2x tgl., 22 RM, von hier weiter in die Cameron Highlands) und IPOH nach BUTTERWORTH (5x tgl. in 10 - 12 Std., 26 RM) und weiter nach ALOR SETAR (3x tgl. in 12 Std., 30 RM).

**Nach Süden:** Entweder über SEGAMAT (8 RM) oder über PEKAN (4 RM) und MERSING (3 - 4 Std., 13 RM; von hier weiter nach Tioman) nach JOHOR BHARU (7x tgl. in 6 - 7 Std., 18 RM) und SINGAPORE (3x tgl. in 7 Std., 24 RM). Über SEGAMAT auch nach MELAKA (3x tgl. in 4 1/2 Std., 14 RM).

**Lokalbusse** fahren von einer anderen Bus Station in der Jl. Haji am nördlichen Rand der City ab, u.a. nach BESERAH bzw. CERATING und KEMAMAN.

**ÜBERLANDTAXI** - für Überlandfahrten ab Jl. Mahkota, neben dem Tourist-Office.
Preisbeispiele (p.P. bei 4 Personen):

**Nach Norden:** CERATING 5 RM, RANTAU ABANG 12 RM, MARANG/KUALA TERENGGANU 15 RM und KOTA BHARU 25 RM.

**Nach Westen:** über TEMERLOH (9 RM) nach KUALA LUMPUR (25 RM) oder über JERANTUT (15 RM, von hier Verbindung in den Taman Negara) nach KUALA LIPIS (25 RM).

**Nach Süden:** über PEKAN (4 RM) und MERSING (15 RM, hier Verbindung nach Tioman) nach JOHOR BAHRU (30 RM).

**FLÜGE** - Der Flughafen liegt 16 km westlich Richtung Temerloh. Mit Bus Batu 10 jede Stunde. Taxi 15 RM von Teluk Chempedak und vom Stadtzentrum.

Direkte Verbindung mit MAS nach KUALA LUMPUR (3 - 4x tgl., 79 RM), SINGAPORE (4x wöchentlich, 146 RM), KOTA BHARU (2x wöchentlich) und JOHOR BHARU (2x wöchentlich). Pelangi fliegt von hier aus direkt nach PENANG (3x wöchentl., 199 RM) und TIOMAN (Fr und So, 67 RM). Alle Buchungen im *MAS*-Office, Wisma Bolasepak Pahang, 7 Jl. Gambut, tel 555055.

# Mersing

*Vor der Küste nördlich von Mersing liegt ein Archipel von etwa 60 bewohnten und unbewohnten Inseln vulkanischen Ursprungs, die zum Teil von Korallenrif-*

*fen umgeben sind. Wichtig ist die kleine Hafenstadt an der Mündung des gleichnamigen Flusses für Reisende daher nur als Durchgangsstation. Es sind vor allem die streßgeschädigten Singaporeaner, die ihre karg bemessenen Urlaubstage gern an der südlichen Ostküste verbringen. Von November bis Januar ist die See allerdings recht stürmisch, schwimmen oder tauchen kann gefährlich werden. Während dieser Zeit sind auch zahlreiche Hotels und Restaurants geschlossen.*

Da die meisten Boote früher abfahren als die Busse ankommen, bleiben viele Touristen eine Nacht in der Stadt, machen einen Rundgang, erledigen Einkäufe, wechseln Geld und genießen die große Auswahl an Restaurants. Sehenswürdigkeiten gibt es keine, aber im Hafen an der Flußmündung liegen viele Fischerboote, und von der **Moschee** hat man einen Blick über das gemütliche Örtchen.

## ÜBERNACHTUNG

*SHEIKH GUEST HOUSE**, 1B Jl. Abu Bakar, tel 793767. Ein Bett im Schlafsaal kostet 5 RM. Sheikh unterhält auch ein Reisebüro in der Jl. Abu Bakar (s.u.).

*OMAR'S BACKPACKER HOSTEL**, tel 793125, fax 794158, liegt gleich nebenan, die Schlafsäle sind fast identisch mit denen beim Nachbarn und kosten ebenfalls 6 RM. Omar ist gleichzeitig der Chef des empfehlenswerten O&H auf Pulau Sibu (s.S. 512).

*FARM GUEST HOUSE** liegt in Kg. Tenglu Laut, etwa 8 km außerhalb von Mersing an der Straße Richtung Endau. Hier gibt es billige Bungalows direkt am Meer.

*SYUAN KOONG**, 44A Jl. Abu Bakar, tel 791498, ist eine billiges, sauberes Chinesenhotel, Zimmer mit Fan und Gemeinschaftsdusche, auch DZ mit ac und Du/WC.

*EAST COAST HOTEL**, 43 A Jalan Abu Bakar, tel 791337, ist ein gerade noch akzeptables Billighotel.

*MERSING HOTEL*-***, 1 Jl. Dato Timor, tel 791004, hat unterschiedliche DZ, unten gibt es ein Restaurant.

*COUNTRY HOTEL*-***, tel 791799, gegenüber der Bus Station, bietet angenehme und saubere kleine Zimmer, die den etwas höheren Preis durchaus wert sind.

*EMBASSY***, 2 Jl. Ismail, tel 793545. Nicht das einladendste Gebäude, aber die Zimmer sind sauber und O.K. und haben Du/WC.

*MERSING RESTHOUSE*****, 490 Jl. Ismail, tel 791101, liegt ein wenig außerhalb und sehr hübsch auf einem Hügel über der Bucht. Nicht ganz billig, aber noch mit dem etwas abgenutzten Charme der Sechziger Jahre. Es empfiehlt sich, vorher anzurufen.

## ESSEN

Wer an der Anlegestelle auf sein Boot wartet, kann sich dort die Zeit bei einem guten Nudelgericht verkürzen. Neu ist das große *PLAZA R&R* mit verschieden Foodstalls, an denen man z.T. sehr gut essen kann.

Es gibt eine ganze Reihe **chinesische** Restaurants im Ort: *SRI MERSING* am Kreisverkehr gleich neben dem chinesischen Tempel; hier sitzt es sich angenehm.

*EE LOH*, Jl. Dato Md. Ali, am Kreisverkehr im Zentrum.

*LOKE TIEN YUEN*, Jl. Abu Bakar, liegt nur wenige Meter entfernt.

*EMBASSY HOTEL* hat ein gutes Restaurant im Erdgeschoß.

*SEAFOOD-RESTAURANT* an der Jl. Ismail, ac-gekühlt und etwas teurer.

*LAUT YUNG CHUAN*, Jl. Ismail, liegt nur ein Stück weiter und bietet ebenfalls Seafood an.

**Indische** Restaurants sind auch vertreten:

*ZAM ZAM*, Jl. Abu Bakar, kleines indisch-muslimisches Restaurant.

*RESTORAN A-Z*, Jl. Abu Bakar, schräg gegenüber vom Golden City, eignet sich z.B. gut für ein billiges Frühstück mit Banana-Pancake und frischgepreßtem Orangensaft.

## SONSTIGES

**GELD** - Geld wechselt *MALAYAN BANKING*, Jl. Ismail, geöffnet Mo - Fr 9.00 - 16.00, Sa 9.30 - 11.30 Uhr. Moneychanger bei *GIAMSO* im Erdgeschoß des Golden City Hotel.

**POST** - Postamt gegenüber dem Sheikh Guest House nahe der Jetty. Geöffnet Mo - Sa 9.00 - 13.30 und 14.30 - 16.30 Uhr.

**TELEFON** - Internationale Ferngespräche kann man vom *TELEPHONE OFFICE* und nach Dienstschluß - nur mit Telefonkarte - von den Telefonzellen vor dem Office führen.

**TOUREN** - Wie man zu den diversen Inseln gelangt, ist in den folgenden Kapiteln beschrieben; die meisten größeren Resorts bieten auch Bootstouren zum Tauchen und Schnorcheln an und unterhalten ein Büro in Mersing, bei dem man sich informieren kann. Wer vom Kreisverkehr zur Jetty oder vom Busbahnhof zur Jl. Abu Bakar geht, kommt automatisch daran vorbei.
*SHEIKH TOURIST AGENCY,* Jl. Abu Bakar, tel 793767, bietet Touren, u.a. auch in den Endau-Rompin Nationalpark. Hat außerdem so gut wie alle Inseln im Angebot.
*GIAMSO SAFARI,* 23 Jl. Abu Bakar im Golden City Hotel, tel 792253, hat ein breitgefächertes Angebot an Touren und Insel-Resorts.

**VORWAHL** - in Johor 07.

## TRANSPORT

**BUSSE** - nach Singapore bzw. Kuantan halten die Busse am Kreisverkehr beim Restoran Malaysia. Dort gibt es auch die Tickets. Richtung KUANTAN (13 RM) gegen 12.00 Uhr, 13.00 Uhr und nachts gegen 1.00 Uhr, über JOHOR BHARU nach SINGAPORE (14 RM) gegen 12.00, 18.30 und 2.00 Uhr morgens.
Busse halten auch an der Anlegestelle: Über MELAKA (4 - 5 Std., 12 RM) nach KL (3x tgl. in 7 Std., 18 RM); nach JOHOR BHARU (3x tgl. in 4 Std., 7 RM); 1x tgl. auch über KUANTAN (3 - 4 Std., 13 RM) nach KUALA TERENGGANU (19 RM).
Von der lokalen Bus Station am Hafen kommt man langwierig und unbequem mit einem Bus für 5 RM nach JOHOR BHARU.

**ÜBERLANDTAXI** - vom Halteplatz am Hafen nach JOHOR BHARU (11 RM), KELUANG (8 RM, von dort weiter mit dem Zug nach Kuala Lumpur oder Kota Bharu), KOTA TINGGI (8 RM), KUALA LUMPUR (40 RM), KUALA TERENGGANU (32 RM), KUANTAN (15 RM), SINGAPORE (20 RM).

**SCHIFFE** - Der Gezeiten wegen fahren die Boote auf die verschiedenen Inseln unregelmäßig.
**Pulau Tioman** erreicht man mit dem großen Schnellboot *North Star*, Abfahrt tgl. 11.30 Uhr in 1 1/2 Std. für 25 RM.
Tickets gibt es u.a. bei *ISLAND CONNECTION* am Kreisverkehr oder bei den zahlreichen Anbietern in der Umgebung der Bus Station.
Meist vermitteln auch die Hotels preisgünstige Überfahrten (z.B. *Embassy* und *Mersing).*
Aber Vorsicht: Kein Returnticket kaufen, auch wenn es zum Sonderpreis angeboten wird. Da viele verschiedene Gesellschaften Fähren auf dieser Strecke unterhalten, wird oft ein Ticket von der gewählten Fähre zurück nicht angenommen.
Entgegen der in Mersing verbreiteten Auskunft sind auf Tioman gekaufte Tickets nicht teuerer.
Die Schnellboote legen meist am BERJAYA RESORT, TEKEK, AIR BATANG und SALANG an.
Wer erst bei Dunkelheit ankommt, muß unter Umständen mit der Taschenlampe auf Zimmersuche gehen.
Nach KG. JUARA fährt auch das Boot des dortigen Mutiara Bungalow. Näheres im Büro dieser Anlage.
**Pulau Rawa** muß vorgebucht werden, die Boote kosten 20 RM p.P. hin und zurück, ebenso **Pulau Besar** für 12 RM.
Die Überfahrt nach **Pulau Sibu** kostet 25 RM hin und zurück und dauert 2 1/2 Std.

# Pulau Tioman

*Die größte Insel im Archipel und - wenn man den Prospekten Glauben schenken darf - eine der zehn schönsten Inseln der Welt. „The last paradise" lesen wir sogar auf dem Reklameschild an einer Anlegestelle. Um es gleich vorweg zu sagen: solche Slogans schrauben die Erwartungen unnötig in die Höhe. Ein tropisches Paradies, wenn auch mit kleinen Fehlern, ist die Insel allerdings nach wie vor. Ein schroffer, dschungelbewachsener Bergrücken, hier und da gesäumt von weißen, schattigen Palmenstränden und kleinen vorgelagerten Korallenriffen.*

*Vermutlich ankerten arabische, persische und chinesische Seefahrer schon vor 2000 Jahren bei Tioman, um ihre Frischwasservorräte für die Weiterreise aufzufüllen. Bei Kg. Nipah haben Archäologen Keramikscherben aus Schiffsladungen vieler Jahrhunderte gefunden, die ältesten aus dem China der Song- und Yung-Dynastie, die jüngsten aus dem England des 19. Jahrhunderts. Dennoch schlief die Insel, wie so viele andere, ihren ungestörten Dornröschenschlaf. Hier fanden die Hollywood-Filmer noch in den 50er Jahren das geeignete Szenario für ihr mystisches „Bali Hai", die Zauberinsel aus dem Musical „South Pacific", das eigentlich in der Südsee spielt.*

*Wer die Veränderungen der letzten 10 Jahre auf Tioman beobachten konnte, macht sich Sorgen um die Insel. An vielen Stellen sind Unterkünfte entstanden, wird Wasser verbraucht, Strom erzeugt, Müll produziert und auf vorsintflutliche Art entsorgt, ohne daß eine planende Hand die unausweichlichen Folgen in den Griff bekommt. Schon wird ein Wasserreservoir mit E-Werk angelegt, das neue Bautätigkeit nach sich ziehen kann. Vom großen Rummel ist Tioman allerdings noch entfernt. Inzwischen hat man überall für Strom, Wasser, Bier und Coca Cola gesorgt, aber die endgültige Erschließung für die Ansprüche von Pauschaltouristen ist noch nicht in Sichtweite. Die Unterkünfte verteilen sich vor allem an der Westküste und sind wegen der längeren Fußmärsche besser mit dem Boot zu erreichen. Wer wirklich Ruhe sucht, der kann sie hier nach längeren Fußmärschen noch finden, und wem das Strandleben zu langweilig wird, der kann auf ausgedehnten Spaziergängen die üppige tropische Vegetation auf sich wirken lassen.*

### Kampung Tekek

Kampung Tekek könnte man als den Hauptort der Insel bezeichnen, jedenfalls war er es einmal, als auf Tioman noch nicht der Tourismus regierte. Hier wohnt noch ein Häuflein Insulaner, hier ist die Schule, die Polizei, das Krankenhaus und - nicht zu vergessen - die Moschee. Täglich fliegen hier die kleinen Propellermaschinen ein, deren Passagiere meist auf der (bisher) einzigen befahrbaren Straße nach Süden zum Island Resort gekarrt werden. Im Süden von Kampung Tekek gibt es einen breiten Streifen Sandstrand und ein paar Anlagen, nach Norden gibt es nur einen schmalen befestigten Weg nach Air Batang. Der Weg quer über die Insel nach Juara wird gerade ausgebaut, wahrscheinlich werden dort igrendwann außer Motorrädern auch einmal Autos fahren können.

### Air Batang

Unter schattenspendenden Kokospalmen, Bananenstauden, Mango- und Papayabäumen führt ein bequemer, größtenteils befestigter Fußpfad von Kg. Tekek an der Westküste entlang nach Norden bis zum **ABC Beach**. Die Strände sind zum Teil sehr schmal oder steinig und eignen sich nicht überall zum Baden. Zudem machen die Küste und das Meer einen eher schmutzigen Eindruck; der Strand südlich von der Anlegestelle ist besser als der nördliche. Einige Strandabschnitte sind dicht mit Hütten bebaut, dennoch finden die meisten Traveller hier eine ruhige Bleibe, Warum sich ausgerechnet am unattraktivsten Strand der ganzen Insel die meisten Menschen konzentrieren, ist eigentlich wenig einsichtig, aber ruhig ist es hier auf jeden Fall. Seltener wandern Leute vom ABC Beach weiter nach Norden durch den Dschungel zum einsamen **Monkey Beach** (1 1/4 Std.), wo man gut schnorcheln kann, oder bis nach Salang (nochmals 45 Min.).

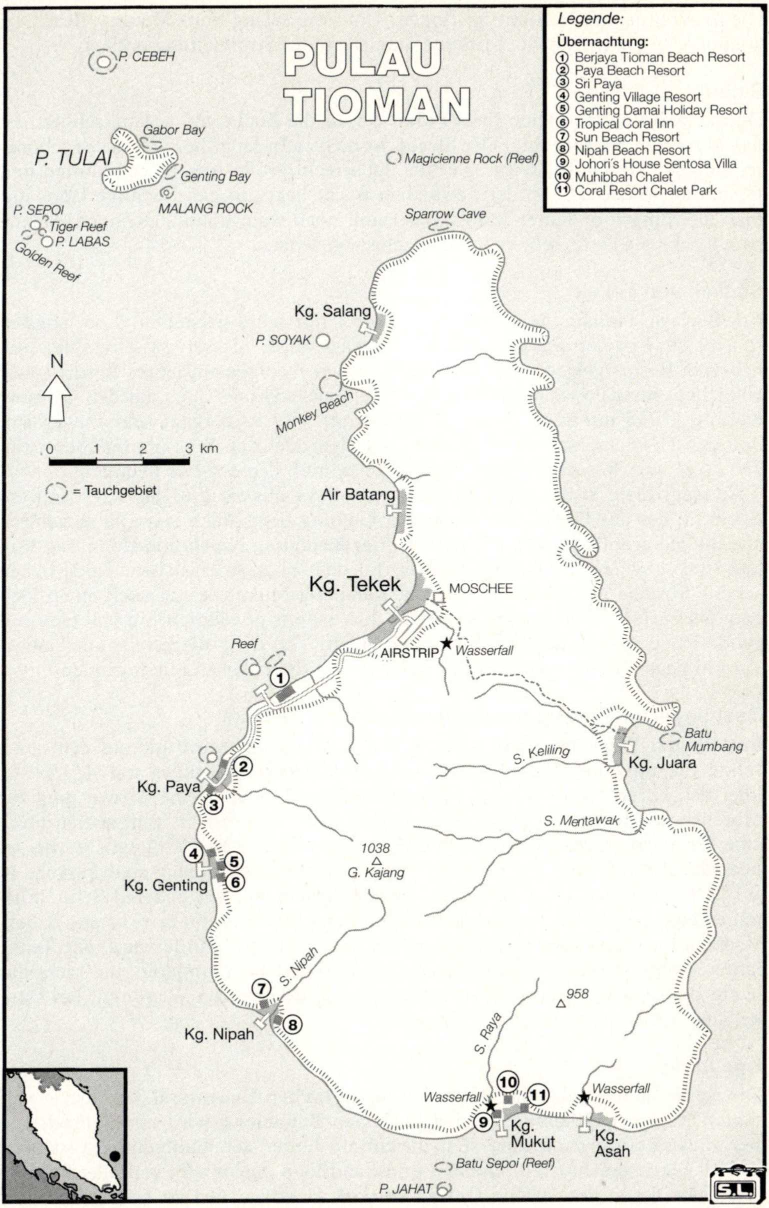
PULAU TIOMAN
Legende:
Übernachtung:
1 Berjaya Tioman Beach Resort
2 Paya Beach Resort
3 Sri Paya
4 Genting Village Resort
5 Genting Damai Holiday Resort
6 Tropical Coral Inn
7 Sun Beach Resort
8 Nipah Beach Resort
9 Johori's House Sentosa Villa
10 Muhibbah Chalet
11 Coral Resort Chalet Park
P. CEBEH
Gabor Bay
P. TULAI
Genting Bay
MALANG ROCK
Magicienne Rock (Reef)
P. SEPOI
Tiger Reef
P. LABAS
Golden Reef
Sparrow Cave
Kg. Salang
P. SOYAK
N
Monkey Beach
0 1 2 3 km
= Tauchgebiet
Air Batang
Kg. Tekek
MOSCHEE
Reef
AIRSTRIP
Wasserfall
Batu Mumbang
S. Keliling
Kg. Juara
Kg. Paya
S. Mentawak
1038
G. Kajang
Kg. Genting
S. Nipah
958
S. Raya
Kg. Nipah
Wasserfall
Wasserfall
Kg. Mukut
Kg. Asah
Batu Sepoi (Reef)
P. JAHAT

Dieser Weg ist nicht leicht zu finden. Um von Salang zum Monkey Beach zu kommen, braucht man ca. 1 Stunde, immer an der Stromleitung entlang.

### Salang

Da die vorgelagerte kleine Insel **Pulau Soyak** die Bucht von Salang schützt, ist das Meer hier relativ ruhig. Der Strand ist nicht sehr lang, besonders der schönere, südliche Abschnitt, wenn man die doch recht große Anzahl von Hütten und Restaurants bedenkt. An der nördlichen Bucht liegt das gleichnamige Dorf, das man allerdings vor lauter Bungalows kaum noch wahrnimmt. Dennoch: Salang ist ein schöner Platz, sehr relaxt und sehr angenehm.

### Südlich von Tekek

Am **Berjaya Tioman Beach Resort** wurde lange Jahre gebaut, und so langsam scheint die Erweiterung dieser riesigen Anlage abgeschlossen zu sein. Vom südlich vom Resort gelegenen **Kampung Paya**, wo ebenfalls ein teures Resort sowie einfachere Bungalowanlagen gebaut wurden, aus soll man auch auf den **Gunung Kajang** (1038 m) steigen können. Allerdings wird es bergauf sehr unwegsam, und es ist ratsam, sich einen Führer zu suchen, um den Weg überhaupt zu finden. Wer vom Resort aus nach Paya möchte, muß den *sea bus* nehmen.

An der Küste entlang gelangt man von Paya aus zu Fuß bis zur nächsten Bucht, in der das Fischerdorf **Kampung Genting** liegt. Auch hier gibt es zahlreiche Bungalowanlagen. Die nächsten Dörfer **Kampung Nipah** und **Kampung Mukut** sind schwierig zu Fuß und besser mit dem Boot zu erreichen. Beide haben schöne Strände mit Bungalowanlagen. Kampung Mukut besitzt auch einen kleinen **Wasserfall**, aber der große, der in dem bereits erwähnten Musical eine tragende Rolle spielte, liegt bei **Kampung Asah**. Von der Anlegestelle aus sind es nur ein paar Minuten zu Fuß, und es lohnt sich, Badesachen mitzunehmen.

### Dschungelwanderung auf die andere Seite der Insel

Ein schöner Weg, der allerdings zunehmend ausgebaut wird und auf dem auch schon die unvermeidlichen Motorräder entlangknattern, führt von Kg. Tekek über den Bergrücken nach Kg. Juara. Vom Strand verläuft eine Abzweigung zur Moschee und weiter bergauf, bis ein Schild den Weg weist. Es geht zuerst durch eine verlassene Gummiplantage und dann quer durch den Dschungel, vorbei an beeindruckend hohen Urwaldriesen und vielen Farnen immer steil bergan. In 2 1/2 Stunden, nach einem weniger steilen Abstieg auf der anderen Seite, dürften es eigentlich auch weniger sportliche Menschen nach Juara geschafft haben. Von Kg. Juara aus kann man mit dem *sea bus* für 15 RM zurück nach Kg. Tekek fahren, sollte sich aber zuvor über die Abfahrtszeiten informieren, um nicht das letzte Boot gegen 15.00 Uhr zu verpassen und den ganzen Weg (evtl. bei Dunkelheit) noch einmal machen zu müssen.

### Kg. Juara

Die weite, halbkreisförmige Bucht mit ihrem breiten Sandstrand, den locker verteilten Kampung-Häuschen und den kleinen Bungalows wird majestätisch von Bergrücken eingerahmt. Der südliche Strand hinter der Flußmündung ist noch so gut wie unerschlossen. Quallen und Sandflöhe beeinträchtigen allerdings an manchen Tagen das schöne Gefühl, einmal an einem Ort zu sein, an dem es buchstäblich nichts zu tun gibt.

## ÜBERNACHTUNG

**KG. TEKEK** - Von der Anlegestelle ist es ein gutes Stück zu laufen. **Nach Norden** wurde der Strand teilweise mit Zementplatten befestigt.
*SHEILA'S**, tel 952856, bietet Bungalows mit Fan und Du/WC, und *A-frame*-Hütten für 8 RM p.P., Schlafsaalbetten für 6 RM, Zimmer im Langhaus mit Fan und Gemeinschaftsdusche. Alles sehr sauber. Großes Restaurant, auch Geldwechsel, sehr hilfsbereit.
*RAMLI'S*-***, tel 716673, hat eine eigene Ecke direkt am Strand, der allerdings steinig ist. Chalets mit Fan und Du/WC, auch zwei billige *A-frames*.
*MANGO GROVE*-***, tel 9052932, relativ große Anlage am Ende der Bucht, schattig, Chalets mit Fan und Du/WC, beliebtes Restaurant. Zum Strand kann man von hier aus den Pfad um die Landspitze herumgehen zu Nazri's (s. Air Batang).

**Nach Süden** muß man von der Anlegestelle ein gutes Stück gehen. Der Strand ist auf diesem Stück zwar schön, aber das Meer flach. Wegen der Seeigel unbedingt Badeschuhe anziehen!
*SRI TIOMAN CHALET*-*****, tel 711256, ist eine größere Anlage mit unterschiedlichen Chalets, alle mit Du/WC. Gutes Restaurant.
*PERSONA ISLAND RESORT***-*****, bietet DZ mit Fan oder ac in einem neuen Hotelgebäude mit Restaurant nicht direkt am Strand, tel 4146213.
*CORAL REEF HOLIDAY'S*-***, tel 4145095, besteht aus ziemlich neuen, kleinen aber freundlichen Hütten mit großen Fenstern, Fan, Du/WC, manche mit Meerblick.
*BABURA SEA VIEW**-****, tel 719204, vermietet Hütten mit Du/WC unter schattigen Kasuarina-Bäumen.
*SWISS COTTAGE**-****, nicht gerade billig, aber die großen Bungalows mit Fan und Du/WC sind ganz schön, es gibt auch Chalets ohne Fan und Du/WC oder DZ im Langhaus mit Fan und Du/WC. Schattige Anlage mit Restaurant.
*BERJAYA TIOMAN BEACH RESORT* (ab 240 RM), tel 4145445, fax 414571, am südlichen Ende der Bucht gelegen.

**AIR BATANG** - beginnen wir am Bootssteg **nach Norden**. Direkt am Pier zunächst
*CT'S COTTAGE***, solide Bungalows mit Fan und Du/WC.
*SOUTH PACIFIC**, Bungalows mit Du/WC und einfache Hütten, z.T. direkt am steinigen Strand, weitere oben am Hang.
*YOHAN'S HOUSE*-****, tel 011-664257, bietet Chalets verschiedener Preislage und Ausstattung, auch Schlafsaalbetten für 10 RM, recht beliebt. Auch Büchertausch (2 gegen 1).
*TIOMAN GUEST HOUSE*-***, tel 952963, ist eine relativ große Anlage, Bungalows mit Fan und Du/WC in verschiedenen Preislagen.
*PARADISE INN*-****, bietet Schlafsaalbetten für 6 RM, Chalets mit Du/WC, fan oder ac.
*DOUBLE ACE** hat einfache, preiswerte, dicht nebeneinander gelegene Hütten mit und ohne Du /WC.
*NAZRI'S BEACH CABANAS***, tel 349534, fax 7995405 (Mersing), ist das neuste Werk von Nazri, der am südlichen Ende (s.u.) einen altbekannten Traveller-Treffpunkt unterhält. Sehr hübsche Anlage am Hang mit Restaurant.
*ABC*-*** am Ende der Bucht ist eine beliebte Ecke, weil hier auch ein schöner Strand ist. Einfache, alte und komfortablere, neuere Bungalows, Hängematten, beliebtes Restaurant, abends sitzen eine Menge Leute beim Bier.
*PANUBA INN**, ein Ableger vom Tioman Guest House, ist in 15 Fußminuten über den Pfad zu erreichen, der hinter dem ABC um den Felsen herumführt. Eine schöne, einsame kleine Bucht, die schlichten Bungalows liegen in luftiger Höhe.
Vom Bootssteg aus **nach Süden** kommt man zunächst zu *MAWAR**, hat ein paar größere, relativ neue einfache Hütten, nette Anlage.
*T.C. BEACH*-***, tel 714141, in Reihen eng aneinanderstehende Holzhütten, alle mit fan und Du/WC, sauber. Auch Buchverleih.
*WARISAN**, auch hier einfache Häuschen mit Fan und Du/WC, eng beieinander. Die Anlage erstreckt sich auch am Hang hinauf. Es gibt hier Sandstrand, aber das Meer ist sehr flach.
*ZAHARA'S (MY FRIEND'S PLACE)**, bietet neue, saubere Hütten mit Doppel und Einzelzimmern, Gemeinschaftsdusche/WC, Extra-Waschbecken. Südlich des Anlegestegs ist der Strand wesentlich besser als nördlich.
*SERI BUNGUR*-***, hat Chalets und Zimmer im Langhaus, auch Dive Shop und Restaurant. Dahinter liegt ein Fußballplatz, dann kommt
*NAZRI'S*-***, tel 349534, tel und fax 7995405 (Mersing), alter Traveller-Treffpunkt, bietet Bungalows und Zimmer in verschiedenen Größen, Preislagen und Ausstattungen.

**SALANG** - *SALANG BEACH RESORT**-****,* hier sind die Bungalows schöner vor allem die direkt am Strand, luxuriöser und teurer, tel 7992337, fax 7993607. Alle mit Du/WC, manche mit ac.
*SALANG HUTS*,* die vorerst nördlichste Anlage am steinigen Strand bietet zwölf einfach ausgestattete Chalets mit Fan und Du/WC.
*ELLA'S HUTS*,* ganz ähnlich in Preis und Ausstattung, allerdings kleinere Anlage.
*SALANG INDAH*-***,* tel 7991407, fax 791407, der größte Komplex, bietet Bungalows in unterschiedlichen Größen und mit unterschiedlicher Ausstattung. Gute Hütten mit Du/WC und Fan, auch direkt am Strand.
*SALANG PUSAKA*-*** (auch als Khalid's Place bekannt), tel 954241, liegt zwar nicht direkt am Strand, ist aber trotzdem ganz nett.
*PUTERI SALANG INN*,* neu, hinter Khalid's. Saubere Anlage, Zimmer mit Du/WC, Fan, freundlicher Manager.
*SALANG INN HOLIDAY*,* tel 717194, besitzt nur 4 DZ mit Du/WC, Moskitonetz und winziger Veranda mit Meeresblick. Schlicht, sauber und sehr freundlich. Auch ein kleiner Laden.
*NORA'S CHALETS*,* hat preiswerte DZ mit Fan, Du/WC und Moskitonetz, Chalets und *A-frames* für 12 RM p.P.
*ZAID'S PLACE*-***,* tel 719820, am südlichen Strandabschnitt, hat viele kleine Bungalows mit unterschiedlicher Ausstattung und Preisen.

**KG. JUARA** - bietet mehrere Unterkünfte. Die meisten der Etablissements, die sich als Café bezeichnen, vermieten Chalets. Alle liegen am nördlichen Strandabschnitt, nahe dem Pier.
*PARADISE POINT*,* nördlich der Anlegestelle, bietet preiswerte Hütten mit Du/WC, Fan und Moskitonetz und billige *A-frames*. Es liegt etwas abseits. Das Restaurant ist sehr gut.
*ALI AWANG'S*,* nahe der Anlegestelle, solide Hütten um 20 RM.
*ATAN'S CAFÉ*-***,* einfache, palmwedelgedeckte Hütten und kleine, rotgestrichene Chalets.
*DOOR RAY ME*,* kleine, billige *A-frame*-Hütten und neuere Chalets.
*MELATI*, RAINBOW** und *MATT** schließen hier die Reihe der preiswerten Unterkünfte.

## ESSEN UND TRINKEN

Eine großartige Gastronomie darf man nicht erwarten; in den kleinen Läden gibt es nur das Nötigste, und in den meisten Bungalows wird gekocht, was gerade da ist.

**KG. TEKEK** - Wegen der kleinen Freiluft-Restaurants unter den Arkaden schräg gegenüber der Anlegestelle muß man sich nicht extra auf den Weg nach Kg. Tekek machen. So gut wie jede der Bungalowanlagen verfügt über ein eigenes Restaurant.

**AIR BATANG** - Beliebte Restaurants sind die vom *ABC, JOHAN'S* und *TIOMAN HOUSE*, viel Betrieb ist allabendlich bei *NAZRI'S.*

**SALANG** - Fast jede Bungalowanlage verfügt über ein eigenes Restaurant *SALANG INDAH* unterhält ein großes Restaurant, in dem es auch gute, preiswerte und umfangreiche Portionen Seafood gibt.
Das *NIGHT CAFÉ* hat tgl. von 21.30 - 1.30 Uhr geöffnet und schenkt auch alkoholische Getränke aus.

**KG. JUARA** - Fast jede Unterkunft verfügt über ein eigenes Restaurant; nicht umsonst bezeichnen sich viele Bungalowanlagen auch als Café.

## SONSTIGES

**GELD** - Im *BERJAYA RESORT* - links von der Rezeption - können auch Nicht-Gäste gegen einen Aufpreis von 5 RM pro Reisescheck zu fairen Kursen Geld wechseln. Ein **Money Changer** befindet sich in Kg. Tekek direkt rechts vor dem Flughafen unter den Arkaden.

## TAUCHEN UND SCHNORCHELN

Um Tioman gibt es viele Korallenriffe. Die Wasserverschmutzung durch Sickergruben und die Bootsanker haben jedoch die meisten Riffe rings um Tioman zerstört. Schnorcheln kann man in der südlichen Bucht von **Salang** am **Monkey Beach** (Korallen weitgehend zerstört) und nördlich vom **ABC Beach** (nur wenige Korallen). In **Tekek** und **Juara** muß man schon ein Stück hinausfahren.
10 - 12 Leute können sich zum Schnorcheln für 130 RM ein Boot mieten oder mit den Tauchgruppen mitfahren. Wichtig ist, daß das Meer einigermaßen ruhig ist - im aufgewühlten Wasser gibt es nicht viel zu sehen.

Die besten Tauchgebiete liegen um **Pulau Tulai** (Coral Island), **Pulau Cebeh** (nördlich von Tulai) und **Pulau Labas** (südwestlich von Tulai).

## VERKEHRSMITTEL AUF DER INSEL

Umgebaute Fischerboote, die *sea bus* genannt werden, pendeln zwischen den Piers. Sie fahren ziemlich zuverlässig nach Fahrplan - sofern es nicht stürmt - und kosten beispielsweise von Kg. Tekek zum ISLAND RESORT 5 RM, zum ABC BEACH 5 RM, nach SALANG 10 RM, nach KG. JUARA 20 RM. Einmal rund um die Insel kostet 35 RM. Die Abfahrtszeiten hängen an den jeweiligen Bootsstegen aus.

## TRANSPORT

**FLÜGE** - Die Propellermaschinen von *Pelangi* fliegen vom kleinen Flugplatz in Kg. Tekek nach KL (4x tgl., 151 RM), außerdem tgl. nach KUANTAN (72 RM) und nach SINGAPORE (2x tgl., 112 RM). In Singapore kommt man am kleinen Seletar-Airport an, von dem aus nur Taxis in die Stadt fahren.
**Buchungen** nur im Pelangi-Büro des Island Resort, tel 445445. Geöffnet 9.30 - 13.00 Uhr und 15.30 - 18.00 Uhr. Am Flugplatz selbst kann kein Ticket gekauft werden! Vorausbuchung empfehlenswert, die Maschinen sind schnell voll.

**BOOTE** - Wer früh genug aufbricht, schafft es durchaus am selben Tag noch nach Singapore, Melaka oder Kuala Lumpur. Nach MERSING fahren die großen Schnellboote in 1 1/2 Std. für 25 RM. Sie starten in Salang gegen 7.00 Uhr und halten in Air Batang, Kg. Tekek, am Resort und in Kg. Genting.
Nach SINGAPORE kommt man vom Island Resort aus tgl. innerhalb von 5 Std. auch mit dem Schnellboot *Island Pearl,* freilich für stolze 147 RM, Kinder 92 RM, also länger und teurer als ein Flug.
Näheres bei *RESORT CRUISES,* 337 Telok Blangah Rd. 02-03, Shing Loong Bldg. Singapore 0409, tel 2784677, fax 2743819.

# Weitere Inseln vor Mersing

Nähere Informationen zu den folgenden Inseln gibt es bei den entsprechenden Büros bzw. den Reiseagenturen in Mersing:

### Pulau Rawa

Die Insel ist im Privatbesitz eines Neffen des Sultans von Johor. Der junge Tuanku Mohammed Archibald Ibni Temenggong Ahmad ist recht geschäftstüchtig, und sein kleines Bungalowdorf auf der sonst unbewohnten Insel ist meist ausgebucht.

### Pulau Tengah

Pulau Tengah liegt in unmittelbarer Nähe zu Pulau Rawa und wurde in den Siebziger Jahren als Zufluchtsort für vietnamesische *boat people* benutzt. Inzwischen seiner üppigen Meeresfauna wegen als Marine Park deklariert. Außer einem kleinen Resort gibt es nur tropische Einsamkeit.

### Pulau Besar

Auf dieser einsamen kleinen Insel, die früher *Babi Besar* (= großes Schwein) hieß, gibt es außer weißen Stränden, Dschungel und Korallenriffen nur ein paar Resorts - das richtige für Leute, die ungestörte Tropenidylle suchen.

### Pulau Tinggi

Ein 600 m hoher Berg gab der Insel den Namen (*tinggi* = hoch). Man kann in sehr einfachen Häusern in den Kampungs wohnen, wo die Inselbewohner kochen und Gäste im eigenen Boot herumfahren. Zudem gibt es zwei sehr komfortable und dementsprechend teure Resorts.

### Pulau Sibu

Nur wenige Kilometer von Pulau Tinggi entfernt liegt diese etwa vier Kilometer lange Insel. Vom Fischerdorf erreicht man nach 45 Minuten einige Bungalowanlagen. Weitere 20 Minuten sind es zum Coral Beach, einer kleinen Bucht mit einem vorgelagerten Korallenriff.

# Das Landesinnere

*Die Straße zwischen Kuantan und Kuala Lumpur ist nach wie vor die wichtigste Verbindung zwischen der ruhigen, malaiischen Ostküste und den geschäftigen, chinesisch geprägten Städten im Westen. Früher war die unwegsame Bergwelt mit ihrem undurchdringlichen Dschungel eine unüberwindbare Barriere. Noch immer sind die Gebirgsregionen nördlich der Straße dünn besiedelt. Das ist die Welt der Orang Asli, der Dschungelnomaden.*

*Südlich der Straße ist das Land weitgehend eben und mehr mit Verkehrswegen durchzogen. Riesige Neulandprojekte sollen über eine Million Hektar Kulturland erschließen, das bedeutet, daß weiter Dschungel gerodet und durch Kautschuk- und Palmölkulturen ersetzt wird. Viele Bauern verlieren ihr Land und müssen ihre traditionellen Lebens- und Wirtschaftsformen aufgeben.*

*Die durch den Dschungel geschlagene Straße von Kuala Lumpur nach Kota Bharu wurde erst 1987 fertiggestell und in erster Linie zur wirtschaftlichen Erschließung des Landesinneren gebaut. Sie ist als Transportweg zwischen der Ost- und Westküste nur von untergeordneter Bedeutung, entsprechend fahren vor Strecke Kuala Lipis - Kota Bharu kaum Busse, aber umso mehr Holztransporter und Lastwagen, vollbeladen mit Ölpalm-Früchten. Landschaftlich reizvoll ist die Strecke über Fraser's Hill (s.S. 420), von Bentong nach Raub und von Raub nach Kuala Lipis. Es geht am Ufer des Jelai Lipis entlang durch eine schöne Landschaft. Bei Benta zweigt eine schmale Straße nach Jerantut ab.*

## Tasik Chini

*Eigentlich ist der Tasik Chini ein verbreiterter, verzweigter Flußlauf, eine reizvolle Landschaft aus Schlick, Schilf, spiegelglatten Wasserflächen, Buschwerk und Dschungel, wunderbar still und doch belebt von zahlreichen Vögeln und Insekten. An den Ufern leben ein paar Orang Asli, die mit ihren Einbäumen zum Fischen fahren. Ein „Resort" soll den See touristisch aufwerten. Nachts versinkt alles im schwärzesten Dunkel, der Strom ist abgestellt und beim Schein einer Gaslampe kann die Phantasie sich mit den Legenden beschäftigen: Liegt auf dem Grund des Tasik Chini wirklich eine versunkene Stadt? Oder lebt dort ein großes Ungeheuer, wie die Orang Asli sagen?*

An der Straße Kuantan - Temerloh biegt nach 56 km bei Paya Bungor eine Straße links nach Kg. Rambai und Kg. Belimbing ab. Nach 27 km auf der Stichstraße ist Belimbing am Pahang-Fluß erreicht.

### Mit dem Boot zum Tasik Chini

Von **Kg. Rambai** fährt man zuerst ca. 5 km auf dem Sungai Pahang, flußaufwärts. Dann taucht am südlichen Ufer die schmale, dschungelüberwachsene Mündung des Sungai Chini auf. Er ist je nach Jahreszeit manchmal nur 2 - 3 m breit und von hohen Bäumen überwuchert. Wenn der Außenborder einmal abgestellt ist, kann man vielleicht Makaken und Vögel beobachten. Der Abfluß des Tasik Chini ist etwa 5 km lang, mit ein paar Pausen braucht man 1 1/2 Stunden, um zum See zu gelangen.

Von März bis Oktober verwandelt sich der Tasik Chini, besonders sein südliches Ende (Laut Melai), in ein einziges Lotosblumenmeer. Etwa 6 km südwestlich vom See erhebt sich der etwa 700 m hohe, weithin sichtbare Gunung Chini.

### Orang Asli-Dörfer

In **Kg. Gumum**, nicht weit vom Resort, leben die Jakun, ein protomalaiischer Stamm. Weitere Orang Asli-Siedlungen, die zum Teil nur aus einer Hütte bestehen, findet man am **Laut Serodong** und **Laut Melai**. Es gibt die Möglichkeit, einen kleinen Dschungeltrek zu unternehmen und dabei vielleicht weitere Orang Asli beim Rotansammeln zu treffen, der Haupteinkommensquelle dieser recht ursprünglich lebenden Menschen.

#### ÜBERNACHTUNG UND ESSEN

*TASIK CHINI LAKE RESORT**-**** hat eine eigene Bootsanlegestelle, kann aber auch auf dem Landweg erreicht werden. Ein Bungalow mit Bad kostet um die 80 RM, das Resort hat aber auch ein Hausboot auf dem See liegen. Empfehlenswert ist es, sich in Kg. Belimbing oder im Tourist Office von Kuantan bzw. Kuala Lumpur zu erkundigen, ob das Resort z.Zt. überhaupt arbeitet bzw. ob man dort etwas zu essen bekommt. Übernachten kann man auch sehr einfach in Kg. Gumum im Guest House von Mr. Rajan Jones (15 RM, mit Frühstück und Abendessen).

#### TRANSPORT

**BUSSE** - Ab KUANTAN fährt man bis zur Abzweigung mit dem lokalen Bus in Richtung MARAN. Ein Bus nach Kg. Belimbing (1,50 RM) kommt ca. alle 2 Std. vorbei.

Eine weitere Möglichkeit ist der ab KUANTAN 3x tgl. verkehrende Bus nach FELDA CHINI 2, das 7 km von Kg. Gumum am nordöstlichen Zipfel des Tasik Chini liegt. Ein Überlandtaxi von Kuantan zum See kostet 80 RM für 4 Personen. Vielleicht kommt jemand mit einem Motorrad vorbei, der in die Orang Asli-Siedlung fährt. Auf diesem Weg verpaßt man aber die schöne Fahrt durch den Sungai Chini.

**BOOTE** - können in Kg. Belimbing für einen Tagestrip gemietet werden. Sie kosten je nach Größe zwischen 50 und 160 RM. 4 - 5 Personen haben in einem kleinen Boot für 50 RM Platz. Gut ist eine zweitägige Tour mit der *SRI CHINI TOUR AGENCY* in Kg. Rambai, tel 950750. Rambai liegt 5 km vor Kg. Belimbing. Die einfachste Möglichkeit, an den Tasik Chini zu kommen, ist es, den Transport vom Tourist Office in Kuantan (s.S. 503) organisieren zu lassen. Geht allerdings nur bei mindestens 4 Personen und kostet für alle 150 RM inkl. Boot.

## Kuala Lipis

*Die Stadt am Zusammenfluß von Sungai Jelai und Sungai Lipis war zwischen 1919 und 1955 die Verwaltungshauptstadt von Pahang. Aber schon bevor die Briten 1888 den ersten Residenten am Sultanshof ernannten und damit auch Pahang ihrem Kolonialreich eingliederten, war die kleine Siedlung ein Handelsplatz für Gold und Dschungelprodukte. 1913 wurde die erste Anglo Chinese School gegründet, die als Clifford School noch heute eine der ersten Adressen im malaysischen Bildungssystem ist.*

*Kuala Lipis ist nicht sensationell, aber es ist ein hübsches Städtchen, denn es besitzt noch zahlreiche koloniale Bauten. Das alte chinesische Zentrum zwischen Jelai-Fluß und Eisenbahn ist eng und muffig und hat noch viel von der*

*Romantik aus der Zeit, als Kuala Lipis noch völlig vom Dschungel umgeben war und die Straße nach Norden hier endete. Viele Traveller machen in Kuala Lipis Station, um für ein paar Tage in den Dschungel zu gehen.*

Gleich am Ortseingang zweigt eine Straße zum **District Administration Building** ab. Das beeindruckende, koloniale Verwaltungsgebäude wurde 1919 fertiggestellt. Um den Hügel herum kommt man zur bereits erwähnten **Clifford School**. Von der maurischen **Istana Hinggap** oben auf dem Hügel blickt man auf die Stadt hinunter. Sie wurde 1926 als Gerichtsgebäude errichtet und diente von 1954 bis in die Sechziger Jahre als Palast der Sultansfamilie von Pahang, die dann aber nach Pekan übersiedelte.

Der **Pahang Club** war das erste englische Bauwerk in Pahang und wurde bereits 1867 errichtet. Bis 1922 wurde es von Sir Hugh Clifford und anderen britischen Residenten bewohnt. Dann stellte man auf dem gegenüberliegenden Hügel südlich der Hauptstraße die neue Residenz, das heutige **Government Resthouse** fertig. In dessen Erdgeschoß ist heute ein kleines Museum eingerichtet.

Die chinesische Altstadt hat noch viele alte Geschäftshäuser und es lohnt sich, durch die Arkaden zu spazieren oder die Boote auf dem Fluß zu beobachten. Die Marktgasse, die vom Bahnhofsvorplatz abwärts führt, hat man mittlerweile nach dem Vorbild der *shopping malls* überdacht und „gesäubert“. Hier kann man auch *jungle boots* bekommen. Der große **Markt** findet am Samstagvormittag auf dem Platz zwischen der Bus Station und der alten Moschee statt.

## ÜBERNACHTUNG

**UNTERE PREISKLASSE** - *TONG KOK HOTEL**, 80 Jl. Besar, tel 3121027. Einfache, mit Holzwänden abgeteilte Zimmer mit Fan, aber sauber und preiswert.
*TIONG KOK BARU**, 68 Jl. Besar, ist ein sehr sauberes Chinesenhotel.
*JELAI HOTEL**, 44 Jl. Jelai, tel 3121574, liegt unten am Fluß. Helle Zimmer mit Blick auf den Fluß und das gegenüberliegende Ufer.
*HOTEL LIPIS**, 63 Jl. Besar, tel 3123142, einfaches und sauberes Guesthouse.
*GIN LOKE**, 64 Main St, tel 3121654, wird von der freundlichen Mrs. Tan geführt, die sich auf Traveller spezialisiert hat und auch Dschungeltouren organisiert.

**MITTELKLASSE** - *DA RAKIT***, Jl. Jelai, an der Jetty, tel 3123963, 6 schwimmende Doppel-Bungalows (natürlich fest vertäut) auf dem Jelai-Fluß. Ruhige Lage, zu empfehlen.
*GOVERNMENT RESTHOUSE (Rumah Persinggahan)***, Jl. Bukit Residensi, tel 3122600, auf einem Hügel etwas außerhalb der Stadt.
*HOTEL SRI PAHANG***, Tingkat 1 Bangunan UMNO, tel 3122445. Ein relativ neuer Bau, der aber schon bessere Tage gesehen hat. Die Zi (mit und ohne ac) haben Bäder und sind o.k.

## ESSEN UND TRINKEN

Es gibt viele chinesische Restaurants im Ort und Essenstände auf dem Markt.
*WANGI RESTAURANT*, 62 Main St, ist das beste, guter Fisch und Süßwasserlobster.
*PARIS HOTEL* hat im Erdgeschoß eine reizvolle, schummrige alte Chinesenbar zum Trinken.

## SONSTIGES

**POST** - in der Jl. Besar

**TOUREN** - Von Kuala Lipis aus kann man verschiedene Dschungeltouren unternehmen, z.B. mit den Guides Appu und Abdul, die über das Hotel Lipis oder das Gin Loke Hotel zu erreichen sind.
*TUAH TRAVEL & TOURS*, im Bahnhof, tel 313277, fax 311117. Mohammed Hassan organisiert ebenfalls Touren in den Kenong Rimba Park und Flußtrips.

**VORWAHL** - 09.

## TRANSPORT

**BUSSE** - Die Bus Station befindet sich am Ende der Jl. Besar. Mehrere Busse tgl. über RAUB

(3 RM) und BENTONG nach KUALA LUMPUR (6x tgl., 8 RM) in 4 Std. bzw. nach KUANTAN (2x tgl. in 5 - 6 Std., 14 RM). Um nach KOTA BHARU (2x tgl., 16 RM) zu kommen, muß man möglicherweise GUA MUSANG (2x tgl., 8 RM) umsteigen. Nach JERANTUT (7 RM, von hier weiter zum Taman Negara) führt der Weg über BENTA, wo man wahrscheinlich umsteigen muß. Zum Gap (Abzweigung nach Fraser's Hill) gibt es nur einen Bus, der von Raub nach KUALA KUBU BHARU fährt. Es ist besser, ein Taxi zu nehmen.

**ÜBERLANDTAXIS** - Auch die Überlandtaxis fahren von der Bus Station nach RAUB (5 RM), KUALA LUMPUR (13 RM), JERANTUT (7 RM), KUANTAN (25 RM), GUA MUSANG (10 RM) und KOTA BHARU (24 RM). Ein Überlandtaxi nach KUALA KUBU BHARU bzw. zum Gap (Abzweigung nach Fraser's Hill) kostet 13 RM.

**EISENBAHN** - Di, Do und Sa fährt ein Expreßzug frühmorgens über GUA MUSANG (1 1/2 Std.) nach WAKAF BHARU (5 Std.) und TUMPAT. Von Wakaf Bharu sind es nur wenige Kilometer nach Kota Bharu. Der tgl. verkehrende Postzug (*Mel Tren*, Abfahrt 7.00 Uhr) ist zwar billiger, braucht aber fast 1 Std. länger für dieselbe Strecke.
In der Gegenrichtung Mi, Fr und So fährt ein Expreß-Nachtzug über JERANTUT (1 Std.), MENTAKAB (2 Std.), GEMAS (4 1/2 Std.), KELUANG und JOHOR BHARU (7 1/2 Std.) nach SINGAPORE (8 1/2 Std., 38 RM). Aktuelle Verbindungen und Zeiten am Bahnhof.

## Jerantut

Das kleine Städtchen ist wichtig für die Anreise zum Taman Negara, denn hier kommt man zunächst mit Bus oder Bahn an, bevor es in den Nationalpark weitergeht. Für die Gegend ein typisches Örtchen: bunte chinesische Geschäfte, Markt, Bahnhof, Bus Station, aber ansonsten keine nennenswerten Attraktionen.

### ÜBERNACHTUNG

*JERANTUT RESTHOUSE** (Rumah Persinggahan)*, Jl. Benta, tel 26448, hinter der Eisenbahn auf einem Hügel an der Straße nach Raub gelegen, ist am meisten zu empfehlen. Steven Ng und seine Familie sind sehr hilfreich.
*CHET FATT HOTEL**, gleich an der Bus Station, hat große, saubere Zimmer mit Fan / ac.
*JERANTUT HOTEL*-***, 36 Jl. Besar, liegt dort, wo die Straße vom Resthouse ins Ortszentrum die Bahnlinie überquert.
*SRI EMAS*-*****, Jl. Besar, tel 2664499, fax 2664801, ist ein tolles neues Hotel und bietet Zimmer in verschiedenen Preislagen.
*SRI KIM YEN HOTEL*-****, Lot 1751, Jl. Diwangsa, Bandar Baru, tel 2662168. Neues, modernes, sauberes Hotel unweit vom Busbahnhof, 24 Std. geöffnet.

### ESSEN

In der Stadt findet man eine Menge chinesischer und malaiischer Restaurants.
Sehr gut ist das Restaurant im *HOTEL SRI EMAS*. - Preiswertes Essen an den Essenständen rings um den Markt. Natürlich kann man auch im *RESTHOUSE* essen - sehr gut und preiswert, auf Wunsch auch vegetarisch.

### SONSTIGES

**GELD** - Geld wechselt zu sehr schlechten Kursen der Money Changer am Busbahnhof.
Also lieber die *BANK OF COMMERCE* oder die *BANK PERTINAN* ansteuern.

**EINKAUFEN** - Lebensmittel für einen Taman Negara-Trip, Regenponchos, Taschenlampen oder andere einfache Ausrüstungsgegenstände gibt es in den beiden großen Supermärkten.
*SYA-RIKAT EASTERN*, ein kleiner Laden gegenüber dem Jerantut Hotel, verkauft Dschungel Boots und Ponchos.
Beides kann man aber auch im Taman Negara ausleihen (s. dort).

**MEDIZINISCHE VERSORGUNG** - das Krankenhaus auf dem Hügel ist überraschend groß und recht gut ausgestattet.

**VORWAHL** - 09.

## TRANSPORT

**BUSSE** - Eine direkte Verbindung gibt es 4x tgl. nach KUANTAN (8x tgl. in 3 1/2 Std., 8,50 RM). 4x tgl. fahren Busse nach TEMERLOH (4 RM). Zwei Direktbusse nach KL (Abfahrt 9.00 und 14.00 Uhr, 7 RM).
Nach KUALA LIPIS muß man über BENTA fahren und dort sehr wahrscheinlich umsteigen.

**ÜBERLANDTAXI** - nach TEMERLOH 6 RM, KUALA LUMPUR 15 RM, KUANTAN 15 RM und nach KUALA LIPIS (1 1/2 Std.) 7 RM.

**EISENBAHN** - Der Expreßzug Richtung Norden fährt Di, Do und Sa am späten Nachmittag über KUALA LIPIS (1 Std.) und GUA MUSANG (2 1/2 Std.) nach WAKAF BHARU (5 1/2 Std.) und TUMPAT. Von Wakaf Bharu sind es nur wenige Kilometer nach Kota Bharu. In der Gegenrichtung geht es Mi, Fr und So um die Mittagszeit über MENTAKAB (1 Std.), GEMAS (3 Std.), KELUANG und JOHOR BHARU (6 Std.) nach SINGAPORE (7 Std., 34 RM). Der preiswertere, langsame Frühzug nach Norden lohnt sich nur bis Kuala Lipis, nach Wakaf Bharu braucht er fast 7 Std. In der Gegenrichtung fährt der langsame Zug nur bis Gemas, noch dazu am späten Abend.

**ZUM TAMAN NEGARA** - Von der Bus Station fahren Taxis auf der inzwischen wahrscheinlich durchgehend asphaltierten Straße nach KUALA TEMBELING (3 RM) zur Anlegestelle für die Taman Negara-Boote. Busse fahren außerdem um 8.15, 11.00, 13.30 und 17.15 Uhr ab, kostet 1,10 RM und dauert etwa 45 Min.
Das Boot von Kuala Tembeling zum Taman Negara kostet 18 RM. Da man auf jeden Fall auf dem gleichen Weg zurück muß, empfiehlt sich der Kauf einer Rückfahrkarte. Letzte Verbindung meist gegen 14.30 Uhr.

# Taman Negara

*130 Millionen Jahre ist das Dschungelgebiet Zentral-Malaysias alt. Viele Teile der Welt haben sich während dieser Zeit unter dem Einfluß von Eiszeiten, veränderten Wasserspiegeln oder Klimaschwankungen grundlegend gewandelt. Hier auf der malaiischen Halbinsel aber sind die Verhältnisse stabil geblieben, und so konnte die botanische und zoologische Evolution ungestört voranschreiten, länger als in irgendeinem anderen Waldgebiet der Erde. Zur Erinnerung: der Mensch trat als nennenswerte Spezies erst vor etwa einer halben Million Jahren auf den Plan. Vor etwa hundert Jahren begann er damit, den Dschungel wirtschaftlich zu nutzen. In weiteren hundert Jahren könnte er es geschafft haben, ihn für immer von der Erde zu tilgen.*

*Normalerweise sind Urwaldgebiete sehr unzugänglich und für den durchschnittlichen europäischen Besucher nur mit einheimischen Führern zu erreichen. Anders im Taman Negara. Nicht nur, daß der Wald hier besonders dicht, artenreich und malerisch ist, man kann ihn auch bequem auf kleinen oder großen Wanderungen ohne Führer selbst erkunden. Ein Trip in den Taman Negara lohnt sich also, auch wenn trekkingerfahrene Abenteurer gern das Gegenteil behaupten. Wer noch nie so richtig im Dschungel war, findet hier einen praktikablen Einstieg, der vielleicht Mut macht, es auch einmal mit größeren Touren zu versuchen. Nur über eins sollte man sich im klaren sein: Einen Elefanten, Tiger oder Panther wird man, obwohl noch in beachtlichen Populationen vorhanden, mit 99,9%iger Sicherheit nicht zu Gesicht bekommen, wahrscheinlich auch keinen Tapir, keinen Hornbill und kein Krokodil. Dafür aber jede Menge wildwuchernde Vegetation.*

Bis auf ein paar kleine Dörfer und Orang Asli-Siedlungen ist der Taman Negara unbewohnt. Wichtigster Anlaufpunkt ist **Kuala Tahan** am Südrand des Parks, ein kleines Örtchen, das vor allem aus dem Taman Negara Resort und seinen

Einrichtungen, den Park Headquarters und den Häusern derjenigen besteht, die für den Park arbeiten. Von Kuala Tahan aus führen verschiedene Wege in den Dschungel. Für einen Besuch sollten mindestens 4 - 5 Tage veranschlagt werden, da allein für die An- bzw. Abfahrt ein ganzer Tag vergeht.

## Wanderungen rund um Kuala Tahan

Vor längeren Treks kann man sich auf kleineren Tagestouren mit den Verhältnissen im Dschungel vertraut machen In der Nähe des Resorts sind die Wege zwar stark frequentiert, aber gut markiert und mit Hilfe unserer Kartenskizze leicht zu finden.

Mit 800 Metern ist **Bulatan Paya**, der Rundweg direkt hinter dem Resort, nicht weit vom Hochstand *Bumbun Tahan,* nur ein kurzer, aber interessanter Weg. Das Informationsheft (s.S. 520) beschreibt an 23 markierten Haltepunkten die Besonderheiten der Fauna und Flora, die man häufig bei Wanderungen durch den Dschungel übersieht - als erster Spazierweg gleich nach der Ankunft empfehlenswert. Ein weiterer, kurzer Rundweg, der **Bulatan Rimba**, beginnt hinter dem Campingplatz.

Ein beliebter, je nach Route zwei- bis dreistündiger Rundweg, der am Vormittag auf dem Programm zahlreicher Reisegruppen steht, führt auf den 344 Meter hohen **Bukit Teresek**. Wer bereits während der Morgendämmerung hinaufsteigt, kann die Dschungelgeräusche erleben und vom Gipfel beobachten, wie sich der Morgennebel über dem Wald lichtet. Bei gutem Wetter kann man von dem zweiten Aussichtspunkt den Gunung Tahan sehen. Der Weg überwindet etwa 270 Meter Höhenunterschied. Der Abstieg nach Norden ist relativ steil, weswegen die meisten Leute von oben denselben Weg wieder zurück nehmen.

**Lubok Simpon** ist der Name für den schönen Badeplatz am Sungai Tahan, nur etwa 15 Minuten vom Resort entfernt. Hier kann man sich auf dem Rückweg mit einem Bad erfrischen. Eine nahegelegene sumpfige Stelle ist **Jenut Muda**, wo sich gern Wildschweine und Hirsche aufhalten. Vielleicht bekommt man sogar einen Affen zu Gesicht. Gibbons sind an ihrem Ruf leicht zu erkennen, aber meist halten sie sich ganz oben in den Baumkronen auf.

Die jüngste Attraktion ist ein Spaziergang in 25 - 30 m Höhe auf dem **Canopy Walkway**, einem insgesamt 400 m langen System von sechs Hängebrücken und fünf Plattformen, um interessierten Besuchern einen Einblick in die sonst verschlossene Wipfelregion des tropischen Regenwalds zu geben.

## Gua Telinga

Zur Gua Telinga, der Fledermaushöhle, kommt man auf der anderen Seite des Sungai Tahan. Zunächst gibt es starke Steigungen, nach etwa einer Stunde ist **Simpang Tualang** erreicht. Hier zweigt nach Norden ein Weg ab, auf dem man in 2 1/2 Stunden durch Primär- und Sekundärdschungel zur **Chagar Anjing Hide** gelangt, die am ehemaligen Airstrip liegt. Richtung Westen geht es zur Höhle, deren Eingang nach einer weiteren Stunde erreicht ist. Einfacher ist es, den ersten Weg bis zur Bootsanlegestelle Pangkalan Gua mit einem Boot zurückzulegen (s.u.). Von der Anlegestelle bis zur Höhle sind es nur 30 Min.

Wer sich von scharfkantigen, schlüpfrigen Felsen und der dicken Schicht Guano (Fledermauskot - schon der Geruch der Höhle ist charakteristisch) nicht abhalten läßt, kann durch die engen Höhlengänge kriechen, um die Fledermäuse zu beobachten, die überall an den Decken hängen. In einigen Felsspalten leben ungefährliche, farblose Schlangen und in den Wasserlöchern auch große Kröten. Man braucht feste Schuhe (Turnschuhe) und unbedingt eine gute Taschenlampe, um die Höhlenpassage zu durchqueren. Der Durchgang ist durch ein Seil markiert, das manchmal schwer zu sehen ist. Wer ihm folgt und sich auch vor den engen Ritzen nicht fürchtet, kommt in etwa einer halben Stunde am anderen Ende wieder heraus.

### Lata Berkoh

Schön ist eine Bootsfahrt auf dem Sungai Tahan durch den Dschungel hinauf zu den Stromschnellen. Die Boote für 3 - 4 Personen kosten etwa 60 RM und fahren bis zur Bootsanlegestelle der gleichnamigen Lodge, etwa 15 Min. Fußweg unterhalb der Kaskaden. In einem tiefen Pool kann man baden und sich von den kleinen Wasserfällen massieren lassen. Wer gut zu Fuß ist, kann auch am östlichen Flußufer entlang in etwa 4 Stunden über **Bumbun Tabing** und **Bumbun Lesong** hierher wandern. Hin und zurück ist für eine Tageswanderung schon ein ehrgeiziges Ziel. Die Flußdurchquerung unterhalb der Kaskaden ist nach Regenfällen nicht ganz ungefährlich.

**Hochstände** *(hides)*

sind an Stellen errichtet worden, an denen man möglicherweise Tiere beobachten kann, also an Lichtungen und *salt licks*, die das Wild zur Deckung des Mineralbedarfs aufsucht. Manchmal läßt sich ein Hirsch, ein Wildschwein, vielleicht sogar ein Tapir sehen. Ein Tiger oder Elefant wird sicher nicht dabei sein. Um Tiere beobachten zu können, braucht man viel Geduld, Ruhe und eine starke Taschenlampe, um ab und zu die Lichtung ableuchten zu können. In einer Gruppe sollte man sich absprechen, so daß nach Sonnenuntergang jeder etwa 2 Stunden wacht, die Lichtung beobachtet und beim Auftauchen von Tieren die anderen weckt. Die größten Chancen bestehen nach der Regenzeit, kurz nach der Öffnung des Parks. Möglicherweise werden die Dschungelratten, die nachts nach Eßbarem stöbern, aber die einzigen wilden Tiere sein, die sich blicken lassen.

In *hides* kann man nach vorheriger Anmeldung übernachten. Sie sind mit mehreren Betten ausgerüstet und haben ein Fenster, von dem aus man auf die Lichtung blickt. Besonders beliebt ist die Kumbang Hide, da mit einer Übernachtung in diesem Hochstand ein schöner, zweitägiger Rundweg kombinierbar ist.

### Gunung Tahan Trail

Die Besteigung des 2186 m hohen Gunung Tahan nimmt in der Regel eine ganze Woche in Anspruch. Es ist ein Guide vorgeschrieben, sofern man keine Ausnahmegenehmigung des Park-Superintendenten besitzt. Er kostet für maximal 12 Personen pro Woche 400 RM, für jeden weiteren Tag 50 RM.

Auf dem über 50 km *(one way)* langen Trek durchquert man mehrere Flüsse und überwindet 2100 m Höhenunterschied. Übernachtet wird in Zelten. Da es in den höheren Regionen empfindlich kalt werden kann, ist ein Schlafsack (ohne Daunen) erforderlich. Die ständige Luftfeuchtigkeit sorgt dafür, daß nasse Kleidung kaum trocknet, andererseits ist Wasser wiederum über weite Strecken hinweg nicht verfügbar. Eine ausführliche Beschreibung des Treks enthält das Informationsheft (s.S. 520).

## ÜBERNACHTUNG

*TAMAN NEGARA RESORT* in Kuala Tahan, tel 09-2634434, fax 09-2614434, ist die einzige Übernachtungsmöglichkeit innerhalb der Nationalparkgrenzen. Man hat die Auswahl zwischen Bungalows bzw. DZ von 80 RM bis 450 RM. Die Übernachtung im *HOSTEL**, das mit Fan und Schließfächern ausgestattet ist, kostet 13 RM. Eine weitere Alternative ist der resorteigene *CAMPINGPLATZ*, auf dem man schon für 1 RM ein Zelt aufschlagen kann. Für 8 - 14 RM werden Zelte für 2 - 4 Personen ausgeliehen.
Vorausbuchung ist bei Übernachtung im Nationalpark angeraten, am besten schon von Kuala Lumpur aus. Adresse s. dort.
Wer unangemeldet anreist, braucht aber trotzdem nicht zu verzagen, denn es gibt noch weitere Möglichkeiten: *NUSA CAMP*** auf der östlichen Seite des Sungai Tembeling, die nicht mehr zum Nationalpark gehört, besteht aus *A-frame*-Hütten (25 RM), mehreren Chalets (40 RM), Schlafsaal (7 RM p.P.) und einem einfachen Restaurant. Leider ist es mit der Sauberkeit nicht weit her: ein Schlafsaalbett im Resort ist nur unwesentlich teurer.
*TEMBELING CAMP*-*** liegt gleich gegenüber vom Resort in Kuala Tahan und bietet ebenfalls eine saubere und preiswerte Übernachtungsmöglichkeit: Schlafsaal-Betten kosten hier 12 RM.
*AGOH'S CHALETS***, tel 2964362, Kuala Tahan, bietet kleine Steinhütten mit Bad und Fan; Strom von 19.00 - 7.00 Uhr.

## ESSEN

Das Essen im resorteigenen *TAHAN RESTAURANT* ist ausgezeichnet. Die Preise sind entsprechend. Die sehr viel preiswertere, alkoholfreie *TERESEK SELF SERVICE CAFETERIA* mit Selbstbedienung liegt am anderen Ende des Resorts , von 7.00 - 23.00 Uhr geöffnet.
Im Resort verkauft ein Mini Markt Lebensmittel, alkoholfreie Getränke, Konserven und Souvenirs. Obst hat hier oben im Dschungel Seltenheitswert und kostet dementsprechend. Vorräte für Trekking Touren sollten leicht sein, schnell zubereitet werden können und keine unzersetzlichen Abfälle (Dosen, Plastik u.ä.) hinterlassen. Glasflaschen auf die Wanderung in den Taman Negara mitzunehmen, ist verboten. Die im Shop gekauften Waren in recyclebaren Verpackungen, also Flaschen und Dosen, sind

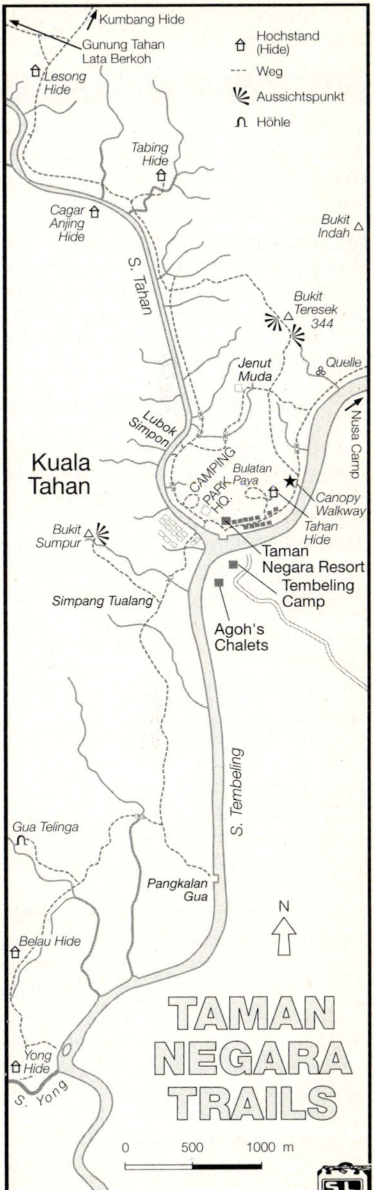

mit Aufklebern gekennzeichnet. Bei Rückgabe erhält man jeweils 1 RM.

## SONSTIGES

**AUSRÜSTUNG** - vom Campingkocher über Höhlenlampen bis hin zu *jungle boots* und Wasserflaschen läßt sich alles in dem kleinen Lädchen im Resort ausleihen.

**FOTOGRAFIEREN** - Bei Bootsfahrten, Touren im Regen und Flußdurchquerungen sollte man darauf achten, daß die Ausrüstung trocken bleibt. Für Aufnahmen im Dschungel sind lichtempfindliche Filme angeraten (mindestens 200, besser noch 400 ASA).

**INFORMATIONEN** - Auf dem Gelände des Resorts befindet sich auch das Büro des *DEPARTMENT OF WILDLIFE AND NATIONAL PARKS.* Hier gibt es einen Plan mit Wanderwegen, der allerdings auch nicht viel detaillierter ist als der in unserem Buch.
Nützlich ist die Broschüre *Illustrated Guide in the Kuala Tahan Region*, die die umliegenden Wege beschreibt und eine kleine Einführung in das Ökosystem des Regenwalds gibt.
Die abendlichen Film- und Diavorführungen im *Interpretive Room* können ebenfalls interessant sein. Das Taman Negara-Einführungsvideo (20.45 Uhr) muß man freilich nicht unbedingt gesehen haben.

**VORWAHL** - 09.

## TRANSPORT

**FLÜGE** - Eine kleine Maschine der *Pelangi Air* fliegt 3x wöchentlich für 96 RM in 45 Min. von KUALA LUMPUR in den Taman Negara.
Der Airstrip in Sungai Tiang liegt südlich des Parks und ist in 25 Min. mit einem gemieteten Boot für 60 RM zu erreichen.

**BOOTE** - Zwischen 9.00 und 14.00 Uhr, manchmal auch etwas früher, fahren die Boote in KUALA TEMBELING nach Kuala Tahan ab. Die Bootsfahrt flußaufwärts kostet 36 RM hin und zurück und dauert je nach Wasserstand etwa 3 - 3 1/2 Stunden. Zurück (ebenfalls zwischen 9.00 und 14.00 Uhr) sind es flußabwärts nur etwa 2 Stunden.
Das Nusa Camp unterhält zusätzlich einen eigenen Bootsservice.

# OST-MALAYSIA

## Sarawak

*„Sarawak - das Land der Kopfjäger", versprechen farbige Hochglanzprospekte und locken zivilisationsmüde Touristen auf der Suche nach dem Abenteuer auf die Insel. Eine Flußfahrt durch die riesigen Dschungelgebiete zu den Langhäusern der verschiedenen Stämme gehört zum Standardreiseprogramm der Gruppen- und Individualtouristen. Jeder auf seine Art: Die einen fahren entlang fest organisierter Routen zu den Langhäusern am Skrang River, die sich bereits auf den Massenansturm eingerichtet haben, die anderen versuchen in tagelangen Bootsfahrten zu den abgelegensten Dörfern vorzustoßen, die möglichst noch kein anderer Tourist gesehen haben soll.*

*Wo die Bewohner eines Landes zur touristischen Sehenswürdigkeit werden, sind Konflikte unvermeidlich. Die Iban, Kayan und Kenyah, die in Sarawak und auf der indonesischen Seite der Insel leben, sind traditionell auf Gäste eingerichtet, aber nicht auf europäische Touristen mit ihren hohen Ansprüchen: Da muß das Langhaus bis in den letzten Winkel besichtigt werden, Fleisch auf dem Teller liegen und am Abend der Tuak in Strömen fließen, aber schön primitiv bitte! Wer denkt daran, daß hier Menschen leben, die ebenso ein Bedürf-*

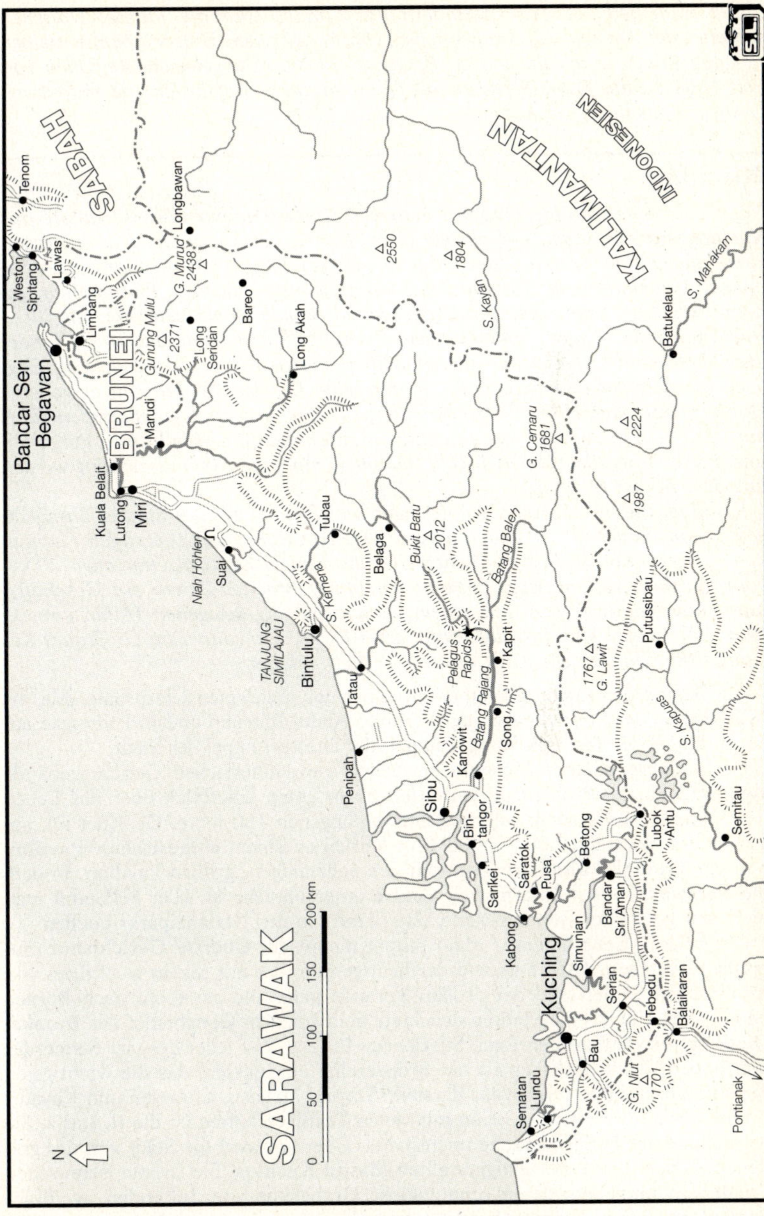
SARAWAK
0
50
100
150
200 km
N
SABAH
BRUNEI
KALIMANTAN
INDONESIEN
Bandar Seri Begawan
Tenom
Weston
Sipitang
Lawas
Limbang
Longbawan
G. Murud 2438
Gunung Mulu 2371
Bareo
Long Seridan
Long Akah
Marudi
Kuala Belait
Lutong
Miri
Niah Höhlen
Suai
Tubau
Belaga
Bukit Batu 2012
Batang Baleh
S. Kemena
TANJUNG SIMILAJAU
Bintulu
Tatau
Pelagus Rapids
Kapit
Batang Rajang
Song
Kanowit
Penipah
Sibu
Bin-tangor
Sarikei
Saratok
Pusa
Betong
Kabong
Kuching
Simunjan
Bandar Sri Aman
Lubok Antu
Serian
Tebedu
Balaikaran
Bau
Sematan
Lundu
G. Niut 1701
Pontianak
Semitau
S. Kapuas
Putussibau
1767 G. Lawit
1987
2224
G. Cemaru 1681
Batukelau
S. Mahakam
S. Kayan
1804
2550

*Die traditionellen Transportadern des Landes sind die Flüsse. Daneben schreitet der Ausbau des Straßennetzes voran, vor allem Holzcompanies treiben Logging Roads durch die letzten Regenwälder bis in abgelegene Regionen vor. Seit 1984 ist die Trans-Sarawak-Straße durchgehend befahrbar und mittlerweile sogar vollständig asphaltiert.*

## Kuching

*Nach über einer Stunde Flug hat man von Kuala Lumpur oder Singapore aus Kuching erreicht, einen Ort abseits aller Touristentrampelpfade. Die modernen Hochhäuser und Schnellstraßen hinter sich gelassen, erwartet man etwas Somerset Maugham- oder Joseph Conrad-Atmosphäre: hölzerne Pfahlbauten, geheimnisvollen Dschungel, verwegen dreinblickende Menschen, die mit ihren Einbäumen die trägen, schlammigen Dschungelflüsse befahren. Dann landet man in Kuching, betritt den neuen, klimatisierten Airport, in perfektem Englisch offeriert der chinesische Taxifahrer seine Dienste. Wohin soll es gehen - Holiday Inn oder Hilton? Auf gut ausgebauten, breiten Schnellstraßen fährt man durch die Vororte von Kuching - Einfamilienhaus-Idylle mit Vorgarten und PKW. Überall dröhnen Preßlufthämmer, moderne Einkaufszentren werden aus dem Boden gestampft.*

*Kuching, die mit Abstand größte Stadt und Hauptstadt des Staates Sarawak, war schon immer ein kosmopolitischer Ort. Am Rande der sumpfigen Flußniederungen konnte sich am südlichen Ufer des Sungai Sarawak, nur etwa 20 km vom Südchinesischen Meer entfernt, zu James Brookes Zeiten ein Geschäfts- und Verwaltungszentrum mit einem verkehrsgünstig gelegenen Hafen entwikkeln. Noch heute sind fast die Hälfte der 400 000 Einwohner im Großraum Kuching Chinesen und ein gutes weiteres Drittel Malaien.*

Am Beginn der Kuching Waterfront, einer neu angelegten Uferpromenade, erhebt sich an der Straßengabelung Jl. Tunku Abdul Rahman und Jl. Padungan auf einem Hügel der **Tua Pek Kong Tempel**, der älteste Tempel der Stadt.

Das **Chinese History Museum** im ehemaligen chinesischen Gerichtsgebäude von 1912 an der Promenade vermittelt einen guten Überblick über das Leben der Chinesen in Sarawak während der vergangenen 150 Jahre. Geöffnet tgl. außer Fr und feiertags 9.00 - 18.00 Uhr. Vorbei an einem **chinesischen Pavillon** und der **Freilichtbühne** erreicht man den achteckigen, großen Pavillon, in dem das **Sarawak Tourist Information Centre** untergebracht ist. Hier bekommt man nicht nur gute Infos, sondern kann Unterkünfte in den Nationalparks buchen.

Die Ecke Jl. Court House / Main Bazaar nimmt der **Oberste Gerichtshof** (Supreme Court) ein. 1874 entstand der heutige Bau, der mit seinen wuchtigen viktorianischen Säulen und der großen Veranda ganz und gar nicht nach Borneo passen will. Vor über 60 Jahren errichtete man vor dem Gerichtshof das **Brooke-Denkmal** für den zweiten Raja, Sir Charles Brooke. Auf jeder der vier Seiten des 6 m hohen Granitobelisken ist ein Bronzerelief eingelassen, das die wichtigsten Bevölkerungsgruppen Sarawaks darstellt: Dayak, Malaien, Chinesen und Kayan.

Eine der alten Einkaufsstraßen mit vielen Textilgeschäften ist die **Jl. India**. Sie wurde zu einer Fußgängerzone umgestaltet. Überragt wird die Stadt von der goldenen Kuppel der 1968 fertiggestellten **Masjid Kuching**. Sie ist von islamischen Friedhöfen umgeben, deren schmucklose Grabsteine von duftenden, weißblühenden Frangipani-Bäumen beschattet werden.

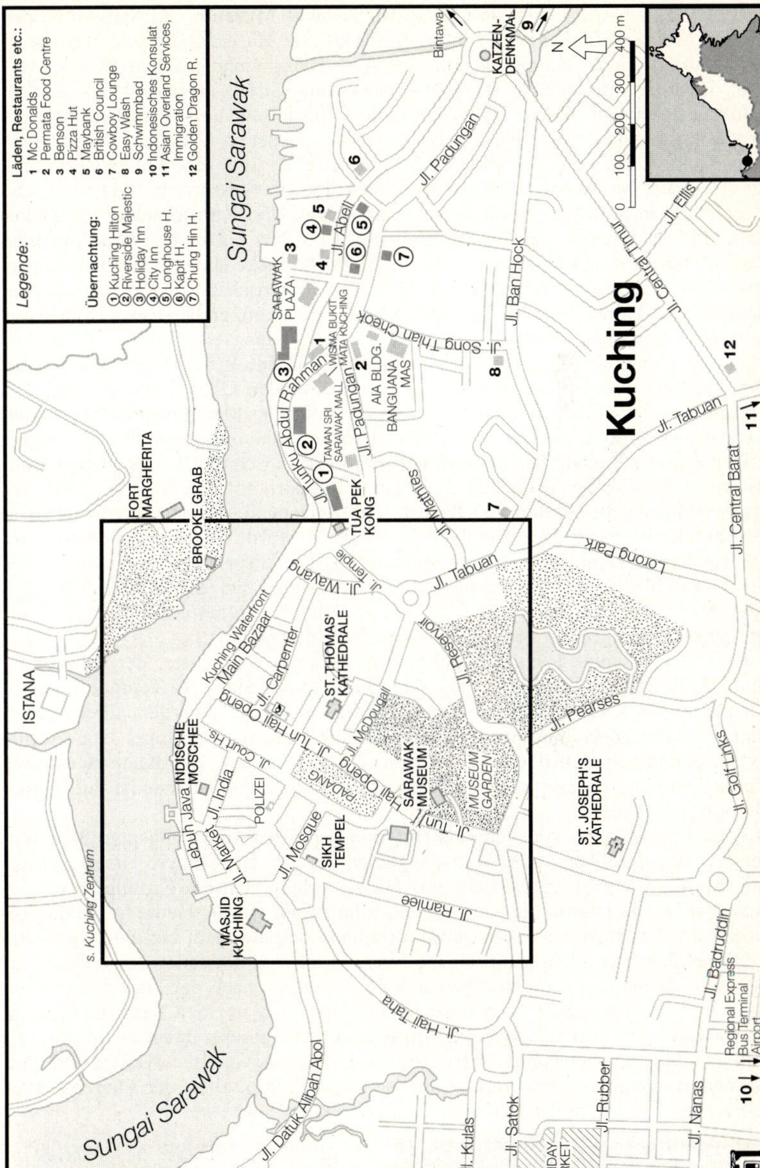
Legende:
Übernachtung:
① Kuching Hilton
② Riverside Majestic
③ Holiday Inn
④ City Inn
⑤ Longhouse H.
⑥ Kapit H.
⑦ Chung Hin H.
Läden, Restaurants etc.:
1 Mc Donalds
2 Permata Food Centre
3 Benson
4 Pizza Hut
5 Maybank
6 British Council
7 Cowboy Lounge
8 Easy Wash
9 Schwimmbad
10 Indonesisches Konsulat
11 Asian Overland Services, Immigration
12 Golden Dragon R.
Kuching
Sungai Sarawak
Sungai Sarawak
ISTANA
FORT MARGHERITA
BROOKE GRAB
INDISCHE MOSCHEE
MASJID KUCHING
s. Kuching Zentrum
Kuching Waterfront
Main Bazaar
Lebuh Java
Jl. India
Jl. Market
Jl. Court Hs.
POLIZEI
Jl. Mosque
SIKH TEMPEL
Jl. Carpenter
Jl. Tun Haji Openg
ST. THOMAS' KATHEDRALE
PADANG
Jl. McDougall
SARAWAK MUSEUM
MUSEUM GARDEN
Jl. Reservoir
Jl. Wayang
Jl. Temple
TUA PEK KONG
Jl. Tabuan
Jl. Tunku Abdul Rahman
Jl. Padungan
TAMAN SRI SARAWAK MALL
WISMA BUKIT MATA KUCHING
AIA BLDG.
BANGUANA MAS
SARAWAK PLAZA
Jl. Abell
Jl. Song Thian Cheok
Jl. Ban Hock
Jl. Padungan
Bintawa
KATZEN-DENKMAL
N
0 100 200 300 400 m
Jl. Wayang
Jl. Mathies
Lorong Park
Jl. Pearses
ST. JOSEPH'S KATHEDRALE
Jl. Central Barat
Jl. Central Timur
Jl. Ellis
Jl. Tabuan
Jl. Golf Links
Jl. Badruddin
Regional Express Bus Terminal Airport
Jl. Ramlee
Jl. Haji Taha
Jl. Datuk Ajibah Abol
Jl. Kulas
Jl. Satok
Jl. Rubber
Jl. Nanas
SUNDAY MARKET
Tunku Abdul Rahman-Brücke

Größte Sehenswürdigkeit im Ort ist das **Sarawak Museum**, das sich mit zu den großen Museen Südostasiens zählen darf. Das alte Museumsgebäude beherbergt die naturkundliche Sammlung und eine Ausstellung einheimischen Kunstgewerbes, das unter anderem in rekonstruierten Langhäusern ausgestellt ist. Zudem informiert Shell in einem Raum über die Ölförderung und -verarbeitung. Die große ethnologische und historische Abteilung im neuen Gebäude, dem Dewan Tun Abdul Razak, auf der anderen Straßenseite, ist über eine Fußgängerbrücke zu erreichen, Sie vermittelt einen Überblick über das historische und politische Geschehen in Sarawak. In einzelnen Abteilungen sind Kunstobjekte der Völker Sarawaks zu sehen - von den Malaien und Chinesen bis zu den verschiedenen Dayak-Stämmen und den Penan. Die Ausstellungsstücke sind ausführlich in Englisch und Malaiisch beschriftet. Die Welt der Urmenschen wird in den nachgebauten Niah-Höhlen wieder lebendig. Geöffnet: tgl. außer Fr 9.00 - 18.00 Uhr, feiertags geschlossen, Eintritt frei.

Am Wochenende lohnt der Weg hinaus in die Jl. Satok zum sogenannten **Sunday Market**. In mehreren Straßen werden an Ständen Obst, Gemüse, Gewürze und andere Produkte aus der Umgebung verkauft. Der Markt beginnt bereits am Samstagvormittag und erreicht am Abend sowie am Sonntag seinen Höhepunkt.

Der zentrale **Padang Merdeka Negeri Sarawak** ist Schauplatz der großen Parade am Nationalfeiertag. Östlich des Padang ließ sich auf einem Hügel 1849 der erste anglikanische Bischof von Borneo, Dr. McDougall, sein Haus errichten. Das **Bischofshaus**, das älteste Gebäude in Sarawak, wurde allerdings mehrfach restauriert und kann nicht besichtigt werden. Damals reichte noch das obere Stockwerk für die erste Schule aus. Mittlerweile haben sich die St. Mary's School, eine Mädchenschule, und die St. Thomas' School, das männliche Pendant auf der gegenüberliegenden Straßenseite, beachtlich gemausert.

Drei schöne chinesische Tempel stehen in der Jl. Carpenter, der Jl. Wayang und der Jl. Tunku Abdul Rahman. Der **Guan Thian Siang Ti Tempel** in der Jl. Carpenter wird von einem steinernen Löwen bewacht. Auf dem überdachten Platz vor der gegenüberliegenden alten Bühne kann man tagsüber Nudelsuppe essen, abends werden noch mehr Essenstände aufgebaut. Der **Kueh Seng Ong Tempel** in der Jl. Wayang ist schon etwas zerfallen. Seine Fassade ist mit bunten Wandreliefs bedeckt.

Fußgänger können mit Sampans *(tambang)* für 20¢ vom Pangkalan Batu hinter dem Square Tower oder vom Pangkalan Ah Pun am Chinese History Museum den Fluß überqueren.Jenseits des Flusses erhebt sich am Flußufer links der Anlegestelle die **Istana**, die vom zweiten Raja erbaut wurde. Heute ist sie die Residenz des Gouverneurs von Sarawak und kann deshalb nicht besichtigt werden.

Hinter dem Park führt eine Straße hinauf zum Hauptquartier der Polizei, auf dessen Gelände das **Fort Margherita** steht. Es wurde nach der Frau des zweiten Raja benannt und 1879 nach ihren Plänen errichtet, um den Sarawak-Fluß zu überwachen. Im Fort ist ein **Polizeimuseum** untergebracht, das auch an die Zeit erinnert, als hier Gefangene interniert waren. Die ausgestellten Waffen und Uniformen stammen u.a. von kommunistischen Aufständischen der 60er bis 80er Jahre. Geöffnet tgl. außer Mo und feiertags 10.00 - 18.00 Uhr.

## ÜBERNACHTUNG

**UNTERE PREISKLASSE** - Die meisten billigreisenden Traveller übernachten im:

*ANGLICAN RESTHOUSE**, tel 414027, Jl. Tun Haji Openg, hinter der St. Thomas' Kathedrale, Zimmer mit Fan und Gemeinschaftsdusche/WC sowie Betten im Schlafsaal.

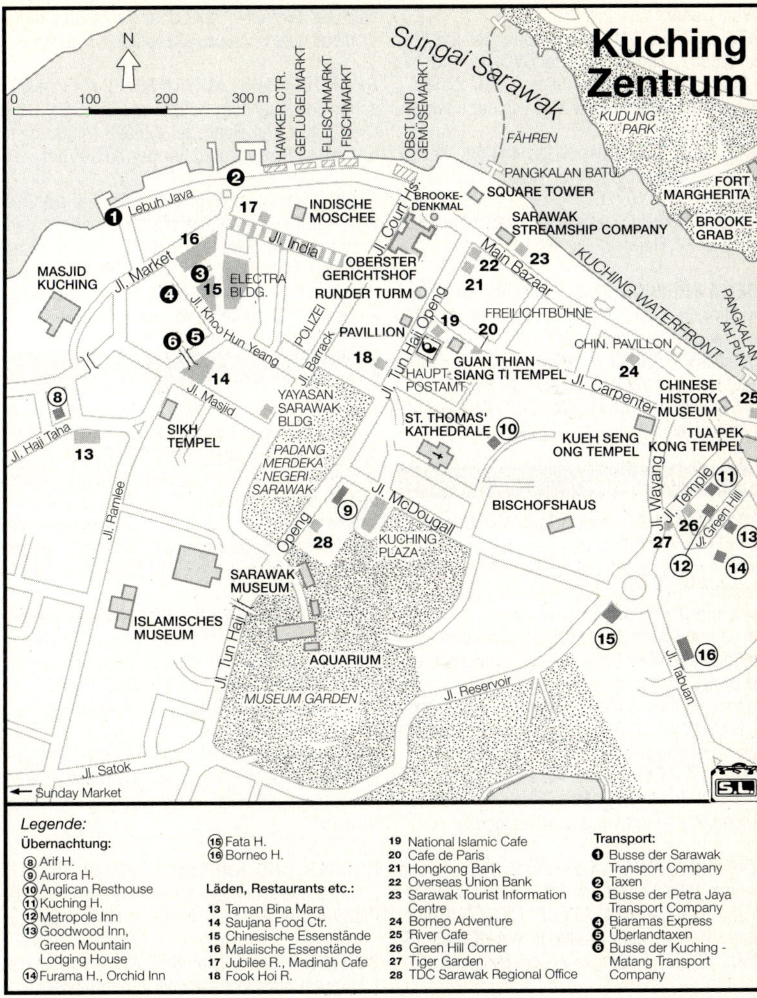


*Legende:*

**Übernachtung:**
- (8) Arif H.
- (9) Aurora H.
- (10) Anglican Resthouse
- (11) Kuching H.
- (12) Metropole Inn
- (13) Goodwood Inn, Green Mountain Lodging House
- (14) Furama H., Orchid Inn
- (15) Fata H.
- (16) Borneo H.

**Läden, Restaurants etc.:**
- **13** Taman Bina Mara
- **14** Saujana Food Ctr.
- **15** Chinesische Essenstände
- **16** Malaiische Essenstände
- **17** Jubilee R., Madinah Cafe
- **18** Fook Hoi R.
- **19** National Islamic Cafe
- **20** Cafe de Paris
- **21** Hongkong Bank
- **22** Overseas Union Bank
- **23** Sarawak Tourist Information Centre
- **24** Borneo Adventure
- **25** River Cafe
- **26** Green Hill Corner
- **27** Tiger Garden
- **28** TDC Sarawak Regional Office

**Transport:**
- ❶ Busse der Sarawak Transport Company
- ❷ Taxen
- ❸ Busse der Petra Jaya Transport Company
- ❹ Biaramas Express
- ❺ Überlandtaxen
- ❻ Busse der Kuching - Matang Transport Company

*KUCHING HOTEL**, 6 Jl. Temple, tel 413985, zentral gelegen, einfache Zimmer mit Fan und Gemeinschafts-Du/WC.

**MITTELKLASSE** - Mehrere akzeptable Mittelklasse-Hotels liegen relativ ruhig und zentral in der Jl. Green Hill und den Nebenstraßen. Da sie sich weder in der Ausstattung noch im Preis groß unterscheiden, sucht man sich am besten ein gerade frisch renoviertes Zimmer, z.B. im *METROPOLE INN***, 22 - 23 Jl. Green Hill, tel 412484, fax 256302.

*ORCHID INN***, 2 Jl. Green Hill, tel 411417, fax 241635. Nebenan:

*FURAMA ***, 4 Jl. Green Hill, tel 413561, einige kleine, preiswerte Zimmer.

Etwas weiter:
*FATA HOTEL**-****, Jl. Tabuan, tel 248111, fax 428987, Zimmer mit Bad/WC, ac und TV, im Erdgeschoß ein Coffee Shop und Nachtclub.
Weitere Mittelklasse-Hotels östlich der Internationalen Hotels:
*CITY INN***, 276 Jl. Abell, tel 414866, hat 27 kleine Zimmer mit ac, TV und Bad.
*LONGHOUSE HOTEL****, 101 - 102 Jl. Abell, tel 419333, große, saubere Zimmer mit ac, Bad /WC und TV, Handeln möglich.

**OBERE PREISKLASSE** - *HOLIDAY INN* (200 - 250 RM), Jl. Tunku Abdul Rahman, tel 423111, am Ufer des Sungai Sarawak.
*KUCHING HILTON* (um 340 RM), Jl. Tunku Abdul Rahman, tel 248200, fax 428984.
*RIVERSIDE MAJESTIC* (um 300 RM), Jl. Tunku Abdul Rahman, tel 247777, fax 452858.

## ESSEN UND TRINKEN

**ESSENSTÄNDE** - In der Carpenter Street findet man vor der Bühne des gegenüberliegenden alten Tempels überdachte Essenstände mit chinesischen Gerichten (s.o.).
Zwischen Jl. Market und der Minibus Station gibt es malaiische Essenstände und auf der gegenüberliegenden Seite vor dem Electra Bldg. das chinesische Pendant.
Weitere malaiische und chinesische Essenstände im *SAUJANA FOOD CENTRE* im oberen Stockwerk des gleichnamigen Parkhauses.
*PERMATA FOOD CENTRE* im Parkhaus hinter dem Wisma Bukit Mata Kuching in der Jl. Padungan offeriert vor allem Seafood.

**INDISCHE KÜCHE** - wird in der Fußgängerzone Jl. India gekocht, z.B. im *MADINAH CAFE*, Nr. 47 und nebenan im *JUBILEE RESTAURANT*. Besser hat uns das Essen im *NATIONAL ISLAMIC CAFE*, Jl. Carpenter, geschmeckt.

**MALAIISCHE KÜCHE** - Die beste Laksa der Insel kocht Aunty Yen im *RIVER CAFE* an der Waterfront gegenüber dem Tua Pek Kong Tempel. Geöffnet tgl. 15.00 - 1.00 Uhr.

**CHINESISCHE KÜCHE** - Bei *FOOK HOI*, gegenüber vom GPO, kann man tagsüber preiswert chinesisch essen.
*GOLDEN DRAGON RESTAURANT* (Kim Loong), 325-328 Jl. Central Timur, liegt außerhalb des Zentrums, lohnt aber die Anfahrt, denn es bietet gute Küche zu akzeptablen Preisen.

**SEAFOOD-RESTAURANTS** - Bei Einheimischen wie Touristen beliebt ist *BENSON*, 157 Chan Chin Ann Road, tel 426528, hinter dem Sarawak Plaza, gegenüber der KTS-Werft.

**PUBS** - Wer in gepflegter Atmosphäre ein Bier vom Faß trinken will, kann sich abends in den Pubs umsehen. Mehrere in der Taman Sri Sarawak Mall, hinter dem *Riverside* und *Hilton*, z.B. *DE TAVERN* sowie *OLDIES*, wo vor allem Musik der 50er und 60er Jahre gespielt wird.

## EINKAUFEN

**MÄRKTE** - Traditionelles Einkaufszentrum in Kuching ist die Gegend rings um die Masjid Kuching. Auf dem Markt, dem Main Bazaar parallel zum Fluß, und den Einkaufsstraßen Jl. Masjid und Jl. Gambier verkauft man frische wie konservierte Lebensmittel. Ein Sonntagsmarkt findet vom Samstagvormittag bis zum späten Sonntagabend in der Jl. Satok statt (s.S. 524).

**EINKAUFSZENTREN** - Während der letzten Jahre entstanden moderne Einkaufszentren, z.B. im *RIVERSIDE*. - Supermärkte mit westlichen Lebensmitteln gibt es im *SARAWAK PLAZA* und im *KUCHING PLAZA*, Jl. McDougall.

**BROT UND KUCHEN** - von überraschend guter Qualität bekommt man im Coffeeshop vom *Holiday Inn* und *Hilton Hotel* (auch Außer-Haus-Verkauf).

**BÜCHER UND KARTEN** - *BOOKSHOP MOHAMED YAHIA* im Untergeschoß des Sarawak Plaza, größte Auswahl. Filiale im Holiday Inn.

**SOUVENIRS** - in Hülle und Fülle verkaufen die Läden am Main Bazaar und in den Nebenstraßen. Auf Borneo findet sich wahrscheinlich kein anderer Ort mit einem derartigen Angebot. Für gute Qualität an *pua kumbu* (Ikat-Decken) oder Schnitzereien muß man auch einiges bezahlen.

## SONSTIGES

**AMERICAN EXPRESS** - Bangunan MAS, Suite 301, Jl. Song Thian Cheok, tel 252400, 242600, fax 242604, geöffnet Mo - Fr 8.30 - 17.30 Uhr.

**AUTOVERMIETUNGEN** - *AVIS* hat ein Office am Airport, tel 458623, und im *Holiday Inn*, tel 411370. Ein Auto der billigsten Klasse kostet allerdings um 150 RM pro Tag. Lokale Anbieter: *ANAJA TRANSPORT*, 4 Padungan Garden Arcade, Jl. Song Thian Cheok, tel 52344. *MAHANA RENT A CAR*, Taman Sri Sarawak Mall, gegenüber dem *Hilton*, tel 411370.

**GELD** - **Banken**: Gegenüber vom Holiday Inn die *STANDARD CHARTERED BANK* im Wisma Bukit Mata Kuching, tel 252233.
Die etwas weiter entfernte *MAYBANK*, Jl. Abell, hat günstigere Gebühren.
**Money Changer** in mehreren indischen Läden der Jl. Temple und im *BOOKSHOP MOHAMED YAHIA* (s. Bücher und Karten), der tgl. bis 21.00 Uhr geöffnet hat.

**IMMIGRATION** - Jl. Simpang Tiga, die verlängerte Jl. Tabuan, im Bangunan Sultan Iskandar, tel 245661, geöffnet Mo - Sa 8.00 - 18.00 Uhr. Der Bus 6 ab Jl. Masjid fährt hierher.
Sarawak hat eigene Visabestimmungen und akzeptiert keine in West-Malaysia oder Sabah ausgestellten Aufenthaltsgenehmigungen. Normalerweise kann man so lange in Sarawak bleiben, wie das West-Malaysia Visum gültig ist.

**INDONESISCHES KONSULAT** - 5A Jl. Pisang, tel 241734, geöffnet Mo - Fr 8.00 - 12.00 und 14.00 - 16.00 Uhr, feiertags geschlossen. Bus Nr. 6 ab Jl. Masjid fährt auch hierher.
Pontianak ist visafreier Einreiseort, wenn die Einreise mit dem Flugzeug erfolgt. Wer mit dem Bus fährt, benötigt vorher ein Visum. Die Bearbeitungszeit beträgt etwa 1 Std., man benötigt 4 Paßfotos. Das Visum ist 1 Monat gültig und kann einmal um 14 Tage verlängert werden. Die Ausstellung ist für Deutsche kostenlos, andere Staatsbürger zahlen 10 RM Gebühr.

**INFORMATIONEN** - *SARAWAK TOURIST INFORMATION CENTRE*, Main Bazaar, tel 410944, hat gute Informationen über Kuching wie über Sarawak allgemein. Die Angestellten sind sehr hilfsbereit. Geöffnet Mo - Do 8.00 - 12.45 und 14.00 - 16.15, Fr 8.00 - 11.30 und 14.30 - 16.45, Sa 8.00 - 12.45 Uhr. Buchungen für den Bako Park, sowie Permits für das Semengoh Rehabilitation Centre sind es hier ebenfalls erhältlich.

**LANGHAUS-TOUREN** - Zwei verantwortungsvolle Veranstalter mit einigen außergewöhnlichen Touren sind:
*BORNEO ADVENTURE CO.*, 55 Main Bazaar, tel 245175, fax 422626, z.B. zu verschiedenen Langhäusern am Skrang und Batang Ai. Man organisiert auch längere Touren in den Norden Sarawaks, z.B. in den G. Mulu Nationalpark und ins Bareo-Gebiet.
*ASIAN OVERLAND SERVICES*, 286A Westwood Park, Jl. Tabuan, tel 251162, fax 251178, organisiert Langhaus-Touren am Sungai Engkari. Eine 3-Tage/2-Nächte Tour kostet bei mindestens 2 Teilnehmern 555 RM p.P.

**POST** - *GPO* in dem kolonialen Gebäude in der Jl. Tun Haji Openg, geöffnet Mo - Fr 8.00 - 16.00, Sa 8.00 - 18.30 und So 9.00 - 16.00 Uhr.

**VORWAHL** - 082.

## NAHVERKEHRSMITTEL

**STADTBUSSE** - In Kuching und der Umgebung operieren mehrere private Busgesellschaften, die größte davon ist *Chin Lian Long*, tel 32766, mit ihren blauen und weißen Bussen.
Haltestellen sind ausgeschildert. Der Chin Lian Long-Bus Nr. 17 und 19 fährt für 70¢ nach PENDING zum Bintawa Jet Terminal der Schiffe nach SIBU, Nr. 3, 3A und 6 zum Regional Express Bus Terminal und SFC-Bus Nr. 12 A ab Jl. Masjid für 80¢ zum Airport.

**TAXEN** - Die Wagen mit grünen Nummernschildern stehen normalerweise in der Jl. Market, Ecke Jl. Gambier, an den Internationalen Hotels und am Airport. Außerhalb des Zentrums kann es schwierig sein, ein Taxi zu bekommen. Sie fahren ohne Taxameter und sind relativ teuer. Kürzere Strecken in der Stadt kosten in ac-Taxen 5 RM, längere bis zu 8 RM, zum Airport 12 RM, nachts 20 RM.

## TRANSPORT

**BUSSE** - Mit dem Bau eines zentralen Busbahnhofs an der Lebuh Java können sich Abfahrtsorte ändern. Z.Zt. fahren die **lokalen Busse** von verschiedenen Busbahnhöfen um die Jl. Market ab. Grün-gelbe Busse der *Sarawak Transport Company (STC)*, tel 242967, ab Lebuh Java in

die südwestliche Umgebung sowie nach SRI AMAN für 15 RM und SARIKEI für 28 RM.
Gelbe Busse der *Petra Jaya Transport Company* ab Jl. Khoo Hun Yeang nach Osten, z.B. mit Nr. 6 zum BAKO NATIONALPARK alle 40 Min. zwischen 6.40 und 18.00 Uhr für 2,10 RM. Nr. 2 B nach SANTUBONG alle 45 Min. zwischen 6.30 und 18.00 Uhr für 2,30 RM, bis BUNTAL 2 RM. 6x tgl. nach DAMAI für 2,80 RM.
**Fernbusse** fahren vom Regional Express Bus Terminal, 3 1/2 Mile, Jl. Penrissen, ab. Tickets gibt es bei verschiedenen Travel Agents in Kuching oder direkt bei den Companies.
Busse von *BIARAMAS EXPRESS*, 3 Khoo Hun Yeang St., um 13.00 Uhr über SRI AMAN (15 RM) und ENGKILILI (17 RM) nach LUBOK ANTU (20 RM), zudem um 6.15 und 9.00 Uhr über SARIKEI (28 RM) und SIBU (32 RM) nach BINTULU (52 RM).
In Bintulu hat man Anschluß nach Miri. Auf dieser Strecke fährt auch um 6.30 Uhr ein Bus von *BORNEO HIGHWAY EXPRESS*, Lot 394 Lorong 6, Jl. Rubber, tel 427035. Wer nach Bintulu oder Miri will, muß normalerweise in Sarikei umsteigen. Nach BANDAR SRI AMAN weitere Busse der *SARAWAK TRANSPORT COMPANY*, tel 242579, 4x tgl. für 15 RM.
**Nach Kalimantan**: Die Busse können nur von Ausländern benutzt werden, wenn sie im Besitz eines gültigen Visum für Indonesien sind (s.o.).
Jeden Morgen fahren Busse in 9 Std. nach PONTIANAK Bis zur Grenze in TEBEDU / ENTIKONG brauchen sie 2 Std. und kosten 12 RM. 3 km hinter dem Grenzort befindet sich der Kontrollpunkt. Die Zeitverschiebung zu Indonesien beträgt 1 Stunde. Kirata-Busse kosten 34,50 RM und fahren um 7.30 Uhr ab Regional Express Bus Terminal, Jl. Penrissen. Buchungen unter tel 336386. Heng Seng-Busse kosten 40 RM und fahren um 8.00 Uhr vom Büro der Gesellschaft in der Jl. Khoo Hun Yeang, nahe der Jl. Market ab.
Buchungen am Regional Express Bus Terminal, tel 454548, oder bei Heng Seng, tel 244082. Biaramas Express fährt um 7.00 und 12.30 Uhr ab und kostet 34,50 RM. Buchungen am Regional Express Bus Terminal, tel 452139. Außerdem fahren Damri-Busse jeden Morgen um 8.00 Uhr ab Arif Hotel.

**ÜBERLANDTAXEN** - fahren von der Haltestelle am Beginn der Jl. Ramlee nach SRI AMAN um 8.00 und 15.00 Uhr für 17 RM.

**SCHIFFE** - Viele Orte an der Küste und an den Flüssen sind nur auf Wasserwegen zu erreichen. Die aktuellen Abfahrtszeiten und Preise der Expressboote nach Sibu und Sarikei findet man in der *Borneo Post*, dem *People's Mirror* und der *Sarawak Tribune*. Ticket am besten schon am Tag zuvor bei einem der Travel Agents in Kuching kaufen.
*EXPRESS BAHAGIA Nr. 1 - 3*, 50 Jl. Padungan, tel 421948, fährt tgl. um 13.00 sowie Mo, Mi und Fr um 8.30 Uhr für 35 RM in der Economy und 38 RM in der 1. Klasse nach SIBU. Nach SARIKEI 29 RM bzw. 36 RM.
Weitere Boote u.a. von *EKSPRES PERTAMA*, 198 Jl. Padungan, tel 414735, und die *CONCORDE MARINE*, *Metropole Inn*, tel 412551, fahren tgl. um 8.30 Uhr für 29 RM in der Economy bzw. 35 RM in der 1. Klasse.

**FLÜGE** - Kuching Airport liegt 12 km südlich der Stadt, SFC-Bus Nr. 12 A ab 6.25 Uhr bis 20.30 Uhr alle 25 Min. für 80¢. Taxen kosten etwa 12 RM, nachts 20 RM.
**Nationale Flüge**: *MAS*, Bangunan MAS, Lot 215 Song Thian Cheok Road, tel 246622. Geöffnet Mo - Fr 8.00 - 17.00, Sa 8.00 - 16.30, So 8.00 - 13.00, feiertags 8.00 - 16.00 Uhr. Tgl. Flüge nach West-Malaysia, Singapore und innerhalb Ost-Malaysias. Wer nach Singapore fliegen will und etwas Zeit hat, kann günstiger über Johore Bharu fliegen.
In Sarawak und Sabah: Mehrmals tgl. fliegen Maschinen über SIBU (72 RM) und BINTULU (117 RM) nach MIRI (164 RM), z.T. direkt, einige gehen sogar weiter nach KOTA KINABALU (228 RM).
Richtung West-Malaysia direkte Flüge 1 - 2x tgl. nach JOHOR BHARU für 169 RM (außerdem günstige *special rates)* und 4 - 6x tgl. nach KUALA LUMPUR für 262 RM (Nachtflug 187 RM).

**Internationale Flüge**: MAS fliegt jeden Mo und Do für 197 RM inkl. 20 RM Airport Tax nach PONTIANAK.
Nach BANDAR SERI BEGAWAN (Brunei) für 242 RM mehrmals wöchentlich, zum Teil mit *ROYAL BRUNEI AIRLINES*, *Hilton Hotel*, tel 243344.
Nach SINGAPORE mit MAS oder SIA für 205 RM (193 S$).
*SINGAPORE AIRLINES*, in der Wisma Bukit Mata Kuching, Jl. Tunku Abdul Rahman, tel 240266.

# Die Umgebung von Kuching

## Semengoh Wildlife Rehabilitation Centre

Das Orang Utan-Rehabilitationszentrum liegt 32 km südlich von Kuching an der Straße nach Kg. Benuk in einer 750 ha großen *Forest Reserve.* Für alle Besucher ist ein *Permit* erforderlich, das im Sarawak Tourist Information Center kostenlos ausgestellt wird. Entweder fährt man mit dem Bus 6 (STC) für 1,40 RM von Kuching zur **Forest Department Nursery** oder mit jedem anderen Bus in Richtung Serian bis nach Kg. Jawa Semengoh. Ab hier sind es 20 Min. zu Fuß bis zum Centre. Durch den Sekundärwald des Schutzgebietes führen gekennzeichnete Pfade bis zum Rehabilitationszentrum, das auch auf einer Straße erreichbar ist. Ein Taxi ab Kuching kostet min. 30 RM. Die Station ist tgl. 8.00 - 16.30 Uhr geöffnet.

## Damai

Dieses populäre Ausflugsziel mit einem herrlichen Sandstrand liegt in Teluk Bandung, 34 km von Kuching. Im Hinterland erhebt sich der 880 m hohe G. Santubong. Vor langer Zeit befand sich im 6 km entfernten Santubong, an der Mündung des Sungai Sarawak, ein bedeutendes Handelszentrum. Heute ist es ein malaiisches Fischerdorf mit einigen chinesischen Geschäftshäusern und einfachen Restaurants. In der Nähe des Damai Beach Resorts wurde das **Sarawak Cultural Village** errichetet, ein durchaus gelungenes Projekt, die Völker Sarawaks interessierten einheimischen und ausländischen Touristen näherzubringen. Man kann originalgetreue Gebäude der verschiedenen Volksgruppen Sarawaks besichtigen, darunter Langhäuser der Bidayuh, Iban, Orang Ulu und Melanau. Alle Häuser werden tatsächlich von Angehörigen dieser Stämme bewohnt, daher die Bezeichnung *„The Living Museum"*. Eintritt 45 M$ ,berechtigt auch zum Besuch der Tanzaufführungen . Öffnungszeiten tgl. 9.00 - 12.30 und 14.00 - 17.30 Uhr.

Auf der neuen Verbindungsstraße von Kuching nach Damai verkehrt ein Holiday Inn Pendelbus in 40 Min. für 12 RM. Billiger ist der Petra Jaya Transport Bus der zwischen 7.30 Uhr und 18.00 Uhr 6x tgl. für 2,80 RM nach Damai fährt. Die Rückfahrt nach Kuching erfolgt jeweils eine Stunde später.

# Bako Nationalpark

*Lohnenswert ist eine Tour in den ältesten Nationalpark von Sarawak, 37 km nördlich von Kuching. Die 27,4 km² große Halbinsel eignet sich gut zum Relaxen und Wandern. Mit etwas Glück sieht man Zwerghirsche, Wildschweine, bis zu 2 m lange Warane, Eidechsen, Makaken und die seltenen Nasenaffen. Insgesamt 30 km ausgeschilderte Wege führen durch unterschiedliche Landschaften. Auf der Halbinsel hat sich auf den nährstoffarmen, wasserdurchlässigen Böden eine eigene Strand-, Kliff- und Felsen-Vegetation ausgebildet - typisch sind die schattenspendenden Kasuarina-Bäume am Strand und kleine, dickblättrige Büsche. Auf den feuchteren Schwemmlandböden der Flußmündungen in Teluk Assam und Teluk Delima herrschen Mangrovenwälder mit Stelzwurzelbäumen und Nipah-Palmen vor. Außerhalb der Gezeitenzone gehen sie, abhängig von der Bodenbeschaffenheit, in Sumpf- oder Tieflandwälder über, in denen man auch die hohen Durian-Bäume findet.*

Das Headquarter liegt in **Teluk Assam**, auf der westlichen Seite der Halbinsel. In einer Ausstellung über die Pflanzen- und Tierwelt des Parks kann man sich informieren und anhand einer guten Karte Wanderungen planen.

Der Strand vor dem Headquarter lädt zum Sonnen und das flache Wasser zum Baden ein. Die Felsen sind vom Wasser ausgespült und haben bizarre Formen angenommen. Wildschweine und Makaken geben sich auf den Wiesen zwischen den Bungalows ein Stelldichein. In 20 Minuten kann man **Tanjong Sapi**, am südlichen Ende der Bucht, erklimmen. Der Ausblick ist besonders schön bei Sonnenuntergang (Taschenlampe mitnehmen).

Wer die Abgeschiedenheit liebt, findet sie an den anderen Stränden **Teluk Paku** (45 Minuten Fußweg) und **Teluk Pandan Kecil** (1 1/2 Stunden Fußweg), die auch mit dem Boot zu erreichen sind. Der Pfad nach Teluk Pandan Kecil endet hoch oben auf einem Felsen, von dem man eine schöne Aussicht hat. Ein schmaler Weg führt dann hinunter zum Strand. In der Nähe von **Teluk Tajor** (1 Stunde ab Teluk Assam) kann man in einem kleinen Wasserfall baden.

Empfehlenswert ist der rot markierte, etwa dreistündige **Rundwanderweg** 7 *(Lintang)* am **Bukit Tambi** vorbei. Er führt durch alle Landschaftszonen des Nationalparks. Man läuft ihn am besten im Uhrzeigersinn. Vom Steg über die Mangroven geht es steil bergauf durch Primärwald auf ein über 200 m hohes Plateau mit sehr niedriger Buschsteppe und zahlreichen insektenfressenden Kannenpflanzen. Häufig führt der Pfad über ausgewaschene Felsen, die bei Regen recht schlüpfrig sind. An sonnigen Tagen wird es auf dem schattenlosen Plateau sehr heiß. Dann ist eine Kopfbedeckung angebracht, zudem sollte man genügend Trinkwasser mitnehmen.

Das gesamte Gebiet weiter im Osten wurde als *conservation area* ausgewiesen und ist zum Schutz der Tier- und Pflanzenwelt für Touristen gesperrt.

In den Tiefland-, Sumpf- und Mangrovenwäldern des Bako Nationalparks leben die eigentümlich aussehenden **Nasenaffen**, die nur auf der Insel Borneo vorkommen, in Gruppen von bis zu 15 Tieren. Sie sind schwer zu entdecken, da sie sich meist in den Baumwipfeln aufhalten. Am ehesten begegnet man ihnen am frühen Morgen oder am späten Nachmittag, wenn sie auf dem Weg zu ihren Futterplätzen in den Mangroven von **Teluk Delima** oder **Tanjung Paku** sind.

## ÜBERNACHTUNG UND ESSEN

In TELUK ASSAM kann man nach Voranmeldung in einem der drei *HOSTELS* für 12,60 RM pro Zimmer (6 Betten) bzw. 3,15 RM pro Bett, übernachten. Außerdem gibt es 7 *RESTHOUSES*** mit je zwei Zimmern für 21 RM bzw. 31,50 RM pro Zimmer. Außerdem eine neue *LODGE* für 42 RM. Während der Ferien und an Wochenenden muß rechtzeitig vorgebucht werden.

Nudeln und Reis mit Ei sowie diverse Getränke bekommt man in der *CANTEEN* am Park Headquarter.

Im Resthouse und in den Hostels ist eine Küche für Selbstversorger vorhanden. Lebensmittel, vor allem frisches Obst, Gemüse aber auch Moskito-Coils bringt man besser aus Kuching mit, denn in Teluk Assam ist alles teurer und die Auswahl gering.

## TRANSPORT

Für den Ausflug zu dem 37 km entfernten Nationalpark benötigt man ein Permit vom National Parks Booking Office im *Sarawak Tourist Information Centre* in Kuching, tel 410944.

Häufig ist Bako ausgebucht, daher werden oft nur 3 Tage Aufenthalt genehmigt. Während der Regenzeit zwischen November und März kann wegen rauher See der Park nicht besucht werden.

Anreisemöglichkeit zum KAMPUNG BAKO mit Bus Nr. 6 der *Petra Jaya Transport Company* ab Jl. Khoo Hun Yeang alle 40 Min. von 6.40 bis 18.00 Uhr für 2,10 RM, hin und zurück innerhalb von 3 Tagen 3 RM. Von Kampung Bako fahren Boote in 30 Min. für 25 RM nach Teluk Assam. Sie können bis zu 12 Pers. befördern.

Es empfiehlt sich, den Termin für die Rückfahrt mit den Bootsleuten vorab zu klären und auf dem Rückweg zu bezahlen!

## Von Kuching nach Belaga

Touristen, die es hierher verschlägt, bekommen keinerlei bestaunenswerte „Sehenswürdigkeiten“ oder romantische Landschaften geboten. Das erstes Ziel nach ermüdenden Bus- und Bootstouren sind zumeist triste Marktflecken. Je weiter man sich von den wenigen Straßen entfernt, umso stärker beherrscht der immergrüne tropische Regenwald die Szenerie. Ab und an tauchen zwischen dem wildwuchernden Grün Langhäuser umgeben von Feldern, Pfeffer- und Kautschukpflanzungen auf. Primärdschungel findet man allerdings nur noch in den schwer zugänglichen Gebieten.

## Sibu

*Die Hauptstadt der 3. Division am Ufer des Batang Rajang ist mit ca. 200 000 Einwohnern zweitgrößte Stadt Sarawaks. Da größere Schiffe den breiten Rajang hinauffahren können, ist Sibu, 130 km im Landesinnern gelegen, eine bedeutende Hafenstadt und ein Umschlagzentrum der Holzindustrie von Sarawak, aber auch wichtig für den Pfeffer- und Kautschukhandel. Die eng mit dem Hafen verknüpfte Industrie und das geschäftige Treiben der Händler prägen das Gesicht der Stadt, deren Bevölkerung zu über 60% Chinesen sind.*

Das Gewirr zweistöckiger chinesischer Geschäftshäuser wird von der **siebenstöckigen Pagode** des chinesischen Tempels Tua Pek Kong an der Sarikei-Bootsanlegestelle überragt. Faszinierend ist besonders am Wochenende ein Gang über den **Lembangan Markt**, einem Lebensmittelmarkt. Hier kann man manche exotischen Zutaten der einheimischen Küche, Haustiere und andere Dinge entdekken. Daneben gibt es im Geschäftsviertel einen weiteren zweistöckigen **Markt**. Hier werden abends hunderte von Ständen aufgebaut, wo von 18.00 - 22.00 Uhr Haushaltswaren, Textilien, Snacks und andere Gerichte verkauft werden.

Damit man sich bei einem längeren Aufenthalt an der Bus Station nicht langweilt, spielt der **Uhrturm** nebenan stündlich ein anderes Lied vor.

### ÜBERNACHTUNG

**UNTERE PREISKLASSE** - Viele Billigunterkünfte konzentrieren sich vor allem in der Umgebung des Hafens und Busbahnhofs. Wer sich von Prostituierten fern halten möchte, geht am besten ins
*METHODIST GUEST HOUSE*-***, 22 Island Road, tel 332491, neben der Methodist School. 7 Zi mit Bad, die teureren auch mit ac.
*RIVER VIEW HOTEL**, 65 Mission Rd., direkt an der Bus Station, tel 325241, ist zwar billig, aber auch ziemlich ungepflegt.

**MITTELKLASSE** - *TRAVELLERS' HOTEL***, 9 Jl. Bengkel, tel 311677, einfache, saubere Zimmer mit Du/WC und ac. Preiswert.
*REX HOTEL***, 32 Cross Road, tel 330625, relativ günstige Zimmer,
während das
*SARAWAK HOTEL***, 34 Cross Road, tel 333455, nebenan, 25 etwas bessere Zimmer mit ac, TV und Bad/WC hat.
*CAPITOL 88 HOTEL***, 19 Jl. Wong Nai Siong, tel 336444, einfache, saubere Zimmer.
*CENTRE POINT INN***, Jing Hwa Bldg., Central Rd., tel 320222, fax 320496, sauber.

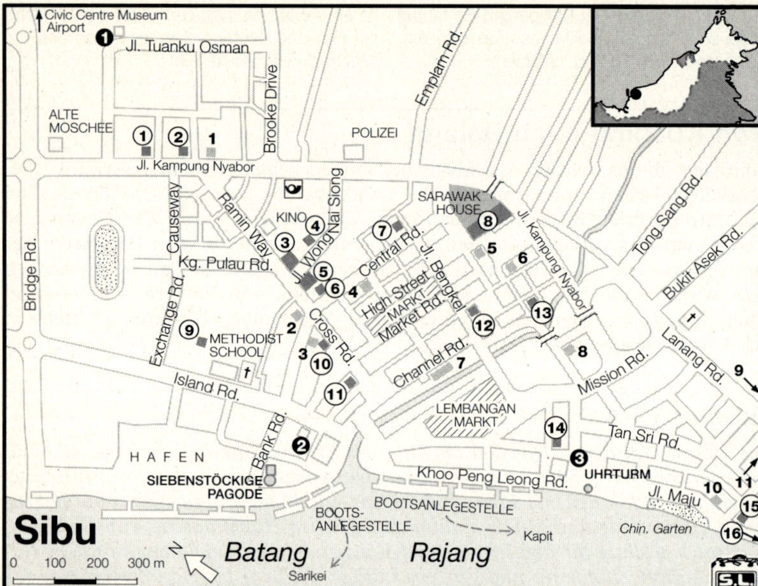


*Legende:*

**Übernachtung:**

① Zuhra H.
② Phoenix H.
③ New World H.
④ Capitol 88 H.
⑤ Sarawak H.
⑥ Rex H.
⑦ Centre Point Inn
⑧ Premier H.
⑨ Methodist Guest House
⑩ Rejang H.
⑪ Sadang H.
⑫ Travellers' H.
⑬ Tanah Mas H.
⑭ River View H.
⑮ Li Hua Hotel
⑯ Kingwood H.

**Läden, Restaurants etc.:**

1 Hongkong Bank
2 Standard Chartered Bank
3 Hock Chu Len
4 Travel Consortium Sdn. Bhd.
5 Essenstände
6 New Capital Restaurant
7 Hawker Centre
8 Sugar Bun
9 Maybank
10 Kian Hock Cafe
11 Golden Happiness

**Transport:**

❶ MAS-Office
❷ Concord Marine
❸ Bus Station

**GEHOBENE PREISKLASSE** - *PREMIER HOTEL*****, Sarawak House Complex, Kg. Nyabor Rd., tel 323222, fax 323399, wird vor allem von Geschäftsleuten frequentiert.

*TANAH MAS HOTEL* (165 - 200 RM), Jl. Kampung Nyabor, tel 333188, fax 333288, 120-Zimmer-Luxushotel. Nach Discount fragen.

## ESSEN

Ein großes, neues Hawker Centre entsteht zwischen Channel Road und dem Fischmarkt.

Billig sind die malaiischen Essenstände in dem zweistöckigen Gebäude südlich vom Sarawak House, wo gute Sate und gegrillter Fisch verkauft werden.

Da die meisten Chinesen aus der Foochow-Provinz kommen, prägt die Küche dieser Region das Essen in den chinesischen Restaurants, z.B. im *HOCK CHU LEN* gegenüber der Standard Chartered Bank, ein klimatisiertes Restaurant.

*NEW CAPITAL RESTAURANT*, 46 Jl. Kampung Nyabor, sehr gutes chinesisches Essen.

*GOLDEN HAPPINESS*, über dem *Shanghai Hotel*, gutes Essen, z.B. Hühnchen mit Früchten.

*KIAN HOCK CAFE* um die Ecke in der Jl. Maju kocht sehr gut, vor allem Seafood.

## SONSTIGES

**AMERICAN EXPRESS** - vertritt *TRAVEL CONSORTIUM SDN. BHD.*, Central Road, tel 334455, fax 330589.

**GELD** - TC wechseln die *MAYBANK*, Jl. Kampung Nyabor und hinter dem *Kingwood Hotel*, Lanang Road.

*HONGKONG BANK*, 17 Jl. Wong Nai Siong und

*STANDARD CHARTERED BANK*, Jl. Tukang Besi (Jl. Blacksmith).

**POST** - in einem großen Gebäude an der Jl. Kampung Nyabor, Ecke Jl. Wong Nai Siong.

**TAXEN** - tel 313384, 320773 und 335787, stehen in der Jl. Wong Nai Siong vor dem *Sarawak Hotel*, in der Parallelstraße, der Central Road, und neben der Bus Station. Im Stadtgebiet etwa 5 RM und zum Flughafen 20 RM.

**VORWAHL** - 084.

## TRANSPORT

**BUSSE** - Die Bus Station liegt am Fluß östlich der Kapit-Bootsanlegestelle.
*Lanang Rd. Bus Co.*, tel 314527, 4x tgl. nach SARIKEI 6,60 RM, 1 1/2 Std., von dort weiter nach SRI AMAN 20,10 RM und KUCHING 32 - 34,50 RM, um 9.00 und 13.30 Uhr direkt, 6 Std.
Nach BINTULU 7x tgl. (davon 4 ac-Busse zum gleichen Preis) zwischen 6.00 und 18.00 Uhr für 16,50 RM in 3 1/2 Std. Weitere Busse von *Syarikat Bas Express*, ac um 6.15 und 12.15 Uhr, non-ac um 9.00 und 14.00 Uhr.
Nach MIRI ac-Bus um 6.45 und 9.30 Uhr für 35 RM in 7 Std. Die meiste Zeit fährt man durch Palmölplantagen oder abgeholzte Wälder. Nur wenige Langhäuser liegen an der Strecke.

**SCHIFFE** - Bisher fahren alle Passagierschiffe von den Bootsanlegestellen im Stadtzentrum ab. Sie sollen jedoch bis spätestens 1997 verlegt werden. Die Boote haben an Tafeln auf dem Schiff die jeweiligen Abfahrtszeiten angeschlagen. Nach KUCHING verkehren tgl. Expreßboote der *Express Bahagia* und anderer Companies, z.B. der *Concord Marine*, für 29 - 35 RM in der Economy bzw. 35 - 38 RM in der 1. Kl., je nach Schiffstyp, in 4 - 5 Stunden. Normalerweise steigt man in SARIKEI (1 1/2 Std., 8 RM) um, von wo aus man auch mit dem Bus weiterfahren kann. Tickets für die Expreßboote werden direkt an der Sarikei-Anlegestelle neben der chinesischen Pagode verkauft.
Nach KAPIT fahren ständig zwischen 6.30 und 14.30 Uhr Expressboote für 15 RM in 3 Std. den Rajang River hinauf. Aussteigen kann man unterwegs in KANOWIT und SONG. Direkte Boote nach Kapit um 7.40, 12.40 und 13.00 Uhr ab Kapit-Anlegestelle.
Wenn der Rajang genügend Wasser führt, fährt sogar ein Expressboot am frühen Morgen in 8 - 10 Std. für 35 RM hinauf bis nach BELAGA.

**FLÜGE** - *MAS*-Office in der 61 Jl. Tuanku Osman, außerhalb des Stadtzentrums, tel 326166. Der Airport liegt etwa 6 km nördlich der Stadt und kann zwischen 7.00 und 18.00 Uhr mit dem stündlich verkehrenden Bus 3 A der Lanang Rd. Bus Co. für 2 RM ab Bus Station in der Cross Road erreicht werden. Preisbeispiele: BINTULU 64 RM, KOTA KINABALU 180 RM, KUCHING 72 RM, LABUAN 150 RM, MIRI 112 RM. Kleine Twin Otter fliegen über KAPIT 48 RM nach BELAGA 76 RM, sind jedoch oft ausgebucht.

# Kapit

*Ein Ort im Aufbruch! Der Holzhandel, und das damit eingenommene Kapital, haben den einstmals verschlafenen Ort am Ende der Welt zur finanzkräftigen Hauptstadt der Division werden lassen. Exotisch tätowierte Iban bringen in ihren motorisierten Langbooten Kautschuk, Pfeffer und andere Dschungelprodukte die Flüsse herab, um sie zu verkaufen. Anschließend decken sie sich in den Läden der Stadt mit Produkten der westlichen Zivilisation ein. Gefragt sind Jeans, Radio- und Fernsehgeräte, Generatoren und Motorsägen. Aber auch Pizza und Eiscreme finden ihre Käufer.*

Unter Charles Brooke wurde 1877 - 1880 **Fort Sylvia** errichtet, ein einfaches Gebäude aus Eisenholz, das sich am Flußufer erhebt. Beeindruckend sind die Markierungen an der Außenwand des Fort, die den höchsten Wasserstand während der großen Überschwemmungen anzeigen. Besonders in den Sommermonaten, wenn der Rajang nur wenig Wasser führt und träge in dem durch hohe Steilufer begrenzen Bett dahinfließt, kann man kaum glauben, daß der Fluß bis zu 18 m über den normalen Wasserspiegel anschwellen kann. Im neuen Civic Centre wurde ein interessantes, kleines **Museum** eingerichtet.

Geöffnet Mo - Fr 9.00 - 12.45 und 14.00 - 16.15, Sa 9.00 - 12.45 Uhr. Normalerweise ist das Museum verschlossen, dann kann man sich im angrenzenden Büro melden.

## ÜBERNACHTUNG

**UNTERE PREISKLASSE** - *REJANG**, 28 Jl. Temenggong Jugah, tel 796709, preiswert und sauber; die Leute vermitteln Trips in Langhäuser. Hier wohnen viele Traveller.
*LONGHOUSE HOTEL*-***, 21 Jl. Berjaya, tel 796415, Prostituierte, nicht so sauber.

**MITTELKLASSE** - *FULLY INN***, 105 Jl. Temenggong Jugah, tel 797366, leicht unterschiedliche Zimmerpreise je nach Stockwerk.
*NEW REJANG INN***, Jl. Teo Chow Beng, tel 796600. Saubere, preisgünstige Zimmer.
*ARKHILL INN***, Jl. Airport, tel 796168, annehmbar.
*GREENLAND HOTEL****, Jl. Teo Chow Beng, tel 796388, fax 796708, neu und sauber. Leicht überteuert.

## ESSEN

Zahlreiche Essenstände mit malaiischer und chinesischer Küche sowie Iban-Food findet man im Erdgeschoß des
*GELANGANG KENYALANG* einem zweistöckigen Gebäude. Im oberen Stockwerk einige Handicraft-Shops.
Malaiisches Essen im *RESTORAN TROPICANA* an der Straße zum Gelangang Kenyalang.
Relativ teures chinesisches Essen im *ORCHARD* um die Ecke.
Im immer voll besetzten *UNG TONG* gegenüber vom Markt gibt es nicht nur zum Frühstück überraschend gute Brötchen und Kuchen sowie Kaffee.

## SONSTIGES

**GELD** - *MAYBANK* neben dem Meligai Hotel.

**GUIDES** - Bei Ankunft der Expressboote aus Sibu sind immer Guides an der Anlegestelle, die ihre Touren offerieren. Zuverlässig erschienen uns *Seluat Ak Anu,* erreichbar über die Polizeistation, und *Ajim Anyie,* ein Lehrer, zu kontaktieren über das Rejang Hotel. Beide bieten zudem mehrtägige Touren an, die allerdings ihren Preis haben.

**PERMITS** - Für eine Tour ins Landesinnere, d.h. den Baleh River hinauf oder nach Belaga, benötigt man ein Reisepermit. Im *Pejabat Am Residen* im 1. Stock des *State Government Complex*, Zimmer 3, erhält man die Formulare. Dann geht es zur Polizei zum abstempeln und anschließend wieder zurück zum Zimmer 2, wo man das Permit kostenlos bekommt. Es ist 10 Tage für Reisen nach Belaga und auf dem Baleh River gültig. Wer von Bintulu über Tubau nach Belaga kommt, braucht kein Permit.

**VORWAHL** - 084.

## TRANSPORT

**SCHIFFE** - Nach SIBU fahren mehrere Expreßboote zwischen 6.30 und 15.30 Uhr für 15 RM in 2 - 3 Std. Der Überlandtrip nach Norden führt weiter nach BELAGA. Expressboote für 20 RM fahren um 7.40 und 12.40 Uhr ab und brauchen bis zu 6 Std. Kurz hinter Kapit fahren die Boote durch die Pelagus Rapids. Besonders in den Monaten Juli bis September kann der Wasserpegel im Oberlauf des Rajang so weit absinken, daß normale Expressboote die Pelagus-Stromschnellen nicht überwinden können. Dann werden manchmal 20sitzige kleinere Boote mit starken 400 PS-Motoren eingesetzt, für die ein Ticket 50 RM p.P. kostet. Bei Niedrigwasser ist die Fahrt durch die Pelagus Rapids sehr gefährlich. Deshalb steigen die meisten Passagiere vor dem Passieren der Stromschnellen aus und laufen eine halbe Stunde zu Fuß.

**FLÜGE** - *MAS*-Agent ist *HUA CHIONG CO.*, 6 Jl. Temenggong Koh, tel 796344, nahe der Expreßboot-Anlegestelle.
Der Flughafen liegt 1 km westlich der Stadt. Do und So verkehrt eine kleine Twin Otter nach SIBU für 48 RM und nach BELAGA für 47 RM. Während der Trokkenzeit, wenn keine Boote fahren, ist sind diese Flüge oft wochenlang ausgebucht.

## Belaga

Noch scheint das Leben in Belaga von den Orang Ulu aus den umliegenden Langhäusern geprägt, die ohne große Hast in den chinesischen Läden des Bazaars einkaufen und sich im Coffee Shop treffen. Nur noch wenige der Shophouses sind aus Holz, immer mehr werden sie von Beton und anderen „modernen" Baumaterialien verdrängt. Der Tag fließt träge dahin - etwas von der typischen Atmosphäre abgeschiedener Orte liegt in der Luft. Besonders in der Trockenzeit, d.h. den Monaten Juli bis Oktober, wenn nur noch wenige Boote von Kapit heraufkommen, scheint die Zeit stillzustehen.

### ÜBERNACHTUNG UND ESSEN

Alle Hotels verlangen ähnliche Preise und befinden sich jeweils im 1. Stock der chinesischen Geschäftshäuser am Belaga Bazaar.
*BELAGA HOTEL**, tel 086/461244, fax 461 385, Zimmer mit Fan oder ac. Andrew, Sohn des chinesischen Besitzers, managt das Restaurant im EG.
Ist das *Belaga Hotel* aus unerfindlichen Gründen ausgebucht, kann man das *SING SOON HING HOTEL** oder das *BEE LIAN HOTEL** versuchen. Neu ist das *PURI INN**.
Am besten schmeckt das Essen im einfachen *RIVERVIEW* am Ende des kleinen Kampong rechts vom Bazaar mit Blick auf den Fluß.

### TOUREN

Belaga eignet sich gut als Ausgangspunkt für Touren flußaufwärts. Auf eigene Faust sind solche Trips kaum durchführbar.
Es empfiehlt sich mit Eddie Belarek, einem registrierten Guide, Kontakt aufzunehmen. Eddie ist über die Hotels zu erreichen. Ein weiterer Guide ist Hamdani, zu erreichen über das Belaga Hotel.

### TRANSPORT

**SCHIFFE** - Expressboote fahren ab 6.00 Uhr für 20 RM nach KAPIT.
In der Trockenzeit werden 20sitzige, kleinere Boote eingesetzt, 50 RM p.P.

**FLÜGE** - Do und So fliegt eine Twin Otter für 47 RM nach KAPIT bzw. 76 RM nach SIBU.
Agent ist *SYARIKAT AWANG RADIN*, 4 Belaga Bazaar, tel 461240. Man hat nur 10 kg Freigepäck.

## Überland von Belaga nach Bintulu

Vor 15 Jahren war der Trip „ins Herz von Borneo" eine mehrtägige strapaziöse Trekking-Tour quer durch unberührten Dschungel. Heute kann man mit etwas Glück von Belaga in einem Tag Bintulu erreichen. Der Primärwald ist abgeholzt bzw. es werden die letzten noch vorhandenen Reste abgebrannt. Die übliche Tour ist ohne Guide durchführbar:

Wer gegen 6.30 Uhr aufbricht ist nach einer etwa einstündigen Bootsfahrt flußaufwärts rechtzeitig im **Balui Camp**, das auch Taling Camp genannt wird. Ein gechartertes Boot kostet 80 RM und das Expressboot, das allerdings nur bei normalem Wasserstand fährt, 10 RM. Gegen 8.00 Uhr fährt meist ein Geländewagen der *logging companies* für 30 RM p.P. zum Kastima Camp. Eines der seltenen auftauchenden Fahrzeuge mit vielen Überredungskünsten zu chartern kostet 200 RM. Es haben Traveller bereits einen ganzen Tag vergeblich auf eine Transportmöglichkeit im Balui Camp gehofft. Vom Balui Camp sind es 120 km auf bergiger und zum Teil gefährlicher Piste nach Tubau. Nach etwa der Hälfte der Strecke erreicht man **Kastima 2 Camp** an der Brücke über den Sungei Belaga. Im trostlosen Camp stoppen die Jeeps am kleinen chinesischen Laden.

Die Endstation der Expressboote von und nach Bintulu ist **Tubau Bazaar**, ein kleiner Ort der aus einigen chinesischen Holzhäusern, einer Polizeistation und der Schule besteht. Im **Kastima Camp** endet die *logging road* vom Balui Camp. Bereits kurz nach 12.00 Uhr fährt das letzte der drei tgl. Expressboote, 18 RM dem Batang Kemena hinab in knapp 4 Std. nach Bintulu. Kommt man von Bintulu den Fluß herauf, muß man bereits am Kastima Camp aussteigen und darf nicht bis Tubau fahren. Mit dem ersten Boot um 7.00 Uhr ab Bintulu hat man direkten Anschluß an den Jeep vom Kastima zum Balui Camp.

## Zwischen Bintulu und Brunei

Die vor ein paar Jahren fertiggestellte Küstenstraße von Sibu nach Miri ermöglicht den Zugang in bisher unerschlossene Dschungelgebiete. Zuerst kamen die Holzfäller, ihnen folgten die Landentwicklungs-Gesellschaften SLDB (Sarawak Land Development Board) und SOP (Sarawak Oil Palm Sdn. Bhd.), die „nutzlosen" Dschungel in profitable Palmölplantagen umwandelten. Neben Ölpalmen wird verstärkt Kakao angebaut, während Gummibäume nach jahrelangen Fehlschlägen nun nicht mehr neu gepflanzt werden. Von den Resultaten des Vordringens der modernen Industriegesellschaft in die tropischen Regenwälder kann man sich während einer Fahrt ein konkretes Bild verschaffen.

## Bintulu

Das **alte Ortszentrum** kann man gut zu Fuß erkunden. Busbahnhof, Bootsanlegestellen, Flughafen, Hotels und andere öffentliche Einrichtungen liegen hier dicht beieinander. Sehenswert sind der **Tamu Bintulu**, ein offener Gemüsemarkt, und die zwei danebenliegenden Gebäude des **Pasar Besar**, in deren Erdgeschoß der Fischmarkt untergebracht ist. Schräg gegenüber befindet sich der **chinesische Tempel** der Stadt.

### ÜBERNACHTUNG

**UNTERE PREISKLASSE** - Billige Übernachtungsmöglichkeiten gibt es nur in den *LODGING HOUSES** am Fluß, die überwiegend von Prostituierten und ihren Kunden genutzt werden.
Eine Ausnahme ist das *CAPITOL*-***, 84 Jl. Keppel, tel 331167, etwas abgewohnt. Viele Traveller steigen hier ab.

**MITTELKLASSE** - Ein preiswertes und nicht zu lautes Hotel ist das *SEA VIEW INN***, 254 Jl. Masjid, tel 339118, fax 339228, gegenüber der Jetty, Zimmer mit ac, TV und Du/WC.
*QUEEN'S INN***, 238 Jl. Taman Sri Dagang, tel 330334, fax 330889, sauber.
*KEMENA INN***, 78 Keppel Road, tel 331533, ein sehr saubereres und angenehmes Hotel.

**OBERE PREISKLASSE** - *ROYAL HOTEL*****, 10 - 12 Jl. Pedada, tel 332166, fax 334028.
*PLAZA HOTEL*****, Jl. Abang Galau, tel 335111, fax 332742, das Luxushotel der Stadt mit Pool auf dem Dach im 7. Stock.

### ESSEN

Im obersten Stock des Marktes findet man einige günstige malaiische Restaurants.
Foodstalls am *PASAR MALAM*, der abends am großen Platz hinter dem Royal Hotel stattfindet.
Günstiges chinesisches Essen im *SEAVIEW RESTORAN* am Kemena River.
Empfehlenswert ist das *SEAFOOD RESTAURANT* an der Lebuh Raya Abang Galau, wo man im Freien sitzen kann.

### SONSTIGES

**GELD** - *STANDARD CHARTERED BANK*, 89 Jl. Keppel. Außerdem gibt es noch die

*MAYBANK,* New Commercial Centre.

**POST** - ein kleines Postamt in der Jl. Padada; GPO in der Jl. Tun Razak nördlich vom Flugplatz.

**VORWAHL** - 086.

## NAHVERKEHRSMITTEL

**BUSSE** - Lokale Busse, die in der Stadt und der näheren Umgebung verkehren, fahren ab Jl. Keppel, Ecke Jl. Green, westlich des Zentrums.

**TAXIS** - Der Taxistand befindet sich an der Jl. Green, Ecke Main Bazaar. Die Preise sind recht günstig, müssen aber vorher abgesprochen werden.

## TRANSPORT

**BUSSE** - Der Fernbusbahnhof wurde Ende 1994 an den großen Kreisverkehr in Kidurong, ca. 7 km außerhalb des Stadtzentrums verlegt.
Ac-Expreßbusse fahren um 12.00, 13.30 und 18.00 Uhr für 18 RM in 3 1/2 Std. nach SIBU.
Ac-Busse nach MIRI (214 km) um 7.30, 10.30, 12.00, 13.30 und 18.00 Uhr für 18 RM in 3 1/2 Std.
Non-ac-Busse für 16.50 RM 6x tgl. zwischen 6.00 und 16.30 Uhr.
Nach SARIKEI um 6.00, 10.30, 12.00 und 16.00 Uhr für 24 RM (hier umsteigen nach Kuching und Sri Aman).
Die 127 km lange Straße nach BATU NIAH ist durchgehend asphaltiert. Busse fahren für 10 RM ab 7.00 Uhr 7x tgl. und brauchen 1 1/2 Std.

**ÜBERLANDTAXEN** - Für ein Taxi zahlt man nach BATU NIAH 25 RM p.P. (bzw. 120 RM pro Taxi) und nach MIRI 35 RM p.P.

**FLUSSBOOTE** - Um 7.00, 9.00, 10.30, 12.00 und 13.30 verlassen Expressboote Bintulu und fahren für 18 RM nach TUBAU.

**FLÜGE** - *MAS,* 129 Jl. Masjid, tel 331554.
Das alte Flugfeld liegt mitten im Ortszentrum. Ein neuer, moderner Flughafen ist außerhalb der Stadt geplant.
MAS fliegt mehrmals tgl. nach KUCHING für 117 RM, z.T. über SIBU (64 RM) sowie 3x tgl. nach KOTA KINABALU für 127 RM, z.T. über MIRI (69 RM).

# Niah Höhlen

*1958 fand man am westlichen Zugang der großen Niah Höhle einen menschlichen Schädel und stellte überrascht fest, daß es sich hierbei um die über 35 000 Jahre alten Überreste eines Höhlenbewohners handelte - und damit um den ältesten Fund eines menschlichen Skeletts in Südostasiens.*

*Weitere Ausgrabungen erbrachten nähere Informationen über das Leben jener steinzeitlichen Menschen in den Wäldern Borneos, die mit einfachen Steinwerkzeugen Tiere jagten, die zum Teil heute ausgestorben sind. Vor ca. 20 000 Jahren begannen die Höhlenbewohner mit der Verbesserung ihrer „primitiven" Steinwerkzeuge und konnten nun zunehmend Holz, Knochen und Bambus bearbeiten. Es wurden 6000 Jahre alte, fein polierte Steinäxte und 5000 Jahre alte Keramiken gefunden. Zu jener Zeit hatten die Menschen bereits Begräbnisrituale entwickelt: man verbrannte die Toten, legte die Knochen in große Urnen und vergrub sie.*

*In der kleineren Höhle wurden prähistorische Wandmalereien entdeckt: Boote, Vögel und menschliche Figuren, die mit roter Farbe an eine 32 m lange Höhlenwand gemalt sind. Auf dem Boden dieser Höhle fand man 1200 - 2000 Jahre alte hölzerne Schiffe, die möglicherweise bei Begräbnisritualen als „Totenschiffe" dienten.*

Lohnenswert ist ein Besuch des **Museums** neben dem Government Hostel in Pangkalan Lubang, in dem man Informationen über die Ausgrabungen, die Ar-

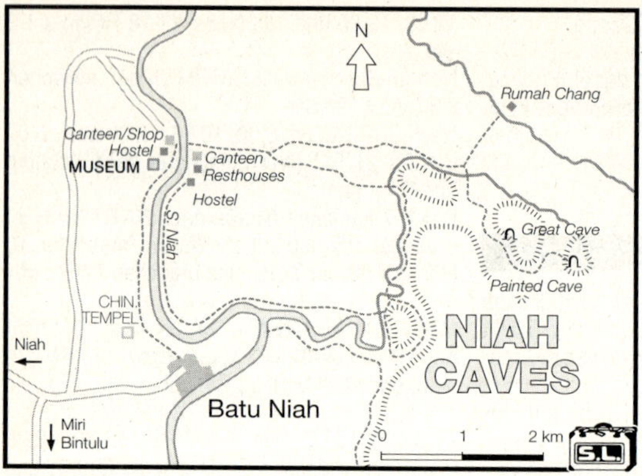


beit der Nest- und Guanosammler sowie die Fauna und Flora des Nationalparks erhält. Die Türen und Fensterläden sind mit Iban-Motiven bemalt.

Ein 3 km langer Plankenweg führt vom Fluß bis zu den Höhlen. Bei Regen kann er sehr schlüpfrig werden. Unter normalen Bedingungen dauert es 1 Std. bis zur Great Cave (Westeingang). Für den Besuch der großen Höhle, der Painted Cave und des Iban-Dorfes braucht man 4 1/2 bis 6 Stunden. Eine starke Taschenlampe und feste Schuhe mit gutem Profil erleichtern die Klettertouren.

Im Kalksteinmassiv des über 3000 ha großen Niah-Nationalparks hat das Wasser im Laufe von Millionen Jahren die insgesamt 11 ha große **Niah Höhle** ausgewaschen. Durch den 250 m breiten und 75 m hohen westlichen Zugang erreicht man die hochgewölbte Haupthöhle, die sich in einem Labyrinth von Felsspalten, Gängen und Nebenhöhlen verzweigt. Im Inneren ist es stickig und schwül. Eine starke Taschenlampe sollte man mitnehmen und aufpassen, daß man beim Klettern nicht ausrutscht. Millionen Salangane und Fledermäuse leben in der Höhle. Der Guano wird abgebaut und in schweren Säcken über den kilometerlangen Plankenweg bis zum Fluß getragen. Junge Iban aus dem benachbarten Dorf steigen an langen Bambusstangen bis zur Decke hinauf, um die Nester der Salangane einzusammeln, die später zur echten *Bird's Nest Soup* verarbeitet werden. Ein gefährlicher Job, der gut bezahlt wird.

Die *Painted Cave*, **Kain Hitam,** hinter der großen Höhle, erreicht man nach einem halbstündigen Marsch auf einem Plankenweg. Sie ist abgeschlossen und kann nur mit Guide besichtigt werden. Etwa 500 m vor der großen Höhle führt eine ausgeschilderte Abzweigung nach etwa 15 Min. zum Dorf **Rumah Chang**. Die alten Langhäuser des Iban-Dorfes, aus dem die Vogelnestsammler kommen, brannten 1991 ab und wurden vollständig modernisiert wieder aufgebaut.

## ÜBERNACHTUNG / ESSEN

**IM NATIONALPARK** - Im *HOSTEL* in Pangkalan Lubang, dem Headquarter des Nationalparks, können in 3 Zi bis zu 12 Pers. für 3,15 RM übernachten. Kochmöglichkeiten vorhanden, außerdem Duschen, Toiletten und eine Veranda, auf der man abends den Dschungelgeräuschen lauschen kann. In einer Kantine werden einfache Gerichte und in einem kleinen Laden Lebensmittel und anderes verkauft.
Jenseits des Flusses beginnt der Fußweg zu den Höhlen. Hier wurden 4 neue *RESTHOUSES*** errichtet. Reservierungen in Miri oder Kuching im *National Parks and Wildlife Office.* Am Wochenende und während der Ferien ist viel los. Ansonsten kommen nur einige Traveller hierher.

**IN BATU NIAH** - Im Ort gibt es 3 Hotels, die von Holzfällern und Touristen genutzt werden. Hier wohnen alle, die ein Zi dem Schlafsaal vorziehen und lieber im Restaurant essen wollen.
*PARK VIEW HOTEL***, tel 737021, ist die neueste Errungenschaft Batu Niahs.

*NIAH CAVE HOTEL**, tel 086/737726, einfache, saubere Zi mit Fan. Vorsicht, da in die dünnen Wände evtl. Gucklöcher gebohrt sind.
*HOCK SENG HOTEL*** am Busstop, kleine, stickige Zimmer mit Du/WC, für das Gebotene zu teuer. Einfaches Essen gibt es bei *NAM FOH HIN* am Busstop und in den 3 Hotels.

## NAHVERKEHRSMITTEL

Man kann sich für den Hin- und Rückweg nach PANGKALAN LUBANG ein Boot für 10 RM chartern oder ca. 30 Min. am Flußufer entlanggehen - ein schöner Spazierweg. Außerdem fahren Taxen für 10 RM auf der Lateritstraße zum Headquarter. Ein Boot auf die andere Seite des Flusses kostet 1 RM p.P.

## TRANSPORT

13 km sind es von der Hauptstraße Miri - Sibu nach BATU NIAH. Nach MIRI fahren Busse ab 6.45 Uhr 10xtgl. für 8,50 RM, 10 RM ac.
Ein Taxi für die Strecke kostet 15 RM p.P.
Busse fahren für 10 RM ab 6.00 Uhr 7x tgl. nach BINTULU. Taxen sollten 25 RM p.P. kosten.

# Miri

Die expandierende und boomende Hauptstadt der 4. Division Sarawaks hat beinahe 170 000 Einwohner. Als die ersten Shell-Ölsucher zu Beginn unseres Jahrhunderts ankamen, bestand Miri aus kaum mehr als einem Bazaar, etwa 20 Häusern, einem Spielsalon und einem Pfandleiher. 1910 wurde Öl entdeckt, und die Stadt begann ihren unaufhaltsamen Aufstieg. Heute wird fast ausschließlich auf Bohrinseln vor der Küste Öl gefördert. Für die Unterhaltung einsamer Ölarbeiter, aber auch vieler Besucher aus dem prüden Brunei, sorgt in Miri ein ausgeprägtes Nachtleben mit zahlreichen Bars, Barber Shops und Bordellen.

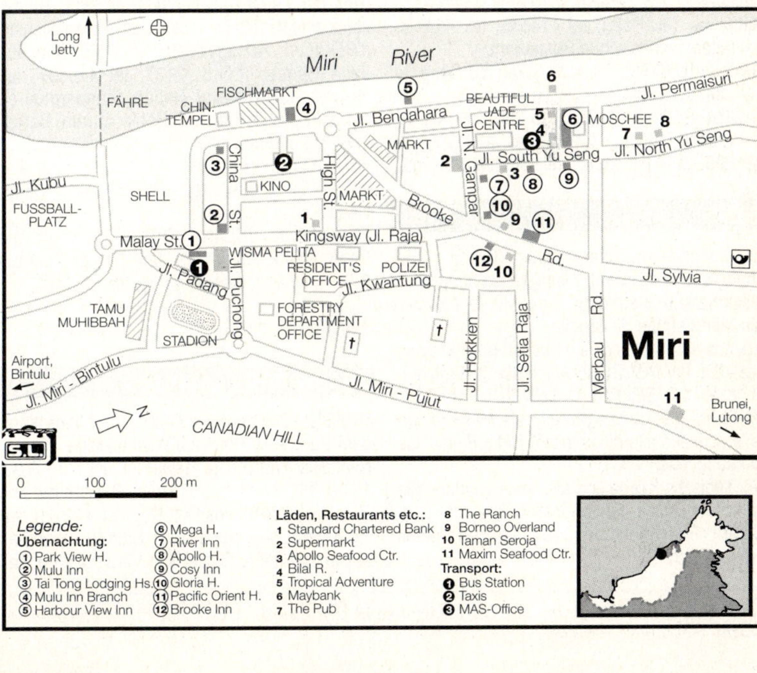

## ÜBERNACHTUNG

**UNTERE PREISKLASSE** - *TAI TONG LODGING HOUSE*-***, am Fischmarkt, 26 China St., tel 34072, 8 RM in Doppelstockbetten auf dem Gang, und DZ mit Fan.
Die meisten anderen „günstigen" Hotels in der China Street und der Gegend um die Taxistation sind fensterlose Löcher oder Bordelle.

**MITTELKLASSE** - In Hotels der mittleren Preisklasse kosten DZ min. 40 RM. Man kann nach einem Discount fragen! Z.B. *COSY INN****, Lot 545-547 Jl. South Yu Seng, tel 415522, neu.
*MULU INN***, 1A China Street, tel 417168, fax 417172, DZ mit Du/WC, TV und ac, preisgünstig, aber etwas abgewohnt.
*BROOKE INN***, sauber, mit ac, TV, Bad/WC.
*RIVER INN**-****, Jl. Nahkoda Gampar, tel 415507, fax 415508, riesige Zimmer.
*HARBOUR VIEW INN****, Jl. Bendahara, tel 412177, fax 420871. Neues, sehr sauberes Hotel mit guter Ausstattung, Bad oder Du/WC.

**OBERE PREISKLASSE** - gewähren auch Preisnachlässe, z.B.: *PARK VIEW HOTEL***-*****, Kingsway (Jl. Raja), tel 414555, fax 414488, mit gutem chinesischen Restaurant.
*APOLLO HOTEL****, 4 Jl. South Yu Seng, tel 415236, fax 419964.
*RIGHA ROYAL HOTEL* (ab 250 RM), Jl. Temenggong Oyong Lawai, tel 421121, fax 421099, ca. 4 km südlich der Stadt am Strand.

## ESSEN

Essenstände mit chinesischen (Laksa versuchen!) und malaiischen Kleinigkeiten neben dem Fischmarkt und auf dem Tamu Muhibbah sowie am Markt an der Jl. Brooke.
Abends empfiehlt sich ein Besuch bei den Foodstalls im *TAMAN SEROJA* an der Jl. Brooke.
Im *APOLLO SEAFOOD CENTRE*, 4 Jl. South Yu Seng, gibt es ausgezeichnete Meeresfrüchte, man sollte allerdings mit 20 RM p.P. inkl. Getränke rechnen.
Nordindische Küche und sehr gute Tandoori-Gerichte im *BILAL RESTORAN*, Beautiful Jade Centre, Fußgängerzone, abends kann man im Freien essen.

## SONSTIGES

**FOREST DEPARTMENT OFFICE** - Im Government Office Complex südlich vom Kingsway, tel 436637. Geöffnet Mo - Fr 8.15 - 12.00 und 14.00 - 16.15, Sa 8.00 - 12.45 Uhr.
Buchungen für Unterkunft in Niah und Lambir Hills. Im *NATIONAL PARKS AND WILDLIFE OFFICE* erhält man zudem das Permit für den Gunung Mulu Nationalpark und für Bareo.

**GELD** - *MAYBANK*, 112 Jl. Bendahara. Gute Kurse, wechselt auch DM-TC, wenig Provision.
*STANDARD CHARTERED BANK*, Kingsway (Jl. Raja).

**TOUREN** - Wer nicht auf eigene Faust in den Gunung Mulu NP fahren möchte, kann sich bei den folgenden Reisebüros nach Touren erkundigen. Sie werden relativ häufig durchgeführt. Alle haben ihre eigenen Unterkünfte und Guides im Park. Bei kleinen Gruppen muß mit knapp 125 - 150 RM p.P. je Tag gerechnet werden. Eine 4tägige Tour bei 3 Teilnehmern mit Flug, 3 Mahlzeiten und Guides um 440 RM p.P. Während der Ferienzeit empfiehlt es sich, mindestens eine Woche im voraus den Trip zu buchen.
*TROPICAL ADVENTURE*, Jl. Maju, Beautiful Jade Centre, P.O.B. 2197, tel 419337, fax 414503. Zuverlässig! Neben Standardtouren zum Mulu auch spezielle Höhlentouren, Bareo-Trekking und den Headhunter's Trail.
*BORNEO ADVENTURE*, 49 Brooke Road, Pacific Orient Hotel, tel 414935, fax 419543, Hauptbüro in Kuching.
*BORNEO OVERLAND SERVICES*, 37 Brooke Road, tel 430255, fax 416424. 3tägige Tour bei 2 Teilnehmern alles inkl. (Flug) für 310 RM.

**VORWAHL** - 085.

## TRANSPORT

**BUSSE** - Der zentrale Busbahnhof liegt hinter dem Park View Hotel am Wisma Pelita.
Nach BRUNEI (Kuala Belait) tgl. um 7.00, 9.00, 10.30, 13.00 und 15.30 Uhr mit Bussen der *Miri Belait United Transport Co.*, tel 419129, für 12,20 RM. Man hat etwa 1 Stunde Aufenthalt am *Immigration Office*. Ein Visum ist zur Zeit

*Fotos - oben: Der Häuptling und der Medizinmann begrüßen die Gäste eines Iban-Langhauses; unten: Waschplatz am Fluß*

für Deutsche und Schweizer nicht erforderlich (aktuelle Situation erfragen). Hinter der Grenze muß man den Bus wechseln, da die großen Busse aus Sarawak nicht nach Brunei fahren dürfen. Schneller sind Minibusse für 35 RM p.P., die tgl. um 11.00 und 14.00 Uhr vom kleinen Büro am Kingsway (Jl. Raja) am *Park View Hotel* abfahren. Vorbuchen: tel 433898.

Nach BATU NIAH fahren von 6.45 - 16.00 Uhr etwa stündlich Busse für 10 RM (ac) bzw. 8,50 RM (non ac). Nach SIBU über BINTULU um 6.30, 7.00, 7.30 (ac), 8.00, 12.00 und 12.30 Uhr für 29 RM (non-ac-Busse) und 35 RM (ac-Busse) in 8 Std. Nach BINTULU in 3 1/2 Std. für 16,50 RM, ac-Busse 18 RM.

**ÜBERLANDTAXEN** - Nach BATU NIAH, 15 RM; BINTULU, 35 RM; K. BARAM, 4 RM p.P.

**FLÜGE** - MAS-Office, Lot 239, Beautiful Jade Centre, tel 414144. Geöffnet Mo - Fr 8.30 - 16.30, Sa 8.30 - 16.00, So 8.30 - 12.00 Uhr.

Zum Flugplatz an der Straße nach Bintulu kosten Taxen 10 RM. MAS fliegt mehrmals tgl. nach KOTA KINABALU für 104 RM, häufig auch nach KUCHING für 164 RM, z.T. mit Zwischenstop in BINTULU (4x tgl. für 69 RM) oder SIBU (112 RM, Twin Otter 75 RM), 2x tgl. nach LABUAN für 66 RM.

Twin Otter-Flüge 1x tgl. nach BAREO für 70 RM, 5x tgl. nach MARUDI (29 RM), bis zu 5x tgl. nach LAWAS für 59 RM, z.T. über LIMBANG (bis zu 8x tgl. für 45 RM), Mi und Sa nach LONG LELLANG für 66 RM, am Di nach LONG SERIDAN für 57 RM. 3 - 4x tgl. fliegen die kleinen Maschinen zum GUNUNG MULU für 69 RM. Dennoch sind sie häufig ausgebucht.

## Gunung Mulu Nationalpark

1977/78 waren zum ersten Mal Wissenschaftler der *Royal Geographical Society* im 530 km² großen Park unterwegs, um eine Bestandsaufnahme der geologischen Verhältnisse und der Flora und Fauna zu machen. Nachdem 1977 riesige Höhlensysteme entdeckt worden waren, konnten 1980/81 und 1984 zwei große Expeditionen 26 Höhlen mit insgesamt 150 km Länge erforschen.

Man fand den größten natürlichen Höhlenraum der Welt, die 600 m lange, 450 m breite und 100 m hohe *Sarawak Chamber,* weiterhin die größte Höhlenpassage der Welt, *Deer Cave,* und das mit über 70 Kilometern längste Höhlensystem Südostasiens, *Clear Water Cave.* Dieses ist möglicherweise erst 1/3 des gesamten Höhlensystems, das die Sandstein- und Kalkgebirge wie ein Labyrinth durchzieht. In hunderttausenden von Jahren haben in dieser Gegend Borneos starke tropische Niederschläge die Kalkfelsen ausgehöhlt, während die Sandsteinformationen der Erosion erfolgreicher widerstanden. Ende 1985 wurde der Park für Besucher geöffnet.

### Deer Cave (Gua Rusa)

Diese Tagestour führt über einen Plankenweg in etwa 45 Minuten zum Eingang der Höhle (3 km) durch schönen tropischen Regenwald und überquert dabei einige Bäche. Am frühen Abend verlassen Millionen von Fledermäusen die Höhle und ziehen wie endlos scheinende, dunkle Wolken über den Himmel. Am besten kann man dieses Schauspiel von dem Beobachtungshäuschen am Eingang zur Höhle verfolgen.

Am Boden des 120 m hohen und 170 m breiten Höhleneingangs sind Hufabdrücke zu erkennen. Sie gaben der Höhle den Namen. Ein großer Teil des Höhlenbereichs ist durch die hohen Eingänge gut erleuchtet. Nach etwa 20 Minuten erreicht man eine steile Wand, an der man teilweise über eine Leiter hinabklettern muß. Anschließend wird ein Fluß durchwatet, der aus dem Garden of Eden

*Fotos - Endlos erstrecken sich Ölpalmplantagen über die Hügel zwischen Lahad Datu und Semporna; unten: Pulau Sipadan, ein Paradies für Taucher nahe der indonesischen Grenze*

kommt und links im Felsen wieder versickert. Nach weiteren 10 Minuten steht man am Eingang zu einem schmalen Tal, dem **Garden of Eden.** Nun hat man die längste Höhlenpassage der Welt, 2160 m lang und 220 m breit, durchquert. Das abgeschlossene, von Kalkfelsen umgebene Tal kann nur durch die Höhle erreicht werden. Den Namen erhielt es von den ersten Höhlenforschern, die sich an den biblischen Garten erinnert fühlten, als sie hier Rehe furchtlos grasen sahen.

### Clear Water Cave

Vom *Headquarters* fährt man mit dem Boot je nach Wasserstand etwa 30 - 60 Minuten flußaufwärts. Am Weg liegt ein **Penan-Langhaus**. Seit 1983 versucht die Regierung, die einst nomadisierenden Penan hier anzusiedeln. Man spendierte ihnen ein Wellblechdach für das Haus, das sie selbst erbauten. Daneben werden sie christianisiert und recht halbherzig mit landwirtschaftlichen Anbaumethoden vertraut gemacht. Noch kommt alles, was sie brauchen, aus dem Dschungel, und sie leben überwiegend von Sago und Wild. Die Jagd wird aber immer schwieriger, da es in der Nähe des Dorfes keine Tiere mehr gibt und sie außerhalb des Nationalparks durch die Arbeit der Holzfäller vertrieben werden.

Wer mit einem kleinen Boot unterwegs ist, kann, falls der Wasserstand die richtige Höhe hat, einen weiteren Abstecher machen. Die **Wind Cave** ist über einen Plankenweg von etwa 45 Minuten zugänglich. Zuerst fährt man durch eine schmale Passage mit dem Boot ein Stück hinein. Sehenswert sind die **King‘s Chamber** und der **King‘s Room** mit zahlreichen Stalaktiten und Stalakmiten.

Die Bootsanlegestelle an der **Clear Water Cave** ist ein schöner Bade- und Picknickplatz mit kleinen Schutzhütten. Dahinter beginnt der kurze Aufstieg über eine Zementtreppe zum Höhleneingang. Der **Clear Water River**, dessen klares, kaltes Wasser seinem Namen alle Ehre macht, scheint direkt aus dem Felsen zu entspringen.

### Pinnacles

Mit dem Boot fährt man in 2 - 4 Stunden bis zur **Melinau Schlucht**, wo der Fluß sich seinen Weg durch die an beiden Ufern 600 m steil aufragenden Felsen bahnt. Während der Trockenzeit muß das Boot auf langen Strecken geschoben werden. Nach zwei weiteren Stunden erreicht man Camp 5 mit einem schönen Rundblick. Hier kann man in einer einfachen Schutzhütte übernachten. Am nächsten Morgen geht es 3 - 4 Stunden (8 km) den steilen Pfad hinauf zu den bizarren, weißen Felsen an den Hängen des 1750 m hohen Gunung Api, die der tropische Regen aus dem weichen Kalkgestein ausgewaschen hat. Nach einer weiteren Nacht in Camp 5 fährt man am Morgen zurück zum Headquarter.

### Gunung Mulu

In einer 3 - 4tägigen Tour ist der 2376 m hohe Gunung Mulu zu erklimmen, der zweithöchsten Berg Sarawaks. Nördlich davon liegt das Kalksteinmassiv des Gunung Api und Gunung Benerat. Nach einer 2 1/2 - 3stündigen Wanderung durch den Dschungel kommt man zum **Paku Camp**, wo man übernachtet. Am nächsten Tag geht es 10 Stunden steil hinauf zum **Summit Camp** (1800 m), wo die zweite Nacht in ziemlicher Kälte verbracht wird. Von hier aus erreicht man am nächsten Morgen nach 2 Stunden den Gipfel und wandert anschließend zurück zum Summit oder zum Paku Camp, wo man noch einmal übernachtet. Die Besteigung des Gunung Mulu ist anstrengender als die des Mount Kinabalu.

## ÜBERNACHTUNG

In einer Biegung des Sungai Melinau befindet sich das *Park Headquarters*. Daneben liegen das *HOSTEL** mit vier Schlafsälen mit 6-Betten, ein *VIP-RESTHOUSE**** und zwei Arten von *CHALETS*-****. Im Schlafsaal zahlt man 5 RM p.P., das VIP-Resthouse kostet 150 RM, DZ in den Chalets 20 - 30 RM.
Weiter flußabwärts liegen die schönen Holzhäuser der Veranstalter *Borneo Overland Services* und *Benarat*. Die beiden Häuser mit 50 bzw. 80 Betten verfügen über eigene Küchen, Schlafsäle und 6-Bett-Zimmern mit Du/WC.
Die anderen Veranstalter haben ebenfalls eigene *Lodging Houses*, in denen Einzelreisende für etwa 10 RM übernachten können, wenn sie nicht belegt sind.
Etwas weiter flußabwärts, noch in Sichtweite der privaten Lodges, wurde der *RIGHA ROYAL MULU RESORT*, eine teure Luxushotelanlage eröffnet.

## SONSTIGES

**AUSRÜSTUNG** - Die Touren im Nationalpark erfordern eine gute Kondition. Neben der üblichen Dschungelausrüstung (feste Schuhe mit gutem Profil, Baumwollhose, Hut, Rucksack, Anti-Mückenmittel, Wasserflasche), braucht man für Klettertouren in den Höhlen zusätzlich eine Taschenlampe und feste Handschuhe.
Wer zu den Pinnacles und zum Gunung Mulu trekt, braucht für die Nächte in den Camps warme Kleidung und Schlafsack, zudem Kochgeschirr (besorgt der Guide) und Lebensmittel.

**GUIDES** - Man darf nur mit einem Guide gehen, der im *Headquarters* vermittelt wird, und der pro Tag für eine Gruppe oder einen einzelnen Trekker 20 RM kostet. Teurer wird es an Feiertagen und bei Touren, die Übernachtungen erfordern (Gunung Mulu, Pinnacles). Die Guides sind gut geschult und kennen nicht nur die Wege, sondern auch die Pflanzen und Tiere des Parks.

**PERMITS** - Nur mit einem Permit des *National Parks and Wildlife Office* in Miri bekommt man im Park eine Aufenthaltserlaubnis. Das wird zur Zeit strikt gehandhabt, kann sich aber ändern. Deshalb sollte man sich unbedingt in Miri über den neuesten Stand informieren. Manchmal werden an Individualtouristen überhaupt keine Permits ausgegeben. Dann kann man sich nur einer Tour anschließen und die Veranstalter in Miri kontaktieren. Zudem sind in allen Touren auch die nicht unbeträchtlichen Gebühren für Guides, Boote etc. inbegriffen, die man als Einzelreisender dann noch vor Ort teurer chartern muß und zu bezahlen hat.

## TRANSPORT

**BUSSE UND BOOTE** - Ab Miri fahren Busse um 7.00, 9.00 und 12.00 Uhr für 2,50 RM nach KUALA BARAM (20 km), der Anlegestelle der Boote nach Marudi (Gunung Mulu). Taxen kosten 5 RM p.P. bzw. 20 RM pro Wagen. Wer mit dem ersten Bus fährt, kann die Tour bis zum Nationalpark evtl. an einem Tag schaffen.
Mehrere Expressboote fahren von hier ab 7.00 Uhr in 2 Std. für 15 RM nach MARUDI. Mittags um 12.00 Uhr fährt von hier ein Expressboot bei mindestens 20 Personen in 3 Std. für 20 RM zuerst auf dem Baram River und später auf dem Tutoh River nach LONG PANAI, je nach Wasserstand auch bis LONG TERAWAN oder nur bis KUALA APOH. Da der Fluß aber häufig nicht genug Wasser führt, muß man kleinere Boote teuer chartern. Ein Platz im Longboat von Long Panai nach Long Terawan kostet 10 RM. Ein Platz im Longboat von Long Terawan nach MULU kostet 35 RM p.P., ein Boot zu chartern 250 RM.

**FLÜGE** - MAS fliegt 3 - 4x tgl. in 35 Min. von MIRI (69 RM) zum Gunung Mulu Nationalpark.
Mi, Fr und So gibt es eine Verbindung über LIMBANG (40 RM) nach LAWAS (43 RM). Mo und Do legen die Twin Otter nach Miri einen Stop in MARUDI (40 RM) ein.

# Sabah

*Wären da nicht der höchste Berg Südostasiens und eins der zwei Orang Utan-Rehabilitationszentren des Landes, welchen ausländischen Touristen würde es dann noch nach Sabah verschlagen? Trotz regelmäßiger Flugverbindungen mit Hong Kong und Manila scheint der östlichste Bundesstaat Malaysias abseits der ausgetretenen Touristenrouten zu liegen. Bis in die Hauptstadt Kuala Lumpur auf dem Festland sind es 1700 km.*

*Aufgrund der geographischen Entfernung, der historischen Entwicklung und der Bevölkerungsstruktur ist in Sabah tatsächlich vieles anders. Im 73 620 km² großen Staat (knapp doppelt so groß wie die Schweiz) leben nur 1,9 Millionen Menschen (Schweiz: 7 Millionen). Besonders in den Städten haben sich viele Emigranten aus den Philippinen und Indonesien niedergelassen. Über 1/4 Million Einwanderer aus Mindanao suchen seit den 60er Jahren hier Zuflucht vor den blutigen Kämpfen auf ihrer Insel und leben mehr schlecht als recht. Zudem erhoffen sich viele Indonesier in Sabah ein besseres Einkommen als in ihrem Land.*

*Bis 1963, als sich Sabah nach einer Volksabstimmung der Föderation von Malaysia anschloß, herrschten die Engländer in British North Borneo. Ähnlich wie Sarawak, wurde Sabah nach dem Ende des 2. Weltkrieges in eine Kronkolonie umgewandelt, während es vorher juristisch Privatbesitz der British North Borneo Chartered Company war, die das Gebiet seit 1877 verwaltete.*

*Für Traveller ist Sabah ein relativ teures Reiseziel. Übernachtungs- und Transportkosten sind höher als in West-Malaysia. Wer sich davon nicht abschrecken läßt, dem bietet Sabah einige einmalige Reiseziele.*

*Kota Kinabalu ist Ausgangspunkt für die Besteigung des Mount Kinabalu, des höchsten Berges Südostasiens. Leicht zu erreichen ist der etwa 4500 ha große Primärdschungel von Sepilok mit der Orang Utan Rehabilitationsstation nicht weit von Sandakan und die kaum besuchten Wälder am Mount Kinabalu.*

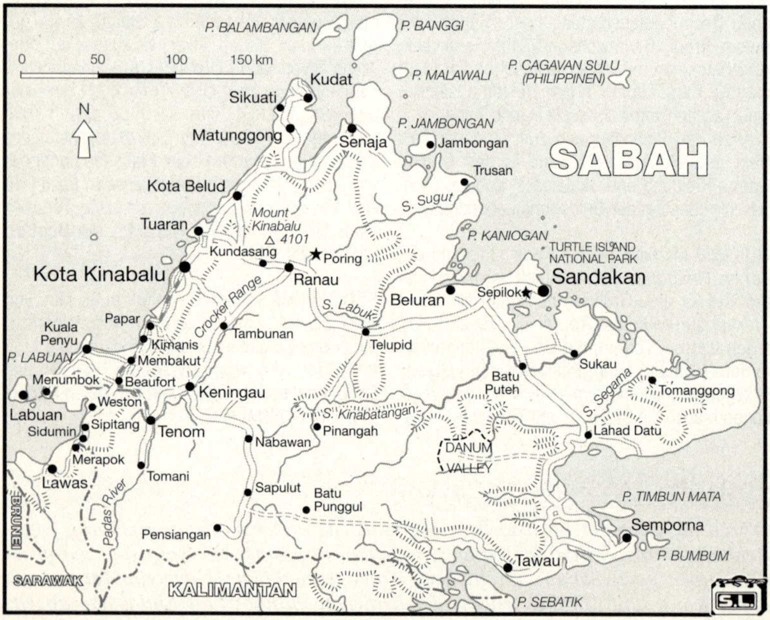

# Kota Kinabalu

*Während der Kolonialherrschaft der British North Borneo Chartered Company wurde die Stadt nach ihrem Direktor Jessel Jesselton genannt. Als man 1968 mit der kolonialen Vergangenheit brach, nannte man die Stadt nach dem nahegelegenen Berg Kinabalu - Kota (= Stadt) Kinabalu, abgekürzt KK. Ein großer Teil der heutigen Stadt mit etwa 200 000 Einwohnern ist auf Neuland gebaut, das dem Meer abgewonnen wurde. Seit dem wirtschaftlichen Boom der 70er Jahre platzt sie aus allen Nähten und breitet sich nach Norden und Süden aus. Am Ende des 2. Weltkriegs völlig zerstört, besitzt Kota Kinabalu nach dem Wiederaufbau nicht die nostalgische „Rajah Brooke"-Atmosphäre von Kuching. Alte Stadtviertel existieren nicht mehr, und die in den 50er und 60er Jahren erbauten Gebäude entsprechen den Vorstellungen damaliger Architekten. Moderne Einkaufskomplexe wachsen in den Himmel. Insgesamt ist Kota Kinabalu keine Stadt, die zum längeren Verweilen einlädt.*

Das wiederaufgebaute Stadtzentrum hat weder Flair noch Atmosphäre, allenfalls lohnt ein Gang über den **Central Market** an der Jl. Tun Fuad Stephens mit seinem gewaltigen Warenangebot. In zwei separaten Gebäuden auf der dem Meer zugewandten Seite ist der **Fischmarkt** untergebracht. Neben dem Central Market ist ein Gewirr aus Verkaufsbuden und -ständen entstanden, an denen Souvenirs aus Mindanao und Indonesien angeboten werden und der vor allem vormittags belebt ist. Hier sind Händler und Emigranten aus Indonesien und den Philippinen in der Mehrzahl, was dem Markt auch bei Einheimischen den Namen **„Philippino Market"** gegeben hat.

An der vielbefahrenen Ausfallstraße Jl. Tunku Abdul Rahman erhebt sich der moderne Bau der **Masjid Sabah**, ein typisches Beispiel moderner islamischer Architektur.

Schräg gegenüber steht auf einem Hügel an der Jl. Tunku Abdul Rahman, Ekke Jl. Penampang, das **Sabah Museum**. Der moderne Gebäudekomplex wurde 1984 eröffnet und lohnt auf alle Fälle einen Besuch. Das Hauptgebäude soll einem Rungus- oder Murut-Langhaus nachempfunden sein. Im Erdgeschoß ist ausreichend Platz für wechselnde Ausstellungen. Im 1. Stock werden Objekte zur Archäologie, Geschichte und Ethnographie anschaulich präsentiert. Der 2. Stock vermittelt einen Einblick in die Pflanzen- und Tierwelt Sabahs. Daneben findet man hier eine Keramik- und Porzellanausstellung. Der 3. Stock ist weitgehend einheimischen Bambusarbeiten und anderem Kunstgewerbe vorbehalten. Vom Balkon blickt man auf den kleinen Park und die Nationalmoschee.

Das Museum ist geöffnet Mo - Do von 10.00 - 18.00 Uhr, Sa, So und feiertags von 9.00 - 18.00 Uhr, tel 53199, Eintritt frei, Fotografieren verboten.

**Tanjung Aru**, ein Strand vor den Toren der Stadt Richtung Airport, Stadtbus ab Jl. Pantai für 80 ¢, bietet Erholung von der Hektik und Hitze der Stadt. Das Wasser eignet sich zwar weniger zum Baden (dafür fährt man besser auf die Inseln hinaus), lädt aber zu einem schönen Abendspaziergang ein.

## ÜBERNACHTUNG

**GÄSTEHÄUSER** - sind im Vergleich mit West-Malaysia recht teuer, aber ihre Schlafsäle bieten Einzelreisenden die einzige Möglichkeit, in KK preiswert unterzukommen.

*TRAVELLERS REST HOSTEL**-**, Block L, 3rd Floor, Lot 5, STPC Bldg., Sinsuran Complex, tel 240625, nahe dem Markt. Schlafsaal-Betten für 15 RM sowie kleine DZ*** mit ac.

*JACK'S B&B*, 17 Block B, 1st Floor, Jl. Karamunsing, tel 232367, in einem der etwas sterilen

Neubaublocks, 15 Min. zu Fuß vom Bus Stop an der Katholischen Kathedrale vor dem Museum entfernt.
*FARIDA B&B**, 413 Jl. Saga, ab Jl. Tuaran, in Kg. Likas, tel 428733, fax 424998, etwa 7 km nördlich des Zentrums, Bus 50 ¢ ab Town Padang, 200 m von der Bushaltestelle entfernt. Großes Holzhaus mit Aufenthaltsräumen und kleinen 2- und 3-Bett-Zimmern.

**UNTERE PREISKLASSE** - Nahe dem Sedco Complex findet man einige Billig-Hotels, z.B.:
*ISLAMIC**, 27 Jl. Perpaduan, tel 54325, über dem gleichnamigen Restaurant, renoviert, einige große Zimmer mit Fan, Gemeinschafts-Du/WC.
*KK HOTEL**, 46 Jl. Pantai, tel 213348, gegenüber vom Supermarkt, Eingang um die Ecke, kleine Zimmer, Gemeinschafts-Du/WC.
*RAKYAT HOTEL***, Block 1, Sinsuran Complex, tel 211100. Kleine, saubere Zimmer mit Fan und Gemeinschafts-Du/WC sowie teurere Zimmer mit ac, TV und Du/WC.

**MITTELKLASSE** - Von den Hotels in der zentral gelegenen Jl. Pantai war das beste das
*HIGH STREET INN****, 38 Jl. Pantai, tel 218111, fax 219111. Saubere Zimmer mit ac, TV und Bad/WC.
*TOWN INN****, 31 - 33 Jl. Pantai, tel 225832, fax 217762, alle Zimmer mit ac und Du/WC
*ANG'S HOTEL**-****, 28 Jl. Bakau, tel 234999, fax 217867, eines der ältesten Hotels der Stadt.
*ASIA HOTEL***, 68-69 Jl. Bandaran Berjaya, tel 53533, einfache Zimmer mit Du/WC.

**OBERE PREISKLASSE** - *HYATT KINABALU* (ab 240 RM), Jl. Datuk Salleh Sullong, tel 221234, fax 225972.
Außerhalb der Stadt liegt das
*TANJUNG ARU RESORT* (ab 370 RM, 10 - 30% Rabatt nach Handeln), Jl. Pantai Aru, tel 225800.

## ESSEN

**ESSENSTÄNDE** - Billig sind die kleinen Stände im 1. Stock des *CENTRAL MARKET*, wo es u.a. *Soto Makassar* und andere indonesische Gerichte gibt. Im *PEOPLE' FOOD CENTRE* im Souterrain des Karamunsing Complex unter dem MAS-Office gibt es ausgezeichnete *Tom Yam*-Suppen, aber auch malaiische, chinesische und westliche Speisen zu annehmbaren Preisen. Gute und preiswerte Gerichte im *CHOMP CHOMP PARK* im 1. Stock des Wisma Merdeka, Jl. Haji Saman.

**RESTAURANTS** - Der Sedco Complex bietet die beste Möglichkeit, im Freien zu essen oder ein relativ preiswertes Bier zu trinken und die laue Tropennacht zu genießen. Rings um den großen Platz, auf dem viele Tische aufgebaut sind, haben sich das **indische Restaurant** *SHIRAZ MOGHUL* und die drei **Seafood-Restaurants** *SIN WAH HIN, SUANG TAIN* und *NAM SENG* angesiedelt.
Zahlreiche einfache **chinesische Restaurants** findet man im Sinsuran Complex, in Segama und in der Jl. Merdeka.
Wer Lust auf typisch **englische Pub** Atmosphäre mit Fish 'n Chips hat, sollte *PETE'S CORNER*, Jl. Mawas, einen Besuch abstatten; billig.

## EINKAUFEN

Traditionelle Einkaufsgegenden sind der Sinsuran Complex und Segama.
Die Auswahl an **Souvenirs und Kunstgewerbeprodukten** ist in Kota Kinabalu gering, außerdem sind sie teuer.
Versuchen kann man sein Glück im *SABAH HANDICRAFT CENTRE* in Bandaran Berjaya neben dem *Shangri-La Hotel* oder bei *BORNEO HANDICRAFT* im Wisma Merdeka, 1st Floor, Jl. Tun Razak.
Wie in anderen Städten Malaysias sind auch in KK zahlreiche **Shopping Centres** und **Supermärkte** entstanden, vor allem im Karamunsing Complex oder im Centrepoint in Sinsuran.

## SONSTIGES

**AMERICAN EXPRESS** - die Vertretung für Sabah hat *DISCOVERY TOURS (Sabah) Sdn. Bhd.*, Wisma Sabah, Jl. Haji Saman, tel 57735, fax 221600. Bargeld zahlt die *UMBC BANK*, Jl. Haji Saman, aus.

**AUTOVERMIETUNGEN** - bisher gibt es drei Rent-a-car Firmen in der Stadt.
*KINABALU RENT A CAR,* Karamunsing Complex, 3rd Floor, tel 232602.
*E & C CAR RENTAL,* Lot 2.58 Karamunsing Complex, tel 239996, fax 221466.
*BORNEO CAR RENTAL,* Lot 24, 1st Fl., Likas Industrial Centre, tel 429224, fax 429024.

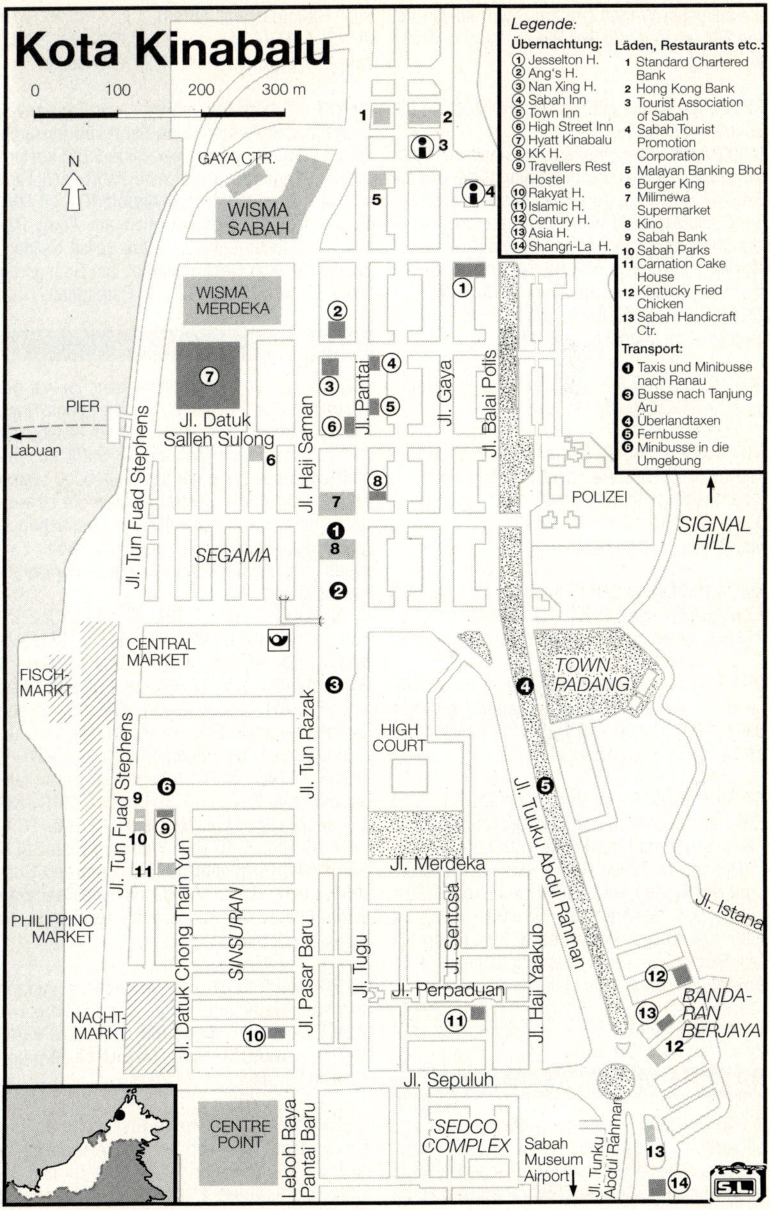
Kota Kinabalu
0 100 200 300 m
N
Legende:
Übernachtung:
1 Jesselton H.
2 Ang's H.
3 Nan Xing H.
4 Sabah Inn
5 Town Inn
6 High Street Inn
7 Hyatt Kinabalu
8 KK H.
9 Travellers Rest Hostel
10 Rakyat H.
11 Islamic H.
12 Century H.
13 Asia H.
14 Shangri-La H.
Läden, Restaurants etc.:
1 Standard Chartered Bank
2 Hong Kong Bank
3 Tourist Association of Sabah
4 Sabah Tourist Promotion Corporation
5 Malayan Banking Bhd.
6 Burger King
7 Milimewa Supermarket
8 Kino
9 Sabah Bank
10 Sabah Parks
11 Carnation Cake House
12 Kentucky Fried Chicken
13 Sabah Handicraft Ctr.
Transport:
1 Taxis und Minibusse nach Ranau
3 Busse nach Tanjung Aru
4 Überlandtaxen
5 Fernbusse
6 Minibusse in die Umgebung
GAYA CTR.
WISMA SABAH
WISMA MERDEKA
PIER
Labuan
Jl. Datuk Salleh Sulong
Jl. Tun Fuad Stephens
SEGAMA
Jl. Haji Saman
Jl. Pantai
Jl. Gaya
Jl. Balai Polis
POLIZEI
SIGNAL HILL
CENTRAL MARKET
FISCH-MARKT
Jl. Tun Razak
HIGH COURT
TOWN PADANG
Jl. Tuuku Abdul Rahman
Jl. Merdeka
Jl. Datuk Chong Thain Yun
SINSURAN
PHILIPPINO MARKET
Jl. Pasar Baru
Jl. Tugu
Jl. Sentosa
Jl. Perpaduan
Jl. Haji Yaakub
Jl. Istana
BANDA-RAN BERJAYA
NACHT-MARKT
Jl. Sepuluh
CENTRE POINT
Leboh Raya Pantai Baru
SEDCO COMPLEX
Sabah Museum Airport
Jl. Tunku Abdul Rahman
S.L.

Die billigsten Wagen (Proton Saga) kosten um 180 RM pro Tag und 960 RM pro Woche *unlimited mileage.*

**GELD** - Die **Banken** öffnen Mo - Fr 10.00 - 15.00, Sa 9.30 - 11.30 Uhr.
*MAYBANK,* Zweigstellen im Sinsuran Complex, in 9 Jl. Pantai und in Karamunsing, und die *SABAH BANK,* Jl. Tun Fuad Stephens, Sinsuran Complex, tel 211611, verlangen bei Travellers Cheques die geringsten Gebühren.
**Money Changer** im Wisma Sabah und Wisma Merdeka wechseln vor allem US$ cash, z.B. *TRAVELLER'S MONEY CHANGER,* Ground Floor, Wisma Merdeka, tel 234772.

**INDONESISCHES KONSULAT** - Jl. Karamunsing, tel 54100, 214864 (s. S. 371).

**INFORMATIONEN** - *SABAH TOURIST PROMOTION CORPORATION,* im alten Postamt, tel 218620, geöffnet Mo - Fr 8.00 - 16.15, Sa 8.00 - 12.45 Uhr, hat viel Material und hilfreiche Mitarbeiter.

**MEDIZINISCHE VERSORGUNG** - Das *QUEEN ELIZABETH HOSPITAL,* Jl. Penampang, tel 218166, ist ein gutes staatliches Krankenhaus.

**POST** - GPO mit *poste restante* im neuen Gebäude an der Jl. Tun Razak. Geöffnet Mo - Do 8.00 - 12.45, 14.00 - 16.15 Uhr, Fr nachmittags ab 14.30, Sa 8.00 - 12.45 Uhr.

**SABAH PARKS** - im Büro in der Jl. Tun Fuad Stephens kann man sich über die Nationalparks informieren und Unterkünfte im Kinabalu Park, in Poring, im Tunku Abdul Rahman Nationalpark und Turtle Island Park buchen, tel 211881, fax 221001. Geöffnet Mo - Fr 8.30 - 16.00, Sa 8.30 - 14.00 Uhr. Postadresse: First Floor, Lot 1-3, Block K, Sinsuran Shopping Complex, P.O. Box 10626, 88806 Kota Kinabalu.

**VORWAHL** - 088.

## NAHVERKEHRSMITTEL

**STADTBUSSE** - haben in Kota Kinabalu verschiedene Endstationen bzw. Abfahrtsorte. Ausgeschilderte Haltestellen befinden sich an allen Ausfallstraßen. Ab Town Padang z.B. für 50 ¢ nach KG. LIKAS und INANAM. Gegenüber vom Hauptpostamt fahren Busse nach TANJUNG ARU (80 ¢), nach SEMBULAN (50 ¢), PUTATAN (Airport) und LUYANG (50 ¢).

**TAXIS** - Taxipreise müssen vor Fahrtantritt ausgehandelt werden. Eine Fahrt von Sinsuran zum Karamunsing Complex sollte 5 RM kosten. Je nach Tageszeit kostet eine Fahrt nach Tanjung Aru 6 - 10 RM, zum Airport 10 - 15 RM. Taxistandplätze befinden sich am Town Padang, Jl. Pantai, Ecke Jl. Datuk Salleh Sullong, gegenüber vom Central Market, am Shangri-La sowie an der Jl. Tugu, Ecke Jl. Perpaduan.

## TRANSPORT

**BUSSE** - Ein zentraler Minibusbahnhof war bei unserer letzten Recherche an der Leboh Raya Pantai Baru im Bau. Noch fahren Minibusse von verschiedenen Plätzen der Stadt ab. Die meisten Busse in die nähere Umgebung fahren ab Sinsuran, nahe Central Market, die zu weiter entfernten Zielen ab dem Fernbusbahnhof, neben dem Padang, und die nach Ranau zwischen Kino und Supermarkt in der Jl. Pantai.
**Preisbeispiele:**
BEAUFORT 2 Std., 7 RM, KENINGAU 2 1/2 Std., 13 RM, KOTA BELUD 2 Std., 7 RM, KUDAT 3 Std., 15 RM, KUNDASANG 2 Std., 9 RM, LAWAS 4 Std., 20 RM, um 7.30 und 14.00 Uhr, PAPAR 1 Std., 3 RM, RANAU (Busse mit dem Kinabalu-Emblem ab Cathay Cinema) 2 Std, 12 RM, bis gegen 13.00 Uhr, SANDAKAN 6 - 7 Std., 25 RM (die großen Busse fahren zwischen 7.00 und 7.30 Uhr ab), SIPITANG 3 Std., 12 RM, TENOM 3 Std., 15 RM, TUARAN 1/2 Std., 2,10 RM. Wer zum KINABALU NATIONALPARK möchte, kann mit den Bussen Richtung Ranau, Kundasang und Sandakan fahren und an der Abzweigung aussteigen, 10 RM, knapp 2 Std.

**ÜBERLANDTAXEN** - Sie fahren vom Padang und vom Halteplatz hinter dem Supermarkt nach BEAUFORT für 10 RM p.P., KENINGAU 20 RM, LAWAS 28 RM, RANAU 12 RM, und TENOM 25 RM.

**EISENBAHN** - Die einzige Eisenbahn auf der ganzen Insel fährt von Tanjung Aru nach Tenom. Zwei Triebwagen fahren Mo - Sa und feiertags um 8.00 und 11.00 Uhr vom Bahnhof in TANJUNG ARU nach TENOM, Ankunft gegen

14.45 bzw. 16.00 Uhr. Zwei weitere tgl. um 13.40 bzw. 16.40 Uhr bis PAPAR, Ankunft gegen 14.45 bzw. 17.45 Uhr. So fährt ein Diesel Railcar, in dem nur ein Dutzend Passagiere Platz haben, um 11.20 Uhr und ist gegen 16.40 Uhr in Tenom.
Die lange Fahrt auf alten Holzbänken der Economy bis TENOM kostet 7,50 RM, ein Platz im Railcar 22,80 RM; PAPAR 1,85 (5,65) RM, 1 Std., BEAUFORT 4,80 (14,45) RM, 2 1/2 - 3 1/2 Std.

**FLÜGE** - Der Flughafen, 6,5 km südlich der Stadt, ist mit dem Bus Richtung Putatan zu erreichen. Taxi kostet 10 - 15 RM. Am Flugplatz gibt es einen Taxischalter, an dem ein Coupon für die Fahrt in die Stadt 10,20 RM kostet. Ein Schalter der Sabah Bank öffnet nur, wenn internationale Flüge landen. Airport Tax 7 RM Inland, 15 RM nach Brunei und Singapore sowie 20 RM für internationale Flüge.

**Nationale Flüge**: Täglich Flüge nach West-Malaysia. Viele Maschinen sind frühzeitig ausgebucht, daher empfiehlt es sich, rechtzeitig zu reservieren. Wer nach Singapore will, reist wesentlich günstiger mit dem Direktflug um 13.30 Uhr über Johor Bharu, von dessen Airport Busse direkt nach Singapore fahren.
**Preisbeispiele:** BINTULU 127 RM, JOHOR BHARU 347 RM, KUALA LUMPUR 437 RM (Nachtflug 306 RM), KUCHING 228 RM, LABUAN (mit einer Fokker) 52 RM, LAHAD DATU 106 RM, MIRI 104 RM (mit einer Fokker 95 RM), SANDAKAN 83 RM, SIBU 180 RM, TAWAU 96 RM.
Zudem fliegen kleine Twin Otter Mi, Do, Sa und So über KUDAT, 50 RM nach SANDAKAN, 69 RM. Di und Fr über LIMBANG, 60 RM, nach MIRI, 82 RM, am Fr auch über LAWAS, 47 RM.

**Internationale Flüge**: Von Kota Kinabalu bestehen direkte Verbindungen mit MAS nach BANDAR SERI BEGAWAN, z.T. mit Stop in Labuan, 65 RM, tgl. außer Mo und Do nach HONG KONG 777 RM, Di, Mi und Fr nach MANILA 490 RM und tgl. um 13.05 Uhr direkt nach SINGAPORE 405 RM. Weitere Verbindungen mit Cathay, Singapore und Philippine Airlines.
*MAS,* Karamunsing Complex, tel 213555, geöffnet Mo - Fr 8.30 - 17.30, Sa bis 15.30 und So 9.00 - 13.00 Uhr.
*CATHAY PACIFIC,* Kompleks Kuwasa, 49 Jl. Karamunsing, tel 54733.
*SINGAPORE AIRLINES,* Kompleks Kuwasa, tel 55449.
*PHILIPPINE AIRLINES,* Karamunsing Complex, 3rd Floor, tel 218925.
*ROYAL BRUNEI AIRLINES,* Komplex Kuwasa Karamunsing, tel 242193.

**SCHIFFE** - Tgl. um 8.00, 9.00, 10.00 Und 13.30 Uhr fahren Expressboote in 2 1/2 Std. für 20 - 25 RM nach Labuan. Anlegestelle am Pier hinter dem Hyatt. Zurück um 8.30, 13.00 und 14.00 Uhr. Buchungsbüro: *Rezeki Murni,* Lot 3, Block D, Segama, tel 236834, allerdings sind nur an Feiertagen u.ä. Vorbuchungen erforderlich.

## Tunku Abdul Rahman Nationalpark

*Mehrere unbewohnte Inseln liegen in der Likas Bay vor Kota Kinabalu. Seit 1979 sind die Inseln Gaya, Sapi, Manukan, Mamutik und Sulug mit den umgebenden Riffs zu einem knapp 50 km² großen Nationalpark zusammengefaßt worden.*

**Pulau Gaya**, Die größte Insel mit zahlreichen Sandstränden, Badebuchten und einem der wenigen ursprünglichen Dipterocarpae-Tieflandwälder kann man auf insgesamt 20 km ausgeschilderten Pfaden erkunden. Vom ehemaligen *Park Headquarters* im Süden der Insel führt ein Weg durch das Landesinnere, über bis zu 200 m hohe Bergrücken, nach Norden zur Bulijong Bucht, bekannt als Police Beach. Der schöne Sandstrand verdankt seinen Namen der Polizei, die früher hier Schießübungen abhielt. Rings um die tiefe Bucht mit dem über 1,5 km langen weißen Strand spenden Kasuarina-Bäume Schatten, es gibt eine größere Schutzhütte, Toiletten und Umkleidekabinen. Vom früheren *Headquarters* führt in südwestlicher Richtung eine Art Plankenweg durch intakten Mangrovenwald. Die kleine Nachbarinsel **Pulau Sapi** lockt mit ihren weißen Sandstränden viele Touristen an. Hier ist Camping nach Anmeldung bei Sabah Parks erlaubt, es gibt Picknick- und Grillplätze, Toiletten und Umkleidekabinen. Lebensmittel und Zelte muß man selbst mitbringen. Ein kleineres Korallenriff beginnt an der Bootsanlegestelle und zieht sich um die gesamte Westküste. Auf einem fast 5 km langen, ausgeschilderten Pfad kann man die Insel umrunden und dabei mit etwas Glück Makaken beobachten, die sich von Krebsen und Krabben ernähren.

Die kleinste Insel des Nationalparks, **Pulau Mamutik**, besitzt an der nordöstlichen Küste das wahrscheinlich für Schnorchler am besten geeignete Korallenriff. Sie soll zudem als Camping-Alternative ausgebaut werden.

Die zweitgrößte Insel **Pulau Manukan** ist ein beliebtes Wochenend-Ausflugsziel. Viele Riffs sind durch Dynamit-Fischen beschädigt worden. Trotzdem scheinen sie sich in neuester Zeit wieder zu erholen. Auf der Insel befindet sich das *Park Headquarters* sowie ein Swimming Pool, Tennisplätze, 10 Bungalows und ein Restaurant. **Pulau Sulug** liegt am weitesten von Kota Kinabalu entfernt und wird daher nicht so häufig besucht. Die besten Riffe sind im Süden der Insel zu finden. Besucher, die auf der Insel campen wollen, brauchen vorher die Genehmigung von Sabah Parks. Wasser und Lebensmittel muß man mitbringen.

### ÜBERNACHTUNG

Buchungen aller Unterkünfte im Büro von *SABAH PARKS* (s.o.). **Campingmöglichkeiten** bestehen auf den Inseln Gaya, Sapi, Sulug und Mamutik für 5 RM p.P. Auf **Manukan** werden Units in großen, soliden Bungalows mit 2 Zi für bis zu 4 Pers. vermietet. Resthouse auf **Mamutik** mit 3 Zi für max. 8 Pers., Kochgelegenheit, Wasser und Strom. Lebensmittel mitbringen.

### TRANSPORT

Boote fahren zwischen 8.00 und 16.30 Uhr ab Marina (Tanjung Aru Resort) jede volle Stunde nach Pulau Sapi und bei genügend Passagieren ebenfalls zum Police Beach und Padang Point für 26 RM hin und zurück, und jede halbe Stunde nach Pulau Mamutik, Manukan und Sulug. Zurück fahren die Boote jeweils 15 Minuten später. Am Vormittag um 9.00, 11.00 und 13.00 Uhr startet das Glasbodenboot zu einer zweistündigen Rundfahrt durch den National Park für 55 RM p.P.

Ab KK Jetty am Hyatt werden von Sabah Parks bei mindestens 6 Passagieren ebenfalls Boottrips auf die Inseln für 10 - 20 RM return angeboten.

## Von Kota Kinabalu nach Tawau

Der East-West-Highway verläuft 386 km quer durch Sabah von Kota Kinabalu nach Sandakan. Kurz vor Sandakan trifft er auf den 338 km langen East Coast Highway nach Tawau. Die Straße schlängelt sich von der Küste steil hinauf in die Berge am Mount Kinabalu vorbei nach Ranau. Danach geht es 95 km auf einer relativ neuen, kaum befahrenen Straße durch einsame Bergwälder in ein weites Tal hinab nach Telupid. Erst hinter dem abgelegenen Marktflecken säumen kleine Dörfer die von Schlaglöchern übersäte Straße, die manchem PKW am Straßenrand den Garaus gemacht haben.

## Mount Kinabalu

*1964 wurde ein 754 km² großes Areal rings um den 4101 m hohen Mount Kinabalu, dem höchsten Berg zwischen Nord-Burma und Irian Jaya, zum National-*

*park erklärt. Auf engstem Raum konnzentrieren sich unterschiedliche Vegetationszonen mit einer einmaligen Artenvielfalt von Fauna und Flora. Zahlreiche Tier- und Pflanzenarten sind sogar ausschließlich hier beheimatet, so sind von 26 Rhododendronarten sechs endemisch. Auch die meisten Vogelarten Borneos sind hier vertreten.*

*Der größte Teil des Parks nördlich des Kinabalu-Granitmassives mit seinen dichten Tieflandwäldern, tiefen Schluchten und Tälern ist bis heute nahezu unzugänglich. Hier vermuten Wissenschaftler noch einige Exemplare des auf Borneo sehr seltenen Sumatra-Nashorns. Nur der kleinere, südlich des Kinabalu gelegene Teil ist touristisch erschlossen. Jährlich kommen über 200 000 Personen, überwiegend aus Malaysia, hierher, nur um die größte Touristenattraktion Sabahs zu besteigen. Die Pfade und Trails durch den tropischen Bergwald rings um das Headquarters werden kaum genutzt.*

## Rings um das Headquarters

Das *Headquarters* in 1524 m Höhe nahe der Straße von Kota Kinabalu nach Sandakan umfaßt Verwaltungsgebäude und Unterkünfte für Besucher. Das kleine **Exhibition Centre** im Administration Building (1. Stock) vermittelt einen guten Überblick über die Fauna, Flora und Geologie. Fr - Mo und feiertags beginnen um 19.30 Uhr Diavorträge, tgl. um 14.00 Uhr wird zudem eine einführende 15minütige Multivisions Show über den Nationalpark für 1 RM angeboten.

Hinter dem Gebäude befindet sich der **Mountain Garden**, eine hübsche Gartenanlage mit vielen blühenden Blumen, und ein 20minütiger ausgeschilderter **Waldlehrpfad**. Durch die Anlage werden um 9.00 und 15.00 Uhr einstündige englischsprachige Führungen angeboten. Täglich um 11.00 Uhr beginnt ein zweistündiger *Guided Walk*, der über den Bach in den Wald führt. Normalerweise wird die Gruppe von einer erfahrenen Biologin geleitet, die viele schwer verständliche Phänomene anschaulich erklärt.

Danach sollte man sich selbständig machen und den Wald auf eigene Faust erkunden. Die Trails in der näheren Umgebung bis hinauf auf den Höhenrücken sind ausgeschildert. Der Pfad hinauf zum **Bukit Burung** (Vogelhügel) über den **Bukit Tupai** ist ebenso empfehlenswert wie der Trail hinunter zum **Sungai Liwago**, den Fluß entlang zur Power Station. Am **Kiau View Trail**, der vor der Schranke an der Einfahrt zum Park beginnt, gibt es mehrere schöne Aussichtspunkte, die allerdings zum Teil schon wieder zugewachsen sind.

## Der Aufstieg

Der Weg zum Gipfel ist ab Power Station über 8,8 km lang. 2 - 2 1/2 Stunden steigt man auf unregelmäßigen Treppenstufen durch den Bergwald bis **Carson's Camp** (Layang Layang) ständig bergauf. In regelmäßigen Abständen gibt es Pondoks zum Ausruhen und Wasser nachfüllen. Schilder informieren über den Trail und die besondere Pflanzenwelt der jeweiligen Höhenstufe.

Nachdem man die 7000 Feet-Grenze (2100 m), den zweiten Pondok und die Sabah Telecom Station hinter sich gelassen hat, mehren sich die Kennzeichen des tropischen Nebelwaldes: die mit zunehmender Höhe kleiner werdenden Bäume sind häufig mit Moosen, Baumfarnen und Flechten bedeckt. Im Unterholz wachsen über 20 cm großen Kannenpflanzen *(Nepenthes lowii)*.

2 - 2 1/2 weitere Stunden wandert man durch den Nebelwald bis zum Laban Rata Resthouse am Rande der Vegetationszone. Von Carsons Camp bis zur

Vegetationsgrenze wachsen verschiedene Rhododendron-Arten, die vor allem während der europäischen Wintermonate in kräftigen Farben blühen. In dieser Höhe findet man auch zahlreiche Orchideenarten, manche mit winzigen Blüten, und noch schönere Kannenpflanzen mit wulstigen Rändern *(Nepenthes villosa)*. Eine gute Aussicht hat man kurz vor der 9500-Feet-Grenze (2850 m). Vor der 6. Schutzhütte in 3100 m Höhe führt eine Abzweigung rechts zu einem Hubschrauberlandeplatz.

In 3350 m Höhe erreicht man die Vegetationsgrenze, das Resthouse und drei weitere Hütten. Hier übernachten die meisten Leute (s.u.). Vom **Laban Rata Resthouse** hat man bei wolkenlosem Himmel eine herrliche Aussicht. Auf dem glatten Granitfelsen wachsen nur noch niedrige Büsche mit kleinen, dicken Blättern. Der Low's Peak ist verdeckt, dafür sieht man auf beiden Seiten andere Gipfel. 5 Minuten weiter bergaufwärts steht die **Gunting Lagadan Hütte**. Es wird früh geschlafen, denn am nächsten Morgen beginnt zwischen 2.00 und 3.00 Uhr der Aufstieg. 2 - 3 Stunden ist man in der Nacht mit Taschenlampe bis zum Gipfel unterwegs. Die Luft wird dünner, das Atmen fällt spürbar schwerer. An Streckenabschnitten, die über Granitfelsen gehen, sind dicke Seile gespannt, an denen man sich festhalten kann.

In 3800 m Höhe liegt am Hauptweg die **Sayat Sayat Hütte** aus klapprigen Metallplatten, in der bis zu 8 Personen übernachten können. Sie eignet sich gut als Standort für Leute, die länger in der Gipfelregion klettern wollen. Eine weitere Hütte befindet sich auf der anderen Seite des Gipfels.

Der Pfad führt am **Opferteich** *(Sacrifice Pool)* vorbei, wo früher den Geistern der Berge geopfert wurde. Rechts erheben sich zwei bizarre Felsen, die wegen ihres Aussehens **Donkey's Ears** genannt werden und die **Ugly Sisters**; links, der pyramidenförmige **South Peak** und **St. John's Peak**.

Besonders anstrengend sind die letzten 15 Minuten bis zum 4101 m hohen **Low's Peak**, dem höchsten Gipfel Südostasiens. Gegen 5.30 Uhr geht die Sonne auf und taucht die grauen Granitwände in warmes Licht. Das zunehmende Tageslicht erhellt die weite Ebene. Bei gutem Wetter hat man eine einmalige Sicht bis weit über die Küste Sabahs hinaus. 1 1/2 Stunden dauert der Abstieg bis zum Resthouse, wo man noch einmal gemütlich etwas essen kann. Nach weiteren 2 1/2 Stunden ist die Power Station und damit die Straße erreicht.

## ÜBERNACHTUNG

Alle Übernachtungsmöglichkeiten müssen vorher gebucht und bezahlt werden im Büro von *SABAH PARKS* in Kota Kinabalu (s.S. 548). Nach der Ankunft im Park muß man sich in der Rezeption rechts hinter der Schranke anmelden, die Quittung über die gebuchten Unterkünfte vorlegen, und bekommt dann den Schlafplatz zugewiesen. Sind die Unterkünfte im National Park voll, findet man an der Straße Richtung Kundasang und im Ort sicherlich noch eine Bleibe.

**HOSTELS** - Günstig sind das *OLD FELLOWSHIP HOSTEL* mit 46 Betten-Schlafsaal und das *NEW HOSTEL* mit 52 Betten-Schlafsaal für 10 RM p.P., Studenten 5 RM p.P.

**CABINS** - Die Häuser mit Heißwasserduschen und guter Ausstattung liegen in einem weitläufigen Park. Ohne Kochgelegenheiten: *TWIN-BED CABINS* sowie *BASEMENT ROOMS* für 2 Pers. 50 RM (80 RM), und *ANNEX SUITE* (4 Pers.) im Administration Bldg. 100 RM (160 RM). Alle weiteren Häuser sind mit Kühlschrank, Kochmöglichkeiten und Kamin ausgestattet: *SINGLE STOREY CABIN* (5 Pers.) und *DUPLEX CABIN* (6 Pers.) 150 RM (200 RM); *NEPENTHES VILLA* (4 Pers.) und *DOUBLE STOREY CABIN* (7 Pers.) 180 RM (250 RM); sowie die *KINABALU LODGE* (8 Pers.) 270 RM (360 RM).

**BERGHÜTTEN** - Die meisten Bergsteiger übernachten im *LABAN RATA RESTHOUSE* in

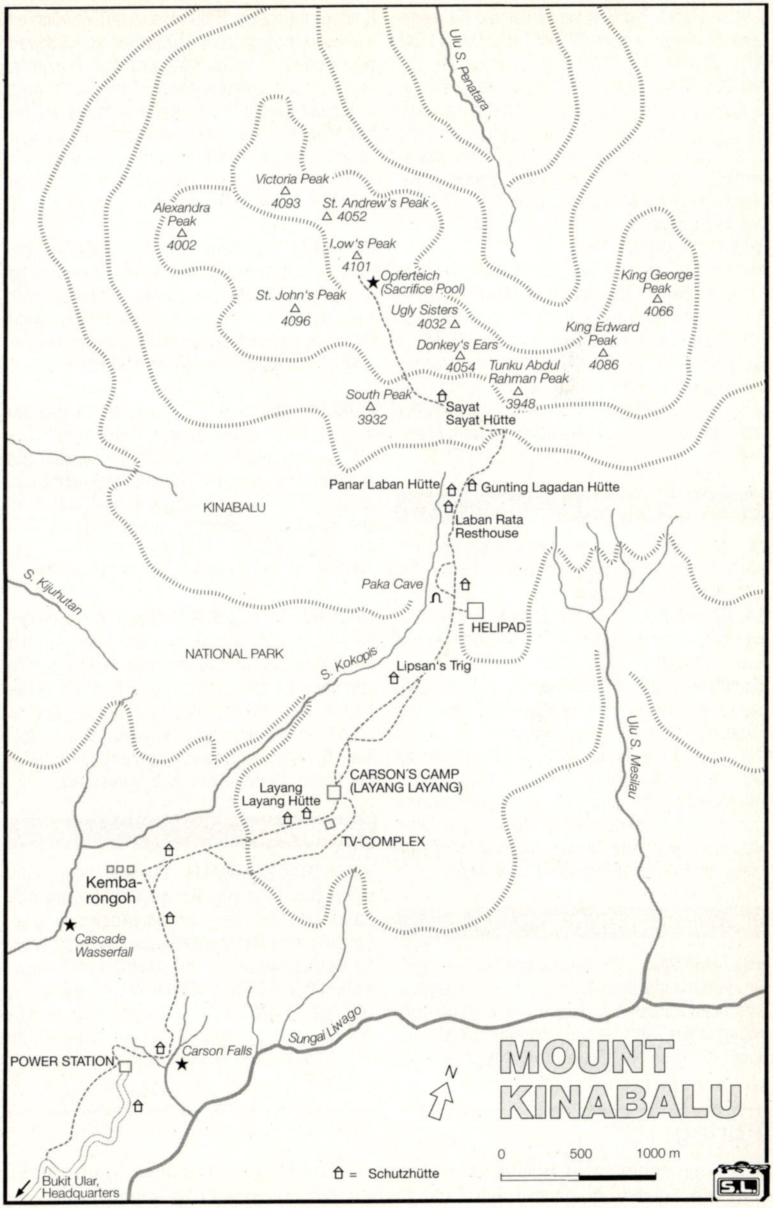
Ulu S. Penatara
Victoria Peak
4093
Alexandra Peak
4002
St. Andrew's Peak
4052
Low's Peak
4101
Opferteich (Sacrifice Pool)
St. John's Peak
4096
Ugly Sisters
4032
King George Peak
4066
King Edward Peak
4086
Donkey's Ears
4054
Tunku Abdul Rahman Peak
3948
South Peak
3932
Sayat Sayat Hütte
Panar Laban Hütte
Gunting Lagadan Hütte
KINABALU
Laban Rata Resthouse
S. Kijuhutan
Paka Cave
HELIPAD
NATIONAL PARK
S. Kokopis
Lipsan's Trig
Ulu S. Mesilau
CARSON'S CAMP (LAYANG LAYANG)
Layang Layang Hütte
TV-COMPLEX
Kemba-rongoh
Cascade Wasserfall
Sungai Liwago
Carson Falls
POWER STATION
N
MOUNT KINABALU
0 500 1000 m
Schutzhütte
Bukit Ular, Headquarters
S.L.

3350 m Höhe. Ein Bett im Schlafsaal für insgesamt 56 Pers.. kostet 25 RM p.P., DZ mit Du/WC 100 RM und Zimmer für 4 Pers. mit Du/WC 200 RM. Das warme Wasser kann schnell zu Ende gehen, deshalb rechtzeitig duschen oder die Dusche für den Abstieg aufsparen. Die *GUNTING LAGADAN HÜTTE*, 5 Min. weiter bergaufwärts, ist ein hellhöriges, großes, unbeheiztes Holzhaus, Schlafsaal mit 2 und mehr Doppelstockbetten für insgesamt 44 Pers. 10 RM p.P., Studenten 5 RM.
Weitere Übernachtungsmöglichkeiten für bis zu 12 Pers. bieten die ältere *PANAR LABAN HÜTTE* und die ähnlich ausgestattete *WARAS HÜTTE*, kosten p.P. 10 RM, Studenten 5 RM.
Die *LAYANG LAYANG HÜTTE* (= Schwalben-Hütte) in 2700 m Höhe mit Koch- und Schlafmöglichkeiten ist nur in besonderen Fällen und nach vorheriger Absprache mit dem Headquarters geöffnet.

## ESSEN UND TRINKEN

Im Administration Building befindet sich das *LIWAGU RESTAURANT* mit annehmbarem Essen, das nicht überteuert ist.
*BALSAM CAFETERIA,* unterhalb der Rezeption, wird einfaches westliches und asiatisches Essen serviert.
In beiden Hostels gibt es eine Gemeinschaftsküche. Eine Kantine mit einem kleinen Laden liegt etwas unterhalb der Rezeption.
Das einzige Restaurant auf dem Berg befindet sich im *LABAN RATA RESTHOUSE*. Einfache Gerichte und Getränke, die logischerweise teurer sind als anderswo und öffnet normalerweise um 2.30 Uhr, damit man vor dem Aufstieg noch etwas essen oder trinken kann.

## TIPS FÜR BERGSTEIGER

**AUSRÜSTUNG** - Wegen der großen Temperaturunterschiede braucht man warme Kleidung; eine Windjacke und 2 Pullover, die man übereinanderziehen kann, reichen normalerweise aus. Schuhe mit einem guten Profil erleichtern das Klettern erheblich. Empfehlenswert ist auch ein kleines Handtuch zum Abwischen von Schweiß oder Regen, Toilettenpapier und eine Wasserflasche, die an verschiedenen Tanks unterwegs aufgefüllt werden kann. Beim Aufstieg am frühen Morgen braucht man außerdem eine starke Taschenlampe. Kleidung und alles, was nicht naß werden soll, wird am besten in Plastiktüten verpackt, bevor es im Rucksack verstaut wird.

**PERMIT** - Ein Permit für den Aufstieg, das man im *Headquarters* ausgestellt bekommt, kostet 10 RM (Studenten 2 RM). Nach der Rückkehr erhält man eine Urkunde (1 RM). Jeder Bergsteiger muß hier zudem eine Unfallversicherung abschließen, die weitere 3,50 RM kostet.

**GUIDES** - Nur in Begleitung eines Guides darf man auf den Kinabalu hinauf. Allerdings sind sie nur für den letzten Gipfelaufstieg wirklich notwendig. Die von der Nationalparkverwaltung angestellten Guides sind gut ausgebildet, manche sprechen allerdings nur wenig Englisch.
Ein Guide kostet für 1 - 3 Pers. 25 RM und für 4 - 6 Pers. 30 RM, über 6 Pers. 50 RM pro Tag.

**GESUNDHEITLICHE RISIKEN** - Wer herzkrank ist oder einen sehr schwachen Kreislauf hat, sollte sich die Strapazen eines Aufstiegs nicht zumuten. Es ist wichtig, gut zu essen, weder Kaffee, Tee, Alkohol noch Softdrinks (Zucker) zu trinken, da dieses die Höhenkrankheit (Übelkeit, Schwindel, Kopfschmerzen) fördert. Um Krämpfen vorzubeugen, hilft etwas Salz.

## TRANSPORT

Von KOTA KINABALU, 113 km, nimmt man einen Bus Richtung Ranau, Kundasang oder Sandakan und steigt an der Abzweigung am Eingang zum Nationalpark aus Die Fahrt kostet 10 RM und dauert 2 Std. Busse von SANDAKAN kosten 20 RM und brauchen 4 - 5 Std.
Um nach KUNDASANG (1 RM) oder RANAU (3 RM) zu kommen, läuft man hinunter zur Hauptstraße und hält den nächsten Bus an.

# Poring

Das Angenehmste in Poring ist ein Bad in den **Heißen Quellen** inmitten der schönen Gartenanlage mit Bambus, Farnen, vielen Hibiskusbüschen und anderen Blumen (Eintritt 2 RM, Kinder 1 RM). In dem heißen, schwefelhaltigen Wasser, das aus dem Felsen sprudelt, kann man Eier kochen. Es ist zu heiß zum Baden und wird in verschiedenen Basins unterschiedlicher Größe mit kaltem Wasser gemischt. Man kann die Becken mit unterschiedlich temperiertem Wasser füllen und abwechselnd vom heißen ins kalte Becken steigen. Besonders nach einem schweißtreibenden Dschungelmarsch ist solch ein Bad sehr erfrischend.

Eine weitere Attraktion ist der **Canopy Walkway** im Tal hinter der heißen Quelle. Zwischen tropischen Baumriesen wurden in einer Höhe von 10 - 30 m schwankende Hängebrücken angebracht, die zwar mit Netzen gesichert sind, aber nur Schwindelfreien empfohlen werden können. Von oben eröffnet sich ein Einblick in die ansonsten unzugängliche Wipfelregion des Regenwalds. Leider ist die Anlage am frühen Morgen, wenn die Tiere am aktivsten sind, nicht geöffnet, sondern nur von 10.30 - 15.30 Uhr, Eintritt 2 RM, für Kameras werden weitere 5 RM, für Videokameras sogar 30 RM verlangt.

Mehrere markierte Pfade führen durch den Dschungel zu Wasserfällen, Höhlen und Bambuswäldern. Hinter der heißen Quelle zweigt vom Weg zum Canopy Walkway ein schöner Dschungelpfad ab. Nach etwa 10 Min. gelangt man zum **Kipungit Wasserfall** und nach weiteren 10 Min. zur **Gua Kalawar**, einer kleinen Felsenhöhle, die von Fledermäusen bewohnt ist. Danach führt der Pfad ständig bergauf. Nach 1 1/2 Stunden durch unberührten Tieflanddschungel erreicht man die **Langanan Wasserfälle**, Kaskaden von mehreren hundert Metern Länge.

### ÜBERNACHTUNG

Das *OLD HOSTEL* verfügt über Doppelstockbetten, in denen bis zu 24 Pers. in 4- und 6-Bett-Zimmern übernachten können. Eine Nacht 10 RM, Studenten 5 RM p.P. Decken und Bettlaken sind im Preis inbegriffen. Was in der Küche an Geschirr fehlt, kann man sich meist an der Rezeption leihen.

Im *NEW HOSTEL* können zum gleichen Preis 42 Pers. in 4- und 6-Bett-Zimmern übernachten. Die Küche im Old Hostel ist jedoch besser.

Auf dem *CAMPINGPLATZ* jenseits des Fußballplatzes auf einem Hügel wird eine Übernachtung mit 5 RM berechnet (Studenten: 2 RM).

In der *OLD CABIN* können bis zu 6 Pers. für insgesamt 75 RM an Wochentagen und 100 RM an Wochenenden und an Feiertagen übernachten.

Die *NEW CABIN* kostet 60 bzw. 80 RM. 4 Personen können in zwei Zimmern schlafen.

### ESSEN

Gegenüber vom Eingang kann man in einem kleinen malaiischen und in einem chinesischen Restaurant essen. Da das chinesische Restaurant auch kaltes Bier ausschenkt, ist es abends sehr beliebt. Zudem können Selbstverpfleger hier Lebensmittel und Getränke bekommen.

### TRANSPORT

Reguläre Minibusse fahren überwiegend am Morgen von RANAU für 5 RM nach Poring. Am leichtesten findet man morgens und am Wochenende andere Touristen, mit denen man sich ein Überlandtaxi für 25 RM pro Wagen teilen kann.

## Sandakan

*Eine Gruppe englischer Geschäftsleute kaufte 1881 dem Sultan von Sulu und Brunei den nördlichen Teil der Insel ab, und machte Sandakan 1884 zur Hauptstadt von British North Borneo. Schon drei Jahre später lebten 5000 Menschen in der Stadt, die einen rasanten Boom erlebte. 1931 hatte sich die Bevölkerung verdreifacht, und Sandakan war zum Industrie- und Handelszentrum Nord-Borneos geworden. Während der „Booming Seventies", als das Hinterland abgeholzt wurde, floß durch Holzexport und Schmuggel viel Geld in die*

*Stadt. Damals, so heißt es, soll die Stadt weltweit die größte Konzentration an Millionären gehabt haben. Heute ist der Timber Boom vorbei, und die repräsentativen Gebäude scheinen für die Stadt überdimensioniert. Etwa 25 000 meist illegale Einwanderer aus Indonesien und den Philippinen hoffen im District Sandakan auf ein besseres Leben, verkaufen Kretek-Zigaretten, Musikkassetten und arbeiten als Schuhputzer oder Prostituierte in den zahlreichen Hotels.*

Interessant ist ein Spaziergang am alten Hafen **(Pengkalan Lama)** entlang zum **Pasar Besar**. Das bunte Treiben in und um die großen und kleineren Markthallen fasziniert durch den auffälligen Philippino- bzw. indonesischen Charakter.

Es lohnt sich, mit einem Taxi auf die Hügelkette nordwestlich des Zentrums hinaufzufahren. Von oben bietet sich eine gute Aussicht auf der einen Seite auf die Stadt, den Hafen und die vorgelagerten Inseln, und auf der anderen über die Bucht von Sandakan mit ihren Wasserdörfern. Eine 3 km lange Straße (Taxi 4 RM) führt von der Jl. Singapura am *Adventist Youth Centre* vorbei zum **Trigg Hill** (Bukit Benderah). Nach 1 km erreicht man mehrere Seafood-Restaurants (s.u.) und nach weiteren 2 km einen Aussichtspunkt an einer Sendestation.

## ÜBERNACHTUNG

**GÄSTEHÄUSER** - *UNCLE TAN**, tel 531917, fax 531639, liegt an der Labuk Road, 29 km außerhalb der Stadt, 5 km vor Sepilok Überlandbusse halten auf Anfrage vor seinem Haus. Bus ab Sandakan 1,60 RM. Die Übernachtung in kleinen, recht ruhigen Bungalows mit Gemeinschafts-Du/WC hinter dem Haupthaus kostet mit Vollpension (gutes Essen) 20 RM p.P.

*TRAVELLERS REST HOSTEL**, die Jl. Leila hinaus, in Ramai Ramai, im 2. Block in der 2. Reihe, im 2. Stock, tel 216454, liegt in einer etwas heruntergekommenen, unsicheren Gegend, 1 1/2 km westlich des Marktes.

**UNTERE PREISKLASSE** - Meist sind sie mit „arbeitssuchenden“ Emigrantinnen aus Indonesien und den Philippinen belegt.

*PARIS HOTEL*-***, 45 Jl. Tiga, tel 218488, noch recht akzeptabel ist dieses Chinesenhotel, Zimmer mit Fan* oder ac**.

**MITTELKLASSE** - Einige Hotels warten nach der Renovierung mit recht komfortablen, sauberen Zimmern auf. Nach Discount fragen!

*NEW SABAH HOTEL***, 18 Jl. Singapura, tel 218711, fax 271249, saubere Zimmer mit Du/WC, ac und TV, mit Restaurant.

*HUNG WING HOTEL**-*****, Jl. Tiga, tel 218 895, preiswerte Zimmer mit Du/WC und Fan befinden sich im 5. und 6. Stock, teure Zimmer mit ac, Du/WC und TV in den unteren Stockwerken.

*HOTEL NAK*****, Jl. Edinburgh, tel 272988, fax 272879, im Zentrum, renovierte Zimmer mit ac, TV und Du/WC, einige mit Blick aufs Meer.

**OBERE PREISKLASSE** - *CITY VIEW HOTEL* ****, Jl. Tiga, Block 23, tel 271122, fax 273115, im Zentrum, mit allen Einrichtungen. Handeln!

*RAMADA RENAISSANCE HOTEL* (ab 300 RM), Jl. Utara, 1 km außerhalb, tel 213299, fax 271271.

## ESSEN

Preiswertes malaiisches Essen gibt es im Obergeschoß des Marktes. Auf dem Nachtmarkt vor dem Postamt sind zahlreiche Essenstände aufgebaut. Auf dem Trigg Hill kann man in drei Restaurants der gehobenen Preisklasse im Freien sitzen und hervorragendes Seafood essen. Die Restaurants öffnen jedoch erst abends.

Am besten ist das *GOLDEN PALACE RESTAURANT*, tel 211878, phantastisch gewürzter Fisch, *Steamboat* und knackiges Sabah-Gemüse.

## SONSTIGES

**GELD** - *MAYBANK*, 6 Jl. Leila, tel 213171; *SABAH BANK*, Lot 1-5 Menara MPS, Jl. Leila, tel 213066.

**POST** - das GPO liegt an der Jl. Leila hinter dem Tun Abdul Razak Park, westlich des Zentrums.

**SABAH PARKS** - Das Büro für die Genehmigungen zum Besuch der Nationalparks befindet sich im 9. Stock, Wisma Khoo Siak Chiew, Jl. Buli Sim Sim, tel und fax 273453. Geöffnet Mo - Do 8.00 - 12.45 und 14.00 - 16.15, Fr 8.00 - 11.30 und 14.00 - 16.15, Sa 8.00 - 12.45 Uhr.

**VORWAHL** - 089.

## TOUREN

*WILDLIFE EXPEDITIONS SDN. BHD.,* 9. Stock, Wisma Khoo Siak Chiew, Jl. Buli Sim Sim, tel 219616, fax 214570, ist der lokale Anbieter für mehrtägige Ausflüge nach Pulau Selingan.
Außerdem werden Touren zu den Gomantang Caves und zum Kinabatangan River angeboten. *UNCLE TAN* offeriert gute, preisgünstige Touren für Traveller, die auf ihre Ausgaben achten müssen.
Ausflüge nach Pulau Selingan einschließlich Übernachtung und Transport kosten 80 RM. Touren zum *Wildlife Camp* an den Oxbow Lakes sowie zum oberen Kinabatangan River mit Übernachtungen in seinem *River Camp.* werden ebenfalls angeboten.

## TRANSPORT

**BUSSE** - Fernbusse fahren ab Jl. Leila. Zwischen 5.30 und 7.00 Uhr mehrere Busse für 25 RM in 6 - 7 Std. nach KOTA KINABALU. Bis RANAU, 20 RM, brauchen sie 5 Std., zum KINABALU NATIONALPARK, 20 RM, 4 - 5 Std. Richtung Süden sind die Straßen in besserem Zustand.
Minibusse fahren den ganzen Tag über nach LAHAD DATU für 15 RM, einige verkehren sogar bis TAWAU für 25 RM.

**FLÜGE** - *MAS-OFFICE,* Sabah Bldg., Jl. Edinburgh, tel 273966-72, geöffnet Mo - Fr 8.00 - 16.30, Sa bis 15.00 und So bis 12.00 Uhr.
Der 15 km außerhalb der Stadt gelegene Airport kann mit dem Minibus Batu 7 oder mit einem Taxi für 10 RM erreicht werden.
Mehrere Flüge täglich direkt von und nach KOTA KINABALU in 50 Min. 83 RM und nach TAWAU 74 RM.
Zudem fliegen kleine Twin Otter über KUDAT (54 RM) nach KOTA KINABALU (69 RM), PAMOL (40 RM), LAHAD DATU (40 RM) und SEMPORNA (50 RM).

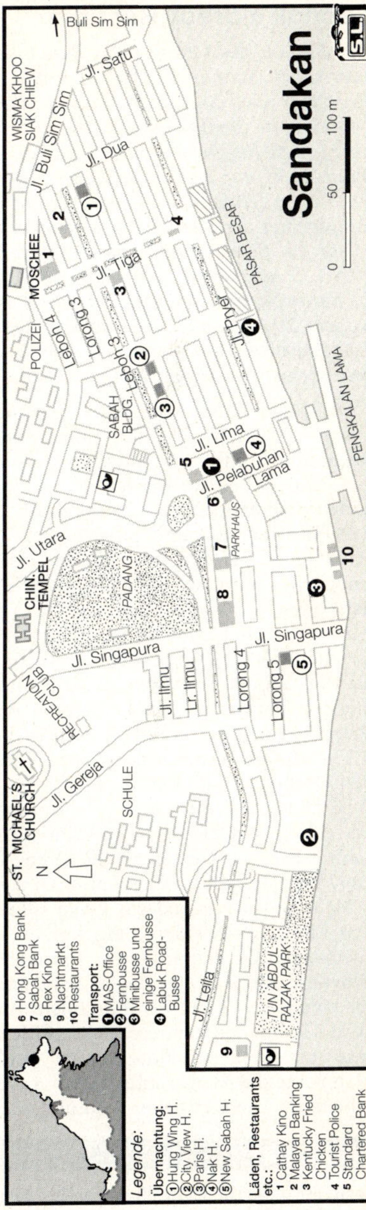

## Sepilok Forest Reserve

*Der Besuch des Orang Utan Rehabilitationszentrums lohnt auf alle Fälle eine Fahrt nach Sandakan. Wir raten davon ab, den in Kota Kinabalu angebotenen Tagestrip nach Sepilok zu buchen, der den Hin- und Rückflug mit einschließt. Die Zeit in Sepilok ist in diesem Fall so kurz bemessen, so daß kaum Zeit bleibt, den Regenwald zu erwandern, denn das etwa 43 km² große Waldgebiet lohnt nicht nur wegen der Orang Utan einen Besuch. Zwischen dem intakten, tropischen Tieflandswald im Landesinneren und dem Meer gibt es im Mündungsgebiet der kleinen Flüsse zudem einen gut erhaltenen Mangrovenwald.*

*Nur auf Borneo und Sumatra leben die „Waldmenschen" (= malaiisch Orang Utan). Schätzungen für Sabah gehen von 3000 in Freiheit lebenden Tieren aus. In Sarawak, im indonesischen Teil von Kalimantan, und auf Sumatra leben weitere 20 - 30 000 dieser gefährdeten Affen. Der Mensch drängte im Laufe der Zeit diese als Einzelgänger lebenden Tiere, deren Lebensraum riesige Areale beansprucht, in immer kleinere Gebiete zurück.*

Das Rehabilitationszentrum *(Sanctuary)* liegt 3 km abseits der Hauptstraße in einem schönen Waldgebiet. Links vom Eingang ist in einem kleinen **Visitor Information Centre** eine informative Ausstellung über die Fauna und Flora untergebracht. Außerdem werden tgl. um 11.10 und 15.10 Uhr, Fr nur um 10.30 Uhr **Videofilme** über Orang Utan und die Arbeit in Sepilok vorgeführt.

Rechts vom Eingang befindet sich die **Rezeption**, wo man auch Broschüren erhält, sich für den kostenlosen Videofilm und den Besuch von Plattform B (möglichst schon vor 8.30 Uhr da sein, da nur 15 Touristen mitgenommen werden) anmelden kann. Sie ist geöffnet tgl. 8.30 - 11.30 und 14.00 - 15.30 Uhr, Fr vormittags bis 11.00 Uhr. Der Zugang zum **Rehabilitationszentrum** liegt dahinter und öffnet tgl. von 9.00 - 12.00 (Fr bis 11.30) und 14.00 - 16.00 Uhr, Eintritt 10 RM, Kinder 5 RM, wer Videos machen möchte zahlt außerdem 10 RM. Die meisten Touristen besuchen zuerst den **Orang Utan Kindergarten**, ein abgesperrter Spielplatz, auf dem sich die Jungtiere vor den Augen der Besucher von 9.15 - 10.00 Uhr austoben können. Dann geht es weiter auf Plankenwegen durch den Dschungel zur **Plattform A**, wo die Tiere um 10.00 und 14.30 Uhr, Fr um 9.30 Uhr, gefüttert werden. Vormittags kommen zahlreiche Besucher und weniger Tiere zur Plattform A, während am Nachmittag die Orang Utan durchaus zahlreicher sein können als die Orang Putih. Tgl. gegen 10.30 Uhr (Fr um 10.00 Uhr*)* bringen Ranger auch Futter zu der etwa 30 Min. entfernten **Plattform B.**

Mehrere ausgeschilderte Pfade führen durch den Dschungel bis hinunter zu den Mangrovenwäldern. Ein kurzer **Waldlehrpfad** beginnt gleich hinter dem ehemaligen Education Centre. Ein ungefähr 4 km langer Weg führt zu den **Mangrovenwäldern** in der Bay of Sandakan. Bei gemütlicher Gangart, braucht man für einen Weg 1 1/2 bis 2 Stunden. Auf einem weiteren Pfad erreicht man nach etwa 45 Minuten mehrere **Wasserfälle** und Pools, die allerdings als Frischwasserreservoir für die Station benutzt werden und daher etwas „ausgedünnt" sind. Man sollte die Ranger informieren, bevor man allein loszieht. Sie wissen auch Bescheid, wo Tiere zu sehen sind und warnen vor möglichen Gefahren.

### TRANSPORT

Labuk Road-Busse mit der Bezeichnung Batu 14 und Minibusse fahren alle 30 - 60 Min. für 1,20 RM bzw. 1 RM nach Sepilok. Sie brauchen für die 25 km lange Strecke 35 Min. Am KM 23 geht es links ab.

Taxis kosten ca. 18 RM.

# Tawau

Tawau ist eine ökonomische Boomtown mit der am schnellsten anwachsenden Bevölkerung Sabahs. Sie liegt an der Darvel Bucht gegenüber der Insel Sebatik, die zur Hälfte bereits zu Indonesien gehört. Bis 1898 gehörte auch Tawau zu Niederländisch-Ostindien, und holländische Pflanzer bauten auf den fruchtbaren, vulkanischen Böden in der Umgebung hauptsächlich Tabak an. Aber auch Kopra, Kakao, Palmöl und Gummi wird schon seit 100 Jahren hier geerntet.

## ÜBERNACHTUNG

**UNTERE PREISKLASSE** - Die billigsten Unterkünfte sind schmutzige Verschläge, die von Damen des horizontalen Gewerbes genutzt werden. Empfehlenswerte Alternativen für Preisbewußte sind: *LOONG HOTEL***, 3868 Jl. Abaca, tel 765308, das neue, ruhig gelegene Hotel hat einfache, saubere Zimmer mit Du/WC, TV und ac im 1. - 3. Stock und das *SOON YEE HOTEL***, 1362 Jl. Stephen Tan, tel 772447. Einfache, saubere Zi mit ac, TV und Du/WC.

**MITTELKLASSE** - *NORTH BORNEO HOTEL****, 52-53 Jl. Dunlop, tel 763060, fax 773066, neues Hotel an der Hauptstraße. Gute, saubere Zi mit Bad/WC, ac und TV, z.T. mit Balkon.
*1ST HOTEL****, Jl. Bunga, tel 770099, fax 761296. Neues Hotel, Zimmer mit Du/WC, TV und ac, einige auch mit Bad und Kühlschrank.

**OBERE PREISKLASSE** - *EMAS HOTEL*****, Jl. Utara, tel 762000, fax 763569, ein großer Block etwas abseits des Zentrums. 100 ac-Zimmer mit TV, Bad/WC, Discount möglich.

## ESSEN

Eine große Zahl *FOODSTALLS*, die überwiegend malaiische Gerichte anbieten, stehen auf dem großen Platz hinter dem Sabindo Complex. Viele kleine chinesische Restaurants gibt es in der Jl. Chester, Jl. Dunlop sowie im Fajar Complex, wo man auch westliches Essen bekommt.

## SONSTIGES

**GELD** - *MAYBANK* im Fajar Complex, *SABAH BANK*, 1086 Jl. Utara.
**Moneychanger** unter Kemayan Supermarket, am Eingang zur Customs Wharf, wechseln Indo. Rupiahs und US$ cash.

**INDONESISCHES KONSULAT** - Wisma Indonesia, Jl. Apas (= Straße nach Sandakan), 3 km östlich vom Zentrum, tel 772052. Geöffnet Mo - Fr 8.00 - 12.00 und 14.00 - 16.00 Uhr. Da Nunukan bzw. Tarakan keine visafreien Einreiseorte nach Indonesien sind, muß man sich vorher ein Visum besorgen. Für Deutsche kostenlos. Österreicher und Schweizer zahlen 10 RM Visagebühr. Benötigt werden 2 Paßbilder. Wer morgens die Anträge ausfüllt, kann sich meist schon nachmittags, spätestens am folgenden Morgen, das Visum abholen.

**VORWAHL** - 089.

## TRANSPORT

**BUSSE** - Minibusse nach Semporna, Lahad Datu und Geländewagen nach Keningau fahren von der Haltestelle an der Jl. Dunlop ab. Minibusse nach SEMPORNA, 4 RM in 1 1/2 Std.; LAHAD DATU 8 RM in 4 Std., Überlandtaxis 15 RM p.P. Jeden Morgen fahren mehrere Minibusse in ca. 6 Std. nach SANDAKAN, 25 RM. Auf einer *logging road* kann man in 8 Std. für 80 RM in Geländewagen über Sapulot bis nach KENINGAU fahren. Sie starten zwischen 7.00 und 8.00 Uhr von der Minibus Station, wenn genügend Passagiere da sind, das Wetter gut und nicht gerade wieder eine Brücke eingestürzt ist.

**FLÜGE** - Der Airport liegt im Stadtgebiet nördlich vom Zentrum. Airport Tax für nationale Flüge 5 RM, für internationale Flüge 20 RM.
Tgl. Flüge nach KOTA KINABALU für 96 RM und SANDAKAN für 74 RM. *MAS-OFFICE*, Wisma SASCO, Fajar Complex, tel 765533.
Der halbstündige Flug mit BOURAQ am Di, Do und Sa um 9.30 Uhr oder MAS am Mo und Sa um 11.05 Uhr nach TARAKAN kostet 170 - 200 RM. Buchungen bei *MERDEKA TRAVEL SERVICE*, Jl. Sabindo Lima.

**FÄHREN** - Richtung Indonesien verkehren mehrere Fähren: *K.M. Samudera Express* fährt 2x tgl. nach Nunukan für 25 RM. Dort kann man übernachten und am nächsten Morgen weiter nach Tarakan fahren. Die gesamte Strecke kostet 65 RM. Zudem fahren die *K.M. Samudra Indah* und auch *K.M. Harapan Mulia* auf dieser Strekke tgl. außer So. Tickets an den Schaltern vor der Customs Wharf, gegenüber dem Pasar Ikan, unter dem Kemayan Supermarket.

## Von Kota Kinabalu nach Brunei

Da es zwischen Trusan (Sarawak) und Labu (Brunei) immer noch keine Straßenverbindung gibt, bleibt nur die Möglichkeit, über Sipitang und Merapok nach Lawas zu fahren und dort ein Boot nach Brunei zu nehmen, oder gleich mit dem Schiff von Kota Kinabalu über Labuan nach Bandar Seri Begawan zu fahren.

## Beaufort

Die kleine Stadt wurde 1898 gegründet und nach einem frühen Gouverneur der British North Borneo Company benannt. Sie liegt am nördlichen Ufer des **Padas River**, der ab hier bis Tenom eine tiefe Schlucht durchschneidet. Der große Staudamm in Pangi liefert nicht nur 66 MW Elektrizität, sondern schützt Beaufort vor gewaltigen Überschwemmungen, die früher an der Tagesordnung waren.

### ÜBERNACHTUNG

*BEAUFORT HOTEL***, Lot 19-20 Lochung Park, tel 211911, zentral gelegen, Zimmer mit ac, TV, Du/WC. Chinesisches Restaurant.
*BEAUFORT INN***, nur wenige Meter weiter, tel 211232, hat ein ähnliches Angebot.
*MANDARIN INN***, Lot 38, Jl. Beaufort Jaya, tel 212800, das kleinste Hotel liegt etwas außerhalb jenseits des Flusses.

### SONSTIGES

**GELD** - *SABAH BANK*, Lot B, Block A, Beaufort Jaya Commercial Centre, tel 211721.

**VORWAHL** - 087.

### TRANSPORT

**BUSSE** - Mehrmals tgl. fahren Minibusse über in 2 Std. nach KOTA KINABALU, 7 RM. Überlandtaxen kosten 10 RM. Minibusse nach MENUMBOK (Fähre nach LABUAN) für 8 RM. Nach Sarawak kommt man entweder mit einem durchgehenden Minibus oder mit mehreren Minibussen in Etappen: zuerst nach SIPITANG 7 RM, dann nach MERAPOK für 2,50 RM und endlich nach LAWAS für 3,50 RM. Überlandtaxis direkt nach LAWAS kosten 20 - 25 RM p.P. In SINDUMIN, kurz vor Merapok, muß man sich den Sabah-Ausreisestempel besorgen. Den Sarawak-Einreisestempel bekommt man in LAWAS.

**EISENBAHN** - Vom Bahnhof in Beaufort, tel 211518, fahren 2 Triebwagen Mo - Sa und feiertags um 12.00 und 13.55 Uhr nach TENOM für 8,35 RM (Railcar) bzw. 2,75 RM (Diesel Economy).
Nach TANJUNG ARU (Kota Kinabalu) für 4,80 RM (Economy) bzw. 14.45 RM (Railcar) Mo - Sa und feiertags um 9.50 und 11.38 Uhr, am So nur um 14.30 Uhr in 2 1/2 - 3 1/2 Std.

## Labuan

*Die 92 km² große Insel wurde bereits 1846 durch den Sultan von Brunei an England abgetreten, um vom Tiefseehafen Victoria Harbour aus Piraten an der Westküste Borneos zu bekämpfen und den Handel zu fördern. Für die ersten Dampfschiffe waren die Kohlevorkommen auf der Insel in Tanjung Kubong eine willkommene Möglichkeit, die Vorräte aufzufüllen. 1984 änderte sich der Status der Insel; sie wurde zum Federal Territory erklärt und gehört damit nicht mehr zu Sabah. Seit einigen Jahren genießt die Insel sogar Zollfreiheit, was ihr einen kleinen Wirtschaftsboom und viele durstige Touristen aus dem benachbarten Brunei beschert hat.*

In Bandar Labuan, dem Hauptort der Insel, kommen die Fähren an. Da nicht nur Tabak und Alkoholika sondern auch Autos zollfrei sind, drängen sich Limousinen auf Labuans Straßen. Dennoch kann man gut in der Stadt flanieren, denn überall wurden Bürgersteige neu angelegt. **Gedenksteine** vor dem Majlis Negri machen Besucher auf die Abtretung der Insel durch den Sultan von Brunei an die Engländer und die Zeit der japanischen Besatzung aufmerksam.

## ÜBERNACHTUNG

**UNTERE PREISKLASSE** - selbst in dieser Kategorie muß man für ein DZ etwa 50 RM zahlen: *PANTAI VIEW HOTEL***, Lot 68, Jl. Awang Besar, tel. 411339, fax 412793. Zimmer mit Du/WC, ac und TV sowie preiswertere mit Fan und Gemeinschafts-Du/WC, sauber.
*MELATI INN***, Jl. Perpaduan, tel 416307, fax 414757, einfache Zimmer mit Du/WC und ac.

**MITTELKLASSE** - *SOUTHERN HOTEL***-***, Lot 6-7, Jl. Bunga Anggrek, tel 414211, fax 410788, die Gegend ist nachts recht belebt.
*PULAU LABUAN HOTEL****, Lot 27-28 Jl. Muhibbah, tel 416288, fax 416255.
*PULAU LABUAN INN****, Lot 8 Jl. Bunga Dahlia, tel 416833, fax 411750, das Schwesterhotel etwas außerhalb, ist ähnlich.
*VICTORIA HOTEL****, Jl. Bunga Kesuma, tel 412411, fax 412550, DZ mit ac, Bad/WC und Kühlschrank. EZ auch für 2 Personen möglich.

**OBERE PREISKLASSE** - *MARINER HOTEL****-****, Jl. Tanjung Purun, tel 418822, neu, komfortabel; östlich des Zentrums. Mit Restaurant.
*LABUAN HOTEL*****, Jl. Merdeka, tel 412311, fax 415355, größtes Hotel der Insel mit Coffee Shop, Restaurant und einer guten Disco!

## ESSEN UND SONSTIGES

Neben der Bus Station sind Essenstände aufgebaut. *WONG KEE RESTAURANT*, und viele andere in der Jl. Bunga Seroja. Man kann draußen sitzen und zum chinesischen Essen gemütlich ein Bier trinken. Ein sehr gutes Seafood Restaurant befindet sich hinter dem Markt im 1. Stock. Im Erdgeschoß darunter ebenfalls ein China-Restaurant mit freundlicher Bedienung.

**VORWAHL** - 087.

**GELD** - *MAYBANK*, Wisma Oceanic, tel 413945. *SABAH BANK*, 10 Jl. Bunga Mawar, tel 413633.

## TRANSPORT

**FLÜGE** - *MAS OFFICE*, Wisma Kee Chia, Jl. Bunga Kesuma, tel 412263. MAS-Flüge 6x tgl. nach KOTA KINABALU (52 RM), tgl. über MIRI (66 RM) nach KUCHING (199 RM), ein weiterer Flug am Morgen nur nach Miri, ein direkter Flug um 16.45 Uhr auch nach KUALA LUMPUR (372 - 437 RM). Twin Otter-Flüge am Do über LIMBANG (30 RM) nach MIRI (57 RM), am Do nach Lawas (31 RM). Royal Brunei fliegt mit einer Fokker 50 tgl. um 16.00 Uhr von BANDAR SERI BEGAWAN nach Labuan und um 17.00 Uhr zurück. Ein weiterer Flug mit MAS.

**SCHIFFE** - Nach KOTA KINABALU fahren Expressboote tgl. 8.30, 13.00, 14.00 und 15.00 Uhr, um 25 RM, 2 1/2 Std.
Nach MENUMBOK fahren laufend von 7.00 bis 16.00 Uhr Autofähren, 5 RM, 1 Std.
Das Expressboot um 13.00 Uhr, 30 Min., 10 RM. Von Menumbok fahren Minibusse nach Kota Kinabalu für 20 RM in 2 1/2 Std.
Nach BANDAR SERI BEGAWAN Expressboote für 24 RM (2. Kl.), 32 RM (1. Kl.) in 1 1/2 Std. um 8.00, 12.15 und 14.00 Uhr; LAWAS um 13.00 Uhr, 2 1/2 Std., 20 RM; LIMBANG um 12.30 Uhr, 2 Std. 10 RM.
Buchungen:
*BORNEO LEISURE TRAVEL*, Jl. Merdeka, Ecke Jl. Bunga Raya, tel 412261, für die 15.00 Uhr-Fähre nach Brunei.
*DUTA MUHIBAH AGENCY*, 52 Jl. Merdeka, tel 413827, für die 8.00 Uhr-Fähre nach Brunei und die 15.00 Uhr-Fähre nach Kota Kinabalu.
*SIN MATU*, nebenan, 55 Jl. Merdeka, tel 412261, für die ersten 3 Kota Kinabalu-Fähren und die 12.15 Uhr-Fähre nach Brunei.

CLIFFORD CENTRE
Raffles Place

# Singapore

*Singapore - wer erinnert sich beim Klang des Namens nicht an Bilder aus alten Filmen oder an die Geschichten von Somerset Maugham? Singapore, das ist ein Zaubername wie Casablanca, da riecht es nach Hafen und Schlick, nach Laster und Opium. Da drängen sich Rikscha-Kulis und Lastträger in engen Gassen, gehen Schieber und Perlenhändler ihren zwielichtigen Geschäften nach. Da sehen wir verschlagene Gesichter unter rotierenden Ventilatoren, Kellner in weißen Jacketts und Ava Gardner auf der Suche nach ihrer Vergangenheit durch die Straßen der Slums irren. So oder ähnlich muß es wohl gewesen sein, das Singapore der Engländer, das Singapore der Kolonialzeit. Obwohl - so lange ist das alles noch gar nicht her.*

*Das fremde, geheimnisvolle, exotische Singapore von damals, das wir Touristen suchen, läßt sich nur bruchstückhaft erahnen. Wolkenkratzer, Shopping Centres, Autobahnen und Wohnsilos von gigantischen Ausmaßen beherrschen das Stadtbild. Die Slums sind verschwunden, die Straßen gefegt, und kein obdachloser Bettler verschandelt die gepflegten Grünanlagen. Die verbliebenen sozialen Probleme hat man unter den Teppich gekehrt - mit Erfolg, wie es scheint. Viele Westler beginnen sich nach ein paar Tagen in Singapore zu langweilen: Das ist alles zu bekannt - fast schon wie bei uns. Mehr noch - wenn wir bei Raffles City in die vollklimatisierte U-Bahn steigen, überkommt uns eine Ahnung: hier wächst die Großstadt des 21. Jahrhunderts heran. Aber um das zu sehen, sind wir ja nicht nach Asien gekommen - oder?*

## Ein- und Ausreiseformalitäten

Deutsche, Schweizer, Österreicher und Niederländer können bis zu 3 Monaten ohne Visum in Singapore bleiben. Bei der Einreise wird normalerweise eine Aufenthaltsgenehmigung von 14 Tagen in den Paß gestempelt. Probleme wird es selten geben, allerdings ist ein gepflegtes Äußeres im Zweifelsfalle immer hilfreich. Unter Umständen wird nach einem Ausreiseticket oder dem nötigen Reisekapital gefragt. Wer nach 14 Tagen noch bleiben möchte, fährt entweder kurz nach Johor Bharu (Malaysia) und reist darauf erneut in Singapore ein oder stellt einen Antrag im Immigration Department.

### BOTSCHAFTEN VON SINGAPORE IN EUROPA

**Deutschland,**
Südstraße 133, D 53175 Bonn-Bad Godesberg,
tel 0228/95103-17, fax 310527.
Geöffnet Mo - Fr 9.00 - 12.30 und
13.30 - 16.00 Uhr.
**Schweiz** (Permanent Mission to the UN),
6 Bis Rue Antoine Carteret, CH 1202 Genève,
tel 0041/223447330.
**Belgien** (zuständig für alle BENELUX-Länder),
198 Avenue Franklin Roosevelt,
B-1050 Bruxelles,
tel 00322/6602979.

### BOTSCHAFTEN DER NACHBARLÄNDER IN SINGAPORE

**Australien**, 25 Napier Rd., tel 7379311,
geöffnet Mo - Fr von 8.30 - 16.30 Uhr.
**China**, 70 - 76 Dalvey Rd., tel 7343273,
geöffnet Mo - Fr 9.00 - 12.00 Uhr.
**Indien**, 31 Grange Rd., tel 7376777,
geöffnet Mo - Fr 9.00 - 17.30 Uhr.
**Indonesien**, 7 Chatsworth Rd., tel 7377422,
geöffnet Mo - Fr 9.00 - 16.00 Uhr.
**Myanmar** (Burma), 15 St Martin's Drive, tel
7378566, geöffnet Mo - Fr 9.00 - 17.00 Uhr.

**Philippinen**, 20 Nassim Rd., tel 7373977, geöffnet Mo - Fr von 9.00 - 17.00 Uhr.
**Thailand**, 370 Orchard Rd., tel 7372644, geöffnet Mo - Fr 9.00 - 17.00 Uhr.
**Vietnam**, 10 Leedon Park, geöffnet Mo - Sa 9.00 - 12.00 Uhr.

## Zoll

Keine Beschränkungen für Kosmetika, HiFi und Elektronik, ansonsten gelten ähnliche Einfuhrbeschränkungen wie in Malaysia. Unbedingt beachtet werden sollten die strengen **Drogengesetze**: schon der vergessene Krümel eines Thai-Sticks kann Gefängnis bedeuten, wer mehr als 15g bei sich hat, gilt als Händler und kann bei Heroin zum Tode verurteilt werden. Bei Verdacht auf Drogenkonsum wird bei der Einreise ein Urintest gemacht, mit dem man Drogenkonsum innerhalb von 2 Minuten nachweisen kann. Wir warnen dringend davor, Drogen mit über die Grenzen zu nehmen!

## Währung

Währungseinheit ist der Singapore-Dollar (S$) mit 100 Cents. In Umlauf sind Banknoten zu 10 000, 1000, 500, 100, 50, 20, 10, 5 und 1 S$. Ebenso Münzen zu 1 S$, 50, 20, 10, 5 und 1 Cent. Der S$ ist eine harte Währung, die heute bereits in allen südostasiatischen Ländern eingetauscht wird. Es bestehen keine Restriktionen für die Ein- und Ausfuhr von S$ und anderen Währungen.

**WECHSELKURSE (STAND: FRÜHJAHR 1995)**

| | | | | | |
|---|---|---|---|---|---|
| 1 US$ | = | 1,45 S$ | 1 DM | = | 0,95 S$ |
| 1 SFR | = | 1,13 S$ | 1 ÖS | = | 0,14 S$ |

**Inflationsrate** (Jährl. Anstieg der Verbraucherpreise): **3,9%**

### Euroschecks

Die Commerz-, Deutsche- und Dresdner Bank akzeptieren nur Schecks ihrer jeweiligen Mutterbanken. Die Deutsche Bank z.B. löst maximal fünf Schecks, d.h. 2000 DM ein. Normalerweise wird nur ein Scheck eingelöst. Da die Gebühren beachtlich sind, ist es günstiger, Travellers Cheques mitzunehmen.

### Moneychanger

findet man vor allem am Raffles Place und Collyer Quay, aber auch in den großen Shopping-Centres. Bei ihnen gibt es es alle Währungen der Welt zu kaufen. Zu beachten sind die Einfuhrbeschränkungen der jeweiligen Länder! Bevor man um den günstigsten Kurs handelt, sollte man sich in der neuesten Ausgabe der *Far Eastern Economic Review* oder der *Asiaweek* über Wechselkurse informieren.

### Kreditkarten

American Express, Winsland House, 3 Killiney Rd., Querstraße zur Orchard Rd., unterhält ein großes Büro, das für Verluste von Travellers Cheques zuständig ist und neue ausstellt.

Bargeld mit der Kreditkarte und Geheimnummer bekommt man an vielen Geldautomaten der Stadt, u.a. am Changi Airport. Außerdem sind Kreditkarten ein gängiges Zahlungsmittel. Wer bei einer Ware hart um den Preis gehandelt hat, wird allerdings anschließend nicht die Karte ziehen, sondern eher mit Schecks oder Bargeld zahlen.

**American Express** tel 2998133;
**Diners Card** tel 2944222;
**MasterCard** tel 5332888;
**Visa** tel 1-800-3451345 (Service Centre).

### Preise

Seit den 70er Jahren haben Arbeitnehmer in Singapore, einem ehemaligen Billiglohnland, erhebliche Lohnerhöhungen genossen. Als sich Mitte der 80er Jahre die Wirtschaftslage verschlechterte, wurden bei den Arbeitnehmereinkommen spürbare Abstriche gemacht. Heute beträgt das durchschnittliche monatliche Bruttoeinkommen schon über 1400 S$. Eine Büroangestellte mit längerer Berufserfahrung verdient 1300 - 2000S$. Von den Bruttolöhnen bzw. -gehältern wird ein gewisser Prozentsatz für den *Central Providence Fund* einbehalten. Der Arbeitgeber zahlt den gleichen Anteil ein. Vergleichbar ist dieses System den deutschen Sozialversicherungen. Mit 55 Jahren bekommt man das angesparte Geld in einer Summe ausgezahlt und kann davon z.B. eine Wohnung kaufen.

Essen kann noch sehr preiswert sein; schon für 2 - 3 S$ gibt es in den Hawker Centres ein einfaches Gericht. Das Preisniveau der Supermärkte ist jedoch mit dem in Europa vergleichbar. Dienstleistungsunternehmen wie Friseure und Schneider haben immer noch günstige Preise, allerdings verlangen Betriebe in Citylage oder mit westlich geschultem Personal wesentlich höhere Beträge.

## Verkehrsmittel

Die einzelnen Rundgänge kann man gut zu Fuß machen, aber ansonsten sind die Entfernungen innerhalb der Stadt so groß, daß man nicht ohne öffentliche Transportmittel zurechtkommt, zumal es während der Hitze des Tages nicht immer ein Vergnügen ist, auf handtuchbreiten Bürgersteigen an vielbefahrenen Straßen entlangzugehen.

Während der *rush hour* (wochentags von 6.30 - 8.30 und 16.45 - 18.45 Uhr, manchmal bis 19.30 Uhr, Sa von 6.30 - 8.30 und 12.00 - 14.30 Uhr) kommt man in der Innenstadt nur noch im Schneckentempo voran. Die City wurde deshalb zum *CBD (Central Business District)* erklärt. Private PKWs dürfen in dieses Gebiet Mo - Sa zwischen 7.30 und 10.15 Uhr sowie Mo - Fr zwischen 16.00 und 19.00 Uhr nur hineinfahren, wenn sie die Gebühr von 5 S$ (Taxis 2 S$) tgl. bezahlt haben oder mindestens vier Personen befördern. An den Zufahrtsstraßen zum *CBD* werden die Ampeln auf Rot gestellt und alle Fahrzeuge kontrolliert!

### MRT (Mass Rapid Transit)

Die U-Bahn ist der ganze Stolz der Singaporeaner. Vor allem an heißen Tagen ein angenehm kühles Transportmittel.

Ein Streckenplan ist auf jedem Stadtplan abgedruckt. Der Fahrpreis beträgt 60 ¢ für 3 Stationen, 70 ¢ im Innenstadtbereich, ansonsten geben die Fahrkartenautomaten Auskunft über die Tarife. Auch Geldwechselautomaten stehen zur Verfügung. Nicht vergessen beim Passieren der Drehkreuze das Ticket mitzunehmen, sonst kommt man am anderen Ende nicht mehr heraus!

Wer häufiger mit MRT fährt, für den lohnt sich der Kauf einer *TransitLink Forecard.* Das blaue Ticket im Wert von 12 S$ wird automatisch bei jeder Fahrt entwertet und ist auch bei verschiedenen Buslinien (die über einen entsprechenden Entwerter verfügen) gültig.

### Stadtbusse

Die Busse der SBS *(Singapore Bus Service Ltd.)* sind ein billiges und bequemes Verkehrsmittel. Für eine Fahrt zahlt man zwischen 40 und 80 ¢, bzw. zwischen 60 ¢ und 1,20 S$ in ac-Bussen, je nach Zahlgrenzen *(fare stages).* Für Fremde ein etwas kompliziertes System. Das Fahrgeld muß passend bereitgehalten werden, da die Fahrer kein Wechselgeld herausgeben, auch am Changi Airport.

Neben den Bussen mit einem Fahrkartenschaffner gibt es *OMO (One-Man-Operation)*-Linien, auf denen der draußen am Bus angezeigte Standardpreis in eine Box geworfen wird. Hierzu gehören auch die CBD-Ringbusse im *Central Business District.* Bushaltestellen sind durch ein rotes Schild mit weißen Nummern gekennzeichnet. Hinter der Busnummer ist die *fare stage*-Nummer angegeben. Busse ohne diese Nummer sind OMO-Linien. Manche Busse halten nur an, wenn man sie heranwinkt.

Lohnenswert sind die *Singapore Explorer Tickets* für das gesamte Busnetz, die 5 S$ für einen Tag, bzw. 12 S$ für 3 Tage kosten und in den großen Hotels, Reisebüros und den *SBS Travel Centres* erhältlich sind.

### Taxis

Taxifahren ist verhältnismäßig billig. Es gibt mehr als 10 000 Taxis auf der Insel, die vor allem an den Taxiständen problemlos zu bekommen sind. Nur zu den Stoßzeiten und am frühen Morgen muß man ein wenig warten. Beim Schichtwechsel kann es passieren, daß Taxifahrer nur Fahrgäste mitnehmen, die in eine bestimmte Richtung fahren. Taxifahrer erwarten kein Trinkgeld und müssen immer das Taxameter einschalten. Ein Glöckchen erklingt übrigens immer dann, wenn der Fahrer die zulässigen 80 km/h überschreitet - selbst hier greift der Staat deutlich hörbar durch.

Die Einschaltgebühr beträgt 2,20 S$ inklusive der ersten 1,5 km. Jede weiteren 250 m kosten 10 ¢. Nachtzuschlag zwischen 24.00 Uhr und 6.00 Uhr 50%, jedes Gepäckstück kostet 50 ¢, ab 3. Fahrgast 1 S$ Zuschlag. Jede Fahrt ab Changi Airport kostet 3 S$ mehr und jede Fahrt aus dem CBD von Mo - Fr zwischen 16.30 und 18.30 Uhr kostet 1 S$ Zuschlag. Zwischen 7.30 und 10.15 Uhr wird bei einer Einfahrt in den CBD ein Zuschlag von 3 S$ berechnet, wenn weniger als vier Fahrgäste im Wagen sitzen. Unter tel 4525555 oder 2500700 erreicht man Funktaxen. Zuschlag dann 3 S$. Fällt auch an, wenn man sich z.B. ein Taxi im Hotel bestellt. Sollte es wirklich Anlaß zu Beschwerden geben: das *Registry of Vehicles,* Sin Ming Drive, tel 4594222, oder das Tourist Office hilft.

## Übernachtung

Wer im **Changi Airport** landet, kann sich bei der Zimmervermittlung in der Ankunftshalle ein Hotel reservieren lassen und spart dabei in der Regel einige Prozent (gilt nicht für Billigunterkünfte). Außerdem liegen zahlreiche Prospekte und

Pläne zum Mitnehmen aus, möglicherweise auch der *Official Guide,* in dem die Adressen aller wichtigen Hotels verzeichnet sind, oder gar die Broschüren *Budget Hotels* oder *Singapore Hotels,* die die Quartiere näher beschreiben. Auf jeden Fall lohnt es sich, von den (kostenlosen!) City-Telefonen bei den Gepäckbändern aus schon mal ein paar favorisierte Hotels anzurufen.

**Billigunterkünfte:** Billigste Übernachtungsmöglichkeiten bieten die einfachen **Gästehäuser**, die in Privatwohnungen zum Teil illegal eingerichtet wurden. Hier sind junge Rucksackreisende meist unter sich. Die Zimmer sind spartanisch ausgestattet und kosten für 2 Personen zwischen 20 und 40 S$. Oft gibt es nur *dormitories,* Schlafsäle verschiedener Größe, in denen das Bett für 8 - 10 S$ vermietet wird. Richtig gemütlich ist es in keinem dieser Etablissements, auch mit der Sauberkeit ist es vielfach nicht weit her. Dafür bietet sich die Gelegenheit, mit anderen Travellern Informationen auszutauschen.

Gästehäuser erscheinen und verschwinden ständig irgendwo in der Stadt, es ist durchaus möglich, daß sich inzwischen wieder neue Adressen aufgetan haben. Wir haben versucht, ein paar aufzulisten, die sich über einen längeren Zeitraum halten konnten. Eine Alternative wären die etwas teureren alten **Chinesenhotels**, viele sind allerdings nicht mehr im besten Zustand.

**Mittelklasse:** in Singapore eine problematische Kategorie, denn zwischen 50 und 100 S$ gibt es nur wenige Quartiere, die es wert sind, empfohlen zu werden. Wer nicht in Billighotels wohnen möchte, sollte überlegen, ob es nicht auch ein paar Dollar mehr sein dürfen, zumal wenn es sich nur um wenige Tage (Nächte) handelt.

Bei den **Luxushotels** ist die Auswahl ziemlich groß, auch hier sind Rabatte möglich, denn es werden ständig neue gebaut.

### PREISKATEGORIEN

Wir haben folgende **Preiseinteilung** vorgenommen,
wobei die **Preise** jeweils für ein **Doppelzimmer** gelten:

| | | |
|---|---|---|
| * | bis | 30 S$ |
| ** | bis | 60 S$ |
| *** | bis | 100 S$ |
| **** | bis | 150 S$ |

## Essen und Trinken

Böse Zungen behaupten ja, in Singapore wäre nichts los. Aber eine Art „Unterhaltung“ bietet sich auf jeden Fall an: Essen gehen! Wer die monotonen Speisekarten abgelegener Regionen Indonesiens hinter sich gelassen hat, wird die vielfältige Auswahl an vorzüglichen **Restaurants aller Nationalitäten** willkommen heißen. Und als Einstimmung in die asiatische Küchenkunst für Neuankömmlinge kann Singapore bald zum echten *food-trip* werden.

Wohl die preiswerteste Art, sich durch die lokale Küche zu essen, bieten die vielen **Essensstände** *(foodstalls)* in den *foodcentres.* Auch in zahlreichen **Coffeeshops** bekommt man für wenig Geld oft sehr gutes Essen. Schon seit längerem sind die *street hawkers* von der Straße verbannt und in größeren Einheiten, den sogenannten **Hawkercentres,** zusammengefaßt worden. Formaler und steriler ist die Atmosphäre geworden - zumal seit 1988 in den meisten *hawkercentres* auch noch Einweg-Geschirr aus Styropor und Wegwerf-Stäbchen aus Holz benutzt werden müssen. Für umweltbewußte Europäer völlig unverständlich. Das erhöht den Müllberg, schlägt neue Schneisen in die noch verbliebenen Wälder, aber der Qualität der angebotenen Speisen tut dies natürlich keinen Abbruch.

Die überlieferte **chinesische** Eßkultur in ihren **regionalen Ausprägungen** ist gerade im überwiegend chinesischen Singapore beheimatet. Das gemeinsame Essen wird ist für die Chinesen ein gesellschaftliches Ereignis, das der Festigung der sozialen Beziehungen dient. Deshalb geht man niemals allein essen, optimal ist eine Gruppe von 10 Personen, die einen der gebräuchlichen, runden Tische füllt. Jede Mahlzeit besteht aus mehreren Gerichten, mindestens so viele wie Personen am Tisch sitzen. Jeweils ein Fleisch-, Geflügel- und Fischgericht sollte dabei sein. Man nimmt sich mit Stäbchen jeweils eine kleine Portion auf den eigenen Teller und ißt sie zusammen mit Reis, der in einer hohen Schale serviert wird.

Die **Kantonesische Küche** überwiegt, da die meisten Chinesen Südostasiens aus der Provinz Guangdong stammen. Die Speisen sind nur mild gewürzt, es wird viel Ingwer verwendet. Gemüse und Fleisch werden nur leicht in Erdnußöl angebraten. Spezialität sind *Dim Sum,* kleine gefüllte Teigbällchen, die in Dampf gegart oder gebraten werden und ein beliebtes Mittagessen sind. Ein Dim Sum-Essen kann lange dauern, am Ende werden nur die Bambuskörbchen und Teller bezahlt, die auf dem Tisch stehen.

Die **Sechuan-Küche** verwendet viel Knoblauch und Chili. Sie ist insgesamt stärker gewürzt. Szechuan-Ente oder Chili Chicken sollte man probieren.

Die **Peking-Küche** entstand am Hofe des Kaisers und weist viele mongolische und muslimische Einschläge auf. Statt Reis werden im Norden vielfach Klöße oder Nudeln serviert. Die Spezialität überhaupt ist die *Peking-Ente.* Nicht das Fleisch, sondern die gewürzte, knusprig braun gebackene Haut und das darunterliegende Fett sind das Besondere. In einem tagelangen, komplizierten Verfahren wird der Ente langsam die Flüssigkeit entzogen und vor dem Braten Luft unter die Haut geblasen.

Die **Shanghai-Küche** ist das Richtige für Eintopf-Fans und Freunde von Fischgerichten. Sojasauce macht häufig alles etwas süßlich.

Die **Hainan-Küche** von der großen, tropischen Insel gegenüber von Vietnam, hat eine besondere Spezialität: *Chicken Rice.* Der Reis wird in Hühnerbrühe gekocht und mit Chilies, Ingwer, Sojasauce und gekochtem und geröstetem Fleisch serviert. Ein typisches Gericht der Essensstände und preiswerten Restaurants.

Die **Hunan-Küche** bietet an Besonderheit *Chor Chong Tung,* das sind kleine, gebratene Hühnerstückchen mit großen, roten Chilies und diversen Saucen.

**Hier noch einige Spezialitäten:**

**Shark's Fin Soup** - Haifischflossen werden lange gekocht und mit Hühnerfleisch und Krabben zu einer ausgezeichneten Suppe verarbeitet.

**Yam Pot** ist eine heiße Blätterteigpastete, die mit Fisch, Huhn, Schweinefleisch, Krabben und Gemüse gefüllt ist. Eine Delikatesse!

**Hokkien Mee,** gebratene Nudeln nach einem Rezept aus der Provinz Fukien. Ausgezeichnet auch die Nudelsuppen.

**Steamboat** macht am meisten Spaß, wenn man mit mindestens vier Personen am Tisch sitzt. Die rohen Zutaten (Fisch, Krabben, Fleisch, Leber, Gemüse usw.) werden in einer siedenden Fleischbrühe am Tisch gargekocht und vor dem Essen in eine Mischung aus Chili- und Sojasauce getunkt. Zum Schluß ißt man die gehaltvolle Fleischbrühe mit einem untergeschlagenen Ei. Es gibt auch Essensstände, die Steamboat anbieten. Fertige Spießchen, vor allem mit Meerestieren, Fischbällchen, Innereien und Wachteleiern werden in einer heißen Brühe gegart und im Stehen gegessen.
**Malaiische** und **indische** Küche s.S. 378 ff.

## Feste und Feiertage

Fast das ganze Jahr hindurch werden in Singapore irgendwelche Festlichkeiten begangen. Beim STPB (s.u.) gibt es nähere Informationen und einen aktuellen Festival-Kalender.

Weitere Informationen über moslemische Feiertage s.S. 79.

- **Neujahr** (Januar / Februar): Das chinesische Neujahrsfest fällt jedes Jahr auf ein anderes Datum (Neumond). Schon Wochen bevor in es gefeiert wird, haben die Geschäfte Hochkonjunktur. Die ganze Stadt ist auf den Beinen, bis man sich erschöpft für einige Tage in den Familienkreis zurückzieht und feiert. Große Parade in der Stadt.
- **Thaipusam** (Januar / Februar): Das höchste hinduistische Fest wird in Singapore mit großen Prozessionen begangen. Hauptzentren sind der Perumal-Tempel in Little India und der Chettiar Tempel in der Tank Rd.
- **Vesak** (Mai): Wird im taoistischen Tempel an der Clarke St., Ecke North Boat Quay, begangen, in dem man den „Geburtstag des dritten Prinzen" feiert, eine Erinnerung an die drei wichtigsten Stationen im Leben Buddhas.
- **Drachenboot-Festival** (Mai / Juni): Alte chinesische Tradition, bei der Drachenboote aus aller Herren Länder ein lautstarkes Rennen veranstalten. Die Ruderer werden von Trommlern angetrieben.
- **Fest der hungrigen Geister** (Juli / August): Dies ist die Zeit, wenn die vernachlässigten Geister durch Opfergaben besänftigt werden müssen.
- **Nationalfeiertag** (9. August): Beeindruckende Massenumzüge, an denen die verschiedenen Nationalitäten teilnehmen, Militärparaden und Tänze, darunter auch die typisch chinesischen Löwen- und Drachentänze.
- **Mondkuchen-Fest** (August / September): Kinder ziehen mit Laternen durch die Straßen, die es nur zu diesem Fest zu kaufen gibt. Der termin hängt davon ab, wenn der Vollmond am größten und rundesten erscheint.
- **Geburtstag des Affengottes** (September): Wird besonders in den beiden Tempeln Choon Ong St. und Cumming St. gefeiert. Man veranstaltet Prozessionen und chinesische Oper, in Trance gefallene Männer stechen sich Nadeln durch Wangen und Zunge. Der kräftige Affengott wird von vielen Eltern gebeten, die Patenschaft für ihr Kind zu übernehmen, damit dieses gleichermaßen stark wird.
- **Wallfahrt nach Kusu** (September / November): Vier Wochen lang pilgern taoistische Gläubige auf die Insel Kusu, um den Gott des Wohlstandes anzubeten. Fähren ab World Trade Centre.
- **Fest der neun Königsgötter** (September / Oktober): Neun Tage lang besuchen die neun Königsgötter die Erde und bringen Heilung und Segen. Ihre Statuen werden in Prozessionen durch die Straßen getragen.

- **Navarathiri** (Oktober): Neuntägiges, indisches Fest rund um den Chettiar Temple in der Tank Rd. Am letzten Tag wird ein silbernes Pferd durch die Straßen getragen.
- **Thimithi** (Oktober): Feuerlauf-Fest im indischen Sri Mariamman-Tempel in der South Bridge Rd., bei dem Gläubige nackten Fußes über glühende Kohlen gehen.
- **Deepavali** (Oktober / November): Indischer Feiertag, bei dem mit unzähligen Lichtern der Sieg des Guten über das Böse beschworen wird. Ein Besuch in Little India lohnt sich.

**Chinesische Feiertage**

**Chinesisches Neujahr** - Jedes Jahr zwischen dem 21. Januar und dem 20. Februar feiern die Chinesen ihr Neujahrsfest. Das genaue Datum richtet sich danach, wann sich der erste Vollmond zeigt. Schon Tage zuvor scheint sich das ganze Land in einem Kaufrausch zu befinden. Eine Woche vor Beginn des neuen Jahres werden die Wohnungen geputzt, denn der Küchengott wird im Himmel über jede Familie berichten. Am Abend des letzten Tages des alten Jahres versammelt sich die Großfamilie zu einem Riesenessen. Den Kindern werden kleine, rote Umschläge mit Geldbeträgen *(ang pao)* überreicht, und weil eine durchschnittliche chinesische Familie zahlreiche Mitglieder hat, können die Neujahrsfeierlichkeiten recht teuer werden.

**Drachenbootfest** - *(Tuan Wu Chieh)* - Am 5. Tag des 5. Monats Anfang / Mitte Juni wird das Fest aus Anlaß des Todes des berühmten chinesischen Poeten Qu Yuan gefeiert, der sich lieber ertränkte als sich korrumpieren zu lassen. Es heißt, daß Fischer, die den Selbstmord beobachtet hatten, Reiskuchen in den Fluß warfen und trommelten, um zu verhindern, daß ein Drache sich dem Körper näherte. In Singapore finden aus diesem Anlaß internationale Drachenbootrennen statt. Die kulinarische Spezialität während dieses Festes sind mit Fleisch gefüllte, gedämpfte Reiskuchen.

**Fest Der Hungrigen Geister** - Im siebten Monat des Jahres kommen die Seelen der verstorbenen Chinesen für 30 Tage aus dem Fegefeuer zurück auf die Erde. Indem man den hungrigen Geistern am ersten Abend dieses Monats Leckereien anbietet, Räucherstäbchen und Kerzen vor den Häusern entzündet und Papiergeld verbrennt, beschwichtigt man sie und erhält sich ihr Wohlwollen bis zum nächsten Fest. Dieses ist die beste Zeit, um auf Freilichtbühnen in der Chinatown chinesische Opernaufführungen zu sehen.

**Mondkuchenfest** - In der Mitte des achten Monats, wenn der Mond besonders rund erscheint, begehen die Chinesen dieses Fest zur Erinnerung an den Sieg über die Mongolen-Dynastie. Speziell für diesen Anlaß werden kleine, runde Kuchen gebacken. In der Nacht verbrennt man Räucherstäbchen, und Kinder ziehen mit Laternen durch die Straßen.

## Bevölkerung

Von den 2,8 Millionen Einwohnern Singapores sind 76% chinesischer Abstammung, 15,1% sind Malaien und 6,5% Inder. Der Rest setzt sich aus Europäern und Eurasiern zusammen.

**Chinesen** wanderten wie die **Inder** in großen Schüben erst im vergangenen Jahrhundert ein, als die britischen Kolonialherren dringend Arbeitskräfte benötigten. Die chinesische Bevölkerungsgruppe stellt ethnisch zwar eine Einheit dar, ist aber gleichzeitig in Sprache und Religion weitaus heterogener als die der Malaien. Sie kamen hauptsächlich aus den südlichen Heimatprovinzen. Die Völker Südchinas sprechen verschiedene Sprachen, so daß Gespräche untereinander häufig in Mandarin (der chinesischen Hochsprache), Englisch oder Bahasa Malaysia geführt werden müssen. China wurde damals von Hungersnöten heimgesucht und in vielen Teilen des Landes herrschten bürgerkriegsähnliche Zustände. Der weitaus größte Teil der Einwanderer bestand aus ungelernten Arbeitern (Kulis), die von Menschenhändlern in den Hafen von Singapore verfrachtet wurden. Einige Auswanderer, hauptsächlich Kaufleute und Handwerker, bezahlten ihre Passage selbst. Ihr Ziel war es, fern der Heimat zu Wohlstand zu kommen und dann irgendwann zurückzukehren, vielen gelang es tatsächlich. Inzwischen haben sich die chinesischen Einwanderer wirtschaftliche Machtpositionen geschaffen, sie galten als geschäftstüchtig und fleißig und unterschieden sich dadurch merklich von den geruhsamen und weniger materiell denkenden **Malaien**.

Im Gegensatz zu Malaysia sind die offiziellen Staatssprachen Englisch, Malaiisch, Tamil und Mandarin. Allerdings wird die chinesische Hochsprache nur von einem geringen Teil der Bevölkerung gesprochen, während die lokalen Dialekte noch häufig verwendet werden. Etwa 42% der Chinesen sind Hokkien, 22% Teochew, 17% Kantonesen, 7% Hainanesen, 7% Hakka, um nur die wichtigsten zu nennen. Schulunterricht wird in den Staatssprachen angeboten, immer größerer Beliebtheit erfreut sich der englische Zweig; selbst in chinesischen Familien der Mittelschicht wird häufig Englisch gesprochen. Seit 1990 läuft eine erneute *Speak Mandarin*-Kampagne, gleichzeitig wurde Mandarin verstärkt auch in den Schulen als Unterrichtssprache verwendet.

## Geschichte

Als Sir Stamford Raffles 1819 im Auftrag der East India Company seinen Fuß auf die Insel setzte, fand er außer einem kleinen Piratennest, einem malaiischen Kampong und einer kleinen Chinesensiedlung nur Dschungel vor, denn die noch in javanischen Chroniken erwähnte Stadt **Temasik** war schon Ende des 14. Jahrhunderts von den Thais zerstört worden. Es war höchste Zeit, den englischen Handelsinteressen in der Region einen festen Brückenkopf zu schaffen. Nur fünf Jahre später hatten Raffles und seine Mannen den Temenggong kaltgestellt und den **Briten** die volle Souveränität über Singapore vertraglich gesichert. Der Aufbau eines Handelszentrums rund um das Fort an der Flußmündung war in vollem Gange, die Pläne für die neue Stadt hatte Raffles schon 1822 entwerfen lassen: säuberlich getrennte Bezirke für Chinesen, Inder, Araber, Malaien.

Dann kam die Zeit der Dampfschiffe, Singapore entwickelte sich in rasantem Tempo zum bedeutendsten Warenumschlagplatz der Region. Der **Hafen**, seine Werften und die Zinnschmelzereien zogen gewaltige Potentiale von Arbeitskräften zusammen. Unzählige verarmte Bauern verließen ihre südchinesische Heimat und verdingten sich als „Kulis" in der neuen Metropole, faktisch rechtlos und am untersten Ende der Gesellschaftspyramide. In den klassizistischen Bankhäusern und Geschäftszentren und in den Villenvierteln auf der anderen Seite des Flusses pflegte eine dünne Oberschicht derweil einen gehobenen britischen Lebensstil - so gut das eben ging im feuchtheißen, malariaverseuchten Klima an

*Fotos - In Singapore schießen moderne Hochhäuser wie Pilze aus dem Boden; links: Der gleiche Blick nach über 20 Jahren*

Singapore
Telecom
天成金舖

**Stamford Raffles** (1781 - 1826) trat im Alter von 14 Jahren als *Office-Clerk* in die Dienste der *East India Company.* Im Hauptbüro in London wurde man schnell auf ihn aufmerksam, und so sandte man ihn 1805 als *Assistant Secretary* nach Penang. Bald wurde er zum anerkannten Spezialisten, 1808 war er bereits am Gerichtshof in Penang tätig, 1810 befand sich Stamford Raffles in Calcutta, wo er zum Gouverneur von Java ernannt wurde. Britische Truppen besetzten die holländischen Kolonien in Asien, da Holland dem Französischen Kaiserreich einverleibt worden war. Raffles versuchte in Java liberale Reformen durchzusetzen, aber bereits 1816 wurden die Kolonien wieder an Holland zurückgegeben. Seine Versuche, in Sumatra neben Bencoolen Stützpunkte zu erwerben, wurden nur halbherzig unterstützt, zum Teil operierte er auf eigene Faust. Am 29. Januar 1819 landete Raffles auf der Insel Singapore, 1823 verließ er Asien, um nach England zu reisen, wo er drei Jahre später verstarb. Seine größte wissenschaftliche Leistung ist das zweibändige Werk *A History of Java,* das für die damalige Zeit die umfangreichste Arbeit über Geschichte, Kultur, Ethnologie, Zoologie und Botanik der Insel Java war.

der Südspitze Malayas. Als die Briten sich verstärkt in das politische Geschehen in den malaiischen Staaten einmischten, wurde der Gouverneur mit Sitz in Singapore auch Hochkommissar für Malaysia.

1942 kapitulierten die aliierten Streitkräfte in der Stadt und Singapore kam für drei Jahre unter **japanische Besetzung**. Damit begann auch hier eine neue Epoche, politische Parteien entstanden und die Unabhängigkeit war nur noch eine Frage der Zeit. 1965, wenige Jahre nach der **Unabhängigkeit**, trat Singapore dann aus der frisch gegründeten *Federation of Malaysia* aus und ging unter der autoritären Führung seines Premiers und Landesvaters **Lee Kuan Yew** einen eigenen Weg. Der steile Aufstieg des kleinen Stadtstaats zum erfolgreichen Wirtschaftswunderland hält Lee und seine **PAP** (People's Action Party) seitdem ungebrochen an der Macht, bei der mehrheitlich chinesischen Bevölkerung sitzt sie trotz neuerlicher oppositioneller Umtriebe fest im Sattel. Oppositionsparteien existieren zwar, hatten aber in der *rugged society* bis 1981 keine Chance. Erst dann gelang es zur Überraschung aller der Opposition bei einer Nachwahl ins Parlament einzuziehen. Durch eine Änderung des Wahlsystems wurde 1988 der Trend gestoppt und nur einem Oppositionspolitiker gelang der Einzug ins Parlament. Insgesamt wählten fast 38% oppositionelle Kandidaten, was aber durch das relative Mehrheitswahlsystem keinen Einfluß auf die Zusammensetzung des Parlaments hat. Im November 1990 wurde *Lee Kuan Yew* von *Goh Chok Tong,* einem langjährigen Gefolgsmann Lees, abgelöst. Ähnlich wie in Malaysia sollte man es vermeiden, Maßstäbe von Demokratie und Politik anzulegen, die vielleicht in Westeuropa Gültigkeit besitzen, sich aber auf die modernen Staaten Südostasiens mit ihren unterschiedlichen Traditionen nicht einfach übertragen lassen. Die politische Führungsschicht Singapores ist trotz westlicher Bildung von konfuzianischem Gedankengut geprägt, der Gemeinschaft wird ein höherer Stellenwert zugemessen als dem Individuum. Aufgabe der politischen Elite ist es, Ruhe und Ordnung für die Gesellschaft zu garatieren und genau dieses konfuzianische Ideal praktizierte *Lee Kuan Yew* seit drei Jahrzehnten.

*Fotos - Singapore: oben: In der Chinatown stehen noch wenige alte Gebäude; unten links: Shopping, die liebste Freizeitbeschäftigung; unten rechts: Durian finden immer ihre Liebhaber*

## Wirtschaft

Nach den enormen Zuwachsraten des **Bruttosozialprodukts** in den 70er Jahren (1970 - 80 durchschnittlich 14,8%) boomt die Wirtschaft wieder und ist von 1990 bis 1995 um durchschnittlich 8,6% gewachsen. Für Europäer unvorstellbare Wachstumsraten. Ein regelmäßiger Besucher der Stadt wird dabei feststellen, daß das Wirtschaftswachstum allen Bevölkerungsgruppen mehr materiellen Wohlstand gebracht hat. Die Durchschnittseinkommen sind gewaltig angestiegen und sind heute etwa doppelt so hoch wie in Griechenland und immer noch höher als in Spanien.

Heute geht man verstärkt dazu über, anstelle der arbeitsintensiven Betriebe kapitalintensive Industrie zu fördern. Ein Schritt dazu ist die Ansiedlung der *R & D Bereiche* (Research & Development) sowie der Hitech-Aktivitäten großer Multis. Arbeitsintensive Produktionen können dabei in Nachbarländer mit größerem und billigerem Arbeitskräftepotential verlegt werden. Ein konkretes Beispiel ist der japanische Multi SONY, der seine R & D Aktivitäten in Singapore aufbaut, die Produktion aber weiterhin in Malaysia beläßt. *Jurong Industrial Estate* ist das Ergebnis des ersten großen, staatlich geförderten **Industrialisierungsprogramms** der 60er und frühen 70er Jahre. In der Elektroindustrie werden seit Jahren Farbfernseher, Programmrechner, Autoradios und Kassettenrecorder hergestellt. Jetzt sollen verstärkt hochwertige Computer und elektronische Meßinstrumente produziert werden. Seit 1992 ist die Inselrepublik der weltgrößte Hersteller von Festplatten und Diskettenlaufwerken für Computer. Die in der frühen Phase der Industrialisierung angesiedelte Textil- und Holzindustrie spielt dagegen kaum noch eine Rolle.

Singapore ist Asiens größtes **Ölraffineriezentrum** (nach Houston und Rotterdam Nr. 3 in der Welt). Aus dem Nahen Osten und den Nachbarländern Indonesien und Malaysia wird Rohöl importiert, und die Fertigprodukte werden nach Japan und Südostasien exportiert. Heute sind fast 36% der Bevölkerung in Industrie und gewerblicher Wirtschaft tätig, 41% in Handel und Dienstleistungen, 8% im öffentlichen Dienst und nur 0,2% in Landwirtschaft und Fischerei (1994). Das sind für südostasiatische Verhältnisse einmalige Zahlen.

Insgesamt hat Singapore nach Japan und Hong Kong den dritthöchsten Lebensstandard Asiens - eine wirtschaftliche Glanzleistung für die 28 Jahre alte Republik. Singapore ist nicht nur eine industrialisierte Nation, sondern auch das anerkannte Kommunikationszentrum der Region und nimmt als Finanzzentrum mittlerweile nach London, New York, Tokyo und Hong Kong den 5. Platz ein.

### Tourismus

6 Mill. Touristen besuchten 1993 Singapore. Fast 1/3 kam aus den ASEAN-Ländern Indonesien und Malaysia, 160 000 waren deutsche Besucher.

**Bücher** über Singapore in der Bücherliste „Malaysia“, s.S. 395.

## The City

Rings um die Mündung des Singapore River konzentriert sich die Innenstadt, einst das Zentrum des alten Singapore. Heute schießen hier mit atemberaubender Geschwindigkeit die Wolkenkratzer in den Himmel.

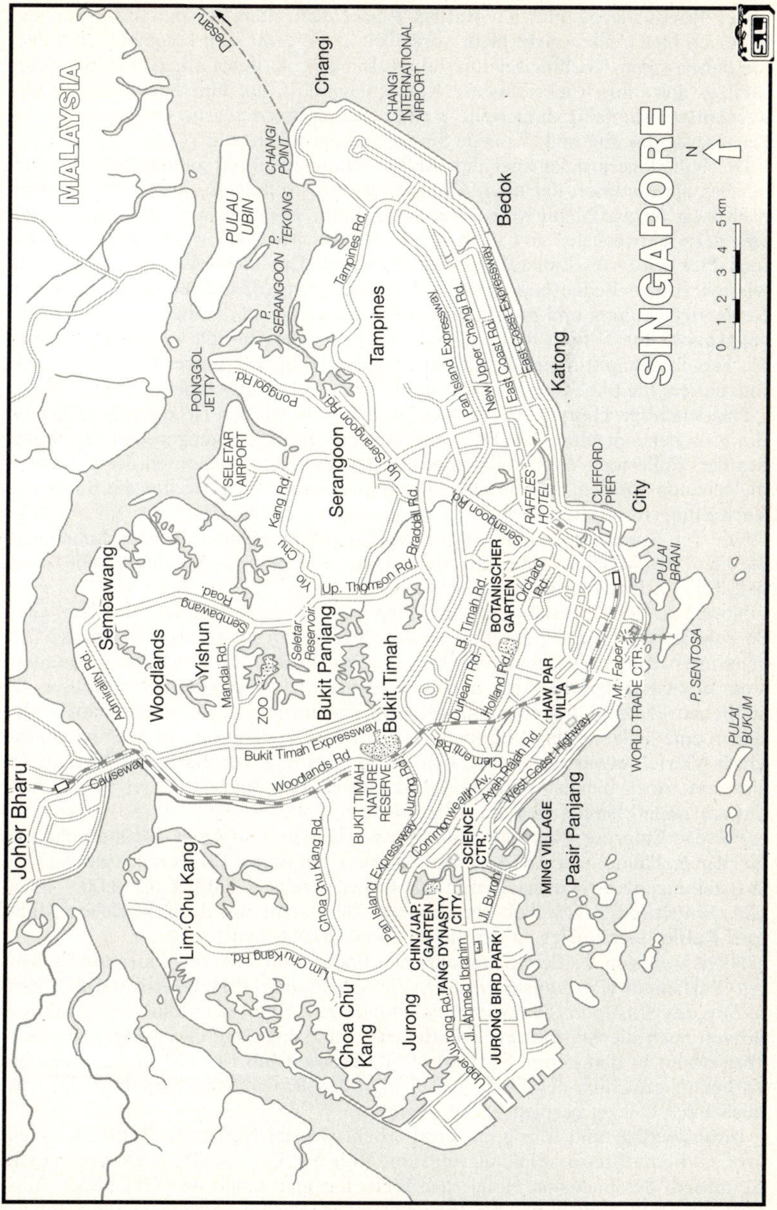
MALAYSIA
SINGAPORE
N
0 1 2 3 4 5 km
Desaru
Changi
CHANGI INTERNATIONAL AIRPORT
CHANGI POINT
PULAU UBIN
P. TEKONG
P. SERANGOON
PONGGOL JETTY
Bedok
Tampines
Tampines Rd.
Pan Island Expressway
New Upper Changi Rd.
New Coast Rd.
East Coast Expressway
Katong
Ponggol Rd.
Up. Serangoon Rd.
SELETAR AIRPORT
Serangoon
Yio Chu Kang Rd.
Braddell Rd.
Serangoon Rd.
RAFFLES HOTEL
CLIFFORD PIER
City
PULAI BRANI
Sembawang
Sembawang Road.
Up. Thomson Rd.
Seletar Reservoir
Bukit Panjang
B. Timah Rd.
BOTANISCHER GARTEN
Orchard Rd.
Woodlands
Yishun
Mandai Rd.
ZOO
Bukit Timah
Admiralty Rd.
Dunearn Rd.
Holland Rd.
HAW PAR VILLA
Mt. Faber
WORLD TRADE CTR.
P. SENTOSA
PULAI BUKUM
Johor Bharu
Causeway
Bukit Timah Expressway
Woodlands Rd
BUKIT TIMAH NATURE RESERVE
Jurong Rd.
Clementi Rd.
Ayah Rajah Rd.
West Coast Highway
Commonwealth Av.
SCIENCE CTR.
Pasir Panjang
MING VILLAGE
Lim Chu Kang
Choa Chu Kang Rd.
Pan Island Expressway
CHIN./JAP. GARTEN
TANG DYNASTY CITY
Jl. Buroh
Jl. Ahmed Ibrahim
JURONG BIRD PARK
Lim Chu Kang Rd.
Choa Chu Kang
Jurong
Upper Jurong Rd.

Der Rundgang beginnt am **Raffles Place**, dem alten Geschäftszentrum, das man sich hier freilich nicht mehr vorstellen kann, denn statt kolonialer Architektur beherrschen Hochhäuser mit Büros, Banken, Airline Offices und Shopping Centres das Bild. Rücksichtslose Kahlschlagpolitik hat hier beinahe alles Alte wegsaniert - sinnfällig dargestellt in einer großen Bronzeplastik im Nordosten des Platzes, die das alte und das neue Singapore gegenüberstellt.

Die Fußgängerbrücke über den **Raffles Quay** mit ihren zahlreichen Geschäften hat die Funktion der alten *Change Alley* übernommen, die es dem Namen nach zwar wenige Meter weiter immer noch gibt, aber längst nicht mehr die Heimat der Geldwechsler und kleinen Händler ist. Auch der traditionsreiche **Clifford Pier** wird von Einkaufsarkaden umrahmt. Der Pier selbst hat kaum noch wirtschaftliche Bedeutung, denn der Zugang zum offenen Meer wurde durch Neulandgewinnung und nachfolgenden Autobahnbau stark eingeengt. Er ist Ausgangspunkt für Touren und Hafenrundfahrten. Der Geruch von Nelkenzigaretten liegt in der Luft, denn der Clifford Pier ist Treffpunkt junger Gastarbeiter aus Indonesien, die ohne ihre Familien in Singapore leben und arbeiten.

Das wuchtige **Hauptpostamt (GPO)** weiter im Norden ist auch als *Fullerton Building* bekannt, denn bis 1874 standen hier die Befestigungen und Geschütze des Fort Fullerton. Massive Proteste der Bevölkerung verschonten das alte Kolonialgebäude vor dem Abriß, obwohl sich nur wenige Meter weiter die Büro- und Verwaltungstürme in schwindelerregende Höhen erheben.

Vor der Brücke über den Singapore River steht rechts auf einer Landzunge die Figur des **Merlion**, eine acht Meter hohe, wasserspeiende Statue, halb Löwe, halb Fisch - das Wahrzeichen der Stadt.

Noch bis 1983 herrschte auf dem Singapore River geschäftiges Treiben. Große Schiffe lagen vor der Insel auf Reede, ihre Fracht wurde mit Lastkähnen, sogenannten *tongkangs*, den Fluß hinauf gebracht und am **Boat Quay** entladen. Vom alten Hafenviertel stehen vor der neuzeitlichen Wolkenkratzerkulisse am südlichen Flußufer nur noch einige frisch restaurierte alte Chinesenhäuser und bilden eine beliebte Restaurantmeile (s.S. 588). Die alten Lagerhäuser im **Clarke Quay**-Viertel, etwas weiter westlich am Singapore River, hat man ebenfalls restauriert. Auch hier ist man dabei, ein Flanier- und Amüsierviertel zu schaffen, das am Abend bereits viele Besucher anzieht.

Für das **Empress Place Museum** am nördlichen Boat Quay hat man das alte Gerichtsgebäude von 1854 eindrucksvoll restauriert. Es werden wechselnde Ausstellungen von Kunstschätzen aus China gezeigt. Geöffnet tgl. 9.00 - 19.00 Uhr, Eintritt 6 S$. Nördlich von Empress Place steht eins der zahlreichen **Stamford Raffles-Denkmäler** an der Stelle, wo er 1819 gelandet sein soll.

Nicht weit von Raffles' Landungsstelle finden sich weitere viktorianische Bauten: **Parlament** (*Parliament House)*, **Victoria Memorial Hall** (erbaut 1905; heute Sitz des *Singapore Philharmonic Orchestra*), **Supreme Court** und **Rathaus**. Stilvoll auch die **St. Andrew's Cathedral** - eine anglikanische, neogotische Kirche, erbaut in den Jahren 1856-61. Der **Cricket Club** ist noch immer einer der vornehmeren Clubs der Stadt. Auf der großen Rasenfläche, dem *Padang*, wird tatsächlich Cricket gespielt.

Unübersehbar und silbrig glitzernd erhebt sich im Nordosten **Raffles City**, ein großes, klimatisiertes Einkaufszentrum. Von der Bar im 70. Stock des **Westin Stamford**, des höchsten Hotels der Welt, hat man einen wunderschönen Blick über die Stadt, freilich nur bei entsprechendem Mindestverzehr. Leider erschlägt der ganze Komplex allein schon durch seine Dimensionen das alte **Raffles Hotel**, eines der sorgsam gehegten Wahrzeichen der Stadt.

Nur wenige Straßen nördlich vom Raffles verläuft zwischen North Bridge Road und Victoria Street die kleine Seitenstraße **Bugis Street**. Bugis war einmal eine erstklassige Amüsiermeile, deren kleine Restaurants und Essenstände die ganze Nacht geöffnet waren, und zu später Stunde flanierten hier Tunten, Transvestiten und andere Nachtschwärmer.

Vor einigen Jahren hat man das Karée gründlich „saniert“, d.h. völlig neu aufgebaut, nur ein paar Arkaden sind von der alten Bugis Street übriggeblieben. Ob sich die früherer Atmosphäre jemals wieder einstellen wird, ist fraglich.

Jedenfalls ist nun wieder von Mittag bis 4.00 Uhr morgens geöffnet, man sitzt vor den Restaurants auf der Straße und bummelt zwischen den Ständen hindurch, aber die „alte“ Bugis Street ist es eben doch nicht mehr - sagen die Singaporeaner. Die Touristen stört das wenig, sie kommen trotzdem.

## Chinatown

### oder was davon übriggeblieben ist.

Als Chinatown gilt das Viertel südlich des Flusses, begrenzt von der New Bridge Road, Maxwell Road und Cecil St. Die alten chinesischen Wohnviertel mit ihren traditionellen Ladenhäusern haben seit den Siebziger Jahren immer mehr Bürohochhäusern und Wohnsilos Platz machen müssen. Viele waren verrottet, entsprachen nicht mehr den hygienischen und stadtplanerischen Ansprüchen, und Worte wie „Denkmalschutz“, „Urbanität“ oder „Ensembleschutz“ kamen im Vokabular der damaligen Behörden noch nicht vor. Das hat sich mittlerweile geändert. An Chinatown läßt sich diese Wende am deutlichsten ablesen. Heute restauriert man zumindest die Fassaden der noch verbliebenen Häuser - nicht zuletzt, weil man auch den touristischen Wert der alten chinesischen Viertel erkannt hat. Oft wird des Guten auch zuviel getan - mit dem Erfolg, daß teure Schickeria-Zonen entstehen, in denen die angestammte Bevölkerung von noblen Boutiquen und *fancy restaurants* verdrängt wird.

Echte traditionelle Chinatown-Atmosphäre kommt nur noch in vereinzelten Seitenstraßen auf, besonders gegen Abend. Mittags, aber auch nachts, wirkt das Viertel eher verschlafen, ganze Häuserzeilen werden derzeit umgebaut, hinter vielen Fassaden wohnt niemand. Dennoch kann man sich hier die quirlige Betriebsamkeit des alten Singapore noch am ehesten vorstellen. Kaum zu glauben, was z.B. in den Apotheken der China Street als Medizin angeboten und wieviele unbekannte Lebensmittel es in den kleinen Spezialitätenläden noch immer zu entdecken und zu probieren gibt. Daß Chinatown allerdings jemals wieder das Zentrum der kleinen Geschäfte, Handwerker und Restaurants werden wird, ist nicht zu erwarten. Restauriert werden hier nur die Kulissen - aber auch die sind sehenswert, vor allem für Asien-Neulinge.

Unsere Tour beginnt am **People's Park Complex**, einem der ersten, bereits 1970 errichteten großen Einkaufszentren, und geht zunächst durch die Seitenstraßen (von W nach O: Smith Street, Temple Street, Pagoda Street). Zwei große Wohn- und Shopping-Komplexe haben die alten Gebäude der Sago Lane und der Sago Street verdrängt. Im Keller des **Chinatown Centre** hat sich ein großer Markt etabliert. Abends ist ein großer Teil der Läden geöffnet, und Essenstände bieten Gerichte an, deren Qualität der guter Restaurants nicht nachsteht.

*Legende:*

**Übernachtung:**
① Dragon Cityview H.
② Damenlou H.
③ Inn of Sith Happiness
④ Majestic H.
⑤ The Duxton
⑥ Amara H.

**Läden, Restaurants, etc.:**
1 Hill St. Ctr.
2 Annalakshmi R.
3 Suzie Wong
4 Party Doll
5 Hs. of Sundanese Food
6 Ban Seng R.
7 Harry's
8 Mövenpick
9 Tai Tong Hoi Kee R.
10 Nam Thong Tea House
11 Tea Chapter
12 Pagi Sore Nasi Padang
13 Duxton's Chicago
14 Elvis Bar
15 Hua Tuo Guan R.
16 Moi Kong R.
17 Pine Tree R.
18 Mayarani R.
19 Thanying R.

**Transport:**
❶ Singapore Airlines
❷ Thai Airways
❸ Bahnhof

An der Pagoda Street, Ecke South Bridge Road, kann man einen der wichtigsten Hindutempel der Stadt besichtigen. Der **Sri Mariamman Temple** wurde 1843 anstelle einer Tempelhütte erbaut, die auf das Jahr 1827 zurückgeht. Über dem Haupteingang erhebt sich ein farbenprächtiger Turm, auf dem sich dicht an dicht bunt bemalte hinduistische Figuren drängen. Vor dem Betreten des Tempelinneren sollte man die Schuhe ausziehen und sich zurückhaltend benehmen. Geöffnet tgl. von 6.00 - 12.00 Uhr und 16.30 - 20.30 Uhr Etwas weiter nördlich liegt noch ein ein islamisches Heiligtum, die **Jamae Moschee**, die 1830 - 1835 erbaut wurde.

Das Viertel Tanjong Pagar um die Tanjong Pagar Road und Duxton Road ist ein gutes Beispiel für die neuerliche Edel-Sanierung. Mit der Renovierung haben sich hier neben Galerien und Spezialgeschäften auch ein paar gute Pubs und Restaurants angesiedelt. Einen Besuch lohnt auch eines der Teehäuser, z.B. das *Tea Chapter*, 11A Neil Rd.

An Kreuzung von Maxwell Road und South Bridge Road liegt der **Maxwell Market** mit seinen zahlreichen Essenständen, der um die Mittagszeit am schönsten ist und zu einem leckeren Imbiß einlädt. In der sogenannten *food alley*, eine Verlängerung der Tras Street, ißt man etwas komfortabler, aber nicht unbedingt besser.

Lohnenswert ist ein Spaziergang durch die Ali Lane, China Street, Club Street und die engen Gassen, die nach Süden zur Amoy Street verlaufen. Einer der ältesten chinesischen Tempel, der **Thian Hock Keng Temple**, befindet sich zwischen Amoy Street und Telok Ayer Street. Der „Tempel der himmlischen Glückseligkeit" wird hauptsächlich von Taoisten aus Hokkien besucht und ist der Göttin Ma-Cho-Po, der Schutzpatronin der Seeleute, gewidmet. 1840 ließ man chinesische Handwerker kommen und transportierte das Material für die Granitsäulen, die Holzschnitzereien und die Götterstatuen, von China nach Singapore.

Nördlich des Tempels liegt der **Nagore Durgha Shrine**, eine Moschee, die südindische Moslems um 1830 errichteten. Die **Al-Abrar-Moschee**, südlich des Tempels gelegen, stammt aus derselben Zeit, wurde jedoch um 1850 erneuert.

Wer noch ein Stück gehen mag, kann für einen guten Imbiß oder ein leckeres Mittagessen auch nach Osten zum **Telok Ayer Market (Lau Pa Sat)** weiterwandern. Die Umgebung ist zwar wenig attraktiv, die alte Markthalle selbst aber hat man liebevoll wieder aufgebaut, nachdem sie vor einigen Jahren dem U-Bahnbau weichen und in ihre Einzelteile zerlegt werden mußte.

## Little India

Indische Arbeiter kamen in größeren Schüben erst während der Zwanziger Jahre nach Singapore. Sie ließen sich überwiegend im „indischen Viertel" rings um die heutige Serangoon Road nieder, wo die Briten auf unwirtlichem Sumpfland eine Ziegelei errichtet hatten. Noch immer prägen die einstöckigen alten Ge-

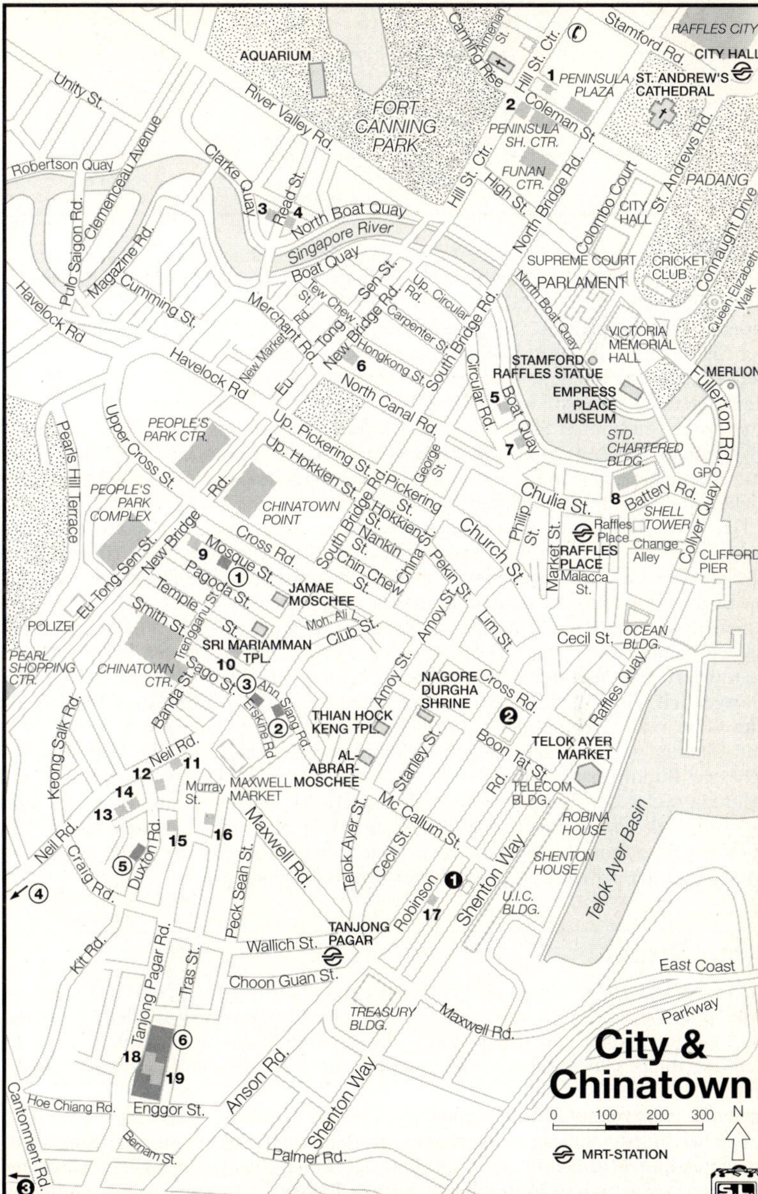
RAFFLES CITY
Stamford Rd.
CITY HALL
Armenian St.
Canning Rise
Hill St. Ctr.
1
PENINSULA PLAZA
ST. ANDREW'S CATHEDRAL
AQUARIUM
Unity St.
River Valley Rd.
FORT CANNING PARK
2
Coleman St.
PENINSULA SH. CTR.
St. Andrews Rd.
Robertson Quay
Clemenceau Avenue
Clarke Quay
Hill St. Ctr.
FUNAN CTR.
High St.
North Bridge Rd.
Colombo Court
CITY HALL
PADANG
Connaught Drive
3
4
Read St.
North Boat Quay
Singapore River
Boat Quay
Pulo Saigon Rd.
Magazine Rd.
SUPREME COURT
CRICKET CLUB
PARLAMENT
Queen Elizabeth Walk
Havelock Rd
Cumming St.
Merchant Rd.
Tew Chew St.
New Market Rd.
Tong Sen St.
New Bridge Rd.
Up. Circular Rd.
Carpenter St.
South Bridge Rd.
North Boat Quay
VICTORIA MEMORIAL HALL
Hongkong St.
6
STAMFORD RAFFLES STATUE
MERLION
Havelock Rd
Eu
North Canal Rd.
Circular Rd.
5
Boat Quay
EMPRESS PLACE MUSEUM
Fullerton Rd.
Pearls Hill Terrace
Upper Cross St.
PEOPLE'S PARK CTR.
Up. Pickering St.
Up. Hokkien St.
George St.
7
STD. CHARTERED BLDG.
GPO
Rd.
Pickering St.
South Bridge Rd.
Hokkien St.
Chulia St.
8
Battery Rd.
PEOPLE'S PARK COMPLEX
CHINATOWN POINT
Nankin St.
Philip St.
Market St.
Raffles Place
SHELL TOWER
Collyer Quay
Change Alley
Church St.
New Bridge
Cross Rd.
China St.
Pekin St.
RAFFLES PLACE
CLIFFORD PIER
Eu Tong Sen St.
9
Mosque St.
1
Chin Chew St.
Malacca St.
Pagoda St.
JAMAE MOSCHEE
Amoy St.
Lim St.
Temple St.
Trengganu St.
Moh. Ali L.
Club St.
POLIZEI
Smith St.
Cecil St.
OCEAN BLDG.
SRI MARIAMMAN TPL.
PEARL SHOPPING CTR.
CHINATOWN CTR.
10
Sago St.
3
Ann Siang Rd.
Amoy St.
NAGORE DURGHA SHRINE
Cross Rd.
Raffles Quay
Banda St.
Keong Saik Rd.
Erskine Rd.
2
THIAN HOCK KENG TPL.
2
Boon Tat St.
TELOK AYER MARKET
Neil Rd.
11
12
AL-ABRAR-MOSCHEE
Stanley St.
Rd.
Murray St.
MAXWELL MARKET
TELECOM BLDG.
14
13
Mc Callum St.
ROBINA HOUSE
Maxwell Rd.
Telok Ayer St.
Telok Ayer Basin
15
16
Neil Rd.
Craig Rd.
Duxton Rd.
Peck Seah St.
Cecil St.
Shenton Way
SHENTON HOUSE
5
1
4
Robinson
U.I.C. BLDG.
17
TANJONG PAGAR
Kit Rd.
Tanjong Pagar Rd.
Tras St.
Wallich St.
Choon Guan St.
East Coast
Parkway
TREASURY BLDG.
Maxwell Rd.
6
18
19
City & Chinatown
Anson Rd.
Shenton Way
Cantonment Rd.
Hoe Chiang Rd.
Enggor St.
0 100 200 300
N
Bernam St.
Palmer Rd.
MRT-STATION
3
S.L.

*Legende:*

**Übernachtung:**
7 Palace H.
8 Kam Leng H.
9 International H.
10 Hawaii Gh./Goh's
11 Sun Sun H.
12 Why Not
13 South East Asia H.
14 New 7th Storey H.
15 New Backp. Lodge
16 Lido
17 Beach H.
18 Lee's
19 Soon Leng Son
20 Shang Onn
21 Metropole H.
22 Peony Mansion
23 Bencoolen H.
24 Strand H.
25 San Wah H.
26 Bayview Inn
27 YMCA
28 Westin Plaza
29 Westin Stamford H.
30 YWCA
31 Mayfair City H.

**Läden, Restaurants, etc.:**
20 Lavender Food Square
21 Muthu's Curry Hs.
22 Banana Leaf Apolo
23 Komala Vilas R.
24 New Madras Woodlands
25 Sabar Menanti
26 Singapore/Zam Zam/Victory
27 Rex R.
28 Kwan Yim R.
29 Boom Boom Room
30 Swee Kee R.
31 Yet Con R.
32 Imperial Herbal R.
33 TGI Friday's
34 Hisatomo R.
35 Inagiku R.
36 Satay Club

**Transport:**
1 Singapore Airlines
4 Golden Mile Tower
5 Lavender Bus Terminal
6 Ban San Bus Terminal
7 Airpower Travel
8 Philippine Airlines

schäftshäuser das Bild. Sehenswürdigkeiten gibt es kaum, aber das lebhafte, bunte Viertel ist schön zum Bummeln. Hier kauft man die besten Sari-Stoffe (große Auswahl in der Buffalo Road), frisch gemischtes Curry-Pulver und andere Gewürze, indischen Kitsch, Götterbildchen, Tee oder wonach einem sonst gerade der Sinn steht. Die engen Läden, in denen man nach Lust und Laune mit redseligen Verkäufern handelt, sind bis zur Decke mit Waren gefüllt. Der Duft von Räucherstäbchen, Jasmin und Curry liegt in der Luft. Männer in weißen Dhotis und Frauen in bunten Saris drängen sich durch die schmalen Arkaden, in denen Straßenhändler Zeitungen und Zigaretten anbieten. Unterwegs stärkt man sich mit einem kräftigen indischen Tee oder würzigen vegetarischen Gerichten, die nicht selten auf Bananenblättern serviert werden.

Das **Zhu Jiao Centre** zwischen Bukit Timah Road und Buffalo Road beherbergt seit einigen Jahren den großen indischen Markt, in dem Obst, Gemüse und alltägliche Gebrauchsgegenstände, aber auch indische Stoffe gehandelt werden. Im Erdgeschoß befindet sich ein großes *hawker centre*.

Sehenswert ist der **Sri Srinivasa Perumal Tempel** an der Serangoon Road, Ecke Perumal Road. Seit 30 Jahren wird dieser Tempelkomplex erweitert und restauriert. Für alle, deren Reiseroute nicht über Thailand führt, bietet sich die Gelegenheit, einen buddhistischen Tempel zu besichtigen. Der **Sakya Muni Buddha Gaya** oder „Tempel der 1000 Lichter" in der Race Course Road erhielt seinen Namen von den zahlreichen Glühbirnen, die eine 15 m hohe und 300 t schwere Buddhastatue erleuchten. 1927 von einem thailändischen Mönch gegründet, weist der Tempel sowohl chinesische als auch indische Einflüsse auf. Geöffnet tgl. von 7.30 - 16.45 Uhr. Einmal hier oben angekommen, lohnt sich auch ein Besuch im **Leong San**, dem Drachenberg-Tempel, der 1917 gegründet wurde und der achtzehnarmigen Göttin Kuan Yin geweiht ist.

## Arab Street

Im Gegensatz zur hinduistisch geprägten Serangoon Road wohnen in dieser Gegend überwiegend moslemische Inder, Araber und Malaien. Vor allem zwischen North Bridge Road und Beach Road gibt es einige interessante Läden, die zum Teil allerdings sehr auf Touristen eingestellt sind. Zahlreiche Geschäfte drängen sich auch in der Baghdad Street, die man am besten tagsüber besucht, weil die Läden abends relativ früh schließen.

Die wichtigste Moschee der großen moslemischen Gemeinde von Singapore ist die **Sultan Moschee** in der North Bridge Road. Das ursprüngliche Gebäude wurde zerstört und 1924 durch das heutige Bauwerk mit den großen, goldglänzenden Kuppeln ersetzt. Durch das kleine, unscheinbare Sultan Gate gelangt

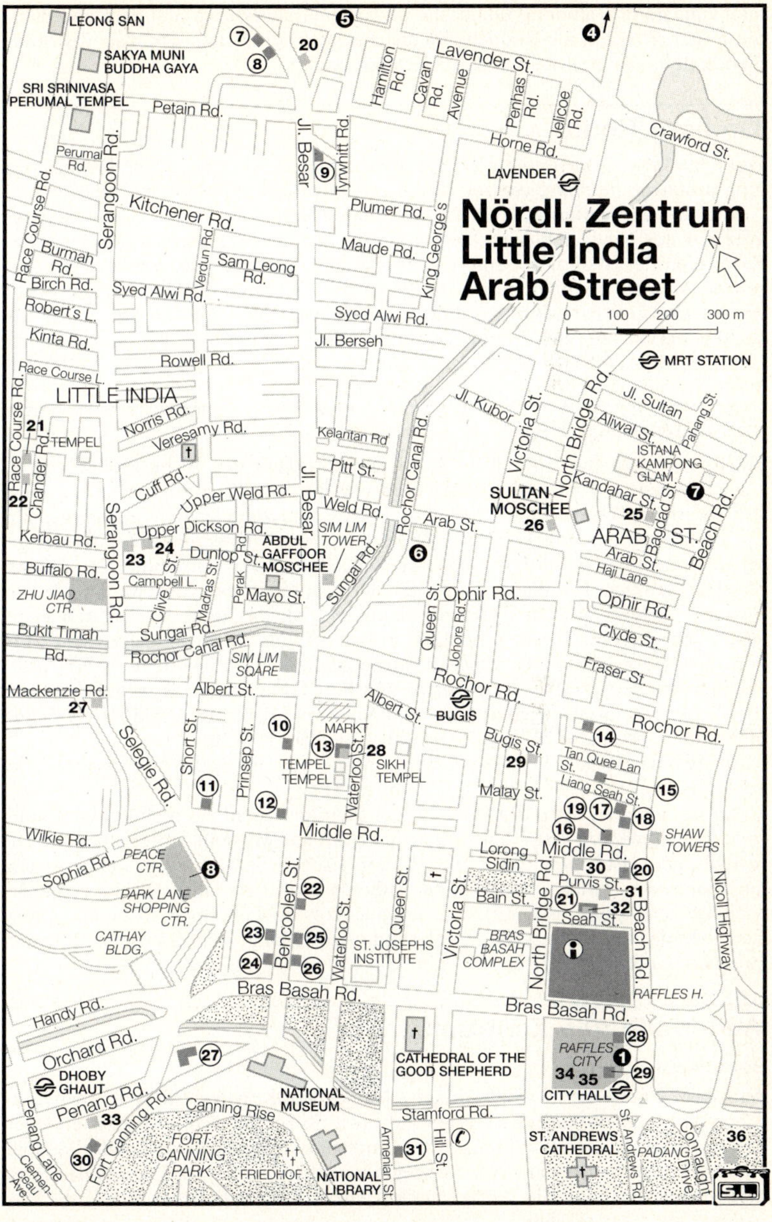
Nördl. Zentrum
Little India
Arab Street
0 100 200 300 m
MRT STATION
LEONG SAN
SAKYA MUNI BUDDHA GAYA
SRI SRINIVASA PERUMAL TEMPEL
Petain Rd.
Lavender St.
Hamilton Rd.
Cavan Rd.
Avenue
Penhas Rd.
Jelicoe Rd.
Crawford St.
Horne Rd.
LAVENDER
Jl. Besar
Tyrwhitt Rd.
Perumal Rd.
Race Course Rd.
Serangoon Rd.
Kitchener Rd.
Plumer Rd.
Maude Rd.
King George's
Burmah Rd.
Verdun Rd.
Sam Leong Rd.
Birch Rd.
Syed Alwi Rd.
Robert's L.
Kinta Rd.
Sycd Alwi Rd.
Jl. Berseh
Rowell Rd.
Race Course L.
LITTLE INDIA
Norris Rd.
Veresamy Rd.
TEMPEL
Chander Rd.
Kelantan Rd
Pitt St.
Jl. Kubor
Victoria St.
North Bridge Rd.
Jl. Sultan
Aliwal St.
Pahang St.
ISTANA KAMPONG GLAM
Cuff Rd.
Upper Weld Rd.
Weld Rd.
Rochor Canal Rd.
SULTAN MOSCHEE
Kandahar St.
Bagdad St.
Beach Rd.
Kerbau Rd.
Upper Dickson Rd.
Arab St.
ARAB ST.
Dunlop St.
ABDUL GAFFOOR MOSCHEE
SIM LIM TOWER
Sungai Rd.
Haji Lane
Buffalo Rd.
Campbell L.
Perak Rd
Madras St.
Clive St.
ZHU JIAO CTR.
Mayo St.
Ophir Rd.
Queen St.
Johore Rd.
Clyde St.
Bukit Timah Rd.
Sungai Rd.
Rochor Canal Rd.
SIM LIM SQARE
Fraser St.
Mackenzie Rd.
Albert St.
Rochor Rd.
BUGIS
Selegie Rd.
Short St.
Prinsep St.
MARKT
TEMPEL
SIKH TEMPEL
Waterloo St.
Bugis St.
Tan Quee Lan St.
Liang Seah St.
Malay St.
Wilkie Rd.
Middle Rd.
SHAW TOWERS
Sophia Rd.
PEACE CTR.
Lorong Sidin
Purvis St.
Bain St.
Seah St.
Nicoll Highway
PARK LANE SHOPPING CTR.
Bencoolen St.
CATHAY BLDG.
ST. JOSEPHS INSTITUTE
BRAS BASAH COMPLEX
RAFFLES H.
Bras Basah Rd.
Handy Rd.
Orchard Rd.
RAFFLES CITY
CATHEDRAL OF THE GOOD SHEPHERD
DHOBY GHAUT
NATIONAL MUSEUM
CITY HALL
Penang Rd.
Canning Rise
Stamford Rd.
Fort Canning Rd.
Penang Lane
Clemenceau Ave.
FORT CANNING PARK
FRIEDHOF
NATIONAL LIBRARY
Armenian St.
Hill St.
ST. ANDREWS CATHEDRAL
St. Andrews Rd
PADANG
Connaught Drive

man zur **Istana Kampong Glam**, die um 1840 erbaut wurde und dem abgedankten Sultan Hussein als Residenz diente, nachdem die Briten die Insel übernommen hatten. Zur Zeit kann nicht besichtigt werden.

## Orchard Road

Gut 2 km lang ist die renommierte Einkaufsmeile, eine beeindruckende Ansammlung protziger *shopping centres,* durchsetzt mit Büro- und Hotelhochhäusern.

Über das Einkaufen gibt es ein paar Seiten weiter ein ausführliches Kapitel. Wer nur aus Neugier hier entlanggeht, kann sich - außer den architektonischen Eskapaden der Shopping Centers - den **Peranakan Place**, 180 Orchard Rd., ansehen. *Peranakans* nannte man die Chinesen der *Straits Settlements,* die schon im 16. Jahrhundert außerhalb ihrer alten Heimat einen eigenen Lebensstil entwickelt hatten und sich in einer malaiisch beeinflußten Sprache verständigten. Geöffnet Mo - Fr 10.30 - 15.30 Uhr, Eintritt 4 S$.

## Fort Canning Park

Ein Spaziergang führt durch die hügelige Landschaft der 40 ha großen grünen Lunge mitten in der City hinauf zum ehemaligen **Fort Canning**, von dem außer den massiven Toren, einigen Erdwällen und einem zerfallenen Wachhaus nichts übriggeblieben ist. Von 1857 bis 1860 erbaut, wurde es bereits 1907 wieder geschleift, denn der militärische Wert der Befestigung war von Anfang an umstritten. Den größten Teil nimmt heute das Fort Canning Reservoir ein. An der Cox Terrace, nicht weit vom Reservoir, befindet sich das Grab des letzten Herrschers des alten malaiischen Temasik, Sultan Iskandar Shah - einziger spärlicher Hinweis darauf, daß die Geschichte Singapores weiter zurückreicht als bis 1819.

Durch ein neogotisches Eingangstor (am Fort Canning Rise etwa auf der Höhe der *National Library*) kommt man zum ältesten christlichen **Friedhof** der Stadt. Hier gibt es noch alte Gräber europäischer Siedler ab 1820.

Am Fuß des Hügels steht das **Aquarium** mit mehr als 500 Arten tropischer Fische. Geöffnet tgl. 9.30 - 20.30 Uhr, Eintritt 4 S$.

Auf der anderen Seite des Parks an der Stamford Road ist in einem viktorianischen Gebäude von 1887 das großartige **National Museum** untergebracht. Die historischen, archäologischen und ethnologischen Sammlungen stammen u.a. aus Indonesien, Malaysia und China. Außerdem wird ein Überblick über die Geschichte Singapores geboten, u.a. anhand von 20 Dioramen in einem Extra-Raum. In der **Art Gallery** sind wechselnde Ausstellungen einheimischer Künstler zu sehen. Geöffnet tgl. außer Mo von 9.00 - 17.30 Uhr, Eintritt 5 S$.

## Außerhalb des Zentrums

### Botanischer Garten

Am oberen Ende der Orchard Road / Napier Road, in der Cluny Road, wurde schon 1874 der Botanische Garten auf etwa 36 ha als Zoo und Park eröffnet. 1877 pflanzte man hier die ersten Gummibaumsetzlinge, die in London aus gestohlenen brasilianischen Samen gezogen worden waren. Attraktionen des Botanischen Gartens sind die schöne Orchideenzucht und ein Stück Primärdschungel, durch den asphaltierte Wege führen. Zu erreichen mit Bus 106 ab Bencoolen Street, 75 ab Collyer Quay, 7 oder 14 ab Raffles City und 174 ab Chinatown, geöffnet tgl. von 5.30 - 23.00 Uhr; Eintritt frei.

### Haw Par Villa (Tiger Balm Garden)

Der chinesische Millionär und Geschäftsmann Aw Boon Haw ließ ursprünglich diesen Park anlegen. Er vermarktete u.a. den berühmten *Tiger Balm*, ein Allheilmittel gegen Kopfschmerzen und andere Krankheiten, das man auch in Europa kaufen kann.

Überall stehen groteske Figuren aus Zement, die in grellen Farben angemalt sind und etwas an Disneyland erinnern. Sie stellen Szenen aus der Mythologie und Geschichte Chinas dar, beeindruckend sind vor allem die diversen Höllen-Visionen! Inzwischen hat man das Programm mit Theater- und Tanzaufführungen, Puppentheater und 3D-Shows angereichert und zu einem Vergnügungspark aufgerüstet. Europäer haben wahrscheinlich Schwierigkeiten, sich an derlei Spielereien zu erfreuen, aber Kinder finden es meistens toll.

Haw Par Villa liegt an der Pasir Panjang Road im gleichnamigen Stadtteil, geöffnet tgl. von 9.00 - 18.00 Uhr, an Wochenenden und Feiertagen bis 21.00 Uhr, Eintritt 16 S$. MRT bis Buona Vista, von dort Bus Nr. 200, oder MRT bis Clementi und von dort Bus Nr. 10.

### Jurong

Die Wohn- und Industriegebiete von Jurong, der ältesten *New Town* von Singapore, sind vor allem in den 60er und 70er Jahren entstanden. Einige Gebäude sind für Kenner moderner Architektur interessant, z.B. die futuristische *Jurong Town Hall* von 1979. In ihr ist das **Singapore Science Centre** untergebracht, in dem Naturwissenschaften besonders jüngeren Besuchern nahegebracht werden. Anhand von Versuchen und Objekten können alltägliche und ausgefallene Phänomene nachvollzogen werden. Sehr unterhaltsam! Das Science Centre ist tgl. außer Mo von 10.00 - 18.00 Uhr geöffnet, Eintritt: Erwachsene 2 S$, Kinder 50 ¢, das 3D-Omni Theatre und die Planetarium-Show kosten extra. Zu erreichen von der MRT-Station Jurong East aus mit dem Bus Nr. 336 bzw. zu Fuß.

Der **Chinesische Garten** und der **Japanische Garten** in Jurong sind nicht nur für Freunde der Landschafts- und Gartenarchitektur interessant. Adresse: Yuan Ching Road. Beide Gärten liegen nebeneinander, geöffnet tgl. 9.00 - 19.00 Uhr, sonn- und feiertags von 8.30 - 19.00 Uhr. Eintritt: 4 S$ für beide Parks. Es gibt eine MRT-Station Chinese Garden. **Tang Dynasty City** ist ein weiterer Themenpark, der in Filmkulissenmanier das China der Tang-Dynastie aufleben läßt. In der Yuan Ching Road, die nächste MRT-Station ist Lakeside, von dort kommt man mit Bus Nr. 154 oder 240 hin. Geöffnet tgl. 9.30 - 18.30 Uhr, Eintritt 15 S$.

### Pulau Sentosa

Die 5 km lange Insel vor den Toren Singapores hat man im Laufe der vergangenen Jahre zu einem riesigen Freizeitgelände ausgestaltet, das stark am Konzept amerikanischer Themenparks orientiert ist. Touristen aus Europa sind in der Regel wenig beeindruckt, aber die Besucher aus den Nachbarländern strömen in Scharen und für Singaporeaner ist Sentosa ein beliebtes Familienausflugsziel.

Da gibt es zunächst das **Fort Siloso**, das die Briten um 1890 zum Schutz der Hafeneinfahrt anlegten und das während des Zweiten Weltkriegs auch von den

Japanern intensiv genutzt wurde - Kanonen und militärisches Gerät veranschaulichen das Leben in der Festung. Geöffnet tgl. 9.00 - 19.00 Uhr, Eintritt 1 S$.

**Pioneers of Singapore** thematisiert anhand von berühmten Personen und typischen Szenen aus dem Alltag der verschiedenen Kulturen die frühe Stadtgeschichte. Zahlreiche Fotos, Filmaufnahmen und andere Dokumente berichten vom Leben während des Krieges und von den traumatischen Jahren der japanischen Besetzung und der Rückeroberung durch die Briten. In lebensgroßen Wachsfiguren ist die Unterzeichnung der britischen Kapitulation und später die der Japaner nachgestellt. Geöffnet tgl. 9.00 - 21.00 Uhr, Eintritt 3 S$.

Für Naturfreunde gibt es einen **Butterfly Park**, an den eine beeindruckende Insektensammlung angeschlossen ist (tgl. 9.30 - 17.30, 4 S$), ein **Coralarium** (tgl. 9.00 - 19.00 Uhr, 1,50 S$) einen **Orchideengarten** (tgl. 9.30 - 18.30 Uhr, 3 S$) und ein **Rare Stone Museum** (tgl. 9.00 - 19.00 Uhr, 2 S$). Am lohnendsten ist **Underwater World**, wo die Besucher sich auf einem Laufband durch einen 100 m langen Acryltunnel „unter Wasser" bewegen und Rochen, Muränen und allerlei anderes Meeresgetier sozusagen hautnah erleben können. Geöffnet tgl. 9.00 - 21.00 Uhr, Eintritt 10 S$ - Kamera nicht vergessen!

Badestrände, Wanderwege, gepflegte Parkanlagen und allerlei gastronomische und touristische Einrichtungen runden das Bild ab. Ein Monorail-System und zwei Buslinien verbinden alle Sehenswürdigkeiten miteinander, ihre Benutzung ist mit dem Insel-Eintrittsgeld von 5 S$ abgegolten. Seitdem Sentosa nun auch über eine Brücke vom Festland her zugänglich ist, kann man vom World Trade Centre entweder mit dem Bus oder mit der Fähre übersetzen (6 S$ inkl. Eintritt). Für 7 S$ (inkl. Eintritt) fährt auch ein Bus von der Orchard Road („Service E") nach Sentosa. Die Schweizer Kabinenbahn ist natürlich teurer, sie kostet 5 S$ plus Eintritt vom World Trade Centre, vom Mount Faber aus 5,50 S$.

Busse zum World Trade Centre ab Orchard Road Nr. 66 oder 145, von Raffles City (North Bridge Road) Nr. 61, 84, 143 und 166, die auch durch Chinatown fahren.

## ÜBERNACHTUNG

**UNTERE PREISKLASSE - Bencoolen Street und Umgebung** ist schon lange Zeit eine Traveller-Gegend. Von Changi Airport fährt Bus Nr. 16(E) bis zum nahegelegenen YMCA, von der Lavender Bus Station geht man bis zur Jl. Besar und nimmt dort den Bus Nr. 97 oder 103 zur Bencoolen St. Vom Bahnhof aus mit dem Bus Nr. 97 oder 131 zur nahegelegenen Selegie Rd. (Peace Centre).

*PEONY MANSION,* 46-52 Bencoolen St., beherbergt mehrere Traveller-Herbergen, deren Namen häufig wechseln. Zuletzt gab es hier *LEE'S TRAVELLER CLUB**, 4. Etage, und *LEE BOARDING HOUSE**, 7. Etage, tel 338 3149, sowie *BACKPACKERS LODGE**, 9. Etage, tel 3344203. Alle vermieten DZ und Schlafsaalbetten.

*SAN WAH HOTEL***, 36 Bencoolen St., tel 3362428. Typisches altes Chinesenhotel, sieht von außen schon etwas brüchig aus, ist innen aber noch ganz o.k. Liegt etwas zurückversetzt, daher nicht ganz so laut.

*SUN SUN HOTEL***, 260 A Middle Rd., tel 338 4911, 3381366, hat saubere Zimmer mit Fan bzw. ac - ein Lichtblick im Vergleich mit den anderen Etablissements der Gegend.

*HAWAII GUEST HOUSE***, 173 Bencoolen St., 2. Etage, tel 3384817, und

*GOH'S HOMESTAY***, tel 3396561, im selben Haus in der 6. Etage, haben ebenfalls saubere Räumlichkeiten. Auch hier Schlafsaalbetten, die DZ kosten allerdings etwas mehr als in den anderen Gästehäusern.

*WHY NOT HOMESTAY*-***, 189 Selegie Center, 6. Etage, tel 3380162. Die Filiale dieser Kette liegt ein Stückchen weiter nördlich. Schlafsaal und DZ, anspruchslos.

**Beach Road (nördlich vom Raffles)** liegt nicht weit von der Bencoolen Street. Bus Nr. 16 fährt vom Changi Airport in die Bras Basah

Road, die silbernen Türme von Raffles City sind eine gute Orientierung.
*SOON LENG SON**, 26 Middle Rd., tel 3376318 und *LIDO**, 54 Middle Rd., tel 3371872, sind zwei billige Chinesenhotels in dieser Gegend. Beide vermieten einfachste DZ ohne Bad.
*LEE'S TRAVELLER CLUB**, 75 Beach Rd., 6. Etage. Vermietet akzeptable DZ und Schlafsaalbetten, möglicherweise ist unten im Haus kein Schild angebracht.
*NEW BACKPACKERS LODGE**, 18 Liang Seah St., tel 3348042, hat saubere, spartanisch eingerichtete kleine Zimmer und billige Schlafsaalbetten.
**Orchard Road und Umgebung:** In dieser teuren Gegend gibt es nur ein Guesthouse, aber das wiederum ist ein guter Tip:
*NEW SANDY'S PLACE*-***, tel 7341431, liegt unweit der Scotts Rd., nahe der MRT-Station Newton, von deren westlichen Ausgang man nur über die große Wiese zu gehen braucht. Am besten ist es, vorher anzurufen und sich den Weg beschreiben zu lassen.
*MARIO-VILLE BOARDING HOUSE***, 64 Lloyd Rd., tel 7345342. Windschiefes, altes Chinesenhotel, aber die Zimmer sind sauber und haben z.T. sogar ac und Telefon. Wie lange wird sich so etwas in dieser Gegend noch halten können? Nächste MRT-Station: Somerset.
**Nahe Lavender Bus Station:** Wer spät mit dem Bus angekommen ist, mag vielleicht nicht mehr so weit fahren - und schlecht ist diese Gegend auch nicht. *PALACE HOTEL*-***, 407 Jl. Besar, tel 2983 108, ist von der Lavender St. Bus Station auch zu Fuß erreichbar. Laut und sehr einfach, lieber ein Zimmer nach hinten nehmen.
*INTERNATIONAL HOTEL***, 290 Jl. Besar, tel 2939238, ist ein Stück weiter im Süden. Abgewetztes Chinesenhotel, DZ ohne Bad mit ac, aber für den Preis o.k.

**MITTELKLASSE** - in Singapore eine problematische Kategorie, denn zwischen 60 und 100 S$ gibt es nur wenige Quartiere, die es wert sind, empfohlen zu werden. Wer nicht in Billighotels wohnen möchte, sollte überlegen, ob es nicht auch ein paar Dollar mehr sein dürfen, zumal wenn es sich nur um wenige Tage (Nächte) handelt. Hier trotzdem ein paar Adressen, alle haben Zimmer mit ac:
**City:** *YMCA*** (International House)*, 1 Orchard Rd., tel 3366000, fax 3373140. Die Ausnahme! Absolut zentral am unteren Ende der Orchard Rd. gelegen, DZ mit TV, ac und Bad, außerdem diverse Annehmlichkeiten im Hause. Es gibt auch (teure) Schlafsaalbetten. Häufig ausgebucht, daher besser vorher reservieren. Bus Nr. 16 von Changi Airport hält vor der Haustür.
*MAYFAIR CITY HOTEL****, 40 Armenian St., tel 3374542, fax 3371736. Kleines City-Hotel, sehr zentral und nahe am Nationalmuseum.
**Chinatown:** *MAJESTIC HOTEL****, 31 Bukit Pasoh Rd., tel 2223377, fax 2230907. Altes Chinesenhaus in einer ruhigen Seitenstraße am südlichen Ende der New Bridge Rd. (MRT-Station Outram Park). DZ mit und ohne Bad.
*DRAGON CITYVIEW HOTEL****, 18 Mosque St., tel 2239228, fax 2218198. Mitten in Chinatown gelegen, ruhige DZ mit Bad und TV.
**Nördliches Zentrum:** *STRAND HOTEL****, 25 Bencoolen St. tel 3381866, fax 3363149. Uninteressanter Hotelkasten, aber mit allen *facilities*.
*HOTEL BENCOOLEN****, 47 Bencoolen St., tel 3360822, fax 3364284. Sieht von außen wenig einladend aus, aber die Zimmer sind o.k., Frühstück im Preis inbegriffen.
*SOUTH EAST ASIA HOTEL****, 190 Waterloo St., tel 3382394, fax 3383480. Neues Gebäude, Zimmer mit ac und Bad, in der Nähe der Bencoolen St., gleich neben dem Tempel.
**Orchard Road und Umgebung:** *HOTEL SUPREME****, 15 Kramat Rd., tel 7378333, fax 7337404. Noch das preisgünstigste, wenn man nahe an der Orchard Road wohnen will. Bietet den üblichen Mittelklasse-Standard.
*LLOYD'S INN****, 2 Lloyd Rd., tel 7377309, fax 7377847. Liegt in einer ruhigen Wohngegend südlich der MRT-Station Somerset. Nette Zimmer im Motel-Stil. Zu empfehlen.

**GEHOBENE MITTELKLASSE** - hier ein paar Hotels, die zwischen 100 und 150 S$ kosten, aber guten Standard bieten. Beim Anrufen empfiehlt es sich grundsätzlich, nach *discount* oder *package offers* zu fragen.
**Nördliches Zentrum:** Zwei Hotels, die noch recht zentral liegen sind *METROPOLE HOTEL*****, 41 Seah St., tel 3363611, fax 3393610. Gleich hinter dem Raffles, modern und komfortabel.
*BAYVIEW INN*****, 30 Bencoolen St., tel 337 2882, fax 3382880. Hochhaus mit Pool.
**Orchard Road und Umgebung:** *LADYHILL HOTEL*****, Ladyhill Rd., tel 7372111, fax 737 4606. Gutes, freundliches Hotel mit nettem Pool

in grüner Wohngegend nahe dem oberen Ende der Orchard Rd. Empfehlenswert.
*RELC INTERNATIONAL*****, 30 Orange Grove Rd., tel 7379044, fax 7339976, liegt in derselben Gegend. Modernes Hochhaus, die Buchstaben stehen für *Regional English Language Centre*.
*PREMIER*****, 22 Nassim Hill, tel 7339811, fax 7335595, ebenfalls in dieser Gegend. Das kleine Haus wird von der *Hotel Association* als *Training Centre* betrieben - der Service ist dementsprechend aufmerksam.
**Chinatown:** *DAMENLOU HOTEL*****, 12 Ann Siang Rd., tel 2211900, fax 2258500. In einer ruhigen, hübschen Seitenstraße in Chinatown gelegen, bietet dieses kleine Hotel familiäre Atmosphäre und einen schönen Dachgarten. Ein Pub ist im Hause. Zu empfehlen!

**OBERE PREISKLASSE** - Daran herrscht in Singapore kein Mangel, vor allem rings um die Hotelmeile Orchard Rd. Dennoch, *discount* und *package rates* sind gerade in dieser Preislage gang und gäbe!
Hier nur eine kleine Auswahl erwähnenswerter Häuser, die aus dem üblichen Einerlei hervorstechen.
**City und Marina:** *RAFFLES HOTEL*, 1 Beach Rd., tel 3371886, fax 3397650. Das Haus verfügt über diverse stilvolle Restaurants, Bars und Geschäfte. Die 104 Suiten werden allerdings nicht unter 650 S$ vermietet.
*MARINA MANDARIN,* 6 Raffles Blvd., Marina Square, tel 3383388 fax 3394977. Architektonisch ganz imposante Riesenanlage. Ab 350 S$.
**Orchard Road und Umgebung:** *GOODWOOD PARK HOTEL,* 22 Scotts Rd., tel 7377411, fax 7328558, liegt zwischen Orchard Rd. und Newton Circus. Der 1899 erbaute *Teutonia Club* war früher das Zentrum der Deutschen in Singapore, ab 400 S$.
*DYNASTY HOTEL*, 320 Orchard Rd., tel 734 9900, fax 7335251, ab 300 S$.
*SHANGLI-LA,* 22 Orange Grove Rd., tel 7373644, fax 7337220, ab 330 S$.
*HILTON INTERNATIONAL*, 581 Orchard Rd., tel 7372233, fax 7322917, ab 300 S$.
**Chinatown:** *THE DUXTON,* 83 Duxton Rd., tel 2277678, fax 2271232, liegt im restaurierten Tanjong Pagar-Viertel von Chinatown. Acht koloniale Chinesenhäuser hat man für dieses kleine Prunkstück zu einem „Boutique-Hotel" umgebaut, ab 290 S$.

## ESSEN UND TRINKEN

Essen gehen ist für Singaporeaner fast ein Volkssport. Die Preise sind durchweg moderat, und es sind nicht nur die weiß eingedeckten Spitzenrestaurants, die die besten Gerichte anbieten, sondern gerade auch die unscheinbaren Foodstalls oder die kleinen, billigen Lokale an der Ecke. Gut muß also nicht teuer sein - im Gegenteil. Guten Appetit!

**HAWKERCENTRES UND MÄRKTE** - Die preiswerteste Art, sich durch die lokale Küche zu essen.
**City und Marina:** *TELOK AYER MARKET (LAU PA SAT),* Boon Tat St., mitten im Business District nahe dem Raffles Quay gelegen. Die viktorianische Markthalle steht unter Denkmalschutz und wurde als *food centre* hergerichtet. Gut zum Mittagessen. Die Boon Tat St. wird nach Einbruch der Dunkelheit gesperrt und zur *food alley* erklärt. Neben den aufgebauten Essenständen treten Straßenkünstler auf - alles merklich touristisch, aber nicht übertrieben.
*HILL STREET CENTRE,* 64 Hill St., gegenüber vom Excelsior Hotel. Chinesische Foodstalls, zum Mittagessen bei den Angestellten der umliegenden Büros beliebt.
*SATAY CLUB,* Connaught Drive, am Ende des Queen Elizabeth Walk, schräg gegenüber von Raffles City, erwacht erst abends richtig zum Leben. Es gibt mehr als nur das würzige malaiische *satay*, aber die leckeren Spießchen sind einfach vorzüglich. Sehr zu empfehlen! Nebenan, im chinesischen *hawker centre*, gibt es noch eine andere Art von Spießen: *steamboat.*
**Orchard Road und Umgebung:** *NEWTON CIRCUS*, MRT Newton, Bukit Timah Rd., Ecke Clemenceau Ave., ist wohl das von Touristen am meisten besuchte *hawker centre.* Aber auch bei Singaporeanern ist der Platz beliebt, denn hier gibt es selbst spät nachts noch etwas leckeres zu essen. Die Preise sind im Vergleich zu anderen *hawker centres* etwas höher.
*PICNIC,* Orchard Rd., Ecke Scotts Rd. Der acgekühlte *food market* unter dem Scotts Centre bietet eine Auswahl aller Küchen Südostasiens, Geöffnet von 10.30 - 23.00 Uhr.
*NGEE ANN CITY* beherbergt auch das japanische Kaufhaus Takashimaya. Im Takashimaya-Tiefgeschoß, neben dem *Cold Storage* gibt es einen vorzüglichen Food Court mit verschiedenen asiatischen Küchen.

**Nördliches Zentrum und Little India:** *ZHU JIAO CENTRE,* zwischen Bukit Timah Rd. und Buffalo Rd., ist ein Gebäude, in dem der indische Markt untergebracht ist. Im Erdgeschoß befindet sich eine riesige, preiswerte Food-Abteilung.
*LAVENDER FOOD SQUARE,* am oberen Ende der Jl. Besar, liegt etwas vom Zentrum entfernt im Norden, ist aber preiswert und wegen seiner guten Gerichte sehr beliebt. Hier kann man die chinesische Küche kennenlernen!
**Chinatown und Umgebung:** *MAXWELL MARKET,* Maxwell Rd. Ecke New Bridge Rd. Schöner alter Essensmarkt in einer gut erhaltenen Ecke von Chinatown. Am besten um die Mittagszeit hingehen.
*CHINATOWN COMPLEX,* Sago St., soll ausgezeichnete chinesische Foodstalls beherbergen, die selbst unter alten Restaurantlöwen als Tip gehandelt werden.

**OPEN AIR-RESTAURANTS** - **Boat Quay** und **Clarke Quay** sind zwei neu entstandene Amüsierzentren am Singapore River, an denen sich ein Freiluftrestaurant neben dem anderen drängt. Nicht alle sind ihr gutes Geld wirklich wert, aber man sitzt schön, genießt die Skyline und kann sich von den verschiedenen Speisekarten inspirieren lassen.

**CHINESISCHE RESTAURANTS** - wo anfangen bei der unglaublichen Fülle? Es gibt einfach zu viele, und davon sind einfach zu viele gut. Unsere Auswahl ist also völlig lückenhaft und mehr oder weniger zufällig entstanden.
**City, Beach Road und Bencoolen Street:** *BAN SENG,* 79 New Bridge Rd., ist ein kleines, acgekühltes Teochew-Restaurant in der City. *Steamed fish* in verschiedenen Varianten ist eine Spezialität. Mittags meist voll mit Geschäftsleuten aus den umliegenden Büros.
*IMPERIAL HERBAL,* im Metropole Hotel, 41 Seah St., tel 3370491, ist kein gewöhnliches Restaurant, sondern bietet Gerichte an, die mit medizinischen Kräutern zubereitet werden. Man muß nicht krank sein, um von den Spezialitäten zu probieren.
*YET CON,* 25 Purvis St., nördlich vom Raffles. Hier bekommt man ausgezeichnetes *steamboat* oder *chicken rice,* sofern man sich von der unfreundlichen Bedienung nicht vertreiben läßt.
*SWEE KEE,* 53 Middle Rd. Bekanntes, preiswertes China-Restaurant, das neben *chicken rice* u.a. auch gute Suppen anbietet.
*KWAN YIM,* 190 Waterloo St., heißt das vegetarische Restaurant im Erdgeschoß des South East Asia Hotel.
**Chinatown:** Selbstverständlich die richtige Gegend für chinesisches Essen. Typische preiswerte, kleine Chinatown-Restaurants gibt es z.B. entlang der Mosque Street und am unteren Ende der Craig Road. Zwischen Maxwell Road und Tras Street verläuft die Food Alley (= Murray Terrace), eine kleine, etwas teurere Restaurantmeile.
Mehrere kantonesische Restaurants befinden sich im People's Park Complex an der Eu Tong Sen St. (New Bridge Rd.). Hier auch das
*TAI TONG HOI KEE,* 3 Mosque St., chinesisches Teehaus und morgens wie mittags ein beliebtes *dim sum*-Restaurant.
*HUA TUO GUAN,* 22 Tanjong Pagar Rd., südliche Chinatown. Das kleine Restaurant im restaurierten Tanjong Pagar-Viertel bietet *herbal food* an, das bedeutet, daß das Essen nach Gesichtspunkten der chinesischen Medizin mit speziellen Kräutern und Heilsubstanzen zubereitet wird. Nicht von der ausschließlich chinesischen Beschriftung abschrecken lassen, es gibt auch eine englische Karte.
*HAPPY REALM,* 3. Etage im Pearl Shopping Centre, Eu Tong Sen St. (südlich der New Bridge Rd.). Einfaches, klassisch vegetarisches China-Restaurant. Nur bis 20.30 Uhr.
**Orchard Road:** *CHINA PALACE,* Wellington Building, zwischen Bideford Rd. und Cairnhill Rd., tel 2351378, ist kein billiges, aber gut besuchtes Restaurant. Vorwiegend Szechuan-Küche, eine Spezialität ist *camphor-smoked duck.*

**INDISCHE RESTAURANTS** - Grob unterscheidet man nordindische (meist etwas teurer und nobler) und südindische Küche (scharfe Gerichte, häufig vegetarisch), außerdem indisch-muslimische Restaurants.
**City:** *ANNALAKSHMI,* im 2. Stock des Excelsior Hotels, 5 Coleman St., Ecke Hill St. Strikt vegetarisch, Nikotin- und Alkoholverbot einschließt, ruhige Atmosphäre, schöne Dekoration und gutes südindisches Essen. Auch der Geldbeutel wird nicht zu sehr strapaziert. Geöffnet bis 22.00 Uhr, Do nur bis 15.00 Uhr.
**Orchard Road:** *MUNTAZ MAHAL,* Far East Plaza Shopping Centre, Scotts Rd., 5. Etage. Etwas kitschig aufgemacht, serviert sehr gute nordindische Küche zu vernünftigen Preisen.
**Little India:** Selbstverständlich eine gute Ge-

gend, v.a. für die scharfe, südindische Küche. In der Race Course Road, die parallel zur Serangoon Road verläuft, gibt es z.B. eine ganze Reihe nette Restaurants. Spezialität: *fish head curry*.

*BANANA LEAF APOLO,* 56 Race Course Rd., serviert u.a. gute Sri Lanka-Krebse und natürlich auch allerlei Gerichte vom Bananenblatt. Mittlere Preislage, bis 22.00 Uhr geöffnet.

*MUTHU'S CURRY HOUSE,* 76 Race Course Rd. Würzige Curries, wer es gerne etwas milder möchte, sollte das *chicken koma* probieren. Bis 22.30 Uhr geöffnet.

*KOMALA VILAS,* 76/78 Serangoon Rd., ist ein bekanntes, schlichtes, südindisch-vegetarisches Restaurant, das immer gut besucht ist.

*NEW MADRAS WOODLANDS,* 14 Upper Dickson Rd., gleich um die Ecke von Komala Vilas), die Konkurrenz - fast noch besser. Diverse preiswerte Bananenblatt-Restaurants auch an der Selegie Rd., Ecke Bukit Timah Rd. Hier auch Snacks wie *samosas* und *curry puffs.*

**Arab St.:** Südindisch-islamisch ist das Essen in den drei bekannten, einfachen Restaurants gegenüber der Sultan-Moschee in der North Bridge Rd. Hier gibt es v.a. gute *murtabaks* und gutes, würziges *chicken biryani.* Alle drei sind bis Mitternacht geöffnet und sehr preiswert.

**MALAIISCHE UND INDONESISCHE RESTAURANTS** - Malaiische und indonesische Küche sind sich sehr ähnlich.

*AZIZA'S,* 36 Emerald Hill, tel 2351130, hinter Peranakan Place. Ein kleines malaiisches Restaurant mit familiärer Atmosphäre.

*SANUR* im Centrepoint Shopping Centre, indonesisches Restaurant, mittags besonders gut besucht.

*TAMBUAH MAS,* Shaw Centre, Scotts Rd., und Tanglin Shopping Centre, obere Orchard Rd., macht ausgezeichnete Satés.

*HOUSE OF SUNDANESE FOOD,* Boat Quay, liegt mitten auf der beliebten Restaurantmeile. Nicht gerade billig, aber gute sundanesische Gerichte, und man kann schön draußen sitzen.

*PAGI SORE NASI PADANG,* 20 Duxton Rd., im renovierten Tanjong Pagar-Bezirk von Chinatown. Nur zum Frühstück und Mittagessen geöffnet, gut besucht.

**THAI RESTAURANTS** - *BANGKOK GARDEN,* Claymore Rd., B1-01 Keck Seng Tower, obere Orchard Road. Hier gibt es auch den berühmten Salat *som tam* aus grünen Papaya.

*PARKWAY,* Centrepoint Shopping Centre, 176 Orchard Rd.

**JAPANISCHE RESTAURANTS** - weil so viele Japaner Singapore besuchen, gibt es auch hier keinen Mangel. Japanisch essen ist meist kein billiges Vergnügen, in Singapore aber durchaus bezahlbar. Fast in jedem Shopping Centre gibt es einen Japaner.

*KOBE* im 4. Stock des Tanglin Shopping Centre, 19 Tanglin Rd., obere Orchard Rd., gehört zu den preiswerteren.

*HISATOMO,* in der 3. Etage von Raffles City, 250 North Bridge Rd., im japanischen Department Store, gehört ebenfalls zu den preiswerteren Japanern.

**WESTERN FOOD** - Neugierig auf exotische kulinarische Genüsse ist man selbstverständlich auch in Asien, europäische oder amerikanische Restaurants werden keineswegs nur von Touristen besucht.

*CHILI'S,* Orchard Parade Hotel, obere Orchard Road. Ordentliches amerikanisches und Tex-Mex-Essen.

*PETE'S PLACE* im Tiefgeschoß des Hyatt Hotels, 10 Scotts Rd. Die italienischen Restaurants sind natürlich nicht gerade billig - dieses aber ist dennoch wärmstens zu empfehlen.

*JACK'S PLACE* im Wisma Atria, Orchard Rd., unweit der Kreuzung Scotts Rd. Ein guter Platz für Steak-Liebhaber.

*TGI FRIDAY'S,* Park Mall Shopping Centre, Penang Rd., serviert mächtige, typisch amerikanische Portionen.

*HOT STONES,* 53 Boat Quay, tel 5345188, serviert schmackhafte Fleisch- und Fischspezialitäten vom heißen Stein. Wenn kein Platz mehr frei ist.

## UNTERHALTUNG

Böse Zungen behaupten ja immer noch, in Singapore sei nichts los, was die stolzen Singaporeaner auf die Barrikaden treibt. Ein Nachtleben von der Art, wie es Bangkok oder Manila bieten, wird man in Singapore tastsächlich vergeblich suchen. Das heißt aber nicht, daß nach Einbruch der Dunkelheit die Bürgersteige hochgeklappt werden. Bars, Pubs, Clubs und Discos gibt es zu Hauf, und gerade junge Leute gehen oft und gerne aus.

**BARS, PUBS UND MUSIKKNEIPEN** - **Boat Quay:** *HARRY'S,* 28 Boat Quay, ist eine beliebte Adresse, vor allem bei Expats. Lebhaftes Tresenleben, abends spielt oft eine Blues- oder Jazzband.

**Clarke Quay:** *SUZIE WONG,* Read St., eine große, sorgfältig gestylte Schickeria-Bar und *PARTY DOLL,* Read St., ein Tanz- und Trink- und Eßpalast im Stil der 50er Jahre mit entsprechender Musik.

**Orchard Road:** In den Fußgängerbereichen von Emerald Hill und Cuppage Rd., beide nahe dem Centrepoint Shopping Centre, gibt eine ganze Reihe *open air*-Lokale.

*SAXOPHONE BAR,* 23 Cuppage Terrace, ist eine beliebte Adresse. Die Bar ist so klein, daß sich die Musiker, die hier allabendlich etwa ab 22.00 Uhr *the joy of sax* zelebrieren, hinter dem Tresen aufbauen müssen.

*NO. 5 EMERALD HILL,* eben dort, erinnert stark an englische Pubs.

*BRANNIGANS* im Hyatt Hotel, 10-12 Scotts Rd. Hier sorgt jeden Abend eine ausgezeichnete Filipino-Band für Stimmung, das Bier fließt in Strömen.

*WHERE ELSE*, Cairnhill Rd., ist eine große, laute Musikkneipe, in der meist eine Band spielt.

*HARD ROCK CAFE*, Orchard Place, Cuscaden Rd. Das 19. Exemplar dieser weltumspannenden Institution ist bei jungen Singaporeanern sehr beliebt. Ab 22.30 Uhr kostet's 15 S$.

*SANDMAN*, Tanglin Shopoping Centre, Tanglin Rd., im Erdgeschoß. Hier spielt meist eine Rock-Band. Laut, etwas ungepflegt und überhaupt nicht schick.

**Bugis Street**, eine traditionelle Eß- und Amüsiermeile, von der noch abzuwarten bleibt, ob sie nach der Totalsanierung vom Publikum wieder so angenommen wird wie früher. Die Bugis Street verläuft nördlich vom Raffles zwischen Victoria Street und North Bridge Road. (gleichnamige MRT-Station). Singapores einziges Cabaret hat sich jedenfalls mit Erfolg hier etabliert (s.u.). Ansonsten sitzt man im Freien vor den Lokalen und genießt die Kühle des Abends.

**DISCOS** - sind nicht billig, vor allem an Wochenenden. Meistens wird Eintritt verlangt, in dem ein Getränk enthalten ist *(cover charge).* Am Wochenende kann das 15 - 25 S$ kosten. Wochentags ist es billiger.

Die Kleidervorschriften werden nicht mehr so strikt gehandhabt wie ehedem. Für Männer gilt in den gehoberneren Etablissements aber nach wie vor: keine Shorts, keine Sandalen, keine T-Shirts.

*ANYWHERE,* im Tanglin Shopping Centre, Tanglin Rd. Die Hausbands spielen hauptsächlich Rock'n Roll und Musik der 60er und 70er.

*TOP TEN,* Orchard Towers, obere Orchard Rd., hat bis gegen 4.00 Uhr morgens geöffnet. Großer, kinoartiger Saal, häufig Live-Bands mit imposanter Bühnenshow. Am Wochenende 25 S$ Eintritt (1 Drink inkl.)

*SPARK'S,* Ngee Ann City, Orchard Rd., dürfte die größte und perfekteste Disco Singapores sein. Je nach Musikgeschmack gibt es drei verschiedene *sections*, diverse Bars und eine eindrucksvolle *lightshow.* Trotz 20 S$ *cover charge* ständig voll, vor allem mit jungem, modebewußten Publikum.

*ZOUK*, 19 Jiak Kim St., westlich der City am Singapore River in alten Speichergebäuden, beherbergt zudem einen Pub und eine Weinbar. Die Disco ist eher tekno-orientiert.

## EINKAUFEN

Lange Zeit galt Singapore bei westlichen Touristen als Einkaufsparadies, und noch immer steht *shopping* im Zentrum touristischer Aktivitäten. Da Singapore Freihafen ist, sind die meisten eingeführten Waren *taxfree*, d.h. von Einfuhrzöllen ausgenommen, aber viele Artikel sind längst nicht mehr so preisgünstig wie früher. Beim Einkaufen gilt nach wie vor das traditionelle Prinzip: Handeln und Feilschen gehören zumindest außerhalb der Warenhäuser zum Ritual. Ob es sich lohnt, eine komplette Stereoanlage oder ein Funktelefon zu kaufen, sei jedem selbst überlassen. Zöllner in Frankfurt, München, Zürich oder Wien werden jedenfalls erhebliches Interesse an Sony- oder Toshiba-Kisten zeigen.

**EINKAUFSGEGENDEN** - Für alle, die sich ein wenig umsehen und bummeln möchten hier eine grobe Übersicht über die wichtigsten Einkaufsgegenden.

**Orchard Road:** Singapores Schaufenster zur Welt, hier reiht sich ein *shopping center* an das andere, ständig werden neue eröffnet und alte umgebaut. Man hetzt von einem ac-Schock zum nächsten durch glitzernde Warenwelten, und das Angebot ist, schlicht gesagt, überwältigend. Nur billig ist es nicht, das Preisniveau in Nobelgeschäften ist durchaus europäisch, viel-

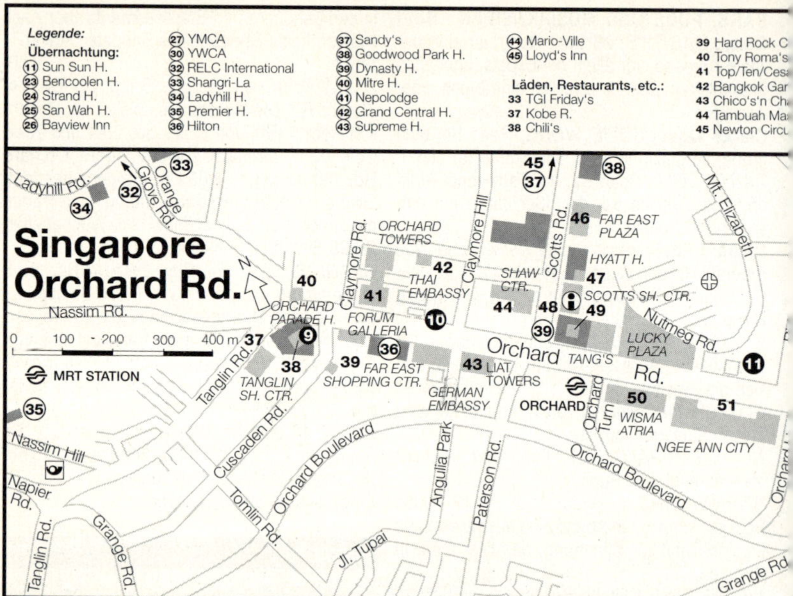


leicht läßt sich bei gehobenen Markenartikeln hier und dort ein Schnäppchen machen.

**Chinatown:** Im Gebiet zwischen New Bridge Rd., South Bridge Rd. und südlich davon gibt es nur wenige Straßen, die an die alte Chinatown erinnern. Bei einem Spaziergang durch die Seitenstraßen kann man kleine Geschäfte entdecken, die Tempelzubehör, Schmuck, Porzellan, traditionelle Medizin oder andere Spezialitäten verkaufen.

**Little India:** Viele kleine Geschäfte bieten Saris, Stoffe und indische Allerweltsartikel an, unter denen sich manches kitschige Unikum finden läßt. Gut auch für Tees, Gewürze und billige Haushaltsgegenstände.

**Arab Street:** gemeint ist das Viertel zwischen Bridge Rd., Ophir Rd., Victoria St. und Jl. Sultan. Interessant für Körbe und Flechtwaren, Rattan, Lederwaren, und malaiische bzw. indonesische Batik, obwohl letztere natürlich in den betreffenden Ländern billiger zu haben ist.

**EINKAUFS-TIPS** - Was man wo am günstigsten bekommt, läßt sich mit Sicherheit nie sagen, dazu ist das Geschäftsleben zu sehr in Bewegung.

**Ausrüstung:** Für Treks durch tropische Wälder kann man in verschiedenen Shops die notwendigen Ausrüstungsgegenstände kaufen, so z.B. *ADVENTURER,* 02-65 Peninsula Plaza oder 03-33 Peninsula Shopping Centre.

*MILSPORTS,* im Beach Centre, 15 Beach Rd., ist etwas preiswerter.

**Bücher:** Das größte Angebot an englischsprachiger Literatur in dieser Region, auch Bücher über Malaysia und Indonesien, findet man in Singapore. *MPH* hat 13 Filialen, u.a. 71 Stamford Rd., Ecke Armenian St.; Afro-Asia-Building, Robinson Rd.; Peninsula Plaza und im Centrepoint, Orchard Rd.

*TIMES BOOKSHOP* u.a. im Centrepoint, Specialist's Centre, Raffles City, Wisma Atria und im Plaza Singapura, 3. Stock, hat ein ähnlich großes Angebot. Beide Ketten sind auch im Changi Airport vertreten.

*SELECT BOOKS,* im Tanglin Shopping Centre, ist die einzige Fachbuchhandlung in Südostasien, die sich auf diese Region spezialisiert hat.

*BOOKWORLD,* 76 Boat Quay, führt auch deutsche Bücher.

*ASIAN FOREIGN LANGUAGE DISTRIBUTORS PTE. LTD.,* # 03-14 Singapore Shop-

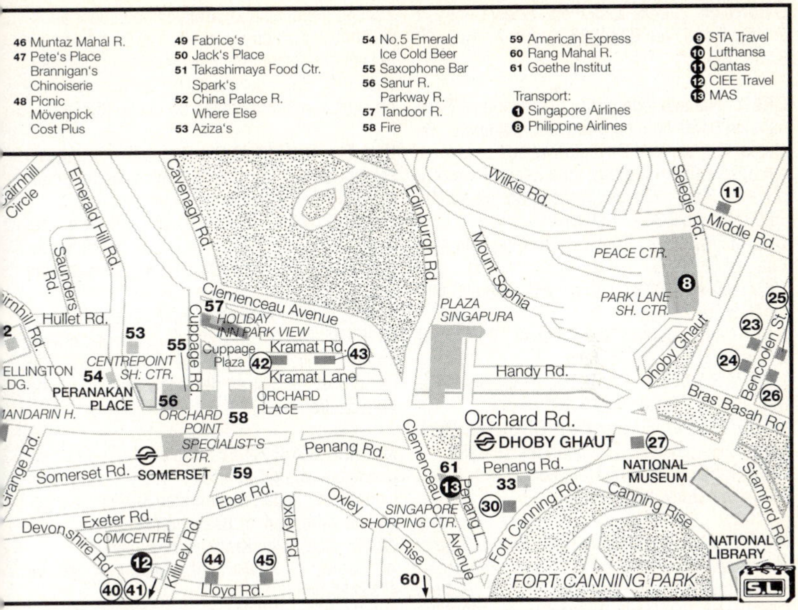


ping Centre, 190 Clemenceau Ave., tel 339 9678 / 3396757, bietet auch deutsche Bücher an. Geöffnet von 10.00 - 18.00 Uhr.

**Filme:** Sie sind in Indonesien und Malaysia teurer als in Singapore, so daß man sich bereits hier mit einem entsprechenden Vorrat eindekken sollte.

Günstige Angebote machen die Fotoläden häufig für Farbabzüge, die allerdings oft nur von durchschnittlicher bis schlechter Qualität sind.

**Kameras und Zubehör:** Beim Einkauf von Fotoapparaten u.ä. sollte man vor allem auf die Internationale Garantiekarte achten und auf der Rechnung das Datum und die Seriennummer vermerken lassen. Viele Shops im *LUCKY PLAZA*, Orchard Rd., im *FAR EAST SHOPPING CENTRE*, Scotts Rd., und im *PEOPLE'S PARK COMPLEX*. in Chinatown.

*GOH KIN CAMERA SERVICE*, Orchard Plaza, untere Orchard Rd., repariert Kameras und kann vielleicht bei Problemen helfen.

**Video/Hi-Fi/Elektronik:** Viele Markengeräte werden in Singapore zu günstigen Preisen angeboten. Allerdings empfiehlt es sich, darauf zu achten, daß die Geräte vollständig sind, beim Anrufbeantworter z.B. das Netzteil dabei ist oder beim *portable phone* der Akku. Wer sich vorher über Festpreise informieren will, kann z.B. zu *COST PLUS* im Scotts Shopping Centre, Scotts Rd., gehen. *SIM LIM TOWER* und *SIM LIM SQUARE*, beide große Shopping Centres in Jl. Besar, Ecke Rochor Rd., sind auf Unterhaltungselektronik spezialisiert und bieten die größte Auswahl. Unbedingt handeln!

**GESCHÄFTSZEITEN -** Die großen Geschäfte haben Mo - Sa von 9.00 - 18.00 Uhr geöffnet, viele sogar bis 22.00 Uhr und am Sonntagvormittag. Büros beginnen zwischen 7.30 und 9.30 Uhr, schließen zwischen 16.00 und 18.00 Uhr und machen zwischen 12.30 und 14.30 Uhr Mittagspause. Die meisten Büros arbeiten auch am Samstagvormittag.

## SONSTIGES

**BOTSCHAFTEN UND KONSULATE - Deutschland**: 14th floor, Far East Shopping Centre, 545 Orchard Road, tel 7371355, geöffnet Mo - Do 8.00 - 16.00 , Fr bis 14.00 Uhr.

**Schweiz**: 1 Swiss Club Link, tel 4686788, geöffnet Mo - Fr von 8.00 - 13.00 Uhr.

**Österreich**: 2204/5, 22th Floor, Shaw Centre, 1 Scotts Road, tel 2354088, geöffnet Mo - Fr 8.00 - 16.00 Uhr.

**GELD** - Nahezu jede große internationale Bank hat eine Filiale im Finanzzentrum Singapore. Ein idealer Ort, um sich Geld überweisen zu lassen, am besten über eine deutsche oder schweizerische Großbank. Öffnungszeiten: Mo - Fr 10.00 - 15.00 Uhr, Sa 9.30 - 11.30 Uhr.
*COMMERZBANK,* Treasury Building, Shenton Way, tel 2234855.
*DEUTSCHE BANK,* Treasury Building, Shenton Way, tel 2244677.
*DRESDNER BANK,* Tung Centre, 20 Collyer Quay, 22nd floor, tel 2228080.
*UNION BANK OF SWITZERLAND,* Shell Tower, Raffles Place, tel 2203622.
*CREDIT SUISSE,* Standard Chartered Bank Bldg., 6 Battery Rd., 37th floor, tel 2252055.
*SWISS VOLKSBANK,* Hongkong Bank Bldg., 21 Collyer Quay, tel 2208188.

**INFORMATIONEN** - *STPB (Singapore Tourist Promotion Board),* das Büro der staatlichen Tourismusbehörde, befindet sich im Raffles City Tower, 250 North Bridge Rd., tel 3396622. Das Informationsmaterial, das man zur Verfügung gestellt bekommt, ist beachtlich. Geöffnet tgl. außer sonn- und feiertags von 8.00 - 17.00, Sa 8.00 - 13.00 Uhr.
*STPB INFORMATION OFFICE,* 02-34 Raffles Hotel Arcade, tel 1-800-3341335 bzw. 33413-36, ist der Anlaufpunkt für Touristen. Hier wird so gut wie jede Frage beantwortet. Geöffnet tgl. 8.00 - 20.00 Uhr, keine Zimmervermittlung.
*STPB INFORMATION OFFICE,* Scotts Shopping Centre, 6 Scotts Rd., 2. Etage (02-02), tel 7383778, ist ein weiteres Büro. Geöffnet tgl. 9.30 - 21.30 Uhr, keine Zimmervermittlung.
Mehrere Zeitschriften und Broschüren informieren zwischen seitenlangen Einkaufstips kostenlos über das aktuelle Geschehen, so der wöchentlich erscheinende *The Singapore Visitor* und die monatlich erscheinende *Singapore Travel News,* die überall da ausliegen, wo Touristen sind.

**KEEP SINGAPORE CLEAN** - Eine Kampagne, die Singapore zur saubersten Stadt Südostasiens machte. Doch nicht Appelle an die Vernunft, sondern drakonische Strafen taten die gewünschte Wirkung. Sie können auch Uneinsichtige treffen, die Zigarettenkippen oder andere Abfälle achtlos wegwerfen (500 S$), in öffentlichen Verkehrsmitteln oder Aufzügen rauchen (500 S$), oder beim Überqueren der Straße nicht den Zebrastreifen benutzen (50 S$).

**KULTURINSTITUTE** - Wer den Kontakt zu seinen Landsleuten nicht missen möchte oder mal wieder eine heimische Zeitung lesen will:
*DEUTSCHES HAUS,* 12 First Ave., tel 4663156. Gutes deutsches Essen, Nichtmitglieder zahlen 50% mehr. Die Süddeutsche Zeitung liegt aus.
*SWISS CLUB,* 36 Swiss Club Rd., tel 4663270.
*GOETHE-INSTITUT,* Singapore Shopping Centre, Clemenceau Ave., #601-15, tel 337 5111. In der Bibliothek gibt es deutsche Zeitungen und Zeitschriften.

**MEDIZINISCHE HILFE** - Private Ärzte *(medical practitioners)* und Zahnärzte *(dental surgeons)* sind meist mit den modernsten Geräten ausgestattet. Adressen im Branchentelefonbuch. Die beiden wichtigsten Krankenhäuser sind
*ALEXANDRA HOSPITAL,* Alexandra Rd., tel 4735222, und
*SINGAPORE GENERAL HOSPITAL,* Outram Rd., tel 2223322. Hier auch das *Government Vaccination Centre,* 226 Outram Rd., das Impfungen durchführt.

**POST** - Singapore hat in Südostasien das billigste und zuverlässigste Postsystem, eignet sich daher hervorragend, um die längst fälligen Briefe und Pakete nach Hause zu schicken. Seamail-Pakete kosten 34 S$ für 10 kg bzw. 54 S$ für 20 kg. Genormte Paketkartons sind in allen Postämtern erhältlich.
Da die Post in Singapore geröntgt wird, schickt man Filme, die noch nicht entwickelt sind, nur in den speziellen Entwicklungstüten an die Labors.
*GPO (General Post Office),* Fullerton Rd., nahe Raffles Place. Geöffnet Mo - Fr 8.30 - 18.00, Sa 8.30 - 16.00 Uhr, So geschlossen.

**TELEFON** - in Singapore wird gern und viel telefoniert. In öffentlichen Telefonzellen kosten 3 Min. **Ortsgespräch** 10 ¢. In der Ankunftshalle des Flughafens kann man sogar **kostenlose Ortsgespräche** führen - ideal für die Zimmersuche.
Bei fast allen **internationalen Gesprächen** kann man durchwählen *(IDD-calls),* was erheblich bil-

liger ist als ein vermitteltes Gespräch. Für *IDD-calls* gibt es drei Tarifzonen. Die teuerste ist zwischen 12.00 und 21.00 Uhr (nach Deutschland 3,40 S$ pro Minute); zwischen 21.00 und 24.00 Uhr wird es billiger (3 S$ pro Minute), am günstigsten ist es zwischen Mitternacht und 12.00 Uhr mittags (2,40 S$ pro Minute).
Vom Postamt oder den Telecom Centres aus geführte Gespräche kosten 4,95 / 4,40 / 3,63 S$ pro Minute. R-Gespräche *(reverse charge calls)* sind ebenfalls möglich, in diesem Fall wird ein heimischer *operator* angerufen, der die Verbindung herstellt. In allen Telecom-Läden kann mit Kreditkarten bezahlt werden.
**Telefonkarten** sind für 2, 5, 10 und 20 S$ überall erhältlich. Wer eine **Kreditkarte** hat, kann von vielen Apparaten telefonieren, v.a. entlang der Orchard Rd. Münztelefone werden immer seltener.
24 Stunden geöffnet haben das *GPO,* Fullerton Building (s.o.), und das *COMCENTRE,* 31 Exeter Rd., Ecke Killiney Rd. (nahe Orchard Rd.; MRT Somerset), sowie ein Schalter im *TELECOM BUILDING,* 35 Robinson Rd., nahe Telok Ayer Market.
*TELEPHONE HOUSE,* 15 Hill St. (City), ist bis 21.00 Uhr geöffnet.

## TRANSPORT

**BUSSE** - Zwei Busstationen sind die Anlaufstellen für Busse nach Malaysia:
**Ban San Terminal**, Queen St., Ecke Arab St., (nördlich vom Zentrum). Von hier fährt Bus Nr. 290 für 2 S$ nach JOHOR BHARU. Wer unbedingt 1 S$ sparen will, kann auch Nr. 170 nehmen, aber der hält an vielen Stops. An der Grenze müssen dann alle aussteigen und die Kontrollen passieren, der Bus wartet hinter der Sperre auf seine Passagiere und fährt weiter zur Bus Station. Von Johor Bharu aus bestehen Busverbindungen zu allen Orten der malaiischen Halbinsel. Auch bei den Buspreisen läßt sich dort der eine oder andere S$ einsparen. Über SEREMBAN nach KUALA LUMPUR geht es vom Ban San Terminal 2x tgl. für 18 S$ (8 Std.). Ticketverkauf tgl. von 8.00 - 21.00 Uhr.
**Lavender Bus Terminal**, Lavender St., Ecke Kallang Bharu. Mehrmals tgl. über SEREMBAN nach KUALA LUMPUR (18 S$), z.B. mit dem *KUALA LUMPUR - SINGAPORE EXPRESS,* tel 2928254. 2x frühmorgens fährt ein Bus über IPOH (28 S$) nach BUTTERWORTH (14 Std., 30 S$) und ALOR SETAR (39 S$). 4x tgl. fahren Busse nach MERSING (4 Std., 14 S$). Wer am selben Tag ein Boot nach Tioman erwischen will, sollte es mit dem allerersten Bus probieren, immer klappt es trotzdem nicht. Weiter an der Ostküste: *PAN MALAYSIA,* tel 2947034, nach KUANTAN (3x tgl., 8 Std., 17 S$), KUALA TERENGGANU (2x tgl., 26 S$) und KOTA BHARU (1x tgl., 31 S$).
Nach MELAKA (8x tgl., 5 Std.) mit dem *MALACCA SINGAPORE EXPRESS,* tel 2935915. Ticketverkauf tgl. bis 20.00 Uhr, Fr ist 12.00 - 14.00 und So 10.00 - 17.00 Uhr geschlossen.
DESARU (15 S$, Wochenende 20 S$) mit *AA EXPRESS COACH SERVICE,* tel 7341329.
*MORNING STAR,* tel 2992221 und *HASRY,* tel 2926243, fahren tgl. spät in der Nacht vom Lavender Terminal nach HAT YAI (40 S$).
**Golden Mile Complex**, 5001 Beach Rd., Ecke Crawford St., liegt nicht weit vom Lavender Terminal nordöstlich der City und ist ein weiterer Ausgangspunkt für Busse nach HAT YAI. Hier gibt es verschiedene Gesellschaften, die Preise variieren zwischen 35 und 45 S$.

**ÜBERLANDTAXI** - nach Malaysia bekommt man auch in Singapore. Informationen über *KUALA LUMPUR TAXI SERVICE,* tel 223 1889 oder *MALAYSIA TAXI SERVICE,* tel 298 3831. Das Sammeltaxi vom Ban San Terminal (s.o.) nach JOHOR BHARU kostet 24 S$ p.P. und nimmt bis zu 4 Fahrgäste mit.

**EISENBAHN** - Der Bahnhof befindet sich in der Keppel Road, südwestlich der Chinatown, tel 2225165. Bus Nr. 10, 145, 176, 186. Reservierungen tel 2225165. Fahrkarten gibt es täglich von 8.30 - 13.00 und 14.00 - 19.00 Uhr. Zu erreichen mit Bus 97, 100, 125, 146 oder 163 von Bencoolen St., von der Orchard Rd. mit Nr. 167. Alle Preise beziehen sich auf die 2. Kl. mit ac, die 3. Kl. ist selbstverständlich billiger. Die 1. Klasse ist den Preisunterschied nicht wert.
**Richtung KL und Penang:** 3x tgl. fährt ein Expreßzug über TAMPIN (3 3/4 Std., 27 S$, von hier sind es 38 km nach Melaka) und SEREMBAN (4 1/2 Std.) nach KUALA LUMPUR (6 1/4 Std., 34 S$). Die langsamen Züge, die an jedem kleinen Bahnhof halten, brauchen fast 10 Std. und sind daher nicht zu empfehlen. Von KL aus geht es nach kurzem Aufenthalt weiter über TAPAH ROAD (45 S$, Busanschluß in die Cameron Highlands), IPOH (48 S$), KUA-

LA KANGSAR und TAIPING nach BUTTERWORTH (insges. 15 - 16 Std., 60 S$). Von Butterworth aus gehen die Fähren nach Penang. Der Nachtzug hat in KL Anschluß an den Langkawi-Express nach ARAU (68 S$). Dies dauert insgesamt ca. 18 Std. Von Arau aus ist es ein kurzer Weg zur Langkawi-Fähre in Kuala Perlis.

**Richtung Bangkok:** Ein Expresszug fährt täglich von Butterworth über HAT YAI und SURAT THANI nach BANGKOK. Es ist möglich, aber nicht empfehlenswert, von Singapore in einem Rutsch nach Bangkok zu fahren, denn die Unterbrechung in Butterworth nimmt zu viele Stunden in Anspruch. Von Butterworth aus sind es noch einmal 20 Std. Fahrt. Die gesamte Strecke dürfte in der 2. Klasse mit diversen Zuschlägen für Übernachtung etc. um die 180 S$ kosten.

**Richtung Kuala Lipis und Kota Bharu:** Eine landschaftlich reizvolle Strecke durch viele Dschungelgebiete. Ein Direktzug fährt Di, Do und Sa über GEMAS, MENTAKAB, JERANTUT (4 1/4 Std. 34 S$), KUALA TEMBELING (5 1/2 Std., hier Busverbindung zum Taman Negara) und KUALA LIPIS (7 1/4 Std., 38 S$) nach WAKAF BHARU (12 Std., 56 S$) und TUMPAT. Wakaf Bharu liegt nur wenige Kilometer von Kota Bharu entfernt. Dadurch wird die Verbindung mit dem Abendzug nach Gemas (5 Std.) und das nächtliche Umsteigen Richtung Kuala Lipis und Kota Bharu unnötig. Der Nachtzug ist zwar billiger braucht aber erheblich länger.

**FLÜGE** - Einer der modernsten Flughäfen der Welt wird der Rolle der Singapores als Handelszentrum Südostasiens gerecht. **Changi Airport** liegt 20 km östlich der City und vermittelt einen guten Eindruck von der Dynamik und Effizienz dieser Stadt: Super-modern, riesig, gut organisiert und dennoch ansprechend gestaltet, verfügt er über alle erdenklichen Einrichtungen und Annehmlichkeiten, nicht zuletzt über eine weitläufige *duty free*-Zone, die ständig bemüht ist, andere pazifische Flughafenpreise zu unterbieten. Übrigens sind die Buchläden im Terminal 2 besser als im Terminal 1.

Ein *Skytrain* verbindet die beiden Terminals.

**Nach der Landung in Singapore** sind Immigration und Gepäckabfertigung meist schnell erledigt. Für Ortsgespräche können bei den Gepäckbändern kostenlose Telefone benutzt werden, eine Zimmervermittlung und ein Geldwechsel-Service sowie eine Gepäckaufbewahrung (3,50 S$ je Stück und Tag) stehen zur Verfügung. In die Stadt kommt man über den mehrspurigen *Expressway* entweder mit einem Taxi (normale Gebühr + 3 S$, dürfte insgesamt höchstens 15 S$ kosten), mit dem Flughafenbus (SABS) für 4 S$ oder - am günstigsten - mit einem Stadtbus der SBS für 1,20 S$, z.B. Nr. 16, der zur Bras Basah Road und zur Orchard Rd. fährt. Für die Stadtbusse vorher passendes Kleingeld einwechseln!

**Vor dem Abflug von Singapore** muß die Buchung von der Fluggesellschaft oder beim Reisebüro noch einmal bestätigt worden sein - nicht vergessen!

Häufig sind Flüge in der Region schon drei Monate im voraus ausgebucht, daher empfiehlt es sich, keine *open date tickets* zu kaufen, sondern lieber auf den letztmöglichen Termin zu reservieren. Zum Chinesischen Neujahrsfest bekommt man beispielsweise eine Woche vorher und zwei Wochen danach kaum Flüge aus bzw. nach Singapore.

Viele Hotels bieten einen Airport Service, ansonsten den Bus (s.o.) nehmen oder mit MRT bis Tampines fahren und weiter mit dem Bus Nr. 27. Der Taxi-Aufschlag von 3 S$ ist von der City zum Flughafen nicht fällig.

Es ist hilfreich zu wissen, ob der Flug von Terminal 1 oder 2 geht - kann bei der Rückbestätigung mit erfragt werden. Für Flüge nach Malaysia und Brunei sind 7 S$, für alle anderen 15 S$ Airport Tax fällig - also lieber noch ein paar S$ in der Tasche behalten.

**Adressen wichtiger Fluggesellschaften:**

*AEROFLOT,* Tan Chang Tower, Queen St., tel 3361757. *AIR FRANCE,* 16 Raffles Quay, #27-06, tel 2254688. *AIR INDIA,* 5 Shenton Way, UIC Building, tel 2259411. *AIR LANKA,* # 2-PIL-Bldg., 140 Cecil St., tel 2236026. *BRITISH AIRWAYS,* United Square, 101 Thomson Rd., tel 2538444. *CAAC,* #01-53 Anson Centre, 51 Anson Rd., tel 2252177. *CATHAY PACIFIC,* #16-01 Ocean Bldg., Collyer Quay, tel 5331333. *CHINA AIRLINES,* # 01-29, Orchard Towers, Orchard Rd., tel 7372211. *GARUDA, INDONESIA,* #13-03 United Square, 101 Thomson Rd., tel 2502888. *KLM,* #01-02 Mandarin Hotel, 333 Orchard Rd., tel 7377622. *LAUDA AIR,* 140 Cecil St., #08-03 PIL Bldg., tel 2261266. *LUFTHANSA,* #05-07 Palais Renaissance, 390 Orchard Rd., tel 7379222. *MALAYSIAN AIRLINES (MAS),* #02-09 Singapore Shopping Centre, 190 Clemenceau

Ave., tel 3366777. *PAKISTAN INTERNATIONAL*, #01-01, 101 Thomson Rd., United Square, tel 2512322. *PHILIPPINE AIRLINES*, Parklane Shopping Mall, Selegie Rd., tel 336 1611. *QANTAS AIRWAYS*, Promenade Bldg. #04-02, 300 Orchard Rd., tel 737 3744. *ROYAL JORDANIAN AIRLINES*, Beach Centre, Beach Rd., tel 3388188. *ROYAL NEPAL AIRLINES*, Peninsula Shopping Centre, 3 Coleman St., tel 3395535. *SABENA*, #06-03/04 Gateway East, 152 Beach Rd., tel 2941611. *SINGAPORE AIRLINES*, SIA Bldg., 77 Robinson Rd., tel 2238888. Außerdem im Mandarin Hotel, Orchard Rd., tel 2238888, und in Raffles City, tel 2297274. *SWISSAIR*, #18-01 Wisma Atria, 435 Orchard Rd., tel 7378133. *THAI AIRWAYS*, #02-00 The Globe, 133 Cecil St., tel 2249977. *TURKISH AIRLINES*, The Promenade Shopping Centre, Orchard Rd., tel 7324556. *UTA*, #14-05, 400 Orchard Rd., tel 7376355.

**Malaysia-Flüge:** Mit Singapore Airlines und MAS mehrmals tgl. nach KUALA LUMPUR (50 Min., 111 - 147 S$) und PENANG (70 Min., 170 S$). MAS fliegt auch nach KUANTAN (3x wöchentl., 50 Min., 136 S$) und LANGKAWI (mehrmals tgl., meistens mit Stop in KL oder Penang, 1 Std. 20 Min., 204 S$), KUCHING (3x tgl., 1 Std. 20 Min., 193 S$) und KOTA KINABALU (2x tgl., 2 1/2 Std., 391 S$).

Wesentlich billiger sind Flüge ab dem benachbarten Johor Bharu, da sie dort als Inlandsflüge gelten, was sich vor allem bei Flügen nach Ost-Malaysia lohnt. MAS unterhält einen Zubringerservice vom *Novotel Orchid*, 214 Dunearn Rd., ca. 4 Std. vor Abflug, für 10 S$.

*PELANGI*, tel 7357155, fliegt tgl. vom Changi Airport direkt nach MELAKA (45 Min., 118 S$) und IPOH (2 Std., 190 S$). MAS-Flüge in diese Orte gehen alle über Kuala Lumpur. Zudem fliegt *Pelangi* vom Seletar Airport im Norden der Insel nach PULAU TIOMAN (2x tgl., 40 Min., 99 S$) und PULAU PANGKOR (4x wöchentl., 1 1/2 Std., 190 S$). Buchungen über MAS (s.o.). Wer aus Tioman ankommt, sollte ein paar S$ getauscht haben, um das Taxi in die Stadt bezahlen zu können. Am Seletar-Flugplatz gibt es weder Ticket-Schalter noch eine Bank.

**Indonesien-Flüge:** Garuda Indonesia verbindet Singapore mit JAKARTA (um 120 S$), DENPASAR (um 300 S$) und mehreren Städten auf Sumatra und Java, z.B. MEDAN (um 290 S$). Pelangi fliegt Di und Do über Melaka nach PEKANBARU, Buchungen über MAS (s.o.). Anschlußflüge innerhalb Indonesiens sind dort wesentlich preiswerter.

**Andere internationale Flüge:** Billigflugbüros verkaufen viele Tickets weit unter dem IATA-Preis, z.B. nach BANGKOK (150 S$), HONG KONG (470 S$) oder SAIGON (360 S$). Mit Singapore Airlines kann man auf dem Umweg über Zürich, mit Garuda sogar direkt nach Berlin fliegen. Die meisten Deutschland-Flüge gehen allerdings nach Frankfurt. Auch nach Europa oder Australien gibt es verbilligte Studententickets, z.B. nach FRANKFURT (je nach Airline zwischen 630 und 960 S$) PERTH (500 S$), MELBOURNE oder SYDNEY (630 S$).

Man kann bereits in Singapore einen Flug von Denpasar nach Sydney buchen, aber in Jakarta oder Denpasar sind Australien-Flüge normalerweise billiger. Anzeigen in Tageszeitungen bieten immer preisgünstige Flüge an.

*AIRPOWER TRAVEL*, 26 Sultan Gate, tel 294 5664 hat viele preiswerte Flüge.

*CIEE TRAVEL*, 110 D Killiney Rd., tel 7387066, ist auf Studentenreisen spezialisiert.

*STA TRAVEL*, Orchard Parade Hotel 02-17, tel 7345681, eine weitere, preiswerte Adresse.

**SCHIFFE** - auf langen Strecken nur für Leute zu empfehlen, die genügend Zeit haben, denn finanziell lohnt es sich kaum. Schiffsverbindungen gibt es zu den großen indonesischen Häfen über Batam und Tanjung Pinang. Von beiden Orten bestehen Flugverbindungen nach Jakarta, Sumatra und Kalimantan, die als Inlandflüge preiswerter sind.

Alle Schiffe ab World Trade Centre, südlich der Chinatown am Hafen. Zu erreichen mit den Bussen Nr. 97 und 100 (City) oder Nr. 65 und 143 (Orchard Rd.).

**Nach Indonesien:** Ständig fahren zwischen 8.00 und 18.00 Uhr Expreßboote in 30 Min. für 16 S$ nach PULAU BATAM, das fast schon ein Vorort von Singapore ist und als Industrie- und Wohngebiet entwickelt wird.

Pulau Bintan und sein Hauptort, TANJUNG PINANG, sind in ca. 4 Std. erreicht (51 S$).

**Nach Malaysia:** *RESORT CRUISES*, tel 2784677, fax 2743819, fährt tgl. außer Mi nach TIOMAN. Kostet 80 S$ *one way*.

Boote nach DESARU (KG. PENGGERANG) fahren nicht vom WTC, sondern von Changi Point, leider nur bei Bedarf für etwa 4 RM p.P. bei 12 zahlenden Passagieren.

# Thailand

*Thailand - das „Land der Freien", ein stolzer Begriff für das frühere Königreich „Siam". Noch heute spürt man, daß dieses Land als einziges in Südostasien niemals von westlichen Mächten kolonialisiert worden ist. Das buddhistische Land hat von außen relativ unbeeinflußt seine eigene Kultur bewahren können. Trotz großer Sprachschwierigkeiten locken exotische Tempel und die Bilderbuchwelt der Ferienkataloge immer mehr Touristen ins Land. Über 6 Millionen waren es im Jahre 1994 - eine moderne Variante des Kolonialismus? Wer die Ausbeutung der einheimischen Frauen in Thailands Vergnügungsvierteln und die Umweltzerstörung durch den unkontrollierten Bauboom an vielen Stränden erlebt hat, kann diese Art von Tourismus kaum gutheißen.*

*Doch es kommen auch viele „farang", wie die Fremden genannt werden, nach Thailand, um das Land und seine Menschen kennenzulernen. Im Süden, entlang der über 2000 km langen Küstenlinie, gibt es tropische Palmenstrände zum Ausspannen. Neben Phuket, dem Urlaubsparadies im europäischen Winter, und Ko Samui, dem früheren Zentrum der Rucksacktouristen, kann man in die weniger bekannten Provinzstädte und Fischerdörfer entlang der Küste fahren, von dort aus die vorgelagerten Inseln entdecken oder sich in den traditionellen Thai-Badeorten Hua Hin und Songkhla unter die einheimischen Urlauber mischen.*

*Im zentralen Landesteil wird bei einem Besuch der Ruinenstädte Ayutthaya, Sukhothai oder Si Satchanalai die Geschichte des Landes wieder lebendig. Hier sind zahlreiche Zeugnisse vielseitig beeinflußter alter Kulturen erhalten geblieben. Im Norden ist Chiang Mai der erste Anlaufpunkt der meisten Besucher. Von hier aus organisieren eine Vielzahl von Reisebüros Trekkingtouren zu den Bergstämmen. Etwas weniger turbulent geht es in den Urlaubszentren Chiang Rai, Mae Hong Son oder Pai zu, die sich ebenfalls als Ausgangsort für Touren im Norden anbieten. Eine Tour im thailändischen Grenzgebiet ohne Guide ist ein riskantes Unternehmen. Hier ist man mit Minderheiten- und Flüchtlingsproblemen, politischen Machtkämpfen und räuberischen Überfällen konfrontiert. Der Nordosten Thailands bietet die Möglichkeit, das Land abseits der Touristenrouten kennenzulernen. Allerdings sind gerade hier einige Grundkenntnisse der thailändischen Sprache notwendig.*

## Ein- und Ausreiseformalitäten

Ohne Visum können Bürger aus über 50 Ländern, darunter Deutsche, Schweizer und Österreicher, maximal 30 Tage im Land bleiben. In diesem Fall wird die Aufenthaltsgenehmigung für 30 Tage bei der Einreise in den Paß gestempelt.

Für einen längeren Aufenthalt benötigt man ein Visum, das eine thailändische diplomatische Vertretung im Ausland ausstellt. Für Touristen, die mehrmals einreisen wollen, gibt es Re-Entry-Permits (max. vier Einreisen), die insgesamt jedoch auch nur 90 Tage gültig sind. Ein Touristenvisum ist bis zu 60 Tagen gültig und kostet 30 DM, ein Non-Immigrant-Visum für bis zu 90 Tagen 50 DM. Für Touristen, die mehrmals einreisen wollen, gibt es Re-Entry-Permits (max. vier Einreisen), wobei für jede Einreise 30 DM gezahlt werden muß.

Für den Visa-Antrag braucht man ein Antragsformular, das man von dem jeweils zuständigen Konsulat oder der Botschaft nach schriftlicher Anforderung mit einem frankierten Rückumschlag auch zugeschickt bekommt, ein Paßbild (manchmal auch zwei) und den Reisepaß, der bei der Einreise mindestens noch

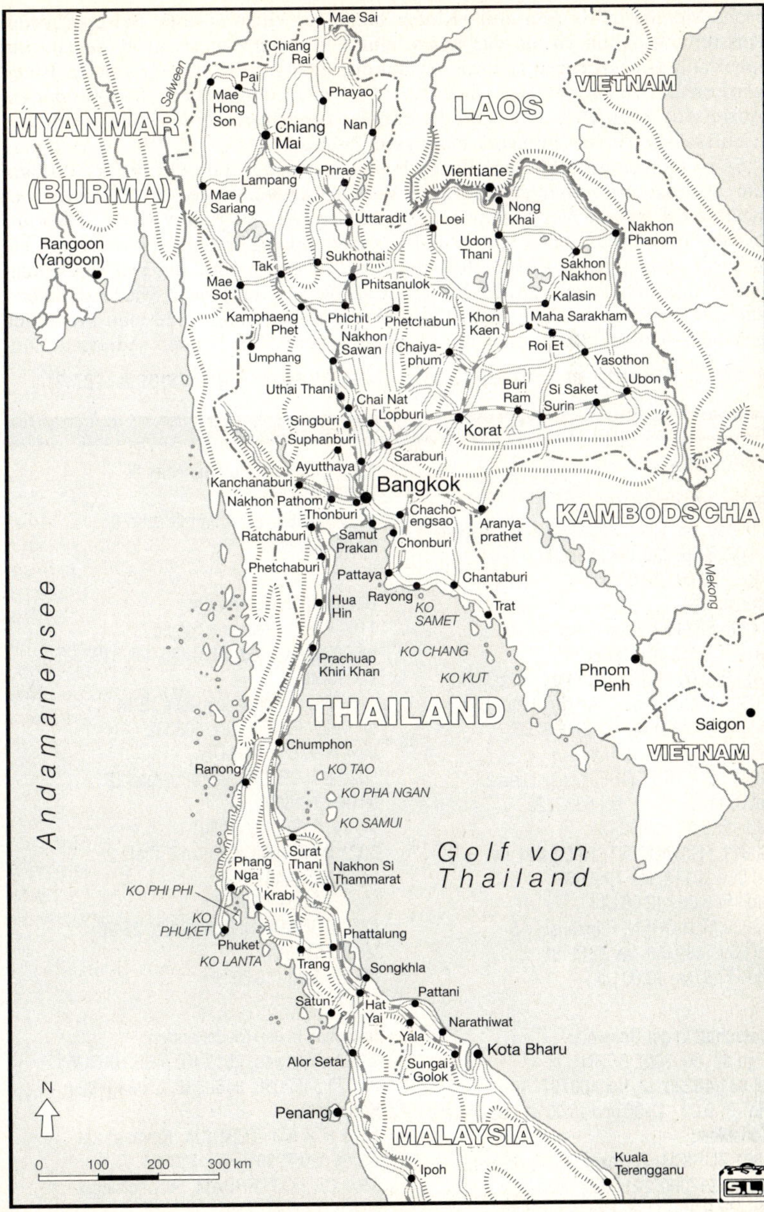
MYANMAR
(BURMA)
LAOS
VIETNAM
THAILAND
KAMBODSCHA
MALAYSIA
Andamanensee
Golf von Thailand
Salween
Mekong
Mae Sai
Chiang Rai
Pai
Mae Hong Son
Phayao
Chiang Mai
Nan
Lampang
Phrae
Mae Sariang
Vientiane
Nong Khai
Uttaradit
Loei
Udon Thani
Nakhon Phanom
Sakhon Nakhon
Rangoon (Yangoon)
Sukhothai
Tak
Mae Sot
Phitsanulok
Kalasin
Kamphaeng Phet
Phichit
Phetchabun
Khon Kaen
Maha Sarakham
Roi Et
Umphang
Nakhon Sawan
Chaiya-phum
Yasothon
Ubon
Uthai Thani
Chai Nat
Buri Ram
Si Saket
Surin
Singburi
Lopburi
Korat
Suphanburi
Saraburi
Ayutthaya
Kanchanaburi
Bangkok
Nakhon Pathom
Thonburi
Chacho-engsao
Aranya-prathet
Ratchaburi
Samut Prakan
Chonburi
Phetchaburi
Pattaya
Chantaburi
Rayong
KO SAMET
Trat
Hua Hin
KO CHANG
Prachuap Khiri Khan
KO KUT
Phnom Penh
Saigon
Chumphon
Ranong
KO TAO
KO PHA NGAN
KO SAMUI
Surat Thani
Phang Nga
Nakhon Si Thammarat
KO PHI PHI
Krabi
KO PHUKET
Phuket
Phattalung
KO LANTA
Trang
Songkhla
Satun
Hat Yai
Pattani
Narathiwat
Yala
Kota Bharu
Alor Setar
Sungai Golok
N
Penang
0
100
200
300 km
Ipoh
Kuala Terengganu
S.L.

sechs Monate gültig sein muß. Kinder benötigen einen eigenen Reisepaß. Vom Ausstellungsdatum an hat das Visum eine Gültigkeitsdauer von 90 Tagen, d.h. innerhalb dieses Zeitraums muß die Einreise erfolgt sein. In begründeten Fällen wird es um weitere 90 Tage verlängert. Wer nicht mindestens US$500 oder ein Ausreiseticket besitzt, dem kann die Einreise verweigert werden. Auch sind allzu nachlässig gekleidete Besucher nicht gern gesehen.

Es ist möglich, das 60-Tage-Visum bei jedem Immigration Office für 500 Baht um 30 Tage zu verlängern. Weitere Verlängerungen stehen im Ermessen der Beamten. Über die Verlängerungsmöglichkeiten des 30-Tage-Visums liegen uns bisher keine Erfahrungen vor. Notfalls beantragt man in einem Nachbarland ein neues Visum. Wird es überzogen, muß eine Strafe von 100 Baht pro Tag bei der Ausreise gezahlt werden. Wer sich länger als 90 Tage im Jahr in Thailand aufhält, zahlt eine Steuer von 500 Baht. Für die Visaverlängerung sollte man ordentlich gekleidet sein und einen größeren Geldbetrag vorweisen können. Adresse:

**Immigration Department**, Soi Suanphlu, Sathon Tai Road, Bangkok, tel 2873101, fax 2871310.

## THAILÄNDISCHE BOTSCHAFTEN UND KONSULATE

### IN EUROPA

**Botschaft in Deutschland:**
Ubierstr. 65, 53173 BONN-Bad Godesberg
tel 0228/956860, fax 9568690
Mo - Fr 9.00 - 12.00 Uhr.
**Konsulate:**
14195 BERLIN, Podbielskiallee 1
tel 030/8312715, fax 8316587
Mo - Fr 9.00 - 12.00 und 14.00 - 16.00 Uhr.
20099 HAMBURG 1, An der Alster 85
tel 040/24839118, fax 24839206
Mo - Fr 10.00 - 12.00 Uhr.
40212 DÜSSELDORF, Königsallee 27
tel 0211/8382247, fax 8382225
Mo - Fr 9.00 - 13.00 Uhr.
60311 FRANKFURT, Roßmarkt 14
tel 069/20110, fax 793958
Mo - Fr 9.00 - 12.00 Uhr.
80639 MÜNCHEN, Prinzenstr. 13
tel 089/1689788, fax 2211180
Mo - Fr 9.00 - 12.00 Uhr.

**Botschaft in der Schweiz:**
Eigerstr. 60, 3007 BERN
tel 031/462281-2, fax 460757
Mo - Fr 9.00 - 13.00 und 15.00 - 17.00 Uhr.
**Konsulate:**
8001 ZÜRICH, Talacker 50
tel 01/2217060, 2217025,
Mo - Fr 9.30 - 11.30 Uhr.
1205 GENEVA, Rue Senebier 20
tel 022/257370.
4051 BASEL, St. Alban-Graben 8
tel 061/226867.

**Botschaft in Österreich:**
1180 WIEN, Weimarer Str. 68
tel 0222/3103423, 3101630, fax 3103935.
**Konsulate:**
1190 WIEN, Formenekgasse 12-14
tel 0222/365343, fax 368332
Mo - Fr 9.00 - 12.00 Uhr.
5020 SALZBURG, Ahrenbergstr. 2
tel 0662/71669
Mo - Fr 9.00 - 12.00 Uhr.
6021 INNSBRUCK, Bozner Platz 2
tel 0512/580461
Mo - Fr 9.00 - 12.00 Uhr.
6850 DORNBIRN, Bahnhofstr. 26-28
tel 05572/65614
Mo - Fr 9.00 - 16.00 Uhr.

**Botschaft in den Niederlanden:**
1 Buitenrustweg, 2517 KD THE HAGUE
tel 070/3452088, 3450632, fax 3451929.
**Konsulate:**
1075 HW AMSTERDAM, Emmastraat 40, tel 020/799916, fax 769081.
3001 DB ROTTERDAM, 58 Coolsingel
tel 010/130866.

**IN DEN NACHBARLÄNDERN**

**Botschaft in Hong Kong:**
8th floor, Fairmont House, 8 Cotton Tree Drive, Central, tel 5216481-5, fax 5218629.

**Botschaft in Indonesien:**
Jl. Imam Bonjol 74, JAKARTA
tel 4214052-5, fax 3107469.

**Botschaft in Indien:**
56-N Nyaya Marg, Chanakyapuri, NEW DELHI 110024, tel 605679, 607289, fax 6872029.
**Konsulate:**
BOMBAY, 2nd floor, Krishnabad, 43 Bhulabhai, Desai Rd., tel 8226404, 8226417.
Calcutta, 18-B Mandeville Gardens Ballygunge, tel 407836.

**Botschaft in Laos:**
Route Phonekheng, VIENTIANE, P.O.Box 128
tel 2508, 2543.

**Botschaft in Malaysia:**
206 Jl. Ampang, KUALA LUMPUR
tel 2488222, fax 2486527
Mo - Fr 9.00 - 13.00 Uhr und 14.00 - 17.00 Uhr.
**Konsulate:**
PENANG, 1 Jl. Tunku Abdul Rahman
tel 372533, 378029, fax 363121
Mo - Fr 9.00 - 12.00 Uhr und 14.00 - 16.30 Uhr.
KOTA BHARU, 4426 Jl. Pengkalan Chepa
tel 378029, 379484, fax 749801
So - Do 9.00 - 12.30 und 14.00 - 16.30 Uhr.

**Botschaft in Myanmar:**
81 Pyay Rd., YANGON (Rangoon)
tel 21713, 21715.

**Botschaft in Nepal:**
Jyoti Kendra Bldg., Thapathali, P.O.Box 3333, KATHMANDU, tel 213910, 213912.

**Botschaft in Singapore:**
370 Orchard Rd., tel 7372644, fax 7320778.

**Botschaft in Vietnam:**
So Nha E 1, Khu Hgoai Giao Doan, Trung Tu, HANOI, tel 56043, 56053.

### BOTSCHAFTEN IN BANGKOK, THAILAND

**Botschaft von Deutschland:**
9 Sathon Tai Rd., tel 2132331-6,
fax 2871776; Mo - Fr 8.30 - 12.00 Uhr.

**Botschaft der Schweiz:**
35 North Wireless Rd., tel 2530156-60
Mo - Fr 9.00 - 12.00 Uhr.

**Botschaft von Österreich:**
14 Soi Nandha, Sathon Tai Rd, tel 2873970-2
fax 2873925, Mo - Fr 8.00 - 12.00 Uhr.

**Botschaft der Niederlande:**
106 Wireless Rd., tel 2547701-5
Mo - Fr 9.00 - 12.00 Uhr.

## Zoll

Zollfrei sind neben den üblichen Gegenständen des täglichen Bedarfs 200 Zigaretten bzw. 250 g Tabak, 1 l Wein oder 1 l Spirituosen, ein Fotoapparat, eine Film- oder Video-Kamera und 5 Filme. Alle weiteren Dinge müssen bei der Einreise deklariert und verzollt werden. Für unbelichtetes Filmmaterial beträgt der nur selten erhobene Satz 40% des Gesamtwertes.

Verboten ist die Einfuhr von Waffen, Porno-Literatur und Drogen bzw. die Ausfuhr von Buddhastatuen und echten Antiquitäten. Der Handel mit Antiquitäten ist seit 1989 in Thailand verboten.

Gelegenheit macht nicht nur Diebe, sondern auch Drogen-Schmuggler. Es sitzen bereits viele Touristen wegen Drogenbesitz in den Gefängnissen Thailands. Ausländische Währung darf in beliebiger Höhe ohne Deklaration ein- und ausgeführt werden. Die Ein- und Ausfuhr thailändischer Währung ist pro Person auf 50 000 Baht begrenzt.

## Währung

Währungseinheit ist der **Baht** mit 100 **Satang**. In Umlauf sind Banknoten in Höhe von 1000, 500, 100, 50, 20 und 10 Baht sowie Münzen zu 10 (innen golden, außen silbrig, selten) 5, 2 (selten) und 1 Baht, 50 (selten) und 25 Satang (selten). Die neuen 1-, 2- und 5-Baht Münzen sind kleiner als die alten 1-Baht Münzen, wobei die dickeren 2- und 5-Baht Münzen mit dem braunen Rand leicht verwechselt werden können. Auf den seltenen 2-Baht Münzen ohne arabische Ziffer sind der König und die Königin abgebildet, auf 5-Baht Münzen nur der König.

**WECHSELKURS (STAND: FRÜHJAHR 1995)**

| | | | | | |
|---|---|---|---|---|---|
| **US$1** | = | **24,95 Baht** | **1 DM** | = | **17,82 Baht** |
| **1 sFr** | = | **20,12 Baht** | **1 öS** | = | **2,50 Baht** |

**Inflationsrate:** (Jährlicher Anstieg der Verbraucherpreise:) 5%

Der Thai-Baht ändert seinen **Wechselkurs** zum US$ nur in einer geringen Bandbreite (ca. 25 Baht für US$1). Die Schwankungen zur DM sind recht beträchtlich und wiederum abhängig vom DM - US$-Kurs.

Banken sind an ihren hohen Schildern mit den jeweiligen Symbolen zu erkennen. **Öffnungszeiten der Banken**: Mo - Fr (außer feiertags) 8.30 - 15.30 Uhr. In Bangkok, Chiang Mai und in den Touristenorten haben einige Schalter (*currency exchange service*) täglich von 8.30 - 22.00 Uhr geöffnet, so daß es hier keine Probleme gibt. Nachts wechseln im Notfall die *money changer* in den Hotels, meist zu schlechten Kursen. In den Touristenregionen und Provinzhauptstädten werden auch **DM-Reiseschecks** gewechselt. In der Provinz bevorzugt man US$-Schecks. Generell sind die Kurse für Travellers Cheques besser als für Bargeld. Beim Einlösen werden für jeden Scheck Gebühren berechnet. Manche Banken wechseln nicht mehr als US$300 bzw. US$500. Beim Umtausch von größeren Geldbeträgen sollte man außer bei den Banken auch bei den **money changern** die Wechselkurse erfragen. Während Banken Bargeld und Reiseschecks eintauschen, akzeptieren private *money changer* manchmal nur Banknoten.

Der staatlich festgelegte Mindestlohn eines Industriearbeiters wurde 1994 im Großraum Bangkok von 130 auf 135 Baht pro Tag erhöht - und das bei einer 48 - 54 Stunden-Woche! Insgesamt sind die Einkommen in der Hauptstadt um ein Vielfaches höher als in den Provinzen. Die Mindestlöhne gelten nur für gewerbliche Arbeitnehmer und werden von der Industrie häufig unterlaufen. Vor allem Frauen und Kinder beschäftigt man gleichermaßen zu Hungerlöhnen. Zum Vergleich: Pro Tag gibt ein Durchschnittstourist 3000 - 4000 Baht aus.

## Verkehrsmittel

Thailand ist verkehrstechnisch gut erschlossen. Besonders das Eisenbahnnetz ist auf den Knotenpunkt Bangkok ausgerichtet. Das Straßennetz im Großraum Bangkok ist autobahnmäßig ausgebaut. Die wichtigsten Fernstraßen sind: H1: Bangkok - Nakhon Sawan - Lampang - Chiang Rai; H2: (Friendship Highway) Bangkok - Korat - Nong Khai; H3: (Sukhumvit Highway) Bangkok - Pattaya - Rayong - Trat; H4: Bangkok - Hua Hin - Ranong - Trang - Hat Yai - Malaysia. War früher das gesamte Straßennetz ähnlich der Eisenbahn auf die Hauptstadt ausgerichtet, so existieren heute gut ausgebaute Querverbindungen zwischen den Regionen. An den Grenzen zu den unruhigen Nachbarn Kambodscha, Laos und Myanmar wurden aus strategischen Gründen Allwetterstraßen angelegt.

## Busse

**Non-ac Busse** (Normal-Busse, no-air, Thammada oder Standard 3): Staatsbusse und Busse privater Konzessionäre fahren zum Festpreis von ca. 0,25 - 0,29 Baht/km nahezu jede Stadt des Landes an. Zu festen Zeiten fahren sie in unterschiedlicher Anzahl von den Bus Terminals ab. Für Personen über 1,70 m sind sie meist ein Greuel, weil die Beine nicht zwischen die etwa 60 Sitze passen.

**Ac-Busse** (Klimatisierte Busse, Aircon-Busse, Bus air oder Standard 1B): Vorwiegend blaue klimatisierte Busse mit Toilette und etwa 48 Sitzen. Sie sind mit ca. 0,42 Baht/km nicht ganz doppelt so teuer wie non-ac Busse und verkehren auf längeren Strecken. Die Preise können aufgrund unterschiedlicher Serviceleistungen, Routen und der Konkurrenzsituation um 20 - 30% variieren. Für Unterhaltung mit Videos ist während der Fahrt gesorgt. Getränke und kleinere Mahlzeiten sind häufig im Preis inbegriffen. Die ac-Busse fahren entweder von den Büros der privaten Bus-Companies oder den Bus Terminals ab. Bei der ständig laufenden Klimaanlage wird es v.a. nachts sehr kalt. Die orangen 2. Klasse ac-Busse (second class ac-Bus oder Standard 2) ohne Toilette und Essen sind mit ca. 0,33 Baht/km billiger als die blauen Varianten. Sie besitzen mehr und engere Sitze und fahren nur auf wenigen Routen.

**V.I.P.-Busse** (gesprochen: wie-ei-pie; V.I.P.-40, Bus air): Vorwiegend blaue, neuere ac-Busse mit 40, manchmal 32, bequemen Sitzen. Essen ist im Preis enthalten. Sie sind ca. 20% teurer als ac-Busse, können bei den privaten Gesellschaften und in Busbahnhöfen gebucht werden und fahren zu festen Zeiten ab. Die staatlichen V.I.P.-24 Busse (999-Busse, Standard 1A) mit 24 Sitzen fahren überwiegend nachts. Sie sind sehr bequem und mit 0,66 Baht/km ca. 55% teurer als ac-Busse. Tickets kann man nur in den Büros an den Bus Terminals kaufen. Die Sitze haben ausreichend Platz für lange Beine und lassen sich, mit Ausnahme der letzten Reihe, so weit wie im Flugzeug zurückstellen. Es werden häufig Decken und Kopfhörer für den Videoton ausgeteilt.

Die Touristenpolizei in Bangkok warnt: „Nehmen Sie beim Bus- oder Zugfahren von Fremden kein Essen, keine Getränke und keine Süßigkeiten an, auch wenn Ihnen die Personen sehr freundlich erscheinen. Sie könnten unter Drogen gesetzt und ausgeraubt werden." Vielfach gewarnt wurden wir vor dem „Khaosan-Bus" von Bangkok nach Chiang Mai und Surat Thani. Ständig werden Traveller im Schlaf bestohlen. Die Polizei ist machtlos, da der Bus illegal ist und jeder auf eigenes Risiko mitfährt. Sie verteilt aber manchmal Flugblätter, in denen auf die Risiken bei der Fahrt hingewiesen wird.

## Eisenbahn

Die thailändische Eisenbahn ist ein zuverlässiges und sicheres Verkehrsmittel, das sich gerade auf längeren Strecken lohnt. Die Züge unterscheiden sich nach Komfort und Geschwindigkeit.

**Express Diesel Railcars** (EXP. DRC., auch *Sprinter):* Teurer und schneller als alle anderen Züge. In klimatisierten Großraumwaggons können die bequemen

Sitze wie im Flugzeug zurückgeklappt werden. Bei der Stewardess können Essenspakete, Getränke und Snacks gekauft werden.

**Special express trains** (EXP. SP.): Schnelle Züge. Zuschlag 50 Baht, innerhalb Malaysias weitere 45 Baht, klimatisierte 1. und 2.Klasse-Abteile mit Schlafwagen.

**Express trains** (EXP.): Relativ schnelle Züge. 30 Baht Zuschlag, Abteile der 1., 2. und 3. Klasse (nach Süden nur 2. und 3. Klasse), Schlafwagen in den ersten beiden Klassen, in der 1. Klasse und einem Teil der 2. Klasse klimatisiert.

**Rapid trains** (RAP.): Recht betagte Eilzüge mit 2. und 3. Klasse-Abteilen. 20 Baht Zuschlag. Mit Ausnahmen in der 2. Klasse Schlafwagen, einige wenige sind klimatisiert. Die Sitze sind durchgesessen, das Essen ist billiger.

**Special Diesel Railcars** (SPC. DRC.): Spezielle Züge, die 2 - 3mal täglich zwischen Bangkok und Udon Thani bzw. Surin verkehren.

**Ordinary trains** (ORD.): Lokale Züge, zum Teil nur 3. Klasse-Abteile haben und vor allem zur Hauptverkehrszeit total überfüllt sind.

**Diesel Railcars (DRC.)**: Langsamen Züge, nur 3. Klasse, verkehren in Richtung Kanchanaburi / Nam Tok sowie nach Aranyaprathet.

In der ersten (nur in Express-Zügen) und zweiten Klasse werden ab 20.00 Uhr die Betten heruntergeklappt (ca. 1,85 m lang in Fahrtrichtung). Es empfiehlt sich, die 30 - 50 Baht teuren unteren Betten zu buchen: sie sind 75 cm breit (oben nur 60 cm), bieten volle Sitzhöhe und es rotiert kein Fan neben dem Kopf. Waschgelegenheiten sind ausreichend vorhanden, in vielen Zügen sogar eine Dusche, sie werden jedoch nicht immer geputzt. Das Essen ist relativ gut und reichlich, die Preise variieren mit der Zugklasse. Trinkwasser aus Plastikflaschen steht in vielen Wagen zur Verfügung. In allen Zügen besteht Rauchverbot! Die erste und ein Teil der zweiten Klasse ist mit Klimaanlage ausgestattet (50 Baht Zuschlag). Es ist ratsam, Tickets für längere Strecken vorzubuchen, denn die Nachtzüge sind häufig voll. Mit dem neuen Computerreservierungssystem ist dies einfach.

Für ausländische Touristen wird ein **Thai Rail Pass** angeboten, der sich allerdings nur für Bahn-Freaks lohnt, die in 20 Tagen alle vier Linien im Land abfahren wollen. Informationen im Bahnhof von Bangkok, tel 2237010, 2237020.

## Flüge

Thai Airways hat in Thailand ein umfangreiches Flugnetz und fliegt außerdem nach Yangon, Vientiane, Hanoi, Saigon, Singapore, Penang, Langkawi, Kunming und Peking. Auf Inlandsflügen ist Rauchen verboten.

Die private Gesellschaft, Bangkok Airways (BA), fliegt von Bangkok nach Hua Hin, Rayong/U-Tapao, Ko Samui sowie zwischen Ko Samui und Phuket bzw. von Rayong/U-Tapao nach Phuket und Chiang Mai. Allerdings werden ihre Flugpläne häufig ohne Vorwarnung der täglich wechselnden Bedarfslage angepaßt. Sicher sind nur die 5 - 12 Flüge pro Tag nach Ko Samui.

Bei Inlandsflügen wird eine Airport Tax von 30 Baht erhoben, bei Auslandsflügen 200 Baht. Inland-Tickets sind 90 Tage gültig. Mittlerweile besteht an fast allen Flughäfen ein Zubringerservice von Thai Airways zwischen Airport und Stadt-Office (meist 30 - 40 Baht), so daß man nicht auf Taxen angewiesen ist.

Flugpreise sind bei den Abflugsorten angegeben (Stand: Frühjahr 1995, mit jährlichen Verteuerungen von ca. 5% muß gerechnet werden). Für 1995 bietet Thai Airways eine *Discover Thailand Fare* an. Die Coupons für 4 Flüge innerhalb von 60 Tagen kosten US$239 und müssen im Ausland erworben werden.

## Mietwagen

Um ein Auto in Thailand zu mieten, benötigt man nur den internationalen Führerschein und etwas Geld. Es ist aber nicht ratsam, die ersten Erfahrung im asiatischen Straßenverkehr in Bangkok zu machen. Auf dem Land haben große Fahrzeuge wie Busse und Lastwagen immer Vorfahrt, auch Tiere genießen ein besonderes Recht, und man muß immer bereit sein, das Fehlverhalten anderer zu akzeptieren. Die Geschwindigkeit ist auf den Highways auf 90 km/h begrenzt. Die hilfreiche Ausschilderung der Highways und Hauptstraßen mit lateinischen Buchstaben und Straßennummern ist in abgelegenen Regionen nicht vorhanden. Dann hilft eine Straßenkarte, auf der die Orte in Thai bezeichnet sind. Gut fanden wir die *Thailand Highway Map,* verlegt von Autoguide, ein Atlas mit zweisprachigen Karten im Maßstab 1:400 000 und zahlreichen Stadtplänen.

**Normalbenzin** kostet an großen Tankstellen 8 bis 9 Baht pro Liter. Etwa 20% teurer wird es bei kleinen Tankstellen, die das Benzin aus Fässern pumpen.

**Mietwagen** sind in Bangkok am günstigsten. In anderen Tourismuszentren gibt es zudem preiswerte lokale Autovermietungen. Es werden Jeeps (ca. 800 Baht pro Tag), Pickups (600 Baht, gut für Kleingruppen bis 10 Personen) und natürlich Motorräder (ab 200 Baht) und Mopeds (ab 150 Baht) vermietet. Eine Probefahrt empfiehlt sich, keinesfalls sollte man den gesamten Preis im voraus bezahlen, sondern lieber eine Sicherheit hinterlegen. Seit 1994 ist eine Haftpflichtversicherung gesetzlich vorgeschrieben. Internationale Firmen bieten auch für Touristen die Möglichkeit an, Autos mit einer geringen Selbstkostenbeteiligung zu versichern. Wird eine Rechtsberatung benötigt, kann man sich an den Rechtsanwalt wenden: *Mr. Bhuttree Kuwanon,* Sataporn Bldg. Suite 304, 70 Pan Rd. Silom, tel 2368790-1. Eine PKW kostet 1000 - 1500 Baht pro Tag. Selbst bei großen Firmen kann bei längerer Mietdauer gehandelt werden. Avis und Hertz bieten *one way rental service* zwischen verschiedenen Touristenzentren an. Adressen der Autovermietungen im lokalen Teil unter „Sonstiges“.

# Übernachtung

Die **Hütten** an den Stränden und die **Gästehäuser** sind überwiegend billiger als die preiswertesten thailändischen Hotels. Ihre Ausstattung beschränkt sich meist auf eine dünne Matratze, eine Lampe und (wichtig, aber selten!) ein Moskitonetz. Wenn die Elektrizität von einem Generator erzeugt wird, herrscht oft schon ab 22.00 Uhr Dunkelheit. Um die Duschen und Toiletten aufzusuchen, braucht man eine Taschenlampe. Oft gibt es nur Kübelduschen, bei denen das Wasser mit einer Kelle aus einer Wanne geschöpft und über den Körper gegossen wird. Dabei sollte das Wasser nie verunreinigt werden. Besonders hellhörig sind Holzhäuser mit dünnen Bretterwänden, wie sie in vielen Orten in Nord- und Nordost-Thailand üblich sind. Die allereinfachste Bambushütte ist z.B. auf Ko Pha Ngan schon für 40 Baht zu haben, auf Ko Phi Phi kostet der gleiche Standard mindestens 120 Baht. Mit eigener Dusche und WC kostet sie ab 100 Baht, z.B. auf Ko Samui oder Ko Tao, auf Ko Phi Phi mindestens 200 Baht.

Für einen **Bungalow** aus festen Materialien, mit Glasfenstern und guten Matratzen sind 160 Baht und mehr fällig, kommen ein Ventilator (englisch *fan,* auf Thai *patlom*) und einige Möbelstücke dazu, werden es über 200 Baht. Liegt die Hütte in einem teuren Gebiet (Ko Phi Phi, Phuket) oder an Stränden, die am Wochenende fast nur von Thai-Touristen frequentiert werden, zahlt man für denselben Standard ungefähr das Doppelte. Ein Bungalow mit Klimaanlage (ac) kostet ab 400 Baht, ein ac-Bungalow für Thais ab 500 Baht. Das Personal sorgt auch für das leibliche Wohl der Gäste. Tee und Kaffee gibt es fast überall, manchmal sogar ein Frühstück, oder es befindet sich nebenan ein Restaurant mit typischem Traveller-Food. Das Diebstahlrisiko, vor allem in Schlafsälen, verrringert ein eigenes Vorhängeschloß oder ein abschließbarer Rucksack.

Internationalem Standard entsprechende **Luxushotels** gibt es u.a. in Bangkok, Chiang Mai, Chiang Rai, Pattaya, Phuket, Phi Phi und Samui. Für die ersten und evtl. letzten Nächte in Bangkok kann man bereits in der Heimat bei Reisebüros oft für weniger als den halben Listenpreis Zimmer in Luxushotels buchen. Wer in **guten Hotels** (ab 300 Baht aufwärts) nach einem *discount* fragt, erhält häufig Rabatt. Wer Touristenhotels über ein einheimisches Reisebüro bucht, kann manchmal mit einem spürbaren Abschlag rechnen. In der Provinz sind Hotels sind für den gebotenen Standard extrem billig. Für 80 bis 150 Baht bekommt man ein Doppelzimmer mit Dusche und Fan, Einzelzimmer sind etwa 30 - 40% billiger. Meist sind die Zimmer sauber. **Provinz-Hotels**, oft nur in Thai-Schrift gekennzeichnet, werden meist als Bordell genutzt. Wer relativ ungestört schlafen will, besorgt sich ein Zimmer nach hinten (wegen des Straßenverkehrs) und im obersten Stockwerk (wegen des anderen Verkehrs). Der Preis richtet sich nach der Art des Zimmers und nicht nach der Anzahl der Personen, die dort übernachten. In vielen Hotels können zwei Personen in einem Einzelzimmer (englisch *single* = mit einem großen Bett) unterkommen - bzw. 4 Personen in einem Doppelzimmer (englisch *double* = mit zwei separaten Betten).

In vielen **National Parks** werden Bungalows oder Zelte angeboten. Die Zimmer sind zwar kahl, aber geräumig und teuer (200 - 1000 Baht). Dafür können in einem Bungalow manchmal bis zu 10 Personen auf Matratzen übernachten. Allein oder zu zweit lassen sich in einigen National Parks für die großen Bungalows Preise von 150 - 200 Baht pro Person aushandeln. Männliche Traveller haben den Vorteil, für einige Baht bei den Rangern privat unterzukommen.

Auch **Klöster** bieten Männern eine Übernachtungsmöglichkeit (gegen eine Spende), während sie Frauen überwiegend verschlossen bleiben. Sie sind keine Hotels, Service oder nennenswerten Komfort darf man dort nicht erwarten.

**In den Dörfern der Bergstämme** (oder anderen Dörfern) sollte man bedenken, daß die Bewohner höchstwahrscheinlich unter dem Existenzminimum leben, und sich mit einem Schlafplatz auf der Veranda (Männer und Frauen zumeist getrennt) und einer Schale Reis begnügen, oder aber Konserven, Salz und andere Nahrungsmittel mitbringen. Vor dem Betreten des Hauses zieht man die Schuhe aus. Ein angemessener Betrag für Unterkunft und Verpflegung wird erwartet.

## PREISKATEGORIEN FÜR UNTERKÜNFTE

Wir haben folgende **Preiseinteilung** vorgenommen, wobei die **Preise** je für ein **Doppelzimmer** gelten:

| | | |
|---|---|---|
| * | bis | 100 Baht |
| ** | bis | 250 Baht |
| *** | bis | 500 Baht |
| **** | bis | 1000 Baht |

Da die Preise der teureren Hotels stark schwanken, haben wir auf eine generelle Preiseinteilung verzichtet. In dieser Kategorie wird auf den Zimmerpreis 10% Government Tax aufgeschlagen.

# Essen und Trinken

Wer längere Zeit die Thai-Küche genossen (!) hat, wird sie zu einer der besten der Welt rechnen. Auf den ersten Blick hat sie viele Ähnlichkeiten mit der chinesischen Küche. Nach näherem Kennenlernen entdeckt man malaiische Einflüsse, denn vieles wird mit Kokosnußmilch gekocht. Auch die Wirkung indischer Curries ist nicht zu verleugnen. Im allgemeinen sind Thai-Gerichte kräftig gewürzt. Nicht nur Chilies bestimmen den Geschmack, sondern die abgewogene Zusammenstellung von frischem Gemüse, Knoblauch, Zitronengras, Currygewürzen, Shrimp-Paste, Fischsauce, Tamarinde, Koriander, Kokosmilch, Palmzucker und, nicht zu vergessen, den frischen Fischen, Shrimps, Krebsen, Langusten und Muscheln. Grundnahrungsmittel ist Reis, *kao*, der mit verschiedenen Beilagen und Saucen gegessen wird.

## Was essen?

Entlang der ausgetretenen Pfade finden sich immer Restaurants, die ihre Küche dem europäischen Gaumen angepaßt haben. In den Touristenzentren braucht man selbst auf Pizza, Steaks oder Kartoffelsalat nicht zu verzichten.

Der gängige **Preis** für ein Thai-Gericht liegt bei 40 Baht, in besseren Restaurants vielleicht bei 80 Baht. Dafür gibt es in den meisten Fällen ausgezeichnete Gerichte und einen Super-Service. An den Straßen-Restaurants kann man sich schon für 20 Baht sattessen. Ein gebratener Reis mit Ei, Huhn, Schweinefleisch oder Krabben kostet in Traveller-Restaurants um 20 Baht.

Da das Meer, außer im Nordosten und Norden, nirgendwo weit entfernt ist, gibt es überall phantastischen **Fisch** und anderes **Seafood**. Vor allem frische Fische werden nach Gewicht bezahlt. Die einheimischen Gäste kennen die Preise. Wer sich noch nicht auskennt, fragt vorher nach dem Preis (meist pro 100 g). Auch in Thailand sind solche erlesene Köstlichkeiten wie Hummer relativ teuer. Während man einen etwa 50 cm langen Fisch bereits für 100 Baht bekommt, zahlt man für etwa 10 cm lange Langusten mindestens 10 Baht pro Stück und für einen mittelgroßen Hummer mindestens 300 Baht.

Thais **würzen** ihre Speisen selbst nach, und zwar aus den Plastikbehältern, die auf dem Tisch stehen und Zucker, zerstoßene, getrocknete, rote Chilies, Chilies in Essig und manchmal zerstoßene Erdnüsse enthalten. Frisch serviert wird **prik nam pla** - eine salzige Fischsauce mit Knoblauch, Limonensaft, Palmzucker, Sojasauce und vielen kleingeschnittenen grünen oder roten Chilies.

An Straßenständen werden viele leckere **Zwischenmahlzeiten** gebraten, gekocht oder gegrillt, z.B. gefüllte süße oder salzige Kuchen, *gluei tord* (gebratene Bananen) oder *kanom dschiäb* (ausgebackene Teigtaschen mit Fleisch- oder Krabbenfüllung). Nach dem Preis sollte man allerdings vorher fragen.

Das Grundnahrungsmittel aller Thais, der **Reis**, wird in unterschiedlichen Formen serviert: *kao plao* - gekochter, körniger Reis (Englisch: *plain rice)* kommt als Beilage; *kao nieo* - Klebreis (Englisch: *sticky rice)* ist vor allem im Norden auf dem Land verbreitet. Man rollt ihn in kleine Bällchen, die vor dem Essen in eine Soße getunkt werden. Preiswert ist das Standard-Gericht aller Traveller: *kao phat* - gebratener Reis (auf Englisch *fried rice*, Thai-Englisch: *flied lice*). Es gibt Traveller, die während ihres Aufenthaltes in Thailand nichts anderes essen - und damit viel verpassen. Dieses Gericht gibt es in verschiedenen Ausführungen, in einfacher Form wird z.B. *kao muh daeng* - mit kleinen Streifen Schweinefleisch, Zwiebeln und etwas Ei gebraten. Als Beilagen werden Gurken und die sauer-scharfe Sauce mit Chilies *(nam plah)* serviert. In vielen Touristen-Restaurants ist diese nur auf speziellen Wunsch zu erhalten - dafür gibt es Ketchup.

**Nudeln** gibt es in zwei Arten: *gueh tiao* (auch: *kwai tiao*) - weiße, dünne oder breite Reisnudeln, sie werden hauptsächlich in die Suppen gegeben, die mittags an vielen Essenständen zubereitet werden. *Bah mie* sind gelbliche Weizenmehl-Nudeln, die es in verschiedenen Varianten gibt. Eines der wichtigsten Gerichte sind gebratene Reisnudeln mit Tofu, Gemüse, Ei und Erdnüssen, *phat thai.*

**Fleisch** oder **Fisch** gehören neben Gemüse zu jeder kompletten Mahlzeit, so daß es Vegetarier, die auch keinen Fisch essen, schwer haben:

| | | | |
|---|---|---|---|
| **gai** | Hühnerfleisch | **nüa** | Rindfleisch |
| **gung** | Garnele, Krabben | **ped** | Entenfleisch |
| **gung tale** | Hummer | **plah** | Fisch |
| **muh** | Schweinefleisch | **puh** | Krebse |

**Thai-Curries** gibt es in verschiedenen Schärfegraden:

| | |
|---|---|
| **gaeng garih** | ein mildes, indisches Curry. |
| **gaeng masman** | die einheimische Variante mit Knoblauch, Ingwer, Zitronengras, Koriander, Kardamom, Muskatnuß, Muskatblüte, Zimt, Nelken, Tamarinde, Limonen, Zucker, Kokosmilch und Chilies. |
| **gaeng phet** | sehr scharfes Curry (*gaeng phet gai* = Hühnchencurry; *gaeng ped* ist hingegen ein mildes Entengericht). |
| **gaeng khiau wahn** | extrem scharf, ein grünes Curry, das zusätzlich Shrimp-Paste (*blachan*) und viele Chilies enthält. |

**Suppen** werden als Hauptspeise zusammen mit anderen Gerichten gegessen.

| | |
|---|---|
| **kao tom** | ist eine Reissuppe, die mit Fleischeinlage gegessen wird, beispielsweise mit Hühnchen = *kao tom gai.* |
| **tom yam** | besonders würzig, Thai-Suppe mit Zitronengras, Zitronenblättern, Chilies, Tamarinde und anderen Zutaten sauer-scharf gewürzt. Beliebt als *tom yam gai* (mit Hühnchen) oder *tom yam gung* (mit Krabben). |

**Salate** sind leider aus gesundheitlichen Erwägungen nicht zu empfehlen. Wir können allerdings auf eine unserer Lieblingsspeisen, *yam nüa* - Rindfleisch-Salat - nicht verzichten. Dieses kalte Gericht aus eingelegtem Rindfleisch, verschiedenen Salaten, Korianderblättern, Minze, Knoblauch, Chilies und einer sauren Sauce ist allerdings so scharf, daß hoffentlich keine Bakterien darin überleben.

**Eier** heißen *khai* (nicht zu verwechseln mit dem eierlegenden Huhn = *gai*).

| | |
|---|---|
| **khai tord** | gebratene Eier |
| **khai luak** | weichgekochte Eier und |
| **khai tom** | hartgekochte Eier, die sich am Ende kaum voneinander unterscheiden, da es sich hierbei um eine typisch europäische Zubereitungsart handelt. |
| **khai yad sai** | schmackhaftes Omelett mit Fleisch- oder Gemüsefüllung |

Alle Zutaten werden vor dem Kochen gesäubert und klein geschnitten. Die eigentliche **Zubereitung** geht relativ schnell, da die meisten Zutaten nur kurz gegart werden. Häufig sind die Gerichte gebraten oder gekocht, seltener gegrillt.

## Getränke

| | |
|---|---|
| **nam** | Wasser, sollte nicht aus der Leitung getrunken werden. |
| **nam dühm (Polaris)** | Trinkwasser in Plastikflaschen (im Laden ab 4 - 5 Baht für 0,75 Liter, 11 - 13 Baht für 1,5 Liter) oder in Behältern in öffentlichen Gebäuden |
| **nam räh** | Mineralwasser |
| **nam yen** | kaltes Wasser |
| **nam manau** | Zitronen- oder Limonensaft, manchmal auch Limonade |
| **nam som** | Orangensaft, ebenso wie Zitronensaft, wird oft mit Salz gewürzt, was zwar dem Körper gut tut, doch vielen europäischen Gaumen nicht schmeckt. Wer die Säfte pur möchte, bestellt: *mei glüa* - ohne Salz. |
| **nam kaeng** | Eis zum Kühlen von Getränken. Die zerschlagenen Eisbrocken sind nicht immer hygienisch einwandfrei, besser sind die glatten Eiszylinder. |
| **tschah** | der überall im Orient verstandene Name für Tee. |
| **tschah rorn** | heißer, schwarzer Tee, mit Milch und Zucker serviert. |
| **tschah dam** | Tee nur mit Zucker, ohne Milch. |
| **tschah dam yen** | kalter Tee mit Zucker. |
| **tschah manau** | Tee mit Zitrone (*manau* = Zitrone). |
| **gafä** | Kaffee ist das am weitesten verbreitete Getränk mit süßer Kondensmilch und Pulverkaffee angerührt, keine Ähnlichkeit mit unserem Kaffee. |
| **gafä damrorn** | das gleiche ohne Milch. |
| **gafä yen** | das gleiche mit Eis, gibt es überall |
| **oh liang** | der schwarze, süße Eiskaffee, erfrischend. |

An alkoholfreien Getränken wird eine große Auswahl angeboten. Beliebt und mit 7 - 15 Baht recht billig sind **Softdrinks**. Zum Mitnehmen werden sie leider in Plastiktüten umgefüllt. Daneben gibt es Sodawasser und

| | |
|---|---|
| **Vitamilk** | eine süße Sojabohnen-Milch. |
| **nohm sot** | H-Milch, die häufig gesüßt oder mit Aromastoffen (z.B. Erdbeergeschmack) angereichert ist, in 0,2 Liter Päckchen abgepackt. |
| **nam maprao** | die klare Kokosmilch junger, grüner oder orangefarbener Kokosnüsse, die am besten gekühlt schmeckt und sehr erfrischt. Nicht bekömmlich ist dagegen das Wasser der reifen, braunen Kokosnuß. |

**Bier** (*bia*) gibt es überall, es ist jedoch verhältnismäßig teuer. Die lokale Alkoholdroge Nr. 1 ist **Mekhong**, der Thai-Whisky, der zu allen Gelegenheiten aufgetischt wird, wie billiger Weinbrandverschnitt schmeckt und mit Wasser oder Cola verdünnt wird. Auf dem Vormarsch ist der Rum-ähnliche **Saeng Thip**. Die Thais fordern gerne andere Gäste zum Mittrinken auf.

## Wie essen?

Normalerweise wird mit **Löffel** (rechts) und **Gabel** (links) gegessen, wobei man mit der Gabel, entsprechend unserem Messer, die Speisen auf den Löffel schiebt, mit dem man ißt. Besonders in ländlichen Regionen benutzt man dafür die rechte Hand. Die linke gilt als unrein und sollte nie das Essen berühren. Zu Nudelsuppen, die man hauptsächlich mittags ißt, werden **Stäbchen** *(chop sticks)* und ein kurzer Suppenlöffel gereicht. Man befördert die Nudeln mit Hilfe der Stäbchen auf den Löffel. Nur in chinesischen Restaurants werden auch Reisgerichte mit Stäbchen gegessen, für Touristen werden aber immer Gabel und Löffel gebracht. Es ist üblich, daß alle Gerichte gleichzeitig serviert werden. Suppen ißt man zum Hauptgericht und nicht vorher.

## Wo essen?

Es ist kein Problem, zu jeder Tages- oder Nachtzeit etwas Eßbares zu bekommen. In vielen Orten werden **Essenstände** auf Straßen, großen Plätzen oder Märkten aufgebaut. Dort sind die Gerichte am billigsten. Für wenige Baht gibt es eine klare Suppe mit Gemüse-, Fleisch- oder Fischbällcheneinlage. Andere Stände verkaufen Getränke oder frische Fruchtsäfte.

**Restaurants** außerhalb der Touristenzentren haben meist keine englische Speisekarte. Die rohen Zutaten liegen in einer Vitrine oder im Kühlschrank. Man braucht nur darauf zu deuten und das Wort für gebraten oder gekocht zu sagen. Häufig stehen verschiedene fertige Curries in großen Töpfen am Eingang, so daß man nur den Deckel zu lüften braucht, um eine Auswahl zu treffen. Nach dem Preis sollte man vor dem Essen fragen.

Wer nicht scharf essen kann oder will, deutet auf die Gerichte und fragt: *pät mai?* (ist's scharf?). Ist die Antwort *mai pät* oder *mä pät* (nicht scharf), dann kann nichts passieren. Lautet die Antwort allerdings *pät pät*, dann sollte man sich auf eine sehr scharfe Mahlzeit einstellen.

Restaurants in Touristenzentren haben eine englische Speisekarte und sind, je nach Ausstattung, Lage und Qualität, teurer.

Den meisten Traveller-Unterkünften sind Restaurants angeschlossen, wo es europäisches Frühstück, gebratenen Reis und anderes Traveller-Food gibt. Bestellt man mehrere Gerichte oder geht mit einer Gruppe essen, kann es passieren, daß die Rechnung höher ausfällt als die Summe der Einzelgerichte. Wem es nichts ausmacht, in den Augen des Wirtes als geizig zu gelten, der kann versuchen, die Rechnung zu beanstanden.

# Feste und Feiertage

Viele Feste sind buddhistischen Ursprungs und richten sich nach dem religiösen Kalender. Da sich diese Zeitrechnung (1995 ist das Jahr 2538 nach Buddha, 1996 = 2539 und 1997 = 2540) am Mondzyklus orientiert, schwankt der Termin der Feiertage innerhalb von 29 Tagen. Der erste Mondmonat beginnt am Tag nach Neumond vor der Wintersonnenwende zwischen dem 23. November und 22. Dezember. Für staatliche Feste gilt der westliche Kalender. Fällt ein gesetzlicher Feiertag auf ein Wochenende, sind die Büros von Privatfirmen meist am darauffolgenden Montag geschlossen und Behörden spärlich besetzt.

**1. Januar - Neujahr**

**Chinesisches Neujahr - Neumondtag zwischen 21. Januar und 19. Februar** (18.2.1996, 6.2.1997) - Das chinesische Neujahrsfest findet im Familienkreis statt. Das Fest beginnt am ersten Tag des zunehmenden Mondes im zweiten Mondmonat nach der Wintersonnenwende, dauert drei Tage und wird zu mehrtägigen Familienausflügen genutzt. Um die Zeit des chinesischen Neujahrsfestes begrüßen auch verschiedene Bergstämme in Nord-Thailand das neue Jahr mit Tänzen, Musik und anderen Vergnügen.

**Vollmondtag im Februar - Makha Bucha** (3.2.1996, 23.2.1997) - Es finden Lichterprozessionen um die Tempel statt, die an Buddhas Predigt vor 1250 Zuhörern erinnern. Mit Blumen und Kerzen in gefalteten Händen umrunden die Gläubigen dreimal das Gebäude, im Tempel predigen Mönche die Lehre Buddhas. Große Feierlichkeiten im Marmortempel von Bangkok.

**6. April - Chakri Tag** - Inthronisation des ersten Chakri Königs und Begründers der Königsstadt Bangkok, Feier im Wat Phra Keo.

**13. - 15. April - Thai-Neujahr** - Es ist besser bekannt unter dem Namen *songkran*. Vor allem im Norden werden besonders gern Touristen schon lange vor dem Fest auf den Straßen mit Wasser übergossen. Alles pilgert nach Chiang Mai, wo das Fest vom 13. bis 15. April mit Veranstaltungen besonders prunkvoll begangen wird.

**Vollmondtag im Mai - Visakha Bucha** (1.5.1996, 20.5.1997) - Am Abend finden zur Feier der Geburt, der Erleuchtung Buddhas und seines endgültigen Eintretens ins Nirvana. in allen Tempeln Lichterprozessionen um den Bot statt.

**1. Mai - Tag der Arbeit**

**5. Mai - Krönungstag** - Der jetzige König Rama IX. wurde an diesem Tag im Jahre 1946 zum König gekrönt, Feiern am Königshof.

**Mitte Mai - Die Königliche Zeremonie des Pflügens** - Ein Stellvertreter des Königs führt eine symbolische Aussaat auf dem Sanam Luang aus, zu der viele Bauern aus dem ganzen Land anreisen. Ein Reiskorn von der Zeremonie, das der eigenen Saat untergemischt wird, soll eine gute Ernte gewährleisten.

**Vollmondtag im Juni/Juli - Asalha Bucha (Khao Phansa)** (11./12.7.1995, 29./30.6.1996, 19./20.7.1997) - Fest, das an die erste Predigt Buddhas in der Öffentlichkeit erinnert. Prozessionen mit Blumen und Kerzen um den Bot. Die Fastenzeit Khao Phansa beginnt am Tag nach Asanha Bucha und dauert drei Monate bis zum Ende der Regenzeit. Im allgemeinen ist dieses die Zeit, während der junge Männer ins Kloster gehen. Entsprechend finden zu Beginn des Fastenmonats überall Ordinationsfeierlichkeiten statt.

**12. August - Geburtstag der Königin** - Königin Sirikit ist seit 1950 First Lady.

**Oktober - Thot Kathin (Ok Phansa)** - Nach dem Ende der Fastenzeit reisen die Menschen aus allen Landesteilen in ihren Heimat-Tempel, um den Mönchen neue Roben und Opfergaben zu überbringen.

**23. Oktober - Chulalongkorn Tag** - Todestag von König Rama V. (Chulalongkorn). Er gilt als der Herrscher, der das Land westlichen Einflüssen öffnete.

**Vollmondtag im November - Loy Krathong** (6.11.1995, 24.11.1996, 14.11. 1997) - Im November, am Ende der Regenzeit, wird das große **Lichterfest** gefeiert. Kleine Boote aus Bananenblättern mit brennenden Kerzen, Räucherstäbchen und Blumen treiben auf den Flüssen, Seen und Klongs - eine Opfergabe an die Göttin des Wassers, *Mae Khingkhe*.

**5. Dezember - Geburtstag des Königs** - Nationalfeiertag. Paraden und Feiern zu Ehren des Königs in Bangkok und auf dem Land.

**10. Dezember - Verfassungstag**

**31. Dezember - Silvester**

## Bevölkerung

60,3 Millionen Menschen lebten 1994 in Thailand. Da die Bevölkerung jährlich um 1,6% zunimmt, werden es in 45 Jahren doppelt so viele Menschen sein. Die staatlichen Maßnahmen zur Familienplanung zeigen bereits seit einigen Jahren Erfolge. Trotz des Rückgangs der Säuglingssterblichkeit auf 3,1%, ist das Bevölkerungswachstum leicht rückläufig. Waren 1970 noch 16,5% der Gesamtbevölkerung jünger als 5 Jahre, sind es mittlerweile weniger als 12%. Die Lebenserwartung liegt bei 69 Jahren (1960: 52 Jahre, in Westeuropa 76 Jahre).

Vor allem in den ländlichen Räumen lebt etwa ein Drittel der Bevölkerung unter dem Existenzminimum. Entgegen der populären staatlichen Familienplanungspolitik ist gerade die ländliche Bevölkerung noch immer im traditionellen Denken verhaftet. Man wünscht sich viele Kinder, denn sie steigern das soziale Ansehen und sind die einzige Alterssicherung. Der größte Teil der Bevölkerung lebt auf dem Land. Dennoch hat sich die Bevölkerung der Metropole Bangkok sich während der letzten 15 Jahre mehr als verdoppelt. Die Stadt wirkt wie ein Magnet auf die arbeitslose Jugend. Die Träume von einem besseren Leben enden nicht selten in menschenunwürdigen Fabriken oder Massagesalons.

Die Bevölkerungsdichte des Großraums Bangkok liegt bei 5815 Einwohnern pro km$^2$, was über dem Wert entsprechender europäischer Großstädte liegt. Im Gegensatz zu den westeuropäischen Städten leben die meisten Menschen allerdings in ein- bis zweistöckigen Häusern - ähnlich wie in den Kleinstädten. Neben der Hauptstadt Bangkok (inkl. Umland über 9 Millionen Einwohner) gibt es keine weiteren Millionenstädte. Die nächstgrößeren Städte sind: Chiang Mai, Hat Yai und Korat (Nakhon Ratchasima). Schon früh haben sich die Menschen in den Flußebenen niedergelassen, die auch heute zu den am dichtesten besiedelten Regionen gehören. Hingegen können in den Bergregionen nur wenige Menschen auf den kargen Böden ihre Lebensgrundlage erwirtschaften.

81% der Gesamtbevölkerung Thailands sind **Thai**, so daß das Land relativ homogen ist. Über Jahrhunderte wanderte das Volk der Thai aus Yünnan Richtung Süden. Während die „großen Thai“, die heutigen Shan, ins östliche Burma zogen, ließen sich die „kleinen Thai“ im Gebiet des heutigen Nord-Thailands nieder. Von den alten Hochkulturen der Mon und Khmer übernahm man die Grundzüge für eine eigene Schrift, aus dem ceylonesischen Raum brachten Mönche den Theravada-Buddhismus, und aus China kamen Handwerker und Künstler ins Land. Da die Thai niemals kolonisiert wurden, haben sie ihre kulturelle Identität bis heute weitgehend bewahrt.

Während der Ayutthaya-Periode festigte sich die Rolle des Königs als Staatsoberhaupt. Obwohl Thailand 1932 in eine konstitutionelle Monarchie umgewandelt wurde, kommt dem vom ganzen Volk verehrten König noch immer eine große Bedeutung zu. Ebenso wie die prunkvollen Tempel das Bild der Städte und Dörfer bestimmen, prägt der Buddhismus das gesellschaftliche Leben. Wenn auch staatliche Schulen mittlerweile die meisten Kinder ausbilden, so gehen doch viele männliche Thai mindestens einmal in ihrem Leben als Mönch ins

Kloster. Neben buddhistischen Traditionen haben zahllose Bräuche hinduistischen oder animistischen Ursprungs einen festen Platz im Leben der Menschen.

Vor allem in den südlichen und nördlichen Provinzen leben ethnische Minderheiten. Die Südprovinzen an der Grenze zu Malaysia (Pattani, Yala, Narathiwat und Satun) werden von islamischen **Malaien** bewohnt, die dort 80% der Bevölkerung ausmachen. In den Nordprovinzen leben als weitere ethnische Minderheit des Landes etwa 500 000 Angehörige der **Bergstämme**. Ihre Zahl nimmt zu, da einerseits die Lebenserwartung steigt und andererseits viele Menschen über die Grenzen aus Laos und Burma nach Thailand kommen. Während die Lawa bereits im 11. und 12. Jahrhundert von den einwandernden Thai in die Berge gedrängt wurden, sind die Karen wahrscheinlich im 17. und 18. Jahrhundert aus Nord-China über das südöstliche Burma in ihr heutiges Siedlungsgebiet gezogen. Andere Völker folgten verstärkt seit der Mitte des 19. Jahrhunderts. Nach dem Ende des 2. Weltkriegs verstärkte sich die Einwanderung. Jetzt kamen Truppenreste der geschlagenen Kuomintang aus Süd-China. Man schätzt ihre Zahl heute auf etwa 10 000. Ein ähnlicher Schub erfolgte nach 1975 aus Laos, als vor allem Yao und Meo das Land verließen. Eine wirtschaftlich einflußreiche Minderheit sind ca. 7 Mio. **Chinesen**. Obwohl die wirtschaftlichen Beziehungen zwischen Thailand und China bis ins 13. und 14. Jh. zurückreichen, sind erst Mitte des vergangenen Jahrhunderts die meisten Menschen eingewandert. Nach der Gründung der Volksrepublik 1949 versiegte der Strom. Den Einfluß der Chinesen wollte man durch zahlreiche Gesetze beschneiden, was jedoch nicht gelang.

## Geschichte

Archäologische Keramik- und Waffenfunde in Ban Chiang und in der Nähe von Kanchanaburi weisen eine Besiedlung des Landes vor über 7000 Jahren nach. Die Herkunft der **Thai**-Völker ist wissenschaftlich umstritten.

Historisch nachweisbar sind ihre Wanderungsbewegungen seit Beginn unserer Zeitrechnung. Im 8. bis 11. Jahrhundert waren die Thai-Siedler bereits aus dem heutigen Süd-China in ein Gebiet vorgedrungen, das sich von Assam im äußersten Westen bis nach Vietnam erstreckte. Die ersten Reiche der Thai entstanden in Chiang Mai und Chiang Rai, aber auch in Nord-Burma und Yünnan.

Bis zum 12./13. Jahrhundert hatten die **Khmer** im Mekongtal und die **Mon** in Zentral-Thailand und Nieder-Burma mächtige Reiche und hochentwickelte Kulturen geschaffen. Als ihr Einfluß stark zurückging, gelang es den Thai, den Mon-Staat Haripunchai (Lamphun) zu besiegen und 1296 Chiang Mai zu gründen.

Nachdem schon 1220 die Khmer aus der zentralen Ebene verdrängt worden waren, wurde 1228 **Sukhothai** gegründet. Es gelangte zum Ende des 13. Jahrhunderts unter König Ramkhamhaeng zu kultureller Blüte.

Der Nachfolgestaat Sukhothais war das um 1350 entstandene Königreich **Ayutthaya** im Zentrum der fruchtbaren Chao Phraya-Ebene. Zum Beginn des 15. Jahrhunderts wurde Sukhothai unterworfen und das Khmer-Reich besiegt bzw. zum Vasallen degradiert.

Chiang Mai konnte erst zum Ende des 18. Jahrhunderts unterworfen werden, da es sich zeitweise mit dem Königreich Burma verbündete, das zum Erz-Rivalen Thailands wurde. Waren die Sukhothai-Könige noch volkverbunden, so wurden jetzt am Hof Zeremonien eingeführt, die dem Herrscher göttliche Eigenschaften zusprachen.

Stärkster Rivale Ayutthayas war das benachbarte Königreich **Burma.** 1569 wurden die Thai besiegt, burmesische Garnisonen eingerichtet und ein neuer König ernannt, der die Oberhoheit Burmas anerkannte. In fünf Kriegszügen gelang es dem Prinzen Naresuan zwischen 1584 und 1592 die burmesische Herrschaft abzuschütteln.

Die **Außenbeziehungen** Ayutthayas mit den meisten anderen asiatischen Staaten waren durch intensiven Handel geprägt. Besondere Beziehungen bestanden mit China, das als „älterer Bruder" angesehen wurde. Seit im Jahr 1511 das Sultanat Malacca von Portugal erobert worden war, kamen portugiesische Händler, Missionare und Diplomaten auch nach Ayutthaya. 1664 erzwang Holland unter der Androhung militärischer Gewalt den Abschluß eines Vertrags, der ihm ein Monopol in den wichtigsten Bereichen des Außenhandels einräumte. 1687 traf eine französische Gesandtschaft mit mehr als 600 gut ausgerüsteten Soldaten ein. König Narai, beraten durch den griechischen Abenteurer Konstantin Phaulkon, geriet in den Augen des Thai-Adels und der königlichen Familie mehr und mehr unter europäischen Einfluß. 1688 gelang eine Palast-Revolte, Phaulkon wurde geköpft und die französischen Soldaten wurden vertrieben. Damit begann für 150 Jahre eine neue Politik der Abschottung gegenüber den westlichen Großmächten.

Nachdem 1767 Ayutthaya von Burma, völlig niedergebrannt und dem Erdboden gleichgemacht worden war, versank das Land im Chaos. Der Provinz-Gouverneur Taksin sammelte die verbliebenen Soldaten und versuchte, das Land politisch wiederzuvereinigen. 1768 wurde er in der neuen Hauptstadt Thonburi zum König ausgerufen. Im Zeitraum von 14 Jahren gelang es ihm in zahlreichen Kriegen, das Land zusammenzufügen. Wichtigster Heerführer wurde **General Chakri**, der Taksin entmachtete und zum König Rama I. gekrönt wurde, dem ersten König der noch heute herrschenden Dynastie.

Unter den Chakri-Königen wurde bis zur Mitte des vergangenen Jahrhunderts eine Politik der Restauration verfolgt. Der vergangene Glanz Ayutthayas sollte wiederhergestellt werden. Veränderungen sozialer und wirtschaftlicher Natur wurden unumgänglich, als sich die Handelsbeziehungen zu China ausweiteten und die europäischen Großmächte neues Interesse an Ostasien zeigten.

**König Mongkuts** Außenpolitik war von der Vormachtstellung der westlichen Großmächte bestimmt. Deshalb wurden England, den Vereinigten Staaten, Frankreich und anderen Ländern Handels-Privilegien eingeräumt und Territorien abgetreten.

Sein Sohn **Chulalongkorn** führte diese Politik fort. Französische Kanonenboote auf dem Menam Chao Phraya ließen Chulalongkorn keine andere Möglichkeit als territoriale Konzessionen an Frankreich und Großbritannien zu machen. Diese Beschwichtigungspolitik wurde ergänzt durch ein innenpolitisches Reformprogramm, dessen Durchsetzung auf große Schwierigkeiten stieß, da es alte Privilegien des Adels und der königlichen Familie beschnitt. Unter Chulalongkorn wurde ein Dekret erlassen, daß niemand mehr als Sklave geboren werden könne, was die Abschaffung der Sklaverei einleitete. Der König öffnete das Land verschiedenen europäischen Nationen und beschäftigte in seiner zivilen und militärischen Verwaltung Briten, Belgier und Italiener. Deutsche projektierten die Eisenbahnlinie nach Norden. Chulalongkorn veränderte die althergebrachte Gesellschaftsordnung, hielt aber gleichzeitig an bestimmten Traditionen fest und gilt dadurch als Begründer des modernen Siam.

## DIE WICHTIGSTEN KÖNIGE THAILANDS

| | | | |
|---|---|---|---|
| ? - 1317 | Mengrai (Lanna) | 1809 - 1824 | Rama II. (Phra Phutthalaetla Naphalai) |
| 1275 - 1317 | Ramkhamhaeng | 1824 - 1851 | Rama III. (Phra Nangklao) |
| 1350 - 1369 | U-Thong | 1851 - 1868 | Rama IV. (Mongkut) |
| 1388 - 1395 | Ramesuan | 1868 - 1910 | Rama V. (Chulalongkorn) |
| 1590 - 1605 | Naresuan | 1910 - 1925 | Rama VI. (Vichiravudh) |
| 1630 - 1656 | Prasat Thong | 1925 - 1935 | Rama VII. (Prajadhipok) |
| 1657 - 1688 | Narai | 1935 - 1946 | Rama VIII. (Anand Mahidol) |
| 1767 - 1782 | Taksin | seit 1946 | Rama IX. (Bhumipol) |
| 1782 - 1809 | Rama I. (General Chakri) | | |

1932 wurde Siam, wie die offizielle Staatsbezeichnung bis dahin lautete, durch einen unblutigen Staatsstreich eine konstitutionelle Monarchie. Pridi Phanomyong, ein in Frankreich ausgebildeter Rechtsanwalt, war der politische Kopf der radikaldemokratischen Bewegung, die, zusammen mit den mehr konservativen Militärs, den Coup durchführte. Pibul Songgram, Führer des konservativen Flügels, wurde bald zum stärksten Mann der Nation, die nun Thailand hieß. 1940 war das Land Alliierter der Achsenmächte Nazi-Deutschland, Japan und Italien. Mit japanischer Unterstützung annektierte Thailand Teile von Laos, Kambodscha und Malaya. 1944 wurde Pibul Songgram gestürzt, und Thailand verbündete sich mit seinen ehemaligen Gegnern. Pridi Phanomyong, der Führer der antijapanischen Bewegung während des Krieges, arbeitete mit seinen Freunden eine neue Verfassung aus. Er wurde 1947 durch einen Militärputsch unter der Führung von Songgram gestürzt und ging ins Exil.

Unter der Führung Songgrams wurde das Land streng antikommunistisch und Mitglied in der SEATO (South East Asia Treaty Organization). 1957 stürzten Militärs unter Marschall Sarit die Einmann-Diktatur. Feldmarschall Thanom Kittikachorn wurde neuer Premier und führte Thailand noch enger in die Arme der USA. Während des Vietnam-Krieges war das Land von einem Netz von US-Militärstützpunkten überzogen. Die fortwährenden Auseinandersetzungen zwischen Parlament und den Militärs führten 1971 zur Auflösung der Nationalversammlung, Aufhebung der Verfassung und Erklärung des Kriegsrechts. Fast zwei Jahre lag die eigentliche Macht in den Händen der Armee- und Polizeioffiziere, die sich durch Korruption auszeichneten.

Im Oktober 1973 protestieren Hunderttausende gegen die Verhaftung oppositioneller Studentenführer. 71 Menschen wurden wahllos erschossen und erbitterte Straßenkämpfe folgten. Das Ende der herrschenden Militärclique war gekommen, als Kittikachorn, Prapas und Narong ins Ausland flohen. König Bhumipol verkündete den Rücktritt des Militärregimes und die Einsetzung des Rektors der Thammasat-Universität, Sanya Dharmasakti, als neuen Premier, was man als Sieg der Studentenbewegung verstand. Ein Jahr nach dem blutigen Massaker verkündete der König eine neue Verfassung. Im Frühjahr 1975 fanden die ersten freien Wahlen statt, die keine tragfähige Mehrheit brachte. In der folgenden Zeit wechselten sich die Parteien mit der Bildung von Regierungen ab, bis im Oktober 1976 das Militär wiederum die Macht übernahm. Ab 1977 war General Kriangsak Premier, der sich durch eine Reformpolitik nach innen und einer realistischen Ausgleichspolitik nach außen von seinen Vorgängern unterschied.

1980 wurde Kriangsak gestürzt, und das Parlament bestimmte General Prem Tinsulanond zu seinem Nachfolger, der das Land mit einer demokratisch legitimierten Mehrparteienkoalition regierte. Viele innenpolitischen Reformen verliefen im Sande. Die muslimische Separatistenbewegung im Süden verlor 1987 durch die Kapitulation von 650 Guerillas stark an Einfluß. 1988 ging die Chart Thai Partei aus allgemeinen Parlamentswahlen als Sieger hervor. Ihr Vorsitzender, Chatichai Choonhavan, führte als Ministerpräsident eine 7-Parteien-Koalition. Daneben hatte die Armee unter dem Kommando von General Chaovalit großen Einfluß. Durch populäre Anordnungen (z.B. Erhöhung des Reispreises für die Bauern) und den Wirtschaftsboom konnte die Regierung die anfängliche Skepsis in der Bevölkerung überwinden. Doch schon bald kam es durch den Anstieg der Verbraucherpreise, die ungleiche Einkommensentwicklung, Bodenspekulation und Korruption zu Spannungen, die vor allem im Militär zu Unmutsäußerungen führten. Es überraschte nicht, als im Februar 1991 die Armee in einem unblutigen Putsch Chatichai Choonhavan absetzte.

Bei den Wahlen im März 1992 erhielten oder erkauften die den Militärs nahestehenden Parteien vor allem im ländlichen Raum die Mehrheit der Stimmen. Als im Mai der Anführer des Putsches General Suchinda Kraprayoon, der nicht dem Parlament angehörte, zum Ministerpräsidenten ernannt wurde, kam es zu Massendemonstrationen der Opposition, die in gewalttätigen Auseinandersetzungen mit zahlreichen Toten und der Verhaftung Chamlongs sowie 4000 seiner Anhänger gipfelte. Nach der Intervention des Königs wurden die Gefangenen freigelassen, General Suchinda mußte zurücktreten, und unter dem Druck der Straße wurde eine neue Verfassung verabschiedet.

In den folgenden Jahren scheiterten viele Reformen der demokratischen 5-Parteien-Koalition unter Premierminister Chuan Leekpai am Widerstand der Opposition und einiger Mitgliedern aus den eigenen Reihen, woraufhin es 1993 zu einer Regierungsumbildung kam. Auf der anderen Seite führten die Mai-Unruhen zu einem verstärkten demokratischen Bewußtsein in der Bevölkerung, so daß außerparlamentarische Gruppen die Politiker unter Druck setzen, die Reformen fortzuführen.

## Wirtschaft

Noch mehr als die Hälfte der thailändischen Bevölkerung ist in der Landwirtschaft tätig. Etwa 15% arbeiten in der Industrie. Trotzdem liegt der Anteil der industriellen Produktion am Bruttoinlandsprodukt bei 39%. In der Landwirtschaft werden nur 11% des Bruttoinlandsproduktes erwirtschaftet. Während das Bruttosozialprodukt 1992 noch bei US$1840 pro Person lag, betrug es 1994 bereits US$2380 (zum Vergleich: Deutschland US$23 030) - ein Resultat des jährlichen Wirtschaftswachstums von etwa 8%.

**Landwirtschaft** heißt in Thailand hauptsächlich Feldbau. Fleischproduktion wird nur in relativ kleinem Umfang betrieben. Andererseits ist die Zahl kommerziell betriebener Tierfarmen im letzten Jahrzehnt enorm gestiegen. Noch bis in die 50er Jahre wurde in erster Linie Naßreis angebaut. Erst dann setzte eine gewisse Diversifikation ein. Zuckerrohr, Mais, Cassava, Tapioka und Kenaf mit geringeren Ansprüchen an Bodenqualität kamen hinzu, so daß nun selbst Berghänge und schlechte Böden genutzt werden konnten. Ebenso stieg die Produktion von Obst und Gemüse. Thailand produziert zwar genügend Reis für den Eigenbedarf und den Export, dennoch gehen die Hektarerträge zurück oder stagnieren, vor allem im Nordosten, wo durch fehlende Niederschläge das Land zunehmend versteppt. Bauern, die durch den Einsatz von Düngemitteln und Pestiziden diese Entwicklung aufzuhalten versuchten, verschuldeten sich noch mehr. Der Preisverfall bei Agrarprodukten, wie Tapioka und Schweinefleisch, und Mißerfolge bei der Einführung neuer Erzeugnisse wie Cashewnüsse und Maulbeerbäume taten ihr übriges, die Unruhe unter den Bauern zu schüren. Als dann noch große Staudammprojekte die Existenz ganzer Dörfer bedrohten, kam es 1993/94 zu massiven Protestaktionen.

Über die Hälfte der **industriellen Produktionsstätten** konzentriert sich im Großraum Bangkok, der dadurch an Attraktivität gewinnt und immer mehr Menschen vom Land anzieht. Die aus der zunehmenden Verstädterung resultierenden Probleme lassen sich nur durch eine Verbesserung der Situation auf dem Land lösen - eine Utopie? Die bedeutendsten Zweige der Industrieproduktion stellen die arbeitsintensive Textilindustrie, die Computer- und Halbleiterindustrie sowie die Verarbeitung von Nahrungsmitteln und anderer agrarischer Erzeugnisse dar. So erreichte Thailand innerhalb weniger Jahre die Weltspitze als Exporteur von Schalentieren. Relativ neu ist die Zement- und Automobilindustrie, die hauptsächlich im Ausland gefertigte Teile montiert.

Obwohl die gesamte Industrieproduktion in der vergangenen Dekade enorm gewachsen ist, haben sich damit nicht automatisch die Arbeitsplätze vermehrt. Viele der neuen Industrien erfordern überwiegend kapitalintensive Technologien. Ob die gigantischen Industriekomplexe, die rings um Bangkok emporwachsen, wirklich Abhilfe schaffen können, wird vielfach bezweifelt.

**Exporte** spielen für die thailändische Wirtschaft eine große Rolle. Bereits 40% des Bruttosozialproduktes wird ausgeführt, wobei ein Wandel von Rohstoffen und Nahrungsmitteln zu Fertigwaren und Industrieprodukten festzustellen ist. Reis, bis 1986 auf Platz eins, ist mittlerweile auf den siebten Rang zurückgefallen und von Textilien, Computerteilen (mit dem stärksten Wachstum), Edelsteinen, Garnelen, Plastikprodukten und integrierten Schaltkreisen überrundet worden. Vor allem landwirtschaftliche Produkte, Textilien und andere arbeitskraftintensive Produkte spüren die zunehmende Konkurrenz der ehemaligen sozialistischen Staaten, vor allem Vietnams, die aufgrund der geringen Löhne ihre Waren auf dem Weltmarkt wesentlich günstiger anbieten können.

6,2 Millionen **Touristen** kamen 1994 nach Thailand und blieben im Durchschnitt 7 Tage. Da etwa 54% der Touristen auf eigene Faust reisen, fließt nur ein geringer Teil der Einnahmen ins Ausland zurück. Der größte Teil der Einnahmen von über US$5 Milliarden bleibt als Devisenreserve im Land und macht den Tourismus zur größten Deviseneinnahmequelle. Mit diesem Geld wird der Import vieler Güter finanziert, die für den wirtschaftlichen Aufschwung des Landes benötigt werden, vor allem Maschinen, Chemikalien, Stahl und Öl.

## Kleiner Sprachführer

Selbst mit einem Wörterbuch ist es schwierig, die Worte richtig auszusprechen. Neben den Tonhöhen, die Anfänger nie richtig treffen, muß man sich mit 44 Konsonanten und 32 Vokalen herumschlagen, die es zum großen Teil in unserer Sprache nicht gibt. Der folgende Grundwortschatz kann eine kleine Hilfestellung sein. Wenn man die Zahlen bis 1000 in Thai beherrscht, wird das einen guten

Eindruck machen - vor allem bei Taxifahrern und beim Handeln. Man läßt sich am besten die Wörter von einem Thai vorsprechen und versucht, sie nachzusingen. Ein Trost für alle, die es dennoch wagen - die Grammatik ist recht einfach zu lernen, da es nur wenige Regeln und keine Ausnahmen von diesen Regeln gibt. Tonhöhen haben wir allerdings nicht angegeben. Die Aussprache-Umschrift der ausgewählten Worte basiert weitgehend auf dem Deutschen.

## ZAHLEN:

| | | | | | |
|---|---|---|---|---|---|
| 1 | *nöng* | ๑ | 11 | *sip et* | ๑๑ |
| 2 | *sohng* | ๒ | 12 | *sip sohng* | ๑๒ |
| 3 | *sahm* | ๓ | 20 | *jie sip* | ๒๐ |
| 4 | *sie* | ๔ | 21 | *jie sip et* | ๒๑ |
| 5 | *hah* | ๕ | 25 | *jie sip hah* | ๒๕ |
| 6 | *hock* | ๖ | 30 | *sahm sip* | ๓๐ |
| 7 | *dschät* | ๗ | 40 | *sie sip* | ๔๐ |
| 8 | *bet* | ๘ | 100 | *nöng roy* | ๑๐๐ |
| 9 | *gao* | ๙ | 200 | *sohng roy* | ๒๐๐ |
| 10 | *sip* | ๑๐ | 1000 | *nöng pan* | ๑๐๐๐ |

## FRAGEN UND ANTWORTEN:

| | | |
|---|---|---|
| wer, wen, wem | *krei* | ใคร |
| was | *arai* | อะไร |
| wann | *möerai* | เมื่อไหร่ |
| wo, wohin, woher | *tienai* | ที่ไหน |
| wieviel(e) | *taorai* | เท่าไหร่ |
| warum | *tammai* | ทำไม |
| wie | *jangrai* | อย่างไร |
| ja | *dschai* | ใช่ |
| nein | *mai, plao* | ไม่ / ปล่าว |
| nicht | *mai* | ไม่ |

## PERSONEN:

| | | |
|---|---|---|
| ich (weiblich) | *ditchan / tchan* | ดิฉัน / ฉัน |
| ich (männlich) | *pom / kra pom* | ผม / กระผม |
| du, sie, ihr | *töh / khun / nuak töh* | เธอ / คุณ / พวกเธอ |
| er, sie, es | *khao* | เขา |
| wir | *rao* | เรา |
| Sie bzw. Frau / Herr... | *khun* | คุณ |

## ZEIT:

| | | |
|---|---|---|
| Wieviel Uhr ist es? | *wella taorai* | กี่โมง |
| Morgen | *tschao* | เช้า |
| Mittag | *tiang* | เที่ยง |

| | | |
|---|---|---|
| Abend | *jen* | เย็น |
| Nacht | *khühn* | กลางคืน |
| heute | *wan-nie* | วันนี้ |
| morgen | *prung-nie* | พรุ่งนี้ |
| gestern | *müa wan-nie* | เมื่อวานนี้ |
| Minute | *natie* | นาที |
| Stunde | *tschua mohng* | ชั่วโมง |
| Tag | *wan* | วัน |
| Woche | *athit* | อาทิตย์ |
| Monat | *düan* | เดือน |
| Jahr | *bi* | ปี |
| jetzt | *däo-nie* | เดี๋ยวนี้ |
| später | *tie-lang* | ทีหลัง |
| noch nicht | *yang / mai* | ยัง |
| schon / fertig | *läou* | แล้ว |

## EINKAUFEN:

| | | |
|---|---|---|
| kaufen | *süh* | ซื้อ |
| verkaufen | *khai* | ขาย |
| Wieviel möchten Sie? | *khun tong kahn tao-rai?* | คุณต้องการเท่าไร |
| Wieviel kostet es? | *raka tao-rai?* | ราคาเท่าไร |
| Wieviel Baht? | *kih baht?* | กี่บาท |
| teuer | *päng* | แพง |
| zu teuer | *päng pai* | แพงไป |
| billig | *mai päng* | ไม่แพง |
| es gibt... | *mie...* | มี |
| es gibt nicht | *mai mie* | ไม่มี |

## WAREN DES TÄGLICHEN BEDARFS:

| | | |
|---|---|---|
| Tasche | *grapao* | กระเป๋า |
| Toilettenpapier | *gradad samla* | กระดาษชำระ |
| Seife | *sabu* | สบู่ |
| Shampoo | *ja sa pom* | ยาสระผม |
| Handtuch | *pa set dua* | ผ้าเช็ดตัว |
| Moskito-Coils | *ja gan jung* | ยากันยุง |
| Streichhölzer | *mai kit fai* | ไม้ขีดไฟ |
| Batterie | *tahn fai schai* | ถ่านไฟฉาย |

## POST:

| | | |
|---|---|---|
| Packpapier | *gadad hoh kong* | กระดาษห่อของ |
| Kordel | *tschüak* | เชือก |
| Karton | *glong gradad* | กล่องกระดาษ |

| | | |
|---|---|---|
| Briefmarke | *satäm* | แสตมป์ |
| Schreibpapier | *gradad kien djod mai* | กระดาษเขียนจดหมาย |

## REISEN:

| | | |
|---|---|---|
| geradeaus | *trong pai* | ตราไป |
| (nach) links | *(liao) sai* | (เลี้ยว) ซ้าย |
| (nach) rechts | *(liao) khwa* | (เลี้ยว) ขวา |
| Stop! | *jut* | หยุด |
| Wie heißt diese Straße? | *thanon nih schüh arai?* | ถนนนี้ชื่ออะไร |
| Wie heißt diese Stadt? | *müang nih schüh arai?* | เมืองนี้ชื่ออะไร |
| Wohin gehst du? | *töh tschai pai nai?* | เธอจะไปไหน |
| Ich gehe nach... | *tchan pai...* | ฉันจะไป..... |
| Nein, ich will nicht gehen | *tchan mai pai* | ฉันไม่ไป |

## TRANSPORT:

| | | |
|---|---|---|
| Bus | *rot meh* | รถเมล์ |
| Busbahnhof | *satani rot meh / bo ko so* | สถานีรถเมล์ / บขส. |
| Eisenbahn | *rot fai* | รถไฟ |
| Bahnhof | *sathani rot fai* | สถานีรถไฟ |
| Flugzeug | *krüang bin* | เครื่องบิน |
| Flugplatz | *sahnam bin* | สนามบิน |
| Boot | *rüha* | เรือ |
| Hafen | *tah rüha* | ท่าเรือ |
| Taxi | *teksi* | แท็กซี่ |
| Auto | *rot jon* | รถยนต์ |
| Motorrad | *mohtöhsai* | มอร์เตอร์ไซด์ |
| Fahrrad | *dschakrajahn* | รถจักรยาน |
| mieten | *tschau* | เช่า |
| Benzin | *bensin* | เบนซิน |
| Normalbenzin | *tammadah* | ธรรมดา |
| Super | *supähr* | ซุปเปอร์ |

## WOHNEN:

| | | |
|---|---|---|
| Hotel | *rong rähm* | โรงแรม |
| Wo ist das Hotel? | *rong rähm juh tienai?* | โรงแรมอยู่ที่ไหน |
| Zimmer | *hong* | ห้อง |
| Bett | *tiang* | เตียง |
| Schlüssel | *gun tschä* | กุญแจ |
| Moskito | *jung* | ยุง |
| Moskitonetz | *mung* | ยากันยุง |
| Badezimmer | *hong nahm* | ห้องน้ำ |
| Toilette | *hong suam* | ห้องส้วม |

| | | |
|---|---|---|
| Ich muß auf die Toilette | *Tchan tong gahn pai hong nahm* | ฉันต้อาการไปห้อาน้ำ |
| müde | *nguang noh* | ่วานอน |
| allein | *kon dijo* | คนเคียว |

## ESSEN UND TRINKEN:

| | | |
|---|---|---|
| Restaurant | *rahn ahahn* | ร้านอาหาร |
| essen | *gin / tahn* | กิน / ทาน |
| trinken | *dühm* | ดื่ม |
| essen gehen | *pai tan ahahn* | ไปทานอาหาร |
| hungrig | *hiju* | หิว |
| durstig sein | *gla hai* | กระหาย |
| Das Essen schmeckt gut! | *ahahn a-roi* | อาหารอร่อย |
| Dasselbe noch einmal | *ao ik mai* | เอาอีกไหม |
| Ich mag ... | *tchan schop* | ฉันชอบ |
| Die Rechnung, bitte! | *tschek bin* | เช็คบิล |
| heiß | *rohn* | ร้อน |
| kalt | *jen* | เย็น |
| süß | *wahn* | หวาน |
| süß-sauer | *prio-wahn* | เปรี้ยวหวาน |
| scharf | *pät* | เผ็ด |
| gebraten | *tord* | ทอด |
| gekocht | *tom* | ต้ม |
| gegrillt | *yang* | ย่าา |
| getoastet | *ping* | ปิ้า |
| Fisch | *plah* | ปลา |
| Garnele, Krabben | *gung* | กุ้า |
| Hummer | *gung gam gram* | กุ้าก้ามกราม |
| Krebse | *puh* | ปู |
| Tintenfisch | *plahmük* | ปลาหมึก |
| Schweinefleisch | *muh* | หมู |
| Rindfleisch | *nüa* | เนื้อ |
| Hühnerfleisch | *gai* | ไก่ |
| Entenfleisch | *ped* | เป็ด |
| Gemüse | *pak* | ผัก |
| gelbe Nudeln | *bah mie* | บะหมี่ |
| weiße Nudeln | *gueh tiao* | ก๋วยเตี๋ยว |
| Reis | *kao* | ข้าว |
| weißer Reis | *kao plao* | ข้าวเปล่า |
| gebratener Reis | *kao pat* | ข้าวผัด |
| Ei | *khai* | ไข่ |
| Omelett | *khai dschiao* | ไข่เจียว |

| | | |
|---|---|---|
| Wasser | *nahm* | น้ำ |
| Tee | *tschah* | ชา |
| Kaffee | *gafä* | กาแฟ |
| Alkohol, Brandy | *lao* | เหล้า |

## UMWELT:

| | | |
|---|---|---|
| Stadt | *müang* | เมือง |
| Großstadt | *nakhon / müang yai* | นคร / เมืองใหญ่ |
| Dorf | *muu / bahn* | หมู่บ้าน |
| Berg | *pukao / doi* | ภูเขา / เขา |
| Fluß | *mä nahm* | แม่น้ำ |
| Insel | *ko* | เกาะ |
| Strand | *tschai haht / haht* | ชายหาด / หาด |
| Bucht | *ao* | อ่าว |
| Wasserfall | *nahm tok* | น้ำตก |
| Höhle | *tam* | ถ้ำ |
| Straße | *thanom* | ถนน |
| Gasse | *soi* | ซอย |

## GESUNDHEIT:

| | | |
|---|---|---|
| gesund | *sabai* | สบาย |
| krank | *mai sabai / boei* | ไม่สบาย |
| Medizin | *jah* | ยา |
| Fieber | *kai* | ไข้ |
| Durchfall | *tong döhn / tong ruong* | ท้องเดิน / ท้องร่วง |
| Erbrechen | *adschian* | อาเจียร |
| betrunken | *mao* | เมา |
| Krankenhaus | *rong payabahn* | โรงพยาบาล |
| wehtun | *dschep* | เจ็บ |

## GESPRÄCH:

| | | |
|---|---|---|
| Willkommen! (Begrüßung) | *jin di tohn rap* | ยินดีต้อนรับ |
| Wie geht es? | *ben jang ngai bang?* | เป็นยังไงบ้าง |
| Mir geht es gut | *sabai die* | สบายดี |
| tschüß | *laa gon* | ลาก่อน |
| Auf Wiedersehen | *läo pop gan mai* | แล้วพบกันใหม่ |
| Woher kommst du? | *töh mahn dschak tienai?* | เธอมาจากไหน |
| Kann man fotografieren? | *tai ruhpdai mai?* | ถ่ายรูปได้ไหม |
| Sprichst du Thai? | *töh phuht thai daai mai?* | เธอพูดไทยได้ไหม |
| Ich spreche ein wenig Thai | *tchan phuht thai dai nitnoi* | ฉันพูดไทยได้นิดหน่อย |
| Verstehen sie? | *khun kao dschai mai?* | คุณเข้าใจไหม |

| | | |
|---|---|---|
| Ich verstehe (nicht) | *tchan (mai) kaodschai* | ฉันไม่เข้าใจ |
| Bitte sprechen Sie langsam! | *prott put cha cha* | โปรดพูดช้าๆ |
| Das macht nichts! | *mai pen rai* | ไม่เป็นไร |
| danke (Männer / Frauen) | *kop khun khrap / kha* | ขอบคุณ(ครับ / ค่ะ) |
| bitte (fordernd) | *prott* | โปรด |
| bitte (einladend) | *tschuhn* | เชิญ |
| Achtung! | *rawang* | ระวัง |
| es tut mir leid | *tchan sia chai* | ฉันเสียใจ |
| Entschuldigung | *kao tott* | ขอโทษ |
| Wie heißt du? | *töh dschüarai* | เธอชื่ออะไร |
| Ich heiße ... | *tchan dschüa* | ฉันชื่อ..... |
| Wie alt bist du? | *töh ahju taorai* | เธออายุเท่าไหร่ |
| Wo wohnst du? | *töh jü tienai* | เธออยู่ที่ไหน |
| Viel Glück! | *dschok die* | โชคดี |
| hübsch | *suäi* | สวย |
| schmutzig | *sockapock* | สกปรก |
| sich wohl fühlen | *sabai* | สบาย |
| Spaß haben | *sanuk* | สนุก |
| mögen | *schop* | ชอบ |
| gut | *die* | ดี |
| sehr gut | *die mak* | ดีมาก |
| nicht gut | *mai die* | ไม่ดี |
| sehr | *mahk mahk* | มากๆ |
| verrückt | *bababobo* | บ้าๆบอๆ |
| gut, clever | *gäng* | เก่ง |
| Kind | *dek* | เด็ก |
| Junge | *dek phudschai* | เด็กผู้ชาย |
| Mädchen | *dek phujing* | เด็กผู้หญิง |
| müssen | *tong* | ต้อง |
| können | *dai* | ได้ |
| brauchen | *dongka* | ต้องการ |
| haben... | *mih...* | มี |
| vielleicht | *bangti* | บางที |
| ein bißchen | *nitnoi* | นิดหน่อย |
| klein | *lek* | เล็ก |
| Freund | *püan* | เพื่อน |
| Ich gehe schwimmen | *tchan pai wahi nahm* | ฉันจะไปว่ายน้ำ |
| Westlicher Ausländer | *farang* | ฝรั่ง |
| Ich bin pleite | *farang kie nuk* | ฝรั่งขี้นก |

(das glaubt zwar keiner, aber es ist ein großer Spaß und deshalb in sonst peinlichen Situationen am besten)

## Bücherliste

Nur wenige deutschsprachige Autoren beschäftigen sich mit Thailand. Der größte Teil der hier angegebenen Literatur ist deshalb auch in Englisch geschrieben. In Thailand selbst werden viele dieser Bücher in den größeren Buchhandlungen von Bangkok verkauft.

### ALLGEMEINE INFORMATIONEN

**Thailand** (Hrsg.: Hohnholz, Jürgen; Tübingen 1980). Eine Länderkunde mit Beiträgen verschiedener Autoren, zum Teil recht gut, z.T. etwas fachspezifisch.

**Thailand ohne Tempel. Lebensfragen eines Tropenlandes** (Donner, Wolf; Frankfurt 1984). Die schwerwiegenden ökologischen und sozialen Probleme Thailands werden fundiert dargestellt und mit vielen Fakten begründet - dennoch gut lesbar. Empfehlenswertes Buch für alle, die bereit sind, einen Blick hinter die Sonnenseiten des Landes zu werfen.

**Thailand from the Air** (Invernizzi, Luca / Cassio, Alberto; Bangkok 1984). Eine reizvolle Methode das Land fotografisch darzustellen - Großformat.

**Thailand. Seven Days in the Kingdom** (William Warren und fünfzig Fotografen; Singapore 1987). Vom 2. - 9. März 1987 bereisten die Fotografen Thailand. Das Ergebnis ist ein phantastischer Bildband.

**The Arts of Thailand** (Van Beek, Steve / Luca, Invernizzi Tettoni; Hong Kong 1986; englisch). Phantastische Bilder in großformatigem Bildband.

### PRAKTISCHE INFORMATIONEN

**Kultur-Knigge Thailand** (Cooper, Robert und Nanthapa; München 1986). Amüsant und locker geschrieben ist dieses Buch eine Hilfestellung, um die Verhaltensweisen der Thais zu verstehen und sich dort entsprechend zu verhalten.

**Thai Ways** und **More Thai Ways** (Segaller, Denis; englisch). Der seit Jahrzehnten in Thailand lebende Dokumentarfilmer schreibt humorvoll und doch respektvoll über Sitten und Lebensweisen der Thai. Eher in Bangkok zu finden.

**Thailand Phrasebook** - Language Survival Kit (Cummings, Joe; Lonely Planet, 1984). Sehr guter englischer Sprachführer mit gewöhnungsbedürftiger Lautschrift und Thai Schrift; ermöglicht auch in ländlichen Gebieten eine brauchbare (Lese- und Zeige-) Konversation. Sehr zu empfehlen!

### GESCHICHTE, POLITIK, RELIGION UND SOZIALES

**Thailand - a Short History** (Wyatt, David; New Haven 1984; englisch). Ausgezeichnete Einführung in die Geschichte von der Vorzeit bis heute.

**Behind the Smile - Voices of Thailand** (Ekachai, Sanitsuda; Bangkok 1991). Hervorragende, kritische Reportagen für die Bangkok Post über die Schwierigkeiten, mit denen das einfache Landvolk zu kämpfen hat.

**Das käufliche Glück in Südostasien** - Heiratshandel und Sextourismus (Lipka, Susanne; Münster 1985). Über die Ausbeutung der Frauen im thailändischen Sexgeschäft aus feministischer Sicht.

### ETHNOLOGIE

**Völker im Goldenen Dreieck** (Lewis, Paul & Elaine; Stuttgart 1984). Umfangreiche, illustrierte Darstellung der Lebensbedingungen verschiedener Bergvölker.

**A Life Apart - Viewed from the Hills** (Boyes, Jon & Piraban, S.; Bangkok 1992). 57 Interviews mit verschiedenen Hilltribes in der Chiang Rai Provinz, mit kleinem Sprachführer. Hier kommen die Bergbewohner selbst zu Wort.

**Hilltribes of Thailand** (Freeman, Michael; Asia Books, Bangkok 1989; englisch). Ein dünnes, großformatiges Buch mit hervorragenden Farbfotos, die kurzen englischen Textpassagen gehen einfühlsam auf das Leben der Bergstämme ein.

## LITERATUR

**Muschelprinz und Duftende Blüte** (Zürich 1966). Volkstümliche Liebesgeschichten aus Thailand, die ihren Ursprung in der Region Chiang Mai haben.

**Insel im Schwarzen Fluß** - Die Geschichte einer verkauften Kindheit in Thailand (Siebert, Rüdiger; Arena-Taschenbuch, Würzburg 1988). Eine hervorragend recherchierte Geschichte über die unmenschlichen Bedingungen, unter denen Kinder armer Eltern in Fabriken arbeiten müssen.

**Kurzgeschichten aus Thailand** (ausgewählt und übersetzt von Thupha Otrakul, Bangkok 1982). Dieser Sammelband vermittelt einen Einblick in die moderne thailändische Literatur und in das Denken der Thais.

**Himmel und Erde** - Ein Südostasien-Lesebuch (Hrsg.: Michael Hase; Berlin 1985). U.a. drei Kurzgeschichten aus Thailand.

**Reis in Silberschalen** (Alice Ekert-Rotholz; Hamburg 1954, Neuauflage bei Rowohlt). Unterhaltsamer Einstieg in die Denkweise von Südostasiaten.

**Bambus läßt sich nicht brechen** - Reportagen vom Überleben in Südostasien (Siebert, Rüdiger; Arena-Taschenbuch, Würzburg 1986). Hervorragend beobachtete und gut geschriebene Kurzgeschichten über die Schattenseiten des Lebens in Thailand und seinen Nachbarländern. Sehr zu empfehlen!

**Frauen in Thailand** (dtv-Taschenbuch 1991), Eine Sammlung von Erzählungen thailändischer Autorinnen.

**Die Brücke am Kwai** (Boulle, Pierre; rororo Taschenbuch). Der verfilmte Roman über das Leben im Kriegsgefangenenlager und den Bau der Brücke über den River Kwai während des 2.Weltkriegs.

## LANDKARTEN UND PLÄNE

**Thailand Highway Map 1:1 000 000** (Roads Association of Thailand, Hrsg.; Bangkok 1991). Der zur Zeit umfangreichste Straßenatlas Thailands. Viele Stadtpläne, Sehenswertes. Englisch und Thai. Erscheint jährlich neu.

**Nelles Map 1:1 500 000** (Nelles Verlag, München). Sehenswürdigkeiten sind markiert, Bezeichnungen nur in lateinischen Buchstaben. Nicht immer exakt!

**ESSO Map 1:2 000 000**. Zweisprachig, große Straßen sind mit Kilometerangaben versehen, plus Stadtplan von Bangkok, Orts- und Straßenindex.

**Thailand Highway Map 1:1 600 000** (Highway Department Club, Bangkok 1992). Staßenkarte, mit Straßennummern angegeben sind, inkl. 22 Stadtpläne.

**Latest Tour's Guide to Bangkok & Thailand**. Bangkok-Stadtplan mit Busrouten.

**Guide Map of ...** (V. Hongsombud; Bangkok). Hervorragend recherchierte Serie von Karten über die wichtigsten touristischen Gebiete, zur Zeit über Chiang Rai, Krabi, Phuket und Ko Samui mit Ko Pha Ngan und Ko Tao. Wird laufend aktualisiert. Vorsicht vor minderwertigen Nachahmern!

**Tourist Map of Chiang Mai - Bus Map** (Sittiruk, Koblarp und Buachoom, Wisoot; Chiang Mai 1990). Stadtplan von Chiang Mai, regelmäßig überarbeitet.

# BANGKOK กรุงเทพฯ

*Gerade 200 Jahre alt ist diese lebendige 6-Millionen-Stadt, deren Ballungsgebiet fast 9 Millionen Menschen umfaßt. In kaum einer anderen Stadt treten die Gegensätze deutlicher hervor, die sich im Spannungsfeld zwischen einer traditionellen asiatischen und modernen westlichen Gesellschaft aufbauen. Dicht beieinander liegen Armut und Reichtum, Hektik und Ruhe, Glanz und Elend. In den Straßen pulsiert das Leben: mitten im Verkehrsgewimmel wird gekauft und verkauft, Bürgersteige werden zu Märkten, Menschenmassen strömen zu den Bussen und in die Geschäfte, während in den schmalen Gassen nebenan Kinder unbehelligt Drachen steigen lassen. Nur noch gedämpft dringt der Verkehrslärm in die von Mauern umgrenzten Tempelanlagen, deren prunkvoll dekorierte Bauten im Schatten weit ausladender Bäume Oasen der Ruhe sind.*

*Die Stadt scheint endlos, es gibt viele Zentren; hier das Touristenviertel (Sukhumvit Road.), dort das historische Zentrum (Sanam Luang), in einem ganz anderen Gebiet die Einkaufs- und Verwaltungszentren. Eine unübersichtliche Stadt, in der die meisten Ziele nicht zu Fuß zu erreichen sind. Entsprechend wälzen sich laut hupende Taxis, knatternde Tuk Tuks, qualmende Busse, Motorräder und andere Fahrzeuge durch die notorisch verstopften Straßen.*

*Bangkok ist in vielerlei Hinsicht das Zentrum, aber auch der Wasserkopf Thailands. Über diese Stadt läuft 90% des Handels mit dem Ausland. Hier wird die Hälfte des Bruttosozialproduktes des Landes erwirtschaftet; hier konzentrieren sich Industrie, Administration und die Hoffnungen vieler Thais auf ein besseres Leben. Daneben gibt es das andere Bangkok, das kulturelle und religiöse Zentrum. Nirgendwo sonst im Land sprechen so viele Thai Englisch, erhält man so viele Informationen über die Geschichte und Kultur der Nation. Allein 400 Tempel gibt es in der Stadt, viele Märkte und ein interessantes Nationalmuseum. Die Restaurants sind international, und nach Sonnenuntergang wird sich niemand langweilen - selbst wenn man keine Hostessen sucht.*

### Königspalast und Wat Phra Keo

Hinter den hohen, weißen Mauern, die sich südlich des Sanam Luang bis zum Fluß erstrecken, stehen die Bauten des Königspalastes und des Königstempels Wat Phra Keo. Geöffnet tgl. 8.30 - 12.00 und 13.00 - 15.30 Uhr; Eintritt 125 Baht. Im Preis ist der Eintritt zum Vimanmek Teakwood Mansion (s.S. 632), zum Tempelmuseum, zu den Königlichen Münzsammlungen und Dekorationen und eine Informationsbroschüre in Englisch inbegriffen. Besucher können mittags und nach Kassenschluß bis 17.00 Uhr auf dem Gelände bleiben, dann ist es angenehm ruhig. Die Wachen lassen Besucher in Shorts, kurzen Röcken, schulterfreien Kleidern, hinten offenen Sandalen (!) u.ä. nicht hinein bzw. verpassen ihnen gegen Hinterlegung des Passes oder einer Leihgebühr angemessene Kleidung. Sonntags kann das Innere des Palastes nicht besichtigt werden.

In den ersten Gebäuden hinter der Kasse sind die **Königlichen Münzsammlungen und Dekorationen** untergebracht - juwelenbesetzte Orden, Fahnen, Münzen vom 11. Jh. bis heute, Wappen u.a. - etwas für Besucher mit speziellen Interessen. Geöffnet tgl. 9.00 - 15.30 Uhr.

Hinter diesem Gebäude liegt das herrliche **Wat Phra Keo**. Durch die Eingangstore, die von riesigen Dämonen, den *Yaks*, bewacht werden, gelangt man in den

Tempelbezirk. Er ist von einem überdachten Wandelgang umgeben, der mit besonders schönen Wandmalereien geschmückt ist, die Szenen aus dem thailändischen Ramayana-Epos, dem Ramakien, darstellen.

Im Zentrum der Anlage erhebt sich der über und über dekorierte Bot des Jade-Buddhas. Ordner sorgen dafür, daß man die Schuhe vor dem Eingang abstellt und sich im Inneren des Bot (Fotografieren verboten!) auf den Boden setzt, wobei die Füße nach hinten zeigen sollten. Auf einem mehrstufigen Altar thront die mit einem goldenen Gewand bekleidete, 66 cm hohe Buddha-Statue aus Nephrit, einer Jadeart. Sie gilt als Beschützer des Landes und der Dynastie.

Gegenüber vom Haupteingang zum Bot stehen auf einer hohen Marmor-Plattform verschiedene Gebäude. In wohl keinem Bildband fehlt der von zwei vergoldeten Chedis umgebene Königliche Pantheon, dessen mehrfach gestaffeltes Dach von einem Prang gekrönt wird. Goldene *Kinaras*, mythische Wesen, halb Vogel, halb Mensch, bewachen das Gebäude. Daneben ragt die Bibliothek für die Heiligen Schriften des Therawada-Buddhismus *(Triptaka)* mit pyramidenförmigem Mondhop-Dach empor. Der große, goldene Chedi, hinter der Bibliothek, enthält eine Reliquie Buddhas. Dahinter, auf der unteren Ebene, steht eine mit glasierten Ton-Blumen verzierte Gebetshalle Viharn Yot. In der Viharn Phra Nak, im Nordwesten, wird die Asche der verstorbenen Angehörigen der Chakri-Dynastie aufbewahrt. Das Gebäude Ho Monthien Dhamma, in der nordöstlichen Ecke der Anlage, diente zur Aufbewahrung heiliger Schriften.

Zum **Königspalast** gelangt man durch das südwestliche Tor hinter dem Bot. Das erste Gebäude im Thai-Stil, der Amarinda Palast, ließ Rama I. als Gerichtshalle erbauen, später wurde er für Krönungsfeierlichkeiten und Empfänge genutzt. Der kleine, graziöse Umkleidepavillon nebenan gilt als typisches Exempel thailändischer Architektur. Dahinter steht der von Rama I. als Krönungshalle geplante Dusit Palast, der seit dem Tod dieses Königs nur für Begräbnisse genutzt wird. Im westlichen Bereich wird im Tempelmuseum eine interessante Ausstellung über die Restaurierungsarbeiten am Anfang der 80er Jahre gezeigt. Im 1. Stock sind steinerne Buddhastatuen aus Java und andere Votivgaben, ein großer, gelackter Wandschirm und der Manangasila Thron zu sehen.

## Das Nationalmuseum

Ein Rundgang durch das größte Museum Thailands vermittelt einen guten Überblick über die Geschichte des Landes. In dem ersten Gebäude links hinter der Kasse ist die prähistorische Sammlung untergebracht, unter anderem ein neolithisches Grab und schöne Exemplare der Ban Chiang Keramik. Die **Buddhaisawan Kapelle**, rechts vom Eingang, wurde für eine der am meisten verehrten Buddhastatuen, Phra Buddha Singh, errichtet. Hinter der prähistorischen Sammlung steht links von der Kapelle das sog. **Rote Haus**, in dem mehrere Prinzessinnen und Konkubinen lebten. Das gut erhaltene Gebäude im traditionellen Thai-Stil ist mit Gegenständen aus der frühen Bangkok-Periode eingerichtet. Der daran anschließende zentrale Bau des Museums, das **alte Palastgebäude** des 2. Königs, beherbergt die unterschiedlichsten Gegenstände aus der jüngeren Bangkok-Periode. Ihn umrahmen die neuen Museumsgebäude mit buddhistischen und hinduistischen Kunstgegenständen. Geöffnet Mi - So außer feiertags 9.00 - 16.00 Uhr, Eintritt 20 Baht, tel 224 13 96. Kostenlose einstündige Führung am Do (Thai Kunst und Kultur), 9.30 Uhr in Deutsch. Englischsprachige Führungen Mi (Thai-Kunst) und Do (Buddhismus), 9.30 Uhr. Die Termine können sich ändern.

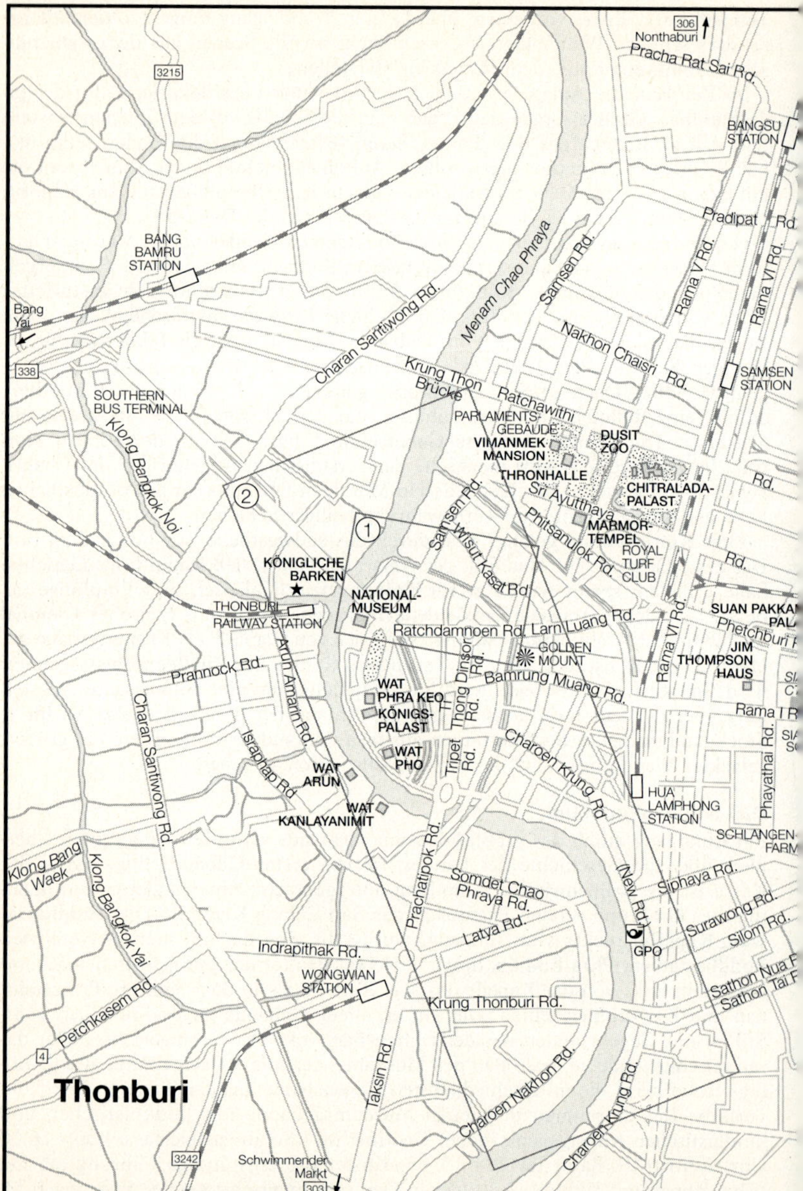

Thonburi
Nonthaburi
306
Pracha Rat Sai Rd.
3215
BANGSU STATION
BANG BAMRU STATION
Pradipat Rd.
Rama V Rd.
Rama VI Rd.
Menam Chao Phraya
Samsen Rd.
Bang Yai
338
Charan Santiwong Rd.
Nakhon Chaisri Rd.
Krung Thon Brücke
SAMSEN STATION
SOUTHERN BUS TERMINAL
Ratchawithi
PARLAMENTS-GEBÄUDE
VIMANMEK MANSION
DUSIT ZOO
Klong Bangkok Noi
THRONHALLE
CHITRALADA-PALAST
Sri Ayutthaya
MARMOR-TEMPEL
ROYAL TURF CLUB
Phitsanulok Rd.
Wisut Kasat Rd.
KÖNIGLICHE BARKEN
NATIONAL-MUSEUM
THONBURI RAILWAY STATION
Larn Luang Rd.
SUAN PAKKA
Phetchburi
Ratchdamnoen Rd.
GOLDEN MOUNT
JIM THOMPSON HAUS
Prannock Rd.
Arun Amarin Rd.
Bamrung Muang Rd.
WAT PHRA KEO
KÖNIGS-PALAST
Thong Dinsor Rd.
Rama I R
Israphap Rd.
WAT PHO
Tripet Rd.
Charoen Krung Rd.
WAT ARUN
WAT KANLAYANIMIT
HUA LAMPHONG STATION
Phayathai Rd.
SCHLANGEN-FARM
Prachatipok Rd.
Somdet Chao Phraya Rd.
(New Rd.)
Siphaya Rd.
Klong Bang Waek
Klong Bangkok Yai
Surawong Rd.
Latya Rd.
Silom Rd.
Indrapithak Rd.
GPO
WONGWIAN STATION
Sathon Nua
Sathon Tai
Petchkasem Rd.
Krung Thonburi Rd.
4
Taksin Rd.
Charoen Nakhon Rd.
Charoen Krung Rd.
3242
Schwimmender Markt
303

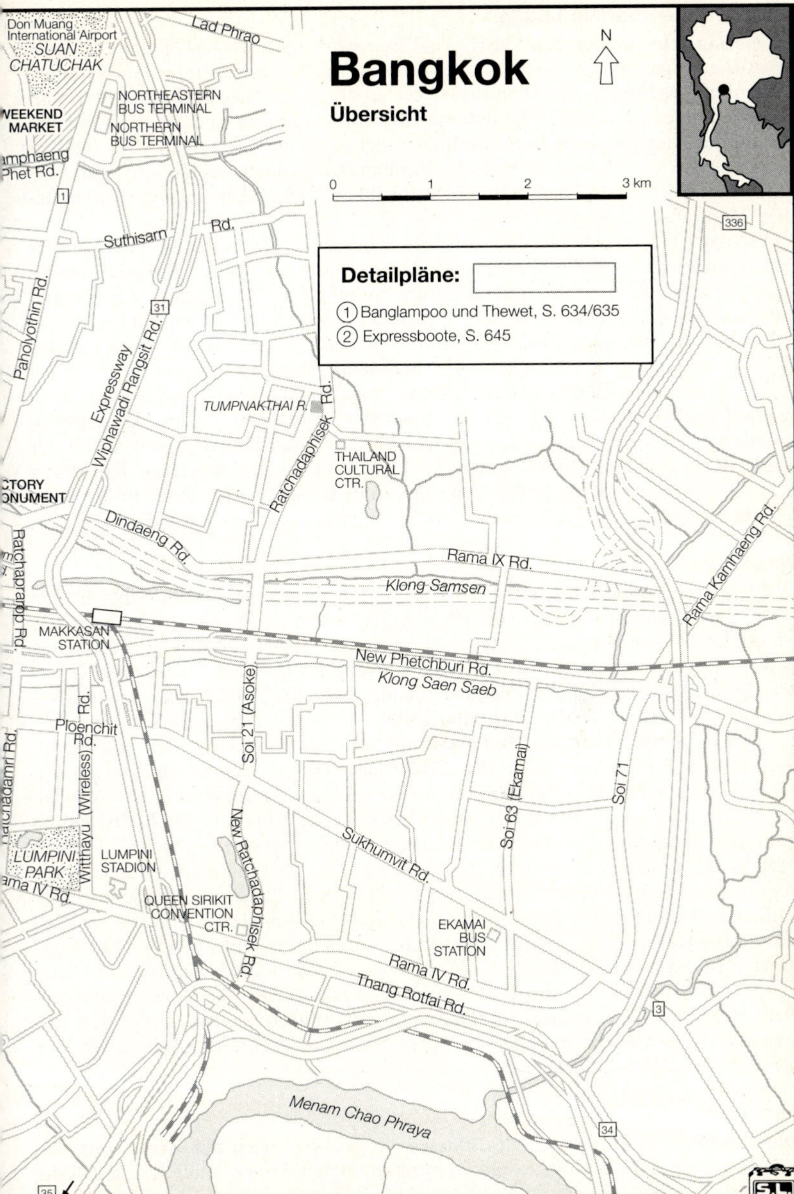
Bangkok
Übersicht
N
0
1
2
3 km
Detailpläne:
1 Banglampoo und Thewet, S. 634/635
2 Expressboote, S. 645
Don Muang International Airport
SUAN CHATUCHAK
Lad Phrao
NORTHEASTERN BUS TERMINAL
NORTHERN BUS TERMINAL
WEEKEND MARKET
Kamphaeng Phet Rd.
Suthisarn Rd.
Paholyothin Rd.
Expressway
Wiphawadi Rangsit Rd.
31
TUMPNAKTHAI R.
Ratchadaphisek Rd.
THAILAND CULTURAL CTR.
VICTORY MONUMENT
Dindaeng Rd.
Rama IX Rd.
Klong Samsen
Ratchaprarop Rd.
MAKKASAN STATION
New Phetchburi Rd.
Klong Saen Saeb
Rama Kamhaeng Rd.
336
Soi 21 (Asoke)
Ploenchit Rd.
Ratchadamri Rd.
Witthayu (Wireless) Rd.
Soi 63 (Ekamai)
Soi 71
LUMPINI PARK
LUMPINI STADION
Rama IV Rd.
QUEEN SIRIKIT CONVENTION CTR.
New Ratchadaphisek Rd.
Sukhumvit Rd.
EKAMAI BUS STATION
Rama IV Rd.
Thang Rotfai Rd.
3
Menam Chao Phraya
34
35

## Rings um den Sanam Luang

Im **Nationaltheater** werden klassische Tänze gepflegt, aber auch populäre Theaterstücke aufgeführt (s.S. 640). In der schmalen Seitenstraße hinter der Nationalbibliothek gegenüber der Thammasat Universität liegt **Wat Mahathat**, die buddhistische Hochschule. Sie beherbergt 300 - 400 Mönche und ist das Zentrum für Studien der Pali-Schriften und alter religiöser Überlieferungen. Das Meditationszentrum (Section 5) steht nach Voranmeldung auch Ausländern und Ausländerinnen (!) offen. Täglich um 7.00, 13.00 und 18.00 Uhr beginnen dreistündige Meditationsübungen.

Auf dem Tempelgelände und auf dem Bürgersteig der Mahathat Road hinter dem Tempel findet täglich ein großer **Markt** statt, auf dem es Snacks, Schutz- und Glücksamulette sowie andere Dinge für religiöse Zeremonien, Bücher und traditionelle Medizin (Einfuhr nach Deutschland verboten!) zu kaufen gibt.

Im restaurierten **Lak Muang-Schrein**, der den Grundstein der Stadt enthält, werden Opfergaben dargebracht und traditionelle Tänze aufgeführt.

Der traditionelle Einkaufsbezirk ist das Traveller-Zentrum Bangkoks mit zahlreichen Kassettenshops, Reisebüros, Banken und anderen Läden. An der Einmündung des Klong Banglampoo in den Menam Chao Phraya stehen Reste der Stadtmauer und das **Phra Sumen Fort**. Im **Wat Bovonives** lebte Kronprinz Mongkut 14 Jahre, bevor er König wurde. In dem meist verschlossenen Bot steht eine berühmte, 4 m hohe bronzene Buddhafigur aus der Sukhothai-Periode.

## Wat Pho

Südlich vom Königspalast steht der Tempel mit dem liegenden Buddha. In den westlichen Tempelbezirk mit dem Bot gelangt man durch den Eingang in der Chetuphon Road. Eilige, die nur den Viharn mit dem ruhenden Buddha sehen wollen, werden vor den nordwestlichen Eingang in der Thai Wang Road gefahren. Eintritt jeweils 10 Baht. Die beiden anderen Eingänge im Nordosten sind kostenlos. Geöffnet tgl. 8.00 - 12.00 und 13.00 - 17.00 Uhr, tel 2220933.

Die 45 m lange **ruhenden Buddhastatue** im Viharn wurde 1987 frisch vergoldet. An den Fußsohlen stellen 108 Tafeln aus Perlmutt-Einlegearbeiten die Tugenden eines wahrhaften Buddhisten dar. Östlich davon umschließt ein Wandelgang die vier großen, mit verschiedenfarbigen Kacheln bedeckten **Chedis**. Durch zwei von Tempelwächtern bewachte Tore erreicht man den westlichen Tempelbezirk. Während der Regentschaft von Rama III. wurde hier die Medizinschule gegründet. Noch heute werden in einem halboffenen Pavillon im äußeren nordöstlichen Tempelbezirk (und nur dort!) die traditionellen Methoden gelehrt (10tägiger Kurs, tgl. 3 - 5 Std. Unterricht, 4500 Baht) und Massagen durchgeführt (100 Baht für 30 Minuten, 180 Baht für 1 Std. + 20 Baht für ein frisches Laken). In den Galerien, die an den Kardinalpunkten von vier **Viharn** unterbrochen werden, sind etwa 400 Buddhafiguren aus unterschiedlichen Epochen untergebracht. Die Marmor-Reliefs auf dem Sockel des zentralen **Bot** stellen Szenen aus dem Thai-Ramayana dar.

## Thonburi

Die Schwesterstadt westlich des Flusses wurde 1767 nach der Zerstörung von Ayutthaya die erste Zufluchtsstätte der zersprengten Armee unter König Taksin, bis Rama I. 1782 nach Bangkok übersiedelte. Obwohl mittlerweile einige ständig verstopfte Schnellstraßen die Stadt durchziehen, bewegt sich ein großer Teil des

Verkehrs auf Wasserwegen, den **Klongs**. Dieses Thonburi kann man nur vom Boot aus erleben. Empfehlenswert ist die Tour mit dem Linienboot vom Chang Pier nach Bang Yai. Weitere Informationen s.S. 645.

Vom Thien Pier fahren Fähren für 1 Baht zum **Wat Arun**, dem Tempel der Morgenröte. Die verschieden hohen Türme symbolisieren das buddhistische Universum, in der Mitte der heilige Berg Meru, den die Weltmeere umgeben. Immer steiler werdende Treppen führen den höchsten Prang (86 m) hinauf. Von der letzten Plattform bietet sich eine gute Sicht über den Fluß auf Bangkok. Geöffnet tgl. 8.30 - 17.30 Uhr, Eintritt 10 Baht.

Das riesige **Wat Kanlayanimit** steht 2,5 km südlich vom Wat Arun, am Ende der Soi Wat Kanlaya. Beeindruckend ist die riesige sitzende Buddhafigur im höchsten Viharn der Stadt. 800 m weiter im Süden (zurück zur Thetsaban Sai 1 Road und nach links zur Soi Kudi Chain) erreicht man die portugiesische **Santa Cruz Kirche** (Wat Kuti Cheen), in der tgl. um 6.00 und 19.00 Uhr Gottesdienste stattfinden. Von der Anlegestelle östlich der Kirche, legen die Fähren zum Rachini Pier ab. In Richtung Memorial Brücke erreicht man nach 400 m **Wat Prayun Wong Sawat**. Nahe der Memorial Brücke erhebt sich eine bizarre, künstliche Felseninsel, die mit Miniaturhäusern, -tempeln und -pagoden bebaut ist.

Am Klong Bangkok Noi sind vor der Arun-Amarin Brücke in einer Bootshalle am Nordufer die **königlichen Barken** untergebracht. Von den 51 Booten können nur die prunkvollsten besichtigt werden. An der Brücke hält der non-ac-Bus 19 ab Sanam Luang. Geöffnet tgl. 8.30 - 16.00 Uhr, tel 4240004, Eintritt 10 Baht.

### Rings um den Golden Mount

Zu Beginn dieses Jahrhunderts wurde die **Ratchdamnoen Road** angelegt, ein prunkvoller, breiter Boulevard vom Sanam Luang zur ehemaligen Thronhalle (s.S. 632), der von Regierungs- und Verwaltungsgebäuden gesäumt ist. Inmitten eines Kreisverkehrs erhebt sich das **Demokratie-Denkmal**, das an den Staatsstreich im Jahre 1932 und das Ende der Monarchie erinnert. Etwas weiter östlich wurde eine **Gedenkstätte für König Rama III.** errichtet. Einstmals umgrenzte eine **Stadtmauer** entlang des Klong Banglampoo und Klong Ong Ang das Stadtgebiet. Ein Teil davon ist an der Brücke restauriert worden. Vom dahinter liegenden Phanfa Pier legen Boote ab, die durch den Klong Saen Saeb in die östlichen Vororte fahren. Vom gegenüberliegenden Pier geht es nach Banglampoo und zum Hauptbahnhof (s.S. 644/645).

Am Nachmittag oder morgens ist die Besteigung des 79 Meter hohen **Golden Mount** mit dem goldglänzenden Chedi weniger schweißtreibend. Zugang sowohl über die Borpat Road, östlich des Klongs, als auch von Osten über die Chakraphadipong Road durch das Wat Saket (Eintritt 10 Baht).

In der Bamrung Muang Road steht mitten auf der verkehrsreichen Straße eine 25 m hohe **Riesenschaukel** *(giant swing)*. Bei einem hinduistisch-brahmanischen Fest wurden früher lebensgefährliche Schaukel-Wettkämpfe ausgetragen, die unter Rama VII. verboten wurden. Südlich der Schaukel erhebt sich **Wat Suthat**. Vor etwa 150 Jahren entstand dieser Tempel mit besonders schönen **Wandmalereien**. Geöffnet tgl. 8.30 - 17.00 Uhr.

### Indisches Viertel und Chinatown

Die endlos lange Straße vom Wat Pho Richtung Osten, die New Road oder **Charoen Krung Road**, wurde als erste Straße der Stadt unter Rama IV. 1851 - 1868 entlang eines ehemaligen Elefantenpfades gebaut. Im Block, der von der Charoen Krung Road, Pahurat, Tripet und Burapha Road umgrenzt wird, wurde der ehemalige Ming Muang Markt zum **Old Siam Plaza** umgebaut, einem neuen, fünfstöckigen Einkaufszentrum mit historischem Flair. An einer Ecke befindet sich das **Königliche Khon-Theater**, in dem zweistündige Ramayana-Aufführung stattfinden, die recht teuer sind.

Auf dem **Pahurat Markt** werden Textilien, von Saris bis zu Brokatstoffen für Tempeltänzer, Schmuck, Kurzwaren in ungekannter Vielfalt und vieles mehr angeboten - allerdings ohne viel Exotik. Die Wohn- und Geschäftshäuser überragt die goldene Kuppel des Gurdwara Siri Guru Singh Sabha **Sikh-Tempels**. Östlich von Pahurat erstreckt sich die quirlige Chinatown. Ein besonders schöner chinesischer Tempel, der **Neng Noi Yee** (Thai-Name: Wat Mangkon Komalawat), steht an der Charoen Krung Road zwischen Mangkon und Phlapphla Chai Road. Zumindest große Fahrzeuge sind aus der **Sampeng Lane** und den schmalen Seitengassen verbannt, denn es passen nur Lastkarren, Motorräder und Einkäufer hindurch. Es wird eine kaum zu beschreibende Vielfalt von Waren angeboten.

Der massiv goldene Buddha im **Wat Traimitr** wiegt beinahe 6 Tonnen. Die aus dem 14. Jahrhundert stammende eindrucksvolle Statue wurde erst 1955 durch Zufall entdeckt. Da dieser Tempel auf dem Programm der meisten Veranstalter steht, ist er sehr touristisch. Geöffnet tgl. 9.00 - 17.00 Uhr, Eintritt 10 Baht.

### Östlich des Zentrums

Am östliche Ende der Silom Road liegt eine der berühmt-berüchtigten Amüsiermeilen, die **Patpong Road**. Auf den ersten Blick wirkt sie heute mit ihrem touristischen Straßenmarkt fast wie ein abendliches Familienvergnügen. Die Gogo-Bars im Erdgeschoß sind mittlerweile das Ziel vieler Reisegruppen.

Das Pasteur Institut (Königin Saorapha Memorial Institute) an der Rama IV, Ecke Henri Dunant Road, beherbergt die **Schlangenfarm**. Man kann sich ansehen, wie verschiedenen Schlangenarten Gift entnommen wird, um daraus Serum herzustellen. Vorführung tgl. um 10.30 und 14.00 Uhr, So nur vormittags, außerdem ein informativer Diavortrag. Eintritt 70 Baht, tel 2520161-4.

An der Ecke Ratchadamri Road steht der kleine, beliebte **Erawan Schrein**. Er ist einer von vielen Haustempeln. Gott Brahma opfert man Räucherstäbchen, Früchte und Kerzen, behängen die Statue mit Blumenkränzen oder engagiert Tänzerinnen, die klassische Tänze rund um den Schrein vorführen.

Das **Jim Thompson Haus** liegt etwas versteckt am Ende der Soi Kasemsan 2, die von der Rama I. Road abgeht, non-ac-Bus 47 ab Wat Pho oder Sanam Luang. In mehreren großartigen traditionellen Thai-Häusern hat Jim Thompson südostasiatische Kunstschätze zusammengetragen. Geöffnet Mo - Sa 9.00 - 17.00 Uhr, letzter Einlaß um 16.30 Uhr, tel 2150122, Eintritt 100 Baht, Studenten und Jugendliche 40 Baht.

### Nördlich des Zentrums

Ein Kuppelbau im neo-venezianischen Stil wurde im Auftrag von König Rama V. als **Thronhalle** entworfen. Sie kann nicht besichtigt werden. Auf dem Platz vor dem Gebäude erhebt sich ein **Denkmal von König Rama V**. Der ac-Bus 3 fährt vom Sanam Luang Richtung Airport hier vorbei.

König Rama V. residierte in dem luftigen, im Stil der Jahrhundertwende eingerichteten **Vimanmek Teakwood Mansion** von 1901 - 1907. Geöffnet tgl. außer

Mo und Di von 9.30 - 16.00 Uhr, ca. 90minütige Touren in Englisch. Die Eintrittskarte zum Königspalast berechtigt auch zum Besuch des Mansion, tel 222 0859, ansonsten 50 Baht Eintritt. Es wird ordentliche Kleidung erwartet.

Südlich des Zoos steht Wat Benchamabopitr, allgemein als **Marmortempel** bekannt, da er unter König Chulalongkorn weitgehend aus weißem Carrara-Marmor erbaut wurde. Er liegt in einem hübschen Park. Geöffnet tgl. 9.00 - 17.00 Uhr, tel 2812501, Eintritt am Osttor 10 Baht, am Nordtor kostenlos.

Am Samstag oder Sonntag sollte man sich den Besuch des quirligen Suan Chatuchak **Weekend Markets** gegenüber dem Northern Bus Terminal keinesfalls entgehen lassen. Anreise mit Bussen zum Northern Bus Terminal.

## ÜBERNACHTUNG

Bei der Auswahl der Bleibe sollte in erster Linie die Lage entscheiden, denn jedes Viertel hat seine eigene Atmosphäre. Zudem sind bei den großen Entfernungen und dem zähen Verkehr Anfahrtswege sehr zeitraubend.

**BANGLAMPOO** - (Karte s.S. 634) Die meisten Gästehäuser bieten einfache Doppelzimmer (100 - 170 Baht) und Betten im Schlafsaal (50 - 80 Baht). Da die Ausstattung der billigsten Zimmer kaum über eine dünne Schaumstoffmatratze hinausgeht und die Türen nicht immer sicher zu verriegeln sind, ist es ratsam, eigene Bettwäsche und ein Vorhängeschloß mitzubringen. Häufig bestehen die Zimmerwände aus dünnen Spanplatten, so daß es dementsprechend laut ist. Vor allem in der Khaosan Rd. sind einige zwielichtige Gestalten auf der Suche nach leichtgläubigen Touristen unterwegs.

In der **Khaosan Rd.**:

*PLOY GH*** [65], Nr. 2/2, tel 2821025, Zimmer mit und ohne Du/WC, mückengeschützte Fenster, Coffee Shop, großes, ungemütliches Haus.

*N.S.*** [66] und das *PRAKORB*** [119], gleich daneben, das Haupthaus ist recht angenehm.

*SITDHI*** [40], einige Zimmer ohne Fenster. Im Restaurant gibt es gute Milchshakes.

*HELLO*** [42; 68], Nr. 63, tel 2818579, auf beiden Straßenseiten, z.T. mit ac, nicht sehr sicher, Restaurant mit aggressiver Anmache.

*MAM'S*** [43], anspruchslos.

*CHART*** [41; 69], Nr. 61, tel 2803785, ähnlich, auch Neubau, Restaurant.

*P.B.*** [70], schmuddelig, großer Billardraum im Erdgeschoß.

*LEK*** [44], tel 2812775, vorn neue Zimmer, dahinter ältere mit schlechteren Duschen, laut.

*BUDDY*** [45], Zimmer mit Fan, Terrasse mit Bar, Videos, rund um die Uhr geöffnet.

*GREEN HOUSE***, ac*** [37], Nr. 88/1, tel 2820323, Zimmer mit Du/WC, z.T. mit ac, laut.

*EMPIRE*** [38], Nr. 90/5, tel 2817514, einfach.

*SUNEEPORN*** [39], Nr. 90/10, tel 2826887, Zimmer mit und ohne Du/WC.

*KHAOSAN PALACE HOTEL**** [46], Nr. 139, tel 2820578. Kleine, helle Zi mit ac oder Fan und Du/WC, sauber und ruhig, teilweise Neubau.

*NEW NITH CHAROEN**** [48], Nr. 183, tel 2819872, altes Haus, Zimmer mit Du/WC.

*GRAND*** [47], hat außer einem begrünten Hinterhof und billigen Zimmern wenig zu bieten.

*BONNY*** [73], Nr. 132, tel 2819877, auch Schlafsaal, einfach, Gepäckaufbewahrung.

*TOP*** [72], tel 2829954, eines der ersten Gästehäuser, einfache, schmuddelige Verschläge.

*DIOR*** [74], *GOOD LUCK*** [75], *TONG*** und *160*** [76], weitere einfache Gästehäuser.

*KHAO SAN PRIVACY***-***** [71], Nr. 96, klein, saubere Zimmer mit Fan oder ac.

*V.I.P.*** [77], Nr. 168, tel 2825090, mit Restaurant, beliebt, geschäftstüchtiges Management.

*ROYAL*** [49], durch eine Gasse neben dem Haus Nr. 251, ruhig.

*ORCHID**** [36], 323/2-3 Soi Rambuttri, tel 2802691-2, neues Haus, Zimmer mit Balkon, Du/WC, Fan oder ac.

*WALLY HOUSE*** [50], Nr. 189/1-2, tel 28270 67, mit Restaurant.

*NAT*** [51], Nr. 217-219, tel 2826401, mit Gemeinschafts-Du/WC, mangelhafte Sicherheit.

*CLASSIC PLACE**** [54], 259, tel 2817129, sauber, alle Zimmer mit Du/WC, Fan oder ac.

*MARCO POLO**** [52], 108/7 - 10, tel 28117 15, ruhig, sauber, nett, im großen Restaurant ab 9.00 Uhr Video. Zimmer mit Du/WC und ac.

*BEST*** [53], Nr. 108/16, tel 2826413, einfach. Hier gibt es indisches Essen.

*NANA PLAZA INN**** [79], Nr. 202, tel 28164 02, fax 2816814, neues Kleinhotel, Zimmer mit ac, Du/WC. Im EG Bierbar und Restaurant.

**Übernachtung:**
1 Truly Yours
2 Vimol Gh.
3 Thai Hotel
4 Nana Apartment
5 New World Gh.
6 A.V. Gh.
7 Sak Gh.
8 P.S. Gh.
9 K.C. Gh.
10 A.A. Gh.
11 Banglampoo Sq. Hs.
12 Canalside Gh.
13 Apple 2 Gh.
14 New Siam Gh.
15 Green Gh.
16 Merry V Gh.
17 My House
18 Super Siam Gh.
19 P. Gh.
20 Chusri Gh.
21 Sawasdee House
22 The Terrace
23 Tum Gh.
24 B.K. Gh.
25 Phra Athit Mansion
26 New Merry V. Gh.
27 Peachy Gh.
28 Apple Gh.
29 Ngampit Gh.
30 Rosegarden Gh.
31 Roofgarden Gh.
32 Mango Gh.
33 Chai's House
34 Charlie's Gh.
35 Viengtai H.
36 Orchid Gh.
37 Green House
38 Empire Gh.
39 Suneeporn Gh.
40 Sitdhi Gh.
41 Chart Gh.
42 Hello Gh.
43 Mam's Gh.
44 Lek Gh.
45 Buddy Gh.
46 Khaosan Palace H.
47 Grand Gh.
48 New Nith Charoen
49 Royal Gh.
50 Wally House
51 Nat Gh.
52 Marco Polo Gh.
53 Best Gh.
54 Classic Place
55 Harn, Nisa, V.S.
56 Central Gh.
57 P.C. Gh.
58 Srintip Gh.
59 59 Gh.
60 Sweety Gh.
61 CH II Gh.
62 Micky's Gh.
63 Nat II Gh.
64 Majestic H.
65 Ploy Gh.
66 N.S. Gh.
67 Prakorb Gh.
68 Hello Gh.
69 Chart Gh.
70 P.B. Gh.
71 Khao San Privacy
72 Top Gh.
73 Bonny Gh.
74 Dior Gh.
75 Good Luck Gh.
76 Tong + 160 Gh.
77 V.I.P. Gh.
78 Ice Gh.
79 Nana Plaza Inn
80 7 Holder Gh.
81 C.H. Gh.
82 Siri Gh.
83 J.+ Joe House
84 Thai Gh.
85 New Joe Gh.
86 Royal H.
87 Ratchdamn. 90 H.

**Läden, Restaurants etc.:**
1 Poon Sinn R.
2 Gypsi Pub
3 Srichon Café
4 Krai Si R.
5 Shokun R.
6 Ton Pho R.
7 Vienchai R.
8 Raan Hernlok R.
9 Krua Wang Nar R.
10 VR R.

*ICE*** [130], Verschläge.
*SIRI*** [82], einfach.
*C.H.*** [81], Nr. 216, tel 2822023, nette Leute, sauber, mit 24-Stunden-Restaurant.
*7 HOLDER*** [80], Nr. 216/2-3, tel 2813682-3, Zi z.T. ohne Fenster, Gemeinschafts-Du/WC.
In der **Trokmayom Chakraphong**:
*NEW JOE***, ac*** [85], tel 2812948, neues, beliebtes Kleinhotel mit sauberen Zimmern.
*J.+ JOE HOUSE*** [83], Nr. 1, tel 2812949, in 2 renovierten Häusern, kleine Zi zum begrünten Innenhof hin laut, gut zum Frühstücken.
*THAI GH*** [84], Nr. 24/1, tel 2816502, fax 280034, ruhiges Holzhaus mit nettem Hof. Einfache, kleine Zi mit Gemeinschafts-Du/WC.
**Östlich der Tanao Rd.**:
*P.C.*** [57], freundliche Leute, ruhiger Innenhof.
*CENTRAL** [56], Nr. 10, tel 2820667, Neubau besser als Altbau, gilt nicht als sicher.
*SRINTIP GH*** [58], 119 Tanao Road, tel 2818768, 10 einfach, Du/WC im Erdgeschoß.
*59 GH*** [59], um die Ecke, einfach.
*SWEETY*** [60], 49 Ratchdamnoen Klang Rd., tel 2802191, fax 2802192, einfache Zi, z.T. mit Du/WC und Schlafsaal, Dachgarten.
*CH II*** [61], nebenan, tel 2821596, sauber, hellhörige Zimmer mit Fan, z.T. mit Du/WC.
*MICKY'S*** [62], einfach.
*NAT II*** [63], Zimmer mit und ohne Du/WC, im Restaurant warten Mädchen auf Kunden.
**Rings um Wat Chana Songkhram**:
*B.K. GH***, ac*** [24], 11/1 Soi Sulaow, Chakraphong Rd., tel 2815278, sauber, Gemeinschafts-Du/WC. Thai-Sprachunterricht.
*TUM*** [23], 149/2 Soi Rambuttri, tel 2823356, über dem Friseursalon.
*SAWASDEE HOUSE***, ac*** [21], 147 Soi Rambuttri, tel 2818138, Zimmer mit Fan oder ac und Du/WC, großes, kühles Restaurant.
*THE TERRACE*** [22], 149 Soi Rambuttri, tel 2825536, einfach, z.T. ac, Telefonservice.
*CHUSRI*** [20], 61/1 Soi Rambuttri, tel 28299 41, mit Restaurant, viele Westafrikaner.
*SUPER SIAM*** [18], 7 Soi Chana Songkhram, tel 2827394, WC im kleinen Vorhof, ruhig.
*P.*** [19], nette, einfache Zimmer, Restaurant.
*MY HOUSE*** [17], 37 Soi Chana Songkhram, tel 2829263-4, geräumig, sauber, gemütliches Restaurant, TV, Wäscherei, nette Leute.
*MERRY V.*** [16], 33 - 35 Soi Chana Songkhram, tel 2829267, etwas laute DZ und 4-Bett-Zimmer, Etagen-Du/WC, mit nettem Restaurant.
*GREEN GH*** [15], 27 Soi Chana Songkhram, tel 2828994, DZ z.T. ohne Fenster, mittelmäßiges Restaurant, Schließfächer, Bankschalter.
*NEW SIAM**** [14], 21 Soi Chana Songkhram, tel 2824554, fax 2817461, saubere, helle Zimmer mit und ohne Du/WC und Fan oder ac, gutes Essen, nett; zumeist ab Mittag voll.
*MANGO*** [32], 64 Soi Rambuttri, tel 2814783, einfache, kleine Verschläge, viele Afrikaner.

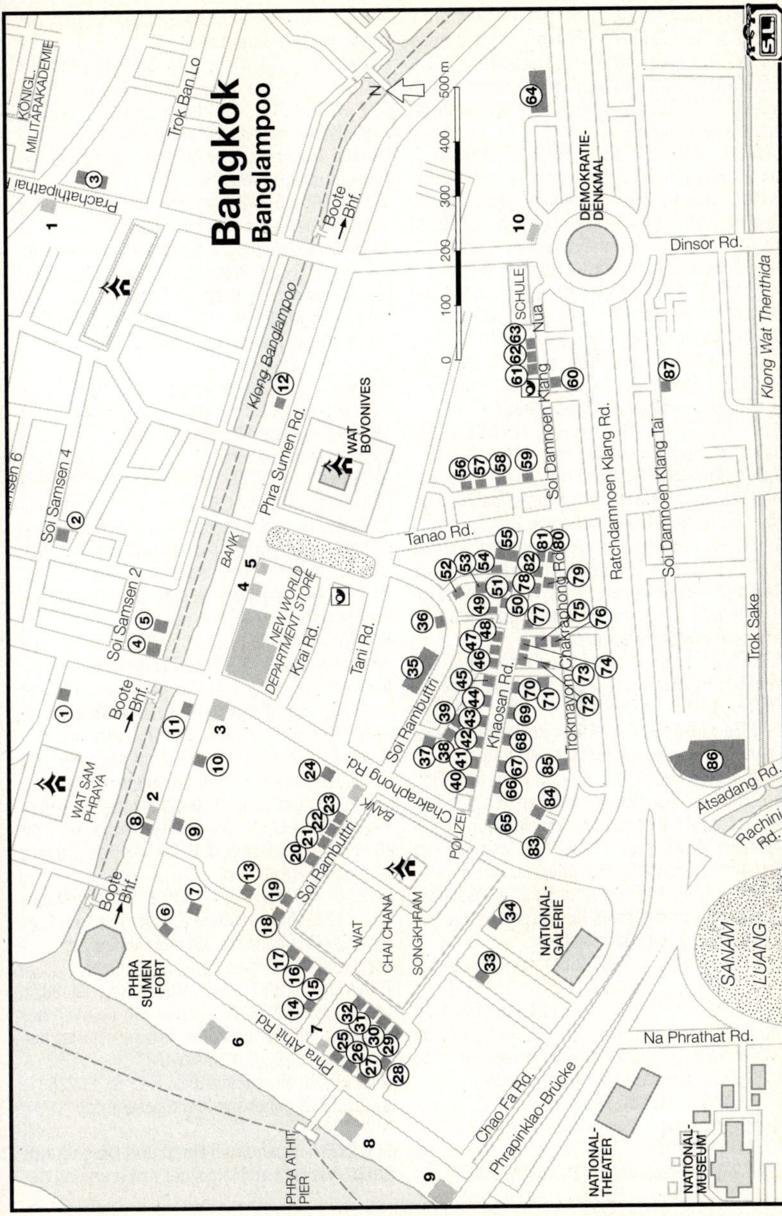
Bangkok
Banglampoo
KÖNIGL. MILITÄRAKADEMIE
Trok Ban Lo
Prachathipathai
Soi Samsen 4
Soi Samsen 2
WAT SAM PHRAYA
Boote Bhf.
Klong Banglampoo
Phra Sumen Rd.
WAT BOVONIVES
BANK
NEW WORLD DEPARTMENT STORE
Krai Rd.
Tani Rd.
Tanao Rd.
Soi Rambuttri
Chakraphong Rd.
WAT CHAI CHANA SONGKHRAM
POLIZEI
Khaosan Rd.
Trokmayom
Soi Damnoen Klang Nua
SCHULE
Ratchdamnoen Klang Rd.
Soi Damnoen Klang Tai
DEMOKRATIE-DENKMAL
Dinsor Rd.
Klong Wat Thenthida
Trok Sake
Atsadang Rd.
Rachini Rd.
SANAM LUANG
Na Phrathat Rd.
NATIONAL-GALERIE
Chao Fa Rd.
Phrapinklao-Brücke
NATIONAL-THEATER
NATIONAL-MUSEUM
Phra Athit Rd.
PHRA SUMEN FORT
PHRA ATHIT PIER
N
0 100 200 300 400 500 m

*ROOFGARDEN*** [31], 62 Soi Rambuttri, tel 2824724, fax 2800453, Zimmer mit und ohne Du/WC, in israelischer Hand, Dachbar.
*ROSEGARDEN*** [30], einfache Zimmer.
*NGAMPIT*** [29], kleine Räume, Restaurant im Erdgeschoß, freundlich.
*CHAI'S HOUSE***, ac*** [33], tel 2814901-2, fax 2818686, mit Fan oder ac, Gemeinschafts-Du/WC. Restaurant in schmaler Gasse.
*CHARLIE'S*** [34], 4-4/1 Soi Kasab, tel 28220 92, einfache Zimmer mit Fan in Privathaus.
**Phra Sumen und Phra Athit Rd.**:
*A.A.***, ac*** [10], 84 - 86 Phra Sumen Rd., tel 2829631-2, fax 2819523, Zi mit Fan oder ac.
*BANGLAMPOO SQUARE HOUSE**-**** [11], 131 - 133 Phra Sumen Rd., tel 2824236-7, fax 2803530, Kleinhotel, Zi mit Du/WC, Fan oder ac. Reisebüro, Massage, Wäscherei.
*P.S.*** [8], 9 Phra Sumen Rd., tel 2823932-3, kleine, saubere Zimmer mit Fan.
*K.C.*** [9], 58/60-64 Soi Khai Chae, Phra Sumen Rd., tel 2820618, einfache, billige Zimmer, trotz der lauten Straße beliebtes Restaurant.
*A.V.*** [6], 118 Phra Athit Rd., saubere Zimmer mit Fan im 3. und 4. Stock, Sonnenterrasse.
*SAK*** [7], 20 Soi Khan Nivas, tel 2800400, ruhig, sauber, Zi mit Fan, manchmal werden alleinreisende Männer abgewiesen.
*APPLE 2*** [13], 11 Soi Khai Chae, Phra Sumen Rd., tel 2811219, einfach, anspruchslose.
*PHRA ATHIT MANSION****** [25], 22 Phra Athit Rd., tel 2500744. Neue, komfortabele ac-Zimmer, ruhig, sauber. Einfache Rezeption.
*NEW MERRY V.*** [26], 18 - 20 Phra Athit Rd., tel 2803315. Saubere Zi mit Fan, Etagen-Du/WC, ruhige Zimmer nach hinten. Restaurant.
*PEACHY***, ac*** [27], 10 Phra Athit Rd., tel 2816471, mit Du/WC, Fan oder ac, Restaurant.
*APPLE*** [28], 10 Phra Athit Rd., tel 2816838, nettes, verwohntes Haus für Anspruchslose.
**Nördlich vom Klong Banglampoo**:
*NEW WORLD GH**** [5], 2 Samsen Rd., Soi 2, tel 2815596.
*NANA APARTMENT* [4], nebenan, mit Pub und Restaurant.
*CANALSIDE*** [12], 347-349 Phrasumen Rd., tel 2817807, am Klong, für Anspruchslose.
*VIMOL*** [2], 58 Soi Samsen 4, tel 2814615, einfach und ruhig.
*VORAPONG GH****, 39 Soi Samsen 6, tel 281992-3, Kleinhotel, ac, TV und Bad/WC.
*TRULY YOURS*** [1], Soi Samsen 1, ruhig gelegen, mit Restaurant.
*HOME AND GARDEN***, 16 Soi Samsen 3, tel 2801475, einfache, ruhig, netter Garten.
*THE RIVER GH***, 18/1 Soi Samsen 3, tel 2800 876, Zimmer in einem Hinterhaus mit Innenhof.
**Hotels:** Manchmal gibt es Ermäßigung bei Buchungen über Reisebüros:
*VIENGTAI* [35], 42 Tani Rd., tel 2805434, fax 2818153, besseres Mittelklassehotel.
*ROYAL HOTEL* [86], 2 Ratchdamnoen Rd., tel 2229111, fax 2242083. Pool, nette Lobby, etwas abgewohnt, Rabatt mit Studentenausweis.
*RATCHDAMNOEN 90**** [87], tel 2241843, überwiegend Thai-Gäste, saubere Zimmer.

**THEWET** - Eine Wohngegend mit Lokalkolorit.
**Gästehäuser und Hostel:** *CHARASRI GH***, 59/3 Wisut Kasat Rd., tel 2829305, einfach, billig, laut, mit Restaurant.
*BANGKOK YOUTH HOSTEL***, ac***, 25/2 Phitsanulok Rd., tel 2820950, Ermäßigung mit IYHF-Ausweis, Schlafsaal** und saubere Zi mit Du/WC, Fan oder ac, Restaurant.
*TAVEE GH***, 83 Sri Ayutthaya Rd. Soi 14, tel 2801447, saubere Zi und Schlafsaal, Gemeinschafts-Du/WC, Restaurant, Bar.
*BACKPACKERS LODGE***, 85 Sri Ayutthaya Rd. Soi 14, tel 2823231, 16 Zimmer, nett.
*SAWATDEE GH***, 71 Sri Ayutthaya Rd., tel 2825349, Schlafsaal und Zi, Gemeinschafts-Du/WC, familiär, kleiner Garten, Restaurant.
*SHANTI LODGE***, 37 Sri Ayutthaya Rd., tel 2812497, stilvoll, nett mit kleinem Garten. Im Restaurant gibt es auch vegetarisches Essen.
*PARADISE GH***, 57 Sri Ayutthaya Rd., tel 2824094, Schlafsaal, DZ mit großen Betten, Fan, gutes Restaurant.
*LITTLE HOME GH***, 23/12 Sri Ayutthaya Rd., tel 2821574, saubere Zimmer mit Fan, Etagen-Du/WC, freundlich, kleines Restaurant.
**Hotels:** Viele Stundenhotels, Ausnahme:
*TRANG******, 99/8 Wisut Kasat Rd., tel 2822 141-44, fax 2803610, Zimmer mit Du/WC, ac, teilweise mit Kühlschrank. Preiswerter ist der alte Flügel, das *VIENGSAWAN****.
*THAI* [3], 78 Prachathipathai Rd., tel 2822831, fax 2801299, gehobene Preisklasse, Pool.

**IM OSTEN - Sukhumvit Road und Umgebung:** Große Auswahl an Hotels der mittleren und ge-

*Fotos - Tradition und Moderne bestimmt die Skyline von Bangkok*

TROUT
TROUT

hobenen Kategorie, internationale Restaurants und vielfältige Einkaufsmöglichkeiten.
*HAPPY INN****, 20/1 Sukhumvit Soi 4, tel 2526508, fax 2556794, einfache Zimmer mit ac, Du/WC und TV.
*TOURIST GH***, 4/4 Sukhumvit Soi 5, tel 2524377, einfache Zi mit Fan, ohne Du/WC.
*THAI HOUSE INN*****, 1/1 Sukhumvit Soi 7, tel 2554698, fax 2531780, 24 abgewohnte Zi mit ac und Du/WC. Ruhig, Thai-Restaurant.
*S.V. GH***, ac***, 35-36 Sukhumvit Soi 19, tel 2531747, 20 Zi mit Fan ohne Du/WC oder mit ac und Du/WC.
*DYNASTY INN*****, 5/4-5 Sukhumvit Soi 4, tel 2501397, fax 2554111, voll ausgestattete Zi an einer lauten Straße im Zentrum des Nachtlebens, Restaurant und Bar.
*STABLE LODGE*****, 39 Sukhumvit Soi 8, tel 2533410-11, fax 2535125. Saubere, kleine Zi mit ac, Du/WC, z.T. mit Balkon, Pool in kleinem Garten. Restaurant mit Bar-B-Q.
*WHITE SWAN*****, tel 2534139, und *MERMAID'S*****, direkt gegenüber.
*ROYAL ASIA LODGE*****, 91 Sukhumvit Soi 8, tel 2515514-6, fax 2532554, indische Leitung.
*CITY LODGE*****, Sukhumvit Soi 9, tel 2537705, fax 2554667, 28 saubere, professionell gemanagte Zi mit ac, Bad/WC, Telefon TV und Kühlschrank an der lauten Sukhumvit. Weitere 35 Zi in der etwas ruhigeren Soi 19, tel 2544783, fax 2557340.
*WORLD INN*****, 131/5-7 Sukhumvit Soi 9, tel 253539-2, fax 2537728, etwas ältere Zi mit ac, Bad/WC, TV und Kühlschrank.
*MAXIM'S INN*****, 131/21-23 Sukhumvit Soi 9, tel 2529911-2, fax 2535329, zweckmäßige Ausstattung, ruhig gelegen.
*FEDERAL HOTEL*****, 27 Sukhumvit Soi 11, tel 2530175-6, fax 2535332, älteres Hotel mit Pool, saubere Zi mit ac, Bad/WC.
*PRESIDENT INN*****, 155 Sukhumvit Soi 11, tel 2554230, fax 2554235, ruhig und sauber.
*COMFORT INN*****, 153/11-14 Sukhumvit Soi 11, tel 2519250, fax 2543562, Zi mit ac, TV und Kühlschrank, Pizzeria, viele Deutsche.
*BANGKOK INN*****, 155/12-13 Sukhumvit Soi 11, tel 2544834-7, fax 2543545, 18 saubere Zi mit ac, Du/WC, Safe, Satellitenfernsehen, deutsches, hilfsbereites Management, ruhig.
*SWISS PARK HOTEL*, Sukhumvit Soi 11, tel 2540228, fax 2540378. Business-Hotel der gehobenen Mittelklasse. Pool, Rabatt bei Buchung über das Reisebüro gegenüber der Rezeption oder beim Hinweis auf dieses Buch.
**Siam Square und Umgebung:** *RENO HOTEL*****, 40 Soi Kasemson 1, Rama I Road, tel 2150026, saubere Zi, Pool, Restaurant.
*A-ONE INN****, 25/13 Soi Kasemson 1, tel 2153929, fax 2164771, Zi mit ac, Bad/WC.
In der Gasse stehen weitere Hotels:
*OPERA****, Soi Somprasong, Phetchburi Rd., hinter dem First Hotel, tel 2524032, fax 2535360, ein recht komfortables Hotel.
*PRINCE HOTEL*****, 1537/1 New Phetchburi Rd., tel 2516171, fax 2513318, ac, gutes Preis-Leistungsverhältnis, Swimming Pool.
*MORAKOT HOTEL***-*****, 2802 New Phetchburi Rd., tel 3140761-3, fax 3191465, etwas außerhalb, gutes Preis-Leistungsverhältnis.
*ALPINE INN*, Phetchburi Rd. Soi 19, schönes Hotel der gehobenen Mittelklasse mit Komfort.

**IM SÜDEN - Chinatown**: *CHAO PHRAYA RIVERSIDE GH***, 1128 Songwat Rd., tel 2226 344, fax 2231696, am Menam Chao Phraya, ruhige Zi mit Fan, Restaurant.
*RIVER VIEW GH****, Songwat Rd. 768 Soi Panunrangsi, tel 2358501, fax 2375771, 30 Zi mit Fan oder ac.
*KRUNG KASEM SRIKRUNG HOTEL *****, 1860 Krung Kasem Rd., tel 2250132, fax 2254705. Der größte Vorteil dieses Hotels ist seine Lage gegenüber dem Bahnhof.
**Beim Hauptpostamt:** *T.T. GH***, 516-518 Soi Sawang, Siphaya Rd., tel 2362946, fax 23630 54, ruhige, saubere Zi mit Fan, Etagen-Du/WC, kleines Restaurant, familiäre Atmosphäre.
*RIVER CITY GH*****, 11/4 Soi Rong Nam Khang 1, tel 2351429, 2351431, fax 2373127, Kleinhotel, saubere Zi mit Bad/WC, TV, ac.
*NEWROTEL*, 1216 Charoen Krung Rd., tel 2331406, fax 2371102, dreistöckiges, relativ ruhig gelegenes Kleinhotel, Zi um 1000 Baht mit ac, Telefon und TV, kleines Restaurant.
*TOWER INN*, 533 Silom Rd., tel 2378300-4, fax 2378286. Im 7. - 11. Stock komfortable Zi um 1500 Baht und im 12. - 18. Stock Apartments.

**SÜDLICH DES LUMPINI PARKS** - Der einzige Grund, sich hier einzumieten, scheint der leichte Zugang zu Prostituierten und Drogen zu sein. In der **Soi Ngam Duphli** einfache Zimmer im:

*Fotos - Vom Golden Mount überblickt man das Leben auf den Straßen und Wasserwegen*

*E.T.C.***, *LEE 2***, *ANNA***, *TOKYO*** und *HONEY*** und *FREDDY'S 1***.

In der **Soi Sri Bamphen** *HOME SWEET HOME* **, Nr. 27/7-8 tel 2860638; *T.T.O.****, Nr. 2/48, tel 2866783, fax 2871571; *TUKH***, ac***, Nr. 34/3; *KIT'S*** und *FREDDY II***, Nr. 27/40, tel 2867826, fax 2132097, einfache Zi, Gemeinschafts-Du/WC.

Die angenehmeren Gästehäuser in dieser Gegend liegen etwas ruhiger in einer schmalen Soi: *LEE MANSION 4***, 9 Soi Sapankoo, tel 286 78 74, ordentliche Zi mit Du/WC und Fan.

*MADAM GH***, 11 Soi Sapankoo, tel 2869289, 10 einfache Zi mit Fan, z.T. mit Du/WC.

*LEE GH 3***, nebenan in der 13 Soi Sapankoo, tel 2863042, ist einfacher als das gleichnamige Mansion, ebenso *LEE 1***.

*SALA THAI***, 15 Soi Sri Bamphen, tel 2871 436, nette Familie, sauber, vor allem Dauergäste.

In der Sathon Tai Rd. gibt es zwei Ys, deren Ausstattung durchaus Hotelstandard hat:

*YWCA*****, 13 Sathon Tai Rd., tel 2861936, fax 2873016, einfache Zi mit ac, Bad/WC, Swimming Pool, Restaurant und Cafeteria.

*YMCA COLLINS*, 27 Sathon Tai Rd., tel 2871900, 2872727, fax 2871996, komfortable Zi ab 1500 Baht. Pool, Coffee Shop, Restaurant.

*BANGKOK CHRISTIAN GH*****, 123 Saladaeng Soi 2, nahe Convent Rd., tel 2336303, fax 2371742, zweckmäßig eingerichtete, saubere DZ mit ac und Du/WC, mit Garten.

*MALAYSIA*****, 54 Soi Ngam Duphli, tel 286 3582, fax 2493120, traditionelles Travellerhotel, dessen Popularität weitgehend den leichten Mädchen zu verdanken ist, die nach Mitternacht den Coffee Shop bevölkern. Pool (Nichtgäste 50 Baht).

## ESSEN

**BANGLAMPOO UND THEWET** - Hier konzentrieren sich billige Restaurants mit **Traveller-Food**, das allerdings ziemlich fade ist. An Straßenständen ißt man hingegen authentisch.

Im *NEW WORLD DEPARTMENT STORE* in Banglampoo gibt es im 8. Stock ein Food Center mit preiswerten asiatischen, vegetarischen und europäischen Gerichten (Couponsystem) und einem kostenlosen Ausblick über die Dächer.

*SRICHON CAFÉ*, Samsen Rd., Ecke Phra Sumen Rd., einfache **Thai-Gerichte** in schlichter Umgebung. Es schließt bereits gegen 21.00 Uhr.

*SHOKUN*, Phra Sumen Rd., thailändisch-chinesische Küche, appetitlich, etwas teurer.

*RAAN HEMLOK*, Phra Athit Rd., tel 2827507, fast 200 Thai-Gerichte zu günstigen Preisen.

*VR RESTAURANT*, 77/2 Ratchdamnoen Klang Rd., am Demokratiedenkmal, tel 2816472, lautes Restaurant mit Thai-Sängern.

Unterhaltsam ist ein Essen am Ufer des Menam Chao Phraya oder in einem schwimmenden Restaurant: *TON PHO*, 43 Phra Athit Rd., tel 2800452, geöffnet bis 22.00 Uhr.

*KRUA WANG NAR*, 17/1 Phra Athit Rd., unter der Phrapinklao Brücke. Geöffnet bis 22.30 Uhr.

*VIENCHAI*, südlich vom Phra Athit Pier, ist etwas einfacher und preiswerter.

*KALONG*, am Ende der Sri Ayutthaya Rd., tel 2819228, gutes Seafood und viele Moskitos.

*KANAB NAM*, tel 4336611, auf der Thonburi-Seite, an der Krung Thong Brücke um 19.00 und 20.00 Uhr legen Restaurantboote ab.

*YOK YOR*, direkt am Wisut Kasat Pier, tel 2821829, tgl. Tour von 20.00 - 22.00 Uhr.

*KRAI SI*, 214 Phra Sumen Rd., bietet **japanisches Essen** zu akzeptablen Preisen.

Im 4. Stock des Adventist Hospitals, 430 Phitsanulok Rd., wird **vegetarisches Essen** serviert.

**IM OSTEN** - Preiswert sind die **Essensmärkte**, z.B.: *TOURIST SHOPPING PLAZA*, dem Night Market am Beginn der Sukhumvit Rd. unter den Autobahnbrücken, weitere Stände in der Soi 1 und an der unteren Sukhumvit Rd.

*AMBASSADOR HOTEL*, 171 Sukhumvit Rd., zwischen Soi 11 und 13. Im hinteren Bereich gibt es neben dem Parkplatz ein Food Center.

*ROBINSON DEPARTMENT STORE*, Sukhumvit Rd., zwischen Soi 19 und 21. Guter Food Court im UG. Geöffnet tgl. 11.00 - 24.00 Uhr.

*MAH BOON KRONG SHOPPING CENTER*, Phayathai Rd., Ecke Rama I Rd., östlich vom Siam Square. Food Center im 6. Stock.

*SUDA*, 6-6 Soi 14, nahe der Sukhumvit Rd., tel 2294664, im einfachen **Thai-Restaurant** werden große Portionen zu günstigen Preisen serviert.

*THAI RUAM ROS*, Soi 1, etwa 100 m von der Sukhumvit Rd., kleines Restaurant, Thai-, mexikanische und vegetarische Gerichte.

*PERM ROSE KITCHEN*, Sukhumvit Rd., zwischen Soi 5 und 7. Auf Ausländer eingestellt.

*TUMPNAKTHAI*, 131 Ratchadaphisek Rd., tel 2778855, eines der größten **Gartenrestaurants**. Die Kellner servieren auf Rollschuhen, Thai-Tänze 6x tgl. von 20.30 - 21.30 Uhr.

*COCA NOODLES RESTAURANT*, 416/3-8 Henri Dunant Rd. am Siam Square, tel 2516337, geöffnet tgl. 11.00 - 23.00 Uhr. Relativ preiswertes, beliebtes **chinesisches Restaurant**. In der Sukhumvit Rd. gibt es mehrere kleinere **deutsche Restaurants**, z.B.: *HAUS MÜNCHEN* und *HAUS HAMBURG*, Soi 15, *GERMAN BEER HOUSE*, Soi 23, oder *HEIDELBERG*, Soi 4.

*TILAC*, 3 Soi 1 Sukhumvit Rd., tel 3546207, hell, freundlich. Bei gutem Kaffee und Kuchen kann man in aktuellen Zeitschriften schmökern.

*BEI OTTO*, 1 Soi 20 Sukhumvit Rd., tel 2581496. Neben dem Restaurant mit deutschen Gerichten (geöffnet tgl. 11.00 - 24.00 Uhr) und einer Kneipe mit Bier vom Faß gibt es auch einen Brot- und Wurstladen.

*WHOLE EARTH RESTAURANT*, 93/3 Soi Lang Suan, Ploenchit Rd., tel 2525574, tgl. 11.30 - 14.00 und 17.30 - 24.00 Uhr, das größte, nicht ausschließlich **vegetarische Restaurant**. Manchmal abends mit musikalischer Umrahmung.

**IM SÜDEN** - *BUSSARACUM*, 35 Soi Phiphat 2, Convent Rd., zwischen Silom Rd. und Sathon Nua Rd., tel 2358915. Erstklassiges **Thai-Restaurant**, vornehmen und teuer.

**Restaurantboote** ab River City: *RIVER SIGHTSEEING*, tel 4374047, tgl. 19.30 - 22.00 Uhr; *DINNER CRUISE*, tel 2345599, tgl. 18.00 - 20.00 Uhr, 500 Baht pro Person.

*SILOM VILLAGE*, 286 Silom Rd., tel 2344581. Zwischen 19.30 und 20.30 Uhr im offenen Restaurant im Einkaufskomplex kostenlos 20 Minuten klassische Thai-Tänze mit Musik.

*NAWAB SHAN-E-.PUNJAB*, gegenüber vom Shangri-La Hotel, **indische Küche**.

*HIMALI CHA CHA*, 1229/11 Charoen Krung Rd. Rd., tel 2351569. Mountbattens Koch zaubert das beste indische Essen der Stadt.

*ROYAL INDIA*, 392/1 Chak Phet Rd., im Hinterhaus am Markt echt indisches Essen.

## UNTERHALTUNG

**PUBS MIT LIVE-MUSIK** - In Bangkok gibt auch mehrere Pubs, in denen man (und auch Frau) einen Drink nehmen und Musik hören kann. Da meist kein Eintritt verlangt wird, sind die Getränkepreise mit 70 - 120 Baht pro Bier etwas höher als in den normalen Kneipen.

*GYPSI PUB*, Phra Sumen Rd. Hier unterhält sich v.a. am Wochenende, ein gemischtes Publikum bei Guinness, Snacks und Latin-Live-Musik.

*HARD ROCK CAFE*, 424/3 Siam Square Soi 11, 3 Stockwerke voller Musik-Memorabila, ab 22.30 Uhr Live-Bands.

*BROWN SUGAR*, 231/20 Sarasin Rd., ab 21.30 Uhr Live-Jazz, Country- oder Rhythm 'n Blues.

*OLD WEST*, Soi Sarasin, tel 2529510, Country & Western (Sa - Di) und Rock & Roll (Mi - Fr).

*ROUND MIDNIGHT*, nebenan, ab 21.30 Uhr gute Live-Pop-Musik und Rock & Roll.

*SAXOPHONE*, tel 2465472, gemütliches Pub mit großer Bar südöstlich vom Victory Monument. Ab 21.00 Uhr treten hier jede Nacht einige der besten Jazz- und Bluesmusiker auf.

*ROCK PLACE*, Phayathai Rd., Hollywood St., gegenüber Asia Hotel, ein halbes Dutzend Musikkneipen für Hard Rock- und Oldies-Fans.

**DISCOS** - gibt es in jedem größeren Hotel. Vor 23.00 Uhr ist meist nicht viel los.

*ZAZA - THE PARTY HOUSE* im Shangri-La Hotel, 154/4-7 Silom Rd. Treffpunkt der sozialen Aufsteiger, die gesehen werden wollen.

*BUBBLES* im Dusit Thani Hotel, Rama IV Rd., beliebte Disco mit Laser und Videoanimation, manchmal Live-Musik.

*NASA SPACEDROME*, 999 Rama Khamhaeng Rd., Taxi etwa 100 Baht. Auf mehreren futuristisch gestylten Ebenen amüsiert sich bis 2.00 Uhr ein überwiegend jugendliches Publikum.

**THAI-BOXEN** - Kampf-Atmosphäre mit viel Wetten, ein thailändisches Männervergnügen. Auf den billigsten Plätzen ist am meisten los:

*RATCHDAMNOEN STADION*, Ratchdamnoen Nok Rd., tel 2814205, am Mo, Mi, Do um 18.00, So um 17.00 und 20.00 Uhr. Eintritt 180 - 500 Baht, am Ring 600 Baht.

*LUMPINI STADION*, östlich des Lumpini Parks, tel 2514303, Di und Fr um 18.00 Uhr, Sa um 16.30 und 20.30 Uhr. Eintritt 250 - 1000 Baht. Die besten Kämpfer treten gegen 21.00 Uhr auf.

## KUNST UND KULTUR

**BUDDHISTISCHE MEDITATION** - und Informationen über Buddhismus bietet die *WORLD FELLOWSHIP OF BUDDHISM*, 33 Sukhumvit Rd., zwischen Soi 1 und 3, tel 2511188-90, an. Englischer Informations- und Meditationskurs unter der Leitung eines erfahrenen westlichen Mönchs jeden ersten Sonntag im Monat von 14.00 - 18.00 Uhr. Auch im Wat Mahathat werden Kurse angeboten. Die *SALA PRADASAD-*

*DHA* (Royal Faith Pavillon), Rama I Road, östlich vom Siam Intercontinental, bietet die Möglichkeit zu Meditationen tgl. von 7.00 - 8.00, 12.00 - 13.00 und 17.00 - 20.00 Uhr und während der buddhistischen Fastenzeit und an Feiertagen von Sa abend bis So früh.

**KULTURINSTITUTE** - *GOETHE-INSTITUT* (German Cultural Institute), 18/1 Soi Atthakarn Prasit, Rama IV Rd., nahe Malaysia Hotel, tel 2869002, fax 2871829. Gute Bibliothek mit deutschsprachigen Büchern, Tageszeitungen und Magazinen. Geöffnet Mo - Do 8.00 - 17.00, Fr 8.00 - 14.00, Sa 8.00 - 13.00 Uhr.
*ALLIANCE FRANCAISE*, 29 Sathon Tai Rd., tel 2132122-3 und *BRITISH COUNCIL*, 428 Siam Square, Rama I Rd., tel 2526136-8.

**THEATER UND TANZ** - *CHALERM KRUNG ROYAL THEATRE*, Old Siam Plaza, 66 Charoen Krung Rd., tel 2221352, fax 2212631 (s.S. 632), bringt Di und Do um 20.00 Uhr das Ramayana in zweistündiger Kurzfassung auf die Bühne - spektakuläres Khon-Theater mit Licht- und Showeffekten. Eintritt 500 - 1000 Baht (Studenten 100 Baht), förmliche Kleidung.
Im *NATIONALTHEATER*, am Sanam Luang, werden moderne Stücke und klassische Shows gezeigt, Karten 40 - 100 Baht. Programminformationen: Mo - Fr 8.00 - 16.30 Uhr unter tel 2241342. Programme zwischen 10.00 und 12.00 Uhr an der Kasse. Ordentliche Kleidung ist erforderlich, keine T-Shirts.

## EINKAUFEN

Beim Einkaufen braucht man Zeit, um das breite Angebot zu vergleichen. Besonders Straßenhändler, die Touristen gefälschte Markenwaren, Kunsthandwerk und andere Souvenirs offerieren, verlangen häufig total überhöhte Preise. Hingegen sind die meisten Preise in der Sukhumvit und Khaosan Rd. realistischer. Während man hier um das Handeln nicht herumkommt, ist es in den Geschäften, in denen Thais einkaufen, kaum üblich zu feilschen. Wer freundlich nach einem *discount* fragt, wird schon bald die Unterschiede erkennen.
Hilfreiche Tips für den Einkaufsbummel in Bangkok gibt die *Market Map* von Nancy Chandler, die es für 60 Baht in vielen Buchhandlungen gibt.

**SHOPPING CENTER** - wahre Konsumtempel konzentrieren sich in der unteren Sukhumvit Rd., der Ploenchit Rd. und Silom Rd.:
*AMARIN PLAZA*, Ploenchit Rd., u.a. Seidengeschäfte und Sogo Department Store.
*MAH BOON KRONG CENTER*, Rama I Rd., Ecke Phayathai Rd. U.a. Tokyu Department Store und ein Food Center.
*OLD SIAM PLAZA*, 66 Charoen Krung Rd. Eine Augenweide ist der Food Market in einem der Höfe. Daneben Restaurants, Fast Food-Ketten und Porzellan- und Textilgeschäfte (s.S. 632).
*PENINSULA PLAZA*, Ratchdamri Rd., Luxusboutiquen, Galeries Lafayette und Asia Books.
*RIVER CITY*, neben dem Royal Orchid Hotel. Kunsthandwerk- und Seidengeschäfte.
*SIAM CENTER*, nahe dem Siam Square, Textilgeschäfte, Kinos, Restaurants.
*SILOM COMPLEX*, nahe Dusit Thani, Central Department Store, Fast Food-Restaurants.
*WORLD TRADE CENTER*, Rama I Rd., Ecke Ploenchit Rd., Zen Department Store, Vergnügungspark, Restaurants, Tennisplätze, Eisbahn im 7. Stock (geöffnet Mo - Fr 10.00 - 14.45 Uhr und 15.30 - 21.00 Uhr, 130 Baht) usw.
Daneben gibt es einige **Department Stores**, die eine ähnliche Atmosphäre aufweisen:
*CENTRAL DEPARTMENT STORE*, das älteste Kaufhaus, in der Ploenchit Rd.
*NEW WORLD* in Banglampoo, Phra Sumen Rd., Ecke Chakraphong Rd., mit Food Center, Lebensmittelabteilung, Amusement-Center u.a.
*ROBINSON* hat mehrere Filialen, zentral liegt das Kaufhaus am nördlichen Ende der Silom Rd. gegenüber vom Dusit Thani und in der Sukhumvit Rd., zwischen Soi 17 und 19.

**MÄRKTE** - Es werden vor allem Textilien und Drogerieartikel verkauft, aber auch Pflanzen und Souvenirs.
**Weekend Market**, Suan Chatuchak, gegenüber dem Northern Bus Terminal (s.S. 633).
**Thewet Blumenmarkt**, am nördlichen Ende der Luk Luang Rd., an der Mündung des Klong. Blumen und Pflanzen, auf der anderen Seite des Klong ein Obst- und Gemüsemarkt, der sich in der Samsen Rd. fortsetzt.
**Pak Klong Talaat**, nahe der Memorial Brücke, frühmorgens Großmarkt, auf dem mit Obst und Gemüse, Fisch und Fleisch gehandelt wird.
**Amulettmarkt**, auf den Bürgersteigen neben Wat Mahathat und hinter der Universität, v.a. Schutz- und Glücksamulette, Bücher und traditionelle Medizin. Auch neben dem Wat Ratcha-

natda, westlich vom Golden Mount, gibt es Stände mit Amuletten und religiösen Statuen.
**Pahurat-Markt**, südlich der Pahurat Rd. Markt mit indischem Einfluß, v.a. Textilien. Feilschende Touristen sind nicht gern gesehen (s.S. 632).

**ANTIQUITÄTEN** - Der Handel mit echten Antiquitäten ist in Thailand seit 1989 streng **verboten**. Dennoch lebt eine ganze Branche von der Produktion täuschend echter „Antiquitäten".

**BÜCHER UND LANDKARTEN** - *ASIA BOOKS*, 221 Sukhumvit Rd., Filialen u.a. im Landmark Plaza sowie im Peninsula Plaza, Ratchadamri Rd. und World Trade Center. Alle sind bis 20.00 Uhr geöffnet.
*BOOK CHEST*, Soi 2, Siam Square, klein, gute Karten und Bücher über Südostasien.
*DK BOOK HOUSE* am Siam Square, hat auch ausgefallene Titel. Die Filiale in der Sukhumvit Rd., zwischen Soi 8 und 10, hat gute Karten. Eine weitere Filiale: 109 Surawong Rd.
*ELITE BOOK HOUSE*, 593/5 Sukhumvit Rd., zwischen Soi 33 und 35, tel 2580221, geöffnet tgl. 8.30 - 22.30 Uhr. Gebrauchte Taschenbücher in verschiedenen Sprachen. Ausgelesene Bücher werden in Zahlung genommen.
*SURIYABAN BOOKSTORE*, 12411 Silom Rd., Ecke Patpong, tel 2356200, englischsprachige Bücher über Thailand, topographische Karten.

**EDELSTEINE - Vorsicht! Besonders beim Einkaufen von Edelsteinen werden viele Ausländer übers Ohr gehauen!** Die meisten Betroffenen werden von Tuk Tuk-Fahrern, selbsternannten Guides oder netten Studenten angesprochen, mit fadenscheinigen Gründen (besonderer Feiertag, Sehenswürdigkeiten geschlossen, nur begrenzte Einkaufsmöglichkeit) zu einer Edelsteinschleiferei gelockt und zum Kauf mit dem Versprechen überredet, die Steine zum Vielfachen des Einkaufspreises zu Hause wieder verkaufen zu können (die falschen Adressen werden sogar mitgeliefert).
Wer kein Experte ist, sollte auf alle Fälle die Finger von lukrativ erscheinenden Geschäften lassen, bei denen schon sehr viele Touristen eine Menge Geld verloren haben.

**KOPIEN VON MARKENARTIKELN** - Textilien von Lacoste oder Boss, Rolex-, Cartier-, Gucci-, Ebel- oder Omega-Uhren, Jourdan-Lederwaren und viele weitere Artikel, die eines gemeinsam haben - sie sind gefälscht, sind nicht immer von guter Qualität, aber billig. Zwischen 19.00 und 23.00 Uhr bauen fliegende Händler ihre Stände in der Patpong Rd. und der angrenzenden Silom Rd. sowie in der unteren Sukhumvit Rd. auf. Obwohl der Verkauf illegal ist, interessiert sich die Polizei kaum dafür.
Es ist verboten, Raubkopien nach Deutschland einzuführen.

**SEIDE** - Es muß ja nicht *Jim Thompson* sein - *das* führende Geschäft in der 9 Surawong Rd., nahe Rama IV Rd. (geöffnet tgl. 9.00 - 19.00 Uhr), sowie im Isetan Kaufhaus im World Trade Center (geöffnet tgl. 10.00 - 21.00 Uhr). Bei den Indern in der Sukhumvit Rd. oder Charoen Krung Rd. ist die Seide billiger, aber nicht immer von guter Qualität. Vorsicht, es wird viel Kunstseide oder Mischungen mit hohem Kunstfaseranteil als angeblich echte Seide angeboten. Zur Not hilft die Feuerprobe: Seide verbrennt fast ohne Asche, während Kunstfaser schmilzt und stinkt. Waschseide ist selten zu bekommen und nicht preiswerter als in Europa.

**TEXTILIEN** - Eine große Auswahl in der Sukhumvit Rd., in Patpong und in Banglampoo, dem traditionellen Textilzentrum. Am Siam Square gehen vor allem junge Frauen aus den nahegelegenen Büros und Hotels einkaufen.

**TIERE** - V.a. auf dem Wochenendmarkt, werden Tiere und Produkte aus Tieren angeboten, die unter das Washingtoner Artenschutzabkommen fallen. Auch in Thailand ist der Handel mit geschützten Tieren verboten, und wer dennoch meint, unbedingt eines dieser abartigen Souvenirs erwerben zu müssen, macht sich strafbar und wird spätestens bei der Heimreise große Schwierigkeiten bekommen.

## SONSTIGES

**AUTOVERMIETUNGEN** - Mietwagen sind in Bangkok günstiger als in der Provinz:
*AVIS*, 2/12 Wireless Rd., tel 2555300-4, fax 2533734. Filialen in diversen Hotels.
*HERTZ*, 1620 New Phetchburi Rd., tel 2517575, fax 2545320.
*KING CAR RENT*, 18/1 Sathon Nua Rd., tel 2337907, fax 2372107.
*KLONG TOEY CAR RENT*, 1921 Rama IV Rd., tel 2501141, fax 2523566.

*LUMPINI CAR RENTAL,* 167/4 Wireless Rd., am Lumpini Park, tel 2553482-3.
*ROYAL CAR RENT,* 67 Soi Suanphlu, Sathon Tai Rd., tel 2581411.

**FESTE UND FESTIVALS** - Zum Geburtstag der Königin oder des Königs (s.S. 611/612) finden Paraden in den geschmückten Straßen statt. **Visakha Bucha**, das größte buddhistische Fest, wird im Wat Phra Keo und auf dem Sanam Luang begangen. Mitte Februar bis Ende März finden auf dem Sanam Luang **Drachenwettkämpfe** statt. Zur **Pflugzeremonie** auf dem Sanam Luang Mitte Mai strömen Bauern aus dem ganzen Land nach Bangkok.

**GEFÄNGNIS** - Besuchszeit im Klong Prem Central Prison, in dem viele Europäer wegen Drogen einsitzen, ist Do von 9.00 - 15.00 Uhr.

**GELD** - Zentralen der **großen Banken**: *BANGKOK BANK,* 333 Silom Rd., tel 2343333, 2355997, verkauft auch American Express TC.
*DEUTSCHE BANK*, Thai Wah Tower, 21 Sathon Tai Rd., tel 2409401-22, geöffnet Mo - Fr 8.30 - 15.30 Uhr. Überweisungen aus Deutschland dauern etwa 1 Woche.
*BANK OF AYUTTHAYA*, tel 2550022.
*SIAM COMMERCIAL BANK*, tel 2513114.
*THAI FARMERS BANK*, 142 Silom Rd., tel 2701122.
**Kreditkartenorganisationen**: *AMERICAN EXPRESS*, 388 Paholyothin Rd., tel 2730033, Vertretung: *SEA TOURS*, Suite 414 Siam Center, 965 Rama I Rd., tel 2514862-9.
*VISA & MASTER / EURO CARD*, Bank of America Building, 2/2 Wireless Rd. (Witthayu Rd.), tel 2516333, Mo - Fr 8.30 - 12.30 Uhr. Außerdem die Thai Farmers, Siam Commercial Bank und Bank of America.

**IMMIGRATION** - Soi Suanphlu, Sathon Tai Rd., tel 2873101, fax 2871310, geöffnet Mo - Fr 8.00 - 12.00 und 13.00 - 16.00 Uhr, Sa 8.00 - 12.00 Uhr. Ordentliches Auftreten ist empfehlenswert, es wird ein Foto benötigt.

**IMPFUNGEN** - Langzeitreisende, die eine Auffrischungsimpfung benötigen, erhalten diese beim *PASTEUR INSTITUT* hinter der Schlangenfarm in der Rama IV, Ecke Henri Dunant Rd. Hier informiert zudem ein Aushang über neueste Erkenntnisse der Reisemedizin.
Den HDC-Impfstoff gegen Tollwut gibt es z.B. im *BANGKOK NURSING HOME HOSPITAL* in der Convent Rd.

**INFORMATIONEN** - *TOURIST AUTHORITY OF THAILAND* (TAT) hat einen Informationsschalter in der 4 Ratchdamnoen Nok Avenue. Hier gibt es einen Stadtplan mit eingezeichneten Bus- und Expressbootlinien (35 Baht) und aktuelle Publikationen. Informationen über Reiseziele und Themen, die besonders interessieren, geben die Angestellten nur auf Anfrage heraus. Am Internationalen Airport in der Ankunftshalle gibt es ein weiteres privates *TOURIST OFFICE*, tel 5238972-3, dessen Mitarbeiter manchmal falsche Informationen erteilen.
In verschiedenen Gästehäusern und Hotels sowie in den Restaurants der Khaosan Road hängen Anschlagbretter mit teilweise guten, aktuellen Informationen.

**MALAYSIA-INFOS** - *MALAYSIA TOURIST OFFICE*, South East Insurance Bldg., 315 Silom Rd., neben dem CP Tower, hält Informationen für alle bereit, die nach Malaysia weiterfahren wollen. Geöffnet Mo - Fr 8.30 - 16.00 Uhr.

**MASSAGE** - Thai-Massage für 200 Baht pro Stunde und Kurse im Wat Pho (s.S. 630). Die meisten Massage-Salons bieten allerdings mehr sexuelle Vergnügungen mit (möglicherweise) weniger gesunden Nachwirkungen.
Medizinische Massage bei *CHIROPRACTIC MASSAGE*, Soi 44, Charoen Krung Rd., Mo - Sa 8.30 - 19.00 Uhr, und *MARBLE HOUSE*, 37/18-19 Soi Surawongse Plaza, zwischen Thaniya und Patpong 2 Rd., 150 Baht pro Std.

**MEDIZINISCHE HILFE** - Große Krankenhäuser: *BANGKOK CHRISTIAN HOSPITAL*, 124 Silom Rd., tel 2336981, und das *CHULALONGKORN UNIVERSITY HOSPITAL*, Rama IV Rd., neben der Snake Farm, tel 2528131.
*SAMITIVEJ HOSPITAL*, 133 Soi 49, Sukhumvit Rd., tel 3920011, und
*BANGKOK NURSING HOME HOSPITAL*, 9 Convent Rd., zwischen Silom und Sathon Nua Rd., tel 2332610, sind auf Europäer eingestellt.
*MISSION (ADVENTIST) HOSPITAL*, 430 Phitsanulok Rd., tel 2811422 ist gut, aber relativ teuer. Wird von Missionaren geleitet.
*ST. LOUIS HOSPITAL*, 215 Sathon Tai Rd., tel 2120033-48, ein katholisches Krankenhaus.

Eine gute, deutschsprechende **Frauenärztin**, Dr. Cleopandhi Soorapanthu, praktiziert im *BAMRUNGRAT HOSPITAL*, 33 Soi 3 Sukhumvit Rd., tel 2530250-69, Sprechstunde: Mo - Fr 11.00 - 15.30 Uhr. In diesem modernen Krankenhaus arbeitet auch die deutschsprechende **Zahnärztin** Dr. Ingbun Tiensiri Mi 17.00 - 20.00 Uhr und So 9.00 - 12.00 Uhr, tel 2530250-9. Ein großer Teil des Personals spricht Englisch.

*DENTAL POLYCLINIC*, 2111-3 New Phetchburi Rd., tel 3145070 hilft ebenfalls bei Zahnproblemen.

In der auf **Malaria** spezialisierten *MALARIA DIVISION*, tel 2816650, spricht kaum jemand englisch. Besser ist eine Privatklinik (s.o.) und evtl. das *HOSPITAL OF TROPICAL MEDICINE*, tel 2460056.

**Ambulanz**, tel 2811544, kommt nur, wenn man sie nachweislich bezahlen kann.

**POST** - *GENERAL POST OFFICE (GPO)*, Charoen Krung Rd. (New Rd.), geöffnet Mo - Fr 8.00 - 20.00 Uhr, am Wochenende bis 13.00 Uhr. Jeder Brief kostet am *poste restante*-Schalter 1 Baht. Postlagernde Telegramme im Raum nebenan. Da viele Leute diese Adresse benutzen, kann es leichter als an anderen Postämtern passieren, daß Post verlorengeht oder falsch einsortiert wird. Der *Packing-Service* im Hauptpostamt ist Mo - Fr 8.30 - 16.30 und Sa 8.00 - 13.00 Uhr geöffnet.

Die anderen Postämter haben Mo - Fr 8.30 - 16.30, Sa 9.00 - 12.00 Uhr geöffnet. In den Touristenzentren befinden sie sich:

In Banglampoo in einer Gasse nördlich der Ratchdamnoen Klang Rd. (Telefonservice 7.00 - 23.00 Uhr, Packservice Mo - Fr 8.00 - 17.00 Uhr, Sa bis 12.00 Uhr) und am großen Platz nördlich der Tani Rd. In der Sukhumvit Rd. zwischen Soi 4 und 6 (ebenfalls mit Packservice). In der Surawong Rd. am Thanon Surawong Center.

Am Hauptbahnhof links vom Haupteingang.

In den Abflughallen des National und International Airports (mit Telefonservice).

**SCHLIESSFÄCHER** - werden, je nach Größe, ab 250 Baht pro Monat plus 3000 Baht Kaution im 3. Stock des Charn Issara Towers, Rama IV Rd., Ecke Surawong Rd., tel 2342850 ext. 120, vermietet. Geöffnet tgl. 10.00 - 20.00 Uhr.

**TELEFONIEREN** - von den privaten Telefonbüros in den Touristenzentren und vom *TELECOMMUNICATION CENTER* rechts hinter dem GPO kommen Auslandsgespräche schnell zustande. Geöffnet rund um die Uhr. Im ISD-Selbstwähldienst wird im 6-Sekunden-Takt abgerechnet. Von privaten *oversea telephones* wird eine höhere Gebühr berechnet. Vom Telecommunication Center aus kann man auch Telegramme oder Faxe schicken.

**TOURISTENPOLIZEI** - *TOURIST POLICE*, tel 6521721-6, Zentrale in der 509 Worachak Rd., tel 2216206-10, fax 2257755 geöffnet tgl. 8.00 - 24.00 Uhr. Außenstelle an der Rama IV Rd., Ecke Ratchadamri Rd., am Lumpini Park, tel 2539560. Zudem steht abends ein Auto an der Patpong.

*TOURIST ASSISTANCE CENTER*, 4 Ratchdamnoen Nok Avenue, 10100 Bangkok, tel 2815051 oder 2828129, ist Touristen in Notfällen mit englischsprechenden Angestellten behilflich. Sie nehmen auch Beschwerden bei Betrügereien entgegen. Wer sich bei einem besonders „günstigen" Einkauf reinlegen ließ, sollte anschließend nicht die Polizei zu Hilfe rufen. Verkauf von Ramsch ist nicht verboten.

**VORWAHL** - 02.

**WÄSCHE** - wird in nahezu allen Hotels und Guesthouses innerhalb von 24 Stunden kalt gewaschen. In den Wäschereien der Gästehäuser wird sie allerdings nur selten gebügelt. Der Preis steht in direktem Verhältnis zum Zimmerpreis.

**ZEITUNGEN** - Täglich erscheinen zwei englischsprachige Zeitungen, die empfehlenswerte *Bangkok Post* und *The Nation*, beide 12 Baht. Außerdem gibt es die Asien-Magazine *Asia-Week*, *South* und *Far Eastern Economic Review* sowie die *Newsweek* oder *Time*.

In deutscher Sprache erscheint wöchentlich die *Zeitung* mit lokalen Infos und Beiträgen über das aktuelle politische Weltgeschehen, 30 Baht.

## NAHVERKEHRSMITTEL

**STADTBUSSE** - Das öffentliche Nahverkehrssystem in Bangkok basiert auf Stadtbussen, die je nach Komfort unterschiedlich teuer sind. **Fahrpreise für Stadtbusse:**

| | |
|---|---|
| große weiß-blaue, non-ac | 2,50 Baht |
| kleine grüne, non-ac | 2,50 Baht |

| | |
|---|---|
| bequemere weiß-rote, non-ac | 3,50 Baht |
| nachts kosten alle non-ac | 3,50 Baht |
| ac | je nach Entfernung 6 - 16 Baht |
| Luxus Micro-Busse | 20 Baht |

**Die wichtigsten non-ac-Busse:**
**non-ac 2**: Eastern Bus Terminal - Ratchdamnoen Klang Rd. +
**non-ac 3**: Northern Bus Terminal * - Banglampoo (- 22.15 Uhr)
**non-ac 25**: Pak Nam - Sukhumvit Rd. - Hauptbahnhof - Sanam Luang +
**non-ac 29**: Airport - Northern Bus Terminal * - Siam Square - Hauptbahnhof +
**non-ac 30**: Nonthaburi - Banglampoo - Sanam Luang - Thonburi (- 21.30 Uhr)
**non-ac 38**: Northern Bus Terminal * - Eastern Bus Terminal (- 22.00 Uhr)
**non-ac 40**: Eastern Bus Terminal - Bahnhof - Thonburi (- 22.45 Uhr)
**non-ac 53**: Hauptbahnhof - Khaosan Rd. (- 22.30 Uhr)
**non-ac 59**: Airport - Northern Bus Terminal * - Sanam Luang +
**Die wichtigsten ac-Busse** (- gegen 20.00 Uhr):
**ac 1**: Eastern Bus Terminal - Hauptbahnhof - Chinatown
**ac 3**: Northern Bus Terminal * - Banglampoo
**ac 4**: Airport - Silom Rd.
**ac 7**: Lumpini Park - Hauptbahnhof - Sanam Luang
**ac 8**: Pak Nam - Eastern Bus Terminal - Chinatown - Sanam Luang
**ac 11**: Pak Nam - Eastern Bus Terminal - Banglampoo - Southern Bus Terminal
**ac 13**: Airport - Sukhumvit Rd. - Eastern Bus Terminal
**ac 39**: Northern Bus Terminal * - Sanam Luang
**Die wichtigsten Micro-Busse** (- gegen 22.00 Uhr, Route nicht auf Busplänen verzeichnet):
**Nr.1:** Nonthaburi - Phitsanulok Rd. - Siam Square - Silom Rd.
**Nr.1A und 2A:** Vom Norden über Northern Bus Terminal * - Phayathai Rd. - Royal Orchid Sheraton (1A) bzw. - Sathon Rd. (2A)
**Nr.5:** Petchkasem Rd (Thonburi) - Hauptbahnhof - Phayathai Rd. - Victory Monument
**Nr.6**: Pak Nam - Eastern Bus Terminal - Phayathai Rd. - Royal Orchid Sheraton
**Nr.8**: Taling Chan (Thonburi, nahe Southern Bus Terminal) - Banglampoo - Victory Monument - Northern Bus Terminal *
**Es ist geplant, demnächst alle Buslinien neu zu numerieren und umzustellen.**
(+ Busse verkehren rund um die Uhr; * nach Norden Stop gegenüber am Suan Chatuchak)

**TAXIS** - Die meisten Taxen in Bangkok sind mittlerweile mit Taxameter ausgestattet und mit einem großen Schild „Taxi Meter" gekennzeichnet.
Die Einschaltgebühr beträgt 35 Baht einschließlich der ersten beiden Kilometer. Weitere Strekken werden nach Entfernung und Geschwindigkeit berechnet. Wer nicht in einen Stau kommt, zahlt für die Fahrt zum Airport ab Sukhumvit Rd. etwa 100 Baht plus 30 Baht für den Expressway und ab Banglampoo etwa 140 - 230 Baht. Die Preise sollen etwas angehoben werden. **Radio Taxis** können rund um die Uhr unter tel 3199911 für zusätzliche 10 Baht telefonisch bestellt werden. Bei Taxen ohne Taxameter muß der Fahrpreis vorher ausgehandelt werden.

**TUK TUKS** - Die offenen Motorroller mit Sitzbank sind kaum günstiger als Taxis. Die Fahrer verlangen von Touristen oft mindestens 100 Baht, sofern man nicht zu einer „Einkaufstour" bereit ist.

**PERSONENFÄHREN** - Mit ihnen kann man von zahlreichen Piers aus den Menam Chao Phraya überqueren. Die Anlegestellen stimmen nicht mit den Piers der Expressboote (s.u.) überein. Fahrpreis 1 Baht.

**EXPRESSBOOTE** - Die langen Boote mit vielen Sitzplätzen verkehren auf dem Menam Chao Phraya zwischen Nonthaburi (Norden) und Krung Thep Brücke (Süden) von 7.00 - 8.00 Uhr alle 10 Min., von 6.00 - 7.00, 8.00 - 9.00 und 15.00 - 18.00 Uhr alle 15 Min. sowie zwischen 9.00 und 15.00 Uhr alle 30 Min. **Fahrpreis**, je nach Entfernung, 4, 6 oder 8 Baht. Während der *rush hour* von 7.00 - 9.00 und 16.00 - 18.00 Uhr halten Booten mit grünen Flaggen nur an den Hauptpiers. Das Ticket unbedingt aufheben.

**LINIENBOOTE AUF DEN KLONGS** - *Rua hang yao* - schmale Boote mit Sitzplätzen für etwa 15 Personen - verkehren regelmäßig auf den Klongs. Bei Ausflugsfahrten lohnt es sich, erst nach 9.00 Uhr loszufahren, wenn die *rush hour* vorüber ist.
**In Thonburi**: Die Boote fahren in Bangkok von separaten Anlegestellen neben den Expressboot-Stops meist dann ab, wenn sie voll sind.

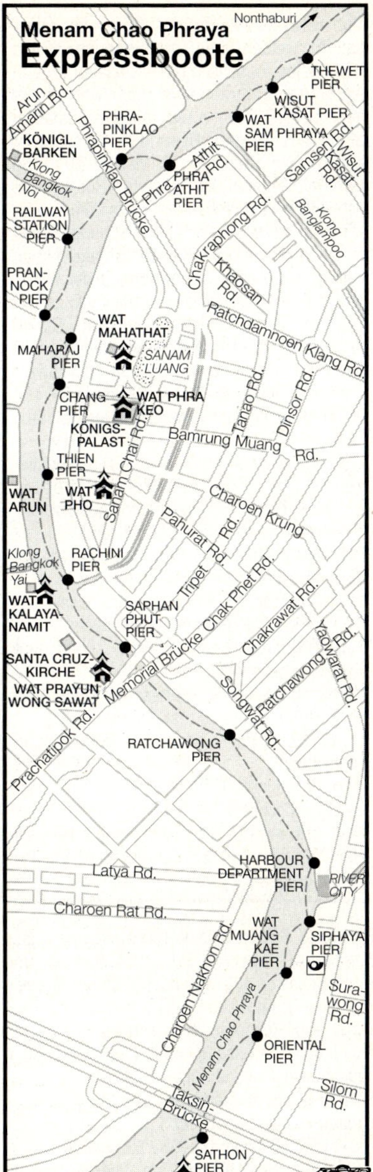


Touristen werden gern auf Charterboote verwiesen. Dann hilft es, die entsprechende Endstation in den Vororten zu nennen. Expressboote halten nicht überall, sondern erst nach einer gewissen Strecke - also keine Chance, mit ihnen zu den Royal Barges zu gelangen. Der Fahrpreis variiert je nach Boot, Tageszeit und Entfernung zwischen 8 und 20 Baht.

**In Bangkok**: Die Fahrt auf den stinkenden Kanälen durch die Hinterhöfe der Stadt lohnt nicht als Sightseeing-Tour sondern nur, um während der *rush hour* schneller voranzukommen.

Von der Anlegestelle am Phra Sumen Fort in Banglampoo fahren für 5 Baht Boote auf dem Klong Banglampoo, Klong Mahanak und Klong Krung Kasem zum Hauptbahnhof.

## TRANSPORT

**BUSSE** - Von 4 Busbahnhöfen aus fahren die meisten Busse (außer einigen ac-Bussen und Minibussen) in alle Richtungen.

**Richtung Ostküste:** Ekamai, *Eastern Bus Terminal*, Sukhumvit Rd., gegenüber Soi Ekamai, tel 3912504 (Sa / So tel 3910064) für non-ac-Busse und tel 3929227 für ac-Busse. Gepäckaufbewahrung: 20 Baht pro Gepäckstück, geöffnet So - Fr 8.00 - 20.00 Uhr, Sa bis 18.00 Uhr.

Non-ac (in Klammern ac-Busse) nach: BAN PHE, 196 km, Fährhafen für Ko Samet, stündlich zwischen 7.00 und 18.00 Uhr für 50 Baht in 4 Std. (etwa stündlich bis 18.30 Uhr, 90 Baht).

CHANTABURI, 239 km, 6x tgl. für 48 Baht in 4 Std. (alle 30 Min. bis 24.00 Uhr für 108 Baht).

LAEM NGOP (Ko Chang) ab Khaosan Rd. zwischen 7.00 und 8.00 Uhr für 230 - 280 Baht. Preiswerter ist die Anreise über Trat.

TRAT, 317 km, um 8.00, 9.00 und 14.30 Uhr für 94 Baht in 6 Std. (stündlich von 7.00 - 23.30 Uhr für 140 Baht).

PATTAYA, 136 km, alle 20 Min. für 37 Baht in 3 Std. (alle 30 Min. bis 22.30 Uhr für 66 Baht. Weitere ac-Busse ab Northeastern Bus Terminal und den großen Hotels).

**Richtung Norden und Nordosten:** Talat Morchit, Northern Bus Terminal und dem angrenzenden Northeastern Bus Terminal, Paholyothin Rd. (Straße zum Airport). Infos über ac-Busse und V.I.P.-Busse tel 2712961, alle anderen tel 27101 01-5. Verbindungen mit Stadtbussen s.S. 643 ff.

Non-ac-Busse (in Klammern ac-Busse) nach:

AYUTTHAYA, 76 km, laufend bis 19.00 Uhr für 20 Baht in 2 1/2 Std., stündlich über BANG

SAI für 27 Baht (alle 30 Min. bis 18.00 Uhr für 38 Baht), zudem fahren Minibusse für 25 Baht ab einer Seitengasse am Victory Monument.
CHIANG MAI, 713 km, 8x morgens, mittags und abends für 169 Baht (viele Busse von 8.50 - 10.00 und 19.20 - 21.45 Uhr für 304 Baht in 10 Std.; V.I.P-24 um 9.00 und zwischen 20.00 und 21.00 Uhr für 470 Baht.
CHIANG RAI, 844 km, etwa stündlich für 189 - 199 Baht (8.00 Uhr und 19.00 - 20.14 Uhr 364 Baht, V.I.P.-24 19.00 und 19.30 Uhr 525 Baht).
CHIANG SAEN 914 km, um 15.30 Uhr für 216 Baht (V.I.P.-24 um 20.00 Uhr für 505 Baht in 11 1/2 Std.).
KAMPHAENG PHET, 358 km, 6x vormittags für 87 Baht (um 12.00 und 22.30 Uhr für 157 Baht in 5 Std.).
KHAO YAI NATIONAL PARK direkt (um 7.00 und 9.00 Uhr für 92 Baht in 2 1/2 Std.).
KORAT, Nakhon Ratchasima, 256 km, alle 15 Min. für 64 Baht (alle 20 Min. bis gegen 22.30 Uhr für 115 Baht in 3 1/2 Std.).
LOPBURI, 153 km, alle 20 Min. bis 20.30 Uhr für 40 Baht (alle 25 Min. bis 20.30 Uhr für 72 Baht in 3 Std.).
MAE HONG SON, 928 km, um 9.00, 14.30 und 19.45 Uhr für 245 Baht (um 18.00 Uhr für 442 Baht in 13 Std.)
MAE SAI, 875 km, um 14.00, 15.00 und 16.20 Uhr für 202 Baht (um 8.00 und zwischen 19.00 und 19.45 Uhr für 365 Baht, V.I.P.-24 um 7.30, 19.00 und 19.40 Uhr für 565 Baht in 13 Std.).
NONG KHAI, 614 km, etwa stündlich außer nachmittags bis 22.00 Uhr 146 Baht (um 8.40, 20.15 und 21.00 Uhr für 263 Baht, V.I.P.-24 um 20.00 Uhr für 405 Baht).
PATTAYA, 141 km (stündlich bis 19.00 Uhr für 67 Baht, 3 Std., günstig für den Transit aus dem Norden zur Ostküste), weitere Busse ab Eastern Bus Terminal.
PHITSANULOK, 372 km, 8x tgl. für 89 / 92 Baht (alle 1 - 2 Std. von 7.00 - 16.30 und um 22.00 und 22.30 Uhr für 163 Baht in 6 Std.).
SUKHOTHAI, 440 km, 6x tgl. für 106 Baht (um 14.40, 22.20 und 22.40 Uhr für 191 Baht in 7 - 8 Std. direkt zum Historical Park 192 Baht).
UBON, 675 km, etwa stündlich außer nachmittags bis 23.20 Uhr für 160 Baht (um 9.00 und zwischen 20.00 und 22.30 Uhr für 287 Baht; V.I.P.-24 um 20.00 Uhr für 400 Baht in 11 Std.).
UDON THANI, 561 km, etwa stündlich bis 20.30 Uhr für 134 Baht (etwa stündlich außer nachmittags für 241 Baht in 9 Std.).

Von vielen Reisebüros, vor allem in der Khaosan Rd., werden billige **Touristenbusse** zu den wichtigsten touristischen Reisezielen organisiert. Preise variieren je nach Saison. Es scheint, daß vielfach unerfahrene Busfahrer eingesetzt werden. Besondere Vorsicht ist bei Fahrten nach Chiang Mai für 50 - 150 Baht mit illegalen, klimatisierten Bussen einschließlich Übernachtung geboten. Die Busse, z.T. Minibusse, sind nicht immer bequem und meistens länger unterwegs als angegeben. In Chiang Mai halten sie außerhalb der Stadt, und die Traveller werden in die Pickups der zugehörigen Gästehäuser verteilt. Gleich nach der Ankunft versucht man, den übermüdeten Fahrgästen eine Trekking-Tour aufzudrängen. Auch ein hoher Preis (z.B. 480 Baht) ist keine Garantie, einen legalen Bus zu besteigen.
In einigen Bussen wurde zudem von zugestiegenen „Freunden" des Fahrers Gepäck durchsucht und Wertgegenstände gestohlen. Entsprechendes gilt für Surat Thani.
Die Touristenpolizei von Bangkok warnt vor diesen Bussen mit Flugblättern:
1. Nie Wertsachen unbeaufsichtigt lassen.
2. Das Personal darf nur zu zweit sein.
3. Bus-Nummer notieren, vom Ticket eine Fotokopie behalten.
4. Beim Schlafen die Wertsachen sicher verwahren (ein Bauchgurt ist nicht sicher!).
5. Kein Essen oder Getränk von Unbekannten annehmen.
6. Im Falle eines Diebstahls die Touristenpolizei benachrichtigen.
Nach unseren eigenen Erfahrungen scheint es zu helfen, den Bus und das Personal auffällig zu fotografieren.

**Richtung Süden und Westen:** Southern Bus Terminal, Phrapinklao Rd., Infos über ac- und V.I.P.-Busse tel 4351190 oder 4351200. Anreise mit dem Stadtbus s.S. 643 ff oder mit Taxi Meter ab Ratchdamnoen Klang Rd. Der Terminal für non-ac-Busse, tel 4345557-8, liegt 500 m südlich vom Terminal für ac-Busse.
Non-ac-Busse (in Klammern ac-Busse) nach:
CHUMPHON, 468 km, für 112 Baht (um 14.00, 21.40 und 22.00 Uhr für 157 / 202 Baht).
DAMNOEN SADUAK, 97 km, alle 30 Min. ab 6.20 Uhr für 30 Baht (von 6.00 - 20.10 Uhr alle 30 Min. für 49 Baht in 2 - 3 Std.).

HAT YAI, 954 km, um 5.30 und 21.45 Uhr für 238 / 224 Baht (um 7.00 und zwischen 16.00 und 20.20 Uhr für 428 Baht, V.I.P.-24 um 17.30 und 18.00 Uhr für 625 Baht in 14 - 15 Std.).
HUA HIN, 201 km, alle 25 Min. für 51 Baht (alle 20 Min. bis 22.00 Uhr für 92 Baht in 3 1/2 Std.). Von der Khaosan Road fahren ac-Minibusse um 12.00 Uhr für 180 Baht.
KANCHANABURI, 129 km, alle 15 Min. bis 20.00 Uhr für 34 Baht (alle 15 Min. bis 22.00 Uhr für 62 Baht in 2 1/2 Std.).
KO SAMUI, 779 km, über Surat Thani oder direkt um 20.45 Uhr für 177 Baht inkl. Fähre (um 20.00 Uhr für 327 Baht).
KRABI, 867 km, um 7.30, 18.00, 19.30 und 21.30 Uhr für 193 / 209 Baht (um 19.00 und 20.00 Uhr für 347 Baht, V.I.P.-24 um 18.00 und 18.30 Uhr für 540 Baht in 14 Std.; von dem Khaosan-Bus ist abzuraten).
NAKHON PATHOM, 56 km, alle 10 Min. für 15 Baht (alle 20 Min. für 22 Baht in 1 1/2 Std.)
NAKHON SI THAMMARAT, 805 km, 5x tgl. für 190 Baht (um 9.00 und alle 30 Min. von 18.00 - 20.30 Uhr für 342 Baht, V.I.P.-24 um 19.00 Uhr für 530 Baht in 12 Std.)
PENANG, V.I.P.-Tickets von *THAI TRANSPORT* für 900 Baht in 21 Std., Abfahrt gegen 16.00 Uhr. In Hat Yai steigt man in einen Minibus um. Besser ist jedoch der Zug.
PHETCHABURI, 135 km, alle 25 Min. für 43 bzw. 36 Baht (alle 45 Min. für 65 Baht).
PHUKET, 891 km, 10x v.a. nachmittags und abends für 210 Baht (um 18.50 Uhr für 378 Baht, V.I.P.-24 um 17.30 und 18.00 Uhr für 570 Baht in 14 - 15 Std.; weitere ac-Busse von privaten Companies.
RANONG, 583 km, 7x v.a. nachmittags und abends für 139 Baht (um 9.00, 20.20 und 21.00 Uhr für 250 Baht in 7 Std., V.I.P.-24 um 20.00 Uhr für 385 Baht).
RATCHABURI, 96 km, alle 10 Min. für 35 Baht (alle 45 Min. für 54 Baht in 1 1/2 Std.).
SURAT THANI, 668 km, um 9.20 und 23.00 Uhr für 158 Baht (zwischen 20.00 und 20.30 Uhr für 285 Baht. Die Busse ab Khaosan Rd. sind wegen Diebstahlgefahr nicht zu empfehlen. In einigen Hotels werden überteuerte V.I.P.-Bustickets verkauft, die den Mehrpreis nicht lohnen.
TAKUA PA, 757 km, ac um 18.50 Uhr für 322 Baht in 12 Std. (umsteigen nach KHAO LAK).
TRANG, 862 km, 8.10 und 16.30 Uhr, 203 Baht (zwischen 19.00 und 20.00 Uhr 366 Baht, V.I.P.-24 um 19.00 und 19.30 Uhr, 565 Baht in 15 Std.).

**EISENBAHN** - Von HUA LAMPHONG, dem Hauptbahnhof, fahren Züge Richtung Norden, Nordosten, Osten, Süden und Nordwesten. Einige Züge Richtung Kanchanaburi / River Kwae fahren vom Bahnhof in THONBURI ab.
**Tickets** erhält man bis zu 90 Tagen vor der Abreise im *Advance Booking Office* im Hauptbahnhof Hua Lamphong, tel 2233762, 2247788, fax 2256068, 2263656, geöffnet Mo - Fr 8.30 - 16.00 Uhr, oder in jedem Bahnhof mit Computer-Reservierungssystem.
Reservierungen aus dem Ausland per Brief mit Bankscheck sind rechtzeitig im voraus möglich. Das gilt vor allem für den Zug nach Butterworth, Sitzplätze werden nur bis zur Grenze reserviert. Adresse: *PASSENGER DIVISION,* Bangkok Railway Station, Bangkok 10330, Thailand. Informationsbüro im Bahnhof, tel 2237010, 22370 20. Hier erhält man den neuesten Fahrplan, falls vorhanden. Weiterhin gibt es im Bahnhof eine Gepäckaufbewahrung, geöffnet tgl. 4.00 - 22.30 Uhr, pro Gepäckstück und Tag 20 Baht, und ein Postamt mit der Möglichkeit, internationale Ferngespräche zu führen.
*AIRLAND*, 866 Ploenchit Rd. und *TTS,* im dem Viengtai Hotel, geöffnet Mo - Fr 8.30 - 17.00 Uhr, verkaufen ebenfalls Eisenbahntickets zu Originalpreisen.
Informationen über die verwendeten Abkürzungen und mehr über Züge s.S. 603.

**Richtung Norden** - Fahrtzeit und Fahrpreis ohne Zuschläge in der 2. / 3. Klasse / EXP. DRC.:
AIRPORT, etwa 45 Min., 10 / 5 /- Baht.
BANG PA IN 26 / 12 / - Baht.
AYUTTHAYA (kein EXP. DRC. und SPC. DRC.), etwa 1 1/2 Std., 31 / 15 / - Baht.
LOPBURI (kein EXP. DRC. und SPC. DRC.), 2 - 3 Std., 57 / 28 / - Baht.
PHITSANULOK 5 - 9 Std., 143 / 69 / 285 Baht.
LAMPANG 9 - 12 Std., 221 / 106 / 365 Baht.
LAMPHUN (kein EXP. DRC.), 11 - 13 1/2 Std., 247 / 118 / - Baht.
CHIANG MAI 11 - 14 1/2 Std., 255 / 121 / 395 Baht.
Abfahrtszeiten der Züge bis nach:
Chiang Mai um 6.40 (RAP.), 8.10 (EXP. DRC., die schnellste und teuerste Alternative eignet sich gut, um etwas von der Landschaft zu sehen), 15.00 (RAP.), 18.00 (EXP.), 19.40 (EXP. SP.) und um 22.00 Uhr (RAP.).
Phitsanulok um 10.55, 16.35 und 23.10 Uhr Diesel-Sonderzüge (SPC. DRC.).

Den Chai, bei Phrae, um 20.00 Uhr (RAP.).
Außerdem fahren mehrere langsame Personenzüge (ORD.-Züge), die überall halten, und die auf englischsprachigen Fahrplänen nur zu einem geringen Teil aufgelistet werden.

**Richtung Nordosten** - Fahrtzeit und Fahrpreis ohne Zuschläge in der 2. Klasse / 3. Klasse und EXP. DRC.:
PAK CHONG (Khao Yai National Park, kein EXP. DRC. und SPC. DRC.) 3 1/2 - 4 1/2 Std., 74 / 36 Baht.
KORAT (Nakhon Ratchasima) 5 - 6 Std., 104 / 50 / 245 Baht.
SURIN (z.T. keine EXP. DRC.) 6 - 9 1/2 Std., 153 / 73 / 295 Baht.
UBON 10 - 13 Std., 200 / 95 / 345 Baht.
KHON KAEN ca. 8 Std., 162 / 77 / 305 Baht.
UDON 8 - 10 1/2 Std., 198 / 95 / 340 Baht.
NONG KHAI 10 1/2 - 11 1/2 Std., 215 / 103 / 365 Baht.
Die Züge Richtung Nordosten fahren auf 2 verschiedenen Linien: Die Ubon-Linie führt u.a. über Pak Chong, Korat und Surin. Die Nong Khai-Linie führt über Khon Kaen und Udon. Nur EXP. DRC. Richtung Nong Khai fahren über Korat. Beide Linien halten am International Airport, in Ayutthaya und Saraburi.
Abfahrtszeiten der Züge bis nach:
UBON um 6.50 (RAP.), 15.25 (ORD.), 18.45 (RAP.), 21.00 (EXP.), 22.45 (RAP.) und 23.25 Uhr (ORD.).
NONG KHAI um 6.15 (RAP.), 19.00 (RAP.) und 20.30 Uhr (EXP.).
UDON (SPC. DRC.) um 8.20 und 20.40 Uhr.
SURIN um 11.05 und 21.50 Uhr (SPC. DRC.).
Außerdem mehrere Personenzüge (ORD.).

**Richtung Osten** - Fahrtzeit und Fahrpreis in der 3. Klasse: PATTAYA ca 3 Std., 31 Baht.
CHACHOENGSAO ca. 1 1/2 Std., 13 Baht.
PRACHINBURI 2 1/2 - 3 Std., 26 Baht.
KABINBURI 3 1/2 - 5 Std., 33 Baht.
ARANYAPRATHET ca. 5 1/2 Std., 48 Baht.
Abfahrtszeiten der Züge (nur DRC.) bis nach:
Pattaya um 6.20 und 13.10 Uhr.
Chachoengsao um 7.00 Uhr.
Prachinburi um 9.40 und 17.25 Uhr.
Kabinburi um 8.05, 11.25 und 15.10 Uhr.
Aranyaprathet um 6.00 und 13.10 Uhr.

**Richtung Westen** - Fahrtzeit und Fahrpreis in der 3. Klasse: NAKHON PATHOM ca. 1 Std., 14 Baht, KANCHANABURI 2 1/2 Std., 28 Baht, NAM TOK 4 1/2 Std., 41 Baht.
Abfahrtszeiten der Züge (nur DRC.) bis nach:
Nam Tok (River Kwae) über Nakhon Pathom und Kanchanaburi um 7.50 und 13.45 Uhr vom Bahnhof in Thonburi.
Da alle Züge Richtung Süden auch in Nakhon Pathom halten, kann man dort umsteigen, ohne nach Bangkok fahren zu müssen.

**Richtung Süden** - Fahrtzeit und Fahrpreis ohne Zuschläge in der 2. / 3. Klasse / EXP. DRC.:
PHETCHABURI (kein EXP. und EXP. DRC.) 3 Std., 71 / 34 Baht.
HUA HIN 3 - 4 Std., 92 / 44 / 235 Baht.
PRACHUAP KHIRI KHAN (kein EXP. SP. und EXP.) 4 1/2 - 5 1/2 Std., 122 / 58 / 265 Baht.
CHUMPHON 7 - 8 Std., 172 / 82 / 315 Baht.
SURAT THANI 9 - 11 Std., 224 / 127 / 370 Baht.
NAKHON SI THAMMARAT (z.T. keine EXP.) 15 Std., 279 / 133 Baht.
TRANG (z.T. keine EXP.) 15 Std., 282 / 135 Baht.
KANTANG (keine EXP.) 16 Std., 290 / 138 Baht.
HAT YAI 16 Std., 313 / 149 / 455 Baht.
YALA 18 Std., 346 / 165 Baht.
SUNGAI GOLOK 20 Std., 378 / 180 Baht.
PADANG BESAR 17 Std., 326 / 156 Baht.
BUTTERWORTH 21 Std., 457 / - Baht.
Von Thung Song führt eine Stichlinie über Trang nach Kantang, südwestlich von Trang. Eine weitere Stichlinie zweigt in Hat Yai ab und führt über Yala zur Grenze (Sungai Golok).
Die Hauptlinie verläuft von Hat Yai über Padang Besar (Grenzort) nach Butterworth.
Die Abfahrtszeiten der Züge bis nach:
Butterworth (= Penang in Malaysia) um 15.15 Uhr (EXP. SP. = internationaler Express).
Sungai Golok (malaysische Grenze) um 13.30 (RAP.), 14.35 Uhr (EXP.).
Yala um 15.50 Uhr (RAP.).
Kantang um 18.30 Uhr (RAP.).
Trang um 17.05 Uhr (EXP.).
Nakhon Si Thammarat um 19.20 Uhr (EXP.) und 19.45 (RAP.).
Surat Thani um 22.35 Uhr (EXP. DRC., die schnellste Möglichkeit).
Zudem fahren weitere Personenzüge (ORD.) und Diesel Railcars (DRC.).
Nach Ko Samui gibt's kombinierte „Zug - Bus - Expressboot - Tickets" (419 / 449 Baht im

oberen / unteren Bett, 2. Klasse einfach), Abfahrt in Bangkok 18.30 Uhr, Ankunft in Surat Thani um 5.45 Uhr, Bustransfer zum Hafen und Überfahrt mit dem Expressboot um 7.30 Uhr. Nach Ko Pha Ngan ist dieses Ticket 40 Baht teurer. Bei der Ankunft in Surat Thani warten am Bahnhof Anschlußbusse nach Krabi.

**FLÜGE** - Der Bangkok International Airport liegt 22 km (via Expressway) nördlich der City, tel 5351111 (Information tel 5351254). Der neue Domestic Terminal liegt 500 m stadteinwärts, tel 5351253. Ein kostenloser Minibus pendelt zwischen beiden Abfertigungshallen.
Am Internationalen Terminal können am *Baggage Claim* kostenlos Ortsgespräche geführt werden. In beiden Flughafengebäuden gibt es Wechselstuben - z.B. die *Thai Military Bank* und *Krung Thai Bank* (tgl. 6.30 - 24.00 Uhr), ein Postamt (in beiden Abflughallen, 24 Stunden geöffnet, in der Ankunftshalle von 8.30 - 16.30 Uhr, auch internationale Ferngespräche), die Gepäckaufbewahrung, tel 5351250 (geöffnet tgl. 6.00 - 22.00 Uhr, pro Gepäckstück und Tag 20 Baht, max. 3 Monate), die Zimmervermittlung (Ankunftshalle, auch für einige preiswertere Hotels und Gästehäuser), ein privates Tourist Office (Internationale Ankunftshalle, hier sollte man sich keine Touren aufschwatzen lassen), und den Airport Transport Service.
**Transport nach Bangkok:** Ein Wagen des **Airport Taxi Service** kostet in die City 250 - 500 Baht. Billiger sind die normalen **Taxi Meter**, die an einem Schalter in der Ankunftshalle geordert werden können. Dann kostet die Fahrt in die Sukhumvit Road etwa 150 Baht plus 30 - 50 Baht für den Expressway und nach Banglampoo etwa 140 - 230 Baht.
**Stadtbusse** sind die billigste und langsamste Möglichkeit, nehmen aber niemanden mit Reisegepäck mit. Von der Bushaltestelle an der vierspurigen Hauptstraße (ca. 400 m links vom Hauptausgang der Internationalen Ankunftshalle) fahren sie für 5 Baht (non-ac) bzw. 16 Baht (ac) in 1 1/2 - 2 1/2 Std. in die Innenstadt (s.S. 643 ff). Am späten Abend fahren statt der Busse Minibusse auf den gleichen Routen. Sicherheitshalber sollte man sich beim Kassierer über das Fahrtziel informieren.
Die **Eisenbahn** fährt für 5 - 15 Baht vom Don Muang-Bahnhof gegenüber vom Internationalen Airport (ca. 50 m über die Überführung laufen) ohne im Verkehrschaos steckenzubleiben nach Samsen oder zum Hauptbahnhof. Abfahrt der lokalen bzw. Schnellzüge von 2.11 - 4.38 Uhr alle 35 Min., von 6.10 - 7.20 Uhr alle 10 Min., bis 11.30 Uhr stündlich und danach um 13.25, 14.08, 14.18, 14.41, 16.39, 17.08, 18.05, 18.53, 19.11, 19.45 und 20.11 Uhr. Für Rapid und Express Trains 20 bzw. 30 Baht Zuschlag. Ein *Airport Express Rail Service* verkehrt zwischen Bahnhof Don Muang und Hauptbahnhof. Tickets am Limousine Counter Nr. 7 und im National Terminal am Thai Airways Counter.
Nach **Ayutthaya** ist es nicht viel weiter als nach Bangkok. Dorthin mit der Eisenbahn in ca. 1 Std. für 15 Baht. Nach Norden Richtung **Chiang Mai**: Tickets für den Nachtzug gibt es auch im Station Office von Don Muang, falls noch freie Plätze vorhanden sind.
**Transport zum Airport**: Ein **Taxi** aus der Innenstadt kostet 100 - 200 Baht. Es empfiehlt sich, auch außerhalb der *rush hour* 1 1/2 - 2 Std. Fahrtzeit einzukalkulieren.
Von der Khaosan Rd. fahren **Minibusse** verschiedener Companies für 30 - 70 Baht. Von diesen Bussen ist abzuraten, da sie manchmal mit „kaputtem Motor" liegenbleiben. Zu dieser Zeit ist natürlich niemand im Büro, um die Fahrtkosten zu erstatten. So nimmt man unter Zeitdruck ein Taxi und zahlt ein zweites Mal.
Empfehlenswert ist es jedoch, ein **Taxi Meter** zum Bahnhof Hua Lamphong zu nehmen und mit dem **Zug** Richtung Norden oder Nordosten in 45 Min. zum Bahnhof DON MUANG zu fahren. Über die überdachte Fußgängerbrücke ist es ein Katzensprung zur Abflughalle.
Lokale **Züge** für 5 - 10 Baht fahren von 4.20 - 5.35 alle 10 - 20 Min. und um 7.05, 8.20, 8.30, 9.10, 10.00, 11.05, 11.15, 11.45, 13.05, 14.10, 15.00, 15.25, 16.10, 16.20, 16.45, 17.10, 17.20, 18.00, 18.10, 18.45, 19.00, 19.10, 20.00 und 20.10 Uhr am Hauptbahnhof von Bangkok ab. Zur Not kann man auch einfach die Schnellzüge um 20.30, 20.40, 21.00, 21.50, 22.00, 22.45 oder 23.25 Uhr besteigen und das Stehplatz-Ticket gegen 10 Baht Aufschlag im Zug lösen.
**Airport-Tax** bei Abflug internationale Flüge 200 Baht, nationale 30 Baht. Es ist ratsam, rechtzeitig am Airport zu sein.
**Nationale Flüge**: *THAI AIRWAYS*, 6 Larn Luang Rd., tel 2800090-100. *Thai* fliegt folgende Städte an:
CHIANG MAI 1650 Baht, CHIANG RAI 1855 Baht, HAT YAI 2280 Baht, KHON KAEN 1020 Baht, KORAT (Nakhon Ratchasima) 540

Baht, LAMPANG 1395 Baht, MAE HONG SON über Chiang Mai 1865 Baht, NAN 1530 Baht, NAKHON PHANOM 1605 Baht, NAKHON SI THAMMARAT 1770 Baht, PHITSANULOK 920 Baht, PHUKET 2005 Baht, SAKHON NAKHON 1465 Baht, SURAT THANI 1710 Baht, TRANG 2005 Baht, UBON 1345 Baht, UDON 1260 Baht.

Die private Fluggesellschaft *BANGKOK AIRWAYS*, Oueen Sirikit National Convention Center, New Ratchadaphisek Rd., tel 2293434, 229 3456, fliegt in 80 Min. mit kleinen, 37sitzigen (DASH 8-100) und 56sitzigen (DASH 8-300) kanadischen Maschinen zu folgenden Zielen:

KO SAMUI 10x tgl. für 2080 Baht (rechtzeitige Buchung erforderlich, da häufig voll), HUA HIN 2x tgl. für 900 Baht und U-TAPAO (RAYONG) Mo, Di, Fr und Sa für 900 Baht.

**Flüge in die Nachbarländer:** Tarife für Hin- und Rückflug in Billigreisebüros:

CALCUTTA US$300, COLOMBO US$400, DACCA US$300, DELHI US$450, DENPASAR US$500, HONG KONG US$320, JAKARTA US$400, KATHMANDU US$600, KUALA LUMPUR US$250, MANILA US$330, PENANG US$190, PERTH US$650, SINGAPORE US$300. Anschlußflüge sind häufig in Europa günstiger. Reservierungen von Billig-Büros sollte man bei den Airlines noch einmal checken, da manche Reisebüros Tickets für ausgebuchte Flüge mit Bestätigung (o.k.) verkaufen.

**Vietnam:** *Thai Airways Inter, Air France* und *Hang Khong Vietnam* fliegen von Bangkok nach HO CHI MINH CITY und HANOI. Die Flüge sind häufig auf lange Zeit ausgebucht. Visa für 4 Wochen werden von einigen Reisebüros in Bangkok für 1200 - 1500 Baht organisiert.

**Myanmar (Burma):** *Bangkok Airways* fliegt 3x wöchentlich mit kleinen Shorts 3-60 von Bangkok über Chiang Mai nach PAGAN. Außerdem Verbindungen mit *Thai Airways* nach YANGON. Individualreisende erhalten Visa für einen Monat.

**Kambodscha**: *Cambodia Airlines, Royal Air Cambodge* und *Thai Airways Inter* fliegen mehrmals tgl. für 5000 - 7500 Baht nach PHNOM PENH in Kambodscha. 30 Tage-Visa werden bei der Einreise am Flugplatz ausgestellt oder können in Bangkok von Reisebüros gegen eine Gebühr von 650 Baht organisiert werden.

**Laos**: *Lao Aviation* fliegt Mi, Do und Fr von und nach VIENTIANE. Visa werden in Bangkok von Reisebüros für 1200 - 1500 Baht organisiert.

**China**: *Thai Airways* fliegt abwechselnd mit *China Southern Airlines* tgl. direkt nach KUNMING, weitere Flüge mit *Yunnan Airlines*. Außerdem bestehen direkte Verbindungen nach PEKING, SHANGHAI, SHENZHEN, GUANGSHOU (Kanton) und SHANTOU.

**Flüge nach Europa:** Am günstigsten sind Flüge mit *Bangladesh Biman* über DACCA nach ATHEN, AMSTERDAM, ROM, PARIS oder LONDON für US$320 - 390 (ab 8300 Baht). Etwas teurer und zuverlässiger sind Flüge mit osteuropäischen Gesellschaften (Aeroflot ist allerdings nicht zu empfehlen) nach Europa, hin und zurück nach FRANKFURT ab 16 400 Baht.

**Reisebüros**: Zuverlässig sind:

*ASIAN OVERLAND ADVENTURES*, 22 Phra Athit Rd., tel 2800740, fax 2800741.

*ETC TRAVEL CENTER*, 180 Khaosan Rd., tel 2827823-4. Weitere Büros: 5/3 Soi Ngam Duphli, tel 2871477-8, und im Royal Hotel, 2 Ratchdamnoen Ave., tel 2240043 (Studenten-Billigflüge).

*K TRAVEL*, 21/33 Soi Ngam Duphli, tel 2871468, 2869868.

*KLUDING TRAVEL*, 53 Sukhumvit Rd. Soi 55, tel 3912924, fax 3917905 (deutschsprachig).

*STA TRAVEL*, Thai Hotel, 78 Prachathipathai Rd., tel 2815314-5. Filiale im 14. Stock des Wall Street Tower Buildings, 33 Surawong Road, tel 2332582. (Studenten-Billigflüge).

*TTS TRAVEL SERVICE*, 2/9 Soi Sri Bamphen, nahe Malaysia Hotel, tel 2826095 (Eisenbahntickets zum Originalpreis).

**Spezialisten für Reisen nach Laos, Vietnam, Kambodscha und Burma** sind folgende Büros:

*DIETHELM TRAVEL*, Kian Gwan Bldg. II, 140/1 Witthayu (Wireless) Rd., tel 2559150, fax 2560248, etabliertes, großes Büro.

*M.K. WAYS CO.*, 57/11 Wireless Rd., tel 25447 65, fax 2545583, kleiner und billiger.

*DEE JAI TOURS INTERNATIONAL*, BIS Bldg., 2. Stock, 119 Mahesak Rd., tel 2343701.

*BANGLAMPOO TOURS*, 17 Khaosan Rd., tel 2826998, geöffnet tgl. 9.00 - 19.00 Uhr.

Unter den Reisebüros, v.a. in der Khaosan Rd., gibt es einige schwarze Schafe, die Anzahlungen kassieren, das Büro schließen und anschließend unter anderem Namen wieder eröffnen.

**Fluggesellschaften:** *AEROFLOT*, Regent House, 183 Ratchadamri Rd., tel 2510617-8, fax 2553138.

*AIR FRANCE* (und UTA), Charn Issara Tower, 942/51 Rama IV Rd., tel 2339477, fax 2369287.

*AIR INDIA*, Amarin Plaza, 500 Ploenchit Rd., tel 2569614-8, fax 2569605.
*AIR LANKA*, Charn Issara Tower, 942/34-35 Rama IV Rd., tel 2369292.
*BANGKOK AIRWAYS*, Queen Sirikit National Convention Center, New Ratchadaphisek Rd., tel 2293456/34, fax 2293454.
*BANGLADESH BIMAN*, 56 Surawong Rd., tel 2357643-4, fax 2369973.
*BRITISH AIRWAYS*, Charn Issara Tower, 942/81 Rama IV Rd., tel 2368655-8, fax 2366735.
*CATHAY PACIFIC*, Ploenchit Tower, 898 Ploenchit Rd., tel 2630606, fax 2630645.
*CAMBODIA AIRLINES*, Queen Sirikit National Convention Center, New Ratchadaphisek Rd., tel 2293387-9, fax 2293394.
*CHINA SOUTHERN AIRLINES*, Silom Plaza, 491/35-37 Silom Rd., tel 2381371-9, fax 23652 79.
*CHINA AIRLINES*, Peninsula Plaza, 153 Ratchadamri Rd., tel 2534242-3, fax 2534565.
*CZECHOSLOVAK AIRLINES*, Regent House, 183 Ratchadamri Rd., tel 2543921-5.
*EGYPT AIR*, CP Tower, 313 Silom Rd., tel 2310505-8, fax 2310503.
*EMIRATES*, Bangkok Bank Building, 54 Soi Asoke, Sukhumvit Road, tel 2607400-4, fax 2607408.
*EVA AIRWAYS*, Soon Hua Song Bldg., 122 Sathon Nua Rd., tel 2382479, fax 2382491.
*GARUDA*, Lumpini Tower, 1168 Rama IV Rd., tel 2856470-3, fax 2856474.
*GULF AIR*, Maneeya Center, 518/5 Ploenchit Rd., tel 2547931-4, fax 2548390.
*JAPAN AIRLINES*, 254/1 Ratchadaphisek Rd., tel 274141125, fax 2741458.
*KAMPUCHEA AIRLINES*, 57/16 Wireless Rd., tel 2534108, fax 2545367-8.
*KLM*, Maneeya Center Bldg., tel 2548325-7, fax 2548332.
*KOREAN AIR*, Kongboonma Bldg., 699 Silom Road, tel 2359221-6, fax 2371973-4.
*LAO AVIATION*, 491/29-30 Silom Plaza, Silom Rd., tel 2369821-3, fax 2369821, am Airport tel 5353591.
*LAUDA AIR*, Wall Street Tower, 14th Floor, 33/67 - 68 Surawong Rd., tel 2332565-6, fax 2372307.
*LOT*, 485/11-12 Silom Rd., tel 2352223-7.
*LTU* (verkauft auch an Individualreisende), Rama Gardens Hotel, Wiphawadi Rangsit Rd., tel 5613784-6, fax 5613783.
*LUFTHANSA*, Q-House Asoke Bldg., 66 Sukhumvit Rd. Soi 21, tel 2642400, fax 2642399.
*MALAYSIA AIRLINES*, Ploenchit Tower, 898 Ploenchit Rd., tel 2630565-71, fax 2630577.
*MYANMAR AIRWAYS*, Charn Issara Tower, 942 Rama IV Rd., tel 2342985.
*PAKISTAN INTERNATIONAL*, 52 Surawong Rd., tel 2342961-5, fax 2342357.
*PHILIPPINE AIRLINES*, Chongkolnee Bldg., 56 Surawong Rd., tel 2342483.
*QUANTAS AIRWAYS*, Charn Issara Tower, 942/51 Rama IV Rd., tel 2369193, fax 2381118.
*ROYAL JORDANIAN*, 56 Silom Rd., tel 23600 30, fax 2366796.
*ROYAL NEPAL AIRLINES*, 1/4 Convent Rd., tel 2333921-4.
*SAS*, Glashaus Bldg., 1 Sukhumvit Road, Soi 25, tel 2600444, fax 2606269.
*SIA* (Singapore Airlines), Silom Center Bldg., 2 Silom Rd., tel 2360440, fax 2346742.
*SIAM KAMPUCHEA AIR (S.K. AIR)*, 57/16 Witthayu Road, tel 2534108, fax 2545367-8.
*SWISS AIR*, 1 Silom Rd., tel 2332935-9, fax 2367417.
*THAI AIRWAYS* (Auslandsflüge), 89 Wiphawadi Rangsit Rd., tel 513 0121-9, fax 2376124. Weitere Büros: 485 Silom Rd., tel 2343100; 45 Anuwong Road, tel 22496 02-8; 6 Larn Luang Rd. (Inlandflüge), tel 28000 90-100, fax 2800735; im 4. Stock des Charn Issara Towers, tel 2354 588; Asia Hotel, 296 Phayathai Rd., tel 2152020; Airport, tel 535 2081.
*TURKISH AIRLINES*, CP Tower, 313 Silom Road, tel 2310300-7, fax 2310311.
*VIETNAM AIRLINES* (Hang Khong Vietnam), 578-80 Ploenchit Rd., tel 2514242, fax 2553978.
*YUNNAN AIRLINES*, c/o Wincent Co. Ltd., 2044/18 New Phetchburi Rd., tel 3197694-5, fax 3140809.

## Die Umgebung von Bangkok

### Krokodilfarm

Südlich von Samut Prakan (ac-Stadtbus 8 ab Sanam Luang für 15 Baht) führt beim KM 28 eine Abzweigung rechts zur Farm der 30 000 Reptilien. Von der

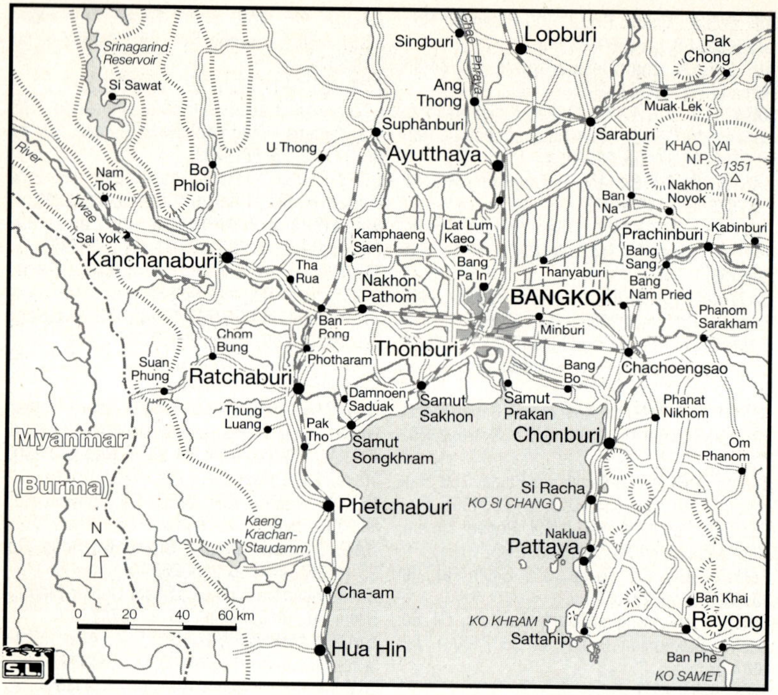


Endstation der Busse in Samut Prakan gehen regelmäßig Minibusse zur Farm (5 Baht), Taxi 20 Baht, Tuk Tuk 10 Baht. Neben Krokodilen werden viele andere Tiere in einem weitläufigen Areal gehalten und gezüchtet. Geöffnet tgl. 8.00 - 18.00 Uhr, tel 3950477, Eintritt 200 Baht. Fütterung zwischen 16.30 und 17.30 Uhr. Fast stündlich Shows, die Europäer meist nicht sonderlich begeistern.

## Muang Boran (Ancient City)

Etwa 6 km weiter südlich liegt ein riesiges Freilichtmuseum - Thailand in Miniaturausgabe, das einen Besuch auf alle Fälle lohnt. Ancient City, das wie ein „geschrumpftes Thailand“ wirkt und sogar die Form des Landes hat, ist mit 80 Hektar ein weitläufiges Gelände. Etwa 80 berühmte Gebäude wurden originalgetreu verkleinert manche auch in Originalgröße an ihrem entsprechenden Platz in der Anlage aufgebaut. In diesem ungewöhnlich schönen und keineswegs überlaufenen Areal kann man inmitten von viel Grün, vorbei an kleinen Wasserfällen und Seen, viele Sehenswürdigkeiten erwandern.

Geöffnet tgl. 8.30 - 18.00 Uhr, Eintritt 50 Baht, Infos in Bangkok: *Ancient City Company*, tel 2228145. Lohnenswert sind die gebuchten Touren für 200 Baht. Ansonsten ab Samut Prakan mit dem Minibus 36 für 3 Baht (Charter ist wesentlich teurer!). Den Bus anhalten, wenn links der Straße die Holzbrücke mit dem Torbogen, auf dem *Ancient City* steht, erscheint. Taxis 40 Baht.

### Damnoen Saduak

Damnoen Saduak, 110 km westlich von Bangkok, ist vor allem wegen seiner **schwimmenden Märkte** bekannt. Von Bangkok (Southern Bus Terminal, Thonburi) fährt Bus 78 ab 6.00 Uhr alle 30 Min. für 30 Baht (ac 49 Baht) in 2 1/2 Std. Letzter Bus zurück gegen 16.00 Uhr. Nicht den Bus 38 nehmen! Es werden organisierte Touren für 200 Baht angeboten. Vom Minibusterminal neben der Bus Station kommt man für 2 Baht zum 1,8 km entfernten Markt. Bereits ab 7.00 Uhr werden zahllose Reisegruppen durch die Kanäle und über die Brücken geschleust. Scheinbar werden die Märkte nur noch als Sehenswürdigkeit am Leben erhalten. Zum Schutz der „Händlerinnen" wurden Brücken und Fußwege erbaut, von denen aus sich am besten das Treiben beobachten läßt. Allerdings ist die Fußgängerbrücke am **Tonkem-Markt** selbst gesperrt, so daß man für 10 Baht mit dem Boot übersetzen oder einen weiten Umweg laufen muß. Mit einem gecharterten Boot können auch der **Here Kui-Markt** und der etwas abseits gelegene **Khun Pithak-Markt** besucht werden.

# ZENTRAL-THAILAND

*Der Weg nach Norden führt durch die weite Ebene des Menam Chao Phya und seiner Nebenflüsse. Wer nicht mit dem Bus über den H1 oder H11 braust, kann auf schmalen Straßen entlang der zahllosen Kanäle und Flüsse die Dörfer inmitten der endlosen Reisfelder erkunden. Auf einigen steilen Felsen, die aus der Ebene emporragen, stehen kleine Tempel.*

## Ayutthaya อยุธยา

*417 Jahre hindurch war Ayutthaya die Königsstadt des siamesischen Reiches, bis sie 1767 von burmesischen Truppen zerstört wurde. Auf dem Höhepunkt ihrer Macht hatten die absoluten Monarchen im 17. Jahrhundert eine Stadt errichten lassen, die es mit europäischen Metropolen ihrer Zeit aufnehmen konnte. 375 prunkvolle Tempel, 29 Festungen und 94 Tore zählte man auf dem riesigen Areal, dessen Ausmaße sich heute nur noch bruchstückweise erahnen lassen. Europäer, Chinesen und Japaner siedelten in eigenen Stadtvierteln. Die Pracht bei Hofe und die Ausstattung der Heiligtümer waren legendär, und was davon heute noch zu sehen ist, sind nurmehr kümmerliche Überreste.*

*Die historische Stadt Ayutthaya (gesprochen: Ayut-tha-ja) ist eine typisch thailändische Provinzstadt. Das heutige Zentrum liegt im Osten der Stadt rings um den Markt. Fast alle Tempel sind von 8.00 - 17.00 Uhr geöffnet.*

Zu Beginn einer Rundfahrt durch die historische Stadt sei ein Besuch im **Ayutthaya Historical Study Center** empfohlen. Das moderne Gebäude soll dem Studium der Ayutthaya-Periode dienen und beherbergt ein sehr anschauliches Museum sowie eine Bibliothek. Im Museum wird die Ayutthaya-Periode auf unkonventionelle Art wieder zum Leben erweckt. Vier Themenschwerpunkte zeigen Ayutthaya als Hauptstadt, als Handelszentrum, als zentralistischen Staat sowie das traditionelle Dorfleben. Der fünfte Bereich, der Beziehungen Ayutthayas zum Ausland und die Einflüsse von außen darstellt, ist in einer Außenstelle des

lage im Khmer-Stil. Das zum *UNESCO World Heritage* gehörende Bauwerk ist über eine breite Straße, die vom H3263 kurz vor der Kreuzung mit dem H3412 abgeht, zu erreichen.

Im Nordosten der Insel befindet sich der rekonstruierte **Chandra Kasem Palast** des Kronprinzen aus dem Jahre 1577. König Mongkut lebte zeitweise hier und ließ sich den **Pisai Salak Turm** für seine astronomischen Studien erbauen. Der **Chantura Mukh Pavillon** enthält eine große stehende Buddhafigur, ein königliches Bett und andere Holzschnitzereien. Geöffnet Mi - So 9.00 - 16.00 Uhr.

Im **Wat Senatsanaram**, weiter südwestlich, vermitteln Wandmalereien einen Eindruck vom alltäglichen Leben der Menschen zur damaligen Zeit. Sie wurden allerdings erst zwischen 1851 und 1910 angefertigt.

**Wat Yai Chai Mongkol** liegt im Südosten außerhalb des historischen Stadtkerns. Bereits König U-Thong hatte 1357 an dieser Stelle den ersten Tempel der Stadt gegründet. Der Tempel in seiner heutigen Form mit einem 62 m hohen Chedi und der liegenden Buddha-Statue wurde unter Naresuan als Erinnerung an einen historischen Sieg über seinen burmesischen Widersacher 1592 umgestaltet. Geöffnet tgl. von 8.00 - 18.00 Uhr, Eintritt 10 Baht.

An dieser Straße weiter im Südwesten steht **Wat Phanan Choeng**. Möglicherweise hat dieser Tempel bereits vor der Gründung von Ayutthaya existiert, denn die 20 m hohe, sitzende Buddha-Statue soll - wie Archäologen herausfanden - 26 Jahre älter als die Stadt sein. König Mongkut ließ sie komplett restaurieren. Hinter dem Wat gibt es eine Bootsanlegestelle. Am anderen Ufer, im **Wat Suwandararam**, sind ein Teil der Wandmalereien unter König Rama VII. (1931) restauriert worden, die u.a. den 1592 stattgefundenen Kampf zwischen den beiden verfeindeten Herrschern, König Naresuan und Phra Maha Uparacha von Burma, auf Kriegselefanten darstellen, nur sporadisch zugänglich.

Weiter außerhalb, nördlich des ehemaligen Königspalastes erhebt sich jenseits des Flusses **Wat Na Phra Meru**. Der mit Holzschnitzereien geschmückte, imposante, große Bot enthält einen 6 m hohen, vergoldeten Bronzebuddha, der im Stil eines Ayutthaya-Herrschers gekleidet ist. Die eindrucksvollen Skulpturen, die prunkvolle Ayutthaya-Architektur der Anlage und ihre landschaftlich reizvolle Umgebung lohnen einen Besuch.

2,5 km nordwestlich der Stadt liegt **Chedi Phu Khao Thong**. Der 80 m hohe Chedi ist - im Gegensatz zu den anderen Bauten - im burmesischen (Mon-)Stil erbaut. Als die Burmesen 1569 schon einmal Ayutthaya eingenommen hatten, errichteten sie diesen Tempel als Erinnerung an den Sieg. 15 Jahre später wurden sie wieder vertrieben, und der Chedi erhielt ein neues Äußeres im Thai-Stil.

Weit außerhalb, nördlich der historischen Stadt, steht der **Elefantenkraal** (Paniad). Innerhalb der restaurierten Umzäunung aus Teak-Pfosten wurden die weißen, königlichen Elefanten gezähmt. Heute stehen nur noch einige Gebäude.

Südlich von Wat Phanan Choeng befand sich die **Japanische Siedlung**. Hier sind in einer Außenstelle des Ayutthaya Historical Study Center die Beziehungen Ayutthayas zum Ausland dargestellt. Lohnt nur für wirklich Interessierte, Eintritt mit der Eintrittskarte des Historical Study Center.

30 km südlich von Ayutthaya steht der **Bang Pa In Sommerpalast**, geöffnet tgl. 8.30 - 15.30 Uhr, Eintritt 50 Baht. An der Kasse erhält man eine informative Broschüre. Busse fahren regelmäßig ab Bangkok (2 - 2 1/2 Std., 20 Baht) und Ayutthaya (45 Min., 10 Baht, auch Songthaew. Die Lateritstraße H3057 führt 16 km am Fluß und an vielen Wats vorbei. Von der Busstation fahren Songtaew, 3 Baht.

## ÜBERNACHTUNG

**GÄSTEHÄUSER** - *OLD B.J. GH** [7], 16/7 Naresuan Rd., tel 251526. Einfache Zi mit Gemeinschafts-Du/WC, nette Leute; Fahrräder.
*AYUTTHAYA GH** [8], 16/2 Naresuan Rd., tel 251468. Einfache, saubere Zimmer mit vielen Moskitos (die besseren im 1. Stock), Gemeinschafts-Du/WC, Gartenrestaurant; Fahrräder.
*B.J. GH*** [5], 19/29 Naresuan Rd., tel 246046, gutes Essen.
*AYUTTHAYA YOUTH HOSTEL*** [11], 48 Mu 2 U-Thong Rd., tel 241978, traditionelles Thaihaus, mit Restaurant, nicht ruhig.
*TONGCHAI GH*** (ac***) [4], 9/6 Maharaj Rd., tel 245210, 27 Bungalows in kleinem Garten, überwiegend einheimische Kurzzeit-Kunden.
*RIMNAM GH*** [3], nordöstlich der Bus Station, mit einem Fährboot über den Fluß zu erreichen.
*PAI TONG GH*** [14], 8 U-Thong Rd., tel 241830. Von einer Familie unpersönlich geführtes Haus. Einfache Zi, mit Bambusmatten unterteilt. Frühstück und Abendessen gibt es auf der Terrasse; ältere Klappräder werden verliehen. Der Besitzer hält sich kreischende Vögel.

**HOTELS** - *SRI SMAI HOTEL**** (ac****) [9], 12 Naresuan Rd., tel 245228, zentral, aber abgewohnt und überteuert.
*THAI TAI HOTEL*** (ac***) [6], 13/1 Naresuan Rd., tel 244702, alte Bungalows und Reihenhäuser, nicht auf Traveller eingestellt.
*WIANG FA HOTEL**** [10], 1/8 Rojana Rd., tel 243252, im alten Zentrum, überwiegend einheimische Kurzzeit-Kunden.
*CATHAY HOTEL*** [2], 36/5-6 U-Thong Rd., tel 251562, schmuddelig und laut.
*U-THONG HOTEL*** [1], 86 U-Thong Rd., tel 251136, muffig, dunkel und teuer, nicht zu verwechseln mit dem
*U-THONG INN* [13], 210 Rojana Rd., tel 242236, fax 242235, 1 1/2 km vom Fluß an der Straße, 100 vollklimatisierte Zi um 1000 Baht.
*AYUTTHAYA GRAND HOTEL* [13], 55/5 Rojana Rd., tel 335483, fax 335492, lohnt nicht die Ausgabe. Pool, Nicht-Gäste 30 Baht Eintritt.
*KRUNG SI RIVER* [12], 27/2 Moo 11 Rojana Rd., tel 242996, ist das neueste und derzeit beste Hotel, mit Zimmerpreisen um 2000 Baht.

## ESSEN UND TRINKEN

Gutes und billiges Essen gibt es auf dem Nachtmarkt zwischen Fluß und U-Thong Rd., gegenüber vom Chandra Kasem Palast und an den Straßenständen direkt vor dem Bahnhof.
Schwimmende Restaurants: *RUENPAE*, 36/1 U-Thong Rd., neben der Brücke, meist Gruppen. Es schließt um 19.00 Uhr und *TAEVARAJ*, südlich vom Bahnhof, abends Live-Musik.
*PAE KRUNG GAO RESTAURANT*, südlich der Brücke, klimatisiert, mit englischer Karte.
*RACHA RESTAURANT*, 5/4 Rojana Rd., ein großes, offenes Thai-Restaurant mit Teichen und vielen Moskitos. Abends Live-Musik.
*KNOCK ON WOOD*, 51/213 Rojana Rd., tel 336104, fetzige Live-Musik und Bier vom Faß. In derselben Straße sind Essenstände rund um die Uhr geöffnet.

## SONSTIGES

**FAHRRÄDER / MOTORRÄDER** - an mehreren Stellen für 30 - 50 Baht pro Tag bzw. ab 300 Baht. Billige sind häufig schlecht gewartet.

**FESTE UND FEIERTAGE** - Am **chinesischen Neujahrstag** findet im Rama-Park ein großer Jahrmarkt mit Musik und Tanz statt.
An **Songkran** (13. April) findet am Morgen nahe des Haupt-Wats ein schöner Umzug statt.
**Loy Krathong**, im November, wird besonders prächtig im und um den Rama Park begangen.

**GELD** - *THAI FARMERS BANK*, Naresuan Rd., nahe des Busbahnhofs. Wie auch die *THAI MILITARY* und *SIAM COMMERCIAL BANK*. *BANGKOK BANK* nahe des Cathay Hotels.

**INFORMATIONEN** - Das *TOURIST OFFICE* am Museum ist tgl. 8.30 - 16.30 Uhr geöffnet. Aktuelle Infos und Stadtpläne. Es soll auf die gegenüberliegende Straßenseite verlegt werden.

**TOURIST POLICE** - auf dem Gelände des ehemaligen Königspalastes und im Tourist Office.

**VORWAHL** - 035; PLZ 13 000.

## NAHVERKEHRSMITTEL

**TUK TUKS** - eine Rundfahrt (3 Std.) sollte 400 Baht, ein ganzer Tag 500 - 800 Baht. Innerhalb des Stadtgebietes kostet ein Tuk Tuk 20 Baht, von der Bus Station am Highway in die Stadt hinein 40 Baht.

**FÄHRE** - Vom Bahnhof Richtung Stadt kostet die Fähre 1 Baht. Eine Fähre führt hinter dem Bahnhof direkt über den Fluß und eine zweite etwas weiter nach Norden.

**BOOTE** - An der Anlegestelle hinter dem Wat Phanan Choeng und hinter dem U Thong Hotel werden Boote für eine Rundfahrt um die Stadt für 250 Baht, max. 10 Pers., vermietet. Von BANG PA IN kosten gecharterte Boote ca. 700 Baht für max. 10 Pers.

## TRANSPORT

**BUSSE** - Die meisten Busse fahren ab der Bus Station westlich vom Highway, ca. 2 km östlich der Stadt. Tuk Tuk für bis zu 4 Pers. 40 Baht. Die non-ac-Busse aus Bangkok kommend Richtung Norden sind häufig voll.

Von BANGKOK, 76 km, fahren Minibusse bis gegen 20.00 Uhr ab einer Seitengasse beim Victory Monument für 25 Baht zur Naresuan Rd. Ab Northern Bus Terminal in Bangkok fahren alle 20 Min. non-ac-Busse, 22 Baht, ac-Bus für 36 Baht in 2 1/2 Std. Zurück bis ca. 19.15 Uhr. Nach BANG PA IN non-ac-Busse alle 30 Min. sowie Songthaew, 7 Baht. Nach SARABURI non-ac-Busse alle 40 Min. bis 19.00 Uhr, 20 Baht. Nach SUKHOTHAI non-ac-Busse um 8.45, 10.00, 12.00, 14.00, 18.10, 20.00 und 21.00 Uhr für 90 Baht in 5 Std., ac-Bus um 9.30 Uhr für 106 Baht und V.I.P.-40 für 191 Baht.

Nach CHIANG MAI 7x tgl. für 212 Baht, PHITSANULOK 7x tgl., CHIANG RAI 2x morgens. Nach KANCHANABURI fährt man am besten mit dem gelben Bus 703 nach SUPHANBURI, 18 Baht, und steigt dort in den Bus 411 nach Kanchanaburi, 25 Baht, um.

**EISENBAHN** - Ab Bahnhof fahren Songthaew zu den Ruinen; Richtung Stadt die Fähre (s.o.). Von BANGKOK am angenehmsten mit dem Zug ab Hua Lamphong ca. 20x pro Tag, 31 / 15 Baht in der 2. / 3. Kl. in 90 Min. Vom Bahnhof am Airport Don Muang kostet die Fahrt nur 11 Baht - für alle, sich nicht gleich das chaotische Bangkok antun wollen. Nach PHITSANULOK um 10.10 Uhr für 58 Baht, 3. Kl., LOPBURI 13 Baht. Von CHIANG MAI kommen tgl. 4 Züge von 4.08 bis 9.05 Uhr sowie ein *Rapid* um 18.41 Uhr an. Zurück 5 Züge um 8.03, 16.20, 19.24, 21.00 und 23.23 Uhr.

# Sukhothai สุโขทัย

*Als die Thai aus dem Norden einwanderten, eroberten sie 1238 auch das Gebiet um die Khmer-Siedlung, aus der das spätere Sukhothai entstand. Mit Hilfe einer schlagkräftigen Armee und geschickter Diplomatie brachten sie weite Landstriche unter ihren Einfluß. Der „Vater Thailands“, König Ramkhamhaeng (1275 -1317), entwickelte hier aus der Mon-Schrift das erste Thai-Alphabet. Ceylonesische Mönche sorgten für die Verbreitung der reinen buddhistischen Lehre und verdrängten die kulturellen Einflüsse der ungeliebten Khmer.*

*Sukhothai wurde zum ersten großen Machtzentrum der Thai, eine prächtige, schwer befestigte Stadt. Doch der mächtige Stadtstaat zerfiel unter seinen Nachfolgern und fiel um Mitte des 14. Jahrhunderts an das aufstrebende Ayutthaya.*

Die heutige Stadt Sukhothai (New Sukhothai, 23 000 Einwohner) liegt 12 km von den Ruinen von Old Sukhothai, offiziell *Sukhothai Historical Park* genannt, entfernt. In (New) Sukhothai kommen die meisten Busse an, hier gibt es die Übernachtungsmöglichkeiten, auch werden Besichtigungstouren meist hier beginnen. Trotz zahlloser Moskitos ein ruhiger, netter Ort - viele Durchreisende bleiben wegen der guten Atmosphäre länger als geplant.

Eine **Stadtmauer** mit einem Graben im Rechteck von 1810 x 1400 m umgibt das eigentliche Stadtgebiet, in dem die Relikte von 16 Tempeln und 4 Hinduschreinen stehen. Hinzu kommen etwa 70 weitere Ruinen außerhalb der Stadtmauer. Schon bei der Anreise sieht man einige Ruinen zerstörter Tempel. Im **Ramkhamhaeng National Museum** vermitteln die Ausstellungsstücke im Erdge-

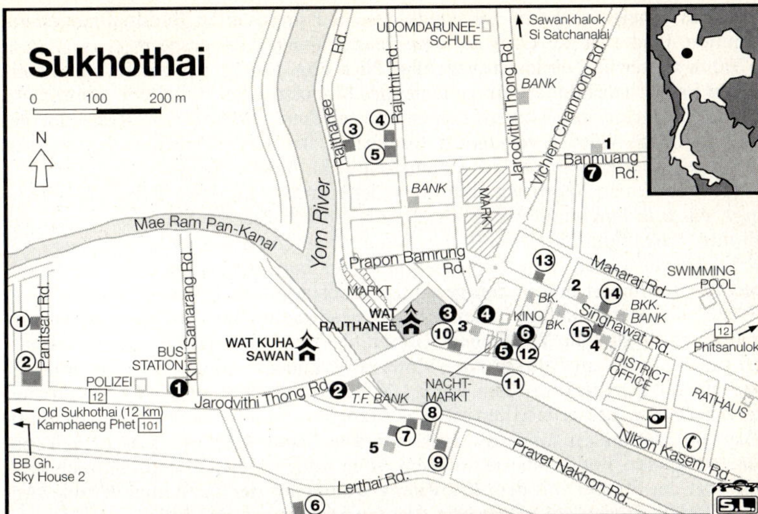


**Übernachtung:**
① No. 4 Gh. A
② Rajthanee H.
③ No. 4 Gh. B
④ O2 Gh.
⑤ Thai Gh.
⑥ Friend House
⑦ Somprasong Gh.
⑧ Banthai Gh.
⑨ Yupa House
⑩ Chinawat H.
⑪ River View H.
⑫ Sky House I
⑬ Sukhothai H.
⑭ Northern Palace H.
⑮ Sawaddiphong H.

**Läden, Restaurants etc.:**
1 Thanee Supermarkt
2 Leaf Bakery
3 Dream Café (2)
4 Dream Café (1)
5 Sompra Song R.

**Transport:**
❶ Bus → Old Sukhothai
❷ Bushaltestelle von Tak
❸ Bus → Si Satchanalai, Sawankhalok, Uttaradit
❹ Win Tour → Bkk., Ch. Mai, Ch. Rai, Phitsanul.
❺ Bus → Bkk., Phitsanulok, Ch. Mai, Ch. Rai, Khon Kaen, Nan
❻ Bus → Kamphaeng Phet, Nakh. Sawan
❼ Bus → Tak, Mae Sot

schoß einen guten Überblick über die Kunst der Sukhothai-Periode. Im Zentrum des Hauptgebäudes ist ein für den Sukhothai-Stil typischer schreitender Buddha ausgestellt. Im 1. Stock sind Kunstwerke aus anderen Epochen zu sehen. Geöffnet Mi - So außer feiertags 9.00 - 16.00 Uhr, Eintritt 10 Baht.

Im Zentrum liegt **Wat Mahathat**, der königliche Tempel. Er war zur Zeit der Sukhothai-Periode das größte religiöse Heiligtum. Auf einer Fläche von 240 x 280 m wurden neben dem zentralen Chedi, dem Unterbau der Ordinationshalle und dem Viharn noch 209 kleine Chedis und andere Gebäude ausgegraben. Während diese kleineren Bauwerke noch Merkmale des Khmer-Stils aufweisen, ist der Hauptchedi ein typisches Beispiel für den Sukhothai-Stil. Weiter im Süden erheben sich drei Laterit-Prasats von **Wat Si Sawai**. Sie waren im 13. Jahrhundert als brahmanischer Schrein im Khmer-Stil erbaut worden. Später wurde das hinduistische Heiligtum in einen buddhistischen Tempel umgewandelt.

Nördlich des königlichen Tempels liegt **Wat Sra Si** auf einer Insel mitten in einem See. Hier wird alljährlich im November Loy Krathong, das große Lichterfest, gefeiert. Das **Denkmal** in der Nähe stellt König Ramkhamhaeng dar. Vom **Wat Trakuan** (6) blieb nur der große Chedi in Glockenform übrig.

Zu den Ruinen im Norden nimmt man am besten den nordwestlichen Ausgang. Knapp 1 km entfernt erhebt sich **Wat Si Chum** mit dem riesigen sitzenden Buddha *Phra Atchana* aus dem 14. Jahrhundert, der sehr verehrt wird. Der quadratische, nach oben offene Mondop war einst von einem Wassergraben umgeben. Das Innere wird fast vollständig von der imposanten Buddhafigur eingenommen. Leider ist der Gang auf den Tempel hinauf z.Zt. gesperrt.

700 m weiter im Nordosten liegt **Wat Phra Phai Luang**, das bereits zu Khmer-Zeiten im 12. Jahrhundert ein bedeutendes hinduistisches Heiligtum, wenn nicht gar das Zentrum der Khmer-Hauptstadt, gewesen sein soll. Die Reste der gesamten Anlage wurden vollständig restauriert. Bei diesen Arbeiten fand man in den zugemauerten Nischen des Chedi zahlreiche Buddhafiguren.

Nördlich davon liegen verstreut verfallene und restaurierte **Kilns** *(Tao Turiang)*, ca. 6 m lange und 3 m breite Brennöfen aus Ziegelstein, in denen die berühmte Sawankhalok-Keramik *(= Celadon)* hergestellt wurde. Ende des 13. Jahrhunderts wurde diese feine Keramik hier bereits von chinesischen Handwerkern produziert und in den gesamten südostasiatischen Raum exportiert.

Wem die Ruinenanlage innerhalb der Stadtmauer zu sehr restauriert vorkommt, sollte sich die **Westlichen Ruinen** nicht entgehen lassen - am besten lassen sie sich mit dem Fahrrad oder Motorrad erkunden. Die ersten Ruinen hinter dem ehemaligen Westtor, dem Pratu Oa, liegen mitten in den Feldern und sind stark zerfallen. Besser erhalten ist **Wat Mangkon** mit einem Chedi im ceylonesischen Stil. Besonders lohnenswert ist das **Wat Sapan Hin** mit einer 12,5 m großen, stehenden Buddhastatue auf dem 50 m hohen Hügel. Landschaftlich reizvoll liegt der Stausee mit dem **Pra Ruang Damm** aus der Sukhothai-Periode. Anschließend läßt sich auf Fahrwegen Richtung Osten zu den südlichen Ruinen die Rundfahrt komplettieren.

Durch das südliche Stadttor, dem Pratu Namo, kommt man nach 2,5 km zum **Wat Chetuphon**. Am wuchtigen Mondop war ursprünglich auf jeder Seite je eine Buddhafigur angebracht, allerdings sind nur die beiden ersten Figuren erhalten.

Etwa 8 km nördlich der Stadt steht rechts der Straße H1195 das **Wat Thawet**. Eintrittspreise: *Old Sukhothai Historical Park* für Ausländer 20 Baht, für Thais 5 Baht. Fahrräder, mit ausländischen Fahrern 20 Baht, mit einheimischen Fahrern 5 Baht; andere Fahrzeuge kosten extra. Auch an den verstreut liegenden Sehenswürdigkeiten muß an jedem Kassenhäuschen noch einmal dasselbe bezahlt werden (um die Mittagszeit häufig kein Eintritt). Mit den Geldern soll die fragwürdige Restaurierung der Tempel und die Anlage des großen Parks finanziert werden. Immerhin wurden bereits ca. 10 Mill. DM ausgegeben, die mit Hilfe internationaler Organisationen, u.a. der UNESCO, aufgebracht worden sind.

## ÜBERNACHTUNG

**OLD SUKHOTHAI** - Abends ist es schwierig, etwas zu Essen zu bekommen.

*SUWAN GUEST HOUSE**, schönes, neues Haus mit kleinen Zi ohne Bad. Liegt zurückversetzt an der zentralen Kreuzung.

*VITOON GUEST HOUSE*-***, sehr einfache, düstere Zimmer an der zentralen Kreuzung.

*THAI VILLAGE HOUSE***-*****, 214 Jarodvithi Thong Rd., tel 611049, fax 612583, im Sukhothai Culture Center, 1 km vor der alten Stadt. Dicht an dicht stehende Holz-Bungalows im traditionellen Stil, einige mit Fan, andere klimatisiert und mit richtiger Badewanne.

*PAILYN HOTEL*, 10 Mu 1 Jarodvithi Thong Rd., tel 613310, fax 613317, 2 km vor der alten Stadt, luxuriös (ab 1000 Baht), Pool.

**NEW SUKHOTHAI - Gästehäuser:** Wer ohne Schlepper ankommt, erhält in vielen Gästehäusern für die erste Nacht Rabatt. Die folgenden 5 Gästehäuser erhalten viel Lob.

*SOMPRASONG GUEST HOUSE*-***, 32 Pravet Nakhon Rd., tel 611709. Kleine saubere Zi mit neuen Moskitogaze mit / ohne Du/WC in großem Familienhaus bei netten Leuten. 4 schöne Zimmer in Bungalows** und gutes Restaurant.

*BANTHAI GUEST HOUSE**, 38 Pravet Nakhon Rd., tel 610163, Haupthaus und Restaurant,

Holzhütten** mit Du/WC dahinter im Garten, freundliche Leute; viele Infos; Moped 150 Baht.
*YUPA HOUSE**, 44/10 Pravet Nakhon Rd., tel 612578, ruhig gelegen. Zi ohne Du/WC im 3stökkigen Haupthaus mit Balkon und Dachterrasse, etwas abgewohnte Zi mit Du/WC im Anbau.
*NO. 4 GUEST HOUSE A*-***, 234/6 Jarodvithi Thong Rd., tel 611315, an der Ausfallstraße Richtung Old Sukhothai, hinter dem Rajthanee Hotel. Zi und Schlafsaal, Traveller-Treff (sehr beliebt bei Franzosen), viele Infos, gute Atmosphäre. Mit der Rikscha 5 Baht ab Bus Station.
*NO. 4 GUEST HOUSE B*-***, 170 Rajthanee Rd., tel 611315, ein 150 Jahre altes Thaihaus mit Garten am Fluß, Bungalows dahinter am Teich (Mückenschutz!), freundliche Leute, sehr sauber und ruhig; Trinkwasser gratis und weitere nette Überraschungen. Die herzliche, agile Leiterin leitet beliebte Kochkurse, 1500 Baht für 2 Tage / 3 Nächte, inkl. Essen.
*SKY HOUSE I**, 30 Prasertpong Rd., tel 611 175, Stadthaus gegenüber der Bus Station.
*O2 GUEST HOUSE**, 26/4 Rajuthit Rd., tel 612 982, ruhig, sauber, nette Leute.
*THAI GUEST HOUSE**, 25/4 Rajuthit Rd., tel 612853, 6 Zimmer mit Gemeinschafts-Du/WC.
*FRIEND HOUSE** (ac**), 52/7 Soi Nissan Lerthai Rd., tel 610172, düstere Zi im Reihenhaus, schöner Garten; Video; Fahrradverleih gratis; 1 km außerhalb Richtung Old Sukhothai.
*BB GUEST HOUSE**, 2 km außerhalb Richtung Old Sukhothai (vor dem Hospital links rein), gutes Essen, Fahrradverleih.
*SKY HOUSE II*** (ac***), 58/1-8 Bypass Rd., tel 612237, fax 611212, Kleinhotel an der Umgehungsstraße (3 km außerhalb) mit kleinen Zi, gutes Essen, Motorräder 130 Baht pro Tag, veranstaltet tgl. Minibus-Touren über Lampang nach Chiang Mai und umgekehrt.

**Hotels:** In der verkehrsreichen Singhawat Rd. liegen: *SUKHOTHAI***, Nr. 15, tel 611 133, große Zi mit Du/WC, einige mit ac. Restaurant.
*SAWADDIPHONG*** (ac***), Nr. 56, tel 611567, fax 612268, große Einzelzimmer, freundlich.
*NORTHERN PALACE***** (auch Wang Nua), Nr. 43, tel 611193, fax 612038, ac-Zi, Pool.
Südlich des Busbahnhofs liegen:
*CHINAWAT*-*** (ac***),1-3 Nikon Kasem Rd., tel 611385, Hinterhof-Atmosphäre.
*RIVER VIEW*** (ac****), 92/6 Nikon Kasem Rd., tel 611652, große Zimmer mit Du/WC, die billigen Zimmer sind nicht gerade sauber.

An der Straße Richtung Old Sukhothai liegt:
*RAJTHANEE***-*****, 229 Jarodvithi Thong Rd., tel 611031, fax 612878, moderne ac-Zi.

## ESSEN

**OLD SUKHOTHAI** - Tagsüber kann man im *DONG TARN RESTAURANT*, gegenüber vom Museum, recht mäßig, oder im Restaurant im *Information Center* recht preiswert essen.

**NEW SUKHOTHAI** - Zu den meisten **Gästehäusern** gehört auch ein Restaurant. Hervorragend und preiswert ißt man im Restaurant vom *SOMPRASONG GH*, angenehm ruhig gelegen; sehr zu empfehlen sind die Shakes. Schräg gegenüber dem Kino gibt es auf dem überdachten **Nachtmarkt** gutes und billiges Essen.
*LEAF BAKERY*, Singhawat Rd., geöffnet von 7.00 - 21.00 Uhr, gute Backwaren.
*DREAM CAFE (1)*, 86/1 Singhawat Rd., neben dem Sawaddiphong Hotel, geöffnet 10.00 - 23.30 Uhr. Gute Atmosphäre, leckere Thai-Gerichte.
*DREAM CAFE (2)* liegt neben Win Tour, mit Antiquitäten ausgestattet, Bar-Atmosphäre, u.a. europäisches Frühstück ab 7.00 Uhr.

## SONSTIGES

**FAHRZEUGVERMIETUNG** - Gegenüber dem Büro der staatlichen Busgesellschaft kostet ein Mietwagen 200 Baht, 4 Std., Tuk Tuk 150 Baht, Motorrad 100 Baht. Fahrräder 30 Baht, Fahrradrikschas ca. 200 Baht. 100 - 200 m vor der zentralen Kreuzung von Old Sukhothai gibt es viele Läden, die Fahrräder für 20 Baht vermieten. Abzuraten ist davon, mit dem Fahrrad von New Sukhothai her zu fahren.
Verschiedene Gästehäuser vermieten Mopeds für 100 - 150 Baht pro Tag. *K.VITOON*, in Old Sukhothai, bietet Motorräder für 45 Baht /Std.

**FESTIVAL** - **Loy Krathong**, das große Lichterfest im November, soll seinen Ursprung in Sukhothai haben. Mit farbiger Beleuchtung, Feuerwerk, Umzügen und einer Light-and-Sound-Show am Wat Mahathat (100 Baht).

**GELD** - In der Singhawat Rd. u.a. die *BANGKOK BANK* hinter dem Northern Palace Hotel.
*THAI FARMERS BANK.*, Jarodvithi Thong Rd., geöffnet 8.30 - 15.30 Uhr. Bis 22.00 Uhr wechselt das Hotel Chinnawat (zu schlechten Kursen).

**INFORMATIONEN** - Vor dem Eingang zum Park befindet sich ein *TOURIST INFORMATION CENTER*.

**STOFFE** - In Ban Hat Sieo (siehe Festival) werden auf Handwebstühlen Baumwoll- und Seidenstoffe nach alten Mustern gefertigt.

## TRANSPORT

Von SUKHOTHAI fahren von 6.30 - 16.30 Uhr jede Std. blaue non-ac-Busse in 2 Std. für 16 Baht zur Abzweigung zum Historical Park am KM 17,6. Zurück spätestens um 16.45 Uhr. Man kann auch einen der Busse nehmen, die stündlich zwischen Uttaradit und Sukhothai verkehren (22 Baht), und unterwegs aussteigen. Sinnvoller ist es, Si Satchanalai auf einem Tagesausflug von Sukhothai aus zu besuchen. Die Gästehäuser veranstalten Touren für ca. 500 Baht pro Gruppe (min. 4 Personen) oder man mietet ein Motorrad und fährt auf dem H1195 hin (besser als der stark befahrene H101) und anschließend auf dem H1201 zurück.

# Kanchanaburi กาญจนบุรี

*Nicht nur die weltberühmte Brücke am Kwai, die Vorlage zu Pierre Boulles Roman und dem gleichnamigen Film, zieht Touristen in diese Provinzhauptstadt. Japanische Kriegsveteranen kommen wegen der Soldatenfriedhöfe, Museen und anderer Spuren, die der 2. Weltkrieg hinterließ. Westliche Traveller finden hier preiswerte Gästehäuser und Restaurants sowie vielfältige Möglichkeiten für Touren in die landschaftlich reizvolle Umgebung.*

Zur berühmten **Brücke am Kwae**, besser bekannt als „River Kwae Bridge" bzw. „Die Brücke am Kwai", 4 km nordwestlich der Stadt, kommt man mit dem Songthaew für 40 Baht pro Fahrzeug oder 5 Baht pro Person, mit der Rikscha 30 Baht. 6x täglich überqueren Züge auf der Brücke den Kwae Yai und fahren durch das Tal des Kwae Noi bis zur heutigen Endstation Nam Tok. Durch lautes Pfeifen machen sie auf sich aufmerksam, so daß sich Touristen rechtzeitig in Sicherheit bringen können. Die Brücke am Kwae war ein strategisch wichtiger Punkt und wurde deshalb im Juni 1945, am Ende des Krieges, weitgehend zerstört. Authentisch ist weder die Filmbrücke noch die Stahlträgerkonstruktion, die ebenfalls 1943 errichtet wurde, aber mit der Roman-Brücke nichts gemein hat. Südlich der heutigen Brücke sind noch Reste des Originals zu erkennen.

Von dem privaten **World War II Museum** gleich südlich der Brücke, tel 512 596, geöffnet tgl. 8.00 - 18.30 Uhr, Eintritt 30 Baht, sollte man keine historische Aufarbeitung der Kriegsereignisse erwarten. Neben einer Galerie sämtlicher Helden Thailands („Unsere Grenzen sind mit den Gebeinen Gefallener geschützt.") haben auch die Helden des 2. Weltkriegs, von Stalin bis Einstein, ihren Platz! Wesentlich kleiner aber besser gemacht ist das **JEATH Kriegsmuseum** (JEATH = die in den Krieg verwickelten Länder: Japan, England, Australien, Amerika, Thailand und Holland) im Wat Chai Chumphon am Mae Klong Fluß, das Ende der 70er Jahre von dem damaligen Abt in der rekonstruierten Unterkunftsbaracke eines Kriegsgefangenenlagers errichtet wurde. Anhand von Fundstücken, Fotos und anderen Dokumenten vermittelt es einen Eindruck vom Leben der Gefangenen und der asiatischen Zwangsarbeiter, die 1942/43 am Bau der Eisenbahnlinie beteiligt waren. Geöffnet tgl. 8.30 - 18.00 Uhr, 20 Baht, Fotografierverbot.

Ein Teil der Toten wurde auf den beiden **Soldatenfriedhöfen** (*war cemetry*) beigesetzt. Der größte, auf dem 6982 Soldaten begraben sind, befindet sich etwa 300 m südlich vom Bahnhof, mit einem gemieteten Songthaew für 20 Baht, aber

Holzhütten** mit Du/WC dahinter im Garten, freundliche Leute; viele Infos; Moped 150 Baht.
*YUPA HOUSE**, 44/10 Pravet Nakhon Rd., tel 612578, ruhig gelegen. Zi ohne Du/WC im 3stökkigen Haupthaus mit Balkon und Dachterrasse, etwas abgewohnte Zi mit Du/WC im Anbau.
*NO. 4 GUEST HOUSE A*-***, 234/6 Jarodvithi Thong Rd., tel 611315, an der Ausfallstraße Richtung Old Sukhothai, hinter dem Rajthanee Hotel. Zi und Schlafsaal, Traveller-Treff (sehr beliebt bei Franzosen), viele Infos, gute Atmosphäre. Mit der Rikscha 5 Baht ab Bus Station.
*NO. 4 GUEST HOUSE B*-***, 170 Rajthanee Rd., tel 611315, ein 150 Jahre altes Thaihaus mit Garten am Fluß, Bungalows dahinter am Teich (Mückenschutz!), freundliche Leute, sehr sauber und ruhig; Trinkwasser gratis und weitere nette Überraschungen. Die herzliche, agile Leiterin leitet beliebte Kochkurse, 1500 Baht für 2 Tage / 3 Nächte, inkl. Essen.
*SKY HOUSE I**, 30 Prasertpong Rd., tel 611 175, Stadthaus gegenüber der Bus Station.
*O2 GUEST HOUSE**, 26/4 Rajuthit Rd., tel 612 982, ruhig, sauber, nette Leute.
*THAI GUEST HOUSE**, 25/4 Rajuthit Rd., tel 612853, 6 Zimmer mit Gemeinschafts-Du/WC.
*FRIEND HOUSE** (ac**), 52/7 Soi Nissan Lerthai Rd., tel 610172, düstere Zi im Reihenhaus, schöner Garten; Video; Fahrradverleih gratis; 1 km außerhalb Richtung Old Sukhothai.
*BB GUEST HOUSE**, 2 km außerhalb Richtung Old Sukhothai (vor dem Hospital links rein), gutes Essen, Fahrradverleih.
*SKY HOUSE II*** (ac***), 58/1-8 Bypass Rd., tel 612237, fax 611212, Kleinhotel an der Umgehungsstraße (3 km außerhalb) mit kleinen Zi, gutes Essen, Motorräder 130 Baht pro Tag, veranstaltet tgl. Minibus-Touren über Lampang nach Chiang Mai und umgekehrt.

**Hotels:** In der verkehrsreichen Singhawat Rd. liegen: *SUKHOTHAI***, Nr. 15, tel 611 133, große Zi mit Du/WC, einige mit ac. Restaurant.
*SAWADDIPHONG*** (ac***), Nr. 56, tel 611567, fax 612268, große Einzelzimmer, freundlich.
*NORTHERN PALACE***** (auch Wang Nua), Nr. 43, tel 611193, fax 612038, ac-Zi, Pool.
Südlich des Busbahnhofs liegen:
*CHINAWAT*-*** (ac***),1-3 Nikon Kasem Rd., tel 611385, Hinterhof-Atmosphäre.
*RIVER VIEW*** (ac****), 92/6 Nikon Kasem Rd., tel 611652, große Zimmer mit Du/WC, die billigen Zimmer sind nicht gerade sauber.

An der Straße Richtung Old Sukhothai liegt:
*RAJTHANEE***-*****, 229 Jarodvithi Thong Rd., tel 611031, fax 612878, moderne ac-Zi.

## ESSEN

**OLD SUKHOTHAI** - Tagsüber kann man im *DONG TARN RESTAURANT*, gegenüber vom Museum, recht mäßig, oder im Restaurant im *Information Center* recht preiswert essen.

**NEW SUKHOTHAI** - Zu den meisten **Gästehäusern** gehört auch ein Restaurant. Hervorragend und preiswert ißt man im Restaurant vom *SOMPRASONG GH,* angenehm ruhig gelegen; sehr zu empfehlen sind die Shakes. Schräg gegenüber dem Kino gibt es auf dem überdachten **Nachtmarkt** gutes und billiges Essen.
*LEAF BAKERY*, Singhawat Rd., geöffnet von 7.00 - 21.00 Uhr, gute Backwaren.
*DREAM CAFE (1),* 86/1 Singhawat Rd., neben dem Sawaddiphong Hotel, geöffnet 10.00 - 23.30 Uhr. Gute Atmosphäre, leckere Thai-Gerichte.
*DREAM CAFE (2)* liegt neben Win Tour, mit Antiquitäten ausgestattet, Bar-Atmosphäre, u.a. europäisches Frühstück ab 7.00 Uhr.

## SONSTIGES

**FAHRZEUGVERMIETUNG** - Gegenüber dem Büro der staatlichen Busgesellschaft kostet ein Mietwagen 200 Baht, 4 Std., Tuk Tuk 150 Baht, Motorrad 100 Baht. Fahrräder 30 Baht, Fahrradrikschas ca. 200 Baht. 100 - 200 m vor der zentralen Kreuzung von Old Sukhothai gibt es viele Läden, die Fahrräder für 20 Baht vermieten. Abzuraten ist davon, mit dem Fahrrad von New Sukhothai her zu fahren.
Verschiedene Gästehäuser vermieten Mopeds für 100 - 150 Baht pro Tag. *K.VITOON*, in Old Sukhothai, bietet Motorräder für 45 Baht /Std.

**FESTIVAL** - **Loy Krathong**, das große Lichterfest im November, soll seinen Ursprung in Sukhothai haben. Mit farbiger Beleuchtung, Feuerwerk, Umzügen und einer Light-and-Sound-Show am Wat Mahathat (100 Baht).

**GELD** - In der Singhawat Rd. u.a. die *BANGKOK BANK* hinter dem Northern Palace Hotel. *THAI FARMERS BANK.*, Jarodvithi Thong Rd., geöffnet 8.30 - 15.30 Uhr. Bis 22.00 Uhr wechselt das Hotel Chinnawat (zu schlechten Kursen).

**INFORMATIONEN** - Im *INFORMATION CENTER* nördlich der Stadtmauer von Old Sukhothai gibt es nichts Lohnenswertes außer einem Relief des *Historical Parks*, einem schlecht bestückten Buchladen und teuren Souvenirs.

**TOUREN** - Neben Old Sukhothai stehen u.a. Si Satchanalai, Sawankhalok und der Ramkhamhaeng National Park auf allen Programmen. 300 - 500 Baht pro Gruppe (max. 4 Pers.). Die jungen, engagierten Guides werden gelobt.

**VORWAHL** - 055; PLZ: 64 000.

## NAHVERKEHRSMITTEL

**MINIBUSSE** - Nach Old Sukhothai mit dem Minibus, 20 Min., 5 Baht vom Busstop an der Straße nach Tak, 300 m hinter der Brücke rechts.

**TUK TUKS** - nach Old Sukhothai, 50 Baht.

## TRANSPORT

Staatliche Busse, *Win Tour, Yan Yon Tour* und *Thavorn Farm* befahren die Hauptstrecken. Bei der Ankunft stürzen sich Schlepper auf die Rucksackreisenden. Da alles sehr nah ist, kann man zum Gästehaus zu Fuß gehen.

**Richtung Bangkok:** Ab Northern Bus Terminal in BANGKOK (440 km) non-ac-Busse häufig für 106 Baht, ac-Bus laufend für 191 Baht; V.I.P.-40 für 240 Baht in 7 - 8 Std.

Direkt zum Sukhothai Historical Park fahren non-ac-Busse um 8.15 und 21.00 Uhr, 105 Baht, ac-Busse um 10.40 Uhr und spätabends, 192 Baht. Zurück mit dem non-ac-Bus von 7.10 - 9.10 Uhr und von 21.00 - 21.30 Uhr, mit staatlichen ac-Bussen um 9.30, 21.30 und 22.00 Uhr, mit ac-Bussen von *Win Tour* um 8.00, 9.30, 10.15, 14.00, 15.40 und 22.00 Uhr sowie mit dem V.I.P.-40-Bus von *Win Tour* um 9.45, 11.20, 21.45 und 22.45 Uhr.

Ab Old Sukhothai nach Bangkok fahren non-ac-Busse um 9.30 und 18.30 Uhr sowie ac-Busse um 9.30, 21.30 und 22.00 Uhr.

Nach AYUTTHAYA 7x tgl. mit non-ac-Bus für 90 Baht, ac-Bus für 106 Baht, V.I.P.-40-Bus für 191 Baht. Die Busse halten dort nur am Highway, 4 km außerhalb; weiter per Minibus für 50 Baht zu viert.

**Richtung Norden:** Nach CHIANG MAI mit dem non-ac-Bus 7x tgl. von 9.30 - 18.20 Uhr, 91 Baht, ac-Bus 9x tgl. von 7.15 - 16.00 Uhr, 127 Baht in 5 Std. Außerdem um 9.00 und 18.00 Uhr (Ankunft um 14.30 bzw. 21.30 Uhr), 190 Baht inkl. einer Übernachtung in Chiang Mai; zurück tgl. um 9.00 Uhr, 260 Baht (inkl. Besuch des Wat Phra That Lampang Luang und einer Übernachtung im *Sky House).*

Nach CHIANG RAI mit non-ac-Bus um 6.40 und 11.30 Uhr, 102 Baht, ac-Bus um 9.00 und 10.00 Uhr, 142 Baht in 6 Std.

**In Zentral-Thailand:** Nach PHITSANULOK (58 km) mit non-ac-Bus alle 30 Min. von 6.00 - 18.00 Uhr, 16 Baht in 1 Std., ac-Bus, 22 Baht.

Nach SI SATCHANALAI zum KM 16,4 (53,3 km von Sukhothai) mit dem blauen Direkt-Bus stündlich für 16 Baht in 80 Min.

Nach MAE SOT mit dem Chiang Mai-Bus bis Tak und weiter mit dem Minibus für 28 Baht (insges. 4 Std.) oder mit direktem Minibus 4x tgl.

Weitere Busse u.a. nach TAK 22 Baht (ac 31 Baht), SAWANKHALOK 13 Baht, KAMPHAENG PHET 24 Baht, LAMPANG ac 67 Baht, KHON KAEN 125 Baht in 6 1/2 Std. (ac 194 Baht), UDON THANI und NAKHON RATCHASIMA (KORAT) 102 Baht (ac 184 Baht).

# Si Satchanalai ศรีสัชนาลัย

*Si Satchanalai, 55 km weiter nördlich, war vom 14. - 16. Jahrhundert eine Art Zwillingsstadt von Sukhothai. Zeitweilig residierte der König hier. Als die Hauptstadt nach Ayutthaya verlegt wurde, verlor Si Satchanalai, das dann Sawankhalok genannt wurde, an Bedeutung. 1990 wurden die Ruinenfelder zum vierten „Historischen Park" Thailands ernannt. Seitdem wird hier restauriert.*

Unser Rundgang beginnt südlich der Ruinenstadt beim KM 17,6 des H101 an der Abzweigung des H1201 nach Ban Pa Kluai. Der Fahrradverleih rechts vor der Brücke (500 m) vermietet Räder für 20 Baht pro Tag. Von der Kreuzung hinter der Brücke geht es zunächst 1 km nach links zum Wat Mahathat. Wer bereits an der Haltestelle am KM 16,4 aussteigt, kann im Dorf Chaliang beim Friseur gute Fahrräder für 20 Baht pro 4 Std. mieten und über die nahe Fußgängerhängebrücke direkt zum Wat Mahathat gelangen.

In einer Schleife des Yom-Flusses liegt das **Wat Mahathat** (Wat Phra Si Ratana Mahathat Chaliang). Die Mauer aus riesigen Laterit-Blöcken ließ Ramkhamhaeng rings um den Tempelbezirk errichten. Vor dem zentralen Prang aus dem 15. Jahrhundert sitzt eine große Buddhafigur im Sukhothai-Stil. An der Südwand befindet sich das Original des „Schreitenden Buddhas". Auf dem Tempelgelände stehen weitere Skulpturen. Eintritt 10 Baht.

Vom Wat Mahathat ist es ein halbstündiger Spaziergang (ca. 2 km) auf einer ruhigen, schönen Straße entlang einiger kleiner Tempel zu den Ruinen von **Alt-Satchanalai**. Eintritt für die Tempel für Ausländer 20Baht, Thais 5 Baht, Auto 30 Baht, Motorrad/Fahrrad um 20 Baht. Wasser mitnehmen, da wenig Schatten.

Die Stadtgründung aus der 1. Hälfte des 13. Jahrhunderts war durch den Yom-Fluß im Nordosten sowie durch 7 m hohe und 1,5 m breite Mauern aus Lateritstein geschützt. Bei Restaurierungsarbeiten wurden 39 Monumente innerhalb und 75 außerhalb der Stadtmauer freigelegt - links der **Königspalast**, von dem nur noch die Ruinen stehen, dahinter die restaurierten, zentralen Tempel.

Eine Mauer, durch die vier Tore führen, umgibt den Tempel **Wat Chang Lom**. Im Mittelpunkt steht der runde, im singhalesischen Stil errichtete Chedi, der sich auf einem hohen, quadratischen Sockel erhebt. **Wat Chedi Chet Thaew**, der Hauptchedi mit der Lotosknospen-Spitze im Sukhothai-Stil, ist die Begräbnisstätte von Sukhothai-Prinzen, die in Si Satchanalai regierten. Ein schöner Blick eröffnet sich von den beiden Hügeln im Norden. Eine breite Treppe führt hinauf zum **Wat Khao Phanom Phloeng** mit seiner großen Stupa, die bereits Stilelemente der nördlichen Lanna-Kunst aufweist. Über den Grat kommt man von hier aus zu den Ruinen von **Wat Khao Suwankiri**.

Das **Center for Study and Preservation of Sangalok Kiln** liegt ca. 5 km hinter dem Historical Park und 6 km vor der neuen Stadt am Fluß. Es sind 20 restaurierte Brennöfen (Kiln) zu sehen. Geöffnet 9.00 - 12.00 und 13.00 - 16.00 Uhr.

Der **Si Satchanalai National Park** liegt in den westlichen, von tropischem Dschungel bedeckten Bergen. Attraktionen sind die Wasserfälle **Tat Dao** und **Tat Duan** (500 m bzw. 3 km vom Headquarter entfernt), eine **heiße Quelle** und die Höhlen **Tham Khang Khao** und **Tham Thara Wasan**. Unterkunft in 4 Bungalows für 3 - 11 Pers., 250 - 1000 Baht. Vom H1201 am KM 11,5 (5 km südlich vom Historical Park) nach Westen auf die Lateritstraße abbiegen (Schild: *44 km*).

## ÜBERNACHTUNG UND ESSEN

*BUNGALOW 59*** (ac***), 1 km nördlich der neuen Stadt, rechts, 200 m hinter der Abzweigung der Straße H102 nach Uttaradit. Große Zi mit Du/WC, Motel-Stil, nachts laut.
Einige neue Bungalows** soll es an der Abzweigung geben, daneben ein Restaurant.
*WANG YOM*, tel 611179 Ext. 279, Resort nahe der Ruinen, Luxus-Bungalows am Fluß in schöner Anlage, Restaurant und einfache Hütten***.
Beim schönen, schattigen *Tourist Information Center* vor dem Eingang zum Park gibt es Getränke und Essen. *KAENG SAK*, gegenüber vom Wat Kok Singka Ram, 1 km vor dem Eingang zu den Ruinen, teuer, liegt aber sehr schön am Fluß.
*ROSE RESTAURANT*, 400 m vor dem Bungalow 59.

## SONSTIGES

**FESTIVAL** - Am 7. und 8.4. jeden Jahres werden im Dorf Ban Hat Sieo, nördlich von Si Satchanalai am H101, während des **Buat Chang Festivals** Jungen zu Novizen ordiniert.

**INFORMATIONEN** - Vor dem Eingang zum Park befindet sich ein *TOURIST INFORMATION CENTER*.

**STOFFE** - In Ban Hat Sieo (siehe Festival) werden auf Handwebstühlen Baumwoll- und Seidenstoffe nach alten Mustern gefertigt.

## TRANSPORT

Von SUKHOTHAI fahren von 6.30 - 16.30 Uhr jede Std. blaue non-ac-Busse in 2 Std. für 16 Baht zur Abzweigung zum Historical Park am KM 17,6. Zurück spätestens um 16.45 Uhr. Man kann auch einen der Busse nehmen, die stündlich zwischen Uttaradit und Sukhothai verkehren (22 Baht), und unterwegs aussteigen. Sinnvoller ist es, Si Satchanalai auf einem Tagesausflug von Sukhothai aus zu besuchen. Die Gästehäuser veranstalten Touren für ca. 500 Baht pro Gruppe (min. 4 Personen) oder man mietet ein Motorrad und fährt auf dem H1195 hin (besser als der stark befahrene H101) und anschließend auf dem H1201 zurück.

# Kanchanaburi กาญจนบุรี

*Nicht nur die weltberühmte Brücke am Kwai, die Vorlage zu Pierre Boulles Roman und dem gleichnamigen Film, zieht Touristen in diese Provinzhauptstadt. Japanische Kriegsveteranen kommen wegen der Soldatenfriedhöfe, Museen und anderer Spuren, die der 2. Weltkrieg hinterließ. Westliche Traveller finden hier preiswerte Gästehäuser und Restaurants sowie vielfältige Möglichkeiten für Touren in die landschaftlich reizvolle Umgebung.*

Zur berühmten **Brücke am Kwae**, besser bekannt als „River Kwae Bridge“ bzw. „Die Brücke am Kwai“, 4 km nordwestlich der Stadt, kommt man mit dem Songthaew für 40 Baht pro Fahrzeug oder 5 Baht pro Person, mit der Rikscha 30 Baht. 6x täglich überqueren Züge auf der Brücke den Kwae Yai und fahren durch das Tal des Kwae Noi bis zur heutigen Endstation Nam Tok. Durch lautes Pfeifen machen sie auf sich aufmerksam, so daß sich Touristen rechtzeitig in Sicherheit bringen können. Die Brücke am Kwae war ein strategisch wichtiger Punkt und wurde deshalb im Juni 1945, am Ende des Krieges, weitgehend zerstört. Authentisch ist weder die Filmbrücke noch die Stahlträgerkonstruktion, die ebenfalls 1943 errichtet wurde, aber mit der Roman-Brücke nichts gemein hat. Südlich der heutigen Brücke sind noch Reste des Originals zu erkennen.

Von dem privaten **World War II Museum** gleich südlich der Brücke, tel 512 596, geöffnet tgl. 8.00 - 18.30 Uhr, Eintritt 30 Baht, sollte man keine historische Aufarbeitung der Kriegsereignisse erwarten. Neben einer Galerie sämtlicher Helden Thailands („Unsere Grenzen sind mit den Gebeinen Gefallener geschützt.“) haben auch die Helden des 2. Weltkriegs, von Stalin bis Einstein, ihren Platz! Wesentlich kleiner aber besser gemacht ist das **JEATH Kriegsmuseum** (JEATH = die in den Krieg verwickelten Länder: Japan, England, Australien, Amerika, Thailand und Holland) im Wat Chai Chumphon am Mae Klong Fluß, das Ende der 70er Jahre von dem damaligen Abt in der rekonstruierten Unterkunftsbaracke eines Kriegsgefangenenlagers errichtet wurde. Anhand von Fundstücken, Fotos und anderen Dokumenten vermittelt es einen Eindruck vom Leben der Gefangenen und der asiatischen Zwangsarbeiter, die 1942/43 am Bau der Eisenbahnlinie beteiligt waren. Geöffnet tgl. 8.30 - 18.00 Uhr, 20 Baht, Fotografierverbot.

Ein Teil der Toten wurde auf den beiden **Soldatenfriedhöfen** (*war cemetry*) beigesetzt. Der größte, auf dem 6982 Soldaten begraben sind, befindet sich etwa 300 m südlich vom Bahnhof, mit einem gemieteten Songthaew für 20 Baht, aber

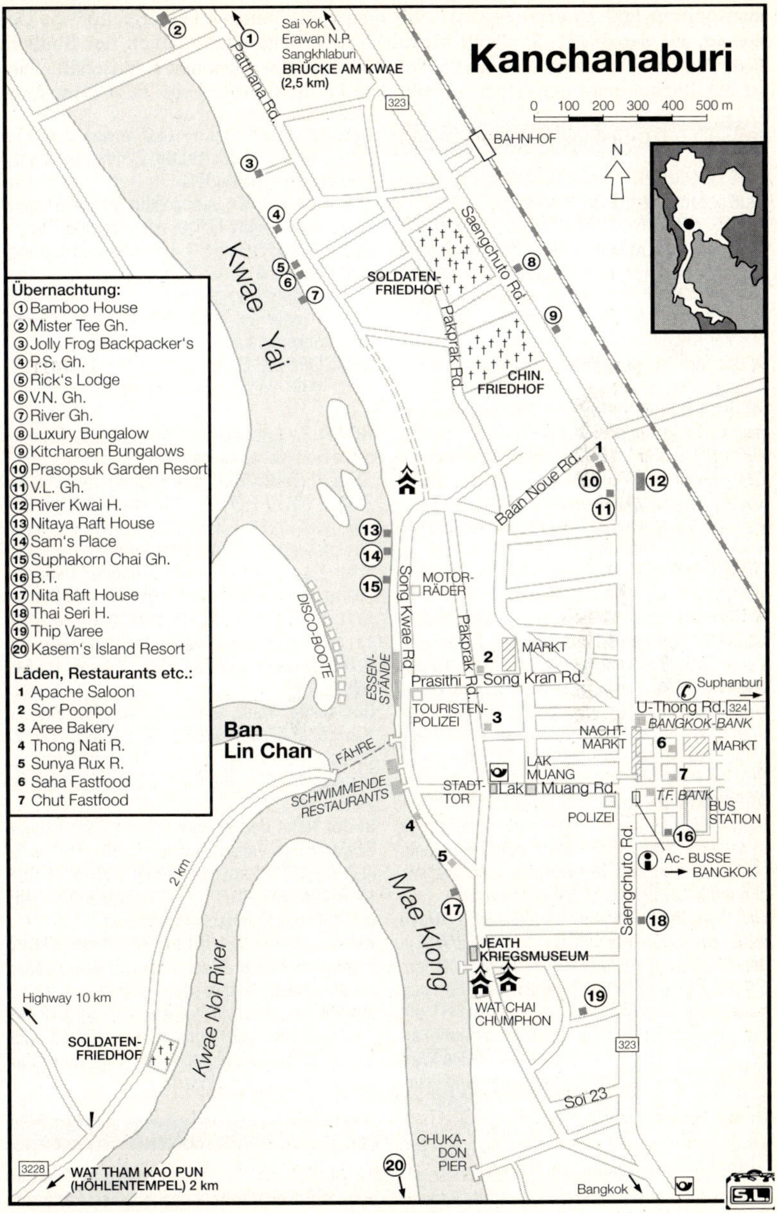
Kanchanaburi
0 100 200 300 400 500 m
N
Übernachtung:
① Bamboo House
② Mister Tee Gh.
③ Jolly Frog Backpacker's
④ P.S. Gh.
⑤ Rick's Lodge
⑥ V.N. Gh.
⑦ River Gh.
⑧ Luxury Bungalow
⑨ Kitcharoen Bungalows
⑩ Prasopsuk Garden Resort
⑪ V.L. Gh.
⑫ River Kwai H.
⑬ Nitaya Raft House
⑭ Sam's Place
⑮ Suphakorn Chai Gh.
⑯ B.T.
⑰ Nita Raft House
⑱ Thai Seri H.
⑲ Thip Varee
⑳ Kasem's Island Resort
Läden, Restaurants etc.:
1 Apache Saloon
2 Sor Poonpol
3 Aree Bakery
4 Thong Nati R.
5 Sunya Rux R.
6 Saha Fastfood
7 Chut Fastfood
Sai Yok
Erawan N.P.
Sangkhlaburi
BRÜCKE AM KWAE
(2,5 km)
Patthana Rd.
323
BAHNHOF
Saengchuto Rd.
SOLDATEN-FRIEDHOF
Pakprak Rd.
CHIN. FRIEDHOF
Kwae Yai
Baan Noue Rd.
Song Kwae Rd
MOTOR-RÄDER
DISCO-BOOTE
ESSEN-STÄNDE
MARKT
Prasithi Song Kran Rd.
TOURISTEN-POLIZEI
Suphanburi
U-Thong Rd.
324
BANGKOK-BANK
NACHT-MARKT
MARKT
Ban Lin Chan
FÄHRE
SCHWIMMENDE RESTAURANTS
LAK MUANG
STADT-TOR
Lak Muang Rd.
T.F. BANK
BUS STATION
POLIZEI
Ac- BUSSE
BANGKOK
2 km
Mae Klong
JEATH KRIEGSMUSEUM
WAT CHAI CHUMPHON
Kwae Noi River
Highway 10 km
SOLDATEN-FRIEDHOF
Soi 23
CHUKA-DON PIER
3228
WAT THAM KAO PUN
(HÖHLENTEMPEL) 2 km
Bangkok

auch gut zu Fuß zu erreichen. An ihn grenzt ein chinesischer Friedhof an. Der zweite, auf dem 1750 Soldaten begraben sind, liegt 2 km südlich der Stadt in **Kao Pun**, am Westufer des Kwae Noi, inmitten einer schönen Landschaft. Dies ist der Beginn einer empfehlenswerten Strecke für eine Fahrrad- oder Bootstour.

## ÜBERNACHTUNG

**GÄSTEHÄUSER - Vom Bahnhof aus Richtung Fluß** liegen folgende Gästehäuser:
*JOLLY FROG BACKPACKER'S*** [3], 28 Mae Nam Kwae Rd., Chaina (Sub) Rd., tel 514579, gemütliche Zi mit Fan, mit und ohne Du/WC; Restaurant mit Thai und europäischer Küche, Badeplattform; Fahrrad- und Kanuverleih; Minibus zur Khaosan Rd. 80 Baht, Touren.
In der Straße am Fluß entlang liegen mehrere Anlagen mit Pfahlbau-Hütten, z.B. *P.S. GH*** [4], 84/4 Ban Nove, tel 513039, hübsche Bungalows, ruhig, schöner Ausblick, nette Familie.
*RICK'S LODGE*** [5], 45/3 Ban Nove, tel 514 831, Zi mit Du/WC. Der Manager organisiert Touren von Sangkhlaburi und spricht Deutsch.
*V.N. GH*** [6], 44 Ban Nove, tel 514082, etwas schmuddelig, aber ruhig.
*RIVER GH*** [7], 42 Ban Nove, tel 512491, Hütten im Fluß, mit schlechtem Ruf.
**Richtung Brücke:** *MISTER TEE GH***, 12 Soi Lao, 1 km vor der Brücke, gute Zi, Restaurant, freundliches Personal. Viele Infos; Bootstouren und Wasserski, Minibus-Service nach Bangkok.
*BAMBOO HOUSE**-****, 5 Soi Vietnam, Patthana Rd., tel 512532, hellhörige, einsichtige, schwimmende Bambushütten; 300 m vor der Brücke, Fahrräder zu vermieten.
**Auf dem Fluß**: Am Freitag- und Samstagabend fahren bis tief in die Nacht viele Disco-Boote lautstark auf dem Fluß vorbei. Auch die Gästehäuser neben den Restaurants sind am Wochenende lauter Live-Musik ausgesetzt.
*NITAYA RAFT HOUSE*** [13], 7/2 Ban Nove, tel 513341, Zimmer mit und ohne Du/WC, in den Pfahlhäusern braucht man ein Moskitonetz.
*SAM'S PLACE**-**** [14], tel 513971, Bambushütten mit Moskitonetz, z.T. mit Du/WC und Fan, im Fluß kreisförmig um einen Innenhof angeordnet, sauber, gutes Restaurant. Keine Wertsachen in den Hütten lassen! Nebenan eine Disco.
*SUPHAKORN CHAI GUESTHOUSE**-*****
[15], 7/4 Ban Nove, tel 512055, ebenfalls gut.
*NITA RAFT HOUSE*** [17], 27/1 Pakprak Rd., tel 514521, 4 Pfahlhäuser mit Moskitonetz, gute Dusche, preiswertes Essen, abends Video.
**In der Stadt:** *THIP VAREE*** [19], 211/1-4 Saengchuto Rd., tel 511063, etwas weiter im Osten in einer Nebenstraße. Zimmer nicht allzu sauber, aber mit Du/WC.
*B.T.** [16], 160/144 Saengchuto Rd., tel 511967, hinter dem Tourist Office, billig, zentral, laut.
*V.L. GUESTHOUSE*** [11], 277/45 Saengchuto Rd., tel 513546, 3stöckiges Kleinhotel gegenüber dem River Kwai Hotel, große, gute Zi mit Fan oder ac, sehr sauber, ruhig. Kleines Frühstücksrestaurant. Motorradvermietung.
*PRASOPSUK BUNGALOWS*** [10], Nr. 677, tel 511777, sauber, mit Restaurant.

**HOTELS - Entlang der Hauptstraße** (Saengchuto Rd.) gibt es einige billige Hotels:
*THAI SERI HOTEL*** [18], Nr. 142, tel 511128.
*RIVER KWAI HOTEL* [12], Nr. 248/3, tel 511 656, fax 511269, ein moderner Block, das einzige Hotel der gehobenen Preisklasse, für das Gebotene zu teuer. Vor allem feiertags werden Preise über 1000 Baht verlangt. Abends Disco.
*KITCHAROEN BUNGALOWS*** [9], Nr. 284/13, tel 511802, etwas weiter Richtung Bahnhof.
*LUXURY BUNGALOW*** [8], 284/1-5, tel 511 168.
**Südlich der Stadt**, nahe dem Chukadon Pier:
*KASEM'S ISLAND RESORT* [20], Ban Tai, 27 Chaichumphon Rd., tel 513359, schwimmende Bungalows 500 - 650 Baht. Büro am Chukadon Pier.
**In der Nähe der Brücke** (Kaeng Sien Village) gibt es einige Resort Hotels, die Bungalows für 400 bis 1000 Baht vermieten: *PRASOPSUK GARDEN RESORT*****, 6/1 Patthamkan Rd., tel 513215, komfortable Bungalows.
*KWAI YAI GARDEN RESORT*****, tel 513611, 2 km jenseits der Brücke, die schwimmenden Hütten und Bungalows sollen gut sein.
*RIVER KWAI FAMILY CAMP*****, tel 512733, 7 km von der Stadt entfernt, hier gibt es auch einen Schlafsaal*, ein schöner Platz zum Erholen für Familien mit Kindern.

## ESSEN

An der Uferstraße Richtung Brücke werden abends **Essenstände** aufgebaut. Hier kann man preiswert einkaufen, z.B. gegrillte Hähnchen-

schenkel oder die leckere Reissuppe *Choke*, und sich auf den bereitgestellten Matten am Flußufer zu einem Picknick niederlassen.
3 **Thai-Restaurants** mit offenen Auslagen und Tischen auf dem Bürgersteig bieten in der Saengchuto Rd. neben dem Prasopsuk Hotel die Möglichkeit, sich günstige Gerichte aus Gemüsen und Fleisch nach Wahl zusammenzustellen.
Zudem gibt es **„Schwimmende Restaurants"** in Kanchanaburi und bei der Brücke, in denen man abends gut essen und die phantastische Atmosphäre genießen kann. Eine Spezialität ist das Sukiyaki-B-B-Q mit Entenfleisch und Gemüse.
*THONG NATI*, am Fluß nördlich der Fähre, ist bei Thais sehr beliebt, Gerichte 60 - 100 Baht. Speisekarte auch in englisch, Thai-Live-Musik.
*SUNYA RUX RESTAURANT*, am Fluß nahe JEATH Museum, preiswertes Essen, Touren und Unterkünfte auf schwimmenden Häusern.
*SOR POONPOL*, gegenüber dem alten Kino, gutes Restaurant ohne Karte und Reklametafel.
*AREE BAKERY* liegt um die Ecke. Hier gibt es außer leckerem Kuchen auch gute Eiscreme.
*CHUT FASTFOOD + ICE CREAM* liegt bei der Bus Station. Das ac-Restaurant bietet gute, preiswerte Gerichte.
*SAHA FASTFOOD* neben dem Markt; schummriges ac-Restaurant mit lauter Musik.

## SONSTIGES

**FAHRRÄDER** - vermieten Gästehäusern und andere Stellen für 20 - 40 Baht pro Tag, Mountainbikes 60 Baht. Die Beförderung auf der Fähre ist kostenlos. Guter Fahrrad- und Mopedverleih neben der *Aree Bakery*.

**DISCOBOOTE** - Vor allem am Wochenende schwimmen auf dem Fluß bis zu 200 Discoboote. Da auch viel Müll von den Booten im Wasser landet, sollen sie verboten oder zumindest aus dem Zentrum vertrieben werden.

**FESTIVAL** - Ende November / Anfang Dezember findet das einwöchige **River Kwai Bridge Festival** statt. Höhepunkt ist eine Sound-and-Light-Show über die Geschichte der Brücke.

**GELD** - *BANGKOK BANK* an der Saengchuto, Ecke U-Thong Rd., tel 511111. Zur Not wechselt das *RIVER KWAI HOTEL*, schlechterer Kurs.

**IMMIGRATION** - 100/22 Mae Klong Rd., tel 513 325, Pak Praek, 2 km Richtung Bangkok, dann am Rathaus 500 m nach rechts, neues Haus links, mit dem Samlor 20 Baht.

**INFORMATIONEN** - *TOURIST OFFICE*, tel und fax 511200, Saengchuto Rd., geöffnet tgl. 8.30 - 16.30 Uhr. Sehr gute Infos.

**MOTORRÄDER UND JEEPS** - Saengchuto Rd. neben dem Tourist Office, bei B.T. Travel und im V.L. Guesthouse. Motorräder 150 - 300 Baht pro Tag, Jeeps 700 Baht. Nicht die neuesten Fahrzeuge, besser vorher überprüfen. Etwas fitter sind die Autos in der Song Kwae Rd.

**POST** - Hauptpostamt 1 km Richtung Bangkok. Ein kleines Postamt am Lak Muang im Zentrum, die Post am Schalter abstempeln lassen.

**TOURISTENPOLIZEI** - rund um die Uhr ist das Büro im Tourist Office, tel 512795, geöffnet. Zudem haben sie einen Stand am Ufer, Ecke Prasithi Song Kran Rd.

**VORWAHL** - 034; PLZ 71 000.

## NAHVERKEHRSMITTEL

**Fahrrad-Rikschas** kosten für kurze Strecken min. 10 Baht, zur Brücke 40 - 50 Baht. Für 2 - 3 Std. Charter berappt man 100 Baht.
Eine Kleingruppe kann ein **Songthaew** um 300 Baht für 3 - 4 Std. mieten.

## TOUREN

**BUSTOUREN** - Die Reisebüros und Gästehäuser in Kanchanaburi bieten Tagesausflüge zum Erawan National Park, dem Staudamm und der Brücke für 60 Baht plus 25 Baht Eintritt zum National Park an. Außerdem Touren zum Tham Than Lot Nationalpark und den Saphirminen sowie Trekking mit Elefantenreiten.

**BOOTSTOUREN** - Hinter den Schwimmenden Restaurants, z.B. bei *WESTOURS*, werden Boote vermietet. Lohnt für eine Stadtrundfahrt auf dem Kwae Noi, dem Kwae Yai und flußabwärts auf dem Mae Klong. 2 Std. kosten bei 3 Pers. 100 Baht p.P., bei 4 - 6 Pers. 80 Baht.

**RAFTING** - Das Rafting mit großen Bambusflößen auf dem Mae Klong hat an Beliebtheit

eingebüßt, da vor allem durch die Staudämme sich die Wasserqualität erheblich verschlechtert hat. Die meisten gleiten 2 - 3 Tage auf dem Kwae Noi hinunter vom Sai Yok National Park zum Pak Seng Pier bei Nam Tok oder von dort flußabwärts Richtung Kanchanaburi.
*KTT* am Anfang der Gasse zum Jolly Frog, tel 01-9228589, fax 513909: gute 3tägige Floßtouren, 2000 Baht; 2 Tage für 1500 Baht; handeln.
*KANCHANABURI TREKKING TOUR*, 363/4 Menam Kwai Rd., tel 514470, soll gute Floßtouren haben, bietet auch andere Touren an.

**REISEBÜROS** - folgende Reisebüros in Kanchanaburi bieten Trekkingtouren und Ausflüge an:
*B.T. TRAVEL*, tel 511967.
*B.T.O.*, Border Tour Office, am Fluß neben Jolly Frog, 2tägige Trekkingtouren in Sangkhlaburi.
*R.S.P. TRAVEL CENTER*, 271/13 Saengchuto Rd., tel/fax 512280; die 3tägige Trekkingtour mit Elefantenritt, Bootfahren, Rafting, Schwimmen, Höhle, Wasserfälle, Jeepfahrten stellt keine großen Anforderungen. Dagegen ist der 6tägige, harte Trek in das Tung Yai Sanctuary (World Heritage) ein echtes Dschungelerlebnis für gut Durchtrainierte; per Fax vorbestellen!

## TRANSPORT

**BUSSE** - In Kanchanaburi halten die Busse an der Bus Station nördlich vom Tourist Office. Ac-Busse nach Bangkok fahren von der Seitenstraße zwischen Bus Station und Tourist Office ab. Von BANGKOK (Southern Bus Terminal in Thonburi) mit dem non-ac-Bus 81 alle 15 Min. von 5.00 - 18.30 Uhr, 35 Baht in 3 Std. (blauer ac-Bus von 6.00 bis 18.00 Uhr alle 30 Min. für 62 Baht in 2 1/2 Std.) über NAKHON PATHOM (non-ac 20 Baht, 1 1/2 Std.). Der letzte Bus zurück fährt gegen 19.30 Uhr. Zudem fährt ein Minibus von Jolly Frog um 14.00 Uhr für 80 Baht nach Bangkok.
Von DAMNOEN SADUAK (Floating Market) über Nakhon Pathom in 1 Std. oder mit Bus 78, 8 Baht, 20 Min.; sowie einem Minibus, 15 Baht, nach BANG PHAE und weiter mit Bus 461 für 18 Baht in 1 1/2 Std. Nach Damnoen Saduak mit denselben Bussen ab 5.30 Uhr oder zunächst mit Bus 81 nach NAKHON PATHOM und mit Bus 78 weiter nach Damnoen Saduak.
Von HUA HIN mit Bus 71 und von PHETCHABURI und CHA-AM mit Bus 73 zuerst nach RATCHABURI und weiter mit Bus 461 alle 15 Min. bis 18.15 Uhr für 30 Baht.
Wer auf dem Weg in den Norden Bangkok umgehen möchte, muß mehrmals umsteigen: Zuerst bis SUPHANBURI mit Bus 411 alle 20 Min. bis 17.00 Uhr für 25 Baht in 2 1/2 Std. Dann mit dem gelben Bus 703 nach AYUTTHAYA für 18 Baht. Dort weiter mit dem Zug oder Bus. Alternative: Bus 487 ab Suphanburi, 44 Baht in 4 Std. nach NAKHON SAWAN. Dort mit Bus 99, 52 Baht in 3 Std. nach SUKHOTHAI.
In die Umgebung, z.B. nach BO PHLOI, 50 km, alle 30 Min. bis 17.00 Uhr in 1 1/2 Std., 14 Baht. ERAWAN NATIONALPARK, 65 km, alle 50 Min. bis 16.00 Uhr in 2 Std., 19 Baht. THONG PHA PHUM alle 30 Min. bis 18.00 Uhr in 3 Std., 39 Baht über SAI YOK YAI, 2 Std., 28 Baht.

**EISENBAHN** - Beliebt ist die gemächliche Fahrt mit dem Zug vom Bahnhof in THONBURI über Nakhon Pathom, 15 Baht, und Kanchanaburi, 29 Baht, nach Nam Tok, 46 Baht; ab Kanchanaburi 17 Baht. Allerdings dauert der interessanteste Teil der Fahrt über das Wang Po-Viadukt kurz vor Nam Tok nur wenige Minuten. Zwei Züge ab Thonburi um 7.50 / 13.45 Uhr, ab Kanchanaburi um 10.55 / 16.28 Uhr, an der Brücke (kurzer Stop), Ankunft in Nam Tok um 13.00 / 18.40 Uhr. Ab Nam Tok um 13.15 / 6.10 Uhr, ab Kanchanaburi um 15.21 / 8.26 Uhr, Ankunft in Thonburi um 18.10 / 11.15 Uhr.
Ein gemischter Güter- und Passagierzug verkehrt tgl. außer feiertags nur zwischen Kanchanaburi (Abf.: 6.10 Uhr) und Nam Tok (Abf.: 15.10 Uhr) in ca. 2 1/2 Std.
Am Wochenende und feiertags gibt es Sonderfahrten mit Zug Nr. 235, 180 Baht an inkl. Essen und Getränke. Die Tour mit einer Übernachtung im River Kwae Jungle House kostet 230 - 390 Baht. Start: 6.35 Uhr am Hauptbahnhof in Bangkok, Zwischenstops in Nakhon Pathom, Kanchanaburi und an der Brücke, die zu Fuß überquert werden kann. An der Endstation in Nam Tok 3 Std. Aufenthalt. Während der Rückfahrt ein weiterer Stop in Kanchanaburi, Ankunft in Bangkok um 19.35 Uhr - rechtzeitig buchen (tel 2237010 Bangkok, tel 511285 Kanchanaburi). Ohne Mahlzeiten, einfach 75 Baht, wird

*Fotos - Die Bergvölker im Norden faszinieren durch ihre fremde Kultur, die auch in der farbenprächtigen Kleidung ihren Ausdruck findet*

aber nur selten verkauft. Die nächste Bahnstation Richtung Süden ist BAN PONG (50 km), wo einige Schnellzüge am Nachmittag halten. Außerdem kann man in NAKHON PATHOM (15 Baht) umsteigen und sich den großen Chedi ansehen. Fahrscheine besser vorher kaufen.

## Die Umgebung von Kanchanaburi

Die Tempelanlage **Wat Tham Kao Pun** am KM 55,8 des wenig befahrenen H3228 etwa 4 km südwestlich von Kanchanaburi ist leicht mit dem Fahrrad zu erreichen. In der **Kao Pun-Höhle** versammelt sich ein Kaleidoskop von brahmanischen und chinesischen Gottheiten, Heiligen und Buddha-Statuen; trotz elektrischer Beleuchtung ist eine Taschenlampe empfehlenswert. Von einem Hügel schaut ein riesiger Buddha auf den Fluß und die Bergwelt herab.

Ein weiterer Ausflüg führt zu zwei Tempelanlagen südöstlich der Stadt. Südlich der Stadt biegt man von der Saengchuto Road nach rechts auf die breite Menam Maekel Ong Rd. ab, auf der man nach 1 km die neue Brücke überquert. Hält man sich anschließend links, erreicht man dem Flußverlauf folgend, an Steinbrüchen vorbei, die Anlagen. Zu den beiden Tempeln auf zwei Hügeln führen separate Aufgänge hinauf. Der südliche Tempel **Wat Tham Kao Noi** ist ganz im chinesischen Stil gehalten. Zu der benachbarten Tempelanlage **Wat Tham Sua** gibt es keine Verbindungswege. Von den kleinen Tempeln am Fuße des Berges führt eine steile Treppe schnurgerade hinauf und man betritt die ganz andere Welt eines Thai-Tempels. Schon von weitem leuchten die roten und goldenen, mehrfach gestaffelten Tempeldächer in der Sonne, und eine überdimensionale Buddhafigur blickt auf das Land hinab.

### Von Kanchanaburi nach Nam Tok

Wer auf dieser Strecke mit einem eigenen Fahrzeug unterwegs ist, dem bieten sich Möglichkeiten für interessante Abstecher vom H323. Mehrere Abzweigungen führen nach Süden Richtung Kwae Noi-Fluß. Dort stehen Resorts, die vor allem von Thai-Familien bewohnt werden. Der H3305 führt am KM 3 hinter der Brücke links zum Wat Tham Kao Pun (s.o.). Auf der zweiten Abzweigung am KM 12, dem H3229, erreicht man nach 15 km **Ban Kao**. Am westlichen Ortsende führt eine Stichstraße Richtung Fluß nach 1 km zum **Ban Kao National Museum**. Es beherbergt Skelette, Tonscherben und andere Gegenstände, die beweisen, daß dieses Gebiet schon vor 10 000 Jahren besiedelt war. Nur wenige Ausstellungsstücke, geöffnet Mi - So außer feiertags von 9.00 - 16.00 Uhr, Eintritt 10 Baht. 6,5 km weiter auf dem H3228 am Fluß entlang Richtung Nordwesten zweigt 500 m hinter dem Bahnhof Tha Kilen der Weg zu den verwitterten Khmer-Ruinen der „Löwenstadt“ **Muang Sing** ab. In einer Flußschleife hatten die Khmer zwischen dem 12. und 13. Jahrhundert eine rechteckige Befestigungsanlage zur Sicherung ihrer westlichen Grenze errichtet. Eintritt pro Person 20 Baht, pro Auto 30 Baht, Motorrad 20 Baht. Zur Tempelanlage fahren auch Züge bis zur Bahnstation Ban Tha Kilen. Von dort sind es 1,5 km zu Fuß.

**Nam Tok** ist Endstation der *Death Railway*, die von Kanchanaburi 77 km auf einer zum Teil abenteuerlichen Strecke von 500 m zwischen steilen Felsen und dem Fluß entlangführt. Höhepunkt der Eisenbahnfahrt ist die Überquerung des

*Fotos - Der Buddhismus bestimmt das alltägliche Leben der Menschen; oben: Prozession; unten links: Pagode auf dem Doi Inthanon; unten rechts: Mönch in Chiang Mai*

**Wang Po-Viadukts**, einer Holzbrücke, die sich eng an die steilen Felswände schmiegt, und über die noch heute die Bahn im Schritttempo fährt.

Ein beliebter Ausflug führt zum **Khao Phang-Wasserfall** (ausgeschildert als Sai Yok Noi-Wasserfall), 1 km westlich der großen Kreuzung Richtung Norden - schön nur während der Regenzeit (Juni - August). Am Parkplatz verkaufen mehrere Stände gesalzene Tamarinde, die hier besonders gut sein soll. Oberhalb des Wasserfalls führt ein etwa 3 - 4 km langer, ausgeschilderter Weg durch ein kleines Tal zur großen **Badan Cave** (auch *Wang Ba Dahl*). Die Beleuchtung dieser schönen Tropfsteinhöhle ist jedoch verrottet, so daß nun Taschenlampen für 10 Baht ausgeliehen werden und der Eintritt auf 5 Baht gesenkt wurde. An steilen Stellen sind Bambusleitern angebracht, die sehr schlüpfrig sind, an anderen Stellen muß man sich durch enge Passagen zwängen.

Zum Pak Saeng-Pier fahren Motorradtaxen von der Abzweigung an der Hauptstraße die 1,6 km lange Strecke für 10 Baht. Am Pier werden Boote zu den **Lawa-Höhlen**, den größten Tropfsteinhöhlen der Gegend, (ca. 2 Std.) für 600 Baht hin und zurück vermietet. Eintritt 5 Baht, Lampe 10 Baht.

## ÜBERNACHTUNG

In keinem Hotel im Ort spricht man Englisch. Zudem lohnt es kaum, hier zu übernachten.
*SAI YOK PALACE**, sehr einfach.
*SAI YOK NOI BUNGALOWS***, 300 m vom Bahnhof Richtung Norden über eine Holzbrücke, 200 m von der Hauptstraße. Saubere, einfache Zimmer mit Du/WC, Fan oder ac.
*COLA HOTEL*, neu, an der Hauptstraße.
*RIVER KWAE JUNGLE RAFTS*, 20 km vom Pak Saeng Pier, liegt nördlich der Lawa-Höhlen, in 40 Min. mit dem Boot zu erreichen. Es gilt als eines der größten schwimmenden Hotels. Vollpension 750 Baht p.P. Reservierung in Bangkok unter tel 2453069, fax 2465679 oder am Pak Seng Pier im *Somai Restaurant*.

## TRANSPORT

Die zweistündige Fahrt von KANCHANABURI mit dem Zug kostet 17 Baht. Zurück geht es tgl. um 6.05 und 12.35 Uhr sowie tgl. außer feiertags um 15.15 Uhr, Ankunft um 17.45 Uhr.
Mit dem Bus 8203, Abfahrt alle halbe Stunde, schafft man es in gut einer Stunde für 15 Baht.

## Weiter zum Three Pagoda Pass

Von der Hauptstraße fahren manchmal Motorräder für 10 Baht die letzten 3 km zum Camp. Die Attraktion des **Sai Yok National Parks** ist der **Sai Yok-Wasserfall**, der durch die Einmündung eines Nebenflusses in den Kwae Noi entsteht. Durch die Ableitung des Nebenflusses wurde ein zweiter Wasserfall künstlich geschaffen, der **Nam Jone-Wasserfall.** Während der Trockenzeit entfalten beide ihre ganze Schönheit, denn dann ist der Wasserspiegel des Kwae Noi wesentlich niedriger als während der Regenzeit. In der **Fledermaushöhle** (*Bat Cave*) lebt das kleinste Säugetier der Welt - die Hummel Fledermaus (*Craseonycteris thonglongyai*). Sie wiegt nur 1,5 bis 2 g und wurde erst 1973 entdeckt, nachzulesen auf einigen Schautafeln. Eine **Hängebrücke** führt zum Westufer. Der National Park, der sich von hier bis zur burmesischen Grenze erstreckt ist nur schwer zugänglich. In dem zum Tenasserim-Gebirge gehörenden Gebiet leben noch Tiger und wilde Elefanten.

Auf dem Weg nach Sangkhlaburi kommt man durch **Thong Pha Phum**. Der kleine Ort wird überragt von einem Chedi auf einem steilen Felsen. Es gibt nicht viel zu sehen außer dem riesigen Buddha vor dem Tempel am Ortsausgang.

Die asphaltierte Straße nach Sangkhlaburi führt durch eine schöne Landschaft östlich des Stausees, der durch den **Khao Laem Damm** gebildet wird.

In **Sangkhlaburi** soll es viele Schmuggler geben. Die handgefertigte, Ende 1992 eingestürzte Holzbrücke am See ist immer noch sehenswert. 4 km hinter der neuen Brücke ragt die weitläufige Anlage des Wat Wangka Wiwekaram hoch über dem See auf. Es wurde im indischen, burmesischen und Thai-Stil erbaut. Eine ungewöhnliche Form besitzt der große Chedi, vor dem viele freundliche Souvenirverkäufer ihre Stände aufgebaut haben.

In Sangkhlaburi fahren Pickups stündlich vom Halteplatz gegenüber des No Name-Restaurants für 30 Baht auf einer durchgehend asphaltierten, 18 km langen Straße zur Grenze (von Thais *Ban Chedi* genannt). Am **Three Pagoda Pass** stehen 3 kleine, weiße **Stupas** (daher 3 Pagoden-Paß), die daran erinnern sollen, daß während der Ayutthaya-Periode die feindliche burmesische Armee bevorzugt über diesen Paß nach Siam einfiel. Für 130 Baht Grenzübertrittgebühr kann man von 8.00 - 18.00 Uhr 1,5 km in das kleine Dorf **Payathonzu** auf der burmesischen Seite laufen, wo auf einem **Markt** burmesische Cheroots, Lackarbeiten und andere Waren verkauft werden.

## ÜBERNACHTUNG

**Sai Yok National Park:** Am Wasserfall gibt es einige Unterkünfte in einfachen Häusern auf Flößen**, allerdings spricht hier kaum jemand Englisch, und der Preis ist überhöht.

**Thong Pha Phum:** Im Zentrum neben der Schule *S. BOONYONG BUNGALOWS*** oder *SOM JAI NUERK BUNGALOWS*-***, tel 599001.

*BANGKOK FLOWER RESORT*****, tel 599 037, Bungalows 2 km vor Khao Laem-Damm.

*KAO LAEM RESORT*, Reservierungen in Bangkok tel 2770599, vermietet Bungalows**** und Floßhütten***, z.T. auch teurer.

*SIN SOM BOON RESORT*, direkt an der Straße nach Sangkhlaburi am KM 4.

**Sangkhlaburi**: Die Zimmerpreise in den Gästehäusern sind niedrig, das Essen ist wegen der Abgeschiedenheit relativ teuer.

*BURMESE INN**, 52/3 Nong Lu, 1,2 km vom Zentrum nahe beim See, Reihenhaus und einfache Doppelbungalows mit Fan und Du/WC, ruhig, Bootsfahrten, die freundlichen Besitzer Armin und Meo sprechen englisch und deutsch.

*P. GUEST HOUSE***, tel 595061, Ban Nong Lu, 1,6 km von der Bus Station entfernt, Tuk Tuk 20 Baht. Kleine, einfache Bungalows mit Fan, schöner Blick. Nettes Restaurant mit weniger gutem Essen, TV-süchtiges Personal. Mountain Bikes (50 Baht p.T.), ein Motorrad und Boote (10 Baht für 2 Std.) für eine lohnende Fahrt auf dem See zu mieten. Tagestouren mit Elefantenreiten, Rafting und Bootfahren, 600 Baht.

*SAM PRA SOB RESORT***, Mu 3 Ban Nong Lu, tel 595050, neben der alten Brücke. Kleine Bungalows mit Fan oder ac, schöner Blick.

*TAP TONG RESORT*-***, 1,6 km vom Ort, rechts vor der neuen Brücke, 8 Bungalows mit Du/WC, gutes Essen. *SONGKALIA RIVER HUT AND RESORT*** (ac***), links vor der neuen Brücke. Große, nette Anlage mit Hütten, die für denselben Preis über 5 Pers. fassen. *SRI DAENG HOTEL*** (ac***, VIP****), tel 595034, 300 m von der Bus Station, gutes Restaurant.

## SONSTIGES

**GELD** - In Sangkhlaburi befindet sich eine *SIAM COMMERCIAL BANK*.

**MEDIZINISCHE VERSORGUNG** - Das Hospital von Sangkhlaburi liegt gegenüber vom *Sri Daeng Hotel*.

**POST / TELEFON** - Die Post, 200 m neben dem Hospital, hat auch einen Telefon Service.

**VORWAHL** - 034.

## TRANSPORT

Von KANCHANABURI fährt über den H323 der non-ac-Bus 8203 alle 30 Min. über NAM TOK, den SAI YOK NATIONAL PARK, 104 km, 28 Baht, und THONG PHA PHUM, 144 km, 39 Baht, nach SANGKHLABURI, 216 km, 60 Baht, 6 Std.; zurück ab 6.30 Uhr.

Der stündlich zwischen 7.30 und 16.30 Uhr verkehrende ac-Minibus für 100 Baht ab Kanchanaburi hält in Thong Pha Phum und Sangkhlaburi und braucht nur 3 1/2 Std., er hält neben dem *No Name Restaurant*.

### Von Kanchanaburi zum Tham Than Lot Park

Wer sich für Edelsteine interessiert, kann bei **Bo Phloi**, 48 km nördlich von Bangkok, **Saphirminen** besichtigen. Im Showroom der *Bo Phloi Gems,* 499/1 Moo 1 Tambol Bo Phloi, tel 581192, fax 581178, an der Hauptstraße, kann man sich zeigen lassen, wie die Steine verarbeitet werden.

Der wunderschöne, 59 $km^2$ große **Tham Than Lot National Park** heißt auch *Rattanakosin Bicentennial National Park* und liegt 97 km nördlich von Kanchanaburi, 50 km von Bo Phloi (s.o.) entfernt. Vom Eingang aus erreicht man in 10 Minuten die eindrucksvolle, 400 m lange Tropfsteinhöhle **Tham Than Lot Noi**, die von 8.30 - 15.30 Uhr zu jeder halben Stunde (und bei Bedarf) für 30 Min. per Generator beleuchtet wird. Ein flacher Bach durchfließt die geräumige Höhle, die wuchtige, weiße Tropfsteinüberhänge enthält. Am anderen Ende führt ein Weg von 1 1/2 Stunden am Bach entlang durch eine schöne Dschungellandschaft. Weiter geht es an drei, bis zu 20 m hohen Wasserfällen vorbei. Nach dem ersten Wasserfall (1,5 km) wird der Pfad schwieriger. Er führt z.T. über rutschige Leitern. Am Ende des Tales (2,5 km) erhebt sich majestätisch die riesige Naturbrücke **Tham Than Lot Yai**, die etwa 60 m weit und 50 m hoch ist.

#### ÜBERNACHTUNG UND ESSEN

Es gibt Übernachtungsmöglichkeiten in den von Kleintieren verseuchten
*BUNGALOWS**** (eventuell 100 Baht pro Person)
sowie in mehreren kleinen Restaurants. Am Wochenende sind diese meistens ausgebucht.

**Nong Pru**: *PASUK HOTEL**, einfach, laut, außerdem Möglichkeit zum Campen.

#### TRANSPORT

Bus Nr. 325 fährt um 6.30 Uhr und jede Std. von 8.00 - 12.00 Uhr auf dem H3186 über Bo Phloi, 1 1/2 Std., 14 Baht, nach NONG PRU, 3 Std., 24 Baht. Weitere Busse bis 17.00 Uhr nur bis Bo Phloi. Von Nong Pru zum Tham Than Lot Park nur mit Pickup für 40 Baht, 20 km (Motorrad-Taxi 80 Baht, Taxi 300 Baht hin und zurück). Der Bus zurück fährt um 13.20, 14.00 und 15.00 Uhr, am Morgen um 7.00 und 10.00 Uhr.

### Von Kanchanaburi nach Nordwesten

Der **Erawan National Park**, 65 km nordwestlich von Kanchanaburi, erstreckt sich entlang eines schmalen, bewaldeten Tals beiderseits eines Nebenflusses des Kwae Yai. Er bildet eine Reihe von sieben sehr schönen **Wasserfällen** mit Sinterterrassen, an denen man weit hinauflaufen kann. Am schönsten sind die zweite und dritte Stufe, letztere eignet sich am besten zum Baden. Nach der 7. Stufe verbergen sich 10 bzw. 20 Höhenmeter weiter oben ein kleiner Pool mit klarem, blauen Wasser und ein kleiner Wasserfall mit herrlichem Schwimmbecken. Der Aufstieg ist nur für trittsichere Kletterer geeignet: erst rechts über die Felsen, dann linkerhand (am besten barfuß) dem Zickzack des Wasserlaufs folgen.

Lebensmittel dürfen nur bis zur ersten Stufe mitgenommen werden. Am Wochenende wird es sehr voll, Eintritt 25 Baht.

Die **Phra That-Höhle** ist vom Park über eine 11 km lange Schotterstraße nur mit einem eigenen Fahrzeug oder einem gecharterten Bus für mindestens 200 Baht zu erreichen. Wer keinen Guide mitnimmt braucht zumindest eine starke Taschenlampe, um die Gänge in der Höhle zu erkunden.

#### ÜBERNACHTUNG UND ESSEN

**Erawan National Park**: *BUNGALOWS*** mit 2 Zi und 4 Betten. Platz für 4 - 6 Pers., jedoch meist belegt. Das Restaurant im Park hat nur bis gegen 20.00 Uhr geöffnet.

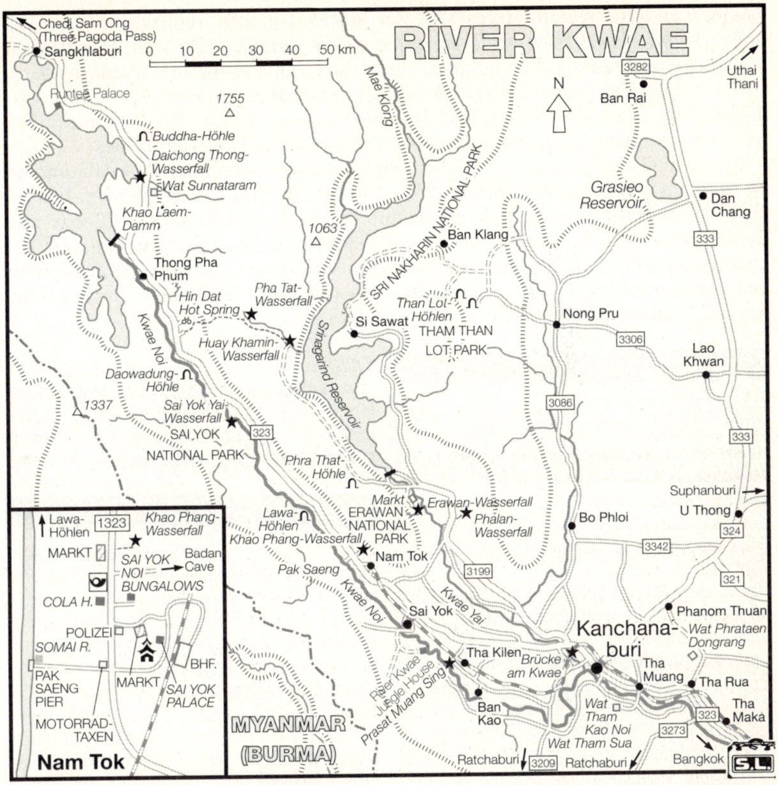


*ERAWAN RESORT**-*****, tel 513568, 5 km vor dem Park, kleine Bungalows, mit Du/WC oder Kübeldusche und Fan oder ac. Nebenan ein Restaurant.
*PHADANG RESORT*, tel 513349, 1 km weiter, Bungalows für 400 - 1000 Baht, etwas besser.

### TRANSPORT

Durch die neue Verbindungsstraße zwischen dem H323 und H3199 ist es möglich, mit einem eigenen Fahrzeug von Nam Tok direkt zum Erawan National Park zu fahren.
Von KANCHANABURI fährt der Bus 8170 ab 8.00 Uhr alle 50 Min. für 21 Baht in 1 1/2 - 2 Std. bis zum Markt und weiter zum Wasserfall. Der letzte Bus fährt gegen 16.00 Uhr vom Parkplatz vor dem Eingang zum Erawan NP zurück Am Markt kann man notfalls ein Fahrzeug um 100 Baht nach Kanchanaburi chartern. Mit einem gemieteten Motorrad gelangt man auch zum Stausee und zur Höhle.

## Mae Sot

แม่สอด

Die kleine, aufstrebende Stadt auf 200 m Höhe im Grenzgebiet zu Myanmar (Burma) scheint vor allem vom grenznahen Handel und Schmuggel zu leben. Der nur 5 km entfernt fließende Menam Moei bildet die Trennlinie zwischen beiden Ländern. Sehr interessant ist der **Markt**, auf dem unterschiedliche Menschen in ihren traditionellen Trachten zu sehen sind. Es gibt viele Händler, die Edelsteine aufkaufen. Der goldene Chedi im **Wat Chumphon** wurde im Jahre 1993 eingeweiht. Eine Sehenswürdigkeit besonderer Art ist das *Khao-Mao Khao-Fang Restaurant* am KM 2 des H1085 nach Norden. Die Dekoration mit vielen Dschungelpflanzen ist selbst für Thailand etwas Ungewöhnliches.

Mit dem Pickup kommt man von der Haltestelle nahe dem Einkaufszentrum in Mae Sot für 7 Baht die letzten 5 km zur Grenze. Die Zöllner führen, falls sie überhaupt da sind, keine Kontrollen durch. Touristen können die Grenze zum Besuch des ärmlich wirkenden Ortes **Myawaddy** offiziell überqueren. Der Paß und 2 ausgefüllte Formulare mit Angaben zu Bargeld, Schecks, Kamera und Schmuck müssen abgegeben werden. Kosten: Boot 5 Baht, Einreisegebühr US$10, Kameragebühr US$5 (passend in US$).

## ÜBERNACHTUNG

**GÄSTEHÄUSER** - Sehr beliebt ist das *MAE SOT GUEST HOUSE**, 216 Intarakiri Rd., neues Haus, saubere Zimmer mit Fan und Moskitonetz; Motorräder ca. 180 Baht pro Tag.
*OLD HOUSE***, 208/4 Intarakiri Rd., neben dem *Mae Sot Gh.*; Steinbungalows mit/ohne ac; Restaurant mit guter burmesischer Küche.
*PIM HUT & GUEST HOUSE***, 415/17 Tang Kim Chiang Rd., tel 532818, neues Gästehaus im Zentrum, heiße Gemeinschafts-Du. Geleitet von Boon und Boong, die englisch sprechen, gut über die Umgebung informieren können und Treks mit Rafting bei Umphang veranstalten.
*NO. 4 GUEST HOUSE**, 736 Intarakiri Rd., altes Teak-Haus. Saubere Zi und Schlafsaal (30 Baht), Trinkwasser gratis, gutes Essen; belebt und beliebt. Viele Infos, gute Trekking-Touren.
*MAE SOT HOUSE**, 14/21 Asia Rd., tel 531409, fax 532279, gute, billige Zi, z.T. mit ac. Warme Duschen, Trinkwasser gratis, bei Anruf wird gratis vom Busbahnhof abgeholt.

**HOTELS** - *FIRST HOTEL**-****, 444 Intonkiri Rd., tel 531233, modernes Gebäude.
*SUWANAVIT**, Soi Watluang, tel 531162, billig, etwas bessere Zimmer im Obergeschoß.
*MAE MOEI**, Intarakiri Rd., tel 531376, kleines, altes Holzhaus, sehr einfache Zimmer.
*SIAM*** (ac***), 185 Prasavithi Rd., tel 531376, 4stöckiges Hotel, preiswerte, saubere Zimmer.
*PORN THEP**-****, 25/4 Soi Srivieng, tel 532 590, sehr saubere, komfortable Zimmer.
*MAE SOT HILL HOTEL*****, 100 Asia Highway, tel 532601, fax 532600, luxuriöses Hotel mit Zi ab 900 Baht; beheizter Pool (Eintritt 25 Baht für Nicht-Gäste); Disco und Night Club.
*TAWEE CHAI LAND***-*****, tel 531287, Bungalowanlage 10 km östlich von Mae Sot am H105. Hinter dem Eingangstor stehen 23 sehr gut eingerichtete Holzbungalows in einem herrlichen Park, sehr preiswertes Essen.

## ESSEN

Thai Fastfood und westliche Gerichte bieten das *FAH FAH RESTAURANT* und das *PIM HUT*, tel 532818, gegenüber.
Gute, nicht ganz billige Gerichte serviert das chinesische Restaurant *LONG KATONG* in der Straße hinter der Moschee.
Gutes burmesisches Essen im *OLD HOUSE RESTAURANT*, toll das flambierte Hähnchen.
Leckeres BBQ wird am Nachmittag an einem Stand neben dem Musikladen zubereitet. Eine große Auswahl an Lebensmitteln der Region auf dem *FOOD MARKET*.
Ab 17.30 Uhr werden Stände entlang der Prasavithi Rd. aufgebaut - gutes, billiges Essen.
Am KM 2 des H1085 Richtung Norden liegt das phantastisch dekorierte Restaurant *KHAO-MAO KHAO-FANG* (auch *Boa Pla* genannt), tel 532483. Malerische Baumpilze, Waben von wilden Bienen und Wespen, das Gerüst von Würgefeigen und natürlich anmutende Wasserfälle - eine wahre Sehenswürdigkeit. Dabei sind Speisen und Getränke gar nicht teuer!

## SONSTIGES

**GELD** - *T.F. BANK* und *BANGKOK BANK* an der Prasavithi Rd.

**MOTORRÄDER** - vermietet ein Laden an der Prasavithi Rd. für 120 Baht pro Tag.

**POST** - an der Intarakiri Rd., gegenüber ein *packing parcel service.*

**REISEBÜROS** - *S.P. TOUR* veranstaltet u.a. Floß- und Kanufahrten ab Umphang. Eine Fahrt mit dem Longtailboot ab Mae Salid auf dem Moei River bis zum Salween River kostet ab 6 Pers. 2500 Baht p.P. inkl. 2 Übernachtungen, davon eine im *Sob Moei House* am Salween.
Das *MAE SOT TRAVEL CENTRE,* 14/21 Asia Road, tel 531668, fax 532279, tel 02-5416 521 Bangkok, betreibt das Reisebüro S.P. Tour.

**VORWAHL** - 055; PLZ: 63 110.

## TRANSPORT

**BUSSE** - Von BANGKOK (520 km) fahren non-ac-Busse um 8.00 Uhr sowie von 20.30 bis 22.00 Uhr, 124 Baht; ac-Bus (2.Kl.) von 20.30 - 22.20 Uhr, 174 Baht und ac-Bus um 21.00 und 22.15 Uhr, 224 Baht in 10 Std.; V.I.P.-40 um 22.15 Uhr, 280 Baht und V.I.P.-24 von 21.30 - 22.30 Uhr, 345 Baht in 8 Std.
Zurück mit dem non-ac-Bus um 7.00, 8.30, 19.00 und 20.00 Uhr, mit den übrigen Bussen zu ungefähr denselben Zeiten wie ab Bangkok. Von CHIANG MAI mit dem non-ac-Bus 3x am Morgen, 96 Baht, ac-Bus um 13.10 Uhr, 172 Baht.
Nach MAE SAI um 6.00 Uhr für 161 Baht, ac um 8.00 Uhr, 290 Baht in 12 1/2 Std. Die Busse fahren über CHIANG MAI (96/172 Baht) und CHIANG RAI (147/264 Baht) in 6 bzw. 11 Std.
Von SUKHOTHAI mit dem Minibus 4x tgl.
Nach TAK mit dem Bus 28 Baht, Minibus 28 Baht oder Taxi 30 Baht p.P. Nach MAE SARIANG mit dem direkten Minibus um 6.20, 8.25, 10.30 und 12.15 Uhr für 150 Baht in 5 Std. Nach MAE SALID fahren alle 30 Min. Songthaew für ca. 100 Baht in 3 Std. Von dort weiter nach MAE SARIANG um 6.00 Uhr, 100 Baht (Charter 600 Baht).

**FLÜGE** - Der Flugplatz liegt 1 km außerhalb des Ortes Richtung Grenze. Am Di, Do, Sa und So direkt nach CHIANG MAI (590 Baht) sowie nach PHITSANULOK (495 Baht). *THAI AIRWAYS*, 76/1 Prasavithi Rd., tel 531730.

# NORD-THAILAND

*Die Nordprovinzen bieten eine abwechslungsreiche Landschaft, die höchsten Berge (Doi Inthanon, 2565 m) und breite, fruchtbare Täler. Doch die größte Faszination geht von den vielen Völkern aus, die z.T. erst seit wenigen Jahrzehnten in den Bergen leben. Das Grenzgebiet zu Laos und Burma ist unsicher. Noch heute ziehen Schmuggelkarawanen über die Grenze nach Burma hinein. Schießereien am Mekong und an der Grenze sind zwar nicht mehr alltäglich, aber auch nicht selten. Noch immer bauen einige Bergstämme Opium an, und Opium bedeutet Geld, was besonders zur Erntezeit Banditen und die thailändische Armee auf den Plan ruft. Es gibt also viele Gründe, ein Gewehr zu tragen, von der vorsintflutlichen Steinschloßflinte bis zur modernen M16.*

*Chiang Mai, zweitgrößte Stadt Thailands, ist das Zentrum der Region und touristischer Schwerpunkt mit einer entsprechenden Infrastruktur. Touristische Entwicklung hat außerdem in Chiang Rai im „Hohen Norden“ und in Mae Hong Son im „Wilden Westen“ eingesetzt. Auch auf dem Land sind erste Resort Hotels und Gästehäuser entstanden. Vor allem der Trekking-Tourismus hat gewaltige Dimensionen angenommen, immer neue Gebiete werden für organisierte Touren entdeckt. Durch den Bau von Straßen und die Verbesserung der Sicherheit ziehen auch viel mehr Traveller auf eigene Faust los, zu Fuß, mit Bussen und Pickups oder mit dem gemieteten Motorrad. Bisher kaum besuchte Orte sind plötzlich „in“, kein Mensch weiß warum.*

*Die Vermarktung der Bergstämme ist in vollem Gange - über 100 000 Trekker gaben 1991 über 5 Mill. US$ aus. Wer jedoch meint, daß hier auch die Ur-*

*sachen für die unübersehbaren Veränderungen in den Dörfern der Bergstämme liegen, überschätzt ihren Einfluß gewaltig: es ist die systematische Thaiisierung der Bergbauern und die Zerstörung ihrer wirtschaftlichen Grundlagen, die diese schwerwiegenden Umwälzungen bewirken. Wer sich Zeit nimmt und mit offenen Augen durch die immer noch schöne Landschaft wandert, kann vielfältige Einblicke in das Leben der Bergstämme gewinnen und viel darüber erfahren, vor welche Probleme die Landbevölkerung in der Dritten Welt gestellt ist.*

Wer im hohen Norden das Abenteuer sucht, sollte nicht vergessen, daß ein Trip an die burmesische Grenze auch gefährlich werden kann. Raubüberfälle auf allzu sorglose Trekker sind mehrfach vorgekommen. Mehrere Touristen haben dabei ihr Leben gelassen. In den letzten Jahren wurden nur ganz selten Busse ausgeraubt oder Boote auf dem Kok-Fluß beschossen.
Dennoch: im Zeichen einer dramatischen Verelendung der Bergstämme muß damit gerechnet werden, daß aus der Verzweiflung heraus in besonders betroffenen Gebieten auch die Überfälle zunehmen werden.

## Bergstämme

Die **sechs Gruppen** der zur Zeit in Nord-Thailand lebenden Minoritäten der Meo, Yao, Lahu, Lisu, Akha und Karen werden von der Thai-Regierung als *chao khao* (wörtlich: Bergvölker) bezeichnet. In der Umgangssprache nennt man sie *hilltribes* oder Bergstämme. Tatsächlich lebten jedoch viele von ihnen ursprünglich in fruchtbaren Tälern. Erst durch andere stärkere Völker wurden sie in die unwirtlichen Gebirge verdrängt. All diese Stämme kennen weder eine Stammesorganisation mit einem Stammesführer noch soziale Klassen. Nur die Dorfgemeinschaft mit dem Dorfoberhaupt spielt eine Rolle. **Ethnologisch** gehören alle Bergstämme zur sino-tibetischen Sprachfamilie, genauso wie die Thai. Dennoch sind die Unterschiede zwischen den Sprachen der Bergstämme größer als etwa zwischen Englisch und Russisch.

Die meisten Bergstämme betreiben traditionell **Brandrodungsfeldbau**, wie auch noch viele Thai-Bauern. Ein Stück Dschungel, heute zumeist nur Sekundärbusch, wird grob gerodet, der Rest wird abgebrannt. Das neu gewonnene Feld wird solange bestellt, bis es ausgelaugt ist, denn Düngung ist unbekannt. Einige Bergstämme lassen das Feld nur einige Jahre ruhen, damit es sich ein wenig regenerieren kann. Brach liegende Felder werden seit einigen Jahren von der Regierung zur Aufforstung konfisziert.

Die Bergstämme kamen als **Flüchtlinge** nach Thailand. 70 bis 80% sind bereits in Thailand geboren, doch nicht einmal 20% besitzen die thailändische Staatsbürgerschaft, die übrigen gelten als illegale Einwanderer. Noch heute fliehen ganze Dörfer vom burmesischen Keng Tung-Staat nach Nord-Thailand. Die Thai-Regierung bemüht sich seit 1953 um die Hilltribes. Sie erlaubt ihnen, in den Bergen zu siedeln und richtet **Hilfsprogramme** ein. Den Bergstämmen wird das Recht auf eigene Sprache und Kultur zugestanden. Doch in der Praxis muß die Thai-Regierung nationale und internationale Interessen vorziehen. Sie kann nicht dulden, daß diese Bergvölker auch noch den letzten Rest der Wälder abbrennen, auch wenn der Brandrodungsfeldbau einen wesentlichen Teil der Stammes-Kultur ausmacht. Ebenso muß die Regierung auf internationalen

Druck hin und wegen des Drogenproblems im eigenen Land den Anbau von Mohn untersagen und den Menschen eine Alternative bieten. Als sogenannte *cash crops* (verkaufbare Produkte) werden Kaffee, Gummi, Nüsse, Obst und Gemüse angeboten. Aber keines dieser Produkte kann mit Opium konkurrieren, denn der Mohn gedeiht relativ unproblematisch, das Rohopium bringt für wenig Volumen viel Geld und wird von den Händlern direkt beim Erzeuger abgeholt. Mit den neu eingeführten *cash crops* haben die Hilltribes nur Ärger. Sobald ein Projekt ausgelaufen ist, sind sie mit ihrem Produkt sich selbst überlassen: die Zwischenhändler bieten nur Spottpreise und die Bauern im Tiefland steigen auf dasselbe Produkt ein und verkaufen es billiger. So fühlen sich viele Bergstämme in ihrer Existenz bedroht. Ihre Bergreis-Felder, von denen sie sich gerade noch ernähren konnten, werden durch Aufforstung und Gesetze gravierend beschnitten, und ihre Bargeldeinnahmen nehmen drastisch ab. Ihre ökonomische Basis ist also mehr oder weniger zerstört, Fehlernährung greift dramatisch um sich.

Für uns **Touristen** stellen die Bergstämme eine große Attraktion dar. Von Reiseorganisationen und Trekking-Unternehmen werden sie mit oft übertriebenen Adjektiven belegt: faszinierend, malerisch, farbenfroh, unberührt von der Zivilisation, ursprünglich, unverdorben, fast unbekannt, neu entdeckt oder gar halbprimitiv. Wir sollten uns davor hüten, sie als Primitive zu betrachten, ihren Geisterglauben zu belächeln und uns überlegen zu fühlen. Tatsächlich besitzen diese Völker eine hochentwickelte, wenn auch völlig andersartige und z.T. noch nicht erforschte Kultur. So haben sie ihre Ängste beispielsweise als Geister personifiziert, und wissen mit ihnen bestens umzugehen.

**Begegnung mit Bergstämmen:** Wer sich für die Hilltribes interessiert, sollte zunächst versuchen, die einzelnen Stämme rein äußerlich unterscheiden zu lernen. Am einfachsten ist es, sich in Chiang Mai entsprechende Postkarten zu kaufen und sich Kleidung, Kopfbedeckung und Schmuck der Hilltribe-Frauen einzuprägen. Zwar laufen die Leute in den Dörfern nicht immer in Festtagsgewändern herum, aber auch ihre Alltagskleidung weist die gleichen Merkmale auf. Die Männer der Bergstämme unterscheiden sich dagegen nicht gravierend. Die meisten tragen zu schwarzen Hosen eine dunkle Jacke oder ein Hemd vom Markt.

In vielen Dörfern ist Frauenkleidung zum Trocknen ausgelegt. Auch wenn sich zunächst kein Mensch blicken läßt, weiß man dadurch meist genau, mit welchem Stamm man es zu tun hat.

## Meo (Hmong)

Die Meo (chin.: „Barbaren") nennen sich selbst *Hmong* („freie Menschen"). Es wird angenommen, daß sie vor einigen tausend Jahren von Tibet über die Mongolei nach China einwanderten. Noch heute lebt der größte Teil in Süd-China, aber auch in Vietnam, Laos und Burma. Ende des 19. Jahrhunderts wurden ihre ersten Siedlungen in Thailand gegründet. Heute bilden sie mit ca. 65 000 Menschen nach den Karen die zweitgrößte Gruppe der Bergstämme. Die Dörfer sind weit verstreut über mindestens 13 Provinzen in Nord- und Zentral-Thailand.

Mit Indigo-Farbe gebatikte kurze Plissee-Röcke, reichlich mit Kreuzstichen bestickt, kennzeichnen die Frauen der Blauen Meo. Oben tragen sie eine schwarze Bluse, oft aus Samt und ebenfalls bestickt. Ihr Haar wird in einem großen Knoten auf dem Kopf drapiert. Der schwere Silberschmuck und die kunstvoll bestickte Schürze gehören nicht überall zur Alltagskleidung. Die Frauen der Weißen Meo tragen einen blau-schwarzen Turban, dunkle Hosen und eine schmale, bestickte Schürze in leuchtenden Farben. Die Meo wohnen in Großfamilien in ebenerdigen Häusern, von denen jedes über einen großem Aufenthaltsraum und verschiedene Schlafabteile verfügt. Nur Angehörige einer Sippe leben in einem Dorf. Eine eingeheiratete Frau wird in die Sippe des Mannes aufgenommen. Vorzugsweise errichten die Meo ihre Dörfer in 1000 - 1200 m Höhe im Schutz der Berge. Zur Selbstversorgung bauen sie Reis und Mais und zum Verkauf Opium an. Sie halten Schweine, Hühner und Ponys in separaten Ställen mit einigem Abstand zu den Häusern.

## Yao

Die Yao nennen sich selbst *Mien*. Die ersten Yao kamen Mitte des 19. Jahrhunderts aus Laos, sie stammen wahrscheinlich aus Süd-China. Heute leben Yao in Süd-China, Vietnam, Laos, Burma und ca. 33 000 in Nord-Thailand. Hier siedeln sie hauptsächlich in den Provinzen Chiang Rai, Phayao und Nan. Weitere 10 000 Yao leben in Flüchtlingslagern an der laotischen Grenze. Viele Wörter ihrer Sprache haben die Yao aus dem Chinesischen übernommen. Sie sind auch der einzige Bergstamm Thailands, der sich einer Schrift bedient. Sie haben damit ihre Lieder, Legenden und die Namen ihrer Vorfahren festgehalten. Nicht nur die Schrift, auch viele chinesische Bräuche wurden von den Yao übernommen.

Die traditionelle Kleidung der Yao-Frauen besteht aus einem schwarzen Turban, einer weiten, überreich bestickten Hose und einem blau-schwarzen Mantel. Am meisten fällt jedoch ihre aus dunkelroter Wolle geknüpfte Schärpe auf, die sie wie einen Pelzkragen um den Halsausschnitt tragen. Kleine, schwere Silberohrringe und silberne Armreifen gehören zum Alltagsschmuck der Yao-Frauen.

Die Yao leben in Großfamilien zusammen. Die polygame Ehe ist möglich. Der junge Yao muß sich seine Braut außerhalb der Sippe suchen. Nach der Hochzeit zieht das junge Paar ins elterliche Haus des Mannes. Voreheliche Kinder der Frau werden automatisch adoptiert. Falls der junge Mann arm, oder das Mädchen die einzige Tochter ist, kann der Mann entscheiden, ob er vorübergehend oder für immer in die Familie der Frau ziehen will.

## Lahu

Die Thai und Shan nennen diese Stammesgruppe *Musur* oder *Musoe*. Man glaubt, daß die Lahu aus dem südwestlichen China, eventuell aus Tibet stammen und über Jahrhunderte südwärts nach Burma, Laos und Thailand gezogen sind. Seit 1891 wird von Lahu-Dörfern in Thailand berichtet. Heute leben ca. 39 000 Lahu vorwiegend in der Provinz Chiang Rai sowie im Norden der Provinzen Chiang Mai und Mae Hong Son.Bei den Lahu unterscheidet man verschiedene Untergruppen, wovon sich in Thailand hauptsächlich vier angesiedelt haben: Lahu Na (schwarz), Lahu Nyi (rot), Lahu She Leh und Lahu Shi (gelb).

Viele Lahu kleiden sich wie gewöhnliche Thai-Bauern, nur manche Lahu Na und viele Lahu She Leh tragen noch täglich ihre eigene Tracht. Alle anderen kann man nur noch an Festtagen traditionell gekleidet sehen. Alle Gruppen verzieren ihre Kleidung mit Borten. Der Alltagsschmuck besteht aus grob bearbeiteten Silberarmspangen und geflochtenen Armreifen aus 8 Grashalmen.

Die Lahu leben in Kleinfamilien zusammen. Nur für eine gewisse Zeit nach der Hochzeit zieht der Schwiegersohn mit Frau ins Haus der Schwiegereltern, um den Brautpreis abzuarbeiten. Die relativ kleinen Häuser der meisten Lahu stehen auf Pfählen. Auf einem eingekerbten Baumstamm balanciert man zur teilweise überdachten Terrasse hinauf. Wände und Böden des Hauses bestehen aus flachgeklopftem Bambus, wie bei den meisten Bergstämmen. Die Lücken im Boden sind so weit, daß man durchspucken kann. Unter dem Haus leben die Schweine, die den Abfall, der durch die Lücken fällt, gleich verwerten. Ponys und Hühner haben einen eigenen Stall. Das Wasser wird aus naheliegenden Quellen über Bambusrohre ins Dorf geleitet. Traditionell lebten Lahu in einer Höhe über 1000 Meter. Doch mit Ausnahme der She Leh sind sie in niedere Lagen gezogen.

Die Lahu pflanzen Trockenreis und Mais für ihre tägliche Nahrung an sowie Melonen, Chilies, Hirse, Bohnen und Gemüse zum Verkauf. Opiumanbau stellt in manchen Dörfern eine wichtige Erwerbsquelle dar.

### Lisu

Die Lisu werden von den Thai *Lisaw* genannt. Linguistisch gehören sie zum tibeto-burmanischen Zweig der sino-tibetischen Sprachfamilie. Viele Wörter (bis zu 30%) sind aus dem Yunnanesischen übernommen. Die ursprüngliche Herkunft der Lisu wird in Süd-China vermutet. 1921 wanderten die ersten nach Thailand ein, über Burma, wie alle nachfolgenden auch. Heute leben ca. 21 000 Lisu in Thailand. Sie haben ihre Dörfer in 9 verschiedenen Provinzen, die meisten leben in den Provinzen Chiang Mai, Chiang Rai und in der Gegend von Pai.

Die Lisu ziehen sich gern bunt an. Heutzutage sind grelle Nylonstoffe in Grün und Blau besonders begehrt. Diese werden zu Jacken verarbeitet, vorne knie-, hinten wadenlang und seitlich bis zur Hüfte geschlitzt. Oberärmel, Halsausschnitt und Schulterteil sind dicht mit schmalen, bunten Borten besetzt. Ein schwarzes Band wird eng um die Taille geschlungen. Von den Hüften bis zu den Kniekehlen hängen zwei Bündel aufwendig gefertigter Kordeln, am Ende mit kleinen Wollbällchen verziert. Der Turban, der zu festlichen Gelegenheiten getragen wird, verzieren die jungen Mädchen mit Plastikblumen und Geschenkbändern, der Phantasie scheinen keine Grenzen gesetzt. Auch viele Männer tragen gern weite Hosen aus grünem oder blauem Nylonstoff.

In der patriarchalischen Lisu-Familie gebührt dem Vater absoluter Gehorsam. Konflikte werden offen ausgetragen und enden oft gewalttätig. Für die sozialen Beziehungen spielen die Sippen eine große Rolle. Die meist recht großen Häuser der Lisu sind ebenerdig oder stehen auf Pfählen. Immer sind sie am Hang gebaut. Der Ahnenaltar ist an der Hangseite plaziert, genau gegenüber der Tür.

Die Lisu siedeln vorzugsweise im gebirgigen, schwer zugänglichen Hinterland auf einer Höhe von ca. 1000 m, gern haben sie zwecks Sicherheit und Unterhaltung andere Lisu-Dörfer in der Nähe. Ein Dorf liegt meist auf einer Seite eines Bergkammes, auf dessen anderer Seite ein Bach fließt. Das Wasser wird in meisterhaften Bambus-Aquädukten um den Berg herum in ihr Dorf geleitet. Die Lisu betreiben Wechselfeldbau und pflanzen Reis, Mais und Gemüse für den Eigenverbrauch an.

Sie verrichten nicht alle anfallenden Arbeiten selbst, sondern stellen Karen oder Lahu als billige Arbeitskräfte ein. Schweine und Rinder werden zum Verkauf gezüchtet, doch ihr Haupteinkommen beziehen die Lisu durch Opiumanbau. Chinesische Händler kaufen das Opium auf und heiraten auch gern Lisu-Frauen. Lisu-Dörfer mit einer Mehrheit von chinesischen Männern sind keine Seltenheit. Aus sozialen, ökonomischen und politischen Gründen siedeln Lisu ihre Dörfer oft um.

## Akha

Die Thai nennen sie *Kor* oder *I-gor,* was die Akha nicht gerne hören. Wahrscheinlich stammen die Akha aus dem tibetischen Hochland und wanderten im Laufe der Jahrhunderte über Yunnan, wo noch heute die meisten leben, über Nord-Burma und Laos in den Norden Thailands. Um 1900 sollen sich hier die ersten Akha (die Ulo-Akha) angesiedelt haben. Laufend treffen Neuankömmlinge aus Burma ein, vorwiegend die Loimi-Akha. Heute leben ca. 24 000 Akha in Thailand, auf sechs Provinzen verteilt. Die meisten Dörfer stehen in der Provinz Chiang Rai und im Norden der Provinz Chiang Mai.

Akha-Frauen sind mit ihrem faszinierenden Kopfputz und Silberschmuck unverkennbar. Ihren Kopfputz tragen sie immer, zumindest in reduzierter Form oder von einer Kapuze bedeckt. Er besteht aus Silberknöpfen, Silberkugeln, Münzen, gefärbten Hühnerfedern und Affenhaar, aus bunten Perlen und roten Wollquasten und Wollbommeln. Er umrahmt das ganze Gesicht, hängt oft bis auf die Brust und wird bei den Loimi von einer silbernen, ca. 20 cm hohen Platte am Hinterkopf gekrönt. Bei den Ulo türmt sich der Kopfschmuck kegelförmig nach oben. Die typischen schwarzblauen Miniröckchen werden unterhalb des Bauchansatzes getragen und reichen nur bis knapp übers Knie. Setzt sich die Frau hin, bedeckt eine Schärpe, mit Knöpfen, Münzen und Perlen bestickt, züchtig ihren Schritt. Die aus bunten Stoffen applizierten Beinstulpen sieht man noch häufig, während das traditionelle Oberteil oft durch ein T-Shirt ersetzt wird. Die Bambuspfeife, mit oder ohne Tabak, ist bei Jung und Alt beliebt. Viele Akha-Frauen spinnen ihr Garn selbst und verweben es auf Tretwebstühlen.

Die Häuser der Akha sind meistens auf Pfählen gebaut. Unterm Haus leben die Tiere, außerdem wird dieser Raum zum Lagern von Holz genutzt. Die Häuser sind mit weit heruntergezogenen Dächern aus Gras bedeckt und besitzen keine Fenster. Männer und Frauen schlafen in separaten Räumen innerhalb des Hauses. Nur in den ersten Jahren nach der Heirat schläft das junge Paar gemeinsam in einem Häuschen auf dem Grundstück seines Vaters. Die Akha errichten ihre Dörfer vorzugsweise auf luftigen Bergkämmen in einer Höhe von 1000 m. Sie pflanzen auf wechselnden Feldern Trockenreis, Mais, Hirse, Chilies, Knoblauch, Sesam und verschiedene Gemüse an. Oft ist es zu wenig, um alle richtig zu ernähren. Schweine, Wasserbüffel, Rinder und Geflügel werden für Feste, Opfer und zum Verkauf gehalten. Die Wasserquelle befindet sich immer unterhalb des Dorfes, und die Frauen tragen das Wasser in Bambusgefäßen auf dem Rücken zu ihren Häusern. Sie waschen sich selbst und ihre Kinder zweimal täglich. Ein Akha-Dorf besitzt am oberen und unteren Ende je ein offenes Tor aus massiven Baumstämmen. Sie bilden eine symbolische Grenze gegen alles Böse und Zerstörerische, ob Krankheit, Räuber, Vampire oder wilde Tiere. Auf dem Querbalken sitzen geschnitzte Vögel, sie sollen verhindern, daß zu viele Küken von Falken erjagt werden. Vor jedem Tor stehen dicht beieinander zwei grob geschnitzte Figuren, ein Mann und eine Frau mit betonten Geschlechtsmerkmalen. Zu jedem Dorf gehört ein ebener Platz, an dem sich allabendlich die Jugend trifft. Die Mädchen singen und tanzen, die Burschen schauen zu und machen später auch mit. In absoluter Dunkelheit ziehen sich die Jugendlichen, oft paarweise, zurück.

## Karen

Die Karen, von den Thai *Kariang* oder *Yang* genannt, stellen mit 240 000 Menschen (51%) die größte Stammesgruppe in Thailand. Ihr Ursprung ist unklar.

Viele Jahrhunderte lebten sie in Burma, und schon im 18. Jahrhundert übersiedelten einige nach Thailand. Heute leben hauptsächlich Weiße Karen in Thailand entlang der burmesischen Grenze von Mae Hong Son bis Kanchanaburi, aber auch verstreut in weiteren Provinzen von Nord- und Zentral-Thailand. Jenseits der Grenze befinden sich die Karen schon seit Jahrzehnten in einem Guerillakrieg gegen die burmesische Zentralregierung. Man unterteilt die Weißen Karen in Skaw Karen und Pwo Karen, die fälschlich auch Rote Karen genannt werden.

Die Karen-Frauen sind als gute Weber bekannt. Auf einfachen Webstühlen mit Rückenband weben sie, auf dem Boden sitzend, schmale Streifen, die mit buntem Faden zu Gewändern zusammengenäht werden. Die jungen, unverheirateten Mädchen tragen ein langes, ursprünglich weißes Gewand. Ansonsten hat jede Untergruppe ihren eigenen Stil.

Als einzige der Bergstämme Thailands haben die Karen eine mutterrechtlich orientierte Gesellschaft. Sie leben in Kleinfamilien, und die Familie bildet die wichtigste ökonomische Einheit in allen häuslichen Angelegenheiten. Die Karen siedeln sowohl in den Bergen als auch in den Ebenen, ziehen jedoch niedere Lagen von ca. 500 m vor. Wird ein Dorf zu groß, spaltet sich ein Satellitendorf ab, das weiterhin enge Beziehungen zum Mutterdorf unterhält. Die traditionellen Häuser stehen auf Pfählen. Der große Innenraum ist nicht in Zimmer unterteilt, nur manchmal wird für die heranwachsende Tochter ein Eckchen abgetrennt. Das Leben spielt sich tagsüber auf der geräumigen, überdachten Veranda ab. Die Karen sind äußerst seßhaft, was man an ihren Gärten erkennen kann, in denen Jackfrucht-, Zitrus- und Mangobäume wachsen. Ein ausgeklügeltes System des Wechselfeldbaus ermöglichte ihnen immer gute Ernten und verhinderte Erosion auf den brachliegenden Feldern. Heute können sie diese Praxis nicht mehr anwenden. Hauptsächlich bauen sie Reis und Gemüse an, nur ganz gelegentlich Opium. Sie züchten Hühner, Schweine, Wasserbüffel, Rinder und Elefanten. Sie verkaufen ihre überschüssigen Produkte und verdienen Geld durch Lohnarbeit und durch das Vermieten ihrer Elefanten. Die Karen, die in der Ebene leben, haben sich ihren Thai-Nachbarn mehr oder weniger angepaßt.

## Trekking zu den Bergstämmen

Die meisten Traveller, die nach Nord-Thailand kommen, wollen einige Dörfer der dort lebenden Bergstämme besuchen und einen Hauch von dem Abenteuer spüren, das sie umweht. Vielen macht es einfach auch Spaß, endlich aus den Städten herauszukommen und sich in der freien Natur zu bewegen. Weitaus die meisten Treks werden von Chiang Mai aus veranstaltet. Wer die touristische Vermarktung der Bergstämme ablehnt, sollte auf Trekking-Touren verzichten.

### Wann kann man trekken?

Von **November bis Februar** ist es tagsüber angenehm warm, nachts kühl, in den Bergen kalt, es regnet fast nie - dies ist die beste Trekking-Zeit und Saison. Im **März und April** wird es heiß (mittags 32° - 35°C), nachts kühlt es um ca. 12°C ab, es ist trocken und staubig - trekken macht keinen Spaß. Von **Mai bis Oktober** regnet es an 15 bis 25 Tagen im Monat, häufig jedoch nur am Abend und in der Nacht, die Landschaft strahlt in frischem Grün - Trekking-Touren arten oft in Schlammschlachten aus und müssen manchmal abgebrochen werden. Regenzeit-Treks können aber auch besonders viel Spaß machen.

### Von wo aus kann man trekken?

Weitaus die meisten Treks werden von Chiang Mai aus veranstaltet. Hier gibt es weit über 100 Trekking-Agenturen. Außerdem organisieren fast alle Gästehäuser Treks. Sie führen hauptsächlich in die Gebiete um den Chiang Dao und zum Mae Taeng Fluß. Auch Richtung Mae Hong Son und Mae Sariang werden viele Treks angeboten. Die An- und Rückfahrt dauert meist viele Stunden. Auch in Chiang Rai, Mae Hong Son und Pai gibt es gute Trekking-Organisationen, in Nan ein kleines Trekking-Office. In Mae Sariang, Soppong, Fang, Thaton, Mae Salong, Mae Sai und Chiang Saen werden ebenfalls Treks von den Gästehäusern organisiert. In diesen Orten liegt der Ausgangspunkt näher an den Trekking-Gebieten, Treks werden individueller und in kleineren Gruppen durchgeführt.

### Besichtigungstour (1/2 - 1 Tag)

Wird hauptsächlich von Reisebüros in Chiang Mai und Chiang Rai angeboten. Bei solchen Touren werden Touristen zu Dörfern gefahren, die ganz auf den Sightseeing-Tourismus eingestellt sind, und deren Bewohner auch davon leben.

### Exkursion (2 - 3 Tage)

Exkursionen laufen die Dörfer auf Standardrouten an, die jeden Tag von vielen Gruppen begangen werden. Auch Pauschaltouristen wird ein solcher Ausflug angeboten. Man darf also keine „unberührten Hilltribes“ erwarten. Gewöhnlich muß man nicht länger als ein bis zwei Stunden pro Tag wandern, meist sind eine Bootsfahrt und ein kurzer Elefantenritt („Safari“!) im Preis inbegriffen.

### Trekking-Tour (3 - 5 Tage)

Wer sich in Chiang Mai oder einem anderen Ort für einen Trek eingeschrieben hat, muß eine Kopie seines Passes abgeben (bisher nur in Chiang Mai), damit der Guide die Tour bei der Polizei anmelden kann. Meistens kann der Trek schon am nächsten oder übernächsten Tag losgehen. Der Veranstalter stellt einen kleinen, meist miserablen Rucksack, eine Wasserflasche und eine Decke.

Man startet zwischen 9.00 und 13.00 Uhr und fährt mit einem Pickup 1 - 4 Std., je nach Ausgangsort. Ob das erste Mittagessen im Preis inbegriffen ist, sollte man schon vorher erfragen. Am ersten Tag wird 2 bis 4 Std. gewandert. Gegen Abend läuft man ein Hilltribe-Dorf an und wird in einer Hütte der Einheimischen oder einer separaten Touristenhütte untergebracht. Die Gebühr bezahlt der Guide. Im allgemeinen kocht der Guide ein schmackhaftes Essen aus den mitgebrachten Vorräten, nur Reis wird manchmal vom Dorf bezogen. Man schläft auf dem Boden der Hütte, meist auf Matten. Toiletten dürfen Trekker hier nicht erwarten und sich nicht genieren, Hof oder Garten als solche zu benutzen.

An den nächsten Tagen wird 2 - 8 Stunden marschiert, einige Hilltribe-Dörfer werden passiert, eine Floßfahrt o.ä. durchgeführt (falls gebucht). Die Floßfahrt ist nichts für Wasserscheue, denn auf den einfachen Bambusflößen steht oder sitzt man die meiste Zeit im Wasser. In der zweiten Nacht haben die Teilnehmer schon etwas mehr Erfahrung und können vielleicht etwas besser schlafen. Am letzten Tag wird nur noch wenige Stunden bis zu einer Straße gewandert, und mit Pickup oder Bus geht es zum Ausgangspunkt zurück.

Für die meisten Trekker ist eine solche Tour ein großes Erlebnis. Sie haben viel Spaß dabei und sehen unter welchen Umständen Menschen ihr Leben meistern müssen (oder dürfen?). Manche werden sich bewußt, wie privilegiert sie sind und kehren dankbar in ihre Heimat zurück.Ob sich Trekker in einem Hilltribe-Dorf wie in einem Zoo fühlen, hängt von ihrer Einstellung ab.

Längere Trekking-Touren, von 6- bis 10-Tages-Touren werden nur selten angeboten, aber wer einige Tage warten kann oder schon in einer kleinen Gruppe reist, kann eine solche Tour bei jeder Organisation arrangieren lassen. Die Chancen, in abgelegene Gebiete zu kommen und ursprüngliche Dörfer kennenzulernen, sind wesentlich größer als bei kurzen Touren.

Die Bergstämme benötigen heutzutage Geld, und was sie durch die Übernachtung von Trekkinggruppen (10 - 50 Baht / Person) oder durch den Verkauf von Handarbeiten (5 - 10 Baht pro Armband) verdienen, trägt zu ihrem Lebensunterhalt und der schulischen Ausbildung ihrer Kinder wesentlich bei.

### Kosten einer Trekking-Tour

Um 1300 Baht kostet eine Tour von 3 Tagen / 2 Nächten mit Elefantenritt, *„only walking"* ca. 300 Baht pro Person und Tag, in kleinen Orten eher weniger, in Großen eher mehr. Wer nicht will, daß sein Guide oder die besuchten Hilltribes ausgebeutet werden, muß auch bereit sein, einen angemessenen Betrag für seine Trekking-Tour zu bezahlen. Ein Guide, der ständig in der Gesellschaft von Touristen lebt, kann nicht mit dem Minimalverdienst eines Arbeiters auskommen. Zudem ist er nur wenige Monate im Jahr beschäftigt.

### Ratschläge zum organisierten Trekken

**Auswahl des Veranstalters:** Man sollte sich keinesfalls in eine Trekking Tour pressen lassen und sich nicht unüberlegt in eine Liste einschreiben, sobald man mit dem Khaosan-Bus in Chiang Mai angekommen ist (Ausrede: „Ich will 10 Tage trekken gehen!"). Der Zeitaufwand für die Auswahl der Agentur lohnt sich. Am einfachsten geht das in den Gästehäusern. Wenn die Besitzer einen verantwortungsvollen Eindruck machen und sich um das Wohl ihrer Gäste kümmern, sind sie im Normalfall auch an einem guten Trek mit ordentlichen Guides interessiert. Die Gruppe sollte keinesfalls mehr als 8 - 10 Teilnehmer umfassen, was man sich evtl. auf der Quittung bestätigen lassen sollte. Seit 1994 müssen alle Trekking-Agenturen bei TAT (Touristenbüro) registriert sein, eine Unfallversicherung bieten und eine Garantiesumme von 50 000 Baht hinterlegt haben.

**Gestellte Ausrüstung und Verpflegung:** Man sollte unbedingt versuchen, auf Ausrüstung und Essensvorräte Einfluß zu nehmen. In kleinen Orten wie Pai oder Soppong geht das leichter als in Chiang Mai. Im Winter müssen Teilnehmer einer Tour auf 2 - 3 Decken bestehen. Die Kälte wird von den Veranstaltern und den Guides heruntergespielt, und die Decken in den Dörfern brauchen die Einheimischen selbst. In der Regenzeit ist es wichtig, nur bei solchen Agenturen eine Floßfahrt zu buchen, die auch Schwimmwesten zur Verfügung stellen. Kentern kann bei Hochwasser lebensgefährlich werden. Der Umwelt zuliebe sollte man sich versichern lassen, daß kein Wegwerfgeschirr verwendet wird. Wichtig ist auch, welche Nahrungsmittel mitgenommen werden. Statt Weißbrot und Marmelade oder Pancakes gibt es in den meisten Ausgangsorten auch Vollkornbrot oder Müsli. Die Vorbildwirkung in den Dörfern darf nicht unterschätzt werden. (Manche Mütter gaben ihren Kindern schon Weißbrot, weil sie es bei den Trekkern sahen und dachten, davon bekommt man weiße Haut.) Wer bestimmte Dinge nicht ißt, sollte das dem Guide rechtzeitig mitteilen.

**Private Ausrüstung:** Feste Schuhe und Sandalen, Kleidung einmal zum Wechseln, Sonnenhut, Wasserflasche, Wasserentkeimungstabletten, Einreibemittel gegen Mücken und Sonnenbrand, Toilettenpapier, Taschenlampe und Streichhölzer, persönliche Toilettenartikel und Medizin, Ohrenstöpsel und etwas Kleingeld. Nov. bis Feb.: warmen Schlafsack und Isoliermatte. Wer keinen hat, sollte darauf bestehen, daß die Organisation eine zweite Decke stellt. Viele Trekker kommen mit einer Erkältung zurück. Mai bis Mitte Nov.: Regenschutz und hohe Schuhe.

**Kondition:** Jeder Teilnehmer muß im voraus abschätzen, wieviel Stunden er pro Tag marschieren kann. Dabei ist zu bedenken, daß es oft steil bergauf und bergab geht, und zumeist ohne Schatten (der Dschungel ist ja abgebrannt). Man sollte sich zuvor die Tour genau erklären lassen: besuchte Bergstämme, Anreise, Wanderzeit, Gelände, zu erwartendes Wetter, Übernachtungsplätze, max. Teilnehmerzahl, Mahlzeiten, gestellte Ausrüstung, was muß jeder Teilnehmer tragen ... Mit dummdreisten Sprüchen braucht sich kein Kunde abspeisen lassen!

**Geschenke:** Bei einer organisierten Tour ist es nicht notwendig, Geschenke zu bringen. Das Dorf (zumindest der *village headman*) wird vom Guide bezahlt. Wer den Bergbewohnern trotzdem eine kleine Freude machen möchte, kann Zigaretten, Salz, Verbandszeug, Wundpflaster oder Nähzeug mitnehmen. Bonbons für die Kinder sehen die Eltern gar nicht gern, weil die Kleinen dadurch zum Betteln erzogen werden. Sinnvoller ist eine Spende für das Dorf oder die Schule.

**Wertsachen:** Schecks, Bargeld, Reisepapiere (Kopie vom Paß mitnehmen) gehören gegen genaue Quittung in den Safe der Unterkunft. Kreditkarten darf man auf gar keinen Fall in der Unterkunft lassen. Mißbrauch ist möglich und gar nicht selten, und der Geprellte merkt es erst viel zu spät! Gute Gästehäuser geben sich viel Mühe, Wertsachen mißbrauchsicher zu verpacken.

**Opium rauchen:** Oft wird Ausländern von den Bewohnern der Bergdörfer oder von einem schlechten Guide Opium angeboten, weil sie wissen, daß das Rauchen für viele Trekker die Hauptattraktion ist. Da die meisten Trekker die Wirkung von Opium wahrscheinlich noch nicht am eigenen Leib ausprobiert haben, ist Maß und Vorsicht geboten: Opium ist eine suchterzeugende Droge. Schon nach einer Woche regelmäßigen Genusses können schwere Entzugserscheinungen auftreten. Niemals Opium nach Alkohol oder gar gleichzeitig nehmen! Wer versucht, Drogen aus den Bergen mit nach Chiang Mai oder gar nach Europa zu nehmen, geht ein sehr hohes Risiko ein. In Thailand ist Opiumrauchen illegal und es stehen 1 - 10 Jahre Gefängnis drauf. Traditionell wurde Opium nur von Alten und Kranken geraucht, um die Beschwerden erträglicher zu machen. Erst in jüngerer Zeit verfielen auch jüngere Bergbewohner der Droge. Experten führen dies auch auf das Vorbild der Trekker zurück. Wer sich verantwortungsvoll verhalten will, verzichtet also ganz aufs Opiumrauchen.

### Trekking Guide

Ob Trekker von ihrer Tour begeistert sind oder nicht, hängt von der Gruppe, hauptsächlich aber vom Guide ab. Die schlechtesten Erfahrungen machen Trekker mit einem rauschgiftabhängigen Guide. Er will nur in die Berge, um an Stoff zu kommen, die ihm anvertrauten Trekker sind ihm egal. Außerdem versucht dieser Guide, die Trekker zum Opiumrauchen zu animieren, ja, das Rauchen als Pflicht des Gastes hinzustellen. Schließlich verdient er an jeder Pfeife 10 Baht.

Wer am Wandern, an Natur und Bergstämmen interessiert und nicht aufs Opiumrauchen aus ist, sollte versuchen, einen rauschgiftfreien Trek zu buchen.

Schon vor dem Buchen läßt sich in Erfahrung bringen, ob die Möglichkeit zum Opiumrauchen besteht, man kann z.B. die Fotoalben der Trekking-Organisation anschauen. Der Informationsgehalt einer Tour hängt nicht zuletzt davon ab, ob das Englisch des Guides verständlich ist. Erfahrene Guides sprechen ein brauchbares Englisch und mehrere Sprachen der Hilltribes. Seit 1994 müssen alle Guides von Chiang Mai eine Lizenz vorweisen können, die sie nach erfolgreichem Absolvieren eines Kurses erhalten haben. Diese Vorschrift wird bald auch in anderen Orten durchgesetzt werden. Die Guides müssen während der Treks selbständig wirtschaften und organisieren. Wer mit den Leistungen nicht zufrieden ist, sollte sich nicht scheuen, es der Agentur zu melden.

### Ausflüge von Gästehäusern in den Bergen

Inmitten von Tribalgebieten sind in den letzten Jahren Gästehäuser entstanden. Sie bieten die Möglichkeit, sich in den Bergen zu erholen, Spaziergänge und Wanderungen zu unternehmen, sich länger in einem Dorf aufzuhalten und sich intensiv mit den Problemen der Bergstämme zu befassen. Die Gästehausbesitzer können in der Regel gute Informationen geben und Führer vermitteln.

### Verhalten in einem Dorf der Bergstämme

Bei den Hilltribes sehen sich Besucher mit einer Kultur und Gesellschaftsform konfrontiert, die den Horizont eines Mitteleuropäers sprengt. Deshalb werden an Anpassungsbereitschaft und Toleranzfähigkeit große Anforderungen gestellt.

**Fremde sind in erster Linie Gäste** in dem betreffenden Dorf und sollten sich vorher über dort herrschende Sitten und Tabus informieren. Die Höflichkeit gebietet, daß man nicht überall herumschnüffelt, sondern sich auf das beschränkt, was die Dorfbewohner zeigen wollen. Das Beobachten der Menschen erfordert Takt und darf nicht in Belästigung ausarten. Fotos zu schießen, ohne vorher die Erlaubnis eingeholt zu haben, ist mehr als ein grober Verstoß gegen die guten Sitten. Manchmal erweisen sich Begegnungen als aufschlußreicher, wenn man die Kamera in der Tasche läßt und statt dessen mehr zuhört und beobachtet. Unangemessenes Verhalten schadet vor allem den nachfolgenden Gästen. Das kann so weit führen, daß ausländische Besucher in einem Dorf der Bergstämme nicht mehr willkommen sind.

## Chiang Mai เชียงใหม่

*Chiang Mai liegt in einem breiten, fruchtbaren Tal etwa 300 m über dem Meer, im Westen und Osten umgeben von bis zu 2000 m hohen Bergen. Im Jahre 1996 feiert die Stadt ihr 700jähriges Bestehen. Sie wurde 1296 von König Mengrai als Hauptstadt des Reiches Lanna Thai („Königreich der Millionen Reisfelder") gegründet. Mengrai war ein Thai-Lao-Prinz aus Chiang Saen. Es gelang ihm, mehrere Thai-Stämme zu einigen und seinen Einfluß über den gesamten Norden Thailands auszudehnen. 1262 gründete er Chiang Rai, und nachdem er das Mon-Reich Haripunchai (heute Lamphun) unterworfen hatte, machte er Chiang Mai zur Hauptstadt.*

*Das 15. Jahrhundert war das Goldene Zeitalter von Lanna Thai. 1478 wurde das 8. Buddhistische Weltkonzil in Chiang Mai abgehalten. Nur die Beziehungen mit dem aufstrebenden Ayutthaya waren für fast 100 Jahre von Konkurrenz und kriegerischen Auseinandersetzungen geprägt. 1515 wurde Lampang von den Heeren Ayutthayas eingenommen. 1556 wurde Lanna Thai zum Vasallen des mächtigen burmesischen Königs Bayinnaung.*

*In den folgenden 220 Jahren war Chiang Mai, abgesehen von kurzen Zeitspannen der Unabhängigkeit, unter burmesischer Vorherrschaft. Erst 1775 gelang es General Taksin, die nördlichen Gebiete dem neuen Thai-Reich einzuverleiben. Bis 1938 regierte im Norden ein halbautonomer Prinz aus dem Fürstengeschlecht von Lampang, danach erst wurde Chiang Mai zur Provinzhauptstadt.*

*Die „Rose des Nordens", wie man Chiang Mai auch nennt, hat sich mittlerweile zu einer modernen Großstadt mit 164 000 Einwohnern und allen Attributen westlicher Zivilisation entwickelt: Hochhäuser, Autobahnen, Verkehrsstaus, Luftverpestung, Abfallprobleme, Lärm, Bettelei und professionelle Kriminalität. Von der ländlichen Ruhe und Beschaulichkeit der 70er Jahre künden fast nur noch die vielen friedlichen, uralten Tempelanlagen. Zumindest bis zu den Südostasien-Sportspielen (18. SEA Games) im Dezember 1995 präsentiert sich Chiang Mai dem Besucher als riesige Baustelle.*

## Die Altstadt

Von den 79 Tempeln Chiang Mais liegen 33 im alten Teil der Stadt. Sie sind am besten zu Fuß oder mit dem Fahrrad zu erkunden. Der Grundriß der eigentlichen Altstadt ist ein Quadrat von ca. 1500 m Seitenlänge. Teile der im frühen 19. Jahrhundert erbauten **Stadtmauer** und des **Wassergrabens** sind noch erhalten. Das östliche Stadttor Tapae Gate wurde allerdings erst 1986 errichtet und wirkt mehr wie eine Filmkulisse. Ansonsten erinnert kaum noch etwas an eine Altstadt: zwischen dreigeschossigen Betonbauten ducken sich einige niedrige Holzhäuser, die von Gärten umgeben und nur über schmale Gassen zu erreichen sind. Einen Besuch lohnt der Park **Suan Buak Had** im Südwesten der Altstadt. Man kann in der friedlichen Atmosphäre ausruhen und picknicken.

Unter den vielen Wats mit ihrer typisch nordthailändischen Architektur verdient das aus dem 14. Jahrhundert stammende **Wat Phra Sing** besondere Beachtung, das religiöse Zentrum in der westlichen Altstadt. Schöne Holzschnitzereien am Giebel und Wandmalereien im Inneren des Tempels. Die reizvolle Lai Khan-Kapelle beherbergt eine vom Volk sehr verehrte Buddha-Statue im Sukhothai-Stil.

Noch älter ist das **Wat Chiang Man** im Nordosten der Altstadt. Nach einer Legende soll König Mengrai um 1300 hier residiert haben, während die Stadt aufgebaut wurde. Auf dem Gelände findet man zwei Viharn, wobei sich im rechten zwei der berühmtesten Buddha-Figuren Chiang Mais befinden, die allerdings wohl verwahrt werden. Die Marmor-Figur im Flach-Relief soll aus dem 8. Jahrhundert stammen und aus Indien kommen. Die andere, *Phra Sai Tang Kamani*, wurde vor über 1000 Jahren aus Bergkristall geschnitten, sie besitzt goldene Haare und gehörte einer Königin des Haripunchai Reiches. Beide werden bei der Bevölkerung als Regenspender verehrt und bei den Songkran Festlichkeiten Mitte April in einer Prozession durch die Stadt getragen. Geöffnet ist das Gebäude evtl. nur an Sonntagen und buddhistischen Feiertagen von 9.00 - 17.00 Uhr.

**Wat Chedi Luang** soll 1454 einen 90 m hohen Chedi besessen haben, der allerdings 1545 bei einem Erdbeben zerstört wurde. Erhalten blieb die 60 m hohe Ruine. In der östlichen Nische stand 84 Jahre lang der Smaragd-Buddha (s.S. 722), der aus Lampang hierher gebracht und später nach Vientiane verschleppt wurde. Zu einer vergoldeten Buddhastatue führt eine zerfallene Treppe hinauf. Im Januar 1993 wurden die jahrelangen Restaurierungsarbeiten durch das *Fine Arts Department* abgeschlossen. Das Ergebnis ist in Fachkreisen allerdings umstritten, da neue Elemente aus dem zentralen Thailand stammen sollen, i.b. der Glockenturm. Links vom Haupteingang steht der Schrein des Schutzgeistes der Stadt (Lak Muang).

### Die City

Der City-Bereich der heutigen Stadt liegt etwa zwischen Tapae Gate im Westen und Ping River im Osten.

Entlang der Tapae Road gibt es einige interessante Tempel, z.B. das **Wat Saen Fang** oder das **Wat Maharam**. Das **Wat Bupharam** (der Östliche Tempel) wurde vor 500 Jahren erbaut.

Es enthält unter anderem einen schwarzen Buddha mit goldenen Locken, den angeblich größten aus Teak geschnitzten Buddha, über 100 Jahre alte Wandmalereien und schöne geschnitzte Holztüren.

### Im Westen

Die Sehenswürdigkeiten außerhalb der Altstadt lassen sich am besten per Fahrrad, Motorrad oder Fahrrad-Rikscha aufsuchen.

Im Westen in der Suthep Road liegt **Wat Suan Dok** (1 km westlich des gleichnamigen Tors). Die zahlreichen kleinen, weißen Chedis sind Begräbnisstätten früherer Herrscher von Chiang Mai. Schön wirkt die Anlage nur bei Sonnenuntergang. Fährt man auf der Straße etwa 1,2 km weiter nach Westen und biegt dann nach links ab, erreicht man nach 1,2 km **Wat Umong**, einen Waldtempel. Dieses nach der Legende von König Mengrai um 1300 gegründete Kloster ist allerdings weitgehend zerstört. Die Wandgemälde in den Grüften sind kaum noch zu erkennen. An den Bäumen sind Tafeln mit Inschriften angebracht, z.B.: *„Today is better than two tomorrows"* oder *„Do good tomorrow, says the fool - the wise man did good yesterday"*. Ein friedlicher Ort zum Erholen, Picknicken und Spazierengehen.

### Zoo

Auf der Huai Kaeo Road 5,6 km nach Nordwesten (Bus Nr. 3) kommt man zum **Zoo**. Die ungewöhnlich weitläufige, schöne Anlage an einem Hang ist ideal zum Entspannen. Die meisten Tiere werden tiergerecht gehalten, so leben etwa die Gibbons auf einer eigenen Insel. Geöffnet tgl. 8.00 - 17.00 Uhr, Eintritt 20 Baht.

### Nördlich der Altstadt

300 m hinter der Chang Puak Bus Station in einer rechten Seitenstraße, liegt **Wat Ku Tao** mit einem außergewöhnlichen Chedi, der an übereinandergestapelte Bettelschalen erinnert .

Noch weiter nördlich, am Superhighway, liegt inmitten eines schönen Parks **Wat Jed Yod**. Es wurde 1455 nach dem Vorbild des nordindischen Mahabodhi-Tempels in Bodh Gaya (dem Ort der Erleuchtung Buddhas) in kleinerem Maßstab errichtet.

300 m nordöstlich davon am Superhighway befindet sich das **National Museum**. In den beiden Stockwerken sind überwiegend religiöse Kunstwerke verschiedener Epochen und Kunsthandwerk aus jüngerer Zeit zu sehen. Im Vorhof

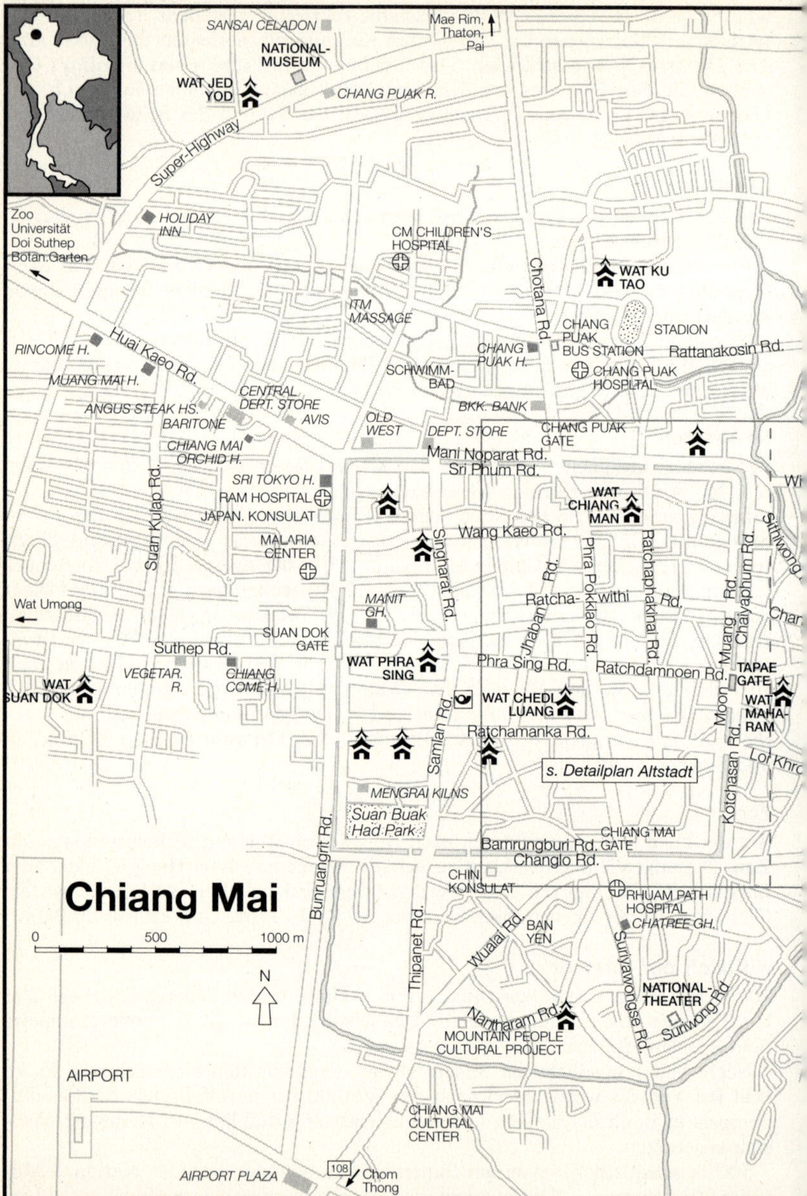

Chiang Mai
0
500
1000 m
N
SANSAI CELADON
Mae Rim, Thaton, Pai
NATIONAL-MUSEUM
WAT JED YOD
CHANG PUAK R.
Super-Highway
Zoo
Universität
Doi Suthep
Botan.Garten
HOLIDAY INN
CM CHILDREN'S HOSPITAL
Chotana Rd.
WAT KU TAO
ITM MASSAGE
STADION
CHANG PUAK BUS STATION
Rattanakosin Rd.
RINCOME H.
Huai Kaeo Rd.
CHANG PUAK H.
MUANG MAI H.
SCHWIMM-BAD
CHANG PUAK HOSPITAL
CENTRAL DEPT. STORE
BKK. BANK
ANGUS STEAK HS.
AVIS
BARITONE
OLD WEST
DEPT. STORE
CHANG PUAK GATE
CHIANG MAI ORCHID H.
Mani Noparat Rd.
Sri Phum Rd.
SRI TOKYO H.
RAM HOSPITAL
JAPAN. KONSULAT
WAT CHIANG MAN
Wang Kaeo Rd.
Singharat Rd.
MALARIA CENTER
Suan Kulap Rd.
Jhaban Rd.
Phra Pokklao Rd.
Ratchaphakinai Rd.
Chaiyaphum Rd.
Sithiwong
Ratcha-withi Rd.
Wat Umong
MANIT GH.
Muang Rd.
SUAN DOK GATE
Suthep Rd.
WAT PHRA SING
Phra Sing Rd.
Ratchdamnoen Rd.
TAPAE GATE
WAT SUAN DOK
VEGETAR. R.
CHIANG COME H.
WAT CHEDI LUANG
Moon
WAT MAHA-RAM
Samlan Rd.
Ratchamanka Rd.
Kotchasan Rd.
s. Detailplan Altstadt
MENGRAI KILNS
Suan Buak Had Park
Bunruangrit Rd.
CHIANG MAI GATE
Bamrungburi Rd.
Changlo Rd.
CHIN KONSULAT
RHUAM PATH HOSPITAL
Wualai Rd.
BAN YEN
CHATREE GH.
Thipanet Rd.
Suriyawongse Rd.
NATIONAL-THEATER
Suriwong Rd.
Nantharam Rd.
MOUNTAIN PEOPLE CULTURAL PROJECT
AIRPORT
CHIANG MAI CULTURAL CENTER
AIRPORT PLAZA
108
Chom Thong

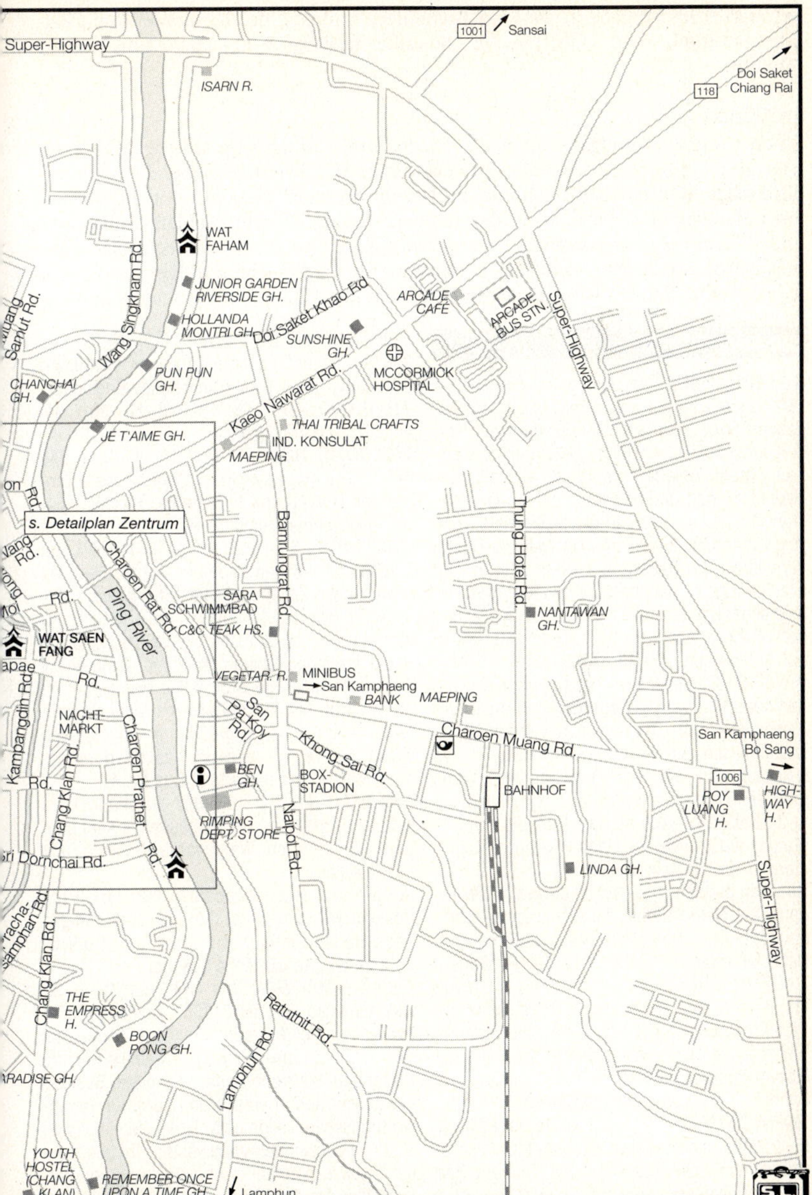
Super-Highway
1001
Sansai
Doi Saket
Chiang Rai
118
ISARN R.
WAT FAHAM
JUNIOR GARDEN RIVERSIDE GH.
HOLLANDA MONTRI GH.
Wang Singkham Rd.
Samut Rd.
Doi Saket Khao Rd
SUNSHINE GH.
ARCADE CAFÉ
ARCADE BUS STN.
Super-Highway
PUN PUN GH.
CHANCHAI GH.
Kaeo Nawarat Rd.
MCCORMICK HOSPITAL
THAI TRIBAL CRAFTS
JE T'AIME GH.
IND. KONSULAT
MAEPING
s. Detailplan Zentrum
Bamrungrat Rd.
Thung Hotel Rd.
Charoen Rat Rd.
Ping River
SARA SCHWIMMBAD
C&C TEAK HS.
NANTAWAN GH.
WAT SAEN FANG
Rd.
VEGETAR. R.
MINIBUS
San Kamphaeng
BANK
MAEPING
Kampangdin Rd.
NACHT-MARKT
Charoen Prathet Rd.
San Pa Koy Rd.
Khong Sai Rd.
Charoen Muang Rd.
San Kamphaeng
Bo Sang
Chang Klan Rd.
BEN GH.
BOX-STADION
BAHNHOF
1006
POY LUANG H.
HIGH-WAY H.
RIMPING DEPT. STORE
Naipol Rd.
Sri Donchai Rd.
LINDA GH.
Super-Highway
Chang Klan Rd.
THE EMPRESS H.
BOON PONG GH.
Ratuthit Rd.
Lamphun Rd.
YOUTH HOSTEL (CHANG KLAN)
REMEMBER ONCE UPON A TIME GH.
Lamphun

hat man Kilns aufgebaut, das sind Brennöfen, in denen das berühmte Thai-Celadon hergestellt wurde. Geöffnet Mi - So außer feiertags 9.00 - 16.00 Uhr, Eintritt 10 Baht.

### Im Süden

Einen weiteren Rundgang lohnt das Stadtviertel südlich vom Chiang Mai Gate. Hier gibt es in den Seitensträßchen noch einige Handwerksbetriebe, die nach traditioneller Methode Silberschmuck, Holzschnitzereien, Keramik und Lackarbeiten herstellen. Die Produktion der schwarzen Lack-Dosen, -Tabletts, -Flaschen und -Schachteln ist besonders interessant. Grundlage ist ein Geflecht aus Bambusfasern, auf die der schwarze Lack in mehreren Schichten aufgetragen wird. Jede einzelne Schicht wird mit einer Mischung aus Tonerde und Asche poliert.

## ÜBERNACHTUNG

**GÄSTEHÄUSER** - In Chiang Mai gibt es über 180 Gästehäuser in allen Preisklassen mit insgesamt 5000 Zimmern. Die Gästehäuser werden von Familien, von jungen Männern oder jungen Frauen geleitet, die (fast!) alle als sehr freundlich, nett und hilfsbereit gelten. Die meisten Gästehäuser führen gleichzeitig ein Trekking-Unternehmen oder können Trekking-Touren vermitteln. Sie besorgen Tickets aller Art für alle Reiseziele. Manche verleihen Fahrräder, einige sogar kostenlos. Wer in der Saison (Dezember - Februar und Juli - August) am Nachmittag auf Anhieb kein Zimmer findet, ruft am besten von einem Gästehaus reihum an - vielleicht wird der neue Gast sogar abgeholt. Außerhalb der Saison kann man die Preise herunterhandeln.

Das Zentrum der Traveller-Szene befindet sich links und rechts des östlichen Wallgrabens. Wenn man am Tapae Gate aussteigt (z.B. Bus Linie 1, 2, 3 oder 5), kann man im Umkreis von 800 Metern unter etwa 80 Gästehäusern mit Zimmern unter 200 Baht wählen.

**Altstadt, südliches Viertel:** In diesem Viertel liegen viele Gästehäuser, die recht saubere Zimmer anbieten. Das Preisniveau (100 bis 300 Baht) ist etwas höher als im nördlichen Viertel.

*SAI TUM GH** (auch *SAITAM)* [36], 21 Moon Muang Rd., tel 278575; flache Holzhäuser auf Pfählen, dazwischen Rasen; viele Stammgäste.

Weiter südlich in der **Moon Muang Soi 2**, liegen 8 Gästehäuser. Viele Tuk-Tuks warten auf Fahrgäste und verpesten die Umwelt.

*TOP NORTH GH**-**** [41], Nr. 15, tel 278900, fax 278485; eine beliebte, saubere Mittelklasse-Unterkunft mit 90 ansprechenden Zimmern, Bad mit Warmwasser; Restaurant, winziger Pool (für Nicht-Gäste 50 Baht).

*NORTH STAR GH*** (ac***) [42], Nr. 38, tel 278190, beliebt, saubere Zimmer mit Fenstern zum Gang, geleitet von einem netten Engländer.

*THAILAND GH*** (ac***) [42], Nr. 38/1, tel 274592, ist ähnlich gut.

*WELCOME HOUSE*** [42], Nr. 48/4, tel 278 448, etwas eingezwängt, 20 sehr saubere Zimmer mit Du/WC und Fan, heiße Dusche separat, angenehme Atmosphäre.

*KRITSADA HOUSE*-*** [44], Nr. 50, tel 276762, am ruhigen Ende der Gasse, klein, mit etwas engen Zimmern, keine Atmosphäre.

*YOUTH HOSTEL** (Chang Puak) [34], Bamrungburi Rd., tel 272169. Neues Gebäude am verkehrsreichen Chiang Mai Gate; Zimmer mit Fan, Schlafsaal (40 Baht p.P.); Restaurant im großen Hof. Mit Jugendherbergs- oder Studentenausweis gibt es Ermäßigung; die 4tägigen Treks werden verantwortungsvoll durchgeführt. Anfahrt am besten mit Bus Nr. 1.

*PHATHAI*** (ac***) [43], 48/1 Ratchaphakinai Rd., tel 278013; solides Gebäude mit sehr sauberen Zimmern mit Warmwasser-Du/WC. Sehr ruhig gelegen.

*JULIE** (im Beton-Neubau**) [32], 7/1 Phra Pokklao Rd. Soi 2, tel 274355, sehr ruhiges Teak-Haus, Zimmer mit Fan und Du/WC, Dachgarten, französische Leitung.

*CHIANG MAI GARDEN GH*** (ac***) [8], 82 Ratchamanka Rd., tel 815069, tel/fax 278881. Im Zentrum der Altstadt. 18 schöne Zimmer mit Fan mit und ohne Du/WC), 3 Familienräume. Pissamorn, die freundliche, engagierte Besitzerin, spricht auch deutsch und sorgt für verantwortungsvolle, vielgelobte Treks (Schlafsäcke, in der Regenzeit Schwimmwesten); ihr besonderer Service: fachmännische Buchung von Tikkets aller Art. Per Telefonanruf wird man gratis abgeholt. Sehr zu empfehlen.

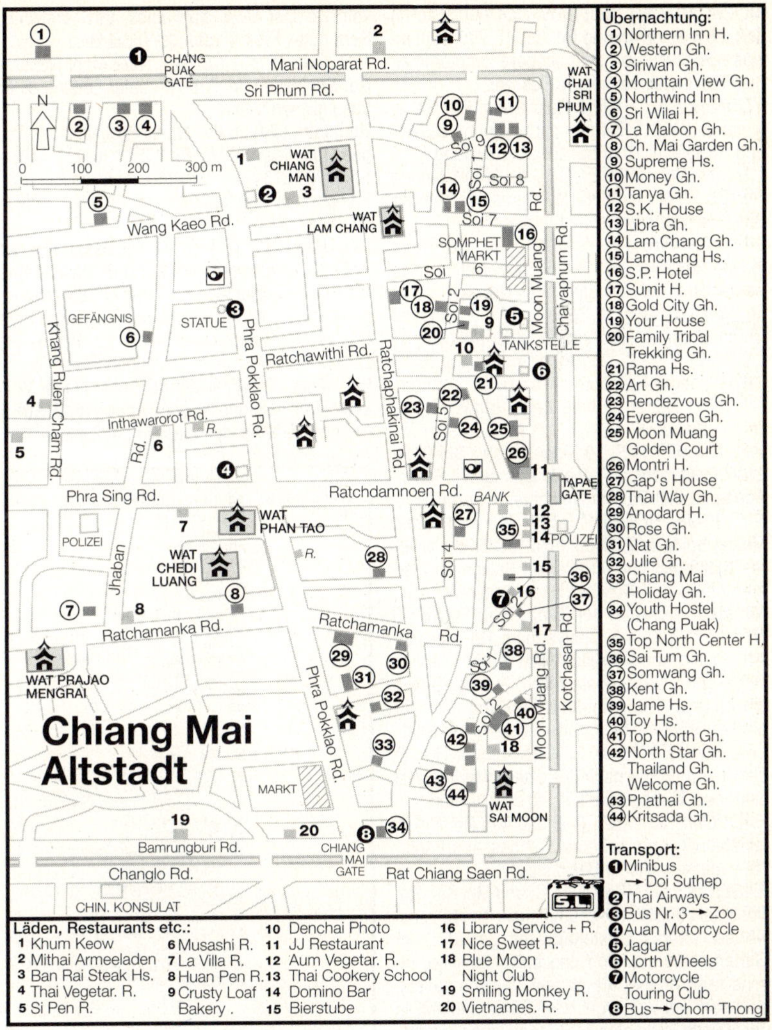


*LA MALOON** [7], 1 Jhaban Rd., tel 271001, neuer Besitzer. Das 100 Jahre alte Teakhouse bie-tet einfache, düstere Zi. mit Moskitonetz, z.T. mit Du/WC, Schlafsaal, gemütliche Sitzecke, billiges Restaurant mit großen Portionen.
*GAP'S HOUSE**** (175 Baht p.P. inkl. Frühstück) [27], 3 Ratchdamnoen Soi 4, tel/fax 278 140, schöne Teakhäuschen in einem grünen Garten, komfortable Zimmer mit ac und heißer Dusche; der rührige Manager veranstaltet kein Trekking, berät aber gern.

**Altstadt, nordöstliches Viertel:** In diesem Viertel liegen Gästehäuser mit Zimmerpreisen zwischen 80 und 250 Baht.

*MOON MUANG GOLDEN COURT*** (ac***) [25], 95/1 Moon Muang Rd., tel 212779, liegt etwas zurückversetzt, sehr saubere Zimmer in einem Kleinhotel, freundliche Besitzer.

*YOUR HOUSE** [19], 8 Ratchawithi Rd. Soi 2, tel/fax 217492, 9 Zimmer mit und ohne Du/WC und Schlafsaal, Thai-französische Leitung.

*LAMCHANG HOUSE** [15], 24 Moon Muang Rd. Soi 7, tel 210586, Holzhaus, gemütliche Bambusmattenzimmer im Erdgeschoß.

*LAM CHANG GH*** (ac***) [14], 28 Moon Muang Rd. Soi 7, tel 211435, Kleinhotel, nicht zu verwechseln mit dem Lamchang House.

*MONEY GH** [10], 10 Sri Phum Soi 1, einfache Unterkunft unter der Aufsicht einer Mama.

*LIBRA GH*** [13], 28 Moon Muang Soi 9, tel 210687, neues Kleinhotel mit sauberen Zimmern, alle mit 3 Betten; ruhige Lage, gutes Essen, sehr nette Leute.

*S.K. HOUSE** [12], 30 Moon Muang Soi 9, tel 210690, saubere, z.T. dunkle Zimmer mit Bad im Anbau, kleiner Pavillon im netten Hinterhof.

*SUPREME HOUSE*** (ac***) [9], 44/1 Moon Muang Soi 9, tel 222480, fax 218545, ein sicheres Kleinhotel mit vergitterten Balkonen; Zimmer mit warmer Dusche; Dachrestaurant.

**Neustadt, nördlich der Tapae Rd.:** *DARET'S HOUSE*** [58], 4/5 Chaiyaphum Rd., tel 235 440, mit großem Freiluft-Restaurant nördlich vom Tapae Gate, beste Milch-Shakes. Selten ein Zimmer frei, sehr laut, Trekking mit sehr großen Gruppen; Motorräder schlecht gewartet.

*LEK HOUSE*-*** [54], 22 Chaiyaphum Rd., in der ersten Gasse nach der Chang Moi Rd. Hat unter dem Wechsel der Leitung sehr gelitten.

*PAOCOME GH** [52], 9 Chang Moi Rd. Soi 3, tel 252377, angenehmes, ruhiges Apartmenthaus mit freundlicher Besitzerin.

*EAGLE HOUSE*-*** [50], 16 Chang Moi Kao Rd. Soi 3, tel 235387, fax 216368, sehr empfehlenswertes, älteres Gästehaus mit gemütlichem Gartenrestaurant. Pon und seine tüchtige, irische Frau Anette, die perfekt Deutsch spricht, sind sehr um das Wohl ihrer Gäste bemüht. In der Saison ist telefonische Anmeldung ratsam. *Pon & Anette Trekking* organisieren verantwortungsbewußte Treks (ebenfalls sehr zu empfehlen und nur hier zu buchen).

*DUANG DEE HOUSE*** [45], 14/23 - 24 Mani Noparat Rd. Soi Insoun, tel/fax 219361, an der nordöstlichen Ecke der Altstadt. 20 große, schöne Zimmer, gutes Restaurant, beliebte Bar mit selbstgeröstetem Bio-Kaffee; bestens geführt vom Berliner Uwe; gute Infos, kein Trekking. Sehr gutes Preis-Leistungs-Verhältnis.

*P.P. GUEST HOUSE** [46], 42/2 Mani Noparat Rd. Soi Insoun, tel 219615; unter Leitung einer fürsorglichen Mama.

**Neustadt, südlich der Tapae Rd.:** Nahe am Tapae Gate liegt *HOME PLACE**** [61], 9 Tapae Soi 6, tel 273493, Kleinhotel, sehr saubere Zi, Balkon zum Sonnenbaden im 3. Stock, etwas überteuert.

*LAI THAI GH**** [73], 111/4 Kotchasan Rd., tel 271725, ein großes Haus im Nord-Thailand-Stil, mit vielen Glühlämpchen illuminiert, 80 schöne, geräumige Zimmer mit modernem Bad; gutes Restaurant, Pool; Schließfächer zu mieten. Bezahlt hohe Provision an Schlepper.

Ein neues Traveller-Zentrum fast ohne Verkehrslärm entstand in der **Tapae Road Soi 4** und den benachbarten Gassen mit Zimmern ab

| | | |
|---|---|---|
| Läden, Restaurants etc.: | 21 | Nachtessenmarkt |
| | 22 | The Smilng Elephant R. |
| | 23 | Daret's R. |
| | 24 | Firenze R. |
| | 25 | America R. |
| | 26 | Croissant R. |
| | 27 | Carte d'Or R. |
| | 28 | Kasem Store |
| | 29 | D.K. Bookshop |
| | 30 | Bakery House |
| | 31 | Aroon Rai R. |
| | 32 | Kaithong R. |
| | 33 | Suriwong Book Ctr. |
| | 34 | Alain Café |
| | 35 | JJ Bakery |
| | 36 | Tea House |
| | 37 | Brasserie R. |
| | 38 | The Gallery R. |
| | 39 | Bain Garden R. |
| | 40 | The Riverside R.+ Bar |
| | 41 | Honey BBQ Chicken R. |
| | 42 | Galare Food Ctr. |
| | 43 | Shere Shiraz R. |
| | 44 | Hungry Horse R., Haus München R., Stefan's Bäckerei |
| | 45 | Beer Garden |
| | 46 | Ruenthai R. |
| | 47 | Ma Prang Beer Corner |
| | 48 | Tea House R. |
| | 49 | Mr. Chan and Miss Pauline R. |
| | 50 | Whole Earth R. |
| Transport: | 9 | Goodwill Motorcycles |
| | 10 | Joe Motorcycle |
| | 11 | Amata Tour |
| | 12 | Silk Air |
| | 13 | Avis |
| | 14 | Ac-Bus → Bangkok |
| | 15 | Thai Airways |
| | 16 | Hertz |
| | 17 | Minibus → Wiang Kumkam |
| | 18 | Bus → Lampang, Elephant Ctr. |
| | 19 | River Cruise |

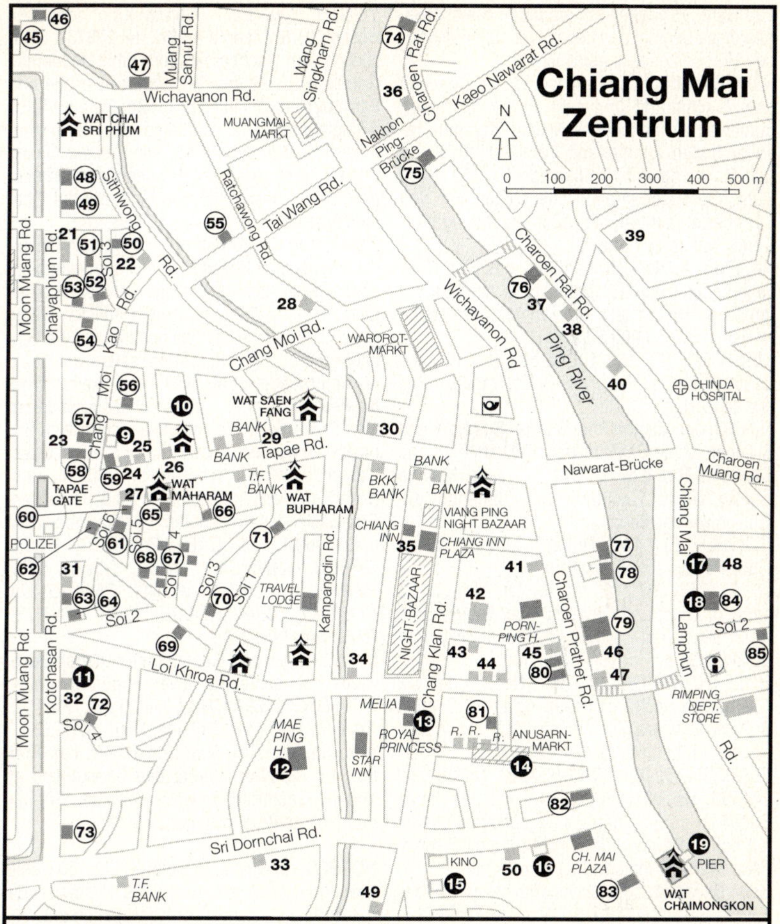


**Übernachtung:**

45 Duang Dee Hs.
46 P.P. Gh.
47 President H.
48 Miami H.
49 P.J. Gh.
50 Eagle House
51 Chiangmai Inn
52 Paocome Gh.
53 Renait Minicourt
54 Lek Hs.
55 Prince H.
56 V.K. Gh.
57 New Happy House
58 Daret's House
59 Roong Raeng H.
60 Living House
61 Home Place
62 Private, Syntax
63 Kotchasan Inn
64 Little Home Gh.
65 Tapae Gh.
66 Midtown House
67 Yuttana Gh., Ban Pai Gh., Thana Gh., Baan Jong Come Gh., Mr. John Gh., Sahra Gh.
68 Inter Inn
69 Flamingo Gh.
70 Ratchada Gh.
71 Fang Gh.
72 Green Leaf Lodge
73 Lai Thai Gh.
74 Cowboy Gh.
75 Mee Gh.
76 R.S. Gh.
77 Galare Gh.
78 River View Lodge
79 Diamond H.
80 Green Lodge, Kim House
81 Lannathai Gh.
82 CM Souvenir Gh.
83 Baan Kaew Gh.
84 Sri Prakat H.
85 Ben Gh.

100 Baht, vorwiegend in sauberen Kleinhotels. Allerdings beginnt das Leben hier schon am frühen Morgen und sehr geräuschvoll.

**Nähe Nachtmarkt:** Die Gästehäuser zwischen dem Nachtmarkt und dem Ping-Fluß haben durchweg ein gehobenes Niveau. Komfort-Traveller finden Zimmer mit Ventilator für 250 - 300 Baht und mit Klimaanlage für 350 - 400 Baht. Geräuschempfindliche sollten auf den Lärmpegel achten, da auch nachts starker Verkehrslärm zu hören ist.

**Am Fluß:** An der östlichen Seite des Ping River liegen noch einige Gästehäuser im alten Stil mit familiärer Atmosphäre, die Zimmerpreise liegen zwischen 80 und 200 Baht.

*MEE GH** [75], 193/1 Charoen Rat Rd., tel 243534, festes Haus mit Flußterrasse, ruhig und angenehm.

Nördlich der Nakhon Ping Brücke (Bus Nr. 1 und 3) liegen einige Gästehäuser direkt am Fluß. Die **Charoen Rat Rd.** ist eine schmale, kurvige Straße, die für Radfahrer und Fußgänger gefährlich werden kann.

*COWBOY GH** [74], Nr. 233, tel 241314, am Fluß, Restaurant an der Straße.

*JE T'AIME GH**, Nr. 247/9, tel 241912. Es herrscht Zucht und Ordnung, aber Gnade Gott, wenn die Chefin einen Wutanfall bekommt! Schöner Garten mit vielen Hunden.

*HOLLANDA MONTRI GH***, Nr. 365, tel 242 450, gleich nach der Kreuzung an der neuen Brücke. Saubere Zimmer mit Bad und Warmwasser, unter holländischer Leitung.

*JUNIOR GOLDEN RIVERSIDE**, Nr. 381, tel 244550; Backstein-Bungalows mit bequemen Betten im großen, herrlich ungepflegten Garten mit hohen Bäumen; freundliche Familie; ruhig; Fahrräder und Motorrad zu vermieten.

**Beim Bahnhof:** Überschwenglich gelobt wird das *LINDA GH*-***, 454/67 Soi Banditpatana, Charoen Muang Rd., tel 246915, das von einer deutsch-thailändischen Familie geleitet wird. Es liegt sehr ruhig etwa 400 m östlich vom Bahnhof in einer Seitengasse. Die Zimmer sind sauber mit Bad und Warmwasser; sehr gutes Preis-Leistungs-Verhältnis; Thedda kümmert sich liebevoll um ihre Gäste und freut sich über deutsche Zeitungen. Sie veranstaltet vielgepriesene Treks, ohne zu drängen.

**Im Süden:** *BOON PONG GH**, 1/1 Charoen Prathet Rd., tel 271479, 1 1/2 km südlich vom Nachtmarkt am Fluß, ruhige Lage, kleiner grüner Garten mit Terrasse; ein Khaosan-Bus GH.

*YOUTH HOSTEL*** (Chang Klan oder City Hostel), 21/8 Chang Klan Rd., tel 276737; 2 km südlich vom Nachtmarkt, sehr ruhig. Modernes Gebäude, 16 Zimmer mit warmer Dusche und Fan oder ac, Schlafsaal; großer Innenhof. Ermäßigung mit Jugendherbergs- oder Studenten-Ausweis; die Angebote des Youth Hostel Chang Puak können in Anspruch genommen werden. Anreise am besten mit Bus Nr. 2 auf der Charoen Prathet Rd. und 5 Min. zu Fuß.

**Besondere Gästehäuser:** Die meisten Gästehäuser, die dem Khaosan-Bus-Unternehmen angeschlossen sind, eignen sich weniger für einen gemütlichen Aufenthalt, da die meisten Gäste nur eine Nacht bleiben: sie nehmen nur die Gratisübernachtung mit, gehen sofort auf Trek, werden rausgeworfen, weil sie für keinen Trek unterschreiben oder suchen sich ein hilfsbereites Gästehaus, wenn sie entdecken, daß sie im Bus bestohlen wurden. Ansonsten sind einige dieser Gästehäuser durchaus gute Unterkünfte, manche liegen allerdings ungünstig. Zu den Khaosan-Bus-Gästehäusern gehörten im Dezember 1994 u.a.: *FAMILY TRIBAL TREKKING, EVERGREEN, GOLD CITY, ROSE, TANYA, SOUVENIR, ART, BOON PONG, CHIANG MAI HOLIDAY, LIVING HOUSE, JOINT VENTURE GH* und *CHANCHAI*.

Mit den folgenden Gästehäusern haben Leser wiederholt schlechte Erfahrungen gemacht: *A.T. GH., CHANCHAI, CENTER PLACE, TANYA, RATANA GH* und *THAI WAY GH*.

Abzuraten ist auch vom *JAKAWAN*, das Kunden am Bahnhof anwirbt und überzählige an andere Gästehäuser weiterverkauft. Für die Fahrt ins Zentrum evtl. ganz nützlich.

**HOTELS** - In Chiang Mai gibt es über 50 Hotels aller Kategorien mit über 6000 Zimmern. Ein gutes Preis-Leistungs-Verhältnis bieten z.B.:

*S.P. HOTEL**-**** [16], 7 Soi 7 Moon Muang Rd., tel 214522, ziemlich ruhig, guter Standard und sehr gute Zimmer (auch ac) für den Preis.

*SUMIT HOTEL**-**** [17], 198 Ratchaphakinai Rd., tel/fax 214014, die besseren Zimmer im oberen Stockwerk (Fahrstuhl) mit Minibalkon sind recht geräumig und gut; dagegen raten wir von den billigen Zimmern ab.

*NORTHWIND INN*** (ac***) [5], 24/1 Wang Kaeo Rd., tel 215024, fax 218117, saubere Zi.

*MONTRI**** [26], 2 - 6 Ratchdamnoen Rd., tel 211070, fax 217416, Familienhotel am Tapae Gate, Zimmer mit TV, ac und Kühlschrank.

Heiße Dusche 50 Baht, Gepäckaufbewahrung 20 Baht pro Stück und Tag. Im EG das moderne, sehr saubere *JJ Restaurant.*
*ANODARD HOTEL*** (ac****) [29], 57 Ratchamanka Rd., tel 270755, fax 270759; Betonklotz mit guten Zimmern; öffentlicher Swimming Pool (40 Baht, 9.00 - 21.00 Uhr).

## ESSEN

Chiang Mai ist, wie auch Bangkok, ein wahres Essens-Paradies. Restaurants für Touristen bereiten neben Thai-Gerichten auch Speisen aus aller Herren Länder zu. Zu jeder Tages- und Nachtzeit kann man hervorragende, billige Mahlzeiten oder Snacks bekommen. Die wenigsten Gästehäuser in der Altstadt von Chiang Mai haben richtige, eigene Restaurants. Man ißt daher meistens außerhalb in einem der zahllosen festen oder temporären Restaurants oder an den Essenständen, die zu unterschiedlichen Tageszeiten Suppen, Curries oder Pfannengerichte anbieten und nach eigenen Wünschen variieren. Die Angebote der teuren Spezialitäten- und Hotel-Restaurants kann man bei Bedarf in den Touristenbroschüren nachlesen.

**TRAVELLER FOOD** - Die Traveller-Szene in Chiang Mai ißt *„Steak with baked potatoes and vegies"* - der Renner für etwa 50 Baht. Besonders gut sind sie immer noch im *BAN RAI STEAK HOUSE* hinter dem Wat Chiang Man und im *FIRENZE* an der Tapae Road.
*DARET'S HOUSE* in der Chaiyaphum Rd. trifft haargenau den Geschmack der Traveller-Szene, daher ist es in diesem Open-Air-Restaurant immer voll.

**THAI-GERICHTE** - Ganz hervorragendes, trotzdem preiswertes Thai- und Western-Essen bekommt man im neuen, modernen *JJ RESTAURANT* im Erdgeschoß des Montri Hotels beim Tapae Gate, das Bedienungspersonal ist überaus freundlich; auch leckeres Eis, Croissants und Pizza; geöffnet 6.30 - 23.00 Uhr. Der ebenso gute Ableger *JJ BAKERY* hat im Chiang Inn Plaza aufgemacht; toll ist das Riesenbaguette für 40 Baht.
**Essenstände** gibt es z.B. an der Chaiyaphum Rd., nördlich von Lek, oder auf dem Anusarn Market in einer Seitenstraße südöstlich vom Nachtmarkt, wo man Seafood, thailändische und chinesische Gerichte essen kann. Im neuen *GALARE FOOD CENTRE* gegenüber vom Night Bazaar gibt es ab Mittag an vielen Ständen Pizza, Eis und Thai-Gerichte; man kann im Freien im Schatten oder überdacht sitzen, von 21.00 - 23.00 Uhr mit Vorführung von Thai- und Hilltribe-Tänzen.
Phantastisches, super-billiges Thai-Essen kann man sich nach eigenen Wünschen selbst zusammenstellen, wenn man zwischen 16.00 und 17.00 Uhr auf einem der Märkte (z.B. am Chiang Mai Gate) mehrere kleine Portionen bei den Hausfrauen kauft. Vorsicht bei den roten Gerichten, die sind meist sehr scharf!
Man fragt einfach immer: *„Prik mai?"* und wartet auf die Antwort: *„Mai prik!"* = „Nicht scharf!"
*HONEY BARBEQUE CHICKEN* neben dem Porn Ping Hotel, Charoen Prathet Rd. Leckere, billige Hähnchen *(Grilled Chicken with Honey).*

**NORDTHAILÄNDISCHES ESSEN** - das allerdings nicht jedermanns Geschmack ist, hat z.B.:
*HUAN PEN RESTAURANT* an der Ratchamanka Rd., Ecke Jhaban Rd., das offene Gebäude an der Straße wirkt tagsüber wie ein einfaches, preiswertes Open-Air-Lokal. Am Abend jedoch gestaltet sich das Speisen im eindrucksvoll dekorierten Holzhaus dahinter zu einem Erlebnis. Sehr zu empfehlen ist *Banana flower and pork ribs curry.*
Das traditionelle nordthailändische Khantoke-Dinner inklusive Tanzvorführung der Bergstämme kann man im *CHIANG MAI CULTURAL CENTER* bekommen - sehr touristisch und „instant". Nicht zu empfehlen. Wer trotzdem hin will: Aufführungen tgl. zwischen 19.00 und 22.00 Uhr für 200 Baht.

**EUROPÄISCHE KÜCHEN** - Wer **deutsches Essen** sucht, findet es z.B. in der *BIERSTUBE* in der südlichen Moon Muang Rd., gutes Bier vom Faß, im Winter leckeres Eis mit Erdbeeren.
*THE SMILING ELEPHANT,* 63/1 Chang Moi Kao, bietet herzhafte deutsche Küche (u.a. Leberkäse, Gulasch) und gute Thai-Gerichte an.
*CROISSANT* an der Tapae Rd. wird sehr gelobt, u.a. für seine Spätzle.

**Pizza** gibt es außer bei *JJ* auch im *FIRENZE,* 404/4 Tapae Rd., große Auswahl in 3 Größen. Besonders gut gelingt die Pizza natürlich im Holzofen von *LA VILLA* im Zentrum der Altstadt; sehr gemütlich.

**BACKWAREN** - Vollkornbrot, Roggenbrot, europäischen Kuchen, hausgemachte Marmelade und Pickles sowie tolle Pizza gibt es bei der Irin Rosemarie und ihrem Mann Daeng im *CRUSTY LOAF BAKERY AND RESTAURANT,* 24-24/1 Ratchawithi Rd., tel/fax 214 554; außerdem bieten sie eine irische Pub, ein schattiges Gartenrestaurent und Büchertausch (1 für 2) bzw. -verleih (5 Baht pro Tag).
*JJ BAKERY* im Chiang Inn Plaza bietet bräunliches Brot und guten Kuchen.
*NICE SWEET* in der südlichen Moon Muang Rd. Ecke Ratchamanka Rd. ist ein Thai-Laden mit gutem Frühstück und Thai-Gebäck.
Rustikales Brot (und deutsche Wurstwaren) verkauft auch der *SMILING ELEPHANT* (s.o.).

**VEGETARISCHES ESSEN** - *AUM,* in der Moon Muang Rd., 10 m südlich der Kreuzung mit der Ratchdamnoen Rd., geöffnet 9.00 - 14.00 und 17.00 - 21.00 Uhr; die wenigen Gerichte sind schmackhaft und billig, 10 - 20 Baht.
*THAI VEGETARIAN RESTAURANT,* Khang Ruen Cham Rd., im Zentrum der Altstadt, ist noch billiger: 5 - 10 Baht pro Mahlzeit, aber nicht sehr einladend.
*PHANARAK* an der Bamrung Rat Rd., Nähe Kreuzung Charoen Muang Rd. (zwischen Nawarat Brücke und Bahnhof). Ganz hervorragende und vielfältige Gerichte.

## UNTERHALTUNG

**BARS** - *THE RIVERSIDE* am Fluß hat eine angenehme Bar mit Live-Musik (Piano, Folk, Country, Blues; z.T. zwei Bands gleichzeitig in verschiedenen Räumen). Unter holländischer Leitung; geöffnet bis 2.00 Uhr.
Am „Chiang Mai Strip" entlang der südlichen Moon Muang Rd. liegen einige Bars, die bis nach Mitternacht geöffnet haben. Kleine Bars liegen auch an der Außenwand vom Night Bazaar Gebäude, z.B. *JACKS, MARLBORO.*

**LIVE-MUSIK** - In einem großen, offenen Saloon kann man gute (wenn auch laute) Live-Musik im *OLD WEST SALOON* hören, 326 Mani Noparat Rd., geöffnet 17.00 - 1.00 Uhr; außerhalb der Stadtmauer nordwestlich der Altstadt.
Von 23.00 - 2.00 Uhr spielt der Wahnsinns-Gitarrist *Tuk* Rock und Western Music in der *BRASSERIE,* 37 Charoen Rat Rd., tel 241665, gutes Essen; geöffnet 11.00 - 3.00 Uhr.
*DOMINO BAR,* 47 Moon Muang Rd. am Tapae Gate. In der beliebten Bar spielt eine Band von 10.30 - 1.00 Uhr Blues und Rock'n Roll. Hier können auch alleinreisende Frauen hin.
Im Jazz-Pub *BARITONE,* 99/4 Huai Kaeo Rd., wird von 20.30 - 1.00 Uhr exzellenter live Jazz gespielt; nicht ganz leicht zu finden im Erdgeschoß B1 rechts im Central Department Store *Kad Suan Kaew*.

**DISCOS** - gibt es in vielen Luxushotels (Anzeigen in den Touristenbroschüren).

**KLASSISCHE TÄNZE** - und Tribal-Tänze werden jeden Abend im Food Center gegenüber vom Night Bazaar aufgeführt.

## EINKAUFEN

Hier weisen wir noch einmal auf die Warnungen vor Edelsteinverkäufern im Bangkok-Kapitel (s.S. 641) hin.

**EDELSTEINE** - Die betrügerischen, aber psychologisch ungemein geschickten Verkäufer von Edelsteinen sind nun auch nach Chiang Mai vorgedrungen.
Besonders warnen unsere Leser vor *Maeping (früher: Inthanon),* 459/39 Charoen Muang Rd., schräg gegenüber von Post und Bahnhof in einer Seitenstraße. Tuk Tuk Fahrer und sonstige „gute Freunde" von der Straße bringen ihre Opfer in diesen Laden oder in das moderne neue Geschäft an der Kaeo Nawarat Road. Unter Insidern gilt dieses Unternehmen als größter Aufkäufer von Schund-Edelsteinen. Im Dezember 1994 wurde der Name geändert. Weitere Vertuschungsaktionen sind zu befürchten. Suspekt ist auch das *World Trade Jewellery* gegenüber vom Wat Phra Sing.

**NACHTMARKT** - Ein großer *Night Bazaar* findet tgl. zwischen 18.00 und 23.00 Uhr (zum Teil auch tagsüber) in mehreren Stockwerken eines hierfür errichteten großen Gebäudes in der Chang Klan Rd. statt. Keine orientalische Atmosphäre, kaum jemand will einem etwas aufdrängen. Sehr gut zum Einkaufen von Textilien, Schmuck, Hilltribe-Kunstgewerbe, „neuen" Antiquitäten und Kassetten. Auch Lackarbeiten, Seide und Schirme kauft man günstig. Neben Händlern von den Bergstämmen gibt es auch Stände von Thai-Händlern, die Ladengeschäfte

in Chiang Mai haben, in denen man möglicherweise eine größere Auswahl hat. Handeln ist erforderlich und macht in dieser angenehmen Atmosphäre sehr viel Spaß!
Für viele Artikel noch besser ist der *Viang Ping Night Bazaar* 100 m weiter nördlich. Leser fanden heraus, daß es montags billiger ist als sonst. Vorsicht: Auf dem Nachtmarkt wurden schon viele Touristen bestohlen!

**KUNSTHANDWERK** - Die meisten Läden gibt es in der Tapae Rd. Wie auch auf dem Markt, muß man hier unbedingt handeln. Beim Kauf von Opiumpfeifen sollte man darauf achten, daß sie nicht gebraucht sind. Ansonsten kann es Ärger beim Zoll geben, da sie entsprechend riechen.
*ZENTRUM ZUR FÖRDERUNG DER BERGVÖLKER-PRODUKTION*, 21/17 Suthep Rd., links vor Wat Suan Dok, geöffnet tgl. 9.00 - 17.00 Uhr, steht unter der Schirmherrschaft des Königs. Man kann schöne Sachen kaufen, deren Erlös direkt den Hilltribes zugute kommt.

**MÄRKTE** - Nördlich der Tapae Rd. befindet sich der *Warorot-Markt*. Hier gibt's die ganze Nacht Obst und Gemüse.
Auf dem *Somphet-Markt* entlang der nördlichen Moon Muang Rd. gibt es Obst, Gemüse, Fleisch und Fisch.

**BÜCHER UND LANDKARTEN** - Eine großzügig präsentierte Auswahl auf 2 Etagen bietet das *SURIWONG BOOK CENTER* in der Sri Dornchai Rd., geöffnet bis 19.30 Uhr. Auch viele Titel aus unserer Bücherliste.
*D.K. BOOKSHOP*, 234 Tapae Rd., geöffnet bis 21.00 Uhr, hat ein ähnliches Angebot auf kleinerer Fläche.

**DSCHUNGEL BOOTS** - aus Armeebeständen sowie Rucksäcke, Wasserflaschen u.a. bei *MITHAI*, Mani Noparat Rd., östlich Fang Rd.

## SONSTIGES

**AUTOVERMIETUNG** - Ein Jeep kostet pro Tag ab ca. 750 Baht. Man sollte sich den Wagen vorher genau ansehen und checken. Viele kleinere Firmen wollen absolute Schrott-Autos vermieten. Ist der Wagen überprüft, beginnt das Handeln (10 - 25% sollten drin sein).
*JAGUAR*, 131 Moon Muang Rd., Mr. Chair vermietet Jeeps absolut korrekt.
*NORTH WHEELS*, 127/2 Moon Muang Rd., tel 216189, fax 221709, vermietet Jeeps und PKWs, bietet eine gute Versicherung und hat 24 Std. Straßendienst; soll sehr gut sein.

**BÜCHEREI FÜR TRAVELLER** - Der *LIBRARY SERVICE* von David Unkovich und Frau liegt in der 21/1 Ratchamanka Soi 2 (15 m von der Moon Muang Rd., direkt neben dem Eingang zum Sai Tum Guest House), tel 278518. Hier kann man Bücher über Thailand lesen, vorwiegend englische Schmöker erwerben und zum halben Preis zurückverkaufen, Landkarten kaufen und sich mit Soft-Drinks erfrischen. Geöffnet werktags 9.00 - 18.00 Uhr.
Wer eine Motorradtour im Norden vorhat, sollte sich die *„General Touring Information"* von David Unkovich zum Spottpreis von 30 Baht zulegen. Sein *„Pocket Guide for Motorcycle Touring in North Thailand"* und *„The Mae Hong Son Loop - A Touring Guide"* (je 185 Baht) werden laufend aktualisiert und sind sehr zu empfehlen.
Bücher tauschen und leihen kann man auch in der *CRUSTY LOAF BAKERY* (s.S. 696).

**ESOTERIK** - In Chiang Mai hat sich eine Szene mit Yoga, Massage, Meditation und Tai Chi etabliert. Infos mit neuesten Terminen für Kurse hängen bei jedem Gästehaus aus.

**FAHRRÄDER** - Die Läden an der südlichen Moon Muang Rd. und einige Gästehäuser haben Fahrräder für etwa 20 Baht pro Tag zu vermieten. Fahrradfahren ist in Chiang Mai kaum noch zu empfehlen: auf den überlasteten Straßen der Stadt passieren sehr viele Unfälle.

**FOTO UND FILM** - Die größte Auswahl hat *DENCHAI*, Ratchawithi Rd.

**GELD** - Mehrere Banken in der Tapae Rd. Der Exchange Service der *SIAM CITY BANK* nördlich vom Nachtmarkt ist tgl. 8.00 - 20.00 Uhr geöffnet und vermietet Schließfächer. Auch andere Banken haben für Geldwechsel länger offen.

**IMMIGRATION** - Sanambin Rd., an der Straße zum Airport, tel 277510. Geöffnet Mo - Fr von 8.30 - 12.00 und 13.00 - 16.00 Uhr.

**INFORMATIONEN** - *TOURIST OFFICE* in der 105/1 Chiang Mai - Lamphun Rd., tel 248604/7,

fax 248605, hinter der Nawarat-Brücke 500 m nach rechts; geöffnet 8.30 - 16.30 Uhr.
Recht brauchbare Informationsquellen sind die Touristenbroschüren, insbesondere das monatlich erscheinende, 100seitige Heft *„Welcome to Chiang Mai & Chiang Rai"* (englisch).

**KOCHKURSE** - sind der große Renner. Professionell organisiert und liebevoll durchgeführt werden sie in der *CHIANG MAI THAI COOKERY SCHOOL*, 1-3 Moon Muang Rd., tel 278033, von Elizabeth Nabnian und ihrem Mann Somphon. Von 10.00 - 16.00 Uhr wird ins Thai-Kochen eingeführt, die Zubereitung von 6 Speisen demonstriert und auf nordthailändische Art gegessen, mit Rezepten (600 Baht p.P.).

**KONSULATE** - *INDISCHES KONSULAT*, 113 Bamrung Rat Rd., tel 243066, geöffnet Mo - Fr 9.30 - 12.00 Uhr; zum Visaantrag müssen Deutsche, Österreicher und Holländer ein Unbedenklichkeitsattest von der jeweiligen Botschaft in Bangkok vorlegen; die Bearbeitung geht meist zügiger als in Bangkok.
*CHINESISCHES GENERALKONSULAT*, 111 Changlo Rd., tel 272197; für Visa geöffnet Mo - Fr 9.00 - 11.30 Uhr, wird in 24 Std. ausgestellt.

**MEDITATION** - *BUDDHA DHAMMA CENTRE* bietet in jeder letzten Woche eines Monats Kurse in *Samadhi-Prana* an, es liegt im Nordwesten der Stadt.
*NORTHERN INSIGHT MEDITATION CENTER*, im Wat Ram Poeng, Richtung Doi Suthep, tel 053/211620. Hier kann man einen 26tägigen Meditationskurs mitmachen.
*SRI CHINMOY MEDITATION CENTRE*, 62/2 Soi Wat Umong, in der Nähe vom Wat Umong, macht Di, Do und Fr um 17.30 Uhr Yoga- und Meditationsklassen - gratis!

**MEDIZINISCHE HILFE** - *LANNA HOSPITAL* am Superhighway, tel 211037-41, ein privates Krankenhaus mit 24-Std.-Service.
*RHUAM PATH HOSPITAL*, 21 Nantaram Rd., tel 273576-7, 200 m südlich vom Chiang Mai Gate, modernes Privat-Krankenhaus mit 24-Std.-Service.
*CHANG PUAK HOSPITAL*, 1/7 Chang Puak Rd. Soi 2, tel 220022, hat gute Ärzte und ist nicht zu teuer. Sehr zu empfehlen.
Außerdem gelten unter ortsansässigen Europäern als sehr gut: *RAM HOSPITAL* (hat beste Techik), tel 224851-8, und *CHIANG MAI CHILDREN'S HOSPITAL*. (Dr. Torpong ist ein deutschsprechender Arzt).
Informationen zu **Malaria** gibt es auf einem Merkblatt vom *MALARIA CENTER*, 18 Boonruangrit Rd., Tel. 221529 (hinter dem Westtor 300 m nach rechts, dann links).

**MOTORRÄDER** - sind im Norden ein herrliches Fortbewegungsmittel: gute Straßen, befahrbare Wald- und Feldwege, außerhalb der Städte geringer Verkehr, gutes Klima.
Hondas von 125 - 750 ccm werden in den Läden an der Moon Muang Rd., in den Gästehäusern und in vielen anderen Läden in der Stadt vermietet. Die Maschinen sind (außer bei Daret) meist gut in Schuß, sollten aber gründlich gecheckt werden (Reifenprofil, Bremsen). Auch ein gut befestigtes Nummernschild und einen funktionierenden Kilometerzähler sollten sie haben. Kleine Maschinen sind pro Tag für 120 - 200 Baht, 250 - 400 ccm-Motorräder für 300 - 400 Baht, 750 ccm-Maschinen ab 500 Baht und Enduros für 450 - 600 Baht zu haben. Bei längerer Miete gibt es Ermäßigung.
Der Internationale **Führerschein** wird bei seriösen Vermietern verlangt, die Polizei kontrolliert gelegentlich.
**Warnung**: Motorrad-Fahren in Thailand ist gefährlich! Unbedingt einen Sturzhelm und entsprechende Kleidung tragen. Viele Zweiradfahrer landen im Hospital - die meisten, weil sie auf Kies oder Matsch ins Schleudern geraten sind. Viele MTX brechen zusammen, weil sie inzwischen zu alt werden. Zu billige Mietmotorräder kosten beim Zurückbringen garantiert sehr viel Geld.
Mehrfach gewarnt wurden wir vor *MARBLE, QUEEN BEE, JK BIG BIKE, DAENG* und *POP*. Sie arbeiten u.a. mit dem **Trick**, bereits zuvor vorhandene, z.T. verdeckte Schäden bei der Rückkehr in Rechnung zu stellen.
Nach jahrelangem Beobachten und Testen können wir den **Motorradladen** *AUAN* im Zentrum der Altstadt empfehlen: 113 Phra Pokklao Rd., an der Ecke zur Ratchdamnoen Rd., tel 210964. Die Maschinen (meist 250er Viertaktenduros) sind in gutem Zustand, 450 - 600 Baht pro Tag. Honda Dream 120 Baht pro Tag.

**POST** - Hauptpostamt an der Charoen Muang Rd., kurz vor dem Bahnhof. Postlagernde Sendungen werden hier in einem Buch registriert.

Vor dem Postamt verpackt ein *„Packing Service"* fachmännisch Pakete (25 - 120 Baht). Weitere Postämter in der Praisani Rd., 200 m nordwestlich von der Nawarat Brücke, sowie in der Altstadt an der Phra Pokklao Rd. (mit Packing Service) und beim Wat Phra Singh an der Samlan Rd. Öffnungszeiten der Postämter: Mo - Fr 8.30 - 12.00 und 13.00 - 16.30 , Sa, So und feiertags 9.00 - 12.00 Uhr.
Telegramme kann man zwischen 7.00 und 23.00 Uhr im Hauptpostamt aufgeben, tel 241056.

**REISEZEIT** - Die **kühle Jahreszeit** dauert von Ende Oktober bis Februar. Die Temperatur beträgt 10°C - 28°C, durchschnittlich 21°C (nachts empfindet man es als sehr kalt). Am kältesten ist es im Dezember und Januar. Die **heiße und trockene Jahreszeit** dauert von März bis Mai. Die Temperaturen betragen 25°C - 40°C, durchschnittlich 30°C. Am heißesten ist es im April. Die Luft ist staubig und dunstig.
Die **Regenzeit** geht von Juni bis Oktober. Am meisten Regen fällt im September (zumeist mit Tropengewittern von 1/2 bis 2 Std. Dauer). Im Juli und August regnet es meist nachts (es kann aber auch ein oder zweimal mehrere Regentage hintereinander geben). Die Temperaturen betragen 20°C - 35°C, durchschnittlich 25°C. Viele Bewohner von Chiang Mai halten die Regenzeit für die schönste Zeit.
**Hochsaison** ist von November bis März und von Juli bis August. Wer in dieser Zeit erst abends ankommt, wird manchmal nur sehr schwer ein Zimmer finden.

**SCHWIMMBAD** - Einen sauberen öffentlichen Swimming Pool gibt es in der Altstadt im *ANODARD HOTEL*, 57 Ratchamanka Rd., tel 211 055 (40 Baht, 9.00 - 18.00 Uhr) und einen schönen Pool im *RINCOME HOTEL* an der Huai Kaeo Rd. (50 Baht, Tischtennis gratis, 9.00 - 18.00 Uhr). Ein gutes Bad liegt 1 km westlich vom südlichen Youth Hostel, ein weiteres nördlich der Altstadt, 200 m nördlich der Singharat Rd. (geöffnet 8.30 - 19.30 Uhr, 20 Baht), und ein drittes, *SARA HEALTH CLUB*, 109 Boonruangrit Rd., tel 244371, liegt hinter der Nawarat Brücke ca. 300 m nach Osten, dann 500 m auf der Bamrung Rat Rd. nach Norden (sehr groß, gepflegt, sehr sauber, leer, 40 Baht).

**TELEFON** - Internationale Ferngespräche am 24-Stunden-Schalter am Hauptpostamt. Vom Postamt in der Praisani Rd. aus sind von 8.00 - 12.00 und 13.00 - 16.00 Uhr internationale Ferngespräche möglich. Außerdem kann man von vielen Gästehäusern internationale Gespräche führen und empfangen. Sie verlangen in der Regel eine Service Charge von 40 Baht.

**TOURIST POLICE** - im selben Gebäude wie das Tourist Office, zu erreichen unter tel 248 130, 248974, fax 240289, tgl. von 6.00 - 24.00 Uhr. Das Büro ist allerdings nur von 8.30 - 12.00 und 13.00 - 16.30 Uhr geöffnet.
Außenstellen: Arcade Bus Station, tel 242660, Flugplatz und Night Bazaar (19.00 - 24.00 Uhr). Die Tourist Police gilt z.Zt. als sehr hilfsbereit. Wer allerdings wertlose Edelsteine zu teuer gekauft und gar noch per Brief nach Hause geschickt hat, braucht keine Hilfe erwarten.

**TRADITIONELLE MASSAGE** - vor dem *WAT SUAN DOK* in der Suthep Rd., 1200 m außerhalb des Westtors: 10tägiger Massagekurs (5 Std. tgl.), der sehr viel Spaß machen soll, mit einer Prüfung und Zertifikat abschließt und 1500 Baht kostet.
*Mr. SUAN SAMOONPRAI,* 1/11 Chaiyaphum Soi 1, tel 252706, beim *Eagle House*. Sehr gut für 200 Baht / 2 Std., geöffnet 9.00 - 22.00 Uhr.
*Mr. THAPAE SAMOONPRAI,* 2/3 Chaiyaphum Rd. Sehr gut, 2 Std. für 150 Baht p.P.
**Unterricht** in traditioneller Thai-Massage:
*Mr. SOMBOON PUTHANON* , 2 Chaiyaphum Rd. Soi 1, bietet einen Kurs in *„Ancient Thai Massage"* an. Er dauert 7 Tage zu je 1 Std.
Empfohlen wurden uns die Kurse bei *Mr. CHAIYUTH PRIYASITH*, 52 Tapae Rd. Soi 3, und bei *Mrs. NIT CHAIMONGKON*, 74/1 Chaiyaphum Rd. Soi 2, tel 244122, 7-Tage Kurs.
Fundierte Kurse führt *ASOKANANDA* (Harald Brust) in einem kleinen Dorf durch. Kontakt im *Sunshine Guest House*, 24 Kaeo Nawarat Rd., Soi 4. Monatlich ein 11-Tage-Kurs.
Ebenfalls seriös und gut durchdacht sind die Kurse im *„re-Place"*: bei Peng Sarnkam (und Lukas Ernst), 1 Chetuphon Rd., tel 248838.

**TREKKING** - Weit über 100 Trekking-Agenturen in Chiang Mai vermarkten Treks zu den Bergstämmen mit reißerischer Werbung (Trekking, s.S. 681).
Einige Gästehäuser spiegeln ihren Gästen vor, sie nähmen an den bekannt „guten" Treks anderer Gästehäuser teil. Wer den Betrug erst bei

der Abfahrt merkt, bekommt kaum sein Geld zurück.

**VORWAHL** - 053; PLZ: 50 000 östlich vom Fluß, 50100 südlich der Tapae Rd., 50200 in der Altstadt und südlich der Huai Kaeo Rd., 50300 nördlich der Tapae Rd. und Huai Kaeo Rd.

## NAHVERKEHRSMITTEL

**STADTBUSSE** - Innerhalb der Stadt verkehren auf sehr verschlungenen Routen von 6.00 - 18.00 Uhr die Yellow Bus-Linien Nr. 1, 2, 3 und 5, auf der Ringstraße die Nr. 6. Jede Strecke kostet 2 Baht (ac 5 Baht). An der Arcade Bus Station hält die Nr. 3, an der Chang Puak Bus Station die Nr. 2, am Bahnhof die Nr. 1 und 3, am Flugplatz die Nr. 6, die jedoch nicht in die Innenstadt, sondern nur zum Bahnhof fährt. Rote Kleinbusse fahren auf bestimmten Routen, z.B. vom Bahnhof zum Flugplatz entlang dem südlichen Wassergraben.

**FAHRRAD-RIKSCHAS** - Die Samlor-Fahrer verlangen gern Phantasiepreise, der normale Preis liegt bei 10 Baht für mittlere Strecken.

**TUK TUKS** - (Motor-Samlor) kosten mindestens 20 Baht pro Fahrzeug (über den Fluß hinüber 30 - 40 Baht, zum Flugplatz 40 Baht), aber die Fahrer verlangen häufig überhöhte Preise. Bei einer Einkaufstour mit dem Tuk Tuk kann es allerdings sein, daß die Fahrt fast nichts kostet, denn die Fahrer erhalten von den Verkäufern eine ordentliche Provision. Unter gar keinen Umständen sollte man sich mit ihnen auf Drogen-Deals einlassen! Viele Käufer sitzen heute im Knast. Auch durch sie vermittelte Edelsteinkäufe sind absolut suspekt.

**SIELOR** - Die roten Vierrad-Songthaew kosten 10 Baht p.P. Man nennt am besten ein Hotel, Gästehaus oder Wat in der Nähe des Zieles (das ist besser als der Namen einer kleinen Straße), und wird, evtl. auf Umwegen, hingebracht, wenn sie ungefähr in dieses Gebiet fahren. Für 20 - 30 Baht p.P. kann man mit mindestens 2 Pers. auch ein leeres Fahrzeug chartern. Auf Anfrage machen sie auch relativ günstige Tagestouren.

**STADTRUNDFAHRTEN** - mit Fahrrad-Rikscha oder Tuk Tuk werden überall von freischaffenden Fahrern angeboten, eine zufällige Auswahl von Tempeln und mindestens eine „Fabrik" (=Souvenirladen) gehören dazu.

**TAXIS** - warten an großen Hotels. Eine Stadtfahrt sollte max. 50 Baht kosten, zum Airport 80 Baht.

## TRANSPORT - ANREISE

**BUSSE** - Vom Northern Bus Terminal in BANGKOK (713 km) fahren non-ac-Busse 8x tgl. morgens und abends für 169 Baht. Zudem viele ac-Busse von 8.50 - 10.00 und 19.20 - 21.45 Uhr für 304 Baht in 10 Std.; V.I.P-24-Busse um 9.00 und zwischen 20.00 und 21.00 Uhr für 470 Baht. Zudem fahren viele private ac-Busse. Diese werden von Travellern nur noch selten benutzt, denn die berüchtigten Khaosan-Busse (s.S. 646) sind zunächst billiger und bequemer. In der Hochsaison ist es von Bangkok aus empfehlenswert, einen Nachtbus zu nehmen, um am Morgen leichter eine Bleibe zu finden.
Aus jeder Stadt in Nord-Thailand kommt man mit einem non-ac-Bus direkt nach Chiang Mai. Häufigkeit und Abfahrtszeiten entsprechen in etwa den Abfahrtszeiten von Chiang Mai (s. unten), die Preise sind gleich.
Auch aus allen wichtigen Städten in Zentral-Thailand und Nordost-Thailand kommt man per non-ac- und ac-Bus. Von der Ostküste direkte Verbindungen aus Rayong und Pattaya. Näheres siehe Weiterreise.
Aus Süd-Thailand enden alle Busse in Bangkok am Southern Bus Terminal, von dort fährt man weiter mit dem Stadtbus Nr. 28 zum Northern Bus Terminal. Alternativ kann man erst nach Kanchanaburi fahren und dann mit lokalen Bussen um Bangkok herum nach Zentral-Thailand und nach Chiang Mai (s.S. 645).

**EISENBAHN** - Die Schnellzüge aus BANGKOK sind sehr zu empfehlen. Sie fahren über Don Muang Airport, Ayutthaya, Nakhon Sawan, Phitsanulok, Den Chai (bei Phrae) und Lampang; sie kommen nach ca. 12 - 14 Std. um 5.15, 7.25, 8.05, 11.55 und 19.35 Uhr an, der *Express Diesel Rail Car* um 18.50 Uhr; Fahrpreise siehe unten.
Die wie Offizielle wirkenden Schlepper des Jakawan Gästehauses passen bereits auf dem Bahnsteig die Fahrgäste ab, denn sie haben für dieses Vorrecht teuer bezahlt, und verkaufen

„überzählige Gäste" an bestimmte Gästehäuser. Andere Gästehäuser dürfen erst vor der Absperrung anwerben.

**FLÜGE** - Thai Airways fliegt u.a. direkt von BANGKOK, CHIANG RAI, MAE HONG SON, MAE SOT und NAN.
Vom Airport zur Stadt gibt es Sammeltaxi (Limousinen) für 40 Baht p.P., die zu jedem gewünschten Ziel in der Stadt fahren (in der Flugplatzhalle zu buchen bei Thai Airways, deren Auskünften über Gästehäuser leider nicht zu trauen ist). Viele Fahrer versuchen, ihre Passagiere trickreich in ein anderes Hotel zu schleusen, das ihnen eine hohe Kopfprämie bezahlt. Die Tuk Tuks vor der Halle sind nicht billiger, aber weitaus unzuverlässiger. Ein Taxi kostet 80 Baht und fährt auch nur unter Zwang zu den gewünschten Gästehäusern.
Gute Auskünfte gibt es am TAT-Schalter.

## TRANSPORT - WEITERREISE

**BUSSE** - Der Busbahnhof **Arcade Station** für alle Orte außerhalb der Provinz und nach Chiang Rai, Mae Hong Son, Mae Sariang, Pai, Lampang und Nan befindet sich am Superhighway an der Kaeo Nawarat Rd., tel 242664 (Bus Nr. 3; ein Tuk Tuk ab Altstadt kostet ca. 30 Baht). Die aktuellen Abfahrtszeiten sind im Terminal auf eine große Wand gepinselt und anhand der Busnummer leicht zu verifizieren.

**Richtung Bangkok:** Mit non-ac-Bus 18 bzw. 99 um 9.30 und 12.30 Uhr für 169 Baht; mit 2.Kl. ac-Bus 18 (blau, 40 Sitze) 5x am Vormittag und Nachmittag für 237 Baht, 11 Std. Private V.I.P.-30 Busse 18 (blau) um 9.00 Uhr sowie zwischen 19.00 und 21.00 Uhr für 304 Baht (Reservierung auch beim Anusarn Markt). Der staatliche V.I.P.-24 Bus 999 (blau) fährt um 9.00, 19.00, 19.30, 20.00 und 20.30 Uhr für 470 Baht in 11 Std. (Reservierung unter tel 241449, Tickets in der Ladenzeile gegenüber). Die privaten ac-Busse nach Bangkok fahren etwas früher von den jeweiligen Büros der Gesellschaften oder beim Anusarn Shopping Center nahe des Nachtmarktes ab. In vielen Gästehäusern und Reisebüros erhält man für 100 - 150 Baht Tickets für den Khaosan-Bus. Gegen 18.00 Uhr wird man am Gästehaus abgeholt. Die Busse fahren manchmal 3 - 4 Std. später von einer Tankstelle ab. Von diesen Bussen raten wir ab.

**Richtung Zentral-Thailand:** Nach SUKHOTHAI mit Bus 155 (orange): non-ac um 5.00, 6.00, 7.00, 14.15 und 15.15 Uhr für 91 Baht, 5 Std.; 2.Kl. ac-Bus 8x von 8.00 bis 20.00 Uhr für 127 Baht.
Alternativ nach Sukhothai mit dem Minibus um 9.00 Uhr für 260 Baht (inkl. einer Übernachtung im *Sky House*), unterwegs Besuch des Wat Phra That Lampang Luang, Ankunft gegen 16.00 Uhr, Tickets in Gästehäusern.
Nach MAE SOT über Tak mit Bus 672 (grün) um 7.45, 9.45 und 11.20 Uhr für 96 Baht, 6 Std.; mit ac-Bus um 13.10 Uhr für 172 Baht.
Nach AYUTTHAYA mit ac-Bus für 212 Baht.
**Richtung Nordosten:** Nach KORAT (Nakhon Ratchasima) mit Bus 635 (blau) um 4.30, 6.30 und 15.30 Uhr für 180 Baht in 12 Std.; 2.Kl. ac-Bus um 8.00 Uhr für 252 Baht; ac-Bus um 9.45, 17.30 und 20.30 Uhr für 325 Baht; V.I.P.40-Bus um 20.30 Uhr für 400 Baht.
Nach UDON THANI mit Bus 636 (orange) um 7.30, 17.30 und 19.00 Uhr für 170 Baht, 12 Std.; V.I.P.40-Bus 636 (blau) um 20.30 Uhr für 305 Baht; jeden 2. Tag mit V.I.P.30-Bus um 20.30 Uhr für 400 Baht (umsteigen nach Nong Khai).
**Richtung Ostküste:** Nach PATTAYA mit Bus 659 (blau): non-ac um 5.30 und 14.45 Uhr für 216 Baht; ac-Bus um 13.45, 16.25 und 17.30 Uhr für 415 Baht in 15 Std.; ein V.I.P.40-Bus am Abend für 450 Baht.
**Richtung Süd-Thailand:** Reisebüros bieten auch kombinierte, nicht immer preiswerte Tickets in den Süden Thailands an. Da man sowieso in Bangkok umsteigen muß und z.T. über 12 Std. Aufenthalt hat, kann man die Anschlußtickets auch erst dort kaufen, was meist billiger ist.
**In Nord-Thailand:** Nach MAE HONG SON über MAE SARIANG (59 Baht, 4 Std.) mit Bus 170 (orange) um 6.30, 8.00 und 11.00 Uhr sowie um 20.00 Uhr für 115 Baht in 8 Std. (der Bus um 13.30 fährt nur bis KHUN YUAM für 91 Baht, der Bus um 15.00 Uhr nur bis Mae Sariang); ac-Bus um 9.00 und 21.00 Uhr für 206 Baht in 8 Std. (bis MAE SARIANG 106 Baht). Die Nachtbusse sind nicht zu empfehlen.
Nach PAI mit Bus 612 (orange) um 7.00 Uhr und ab 8.30 Uhr ca. alle 2 Std. bis 16.00 Uhr für 45 Baht in 4 Std. (mit Stehplatz kann die Fahrt zu einem Horror-Trip ausarten!); ac-Bus um 8.00 Uhr für 75 Baht in 3 1/2 Std.
Die Busse um 7.00 und 8.30 Uhr fahren durch nach MAE HONG SON für 100 Baht in 7 1/2 Std.; ebenso der ac-Bus für 175 Baht in 7 Std.

Nach CHIANG RAI fahren auf der direkten Route alle 30 Min. Busse 166 (grün) zwischen 6.00 und 17.30 Uhr, non-ac-Bus für 57 Baht, 3x 2.Kl. ac-Bus für 79 Baht., V.I.P.40-Bus zu jeder vollen Stunde für 102 Baht, 4 Std.

Nach CHIANG RAI über LAMPANG (29 Baht, 1 1/2 Std.) mit Bus 148 (grün) jede halbe Stunde zwischen 5.00 und 16.00 Uhr für 83 Baht, 7 Std.

Nach THUNG KWIAN (Elephant Center) mit Bus 152 ab 6.00 Uhr jede halbe Std. in ungefähr 70 Min. für ca. 22 Baht. Die Busse 148 und 152 halten zum Zusteigen auch an der Nawarat-Brücke.

Nach MAE SAI direkt mit non-ac-Bus 619 (grün) bzw. Bus 149 laufend zwischen 5.20 und 15.00 Uhr für 71 bzw. 77 Baht; V.I.P.40-Bus um 7.00 und 8.00 sowie zwischen 13.00 und 17.00 Uhr für 127 Baht in 5 Std.

Nach CHIANG SAEN mit non-ac-Bus 166 bzw. 150 von 5.40 - 8.10 Uhr und um 12.10 Uhr für 73 bzw. 97 Baht in 5 bzw. 7 Std.; mit dem V.I.P.40-Bus um 9.00 und 14.30 Uhr für 130 Baht, 5 Std.

Zum GOLDENEN DREIECK mit Bus 166 um 6.30 und 12.10 Uhr für 73 Baht; mit V.I.P.40-Bus um 9.00 und 14.30 Uhr für 130 Baht, 5 Std.

Nach CHIANG KHONG mit Bus 671 um 6.15, 10.00, 12.00 und 15.00 Uhr für 91 Baht in 6 1/2 Std., 2.Kl. ac-Bus um 9.00 Uhr für 128 Baht, V.I.P.40-Bus um 8.00 Uhr für 165 Baht; jeweils über Phayao. Nach NAN mit Bus 113 um 5.45 und 9.30 Uhr für 97 Baht in 6 1/2 Std.; mit Bus 169 (grün) um 7.00, 8.30, 11.00 und 17.00 Uhr für 83 Baht in 6 Std.; 2.Kl. ac-Bus um 10.00, 14.00 und 22.00 Uhr für 115 Baht; V.I.P.40-Bus um 8.00, 15.00 und 22.30 Uhr für 148 Baht.

Vom **Busbahnhof Chang Puak** in der Chotana Rd., tel 211584 (500 m nördlich des Altstadtgrabens), kommt man nach Thaton, Fang, Lamphun und Chom Thong.

Nach LAMPHUN mit Bus 181 (blau, 35 Sitze) und 182 (weiß) alle 10 Min. zwischen 6.00 und 18.00 Uhr für 7 Baht, 60 Min. Diese Busse halten zum Zusteigen an der Nawarat Brücke.

Nach CHOM THONG (für den Doi Inthanon) mit Bus 1232 (blau-weiß) alle 20 Min. von 5.00 - 18.30 Uhr für 15 Baht in 1 1/2 Std. Diese Busse halten zum Zusteigen am Chiang Mai Gate.

Nach THATON mit non-ac-Bus 1231 (orange, 56 - 70 Sitze) um 6.00, 7.20, 9.00, 11.30 und 15.30 Uhr für 51 Baht, 4 Std. (mit den ersten beiden erreicht man noch die Boote auf dem Kok-Fluß nach Chiang Rai).

Nach FANG mit non-ac-Bus 1231 (orange, 56 - 70 Sitze) jede halbe Std. zwischen 5.30 und 19.00 Uhr für 43 Baht; mit ac-Bus (42 Sitze) um 8.00 Uhr für 70 Baht in 3 1/2 Std.; mit ac-Minibus jede volle Std. von 9.00 - 16.30 Uhr für 70 Baht in 3 Std. (Reservierung unter tel 211 577). In Fang besteht Anschluß nach THATON mit dem Minibus in 40 Min.

**EISENBAHN** - Der Bahnhof liegt im Osten der Stadt in der Charoen Muang Rd., tel 242094, 244795; Gepäckaufbewahrung tgl. 6.00 - 18.00 Uhr, 5 Baht pro Stück (ab 6. Tag 10 Baht pro Stück). Bus 1 und 3 halten davor.

Hier kann man links beim *Advance Booking* Züge reservieren und beliebige Tickets kaufen (beim Eintreten eine Nummer ziehen!). Die neue Computerreservierung klappt hervorragend.

Tgl. fahren fünf durchgehende Züge nach BANGKOK. Ein Expresszug um 16.40 Uhr (Ankunft 6.00 Uhr), ein *Special Express* um 21.05 Uhr (Ankunft 9.40 Uhr) und 3 *Rapid Trains* (nur 2. und 3. Klasse) um 6.35 Uhr (Ankunft 20.05 Uhr), um 15.30 Uhr (Ankunft 5.30 Uhr) und um 20.40 Uhr (Ankunft 10.25 Uhr). Außerdem ein *Express Diesel Rail Car* um 19.40 Uhr (Ankunft 6.15 Uhr).

Alle Züge halten in AYUTTHAYA (ca. 12 Std.) und am DON MUANG AIRPORT (ca. 13 Std.).

Fahrpreise nach BANGKOK:

*Rapid Train:* 2. Kl. non-ac, unteres Bett: 375 Baht, oberes Bett: 345 Baht, Sitz: 275 Baht (ac 325 Baht); 3.Kl. non-ac, Sitz: 141 Baht.

Expresszug: 1. Kl. ac: 817 Baht; 2. Kl. non-ac, unteres Bett: 435 Baht, oberes Bett: 385 Baht.

Special Express: 2. Kl. ac, unteres Bett: 555 Baht, oberes Bett: 505 Baht.

*Exp. DRC.:* nur 2. Klasse ac, Sitz: 355 Baht.

**FLÜGE** - Der Airport im Südwesten ist mit einem Sielor für 25 Baht p.P. bzw. 60 Baht pro Fahrzeug zu erreichen. Manchmal bekommt man in der Stadt billigere Transportmittel. Das Postamt hat von 8.30 - 20.00 Uhr geöffnet.

*THAI AIRWAYS INTERNATIONAL,* 240 Phra Pokklao Rd., tel 211541, 210042 (Reservierung tel 210043-5, 211044-7), tgl. 8.00 - 17.00 Uhr.

10x tgl. nach BANGKOK für 1650 Baht, 2x tgl. nach CHIANG RAI für 420 Baht, Mo, Mi und Fr nach NAN für 510 Baht, Di, Do, Sa und So nach MAE SOT für 590 Baht, 5x tgl. nach MAE HONG SON für 345 Baht. Nach SURAT

THANI 1x tgl. mittags nonstop für 2970 Baht. Die Airport Tax: beträgt 30 Baht.
Über Weihnachten sind die Flüge nach Süd-Thailand absolut überbucht, also rechtzeitig einchecken!

Thai International fliegt am Do und So Mittag nach KUNMING in Yunnan (China) für 3540 Baht (45 Tage Holiday Excursion 4960 Baht), ein sehr beliebter Ausflug. Visa gibt es in 24 Std. im chinesischen Konsulat.

# Die Umgebung von Chiang Mai

## Bo Sang und San Kamphaeng

An der Straße nach Bo Sang haben sich Dutzende Manufakturen und Läden für **Kunsthandwerk** angesiedelt: Lackarbeiten, Silberwaren, Holzschnitzereien, Seide, Keramik und Halbedelsteine. Es kann sehr interessant sein, die Arbeiter und Arbeiterinnen bei der mühevollen Arbeit zu beobachten.

In den Betrieben von Bo Sang werden in Handarbeit **Schirme** aus Papier und Seide hergestellt und bemalt. Ein farbenfrohes, lohnenswertes „Schirm-Fest" findet im Januar statt. In San Kamphaeng werden **Baumwoll- und Seidenstoffe**, zum Teil noch auf traditionellen Webstühlen, hergestellt.

Weiße Songthaews nach San Kamphaeng, 13 km östlich der Stadt, fahren regelmäßig am Warorot-Markt und im Osten der Stadt an der Charoen Muang Road Ecke Bamrung Rat Road ab und kosten 8 Baht, nach Bo Sang 5 Baht (9 km). Tuk-Tuks fahren zu einem symbolischen Preis von 20 Baht diese Einkaufsstraße entlang, denn die Fahrer erhalten überall Provision, auch wenn die Gäste nichts kaufen. Wer ohne Kaufzwang stöbern will, bucht den Ausflug am besten im Gästehaus (ca. 40 Baht).

## Wat Doi Suthep

Das **Kloster** auf dem Berg, der Chiang Mai überragt, ist das Wahrzeichen der Stadt und unbedingt sehenswert. Wat Doi Suthep liegt, 1080 m hoch, 16 km nordwestlich. Sein goldener Chedi aus dem 16. Jh. enthält Buddha-Reliquien.

Minibusse fahren von 6.00 bis 15.30 Uhr laufend (ab 3 Fahrgästen) ab der Mani Noparat Road am Chang Puak Gate (dem Nord-Tor) und ab dem Zoo für 30 Baht die kurvenreiche Bergstrecke hinauf und für 20 Baht hinunter. Taxis kosten ca. 200 Baht hin und zurück. Eine 290 Stufen hohe Treppe führt nach oben, aber eine Zahnradbahn erlaubt auch Fußkranken den Besuch des Heiligtums (5 Baht). Der Tempel wird bereits gegen 16.30 Uhr geschlossen. Am Wochenende ist der Besuch nicht ratsam.

## Doi Pui

Die Straße weiter hinauf, 5 km oberhalb vom Wat Doi Suthep, befindet sich der **Phu Ping-Palast**, eine Winterresidenz des Königs, mit einer schönen Gartenanlage. Der Palast ist nur Fr bis So von 8.30 - 16.30 Uhr für Besichtigungen geöffnet, falls niemand von der königlichen Familie anwesend ist. Der Doi Pui, an dessen Hängen der Palast und das Wat liegen, ist 1690 m hoch und kann bestiegen werden. Vom Wat sind es etwa 3 Stunden anstrengender Fußmarsch, ein Minibus fährt vom Wat für 10 - 15 Baht.

## Lamphun

Lamphun (gesprochen: *Lam-puhn*) ist eine der ältesten Städte in Thailand. Sie wurde im Jahre 660 als Hauptstadt des Haripunchai-Königreichs gegründet. Erste Regentin war die auch heute noch hochverehrte Königin Chama Devi. Erst König Mengrai unterwarf 1281 die Dynastie von Chama Devi und gliederte Lamphun in das Königreich Lannathai ein.

Busse in das 26 km südlich von Chiang Mai liegende Lamphun (häufig auch: *Lampoon*) fahren alle 15 Minuten für 7 Baht (ac 14 Baht) an der Chang Puak Busstation ab, zusteigen ist in der Nähe der Nawarat Brücke möglich. Die erste Strecke passiert eine Allee mit schönen, alten Bäumen. Da der Superhighway Richtung Süden um die Stadt herumführt, hat Lamphun viel von seinem Charme bewahren können. Es ist noch heute von einem Stadtgraben umgeben.

Sehenswert ist das **Wat Phra That Haripunchai** mit seinem 46 m hohen, frisch vergoldeten Chedi, der eine heilige Reliquie enthält. Mit dem Bau dieses Chedi wurde im Jahr 897 begonnen, das Wat stammt aus dem Jahr 1157. In einem kleinen Gebäude gleich rechts am Eingang sollte man sich nicht die hervorragenden Wandmalereien entgehen lassen, die Szenen aus Himmel und Hölle darstellen. Bemerkenswert sind auch der riesige Bronze-Gong und in der Nordwestecke der baufällige Suwana Chedi im Dvaravati Stil.

Gegenüber steht ein kleines, lohnenswertes National **Museum**. Geöffnet Mi - So außer feiertags 9.00 - 12.00 und 13.00 - 16.00 Uhr, Eintritt 10 Baht.

Etwa einen Kilometer außerhalb der Stadt Richtung Westen liegt das **Wat Ku Kut**, manchmal auch Wat Chama Devi genannt. In den Nischen eines pyramidenförmigen Chedi stehen zahlreiche Buddhafiguren.

## Mae Sa Valley

Das landschaftlich reizvolle Mae Sa Valley wurde zu einem Erholungsgebiet für Bangkoker Urlauber ausgebaut. Alles, was die thailändische Seele an den Garten Eden erinnert, wurde hier angesiedelt, angelegt, erschlossen oder marktgerecht betont: angenehmes Klima, schöne Parks, seltene Orchideen, duftende Rosen, plätschernde Wasserfälle, Fische zum Angeln, Elefanten zum Reiten, malerische Hilltribe-Dörfer, teure Restaurants und gepflegte Resorts.

Viele organisierte Tagestouren führen ins Mae Sa Valley, auch einige Treks beginnen oder enden hier. Schon ab 350 / 500 Baht kann man in Chiang Mai einen Sielor für einen halben bzw. ganzen Tag mieten und neben dem Mae Sa Valley z.B. auch den Doi Suthep besuchen.

Mit öffentlichen Verkehrsmitteln ist das Mae Sa Valley nur schwer zu erkunden. Mit dem Bus 1231 oder Minibus kommt man von der Chang Puak Busstation in Chiang Mai für 6 Baht nach Mae Rim. Von dort aus kann man nur noch laufen, trampen oder auf einen der seltenen Minibusse warten, die zum Wasserfall fahren (10 Baht). Die gut ausgebaute Straße eignet sich für den ersten Motorradausflug.

## Doi Inthanon

Der mit 2565 m höchste Berg Thailands liegt südwestlich von Chiang Mai. Ein Gebiet von etwa 1000 km$^2$ ist zum National Park erklärt worden - eine verhältnismäßig offene, wenig bewaldete Landschaft, in der Bergstämme der Meo und Karen leben. Landschaftliche Attraktionen sind die zahlreichen Wasserfälle, die verkrüppelten, bemoosten Rhododendron-Haine und die Wälder der kühlen Gipfelregion.

Die beste Zeit zum Besichtigen der Wasserfälle ist in der Regenzeit von Mai bis November. Die Blumen und Blüten, insbesondere der in Thailand seltene Rote

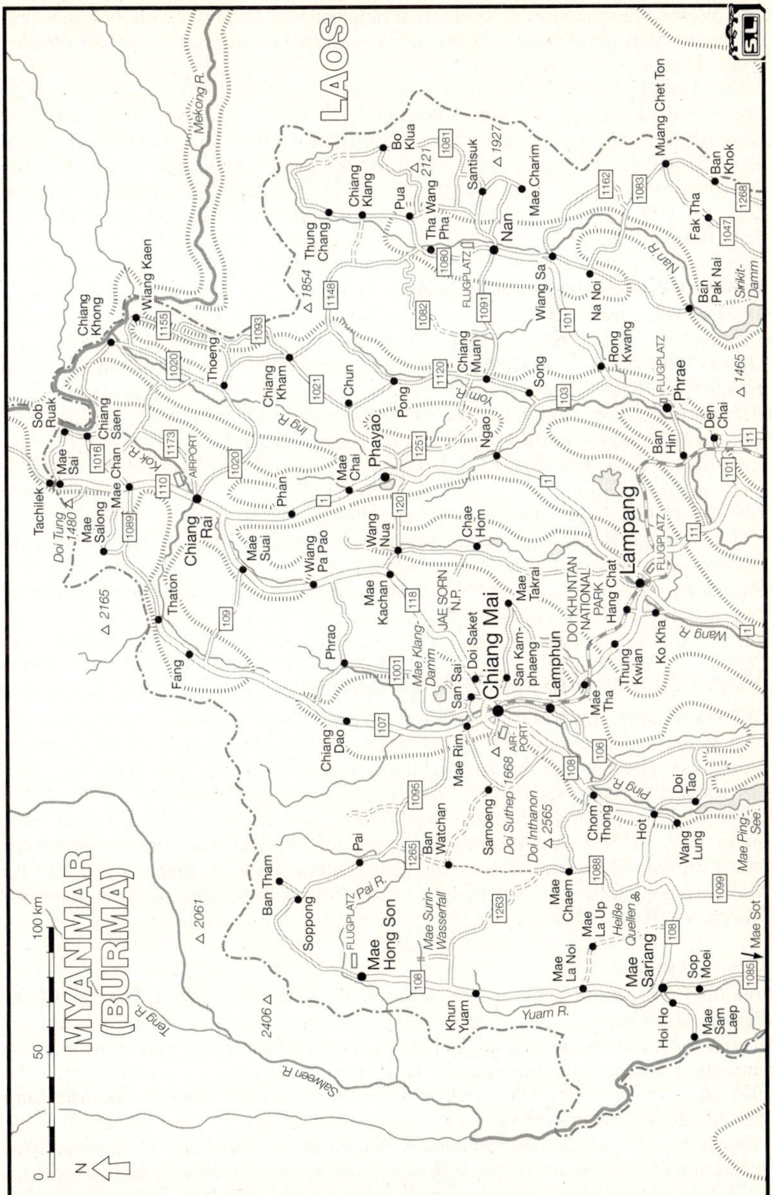
MYANMAR
(BURMA)
LAOS
0
50
100 km
N
Mekong R.
Chiang Khong
Wiang Kaen
Sob Ruak
Chiang Saen
Tachilek
Mae Sai
Doi Tung
1480
Mae Salong
Mae Chan
Kok R.
AIRPORT
Chiang Rai
Thaton
Fang
2165
Thoeng
Chiang Kham
Thung Chang
Chiang Klang
Bo Klua
Pua
2121
Tha Wang Pha
Santisuk
1927
Mae Charim
Nan
FLUGPLATZ
1854
Chun
Pong
Chiang Muan
Ing R.
Phan
Mae Chai
Phayao
Ngao
Yom R.
Song
Wiang Sa
Na Noi
Nan R.
Rong Kwang
Phrae
Ban Pak Nai
Sirikit-Damm
Muang Chet Ton
Ban Khok
Fak Tha
1465
Den Chai
Ban Hin
Mae Suai
Wiang Pa Pao
Wang Nua
Chae Hom
Mae Kachan
JAE SORN N.P.
Phrao
Mae Klang-Damm
Doi Saket
San Sai
Chiang Mai
San Kam-phaeng
Mae Takrai
DOI KHUNTAN NATIONAL PARK
Hang Chat
Lampang
Lamphun
Mae Tha
Thung Kwian
Ko Kha
Wang R.
Chiang Dao
Mae Rim
AIR-PORT
Doi Suthep 1668
Samoeng
Doi Inthanon
2565
Chom Thong
Ping R.
Hot
Doi Tao
Wang Lung
Mae Ping-See
Ban Watchan
Pai
Pai R.
Ban Tham
Soppong
Mae Hong Son
Mae Surin-Wasserfall
2061
Mae Chaem
Mae La Up
Heiße Quellen
Mae La Noi
Mae Sariang
Sop Moei
Mae Sot
Khun Yuam
Yuam R.
Hoi Ho
Mae Sam Laep
2406
Teng R.
Salween R.
1
11
101
103
105
106
107
108
109
110
118
120
1001
1016
1020
1021
1047
1080
1081
1082
1083
1085
1088
1089
1091
1093
1095
1099
1120
1148
1155
1162
1173
1251
1263
1265
1268

und Weiße Rhododendron, sind am schönsten von Dezember bis Februar. Vögel lassen sich am besten von Februar bis April beobachten, wenn die meisten Arten brüten.

Von Chiang Mai nach Chom Thong fährt der Bus 1232 (blau-weiß) alle 20 Min. von 5.00 - 18.30 Uhr für 15 Baht in 1 1/2 Std. Zusteigen ist am Chiang Mai Gate, dem südlichen Tor der Altstadt, möglich. Gelbe Pickups befahren die direkte Straße H1009 nach MAE CHAEM (40 Baht), unterwegs kann man aber nur an einer Attraktion aussteigen (5 - 20 Baht). Ansonsten muß man neben dem Tempel in Chom Thong ein Pickup für 500 - 600 Baht für eine Fahrt auf den Gipfel mieten.

### Thai Elephant Conservation Center

1992 wurde das Thai Elephant Conservation Center 64 km südöstlich von Chiang Mai an der Straße H11 Richtung Lampang beim Dorf Thung Kwian eröffnet. Da Elefanten in Thailand zu den zehn am meisten bedrohten Tierarten zählen, soll dieses Zentrum ihrem Schutz dienen und die Tradition der Arbeitselefanten bewahren. Junge Elefanten erhalten hier ihre Ausbildung.

Die interessanten Vorführungen für Touristen werden täglich um 9.00 (Elefantenbaden und Mahout-Training), 10.00, 11.30 und 14.30 Uhr abgehalten (Eintritt 50 Baht). Es lohnt sich, schon früh da zu sein und die Elefanten beim Bade zu beobachten. Zehn Minuten Elefantenreiten kostet 50 Baht.

Von Chiang Mai fährt man am besten mit dem Bus Nr. 148 (grün) um 7.40 Uhr von der Arcade Bus Station (Platform Nr. 1) oder etwas später vom Bus Stop beim Tourist Office in etwa 70 Min. für ca. 20 Baht zum Elephant Center (weitere Busse alle 30 Min.).

## Von Chiang Mai nach Mae Sariang

Die Rundfahrt Chiang Mai - Mae Sariang - Mae Hong Son - Pai - Chiang Mai gehört sicherlich zu den landschaftlich eindrucksvollsten Routen, die Thailand zu bieten hat: einsame Berglandschaft, unerschlossener Dschungel, Teak- und Kiefernwälder, Savanne, fruchtbare Täler, üppig grüne Reisfelder.

Wirklich genießen kann man diese Strecke von 600 Kilometern jedoch nur, wenn man sie mit dem eigenen Fahrzeug macht. Wer nach einer geeigneten Route für eine Motorradreise sucht - das könnte sie sein. Man verläßt Chiang Mai nach Südwesten auf der neuen, 11 km langen Autobahn, die zum stark befahrenen H108 wird.

### Chom Thong

In Chom Thong fährt man direkt auf den Chedi des **Wat Phra That Si Chom Thong** zu. Er datiert aus dem Jahr 1451. Ein Viharn aus dem 16. Jahrhundert mit einer sehr schönen Fassade enthält einen reich verzierten Mondop (einem Altar ähnlich) sowie Buddha-Statuen aus Holz und schön geschnitztes Elfenbein. Die Stützen unter den Ästen des Bodhi-Baums im Hof haben Gläubige gestiftet, um sich Verdienste zu erwerben.

Nach 87 km erreicht man die kleine, völlig unattraktive Stadt Hot. Hinter Hot schwenkt der H108 scharf nach Westen, die Kilometerzählung beginnt wieder bei KM 0. Vom KM 11 folgt die Straße 5 km einem herrlichen Flußbett mit schönen, ausgewaschenen Felsen. Dann beginnt die Schlucht des **Ob Luang Canyon**, wo eine Felsbarriere von 40 m Höhe vom Chaem-Fluß durchschnitten wird (ein beliebtes Ausflugsziel am Wochenende).

## Mae Sariang แม่สะเรียง

Eine kleine Markt-Stadt, geprägt von den Holzhäusern und mehreren Tempeln im burmesischen Stil: im Zentrum **Wat Utthayan Rom** und **Wat Sri Bunruang.** Im **Wat Kittiwong** im Zentrum der Stadt werden alte Manuskripte aufbewahrt, in denen die historischen Beziehungen zwischen dem Lanna-Königreich und Burma dokumentiert sind.

Bekannt ist die Stadt für ihr ausgedehntes Nachtleben mit vielen Bars und Mädchen. Sie werden vom lockeren Geld der Waldarbeiter, die in Myanmar die Teakwälder plündern, angezogen.

### ÜBERNACHTUNG

*MITAREE HOTEL*** (ac***), 158 Mae Sariang Rd., tel 681110, fax 681280, im Zentrum, unterschiedliche Zimmer im Haupt- und Nebengebäude, freundliches Personal.
*MAE SARIANG GH**, 1 Mu 2, tel 681203, an der Straße zum Fluß, kleine Zimmer mit und ohne Du/WC.
*RIVERSIDE GH*-***, 85/1 Laeng Phanit Rd., tel 681188, ein schönes, aber hellhöriges Teak-Haus mit großer Terrasse, durchscheinende Hütten am anderen Ufer des Yuam River; etwas schmuddelig; Treks und Touren zur Grenze, Infos über Unterkunft am Salween River.
*SEE VIEW GH*-***, 149/1 Maekong, tel 681 556, hinter der Brücke links, dann noch 200 m weiter. Einsam gelegenes Teak-Haus, sehr große Zimmer in den Steinbungalows und kleine ohne Bad in den Bretterbungalows am Fluß, doch ohne Strom kein Wasser; freundliche, aber etwas nervige Leute, Essen nicht überragend.

### ESSEN

*BAMBOO RESTAURANT* an der zentralen Kreuzung serviert ordentliches Essen.
*BAKERY HOUSE* an der Hauptstraße, gutes Frühstück.
*REUM PRAA*, ruhig gelegen an der Gasse zum Wat (2 Zi).
Der *NIGHT-FOOD-MARKET* liegt etwas außerhalb Richtung Post.

### TRANSPORT

Von CHIANG MAI mit dem non-ac-Bus um 6.30, 8.00, 11.00, 13.30 und 15.00 Uhr, 59 Baht in 4 Std.; ac-Bus um 9.00 Uhr, 106 Baht.
Zurück fahren non-ac-Busse um 7.00, 9.00, 10.30, 12.30 und 15.00 Uhr; ein ac-Bus um 13.30 Uhr; außerdem einige nicht empfehlenswerte Nachtbusse.
Von MAE HONG SON mit dem non-ac-Bus 6x tgl. von 6.00 - 21.00 Uhr, 61 Baht; ac-Bus um 9.00 Uhr, 110 Baht in 4 1/2 Std.
Zurück um 7.00, 10.30, 12.30, 15.30 und 17.30 Uhr; ein ac-Bus um 13.30 Uhr.
Von MAE SOT mit dem Minibus um 6.20, 8.25, 10.30 und 12.15 Uhr.
Zurück mit dem Minibus ca. stündlich 6.30 - 13.30 Uhr, 150 Baht in 5 Std.

## Mae Hong Son แม่ฮ่องสอน

*Zu welchem Zeitpunkt die abgelegene Provinzhauptstadt tatsächlich gegründet wurde, ist schwer festzustellen. Erst 1832 wurde eine Expedition des Prinzen von Chiang Mai in das abgelegene Tal geschickt, um wilde Elefanten einzufangen. 1874 erklärte der Herrscher von Chiang Mai die Ansiedlung zur Stadt, und Mae Hong Son war geboren.*

*Der Reiz der Stadt liegt zum einen in der Anreise, zum anderen in ihrer Abgeschiedenheit in einer ursprünglichen Berglandschaft. Dazu kommt die prik-*

*kelnde Nähe zu Myanmar, zu dem zwar kein offizieller Grenzübergang besteht, aber viele Schmuggelpfade hinüberführen.*

Mae Hong Son hat den Beinamen *Muang Sam Mork* (Stadt des Nebels der drei Jahreszeiten), und immerhin ist es durchschnittlich an 104 Tagen neblig. Die Stadt liegt auf 330 m Höhe, doch im Dezember und Januar wird es in den Nächten empfindlich kühl. Im November / Dezember ist die Umgebung von Mae Hong Son bei Thais besonders beliebt. Sie kommen in Scharen, um die Hänge mit blühenden Sonnenblumen zu bewundern - ein herrlicher Anblick.

Zwischen der Bus Station und dem Markt, im unscheinbar wirkenden **Wat Hua Wiang**, befindet sich eine sehr verehrte, bronzene Buddhastatue, die in Burma gegossen und über Gebirgspfade und -flüsse hierher transportiert wurde. Sie ist einem Buddha in Mandalay nachempfunden.

Die Ufer des kleinen Sees mitten in der Stadt wurden schön angelegt: Mini-Park, Fitness-Parcours, Ruhebänke und ein Spazierweg. Im Wasser spiegeln sich Palmen und zwei im burmesischen Stil errichtete Chedis, die des **Wat Chong Kam** und des **Wat Chong Klang**.

Schön ist ein Spaziergang zum **Wat Doi Kong Mu**, dessen Chedis die Stadt überragen. Erbaut wurde die Anlage 1874 vom ersten Gouverneur, Phraya Singhanat Racha. Die herrliche Aussicht über das Tal, über die von Dschungel bedeckten grünen Berge im Westen und über die Stadt belohnt den steilen Aufstieg.

## ÜBERNACHTUNG

**GÄSTEHÄUSER** - Die meisten Gästehäuser sind noch sehr einfach, haben nur Matratzen auf dem Boden und sanitäre Gemeinschaftseinrichtungen. Doch immer mehr schaffen sich einen Durchlauferhitzer für eine warme Gemeinschaftsdusche an, viele bieten einen Tisch-Fan. Alle Gästehäuser organisieren Trekking-Touren, die meisten haben ein Restaurant. In der Saison ist die telefonische Zimmerreservierung ratsam.

**Um den See herum** sind die Gästehäuser besonders beliebt.

*HOLIDAY HOUSE** [18], 23 Pradit Jongkam Rd., tel 611448, sauber, westlich des Sees.

*FRIEND HOUSE*-*** [20], 20 Pradit Jongkam Rd., tel 611647, neues 2stöckiges Haus in einem ruhigen Hinterhof, saubere Zimmer, unten Sitzgruppe; man spricht französisch.

*JONGKAM*-*** [21], 7 Udom Chao Nitet Rd., tel 611420, kleines, 2stöckiges Haus mit Gemeinschaftsterrasse und 7 Bungalows aus Bambus bzw. Sperrholz, z.T. mit Seeblick.

*PRINCE'S HOUSE*-*** [22], Udom Chao Nitet Rd., tel 611137, 2stöckiges Haus mit Balkon und Einfach-Restaurant zur Straße, einfache Zimmer und Schlafsaal, Zimmer 5 mit Seeblick. Überdachte Terrasse mit Blick auf den See. Freundliche, gut informierte Burschen, gute Treks.

*JOHNNIE GUEST HOUSE** [23], 5/2 Udom Chao Nitet Rd., Holzhaus mit kleinen Räumen, kein Seeblick, neuer Manager.

*RIM NONG** [24], 4/1 Chamnan Satit Rd., Bretterverschläge auf kleinem Grundstück hinter einer Mauer, Restaurant am See.

*JO'S GUEST HOUSE** [25], 3 Chamnan Satit Rd., tel 612417, 5 Reihenzimmer mit Gemeinschafts-Du/WC, hinter einem Wohnhaus.

*PIYA GUEST HOUSE*** (ac***) [19], 1/1 Khunlum Prapas Rd., Soi 3, tel 612260, gut eingerichtete Räume (z.T. ac) um hübsch angelegten Innenhof, gutes Restaurant zur Seeseite. Studenten bekommen 20% Discount.

**In der Nähe des Busbahnhofs** liegen u.a.:

*JEAN'S HOUSE** (ac***) [6], 6 Prachachon Uthit Rd., tel 611662, Steinhaus und Restaurant, 3 neue Zimmer* in einer Dependance.

*SAWASDEE** [8], 18 Khunlum Prapas Rd., Soi 2, Holzhaus mit kleinen Zimmern.

**Im Nordwesten** haben sich in der unbefestigten Maksanti Rd. einige Gästehäuser angesiedelt. Sie bieten ruhige, ländliche Atmosphäre, sind in 15 - 20 Min. zu Fuß vom Zentrum aus zu erreichen oder mit dem Tuk Tuk für 5 - 10 Baht.

*MAE HONG SON GUEST HOUSE** [4], Nr. 295, tel 612510, Reihenhaus und Bungalows mit

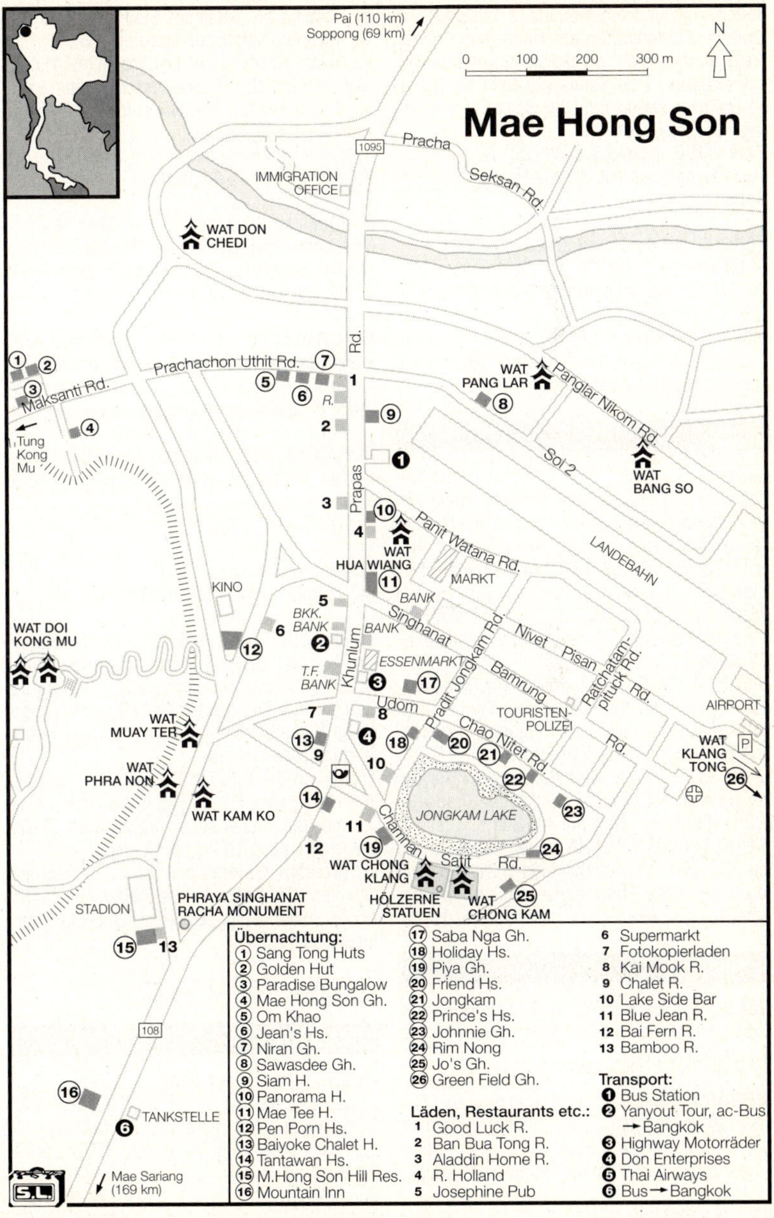
Mae Hong Son
Pai (110 km)
Soppong (69 km)
0 100 200 300 m
N
1095
Pracha Seksan Rd.
IMMIGRATION OFFICE
WAT DON CHEDI
Prachachon Uthit Rd.
Maksanti Rd.
Tung Kong Mu
Prapas Rd.
WAT PANG LAR
Panglar Nikom Rd.
Soi 2
WAT BANG SO
WAT HUA WIANG
Panit Watana Rd.
LANDEBAHN
MARKT
BANK
KINO
WAT DOI KONG MU
BKK. BANK
Khunlum
Singhanat
Nivet
Pisan Rd.
Ratchatam-pituck Rd.
Pradit Jongkam Rd.
ESSENMARKT
T.F. BANK
Bamrung Rd.
Udom
TOURISTEN-POLIZEI
AIRPORT
Chao Nitet Rd.
WAT MUAY TER
WAT PHRA NON
WAT KAM KO
WAT KLANG TONG
JONGKAM LAKE
Chamnan
Satit Rd.
WAT CHONG KLANG
HÖLZERNE STATUEN
WAT CHONG KAM
PHRAYA SINGHANAT RACHA MONUMENT
STADION
108
TANKSTELLE
Mae Sariang (169 km)
S.L.
Übernachtung:
1 Sang Tong Huts
2 Golden Hut
3 Paradise Bungalow
4 Mae Hong Son Gh.
5 Om Khao
6 Jean's Hs.
7 Niran Gh.
8 Sawasdee Gh.
9 Siam H.
10 Panorama H.
11 Mae Tee H.
12 Pen Porn Hs.
13 Baiyoke Chalet H.
14 Tantawan Hs.
15 M.Hong Son Hill Res.
16 Mountain Inn
17 Saba Nga Gh.
18 Holiday Hs.
19 Piya Gh.
20 Friend Hs.
21 Jongkam
22 Prince's Hs.
23 Johnnie Gh.
24 Rim Nong
25 Jo's Gh.
26 Green Field Gh.
Läden, Restaurants etc.:
1 Good Luck R.
2 Ban Bua Tong R.
3 Aladdin Home R.
4 R. Holland
5 Josephine Pub
6 Supermarkt
7 Fotokopierladen
8 Kai Mook R.
9 Chalet R.
10 Lake Side Bar
11 Blue Jean R.
12 Bai Fern R.
13 Bamboo R.
Transport:
1 Bus Station
2 Yanyout Tour, ac-Bus → Bangkok
3 Highway Motorräder
4 Don Enterprises
5 Thai Airways
6 Bus → Bangkok

Betten, Fan und Moskitonetz, z.T. Du/WC, in großem Blumengarten am Hang, nach hinten Wald, schöne Sicht auf die Berge, offener Aufenthaltsraum; Thai Sauna (30 Baht für Gäste, 50 Baht für andere); in der Saison Thai-Massage und Thai-Kochkurs.
*PARADISE BUNGALOW** [3], Nr. 89/1, A-frame Bungalows mit Du/WC in schattenlosem Garten.

**HOTELS** - **An der Hauptstraße** liegen u.a.:
*SIAM HOTEL*** (ac***) [9], 23 Khunlum Prapas, tel 612148; ordentliches Stadthotel, saubere Zi mit Du/WC.
*MAE TEE HOTEL*** (ac***) [11], 55 Khunlum Prapas, tel 612141; etwas heruntergekommene Zimmer; Flughafentransfer für Gäste.

## ESSEN

Ganz hervorragend ist das Essen am Foodstall-Center an der Hauptstraße. Obwohl einem von allen Ständen bereits englischsprachige Speisekarten entgegengestreckt werden, wird hier echt Thai gekocht und nach eigenen Wünschen zubereitet. Gut ist z.B. eine *tom yam gai* mit Pilzen. Beim Bezahlen acht geben! Am Abend werden gegenüber an einem Stand Pancakes gebacken.
*BAN BUA TONG* , gegenüber *Siam Hotel*, kleines Thai-Restaurant mit vegetarischen Gerichten aus aller Welt und hervorragenden Roggenbrötchen; schleppender Service.
*LAKE SIDE BAR,* kleines Restaurant / Bar unten in einem Wohnhaus, direkt an der Straße, jedoch mit schönem Blick auf den See.
*BAI FERN RESTAURANT;* wer meint, schon alle Thai-Gerichte durchprobiert zu haben, sollte einmal diese Speisekarte anschauen. Aber Vorsicht: hier wird extrem scharf gewürzt.

## SONSTIGES

**GELD** - Die Banken an der Hauptstraße sind nicht zu übersehen. Einen Wechselschalter hat die *BANGKOK BANK* (tgl. 8.30 - 19.00 Uhr).

**INFORMATIONEN** - bekommt man in den Gästehäusern und bei den Trekking-Agenturen. Der Polizist vor dem Foodstall Center spricht etwas Englisch und hat manchmal Stadtpläne.

**KRANKENHAUS** - Bei hohem Fieber kann man im Hospital am östlichen Stadtrand sein Blut auf Malaria untersuchen lassen (10 Baht).
Vor allem während der Regenzeit tritt Malaria (auch die tödliche Malaria tropica) in der Umgebung sehr gehäuft auf. Bei sofortiger Behandlung ist sie völlig heilbar.
Einige kleine Privatkliniken sind in der Nähe des Busbahnhofs ab 17.00 geöffnet.

**MARKT** - Im Stadtzentrum wird Obst, Gemüse und spottbilliges, gutes Essen angeboten. Gelegentlich kaufen Meo oder Karen in ihrer Tracht ein. Geöffnet 6.00 - 18.00 Uhr.

**MOTORRÄDER** - 125er-Maschinen gibt es an mehreren Stellen entlang der Hauptstraße für 130 - 300 Baht pro Tag. *HIGHWAY* vermietet Jeeps um 800 Baht. Rechtzeitig vorbuchen.

**POSTAMT** - am südlichen Ende der Hauptstraße, geöffnet Mo - Fr 8.30 - 16.30 Uhr, Sa 9.00 - 12.00 Uhr. Auch telefonieren kann man hier von 7.00 bis 23.00 Uhr.

**TOURIST POLICE** - Büro an der Singhanat Bamrung Rd., tel 611812; hilfsbereite Leute.

**TREKKING** - Viele Agenturen an der Hauptstraße bieten z.T. sehr teure **Tagesausflüge** (auch *Adventure Tour* genannt) zu Dörfern der Bergstämme (vor allem zum Longneck Village) sowie Elefantenreiten, Floßfahrten und Bootsfahrten an die Grenze.
**Treks** von 3 - 4 Tagen Dauer kosten zumeist 300 - 400 Baht p.P. und Tag (bei 6 Pers.). Auch die meisten Gästehäuser organisieren Treks, einige ganz nach individuellen Vorstellungen.
Mit **privaten Guides**, die sich in Restaurants anbieten und Gäste in ihre Dörfer mitnehmen wollen, haben einige Traveller schlechte Erfahrungen gemacht.

**VORWAHL** - 053; PLZ: 58 000.

## TRANSPORT

**BUSSE** - Neben der Shell Tankstelle, 300 m südlich vom Monument, fahren die Busse nach Bangkok ab. Tuk Tuks ins Zentrum ca. 10 Baht. Alle anderen Busse halten an der zentralen Bus Station.
Von BANGKOK, 928 km, (über Tak) mit dem non-ac-Bus um 9.00, 14.30 und 21.45 Uhr für

245 Baht in 14 Std.; ac-Bus um 18.00 Uhr für 442 Baht in 12 1/2 Std. Zurück mit dem ac-Bus um 15.00 Uhr (Buchung bei *Yanyout Tour* neben Bangkok Bank) und den non-ac-Bussen um 9.00, 14.00 und 21.30 Uhr (Buchung bei *Thavorn Farm* neben der Shell Tankstelle). Mit dem Bus um 9.00 Uhr hat man in Tak gegen 16.00 Uhr Anschluß nach Sukhothai.
Von CHIANG MAI (Arcade Bus Station) nehmen Busse 6x die Südroute (362 km) über Mae Sariang und 3x die Nordroute (242 km) über Pai. Abfahrtszeiten unter Chiang Mai (s.S. 701). Von den Nachtbussen ist auf dieser Strecke abzuraten. Nach Chiang Mai über Mae Sariang (61 Baht) mit dem non-ac-Bus um 6.00, 8.00, 10.00 und 14.00 Uhr für 115 Baht; ac-Bus um 9.00 und 21.00 Uhr für 206 Baht in 8 Std.
Von PAI (110 km) mit dem non-ac-Bus 6x tgl. von 7.00 - 16.30 Uhr für 45 Baht in 4 Std; mit dem ac-Bus um 11.30 Uhr für 85 Baht. Nach PAI über SOPPONG (25 Baht) mit dem non-ac-Bus um 7.00, 8.30, 10.30, 12.30, 14.00 und 16.00 Uhr (die Busse bis 12.30 Uhr fahren weiter nach Chiang Mai für 100 Baht in 7 1/2 Std.) oder mit dem ac-Bus um 8.00 Uhr in 3 Std. (weiter nach Chiang Mai für 175 Baht in 7 Std.).
Von MAE SOT fährt ein Minibus bis Mae Sariang, wo man gegen 15.00 Uhr in den Bus nach Mae Hong Son umsteigen kann.
Nach MAE AW fahren keine öffentlichen Songthaews.

**FLÜGE** - Von CHIANG MAI 5x tgl. von 9.30 - 14.40 Uhr für 345 Baht in 40 Min. Zurück fliegen sie zwischen 10.40 und 15.50 Uhr.
*THAI AIRWAYS OFFICE* in der 71 Singhanat Bamrung Rd., tel 611297; frühzeitig buchen, da die Flüge oft voll sind.

## Die Umgebung von Mae Hong Son

### Pha Sua-Wasserfall, Pang Tong, Napapaek, Mae Aw

Ein schöner Trip führt z.B. nach Nordwesten bis zur Grenze in das Meo-Dorf Napapaek. Für diese Tour ist es besser, einen Pickup für 1000 Baht (oder 250 Baht p.P.) zu nehmen sowie einen Guide, der sich auskennt bzw. die jeweilige politische Situation beurteilen kann. Von der Straße Richtung Pai kann man am KM 199 oder erst am KM 192,1 abbiegen. Die Betonstraße führt nach Huai Khan (15 bzw. 7 km), anschließend ist sie asphaltiert. Nach weiteren 6 km mit einem sehr steilen Anstieg ist der **Pha Sua-Wasserfall**, ein malerischer 7stufiger Katarakt, erreicht.

**Langhals-Frauen**

Frauen des Padaung-Stammes wurden aus Myanmar in zwei Dörfern im Gebiet von Mae Hong Son angesiedelt. Sie sind bekannt für ihren mit Hilfe von Messingringen künstlich verlängerten Hals und werden total touristisch vermarktet. Das südliche *Longneck Village* jenseits von Ban Nam Phiang Din erreicht man nur per Boot mit einer geführten Gruppe. Das nördliche Dorf kann man mit Motorrad oder Jeep auf eigene Faust erreichen. Selbstverständlich wird es auch im Allround-Programm von Reiseveranstaltern und Trekking-Agenturen angeboten. In beiden Dörfern wird 300 Baht Eintritt verlangt. Die Hälfte des Geldes geht an die *Karenni Armee*, die die Frauen hierher gebracht hat, die andere Hälfte an thailändische Geschäftsleute, auf deren Land die Dörfer errichtet wurden. Die Langhals-Frauen (z.Zt. 22) werden wie Gefangene gehalten, und nur mit dem Lebensnotwendigsten versorgt. Eine menschenunwürdige Touristenattraktion, bei der die deformierten Frauen wie Tiere im Zoo begafft werden. Doch tausende von Touristen kommen her, um diesen Zirkus mitzumachen.

In der Nähe liegt das Karen-Dorf Huai Mak. Nach dem Wasserfall (rechts halten) kommen wieder ein paar steile Steigungen.

Am Stausee entlang geht es zum Parkplatz des Hilltribe Center. Ein 500 m langer Fußweg führt zum **Pang Tong-Königspalast**, den der König bei Besuchen in dieser Region bewohnt, eine schöne Anlage aus Holz und Bambus mit Teichen und einer Pferdezucht. Zumeist für Besichtigungen nicht geöffnet.

Die Straße geradeaus führt zu Meo-, Kuomintang-, Shan- und Karen-Dörfern. Nach 38 km ab Mae Hong Son ist Napapaek erreicht. 8 km weiter liegt Mae Aw, ein Dorf der **Kuomintang** (KMT), aber nichts Besonderes.

## Von Mae Hong Son nach Soppong

Die asphaltierte Straße H1095 führt in atemberaubender Linienführung über 6 Pässe nach Soppong (69 km).

Am KM 192 liegt links in einem kleinen Park die Grotte **Tham Pla** (*Fish Cave*) mit halbzahmen Fischen, die darauf warten, gefüttert zu werden. Ein unterirdischer Bach fließt in den kleinen Pool. Futter für die Fische gibt es am Parkplatz. Thais kommen gerne hierher zum Picknick, Touristen finden diesen Platz nicht besonders interessant.

Gleich darauf liegt links das große Dorf Huai Pha (KM 191 - 190). Letzte Hütten und Felder, dann geht es durch schöne Waldlandschaft aufwärts zum zweiten Paß (769 m) und extrem steil durch Terrassenfelder und Einzelgehöfte wieder 300 m tiefer zum Dorf **Mae Suya** (KM 171).

### Ausflüge von der Wilderness Lodge

Wer nach dem 5. Paß am KM 165,7 nach links abbiegt oder hier aus dem Bus aussteigt, erreicht nach 1,5 km auf gutem Fahrweg die Wilderness Lodge (s.u.). Hier können Traveller, denen nichts an Komfort liegt, ausgezeichnet entspannen oder herrliche Tagesausflüge unternehmen, z.B. zur riesigen Nam Lang Cave (2 Std. hin), zur leicht begehbaren, hübschen Red Cliff Cave (2 Std. hin) oder zu den Susa Falls & Cave (3 Std. hin) in eindrucksvoller Landschaft. Die Ausflüge sind im Restaurant genau beschrieben, trotzdem sind die Susa Falls nicht leicht zu finden, und bei den Zeitangaben sollte man etwa 50% Zugabe machen, wenn niemand dabei ist, der den Weg genau kennt.

#### ÜBERNACHTUNG

*WILDERNESS LODGE** (1,5 km nördlich des H1095, abbiegen am KM 165,7.) Auf einer großen Lichtung oberhalb des Flusses stehen ein Haupthaus mit Restaurant, offener Feuerstelle und Schlafsaal sowie einige einfache Bungalows. Die Lodge wird von Doi, der jüngeren Schwester Diu's von der Cave Lodge, geführt. Es gibt gutes vegetarisches Gemeinschaftsessen im 2-Tages-Wechsel, andere Gerichte auf Vorbestellung. Morgens leckere Vollkornbrötchen. Für die Höhlen kann man hier Batterien kaufen und Taschenlampen mieten.

## Soppong สบป่อง

Die Busse von Pai und Mae Hong Son machen in Soppong 15 Minuten Zwischenstop. Das neue Dorf ist Hauptort des Distrikts Pangmapa und Marktzentrum für die umliegenden Dörfer der Bergstämme. Soppong hat sich zu einem angenehmen Ausgangspunkt für Ausflüge in die Umgebung entwickelt, so daß ein paar Tage Aufenthalt lohnend sein können. Der bisherige Ort Soppong heißt jetzt Old Village (*Ban Khao*).

Auf eigenen Wanderungen kann man Dörfer der Lisu, Lahu und Karen besuchen. Wer den wenig befahrenen Fahrwegen folgt, wird sich kaum verlaufen können. Es ist ratsam, sich zuvor im jeweiligen Gästehaus zu erkundigen, ob es irgendwo auf der geplanten Route Probleme geben könnte.

**Schützt die Wälder in Thailand!**

Wer auf Treks in den Wäldern um Soppong zerstörten Wald entdeckt, sollte nicht nur schimpfen. Umweltschutzgruppen benötigen Fotos mit genauer Lagebeschreibung, damit sie etwas unternehmen können. In Soppong nehmen das *Tourist Information Office* oder *Kemarin Garden* sowie in Pai der *Traveller Shop* Informationen entgegen. Wer später die entwickelten Fotos hinschickt, macht sich um den Naturschutz in Thailand wirklich verdient. Der Einfluß von Touristen ist nicht zu unterschätzen!

Ein hervorragendes Buch zu diesem Thema ist „Der unersetzbare Dschungel" von Josef H. Reichholf, BLV München, 1991. Es ist verständlich geschrieben und auch für Neulinge in der Regenwald-Problematik geeignet.

## ÜBERNACHTUNG

Alle Gästehäuser sind noch sehr einfach. Da es überall durch die Ritzen zieht, kann es nachts sehr kalt werden.

*JUNGLE HOUSE**, 300 m westlich vom Bus Stop, von der Straße zurückversetzt hinter einem kleinen Bach. In einer weitläufigen Anlage stehen A-frame Bambushütten am Hang und ein Haupthaus mit Schlafsaal. Im idyllischen Restaurant gibt es eine Feuerstelle. Nui, die Besitzerin, kocht ausgezeichnet und backt sogar Vollkornbrot. Ihr exzellentes *chicken with cashew nuts* sollte muß man probieren. Infos für Wanderungen in der Umgebung, Vorschläge für Trekking.

*MAI GUESTHOUSE*-***, neben dem Bus Stop, 11 A-frame Bungalows mit Fan, mit und ohne Du/WC, rings um einen kleinen Garten. Restaurant an der Straße.

*LEMON HILL*-***, tel/fax 01-5101366, schräg gegenüber vom Bus Stop. 5 nette Hütten mit und ohne Du/WC, mit Betten und Veranda am und über dem steilen Flußufer, gute Atmosphäre.

*KEMARIN GARDEN AND REST LODGE*-***, 123/3 Mu 1, an einer ruhigen Gasse. 6 große A-frame-Hütten mit Du/WC, Betten mit Moskitonetz und Balkon, sowie 4 einfache Hütten. Neben dem engagierten Gastgeber Udom leitet auch der deutsche Umweltschützer Christian die Anlage.

*CAVE LODGE* und *RIVER LODGE GUEST HOUSE* liegen 9 km nördlich bei der Tham Lot (s.S. 714).

## ESSEN

Alle Gästehäuser bieten sehr gute Gerichte. Einige Essenstände entlang der Straße und zwei Restaurants beim Bus Stop servieren einfaches Essen.

## SONSTIGES

**INFORMATIONEN** - über die Umgebung von Soppong erhält man im *Jungle House* und *Kemarin Garden* sowie im offenen, privaten *Tourist Information Office* beim Bus Stop (falls jemand da ist).

**TREKKING** - Sawang und Sunny organisieren über das *Jungle House* Tagesausflüge und 3tägige Treks (ca. 300 Baht p.P. und Tag) sowie Elefantenausritte.

**VORWAHL** - 053; PLZ: 58150.

## TRANSPORT

Werden die Busse in Pai oder Mae Hong Son nicht voll, warten sie oft bis zum nächsten Abfahrtstermin und kommen natürlich in Soppong

nicht an. Nach PAI fährt der Bus 6x tgl. von 9.00 bis 18.00 Uhr in 1 1/2 Std. für 20 Baht, die ersten Busse bis 14.45 Uhr fahren weiter nach CHIANG MAI in ca. 6 Std.
Nach MAE HONG SON 6x tgl. von 8.30 - 18.00 Uhr in 2 Std. für 25 Baht. Zur THAM LOT mit Motorradtaxi ab Bus Stop, 40 Baht (mit schwerem Rucksack nicht ratsam), mit dem Pickup für 20 Baht p.P. oder 150 Baht für Charter.
Wer von Chiang Mai kommt und zur Tham Lot wandern will, steigt am besten bereits beim alten Dorf (*Ban Khao*) am KM 139 aus. Zu den südlichen Lisu-Dörfern fahren etwa 2x tgl. Pickups, nach BAN KET SAM SIB für 40 Baht.

## Tham Lot-Tropfsteinhöhle

Am Ende des Shan-Dorfes Ban Tham (auch: *Tumlord)* befindet sich der Eingang zur **Tham Lot Nature Education Station**, tgl. 9.00 - 18.00 Uhr geöffnet. In den Essenständen am Parkplatz gibt es Suppen, Reisgerichte und Getränke. An der Schranke erhält jede Besuchergruppe für 100 Baht einen Guide mit hell leuchtender Gaslampe. Eine zusätzliche starke Taschenlampe ist nützlich. Manche Guides zeigen nur einen kleinen Teil der schönen Höhle, so daß ein völlig falscher Eindruck entsteht. Zum Eingang der Tham Lot sind es noch 500 m durch schönen Wald. Der Nam Lang fließt ca. 400 m durch die große Höhle. Fünfmal muß man den Fluß durchwaten oder sich mit einem Floß hindurchfahren lassen (100 Baht für 3 - 4 Personen). In der Regenzeit ist der Fluß häufig unpassierbar.

Hauptattraktionen sind die eindrucksvolle **Big Column Cave** (nach 50 m rechts), die schöne **Doll Cave** (nach 100 m links) und hoch oben die **Coffin Chamber** (50 m vor dem Ausgang links) mit Überresten von alten Särgen.

Nicht zu verfehlen ist am Höhlenausgang der Dung, den Millionen **Mauersegler** hier hinterlassen. Am späten Nachmittag (ca. 17.30 - 18.30 Uhr) bieten sie bei der Rückkehr von ihren mehrere hundert Kilometer entfernten Futterplätzen ein unbeschreibliches Schauspiel. Wenn es ganz dunkel geworden ist, verlassen Abertausende von **Fledermäusen** die Höhle. Eine Taschenlampe für den Rückweg nicht vergessen!

### ÜBERNACHTUNG

*CAVE LODGE** liegt nur 700 m vom Eingang zur Tham Lot entfernt. Sie wird von dem Höhlenforscher John Spies (Australier) und seiner Frau Diu geführt. Ein großes Haus mit Feuerstelle und Matratzenlager und mehrere einfache Bambushütten stehen über dem Steilhang des Nam Lang-Flusses, auch einige bessere Bungalows** mit Du/WC für 4 - 5 Pers. Im Restaurant gibt es ein vegetarisches Abendmenü und viele Thai-Gerichte (auch Fleisch) nach Karte sowie Joghurt, Käse, Salate und Snacks. Die tüchtige Diu backt Kuchen und Vollkornbrötchen und behält den Überblick, selbst wenn in der Saison 60 Traveller die Lodge belagern. Es hängen wertvolle Tips für Tagesausflüge auf eigene Faust und für Höhlentouren aus sowie Infos für richtiges Verhalten in Tribal-Dörfern.
*RIVER LODGE**, am Fluß zwischen der Cave Lodge und der Höhle, 5 Bungalows mit Du/WC und ein Haus mit 4 Zimmern.

### TRANSPORT

Zur Tham Lot ab SOPPONG 9 km zu Fuß, mit dem Motorrad, einem Motorradtaxi (40 Baht ab Bus Stop) oder dem Pickup für 20 Baht p.P. (Charter 150 Baht) auf der sogenannten *New Road,* einem Waldweg von 8 km Länge.

## Pai ปาย

Lange Zeit war Pai von der Außenwelt isoliert, umgeben von hohen Bergen mit engen Tälern. Der neue H1095 brachte neben vielen nützlichen Dingen den

Zivilisationsmüll und die Traveller in diesen sauberen Ort, der auch heute noch einen geruhsamen Eindruck macht.

Die Bevölkerung von Pai besteht zum Großteil aus Shan, auch *Thai Yai* genannt. Sie sprechen einen eigenen Dialekt, und ihre Tempel unterscheiden sich von den anderen in Thailand. **Wat Klang** (im Zentrum) und **Wat Luang** lohnen eine Stippvisite. Pai ist bestens geeignet als Ausgangsbasis für Wanderungen, Floßfahrten und mehrtägige Ausflüge zu Dörfern der Bergstämme. Aber auch im Ort selbst kann man oft Karen, Lahu und vor allem Lisu treffen, die hier in ihrem besten Sonntagsstaat Einkäufe erledigen, Gemüse oder Handarbeiten verkaufen, den Arzt oder Fotografen aufsuchen.

Obwohl Pai nur 560 m hoch liegt, wird es in den Monaten November bis Februar nachts ziemlich kalt, so daß viele Leute in dicken Wollmützen und Anoraks herumlaufen.

## ÜBERNACHTUNG

Neben den einfachen Unterkünften in den Hinterhöfen des Ortskerns sind neue, auch etwas komfortablere entstanden. Anfang 1995 gab es in Pai etwa 200 Zimmer. Die einfachen Gästehäuser haben nur Matratzen auf dem Boden und Gemeinschafts-Du/WC, eine Dusche meist mit Durchlauferhitzer für Heißwasser.

**An der Hauptstraße Rangsiyanun Road:**
*DUANG*-** [5], Nr. 5, tel 699101, gegenüber der Bus Station, kleines Grundstück, vollgepackt mit verschiedensten Haustypen, der Komfort reicht vom einfachen Schlafsaalbett bis zu gut möblierten Zimmern mit Du/WC; gute Betten, guter Service; Mountain Bikes zu vermieten.
*NUNYA'S HOUSE*-** [3], zweistöckiges Reihenhaus im Hinterhof, unten Zimmer mit Du/WC, oben ohne, dicke Schaumgummimatratzen, kleine Sitzgruppen im Hof, relativ ruhig, freundliches Personal.
*BIG*-** [4], einfache Beton-Reihenhäuser im Hinterhof, Zi mit Fan und Du/WC mit Blick auf Motorradwerkstatt.
*CHARLIE'S HOUSE*-** [6], Nr. 9, tel 699039, neben Krung Thai Bank; im schön angelegten, ruhigen Hinterhof stehen einfache und bessere Reihenhäuser mit kleinen Zimmern, sauber und mit guten Betten. Für Billigreisende gibt es einen Schlafsaal, für verwöhnte Gäste das *Sweet House*** und das *Romantic House***, möblierte Bungalows mit westlicher Toilette.
*CHEZ SWAN ROOMS*** [7], Nr. 13, tel/fax 699111, 4 geräumige, sehr saubere Apartments hinter dem Restaurant, sehr preiswert.
*PAI WIENG HOTEL** [8], Nr. 26/4, tel 611077, altes Teak-Hotel mit entsprechend alter Einrichtung; Ausländer werden meist im charakterlosen Beton-Anbau untergebracht.
*SHAN*-** [9], Nr. 86, tel 699162, im Süden neben der Tankstelle, 100 m von der Straße entfernt, 10 einfache und bessere Bungalows, z.T. mit Du/WC, um einen kreisrunden See gruppiert, in dessen Mitte malerisch das Restaurant auf einer Insel steht. Schöne Sicht auf Reisfelder und Berge. Der Besitzer, Mr. Boonyong Sarakam, ein geselliger Shan, spricht gut Englisch und hat ein Herz für Traveller.
*VIEW PAI HOTEL*** (ac***) [10], neues Hotel am südlichen Ortsende, 50 Zimmer.

**Am Fluß, etwas außerhalb des Ortszentrums** (in der heißen Jahreszeit ein wenig kühler):
*PIN'S HUT** [11], um einen hübschen Garten am Fluß gruppieren sich 14 Bambushüttchen mit Blätterdach. Im Haupthaus gibt es Getränke und Frühstück mit gutem Brot. Lagerfeuerplatz am Fluß; sehr nette Atmosphäre.
*RIM PAI COTTAGE****-**** [12], tel 699133, direkt am Fluß, hübsche Anlage mit gemütlichen Zimmern in unterschiedlichen Bungalows. Offenes Restaurant für Frühstück und Drinks, schlechter Service. Hier kommen Pauschaltouristen bei ihren Rundfahrten unter.
*PAI GUESTHOUSE** [13], kleine Hütten kurz vor der Brücke links, jedoch nicht direkt am Fluß, anonyme Atmosphäre.
*P.S. RIVERSIDE** [14], vor der Betonbrücke rechts, wurde durch die Flut im September 1994 fast vollständig zerstört.
*PAI RIVER LODGE** [15], einfache Hütten auf Pfählen mit Blätterdach und Terrasse auf schönem, großem Grundstück direkt am Fluß. Offenes Restaurant mit Bodenmatten, kein Service. Die sanitären Einrichtungen empfinden manche Reisende als unzumutbar. Da die Manager häufig wechseln, ist die Zukunft ungewiß.

**Im Westen hinter dem Krankenhaus:**
*KIM** [2], 600 m von der Bus Station, ruhige, durch Sperrholz abgeteilte Zimmer in festem Haus, freundliche Leute.
*MOUNTAIN BLUE** [1], 700 m von der Bus Station, schöne Anlage rings um einen Angelsee, 15 A-frame Hütten am und im See, Gemeinschafts-Du/WC mit warmem Wasser, 3 gute Bungalows** mit Du/WC, Restaurant über dem See, angenehm familiäre Atmosphäre.
**In der Umgebung von Pai** sind einige teurere Unterkünfte entstanden, die sich bestens für einen Erholungsaufenthalt eignen:
*PAI MOUNTAIN LODGE***, 8 km von Pai, von der Straße Richtung Mae Hong Son am KM 102,8 nach links abbiegen, nach 3,6 km liegt die Lodge hinter dem Shan-Dorf. Zu Fuß eignet sich der 6,5 km lange Weg über Nam Hu besser. Auf großem Gelände mit kleinem Teich liegen inmitten der Berge große, gemauerte Schweden-Häuser mit 1 - 2 Schlafzimmern, kleinem Bad und offenem Kamin sowie ein großes Haus. Tagsüber kehren im Restaurant Touristen auf dem Weg zum Mo Paeng-Wasserfall ein, abends ist man mit den Verwaltern, einem Lehrer und seiner Familie, allein.

## ESSEN

Es ist kaum zu glauben, daß man in diesem abgelegenen Ort die Qual der Wahl hat. Neben den Restaurants einiger Gästehäuser und einfachen bis exklusiven Thai Restaurants haben sich einige Köche auf die Bedürfnisse der Traveller eingestellt. Selbst an Brötchen, Vollkornbrot und Kuchen ist kein Mangel.
*THAI YAI,* hier gibt es Kaffee aus den Hilltribe-Dörfern, Pellkartoffeln mit Knoblauchkäse, leckere Springrolls und jeden Morgen frische Brötchen, von der schottischen Chefin Andrea bestens zubereitet.
*CHEZ SWAN*, feines Restaurant mit weißen Tischtüchern und zivilen Preisen. Neben französischen Gerichten kann Tuk auch ausgezeichnete Thai-Currys zubereiten. Spezialität: Käsekuchen. Ein wundervoller, freundlicher Mensch ist der Wirt Guy, der auch Bootstouren organisiert. Seine gefährliche Befahrung des Pai Flusses bei Hochwasser fürs Fernsehen hat ihn in ganz Thailand bekannt gemacht.
*NONG BEER*, einfachesThai Restaurant. Die Chefin kocht ausgezeichnet und serviert große Portionen. Die englische Speisekarte sieht dürftig aus, aber man kann problemlos zeigen, welche Zutaten man haben will. Gut ist z.B. gebratenes Schweinefleisch mit Pilzen.
*OWN HOME* - kann nicht verleugnen, daß es als vegetarisches Restaurant begonnen hat, Fleisch muß man mit der Lupe suchen. Beliebt sind die Gerichte aus dem Mittleren Osten und Italien.
*NORTHERN GREEN*, bereitet hervorragende Thai-Gerichte zu.
*HOME STYLE KITCHEN*, vegetarische und Shan-Hackfleischgerichte bei Kerzenlicht.
*SIDE WALK,* gemütliches, kleines Restaurant, gutes Thai-Essen zu günstigen Preisen; große Portionen, prompter Service, nette Leute.
*PANCAKE HEAVEN*, von Sonnenuntergang bis spät in die Nacht backt Mr. Mozib, bekannt als „Pancake Man", leckere Pfannkuchen mit Bananen oder Ei in 10 Variationen. Er steht vor dem alten Markt, hat immer Betrieb und sorgt für Unterhaltung.

## SONSTIGES

**GELD** - *KRUNG THAI BANK* an der Hauptstraße neben Charlie's House, geöffnet 8.30 - 15.30 Uhr.

**FAHRRÄDER** - an verschiedenen Stellen, 20 - 30 Baht pro Tag (in der Saison reservieren). Mountain Bikes vermietet das *DUANG GUEST HOUSE*. (Bikes kontrollieren).

**FLOSSFAHRTEN** - Gästehäuser oder Trekking-Agenturen organisieren Fahrten mit einem einfachen Bambus-Raft auf dem Pai River.

**INFORMATIONEN** - über die Umgebung von Pai gibt es im neuen *TRAVELLER SHOP* an der Hauptstraße, auch Karten und andere nützliche Dinge. Das Büro des *Wildlife Fund of Thailand (WWF)* befindet sich ebenfalls hier, der Ansprechpartner für Umweltschäden.

**KAJAKS / SCHLAUCHBOOTE** - *THAI ADVENTURE*, 13 Mu 4 Rangsiyanun Rd., tel/fax 699111, organisiert Schlauchboot- und Kajaktouren. Zu erfragen im Restaurant Chez Swan bei dem Franzosen Guy Gorias. Außer im Mai ist Kanufahren das ganze Jahr über möglich.

**MEDIZINISCHE HILFE** - 300 m im Westen liegt das neue Hospital, der Chefarzt leitet abends die private Klinik im Ort (sehr niedrige Preise).

**MALARIA** - Bei hohem Fieber kann man im *MALARIA OFFICE*, 1 km nördlich des Ortes, eine Blutprobe auf Malaria untersuchen lassen. Vor allem in der Regenzeit tritt die tödliche Malaria tropica gehäuft auf. Bei sofortiger Behandlung kann sie völlig geheilt werden.

**MOTORRÄDER** - Gut gewartete Maschinen werden von *NORTHERN GREEN* für 150 Baht pro Tag vermietet, freundlicher Service.
*M.S.* am Markt vermietet gute 100cc-Mopeds für 150 Baht und schlechte 125er für 180 Baht pro 24 Std.
Auch das *OWN HOME RESTAURANT* vermietet einige Maschinen.

**POSTAMT** - am südlichen Ende der Hauptstraße beim neuen Markt, geöffnet Mo - Fr 8.30 - 16.30, Sa 9.00 - 12.00 Uhr.

**SAUNA / MASSAGE** - *Burmesische Sauna* und Massage bei Mr. Jan für 100 Baht (Massage 70 Baht) ist sehr beliebt, er fungiert quasi als lokales Hospital.
Kräuter-Sauna und *Traditional Thai Massage* bei ausgebildeten Masseuren schräg gegenüber vom *Pai Guesthouse* für 130 Baht, Mo - Fr 16.30 - 20.30 Uhr, Sa und So 8.30 - 20.30 Uhr.

**SHOPPING** - Wer für die kühlen Winterabende nicht richtig ausgestattet ist, kann sich in verschiedenen Läden mit warmer Kleidung eindecken, z.B. handgestrickte Wollpullover ab 250 Baht, synthetische Pullover (Faserpelz) ab 200 Baht, Trekking-Schuhe ab 220 Baht.

**TELEFON** - am besten im Postamt, denn im *TELEPHONE OFFICE* an der Hauptstraße werden die Gesprächszeiten sehr großzügig gemessen. Das Card-Telefon an der Bank läßt nur Inlandsgespräche zu.

**TREKKING** - Jedes Gästehaus und einige kleine Agenturen bieten Trekking Touren an. Pai ist als Ausgangspunkt sehr angenehm, da lange Anfahrtswege wegfallen. Es geht noch recht persönlich zu. Man kann in kleinen Gruppen oder auch nur zu zweit trekken und die gewünschte Wanderzeit und die Ziele mit dem Guide besprechen. Auf Wunsch wird ein Rasttag in einem Hilltribe-Dorf eingelegt, wo man den Einheimischen bei der Arbeit helfen kann. Für einen Trek dürften p.P. und Tag 300 - 400 Baht anfallen, bei nur 2 Pers. etwas mehr. Mit Elefantenreiten (100 Baht p.P. und Std.) und Floßfahrt kostet ein 3-Tages-Trek ca. 1200 Baht p.P. Alle Guides verharmlosen die beißende Kälte von Dezember bis Februar, ein guter Schlafsack oder mehrere Decken sind dringend anzuraten.

**TREKKING-AGENTUR** - Seit Jahren arbeitet der Karen *Seela* von *KAREN TREKKING* absolut zuverlässig. Er ist eine Seele von Mensch. Büro an der Hauptstraße.

**VORWAHL** - 053; PLZ: 58 130.

### TRANSPORT

Die Strecke von Chiang Mai über die Berge ist eine der schönsten in Thailand.
Von CHIANG MAI (Arcade Bus Station) mit non-ac-Bus um 7.00, 8.30, 10.30, 12.30, 14.00 und 16.00 Uhr für 45 Baht, 4 Std.; mit dem ac-Bus um 8.00 Uhr für 90 Baht in 3 1/2 Std.
Zurück um 7.00, 8.30, 11.00, 12.30, 14.30 und 16.30 Uhr; ac-Bus um 11.00 Uhr. Von MAE HONG SON um 7.00, 8.30, 10.30, 12.30, 14.00 und 16.00 Uhr für 45 Baht in 4 Std.; ac-Bus um 8.00 Uhr für 85 Baht in 3 Std. Zurück um 7.00, 8.30, 11.00, 14.30 und 16.30 Uhr; ac-Bus um 11.30 Uhr. Die Strecke nach Mae Hong Son führt über hohe Pässe mit schöner Aussicht.

## Ausflüge von Pai

Es macht Spaß, in der Gegend von Pai zu wandern oder Rad zu fahren, auch wenn die Ziele nicht spektakulär sind. Nach Westen kann man Dörfer der Lisu, Shan, Red Lahu und Kuomintang-Chinesen besuchen, ohne sich zu verlaufen. Die **Wasserfälle** (ca. 10 km) am Ende der schlechten Wege sind nicht spektakulär, aber erfrischend. Zu empfehlen ist ein 1 1/2tägiger Spaziergang zur Pai Mountain Lodge mit Übernachtung dort.

Im Osten lockt **Wat Mae Yen**, der Tempel auf dem Hügel (3 km) mit schöner Aussicht. Die **Pong Ron** Hot Springs (11 km) bieten z.Zt. keine Bademöglichkeit. An der Abzweigung zu den Quellen kann man Elefantenreiten. Im Süden ist eine Fahrt durch die Dörfer am Pai Fluß entlang recht lohnenswert.

Ein beliebter Tagesausflug mit dem Motorrad führt über den 1292 m hohen Paß nach Soppong und zur Tham Lot (s. dort).

## Von Pai nach Chiang Mai

Diese Berg- und Talstrecke von 131 km gehört zu den schönsten Landschaften Thailands. Interessante Abstecher für Motorradfahrer sorgen zusätzlich für Abwechslung.

### Mae Sae

Vom KM 60 bis zum KM 54 fällt der H1095 steil ab bis zum Dorf Mae Sae, wo der Bus eine Pause macht und die Fahrgäste sich in einem der Restaurants stärken. In diesem kleinen Ort kann man im *Air Hill Guest House** übernachten. Mae Sae eignet sich auch als Startpunkt für Mountain Biker, die nach Pai hinüberradeln, aber die strapaziöse Anfahrt lieber mit dem Bus machen wollen.

Nach dem nächsten Paß windet sich die Straße mit 4 haarsträubenden Spitzkehren 350 m den steilen Berg hinunter. Spätestens hier finden die im Bus gratis verteilten Spucktüten bei sensiblen Gemütern regen Zuspruch.

### Pong Duet Hot Springs

Am KM 42 zweigt nach links eine Lateritstraße von 6,3 km Länge zu den schönen Pong Duet Hot Springs ab, die mit 39°C bis zu 1,5 m hoch aus der Erde sprudeln. Beim Parkplatz kann das eigene Zelt aufgestellt werden.

### Mokfa Wasserfall

Lohnend ist der Abstecher zum **Mokfa-Wasserfall** (auch Mork Fah). Am KM 18,6 nach rechts abbiegen, dann 1,5 km auf einem Feldweg weiterfahren. Vom Parkplatz sind es noch 600 m auf einem sehr schönen Fußweg am Bach entlang unter einem Bambusblätterdach hindurch. Ein Arm des Wasserfalls stürzt aus etwa 30 m Höhe in freiem Fall in einen Kessel.

Nach 97 km ist im Marktflecken **Mae Malai** auf einem unscheinbaren Sträßchen direkt neben dem Markt der H107 erreicht (KM 36,9). Auf diesem geht es bis zur Kreuzung mit dem Superhighway flott voran (Bus 1231 für 15 Baht nach Chiang Mai, für 35 Baht nach Fang).

## Von Chiang Mai nach Fang

Man verläßt Chiang Mai am Nordtor Chang Puak. Bis Mae Rim ist der H107 vierspurig. Nach 13,4 km zweigt die Straße H1096 zum Mae Sa Valley ab (s.S. 704) und nach 36,9 km der H1095 nach Pai und Mae Hong Son (s.o.).

### Young Elephants Training Center Tang Dao

Am KM 56 (Bus 1231 von Chiang Mai für 19 Baht, 1 1/2 Std.) befindet sich rechts am Ping Fluß das **Young Elephants Training Center Tang Dao**, in dem junge Elefanten trainiert werden, mit Ausnahme der heißen Monate März bis Mai. Busse voller Touristen erscheinen zu den vier 30-minütigen Shows ab 9.00 Uhr (Eintritt 40 Baht).

# Fang

ฝาง

*Die Nähe zu Myanmar und der damit verbundene Opium- und Waffenschmuggel charakterisieren den Ort. Bei unserem ersten Besuch in Fang im Jahr 1973 liefen noch die meisten männlichen Bewohner mit Gewehren oder Colts durch die Straßen. Taxifahrer hatten eine geladene Pistole neben sich liegen. Heute sind die Zeiten ruhiger geworden, und die Thai Border Police hat die Situation unter Kontrolle.*

Vom *Fang Garden Guest House* und einigen Hotels im Ort werden 1- bis 7tägige Treks zu Dörfern der Bergstämme und zu einigen hübschen Wasserfällen veranstaltet. Die schwefelhaltigen **heißen Quellen** (gut 90°C) von Bo Nam Ron im **Mae Fang National Park** (10 km westlich) lohnen sich nicht mehr. Der gefaßte Geysir wurde abgestellt zugunsten eines Dampfbades. Mit dem Motorrad-Taxi kostet es von Fang bis hierher 60 Baht inkl. 30 Min. Wartezeit.

## ÜBERNACHTUNG

*FANG GARDEN GUEST HOUSE*-**, 562 Soi 8, Ban Nong Yao, tel 453220, fax 451118, 9 km südlich von Fang, 250 m vom H107. Amara, die freundliche Besitzerin, spricht gut englisch. Sie hat in einer ruhigen Gasse einfache Zimmer und 6 hübsche Chalets mit Bad gebaut, schöner Garten, sehr gutes Essen. Von Fang kommt man mit dem gelben Songthaew (ab Buchladen) für 5 Baht hin, von Chiang Mai kann man bereits in Ban Nong Yao, Soi 8, am KM 143,4 aussteigen.

*SILVER INN GUEST HOUSE** (früher Fang), liegt links nach dem Straßenknick, für Liebhaber von Holzhotels im alten Thai-Stil; mit Restaurant.

*D.J.** (ac**), liegt 150 m weiter an der Hauptstraße, 3stöckiges Betongebäude.

## ESSEN

*BAN SAI KAEW RESTAURANT*, am Straßenknick 200 m nach links, preiswertes High-Class-Restaurant mit gutem Essen, gutem Service, ac und Satelliten-TV.

*KOO CHAROEN CHAI RESTAURANT*, Chotana Road, gegenüber vom Hauptmarkt, Thai und chinesische Küche.

*JJ BAKERY*, Chotana Road, neben der Polizei, gutes Frühstück.

## SONSTIGES

**INFORMATIONEN** - Bei *Danny Fang,* gegenüber vom *Ueng Khum Hotel*, gibt es Karten und Infos für einen Trip zu Dörfern von Lahu und Palong.

**POST** - Ebenfalls an der Hauptstraße links.

**SILBERSCHMUCK** - Ein Laden mit *Hilltribe Silver* und Souvenirs liegt gegenüber vom *D.J. Hotel*, ein zweiter 100 m weiter.

**VORWAHL** - 053; PLZ: 50110.

## TRANSPORT

Die Bus Station liegt am Ortsanfang rechts.

Von CHIANG MAI (Chang Puak Bus Station) mit non-ac-Bus 1231 alle 30 Min., 43 Baht in 3 1/2 Std., ac-Bus um 8.00 Uhr, 70 Baht, ac-Minibus stündlich ab 9.00 Uhr, 70 Baht. Der letzte Bus zurück fährt um 17.00 Uhr. Nach THATON mit dem Minibus alle 10 Min., 10 Baht in 40 Min., doch beim Aufsammeln der Fahrgäste vergeht viel Zeit. Nach MAE SAI mit non-ac-Bus über Thaton und Mae Chan um 9.30, 11.30 und 17.00 Uhr für 33 Baht. Zurück um 7.00, 9.00 und 14.30 Uhr. Von einem Reisebüro (ca. 2 km vom Bus Stop) fährt ein Minibus um ca. 15.00 Uhr von Fang über Thaton und Mae Chan nach CHIANG RAI zur Bus Station; zurück morgens.

# Thaton

ท่าตอน

Der kleine Ort Thaton liegt am Mae Kok River und ist Ausgangspunkt für eine Bootstour - eine der schönsten Flußfahrten, die man in Thailand machen kann.

Und mit dem Floß kann sie geradezu romantisch abenteuerlich werden. Thaton wird überragt von der Monumentalstatue eines weißen, sitzenden Buddhas im Chiang Saen-Stil und von einer ebenso gewaltigen Buddha-Statue, die von einer Naga vor dem Regen geschützt wird.

## ÜBERNACHTUNG UND ESSEN

*THIP TRAVEL*-**, tel 459312, links vor der Brücke. Kleine, hellhörige Zimmer mit eigenem Bad/WC; davor Restaurant und Trekking Office. Mrs. Tarbtip, die engagierte Besitzerin, organisiert Treks und Floßtouren (s.u.).
*APPLE GUEST HOUSE*-**, vor der Brücke 100 m nach rechts. Offenes, nettes Restaurant mit Blick zum Fluß. Die zugehörigen neuen, sehr guten Bungalows liegen direkt vor einem großen Reisfeld mitten in der Natur, außerdem einige V.I.P.-Bungalows und ein Frühstücks-Restaurant.
*CHANKASEM GUEST HOUSE*-**, an der Bootsanlegestelle. Verschachtelte Räumlichkeiten; großes Restaurant direkt über dem Flußufer. Aufdringliche Anmache wegen Floßtour.
*THATON COTTAGE***** (mit Discount***), 500 m flußabwärts. Große, saubere Bungalows mit Terrasse in einem schön angelegten, tropischen Garten; gutes Restaurant.
*GARDEN HOME***, 236 Mu 3, dahinter am Fluß, außergewöhnlich schöne, ruhige Anlage in einem Lychee- und Palmengarten, 4 nette Bambushütten mit Moskitonetz und Bad am Fluß; zugehöriges Restaurant 200 m entfernt.
*THIP'S TRAVELLERS HOUSE*-***, 4 km außerhalb an der Straße nach Mae Salong. Hübsche Holz- und Bambusbungalows mit schöner Sicht über das Tal des Mae Kok, Restaurant; 500 m zum Fluß. Zu erreichen mit dem gelben Pickup (5 Baht).
*KAREN FARM HOUSE**, in einem Karen Dorf.

## SONSTIGES

**MOTORRÄDER** - werden neben dem Bootshaus vermietet.

**POST** - an der Hauptstraße.

**TOURIST POLICE** - an der Hauptstraße, tel 459033, kann ein wenig helfen, wenn Probleme mit Veranstaltern der Floßtouren auftreten.

**TREKKING** - In jedem Gästehaus werden Trekking-Touren in die Umgebung von Thaton angeboten, z.B. eine Tagestour mit 6 Std. Wandern, die ungefähr jede Stunde an einem Dorf der Karen, Lahu oder Akha vorbeikommt. Da wir laufend Beschwerdebriefe erhalten, müssen wir vom Trekking abraten.

**VORWAHL** - 053; PLZ: 50280.

## TRANSPORT

**BUSSE** - Von CHIANG MAI (Chang Puak Bus Station) mit dem Direktbus 1231 um 6.00, 7.20 (reicht gerade noch fürs Boot), 9.00, 11.30 und 15.30 Uhr für 51 Baht in 4 Std. oder mit dem halbstündlich verkehrenden Bus 1231 nach FANG für 43 Baht in 3 1/2 Std. und von dort mit dem Minibus alle 10 Min. für 10 Baht in 1 Std. nach Thaton.
Zurück fahren die Direktbusse alle 90 Min. von 6.25 - 14.25 Uhr und um 15.00 Uhr. Die Busse von Fang nach Chiang Mai fahren bis 17.00 Uhr. Wer dringend den letzten Bus in Fang erreichen muß, bezahlt für ein gechartertes Pickup 100 Baht.
Die neue Buslinie verläuft von Fang über Thaton und Mae Chan nach MAE SAI.

**PICKUP** - Nach MAE SALONG mit gelben Pickups für 50 Baht in 2 Std. auf der Bergstraße mit herrlicher Aussicht. Sie fahren von der Haltestelle jenseits der Brücke alle 30 Min. ab, auch in die östlichen Dörfer, z.B. nach BAN MAI (15 Baht) und BAN MUANG NGAM (10 Baht). Nach MAE CHAN mit denselben Pickups bis zur Abzweigung des H1234 bei Kiu Sadai, dort umsteigen in die bereit stehenden Pickups.
Ein weiterer Pickup fährt am Nachmittag über Thaton und Mae Chan nach CHIANG RAI.

**FLUSSBOOT** - Von CHIANG RAI um 10.00 Uhr für 170 Baht in 4 - 6 Std. Bei starker Gegenströmung kommt man evtl. zu spät zum letzten Bus von Fang nach Chiang Mai. Zurück um 12.30 Uhr für 170 Baht in 4 - 5 Std. (Beschreibung s.S. 725 ff). An ca. 12 Haltestellen kann man unterwegs aussteigen, z.B. bis BAN MAI für 35 Baht, MAE SALAK für 45 Baht, RUAM MITR für 150 Baht.

# Flußfahrt auf dem Mae Kok River

## Mit dem Schnellboot

Mittags um 12.30 Uhr fahren Longtail-Boote (ohne Sitze!) am Bootshaus ab. Die Fahrt auf dem Mae Kok River bis Chiang Rai dauert, wenn keine Pannen auftreten, 4 bis 5 Stunden und kostet 170 Baht pro Person. Zur Sicherheit fahren 1 - 3 Polizisten mit. Während der Fahrt kommt man nicht an sein Gepäck und sitzt eingezwängt quer zur Fahrtrichtung auf dem Boden des Bootes, deshalb ist es gut, selbst rechtzeitig für Polsterung zu sorgen. Plastikbeutel für Fotoapparat (häufig kommt Wasser über) und Sonnenhut nicht vergessen. Leider rast das Boot zu schnell und zu laut durch schöne Landschaft: zuerst fruchtbare Ebenen und malerische Ortschaften, nach jeder Kurve ein neuer Ausblick auf den alles überragenden Buddha von Thaton, später hohe Berge mit dichtem Wald, Bambuswildnis und vielen jungen Teakbäumen, ab und zu ein Hilltribe-Dorf (Akha, Lahu, Lisu) und aufregende Stromschnellen. Wenn keine Fahrgäste unterwegs zu- oder aussteigen wollen, hält das Boot nur zweimal zur Registrierung der Passagiere (Paß oder Kopie mit Visa-Nummer wird benötigt).

## Mit dem Floß

Weniger Eilige können in 3 Tagen mit einem Bambusfloß den Fluß hinuntertreiben (nach Ende der Regenzeit kann die Strömung so stark sein, daß die Reise nur 1 1/2 Tage dauert). Organisiert werden solche Trips vor allem von *Thip's Travel* (mehrere Beschwerdebriefe unserer Leser) und vom *Chankasem Guest House* (noch mehr negative Briefe). Die Preise und Angebote sind ähnlich, man sollte jedoch von den Versprechungen einige Abstriche machen (insbesondere können die Guides entgegen der Abmachung zumeist fast kein Englisch). Während der Saison finden sich täglich genügend Traveller, und die Flöße liegen bereit. Ein Floß faßt bis zu 6 Personen und ist mit einem Hüttenaufbau und einem „WC"-Verschlag ausgestattet. Im Preis von ca. 3600 Baht pro Floß (für 4 Personen) sind zwei Bootsführer, Matten, Decken, Kocher und Essen enthalten. Übernachtet wird auf dem Floß oder am Ufer im Freien (Moskito-Netz oder zumindest Coils sind wichtig).

Es kann auch ein ganzes Programm, wie der Besuch von Akha- oder Lisu-Dörfern und eine Wanderung zu heißen Quellen, mitgebucht werden (ca. 1200 Baht p.P.). Davon raten wir allerdings ab.

Wegen einiger tragischer Unfälle ist es nicht mehr erlaubt, sich ein ganzes Floß zu kaufen und alleine zu steuern. Die Polizei von Thaton verlangt, daß pro Floß zwei erfahrene Floßführer mitfahren. Besonders gefährlich kann es am 2. Tag bei den Stromschnellen in der Höhe vom *Forest Development Center* werden! Viele Flöße kenterten hier, und alles (Foto, Paß, etc.) wurde schön eingeweicht.

# Chiang Rai เชียงราย

*Die nördlichste Provinz Thailands hat fast 1 Million Einwohner, und obwohl nur ein knappes Drittel ihrer Fläche landwirtschaftlich genutzt wird, hat sie in der Reisproduktion die höchsten Erträge aller Provinzen. Es herrscht eine durchschnittliche Jahrestemperatur von 25°C, im Winter 13°C, in der heißen Jahreszeit (März bis Mai) 35°C. Am meisten regnet es im August und September.*

*Die Stadt Chiang Rai wurde bereits 1262 von König Mengrai als Zentrum seines Reiches gegründet. Dennoch gibt es hier keine historischen Bauten oder Ruinen, die als Attraktion dienen könnten. In den letzten Jahren erlebte die Stadt einen Bauboom, der immer noch anhält.*

Im Chedi des **Wat Phra Kaeo** wurde 1436 der berühmte Smaragd-Buddha entdeckt. Nach einer Legende soll ein Blitz den Chedi beschädigt, und so die Statue freigelegt haben, die aber damals noch unter einer Gipsschicht verborgen war. Später sprang der Gips ab, und der grüne Buddha kam zum Vorschein. Das tatsächliche Material ist übrigens Jaspis. Besonders sehenswert ist in Chiang Rai ansonsten eigentlich nichts.

## ÜBERNACHTUNG

**GÄSTEHÄUSER** - Fast alle Gästehäuser bieten Fan und Duschen mit heißem Wasser, die meisten allerdings nur als Gemeinschaftseinrichtung. Alle betreiben eine Trekking-Organisation oder vermitteln Trekking-Touren. Motorräder sind für 150 bis 250 Baht in den meisten Häusern zu mieten. Auch Fahrräder stehen zum Verleih bereit.

**Im Norden (Flußnähe):** Am nächsten zur Landestelle der Boote und Flöße liegt das *CHAT HOUSE** [2], 3/2 Saeng Kaew Rd., tel 713459; in einer Seitengasse der Trirat Rd., altes, schmuddeliges Haus, neue Bungalows mit Du/WC, Warmwasser und Fan, ruhige Lage; Motorräder sind hier nicht sicher.

*MAEKOK VILLA*** [3], 445 Singhakai Rd., tel 711786; alte Villa auf einem kleinen, gepflegten Grundstück; riesige, nicht gerade saubere Schlafsäle, dahinter Bungalows und Reihenhäuser mit komfortablen Zimmern.

*MAE HONG SON GUESTHOUSE** [5], 126 Singhakai Rd., tel 715367, am Ende einer Sackgasse, sehr beliebtes, schönes, altes Teakhaus in einem urigen, kleinen Garten, 9 Zimmer, familiäre Atmosphäre; ruhige Lage.

*PINTAMORN GUEST HOUSE*-*** (ac**) [6], 199/1-3 Mu 21 Singhakai Rd., tel 714161, fax 713317, auf der Insel in sehr ruhiger Lage; Reihenhaus mit sauberen Zimmern, gemütliches, nicht ganz billiges Restaurant; nahebei liegt das Pintamorn Fitness Center. Vom Busbahnhof, der Bootsanlegestelle oder dem Flughafen wird man kostenlos abgeholt.

*CHIAN HOUSE*-*** [7], 172 Ko Loy Rd., tel 713388, auf der Insel (ausgeschildert). Reihenhaus in ruhiger Lage, Hof mit viel Beton und Pool, in dem von Samstag bis Montag Wasser sein soll; junge Besitzer, gute Atmosphäre.

**Im Westen (Chiang Mai Gate Area):**

*YA HOUSE** [10], 163/1 Banphaprakan Rd., tel 717090; zurückversetztes, schönes Holzhaus mit kleinen und großen Zimmern sowie Bungalows; Garten mit Bänken, Tischen und Liegen; gute Atmosphäre, ruhige Lage. Wird häufig von der Tourist Police besucht.

*BEN GH*-*** [11], 351/10 Ratyota Rd. Soi 1, tel 716775, südwestlich vom Uhrturm in einer ruhigen Wohngegend. Das neue Teak-Haus im Lanna-Thai Stil gehört dem fließend englisch und etwas deutsch sprechenden, freundlichen Thai Patrick mit Frau und ihren 3 Kindern. Schöne Zi mit und ohne Du/WC und Warmwasser (z.T. für 3 Pers.); angenehme Atmosphäre; Abholservice von Boot und Bus. Gute Trekking-Touren; ordentliche Motorräder (200 Baht pro Tag) und Jeep zu vermieten. Bestes Preis-Leistungs-Verhältnis. Eine echte Perle!

**Nähe Zentrum:** 400 m westlich der Bus Station liegt hinter dem Wat Jet Yod *BOONBUNDAN GUEST HOUSE**-**** [21], 1005/13 Jet Yod Rd., tel 717040, fax 712914. Kleinhotel mit unterschiedlichen Gebäuden, z.T. ac, in dem viele Geschäftsleute verkehren.

**Im Süden:** In einer ruhigen Gasse liegt etwas abseits das *BEE HOUSE*-*** [25], 144/2 Sankokchang Rd., tel 715949. 2 sehr schöne Zi mit Du/WC im Teak-Haus, einfache Zimmer im Haupthaus; nette Familie; der Besitzer ist Lehrer.

*THE WHITE HOUSE*-*** [29], 789 Phaholyothin Rd., tel 713427, an der Ausfallstraße Richtung Norden. Sehr freundliche Besitzer, die viel über den Norden wissen.

*MOUNTAIN VIEW BUNGALOWS** [27], weit außerhalb in einem kleinen Dorf; einfache Bungalows mit Fan, Du/WC und Moskitonetz, um einen kleinen Teich gruppiert; gut zum Relaxen; freier Transport zur Stadt; zu erreichen mit den Schleppern bei der Ankunft der Boote.

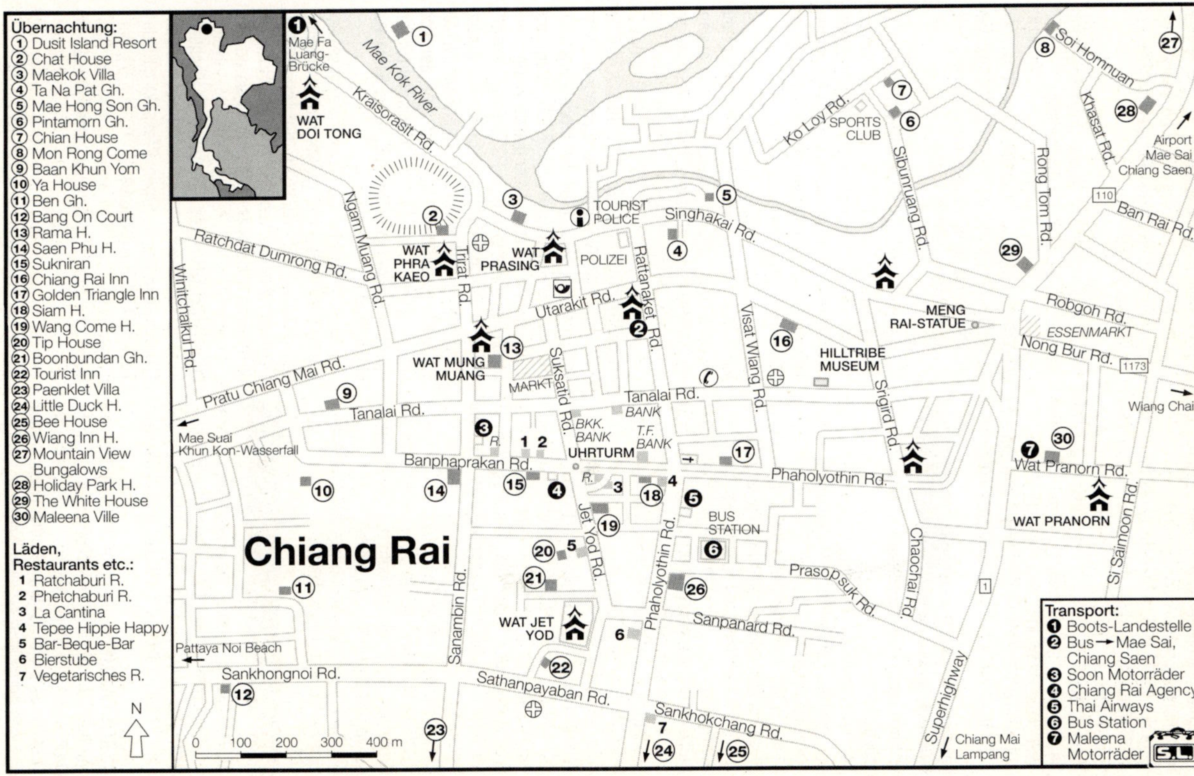
Chiang Rai
Übernachtung:
1 Dusit Island Resort
2 Chat House
3 Maekok Villa
4 Ta Na Pat Gh.
5 Mae Hong Son Gh.
6 Pintamorn Gh.
7 Chian House
8 Mon Rong Come
9 Baan Khun Yom
10 Ya House
11 Ben Gh.
12 Bang On Court
13 Rama H.
14 Saen Phu H.
15 Sukniran
16 Chiang Rai Inn
17 Golden Triangle Inn
18 Siam H.
19 Wang Come H.
20 Tip House
21 Boonbundan Gh.
22 Tourist Inn
23 Paenklet Villa
24 Little Duck H.
25 Bee House
26 Wiang Inn H.
27 Mountain View Bungalows
28 Holiday Park H.
29 The White House
30 Maleena Ville
Läden, Restaurants etc.:
1 Ratchaburi R.
2 Phetchaburi R.
3 La Cantina
4 Tepee Hippie Happy
5 Bar-Beque-Bar
6 Bierstube
7 Vegetarisches R.
Transport:
1 Boots-Landestelle
2 Bus → Mae Sai, Chiang Saen
3 Soon Motorräder
4 Chiang Rai Agency
5 Thai Airways
6 Bus Station
7 Maleena Motorräder
Mae Fa Luang-Brücke
WAT DOI TONG
Mae Kok River
Kraisorasit Rd.
Ko Loy Rd.
SPORTS CLUB
Soi Homnuan
Khasat Rd.
Airport
Mae Sai
Chiang Saen
Ban Rai Rd.
Rong Tom Rd.
Sibunruang Rd.
TOURIST POLICE
Singhakai Rd.
Ratchdat Dumrong Rd.
Ngam Muang Rd.
WAT PHRA KAEO
Trirat Rd.
WAT PRASING
POLIZEI
Rattanaket Rd.
Utarakit Rd.
Robgoh Rd.
MENG RAI-STATUE
ESSENMARKT
Nong Bur Rd.
Winitchaikul Rd.
WAT MUNG MUANG
Suksatid Rd.
MARKT
Visat Wiang Rd.
HILLTRIBE MUSEUM
Pratu Chiang Mai Rd.
Tanalai Rd.
BANK
BKK. BANK
T.F. BANK
UHRTURM
Wiang Chai
Mae Suai
Khun Kon-Wasserfall
Banphaprakan Rd.
Srigird Rd.
Wat Pranorn Rd.
Phaholyothin Rd.
WAT PRANORN
BUS STATION
Jet Yod Rd.
Si Saimoon Rd.
Prasopsuk Rd.
Chaochai Rd.
Sanambin Rd.
WAT JET YOD
Sanpanard Rd.
Pattaya Noi Beach
Sankhongnoi Rd.
Sathanpayaban Rd.
Sankhokchang Rd.
Superhighway
Chiang Mai
Lampang
0 100 200 300 400 m
N

**HOTELS** - Die billigen Hotels sind kaum ihr Geld wert. Für gehobene Ansprüche z.B.:
*SUKNIRAN**** [15], 424/1 Banphaprakan Rd., tel 711055, fax 714701, ordentliches Stadthotel.
*SAEN PHU HOTEL***** [14], 390 Banphaprakan Rd., tel 717300, fax 717308, 7stöckiges Gebäude, sehr gute Zimmer mit ac, den Preis wert; laute Band und Disco im Keller.
*RAMA HOTEL***** [13], 331/4 Trirat Rd., tel 711739, fax 714937; sauberes Stadthotel, ac.

## ESSEN UND TRINKEN

Auf mehreren **Nachtmärkten** kann man günstig essen.
Westlich vom Uhrturm liegen zwei sehr gute, nur in Thai beschriftete **Restaurants**, das *RATCHABURI* und das *PETCHABURI*.
Würzige **Thai-Salate** bietet die Besitzerin des Blumenladens nebenan von 18.00 bis 21.00 Uhr.
Südlich vom Wiang Inn Hotel liegt die *BIERSTUBE* von Karl-Heinz, tel 714195. Hier gibt es Bier vom Faß, gut bürgerliche Küche (z.B. Steak und selbstgebackenes Graubrot), gutes Frühstück mit frischen Brötchen und exzellentes Thai-Essen.
*TEEPEE HIPPIE HAPPY*, am Knick der Phaholyothin Road, urige Kneipe und Shop.
*LOTUS BAKERY HOUSE*, in der Nähe vom Wang Come Hotel. Hier gibt es frischen Kaffee, Frühstück, Brot, Kuchen und süße Stückchen.
*LA CANTINA*, 528/20 Banphrapakan Rd., Nähe Uhrturm, bietet gute Pizza.
Ein sehr gutes *VEGETARISCHES RESTAURANT* liegt 250 m südlich der Bierstube an der Kreuzung, sehr billig (6 Baht pro Teller), leider nur von 7.00 - 14.00 Uhr geöffnet.
Bis 4.00 Uhr morgens geöffnet hat ein Restaurant östlich vom Clock Tower.

## SONSTIGES

**AUTOVERMIETUNG** - Jeeps werden von vielen Reisebüros für ca. 1000 Baht vermietet.
*AVIS* hat ein Büro im *Dusit Island Resort*, tel 715779, fax 715801.

**BERGSTÄMME** - Sehr gute Informationen erhält man im *HILLTRIBE MUSEUM AND HANDICRAFT CENTER*, 620/25 Tanalai Rd., tel 713410; es bietet Einblick in die Tradition der Hilltribes durch eine nette Ausstellung, die Dia-Show (50 Baht) bringt nicht viel. Geöffnet Mo bis Fr 8.30 - 12.00 und 13.00 - 17.00 Uhr. Sie führen auch 1- und 2-Tages-Touren sowie Treks durch, deren Erlös direkt für die Hilltribes verwendet werden soll.

**GELD** - Viele Banken haben ihren *Exchange Service* von 8.30 - 21.00 Uhr geöffnet.

**INFORMATIONEN** - *TOURIST OFFICE*, 448/16 Singhakai Rd., tel 717433, fax 717434, gute Informationen und Karten über Chiang Rai, Phayao, Phrae und Nan.

**KUNSTHANDWERK** - 4 km nördlich am H110 im *HANDICRAFT CENTER* (zu erkennen am riesigen Schöpflöffel vor dem Eingang); sehr große Auswahl im Verkaufsraum, Werkstätten können besichtigt werden, tgl. 8.00 - 20.30 Uhr. Mit angeschlossenem Restaurant.

**LANDKARTEN** - Ganz hervorragend ist die *Guide Map of Chiang Rai*, für Motorrad-Ausflüge bis Mae Sai und Chiang Khong bestens geeignet (40 Baht).

**MEDIZINISCHE HILFE** - *OVERBROOK HOSPITAL*, in der Nähe der Bootsanlegestelle an der Trirat Rd., tel 311366, hat modernisiert.
Neu ist das *SRI BURIN HOSPITAL* nahe *Little Duck Hotel* im Süden, ausländische Ärzte.
Empfehlenswert ist die *AERZTLICHE PRAXIS HUAI KIAN* mit dem Arzt Sukrit Tongprasroeth (M.D.), der in Hamburg als Facharzt für Chirurgie praktiziert hat und gut deutsch spricht, 24 km nördlich von Chiang Rai (Schild *„Arzt"* am linken Straßenrand, etwa 5 km vor Mae Chan).

**MOTORRÄDER** - Der größte Motorradverleiher, *SOON MOTORCYCLE*, hat über 40 Maschinen und seinen Laden in der Trirat Rd. Auch *MALEENA VILLE* vermietet gute Bikes.

**MYANMAR (BURMA)** - Touren nach Kengtung (Chiang Tung) werden von verschiedenen Reisebüros angeboten. Einen Prospekt gibt das *TOURIST OFFICE* heraus.

**POST** - im Zentrum, Ferngespräche 7.00 - 22.00 Uhr.

**TOURIST POLICE** - beim Tourist Office in der Singhakai Rd.; soll sehr hilfsbereit sein.

**TREKKING TOUREN** - Die Preise liegen etwa genauso hoch wie in Chiang Mai. Wegen der kahlen Berge wirken die Treks recht eintönig. Abzuraten ist vom Standard-Trek zum Karen-Dorf Ruam Mitr und dem Wasserfall Huai Mae Sai.
Auch *Raft Trips* (Floßtouren) auf dem Mae Kok River werden für 2000 Baht angeboten. Die Reise dauert 3 Tage / 2 Nächte und geht bis zum Mekong. Eine Nacht wird auf dem Floß geschlafen, die zweite in einem Hilltribe Village.

**UNTERHALTUNG** - die zur Zeit lauteste Live-Band spielt im *SAEN PHU HOTEL*.
Die beste Live-Band soll im *JAPAN* spielen (24.00 - 4.00 Uhr). Im *CHEERS PUB* neben dem Rama Hotel wird von 21.00 - 3.00 Uhr Live-Musik (Beatles und Oldies) geboten.
Edel-Discos gibt es in den Nobelhotels.

**VORWAHL** - 053; PLZ: 57 000.

## NAHVERKERHRSMITTEL

Innerhalb von Chiang Rai per Minibus, jede Strecke kostet 5 Baht, mit Tuk Tuk oder Fahrrad-Rikscha 20 - 40 Baht.

## TRANSPORT

**BUSSE** - Der zentrale Busbahnhof liegt im Zentrum in der Phaholyothin Rd. Alle ac-Busse, V.I.P.-Busse, aber auch die lokalen Busse halten hier. Busse nach Mae Sai und Chiang Saen stoppen zudem in der Rattanaket Rd. vor der Polizeistation. Wer an einem langen Wochenende fahren will, sollte zuvor reservieren. Fahrrad-Rikschas zur Unterkunft für 20 Baht.

**Richtung Bangkok:** Von BANGKOK (Northern Bus Terminal), 844 km, über Sukhothai, mit dem non-ac-Bus etwa stündlich zwischen 6.20 und 9.30 Uhr sowie zwischen 15.00 und 21.30 Uhr für 189 bzw. 199 Baht in 13 Std., 2.Kl. ac-Bus am Abend für 265 Baht in 12 Std., ac-Bus um 8.00 Uhr und 6x zwischen 19.00 und 20.15 Uhr für 364 bzw. 405 Baht, V.I.P.-24 um 19.00 und 19.30 Uhr für 525 Baht.
Zurück fahren die non-ac-Busse und ac-Busse zu ungefähr denselben Zeiten, V.I.P.-24 Bus 909 um 8.00, 18.30 und 19.00 Uhr.
**Richtung Zentral-Thailand:** Nach SUKHOTHAI mit non-ac-Bus von 7.30 bis 9.50 Uhr für 102 Baht, ac-Bus von 8.30 bis 10.30 Uhr für 142 in 5 bzw. 6 Std. (je nach Route).
Nach MAE SOT um 7.20 Uhr für 147 Baht, ac-Bus um 9.20 Uhr für 264 Baht in 11 Std.
**Richtung Nordosten:** Nach UDON THANI (für NONG KHAI) non-ac-Bus um 14.30 Uhr für 175 Baht, ac-Bus um 7.00 und 13.30 Uhr für 337 Baht.
Nach KORAT (Nakhon Ratchasima) ein direkter non-ac-Bus um 7.00 Uhr für 198 Baht, ac-Bus um 17.30 Uhr für 356 Baht, V.I.P.-40-Bus um 19.00 Uhr für 450 Baht in 13 Std.
**Richtung Ostküste:** Nach PATTAYA mit dem non-ac-Bus um 14.00 Uhr für 230 Baht, ac-Bus um 15.00 und 16.30 Uhr für 420 Baht in 15 Std.
**In Nord-Thailand:** Von und nach CHIANG MAI fährt jede halbe Stunde zwischen 6.00 und 17.30 Uhr ein direkter Bus. Die non-ac, 2.Kl. ac und V.I.P.-Busse fahren im Wechsel: 12x tgl. non-ac-Bus 166 (grün) für 57 Baht; 3x tgl. 2.Kl. ac-Bus für 79 Baht; V.I.P.-40 Bus ab 7.00 Uhr fast jede Stunde für 102 Baht, 4 Std.
Nach CHIANG MAI über LAMPANG (59 Baht) und das Elephant Conservation Center (ca. 70 Baht) mit non-ac-Bus jede halbe Std. zwischen 5.20 und 16.30 Uhr für 83 Baht in 7 Std.
In alle Städte in der Provinz Chiang Rai fahren zwischen 6.00 und 17.30 Uhr alle 15 - 45 Min. non-ac-Busse: u.a. nach CHIANG SAEN für 17 Baht, MAE SAI für 18 Baht, PA SANG für 10 Baht (weiter mit Pickup nach MAE SALONG), BAN HUAI KHRAI für 13 Baht (weiter mit dem Pickup zum DOI TUNG), CHIANG KHONG für 39 Baht. Von NAN ein non-ac-Bus auf der äußerst kurvenreichen Route durch eine schöne Berglandschaft um 9.00 Uhr, zurück um 9.30 Uhr für 74 Baht in 6 Std.

**EISENBAHN** - Die Linie nach Chiang Rai ist erst im Bau. Von BANGKOK am besten per Nachtzug nach LAMPANG und weiter per Bus. Es gibt zur Zeit keine Möglichkeit, in Chiang Rai Züge ab Chiang Mai oder Lampang zu reservieren; das muß bereits zuvor geschehen.

**BOOTE** - Bei Touristen besonders beliebt ist die Fahrt mit dem Longtail-Boot von THATON auf dem Mae Kok River flußabwärts nach Chiang Rai in 4 - 5 Std. Von der Landestelle fährt man am besten mit einem Schlepper zu einem der Gästehäuser.
Flußaufwärts nach THATON starten die lauten, nassen und furchtbar unbequemen Boote

von der provisorischen Landestelle gegen 10.30 Uhr für 170 Baht. Sie brauchen 5 - 6 Std. und stoppen zur Registrierung an 2 Checkposten (Paß oder Kopie mit Visa-Nummer nötig).
Der letzte Anschlußbus um 17.00 Uhr von Fang nach Chiang Mai ist bei starker Gegenströmung nicht immer zu schaffen (evtl. in Thaton ein Pickup chartern). Unterwegs kann man an ca. 10 Stellen aussteigen. In der Regenzeit (Juli - Oktober) kann es aufgrund der zahlreichen Strudel und Stromschnellen sehr naß und sogar gefährlich werden.

**FLÜGE** - Ein „internationaler" Airport mit provinziellem Ambiente wurde 8 km nordöstlich der Stadt eröffnet. Von und nach BANGKOK fliegen tgl. 4 Maschinen für 1855 Baht. Von und nach CHIANG MAI 2x tgl. für 420 Baht.
*THAI AIRWAYS OFFICE*, 870 Phaholyothin Rd., tel 711179, am Busbahnhof.

## Mae Salong แม่สลอง

*(auf Thai: Santi Khiri) Am Abhang des Doi Mae Salong wurde dieser Ort vor 39 Jahren von ehemaligen Kuomintang-Soldaten des 93. Regiments gegründet, die nach dem Sieg Mao Tse Tungs 1949 nach Burma geflohen waren und 1956 wiederum nach Thailand vertrieben wurden.*

Zum traditionellen **Markt** kommen frühmorgens ab 5.00 Uhr viele Loimi Akha-Frauen. Nach 7.00 Uhr wandern die meisten bereits wieder in ihr Dorf zurück. Fast alle möchten nicht fotografiert werden (einige verlangen Geld): bitte respektieren! Von vielen Stellen in Mae Salong hat man eine schöne Aussicht über das Bergland. Überragt wird der Ort von einer neuen Pagode.

In der Umgebung von Mae Salong leben etwa ein Dutzend verschiedene Bergstämme. Einige Dörfer sind in weniger als einer Stunde leicht zu Fuß zu erreichen. Treks zu entfernten Dörfern im Grenzgebiet sollten nur mit Führern und nur dann unternommen werden, wenn keine Kämpfe stattfinden.

### ÜBERNACHTUNG

*MAE SALONG GUEST HOUSE**, tel 053/765102. Neben dem Markt. Ein flaches Haus mit muffigen Zimmern, mit und ohne Du/WC.
*SHIN SANE GUEST HOUSE*-***, 32 Mu 3, tel 765026, 50 m vom Markt neben der Markthalle. Sehr beliebtes, sauberes Holzhaus mit freundlicher, familiärer Atmosphäre; Gartenhüttchen mit warmer Du/WC; gutes Essen; eine gute Wanderkarte zu den Hilltribe-Dörfern hängt aus.
*AKOM GUEST HOUSE***, gegenüber, Betonhaus mit schönen, sauberen Zimmern, DZ ohne Fenster*, Gemeinschafts-Duschen.
*BAN HEKO**, 7 km südwestlich am H1234 Richtung Thaton, 1 km zu Fuß, Unterkunft in einem recht authentischen Dorf der Lisu, gute Kontaktadresse ist der Dorflehrer.

### SONSTIGES

**ESSEN** - An der Hauptstraße gibt es in vielen Nudel-Restaurants chinesische Reisnudelsuppe. Ein nettes, kleines Restaurant liegt 2 Min. vom Markt an der Straße nach Süden.

**GELD** - Es gibt noch keine Bank.

### TRANSPORT

Von CHIANG RAI mit dem Bus in Richtung MAE SAI, 10 Baht bis zur Abzweigung bei PA SANG. Von hier fährt alle 40 Min. ein Pickup für 50 Baht die Bergstrecke hoch, eine tolle Fahrt. Nach THATON (44 km) vom Dorfzentrum von 8.00 - 15.30 Uhr mit dem Pickup in 2 Std., 50 Baht (ab 4 Pers.), ein billiges Abenteuer.

## Doi Tung ดอยตุง

Auf dem Weg über den H110 von Mae Chan durch die fruchtbare Ebene weiter nach Norden tauchen auf der linken Seite immer imposantere Berge auf.

Am KM 870,5 zweigt nach links die neue, breite Asphaltstraße zum alles überragenden Doi Tung (18 km) ab. 600 m weiter in **Huai Khrai** (19 km vor Mae Sai) beginnt die *„Old Road“* H1149 zum Doi Tung. Es ist ratsam, aufwärts die *„New Road“* zu wählen, da die alte Straße einige sehr steile Passagen aufweist. Allein wegen der herrlichen Ausblicke ist diese Fahrt (vor allem bei klarem Wetter) sehr empfehlenswert, auch für Motorrad-Neulinge geeignet. Hier gilt ganz besonders: „Der Weg ist das Ziel“. Der Bus kostet von Mae Sai bis zur Abzweigung 6 Baht, der Minibus bis hoch 30 Baht.

Am KM 16,2 liegt der Sattel mit einem Tempel, vielen Verkaufsständen, Toiletten und Restaurants. Die letzten 300 m zum **Wat Phrathat Doi Tung** sind noch einmal sehr steil, doch dann ist der Tempel auf 1420 m erreicht. Bei klarem Wetter erfreut die herrliche Aussicht über das weite Tal und die Hügel bis tief nach Burma hinein. In den zwei Chedis sollen im Jahre 911 von König Achutaraj aus Chiang Saen Reliquien von Buddha niedergelegt worden sein.

Es ist nicht ratsam, die Abkürzung nach Mae Sai (22 km) entlang der Grenze über die Akha-Dörfer Ban Phahe und Ban Phami ohne landeskundigen Begleiter zu fahren. Technisch stellen die ersten 10 km bei trockenem Wetter für geübte Motorradfahrer kein Problem mehr dar, die restlichen 12 km sind bereits asphaltiert.

## Mae Sai แม่สาย

*Der nördlichste Ort Thailands lebt vom kleinen Grenzverkehr mit der Union of Myanmar, bis 1989 Burma genannt. Selbst aus Kengtung (172 km nördlich, auf Thai Chiang Tung) kommen Shan und Burmesen in ihren traditionellen Trachten angereist, um die in Burma unerschwinglichen Waren zu erstehen. Eine Straßenbrücke führt über den Grenzfluß. Hier lassen sich die hin und her eilenden Menschen beobachten. Viele Thai kaufen in Tachilek, dem burmesischen Ort auf der anderen Seite des Mae Sai River, vor allem chinesische Waren. China liegt schließlich auch nur 120 km Luftlinie nördlich. Auch Touristen können für einen Tagesausflug über die Grenze nach Myanmar (s.u.).*

In den vielen Läden vor der Brücke können sich Touristen mit burmesischen Souvenirs eindecken, z.B. Marionetten. An der Hauptstraße gibt es eine **Jade-Fabrik**, die man besichtigen kann, allerdings sind wohl vor allem Kitsch-Souvenirs zu sehen (montags geschlossen). Vom **Wat Doi Wao** auf dem Hügel links vor dem Fluß hat man von einem kleinen Aussichtsturm eine schöne Aussicht über den Ort. Im November und Dezember kann es schon ab dem späten Nachmittag sehr kalt sein.

### ÜBERNACHTUNG

**GÄSTEHÄUSER** - Wer mit Blick auf die burmesische Grenze übernachten möchte, geht vor bis zum Fluß und biegt vor der Grenzschranke nach links ab: *MAESAI PLAZA GH*-***, 386/2 Sailomchoi Rd., tel 732230. 60 sehr kleine, kühn konstruierte Pfahlbauhütten aus Bambus, dicht gedrängt am Hang, Restaurant mit leicht erhöhten Preisen und guter Aussicht.

*NORTHERN GH*-*** (ac***), 402 Tham Phachom Rd., tel 731537, liegt 200 m weiter; unterschiedliche Hütten und Holzhaus in einem großen, netten Garten bis zum Fluß; freundliche burmesische Familie; Moped zu vermieten.

*RIVERSIDE GH***, tel 732554, hängt 200 m weiter direkt über der Uferböschung. Gute Zimmer, Aussicht auf das Leben am und im Fluß.

*CHAD GH*-***, Soi Wiangpan, tel 731272; vorn am Ortsanfang, in der Gasse zum Wat. Schö-

ne, saubere Zi in traditioneller Bauweise, Warmwasser; netter Garten mit Tischen; sehr freundliche und hilfsbereite Familie. Treffpunkt der Motorradfahrer, auch gute Motorräder zu mieten; detaillierte Karten und Infos zur Umgebung.
*MAESAI GH*-****, tel 731462, nur zu Fuß erreichbar. Sehr schön gelegen, aber viele Beschwerden, daher abzuraten.
*CHAT GH** (Namenskopie), großes Schild und nichts dahinter.
*UWE + BOM GH**, 11/2 Mu 9, Ban Bong, 14 km südlich von Mae Sai in einem unverfälschten Dorf, am KM 876 in der Seitenstraße nach Osten (100 m); 2 Zimmer im Privathaus, gutes Thai-Essen. Unser Top North-Experte Uwe läßt Traveller an seinem reichen Erfahrungsschatz teilhaben. Ein unterhaltsamer Bursche, der eine Menge amüsanter Geschichten zu erzählen weiß. Macht auf Wunsch jeden erdenklichen Motorradtrek im hohen Norden.

**HOTELS** - *MAE SAI HOTEL*** (ac***), tel 731462; preiswerte Zimmer, guter Standard.
*TOP NORTH**-**** (ac****), 306 Phaholyothin Rd., tel 731955; komfortable Zimmer.

## ESSEN

Entlang der Hauptstraße gibt es viele Restaurants. Das *JOJO FAST FOOD (COFFEE-SHOP)* hat ein englisches Menü mit ausgezeichneten Gerichten und ist bis 16.00 Uhr geöffnet.
Das ac-Restaurant *RABIENG KAEW* an der Hauptstraße, westliche Seite, hat gutes Thai-Essen und angenehme Atmosphäre am Abend.
In den Restaurants an der Brücke können Gäste auf der Aussichtsterrasse sitzen und den Grenzverkehr beobachten. Essenstände sind auf dem Nachtmarkt zu finden.
Ein *VEGETARISCHES RESTAURANT* liegt 50 m in der Gasse gegenüber vom Chinesischen Tempel.

## SONSTIGES

**EINKAUFEN** - Viele Edelsteine stammen angeblich aus Burma. Nach Meinung von Insidern verkaufen die meisten Läden Glas aus Frankreich. Nur eine Edelsteinschleiferei verarbeitet echte Ware - Tourmaline aus Namibia.

**GELD** - Mehrere Banken an der Hauptstraße. *THAI FARMERS BANK* betreibt am Abend und am Wochenende einen Wechselschalter. US-Dollar für den Besuch von Tachilek sollten bereits vorher woanders eingetauscht werden.

**MOTORRÄDER** - werden von einigen Läden an der Hauptstraße vermietet, u.a. gegenüber der Bangkok Bank.

**TOUREN** - Mae Sai ist sehr gut geeignet, um die Ausflüge nach Mae Salong (68 km), auf den Doi Tung (37 km), nach Chiang Saen (41 km), zum Goldenen Dreieck (32 km) und auf einer herrlichen Panoramastraße entlang der burmesischen Grenze nach Phami (9 km) zu machen. Hinweise für Wanderungen erhält man in den Gästehäusern. Wer schon andere schöne Höhlen in Thailand gesehen hat, kann die in der Nähe von Mae Sai links liegen lassen.

**UNTERHALTUNG** - Die *BAR BEER* an der Gasse zu den Gästehäusern bietet Live-Country-Music von 18.00 bis 24.00 Uhr.
*FOLK CLUB RESTAURANT*, 1,5 km südlich am Ortsanfang. Auch hier gibt es häufig Live-Music, gute Atmosphäre.

**VORWAHL** - 053; PLZ: 57 130.

## TRANSPORT

Von BANGKOK (875 km) mit dem non-ac-Bus am Nachmittag für 202 Baht, 2.Kl. ac-Bus um 18.05 Uhr für 284 Baht, ac-Bus um 8.00 und zwischen 19.00 und 19.45 Uhr für 365 bzw. 405 Baht in 13 Std., V.I.P.-24 um 7.30, 19.00 und 19.40 Uhr für 565 Baht in 12 Std.
Zurück mit dem non-ac-Bus von 16.20 - 17.30 Uhr, mit ac-Bus zwischen 7.00 und 17.25 Uhr, mit dem V.I.P.-24 Bus um 7.00 und 17.00 Uhr.
Von und nach CHIANG MAI laufend mit non-ac-Bus von 5.20 und 15.00 Uhr für 71 bzw. 77 Baht; mit V.I.P.-40-Bus 6x tgl. von 7.00 - 14.00 Uhr für 127 Baht in 5 Std.
Von CHIANG RAI mit dem non-ac-Bus alle 15 Min. von 6.00 bis 19.00 Uhr für 18 Baht in 1 1/2 Std., zurück bis 18.00 Uhr.
Die Busse nach Chiang Rai fahren über BAN HUAI KHRAI (6 Baht, weiter mit Pickup zum DOI TUNG, 30 Baht), PA SANG (10 Baht, weiter mit Pickup nach MAE SALONG, 50 Baht).
Nach SOB RUAK (Goldenes Dreieck) mit dem Minibus (Abfahrt vor der Polizeistation) um

7.00, 8.00, 9.00, 10.00 und 14.00 Uhr für 40 Baht in 40 Min. über die neue Straße; zurück bis 16.00 Uhr. Nach CHIANG SAEN mit dem Pickup (Abfahrt in der Muang Daeng Road, 250 m von der Hauptstraße) alle 40 Min. von 7.00 - 15.00 Uhr über BANG MO BUANG (am H1016) für 20 Baht, dort umsteigen in den Pickup nach Chiang Saen für 5 Baht. Nach FANG über MAE CHAN und THATON (27 Baht) mit non-ac-Bus um 7.00, 9.00 und 14.30 Uhr, 33 Baht.

Nach MAE SOT über LAMPANG und CHIANG MAI um 6.00 Uhr für 161 Baht, ac-Bus um 8.00 Uhr für 290 Baht in 12 1/2 Std.

Nach KORAT im Nordosten mit non-ac-Bus für 212 Baht, ac-Bus für 382 Baht und V.I.P.-40-Bus für 450 Baht.

Nach PATTAYA mit non-ac-Bus um 11.30 für 245 Baht, mit ac-Bus um 13.30 und 15.00 Uhr für 445 Baht in 16 Std. Ein neuer Bus Terminal wird 4 km vor der Stadt gebaut.

## Ausflüge nach Myanmar (Burma)

### Tachilek

Seit Oktober 1992 können ausländische Touristen von 8.00 - 17.00 Uhr den burmesischen Grenzort Tachilek, der sich auch *„The City of Golden Triangle"* nennt, in einem Umkreis von 5 km besuchen. Die derzeit gültige Prozedur erfragt man am besten bei der *Thai Immigration*. Es ist ratsam, bereits US$5 nach Mae Sai mitzubringen. Für die Rückkehr nach Thailand wird kein neues Visum benötigt. Ab 1996 soll hier ein offizieller Grenzübergang eröffnet werden, über den Touristen mit Visum regulär nach Myanmar einreisen können.

In Tachilek kann man ein paar schöne Wats besichtigen und einen Blick auf die im Vergleich zu Thailand sehr ärmlichen Lebensverhältnisse werfen. Von einem Chedi, etwa gegenüber vom *Riverside Guesthouse*, hat man eine gute Aussicht über die beiden Grenzorte. Allerdings führt nur ein steiler Pfad bzw. eine endlos scheinende Treppe hinauf.

### Chiang Tung (Kengtung)

Für einen Ausflug nach Chiang Tung gibt das Tourist Office in Chiang Rai ein Merkblatt heraus.

## Goldenes Dreieck สามเหลี่ยมทองคำ

*(= Sob Ruak) Der Nimbus des berüchtigten Goldenen Dreiecks, in dem wohl drei Viertel des Weltopiums produziert werden, eines Gebiets, das viele hundert Quadratkilometer umfaßt, wird für den Touristen auf einen Punkt konzentriert: das Länderdreieck von Laos, Burma und Thailand an der Stelle, wo der Mae Sai River (Ruak River) in den Mekong fließt. Dieser malerische, einstmals geruhsame Ort hat in letzter Zeit eine absurde Popularität gewonnen.*

Nicht Opiumpflanzen sprießen aus dem Boden, sondern hunderte Souvenirstände (vor allem Textilien und Lackarbeiten zu fairen Preisen) und Restaurants. Die Ausstellung im **Opium House** lohnt sich kaum (Eintritt 10 Baht).

In Sob Ruak gibt es für eine interessante, 30minütige Tour ins Grenzgebiet Speedboote zu mieten, Kosten pro Boot, in dem maximal 10 Personen Platz haben, 500 Baht. Man kann bei den laotischen Dörfern anlegen und kurz aussteigen, muß aber um 19.00 Uhr wieder in Thailand sein.

### ÜBERNACHTUNG

Traveller zieht es nur noch vereinzelt zum Goldenen Dreieck, deshalb gibt es nur noch ein Gästehaus: *PHU KHAM***, verwohnte Bungalows neben dem House of Opium.

**TRANSPORT**

Wer in einem Gästehaus in Chiang Saen übernachtet, kann dort ein Fahrrad für einen Tagesausflug mieten. Ansonsten Minibus von CHIANG SAEN (9 km) für 10 Baht. Von MAE SAI (32 km) mit dem Minibus von 7.00 - 14.00 Uhr für 40 Baht. Ein Longtail-Boot kostet ab Chiang Saen 300 Baht für 6 Pers. Von Chiang Mai direkt mit dem non-ac-Bus 166 um 6.30 und 12.10 Uhr für 73 Baht, mit V.I.P.-40-Bus um 9.00 und 14.30 Uhr für 130 Baht in 5 Std.

## Chiang Saen

เชียงแสน

*Man nimmt heute an, daß Chiang Saen um 1325 erbaut wurde, wahrscheinlich aber auf den Ruinen einer noch früheren Stadt, die großen Einfluß während der Wanderungsbewegungen der Thai nach Süden hatte. Um das Jahr 750 n.Chr. waren verschiedene Thai-Heerführer ins Mekong-Tal gelangt und hatten Gebiete um das heutige Luang Prabang und Vientiane unter ihren Einfluß gebracht. Einer von ihnen, Chaiyapongse, zog in das heutige Nord-Thailand und gründete wahrscheinlich Chiang Saen. Zwischen 1000 und 1100 müssen kriegerische Auseinandersetzungen mit den Khmer oder aber ein gewaltiges Erdbeben die alte Stadt zerstört haben. 1328 wird in alten Chroniken von der Neugründung Chiang Saens geschrieben.*

Chiang Saen liegt nordöstlich von Chiang Rai und ist heute ein ruhiger Marktflecken. Über den Mekong sieht man hinüber ins Nachbarland, nach Laos. Die tausendjährige Geschichte ist angenehm in das Städtchen integriert, große Teile der alten Stadtmauer und die vielen Ruinen der ehemaligen Tempelanlagen stehen in friedlicher Nachbarschaft zu den Wohnhäusern und Gärten. Seit Ende 1992 wurde leider das Ufer des Mekong zubetoniert, damit verlor die Stadt viel von ihrem Reiz, und Touristen bleiben aus. Auch die neue Umgehungsstraße stört den Frieden der Stadt.

Schön in einem Park mit hohen Bäumen liegt das **Wat Chedi Luang** mit dem 27 m hohen, achteckigen Chedi. Gleich außerhalb des westlichen Stadttores steht die Stufenpyramide des **Wat Pa Sak**, die auch von Westen her einen guten Eindruck vermittelt. Eintritt: 20 Baht.

Wer den Weg an der Stadtmauer nach Norden weitergeht, kann - wenn gut zu Fuß - über 300 Treppenstufen zum **Wat Phra That Chom Kitti** hinaufsteigen und die schöne Sicht über die Stadt, den Mekong und die Ebene genießen.

Am westlichen Stadttor befindet sich das **Museum**. Es enthält Funde aus der neolithischen Zeit, eine repräsentative Sammlung von Buddha-Figuren im typischen Chiang Saen-Stil und viele andere Kunstschätze. Geöffnet Mi - So außer feiertags 9.00 - 16.00 Uhr, Eintritt 10 Baht.

**ÜBERNACHTUNG**

*SUREE GUESTHOUSE***, tel 777060, fax 771 313, 700 m vom Bus Stop entfernt in der ruhigen Straße hinter der Post, größeres Haus mit behaglich eingerichteten Zimmern, nord-thailändische Küche.

*CHIANG SAEN GH**, 45 Tambon Wiang, an der Uferstraße Richtung Norden; sehr gedrängtes Gästehaus. Einfache Zimmer, Restaurant, Flußsicht; Fahrräder zu vermieten.

*SIAM GH**, hinter dem Wat Phra Khao Pan links; kleine Bungalows und ein Reihenhaus, Gemeinschaftsbad mit heißem Wasser.

*GIN'S GH*-****, 71 Mu 8, erreicht man weiter flußaufwärts nach 1 km. Es liegt in einem großen Lychee-Garten. Gut möblierte, etwas verwohnte Zimmer mit Badewanne im Haupthaus, nette Bungalows mit Du/WC, einfache Bambushütten und schönes Restaurant. Von der Terrasse im 2.Stock Sicht auf den Mekong; die freundlichen Besitzer sprechen englisch.

*BAAN SUAN HOUSE****, 152 Mu 6, tel 777060, an der neuen Umgehungsstraße, herrlich zwischen Obstbäumen gelegene Anlage, 10 gute Steinbungalows mit Bad/WC und Kühlschrank, Schlafsaal* für 10 Leute; Restaurant.

### ESSEN

Billige, hervorragend zubereitete Thai-Gerichte gibt es mittags in der Markthalle. Die Bierstube beim Bus Stop hat vertretbares Essen.

### SONSTIGES

**BANK** - Die *SIAM COMMERCIAL BANK* hat Mo bis Fr von 8.30 - 15.00 Uhr geöffnet.

**FAHRRÄDER** - vermieten die Gästehäuser für ca. 30 Baht pro Tag. Ein Fahrradverleih auch bei der Abzweigung am Fluß. Uwe empfiehlt eine schöne Rundtour für Mountain Biker: zunächst Richtung Pa Thon, abzweigen nach San Thung, weiter zum Doi Sa Ngo, zurück nach Sob Ruak und Chiang Saen (ca. 29 km).

**INFORMATIONEN** - im Tourist Office gegenüber vom Museum, geöffnet tgl. 8.30 - 16.30 Uhr.

**MOTORRÄDER** - werden an der Uferstraße schräg gegenüber von der Bootsanlegestelle ab 150 Baht vermietet. Die Maschinen prüfen!

**TOUREN** - nach China auf dem Mekong sollen vom neuen Bootshafen aus durchgeführt werden.

**VORWAHL** - 053; PLZ: 57150.

### NAHVERKERHRSMITTEL

Von der Uferstraße fahren Minibusse bis 17.00 Uhr nach SOB RUAK zum „Goldenen Dreieck" (9 km) für 10 Baht. Hier werden auch Bootsfahrten für 300 Baht pro Boot (hin und zurück für 500 Baht) angeboten.

### TRANSPORT

**BUSSE** - Direkt von BANGKOK mit non-ac-Bus um 15.30 Uhr für 216 Baht, mit V.I.P.-24 Bus um 18.30 Uhr für 600 Baht in 13 Std. Zurück mit dem non-ac-Bus um 15.00 Uhr oder dem V.I.P.-Bus um 17.00 Uhr. Von CHIANG MAI mit non-ac-Bus 166 bzw. 150 von 5.40 - 8.10 Uhr und um 12.10 Uhr für 73 bzw. 97 Baht in 5 bzw. 7 Std.; mit dem V.I.P.-40-Bus um 9.00 und 14.30 Uhr für 130 Baht in 5 Std. Zurück von 6.30 - 15.00 mit non-ac- bzw. V.I.P.-40-Bus.
Von CHIANG RAI mit dem Bus alle 15 Min. von 6.00 bis 16.45 Uhr in 1 1/2 Std. für 17 Baht. Zurück von 5.20 - 17.20 Uhr.
Von und nach MAE SAI mit dem Pickup für 25 Baht (mit Umsteigen in Bang Mo Buang).
Nach CHIANG KHONG mit dem non-ac-Bus stündlich von 6.00 - 9.00 Uhr für 25 Baht (evtl. weitere Busse bis 15.30 Uhr).

**BOOTE** - Nach CHIANG KHONG fahren von November bis April Longtail-Boote für 1200 Baht für 5 Pers. in 2 Std. (hin und zurück für 1500 Baht).

## Chiang Khong — เชียงโขง

*Die Kleinstadt Chiang Khong am Mekong ist als Schmuggler-Ort bekannt, in dem viele Waren aus Laos zu kaufen sind, vor allem Textilien und Schmuck. Jedes Jahr werden tausende von Luxusautos aus Deutschland und Japan über Laos nach China exportiert. Nur selten zieht es Traveller an diesen angenehmen Ort mit seinen freundlichen Menschen.*

Sehenswert sind vielleicht das alte Chedi am **Wat Phra Kaew** (neben der Post) und das **Wat Sob Som** (gegenüber vom Plabuk Resort). Zum Morgenmarkt von 5.00 - 7.00 Uhr kommen viele Hmong und Yao in die Stadt. Noch belebter ist der Wochenmarkt an jedem Freitag.

### ÜBERNACHTUNG

*TAM-MI-LA GH*-***, tel 791234, einfache und bessere Holzbungalows (z.T. Warmwasser) in einem herrlichen Garten am steilen Ufer des Mekong; Restaurant mit gutem Frühstück; Wat,

der freundliche Besitzer, spricht englisch, kennt die Gegend sehr gut und beschafft Laos-Visa.
*WIANGKAEO GH***, älteres Holzhaus, saubere Zimmer, schöner Blick von der Terrasse.
*CHIANG KHONG HOTEL***, tel 791242, im Norden an der Hauptstraße, gut.
*BAAN GOLDEN TRIANGLE*****, neu, 8 Zi.
**19 km nordwestlich** hat Lam im Meo-Dorf Kiu Kan (auch Kiew Khan) einen neuen Versuch mit dem *HMONG GUEST HOUSE** gestartet, Schlafsaal und Hütten, jetzt mit Elektrizität; Pickup vom Zentrum (Nähe Post) für 10 Baht.

## ESSEN

Preiswerte Gerichte servieren die temporären Restaurants auf der Sandbank am Pier. Mehrere Restaurants liegen direkt über dem Steilufer des Mekong; besonders gut sitzt man in den Restaurants im südlichen Ortsteil Had Khrai, wo man das Treiben der Fischer mitbekommt, im Flußrestaurant hinter der Polizei und im Gartenrestaurant an der Zufahrt zum Pier.

## SONSTIGES

**AUTO- UND MOTORRADVERMIETUNG** - bei *ANNTOUR*, 6/1 Moo 8 Saiklang Rd., tel 791 218, fax 791211.

**BOOTSFAHRT** - Vor allem in der Trockenzeit lohnt sich eine Fahrt flußaufwärts, um die großen Felsen und Strände im Mekong zu sehen; wird arrangiert vom *Tam-Mi-La Guesthouse*.

**GELD** - Der Wechselschalter der *THAI FARMERS BANK* ist von 8.30 - 15.00 Uhr geöffnet.

**INFORMATIONEN** - Anhand eines Faltblattes über Chiang Khong und Umgebung kann Wat, der Besitzer des *Tam-Mi-La GH,* hervorragende Tips zu Ausflügen geben.

**REISEBÜRO** - *ANNTOUR* ist Repräsentant für Laos-Touren (Adresse s. Autovermietung).

**VORWAHL** - 053; PLZ: 57 140.

## TRANSPORT

Von BANGKOK fahren abends 9 Busse aller Art für 206 Baht (2.Kl. ac 289 Baht, ac 371 Baht) in 13 - 14 Std. Zurück fahren alle Busse am Nachmittag von 16.00 - 20.00 Uhr.
Von CHIANG MAI fahren 4 non-ac-Busse von 6.15 - 15.00 Uhr für 91 Baht, ein 2.Kl. ac-Bus um 9.00 Uhr für 128 Baht, ein V.I.P.-40-Bus um 8.00 Uhr für 165 Baht in 6 1/2 Std. Zurück zu ungefähr denselben Zeiten.
Von und nach CHIANG RAI fahren Busse von 4.45 bis 17.45 Uhr alle 45 Min. für 39 Baht in 3 Std.
Von und nach CHIANG SAEN mit dem non-ac-Bus stündlich von 6.00 - 9.00 Uhr für 25 Baht (evtl. weitere Busse bis 15.30 Uhr).

**BOOTE** - Nach CHIANG SAEN fahren von Nov. bis April Longtail-Boote für 1200 Baht für 5 Pers. in 2 Std. (hin und zurück für 1500 Baht).

# Nan น่าน

*Das kleine Königreich Nan wurde im 13. Jahrhundert gegründet, die Stadt selbst im Jahre 1368. Durch geschickte Beziehungen mit den jeweils mächtigen benachbarten Herrschern konnte sich die regierende Dynastie bis zum Jahre 1931 als halbautonomes Königreich behaupten. Schöne, aber schlimm entwaldete Berglandschaften und ursprüngliches Landleben ziehen immer wieder Reisende in diese entlegene Provinz.*

*Die Provinzhauptstadt Nan liegt am rechten Ufer des Nan-Flusses. Kleine Brückchen führen über schwimmende Inseln, Ochsengespanne werden im Fluß mit Wasserpflanzen beladen.*

Tempel-Enthusiasten kommen in Nan voll auf ihre Kosten. Das berühmte **Wat Phumin** wurde 1596 erbaut und im späten 19. Jahrhundert total restauriert. Es

*Fotos - Szenen aus dem Nordosten; oben: Tempel in Khon Kaen; Mitte links und rechts: Landschaften am Mekong; unten links und rechts: am Rande des Weges*

liegt im Zentrum der Stadt und ist an den vier orangen Löwen auf den Toren leicht zu erkennen. Der kreuzförmige Tempel im traditionellen Lanna-Stil scheint von den außergewöhnlich schönen Schlangen an den Treppenaufgängen getragen zu werden. Er enthält einen zentralen Reliquienschrein mit vier Buddha-Statuen, die in die vier Himmelsrichtungen schauen. Die alten, bereits stark zerfallenen Wandmalereien zeigen immer noch interessante Szenen aus dem täglichen Leben. Die Türen sind aus schön geschnitztem Holz. Bei diesem Tempel paßt alles zusammen, es wurde kaum Kitsch hinzugefügt.

Am nördlichen Ende von Nan liegt **Wat Suan Tan**, das von einem 40 m hohen, weiß getünchten Prang überragt wird. Der Tempel beherbergt eine ausgezeichnete Buddha-Statue im Sukhothai-Stil.

2 km jenseits der Brücke liegt das 600 Jahre alte **Wat Phra That Chae Haeng** auf einem Hügel hinter hohen Bäumen. Der hochverehrte, elegante Chedi Phra That Chae Hang im Innenhof ist mit Platten aus Kupfer bedeckt. Der **Zoo** neben dem Wat befindet sich in einem erbärmlichen Zustand.

Eine sehr schöne Aussicht hat man vom Berg des **Wat Phra That Khao Noi**, 2 km im Westen der Stadt. Unterwegs kommt man am **Wat Phayawat** mit einem Chedi in der Form einer steilen Stufenpyramide vorbei. Einen guten Eindruck von der Stadt und ihrer Geschichte vermittelt ein Besuch im **Museum**, Phakwang Rd., das in einem Palast aus dem Jahre 1903 im Zentrum von Nan untergebracht ist. Besonders interessant sind die Darstellungen der verschiedenen ethnischen Gruppen in der Nan-Provinz mit informativen Schrifttafeln in Englisch. Geöffnet tgl. außer Mo, Di und feiertags von 9.00 - 16.00 Uhr, Eintritt 10 Baht.

## ÜBERNACHTUNG

**GÄSTEHÄUSER** - Am Ende einer Gasse liegt *NAN GH**, 57/16 Mahaprom Rd., tel 771148; Holzhaus mit spartanischen Zimmern in sehr ruhiger Gegend, detaillierte Informationen über Ausflüge, Mopeds zu vermieten (200 Baht).

*WIANGTAI HOUSE***, 21/1 Soi Wat Hua Wiang Tai, tel 710247, sauberes Stadthaus in einer Gasse neben einem Wat, viele laute Hunde; geräumige Zimmer mit Du/WC.

*NAN YOUTH HOSTEL**, 3/1 Robmang Rd., tel 710322, Teakhaus nahe an der Ausfallstraße nach Phayao; große Zimmer, mit Jugendherbergsausweis billiger; es werden sozial und umweltverträgliche Treks durchgeführt.

*DOI PHUKHA GH**, 94/5 Sumon Dhevaraj Rd. Soi 1, tel 771422; im Norden; Zi und Schlafsaal, Warmwasser; Restaurant, Trinkwasser kostenlos, Schließfächer; Fahrräder zu vermieten.

**HOTELS** - *DHEVARAJ**** (ac****), 466 Sumon Dhevaraj Rd., tel 710094; englisch beschriftet, einige ordentliche Zi; gutes Restaurant.

*AMORN SRI*-***, 97 Mahayot Rd., tel 710510, Zimmer mit Fan.

*SUKASEM HOTEL***, 29-31 Ananthavoraritdej Rd., tel 710141, schräg gegenüber vom Markt, große Empfangshalle. Einige Zimmer ac.

## ESSEN

Viele Restaurants gibt es im Zentrum an den modernen Straßen, Straßenrestaurants abends gegenüber vom Sukasem Hotel. Das Restaurant im *DHEVARAJ* ist ab 18.00 Uhr geöffnet.

*TIP TOP 2 RESTAURANT* (oder *PIZZA*), ist ein wenig gelungener Nachfolger des legendären Tip Top Restaurants von Ferrini Paolo, der ins Tessin zurückgekehrt ist.

## SONSTIGES

**AUSFLÜGE** - Nan eignet sich hervorragend für Ausflüge mit dem Fahrrad oder Motorrad. Alle Gästehäuser beraten intensiv über lohnende Ziele. Brauchbare Kartenskizzen und detaillierte Beschreibungen gibt es im Nan Guesthouse.

*Fotos - links: am Strand von Ko Samet; rechts von oben nach unten: Reisanbau im Hinterland; eine gute Tat, die Spaß macht; das alte Chantaburi; Fischkutter*

**EINKAUFEN** - Bekannt ist Nan für seine handgewebten Stoffe. Die kann man z.B. kaufen im *BAN FAI* in der Khaluang Rd, oder im *JHANG TRAKUL*, 304-306 Sumon Dhevaraj Rd.

**FAHRRÄDER** - vermietet für 20 - 30 Baht das *DOI PHUKHA GH* und*OVERSEA*..

**FESTIVAL** - An den *Lanna Boat Races* auf dem Nan Fluß nehmen etwa 40 Mannschaften aus den umliegenden Dörfern mit langen, farbenprächtigen Booten teil; jedes Jahr im Oktober am Ende der buddhistischen Fastenzeit.

**INFORMATIONEN** - In den Gästehäusern gibt es Stadtpläne, Umgebungskarten und viele weitere Informationen über die Nan-Provinz.

**MOTORRÄDER** - vermietet für 150 - 200 Baht *NAN GH*, der Honda-Laden gegenüber vom Dhevaraj Hotel und *FHU TRAVEL*.

**POST** - im Zentrum, Internationales Telefon 7.00 - 22.00 Uhr.

**REISEBÜRO** - *FHU TRAVEL SERVICE*, in der 453/4 Sumon Dhevaraj Rd., tel 710636. Ein rühriges, freundliches Ehepaar bietet Informationen, Jeep-Touren, Trekking-Touren, Fahrten mit dem Ochsenkarren durch die Dörfer und sehr interessante Kurztouren in die Umgebung. Motorrad zu vermieten.

**VORWAHL** - 054; PLZ: 55 000

## TRANSPORT

**BUSSE** - Von der östlichen **Local Bus Station** fahren die staatlichen Busse (*Bor Kor Sor*) u.a. nach Bangkok und Sukhothai.
Von BANGKOK (681 km) mit dem non-ac-Bus 11x tgl. zwischen 6.00 und 21.30 Uhr für 160 bzw. 177 Baht; 2.Kl. ac-Bus um 18.00 Uhr für 225 Baht; ac-Bus um 8.00 Uhr und von 20.10 - 20.45 Uhr für 319 Baht; V.I.P.-24-Bus um 19.30 und 20.00 Uhr für 445 Baht in 9 1/2 Std.
Zurück zu ungefähr denselben Zeiten.
Ab **Ananthavoraritdej Rd.** fahren jeden zweiten Tag private ac-Busse zu denselben Zeiten nach BANGKOK.
Sie wechseln sich mit der staatlichen Gesellschaft *Bor Kor Sor* jeden Tag ab (Tickets im Laden gegenüber vom V.I.P.-Bus Office).
Nach SUKHOTHAI um 8.30 Uhr für 75 Baht.
Von der **nördlichen Bus Station** (Nähe Markt) fahren die privaten Busse u.a. nach Chiang Mai und Chiang Rai.
Von CHIANG MAI 10x tgl. zwischen 7.00 und 22.30 Uhr mit non-ac-Bus für 83 Baht in 6 Std., 2.Kl. ac-Bus 115 Baht, V.I.P.-40 für 148 Baht.
Zurück mit dem non-ac-Bus um 8.30, 9.00, 11.00 und 14.00 Uhr; 2.Kl. ac-Bus um 10.00, 12.00 und 22.00 Uhr oder V.I.P.-40-Bus um 8.00, 15.00 und 22.30 Uhr.
Von CHIANG RAI über Thoeng, Chiang Kham und Tha Wang Pha auf der kurvenreichen Route durch eine schöne Berglandschaft um 9.30 Uhr für 74 Baht in 6 Std., zurück um 9.00 Uhr.
Nach DEN CHAI alle 45 Min. von 5.00 - 17.30 Uhr für 40 Baht (dort gibt es laufend Anschluß nach Sukhothai).
Von der östlichen **Local Bus Station** fahren auch Minibusse nach WIANG SA und weiter nach NA NOI sowie alle 45 Min. Richtung Norden nach WANG PHA PUA, CHIANG KLANG, TUNG CHIANG und PON (letzter Bus zurück um 16.00 Uhr).

**FLÜGE** - Von und nach CHIANG Mai am Mo, Mi und Fr Nachmittag für 510 Baht. Tgl. am Nachmittag nach BANGKOK für 1530 Baht.
*THAI AIRWAYS OFFICE* in der Mahaprom Rd. 34, tel 710377.

# NORDOST-THAILAND

*Die überwiegend einförmige Landschaft des Nordostens, von den Einheimischen Isan oder Isarn genannt, hat nur wenige Sehenswürdigkeiten im eigentlichen Sinn zu bieten. Ausnahmen sind die Khmer-Ruinen von Phimai und die Ausgrabungsstätten von Ban Chiang. Der Nordosten umfaßt eine Fläche von 170 000 km², was ungefähr der Fläche der alten Bundesländer ohne Bayern*

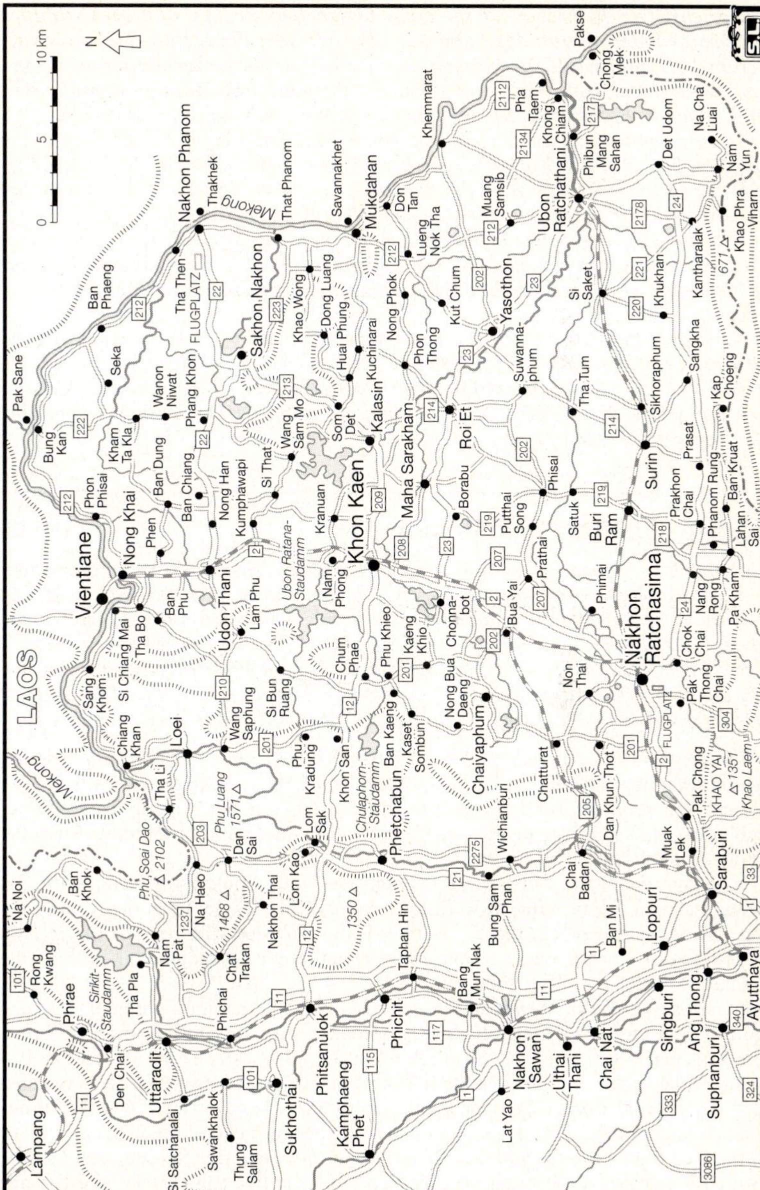

0
5
10 km
N
LAOS
Mekong
Vientiane
Nong Khai
Udon Thani
Khon Kaen
Nakhon Phanom
Thakhek
That Phanom
Savannakhet
Mukdahan
Sakhon Nakhon
Kalasin
Maha Sarakham
Roi Et
Yasothon
Ubon Ratchathani
Pakse
Chong Mek
Khemmarat
Pha Taem
Khong Chiam
Phibun Mang Sahan
Det Udom
Na Cha Luai
Nam Yun
Khao Phra Viharn
671
Kantharalak
Si Saket
Khukhan
Sangkha
Sikhoraphum
Surin
Prasat
Kap Choeng
Ban Kruat
Phanom Rung
Prakhon Chai
Buri Ram
Satuk
Lahan Sai
Pa Kham
Nang Rong
Chok Chai
Nakhon Ratchasima
FLUGPLATZ
Pak Thong Chai
KHAO YAI
1351
Khao Laem
Pak Chong
Muak Lek
Saraburi
Lopburi
Ayutthaya
Ang Thong
Singburi
Suphanburi
Chai Nat
Uthai Thani
Nakhon Sawan
Lat Yao
Ban Mi
Chai Badan
Dan Khun Thot
Chatturat
Non Thai
Phimai
Prathai
Phisai
Putthai Song
Borabu
Bua Yai
Chonnabot
Nong Bua Daeng
Chaiyaphum
Wichianburi
Bung Sam Phan
Bang Mun Nak
Taphan Hin
Phichit
Phitsanulok
Kamphaeng Phet
Sukhothai
Thung Saliam
Sawankhalok
Si Satchanalai
Uttaradit
Den Chai
Lampang
Phrae
Rong Kwang
Na Noi
Sirikit-Staudamm
Tha Pla
Nam Pat
Ban Khok
Phichai
Chat Trakan
Nakhon Thai
Lom Kao
Lom Sak
Phetchabun
Chulaphorn-Staudamm
Khon San
Phu Kradung
Kaset Sombun
Ban Kaeng
Phu Khieo
Kaeng Khio
Chum Phae
Nam Phong
Ubon Ratana-Staudamm
Kranuan
Kumphawapi
Si That
Wang Sam Mo
Som Det
Kuchinarai
Huai Phung
Dong Luang
Khao Wong
Nong Phok
Phon Thong
Kut Chum
Lueng Nok Tha
Don Tan
Muang Samsib
Suwannaphum
Tha Tum
Loei
Chiang Khan
Sang Khom
Si Chiang Mai
Tha Bo
Ban Phu
Phen
Nong Han
Ban Chiang
Ban Dung
Kham Ta Kla
Wanon Niwat
Phang Khon
Seka
Ban Phaeng
Tha Then
Pak Sane
Bung Kan
Phon Phisai
Lam Phu
Si Bun Ruang
Wang Saphung
Tha Li
Na Haeo
Dan Sai
Phu Luang
1571
Phu Soai Dao
2102
1468
1350

*entspricht. Die Menschen dieser dicht besiedelten Region sind arm. Häufige Trockenperioden dörren das Land aus, das mit dem Eintritt des Monsuns wiederum überflutet wird. Die Wälder, die einmal zur Wasserregulierung beitrugen, sind weitgehend abgeholzt. Nun versucht man, mit dem Bau von Staudämmen und anderen Wasserregulierungs-Projekten größere Schäden zu verhindern.*

*Die Bewohner von Isan sprechen einen Thai-Dialekt, der dem Laotischen sehr ähnlich ist. Ihre Kultur ist geprägt von der jahrhundertelangen Zugehörigkeit zum Khmer-Reich - viele Baudenkmäler erinnern an jene Epoche. Aus dieser ärmsten Region des Landes stammen viele Bewohner von Bangkok.*

*Wer das Glück hat, jemanden kennenzulernen, der Englisch spricht und ausländische Besucher mit nach Hause nehmen will, sollte die Gelegenheit wahrnehmen, um einen kleinen Einblick in das ländliche Leben dieser Region zu erhalten.*

*Nach dem Ende der Regenzeit (ab Oktober / November) kann man am besten in den Nordosten reisen. Insgesamt fallen hier geringere Niederschläge als im Tiefland. Hingegen steigt am Ende der Trockenzeit die Temperatur zur Mittagszeit auf Werte um 40°C im Schatten, und ein ständiger Dunstschleier liegt über dem ausgetrockneten Land.*

## Korat (Nakhon Ratchasima) โคราช

*Nakhon Ratchasima - kurz Korat (auch: Khorat) - ist mit 205 000 Einwohnern eine der größten Städte im Nordosten. Bedeutsamer Verkehrsknotenpunkt und Handelszentrum zwischen dem Hochland im Nordosten und Bangkok. Die Amerikaner hatten hier ihre Air Force stationiert; Relikte aus jener Zeit sind die zahlreichen Nachtclubs und Bars der Stadt. General Prem organisierte von Korat aus den Widerstand gegen putschende Offiziere im April 1981. Die Stadt ist der erste Ort auf dem Hochplateau und ein guter Ausgangspunkt für Ausflüge.*

Im Zentrum der Altstadt sind noch Reste der früheren **Stadtbefestigungsanlage** zu erkennen. Die ehemalige Stadtmauer von 1700 m Länge und 1500 m Breite, der Wassergraben und einige Ruinen innerhalb der Befestigung lassen darauf schließen, daß sich hier bereits im 8. - 10. Jahrhundert eine bedeutende Stadt befunden haben muß.

Vor dem Stadttor, zwischen Ratchdamnoen und Chumphon Road steht das **Denkmal von Khun Ying Mo** *(Thao Suranari)*. Sie leitete 1826 den Kampf gegen laotische Invasoren, die Korat überfielen, während die meisten Männer im Krieg gegen Burma waren. Das 1934 errichtete Bronzedenkmal enthält die Asche der hochverehrten Frau.

Im **Museum Maha Wirawong** im Hof des Wat Suthachinda befindet sich eine gute Sammlung von Khmer Kunstgegenständen und Ausgrabungsfunden früherer Epochen. Geöffnet Mi - So 9.00 - 12.00 und 13.00 - 16.00 Uhr, Eintritt 5 Baht. Neben dem Schrein der Stadt (Lak Muang) im Zentrum an der Kreuzung von Chumphon Road / Prachak Road ist an einer Hauswand ein **Bas-Relief** aus Tonkacheln angebracht, das von weitem sehr beeindruckend aussieht.

Im **Wat Sala Loi** (ca. 500 m östlich der Nordostecke der Stadtmauer) hat der Bot eine gewisse Ähnlichkeit mit der Form einer antiken Dschunke, die Fassade ist ein Bas-Relief aus Metall-Keramik.

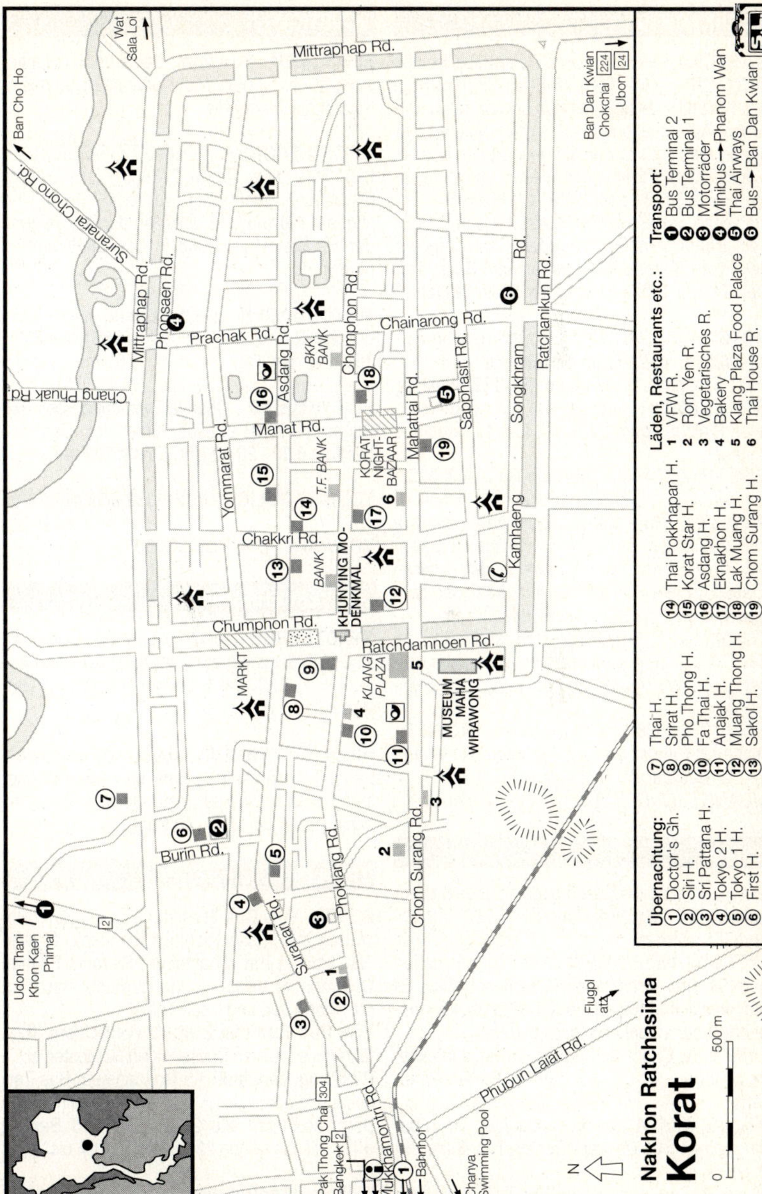
Nakhon Ratchasima
Korat
N
0
500 m
Übernachtung:
① Doctor's Gh.
② Siri H.
③ Sri Pattana H.
④ Tokyo 2 H.
⑤ Tokyo 1 H.
⑥ First H.
⑦ Thai H.
⑧ Srirat H.
⑨ Pho Thong H.
⑩ Fa Thai H.
⑪ Anajak H.
⑫ Muang Thong H.
⑬ Sakol H.
⑭ Thai Pokkhapan H.
⑮ Korat Star H.
⑯ Asdang H.
⑰ Eknakhon H.
⑱ Lak Muang H.
⑲ Chom Surang H.
Läden, Restaurants etc.:
1 VFW R.
2 Rom Yen R.
3 Vegetarisches R.
4 Bakery
5 Klang Plaza Food Palace
6 Thai House R.
Transport:
❶ Bus Terminal 2
❷ Bus Terminal 1
❸ Motorräder
❹ Minibus → Phanom Wan
❺ Thai Airways
❻ Bus → Ban Dan Kwian
Mittraphap Rd.
Suranarai Chono Rd.
Chang Phuak Rd.
Phonsaen Rd.
Prachak Rd.
Asdang Rd.
Chomphon Rd.
Chainarong Rd.
Sapphasit Rd.
Manat Rd.
Yommarat Rd.
Mahattai Rd.
Songkhram Rd.
Ratchanikun Rd.
Chakkri Rd.
Kamhaeng
Chumphon Rd.
Ratchdamnoen Rd.
Burin Rd.
Suranari Rd.
Phoklang Rd.
Chom Surang Rd.
Mukkhamontri Rd.
Phubun Laiat Rd.
MARKT
KHUNYING MO-DENKMAL
MUSEUM MAHA WIRAWONG
KLANG PLAZA
KORAT NIGHT-BAZAAR
BANK
T.F. BANK
BKK. BANK
Bahnhof
Chanya Swimming Pool
Flugplatz
Pak Thong Chai
Bangkok 2
304
Udon Thani
Khon Kaen
Phimai
2
Ban Cho Ho
Wat Sala Loi
Ban Dan Kwian
Chokchai 224
Ubon 24

## ÜBERNACHTUNG

**GÄSTEHAUS** - Ein gutes Gästehaus ist das *DOCTOR'S GH*-*** [1], 78 Sueb Siri Road Soi 4, tel 255846; Zimmer mit Fan und ac, heiße Duschen; Aufenthaltsraum in der Wohnküche. Hier gehört man zur Familie. Mit dem Gelben Bus Nr. 1 vom Bahnhof 2 km nach Westen und in die erste breite Straße nach links, die Sueb Siri Rd., einbiegen, in der zweiten Gasse rechts (noch vor dem Bahnübergang) steht das Gästehaus auf der linken Seite (der Busfahrer weiß Bescheid). Das Tourist Office ist von hier 500 m entfernt.

**HOTELS** - *ASDANG*-*** [16], 315 Asdang Rd., tel 242514, im Zentrum der Altstadt.
*PHO THONG*-*** (= Potong) [9], 179 Phoklang Rd., tel 242084, liegt zentral am verkehrsreichen Platz mit dem Denkmal, für das Gebotene zu teuer.
*FIRST*** (ac***) [6], 132 Burin Rd., tel 255203, am Terminal 1, große Zimmer mit Kühlschrank.
*TOKYO 2*** [4], 256-8 Suranari Rd., tel 242 788, 200 m vom Bus Terminal 1, wurde uns sehr empfohlen; ordentliche Zimmer in den unteren Etagen, Single Room für 2 Pers. geeignet, sehr freundliches Personal, guter Coffee-Shop.
*TOKYO 1*-*** [5], 3636/17 Suranari Rd., tel 242873, schräg gegenüber, nicht besonders sauber; die *single rooms* sind auch für 2 Pers. geeignet.
*SIRI*-**** [2], 688-690 Phoklang Rd., tel 242831, Richtung Bahnhof, etwas heruntergekommene Zi. Der Besitzer ist nicht gerade freundlich.
*MUANGTHONG** [12] ist nicht zu empfehlen.

## ESSEN

Gutes, preiswertes Essen gibt es auf dem schönen *NIGHT BAZAAR* und bis 18.00 Uhr auf dem Tagesmarkt.
*VIETNAM VETERANEN CLUB* (VFW), neben dem Siri Hotel, Phoklang Rd., ist sehr beliebt. Es gibt westliches Essen - der Treffpunkt hängengebliebener amerikanischer Veteranen.
*ROM YEN*, Chom Surang Rd., etwas zurückgesetzt, ist ein schönes und gutes Gartenrestaurant.
*KLANG PLAZA*, der Essenspalast, ist unbedingt einen Besuch wert. Bestes Thai-Essen im 2. Stock.
In der *Bakery* neben dem Far Thai Hotel wird Gebäck und französisches Brot angeboten.

## SONSTIGES

**EINKAUFEN** - Souvenirs, Seide und Töpferwaren gibt es auf dem Night Bazaar im Stadtzentrum in der Manat Rd.

**INFORMATIONEN** - *TOURIST OFFICE*, 2102 - 2104 Mittraphap Rd, tel 213666-7 und 213030, fax 213667, geöffnet tgl. von 8.30 - 16.30 Uhr, liegt am Highway H2 direkt an der Abzweigung der Hauptstraße H2066 in das Stadtzentrum (4 km).

**MOTORRÄDER** - vermietet eine Werkstatt in der 554-6 Phoklang Rd., tel 245521, für 200 - 300 Baht pro Tag.

**SCHWIMMBAD** - Chanya Swimming Pool, 365 Suebsiri Rd., tel 252305, hinter dem Bahnhof, geöffnet 6.00 - 20.00 Uhr, Eintritt 20 Baht.

**TOURIST POLICE** - tel 213333 oder 1699.

**VORWAHL** - 044; PLZ: 30 000.

## NAHVERKEHRSMITTEL

**STADTBUSSE** - kosten 3 Baht und verkehren innerhalb der Stadt auf vier verschiedenen Routen: Nr.1, 2, 3 und 6 im wesentlichen in Ost-West-Richtung.

**RIKSCHAS UND TUK TUKS** - sind ein brauchbares Transportmittel. Eine kurze Strekke kostet 10 Baht. Nachts kostet es vom Bus Terminal zum Hotel bis zu 40 Baht.

## TRANSPORT

**BUSSE** - Vom **Bus Terminal 1** an der Burin Rd. starten die Busse Richtung Bangkok, Chiang Mai, Chiang Rai, Chantaburi, Rayong, Phimai, Chaiyaphum, sowie die non-ac-Busse nach Surin, Khon Kaen und Udon Thani.
Vom **Bus Terminal 2** am H2 nördlich der Stadt fahren die meisten Busse in den Nordosten ab.
**Richtung Bangkok:** Ab Northeastern Bus Terminal (256 km) non-ac-Busse alle 15 Min. für 64 Baht; ac-Busse alle 20 Min. für 115 Baht in 3 1/2 Std. bis gegen 22.30 Uhr. Zurück bis 21.40 Uhr.
**Richtung Zentral- und Nord-Thailand:** Nach CHIANG MAI über SUKHOTHAI (102 / 184 /

400 Baht) mit non-ac-Bus um 3.00, 5.00 und 15.00 Uhr für 180 Baht, 4x tgl. ac-Busse am Morgen und Abend für 325 Baht, V.I.P.40-Bus um 20.30 Uhr für 400 Baht in 11 Std.
Nach CHIANG RAI mit non-ac-Bus um 3.45 Uhr für 198 Baht, ac-Bus um 17.00 Uhr für 325 Baht und ein V.I.P.40-Bus um 19.00 Uhr für 450 Baht in 13 Std. (die Busse fahren weiter nach MAE SAI für 212 / 382 / 450 Baht).
**Richtung Ostküste:** Nach CHANTABURI mit non-ac-Bus ungefähr jede Std. von 7.45 - 16.00 Uhr für 86 Baht, ac-Bus 6x von 6.00 - 20.30 Uhr in 5 Std. (dort umsteigen nach TRAT für KO CHANG).
**Im Nordosten:** Nach NONG KHAI mit ac-Bus um 12.00 und 14.30 Uhr für 157 Baht in 6 Std. (non-ac-Busse fahren nur bis UDON, dort erfolgt Transfer zum Bus Stop im Norden der Stadt).
Nach PHIMAI mit Bus 1305 jede halbe Stunde für 16 Baht in 90 Min. (von Terminal 1).
Nach PHAK THONG CHAI mit Bus 1303 jede halbe Stunde für 11 Baht (von Terminal 1).
Nach PAK CHONG (Khao Yai-Nationalpark) mit Bus 21 alle 30 Min. für 24 Baht (ac 43 Baht) in 2 Std. (von Terminal 1).
An der **Kamhaeng Songkhram Road** fährt Bus 1307 nach BAN DAN KWIAN alle 30 Min. bis 18.00 Uhr für 6 Baht.

**EISENBAHN** - Alle Fernzüge halten am Bahnhof Korat und alle außer den beiden Expresszügen an der zentraler liegenden Thanon Chira Station.
Die Busse Nr. 1, 2 und 3 halten am Bahnhof.
12x tgl. fahren Züge von BANGKOK nach Korat für 104 Baht / 50 Baht (2./3. Kl. plus Zuschlag) in 5 - 6 Std. Tagsüber sind die Dieselzüge Nr. 945 und 931 um 8.20 bzw. 11.05 Uhr in 4 Std. am schnellsten (80 Baht). Alle übrigen Züge kommen zu ungünstigen Zeiten an oder benötigen 6 Std., so daß sie sich eigentlich nicht lohnen. Nach BANGKOK fahren jeweils 6 Züge in der Nacht und tagsüber.
Nach NONG KHAI fährt direkt der lokale Zug Nr. 73 um 6.00 Uhr in 6 Std. Von NONG KHAI direkt mit dem lokalen Zug Nr. 76 um12.30 Uhr.

**FLÜGE** - *THAI AIRWAYS*, 14 Manat Road, tel 257211, gegenüber dem Chomsurang Hotel.
Thai Airways fliegt 1x tgl. am Abend von und nach BANGKOK in 40 Min. (540 Baht).

## Die Umgebung von Korat

Wer die Ausflugsziele zeitsparend und unabhängig erreichen will (auch Phimai), kann am Busbahnhof ein Songthaew für einen ganzen Tag chartern - kräftig handeln. Für bis zu 8 Personen sind 800 Baht fällig.

### Ban Dan Kwian (= Kwien)

Vor dem Dorf wird am Fluß eine rostrote Tonerde gefunden, die zu schönen Töpferwaren verarbeitet wird. Die Gegenstände sind entlang der Straße aufgebaut, so daß das Dorf nicht zu verfehlen ist. Gleich rechts am Ortseingang eine Ausstellung mit Drechsel-Waren und zahlreichen asiatischen Fuhrwerken.

Man erreicht das Dorf mit dem Bus 1307, der alle 30 Minuten fährt. 15 km hinter Korat, an der Straße H24, kann man die Töpfer bei der Arbeit beobachten. Mit einfachen Werkzeugen stellen sie Krüge, Vasen, Hocker, Fliesen und Lampenschirme her, die in Erdöfen gebrannt werden. Allerdings sind die meisten Gegenstände als Souvenirs zu groß und zu schwer.

### Pak Thong Chai

Das Weberdorf Pak Thong Chai liegt 36 km von Korat entfernt. Die meisten Weber arbeiten in einer Straße, die man findet, wenn man hinter der Telefonstation die zweite Straße nach links nimmt und gleich wieder links abbiegt. Hier wird im Schatten unter den Häusern die handgesponnene und -gefärbte Seide auf alten Webstühlen zu bunten Stoffen verwebt. Es dauert lange, bis ein Meter Seidenstoff im traditionellen Rautenmuster fertig ist. Der Preis ist keineswegs zu hoch. Doch vielfach fertigen die kleinen Familienbetriebe die Stoffe nur auf Vorbestellung für spezielle Festtagskleidung an. Besser zum Einkaufen sind die Manufakturbetriebe im Ort, rechts der Hauptstraße. Hier sind schon moderne Webstühle im Einsatz. Im Ort auch zwei Hotels: *Achanpan** und *PTC**. Wer einen Führer braucht, kann nach *Bot* fragen.

Ab Korat fährt der Bus 1303 bis 20.30 Uhr alle 30 Minuten für 11 Baht in 40 Min. zum Weberdorf, das 2 km östlich des H304 liegt.

## Phimai พิมาย

59 km nordöstlich von Korat befindet sich an einer Nebenstraße die kleine Stadt Phimai. Im Ort und in der Umgebung wurden mehrere Khmer-Ruinen aus dem 11. bis 13. Jahrhundert entdeckt. Die große **Tempelanlage**, Prasat Hin Phimai, ist nach der Restaurierung eine der schönsten Khmer-Anlagen in Thailand und wurde zum Historical Park erklärt. Während jener Zeit hatten die Khmer ihren Einflußbereich weit nach Westen ausgedehnt. Die buddhistisch-hinduistische Tempelanlage im typischen Khmer-Stil beweist, daß sich in Phimai ein bedeutendes Zentrum befand. Sie diente wahrscheinlich als Vorbild oder Modell für den Monumentalbau von Angkor Wat im heutigen Kambodscha. Der zentrale Prang symbolisiert den heiligen Berg und Sitz der Götter, zu dem man über vier Wege aus allen Himmelsrichtungen gelangt. Vier steinerne Eingangstore ermöglichen hier den Zugang zum Heiligtum, das von einer rechteckigen Mauer umgeben ist. Der Tempel ist von 7.30 - 18.00 Uhr geöffnet, Eintritt 20 Baht.

Ein Teil der Funde, darunter zahlreiche Buddhastatuen, Lingams und besonders schöne, mit Steinmetzarbeiten verzierte Türstürze sind im großen, neuen **Museum** an der Brücke ausgestellt. Es bietet einen guten Überblick über die Kunstgeschichte. Sein Prunkstück ist eine Steinstatue von König Jayavarman VII von Angkor Thom, die im Prasat Phimai gefunden wurde. Geöffnet Mi - So außer feiertags 9.00 - 16.00 Uhr; Eintritt: 10 Baht.

Einen schönen **Banyan-Baum** *(Ficus benjamini)*, dessen Äste und zahlreiche Luftwurzeln eine große Fläche von etwa 50 m im Durchmesser bedecken, steht im Osten von Phimai 1,5 km entfernt. Der 300 Jahre alte, weit ausladende Baum ist herrlich zum Picknicken, vor allem mit Kindern. Im kühlen Schatten unter seinem riesigen Blätterdach steht ein kleiner Tempel. Gegenüber vom Weg gibt es mehrere Foodstalls.

### ÜBERNACHTUNG

*OLD PHIMAI GH** (ac**) [2], 214 Moo 1 Chomsudasadet Rd., tel 471918, 100 m von den Ruinen und 300 m von der Bus Station entfernt; altes, weiß gestrichenes Teakhaus mit Dachgarten, Fahrräder zu mieten, gute Infos und Karten.

*S & B GH** [3], Moo 1 Chomsudasadet Rd., tel 471 797, genau gegenüber; gemütliches, altes Teakhaus mit Restaurant.

*PHIMAI YOUTH HOSTEL** [1], 125/1 Raksuksit Rd., tel 471446, 2stöckiges, kleines Teakhaus.

*PHIMAI HOTEL*** (ac***) [4], 305 Haruthairom Rd., tel 471306, fax 471940; im Süden der alten Stadt; im 4. und 5. Stock gibt es billige Zimmer ohne Du/ WC und ac.

Ein billiges Restaurant mit guter Thai-Küche liegt neben der Bangkok Bank.

### SONSTIGES

**FESTE** - Dorffeste finden von Oktober bis März in der Umgebung statt. Infos und Touren im Gästehaus. Am zweiten Wochenende im November wird bei den Ruinen die **Phimai Fair** mit einer Laternen-Parade und Bootsrennen auf dem Mun River gefeiert, sehr zu empfehlen ist das Tanz-Drama „Wimaya Nathakarn" (Eintritt bis 100 Baht).

**INFORMATIONEN** - Im *Bai-Teiy Restaurant* an der Hauptstraße ist eine Tourist Information. Hier gibt es Pläne von Phimai und Umgebung und dieselben Prospekte wie in Korat. Gute Infos sind in Gästehäusern angeschlagen.

**VORWAHL** - 044; PLZ: 30 110.

## TRANSPORT

**BUSSE** - Vom H2 zweigt 49 km nördlich von Korat die Straße nach Phimai ab.
Von KORAT (59 km) mit dem Bus 1305 alle 30 Min. für 16 Baht in 90 Min. Letzter Bus nach Korat um 18.00 Uhr.

# Nong Khai

หนองคาย

*Die Stadt, am Grenzfluß Mekong gelegen, war früher Durchgangsstation auf dem Weg nach Vientiane, der Hauptstadt von Laos, die nur 24 km entfernt liegt. Nach der Erleichterung der Visabestimmungen werden immer mehr Individualtouristen die Route durch Laos nach Südchina wählen. Die 1774 m lange Friendship Bridge, die erste Brücke über den Mekong, wurde am 8. April 1994 eingeweiht. Seit November 1994 müssen ausländische Touristen über diese Brücke nach Laos einreisen, das Boot bleibt Thais und Laoten vorbehalten.*

Der bekannteste Tempel ist **Wat Pho Chai**, in dem die massiv goldene Buddhastatue Luang Pho Phra Sai verehrt wird. In diesem Tempel wird im Juni zur Zeit des Vollmondes das Raketenfest gefeiert.

**Wat Nernpa Nao** liegt in einem Wald am östlichen Stadtrand neben dem Highway. 60 Mönche und Nonnen leben in diesem Meditationszentrum inmitten zahlreicher buddhistischer und chinesischer Gräber.

In der Ho Road steht **Wat Putaugongmaa**, ein farbenfroher chinesischer Tempel mit bunten Drachen und anderen mystischen Tieren. Lohnt einen Besuch.

## ÜBERNACHTUNG

**GÄSTEHÄUSER** - Absolut empfehlenswert ist das gemütliche *MUT MEE GH*-*** [2], 1111/4 Kaeworawut Rd.; 8 kleine Häuser und Bambushütten, 24 saubere Zi mit Moskitonetz. Geleitet vom Briten Julian und seiner Frau Pao. Gutes Restaurant direkt am Mekong; es gibt u.a. selbstgemachten Yoghurt, Vollkornbrot und vegetarische Gerichte; auf Wunsch Kochkurse. Verleih von Mountain Bikes (20 Baht/Std., 60 Baht/ Tag). In der Saison werden Kurse in *Tai Chi Ch'uan* und *Yoga* angeboten (s.u.).
*MAEKHONG GH** [6], 519 Rimkong Rd., neben dem Pier; wenige Zimmer, Flußterrasse.
*SAWASDEE GH** (ac***) [9], 402 Meechai Rd., tel 412502, Stadthaus mit nettem Innenhof und sauberen Zimmern, Fahrradverleih.

**HOTELS** - An einer belebten Straße liegt das:
*SUKAPHAN*-*** [7], 823 Banterngsit Rd., tel 411 894; altes Holzhaus, freundliche Leute, Fahrradverleih, Restaurant im Erdgeschoß.
*PONG VICHIT*** (ac***) [8], 1244/1 Banterngsit Rd., tel 411583; Stadthotel, ordentliche Zi.
*POOLSOB*** (auch Phunsap) [5], 843 Meechai Road, tel 411031, an der Hauptstraße.
*PRAJAK BUNGALOWS*** (ac***) [3], 1178 Prachak Road, tel 411116, gute Reihenhäuser mit engem Hof, sehr freundliche Leute.

## ESSEN

*RUAN PRAE HAISOKE,* ein gutes schwimmendes Restaurant, Abfahrt um 17.00 Uhr.
*DEE DEE,* Nähe Sukhapan Hotel, Liebhaber chinesischer Küche können hier lecker speisen.
*MEETING POINT*, 1117 Soi Chuen Jitt, tel/fax 421223, amerikanisches und australisches Essen. Infos über Reisen nach Laos.

## SONSTIGES

**AUTOVERMIETUNG** - Jeeps vermietet *VILLAGE WEAVER CAR RENT*, 786/1 Prachak Rd., tel 411236, fax 420333.

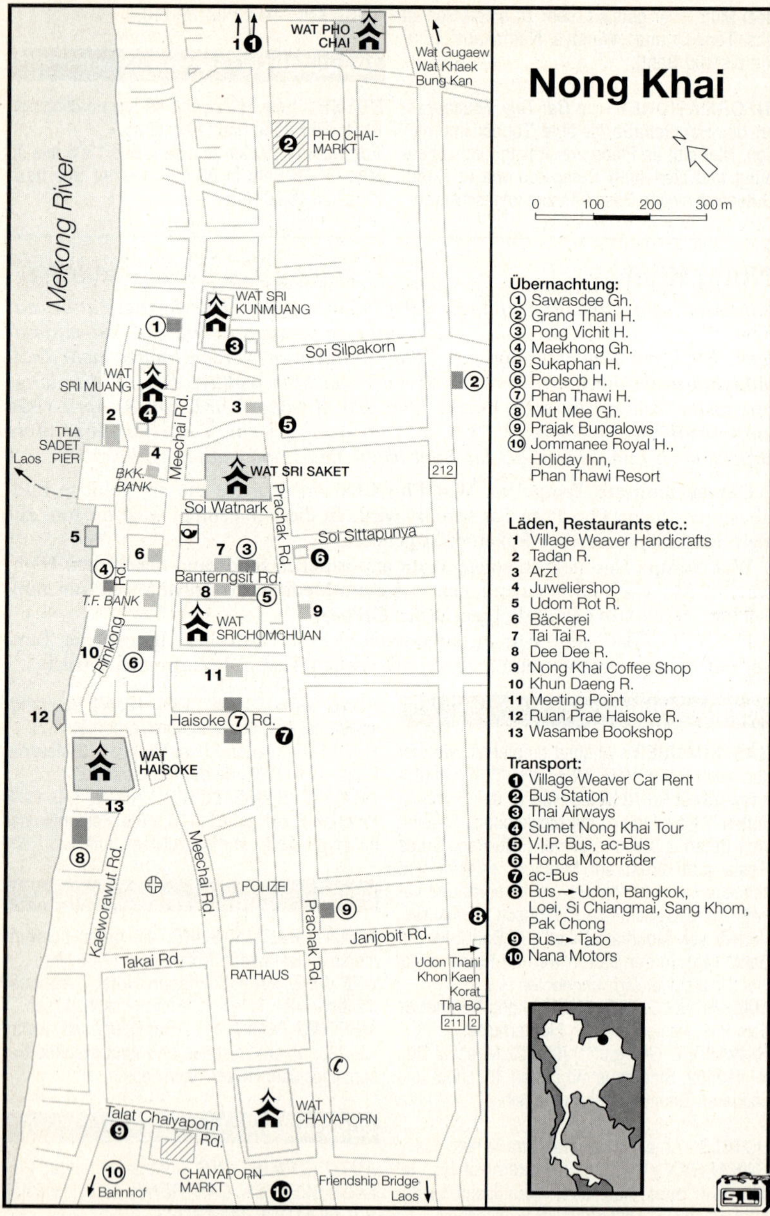
Nong Khai
0 100 200 300 m
N
Übernachtung:
① Sawasdee Gh.
② Grand Thani H.
③ Pong Vichit H.
④ Maekhong Gh.
⑤ Sukaphan H.
⑥ Poolsob H.
⑦ Phan Thawi H.
⑧ Mut Mee Gh.
⑨ Prajak Bungalows
⑩ Jommanee Royal H., Holiday Inn, Phan Thawi Resort
Läden, Restaurants etc.:
1 Village Weaver Handicrafts
2 Tadan R.
3 Arzt
4 Juweliershop
5 Udom Rot R.
6 Bäckerei
7 Tai Tai R.
8 Dee Dee R.
9 Nong Khai Coffee Shop
10 Khun Daeng R.
11 Meeting Point
12 Ruan Prae Haisoke R.
13 Wasambe Bookshop
Transport:
❶ Village Weaver Car Rent
❷ Bus Station
❸ Thai Airways
❹ Sumet Nong Khai Tour
❺ V.I.P. Bus, ac-Bus
❻ Honda Motorräder
❼ ac-Bus
❽ Bus → Udon, Bangkok, Loei, Si Chiangmai, Sang Khom, Pak Chong
❾ Bus → Tabo
❿ Nana Motors
Mekong River
WAT PHO CHAI
Wat Gugaew
Wat Khaek
Bung Kan
PHO CHAI-MARKT
WAT SRI KUNMUANG
Soi Silpakorn
WAT SRI MUANG
THA SADET PIER
Laos
Meechai Rd.
BKK. BANK
WAT SRI SAKET
212
Soi Watnark
Prachak Rd.
Soi Sittapunya
Banterngsit Rd.
Rd.
T.F. BANK
WAT SRICHOMCHUAN
Rimkong
Haisoke Rd.
WAT HAISOKE
Kaeworawut Rd.
Meechai Rd.
POLIZEI
Prachak Rd.
Janjobit Rd.
Takai Rd.
RATHAUS
Udon Thani
Khon Kaen
Korat
Tha Bo
211 2
WAT CHAIYAPORN
Talat Chaiyaporn Rd.
CHAIYAPORN MARKT
Friendship Bridge Laos
Bahnhof

**BÜCHER** - Am Weg zum Mut Mee GH betreibt Michael Wilson den *WASAMBE BOOKSHOP* mit vielen esoterischen Büchern; oben spirituelles Zentrum. Er kauft, verkauft und verleiht auch Bücher aller Art.

**EINKAUFEN** - Viele Souvenirshops und Stände auf dem **Lao Markt** vor dem Pier verkaufen Stickereien, Silberschmuck, Baumwoll- und Seidenstoffe und viele Waren aus Vietnam, China und von der russischen Armee; an einigen Ständen wird französisches Brot verkauft.
Der *CHAIYAPORN MARKT* hat ein großes Angebot an Gemüse und Obst.

**GELDWECHSEL** - Wer noch laotische Kip zurücktauschen muß, kann es im Juwelier- und Souvenirshop, 302/1 Rimkong Rd., schräg links gegenüber vom Pier versuchen.

**IMMIGRATION** - bei der neuen Brücke, geöffnet 8.00 - 18.00 Uhr.

**MOTORRÄDER** - Im *HONDA* Laden an der Prachak Rd. und bei *NANA MOTORS* an der Meechai Rd., westlich vom Rathaus, für 150 Baht pro Tag. Da hier sehr viele Motorräder gestohlen und nach Laos „exportiert" werden, verlangen die Vermieter eine hohe Kaution.

**REGENZEIT** - In dieser Region beginnt die Regenzeit im Juni und endet normalerweise bereits Mitte September. Hauptsaison von Dez. - Feb.

**REISEBÜRO** - *SUMET NONG KHAI TOUR,* 615/1 Soi Sisumang 2, tel 411172, schräg gegenüber vom Pier, organisiert Trips auf dem Fluß und in die Umgebung und veranstaltet Pauschal-Touren nach Laos.

**TAI CHI CH'UAN** - Im Dezember und Januar bietet der Meister M'Wee im *Mut Mee Guest House* Kurse für Anfänger an (Internationale Form, 24 Positionen), Kosten 1000 Baht pro Woche, Beginn jeden Samstag; nach Vereinbarung auch Schwert- und Fächerformen.

**TELEFON** - Internationale Ferngespräche vom Postamt in der Meechai Rd. (7.00 - 22.00 Uhr), Inlandsgespräche von der Telefon Exchange.

**VISA FÜR LAOS** - können z.Zt. in Nong Khai für 2800 Baht arrangiert werden, in Kürze wahrscheinlich billiger. Sie gelten 15 bzw. 30 Tage für ganz Laos.

**VORWAHL** - 042; PLZ: 43 000.

### TRANSPORT

**BUSSE** - Nong Khai liegt am Ende des Friendship-Highway - 616 km von Bangkok entfernt.
Ab Northeastern Bus Terminal in BANGKOK fahren non-ac-Busse stündlich außer nachmittags für 146 Baht, ac-Busse um 8.40 und von 20.15 - 21.20 Uhr für 263 Baht, ein V.I.P.-24 Bus um 20.00 Uhr für 405 Baht.
Zurück fahren die non-ac-Busse am Vor- und Nachmittag, ac-Busse um 7.30 und von 19.00 - 20.30 Uhr, der V.I.P.24-Bus um 20.00 Uhr.
Nach LOEI 13x tgl bis 16.00 Uhr für 61 Baht über SI CHIANG MAI (15,50 Baht), SANG KHOM (30 Baht) und PAK CHOM (50 Baht).
Einige Busse nach LOEI fahren über CHIANG KHAN (60 Baht, 5 Std.), ansonsten in Pak Chom umsteigen (20 Baht). Regelmäßige Busse nach KORAT ac 157 Baht (mit non-ac-Bus in UDON THANI umsteigen). 11 Busse nach PATTAYA für 165 Baht (ac 297 Baht).

**EISENBAHN** - Von BANGKOK fahren tgl. 2 *Rapid Trains* um 6.15 und 19.00 Uhr für 235/123 Baht in der 2./3. Klasse in 11 Std. Der Expresszug um 20.30 Uhr hat Schlafwagen und kostet in der 2. Kl. oberes Bett 315 Baht, unteres Bett 345 Baht.
Nach BANGKOK fahren Züge um 7.40, 17.40 und 19.00 Uhr (Express mit Schlafwagen) ab.
Nach KORAT um 12.30 Uhr in 6 1/2 Std.

**FLÜGE** - Ein *THAI AIRWAYS BÜRO* befindet sich in der 453 Prachak Rd., tel 411530.
Der nächste Flugplatz ist in UDON THANI.

## Die Umgebung von Nong Khai

### Wat Khaek

Die hinduistisch - buddhistische Anlage wird auch *Kaew Ku, Kawkgo* oder *Keokoo* genannt. Auf einem riesigen Gelände inmitten hunderter Topfpflanzen stehen eigenwillige menschliche und tierische Figuren. Die bis zu 20 m hohen Statuen sind aus Zement geformt: ein Schlangengott, der die Erdkugel verschlingt; zehnarmige Krieger, die die abgeschlagenen Köpfe ihrer Feinde in den Händen halten; eine aggressive Hundemeute, die einen friedvollen Elefanten attackiert. Die Hunde verhalten sich wie Menschen, fahren Auto oder Motorboot, sind als Marktfrauen oder mit erigiertem Penis dargestellt, tragen Brillen und Maschinengewehre, lesen, rauchen und trinken - eine „Parodie der menschlichen Gesellschaft". Vor Staunen sollte man aber nicht vergessen, das **Museum** anzuschauen: eine groteske Mischung östlicher Religionen mit all ihren Auswüchsen. Long Pu Bun Lua, der oberste Priester der Anlage trägt ein weißes Gewand, nicht das safranfarbene Tuch, er ist also kein Mönch. Seitdem er 1975 aus Laos hierherkam, arbeitet er an dieser Anlage, mit der er auf die hinduistischen Wurzeln des Buddhismus verweisen möchte. Ein absolut lohnenswerter Trip!

Wat Khaek ist leicht mit dem Fahrrad zu erreichen. Vom H212 biegt man am KM 4,3 östlich der Stadt hinter der St. Paul's School beim Schild *Sala Keokoo* nach rechts ab (600 m). Fahrradparkplatz 5 Baht.

## Phu Pra Bat Historical Park

Dieser Park, der in einer Felslandschaft mit merkwürdigen Sandsteinformationen und lockerem Baumbestand liegt, wird von vielen Fußwegen durchzogen und eignet sich ausgezeichnet zum Wandern oder Spazierengehen.

Zunächst erreicht man den Eingang zum Historical Park mit Visitor Center, Schautafeln, Toiletten, Erfrischungsständen und Gästehaus (Eintritt frei, Spende erwünscht). Wer keine Karte ausgehändigt bekommt, kann sich die Attraktionen in gewünschter Reihenfolge (mit Namen!) von der Schautafel abschreiben und die Lage skizzieren. Der Park ist in 9 Wandergebiete eingeteilt. Wer alles sehen möchte, benötigt mehrere Tage Zeit. Trotz vieler Schilder auf Thai und Englisch können Besucher sich leicht verlaufen, da es viel mehr Wege gibt, als markiert sind. Am interessantesten ist das Gebiet Nr. 3, direkt am Parkeingang. Man benötigt mindestens 1 Stunde, um die Attraktionen zu sehen: Phantastische Felsformationen, oft in Pilzform; natürliche Felsüberhänge, die in der Dvaravati-Periode (7. - 10. Jh.) als Tempeldächer dienten; Felszeichnungen, auf denen Männer und Ochsen noch gut zu erkennen sind, 2000 - 4000 Jahre alt. Für längere Erkundungen muß unbedingt Trinkwasser mitgebracht werden.

### ÜBERNACHTUNG

*GUESTHOUSE*** des Historical Park beim Visitor Center.

### TRANSPORT

Von NONG KHAI mit Bus 4326 am Mekong entlang nach THA BO (10 Baht). Auf der anderen Straßenseite in den Bus nach BAN PHU (65 km) steigen (alle 30 Min. für 20 Baht in 2 Std., letzter Bus zurück um 17.00 Uhr). Von der Bus Station mit dem Songthaew über BAN TIU zur Abzweigung vor dem Park (10 km, 5 Baht). Von hier sind es noch 4 km zu Fuß bis zum Parkeingang. Wer Glück hat, kann trampen. Ansonsten bereits in Ban Phu ein Motorradtaxi chartern. Einfacher geht es mit dem Motorrad: ab Nong Khai (79 km) oder kürzer ab Si Chiang Mai (52 km).

## Ban Chiang

In den 70er Jahren fand man nahe dem Dorf Ban Chiang bei großangelegten Ausgrabungen Tonscherben, die schön mit eleganten Bändern bemalt waren, sogenannte Bandkeramik. Man konnte sie auf ein Alter von 7000 Jahren datieren.

Auch Waffen und andere Gerätschaften wurden ausgegraben. Sie bewiesen, daß diese erhöhte Stelle, auf der das heutige Dorf steht, von 3600 v. Chr. bis 200 n. Chr. besiedelt war und danach verlassen wurde. Die heutige Bevölkerung des Dorfes wanderte erst vor etwa 200 Jahren aus dem heutigen Laos ein. Das Volk, das hier ursprünglich lebte, aß Reis und benutzte seit 1700 v. Chr. Bronzewerkzeuge, die in Sandsteinformen gegossen wurden. Dies war eine archäologische Sensation, hatten die Wissenschaftler doch bis dahin angenommen, daß die älteste Kultur Asiens und vielleicht sogar die „Wiege der Menschheit" in China liege. Seit den Funden in Ban Chiang weiß man mit ziemlicher Sicherheit, daß in Thailand ein noch älteres Kulturvolk gelebt hatte.

Ein Teil der Funde ist in einem hervorragenden **Museum** ausgestellt, das sehr informativ aufgebaut und (in englisch) beschriftet ist. Geöffnet 9.00 - 12.00 und 13.00 - 16.00 Uhr außer Mo, Di und feiertags, Eintritt 10 Baht.

Eine überdachte Ausgrabungsstätte ist auf dem Gelände von **Wat Po Sri Nai** zu besichtigen. Auf verschiedenen Ebenen liegen noch die Keramiken, Tier- und Menschenknochen an ihrem ursprünglichen Platz. Eintritt 10 Baht.

### ÜBERNACHTUNG

*LAKESIDE SUNRISE GH***, Ban Chiang, Nonghan, geleitet vom Australier Alex Ovenden und Tong, am See, 5 Min. zu Fuß vom Museum. Großes Haus im Thai-Stil mit offenen, schattigen Verandas, 6 Zimmer mit schöner Aussicht; im Café gibt es u.a. echten Kaffee.

### TRANSPORT

Anreise zunächst von NONG KHAI mit dem Bus nach UDON THANI. Dann entweder alle 25 Min. mit Bus Nr. 225 bzw. Nr. 230 Richtung Sakhon Nakhon bzw. Nakhon Phanom (20 Baht) vom Bus Terminal 1 in UDON bis zur Abzweigung von Ban Pulu, wo Tuk Tuks warten, oder mit dem direkten Songthaew Nr. 1371 für 20 Baht, das alle 30 Min. die Pho Sri Rd. entlang nach Osten fährt, in 1 Std.

Zurück mit dem Songthaew - alle 30 Min. von 5.30 - 12.00 Uhr - später mit dem Tuk Tuk zur Hauptstraße, wo laufend Busse nach Udon vorbeifahren.

Mit eigenem Fahrzeug von Udon Thani Richtung Sakhon Nakhon fahren und beim KM 52 auf die Straße H2225 abbiegen. Von hier aus sind es noch 6 km bis Ban Chiang.

## Von Nong Khai nach Si Chiang Mai

Richtung Westen führt die Straße H211 etwa 200 km am Mekong entlang - eine abwechslungsreiche Flußlandschaft. Wenn der Wasserspiegel in der Trockenzeit um 8 - 14 m abfällt, bilden sich überall Inseln, Sandbänke und Stromschnellen. Die Szenerie wirkt dann insgesamt nicht so beeindruckend.

Die Busse nach Pak Chom nehmen zunächst nicht die neue Uferstraße (28 km), sondern fahren weiter südlich über den H2 und den H211. Erst nach 41 km treffen sie beim Ort Tha Bo auf den Mekong. Rechts und links vom H211 (ab KM 20) hat ein Künstler Büsche originell zugeschnitten. Neben Tierformen lassen sich Hubschrauber, Boote mit Ruderern oder Jäger mit Pfeil und Bogen ausmachen.

### Si Chiang Mai

Von Si Chiang Mai aus (KM 45) hat man den besten Blick nach Laos hinein; denn genau gegenüber liegt die Hauptstadt Vientiane. Hier wird überall Teig für Frühlingsrollen hergestellt und getrocknet. Ab 16.00 Uhr duftet es vom *Bread Workshop* nach frischem französischem Brot. Am Samstag wird bei Fischkämpfen (in der Regenzeit) bzw. Hahnenkämpfen (während der Trockenzeit) kräftig gewettet. Ein großer Spaß ist das Fest der „Miss Tomato" im Februar. Ende September/Anfang Oktober finden auf dem Fluß Bootsrennen statt. Der angenehme, ansonsten langweilige Ort eignet sich sehr gut als Basis für Ausflüge im Hinterland.

Die Rim Khong Road, die Parallelstraße am Mekong, wird leider auch hier wenig umweltfreundlich befestigt - viel Zement und Steine anstelle von Schilf und Bäumen.

### ÜBERNACHTUNG

**Si Chiang Mai**: Übernachten können Traveller im viel gelobten *TIM GH*-***, tel 042/451072, 553 Mu 2, Rim Khong Rd., 150 m vom Bus Stop entfernt an der Uferstraße. 3stöckiges Steinhaus mit einfachen Zimmern, vom Schweizer Jean-Daniel Schranz hervorragend geleitet. Von der Dachterrasse bietet sich eine schöne Sicht auf Vientiane. Restaurant mit lokalen Speisen und Spezialitäten. Viele Karten und Infos (u.a. über Buddhismus), Musik-Cassetten und Spiele, Kräutersauna und Thai-Massage; Fahrräder Motorrad sowie Auto mit Fahrer zu mieten; Boot-Trips werden veranstaltet, i.b. am Laos-Ufer entlang.

In der gleichen Straße gibt es noch das *SITHI-SUWAN*-***, Nr. 35, tel 451127, Zimmer mit Fan. Weniger gut ist das *KUSONSUK**.

### TRANSPORT

Nach Si Chiang Mai fahren von NONG KHAI aus Busse um 8.00, 8.30 und 9.30 Uhr für 15 Baht, Songthaew kosten 25 Baht.

Weiter nach SANG KHOM für 10 Baht, PAK CHOM 35 Baht, LOEI 60 Baht, KORAT 95 Baht und BANGKOK 153 Baht (ac 319 Baht).

## Von Si Chiang Mai nach Chiang Khan

### Sang Khom

Am KM 85, Bus von Nong Khai 30 Baht, liegt inmitten der bergigen Landschaft das kleine Straßendorf Sang Khom mit vielen Holzhäusern und einer ruhigen, gemütlichen Atmosphäre. Jedes Jahr in der Regenzeit nimmt der Mekong 3 - 5 m Land mit, so daß auch das letzte Gästehaus am gefährdeten Teil des Ufers bald umziehen muß. Drei Gästehäuser (s.u.) wurden weiter westlich und östlich auf sicherem Land neu erbaut.

### Pak Chom

In dem 2 km langen, ruhigen Ort Pak Chom (KM 147) kann man im Gästehaus (s.u.) am westlichen Ortseingang übernachten. Der Bus hält allerdings am anderen (östlichen) Ortsende. 11 km südlich liegt am H2108 das Flüchtlingslager **Ban Vinai**. Touristen werden normalerweise nicht eingelassen.

### ÜBERNACHTUNG

**Sang Khom:** Die Hütten der Gästehäuser liegen am Fluß und kosten 60 bis 100 Baht.

*RIVER HUTS**, 118 Sang Khom, tel 441041, neben *Bouy GH*; schön gelegen am Fluß, 8 einfache Bungalows; Kräuter-Sauna, Mountain Bikes; der Manager ist ein Amerikaner.

*BOUY GH**, 60/4 Sang Khom, tel 042/441065, ca. 800 m westlich des Bus Stops am Ende des Dorfes. Großes, ruhiges, mit Bäumen bestandenes Grundstück am Mekong, einfache Bungalows (z.T auf der Insel, mit einer Holzbrücke verbunden). Terrassen-Restaurant, u.a. Yoghurt, vegetarisches Essen; Fahrräder und Motorrad zu vermieten.

*TXK GH**, nur noch 4 einfache Bambus-Bungalows und Restaurant sind am absturzgefährdeten Teil des Ufers übrig. Die freundliche Mama wirbt Gäste am Bus an.

*D.D. GH**, 90 Sang Khom, tel 441021, 1 km östlich vom Dorf, wo der Nam Som Fluß in den Me-

kong mündet; Bungalows am Ufer, traditionelles Thai/Isarn-Essen mit der Familie; Sauna, Fahrräder, Motorrad; viel Betrieb; Bus Stop vor dem Haus, Fahrer nach „Gas Station" fragen, liegt gegenüber.
**Pak Chom:** *PAK CHOM GUESTHOUSE**, Soi 1, tel 042/881021, am westlichen Ortseingang. Einfachst-Hütten auf einem ungepflegten Grundstück am Fluß, sehr ruhig.

### TRANSPORT

Der Bus 507 befährt die Strecke NONG KHAI - 15 Baht - SI CHIANGMAI - 15 Baht - SANG KHOM - 20 Baht - PAK CHOM - 25 Baht - LOEI. Also von PAK CHOM nach SI CHIANGMAI (102 km) für 35 Baht.
Nach CHIANG KHAN (20 Baht) muß man manchmal in Pak Chom umsteigen.

## Chiang Khan

เชียง คาน

Ein ruhiger, schön gelegener und wirklich angenehmer Grenzort am Mekong. Fast alle Häuser sind noch aus Holz gebaut. Von den Straßen am Steilufer des Flusses hat man einen guten Blick über den Fluß bis nach Laos. Gemächlich tukkern Passagierschiffe und Frachtkähne über den Mekong. Neben dem Passagierschiff, das zwischen der neuen laotischen Hauptstadt Vientiane (Viangchan) und der alten Königstadt Luang Prabang verkehrt, erspähen aufmerksame Beobachter immer häufiger Schnellboote, die von Chiang Khong in Nord-Thailand den Fluß herunter fahren.

Westlich vom Markt steht **Wat Sri Khun Muang**, ein Tempel mit einem Viharn im nordthailändischen Stil und 80 Jahre alten Wandmalereien.

### ÜBERNACHTUNG

An der Flußstraße **Rimkong Rd.** (= Chai Khong Rd.) liegen 3 aus Holz gebaute Gästehäuser auf der Seite zum Mekong, alle sind in Ordnung.
*CHIANG KHAN GH**, Nr. 282, tel 821029, Verschläge als Zi mit Fan, Gemeinschafts-Du/WC, Restaurant, Fahrrad- und Motorradverleih.
*NONG BALL GH**, Nr. 204, tel 821056, von der gemütlichen, riesigen Loggia im 1. Stock hat man einen guten Blick auf den Fluß.
*NONG SAM GH**, Nr. 162, tel 821342, 12 große Zimmer mit Moskitogitter, Gemeinschafts-Du/WC, Flußterrasse und Restaurant; gut geführtes Haus des Engländers Robert und seiner Thai-Frau. Für Naturliebhaber und Ruhesuchende hat Robert die *NONG SAM BUNGALOWS** gebaut, 1 km westlich der Stadt auf einem Gartengrundstück am Mekong. Er will auch Kanus und Fahrräder vermieten und sanften, umweltschonenden Tourismus praktizieren.
*ONG GH**, 329/7 Sri Chiang Khan Rd., an der Hauptstraße; die billigsten Zimmer im Ort.
*ZEN GH**, Soi 12, Holzhaus in einer ruhigen Gasse in ländlicher Umgebung, intensiv religiöse Atmosphäre; Fahrräder zu vermieten.

### SONSTIGES

**GELD** - *THAI FARMERS BANK,* Mo - Fr von 8.30 - 15.30 Uhr geöffnet.

**FAHRRÄDER** - für 30 Baht in der Rimkong Rd.

**VORWAHL** - 042; PLZ: 42 110.

### TRANSPORT

**BUSSE** - Von und nach BANGKOK fahren am Morgen und Abend je ein non-ac-Bus für 145 Baht und je ein ac-Bus für 261 Baht, sowie ein V.I.P.-24 Bus am Abend für 405 Baht.
Nach PAK CHOM non-ac-Busse bis 17.00 Uhr alle 20 Min., 20 Baht in 1 Std., weiter nach NONG KHAI für weitere 50 Baht, insgesamt 5 Std.

# OSTKÜSTE

*Das Küstengebiet östlich von Bangkok ist eine traditionell agrarisch geprägte Region - am Meer lebt man vom Fischfang, im Hinterland werden Obst und Zuckerrohr, Maniok und Gummibäume angebaut. Schon immer flohen die Bewohner Bangkoks am Wochenende aus der drückenden Schwüle der Stadt an die nahen Strände, um die kühlende Meeresbrise zu genießen. Die stabilen Schönwetterperioden lockten auch Touristen und Reiseveranstalter. Zahlreiche Hotels entstanden in Pattaya, dem Reiseziel vieler Pauschaltouristen - das sich von einem Fischerdorf zum Zentrum des Sex-Tourismus fehlentwickelte. Weiter östlich hat sich noch eine Menge ursprünglicher Atmosphäre erhalten.*

## Pattaya

พัทยา

Entlang der Bucht von Pattaya und der angrenzenden Strände ersteckt sich eines der größten Urlaubszentren Thailands, das mittlerweile über 1,5 Mill. einheimische und ausländische Touristen pro Jahr anzieht. In **South Pattaya,** v.a. entlang der Beach Road, geht es turbulent zu. Einen erfreulichen Farbtupfer bildet die neu angelegte **Strandpromenade. Naklua**, das nördliche Pattaya, wo auch viele Thai-Familien Urlaub machen, wirkt dagegen ruhiger.

Wer sich vom Rummel zurückziehen will, um sich am Strand zu bräunen oder sich beim Windsurfen zu erholen, kann in die Unterkünfte am **Jomtien Beach**, südlich von Pattaya, umziehen. Den besten Blick auf Pattaya hat man vom kleinen Tempel auf dem **Phra Tamnak Hill** neben der Radiostation zwischen Pattaya und Jomtien Beach.

### ÜBERNACHTUNG

Von den 219 Unterkünften in Pattaya sind nur wenige für Traveller geeignet. Große Schilder weisen in South Pattaya auf freie Zimmer hin.

*B.J.***, Beach Road, südlich vom Amari Orchid Resort, angenehme Umgebung, kleines Restaurant.

*B.R. INN***-***, 224/26 Moo 10 Soi 12, tel 426449 und *DROP INN***, 244/ 15 Moo 10 Soi 12, tel 429803.

*J.B. GUESTHOUSE****, 12 Jomtien Rd., ca. 150 m hinter dem Royal Jomtien Resort, tel 231581-2, an der Hauptstraße. Saubere DZ mit Du/WC, ac. Die Zimmer nach hinten sind ruhig.

*DIANA INN****-****, 216/6-9 Moo 10, Pattaya Second Rd., tel 429675, fax 424566; preiswerte, einfache Zimmer mit Fan im Flachbau hinter dem Hotel.

*JOMTIEN BAYVIEW****-****, 192 Moo 12, tel 251889, fax 251334, an der lauten Verbindungsstraße zum Jomtien Beach, gutes Hotel, freundliches Personal, Pool.

### ESSEN

Wohl kaum ein anderer Badeort in Südostasien hat solch eine große Auswahl an Restaurants.

*RUEN THAI*, Pattaya Second Rd. neben Angus, tel 425911, von 19.30 - 23.00 Uhr klassische Musik und Thai Tanz, Sitzplätze in einer tropischen Gartenanlage oder ac, sehr gutes und preiswertes Essen.

*P.I.C. KITCHEN*, Soi 5, tel 428374, neben klassischem Thai Food gibt es auch europäisches Essen. Thai-Tanz Mi 19.30 - 22.30 Uhr und Jazz-Abende von Platten 19.00 - 1.00 Uhr. Ein Ableger befindet sich am Jomtien Beach.

### SONSTIGES

**AUTOVERMIETUNG** - ab 1500 Baht und Jeeps für 600 - 1000 Baht werden entlang der Beach Rd. vermietet.

Günstig ist *VIA RENT A CAR*, 215/15-18 Pattaya Second Rd., gegenüber Royal Garden Hotel, tel 426242, fax 426243.

**IMMIGRATION** - Soi 8, tel 429374 - 500 Baht für 30-Tage Verlängerung.

**INFORMATIONEN** - *TOURIST INFO CENTER,* 382/1 Beach Rd., tel 428750. Zwischen Soi 8 und 9 befindet sich zudem das *TAT OFFICE*, 246/1 Beach Rd., tel 428750, geöffnet Mo - Fr 8.30 - 16.30 Uhr.

**MEDIZINISCHE HILFE** - im *BANGKOK PATTAYA HOSPITAL,* an der Sukhumvit Rd. Richtung Bangkok, praktizieren diverse Fachärzte, darunter Kinderärzte und Zahnärzte.

**VORWAHL** - 038; PLZ: 20 260.

## NAHVERKEHRSMITTEL

Rund 700 blaue **Baht-Busse** kosten entlang der Pattaya Second und Beach Road 5 Baht, ansonsten innerhalb von Pattaya bis zu 30 Baht. Regulärer Preis zum Jomtien Beach 40 Baht, nach Naklua 20 Baht. Sie können überall angehalten werden. Charter für 2 Pers. 40 Baht, jede weitere Person 5 Baht. Es gibt häufig Beschwerden. **Motorrad-Taxis** im Stadtgebiet kosten generell 20 Baht.

## TRANSPORT

**BUSSE** - Ac-Busterminal in der North Pattaya Rd., nahe der Sukhumvit-Autobahn. Non-ac-Busse fahren am Jomtien Beach von der Bor Kor Sor Bus Station ab, halten aber auch am Markt in der South Pattaya Road.
Vom Eastern Bus Terminal, 136 km, fahren non-ac-Busse alle 30 Min. für 37 Baht, ac-Busse alle 30 Min. bis 22.30 Uhr für 66 Baht in 3 Std. Ab Northeastern Bus Terminal stündlich bis 19.00 Uhr weitere Busse für 67 Baht, zurück zwischen 7.00 und 18.00 Uhr. Ac-Busse fahren zudem von den großen Hotels ab. Vom International Airport in Bangkok verkehren Busse von Thai Airways tgl. um 9.00, 12.00 und 19.00 Uhr, zurück ab Thai Airways Office in Pattaya um 6.30, 13.00 und 18.30 Uhr, 30 Min. früher ab Royal Cliff Hotel für 200 Baht in 90 Min.
Nach BAN PHE ac-Minibus von *Malibu Travel*, tel 423180, ab Pattaya Second Rd., Einmündung Soi Post Office, um 8.00, 10.00, 12.00 und 15.30 Uhr für 120 Baht, zurück um 10.00 Uhr und alle 2 Std. zwischen 11.30 und 17.30 Uhr.
Busse in den Norden fahren vom Sukhumvit Highway, nahe der Central Pattaya Road, ab.
Nach CHIANG MAI mit dem non-ac-Bus um 7.00 und 16.15 Uhr, 216 Baht, ac-Busse um 15.00, 17.55 und 18.20 Uhr für 415 Baht, V.I.P.-Bus um 19.00 Uhr, 450 Baht in 14 Std. Zurück fahren die meisten Busse am Nachmittag ab.
Nach MAE SAI mit dem non-ac-Bus um 12.30 Uhr für 245 Baht, ac-Bus um 14.30 und 16.00 Uhr für 445 Baht in 16 Std. (über CHIANG RAI für 230 / 420 Baht). Zurück non-ac-Bus um 11.30 Uhr, ac-Bus um 13.30 und 15.00 Uhr.

**FLÜGE** - Vom ehemaligen Militärflugplatz, U-Tapao, 40 km südlich von Pattaya, Inlandflüge mit Bangkok Airways Mo, Di, Fr und Sa nach KO SAMUI um 11.20 Uhr für 1480 Baht und nach BANGKOK um 14.10 Uhr für 900 Baht.
*THAI AIRWAYS OFFICE*, Royal Cliff Beach Hotel, tel 429286-7.
*BANGKOK AIRWAYS*, tel und fax 603063.
*PATTAYA EXPRESS TOURS*, tel 426365, bietet einen Limousine Service zum U-Tapao Airport für 150 Baht an.

# Ko Samet เกาะเสม็ด

Ko Samet, seit langer Zeit beliebtes Ausflugsziel und eine der ersten Urlaubsinseln der Region, kämpft mit schweren Problemen. Die Insel ist etwa 6 km lang und zwischen 400 m und 1000 m breit, die Hügelkette erreicht Höhen bis zu 125 Meter. Entlang der Ostküste zieht sich eine Reihe langer, weißer Sandstrände, die durch flache Granitbänke und baumbestandene Felsenkaps unterteilt werden. Bei Flut und hohen Wellen wird manchmal der ganze Strand überspült. Nach Süden zu verdrängen Steine immer mehr den Sand, die Felsenküste wird unterbrochen von halbmondförmigen Buchten. Am südlichen Ende tritt man aus dem Buschwald auf eine ziemlich kahle Landspitze, vor der viele Felsen aus dem Wasser ragen.

Die Westküste besteht vor allem aus Klippen, die sich dem Wind und den Wellen entgegenstellen, von der Sonne gebleichtes Treibholz sammelt sich in Felsnischen. Nur ganz im Norden locken ein paar Sandstrände. An Wochenenden und in den Ferien wird Ko Samet geradezu überschwemmt von bis zu 10 000 Ausflüglern aus Bangkok, die allerdings vorwiegend am Hat Sai Kaeo Beach im Norden der Ostküste bleiben. Um die Massen besser zu verteilen, soll schon seit Jahren für 8 Millionen Baht eine 4,8 km lange Straße gebaut werden.

Die meisten Boote kommen am Pier im Norden an, wo sich der Hauptort **Ban Na Dan** befindet. Hinter dem Wat steht die Statue eines 12 m hohen, sitzenden Buddhas. Viele Ausflügler schaffen es vom Pier nur die wenigen Meter zu den häßlichen, angestrichenen Bretterhütten („Gefängniszellen"), dabei kommt man in 10 Minuten leicht zu Fuß zum schönen Hat Sai Kaeo.

## ÜBERNACHTUNG

Außerhalb der Saison bekommt man auf Ko Samet bereits für 70 Baht eine Hütte mit Fan und Dusche. In der Hauptsaison kosten sie mehr als das Doppelte, an langen Wochenenden sogar das Vierfache. Fast alle Anlagen haben Elektrizität, fließendes Wasser und ein Restaurant. Die Bungalowanlagen beim Dorf, am Ao Klang und Ao Noina sind nicht zu empfehlen.

## SONSTIGES

**AUSFLÜGE** - Vom Pier und von Bungalowsiedlungen kann man zum Schnorcheln (ca. 150 Baht) fahren. Ausflüge nach Ko Kudee und Ko Thalu werden für 120 Baht angeboten.

**EINTRITT** - Am Eingang zum Park sind von Ausländern 50 Baht Eintritt zu bezahlen.

**MALARIA** - Viele malariaübertragende Moskitos sind auf der Insel ein Problem. Deshalb unbedingt vorsorgen. Bei ersten Anzeichen einer möglichen Malaria das *KO SAMET HEALTH CENTER* oder die *KO SAMET MALARIA CLINIC* im Dorf nahe dem Wat aufsuchen, wo ein kostenloser Bluttest gemacht wird.

**MOTORRÄDER** - An der Dorfstraße gibt es die Motorradvermietung *ALADIN'S*.

**REISEZEIT** - Hauptsaison ist von November bis März, doch noch bis Juni ist der Aufenthalt hier angenehm. Völlig überrannt wird der Nordosten der Insel an den Feiertagen von Nov. bis April.

**WASSER** - Die Wasserversorgung ist nur an den nördlichen Stränden gesichert, die über die Straße mit Tankwagen versorgt werden können. Ansonsten sieht das Wasser häufig schon im Dezember sehr schmutzig aus. Wer es trinkt, muß mit Dauerdurchfall rechnen.

## NAHVERKEHRSMITTEL

Bis zu 70 Pickups bringen die Gäste auf 3 km Naturstraße an die Strände. Wollen mindestens 10 Passagiere zum selben Ziel, kostet es nach Hat Sai Kaeo 10 Baht, nach Ao Phai 20 Baht, nach Wongduan 30 Baht, zum Paradise Beach 30 Baht. Charter kostet 100 - 200 Baht.

## TRANSPORT

**BUSSE** - Ab Eastern Bus Terminal in BANGKOK, 196 km, fahren non-ac-Busse jede Std. von 7.00 - 18.00 Uhr für 50 Baht in gut 4 Std., ac-Busse etwa stündlich bis 18.30 Uhr für 90 Baht nach BAN PHE. Die Rückfahrt am besten gleich nach Ankunft in Ban Phe reservieren. Zurück fahren non-ac-Busse ca. jede Std. von 9.15 - 16.15 Uhr; ac-Busse alle 2 Std. von 5.00 - 17.00 Uhr. Von der Khaosan Rd. in Bangkok fahren Minibusse um 8.30, 9.30 und 14.30 Uhr nach Ban Phe für 150 Baht (inkl. Boot nach Ko Samet), für 240 - 260 Baht hin und zurück.

**BOOTE** - Ab BAN PHE fahren alle 1 - 2 Std. Boote (sobald sie voll sind) für 40 Baht zum Pier von Ban Na Dan und z.T. weiter nach Ao Wongduan. Zu den anderen Stränden fährt nur jeweils ein Boot.
Von Ban Na Dan zurück verkehren nur die Boote von *Samet Tour*. Alle anderen Boote fahren nur von den jeweiligen Stränden ab.
Wer das letzte Boot zum Festland verpaßt hat, kann am Pier für ca. 400 Baht eines chartern.

## Hat Sai Kaeo

Der schöne, 1 km lange Strand im Norden der Ostküste heißt auch *Crystal Sand Beach* oder *Diamond Beach.*

Vor allem während der Feiertage und an Wochenenden kommen viele Thai-Gruppen, um unter Palmen in den Seafood-Restaurants zu schlemmen. Einige der 9 Bungalowdörfer sind solide gebaut und relativ teuer.

Auf Fußwegen durch eine Palmenplantage erreicht man die Felsenbucht **Ao Luk Yon** am nordöstlichen Zipfel. Der kleine Strand ist durchsetzt mit sehr grobkörnigem Sand. Er erlaubt eine schöne Sicht auf die nördliche Küste und auf Inseln. Um die Felsen herum kann man gut schnorcheln.

Hinter einer Felsenbarriere schließt sich nach Süden der 400 m lange, schöne Sandstrand **Ao Hin Khok** an den Hat Sai Kaeo an. Der Fahrweg schlängelt sich nahe am Strand durch einen Wald.

Dahinter ziehen sich die Bungalows versteckt unter Bäumen den Hang hinauf.

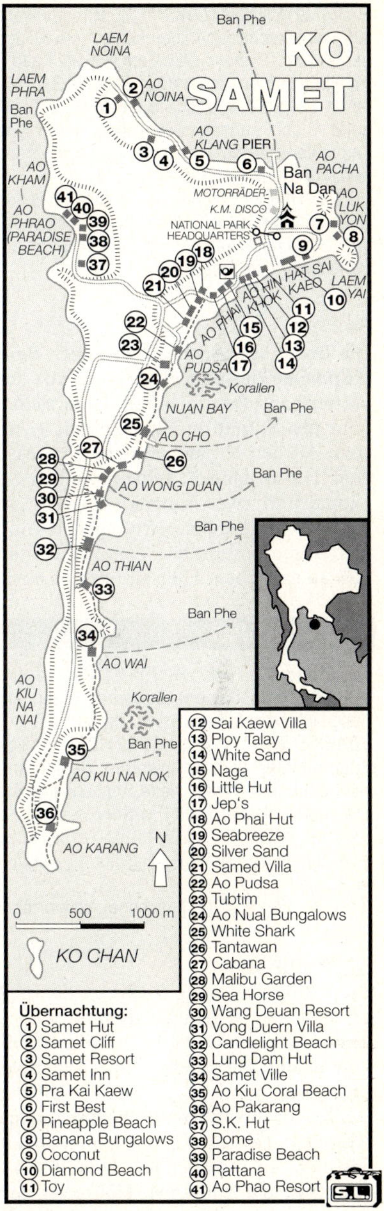


### ÜBERNACHTUNG

**Hat Sai Kaeo**: Ganz im Norden liegt *COCONUT***-***** [9], feste Bungalows unter Laubbäumen sowie billige Hundehütten*, schöner Strand.

*DIAMOND BEACH***-***** [10], tel 01-3210814, schöne Gartenanlage, saubere, gute Zimmer; im Restaurant werden große Portionen serviert, Rechnungen immer nachprüfen; Wasser gibt es nur dreimal pro Tag.

*TOY*** [11], eng aneinandergedrängte Bungalows liegen inmitten einer schönen Gartenanlage.

*SAI KAEW VILLA**** [12], solide gebaute Bungalows, alle mit Dusche.

*PLOY TALAY**** [13], tel 01-3211109, Reihenhäuser, großes Seafood-Restaurant.

*WHITE SAND BUNGALOWS**-***** [14], Unterkünfte unterschiedlichsten Standards; Disco und Reggae-Bar.

**Ao Luk Yon**: *PINEAPPLE BEACH**** [7], tel 01-3230714, bietet komfortable Bungalows.

*BANANA BUNGALOWS**** [8], Bungalowanlage mit verschiedenartigen Hütten (die Anlage gehört zum *Diamond Office* am Hat Sai Kaeo).
**Ao Hin Khok** An einem Hügel liegt *NAGA** [15], tel 01-3210732, einfache Bungalows, z.T. mit guter Sicht; hausgemachte Backwaren und empfehlenswertes Essen; Buchverleih, Post, kein Video, unter englischer Leitung.
*LITTLE HUT*-*** [16], tel 01-3230264, bessere Hütten mit und ohne Du/WC, gutes Restaurant.
*JEP'S*** [17], 7 Hütten mit Du/WC und Fan am Hang hinter dem Restaurant.

## SONSTIGES

**POST** - am Ao Hin Khok gibt es ein kleines Post Office bei *Naga* (geöffnet Mo - Fr 8.30 - 12.00 und 13.00 - 16.00, Sa 8.30 - 12.00 Uhr), mit Poste Restante.

**WASSERSPORT** - Wasserski, die leidigen Wasserscooter, Autoschläuche und Schnorcheltouren werden angeboten. Einige Anlagen verleihen Maske und Schnorchel von wechselhafter Qualität.

## Ao Phai

Die Bucht von Ao Phai wird auch *Bamboo Bay* genannt. An dem mit vielen Kokospalmen bestandenen Strand mit dem feinsten Sand der Insel kann man Surfbretter (350 Baht pro Tag, Unterricht 80 Baht pro Stunde) und Segelboote (100 Baht pro Stunde) mieten. In den 4 Anlagen logieren überwiegend Farang-Touristen. An den Klippen entlang sind es 100 m zur **Pudsa-** und **Tubtim-Bucht**. An dem 100 m langen, feinen, weißen Sandstrand stehen viele Palmen und Laubbäume und zwei Bungalowanlagen, sowie ein Nudelstand. Die winzige **Nuan-Bucht** weiter südlich ist umgeben von steilen Klippen. Der kleine Sandstrand ist von Felsen durchsetzt. Vom Ao Tubtim auf dem schmalen Pfad über das Kap zu Fuß zu erreichen. Hier gibt es nur eine Bungalow-Anlage.

## ÜBERNACHTUNG

**Ao Phai:** *AO PHAI HUT**-**** [18], tel 01-2112967, verschiedene saubere Hütten am Hang hinter den Felsenklippen, Restaurant.
*SEABREEZE*-*** [19], tel 01-3211397, mäßige Hütten hinter dem preiswerten Restaurant, nicht direkt am Strand, nette Atmosphäre; Büchertausch, Telefon- und Fax-Service.
*SILVER SAND**-**** [20], tel 01-2110974, zu teure Bungalows, mäßiges Restaurant, mit Disco.
*SAMED VILLA**** [21], schöne, komfortable Doppelbungalows mit Fan am südlichen Ende des Strandes hinter dem Bach, unter Schweizer Leitung; in der Regenzeit viele Moskitos.
**Ao Pudsa**: *AO PUDSA BUNGALOWS*-*** [22], vorwiegend feste Bungalows am Hang unter Laubbäumen, Windsurfer zu mieten.
*TUBTIM BUNGALOWS*-**** [23], tel 01-3211425, große Anlage unter Palmen, hervorragendes Restaurant mit TV und guter Aussicht, dichte Mattenhütten, z.T. verwahrlost.
**Nuan Bay**: *AO NUAL BUNGALOWS*-*** [24], die miesen, aber romantischen Bungalows stehen im Wald, viele Langzeittravellern belegt.

## Ao Wongduan

Die halbkreisförmige Bucht, in der viele Boote ankern, wird auch *Full Moon Bay* genannt. Am feinen Sandstrand wird tagsüber eine Liegestuhlparade aufgebaut. Restaurants, Souvenirläden und Imbißstände komplettieren den Eindruck eines sehr belebten Strandes. Eine Tauchbasis bietet Kurse und Tauchfahrten bis Ko Chang an, Windsurfer kosten 100 Baht pro Stunde.

Eine Straße führt durch das Landesinnere zu anderen Stränden. Über einen schmalen Felsrücken erreicht man auf einem gut ausgetretenen Fußpfad den nördlich anschließenden Strand **Ao Cho**. Der verrottende Holzpier teilt die Bucht: in der südlichen Hälfte ist der Strand mit Steinen übersät, der schöne Sandstrand im Norden ist recht schattig.

ÜBERNACHTUNG

**Ao Wongduan**: Die meisten Bungalows kosten über 300 Baht. Am nördlichen Ende werden beim Souvenirkiosk 2-Personen-Zelte vermietet (60 Baht für 2 Pers.).
*CABANA*** [27], große Bungalows mit Du/WC am nördlichen Ende.
*MALIBU GARDEN RESORT***-***** [28], tel 01-3210345, ausgedehnte Anlage, gute Bungalows, z.T. mit ac, und gutes Restaurant.
*SEA HORSE**** [29], tel 01-3230049, graue Hütten mit Du/WC auf der grünen Wiese.
**Ao Cho:** Am nördlichen Sandstrand liegt *WHITE SHARK*-***** (auch LUNG WANG) [25], tel 01-3210682, riesige Anlage; einfache Bretterhütten mit Du/WC und Doppelhäuser; Restaurants und Beach-Bar, freundliche Familie.
*TANTAWAN**** [26], tel 01-3211013, am südlichen Steinstrand, komfortablere Anlage mit hübschen Häusern mit Du/WC, Fan; gutes, teures Restaurant auf einem Felsen mit Blick über die Bucht; Bewohner erhalten Essengutscheine.

TRANSPORT

Ab BAN PHE verkehren Boote von *Sea Horse* und *Malibu* für 40 Baht nach Ao Wongduan. Letztes Boot um 18.00 Uhr.
Der Speed Boat Service von Ao Cho bietet Insel- und Schnorcheltouren für 150 - 200 Baht, Transport nach Ban Phe für 60 Baht.

### Die südlichen Strände

Ein 300 m langer Fußweg führt von Ao Wongduan über die Klippen zum **Ao Thian** (Lung Dam Beach). Die weite Bucht heißt auch *Sangtain* oder *Candlelight Beach*, ein großer, von Felsbändern unterteilter Strand ohne Palmen. Das Wasser wird aus Tiefbrunnen geholt, ist also brackig, oder muß in Kanistern gekauft werden. Über den mit niedrigen Gehölzen bewachsenen Bergrücken gelangt man zum Sunset Point an der Westküste. Ein immer schlechter werdender Fußweg führt am Strand entlang und über die Klippen bis zur Südspitze. Der halbmondförmige **Ao Wai**, auch *Rattan Bay* genannt, bietet feinen, weißen Sand und urige Bäume. An den Rändern Felsen mit Korallenbänken, die zum Schnorcheln einladen. Am **Ao Kiu Na Nok** ist Ko Samet so schmal, daß man sowohl den Sonnenauf- als auch den Sonnenuntergang genießen kann. Beliebtes Ausflugsziel der Einheimischen am Wochenende. Am **Ao Karang** (Coral Bay) an der Südspitze gibt es kaum Sandstrand, aber schöne Felsen; malerisch sieht die vorgelagerte Insel **Ko Chan** *(Moon Island)* mit den kahlen Granitflanken und den windzerzausten Bäumen aus.

ÜBERNACHTUNG

**Ao Thian:** Beide Anlagen gehören nicht zu den besten der Insel: *CANDLELIGHT BEACH*-**** [32], große Anlage mit 2 Restaurants im Zentrum der Bucht, etwas heruntergekommene Bambus- und Bretterhütten mit Du/WC.
*LUNG DAM HUT*-*** [33], kleine, einfache Hütten oberhalb der Felsenküste im Süden.
**Ao Wai**: Luxuriöse Bungalows, die mit allem Komfort eingerichtet sind, im *SAMET VILLE****** [34], mit Vollpension.
**Ao Kiu Na Nok**: Bungalows zu beiden Seiten der Insel im *AO KIU CORAL BEACH**-***** [35], ohne und mit Du/WC, sauber, gutes, teures Essen im Restaurant in einer Kokosplantage.
**Ao Karang**: Ein Dutzend einfache Hütten gibt es im *AO PAKARANG*** [36], Anmeldung in Bangkok unter tel 02/5177620.

TRANSPORT

Am Vormittag fährt ein Boot von Ao Thian nach BAN PHE (40 Baht p.P.), anschließend wieder zurück. Ab Ban Phe Boote um 11.30 und 17.00 Uhr zum Ao Kiu Na Nok (40 Baht).

### Paradise Beach (Ao Phrao)

An der Westküste gibt es nur diesen einen Strand. Die relativ flache, von Felsen begrenzte Bucht mit wenig Wellengang ist mit dem Boot oder über einen Weg von Ao Phai (30 Min.) zu erreichen. Der bei Ebbe recht große Strand ist nicht so schön wie die Strände an der Ostküste, sondern stark mit Steinen und Korallen durchsetzt. Schöne Sonnenuntergänge.

### ÜBERNACHTUNG

*S.K. HUT*-*****[37], die billigen Hütten sind so gut wie zerfallen, vom Restaurant hat man Sicht auf die Halbinsel
*DOME**-**** [38], tel 01-3210786, hat bessere Bungalows für Thai-Gruppen (4 - 5 Pers.) am Hang und billige Hütten ganz oben im Wald.
*RATTANA*** [40], einfache Hütten aus Palm- und Sperrholz, Du/WC außen, relativ neu.
*PARADISE BEACH*** [39], einfache Hütten.
*AO PHAO RESORT***-***** [41], tel 038-651156, hübsche, gepflegte Anlage mit guten Bungalows und Reihenhäusern am Hang, angenehmes Restaurant mit deutscher Speisekarte.

### TRANSPORT

Ab BAN PHE fahren Boote nach Bedarf zum Paradise Beach.

## Laem Ngop

แหลมงอบ

321 km südöstlich von Bangkok liegt Laem Ngop in der Provinz Trat, die sich zwischen dem Meer und der kambodschanischen Grenze hinzieht. Laem Ngop wirkt wie ein schmuddeliges, billiges Amüsierdörfchen, in dem sich viele Thais vergnügen. Hier befindet sich auch ein Büro des Ko Chang National Marine Parks. Von Laem Ngop fahren die Boote nach Ko Chang und auf die anderen vorgelagerten Inseln.

### ÜBERNACHTUNG

*CHUT KAEW GH**, 29 Mu 1, tel 597088, 300 m vom Pier an der Hauptstraße, sehr einfache, saubere Zimmer mit Fan, einfache Gemeinschafts-Du/WC; Restaurant, gutes Frühstück; das Leben spielt sich hinten im Garten ab. Die freundlichen Besitzerinnen Som und Yum sind die beste Informationsquelle über die Inseln.
*KO KHAM GH**, 19/5 Mu 1, tel 597032, 5 Zimmer, Gemeinschafts-Du/WC.
*LAEM NGOP INN**-****, 19/14 Mu 1, tel 597 044, 31 gute Bungalows mit Fan und ac.
*PARADISE**-****, 9/5 Mu 1, tel 597031, am Dorfeingang links, saubere Bungalows mit Bad und ac (auf Wunsch ohne Benützung der ac); an einem künstlichen Wasserbecken.

### ESSEN

Ein gutes Seafood-Restaurant liegt direkt am Anfang des Piers. Im teuren Hafenrestaurant werden Traveller nur unwillig bedient.

### SONSTIGES

**BANK** - *THAI FARMERS BANK* mit Wechselschalter an der Hauptstraße.

**INFORMATIONEN** - *TOURIST OFFICE*, 100 Mu 1, tel/fax 597225, ein sehr hilfsbereiter, freundlicher Angestellter spricht englisch, sehr gute Karten und Beschreibungen einiger Inseln.

**MEDIZINISCHE HILFE** - eine kleine, gut ausgestattete *Clinic* liegt am Ortseingang links.
Bei akutem Fieber untersucht das *MALARIA OFFICE*, 500 m vom Pier links, einen Blutstropfen auf Malariaerreger.

**REISEBÜRO** - Das *SEA TOUR OFFICE*, tel 597032, ist für den Khaosan-Minibus zuständig.

### TRANSPORT

**BUSSE** - Viele Traveller kommen direkt von der Khaosan Rd. in BANGKOK mit dem Ko Chang Minibus (ac) für 230 - 280 Baht (ohne Boot), hin und zurück für 400 Baht; Abfahrt um 7.00 bzw. 8.00 Uhr, Ankunft ca. 13.00 - 14.30 Uhr, dann Kauf der Bootstickets. Wer seinen Strand sorgfältiger aussuchen will, sollte vor dem Kauf der Tickets 300 m zum *Chut Kaew Guest House* zurückgehen und sich informieren.
Rückreise: Nach der Ankunft der Touristen-Boote am Pier (ca. 11.00 Uhr), fährt der ac-Minibus um ca. 11.30 Uhr für 200 Baht in 7 Std.

in die Khaosan Rd. zurück. Warnung: Diese Minibusse haben eine sehr hohe Unfallrate.
Sicherer sind die blauen ac-Busse zwischen dem Eastern Bus Terminal in BANGKOK und TRAT: mit dem non-ac-Bus 13x tgl. bis 14.30 Uhr sowie um 23.00 Uhr für 87 Baht in 8 Std., ac-Bus ca. jede Std. von 7.00 - 23.30 Uhr für 140 Baht in 5 1/2 Std. Zurück non-ac-Busse bis 16.15 Uhr; ac-Busse von 7.00 bis 23.30 Uhr fast jede Std. ab Sukhumvit Rd. beim Markt.
Von TRAT nach LAEM NGOP (17 km) mit einem Songthaew für 10 Baht in 30 Min., Haltestelle links hinter der Markthalle.
Nach Bangkok zunächst mit dem Songthaew nach Trat, dort um 12.00 bzw. 12.30 Uhr in den ac- oder non-ac-Bus (140 bzw. 87 Baht) nach Bangkok (5 Std.) zum Eastern Bus Terminal.

**BOOTE NACH KO CHANG** - Eine verwirrende Zahl von Booten fährt um die Mittagszeit vom großen Pier ab:
**Fährboote** zu den Dörfern an der Ost- und Südküste fahren jeden Tag um 13.00 Uhr; sie nehmen die Marktbesucher und viele Waren ins Dorf zurück, sind schlecht gekennzeichnet und am Pier nicht leicht zu finden. Es gibt Boote u.a. nach THAN MAYOM (45 Min., 30 Baht), TANTAWAN, LONG BEACH (2 1/2 Std., 70 Baht), KLONG SON (1 Std., 50 Baht) und BANG BAO (15.00 Uhr, 4 Std., 100 Baht, nur von Dezember bis Juni, im Dezember 1994 fuhr das Boot nur am Mo und Fr). Tickets werden an Bord verkauft. Alle Boote fahren um 7.00 Uhr wieder nach Laem Ngob zurück.
**Touristenboote** fahren von Dezember bis Juni zwischen 10.00 und 15.00 Uhr zu den Stränden an der Westküste: WHITE SAND BEACH, KLONG PRAO BEACH und KAI BAE BEACH in 1 1/2 - 2 1/2 Std. für den Einheitspreis von 70 Baht (zzgl. 10 Baht fürs Zubringerboot). Diese Boote fahren um 7.00 und 11.00 Uhr zurück.
In der Regenzeit fahren dieselben Boote nur zum AO SAPPAROT (40 Baht), dort geht es weiter zu den Stränden per Taxi für 30 Baht.
Weitere **Touristenboote** fahren tgl. um 13.00 und 16.00 Uhr für 50 Baht in 45 Min. zum AO SAPPAROT an der Nordspitze, von wo man per Motorrad oder Songthaew zu den Stränden an der Westküste gelangt.

**BOOTE ZU DEN SÜDLICHEN INSELN** - Regelmäßige **Transportboote** (ohne Verpflegung) fahren von November bis Juni um 15.00 Uhr (manchmal zusätzlich um 12.00 Uhr) u.a. nach KO KHAM und KO MAK für 100 / 130 / 150 Baht in 3 - 4 Std. Sie fahren am nächsten Morgen um 7.00 Uhr zurück.
Direkt am Pier kann man die billigen Hütten auf Ko Mak samt dem zugehörigen Boot buchen. Es ist sehr schwierig, direkt nach Ko Chang überzusetzen; man muß erst wieder nach Laem Ngob zurück und verliert einen ganzen Tag.

## Ko Chang  เกาะช้าง

*Ko Chang (Elefanten-Insel), die zweitgrößte Insel des Landes, liegt im Südosten des Golfs von Thailand, im Grenzgebiet zu Kambodscha. Sie ist 30 km lang, 8 bis 13 km breit und bis zu 744 m hoch. Der Regenwald im Inneren wirkt wild und undurchdringlich; er gilt als einer der am besten erhaltenen in Südostasien. Nur an den Küsten und in den Tälern liegen einige kleine Dörfer, deren Bewohner (ca. 3000) vom Fischfang, dem Anbau von Kokosnüssen und Gummibäumen leben. Hauptverkehrsmittel bleibt nach wie vor das Boot.*

*1982 wurden das gesamte Bergland von Ko Chang und 46 kleinere Inseln zum Ko Chang National Marine Park erklärt. Bis 1987 kamen nur wenige Touristen, doch seither sind Bungalowsiedlungen aller Kategorien entstanden. Und damit begannen die Probleme: der ins Meer gekippte Abfall schwemmt an die Strände an und durch die wilde Müllverbrennung werden Dioxine frei. Erste Ansätze zu umweltgerechtem Verhalten werden am Kai Bae Beach entwickelt.*

*Die Tourist Authority of Thailand hat einen Masterplan entwickelt, um die Inseln systematisch für den Tourismus zu erschließen. So wurde ein organisierter Bootsverkehr eingerichtet, der Bau einer Ringstraße begonnen und Ko Chang ans Stromnetz angeschlossen. Nach und nach sollen die billigen Travellerun-*

*terkünfte an den besten Stränden durch teure Resorts ersetzt werden. Doch noch immer gibt es Unterkünfte für jeden Geschmack, preiswert und angenehm.*

## ÜBERNACHTUNG UND ESSEN

An den meisten Stränden sind noch viele Hütten recht einfach, ohne eigene Du/WC und ohne elektrisches Licht, dafür nicht gerade billig (80 - 100 Baht). Auch die Preise der besseren Unterkünfte sind in der Regel höher als z.B. in Süd-Thailand. Jede Bungalowsiedlung hat ihr eigenes Restaurant, oft klagen Gäste über geringe Auswahl und zu hohe Preise.

## SONSTIGES

**GELD** - An den großen Stränden bieten private Geldwechsler ihre Dienste an.

**MEDIZINISCHE VERSORGUNG** - Auf Ko Chang und den umliegenden Inseln treten gehäuft resochinresistente Malariafälle auf. Wer Fieber hat, kann sich im Malaria Office in Laem Ngob untersuchen lassen. Auf der Insel gibt es keine Krankenstation. Das nächste Krankenhaus befindet sich in Trat.

**REISEZEIT** - Von Oktober bis Januar ist eine angenehme Reisezeit. Die beste Zeit ist von Februar bis Mai. Während der Regenzeit von Juli bis September/Oktober sind viele Bungalowanlagen geschlossen. An langen Wochenenden wird Ko Chang gerne von Einheimischen aufgesucht, dann kann es Probleme mit Unterkünften geben.

**SANDFLIEGEN UND QUALLEN** - können zu bestimmten Zeiten unerträglich werden. Es kann zu starken Entzündungen und allergischen Reaktionen kommen. Ein gutes vorbeugendes Mittel gegen Sandfliegen soll die Körperlotion SSS (Skin-So-Soft) von AVON sein.

## NAHVERKEHRSMITTEL

Jeeps, umgebaute Pickups und relativ teure Motorradtaxis haben den Transport entlang der Ost- und Westküste übernommen (z.B. von White Sand nach Kai Bae für 40 Baht, kürzere Strecken 10 Baht). Von einem zum anderen Strand verkehren keine regelmäßigen Boote.

### *KO CHANG*

**Übernachtung:**

1 Premvadee Resort
2 Klong Son Resort
3 Manee Gh.
4 White Sand Beach Resort
5 Rock Sand
6 K.C. Beach
7 Rang Rong Resort
8 Cookie
9 Mac
10 White Sand Beach Bungalow
10 Tantawan
10 Apple
11 Honey
12 Sansai Resort
13 Lomadip
Hyaka
14 Plaloma Cliff Resort
15 Laem Chaichet Resort
16 Coconut Beach
17 Chaiyachet Bungalow
18 Ko Chang Resort
19 Klong Prao Resort
20 P.S.S. Bungalow
21 K.P. Bungalow
22 Klong Makok Bungalow
23 Magic
Chok Dee
24 Coral
25 Palm Beach
Nang Nong
Kai Bae Hut Resort
26 Kai Bae Beach
27 Porn
28 Sea View Resort
29 Siam Bay
30 Bang Bao Blue Wave
31 Nice Beach Bang Bao
32 Bang Bao Laguna
33 Ruang Tan Bungalows
34 Ban Salakpet Bungalows
35 Sang Aroon Bungalow
36 Long Beach Bungalows
37 Had Sai Yao Resort
38 Tantawan Bungalows
39 National Park Hütten
40 Than Mayom Bungalows
41 Than Mayom Resort

**Läden, Restaurants etc.:**

1 Motorradwerkstatt
2 Hut Shop, Bar, Windsurfer
3 Bäckerei
4 Babu R.
5 Babebong R.
6 Kai Bae Bar
7 Tauchschule
8 Kneipe
9 Motorradwerkstatt

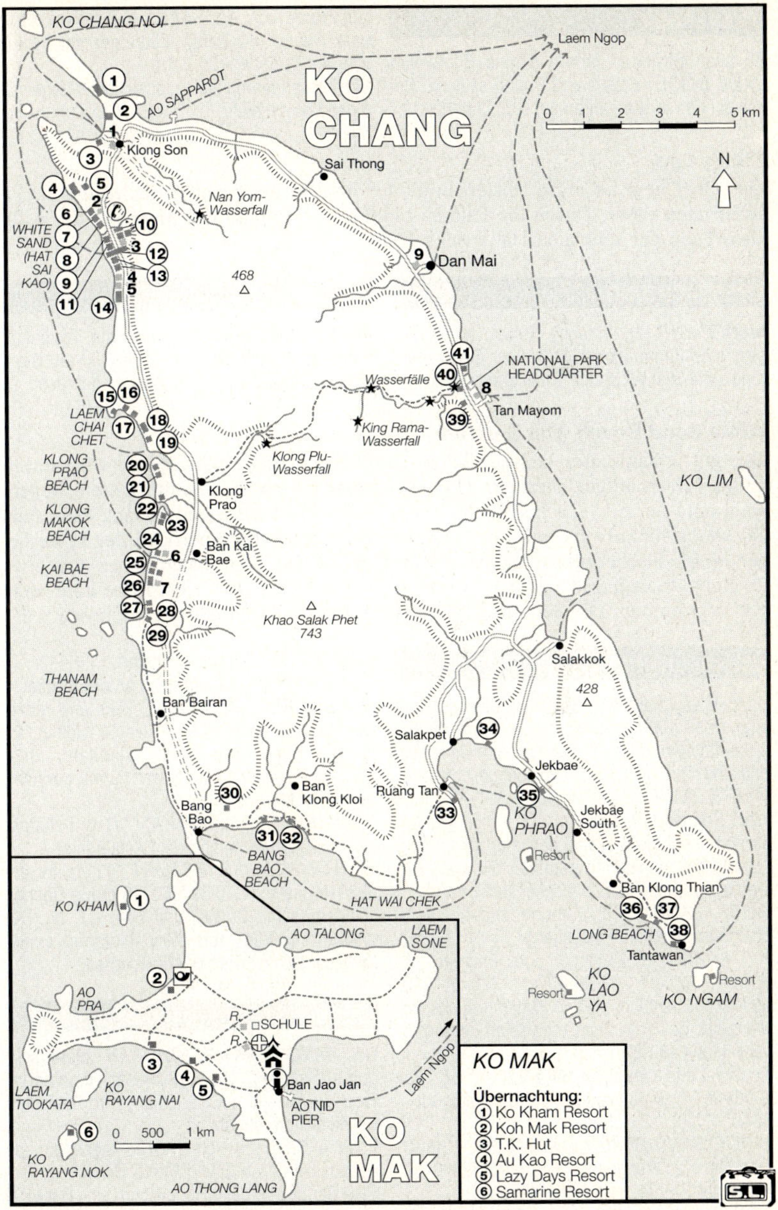
KO CHANG NOI
Laem Ngop
AO SAPPAROT
KO CHANG
0 1 2 3 4 5 km
N
Klong Son
Sai Thong
Nan Yom-Wasserfall
WHITE SAND (HAT SAI KAO)
Dan Mai
468
NATIONAL PARK HEADQUARTER
Tan Mayom
Wasserfälle
King Rama-Wasserfall
Klong Plu-Wasserfall
LAEM CHAI CHET
KLONG PRAO BEACH
Klong Prao
KLONG MAKOK BEACH
Ban Kai Bae
KAI BAE BEACH
KO LIM
Khao Salak Phet 743
THANAM BEACH
Salakkok
428
Ban Bairan
Salakpet
Jekbae
Ruang Tan
Ban Klong Kloi
Bang Bao
KO PHRAO
Jekbae South
Resort
BANG BAO BEACH
HAT WAI CHEK
Ban Klong Thian
LONG BEACH
Tantawan
KO LAO YA
Resort
KO NGAM
KO KHAM
AO TALONG
LAEM SONE
AO PRA
SCHULE
R.
Laem Ngop
LAEM TOOKATA
KO RAYANG NAI
Ban Jao Jan
AO NID PIER
KO RAYANG NOK
0 500 1 km
KO MAK
AO THONG LANG
KO MAK
Übernachtung:
1 Ko Kham Resort
2 Koh Mak Resort
3 T.K. Hut
4 Au Kao Resort
5 Lazy Days Resort
6 Samarine Resort
S.L.

## TRANSPORT

Zu allen Stränden fahren direkte Boote von LAEM NGOB (Zeiten und Preise s. dort). Bei schlechtem Wetter fahren um 8.00 und 9.00 Uhr alle Boote von AO SAPPAROT zurück nach Laem Ngop (40 Baht), Zubringer mit Pickup von den Stränden (30 Baht).

Von den anderen Inseln gibt es keinen regelmäßigen Bootsverkehr.

### Klong Son

Das Dorf liegt am nördlichsten Ende der Insel in einer tiefen Bucht, die als Fischerhafen dient. Durch die Palmen hindurch kann man das Meer auf der östlichen Seite der schmalen Halbinsel sehen.

## ÜBERNACHTUNG

*MANEE GH** [3], einfache Hütten, teures Essen; gute Informationen, z.B. über die Wanderung durch den Wald zum White Sand Beach.

## TRANSPORT

Am AO SAPPAROT kommen die Touristenboote von Laem Ngop an. Per Taxi (30 Baht) werden Passagiere zur Westküste gebracht.

### White Sand Beach (Hat Sai Kao)

Der gut 2 Kilometer lange, schöne, palmenbestandene Sandstrand wird durch einige Felsen aufgelockert. Im Hinterland ragen steile Berge mit dichtem Regenwald auf, der teilweise bis ans Meer reicht. An kleinen Bächen entlang kann man ein wenig hinaufwandern, um Dschungelgefühl zu schnuppern. In der Mitte liegen einige Fischerhütten, das Dorf **Ban Hat Sai Kao**. Ansonsten haben sich etwa 20 Bungalowanlagen mit fast 300 Hütten angesiedelt. Auch bei Ebbe kann man gut schwimmen. Die Schotterstraße kommt hier dicht an den Strand heran.

## ÜBERNACHTUNG

Bungalows kosten 80 - 500 Baht, alle enthalten eine große Matratze und ein gutes Moskitonetz. Die einfachen Anlagen unterscheiden sich kaum und sind meist von Juli - November geschlossen.
*WHITE SAND BEACH RESORT*-**** (auch *Had SAi Kao Resort)* [4], 40 luftige Hütten, sanitäre Anlagen etwas heruntergekommen, Restaurant, ganzjährig geöffnet, die erste Anlage auf der Insel mit dem schönsten Strand.
*ROCK SAND*-*** [5], 9 farbig angestrichene Sperrholzhütten am Felsenhang.
*K.C. BEACH** [6], 25 Hütten unter Palmen.
*RANG RONG RESORT*-**** [7], tel 039/597184, 17 einfache, luftige Hütten, freundlicher Manager, der gute Trips organisiert, Motorradvermietung (60 Baht/Std.).
Anschließend kommt der *Hut Shop*.
*COOKIE*-*** [8], 20 Hütten, gutes Restaurant.
*MAC*-**** [9], 12 Hütten.
*WHITE SAND BEACH BUNGALOW*-*** (auch *Had Sai Kao Bungalow)* [10], tel 01-3290437, hinter der Straße, 31 schöne Hütten.
*TANTAWAN*-*** [10], daneben *APPLE** [10], 13 Hütten.
*HONEY** [11], 13 Hütten nahe an der Straße.
*SANSAI RESORT*-**** [12], links und rechts der Straße, der Strand ist recht steinig, 22 schöne Bungalows, hoher Standard; unter Thai/kanadischer Leitung, ganzjährig geöffnet, gutes Restaurant.
*LOMADIP*-**** [13], *HYAKA*-*** [13], 8 Hütten. Anschließend kommen zwei Restaurants.
*PLALOMA CLIFF RESORT**** [14], tel 01-3230164, tel/fax 039/597060, 18 große Doppel-Bungalows mit Du/WC und Fan, z.T. ac. Restaurant mit Blick aufs Meer, Motorradvermietung, deutsch-schweizer. Management.

## ESSEN

Das *RANG RONG RESTAURANT* bietet sehr gutes Seafood. Die Spezialität, marinierter Fisch in Alufolie mit Kartoffeln, wird über dem Holzkohlengrill gegart.
Frische Brötchen vom Holzkohlegrill gibt es abends bei *COOKIE* und *RANG RONG*.
Eine Bar gibt es beim Rang Rong, eine Bäckerei beim Honey auf der Straßenseite.

## SONSTIGES

**BOOTE** - Zu mehreren lohnt es sich, ein Boot zu chartern und zu anderen Stränden und kleinen Inseln zu fahren - min. 100 Baht pro Stunde.

**MOTORRÄDER** - An der Straße gibt es Motorräder zu mieten, 300 bzw. 400 Baht für ein Off-Road-Bike von 6.00 - 18.00 Uhr oder 60 Baht pro Stunde.

**SHOP** - Im *HUT SHOP* gibt es Lebensmittel, Getränke, Toilettenartikel und Zigaretten.

**TELEFON** - Auf der Höhe von Cookies ist an der Straße eine Telefonzentrale mit Satellit für Auslands- und Ferngespräche eingerichtet.

**WINDSURFEN** - Oberhalb vom Rang Rong für 100 Baht/Std., günstiger für einen halben oder ganzen Tag.

### Klong Prao Beach

Der 5 km langer Sandstrand wird durch die Flußmündung des Klong Prao in zwei Teile gespalten und im Norden vom Felsvorsprung Laem Chai Chet begrenzt. Anschließend kommt ein schöner Strand. Vor allem im mittleren Teil ist der Strand extrem flach und das Wasser nicht so sauber. Die südliche, noch sehr ruhige Hälfte des langen Klong Prao-Strandes heißt auch Klong Makok Beach. Erst nach 3 km, jenseits des Makok-Flusses liegen 2 Anlagen, die nur in der Saison geöffnet sind. Mit dem Motorrad ist der Strand in 10 Minuten vom White Sand Beach zu erreichen. Zu Fuß benötigt man zwei Stunden. Von der Brücke kann man leicht zum Kai Bae Beach wandern. Die Häuser des Dorfes Ban Klong Prao stehen zum Großteil auf Pfählen im Fluß. Bei Ebbe kann man durch den Fluß waten. Zum **Klong Prao-Wasserfall** (auch: Klong Plu-Wasserfall) führt ein ausgeschilderter Fahrweg (1 1/2 Std. zu Fuß). In der engen Schlucht kann man bei entsprechendem Wasserstand bis zum Fuße des Wasserfalls schwimmen.

## ÜBERNACHTUNG

**Laem Chai Chet**: Auf den Felsen liegt das *LAEM CHAICHET RESORT**-**** [15], ohne Sandstrand, komfortabel, freundliche Leute.
*COCONUT BEACH BUNGALOW**-***** [16], 25 extrem kleine Hütten und recht gute Bungalows, unfreundliches Personal.
*CHAIYACHET BUNGALOW*-**** [17], tel 01-3290458, 22 etwas größere Hütten, sehr kleine Portionen im Restaurant.
**Hat Klong Prao**: *P.S.S. BUNGALOW** [20], tel 039/597159, südlich der Flußmündung, 24 Hütten unter Palmen, empfehlenswertes Restaurant; eigenwillige Besitzerin. Der Strand davor und weiter nach Süden ist nicht so gut zum Schwimmen geeignet, aber sehr schön.
*K.P. BUNGALOW*-*** [21], sehr netter Besitzer (Rangsan), 24 Hütten.
*KLONG MAKOK BUNGALOW**-***** [22], tel 039/597194, 9 komfortable Bungalows.
**Hat Klong Makok**: *MAGIC*-**** [23], tel 039/597242, einfache und einige gute Hütten mit Dusche, Restaurant über dem Strand.
*CHOK DEE BUNGALOW*-**** [23], auf dem Felsenkap, 23 kleine Bungalows, Restaurant.

### Kai Bae Beach

Dieser mit Palmen bestandene, lange Strand ist im Süden gut zum Schwimmen und im Norden gut zum Schnorcheln geeignet. Bei Ebbe muß man 600 m zum Wasser hinauslaufen. An den im Sand versteckten Steinen und Korallen hat sich schon so mancher den Urlaub verdorben. Die meisten Bungalowanlagen haben ein Restaurant und sind ganzjährig geöffnet. Boote fahren um 7.00 und 11.00 Uhr zurück zum Festland. Nach Süden führt ein Dschungelpfad in 30 Minuten über einen Berg zu einem abgelegenen Strand, dem **Thanam Beach** (auch Lonely Beach). Aber auch hier kommen immer wieder Einheimische vorbei, also kein FKK! Hier sollen in Kürze teure Bungalows gebaut werden.

## ÜBERNACHTUNG

An diesem Strand gibt es noch 5 Anlagen mit günstigen Hütten für 80 Baht, aber auch teure für 200 - 1000 Baht.
*CORAL BUNGALOW** [24], tel 01-3290425, 18 Hütten, ohne Strand, mit kleiner Hafenanlage,
*PALM BEACH BUNGALOW**** [25], 4 Bungalows mit 6 Zimmern.
*NANG NONG** [25], neue Hütten.
*KAI BAE HUT RESORT*-*** [25], tel 01-3290452, 27 einfache und recht gute Hütten.
*KAI BAE BEACH*-****** [26], tel 039/597105, 50 unterschiedliche Bungalows in einer ausgedehnten Anlage; Tauchschule.
*PORN BUNGALOW** [27], 26 einfache, aber angenehme Hütten, gemütliches Restaurant.
*SIAM BAY BUNGALOW**-****** [29], 24 Bungalows mit 30 Zimmern.

## SONSTIGES

**BAR** - Bei den Coral Bungalows liegt die hübsche *KAI BAE BAR*.

**WASSERSPORT** - Ganztägige Schnorcheltrips zu tollen, unbewohnten Inselchen mit intakten Korallen werden für 200 Baht angeboten. Schnorcheln kann man hervorragend an der Insel vor dem Strand.
*DELFIMARIN DIVING* bietet Tauchkurse ab 5000 Baht an. Zwei weitere Tauchschulen neben dem *Porn Bungalow* und beim *Sea View Resort*.

### Die Südküste

In einer geschützten Bucht an der Südseite der Insel liegt am **Bang Bao Beach** ein uriges Fischerdorf auf Pfählen, die Häuser sind mit vielen Laufstegen verbunden. Bei Ebbe liegt ein großer Teil der Bucht fast trocken. In der Regenzeit ist Bang Bao nur zu Fuß vom Kai Bae Beach oder mit einem gecharterten Fischerboot zu erreichen.

Am hervorragenden **Hat Wai Chek** gibt es keine Unterkunft und kein Essen. Hier leben nur einige Kokosnuß-Farmer. Man kommt zu Fuß von Bang Bao oder auf dem schwierigen Pfad von Ruang Tan her. Auskunft und eine Karte erhalten erfahrene Regenwald-Wanderer im *Chut Kaew GH* in Laem Ngop.

Am Pier **Ruang Tan** (Tha Salakpet) landet das Boot von Laem Ngop. Hier beginnt der Pfad durch den Regenwald zum Hat Wai Chek. Mit dem Jeep-Minibus kann man über Salakpet, Salakkok und Klong Son bis zum Kai Bae Beach fahren.

**Long Beach** (Hat Sai Yao) ist ein optisch idyllischer Strand, sehr flach und zum Schwimmen nicht geeignet, aber optimal für Kinder und Frisbee-Spieler. Man erreicht zu Fuß in 10 Minuten eine Stelle am Südostzipfel, die gut zum Schnorcheln geeignet ist, **Tantawan**. Dort kann man auch für 1500 Baht Boote für Tagesausflüge mieten (max. 8 Personen).

## ÜBERNACHTUNG

**Bang Bao Beach**: 10 Min. vom Strand und 10 Min. vom Fischerdorf liegt die neue, liebevoll gepflegte Anlage *BANG BAO BLUE WAVE*-**** [30], tel 039/597078; im schattigen Wäldchen stehen 15 Holzbungalows mit und ohne Du/WC, sauberes Gemeinschaftsbad, Generatorstrom bis 22.00 Uhr. *Younger Sister* kocht tolle Gerichte, freundliche, familiäre Atmosphäre. Buchung, Infos und Bootstickets bei *Eh* im Restaurant neben dem *Chut Kaew GH*.
*NICE BEACH BANG BAO**-**** [31], direkt am Strand, 10 Flachdachbungalows aus Stein mit Du/WC, auf mehrere hundert Meter auseinandergezogen; hübsch verziertes Restaurant.
*BANG BAO LAGUNA*-*** [32], tel 039/511145 Ext 217, am östlichen Rand der Bucht, umgeben von Mangroven, 30 Pfahlbau-Bungalows aus Holz; Restaurant; freundliche Anlage.
**Long Beach**: Unter Palmen liegen die *LONG BEACH BUNGALOWS** [36], einfache Hütten, Restaurant und *HAD SAI YAO RESORT*-**** [37], 21 Bungalows.
**Tantawan**: *TANTAWAN BUNGALOWS** [38], einfache, saubere Hütten, gutes Seafood.

## TRANSPORT

Bisher fuhr das Boot ab LAEM NGOP nur jeden Mo und Fr um 15.00 Uhr nach Bang Bao. Die Besitzer der Anlagen bemühen sich um täglichen Verkehr. Im Fischerdorf gibt es Boote zu mieten, ein kleines kostet 300 Baht für 3 Std., ein größeres mit Dach 500 Baht.

### Die Ostküste

Ungefähr in der Mitte der Ostküste von Ko Chang liegt **Than Mayom** mit dem *Headquarter* des National Parks. Die Attraktion ist der **Than Mayom-Wasserfall**, der auf einem Dschungelpfad in etwa 10 Minuten vom Strand aus erreichbar ist. In zwei Pools kann man schwimmen. Das Meer ist hier schlammig und nicht zum Baden geeignet. Das kleine *Tourist Center* ist recht informativ. Ein Relief der Inselwelt gibt einen guten Eindruck von ihrer Vielfalt.

## ÜBERNACHTUNG UND ESSEN

Zwischen dem großen Pier und dem Headquarter in Than Mayom gibt es Hütten* [39] des National Parks sowie die *THAN MAYOM BUNGALOWS*** [40] beim Fluß.

*THAN MAYOM RESORT***-**** [41], tel 039/511220, 29 Zimmer.

Wem das Park-Restaurant zu teuer ist, der kann die gute, billige Kneipe der Einheimischen am alten Holzsteg probieren.

# Ko Mak

เกาะหมาก

Die „Betelnuß-Insel" ist eine flache Insel mit seichten Buchten und schönen, weißen Stränden. Eigentlich besteht sie aus vier Halbinseln, die sich von Ost nach West über 7 km, von Nord nach Süd über 5,5 km ausdehnen. Auf der westlichen Halbinsel erhebt sich ein Höhenzug mit zwei Gipfeln. Rotbraunes Lavagestein tritt an vielen Stellen zutage und bildet im Meer schöne „Badewannen". Auf der Insel werden Kokospalmen und Gummibäume intensiv angebaut. An der Südostseite liegt ein Pier und ein Tempel, Fußpfade und Fahrwege (für Traktoren) durchziehen die Insel. Die Strände vor den Bungalowanlagen sind zwar sehr schön, aber voller Sandfliegen und angeschwemmtem Müll. Ein gutes Mittel gegen die Fliegen ist Kokosnußöl, das beim Au Kao Resort verkauft wird. Schnorcheln und Tauchen ist im Osten und Norden akzeptabel. Die schönsten Korallen sind leider durch Dynamitfischerei zerstört. Mehrere ganz kleine Inseln sind vorgelagert. Von Laem Ngop ist Ko Mak in 3 Stunden Bootsfahrt zu erreichen.

### Ko Kham

Diese herrliche, private Südseeinsel hängt westlich vor der Nordspitze von Ko Mak. Ein Denkmal erinnert an einen französischen Arzt, der hier wirkte. Vom Sunset Point kann man schöne Sonnenuntergänge erleben. Die tiefen Brunnen liefern für intensiven Tourismus zu wenig Wasser. Eine Fähre verkehrt am Morgen und Abend nach Ko Mak.

## ÜBERNACHTUNG UND ESSEN

**Ko Mak**: Die ersten beiden Anlagen haben Generatorstrom von 18.00 - 24.00 Uhr.
*T.K. HUT***-*** [3], tel 01-3290333, 18 schöne Bungalows mit Du/WC, ruhige Anlage, gutes Essen im wenig ansprechenden Restaurant.
*AU KAO RESORT***-**** [4], tel 01-9165585, 13 gute Bungalows mit oder ohne Du/WC, die teureren sehr schön und komfortabel, gutes Rund-Restaurant am Meer, gemütliche Bar. Freundliche Leute. Der Deutsche Egon Grünert leitet diese schöne Anlage unter Palmen sehr engagiert.

Die Tauchschule von *Paradise Divers* bietet Ausfahrten und Kurse an.
*LAZY DAYS RESORT** [5], 26 einfache, nicht abschließbare und heruntergekommene Mattenhütten, versiffte Matratzen und Duschen. Der Manager, ein Israeli, legt Wert auf gleichgesinntes Publikum (*„Living in Harmony“*). und paßt geeignete Gäste am Pier in Laem Ngop ab.
Im Dorf in der Mitte von Ko Mak gibt es zwei einheimische Restaurants mit sehr gutem thailändischem Essen für 15 - 35 Baht, 10 Minuten zu Fuß von den Bungalows entfernt.
**Ko Kham:** *KO KHAM RESORT** [1], tel 039/597129, 28 Hütten, freundliche Leute, gutes Essen; Strom ab 19.00 Uhr; Wasser für die sanitären Anlagen kommt tgl. per Boot von Ko Mak.

## In den Ostzipfel

Auf dem gut ausgebauten H318 kann man im Ostzipfel von Thailand von Trat nach Khlong Yai (74 km) fahren. Unterwegs liegen einige einsame Strände, die nur an Wochenenden und Feiertagen von Thai-Familien aufgesucht werden.

Etwa die Hälfte des sehenswerten Fischerdorfes **Khlong Yai** steht auf Pfählen. Selbst die Straßen verlaufen auf Stegen. Bei Ebbe lastet ein penetranter Gestank von Schlick, Abfall und Fisch über den Holzhäusern, bei Flut wird aller Unrat weggespült. Wer hier einen Spaziergang unternimmt, sollte schwindelfrei und trittsicher sein. Der H318 geht noch 16 km weiter bis **Ban Hat Lek**, dem Grenzort zu Kambodscha. Ausländer dürfen die Grenze nur mit Visum passieren. Manchmal ist ein 7tägiges kombiniertes Visum für 500 Baht zu bekommen, allerdings ohne Thai-Ausreisestempel. Das Fährboot zur angrenzenden Inselprovinz Ko Kong kostet 100 Baht p.P., Charter 800 Baht.

### ÜBERNACHTUNG

Im Fischerort Khlong Yai gibt es zwei Hotels, *SUKSAMRAN*** (ac***), tel 039/581109, fax 581311, 37 Zimmer, und
*TAWANUK INN**-****, tel 581043, 25 Zimmer.

### TRANSPORT

Pickups von TRAT nach KHLONG YAI (25 Baht p.P.) fahren hinter der Markthalle ab, Sammeltaxis fahren links vor der Markthalle ab.

# SÜD-THAILAND

*Der Highway Nr. 4 und die Eisenbahn führen Richtung Süden über die malaiische Halbinsel bis nach Singapore. Auf der 1000 km langen Strecke durch Thailand ist das Meer nie weit - hier findet der Besucher herrliche Badestrände, Korallenriffe zum Schnorcheln und kleine, tropische Inseln, die das hektische Treiben der Städte vergessen lassen.*

*An immer mehr Stränden sind einfache und komfortable Bungalowanlagen entstanden, vorwiegend für einheimische Touristen - und jedes Jahr kommen einige dazu.*

*Das zentrale Bergmassiv zwischen der Westküste am Indischen Ozean und der Ostküste am Golf von Siam verhindert, daß der Monsunregen auf die entgegengesetzte Küste übergreift. Damit kann man jederzeit dem Regen entgehen, indem man über die Berge zum anderen Meer fährt. Je weiter südlich, umso tropischer wird die Landschaft. Mehr und mehr finden sich Moscheen im Stadtbild - der malaiische Einfluß ist unübersehbar.*

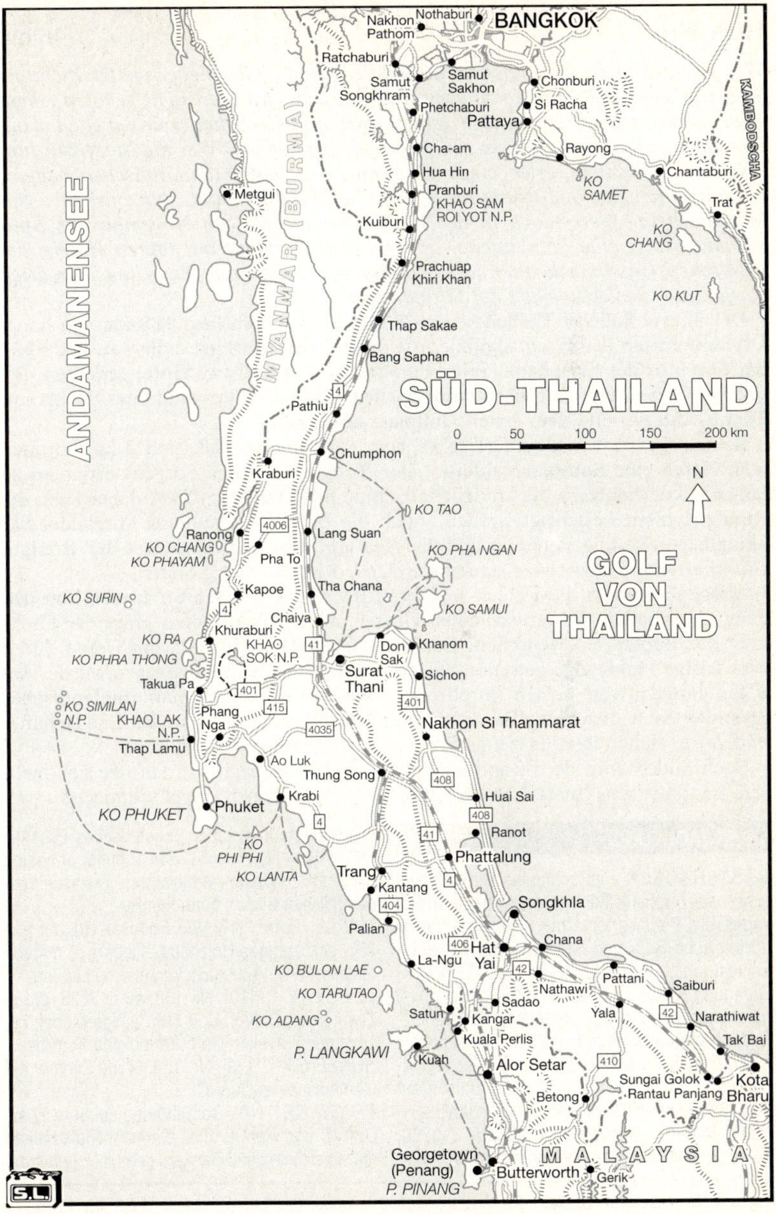
SÜD-THAILAND
BANGKOK
Nothaburi
Nakhon Pathom
Ratchaburi
Samut Songkhram
Samut Sakhon
Phetchaburi
Chonburi
Si Racha
Pattaya
Rayong
KO SAMET
Chantaburi
Trat
KO CHANG
KO KUT
KAMBODSCHA
Cha-am
Hua Hin
Pranburi
KHAO SAM ROI YOT N.P.
Kuiburi
Prachuap Khiri Khan
Metgui
MYANMAR (BURMA)
ANDAMANENSEE
Thap Sakae
Bang Saphan
Pathiu
Chumphon
Kraburi
0
50
100
150
200 km
N
KO TAO
Ranong
KO CHANG
KO PHAYAM
Pha To
Lang Suan
4006
KO PHA NGAN
GOLF VON THAILAND
Kapoe
Tha Chana
KO SAMUI
KO SURIN
Chaiya
Khuraburi
KO RA
KHAO SOK N.P.
KO PHRA THONG
Don Sak
Khanom
Surat Thani
Sichon
Takua Pa
KO SIMILAN N.P.
KHAO LAK N.P.
Thap Lamu
Phang Nga
Nakhon Si Thammarat
Ao Luk
Thung Song
Krabi
Phuket
KO PHUKET
Huai Sai
Ranot
KO PHI PHI
KO LANTA
Phattalung
Trang
Kantang
Songkhla
Palian
Hat Yai
Chana
La-Ngu
KO BULON LAE
Pattani
Saiburi
KO TARUTAO
Nathawi
Sadao
Yala
KO ADANG
Satun
Kangar
Narathiwat
Kuala Perlis
Tak Bai
P. LANGKAWI
Kuah
Alor Setar
Sungai Golok
Rantau Panjang
Kota Bharu
Betong
Georgetown (Penang)
Butterworth
Gerik
P. PINANG
MALAYSIA
4
41
401
415
4035
408
404
406
42
410

## Hua Hin
หัวหิน

*Wer palmenumsäumte, einsame Strände erwartet, sollte lieber weiter Richtung Süden fahren, auch ein Nachtleben à la Pattaya wird hier nicht geboten, ebensowenig exotische Tempel und andere traditionelle Sehenswürdigkeiten. Hua Hin zeigt dem Touristen zwei völlig verschiedene Seiten. Wer die Stadt von Juni bis Oktober besucht, erlebt noch die Atmosphäre eines thailändischen Badeortes mit guten Seafood-Restaurants, Familien-Picknick und Souvenirläden voller Muscheln. Wer jedoch in der „Ausländersaison" von November bis April kommt, findet eine überlaufene, sehr touristische Stadt mit teuren Hotels, am westlichen Geschmack orientierte Restaurants, viele laute Bars und Biergärten sowie die ersten Anzeichen der Sexindustrie.*

Der älteste Badeort Thailands mit 38 000 Einwohnern liegt 188 km von Bangkok entfernt an der Eisenbahnlinie. Als diese Strecke fertiggestellt war, ließ 1921 der Direktor der Eisenbahn, Prinz Purachatra, das **Railway Hotel** errichten. Direkt am Strand entstand nach europäischen Vorbildern ein modernes Resort mit Tennis-Anlagen und dem ersten Golfplatz des Landes.

Rama VI. war von dem Ort so angetan, daß er beschloß, sich 2 km nördlich vom Hafen eine **Sommerresidenz** (*Klai Kangwon* = ohne Sorgen) errichten zu lassen. Noch heute ist die königliche Familie hier ständiger Gast, daher kann die Residenz nicht besichtigt werden. Auch die Bungalows anderer Mitglieder der königlichen Familie stehen in und um Hua Hin. Der **Sommerpalast der Königin** (*Rampaiphani*) liegt etwas landeinwärts, ca. 3 km Richtung Süden.

Abends kommen die Fischer mit ihren Booten in den **Hafen** zurück, um den Fang zu entladen. In den schmalen Gassen südlich vom Hafen prägt der Fischfang das Leben der Menschen. Der Strand von Hua Hin ist vom Hafen durch eine felsige Landzunge getrennt, auf der ein Luxushotel hochgezogen wurde. Am 6 km langen, von Felsen durchsetzten Sandstrand kann man thailändisches Strandleben beobachten. Dutzende von Hochhäusern prägen das Landschaftsbild. Viele stehen leer, da sie als Spekulationsobjekte gebaut wurden.

Nach Süden wird der Strand von einer Landzunge begrenzt, auf der sich mehrere buddhistische Tempel an die Spitzen felsiger, kleiner Hügel schmiegen.

### ÜBERNACHTUNG

**GÄSTEHÄUSER** - im schmalen Streifen zwischen der Poonsuk Rd. und der Naretdamri Rd. liegen die Preiswerten - nur in diesem Viertel dürfen auch Bars und Restaurants für Ausländer öffnen: *THAI-TAE GH*** (ac***) [21], 6 Damnoen Kasem Rd., tel 511906, gut und viel gelobt, saubere Zimmer; Mopeds ab 150 Baht.

In der **Naretdamri Road** und den Seitengassen gibt es etwa 15 Gästehäuser mit Zimmerpreisen von 120 - 200 Baht, die in der Saison auf 200 - 350 Baht steigen können. Hier liegen u.a.:

*MOTI MAHAL GH*** [19], Nr. 152, tel 513769, 5stöckiges Haus, gute Zimmer mit Du/WC, Indisches Restaurant (auch vegetarisches Essen).

*MP**-*** [20], Nr. 6, tel 511344, Zimmer ohne und mit Du/WC, kleine gemeinsame Terrasse zum gemütlichen Sitzen, nette Familie.

*MAPLE LEAF*** [18], 8/5 Poonsuk Rd., tel 533 757, großzügiges Holzhaus, saubere Zi mit und ohne Du/WC, Frühstück; kanadische Leitung.

*EUROPA***-**** [19], Nr. 158, tel 513235, große Zimmer mit Du/WC und Fan, einige Möbel, ein beliebter Traveller-Treff, freundliche Familie.

*SUNEE GH**-*** [19], Nr. 156, billige Zimmer mit Gemeinschafts-Du/WC.

*PHUEN GH*** [16], Soi Bintabat, saubere Zi mit Du/WC und Fan, großer Gemeinschaftsbalkon mit Holzstühlen und Bänken, gemütlich und gut.

*Fotos - Die Inseln im Süden - Traumziele vieler Besucher des Landes; oben: Insel vor Krabi; Mitte links und rechts, unten links: auf Ko Samui; unten rechts: auf dem Weg nach Ko Tao*

7-UP

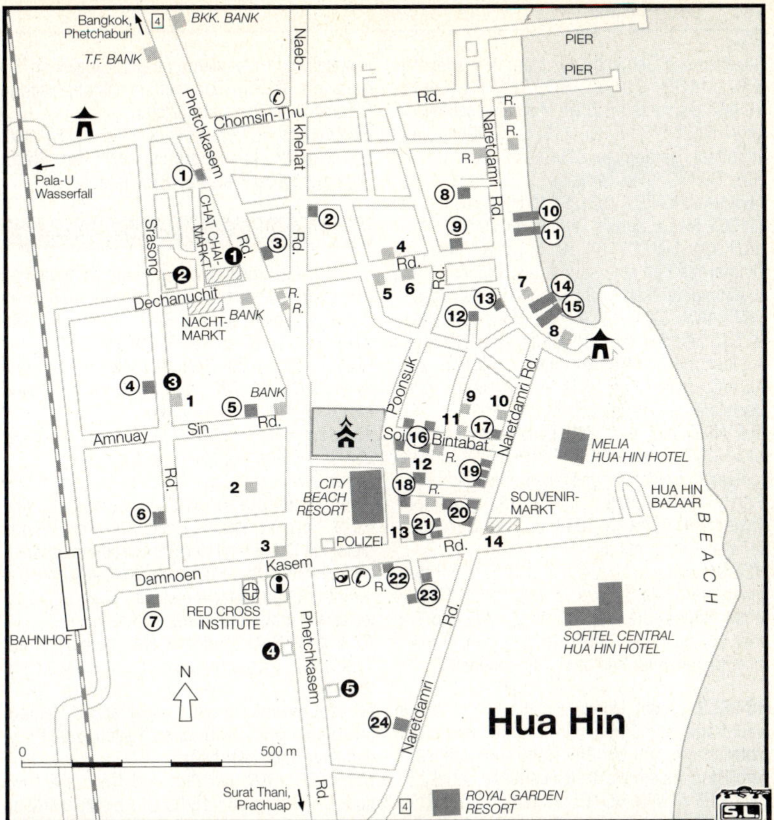


**Übernachtung:**
(1) Damrong H.
(2) Pananchai H.
(3) Chat Chai H.
(4) Siripetchkasem H.
(5) Subhamitra H.
(6) Srichan Hua Hin H.
(7) Golf Inn
(8) Pattana Gh.
(9) All Nations Gh.
(10) Karoon Hut
(11) Thanachote House
(12) 21 Gh.
(13) Fulay H.
(14) Mod Gh.
(15) Siri Magh Gh.
(16) Joy Gh.
Phuen Gh.
Sukwilai Gh.
Ban Pak Hua Hin
(17) Fresh Inn
(18) Maple Leaf Gh.
Ban Boosarin
(19) Sunee Gh.
Europa Gh.
Moti Mahal Gh.
(20) MP Gh.
Khun Daeng Gh.
Parichart Gh.
(21) Sirin H.
Thai-Tae Gh.
Kanakporn Gh.
(22) Jed Pee Nong H.
(23) Baan Somboon
Patchara House H.
(24) House Pala-U
(25) Sailom H.

**Transport:**
❶ Minibusse
❷ Non-ac Bus Station
❸ Ac-Bus→ Bangkok
❹ Bangkok Airways
❺ Motorräder

**Läden, Restaurants etc.:**
**1** Bäckerei/Konditorei
**2** European Bakery
**3** Friendship R.
**4** Maria Ice Cream
**5** Corner Bar
**6** Joe's R.
**7** Crocodile Bar
**8** Sea Side R.
**9** Frühstücksladen
**10** Bier Garten
**11** Rolf's Aelpli Bar
**12** Ban Lao Sao R.
**13** La Villa R.
**14** Essenstand

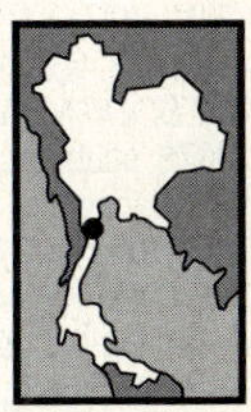

*JOY GH*** [16], 6/5 Soi Bintabat, tel 512967, Holzhaus mit Balkon und Sitzgruppen, Zimmer mit Fan, saubere Gemeinschafts-Du/WC. *21 GH*** [12], 10 Selakham Rd., tel 531243, Holzhaus in ruhiger Sackgasse, Zi mit Du/WC und Fan, Fenster zum Aufenthaltsraum.

Einige Holzhäuser an der Naretdamri Rd. wurden auf Pfählen **über dem Strand** gebaut, den

---

*Fotos - Eine Vielfalt frischer Zutaten und die raffinierte Art der Zubereitung macht das Essen überall im Land zum kulinarischen Vergnügen*

Gezeiten und Gerüchen des Meeres ausgesetzt:
*SIRI MAGH GUEST HOUSE***-*** [15], tel 511060, die vorderen Zi am Meer sind schön.
*MOD GH***-*** [14], Nr. 116, tel 512296, direkt angebaut, geräumige Zimmer mit Fan mit und ohne Du/WC; tolle Terrasse.
*THANACHOTE HOUSE*** [11], Nr. 11, tel 511393, kleine, dunkle Zimmer mit Du/WC.
*KAROON HUT**** [10], Nr. 80, tel 511429, die Zimmer mit Fan sind sauber und ordentlich, die ac-Zimmer dunkel; große, schöne Seeterrasse.
*PATTANA GH***-*** [8], 52 Naretdamri Rd., tel 513393, fax 430081, altes Thai-Teakhaus in einer ruhigen Gasse, Zimmer mit und ohne Du/WC, nette Bar, gute Atmosphäre, Thai-Deutsch-Holländische Leitung.
*ALL NATIONS GH*** [9], 10 Dechanuchit Rd., tel 512747, gute Zimmer, Satelliten-TV, geleitet von einem Engländer und einem Australier.
*BAAN SOMBOON***** [23], 13/4 Damnoen Kasem Rd., tel/fax 511538, in einer Seitengasse, alle Zimmer mit ac.
*HOUSE PALA-U**** [24], Nr. 178/5, in der südlichen Naretdamri Rd. Die freundliche Familie Moser bietet gute Zimmer mit Du/WC und Fan oder ac; Ausflüge, viele Informationen. Bei Anruf wird man vom Bus oder Zug abgeholt.

**HOTELS** - In den Hotels von Hua Hin regelt die Nachfrage den Preis, ein Zimmer kann sich plötzlich um 100 bis 200 Baht verteuern oder verbilligen. Es empfiehlt sich daher zu handeln!
*JED PEE NONG HOTEL***** [22], 17 Damnoen Kasem Rd., tel 512381, Zi mit Bad/WC, Fan oder ac, sauber und ruhig; Pool; handeln möglich.
*SIRIN HOTEL***** [21], Damnoen Kasem Rd., tel 511150, fax 513571, sehr gut.
*BAN BOOSARIN***** [18], 8/8 Poonsuk Rd., tel 512076, sauberes Kleinhotel, gute Zimmer. In der Dependance gibt es Bungalows*** mit Fan.
*BAN PAK HUA HIN**** [16], 5/15 Soi Bintabat, tel 511653, Kleinhotel, freundlich, saubere Zimmer mit Du/WC und Fan.
*FULAY***** [13], 110/1 Naretdamri Road, tel 513670, neu, vornehm eingerichtete Zimmer.
*SIRIPETCHKASEM HOTEL*** (ac***) [4], 7/5-8 Srasong Rd., tel 511394, fax 511508, laut.
*PANANCHAI HOTEL****-**** [2], 73/5-7 Naebkhehat Rd., tel 511707, gute Zimmer mit ac.
Im Stadtbereich liegen 8 **Luxushotels**, u.a.:
*HOTEL SOFITEL CENTRAL HUA HIN,* 1 Damnoen Kasem Rd., tel 512021, fax 511014, stilvolles Luxus-Resort am Strand. Das ehemalige Railway Hotel wurde im ursprünglichen Stil renoviert. Riesige Zimmer im viktorianischen Stil und Bungalows am Strand.
*SAILOM* [25], 29 Phetchkasem Rd., tel 511890, fax 512047, Luxushotel südlich der Stadt, werktags halbe Preise ab 850 Baht.

## ESSEN

In den Restaurants direkt am Meer ist **Seafood** gut, aber überteuert. Am besten ißt man in einem der chinesischen Restaurants, z.B. im *KHOUNG SENG* an der Hauptstraße.
Billige, leckere **Thai-Gerichte** bekommt man auf dem *NACHTMARKT* und kann sie geruhsam an Tischen mit Stühlen verzehren.
Auf dem *CHAT CHAI MARKT* gibt es tagsüber viel Essen, vor allem Seafood.
Schon seit Jahren hat eine alte Frau am Abend einen **Essenstand** an der Damnoen Kasem Road, Ecke Naretdamri Road. Auf ihrem Wagen bietet sie Spieße mit den verschiedensten Köstlichkeiten der Thai-Küche an. Unbedingt probieren! Daneben steht meist ein Thai, der sehr leckere Banana-Pancakes verkauft.
*BAN LAN SAO*, Poonsuk Rd., gutes thai-italienisches Gartenrestaurant im klassischen Thai-Stil.
*LA VILLA,* Poonsuk Rd., italienisches Restaurant mit original italienischem Essen, gute Pizza und Wein, aber nicht billig.
*CORNER BAR*, ein Pub und Restaurant mit gutem Ruf, das von 16.00 Uhr bis zum frühen Morgen geöffnet ist. Zur späten Stunde trifft man sich hier zum Bier.
*JOE´S RESTAURANT*, Dechanuchit Rd., hat sehr gutes Thai und deutsches Essen; feiner Kuchen; 1000 Videos. Der Deutsche Joe Duong veranstaltet auch vielgelobte Abenteuertouren in den Kaeng Krachan National Park.
*ROLF´S AELPLI BAR*, angenehmes Publikum, guter Kaffee.
In der *EUROPEAN BAKERY* bekommt man preiswert frische, warme Croissants, Baguettes und guten Milchkaffee zum Frühstück.
Leckeres Gebäck gibt es auch in der Bäckerei und Konditorei in der Srasong Road.

## SONSTIGES

**DISCO** - *JUNGLE DISCOTHEK* im Royal Garden Resort, unter schweizerischer Leitung, soll die einzige im Ort sein. Es gibt keine Nachtclubs.

**EINKAUFEN** - Textilien und Lebensmittel auf dem Nachtmarkt. Viele Stände haben sich auch auf die Wünsche westlicher Touristen eingestellt. Tagsüber findet in mehreren Straßen des Stadtzentrums ein großer Markt statt.

**FAHRRÄDER / MOTORRÄDER** - Gegenüber vom Souvenir Markt werden für einen Tag Fahrräder (60 - 70 Baht), Tandems und Motorräder (150 - 200 Baht) vermietet. Honda in der 87/7 Petchkasem Rd. z.B. 50 Baht für eine Stunde, von 10.00 - 19.00 Uhr 150 Baht. Schwere Maschinen 500 - 600 Baht pro Tag.

**GELD** - Banken und Wechselstellen wechseln Reiseschecks und Bargeld, einige auch am So.

**INFORMATIONEN** - ein städtisches *TOURIST OFFICE* an der Damnoen Kasem Rd., Ecke Phetchkasem Rd., tel 512120; hier auch das neueste *Official Guide Book*; tgl. geöffnet von 8.30 - 16.30 Uhr.

**MEDIZINISCHE HILFE** - Krankenhaus, 5 km nördlich der Stadt am H4 (Motorradtaxi 10 Baht). Freundliche, hilfsbereite Leute im *RED CROSS INSTITUTE* neben Tourist Office.

**POST** - Damnoen Kasem Rd., nahe der Kreuzung, geöffnet Mo - Fr 8.30 - 16.30 Uhr, Sa, So und feiertags 9.00 - 12.00 Uhr. Internationale Ferngespräche tgl. zwischen 6.00 und 22.00 Uhr.

**SAISON** - Von Juni bis Oktober sowie während der Feiertage ist Hochsaison der Thais, von November bis April Hochsaison der Ausländer.

**VORWAHL** - 032; PLZ: 77 110.

## NAHVERKEHRSMITTEL

**FAHRRAD-RIKSCHAS** - kürzere Strecken 10 Baht, längere, z.B. vom Bahnhof zum Strand, 20 - 30 Baht. Viele Fahrer verlangen für die Fahrt zum Gästehaus von Touristen 80 Baht und vom Besitzer nochmal 150 Baht.

**MINIBUSSE** - Fahren in die nähere Umgebung der Stadt von der Phetchkasem Rd., gegenüber Chat Chai Hotel, für 5 Baht p.P.

**TAXIS** - Ein Taxi kostet für eine Tagestour etwa 300 Baht plus Benzin.

## TRANSPORT

**BUSSE** - Die meisten Busse halten am innerstädtischen Busbahnhof westlich vom Nachtmarkt. Ac-Busse nach Bangkok fahren gegenüber vom Siripetchkasem Hotel ab.
Ac-Busse von Bangkok in den Süden stoppen zwischen 21.00 und 24.00 Uhr am Überland-Busbahnhof 3 - 4 km nördlich der Stadt am Suphapchon Restaurant. Sie sind oft ausgebucht, telefonische Reservierungen (Anruf nach Bangkok) sind im Restaurant für 30 Baht möglich.
Minibusse fahren aus der Stadt bis 17.30 Uhr für 5 Baht dorthin; Taxi 40 Baht.
Vom Southern Bus Terminal in BANGKOK fahren ac-Busse alle 20 Min. für 92 Baht in 3 1/2 Std., non-ac Busse alle 25 Min. bis 19.00 Uhr für 51 Baht in 4 Stunden. Von der Khaosan Road ac-Minibusse um 12.00 Uhr für 180 Baht.
Non-ac-Busse nach PHETCHABURI für 20 Baht, CHA-AM für 12 Baht, PRANBURI für 10 Baht, PRACHUAP KHIRI KHAN alle 20 Min. für 25 Baht in 1 1/2 Std.; CHUMPHON alle 40 Min. für 66 Baht in 5 Std.; SURAT THANI 17x tgl. für 112 Baht in 8 1/2 Std.; RANONG 10x tgl. für 93 Baht, PHUKET u.a. um 19.00 und 20.30 Uhr für 163 Baht; KRABI um 22.00 und 24.00 Uhr für 158 Baht; TRANG um 11.30 und 20.00 Uhr für 157 Baht.

**EISENBAHN** - Von BANGKOK fahren 8 Züge zwischen 13.30 und 19.45 Uhr in ca. 4 Std. nach Hua Hin (ab 112 / 64 Baht in der 2. / 3. Kl.).
Von THONBURI um 7.20, 9.50, 13.30 und 19.15 Uhr für 42 Baht in der 3.Kl.
Nach BANGKOK über NAKHON PATHOM (52 / 33 Baht) fahren die Schnellzüge in der Nacht ab, der *Special Express* um 6.42 Uhr für 142 Baht (2. Kl. Sitzplatz) und der *Diesel Express* um 16.13 Uhr für 172 Baht.
Nach THONBURI fahren tagsüber 3 lokale Züge um 6.24, 11.56 und 14.20 Uhr (nur 3. Kl.).
Wer **aus dem Süden** bei Tag fahren möchte, nimmt von SURAT THANI den *Diesel Express* um 11.05 Uhr für 234 Baht (Ankunft: 16.13 Uhr), von CHUMPHON und PRACHUAP den lokalen Zug Nr. 126 um 7.10 bzw. 10.16 Uhr für 49 / 19 Baht (Ankunft 11.56 Uhr).
**Richtung Süden** fahren der *Rapid* bzw. *Express* um 17.26 und 18.21 Uhr bis zur Grenze nach SUNGAI GOLOK (ab 318 / 167 Baht).
Der *Special Express* fährt um 18.58 Uhr bis nach Malaysia (ab 413 Baht).

Der *Rapid* um 19.51 Uhr bis HAT YAI (ab 264 / 136 Baht).
Nach SURAT THANI (ab 174 / 94 Baht) am besten mit dem *Rapid* um 22.18 Uhr oder dem *Express* um 23.10 Uhr.
Der Bummelzug Nr. 127 fährt um 11.53 Uhr ab, bis CHUMPHON für 49 Baht (3.Kl.) in 5 Std. Rechtzeitige Reservierung ist zu empfehlen.
Nach KANCHANABURI um 6.24 und 11.56 Uhr mit Umsteigen in BAN PONG um 9.53 bzw. 15.13 Uhr für 40 Baht in der 3.Kl. (Ankunft um 10.55 bzw. 16.26 Uhr).

## Prachuap Khiri Khan ประจวบคีรีขันธ์

Am südlichen Ende einer Bucht liegt diese Provinzhauptstadt, 284 km südlich von Bangkok. In ihrem natürlichen Hafen, der durch die vorgelagerten Felseninseln gut geschützt ist, ankern viele Fischerboote.

In der Nähe des Strandes erhebt sich der „Spiegelberg“, **Khao Chong Krachok**. Er ist von zahlreichen dreisten Affen bevölkert, die sich oft nur mit einem Stock auf Distanz halten lassen. Wer über die 415 Stufen den kleinen Tempel auf dem Gipfel erklommen hat, wird mit einer schönen Aussicht belohnt. Man kann von den der Bucht vorgelagerten Inseln über die Stadt bis zur Bergkette blicken, die bereits zu Burma gehört. Thailand ist an dieser Stelle nur wenige Kilometer breit. Ananas-Plantagen erstrecken sich über die weiten Hügel.

Die Stadt besitzt außer den ungewöhnlich netten Menschen nicht genügend Attraktionen für einen längeren Aufenthalt. Die schönen Strände in der Nähe der Stadt sind nicht sehr sauber, und das Wasser ist trübe. 6 km nördlich liegt der schön von hohen Felsen eingerahmte **Ao Noi Beach**.

### ÜBERNACHTUNG

1,5 bis 3,8 km nördlich der Stadt werden am Suan Son Beach viele Bungalows**-*** mit Fan und Du/WC überwiegend an einheimische Urlauber vermietet. In der Stadt liegen ebenfalls Bungalowanlagen an der Uferstraße.
An der Ao Noi Bucht: *AOW NOI BEACH BUNGALOWS****-*****, 206 Moo 2, tel 01-9417635, einfache und komfortable Zimmer. Das Restaurant mit deutschen Gerichten. Motorradtaxi vom Bahnhof 20 Baht, Motorrad mit Beiwagen 10 Baht pro Person.

### TRANSPORT

**BUSSE** - Ab Southern Bus Terminal in BANGKOK, 323 bzw. 284 km, fahren non-ac-Busse alle 30 Min. bis 21.20 Uhr für 72 Baht, ac-Busse laufend bis 19.00 Uhr und in der Nacht für 130 Baht in 5 Std.
Von CHUMPHON 45 Baht, von SURAT THANI 91 Baht (ac 127 Baht) in 6 1/2 Std.

**EISENBAHN** - Am besten von BANGKOK mit dem *Rapid* oder *Express* um 13.30 oder 14.35 Uhr (ab 142 / 78 Baht in der 2./3. Kl. im *Rapid);* die anderen Züge kommen erst in der Nacht an. Zurück fährt der *Diesel Express* um 15.12 Uhr in 4 1/2 Std. für 202 Baht.
Von THONBURI mit dem Bummelzug um 7.20 und 13.30 Uhr in 6 Std. für 58 Baht (nur 3. Kl.), zurück um 5.00 und 10.16 Uhr in 6 bzw. 7 Std.
Alle Schnellzüge aus dem Süden kommen in der Nacht an.
Nur der *Diesel Express* fährt um 11.05 Uhr von SURAT THANI für 214 Baht und kommt um 15.12 Uhr an.

## Chumphon ชุมพร

Die lebhafte Provinzhauptstadt Chumphon (auch: Chumporn, gesprochen: Tschum-poon) liegt 468 km südlich von Bangkok, 7 km vom Meer entfernt. Die Gegend wird bereits vom Nordost-Monsun beeinflußt, so daß von November bis Januar die stärksten Regenfälle niedergehen. Um die herrliche Umgebung von

Chumphon zu erkunden, mietet man am besten ein Motorrad oder bucht eine Tour. Die Gästehäuser helfen dabei, den Weg zu der schönen Tropfsteinhöhle **Tham Pisadarn** (50 km nördlich), zur **Rab Ro-Höhle** oder zum Wasserfall **Thung You** zu finden. Die Stadt selbst bietet keine touristischen Sehenswürdigkeiten. Die Menschen sind sehr freundlich. Überall werden Reisende, die auf ihrem Weg zur Insel Ko Tao hier Station machen, willkommen geheißen.

## ÜBERNACHTUNG

Beide Gästehäuser bieten einen hervorragenden Service, der ganz außergewöhnlich ist.
*CHUMPHON GH*** [13], 73 Krom Luang Chumphon Rd, tel 501242, 1 km vom Bahnhof; Haus im Thai-Stil mit neuem Anbau, z.T. sehr kleine Zimmer, freundliche Besitzerin. Motorräder (180 Baht/Tag), Touren mit Suriyun Mayazes (z.B.: 9 Std. Höhlentour für 390 Baht, 9 Std. Schnorcheltour für 450 Baht, 3 Tage / 2 Nächte Trekking und Rafting für 1790 Baht).
*SOOKSAMER GH*** [12], 118/4 Sooksamer Road, tel 502430, in einer ruhigen Seitengasse nahe Chumphon GH; kleine Zimmer, Schlafsaal, Restaurant und Bar; Pat, die hilfsbereite Besitzerin holt Gäste vom Boot ab; Fahrzeugvermietung. Touren mit Max von TRISTAR.
*MORAKOT HOTEL****, 102-112 Tawee Singkha Rd., tel 503628, fax 570196, 400 m vom Bahnhof, saubere Zi, zu empfehlen.
Weitere Hotels befinden sich in der lauten Saladaeng Rd.

## ESSEN

Sehr verlockend sind die mobilen Essenstände an den Märkten und der Seafood-Nachtessenmarkt in der Kromluang Chumphon Rd.
Super ist die preiswerte Ente mit Nudeln im chinesischen Restaurant gegenüber vom Suriwong Hotel, nur morgens und mittags offen.
Im 3. Stock der *Ocean Shopping Mall* gibt es ein Food Center.
Im Gartenrestaurant *PUEN JAI* gegenüber vom Bahnhof sitzt man angenehm, nicht billig.

## SONSTIGES

**INFORMATIONEN** - im *CHUMPHON INFORMATION CENTRE,* tel/fax 503857, gegenüber vom Jansom Hotel. Die freundlichen Leute vermitteln Tagestouren zu Tempeln und Transport zum Thung Wua Laen Beach.

**VORWAHL** - 077, PLZ: 86 000.

## TRANSPORT

**BUSSE** - Die meisten Busse fahren von der Bus Station ab, einige ac-Busse nach Bangkok vom ac-Bus Terminal in der Pracha U-Thid Rd.
Vom Southern Bus Terminal in BANGKOK mit dem non-ac-Bus laufend für 112 Baht, mit dem ac-Bus für 157 bzw. 202 Baht oder dem V.I.P.-Bus für 280 Baht um 9.00, 14.00, 21.00, 21.40 und 22.00 Uhr in 7 1/2 Std. Zurück zwischen 10.00 und 22.00 Uhr, V.I.P.-32-Bus um 21.30 Uhr. Nach Bangkok in die Khaosan Road mit dem ac-Minibus um 17.00 Uhr für 290 Baht, Ankunft um 24.00 Uhr.
Von HUA HIN für 66 Baht in 6 Std. PRACHUAP KHIRI KHAN 45 Baht. SURAT THANI non-ac-Bus ca. jede Std. für 57 Baht, ac-Busse um 8.30 und 13.00 Uhr für 79 Baht in 4 1/2 Std., ac-Minibus tagsüber jede Std. für 90 Baht in 3 Std.
Nach HAT YAI am Vormittag mit dem non-ac- und dem ac-Bus für 121 / 219 Baht in 9 Std.
Nach NAKHON SI THAMMARAT 85 Baht.

**EISENBAHN** - Von BANGKOK mit dem Zug 9x tgl. ab 192 / 102 Baht in der 2. / 3. Klasse; zum Nachtboot nach Ko Tao reicht der *Rapid* Nr. 45 um 13.30 Uhr (Ankunft 21.36 Uhr). *Rapid*-Züge nach Bangkok um 20.26 und 20.49 Uhr.
Von THONBURI fährt der Bummelzug Nr. 127 um 7.20 Uhr (Ankunft 17.00 Uhr). Zurück Nr. 126 um 7.10 Uhr (Ankunft um 17.15 Uhr); er erreicht HUA HIN um 11.56 Uhr, 49 Baht.
Die *Rapid*-Züge von SURAT THANI fahren um 17.35 und 17.50 Uhr, der Express um 19.04 Uhr in 3 Std. Zudem fahren von Surat Thani um 7.25 und 13.02 Uhr lokale Züge für 34 Baht (Ankunft 11.00 bzw. 16.25 Uhr). Zurück um 6.45 und 12.25 Uhr (Ankunft um 10.14 bzw. 16.05 Uhr).
Die Fernzüge in den Süden fahren abends ab, z.B. um 21.36 und 22.20 Uhr nach SUNGAI GOLOK, um 22.55 Uhr nach BUTTERWORTH.

**BOOTE** - Songthaew für 10 Baht fahren von 18.00 - 20.00 Uhr zum Nachtboot-Pier von Chumphon, 8 km; später per Taxi für 100 Baht.

Nach KO TAO fährt tgl. um 24.00 Uhr ein Boot für 200 Baht in 6 Std. (von November bis Mitte Januar abhängig vom Wetter). Zubringer um 22.00 Uhr für 40 Baht p.P.

Das Speedboat des *Jansom Chumphon Hotels* fährt tgl. mit 800 PS um 8.00 Uhr in 90 Min nach Ko Tao für 500 Baht (hin und zurück 800 Baht), Rückfahrt um 10.00 Uhr.

## Surat Thani

สุราษฎร์ธานี

Die Provinz Surat Thani ist die größte im Süden. Die Provinzhauptstadt hieß früher Ban Don und wird von vielen Einheimischen auch heute noch so genannt. Sie ist an sich eine uninteressante Stadt, meist nur Durchgangsstation auf dem Weg nach Ko Samui. Während langer Wartezeiten kann man sich einer Tour durch die Kanäle der Stadt anschließen und dabei **„schwimmende Dörfer“** und winzige **„Kokosnuß-Inseln“** im Tapi Fluß besuchen. Informationen in den Reisebüros in der Nähe vom Pier und bei *Samui Tour*.

### ÜBERNACHTUNG

**GÄSTEHÄUSER** - *KRASET 2*** am Busbahnhof Kaset 2 in einem Mini-Rotlichtviertel, billig, laut und sehr einfach; für eine Nacht ok.
*LIPA***, daneben, nicht zu empfehlen.
*BUNGALOW LAMPHU**-****, tel 272495, Bungalows auf der Insel Ko Klang im Tapi River.

**HOTELS** - *THAI RUNG RUANG*** (ac***), 191-199 Chonkasem Rd., tel 273249, fax 286353, saubere Zimmer mit Fan und Du/WC.
*INTOWN HOTEL****, tel 210145, fax 210422, daneben, neues Gebäude, saubere Zimmer.
*GRAND CITY HOTEL**-*****, 428/7-10 Chon Kasem Rd., tel 272960, fax 284951, anonym und kühl, aber sauber und günstig.
*WANG TAI*****, 1 Talat Mai Rd., tel 283020, fax 252169, beim Tourist Office, sehr gut.
Am Bahnhof von **Phunpin**, 15 km entfernt, gibt es auch billige Hotels, u.a.: *SRI RAMIE**, *THAI FAH** und *QUEEN**-****, tel 311003.

### ESSEN

Im Viertel am Hafen gibt es mehrere Restaurants mit thailändischen und westlichen Gerichten, die Straßenmärkte sind phantastisch.
Guter Nachtessen-Markt von 18.00 - 23.00 Uhr in der Tri-Anusarn Rd. beim Seree Hotel und von 23.00 Uhr bis kurz vor Sonnenaufgang in Ban Don am Fluß entlang.
*SWEET HOME CAFE AND COCKTAIL LOUNGE,* 148 Don Nok Rd., hier gibt es Thai- und Western-Essen in einem Bistro im französischen Stil, geöffnet 8.00 - 24.00 Uhr.

### SONSTIGES

**IMMIGRATION** - Office in der Surat Thani City Hall, Don Nok Rd., tel 273217; geöffnet Mo - Fr 8.30 - 12.00 und 13.00 - 16.00 Uhr.

**INFORMATIONEN** - *TOURIST OFFICE,* 5 Talat Mai Rd., tel/fax 282828, im Westen der Stadt, hinter der Einmündung der Na Muang Rd.

**MEDIZINISCHE VERSORGUNG** - ein größeres Hospital in Ban Don, von Ko Samui schnell zu erreichen.

**VORWAHL** - 077, PLZ: 84 000.

### NAHVERKEHRSMITTEL

**Minibusse** in der Stadt kosten 5 Baht. **Tuk Tuks** vom Busbahnhof zum Pier für Expressboote kosten 10 Baht.

### TRANSPORT

**BUSSE** - Alle non-ac-Busse halten am Terminal 1 oder 2, private ac-Busse in der Nähe vom Pier. Viele Busse warten auch an den Piers auf ankommende Boote bzw. am Bahnhof. Minibusse ab Thai Thani Hotel.
Die Busse zu den Fähren starten u.a. bei *Samui Tour* für 70 Baht (inkl. Fähre), ac 90 Baht.
**Vom Terminal 2** (Kaset 2) fahren alle ac-Busse und die folgenden non-ac-Busse ab. Wenn der neue Bus Terminal Richtung Bahnhof fertig ist, wird Terminal 2 aufgelöst.
Vom Southern Bus Terminal in BANGKOK,

668 km, mit dem mit non-ac Bus für 158 Baht, 2.Kl. ac-Bus um 22.00 Uhr für 222 Baht, ac-Bus zwischen 20.00 und 20.30 Uhr für 285 Baht, V.I.P.-30 um 20.00 Uhr für 350 Baht in 11 Std. Zurück fahren viele non-ac-Busse zwischen 7.00 und 20.30 Uhr, 2.Kl. ac-Busse um 9.15, 11.00, 19.30 und 20.00 Uhr, 2.Kl. ac-Bus (ohne Essen für 175 Baht) um 17.30 und 20.00 Uhr, ac- und V.I.P.-30-Busse zwischen 19.00 und 20.00 Uhr.

Nach KRABI mit non-ac-Bus 12x tgl. von 5.20 - 16.30 Uhr für 60 Baht in 5 Std.; ac-Bus um 7.00, 11.00, 13.30 und 16.30 Uhr für 90 Baht in 3 1/2 Std.; die ac-Busse von Songserm um 6.30, 10.00 und 17.00 Uhr für 150 Baht benötigen häufig 4 - 5 Std., da sie noch Passagiere am Pier abholen. Gute ac-Minibusse um 7.00, 10.00, 14.00 und 17.00 Uhr für 120 Baht fahren neben dem Thai Thani Hotel ab. Weitere ac-Minibusse fahren bis 18.30 Uhr für 150 Baht.

Nach PHUKET, eine landschaftlich schöne Strecke über die Berge, fahren viele non-ac-Busse zwischen 5.30 und 15.00 Uhr für 77 Baht in 6 Std. (über Khao Sok National Park 35 Baht, Takua Pa 47 Baht, Khao Lak 50 Baht); ac-Bus um 6.50 und 9.40 Uhr für 139 Baht in 5 Std. (Khao Sok 60 Baht), ac-Busse von *Phantip* .um 7.00 und 10.30 Uhr für 112 Baht, die ac-Busse von *Songserm* um 6.30, 10.00 und 17.30 Uhr für 150 Baht holen oft noch Passagiere vom Pier ab.

Nach CHUMPHON 6x tgl. von 5.30 - 15.30 Uhr für 57 Baht in 4 1/2 Std.; ac-Bus um 9.50 und 13.00 Uhr für 79 Baht in 3 Std. Gute ac-Minibusse jede Std. für 90 Baht (fahren neben dem Thai Thani Hotel ab).

Nach PRACHUAP KHIRI KHAN jede volle Std. für 91 Baht, 6 1/2 Std.; HUA HIN für 112 Baht.

**Vom Terminal 1 (Kaset 1)** fahren Busse nach NAKHON SI THAMMARAT bis 16.30 Uhr stündlich für 37 Baht in 3 1/2 Std.; ac-Bus 7x tgl. bis 16.10 Uhr für 50 Baht in 2 1/2 Std.

Nach HAT YAI um 5.30, 7.30, 9.00 und 13.00 Uhr für 86 Baht in 6 1/2 Std.; ac-Bus um 6.30, 10.30 und 15.00 Uhr für 154 Baht in 5 Std. (mit dem ersten Bus klappt in Hat Yai der Anschluß nach Kuala Lumpur und Singapore). Private ac-Minibusse 7x tgl. für 150 Baht.

**EISENBAHN** - Der Bahnhof Phunpin liegt 15 km westlich von Surat Thani, mit dem orange-roten Bus Nr. 1381 vom Busbahnhof Kaset 1 bis gegen Mitternacht für 10 Baht zu erreichen, mit dem Taxi für 100 Baht.

Von BANGKOK 8x tgl. zwischen 13.30 und 19.45 Uhr in ca. 11 Std. Mit dem letzten Zug erreicht man noch das erste Expressboot um 7.30 Uhr. Preise ab 244 / 127 Baht (2./3. Klasse). Zurück zwischen 17.35 Uhr und 23.48 Uhr.

Nach CHUMPHON mit dem lokalen Zug Nr. 150 und 120 um 7.25 bzw. 13.02 Uhr für 54 Baht.

Von HAT YAI fahren die *Rapid*-Züge um 15.55 und 17.05 Uhr für 134 / 77 Baht, die *Special Express* um 18.10 und 18.40 für 194 / 107 Baht (in der 2./3. Klasse) in ca. 5 Std., lokale Züge um 6.05 und 11.37 Uhr für 57 Baht in 7 Std. Zurück zwischen 00.48 und 3.10 Uhr, lokale Züge um 6.00 und 10.14 Uhr.

Von SUNGAI GOLOK an der Grenze zu Malaysia um 12.00 und 15.00 Uhr in ca. 9 Std. Zurück 2x tgl. nach Mitternacht.

Von BUTTERWORTH (Penang) um 13.40 Uhr in 8 1/2 Std. für 279 Baht in der 2. Kl. Zurück um 1.55 Uhr für 283 Baht. Weiter nach KUALA LUMPUR (plus 32 M$, 18 Std.) und SINGAPORE (plus 54 M$, in 28 Std.).

**FLÜGE** - Der Flugplatz liegt 29 km westlich von Surat Thani. Vom Flughafen mit dem Thai Airways-Bus für 150 Baht inkl. Fähre nach DON SAK. Der Anschluß klappt nicht immer.

Tgl. mehrmals nach BANGKOK (1 Std.) 1710 Baht. Am Di, Fr und So nach PHUKET (35 Min.) für 475 Baht und nach NAKHON SI THAMMARAT (35 Min.) für 340 Baht.

*THAI AIRWAYS OFFICE*, 3/27-28 Karun Rat Rd., tel 272610, 1 km südl. von der Bus Station.

**BOOTE** - auf die Inseln s.S. 775, 792 und 801.

## Ko Samui เกาะสมุย

*Die drittgrößte Insel des Landes im Südwesten des Golfs von Thailand ist drauf und dran, sich zu einem großen, internationalen Ferienzentrum zu entwickeln. Sie ist 247 Quadratkilometer groß, 14 km breit und 20 km lang. 25% der Insel besteht aus Flachland, das hauptsächlich mit Kokospalmen und Reisfeldern bebaut ist. Das Innere der Insel, dschungelbedecktes Hochland, wird nur wenig landwirtschaftlich genutzt. An den äußeren Hängen pflanzen die Einheimischen in ihren Gärten, die ein ungeübtes Auge nicht vom Dschungel unterscheiden kann, Durian, Rambutan, Langsat und Mangosteen an.*

## Nathon หน้าทอน

Die kleine Stadt ist von geschäftiger Aktivität erfüllt und voll auf die Bedürfnisse der Touristen eingestellt. Hier legen die Schnell- und Nachtboote an. In der Nebensaison versuchen Schlepper, Neuankömmlingen bei der Ankunft einen Bungalow aufzuschwatzen, andere Aufdringlichkeiten sind aber in der Regel nicht zu erwarten. Die meisten Gäste zieht es so schnell wie möglich an die Strände. Doch im Notfall kann man auch im Ort übernachten.

### ÜBERNACHTUNG

In der Uferstraße **Chonvithi Rd.** liegen:
*PALACE HOTEL****** (ac********), Nr. 152, tel 421079, fax 421080, gut, mit Terrassen.
*WIN HOTEL********, Nr. 366, tel/fax 421500, neu, alle Räume mit ac.
*SEAVIEW HOTEL******, Nr. 175/4, tel 421481, am südlichen Ende nahe am Strand.
An der Hauptstraße **Tawirat Pakdi Rd.**:
*SEAVIEW GUEST HOUSE**-****, Stadthaus mit 30 Zimmern mit Fan und ac.
*DAMRONG TOWN HOTEL********, Nr. 349/6, tel 420359, neues Hotel, Restaurant.
*CHAO KOH**-*******, tel 421214, komfortable Bungalows, ca. 1 km nördlich der Stadt.
*CHAI THONG HOUSE*****, gleich auf der anderen Seite des Baches.

### ESSEN

An der Uferstraße Chonvithi Rd. und an der Amphoe Road gibt es eine Menge Restaurants, hauptsächlich mit europäischem Essen.
Gut und preiswert ist das Essen im Thai-chinesischen Familienbetrieb *JELLY ROLL RESTAURANT* an der Uferstraße und im *THAI-RESTAURANT* schräg gegenüber der Siam City Bank. Frischen Käse, Salami, Schinken und Brötchen im *EL PIRATA* in der Amphoe Rd. Obst, Gemüse und frischen Fisch kauft man am besten vormittags auf dem Markt.

### SONSTIGES

**GELD** - Bei den Banken und Wechselstuben in der Tawirat Pakdi Road und an der Uferstraße lohnt ein Vergleich der Kurse.
*SIAM CITY BANK* hat tgl. von 8.30 - 20.00 Uhr geöffnet. Hierher kann man problemlos telegrafisch Geld überweisen lassen. Auch bietet sie Schließfächer und *Poste Restante Service* an.

**IMMIGRATION** - 2 km südlich von Nathon, 200 m vor der Kreuzung, (mit Songthaew 5 Baht), geöffnet Mo - Fr von 8.30 - 12.00 und 13.00 - 16.00 Uhr, zweimonatige Touristenvisa werden für 550 Baht um 30 Tage verlängert; 1 Paßfoto mitbringen.

**MEDIZINISCHE HILFE** - Ärzte praktizieren in ihren *Clinics* Mo - Sa 7.00 - 8.00 Uhr und von 17.00 - 19.00 Uhr. Sonst arbeiten sie im Hospital, 2 km südlich von Nathon, Aufnahme Mo - Fr 8.30 - 16.30 Uhr. Dort können sich Kranke billiger, in schweren Fällen vom Chefarzt, behandeln lassen. Die Ärzte verkaufen auch Medizin. Ein privates Krankenhaus mit 24-Std.-Notdienst liegt bei Bo Phut (s.S. 778).

**MOTORRÄDER / JEEPS** - Sie sind in Nathon günstiger als an den Stränden (der Paß wird als Sicherheit behalten). Motorrad 150 - 300 Baht, Mofa 120 - 200 Baht, Jeep 800 - 1000 Baht (inkl. Versicherung). Versicherungen für Motorräder sind illegal. Wird das Motorrad gestohlen, sollte man die Tourist Police, 2,7 km südlich der Stadt, tel 421281, und evtl. die Botschaft einschalten.

**POST** - am nördlichen Ende der Uferstraße, Überseetelefon (7.00 - 22.00 Uhr) und *Poste Restante Service*, Pakete-Verpackungs-Service. Geöffnet Mo - Fr 8.30 - 16.30, Sa/So bis 12.00 Uhr.

**REISEZEIT** - Während des Nordostmonsuns von Mitte November bis Mitte Februar bestehen

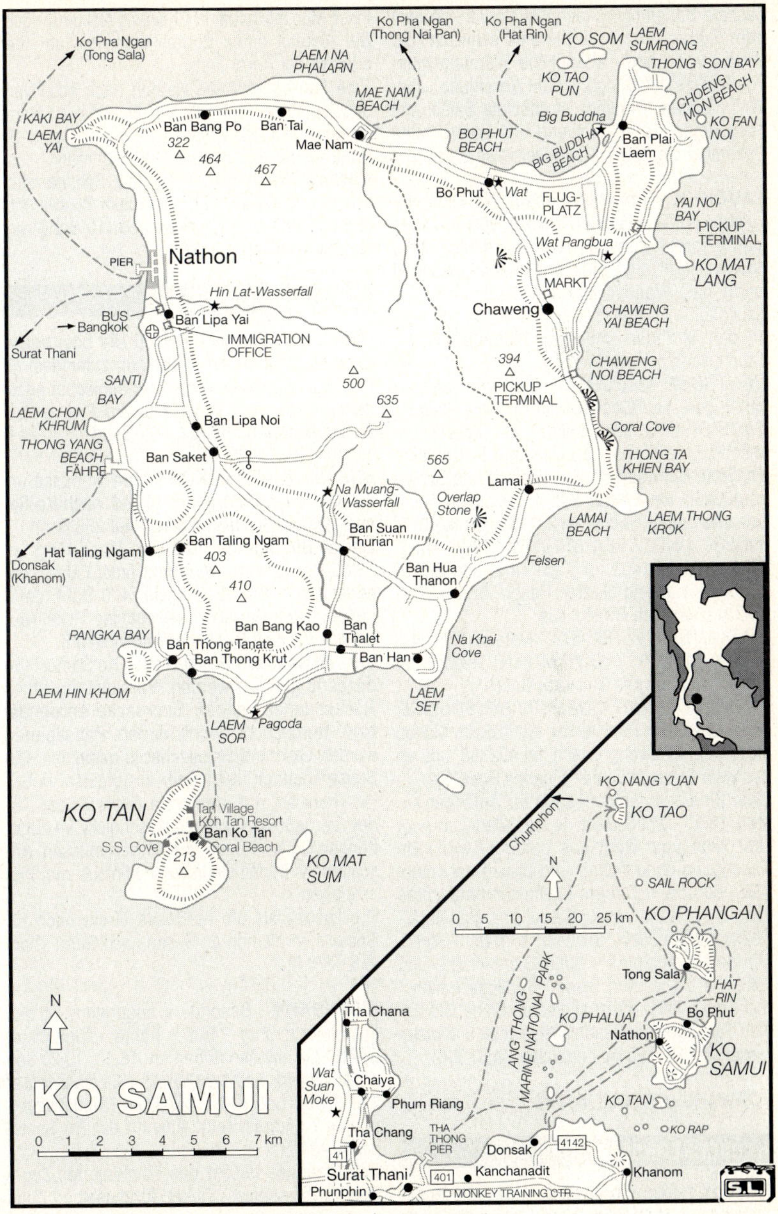
KO SAMUI
Ko Pha Ngan (Tong Sala)
Ko Pha Ngan (Thong Nai Pan)
Ko Pha Ngan (Hat Rin)
KO SOM
LAEM SUMRONG
THONG SON BAY
CHOENG MON BEACH
KO FAN NOI
LAEM NA PHALARN
MAE NAM BEACH
KO TAO PUN
Big Buddha
BIG BUDDHA BEACH
BO PHUT BEACH
Ban Plai Laem
KAKI BAY
LAEM YAI
Ban Bang Po
Ban Tai
Mae Nam
322
464
467
Bo Phut
Wat
FLUG-PLATZ
YAI NOI BAY
PICKUP TERMINAL
Wat Pangbua
KO MAT LANG
PIER
Nathon
Hin Lat-Wasserfall
MARKT
Chaweng
BUS
Bangkok
Ban Lipa Yai
IMMIGRATION OFFICE
Surat Thani
CHAWENG YAI BEACH
394
CHAWENG NOI BEACH
500
SANTI BAY
PICKUP TERMINAL
635
LAEM CHON KHRUM
Ban Lipa Noi
Coral Cove
THONG YANG BEACH
FÄHRE
Ban Saket
THONG TA KHIEN BAY
565
Lamai
Na Muang-Wasserfall
Overlap Stone
LAMAI BEACH
LAEM THONG KROK
Ban Suan Thurian
Hat Taling Ngam
Ban Taling Ngam
403
Felsen
Donsak (Khanom)
410
Ban Hua Thanon
Ban Bang Kao
Ban Thalet
PANGKA BAY
Ban Thong Tanate
Ban Thong Krut
Na Khai Cove
Ban Han
LAEM HIN KHOM
LAEM SET
Pagoda
LAEM SOR
KO TAN
Tan Village
Koh Tan Resort
Ban Ko Tan
S.S. Cove
Coral Beach
213
KO MAT SUM
N
0 1 2 3 4 5 6 7 km
KO NANG YUAN
KO TAO
Chumphon
N
SAIL ROCK
0 5 10 15 20 25 km
KO PHANGAN
ANG THONG MARINE NATIONAL PARK
Tong Sala
HAT RIN
KO PHALUAI
Bo Phut
Nathon
KO SAMUI
Tha Chana
Wat Suan Moke
Chaiya
Phum Riang
KO TAN
KO RAP
Tha Chang
THA THONG PIER
Donsak
4142
41
Surat Thani
401
Kanchanadit
Khanom
Phunphin
MONKEY TRAINING CTR.
S.L.

bessere Bademöglichkeiten im Norden, Westen oder Süden. Von April bis Juni schwächt der Wind ab, es heiß. Abendliche Wärmegewitter von Mai bis Juli bringen kaum Abkühlung. Über Weihnachten / Neujahr ist absolute Saison mit Total-Belegung in Chaweng und Lamai, Mitte Dezember bis April ist normalerweise Saison.

**TAUCHEN** - Von Mitte Februar bis Mitte November ist Tauchsaison auf Ko Samui. Direkt um die Insel herum gibt es mehrere nette Riffe, doch es läßt sich nie voraussagen, wo und wann das Wasser klar ist. Tauchtrips und Tauchkurse können bei mehreren Reisebüros, an den Stränden und in den Stadtbüros der Tauchbasen gebucht werden:
*DEUTSCHE TAUCHSCHULE*, unter Leitung von Eugen., am Südende vom Chaweng Beach.
*EASY DIVERS*, unter Leitung des Schweizers Mischi, Spezialist für PADI-Kurse in Deutsch, Englisch, Schwedisch, Französisch und Schwizerdütsch, am Lamai Beach zwischen Sand Sea und Lamai Resort, tel 231190, fax 424244.
*INDEEP UNDERSEA SPORTS* , 106/1 Mu 1, Bophut, tel 421403, und am Chaweng Beach vor dem Chaweng Garden Resort. Spezialisten für Tauchen vom Strand aus.
*MATLANG DIVERS*, 67/2 Watana Rd., Nathon, tel 421171, und im Matlang Resort, am nördlichen Ende des Chaweng Beach.
*SAMUI INTERNATIONAL DIVING SCHOOL*, gegenüber vom Pier, tel/fax 421465, im Malibu Resort am Chaweng Beach, tel 422386, und an der Main Street in Lamai. Eigenes Boot.
Zwei Einführungstauchgänge für Anfänger kosten 1800 - 2800 Baht, je nachdem, ob vom Ufer oder vom Boot aus getaucht wird. Ein Tauchgang ohne Führer und ohne Boot kostet 450 - 600 Baht. Die am häufigsten betauchten Ziele in der Nähe von Ko Samui sind: Sail Rock - Felswand-Tauchen, Großfische, Kamin-Höhle. Marine Nationalpark - bunte Korallenriffe und Riffische an kleinen Inseln. Südliche Inseln - recht gute Riffe, meist schlechte Sicht. Die besten Tauchgebiete lassen sich leichter und preiswerter von Ko Tao aus erreichen (s.S. 800).

**VORWAHL** - 077; PLZ: 84 140.

## NAHVERKEHRSMITTEL

**Pickups** haben die jeweiligen Strände angeschrieben und fahren bis 19.00 Uhr um die ganze Insel. Man muß aber in Chaweng Noi umsteigen. Bei Ankunft eines Bootes wrten sie am Pier oder an der Ferry Jetty.
Eine Fahrt kostet von Nathon nach Mae Nam und Bo Phut 15 Baht, Big Buddha 20 Baht, Choeng Mon und Chaweng 25 Baht, Lamai 20 Baht; ab der Autofähre z.T. 5 Baht mehr.
**Motorrad-Taxis** warten ein paar Schritte nördlich vom Markt auf Fahrgäste zum Busbahnhof (5 Baht) und zum Krankenhaus (10 Baht); andere Strecken aushandeln.

## TRANSPORT - ANREISE

Kommt man erst gegen 18.00 Uhr oder später auf Ko Samui an, ist es ratsam, zumindest für die erste Nacht die Dienste der Schlepper anzunehmen, da man sonst evtl. ein Pickup zum Strand chartern muß (ca. 400 Baht).

**BUSSE** - Von BANGKOK fahren ac-Busse um 20.00 Uhr für 327 Baht in 14 Std. nach Ko Samui, 2.Kl.-ac-Bus um 19.30 Uhr für 256 Baht.
Der ac-Bus aus der Khaosan Road fährt um 18.00 Uhr für 180 - 285 Baht (inkl. Fähre), der sogenannte V.I.P.-Bus kostet 470 Baht (dafür nur bei guten Reisebüros ein echtes Ticket kaufen und vor dem Einsteigen fotokopieren).
Vor den **Khaosan-Bussen** nach Ko Samui muß dringend gewarnt werden. Bei vorgetäuschten Reifenpannen wurden Rucksäcke entwendet bzw. durchsucht. Schlafenden Passagieren wurden Geld und Reiseschecks gestohlen. Die Busse kommen fast immer so „präzise" in Surat Thani an, daß das erste Expreß-Boot „leider" verpaßt wird und die Passagiere im zugehörigen Coffee House frühstücken müssen. Anschließend dürfen sie in einen Minibus zum Pier umsteigen.
Preiswerter als die ac-Busse direkt nach Ko Samui sind die non-ac-Busse nach Surat Thani (s.S. 770 ff).

**EISENBAHN** - Besonders angenehm ist das kombinierte „Zug - Bus - Fähre - Ticket" ab BANGKOK mit den Zügen um 18.30, 19.20 und 19.45 Uhr für 349 / 232 Baht (Sitzplatz in der 2. / 3. Kl.) und 419 / 449 Baht (Schlafwagen oberes / unteres Bett); Ankunft auf Ko Samui um 10.40 Uhr.
Fast genauso gut ist das kombinierte „Zug - Bus - Expressboot - Ticket" für dieselben Züge zu denselben Preisen, Bustransfer zum Hafen

und Überfahrt mit dem Expressboot um 7.30 Uhr (Ank. 9.30 Uhr). Diese Preise bezahlt man im Bahnhof, in Reisebüros ca. 40 Baht mehr.
Bei der Ankunft am Bahnhof Phunpin sollte man darauf achten, nicht in den falschen Bus geschleust zu werden, sonst muß man auch für das falsche Boot nochmals zahlen.

**BOOTE** - Mit dem **Expressboot** vom Surat Thani-Pier in Tha Thong tgl. um 7.30, 12.00 und 14.00 Uhr (in der Nebensaison nur gegen 8.00 und 14.30 Uhr) in 2 Std. für 105 Baht (hin und zurück 170 Baht). 30 Min. vorher fährt ein Zubringerbus vom Songserm Büro ab, 45 Min. vorher vom Bahnhof in Phunpin (der Morgenbus kostet 10 Baht). In Nathon besteht ein direkter Anschluß an das Boot nach Ko Pha Ngan. Die Boote sind in der Saison fast immer überladen. Sicherer und pünktlicher ist die Fähre.
Mit dem **Island Jet** ebenfalls vom Pier in Tha Thong um 8.00 Uhr in 1 1/2 Std. für 130 Baht.
Mit der **Fähre** von Don Sak zur Samui Ferry Jetty 5 - 7x tgl. zwischen 8.00 und 17.00 Uhr in 1 1/2 Std, 40 Baht, Motorrad 30 Baht, PKW 180 Baht (inkl. Fahrer), Minibus 200 Baht. *Samui Tour* fährt um 6.50, 8.30, 10.30, 12.30 und 15.30 Uhr ab dem Stadtoffice für 70 Baht (inkl. Fähre) nach Nathon; um 8.30, 12.30 und 15.30 Uhr mit dem ac-Bus für 90 Baht.
Von dem **Nachtboot** von Surat Thani nach Nathon um 23.00 Uhr in 6 Std. für 70 Baht (unteres Deck 40 Baht) ist dringend abzuraten.
Anreise ab Ko Pha Ngan s.S. 792.

**FLÜGE** - Direkt von BANGKOK mit Bangkok Airways 6 - 12 x tgl. zwischen 7.30 und 13.20 Uhr für 2080 Baht + 100 Baht Tax in 75 Min.
Von PHUKET mit Bangkok Airways tgl. um 10.00 und 15.10 Uhr in 50 Min. für 1210 Baht.

## TRANSPORT - WEITERREISE

**BUSSE** - Alle Reisebüros werben mit Handzetteln und unterschiedlichen Preisen für ihre ac-Busse und ac-Minibusse nach BANGKOK um 13.30 Uhr ab der Chonvithi Road. Die staatlichen ac-Busse nach Bangkok für 327 Baht fahren um 14.30 Uhr ab der Bus Station, 1,5 km südlich von Nathon.
Nach SURAT THANI mit ac-Bus um 7.00, 11.30 und 13.30 Uhr für 90 Baht (inkl. Fähre), PHUKET um 7.00 Uhr für 193 Baht (inkl. Fähre), KRABI um 7.00 und 14.45 Uhr für 191 Baht (inkl. Fähre), HAT YAI um 7.00 Uhr für 195 Baht (inkl. Fähre) oder 245 Baht (inkl. Expressboot), PENANG ab 400 Baht inkl. Fähre in ca. 14 Std., KUALA LUMPUR für 550 Baht und SINGAPORE für 590 Baht in ca. 30 Std. Diese Busse werden häufig überbucht, so daß sich 4 Passagiere 3 Sitzplätze teilen müssen.

**EISENBAHN** - Jedes Reisebüro bucht per Funktelefon mit 40 Baht Aufschlag. Rechtzeitig buchen.

**BOOTE** - Nach SURAT THANI mit dem **Expressboot** um 7.30, 12.30 und 15.00 Uhr (in der Nebensaison nur um 7.15 und 14.30 Uhr).
Mit dem **Island Jet** um14.00 Uhr in 1 1/2 Std.
Vom **Nachtboot** um 21.00 Uhr ist abzuraten!
**Fähre** vom Pier (9 km südlich von Nathon) nach DON SAK 5 - 7x tgl. von 7.30 - 16.00 Uhr.
Nach KO PHA NGAN mit dem **Expressboot** ab Nathon (nach Tong Sala) um 9.30, 10.30 und 15.30 Uhr für 60 Baht in 40 Min.
Mit dem **Island-Jet** um 9.45 Uhr in 30 Min. für 65 Baht.
Mit kleinen Booten, die bei stürmischer See nicht fahren, ab Big Buddha (nach Hat Rin) um 10.30 und 15.30 Uhr für 60 Baht, ab Mae Nam (nach Thong Nai Pan) von Januar bis September um 12.00 Uhr für 120 Baht.

**FLÜGE** - Minibus-Service zum Flughafen für 60 Baht. *Airport fee* 100 Baht.
Von hier fliegt Bangkok Airways 6 - 12x tgl. nach BANGKOK für 2080 Baht, Reservierung tel 425010-4, unbedingt rückbestätigen. PHUKET 1210 Baht.
Zu den Thai Airways-Flügen von Surat Thani (s.S. 775) gibt es einen Zubringer ab Nathon um 7.00 und 13.30 Uhr für 150 Baht (inkl. Fähre).

# Die Strände von Ko Samui

In früheren Jahren war Ko Samui als Traveller-Paradies bekannt. Je mehr Traveller es dorthinzog, desto mehr Bungalow-Siedlungen und Hotels sind entstanden. Noch ist kein Grund zur Panik. Mit etwas Planung bei der Auswahl des Strandes und des Bungalows findet jeder sicherlich auch heute noch, was seinen Vorstellungen entspricht. Ko Samui besitzt 26 km Sandstrand. Die bekanntesten Strände mit weißem Sand, sauberem Wasser und Palmen im Hintergrund im Osten der Insel sind beliebt und überfüllt. Die im Norden sind weitaus weniger frequentiert, und im Westen oder Süden gibt es noch richtige Einsamkeit. Allerdings sind hier die Strände flach, z.T. korallendurchsetzt und bei Ebbe nicht zum Baden geeignet. Quallen kommen häufig bei Ebbe an die Oberfläche und können das Baden zuweilen beträchtlich verleiden.

Die Einfachst-Bungalows sterben langsam aus, die neueren bieten durchweg mehr Komfort. Die Preise hängen von der Ausstattung des Bungalows ab (Größe, Bad, Glasfenster, gute Matratze, Sessel, Terrasse, Ventilator oder gar ac), auch vom Preisniveau des Strandes, aber nicht immer vom geleisteten Service. In der Hochsaison (15.6. - 31.8. und 20.12. - 10.1.) verlangen einige der besseren Unterkünfte einen Aufpreis zwischen 25 und 100%. Von unseren für die Hochsaison geltenden Preisklassen lassen sich in der Nebensaison bei geringer Auslastung kräftige Abschläge erzielen (bei Mittelklasse-Anlagen bis 50%). Geräuschempfindliche suchen sich am besten einen Bungalow mit entsprechendem Abstand zum Restaurant.

Jede Bungalow-Siedlung hat ihr eigenes **Restaurant**, in vielen ist das Essen preiswert und hervorragend. **Magic Mushrooms** sind als Omelettes oder Suppen auf einigen Speisekarten zu finden. Wir raten von dieser halluzinogenen Droge ab. Einige Leute sind danach total ausgeflippt, kamen nicht mehr von ihrem Trip herunter oder litten anschließend unter Depressionen, Hitzegefühl bzw. Erbrechen. In Form von *Buddha Sticks* wird auch die illegale Droge Marihuana an vielen Stränden verkauft. Wer nach dem Genuß von Keksen, die in einigen Restaurants auf dem Tresen stehen, plötzlich eigenartige Reaktionen verspürt, hat wahrscheinlich *Ganjah Cookies* gegessen. Die üblichen Arten touristischer **Unterhaltung** findet man am Lamai und am Chaweng Beach. In vielen Restaurants werden westliche Videos gezeigt. Zudem gibt es Discos, Strandpartys, Bars mit und ohne Hostessen und sogar Vorführungen klassischer Thai-Tänze mit Dinner. Auch Go-Go-Bars mit öffentlicher Anmache haben sich etabliert.

## Mae Nam Beach

Die erste schöne Badebucht beginnt nach 11 km. In der leicht geschwungenen, 4 km langen Bucht liegen die Bungalow-Siedlungen in lockerer Folge und sind von der weit entfernten Straße nicht einsehbar. Es ist noch nicht überfüllt, doch auch hier stehen inzwischen einige Hotels, und Video gibt es fast überall.

Der schmale Sandstrand fällt ziemlich steil ab. Das ruhige Wasser eignet sich fast ganzjährig zum Baden. Bei Ebbe schauen an einigen Stellen Felsen heraus. Auf dem groben Sand liegen neben den wenigen Sonnenanbetern auch einige Fischerboote. Die Ruhepavillons (*sala*) unter den vordersten Palmen gehören den Fischern. Am Mae Nam Beach empfindet man wegen der relativen Windstille die Hitze stärker, vor allem in der heißen Jahreszeit.

Das Fischerdorf **Ban Mae Nam** liegt in der Mitte des Strandes. Hier gibt es alles Lebensnotwendige zu kaufen. Man findet sogar einen Arzt und ein Fotolabor.

### ÜBERNACHTUNG

Etwa 35 Bungalow-Siedlungen liegen 300 - 800 m von der Straße entfernt, die meisten haben Bungalows in den Preisklassen von 80 - 400 Baht, außerdem 3 teure Hotels.

*HOME BAY*-***, am westlichsten Ende der Bucht, hier ist es besonders ruhig, Bungalows

verschiedener Preisklassen unter Palmen, z.T. nett angelegt.
*COCO PALM VILLAGE**-****, tel 425321, geräumige Bungalows in hübscher Gartenanlage, manche Gäste stört die Dauerberieselung mit Musik und Videos beim Essen.
*PHALARN INN*-***, tel 425348, ca. 100 m vom Meer entfernt und ruhig, saubere Zimmer mit großen Betten, familiäre Atmosphäre.
*NAPLARN VILLA**-****, normale Bungalows und extra große für Familien.
*HARRY´S***, tel 425477, landeinwärts hinter einer Mauer, solide gebaute Bungalows, deutsche Leitung. Der Strand ist nur über das Tempelgelände zu erreichen (150 m).
*SEA FAN BEACH RESORT*, tel 425204, fax 425350, ruhige, schöne First Class-Anlage, große, hervorragend ausgestattete Holz-Bungalows mit ac und Terrasse; exzellentes Restaurant; Swimming Pool mit Pool-Bar, Whirl Pool, verschiedene Sportarten; Motorräder, Jeeps. Grober Sand am Strand.
500 m weiter folgen an einem schönen Strandabschnitt:
*ANONG VILLA*-***, saubere Bungalows, ungemütliches Restaurant.
*SHANGRI-LA**-*****, tel 425189, schöne Anlage, neue, saubere, gut ausgestattete Bungalows, gutes Essen, freundliches Personal.
*SUNRISE VILLAGE*-***, gedrängte, saubere Hütten, gutes Essen, freundliche, geschäftstüchtige Inhaber.
*PALM POINT VILLAGE**-****, tel 425095, 20 Bungalows, gutes Essen.
*SHADY SHACK*-****, tel 425392, mit einer freundlichen Mama, Windsurf-Schule.
*GOLDEN HUTS**, hinter dem Weg, Hütten dicht an dicht, ohne Schatten, italienisches Restaurant.
*SANTIBURI DUSIT RESORT*, tel 425031, fax 425040, 59 luxuriöse Thai-Pavillons und 18 Suiten, alle Einrichtungen eines Luxus-Hotels.
*LOLITA**-*****, tel 425134, am Dorfstrand, einige neue, teurere Bungalows.
*MAENAM INN*****, direkt im Ort an der Straße, großer, dreistöckiger Kasten mit ac-Zimmern.
*MAE NAM BEACH BUNGALOWS***, tel 425060, am westlichen Ortsrand, die Inhaberin ist sehr nett und gewissenhaft.
*NATURE**, Besitzerwechsel, abzuraten.
Etwas weiter drängen sich an einem miesen Strandabschnitt:
*CLEOPATRA PALACE*-****, tel 425486, Steinbungalows und Holzhütten, freundlicher Familienbetrieb mit gutem Restaurant.
*SEA SHORE*-***, tel 425280, sauber und gepflegt, kühle Steinhäuser, gutes Essen, freundliche Leute.
*NEW LAPAZ VILLA**** (ac****), tel 425296, fax 425402, komfortable Steinbungalows, geschäftstüchtige Besitzer.
*CHAYA RAI RESORT*, tel/fax 425290, kleine First Class-Bungalowanlage.
*FRIENDLY*-***, mit einer netten, sehr aktiven Mama.
*MAE NAM VILLA*-***, tel 425501, mit etwas Abstand, ruhige, schöne, saubere Anlage, Bungalows mit WC und Fan, nettes Personal, gute Küche; Honda (100 ccm) zu vermieten.
*LAEM SAI BUNGALOWS*-****, tel 425133, am östlichen Ende der Bucht. Weiträumige Anlage, hübsche Bungalows mit Bad in kleinem Innenhof.

### BOOTE NACH KO PHA NGAN

Von Januar bis September fährt tgl. um 12.00 Uhr nur bei ruhiger See ein Boot nach THONG NAI PAN auf Ko Pha Ngan für 120 Baht.

### Bo Phut Beach

Diese 2 1/2 km lange, weit geschwungene Bucht im Norden beginnt 15 km hinter Nathon. Sie hat einen relativ steil abfallenden Strand mit grobem Sand und ist ganzjährig gut zum Schwimmen und Windsurfen geeignet. Am nordwestlichen Ende der Bucht ist der Strand am schönsten, in der Mitte geht er in das Dorf Ban Bo Phut über, im Osten ist er äußerst flach. Das Preisniveau ist etwas gehoben. Die kleinen, nur als Hobby betriebenen Familienbetriebe, schließen außerhalb der Saison ihre Anlagen. 1991 wurde am Bo Phut Beach ein riesiges Urlaubszentrum mit sechs dreistöckigen Apartment-Blocks gebaut und an der Hauptstraße gegenüber eine Go-Cart-Bahn eröffnet. Vom Besuch des *Monkey Theatre* raten wir dringend ab.

**Ban Bo Phut** ist ein kleines Thai-Dorf mit typisch ländlicher Atmosphäre. In Dorfnähe fühlen sich vor allem Franzosen wohl. Touristenlokale und Unterkünfte sind ins Dorf integriert, einzigartig auf Ko Samui.

## ÜBERNACHTUNG

Zwei Dutzend Bungalow-Siedlungen, vorwiegend 80 - 300 Baht, einige Bungalows bis 500 Baht, Luxus-Anlagen über 1000 Baht.
Im westlichen Bereich ist der Strand bis *Sandy* schlecht: Geröll, Abfall, Steine, öldurchtränkter Sand - also nichts zum Baden.
*WORLD RESORT***-*****, tel/fax 425355, verschiedenartige Bungalows, auch Luxusbungalows mit ac, einige mit guter Aussicht, großer Garten. Swimming Pool. Sehr schöner Strand.
*SALA THAI**-****, tel 425300, Reihenhäuser und ansprechende Bungalows (viele zum Meer gelegen), erstaunlich teures Restaurant.
*PALM GARDEN*-***, sehr gute Anlage, ordentliche Bungalows in einer Palmenplantage, von einer Französin geleitet.
*PEACE***-*****, tel 425357, fax 425343, normale und größere Bungalows mit Du/WC und Fan, besonders für Familien geeignet, an einem sehr schönen Teil des Strandes; die Nebenkosten sind allerdings ungewöhnlich hoch.
*CHAI HAT**, tel 425196, Familienbetrieb, alle Hütten haben Moskitonetz.
*ZIGGY STARDUST***-*****, tel 425409, fax 425410, auch Luxussuiten mit ac.
*SMILE HOUSE***-*****, tel 425361, fax 425239, klimatisierte Komfort-Räume, Swimming Pool. Gutes Restaurant (i.b. Fisch).
Direkt **im Dorf** liegen:
*VILLA ORIENTALE***-*****, tel/fax 425 362, nicht direkt am Strand, 11 ac-Zimmer, in der Nebensaison 50% Rabatt.
*THE LODGE*****, *BOON*-***, *SUMMER NIGHT RESORT**-****, *MIAMI*-*** und *OASIS*-**** drängen sich zwischen der Dorfstraße und dem Fischerstrand.
Auch **östlich vom Dorf** liegen noch Bungalows: *SAND VIEW**-****, tel 425432, und jenseits des Bachs *SKY BLUE**, blaue Hüttchen.

## ESSEN

Besonders schön sitzt man im *TID RESTAURANT* auf einer Veranda über dem Meer. Spitzenklasse sind die Seafood-Gerichte, witzig und lecker die 10 verschiedenen „Kräuter-Whiskys" gegen alle möglichen Leiden.
*LE BATEAU RESTAURANT* wird vorzüglich vom freundlichen Belgier Christian gemanagt, exzellente französische und Thai-Küche.

## SONSTIGES

**BOOTE NACH KO PHA NGAN** - Zu den Booten von Big Buddha nach Hat Rin Beach fahren 30 Min. vor Abfahrt Zubringer-Taxis, 15 Baht.

**MEDIZINISCHE HILFE** - Auf halbem Weg zwischen Bo Phut und Chaweng liegt links das private *BANDON INTERNATIONAL HOSPITAL*, 123/1 Moo 1, Bo Phut, tel 425 382-3, fax 425342, westlicher Standard, 24-Std.-Notdienst, Hausbesuche, etwas teurer (aber angeblich besser) als das Hospital bei Nathon.

**MOTORRÄDER** - Honda 100cc für 150 Baht, 125er Enduro für 200 Baht zu mieten.

**TAXIS** - An der Abzweigung Richtung Big Buddha gibt es Taxis und Motorradtaxis.

### Big Buddha Beach

(Auch: *Bang Rak Beach* und *Phra Yai Beach)* 19 km hinter Nathon beginnt die relativ kleine Bucht mit gut 2 km Küste, davon 1,3 km Strand. Sie wird überragt von der Buddha Kolossal-Statue im Kloster auf der (Thai-)Touristen-Insel **Ko Fan**. Manchmal dröhnt laute Musik bis spät in die Nacht.

Wenn der Wind im europäischen Sommer von Westen weht, erstreckt sich hier ein schöner, weißer Sandstrand mit leicht abfallendem Ufer. Bei starkem Wind ist die See jedoch aufgepeitscht. Bei Ostwind (im europäischen Winter) zieht sich das Meer zurück, und der sehr breite Strand sieht mit seinem dunklen Matsch und den glitschigen Steinen bei Ebbe wenig einladend aus. Zum Baden ist er in dieser Jahreszeit nur bei Flut geeignet.

### ÜBERNACHTUNG

Trotz der dicht vorbeiführenden Straße (nachts kaum Verkehr) ist dieser Strand recht beliebt. Die meisten Bungalow-Siedlungen haben ein gehobenes Niveau, wurden z.B. aus Backsteinen gebaut, mit Ventilator und gekacheltem Badezimmer ausgestattet, immer häufiger sogar mit ac. Die meisten Anlagen sind zum Strand hin abgeschottet. Das etwas hohe Preisniveau läßt in der Nebensaison viel Spielraum fürs Handeln. Ende 1994 gab es 20 Anlagen, die meisten mit Bungalows von 150 bis 300 Baht.

Bei den ersten Anlagen stehen die Bungalows dicht aufeinander: *FIRST***, tel 425840, und *COMO'S**-****, tel 425210.

500 m weiter folgen *BEACH HOUSE* ***, tel 425211, *L.A.RESORT**-****, tel 425330, *EDEN GARDEN**-****, tel 425253, fax 425353, *KINNAREE***, tel 425217, und *SECRET CORAL***, tel 425419.

*NUMBER ONE*-****, tel 425446, hier beginnt der schönere Teil des Strandes. Dim und Hans haben 8 Bungalows locker im Halbkreis gebaut, alle mit Blick aufs Meer, sehr sauber, gutes Restaurant mit hervorragendem Seafood; eine Pfälzer Oase.

*NIPON**** (ac****), tel 425137, nette Leute.

*SUNSET SONG**-**** (Sunset 2), tel 425155, einfache und gute Holzbungalows (z.T. ac), Dahinter liegt direkt am Strand das Restaurant und Pub *CROWDED HOUSE*.

*FAMILY VILLAGE**-**** (ac****), tel 425148, graues Kleinhotel, saubere Zimmer.

*BIG BUDDHA**-****, sehr saubere Bungalows mit Du/WC, freundliche, italienische Leitung.

*COMFORT RESORT NARA GARDEN***** (und teurer), tel 425364, fax 425292, gepflegte Hotelanlage im Reihenhaus-Stil, mit Pool.

### BOOTE NACH KO PHA NGAN

Von der Flußmündung neben dem *Farn Bay Resort* fahren Boote tgl. um 10.30 und 15.30 Uhr für 60 Baht in 45 Min. zum HAT RIN BEACH an der Südspitze.

## Thong Son Bay

Ganz im Norden (2,5 km von Big Buddha, 24 km von Nathon) liegt diese kleine Bucht mit sehr schöner Sicht in Richtung Ko Pha Ngan. Es gibt nur 3 Anlagen mit 37 Bungalows. Öffentliche Pickups fahren nicht in die äußerst ruhige Bucht, daher ist Transport ein gewisses Problem. Am Ortseingang von Bo Phut gibt es einen Bike-Verleiher. Baden kann man nur bei hohem Wasserstand oder an wenigen Stellen, die nicht von Korallenstöcken bedeckt sind. Von September bis November treibt der heftige Wind hohe Wellen über den Sandstrand.

### ÜBERNACHTUNG

*GOLDEN PINE RESORT**-****, am westlichen Hang, 11 Bungalows mit Bad und Fan, aber wenig Schatten; herrlich liegt das Restaurant; freundliche Familie.

*SAMUI THONG SON RESORT*** (ac****), in der Mitte der Bucht unter Palmen, wirkt sehr gediegen, 10 einfache und 6 komfortable Zimmer, nettes, aber teures Restaurant mit Bar.

*THONG SON BAY*-***, am östlichen Hang der Bucht, 10 ordentliche, billige Bungalows.

## Choeng Mon Beach

Die wunderschöne, kleine Bucht am Nordzipfel von Ko Samui (auch: Cherng Mon) liegt 23 km von Nathon entfernt. Kokospalmen und Kasuarinas säumen den weißen Sandstrand. Die Bucht bietet in ihrem mittleren Teil optimalen Strand und gute Bademöglichkeiten. Auch für Kinder bestens geeignet. Leider düsen jetzt Scooter und Motorboote rücksichtslos durch die Bucht. Das im Westen vorgelagerte Inselchen **Ko Fan Noi** reizt zu einer Erforschungstour, was bei der Unwegsamkeit des Geländes gar nicht ohne ist. Man erreicht es bei Ebbe trockenen Fußes, bei Flut schwimmend. An diesem traumhaft schönen Strand hat die Imperial Gruppe gleich zwei Hotels gebaut. Optisch stören sie nicht sehr. Doch schon ist ein drittes dazugekommen. Damit ändert sich auch das Publikum.

## ÜBERNACHTUNG

In der Bucht gibt es zur Zeit 5 Bungalow-Siedlungen und drei Hotels: *CHOENGMON BUNGALOW*-**** (ac****), tel 425372, einfache und bessere Bungalows, an der schönsten Stelle des Strands.
*CHAT KAEO RESORT**** (ac****), tel 425 109, relativ teure Bungalows mit Glasfenstern und kleiner Terrasse.
*ISLAND VIEW*-****, tel 425080, fax 425081, angenehmer Familienbetrieb, einfache und komfortable Bungalows mit und ohne Bad auf großem Gelände; sehr gutes Restaurant.
An der kleinen **Thong Rang Bay**, 1 1/2 km südlich Richtung Chaweng, gibt es das *PAYORM PARK VIEW RESORT**-****, tel 425 429, sehr hübsche Anlage zwischen vielen Bäumen, sehr einsam, auch Familienzimmer.

## TRANSPORT

In der Saison fährt tgl. um 21.00 Uhr ein Nachtbus zum Chaweng Beach (zurück um 2.00 Uhr).

### Yai Noi Bay

An dieser kleinen Bucht (25 km von Nathon) geht es sehr ruhig zu. Es gibt zwar keinen langen Sandstrand, aber zwischen den Steinen verlocken immer wieder Sandflecken zum Sonnenbaden.

## ÜBERNACHTUNG

*I.K.K.BUNGALOWS**-****, tel 422482, nette Bungalowanlage unter Palmen, kleiner Sandstrand, davor Korallenbänke, bei Flut ist Baden möglich; freundliche Besitzerin.
Gleich daneben soll eine weitere Anlage gleicher Preisklasse aufgemacht haben.
*CORAL BAY RESORT*, tel 272222, geräumige Bungalows der Touristenklasse mit ac, großer Palmengarten. Geeignet zu geruhsamer Erholung, aber nicht für Badeurlaub.

### Chaweng Bay

Die große, 6 km lange, sanft geschwungene Chaweng-Bucht öffnet sich nach Osten (23 km von Nathon). Eine Bungalow-Siedlung reiht sich an die andere, und dennoch wirkt der Chaweng Beach vom Aussichtspunkt im Süden fast wie eine unbewohnte Kokosplantage. Alle Anlagen liegen zwischen der staubigen Betonstraße und dem breiten, wunderschönen Sandstrand, den viele Globetrotter als einsame Spitze bezeichnen. Das Preisniveau ist höher, die Ausstattung vornehmer, das Drumherum touristischer als an den anderen Stränden. Da sich die Strandabschnitte im Charakter unterscheiden, beschreiben wir sie separat.

Am **Chaweng Yai Beach**, dem nördlichen Ende der beliebten Bucht fühlen sich Sandstrand-Freaks so richtig wohl. Denn hier ist das Meer so flach, daß der Strand bei Ebbe einige hundert Meter breit werden kann und sich hervorragend für Jogging oder Frisby-Spielen eignet. Allerdings sieht er dann auch verschmutzt aus (Plastiktüten, Bierflaschen). Bei Niedrigwasser ist die Insel **Ko Mat Lang** zu Fuß erreichbar. Zwischen der Insel und den südwestlich vorgelagerten Felsen kann man sehr schön schnorcheln. Etwas südlicher bildet das mit einigen Bäumen und Büschen bewachsene Riff bei Ebbe eine flache Lagune, die vor dem Samui Coral Resort endet.

Von November bis April ist dieser Strandabschnitt optisch recht schön, das Wasser steht hoch, manchmal gibt es Wellen und Wind, trotzdem kann man sicher baden. Im Mai und Juni wird das Wasser extrem niedrig und bleibt flach bis Oktober.

Der Anblick des **zentralen Chaweng-Strandes**, der sich vom Chaweng Garden im Norden bis zum Kap am First Bungalow über 2 1/2 km erstreckt, wirkt wie eine Seite aus einem Südsee-Bilderbuch: Feiner, weißer Sand, überhängende

Palmen und blaues Meer, bei Ebbe und Flut ideal zum Schwimmen. Im Winter drückt allerdings der Wind das Wasser gegen die Küste, und der Strand wird relativ schmal. Wer empfindlich ist, sollte sich wegen der vielen Sandflöhe nicht unbedingt in den Sand legen.

Hier beeindruckt nicht nur die herrliche Natur, hier ist auch etwas los. Es gibt zahlreiche Strandrestaurants mit Video und viele andere Lokale entlang der Straße, darunter eine Pizzeria und ein Steakhouse, mehrere Discos, Thai-Dinner mit klassischen Tänzen sowie unzählige Bars und Pubs. Die Traveller-Szene trifft sich im schön beleuchteten Reggae Pub, bei Green Mango und in der Doors Pub - alle drei sind einen Besuch wert. Supermärkte, Reisebüros, Läden, Fotoshops, Postamt und ein Posten der Touristenpolizei runden das Angebot entlang der Hauptstraße ab. Urlauber, die für komfortable Unterkünfte, Sportangebote und abendliche Unterhaltung gerne etwas mehr bezahlen, sind am richtigen Platz.

Zum Glück stören die Hotelanlagen den optischen Eindruck des Chaweng Beach nicht. Nur die Parade der Sonnenschirme und Liegestühle am Strand weist auf Pauschaltouristen hin.

Durch ein kleines Kap vom Chaweng Beach getrennt, wirkt der schöne, saubere **Chaweng Noi Beach** mit den abgeschliffenen Felsen im Meer sehr malerisch. Von rechts ziehen sich Steine im Wasser bis zum Victorian Resort hin. Im Winter kann man hier wegen der gefährlichen Brandung nicht baden. An der nahen Hauptstraße haben sich einige Restaurants angesiedelt.

## ÜBERNACHTUNG

**CHAWENG YAI BEACH** - Etwa 30 Anlagen stehen an diesem Strandabschnitt, meist Bungalow-Anlagen von gehobenem Niveau.
Trotzdem gibt es auch relativ preiswerte **Unterkünfte zwischen 100 und 250 Baht**. Viele dieser Bungalows haben eigene Du/WC, die besseren sogar Fan.
Von Nord nach Süd sind dies z.B: *MARINE**-****, tel 422416, *MOON**-****, tel 422167, *FAMILY***, *K. JOHN RESORT **-****, tel 422116, alte Matratzen, *LUCKY MOTHER*-****, einige Zimmer mit Gemeinschafts-Du/WC, *LOTUS*-***, *COCONUT GROVE**-****, tel 422268, sehr sauber, und als letztes *SAMUI CORAL RESORT**-****, tel 422143, freundlich, Bungalows mit Terrasse, ruhig, gutes Restaurant.
**Bungalows ab 400 Baht mit Fan**, Du/WC und etwas Mobiliar sind in allen anderen nicht beschriebenen Anlage an diesem Strand zu finden.
Wer einen **Bungalow mit Klimaanlage** sucht, findet ihn leicht ab 600 - 800 Baht, z.B. im:
*MATLANG RESORT**-*****, tel 422172.
*SAMUI CABANA***-*****, tel 422405, fax 422309, komfortable, aber dunkle Bungalows, das Restaurant serviert gute Fischgerichte.
*SAMUI COUNTRY RESORT**-*****, tel 422 186, ein- und zweistöckige Bauten, Restaurant am Strand.
*MONTIEN HOUSE***-*****, tel 422169, fax 422145, schöne Gartenanlage, große Betonbungalows mit Fan/ac, schöne Holzeinrichtung, Veranda, guter Service, kompetente Leute.
**Besonders gut** gefallen haben uns die folgenden Bungalow-Siedlungen:
*VENUS RESORT**-****, tel 422406, hübsche Bungalows mit Fan unter Palmen, großes Restaurant mit offener Terrasse; diese Anlage wirkt nicht so gedrängt wie viele andere.
*O.P. BUNGALOW***-*****, tel 422424, schöne Anlage auf einer kleinen Landspitze, herrliche Sitzplätze am Strand; saubere Zi mit Fan und ac, bei längerem Aufenthalt Rabatt; chinesischer Besitzer, gutes chinesisches Restaurant.
*THE ISLAND***-*****, P.O. Box 52, fax 421178. Das deutsch-amerikanische Management sorgt für Sauberkeit in den geschmackvollen Bungalows (z.T. ac), im üppig bewachsenen Garten und am Strand. Im exzellenten Restaurant werden keine Videos gezeigt; Beach Bar.

**CHAWENG BEACH (ZENTRUM)** - Wer auf guten Schlaf wert legt, sollte nicht zu nah beim *Reggae Pub* übernachten. Einige der ca. 40 Bungalow-Siedlungen gehören zu den teuersten von Ko Samui.
**In der nördlichen Hälfte** bis zur Zufahrt zum öffentlichen Strand, bekommt man noch **Bungalows bis 150 Baht**, z.B. im:

*BEST BEACH**-***, tel 422410, einige ganz billige Hütten mit Gemeinschafts-Du/WC.
*CHEAP CHARLIE**, sehr alte, aber saubere Hütten, Gemeinschafts-Du/WC.
*CHARLIE´S HUT**-**, tel 422343, etwas gepflegt und sauber, sehr beliebt, gute Atmosphäre, aber große Diebstahlgefahr.
*VIKING**-***, tel 422343, gute Atmosphäre, aber verwanzt und große Diebstahlgefahr.
An dieser nördlichen Strandhälfte gibt es viele Anlagen mit **Bungalows bis 400 Baht**, z.B.:
*LONG BEACH LODGE****, tel 422372, oder das nette *CENTRAL BAY RESORT****-****, tel 422118, fax 422119.
**In der südlichen Hälfte** gehören die meisten Hotels und Bungalowsiedlungen in die Luxus- und Touristenklasse. **Ac-Bungalows** sind hier erst ab 900 Baht zu haben, z.B. im:
*CHAWENG COVE*****, tel 422156, fax 422291, gemütliche Anlage, gepflegter Garten.
*CHAWENG GUEST HOUSE****-****, tel/fax 422176.

**CHAWENG NOI BEACH** - Neben den teuren Anlagen für Pauschaltouristen stehen nur noch zwei Anlagen mit billigen Hütten, nämlich das wiedereröffnete *TAWEE BUNGALOW**-***, tel 422170, 11 einfache Zimmer und 5 sehr preiswerte Zimmer mit ac, und das *CHAWENG NOI**, 9 Hütten direkt an der Straße.

### SONSTIGES

**PICKUPS** - Der Terminal liegt am KM 5, von wo die Chaweng-Pickups die gesamte Strandstraße bis zum Chaweng Noi entlangfahren. Dort kann man in die Lamai-Pickups umsteigen. Mit dem ersten Pickup um 6.00 Uhr (30 Baht) schafft man es in der Regel zum ersten Expressboot ab Nathon.

**WASSERSPORT** - Wassersportbegeisterte finden Tauchbasen, Surfboard- und Wasserski-Anbieter am Strand und entlang der Straße.

**ZEM THAI CULTURAL VILLAGE** - In einer schönen, ruhigen Anlage am Chaweng Lake können einzigartige Lernerfahrungen gemacht werden. Es werden Kurse von 1 - 5 Tagen angeboten: z.B. Thai-Kochkurs, Traditionelle Thai-Massage, Früchte- und Gemüse-Schnitzen. Kein Telefon, aber fax 422282.

## Coral Cove

2 km südlich von Chaweng Noi (25 km von Nathon) liegt zwischen zwei Pässen der Küstenstraße eine kleine Bucht mit weißem Sandstrand, umrahmt von runden Felsblöcken. Hier macht es Spaß, durch die bizarren Felskanäle zu schwimmen und zu schnorcheln. Eine kleine Tauchschule verleiht Geräte, bei einem Tauchgang vom Strand kann man jedoch außer Spaß nicht allzu viel erwarten. Die Lamai-Pickups fahren hier vorbei.

### ÜBERNACHTUNG

*CORAL COVE RESORT***-****, tel 422126, in dem schmalen Streifen zwischen Straße und Meer. Bungalows am Strand und auf dem Hügel unter Palmen. Freundliche Leute, gutes Essen.
*BLUE HORIZON***-***, tel 422426, 11 Bungalows mit schöner Aussicht.
*CORAL COVE CHALET***** (und teurer), tel 422260, gepflegte Anlage, 39 Komfort-Bungalows und Swimming Pool, schöne Aussicht.
*HI CORAL COVE**, tel 422495, 10 billige Hütten mit schöner Aussicht oben auf den Felsen.
*BEVERLY HILLS CAFÉ****, beim Restaurant auf dem Paß südlich vom Viewpoint, Hütten mit herrlicher Sicht.

## Thong Ta Khien Bay

Einen guten Kilometer weiter (23 km von Nathon) liegt unterhalb der Straße die Thong Ta Khien Bay. Idyllisch lag hier einmal ein Fischerdorf, jetzt verdrängt von der großen Anlage des Yacht Clubs.

### ÜBERNACHTUNG

*GOLDEN CLIFF RESORT****-****, tel 422409, liegt am Hang oberhalb der Straße, bietet 15 Bungalows, zum Teil mit ac ausgestattet, unter Palmen.

*SAMUI SILVER BEACH RESORT*****, eng stehende, solide Bungalows am Strand.
*SAMUI YACHT CLUB*, tel/fax 422400, eine Mittelklasse-Anlage, mit großen, schönen Bungalows mit ac und einem ansprechendem Restaurant.

**ESSEN**

*THE TERRACE RESTAURANT* serviert gutes Thai-Essen und frisches Seafood zu vernünftigen Preisen, herrlicher Blick, freundlicher Service.

### Lamai Bay

Die sichelförmige, 4 km lange Bucht zieht Touristen aus allen Ländern an. Etwa 80 Hotels und Bungalow-Siedlungen mit mehr als 1500 Hütten sorgen dafür, daß es jetzt am Strand wirklich voll ist. Die Unterhaltungsindustrie schlägt gewaltig zu: Bier, Whisky, Discos, Go-Go-Bars, Nightlife, Thai-Boxen, Snake Show, u.v.m. Leute, die Action suchen, finden sie hier bestimmt. Lamai ist nicht überall gleich, deshalb haben wir die einzelnen Strandabschnitte separat beschrieben.

Die **östliche Bucht** beginnt 22 km entfernt von Nathon. Hier ist das Meer sehr flach, bei Ebbe weniger als hüfttief. Der weiße Sandstrand ist mit glatten Felsen durchsetzt. Die schweren Brecher im Winter werden vom vorgelagerten Kap zum größten Teil abgehalten, so daß auch dann gebadet werden kann. Diese Bucht reicht bis zu den Comfort Bungalows.

Der **nördliche Strandabschnitt** (21 km von Nathon) ist bis zur Höhe des Dorfes **Ban Lamai** ein Riff vorgelagert. Bei Ebbe schauen hier die Felsen heraus, nicht gut zum Baden. An der Lagune werden während der Saison Bootsfahrten zur Insel **Ko Tan** angeboten.

Das schöne **Zentrum** liegt 18 - 21 km von Nathon entfernt. Er ist am südlichen Ende mit malerischen Felsen durchsetzt und bei Ebbe und Flut gut zum Baden geeignet. Der Sand ist recht grob. Wer sich gern die Teerbatzen von den Füßen kratzt, kann sich hier austoben. Im Winter herrscht starke Brandung, und der hohe Wasserstand verschmälert den Strand beträchtlich. Viele Bungalow-Siedlungen und Hotels drängen sich am Strand. An der Parallelstraße zeigt sich das neue Bild von Lamai: Amüsement und Anmache. Wer Ruhe sucht, flieht abgenervt.

Der **Wonderful Rock** schließt die Lamai Bucht **nach Süden** ab. Die noch südlicheren Bungalows (17 km von Nathon) liegen eigentlich schon in der **Bang Nam Chuet Bay**, zehren aber von dem bekannten Namen Lamai. Der Strand ist meistens zu flach zum Schwimmen. Bei starkem Ostwind ist es allerdings gerade hier besonders angenehm. Der *Wonderful Rock*, von den Thai als „Großvater und Großmutter“ (*Hin Ta, Hin Yai*) bezeichnet, ist ein weit ins Meer vorstehender Felsen mit schöner Aussicht, dessen Formen offenbar die sexuelle Phantasie beflügeln. Im Winter kann man sich an der tosenden Brandung erfreuen, im Sommer zwischen den Felsen baden. Für Thai-Touristen ist der Fels ein beliebtes Ausflugsziel.

**ÜBERNACHTUNG**

**ÖSTLICHE BUCHT** - Die wenigen Bungalowanlagen liegen am Hang in Kokosplantagen, diese Gegend ist noch ruhig und relativ weit von der Straße entfernt.
*COMFORT**-***, tel 424110, sauber und sehr nett, einige billige Hütten, gutes Essen.
*BAY VIEW VILLA***, billige Holzhütten unter Palmen, schöne Sicht, nettes Restaurant.
*ROYAL BLUE LAGOON*, tel 424086, fax 424195, gepflegte Anlage, relativ preisgünstige Fan-Bungalows*** und teure Komfortbungalows mit ac, alle am Hang mit Meeresblick; Pool. Vom Restaurant auf einem vorstehenden Felsen hat man eine besonders schöne Sicht.

*THONG GAID GARDEN**, große, billige Bungalows mit Du/WC, freundliche Leute, gutes Essen.
*GAID KAEW RESORT***-*****, die letzte Anlage, hübsche Bungalows in Hanglage, hat uns gut gefallen.

**NÖRDLICHER STRAND** - Zwischen dem Strand und der nahen Straße gibt es überwiegend billige Unterkünfte bis 150 Baht.
*WEEKENDER VILLA*-***, tel 424116, sehr ordentliche Bungalows mit Fan und Bad in schöner Anlage.
*THE SPA RESORT*-***, tel/fax 424126, eine Art Gesundheitsfarm, saubere Bungalows mit Bad, gutes vegetarisches Essen; preiswerter Jeep, Mountain Bike-Touren, Kanus; geleitet vom Amerikaner Guy und seiner Frau Toi, total nette, coole Leute; sehr zu empfehlen.
**Ganz einfache Hütten** zwischen 50 und 100 Baht mit Gemeinschafts-Du/WC gibt es im *NO NAME**, tel 231052, *TAPI**, tel 424096, und *NEW HUT**, auf der Sandbank hinter der Lagune, freundliche Familie.
*BEER´S HOUSE*-***, tel 231088, 8 Zimmer.

**ZENTRUM** - Von den etwa 50 Anlagen, sowohl Bungalowsiedlungen als auch Reihenhäuser und Hotels, gehören viele noch den Einheimischen.
**Billige Unterkünfte bis 150 Baht** im Reihenhausstil mit Wellblechdach liegen vorwiegend an der Parallelstraße und den Zufahrtswegen.
Wenige billige liegen noch direkt am Strand, z.B.:
*UTOPIA**-****, tel/fax 424151, gute Bungalows mit Du/WC und Fan.
*MAGIC RESORT**-*****, tel 424229, saubere, eng stehende Bungalows.
*LAMAI INN 99**-*****, tel 424427, schön dekoriert.
*SEA BREEZE**-*****, tel 424258, billige Bungalows mit Du/WC.
Durchaus **noch empfehlenswert** sind:
*SUAN TALE RESORT****, tel 424230, in zweiter Reihe, recht schöne Bungalows mit Du/WC und Fan.
*GOLDEN SAND***-*****, tel 424031, fax 424430, schöner Garten, gute, eng stehende Bungalows mit Fan und ac.
**Am südlichen Ende**, wo sich früher die Langzeit-Traveller trafen, gibt es nur noch wenige **Anlagen der alten Sorte**, wie das berühmte *WHITE SAND*-***, ganz einfache Hütten stehen direkt am Strand, sie sind allerdings fast immer belegt. Auch in den hinteren Reihen und im *WHITE SAND 2*-*** herrscht eine lockere Atmosphäre.
*BILL**-*****, tel 424403, neben angenehmen, einfachen Bungalows gibt es ein neues Gebäude mit ac-Zimmern.
**Bungalows bis 300 Baht** gibt es reichlich. Doch es wird schwer sein, eine nette Anlage zu finden. Auf uns wirkten alle sehr gedrängt, auf maximalen Nutzen angelegt und wenig gepflegt. Eine lobenswerte Ausnahme ist:
*SUNRISE BUNGALOW**-*****, tel 424435, bei den Felsen, Bungalows mit guter Aussicht, freundliche Leute, gutes Schwimmen.
**Ac-Bungalows ab 800 Baht** gibt es in sehr vielen Anlagen. Ab 500 Baht bietet sie das *NICE RESORT 1**-*****, tel 424432, fax 424028, am südlichen Ende; es zieht mit seinen äußerst dicht stehenden Häuschen in verschiedenen Preisklassen viele junge Touristen an.
**Hotels und teure Komfortbungalows** sind über den ganzen Strand verstreut. Doch kaum eine dieser Anlagen wirkte auf uns überzeugend.

**SÜDLICHE KÜSTE** - Am steinigen, flachen Strand liegen entlang der Straße das *SAMUI PARK RESORT*****, tel/fax 424435, und die Bungalow-Siedlungen *NOI**-****, und *CHINDA HOUSE**-****, tel 424324, billige Bungalows und ac-Zimmer im Haus.
*SWISS CHALET***-*****, liegt am Felsenstrand mit schöner Sicht. Geräumige Bungalows in großzügiger Anlage, komfortables Kleinst-Hotel direkt auf den Felsen am Meer und ein hübsches Restaurant mit Thai und schweizer Gerichten.
*ROCKY BUNGALOW*-*****, tel/fax 424326, besitzt einen privaten Sandstrand. Das 100 m entfernte Riff bricht die Brandung, daher ist es hier im Winter angenehm, im Sommer aber zu flach zum Schwimmen. Die hübschen Bungalows liegen etwas von der Straße entfernt in einem Palmenhain, Tauchschule.

## SONSTIGES

**BOOTE** - *Follow Me* vermietet am Strand Boote mit Fahrer und Angelausrüstung (ab 800 Baht/Tag) und veranstaltet ganztägige Bootsfahrten. Matthias, ein Österreicher, achtet auf einwandfreie Wartung seines Materials.

**PICKUPS** - Einige Pickups fahren vom Terminal über Coral Cove bis Chaweng Noi. Dort kann man in die Chaweng-Pickups umsteigen.

## Südküste

Hier findet man keine kilometerlangen Südseestrände, nur kleine, versteckte Buchten mit idyllischen Bungalowanlagen. Allerdings ist das Wasser oft sehr flach oder bei Ebbe das Meer weit entfernt, so daß Baden und Schwimmen nicht ganz einfach werden. Wem Ruhe und Natur mehr bedeuten als makellose, doch kommerzialisierte Sandstrände, ist hier besser aufgehoben. Da man an dieser Küste nicht wie an den bekannten Stränden von Bungalow zu Bungalow gehen kann, um sich den schönsten auszusuchen, beschreiben wir diese Unterkünfte ausführlicher. Noch führt keine Straße an der Küste entlang (sie ist aber in Planung). Die Buchten sind bisher nur über Stichstraßen vom H4170 erreichbar.

**Na Khai Cove:** Biegt man hinter Ban Hua Thanon auf den H4170 ab, so weisen nach 400 m einige Schilder nach links. Hinter Palmenplantagen liegt ein sehr flacher Strand (16 km von Nathon), der bei Ebbe weit hinaus trocken liegt.

**Bang Kao Bay:** Jenseits des 135 m hohen Hügels Khao Thale liegt die sehr flache Bang Kao Bay (17 km von Nathon), deren Riff sich mehrere hundert Meter weit draußen entlangzieht. Leider treiben hier einige Diebe ihr Unwesen.

An der südlichsten Spitze von Ko Samui (1,2 km vom H4170) steht ein Chedi, genannt **Pagoda**, der zu einem Wat mit freundlichen Mönchen und Nonnen gehört. Direkt davor schaut ein breites Riff aus dem Wasser heraus. Bei geeignetem Wasserstand kann man hier gut schnorcheln und sieht viele bunte Korallenstöcke, allerdings kaum Fische. Beim Ein- und Ausstieg kann man sich sehr leicht an den scharfen Korallen verletzen! Richtung Osten vergrößert sich der Abstand zwischen Riff und Strand, so daß dazwischen eine Lagune entsteht, in der man bei Ebbe in noch kniehohem Wasser baden kann.

**Thong Krut:** Wo der H4170 dem Meer am nächsten kommt, liegt das Dorf Thong Krut an einer flachen Sandbucht. Vom Dorf aus fahren mehrmals täglich Boote auf die vorgelagerte Insel **Ko Tan** für 40 Baht in ca. 30 Minuten.

**Pangka Bay:** Diese abgelegene Bucht (15 km von Nathon) im südwestlichen Zipfel der Insel ist über einen schlechten Fahrweg von 2 km zu erreichen. Hier gibt es nur ein verschlafenes Fischerdorf und einige Bungalow-Siedlungen. Bei Ebbe kann man 1 km übers Watt zum Wasser wandern, immer mit Blick auf die vier skurrilen Felsen im Meer. Auch bei Flut erreicht das Wasser höchstens Brusttiefe. Ruhesuchende Romantiker sind hier bestens aufgehoben. Ohne Motorrad ist man allerdings total abgeschnitten.

### ÜBERNACHTUNG

**Na Khai Cove:** *COSY RESORT**-**, geruhsam, gute Küche, unter deutscher Leitung.

*WANNA SAMUI RESORT***-***, tel 01-9132538, blau gestrichene, 2stöckige Bungalows mit Fan oder ac und Holzhütten, sehr guter Service, im Restaurant kein Video, freundliche Leute; eine wohltuend ruhige Oase.

*SAMUI ORCHID RESORT*****, tel 424017, fax 424019, Anfahrt vom KM 15 des H4170. Komfortable Reihenhäuser, Bungalows und ein zweistöckiges Hauptgebäude umrahmen einen ausgedehnten Palmengarten mit Restaurant, 2 Swimming Pools und Poolbar.

Vor dem Hoteleingang führt nach rechts ein Fahrweg 1 km zum Samui Butterfly Garden. Hier entsteht ein neues, teures Resort.

*LAEM SET INN*, tel 424393, fax 424394, am Ende der Sackgasse. Ruhig gelegen, teuer. Wünschen vorherige Anmeldung. Wir erhielten einige negative und einen positiven Leserbrief.

**Bang Kao Bay:** *RIVER GARDEN BUNGALOW** (mit Fan**), tel 424035, etwa bei KM 12,5 führt ein 1 km langer Weg vom H4170 zu dieser weiträumigen, ruhigen Anlage im Palmenhain, an der Mündung des Flüßchens Khlong Leng (interessant für Angler). 10 Holzbungalows, einige mit Du/WC; nettes Restaurant mit guter Küche. Freundliche, hilfsbereite Familie,

die auch billig Motorräder besorgt. Am Riff kann man schnorcheln, im Watt Krabben fangen oder im Fluß schwimmen.
*DIAMOND VILLA*-****, tel 424442, Zufahrt etwa beim KM 10,4, einfache und bessere Hütten, sehr einsam und ruhig, Essen nach Wunsch, freundliche Leute. Von hier kann man auf einem Weg zur Pagoda weiterfahren.
*WAIKIKI***, neben dem Wat, witzige Häuschen einer bunten Anlage, großes Restaurant.
**Thong Krut:** Wo der H4170 dem Meer am nächsten kommt, liegen die 7 Hütten von *THONG KRUT BUNGALOW*-***, tel 423117, an einer flachen Sandbucht.
**Pangka Bay:** *EMERALD COVE BUNGALOWS**-****, tel 423082, 62 Moo 4, einfache Hütten stehen in 2 Reihen senkrecht zum Strand, die Anlage wirkt etwas lieblos.
*GEM'S HOUSE***, 10 einfache Hütten in der Mitte der Bucht, Motorradvermietung.
*PEARL BAY*-***, tel 423110, einfache Hütten am Ende der Bucht, jede mit kleiner Terrasse und Meeresblick, eine große Familienhütte für Reisende mit Kindern, mäßiges Restaurant.
*SEAGULL BUNGALOW*-****, tel 423091, 60/1 Moo 4, direkt dahinter, Hütten mit Du/WC gekonnt in die Landschaft integriert, einige am dschungelbedeckten Hang, andere direkt am Meer zwischen Mangroven; nettes Restaurant.
*SIMPLE LIFE**, tel 423158, an der Zufahrt zur Pangka Bay in schöner Lage, sehr flacher Strand, 10 sehr kleine Hütten, Du/WC außen.

### Westküste

Die sehr flachen Strände der Westküste sind nicht so berauschend wie die der Ostküste und nicht überlaufen. Liebhaber von Sonnenuntergängen kommen hier voll auf ihre Kosten. Wenn im Winter am Chaweng und Lamai Beach das Baden unmöglich wird, bleibt auf der Westseite im Windschatten der Insel das Meer ruhig. Fast alle Unterkünfte liegen nicht weit vom Ferry Jetty, der Anlegestelle für die Fähre. Für An- und Abfahrt ist man allerdings auf die häufig überfüllten Pickups angewiesen, die 4 - 5x pro Tag die Fähre bedienen.

#### ÜBERNACHTUNG

Am KM 3 des H4170 zweigt durch das Elefantentor eine Schotterstraße (1 km) ab zum Strand Hat Taling Ngam (10 km von Nathon), wo noch viele Fischerhäuser stehen.
*VÄSTERVIK*-***, tel 423104, einfache Hütten ohne Du/WC, gute mit Du/WC und Fan.
Von hier verläuft eine Schotterstraße 3 km durch Kokosplantagen bis zum Ferry Jetty.
*WIESENTHAL**-****, tel 235165, unter Palmen.
*BAAN TALING NGAM*, eine exklusive Luxusanlage an einem kaum mittelmäßigen Strand, daher führt ein Badesteg zum tieferen Wasser, 47 separate Bungalows am Hang.
*NASAI GARDEN***, sehr kleine Bungalows.
*COCO CABANA BEACH CLUB**-****, tel 423465, an der südlichen Thong Yang Bay, 1 km südlich des Fähranlegers, eine weitläufige Anlage unter Palmen, große Bungalows mit Du/WC, sehr ruhig.
*SAMUI FERRY INN*****, tel 423367, an der nördlichen Thong Yang Bay (9 km von Nathon), direkt neben der Jetty.
An der Zufahrtstraße H4174, 3 km nördlich von der Jetty, erstreckt sich der sehr ruhige Strand Santi (6 km von Nathon), der gut für kilometerlange Wanderungen geeignet ist. Pickups kommen nur voll beladen vorbei.
*INTERNATIONAL BUNGALOW**-*****, tel 423 025, fax 423176, etwas überteuerte Hütten unter Palmen; gute Atmosphäre; netter Chef, der sich auch Gedanken macht, er arrangiert Buchungen und vermietet auch preiswerte Mopeds.
*LIPA LODGE****, tel 423028, fax 423022, an einem sehr ruhigen Strand, der für kilometerlange Wanderungen geeignet ist.

## Ausflüge auf Ko Samui

### Inselrundfahrt

Die Insel selbst hat außer ihren Stränden nichts Spektakuläres zu bieten, trotzdem ist eine Rundfahrt um die Insel wunderschön. Sie ist am einfachsten mit dem Motorrad oder Jeep durchzuführen, aber auch mit dem Fahrrad möglich, manchmal muß man schieben. Schon viele Motorradfahrer wurden wegen sandiger Stellen aus den Kurven getragen und trugen böse Verletzungen davon. Die öffentlichen Pickups umrunden die Insel nicht. An der Wendeplatte in Chaweng Noi muß man in ein Pickup Richtung Lamai umsteigen.

Wer in Nathon auf dem H4169 im Uhrzeigersinn startet, sollte nach der ersten Steigung einmal anhalten und den herrlichen Ausblick zurück auf sich wirken lassen. Die hübsche **Kaki Bay** am nordwestlichen Zipfel erreicht man auf dem Weg, der auf der Paßhöhe beginnt. Am KM 40,6 führt ein Weg (700 m) durch Palmen zum *Quadruple Coconut Tree,* einer doppelt verzweigten Palme. Vorbei am Mae Nam Beach (von der Straße aus nicht zu sehen) geht es nun durch den regen Fischerort **Mae Nam**.

Nach dem Bo Phut Beach (ebenfalls von der Straße aus nicht zu sehen), geht es am KM 33 nach links auf den H4171 ab zum Big Buddha Beach. Durchaus sehenswert sind die hübschen Gebäude des **Samui Airport** (hinter der Brücke nach rechts, 1 km).

Nach 22 km kommt als erste „Attraktion", der 12 m hohe, sitzende **Big Buddha** (*Phra Yai*). Die Statue und das dazugehörige Wat stehen auf der kleinen Insel Ko Fan, die durch zwei Dämme mit dem Festland verbunden ist. Die Statue ist weder alt noch besonders schön, aber gegen das tropische Meer verfehlt sie mit den beiden Wächterfiguren ihre Wirkung nicht. Die Läden kennzeichnen diesen Platz als beliebtes Ausflugsziel, vor allem für Thai-Touristen.

Eine Betonstraße führt durch Palmenplantagen in den nordöstlichen Zipfel der Insel. Unterwegs sollte man nicht versäumen, einen Blick auf den **Choeng Mon Beach** zu werfen. 1 km hinter Choeng Mon führt links ein 1 km langer Weg zu einem Aussichtspunkt, an dem ein Café gebaut wurde: schöner Blick bis Thong Ta Khien. Von der Straße zum Chaweng Beach (4 km) bieten sich weitere schöne Ausblicke aufs Meer. Vom Public Beach überblickt man die herrlich geschwungene **Chaweng Bay** mit der Insel Ko Mat Lang im Hintergrund. Die Lamai-Pickups an der Wendeplatte in Chaweng Noi fahren über die schöne Bergstrecke nach Süden. Auf dem zweiten Paß zwischen Chaweng und Lamai läßt sich im *Beverly Hills Cafe* bei einem Drink oder bei vorzüglichem Thai-Essen die einmalige Sicht genießen.

In **Ban Lamai** geht's in der Kurve nach rechts zur **Cultural Hall**. Hier werden hauptsächlich Gegenstände ausgestellt, die chinesische Händler im letzten Jahrhundert auf die Insel brachten, aber auch alte, landwirtschaftliche Geräte. Am Ende des Lamai Beach steht der **Wonderful Rock**. Vor allem Thai-Touristen zieht es hier zu den naturalistisch geformten Felsen „Großvater und Großmutter" (*Hin Ta, Hin Yai*). Europäischen Besuchern gefällt vielleicht die tosende Brandung besser, vor allem in der Regenzeit.

Am KM 17,4 zweigt etwas versteckt eine Naturstraße durch Palmengärten ab. Nach 1 km wird sie so steil, daß nur geübte Motorradfahrer hochkommen. Nach weiteren 300 m erreicht man schweißgebadet den Aussichtspunkt **Overlap Stone**, von dem sich ein wunderschöner Blick auf die Südküste öffnet.

In Ban Hua Thanon, einem Dorf mit Muslim-Fischern, geht es zunächst auf der Hauptstraße weiter. Am Km 14,5 zweigt ein Sandweg nach links zum **Wat Samret** ab, wo ein weißer Jade-Buddha und viele Korallen-Buddhas in einer Scheune zu sehen sind. Am Ende des Dorfes Ban Suan Thurian zweigt der Weg zum **Na Muang-Wasserfall** ab (1 km). Hier plätschert ein Bächlein in einigen

Stufen 20 m herunter. Im Pool baden viele Thais ausgiebig. Die höher gelegenen Wasserfälle **Na Muang II** sind auf einem gut 2 km langen, steilen Weg zu erreichen, der kurz vor der Abzweigung zum unteren Wasserfall bei einer Kneipe von der Straße abzweigt.

Jetzt nimmt man im Ort den H4173 3 km Richtung Meer. Nochmals rechts (1,7 km) und dann wieder links (Schild) geht es zur **Pagoda** (*Chedi Laem Sor*), die sich eindrucksvoll gegen das Meer abhebt.

Hinter Ban Hua Thanon ist auf dem H4170 Richtung Pagoda am KM 15 ein Abstecher zum **Samui Butterfly Garden** ausgeschildert. Geöffnet von 8.30 bis 18.00 Uhr, Eintritt 50 Baht. Die Anlage wirkt zwar sehr schön, aber lebende Schmetterlinge scheinen rar zu sein.

Auf dem H4170 geht es weiter durch üppige Kokosplantagen und weite Reisfelder, und bei Ban Saket wieder auf die Hauptstraße H4169. Hier zweigt eine unbeschilderte Prachtstraße der Air Force in Richtung Berge ab. Nach 500 m ist sie leider gesperrt. Auch das malerische Kap **Laem Chon Khram** an der Zufahrtsstraße zur Fähre ist militärisches Sperrgebiet.

Auf der Hauptstraße kommt am KM 2 die Abzweigung zum **Hin Lat-Wasserfall**. Zum eigentlichen Wasserfall **Hew Khwai Tok** verläuft vom Parkplatz, rechts an den Hütten vorbei, ein schmaler, etwa 2 km langer Dschungelpfad. Bei dem kleinen Getränkestand kann man hinabsteigen und in dem großen Pool unterhalb des **Hu Nam-Wasserfalles** schwimmen. Kletterer können hinter der kleinen Brücke noch 500 m nach oben steigen.

### Dschungelwanderung

Eine sehr schöne, aber ungeprüfte Wanderung hat uns ein Leser vorgeschlagen. Am KM 30,95 nördlich des Marktes von Ban Chaweng zweigt ein Weg in die Berge ab.

Nach 300 m muß man das Fahrzeug stehenlassen und sich durch Kokospalmen, Laubwald und Gestrüpp einen Weg nach oben bahnen (ca. 1,5 km). Dann erreicht man einen Bergrücken, der die Mühsal mit einer wunderschönen Aussicht über Chaweng Beach, Big Buddha Beach und den Airstrip bis nach Ko Pha Ngan belohnt.

Entdeckernaturen können sich auch noch weiter Richtung Nordwesten zum *Twin Coconut Tree* durchschlagen.

## Bootstouren ab Ko Samui

### Ang Thong Marine National Park

Während einer Tagestour (8.30 - 17.00 Uhr) werden 2 Inseln des 40 Inseln umfassenden Archipels nordwestlich von Ko Samui angefahren. Auf der Insel **Ko Mae** kann man den grün schimmernden **Thale Noi** bewundern, auch *Blue Lagoon* genannt, einen kristallklaren Salzwassersee. Schnorcheln an den Riffen endet wegen des meist trüben Wassers oft enttäuschend.

Auf der Insel **Wua Talap** lohnt es sich unbedingt, auf den **Utthayan Hill** zu klettern, auch wenn das 30 Min. schweißtreibende Anstrengung bedeutet. Die Aussicht auf die vielen dschungelbewachsenen Inselchen und das in allen Blautönen schimmernde Meer ist einfach betörend. Festes Schuhwerk ist ratsam. Einige Traveller empfanden die Tour als üblen Nepp. Wer auf Wua Talap übernachtet, gewinnt sicher andere Eindrücke.

### ÜBERNACHTUNG UND ESSEN

Auf Wua Talap, einer Insel mit Süßwasser, steht das *Park Headquarter*. Hier kann man in den *PARK BUNGALOWS**** (eigenes Moskitonetz ist ratsam) oder Zelten* (gegen Aufpreis mit Matratzen und Bettwäsche) übernachten. Ein Restaurant ist vorhanden, Essen auf Vorbestellung. Wer einen Aufenthalt plant, sollte gleich beim Ticket-Kauf den Termin für die Rückfahrt angeben.

### TRANSPORT

In Nathon gibt es mehrere Veranstalter, die Bootstrips in den Marine National Park anbieten.
Täglich laufen Boote aus, die je nach Typ 1 - 2 1/2 Std. für einen Weg brauchen und 300 Baht p.P. kosten (inkl. Soft Drink und einfachstem Lunch), ab Bo Phut 320 Baht.
Lange Wochenenden sollte man möglichst meiden.

### Südliche Inseln

Südlich von Ko Samui bilden 7 Inseln den **Katen-Archipel**. Die größte, **Ko Tan**, ist eine nette, kleine Insel zum Entspannen. Der Ort **Ban Ko Tan** liegt am 1 km langen Strand im Osten der Insel.

**Ko Mat Sum** besitzt einen Kiesstrand - gut zum Schwimmen, und mehrere von Korallen- und Muschelstücken durchsetzte Sandstrände (Strandschuhe mitbringen!). Die **Korallenriffe** vor dieser Insel sind für Anfänger gut zum Schnorcheln geeignet (falls die Sicht zufällig mal nicht miserabel ist).

Die Inseln **Ko Mod Dang**, **Ko Rab** und **Ko Mat Kong** sind für ihre schneeweißen Strände berühmt.

### ÜBERNACHTUNG / TRANSPORT

Bei Ban Ko Tan am nördlichen Ende des Strandes an der Ostküste hat das *NATURE RESORT**-**** einige Hütten an den Strand gestellt.
Hier gibt es 3 weitere Anlagen*-***.
Nach Ko Tan fahren mehrmals täglich Boote ab BAN THONG KRUT und ab BAN THONG TANOT für 40 Baht in ca. 30 Minuten.
In Nathon werden Touren zu den Inseln ab 200 Baht pro Tag angeboten.
Auch von Thong Krut an der Südküste veranstaltet *T.C. Tour* im Sunset Restaurant gute Inseltouren für 200 Baht p.P. inkl. Lunch, Soft Drinks und Schnorchelausrüstung.

## Ko Pha Ngan เกาะพงัน

*Nur 20 km nördlich von Ko Samui liegt die 19 km lange und 12 km breite Insel Ko Pha Ngan. Einheimische sprechen Ko Pha Ngan ungefähr „Ko Pa Hahn" aus. Sie ist etwa 2/3 so groß wie Ko Samui, hat aber einen völlig anderen Charakter. Während Samui weich und einschmeichelnd wirkt, zeigt sich ihr kleineres Gegenüber eher von der rauhen, ungezähmten Seite.*

*Die leicht zugängliche Westküste mit ihren hellen, palmengesäumten Sandstränden bietet bei hohem Wasserstand einen Anblick, der den Träumen aus dem Südseebilderbuch nahe kommt. Bei niedrigem Wasserstand wird jedoch eine graue Wattebene freigelegt, die bis zum weit vorgelagerten Riff durchsetzt ist mit scharfkantigen Korallenblöcken, Steinen und Muschelschrott. Bedeutend schöner sind die kleinen Buchten im Nordwesten, die sich wenigstens bei Flut sehr gut zum Schwimmen und Schnorcheln eignen. Der beliebte, einst traumhafte Hat Rin Beach an der Südspitze ist sehr überlaufen, von der Drogenszene heimgesucht und für Ästheten und Ruhesuchende nicht zu empfehlen. Die wirklich schönen Sandbuchten an der felsigen Ostküste sind sehr abgelegen und lassen sich nur mühsam und zeitraubend erreichen.*

**Übernachtung:**

1 Pha Ngan Central H.
2 Black House
Buakao Inn
Shady Nook
3 Anan H.
S & L Tour Hostel
4 Petch Cottage
Pha Ngan Villa
Nawin House
Moonlight
5 Sundance
Waeng Thai
Bamboo Hut
6 Charm Beach
Chokana Resort
7 First Villa
8 First Bay Resort
Laem Tanote Resort
P. Park
9 Birdville
S.P. Resort
Pink
Triangle Lodge
10 Wave House
Mac's Bay Resort
11 Jub
12 Sabai
New Heaven Hut
Pha Ngan Lodge
Lee's Garden
13 Free Lover
Copa
14 Pan Beach
Pha Ngan Rainbow
Green Peace
60 Hat Tien Sanctuary
61 Hat Thong Leng
Bungalows
Than Wang Thong Resort
62 Mai Pen Rai
Joke Bar
J.S. Hut
Nid's
Silver Cliff
Mai Pen Rai 2
63 Pla, Somsak
64 White Sand
A.D.View
Nice Beach
65 Pen
Ping Jung
Chanchit Dreamland
66 Wangthong Waterfall
Resort
67 White Winds
68 Panviman Resort
69 Bio's Gh.
Star Hut
Honey
Bio's Home Club Garden
70 Thong Ta Pan Resort
71 Bottle Beach 2
72 Bottle Beach
73 Hat Khuat Resort
74 Coral Bay
75 Try Thong Resort
Fanta
76 Paradise Resort
77 Wattana Resort
78 Mae Had Villa
79 Crystal Island Garden
80 Mae Had Bungalows
81 Mae Had Bay Resort
82 Island View Cabana
83 Ko Ma
84 Salad Hut
85 My Way
86 Thong Inn
87 Had Thian
88 Ben Jawaan
Dream Hill
Bay View
Kanniga
Blue Coral
Pob
89 Silver Beach
90 Hat Yao Bungalows
Ibiza
Sandy Bay
91 Rock Garden
92 Great Bay
Had Chao Phao
92 Sea Flower
Sri Thanu
93 Bovy Resort
94 Laem Son
95 Sea View Rainbow
96 Ladda
97 Loy Fa
98 Nantakarn
99 Lipstick Cabana
100 Hin Kong
101 Tuk
102 Kiet
103 O.K.
104 Darin
105 Chuenjitt
Ban Plaay Laem
106 Sea Scene
107 Porn Sawan
Cookie
Beach 99
108 Tranquil Resort
Siripun
109 Charn
Phangan

**Restaurants, Tauchen etc.:**

1 German Diving School
2 Tong Sala Diving
3 German Diving School
4 Beer Station Ban Tai

Ko Pha Ngan ist seit Jahren das Ziel billigreisender Traveller. Daran hat auch der Einzug von mehr Komfort nichts geändert. Zu Stoßzeiten reichen die Bungalows nicht mehr aus, und es müssen Notzelte aufgestellt werden. Anfang 1995 standen 190 Anlagen mit über 3000 Hütten an den insgesamt etwa 17 km langen Strandabschnitten. An den meisten Stränden gibt es noch ganz einfache Bambusmattenhütten mit dünner Matratze für 40 bis 50 Baht. Doch die besseren Hütten mit eigener Dusche und WC ab 100 Baht nehmen zu, vor allem an den beliebteren Stränden. Jede Bungalowanlage hat ihr eigenes Restaurant, z.T. mit wechselhafter Qualität. An fast allen Stränden muß man am Abend mit amerikanischer Video-Berieselung rechnen, aber wer auf dieses „Bildungsangebot" verzichten kann, findet sicher noch irgendwo ein ruhiges Restaurant.

Hauptsaison ist von Dezember bis Februar und - weit weniger - im Juli und August. Dauerregen gibt es in manchen Jahren vor allem im November. Von Juli bis Oktober ziehen am Nachmittag häufig Regenwolken auf, die sich aber nur manchmal für ein bis zwei Stunden abregnen. Im Oktober und November verschwinden die Strände an der Westküste zumeist im Meer. Zur *Full Moon Party* am Hat Rin kommen Tausende an den Strand gereist, und die Bootsbesitzer müssen Sonderschichten fahren.

## Tong Sala ท้อง สาลา

Der Hauptort der Insel, früher ein kleines Fischerdorf, hat sich zu einem Traveller-Ort mit allen entsprechenden Möglichkeiten entwickelt. Telefon- und Postamt sowie ein Reisebüro für die Buchung von Schiffen, Zügen und Flügen sind zentral im Ort zu finden. Selbstverständlich sind auch Banken mit Wechselschalter, Kleiderläden und Restaurants mit Traveller-Food vorhanden.

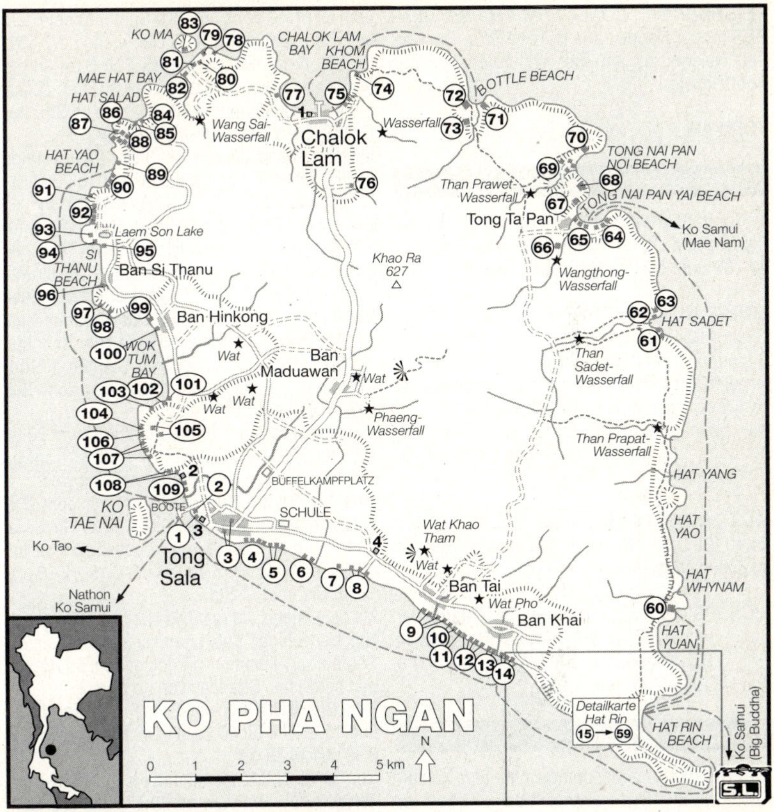


## ÜBERNACHTUNG UND ESSEN

*S & L TOUR HOSTEL*** [3], Neubau neben der Post, Zimmer mit sehr guter Du/WC, für eine Nacht bestens geeignet.

Das vegetarische Restaurant kurz vor dem Pier rechts serviert ausgezeichnete Gerichten.

## SONSTIGES

**DENGUE-FIEBER** - Gegen diese häufig grassierende Krankheit (auch Dandy Fieber) gibt es keinen chemischen Schutz, die schwarz-weiß gestreiften Mücken können den ganzen Tag über stechen. Hohes Fieber wird am besten durch Wadenwickel gesenkt. Nach 5 - 7 Tagen sollte die Temperatur wieder normal sein.

**DROGEN** - Das Gerücht, auf Ko Pha Ngan sei der Kauf und Gebrauch von Drogen (z.B. Marihuana) legal, ist gefährlicher Unsinn. Tatsächlich verbreitet die Polizei, sie werde bis Juni 1995 die Händler dingfest machen.

**MOTORRÄDER** - Ein Motorrad wird für 100 - 200 Baht pro Tag vermietet. Aber Vorsicht: Die meisten „Straßen" auf der Insel sind holprige Naturwege und übelste Bergpfade, auf die sich nur geübte Fahrer wagen sollten! Viele Bikes sind nicht funktionstüchtig.

**POST** - im Zentrum, mit Poste Restante und Telefon-Service für Auslandsgespräche. Geöffnet Mo - Fr 8.30 - 12.00 und 13.00 - 16.30 Uhr, Sa 9.00 - 12.00 Uhr.

**REISEBÜROS** - *SONGSERM TRAVEL CENTER* an der Hauptstraße in Tong Sala. Die kleinen Reisebüros am Pier verkaufen fast nur Bootstickets.

**VORWAHL** - 077; PLZ: 84280.

### NAHVERKEHRSMITTEL

In Tong Sala warten bei jeder Bootsankunft Pickups und Longtail-Boote, die neue Gäste für 30 - 60 Baht oder gratis an die Strände bringen.

**LONGTAIL-BOOTE** - Ab Ban Khai verkehren Longtail-Boote zu den südlichen und südöstlichen Stränden (30 - 50 Baht p.P.).
Regelmäßig fahren in der Saison Longtail-Boote zwischen Hat Rin und Thong Nai Pan Yai sowie zwischen Chalok Lam und Bottle Beach, bei Bedarf auch zwischen Thong Nai Pan und Bottle Beach.

**MOTORRADTAXIS** - Motorradtaxis fahren für 40 Baht (bis 18.00 Uhr) die meisten Strände im Süden, Westen und Norden an.

**PICKUPS UND JEEPS** - fahren bei Ankunft der Boote nach THONG NAI PAN (60 Baht), nach HAT YAO (40 Baht), BAN KHAI (30 Baht) und HAT RIN (50 Baht).

### TRANSPORT

**Aus Bangkok** am bequemsten mit dem kombinierten „Zug - Bus - Expressboot - Ticket" für die Züge um 18.30, 19.20 und 19.45 Uhr für 389 / 272 Baht (Sitzplatz in der 2. / 3. Kl.) und 459 / 489 Baht (Schlafwagen oben / unten); Ankunft auf der Insel gegen 11.00 Uhr. Zurück zu denselben Preisen, Tickets von Reisebüros.
Von der Khaosan Road mit dem ac-Bus (inkl. Boot) um 18.00 Uhr für 150 - 280 Baht.
**Aus Surat Thani**: Vom Tha Thong Pier mit dem **Expressboot** über Ko Samui (umsteigen) um 7.30, 12.00 und 14.00 Uhr in ca. 3 1/2 Std., für 120 Baht, hin und zurück 200 Baht (in der Nebensaison nur um 8.00 und 14.30 Uhr). Zurück um 6.15, 12.30 und 14.30 Uhr in ca. 4 Std. (bis Nathon ca. 1 Std.); Tickets am Pier.
Mit dem **Island Jet** um 12.30 Uhr (über Nathon für 65 Baht) für 150 Baht (Ankunft 15.30 Uhr).
Mit der **Speed-Ferry** um 9.00 und 16.00 Uhr von DON SAK in 3 1/2 Std. nach Tong Sala für 105 Baht inkl. Zubringer-Bus ab Surat Thani um 8.00 und 14.30 Uhr. Zurück fährt die direkte Fähre um 6.20 und 13.00 Uhr. Der Anschlußbus kommt um 11.30 und 18.00 Uhr in Surat Thani an. Am Pier warten meist Busse zum Bahnhof, nach Phuket und zu weiteren Städten in Süd-Thailand. Man muß also nicht erst zum Bus Terminal in die Stadt fahren.
Das **Nachtboot** um 23.00 Uhr, zurück um 22.00 Uhr, für 70 bzw. 90 Baht in 7 Std. ist nicht zu empfehlen, da zu viele Unfälle passiert sind.
**Aus Ko Samui**: Von NATHON mit dem **Express Boot** um 10.00, 13.00 und 16.30 Uhr in ca. 40 Min. für 60 Baht (in der Nebensaison nur um 10.00 und 16.00 Uhr). Zurück um 6.15, 12.30 und 14.30 Uhr in ca. 1 Std.
Mit dem **Island Jet** um 9.45 Uhr für 65 Baht.
Nur bei ruhiger See (zumeist von Januar bis September) kommen die folgenden Boote von den nördlichen Stränden von Ko Samui:
Von BIG BUDDHA nach HAT RIN um 10.30 und 15.30 Uhr für 60 Baht in 40 Min., zurück um 9.30 und 14.30 Uhr.
Von MAE NAM mit einem Fischerboot nach THONG NAI PAN um 12.00 Uhr für 120 Baht in 2 Std., zurück um 8.00 Uhr.
**Richtung Ko Tao** - Das Boot von MAE HAT kommt um 11.30 Uhr an, so daß man leicht um 12.30 Uhr zum Express Boot nach Ko Samui umsteigen kann. Zum Pier von MAE HAT fährt mindestens ein Boot täglich um 12.00 Uhr für 150 Baht in 2 1/2 Std., in der Saison evtl. ein zusätzliches Boot um 9.00 Uhr.

## Die Strände von Ko Pha Ngan

### Tong Sala Beach

Ein unattraktiver Wattstrand bildet den ersten Küstenabschnitt, und die Bungalow-Siedlungen dort sind nicht zu empfehlen. Ihr einziger Vorteil ist, daß die „Stadt" sehr nahe liegt und zu Fuß erreichbar ist.

Manchmal wird mit dem Essen wettgemacht, was der Strand nicht bieten kann.

### Ban Tai Beach

Dieser Sandstrand mit weitem Watt beginnt gleich hinter der Schule. Das flache Riff vor dem fast ebenen Wattstrand zieht sich weit draußen entlang. Im Ort Ban Tai (4 km von Tong Sala) gibt es eine Tankstelle, eine Sanitätsstation, mehrere Restaurants und einen Laden, in dem man Bücher leihen und tauschen kann. Auf dem Hügel liegt das **Wat Khao Tham** mit schöner Aussicht und 10tägigen Meditationskursen in Vipassana- (Einsichts-) Meditation.

### Ban Khai Beach

Dieser Wattstrand beginnt 1 km hinter Ban Tai und erstreckt sich über mehr als 2 km. Kurze Sandstrände wechseln mit flachen Felsbänken ab. Die Straße entlang der Südküste führt durch **Ban Khai** und hörte bisher am Fuß der Hügel auf, von wo die Boote nach Hat Rin ablegen (30 - 50 Baht, je nach Anzahl der Personen). Jetzt können Motorräder und Jeeps auf der steilen Piste über die Hügel bis zum Hat Rin Beach fahren. Motorradtaxi und Pickup von Tong Sala kostet 30 Baht p.P.

#### ÜBERNACHTUNG

Etwa 18 Anlagen bieten vorwiegend einfache Hütten für 40 bis 50 Baht mit gemeinsamen Duschen und Toiletten, z.B.: *LEE'S GARDEN*-*** [12] hat neben einfachen Hütten auch Bungalows mit Fan und *THONG YANG*-*** [19] liegt schön hinter Felsen.

*BOOM'S CAFE** [21], billige Hütten, sehr entspannte, familiäre Atmosphäre.

Auf den folgenden 2 km treten die Berge und Felsen bis ans Meer heran, das nur an wenigen Stellen von Sandstränden gesäumt ist. Dort liegen recht malerisch unter Palmen die ganz einfachen Hütten von *SILVERY MOON** [22] und *BANGSON VILLA** [23].

### Hat Rin Nai Beach

(Auch: Hat Rin West) Bis zum Kap **Laem Hat Rin** liegen auf 1 1/2 km schon 23 Bungalow-Siedlungen an Sandbuchten oder auf Felsen. Im Sommer wird viel Müll und Kokosabfall an den Strand geschwemmt, der von den Anliegern nicht entfernt wird. Zu dieser Zeit sind viele Anlagen geschlossen. Während der Regenzeit (Oktober / November) sind die Strände zumeist völlig überschwemmt. Das Riff verläuft etwa 100 Meter vor dem Strand, dazwischen wachsen viele Korallen. Wer zur Abwechslung einen langen, feinen Sandstrand sucht, geht zu Fuß die 800 m rüber nach **Hat Rin East**.

#### ÜBERNACHTUNG

**Am nördlichen Ende** - liegen 11 Anlagen an einem gemeinsamen Strand. Ganz dicht stehen viele ganz einfache Hütten für 40 - 100 Baht.

**Im Hinterland**: Vier weitere Anlagen mit Hütten für 50 bis 80 Baht liegen am Hang, u.a.:

*NEE** [33], freundliche Familie, gutes Essen.

*POOLTRUP VILLAGE** [34], nette Besitzer, Lehrer der Dorfschule.

**Am Strand**: Südlich der kleinen Anhöhe liegen mehrere schmale Anlagen mit einfachen und besseren Bungalows unter Palmen, z.B.:

*SUN SET*-*** [35], ordentliche, saubere Bungalows, nette Atmosphäre.

*BLACK AND WHITE*-*** [37], nette Familie.

*FAMILY HOUSE*-*** [38], schöne Bungalows mit Bad, nette Familie; daneben stehen die malerischen Felsen im Wasser.

*RIN BEACH RESORT**-**** [38], tel 01-7250 016, ausgedehnte Anlage, viele Bungalows mit Fan; großes Restaurant, Bäckerei.

**Auf dem südlichen Hügel** liegt ganz herrlich *SUN CLIFF*-*** [40], tel 01-7250016, saubere Bungalows am Hang zwischen Büschen, Bäumen und Felsen, wunderschöne Sicht, freundliche Familie, Strom bis 23.30 Uhr.

**Auf dem Kap** unterhalb des Leuchtturms liegt *LIGHT HOUSE*-****** [43], tel 01-7230880, auf einem 250 m langen Plankensteg über dem Meer zu erreichen. Die einfachen Hütten und komfortablen Bungalows schmiegen sich an den Hang. Baden kann man zwischen den Felsen.

## TRANSPORT

Zum Hat Rin Nai Beach (West) wie unter Hat Rin Beach beschrieben (s.u.). Die Boote landen neben dem *Family House*.

Wenn von Oktober bis Februar das Anlanden am Hat Rin East zu gefährlich wird, kommen alle Boote hierher.

Von BAN KHAI dauert es zu Fuß am Strand entlang reichlich 1 Std.

### Hat Rin Beach

(Auch: Hat Rin East) Vor einigen Jahren war bei vielen Travellern Ko Pha Ngan identisch mit diesem herrlichen Strand im Südosten der Insel. Besonders berühmt ist er wegen seines feinen Sandes, in dem leider manchmal auch die Sandflöhe ihre Orgien feiern. Rechts und links wird er von Korallen begrenzt (allerdings nur selten ausreichende Sicht zum Schnorcheln). Man kann hier während der Saison gut schwimmen, von Oktober bis Februar ist es wegen der sehr hohen Wellen gefährlich.

Hat Rin ist ein enorm touristischer Ort. Das Preisniveau liegt etwa 50% höher als z.B. auf Ko Samui. Auf der Landbrücke entstand ein richtiges Dorf. Die beiden Dorfstraßen säumen lückenlos mehrere Diskotheken, viele Restaurants und Bars, Tattoo-Shops und Reisebüros, eine Bäckerei mit großer Auswahl, ein gutes *Nepal Vegetarian Restaurant,* Wechselstuben und ein privates Büro für Visaverlängerungen (von 2 auf 3 Monate für 750 Baht). Restaurants ohne Video-Berieselung sind kaum noch zu finden. Wer Ruhe sucht, ist fehl am Platz und sollte in die abgelegeren Bungalows Richtung Ban Khai ziehen.

## ÜBERNACHTUNG

14 Anlagen liegen z.T. sehr eng am Strand, weitere im Hinterland. Die Bungalows sind durchweg teurer als an den anderen Stränden, nur noch wenige kosten unter 100 Baht, viele bereits 200 bis 300 Baht. Vor Vollmond gibt es keine freien Zimmer, aber schon zwei Tage danach mehr als genug: *PARADISE**** [44], tel 01-7250661, am südlichen Ende, die Hütten wirken ganz nett, sind aber verdreckt.

*HAT RIN RESORT***-**** [48], tel 01-7250609, Zimmer im Hauptgebäude und saubere, nette Bungalows mit Du/WC und Fan; bis hierher ist eine schmale Korallenbank vorgelagert, in deren Lagune viele Boote ankern.

*PHA NGAN BAYSHORE RESORT*-**** [51], tel 01-7250430, einfache und schöne Bungalows, gutes Frühstück und tolle kleine Gerichte.

*TOMMY'S RESORT*-*** [54], einfache, beliebte Hütten am schönsten Teil des Sandstrands.

*SEA VIEW*-**** [56], tel 01-7250599, etwas teure Bungalows am Strand mit Du/WC und Fan; hier liegen schon wieder Steine im Wasser.

*SERENITY*** [58], komfortable Bungalows mit herrlicher Aussicht, am steilen Nordhang. Allerdings trübt viel Müll den Genuß.

## ESSEN

Einfallsreiche Küche mit hervorragendem Seafood gibt es im

*LUCKY CRAB RESTAURANT* am Weg zwischen Ost- und Weststrand. Tip: *Sizzling Seafood.*

## SONSTIGES

**MOTORRÄDER** - Beim einzigen Vermieter kostet eine 100er Honda 200 Baht, 125er Enduro 250 Baht, 250er Enduro 350 Baht. Die Maschinen sind in keinem guten Zustand. Ungeübte Fahrer sollten sich nicht auf die Pisten wagen.

**UNTERHALTUNG** - In der Saison werden fast jede Nacht am Strand Fêten gefeiert, aus den Boxen der Restaurants dröhnt der Sound.

Zu den berühmt-berüchtigten *Fullmoon-Partys* kommen bis zu 10 000 Traveller an den Strand (und ein großes Polizei-Aufgebot). Die Bangkoker Zeitungen berichten anschließend regelmäßig von Travellern, die von ihrem Trip nicht mehr herunterkamen und im Krankenhaus landeten. Laut den Ankündigungen der Polizei soll der Strand ab Mitte 1995 drogenfrei sein.

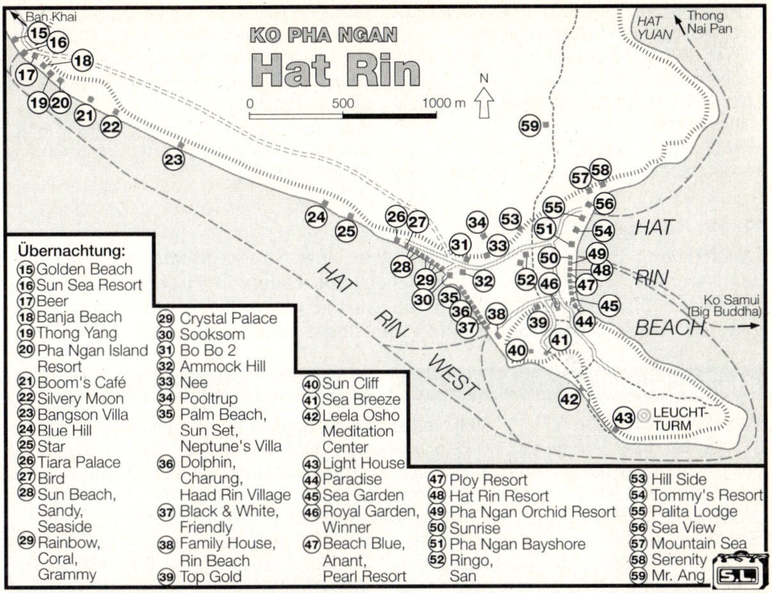


## TRANSPORT

Ab TONG SALA mit dem Longtail-Boot (nach Ankunft des Express-Bootes, 50 Baht, 45 Min.) oder per Jeep für 50 Baht (30 Min.).
Ab BAN KHAI mit dem Longtail-Boot (30 - 50 Baht) oder zu Fuß (2 Std.). Nach THONG NAI PAN mit dem Longtail-Boot um 12.30 Uhr für 60 Baht.
Das große Personenboot von Ko Samui fährt ab BIG BUDDHA BEACH um 10.30 und 15.30 Uhr für 60 Baht. Zurück um 9.30 und 14.30 Uhr.

### Thong Nai Pan Yai Beach

Die große Bucht Thong Nai Pan (auch Thong Ta Pan) besteht aus zwei herrlichen Sandstränden, die durch einen steilen Hügel getrennt sind. Beide Strände liegen so geschützt, daß man auch im Monsun immer irgendwo baden kann. Der Verbindungsweg verläuft in großem Bogen um und über den Hügel.

Der Ort **Ban Thong Nai Pan** liegt verstreut unter Palmen im Hinterland der weitgeschwungenen südlichen Bucht. Eine Schule, ein Health Center, ein Tempel, zwei Läden (der *Rainbow Shop* tauscht Geld und Traveller's Cheques zu schlechtem Kurs) und eine Disco bilden die öffentlichen Einrichtungen.

Der Verbindungsweg nach Ban Tai an der Westküste ist zwar nur 13 km lang, aber extrem steil und voller Löcher und Rinnen. Viele denken nur mit Grauen an die Jeepfahrt auf diesem Weg.

## ÜBERNACHTUNG

Einige Anlagen haben noch Hütten für 60 - 80 Baht, die besseren mit Fan kosten gleich 300 Baht. Für alle Anlagen ist ein eigenes Moskitonetz empfehlenswert.

*PEN** (mit Fan***) [65], schlichte Anlage in der Mitte des Strandes.

*PING JUNG** (mit Fan**-***) [65], große, saubere Bungalows mit richtigen Fenstern.

*CHANCHIT DREAMLAND** [65], am schönsten Teil des Strandes, hier kann man sich wie

in einer großen Thai-Familie fühlen. Das Leben spielt sich rund um die Gäste herum ab.
*WHITE WINDS** (mit Fan**) [67], neue, kleine Häuser kleben am Hang des Hügels, phantastische Aussicht, freundliche Leute, gutes, preiswertes Essen.
*WANG THONG WATERFALL RESORT** [66], vor der Gabelung zu den beiden Stränden zweigt rechts ein Weg zu den herrlich gelegenen Bungalows ab. Die Besitzerin spricht gut englisch, hält die Anlage in Ordnung, kocht sehr gut und verlangt die niedrigsten Preise an der Bucht. Man ist in 10 Minuten am Strand.
*A.D.VIEW*** (mit Fan***) [64], ordentliche Bungalows, z.T. Blockhütten, der Sand davor ist bei Ebbe schlickig.

## Thong Nai Pan Noi Beach

(Auch Thong Ta Pan Beach.) Dieser 500 m lange Strand besteht aus herrlich feinem, weißen Sand. Unter Palmen leben eine Handvoll Fischerfamilien. Vom nördlichen Ende können Unternehmungslustige in 1 1/2 Std. auf einem gut ausgetretenen, aber anstrengenden Pfad zum Bottle Beach wandern.

### ÜBERNACHTUNG

*PANVIMAN RESORT***-***** [68], tel/fax 377048, die große Anlage ragt am Hang des Berges unter Kokospalmen und Bäumen heraus. Vom Restaurant herrlicher Blick in die Buchten.
*BIO'S GUEST HOUSE** [69], im Hinterland. Einfach und gut. Leckeres Yoghurt und Brot.
*STAR HUT*-*** [69], große Anlage am Strand, Bambushütten mit und ohne Du/WC, netter Service, gute Atmosphäre.
*HONEY*-*** [69], mitten in der nördlichen Bucht, etwas zurückversetzt, billige Hütten.
*THONG TA PAN RESORT*-*** [70], die einfachen Bungalows stehen wunderschön auf runden Felsen am Ende des Strandes.

### TRANSPORT

Beide Strände erreicht man am einfachsten, wenn man sich bei der Ankunft am Pier den Schleppern anvertraut. Für 60 Baht fahren sie entweder direkt mit dem Allrad-Pickup auf dem schlechten Fahrweg durch den Dschungel (17 km in 40 Min.) oder mit dem Taxi nach Ban Chalok Lam und weiter per Boot in die Bucht.
Vom HAT RIN BEACH fährt in der Saison tgl. um 12.30 Uhr ein Boot für 60 Baht.
Von MAE NAM BEACH auf Ko Samui kommt tgl. um 12.00 Uhr ein direktes Boot für 120 Baht. Zurück um 8.00 Uhr.
Zurück nach TONG SALA mit dem Allrad-Pickup um 8.00 Uhr für 60 Baht.

## Mae Hat Bay

Flacher Strand mit grobkörnigem Sand im Nordwesten der Insel. Je nach Wind muß man zum Schwimmen weit hinauslaufen. Aber Vorsicht: viel Korallenschrott! Gut schnorcheln kann man im Westen der kleinen, vorgelagerten Insel **Ko Ma**.

Der **Wang Sai-Wasserfall** ist nach einem Spaziergang von etwa 40 Min. erreicht. In der Trockenzeit rieselt nur wenig Wasser herunter.

### ÜBERNACHTUNG

Hier liegen nette, ruhige Anlagen, aber fast alles ist schon verbaut.
*ISLAND VIEW CABANA*-*** [82], tel 377019, eine große Anlage mit sehr einfachen und komfortableren Bungalows sowie einem guten, aber teuren Restaurant am breiten Sandstrand, etwas unfreundliches Personal.
*MAE HAD BUNGALOWS** [80], einfache Hütten, freundliche Familie.
*MAE HAD BAY RESORT*-*** [81], einfache Holz- und gute Steinbungalows, sehr ruhig, besonders beliebt bei Holländern.
*KO MA** [83], ganz einfache Hütten auf der Insel (bei Ebbe mit dem Strand verbunden).

### TRANSPORT

Man erreicht diesen Strand nur unregelmäßig ab TONG SALA mit einem Schlepper per Pickup für 40 Baht in 1 Std.

### Hat Yao Beach

Dieser 500 m lange Strand wird gesäumt von schönen Kasuarinas, im flachen Hinterland wachsen Palmen. Das etwa 40 m vorgelagerte Riff bildet eine Lagune mit vorwiegend schönem Sandboden und ist zum Schnorcheln gut geeignet. Hier herrscht immer noch eine angenehme, entspannte Atmosphäre. Die meisten Hütten verfügen über keinen Strom, dafür werden Petroleumlampen ausgeteilt. Die Restaurants liegen etwas zurückversetzt.

#### ÜBERNACHTUNG

Neben den ganz einfachen Bambushütten entstehen immer mehr komfortable Bungalows.
*SILVER BEACH** [89], sehr einfache Hütten.
*HAT YAO BUNGALOWS** (mit Fan**-***) [90], am schönsten Teil des Strandes, bietet noch luftige Hütten für 30 Baht, aber auch bessere mit Du/WC und Fan.
*IBIZA** [90], angenehme Anlage mit preiswerten Hütten. Hier werden Bargeld und Reiseschecks zu schlechten Kursen gewechselt.
*SANDY BAY*-*** [90], einfache Hütten mit Du/WC und gute Steinbungalows, zeitweise Strom, billiges, gutes Essen.
Im Norden auf dem Hügel liegen 7 kleine Anlagen mit ganz billigen Hütten.
Über bessere Bungalows verfügen außerdem *BEN JAWAAN*-*** [88] und *BAY VIEW** (mit Fan**-****) [88].
*DREAM HILL*-*** [88], bietet Touren zum Angthong Marine National Park an.

#### TRANSPORT

Täglich um 12.00 Uhr fährt vom Pier ein Boot für 40 Baht zum Hat Yao, Pickups kosten ebenfalls 40 Baht.
Ein Taxi von Tong Sala nach Hat Lat Bay kostet ebenfalls 40 Baht.

### Si Thanu Beach

(Auch Si Thanoo oder Srithanu Beach.) Der lange, gelbe Sandstrand in der weitgeschwungenen, mit Palmen und Mangroven bestandenen Bucht wird durch einen Hügel zweigeteilt. Der kleinere nördliche Strand heißt auch **Chao Phao Beach**. Das Meer fällt flach ab, vor den vorgelagerten Korallenbänken kann man nur im Wasser plantschen. Sich über die Korallen hinauszuarbeiten, ist mühsam. Beim Schnorcheln sieht man bunte Fische, die meisten Korallen sind jedoch zerstört. Vor dem Fischerdorf im Norden ist der Strand durchweg steinig. Im Hinterland liegt ein idyllischer Baggersee, in dem man auch schwimmen kann.

#### ÜBERNACHTUNG

Es überwiegen die besseren Hütten mit Du/WC für 80 - 150 Baht. Die meisten mit Video.
*ROCK GARDEN** [91], nette, einfache Hütten auf dem Felsenhügel im Norden, kein Video.
*LAEM SON** [94], am südlichen Strand, ausgedehnte Anlage mit einfachen, kleinen Flechtmatten-Hütten unter jungen Kasuarinas.
*SEA FLOWER** [92], einfache und bessere Bungalows im Halbkreis in einer Palmenplantage. Nette Thai-kanadische Familie, gutes Essen.
*SRI THANU*-*** [92], tel 01-7250348, große Anlage mit verschiedenen Bungalows am südlichen Ende nahe bei den Felsen, der Strand ist hier etwas schöner.

#### TRANSPORT

Die Si Thanu-Strände erreicht man entweder mit dem Boot (Hinfahrt oft kostenlos, Rückfahrt 20 Baht), mit dem Motorradtaxi oder mit dem Pickup bis zum *Laem Son Bungalow*, von dort geht es zu Fuß weiter.

### Wok Tum Bay

Am südlichen Ende der weiten Wok Tum Bay liegen einige Bungalow-Siedlungen an kleinen Buchten und Mini-Stränden (auch *Plaay Laem*). Hier ist nur bei hohem Wasserstand Baden möglich. Viele Traveller zieht es zu diesen Anlagen, weil in den meisten die Atmosphäre stimmt, das Essen schmeckt und sich die Besitzer wirklich um ihre Gäste kümmern.

Dieser Küstenabschnitt ist leicht zu erreichen, ab Tong Sala (2 1/2 km) mit dem Pickup für 10 Baht.

**ÜBERNACHTUNG**

*KIET** [102], hier bietet Mr. Ban Inselrundfahrten mit Boot sowie Schnorchelausflüge an.
*O.K.** [103], Bungalows mit großer Terrasse, auf der sogar eine Liege steht, Gemeinschafts-Du/WC, sehr liebe Familie.
*DARIN*-*** [104], saubere Hütten mit und ohne Du/WC, versteckt zwischen den Felsen und an kleinen Stränden, gutes Essen; Papa und Mama umsorgen ihre Gäste, schönes Schnorcheln.
*PORN SAWAN*-*** [107], einfache Hütten am Strand, ohne Strom und Wasser, gutes Essen.
*COOKIE** [107], viele einfache Hütten am Strand und am Hang, geleitet von einer freundlichen Schweizerin, gute Atmosphäre.
*BEACH 99** [107], schöner Garten, gutes Essen, preiswert; Windsurfer zu mieten.

### Nai Wok Bay

Dieser 1000 m lange, unattraktive Strand schließt direkt nördlich an den Pier an, man kann ihn auf der Straße leicht zu Fuß erreichen. Das Meer ist hier äußerst flach, das Korallenriff liegt weit vor der Küste. Doch mit dem Essen wird auch hier so mancher Nachteil wett gemacht.

**ÜBERNACHTUNG**

*CHARN** [109], einige anspruchslose Hütten, wird aber wegen seines phantastischen Essens sehr gelobt, z.B. Haifisch-Curry, Krebssuppe mit Kokosmilch, Irish Coffee.
*SIRIPUN**-***** [108], ausgedehnte Anlage, bessere und sehr komfortable Bungalows, bekannt für die großen Portionen im Restaurant.
*PHANGAN*-**** [109], nette Anlage, hat neben den einfachen, alten Hütten auch viele komfortable Bungalows mit Du/WC.

### Ausflüge auf Ko Pha Ngan

Die auf den Landkarten eingezeichneten Fußwege im Inneren der Insel sind in der Realität kaum vorhanden. Ohne Führer kann man sich leicht verirren!

Zu Fuß oder z.T. auch mit dem Motorrad lassen sich einige Wasserfälle erkunden. Der meist kaum erkennbare **Phaeng Fall** im Zentrum lohnt wegen des schönen Aussichtspunktes, zu dem ein Fußweg 200 m den Berg hinaufführt. Alle Wasserfälle sind allenfalls von November bis Januar eindrucksvoll. Dennoch können diese Ausflüge auch im restlichen Jahr die Mühe lohnen.

Vom **Khao Ra**, mit 627 m der höchste Punkt der Insel, soll man eine sehr schöne Aussicht haben, aber der Aufstieg ist nur mit einem erfahrenen Führer möglich. Der Dorfchef von Ban Maduawan kann innerhalb einer Stunde einen Guide für 200 Baht (für 2 - 5 Personen) vermitteln.

Auf der Spitze eines Hügels, 10 Min. vom Dorf Ban Tai entfernt, liegt der Meditationstempel **Wat Khao Tham**. In seinem Mondop wird ein Fußabdruck Buddhas verehrt. Vom Vorplatz des Tempels hat man einen schönen Blick auf den Strand und das Meer.

Die **Wat Nai Pagoda** am Fuße des Berges stammt aus der Ayutthaya-Periode und ist über 200 Jahre alt.

Zum **Ang Thong Marine National Park** (s.S. 788) werden Ausflüge per Schiff für 300 Baht angeboten.

## Ko Tao เกาะเต่า

Die kleine, felsige Insel Ko Tao (Schildkröteninsel) liegt 38 km nördlich von Ko Pha Ngan, 58 km von Ko Samui und 74 km von Chumphon entfernt. Sie mißt knapp 8 km in der Länge, 3 km in der Breite und hat eine Fläche von ca. 21 $km^2$. In ihrem Innern erheben sich dschungelbewachsene Berge bis auf 379 m Höhe. Im Westen bestimmen zwei lange Sandstrände und Fischerboote das Bild. Der Süden und Südosten werden von kleinen Buchten mit wenigen Kokospalmen geprägt. Bei Flut sehen die Strände recht romantisch, bei Ebbe weniger einladend aus. Der Osten und Nordosten wirken rauh und felsig.

Auf Ko Tao leben etwa 550 Menschen, die ihr Einkommen früher aus dem Anbau von Kokospalmen erzielten. Fischfang wurde vorwiegend für den Eigenbedarf betrieben. Heute beziehen 85% zumindest einen Teil des Einkommens vom Tourismus, und kaum einer sehnt sich nach den alten Zeiten zurück.

Außer an der Ostküste muß man sich an fast allen Stränden erst über die Korallenriffe quälen, ehe man tieferes Wasser erreicht. Wer weit schwimmen will, sollte laut Gezeitentabellen ruhiges Wasser abwarten, da die Strömungen um die Insel gefährlich sind. Fürs Schnorcheln und Tauchen ist Ko Tao hervorragend geeignet. Kaum irgendwo in Asien kann man so preisgünstig direkt neben der billigen Strandhütte Tauchen lernen. Die besten Schnorchelreviere liegen im Südosten an den Bai Sai Daeng-Felsen und bei Shark Islands, an der Ostküste und um Ko Nang Yuan. Ausrüstung, meist in schlechtem Zustand, wird von einigen Anlagen kostenlos verliehen, sonst jeweils 50 Baht für Maske, Schnorchel und Flossen. Nähreres zum Tauchen s.S. 800.

Die beste Reisezeit ist von Ende Dezember - April und im August / September. In der Hauptsaison von Neujahr bis Mitte Februar wird die Insel total voll. Jeden Tag kommen 200 neue Gäste an, die z.T. in den Büros auf dem Boden nächtigen. Im November und Anfang Dezember wird die Insel von schweren Stürmen heimgesucht. In der Nebensaison kosten die Bungalows nur die Hälfte.

Anfang 1995 gab es 65 Anlagen mit knapp 1000 Bungalows. Der Standard der Bungalowanlagen am Mae Hat und Sai Ri Beach hat sich völlig verändert. Es überwiegen nicht mehr die einfachen, billigen Hütten, sondern saubere, gepflegte Anlagen mit hübschen Bungalows mit Du/WC und Fan ab 150 Baht. Doch an fast allen Stränden gibt es selbst in der Saison noch Hütten für weniger als 100 Baht. Das übrige Preisniveau ist ähnlich wie auf den Nachbarinseln. Man kann zwar keine Luxusrestaurants erwarten, das Essen ist jedoch zumeist recht gut.

Batterien werden bei Ko Tao Divers und anderen Tauchschulen gesammelt und aufs Festland gebracht. Zudem sollen ein Müllwagen und drei Müllverbrennungsanlagen umweltschonend entsorgen. Auf der Insel wird auch Trinkwasser in Glasflaschen verkauft, das qualitativ sicherer ist als das lokal produzierte Trinkwasser. Dengue-Fieber trat bereits in Epidemien in den Bungalowanlagen neben den Lagunen auf. Auf Ko Tao heißt es, es gebe vier Arten, von denen man jede einmal bekommen kann.

### Ban Mae Hat บ้านแม่หาด

In eine malerische Bucht eingebettet, begrenzt von faszinierenden Granitfelsen, liegt im Südwesten das Hauptdorf der Insel, Ban Mae Hat. Am festen Pier können auch größere Boote anlegen. Außer mehreren Restaurants, kleinen Supermärkten und einem Wat hat der Ort auch einige Tauchschulen, Geldwechsler, Reisebüros, Post und Oversea Telefonservice zu bieten.

## ÜBERNACHTUNG UND ESSEN

Das *BAN YAI* serviert milde Thai-Küche.
Das *MAE HAT SEA FOOD* ist zu empfehlen.
*FAR OUT* bereitet sehr gute Sandwiches zu und hat Satelliten-TV.
Leider sind viele Besitzer von Bungalowanlagen auf Ko Tao immer noch dafür berüchtigt, daß sie ihre Gäste zwingen, im zugehörigen Restaurant zu essen. Wer Abwechslung liebt, sollte diese Anlagen meiden.

## SONSTIGES

**GELD** - *Mr. J.,* im Süden hinter dem Bach links, offeriert Geldwechsel, Büchertausch und Visaverlängerung für 1000 Baht.

**MEDIZINISCHE VERSORGUNG** - Eine private *Clinic* liegt drei Häuser hinter der Post, das öffentliche *Health Center* dahinter.

**MOTORRÄDER** - Vermietung an mehreren Stellen in und um Ban Mae Hat ab 150 Baht für 24 Std.

**POLIZEI** - In Ban Mae Hat sind zwei Polizisten stationiert. Man sollte nicht zögern, sie bei Problemen mit den Betreibern der Bungalowanlagen aufzusuchen.

**POST** - hat Poste Restante, 8.00 - 17.00 Uhr.

**REISEBÜROS** - *KO TAO BOOKING CENTER* tel/fax 01-7250828, am Pier, macht alle Buchungen und Rückbestätigungen fürs Flugticket, Geldwechsel, Auslandsgespräche.
*NANG YUAN TRAVEL SERVICE*, tel/fax 01-7260112, am Pier daneben, bietet dasselbe.

**TAUCHEN** - In der unmittelbaren Umgebung von Ko Tao liegen viele schöne Korallenriffe und Felsformationen, in denen über 100 Korallenarten verbreitet sind. Die fischreichen Gewässer sind als Schutzzone ausgewiesen. So können neben vielen Riffbewohnern auch Schildkröten, Delphine, Wale und sogar Walhaie beobachtet werden. Bereits 15 Tauchbasen bieten ihre Dienste an. Sie fahren mit eigenen oder gemieteten Booten zu 25 Tauchplätzen in der Nähe der Insel.
Die Sicht beträgt je nach Saison 12 - 35 m. Außer in der Regenzeit von Oktober bis Mitte Dezember ist das ganze Jahr Tauchsaison. Im Mai werden Tauchausflüge zu Walhaien veranstaltet, den größten Fischen der Erde.
Der Standard der Tauchschulen ist generell gut, das Gerät wird in der Regel gut gewartet. Die PADI-Kurse reichen vom Anfänger bis zum Tauchlehrer. Anfang 1995 gab es u.a. die folgenden Tauchschulen:
*KOH TAO DIVERS*, in Ban Mae Hat direkt am Pier; PADI Dive Center mit der längsten Erfahrung auf Ko Tao unter der Leitung des sehr freundlichen Michael Rossel (Mike).
*BAN DIVING*, tel 01-7250181, PADI-Tauchschule mit eigenem Gästehaus.
*SAMUI INTERNAT. DIVING SCHOOL.*
Ein Tauchgang kostet ab 500 Baht. 5tägige PADI-Kurse zum *Open Water Diver* werden für ca. 5900 Baht angeboten.

**TELEFON** - Auf der Insel gibt es ein reguläres Telefon im Post Office, tel 077/377196, von 8.00 - 17.00 Uhr, sowie mehrere Funktelefone. Für Anlagen am Sai Ri und Mae Hat Beach können Nachrichten abgegeben werden.

**TOUREN** - In der Saison macht Kiet um 9.00 Uhr für 100 Baht p.P. eine Tagesfahrt rund um die Insel, Schnorchelstops werden an Shark Island, Ao Luk, Mango Bay und Ko Nang Yuan eingelegt. Buchung am Ko Tao Booking Center in Ban Mae Hat.

**VORWAHL** - 077

## NAHVERKEHRSMITTEL

Auf Ko Tao geht man zu Fuß. Aber auch hier bieten sich **Motorradtaxis** und etwa 2 Dutzend Pickups an.
Ein breiter „Highway" wurde von Süden nach Norden so am Hang entlang gebaut, daß er dauernd reparaturbedürftig bleibt. Er wird zur Mango Bay und zum Laem Thian weitergebaut.
Nach Ko Nang Yuan fährt ab 10.00 Uhr ein **Taxiboot** für 20 Baht, hin und zurück 30 Baht.

## TRANSPORT

Bei Ankunft der Boote warten viele Schlepper und einige Bungalowbesitzer am Pier. Für 20 Baht bringen sie ihre Gäste an die Strände.

**Richtung Bangkok**: Der Minibus ab der Khaosan Road fährt um 14.00 Uhr nach Chumphon zum Nachtboot, das um 6.00 Uhr in Mae Hat ankommt, Preis 450 Baht inkl. Boot.

Andere Tickets führen mit Bus und Boot über Surat Thani, Ko Samui, Ko Pha Ngan nach Ko Tao für 350 - 480 Baht.

Nach Bangkok zurück ist der schnellste Weg: mit dem Speedboot um 11.00 Uhr für 400 Baht, in Chumphon weiter mit dem *Express Diesel Railcar* für 252 Baht, Ankunft um 19.35 Uhr.

Am billigsten geht es mit dem Boot um 10.00 Uhr für 200 Baht, in Chumphon weiter mit dem *Rapid* Nr. 48 um 20.26 Uhr für 102 Baht (Sitzplatz 3.Kl.), Ankunft um 5.10 Uhr.

**Richtung Chumphon**. Von einem der Piers von Chumphon fährt tgl. ein Boot um 24.00 Uhr für 200 Baht in 6 Std.; Tickets und Transport zum Pier bei den Gästehäusern und Reisebüros. Zurück um 10.00 Uhr; per Songthaew vom Tayang-Pier für 10 Baht weiter in die Stadt. Von November bis Mitte Januar ist die Fahrt allerdings vom Wetter abhängig. Von einem anderen Pier in Chumphon fährt um 8.00 Uhr ein Speedboat (800 PS) mit 36 bzw. 50 Plätzen für 400 Baht in 100 Min. nach Ko Tao. Zurück um 11.00 Uhr. In der Nebensaison fährt es ohne genügend Passagiere nicht jeden Tag, also unbedingt am Morgen unter tel 077/521755 checken.

**Richtung Ko Pha Ngan**: Von Tong Sala fährt *Koh Tao Tour* tgl. um 12.00 Uhr für 150 Baht. Zurück um 9.00 Uhr, Ankunft in Tong Sala um 11.30 Uhr, weiter mit dem Expressboot um 12.30 Uhr für 60 Baht bis Ko Samui, 120 Baht bis Surat Thani (Ankunft gegen 17.00 Uhr).

In der Saison fährt evtl. ein weiteres Boot um 9.00 Uhr ab Ko Pha Ngan, zurück um 15.00 Uhr.

**Richtung Surat Thani**: Von Surat Thani am Pier fährt Ende Januar - Anfang September jeden dritten Tag um 21.30 Uhr ein Transportboot für 200 Baht nach Mae Hat, zurück jeden dritten Tag um 9.00 Uhr auf einer herrlichen Route am Marine National Park entlang.

# Die Strände von Ko Tao

## Mae Hat Beach

Der Strand in der Nähe des Hauptortes ist ziemlich verschmutzt und kann sich mit den anderen Stränden der Insel nicht messen. An den südlichen Bungalowanlagen vorbei gelangt man auf einem Pfad in 20 Min. über den Hügel zur *Palm Bay* (auch *Ao Phak Bung),* eine hübsche, kleine Badebucht mit Sandstrand, Palmen, Felsen und Getränkeverkauf mit Bad/Toilette.

## ÜBERNACHTUNG

**Nach Norden** ziehen sich Kokospalmen am Sandstrand entlang.

*CRYSTAL*-**** [15], tel 01-7250828, einfache Sperrholzhütten auf Pfählen am Strand, gute Steinbungalows mit Balkon dahinter.

*DAM** [14], kleine, nette Bambusmattenhütten mit guter Matratze und Moskitonetz, kein Fan, Du/WC außerhalb, hübsch angelegte Palmenplantage. Der Besitzer ist auch Chefkoch, das Essen sehr gut, das Personal freundlich und zuvorkommend, aber Essenszwang. Schnorchelausrüstung gibt es gratis neben der Rezeption.

**Auf dem Felsvorsprung** liegen 4 Anlagen, u.a.:

*KHAO*-*** [13] (evtl. anderer Name), neue Bungalows am Hang nach Norden, schöne Sicht über Sai Ri mit Felsen im Vordergrund.

*VIEW CLIFF**** [13], sehr gute, neue Bungalows mit schöner Sicht.

**In die Berge** kann man hoch wandern (Schild vor dem A.C. Resort am Sai Ri Beach) zum:

*MOUNTAIN** [11], herrliche Sicht übers Meer, 12 Hütten mit und ohne Du/WC, bestes Wasser. Gekocht wird für alle zusammen („all you can eat"), es ist einen Ausflug wert.

**Südlich von Ban Mae Hat** liegen hinter dem Müllbach die *PAEW BUNGALOWS***-*** [17], kleine und große Bungalows mit und ohne Du/WC, Restaurant am Strand.

Anschließend kommt eine malerische Felsenküste, sehr schön zum Schnorcheln.

*CORAL BEACH*-*** [18], einfache Sperrholzhütten am Hang, schöner Blick auf die Bucht, Restaurant, unterhalb eine schöne Steinbucht mit grobem Korallensand und einem Wrack.

## Sai Ri Beach

Der 2 km lange, leicht geschwungene Sandstrand im Westen der Insel erlaubt nur bei hohem Wasserstand problemloses Schwimmen, ansonsten müssen Korallenstöcke und Steine umwatet werden, um tieferes Wasser zu erreichen. Der Strand wird von den Bungalowbesitzern sauber gehalten. Im Hinterland liegt das kleine Dorf **Ban Hat Sai Ri**, daneben der große Fischerei-Komplex.

### ÜBERNACHTUNG

*A.C. RESORT**-***** [10], nette Bungalows im Halbkreis unter Palmen, Restaurant am Strand, freundliche Leute; Strand-Bar.
*BAN DIVING RESORT**** [9], gepflegte Anlage am Hang, unter Palmen und Laubbäumen, 10 sehr schöne Steinbungalows, sauber, gut eingerichtet, Restaurant am Strand.
*KOH TAO CABANA**-**** [9], Bungalows aus Naturmaterialien in Palmenplantage, sehr gutes Restaurant, nebenan einfachere Holzhütten, gehört einem freundlichen Österreicher.
*SAI REE COTTAGE**-**** [8], große, schöne Anlage, gutes Strand-Restaurant mit flinkem Service, von einem netten Team gemanagt.
*NEW WAY BUNGALOWS*-*** [7], neue, kleine Sperrholzhütten mit Balkon, mit und ohne Du/WC, Restaurant am Strand, gute Küche, beliebte Anlage, familiäre Atmosphäre.
Die folgenden vier Anlagen sind in der Nebensaison geschlossen, u.a.:
*HAAD SAIREE VILLA*-*** [6], ältere Sperrholzhütten vor und hinter der Lagune, Video.
*O'CHAI*-*** [6], Bambushütten, neues Restaurant am Strand, mit Essenszwang und einer Akte bei der Polizei wegen Gewaltanwendung gegenüber opponierenden Gästen. O'Chai soll sich inzwischen gebessert haben.
Anschließend folgt ein Müll- und Schwemmholzstrand von 300 m Länge.
**An den Hängen** nördlich des Strandes stehen 7 einfache Anlagen, Motorradtaxi 20 Baht, u.a.:
*GOLDEN CAPE** [5], einfache Hüttchen und Restaurant am Palmenhang.
*SUN SEA*-*** [3], Hütten mit und ohne Du/WC, freundliche Leute.
*C.F.T.*-***** [1], sehr einfache, unbequeme Hütten und etwas bessere Bungalows auf den Uferfelsen, abgeschieden, schlecht zum Baden, kostenloser Fährservice nach Ko Nang Yuan.

### SONSTIGES

**GELD** - An einer Bude nördlich vom Cabana tauscht eine freundliche Frau Geld.

**REISEBÜRO** - An der Paradise Junction werden beim *TICKETING* u.a. Bootsfahrten um 10.00 Uhr zur Mango Bay und nach Ko Nang Yuan angeboten. Sie arrangieren auch Motorrad-Taxis.

## Sai Nuan Beach

Auf einem recht schwierigen Pfad Richtung Süden, gespickt mit scharfkantigen Felsen, hartem Gebüsch und trügerischen Wurzeln, erreicht man nach gut 2 km die zwei kleinen Sandstrände **Relax Beach** und **Sai Nuan II**. Normalerweise paßt ein Longtail-Boot neue Gäste am Pier ab.

### ÜBERNACHTUNG

Die folgenden drei Anlagen sind noch von der angenehmen, alten Sorte:
*SAI THONG BUNGALOWS*-*** [20], einige Hütten mit Du/WC.
*SIAM COOKIES*-*** [21], an einer schönen, kleinen Bucht, Zimmer mit und ohne Du/WC, gutes Essen (auch Brot und Yoghurt); von Susanne, einer netten Schweizerin geleitet.
*CHAR*-*** [21], beliebte Anlage, einfach und ruhig, aber mit Video.
*TAO THONG VILLA** [22], 300 m weiter auf der Landspitze an einer kleinen Bucht, einfache Hütten, Probleme mit der Verwahrung von Wertsachen, in der Nebensaison geschlossen.

## Chalok Ban Kao Bay

Die tiefe Bucht im Süden wird von Felsen begrenzt und wirkt bei hohem Wasserstand sehr schön. Bei Ebbe ragen jedoch viele Korallenfelsen aus dem Wasser

- Schwimmen ist daher nur nach 100 - 300 m Waten möglich, oder nach 15 Min. Fußmarsch am Freedom Beach entlang. An den beiden schmalen Stränden mit feinem Sand hausen manchmal die Sandflöhe. Die Bucht ist etwa 2 km auf dem „Highway" von Ban Mae Hat entfernt. Ein Ausflug zum östlichen Kap mit den vorgelagerten, bizarren *Spirit Rocks* **Hin Ta To** und **Hin Yai Mae** lohnt sich. Unterwegs liegt der hübsche **Freedom Beach**. Auch der **Mountain View Point John Suwan** ist reizvoll.

## ÜBERNACHTUNG

Die Hütten an diesem Strand sind einfacher und billiger als an der Westküste.

**Nach rechts** liegen sehr eng aneinander:

*CARABAO BUNGALOWS** [26], einfache Hütten aus Bambusmatten in der Mitte des Strandes unter Palmen, Salzwasserduschen, gemütliches Restaurant mit Liegeecken, sehr gutes Essen (Essenszwang). Dahinter die zugehörige Tauchschule von Wolfi und Paul, ein Tauchgang kostet 500 Baht, der Tauchkurs 5000 Baht.

*BUDDHA VIEW**-**** [26], tel 01-7250948, Nur-Dach-Bungalows mit Du/WC und Balkon, hinten ein Reihenhaus, freundliches Personal.

*SUNSHINE**-**** [26], schmale Anlage, gute Bungalows im Palmengarten.

*NANG NUAN**-**** [26], 17 weit verteilte Bungalows unter Palmen, zur Bucht offenes Restaurant, Video.

*LAEM KLONG*-**** [26], hinter dem Bach, unterschiedliche Hütten am Hang zwischen Felsen und Büschen, z.T. eigene, geflieste Du/WC, gute Atmosphäre. Schlechtes Brunnenwasser!

*TARAPORN** [25], am rechten Rand der Bucht, über einen Steg zu erreichen, sehr einfache, kleine Hütten am Felsenstrand, luftiges Restaurant auf Pfählen über dem Wasser, gutes Essen (z.B. gefüllter Tintenfisch), große Portionen, dahinter eine kleine Bucht.

*VIEW POINT BUNGALOW*-**** [24], tel 01-9138224, ganz vorn auf den Klippen, einfache und gute Hütten mit Du/WC und freiem Blick übers Meer, Restaurant mit schöner Sicht über die Bucht, Video.

*SUNSET** [23], 500 m hinter dem Kap an einer kleinen, von Felsen eingerahmten Sandbucht, auch auf dem neuen Erdweg durch die Hügel erreichbar, einfache Hütten unter Palmen, freundliche Familie, sehr einsam.

**Auf der linken Seite** der Chalok Ban Kao Bay kommt die Straße nah an den Strand heran.

*PORN RESORT**** [27], tel 01-2295515, neue Anlage am steilen Hang, gute Bungalows, z.T. in die Felsen integriert, tolle Sicht. Nach jedem Aufstieg ist wohl eine Dusche im mit Bierflaschen ausgekleideten Bad fällig.

*K.C. RESORT*** [28], einfache Hütten im Halbkreis am Strand, einige Palmen.

*KO TAO COTTAGE***** [28], tel 01-7250751, fax 01-7250662, unter Palmen und am Hang, geräumige, saubere, gemauerte Bungalows mit Bad und Terrasse sowie Reihenhäuser, miese Küche, Auslandsgespräche möglich.

*AUD BUNGALOW*-*** [28], ganz einfache Hütten am linken Rand des Sandstrands, bessere Hüttchen auf dem Palmenhügel dahinter.

*TATO LAGOON*-*** [29], 600 m nach links über den Hügel Richtung Kap, gute Bungalows am Hang, einfache Hütten ohne Du/WC auf dem Kamm mit herrlicher Sicht, Restaurant an einer malerischen, kleinen Sandbucht, eingerahmt von Felsen; Papa läßt keine Elektrizität zu. Tauchschule *Tato Divers* .

## REISEBÜRO

Tickets fürs Boot oder die Eisenbahn gibt es 200 m vom Strand im Laden am „Highway".

### Ao Thian und Sai Daeng

Ao Thian, der etwa 200 m lange, feine Sandstrand im Süden der Insel ist stark mit Korallenbrocken durchsetzt. Bei Ebbe bedecken abgestorbene Korallen die ganze Bucht. Schwimmen kann man nur bei hoher Flut sowie links und rechts an den bizarren, runden Felsen. Vor dem Korallenriff kann man schön schnorcheln. Der linke Teil der Bucht ist mit Mangroven bewachsen.

Die Sai Daeng-Bucht erreicht man auf einem Fußpfad (1 km) vom Ao Thian etwas landeinwärts über den Hügel oder per Motorrad auf einer 1,5 km langen

Piste. Wegen der vielen Bungalows ist die Idylle dahin. Am vorgelagerten Kap kann man schön schnorcheln.

## ÜBERNACHTUNG

*ROCKY RESORT*-*** [31], ganz am Ostende von Ao Thian unter tollen Felsen, allerdings wurde die Küste mit Stahlbeton verschandelt; hübsche Bungalows, nur nicht ganz so sauber.
*KIET*-*** [32], tel 01-9373159, Sai Daeng Beach. Einige der 30 Hütten sitzen direkt auf den Felsen und bieten eine herrliche Sicht übers Meer; die Anlage wirkt inzwischen leider zu voll gebaut.

## TRANSPORT

*Rocky* ist per Jeep ab BAN MAE HAT über die Chalok Ban Kao Bay zu erreichen. Bootszubringer ab Ban Mae Hat zu *Kiet*. Kiet veranstaltet häufig Inselumrundungen.

### Die Ostküste

**Ao Leuk** (gesprochen wie Glück ohne G) ist ein kleiner Strand im Südosten mit einigen Palmen. Dem schmalen Sandstreifen ist ein steiniger Ufersaum vorgelagert. Es geht relativ steil ins Wasser, so daß man sehr gut schwimmen kann. Auch schnorcheln ist schön. Zu Fuß, mit dem Motorrad oder Jeep gelangt man ab Ban Mae Hat nach 3 km durchs Innere der Insel zu dieser Bucht. Es führt auch ein steiler Fußweg von 1,5 km zum Ao Thian.

Auch an der nur schwer erreichbaren **Ta Not Bay** an der Ostküste (5 km von Ban Mae Hat) haben nette Leute Hütten gebaut. Wenige Palmen stehen am etwa 100 m langen Strand mit vorgelagerten Felsen.

Der kleine **Laem Thian**-Strand besteht aus feinem Sand und ist von Felsformationen eingerahmt. Bei einer Wassertiefe von 2 - 12 m kann man hervorragend schnorcheln. Häufig beobachteten Schnorchler sogar 2 - 3 harmlose Schwarzspitzenhaie! Der Strand liegt etwa 6 km von Ban Mae Hat entfernt in der Mitte der Ostküste. Der wunderschöne, zum Teil recht steile aber gut ausgebaute Pfad erfordert etwa 2 Std. Fußmarsch. Die Südroute verläuft auf einem kaum erkennbaren Trampelpfad steil bergauf und bergab, über Felsen und durch dichtes Unterholz. Trotz der kürzeren Entfernung braucht man für den Weg mindestens 3 Std. und festes Schuhwerk.

In **Hin Wong**, am Ende eines engen Tales im Nordosten (4,5 km von Mae Hat), stehen zwar Kokospalmen, aber keinen Sandstrand, dafür eine Quelle. Hier kann man schön schnorcheln. Zu erreichen über einen steilen Pfad von der Paradise Junction am Ende des Sai Ri Beach (ca. 40 Min.).

An der breiten **Mango Bay** (auch: Mamuang Bay) im Norden mit ganz wenig Sandstrand kann man bei ruhigem Wasser schön schnorcheln. Boote starten u.a. bei der Paradise Junction am Ende des Sai Ri Beach (10.00 Uhr).

## ÜBERNACHTUNG

**Ao Leuk:** *AOW LEUK RESORT*-** [33], vier einfache, recht primitive Hütten und eine recht gute, sehr ruhig.
**Ta Not Bay.** *SUNRISE** [34], 5einfache Hütten. *TANOTE BAY*-** [34], 20 Hütten mit und ohne Du/WC.
Am **Laem Thian Beach.** *LAEM THIAN BUNGALOWS** [35] an einem steilen Hang, zum Teil Felsen, inmitten schön eingepflanzter Blumen. 15 einfache Hütten mit gemeinsamer Schöpfdusche/WC. Das Restaurant am Strand bietet gutes Essen. Es geht recht familiär zu.
Am **Hin Wong:** *HIN WONG BUNGALOWS** [36], eine schöne, gepflegte Anlage, 8 einfache Palmblatthütten, Bad extra, netter Besitzer.
An der **Mango Bay:** *CORAL COVE** [37], 5 einfache Hütten an der Felsenküste; soll auf 20 Hütten ausgebaut werden; Anreise per Boot.

### Ko Nang Yuan

Besonders reizvolle Korallenriffe gibt es an der nordwestlich vorgelagerten Insel Ko Nang Yuan, die von den Bewohnern *Hang Tao* (Schwanz der Schildkröte) genannt wird. Eigentlich besteht sie aus drei kleinen Inseln, die durch zwei Sandbrücken miteinander verbunden sind. Bei Ebbe liegen sie frei, bei Flut werden sie teilweise überspült. Einige hundert Taucher und Schnorchler bevölkern an manchen Tagen die 3 - 12 m tiefe westliche Bucht. Eine ruhige Stimmung kommt auf den Inseln erst gegen Abend auf. Wer die steile, terrassierte und mit Bungalows bestückte Südinsel erklimmt, kann die herrliche Aussicht genießen. Auch auf der Nordinsel gibt es einen Aussichtspunkt. Leider wurde etwas zu viel Beton verarbeitet. Trotz der Hunde mit Maulkorb kamen wiederholt Diebstähle vor.

#### ÜBERNACHTUNG

*NANG YUAN BUNGALOWS**-**** [38], auf allen drei Inseln liegen insgesamt 50 gute, relativ teure Bungalows (bei längerem Aufenthalt hoher Rabatt) mit Fan, Kühlschrank und Balkon sowie 30 einfache Hütten. Auf der kleinen, mittleren Insel liegt das riesige Restaurant, gutes Essen, schlechter Service. Waschwasser ist rationiert, da es mühsam von Ko Tao gebracht werden muß. Auslandsgespräche sind möglich. Der Besitzer ist freundlich und, trotz einiger Mißgriffe, umweltbewußt. PADI-Tauchschule.

#### TRANSPORT

Taxiboote fahren bei ruhiger See zur Insel ab BAN MAE HAT für 20 Baht (hin und zurück 30 Baht). Im Restaurant rechts vom Pier in Ban Mae Hat kann man Tickets buchen.

# DIE WESTKÜSTE VON SÜD-THAILAND

*Erst Mitte der achtziger Jahre sprach es sich unter Travellern herum, daß bei Krabi herrliche Sandstrände zu finden sind. Einfache Bambushütten wurden an den schönsten Stellen gebaut, und ein neues Reiseziel war geboren. Schon bald wurden die vorgelagerten Inseln entdeckt. Viele flache Strände weiter südlich werden sicherlich den Thais vorbehalten bleiben - und einigen Naturfreunden.*

*Die beste Reisezeit ist von November bis April, gut ist es noch bis in den Juni hinein. Aber an der Küste gibt es auch während der sogenannten Regenzeit von Juni bis Oktober häufig schönes Wetter.*

## Krabi กระบี่

Die Provinzhauptstadt Krabi an der Westküste hat selbst nichts zu bieten, aber ihre herrliche Umgebung, vor allem ihre Strände und vorgelagerten Inseln, begeistern immer mehr Urlaubshungrige. Selbst in Prospekten von Reiseveranstaltern haben die Strände Ao Nang und Rai Leh Einzug gehalten. In der Saison sind sie daher total überfüllt. Die geschäftige Kleinstadt Krabi hat 18 000 Einwohner. Auf den vier Straßen drängen sich die Traveller, obwohl die meisten hier nur auf der Durchreise sind. Mit dem Geldsegen aus dem Tourismus haben die Stadtväter u.a. einige Verschönerungen durchgeführt. Es entstanden zwei feste Piers und eine Uferpromenade, einige Straßen wurden ausgebaut und ganze Straßenzüge in einheitlichem Stil „saniert". So wirkt der Ort etwas charakterlos und einförmig. Wer ihn aber von früher kennt, weint dem keine Träne nach.

## ÜBERNACHTUNG

Unterkünfte sind leicht zu finden. Jedes Reisebüro vermittelt billige Zimmer in Gästehäusern (in der Saison für 80 - 120 Baht, Nebensaison für 60 - 80 Baht). Neue Gästehäuser werden laufend auf und wieder zu gemacht.

**GÄSTEHÄUSER** - *JUNGLE GH** [5], 141 Uttarakit Rd., tel 611148, an der Uferstraße, über *Jungle Book Tour.*
*CENTRAL GH*-*** [6], Pattana Rd., gleich um die Ecke von der Uferstraße.
*B & B GH** [4], 98/1 Pruksa Uthit Rd., tel 612538, Stadthaus, die Zimmer sind klein und muffig.
*SU GH** [8], 23-31 Pruksa Uthit Rd., tel 611888, über Suzuki; große, saubere Zimmer mit Fan und Moskitonetz, keine Fenster nach draußen, Gemeinschaftsdusche im 3. Stock.
*K.L. GH** [11], 28 Ruenruedee Rd., tel 612511, 4stöckig, 43 moderne Zimmer mit Fan, 4 etwas abgenutzte Bäder pro Flur, sauber, Rucksack wird kostenlos aufbewahrt; Motorräder.
*GRAND TOWER GH*-*** [14], 73/1 Uttarakit Rd., tel 611741, saubere Zimmer verschiedener Preisklassen, die billigsten ohne Du/WC im 6. Stock, die besseren, schönen mit moderner Du/WC, etwas laut; sauberes Restaurant mit mittleren Preisen, Motorräder zu vermieten, Schließfächer, Reisebüro; empfehlenswert.
*KANAB NAAM GH*-*** [15], 59 Uttarakit Rd., tel 612552, billig, aber keinen Baht mehr wert, in einem alten Holzhaus, mit Coffee House.
*CHA GH** [16], 45 Uttarakit Rd., tel 611141, langes Haus mit Garten und Bäumen, vor dem der Khao San Bus aus Bangkok ankommt. Bei Cha werden anschließend Tickets für die Boote zu den Inseln verkauft.
*SUKANYA GH** [9], 86 Isara Rd., tel 620477, etwas außerhalb im Westen hinter dem großen Wat, familiäre Atmosphäre, Garten.
*V. AND S. GH** [42], 100 Isara Rd., tel 612516, 300 m weiter, die billigsten Zimmer der Stadt. Wer sich hier einmietet, kann Thai-Gerichte essen oder selbst kochen; Fahrräder sind gratis.

**HOTELS** - *VIENG THONG HOTEL**** (ac****) [3], 155 Uttarakit Rd., tel 611288, fax612525, die Zimmer mit Fan sind preiswert.
*CITY HOTEL**** [2], 15/2-3 Sukon Rd., tel 621280, fax 621301; neues Stadthotel, z.T. ac.
*RIVER SIDE HOTEL*** (ac***) [40], tel 612128, fax 621301, 500 m außerhalb an einer Seitenstraße, ordentliche Zimmer.
In **Ban Talad Kao** (Krabi Junction) liegt 30 m neben der Kreuzung das kleine *KITTISUK HOTEL*-*** [37], tel 611087, geeignet für Passagiere, die sehr spät am Busbahnhof ankommen.

## ESSEN

Es gibt in der Stadt viele kleine Restaurants und Garküchen. Hervorragende, billige Essenstände am Nachtmarkt beim Pier.
*REAN PARE*, das*Schwimmende Restaurant* auf dem Fluß, durch einen Steg mit dem Ufer verbunden. Hier sitzt man besonders schön.
*CAFE EUROPA* bietet europäische Gerichte zu etwas gehobenen Preisen; angenehme Bar.
Bei Franco im *FIRENZE* schmeckt die Pizza echt italienisch, sie kostet auch entsprechend.
Im *MAY AND MARKS RESTAURANT* serviert die überaus freundliche, junge Mutter nicht nur Bratkartoffeln und skandinavische Spezialitäten, sondern auch hervorragendes Coconut Curry und *Homemade Brown Bread.*
Das *BARN THAI ISSARA,* daneben, ist ein sehr gutes vegetarisches und alternatives Restaurant mit angenehmer Atmosphäre.
In der *LISA BAKERY* gibt es von 7.30 - 20.30 Uhr Vollkornbrot, Croissants, leckeres Gebäck.

## SONSTIGES

**AUTOVERMIETUNG** - Jeeps bei *KRABI ANN* für 800 - 1200 Baht/Tag,
bei *SR TOUR* für 1200 Baht, und bei weiteren Reisebüros.

**GELD** - Mehrere Banken in der Uttarakit Rd., Wechselschalter Mo bis Fr geöffnet von 8.30 - 19.00, am Wochenende 8.00 - 15.00 Uhr.

**IMMIGRATION** - Uttarakit Rd., einen Block weiter als die Post. Visa-Verlängerung problemlos. Geöffnet Mo - Fr 8.30 - 16.00 Uhr.

**INFORMATIONEN** - *TOURIST OFFICE*, tel 612740, am Ortseingang am Fluß, verteilt Prospekte und farbige Karten, freundliche Damen (geöffnet tgl. von 8.30 - 16.30 Uhr).
Für eigene Ausflüge empfehlen wir die gute *Guide Map of Krabi* für 40 Baht.

**MEDIZINISCHE HILFE** - Gute Ärzte und einen

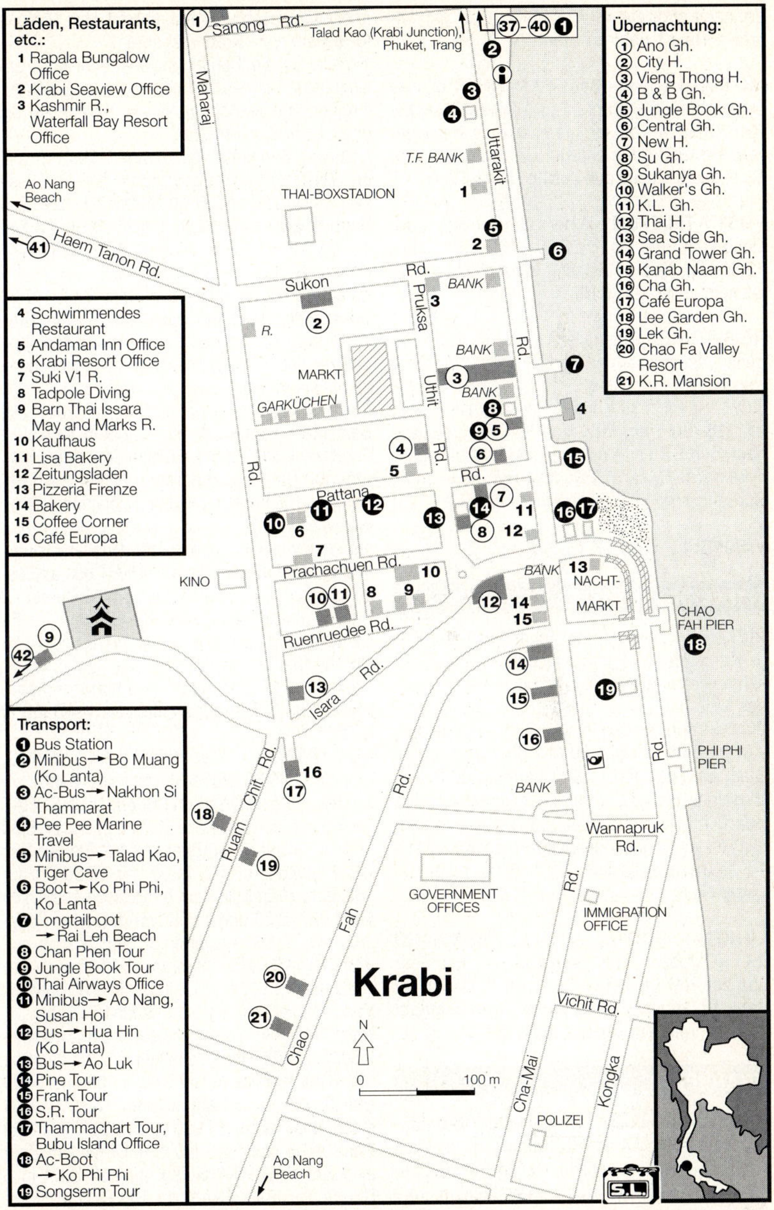
Läden, Restaurants, etc.:
1 Rapala Bungalow Office
2 Krabi Seaview Office
3 Kashmir R., Waterfall Bay Resort Office
4 Schwimmendes Restaurant
5 Andaman Inn Office
6 Krabi Resort Office
7 Suki V1 R.
8 Tadpole Diving
9 Barn Thai Issara May and Marks R.
10 Kaufhaus
11 Lisa Bakery
12 Zeitungsladen
13 Pizzeria Firenze
14 Bakery
15 Coffee Corner
16 Café Europa
Übernachtung:
1 Ano Gh.
2 City H.
3 Vieng Thong H.
4 B & B Gh.
5 Jungle Book Gh.
6 Central Gh.
7 New H.
8 Su Gh.
9 Sukanya Gh.
10 Walker's Gh.
11 K.L. Gh.
12 Thai H.
13 Sea Side Gh.
14 Grand Tower Gh.
15 Kanab Naam Gh.
16 Cha Gh.
17 Café Europa
18 Lee Garden Gh.
19 Lek Gh.
20 Chao Fa Valley Resort
21 K.R. Mansion
Transport:
1 Bus Station
2 Minibus → Bo Muang (Ko Lanta)
3 Ac-Bus → Nakhon Si Thammarat
4 Pee Pee Marine Travel
5 Minibus → Talad Kao, Tiger Cave
6 Boot → Ko Phi Phi, Ko Lanta
7 Longtailboot → Rai Leh Beach
8 Chan Phen Tour
9 Jungle Book Tour
10 Thai Airways Office
11 Minibus → Ao Nang, Susan Hoi
12 Bus → Hua Hin (Ko Lanta)
13 Bus → Ao Luk
14 Pine Tour
15 Frank Tour
16 S.R. Tour
17 Thammachart Tour, Bubu Island Office
18 Ac-Boot → Ko Phi Phi
19 Songserm Tour
Sanong Rd.
Talad Kao (Krabi Junction), Phuket, Trang
37-40
Maharaj Rd.
Uttarakit Rd.
T.F. BANK
THAI-BOXSTADION
Ao Nang Beach
41
Haem Tanon Rd.
Sukon Rd.
Pruksa Uthit Rd.
BANK
R.
MARKT
GARKÜCHEN
Pattana Rd.
Prachachuen Rd.
Ruenruedee Rd.
Isara Rd.
KINO
NACHT-MARKT
CHAO FAH PIER
PHI PHI PIER
9
42
Ruam Chit Rd.
Chao Fah Rd.
Wannapruk Rd.
GOVERNMENT OFFICES
IMMIGRATION OFFICE
Krabi
Vichit Rd.
N
0
100 m
Cha-Mai Rd.
Kongka Rd.
POLIZEI
Ao Nang Beach
S.L.

Zahnarzt praktizieren im Krankenhaus, 325 Uttarakit Rd., 3 Baht ab Stadt.

**MOTORRÄDER** - Bei *CHAN PHEN* gibt es Honda für 200 Baht pro Tag. Weitere Bikes bei *KARAKED* an der ersten Kreuzung der Uttarakit Rd. und bei mehreren Gästehäusern und Reisebüros. Zuerst den Zustand kontrollieren.

**POST / TELEFON** - in der Uttarakit Rd, in der Höhe vom Pier, Mo - Fr 8.30 - 16.30, Sa 9.00 - 12.00 Uhr; Poste Restante; internationales Telefon, tgl. 7.00 - 24.00 Uhr.

**REISEBÜROS** - fast alle Reisebüros haben eigene Gästehäuser und Bungalows, die sie ihren Kunden ans Herz legen.
*SONGSERM* , 38 Kongka Rd., tel 612665, fax 612318, Büro am Pier. Von hier fahren Busse nach Surat Thani, Ko Samui und Ko Pha Ngan.
*THAMMACHART*, 13 Kongka Rd., tel 612536, Buchungsbüro für Bubu Island.

**VORWAHL** - 075; PLZ: 81 000.

## NAHVERKEHRSMITTEL

**PICKUPS** - Zwischen der Stadt und Talad Kao (= Krabi Junction) mit dem Bus Terminal verkehren von 6.00 - 21.00 Uhr alle 3 Minuten Pickups für 5 Baht.
Zum Strand Ao Nang (20 Baht) fahren von 7.00 - 18.00 Uhr alle 30 Min. Pickups von der Stadt ab (nach 18.00 Uhr Chartern 200 Baht!). Dieselben Pickups fahren zum Nopparat Thara Beach für 15 Baht. Zum „Shell Museum" Susan Hoi von Oktober bis April zwischen 7.00 und 18.00 Uhr für 20 Baht. Zum Wat Tham Sua *(Tiger Cave)* von 6.00 - 17.00 Uhr für 15 Baht.

**LONGTAIL-BOOTE** - fahren zur PHRA NANG BAY (Oktober - März sowie bei ruhiger See) und zur RAI LEH BAY (Ost und West) für 40 Baht, Abfahrt neben dem Floating Restaurant ab 6 Fahrgästen, Charter 300 Baht.

## TRANSPORT

**BUSSE** - Alle Busse fahren von der Bus Station **Talad Kao** an der Kreuzung 4 km nördlich von Krabi (=Krabi Junction). Ankommende Busse werden gleich von Schleppern bestürmt, die ihre Bungalows aufdrängen wollen. Unser Rat: abblitzen lassen und erst mal mit dem Minibus für 5 Baht nach Krabi reinfahren.
Tickets für die Fernbusse bekommt man am leichtesten bei den Reisebüros in der Stadt. Allerdings sind sie dort um 20 - 60 Baht teurer als direkt beim Bus Terminal.
**Richtung Bangkok:** Vom Southern Bus Terminal in BANGKOK, 867 km, fahren 4 non-ac Busse zwischen 18.00 und 21.30 Uhr für 193 bzw. 209 Baht, ac-Busse um 19.00 und 20.00 Uhr für 347 Baht, V.I.P.-24 um 18.00 und 18.30 Uhr für 540 Baht in 14 Std.
Zurück von der Krabi Junction von 16.00 - 17.20 Uhr non-ac Busse, ac-Busse und V.I.P.-44 Busse für 400 Baht sowie ein V.I.P.-24 Bus (hier heißt er *Super-V.I.P.)* um 17.00 Uhr (Vorbuchung empfehlenswert).
Der Khaosan-Bus kostet ab Bangkok 200 - 280 Baht (kein Essen), er hält vor dem *Cha GH.* Zurück kostet er 285 - 350 Baht und braucht 15 Std., mit Stop in Surat Thani. Immer noch geschehen Räubereien mit dem Schlafmittel-Trick. Wer dem zum Opfer fällt, sollte sich von niemandem vom Gang zur Polizei abhalten lassen!
**In die Nachbarorte:** Nach PHUKET non-ac-Busse stündlich zwischen 6.00 und 15.00 Uhr für 47 Baht in 4 Std., ac-Busse alle 30 Min. für 84 Baht in 3 Std.; ac-Minibus um 11.30 und 14.00 Uhr für 150 Baht in 2 1/2 Std.
Nach PHANG NGA durch eine herrliche Landschaft alle 30 Min. für 24 Baht (ac 44 Baht) in 2 Std.
Nach RANONG über KHAO LAK um 5.30, 8.00, 9.30, 10.30 und 11.30 Uhr für 78 Baht.
**Zu den übrigen Orten im Süden:** Nach SURAT THANI non-ac-Busse alle 30 Min. zwischen 5.30 und 14.30 Uhr für 60 Baht in 4 1/2 Std. Ac-Bus von *Phantip* um 7.00, 11.00 und 15.30 Uhr für 150 Baht (!) in 3 Std. (in der Saison zusätzlich um 9.00, 12.00 und 14.00 Uhr) fährt bei *Songserm* ab, 10 Min. später an der Bus Station.
Von SURAT THANI fahren ac-Minibusse um 7.00, 10.00, 14.00 und 17.00 Uhr für 120 Baht.
Von HUA HIN mit non-ac Bus für 158 Baht.
Nach HAT YAI non-ac-Busse 4x tgl. zwischen 9.50 und 13.55 Uhr für 91 Baht in 5 Std.; ac-Bus 132 Baht; ac-Minibus um 7.00, 11.00 und 14.00 Uhr für 130 - 150 Baht in 4 Std. Nach SATUN mit ac-Bus direkt um 11.00 und 13.00 Uhr für 129 Baht. Ac-Busse nach KO SAMUI für 245 Baht in 5 Std., KO PHA NGAN für 265 Baht in 6 Std. und SURAT THANI für 150 Baht in 3 Std. tgl. um 9.00, 11.00 und 14.30 Uhr direkt ab Krabi.

**Richtung Malaysia und Singapore:** Ac-Bus nach PENANG für 280 - 350 Baht um 7.00 Uhr (umsteigen in Hat Yai von 10.30 - 11.30 Uhr), Ankunft 17.00 Uhr, und um 11.00 Uhr. Zurück fährt frühmorgens ein ac-Minibus für 24 RM (= 220 Baht) in 9 Std., umsteigen in Hat Yai.
Nach KOTA BHARU für 290 Baht um 7.00 und 11.00 Uhr, umsteigen in Hat Yai.

**MINIBUS** - zum kleinen Hafen HUA HIN, Ausgangsbasis für Ban Saladan auf KO LANTA, von 10.00 - 14.00 Uhr jede Stunde für 25 Baht ab Pattana Rd., Fahrzeit 2 Std.
Zum Hafen Bo Muang, von wo ein Boot nach Ko Lanta fährt, um 10.30 und 12.00 Uhr für 50 Baht, ab Tourist Office in 90 Min.

**SAMMELTAXIS** - vom Bus Terminal u.a. nach PHUKET für 80 Baht in 3 Std. und SURAT THANI für 120 Baht in 2 1/2 Std.

**EISENBAHN** - Von BANGKOK mit dem relativ teuren, aber bequemen *Joint Ticket*: nach SURAT THANI und dem Anschlußbus nach Krabi (524/494 Baht für 2. Kl., unteres/oberes Bett). Wer sparen möchte, kann mit dem Express 23 um 17.05 Uhr bis TRANG fahren (Ankunft 7.35 Uhr, ab 312 / 165 Baht in der 2./3. Kl.) und vor dem Bahnhof einen der häufigen Busse nach Krabi nehmen (36 Baht, ac 65 Baht, 2 Std.). Es eignet sich auch der Rapid 41 um 18.30 Uhr.
Auch zurück fährt man am besten per Bus nach Trang und nimmt den Rapid 42 um 13.44 Uhr oder den Express 14 um 18.20 Uhr.
Das *Joint Ticket* über Surat Thani gilt ebenfalls für den Rapid 42 um 17.50 Uhr. Der Zubringerbus fährt um 14.00 Uhr in Krabi ab.
Alle Zugfahrten mindestens 2 - 3 Tage vorher im Reisebüro reservieren lassen.

**BOOTE** - Nach KO PHI PHI tgl. um 10.00 und 14.30 Uhr per Boot für 115 - 125 Baht einfach in 2 1/2 Std., ein Express-ac-Boot um 11.00 und 14.40 Uhr (von Mai - September nur um 11.00 Uhr) für 200 Baht in 1 1/2 Std.
Nach KO LANTA fährt von November bis April tgl. ein direktes Express-Boot um 13.30 Uhr (zu Stoßzeiten zusätzlich um 10.30 Uhr) für 150 Baht in 2 1/2 Std. In der Nebensaison muß man mit dem Minibus fahren.
Hin- und Rückfahrttickets sind billiger, wobei die Rückfahrt zu beliebigem Termin möglich ist. Verbilligte kombinierte Bootstickets für Ko Phi Phi und Ko Lanta sind nur in der Saison sinnvoll.
Nach PHUKET über Ko Phi Phi für ca. 450 Baht.

## Rai Leh Beach

*Die von steilen Felsen umgebene Halbinsel (auch unter Phra Nang Bay und Rai Lay Beach bekannt) ist nur mit dem Boot zu erreichen, denn phantastische Kalksteinformationen reichen bis zum Meer. An den herrlichen Stränden liegen ein Dutzend Bungalowsiedlungen. Doch in der Saison müssen manchmal 300 - 400 Leute am Strand schlafen und auf einen freien Bungalow warten. Die Preise gehen dann hoch, Essen und Service werden mies.*

Neben der seichten, mit Mangroven bewachsenen Bucht **Rai Leh (East)**, die nach Süden geöffnet und gegen den Monsun geschützt ist, gibt es drei Strände mit feinem, weißem Sand: der herrliche Badestrand **Phra Nang Beach** mit vorgelagerten Felsinseln nach Osten, der flache **Rai Leh Beach (West)** nach Nordwesten und die zum Baden nicht geeignete nördliche Bucht **Ao Ton Sai**, zu der man bei Ebbe hinwandern und den fast einsamen Strand in absoluter Harmonie genießen kann. Von den Stränden aus lassen sich Ausflüge zu den schönen Korallen der vorgelagerten Inseln **Chicken Island** und **Ko Boda** unternehmen.

Die **Phra Nang Cave** (Höhle der Prinzessin) direkt am Meer mit den eindrucksvoll herabhängenden Stalaktiten ziert viele Touristenprospekte. Die neu entdeckte **Sombat Höhle** (*Diamond Cave*) an Rai Leh East wurde mit einem bereits verrottenden Plankenweg bestückt und ist z.Zt. nicht zugänglich.

Die **Phra Nang Lagoon** (Sa Phra Nang) liegt inmitten eines 80 - 100 m tiefen Felsenkessels. Schwindelfreie können sie über einen mit Seilhilfen versehenen

Kletterpfad erreichen, der auf halber Strecke vom Verbindungsweg beim Wegweiser abgeht. Der **Phra Nang View Point**, bei der Abzweigung auf dem Paß nach links, bietet einen überwältigenden Ausblick. Eine kleine Hütte mit Sitzbänken lädt zu längerem Verweilen ein. Hier werden Kletterkurse veranstaltet.

## ÜBERNACHTUNG

In der Nebensaison sind ohne weiteres über 50% Rabatt zu erzielen. Nachts sind die Stromgeneratoren sehr weit zu hören.

**Phra Nang Beach** - Hinter einem Zaun stehen einige der doppelstöckigen Luxusbungalows des *DUSIT RAYAVADEE* [33].

Am wunderschönen Strand tummeln sich neben hunderten von Badegästen auch Händler und Longtail-Boote. Im öffentlichen Restaurant und an der Bar kann man sich stärken. Das hinterste Ende des Strandes ist „for members only“. Man gelangt auf dem schmalen Verbindungsweg am Zaun entlang zum Rai Leh East Beach.

**Rai Leh East Beach** (auch *Nam Mao* bzw. *Queen Beach):* Hier liegen 6 Bungalow-Anlagen:

*RAI LEH BAY II***-***** [34], erstreckt sich bis hinüber zum Sunset Beach, vorn am Strand ein miserables Restaurant und die *Rock Pub.*, daneben dröhnt die Klimaanlage des Hotels.

*SUNRISE BAY**** [34], tel 612728, Ext 74, großes Restaurant am Strand.

*YA-YA**-**** [34], tel 01-2128126, 3stöckige Reihenhäuser und witzige, aber völlig versiffte 4- und 6stöckige Bambus-Hochhäuser, üppiger Tropengarten, teures, manchmal gutes Essen.

*COCO HOUSE*** [35], großer Garten, sehr einfache Bambushütten mit guter Matratze, Du/WC unter freiem Himmel, nettes Restaurant ohne Video, sehr gutes Essen.

*DIAMOND CAVE**-**** [35], einige Dutzend Bambusmattenhütten, z.T. in einer Kautschukplantage am Fuße des Felsen mit der Höhle. Daneben die *Blue Bar*, in den Felsen eingebettet.

*VIEW POINT***-***** (NS ab**) [35], große Komfortanlage am Ende des Mangrovenstrands in gepflegtem Garten, große, nett eingerichtete, saubere, dunkle Steinbungalows, Restaurant mit schöner Sicht über die Bucht, Tauchschule.

**Rai Leh West Beach**: (auch *Sunset Beach),* sehr flacher, aber zum Schwimmen gut geeigneter Strand, optisch sehr schön.

*RAI LAY VILLAGE***-***** (NS ab**) [32], tel 01-9562707, großer Garten mit eng stehenden Bungalows, z.T. neue Steinbungalows mit ac (häufig Stromausfall); Restaurant am Strand, kein Alkohol; unfreundliche Leute.

Direkt dahinter steht auf kleinem Grundstück die *BO BO BAR* [32] mit Restaurant und Camping für 50 Baht p.P.

*RAI LEH BAY***-***** [32], tel 01-7220112, wenig ansprechende Anlage mit vielen Dutzend schönen Bungalows, z.T. mit Du/WC, auch das *Sunset Restaurant* ist mies und teuer.

*SAND SEA***-***** [32], tel 01-9562706, gepflegter Garten, Hütten aus Bambusmatten, kleine Terrasse, preiswertes Restaurant am Strand, kleiner Supermarkt, Bootstouren.

Hinter dem Bach liegen die privaten Ferienvillen *PRIVATE***** (auch „Red Roof Plaza“) [31].

## ESSEN

Die Restaurants am West-Beach sind immer mehr belegt als jene am East-Beach, aber keineswegs besser! Das Personal ist desinteressiert bis arrogant, der Service dauert lange. Besser ißt man am East Beach: weniger Betrieb, schneller Service, Essen gut bis sehr gut.

## SONSTIGES

Am Ost- und Weststrand sowie an deren Verbindungsweg stehen 3 Shops (Lebensmittel, Hausrat, Kleidung), 2 Buchläden, Friseur, 2 Tauchschulen, 2 Kletterschulen, Batikschule, mehrere Bars und Wäscherei.

**KLETTERN** - Beim *Phra Nang Rock Climbing Club* (z.Zt. im *Ya Ya)* bieten die Guides King und Tex Klettertouren und 1 - 7tägige Kurse für 500 Baht pro Tag an, Ausrüstung zu mieten. Es gibt einen Kletterführer mit eingezeichneten, bereits gesicherten Touren.

**TELEFON** - Auslandsgespräche (nach Europa für 310 Baht/3 Min.) beim Rai Leh Village, Sand Sea (7.00 - 22.00 Uhr) und View Point.

## TRANSPORT

Boot ab KRABI (neben dem Floating Restaurant) in 50 Min. für 40 Baht p.P. oder in der Saison ab AO NANG in 20 Min. für 20 - 25 Baht. Letzte Rückfahrt um 17.00 Uhr.

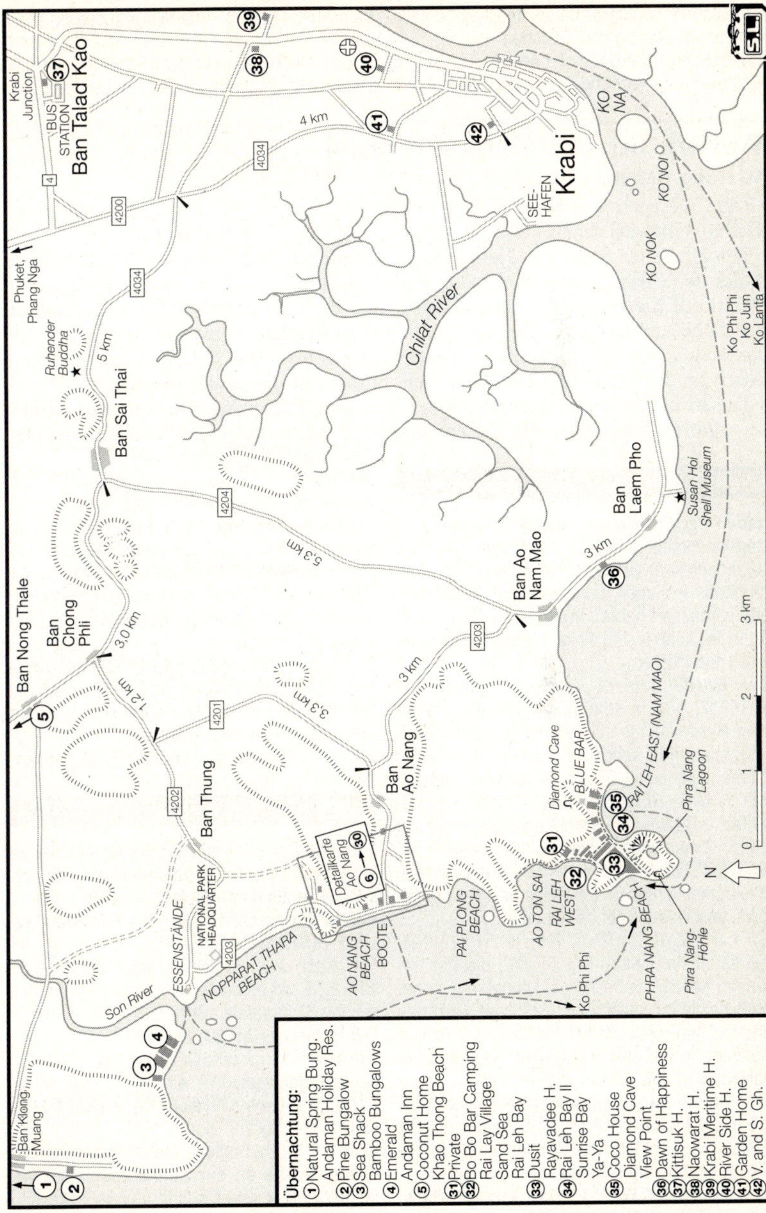
Übernachtung:
1 Natural Spring Bung.
Andaman Holiday Res.
2 Pine Bungalow
3 Sea Shack
Bamboo Bungalows
4 Emerald
Andaman Inn
5 Coconut Home
Khao Thong Beach
31 Private
32 Bo Bo Bar Camping
Rai Lay Village
Sand Sea
Rai Leh Bay
33 Dusit
Rayavadee H.
34 Rai Leh Bay II
Sunrise Bay
Ya-Ya
35 Coco House
Diamond Cave
View Point
36 Dawn of Happiness
37 Kittisuk H.
38 Naowarat H.
39 Krabi Meritime H.
40 River Side H.
41 Garden Home
42 V. and S. Gh.
Ban Klong Muang
Krabi Junction
BUS STATION
Ban Talad Kao
Phuket, Phang Nga
Ruhender Buddha
Ban Sai Thai
Ban Nong Thale
Ban Chong Phli
Ban Thung
Ban Ao Nang
Ban Ao Nam Mao
Ban Laem Pho
Susan Hoi Shell Museum
Chilat River
Son River
SEE-HAFEN
Krabi
KO NA
KO NOI
KO NOK
Ko Phi Phi
Ko Jum
Ko Lanta
ESSENSTÄNDE
NATIONAL PARK HEADQUARTER
NOPPARAT THARA BEACH
AO NANG BEACH
BOOTE
PAI PLONG BEACH
AO TON SAI
RAI LEH WEST
PHRA NANG BEACH
Phra Nang-Höhle
Phra Nang Lagoon
Diamond Cave
BLUE BAR
RAI LEH EAST (NAM MAO)
Detailkarte Ao Nang 6 → 30
4200
4034
4204
4203
4201
4202
4
4 km
5 km
3,0 km
1,2 km
3,3 km
5,3 km
3 km
N
0
1
2
3 km

Von Oktober bis März landen die Boote je nach Wind und Wellen an allen Stränden.
Am Rai Leh East Beach landen die Boote von April bis September und bei starkem Wind. Nach dem Aussteigen ist eine Wattwanderung inklusive.
Nach KO PHI PHI mit dem Schiff tgl. um 9.30 Uhr für 160 Baht einfach (ab Rai Leh West).

# Weitere Strände rings um Krabi

## Ao Nang Beach

18 km westlich von Krabi liegt der Ao Nang Beach. An drei Seiten ist er von dschungelbewachsenen Felsen begrenzt, die zum National Park gehören.

Feiner, heller Sand mit kleinen Korallenstücken und winzigem Muschelbruch bildet den Strand, der sowohl zum Baden als auch für Spaziergänge geeignet ist. Das nördliche, pauschaltouristisch geprägte Ende ist mit Felsplatten durchsetzt. Bei Ebbe können Wanderer am südlichen Ende viele Muscheln finden und um das Kap herum zum Pai Plong Beach weitergehen. Das Schönste am Ao Nang Beach ist der herrliche Ausblick auf die pittoresken Felsen im Meer.

Die in der Umgebung des Strandes lebenden Thais sind Muslime mit strikter Moralvorstellung. Hier sind Discos und Bars mit Barmädchen vorerst verboten.

### ÜBERNACHTUNG

Neben traditionellen Bungalowsiedlungen entstanden Hotels für Pauschalurlauber. Die Preise der besseren Anlagen sind in den letzten Jahren stark gestiegen, ohne daß sich die Leistungen verbessert haben. In der Nebensaison von April bis Oktober sind einige billige Bungalowanlagen geschlossen.
*AO NANG THARA LODGE**** [9], tel 01-7230517, 400 m vom Strand entfernt, hinter dem Resort rechts auf dem Hügel, eng aufeinanderstehende schöne Hütten inmitten vieler Blumen, gepflegter Garten, freundliche Leute.
*AO NANG BEACH BUNGALOWS*-*** [11], einfache Hütten und Steinbungalows, beide mit Bad, in einem ungepflegten Palmengarten.
*SEA BREEZE*** [12], hinter dem zweistöckigen Restaurant, einfache und einige bessere Bungalows, jeweils mit Bad; nette Leute.
*GIFT BUNGALOWS**-**** [14], tel 01-7231128, die schönste Anlage am Strand, die der berühmte Mr. Gift liebevoll der Umgebung angepaßt hat; sehr beliebtes Restaurant, Brötchen und Kuchen, freundliches Personal. Lehrreiche Ausflüge in die gefährdeten Mangrovenwälder von Krabi (250 Baht p.P. ab 5 - 6 Pers.).
**Entlang der Zufahrtsstraße** haben einige neue, z.T. recht preiswerte Anlagen aufgemacht.
*GREEN´S BUNGALOW*** [18], in einem verwilderten Garten, ohne Aussicht.
*B.B. BUNGALOWS**-**** [19], links am Hang, 13 sehr saubere Hütten im Halbkreis. Das nette Restaurant bietet gute, billige Gerichte an. Sehr freundliche, hilfsbereite Familie.
*AO NANG ORCHID*** [20], Bambusmattenhütten mit Du/WC, ordentlich eingerichtet.
*GREEN PARK BUNGALOWS*** [23], tel 01-7220102, fax 7220257, hübsche Holzbungalows unter Bäumen oberhalb der Straße, sauber; sehr gutes Restaurant, i.b. leckeres *Curry*. .
*JUNGLE HUT*-*** [25], tel 01-7220110, einige gute Bambus-Bungalows mit Du/WC und billige Baumhäuser im vermüllten hinteren Bereich der Anlage, angenehme Atmosphäre.
*MOUNTAIN VIEW** [26] hat noch billige Hütten.

### ESSEN

Fast alle Bungalowanlagen verfügen über ein eigenes Restaurant. In Strandnähe ist das Essen teurer als an der Zufahrtsstraße.
Beliebt, aber nicht billig, ist das Restaurant der *GIFT BUNGALOWS*.
Preiswert und gut ist es nebenan im *SEA BREEZE*, wo es beste Pancakes gibt und eine schöne Sicht auf den Strand.
Der Schweizer in *WANNA´S PLACE* hat Käseplatte mit Import-Käse und „Blick".
Hervorragend gekocht wird in der *AO NANG CUISINE (Mama´s Kitchen)*, die mit der Speisekarte eines Spitzen-Hotels aufwartet (auch auf deutsch), große Portionen serviert und die niedrigsten Preise an der Strandpromenade verlangt. Nur hier wird *Carlsberg* vom Faß ausgeschenkt. Ein absolutes Muß!

Entlang der Zufahrtsstraße liegen mehrere Restaurants, Bars und Pubs mit wechselndem Niveau.
Herausragend ist Johannas *TYFON FOOD CORNER*, wo es neben guten Thai-Gerichten auch Diabetiker-Essen und Diabetes-Informationen gibt; außerdem selbstgebackenes Brot, Bücher und Zeitungen zum Schmökern.
*LAST CAFÉ*, am südlichen Ende des Strandes, ist beliebt fürs Frühstück und ruhig gelegen. Es gibt *home made bread*.
Einfache Thai-Snacks bereiten die Foodstalls in der Nähe des Bus Stops.

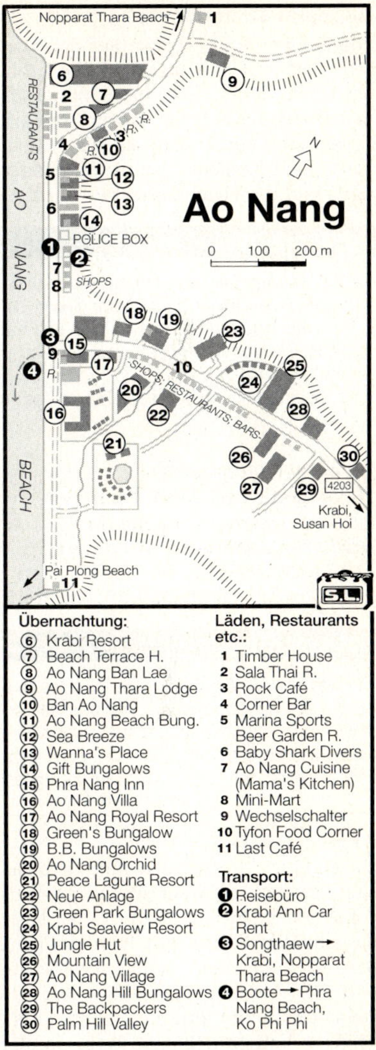


**Übernachtung:**
6 Krabi Resort
7 Beach Terrace H.
8 Ao Nang Ban Lae
9 Ao Nang Thara Lodge
10 Ban Ao Nang
11 Ao Nang Beach Bung.
12 Sea Breeze
13 Wanna's Place
14 Gift Bungalows
15 Phra Nang Inn
16 Ao Nang Villa
17 Ao Nang Royal Resort
18 Green's Bungalow
19 B.B. Bungalows
20 Ao Nang Orchid
21 Peace Laguna Resort
22 Neue Anlage
23 Green Park Bungalows
24 Krabi Seaview Resort
25 Jungle Hut
26 Mountain View
27 Ao Nang Village
28 Ao Nang Hill Bungalows
29 The Backpackers
30 Palm Hill Valley

**Läden, Restaurants etc.:**
1 Timber House
2 Sala Thai R.
3 Rock Café
4 Corner Bar
5 Marina Sports Beer Garden R.
6 Baby Shark Divers
7 Ao Nang Cuisine (Mama's Kitchen)
8 Mini-Mart
9 Wechselschalter
10 Tyfon Food Corner
11 Last Café

**Transport:**
❶ Reisebüro
❷ Krabi Ann Car Rent
❸ Songthaew → Krabi, Nopparat Thara Beach
❹ Boote → Phra Nang Beach, Ko Phi Phi

## SONSTIGES

**GELD** - Die beiden Wechselschalter beim Busstop haben in der Saison tgl. von 8.30 - 16.00 Uhr geöffnet, schlechte Kurse.

**MOTORRÄDER / FAHRRÄDER** - verleihen die meisten Gästehäuser, einige Shops an der Zufahrtsstraße und die Ao Nang Cuisine; Einheitspreis 180 Baht für eine 100er Honda.

**TOUREN** - Ao Nang gilt als hervorragender Ausgangspunkt für Touren und Bootstrips.
Die meisten Gästehäuser bieten empfehlenswerte Bootsausflüge auf die vorgelagerten Inseln an. Für 180 - 210 Baht (inkl. einfachem Lunch und Schnorchelausrüstung) fährt man mit dem Longtail-Boot zum Schnorcheln nach **Chicken Island**, **Ko Boda** (traumhafte Strände) und zum **Phra Nang Beach** oder etwas weiter nach **Ko Hong** (herrliche Felsen) und **Ko Bileh**.
Vom Bus Stop fahren in der Saison laufend Boote zum **Phra Nang Beach** für 25 Baht p.P.
Beliebt ist auch der Ausflug zur **Phang Nga Bay** (s.S. 821, 823, 833) für 350 - 380 Baht inklusive Lunch.
Bei Touren ab Krabi muß die Anfahrt per Songthaew von 45 Min. mit einkalkuliert werden.
Boote für selbstorganisierte Ausflüge sind nur mit Mühe für weniger als 400 Baht pro Tag zu bekommen.

## TRANSPORT

Minibusse fahren ab KRABI von 7.30 - 18.00 Uhr alle 30 Min. und kosten 20 Baht.
Zum PHRA NANG BEACH verkehren in der Saison laufend Longtail Boote für 20 - 25 Baht (zurück bis spätestens 17.30 Uhr).

Nach KO PHI PHI fährt in der Saison jeden Tag um 9.00 Uhr ein Boot in 2 Std. für 150 Baht (einfach); Rückfahrt um 15.00 Uhr, so daß man in der Zwischenzeit bequem zum Aussichtspunkt aufsteigen kann (s.S. 820).
Mit einem Trip um Ko Phi Phi herum kostet es 490 Baht.

### Nopparat Thara Beach

Hinter dem Krabi Resort auf der Straße 4202 weiter, taucht nach 1 km dieser sehr flache Strand auf. Bei Ebbe kann man trockenen Fußes zu den vorgelagerten Inseln laufen. Sehr viele Seesterne, Schnecken und Einsiedlerkrebse liegen in den Prielen. Am 2 km langen, von aggressiven Sandflöhen verseuchten Strand stehen einzelne Kasuarinas, die sich am schlickigen Strandende verdichten. Man kann auch Keulenkolbenbäume entdecken. Hier gibt es viele Open-Air-Restaurants und das Headquarter des Mu Ko Phi Phi National Parks.

#### ÜBERNACHTUNG

Auf der anderen Seite des Flusses (kostenlose, unzuverlässige Fähre bis 19.00 Uhr) liegen vier Bungalowanlagen ruhig unter Palmen und Kasuarinas. Sie sind nur in der Saison (November bis April) geöffnet.
Am bequemsten in Krabi bei den Reisebüros zu buchen (inkl. Transport).

*ANDAMAN INN**-**** [4], tel 612351, relativ teure Bungalows (ohne Vorbuchung billiger).
*EMERALD*-**** [4], unterschiedliche Hütten mit/ ohne Du/WC und Fan.
*BAMBOO BUNGALOWS** [3], sehr kleine Hütten, hervorragende Küche, familiäre Atmosphäre. Kostenloses Boot von Krabi (neben dem Schwimmenden Restaurant) zum Strand (die meisten Reisebüros „kennen" die Anlage nicht).

### Coconut Home Beach

30 km nordwestlich von Krabi liegt ein flacher Strand mit herrlicher Aussicht auf die vorgelagerten Felseninseln. Nur die letzten paar hundert Meter der Zufahrtstraße sind Laterit und Sand. Der Strand selbst bietet wenig Schatten und ist bei Ebbe unschön, aber fast täglich fährt ein Boot auf die wunderschönen vorgelagerten Inseln (100 Baht p.P.), z.B. Ko Bileh und Ko Hong.

#### ÜBERNACHTUNG

*COCONUT HOME*-*** [5], tel 621174, weitläufige Anlage, schöne, große Bungalows mit Terrasse und Du/WC liegen verstreut unter Palmen, Büschen und hohen Bäumen. Die Baumhäuser reizen zum Besteigen, sind als Unterkunft aber nicht sehr begehrt. Das Restaurant ist nicht billig, aber das Essen ist seinen Preis wert. Die Anlage wird von einer freundlichen, großen Familie geleitet. In der Saison werden um 14.00 Uhr neue Gäste am Grand Tower Guesthouse in Krabi abgeholt (15 Baht).
*KHAO THONG BEACH** [5], neu, nahebei.

## Wat Tham Sua

Zu einigen Attraktionen fährt man am leichtesten mit dem Motorrad, andere sind nur mit dem Boot erreichbar. Pauschalangebote offerieren die Reisebüros.

Im Wat Tham Sua *(Tiger Cave)* leben 134 Mönche und 133 Nonnen. In einer ausgebauten Grotte mit Buddha-Figuren, Verkaufsständen und Meditationsbildern wird vor allem der Große Meister *Phra Acharn Jumnean Seelasettho* verehrt. Er lehrt eine eigenwillige, aber durchaus mit dem Buddhismus in Einklang stehende Meditation: die Besinnung auf das Körperinnere. Als Meditationshilfe zeigt er Fotografien von aufgeschnittenen Leichen, deren Innereien freigelegt sind. Auch manche buddhistischen Pilger betrachten diese Fotos mit beherrschter Abscheu. Der Meister selbst spricht kein Englisch, einige der Mönche aber ausgezeichnet.

Etwa 100 m weiter, vor einem kleinen Wasserfall, führen 1227 Stufen 290 m steil hinauf zu einem Fußabdruck Buddhas. Tolle Ausblicke!

Eine Treppe führt nach links zu einem Paß hoch und auf der anderen Seite hinunter in ein rundes Tal ohne Ausgang. Hier wohnen Mönche in kleinen Hütten und in Grotten unter Felsüberhängen. Ein Pfad lädt zu einem schönen, sehr empfehlenswerten Spaziergang durch einen Wald mit riesigen Brettwurzelbäumen ein - die zwei größten heißen die „Tausendjährigen Bäume".

Wat Tham Sua erreicht man, wenn man 2 km östlich von der Krabi Junction (Ban Talad Kao) beim KM 106,8 vom H4 abbiegt (weitere 2 km). Pickups fahren ab Krabi für 15 Baht hin.

## Ko Lanta Yai เกาะลันตาใหญ่

*Diese große, hügelige Insel ist noch zu 67% mit geschütztem Wald bedeckt. Trotz ihrer eher mittelmäßigen Strände wurde sie in den letzten Jahren von Travellern entdeckt. Der Name Lanta stammt von den Vorfahren der Seezigeuner, die heute noch auf der Insel leben.*

*Man kommt nur mit dem Boot auf die Insel. Seit 1994 ist Ban Saladan ans Stromnetz angeschlossen. Doch immer noch ist Ko Lanta nicht überlaufen und sehr preiswert, denn der erwartete große Boom ist ausgeblieben. Die Preise der Bungalows haben sich auf niedrigem Niveau eingependelt. Nur über Weihnachten / Neujahr schnellen sie in die Höhe. In der angenehmen Atmosphäre fast aller Bungalowanlagen fühlen sich die meisten Traveller sehr wohl.*

*Die Südspitze von Ko Lanta wurde im August 1990 samt den umliegenden Gewässern und 15 Inseln in einen National Park umgewandelt.*

### Ban Saladan บ้านสาลาด่าน

Die meisten Touristenboote kommen im nördlichen Hafen **Ban Saladan** an. An der Uferstraße des kleinen Fischerdorfes liegen zwei Dutzend feste Holzhäuser, darunter Restaurants, mehrere Läden, eine Tauchschule und am Bootsanleger ein Travel Office mit *Tourist Information*. Hier warten auch die Motorrad-Taxis und die Pickups der Bungalowanlagen.

Von Ban Saladan führt eine Erdstraße an der Ostseite bis zum Dorf **Ban Ko Lanta**, die Ostküste ist sehr flach und fürs Baden nicht geeignet. Eine weitere vielbefahrene Staubstraße zieht sich entlang der schönen Westküste bis zu den Stränden im Südwesten. Im Inneren ragen Berge bis zu 488 m auf, durchschnitten von nur wenigen Querstraßen. Mit Motorrädern läßt sich die Insel (mit Ausnahme der Südspitze) umrunden - sehr zu empfehlen.

#### ESSEN

In allen Bungalowanlagen ist das Essen relativ teuer. Billig und sehr gut ißt man dagegen in **Ban Saladan** im *SEA SIDE*, recht gut im *SEA VIEW*. Teuer ist die Crêperie des netten Franzosen. Kurz vor dem Pier rechts befindet sich ein vegetarisches Restaurant mit ausgezeichneten Gerichten.

#### SONSTIGES

**FAHRRÄDER** - vermietet der Franzose in Ban Saladan, auch Mountain Bikes, 130 Baht / Tag.

**GELD** - wird zu ca. 3% schlechterem Kurs gewechselt als auf dem Festland.

**LANDKARTEN** - Auf der guten *Guide Map of Krabi* sind alle Bungalowanlagen und Fahrwege von Ko Lanta eingetragen. Am besten schon in Krabi oder auf dem Boot kaufen (40 Baht).

**MOTORRÄDER** - werden für 200 - 250 Baht pro Tag vermietet.

**SAISON** - ist von Dezember bis Februar, aber die Insel ist keinesfalls überlaufen. Schon im März / April erhält man halbe Preise.

**VORWAHL** - 075; PLZ: 81150.

## NAHVERKEHRSMITTEL

Transport auf Ko Lanta erfolgt mit **Pickups** und **Motorrad-Taxis**. Von Ban Saladan bringen sie Passagiere zu allen Bungalow-Anlagen: zum KAW KWANG BEACH für 10 Baht, zum KLONG DAO BEACH 10 Baht, zum *Lanta Paradise* 30 Baht und zum *Sea Sun* 60 Baht. Von unterwegs ist es schwierig, ein anderes Fortbewegungsmittel als die Beine zu finden.

## TRANSPORT

Bei der Ankunft der Boote von Krabi und Ko Phi Phi warten die Fahrer der Pickups der Bungalowanlagen. Schlepper mit Fotoalben fahren auch auf dem Boot mit. Die Hinfahrt zur Anlage ist gratis, oft ebenfalls die Rückfahrt.

**Von Krabi direkt** gibt es von November bis April tgl. um 13.30 Uhr ein Expressboot für 150 Baht (2 1/2 Std.) nach Ban Saladan (zu Stoßzeiten zusätzlich um 10.30 Uhr). Zurück um 8.00 Uhr. Die Hin- und Rückfahrt kostet 260 Baht.

**Von Krabi über Bo Muang** vom Tourist Office in Krabi um 10.30 und 12.00 Uhr mit dem Minibus zum Pier für 50 Baht in 1 1/2 Std. Von dort mit dem Expressboot um 12.30 und 14.00 Uhr nach BAN KO LANTA für 45 Baht in 1 Std., um 13.30 Uhr nach BAN SALADAN für 50 Baht. Zurück von Ban Ko Lanta um 7.00 und 8.00 Uhr, von Ban Saladan um 8.00 Uhr, in Bo Muang warten die Mini-Busse nach Krabi und Trang (oder mit Pickup bis zum H4 für 15 Baht, dort einen lokalen Bus anhalten).

**Von Krabi über Ban Hua Hin**: Von der Pattana Rd. in Krabi per Minibus von 10.00 - 14.00 Uhr jede Stunde für 25 Baht nach BAN HUA HIN. Von hier laufend per Longtail-Boot zur Insel Ko Lanta Noi für 20 Baht, Motorräder werden mitgenommen.

Weiter mit dem Motorradtaxi für 30 Baht oder Pickup für 20 Baht 8 km zur anderen Seite der Insel und nochmals per Longtail-Boot nach Ban Saladan für 5 Baht.

**Von Ko Phi Phi** fährt von Oktober bis April tgl. ein Boot nach Ban Saladan um 13.30 Uhr für 150 Baht in 1 1/2 Std. Zurück um 8.00 Uhr; dort ist Transfer nach Phuket leicht möglich.

# Die Strände von Ko Lanta Yai

### Kaw Kwang

In der Nordwestecke, 2 km westlich von Ban Saladan, liegt die Halbinsel Kaw Kwang (= Deer Neck). Die nördliche Bucht besteht aus einem extrem flachen Mangrovenstrand, der bei Ebbe trockenfällt. Der südliche, flache, aber sehr schöne Badestrand geht in den langen Klong Dao Beach über. Dazwischen liegt eine 20 - 400 m breite Landzunge, die im Westen von einem Felsenhügel abgeschlossen wird. Am kleinen Strand hinter dem Hügel kann man bei Flut eventuell schwimmen und gut schnorcheln.

## ÜBERNACHTUNG

*DEER NECK CABANA***-***, tel 01-7120635, zwei Dutzend saubere, billige Komfort-Bungalows am Mangrovenstrand. Restaurant auf dem Hügel, Bar in den Mangroven.

*KAW KWANG BEACH**-*** (ac****), am südlichen Strand unter Kokospalmen. Hervorragende neue Bungalows parallel zum Strand in mehreren Reihen sowie billige solide Hütten mit Gemeinschafts-Du/WC sehr schön auf dem Hügel. Riesiges Restaurant, Bar am Strand.

### Klong Dao Beach

Südlich von Ban Saladan erstreckt sich der flache, relativ feste Sandstrand Klong Dao über etwa 2 km. Von Touristen wird er häufig Lanta Beach genannt, was die Einheimischen aber nicht gern hören. Der eher graue Sand ist z.T. übersät mit Muscheln. Das Ufer flankieren mächtige Kasuarinas. Er ist besser zum Schwimmen geeignet als der Kaw Kwang Beach. Ab 5.00 Uhr wird von der nahen Moschee zum Gebet gerufen.

### ÜBERNACHTUNG UND ESSEN

*GOLDEN BAY COTTAGE*-*** am KM 1,6; am flachen, schattigen Strandabschnitt, einfache Hütten, gutes Essen, billiger Wein; Motorräder 250 Baht, Mountain Bikes 100 Baht.
*LANTA VILLA**-*****, tel 620629, sehr dicht aufeinander gebaute, gute Bungalows, riesiges Restaurant, freundliche Leute; Motorräder.
*LANTA BUNGALOW***, hier gibt es leider schon Scooter für die Raser.
*LANTA ROYAL RESORT**-*****, tel 01-7230876, am KM 2; 90 unglaublich preisgünstige Komfort-Bungalows auf engem Raum, teures Restaurant; Motorräder.
*LANTA SEA HOUSE**-****, tel 01-7220160, 20 einfache und Komfort-Bungalows mit gekacheltem Bad, ein nettes Restaurant auf der Wiese.
*LANTA GARDEN HOME*-***, am KM 2,4; kleine Hütten, einfach und schön, Du/WC außerhalb, sehr gutes Restaurant, kein Generator, familiäre Atmosphäre.

## Long Beach

(Auch Phra-Ae Beach) Der Long Beach beginnt am KM 3,5 und ist knapp 3 km lang. Er hat schönen, feinen Sand und ist gut zum Schwimmen geeignet. Der mittlere, unerschlossene Teil weist kein bißchen Schatten auf.

### ÜBERNACHTUNG

*GREEN HILL BUNGALOW***, am KM 3,3 etwa 400 m von der Straße entfernt, am Fuße des nördlichen Hügels in einer Kokosplantage. Einfache Bambusbungalows.
*LANTA PALM BEACH*-***, kleine Bambus- und Steinhütten mit Bad, Restaurant, etwas vom Strand zurückversetzt.
*SEA GYPSY**, am KM 5,7; kleine, sehr einfache Hütten in einem leeren, fast ebenen Feld, wenig ansprechend; Restaurant.

## Die südlichen Strände

Der mittlere Teil der Westküste besteht auf etwa 10 km vor allem aus Felsenufer. **Klong Khong Beach** ist ein langer, von Pandanus gesäumter, schmaler Sandstrand, der bei Ebbe steinig und nur bei Flut zum Schwimmen geeignet ist.

**Klong Nin Beach** ist ein etwa 1 km langer, schöner Sandstrand, unterbrochen von Felsvorsprüngen. Die Flut überspült den Strand fast vollständig.

**Had Kantiang** (Betonung auf dem i) ist eine malerische, kleine Bucht, in der mehrere Fischerfamilien leben. Sie liegt 20 km von Ban Saladan entfernt. Bei Ebbe kann man nicht schwimmen, aber viele Muscheln sammeln.

Der schöne Badestrand **Waterfall Bay** am südlichen Ende (KM 22) liegt traumhaft ruhig und abgeschieden inmitten üppiger Natur im Nationalpark. Er ist auch mit dem Pickup über einen steilen Weg zu erreichen. Schöne Wanderungen führen am Bach entlang zum hübschen Wasserfall und über steile Hügel zum Leuchtturm. Schwimmen und schnorcheln kann man bei jedem Wasserstand. 800 m nördlich liegt der sehr schöne Strand **Ao Nui**.

### ÜBERNACHTUNG

**KLONG KHONG BEACH** - *BLUE LANTA*-***, am KM 9; Hütten aus Bambusmatten in einer großen Kokosplantage, einige mit Dusche.
*LANTA CORAL BEACH***, 500 m dahinter im Palmenhain. Schön angelegte Anlage; alle geräumigen Hütten haben Meeresblick, Restaurant am Strand. Die Schlepper locken mit falschen Versprechungen.
**KLONG NIN BEACH** - *SUNSET BUNGALOW**, am KM 14,2; sehr einfache Hütten.
*ANDAMAN BUNGALOW**, einfache, sehr billige Hütten auf der Landseite der Straße, 100 m vom Strand.
*LANTA PARADISE*-***, tel 01-7230530, am KM 14,5; neben Fischerhütten stehen sehr eng über 40 stabile, z.T. schöne Bungalows, die meisten mit Bad. Motorradverleih; Pickup vom Bootsanleger (20 Min. Fahrt).

*LANTA MIAMI BUNGALOW*-***, einfache Bambushütten und Holzbungalows südlich der Fischerhütten.
*DREAM TEAM*-***, am KM 16,5. Hübsche Bungalows mit Terrasse, Sandstrand mit Felsen.

**HAD KANTIANG** - *SEA SUN*** (Nebensaison*), tel 01-7230497. Ein Dutzend ebenerdige, häßliche Steinhütten mit Eternit-Dach, die Bambus-Bungalows am vermüllten Bach sind vergammelt; Restaurant.

**WATERFALL BAY** - Das *WATERFALL BAY RESORT****, 28 sehr schöne Bungalows mit 36 Zimmern am Strand und am Hügel; gute, variable Küche. Ein Generator sorgt für Strom. Viele Aktivitäten sind möglich:
Wanderungen durch den Dschungel, zu Höhlen, zum Wasserfall (90 Min.) und zum Dorf der Seezigeuner, schönes Schnorcheln am Riff davor, Tauch- und Bootsausflüge mit der Tauchschule. Evtl. anmelden beim *Kashmir Restaurant* in Krabi.

### Die Ostküste

Die Ostküste ist sehr flach und fürs Baden nicht geeignet. Hier liegt der Hauptort der Insel, **Ban Ko Lanta**, mit dem Postamt. Von hier fahren die Versorgungsboote nach Bo Muang auf dem Festland.

7 km östlich von Ko Lanta Yai liegt die winzige **Bubu Island** mit einer Bungalowanlage. Hier findet man Ruhe und Einsamkeit.

#### ÜBERNACHTUNG

*KEDAH HUT** und *NO NAME** auf Ban Ko Lanta bieten einfache Hütten für Leute, die das Boot nach Bo Muang erreichen wollen.
*BUBU ISLAND**-****, Bungalows auf Bubu Island mit WC und Schlafsaal (80 Baht) und Restaurant. Netter Besitzer. Dez. - April geöffnet.

#### TRANSPORT

**Ban Ko Lanta**: An- und Abreise (s.S. 809, 816).

**Bubu Island:** Zu erreichen am besten mit Minibus und Boot von *Thammachart* in Krabi, 13 Kongka Rd., tel 612536, um 10.00, 11.00 und 12.00 Uhr für 150 Baht p.P.
Ansonsten mit einem gecharterten Longtailboot von der Insel Ko Lanta für 150 - 200 Baht in 15 Min.
Von BAN SALADAN kostet es etwa 400 - 500 Baht.
Eventuell kann man auch auf dem Festland in Bo Muang für 250 Baht - 300 Baht ein Boot chartern.

## Ko Phi Phi เกาะพีพี

*Eine Insel, deren Bilder Südseeträume wecken. Man stelle sich zwei Kalksteinmassive vor, wild zerklüftet, mit Dschungel auf der einen und Kokospalmen auf der anderen Seite bewachsen. Diese werden durch eine flache Landbrücke verbunden, die auf beiden Seiten eine halbrunde, schneeweiße Sandbucht formt. Im glasklaren Wasser der Buchten, das in allen Blauschattierungen schimmert, sieht man die Korallen schon vom Boot aus.*

*Kein Wunder, daß Ko Phi Phi total vermarktet wurde und während der Saison wahnsinnig touristisch und überlaufen ist (bis 3000 Touristen pro Tag). Viele Bungalows und Restaurants sind völlig verdreckt und absolut überteuert. Wilde Bautätigkeit hat um sich gegriffen, das Wasser ist knapp und brackig, der Müll türmt sich zwischen den Palmen und bei Ebbe an den Stränden - Ko Phi Phi ist in der Saison kein Traumziel mehr, eher eine Horror-Insel! Viele Reisende flüchten schon nach der ersten Nacht. Aber außerhalb der Saison, von Juli bis Oktober, erlebt so mancher hier dennoch seinen Traumurlaub.*

Ko Phi Phi besteht eigentlich aus zwei Inseln: die liebliche Ko Phi Phi Don mit allen Unterkünften, die schroffe, unbewohnte Ko Phi Phi Le mit schönen Ausflugszielen. Ein Teil von Ko Phi Phi wurde zum National Park erklärt, dessen *Headquarter* am Strand von Noparat Thara bei Krabi stationiert ist.

Auch auf dieser kleinen Insel ist der Ruhesuchende vor Lärm nicht sicher. Schon am frühen Morgen brechen die Fischerboote auf, sie werden am Vormittag abgelöst von den Ausflugsbooten und Fährschiffen für Touristen - das Geknatter hallt ununterbrochen von den Felsen wider. Wenn am Abend Ruhe einkehrt, beginnen die Stromgeneratoren zu dröhnen.

## Ban Laem Trong („Phi Phi City")

Im Zentrum der südlichen Bucht legen die Schnellboote und viele Ausflugsboote am großen Pier an. Das ehemalige Fischerdorf Ban Laem Trong hat sich zu einem ausgedehnten Touristenort mit allen Möglichkeiten entwickelt. Auf den schön angelegten Parkwegen, an der Uferpromenade und am dazugehörigen Strand herrscht ein Touristengetümmel wie an der Promenade von Locarno.

### ÜBERNACHTUNG

Während der Saison tut man gut daran, den erstbesten Bungalow zu belegen, sich dann die anderen Anlagen anzuschauen und umzuziehen, sobald sich etwas Besseres findet. In Stoßzeiten mußte schon so mancher die erste Nacht am Strand verbringen, ohne Mückenschutz!
Am nächsten zum Pier liegt im Dorf *TICK GH.*
An der Dorfstraße liegen von Süd nach Nord einige preiswerte, z.T. neuere Anlagen, z.B.:
*MR. JON GH***, sehr sauber und freundlich,
*BLUE MOON****, tel 01-7230483, schräg gegenüber, 5 Bungalows mit Fan,
und *ORCHID GH***.
*VALENTINE**-****, am Ortsende, Holzbungalows mit Bad, etwas abgelegen, aber ruhig.
*CHAO KO PHI PHI LODGE****, tel 612747, Anlage am östlichen Dorfrand mit Steinbungalows. Post und Wechselschalter.

### ESSEN

Alle Bungalowanlagen haben ein Restaurant, das oft im Preis enthaltene Frühstück kann man jedoch meist vergessen.
In der guten Bäckerei und in den Restaurants am Strand entlang bekommt man leckere Backwaren. Es gibt viele weitere Restaurants, darunter Pizzerias und ein französisches Restaurant. Das Essen ist teurer als auf dem Festland.
Am billigsten und besten ißt man in den Fischerkneipen im Dorf, die immer voll sind.
Gut schmeckt es auch in *MAMA'S RESTAURANT* und im *CHAO KAO GARDEN.*

### SONSTIGES

In „Phi Phi City" gibt es (fast) alles: Supermärkte, Bäckereien, Eissalons, Bierbars, Restaurants, Cafés, Discos, Satelliten-Telefon, Geldwechsler, Wechselschalter (beim *Chao Ko Phi Phi Lodge*, bessere Kurse), Reisebüros, Tauchschulen, Büchertausch, Wäschereien, Post (beim *Chao Ko Phi Phi Lodge)* und Health Center (vor dem *Ton Sai Village).*

**SCHNORCHELN** - Ko Phi Phi besitzt beste Schnorchelgebiete mit unwahrscheinlich vielen Fischen, aber auch mit viel Zivilisationsmüll. Die meisten Unterkünfte vermieten ordentliche Schnorchelausrüstung, Einheitspreis 50 Baht.
Die Felsengruppe **Shark Point** (Thai: *Hin Phae)* vor dem Long Beach kann mit Flossen in 2 Std. bequem umrundet werden: viele Fische, am westlichsten Zipfel sind häufig harmlose Ammenhaie zu sehen. Sehr schön auch vor **Laem Poh**. Am Abhang des flachen Wassers vor *P.P.Andaman* leben in geringer Wassertiefe giftige Seeschlangen, in 2 m Tiefe Muränen. Vorsicht vor Booten, die ins Hafenbecken fahren!

**TAUCHKURS** - 13 Tauchschulen bieten den PADI-Tauchkurs mit Schein für 7000 Baht an. Masken zum Schnorcheln kosten 50 Baht.

### TRANSPORT

Während der Hochsaison sollte man unbedingt das frühestmögliche Boot nach Ko Phi Phi nehmen. Doch auch dann muß mit einer Nacht im Freien gerechnet werden.

**Von Krabi:** Unterschiedliche Boote tgl. um 10.00, 11.00 und 14.30 Uhr für 115 - 125 Baht (ac 200 Baht) pro Weg in 1 1/2 - 2 1/2 Std. je nach Bootstyp. Zurück tgl. um 9.00 und 13.00 Uhr mit mehreren Booten. Den Bus nach Bangkok erreicht man über Krabi noch am selben Tag.

**Vom Ao Nang Beach**: in der Saison tgl. um 9.00 Uhr ein Boot über Rai Leh für 150 Baht p.P. in 2 Std., hin und zurück für 280 Baht.

Rückfahrt um 15.00 Uhr.

**Von Ko Lanta:** von Oktober bis April tgl. um 8.00 Uhr ein Boot für 150 Baht p.P. in 1 1/2 Std., zurück um 13.30 Uhr.

**Von Phuket** viele Boote von 5 verschiedenen Piers um 8.30 Uhr in 1 1/2 - 2 1/2 Std. für 250 - 450 Baht nach Ko Phi Phi; z.B. *Andaman Tours* für 300 Baht einfach, 500 Baht hin und zurück, wobei der Rückfahrttermin frei gewählt werden kann; *Lovely Travel* für 250 Baht einfach in 2 1/2 Std., für 450 Baht als Tour.

Zurück zwischen 13.00 und 15.00 Uhr, in der Hochsaison außerdem um 9.00 und 10.30 Uhr. Meistens inkl. Bustransfer zwischen Phuket und Pier (außer *Songserm* und P.P. Island Village). Den ac-Bus nach Bangkok über Phuket schafft man am selben Tag nur mit dem Morgenboot.

Wasserflugzeug von Phi Phi nach Phuket (ca. 20 Plätze), 2x tgl. für 800 - 900 Baht.

## Die Strände auf Ko Phi Phi

Die bei jedem Wasserstand malerische südliche **Ton Sai Bay** ist jeden Tag das Ziel hunderter von Ausflügler. Am westlichen Ende der Bucht ist der Strand wegen der zahlreichen Korallensteine nicht zum Baden geeignet.

Die meisten Traveller Bungalows liegen am **Hin Khom Beach** östlich vom Dorf. Die Küste besteht aus rauhen Felsen, es gibt nur wenig Sandstrand. Dennoch ist fast jeder mögliche Platz mit einem Bungalow bebaut. Einige stehen eng aneinander, z.T. in 10 Reihen. Der **Long Beach**, auch Hat Yao, reicht bis ans Kap Laem Poh. Man erreicht ihn zu Fuß in einer guten halben Stunde oder mit einem der ständig verkehrenden Langboote für 20 Baht. Hier ist der beste Ausgangspunkt fürs Schnorcheln an den vorgelagerten Felsen (z.B. Shark Point) und am Riff. Die **Lo Dalam Bay** (auch Back Bay) sieht nur bei Flut wunderschön aus. Sie liegt nur 200 m von der Ton Sai Bay entfernt, auf der anderen Seite der Brücke.

### ÜBERNACHTUNG

Am zentralen Strand liegen drei teure Anlagen.

**Hin Khom Beach**: Für die einfachsten Hütten werden über 150 Baht verlangt. Die besseren Bungalows mit Du/WC kosten 200 - 350 Baht.

*GYPSY VILLAGE****, tel 01-7230674, 150 m landeinwärts, etwas ruhigere Lage, saubere Bungalows mit Du/WC und Fan.

*GYPSY VILLAGE II***, noch weiter landeinwärts, einfachste Hütten.

*PHI PHI ANDAMAN**-****, tel 01-7231073, riesige Anlage, Bambus-Bungalows, Bäder z.T. vergammelt. Bei Hochbetrieb Wassermangel.

Anschließend verläuft der Weg weiter landeinwärts (bis Long Beach ca. 1/2 Std).

*MAPRAO**-****, relativ klein, wird hervorragend von einem belgischen Ehepaar geleitet. Gutes Essen, gemütliche Atmosphäre, abends klassische Musik. Bambusbungalows mit Moskitonetz. Schöner Strand, bei Flut gut zum Schwimmen. Sehr zu empfehlen.

Am **Long Beach** hat uns keine Anlage überzeugt. Für 20 Baht fahren bis 18.00 Uhr ständig Langboote zwischen Pier und Long Beach. An der **Lo Dalam Bay** liegen viele teure Bungalows.

*CHARLIE BEACH RESORT***-*******, tel/fax 01-7230495, im Kokoshain, geräumige Bungalows mit Du/WC und kleiner Terrasse mit Blick auf die Bucht, freundliches Personal.

*CHONG KAO**-****, am Rand der Bucht, einfache Hütten neben dem Generator des *Cabana*.

## Ausflüge auf Ko Phi Phi

### Aussichtspunkte

Wenn man einige Tage auf Ko Phi Phi verbringt, ist die Besteigung eines *view point* ein absolutes Muß. Für Fotografen bietet sich am Morgen der östliche Hügel an, dessen Besteigung (20 Min.) auf einem breiten, mit Betonstufen versehenen Weg hinter dem Dorf beginnt, vorbei am Restaurant des *Viewpoint Resorts*. Von dem Felsen reicht der Blick bis zum nördlichen Kap der Insel. Oben verkauft eine Imbißbude auch Souvenirs und vermietet Liegestühle. Ein Weg durch interessanten Dschungel zur Ostküste ist ausgeschildert (1500 m, 30 Min.); bei Ebbe kann man an der Küste entlang in ca. 3 Std. zum Long Beach wandern. Für den Nachmittag empfiehlt sich der Hügel hinter dem *Ton Sai Village*, den man in 15 Minuten, zum Teil mit Seilsicherung, ersteigen kann.

### Inselrundfahrt

Eine lohnende Fahrt um Phi Phi Don mit dem Boot läßt sich auf eigene Faust organisieren (Bootsmiete 600 - 700 Baht) oder für 200 Baht (inkl. Schnorchelausrüstung, Mittagessen, Wasser) bei einem der vielen Reisebüros buchen. An der Ostseite der Insel gibt es Sandstrände mit mittelfeinem Sand, schön zum Baden. Die **Bamboo Islands** sind nicht nur gut zum Schnorcheln, sie haben auch einen schönen Strand, und man kann sie leicht umwandern.

### Ko Phi Phi Le

Bootsfahrten zur schroffen, südlichen Schwesterinsel Ko Phi Phi Le mit interessanten Kliff-Formationen werden regelmäßig für 100 Baht angeboten. Bei den Ausflugs-Arrangements von Phuket ist diese Tour im Preis inbegriffen.

Folgende Punkte werden angelaufen: **Viking Cave**, mit prähistorischen Zeichnungen und Schwalbennestern. Ist gerade keine Sammelsaison und ruhiger Wellengang, kann man die Höhle für 40 Baht besichtigen, ist aber nicht allzu toll.

Die **Pi Leh Bay** wirkt wie ein tief eingeschnittener Fjord, der Blick zurück ziert viele Postkarten. Hier wird gern ein uninteressanter Schnorchelstop eingelegt. In der lieblichen **Maya Bay** ist Schnorcheln angenehm. Vorsicht: Wasserschlangen!

## Phang Nga พังงา

Die Provinzhauptstadt Phang Nga (gesprochen ungefähr *Pang-ga)* liegt genau 93 km von Krabi und von Phuket entfernt. Berühmt ist sie für die wunderschöne Bucht mit den steil aus dem Wasser aufragenden Kalkfelsen. Auch im Stadtgebiet erheben sich viele Kalkfelsen, einige von Höhlen durchzogen.

### ÜBERNACHTUNG

Alle billigen Hotels liegen an der Hauptstraße, der **Petchkasem Rd.**, und sind recht laut.

*RUK PHANG NGA***, Nr. 98, tel 411090, im Zentrum, nicht sehr sauber, sehr laut.

*RATANAPONG**-****, Nr. 30, tel 411247, gegenüber, große, saubere Zimmer, sehr laut, nach hinten besser; Coffee Shop à la Patpong, englische Speisekarte.

*THAWISUK**, 150 m nördlich, sehr preiswert, schmuddelig, aber bei Travellern beliebt.

*LAK MUANG 1***, Nr. 1/2, tel 411125, 400 m weiter nördlich am Stadtrand, Zimmer mit Du/WC, zur Straße recht laut.

*MENG TONG*** (auch: Muang Tong), Nr. 128, tel 411132, neben der Thai Farmers Bank, sehr große Zimmer.

### SONSTIGES

**BOOTSTOUREN** - Vor dem Ratanapong Hotel vermittelt Mr. Kean preiswerte Touren von 4 - 6 Std. zur Phang Nga Bay: um 7.30 Uhr für 150 Baht p.P. (plus 2x 10 Baht fürs Auto und 5 Baht für die James Bond-Insel) oder für 450 Baht pro Boot sowie für 360 Baht p.P. mit einer Übernachtung und zu langem Aufenthalt auf der Restaurant-Insel KO PANYI.

Mr. Sayan (mit Lizenz des TAT) bietet in sei-

nem Office an der Bus Station identische Tagestouren zum gleichen Preis an. Auf Ko Panyi werden seine Gäste bei der Übernacht-Tour (300 Baht) von Verwandten betreut.
Die beiden Veranstalter führen leider einen unangenehmen Konkurrenzkampf.

**VORWAHL** - 076; PLZ: 82 000.

## TRANSPORT

Vom Southern Bus Terminal in BANGKOK, 815 km, mit dem non-ac Bus um 7.00 und 16.00 Uhr für 192 Baht in 14 Std., ac-Bus um 19.30 Uhr für 346 Baht über Ranong und V.I.P.-24 Bus um 19.00 Uhr für 515 Baht in 13 Std.
Zurück fährt der non-ac Bus um 13.00 und 17.30 Uhr, ac-Bus um 16.00 Uhr und V.I.P.-24 Bus um 16.00 Uhr. Abfahrt hinter der Siam City Bank.
Von und nach KRABI mit dem non-ac-Bus alle 30 - 60 Min. für 24 Baht (ac 44 Baht) in 2 Std. Touren ab Krabi für 350 Baht (ac 380 Baht).
Von und nach PHUKET alle 30 - 60 Min. mit dem Bus für 26 Baht. Touren ab Phuket für 350 - 500 Baht je nach Qualität der Busse.
Von SURAT THANI mit dem non-ac Bus für 65 Baht in 4 Std. Zurück von 6.30 - 13.30 Uhr 5x tgl., Abfahrt gegenüber dem Ratanapong Hotel.
Der erste Bus erreicht um 10.30 Uhr den Zubringerbus zur Fähre nach Ko Samui, dafür den Bus bei *Samui Tour* stoppen lassen.
Nach TAKUA PA stündlich für 15 Baht, dort weiter nach KHAO LAK für 13 Baht oder stündlich nach KHAO SOK für 15 Baht.
Zum Hafen mit dem Minibus für 10 Baht.

# Bootsfahrt durch die Bucht von Phang Nga

Die weltberühmte Bucht wurde 1981 zum National Park erklärt, der mit seinen 400 km$^2$ einen großen Teil der flachen Bucht, die Inseln und die angrenzenden Felsen umfaßt. Das Wasser ist fast immer ruhig, so daß eine Fahrt fast ganzjährig möglich ist, am besten jedoch von Dezember bis April, wenn der Himmel blau und das Licht klar ist. Sonnenhut, Sonnencreme und etwas zu trinken nicht vergessen. Trotz des Sonnendaches sitzt nicht jeder dauernd im Schatten.

Zuerst geht es auf dem breiten **Klong Khao Thalu-Fluß** immer geradeaus, vorbei an Mangrovensümpfen und markant geformten, mit tropischen Bäumen bewachsenen Felsen, z.B. dem „Kleinen Hund" **Khao Ma Chu**. Dann erreicht man die Bucht von Phang Nga: steile Kalkfelsen im Meer, die scheinbar nur durch die Wurzeln der wildwuchernden tropischen Vegetation zusammengehalten werden, dunkle Höhlen und Grotten mit herabhängenden Stalaktiten.

James Bond machte die bizarren Felsformationen durch den Film „Der Mann mit dem goldenen Colt" berühmt. Gegenüber vom sogenannten „James Bond Felsen" **Khao Tapu** wird auf einer kleinen Insel (5 Baht Eintritt) Rast gemacht. Hier stehen viele Erfrischungs- und völlig überteuerte Souvenirstände. Der gelegentliche, penetrante Geruch soll von den Mangroven stammen. Wer nicht sehr frühzeitig dran ist, muß das berühmte Fotomotiv gleichzeitig mit hundert anderen Touristen ablichten. Aufregend wird es, wenn das Boot auf eine Felswand zufährt, in der sich dann aber noch rechtzeitig ein Höhleneingang auftut, in dem das Boot verschwindet.

Die Felsmalereien am **Khao Khian** sind 3000 Jahre alt.

Das auf Stelzen gebaute Muslimdorf, das sich an die Insel **Ko Panyi** anschmiegt, hat sich zu einem fast ausschließlichen, teuren Restaurant- und Souvenirdorf gewandelt. Alle Tourgruppen werden hier mit Meeresfrüchten abgefüttert (je nach Anbieter üppig bis miserabel). Niemand fährt zur Holzkohlen-Fabrik gleich gegenüber. Eine Katastrophe ist das Kahlschlagen der Mangroven, da dieses zu schweren Umweltschäden führt. Zuletzt geht die Fahrt durch eine intakte Mangroven-Landschaft, und man durchfährt eine Höhle, die **Tham Lot** (je nach den Gezeiten kann dieser Abstecher auch zu Beginn stattfinden).

### ÜBERNACHTUNG

Nach 3 km auf der Zufahrtstraße zur Bucht liegt am Klong Khao Thalu das teure *PHANG NGA BAY RESORT HOTEL*. Auch die Bootsfahrt ist übermäßig teuer. Camping im Park ist möglich, Erlaubnis erteilt in Bangkok die *National Park Division*, tel 5790529.

### TRANSPORT

Die Zufahrtsstraße zur Bucht geht am Kilometerstein 33,7 ab.
Von Phang Nga fährt ein Minibus für 10 Baht zum Hafen.
An der Anlegestelle gleich neben dem *Phang Nga Bay Resort Hotel* kostet ein langsames, überdachtes Boot für max. 10 Personen für 3 - 4 Stunden 300 - 400 Baht, z.B. bei *Nang Nuan Boat* (handeln!).
Touren werden ab PHANG NGA für 150 - 360 Baht, zum Teil mit Übernachtung, angeboten.
Weitere Touren ab PHUKET für 250 - 500 Baht und ab KRABI für 350 - 380 Baht.

## Phuket ภูเก็ต

*Die größte Insel Thailands (gesprochen: Pu-kett) liegt am Rande der Andamanensee im Indischen Ozean. Der Reichtum der Insel basiert auf Gummiplantagen, Kopra, Perlenzucht, Fischerei und vor allem auf umfangreichen Zinnerzvorkommen. Zinn wird auf der Insel und auf dem Meeresboden gefördert. Der malaiische Einfluß ist auf Phuket deutlich spürbar - von 160 000 Einwohnern sind 25% Moslems. Die buddhistischen Thai (55%) und die Chinesen dominieren dennoch das Bild.*

*Kleine und größere Buchten mit weißen Sandstränden, schöne Tauchgründe und herrliche Segelreviere, Luxus-Hotels und Seafood-Restaurants machen Phuket zu einem Fernwehziel par excellence. Wer teures Remmidemmi und Vergnügen sucht, findet hier genauso seinen Platz wie der Urlauber, der einen ruhigen, abgeschiedenen Strand vorzieht. Nur der Billigreisende hat es von Jahr zu Jahr schwerer, denn für ihn ist kaum etwas übriggeblieben.*

Die Strände im Osten sind sehr flach und zum Schwimmen nicht gut geeignet. Die attraktiven Sandstrände mit ihren Touristenenklaven liegen im Westen. Fast an jedem Strand stehen neben komfortablen Bungalowsiedlungen große Hotels internationalen Standards mit eleganten Empfangshallen, Swimming Pools, Restaurants und Bars, Einkaufsarkaden und Unterhaltungsangeboten. Die beste Reisezeit reicht von November bis März. Im April und Mai kann es an windstillen Tagen unerträglich heiß werden, nachts kühlt es jedoch ab. Im Juni setzen die Südwestwinde ein, die feuchte Luft und viel Regen bringen. Mit den stärksten Niederschlägen ist im September und Oktober zu rechnen.

## Die Stadt Phuket เมือง ภูเก็ต

Das Zentrum der Insel, die Stadt Phuket mit ihren 50 000 Einwohnern, ist für die wenigen Reisenden, die hier übernachten, nur Durchgangsstation auf dem Weg zu anderen Zielen im Süden. In der Stadt stehen einige schöne **Kolonialstil-Wohnhäuser**, sie stammen von portugiesischen Kaufleuten aus dem 19. Jahrhundert und wurden von reichen chinesischen Geschäftsleuten kopiert.

Interessant ist das schöne, alte Gebäude am Markt sowie das chinesische Wohnhaus in der Yaowaraj Road nahe Talang Road. An beiden chinesischen Tempeln **Bang Niaw** in der Phuket Road und **Put Jaw** in der Soi Phu Thon werden ständig Opfergaben dargebracht, mittels Stäbchen wird das Orakel befragt.

Ein **Erholungspark** auf der kleinen Halbinsel im Süden ist über die verlängerte Phuket Road zu erreichen. Vom **Rang Hill** im Nordosten der Stadt eröffnet sich eine gute Aussicht (Fotos am besten vor 10.00 Uhr). Hier gibt es u.a. Picknickplätze, zwei Restaurants und einen Fitness Park.

## ÜBERNACHTUNG

Wer in der Stadt übernachten will oder muß, hat fast 50 Unterkünfte zur Auswahl, vom einfachen Gästehaus bis hin zum Luxushotel. Auch für die erste Nacht nach dem direkten Flug aus der Heimat bevorzugen viele Neuankömmlinge ein gutes, preiswertes Stadthotel.

*WASANA GH**-**** [12], 159 Ranong Rd., tel 211754, gleich neben dem Markt und der Local Bus Station; sehr saubere Zimmer mit Fan oder ac, nette Leute, im 1. Stock sehr laut.

*SUK SABAI*** [3], 82/9 Thepkrasattri Rd., tel 212287, einfache, saubere Zimmer mit Fan und Bad, z.T. ac, ruhige Lage, 1 km außerhalb.

*ON ON HOTEL*** (ac***) [9], 19 Phang Nga Rd., tel 211154, das älteste Hotel der Stadt, mit beeindruckender Fassade, Zimmer nicht sauber, häufig Ratten.

*SUB SIRI HOTEL**-**** [5], 102/6 Patipat Rd., tel 212353.

*SIAM HOTEL**-**** [11], 13 - 15 Phuket Rd., tel 212328, etwas laut, im Zentrum.

*DOWNTOWN INN**** [8], 56/19 Ranong Rd., tel 216884, in einer kleinen Seitenstraße gegenüber vom Markt, sauber und gut eingerichtet, z.T. ac, im 2. Stock ruhiger.

## ESSEN

Nachtessenmarkt gegenüber vom Imperial Hotel und verschiedene Nudel-Restaurants an der Phuket Rd., Ecke Rasada Rd.

*KANDA BAKERY*, Rasada Rd. wartet morgens mit frischem Vollkornbrot und echtem Kaffee auf.

## EINKAUFEN

Die Tourist Police von Phuket warnt: „Lehnen Sie alle Angebote von Fremden ab, die Ihnen kostenloses Sightseeing, freie Übernachtung oder Gratis-Einkäufe versprechen. Bitte, lassen Sie sich den Ausweis zeigen und prüfen Sie ihn sorgfältig."

**BÜCHER** - Englisch- und deutschsprachige Bücher verkaufen in der Innenstadt mehrere Läden, alle sind bis in die Nacht hinein geöffnet.

*PHUKET PEARL*, 61/63 Rasada Rd.; Seng Ho 29, 29 Montri Rd., gegenüber der Post;

*SENG HO BOOKS*, 102 Thalang Rd.

## SONSTIGES

**AUTOVERMIETUNG** - Mietwagen werden in der Stadt Phuket für ca. 1000 Baht pro Tag (ohne Benzin, inkl. Versicherung) vermietet. Hier bekommt man eher neue Fahrzeuge als am Strand. Rabatte bei längerer Mietzeit.

Jeeps gibt es überall an der Rasada Rd. und an den Uferstraßen der Strände ab 600 Baht pro Tag inkl. Versicherung.

**GELD** - Viele Banken haben Wechselschalter und Geldautomaten.

*SIAM COMMERCIAL BANK* in der Rasada Rd. ist tgl. 9.00 - 18.00 Uhr geöffnet.

**IMMIGRATION** - Office in der South Phuket Rd. kurz vor der Halbinsel, geöffnet Mo - Fr 8.30 - 12.00 Uhr und 13.00 - 16.30 Uhr, tel 212108.

**INFORMATIONEN** - *TOURIST OFFICE,* 73-75 Phuket Rd., tel 212213, fax 213582, geöffnet tgl. bis 16.30 Uhr. Hier gibt es farbige Karten, viele Prospekte und Informationsschriften.

Die Polizei läßt eine Broschüre verteilen, die vor dem Gebrauch von Drogen wie auch vor dem Nacktbaden mit Strafandrohung warnt. Wer von Drogenfahndern in Zivil erwischt wird, muß mit hohen Geldstrafen rechnen.

**MEDIZINISCHE HILFE** - An der Yaowaraj Rd., etwas außerhalb der Stadt, gibt es das staatliche *WACHIRA HOSPITAL*, tel 211114.

Das private *MISSION HOSPITAL* Richtung Norden in der Thapkrasattri Rd., tel 212386, ist zwar teurer, aber besser. Hier gibt es auch Zahnärzte.

**MOTORRÄDER** - Motorräder sind in Phuket ein beliebtes, aber sehr gefährliches Transportmittel. Wer zudem ohne ausreichende schützende Kleidung fährt, geht ein großes Risiko ein. Zweiräder werden in Phuket an der Rasada Rd.

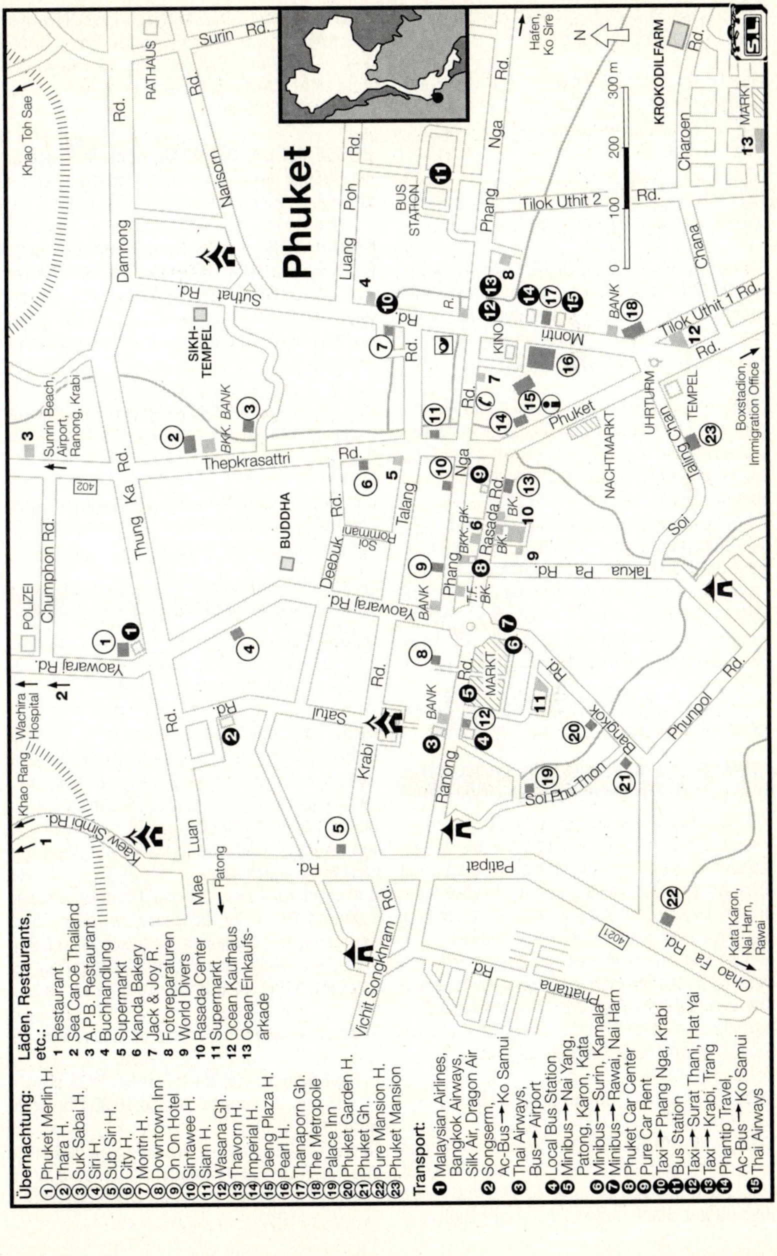
Phuket
Übernachtung:
① Phuket Merlin H.
② Thara H.
③ Suk Sabai H.
④ Siri H.
⑤ Sub Siri H.
⑥ City H.
⑦ Montri H.
⑧ Downtown Inn
⑨ On On Hotel
⑩ Sintawee H.
⑪ Siam H.
⑫ Wasana Gh.
⑬ Thavorn H.
⑭ Imperial H.
⑮ Daeng Plaza H.
⑯ Pearl H.
⑰ Thanaporn Gh.
⑱ The Metropole
⑲ Palace Inn
⑳ Phuket Garden H.
㉑ Phuket Gh.
㉒ Pure Mansion H.
㉓ Phuket Mansion
Läden, Restaurants, etc.:
1 Restaurant
2 Sea Canoe Thailand
3 A.P.B. Restaurant
4 Buchhandlung
5 Supermarkt
6 Kanda Bakery
7 Jack & Joy R.
8 Fotoreparaturen
9 World Divers
10 Rasada Center
11 Supermarkt
12 Ocean Kaufhaus
13 Ocean Einkaufs-arkade
Transport:
❶ Malaysian Airlines, Bangkok Airways, Silk Air, Dragon Air
❷ Songserm, Ac-Bus→Ko Samui
❸ Thai Airways, Bus→Airport
❹ Local Bus Station
❺ Minibus→Nai Yang, Patong, Karon, Kata
❻ Minibus→Surin, Kamala
❼ Minibus→Rawai, Nai Harn
❽ Phuket Car Center
❾ Pure Car Rent
❿ Taxi→Phang Nga, Krabi
⓫ Bus Station
⓬ Taxi→Surat Thani, Hat Yai
⓭ Taxi→Krabi, Trang
⓮ Phantip Travel, Ac-Bus→Ko Samui
⓯ Thai Airways
Khao Toh Sae
Khao Rang
Wachira Hospital
Sunrin Beach, Airport, Ranong, Krabi
Hafen, Ko Sire
Patong
Kata Karon, Nai Harn, Rawai
Boxstadion, Immigration Office
POLIZEI
RATHAUS
SIKH-TEMPEL
BUDDHA
BUS STATION
KINO
NACHTMARKT
UHRTURM
TEMPEL
KROKODILFARM
MARKT
BANK
BKK. BANK
Surin Rd.
Narisorn Rd.
Damrong Rd.
Suthat Rd.
Luang Poh Rd.
Phang Nga Rd.
Tilok Uthit 2 Rd.
Tilok Uthit 1 Rd.
Charoen Rd.
Chana
Montri Rd.
Phuket Rd.
Thepkrasattri Rd.
Thung Ka Rd.
Chumphon Rd.
Yaowarai Rd.
Deebuk Rd.
Soi Rommani
Talang Rd.
Rasada Rd.
Takua Pa Rd.
Soi Taling Chan
Satul Rd.
Krabi Rd.
Ranong Rd.
Bangkok Rd.
Soi Phu Thon
Phunpol Rd.
Kaew Simbi Rd.
Mae Luan Rd.
Patipat Rd.
Vichit Songkhram Rd.
Phattana Rd.
Chao Fa Rd.
402
4021
0 100 200 300 m
N

und an den Stränden in vielen Bungalows für etwa 150 - 250 Baht vermietet.

**POST** - *HAUPTPOSTAMT* in der Montri Rd., geöffnet Mo - Fr 8.30 - 12.00 und 13.00 - 16.30 Uhr, Sa, So und feiertags 9.00 - 12.00 Uhr.

**TELEFON** - Von 8.00 bis 24.00 Uhr hat das *TELEPHONE CENTER* in der Phang-Nga Rd., um die Ecke vom Postamt, geöffnet.

**REIISEBÜRO** - *SONGSERM*, 51-55 Satul Rd., tel 222570-4, fax 214301, bietet Bootsfahrten nach Similan und Ko Phi Phi sowie ac-Busse nach Bangkok und Surat Thani mit Anschluß nach Ko Samui und Ko Pha Ngan.

**TOURIST POLICE** - Die Strände sind nicht sicher, und das im doppelten Sinn. Einerseits wurden abends häufiger Touristen, vor allem Frauen, bei einsamen Spaziergängen überfallen, andererseits kommt es an der Westküste während der Monsunzeit im europäischen Sommer zu hohen Wellen und unberechenbaren Strömungen, die jedes Jahr tödliche Unfälle zur Folge haben.
Falls etwas passiert, wendet man sich zuerst an die *TOURIST POLICE,* 73 - 75 Phuket Rd. (im Tourist Office), tel 212213, tgl. bis 16.30 Uhr. Danach an die Polizei, tel 212046.

**VORWAHL** - 076; PLZ: Chalong und Süden: 83 130; Patong: 83 150; Phuket City: 83 000.

## NAHVERKEHRSMITTEL

**MINIBUSSE** - Bei der Ankunft der Busse in Phuket stehen Minibusse bereit, die die Fahrgäste zu den Stränden bringen wollen. Die Fahrer erhalten von den meisten Bungalowbesitzern eine Provision, so daß Besucher manchmal nicht in ihrem gewünschten Bungalowdorf landen, sondern in einem, das eine höhere Provision bezahlt. Zudem werden am Busbahnhof manchmal überhöhte Preise verlangt, normal sind innerhalb der Stadt 5 Baht. Die aufdringlichen Schlepper sind nur schwer abzuschütteln.

**MOTORRADTAXI** - in der Stadt 10 Baht p.P.

**TUK TUK (VIERSITZER)** - Wer sicher gehen will, nimmt vom Busbahnhof einen Viersitzer zum Markt und von dort den normalen Bus. Innerhalb der Stadt kosten Viersitzer 7 Baht.

**Charter** an die Strände: Nach PATONG, KATA, KARON und NAI HARN 130 Baht, BANG TAO 170 Baht, SURIN und KAMALA 200 Baht, NAI YANG 250 Baht, RAWAI 90 Baht, AIRPORT 250 Baht.

**BUSSE AN DIE STRÄNDE** - Lokale Busse an die Strände fahren alle 30 Min. bis 18.00 Uhr in der Nähe vom Kreisverkehr (Bangkok Rd. / Ranong Rd.) ab (siehe Stadtplan).
Nach PATONG, LAEM KA oder RAWAI für 10 Baht, nach KATA, KARON (bis 16.30 Uhr), NAI YANG, SURIN oder KAMALA für 15 Baht und NAI HARN für 20 Baht. Alle Preise gelten nur tagsüber. Abends muß kräftig gehandelt werden.

**TAXIS** - Die Taxifahrer verlangen extrem hohe Preise. Wer nicht zu viel zahlen will, kann mit Bussen fahren, was aber länger dauert und umständlicher ist. Auf jeden Fall sollte man handeln. Vom Flughafen zur Stadt kostet es etwa 250 Baht, zu den Stränden 350 Baht, vom Hafen zur Bus Station 30 Baht.

## TRANSPORT

**BUSSE** - Der Busbahnhof, tel 211480, befindet sich im Osten der Stadt, hier kommen fast alle Busse an, bzw. fahren von hier ab.

**Richtung Bangkok:** Vom Southern Bus Terminal in BANGKOK, 891 km, non-ac-Busse für 210 Baht, die nicht zu empfehlen sind; ac-Nachtbusse von 18.30 - 20.30 Uhr für 378 Baht, V.I.P.-24 um 17.30 und 18.00 Uhr für 570 Baht in 14 - 15 Std.; weitere ac-Busse für 378 - 450 Baht von privaten Companies.
Zurück fahren non-ac-Busse 10x tgl. zwischen 6.00 und 18.30 Uhr; ac-Busse zwischen 15.00 und 18.00 Uhr (jeweils mit *Phuket Travel Service*, tel 211660, und *Phuket Central Tour*, tel 214335), V.I.P.-24-Bus um 16.00 Uhr, tel 211 480.
Nicht zu empfehlen sind die ac-Busse aus der Khaosan Road für 220 - 290 Baht.
**In die Nachbarorte:** Nach PHANG NGA ca. alle 30 - 60 Min. zwischen 6.20 und 16.30 Uhr für 26 Baht in 2 1/2 Std.
Nach RANONG non-ac-Busse um 8.00, 11.20 und 13.20 Uhr für 76 Baht in 6 Std.; ac-Bus um 10.00, 12.00 und 15.10 Uhr für 137 Baht in 5 Std. (tel 077/811993).

Nach TAKUA PA alle 80 Min. zwischen 6.20 und 18.00 Uhr für 38 Baht in 3 Std. (bis KHAO LAK für 30 Baht in 2 1/2 Std.).
Nach KRABI um 10.50, 12.50 und 14.30 Uhr für 47 Baht in 4 Std. (man kann auch die Busse nach Hat Yai nehmen und an der Krabi Junction aussteigen); ac-Bus von 7.00 - 11.30 Uhr jede halbe Std., sowie um 14.00 und 17.00 Uhr für 84 Baht in 3 Std. (mit dem ac-Bus Richtung Hat Yai kostet es 100 Baht).
**Zu den übrigen Orten im Süden:** Nach KO SAMUI mit ac-Bus von *Phantip* um 10.00 Uhr für 193 Baht (inkl. Fähre) in 8 1/2 Std., mit *Songserm* um 8.00 Uhr für 305 Baht.
Nach SURAT THANI 8x tgl. bis 13.50 Uhr für 77 Baht in 6 Std. (bei Abfahrt vor 9.00 Uhr Anschluß nach Ko Samui mit der letzten Fähre um 17.00 Uhr); ac-Bus um 7.30 und 9.00 Uhr für 139 Baht in 6 Std., ac-Bus von *Phantip* um 8.00, 10.00 und 12.00 Uhr für 112 Baht in 5 Std., tel 210425; ac-Bus von *Songserm* um 8.00 und 15.00 Uhr für 180 Baht in 5 Std.
Nach HAT YAI um 6.20, 7.40, 9.00 und 10.20 Uhr für 122 Baht in 9 Std.; ac-Bus 6x am Vormittag und um 21.30 Uhr für 207 Baht in 7 Std.
Nach HUA HIN für 163 Baht.
Weitere Busse fahren in viele Städte im Süden.
**Nach Malaysia:** Auch nach PENANG fährt ein ac-Minibus direkt ab Phuket.

**SAMMELTAXI** - Abfahrt von 6.00 - 16.00 Uhr in der Phang-Nga Rd. (siehe Plan), tel 213126.
Nach SURAT THANI für 150 Baht in 3 Std. und HAT YAI für 250 Baht in 6 Std.
Nach KRABI für 80 Baht in 3 Std. (Taxistand etwas weiter nördlich).

**FLÜGE** - *THAI AIRWAYS,* 78 Ranong Rd., tel 211195. Bus von Thai Airways fährt alle Stunde ab 6.40 Uhr zum Airport und zurück zum Stadtbüro in jeweils 1 Std. für 70 Baht, lokale Busse zwischen 9.00 und 11.00 Uhr für 15 Baht. Airport-Minibus von und nach Patong, Karon oder Kata für 100 Baht, Limousine 400 Baht. Mit diesem Minibus können sich ankommende Gäste zu mehreren Hotels entlang der Westküste kutschieren lassen, um das „richtige" Hotel zu finden (von einem Leser getestet). Für Flüge, die früh abgehen, rechtzeitig ein Taxi vorbestellen (max. 150 - 250 Baht bezahlen).
Nach PHANG NGA am besten mit Minibus (50 Baht) zur nächsten Haltestelle des lokalen Busses, dann für 20 Baht in 1 1/2 Std. zum Ziel.
Nach KRABI am besten mit Minibus (50 Baht) zum H402 fahren und dort einen Bus nach Krabi anhalten.
**Inlandflüge**: Mehrmals täglich Verbindung nach BANGKOK für 2000 Baht (der erste Flug am Morgen ist billiger) und HAT YAI für 780 Baht. Am Di, Fr und So um 7.50 Uhr nach SURAT THANI für 475 Baht.
Mit *BANGKOK AIRWAYS*, tel 212341, nach KO SAMUI tgl. um 10.00 und 15.10 Uhr für 1210 Baht in 50 Min. Zurück tgl. um 8.50 und 14.00 Uhr. Airport Tax im Inland 30 Baht.
**Internationale Flüge** mit Thai Airways oder Malaysian Airlines: Nach LANGKAWI jeden Fr in 40 Min. für 935 Baht (103 RM), KUALA LUMPUR tgl. außer Mo für 223 RM, PENANG tgl. für 1375 Baht (134 RM).
Thai Airways fliegt tgl. direkt von Frankfurt (mit Zwischenstop in Bangkok). Charterflüge von LTU und Condor, außerdem Lauda Air.

**BOOTE** - Zwischen Phuket und KO PHI PHI fahren in der Saison tgl. um 8.30 Uhr bis zu 9 Boote von den Piers in Makham Bay oder Chalong Bay in 1 1/2 - 2 1/2 Std. für 250 - 300 Baht einfach, als Tour mit Transfer vom Hotel, Lunch und Besichtigung von Ko Phi Phi Le 450 - 950 Baht. Außerdem sollen auch um 14.30 Uhr Boote abfahren.
Nach KRABI und KO LANTA muß man in Ko Phi Phi umsteigen.
Vom Hafen zur Bus Station geht es per Taxi (30 Baht) oder 50 m weiter an der Hauptstraße mit dem Minibus für 10 Baht. Taxi zum Airport max. 150 - 200 Baht.

# Die Strände von Phuket

## Chalong Bay - Laem Ka Beach

Auf dem H4021 erreicht man 11 km hinter Phuket Town die seichte Chalong Bay, die vom Laem Ka (16 km), einer kleinen Felsformation, begrenzt wird. Chalong Bay ist nicht zum Schwimmen geeignet, daher sind die Bungalowanlagen hier kaum ausgelastet. Es werden Bootsfahrten zu den vorgelagerten Inseln angeboten. Wer an Tempeln Interesse hat, kann sich **Wat Chalong**, eine der wichtigsten buddhistischen Anlagen Phukets, anschauen (3 km).

### Rawai Beach

17 km von Phuket Town, im Süden der Insel. Ein für Thai-Touristen voll erschlossenes Gebiet mit vielen Restaurants am Meer, am Sonntag sehr stark frequentiert. Allerdings ist der schmale Strand häufig verschmutzt und sieht wenig einladend aus. Das Meer fällt sehr flach ab und ist zum Schwimmen kaum geeignet. Zu den vorgelagerten Inseln werden Boote vermietet. Durch die Inseln ist die Bucht auch so gut geschützt, daß selbst während der Monsunzeit das Baden ungefährlich ist.

### Nai Harn Beach

(21 km von Phuket Town.) Dieser herrliche Strand liegt nördlich der Südspitze: feiner, weißer Sandstrand, dahinter eine malerische Lagune, rechts und links felsige Hügel, teilweise mit Kokospalmen bewachsen und außerdem schöne Sonnenuntergänge. Während der Regenzeit ist man hier jedoch voll dem Monsun ausgeliefert, und es hat bereits Tote gegeben, also nur von November bis März richtig zu empfehlen. Dieser Strand war einst das Eldorado der Traveller, jetzt ist er von fast allen Billigunterkünften und -restaurants geräumt und soll Anlaufpunkt für betuchtere Feriengäste werden. Der vornehme Yacht Club hat mit seiner umstrittenen Hangbebauung den Vorreiter gespielt - die weitere Entwicklung bleibt abzuwarten. Für Gäste, die den Trubel von Patong und Kata Karon nicht schätzen, ist Nai Harn noch immer die Alternative.

#### ÜBERNACHTUNG UND ESSEN

*COCONUT BUNGALOWS**, einzige Billigunterkunft mit einfachen Hütten am Hang des Hauptstrandes, schöne Sicht; Restaurant mit sehr informativer Pin-Wand.
Hinter dem Yacht Club (der Weg führt durch die Garage) liegt:
*AO SANE**-****, an einem kleinen, mit Felsen durchsetzten Sandstrand, nach 1 km Fußweg über den Hügel (herrliche Aussicht) zu erreichen. 23 einfache Bungalows am Hang und zwischen den Bäumen, schöne Korallengärten. Auch im Monsun soll man hier baden können.
*ROMZAI BUNGALOW***, tel 381338, und
*NAI HAN BEACH RESORT*****, tel 381810, jeweils mit Restaurant, liegen hinter der Lagune, ca. 10 Min. zu Fuß zum Strand.
*NAI HARN YA NUI BUNGALOWS*** liegt in einer kleinen Bucht mit zwei Stränden, in Luftlinie 1 km, auf der Straße jedoch 3 km südlich von Nai Harn Beach, günstiges Restaurant.

### Kata Beach

(17 km von Phuket Town.) An der Westküste gelegen, schöner Strand, aber oft recht windig. Zwei Buchten, die schöne, immer noch ruhige **Kata Noi** und die überquellende **Kata Yai**, sind durch einen Felsvorsprung getrennt. Rings um die Felsen und um die kleine Insel **Ko Pu** gibt es Korallen und viele Fische, gut zum Schnorcheln. Während der Regenzeit entstehen am Kata Noi sehr gefährliche Strömungen. Dagegen ist es an Kata Yai sicher, schöne Wellen, toll zum Wellenreiten. Der *Club Med* nimmt mehr als die halbe Bucht von Kata Yai ein. Auf dem Rest sind Video-Bars mit Thai-Mädchen wie Pilze aus dem Boden geschossen. Im nördlichen Bereich (auch Kata Karon genannt) liegt das Zentrum mit Discos, Bars, Pizzeria, Restaurants, Motorrad- und Jeep-Verleih sowie vielen Tauchstationen. Die Restaurant-Preise sind hoch, es gehört schon detektivisches Gespür dazu, ein preiswertes Lokal zu finden.

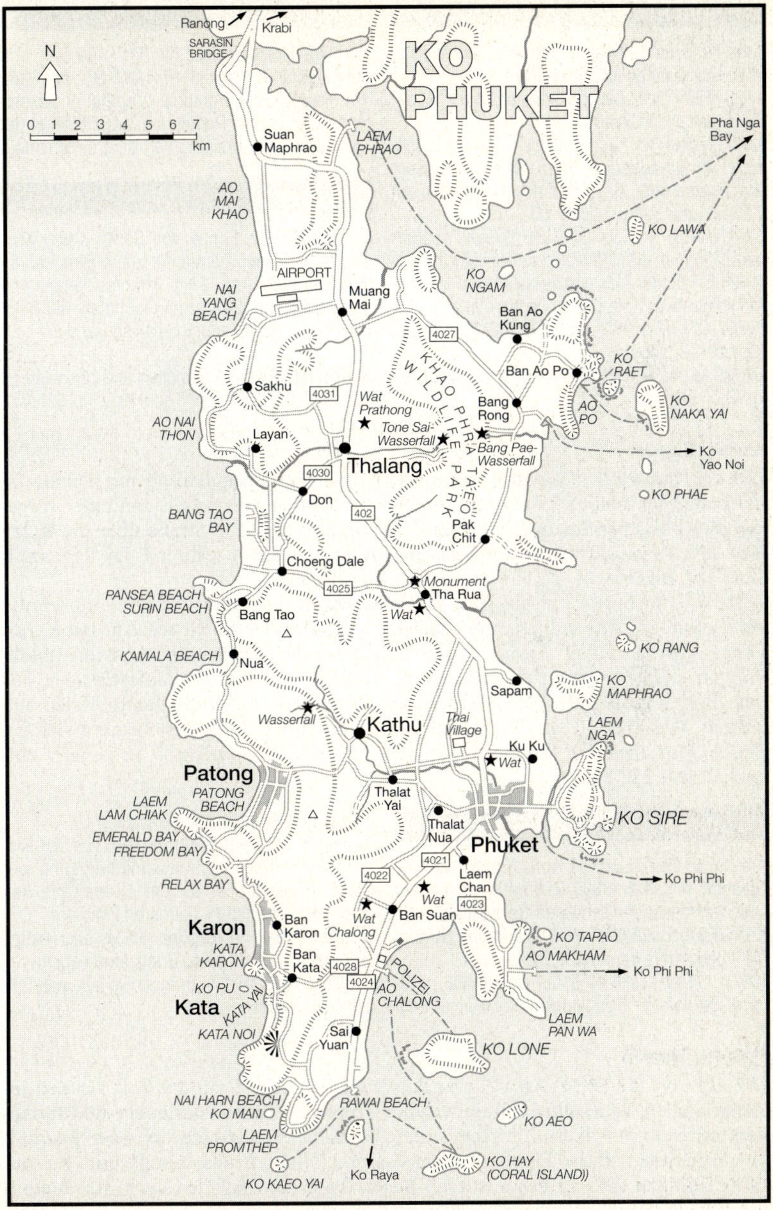
KO PHUKET
N
0 1 2 3 4 5 6 7 km
Ranong
Krabi
SARASIN BRIDGE
Suan Maphrao
LAEM PHRAO
Pha Nga Bay
AO MAI KHAO
KO LAWA
AIRPORT
KO NGAM
NAI YANG BEACH
Muang Mai
Ban Ao Kung
4027
KHAO PHRA TAEO WILDLIFE PARK
Ban Ao Po
KO RAET
Sakhu
4031
Wat Prathong
Bang Rong
AO PO
KO NAKA YAI
AO NAI THON
Layan
Tone Sai-Wasserfall
Bang Pae-Wasserfall
Ko Yao Noi
Thalang
4030
Don
KO PHAE
BANG TAO BAY
402
Pak Chit
Choeng Dale
Monument
4025
Tha Rua
PANSEA BEACH
SURIN BEACH
Bang Tao
Wat
KO RANG
KAMALA BEACH
Nua
Sapam
KO MAPHRAO
Wasserfall
Kathu
Thai Village
LAEM NGA
Ku Ku
Wat
Patong
PATONG BEACH
Thalat Yai
LAEM LAM CHIAK
Thalat Nua
KO SIRE
EMERALD BAY
FREEDOM BAY
Phuket
4021
Laem Chan
4022
Ko Phi Phi
RELAX BAY
Wat
4023
Wat Chalong
Ban Suan
Karon
Ban Karon
KO TAPAO
AO MAKHAM
KATA KARON
Ban Kata
4028
POLIZEI
Ko Phi Phi
4024
KO PU
AO CHALONG
Kata
KATA YAI
KATA NOI
LAEM PAN WA
Sai Yuan
KO LONE
NAI HARN BEACH
KO MAN
RAWAI BEACH
KO AEO
LAEM PROMTHEP
KO HAY (CORAL ISLAND))
KO KAEO YAI
Ko Raya

### ÜBERNACHTUNG

**Kata Noi**: Hier hat neben den teuren Hotels nur eine einzige billige Anlage überlebt:
*WESTERN INN**, billige Hütten am Hang, in der Regenzeit geschlossen.
**Kata Center**: Im neuen Zentrum aus mehrstökkigen Stadthäusern wurden zwischen Läden, Wechselstuben, Bars und Restaurants auch Gästehäuser aufgemacht, z.B.:
*CHARLIES GUEST HOUSE***, sehr sauber, nette Zimmer mit Du/WC, geleitet vom freundlichen Engländer Alex und seiner Frau.
Am Hügel über Kata Center liegen u.a.:
*KATA ON SEA**-****, tel 01-7231026, recht ordentliche Hütten.
*BUNGALOW FANTASY HILL***, Bungalows im Thai-Stil.

### ESSEN

Herrliche Holzofenpizza für 100 - 130 Baht und gute Pasta gibt es im *FLAMINGO* am Kata Yai, freundliches Personal. Vegetarier bekommen im indischen Restaurant *KASHMIR* an der Taina Rd. gute, preislich vertretbare Gerichte.

### SONSTIGES

**SAMLOR** - Die Fahrer von Samlors und Viersitzern verlangen bereits für kurze Strecken an den Stränden unter 1 km Phantasiepreise von mindestens 100 Baht, zum Flughafen 450 Baht. Da hilft nur laufen oder intensives Handeln.

**SUPERMARKT** - Freundlich und preiswert ist der *MINI MARKET* neben dem Kata Noi Riviera.

## Karon Beach

(20 km von Phuket Town.) Der 3 km lange, breite Sandstrand mit Dünen ist landschaftlich nicht sehr reizvoll. Im Norden wird er von Felsen und einer vorgelagerten hübschen Lagune begrenzt. Hier beginnt die neue Straße über die **Relax Bay** zum Patong Beach. Beim Schwimmen ist, vor allem während der Regenzeit, Vorsicht angebracht, da ein starker Rücksog herrscht.

Am Karon Beach hat ein gewaltiger Bauboom eingesetzt, billige Unterkünfte verschwinden. Am südlichen und nördlichen Rand der Bucht wurden ein *Karon Center North* und ein *Karon Center South* mit Supermärkten, Apartmentwohnungen, Restaurants, Bars, anonymen Kleinhotels und Einkaufspassagen aus dem Boden gestampft. Nur noch wenige Hotels sind auf Individualtouristen eingestellt. Das Preisniveau der Restaurants ist überhöht. Allerdings bemüht sich ein *Beach Management Committee* zu verhindern, daß sich Karon so negativ entwickelt wie z.B. Patong.

### ÜBERNACHTUNG

Am Karon Beach gab es Anfang 1995 über 40 Anlagen mit über 3000 Zimmern, davon nur noch wenige für den schmalen Geldbeutel.
**Kata-Karon**: *HAPPY HUT***, einfache Hütten, nicht besonders freundliche Besitzer.
*KATA TROPICANA****, tel/fax 330408, saubere, geräumige Bungalows unter Palmen am Hang hoch, erstklassiges Restaurant.
**Zentrum**: der zentrale Strand wird von den Riesen-Luxushotels mit Massenabfertigung geprägt. Preiswert ist an der Querstraße das *JOR GH***, mit netten, sauberen Zimmern.
**Norden:** hinter der Lagune gibt es noch einige kleinere, aber nicht billige Bungalowanlagen.
*COCO CABANA****, Bungalows am palmenbestandenen Hang.

## Patong Beach

(15 km von Phuket Town.) Dieser einstmals herrliche Strand wurde für den internationalen Tourismus voll entwickelt. Westliche Pauschalurlauber und Individualtouristen bevölkern die Hotel- und Bungalowanlagen, die sich über knapp 3 km ausdehnen. Bars, Discos, Massagesalons, Night Clubs, Shops und Restaurants drängen sich an der mittleren Beach Road und auf den etwa 300 Metern der Bangla Road („The Strip"). Hier geht erst am Abend das Leben los.

Tagsüber können sich aktive Urlauber mit Windsurfen, Schnorcheln, Segeln, Tauchen, Jeep- und Motorradfahren vergnügen. Weniger Sportliche machen ein paar Schwimmzüge im ruhigen Wasser, legen sich in die Sonne, hängen an der Pool-Bar, lesen heimische Tageszeitungen oder schlagen die Zeit tot - ein Strand für ganz normalen Erholungsurlaub also. Die Preise sind kaum höher als an den Stränden weiter im Süden. Das Angebot ist vielfältiger und völlig dem westlichen Geschmack angepaßt.

### ÜBERNACHTUNG

Fast 100 Unterkünfte bieten über 6000 Zimmer an, vom einfachen Gästehaus bis zum voll klimatisierten First Class-Hotel, nur für den Billigreisenden gibt es nichts mehr. Ein Zi kostet 150 - 15 000 Baht. In der Regenzeit von Mai - Okt. kann man bis zu 50% Rabatt erhandeln.

**Preiswerte Unterkünfte** liegen an der Rat Uthit Rd., die etwa 400 m im Land parallel zum Strand verläuft, und in ihren Seitengassen. Zimmer unter 400 Baht findet man (von Süd nach Nord) z.B. im:

*P.S. 1 GH****, tel 340184, zentral im Disco-Viertel.

*C & N BUNGALOWS**-****, tel 340475, fax 341896, 36 einfache Hütten.

*CAPRICORN´S VILLAGE****, tel/fax 340390, nette Bungalowanlage mit Garten, bietet Zimmer mit Fan unter italienischer Leitung.

*BEST GUESTHOUSE**-****, tel 340958, einfache Zimmer mit Fan im Paradise Complex.

*JEEP BUNGALOWS****, tel 340100, neueres Kleinhotel, Zimmer mit Fan.

*BOOMERANG INN CAFÉ****, tel 342182, fax 342869, in einer ruhigen Seitengasse, hübsche Zimmer mit Fan oder ac.

*P.S. 2 GUEST HOUSE****, tel 342207, kleine, einfache, saubere Zimmer mit Du/WC.

### ESSEN

Von Thai und Seafood Restaurants bis zu Indisch und Italienisch ist alles vorhanden.

In den meisten Restaurants zahlt man zu zweit mindestens 300 Baht nur fürs Essen.

*RESTAURANT NO. 4* serviert gutes Essen, obwohl es etwas vergammelt wirkt.

### Kamala Beach

(26 km von Phuket Town.) Von Patong führt eine zum Teil unbefestigte Straße nach Norden über einen extrem steilen Berg und durch schöne Landschaft zur Kamala Bay, an deren Südende ein Moslemdorf liegt. Leichter erreicht man Kamala von Surin aus: eine schmale Straße führt vorbei an hübschen, kleinen Buchten zum langgestreckten, kahlen Kamala Beach. Am nördlichen Ende ist ein schöner Picknickplatz. Hier kann man auch gefahrlos schwimmen.

### Surin Beach und Pansea Beach

(24 km von Phuket Town.) Ein großer Parkplatz und viele Snack- und Souvenirbuden weisen darauf hin, daß der Hauptstrand hauptsächlich von Thai-Touristen frequentiert wird. An kleinen Privatbuchten liegen die Luxusanlagen *Pansea* und *Amanpuri Resort*.

### Bang Tao Bay

(24 km von Phuket Town.) Ein 5 km langer Strand, in dessen Hinterland früher Zinn gefördert wurde. Hier wurden Szenen des Films „Killing Fields“ gedreht. Mehrere Investoren ließen in den letzten Jahren die tote Zinnminenlandschaft rekultivieren und wunderschöne Parks mit 6 Luxushotels anlegen.

### Nai Yang Beach

(30 km von Phuket Town.) Der schöne Badestrand im Nordwesten, nahe dem Flughafen und trotzdem ruhig, gilt als sehr abgelegen. Viele riesige, schattenspen-

dende Kasuarinas ragen direkt am Strand in den Himmel. Jugendliche Thais nutzen diesen Strand für allabendliche Grillparties und in den Ferien für Zeltlager. Ihre Abfälle lassen sie leider überall herumliegen. Die Bucht ist zum **National Park** erklärt worden, da hier während der Trockenzeit Meeresschildkröten ihre Eier zum Ausbrüten in den Sand legen, Eintritt 10 Baht.

### ÜBERNACHTUNG UND ESSEN

*SIRINART NATIONAL PARK BUNGALOWS* **-****, tel 01-7230568, hübsche Häuschen in einem Kasuarinawäldchen locker verteilt, 2 Räume mit 4 Betten und Bad, Zelte* stehen auch zur Verfügung.

Am südlichen Ende liegen 2 Luxus-Hotels, davor am Strandweg eine Menge kleiner Seafood-Restaurants und Souvenirstände.

## Die Inseln vor Phuket

Von allen Stränden der Insel aus werden Ausflüge zu den vorgelagerten kleineren Inseln und Korallenriffen angeboten. Tagesausflüge mit einem Außenborder werden mit einer Miete von etwa 800 Baht nach Ko Mai Thon, 500 Baht nach Ko Hay und 900 Baht für eine *Island Cruise* veranschlagt. Zu den vorgelagerten Inseln im Süden kommt man am günstigsten vom Rawai Beach.

**Coral Island**, Ko Hay (auch Ko Hae), liegt etwa 6 km vor Rawai am Südzipfel von Phuket. Wegen ihrer schönen Korallen führen viele Schnorchelausflüge (ca. 550 Baht p.P.) hin, daher ist sie besser als Coral Island bekannt.

## Khao Lak เขาหลัก

Der H4 führt von Phuket nach Norden Richtung Ranong durch Kautschukplantagen und dschungelbewachsenes Hügelland. Am Paß beim KM 56,8 liegt links der kleine **Lamru Khao Lak National Park** mit einem sehr schönen Strand.

Am KM 58 beginnt ein über 20 km langer Badestrand mit feinem, z.T. muscheldurchsetzten Sand. Das gelbe Band des Strandes wird gelegentlich von dunklen Felsen unterbrochen, die auch malerisch aus dem nicht immer klaren Wasser herausragen. Gesäumt wird der Strand von Kasuarinas, großen Laubbäumen und vielen Kokospalmen. Während des Südwestmonsuns von Mai bis Oktober ist Baden nur sehr eingeschränkt möglich, die Gischt stäubt bis weit ins Land hinein.

### ÜBERNACHTUNG UND ESSEN

400 - 600 m vom H4 liegen an 2 km Strand vier Bungalowanlagen mit Zimmerpreisen zwischen 70 und 500 Baht.

*KHAO LAK RESORT*-****, tel 076/421061, am südl. Ende des Strandes (Zufahrt vom KM 58,7). Einfache Hütten in einer Cashew-Plantage, große Zimmer im einst sehr schönen Haus.

*NANG-TONG BAY RESORT**-***, tel/fax 01-7231181, 600 m Zufahrt vom KM 59,7. In einer schönen, von einem Bach durchflossenen Anlage stehen 30 hübsche Bungalows mit Moskitonetz. Im großen Restaurant mit Meeresblick werden unter Aufsicht der freundlichen Besitzerin hervorragende Thai-Gerichte zu günstigen Preisen serviert.

Auf dem unbebauten Grundstück danach will Gerd einfache Bungalows** bauen.

*GARDEN BEACH RESORT****, tel 01-723 1179, 600 m Zufahrt vom KM 60. Große, nicht übermäßig gepflegte Anlage unter Bäumen; viele saubere Bungalows, preiswertes Restaurant.

*KHAO LAK BUNGALOWS**-****, tel 01-723 1197 (am besten um 21.00 Uhr), 700 m Zufahrt vom KM 60. Die schöne Anlage von Noi und Gerd umfaßt neben kleinen Zimmern 5 große Reihenbungalows im Thai-Stil mit Meeresblick, auf Pfählen über einer kleinen Lagune sowie ein luftiges Restaurant. Da die Anlage häufig ausgebucht ist, sollten sich Gäste vorher anmelden. Jede Bungalowanlage bietet ein gutes Restaurant. In der Mitte des Strandes verkaufen Einheimische Snacks und Getränke.

## SONSTIGES

**AUSFLÜGE** - werden in den Gästehäusern unaufdringlich angeboten, evtl. auch im Restaurant an der Straße, z.B. zur Phang Nga Bay (2400 Baht für 4 Pers.), zum Rajjaprabha Damm und zu den Similan Inseln.

**GELD** - wird im Nang-Tong Bay Resort gewechselt (ca. 5% Aufschlag), Reiseschecks werden akzeptiert.

**MOTORRÄDER** - vermietet das Nang-Tong Bay Resort für 200 Baht pro Tag inkl. Benzin.

**UNTERHALTUNG** - dieser Strand ist noch sehr friedlich: weder Bar noch Wasserscooter.

## TRANSPORT

Der Bus zwischen SURAT THANI (50 Baht) bzw. TAKUA PA (13 Baht) und PHUKET (35 Baht) passiert Khao Lak etwa jede Stunde.
Der Bus zwischen RANONG und PHUKET fährt ebenfalls etwa jede Stunde.
Die Busfahrer halten häufig nicht an der Bushaltestelle sondern an der Zufahrt zum Khao Lak Resort. Wer nicht dort absteigen will, kann sein Gepäck zunächst unterstellen, eine geeignete Anlage aussuchen und das Gepäck anschließend mit einem Fahrzeug abholen lassen.
Vom Southern Bus Terminal in BANGKOK, 757 km, mit dem ac-Bus um 18.50 Uhr für 322 Baht über Ranong in 12 1/2 Std. nach Takua Pa. Man kann auch einen Bus nach Phang Nga (s.S. 834) nehmen und in Takua Pa aussteigen. Zurück ab Takua Pa (34 km) um 17.30 Uhr. Auch zu den ac- und V.I.P.-Bussen von Phang Nga nach Bangkok kann man in Takua Pa ca. 1 Std. später zusteigen. Die ac-Busse von Phuket nach Bangkok kommen am Spätnachmittag an Khao Lak vorbei, Reservierung ist möglich.
Vom Phuket Airport fährt man am besten zunächst zur Hauptstraße H402 (z.B. mit dem Minibus für 50 Baht), dann mit dem non-ac-Bus für 25 Baht in 1 1/2 Std. zum Khao Lak Resort.
Bus- und Flugtickets vermittelt mindestens einen Tag im voraus das *Nang-Tong Bay Resort* (für Gäste ohne Gebühr).
Flugrückbestätigung macht jede Bungalowanlage gegen Gebühr.

# Khao Sok National Park วนอุทยานเขาสก

4 km hinter Takua Pa zweigt der neue H401 nach rechts ab Richtung Surat Thani (156 km). Beim KM 109,1 biegt nach links eine schmale Straße ab zum 646 km$^2$ großen Khao Sok National Park (2 km), einem beliebten Stop zwischen den Küsten. Nur hier können Traveller so preiswert in angenehmen, romantischen Gästehäusern übernachten, den schönen Regenwald direkt vor der Hüttentür.

Den Naturliebhaber erwarten dichter Dschungel, kleine, eher mittelmäßige Wasserfälle und schöne Wanderwege an Bächen entlang. Hier leben auch viele wilde Tiere, darunter Elefanten, einige Tiger, Leopard, Gaur und Serow, die nur in mehrtägigen Dschungeltreks angepirscht werden können. In der Regenzeit von Mai bis Oktober lohnt es sich nur für Leute, denen die vielen Blutegel nichts ausmachen oder denen eines der Hausmittelchen hilft, wie z.B. Tabaksaft oder Tiger Balm. In der Nähe des Parks gibt es herrliche, kaum bekannte Höhlen, zu denen in den Gästehäusern Touren arrangiert werden.

## ÜBERNACHTUNG

*BAMBOO HOUSE BUNGALOWS*-***, 300 m vor dem Eingang zum National Park geht es 400 m nach rechts auf einen Fahrweg. Eine freundliche Familie hat einfache Hütten auf eine Wiese und an den gestauten Fluß gebaut, in dem man herrlich schwimmen kann. Touren.
*OUR JUNGLE HOUSE**-*****, 1 km hinter dem Bamboo House, ist nicht mehr zu empfehlen.
*KHAO SOK RESORT***, tel 076/421155 Ext. 519, links der Zufahrtstraße zum Park, Bam-

bushütten mit Bad im Wald über dem Fluß; gutes Restaurant, familiäre Atmosphäre.
*TREE TOP RIVER HUTS**-****, links vom Parkeingang, schöne Hütten mit Bad am Fluß, einige Bambushütten mit Bad hoch in den Bäumen, Restaurant mit Abendmenü (70 Baht); sehr freundliche Leute; Moped 150 Baht.

### TRANSPORT

Der Bus von SURAT THANI für 35 Baht, ac 60 Baht, fährt zu jeder vollen Std. bis 17.00 Uhr vorbei, nach TAKUA PA für 15 Baht.
Von SURAT THANI kommt man außerdem mit dem Sammeltaxi für 80 - 100 Baht oder mit dem *Songserm-Bus* für stolze 180 Baht.
Von KRABI fährt man mit dem Ranong-Bus bis TAKUA PA, von dort mit dem Surat Thani-Bus 40 km zum Park für 15 Baht.
Über TAKUA PA (15 Baht) stündlich weiter nach KHAO LAK für 13 Baht und PHANG NGA für 15 Baht.

## Ranong

ระนอง

*Eine sehr geschäftige Provinzhauptstadt mit starkem chinesischem Einfluß. Die Stadt wurde vor etwa 250 Jahren von eingewanderten Hokkien-Chinesen gegründet, die sich wegen der nahen Zinnminen hier niederließen. Viele Burmesen aus Kaw Thaung (Victoria Point) kommen zum Einkaufen nach Ranong, und die Stadt scheint davon zu profitieren. Victoria Point bildet den südlichsten Punkt Myanmars. Ein Besuch ist möglich (s.u.).*

Noch finden nur wenige westliche Touristen den Weg in die Stadt, die am Petchkasem Highway liegt. Viele Besucher sind Geschäftsleute, die sich bei „Konferenzen“ an den heißen Quellen erholen, oder Touristen mit etwas höherem Reisebudget, die sich den Luxus des Jansom Thara Hotels leisten können.

Denn die große Attraktion der Stadt ist die **Thermalquelle**, eine 70°C heiße, schwefelhaltige Mineralquelle, die am Fuße eines bewaldeten Berges im **Wat Tapotharam** entspringt. Man erreicht sie am Fluß entlang etwa 2 km nordöstlich der Stadt. Bäume überschatten das Areal mit den drei Quellen und kleinen Bächen. Hinter der Hängebrücke liegt ein kleiner Erholungspark mit öffentlichen, heißen Schöpfduschen für 10 Baht.

Ranong ist eine der regenreichsten Städte in Thailand, was auch gleich an der üppigen Vegetation auffällt. Die Provinz Ranong ist auch eines der waldreichsten Gebiete Thailands. Wegen seiner unzugänglichen, steilen Berge sind noch immer 70% der Region mit Dschungel bedeckt.

Von Mitte April bis Anfang Dezember ist Regenzeit, von Juni bis August gießt es.

### ÜBERNACHTUNG

Die meisten Hotels stehen in der lauten Hauptstraße, der **Ruang Rat Rd.** u.a.:
*SIN THAWi*-***, Nr. 81/1, tel 811213, fax 822772, preiswerte,saubere Zimmer mit Balkon.
*ASIA*** (ac***), Nr. 39/9, tel 811113, südlich vom Markt, ruhige, saubere, große Zimmer mit Bad/WC.

### ESSEN

Ein gutes Seafood Restaurant befindet sich in der Hauptstraße gegenüber der Straßeneinmündung der Kamlangsap Rd. In der gleichen Straße gibt es noch weitere Restaurants.

### SONSTIGES

**MINIBUSSE** - Innerhalb von Ranong verkehren von 6.00 bis 18.00 Uhr 3 Minibuslinien (Songthaews) für 5 Baht pro Strecke: Nr. 1 zwischen Markt und Bank, Nr. 2 vom Markt zu den Thermalquellen, Nr. 3 vom Markt zum Hafen.

**VORWAHL** - 077, PLZ: 85 000.

## TRANSPORT

**BUSSE** - Die Bus Station liegt draußen am H4. Mit dem grünen Songthaew (5 Baht) von der Stadt zu erreichen.
Auch vom lokalen Bus Stop an der Ruang Rat Rd. fahren Minibusse zum Hafen von Khura Buri und nach Takua Pa.
Vom Southern Bus Terminal in BANGKOK, 583 km, mit non-ac Bus 7x tgl. für 139 Baht, ac-Bus um 9.00, 20.20 und 21.00 Uhr für 250 Baht, V.I.P.-24-Bus um 20.00 Uhr für 385 Baht in 7 Std. Zurück mit non-ac Bussen 7x tgl. am Morgen und Abend, mit ac-Bussen um 8.00 und 19.00 Uhr, mit V.I.P.-24 Bus um 20.00 Uhr.
Von HUA HIN für 93 Baht in 6 1/2 Std.
Von PHUKET mit non-ac Bussen für 76 Baht in 6 Std., ac-Busse um 10.00, 12.00 und 15.10 Uhr für 137 Baht in 5 Std.
Nach KHAO LAK 65 Baht, CHUMPHON 35 Baht, PHANG NGA 70 Baht.
Von SURAT THANI mit non-ac Bus 10x tgl. für 70 Baht in 5 Std., mit ac-Bus von *Phantip* um 8.30, 12.00 und 14.00 Uhr für 80 Baht in 3 1/2 Std.; mit ac-Minibus um 11.00 Uhr für 170 Baht; mit Sammeltaxi für 110 Baht in 3 Std.

**FLÜGE** - Thai Airways Tickets gibt es im Reisebüro des *Jansom Thara Hotels*. Diese Fluglinie wird 1995 einen Flug von Bangkok über Ranong nach Phuket aufnehmen. Der Flugplatz liegt 22 km außerhalb bei Tung La-Ong.

# Die Umgebung von Ranong

### Ko Chang (das „andere“ Ko Chang)

Die 18 km von Ranong entfernte Insel Ko Chang ist das Ziel für alle, die unzerstörte Natur suchen. Hier gibt es weder Straßen, noch Autos, noch Strom, dafür ursprünglichen Regenwald und herrlich saubere Strände mit wunderschön weißem Sand. Die burmesischen Inseln sind nur einen guten Steinwurf entfernt.

Außerhalb der Regenzeit kann man in zwei preiswerten Bungalowanlagen unterkommen. An einem schönen, 800 m langen Strand mit kristallklarem Wasser liegt das *Cashew Resort**. Die einfachen, mit einem Doppelbett ausgestatteten Bungalows stehen in einer Cashew-Plantage. Das Essen im Restaurant ist exzellent, die Atmosphäre paradiesisch. Strom gibt es nur ein paar Stunden am Abend, aber keine Musikbox und keinen Fernseher. Man kann ausruhen, fischen gehen und den herrlichen Sonnenuntergang betrachten. Wer hin will, sollte in Ranong bei *J&T Food & Ice,* 259 Ruang Rat Rd., nachfragen: ein Longtail-Boot für 100 Baht fährt in der Saison um 10.00 Uhr am Hafen ab (zu erreichen mit dem roten Songthaew für 5 Baht).

Neu ist auch das *Rasta Baby Resort** an zwei kleinen Stränden mit herrlich weißem Sand und Blick auf die burmesischen Inseln. Hier stehen einige Hütten ohne Bad, Badehäuschen extra. Im Restaurant wird für alle ein gemeinsames Essen gekocht, bezahlt wird pauschal. Strom gibt es noch nicht. Es werden Trips rund um die Insel mit dem Longtail-Boot angeboten. Von Ranong fährt man mit dem roten Songthaew (5 Baht) nach Süden zum **Sapan Pla**. Vor dem Gebührenhäuschen (*Toll Booth*) aussteigen und nach links die Straße runtergehen. Den Schildern *Rasta Baby Resort* folgen und nach Mr. Witar fragen, der den Bootstransport organisiert.

### Ausflüge nach Kaw Thaung in Myanmar

Vom *Jansom Thara Hotel* werden Halbtagsausflüge nach **Victoria Point** für 600 Baht p.P. (ab 6 Personen) veranstaltet. Wer den Trip auf eigene Faust plant, muß mit US$ 10 - 15 Gebühr für den Border Pass in Myanmar rechnen. Wer gar in Victoria Point übernachten möchte, muß unbedingt vorher die Einwanderungsbeamten auf beiden Seiten informieren. Das Hotel kostet ungefähr US$15 - 20 pro Nacht. In Kaw Thaung sind vor allem religiöse Bauwerke zu besichtigen: Tempel, große Buddha-Statuen und Pagoden.

Zum *Visit Myanmar Year 1996* soll hier ein offizieller Grenzübergang eingerichtet werden, so daß ausländische Touristen mit einem Visum ganz normal ein- und ausreisen können. Vielleicht entpuppen sich dann einige der gegenüberliegenden Inseln als neue Traumziele in der Andamanensee?

# DER TIEFE SÜDEN

## Hat Yai

หาดใหญ่

Hat Yai (auch Hatyai, Had Yai oder Haad Yai) liegt 933 km südlich von Bangkok. Die moderne, gesichtslose Stadt mit 130 000 Einwohnern ist das Verkehrs- und Wirtschaftszentrum von Süd-Thailand. Viele Malaysier kommen hierher, um das einzukaufen, was billiger als im eigenen Land angeboten wird, und um zu später Stunde das zu finden, was ihnen im muslimisch-puritanischen Malaysia nicht geboten wird. Seitdem die Malaysier zunehmend aus Angst vor AIDS wegbleiben, versucht die Touristenbehörde, neue Märkte für die Attraktionen von Hat Yai zu erschließen, vor allem in Taiwan und Hongkong. Im Gegensatz zu Pattaya, Phuket und Bangkok spielt sich das Nachtleben von Hat Yai weitgehend in Hotels ab. Neben den umfangreichen Angeboten des horizontalen Gewerbes gibt es zahlreiche Discos mit Live-Musik und Laser-Shows.

### ÜBERNACHTUNG

**GÄSTEHÄUSER** - *CATHAY GH*** [23], 93/1 Niphat-U-Thid 2 Rd., tel 243815, einfache Zi mit Du/WC und Fan. Die nach hinten gelegenen Zimmer sind teurer; jedoch bei Travellern beliebt. Im Erdgeschoß das Reisebüro *Magic Tour.*
*SORASILP GH**-**** (auch Sornsil) [3], 251/7-8 Petchkasem Rd., tel 232635, saubere Zimmer, Du/WC, auch Schlafsaal, recht laut.
*LADDA GH**-**** [20], 13-15 Thamnoon Vithi Rd., tel 220233, saubere Zimmer, z.T. ac, in neuem Gebäude beim Bahnhof, nette Leute.
*LOUISE GH**** [21], 21-23 Thamnoon Vithi Rd., tel 220966, neues Kleinhotel nebenan, saubere Zimmer, z.T. ac, wochentags 30% Discount.

**HOTELS** - In kleinen Chinesenhotels ist die Übernachtung z.T. billiger als in Gästehäusern.
In der **Niphat-U-Thid 1 Rd.** liegen z.B.:
*HOK CHIN HIN*** [10], 87 Niphat-U-Thid 1 Rd., tel 243258, ein renoviertes, günstiges Hotel, saubere Zimmer mit hervorragendem Bad, große Betten, gut eingerichtet und zu empfehlen.
*AUN AUN** [12], 96 Niphat-U-Thid 1 Rd., tel 24 3229, verwahrloste Zi, Gemeinschafts-Du/WC.
*LAEMTHONG*** (ac****) [14], 46 Thamnoon Vithi Rd., tel 244433, fax 237574, 200 m vom Bahnhof, groß, sauber und seinen Preis wert.

### ESSEN

Überall in der Stadt findet man recht gute Seafood-Restaurants und Essenstände. Am Abend finden mehrere kleine Nachtmärkte statt, z.B. nahe dem Savoy Hotel.
*MUSLIM-O-CHA*, gegenüber vom King's Hotel ist ein gutes Muslim-Restaurant,
*INDRA FOOD CENTER*, 94 Thamnoon Vithi Rd., hat rund um die Uhr geöffnet und ist entsprechend teuer.
Im *PEPPERCORN CAFÉ & CUISINE*, 131/2 Niphat-U-Thid 3 Rd., gibt es preiswerte Spaghetti, Sandwiches und American Breakfast.

### EINKAUFEN

Da Hat Yai für viele Malaysier das Einkaufsparadies ist, verfügen die Straßenstände und Einkaufszentren über ein reichhaltiges Warenangebot, vor allem in den drei Niphat-U-Thid Straßen. Nördlich der Thamnoon Vithi Rd. wird am

Abend ein quirliger Night Bazaar aufgebaut. Günstig kauft man Textilien, Kassetten, Lederwaren und Kunstgewerbe. Besonders gut sind Obst und Nüsse, vor allem Cashewnüsse.

## SONSTIGES

**GELD** - *THAI FARMERS BANK*, 188 Petchkasem Rd., tgl. 8.30 - 16.30 Uhr, mit Geldautomat. Weitere Banken in der Niphat-U-Thid 2 und 3 Rd. mit Wechselschalter (von 9.00 - 19.00 Uhr geöffnet, auch am Wochenende).
Spät abends wechselt nur ein Money Changer oder eines der großen Hotels.

**IMMIGRATION** - Petchkasem Rd., tel 243019, hinter der Eisenbahnbrücke links.

**INFORMATIONEN** - *TOURIST OFFICE* in der 1/1 Soi 2 Niphat-U-Thid 3 Rd., etwas versteckt in einer Seitengasse, tel 243747 und 238518, geöffnet tgl. 8.30 - 16.30 Uhr. Neue Informationen über Verkehrsverbindungen und Hotels für Hat Yai und Songkhla.

**MEDIZINISCHE VERSORGUNG** - Das Universitätshospital am H4 (Kanchanavanit Rd.), tel 245677, ist modern eingerichtet und hat auch sonntags einen hervorragenden Notdienst.

**POST** - Hauptpostamt 300 m nördlich vom President Hotel. Ein weiteres Postamt an der Ratakarn Rd. nahe beim Bahnhof.

**REISEBÜROS** - viele entlang der Thamnoon Vithi Rd. und an den drei Niphat-U-Thid-Straßen. Gute Preise haben u.a. *MAGIC TOUR* im Cathay Guesthouse und *PAKDEE TOUR* gegenüber King's Hotel. Üble Erfahrungen haben Traveller mit *Hatyai Chaw Wang Tours* (gegenüber vom Rado Hotel) gemacht.

**TOURIST POLICE** - in der 1/1 Soi 2 Niphat-U-Thid 3 Rd., dieselbe Adresse wie Tourist Office, tel 246733.

**VORWAHL** - 074; PLZ: 90 110.

## NAHVERKEHRSMITTEL

Die **Tuk Tuks** im Stadtgebiet kosten 5 Baht, zum großen Bus Terminal 10 Baht. **Taxis** sind teuer, kräftig handeln!

Bei einer Fahrt mit der **Fahrrad-Rikscha** zu Hotels und Reisebüros wird vielfach die Provision des Fahrers aufgeschlagen.

## TRANSPORT

**BUSSE** - Non-ac-Busse fahren am Municipal Market (Plaza Shopping Center) ab. Der neue Busbahnhof für Überlandbusse liegt südöstlich der Stadt an der Straße Richtung Grenze, mit dem Songthaew für 10 Baht zu erreichen. Fast alle Busse (Ausnahme: die nach Bangkok und Chumphon) halten 15 Min. später an der Petchkasem Road, gegenüber vom Plaza Shopping Center, wo man zusteigen kann. Viele ac-Busse fahren von den Reisebüros ab. Bei Buchung im Gästehaus wird man häufig dort abgeholt. Alle Tickets für Minibusse und nach Bangkok bucht man in den Reisebüros im Zentrum.
**Richtung Bangkok:** Vom Southern Bus Terminal in BANGKOK, 954 km, fahren non-ac-Busse um 21.45 Uhr für 224 Baht; ac-Busse und V.I.P.-30-Busse laufend zwischen 16.00 und 20.20 Uhr für 428 bzw. 500 Baht und V.I.P.-24-Busse um 17.30 und 18.00 Uhr für 625 Baht in 15 Std.
Zurück fahren non-ac-Busse um 7.00 und 14.00 Uhr; ac-Busse und V.I.P.-30-Busse alle 30 Min. von 13.30 - 17.40 Uhr; V.I.P.-24 um 17.00 Uhr.
Von der Khaosan Road fährt der ac-Bus um 18.00 Uhr für 350 Baht (V.I.P.-30 für 600 Baht).
**In die Nachbarorte:** Nach PAKBARA (für Bulon Lae) um 7.05, 11.05 und 14.55 Uhr für 34 Baht in 2 1/2 Std. (ab Plaza Shopping Center 15 Min. später).
Außerdem fährt ein Minibus etwa stündlich für 50 Baht von der Niphat-U-Thid 1 Road, Ecke Duang Chan Road, bis Pakbara.
Nach SUNGAI GOLOK mit dem ac-Bus ab 7.00 Uhr alle 2 Std. für 96 Baht in 4 Std.
Nach PADANG BESAR für 18 Baht in 100 Min.
**Zu den übrigen Orten im Süden:** Nach PHUKET und KRABI fahren non-ac-Busse um 7.30, 8.30 und 9.45 Uhr für 122 / 91 Baht in 9 bzw. 5 Std.; ac-Bus 6x tgl. von 8.00 - 13.00 Uhr für 207 / 132 Baht in 7 bzw. 4 Std., bis PHANG NGA 150 Baht. Ac-Minibus nach KRABI für 130 - 150 Baht (je nach Reisebüro).
Nach SURAT THANI 5x tgl. von 5.20 - 11.20 Uhr für 86 Baht in 6 1/2 Std.; ac-Bus um 7.10, 9.00, 13.00 und 15.00 Uhr für 154 Baht in 5 Std.; ac-Minibus für 150 Baht in 4 1/2 Std.
Nach KO SAMUI mit ac-Bus um 8.00 Uhr für 200 Baht in 7 Std.

Nach CHUMPHON um 7.15 und 10.30 Uhr für 121 Baht, ac-Bus um 8.10, 9.30 und 12.00 Uhr für 219 Baht in 9 Std.

**Richtung Malaysia / Singapore:** Von PENANG (Georgetown) um 4.30 Uhr mit dem Minibus. Zurück um 9.30, 12.30 und 15.30 Uhr für 200 Baht (inkl. Fähre) in 5 Std. Nach KUALA LUMPUR für 380 Baht in 13 Std. Alternative, der *Langkawi Express* um 15.50 Uhr für 435 Baht. Billiger mit dem *V.I.P. Coach* von *Ming Travel*, 131 Niphat-U-Thid 2 Rd., tel 237325: Butterworth 180 Baht, Kuala Lumpur 230 Baht, Singapore ab 370 Baht.

Weitere Busse nach SINGAPORE um 12.00 Uhr der V.I.P.-32 für 400 Baht, der V.I.P.-24 für 550 Baht in 19 Std. Um 11.00 Uhr der ac-Bus für 280 Baht.

**SAMMELTAXIS** - fahren tgl. zwischen 6.00 und 15.00 bzw. 17.00 Uhr von verschiedenen Taxiständen Ziele in Süd-Thailand und Malaysia an. Sie fahren dann los, wenn sie voll sind. Die Taxistände sind in der Karte markiert. Der Fahrpreis versteht sich pro Person.

Nach BETONG 100 Baht, 3 1/2 Std.; KRABI 150 Baht, 5 Std.; LA-NGU (für Pakbara und Ko Bulon Lae) 50 Baht, 2 Std.; PADANG BESAR 35 Baht, 1 Std.; PENANG 220 Baht, 5 Std. Abfahrt von verschiedenen Hotels, z.B. vor dem Hok Chin Hin Hotel.

Nach PHUKET 250 Baht, 6 Std.; SATUN 35 Baht, 1 1/2 Std.; SUNGAI GOLOK 120 Baht, 3 1/2 Std.; SURAT THANI 150 Baht, 5 Std.

**EISENBAHN** - Der Bahnhof liegt im Zentrum der Stadt. Am besten gleich nach der Ankunft das Ticket für die Weiterfahrt kaufen.

**Richtung Norden**: Von BANGKOK fahren tgl. 4 Züge mit Schlafwagen zwischen 13.30 und 15.50 Uhr in ca. 16 1/2 Std. nach Hat Yai.

*Rapid*-Züge um 15.55 und 17.05 Uhr u.a. über SURAT THANI (ab 134 / 75 Baht in der 2. / 3. Kl.), CHUMPHON (ab 185 / 99 Baht) und HUA HIN (ab 264 / 136 Baht) nach BANGKOK (ab 333 / 169 Baht, Ankunft um 8.35 und 10.00 Uhr), Special Express Züge um 18.10 und 18.40 Uhr (ab 714 / 363 Baht in der 1. / 2. Kl., Ankunft in Bangkok um 9.30 und 10.35 Uhr).

**Richtung Süden**: Von BUTTERWORTH (PENANG) tgl. um 13.40 Uhr, ab Alor Setar um 15.10 Uhr (Ankunft 18.10 Uhr).

Tgl. um 7.20 Uhr fährt der Internationale Expresszug von Hat Yai nach Butterworth in 4 Std. einschließlich 1 Std. Aufenthalt in Padang Besar und kommt um 12.25 Uhr (Malaysia-Zeit = Thai-Zeit + 1 Std.) an. In Butterworth hat man um 14.15 Uhr Anschluß an den Expresszug nach KUALA LUMPUR, Ankunft 20.25 Uhr.

Um 22.00 Uhr fährt von Kuala Lumpur ein Zug nach SINGAPORE, der am nächsten Morgen um 7.00 Uhr dort ist. Fahrpreis in der 2. Klasse: Butterworth (Penang) 118 Baht (plus 50 Baht Express-Zuschlag), von hier nach Kuala Lumpur 240 Baht, Singapore weitere 240 Baht.

Zwei weitere Schnellzüge um 6.30 und 6.50 Uhr nach SUNGAI GOLOK, dem Grenzort an der Ostküste für 62 bzw 72 Baht (3. Klasse) in 3 1/2 Std., sowie 4 lokale Züge (3. Kl.) zwischen 7.05 und 12.34 Uhr (42 Baht, 5 - 6 Std.). Von Sungai Golok sind es nur wenige Kilometer nach KOTA BHARU.

**FLÜGE** - Zum Airport, 12 km westlich der Stadt, mit dem Sammeltaxi von Thai Airways für 40 Baht oder einem Songthaew für 30

**Übernachtung:**

1. President H.
2. J.B. Hotel
3. Sorasilp Gh.
4. Peking H.
5. Had Yai International H.
6. Racha H.
7. Siam City H.
8. Asian H.
9. Diamond Plaza H.
10. Hok Chin Hin H.
11. Mandarin H.
12. Aun Aun H.
13. Park H.
14. Laemthong H.
15. Savoy H.
16. Central H.
17. Grand Plaza H.
18. Indra H.
19. River Inn
20. Ladda Gh.
21. Louise Gh.
22. King's H.
23. Cathay Gh.
24. Sakol H.
25. Rado H.
26. Pacific H.
27. Had Yai Central H.
28. New World H.
29. Kosit H.
30. Sakura H.
31. Manhattan Palace H.
32. Ambassador H.
33. Emperor H.
34. Scala H.
35. Lee Gardens H.
36. The Florida H.
37. New City Gh.

**Läden, Restaurants etc.:**

1 D.K. Bookstore
2 Hat Yai City Kaufhaus
3 Muslim O-Cha R.
4 Indra Food Center

**Transport:**

1 Taxi → Songkhla, La-Ngu Satun, Sadao
2 Bus → Pattani, Narathiwat
3 Bus → Pakbara, Padang Besar
4 Bus → Krabi, Phuket, Surat Thani
5 Bus → Songkhla, Trang
6 Bus → Bangkok, Phuket
7 Taxi → Satun, Pakbara
8 Minibus → Pakbara
9 Taxi → Krabi, Phuket, Surat Thani
10 Taxi → Padang Besar
11 Taxi → Trang, Sungai Golok
12 Taxi → Nakhon Si Thammarat, Phattalung
13 Taxi → Penang
14 Pakdee Tour
15 Taxi → Narathiwat, Betong
16 Taxi → Yala
18 Reisebüros (Bustickets) Bus → Bangkok, Singapore
19 Taxi → Pattani
20 Thai Airways
21 Malaysian Airlines

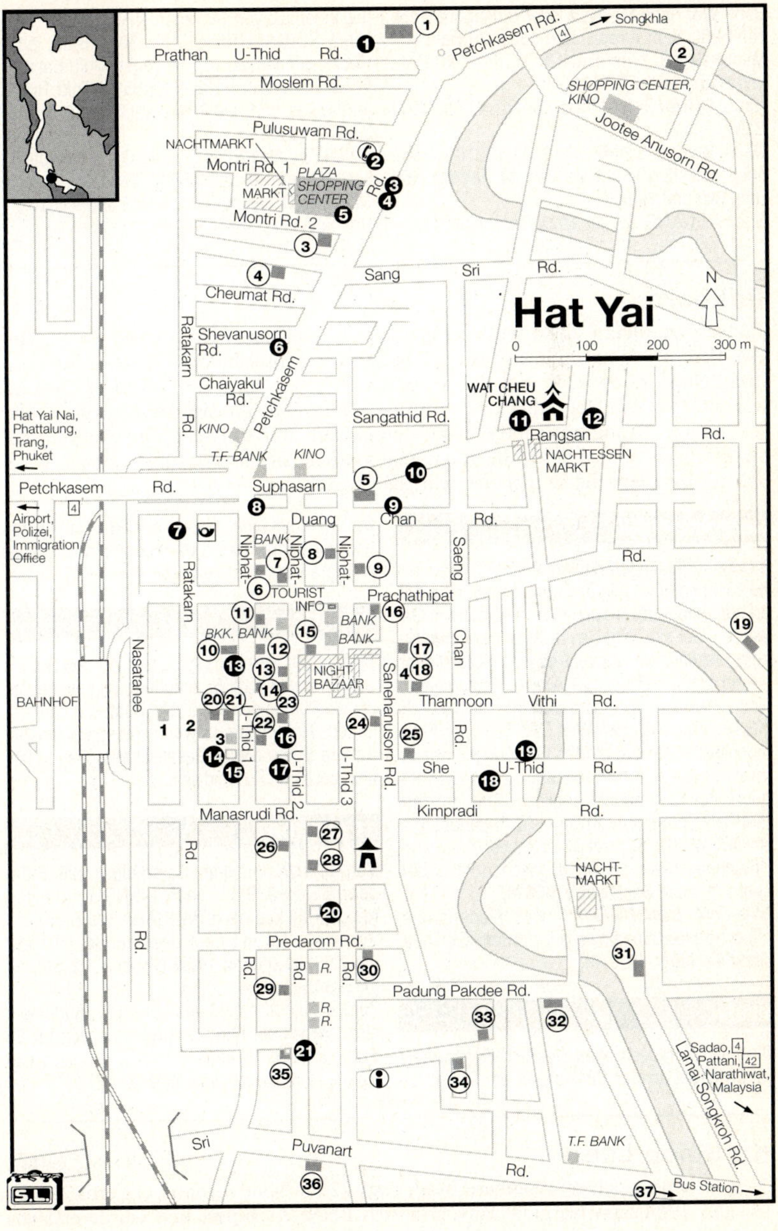
Hat Yai
0 100 200 300 m
N
Songkhla
Petchkasem Rd.
Prathan U-Thid Rd.
Moslem Rd.
Pulusuwam Rd.
NACHTMARKT
Montri Rd. 1
PLAZA SHOPPING CENTER
MARKT
Montri Rd. 2
SHOPPING CENTER, KINO
Jootee Anusorn Rd.
Sang Sri Rd.
Cheumat Rd.
Shevanusorn Rd.
Chaiyakul Rd.
Ratakarn Rd.
Petchkasem Rd.
KINO
T.F. BANK
KINO
WAT CHEU CHANG
Sangathid Rd.
Rangsan Rd.
NACHTESSEN MARKT
Hat Yai Nai, Phattalung, Trang, Phuket
Petchkasem Rd.
Suphasarn
Duang Chan Rd.
Airport, Polizei, Immigration Office
BANK
Niphat-
Niphat-
Niphat-
TOURIST INFO
Prachathipat Rd.
Saeng Chan
BKK. BANK
BANK
BANK
NIGHT BAZAAR
Nasatanee Rd.
BAHNHOF
Sanehanusorn Rd.
Thamnoon Vithi Rd.
U-Thid 1
U-Thid 2
U-Thid 3
She U-Thid Rd.
Manasrudi Rd.
Kimpradi Rd.
NACHT-MARKT
Predarom Rd.
Rd.
R.
Padung Pakdee Rd.
Sadao, Pattani, Narathiwat, Malaysia
Lamai Songkroh Rd.
T.F. BANK
Sri Puvanart Rd.
Bus Station
S.L.

Baht. Wer nach Malaysia oder Singapore fliegt, zahlt 200 Baht Airport Tax, sonst 30 Baht.
Mehrmals tgl. nach BANGKOK für 2280 Baht und nach PHUKET 780 Baht.
Nach CHIANG MAI über Bangkok für 3850 Baht.
Nach KUALA LUMPUR tgl. für 2100 Baht, beim Rückflug innerhalb von 14 Tagen 3450 Baht (hin und zurück).
Nach PENANG tgl. für 1025 Baht, beim Rückflug innerhalb von 14 Tagen 1555 Baht.
Nach SINGAPORE tgl. für 3935 Baht, beim Rückflug innerhalb von 14 Tagen 4400 Baht.
*THAI AIRWAYS,* 166/4 Niphat-U-Thid Rd. 2, tel 243711 und 190/6 Niphat-U-Thid 2 Rd., tel 231272, 232392.
*MALAYSIAN AIRLINES*, Lee Gardens Hotel, 1 Lee Pattana Rd., tel 245443, 243729.
*SILKAIR*, Chaiyong Bldg., 7 - 15 Joote U-Thid 1 Rd., tel 238901, fax 238903.

## Pakbara

ปากบารา

Pakbara (die letzte Silbe wird betont) liegt 58 km nordwestlich von Satun. Der Ort dient als Ausgangsbasis für die Überfahrt zur Insel Bulon Lae sowie zum Tarutao National Park. Er hat sich in letzter Zeit fast zu einem Traveller-Ort entwickelt. Wer die Überfahrt zu den Inseln fürchtet, bleibt hier hängen. Wenn der schmutzige Strand auch nicht zum Schwimmen einlädt, so sind es vielleicht die phantastischen Ausblicke, die guten Seafood-Restaurants oder die wenigen westlichen Touristen, die so manchen ein paar Tage länger verweilen lassen.

### ÜBERNACHTUNG

7 Unterkünfte liegen beiderseits der Strandstraße, nicht gerade ruhig und ohne Restaurant. Alle dienen gelegentlich auch dem horizontalen Gewerbe. Fast alle Zi haben Du/WC und Fan, aber kein Moskitonetz, obwohl es von Stechfliegen nur so wimmelt. Die angegebenen Entfernungen sind vom Hafen aus gemessen.
*KRACHOM SAI BUNGALOW***, an der Flußmündung auf einem großen Gelände mit Kasuarinas; saubere A-frame Hütten, Mini-WC integriert; niemand spricht englisch. Strandrestaurant (tagsüber geöffnet) liegt 500 m daneben.
*ANDREW HOUSE**, tel 074/781159, Zimmer im Privathaus einer agilen, englischsprechenden Lehrerin, auch Schlafsaal, (600 m).
*MARENA BUNGALOW***, verschiedenartige, hübsche Holzbungalows auf großem Gelände, direkt am Meer, (800 m).

### ESSEN

Die nicht gerade billigen Seafood-Restaurants liegen direkt an der Straße und am Strand etwa 1 - 3 km vom Hafen entfernt. Am Hafen und vor dem Kino an der Hauptstraße gibt es mehrere einfache Restaurants.

### SONSTIGES

Eindringlich warnt uns ein Leser vor den Booten von *Charan Tours*: Er schuftete um sein Leben, um die Pumpe des sinkenden Bootes in Gang zu halten. Rettungsringe waren nicht vorhanden. Andere Boote dieser Gesellschaft sollen in keinem besseren Zustand sein.

### TRANSPORT

Von SATUN mit dem Sammeltaxi (20 Baht) oder Bus (13 Baht) nach LA-NGU, von dort mit dem Pickup nach PAKBARA (10 Baht).
Von HAT YAI mit dem direkten Bus Nr. 732 um 7.05, 11.05 und 14.55 Uhr in 2 1/2 Std. für 34 Baht.
Zurück um 7.00, 11.30 und 15.00 Uhr. Außerdem fährt ein weißer Minibus etwa stündlich für 50 Baht von der Niphat-U-Thid 2 Road, Ecke Duang Chan Road, bis Pakbara.

## Ko Bulon Lae

เกาะบูลอนเล

Diese schöne, noch sehr saubere Insel, liegt 22 km vom Festland entfernt. Sie ist Teil des 1984 zum National Park erklärten **Petra Archipels** und wurde erst vor kurzem für den Traveller-Tourismus entdeckt. Bulon Lae wird auch Bulon-Leh, Mulon Lae und sogar Molone genannt. Saubere, von Muschel- und Korallenschrott durchsetzte, von Pinien gesäumte Sandstrände und zwei Korallenriffe eignen sich bestens zum Baden und Schnorcheln, jedoch ist z.T. die Sicht mäßig.

An den Sandstränden im Osten stehen Bungalowsiedlungen, die an langen Wochenenden und in den Ferien von Thais frequentiert werden. Im Nordosten leben etwa 500 *Chao Le,* Seezigeuner, in einem kleinen Dorf. Dahinter liegt eine Bungalowanlage in einer von Felsen umgebenen Bucht ohne Sandstrand. Saison ist von November bis Mai.

### ÜBERNACHTUNG

*BULONE RESORT** (auch Bulon Lae Bungalows und Bang Lee), am Strand rechts von der Schule, einfache Hütten und Zimmerchen im Langhaus, Gemeinschafts-Du/WC, gutes Restaurant, angenehm.
*PANSAND RESORT**-****, großzügige Anlage am Hang, 50 m zum Strand; nette Hütten am Hang, bessere Bungalows und Nobelhäuschen, Camping 60 Baht für 2 Pers.; Restaurant mit schmackhaften Gerichten.
*PANKA RESORT***, im Nordosten beim Dorf der Seezigeuner. Gute, neue Bungalows am Hang mit Du/WC, Restaurant. Boots- und Tauchtouren von einem freundlichen Deutschen organisiert. Anmarsch vom Strand im Osten in ca. 30 Min. oder vom Pier in Pakbara per Boot.
Abends trifft man sich im Restaurant des Lehrers oder beim Laden von Diab.

### TRANSPORT

Vom Pier in PAKBARA geht ein Boot um 14.00 Uhr in 1 1/2 Std. für 80 Baht p.P.
Rückfahrt von Bulon Lae um 9.00 Uhr.

## Satun สตูล

In der Hauptstadt der südlichsten Provinz an der Westküste Thailands, 1025 km von Bangkok entfernt, leben hauptsächlich Moslems und einige Chinesen. Diese Hafenstadt hat fast nichts zu bieten. So mancher benutzt sie, um mit dem Boot nach Kuala Perlis oder direkt auf die Insel Langkawi in Malaysia zu schippern.

### ÜBERNACHTUNG UND ESSEN

*SATULTANEE*** (auch: Satun Thani), 90 Satun Thane Rd., tel 711010, im Stadtzentrum.
*RAIN TONG**-** (auch Rian Thong), 124 Samunta Pradit Rd., tel 711036, Chinesenhotel gegenüber der Bootsanlegestelle in der Stadt. Große, saubere Zimmer, am besten im 2. Stock.
*UDOM SUK**-**, 201 Hattagam Suksa Rd., tel 711006, saubere Zimmer in relativ ruhiger Nebenstraße.
Stilvoll ißt man zu normalen Preisen im *TIME RESTAURANT* rechts vom Wangmai Hotel.

### SONSTIGES

**DROGEN** - werden Touristen manchmal von Zivilfahndern angedreht. Hände weg!

**IMMIGRATION** - Office in der Stadt, Paßabfertigung am Tammalang-Pier.

**REISEBÜRO** - *SATUN TRAVEL & FERRY SERVICE*, 45/16 Satun Thane Rd., tel 711453, fax 721595, 1 km nördlich des Zentrums, verkauft Tickets für die Fähre nach Langkawi. Von hier aus geht es mit dem Taxi für 20 Baht weiter zum Hafen.

**VORWAHL** - 074; PLZ: 91 000.

### TRANSPORT

**BUSSE** - Vom Southern Bus Terminal in BANGKOK, 995 km, mit dem non-ac-Bus um 19.30 Uhr für 234 Baht und dem ac-Bus um 19.30 Uhr für 427 Baht in 15 Std. Zurück fahren die Busse um 14.00 Uhr. Von KRABI ac-Minibus um 10.30 Uhr für 200 Baht in 4 Std. Das kombinierte ac-Bus-Boot-Ticket nach LANGKAWI kostet 350 Baht. Von PHUKET direkt mit ac-Bus um 8.15 und 10.15 Uhr für 203 Baht in 7 Std. Von PAKBARA kommt man mit Pickup

bis nach La-Ngu (10 Baht) und von dort weiter mit dem non-ac-Bus nach Satun (13 Baht).
Von HAT YAI, 96 km, am Plaza laufend mit dem non-ac-Bus für 27 Baht, ac-Bus um 7.10, 9.40 und 15.10 Uhr für 38 Baht.

**SAMMELTAXI** - Sammeltaxis fahren schräg gegenüber vom Rian Thong Hotel u.a. nach LA-NGU für 20 Baht (für PAKBARA) und zur Grenzstation WANGPRACHAN (40 km, s.u.) für 20 Baht. Sammeltaxis nach HAT YAI, 35 Baht fahren vor dem Satultanee Hotel ab.

**BOOTE** - Der Hafen am Tammalang-Pier liegt 9 km südlich der Stadt. Am Hafen befinden sich auch das *Customs* und *Immigration Office* für die Zoll- und Paßabfertigung.
Zu erreichen mit dem Pickup für 10 Baht ab Thai Farmers Bank oder ab Markt (hier sind sie nicht so voll). Man kann auch ein Tuk Tuk oder Motorradtaxi für max. 20 Baht nehmen. Etwa 1 Std. vor Abfahrt der Langkawi-Fähre startet ein Taxi für 20 Baht bei *Satun Travel.*
Von LANGKAWI in Malaysia nach Satun mit der *Express Ferry*, tel 04/788316, um 8.45, 12.00 und 15.00 Uhr Malaysia-Zeit (7.45, 11.00 und 14.00 Uhr Thai-Zeit) für 150 Baht in 75 Min. In Gegenrichtung tgl. um 9.00 und 17.00 Uhr.
Von KUALA PERLIS in Malaysia fahren große Longtail-Boote mit Plane 7x tgl. für 4 RM in 1 Std. Die Fahrt ist sehr heiß und schweißtreibend. Zurück von 6.30 bis 15.00 Uhr für 40 Baht. Bei hohem Wasserstand kann man direkt von der Anlegestelle in der Stadt, neben dem Rain Tong Hotel, abfahren.
Die Grenzformalitäten werden auch in diesem Fall am Tammalang-Pier erledigt. Bei ruhiger See ist die Fahrt landschaftlich sehr reizvoll.

## Von Thailand nach Malaysia

### Wangprachan

วังประจัน

Der westlichste Grenzübergang zu Land zwischen Thailand und Malaysia liegt 41 km nordöstlich von Satun im Thale Ban National Park. Die Fahrt von Satun mit dem Sammeltaxi auf dem H4184 kostet 20 Baht. Von der Grenze geht es nur mit dem Taxi weiter zur nächsten Stadt Kangar (10 RM für 4 Personen).

Die Abfertigungsgebäude der beiden Länder liegen direkt nebeneinander, so daß man mit einem *Double-Entry*-Visum die Prozedur in einer halben Stunde schafft. Und so lange wartet vielleicht auch das Sammeltaxi. Geöffnet 7.00 - 21.00 Uhr Thai-Zeit (= 8.00 - 22.00 Uhr Malaysia-Zeit).

### Padang Besar

ปาดังเบซา

Dies ist der Grenzübergang für den Internationalen Expresszug. Die Pässe werden in Thailand eingesammelt und mit dem Ausreisestempel versehen. Am Bahnhof müssen Reisende nur die wichtigsten Daten in das Einreiseformular eintragen, dann bekommen sie den Paß zurück.

Wer nur einen neuen Einreisestempel braucht und gleich wieder nach Thailand zurückfahren möchte, benützt besser den Straßengrenzübergang. Von Hat Yai reist man per Bus (18 Baht, alle 30 Min.) oder Taxi (35 Baht) an und wird direkt an der Grenze abgesetzt. In diesem Fall holt man sich dann den Ausreisestempel und geht die etwa 10 Min. bis zum Kontrollpunkt der Malaysier zu Fuß. Es gibt auch einen Motorrad- und Minibustransfer (20 Baht). Auch Fußgänger bekommen, wenn sie einen höheren Geldbetrag (ca. 10 000 Baht p.P.) vorweisen können, immer den Stempel. Wer gleich wieder nach Thailand zurückkommt, erhält problemlos ein weiteres 15-Tage-Visum. Geldwechsel im Bahnhof.

**ÜBERNACHTUNG / TRANSPORT**

*SIAM ORCHID HOTEL****, 208-217 Mu 1 Padang Besar Rd., tel 521478, an der Grenze.
Ab hier fahren Busse nach BUTTERWORTH (Penang), letzter Bus um 20.00 Uhr für 5,70

RM. Bus ab Thai-Seite der Grenze nach HAT YAI alle 30 Min. für 18 Baht in 100 Min. Sammeltaxi (4 Pers.) vom Bahnhof nach KANGAR 2,50 RM, ALOR SETAR 6 RM, KUALA PERLIS 5 RM, BUTTERWORTH 14 RM. Nach HAT YAI ab Thai-Seite der Grenze für 35 Baht. Die Grenze wird um 21.00 Uhr Thai-Zeit bzw. 22.00 Uhr Malaysia-Zeit geschlossen.

## Sadao / Betong

สะเดาฝ / เบตง

70 km südlich von Hat Yai liegt der meistgenutzte Grenzübergang, den auch alle Busse und Taxis von Hat Yai nach Penang nehmen. Wer hier übernachten muß, kann ins *Sadao Plaza****, tel 412373, Zimmer mit ac, gehen.

Durchschnittlich 580 m hoch in den Bergen liegt die Grenzstadt auf einem Zipfel, der weit in malaysisches Staatsgebiet hineinragt. Die Häuser sind vorwiegend an die Hänge gebaut und die meiste Zeit von Nebelschwaden umhüllt.

### ÜBERNACHTUNG / TRANSPORT

Viele Hotels dienen vor allem am Wochenende als Stundenhotels für Malaysier.
*KHENG THAI** (ac**), 33 Chaya Chaowalit Rd., tel 230589; *FAH ANRUNG** (ac**), 113/1-2 Chantharo Thai Rd., tel 230390; *RAMA***, 39 Tanweera Rd., tel 230011, hat Bungalows, *MUANG THONG*-*** (ac***), 25/8-9 Chantharo Thai Rd., tel 230158.
Von HAT YAI mit dem Sammeltaxi für 100 Baht in 3 1/2 Std.; Kurz hinter Betong ist der südlichste Punkt Thailands erreicht. Minibus von der Stadt zur Grenze für 12 Baht.

## Sungai Golok

สุไหง โกลก

An der Ostküste gibt es einen Grenzübergang, der für alle interessant ist, die nach Kota Bharu und direkt zur Ostküste von Malaysia fahren wollen. Sungai Golok (auch Sungai Kolok) ist ein uninteressanter, bereits sehr malaiischer Ort.

### ÜBERNACHTUNG

Viele Hotels dienen vor allem am Wochenende als Stundenhotels für Malaysier.
*ASIA HOTEL*** (z.T. mit ac***), 44 Charoenket Rd., tel 611101, gute Zimmer, die eine Mehrausgabe lohnen; *SAVOY*-*** , tel 611093, 8/2 Charoenket Rd., große, saubere Zimmer mit Du/WC für 3 Pers.; *THAILIANG HOTEL***, 12 Charoenket Rd., tel 611132, saubere Zi mit Du/WC und Fan. Geldwechseln möglich.

### TRANSPORT

**BUSSE** - Im Valentine Hotel, Waman Amnoey Rd., befindet sich der Fahrkartenschalter für die ac-Busse nach HAT YAI, tgl. von 7.00 - 15.00 Uhr alle 2 Std. für 96 Baht in 4 Std.; Abfahrt vor dem Hotel. Alle übrigen Busse fahren von der Bus Station ab, tel 612045.
Vom Southern Bus Terminal in BANGKOK, 1266 km, fährt ein non-ac-Bus um 19.30 Uhr für 282 Baht; ein oranger 2.Kl. ac-Bus um 21.00 Uhr für 414 Baht und ein ac-Bus um 18.30 Uhr für 533 Baht in 18 Std. Zurück mit dem non-ac-Bus um 14.00 Uhr; dem orangen ac-Bus um 8.00 Uhr und dem ac-Bus um 12.00 Uhr.

**SAMMELTAXI** - Nach HAT YAI für 120 Baht.

**EISENBAHN** - Hier endet der östliche Zweig der Südlinie der Staatseisenbahn. Von HAT YAI verkehrt ein *Rapid*-Zug um 6.30 Uhr nach Sungai Golok (Ank. 10.00 Uhr), ein *Special Express* um 6.50 Uhr (Ank. 10.20 Uhr). Für 107 bzw. 137 Baht, 2. Kl., 62 bzw. 92 Baht; 3. Kl. Auch lokale Züge um 7.05, 8.03, 9.55 und 12.34 Uhr in 4 1/2 Std. für 42 Baht. Nach BANGKOK mit dem *Rapid* Nr. 46 um 12.00 Uhr ab 398 / 200 Baht; 2./3. Kl. in 20 1/2 Std., mit dem *Special Express* Nr. 20 um 15.00 Uhr ab 428 Baht (2. Kl.) in 19 1/2 Std. Nach HAT YAI lokale Züge um 6.30, 9.00, 12.15 und 13.25 Uhr in ca. 4 1/2 Std.

**NACH MALAYSIA** - geht man zu Fuß über die Grenze oder nimmt für 10 Baht ein Motorrad bzw. für 15 Baht eine Rikscha. Auf der anderen Seite liegt RANTAU PANJANG. Hier mit Bus Nr. 29 und 36 bis 17.00 Uhr für 3 RM weiter in das nahegelegene KOTA BHARU.
Der Grenzübergang ist ab 21.00 Uhr Thai-Zeit bzw. 22.00 Uhr Malaysia-Zeit geschlossen.

# INDEX

## R

# BILDNACHWEIS

**Farbe gegenüber den Seiten:**
**Britta Dieterle:** 252 li, re oben und re Mitte oben; 253 oben.

**Richard Doring:** 668 alle (5); 669 alle (3): 732 re oben und re Mitte oben; 764 Mitte und unten (4); 765 li.

**Matthias Grimm:** 253 re unten.

**Locky Herlambang:** 93 unten.

**Werner Mlyneck:** 156 oben und unten; 188 unten; 189 oben; 284; 285 unten.

**Renate Loose:** Titel, 60 oben und unten; 61 oben und unten; 92 groß und klein; 93 oben; 156 Mitte; 157 groß und klein; 188 oben; 189 unten; 252 re unten und re Mitte unten; 253 li unten; 285 oben;348 oben und unten; 349 alle (4); 380 alle (5); 381 alle (4); 444; 445 alle (5); 476; 477 oben und unten; 540 oben und unten; 541 oben und unten; 572 großes Bild und unten; 573 unten li und re; 636 oben und unten; 637 alle (5); 732 alle (5); 733 li, re Mitte unten und re unten; 764 oben; 765 re (4).

**Stefan Loose:** 572 li unten.

**Klaus Schindler:** 573 oben.

**S/w-Photos:**
**Renate Loose:** Seiten 10/11, 44/45, 54/55, 366/367, 562/ 563, 596/597.

# ÜBER DIE AUTOREN

**Stefan Loose** schloß eine Lehre als Industriekaufmann, die Hochschulreife auf dem zweiten Bildungsweg und ein Studium in Englisch und Politik ab, bevor ihm die Reiselust zum Schicksal wurde. Seine ersten Südostasien-Trips verdiente er sich als Taxifahrer in regnerischen Berliner Nächten. Als die erste Traveller-Welle Südostasien eroberte, war er schon ein alter Hase, der sich auskannte. Die Idee, seine Kenntnisse in ein Buch zu packen, nahm aber erst Gestalt an, als er sich entscheiden mußte: Lehrer werden oder etwas anderes machen? Und nachdem er es mit der Referendarzeit probiert hatte, war es endgültig klar: Etwas anderes. Etwas eigenes. Aus der Reiselust einen Beruf machen.
Das war die Zeit, als er **Renate Ramb** kennenlernte. Nach einem Geografie- und Germanistik-Studium hatte die Referendarzeit sie nach Berlin verschlagen, der Stadt mit dem idealen Nährboden für neue Interessen und andere Horizonte. Ihr Faible für asiatische Völker und Kulturen entwickelte sich nach der ersten großen Reise durch Sarawak und Sabah 1978. Bald war die Faszination Südostasiens stärker als die Aussicht auf Verbeamtung, Pensionsberechtigung und Bausparvertrag, und mit dem Zweiten Staatsexamen stand auch ihre Entscheidung fest: Reisen, schreiben, fotografieren, wieder reisen - das war ihr Beruf.
Das erste Südostasien-Handbuch, auf Schreibmaschine getippt und von Hand illustriert, kam 1978 im Selbstverlag auf den Markt. Daß das Buch ein Renner und der Grundstein zu einem Verlag werden sollte, ahnte damals noch niemand. 1980 heirateten Stefan Loose und Renate Ramb in Penang, 1984 wurde ihr Sohn Mischa geboren - auch er mußte sich frühzeitig daran gewöhnen, ständig auf Reisen zu sein. Das Südostasien-Handbuch erlebte eine Neuauflage nach der anderen. Neue Autoren stiegen ein, neue Titel kamen auf den Markt, dicker, bunter, professioneller. Der „Loose" wurde zum Begriff.

**Richard Doring** erhielt seine Informatikausbildung in Deutschland und in den USA und ist nach wie vor als Instrukteur in der Industrie tätig. **Ursula Spraul-Doring** studierte Deutsch, Kunst und Sonderpädagogik und arbeitet an einer Schule für Lernbehinderte. Gemeinsam bereisten sie Nordamerika, Indien, Nepal und Sri Lanka, zuerst mit dem Rucksack, später auch im selbst ausgebauten VW-Bus. Mit schwäbischer Ausdauer und Gründlichkeit trugen sie Materialien und Informationen zusammen, von denen selbst die örtlichen Tourismusbehörden nur träumen konnten. Mehrere Titel kamen im Selbstverlag auf den Markt, bevor sich die beiden nach der Rückkehr von einer dreijährigen Asien-Tour 1987 zur Zusammenarbeit mit der Loose-Company entschlossen. Seitdem behauptet der Verlag ungeniert „wir kennen uns aus" - nicht nur in Thailand.
**Werner Mlyneck** hat die klassische Globetrotter-Karriere hinter sich: Schon in jungen Jahren aus gesellschaftlichen Zwängen ausgebrochen streifte er durch alle Länder, schlug sich mit gelegentlichen Jobs durch und verdiente sich seine Reisekasse als LKW-Fahrer auf bundesdeutschen Autobahnen oder im Dschungel von Neuguinea. Zunächst reizte ihn vor allem die Südsee, später verliebte er sich mehr und mehr in Südostasien. vor allem in Indonesien. Stefan Loose hatte er schon 1975 in Kyoto kennengelernt, zu einer Zeit, als von Büchern noch keine Rede war. Ihn als festen Autor zu verpflichten, kostete einige Jahre harte Überzeugungsarbeit, denn noch immer ist Werner für mehrere Monate im Jahr nicht auffindbar - irgendwo unterwegs zwischen Aceh und Irian, oft abseits jeglicher

Zivilisation und völlig auf sich selbst gestellt. Im heimischen Paderborn hält ihn nur eins: seine Indonesien-Privatbibliothek, wahrscheinlich die größte Sammlung ihrer Art in NRW, wenn nicht in ganz Deutschland.

**Klaus Schindler** stieß Anfang der 80er zum Verlag. Auch er hatte eine Lehrer-Karriere in den Wind geschlagen, war auf dem Globus herumgekommen, hatte sich in mehreren künstlerischen Richtungen verausgabt und u.a. einige Jahre als Kabarettist auf der Bühne gestanden. Lange arbeitete er als Illustrator und Kartenzeichner nebenher für Stefan Loose. Irgendwann wollte er endlich auch mal nach Südostasien, sprach's, tat's und entschloß sich daraufhin, seine vielfältigen Fähigkeiten in den Verlag zu werfen. Ganz aufgegeben hat er die Schauspielerei freilich noch immer nicht, ebensowenig wie den Kampf gegen den tierischen Ernst und die Idee, daß ein gut eingespieltes Team auch eine gute Arbeit vorzeigen kann. Dieses Buch ist ein Beleg dafür.

Das Südostasien-Handbuch lebt freilich nach wie vor auch von den zahlreichen Zuschriften und Kritiken seiner Leser. Vielen Dank!

# KARTENVERZEICHNIS

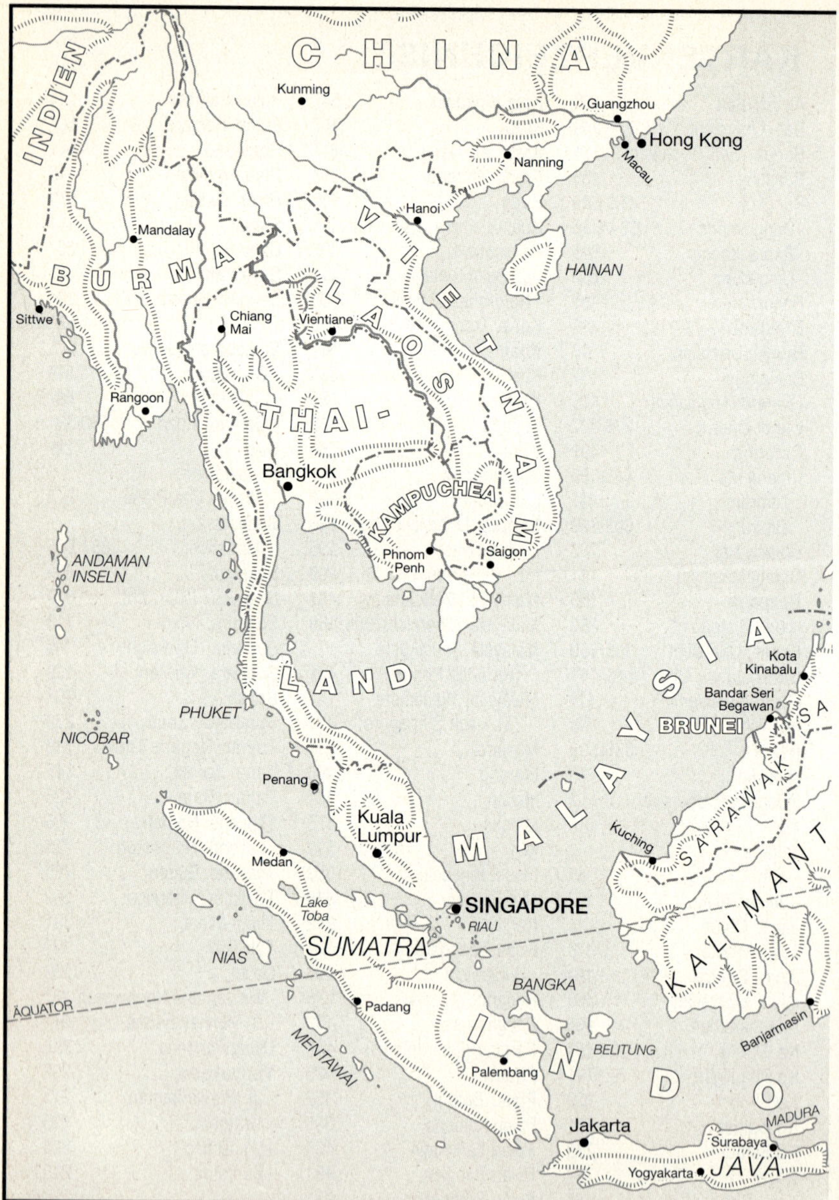
CHINA
INDIEN
Kunming
Guangzhou
Hong Kong
Macau
Nanning
Hanoi
HAINAN
Mandalay
BURMA
VIETNAM
LAOS
Sittwe
Chiang Mai
Vientiane
Rangoon
THAI-
LAND
Bangkok
KAMPUCHEA
Phnom Penh
Saigon
ANDAMAN INSELN
NICOBAR
PHUKET
Penang
Kuala Lumpur
MALAYSIA
Kota Kinabalu
Bandar Seri Begawan
BRUNEI
SABAH
SARAWAK
Kuching
SINGAPORE
RIAU
Medan
Lake Toba
SUMATRA
NIAS
ÄQUATOR
Padang
MENTAWAI
BANGKA
BELITUNG
Palembang
KALIMANTAN
Banjarmasin
INDO
Jakarta
MADURA
Surabaya
Yogyakarta
JAVA

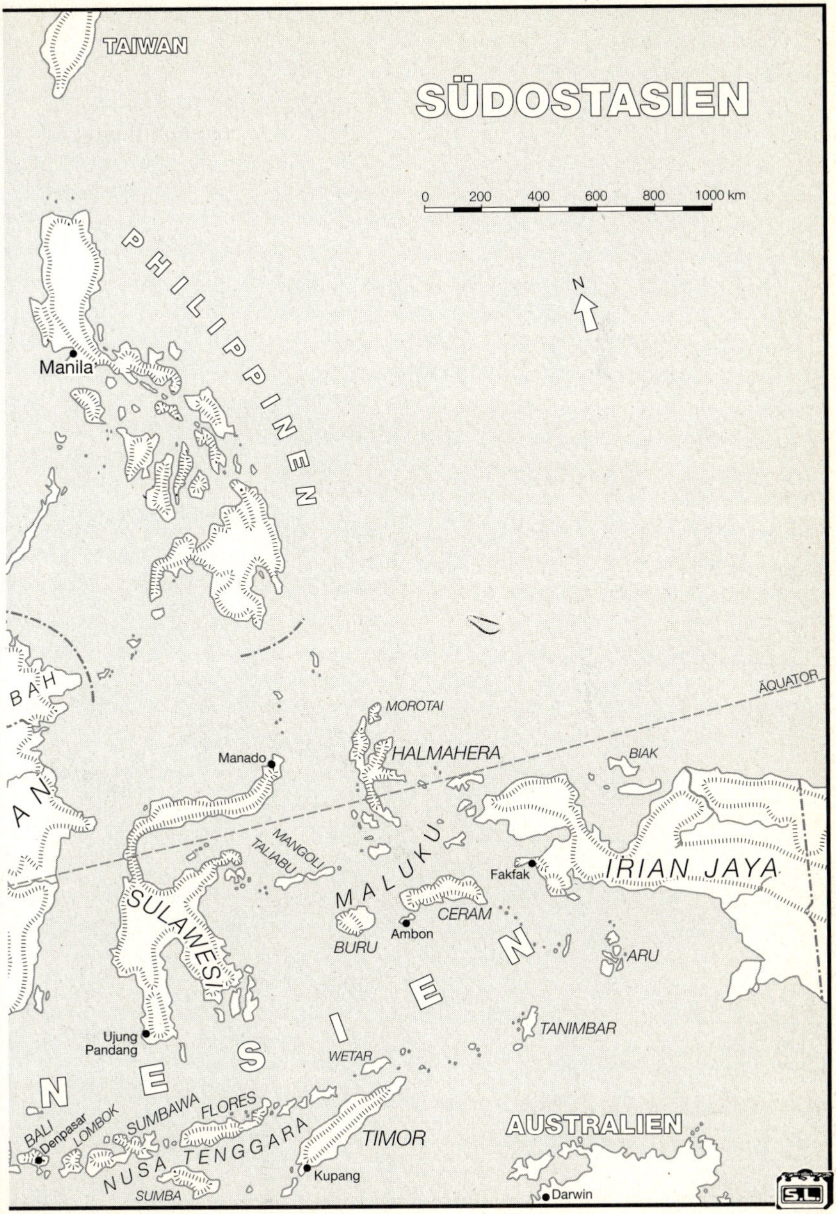
TAIWAN
SÜDOSTASIEN
0 200 400 600 800 1000 km
N
PHILIPPINEN
Manila
BAH
AN
Manado
MOROTAI
HALMAHERA
ÄQUATOR
BIAK
MANGOLI
TALIABU
MALUKU
Fakfak
IRIAN JAYA
SULAWESI
CERAM
Ambon
BURU
ARU
Ujung Pandang
TANIMBAR
WETAR
INDONESIEN
BALI
Denpasar
LOMBOK
SUMBAWA
FLORES
NUSA TENGGARA
TIMOR
Kupang
SUMBA
AUSTRALIEN
Darwin
S.L.